lonely planet

Zentral-amerika

Ashley Harrell, Isabel Albiston, Ray Bartlett, Celeste Brash, Paul Clammer, Steve Fallon, Bridget Gleeson, Paul Harding, John Hecht, Anna Kaminski, Brian Kluepfel, Tom Masters, Carolyn McCarthy, Regis St Louis

REISEPLANUNG

REISEZIELE IN ZENTRALAMERIKA

PARQUE NACIONAL SOBERANÍA, PANAMA S. 692

PANAJACHEL, GUATEMALA S. 140

WALHAI

Inhalt

REISEZIELE IN ZENTRALAMERIKA

NICARAGUA S. 462

ISLA DE OMETEPE, NICARAGUA S. 489

Inhalt

VERSTEHEN

PRAKTISCHE INFORMATIONEN

SPECIALS

Willkommen in Zentralamerika

Knallblaues Meer und üppig grüne Wälder, grandiose Maya-Ruinen und rauchende Vulkane: Zentralamerika wirkt wie eine tropische Märchenwelt – ist aber durch und durch echt.

Outdoorabenteuer

Die sieben Länder Zentralamerikas und die beiden mexikanischen Bundesstaaten Yucatán und Chiapas bilden einen gigantischen Outdoor-Tummelplatz mit zwei langen Küsten und über 300 Vulkanen. Besucher können per Einbaum in indigene Gebiete paddeln, spanische Festungsruinen erkunden, mit Seilrutschen durch die Regenwälder sausen, mit Meeresschildkröten schwimmen oder durch Nebelwälder wandern. Überall begegnen sie wilden Tieren – vom prächtigen Quetzal am Bergweg über Affenhorden in den Wäldern bis zum Wal, der neben der Fähre auftaucht. Der Abenteuerlust sind keine Grenzen gesetzt.

Maya-Ruinen

Die Maya-Kulturen besiedelten die Region von Mexiko bis Honduras. In fünf der heutigen Länder hinterließen sie Ruinenstätten, die Besucher in eine ferne, rätselhafte Vergangenheit zurückversetzen – von den versunkenen Tempeln von Tikal im guatemaltekischen Dschungel bis zu Palenque und Tulum in Mexiko. Lebensgroße Jaguar-Statuen beeindrucken in Copán und Chichén Itzá gilt zu Recht als eines der „Sieben neuen Weltwunder". Besucher können hier eine 4000 Jahre alte Kultur entdecken, die in Teilen bis heute überdauert.

Vielfältige Kulturen

Zentralamerika ist kaum so groß wie Spanien, beeindruckt aber mit seinem dynamischen Völkergemisch. Das indigene Kernland der Region ist Guatemala mit über 20 Maya-Sprachen. Die Spanier hinterließen Plazas voller Kolonialarchitektur und den Brauch der Siesta. Afrikanische Kultur prägt die Karibikküste, von den Traditionen der Kongo-Rebellen bis zum leckeren *rondón* (pikanter Meeresfrüchte-Gumbo). Im letzten Jahrhundert kam dann noch der Rest der Welt hinzu – Asiaten, Europäer, Nordamerikaner – und verwandelte Panama-Stadt in eine kosmopolitische Metropole.

Sonne & Meer

Mit coolen Karibik-Vibes auf der einen und riesigen Pazifikbrechern auf der anderen Seite verspricht Zentralamerika Sonnenanbetern jedes nur erdenkliche Stranderlebnis, von einsamen *playas* (Stränden) bis zu Vollmondpartys. Obendrein wartet im Wasser noch eine ganz eigene geheimnisvolle Welt. Vor Honduras kann man mit Walhaien tauchen, vor Belize im zweitgrößten Korallenriff der Welt schnorcheln, in Costa Rica auf Weltklassewellen reiten oder vor Panama inmitten unberührter Inseln die Segel setzen. Ein Paradies!

Warum ich Zentralamerika liebe

Von Ashley Harrell, Autorin

Als ich zwölf war, nahm mein Vater mich mit auf eine ärztliche Mission nach Nicaragua. Ich erinnere mich gut daran, wie ich in einem trüben Tümpel planschte, einen gebratenen Fisch im Ganzen vertilgte (mit Augen) und mein erstes Toña-Bier trank (danke Dad!). Zwanzig Jahre und zahllose Biere später wollte ich mehr von diesen urigen, authentischen Reiseerlebnissen, also zog ich für drei Jahre nach Zentralamerika. Zu den Highlights gehörten eine Schlittenpartie auf einem aktiven Vulkan, wilde Tänze zu Garifuna-Trommeln, ein Tauchgang mit Hammerhaien – und die Erkenntnis, dass frittierte Fischschwänze wie Chips schmecken.

Weitere Informationen über unsere Autoren siehe S. 826

Oben: Tukan, Costa Rica (S. 553)

Zentralamerika

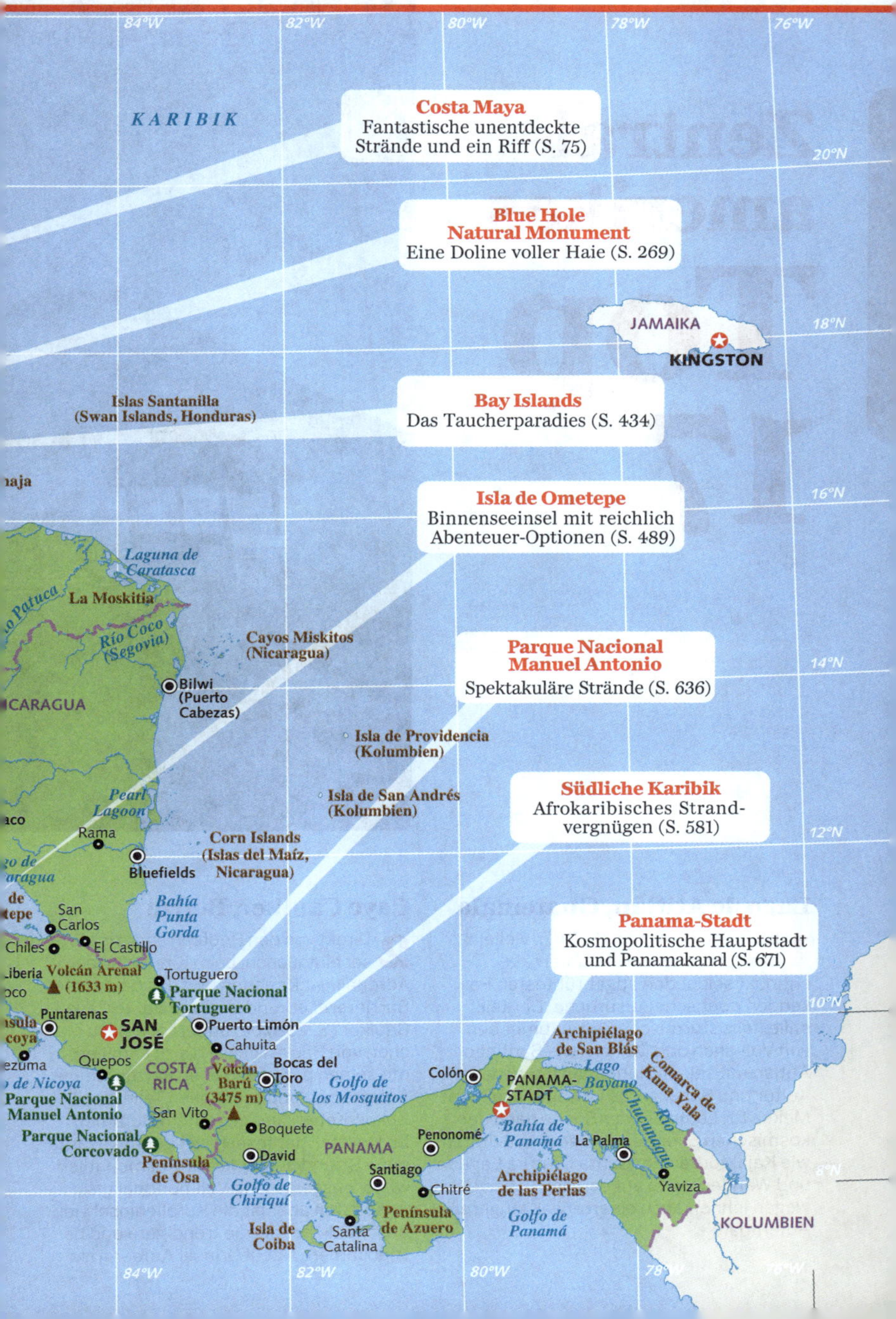

0
200 km
KARIBIK
Costa Maya
Fantastische unentdeckte Strände und ein Riff (S. 75)
Blue Hole Natural Monument
Eine Doline voller Haie (S. 269)
JAMAIKA
KINGSTON
Islas Santanilla (Swan Islands, Honduras)
Bay Islands
Das Taucherparadies (S. 434)
Isla de Ometepe
Binnenseeinsel mit reichlich Abenteuer-Optionen (S. 489)
Laguna de Caratasca
La Moskitia
Río Coco (Segovia)
Cayos Miskitos (Nicaragua)
Bilwi (Puerto Cabezas)
Parque Nacional Manuel Antonio
Spektakuläre Strände (S. 636)
Isla de Providencia (Kolumbien)
Isla de San Andrés (Kolumbien)
Südliche Karibik
Afrokaribisches Strandvergnügen (S. 581)
Pearl Lagoon
Rama
Bluefields
Corn Islands (Islas del Maíz, Nicaragua)
Bahía Punta Gorda
San Carlos
El Castillo
Chiles
Volcán Arenal (1633 m)
Tortuguero
Parque Nacional Tortuguero
Panama-Stadt
Kosmopolitische Hauptstadt und Panamakanal (S. 671)
Puntarenas
SAN JOSÉ
Puerto Limón
Cahuita
Quepos
COSTA RICA
Volcán Barú (3475 m)
Bocas del Toro
Golfo de los Mosquitos
Colón
PANAMA-STADT
Archipiélago de San Blás
Lago Bayano
Comarca de Kuna Yala
Río Chucunaque
Parque Nacional Manuel Antonio
San Vito
Boquete
Parque Nacional Corcovado
Península de Osa
David
PANAMA
Penonomé
Bahía de Panamá
La Palma
Yaviza
Santiago
Chitré
Archipiélago de las Perlas
Golfo de Chiriquí
Península de Azuero
Golfo de Panamá
KOLUMBIEN
Isla de Coiba
Santa Catalina

Zentralamerikas Top 17

Lago de Atitlán, Guatemala

1 Der Lago de Atitlán (S. 140), vielleicht das schönste Ziel in Guatemala, entlockt selbst den abgebrühtesten Reisenden poetische Ausbrüche. Der teils stille, teils stürmische See ist umgeben von Vulkanen und Dörfern wie Santiago Atitlán mit seiner blühenden indigenen Kultur und San Marcos La Laguna, einem Mekka für Leute auf der Suche nach der kosmischen Energie des Sees. Aktivitäten wie Kajaktouren um Santa Cruz La Laguna und Wanderungen auf den herrlichen Uferwegen lohnen auch einen etwas längeren Aufenthalt.

Caye Caulker, Belize

2 Direkt von den Bootsanlegern ins Wasser eintauchen, beim Kitesurfen den Adrenalinkick suchen und das belizische Barriereriff erkunden: Das relaxte Caye Caulker (S. 258) bezaubert alle Besucher, von Backpackern bis zu Familien, mit seinen paradiesischen Reizen, seiner Autofreiheit und randvollen Tellern mit Kokos-Kebab und gegrilltem Hummer. Im Nordteil der Insel feiert der angesagte neue Strandclub Koko King allmonatlich wilde, ausgelassene Vollmondpartys. Ansonsten aber ist die Koralleninsel viel beschaulicher als die trendigere und betriebsamere Nachbarinsel Ambergris.

CULTURA RM EXCLUSIVE/BEN PIPE PHOTOGRAPHY/GETTY IMAGES ©

SIMON VELAZQUEZ/500PX ©

Bocas del Toro, Panama

3 Kein Wunder, dass diese karibische Inselkette (S. 717) das Urlaubsziel Nummer eins in Panama ist. Auf der Isla Bastimentos kann man beim improvisierten Calypso mitsummen und am Wasser in einer strohgedeckten Hütte ein entspanntes Abendessen genießen. An Unterkünften gibt's alles von billigen Bleiben über Dschungel-Lodges bis zu den Luxusresorts auf den äußeren Inseln. Wer nicht surft, kann inmitten großer prächtiger Korallen und übergroßer Seesterne schnorcheln oder bei Freiwilligenprojekten Meeresschildkröten retten.

Bay Islands, Honduras

4 Ein karibischer Traum: zuerst an einem weißen Sandstrand in türkisfarbenem Wasser baden und dann den Sonnenuntergang mit einem Drink begrüßen. Die Islas de la Bahía (S. 434) mit ihrer faszinierenden britischen und Piratengeschichte sind heute für ihre Korallenriffe und Tauchreviere berühmt. Vor Utila kann man nach großen Walhaien suchen oder man erkundet vor Roatán Schiffswracks. Und abends genießt man frische Meeresfrüchte und macht die überraschend lebendige Kneipenszene der Inseln unsicher.

Tauchen vor Roatán (S. 434)

3

4

MAREK KUBINEK/500PX ©

ADRIANNA WILLIAMS/GETTY IMAGES ©

Copán, Honduras

5 In Zentralamerika gibt es zwar Hunderte von Maya-Stätten, aber nur wenige können es in puncto Schönheit mit Copán (S. 412) aufnehmen. Die Lage in einem idyllischen Flusstal inmitten kiefernbewachsener Hügel mit Hellroten Aras und anderen Vögeln ist einfach fabelhaft. Auch die Stätte selbst hat einiges zu bieten, z. B. eine hoch aufragende Hieroglyphentreppe und eine große Plaza mit imposanten, wunderbar verzierten Stelen und Altären. Eine reizende Basis für die Erkundung der Maya-Tempel ist das nette Städtchen Copán Ruinas (S. 407) ganz in der Nähe.

Detail, Gran Plaza (S. 415)

Granada, Nicaragua

6 Granada (S. 477) übt eine starke Anziehungskraft aus. Den Reiz der Stadt machen vor allem malerische Kopfsteinpflasterstraßen und bunte Kolonialhäuser (s. Bild oben) und -kirchen aus, die die bewegte Vergangenheit Granadas in die Gegenwart transportieren. Am besten lässt sich das alles zu Fuß erkunden: Mit einem Bummel zu Galerien, Restaurants und Kolonialkirchen lässt sich problemlos fast ein ganzer Tag füllen. Und in der Nähe harren Wildnisgebiete, Inseln, Vulkane und Kunsthandwerksdörfer der Erkundung.

Costa Maya, Mexiko

7 Diese Region sollte man ansteuern, solange sie noch so aussieht wie jetzt. Im Gegensatz zum touristischen Cancún und der Riviera Maya findet man hier noch stille Fischerdörfer, die sich einer nachhaltigen Erschließung verschrieben haben, wie das reizende Mahahual (S. 75). Hier kann man entschleunigen, sich an feinsten Sandstränden (s. Bild oben) aalen, in der kristallklaren Laguna Bacalar paddeln und fangfrische Meeresfrüchte schmausen. Vor der Küste können Taucher und Schnorchler den Banco Chinchorro erkunden, das größte Korallenatoll der Nordhalbkugel.

PHILIP LEE HARVEY/LONELY PLANET ©

Isla de Ometepe, Nicaragua

8 Die beliebte, entspannte Insel (S. 489) im Lago de Nicaragua hat archäologische Stätten, Wasserfälle, Vögel, Affen und ans Ufer plätschernde Wellen zu bieten. Abenteuerlustige können zwei Vulkane erklimmen, üppige Berghänge durchstreifen, an Ziplines entlangrauschen und das Paradies per Kajak, Fahrrad oder zu Fuß erkunden. Dazu locken coole Hostels, Campingplätze und eine relaxte Travellerszene. Hier gibt es alles von exklusiven Lodges bis zu Hippie-Hütten; auf Ometepe ist Platz genug für alle. Ojo de Agua (S. 493)

Tikal, Guatemala

9 Die restaurierten Dschungeltempel (S. 219) beeindrucken auch heute noch durch ihre monumentale Größe und ihre architektonische Brillanz, von der man sich frühmorgens an der Gran Plaza überzeugen kann. Sie sind Zeugnis der kulturellen und künstlerischen Höhen, zu denen sich diese rund 1600 Jahre lang bestehende Dschungelkultur aufschwang. Ein Highlight ist der Blick vom hoch aufragenden Tempel IV am Westrand der Anlage. Ebenso faszinierend ist die vielfältige Tierwelt, der man zwischen den verschiedenen Zeremonialbezirken begegnet. Templo I, Gran Plaza (S. 222)

Panama-Stadt, Panama

10 Panama-Stadt (S. 671) ist Lateinamerika mit extrahoher Drehzahl – Menschenmassen, Kasinos und eine Skyline glitzernder Wolkenkratzer aus Glas und Stahl, die an Miami erinnert. Die Stadt mit fast einer Million Einwohner grenzt an den Panamakanal, ein Weltwunder der Ingenieurskunst, und besticht mit der schönen Kolonialarchitektur des Casco Viejo und den romantischen Ruinen von Panamá Viejo. Sie ist voll faszinierender Kontraste und dabei unbestreitbar authentisch. Üppige Regenwälder und Sandstrände liegen nur einen kurzen Tagesausflug entfernt.

ʾlaya El Tunco, El Salvador

11 Die Playa El Tunco (S. 334) ist der berühmteste Strand in El Salvador, ›ekannt für seine ausgelassenen Wochen-›ndpartys, Weltklasse-Surfbedingungen ınd die vielen Besucher aus dem Ausland. Ver lieber chillen möchte: In vielen der ımliegenden Strandsiedlungen geht es veit weniger hektisch zu. Barra de San-iago am westlichen Ende ist wild und vindgepeitscht; Meereschildkröten legen ıier an der Küste ihre Eier ab. Weiter öst-ich finden sich einsame Traumstrände, die ɪan ganz für sich allein hat.

Palenque, Mexiko

12 Diese eindrucksvollen Ruinen (S. 96) gehören zu den schönsten der Maya-Welt. Pyramiden erheben sich aus den Wipfeln des Dschungels und Brüllaffen liefern den passenden Sound dazu. Im labyrinthischen Palacio schaut man hoch zu dessen einzigartigem Turm. Vom Templo de las Inscripciones, dem Mausoleum für Pakal, den mächtigsten Herrscher von Palenque, bietet sich ein herrlicher Blick über die weitläufige Anlage. Bergab lockt der Fluss Otulum mit seinen Wasserfällen und den Abschluss bildet ein Besuch im tollen Museum von Palenque.

11

12

Blue Hole Natural Monument, Belize

13 Das berühmte Naturdenkmal „Great Blue Hole“ (s. Bild unten; S. 269) ist eine kreisrunde Doline, die Taucher magnetisch anzieht. Die senkrechten Wände des Lochs reichen über 125 m ins Meer hinab. Obwohl es zur Hälfte mit Schlick angefüllt ist, entsteht durch seine Tiefe ein perfektes Rund von leuchtendem Blau, das aus der Luft deutlich sichtbar ist. Die Wand des Blauen Lochs ziert ein dichter Wald von Stalaktiten aus ferner Vergangenheit. Manchmal leistet den Tauchern hier eine Schar Riffhaie Gesellschaft.

Ruta de las Flores, El Salvador

14 Eine Fahrt vorbei an Kaffeeplantagen und Bergdörfern klingt nicht superspannend, aber die 60 km lange „Blumenroute“ (S. 346) über die vulkanische Apanecakette lockt mit Wasserfällen, kulinarischen Festen und Wanderwegen. Am nördlichen Ende der Strecke liegt Tacuba, ein Tor zum spektakulären Parque Nacional El Imposible an der Grenze zu Guatemala. Und nahe der Südspitze warten der schöne Vulkansee Lago de Coatepeque und der Vulkan Santa Ana, ein tolles Revier für eine Tageswanderung (s. Bild unten).

SIMONDANNHAUER/GETTY IMAGES ©

DAINEKO NATALIA/SHUTTERSTOCK ©

Parque Nacional Manuel Antonio, Costa Rica

15 Nicht umsonst ist der Parque Nacional Manuel Antonio (S. 637) der beliebteste Nationalpark Costa Ricas: Dieses Juwel ist mit atemberaubenden Stränden, leicht zugänglichen Wanderwegen und reicher Tierwelt gesegnet. An einem perfekten Tag folgen auf eine entspannte Wanderung mit Tiersichtungen (z. B. Leguane, s. Bild oben) ein entspanntes Picknick unter wogenden Palmen und ein Bad im Pazifik. Fürs Abendessen bietet sich ein Restaurant auf einer Klippe an, während die Sonne den Horizont in ein Flammenmeer taucht. *Pura vida* fürwahr.

Südliche Karibikküste, Costa Rica

16 Tagsüber lümmeln sich Besucher in der Hängematte, radeln zum Schnorcheln an spärlich bevölkerte Strände, wandern zu Tümpeln unter Wasserfällen oder besuchen die indigenen Gebiete der Bribrí und Kéköldi. Abends schmaust man feurige Karibikküche und wiegt sich in Open-Air-Bars zu Reggaetón-Klängen. Die Dörfer Cahuita, Puerto Viejo de Talamanca und Manzanillo sind Vorposten dieser einzigartigen Melange aus afrokaribischen, Tico- und indigenen Kulturen und ideale Stützpunkte für Abenteuer an der südlichen Karibikküste (S. 585).

Playa Cocles (S. 590)

Altun Ha, Belize

17 Altun Ha (S. 271) ist zwar nicht die größte, aber die bei Weitem bekannteste Maya-Stätte in Belize. Die 607 ha große Anlage nicht weit von Belize City umfasst einen zentralen Zeremonialbezirk mit zwei Plazas zwischen zwei Tempeln, dem Temple of the Green Tomb und dem Temple of the Masonry Altars (s. Bild oben) – Letzterer findet sich auch auf dem Label von Belikin Beer und einer belizischen Banknote. Nach einem langen Tag voller Erkundungen kann man sich im Belize Boutique Resort & Spa, 24 km nördlich der Ruinen, verwöhnen lassen.

Gut zu wissen

Weitere Infos siehe Praktische Informationen (S. 785)

Sprachen
Spanisch, Englisch

Visa
Generell nicht erforderlich für Aufenthalte bis zu 90 Tage (in Belize 30 Tage). Das Regionalabkommen Centro America 4 (S. 796) erlaubt für Guatemala, Nicaragua, Honduras und El Salvador zusammen 90 Tage Aufenthalt.

Geld
Geldautomaten sind außer in abgelegenen Gebieten weit verbreitet. Kreditkarten werden von Mittelklasse- und Spitzenhotels, Restaurants und Tourenanbietern angenommen. Bei informellen Transaktionen darf gefeilscht werden.

Handys
Handys sind weit verbreitet. Ein örtliches Handy kostet am Kiosk ab 20 US$, eine örtliche Prepaid-SIM-Karte ca. 5 US$ (das Handy muss GSM-kompatibel und SIM-Lock-frei sein).

Zeit
Central Standard Time (MEZ –7 Std.)

Reisezeit

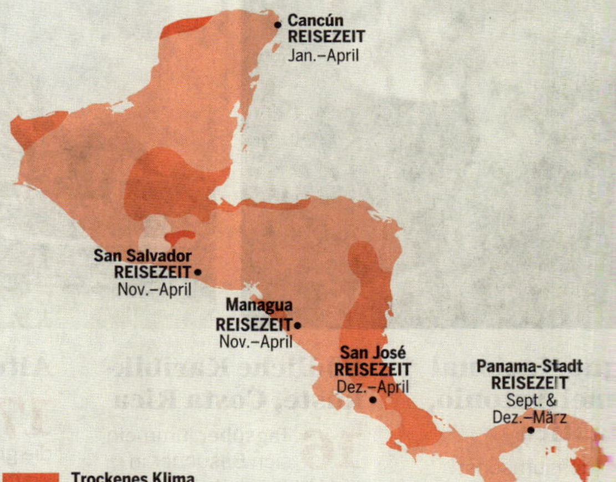

Trockenes Klima
Tropisches Klima, ganzjährig Niederschlag
Tropisches Klima, Regen- und Trockenzeit
Warme bis heiße Sommer, milde Winter

Hochsaison
(Mitte Dez.–Mitte April)

- Trockenzeit im Großteil der Region.
- Größere Nachfrage nach Hotels; um 25 bis 50 % höhere Preise.
- An den beliebtesten Zielen erheblich mehr Touristen.

Absolute Hochsaison
(Ferien & Feiertage)

- Weihnachten, Neujahr und Osterwoche.
- Hotelpreise können sich verdoppeln.
- Resorts, Festivalorte und Strände sind voll mit Urlaubern aus dem Inland.

Nebensaison
(Mitte April–Anfang Dez.)

- Regenzeit im Großteil der Region; Hurrikansaison zwischen Juni und November.
- Viele Ziele sind trotzdem gut zu bereisen – siehe regionale Klimakarten.
- Günstigere Übernachtungspreise.

Websites

Planeta (www.planeta.com) Artikel über die Region: Events, Infos und Links, mit Schwerpunkt auf nachhaltigem Reisen.

The Tico Times (www.ticotimes.net) Das bewährte Online-Magazin mit Sitz in Costa Rica bringt Nachrichten und Kulturinfos aus Zentralamerika.

Lonely Planet (www.lonelyplanet.com/central-america) Infos, Hotelbuchungen, Traveller-Forum und mehr.

Touristeninformation

In jedem Land gibt es mindestens eine Touristeninformation in der Hauptstadt; einige Länder haben auch in Provinzstädten Touristeninformationen. Studentenreisebüros gibt es in den Hauptstädten von Costa Rica und Panama und in Cancún, Mexiko.

Unter www.visitcentroamerica.com sind Tourismusinfos für sämtliche Länder zu finden.

Nachhaltig reisen

Über Land fahren Mit dem Bus fahren statt fliegen

Richtig spenden Kindern Geld zu geben fördert das Betteln; besser direkt an Schulen oder Krankenhäuser spenden

Lokale Anbieter bevorzugen In Familienbetrieben essen und übernachten und kommunale Angebote nutzen

Freiwilligenarbeit Z. B. Schutz von Schildkröten, Englischunterricht oder in einer gemeinnützigen Organisation

Müll reduzieren Eine wiederbefüllbare Trinkflasche kaufen oder mitbringen

Traditionen achten In Kirchen und traditionellen Siedlungen angemessene Kleidung tragen

Tagesbudget

Budget: unter 50 US$

- Dormbett: 10–15 US$
- Tagesmenüs oder Streetfood: 4–8 US$
- Öffentliche Verkehrsmittel: 5–15 US$

Mittelklasse: 50–180 US$

- Doppelzimmer in Mittelklassehotel: 30–60 US$
- Restaurantessen: 8–20 US$
- Nationalparkseintritt oder Surfunterricht: 8–25 US$

Spitzenklasse: ab 180 US$

- Doppelzimmer in Top-Hotel, -Resort oder -Lodge: ab 60–140 US$
- Geführte Wanderungen und Touren: 30–60 US$

Ankunft in Zentralamerika

Aeropuerto Internacional de Cancún (Mexiko; S. 106) Der Flughafen-Shuttlebus kostet ca. 160 Mex$ pro Pers., Taxis bis zu 500 Mex$.

Aeropuerto Internacional La Aurora (Guatemala-Stadt; S. 122) Lizenzierte Taxis warten vor der Abflughalle.

Philip Goldson International Airport (Belize City; S. 257) Taxis in die die Stadt ab 50 BZ$.

Aeropuerto Internacional Monseñor Óscar Arnulfo Romero (San Salvador, El Salvador; S. 329) Stündlich verkehren Busse ins Stadtzentrum. Ein Taxi kostet ca. 30–40 US$ (45 Min.).

Aeropuerto Internacional Toncontín (Tegucigalpa, Honduras; S. 396) Am besten bestellt man ein Taxi (200–300 HNL).

Aeropuerto Internacional Augusto César Sandino (Managua, Nicaragua; S. 473) Offizielle Taxis am Flughafen kosten 20–25 US$.

Aeropuerto Internacional Juan Santamaría (San José, Costa Rica; S. 571) Busverbindungen (ca. 1,50 US$) ins Zentrum von San José. Die Taxifahrt kostet ab 30 US$.

Aeropuerto Internacional de Tocumen (Panama-Stadt; S. 688) Taxis (ab 30 US$) bekommt man am Beförderungsschalter in der Nähe der Gepäckausgabe.

Unterwegs vor Ort

Busse sind die billigste und einfachste Möglichkeit, in der Region herumzukommen, vor allem auf der Panamericana bzw. Interamericana, die durch alle Länder außer Belize führt.

Auto & Motorrad Mit Mietfahrzeugen darf man das jeweilige Land gewöhnlich nicht verlassen.

Bus Das Haupttransportmittel in der Region. Von komfortablen, klimatisierten Fernbussen bis zu abgewrackten ehemaligen Schulbussen.

Fähre Zu Inseln und einigen Landesgrenzen verkehren verschiedene Arten von Booten und Schiffen.

Flugzeug Wegen der langgestreckten Form der Region erspart ein Flug u. U. mehrere Stunden Reisezeit. Jedes Land hat mindestens einen internationalen Flughafen, außerdem Inlands- und Charterflüge.

Zug Züge verkehren nur auf der Strecke Panama-Stadt–Colón in Panama und Pendlerstrecken im Valle Central, Costa Rica.

Mehr zum Thema **Unterwegs vor Ort** siehe S. 799

Zentralamerika für Einsteiger

Weitere Infos siehe Praktische Informationen (S. 785)

Checkliste

- Ist der Reisepass noch mindestens sechs Monate nach der Ankunft gültig?
- Visaregelungen und amtliche Reisehinweise prüfen
- Auslandsreisekrankenversicherung abschließen
- Höchstgewicht für Gepäck und Regelungen für Mitnahme von Camping- und Outdoorausrüstung prüfen
- Sind Impfungen nötig?
- Schließt der Kreditkartenvertrag eine Mietwagenversicherung ein?

An alles gedacht?

- Sprachführer
- Flipflops oder Sandalen
- Wanderschuhe
- Poncho oder Regenjacke
- Fernglas
- Insektenschutz mit DEET
- Trinkflasche
- Wer ein Auto mieten möchte: Führerschein
- Bestimmungsbuch Flora und/oder Fauna
- Akkus und Ladegeräte
- Taschen- oder Stirnlampe

Top-Tipps für die Reise

- So viel Spanisch lernen wie möglich, auch wenn es nur ein paar einfache Ausdrücke sind. Die können u. U. sehr nützlich sein und die Kontaktaufnahme zu Einheimischen erleichtern.
- Nur die Hälfte der Kleidung mitnehmen, die man zu brauchen glaubt. Wäsche kann man vor Ort günstig waschen lassen.
- Die örtlichen Märkte besuchen, nicht nur, um billig Frisches zu essen, sondern auch in den Alltag der Einheimischen einzutauchen.
- Belize, Costa Rica und Mexiko sind teurer als andere Länder. Am billigsten sind Guatemala, Honduras, El Salvador und Nicaragua.
- Entspannt bleiben und immer Lesestoff dabeihaben. Am besten stellt man sich einfach darauf ein, dass hier alles seine Zeit braucht.

Kleidung

Die Einheimischen tragen außer am Strand kaum Shorts. Leichte lange Hosen oder Röcke und kurzärmelige Shirts mitnehmen. In den Großstädten kann es abends in Restaurants, Bars und Clubs recht förmlich zugehen – dafür ggf. formellere Abendkleidung einpacken. Fürs Hochland braucht man eine Fleecejacke und leichte Outdoorjacke.

Übernachten

Reservierungen braucht man fast nur in der Hauptsaison.

Hotels In allen Variationen; günstiger sind Doppelzimmer in Hostels.

Camping Campingplätze sind selten; es gibt sie vor allem in Nationalparks und Naturschutzgebieten (vor allem in Costa Rica).

Pensionen/B&Bs Gute Unterkünfte der Mittelklasse; meist klein und familiengeführt.

Hostels Nicht nur für junge Traveller; hier gibt es alles von ruhigen Häusern bis zu Partyhostels.

Lodges Von rustikal bis luxuriös; gut fürs Eintauchen in die Natur, zumeist im Dschungel und im Hochland.

Privatquartiere Unterkünfte in Privathäusern, mit Gemeinschaftsbad und gemeinsamen Mahlzeiten.

Sicherheit

- Teile von Honduras, El Salvador und Guatemala leiden unter hoher Kriminalität und Gangaktivitäten. Besucher sind selten betroffen, aber vereinzelt werden auch sie Opfer von Straßenraub, Körperverletzung, Vergewaltigung, Autoraub und Mord.
- Am höchsten ist die Kriminalität in den Hauptstädten.
- Sexuelle Übergriffe passieren oft an einsamen Stränden.
- Nachtbusse sind zu meiden (außer vielleicht in Mexiko und Panama), weil es nachts häufig zu Straßenüberfällen kommt.
- Drogen sollte man komplett meiden.
- Am besten aktuelle Informationen von anderen Reisenden, Touristeninformationen, der Polizei, Pensionsbetreibern und dem Thorn-Tree-Forum von Lonely Planet (www.lonelyplanet.com/thorntree) einholen.

Feilschen

Auf Märkten und an Straßenständen darf gefeilscht werden; jedoch sollte man sich zunächst über angemessene Preise und die Qualität des Angebotenen informieren.

Trinkgeld

Restaurants 10 %, aber zuerst nachschauen, ob das Trinkgeld schon im Rechnungsbetrag enthalten ist.

Taxis Wer möchte, kann den Betrag aufrunden, besonders abends.

Guides Bei Tagestouren 1–2 US$ pro Person, mehr für Guides mit Fachkenntnissen.

LINDSAY LAUCKNER GUNDLOCK/LONELY PLANET ©

Tacos mit Schweinefleisch, Mexiko

Etikette

Um Hilfe bitten Man sagt *disculpe*, um jemanden anzusprechen, und *perdón*, um um Entschuldigung zu bitten.

Distanz Der als angemessen empfundene Körperabstand zu den Mitmenschen ist geringer als bei uns üblich.

Indigene Siedlungen Angemessene Kleidung tragen und beim Fotografieren vorher um Erlaubnis fragen. Nur um Kunsthandwerk feilschen, nicht um Unterkunft und Essen.

Essen

Zentralamerika ist nicht gerade als Gourmetreiseziel bekannt; meist dominieren Bohnen und Reis auf dem Teller. Aber seine Kombination aus vielfältigen Kulturen und Klimazonen, fruchtbaren Böden und ausgedehnten Küstenlinien hat doch einiges an Köstlichkeiten hervorgebracht. An der Karibikküste wird mit mehr Gewürzen und Kokosmilch gekocht, doch wer ein echtes Schlemmerparadies sucht, sollte Kurs auf Mexiko nehmen.

Sprache

Außer im englischsprachigen Belize ist Spanisch die wichtigste Sprache Zentralamerikas. Ein paar Brocken Spanisch zu können, ist nicht nur höflich, sondern notwendig. An der Karibikküste wird teils Englisch gesprochen.

Wer eine indigene Siedlung besucht, sollte vorher ein paar Wörter in der jeweiligen Sprache lernen – das erleichtert den Zugang.

Wie wär's mit ...

Schnorcheln

Isla Holbox, Mexiko Abgelegene Golfinsel mit Meeresschildkröten, Mantarochen und Barrakudas. (S. 59)

Utila, Honduras Das ultimative Schnorchelerlebnis: die Begegnung mit riesigen Walhaien. (S. 440)

Belize Ein wundervolles endloses Riff macht Belize zum Paradies für Schnorchler. (S. 257)

Parque Nacional Coiba, Panama Nicht ganz leicht zu erreichen, aber dieser Meerespark bietet wunderbare Bedingungen. (S. 702)

Wandern

Volcán Mombacho, Nicaragua Gut zugänglicher Nebelwald mit tollen Wanderwegen und noch besseren Möglichkeiten zur Vogelbeobachtung. (S. 482)

Parque Internacional La Amistad, Panama Echte Wildniswanderwege, zu erreichen übers Hochland oder von der Karibikküste aus. (S. 716)

Parque Nacional Cusuco, Honduras Dramatische Bergpfade vorbei an Riesenfarnen, Zwergwäldern und versteckten Quetzals. (S. 404)

Parque Nacional Chirripó, Costa Rica Ein echtes Abenteuer: der Weg auf den Cerro Chirripó, den höchsten Berg Costa Ricas. (S. 649)

Volcán Tajumulco, Guatemala Recht einfache Wanderung zum höchsten Punkt Zentralamerikas, besonders wenn man sich zwei Tage Zeit lässt. (S. 166)

Tierbeobachtung

Península de Osa, Costa Rica Affen und Aras, Faultiere und Schlangen – auf der Halbinsel gibt es jede Menge Tiere. (S. 643)

Isla Bastimentos, Panama Im Juli und August legen an der Nordküste Unechte und Echte Karettschildkröten sowie Suppen- und Lederschildkröten ihre Eier ab. (S. 726)

Moskitia, Honduras Riesige Feuchtgebiete, Savannen und Tropenwälder – der beste Ort für die Suche nach Jaguaren und Tapiren. (S. 445)

Monterrico, Guatemala Eine Schildkröte retten, einen Wal erspähen oder in den Mangroven Vögel beobachten. (S. 183)

Parque Nacional Tortuguero, Costa Rica Bei nächtlichen Touren können Besucher beobachten, wie Schildkröten ihre Eier im Sand dieses tierreichen Parks ablegen. (S. 581)

Tauchen

Roatán, Honduras Erstklassiges Steilwandtauchen am Rand des Cayman-Grabens, Korallen und jede Menge Meerestiere. (S. 434)

Blue Hole, Belize In diesem tiefblauen Cenote kann man zusammen mit Stier- und Hammerhaien unter Stalaktiten schwimmen. (S. 269)

Isla Cozumel, Mexiko Berühmte Riffe wie Arrecife Palancar und El Cielo sind unwiderstehlich für Tauchfans. (S. 64)

Isla del Caño, Costa Rica Meeresschildkröten und Buckelwale machen diese Insel zu einem beliebten Tauchziel. (S. 648)

Corn Islands, Nicaragua Tolle Möglichkeiten zum Höhlen- und Rifftauchen in kristallklaren Karibikgewässern. (S. 530)

Parque Dos Ojos, Mexiko Einer der besten Cenoten für Unterwasserabenteuer in der Gegend von Tulum. (S. 69)

Abseits der ausgetretenen Pfade

Pearl Keys, Nicaragua Auf diesen winzigen, idyllischen Karibikinseln kann man Robinson Crusoe spielen. (S. 529)

Bahía de Jiquilisco, El Salvador Tosende Brandung,

Oben: Quetzal (S. 41)

Unten: Yoga in Costa Rica (S. 553)

üppige Mangroven, Fischerdörfer und ein intaktes Biosphärenreservat: ein wahres Wunderland. (S. 357)

Darién, Panama Voller indigener Kultur und exotischer Wildnis – diese abgelegene Provinz ist wild und ursprünglich. (S. 739)

La Campa, Honduras Hübscher *pueblo* im Herzland. Seilrutschen über Canyons, authentische Keramiken und geführte Bergwanderungen. (S. 419)

Crooked Tree Wildlife Sanctuary, Belize Ein echtes Juwel für Naturfreunde und beschauliches Dorfleben inmitten wunderschöner Landschaft. (S. 273)

Calakmul, Mexiko Abgelegene Maya-Ruinen im üppigen Regenwald von Campeche. (S. 87)

Kolonialstädte

Antigua, Guatemala Eine Ansammlung von Kopfsteinpflasterstraßen, Ruinen und eleganten Kirchen. (S. 125)

Granada, Nicaragua Die herrliche Kolonialstadt geizt nicht mit ihren Reizen. (S. 477)

Suchitoto, El Salvador Malerische Stadt voller Kunstgalerien. An den meisten Wochenenden finden Feste statt. (S. 365)

Casco Viejo, Panama-Stadt Super für Nachteulen, mit Bars, Kneipen, Weinlokalen und Livemusikläden. (S. 671)

Comayagua, Honduras Entspannt und wohlhabend, historischer Kern mit eleganten Kirchen und Gebäuden. (S. 397)

Surfen

Dominical, Costa Rica Manche Surfer wollen nie mehr weg aus diesem relaxten Hippie-Ort. (S. 640)

Santa Catalina, Panama Staubiges Dorf ohne Andenkenläden, aber dafür mit Weltklassewellen. (S. 703)

Pavones, Costa Rica Einer der weltweit längsten Lefthander der Welt lockt Surfer von nah und fern. (S. 653)

Las Flores, El Salvador Das Surfmekka im einsamen Osten zählt zu den besten Lateinamerikas. (S. 361)

Puerto Viejo, Costa Rica Hier türmt sich der legendäre Salsa-Brava-Brecher im Dezember bis zu 7 m hoch. (S. 590)

Punta Mango, El Salvador Der berühmte Break ist per Boot von Las Flores oder El Cuco zu erreichen. (S. 361)

Playa Maderas, Nicaragua Super Surfspot mit einem der besten Strandbrecher des Landes. (S. 497)

Ruinen

Tikal, Guatemala Dieser Superstar unter den Ruinenstätten lohnt mit seinen Tempelpyramiden inmitten des Dschungels einen Besuch. (S. 219)

Chichén Itzá, Mexiko Vor allem zur Tagundnachtgleiche verzaubert die gewaltige Pyramide El Castilo die Besucher. (S. 77)

Copán, Honduras Exquisite Tempelakropolis mit wundervollen Maya-Steinverzierungen. (S. 412)

Tulum, Mexiko Maya-Ruinen auf einer Klippe mit atemberaubendem Ausblick auf die Karibik. (S. 69)

Tazumal, El Salvador Die eindrucksvollste Maya-Stätte des Landes – hier wurden einst Menschenopfer dargebracht. (S. 342)

Altun Ha, Belize Diese Maya-Ruinen zieren die Etiketten des Belikin-Biers und die Geldscheine des Landes. (S. 271)

Palenque, Mexiko Die Ruinen mitten im Dschungel gehören zu den eindrucksvollsten von ganz Mexiko. (S. 96)

Vulkane

Volcán Masaya, Nicaragua Wo man nachts die rote Lava im Krater blubbern sieht. (S. 485)

Volcán Barú, Panama Steil, neblig und schlammig – aber wo sonst kann man beide Ozeane zugleich sehen? (S. 713)

Parque Nacional Los Volcanes, El Salvador Im Land der Vulkane: Santa Ana ist am größten, der kegelige Izalco am spektakulärsten. (S. 341)

Volcán Arenal, Costa Rica Das feurige Spektakel ist Vergangenheit; was bleibt, ist ein prachtvoller Vulkankegel mit zahlreichen heißen Quellen. (S. 595)

Strände

Guna Yala, Panama Perfekte winzige Inselchen inmitten türkisfarbener Gewässer. (S. 735)

Playa Norte, Mexiko Das hinreißende Juwel aus weichem Sand gilt manchen als der schönste Strand Mexikos. (S. 57)

West Bay, Honduras Der weiße Karibikstrand bietet vor der Küste ein tolles Korallenriff. (S. 440)

Little Corn Island, Nicaragua Auf dieser zauberhaften Insel trifft lecuhtend türkises Wasser in einsamen Buchten auf schneeweißen Sand. (S. 532)

Placencia, Belize Ein sehr beliebter und wunderschöner karibischer Sandstrand von 26 km Länge. (S. 296)

Playa El Tunco, El Salvador Am schwarzen Sandstrand treffen sich hier Surfprofis und heimische Partylöwen. (S. 334)

Yoga

Science & Soul Wellness, Belize Das einzige AntiGravity-Studio im Land bietet ein wohltuendes Ambiente unter hochprofessioneller Leitung. (S. 265)

Danyasa Yoga Arts School, Costa Rica Kurse für jedes Können, u. a. Tanz-Yoga-Flow-Hybridstile und ekstatischer Mondtanz. (S. 640)

RandOM Yoga, Belize Auf Caye Caulker bietet eine fabelhafte Lehrerin Yoga-Kurse auf einer Dachterrasse unter freiem Himmel auf Spendenbasis an. (S. 258)

Lago de Atitlán, Guatemala Yoga in märchenhafter Umgebung: Das Yoga-Forest-Studio verwöhnt mit spektakulärer Aussicht. (S. 153)

Monat für Monat

TOP-EVENTS

Carnaval, Februar oder März

Semana Santa, März oder April

Bolas de Fuego, August

Día de los Muertos, November

Garifuna Settlement Day, November

Januar

Der Höhepunkt der Trockenzeit ist zugleich die Hauptreisezeit, mit tollen Bedingungen zum Kitesurfen und Baden im Pazifik. In Monteverde in Costa Rica beginnt die Zeit für die Quetzal-Beobachtung.

☆ Sound Tulum, Mexiko

Das zweiwöchige Musikfestival mit internationalen Topmusikern der Underground-Electronic-Szene findet an vielen Orten im märchenhaften Tulum und seiner Umgebung statt. (S. 70)

☆ Panama Jazz Festival

Das einwöchige Festival gehört zu den größten Musikevents in Panama und lockt internationale Topmusiker aus z. B. Jazz, Blues und Salsa an. Es findet überall in Panama-Stadt statt; Freiluftkonzerte sind gewöhnlich gratis. (S. 680)

Februar

Die beste Zeit zum Surfen an der Pazifik- und der Karibikküste. Im Februar oder März ist in allen zentralamerikanischen Ländern Karneval.

Carnaval, Mexiko

Karneval wird als riesige Straßenparty mit Umzügen, Musik, Tanz und jeder Menge Spaß in Mérida, Campeche und auf der Isla Cozumel gefeiert.

Festival de Diablos y Congos, Panama

Zwei Wochen nach Karneval (im Februar oder März) werden bei diesen Festival in Portobelo auf Tanzveranstaltungen und bei frechen Rollenspielen mit Masken und Kostümen rebellische Sklaven der Vergangenheit gefeiert. (S. 733)

März

Ostern im März oder April ist ein wichtiges Fest. Zur Semana Santa (Karwoche) gehören Nachstellungen der Passion Christi. Am Karfreitag finden in ganz Zentralamerika Prozessionen statt.

Envision, Costa Rica

Costa Ricas Version des US-amerikanischen Burning-Man-Festivals steigt Anfang März (oder Ende Februar) in Uvita: vier Tage Wortbeiträge, Musik, Yoga, Aktionskunst, Permakultur und DJs. (S. 642)

Desfile de Bufos, Guatemala

Am Freitag vor Karfreitag veranstalten die Studenten der Universität von Panama-Stadt einen Narrenumzug, um die Politik aufs Korn zu nehmen.

April

Das Ende der Trockenzeit. Im Dschungeltiefland von Guatemala sind März und April Hitzemonate. Die beste Zeit für die Beobachtung von Walhaien vor Honduras und Belize.

Día de Juan Santamaría, Costa Rica

Am 11. April wird des costaricanischen Nationalhelden gedacht, der 1856 beim Befreiungskampf gegen den US-amerikanischen Möchtegern-Eroberer William Walker starb. Die einwöchigen Feierlichkeiten umfassen u. a. Paraden und Feste, besonders in Santamarías Heimatstadt Alajuela.

Mai

Regenzeit in Zentralamerika. Im Mai fängt in der Karibik die fünf- bis sechsmonatige Nistzeit der Unechten Karett- und der Suppenschildkröten an.

Chocolate Festival, Belize

Mitte Mai kommen in der südlichsten Provinz von Belize alle Liebhaber der Schokolade zusammen: Produzenten, Verkäufer und Genießer. Außerdem wird Toledos Geschichte und Kultur präsentiert.

La Feria de San Isidro, Honduras

Die größte Fiesta in Honduras findet auf den Straßen und in den Clubs von La Ceiba statt; Höhepunkt sind die Umzüge Ende Mai mit Hunderttausenden von Zuschauern. Kostümierte Tänzer und Feiernde füllen die Stadt bis zum Bersten.

Juni

Von Juni bis November ist Hurrikansaison, jedoch treten schwere Stürme nur sporadisch auf und sind schwer vorherzusagen. Vierzig Tage nach Ostern wird im Mai oder Juni in der gesamten Region Fronleichnam gefeiert.

Festival Corpus Christi, Panama

Zu den beliebtesten und aufwendigsten Fronleichnamsfestlichkeiten der Region gehören die zweiwöchigen Feiern in La Villa de Los Santos mit Highlights wie Kostümparaden, fantastischen Dragqueens und Tänzern in Teufelskostümen.

Hummerfest, Belize

Beim Fest zu Ehren des Hummers (www.belize.com/lobsterfest-in-belize) fließen die Getränke in Strömen. Mitte Juni in San Pedro, in der letzten Juniwoche in Placencia und Anfang Juli auf Caye Caulker.

Juli

Zur Mitte der Regenzeit ist das Wetter auf der Karibikseite recht trocken und in Belize kann es unangenehm warm sein. Touristen lockt die Nebensaison mit niedrigeren Preisen.

Rabin Ajau, Guatemala

Das eindrucksvollste indigene Fest Guatemalas findet Ende Juli oder Anfang August in Cobán statt. (S. 188)

August

Im Pazifik sind Buckelwale zu erspähen. Obwohl die Regenzeit noch anhält, kommt zwischen den Schauern häufig die Sonne raus.

Festival del Invierno, El Salvador

Zum Winterfest strömen hippe linke Studenten ins Bergstädtchen Perquín und feiern wilde Partys.

Costa Maya Festival, Belize

Das gigantische Festival (www.internationalcostamayafestival.com) in San Pedro, Belize, lockt Feierfreudige aus allen Ländern Zentralamerikas an. Die Straßen sind voller Musik, Umzüge, Tanz und Trinkvergnügen. Als Dreingabe gibt es noch einen Bodybuilding-Wettbewerb.

Bolas de Fuego, El Salvador

Zur Erinnerung an den Ausbruch des Volcán San Salvador, der ihre ursprüngliche Stadt zerstörte, malen die örtlichen Lausbuben sich Teufelsfratzen ins Gesicht und bewerfen einander mit Feuerkugeln – nicht ganz ungefährlich! Am 31. August in Nejapa.

September

Höhepunkt der Hurrikansaison im Norden, doch rund um Panama-Stadt wird es allmählich trockener und an der Karibikküste von Costa Rica regnet es nicht so viel wie am Pazifik. In Honduras

sind bis Ende Februar Überschwemmungen möglich.

September Celebrations, Belize

Zwei Wochen patriotischer Festivitäten in ganz Belize-Stadt. Dazu gehört auch der Belize Carnival, zu dem sich die Belizer farbenprächtig kostümieren und zu karibischen Rhythmen tanzen. Die Party beginnt am Nationaltag und erreicht ihren Höhepunkt am Unabhängigkeitstag.

Costa-ricanische Unabhängigkeit

Im Mittelpunkt steht ein Fackellauf, bei dem eine „Freiheitsfackel" von Guatemala nach Costa Rica gebracht wird. Am Abend des 14. September erreicht die Fackel Cartago; die Costa-Ricaner stimmen die Nationalhymne an.

Festival de la Mejorana, Panama

Panamas größtes Volksfest stellt in Guararé Musik und Tanz der vielen indigenen und ethnischen Gruppen des Landes vor – neben Gastkünstlern aus ganz Lateinamerika.

Oktober

In fast der gesamten Region ist der 12. Oktober der Día de la Raza (Kolumbustag) – eine zwiespältige Angelegenheit, zu der jedoch jede Schulband lautstark in die Tröten bläst. An der Pazifikküste nisten bis März Unechte Karettschildkröten.

Fería de Isla Tigre, Panama

Auf der Isla Tigre treffen sich Mitte Oktober indigene Kuna zu einem dreitägigen traditionellen Tanzmarathon – sehr schön anzuschauen und ganz authentisch, mit drei Tagen voller kultureller Darbietungen und Kanurennen.

Noche de Agüizotes, Nicaragua

Das Gruselfest am letzten Freitag im Oktober in Masaya erweckt Figuren aus Horrorgeschichten der Kolonialzeit mit ausgefeilten Kostümen zum Leben. Nach dem kopflosen Priester Ausschau halten!

November

Die Regenzeit ist weitgehend vorbei, außer an der Nordküste von Honduras, wo bis Februar Überschwemmungen möglich sind. In Panama feiert das ganze Land verschiedene Unabhängigkeitstage.

Día de Todos los Santos, Guatemala

In Santiago Sacatepéquez und Sumpango nicht weit von Antigua lässt man zu Allerheiligen riesige Drachen steigen. Im winzigen Bergdorf Todos Santos Cuchumatán finden am 1. November Pferderennen statt. (S. 178)

Día de los Muertos, Mexiko

Am 1. und 2. November bauen die Familien in ihren Häusern Altäre auf und gehen mit Girlanden und Geschenken auf die Friedhöfe, um mit ihren Toten zusammen zu feiern. Im Freizeitpark Xcaret an der Riviera Maya sind bunte Altäre zu sehen.

Garifuna Settlement Day, Belize

Mit Tanz, Getränken und Trommeln wird am 19. November die Ankunft der ersten Garifuna per Boot in Belize gefeiert, am schönsten in Dangriga und Hopkins. (S. 291)

Dezember

Dezember und Januar sind die kühlsten Monate an der Pazifikküste, von Nicaragua bis zum Dschungeltiefland Guatemalas. Zur Weihnachtszeit strömt alles an die Strände.

Las Fiestas de Zapote, Costa Rica

Eine Woche lang wird alles gefeiert, was typisch costa-ricanisch ist – von Rodeos bis zu frittierten Speisen, von Stierkämpfen bis zu Kirmesattraktionen – und das mit reichlich Alkohol. Die Party steigt in Zapote südöstlich von San José.

Reiserouten

2 WOCHEN

Der Norden: Guatemala, Mexiko & Belize

Diese Kultur- und Küstenroute beschreibt eine Schleife zu den Highlights im Norden der Region: zu Maya-Ruinen, zum Riffschnorcheln und zu Dschungeltouren.

Von **Guatemala-Stadt** geht's direkt ins koloniale **Antigua** samt Vulkanbesteigung und einem Spanisch-Crashkurs. Am **Lago de Atitlán** kann man ein paar Tage wandern und im Esoterikermekka **San Marcos La Laguna** baden. Anschließend lockt der berühmte Maya-Markt von **Chichicastenango**.

Weiter geht's nach Norden ins mexikanische Chiapas mit der Kolonialstadt **San Cristóbal de las Casas** und nahegelegenen Maya-Dörfern sowie den Dschungel-Ruinen von **Palenque**. Zurück in Guatemala ist das Ziel **Tikal**, der Inbegriff einer Maya-Stätte.

Mit dem Bus geht's Richtung Osten nach Belize. Außerhalb des von Hügeln umgebenen **San Ignacio** kann man sich auf Gummischläuchen den Fluss hinuntertreiben lassen oder Höhlen erkunden, um sich dann ein Bad in der Karibik zu gönnen und von **Hopkins** oder **Caye Caulker** aus das Barriereriff zu erkunden. Von **Punta Gorda** fahren *lanchas* (Motorboote) nach **Lívingston**, dem Ausgangspunkt für Dschungelflussfahrten nach Río Dulce. Von hier verkehren regelmäßig Busse zurück nach Guatemala-Stadt.

1 WOCHE Der Süden: Strand, Stadt & ländliche Idylle

Zentralamerika in nur einer Woche zu sehen, ist eine echte Herausforderung. Für Besucher mit wenig Zeit bietet dieser Routenvorschlag die Chance, Strandurlaub, ländliche Idylle und ein bisschen Kolonialromantik in einem Trip zu kombinieren.

Startpunkt ist der größte Touristenmagnet von Panama, die Inselgruppe **Bocas del Toro**. Besucher können die smaragdgrüne Karibik durchpflügen, die Meereswelt erkunden und Korallen bestaunen, im Parque Nacional Marino Isla Bastimentos nach Affen und Faultieren Ausschau halten oder sich im cremefarbenen Sand der Playa Pata Rojo (Red Frog Beach) aalen. Zum Abendessen schmecken frische Meeresfrüchte bei Kerzenschein, gefolgt von hochprozentigen Cocktails und Party bis in die Morgenstunden in Bocas-Stadt oder auf der Isla Carenero. Nach zwei Tagen Schnorcheln und Inselhopping geht es per Flieger weiter zu den grünen Hügeln des **Valle Central** von Costa Rica.

Hier lässt man die hektische Hauptstadt links liegen und steuert das grüne Hochland an: das märchenhafte Tal **Valle de Orosi** mit seiner sauber geteerten, 32 km langen Rundstraße durch sanfte Hügel, terrassierte Kaffeeplantagen und idyllische Dörfer oder die mit Erdbeeren bewachsenen Hügel von **Poás** und den gleichnamigen unruhigen Vulkan (am besten frühmorgens). Wer in der **Peace Lodge** mit ihrem wunderbaren Tierrettungsprojekt nächtigt, kann die Tierwelt des Landes und einige spektakuläre Wasserfälle kennenlernen. Dabei sollte genug Zeit bleiben, um in den höhlenähnlichen Duschen (mit Wasserfallfunktion!) und blubbernden Whirlpools auszuspannen.

Von hier ist es nur ein kurzer Flug bis zur Hauptstadt Nicaraguas (die auf dieser Tour außen vor bleibt) und dann noch eine Stunde Fahrt bis zum kolonialen Schmuckstück **Granada**. Dort kann man durch gepflasterte Bilderbuchsträßchen mit prächtigen Kirchen bummeln oder zwischen den Inselchen des Nicaraguasees herumschippern, die vor Jahrtausenden durch einen Ausbruch des Vulkans Mombacho entstanden. Der Besuch eines nahegelegenen dörflichen Tourismusprojekts kommt den Einheimischen zugute. Außerdem sind im Parque Nacional Archipiélago Zapatera eindrucksvolle Felsbilder und Statuen besichtigen.

BLEND IMAGES - JEREMY WOODHOUSE/GETTY IMAGES ©

Oben: Ruinen von Tulum (S. 69), Mexiko

Unten: Reserva Biológica Bosque Nuboso Monteverde (S. 605), Costa Rica

4 WOCHEN Pazifikküste: Von El Salvador nach Panama

Die Pazifikküste bietet etwas für jeden, von unersättlichen Surfern bis zu eingefleischten Sonnenanbetern. Im Landesinneren locken Kaffeeplantagen, Nebelwälder und höchst vielfältige Landschaften. Diese Reise durch vier Länder voller Monsterwellen und Abenteuer macht Laune. In El Salvador und Nicaragua erreicht die Surfsaison ihren Höhepunkt von März bis Dezember, weiter südlich im Februar und März.

Von San Salvador geht's direkt zur nahen **Costa del Bálsamo** mit ihren erstklassigen Breaks; die Strände El Zonte und Sunzal locken mit Unterkünften am Meer und Unterricht für Surfanfänger. Auf einem Abstecher zur **Ruta de las Flores** kann man zu Wasserfällen wandern und die kulinarischen Genüsse der Region erkunden.

Dann geht's hinüber nach Nicaragua. Das szenige und bunte **León** punktet mit Kunst und Kultur. Von Managua aus wird **San Juan del Sur** angesteuert, ein relaxter Badeort mit hohen Wellen. Von hier ist es nicht weit bis zur **Isla de Ometepe**, einer Insel voller Abenteuer.

Von **Liberia** in Costa Rica führt ein Abstecher zu einigen Surfspots an der Península de Nicoya. An der langen **Playa Grande** kann man tagsüber auf den Wellen reiten und abends Schildkröten beobachten. Hartgesottene sollten keinesfalls die holprige Fahrt zur Südspitze der Halbinsel scheuen: Hier warten **Mal País und Santa Teresa** mit einigen der besten Breaks der Region auf. Der wunderschöne Strand und die lockere Stimmung locken neben Surfern auch Yogis und Freigeister aller Art an. Der nahe Cabo Blanco war das erste staatliche Naturschutzgebiet Costa Ricas und lohnt noch heute einen Besuch.

Eine Abkürzung zum Festland bildet die Fähre nach **Puntarenas**. Hardcore-Surfer sollten dann **Dominical** ansteuern. Kühlere Temperaturen, Canopy-Touren und zauberhafter Nebelwald bietet im Landesinneren **Monteverde**.

Anschließend führt die Route nach Panama. Wer nicht in Monteverde war, sollte einen Abstecher nach **Boquete** machen, einem Bergort mit kühler Luft und starkem Kaffee. Ansonsten geht's weiter nach **Santa Catalina** mit seinen grandiosen Wellen. Von Santiago fahren schließlich Busse nach **Panama-Stadt** oder David.

4 WOCHEN

Karibikküste: Von Mexiko nach Nicaragua

Diese Route erkundet die andere Seite Zentralamerikas, wo man weniger Spanisch als Englisch oder Kriol hört und Latinobeats durch Reggae-Rhythmen und Garifuna-Trommeln ersetzt werden. Hier erleben Reisende die reiche kulturelle Vielfalt und die wilden Landschaften, die die Karibik so einzigartig machen.

Von **Cancún**, dessen Salsa-Clubs einen Besuch lohnen, führt die Route nach Süden. Erster Stopp ist **Tulum** mit seinen eindrucksvollen Maya-Ruinen direkt am Meer. Weiter südlich lädt bei **Mahahual** das größte Korallenatoll der nördlichen Erdhalbkugel zum Schnorcheln ein.

Von **Chetumal** fahren Boote zum relaxten **Caye Caulker** in Belize; hier kann man ein paar Tage in der Sonne liegen, baden und schnorcheln. Über **Belize City** geht's zurück aufs Festland, eventuell mit einem Besuch im **Belize Zoo**. Wer noch ein paar Inseln vertragen kann, nimmt einen Bus nach **Dangriga** und von dort ein Boot zum Schnorchler- und Faulenzerparadies **Tobacco Caye**. Wer lieber auf dem Festland bleibt: Die entspannte Garifuna-Siedlung **Hopkins** bietet ebenfalls einen Strand.

Wer Zeit sparen möchte, nimmt das Boot, das einmal in der Woche von **Placencia** nach **Puerto Cortés** in Honduras fährt. Oder man setzt die Reise weiter Richtung Süden durch Toledo nach **Punta Gorda** fort und steigt dort in ein Boot nach **Puerto Barrios** in Guatemala. Danach geht's mit einem Minibus zur honduranischen Grenze bei **Corinto**.

Von hier verkehren Busse über San Pedro Sula nach **La Ceiba**. Die Küste säumen zahlreiche tolle Attraktionen wie der Raftingfluss **Río Cangrejal** und das Garifuna-Dorf **Sambo Creek**. Ein absolutes Muss für Taucher sind die **Bay Islands**.

Und jetzt hat man quasi das Ende der Zivilisation erreicht: die **Moskitia**. Diese gewaltige ungezähmte Wildnis ist nur an ein paar wenigen einsamen Stellen besiedelt. Neugierige können sich in La Ceiba einer Tour in die Moskitia anschließen – in der Region gibt es kaum Straßen, dafür aber viel Kriminalität.

2 WOCHEN Die Mitte Zentralamerikas

Die Tour durch die weniger bekannten und bereisten und daher billigeren Länder Zentralamerikas erkundet zwei Küsten und viel spektakuläre Landschaft dazwischen.

Von **Guatemala-Stadt** geht's ostwärts über die salvadorianische Grenze nach Tacuba, Startpunkt der **Ruta de las Flores** mit ihren Wanderwegen und kulinarischen Festivals. Südlich von Sonsonate erstreckt sich die **Costa del Bálsamo**; hier kann man in **La Libertad** ein paar Tage surfen und sonnenbaden. **San Salvador** wartet mit dem besten Nachtleben des Landes auf. An der östlich gelegenen **Playa El Cuco** ist La Tortuga Verde eine coole (und umweltfreundliche) Unterkunft.

Anschließend geht's zum **Lago de Yojoa** in Honduras, um im Nebelwald nach Quetzals Ausschau zu halten. Weiter nördlich liegt **La Ceiba**, das Tor zur Taucherdestination Nummer eins der Region, den **Bay Islands**. In den Gewässern um Utila gibt es riesige Walhaie zu bestaunen. Vor der Rückkehr nach Guatemala steht ein Stopp im kopfsteingepflasterten Städtchen **Copán Ruinas** an, das Tubing-Touren auf dem Fluss, Reitausflüge in die Berge und die gleichnamigen Ruinen zu bieten hat.

2 WOCHEN Rundfahrt durch den Süden

Von Vulkanen bis zu Badeorten: Das südliche Zentralamerika bietet Abenteuer und Entspannung zugleich. Das grüne Costa Rica wird von zwei quirligen Ländern mit kolonialem Flair und dem Reiz abgeschiedener Orte flankiert.

Von **San José**, Costa Rica, geht es ins Hippieparadies **Puerto Viejo de Talamanca** mit tollem Essen, klasse Brandung und tierreichem Regenwald. In Panama besteigt man ein Boot zu den Sandstränden der **Bocas del Toro**. Weiter südlich bei **Boquete** wird die Kraxeltour auf den **Volcán Barú** mit tollem Rundumblick belohnt.

Zurück in Costa Rica lädt das relaxte **Dominical** zu einer Surf- und Yogapause ein, bevor man an die Pazifikküste wechselt, um die Wege und malerischen Strände im **Manuel Antonio** zu erkunden. Auf der Interamericana geht's weiter nach Nicaragua. In **San Juan del Sur** kann man surfen und faulenzen und sich so auf die Abenteuer auf der **Isla de Ometepe** vorbereiten, einer Vulkaninsel in einem gewaltigen Binnensee. Nachdem man in **Granada** die Kolonialarchitektur bewundert hat, fährt von Managua ein Direktbus zurück nach San José.

Zentralamerika: Abseits der üblichen Pfade

SANTA CLARA & DZILAM DE BRAVO

An der windigen Küste von Santa Clara und Dzilam de Bravo, östlich von Mérida, scheint die Zeit stillzustehen. In einer Region voller Touristenzentren sind diese einsamen Strände eine willkommene Abwechslung.

TOLEDO DISTRICT

Der tiefe Süden von Belize lockt mit entlegenen Maya-Dörfern, bröckelnden Ruinen und wenig besuchten Nationalparks und Schutzgebieten. (S. 303)

LAGUNITA CREEK

Rund um dieses entlegene Ökotourismusprojekt am Río Sarstun, nordwestlich von Lívingston, laden türkisfarbene Gewässer zum Schwimmen und Kajakfahren ein.

PERQUÍN

Kühle Bergluft, zerklüftete Wanderwege und Kriegsgeschichten erwarten jene, die sich die Mühe machen, die alte Guerilla-Hochburg nahe der Grenze zu El Salvador aufzusuchen. (S. 364)

PARQUE NACIONAL COIBA

Panamas jüngste Welterbestätte mit ihrer bemerkenswerten Meeresfauna war einst ein berüchtigtes Gefängnis. Entlegen und unberührt bietet sie tolle Möglichkeiten zum Tauchen und Tiere beobachten. (S. 702)

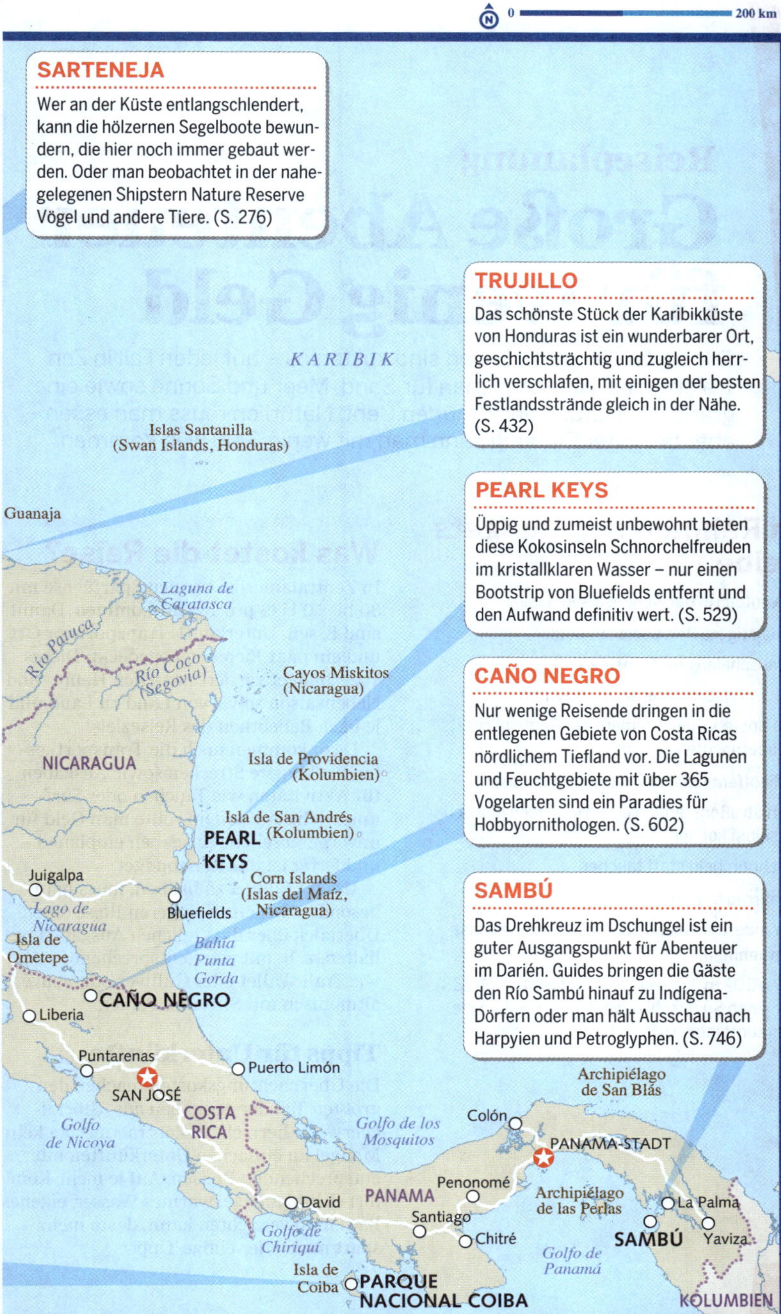

SARTENEJA

Wer an der Küste entlangschlendert, kann die hölzernen Segelboote bewundern, die hier noch immer gebaut werden. Oder man beobachtet in der nahegelegenen Shipstern Nature Reserve Vögel und andere Tiere. (S. 276)

TRUJILLO

Das schönste Stück der Karibikküste von Honduras ist ein wunderbarer Ort, geschichtsträchtig und zugleich herrlich verschlafen, mit einigen der besten Festlandsstrände gleich in der Nähe. (S. 432)

PEARL KEYS

Üppig und zumeist unbewohnt bieten diese Kokosinseln Schnorchelfreuden im kristallklaren Wasser – nur einen Bootstrip von Bluefields entfernt und den Aufwand definitiv wert. (S. 529)

CAÑO NEGRO

Nur wenige Reisende dringen in die entlegenen Gebiete von Costa Ricas nördlichem Tiefland vor. Die Lagunen und Feuchtgebiete mit über 365 Vogelarten sind ein Paradies für Hobbyornithologen. (S. 602)

SAMBÚ

Das Drehkreuz im Dschungel ist ein guter Ausgangspunkt für Abenteuer im Darién. Guides bringen die Gäste den Río Sambú hinauf zu Indígena-Dörfern oder man hält Ausschau nach Harpyien und Petroglyphen. (S. 746)

Reiseplanung

Große Abenteuer für wenig Geld

Die besten Dinge im Leben sind kostenlos – auf jeden Fall in Zentralamerika: Hier zahlt man für Sand, Meer und Sonne sowie eine grandiose Natur keinen müden Cent. Natürlich muss man essen – aber bei guter Planung kann man mit wenig Geld weit kommen.

Im Rahmen des Budgets bleiben

- Eventuell in der Nebensaison reisen.
- Günstigere Reiseziele auswählen.
- Pauschalangebote meiden.
- Flugpreise im Internet vergleichen.
- In Hostels oder Zimmern mit Gemeinschaftsbad übernachten.
- Mit öffentlichen Verkehrsmitteln reisen.
- An Straßenständen essen und nach Möglichkeit selbst kochen.
- Schnorcheln statt tauchen.
- Fahrrad fahren.
- Wanderungen und Touren auf eigene Faust unternehmen.
- WWOOFen, Freiwilligenarbeit leisten (S. 788) oder einen Spanischkurs belegen, bei dem die Unterkunft inbegriffen ist.

Was kostet die Reise?

In Zentralamerika können Sparfüchse mit 30 bis 50 US$ pro Tag auskommen. Damit sind Essen, Unterkunft, Transport vor Ort und ein paar Bierchen abgedeckt. Dieses Tagesbudget variiert zwischen Haupt- und Nebensaison sowie von Land zu Land und je nach Beliebtheit des Reiseziels.

Dazu kommen noch die Transportkosten für längere Strecken sowie Ausgaben für Aktivitäten wie Tauchen oder Surfunterricht. Außerdem sollte man Geld für unvorhergesehene Ausgaben einplanen – und fertig ist das Reisebudget.

Um im Budget zu bleiben, muss man besonders bei einer längeren Reise einen Überblick über die täglichen Ausgaben behalten, z. B. mit einer entsprechenden App wie Trail Wallet oder Gulliver oder ganz altmodisch mit Stift und Papier.

Tipps für Unterkünfte

Die Übernachtungskosten machen den größten Teil der Ausgaben aus. Glücklicherweise herrscht in Zentralamerika kein Mangel an einfachen Unterkünften mit entsprechenden Preisen. Auf je mehr Komfort (Klimaanlage, warmes Wasser, eigenes Bad) man verzichten kann, desto mehr spart man. Hier einige Tipps:

- Die billigsten Unterkünfte bieten oft Campingplätze. Natürlich muss man zunächst in Campingausrüstung investieren und sie mit sich herumschleppen. Dafür kann man aber sein Zelt oft umsonst oder fast umsonst aufstellen.
- Auch Hostels sind günstig – und man muss nicht sein eigenes Bett mitbringen. Viele Hostels bieten Gemeinschaftsküchen und preiswerte Ausflüge.
- Wer lieber ein bisschen mehr Privatsphäre hat: Die meisten Hostels und viele Pensionen haben preisgünstige Zimmer ohne Bad.
- Wenn der Preis zu hoch ist, kann man fragen, ob das Hotel oder die Pension auch billigere Unterkünfte hat. Unabhängige Vermieter sind manchmal flexibel mit ihren Preisen.
- In der Nebensaison sind Preisverhandlungen aussichtsreicher.
- Am besten zahlt man pro Tag und nicht alles auf einmal. So kann man wechseln, wenn die Unterkunft nicht gefällt oder sich die Pläne ändern.

Wann fahren?

Reisezeiten

Generell geht die Hauptsaison in Zentralamerika von Mitte Dezember bis Mitte April, die Nebensaison von Mitte April bis Mitte Dezember. Um die wichtigen Feiertage herum gibt es noch einmal Spitzenzeiten, z. B. in den letzten beiden Dezemberwochen und der Woche vor Ostern..

In der Hauptreisezeit sind die Übernachtungspreise höher, ebenso die Preise für einige Aktivitäten; zu den absoluten Spitzenzeiten können die Preise doppelt so hoch liegen. Außerdem sind in der Hauptsaison natürlich mehr Touristen unterwegs.

WAS KOSTET WIE VIEL?

- Flasche Bier: 2–5 US$
- Busticket: 5–15 US$
- Menü: 5–8 US$
- Hostelbett: 10–20 US$
- Inlandsflug: 80–150 US$
- Nationalparkseintritt: 8–15 US$
- Canopy-Tour: 40–60 US$
- Schnorcheltour: 35–55 US$

In der Nebensaison sind die Preise niedriger, manchmal um bis zu 25 bis 40 %, und es ist weniger los. In der Nebensaison ist man also sehr viel günstiger unterwegs.

Jahreszeiten

In Zentralamerika gibt es zwei Jahreszeiten: die Trocken- und die Regenzeit.

Natürlich fällt die Hauptreisezeit ungefähr mit der Trockenzeit zusammen, die in den meisten Regionen von Januar bis März oder April dauert. Die Regenzeit dauert gewöhnlich von Mai bis Dezember und von Juni bis November ist obendrein noch Hurrikansaison.

An einigen Orten ist es jedoch zu jeder Zeit recht regnerisch, etwa im Regenwald. Es regnet nicht unbedingt jeden Tag von morgens bis abends, doch sollten Besucher auf nasses Wetter eingestellt sein.

Wohin reisen?

Zwar sind die Lebenshaltungskosten in Zentralamerika im Allgemeinen niedriger als in Europa oder Nordamerika, doch gibt es auch Unterschiede: Belize, Costa Rica und Panama sind erheblich teurer als die anderen Länder der Region. Am meisten bekommt man für sein Geld in Guatemala, Honduras und Nicaragua. Diese Länder sind insgesamt ärmer und verfügen über eine weniger entwickelte touristische Infrastruktur.

Gewöhnlich gibt es überall in Zentralamerika eine zweigeteilte Wirtschaft: Die Dienstleistungen für Touristen sind teurer als die für die Einheimischen. Touristenstädte sind teurer als Städte und Orte, die vorwiegend von der Landwirtschaft, Industrie oder anderen Branchen leben. Zum Glück sind Reisende nicht auf edle Restaurants, private Shuttles und geführte Touren - oder auch Touristenorte - festgelegt. Je mehr man wie ein Einheimischer leben kann, mit Selbstversorgung, normalen Esslokalen und öffentlichen Verkehrsmitteln, desto mehr spart man. Wer ein bisschen Spanisch spricht, erhält leichter gute Informationen für günstiges Reisen.

Tipps für Reiseziele

Dies sind die lohnendsten preisgünstigen Ziele in Zentralamerika:

Mexiko Die Costa Maya (insbesondere Mahahual und Laguna Bacalar) bietet erschwingliche Unterkünfte und Essmöglichkeiten sowie jede Menge preiswerte Aktivitäten wie Baden in Cenoten, Schnorcheln am Banco Chinchorro und Abhängen am Strand.

Guatemala San Pedro La Laguna ist das perfekte Ziel für Sparfüchse: billige Hotels, billiges Essen und billige Drinks – alles vor der Kulisse des unglaublich malerischen, von Vulkanen umgebenen Lago de Atitlán.

Belize Der beste Tipp für Reisende mit schmalem Geldbeutel sind die mittleren Cayes. Tobacco Caye liegt direkt auf dem Riff und mit eigener Ausrüstung kann man unmittelbar vor der Insel umsonst schnorcheln. San Ignacio hat das beste Angebot an Budgetunterkünften (auch Camping) im ganzen Land.

El Salvador Am besten schlägt man sein Zelt im Parque Nacional El Imposible auf und verbringt seine Tage mit Wanderungen durch die Wälder (gratis). Die östlichen Strände Las Flores, El Cuco und Esteron sind weniger erschlossen als die der Costa Bálsamo, dafür aber preiswerter, schöner und absolut besuchenswert.

Honduras Derzeit ist das ganze Land ein Schnäppchen: Reisende bekommen viel für ihre US-Dollars und angesichts der geringen Besucherzahlen herrscht zwischen den Hotels und den Reiseagenturen ein starker Wettbewerb. Das wichtigste Backpackerziel ist nach wie vor Utila: Hier kann man günstig tauchen. Am Lago de Yojoa gibt's eine Brauerei, ein tolles Hostel und alle möglichen erschwinglichen Aktivitäten.

Nicaragua San Juan del Sur und die Badeorte in der Nähe sind tolle Ziele für Budgetreisende. Die schöne Natur ist natürlich gratis und es gibt zahlreiche Hostels, billige Esslokale und Angebote für Leute mit wenig Geld. Auch Guides sind nicht teuer – aber das Trinkgeld nicht vergessen!

Costa Rica Der erschwinglichste Teil des Landes ist die Karibikküste. Einige tolle preiswerte Unterkünfte bietet Puerto Viejo de Talamanca. Die Strände sind natürlich umsonst, und hin kommt man auch mit dem Fahrrad. Außerdem kann man im nahen Tierschutzgebiet Gandoca-Manzanillo kostenlos wandern.

Panama Bocas del Toro und vor allem Boquete locken mit einigen tollen Budgetunterkünften – und jede Menge Abenteuer warten gleich vor der Haustür.

Gepäck

Was man an Gepäck mitnehmen sollte, hängt auch davon ab, wie üppig die Reisekasse gefüllt ist.

Als Traveller mit kleinem Budget muss man sein Gepäck immer mitschleppen – daher sollte man so wenig wie möglich einpacken. Ein kleineres Gepäckstück passt besser in die Gepäckablage der Busse und Boote und erleichtert das Ein- und Aussteigen. Mit leichtem Gepäck kann man auch besser auf der Suche nach dem besten Hostel durch den Ort streifen. Und – ganz wichtig – man ist so weniger interessant für Schlepper und andere problematische Zeitgenossen.

Außerdem kann man in Zentralamerika billig seine Wäsche waschen – also weniger mitnehmen, öfter waschen!

Gerätschaften

Natürlich nehmen viele Leute gerne ihre Handys, Tablets, Laptops und Kameras mit auf Reisen. Aber es gibt gute Gründe, den Elektronikballast zu beschränken: Erstens nehmen die Geräte Platz weg; zweitens ist das Risiko von Diebstahl oder Beschädigung hoch. Zentralamerika ist feucht und matschig, Gepäck wird herumgeworfen, Diebe wollen haben, was man selbst hat, und es ist nur ein kurzer heftiger Schauer nötig, um einen Kurzschluss auszulösen.

Hier einige Tipps zum Reisen mit moderner Technik:

- Nur ein oder zwei vielseitige Geräte mitnehmen: ein Tablet, mit dem man Bücher lesen und E-Mails checken kann, oder ein Handy, das alles kann.
- Elektronische Geräte regensicher und die Akkus separat verstauen.
- Einen Spannungsstabilisator benutzen: Teils gibt's Überspannungen, die manchen Geräten schaden können.
- USB-Surfsticks, erhältlich beim Handyprovider, ermöglichen fast überall auf der Welt Internetzugang vom Computer.
- Statt teure Roaming-Gebühren zu zahlen, besser beim Handyprovider nach Welttarifen fragen.
- Eine Reiseversicherung abschließen, die den Diebstahl oder die Beschädigung der mitgeführten Geräte abdeckt.

Reiseplanung

Outdooraktivitäten

Mit seinen beiden wunderbar vielfältigen Küsten lockt Zentralamerika alle möglichen Wasserfreunde an die Brandung des Pazifiks und die Riffe der Karibik. Im Landesinneren wollen Berge und Vulkane erkundet werden, die tropischen Regenwälder strotzen vor Vögeln und anderen Tieren und rauschende Flüsse durchschneiden die Region. Auf ins Abenteuer!

Wandern

Mit seinen Wäldern, Vulkanen und Tieren ist Zentralamerika ein echtes Wanderparadies. Das Terrain reicht von Nebel- und Regenwäldern bis zu tropischem Trockenwald, von Flüssen bis zu Palmenstränden.

In den meisten Nationalparks und Naturschutzgebieten gibt es genügend gut instandgehaltene und gekennzeichnete Wanderwege, für die man auch zumeist keinen Führer benötigt. Wanderer haben die Auswahl aus mehreren beliebten Mehrtagesrouten. Man kann die ausgetretenen Pfade auch völlig verlassen – doch ist dafür auf jeden Fall ein Guide erforderlich.

Reisezeit

In Regen- und Nebelwäldern können die Wanderwege matschig sein. Ihr Zustand schwankt in der gesamten Region erheblich. Vielleicht sind sie durch Betonblöcke oder Holzplanken verstärkt, doch schlammig bleibt's auch dann. Während der Trockenzeit ist der Untergrund natürlich fester und die Wege sind leichter zu begehen – die beste Zeit für Wanderer ist Ende Dezember bis April.

Das richtige Schuhwerk zum Wandern

Nicht mit Flipflops – hier einige Tipps zu festerem Schuhwerk zum Wandern in den Tropen:

Gummistiefel Gibt's für rund 10 US$ in jedem Baumarkt. Sie sind robust, schützen vor Krabbelgetier und können am Ende des Tages einfach abgespült werden. Nachteile: Sie sind nicht unbedingt sehr bequem und wenn sie sich mit Wasser und Schlamm füllen, hat man den ganzen restlichen Tag nasse Füße.

Sportsandalen Toll fürs Raften und für Flussdurchquerungen, bieten den Füßen aber nur wenig Schutz. Am besten mit geschlossenen Zehen.

Wasserdichte Wanderstiefel Wer eine echte Bergwanderung plant, sollte in ein Paar robuste, wasserdichte Wanderstiefel investieren.

Reiseziele

Guatemala Die beliebtesten Wanderziele sind die Vulkane um Antigua (S. 125). Die ultimative Wanderung ist die 60-km-Strecke in den Dschungel des Petén nach El Mirador (S. 228), einer ausgedehnten, zum Großteil noch nicht freigelegten Maya-Stadt.

Belize Der Dschungel und die niedrigen Berge sind mit Maya-Ruinen gespickt. Zu den besten Wanderrevieren gehören das Cockscomb Basin Wildlife Sanctuary (alias „Jaguarreservat", S. 291) und die Mountain Pine Ridge (S. 287).

El Salvador Hier locken die tropischen Bergwälder des Parque Nacional El Imposible (S. 352).

Honduras In den Nebelwäldern um den Lago de Yojoa (S. 401) oder beim Gipfel der Montaña de Santa Bárbara (S. 402) sind Quetzals zu erspähen.

Nicaragua Auf der Isla de Ometepe (S. 489) locken prähistorische Petroglyphen oder man erklimmt einen Vulkan wie den Volcán Mombacho (S. 482) oder die Vulkane bei León (S. 503).

Costa Rica Bei Arenal (S. 595) kann man zu Wasserfällen wandern, in Monteverde (S. 603) durch Wolken stapfen. Um den Cerro Chirripó (S. 649), den höchsten Gipfel des Landes, zu besteigen, braucht man zwei Tage.

Panama Um den Volcán Barú (S. 713) im Hochland von Chiriquí wandert man durch Hügel voller Kaffeeduft.

Tierbeobachtung

Das unerwartete Auftauchen eines Tukans, Brüllaffen oder Faultiers zählt sicher zu den Höhepunkten einer Reise. In Zentralamerika bieten sich dank der vielen Naturschutzgebiete unzählige Möglichkeiten, solche Tiere in der Wildnis zu erblicken. Oft begegnet man einem Wildtier, wenn man es gar nicht erwartet, z. B. im Hotelgarten oder irgendwo am Straßenrand. Also: Augen offen halten!

Am besten hält man am frühen Morgen oder späten Nachmittag nach Tieren Ausschau.

SCHILDKRÖTENTOUREN

Meeresschildkröten nisten in Zentralamerika sowohl an der Karibik- als auch der Pazifikküste. Während der Nistsaison kann man verschiedene Schildkötenarten bei der Eiablage an ihren Geburtsstränden beobachten, teils in großer Zahl – ein wunderbares Naturerlebnis! Die besten Spots für Schildkröten sind z. B. die Playa Ostional bei Sámara (S. 624) und Tortuguero (S. 581) in Costa Rica, die Isla Cañas (S. 699) in Panama und La Flor (S. 499) in Nicaragua.

Reiseziele

Mexiko Brüllaffen lassen sich an der Grenze zu Guatemala häufig sehen.

Guatemala In Monterrico (S. 183) kann man Wale beobachten. Im Refugio Bocas del Polochic (S. 203) gibt es mit viel Glück Seekühe und fast immer viele andere Tiere zu sehen. Tikal (S. 219) ist für frühmorgendliche Vogelbeobachungen besonders schön.

Belize Der Schwarze Brüllaffe kommt nur in Belize vor und im Community Baboon Sanctuary (S. 270) bekommt man ihn fast garantiert zu Gesicht). Im Cockscomb Basin Wildlife Sanctuary (S. 291) zeigen sich mitunter Jaguare, außerdem Tapire, Schwarze Brüllaffen und 290 Vogelarten.

Honduras Die Montaña de Celaque (S. 421) und Cusuco (S. 404) sind tolle Ziele für Vogelfreunde; Säugetiere sind schwerer zu erspähen. Abenteuerlustige können die Moskitia (S. 445) ansteuern.

Nicaragua Auf einer Bootstour auf dem Dschungelfluss Río San Juan (S. 539) sieht man freche Affen, sonnenbadende Kaimane und zahllose Vögel.

Costa Rica Das ultimative Ziel für Tierfreunde ist der Corcovado (S. 651): Hier sind vier Breitnasenaffenarten vertreten, dazu der bedrohte Baird-Tapir, Honigbären und Faultiere. An den Kanälen des Tortuguero (S. 581) und den trägen Flüssen um Puerto Viejo de Sarapiquí (S. 601) wimmelt es außerdem vor Tieren.

Panama Bei einer Bootstour gibt es einige der 381 Vogel- und 120 Säugetierarten auf der Isla Barro Colorado (S. 693) zu sehen. Oder man stattet dem Regenwald des Parque Nacional Soberanía (S. 692) einen Besuch ab: Er ist leicht zugänglich und wartet ebenfalls mit unzähligen Tieren auf.

Surfen

Die größte Surferszene hat Costa Rica und vielleicht auch die meisten und besten Wellen. Aber auch El Salvador, Nicaragua,

Panama und sogar Guatemala sind im Kommen. Vielleicht sind die Wellen nicht „Weltklasse“, zumindest nicht alle, doch sie sind schon ziemlich gut. Und man muss sie sich nicht mit so vielen anderen Surfern teilen wie an bekannteren Orten.

Reisezeit

Die Surfsaison ist in der Region unterschiedlich – aber immer gibt's irgendwo vernünftige Wellen.

El Salvador An der Südküste ist die Dünung am besten von Mai bis August, doch dann regnet es auch sehr stark. Erfahrene Surfer meinen, dass das Ende der Trockenzeit (Ende März/Anfang April) den besten Kompromiss darstellt, mit noch tollem Wetter und der ersten Dünung von Süden.

Nicaragua An der Pazifikküste gibt's dank südlicher Dünung und ablandigen Winden von April bis Juni die größten Wellen. Zwischen März und November ist die Brandung aber zu jeder Zeit zuverlässig. Auch hier setzt im Mai der Regen ein.

Costa Rica und Panama Diese beiden Länder gehören zu den wenigen Reisezielen, an denen man an einem Tag auf zwei Ozeanen surfen kann. In beiden Ländern dauert die karibische Surfsaison von November bis April mit einer zusätzlichen Minisaison im Juni und Juli. Dem Regen kann man an dieser Küste allerdings nicht entkommen.

An der Pazifikküste in Costa Rica kommt die beständigste Brandung aus Südwesten von Ende Mai bis August. In Panama ist die Zeit von April bis Juni am besten, mit ablandigen Winden und beständiger südwestlicher Dünung. In beiden Fällen kann man zwischen Februar und August auf jeden Fall gut surfen. Ab Mai regnet es mehr, dafür gibt's weniger Touristen.

Reiseziele

Guatemala Hier ist Surfen nicht so angesagt wie weiter im Süden, doch bei El Paredón (S. 182) entsteht langsam eine Surferszene mit Lodges, Unterricht und Brettverleih.

El Salvador An der gesamten Costa del Bálsamo (S. 334) kann man toll surfen. La Libertad ist eine zwielichtige Hafenstadt, aber der Righthander an der Punta Roca (S. 333), La Libertad, ist spitze.

Nicaragua Hauptsurferziele sind die Strände nördlich und südlich von San Juan del Sur (S. 495). Seine ganz private Welle findet man bei Las Peñitas (S. 509) oder an den Tola-Stränden (S. 499).

DIE BIG FIVE DER VOGELWELT

Die gesamte Region ist mit einer reichen Vogelwelt gesegnet, jedoch kommen in unterschiedlichen Habitaten natürlich auch unterschiedliche Arten vor. Einige Highlights:

Hellroter Ara Überall im Corcovado (S. 651) und Carara (Costa Rica; S. 631)

Bechsteinara Valle de Sarapiquí (Costa Rica; S. 601)

Quetzal Monteverde (Costa Rica; S. 603), Lago de Yojoa (Honduras; S. 401) und Volcán Barú (Panama; S. 713)

Jabiru Crooked Tree (Belize; S. 273) und Caño Negro (Costa Rica; S. 602)

Harpyie Brütet im Bereich der Reserva Natural Punta Patiño im Darién (Panama; S. 745)

Costa Rica Berühmt für die Salsa Brava in Puerto Viejo de Talamanca (S. 590) und den Drei-Minuten-Lefthander in Pavones (S. 653, nur für Experten!). Doch an der gesamten Pazifikküste ist die Brandung phänomenal, z. B. an der Playa Grande – und allen Stränden um Tamarindo (S. 619) –, Santa Teresa und Mal País (S. 626) sowie weiter südlich bei Dominical (S. 640).

Panama Surfen an beiden Küsten! Die Wellen vor Santa Catalina (S. 703) zählen zu den größten der Region, während Bocas del Toro (S. 717) zumeist mit Riffbreaks aufwartet – aua!

Schnorcheln & Tauchen

Die Karibikküste Zentralamerikas ist fast ununterbrochen von meilenlangen Barriereriffen gesäumt: Somit ist dies eine der besten Destinationen für Taucher und Schnorchler. Das Leben unter Wasser ist äußerst vielfältig, mit fantastischen Korallen und bunten Fischen sowie riesigen – und teils bedrohlichen – Meeresbewohnern in größerer Tiefe. Mexiko, Belize und Honduras bieten Unterwasserwelten von Weltrang, aber auch weiter südlich eröffnen sich Gelegenheiten zum Schnorcheln und Tauchen.

An der Pazifikküste gibt's zwar kein Riff, aber immer noch jede Menge zu

Oben: Cenote, Parque Dos Ojos (S. 69), Mexiko

Unten: Hellroter Ara

sehen, besonders von Oktober bis Februar: Dann ist die Sicht in der Regel besser. Empfehlenswerte Tauchreviere gibt's bei San Juan del Sur (S. 495) in Nicaragua sowie an der Playa del Coco (S. 618), bei Quepos (S. 634) und in der Bahía Drake (S. 647) in Costa Rica.

Nicht nur in den beiden Ozeanen, sondern auch im Landesinneren kann man wunderbar tauchen. Mexiko bietet umwerfende Tauchmöglichkeiten in Cenoten (Süßwasser-Kalksteinlöcher), z. B. in der Nähe von Tulum (S. 69). Oder wie wär's mit einem Kratersee wie der Laguna de Apoyo (S. 483) in Nicaragua? In Guatemala kann man in großer Höhe im Lago de Atitlán (S. 140) tauchen.

Reiseziele

Mexiko Zahlreiche gut besuchte Tauch- und Schnorchelspots gibt es um die Isla Cozumel (S. 64); ein weniger bekanntes Highlight ist der Banco Chinchorro bei Mahahual (S. 75).

Belize Das Zentrum der Tauch- und Schnorchelszene sind die Nördlichen Cayes (S. 257) mit Zugang zum Blue Hole und Barriereriff. Da das Riff hier unter Naturschutz steht, ist sogar zum Schnorcheln ein lizenzierter Guide erforderlich. Hopkins (S. 294) und Placencia (S. 296) dienen als Basis für das mittlere Riff. Auf Tobacco Caye (S. 293) kann man vom Strand aus schnorcheln.

Honduras Die Bay Islands (S. 434) sind für ihre billigen Open-Water-Kurse bekannt und Roatán bietet spektakuläre Tauchmöglichkeiten. Doch Walhaie gibt es nur vor Utila zu sehen.

Nicaragua Little Corn Island (S. 532) bietet eine stimmungsvolle Lage und unterschiedliche Tauchspots, u. a. Unterwasserhöhlen, sowie vereinzelte Hammerhaie.

Costa Rica Zwar nicht so toll wie weiter nördlich, jedoch kann man an der gesamten südlichen Karibikküste (S. 585) schnorcheln und tauchen. Die Bedingungen sind sehr wechselhaft.

Panama Im Archipel Bocas del Toro (S. 717) und in der Comarca de Guna Yala (S. 735) herrscht im Meer reges Treiben, aber die Sicht ist hier nicht so besonders gut.

Wildwasser-Rafting

Zentralamerika bietet einige der besten Möglichkeiten zum Wildwasser-Raften in den Tropen, z. B. in Guatemala, Honduras, Panama und besonders Costa Rica. Es gibt alles von schäumendem Wildwasser der Kategorie IV bis zu trägen Flüssen der Kategorie II. Die meisten Flüsse können ganzjährig befahren werden, doch mit dem Regen steigen die Wasserstände.

Reiseziele

Guatemala Der Río Cahabón in Las Verapaces verspricht Nervenkitzel inmitten malerischer Natur; ADETES (S. 192) veranstaltet tolle Touren.

Honduras Auf dem Río Cangrejal bei La Ceiba (S. 429) sorgen herrliche Landschaft, reiche Vogelwelt und Stromschnellen des Schwierigkeitsgrads III für einen echten Adrenalinrausch.

Costa Rica Tolles Wildwasser auf zwei Flüssen bei Turrialba (S. 579), besonders dem Río Paquare. Der Río Sarapiquí (S. 601) bringt das Herz ebenfalls auf Touren.

Panama Auf dem Río Chiriquí und dem Chiriquí Viejo bei Boquete (S. 708) passiert man enge Schluchten und versteckte Wasserfälle.

Radfahren

Es werden zwar allenthalben Fahrräder für lockere Erkundungen vermietet, aber nur wenige Radtouren angeboten, und es gibt auch nicht so viele Möglichkeiten zum Radwandern und Mountainbiken in der Region.

Mexiko In San Cristóbal de las Casas veranstaltet **Jaguar Adventours** (Karte S. 92; ☎967-631-50-62; www.adventours.mx; Belisario Domínguez 8A; Leihrad 50/250 Mex$ pro Std./Tag; ⏲9–14 & 16–20 Uhr) Radtouren zu benachbarten Maya-Dörfern und anderen spannenden Zielen.

Guatemala Mehrere Veranstalter in Antigua (S. 130) bieten Mountainbiketrips in die umliegenden Berge, von Halbtags- bis zu einwöchigen Touren.

Nicaragua Nica on Pedals (S. 467) bietet anspruchsvolle Mountainbikerouten und adrenalintreibende Tagestouren ab Managua u. a.

Costa Rica Der Hotspot für Mountainbiker ist das Gebiet um den Arenal: Bike Arenal (S. 597) hat verschiedene Touren im Programm und verleiht Räder. Wer sein eigenes Fahrrad dabeihat: Die **Vuelta al Lago** (www.vueltaallagoarenal.com; ⏲März) ist eine tolle jährliche Zweitagestour um den Lago de Arenal herum.

Zentral-amerika im Überblick

Die grüne Brücke zwischen Nord- und Südamerika besteht aus sieben relativ kleinen Ländern, die zusammen Zentralamerika ausmachen, und dem Südzipfel Mexikos. Die Region ist ein wahres Paradies für Traveller: ein komplexes Mosaik aus vielfältigen Kulturen, alten Ruinen, tropischer Tierwelt und spannenden Abenteuern. Im nördlichen Bereich der Region, wo einst die Mayas herrschten, können Besucher durch den Dschungel zu überwältigenden Pyramiden wandern und in uralte Traditionen eintauchen. An den langen Küsten der Karibik und des Pazifiks kann man Spanisch aus erster Hand lernen, Tauchunterricht zu supergünstigen Preisen nehmen oder auf Wellen surfen, die sich an vielfarbigen Sandstränden brechen. Und überall auf der Landbrücke gibt es Vulkane zu erklimmen, faszinierende Tiere zu erspähen, exotische Küche zu probieren, Kolonialstädte und traditionelle Dörfer zu besuchen.

Oben: Iglesia de la Recolección (S. 503), León, Nicaragua
Mitte: Rotaugenlaubfrosch, Costa Rica (S. 553)
Unten: Comarca de Guna Yala (S. 735), Panama

Mexiko: Yucatán & Chiapas

Archäologie
Aktivitäten
Essen

Ruinen-Hopping

Hier gibt es Unmengen von Maya-Ruinen. Ein Muss ist das weltberühmte Chichén Itzá. Am besten früh kommen, bevor die Reisebusse eintrudeln.

Abenteuer

Mit tonnenschweren Walhaien schwimmen, wunderschöne Korallenriffe erkunden, bei einer Motorboottour Krokodilen und Flamingos begegnen oder in staunenswerten Cenoten (Kalksteinlöchern) baden.

Cocina Yucateca

Gourmets halten Yucatán für eins der besten kulinarischen Ziele Mexikos. Klar kann man *yucateco*-Klassiker wie *sopa de lima* auch anderswo probieren, aber nirgends sind sie so lecker wie hier!

S. 48

Guatemala

Archäologie
Natur
Geschichte

Maya-Rätsel

An unzähligen Stätten im Tieflanddschungel kann man tief in die Geheimnisse der klassischen Maya-Kultur eintauchen – von den Tempeln von Tikal bis zur wenig besuchten Sternwarte von Uaxactún.

Naturwunder

Grüne Nebelwälder, Karibikstrände, dampfender Dschungel, dramatische Vulkanlandschaften und atemberaubende Seen prägen Guatemalas vielerorts ungezähmte Natur.

Kolonialstädte

Ob in Würde verfallen wie in Guatemala-Stadt und Quetzaltenango oder restauriert wie in Antigua – das spanische Erbe bietet Postkartenansichten und die Gelegenheit zu einer Reise durch die Geschichte.

S. 108

Belize

Aktivitäten
Archäologie
Entspannung

Abenteuer zu Wasser

Mit einer langen Küste, unzähligen Inseln und dem spektakulärsten Riff der westlichen Hemisphäre bietet Belize endlosen Wasserspaß, vom Segeln bis zum Kitesurfen.

Die Welt der Mayas

Das winzige Land strotzt vor archäologischen Maya-Stätten – bedeutenden wie Caracol und Lamanai und kleineren wie um San Ignacio (Cayo) und Toledo. Modernes Maya-Leben gibt's in den Dörfern im tiefen Süden.

Auszeit

Auf dem einzigen Verkehrsschild des tiefenentspannten Caye Caulker steht „Slow Down". Das Land ist stolz auf seinen entschleunigten Rhythmus und der ideale Ort, um die Seele baumeln zu lassen.

S. 248

El Salvador

Landschaften
Geschichte
Surfen

Mini-Wunderland

El Salvador bietet in einem Radius von nur 100 km um die Hauptstadt herum schwarzsandige Strände, Vulkanseen, Maya-Ruinen, hippe Kaffeestädtchen und ein wildes Nachtleben – Zentralamerika im Miniaturformat.

Bürgerkriegsgeschichten

In abgeschiedenen Bergdörfern, wo im Bürgerkrieg die heftigsten Kämpfe stattfanden, kann man den Wandel der Geschichte miterleben. Den Hintergrund liefern ausgezeichnete Regionalmuseen sowie Galerien in San Salvador.

Tolle Wellen

Die sanftesten Wellen Lateinamerikas hat man fast für sich allein, ob an der Costa del Bálsamo oder an abgeschiedeneren Orten im Osten.

S. 312

Honduras

Tauchen & Schnorcheln
Nationalparks
Aktivitäten

Tauchen für wenig Geld

An wenigen Orten kann man so billig tauchen lernen wie auf den Bay Islands. Utila und Roatán bietet mit tollen Riffen, berühmten Wracks und jeder Menge Meerestieren denkwürdige Taucherlebnisse.

Ruf der Wildnis

In den Nationalparks von Honduras kann man wunderbar Tiere beobachten: Quetzals in den Nebelwäldern des Parque Nacional Cusuco, Krokodile in den Feuchtgebieten bei Tela und Vögel und Affen in der Moskitia.

Abenteuer

Honduras' grandiose Natur wartet mit jeder Menge Abenteuer auf. Am märchenhaften Lago de Yojoa kann man zu Wasserfällen wandern, auf Bootstouren Vögel beobachten und Höhlen und Ruinen erkunden.

S. 384

Nicaragua

Surfen
Geschichte
Aktivitäten

Surfszene

Bessere Wellen gibt's kaum irgendwo. Und nach dem Surfen an den legendären Stränden Hermosa und Maderas wird bei cooler Musik mit netten Leuten im Hängemattenparadies am Strand gechillt.

Kolonialcharme

Die vielschichtige Landesgeschichte ist in fast jedem Winkel intakter Kolonialstädte wie Granada and León zu erleben und prägt auch ihre Feste, Kunst und lebendige Kultur.

Spannende Entdeckungen

Die Isla de Ometepe und Nicaraguas Karibikküste verkörpern die herrliche Natur und die eigenwillige Kultur des Landes: Petroglyphen, Vulkane, Kajaktouren zu versteckten Buchten und coole Traveller-Enklaven.

S. 462

Costa Rica

Surfen
Tiere
Natur

Ganzjähriger Surfspaß

Point- und Beachbreaks, Left- und Righthander, Riffe und Flussmündungen – warmes Wasser und ganzjährige Brandung machen Costa Rica zu einem legendären Surferziel, wo auch Teile von *The Endless Summer II* gedreht wurden.

Tolle Tiere

Die Artenvielfalt ist umwerfend: Hier gibt es über 800 Vogelarten, fast 400 Arten von Reptilien und Amphibien, sechs Wildkatzenarten, vier Affenarten und den einzigartigen Baird-Tapir. Wow!

Nebelwald

Nebelwälder bedecken nur 0,25 % der Erdoberfläche: Sie sind eine geheimnisvolle Märchenwelt aus Dunst und bemoosten Ranken, Farnen und Bromelien.

S. 553

Panama

Technik
Tiere
Inseln

Wunderwerk der Technik

Die neu ausgebauten Schleusen des Panamakanals sind ein zusätzlicher Grund, sich die 80 km lange Schneise durch den Kontinent einmal näher anzusehen. Abseits der Schifffahrtsrinnen kann man Tiere beobachten, angeln und Kajak fahren.

Dschungel

Vor den Toren von Panama-Stadt (im Darién oder Parque Nacional Coiba) versprechen Waldaussichtstürme, Regenwald-Resorts und Vogelbeobachtungsplätze beste Chancen für Tierbeobachter.

Tropenparadies

Im San-Blas-Archipel locken Hunderte idyllischer Ferieninseln mit strohgedeckten Hütten, Hängematten und türkisblauem Wasser – was braucht man mehr?

S. 669

Reiseziele in Zentralamerika

Mexiko: Yucatán & Chiapas

☎52 / 8,9 MIO. EW.

Inhalt ➡

Gut essen

- ➡ Benazuza (S. 55)
- ➡ Nixtamal (S. 74)
- ➡ John Gray's Kitchen (S. 60)
- ➡ Passion (S. 63)
- ➡ Hartwood (S. 71)

Schön übernachten

- ➡ Hotel El Rey del Caribe (S. 53)
- ➡ Casa Sirena (S. 58)
- ➡ La Posada del Sol (S. 71)
- ➡ Rancho Encantado (S. 74)

Auf nach Yucatán und Chiapas!

Die von der türkisblauen Karibik und der artenreichen Golfküste flankierte Halbinsel Yucatán begeistert Besucher mit ihren Maya-Ruinen, Cenoten, bunten Korallenriffen und romantischen Kolonialstädten. Kein Wunder also, dass Yucatán die meistbesuchte Touristenregion Mexikos ist. Man kann hier tief in die Maya-Kultur eintauchen, in beschaulichen Fischerdörfern chillen, vielfältige Natur erleben und eine der leckersten Regionalküchen des Landes genießen.

Weiter südlich in Chiapas gibt es kühles Hochland voller Nadelwälder, aber auch tropischen Regenwald und attraktive Kolonialstädte. Die Region wimmelt von Hinterlassenschaften der spanischen Herrschaft und der alten Maya-Kultur, darunter die faszinierenden Ruinen von Palenque inmitten märchenhafter Dschungellandschaft. Auch die umwerfende Kolonialstadt San Cristóbal ist unbedingt einen Besuch wert. Egal, wohin es einen verschlägt, in dieser Ecke Mexikos kann man es sich sehr gut gehen lassen.

Reisezeit

Cancún

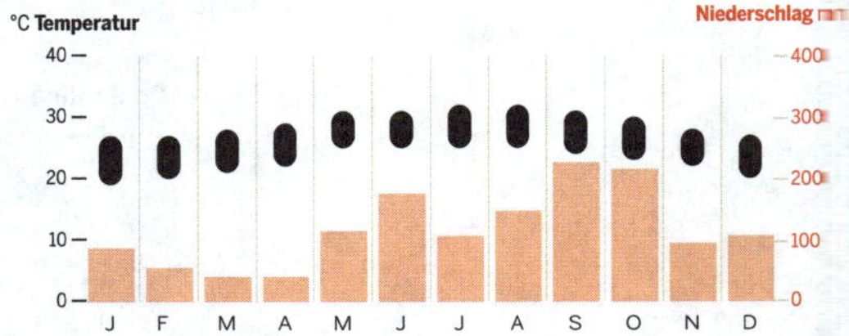

Jan. Die Kulturhauptstadt Mérida veranstaltet ein einmonatiges Fest mit Musik, Kunst und Tanz.

Juni–Sept. Schwimmen mit riesigen Walhaien um die Isla Holbox.

Okt.–Nov. Kühleres Wetter und billigere Unterkünfte in der Nebensaison.

Einreise

Außer per Flieger kann man auch auf dem Landweg von Guatemala oder Belize nach Mexiko einreisen oder eine Fähre von der belizischen Küste nach Quintana Roo zu nehmen. Geeignete Grenzübergänge zwischen Mexiko und Guatemala sind z. B. Ciudad Cuauhtémoc–La Mesilla, Ciudad Hidalgo–Ciudad Tecún Umán und Talismán–El Carmen, von denen diverse Busse und/oder *combis* zu nahen mexikanischen Städten verkehren. Empfehlenswert ist der Grenzübergang Talismán–El Carmen. Wer von Belize kommt, kann mit zahlreichen Bussen, die vom Nuevo Mercado Lázaro Cárdenas in Chetumal abfahren, zu Zielen in Mexiko weiterreisen.

YUCATÁN & CHIAPAS IN ZWEI WOCHEN

Tag eins beginnt in Cancúns **Zona Hotelera** mit einem Sprung ins türkisblaue Wasser. Später locken preiswerte Restaurants und wilde Partys. Tolle Ausflugsziele sind **Isla Mujeres** und **Isla Blanca** mit ihren traumhaften Stränden. Zurück auf dem Festland geht's südwärts nach **Playa del Carmen**. Von hier verkehren Fähren zur **Isla Cozumel**, einem bekannten Tauchrevier. Die nächsten Ziele sind **Tulum** mit Maya-Ruinen am Meer und **Mahahual**, ein beschauliches Fischer- und Taucherdorf.

Woche zwei beginnt in der gemütlichen Kolonialstadt **Valladolid**. Westlich liegt **Chichén Itzá**, die berühmteste aller Maya-Ruinen. In **Mérida**, Kulturhauptstadt der Halbinsel, gibt's yukatekische Küche. Weiter südlich punktet **Campeche** mit einer gut erhaltenen Festungsmauer. Auf dem Weg nach Chiapas lohnen die archäologischen Stätten **Edzná** und **Calakmul**. Dann wartet **Palenque** mit Maya-Bauten mitten im Dschungel. Den Abschluss bildet **San Cristóbal de las Casas**, eine Kolonialstadt im Hochland umgeben von Maya-Dörfern.

Typische Speisen und Getränke

Cochinita pibil Langsam geschmortes Schweinefleisch, mariniert mit Zitrusfrüchtesaft mit Annatto-Samen

Panuchos Frittierte, mit Bohnenmus bestrichene Tortillas, belegt mit Hühnerfleisch, Blattsalat und Zwiebel-Pickle

Mescal Ein Agavenschnaps, der es in sich hat

Sopa de lima Suppe mit Putenfleisch, Limetten und Tortillastreifen

Top-Tipps

- Schöne Strände und Tauchreviere gibt's an der Karibikküste, Kultur, Ruinen und Natur im Westen und Süden.
- Durch Besuche in Maya-Dörfern fließt Geld in die lokale Wirtschaft.
- Nächtliche Autofahrten können gefährlich sein, vor allem weil man Tiere oder Schlaglöcher nicht rechtzeitig erkennt.

AUF EINEN BLICK

Währung Mexikanischer Peso (Mex$)

Visa Alle Besucher brauchen eine Touristenkarte; EU-Bürger und Schweizer benötigen kein Visum (s. S. 105).

Geld In mittleren und großen Städten gibt es überall Geldautomaten.

Notruf ☎911

Sprachen Spanisch, Maya

Wechselkurse

Belize	1 BZ$	9,28 Mex$
Eurozone	1 €	21,43 Mex$
Guatemala	1 Q$	2,43 Mex$
Schweiz	1 SFr	19,17 Mex$
USA	1 US$	19,12 Mex$

Preise

- Doppelzimmer in einem Budgethotel: 400–800 Mex$; in einem Mittelklassehotel: 600–1500 Mex$
- Straßenimbiss oder preiswertes Tagesgericht: 20–80 Mex$; Mittag- oder Abendessen in einem Restaurant: 80–240 Mex$

Infos im Internet

Lonely Planet (www.lonelyplanet.com/mexico)

Yucatán Today (www.yucatantoday.com)

Yucatán Travel (www.yucatan.travel)

Turismo Chiapas (www.turismochiapas.gob.mx)

Highlights

❶ **Mérida** (S. 81) Durch die prächtige Kolonialhauptstadt bummeln und leckere Lokalspezialitäten schlemmen

❷ **Palenque** (S. 96) Tief im Urwald grüne Hügelkuppen und majestätische Maya-Tempel erklimmen

❸ **Isla Holbox** (S. 59) Mit 15 Tonnen schweren Walhaien schnorcheln und auf den Nachbarinseln seltene Vögel erspähen

❹ **Calakmul** (S. 87) Von einigen der größten und höchsten Maya-Pyramiden gigantische Blicke über den Dschungel genießen

❺ **Chichén Itzá** (S. 77) Die gewaltige Pyramide El Castillo bestaunen und etwas über die Maya-Kultur erfahren

❻ **Laguna Bacalar** (S. 73) Im 90 m tiefen Cenote Azul planschen und den siebenfarbigen See bewundern

❼ **San Cristóbal de las Casas** (S. 91) Durch die gepflasterten Sträßchen der Stadt im Hochland schlende-

YUCATÁN

Yucatán ist eine wahre Wundertüte voller Überraschungen und bis zum Rand gefüllt mit Maya-Ruinen, karibischen Stränden, alten Kolonialstädten, berühmten Tauchgebieten und jeder Menge Naturwundern.

Cancún

998 / 628 000 EW.

Cancún besteht eigentlich aus zwei Städten: der Zona Hotelera mit grandiosen Karibikstränden und Maya-Kultur und Cancún Centro, das eine gehörige Portion Lokalkolorit beisteuert.

Ein Blick auf das aquamarinblaue Meer reicht um zu verstehen, warum die Planer damals in den 1970er-Jahren so scharf darauf waren, die Gegend zu Mexikos neuem Tourismusparadies auszubauen. Mit rund 19 km feinen weißen Sandstränden in der Zona Hotelera und einem ruhigeren, 15 km langen Küstenabschnitt nördlich der Innenstadt ist Cancún ein Traum für Strandurlauber.

Die meisten Leute denken bei Cancún vor allem an wilde Partys. Dabei kann man hier zwischen den Fiestas auch einiges an Maya-Kultur entdecken und Genüsse von yukatekischer Hausmannskost bis zu Haute Cuisine erleben. Outdoorfans und Kinder können sich in den nahen Tauch- und Schnorchelrevieren, in Unterwasserhöhlen und bei zahlreichen Wassersportaktivitäten nach Herzenslust austoben.

Sehenswertes & Aktivitäten

Die meisten wichtigen Attraktionen Cancúns – nämlich Strände, Museum, Ruinen und Wasseraktivitäten – sind in der Zona Hotelera zu finden. Wer in Cancún Centro untergekommen ist, kann mit jedem Bus der Linie R-1, R-2 oder mit Zielangabe „Zona Hotelera" zu jedem Punkt an der Küste fahren.

Die in Cancún angebotenen Aktivitäten drehen sich vor allem um Wasserspaß in freier Natur. Es gibt jede Menge zu unternehmen, z. B. Schnorcheltouren zu einem einzigartigen Unterwasser-Skulpturenmuseum, Schwimmen mit riesigen Walhaien vor der Küste der Isla Contoy, Tauchen im Meer oder in den Cenoten, Vogelbeobachtungen und Wanderungen auf einer unbewohnten Insel oder Bootstouren durch Mangrovenwälder.

★ Museo Maya de Cancún MUSEUM

(Maya-Museum; 998-885-38-43; www.facebook.com/museomayacancun; Blvd Kukulcán Km 16,5; Erw./Kind unter 13 J. 70 Mex$/frei; Di–So 9–18 Uhr; R-1) Das moderne Museum mit einer der bedeutendsten Sammlungen von Maya-Artefakten ist ein willkommener Anblick in einer Stadt, die eher für ihre Partyszene als für ihre kulturellen Attraktionen bekannt ist. Gezeigt werden rund 400 Teile, die an wichtigen Stätten auf der Halbinsel gefunden wurden, darunter Skulpturen, Töpferwaren und Schmuck. In einem der drei Säle sind zeitgenössische Exponate zu Maya-Themen ausgestellt.

★ Museo Subacuático de Arte SCHNORCHELN

(MUSA; Unterwassermuseum; 998-849-52-26; www.musamexico.org; Schnorcheltour 42 US$, 1-Tank-Tauchgang 65 US$) Das Unterwassermuseum wurde angelegt, um Taucher von den gefährdeten Korallenriffen fortzulocken. Es präsentiert Hunderte lebensgroßer Skulpturen in den Gewässern bei Cancún und der Isla Mujeres. Am 4 m tief gelegenen künstlichen Riff der Punta-Nizuc-Galerie vor Cancún darf man nur schnorcheln. Die tiefer gelegene Galerie bei der Isla Mujeres ist dagegen ideal für Tauchanfänger. Ausflüge zu den Galerien organisieren die Tauchveranstalter; empfehlenswert ist Scuba Cancún.

Scuba Cancún TAUCHEN

(998-849-52-25; www.scubacancun.com.mx; Blvd Kukulcán Km 5,2; 1-/2-Tank-Tauchgang 62/77 US$; 7–20, So ab 8 Uhr) Scuba Cancún, ein familieneigener Tauchanbieter mit PADI-Zertifikat und jahrelanger Erfahrung, war der erste Tauchladen in der Stadt. Er bietet verschiedene Schnorchel-, Angel- und Tauchausflüge an (auch nachts und in Cenoten), außerdem Schnorchel- und Tauchtouren im Unterwassermuseum (MUSA; s. o.) und Touren zu den Walhaien.

Asterix TOUREN

(998-886-42-70; www.contoytours.com; Calle Vialidad s/n, V&V Marina; Erw./Kind 5–12 J. 117/102 US$; Touren Di–So 9–17.30 Uhr) Die Boote zur Isla Contoy legen von der V&V Marina (La Amada), gleich nördlich des Autofährterminals Punta Sam, ab. Im Preis enthalten sind Führer, Frühstück, Mittagessen auf der Isla Mujeres, Getränke und Schnorchelausrüstung. Die Abholung vom Hotel kostet zusätzliche 17 US$ pro Person.

Yucatán

MEXIKO: YUCATÁN & CHIAPAS CANCÚN

Schlafen

Mayan Monkey HOSTEL $

(Karte S. 54; ☎998-217-53-32; www.mayanmonkey.com; Av Nader 32; B/Zi. mit Frühstück & Mittagessen ab 17/83 US$; 🚭❄📶🏊; 🚌R-1) Das Hostel mit Affendeko ist so sauber und komfortabel, wie man es sich nur wünschen kann, und mit seinen zwei Gratismahlzeiten ein Superschnäppchen. Der Pool- und Barbereich auf dem Dach verspricht weiten Blick über die Stadt und spaßige Abende mit kostenlosen Aktivitäten wie Salsakursen. Es gibt Frauen- und gemischte Schlafsäle und private Gästezimmer mit moderner Einrichtung und hipper Affenkunst.

Mezcal Hostel HOSTEL $

(Karte S. 54; ☎998-255-28-44; www.mezcalhostel.com; Mero 12; B/Zi. mit Frühstück & Mittagessen ab 14/65 US$; 🚭❄📶🏊; 🚌R-1) Wenn ein auf Bestellung zubereitetes Omelett am Morgen noch kein ausreichendes Argument ist, dann vielleicht der Pool, die Bar, die vielen Aktivitäten oder die allabendlichen Clubtouren? Das Mezcal Hostel ist in einem schönen, zweistöckigen Haus in einem ruhigen Wohnviertel untergebracht. In den Gemeinschaftsbereichen wird ziemlich viel gequalmt, aber die Mehrbettzimmer sind rauchfrei.

Hostel Natura HOSTEL $$

(☎998-883-08-87; www.facebook.com/hostelcancunnatura; Blvd Kukulcán Km 9,5; B 30 US$, Zi. ohne/mit Bad 65/75 US$; 🚭❄📶; 🚌R-1) Das sympathische, actionreiche Hostel über einem Naturkostrestaurant in der Zona Hotelera bietet Zimmer mit Lagunenblick und etwas beengte Schlafsäle, zum Ausgleich aber auch eine luftige Dachterrasse und einen netten Gemeinschaftsküchenbereich. Die Partyzone liegt ganz in der Nähe; das Personal ist hilfsbereit und freundlich.

★ **Hotel El Rey del Caribe** HOTEL $$$

(Karte S. 54; ☎998-884-20-28; www.elreydelcaribe.com; Av Uxmal 24; Zi. mit Frühstück ab 90 US$; 🚭❄📶🏊; 🚌R-1) 🍃 Das El Rey ist ein echtes Ökohotel – es recycelt, verwendet Solaranlagen und Zisternen, nutzt Brauchwasser für die Gärten und hat einige Zimmer mit Komposttoiletten. Die schöne Anlage verfügt über einen Swimmingpool und Whirlpool in einem dschungelhaften Innenhof, in dem eine kleine Familie von *tlacuaches* (Opossums) lebt. Alle Zimmer sind mit einer Kochnische, komfortablen Betten und Kühlschränken ausgestattet. Auf der Website gibt es gute Angebote.

Cancún Centro

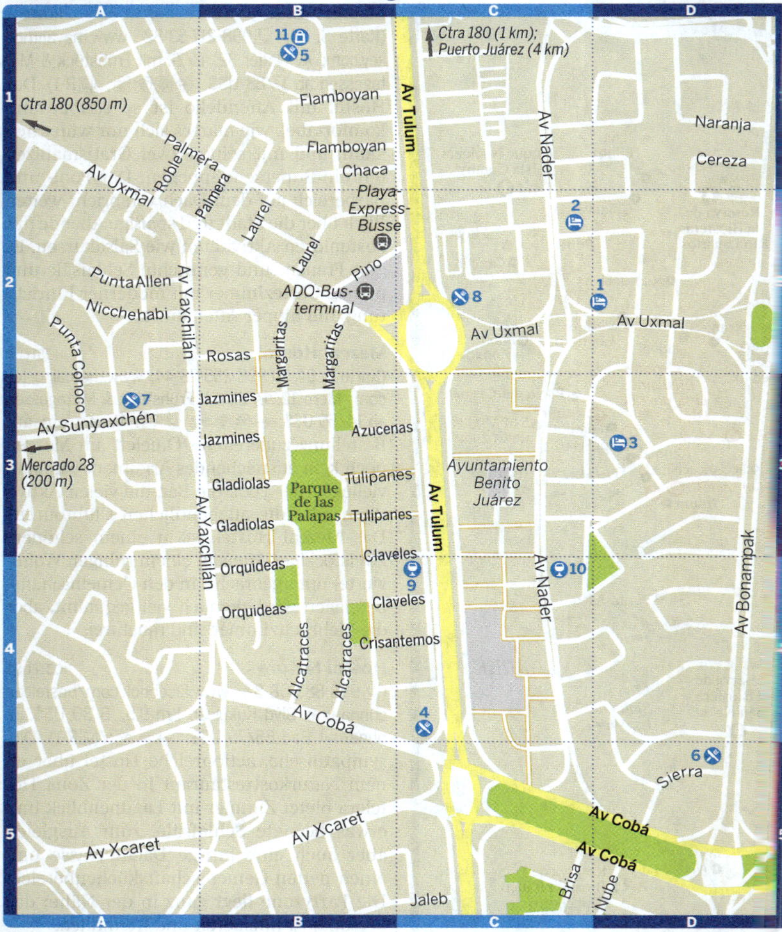

★Le Blanc RESORT **$$$**
(☎998-881-47-48, 800-462-07-92; www.leblancsparesort.com; Blvd Kukulcán Km 10; DZ/Suite all-inclusive ab 793/868 US$; P ⊖ ❄ ☰ ≋; 🚌R-1, R-2) Die blendend weiße Fassade des treffend benannten Le Blanc, der wohl nobelsten Hotelanlage von Cancún, ist nicht zu übersehen. Die Luxusherberge, die keine Kinder aufnimmt, bietet alle Annehmlichkeiten, die man in dieser Kategorie erwarten darf: einen traumhaften randlosen Pool, perfekt gekühlte Willkommensdrinks beim Einchecken, kokosduftende Handtücher - das volle Programm. Es gibt sogar einen Butlerservice, damit den Gästen das Leben in Cancún auch bloß nicht zu kompliziert wird. Wer länger bleibt, bekommt Rabatt.

✕ Essen

Die Restaurantauswahl in Cancún Centro reicht von den üblichen Tacobuden bis zu gehobenen Fischrestaurants. Viele Restaurants drängen sich rund um den Parque de las Palapas und in der Avenida Yaxchilán. Immer mehr trendige neue Lokale eröffnen in der Avenida Nader und ihrer Umgebung, zwischen Avenida Uxmal und Avenida Cobá. Die Mercados 23 (S. 56) und **28** (Mercado Veintiocho; ☎998-892-43-03; www.facebook.com/

Cancún Centro

Schlafen

Essen

Ausgehen & Nachtleben

Shoppen

mercado28cancunmexico; Ecke Av Xel-Há & Sunyaxchén; ⌚8–19 Uhr) servieren gute Imbisskost. Lebensmittel bekommt man z. B. bei **Soriana** (Karte S. 54; Ecke Av Tulum & Uxmal; ⌚24 Std.), in der Nähe des Busbahnhofs, oder beim **Chedraui Supermarket** (Karte S. 54; Ecke Av Tulum & Cobá; ⌚7–23 Uhr; P; R-1).

Rooster Café Sunyaxchen CAFÉ $
(Karte S. 54; ☎998-310-46-92; Av Sunyaxchen s/n, Plaza Sunyaxchen; Hauptgerichte 75–160 Mex$; ⌚7–23 Uhr; 📶) *Die* Anlaufstelle für Einheimische auf der Suche nach einem Ort zum Schreiben, Arbeiten oder Abhängen ist dieses Café in zentraler Innenstadtlage, nicht weit vom Mercado 28. Probierenswert sind die Monte-Cristo-Waffeln oder die selbst gebackenen Brotsorten; nachmittags schmecken Salate, Burger, Panini und Desserts.

El Paisano del 23 MEXIKANISCH $
(Karte S. 54; Jabín 9 No 134, Mercado 23; Tacos & Tortas 15–40 Mex$; ⌚6–16 Uhr; R-1) Das *paisano* („Landsmann" – Spitzname des Besitzers) ist seit über 40 Jahren eine feste lokale Größe. Die in Rotwein marinierte *pierna* (Schweinehaxe) wird langsam gegart und die *tortas* (Sandwiches) sind schnell ausverkauft, besonders am Wochenende.

El Galeón del Caribe FISCH & MEERESFRÜCHTE $$
(☎Handy 998-2148175; www.facebook.com/elgaleondelcaribe; Blvd Kukulcán Km 19,4; Pescadillas 16 Mex$, Hauptgerichte 140–190 Mex$; ⌚12–19 Uhr; R-1, R-2) Die bescheidene Fisch-*palapa* mit Freiluftküche direkt an der Lagune ist berühmt für ihre *pescadillas* (gebratene Tortillas mit Fischfüllung). Sie liegt kurz vor dem südlichen Ende der Hotelzone und ist für eingeweihte Touristen leicht zu finden. Wegen ihres etwas abgelegeneren Standorts und ihrer authentisch mexikanischen Fischküche ist El Galeón auch bei den Stadtbewohnern vor allem am Sonntagnachmittag ein beliebter Treffpunkt.

Kiosco Verde FISCH & MEERESFRÜCHTE $$
(☎Handy 998-1988402; www.facebook.com/kioscoverdemarisqueria; Av López Portillo 570, Puerto Juárez; Hauptgerichte 120–273 Mex$; ⌚Mi–Mo 12.30–20 Uhr; P 📶; R-1) Der „grüne Kiosk" ist vielleicht das meistunterschätzte Fischrestaurant in ganz Cancún. Es wurde 1974 als kleines Lebensmittelgeschäft gegründet und serviert nun ausgezeichnet zubereitete Fischspezialitäten wie gegrillten Oktopus und Eber-Lippfisch. Zum Kiosko gehört jetzt auch eine neue Cantina, die bis 23 Uhr geöffnet bleibt.

★ **Peter's Restaurante** INTERNATIONAL $$$
(Karte S. 54; ☎998-251-93-10; www.facebook.com/peterscancun; Av Bonampak 71, zw. Calle Sierra & Robalo; Abendessen 375–655 Mex$; ⌚Di–Sa 18–22 Uhr) An einer der betriebsamsten Avenidas im Zentrum von Cancún lockt Peter's Restaurante mit heimeligem Charme und einer Küche, die zu den besten der Stadt zählt. Der niederländische Kochprofi Peter Houben kombiniert hier europäische, mexikanische und internationale Küchentraditionen zu wunderbar zubereiteten Gerichten wie Pilzravioli (als Vorspeise) und Lachsfilet in Zitronensauce mit einem würzigen Hauch von *chile de àrbol* (Baumpfeffer).

★ **Benazuza** MEXIKANISCH $$$
(☎998-891-50-00; www.facebook.com/restaurantebenazuza; Blvd Kukulcan Km 19,5, Grand Oasis Sens Resort; 1376 Mex$ pro Pers.; ⌚Mo–Sa 19–22 Uhr; R-1) Bis zu 30 Gänge verblüffender Molekularküche: Für das Speiseerlebnis im zeitgemäßen Restaurant Benazuza werden selbst mexikanische Klassiker wie Tacos und Chilispezialitäten mit hypermoderner Küchentechnologie in neue Formen, Aromen und Texturen überführt. Im Preis enthalten sind Molekularcocktails an der Bar, ein vielgängiges Abendessen und Nachspeisen, wie man sie noch nie gekostet hat.

Ausgehen & Nachtleben

★ **Amarula con Acento Tropical** COCKTAILBAR
(Karte S. 54; ☎Handy 998-3325680; www.facebook.com/amarulaconacentotropical; Av Nader 104; ⌚Mi–Sa 21–3.30 Uhr; R-1) Der Laden, auf den

von außen nur eine Tür mit Leuchtschrift hinweist, zelebriert seinen schummerigen, sinnlichen Stil im architektonischen Ambiente eines alten Stadthauses. Die Cocktailkarte gibt wesentlich mehr her als das Speisenangebot: Die typischen Drinks des Hauses werden mit klassisch mexikanischen Zutaten wie *jamaica* (Hibiskusblüte), Früchten und Chili gemixt.

The City CLUB
(☎998-883-33-33; www.thecitycancun.com; Blvd Kukulcán Km 9; Getränkepauschale 65 US$; ⏰Fr 22.30–4 Uhr; 🚌R-1) Der größte Club in ganz Lateinamerika ist tatsächlich jeden Freitagabend proppenvoll. Die riesige Lokalität, in der oft weltberühmte DJs und Musiker auftreten, verspricht wildes Nachtleben, ob man nun auf der zentralen Bühne tanzt oder die Action von den seitlichen Tribünen beobachtet. Allerdings können die Menschenmassen und die überbordende Partyatmosphäre manchmal etwas erdrückend wirken.

11:11 SCHWULE
(Once Once; Karte S. 54; ☎Handy 998-1352243; www.1111gayclubcancun.com; Claveles s/n; ⏰Fr–So 22–6 Uhr; 🚌R-1) Im Hauptsaal dieses großen Hauses gibt es Drag-Shows, Go-Go-Tänzer und dergleichen, in den kleineren Räumen legen DJs bis zum Morgengrauen Electronica und Pop auf. Nach der schwarzen Fassade mit dem Regenbogendekor Ausschau halten.

Shoppen

Mercado 23 MARKT
(Karte S. 54; www.facebook.com/mercado23cancun; Jabín 9; ⏰8–19 Uhr; 🚌R-1) Der Markt bietet angenehm authentische Atmosphäre für alle, die den ewig gleichen Touristenschnickschnack überall nicht mehr sehen können.

An- & Weiterreise

BUS

Cancúns moderner Busbahnhof **ADO** (Karte S. 54; www.ado.com.mx) liegt auf dem keilförmigen Areal, das von der Kreuzung Avenida Uxmal und Tulum gebildet wird. Die Gegend ist relativ sicher, aber man sollte trotzdem auf sein Gepäck achtgeben und den Beförderungspreis aushandeln, bevor man ein Taxi besteigt.

Auf der anderen Seite der Calle Pino gegenüber vom Busterminal, ein paar Häuser von der Avenida Tulum entfernt, befinden sich das Ticketbüro und das Mini-Terminal von **Playa Express** (Karte S. 54; Pino s/n, Ecke Av Tulum) deren klimatisierte Busse alle zehn Minuten bis zum frühen Abend die Küste entlang nach Playa del Carmen fahren und in größeren Orten sowie an bestimmten Sehenswürdigkeiten halten. Die 1.- und 2.-Klasse-Busse von ADO fahren dieselbe Strecke und noch weiter. Wer nach Norden zur Isla Holbox will, muss einen Bus nach Chiquilá nehmen.

ADO setzt den Standard für die 1. Klasse. Mayab bietet eine gute „Zwischenklasse" (mit

BUSSE AB CANCÚN

ZIELORT	PREIS (MEX$)	FAHRZEIT (STD.)	ABFAHRTEN (TGL.)
Bacalar	276–424	5–5½	häufig
Flughafen Cancún	78	½	häufig
Chetumal	308–546	5½–6	häufig
Chichén Itzá	163–316	3–4	stündl.
Chiquilá	180–244	3–3½	4
Felipe Carrillo Puerto	200–222	3½–3¾	6
Mahahual	230	5½–5¾	2; 6.45 & 16.45 Uhr
Mérida	384–698	4–5	häufig
Mexiko-Stadt	1200	27¼	1 zum Terminal Norte; 18.30 Uhr
Mexiko-Stadt (TAPO)	1200–1387	25–26½	4
Palenque	760–1398	13–13¼	5
Playa del Carmen	36–74	1½	häufig ADO & Playa Express
Puerto Morelos	25–32	½–¾	häufig ADO & Playa Express
Ticul	296	8	häufig
Tizimín	140	6	4
Tulum	148–172	2¼–2¾	häufig
Valladolid	140–228	2–2¼	häufig
Villahermosa	656–1350	12¾–14¾	häufig

eher mehr Haltestellen als die 1. Klasse) zu vielen Zielorten.

FÄHRE

In Cancún gibt es mehrere Fährterminals für Verbindungen zur Isla Mujeres. In der Zona Hotelera legen Fähren von **El Embarcadero** (Blvd Kukulcán Km 4), **Playa Caracol** (Blvd Kukulcán Km 9,5; Parkplatz 100 Mex$ pro Tag) oder **Playa Tortugas** (Blvd Kukulcán Km 6,5) ab. Cancún Centro hat zwei Personenfährterminals in Puerto Juárez: **Ultramar** (www.ultramarferry.com) und einen weniger frequentierten Ableger etwa 500 m weiter nördlich, den sich Marinsa (www.marinsaturismo.com) und Naveganto (www.naveganto.com) teilen. Von Puerto Juárez kostet die einfache Fahrt 140–160 Mex$, von der Zona Hotelera ca. 270 Mex$.

Boote zur Isla Contoy (s. u.) legen von der **V&V Marina** ab, gleich nördlich des Autofährterminals Punta Sam.

FLUGZEUG

Der Aeropuerto Internacional de Cancún (S. 106) ist der verkehrsreichste Flughafen im Südosten Mexikos. Er hat alles, was man von einem großen internationalen Flughafen erwartet: Geldautomaten, Wechselstuben und Autovermietungen. Hier landen bzw. starten viele internationale Direktflüge und Anschlussflüge von/nach Mexiko-Stadt, u. a. auch die mexikanischen Billigfluglinien VivaAerobus, Interjet und Volaris.

Direktverbindungen nach Cancún gibt es etwa von Guatemala-Stadt und von Flores (Guatemala), von Havanna (Kuba), von Panama-Stadt und von São Paulo (Brasilien). Einige Flieger aus Havanna fliegen von Cancún noch weiter nach Mérida.

Isla Mujeres

☎998 / 12 600 EW.

Die Isla Mujeres verströmt eine ruhigere und entspanntere Atmosphäre als Cancún auf der anderen Seite der Bucht und bietet dabei gerade so viel an Aktivitäten, dass Besucher sich nicht langweilen müssen: Sie können hier tauchen oder schnorcheln, eine Schildkrötenfarm besuchen oder auch bloß am traumhaften Nordstrand der Insel baden und faulenzen.

Klar finden sich hier ein paar abgeschmackte Touristenläden, aber die Leute tuckern immer noch per Golfmobil über die Insel und die Strände aus Korallensand sind einfach bildschön. Was das ruhige, türkisfarbene Gewässer der Isla Mujeres angeht, nun ja, das muss man wirklich mit eigenen Augen gesehen haben.

NICHT VERSÄUMEN

PARQUE NACIONAL ISLA CONTOY

Der spektakuläre **Nationalpark Isla Contoy** (☎998-887-19-97; contoy@conanp.gob.mx) ist ein Traum für Vogelfreunde. Die unbewohnte Insel lässt sich von Cancún oder der Isla Mujeres gut als Tagesausflug besuchen. Sie misst an der breitesten Stelle etwa 800 m und ist über 8,5 km lang. Mit ihrer dichten Vegetation bietet sie über 170 Vogelarten Zuflucht, u. a. Braunpelikanen, Olivenscharben, Schlangenhalsvögeln, Weißbauchtölpeln und Fregattvögeln, und ist auch ein guter Ort, um Kubaflamingos, Schmuck - und Silberreiher zu beobachten.

Wenn die Sonne untergeht, locken reichlich Restaurants und fideles Nachtleben.

Manche Leute verbringen ihren Urlaub rund um Cancún und planen die Isla Mujeres nur als kurzen Ausflug ein, aber die Insel ist ein ganz eigenständiges Reiseziel und dabei erstaunlich erschwinglich.

Sehenswertes & Aktivitäten

★ Playa Garrafón STRAND

Dieser Strand bietet ausgezeichnete Schnorchelmöglichkeiten. Er liegt 6,5 km vom touristischen Zentrum entfernt; die Taxifahrt kostet 100 Mex$.

Playa Norte STRAND

Wer erst einmal an der Playa Norte, dem Hauptstrand der Insel, gelandet ist, will nie wieder weg. Das warme, flache Gewässer ist ein tiefes Türkisblau und der Strand besteht aus Korallensand. Die Playa Norte ist im Gegensatz zur Ostküste der Insel sicher zum Schwimmen und selbst weiter draußen reicht das Wasser nur bis zur Brust.

Schildkrötenfarm Isla Mujeres FARM

(Isla Mujeres Tortugranja; ☎998-888-07-05; www.facebook.com/tortugranja.mx; Carretera Sac Bajo Km 5; 30 Mex$; ⏲9–17 Uhr; 👪) Meeresschildkröten sind zwar gefährdet, werden aber noch immer in ganz Lateinamerika wegen ihrer Eier und ihres Fleisches getötet. In den 1980er-Jahren wurde dank des Einsatzes eines lokalen Fischers diese *tortugranja* (Schildkrötenfarm) 5 km südlich der Stadt gegründet, die Brutplätze absichert und die Eier schützt. Die kleine Einrichtung beherbergt Meeresschildkröten mehrerer Arten in verschiedenen Entwicklungsstadien. Sie ist von der Stadt leicht per Taxi (75 Mex$) oder Golfmobil zu erreichen.

★ **Hotel Garrafón de Castilla** SCHNORCHELN
(☎998-877-01-07; Carretera Punta Sur Km 6; Eintritt 70 Mex$, Mietgebühr für Schnorchelausrüstung 80 Mex$; ⏲10–18 Uhr) Wer schlau ist, meidet den überteuerten Riffpark an der Playa Garrafón und besucht stattdessen den Beach Club des Hotel Garrafón de Castilla, um den lieben langen Tag durchs glasklare Wasser zu schnorcheln. Die Taxifahrt aus der Stadt kostet 100 Mex$.

MUSA Isla Mujeres TAUCHEN, SCHNORCHELN
(Museo Subacuático de Arte; ☎998-877-12-33; www.musamexico.org; Manchones-Riff; 1-Tank-Tauchgang 70 US$) Auf dem Meeresgrund vor der Südküste der Insel erstreckt sich eine erstaunliche „Kunstgalerie" mit Hunderten lebensgroßer Skulpturen. Die in 8 m Tiefe gelegene Manchones-Galerie der Isla Mujeres ist ideal für Tauchanfänger, eignet sich aber auch für Schnorchler. Touren hierher bieten die Tauchveranstalter an; empfehlenswert ist z. B. Sea Hawk.

Sea Hawk Divers TAUCHEN
(☎998-877-12-33; www.seahawkislamujeres.com; Carlos Lazo s/n; 1-/2-Tank-Tauchgang inkl. Ausrüstung 80/90 US$, Grundkurs 115 US$, Walhaitour 125 US$; ⏲8–18 Uhr) Bietet Rifftauchen, Tauchkurse, Angelausflüge und Schnorcheltouren mit Walhaien. Außerdem organisiert Sea Hawk Besuche der Isla-Mujeres-Galerie des Unterwasser-Skulpturenmuseums MUSA vor der Südküste der Insel und vermietet Zimmer für 85–115 US$.

Schlafen & Essen

Apartments Trinchan APARTMENTS $
(☎Handy 998-1666967; atrinchan@prodigy.net.mx; Carlos Lazo 46; Zi./Apt. 700/800 Mex$;) Diese Budgetunterkunft hat keine Website, aber versprochen: Sie ist eins der besten Schnäppchen der Stadt und der Strand liegt direkt um die Ecke. Besonders empfehlenswert sind die großen Apartments mit richtiger Küche – mit Ausnahme der Nr. 8, die den Lärm der nächtlichen Strandpartys eines nahen Hostels abkriegt.

★ **Casa Sirena** B&B $$$
(☎Handy 998-2425906; www.casasirenamexico.com; Hidalgo s/n; Zi. mit Frühstück ab 208 US$;) Der liebevoll restaurierte Altbau bietet das komplette B&B-Verwöhnprogramm: ausgezeichnetes Frühstück in einem schattigen Innenhof, Happy Hour mit Gratisgetränken im Dachbarbereich, zu dem ein Tauchbecken und eine Sonnenterrasse mit Meerblick gehören. Die *casa*, die nur Erwachsene aufnimmt, verfügt über sechs elegante Zimmer; eins davon hat sogar einen Balkon mit Meerblick. Die Mindestaufenthaltsdauer beträgt zwei Nächte.

Bobo's FISH & CHIPS $
(www.facebook.com/bobosfishchips; Matamoros 14; Hauptgerichte 95–115 Mex$; ⏲15–23 Uhr) Die Bar mit Grill verarbeitet für ihren Fish & Chips ausgezeichneten, vor Ort gefangenen Drückerfisch – dazu gibt es sogar Malzessig (sonst eine Seltenheit in Mexiko). Bobos ist auch für seine Hamburger und seinen geselligen Bartresen direkt an der Straße bekannt.

Mango Café FRÜHSTÜCK $
(☎998-400-19-04; www.facebook.com/mangocafeisla; Payo Obispo 101, Colonia Meterológico; Hauptgerichte 100–170 Mex$; ⏲Di & Mi 7–15, Do–Mo bis 21 Uhr;) Wer die Südseite der Stadt erkundet, kann sich beim Mango Café mit Kaffee in Selbstbedienung und einem herzhaften, karibisch inspirierten Frühstück stärken. Besonders lecker sind der French Toast mit Kokos und die Eier Benedict mit Curry-Hollandaise. Der Laden liegt rund 3 km südlich des Fährterminals und ist per Fahrrad oder Taxi schnell zu erreichen.

★ **Javi's Cantina** FISCH & MEERESFRÜCHTE $$$
(www.javiscantina.com; Juárez 12; Hauptgerichte 225–550 €; ⏲17–22.30 Uhr;) Javi's ist schon eher ein Restaurant als eine Cantina, aber ein Restaurant mit Happy Hour und Livemusik. Auf der Karte stehen Fisch und Meeresfrüchte, hochwertiges Rindfleisch, Huhn sowie diverse Salate und vegetarische Angebote. Eine Spezialität des Hauses ist das fangfrische Fischfilet mit Parmesankruste und Tamarindensauce. Diniert wird vorn im Speiseraum oder auf der einladenden Terrasse hinterm Haus.

Lola Valentina FUSIONSKÜCHE $$$
(☎998-315-94-79; www.facebook.com/lolavalentinaislamujeres; Hidalgo s/n; Hauptgerichte 145–410 Mex$; ⏲8–23 Uhr;) Am ruhigeren nördlichen Ende der Restaurantmeile zaubert Lola ausgezeichnete mexikanische Fusionsküche, wie z. B. Kokos-Garnelen mit Mango-Sriracha-Soja-Dip. Ebenfalls im Angebot sind mehrere vegane, glutenfreie Gerichte und das entschieden weder vegane noch glutenfreie Latin Surf 'n' Turf (Steak &

ABSTECHER

ISLA HOLBOX

Die Isla Holbox (ol-bosch) besticht mit sandigen Straßen, bunter Karibikarchitektur, entspannt in der Sonne herumlungernden Hunden und puderfeinem Sand. Der ungewöhnliche Grünton ihrer Gewässer entsteht aus der Durchmischung verschiedener Meeresströmungen. An Land tummelt sich ein Mix aus Einheimischen und Touristen, die hoffen, dem Rummel von Cancún zu entkommen.

Die Hoffnung kann allerdings trügen. Auch wenn die Insel sehr schön ist und es keine wummernden Nachtclubs gibt, geht es angesichts der Menschenhorden und der penetrant knatternden Golfmobile mit Benzinmotor nicht gerade ruhig zu, sofern man sich nicht gezielt vom Trubel absetzt: per Golfmobil oder Boot zu den entlegeneren Stränden.

Die Insel ist ein fantastischer Ort, um Tiere zu beobachten. Sie gehört zum Biosphärenreservat Yum Balam und beherbergt über 150 Vogelarten, u. a. Rosalöffler, Pelikane, Reiher, Ibisse und Flamingos. Im Sommer sammeln sich Walhaie in ihrer Nähe.

Es überrascht nicht, dass die Strände von zahlreichen *cabañas* (Hütten) und Bungalows gesäumt sind. Einige der luxuriösesten Herbergen liegen östlich des Orts, am Nordufer der Insel in dem Bereich, den die Einheimischen Zona Hotelera nennen. Die meisten Budget- und Mittelklasse-Unterkünfte drängen sich in den Häuserblocks rund um die Plaza.

Die **Fähren** (Fähranleger Chiquilá; eine Strecke 150 Mex$; ⌚6–21.30 Uhr) von der Hafenstadt Chiquilá nach Holbox verkehren normalerweise von 6 bis 21.30 Uhr. Die Fahrt zur Insel dauert etwa 25 Minuten. Nach Einbruch der Dunkelheit kann man für 1200 Mex$ mit kleineren, schnelleren und feuchteren *lanchas* (Motorbooten) übersetzen. **Rentadora El Brother** (☎984-875-20-18; Tiburón Ballena s/n; Golfcart 200/1000 Mex$ pro Std./Tag; ⌚9–20 Uhr) vermietet Golfmobile.

Garnelen mit Chimichurri). Neuerdings hat sich das Lokal Schaukelsitze am Bartresen zugelegt (spaßig!) und seine leckere Cocktailkarte überarbeitet (mmh!). Nur Barzahlung.

Ausgehen & Nachtleben

★ **La Tablita** BAR
(Av Guerrero s/n; ⌚Mo–Sa 12–20 Uhr) Wer eine Dosis Lokalkolorit genießen will, verbringt einen faulen Nachmittag bei kalten Getränken und kostenlosen Snacks in diesem stimmungsvollen Karibikhaus mit Ventilatorkühlung. Die spanischsprachige Musikauswahl der Jukebox ist *muy buena*.

Poc-Na Hostel BAR
(☎998-877-00-90; www.pocna.com; Matamoros 26; ⌚19–3 Uhr; 📶) Hat eine Lobbybar mit allabendlicher Livemusik und eine Strandbar mit wummernder Musik und mehr Hippies als alle Flower-Power-Busse zusammen. Hier ist Szene pur und zudem eine unterhaltsame. Die Getränke sind preiswert, aber auch nicht besonders toll.

An- & Weiterreise

Es gibt mehrere Anleger für Boote von Cancún zur Isla Mujeres. Die meisten Leute benutzen die Passagierfähren von Ultramar. Der Stadtbus R-1 in Cancún nach Puerto Juárez hält an allen Anlegern in der Zona Hotelera und am Puerto Juárez in der Ciudad Cancún. Für Besucher, die mit dem Auto kommen: In den Terminals und der direkten Umgebung kostet das Parken 100–150 Mex$ pro Tag; in größerer Entfernung vom Terminal bezahlt man stellenweise nur 50 Mex$.

Puerto Morelos

☎998 / 9200 EW.

Puerto Morelos auf halber Strecke zwischen Cancún und Playa del Carmen besitzt trotz des wuchernden Baubooms nördlich und südlich der Stadt noch immer eine ruhige Kleinstadtatmosphäre. Es gibt hier zwar genug Restaurants und Bars, um abends keine Langeweile aufkommen zu lassen, aber Besucher werden in erster Linie vom flachen karibischen Wasser angezogen. Streifen aus strahlend kontrastierendem Hellgrün und Dunkelblau trennen die Küste vom Barriereriff – ein faszinierender Anblick für Taucher und Schnorchler –, während landeinwärts einige tolle Cenoten auf Abenteuerlustige warten. Gleich südlich vom Hauptplatz liegt ein netter Markt mit einer guten Auswahl an Kunsthandwerk und handgearbeiteten Hängematten von viel höherer Qualität als das Angebot in Cancún oder Playa.

Sehenswertes & Aktivitäten

Jardín Botánico Dr Alfredo Barrera Marín GARTEN

(Jardín Botánico Yaax Che; 998-206-92-33; www.facebook.com/jbpuertomorelos; Ctra 307 Km 320; Erw./Kind 3–10 J. 120/50 Mex$; 8–16 Uhr;) Der 65 ha große botanische Garten ist einer der größten in Mexiko. Es gibt dort insgesamt 2 km Wegstrecken sowie Bereiche für Aufsitzerpflanzen (Orchideen und Bromelien), Palmen, Farne, Sukkulenten (Kakteen und ihre Verwandten) und Pflanzen, die in der traditionellen Medizin der Maya verwendet wurden. Auch viele Tiere leben in dem Garten, darunter das einzige Rudel Klammeraffen, das es in der Region noch gibt.

Crococun Zoo ZOO

(998-850-37-19; www.crococunzoo.com; Ctra 307 Km 31; Erw./Kind 6–12 J. 32/22 US$; 9–17 Uhr) Rund 23 km südlich des Flughafens von Cancún hat sich diese ehemalige Krokodilfarm in einen Naturschutz-Zoo verwandelt, der einige der bedrohten Arten der Region schützen und als Auffangstation für gerettete Tiere dienen soll. Im Eintrittspreis ist eine Führung enthalten, bei der Besucher einigen der Tiere näher kommen können, z. B. Weißwedelhirschen, Abgottschlangen (Boa constrictor), Aras, Krokodilen und Klammeraffen.

Aquanauts TAUCHEN

(998-206-93-65; www.aquanautsdiveadventures.com; Av Melgar s/n, Hotel Hacienda Morelos; 1-/2-Tank-Rifftauchtour 70/90 US$, 2-Tank-Cenotentauchgang 165–190 US$, Schnorcheln 30–80 US$; Mo–Sa 8–16 Uhr) Bietet viele interessante Touren, darunter Strömungstauchen, Cenoten- und Wracktauchen sowie Rotfeuerfischjagen. Der Tauchladen befindet sich einen Block südlich der Plaza.

Schlafen & Essen

Casitas Kinsol PENSION $$

(998-206-91-52; www.casitas-kinsol.com; Av Zetina Gazca 18; Zi. 49 US$;) Ideal für Besucher, die auch mal sehen wollen, wie das Leben auf der anderen Seite der Stadt aussieht (ja, es gibt Leben westlich der Schnellstraße!): Kinsol bietet ventilatorgekühlte Hütten im *palapa*-Stil mit schönen Designelementen wie Waschbecken aus Talavera-Fliesen und handgearbeiteten Wohntextilien. Dies ist ein so friedlicher Ort, dass sogar Hunde und Katzen sich vertragen. Die Unterkunft liegt 3 km westlich der Stadt.

★ **Posada El Moro** HOTEL $$$

(998-871-01-59; www.hotelelmoro.mx; Av Rojo Gómez s/n; Zi./Suite mit Frühstück ab 1548/1890 Mex$; P) Ein hübsches Anwesen mit bunten Geranien in den Fluren und im Innenhof. Einige Zimmer haben eine Kochnische, die meisten ein Sofa, das zum Futonbett ausgeklappt werden kann, und es gibt einen kleinen Pool in einem tropischen Garten. In der Nebensaison oder bei Buchung über die hauseigene Website (nicht über die Hotelbuchungs-Websites) sinken die Preise beträchtlich. El Moro liegt nordwestlich der Plaza.

Mangata FRÜHSTÜCK $$

(Handy 998-2015624; www.facebook.com/mangatapuertomorelos; Av Niños Héroes 15; Hauptgerichte 90–125 Mex$; Di–Sa 8–16, So 9–15 Uhr;) Wer auf Eier Benedict steht, wird die „Mangata Benedictin" lieben (pochierte Eier mit Roastbeef und üppiger Sauce hollandaise). Außerdem hat das nette Open-Air-Café mit zusammengewürfeltem Mobiliar auch starken Kaffee und eine gute Auswahl vegetarischer und veganer Gerichte.

El Pesquero FISCH & MEERESFRÜCHTE $$

(998-206-91-29; www.facebook.com/elpesqueropuertomorelos; Av Melgar 4C; Hauptgerichte 110–270 Mex$; 13–19.30 Uhr) Na gut, das Lokal liegt nicht gleich am Strand, vermittelt aber dank Sandboden, *palapa*-Dach, ventilatorgekühltem Speisebereich und fangfrischem Fisch durchaus Strandfeeling. Zum Auftakt schmeckt *tuna tostada*, gefolgt von ausgezeichnetem *pescado frito* (im Ganzen gebratener Fisch), der entweder au naturel oder *al ajillo* (mit Chili-Knoblauchsauce) zubereitet wird. Unbedingt den *boquinete* (Eber-Lippfisch) probieren, wenn er gerade im Angebot ist.

★ **John Gray's Kitchen** INTERNATIONAL $$$

(998-871-06-65; www.facebook.com/johngrayskitchen; Av Niños Héroes 6; Frühstück 60–100 Mex$, Abendessen 270–450 Mex$; Di–Sa 8–22, Mo ab 17 Uhr) Einen Block westlich und zwei Blocks nördlich der Plaza werden in dieser „Küche" wirklich sagenhafte Genüsse gezaubert. Die Spezialität des Küchenchefs, die allerdings nicht auf der häufig wechselnden Karte steht, ist Ente in Chipotle-Tequila-Honigsauce. Frühstück gibt's übrigens auch.

Shoppen

★ **Kunsthandwerkermarkt** KUNSTHANDWERK

(Av Rojo Gómez s/n; 9–20 Uhr) Die hier angebotenen Hängematten sind anders als alle, die man anderswo bekommt, weil sie seit Jahrzehnten von derselben einheimischen Familie vor Ort in Puerto Morelos hergestellt werden – nach Mauricio fragen! Außerdem gibt es Traumfänger, *alebrijes* (bunte Holztiere aus San Martín Tilcajete), Handtaschen, Masken, Schmuck und vieles mehr zu kaufen.

An- & Weiterreise

Playa-Express-Minibusse und ADO-Busse nach Puerto Morelos (25–32 Mex$, 35 Min.) fahren vom **ADO-Busbahnhof** ab (Karte S. 54; www.ado.com.mx; Ecke Av Uxmal & Tulum). Beide setzen ihre Passagiere an der Carretera ab. Von dort kann man die 2 km bis in die Stadt zu Fuß gehen oder ein Taxi (30 Mex$) nehmen, das an der Abzweigung wartet. ADO und Playa Express bieten auch regelmäßige Verbindungen ab Playa del Carmen. ADO-Tickets gibt es an der **Bushaltestelle** (www.ado.com.mx; Ctra 307, Ecke Morelos) neben der Abzweigung von der Carretera.

Vom Flughafen Cancún (S. 106) verkehren zwischen 7 und 22 Uhr regelmäßig Busse nach Puerto Morelos (110 Mex$).

Von einem Stand an der Plaza der Stadt fahren Taxis zurück zur Carretera. Einige Fahrer behaupten, der Fahrpreis gelte pro Person oder verlangen unter anderen Vorwänden zuviel; 30 Mex$ sind völlig ausreichend und zwar für so viele Fahrgäste wie reinpassen.

Playa del Carmen

984 / 150 000 EW.

Playa del Carmen ist heute eine der größten Städte im Bundesstaat Quintana Roo und neben Tulum eines der trendigsten Ziele an der Riviera Maya. Ihre Stadtstrände, die im Windschatten von Cozumel liegen, wimmeln von superfitten Europäern. Das Wasser ist nicht so klar wie vor Cancún oder Cozumel und der Sand nicht ganz so staubfein wie an den Stränden weiter nördlich, aber trotzdem wächst und wächst Playa immer weiter.

Die Lage der Stadt ist ideal: nah genug am internationalen Flughafen von Cancún, aber so weit südlich, dass es von hier nur ein Katzensprung nach Cozumel, Tulum, Cobá und zu anderen lohnenden Zielen ist. In nächster Nähe locken schöne Riffe als Tauch- und Schnorchelreviere. In den Gewässern gibt es Rochen, Muränen, Meeresschildkröten und eine große Vielfalt an Korallen. Besonders die violetten Seefächer wirken sehr malerisch.

Da häufig Kreuzfahrtpassagiere von Cozumel herüberkommen, herrscht in den Straßenzügen rund um das touristische Zentrum manchmal ziemliches Gedränge.

Aktivitäten

★ Phocea Mexico TAUCHEN
(Karte S. 62; 984-873-12-10; www.phocea-mexico.com; Calle 10 Norte s/n; 2-Tank-Tauchgang inkl. Ausrüstung 104 US$, Cenotentauchtouren inkl. Ausrüstung 150 US$; 7.30–20 Uhr;) Bei Phocea Mexico sprechen sie Spanisch, Englisch und Französisch. Für erfahrene Taucher bietet der Veranstalter auch Tauchen mit Bullenhaien an (90 US$), normalerweise von November bis März.

Río Secreto ABENTEUERTOUREN
(998-113-19-05; www.riosecreto.com; Ctra 307 Km 283,5; Erw./Kind 4–12 J. ab 79/40 US$; Touren 8–14 Uhr) Wander- und Schwimmtouren durch eine 1 km lange unterirdische Höhle 5 km südlich von Playa del Carmen. Einige Anpreisungen sind etwas übertrieben, aber vieles an dem Erlebnis ist wirklich überwältigend.

International House Riviera Maya SPRACHKURSE
(Karte S. 62; 984-803-33-88; www.ihrivieramaya.com; Calle 14 Norte 141; 230 US$ pro Woche) 20 Stunden Spanischunterricht pro Woche. Es gibt Zimmer im Studentenheim (36 US$) – nicht nur für Kursteilnehmer –, aber die beste Möglichkeit, die Sprache zu lernen, bieten von der Schule angebotene Privatunterkünfte bei mexikanischen Gastfamilien (mit Frühstück 33–39 US$).

Schlafen & Essen

The Yak Hostel HOSTEL **$**
(Karte S. 62; 984-148-09-25; www.yakhostel.com; Calle 10 bis s/n; B/Zi. mit Frühstück ab 280/800 Mex$;) Eins der saubersten und komfortabelsten Hostels der Stadt ist diese gut geführte Unterkunft, deren Angebot von gemischten Schlafsälen mit Klimaanlage bis zu „Deluxe"-Zimmern mit Essbereich und Küche reicht. Zu den Gemeinschaftsbereichen gehören auch eine Dachterrasse und ein gekiester Hof mit geselliger Bar.

★ Hotel Playa del Karma BOUTIQUEHOTEL **$$**
(Karte S. 62; 984-803-02-72; www.hotelplayadelkarma.com; 15 Av Norte, zw. Calle 12 & 14; DZ ab 1100 Mex$;) Näher ran an den Dschungel geht's nirgendwo in der Stadt; die Zimmer hier blicken auf einen üppig grünen Hof mit einem kleinen – oder schon eher winzigen – Pool. Alle Zimmer haben

Playa del Carmen

Playa del Carmen

Klimaanlage und Fernseher, einige auch eine Kochnische, eine Sitzecke und eine hübsche kleine Veranda mit Hängematten. Das Hotel vermittelt auch Touren zu den Ruinen in der Nähe und Tauchausflüge.

Hotel Barrio Latino HOTEL $$
(Karte S. 62; ☎984-873-23-84; www.hotelbarriolatino.com; Calle 4 Norte 153; Zi. mit Frühstück 1200 Mex$;) Das Barrio Latino hat 18 saubere Zimmer mit rustikaler Einrichtung, guter Belüftung, Deckenventilatoren oder Klimaanlage, Fliesenboden und Hängematten. Das Haus ist allerdings oft voll und das Vordertor oft abgeschlossen. Für längere Aufenthalte winken Rabatte und in der Nebensaison purzeln die Preise. Die Hotelgäste können kostenlos ins Ausland telefonieren.

Chez Céline FRÜHSTÜCK $
(☎984-803-34-80; www.chezceline.com.mx; Ecke 5 Av Norte & Calle 34 Norte; Frühstück 72–129 Mex$; 7.30–23 Uhr;) Das Bäckerei-Café unter französischer Leitung verdankt seine Beliebtheit seinen tollen, gesunden Frühstücksangeboten und einer Auswahl köstlicher Backwaren.

La Cueva del Chango MEXIKANISCH $$
(☎984-147-02-71; www.lacuevadelchango.com; Calle 38 Norte s/n, zw. Av 5 Norte & Strand; Frühstück 90–114 Mex$, Mittag- & Abendessen 168–198 Mex$; 8–22.30, So bis 14 Uhr;) In der „Affenhöhle" kocht man mit frischen, naturbelassenen Zutaten. Die Gäste sitzen im *palapa*-Ambiente mit Dschungelfeeling oder im üppig grünen Garten hinterm Haus. Die Bedienung ist freundlich, aber die Küche nicht immer die fixeste. Dafür schmeckt das Essen wirklich lecker; probierenswert sind z. B. die gefüllten Ancho-Paprikaschoten und die *chilaquiles* (frittierte Tortillas in reichlich Sauce).

★ **Passion** BASKISCH $$$
(☎984-877-39-00; www.passionbymb.com; 5 Av Norte, Paradisus Hotel; Hauptgerichte 600–1100 Mex$, Degustationsmenü 1950 Mex$; Mo–Sa 18–21.30 Uhr;) Das Restaurant, für dessen französisch-baskisch geprägte Speisekarte Sternekoch Martin Berastegui verantwortlich zeichnet, ist ohne Frage eins der besten von Playa. Die Gäste können à la carte bestellen oder sich für das erlesene siebengängige Degustationsmenü entscheiden. Für das kulinarische Erlebnis in einem eleganten Speisesaal im Paradisus Hotel sollte man rechtzeitig reservieren und sich angemessen in Schale schmeißen.

Ausgehen & Nachtleben

★ **Dirty Martini Lounge** BAR
(Karte S. 62; www.facebook.com/dirtymartinilounge; 1 Av Norte 234; 12–2, Fr & Sa bis 3 Uhr) Die Dirty Martini Lounge bietet keine Schaummaschine, keinen mechanischen Bullen und nur ein Minimum an nackter Haut – eine erholsame Abwechslung im überdrehten Playa. Die Einrichtung erinnert an den amerikanischen Westen, mit gemütlichen Lederpolstern und brauner Holzverkleidung: Ein Ort, an dem man etwas Leckeres süffeln und sich dabei noch selber denken hören kann.

Playa 69 SCHWULE
(Karte S. 62; www.facebook.com/sesentaynueveplaya; Seitengasse der 5 Av Norte, zw. Calle 4 & 6; ab 22 Uhr 60 Mex$ Eintritt; Mi–So 21–4 Uhr) Der beliebte schwule Tanzclub präsentiert stolz ausländische Stripper aus so fernen Ländern wie Australien und Brasilien. Am Wochenende gibt's Dragqueen-Shows. In der Haupturlaubszeit öffnet der Club manchmal auch dienstags. Er liegt ganz am Ende der schmalen Gasse versteckt.

★ **Fusion** LIVEMUSIK
(Karte S. 62; ☎Handy 984-8797174; www.facebook.com/fusionbeachbarcuisine; Calle 6 Norte s/n; 8–1 Uhr) In der Strandbar mit Grillimbiss gibt's außer Livemusik auch eine spaßige Bauch- und Feuertanzshow. Das Feuertanzen geht erst am späteren Abend los (gegen 23 Uhr). Ab 18 Uhr ist Fusion einfach ein cooles Plätzchen für ein Bier oder einen Cocktail bei Rock-, Reggae- und Latin-Klängen.

An- & Weiterreise

BUS

In Playa gibt es zwei Busbahnhöfe mit Fahrkartenschaltern und Informationen zu mindestens einigen Abfahrtzeiten des jeweils anderen. Günstiger wird's mit einer Busfahrkarte der 2. Klasse, aber das bedeutet auch, dass der Bus oft an jeder Ecke hält.

Die meisten Fernbusse fahren vom **ADO-Terminal Alterna** (Karte S. 62; www.ado.com.mx; 20 Av Norte s/n, Ecke Calle 12) ab. Busse zu Zielen im Bundesstaat Quintana Roo verkehren dagegen vom **ADO-Terminal Turística** (Terminal del Centro; Karte S. 62; www.ado.com.mx; 5 Av Norte s/n, Ecke Av Juárez).

Die Shuttlebusse von **Playa Express** (Karte S. 62; Calle 2 Norte s/n) bieten eine viel schnellere Möglichkeit, an der Riviera Maya zwischen Playa del Carmen und Cancún herumzukommen. Das Unternehmen hat häufige Verbindungen nach Puerto Morelos (25 Mex$, 40 Min.) und ins Stadtzentrum von Cancún (38 Mex$, 1¼ Std.).

COLECTIVO

Colectivos (Calle 2 Norte s/n, Ecke 20 Av; ⌚5–23.30 Uhr) sind eine prima Möglichkeit, um für wenig Geld südwärts nach Tulum oder nordwärts nach Cancún zu reisen. Sie fahren los, sobald sie voll sind (etwa alle 15 Minuten) und halten nach Wunsch überall entlang der Carretera zwischen Playa und Tulum. Der Platz für Gepäck ist etwas knapp, aber für Tagesausflüge sind sie super. Am selben Haltepunkt kann man auch ein *colectivo* nach Cancún (40 Mex$) besteigen. Außerdem gibt es täglich um 11.30 und 18.30 Uhr Abfahrten zur Isla Holbox (250 Mex$).

SCHIFF/FÄHRE

Die häufig verkehrenden Personenfähren nach Cozumel legen an der Calle 1 Sur ab; dort befinden sich auch die **Ticketschalter** (Karte S. 62; Av 1 Sur s/n, Ecke Calle 1 Sur) von zwei Fährgesellschaften. Preisänderungen sind jederzeit möglich. Vom **Calica-Punta Venado-Terminal** (Terminal Marítima Punta Venado; www.calica.com.mx/terminal-maritima-punta-venado; Ctra 307 Km 282) südlich von Playa verkehren Autofähren nach Cozumel.

Mexico Waterjets (Karte S. 62; ☎984-872-15-88; www.winjet.mx; Av 1 Sur s/n; einfache Fahrt Erw./Kind 6–11 J. 175/90 Mex$; ⌚8–22 Uhr) Bei gelegentlichen Online-Sonderaktionen werden die Fahrpreise für alle Reisenden um rund 20 % herabgesetzt.

Transcaribe (☎987-872-76-71; www.transcaribe.net; Ctra 307 Km 282, Calica-Punta Venado; einfache Fahrt 500 Mex$) Tägliche Autofähren nach Cozumel. Im Preis der einfachen Strecke sind die Passagiere inklusive. Das Fährterminal liegt 8 km südlich von Playa del Carmen.

Ultramar (Karte S. 62; ☎998-881-58-90, 998-293-90-92; www.ultramarferry.com/en; Av 1 Sur s/n; einfache Fahrt Erw./Kind 6–11 J. 200/130 Mex$, einfache Fahrt Autofähre 400 Mex$; ⌚7–23 Uhr) Die schickste der Fähren und laut Eigenwerbung diejenige, die am wenigsten Seekrankheit verursacht. Sie hat ein 1.-Klasse-Angebot mit Lounge, mehr Platz, bevorzugtem Boarding und Ledersitzen. Die Autofähren verkehren vom Calica-Punta Venado-Terminal.

Isla Cozumel

☎987 / 79 500 EW.

Cozumel hat eine gespaltene Persönlichkeit und gerade deshalb faszinierend – ein schräger Mix aus ruhigen, authentischen Wohnvierteln und Touristentummelplätzen. Jenseits der touristischen Zone liegt dynamisches Karibikflair in der Luft und so manche Tankstelle hat noch ihren eigenen Marienschrein. Außerdem warten hier aufregende Abenteuer wie Tauchausflüge zu einigen der schönsten Riffe der Welt.

Tauchen und Schnorcheln sind zwar die Hauptattraktionen, aber auch auf dem Hauptplatz der Stadt lässt sich ein netter Nachmittag verbringen. Zudem ist es eine wahre Freude, mit einem gemieteten Motorroller oder Cabrio die weniger besuchten Teile der Insel zu erkunden. Die Küstenstraße führt zu kleinen Maya-Ruinen, einem Küstenschutzgebiet und Bars auf der Steilküste und bietet unterwegs immer wieder hinreißende Aussicht auf die unvergessliche, windumtoste Küste. Das Nachtleben ist natürlich nicht mit dem von Playa del Carmen oder Cancún vergleichbar, doch auch noch nach Sonnenuntergang gibt es einiges zu erleben.

Sehenswertes & Aktivitäten

Die meisten Besucher kommen natürlich wegen der berühmten Tauch- und Schnorchelreviere, aber Cozumel bietet auch eine Menge andere Beschäftigungsmöglichkeiten, wie Radtouren auf der schönen Küstenstraße, Strandreiten oder Surfabenteuer an der Ostküste. Wer will, kann sogar mit dem Speer auf Feuerfischjagd gehen.

★El Cielo STRAND

El Cielo wird seinem himmlischen Namen völlig gerecht: Sein seichtes türkisfarbenes Wasser ist ideal zum Schnorcheln und Schwimmen zwischen Seesternen, Stachelrochen und kleinen Fischen. Der Strand an der Südwestseite der Insel lässt sich nur mit dem Boot erreichen, aber alle Tauchveranstalter bieten Touren hierher an.

San Miguel de Cozumel

San Miguel de Cozumel

Sehenswertes
1 Ufermauer D2

Aktivitäten, Kurse & Touren
2 Aldora Divers B2

Schlafen
3 Casa del Solar C1
4 Hotel Mary Carmen C2

Essen
5 Jeanie's A3
6 Kinta C1

Sea Walls STREET-ART

(Karte S. 65; www.pangeaseed.foundation/cozumel-mexico; San Miguel de Cozumel) 2015 haben einheimische und internationale Künstler mit Unterstützung der PangeaSeed-Stiftung 36 großformatige Wandgemälde geschaffen, um das Bewusstsein für den Schutz der Meere und eine nachhaltige Erschließung der Küstenregionen zu fördern. Ein Innenstadtrundgang in Eigenregie führt zu coolen Werken wie dem Bild eines riesigen Seeungeheuers an der Ecke Calle 1 Sur und Avenida 20 Sur. Die **Touristeninformation** (Karte S. 65; ☎987-869-02-12; www.cozumel.travel; Av 5 Sur s/n, Plaza del Sol, 1. OG; ⏲Mo–Fr 8–15 Uhr) hält einen Plan der Wandgemälde bereit.

Aldora Divers TAUCHEN

(Karte S. 65; ☎987-872-33-97; www.aldora.com; Calle 5 Sur 37; 1-/2-Tank-Tauchgang inkl. Ausrüstung 66/113 US$, 3-Tank-Haihöhlen-Tauchgang 232 US$; ⏲7–15 & 18–20 Uhr) Einer der besten Tauchveranstalter auf Cozumel. Wenn das Wetter an der Westküste zu schlecht ist, bringt Aldora die Taucher auf die Luvseite der Insel. Außerdem bietet der Veranstalter auch Tagesausflüge zu Höhlen mit schlummernden Haien inklusive Zwischenstopp an einer Lagune mit Maya-Ruinen.

YVONNE M. CORNELL/SHUTTERSTOCK ©

1. Sopa de lima (S. 49)
Klassische mexikanische Suppe mit Putenfleisch, Limette und Tortillastreifen

2. Isla Holbox (S. 59)
Unter den über 150 Vogelarten, die man auf Holbox sehen kann, sind auch Flamingos.

3. Cenote X'Kekén (S. 76)
Ein beliebter *cenote* zum Schwimmen in Valladolid

4. Calakmul (S. 87)
In der alten Mayastadt Calakmul lebten einst über 50 000 Menschen.

JOSE IGNACIO SOTO/SHUTTERSTOCK ©

Cozumel Surfing School & Rental SURFEN
(☎Handy 987-1119290; www.cozumelsurfing.com; Carretera Coastal Oriente Km 42,9, Playa Chen Río; Surfboard 30–40 US$ pro Tag, Surfkurs 110 US$, Speerfischen 80 US$) Auf in die Brandung mit Nacho Gutierrez (der den Johnny-Depp-Look perfekt draufhat)! Nacho ist im Restaurant **El Pescador** (Km 42,9) an der Playa Chen Río anzutreffen. Surfunterricht gibt er normalerweise an der Punta Chiqueros, wo das Restaurant **Playa Bonita** Boards verleiht (Km 37). Für die Surfkurse sollte man rechtzeitig reservieren. Nacho bietet auch Touren zum Speerfischen an.

Schlafen & Essen

Casa del Solar PENSION $
(Karte S. 65; ☎987-869-30-77, Handy 987-5648680; teresagonzalez230172@gmail.com; Av 5 Norte 280; DZ 35–40 US$;) Sechs Zimmer, alle mit bequemen Betten und einige noch mit den Originalfliesenböden des alten Hauses, gehen auf den sonnigen Hof mit einem großen *mamey*-Baum (Sapote). Morgens wird in der Gemeinschaftsküche Kaffee gemacht. Doch wie viele preiswerte Pensionen hat auch diese ihre Macken: Beim letzten Besuch funktionierte das WLAN nur sporadisch und der elektrische Wasserkocher in einem Zimmer teilte harmlose, aber eindrucksvolle Stromschläge aus.

Hotel Mary Carmen HOTEL $$
(Karte S. 65; ☎987-872-05-81; www.hotelmarycarmen.com.mx; Av 5 Sur 132; DZ 900 Mex$;) Die sauberen, farbenfrohen Zimmer gehen auf einen Patio raus, wo der Besitzer mehr als ein Dutzend Schildkröten hält, also vorsichtig rumlaufen, vor allem nachts! Es ist nur ein kurzes Stück zu Fuß vom Fährhafen bis zu dem Hotel, dessen luftige Lobby mit antikem Mobiliar eingerichtet ist. Den größten Teil des Jahres gibt es Sonderangebote.

★ **Hotel B Cozumel** BOUTIQUEHOTEL $$$
(☎987-872-03-00; www.hotelbcozumel.com; Carretera San Juan Km 2,5; DZ/Suite mit Frühstück ab 124/196 US$;) Das hippe Hotel an der Nordküste hat zwar keinen Sandstrand, dafür aber einen kristallklaren Salzwasser-Pool und einen Whirlpool direkt am Meer. Die Zimmer sind mit handgearbeiteten Wohntextilien ausgestattet, es gibt wöchentlichen Livejazz und kostenlose Fahrräder. Die angegebenen Zimmerpreise gelten für Zimmer mit Blick auf den Dschungel; Meerblick kostet extra.

Camarón Dorado FISCH & MEERESFRÜCHTE $
(☎987-872-72-87, Handy 987-1181281; www.facebook.com/camaron.dorado; Ecke Av Juárez & Calle 105 Sur; Tortas 29–55 Mex$, Tacos 18–35 Mex$; ⏲Di–So 7–13.30 Uhr;) Wer auf dem Weg zur Luvseite der Insel ist oder einfach nur eine andere Seite von Cozumel sehen will, kann auf einen Happen bei Camarón Dorado vorbeischauen – sofern man früh genug dran ist. Aber Vorsicht: Die Tortas und Tacos mit *camarónes empanizados* (panierten Garnelen) können süchtig machen. Das Lokal liegt 2,5 km südöstlich vom Personenfährterminal.

Jeanie's MEXIKANISCH $$
(Karte S. 65; ☎987-878-46-47; www.jeaniescozumel.com; Av Melgar 790; Frühstück 79–125 Mex$, Hauptgerichte 110–230 Mex$; ⏲7–22 Uhr;) Von der Terrasse des Lokals bietet sich ein toller Blick aufs Wasser. Bei Jeanie's gibt's Waffeln, Röstis zum Spiegelei, Sandwiches und andere Leckerbissen wie vegetarische *fajitas*. Eiskaffee hilft gegen die Mittagshitze. Außerdem warten von 17 bis 19 Uhr nette Happy-Hour-Angebote auf Abnehmer.

★ **Kinta** MODERN MEXIKANISCH $$$
(Karte S. 65; ☎987-869-05-44; www.kintarestaurante.com; Av 5 Norte 148; Hauptgerichte 260–340 Mex$; ⏲17–23 Uhr;) Das schicke Bistro, in dem mexikanische Klassiker in Gourmetvariationen zubereitet werden, ist eins der besten Restaurants der Insel. Ein altbewährter Leckerbissen sind die Midnight Pork Ribs. Der Holzofen produziert spektakulären Backfisch und zum Nachtisch schmeckt der *budín de la abuelita* (Großmutters Pudding).

Ausgehen & Nachtleben

★ **Turquoise Beach Bar** LIVEMUSIK
(☎Handy 987-1155057; www.facebook.com/turquoisecozumelbeachclub; Av Melgar Km 2,8; ⏲Mo–Sa 9–22, So 10–23 Uhr) Mehrmals pro Woche geben rockige Coverbands – manche davon überraschend gut – unterhaltsame Konzerte zum Sonnenuntergang. Wer keine Lust mehr auf Bier hat, gönnt sich zur Abwechslung einen Cocktail oder einen hochprozentigen Mezcal. Am Strand treibt sich ein molliges Streichelschwein namens Taluhla herum, das offenbar recht gut von den Tischabfällen der Gäste lebt. Das Lokal liegt etwa 1 km südlich vom Anleger der Autofähre.

Anreise & Unterwegs vor Ort

Die meisten Besucher kommen mit der Fähre; es gibt aber auch einen kleinen Flughafen. Bustickets für die Weiterreise nach Yucatán können auf Cozumel gekauft werden; der Bus fährt jedoch von Playa del Carmen ab.

Von Playa del Carmen verkehren zwischen 7 und 23 Uhr regelmäßig Personenfähren von Ultramar (S. 64) und Mexico Waterjets (S. 64) nach Cozumel (eine Strecke 175–200 Mex$); sie nutzen den **Anleger für Personenfähren** (Karte S. 65; Isla Cozumel).

Wer die Insel gründlich erkunden will, muss entweder ein Fahrzeug mieten oder ein Taxi nehmen (1500–2000 Mex$ für eine Tagestour). Radfahrer haben mit dem hier vorherrschenden Starkwind zu kämpfen.

Tulum

☎984 / 18 200 EW.

Der spektakuläre Küstenstreifen von Tulum gehört mit seinem puderzuckerfeinen Sand, kobaltblauem Wasser und sanften Brisen zu den besten Stränden Mexikos. Wo sonst bekommt man all das und eine dramatisch gelegene Maya-Ruine obendrauf? Außerdem gibt es hier auch noch exzellente Gelegenheiten zum Höhlentauchen, tolle Cenoten und verschiedenste Unterkünfte und Restaurants für jeden Geldbeutel.

Manche mögen von der Lage des Stadtzentrums direkt an der Carretera abgeschreckt sein, wo es die wirklich billigen Restaurants und Unterkünfte gibt und wo die Hauptstraße eher einem Fernfahrertreff gleicht als einem tropischen Paradies. Aber keine Sorge: Wer Tulum Pueblo nicht mag, kann sich immer noch zur Küste begeben und dort einen ruhigen Strandbungalow mieten, auch wenn das kein billiges Vergnügen ist.

Die Erkundung des Umlands von Tulum ist äußerst lohnenswert: Zu entdecken gibt es die riesige Reserva de la Biosfera Sian Ka'an, das abgeschiedene Fischerdorf Punta Allen und die Ruinen von Cobá.

Sehenswertes

★ Ruinen von Tulum ARCHÄOLOGISCHE STÄTTE

(www.inah.gob.mx; Ctra 307 Km 230; 70 Mex$, Parkplatz 180 Mex$, Touren ab 560 Mex$; ⏲8–17 Uhr; Ⓟ) Die Ruinen von Tulum liegen an einem schroffen Küstenabschnitt, geprägt von einem umwerfend leuchtend weißem Strand an grün-türkisfarbenem Wasser. Klar sind Ausdehnung und Ausmaß der Bauten eher bescheiden und die postklassische Bauweise ist früheren, grandioseren Konstruktionen unterlegen – aber ehrlich: Diese Maya-Bewohner müssen sich bei jedem Sonnenaufgang auf die Schulter geklopft haben.

NICHT VERSÄUMEN

PARQUE DOS OJOS

Ungefähr 1 km südlich des Wasserparks Xel-Há zweigt die Straße zum ausgedehnten **Höhlensystem Dos Ojos** (☎Handy 984-1600906; www.parquedosojos.com; Ctra 307 Km 124; 1-/2-Tank-Tauchgang 1850/2600 Mex$, Schnorcheln 470 Mex$; ⏲8–17 Uhr) ab. Dos Ojos wird von der örtlichen Maya-Gemeinde als nachhaltiges Tourismusprojekt betrieben. Bei geführten Schnorcheltouren durch mehrere staunenswerte Unterwasser-Höhlen gleitet man durch ein gespenstisch illuminiertes Wunderland aus Tropfsteinformationen. Tauchgänge müssen bei den Tauchveranstaltern gebucht werden.

★ IK Lab KUNSTGALERIE

(☎984-980-06-40; www.iklab.art; Carretera Tulum-Boca Paila Km 5; ⏲10–12 Uhr) GRATIS Besucher betreten die umwerfende Galerie für zeitgenössische Kunst im Azulik-Resort barfuß, um mit den Fußböden aus poliertem Beton und *bejuco* (Holz einer Kletterpflanze) als lebende Organismen zu interagieren. Die durch den Urenkel der Kunstsammlerin Peggy Guggenheim eröffnete Anlage aus surreal verschachtelten Ausstellungsräumen unter geometrisch strukturierten Holzkuppeln ist so konzipiert, dass Betrachter die Kunst im direkten Nebeneinander mit den Naturelementen von Tulum erleben.

Reserva de la Biosfera Sian Ka'an NATURSCHUTZGEBIET

(Biosphärenreservat Sian Ka'an; 35 Mex$; ⏲Sonnenauf- bis Sonnenuntergang) Sian Ka'an („wo der Himmel geboren ist") beherbergt eine kleine Population von Klammer- und Brüllaffen, mittelamerikanische Tapire, vier Arten von Meeresschildkröten, Westatlantische Landkrabben, über 330 Vogelarten (u. a. Rosalöffler und einige Flamingos), Manatis (Seekühe), rund 400 Fischarten und eine vielfältige Pflanzenwelt.

Aktivitäten

Gran Cenote SCHWIMMEN

(Ctra 109 s/n; 180 Mex$, Schnorchelausrüstung 80 Mex$, Tauchen 200 Mex$; ⏲8.10–16.45 Uhr) Vor allem an heißen Tagen ein lohnender Zwischenstopp rund 4 km westlich von Tulum an der Carretera zu den Cobá-Ruinen: Hier kann man zwischen kleinen Fischen schnorcheln und, wenn man seine eigene

Tauchausrüstung mitbringt, auch Unterwasserformationen in den Höhlen besichtigen. Ein Taxi von Tulum kostet 100 Mex$ für eine Strecke (vor Fahrtantritt nachfragen, um Überraschungen zu vermeiden).

Zacil-Ha SCHWIMMEN

(☎Handy 984-2189029; www.facebook.com/cenotezacilha; Ctra 109 Km 8; 80 Mex$, Schnorchelausrüstung 30 Mex$, Zipline 10 Mex$; ⌚10–18 Uhr) Dieser Cenote bietet außer Möglichkeiten zum Schwimmen und Schnorcheln auch noch eine Seilrutsche. Er liegt 8 km westlich von Avenida Tulum an der Straße nach Cobá und hat als Dreingabe sogar eine Bar!

Xibalba Dive Center TAUCHEN

(☎984-871-29-53; www.xibalbadivecenter.com; Andromeda Oriente 7, zw. Libra Sur & Geminis Sur; 1/2-Höhlen-Tauchgang inkl. Ausrüstung 90/150 US$) Xibalba ist eins der besten Tauchzentren in Tulum und bekannt für seine Priorität für Sicherheit beim Tauchen. Spezialität ist Höhlentauchen, z. B. in den Dos Ojos und im unheimlichen **Cenote Angelita** (Ctra 307 Km 213; Cenote-Tauchen 300 Mex$, Schnorcheln 200 Mex$; ⌚7–17 Uhr). Xibalba ist gleichzeitig ein Hotel (Zimmer ab 100 US$) und bietet attraktive Pauschalpakete mit Unterkunft, Tauchtrips und Kursen.

Festivals & Events

Sound Tulum MUSIK

(www.soundtulum.com; ⌚Ende Dez. & Anfang Jan.) Das zweiwöchige Musikfestival zieht Top-Künstler der internationalen Underground-Electronic-Szene an. Die Konzerte finden in Tulum statt. Infos zu Programm, Veranstaltungsorten und Tickets gibt es auf der Website.

Schlafen & Essen

Cenote Encantado CAMPINGPLATZ $

(☎nur WhatsApp 55-3028-2253; www.cenoteencantado.com; Carretera Tulum-Boca Paila Km 10,5; Zelt pro Pers. 500 Mex$; ⊜) Der etwas esoterisch angehauchte Campingplatz ist eine seltene Budgetunterkunft in Strandnähe und wurde nach einem hübschen Cenote gleich hinter dem Platz benannt. Die Gäste nächtigen in großen Zelten, die mit Betten, Teppichen und Nachttischen möbliert sind. Es gibt hier auch einen Yoga-/Meditationsraum. Der Platz liegt nicht direkt am Strand, der aber gut zu Fuß zu erreichen ist. Im Dezember und Januar steigen die Preise – teils erheblich.

Lum Hostal HOSTEL $

(☎984-160-04-21; www.facebook.com/lumhostal; Alfa Norte, Ecke Sagitario Poniente; B/DZ 500/1500 Mex$; ⊜) Das schicke, saubere und gut geführte Hostel im Stadtzentrum hat moderne Gästezimmer und Sechs-Bett-Schlafsäle mit polierten Betonböden, Klimaanlage, Gemeinschaftsküche und Barbereichen und – das Allerbeste – kostenlose Leihräder, um zum Strand und zu den Ruinen zu fahren.

Mango Tulum HOTEL $$

(☎55-1204-0339; www.mangotulum.com; Polar Poniente, Ecke Av Cobá; Zi. ab 55 US$; ⊜) Ein ruhiges, komfortables und entspanntes

BUSSE AB TULUM

ZIELORT	PREIS (MEX$)	FAHRZEIT (STD.)	ABFAHRTEN (TGL.)
Belize City	675	6	2; 0.45 & 10 Uhr
Cancún	148–218	2–2½	häufig
Cancún, Flughafen	242	2	5
Chetumal	258–378	3¼–4	häufig
Chichén Itzá	232	2½–2¾	2; 9 & 14.45 Uhr
Chiquilá (zur Isla Holbox)	334	3½	1; 8.10 Uhr
Cobá	55	1	10.11 Uhr
Felipe Carrillo Puerto	65–104	1¼	4; häufiger verkehren die *colectivos*
Laguna Bacalar	222–252	3	häufig
Mahahual	296	3–3½	2; 9.10 & 19.05 Uhr
Mérida	356–500	4–4½	9
Playa del Carmen	49–108	1	häufig
Valladolid	110–134	1½–1¾	häufig

Mittelklassehotel mit minimalistischen Zimmern, die Blick auf einen Pool und einen grünen Garten mit Picknickbänken bieten. Ruinen, Cenoten und ein Supermarkt liegen ganz in der Nähe und auch die Straße zum Strand ist nur einen Häuserblock entfernt. Achtung: Nicht mit der Casa Mango an der Straße nach Cobá verwechseln!

★ La Posada del Sol BOUTIQUEHOTEL **$$$**
(☎ Handy 984-1348874; www.laposadadelsol.com; Carretera Tulum-Boca Paila Km 3,5; Zi. mit Frühstück 100–190 US$;) Die Posada del Sol besticht mit natürlichen Einrichtungselementen und kreativer Architektur unter Verwendung von Strandgut, das nach einem Hurrikan auf dem Anwesen gefunden wurde. Alle elf Zimmer haben Klimaanlage, aber die teureren auf der Strandseite der Straße bekommen normalerweise auch eine angenehme Meerbrise ab. Zu dem mit Solar- und Windenergie versorgten Hotel gehören auch ein hübscher Strand und ein toller Kunsthandwerksshop.

★ Taquería Honorio TACOS **$**
(☎ 984-134-87-31; www.facebook.com/taqueriahonorio; Satélite Sur; Tacos 16–22 Mex$, Tortas 35–40 Mex$; ⏲ 6–14 Uhr) Die Taquería begann als Verkaufsstand und wurde zu einem solchen Hit, dass hier jetzt ein Taco-Lokal mit richtigem Dach steht. Die meisten Kunden kommen wegen der *cochinita* (geschnetzeltes Schweinefleisch in Annatto-Marinade), die in hausgemachten Tortillas oder *tortas* (Brötchen) serviert wird. Auch sehr empfehlenswert sind yukatekische Klassiker wie *relleno negro* (Truthahn in dunkler Chili-Sauce).

Azafran FRÜHSTÜCK **$$**
(☎ Handy 984-1296130; Av Satélite s/n, Ecke Calle 2 Poniente; Hauptgerichte 75–125 Mex$; ⏲ Mi–Mo 8–15 Uhr;) Ein tolles kleines Frühstückslokal unter deutscher Leitung in einem schattigen Garten. Besonders beliebt ist das „Katerfrühstück": eine herzhafte Portion hausgemachte Wurst mit Kartoffelpüree, Eiern, Roggentoast und Speck – manchmal ist sogar ein Salatblatt zu erspähen. Aber es steht auch leichtere Kost auf der Karte wie die frisch gebackenen Bagels mit gepökeltem Lachs. Nur Barzahlung.

La Gloria de Don Pepe TAPAS **$$**
(☎ Handy 984-1524471; www.facebook.com/lagloriadedonpepe; Orión Sur, Ecke Andromeda Oriente; Tapas 60–195 Mex$; ⏲ Di–So 13.30–22.30 Uhr) Der Laden, an dem ein Schild verkündet „A meal without wine is called breakfast" (Eine Mahlzeit ohne Wein nennt man Frühstück), verwöhnt den Gaumen mit köstlichen Tapas-Tellern und hervorragender Meeresfrüchte-Paella. Und Wein – haben wir schon den Wein erwähnt? Ein idealer Ort, um in Ruhe mit einem Freund oder einer Freundin zu plaudern, ohne gegen den Umgebungslärm anschreien zu müssen. Es gibt auch Sitzplätze im Freien.

★ Hartwood FUSIONSKÜCHE **$$$**
(www.hartwoodtulum.com; Carretera Tulum-Boca Paila Km 7,5; Hauptgerichte 380–500 Mex$; ⏲ Mi–So 17.30–22 Uhr) Sofern man einen Platz ergattern kann (Spontanbesucher sind grundsätzlich willkommen; man kann aber auch einen Monat im Voraus online reservieren), wird dieses entzückende Nouvelle-Cuisine-Restaurant an der Straße zum Strand sicher einen bleibenden Eindruck hinterlassen. Die Zutaten sind frisch und regional, die Aromen und Zubereitungstechniken international. Das Speisenangebot auf der Kreidetafel wechselt täglich und die offene Küche mit Solarenergie und Holzofen untermalt das köstliche Kulinarikerlebnis.

ℹ An- & Weiterreise

Die rund um die Uhr geöffnete **ADO-Busstation** (☎ 984-871-21-22; www.ado.com.mx; Av Tulum, zw. Calle Alfa Norte & Jupiter Norte; ⏲ 24 Std.) ist schlicht, aber brauchbar, bietet allerdings kaum mehr als ein paar Sitzgelegenheiten für Wartende.

Colectivos nach Playa del Carmen verkehren von der Avenida Tulum. *Colectivos* nach Felipe Carrillo Puerto fahren einen Block südlich der Busstation ab. *Colectivos* nach Cobá verkehren von 9 bis 18 Uhr ungefähr alle zwei Stunden (70 Mex$).

Cobá

☎ 984 / 1300 EW.

Die Ruinen von Cobá sind ein Erlebnis und ein Hauptgrund, den Ort zu besuchen. Die höchste Pyramide des Bundesstaats, ein prachtvoller Ballspielplatz und verschiedene andere Bauwerke garantieren ein paar interessante Stunden. Das Dorf ist ruhig und niedlich, mit einer Lagune voller Krokodile, einer Reihe von Cenoten und einer wachsenden Zahl von Hotels und Restaurants ... aber die meisten Touristen kommen nun mal wegen der Ruinen. In Scharen. In ganzen Busladungen. Das ist auch das größte Problem des Orts: Wer nach 11 Uhr ankommt, muss sich die Sehenswürdigkeiten mit Hunderten anderer Besucher aus Cancún, Playa und Tulum teilen. Aus Gründen des nachhaltigen Tourismus ist es sinnvoll und großartig, in kleinen Orten wie Cobá zu übernachten, aber man darf hier keine Abendunterhaltung erwarten.

Sehenswertes

★ Ruinen von Cobá ARCHÄOLOGISCHE STÄTTE
(www.inah.gob.mx; 70 Mex$, Führer 600–650 Mex$; 8–16.30 Uhr; P) Zu den Ruinen von Cobá gehört die höchste Pyramide in Quintana Roo (die zweithöchste in ganz Yucatán). Der dichte Dschungel rundum vermittelt das Gefühl, in einen Indiana-Jones-Film geraten zu sein. Ein großer Teil der Ruinen ist noch gar nicht ausgegraben. Zu sehen sind nur geheimnisvolle, von Wurzeln und Schlingpflanzen überwucherte Trümmerhaufen. Besucher können über alte *sacbés* (zeremonielle Kalksteinstraßen oder -wege zwischen großen Maya-Städten) spazieren, auf uralte Erdhügel klettern oder auf den Nohoch Mul steigen, wo sich ein spektakulärer Blick auf den Dschungel bietet.

➡ Grupo Cobá
(Ruinen von Cobá) Das herausragendste Bauwerk der Grupo Cobá ist **La Iglesia** (die Kirche). Es ist eine enorme Pyramide; wäre es erlaubt, sie zu besteigen, könnte man von ihrer Spitze die Seen in der Umgebung (die an klaren Tagen einen zauberhaften Anblick bieten) und die Nohoch-Mul-Pyramide sehen. Zu erreichen ist sie vom Eingang knapp 100 m über den Hauptweg und dann rechts.

Man sollte sich genügend Zeit nehmen, die Grupo Cobá zu erkunden. Zum Ensemble gehören einige Gänge mit Kraggewölbe, die man durchwandern kann. Nicht weit vom nördlichen Rand der Anlage, auf dem Weg zurück zum Hauptweg und zum Fahrradverleih, liegt ein sehr schön restaurierter **juego de pelota** (Ballspielplatz).

➡ Grupo Macanxoc
(Ruinen von Cobá) Bemerkenswert an der Grupo Macanxoc ist seine Vielzahl restaurierter Stelen; einige sind mit Reliefs mutmaßlich königlicher Frauen geschmückt, die vermutlich aus Tikal kamen. Viele der Stelen sind stark verwittert, doch einige sind noch gut erhalten und einen Abstecher wert.

➡ Grupo de las Pinturas
(Ruinen von Cobá) Am Tempel der Grupo de las Pinturas (Gemäldegruppe) befinden sich über der Tür Spuren von Glyphen und Fresken und innen Reste von buntem Verputz. Zum Tempel geht es vom Südosten aus. Abseits des Pfades an der Nordwestecke (gegenüber den Tempeltreppen) sind zwei Stelen zu sehen. Die erste befindet sich 20 m weiter unter einer *palapa*. Hier steht eine majestätische Figur über zwei anderen, eine davon kniet mit am Rücken gefesselten Händen.

➡ Grupo Nohoch Mul
(Ruinen von Cobá) Nohoch Mul (Großer Erdhaufen) wird auch Große Pyramide genannt, was um einiges besser klingt als Großer Erdhaufen. Er ist 42 m hoch und somit das zweithöchste Maya-Bauwerk auf der Halbinsel Yucatán (die Estructura II von Calakmul ist mit 45 m das höchste). Der Aufstieg über die alten Stufen mag manchen Besuchern als zu gefährlich erscheinen. Über der Tür auf der Spitze des Tempels sind zwei tauchende Götter eingemeißelt (in der postklassischen Periode 1100 bis 1450 n. Chr. errichtet), die den Skulpturen in Tulum gleichen.

Aktivitäten

Außer den Ruinen gibt es in der Gegend südlich des Ortes auch mehrere Cenoten. Mit einem **Leihrad** (in der Nähe der Bushaltestelle bei den Ruinen; Leihrad 50 Mex$ pro Tag; 10–17 Uhr) ist es eine schöne Tour dorthin. Ansonsten muss man sich etwas einfallen lassen um hinzukommen.

Cenoten Choo-Ha, Tamcach-Ha & Multún-Ha SCHWIMMEN
(Handy 984-1338561; je Cenote 55 Mex$; 8–18 Uhr) Etwa 6 km südlich der Ortschaft Cobá liegen an der Straße nach Chan Chen drei kommunal verwaltete Cenoten: Choo-Ha, Tamcach-Ha und Multún-Ha. Diese höhlenartigen Cenoten eignen sich wunderbar zum kühlenden Bad oder zum Schnorcheln (mit eigener Ausrüstung). Für Kinder unter zehn Jahren ist der Eintritt kostenlos.

Schlafen & Essen

Hotel Maya HOTEL $$
(Handy 984-1443006; www.facebook.com/hotelsacbecoba; Av Principal s/n; DZ 800–1000 Mex$;) Der beste Deal in Cobá. Im Obergeschoss warten saubere, farbenfrohe und komfortable Zimmer (einige mit Kabel-TV) hinter Holztüren, deren Schnitzereien Maya-Gottheiten darstellen, während unten ein blau gefliester Pool zum Schwimmen einlädt. Die Unterkunft liegt an der Hauptstraße und nur einen kurzen Fußweg von den Ruinen entfernt.

★ Aldea Cobá RESORT $$$
(☎Handy 998-3420198, Handy 998-1476623; www.aldeacoba.com; Av Principal 1; 1760–2900 Mex$; P⊜❄≋) Ein liebevoll angelegtes Resort mit Dschungelambiente und kühlen, komfortablen Zimmern, deren Einrichtung teils von einheimischen Kunsthandwerkern gearbeitet wurde. Die Bungalows und Villen liegen rund um einen einladenden, von Vegetation umrahmten Pool. Das dazugehörige Restaurant Pischán, das auf yukatekische Küche spezialisiert ist und auch Nichtgäste bewirtet, ist einen Besuch wert. Das Resort liegt 2,5 km von den Ruinen entfernt; man braucht also ein Auto oder muss zu Fuß in den Ort gehen.

Restaurant La Pirámide MEXIKANISCH $$
(☎984-206-71-75, 984-206-70-18; Av Principal s/n; Hauptgerichte 105–170 Mex$, Büfett 180 Mex$; ⊙8–17 Uhr; ≋) Das Restaurant befindet sich am Ende der Hauptgeschäftsstraße des Ortes am Seeufer. Es ist ziemlich touristenorientiert, hat aber anständige yukatekische Spezialitäten wie *cochinita* oder *pollo pibil* (mit *achiote* gewürztes Schweinefleisch oder Huhn). Von 12 bis 15 Uhr gibt es ein Mittagsbüfett. Vom Open-Air-Speisebereich eröffnet sich ein hübscher Blick auf die Lagune.

An- & Weiterreise

Die meisten Busse, die Cobá anfahren, machen einen Schlenker zu den Ruinen, um ihre Fahrgäste dort an einer kleinen **Haltestelle** rauszulassen, aber man kann auch im Ort aussteigen.

Achtmal täglich verkehren Busse zwischen Tulum und Cobá (50–55 Mex$, 1 Std.) und es gibt täglich etwa fünf Verbindungen nach Playa del Carmen (94–142 Mex$, 2 Std.). Außerdem fahren täglich acht Busse nach Valladolid (52 Mex$, 1 Std.), von wo es regelmäßige Busverbindungen (S. 77) nach Chichén Itza und Mérida bestehen. Ein Bus nach Cancún (174 Mex$, 3½ Std.) fährt um 15.10 Uhr von Cobá ab.

Tagesausflügler aus Tulum können Cobá mit *colectivos* (S. 71; 70 Mex$) erreichen, die etwa alle zwei Stunden von der Ecke Calle Osiris Norte und Avenida Tulum abfahren.

Die Straße von Cobá nach Chemax ist schnurgerade und in gutem Zustand. Autofahrer, die nach Valladolid oder Chichén Itzá weiterfahren wollen, sollten diesen Weg wählen.

Ein Taxi aus Cobá nach Tulum kostet 450 Mex$, nach Valladolid 650 Mex$.

Laguna Bacalar

☎983 / 11 000 EW.

Die Laguna Bacalar, die größte Lagune der Halbinsel, ist eine Überraschung in dieser Region aus buschigem Dschungel. Der kristallklare, über 60 km lange See mit glitzernd weißem Sandboden ist wunderbar zum Zelten, Schwimmen, Kajakfahren und Faulenzen inmitten einer Palette schillernder Blau-, Grün- und Weißtöne, die mehr nach Photoshop als nach Natur aussehen.

Für manche ist diese Gegend das „neue" Tulum. Das Uferstädtchen Bacalar, das 115 km südlich von Felipe Carrillo Puerto östlich der Carretera liegt, ist klein und verschlafen, hat aber genügend Touristenbetrieb, um Esslokale und Aktivitäten anzubieten. Es ist vor allem bekannt für seine alte spanische Festung und die beliebten *balnearios* (Schwimmbäder). Ansonsten ist hier nicht viel los, aber gerade das macht den Charme von Bacalar aus. Im Umkreis der Plaza gibt es einen Geldautoamten, eine Wechselstube, einen kleinen Lebensmittelladen, einen Taxistand und eine Touristeninformation.

Sehenswertes & Aktivitäten

Festung FESTUNG
(☎Handy 983-8361065; Ecke Av 3 & Calle 22; Erw./Kind 9–17 J. 100/25 Mex$; ⊙Di–So 9–19 Uhr) Die Festung oberhalb der Lagune wurde 1733 gebaut, um spanische Siedler vor Piratenüberfällen und Aufständen der indigenen Bevölkerung zu schützen. Sie diente auch als Stützpunkt der Spanier im Kastenkrieg. 1859 wurde sie von Maya-Rebellen eingenommen, die die Stellung hielten, bis Quintana Roo 1901 von mexikanischen Truppen erobert wurde.

★ Los Rápidos KAJAKFAHREN
(☎Handy 983-1205920; www.facebook.com/losrapidosbacalar; abseits der Ctra 307 Km 8; Erw./Kind 2–12 J. 50/25 Mex$, Kajak 150 Mex$ pro Std.; ⊙10–19 Uhr) Eine großartiger Ort für Paddeltouren und Vogelbeobachtungen: Per Kajak geht es einen langsam fließenden, kristallklaren Wasserlauf hinauf, der unter der Wasseroberfläche von großen Stromatolithen wimmelt („lebende" Felsbrocken, die von Cyanobakterien gebildet werden). Einige sollen Milliarden Jahre alt sein! Wer die Besucherscharen vermeiden will, kommt am besten vormittags während der Woche. Achtung: Nicht auf die überaus seltenen Stromatolithen treten.

Balneario SCHWIMMEN
(Av Costera s/n, Ecke Calle 14; ⊙9–18 Uhr) GRATIS Das herrliche Schwimmbad liegt mehrere

Straßen südlich der Festung an der Avenida Costera. Der Eintritt ist frei, aber Parken kostet 10 Mex$.

Cenote Azul SCHWIMMEN

(☎983-130-65-69; Ctra 307 Km 34; Erw./Kind unter 11 j. 25 Mex$/frei; ⏲10–18 Uhr) Kurz vor dem südlichen Ende der *costera* (Küstenstraße) und etwa 3 km südlich vom Stadtzentrum Bacalars liegt dieser Cenote, ein 90 m tiefes natürliches Wasserbecken mit Bar und Restaurant. Da er nur 200 m östlich der Ctra 307 liegt, kann man einen der zahlreichen Busse nehmen, die auf der Carretera verkehren. Ein Taxi vom Hauptplatz zum Cenote kostet 50 Mex$.

Schlafen & Essen

Yak Lake House HOSTEL $

(☎983-834-31-75; www.yakbacalar.com; Av 1 s/n, zw. Calle 24 & 26; B 330–400 Mex$, Zi. 1600 Mex$; P) Wer gern den ganzen Tag in Badesachen rumlümmelt, wird vom Yak House begeistert sein. Es ist nur ein paar Schritte von der Laguna Bacalar entfernt und bietet reichlich Liegestühle, Stege und Holzterrassen, auf denen man sich in der Sonne aalen kann. Kostenloses Frühstück, freundliche Mitarbeiter, saubere Zimmer und gemütliche gemischte Schlafsäle: ein richtig nettes Plätzchen, um ein paar Tage abzuschalten.

★ **Hotel Maria Maria** HOTEL $$

(☎983-834-21-16; www.facebook.com/hotelmariamaria; Av 3 No 600, Ecke Calle 14; Zi. 950–1050 Mex$, Suite 1150 Mex$; P) Nur einen Häuserblock von einer hübschen Badestelle und einen kurzen Spaziergang vom Hauptplatz entfernt bietet dieses gut geführte kleine Hotel geschmackvoll eingerichtete Suiten mit Lagunenblick und zwei minimal preiswertere Zimmer im Erdgeschoss. Die Gäste können eine Küche im Obergeschoss nutzen und die Hauswirtin Maria ist sehr zuvorkommend.

★ **Rancho Encantado** CABAÑAS $$$

(☎998-884-20-71; www.encantado.com; Ctra 307 Km 24; DZ/Suite mit Frühstück ab 2637/3007 Mex$; P) Die Laguna Bacalar ist einfach herrlich und dies ist eins der traumhaftesten Fleckchen an ihrem Ufer. Ein typischer Tag läuft hier etwa so ab: Aufwachen in einer heimeligen Hütte oder einem gemütlichen Zimmer, Frühstück mit Blick auf die Lagune, eine Kajaktour oder eine Runde Schwimmen in ruhigen, klaren Gewässern mit anschließender Entspannung im Whirlpool.

Christian's Tacos TACOS $

(☎Handy 983-1149094; www.facebook.com/taqueriachristiansbacalar; Calle 18 s/n, zw. Av 7 & 9; Tacos 12–29 Mex$, Nachos 65–120 Mex$; ⏲18–1 Uhr) Selbst in Mexiko-Stadt – der Hauptstadt des *al pastor* (mariniertes Schweinefleisch vom Spieß) – bräuchte sich Christian's vor der Konkurrenz nicht zu verstecken. Die beliebten, wenn auch nicht hypergesunden *pastor nachos* sind mit Schweinefleischstreifen, Bohnen und Käse belegt. Dank der neuen Bar lassen sich die Leckereien auch mit gehaltvollen Getränken hinunterspülen.

Los Aluxes MEXIKANISCH $$

(☎983-834-28-17; www.losaluxesbacalar.com; Av Costera 69; Hauptgerichte 120–270 Mex$; ⏲7–21 Uhr; P) Gleich am Wasser kann man in diesem *palapa*-Restaurant regionale und Fusionsgerichte wie *pechuga sikil pak* (Nudelgericht mit Huhn nach yukatekischer Art) unter freiem Himmel genießen. Auf der Toilette lauert eine lebensgroße Al-Capone-Figur mit gezückter Knarre. Das Lokal liegt 1 km südlich des Orts.

★ **Nixtamal** GRILL $$$

(☎Handy 983-1347651; www.facebook.com/nixtamalcocinaafuegoyceniza; López Mateos 525, Ecke Calle 12; Hauptgerichte 120–280 Mex$, Hummer 1500 Mex$; ⏲Mi–Mo 19–23 Uhr) Das *Slooow-Food*-Erlebnis hier kann die Geduld ganz schön strapazieren, aber Grillmeister Rodrigo Estrada sorgt dafür, dass sich das Warten wirklich lohnt. Erlesene Gerichte wie mariniertes Rib-Eye-Steak und im Ganzen gegrillter Hummer werden auf einem mit Holz und Holzkohle befeuerten Grill angeröstet und im Holzofen fertig gegart (ganz ohne Gas oder Strom). Am Wochenende bietet das kerzenbeleuchtete Freiluftrestaurant auch Livemusik.

An- & Weiterreise

Busse fahren nicht in den Ort hinein, aber Taxis und einige *colectivos* bringen Fahrgäste bis zum Stadtplatz. Die Busse halten am **ADO-Terminal** (☎983-833-31-63; www.ado.com.mx; Ctra 307 s/n, zw. Calle 28 & 30) von Bacalar an der Ctra 307, nahe der Calle 30. Von dort sind es noch etwa zehn Querstraßen Richtung Südosten zum Hauptplatz, entweder zu Fuß oder mit einem örtlichen Taxi für 20 Mex$.

Autofahrer, die den Ort und die Festung von Norden kommend ansteuern, nehmen die erste Ausfahrt Richtung Bacalar und passieren mehrere Häuserblocks, bevor sie nach links (Osten) abbiegen und den Hang hinabfahren. Von Chetumal fährt man nach Westen und dann auf die

Carretera 307 Richtung Norden; nach 25 km auf der Carretera erreicht man die beschilderte Abzweigung nach rechts zum Cenote Azul (S. 74) und zur Avenida Costera (alias Avenida 1).

Mahahual

983 / 920 EW.

Mahahual hat sich unwiederbringlich verändert, seit der Anleger für Kreuzfahrtschiffe gebaut wurde, und wächst Jahr für Jahr. Doch trotz der Schiffsladungen voller Touristen hat der Ort immer noch ein reizendes, entspanntes Karibikfeeling, wie es weiter nördlich nicht mehr zu finden ist. Und wenn die Passagiere auf ihre Schiffe zurückgekehrt sind, senkt sich friedliche Ruhe über das Städtchen. Mahahual ist der einzige Ort an der Costa Maya, der groß genug ist, um eine nennenswerte Auswahl an Unterkünften und Esslokalen zu bieten, dabei aber noch direkt am Strand liegt.

Sehenswertes & Aktivitäten

★ Banco Chinchorro TAUCHREVIER

Taucher sollten auf keinen Fall die Riffe und die fantastische Unterwasserwelt der Banco Chinchorro versäumen, des größten Korallenatolls der nördlichen Hemisphäre. Chinchorro ist rund 45 km lang, bis zu 12 km breit und bekannt für seine Schiffwracks, Korallenwände und Canyons. Sein Westrand liegt etwa 30 km vor der Küste - der knapp unter der Meeresoberfläche befindliche Korallenring ist schon Dutzenden von Schiffen zum Verhängnis geworden.

★ Amigos del Mar TAUCHEN

(984-132-79-75, Handy 984-1516758; www.amigosdelmar.net; Malecón s/n, Ecke Coronado; 2-Tank-Tauchgang inkl. Ausrüstung 150 US$, Schnorcheln 100 US$; 9–18 Uhr) Einer der wenigen Tauchveranstalter im Ort, die über eine Genehmigung zum Besuch des spektakulären Banco Chinchorro verfügen.

Schlafen & Essen

★ Posada Pachamama HOTEL $$

(983-834-57-62; www.posadapachamama.net; Huachinango s/n, zw. Coronado & Martillo; DZ 1000–1300 Mex$, 4BZ 1800 Mex$;) Das Zimmerangebot des Pachamama (was in der Inkasprache „Mutter Erde" bedeutet) reicht von kleinen Einzelzimmern über Doppelzimmer mit Meerblick bis zu geräumigeren Unterkünften für vier Personen. Das Personal ist gut informiert über Aktivitäten in der Gegend und die Übernachtungspreise sind nach den hiesigen Maßstäben recht zivil.

Palmeras de Mahahual Cabañas CABAÑAS $$$

(Handy 983-1377949; www.facebook.com/palmerasdemahahual; Atún s/n, zw. Malecón & Sardina; DZ 2400 Mex$;) Das nette, zwanglose Hotel vermietet nur vier klimatisierte Zimmer in einem Holzbau. Alle haben bequeme Betten, Mini-Kühlschränke und Terrasse mit Meerblick. Beim letzten Besuch wurde nebenan gebaut, aber die Gäste bekamen trotzdem gute acht Stunden Nachtruhe. In der Nebensaison sinken die Preise erheblich. Die Herberge verleiht auch Fahrräder.

★ Nohoch Kay FISCH & MEERESFRÜCHTE $$

(Großer Fisch; 983-834-59-81; miplayanohochkay@outlook.com; Ecke Malecón & Cazón; Hauptgerichte 145–240 Mex$; 12.30–21 Uhr;) Das Nohoch Kay, der „Große Fisch", wird seinem Namen absolut gerecht. Das von Mexikanern geführte Strandrestaurant lohnt wirklich einen Besuch: Es gibt leckere ganze Fische in Weißweinsauce mit Knoblauch und Meeresfrüchte-Paella für zwei Personen (350 Mex$) mit verschiedenen Muscheln, Garnelen, Calamari und Oktopus.

Anreise & Unterwegs vor Ort

Es gibt keinen offiziellen Busbahnhof in Mahahual. Der Spirituosenladen Solo Chelas fungiert gleichzeitig als ADO-Busterminal und verkauft Fahrkarten für einen Bus, der zweimal täglich Richtung Norden verkehrt: Er fährt um 10.30 und 17.30 Uhr von Mahahual nach Felipe Carrillo Puerto (166 Mex$, 1¾ Std.), Tulum (296 Mex$, 3 Std.), Playa del Carmen (378 Mex$, 4 Std.) und Cancún (450 Mex$, 5½ Std.). Außerdem hält hier auch ein Caribe-Bus auf dem Weg nach Xcalak (52 Mex$, 40 Min.), normalerweise gegen. 8.10 und 18.40 Uhr. Von 6.30 bis 19.30 Uhr verkehren regelmäßig Busse Richtung Westen zur Laguna Bacalar (80–90 Mex$, 1½ Std.) und nach Chetumal (90–236 Mex$, 2½ Std.).

Shuttle-Minibusse fahren stündlich von 5.20 bis 18.20 Uhr nach Chetumal (90 Mex$, 2½ Std.), zur Laguna Bacalar (75 Mex$, 2 Std.) und nach Limones (50 Mex$, 1 Std.), wo es Anschluss an häufige Busse nach Norden gibt. Die Haltestelle ist an der Ecke Calle Sardina und Cherna am nördlichen Rand des Fußballplatzes.

Valladolid

985 / 52 000 EW.

Yucatáns drittgrößte Stadt, die früher „Sultanin des Ostens" genannt wurde, ist für ihre ruhigen Straßen und sonnendurchfluteten, pastellfarbenen Mauern berühmt. Es lohnt sich, hier ein paar Tage oder noch länger zu bleiben, da die Provinzstadt ein ausgezeichneter Ausgangspunkt für Ausflüge zum Río Lagartos, nach Chichén Itzá, Ek' Balam und etlichen Cenoten in der Nähe ist. Die Stadt befindet sich in jenem magischen Zwischenstadium, wo sie zwar jede Menge Unternehmungen bietet, aber immer noch klein, überschaubar und erschwinglich erscheint.

Sehenswertes & Aktivitäten

★ Casa de los Venados MUSEUM

(☎985-856-22-89; www.casadelosvenados.com; Calle 40 No 204, zw. Calle 41 & 43; 100 Mex$; ⏲Führungen 10 Uhr oder nach Vereinbarung) Die Privatsammlung mit über 3000 Teilen hochwertiger mexikanischer Volkskunst ist insofern interessant, da die Objekte in einem Wohnhaus so ausgestellt sind, wie es ihrem ursprünglichen Zweck entsprach, anstatt sie in Glasvitrinen zu verschließen. Die Führung (auf Englisch oder Spanisch) erläutert kurz die Ursprünge einiger der bedeutenderen Stücke und die Geschichte des preisgekrönten, restaurierten Kolonialhauses, in dem sie untergebracht sind.

Templo de San Bernardino KIRCHE

(Convento de Sisal; Ecke Calle 49 & 51; Mo–Sa 30 Mex$, So frei; ⏲9–19 Uhr) Der Templo de San Bernardino und der angrenzende Convento de Sisal liegen etwa 700 m südwestlich der Plaza. Sie wurden zwischen 1552 und 1560 erbaut und erfüllten eine Doppelfunktion als Kirche und Festung. Zur sehenswerten Ausstattung der Kirche gehören schöne, rosenfarbene Wände, Bögen, einige jüngst freigelegte Fresken aus dem 16. Jh. und ein kleines Marienbild auf dem Altar. Dies sind so ziemlich die einzigen erhaltenen Originalteile; der prächtige hölzerne *retablo* (Altaraufsatz) stammt aus dem 19. Jh.

★ Hacienda San Lorenzo Oxman SCHWIMMEN

(Abzw. von der Calle 54; Cenote 70 Mex$, Cenote & Pool 100 Mex$, Getränkepauschale 50 Mex$; ⏲9–18 Uhr) Die Hacienda war ehemals eine *henequén*-Plantage und Zuflucht für Rebellen des Kastenkriegs, aber heute ist ihre Hauptattraktion ein hinreißender Cenote, der weitaus weniger überlaufen ist als andere Wasserlöcher in und um Valladolid, besonders montags bis donnerstags. Wer den Eintritt für Cenote und Pool bezahlt, erwirbt damit gleichzeitig einen Verzehrgutschein fürs Café im Wert von 50 Mex$.

★ Yucatán Jay Expeditions & Tours VOGELBEOBACHTUNG, KULTUR

(☎Handy 999-2805117; www.yucatanjay.com; ⏲8–20 Uhr) Die Kooperative, die von fünf auskunftsfreudigen und sehr engagierten Dorfbewohnern aus Xocén, 14 km südlich von Valladolid, betrieben wird, hat ein fabelhaftes Tourenprogramm, von Vogelbeobachtungen über Führungen zur Mayakultur bis zu Gastronomietouren. Sie können Besucher zu Cenoten und anderen interessanten Orten bringen und tiefe Einblicke in ihre Kultur gewähren.

Cenotes X'Kekén y Samulá SCHWIMMEN

(Cenotes Dzitnup & Samulá; 1/2 Cenoten 80/125 Mex$; ⏲8.30–18.30 Uhr) X'Kekén ist einer von zwei Cenoten in Dzitnup (auch X'Kekén Jungle Park genannt) und bei Tourgruppen besonders beliebt. Eine riesige Kalksteinformation mit Stalaktiten bildet seine Decke. Das Wasserbecken ist künstlich beleuchtet und bestens zum Schwimmen geeignet. Hier kann man auch im Cenote Samulá baden, einem wunderbaren Höhlensee, in dem *álamo*-Wurzeln viele Meter tief reichen. Außerdem gibt es Pferde (225 Mex$ pro 30 Min.), Geländewagen (275 Mex$ pro 30 Min.) und Fahrräder (100 Mex$ pro Std.) zu mieten

Schlafen & Essen

★ Hostel La Candelaria HOSTEL $

(☎985-856-22-67; www.hostelvalladolidyucatan.com; Calle 35 No 201F; B/Zi. mit Frühstück ab 235/575 Mex$;) Ein sympathisches Haus an einem ruhigen kleinen Platz. Es kann allerdings manchmal etwas überfüllt und heiß werden (einige Mehrbettzimmer sind aber klimatisiert). Die Küche, der wunderschöne lange Garten mit Hängematten, ein reiner Frauenschlafsaal und jede Menge Platz zum Abhängen machen es zu einem der besten Hostels der Stadt. Verleiht auch Fahrräder für 20 Mex$ pro Stunde.

Hotel Tunich-Beh B&B $$

(☎985-856-22-22; www.tunichbeh.com; Calle 41A, zw. Calle 46 & 48; DZ mit Frühstück ab 1200 Mex$; P) In einer hübschen historischen Straße wurde dieser Altbau mit leuchtend blauer Fassade zum Hotel umgebaut. Es hat gut ausgestattete Zimmer rund um einen Swimmingpool und mehrere ansprechende *palapa*-beschattete Gemeinschaftsbereiche zum Ausspannen. Die Mitarbeiter sind sehr hilfsbereit und es gibt Fahrräder für den Weg zu den nahen Cenoten zu mieten (25 Mex$ pro Std.).

Casa Marlene BOUTIQUEHOTEL **$$$**
(☎985-856-04-99; www.casatimicha.com; Calle 39 No 193; Zi. mit Frühstück 1700–2100 Mex$;) Das Schwesterhaus des Boutiquehotels **Casa Tía Micha** (Calle 39 No 197; Zi. mit Frühstück 1700–2100 Mex$;) im selben Straßenblock ist ein reizendes Gebäude aus dem 19. Jh. Seine sechs Gästezimmer umrahmen einen hübschen Innengarten mit einem einladenden kleinen Whirlpool.

★ **La Palapita de los Tamales** MEXIKANISCH **$**
(☎998-106-34-72; Calle 42 s/n, Ecke Calle 33; Tamales 40 Mex$; Mo–Sa 8–22 Uhr;) Das Speisenangebot wechselt täglich, aber einen *tamal* als willkommenen Snack gibt es immer. Ansonsten stehen auf der Karte z. B. Mais mit Schweinefleisch oder *pozole* (Suppe aus Maisbrei und Schweinefleisch). Die Gäste haben die Wahl zwischen zwanglosen Sitzgelegenheiten drinnen oder im Hof; viele nehmen die Speisen auch einfach mit.

★ **Yerba Buena del Sisal** MEXIKANISCH **$**
(☎985-856-14-06; www.yerbabuenadelsisal.com; Calle 54A No 217; Hauptgerichte 85–140 Mex$; Di–So 8–17 Uhr;) Wunderbar gesunde und köstliche Gerichte werden in einem beschaulichen Garten serviert. Tortilla-Chips und drei leckere Salsas gibt's schon, während die Gäste noch die Speisekarte studieren. Im Angebot sind viele tolle vegetarische und überwiegend Bio-Speisen, z. B. die wunderbaren *tacos maculum* (handgemachte Maistortillas, Bohnen, Käse und aromatischer mexikanischer Blattpfeffer).

An- & Weiterreise

Hauptbusbahnhof von Valladolid ist der günstig gelegene **ADO-Busbahnhof** (☎985-856-34-48; www.ado.com.mx; Ecke Calle 39 & 46; 24 Std.). Die wichtigsten 1.-Klasse-Busverbindungen bieten ADO, ADO GL und OCC; Oriente und Mayab sind für die 2. Klasse zuständig.

Die Busse nach Chichén Itzá/Pisté halten während der Öffnungszeiten in der Nähe der Ruinen (sicherheitshalber nachfragen).

Chichén Itzá

☎985 / 5500 EW. (PISTÉ)

Als berühmteste und bestrestaurierte Maya-Stätte Yucatáns ist Chichén Itzá zwar völlig überlaufen – Hinz und Kunz versucht die neuen sieben Weltwunder abzuklappern –, lässt aber selbst den abgestumpftesten Besucher staunen. Die Anlage macht einfach Gänsehaut. Viele Rätsel des astronomischen Maya-Kalenders entwirren sich, sobald man die Bauweise ihrer „Zeittempel" durchschaut. Die Bauwerke dürfen, abgesehen von einigen kleineren Durchgängen, nicht bestiegen werden.

Mit seiner schwülen Hitze und den Menschenmassen kann Chichén Itzá ganz schön strapaziös sein. Das gilt auch für die heftig konkurrierenden Kunsthandwerksverkäufer entlang der Wege (ganz zu schweigen vom nervigen Klatschen der Horden, die damit die Pyramidenakustik testen wollen). Um den schlimmsten Auswüchsen aus dem Weg zu gehen, sollte man die Anlage entweder früh morgens oder am späten Nachmittag besuchen. Die abendliche Sound- und Lightshow kommt bei manchen Besuchern sehr gut an; andere sind weniger begeistert.

Sehenswertes

Chichén Itzá ARCHÄOLOGISCHE STÄTTE
(Mund des Brunnens der Itzá; http://chichenitza.inah.gob.mx; an der Ctra 180, Pisté; Erw./Kind unter 13 J. 254/70 Mex$, Führung 1200 Mex$; 8–17 Uhr; P) Chichén Itzá steht ganz oben auf der Sightseeing-Liste vieler Besucher. Trotz der Menschenmassen sind die umwerfenden Ruinen schon wegen ihrer markanten Gestalt und historischen Bedeutung unbedingt einen Besuch wert. Die Anlage ist selbst vom fernen Ek' Balam noch sichtbar. Um sie richtig würdigen zu können, heuert man am besten einen Führer an. Wer sich das nicht leisten kann, erhält aber auch bei einem Rundgang auf eigene Faust Einblick in eine der bedeutendsten Städte der Maya-Welt. Weil es mehrfach zu Unfällen kam, ist das Klettern auf die Bauwerke verboten.

➡ **El Castillo**

Gleich hinter dem Eingang von Chichén Itzá erhebt sich El Castillo (oder Pyramide des Kukulcán) in aller Pracht. Der erste Tenpel hier stammte aus der vortoltekischen Zeit (um 800 n. Chr.). Das heutige, 25 m hohe Bauwerk, über dem alten errichtet, schmücken entlang der Treppe ein Relief der gefiederten Schlange und den Türeingang auf der Spitze des Tempels die herausgearbeiteten Figuren toltekischer Krieger. Die Reliefs sind jedoch nicht zu besichtigen, da der Aufstieg auf die Pyramide verboten wurde, nachdem eine Frau 2006 zu Tode stürzte.

➡ **Gran Juego de Pelota**

Der große Ballspielplatz, der größte und eindrucksvollste in Mexiko, ist nur einer von acht Plätzen der Stadt, ein Hinweis auf die

Chichén Itzá

EINE TAGESTOUR

Es wird schnell klar, warum die Maya-Stätte Chichén Itzá einer von Mexikos beliebtesten Touristenmagneten ist. Hinter dem Haupteingang erhebt sich direkt die majestätische Burgpyramide **1 El Castillo** und man kommt aus dem Staunen gar nicht mehr heraus.

Chichén Itzá lässt sich bequem an einem Tag bewältigen. Nur einen Steinwurf von der Burg entfernt gibt es den weltgrößten **2 Ballspielplatz** der Maya zu bewundern. Daneben erwartet einen der Tempel der Jaguare sowie die Plattform der Schädel mit gruseligen Eingravierungen von Totenköpfen und Adlern, die Herzen verspeisen. Auf der anderen (östlichen) Seite befinden sich die reich verzierte **3 Gruppe der Tausend Säulen** und der **4 Tempel der Krieger**. Ein kurzer Spaziergang von der Burgpyramide gen Norden führt zum abgründig tiefen **5 Heiligen Cenoten**, einer einst bedeutenden Pilgerstätte. Südwestlich von El Castillo wachen riesige Schlangen aus Stein über das Grab des Hohepriesters, auch bekannt als El Osario. Ganz im Süden des Areals beeindrucken das **6 Observatorium**, mit seiner spiralförmigen Kuppel, das imposante Nonnenkloster und Akab-Dzib, eine der ältesten Ruinen.

Beim Durchstreifen des 47 ha großen Geländes macht es Spaß, sich vorzustellen, dass Chichén Itzá zu seiner Hochzeit geschätzte 90 000 Einwohner hatte und sich über eine Fläche von etwa 30 km^2 erstreckte. Im Grunde ist hier also nur ein kleiner Teil der einst großen Stadt zu sehen.

TOP-TIPPS

- Früh um 8 Uhr auf der Matte stehen, dann hat man noch drei Stunden Ruhe, bevor massenweise Reisebusse und Händler anrollen.
- Dran denken, dass Chichén Itzá der Name der Stätte ist, der benachbarte Ort heißt Pisté.

El Caracol
Observatorium
Heute würden sie wohl eine Website nutzen, aber damals verkündeten die Priester die anstehenden Rituale und Feierlichkeiten von der Kuppel des kreisrunden Baus.

Grupo de las Mil Columnas
Gruppe der Tausend Säulen
Wie in einer Art Ruhmeshalle sind auf den Säulen, die den Tempel umringen, Götter, Würdenträger und berühmte Krieger verewigt.

El Castillo

Die Burg

Selbst diese mächtige Pyramide ist dem Ansturm von einer Mio. Besuchern pro Jahr nicht gewachsen und darf nicht erklommen werden, aber allein der Anblick ist überwältigend.

IRINA KLYUCHNIKOVA/SHUTTERSTOCK ©

Gran Juego de Pelota

Großer Ballspielplatz

Wie ist es möglich, jemanden zu verstehen, der am anderen Ende dieses langen Spielfeldes spricht? Bis heute ist diese meisterhafte Akustik ein Rätsel.

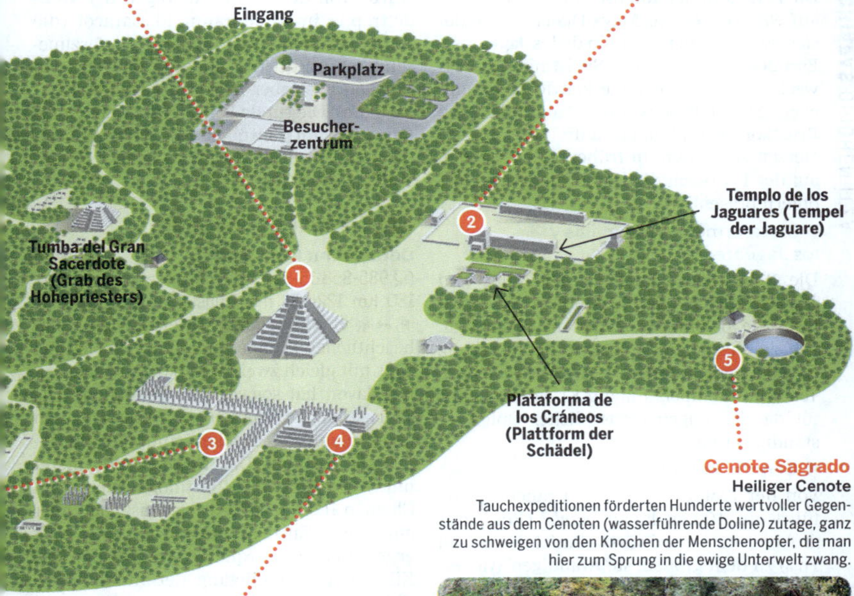

Cenote Sagrado

Heiliger Cenote

Tauchexpeditionen förderten Hunderte wertvoller Gegenstände aus dem Cenoten (wasserführende Doline) zutage, ganz zu schweigen von den Knochen der Menschenopfer, die man hier zum Sprung in die ewige Unterwelt zwang.

Templo de los Guerreros

Tempel der Krieger

Die Mayas assoziierten Krieger mit Adlern und Jaguaren, wie die Friese der Tempel zeigen. Besonders der Jaguar wurde als Sinnbild für Stärke und Gewandtheit verehrt.

MATYAS REHAK/SHUTTERSTOCK ©

Bedeutung der Spiele, die hier stattfanden. Um den Platz (links vom Besucherzentrum) stehen am jeweiligen Ende Tempel und an den Längsseiten hohe Mauern, an denen oben steinerne Ringe angebracht sind. An den Mauern des Ballspielplatzes befinden sich Steinreliefs, die teilweise die Enthauptung von Spielern zeigen.

➡ Templo del Barbado

Das Bauwerk am Nordende des Ballspielplatzes, nach einem Relief im Innenraum „Tempel des bärtigen Mannes" genannt, besitzt schön gestaltete Säulen und Reliefs von Blumen, Vögeln und Bäumen.

➡ Plataforma de los Cráneos

Die Plattform der Totenschädel (Tzompantli auf Náhuatl, einem Maya-Dialekt) befindet sich zwischen dem Templo de los Jaguares y Escudos und El Castillo. Sie ist nicht zu verwechseln: Die T-förmige Plattform schmücken Schädelreliefs und Adler, die den Brustkorb von Männern aufreißen, um ihre Herzen zu fressen. In früherer Zeit wurden auf der Plattform die Köpfe von Menschenopfern präsentiert.

➡ Plataforma de las Águilas y los Jaguares

Die Reliefs der Plattform der Adler und Jaguare, gleich anschließend an die Plataforma de los Cráneos, stellen diese Tiere dar, wie sie Menschen die Herzen herausreißen. Es wird angenommen, dass diese Plattform Teil eines Tempels für die Krieger war, die für das Einfangen menschlicher Opfer zuständig waren.

➡ Cenote Sagrado

Von der Plataforma de los Cráneos (s. o.) führt ein 400 m langer *sacbé* (Pfad) aus grobem Stein nordwärts (fünf Minuten zu Fuß) zu dem großen, steilwandigen Wasserloch, das der Stadt ihren Namen gab. Der Heilige Cenote ist ein fantastisches natürliches Wasserloch, etwa 60 m im Durchmesser und 35 m tief. Die Wände zwischen Wasseroberfläche und dem oberen Rand sind von verschlungenen Ranken und anderen Gewächsen überwuchert.

➡ Grupo de las Mil Columnas

Das Ensemble östlich der Pyramide El Castillo (S. 77) verdankt seinen Namen – „Gruppe der 1000 Säulen" – dem Wald aus Pfeilern, der sich nach Süden und Osten erstreckt. Seine Hauptattraktion ist der mit Stuck und in Stein gehauenen Tiergottheiten verzierte **Templo de los Guerreros** (Tempel der Krieger). Am oberen Ende der Stufen befindet sich eine klassische, halb liegende *chac-mool*-Statue, aber der Aufstieg ist nicht mehr erlaubt.

➡ El Osario

Das Beinhaus, auch Tumba del Gran Sacerdote (Grab des Hohepriesters) genannt, bezeichnet eine verfallene Pyramide im Südwesten von El Castillo. Wie bei den meisten Bauten in diesem südlichen Abschnitt entspricht die Architektur eher dem Puuc-Stil als dem toltekischen Baustil. Bemerkenswert sind hier die schönen Schlangenköpfe am Fuß der Treppe.

➡ El Caracol

Das Observatorium südlich des Osario wurde von den Spaniern wegen der Wendeltreppe im Innenraum El Caracol (die Schnecke) genannt und ist eines der faszinierendsten und bedeutendsten Bauwerke in Chichén Itzá (aber leider darf man es nicht betreten). Die runde Form erinnert an einige Bauwerke im zentralen Hochland, überraschenderweise jedoch nicht an jene in der Toltekenstadt Tula.

Schlafen & Essen

Doralba Inn Chichen Itzá HOTEL $$

(☎985-858-15-55; www.doloresalba.com; Ctra 180 Km 122; Zi. mit Frühstück ab 1000 Mex$; P ⊖ ❄ ≋ ≈) Ein gutes Mittelklassehotel mit beachtlichen Online-Rabatten, das sich bei Kids mit gleich zwei Pools beliebt macht (einer davon hat sogar einen Felsboden). Die 32 rustikal angehauchten Zimmer reißen einen nicht vom Hocker, sind aber durchaus komfortabel. Das Dolores Alba bietet um 8 Uhr eine Transportmöglichkeit nach Chichén Itzá; den Rückweg muss man aber auf eigene Faust antreten. Das Hotel liegt gegenüber vom Parque Eco-Arqueológico Ik Kil, 5 km vom Eingang der Ruinenstätte Chichén Itzá.

★ **Hacienda Chichén** RESORT $$$

(☎999-920-84-07; www.haciendachichen.com; Zona Hotelera Km 120; DZ ab 268 US$; P ⊖ ❄ ≋ ≈) Rund 300 m vom Eingang der Ruinenstätte Chichén Itzá liegt dieses Resort auf dem gepflegten Anwesen einer Hacienda aus dem 16. Jh. mit elegantem Haupthaus und stattlichen Ceiba-Bäumen. Die Archäologen, die Chichén in den 1920er-Jahren ausgruben, wohnten hier in Bungalows, die später renoviert und um weitere „Cottages" ergänzt wurden. Allmonatlich werden Aktivitäten wie z. B. Maya-Kochkurse und Vogelbeobachtungstouren angeboten.

Las Mestizas MEXIKANISCH $$
(☎985-851-0069; Calle 15 s/n; Hauptgerichte 90–115 Mex$; ⌚9–22 Uhr; ❄📶) Wer Appetit auf anständiges yukatekisches Essen hat, ist hier genau richtig (Fotos der einzelnen Gerichte helfen bei der Entscheidungsfindung). Tische stehen drinnen und draußen. An den Tischen draußen drohen aber je nach Tageszeit auch Abgase von Reisebussen (und Menschenschlangen), die den Genuss von *poc chuk* (in Orangensaft und Knoblauch mariniertes Schweinefleisch vom Grill; 115 Mex$) trüben können.

Restaurant Hacienda Xaybe'h d'Camara MEXIKANISCH $$
(☎985-851-00-00; Calle 15A No 42; Mittagsbüfett 140 Mex$; ⌚9–17 Uhr; P❄✍👪) Das große Lokal mit attraktivem Außengelände liegt auf der Straßenseite gegenüber vom Hotel Chichén Itzá einen Häuserblock hinter der Carretera. Es ist bei den Tourveranstaltern beliebt und hat etwas überteuertes Essen, ist aber mit seiner Auswahl an Salaten eine gute Anlaufstelle für Vegetarier. Essensgäste dürfen den Swimmingpool kostenlos nutzen.

ℹ An- & Weiterreise

Fahrkartenschalter von Oriente befinden sich nahe der Ost- und der Westseite von Pisté und 2.-Klasse-Busse durch die Stadt halten so ziemlich überall.

Viele 1.-Klasse-Busse halten nur an den Ruinen. Diese Busse fahren auch nach Mérida, Valladolid und zu Küstenorten des Bundesstaats Quintana Roo weiter: Playa del Carmen, Tulum und Cancún. Besucher, die die Ruinen besichtigen und von dort direkt mit dem 1.-Klasse-Bus in eine andere Stadt weiterreisen wollen, sollten sich ihren Sitzplatz sichern, indem sie das Busticket beim Besucherzentrum kaufen, bevor sie den Rundgang durch die Ruinen antreten.

Colectivos (Minibusse) nach Valladolid (35 Mex$, 40 Min.) steuern den Parkplatz an.

Mérida

☎999 / 800 000 EW.

Seit der spanischen Eroberung ist Mérida die Kulturhauptstadt der gesamten Halbinsel Yucatán. Sie ist tief mit ihrer Kolonialgeschichte verbunden und präsentiert sich mit ihren engen Straßen, breiten Plazas und den besten Museen der Region als reizvoller Mix aus Provinz- und Weltstadt. Sie ist auch ein idealer Ausgangspunkt, um den Rest von Yucatán zu erkunden. Mérida bietet ausgezeichnete Restaurants und Unterkünfte, gutbesuchte Märkte und fast jeden Abend irgendwelche Veranstaltungen.

Die Stadt ist seit Langem beliebt bei europäischen Reisenden, die mehr als nur das Getriebe in den Ferienorten von Quintana Roo erleben wollen. Mérida ist eine Touristenstadt, aber eine, die zu groß ist, um wie eine Touristenfalle zu wirken. Als Hauptstadt des Staates Yucatán ist Mérida zudem der kulturelle Knotenpunkt der Region mit einem Hauch elitärem Flair: Die Stadt ist wunderschön, und das wissen ihre Bewohner auch.

ABSTECHER

BROT & KNOCHEN IN POMUCH

Das stille, staubige Pomuch lohnt eigentlich nur aus zwei Gründen einen Zwischenstopp: Für Hungrige, denn die Bäckerläden hier sind so berühmt, dass ihre Kunden bis zu einer Stunde Umweg in Kauf nehmen, um sich an ihren Broten, Brötchen und sonstigen Backwaren gütlich zu tun. Sie sind gehaltvoller und (sorry, Mexiko) frischer als die durchschnittlichen mexikanischen Backwaren. Da sie sich auch länger halten, kann man ruhig ein paar für unterwegs mitnehmen.

Der andere Grund, hier haltzumachen, ist das ungewöhnliche, wenn auch etwas makabre Schauspiel zum *Dia de los Muertos* (Tag der Toten). Abweichend von den üblichen mexikanischen *ofrenda*-Ritualen (Altäre mit Opfergaben) graben die Bewohner des Orts tatsächlich die Knochen ihrer Vorfahren wieder aus, säubern sie und stellen sie in speziellen Kisten zur Schau. So gruselig dieser Brauch erscheint, geht er möglicherweise auf die alten Mayas zurück, in deren Kultur Tod, Leben und Opfer eng miteinander verflochten waren.

ATS-Busse fahren Pomuch auf der Route zwischen Mérida und Campeche an. Oder man kommt per *combi* (8 Mex$) vom benachbarten Hecelchakán.

Mérida

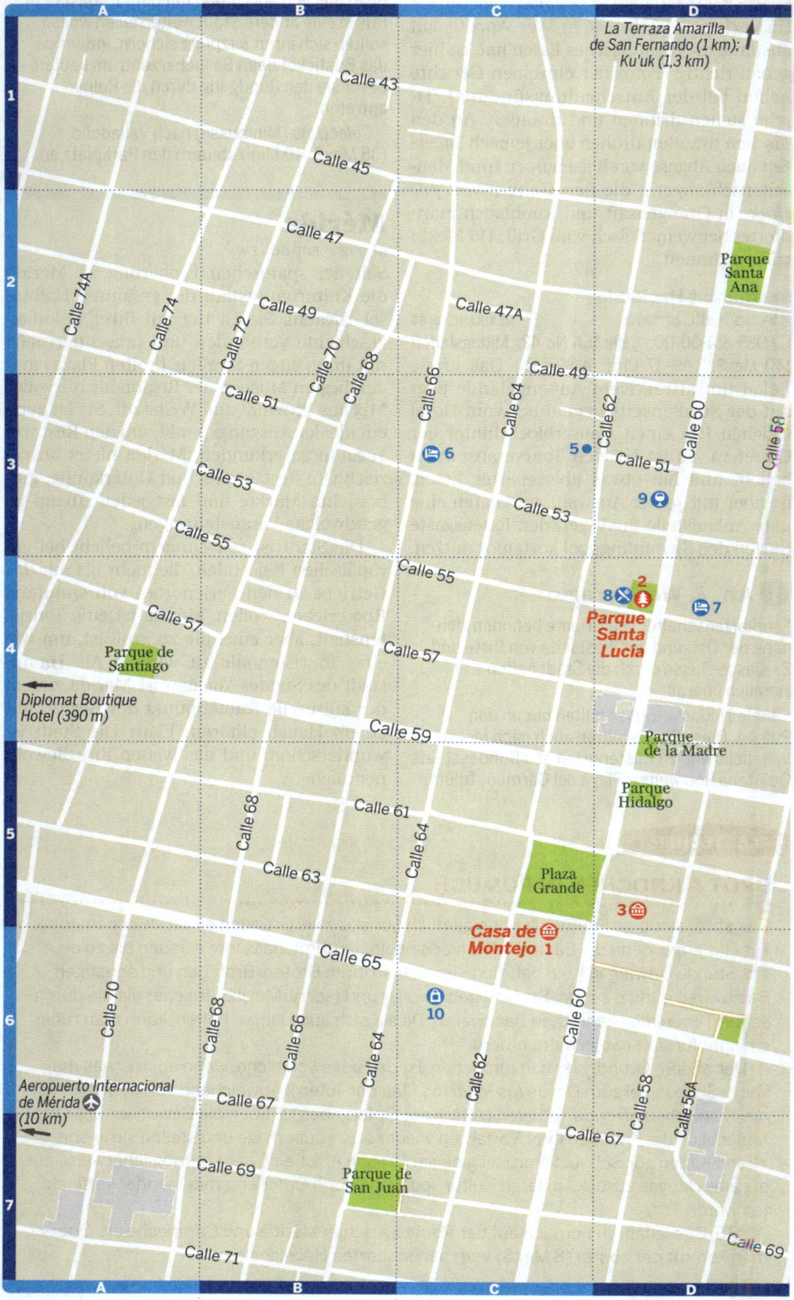

La Terraza Amarilla de San Fernando (1 km); Ku'uk (1,3 km)
Calle 43
Calle 45
Calle 47
Calle 47A
Calle 49
Calle 51
Calle 53
Calle 55
Calle 57
Calle 59
Calle 61
Calle 63
Calle 65
Calle 67
Calle 69
Calle 71
Calle 74A
Calle 74
Calle 72
Calle 70
Calle 68
Calle 66
Calle 64
Calle 62
Calle 60
Calle 58
Calle 56A
Parque Santa Ana
Parque de Santiago
Diplomat Boutique Hotel (390 m)
Parque Santa Lucía
Parque de la Madre
Parque Hidalgo
Plaza Grande
Casa de Montejo
Aeropuerto Internacional de Mérida (10 km)
Parque de San Juan
1
2
3
4
5
6
7
8
9
10
A
B
C
D

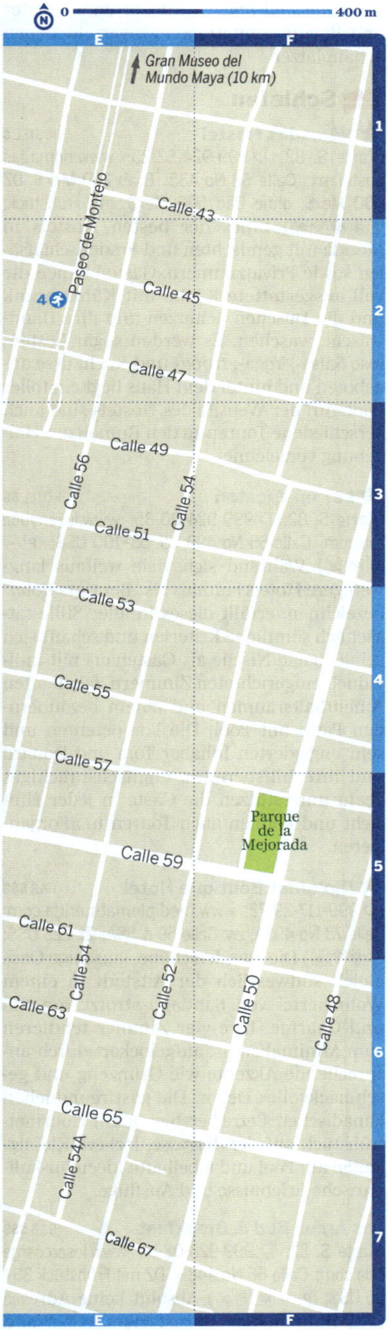

Mérida

Highlights
1 Casa de Montejo C6
2 Parque Santa Lucía D4

Sehenswertes
3 Museo Fernando García Ponce-Macay D5

Aktivitäten, Kurse & Touren
4 Bici Mérida E2
5 Nómadas Hostel C3

Schlafen
6 Los Arcos Bed & Breakfast C3
7 Luz en Yucatán D4
Nómadas Hostel .... (s. 5)

Essen
8 Apoala D4

Ausgehen & Nachtleben
9 Mercado 60 .... D3

Shoppen
10 Hamacas Mérida C6

Sehenswertes & Aktivitäten

★ **Gran Museo del Mundo Maya** MUSEUM
(☎999-341-04-30; www.granmuseodelmundomaya.com.mx; Calle 60 Norte 299E; Erw./Kind unter 13 J. 150/75 Mex$; ⏲Mi–Mo 8–17 Uhr; 🅿) Das Gran Museo ist ein Museum von Weltrang, das sich ganz der Maya-Kultur widmet. Es birgt eine ständige Sammlung von über 1100 bemerkenswert gut erhaltenen Artefakten, darunter eine liegende *chac-mool*-Skulptur aus Chichén Itzá und eine coole Unterweltfigur, die in Ek' Balam ausgegraben wurde (man beachte den Punkrock-Schädelgürtel und die Reptilien-Kopfbedeckung des Kerlchens). Wer vorhat, die Ruinen in der Umgebung zu besuchen, sollte zuerst hier vorbeischauen, um etwas Hintergrundwissen und einen Blick aus der Nähe auf die faszinierenden Fundstücke aus den Stätten zu erhalten.

★ **Parque Santa Lucía** PARK
(Karte S. 82; Ecke Calle 60 & 55) Der hübsche kleine Parque Santa Lucía ist an der Nord- und Westseite von Arkaden gesäumt; hier hielten einst die Postkutschen, die Städte und Dörfer mit der Provinzhauptstadt verbanden. Heute ist es eine beliebte Restaurantgegend und Schauplatz der **Serenatas Yucatecas**: Ein kostenloses Konzert, das jeden Donnerstag um 21 Uhr stattfindet.

★ Casa de Montejo MUSEUM
(Museo Casa Montejo; Karte S. 82; 999-253-67-39; www.casasdeculturabanamex.com/museocasamontejo; Calle 63 No 506, Palacio de Montejo; Di–Sa 10–19, So bis 14 Uhr) GRATIS Die Casa de Montejo an der Südseite der Plaza Grande stammt von 1540. Ursprünglich waren hier Soldaten untergebracht, aber das Haus wurde bald darauf in eine Villa umgebaut, in der Mitglieder der Montejo-Familie bis ins 19. Jh. lebten. Heute birgt es eine Bank und ein Museum mit einer ständigen Ausstellung restaurierter Möbel der viktorianischen Zeit, des Neorokoko und der Neorenaissance des historischen Gebäudes.

Museo Fernando García Ponce-Macay KUNSTMUSEUM
(Museo de Arte Contemporáneo; Karte S. 82; 999-928-32-36; www.macay.org; Pasaje de la Revolución s/n, zw. Calle 58 & 60; Mi–Mo 10–17.15 Uhr) GRATIS Das attraktive Museum im ehemaligen erzbischöflichen Palast zeigt eine Dauerausstellung mit Werken von drei der berühmtesten Künstler des Yucatán, die dem Realismus und der „Generación de la Ruptura" zuzuordnen sind (Fernando Castro Pacheco, Fernando García Ponce und Gabriel Ramírez Aznar), und Wechselausstellungen zeitgenössischer Kunst aus Mexiko und aller Welt.

Nómadas Hostel TOUREN
(Karte S. 82; 999-924-52-23; www.nomadastravel.com; Calle 62 No 433; Touren ab 665 Mex$) Nómadas bietet eine Vielzahl verschiedener Touren an, u. a. Tagesausflüge zum Biosphärenreservat Celestún (inkl. Transport und Führer 900 Mex$) und Ausflüge zu den Maya-Ruinen von Chichén Itzá (665 Mex$) oder Uxmal und Kabah (665 Mex$). Außerdem hat das Hostel ausgezeichnete Infoblätter für über ein Dutzend Ziele in der Region. Sie enthalten ausführliche Instruktionen für Touren in Eigenregie unter Angabe von Preisen und Verkehrsmitteln.

Bici Mérida RADFAHREN
(Karte S. 82; 999-287-35-38; Paseo de Montejo s/n, zw. Calle 45 & 47; 30 Mex$ pro Std.; Mo–Fr 8–22, Sa bis 17, So bis 15 Uhr) Verleiht Mountainbikes, Tandems, Kinderfahrräder und andere coole Gefährte.

Festivals

Mérida Fest KULTUR
(www.merida.gob.mx; Jan.) Dieses Kulturfest zieht sich beinahe über den ganzen Januar hin und feiert die Gründung der Stadt mit Kunstausstellungen, Konzerten, Theater- und Buchpräsentationen an verschiedenen Schauplätzen.

Schlafen

★ Nómadas Hostel HOSTEL $
(Karte S. 82; 999-924-52-23; www.nomadashostel.mx; Calle 62 No 433; B ab 229 Mex$, DZ 600 Mex$, ohne Bad 500 Mex$, mit Frühstück; P) Eines der besten Hostels in Mérida mit gemischten und Frauenschlafsälen sowie Privatzimmern. Gäste können die voll ausgestattete Küche mit Kühlschrank und die Duschen benutzen und ihre Handwäsche waschen. Es werden sogar kostenlose Salsa-, Yoga-, *trova-* und Kochkurse angeboten und hinter dem Haus liegt ein toller Pool. Auf der Website des Hostels sind auch verschiedene Touren zu den Ruinen der Umgebung verzeichnet.

★ Luz en Yucatán HOTEL $$
(Karte S. 82; 999-924-00-35; www.luzenyucatan.com; Calle 55 No 499; Zi. 58–100 US$; P) Während sich viele weitaus langweiligere Hotels lauthals als „Boutiquehotel" bezeichnen, erfüllt dieses in aller Stille tatsächlich sämtliche Kriterien und schafft sich seine eigene Nische als Gästehaus mit individuell eingerichteten Zimmern, fabelhaften Aufenthaltsräumen und einem bezaubernden Patio mit Pool. Die kompetenten und sehr engagierten Inhaber Tom und Donald und ihre hilfsbereites, englischsprachiges Team unterstützen die Gäste in jeder Hinsicht und können auch Touren u. a. organisieren.

★ Diplomat Boutique Hotel B&B $$$
(999-117-29-72; www.thediplomatmerida.com; Calle 78 No 493A, zw. Calle 59 & 59A; Zi. 225 US$;) Die wunderschöne, lauschige Oase gleich südwestlich der Altstadt in einem Wohnviertel von Santiago strotzt von Stil und Charme. Ihre vier Zimmer tendieren zum Minimalismus, aufgelockert durch ansprechende Akzente wie Grünzeug und geschmackvolles Dekor. Die gastfreundlichen kanadischen Betreiber bieten ein Gourmetfrühstück auf der Terrasse, leckere Kleinigkeiten am Pool und fabelhafte Ideen für kulinarische Erlebnisse und Ausflüge.

Los Arcos Bed & Breakfast B&B $$$
(Karte S. 82; 999-928-02-14; www.losarcosmerida.com; Calle 66 No 448B; DZ mit Frühstück 85–95 US$; P) Absolut keine Adresse für Minimalisten –Kunst ziert jede Wand

und Nippkram füllt jede Lücke. Los Arcos ist eine sympathische, schwulenfreundliche („everyone-friendly") B&B-Pension mit zwei Gästezimmern am Ende eines traumhaften Gartens mit Poolbereich. Die Zimmer sind mit zusammengewürfelter Kunst und Antiquitäten eingerichtet und haben ausgezeichnete Betten und Bäder. Tiere dürfen nicht mitgebracht werden.

Essen

★ La Terraza Amarilla de San Fernando MEXIKANISCH $
(☎999-189-62-10; Av Cupules 503D; Tacos & Tortas 15–24 Mex$; ⏱7–15 Uhr) Die ebenso verlockenden wie preiswerten Köstlichkeiten sind einen Umweg wert: Bei La Terraza Amarilla wählen die Gäste zwischen vier Hauptgericht-Kategorien (Tacos, Tortas etc.) und sieben verschiedenen Füllungen und in Sekundenschnelle erscheint das Gewünschte auf einem Plastikteller. Alle Gerichte werden nach den Rezepten des Küchenchefs/Inhabers und seiner Frau zubereitet, die bei Bedarf jede Variante in liebevoller Detailfülle beschreiben.

Nectar YUKATEKISCH $$
(☎999-938-08-38; www.nectarmerida.mx; Av A García Lavín 32; Hauptgerichte 115–320 Mex$; ⏱Di–Sa 13.30–24, So 14–18 Uhr; ❄) Besonders kreative und köstliche Interpretationen der traditionellen yukatekischen Küche, preisverdächtige Innenarchitektur und superfreundliches, entgegenkommendes Personal machen dieses Restaurant im Norden von Mérida (per Taxi zu erreichen) zu einem lohnenden Ziel. Die *cebollas negras* (schwarze Zwiebeln; 150 Mex$) sehen vielleicht nicht ganz so appetitlich aus, doch der erste Bissen lässt jeden Zweifel verfliegen. Und mit den Fisch- und Fleischgerichten kann man nichts verkehrt machen.

BUSSE AB MÉRIDA

ZIELORT	PREIS (MEX$)	FAHRZEIT (STD.)	ABFAHRTEN (TGL.)
Campeche	240	2½–3	stündl. 6–23.45 Uhr
Cancún	280–460	4½–6½	stündl.; Terminal CAME & Terminal TAME
Celestún	58	2½	häufig; Terminal Noreste & Terminal TAME
Chetumal	339–446	5½–6	3–4; Terminal TAME
Chichén Itzá	99–180	1½–2	häufig; Terminal CAME; Terminal Noreste; Terminal TAME
Escárcega	306–430	4–4½	8.30, 14.15, 21 Uhr; Terminal TAME
Felipe Carrillo Puerto	234	6	häufig; Terminal TAME
Izamal	31	1½	häufig; Terminal Noreste
Mayapán	37	1½	stündl.; Terminal Noreste
Mexiko-Stadt	999–1900	20	7; Terminal CAME & Segunda Clase; Terminal TAME
Palenque	662–680	7½–10	4; Terminal CAME & Segunda Clase; Terminal TAME
Playa del Carmen	280–498	4–6	häufig; Terminal CAME & Segunda Clase
Progreso	21	1	häufig; Terminal Autoprogreso
Río Lagartos/San Felipe	170–250	3½	5.30, 9, 16 Uhr; Terminal Noreste
Ruta Puuc (hin & zurück; 30 Min. an jeder Stätte)	166	8–8½	nur So 8 Uhr; Terminal TAME
Ticul	57	1¾	häufig; Terminal TAME
Tizimín	125–190	4–5	häufig; Terminal Noreste
Tulum	205–356	4–4½	5; Terminal CAME & Segunda Clase
Uxmal	68	1½	5; Terminal TAME
Valladolid	125–216	2½–3	häufig; Terminal CAME & TAME

★ Apoala MEXIKANISCH $$$

(Karte S. 82; 999-923-19-79; www.apoala.mx; Calle 60 No 471, Parque Santa Lucía; Hauptgerichte 130–300 Mex$; Mo–Sa 13–24, So 14–22 Uhr;) Mit Inspirationen aus Oaxaca, das wie Yucatán für seine ausgezeichnete Regionalküche bekannt ist, kreiert Apoala neue Variationen beliebter Gerichte wie *enmoladas* (gefüllte Tortillas in herzhafter *mole*) und *tlayudas* (große Tortillas mit Rindfleisch, schwarzen Bohnen und Oaxaca-Käse). Das Lokal hat einen hübschen Standort am Parque Santa Lucia (S. 83), in direkter Nachbarschaft zu weiteren guten Restaurants.

★ Ku'uk INTERNATIONAL $$$

(999-944-33-77; www.kuukrestaurant.com; Av Rómulo Rozo No 488, Ecke Calle 27; Hauptgerichte 290–550 Mex$, Degustationsmenü 1600 Mex$; Di–Sa 13.30–23, So bis 17 Uhr) Die prachtvolle historische Villa am Ende des Paseo Montejo bildet einen passenden Rahmen für das Gebotene: ein Gourmetmahl der Spitzenklasse, das die mexikanische Küche auf höchstes Niveau hebt. Die Gäste speisen in verschiedenen eleganten, wenn auch etwas kahlen Räumen. Die Küche interpretiert die yukatekische Kochkunst mit zeitgenössischen Zubereitungstechniken und Aromen.

Ausgehen & Nachtleben

Mercado 60 COCKTAILBAR

(Karte S. 82; www.mercado60.com; Calle 60, zw. Calle 51 & 53; 18.30 Uhr–open end) Einen vergnüglichen Abend mit alkoholischen Getränken und einigermaßen preiswerter internationaler Kost verspricht diese stimmungsvolle, gut besuchte und kulinarisch abwechslungsreiche Markthalle, deren Margaritas (oder gute Weine) Touristen motivieren, mit den trendigen Einheimischen zur Live-Salsamusik zu tanzen. Das moderne Konzept ist ein Mix aus Cocktailbar und Brauhaus, mit diversen Anbietern, die unterschiedliche Spezialitäten servieren.

Shoppen

Hamacas Mérida KUNST & KUNSTHANDWERK

(Karte S. 82; 999-924-04-40; www.hamacasmerida.com.mx; Calle 65 No 510, zw. Calle 62 & 64; Mo–Fr 9–19, Sa bis 13 Uhr) Hat ein riesiges Angebot von Hängematten (und Stühlen) in allen Größen, Formen und Farben und verschickt auch weltweit.

An- & Weiterreise

BUS

Mérida ist der Verkehrsknotenpunkt der Halbinsel Yucatán. Auf das Gepäck sollte in Nachtbussen und Bussen, die zu Touristenorten fahren, besonders geachtet werden, insbesondere in 2.-Klasse-Bussen; auf einigen Strecken wurden Diebstähle gemeldet.

Es gibt etliche Busbahnhöfe und einige Buslinien benutzen mehrere Terminals. Fahrkarten für einen Bus ab einem Terminal können oft auch an einem anderen gekauft werden. Die Zielorte der Buslinien sind meist identisch. Fahrkarteninfos für einige der Buslinien gibt es über www.ado.com.mx.

FLUGZEUG

Aeropuerto Internacional de Mérida
(Internationaler Flughafen Mérida; 999-940-60-90; www.asur.com.mx; Ctra 180 Km 4,5; R-79) Der Flughafen von Mérida liegt 10 km (20 Minuten mit dem Auto) südwestlich der Plaza Grande an der Ctra 180 (Avenida de los Itzáes). Es gibt dort Autovermietungen, mehrere Geldautomaten, Wechselstuben und einen Informationsschalter, der Ankömmlingen hilft, ein Transportmittel in die Stadt zu finden.

Campeche

981 / 250 000 EW.

Im Südwesten der Halbinsel Yucatán erstreckt sich der Bundesstaat Campeche mit bescheidenen Dörfern, weiten, wilden Dschungeln, Mangrovenwäldern, Lagunen voller Vögel und einigen der imposantesten Maya-Ruinen der Region – die Besucher oft ganz für sich allein haben. An den menschenleeren Stränden legen gefährdete Meeresschildkröten ihre Eier ab, während sich verspielte Delfine in der Brandung tummeln. Die mauerbewehrte Hauptstadt von Campeche ist das kulturelle Epizentrum der Region und ideal als Ausgangspunkt abenteuerlicher Ausflüge in das spannende Hinterland.

Campeche ist der am wenigsten besuchte Bundesstaat Yucatáns, eine Region mit einsamen Landstraßen, freundlichen Menschen, stillen Küsten und dem provinziellen Charme eines vergessenen Landstrichs. Campeche bietet eine willkommene Unterbrechung von den Touristenmassen, die in die populäreren Orte der Halbinsel einfallen; hier warten Ruhe, überraschende Attraktionen und authentische, ortstypische Erlebnisse.

NICHT VERSÄUMEN

ARCHÄOLOGISCHE SCHÄTZE IM BUNDESSTAAT CAMPECHE

Edzná (60 Mex$, Führer 400 Mex$; ⏲8–17 Uhr) Die gewaltige Anlage von Edzná umfasste einst über 17 km². Sie wurde von einer hierarchisch strukturierten Gesellschaft erbaut, die von etwa 600 v. Chr. bis ins 15. Jh. n. Chr. bestand. Während dieser Zeit errichteten die Menschen von Edzná mehr als 20 Gebäudekomplexe in einem Mix verschiedener Architekturstile und legten ein ausgeklügeltes Ent- und Bewässerungssystem an. (Obwohl die Anlage weit entfernt von Hügelstädten der Puuc-Region wie Uxmal und Kabah liegt, weisen einige der hiesigen Bauten Elemente des Puuc-Stils auf.)

Calakmul (Eintrittspreis insgesamt 198 Mex$; ⏲8–17 Uhr) Calakmul war wohl die größte Stadt zur Zeit der Mayas und wurde 1931 vom amerikanischen Botaniker Cyrus Lundell „entdeckt". Die Stätte ist in Größe und historischer Bedeutung mit Tikal in Guatemala vergleichbar, ihrem Hauptrivalen um die Vormacht im südlichen Tiefland während der klassischen Maya-Ära. Die Stadt, in der einst über 50 000 Menschen lebten, besitzt die größte und höchste bekannte Pyramide in Yucatán. Zur Zeit der Recherche zahlte man hier dreifachen Eintritt: an die Gemeinde (50 Mex$), für das Biosphärenreservat (78 Mex$) und für die archäologische Stätte (70 Mex$). Dieser Kombipreis scheint sich öfter zu ändern. Achtung: Eintritt nur bis 14.30 Uhr; dann werden die Außentore für Besucher geschlossen.

Sehenswertes

★ Museo Arqueológico de Campeche & Fuerte de San Miguel
MUSEUM, FESTUNG

(Archäologisches Museum von Campeche; Av Escénica s/n; 55 Mex$; ⏲ Di–So 8.30–17 Uhr; P) In der größten Kolonialfestung von Campeche, ca. 4 km südwestlich des Stadtzentrums am Golf von Mexiko gelegen, ist heute das wichtigste Maya-Museum untergebracht: Das exzellente Museo Arqueológico de Campeche ist das eine Museum der Stadt, das man auf jeden Fall besucht haben sollte. Es zeigt bedeutende Fundstücke aus Calakmul und Edzná sowie von der Isla de Jaina, einer Insel nördlich der Stadt, die einst als Begräbnisstätte des Maya-Adels diente. Viele Informationen sind auf Englisch.

Centro Cultural Casa Número 6
KULTURZENTRUM

(Karte S. 88; Calle 57 No 6; 20 Mex$; ⏲ Mo–Fr 8–21, Sa & So 9–21 Uhr) In der vorrevolutionären Zeit, als in dieser Villa eine großbürgerliche *campechano*-Familie lebte, war Número 6 eine angesehene Adresse an der Plaza. Die Räume vermitteln einen Eindruck davon, wie die High Society der Stadt damals lebte. Das vordere Wohnzimmer beispielsweise ist mit Möbeln im kubanischen Stil jener Epoche eingerichtet. Im Haus gibt es außerdem Ausstellungsräume und einen Geschenkeladen, auch ein Patio darf nicht fehlen.

Schlafen & Essen

★ Hostal Viatger
HOSTEL $

(Karte S. 88; ☎981-811-4500; Calle 51 No 28, zw. Calle 12 & 14; B/DZ/3BZ mit Frühstück 250/790/830 Mex$; P⊖❄📶) Von den zahlreichen Hostels, die in den letzten Jahren aus dem Boden geschossen sind, gefällt uns dieses wegen seiner Lage im historischen Zentrum (aber abseits der Menschenmassen) und seiner freundlichen Atmosphäre besonders gut. Die Mehrbettzimmer sind nicht besonders schick, aber es gibt einen eigenen Bereich für Frauen und auch Doppel- und Dreibettzimmer, einige davon mit Fernseher und Klimaanlage. Ein Leihrad kostet 15 Mex$ pro Stunde.

★ Hotel López
HOTEL $$

(Karte S. 88; ☎981-816-33-44; www.hotellopezcampeche.com.mx; Calle 12 No 189; EZ/DZ/Suite 950/1080/1250 Mex$; ⊖❄📶🏊) Das Businesshotel ist eine von Campeches besten Mittelklasseoptionen. Moderne, komfortabel ausgestattete Zimmer mit Balkonen im Art-déco-Stil gruppieren sich um einen ovalen, schön begrünten Hof. Hinterm Haus liegt ein wunderbarer Pool. Außerhalb der Hauptsaison sind die Preise deutlich niedriger.

★ Hacienda Puerta Campeche
BOUTIQUEHOTEL $$$

(Karte S. 88; ☎981-816-75-08; www.luxurycollection.com; Calle 59 No 71; Zi. ab 443 US$; ❄📶🏊) Das schöne Boutiquehotel hat 15 Suiten mit hohen Decken und separaten Wohnzimmern. Der makellos gepflegte Garten mit grünen Rasenflächen verspricht Ruhe und Frieden; in der Nähe des teilweise überdachten Pools warten Hängematten, die eines Maya-Königs würdig wären. Die Anlage hat ein Spa, ein Restaurant und eine Bar für alle, die das Gelände gar nicht mehr verlassen

Campeche

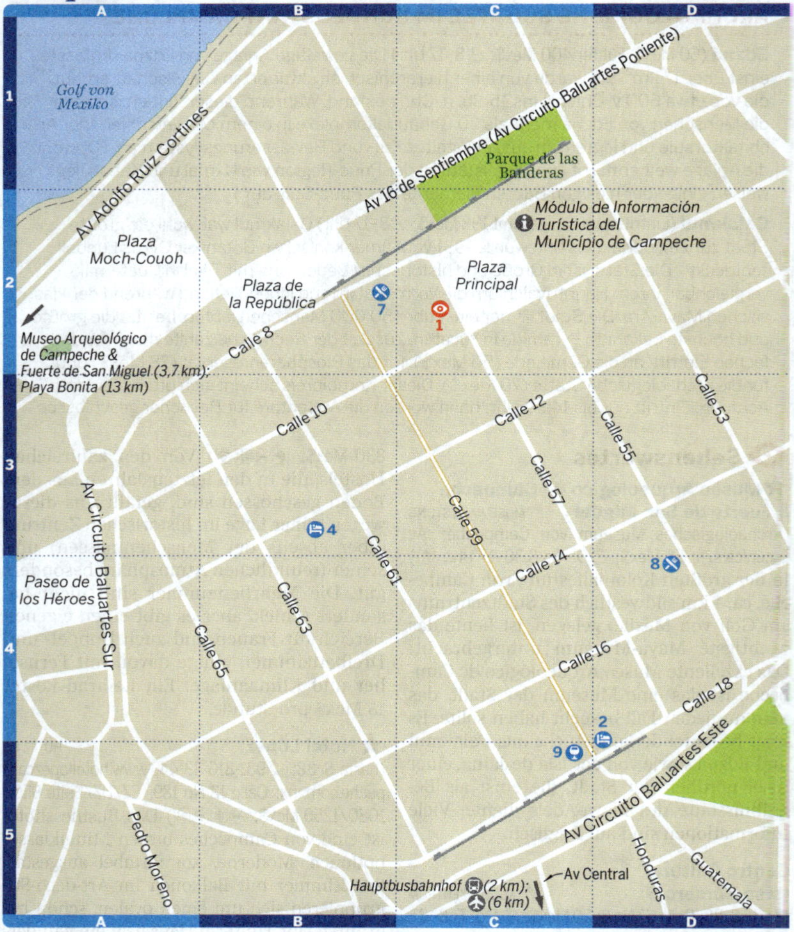

mögen. Dazu gehört außerdem noch eine restaurierte Luxushacienda 26 km außerhalb der Stadt, an der Straße zu den Ruinen von Edzná.

Sotavento Café CAFÉ $

(Karte S. 88; ☎981-811-38-92; www.facebook.com/CafeteriaSotavento; Calle 55 No 20, zw. Calle 14 & 16; Kaffee 26–55 Mex$, Mittagsgerichte Mex$69–169 Mex$; ⏰7–23 Uhr; 📶) Das Galerie-Café ist hübsch, sauber und eigenwillig, mit interessanter Kunst und Kuriositäten an den bunten Wänden. Hier gibt's köstliche Espressogetränke und eine Auswahl an Sandwiches, Burgern, Pastagerichten und vegetarischen Speisen. Besucher, die innerhalb der alten Stadtmauern wohnen, dürften sich über die angenehm zentrale Lage des Cafés freuen.

★ **Marganzo** MEXIKANISCH $$

(Karte S. 88; ☎981-811-38-98; Calle 8 No 267; Hauptgerichte 158–322 Mex$; ⏰7–22.45 Uhr; 📶) Marganzo ist aus gutem Grund bei Touristen und Einheimischen gleichermaßen beliebt – das Essen ist toll, die Portionen sind groß und die gratis gereichten Appetithappen zahlreich. Auf der ellenlangen Karte steht alles von internationalen Gerichten bis zu regionalen Leibspeisen wie *cochinita pibil* (Spanferkelstreifen; 152 Mex$). Straßenmusiker sorgen für Unterhaltung. Donnerstags

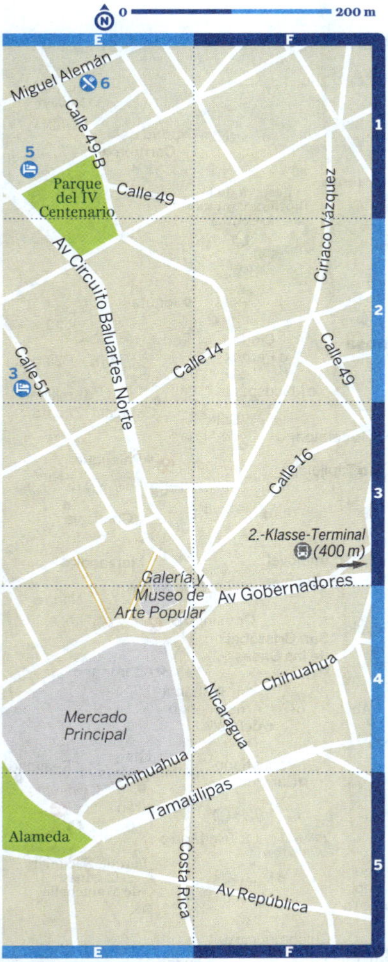

Campeche

Sehenswertes
1 Centro Cultural Casa Número 6 .... C2

Schlafen
2 Hacienda Puerta Campeche.............. D4
3 Hostal Viatger.................................E2
4 Hotel López.................................... B3
5 Hotel Plaza Campeche E1

Essen
6 La Pigua... E1
7 Marganzo B2
8 Sotavento Café................................. D4

Ausgehen & Nachtleben
9 Salón Rincón Colonial........................ C5

erhalten weibliche Gäste 50 % Rabatt aufs Frühstück (7–11.30 Uhr).

★ **La Pigua** FISCH & MEERESFRÜCHTE **$$$**
(Karte S. 88; ☎981-811-33-65; www.lapigua.com.mx; Miguel Alemán 179A; Hauptgerichte 190–300 Mex$; ⌚13–21 Uhr) Mit die besten Mahlzeiten in Campeche zaubert dieses gehobene Restaurant gleich außerhalb der Stadtmauern und hinter dem **Hotel Plaza** (Karte S. 88; ☎981-811-99-00; www.hotelplazacampeche.com; Ecke Calle 10 & Av Circuito Baluartes; Zi./Suite 1667/1851 Mex$;). Die aufmerksame Bedienung serviert Spezialitäten des Hauses wie z. B. *camarones al coco* (Kokosgarnielen), Fischfilet in Koriandersauce (235 Mex$) und gegrillten Tintenfisch mit gemahlenen Mandeln und Paprika. Zum Garnelenschmaus stehen über zehn verschiedene Saucen zur Wahl.

Ausgehen & Nachtleben

★ **Salón Rincón Colonial** BAR
(Karte S. 88; ☎981-816-83-76; Calle 59 No 60; ⌚10–21 Uhr) Die Bar im kubanischen Stil, mit Deckenventilatoren hoch über einem geräumigen Saal und einer stattlichen Holztheke samt reichlichen Rumvorräten, diente als passender Schauplatz für den Film *Original Sin* (2001) mit Antonio Banderas und Angelina Jolie, der in Havanna spielt. Die *botanas* (Appetithappen) sind überaus lecker und passen hervorragend zum regionalen Bier.

Praktische Informationen

Hospital Dr Manuel Campos (☎981-811-17-09; Av Circuito Baluartes Norte, zw. Calle 14 & 16)

Módulo de Información Turística del Municípío de Campeche (Karte S. 88; ☎981-811-39-89; Plaza Central; ⌚Mo–Fr 8–21, Sa & So 9–21 Uhr) Hier gibt es grundlegende Informationen über die Stadt Campeche.

An- & Weiterreise

Der **Hauptbusbahnhof** (☎981-811-99-10; Av Patricio Trueba 237) von Campeche, in der Regel ADO- oder 1.-Klasse-Terminal genannt, liegt etwa 2,5 km südlich der Plaza Principal, erreichbar über die Avenida Central. Busverbindungen gibt es in der 1. Klasse und der Luxuskategorie nach Mérida, Cancún, Chetumal (via Xpujil), Palenque, Veracruz und Mexiko-Stadt. 2.-Klasse-Busse fahren nach Sabancuy (142 Mex$, 2 Std.), Hecelchakán (28 Mex$, 1 Std.) und Candelaria (215 Mex$, 4 Std.).

Chiapas

Golf von Mexiko
Golfo de Campeche
Isla del Carmen
Ciudad del Carmen
Laguna de Términos
Frontera
Reserva de la Biosfera Pantanos de Centla
Puerto Ceiba
Barra de Tuplico
Paraíso
Sanchez Magallanes
Comalcalco
Río Usumacinta
La Venta
Archäologische Zone
Jalpa
Río Grijalva
Jonuta
Tabasco
Cunduacan
Cárdenas
Villahermosa
Ciudad Pemex
Chable
Balancan
Huimanguillo
Reforma
Macuspana
Emiliano Zapata
Catazajá
Juarez
Teapa
Tacotalpa
Salto de Agua
Pichucalco
Palenque
Tapijulapa
Veracruz
Misol-Ha
Cascada Wejlib-Ja
Agua Azul
Malpasito
Tila
Chancalá
Carretera
Tapilula
Presa Malpaso
Simojovel
Metzabok
El Bosque
Reserva de la Biosfera Selva El Ocote
Bachajon
Nahá
Cañón del Sumidero
Soyaló
Ocosingo
Toniná
Oaxaca
Sima de Las Cotorras
Tuxtla Gutiérrez
San Cristóbal de las Casas
Altamirano
Cintalapa
Chiapa de Corzo
Chanal
Acala
Amatenango del Valle
Chiapas
Reserva de la Biosfera La Sepultura
Venustiano Carranza
Las Margaritas
La Realidad
Chinkultic
Arriaga
Villa Flores
Comitán
El Chiflón
Tonalá
Sierra Madre de Chiapas
Presa La Angostura
La Trinitaria
Tziscao
Paredón
Parque Nacional Lagunas de Montebello
Jaltenango (Ángel Albino Corzo)
Puerto Arista
Tres Picos
Nuevo Mexico
Boca del Cielo
Chicomucelo
Reserva de la Biosfera El Triunfo
Pijijiapan
Ciudad Cuauhtémoc
La Mesilla
Chocohuital
El Soconusco
Mapastepec
Motozintla
Reserva de la Biosfera La Encrucijada
Huehuetenango
Escuintla
Embarcadero Las Garzas
Volcán Tacaná (4100 m)
Huixtla
Unión Juárez
PAZIFIK
Izapa
Talismán
San José el Hueyate
Tapachula
El Carmen
Quetzaltenango
Puerto Chiapas
Ciudad Hidalgo
Ciudad Tecún Umán

CHIAPAS

Gemäßigtes Hochland mit Kiefernwäldern, schwüle Regenwalddschungel und bezaubernde Kolonialstädte existieren in Mexikos südlichsten Bundesstaaten Seite an Seite. In dieser Region sind das Erbe der spanischen Herrschaft und die Hinterlassenschaften der alten Maya-Zivilisation allgegenwärtig.

San Cristóbal de las Casas

☎967 / 185 000 EW.

Die von Kiefernwäldern umgebene Kolonialstadt San Cristóbal in einem traumhaften Hochlandtal ist seit Jahrzehnten ein beliebtes Reiseziel. Es ist ein Vergnügen, ihre Pflasterstraßen und Märkte zu erkunden und das einzigartige Ambiente und das herrlich klare Hochlandlicht in sich aufzusaugen. Die mittelgroße Stadt besitzt auch eine angenehme Mischung aus urbanem und ländlichem Charme: Renovierte, jahrhundertealte Häuser gehen in Weiden mit grasendem Vieh und Maisfelder über.

San Cristóbal ist von Dutzenden traditionellen Tzotzil- und Tzeltal-Dörfern umgeben und liegt im Zentrum eines der traditionellsten indigenen Gebiete Mexikos. Die Stadt ist nicht nur ideal als Ausgangpunkt für Erkundungen der Umgebung und der ganzen Region, sondern auch ein Ort, wo alte Bräuche und moderne Annehmlichkeiten Seite an Seite existieren.

Bei dem großen Erdbeben im September 2017 wurde San Cristóbal ordentlich durchgerüttelt, doch obwohl einige Gebäude beschädigt oder zerstört wurden, kam die Stadt im Großen und Ganzen mit einem blauen Auge davon.

Sehenswertes & Aktivitäten

★ Na Bolom HISTORISCHES GEBÄUDE

(Karte S. 92; ☎967-678-14-18; www.nabolom.org; Guerrero 33; 60 Mex$, mit Führung 70 Mex$; ⏲9–19 Uhr) Das atmosphärische Museums- und Forschungszentrum Na Bolom war viele Jahre lang das Wohnhaus der schweizerischen Anthropologin und Fotografin Gertrude Duby-Blom (Trudy Blom; 1901–1993) und ihres Ehemanns, des dänischen Archäologen Frans Blom (1893–1963). Na Bolom bedeutet „Jaguarhaus“ in der Tzotzil-Sprache (und ist auch ein Wortspiel mit dem Namen der früheren Besitzer). Es steckt voller Fotos, archäologischer und anthropologischer Relikte und Bücher.

San Cristóbal de las Casas

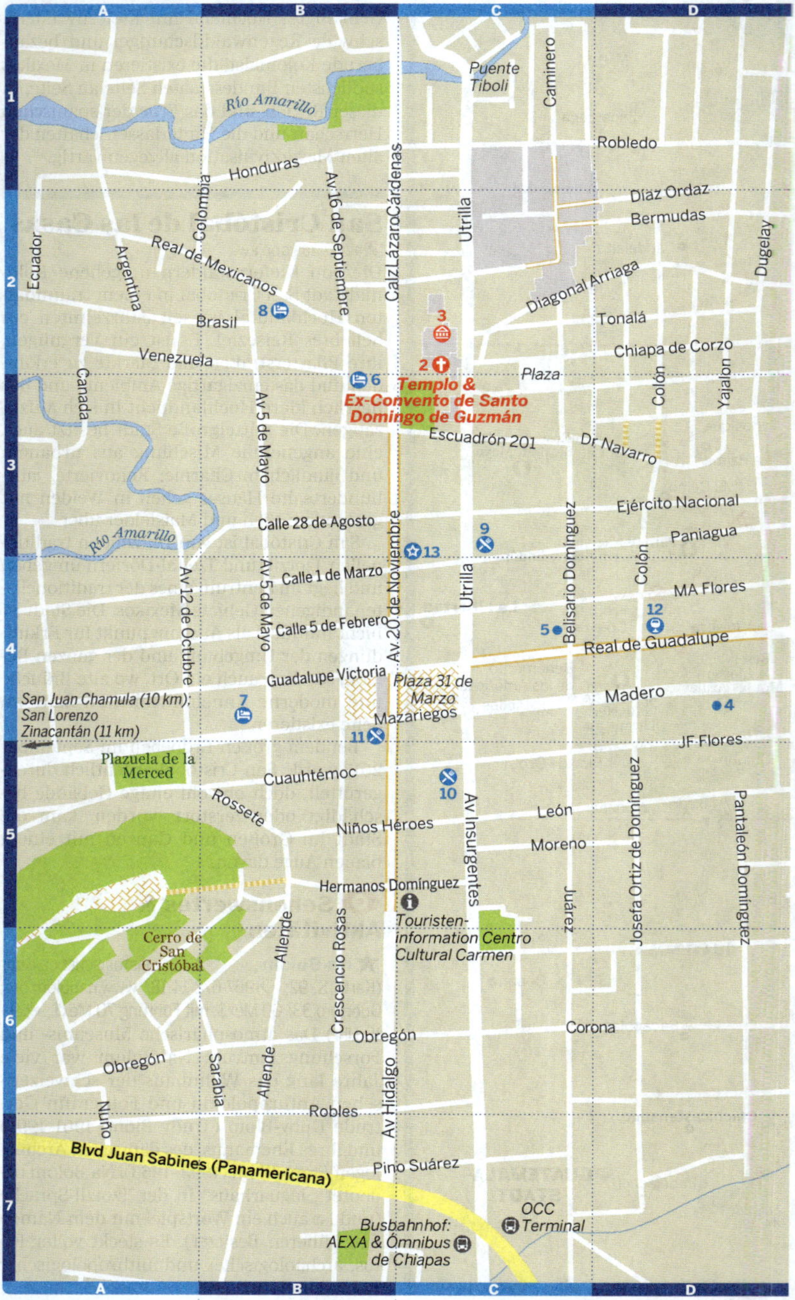

San Cristóbal de las Casas

★ Templo & Ex-Convento de Santo Domingo de Guzmán
KIRCHE

(Karte S. 92; Av 20 de Noviembre; ⏲ Mo–Sa 6.30–13.45 & 16–18, So 7–21 Uhr) GRATIS Die imposante Kirche aus dem 16. Jh. gleich nördlich des Stadtzentrums ist die schönste von San Cristóbal, besonders wenn ihre Fassade in der Spätnachmittagssonne erstrahlt. Diese barocke Fassade mit ihren herrlichen filigranen Stuckarbeiten wurde im 17. Jh. hinzugefügt und ist u. a. mit dem Doppeladler der Habsburger geschmückt, dem damaligen Symbol der spanischen Monarchie. Der Innenraum ist üppig vergoldet, vor allem die verschnörkelte Kanzel.

Centro de Textiles del Mundo Maya
MUSEUM

(Karte S. 92; www.fomentoculturalbanamex.org/ctmm; Calz Lázaro Cárdenas; 46 Mex$; ⏲ Di–So 9–17.45 Uhr) Das hervorragende Museum im oberen Stock des Ex-Convento de Santo Domingo zeigt über 500 Exemplare handgewebter Textilien. Zwei Säle sind für eine ständige Ausstellung von *huipiles* (ärmellose Tuniken) reserviert– darunter ein 1000 Jahre altes Exemplar aus Baumborke. Videos zeigen, wie Textilien und Kleidung hergestellt wurden, auch gibt es einige Erläuterungen auf Englisch. Der Eintritt gilt auch für das **Museo de los Altos de Chiapas**.

Natutours NATUR
(☎967-706-41-80; www.natutours.com.mx) Spezialist für Ökotourismus (auch aufregende Baumklettertouren), Dschungeltreks und Kulturtourismus; bietet auch Workshops an, um Nachhaltigkeit und Recycling in der Region zu fördern – auch wenn dieses Bewusstsein bei den Besuchern hoffentlich schon vorhanden ist!

Schlafen & Essen

★ Puerta Vieja Hostel HOSTEL $
(Karte S. 92; ☎967-631-43-35; www.puertavieja hostel.com; Mazariegos 23; B mit Frühstück 160 Mex$, Zi. mit/ohne Bad 440/370 Mex$;) Ein geräumiges, modernes, auf Traveller eingestelltes Hostel in einem Kolonialgebäude mit hohen Decken, einem großen Garten voller Hängematten, Küche, *temascal* (präkolumbisches Dampfbad) und lauschigem Patio. Seine Schlafsäle (einer davon nur für Frauen) sind großzügig bemessen und die ganz oben bieten sagenhafte Aussicht. In den privaten Zimmern stehen ein Doppelbett und ein Etagenbett. Ab und zu wird im Garten Karaoke geboten.

Hostal Akumal HOSTEL $
(Karte S. 92; ☎Handy 967-1161120; www.hostal akumal.com; Av 16 de Sepiembre 33; B/DZ mit Frühstück 140/400 Mex$;) Freundliche Besitzer, die hier auch wohnen, eine recht gute Lage und ein großes, warmes, täglich wechselndes Frühstück (ein unübersehbares Schild weist zu Recht darauf hin, dass „ein kontinentales Frühstück kein richtiges Frühstück" sei) sind einige der überzeugenden Punkte in diesem zentral gelegenen Hostel. An kühlen Abenden prasselt ein Kamin in der Lounge, ein hipper Patio eignet sich super als Treffpunkt und die Zimmer und Schlafsäle sind zwar nicht umwerfend, aber zweckmäßig.

Rossco Backpackers HOSTEL $
(Karte S. 92; ☎967-674-05-25; www.backpackers hostel.com.mx; Real de Mexicanos 16; B ab 139 Mex$, DZ mit/ohne Bad 550/400 Mex$; P@) Das Rossco Backpackers ist ein freundliches, geselliges und gut geführtes Hostel mit guten Schlafsälen (einer nur für Frauen), einer Gästeküche, einem Loft zum Filmegucken und einer kleinen Wiese. Die Privatzimmer oben haben nette Oberlichter. Wer mit dem Fahrrad oder Motorrad ankommt, kann hier eine Nacht umsonst schlafen!

La Tertulia San Cris CAFÉ $
(Karte S. 92; ☎967-116-11-45; Cuathémoc 2; Hauptgerichte 40–80 Mex$; ⏲8–23 Uhr) Im kunterbunten Ambiente des kleinen alternativen Café sind tolles Frühstück, leckere Salate und annehmbare Pizza zu haben. Zum Lokal gehören auch ein kleiner Geschenkeladen mit lokalen Erzeugnissen und Souvenirs.

Comida Thai THAILÄNDISCH $
(Karte S. 92; ☎967-133-74-48; Paniagua 2B; Hauptgerichte 50–90 Mex$; ⏲Do–Mo 12.30–20.30 Uhr) Würzige Abwechslung verspricht dieses sehr schlichte Thai-Lokal. Die Inhaberfamilie bereitet pro Tag nur drei oder vier verschiedene Gerichte zu, die aber mit äußerster Sorgfalt (wie das Schild besagt: „Very, very slow food").

★ Santo Nahual FUSIONSKÜCHE $$
(Karte S. 92; ☎967-678-15-47; www.santonahual. com; Hidalgo 3; Hauptgerichte 130–240 Mex$; ⏲9–23 Uhr;) Die Neueröffnung beeindruckt mit ihrem Speisebereich im glasüberdachten Hof, der mit altehrwürdigem Holz, Kieselsteinen, Bananenstauden und einem neonbunten Klavier eingerichtet ist. Das Essen, das sich am ehesten als moderne mexikanische Fusionsküche beschreiben lässt, ist ebenso fantasievoll wie das Dekor.

Ausgehen & Unterhaltung

Cocoliche COCKTAILBAR
(Karte S. 92; ☎967-631-46-21; Colón 3; Hauptgerichte 60–210 Mex$; ⏲13–24 Uhr;) Tagsüber ist das Cocoliche ein unkonventionelles Restaurant mit einer großen Auswahl asiatischer Gerichte. Abends bilden seine Antik-Laternen und sein Wandschmuck aus kultigen Plakaten den idealen Rahmen, um im Freundeskreis Cocktails mit und ohne Alkohol zu schlürfen. An kühlen Abenden sind die Plätze am Kamin am besten, um dem allabendlichen Programm aus Jazz, Funk oder Swing zu lauschen.

★ Cafe Bar Revolución LIVEMUSIK
(Karte S. 92; ☎967-678-66-64; www.facebook. com/elrevomx; Calle 1 de Marzo 11; ⏲11–3 Uhr) Im Revolución wird immer etwas geboten: jeden Abend zwei Livebands und eine bunte Mischung aus Salsa, Rock, Blues, Jazz und Reggae. Unten wird getanzt, oben im *tapanco* (Dachboden) kann man bei einem Mojito oder Caipirinha in Ruhe quatschen.

BUSSE AB SAN CRISTÓBAL

ZIELORT	PREIS (MEX$)	FAHRZEIT (STD.)	ABFAHRTEN (TGL.)
Campeche	408–680	10	2 OCC
Cancún	1024–1422	18–19	3 OCC; 1 AEXA
Ciudad Cuauhtémoc (guatemaltekische Grenze)	100–170	3¼	3
Comitán	88–100	1¾	häufige OCC & *colectivos*
Mérida	564–789	12¾	2 OCC
Mexiko-Stadt (TAPO & Norte)	808–1494	13–14	10
Oaxaca	404–740	11–12	4
Palenque	184–332	5	häufig
Pochutla	403–740	11–12	3
Puerto Escondido	446–810	12½–13	3
Tuxtla Gutiérrez	58–86	1–1¼	häufige OCC; 4 AEXA
Flughafen Tuxtla Gutiérrez (Ángel Albino Corzo)	242	1½	9
Villahermosa	254–514	5½–7	5 OCC

Praktische Informationen

Touristeninformation im Centro Cultural Carmen (Karte S. 92; Av Hidalgo 15; 9–20 Uhr) Im Kulturzentrum gibt es auch touristische Informationen.

An- & Weiterreise

Der **Hauptbusbahnhof** (Karte S. 92; Ecke Carretera Panamericana & Av Insurgentes) der 1.-Klasse-Busse von OCC wird von den 1.-Klasse- und Luxusbussen von ADO und UNO genutzt, aber auch von einigen 2.-Klasse-Bussen. Die AEXA-Busse und die Minibusse von Ómnibus de Chiapas teilen sich einen **Busbahnhof** gegenüber dem OCC-Terminal. Alle *colectivo*-Minibusse *(combis)* und Taxis haben Depots an der Panamericana, etwa einen Block vom OCC-Terminal.

Die meisten Verkehrsgesellschaften bieten eine tägliche Minibusverbindung nach Guatemala und zwar nach Quetzaltenango (350 Mex$, 8 Std.), Panajachel (350 Mex$, 10 Std.) und Antigua (450 Mex$, 12 Std.); Viajes Chincultik ist etwas billiger und hat ebenfalls einen Minibusservice nach Guatemala City und Chichicastenango. Wenn alle Stricke reißen, begibt man sich nach Ciudad Cuauhtémoc auf der guatemaltekischen Seite und sucht dort ein Transportmittel für die Weiterfahrt.

Lagos de Montebello

Die Kiefern- und Eichenwälder in der gemäßigten Klimazone entlang der guatemaltekischen Grenze östlich von Chinkultic sind mit über 50 kleinen Seen in unterschiedlichsten Farbtönen gespickt, den Lagos (oder Lagunas) de Montebello. Das Gebiet ist sehr malerisch, ruhig und – nach der dampfenden Hitze der nahe gelegenen Dschungelgebiete – wunderbar kühl und erfrischend. Die meisten Besucher kommen nur auf einen Tagesausflug von Comitán herüber, aber die Seen sind auch ein ideales Ziel für ein paar entspannte Wandertage.

Schlafen

Villa Tziscao CABAÑAS, CAMPINGPLATZ **$$**
(Guatemala 502-5780-27-75; www.ecotziscao.com; Zeltplatz pro Pers. 80 Mex$, DZ 845 Mex$, Cabaña 845–1314 Mex$; P) Die mittelgroße Anlage am See im Dorf Tziscao (2 km vom Abzweig von der Carretera) wird von einer *ejido*-Kooperative betrieben. Zu dem weitläufigen Rasengelände gehört ein Sandstrand mit großartigem Blick über den See zu den Ausläufern der Cuchumatanes in Guatemala. Die komfortablen Zimmer im Haupthaus haben anständige Betten sowie Flachbildfernseher und die Bäder sind gefliest.

An- & Weiterreise

Die Asphaltstraße nach Montebello zweigt gleich nördlich von La Trinitaria, 16 km südlich von Comitán, von der Ctra 190 nach Osten ab. Nach 32 km führt sie durch Chinkultic und 5 km weiter in den **Parque Nacional Lagunas de Montebello**. Nach weiteren 800 m steht eine Ticketbude, wo der Parkeintritt von 25 Mex$

bezahlt werden muss. Dahinter gabelt sich die Straße: Richtung Norden geht es zu den **Lagunas de Colores** (2–3 km), Richtung Osten zum Dorf Tziscao (9 km). Hinter dem Dorf wird die Straße zur Carretera Fronteriza, führt weiter ostwärts nach Ixcán und schließlich zurück nach Palenque. Die öffentlichen Verkehrsverbindungen von Comitán sind prima und machen einen Tagesausflug leicht. Minibusse fahren bis zum Ende der Straße an der Laguna Bosque Azul und nach Tziscao und halten an den Abzweigungen zum Museo Parador Santa María, nach Chinkultic und zu den anderen Seen. Das letzte Fahrzeug zurück nach Comitán fährt am frühen Abend in Tziscao und an der Laguna Bosque Azul ab.

Yaxchilán

Das von Urwald eingerahmte **Yaxchilán** (70 Mex$; ⌚8–17 Uhr, letzter Eintritt 16 Uhr) liegt grandios über einer hufeisenförmigen Biegung des Río Usumacinta. Dank dieser Lage, die der Stadt die Kontrolle über den Flusshandel gab, und einer Reihe erfolgreicher Bündnisse und Eroberungen entwickelte sich Yaxchilán während der Klassischen Periode zu einer der wichtigsten Maya-Städte der Region Usumacinta. Archäologisch ist Yaxchilán für seine aufwendig verzierten Fassaden und Dachkämme sowie die beeindruckenden steinernen Türstürze berühmt, die mit eingemeißelten Zeremonien- und Eroberungsszenen versehen sind. Eine Taschenlampe ist für die Erkundung einiger Teile der Stätte hilfreich.

An- & Weiterreise

Um Yaxchilán von Palenque aus zu erreichen, muss man erst nach Frontera Corozal fahren. Minibusse von Autotransporte Chamoán nach Frontera Corozal (130 Mex$, 2½–3 Std., 4–17 Uhr alle 40 Min.) fahren ab dem *colectivo*-Stand nahe der Statue eines Maya-Kopfs und südlich des Busbahnhofs ab.

Lanchas (Motorboote) brauchen von Frontera Corozal 40 Minuten flussabwärts, zurück eine Stunde. Die Büros der Bootsunternehmen befinden sich in einem strohgedeckten Gebäude in der Nähe des *embarcadero* (Anlegers) von Frontera Corozal und alle verlangen in etwa den gleichen Preis für die Fahrten. Die Fahrt hin und zurück mit 2½ Std. für die Ruinen kostet für ein bis drei Personen 800 Mex$, für vier Personen 1050 Mex$, für fünf bis sieben Personen 1450 Mex$ und für acht bis zehn Personen 1800 Mex$. *Lanchas* legen normalerweise bis ca. 13.30 Uhr häufig ab; am besten schließt man sich anderen Reisenden oder einer Reisegruppe an, um die Kosten zu teilen.

Palenque

☎916 / 43 000 EW.

In den Morgennebel des umgebenden Dschungels gehüllt und vom Morgenkonzert der Brüllaffen und Papageien widerhallend, sind die mächtigen Maya-Tempel von Palenque verdientermaßen eines der Topziele in Chiapas. Sie gehören zu den schönsten Beispielen der Maya-Architektur in ganz Mexiko. Die moderne Stadt Palenque hingegen, ein paar Kilometer weiter östlich, ist stickig, langweilig und nicht besonders einladend. Sie dient einzig als Ausgangspunkt für einen Besuch der Ruinen und um Zugang ans Internet zu finden. Viele ziehen es vor, sich in einer der Unterkünfte im Wald an der Straße zwischen der Stadt und den Ruinen einzuquartieren, beispielsweise im szenigen Backpackertreff El Panchán.

Sehenswertes & Aktivitäten

Combis (24 Mex$ je Strecke) fahren tagsüber etwa alle zehn Minuten zu den Ruinen. Sie sind an dem Schild „Ruinas" zu erkennen und stehen in der Stadt überall in der Juárez westlich der Allende. Sie halten auf Wunsch auch an jedem Punkt der Straße zwischen Stadt und Ruinen.

★ Ruinen von Palenque ARCHÄOLOGISCHE STÄTTE
(48 Mex$ plus 22 Mex$ Eintritt für den Nationalpark; ⌚8–17 Uhr, letzter Eintritt 16.30 Uhr) Das alte Palenque steht genau an der Stelle, an der die ersten Hügel sich aus der Golfküstenebene erheben und der dichte Urwald, der diese Hügel bedeckt, bildet einen atmosphärischen Hintergrund für die außerordentliche Maya-Architektur Palenques. Hunderte verfallener Gebäude liegen auf 15 km² verstreut, aber nur ein recht kompakter Bereich in der Mitte der Anlage wurde ausgegraben. Alles, was hier zu sehen ist, wurde ohne Hilfe von Metallwerkzeugen, Packtieren oder des Rads erbaut.

➡ Gruppe des Templo de las Inscripciones

Auf dem Weg vom Eingang in die Anlage hinein teilt sich plötzlich die Vegetation und gibt auf grandiose Weise den Blick auf viele der prachtvollsten Bauwerke Palenques frei. Eine Reihe von Tempeln erhebt sich rechts vor dem Dschungel und endet 100 m weiter mit dem Templo de las Inscripciones; El Palacio steht mit seinem typischen Turm links des Templo de las Inscripciones und der Grupo de las Cruces erhebt sich in der Ferne unter einem dichten Dschungel.

Der erste Tempel auf der rechten Seite ist der Templo XII, wegen des Reliefs eines Kaninchen- oder Hirschschädels am Fuß einer der Säulen **Templo de la Calavera** (Tempel der Totenschädel) genannt. Der zweite Tempel ist wenig interessant. Der dritte ist der **Templo XIII** mit dem Grab einer vornehmen Frau, deren sterbliche Überreste rot gefärbt waren (sie waren mit Zinnober behandelt), als sie 1994 ausgegraben wurden. Besucher können in der Tumba de la Reina Roja (Grab der Roten Königin) ihren Sarkophag sehen. Zusammen mit dem Skelett wurden eine Maske aus Malachit und um die 1000 Jadestücke gefunden. Laut DNA-Analyse und Ähnlichkeiten zum Grab von Pakal nebenan wird angenommen, dass die hier bestattete „Königin" seine Frau Tz'ak-b'u Ajaw ist. Das **Grab von Alberto Ruz Lhuillier**, der Pakals Grab 1952 entdeckte, liegt unter den Bäumen vor Templo XIII.

Der **Templo de las Inscripciones** (Tempel der Inschriften), das wohl berühmteste Grabdenkmal auf dem amerikanischen Doppelkontinent, ist das höchste und stattlichste Bauwerk in Palenque. Der Templo de las Inscripciones besteht aus acht Abstufungen und besitzt eine 25 m lange Fassadentreppe, die zu mehreren kleinen Räumen führt. Der hohe Dachkamm, der den Tempel einst krönte, ist längst verschwunden, aber zwischen den vorderen Eingängen befinden sich Stucktafeln mit Reliefs vornehmer Figuren. Innen an der hinteren Wand befinden sich die drei Tafeln mit der langen Maya-Inschrift, die von der Geschichte von Palenque und diesem Gebäude berichtet und nach der der mexikanische Archäologe Alberto Ruz Lhuillier den Tempel benannte. Von der Spitze führen innen Treppen hinab ins Grab von Pakal (für Besucher auf unbestimmte Zeit geschlossen, um weitere Schäden an den Wandbildern durch Feuchtigkeit, die zwangsläufig von Besuchern abgesondert wird, zu vermeiden). Pakals juwelengeschmücktes Skelett und die Totenmaske aus Jademosaik wurden nach Mexiko-Stadt verbracht, wo das Grab im Museo Nacional de Antropología nachgebildet wurde. Die unschätzbare Totenmaske wurde 1985 bei einem ausgeklügelten Raubüberfall gestohlen (aber ein paar Jahre später wieder sichergestellt). Der steinerne Sarkophagdeckel mit eingemeißelten Verzierungen verblieb jedoch in dem geschlossenen Grab – eine Replik ist im Museum der Stätte zu sehen.

➡ El Palacio

(Der Palast) Schräg gegenüber vom Templo de las Inscripciones steht der Palacio, ein großes Bauwerk, das in vier Haupthöfe unterteilt ist und aus einem Labyrinth an Korridoren und Räumen besteht. Er wurde seit dem 5. Jh. gebaut und über 400 Jahre Stück

ABSTECHER

MADRE SAL

Im **Madre Sal** (☎ Handy 966-666-6147, Handy 966-100-7296; www.elmadresal.com; Manuel Ávila Camacho; Cabañas 950 Mex$; Ⓟ), einem Ökotourismusprojekt 25 km südlich von Puerto Arista, das nach einer Mangrovenart benannt ist, kann man sich vom Geräusch der an den schwarzen Sandstrand schlagenden Wellen in den Schlaf wiegen lassen. Das Restaurant (Mahlzeiten ab 100 Mex$) und die strohgedeckten *cabañas* mit jeweils zwei Schlafzimmern und Bad (und Moskitonetzen) liegen auf einem schmalen, unberührten Landstreifen zwischen einer Lagune und dem Pazifik. Zu erreichen ist Madre Sal per *lancha* (25 Mex$) durch die Mangroven.

Wenn um 23 Uhr der Strom abgeschaltet wird, zünden die Gäste Kerzen an, und wenn die Sterne am Nachthimmel leuchten, huschen Krebse über den Sand. Zur Nistsaison krabbeln Meeresschildkröten an Land, um ihre Eier abzulegen; wer das beobachten oder beim Einsammeln der Eier für die Brutstätte Boca del Cielo helfen will, kann sich vom Nachtwächter wecken lassen.

Von Tonalá fahren Taxis (Gemeinschaftstaxi 50 Mex$, privat 500 Mex$) oder *combis* (40 Mex$) bis Manuel Ávila Camacho; *combis* verlangen 5 Mex$ zusätzlich bis zum *embarcadero*, der aber auch in fünf Minuten zu Fuß oder per Mopedtaxi (10 Mex$) zu erreichen ist.

Ruinen von Palenque

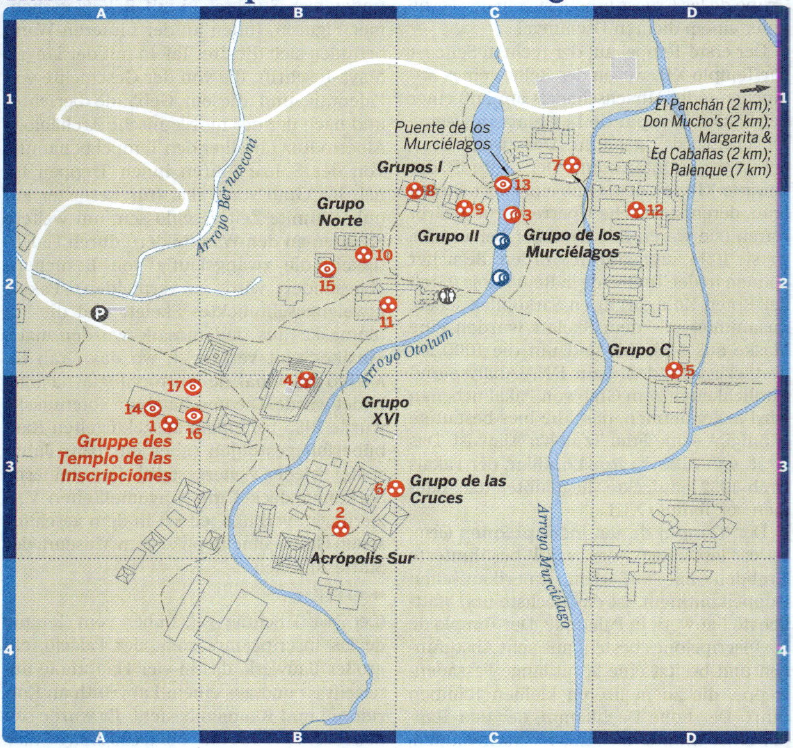

für Stück verändert und diente vermutlich als Residenz der Herrscher von Palenque.

➡ **Acrópolis Sur**

Im Dschungel südlich der Grupo de las Cruces befindet sich die südliche Akropolis, wo Archäologen bei jüngsten Ausgrabungen einige fantastische Funde gemacht haben. Ein Teil des Areals ist meist abgesperrt. Die Acrópolis Sur scheint als Erweiterung der Grupo de las Cruces gebaut worden zu sein, beide Gruppen liegen vermutlich um einen einzigen, langen Platz.

➡ **Grupo de las Cruces**

(Gruppe der Kreuze) Pakals Sohn, Kan B'alam II., war ein eifriger Bauherr und begann bald nach dem Tod seines Vaters mit dem Entwurf der Tempel für die Grupo de las Cruces (Gruppe der Kreuze). Alle drei pyramidenförmigen Bauten umgeben einen Platz südöstlich des Templo de las Inscripciones. Sie wurden alle 692 n. Chr. als spirituelles Zentrum den drei Schutzgöttern Palenques geweiht.

➡ **Grupo Norte**

(Nördliche Gruppe) Nördlich des Palacio liegen ein **Juego de Pelota** (Ballspielplatz) und die schönen Bauwerke der nördlichen Gruppe. Der exzentrische Graf von Waldeck wohnte im sogenannten **Templo del Conde** (Tempel des Grafen), der 647 n. Chr. erbaut wurde.

➡ **Nordöstliche Gruppen von Palenque**

Östlich der Grupo Norte überquert der Hauptweg den Arroyo Otolum. Etwa 70 m hinter dem Bach führt eine Gabelung nach rechts zur **Grupo C**, einer Gruppe aus dschungelüberwucherten Gebäuden und Plätzen, die vermutlich von 750 bis 800 n. Chr. bewohnt waren.

Weiter über den Hauptweg geht es einige steile Stufen hinab zu einer Gruppe aus niedrigen, langgestreckten Bauten, die mutmaßlich von 770 bis 850 n. Chr. als Wohnhäuser dienten. Der Weg folgt dem Lauf des Arroyo Otolum, der hier einige kleine Wasserfälle überwindet und einen natürli-

Ruinen von Palenque

Highlights

1 Gruppe des Templo de las Inscripciones ... A3

Sehenswertes

2 Acrópolis Sur ... B3
3 Baño de la Reina ... C2
4 El Palacio ... B3
5 Grupo C ... D2
6 Grupo de las Cruces ... B3
7 Grupo de los Murciélagos ... C1
8 Grupo I ... C1
9 Grupo II ... C2
10 Grupo Norte ... B2
11 Juego de Pelota ... B2
12 Nordöstliche Gruppen von Palenque D2
13 Puente de los Murciélagos ... C1
14 Templo de la Calavera ... A3
15 Templo del Conde ... B2
16 Templo XIII ... A3
17 Grab von Alberto Ruz Lhuillier ... A3

chen Badeteich namens **Baño de la Reina** (Bad der Königin) bildet. Leider kann man hier nicht mehr baden.

Der Weg führt dann zu einem weiteren Wohnviertel, der **Grupo de los Murciélagos** (Fledermausgruppe), und anschließend über die Fußgängerbrücke **Puente de los Murciélagos** über den Arroyo Otolum.

Jenseits der Brücke und ein Stück weiter flussabwärts verläuft ein Pfad ein kurzes Stück bergauf nach Westen zur **Grupo I** und **Grupo II**. Diese nur teilweise freigelegten Ruinen liegen in einem herrlichen Dschungelareal. Der Hauptweg führt weiter flussabwärts bis zur Straße, wo das Museum nur ein kurzes Stück entfernt auf der rechten Seite steht.

El Panchán GEBIET

(Carretera Palenque-Ruinas Km 4,5) El Panchán, ein Stück abseits der Straße zu den Ruinen, ist ein legendärer Treff von Reisenden in einem Stück dichten Regenwalds. Es ist das Epizentrum der Alternativszene von Palenque, einer Gruppe unkonventioneller Mexikaner und Ausländer. Das Gebiet wurde früher als Weideland genutzt, jedoch von der bemerkenswerten Familie Morales, von denen einige zu den führenden archäologischen Experten zu Palenque gehören, wieder aufgeforstet. Heute gibt es in El Panchán mehrere (meist rustikale) Unterkünfte, ein paar Restaurants, einige Bäche, die sich durch jeden Teil des Grundstücks winden, jeden Abend Unterhaltung (und tägliches Trommeln), einen Meditationstempel, ein *temascal* (präkolumbisches Dampfbad) und einen ständigen Strom interessanter Besucher aus aller Welt.

Viajes Kukulcán TOUREN

(nur per WhatsApp 967-158-36-74; www.kukulcantravel.com; Av Juárez 8) Das zuverlässige, in Palenque ansässige Unternehmen bietet Transportmöglichkeiten nach Agua Azul und Misol-Ha, nach Bonampak, Yaxchilán und Lacanjá Chansayab sowie nach Flores in Guatemala an.

Schlafen

★ **Yaxkin** HOSTEL $

(916-345-01-02; www.hostalyaxkin.com; Prolongación Hidalgo 1; B 120 Mex$, DZ ohne Bad 280 Mex$, DZ mit Klimaanlage & Bad 650 Mex$; P) Die ehemalige Disko mit einem Hauch des lässigen El Panchán im hübschen Viertel La Cañada wurde in ein modernes Hostel mit Gästeküche, einem Tischtennistisch, mehreren Lounges und einer schicken Restaurant-Bar und Café umgebaut. Die Zimmer ohne Klimaanlage sind spartanisch, aber witzig. Die Schlafsäle (einer nur für Frauen) mit Ventilatoren und privaten Zimmer mit Klimaanlage wirken dagegen angenehmer und komfortabler.

Cabaña Safari CABAÑAS $

(916-345-00-26; Carretera Palenque-Ruinas Km 1; Zi. ab 711 Mex$; P) Angenehme *cabañas* mit *palapa*-Dächern, Klimaanlage, eigener Veranda und Flachbildfernseher (für den Fall, dass irgendjemand es leid wird, einfach nur die Dschungelatmosphäre auf der Veranda zu genießen!). Naturstein, Äste und Wandgemälde verleihen den geräumigen, teils sogar über zwei Ebenen gehenden Zimmern reichlich Charakter. Zur Anlage gehören ein Tauchbecken, ein *temascal* und ein Restaurant. Zu später Stunde kann die Musikbeschallung aus dem Restaurant etwas störend sein.

Margarita & Ed Cabañas PENSION $

(916-348-69-90; www.margaritaandedcabanas.blogspot.com; Carreterra Palenque-Ruinas Km 4,5, El Panchán; Cabañas 285 Mex$, Zi. mit Ventilator 320–410 Mex$, EZ/DZ mit Klimaanlage 480/570 Mex$; P) Seit Jahrzehnten schon begrüßt Margarita Gäste in ihrem außerordentlich heimeligen Haus, der saubersten Unterkunft im Dschungel. Die hellen, heiteren Zimmer haben robuste Moskitonetze und sind genau wie die rustikaleren *cabañas* mit Leselampen und eigenem Bad gut gepflegt. Es gibt kostenloses Trinkwasser, eine Bücherbörse und ein hübsches neueres Gebäude mit riesengroßen Zimmern.

Hotel Chablis Palenque HOTEL $$
(☎916-142-03-77, 916-345-08-70; www.hotelchablis.com; Merle Green, 7; Zi. ab 1095 Mex$;) Mit sonnigen Farben, hochwertigen, dicken Matratzen, ordentlich gefliesten (wenn auch kleinen) Bädern, einem anständigen Restaurant und einem attraktiven, begrünten Hof samt sauberem Pool ist dieses ansprechende kleine Hotel kaum zu überbieten. Es liegt zwar im Stadtzentrum, aber etwas von der Straße zurückgesetzt, sodass es hier relativ ruhig bleibt.

Essen

★ **Café Jade** MEXIKANISCH, CHIAPANECO $
(☎916-688-00-15; Prolongación Hidalgo 1; Frühstück 50–100 Mex$, Hauptgerichte 60–120 Mex$; 7–23 Uhr;) Die supercoole Bambuskonstruktion mit Sitzplätzen drinnen wie draußen ist eins der beliebtesten Lokale der Stadt. Es ruht sich aber keineswegs auf seinen Lorbeeren aus, sondern serviert zuverlässig gutes Frühstück, einige Spezialitäten der Region Chiapas und internationale Klassiker wie Hamburger. Außerdem gibt es eine brauchbare Auswahl vegetarischer Gerichte und richtig gute, frisch gepresste Säfte.

Don Mucho's MEXIKANISCH, INTERNATIONAL $
(☎916-112-83-38; Carretera Palenque-Ruinas Km 4,5, El Panchán; Hauptgerichte 60–150 Mex$; Di–Do 7–1, Fr bis 2, Sa bis 3, So & Mo bis 24 Uhr) Im populären Don Mucho's in El Panchán gibt's preiswerte Gerichte in Dschungelumgebung, abends bei Kerzenlicht. Emsige Kellner bringen Pasta, Fisch, Fleisch, reichlich *antojitos* (typische mexikanische Snacks) und Pizza (aus einem italienischen Holzofen), die zur besten jenseits von Neapel gehört.

★ **El Huachinango Feliz** FISCH & MEERESFRÜCHTE $$
(☎916-129-82-31; Hidalgo s/n; Hauptgerichte 90–160 Mex$; 8–23 Uhr) Ein ebenso beliebtes wie stimmungsvolles Restaurant im grünen Viertel La Cañada. Außer der attraktiven Vorderterrasse mit Tischen und Sonnenschirmen hat es noch eine überdachte Terrasse im Obergeschoss. Spezialität des Hauses sind die Fischgerichte: Suppe mit Meeresfrüchten, Garnelen-Cocktails & Co., saftiger, knusprig gegrillter Fisch oder Garnelen in zehn verschiedenen Zubereitungen. Der Service ist seeehr langsam, aber das Essen lohnt die Wartezeit.

Monte Verde ITALIENISCH $$
(☎916-119-17-87; Hauptgerichte 100–180 Mex$; So–Di, Do & Fr 14–22.30, Sa bis 23 Uhr) Das italienische Restaurant mitten im Wald (wo die Gäste Ausschau nach Vögeln und Affen halten können, während sie aufs Mittagessen warten!) strotzt von mediterranem Flair. Die meisten Gäste entscheiden sich für die köstliche, knusperdünne Pizza, aber auch die Fleisch- und Pastagerichte sind zu empfehlen. Besonders die Meeresfrüchte-Tagliatelle mit einer üppigen Portion Riesengarnelen machen garantiert glücklich.

An- & Weiterreise

Aus welcher Richtung man auch kommt, ist es sicherer, bei Tageslicht nach Palenque zu fahren, da auf den Straßen dorthin vereinzelt bewaffnete Überfälle vorgekommen sind. Die direkte Route von Ocosingo nach Palenque sollte man derzeit besser meiden; zur Zeit der Recherche verkehrten die meisten öffentlichen Transportmitte auf alternativen und deutlich längeren, dafür aber sichereren Routen. Es gab jüngsten Berichten zufolge auch Diebstähle im Nachtbus aus

BUSSE AB PALENQUE

ZIELORT	PREIS (MEX$)	FAHRZEIT (STD.)	ABFAHRTEN (TGL.)
Campeche	437–470	5–5½	5 ADO
Cancún	740–1458	12–13½	4 ADO
Mérida	387–688	8	5 ADO
Mexiko-Stadt (1 TAPO & 1 Norte)	1200	13½	2 ADO
Oaxaca	511	15	ADO um 17.30 Uhr
San Cristóbal de las Casas	188–384	8–9	9 ADO, 4 AEXA
Tulum	476–1074	10–11	4 ADO
Tuxtla Gutiérrez	191–394	6½	8 ADO, 5 AEXA
Villahermosa	95–226	2½	häufige ADO & AEXA
Villahermosa, Flughafen	350	2¼	4 ADO

Mérida. Wer mit dem Bus auf diesen Strecken fährt, sollte seine Wertsachen im Gepäckraum verstauen.

BUS

ADO-Busbahnhof (www.ado.com.mx) Der Hauptbusbahnhof gehört zu ADO und hat Luxus- und 1.-Klasse-Verbindungen, einen Geldautomaten und Gepäckaufbewahrung; er wird auch von OCC (1. Klasse) genutzt.

Agua Azul & Misol-Ha

Diese hinreißenden Wasserspektakel – die donnernden Kaskaden von Agua Azul und der 35 m hohe Dschungelwasserfall Misol-Ha – sind jeweils nur einen kurzen Abstecher von der Straße zwischen Ocosingo und Palenque entfernt. Während der Regenzeit verlieren sie ein wenig von ihrer Schönheit, da das Wasser sich dann eintrübt, die Wucht der Wasserfälle dagegen ist dann noch stärker. Am einfachsten lassen sich beide auf einer organisierten Tagestour von Palenque besuchen.

Sehenswertes

Agua Azul WASSERFALL

(40 Mex$) Agua Azul ist mit dem reißenden und blendend weißen Wasserfall, der (außerhalb der Regenzeit) in einen türkisfarbenen, von grünem Dschungel umgebenen Teich donnert, ein atemberaubender Anblick. An Feiertagen und Wochenenden ist es hier proppenvoll, sonst sind nur wenige Leute da. Die Versuchung, im Teich zu baden, ist groß, aber es ist größte Vorsicht geboten, da hier schon Menschen ertrunken sind. Die Strömung ist trügerisch rasant, die Wucht des Wasserfalls offensichtlich und es gibt unter Wasser viele Gefahren wie Felsen und tote Bäume.

Misol-Ha WASSERFALL

(Insgesamt 30 Mex$) Der spektakuläre Misol-Ha nur 20 km südlich von Palenque stürzt schätzungsweise 35 m in einen herrlichen, weiten Teich, der von üppiger, tropischer Vegetation umgeben ist. Er ist wunderbar für ein Bad, sofern der Wasserfall in der Regenzeit nicht allzu angeschwollen ist. Hinter dem Wasserfall führt ein Pfad in eine Höhle, von der aus die Gewalt des Wassers ganz aus der Nähe erlebt werden kann. Misol-Ha liegt 1,5 km abseits der Ctra 199; der Abzweig ist ausgeschildert. Zwei *ejidos* (Gemeindeland) verlangen jeweils Eintrittsgeld.

Schlafen

Centro Turístico Ejidal Cascada de Misol-Ha HÜTTEN $

(☎916-345-12-10; www.misol-ha.com; Hütte 290 Mex$; ⏱Restaurant 7–19 Uhr; P 🅦 📶) Die stimmungsvollen Holzhütten zwischen den Bäumen nahe dem Wasserfall haben Ventilatoren, Bäder mit Heißwasser und Moskitonetze. Es gibt auch ein gutes Freiluftrestaurant (Hauptgerichte 80–160 Mex$). Absolut traumhaft ist ein nächtlicher Badeausflug.

YUCATÁN & CHIAPAS VERSTEHEN

Yucatán & Chiapas aktuell

Der Tourismus ist einer der Hauptwirtschaftszweige in Yucatán, der meistbesuchten Region Mexikos. Die Branche beeinflusst im Guten wie im Schlechten die Politik, Wirtschaft und viele der hauptsächlichen Sozial- und Umweltprobleme. Auch wenn einige beliebte Clubs in Cancún und Playa del Carmen unter großem Medieninteresse geschlossen wurden, bleibt die Region eines der sichersten und besucherfreundlichsten Gebiete Mexikos und der Tourismus blüht wie nie zuvor.

Doch trotz des Touristenbooms lebt ein großer Teil der Bevölkerung weiterhin in Armut und die rasante Entwicklung verursacht eine dauerhafte Zersetzung von Umwelt und Kultur. Große Sorge bereitet das allmähliche Verschwinden indigener Sprachen, da mehr und mehr Hotels und Restaurants englischsprachige Mitarbeiter suchen.

Geschichte

Die Mayas gründeten zahlreiche Stadtstaaten im Süden Mexikos, doch deren Bevölkerung schrumpfte bereits, bevor die Spanier kamen und 90 % der verbliebenen Bewohner den Tod brachten. Zwei Spanier – Diego de Mazariegos im heutigen Chiapas und Francisco de Montejo in Yucatán – brachten die Region Mitte des 16. Jhs. unter spanische Kontrolle. 1821 schließlich errang Mexiko die Unabhängigkeit von Spanien und holte sich 1824 Chiapas von den Vereinigten Provinzen Mittelamerikas zurück.

Die lange von Spaniern und *criollos* (Lateinamerikaner spanischer Abstammung) unterdrückte Maya-Minderheit erhob sich 1847 im Kastenkrieg. Es kam zu blutigen Massakern und der Zerstörung von Kirchen. Der Krieg wurde 1901 offiziell beendet, doch die soziale Ungerechtigkeit blieb bestehen. Als 1994 das Nordamerikanische Freihandelsabkommen (NAFTA) in Kraft trat, stürmten die hauptsächlich aus Mayas bestehenden Zapatistas San Cristóbal de las Casas. Seit ihnen fünf autonome Zonen (*caracoles* genannt, wörtlich: „Schnecken") außerhalb San Cristóbals unterstellt sind, ist es etwas stiller um ihren Befreiungskampf geworden.

Kultur

Reisende berichten oft vom offenen, freundlichen, geselligen Wesen der Menschen, insbesondere der Mayas, in Yucatán. Die Gesprächsbereitschaft und das aufrichtige Interesse an Fremden scheinen hier größer zu sein als irgendwo sonst in Mexiko. Diese Offenheit ist umso bemerkenswerter, wenn man bedenkt, dass die Menschen auf der Yucatán-Halbinsel sich so lange Zeit gegen Fremdherrschaft zur Wehr setzen mussten – und dies auch heute noch müssen. Ein Großteil des Grundbesitzes ist in ausländischer Hand und die Mayas haben im Allgemeinen nichts zu sagen, wenn es um größere infrastrukturelle Entscheidungen geht.

Landschaft & Natur

Die Halbinsel Yucatán, vom Großteil Mexikos durch den Golf von Mexiko und von den Großen Antillen durch die Karibische See abgetrennt, ist ein weiter, flacher Kalksteinschelf, der sich unter Wasser über 100 km nach Norden und Westen fortsetzt. Die östliche (karibische) Seite fällt viel steiler ab. Der Unterwasserschelf sorgt dafür, dass die Küstengewässer Yucatáns warm sind und Meeresfauna und -flora überreichlich vorhanden ist.

Die Abgrenzung der Halbinsel Yucatán und ihrer Ökosysteme brachte einen außerordentlich vielfältigen Pflanzen- und Tierreichtum mit sich, darunter auch etliche Arten, die es nur in dieser Region gibt. Aktivitäten in der Natur sind reichlich vorhanden, ob man nun Vögel beobachtet, den Meeresschildkröten zuschaut, die ihre Eier am Strand ablegen, mit Teufelsrochen oder schillernden Fischschwärmen schwimmt oder Wildkatzen durch Ferngläser erspäht.

PRAKTISCHE INFORMATIONEN

Allgemeine Informationen

BARRIEREFREIES REISEN

Die meisten Unterkünfte auf der Halbinsel Yucatán und in Chiapas sind nicht auf Reisende mit eingeschränkter Mobilität eingerichtet. Einige Hotels und Restaurants (vor allem im Spitzensegment) und manche öffentlichen Gebäude sind aber inzwischen rollstuhlgerecht. Das Fehlen behindertengerechter Einrichtungen wird oft durch das entgegenkommende Verhalten der Mexikaner ausgeglichen, die bereitwillig Sonderlösungen improvisieren.

Die Beförderung klappt in den großen Touristenzentren am besten. Busreisen können problematisch sein; einfacher ist die Benutzung von Flugzeugen oder Taxis.

Society for Accessible Travel (www.sath.org)
Mobility International USA (www.miusa.org)
My Handycap, my Chance (www.myhandicap.de/myhandicap/kontakt/)

BOTSCHAFTEN & KONSULATE

Es ist wichtig zu wissen, was die eigene Botschaft tun kann und was nicht, wenn man in Schwierigkeiten gerät. Im Allgemeinen kann sie nicht viel in Notfällen ausrichten, die auch nur im Geringsten auf eigenes Verschulden zurückzuführen sind. Grundsätzlich gilt immer die Gesetzgebung des Gastgeberlandes. Bei echten Notfällen gibt es etwas Hilfe, zum Beispiel eine Liste von Rechtsanwälten, aber nur, wenn alle anderen Möglichkeiten ausgeschöpft sind.

Botschaftsadressen sind über die Secretaría de Relaciones Exteriores (www.sre.gob.mx) und Embassyworld (www.embassyworld.org) zu erfahren.

Viele Botschaften oder Konsulate befinden sich in Mexiko-Stadt; in Cancún gibt es mehrere Konsulate (darunter von Deutschland, Österreich und der Schweiz) und einige weitere in anderen Gegenden der Region.

Deutsches Konsulat Cancún (☎998-884-15-98; www.mexiko.diplo.de; Punta Conoco SM24; ⌚Mo–Fr 9–15 Uhr); **Mérida** (☎999-944-32-52; merida@hk-diplo.de; Calle 51 No 329 zw. Calle 52 & 54, Fracc Francisco de Montejo; ⌚nur nach Vereinbarung)

Guatemaltekisches Konsulat Comitán (☎963-110-68-16; www.minex.gob.gt; 1a Calle Sur Poniente 35, Int.3 4. Stock, Comitán; ⌚Mo–Fr 9–13 & 14–17 Uhr); Tapachula (☎962-626-12-52; www.minex.gob.gt; Central Poniente s/n, 1. Stock; ⌚Mo–Fr 9–17 Uhr)

Österreichisches Konsulat Cancún (☎998-881-1970; consulado@schondube.com; Av Nichupte Lote 20, SM 19, Mza 2. Edificio Atrium 410, Cancún; ⌚Mo–Fr 9–14 Uhr); **Mérida**

(☎55-52-51-0806; mexiko-ob@bmeia.gv.at; Sierra Tarahumara 420, Colonia Lomas de Chapultepec, Mérida; ⏲Mo–Fr 9–12 Uhr)

Schweizerisches Konsulat Cancún (☎998-884-8446; www.eda.admin.ch/mexico; Av Coba No. 12, local 214, SM 5, Cancún)

FEIERTAGE

Banken, Postämter, Behörden und viele Geschäfte sind an den folgenden Feiertagen in ganz Mexiko geschlossen:

Año Nuevo (Neujahr) 1. Januar

Día de la Constitución (Tag der Verfassung) 5. Februar

Día del Nacimiento de Benito Juárez (Geburtstag von Benito Juárez) 21. März

Día del Trabajo (Tag der Arbeit) 1. Mai

Día de la Independencia (Unabhängigkeitstag) 16. September

Día de la Revolución (Tag der Revolution) 20. November

Día de Navidad (Weihnachtstag) 25. Dezember

Zudem schließen viele Büros und Geschäfte an den folgenden optionalen Feiertagen:

Día de la Bandera (Flaggentag) 24. Februar

Viernes Santo (Karfreitag) Zwei Tage vor Ostersonntag

Cinco de Mayo (Gedenken an Mexikos Sieg über die französischen Streitkräfte in Puebla) 5. Mai

Día de la Raza (Kolumbus' „Entdeckung" der Neuen Welt) 12. Oktober

Día de los Muertos (Tag der Toten) 1. und 2. November

Día de Nuestra Señora de Guadalupe (Tag unserer lieben Frau von Guadalupe) 12. Dezember

FREIWILLIGENARBEIT

Freiwilligenarbeit ist eine tolle Möglichkeit, einheimische Gemeinden für ihre Benachteiligung ein wenig zu entschädigen. In Yucatán gibt es verschiedene Organisationen, die sich über jede Hilfe freuen, seien es Nichtregierungsorganisationen für Umwelt und Naturschutz oder soziale Programme. Auch in den Hostels und Sprachschulen vor Ort kann man sich über Möglichkeiten informieren, von denen einige freiwillige Teilzeitarbeit anbieten. Für die meisten Programme muss man sich mindestens einen Monat verpflichten, einige verlangen einen Unkostenbeitrag für Verpflegung und Logis.

GELD

Die mexikanische Währung ist der Peso, meist abgekürzt als Mex$.

Internationale Kreditkarten werden von den meisten Fluglinien und Autovermietern, vielen Mittelklasse- und Spitzenklassehotels und einigen Restaurants, Tankstellen und Geschäften akzeptiert; außerdem kann man mit ihnen Bargeld aus Geldautomaten ziehen. Viele Einrichtungen nehmen auch Bankkarten, aber das kostet in der Regel eine Gebühr von 3 % für internationale Transaktionen.

Zusätzlich zu Kredit- oder Bankkarten sollte immer Bargeld mitgeführt werden, besonders in abgelegenen Orten mit wenigen oder gar keinen Geldautomaten.

PREISKATEGORIEN ESSEN

Die angegebenen Preiskategorien beziehen sich auf den Preis eines Hauptgerichts zum Mittag- oder Abendessen.

**$** unter 100 Mex$

**$$** 100–200 Mex$

**$$$** über 200 Mex$

Handeln

Die meisten Geschäfte haben feste Preise. Auf manchen Kunstgewerbemärkten ist ein bisschen freundliches Feilschen möglich, aber man sollte es nicht übertreiben – die meisten Kunsthandwerker kommen mit ihrem Verdienst gerade mal über die Runden. In einigen Hotels lässt sich vor Ort und ohne Reservierung ein Nachlass aushandeln, besonders in der Nebensaison.

Trinkgeld

Hotels Ca. 5–10 % des Zimmerpreises für das Personal.

Restaurants 15 %, wenn keine Servicepauschale auf der Rechnung steht.

Supermarkt-Einpacker/Tankwarte Ca. 5 Mex$.

Gepäckträger 25 Mex$ pro Gepäckstück.

Taxis Die Fahrer erwarten nur für Extraservice Trinkgeld.

Bars Barkeeper kriegen selten Trinkgeld und freuen sich über jeden Betrag.

GEWICHTE & MASSE

In Mexiko gilt das metrische System.

HANDYS

Vor Reiseantritt beim heimischen Provider über (oft happige) Roaming-Kosten und angebotene Zusatzpakete fürs Nicht-EU-Ausland informieren. In SIM-Lock-freien Handys können auch mexikanische Prepaid-Karten verwendet werden.

INTERNETZUGANG

Noch existieren Internetcafés (die etwa 10–15 Mex$ pro Stunde nehmen) in Yucatán und Chiapas, aber sie sterben allmählich aus. Immer häufiger gibt es Gratis-WLAN auf öffentlichen Plätzen und oft auch in Restaurants und Geschäften. Ähnlich sieht es in den Hotels mit Gästecomputern aus: Hier und da finden sich noch welche (und große Hotels haben immer ein Businesscenter), aber meistens gibt es nur WLAN.

Viele Einrichtungen (Hotels, Bars und Restaurants) haben WLAN, aber in manchen Hotels reicht das Signal nicht über die Lobby hinaus. Wir markieren die Adressen, bei denen das Signal zumindest irgendeinen Teil der Räumlichkeiten abdeckt, mit einem WLAN-Symbol; das Internet-Symbol verweist auf Einrichtungen mit Internetcomputern für die Gäste.

KLIMA

Einen großen Teil des Jahres herrscht sonniges, schwül-heißes Wetter. Von November bis Februar oder März sorgen die *nortes* (Stürme, die Wind und Regen aus dem Norden bringen) für etwas niedrigere Temperaturen. In der Regenzeit, die von Mai bis Ende Oktober geht, muss man normalerweise nachmittags ein bis zwei Stunden Starkregen einkalkulieren, doch die übrige Zeit klart es meist auf. Die Hurrikansaison dauert von Juni bis November; am häufigsten stürmt es von Mitte August bis Mitte September.

LGBTIQ+ UNTERWEGS

Mexiko ist in Sachen Sexualität aufgeschlossener als viele erwarten. Schwule und Lesben werden selten offen diskriminiert oder angegriffen, auch wenn es in kleineren Provinzstädten immer noch unüblich ist, gleichgeschlechtliche Zuneigung offen zur Schau zu stellen. Im ländlichen Yucatán, wo selbst Zuneigungsbekundungen zwischen heterosexuellen Paaren die Ausnahme sind, können Zärtlichkeiten zwischen gleichgeschlechtlichen Partnern für Irritationen sorgen.

Seit 1999 ist Diskriminierung aufgrund der sexuellen Orientierung verboten und kann mit bis zu drei Jahren Gefängnis bestraft werden. Schwule treten ungenierter auf als Lesben. In Cancún gibt es eine kleine Schwulenszene und auf www.gayMexikomap.com gibt es eine Liste etlicher schwulenfreundlicher Unterkünfte und Lokale in Mérida.

Gay Mexico (www.gaymexico.com.mx) Nützlicher Onlineführer für *gay*-Touristen in Mexiko.

International Gay & Lesbian Travel Association (www.iglta.org) Infos zu den wichtigsten Reiseveranstaltern für Schwule & Lesben.

Out Traveler (www.outtraveler.com) Hilfreiche allgemeine Informationsquelle.

NOTFALL & WICHTIGE NUMMERN

Landesvorwahl	☎52
Auskunft	☎040
Notfälle	☎911, ☎066
Internationale Vorwahl	☎00
Pannendienst	☎078
Vermittlung Inland/ international	☎020/090

Gebührenfreie Rufnummern fangen in Mexiko mit 800 an, gefolgt von sieben weiteren Ziffern; davor muss immer die Vorwahl 01 für Ferngespräche gewählt werden.

ÖFFNUNGSZEITEN

Manche Einrichtungen reduzieren ihre Öffnungszeiten in der Zwischen- und Nebensaison. Es kommt auch vor, dass Geschäfte, Restaurants und Hotels in der Nebensaison für mehrere Wochen – oder sogar Monate – schließen.

Archäologische Stätten 8–17 Uhr

Banken Mo–Fr 9–17, einige auch Sa 10–14 Uhr (die Zeiten können variieren)

Cafés 8–21 Uhr

Cenoten 9–17 Uhr

Museen Di–So 9–17 Uhr

SICHERHEIT

Trotz all der düsteren Nachrichten über die gewalttätige Drogenkriminalität in Mexiko bleiben die Halbinsel Yucatán und Chiapas relativ sicher für alle, die sich nicht an illegalen Aktivitäten beteiligen. Die meisten Morde finden zwischen rivalisierenden Drogenbanden statt; Touristen sind daher selten von den Auseinandersetzungen betroffen – besonders in Yucatán, das sich von den Revierkämpfen fernhält, die andernorts in Mexiko toben. In Cancún, Playa del Carmen und Tulum hat die Gewalt im Zusammenhang mit Drogenkriminalität zwar etwas zugenommen, aber US-amerikanische Großstädte wie New York und Chicago haben höhere Mordraten als der gesamte Bundesstaat Yucatán.

Aber Vorsicht: Wer Partydrogen kauft oder sich auch nur in ein Gespräch mit Drogendealern verwickelt, kann ins Visier der Polizei oder der Gangs geraten und zum Verhör oder Schlimmerem mitgenommen werden. Am besten hält man sich von dieser Szene absolut fern.

UNTERKÜNFTE

Yucatán und Chiapas bieten eine Vielzahl bezahlbarer Unterkünfte wie Hostels, *cabañas* (Hütten), Campingplätze, Pensionen und günstige Hotels. Die Zimmer in dieser Kategorie kommen mit Bad, wenn nicht anders angegeben. Die empfohlenen Unterkünfte in dieser Gruppe sind einfach und ohne Extras, aber generell sauber.

Hostels gibt es in fast allen der beliebtesten Touristenziele der Region. Sie haben Schlafsäle (um 200–300 Mex$ pro Pers.), Gemeinschaftsküchen, Badezimmer und Aufenthaltsräume, oft auch teurere Privatzimmer. Der Standard von Hygiene und Sicherheit ist unterschiedlich. Es sollte immer gefragt werden, ob es im Schlafsaal eine Klimaanlage gibt – an heißen Tagen ist sie nötig.

PREISKATEGORIEN SCHLAFEN

Die angegebenen Preiskategorien beziehen sich auf eine Unterkunft für zwei Personen in der Hauptsaison einschließlich Steuern.

**$** unter 800 Mex$

**$$** 800–1600 Mex$

**$$$** über 1600 Mex$

VISA

Jeder Tourist benötigt eine Touristenkarte der mexikanischen Regierung, die unkompliziert zu bekommen ist. Reisende aus manchen Ländern müssen außerdem ein Visum beantragen.

Staatsangehörige der EU-Länder und der Schweiz brauchen kein Visum, um als Touristen nach Mexiko einzureisen.

- Die Website des **Instituto Nacional de Migración** (☎ gebührenfrei 800-004-62-64; www.inm.gob.mx; Calle Homero 1832, Polanco, Mexiko-Stadt) listet die Länder auf, deren Bürger in Mexiko auch als Urlauber ein Visum benötigen. Wenn der Zweck der Reise Arbeit (auch Freiwilligenarbeit), Berichterstattung, Studium oder Mitarbeit bei humanitärer Hilfe oder Menschenrechtsüberwachung ist, müssen alle, egal welcher Nationalität, ein Visum beantragen. Die Antragsbearbeitung für das Visum kann mehrere Wochen dauern und der Antrag muss im jeweils eigenen Land eingereicht werden.
- Touristen (auch Transitreisende), die über die USA nach bzw. von Mexiko ein- oder ausreisen, sollten sich rechtzeitig über die komplizierten Visabestimmungen der USA informieren – z. B. bei einem US-Konsulat oder auf den Websites des **US State Department** (www.travel.state.gov) und der **US Customs and Border Protection** (www.cbp.gov).
- Die Bestimmungen ändern sich manchmal. Es ist sinnvoll, sie bei einer mexikanischen Botschaft oder Konsulat zu erfragen. Gute Informationsquellen zu Visa und ähnlichen Angelegenheiten sind die **Mexikanische Botschaft in Berlin** (https://botschaft-konsulat.de/mexiko-botschaft), die **Mexikanische Botschaft in Wien** (https://embamex.sre.gob.mx/austria) und die **Mexikanische Botschaft in Bern** (www.sre.gob.mx/suiza).

Touristenkarte & Gebühr

Die mexikanische Touristenkarte (offiziell *forma migratoria multiple* oder FMM) ist ein kleines Papierdokument, das bei der Einreise ausgefüllt und von der mexikanischen Einreisebehörde abgestempelt wird. Sie muss bis zur Ausreise aufbewahrt werden und ist erhältlich an offiziellen Grenzübergängen, internationalen Flughäfen, Häfen und oft auch bei den Fluggesellschaften. Außerdem bekommt man sie auch online. Achtung: Wer auf dem Landweg einreist, erhält sie in der Regel nicht automatisch (z. B. bei der Einreise mit dem Auto), sondern muss danach fragen – nicht vergessen!

Mit einer Touristenkarte dürfen Reisende nur sogenannten touristischen Aktivitäten nachgehen (z. B. Sport, Wellness, künstlerische und kulturelle Unternehmungen).

Die maximale Aufenthaltsdauer beträgt für die meisten Staatsangehörigen 180 Tage, aber die Grenzbeamten tragen manchmal weniger Tage ein, wenn ihnen nicht extra gesagt wird, wie lange man bleiben will.

Die Gebühr für die Touristenkarte namens *derecho de no residente* (DNR; Gebühr für Nichtansässige) beträgt 533 Mex$ (bzw. 27 US$). Sie entfällt aber für alle, die auf dem Landweg einreisen und weniger als sieben Tage bleiben. Bei Flugreisenden ist die Gebühr normalerweise im Ticketpreis inbegriffen.

Wer auf dem Landweg ankommt, muss die Gebühr irgendwann bei einer Bank in Mexiko bezahlen, bevor er das Grenzgebiet bei der Ausreise aus Mexiko erneut betritt (oder bevor er am Flughafen eincheckt, um Mexiko per Flugzeug zu verlassen). An den meisten mexikanischen Grenzposten sind vor Ort Bankschalter eingerichtet, an denen die DNR-Gebühr gezahlt werden kann. Beim Bezahlen stempelt die Bank die Touristenkarte ab, um die Einzahlung zu dokumentieren.

Die Touristenkarte sollte gut aufbewahrt werden, da sie beim Verlassen des Landes vorgezeigt werden muss. Wer sie dann nicht hat, muss mit einer Strafgebühr rechnen.

ZOLL

Besucher dürfen folgende Artikel zollfrei nach Mexiko einführen:

- Zwei Kameras
- Zehn Päckchen Zigaretten
- 3 l Alkohol
- Medikamente zum persönlichen Gebrauch, Psychopharmaka nur mit Rezept
- Einen Laptop
- Ein digitales Musikgerät
- Ein Handy

Wer mehr als 10 000 US$ in bar einführt, muss den Betrag deklarieren.

Weitere Infos siehe www.sat.gob.mx

Nach Abgabe des Zollerklärungsformulars entscheidet eine automatische Zufallsampel, ob das Gepäck kontrolliert wird. Ein grünes Licht bedeutet Passieren, ein rotes Licht bedeutet, dass das Gepäck durchsucht wird.

An- & Weiterreise

FLUGZEUG

Die meisten Flüge zur Halbinsel landen in Cancún oder Mérida. Die wichtigsten Flughäfen Yucatáns:

Aeropuerto Ángel Albino Corzo (alias Tuxtla Gutiérrez; ☎961-153-60-68; www.chiapasaero.com; Sarabia s/n) Flughafen für San Cristóbal de las Casas in Chiapas.

Aeropuerto Internacional de Cancún (Internationaler Flughafen Cancún; ☎998-848-72-00; www.asur.com.mx; Ctra 307 Km 22)

Aeropuerto Internacional de Mérida (S. 86)

Aeropuerto Cozumel (☎987-872-20-81; www.asur.com.mx; Blvd Aeropuerto Cozumel s/n)

Campeche, Chetumal, Ciudad del Carmen, Palenque und Villahermosa haben ebenfalls Flughäfen.

GRENZÜBERGÄNGE

Belize

- Die Einreise von Mexiko nach Belize ganz im Süden von Quintana Roo ist für die meisten Touristen kein Problem.
- Bei der Ausreise von Belize nach Mexiko wird pro Person eine Ausreisegebühr von 15 US$ für einen Besuch unter 24 Stunden und 20 US$ für längere Aufenthalte fällig. Alle Gebühren müssen bar bezahlt werden, entweder in belizischer Währung oder in US-Dollar – die Beamten haben meist kein Wechselgeld für US-Dollar.
- Busse fahren häufig von Chetumal zu den belizischen Städten Corozal (ca. 50 Mex$, 1 Std.) und Orange Walk. Abfahrt ist vom alten ADO-Busbahnhof; manche Busse fahren auch weiter bis Belize City.
- Von Chetumal verkehrt eine Fähre nach San Pedro; das ist eine einfachere, wenn auch teurere Route, als erst mit dem Bus nach Belize City zu fahren und dort eine örtliche Fähre zu nehmen.
- Autovermietungen in Mexiko erlauben nicht, ihre Wagen über die Grenze nach Belize mitzunehmen.

Guatemala

- Von den Grenzübergängen La Mesilla–Ciudad Cuauhtémoc, Ciudad Tecún Umán–Ciudad Hidalgo und El Carmen–Talismán fahren zahlreiche Busse und/oder *combis* (Minibusse) nach Guatemala-Stadt und zu benachbarten Städten in Guatemala und in Mexiko.
- In San Cristóbal de las Casas bieten etliche Unternehmen tägliche Minibusverbindungen mit den guatemaltekischen Städten Quetzaltenango, Panajachel und Antigua.
- Vom Busbahnhof in San Cristóbal de las Casas fahren zudem täglich mehrere Busse zum Grenzübergang Ciudad Cuauhtémoc, wo es auf der guatemaltekischen Seite in der Grenzstadt La Mesilla Anschlussbusse gibt.
- Minibusse von **Transportes Palenque** (☎Guatemala 01-91-6345-2430; www.transportespalenque.com/home/; Calle Allende, zw. Av 20 de Noviembre & Corregidora, Col Centro, Palenque Chiapas) fahren von Palenque nach Tenosique (Tabasco); dort besteht Anschluss weiter nach Guatemala.
- Autofahrer mit einem eigenen Wagen nehmen die Straße zwischen Tenosique und Flores (Guatemala) über den Grenzübergang El Ceibo.
- Autovermietungen in Mexiko erlauben nicht, ihre Wagen über die Grenze nach Guatemala mitzunehmen.

SCHIFF/FÄHRE

Wassertaxis nach San Pedro (Belize) legen am *Muelle Fiscal* (staatlicher Bootsanleger) am Boulevard Bahía in Chetumal ab. Zwei Wassertaxiunternehmen sorgen für eine tägliche Verbindung mit der Insel. Weitere Informationen siehe www.sanpedrowatertaxi.com und www.belizewatertaxi.com.

In Mahahual, Puerto Chiapas, Progreso und vor der Isla Cozumel legen Kreuzfahrtschiffe an. Viele Kreuzfahrtreedereien benutzen diese Häfen.

Carnival Cruise Lines (☎Deutschland: +49 (0) 89 51703-130; www.carnivalcruiseline.de)

Crystal Cruises (☎Deutschland:+49 (0) 8321 618710; www.crystal-luxuskreuzfahrten.de)

Norwegian Cruise Lines (☎Deutschland: +49 (0) 611 36070; www.ncl.com/de/de)

P&O Cruises (☎Deutschland: +49 (0) 89 51703-500; www.pocruises.de)

Princess Cruises (☎Deutschland +49 (0) 89 51703450; www.princesscruises.de)

Royal Caribbean International (☎Mexiko 55-877-3492, Deutschland/Österreich/Schweiz: 00 800 76925227; www.royalcaribbean.com/deu)

Unterwegs vor Ort

BUS

Auf der Halbinsel Yucatán gibt es ein gutes Straßen- und Busverkehrsnetz sowie komfortable, häufige und preisgünstige Busverbindungen zwischen allen Städten. Die meisten Städte haben einen Hauptbusbahnhof, wo alle Fernbusse ankommen und abfahren. Sie heißen entweder Terminal de Autobuses, Central de Autobuses, Central Camionera oder einfach La Central (nicht zu verwechseln mit *el centro*, dem Stadtzentrum). Wenn es keinen Hauptbusbahnhof gibt, unterhalten die Busunternehmen eigene Terminals, die sich über die Stadt verteilen.

Grupo ADO (☎Mexiko-Stadt 55-5784-4652; www.ado.com.mx) betreibt zahlreiche Buslinien.

COLECTIVOS & COMBIS

Fast überall auf der Halbinsel sorgen diverse Fahrzeuge – oft Volkswagen-, Ford- oder Chevrolet- Kleinbusse – für den Gemeinschaftstransport zwischen Städten oder Nachbarvierteln. Sie fahren meist dann ab, wenn sie voll besetzt sind. Der Fahrpreis ist üblicherweise niedriger als der von 1.-Klasse-Bussen. Als *combi* wird meist ein Volkswagen-Kleinbus bezeichnet, *colectivo* bezieht sich auf jede Automarke. Ein *taxi colectivo* bedeutet entweder Gemeinschafts- oder Privattaxi, je nach Ort.

SCHIFF/FÄHRE

Häufige Fährverbindungen gibt's zwischen Playa del Carmen und Isla Cozumel, Cancún und Isla Mujeres sowie Chiquilá und Isla Holbox. Die folgenden Preise gelten für die einfache Fahrt:

- **Isla Holbox** 150 Mex$
- **Isla Cozumel** 175–200 Mex$
- **Isla Mujeres** 160Mex$ ab Puerto Juárez, rund 14 US$ von der Zona Hotelera

In Cancún und Chiquilá gibt es Langzeitparkplätze an den Fährgebäuden. Weitere Infos zu Fahrplänen, Ablegeorten und Autofähren siehe www.granpuerto.com.mx und www.transcaribe.net. Die Fähren zur Isla Holbox haben keine Websites.

Die unbewohnte Isla Contoy ist mit Booten von Reiseveranstaltern zu erreichen, die in **Cancún** (S. 57) und von der **Isla Mujeres** (☎ Handy 998-2570100, Handy 998-1436758; Ecke Av Rueda Medina & Morelos; Schnorcheln ab 35 US$, Walhai-Tour 100 US$, Isla Contoy 75 US$; ⏲7–18 Uhr) ablegen.

TRAMPEN

Trampen ist in keinem Land gänzlich sicher und selbst in Mexikos relativ sicherer Region Yuacatán sollte man es besser unterlassen. Reisende, die trampen wollen, sollten sich darüber im Klaren sein, dass sie ein möglicherweise schwerwiegendes Risiko eingehen. Kidnapping für Lösegeld kommt in Mexiko durchaus vor.

Guatemala

17,3 MIO. EW.

Inhalt ➡

Gut essen

- Ambia (S. 117)
- La Cocina de Señora Pu (S. 117)
- Kacao (S. 117)
- Café El Artesano (S. 152)

Schön übernachten

- Casa Tenango (S. 188)
- Casa Nostra (S. 207)
- Dai Nonni Hotel (S. 116)
- Earth Lodge (S. 134)

Auf nach Guatemala!

Das vielfältigste Land Zentralamerikas betört Reisende mit seinen atemberaubenden Landschaften und seiner weit in die Vergangenheit zurückreichenden Kulturgeschichte. Wer sich für die Mayas, hohe Berge, quirlige Märkte, Faulenzen an einem See oder die Erkundung stimmungsvoller präkolumbischer Ruinen und wundervoller Kolonialdörfer begeistert, kann sich in dem Land verzaubern lassen.

Die berühmteste Sehenswürdigkeit Guatemalas sind die schwindelerregenden Pyramiden von Tikal – und auch heute noch ist die Maya-Kultur lebendig. Auch die spanischen Kolonialherren hinterließen zahlreiche Spuren im Land, v. a. rund um Antigua, die alte Hauptstadt mit ihren schönen Plätzen und stimmungsvollen Ruinen.

Schon seit Jahrhunderten sind Reisende gefesselt von der Schönheit des von Vulkanen gesäumten Lago de Atitlán. Traumhaft schön sind auch die Wasserbecken von Semuc Champey, die auf unzähligen Postkarten abgebildet sind. Außerdem kann man seine Zehen sowohl in den Pazifik als auch die Karibische See tauchen.

Reisezeit

Guatemala-Stadt

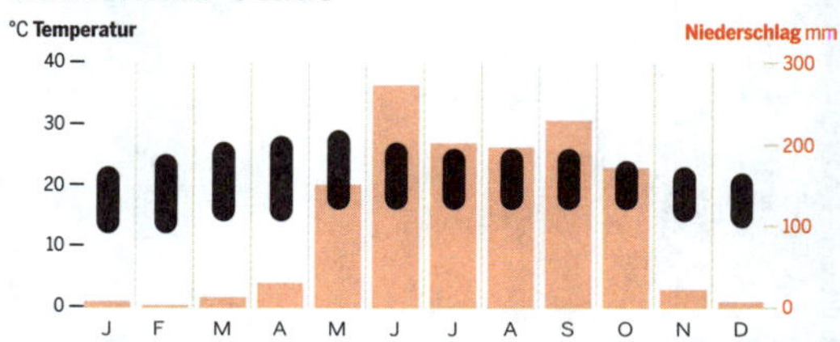

Dez.–Mai Feste wie Weihnachten und Ostern werden mit großer Hingabe gefeiert.

April–Sept. In der Regenzeit fallen die Preise und die Besucherströme nehmen ab.

Okt.–Nov. Der Regen lässt nach – eine wunderbare Zeit zum Wandern.

Einreise

Guatemala hat auf drei Seiten Landgrenzen, Einreisemöglichkeiten an Flüssen und am Meer sowie zwei internationale Flughäfen – viele Wege führen also nach Guatemala.

GUATEMALA IN ZWEI WOCHEN

Wer nur eine Woche Zeit hat, kann sicher nicht das ganze Land sehen, aber zumindest die „Großen Drei" ansteuern. Zuerst geht's nach **Antigua**, wo man zwei Tage lang in kolonialer Pracht weilt und Vulkane erklimmt, bevor es weitergeht zum **Lago de Atitlán**. Von einem passenden Dorf aus, vielleicht dem quirligen Panajachel oder dem relaxten San Marcos, werden der See und seine Umgebung per Boot, Kajak, Pferd oder Fahrrad erkundet. Von hier geht's zurück nach Guatemala-Stadt und dann mit dem Bus oder Flugzeug nach Flores, Ausgangspunkt für die bedeutendste aller Maya-Ruinen, **Tikal**.

In der zweiten Woche ist Zeit für ein Bad in den hübschen Kalksteinbecken von **Semuc Champey** und eine Bootstour den **Río Dulce** hinunter. Ein Tag sollte für die fantastischen Museen in **Guatemala-Stadt** eingeplant werden.

Typische Speisen & Getränke

Frijoles Bohnen, serviert als Mus oder ganz

Tortillas Ohne Maistortillas wirkt ein guatemaltekisches Essen irgendwie nackt.

Tamal Gedämpfte Maisklöße, die in zahlreichen Varianten unter zahlreichen Bezeichnungen vorkommen

Rellenitos Gebratene Kochbananen, ein köstliches Dessert

Top-Tipps

- Am besten lernt man vor der Reise ein wenig Spanisch und dann weiter im Land selbst – die Guatemalteken sind sehr geduldig und freuen sich, wenn man sich Mühe gibt.
- So wenig mitnehmen wie möglich. Alle Alltagsgegenstände sind im Land billig zu haben. Luxuriösere Dinge wie Elektroartikel dagegen kosten zu Hause weniger.
- Immer auf die Umgebung achten, ohne dabei paranoid zu werden. Wenn einem das Bauchgefühl sagt, dass etwas nicht in Ordnung ist, stimmt das wahrscheinlich.
- Bei der Reiseplanung realistisch sein. Natürlich möchte man alles sehen, aber es ist klüger, *quality time* in einigen wenigen Orten zu verbringen, statt von Ort zu Ort zu hetzen und die meiste Zeit im Bus zu verplempern.

AUF EINEN BLICK

Währung Quetzal (Q)

Visa Für Aufenthalte bis drei Monate gewöhnlich nicht erforderlich.

Geld Geldautomaten sind weit verbreitet.

Hauptstadt Guatemala-Stadt

Notfall ☎120

Sprache Spanisch (Amtssprache), Maya-Sprachen, Garifuna

Wechselkurse

Eurozone	1 €	8,43 Q
Schweiz	1 SFr	7,54 Q
USA	1 US$	7,52 Q

Preise

- Doppelzimmer in einem Budgethotel: 130–180 Q; in einem Mittelklassehotel: 200–550 Q
- Menü in einem *comedor* (billiges Esslokal): 30–45 Q; à-la-carte-Essen in einem guatemaltekischen Restaurant: 100–130 Q

Infos im Internet

Lonely Planet (www.lonelyplanet.com/guatemala)

Entre Mundos (www.entremundos.org)

Xela Pages (www.xelapages.com)

Pacunam (www.pacunam.org)

Highlights

1 Tikal (S. 219) Den Reisegruppen aus dem Weg gehen und selbst herausfinden, warum dies die beliebteste Touristenattraktion des Landes ist

2 Antigua (S. 125) Spanisch lernen, in der Nähe von Guatemalas kosmopolitischster und malerischster Stadt auf Vulkane klettern und dabei gut essen, trinken und schlafen

3 Lívingston (S. 205) In dieser Garifuna-Enklave an der Karibik eine andere Seite Guatemalas kennenlernen

4 Chichicastenango (S. 156) Auf dem größten traditionellen Maya-Markt des Landes Andenken einkaufen

5 Semuc Champey (S. 193) Herausfinden, warum gerade dieser Ort als der schönste des ganzen Landes gilt

6 Bootstour auf dem Río Dulce (S. 201) Zwischen den Städten Río Dulce und Lívingston eine spektakuläre Bootsfahrt durch einen von Urwald gesäumten Canyon machen

7 San Marcos La Laguna (S. 153) Das hübscheste und entspannteste Dorf am Lago de Atitlán erkunden

8 El Paredón (S. 182) Im aufblühenden Surferhotspot Guatemalas auf den Wellen des Pazifiks reiten

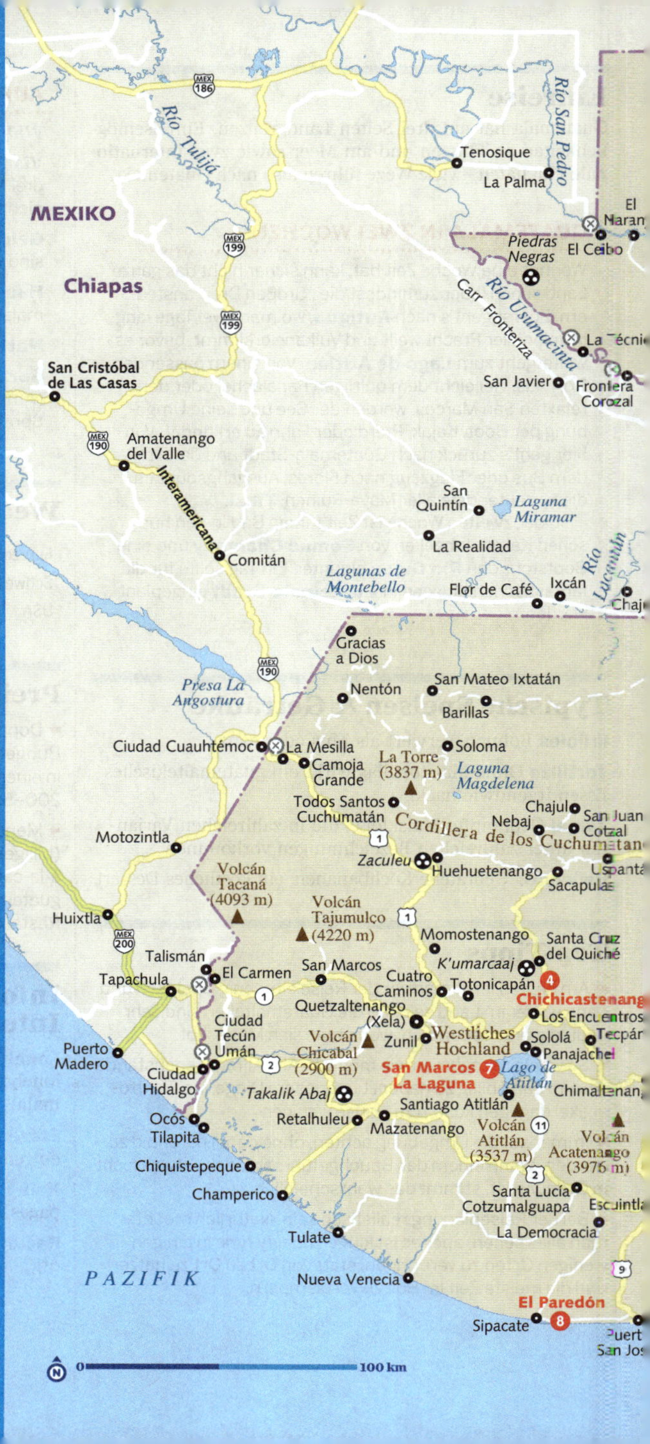

El Mirador
Carmelita
Uaxactún
El Perú
El Zotz
Tikal
Río San Pedro
Río Azul
Laguna Perdida
Lago de Petén Itzá
Yaxhá
Laguna Yahjá
San José Petén
El Cruce
Flores
Santa Elena
Sierra del Lacandón
Bethel
Río de la Pasión
El Subín
Sayaxché
Ceibal
Río San Juan
Benemérito las Américas
Río Salinas
Río Machaquilá
Cuevas de Poptún
Poptún
Río Mopán
Chiquibul Branch River
San Antonio Las Cuevas
Fray Bartolomé de Las Casas
Chisec
Sebol
Sierra de Chamá
Modesto Méndez
Grutas de Lanquín
Lanquín
Semuc Champey
Cobán
San Cristóbal Verapaz
Río Polochic
Biotopo del Quetzal
Purulhá
Salamá
Cubulco
Sierra de Chuacús
Sierra de las Minas
ZACAPA
Río Hondo
Estanzuela
Zacapa
Caraetera al Atlántico
Río Motagua
Chiquimula
CHIQUIMULA
GUATEMALA-STADT
Antigua
Jalapa
Ipala
Volcán de Ipala (1650 m)
San José Pinula
Laguna de Ayarza
Lago de Amatitlán
Interamericana
El Progreso
Jutiapa
Cuilapa
Carretera al Pacífico
Chiquimulilla
San Cristóbal Frontera
San Cristóbal
Lago Güija
Valle Nuevo
Las Chinamas
Santa Ana
Ciudad Pedro de Alvarado
Apaneca
Monterrico
La Hachadura
Lago de Coatepeque
Sonsonate
El Congo
EL SALVADOR
SAN SALVADOR
Embalse Cerrón Grande
Chalatenango
Embalse 15 de Septiembre
Ciudad Barrios
Río Lempa
HONDURAS
La Esperanza
Nueva Ocotepeque
Anguiatú
Metapán
Agua Caliente
Esquipulas
Quetzaltepeque
El Florido
Copán
Santa Rita de Copán
Santa Rosa de Copán
Santa Bárbara
La Entrada
Carretera de Occidente
Río Ulúa
Quiriguá
Mariscos
Lago de Izabal
El Estor
El Castillo de San Felipe
IZABAL
Río Dulce
El Golfete
Biotopo Chocón Machacas
Livingston
Bahía de Amatique
Puerto Barrios
Punta de Manabique
Finca La Inca
Cuyamel
Corinto
El Chinchado
Golfo de Honduras
KARIBIK
Punta Gorda
Fähre
Moho River
Monkey River
Big Creek
BELIZE
Stann Creek
Macal River
Barrier Reef
Dangriga
Melchor de Mencos
Benque Viejo del Carmen
San Ignacio
BELMOPAN
Belize River
Belize City

GUATEMALA-STADT

3,5 MIO. EW.

Zu Guatemalas Hauptstadt – allgemein als „Guate" bekannt – hört man unterschiedliche Meinungen: Die einen finden sie groß, dreckig, gefährlich und getrost zu vernachlässigen, andere hingegen groß, dreckig, gefährlich und faszinierend. Wie auch immer – es besteht kein Zweifel, dass die Stadt eine Energie ausstrahlt, die man im Rest Guatemalas nirgendwo findet. In Guatemala-Stadt blasen heruntergekommene Busse neben nagelneuen BMWs und Hummers Qualm in die Luft, während Wolkenkratzer ihre Schatten auf Elendsviertel werfen.

Guate erfindet sich gerade neu als menschenfreundliche Stadt. Die Zona 1, das Zentrum, jahrelang eine No-go-Area mit verlassenen Häusern und viel Kriminalität, führt diese Bewegung mit der Fußgängerzone 6a Calle an: Hier gibt's jetzt Bars, Cafés und Restaurants.

Viele Reisende lassen die Stadt sowieso gänzlich links liegen und küren stattdessen Antigua zu ihrer Basis. Aber vielleicht möchte man doch die Hauptstadt des Landes kennenlernen, die mit den besten Museen und Galerien Guatemalas und allerlei touristischen Einrichtungen punktet.

Sehenswertes

Die wichtigsten Sehenswürdigkeiten liegen in Zona 1 (dem historischen Zentrum mit der Plaza) und in den Zonas 10 und 13, in denen die meisten Museen beheimatet sind.

Zona 1

★ Casa MIMA MUSEUM

(Karte S. 114; ☎2253-4020; www.casamima.org; 8a Av 14-12; 20 Q; ⏲Mo–Sa 10–17€€) Das Museum und Kulturzentrum präsentiert sich auf großartige Weise und ist in einem Haus aus dem späten 19. Jh. untergebracht. Die Besitzer des Hauses waren Sammler mit äußerst eklektischem Geschmack, der von französischem Neo-Rokoko über chinesische Kunst und Art déco bis zu indigenen Artefakten reicht. Das Museum ist aufgemacht wie ein ganz normales Wohnhaus und voller Kuriositäten und Möbel aus mehreren Jahrhunderten wie Zylinderhüten, einer Underwood-Schreibmaschine und einem alten Sunbeam-Mixer.

Palacio Nacional de la Cultura HISTORISCHES GEBÄUDE

(Karte S. 114; ☎2253-0748; Ecke 6a Av & 6a Calle; 40 Q; ⏲Mo–Fr 9–16, Sa 10–15 Uhr) Der imposante Präsidentenpalast auf der Nordseite des Parque Central wurde 1936 bis 1943 während der Zwangsherrschaft von General Jorge Ubico erbaut – von den Gefangenen, die hier schuften mussten, verloren nicht wenige ihr Leben. Dies ist der dritte Palast an dieser Stelle.

Trotz der unschönen Baugeschichte ist der Palast in architektonischer Hinsicht eines der interessantesten Gebäude des Landes: eine Mischung verschiedener älterer Stile von spanischer Renaissance bis Neoklassizismus. Heute sind hier so gut wie keine Behörden mehr vertreten; stattdessen ist der Bau als Museum geöffnet und teils finden hier feierliche Veranstaltungen statt.

Der Nationalpalast mit seinem Labyrinth aus Messing, poliertem Holz, bearbeitetem Stein und mit Fresken verzierten Bögen kann im Rahmen von Führungen (auch auf Englisch) besichtigt werden. Zu sehen sind u. a. ein optimistisch gefärbtes Wandgemälde zur guatemaltekischen Geschichte von Alberto Gálvez Suárez über der Haupttreppe und ein 2 t schwerer Kronleuchter aus Gold, Bronze und böhmischem Kristallglas im Empfangssaal. Der Bankettsaal wartet mit Buntglaspanelen auf, die – welch schöne Ironie! – die Tugenden der guten Regierung illustrieren. Von hier wird man wahrscheinlich hinaus auf den Präsidentenbalkon geführt, wo man sich dann wie der Diktator einer Bananenrepublik fühlen kann, der seine Truppen inspiziert.

Im Westhof, dem **Patio de la Paz**, erinnert ein aus zwei Händen bestehendes Denkmal an die Unterzeichnung des Friedensabkommens im Jahr 1996 an dieser Stelle; jeden Tag um 11 Uhr wird die Rose, die die beiden Hände halten, von einer Wache ausgetauscht und diejenige vom Vortag wird einer Frau unter den Zuschauern zugeworfen.

Parque Central PLAZA

(Plaza de la Constitución; Karte S. 114) Der Hauptplatz von Guatemala-Stadt ist ein toller Ausgangspunkt für die Erkundung der Zona 1. Auf dem Parque Central und dem benachbarten Parque Centenario ist tagsüber immer etwas los: Schuhputzer, Eisverkäufer und gelegentlich auch politische Aktionen unter freiem Himmel verstärken den allgemeinen Trubel.

Museo del Ferrocarril MUSEUM

(Eisenbahnmuseum; Karte S. 114; ☎2208-4747; www.museofegua.com; 9a Av 18-03; 2 Q; ⏲Di–Fr 9–16, Sa & So 10–16 Uhr) Das Eisenbahnmuseum ist mit seinen vielen Fotos und Erinnerungsstücken eines der spannenderen Museen der Stadt. Es dokumentiert die goldenen Zeiten des angeschlagenen Eisenbahnsystems Guatemalas und zeigt einige skurrile Artefakte, z. B. handgezeichnete Diagramme von Entgleisungen und eine Küche voller Gegenstände, die in den Speisewagen benutzt wurden. Man darf durch die Passagierwaggons klettern, nicht aber in die Lokomotive. In einem Raum ist sogar das Verwaltungsbüro zu finden, komplett mit gelangweilt dreinblickendem Schreibtischhengst. Die Einheimischen bringen sich für den Nachmittag gern ein Picknick mit, das sie dann in einem der Eisenbahnwagen verspeisen.

Museo Nacional de Historia MUSEUM
(Karte S. 114; ☎2253-6149; 9a Calle 9-70; 50 Q; ⌚Mo–Fr 9–17, Sa & So bis 12 & 13–16 Uhr) Das Museum ist ein Sammelsurium historischer Relikte mit Schwerpunkt auf Fotografien und Porträts. Einen Blick wert sind etwa die sorgfältig gestylten Frisuren der Generäle und Politiker aus dem 19. Jh.

Zona 2

Mapa en Relieve DENKMAL
(Reliefkarte; ☎3525-0397; www.mapaenrelieve.org; Av Simeón Cañas Final; 25 Q; ⌚9–17 Uhr) Zona 2 nördlich von Zona 1 ist überwiegend ein Wohngebiet der Mittelklasse. Es lohnt sich aber ein Abstecher zum Parque Minerva mit dieser riesigen Freiluftreliefkarte von Guatemala im Maßstab 1:10 000. Der Höhenmaßstab ist auf 1:2000 vergrößert, sodass die Vulkane und Berge erheblich höher und steiler erscheinen, als sie in Wirklichkeit sind.

Das 1905 unter Leitung von Francisco Vela erstellte Relief wurde 1999 vollständig restauriert und erhielt einen neuen Farbauftrag. Von Aussichtstürmen bieten sich Panoramablicke. Dies ist eine etwas merkwürdige Sehenswürdigkeit, die aber durchaus ihren Reiz hat. Belize wird übrigens immer noch als Teil von Guatemala dargestellt. Die Reliefkarte ist einen kurzen Spaziergang – oder eine kurze Taxifahrt – vom Parque Central entfernt.

Parque Minerva PARK
(Av Simeón Cañas Final) Minerva, die römische Göttin der Weisheit, des Gewerbes und des Handwerks, zählte zu den Lieblingen von Präsident Manuel Estrada Cabrera. Ihr Park ist ein angenehmer Ort, in dem man wunderbar zwischen Eukalyptusbäumen schlendern und ein kühles Getränk genießen kann. Man sollte sich aber vor Trick- und Handtaschendieben in Acht nehmen.

Zonas 10 & 11

Museo Ixchel MUSEUM
(Karte S. 118; ☎2361-8081; www.museoixchel.org; 6a Calle Final, Zona 10; 45 Q; ⌚Mo–Fr 9–17, Sa bis 13 Uhr) Das Museum ist nach der Maya-Göttin des Mondes, der Frauen, der Fortpflanzung und der Textilien benannt. Fotografien und Ausstellungsstücke indigener Gewänder und anderer Kunsthandwerksstücke zeigen die unglaubliche Vielfalt der traditionellen Hochlandkunst. Führungen werden auf Englisch (nach Vereinbarung) und Spanisch angeboten.

Wer sich auch nur ein bisschen für guatemaltekische Stoffe erwärmen kann, für den ist das Museum ein Muss. Es ist auch für Reisende mit Behinderungen zugänglich und verfügt über eine Abteilung für Kinder, ein Café, einen Laden und eine Bibliothek.

Museo Popol Vuh MUSEUM
(Karte S. 118; ☎2338-7896; www.popolvuh.ufm.edu; 6a Calle Final, Zona 10; Erw./Kind 45/15 Q; ⌚Mo–Fr 9–17, Sa bis 13 Uhr) Im Museo Popol Vuh füllen schön präsentierte vorspanische Keramiken, Figurinen, Räuchergefäße, Graburnen, geschnitzte Holzmasken und traditionelle Textilien mehrere Ausstellungsräume. In den weiteren Räumen warten koloniale Gemälde und vergoldete Holz- und Silberartefakte. Eine originalgetreue Kopie des Dresdner Kodexes, eines der wertvollen „gemalten Bücher" der Maya, zählt zu den interessanteren Exponaten. Außerdem gibt's hier eine bunte Ausstellung zu Tieren in der Kunst der Mayas.

Museo Miraflores MUSEUM
(☎2208-0550; www.museomiraflores.org.gt; 7a Calle 21-55, Zona 11; 25 Q; ⌚Di–So 9–19 Uhr) Das ausgezeichnete moderne Museum muss sich leider ein paar Kilometer außerhalb der Innenstadt zwischen zwei Einkaufszentren zwängen. Unten dreht sich alles um in **Kaminaljuyú** (11a Calle 25-50 & 24a Av, Zona 7; 50 Q; ⌚8–16 Uhr) gefundene Gegenstände; faszinierende Karten von Handelswegen verdeutlichen die Bedeutung der Maya-Stätte. Oben finden sich Ausstellungen zu Stoffen und indigener Bekleidung aus dem ganzen Land, getrennt nach Regionen.

Die Erläuterungen sind auf Spanisch und zum größten Teil auch auf Englisch. Hinterm Museum ist eine nette Grünanlage mit

Guatemala-Stadt Nord

Guatemala-Stadt Nord

Pfaden und Sitzmöglichkeiten, hier kann man gut ein bisschen verschnaufen.

Zum Museum gelangt man vom Stadtzentrum aus mit allen Bussen Richtung Centro Comercial Tikal Futura. Dort geht man 250 m weit die Straße zwischen dem Centro Comercial Tikal Futura und dem Miraflores-Einkaufszentrum lang bis zum Museo Miraflores.

Zona 13 & Umgebung

Die Attraktionen der südlichen Ausläufer der Stadt konzentrieren sich alle um die 5a Calle im Viertel Finca Aurora nordwestlich des Flughafens. Hier liegt auch der **Mercado de Artesanías** (Kunsthandwerkermarkt; Karte S. 118; ☎2475-5915; Ecke 5a Calle & 11a Av, Zona 13; ⏲9–18 Uhr).

Museo Nacional de Arqueología y Etnología MUSEUM
(Karte S. 118; ☎2475-4399, 2475-7010; www.munae.gob.gt; 6a Calle, Sala 5, Finca La Aurora, Zona 13; 60 Q; ⏲Di–Fr 9–16, Sa & So bis 12 & 13.30–16 Uhr) Dieses Museum verfügt über die größte Sammlung von Maya-Artefakten des Landes, doch die Erläuterungen fallen spärlich aus. Zu sehen sind zahlreiche monumentale Steinskulpturen, darunter Stelen aus klassischer Zeit aus Tikal, Uaxactún und Piedras Negras. Daneben gibt's einen wunderbaren Thron aus Piedras Negras und Tierdarstellungen aus dem vorklassischen Kaminaljuyú.

Außerdem befinden sich hier seltene hölzerne Türstürze von Tempeln in Tikal und El Zotz; ein Raum beherbergt schöne Jadeketten und -masken. Sehenswert ist auch das großformatige Modell von Tikal. Die Volkskundeabteilung wartet mit Ausstellungen zu Sprachen, Trachten, Tänzen, Masken und Wohnhäusern der indigenen Völker Guatemalas auf.

Museo Nacional de Arte Moderno GALERIE
(Karte S. 118; ☎2472-0467; 6a Calle, Sala 6, Finca La Aurora, Zona 13; 50 Q; ⏲Di–Fr 9–16, Sa & So 9–12 & 13.30–16 Uhr) Hier ist eine schöne Sammlung von guatemaltekischer Kunst des 20. Jhs. zu sehen, darunter Werke von bekannten guatemaltekischen Künstlern wie Carlos Mérida, Carlos Valente und Humberto Gavarito.

Aktivitäten

Asociación Ak' Tenamit FREIWILLIGENARBEIT
(☎2254-3346; www.aktenamit.org; 11a Av A 9-39, Zona 2; ⏲Mo–Fr 9–16 Uhr) Die Graswurzel-Organisation hat sich die Unterstützung indigener Gemeinschaften auf die Fahnen geschrieben.

Pasos y Pedales SPAZIERGANG
(Karte S. 118; ⏲So 10–14 Uhr) Sonntags kann man beim Pasos y Pedales vorbeischauen, einem wunderbaren Gemeindeprojekt, bei dem die Avenida de las Americas (Zona 10) und ihre Verlängerung, die Avenida La Reforma in Zona 13, auf 3 km Länge für den Verkehr gesperrt sind und von Jongleuren, Clowns, Inlinern, Spaziergängern mit Hunden, Essensverkäufern, Tai-Chi-Klassen, Skateparks und Kinderspielplätzen in Beschlag genommen werden.

Pasos y Pedales bietet eine gute Gelegenheit zum Bummeln – es werden aber auch Fahrräder und Inliner vermietet – und um eine sehr entspannte, gesellige Seite der Stadt kennenzulernen, die man sonst kaum zu sehen bekommt.

Schlafen

Budget- und Mittelklasseunterkünfte befinden sich in Zona 1. Für Leute, die gerade mit dem Flugzeug angekommen sind oder am nächsten Tag wieder abreisen, gibt's in der Nähe des Flughafens ein paar Pensionen. Die Top-Hotels befinden sich zumeist in Zona 10.

Zona 1

★ Posada Belen BOUTIQUEHOTEL $$
(Karte S. 114; 2253-4530; www.posadabelen.com; 13a Calle A 10-30; EZ/DZ 322/411 Q;) Das Boutiquehotel ist eine der stilvollsten Herbergen der Zona 1. Es hat nur zehn Zimmer, die sich um zwei üppige Innenhöfe gruppieren und schön mit traditionellem Mobiliar eingerichtet sind. Im Haus gibt's ein gutes Restaurant (Reservierung erforderlich).

Hotel Spring HOTEL $$
(Karte S. 114; 2230-2858; www.hotelspring.com; 8a Av 12-65; EZ/DZ ab 200/250 Q, ohne Bad 150/195 Q; P@) Mit seiner schönen Innenhoflage besitzt das Spring viel mehr Stil als andere Hotels in der Zona 1. Es bietet ruhige, sonnige Innenhöfe. Die 43 Zimmer fallen sehr unterschiedlich aus, die meisten sind jedoch geräumig und sauber und haben hohe Decken – am besten erst mal umschauen. Alle Zimmer besitzen Kabelfernsehen und einige der teureren sind rollstuhltauglich. Reservierung ist ratsam. Von 6.30 bis 11.30 Uhr sind in einer Cafeteria Mahlzeiten erhältlich. Die Zimmer verfügen weder über Ventilatoren noch über Klimaanlagen.

Hotel Clariss HOTEL $$
(Karte S. 114; 2232-1113; 8a Av 15-14; B/EZ/DZ 100/250/355 Q; P) Das freundliche Hotel residiert in einem modernen Gebäude und besitzt außer kleinen auch einige größere Zimmer. Die nach vorne raus sind luftiger und heller, bekommen aber den meisten Verkehrslärm ab.

Hotel Ajau HOTEL $$
(Karte S. 114; 2232-0488; www.hotelajau.net; 8a Av 15-62; EZ/DZ 190/265 Q, ohne Bad 110/180 Q; P@) Dies ist eines der wenigen billigeren Hotels in Guate, in denen man einen Sinn für Stil entdeckt. Mit seinen hübsch polierten Bodenfliesen und den kühlen, sauberen Zimmern ist es auf jeden Fall ein recht nettes Schnäppchen. Die Zimmer sind unterschiedlich groß und die nach vorne raus kriegen (viel) Straßenlärm ab. Das Hotel hat nur Ventilatoren, keine Klimaanlage.

Hotel Pan American HOTEL $$$
(Karte S. 114; 2244-0850; www.hotelpanamerican.com.gt; 9a Calle 5-63; EZ/DZ 700/760 Q; P) Das Pan American war bis zum Zweiten Weltkrieg das einzige Luxushotel von Guatemala-Stadt und ist heute eins von nur wenigen Hotels in der Stadt mit einem gewissen historischen Flair. In der schönen Art-déco-Lobby gibt es zahlreiche Pflanzen und ein nicht gerade schäbiges Restaurant. Die Zimmer sind schlicht, aber groß und haben oft drei oder mehr Betten. Die Bäder sind stilvoll und modern, mit recht großen Badewannen. Die Zimmer zur lauten Straße hin meiden!

Zona 10 & 13

Quetzalroo HOSTEL $
(Karte S. 118; 5746-0830; www.quetzalroo.com; 6a Av 7-84, Zona 10; B/EZ/DZ ohne Bad 147/275/360 Q; P@) Das beste Hostel im Zentrum von Guatemala-Stadt hat neun Zimmer und 14 Betten in vier unterschiedlichen Dorms, einen engen Küchenbereich und eine tolle Dachterrasse. Und es liegt günstig zum Restaurant- und Ausgehviertel Zona Viva. Ein einfaches Frühstück ist im Preis inbegriffen und bis spät am Abend wird Craft-Bier verkauft. Wer hier nächtigen und sich kostenlos vom Flughafen oder Busbahnhof abholen lassen möchte, kann einfach im Quetzalroo anrufen.

Hostal Los Lagos HOSTEL $
(2261-2809; www.loslagoshostal.com; 8a Av 15-85 Aurora 1, Zona 13; B/EZ/DZ 140/243/372 Q; P) Die Option in Flughafennähe, die am ehesten einem Hostel gleicht. Die meisten Zimmer sind luftige und geräumige Dorms, zudem gibt es ein paar Privatzimmer zu vernünftigen Preisen. Die ganze Anlage ist mit ihren großen Sitzbereichen drinnen und draußen sehr gemütlich.

★ Eco Suites Uxlabil APARTMENTS $$
(Karte S. 118; 2366-9555; www.uxlabil.com; 11a Calle 12-53, Zona 10; EZ/DZ mit Frühstück 389/479 Q;) Wer länger in der Stadt bleibt, ist mit diesen netten kleinen Apartments nicht schlecht beraten. Sie sind mit indigenen Motiven geschmückt und verstecken sich in einer schattigen Ecke der Zona 10. Wochenrabatte.

★ Dai Nonni Hotel HOTEL $$
(2362-5458; www.dainonnihotel.com; 15 Av A 5-30, Zona 13; EZ/DZ/3BZ mit Frühstück 456/522/608 Q; P@) Das kleine Hotel südlich der Action in Zona 10 sammelt Pluspunkte mit seiner vielfältigen Einrichtung, seinen Aufenthaltsbereichen im Hinterhof und sei-

GUATEMALA GUATEMALA-STADT

nen großen Zimmern. Wer bar zahlt und/oder länger bleibt, erhält Ermäßigung.

Essen

Billiges Essen gibt's in Zona 1. Um den Mercado Central tummeln sich kleine *comedores*; die allerbilligsten befinden sich im Untergeschoss des Marktes selbst. Die meisten gehobenen Restaurants mit einem guten Querschnitt durch die internationale Küche findet man in Zona 10 und 14. Amerikanische Fast-Food-Ketten sind in Zona 1 und der gesamten übrigen Stadt gut vertreten. Bei Pollo Campero handelt es sich um einen guatemaltekischen KFC-Klon.

Zona 1

★Café de Imeri CAFÉ $
(Karte S. 114; ☎2232-3722; 6a Calle 3-34; Hauptgerichte 40–70 Q; ⏲Mo–Fr 7–19, Sa bis 18.30 Uhr; 📶) Interessante Frühstücksspeisen, Suppen und Pastagerichte. Die Liste der Sandwiches ist eindrucksvoll, hinten befindet sich ein wunderschöner kleiner Innenhof.

Café-Restaurante Hamburgo GUATEMALTEKISCH $
(Delicadezas Guatemaltecas; Karte S. 114; ☎2238-4029; 15a Calle 5-34; Hauptgerichte 22–44 Q; ⏲Mo–Sa 7.30–21.15, So bis 20.30 Uhr) Das lebhafte Lokal auf der Südseite des Parque Concordia hat gute guatemaltekische Gerichte. In einer Ecke brutzeln die Köche, während orange beschürzte Kellnerinnen um sie herumwirbeln. Am Wochenende heizt eine Marimba-Band die Atmosphäre an.

★La Cocina de Señora Pu GUATEMALTEKISCH $$
(Karte S. 114; ☎5055-6480; www.senorapu.com; 6a Av A 10-16, Zona 1; Hauptgerichte 75–125 Q; ⏲Mo–Fr 12–15 & 18–21, Sa 12–21 Uhr) Das klitzekleine Lokal hat ausgezeichnete „modernisierte" Versionen klassischer Maya-Gerichte. Das Angebot ist von eindrucksvoller Breite (Rind, Huhn, Schwein, Ente, Truthahn, Taube, Kaninchen, Fisch und Garnelen), wenn man bedenkt, dass alles vor den Augen der Gäste auf einem Vier-Platten-Herd gebrutzelt wird. Die Aromen sind köstlich und manchmal überraschend. Sitzplätze gibt es am Tresen oder im kürzlich erweiterten Speisesaal.

La Majo GUATEMALTEKISCH $$
(Karte S. 114; 12a Calle 3-08, Zona 1; Hauptgerichte 50–80 Q; ⏲Mi–Sa 14–23.30 Uhr; 🖉) Die Renaissance der Innenstadt von Guatemala-Stadt findet auch Ausdruck in diesem reizenden kleinen Künstlercafé in einem bröckelnden Kolonialgebäude. Das Essen, darunter auch ein paar vegetarische und vegane Gerichte, ist okay. Aber die Hauptattraktion sind die hier stattfindenden Veranstaltungen wie Livemusik und Theater.

Zona 10 & 14

Arbol de la Vida VEGETARISCH $
(☎2368-2124; 17 Calle A 19-60, Zona 10; Hauptgerichte 35–60 Q; ⏲Mo–Fr 7–18, Sa & So 7.30–16 Uhr; P 📶 🖉) Das beste vegetarische Restaurant in Zona 10 öffnet schon früh am Morgen die Pforten für seine Frühstücksgäste. Auf der Karte stehen köstliche Suppen und Hauptgerichte mit vegetarischen Leckereien aus Tofu und Quinoa.

San Martín & Company CAFÉ, BÄCKEREI $
(Karte S. 118; ☎2420-9916; 13a Calle 1-62, Zona 10; kleine Mahlzeiten 40–60 Q; ⏲Mo–Sa 6–22, So 7–20 Uhr; 📶) Das kühle und saubere Café in der Zona Viva wartet mit Deckenventilatoren und einer kleinen Terrasse auf und ist zu jeder Tageszeit toll. Zum Frühstück gibt's z. B. üppige, mit Omelett gefüllte Croissants, später dann verführerische, originelle Sandwiches, Suppen und Salate.

★Kacao GUATEMALTEKISCH $$
(Karte S. 118; ☎2337-4188; 2a Av 13-44, Zona 10; Hauptgerichte 90–160 Q; ⏲Mo–Sa 12–22.30, So bis 21.30 Uhr) Unter einem *palapa*-Dach befindet sich das beste Restaurant mit *comida típica* (regionaler Küche) in Zona 10. Für weiteres Flair sorgt ein sanfter Marimba-Soundtrack. Atmosphäre und Essen sind herausragend.

★Ambia FUSIONSKÜCHE $$$
(☎2312-4666; http://ambia.com.gt; 10a Av 5-49, Zona 14; Hauptgerichte 115–510 Q; ⏲Mo–Sa 12–24, So bis 15.30 Uhr) Wie die Preise schon andeuten, wird hier eine der edelsten Küchen der Stadt geboten. Auf der umfangreichen Karte stehen auch einige gute Fusionsgerichte mit starkem asiatischem und peruanischem Einschlag. Die Präsentation ist fantastisch und das Ambiente herausragend. An lauen Abenden lockt die schöne Hoflounge.

★Bistro Tamarindos FUSIONSKÜCHE $$$
(Karte S. 118; ☎2336-7364; Plaza Fontabella, 2F, Zona 10; Hauptgerichte 130–300 Q; ⏲Mo–Do & Sa 7–22.30, Fr bis 23, So bis 17 Uhr; 📶) Das gehobene Bistro befindet sich einem der glamourösesten Einkaufszentren von Guate-

Guatemala-Stadt Süd

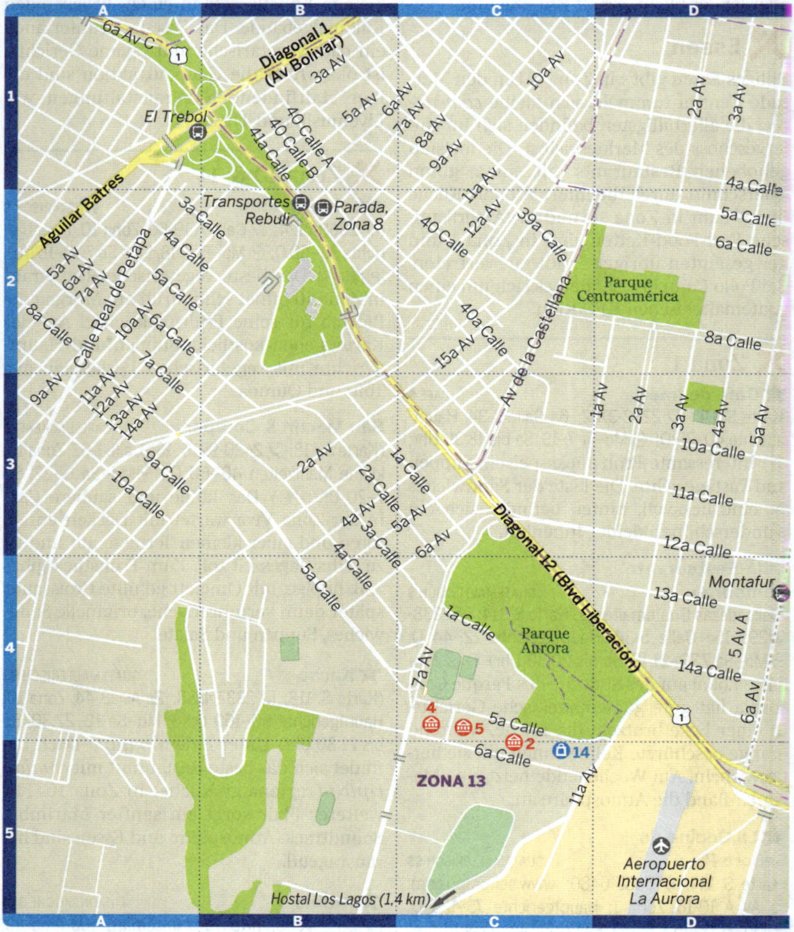

Guatemala-Stadt Süd

Sehenswertes
1 Museo de Historia Natural ... F1
2 Museo de los Niños ... C5
3 Museo Ixchel ... G2
4 Museo Nacional de Arqueología y Etnología ... C4
5 Museo Nacional de Arte Moderno ... C4
6 Museo Popol Vuh ... H2

Aktivitäten, Kurse & Touren
7 Pasos y Pedales ... E2

Schlafen
8 Eco Suites Uxlabil ... H4
9 Quetzalroo ... F2

Essen
10 Bistro Tamarindos ... F4
11 Kacao ... F4
12 San Martín & Company ... F4

Shoppen
13 Centro Comercial Los Próceres ... E5
14 Mercado de Artesanías ... C5
15 Oakland Mall ... G4
16 Sophos ... F4

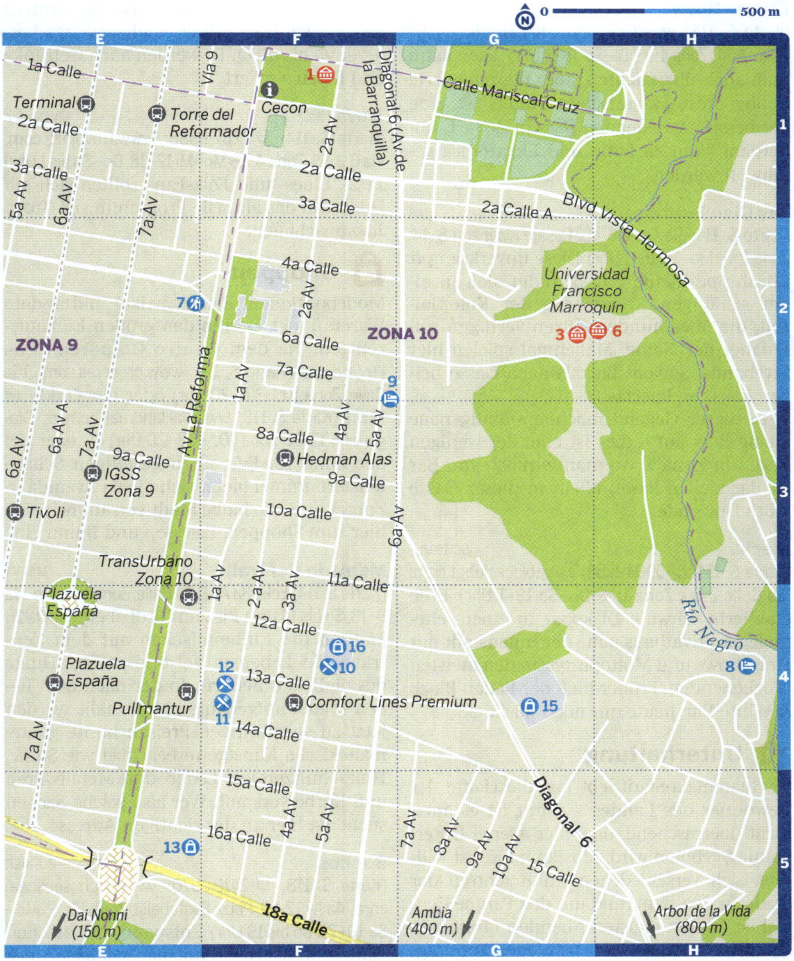

mala. Es hat eine verführerische Auswahl an Salaten sowie einige sehr gute japanische und thailändische Gerichte. Die Einrichtung ist stylisch und der Service schnell, aber freundlich.

Ausgehen & Nachtleben

In Zona 1 gibt es ein paar gute Kneipen, darunter einige Latino-Musik- und Tanzläden, alles praktisch versammelt im Umkreis von einem halben Block unmittelbar südlich vom Parque Central.

Zona 10 hat ein paar Tanzclubs; andere sind allerdings inzwischen Richtung Süden an den Stadtrand umgezogen. Sonderveranstaltungen werden auf Flyern beworben – also die Augen aufhalten!

★ Rayuela BAR

(☎2221-2453; www.facebook.com/rayuelagt; 6a Av 3-61, Zona 1; ⏲11–1 Uhr) Die kleine Craft-Bier- und Cocktailbar ist dem Schriftsteller Julio Cortázar gewidmet, wie Kenner am Namen *Rayuela* erkennen – dem Titel eines Romans des Autors. Die mit viel Rot gestaltete Bar zieren allerlei Fotos, Zitate und Gegenstände, die irgendetwas mit einer der bedeutendsten Literaturgrößen Lateinamerikas zu tun haben. Das eher jüngere Publikum freut sich auch über das recht gute Essen.

El Gran Hotel PUB
(Karte S. 114; www.facebook.com/ElGranhotel; 9a Calle 7-64, Zona 1; ⌚Di–So 18–1 Uhr) Hier kann man auch übernachten, aber die renovierte Lobby dieses klassischen Hotels ist eine der besser aussehenden Bars in Zona 1. Außerdem kann zu Latin und Electronica geschwoft werden.

Las Cien Puertas BAR
(Karte S. 114; 9a Calle 6-45, Pasaje Aycinena 8-44, Zona 1; ⌚Mo–Sa 16–1 Uhr) Diese unverkrampft ultrahippe kleine Bar befindet sich in einer schäbigen Arkade aus der Kolonialzeit, die über hundert Türen verfügen soll – daher der Name. Manchmal spielen hier Livebands. Sowohl Bar als auch Gasse heißen Las Cien Puertas.

In dieser Gegend machen ständig neue kleine Bars auf – dies ist eine der wenigen Ecken in Zona 1, wo man wirklich von Bar zu Bar ziehen kann; allein in dieser Gasse gibt's Dutzende.

Black SCHWULE
(Karte S. 114; ☎5904-1758; www.blackclubgt.com; 11a Calle 2-54, Zona 1; ⌚Do–Sa 19–1 Uhr) Eine etablierte schwule Diskobar in einem ehemaligen Privathaus nahe der Innenstadt mit Dragshows und Mottopartys an den meisten Wochenenden. Früher hieß der Laden Black & White Bar, heute nur noch Black.

Unterhaltung

In Guatemala-Stadt lebt fast die Hälfte der Bewohner des Landes – somit ist es auch nicht überraschend, dass hier allerlei Unterhaltung geboten wird. Musik und Kunst widmen sich verschiedenen Kulturzentren der Stadt. In den Bars rund um den Parque Central ist an den meisten Abenden Livemusik zu hören, auf dem Platz fast jeden Sonntag.

★ La Bodeguita del Centro LIVEMUSIK
(Karte S. 114; ☎2230-2976; 12a Calle 3-55, Zona 1; ⌚Di–Sa 21–1 Uhr) Guatemala-Stadt erfreut sich einer lebendigen kreativen Szene. Dieser große, unkonventionelle Laden ist einer der besten Orte, um sich darunterzumischen. Donnerstags bis sonntags spielen fast jeden Abend Bands, normalerweise ab 21 Uhr. Hin und wieder finden außerdem Lesungen, Filmvorführungen und Diskussionen statt.

Poster von Persönlichkeiten wie Che Guevara, Bob Marley, John Lennon, Victor Jara, Vincent van Gogh und Pablo Neruda schmücken die Wände vom Boden bis zur Decke. Dienstags bis donnerstags ist der Eintritt gewöhnlich frei, freitags und samstags kostet er 25 bis 60 Q. Es werden auch Getränke und Essen serviert.

TrovaJazz LIVEMUSIK
(Karte S. 114; ☎2267-9388; www.trovajazz.com; Vía 6 3-55, Zona 4; ⌚Mo–Mi 12–18, Do–Sa bis 1 Uhr) Jazz-, Blues- und Folk-Fans sollten sich auf jeden Fall das aktuelle Programm von Trova Jazz anschauen.

Shoppen

Modeboutiquen, Elektroartikel und andere Waren findet man in den großen Einkaufszentren wie dem **Centro Comercial Los Próceres** (Karte S. 118; www.proceres.com; 16a Calle, Zona 10; ⌚8–20 Uhr) oder der **Oakland Mall** (Karte S. 118; www.oaklandmall.com.gt; Diagonal 6 13-01, Zona 10; ⌚8–20 Uhr) in oder bei der Zona 10. Für einen geselligen Schaufensterbummel bietet sich die 6a Avenida in Zona 1 an – die halbe Stadt versammelt sich hier zum Shoppen, Eisessen und Bummeln.

Mercado Central MARKT
(Karte S. 114; Ecke 8a Av & 8a Calle, Zona 1; ⌚Mo–Sa 9–18, So bis 14 Uhr) Bis zum Erdbeben von 1976 kauften die Einheimischen auf dem Zentralmarkt Lebensmittel und andere Dinge des täglichen Bedarfs. In der nach dem Beben wieder aufgebauten Markthalle werden jetzt zu vernünftigen Preisen bunte guatemaltekische Kunstgewerbeartikel wie Stoffe, Holzschnitzereien, Leder- und Metallwaren und Körbe verkauft. Wer also solche Sachen sucht, ist hier an der richtigen Adresse.

Sophos BÜCHER
(Karte S. 118; ☎2419-7070; www.sophosenlinea.com; 4a Av 12-59, Plaza Fontabella, Zona 10; ⌚Mo–Sa 10–21, So bis 19 Uhr) Entspanntes Plätzchen zum Schmökern, wenn man gerade in der Zona Viva ist. Sophos führt ein gutes Sortiment an englischen Büchern über Guatemala und die Mayas, außerdem Reiseführer und Karten.

Orientierung

Guatemala-Stadt macht sich ziemlich breit. Im Süden liegt der Flughafen, im Südwesten und Nordosten befindet sich jeweils ein Busbahnhof, die meisten interessanten Sehenswürdigkeiten liegen in Zona 1 und die Museen und gehobeneren Unterkünfte tummeln sich in Zona 10. Das alles liegt nicht gerade in fußläufiger Nähe zueinander, aber es fahren jede Menge billige Taxis und zwei recht sichere Busnetze verknüpfen die verschiedenen Stadtteile miteinander.

Praktische Informationen

GEFAHREN & ÄRGERNISSE

- Straßenkriminalität gibt's natürlich auch hier, ebenso bewaffnete Überfälle. Immer den gesunden Großstädterverstand einschalten und sich etwa wie in Manhattan oder Rom verhalten. Beim Herumbummeln Wertsachen wie z. B. Smartphones versteckt bei sich tragen!
- Am frühen Abend ist ein Bummel durch die Innenstadt ungefährlich, solange man auf gut beleuchteten und frequentierten Straßen bleibt. Aber stets wachsam sein, Wertsachen im Hotel deponieren und nach Einbruch der Dunkelheit ein Taxi nehmen.
- Die wohlhabenderen Gegenden der Stadt – z. B. Zona 9, 10 und 14 – sind sicherer, doch auch hier wurden schon Touristen überfallen.
- In der Zona Viva in Zona 10 patrouilliert nachts die Polizei.
- Wer Opfer eines Überfalls wird, darf sich auf gar keinen Fall zur Wehr setzen.
- Auch Bauernfänger sind unterwegs und versuchen, Gutgläubigen das Geld aus der Tasche zu ziehen, besonders an Busbahnhöfen: Da benötigt ein verzweifelter „Priester" vielleicht gerade dringend Geld, um Medizin für seine Frau zu kaufen.

GELD

Skimming, das illegale Ausspähen von Bank- und Kreditkartendaten, ist in Guatemala-Stadt weit verbreitet – daher ist es ratsam, Geldautomaten zu nutzen, die ständig überwacht werden, wie etwa solche in Geschäften oder Einkaufszentren, und nicht rund um die Uhr zugängliche an der Straße.

American Express (☎2331-7422; 12a Calle 0-93, Centro Comercial Montufar, Zona 9; ⊙Mo–Fr 8–17, Sa bis 12 Uhr) In einem Büro von Clark Tours.

Banco Agromercantil (7a Av 9-11, Zona 1; ⊙Mo–Fr 9–19, Sa bis 13 Uhr) Wechselt US-Dollars (Bargeld, keine Reiseschecks).

Banrural (Aeropuerto Internacional La Aurora; ⊙7–18 Uhr) Geldwechsel im Abflugterminal des Flughafens. Verkauft auch Tickets für Ruinen wie Tikal, aber eigentlich ist die Bank nicht auf touristische Dienstleistungen eingestellt.

Visa/MasterCard-Geldautomaten (16a Calle, Zona 10; ⊙Mo–Sa 10–20, So bis 19 Uhr) Im Einkaufszentrum Los Próceres.

MEDIZINISCHE VERSORGUNG

In Guatemala-Stadt gibt's viele private Krankenhäuser und Kliniken. Öffentliche Einrichtungen bieten kostenlose Sprechstunden, können aber voll sein – man sollte versuchen, vor 7 Uhr da zu sein.

Hospital Centro Médico (☎2279-4949; 6a Av 3-47, Zona 10; ⊙24 Std.) Empfehlenswertes Privatkrankenhaus mit ein paar Englisch sprechenden Ärzten.

Hospital General San Juan de Dios (Karte S. 114; ☎2321-9191; 1a Av 10-50, Zona 1; ⊙24 Std.) Eines der besten öffentlichen Krankenhäuser der Stadt.

NOTFALL

In Guatemala-Stadt (wie übrigens in ganz Guatemala) gibt's keine Vorwahlen – einfach die angegebene Nummer wählen.

INGUAT-Touristeninformation	☎2421-2854
Touristenpolizei (24 Std.)	☎1500

TOURISTENINFORMATION

Cecon (Centro de Estudios Conservacionistas de la Universidad de San Carlos; Karte S. 118; ☎2334-7662; www.cecon.usac.edu.gt; Av La Reforma 0-63, Zona 10; ⊙Mo–Fr 7.30–15.30 Uhr) Verwaltet mehrere Schutzgebiete und kann Aufenthalte dort arrangieren.

Disetur (Touristenpolizei; ☎3033-7759, 4063-9567; 11a Calle 16-53, Zona 1; ⊙24 Std.) Guatemalas Touristenpolizei; Reisende sollten sich an die mit ihr verbundene **Proatur** (Karte S. 114; ☎gebührenfrei, auf Englisch 1500; 7a Av 1-17, Zona 4; ⊙24 Std.) wenden.

Fundación Defensores de la Naturaleza (☎2310-2929; www.defensores.org.gt; 4a Av 23-01, Zona 14; ⊙Mo–Do 7.30–16.30, Fr bis 12 Uhr) Verwaltet mehrere Schutzgebiete und kann Aufenthalte dort arrangieren.

INGUAT (Karte S. 114; ☎2290-2800; www.visitguatemala.com; 7a Av 1-17, Zona 4; ⊙Mo–Fr 8–16 Uhr) Hauptbüro der guatemaltekischen Tourismusbehörde; das Infomaterial ist überschaubar, die Angestellten sind aber sehr hilfsbereit. Eine Filiale (☎3128-6900; ⊙6–21 Uhr) gibt's am Flughafen.

An- & Weiterreise

BUS

Von Guatemala-Stadt aus fahren Busse in alle Regionen des Landes, ferner steuern sie Ziele in Mexiko, Belize, Honduras, El Salvador und darüber hinaus an. Die meisten Busunternehmen haben einen eigenen Busbahnhof, einige davon befinden sich in der Zona 1. Die Stadtverwaltung versucht seit einiger Zeit, die Fernbusunternehmen aus der Innenstadt zu verbannen – es kann also nicht schaden, sich bei INGUAT oder im Hotel zu erkundigen, ob die angegebenen Adressen noch stimmen.

Busse an die Pazifikküste fahren zumeist vom Busbahnhof **CentraSur** (Zona 12) am südlichen Stadtrand. Busse nach Zentral- und Ost-Guatemala und in den Petén fahren zumeist vom Busbahnhof **CentraNorte** (☎2500-9800; http://centranorte.com.gt; Carretera 9; ⊙6–20 Uhr) in

INTERNATIONALE BUSSE AB GUATEMALA-STADT

ZIEL	PREIS (Q)	DAUER (STD.)	ABFAHRTEN	UNTERNEHMEN
San José, Costa Rica	692–714	40–60	3-mal tgl.	Tica Bus
San Salvador, El Salvador	168–390	5	6-mal tgl.	Comfort Lines Premium, Pullmantur, Tica Bus
Copán, Honduras	278–520	5	1-mal tgl.	Hedman Alas
La Ceiba, Honduras	442–690	12	1-mal tgl.	Hedman Alas
San Pedro Sula, Honduras	405–645	8	1-mal tgl.	Comfort Lines Premium, Hedman Alas
Tegucigalpa, Honduras	336–697	10–35	6-mal tgl.	Hedman Alas, Comfort Lines Premium, Pullmantur, Tica Bus
Tapachula, Mexiko	175–228	5–7	2-mal tgl.	Tica Bus, Transportes Galgos Inter, Línea Dorada
Managua, Nicaragua	462–545	16–35	2-mal tgl.	Comfort Lines Premium, Tica Bus
Panama-Stadt, Panama	1034–1176	76	2-mal tgl.	Tica Bus

Zona 8 im Nordosten der Stadt. 2.-Klasse-Busse ins westliche Hochland fahren an einer Reihe von *paradas* (Karte S. 118), **El Trebol** (Karte S. 118) oder Bushaltestellen an der 41a Calle zwischen 6a und 7a Avenida in Zona 8 ab.

Internationale Busverbindungen

Die folgenden Unternehmen bieten täglich 1.-Klasse-Busverbindungen zu internationalen Zielen an.

Hedman Alas (Karte S. 118; ☎2362-5072; www.hedmanalas.com; 2a Av 8-73, Zona 10) Zahlreiche Ziele in Honduras.

Comfort Lines Premium (Karte S. 118; ☎2501-1000; www.king-qualityca.com; 4a Av 13-60, Zona 10) In die meisten zentralamerikanischen Hauptstädte.

Línea Dorada (Karte S. 114; ☎2415-8900; www.lineadorada.com.gt; Ecke 10a Av & 16a Calle, Zona 1; ⏲5.30–22 Uhr) Hat einen Bus nach Tapachula in Mexiko.

Pullmantur (Karte S. 118; ☎2495-7000; www.pullmantur.com; 1a Av 13-22, Holiday Inn, Zona 10) Nach El Salvador und Honduras.

Tica Bus (☎2473-3737; www.ticabus.com; Calz Aguilar Batres 18-35, Zona 12; ⏲5–18 Uhr) Zentralamerika und Mexiko.

TransGalgos Inter (Karte S. 114; ☎2230-5058, 2232-3661; www.transgalgosintergt.com; 7a Av 19-44, Zona 1; ⏲5–17 Uhr) Anschlussverbindungen nach Tapachula in Mexiko und Richtung Süden nach El Salvador möglich.

Inlandsstrecken mit Pullman-Bussen

Die folgenden Busunternehmen bieten Verbindungen zu verschiedenen Zielen innerhalb Guatemalas an.

ADN (Karte S. 114; ☎2251-0610; www.adnautobusesdelnorte.com; 8a Av 16-41, Zona 1) Von Guatemala-Stadt nach Flores, Santa Elena und zu Zielorten dazwischen.

Fortaleza del Sur (☎2230-3390; CentraSur, Zona 12) An die Pazifikküste.

Fuente del Norte (Karte S. 114; ☎2251-3817; 17a Calle 8-46, Zona 1) Busse zu Zielen im ganzen Land.

Hedman Alas (s. o.) Tägliche Verbindungen zwischen Guatemala-Stadt und Antigua.

Línea Dorada (s. o.) Luxusbusse in den Petén sowie nach Quetzaltenango, Huehuetenango usw.

Litegua (Karte S. 114; ☎2220-8840; www.litegua.com; 15a Calle 10-40, Zona 1; ⏲3.30–19 Uhr) Busse in den Osten und nach Antigua.

Los Halcones (☎2439-4911; Calz Roosevelt 37-47, Zona 11) Nach Huehuetenango.

Monja Blanca (CentraNorte, Zona 18; ⏲3–18 Uhr) Nach Cobán und zu Orten an der Strecke.

Rapidos del Sur (☎2232-7025; CentraSur, Zona 12) An die Pazifikküste.

Rutas Orientales (☎2503-3100; CentraNorte, Zona 18) Deckt den Osten ab.

Transportes Álamo (☎2471-8646; 12a Av A 0-65, Zona 7) Nach Quetzaltenango.

Transportes Rebuli (Karte S. 118; ☎2230-2748; 41a Calle, zw. 6a & 7a Av, Zona 8) Nach Panajachel.

FLUGZEUG

Der **Aeropuerto Internacional La Aurora** (GUA; Guatemala-Stadt; Karte S. 118; ☎2260-6257) von Guatemala-Stadt ist der wichtigste Flughafen des Landes. Sämtliche internationalen Flüge nach Guatemala-Stadt landen und starten hier. In der

Ankunftshalle gibt's einen Geldautomaten, der auch manchmal funktioniert, einen Touristeninformationsschalter, der manchmal besetzt ist, und Geldwechselschalter. Mehrere Reisende haben sich über die Wechselkurse am Wechselschalter in der Ankunftshalle beschwert. In der Abflughalle befindet sich auch ein verlässlicher Geldautomat, schön versteckt hinter der Treppe, die ins Zwischengeschoss führt.

Zum Zeitpunkt der Recherche hatten die einzigen *planmäßigen* Inlandsflüge ab Guatemala-Stadt Santa Elena zum Ziel: **Avianca** (☎2279-8222; www.avianca.com) fliegt um 6 und 19.30 Uhr ab Guatemala-Stadt, **TAG** (☎2380-9494; http://tag.com.gt; Aeropuerto Internacional La Aurora; ⏲7–19 Uhr) um 6.30 und 17.15 Uhr. Inlandsflüge starten *vielleicht* am Inlandsterminal, 15 Minuten mit dem Taxi vom internationalen Terminal.

Tickets nach Flores kosten bei Avianca oder TAG für den einfachen Flug etwa 900 Q, aber einige Reisebüros, besonders in Antigua, bieten satte Rabatte für diese Flüge an.

Außerdem steuern 14 ausländische Fluglinien aus Nord-, Zentral- und Südamerika sowie aus Europa Guatemala an.

SHUTTLE-MINIBUS

Von Reisebüros in Antigua werden Shuttle-Verbindungen von Guatemala-Stadt zu beliebten touristischen Zielen wie Panajachel und Chichicastenango (via Antigua; jeweils um die 260 Q) angeboten. Reisebüros in Quetzaltenango bieten ebenfalls Shuttles von und nach Guatemala-Stadt.

ℹ Unterwegs vor Ort

ANKUNFT IN GUATEMALA-STADT

Der internationale Flughafen **Aeropuerto Internacional La Aurora** (S. 122) liegt in Zona 13; eine Taxifahrt von dort nach Zona 1 kostet 80 Q, nach Zona 10 oder 13 70 Q. Viele Reisende, die spät abends ankommen, verbringen die erste Nacht in einer der Pensionen in Flughafennähe und machen sich dann am nächsten Tag auf in die Stadt.

Bus Wer aus anderen Landesteilen nach Guatemala-Stadt kommt, reist wahrscheinlich mit dem Bus. Die Busbahnhöfe von Guatemala-Stadt Stadt sind über die ganze Stadt verteilt. Wer mehr als ein paar Straßen weiter muss, nimmt am besten eins der vielen herumfahrenden Taxis – das ist erheblich billiger, als bei einem Überfall sein Gepäck einzubüßen.

BUS

Angesichts der zunehmenden und manchmal gewalttätigen Verbrechen, die sich in den roten Stadtbussen in Guatemala-Stadt ereignen, wird Touristen von nahezu allen Seiten empfohlen, auf diese nur im äußersten Notfall zurückzugreifen. Die großen Ausnahmen bilden die TransMetro- und TransUrbano-Netze, die am nützlichsten für Fahrten zu den Busbahnhöfen CentraSur bzw. CentraNorte sind.

Ein bisschen Nervenkitzel gefällig? Dann sind unten die nützlichsten Routen der roten Busse genannt. Busse halten überall, wo sie einen Fahrgast erspähen, an Straßenecken und Ampeln kann man sie jedoch am besten heranwinken – einfach die Hand raushalten. Tagsüber kostet eine Busfahrt 1 Q (das kann sich aber

PULLMAN-BUSSE AB GUATEMALA-STADT (INLANDSVERBINDUNGEN)

ZIEL	PREIS (Q)	DAUER (STD.)	ABFAHRTEN	UNTERNEHMEN
Antigua	50–70	1	7-mal tgl.	Hedman Alas, Litegua
Chiquimula	40–50	3–4	5–18.30 Uhr halbstündl.	Rutas Orientales
Cobán	50–80	5	4–17 Uhr stündl.	Monja Blanca
El Carmen	90	7	4–17 Uhr stündl.	Fortaleza del Sur
Esquipulas	65–75	4–5	4.30–19 Uhr halbstündl.	Rutas Orientales
Flores & Santa Elena	130–205	8–10	6- bis 8-mal tgl.	ADN, Fuente del Norte, Línea Dorada
Huehuetenango	90–100	5	4-mal tgl.	Línea Dorada, Los Halcones
Poptún	120–200	8	3-mal tgl.	Línea Dorada, Fuente del Norte
Puerto Barrios	100–150	5–6	3.45–19 Uhr stündl.	Litegua
Quetzaltenango	70	4	10-mal tgl.	Álamo, Fuente del Norte, Línea Dorada
Retalhuleu	85	3	5-mal tgl.	Fuente del Norte
Río Dulce	80–100	5	5.30–17 Uhr stündl.	Litegua
Tecún Umán	75	6	4-mal tgl.	Fortaleza del Sur

an Feiertagen und je nach Lust und Laune des Busfahrers auch vervierfachen): Bezahlt wird beim Einsteigen direkt beim Fahrer oder seinem Assistenten. Abends und nachts auf Busfahrten verzichten!

Flughafen–Zona 1 (Bus 82) Fährt durch Zona 9 und 4.

Zona 1–Flughafen (Bus 82) Fährt über die 10a Av, Zona 1, und dann entlang der 6a Av in den Zonas 4 und 9.

Zona 1–Zona 10 (Bus 82 oder 101) Fährt entlang der 10a Av, dann über die 6a Av und die Ruta 6 in der Zona 4 und auf der Av La Reforma.

Zona 10–Zona 1 (Bus 82 oder 101) Fährt über die Av La Reforma, dann entlang der 7a Av in der Zona 4 und der 9a Av in der Zona 1.

TransMetro

Anfang 2007 packte die Stadtverwaltung die Probleme rund um die Stadtbusse (Sicherheit, Überlastung) an und brachte das TransMetro-Netz (www.muniguate.com/muni/transmetro) auf den Weg. TransMetro-Busse unterscheiden sich von den alten roten Vehikeln in einigen Punkten: Man muss für die Fahrt vorab bezahlen (der Fahrer hat kein Geld dabei, um das Überfallrisiko zu verringern), die Busse sind auf eigenen Fahrspuren unterwegs und geraten so nicht in Staus, sie halten nur an ausgewiesenen Stationen und sind neu, komfortabel und auffällig grün.

Derzeit gibt es sieben Strecken, jeweils benannt nach der Zona, in die sie führen: Die Línea 13 fährt also in die Zona 13. Eine Linie verbindet die Plaza Barrios in Zona 1 mit dem Busbahnhof CentraSur, an dem nun die meisten Busse in Richtung Pazifikküste abfahren. Eine andere Strecke führt von der Plaza Barrios Richtung Süden durch die Zonas 9 und 10.

Die Kriminalität hat in Guates normalen roten Bussen so überhandgenommen, dass Reisender davon abgeraten wird, sie zu benutzen. Die TransMetro-Busse sind jedoch sicher, schnell und komfortabel. Alle Fahrten kosten 1 Q, zu zahlen vor dem Einsteigen mit einer 1-Q-Münze an der Bushaltestelle.

TransUrbano

Eine weitere Neuerung im Busnetz von Guatemala-Stadt ist TransUrbano, ein erheblich größeres Netz von Bussen, die zwar nicht so schick wie die TransMetro-Busse sind, aber dennoch sicher, zuverlässig und komfortabel. Da sie keine eigene Spur haben, sind sie langsamer, aber auf jeden Fall sicherer als die alten roten Busse: Zum Einsteigen ist eine wiederaufladbare Magnetkarte (Karte und erste Fahrt sind umsonst) nötig, die auf Vorzeigen des Passes oder eines guatemaltekischen Ausweises erhältlich ist. Die Karten gibt es an speziellen Kiosken; die für Besucher am praktischsten befinden sich an der Plaza Barrios in der Zona 1, am Busbahnhof CentraNorte und im **TransUrbano-Büro** (Karte S. 118; Ecke Av Reforma & 12a Calle, Zona 10) in Zona 10.

2.-KLASSE-BUSSE AB GUATEMALA-STADT

Bei den aufgeführten Bussen handelt es sich um 2.-Klasse-Busse („Hühnerbusse").

ZIEL	PREIS (Q)	DAUER	ABFAHRTEN	ABFAHRT
Amatitlán	5	30 min.	7–20.45 Uhr alle 4–10 min.	CentraSur, Zona 12
Antigua	10	1 Std.	7–20 Uhr alle 5 min.	El Trebol
Chichicastenango	30	3 Std.	5–18 Uhr stündl.	Parada, 41a Calle, Zona 8
Ciudad Pedro de Alvarado	50	2½–3 Std.	4–17 Uhr alle 15 min.	CentraSur, Zona 12
Escuintla	10–15	1 Std.	3.30–19.30 Uhr halbstündl.	CentraSur, Zona 12
Huehuetenango	70	5 Std.	7–17 Uhr halbstündl.	Parada, 41a Calle, Zona 8
La Democracía	30	2 Std.	6–16.30 Uhr halbstündl.	CentraSur, Zona 12
La Mesilla	100	8 Std.	8–16 Uhr stündl.	Parada, 41a Calle, Zona 8
Monterrico	60	3 Std.	3-mal tgl.	CentraSur, Zona 12
Panajachel	60–80	3 Std.	7–17 Uhr halbstündl.	El Trebol
Puerto San José	25	2 Std.	5–17 Uhr halbstündl.	CentraSur, Zona 12
Salamá	35–50	3 Std.	5–17 Uhr halbstündl.	17a Calle 11-32, Zona 1
San Pedro La Laguna	60	4 Std.	2–14 Uhr einige wenige	Parada, 41a Calle, Zona 8
Santa Cruz del Quiché	35	4 Std.	5–17 Uhr alle 10 min.	Parada, 41a Calle, Zona 8
Santiago Atitlán	45	4 Std.	4–17 Uhr halbstündl.	CentraSur, Zona 12
Tecpán	15	2 Std.	5.30–19 Uhr alle 15 min.	El Trebol

TAXI

Zahlreiche Taxis fahren durch die meisten Bezirke der Stadt. Preise sind Verhandlungssache; man sollte Ziel und Preis immer vor dem Einsteigen festlegen. Fahrten von der Zona 1 in die Zona 10 – oder umgekehrt – kosten etwa 50 Q. Wer sich ein Taxi bestellen möchte: **Taxi Amarillo Express** (☎1766) hat Taxis mit Taxameter (ca. 5 Q pro km), die oft günstiger sind als die Konkurrenz, auch wenn alle waschechten *capitaleños* (Hauptstadtbewohner) felsenfest der Meinung sind, dass die Taxameter ohnehin alle manipuliert seien und man mit einem ausgehandelten Festpreis viel billiger fahre.

ANTIGUA

46 700 EW.

Antiguas bezaubernde Schönheit betört Reisende vom ersten Augenblick an. Pastellfarbene Fassaden säumen die Straßen der ehemaligen Hauptstadt von Guatemala, während drei mächtige Vulkane über die Szenerie wachen. Schön restaurierte Kolonialgebäude stehen in einem parkähnlichen Ambiente neben malerischen Ruinen. Da Antigua Weltkulturerbestatus hat, müssen sich selbst Fast-Food-Läden hinter traditionellen Fassaden verstecken.

Während die Kirchen, Plätze und Märkte vor Energie nur so strotzen, ist die Stadt dank der zahlreichen spanischen Sprachschulen gleichzeitig ein relaxtes Trendziel für Traveller aus aller Herren Länder. Außerhalb der Stadt harren Maya-Siedlungen, Kaffeeplantagen und Vulkane der Erkundung.

Im Verlauf ihrer Geschichte wurde die stellenweise komplett aufgegebene Stadt von Erdbeben, Überschwemmungen und Vulkanausbrüche heimgesucht. Doch in den vergangenen Jahrzehnten hat sie sich entschlossen in die Gegenwart zurückgekämpft und durch den Stolz ihrer Einwohner neuen Auftrieb bekommen. Kein Wunder also, dass Antigua heute das meistbesuchte Ziel Guatemalas ist.

Geschichte

Das 1543 gegründete Antigua diente 233 Jahre als koloniale Hauptstadt Guatemalas. Erst nach dem verheerenden Erdbeben von 1773 wurde der Regierungssitz 1776 nach Guatemala-Stadt verlegt.

Die Stadt wurde nur langsam wiederaufgebaut und hat sich einen Großteil ihres ursprünglichen Charakters erhalten. 1944 erklärte die Gesetzgebende Versammlung Antigua zum Nationaldenkmal, seit 1979 ist sie Teil des Unesco-Weltkulturerbes.

Die meisten Gebäude Antiguas wurden im 17. und 18. Jh. erbaut, als die Stadt ein wohlhabender spanischer Außenposten war und der Aufstieg der katholischen Kirche zu einer machtvollen Instanz begann. Viele schöne, mächtige Kolonialbauten sind noch immer erhalten und auch verschiedene eindrucksvolle Ruinen wurden bewahrt und der Öffentlichkeit zugänglich gemacht.

Sehenswertes

Da Spuren der einstigen Pracht Antiguas allgegenwärtig sind, lohnen sich Spaziergänge in jede Himmelsrichtung. Am besten beginnt man die Erkundungstour am Parque Central, dem grünen Herzen der Stadt, gesäumt von prächtigen Verwaltungsgebäuden der Kolonialzeit. Über die ganze Stadt verteilt finden sich Dutzende kirchliche Einrichtungen, die die verschiedenen katholischen Orden in der Blütezeit der Stadt errichteten – heute befinden sich die Gebäude in unterschiedlichen Stadien des Verfalls. Einst erstrahlten Antiguas Kirchen und Klöster im Glanz vergoldeter barocker Pracht. Doch im Lauf der Geschichte setzten ihnen sowohl die Natur als auch der Mensch ordentlich zu. Der Wiederaufbau nach den Erdbeben bescherte den Kirchen dickere Mauern, niedrigere Türme und Glockenstühle und kahle Innenräume. Die meisten kirchlichen Komplexe sind nicht nur von architektonischem Interesse, sondern warten auch mit stillen Kreuzgängen und Gärten auf; einige beherbergen auch Museen, z. B. der Convento de Santo Domingo.

Parque Central

Diese breite und schöne **Plaza** (Karte S. 128; zw. 4a Calle & 5a Calle) ist von schönen Kolonialgebäuden umgeben und ein beliebter Anziehungspunkt für *antigüeños* wie auch Touristen. Auf dem begrünten Platz kann man nett verweilen und herumbummeln und sich das Treiben von Straßenhändlern, Schuhputzern, Schulkindern und Touristengruppen anschauen. Die drallen Meerjungfrauen am Brunnen in der Mitte sind eine Nachbildung der Originale von 1738 – der Brunnen wurde Anfang des 20. Jhs. zerstört.

Catedral de Santiago KATHEDRALE
(Karte S. 128; Ecke 4a Av Norte & 5a Calle Oriente; Ruinen 8 Q; ⌚Ruine 9–17 Uhr, Kirche Mo, Di, Do &

ANREISE NACH ANTIGUA

Tür-zu-Tür-Minibusse fahren vom Flughafen zu jeder Adresse in Antigua (normalerweise 80 Q pro Pers., 1 Std.); nach den Schildern in der Ausgangshalle des Flughafens oder Personen Ausschau halten, die Schilder mit der Aufschrift „Antigua Shuttle" hochhalten. Der erste Shuttle nach Antigua fährt gegen 7 Uhr, der letzte gegen 20 Uhr oder 21 Uhr; oft wartet ein Shuttle jedoch die letzte Flugankunft ab (gegen Mitternacht). Für Gruppen ist die andere Möglichkeit der Weiterreise ein Taxi (ca. 200 Q), wer aber allein oder zu zweit unterwegs ist, für den ist ein Shuttle günstiger, wenn auch ein bisschen langsamer und unbequemer.

Fr 6.30–12 & 15–18.30, Sa 8–12 & 15–19, So 5.30–13 & 15–19.30 Uhr) Mit dem Bau der Kathedrale von Antigua wurde 1545 begonnen. Im Erdbeben von 1773 wurde sie zerstört und im folgenden Jahrhundert nur teilweise wiederaufgebaut. In der Eingangshalle des ursprünglichen Bauwerks befindet sich die derzeitige kleine Pfarrkirche San José. Dahinter erstreckt sich die dachlose **Ruine** des Hauptteils der Kathedrale, zu erreichen über die 5a Calle Oriente.

Die Ruine ist sehr stimmungsvoll: Mächtige Pfeiler stützen weite Backsteinbögen, während aus den Rissen in den Mauern Pflanzen sprießen. Die Reproduktionen von feinen Gipsfiguren und Verzierungen zwischen den Bögen erscheinen inmitten der Ruinenkulisse noch eindrucksvoller. Hinter dem Hauptaltar führen Stufen hinunter in die ehemalige Krypta, die heute als Kapelle dient und einen rußgeschwärzten Christus beheimatet.

Der Hauptteil der Kathedrale wurde im 17. Jh. unter Joseph de Porres errichtet, einem Architekten afrikanischer und indigener Abstammung.

Antiguo Colegio de la Compañía de Jesús HISTORISCHES GEBÄUDE

(Karte S. 128; ☎ 7932-3838; www.aecid-cf.org.gt; 6a Av Norte; ⏲ 9–18 Uhr) GRATIS Das 1626 gegründete Jesuitenkloster und -kolleg war bis zur Vertreibung des Ordens 1767 ein bedeutender Teil des Alltagslebens der Stadt. Nur sechs Jahre später wurde das Kloster durch das große Erdbeben zerstört. Die spanische Staat machte Geld locker und ließ den Komplex neu aus dem Schutt erstehen; heute ist das alte Kloster ein Kulturzentrum, das Centro de Formación de la Cooperación Española.

Palacio de los Capitanes Generales HISTORISCHES GEBÄUDE

(Generalspalast; Karte S. 128; ☎ 7832-2868; www.centroculturalrealpalacio.org.gt; 5a Calle Poniente; ⏲ Mi–So 9–16.30 Uhr) GRATIS Der 1549 erbaute Palast war bis zur Verlagerung der Hauptstadt nach Guatemala-Stadt 1776 das Regierungszentrum von ganz Zentralamerika, von Chiapas bis Costa Rica. Die stattliche Doppelarkaden-Fassade, die sich entlang der Südseite des Parque erstreckt, ist alles, was vom ursprünglichen Komplex erhalten ist. Nach umfassender Renovierung finden im Palast heute gelegentlich Kunstausstellungen und Kulturveranstaltungen statt.

Palacio del Ayuntamiento HISTORISCHES GEBÄUDE

(Rathaus; Karte S. 128; 4a Calle Poniente) Das zweistöckige Bauwerk an der Nordseite des Platzes stammt aus dem 18. Jh. Neben Büros der Stadtverwaltung befindet sich hier das Museo del Libro Antiguo (S. 127) zur Geschichte des guatemaltekischen Buchdrucks. Von den Steinbänken im Schatten der unteren Arkade lässt sich gut das Treiben beobachten.

Westlich des Parque Central

★ Arco de Santa Catalina ARCHITEKTUR

(Karte S. 128; 5a Av Norte) Der Arco de Santa Catalina ist ein echtes Wahrzeichen von Antigua. Ein Foto des Bogens als Rahmen für den Volcán Agua im Hintergrund am frühen Morgen oder späten Nachmittag ist ein Motiv, das sich kein Besucher der Stadt gern entgehen lässt. Der Bogen wurde 1694 errichtet, damit die Nonnen aus dem Kloster Santa Catalina die Straße überqueren konnten, ohne gesehen zu werden. Der Uhrturm wurde im 19. Jh. hinzugefügt.

★ Iglesia Merced KIRCHE, KLOSTER

(Iglesia y Convento de Nuestra Señora de la Merced; Karte S. 128; Ecke 1a Calle Poniente & 6a Av Norte; Klosterruine 15 Q; ⏲ Kirche 6–12 & 15–20 Uhr, Ruine 8.30–17.30 Uhr) Am Nordende der 5a Avenida befindet sich La Merced, ein auffallendes gelbes Gebäude mit feinem weißem Gipsschmuck. Seine Fassade ist eine der schönsten in ganz Guatemala. Der dickwandige

Bau wurde erdbebensicher errichtet und ist auch nach drei Jahrhunderten noch gut in Schuss. Nur die Kirche dient noch ihrem ursprünglichen Zweck. Am letzten Donnerstagabend des Monats beginnt und endet hier eine Kerzenprozession, untermalt von Glockengeläut und Böllerknallen.

Östlich des Parque Central

★ Iglesia y Convento de Santo Domingo — KLOSTER

(Karte S. 128; ☎7820-1220; 3a Calle Oriente 28; 42 Q; ⌚Mo–Sa 9–18, So 11.45–18 Uhr) Das 1542 von Dominikanern gegründete Kloster Santo Domingo entwickelte sich zum größten und reichsten Kloster in Antigua. Nach drei Erdbeben im 18. Jh. wurden die Gebäude zur Gewinnung von Baumaterialien geplündert. 1970 erwarb ein nordamerikanischer Archäologe, der auf dem Gelände umfangreiche Grabungen durchführte, das Ganze als Privatwohnsitz. Heute residiert hier das Casa Santo Domingo Hotel (S. 134). Die archäologische Zone wurde innovativ als „Kulturroute" restauriert.

Die Zone umfasst die malerische Ruine der Klosterkirche, den benachbarten Kreuzgang mit einer Nachbildung des Originalbrunnens, eine Werkstatt für Kerzenzieher und Töpfer und zwei Krypten, die bei den Kirchenausgrabungen entdeckt wurden. Eine davon, die **Kalvarienkrypta**, enthält ein gut erhaltenes Kreuzigungswandbild von 1683.

Ebenfalls Teil der archäologischen Zone sind sechs Museen mit außerordentlich reichen Sammlungen, die in erstklassigen Ausstellungen dargeboten werden. Sie sind mit einer einzigen Eintrittskarte zugänglich. Die Museumsroute kann entweder beim Hotel oder von der Erweiterung der Universidad de San Carlos an der 1a Avenida Norte aus in Angriff genommen werden. Von der Hotelseite ausgehend umfasst die Route folgende Museen: das **Museo de la Platería** mit Meisterwerken aus Silber wie z. B. Weihrauchkesseln, Kronleuchtern und Kronen, das **Museo Colonial** mit Gemälden und Holzskulpturen zu religiösen Themen vom 16. bis 18. Jh., das **Museo Arqueológico** mit Keramik- und Steinobjekten aus der klassischen Maya-Zeit, das clever konzipierte **Museo de Arte Precolombino y Vidrio Moderno** mit Maya-Skulpturen und -Keramiken, die zusammen mit Glasarbeiten moderner Künstler wie Kunstwerke ausgestellt sind, das **Museo de Artes y Artesanías Populares de Sacatepéquez** mit Ausstellungen zur traditionellen Handwerkskunst aus der Region Antigua und das **Museo de la Farmacia**, eine restaurierte Apotheke aus dem 19. Jh.

Iglesia y Convento de la Recolección — RUINE

(Karte S. 128; Av de la Recolección; 40 Q; ⌚9–17 Uhr) Eine heitere Stille durchweht die Ruinen des Klosters La Recolección westlich vom Stadtzentrum. Die Kirche des im frühen 18. Jh. von den Rekollekten, einem französischen Ableger des Franziskanerordens, erbauten Klosters war zu damaliger Zeit eine der größten der Stadt. Das Erdbeben von 1773 brachte den Bau zum Einsturz, sodass heute nur noch der große Torbogen intakt ist.

La Antigua Galería de Arte — GALERIE

(Karte S. 128; ☎7832-2124; www.facebook.com/LaAntiguaGaleria; 5a Avenida Norte 29; ⌚Mo–Sa 10–19, So 12–18 Uhr) GRATIS Das wichtigste Kunstmuseum der Stadt zeigt in den Sälen und dem Innenhof eines Kolonialhauses Werke von über 70 guatemaltekischen Künstlern und lohnt einen ausgedehnten Besuch. Außerdem finden regelmäßig Ausstellungen mit Werken alter und neuer Künstler statt.

Museo del Libro Antiguo — MUSEUM

(Museum alter Bücher; Karte S. 128; ☎7832-5511; 4a Calle Poniente, Palacio del Ayuntamiento; 30 Q; ⌚Di–Fr 9–16, Sa & So 9–12 & 14–16 Uhr) Das faszinierende Museo del Libro Antiguo zeigt die Bestseller aus der Frühzeit des guatemaltekischen Druckereiwesens. Außerdem ist ein Nachbau der ersten Druckerpresse Guatemalas zu bewundern, die hier in den 1660er-Jahren ihre Arbeit aufnahm. Eins ihrer ersten Erzeugnisse nimmt einen Ehrenplatz ein: eine Erstausgabe von *Don Quixote de la Mancha (Teil II)*.

Aktivitäten

★ La Tortilla — KOCHEN

(Karte S. 128; ☎4181-8227; www.latortillacookingschools.com; 3 Calle Poniente 25; Unterricht 225–375 Q für 2–6 Gerichte) Die ausgezeichnete Kochschule bietet zweimal am Tag (10.30 und 16.30 Uhr) Kochunterricht, von 90-minütigen (2 Gerichte) bis zu dreistündigen Kursen (6 Gerichte, von Hauptgerichten und Beilagen bis zu Nachspeisen, plus unbegrenzt Wein).

Antigua
A
B
C
D
E
F
G
1
2
3
4
0
400 m
El Hato (5 km)
Calle de Candelaria
San Felipe (1 km); Hospital Nacional Pedro de Bethancourt (1 km)
Jocotenango (500 m); Chimaltenango (18 km); San Andrés Itzapa (25 km)
CERRO DE LA CRUZ
Calle Ancha de los Herreros
Plaza
Av del Desengaño
Calle Cruz de Piedra
Av de Chajón
Calle de los Nazarenos
Calle de las Ánimas
Calle de los Duelos
1a Av Norte
Alameda de Santa Rosa
2a Av Norte
3a Av Norte
4a Av Norte
5a Av Norte
6a Av Norte
7a Av Norte
Calz de Santa Lucía Norte
Av de la Recolección
Calle de la Recolección
Callejón Camposeco
1a Calle Poniente
2a Calle Poniente
2a Calle Oriente
Plaza
2 Iglesia Merced
1 Arco de Santa Catalina
3 Iglesia y Convento de Santo Domingo
San Lucas Sacatepéquez (17 km); Santiago Sacatepéquez (21 km); Sumpango (26 km); Guatemala-Stadt (46 km)
6
7
10
12
13
18
20
24
27
28
43
44
45
49
54
57
60

Litegua
Callejón de la Concepción
Río Pensativo
San Juan del Obispo (5 km)
Calle del Hermano Pedro
1a Av Sur
3a Calle Oriente
4a Calle Oriente
5a Calle Oriente
6a Calle Oriente
7a Calle Oriente
8a Calle Oriente
9a Calle Oriente
Calle de los Pasos
Calle de Belén
2a Av Sur
3a Av Sur
4a Av Sur
5a Av Sur
6a Av Sur
7a Av Sur
INGUAT
Tanque de la Unión
4a Calle Poniente
5a Calle Poniente
6a Calle Poniente
7a Calle Poniente
3a Callejón
Busse nach Panajachel
Calle Sucia
Calz de Santa Lucía Sur
Carretera a Ciudad Vieja
Busbahnhof
Busse nach Guatemala-Stadt, Ciudad Vieja & San Miguel Dueñas
Calle del Espíritu Santo
Ciudad Vieja (5 km); San Antonio Aguas Calientes (7 km); Escuintla (38 km)
5
6
7
8
A
B
C
D
E
F
G

Antigua

Highlights
1 Arco de Santa Catalina D4
2 Iglesia Merced D3
3 Iglesia y Convento de Santo Domingo G4

Sehenswertes
4 Antiguo Colegio de la Compañía de Jesús D5
5 Catedral de Santiago E5
6 Iglesia y Convento de la Recolección A3
7 La Antigua Galería de Arte D4
Museo del Libro Antiguo .... (s. 9)
8 Palacio de los Capitanes Generales D6
9 Palacio del Ayuntamiento D5
10 Parque Central D5

Aktivitäten, Kurse & Touren
11 Academia de Español Sevilla F6
12 Antigua Tours G4
13 Antigüeña Spanish Academy C3
14 Cambio Spanish School F5
15 CATours E6
16 La Antigua City Tour E4
17 La Tortilla C5
18 New Sensation Salsa Studio C3
19 Old Town Outfitters D6
20 Proyecto Lingüístico Francisco Marroquín D3
21 Spanish School San José el Viejo D7
22 Tecún Umán Spanish School C6

Schlafen
23 Adra Hostel F5
24 Casa Cristina C3
Casa Santo Domingo Hotel .... (s. 3)
25 Cucuruchos Boutique Hostel E6
26 El Hostal F6
27 Lo de Bernal C4
28 Maya Papaya C3
29 Mesón Panza Verde D8
30 Posada de San Carlos C6
31 Posada del Ángel D8
32 Posada Juma Ocag C5
33 Posada San Sebastián E5
34 Tropicana Hostel D6
35 Wicho & Charlie's Hostel D6
36 Zoola Antigua D7

Essen
37 Bistrot Cinq F5
38 Cactus Taco Bar C6
39 Café Condesa D5
40 Caffé Mediterráneo D6
41 Casa Troccoli D5
42 El Viejo Café D5
43 Fernando's Kaffee C3
44 Fridas D4
45 Luna de Miel D4
Mesón Panza Verde .... (s. 29)
46 Restaurante Doña Luisa E5
47 Rincón Típico E6
48 Samsara C6
49 Tienda La Canche D3
50 Y Tu Piña También F6
Zoola Antigua .... (s. 36)

Ausgehen & Nachtleben
51 Antigua Brewing Company D5
52 Café No Sé F6
53 El Barrio E5
54 Las Vibras de la Casbah D4
55 Por Qué No? F7
56 Reilly's en la Esquina D6
57 Tabacos y Vinos D4

Shoppen
58 La Casa del Jade E5
59 Market B5
60 Mercado del Carmen E4
Nim Po't .... (s. 44)

★ **De la Gente** TOUREN
(☎5585-4450; www.dlgcoffee.org; Tour (mind. 2 Pers.) 200 Q pro Pers.) Diese NGO in San Miguel Escobar setzt sich mittels nachhaltiger wirtschaftlicher Entwicklung und Direkthandel für Bauern und Handwerker ein. Die von Erzeugern selbst geführten Touren (mit Dolmetscher möglich) befassen sich mit dem Kaffeeanbau und der Kaffeeverarbeitung. Am Ende erfährt man etwas über traditionelle Röstmethoden und genießt zusammen mit der Familie das eine oder andere Tässchen.

Old Town Outfitters ABENTEUERSPORT
(Karte S. 128; ☎5399-0440; www.adventureguatemala.com; 5a Av Sur 12C) Mountainbiken, Klettern, Kajakfahren und Wandern sind nur einige der von diesem renommierten und sehr zuverlässigen Veranstalter angebotenen Aktivitäten. Die Guides stammen aus der Umgebung.

New Sensation Salsa Studio TANZ
(Karte S. 128; ☎5033-0921; www.facebook.com/salseandosevivemejor; 7a Av Norte 78; Privatunterricht 85 Q pro Std.) Wer mal ein bisschen hineinschnuppern möchte, kann montags und dienstags von 17 bis 18 Uhr am kostenlosen Salsa-Gruppenunterricht teilnehmen. Außerdem bietet die Tanzschule Einzelunterricht in Salsa und *bacchata*, entweder stundenweise oder als Teil eines Pakets.

Kurse

Die Spanischsprachschulen von Antigua ziehen Schüler aus der ganzen Welt an. Man hat die Qual der Wahl aus Dutzenden von Einrichtungen. Ein Verzeichnis der autorisierten Sprachschulen hat die **INGUAT-Touristeninformation** (Karte S. 128; ☎7832-0787; info-antigua@inguat.gob.gt; 5a Calle Oriente 11; ⏲Mo–Fr 8–16, Sa & So 9–17 Uhr). Preise, Unterrichtsqualität und Zufriedenheit der Schüler variieren von Anbieter zu Anbieter stark. Am beliebtesten sind Konversationskurse, doch auch wer sich auf die Grammatik konzentrieren oder Spanisch für einen bestimmten Zweck wie Medizin, Business oder Jura lernen möchte, findet in Antigua sicher das Gewünschte.

Die Sprachkurse beginnen an den meisten Schulen montags, für gewöhnlich kann man sich aber an jedem beliebigen Tag einem Lehrer zuteilen lassen. Die meisten Schulen bieten Unterricht auf allen Fertigkeitsstufen und Kurse von beliebiger Dauer. Üblich sind drei oder vier Wochen, aber auch eine Woche ist okay. Am meisten Betrieb herrscht im Januar und von April bis August – einige Schulen empfehlen für diese Zeiten eine Reservierung.

Normalerweise gibt es Einzelunterricht. Er kostet zwischen 900 und 1200 Q pro Woche und umfasst vier Unterrichtsstunden täglich an fünf Tagen der Woche. Die meisten Schulen bieten Kost und Logis bei einer Familie vor Ort an, wobei man gewöhnlich ein eigenes Zimmer hat; inbegriffen sind drei Mahlzeiten täglich (außer sonntags). Hierfür zahlt man ca. 800 Q pro Woche, etwas mehr für ein Zimmer mit eigenem Bad. Für Lernende, die nach dem Kurs weiter lernen oder schon vorher anfangen möchten, bieten die meisten Sprachschulen auch Unterricht per Skype.

Indem die Schüler bei guatemaltekischen Familien unterkommen, sollen sie auch abseits des Unterrichtes in die neue Sprache eintauchen, allerdings sind oft mehrere Ausländer in einem Haus einquartiert, die dann von der Familie getrennt essen. Und nicht für jeden, der Spanisch lernen möchte, ist Antigua die richtige Adresse; hier gibt's so viele Ausländer, dass man eine gehörige Portion Disziplin braucht, um sich auf Spanisch und nicht in einer anderen Sprache zu unterhalten. Viele schätzen die gesellige Atmosphäre – wer aber glaubt, sie könne ihn eher stören, sollte vielleicht lieber einen Kurs in Quetzaltenango, im Petén oder anderswo machen, wo weniger Ausländer sind.

Cambio Spanish School SPRACHKURSE
(Karte S. 128; ☎7832-8033; www.cambiolanguageschool.com; 4a Calle Oriente 28) Mit sämtlichen Gewinnen unterstützt diese Schule Niños de Guatemala, ein Bildungsprogramm für benachteiligte Kinder. Der Unterricht erfolgt nach den Lehrplänen des spanischen Instituto Cervantes.

Proyecto Lingüístico Francisco Marroquín SPRACHKURSE
(Karte S. 128; ☎7832-1422; www.spanishschoolplfm.com; 6a Av Norte 43) 🍃 Antiguas älteste Spanischschule, gegründet 1969, wird von einer gemeinnützigen Stiftung geführt, die für den Erhalt der Sprache und der Kultur der indigenen Völker Guatemalas kämpft. Bietet auch Unterricht in K'iche' (Quiché), Mam und Cakchiquel sowie anderen Maya-Sprachen an (Voranmeldung erforderlich).

Antigüeña Spanish Academy SPRACHKURSE
(Karte S. 128; ☎5735-4638; www.spanishacademyantiguena.com; 1a Calle Poniente 10) Eine oft empfohlene, vom Bildungsministerium anerkannte Schule. Der Unterricht findet in einer schattigen Hacienda statt; die Schule verfügt über zwei Studentenwohnungen und bietet auch Unterbringung in Gastfamilien an.

Academia de Español Sevilla SPRACHKURSE
(Karte S. 128; ☎7832-5101; www.facebook.com/SpanishSchoolAntigua; 1a Av Sur 17C) Die gut geführte Sprachschule bietet zahlreiche kostenlose Aktivitäten an und kann Freiwilligenarbeit in Gemeindeprojekten organisieren. Der Einzelunterricht findet in den Überresten eines Klosters aus der Kolonialzeit statt. An Unterkünften werden neben der Unterbringung in Gastfamilien auch Sprachschüler-WGs angeboten.

Spanish School San José el Viejo SPRACHKURSE
(Karte S. 128; ☎7832-3028; www.sanjoseelviejo.com; 5a Av Sur 34) Alteingesessene Schule mit parkähnlichem Lernumfeld, eigenen Unterkünften und Pool. Die Schüler wechseln jede Woche den Lehrer. Akkreditiert beim guatemaltekischen Bildungsministerium.

Tecún Umán Spanish School SPRACHKURSE
(Karte S. 128; ☎5513-4349; www.tecunumanschool.edu.gt; 6a Calle Poniente 34A) Alteingesessene Sprachschule mit an Universitäten ausgebildeten Lehrkräften, die meist seit mehr als 20 Jahren unterrichten. Der Unterricht findet auf der netten Dachterrasse eines Cafés in der Nähe statt.

☞ Geführte Touren

Von INGUAT autorisierte Führer bieten rund um den Parque Central Stadtspaziergänge an, die auch die Klöster, Ruinen und Museen einschließen und rund 80 Q pro Person kosten. Ähnliche geführte Spaziergänge werden auch täglich von Reisebüros in Antigua wie **Atitrans** (☎7832-3371; www.atitrans.net; 6a Av Sur 8; ⌚8–21 Uhr) angeboten. Ebenfalls im Angebot sind Trips in die umliegenden Dörfer und zu Kaffeeplantagen.

Das von Elizabeth Bell, einer Expertin für die Geschichte Antiguas, geführte Unternehmen **Antigua Tours** (Karte S. 128; ☎7832-5821; www.antiguatours.net; 3a Calle Oriente 22; Tour inkl. Museumseintritte 190 Q) bietet dienstag-, mittwoch-, freitag- und samstagvormittags dreistündige kulturelle Spaziertouren durch die Stadt an (englisch- und/oder spanischsprachig). Die Gruppen versammeln sich zur verabredeten Zeit am Springbrunnen im Park. Bells Buch *Antigua Guatemala: The City and Its Heritage* beinhaltet umfassende Beschreibungen aller Monumente und bietet eine schöne Einführung in die Geschichte der Stadt und ihrer Feste. Bell und ihr Unternehmen veranstalten außerdem Touren in die nahen Dörfer San Antonio Aguas Calientes und San Andrés Itzapa, bei denen man Weberateliers bzw. Maya-Schreine besucht.

La Antigua City Tour (Karte S. 128; ☎7832-6151; www.antiguacitytour.com; 2½-stündige Touren 200 Q; ⌚9–17 Uhr) klappert mit einem kleinen Bus alle wichtigen Sehenswürdigkeiten der Stadt vom Cerro de la Cruz bis zum Parque Central ab.

De la Gente (S. 130) bietet Touren zu Kaffeeplantagen um San Miguel Escobar, einen Vorort von Ciudad Vieja, bei denen Anbau-, Ernte- und Verarbeitungsmethoden gezeigt werden. Am Ende werden noch traditionelle Röstverfahren vorgestellt und die Teilnehmer können zusammen mit der Familie ein Tässchen Kaffee genießen. Die Führungen (3–5 Std.) beginnen um 9 und 13 Uhr und sollten mindestens einen Tag im Voraus gebucht werden.

Art Tours Antigua (☎4149-4663; http://artintheamericas.net/art-tours-antigua-guatemala/; 375 Q) bietet spezialisierte Galerietouren an, auf denen man etwas über die Gegenwartskunst Guatemalas erfährt.

CATours (Karte S. 128; ☎7832-9638; www.catours.co.uk; 6a Calle Oriente 14; ⌚Di–So 9–17 Uhr) veranstaltet Motorradtouren rund um den Volcán Agua sowie zweitägige Touren zum Lago de Atitlán oder nach Monterrico; Kostenpunkt: ab 1400 Q.

Festivals & Events

★ Semana Santa RELIGIÖSES FEST

(Karwoche; ⌚Osterwoche) In der Karwoche kleiden sich Hunderte Gläubige in dunkelviolette und weiße Gewänder und ziehen jeden Tag in Prozessionen durch die Straßen. Dabei tragen sie im Gedenken an die Kreuzigung Jesu Bildnisse aus ihren Kirchen. Dies ist eins der größten Feste seiner Art in Lateinamerika – in der Karwoche platzt Antigua aus allen Nähten und die Unterkünfte sind weit im Voraus ausgebucht.

Die Feierlichkeiten beginnen am Palmsonntag und gehen bis Karfreitag; an dem Tag stellen die Gläubigen den Kreuzweg nach. Die größte der Ikonen, die aus der Iglesia Merced stammt, wiegt mehrere Tonnen – um sie zu tragen, sind 80 Männer nötig; die gesamte Zeit sind sie von Weihrauch umhüllt und werden von Blaskapellen begleitet. Karten der mit kunstvoll gemusterten Teppichen aus farbigem Sägemehl bedeckten Prozessionsstrecken sind während des Fests in der Touristeninformation und in den Hotels erhältlich.

Schlafen

★ Cucuruchos Boutique Hostel HOSTEL $

(Karte S. 128; ☎7832-1479; www.facebook.com/hostelcucuruchos; 3a Ave Sur 1A; B100–125 Q, Zi. 435 Q; 📶) Dieses Hostel erklimmt unerhörte Stilhöhen, ohne seine Gäste in den Bankrott zu treiben. Die mit Herbergsbetten eingerichteten Schlafsäle für vier, sechs oder zwölf Personen sind geräumig und gut ausgestattet, mit ausgezeichneten Bädern; der Preis richtet sich nach der gewählten Unterkunft. Dazu kommen ein netter Patio, eine Dachterrasse und eine der hübschesten Gästeküchen weit und breit.

★ Maya Papaya HOSTEL $

(Karte S. 128; ☎7832-2837; www.mayapapayaantigua.com; 1a Calle Poniente 20; B 100 Q, Zi. mit/ohne Bad 460/370 Q; @📶) Das moderne Maya Papaya ist clever konzipiert und ausgezeichnet auf seine Flashpacker-Klientel eingestellt. Vorn öffnet sich das Hostel hin zu einer kleinen Bar, wo auch das Frühstück eingenommen wird, während sich hinten, wo es ruhiger ist, geräumige Dorms mit allen modernen Annehmlichkeiten befinden, einer gemischt und einer nur für Frauen.

★ Adra Hostel HOSTEL $

(Karte S. 128; www.adrahostel.com; 4a Calle Oriente 15; B 165 Q, B/Zi. mit Frühstück 165/860 Q; 📶)

Das Adra ist eins von mehreren gehobenen Hostels, die in letzter Zeit in Antigua eröffnet haben. Und es ist wirklich klasse: Die im skandinavischen Stil gehaltenen Schlafsäle bieten schön gestaltete, großzügig bemessene Etagenbetten mit Licht und Steckdosen; außerdem gibt's tolle Gemeinschaftsbereiche und einen hübschen Patio mit Lichterketten. Die Bar schließt früh, sodass der Schlaf nicht gestört wird, und im Café-Restaurant wird raffiniertes französisches Essen serviert. In den Privatzimmern haben fünf Personen Platz.

Tropicana Hostel HOSTEL $

(Karte S. 128; ☎7832-0462; www.tropicanahostel.com; 6a Calle Poniente 2; B 80 Q, Zi. mit/ohne Bad 300/200 Q;) In diesem Partyhostel kann man zu jeder Tages- und Nachtzeit einchecken und sich dann zu den jungen Leuten aus aller Welt gesellen, die an der Poolbar abhängen oder vor bunten Wandbildern im Whirlpool planschen. In den gemischtgeschlechtlichen Schlafsälen stehen dreistöckige Etagenbetten mit eingebautem Schließfach, Vorhängen und Steckdosen. Nicht wundern, wenn man an der Rezeption von einer Person in einem regenbogenfarbenen Einhorn-Einteiler empfangen wird!

El Hostal HOSTEL $

(Karte S. 128; ☎7832-0442; www.elhostalbnb.com; 1a Av Sur 8; B/EZ/DZ/3BZ mit Frühstück, ohne Bad 85/200/280/380 Q;) Das nur einen Katzensprung von zahlreichen Cafés und Restaurants entfernte El Hostal ist eine superrelaxte Budgetunterkunft mit einem Hauch Kolonialstil. Den freundlichen kleinen Innenhof mit Café säumt ein halbes Dutzend ordentlicher Zimmer und Schlafsäle mit stabilen Einzel- oder großzügigen Stockbetten und fantasievoll bemalten Wänden. Außerdem gibt's eine blitzsaubere Gästeküche und gute Duschen mit Gasheizung.

Wicho & Charlie's Hostel HOSTEL $

(Karte S. 128; ☎7832-1215; www.facebook.com/wichoandcharlies; B 75–120 Q) Dies ist ein ruhiges Hostel für Outdoortypen, das auch eigene Vulkanwanderungen anbietet. Das nette kleine Hostel hat Betten im Stil eines Kapselhotels, jedes mit Licht und Ventilator, darunter auch einige Doppelbetten. Ebenfalls vorhanden: Whirlpool und Terrasse, eine Küche sowie eine meistens freundliche Katze und ein Hund.

Zoola Antigua HOSTEL $

(Karte S. 128; ☎7832-0364; www.zoolaantigua.wix.com/zoola; 7a Calle Poniente 15; B/Zi. mit Frühstück 75/200 Q;) Auch im kolonialen Ambiente Antiguas geht das Konzept des von Israelis geführten Zoola am Lago de Atitlán auf: Die spärlich eingerichteten Zimmer umgeben einen offenen Innenhof, in dem die Traveller unter regenbogenfarbenen Stoffbahnen chillen oder gesunde orientalische Snacks aus dem hosteleigenen Restaurant (S. 135) verspeisen. Eine weitere Chill-Möglichkeit bietet die spektakuläre Dachterrassenbar mit Whirlpool und Vulkanblick. Hier gibt's eine kleine Partyszene, aber die Anwesenheit von Türstehern hat uns dann doch etwas überrascht.

★ Lo de Bernal B&B $$

(Karte S. 128; ☎7832-3242; www.lodebernal.com; 1a Calle Poniente 23; Zi. 530 Q;) Von der Ritterrüstung in diesem neuen kleinen B&B sollte man sich nicht abschrecken lassen – der Service ist warmherzig und persönlich. Die gemütlichen Zimmer haben hübsche Betten und das Frühstück wird in einer behaglichen Lounge in der Nähe eines plätschernden Brunnens serviert.

Posada de San Carlos HOTEL $$

(Karte S. 128; ☎7832-4698; www.posadadesancarlos.com; 5a Calle Poniente 11; B/EZ/DZ 70/400/500 Q;) Das San Carlos ist eine Bleibe für Leute aus aller Welt. Der Schwerpunkt liegt auf Komfort; die geräumigen Zimmer säumen einen Flur, der sich zu einem hübschen Innenhof mit Brunnen öffnet. Sowohl die Privatzimmer als auch der 7-Bett-Dorm verströmen mit ihren Holzbetten und -truhen Kolonialambiente. Im Café vorn im Haus wird köstliche Naturkost serviert und es werden Fahrräder für Erkundungstouren verliehen.

Posada San Sebastián PENSION $$

(Karte S. 128; ☎7832-2621; www.posadasansebastian.com; 3a Av Norte 4; EZ/DZ 490/570 Q;) Was macht man mit all den Sachen, die man ein Leben lang gesammelt hat? Der Eigentümer der Posada San Sebastián hat die Antwort gefunden: Er hat ein Gästehaus bis unter die Decke mit allen möglichen Kuriositäten und Museumsstücken ausstaffiert, von alten Telefonen und Heiligenfiguren bis zu restaurierten antiken Möbeln. Jedes der neun Zimmer mit großen Bädern samt Badewanne wirkt wie eine Kunstgalerie. Die Posada besitzt eine Dachterrasse und einen hübschen kleinen Hofgarten. Wer sich losreißen kann: Das Haus ist nicht weit weg von der Action am Parque Central.

ABSTECHER

EIN BAUMHAUS BEI ANTIGUA?

Von dem außergewöhnlichen 16-ha-Anwesen auf einer Avocadoplantage hoch oben in den Hügeln oberhalb von Jocotenango eröffnen sich schlichtweg umwerfende Ausblicke auf das Panchoy-Tal und die Vulkane. Die umweltfreundliche **Earth Lodge** (☎5664-0713; www.earthlodgeguatemala.com; B 65 Q, EZ/DZ-Hütte 200/280 Q;) , aufgebaut und betrieben von einem leutseligen nordamerikanischen Paar, bietet jede Menge Aktivitäten wie Wandern, Vogelbeobachtung, Yoga oder Schwitzen im *chuj* (Maya-Sauna). Man kann aber auch einfach in einer Matte abhängen.

Die Unterkünfte befinden sich in reizenden Nurdachhütten, einem 8er-Dorm und zwei fabelhaften Baumhäusern, die stets weit im Voraus ausgebucht sind. Das köstliche Essen kann mit Aussicht genossen werden und ein Teil der Gewinne fließt in die Dorfschule.

Um hierherzukommen, ruft man am besten mindestens einen Tag im Voraus an, um abzuklären, ob jemand von der Lodge einen in Antigua abholen kann (30 Q pro Pers. bei 2 Fahrgästen). Ansonsten fährt montags, donnerstags und samstags mindestens sechsmal am Tag hinter dem Markt in Antigua ein „El Hato"-Bus ab, an den anderen Tagen weniger häufig. Vom Dorf sind es noch 25 Minuten zu Fuß den Berg hinunter; jeder Dorfbewohner kann den Weg weisen – einfach nach „los gringos" fragen! Selbst von der Stelle, wo der Shuttle hält, sind es noch zehn Minuten zu Fuß hinunter zur Lodge – zurück und mit Gepäck dauert es doppelt so lang.

Casa Cristina HOTEL **$$**

(Karte S. 128; ☎7832-0623; www.casa-cristina.com; Callejón Camposeco 3A; EZ/DZ 300/400 Q;) In dem Hotel in einer hübschen Nebenstraße nahe La Merced gibt's nur ein Dutzend Zimmer. Sie sind zwar klein, aber alle mit Tagesdecken, frischen Pastelltönen und gebeiztem Holz hübsch altmodisch eingerichtet. Die Dachterrasse voller Pflanzen ist eine Ruheoase. Für die Zimmer unten mit Fenstern nur nach innen sind manchmal Rabatte erhältlich. *Muy tranquilo*.

Posada Juma Ocag HOTEL **$$**

(Karte S. 128; ☎7832-3109; www.posadajumaocag.com; Calz Santa Lucia Norte 13; Zi. 180–200 Q;) Die sieben blitzsauberen, komfortablen Zimmer dieser Posada verfügen über gute Matratzen und eine traditionelle Einrichtung mit schmiedeeisernen Betten, Schränken und Spiegeln. Den Gästen steht eine Küche zur Verfügung. Trotz der Lage gegenüber vom hektischen Markt ist es hier friedvoll, besonders in den Zimmern oben sowie auf der Dachterrasse und im gepflegten kleinen Garten.

★**Posada del Ángel** BOUTIQUEHOTEL **$$$**

(Karte S. 128; ☎7832-0260; www.posadadelangel.com; 4a Av Sur 24A; Zi./Suite ab 1600/2400 Q;) In dieser Posada entblättert sich hinter einer ganz unscheinbaren Tür Stück für Stück der Luxus. Die fünf Zimmer und zwei Suiten verfügen alle über Kamine, Himmelbetten und glänzende Kachelböden; schön sind auch die frischen Blumen. Das Ganze hat was vom Flair eines Stadthauses in Marrakesch, nicht zuletzt durch den reizenden Minipool.

Casa Santo Domingo Hotel HOTEL **$$$**

(Karte S. 128; ☎7820-1220; www.casasantodomingo.com.gt; 3a Calle Oriente 28A; Zi. ab 1400 Q;) Das raffiniert aus den Überresten des großen Klosters Santo Domingo geschaffene Hotel ist die nobelste Bleibe von Antigua. Die 128 Zimmer und Suiten bieten internationalen 5-Sterne-Standard. Die Außenanlagen mit ihren archäologischen Zeugnissen haben sich ihre koloniale Pracht erhalten; dazu gibt's hier einen großen Pool, mehrere gute Restaurants, fünf Museen und jede Menge Kunst. Den Dominikanermönchen bot sich solch ein Luxus allerdings nie.

Vom Hotel verkehren kostenlose Shuttles nach Santo Domingo del Cerro, einem kürzlich erschlossenen Teil des Komplexes auf einem Hügel Richtung Süden, mit gutem Restaurant, Kunst- und Skulpturengarten und atemberaubenden Ausblicken.

Essen

★**Luna de Miel** CRÊPES **$**

(Karte S. 128; ☎7882-4559; www.lunademielantigua.com; 6a Av Norte 40; Crêpes 34–55 Q; ⌚Mo & Di 10–21.30, Mi–So 9–21.30 Uhr;) Das loungige Luna de Miel bietet Dutzende herzhafte und süße Varianten der klassischen Crêpe – die *chapín*-Variante z. B. ist mit Avocado, Käse und gebratenen Tomaten gefüllt – sowie fabelhafte tropische Smoothies.

Und die mit Bildern von Marilyn Monroe, Yoda und Maradona, die ebenfalls Crêpes verspeisen, verzierte Dachterrasse bietet das ideale Ambiente, um diese Sachen zu verzehren. Am Wochenende muss man sich auf lange Warteschlangen einstellen.

Samsara VEGETARISCH $

(Karte S. 128; ☎7832-2200; 6a Calle Poniente 33; Frühstück 26–38 Q, Salate um 40 Q; ⊙7–22 Uhr; 📶 ✎) Das kleine vegetarische Café mischt Zutaten in Suppen, Salaten und Getränken zu spannenden Kombinationen – wie wär's mit einem Smoothie aus Grünkohl, Erdnussbutter und Avocado? Zum Frühstück gibt's Quinoa-Porridge und Bananen-Amarantsamen-Pfannkuchen, dazu Kaffee aus der Stempelkanne und verschiedenste Tees.

Zoola Antigua ISRAELISCH $

(Karte S. 128; 7a Calle Poniente 15; Salate 45 Q, Sandwiches 35–50 Q; ⊙8–22 Uhr; ✎) Das Restaurant dieses beliebten Hostels wartet mit authentischem Essen aus Israel auf: Falafel, Kebabs und *sabich*-Wraps mit Hummus, Aubergine und Salat. Die Gäste sitzen umgeben von Kissen an niedrigen Kaffeetischen. Freitagabends wird ein Salatbuffet aufgefahren. Von der Bar auf dem Dach bieten sich tolle Vulkanblicke.

Tienda La Canche GUATEMALTEKISCH $

(Karte S. 128; 6a Av Norte 42; Mittagsmenü 25 Q; ⊙7–20 Uhr) Nicht viel mehr als ein Loch in der Wand. Das Restaurant hinter einem Tante-Emma-Laden besteht aus zwei Tischen und einem Gastraum hinter dem Tresen. Es gibt jeden Tag ein paar traditionelle Gerichte, z. B. *pepián de pollo* (herzhafter Hühnereintopf), begleitet von Tortillas. Dazu werden *frescos* gereicht, selbst gepresste Obstsäfte.

Y Tu Piña También SANDWICHES $

(Karte S. 128; 1a Av Sur 10B; Sandwiches & Salate 40–50 Q; ⊙7–19 Uhr; 📶 ✎) Das Naturkostcafé versorgt ausländische Studenten mit gesunder Kost zum Mitnehmen, z. B. leckere Sandwiches mit Vollkorn-Weizenbrot, Pita-Brot oder Bagels sowie Salate. Das Café sperrt schon früh seine Pforten auf und bietet sich daher für ein Frühstück mit Omeletts, Obstsalaten und Bananenpfannkuchen an, gekrönt von hervorragendem Kaffee.

Café Condesa CAFÉ $

(Karte S. 128; ☎7832-0038; www.cafecondesa.com.gt; Portal del Comercio 4; Kuchen & Pasteten 20–26 Q; ⊙So–Do 7–20, Fr & Sa bis 21 Uhr; 📶) Das Café liegt am Innenhof eines Hauses aus dem 16. Jh. nicht weit vom Zentralplatz und erfreut die Kundschaft mit Gebäck wie Pasteten, Kuchen, Quiche und selbst gebackenem Vollkorn-Sandwichbrot. Oder man gönnt sich einen großen gesunden Salat oder einfach nur ein kühles Bierchen. Sonntags gibt's von 9 bis 13 Uhr ein üppiges Buffet (85 Q) – eine echte Institution in Antigua.

Fernando's Kaffee CAFÉ $

(Karte S. 128; ☎7832-6953; www.fernandoskaffee.com; Ecke 7a Av Norte & Callejón Camposeco; Zimtschnecken 10 Q, Empanadas 40 Q; ⊙Mo–Sa 7–19, So 12–19 Uhr; 📶) Das freundliche Eckcafé ist schon lange ein Magnet für Kaffee- und Schokoladenfans. Außerdem gibt's hier gute Backwaren, z. B. herrlich klebrige Zimtschnecken. Hinter dem Tresen verbirgt sich ein einladender Innenhof, wie geschaffen für ein ruhiges Frühstück. Ob sich die Hauskatze jemals vom Tresen wegbewegt, ist nicht sicher – auf jeden Fall kann sie gut Trinkgeld generieren und Streicheleinheiten einheimsen.

Restaurante Doña Luisa CAFÉ $

(Karte S. 128; ☎7832-2578; 4a Calle Oriente 12; Sandwiches & Frühstücks-Hauptgerichte 20–45 Q; ⊙7–21.30 Uhr) Im kolonialen Innenhof des Cafés mit erfrischend einheimischem Flair lässt sich wunderbar ein Frühstück oder eine kleine Mahlzeit genießen. Die Backwaren stammen aus der angeschlossenen Bäckerei, das Bananenbrot kommt jeden Tag gegen 14 Uhr frisch aus dem Ofen.

★Casa Troccoli INTERNATIONAL $$

(Karte S. 128; ☎7832-0516; Ecke 3a Calle Poniente & 5a Av Norte; Hauptgerichte 90–175 Q; ⊙11.45–22 Uhr) Das Restaurant gleich vorn einem Gemischtwarenladen aus dem frühen 20. Jh. – und das war es auch früher einmal –, allerdings ziert die Wände jetzt eine eindrucksvolle Sammlung von Weinflaschen. Inmitten alter Fotos und Bistromöbel kann man hier hervorragende Fisch- und Fleischgerichte genießen, z. B. Lammkarree oder Kanincheneintopf, und dazu passt natürlich bestens eins der guten Tröpfchen.

Die Kundschaft ist eher gutbetucht, doch die große Küche diente nach dem Ausbruch des nahen Volcán Fuego 2018 auch als Stützpunkt eines NGO-Versorgungsprogramms, mit dem jeden Tag über 10 000 Menschen versorgt wurden, die ihr Zuhause verlassen mussten.

★Cactus Taco Bar MEXIKANISCH $$

(Karte S. 128; ☎7832-2163; 6a Calle Poniente 21; Tacos 45–60 Q; ⊙11–23 Uhr) Das bunte Wandbild von Zapata im Stil von Andy Warhol vermittelt eine Idee davon, wie das Restaurant traditionelle und moderne mexikanische Küche kombiniert: Die tollen Salsas werden in kleinen Tonschüsseln serviert. Sehr zu empfehlen sind die Garnelen-Schinken-Tacos. Das Lokal liegt an der Ausgehmeile, folglich lässt sich der Abend prima bei Margarita mit Chilirand oder einer guten Flasche Craft-Bier einläuten.

★ Rincón Típico GUATEMALTEKISCH $$
(Karte S. 128; 3a Av Sur 3; Frühstück 20 Q, Hauptgerichte 30 Q; 7–20 Uhr) Das Hofrestaurant ist immer rappelvoll mit Leuten, die einen Riecher für die guten Sachen des Lebens haben. Morgens ist hier sehr sättigendes guatemaltekisches Frühstück zu haben, später dann etwa über Holzkohle gegartes Huhn mit Knoblauchkartoffeln oder in Paprika und Pfeffer mariniertes Schweinefleisch-*adobado*, serviert an einfachen, langen Tischen von pausenlos beschäftigtem Personal.

★ Fridas MEXIKANISCH $$
(Karte S. 128; 7832-1296; 5a Av Norte 29; Hauptgerichte 75–140 Q; 12–24 Uhr) Das farbenfrohe, immer gut besuchte Restaurant ist der namengebenden Künstlerin gewidmet und wartet mit einer ungeheuren Palette mexikanischer Speisen auf, darunter einige der besten Suppen und Tacos der Stadt. Donnerstag- und freitagabends erklingt Livemusik; oben befindet sich eine quirlige, schwulenfreundliche Bar. Schön ist auch die Plakatkunst unter dem Motto „Frida Kahlo trifft Patti Smith".

El Viejo Café CAFÉ $$
(Karte S. 128; 7832-1576; www.elviejocafe.com; 3a Calle Poniente 12; Frühstück ab 25 Q, Hauptgerichte ab 50 Q; 7–21 Uhr) Das stimmungsvolle Café ist mit seinem alten Trödel bei Touristen genauso beliebt wie bei *chapínes* (Guatemalteken). Hier kann man in einer der Fensternischen toll frühstücken, z. B. frisch gebackene Croissants zum gut gerösteten guatemaltekischen Kaffee.

Caffé Mediterráneo ITALIENISCH $$
(Karte S. 128; 7882-7180; 6a Calle Poniente 6A; Hauptgerichte 90–140 Q; Mi–Sa & Mo 12–15 & 18–22, So 12–16.30 & 19–21 Uhr) Hier gibt's das beste und authentischste italienische Essen in Antigua, in reizendem Kerzenlicht-Ambiente mit erstklassigem Service. Der Küchenchef zaubert aus saisonal erhältlichen Zutaten eine wundervolle Auswahl an Salaten und Pastagerichten sowie feines Carpaccio.

★ Mesón Panza Verde FUSIONSKÜCHE $$$
(Karte S. 128; 7832-2925; www.panzaverde.com; 5a Av Sur 19; Hauptgerichte 150–200 Q; Mo 18–22, Di–So 12–15 & 18–22 Uhr) Was in der Restaurantküche des exklusiven B&B **Mesón Panza Verde** (Zi./Suite ab 950/1700 Q;) mit ansprechendem Antigua-Ambiente gezaubert wird, ist einfach göttlich. Auf der vielfältigen Karte stehen Speisen aus aller Welt, wobei der in Frankreich ausgebildete Küchenchef einen Schwerpunkt auf Meeresfrüchte und Zutaten aus biologischem Anbau legt. Mittwoch- und samstagabends sorgt Livemusik (Jazz, kubanisch) für noch mehr Flair; beliebt ist auch das sonntägliche Brunchbuffet (10–14 Uhr).

Bistrot Cinq FRANZÖSISCH $$$
(Karte S. 128; 7832-5510; www.bistrotcinq.com; 4a Calle Oriente 7; Hauptgerichte 140–220 Q; 12–22.30 Uhr) Das besonders bei älteren in Antigua lebenden Ausländern beliebte Cinq ist eine getreue Nachbildung des Pariser Originals und bietet pikante Salate und klassische Gerichte wie Schnecken und Filet Mignon. Auf einer Schiefertafel sind die Tagesgerichte notiert. Hervorragend ist auch der Sonntagsbrunch (12–17 Uhr).

Ausgehen & Nachtleben

Besonders freitag- und samstagabends tobt in Antigua die Ausgehszene, denn dann strömen jede Menge Leute aus Guatemala-Stadt zum Feiern hierher. Die Restaurants Fridas und Bistrot Cinq sind mindestens ebenso beliebt für ihre Cocktails wie für ihre Küche. Wer früh anfängt, spart: In vielen Kneipen kosten Cuba Libres und Mojitos zwischen 17 und 20 Uhr nur die Hälfte.

★ Antigua Brewing Company BAR
(Karte S. 128; 3a Calle Poniente 4; So–Do 11–22, Fr & Sa 11–1 Uhr) Die Antigua Brewing Company steht mit an der Spitze der guatemaltekischen Craft-Bier-Revolution. Bei einem Fuego IPA oder einem Probierset (75 Q) mit z. B. belgischen Hellen und sämigen Kaffee-Stouts kann man von der Dachterrasse aus wunderbar den Volcán Agua betrachten. Auch andere guatemaltekische Handwerksbrauereien sind vertreten, außerdem gibt es importierte Gerstensäfte und jede Menge andere Getränke sowie Kneipenessen; abends legen DJs auf.

Tabacos y Vinos WEINBAR
(Karte S. 128; 5a Av Norte 28B; 10–23 Uhr) Die kleine, aber perfekt gestaltete Weinbar di-

rekt am Santa-Catalina-Bogen bietet eine umfassende Auswahl. Offene Weine gibt's ab 35 Q; wenn man bei derselben Flasche bleibt, werden weitere Gläser billiger. In der Bar darf nicht geraucht werden, aber sie hat ein umfangreiches Angebot an Zigarren vorrätig. Verkauft auch guatemaltekische Schokolade und Kaffee.

Por Qué No? PUB
(Karte S. 128; ☎4324-5407; www.porquenocafe.com; Ecke 2a Av Sur & 9a Calle Oriente; ⊙Mo–Sa 18–22 Uhr) Dieses alternative Café befindet sich in einer absurd schmalen Ecke eines alten Gebäudes – ins obere Stockwerk hangelt man sich an einem Seil. Von den Deckenbalken hängt alter Plunder und jedes Fitzelchen Fläche ist mit von den Besuchern geschaffenen Graffiti überzogen. Die Stimmung ist relaxt und gesellig und die Gäste stehen allabendlich bis draußen vor die Tür. Wer Hunger hat: Auf der kleinen Karte sind köstliche Gerichte versammelt. Ähnlich herausragend ist auch die Musikauswahl.

El Barrio PUB
(Karte S. 128; ☎5658-9028; 4a Av Norte 3; ⊙16.30–1 Uhr) Die große Kneipe nicht weit vom Parque Central wartet mit langen Sofas, Wandbildern von Literatur- und Sportgrößen und Brettspielen auf. Oben befindet sich eine beliebte, muntere Dachbar. Es werden auch Quizabende veranstaltet und hinten ist ein Tattoostudio angeschlossen – also nicht zu tief ins Glas gucken und dann eventuell mit einem neuen Tattoo aufwachen!

Café No Sé BAR
(Karte S. 128; www.cafenose.com; 1a Av Sur 11C; ⊙14–1 Uhr) Die entspannte kleine Bar ist eine Art lokale Institution: Sie dient als Bezugspunkt für Antiguas blühende Gemeinde junger Burroughs und Kerouacs. Sie ist außerdem das Herz einer lebendigen Musikszene – an den meisten Abenden hört man in irgendeiner Ecke des Raumes Künstler in Aktion. Nicht vergessen, den hauseigenen – legalen – Mezcal zu probieren.

Reilly's en la Esquina IRISH PUB
(Karte S. 128; ☎7832-6251; 6a Calle Poniente 7; ⊙12–0.30 Uhr) Das Reilly's in der wichtigsten Ecke der Ausgehmeile von Antigua platzt am Wochenende aus allen Nähten, wenn sich hier sowohl Guatemalteken als auch Ausländer drängeln. Die große Kneipe besteht aus mehreren Bars – am meisten ist auf dem Innenhof los. Unter der Woche ist es ruhiger: Dann locken der Billardtisch, das Kneipenessen und das Guinness vom Fass die Stammgäste an. Besonders gut ist es hier, wenn eine große Sportveranstaltung stattfindet.

> **LGBTIQ+ IN ANTIGUA**
>
> Antigua weist inzwischen eine Weltläufigkeit und Toleranz auf, die mit der anderer ähnlich großer Städte im Land nicht zu vergleichen ist. Jedes Jahr im Juni finden hier Pride-Veranstaltungen statt und es gibt eine bunte Ausgehszene. Besonders schwulenfreundlich sind das Restaurant **Fridas**, wo an jedem letzten Samstag des Monats eine Schwulentanzparty mit DJs stattfindet, und der Tanzclub **Las Vibras de la Casbah** (Karte S. 128; ☎3141-5311; www.lasvibrasantigua.com; 5a Av Norte 30; ⊙Mi–Sa 17–1 Uhr).

Shoppen

Web- und Lederwaren, Kunstschmiedearbeiten, Gemälde und Jadeschmuck zählen zu den Dingen, nach denen man in den Geschäften und auf den Märkten in Antigua Ausschau halten kann. Wer traditionelle Stoffe sucht, sollte sich zuerst in der **Casa del Tejido Antiguo** (☎7832-3169; www.casadeltejido.org; 1O Av 4-16, San Antonio Aguas Calientes; 15 Q; ⊙Mo–Fr 9–17, Sa bis 16 Uhr) informieren und sich dann bei **Nim Po't** (Karte S. 128; ☎7832-2681; www.nimpotexport.com; 5a Av Norte 29; ⊙So–Do 9–21, Fr & Sa bis 22 Uhr) oder auf den großen Kunstgewerbemärkten beim Busbahnhof und neben der Iglesia El Carmen umschauen.

Mercado del Carmen KUNSTHANDWERK
(Karte S. 128; Ecke 3a Calle Oriente & 3a Av Norte; ⊙9–18 Uhr) Auf dem ausgezeichneten Markt neben der Ruine der Iglesia El Carmen kann man gut nach Textilien, Töpferwaren und Jade stöbern, besonders am Wochenende, wenn auch auf der 3a Avenida Norte Stände aufgebaut sind. Drinnen präsentiert sich ein wahres Labyrinth aus Verkaufsständen, sodass man vielleicht etwas Zeit braucht, um das gesuchte Schätzchen zu finden.

Markt MARKT
(Karte S. 128; Calz de Santa Lucía Sur; ⊙Mo, Do & Sa 6–18, Di, Mi & Fr 7–18, So 7–13 Uhr) Antiguas Markt – chaotisch, bunt und immer voll – erstreckt sich nördlich der 4a Calle Poniente. Die besten Tage sind die offiziellen Markt-

tage Montag, Donnerstag und besonders Samstag: Dann kommen die Dorfbewohner aus der Umgebung und präsentieren nördlich und westlich des Hauptmarktgebäudes ihre Angebote. Am Eingang zum Markt herrschen Touristensachen vor; das Alltagsgeschäft spielt sich erst weiter drinnen ab.

La Casa del Jade SCHMUCK

(Karte S. 128; www.lacasadeljade.com; 4a Calle Oriente 10; ⌚9–18 Uhr) Die Casa del Jade ist nicht nur ein Schmuckgeschäft, sondern hat auch ein kleines Museum mit Dutzenden präkolumbischen Jadestücken sowie eine offene Werkstatt, in der man die Arbeiten zeitgenössischer Kunsthandwerker bewundern kann. Im Einkaufszentrum Casa Antigua El Jaulón.

ℹ Orientierung

Den Mittelpunkt Antiguas bildet der Parque Central (S. 125); nur wenige Stellen der Stadt sind weiter als eine Viertelstunde zu Fuß von hier entfernt. An die durchnummerierten Calles und Avenidas werden Himmelsrichtungen angehängt: *norte* (nördlich), *sur* (südlich), *poniente* (westlich) oder *oriente* (östlich) vom Parque Central.

Die drei Vulkane dienen als praktische Orientierungspunkte. Der Volcán Agua liegt südlich der Stadt und ist von den meisten Punkten aus sichtbar; der Volcán Fuego und der Volcán Acatenango erheben sich im Südwesten – der Acatenango ist der nördlichere der beiden.

Ein weiterer guter Orientierungspunkt ist der Arco de Santa Catalina (S. 126): Der Bogen überspannt zweieinhalb Querstraßen nördlich des Parque Central auf dem Weg zu La Merced die 5a Avenida Norte.

ℹ Praktische Informationen

GEFAHREN & ÄRGERNISSE

➜ Normalerweise kann man sich bei einem Spaziergang durch Antigua sicher fühlen, doch auch hier gibt's Straßenkriminalität, sodass man dennoch wachsam bleiben und nicht mit Bündeln Bargeld oder seinem Smartphone herumwedeln sollte. Dies gilt besonders, wenn die Bars nach 1 Uhr morgens schließen. Nach 22 Uhr sollte man besser mit dem Taxi zurück in die Unterkunft fahren.

➜ Taschendiebe gehen ihrem Gewerbe auf dem geschäftigen Markt nach und machen an Zahltagen zur Monatsmitte und am Monatsende Überstunden. Im Dezember (Weihnachtsgeld) schwappt eine weitere Raubwelle durch die Stadt.

➜ Auch auf einigen abgelegeneren Wanderwegen kam es bereits zu Überfällen, aber seit die Polizeistreifen erhöht wurden, hat die Zahl dieser Zwischenfälle abgenommen. Wer plant, auf eigene Faust zu wandern, sollte sich voraus bei **Proatur** (☎5578-9835; operacionesproatur@inguat.gob.gt; 6a Calle Poniente Final; ⌚24 Std.) über die aktuelle Lage informieren.

GELD

Die folgenden Banken rund um den Parque Central wechseln US-Dollars und Euros und haben Geldautomaten für Visa und MasterCard:

Bac Credomatic (Portal del Comercio, am Parque Central)

Banco Agromercantil (4a Calle Poniente 8; ⌚Mo–Fr 9–19, Sa & So bis 17 Uhr)

Banco Industrial (5a Av Sur 4; ⌚Mo–Fr 9–[illegible] Sa bis 13 Uhr)

Citibank (Ecke 4a Calle Oriente & 4a Av Norte; ⌚Mo–Fr 9–16.30, Sa 9.30–13 Uhr)

MEDIEN

Das kostenlose englischsprachige *Revue Magazine* (www.revuemag.com) enthält recht gute Informationen zu kulturellen Veranstaltungen und ist überall erhältlich.

MEDIZINISCHE VERSORGUNG

Farmacia Cruz Verde Ivori (☎7832-8318; 7a Av Norte; ⌚24 Std.) Praktisch gelegene Apotheke; einige Mitarbeiter sprechen Englisch.

Hospital Nacional Pedro de Bethancourt (☎7831-1319; ⌚24 Std.) Öffentliches Krankenhaus in San Felipe, 2 km nördlich des Zentrums, mit Notaufnahme.

Hospital Privado Hermano Pedro (☎7790-2000; www.hospitalhermanopedro.net; Av de la Recolección 4; ⌚24 Std.) Das Privatkrankenhaus hat eine 24-Stunden-Notaufnahme und akzeptiert auch ausländische Versicherungen.

NOTFALL

Feuerwehr (Bomberos Voluntarios)	☎7832-0234
Krankenwagen	☎125
Polizei	☎120
Touristenpolizei	☎1500 oder ☎2421-2810

TOURISTENINFORMATION

INGUAT Die Touristeninformation hat kostenlose Stadtpläne, Businformationen und hilfsbereite, zweisprachige Mitarbeiter.

Proatur Die Organisation zur Unterstützung von Touristen hat ihren Hauptsitz im Westen der Stadt, drei Querstraßen südlich vom Markt. Sollte man Opfer eines Verbrechens werden, wird man zur Nationalpolizei begleitet und bei der Abwicklung der Formalitäten unterstützt inklusive Übersetzung falls nötig. Bei recht-

BUSSE AB ANTIGUA

ZIEL	PREIS (Q)	DAUER	ABFAHRTEN	ANMERKUNGEN
Chimaltenango	5	30 min.	alle 10 Min.	
Ciudad Vieja	5	15 min.	alle 15 Min.	Einen Bus nach San Miguel Dueñas nehmen
Escuintla	10	1 Std.	alle 20 Min.	
Guatemala-Stadt	10	1 Std.	7–20 Uhr alle 15 Min.	Außerdem verkehrt ein Pullman-Bus (60 Q; 9.30 & 16 Uhr) von **Litegua** (Karte S. 128; ☎ 7832-9850; www.litegua.com; 4a Calle Oriente 48) vom Büro des Unternehmens am Ostrand der Stadt.
Panajachel	45	2½ Std.	1-mal tgl. um 7 Uhr	Der Bus von **Transportes Rebulli** (Karte S. 128) fährt von der Panadería Colombia an der 4a Calle Poniente, einen halben Block östlich vom Markt (S. 137).
San Antonio Aguas Calientes	5	20 min.	alle 10 Min.	

zeitiger Anmeldung kann auch eine Eskorte für Selbstfahrer gestellt werden, die auf potenziell gefährlichen Strecken die Stadt verlassen.

ℹ Anreise & Unterwegs vor Ort

BUS

Busse (Karte S. 128; Ecke 5a Calle Poniente & Calle de Recoletos) aus Guatemala-Stadt, Ciudad Vieja und San Miguel Dueñas kommen gegenüber vom Mercado de Artesanías in einer Straße gleich südlich des Marktes an und fahren dort auch ab.

Antigua liegt abseits der wichtigsten Fernstraßen. Für die meisten Verbindungen muss man deshalb erst die nahen Knotenpunkte Chimaltenango oder Escuintla ansteuern und dort umsteigen. Busse in diese Städte starten am **Hauptbusbahnhof** (Karte S. 128; Av de la Recolección).

Ins Hochland (z. B. nach Chichicastenango, Quetzaltenango oder Huehuetenango) nimmt man einen der vielen Busse nach Chimaltenango an der Interamericana und steigt dort um. Vom selben Busbahnhof fahren auch Busse nach Escuintla: Dort kann man in Busse zu allen Zielen an der Carretera al Pacifico umsteigen.

Wer in eines der umliegenden Dörfer fahren möchte, sollte sich am besten frühmorgens auf den Weg machen und nachmittags zurückkommen – abends verkehren nur noch sehr wenige Busse.

SHUTTLE-MINIBUS

Antiguas zahlreiche Reisebüros sowie alle Hotels und Hostels verkaufen Fahrkarten für Touristen-Shuttles. Diese kosten mehr als herkömmliche Busse, dafür sind sie aber komfortabel und umfassen einen praktischen Tür-zu-Tür-Service. Bei der Abfahrt aus Antigua können die Shuttles allerdings manchmal eine ganze Stunde durch die Stadt kurven, um Fahrgäste einzusammeln.

Es werden alle nur erdenklichen Touristenziele angesteuert. Einige Preisbeispiele (einfache Fahrt): Guatemala-Stadt (80 Q, 1 Std.), Panajachel (80 Q, 2 Std.), Quetzaltenango (175 Q, 4 Std.), San Pedro La Laguna (80 Q, 2 Std.), El Paredón (100 Q, 2 Std.), Monterrico (100 Q, 2 Std.) und Cobán (125 Q, 3 Std.); außerdem geht's zum Flughafen (80 Q, 1 Std.).

Über die Grenze verkehren Minibusse z. B. nach Copán (Honduras), San Cristóbal de Las Casas (Mexiko) und Belize City.

TAXI & TUK-TUK

Taxis und Tuk-Tuks warten an der Ostseite des Parque Central und dort, wo die Busse aus Guatemala-Stadt anhalten. Eine Fahrt im Taxi kostet innerhalb der Stadt etwa 25 bis 30 Q, im Tuk-Tuk um die 5 bis 15 Q. Tuk-Tuks sind im Stadtzentrum nicht erlaubt; man muss sich ein paar Blocks aus der Innenstadt entfernen, um eines zu finden. Außerdem stellen sie um 20 Uhr den Betrieb ein.

DAS HOCHLAND

Das Hochland – El Altiplano – erstreckt sich von Antigua bis zur mexikanischen Grenze und ist Guatemalas spektakulärste Region. Die Maya-Kultur ist hier ausgeprägter als im Rest des Landes. Über ein Dutzend unterschiedliche Ethnien siedeln in dieser Region, jede davon mit eigener Sprache und

Kleidung. Hier treffen die indigenen Traditionen am augenfälligsten auf die spanischen: Nicht selten kann man sehen, wie vor oder sogar in Kolonialkirchen Maya-Rituale vollzogen werden.

Die meisten Reisenden verbringen etwas Zeit am von Vulkanen gesäumten und umwerfend schönen Lago de Atitlán. Von hier ist es nicht weit nach Chichicastenango mit seinem spektakulären Wochenmarkt. Westlich vom See liegt die zweitgrößte Stadt Guatemalas, das relaxte Quetzaltenango. Richtung Norden erstrecken sich die Cuchumatanes, wo das Leben der Mayas inmitten malerischer Dörfer und fantastischer Berglandschaften seinem eigenen Rhythmus gehorcht. Für Wanderer ist dies das gelobte Land.

Lago de Atitlán

Der amerikanische Entdeckungsreisende John L. Stephens beschrieb in seinem Buch *Incidents of Travel in Central America* den Lago de Atitlán im 19. Jh. als „das großartigste Schauspiel, das wie je gesehen haben" – und er hatte schon viel gesehen! Heute schwärmen sogar abgebrühteste Globetrotter von dieser unglaublichen Landschaft. Über die aquamarinfarbene Oberfläche des Sees schippern rustikale Fischerboote, fruchtbare Hügel schmücken die Szenerie und über allem erheben sich die Vulkane und verleihen der gesamten Region eine geheimnisvolle Schönheit. Beim zweiten Anblick sieht hier nie etwas aus wie beim ersten Mal. Es ist daher kein Wunder, dass sich viele Auswärtige in diesen Ort verliebt und sich hier niedergelassen haben.

Der wichtigste Ort am See ist Panajachel und dies ist für die meisten Reisenden auch der erste Anlaufpunkt. Santiago Atitlán wartet mit einer stark ausgeprägten indigenen Identität auf, San Pedro La Laguna gilt als Backpacker-Partyzentrum, San Marcos La Laguna ist ein Magnet für New-Age-Jünger und Santa Cruz La Laguna und Jaibalito, näher an Panajachel gelegen, zählen zu den idyllischsten und malerischsten Orten am See.

An- & Weiterreise

Panajachel, das Tor zum Lago de Atitlán, ist von der Interamericana leicht mit dem Bus oder Shuttle zu erreichen, entweder direkt oder mit Umsteigen an der Kreuzung La Cuchilla unmittelbar westlich von Los Encuentros. Außerdem fahren Shuttles von Antigua und El Paredón nach San Pedro La Laguna und es gibt Direktbusse von Quetzaltenango nach San Pedro La Laguna.

Die Orte am See lassen sich am schnellsten und einfachsten per *lancha* (Motorboot) erreichen; einige Orte sind aber auch per Straße miteinander verbunden.

Panajachel

14 950 EW. / 1584 M

Panajachel („Pana") ist die geschäftigste und wohl auch am meisten zugebaute Siedlung am Seeufer und für die meisten Reisenden das Tor zum Lago de Atitlán. Wer die Hauptstraße, die Calle Santander, mit all ihren Reisebüros, Kunstgewerbehändlern und lauten Kneipen entlangschlendert und dabei immer versuchen muss, den knatternden Tuk-Tuks aus dem Weg zu gehen, kann schnell den Eindruck gewinnen, dass hier ein Paradies im Trubel versunken ist.

Man muss jedoch nur einen Abstecher zum Seeufer machen, um daran erinnert zu werden, warum Pana so viele Besucher anzieht. Dank des umwerfenden Vulkanpanoramas, einer ausgezeichneten Verkehrsanbindung, der zahlreichen Unterkünfte und unterschiedlichsten Restaurants sowie eines pulsierenden Nachtlebens steht die Stadt bei Wochenendurlaubern aus ganz Guatemala hoch im Kurs.

Pana ist ein überraschend kosmopolitisches Fleckchen in einem ansonsten abgeschiedenen ländlichen Umfeld. Insgesamt ist das kein schlechter Einstieg in die Welt des Atitlán – doch die meisten Reisenden ziehen schon bald wieder weiter, um die Schönheit des Sees anderswo wirklich auszukosten.

Sehenswertes & Aktivitäten

Die Umgebung des Lago de Atitlán ist mit ihren Hügeln und Tälern ein Paradies für Radler und Wanderer. Bevor man sich auf den Weg macht, sollte man sich jedoch bei Proatur (S. 147) über die aktuelle Sicherheitslage informieren und auch unterwegs immer mal wieder nachfragen. Mehrere Veranstalter im Ort bieten Besteigungen des Volcán San Pedro für etwa 700 Q pro Person an, inklusive Bootstransfer, Taxi zum Ausgangspunkt der Wanderung, Eintrittsgebühren und Guide. Paddleboards verleiht **Pana Surf** (Karte S. 142; 100 Q pro Std.).

★ Reserva Natural Atitlán PARK
(☎ 7762-2565; www.atitlanreserva.com; Erw./Kind 50/25 Q; ⌚ 8–17 Uhr) Bei dem Schutzgebiet 200 m hinter dem Hotel Atitlán am nördlichen Ortsrand handelt es sich um eine ehe-

Lago de Atitlán

malige Kaffeeplantage, die sich die Natur zurückerobert. Sie ist gut im Rahmen eines Spaziergangs oder einer Radtour zu erreichen. Den Hauptweg kann man gemütlich in einer Stunde entlangschlendern: Er führt über Seilbrücken zu einem Wasserfall, dann hinunter zu einer Plattform, von der aus man Klammeraffen beobachten kann.

Außerdem sollte man *pisotes* (Nasenbären) zu Gesicht bekommen, Verwandte des Waschbären mit langer Schnauze und pelzigem Schwanz. Das Schutzgebiet umfasst auch einen Schmetterlingspark und einen Kräutergarten, ein Infozentrum, eine kleine Kaffeeplantage und eine Voliere. Für Wagemutige gibt's mehrere Seilrutschen über Schluchten und Wald – die längste ist fast 1 km lang!

RealWorld Paragliding PARAGLIDING
(Karte S. 142; ☎5634-5699; www.realworldparagliding.jimdo.com; Calle Santander, Centro Comercial San Rafael; Tandemflüge 700 Q) Der See ist ein Zentrum für Paragliding-Fans und RealWorld Paragliding hat Tandemflüge im Angebot. Die Passagiere sitzen dabei in Segeltuchsitzen, die am Gurtgeschirr des Piloten befestigt sind, sodass sie fotografieren oder einfach das herrliche Panorama genießen können.

Roger's Tours ABENTEUERSPORT
(Karte S. 142; ☎7762-6060; www.rogerstours.com; Calle Santander; Leihräder 35/170 Q pro Std./Tag) Roger's Tours bietet gute Mountainbikes für 35/170 Q pro Stunde/Tag an und veranstaltet eine Reihe von Radtouren (450 Q pro Pers. inkl. Helm, Führer und Mittagessen). Eine Tour führt per Boot von Panajachel nach Tzununá, dann über eine unbefestigte Straße Richtung Westen nach San Marcos La Laguna und von dort auf einer Straße nach San Pedro La Laguna; schließlich geht's per Boot wieder zurück nach Pana. Roger's Tours hat außerdem Vulkanwanderungen, Ausritte zu Pferd und Kajaktouren auf dem See im Programm.

Panajachel

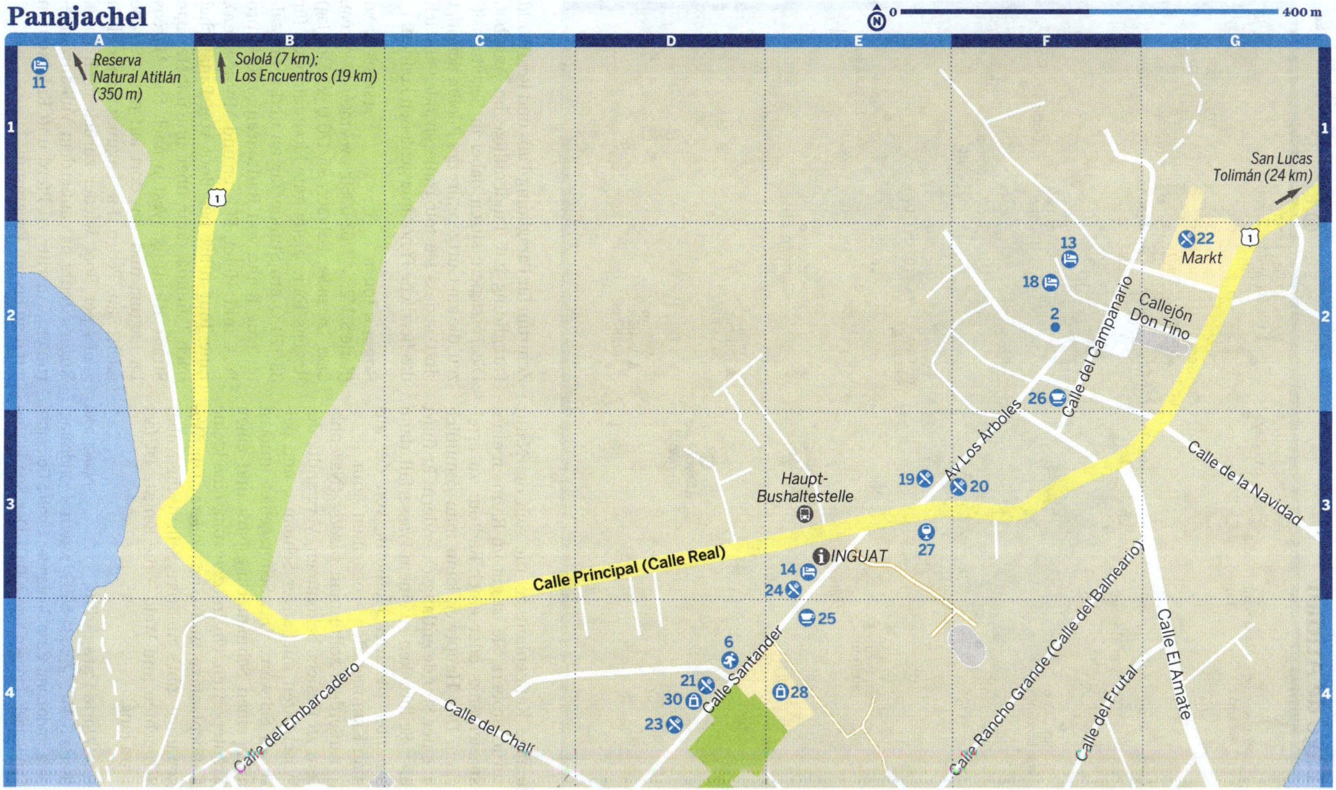
0
400 m
A
B
C
D
E
F
G
1
2
3
4
11
Reserva Natural Atitlán (350 m)
Sololá (7 km); Los Encuentros (19 km)
1
San Lucas Tolimán (24 km)
22
Markt
13
18
2
Callejón Don Tino
Calle del Campanario
26
Av Los Árboles
19
20
Calle de la Navidad
Haupt-Bushaltestelle
27
INGUAT
Calle Principal (Calle Real)
14
24
25
6
21
30
23
28
Calle Santander
Calle del Embarcadero
Calle del Chalí
Calle Rancho Grande (Calle del Balneario)
Calle del Frutal
Calle El Amate

Jenna's River B&B (1,6 km); Santa Catarina Palopó (4 km); San Antonio Palopó (7 km)
Av El Tzala
Calle del Río
Río San Francisco
JUCANYÁ
Calle del Frutal
Calle Chinimaya
Calle del Río
Calle 14 de Febrero
Callejón Los Quenun
Calle Rancho Grande (Calle del Balneario)
Calle 15 de Febrero
Calle Ramos
Calle del Lago
Calle de las Buenas Nuevas
Calle Monte Rey
Calle Santander
Playa Pública
Calle Monte Rey
Embarcadero Tzanjuyú
Boote nach Santa Cruz, Jaibalito, La Laguna, La Marcos La Laguna, San Pedro La Laguna
Lago de Atitlán
Boote nach Santiago Atitlán

Panajachel

Sehenswertes

1 Casa Cakchiquel ... D5

Aktivitäten, Kurse & Touren

2 Jabel Tinamit ... F2
3 Jardín de América ... C5
4 Pana Surf ... C5
5 Posada Los Encuentros ... G5
6 RealWorld Paragliding ... D4
7 Roger's Tours ... C6

Schlafen

8 Casa Texel ... D7
9 Dreamboat Hostel ... C5
10 Hospedaje Sueño Real ... D7
11 Hotel Atitlán ... A1
12 Hotel Larry's Place ... D5
13 Hotel Montana ... F2
14 Hotel Primavera ... E3
15 Hotel Utz-Jay ... D6
16 Mario's Rooms ... D5
17 Posada de los Volcanes ... C6
Posada Los Encuentros ... (s. 5)
18 Villa Lupita ... [illegible]

Essen

19 Chero's Bar ... [illegible]
Chez Alex ... (s. 14)
20 Circus Bar ... [illegible]
21 El Patio ... [illegible]
22 Fuentes de Vida ... [illegible]
23 Guajimbo's ... [illegible]
24 Mister Jon's ... [illegible]
Restaurante Hana ... (s 1[illegible]

Ausgehen & Nachtleben

25 Café Loco ... [illegible]
26 Crossroads Café ... F2
27 La Palapa ... E3

Shoppen

28 Comerciales de Artesanías Típicas Tinamit Maya ... E4
29 Libros del Lago ... C5
30 Oxlajuj B'atz' ... D4

Kurse & Geführte Touren

Auch in Panajachel besteht die Möglichkeit Spanisch zu lernen. Zwei gut geführte Schulen sind **Jardín de América** (Karte S. 142; ☎7762-2637; www.jardindeamerica.com; Calle del Chalí) und **Jabel Tinamit** (Karte S. 142; ☎7762-6056; www.jabeltinamit.com; Ecke Avenida de Los Árboles & Callejón Las Armonías; 980 Q pro Woche, Unterbringung in einer Gastfamilie 650 Q pro Woche zusätzlich). Erstere Schule liegt inmitten üppiger Gärten, letztere im Stadtzentrum. Ein Kurs mit täglich vierstündigem Einzelunterricht an fünf Tagen in der Woche kostet etwa 1600 Q pro Woche, die Unterkunft bei einer Familie vor Ort ist im Preis enthalten.

Posada Los Encuentros TOUREN
(Karte S. 142; ☎7762-2093; www.losencuentros.com; Callejón Chotzar 0-41) Bietet halb- und ganztägige Bildungstouren zu Dörfern am See mit Schwerpunkt auf Themen wie Maya-Heilkunst, Tz'utujil-Ölmalerei und Bio-Kaffeeanbau. Der Guide Richard Morgan hat sich ausgiebig mit der Geschichte und Kultur der Mayas befasst und ist schon lange am See ansässig. Es werden auch Wanderungen und Vulkanbesteigungen angeboten.

Schlafen

★ **Dreamboat Hostel** HOSTEL $
(Karte S. 142; ☎7762-2530; http://dreamboathostel.com; Calle Santander; B 65 Q, DZ ohne Bad 175–225 Q) Bei unserem Besuch war die Farbe an den Wänden noch kaum getrocknet, aber schon hatte sich das Hostel einen guten Ruf erworben. Dank der hellen 4er-Dorms (gemischt oder nur für Frauen) wird's nicht zu eng. Es gibt auch ein paar luftige Privatzimmer, eins davon mit Balkon, und eine gut ausgestattete Küche. Auf der Dachterrasse und in der Loungebar kann man tagsüber schön chillen und abends gut feiern.

Villa Lupita HOTEL $
(Karte S. 142; ☎5054-2447; Callejón Don Tino; EZ/DZ 75/150 Q, ohne Bad 50/100 Q) Das familiengeführte Lupita ist eine preiswerte Option in der Innenstadt. Es liegt abseits des Touristenstroms und blickt auf eine Plaza unterhalb der Kirche. Die Unterkunft ist schlicht, aber gepflegt. Aufgelockert wird das Ganze durch Kunst aus San Juan und einen blumengeschmückten Patio mit Mosaiken aus zerbrochenen Kacheln.

Mario's Rooms HOTEL $
(Karte S. 142; ☎7762-1313; Calle Santander; EZ/DZ mit Frühstück 150/230 Q; 📶) Die Zimmer des an der Hauptstraße von Pana gelegenen Mario's verteilen sich auf zwei Etagen an einem Innenhof voller Pflanzen. Das Haus liegt mitten im Trubel, schafft es aber trotzdem, eher ruhig zu sein. Die Mitarbeiter sind sehr hilfsbereit.

Hospedaje Sueño Real HOTEL $
(Karte S. 142; ☎7762-0608; hotelsuenorealpana@hotmail.com; Calle Ramos; EZ/DZ ab 150/1[illegible] Q;

(P @ wifi) Das Sueño Real ist eine gute Budgetunterkunft an der Playa Pública. Es bietet fröhlich gestaltete, jedoch eher kleine Zimmer mit Fernseher und Ventilator. Am besten sind die 3-Bett-Zimmer oben, die sich auf eine mit Pflanzen geschmückte Terrasse mit Seeblick öffnen.

Hotel Larry's Place HOTEL $

(Karte S. 142; ☎7762-0767; www.hotellarrysplace.com; Calle 14 de Febrero; EZ/DZ/3BZ 125/150/200 Q; P) Larry's Place liegt zentral, aber abseits der Straße hinter einer grünen Mauer aus Pflanzen. Es vermietet großzügige, kühle Zimmer in Waldumgebung. Die traditionellen Stoffe sind geschmackvoll und es gibt hohe Decken und einladende Balkone. Ruhig und mit tollem Preis-Leistungs-Verhältnis.

Jenna's River B&B B&B $$

(☎5458-1984; www.jennasriverbedandbreakfast.com; Calle Rancho; DZ ab 560 Q; Nichtraucher, wifi) Im Jenna's unmittelbar vor den Toren von Pana fühlen sich die Gäste gleich zu Hause. Geboten werden sieben unterschiedlich eingerichtete Jurten mit Bad, nachts beleuchtet vom Sternenhimmel. Jenna und ihre Hunde heißen Reisende in ihrem tropisch üppigen Garten samt Pavillon willkommen. Zum Frühstück reicht Jenna ihr selbstgebackenes Brot und Marmelade aus Eigenproduktion. Wer sich für die Kunst, Antiquitäten und Stoffe in den Zimmern begeistert, kann Ähnliches im benachbarten Laden erstehen.

Posada Los Encuentros LODGE $$

(Karte S. 142; ☎7762-1603; www.losencuentros.com; Callejón Chotzar 0-41; EZ/DZ mit Frühstück ab 300/340 Q; wifi) Unmittelbar auf der anderen Flussseite liegt dieses „ökokulturelle" B&B mit sieben gemütlichen Zimmern in einem relaxten Haus mit vulkanisch beheiztem Whirlpool, Heilkräutergarten, Sonnenterrasse und Fitnesscenter. Eigentümer Richard Morgan teilt mit seinen Gästen gern sein enzyklopädisches Wissen über den See und bietet Touren in die Umgebung.

Hotel Utz-Jay HOTEL $$

(Karte S. 142; ☎7762-0217; www.hotelutzjay.com; Calle 15 de Febrero 2-50; EZ/DZ/3BZ ab 225/360/495 Q; P wifi) Diese acht Häuschen stehen inmitten eines üppigen Gartens voller Helikoniengewächse, Feuerranken und Farne – hier sind schon 46 Vogelarten gesichtet worden. Die Zimmer sind mit traditionellen Stoffen geschmückt und haben vorne behagliche Veranden. Auf Wunsch gibt's gutes Frühstück, außerdem ein *chuj* (traditionelle Maya-Sauna).

Hotel Montana HOTEL $$

(Karte S. 142; ☎7762-0326; atitlanhotelmontana@hotmail.com; Callejón Don Tino; EZ/DZ 180/300 Q; P wifi) Das Montana liegt an einer Gasse nahe der Kirche und ist ein altmodisches Hotel mit einfachen Zimmern und wundervollen Balkonen voller Pflanzen. Die Zimmer im oberen Stock bieten tolle Ausblicke auf die Berge.

Posada de los Volcanes HOTEL $$

(Karte S. 142; ☎7762-0244; www.posadadelosvolcanes.com; Calle Santander 5-51; EZ/DZ ab 380/450 Q; wifi) Das Hotel im Chaletstil hat hübsche, mit Kiefernholz verkleidete Zimmer. Im vierten Stock gibt's eine eigene private Terrasse, ideal zum Entspannen bei einem Cocktail und zum Genießen des Ausblicks auf den See. Das im Preis inbegriffene Frühstück umfasst frisch gepresste Säfte und hausgemachte Marmeladen.

★ **Hotel Atitlán** HISTORISCHES HOTEL $$$

(Karte S. 142; ☎7762-1441; www.hotelatitlan.com; Finca San Buenaventura; Zi. mit Frühstück ab 1400 Q; P @ wifi Pool) Das Anwesen beherbergte im 20. Jh. zumeist eine Kaffeeplantage und wurde in den 1970er-Jahren in eines der hübschesten Hotels in Pana verwandelt. Das große, halbkoloniale Haus am Seeufer 1,5 km nordwestlich des Ortszentrums ist von gepflegten tropischen Gärten umgeben.

Die 60 Zimmer verfügen alle über Balkone raus zum See; das Dekor besteht aus religiösen Motiven, Holzschnitzereien und Schmiedeeisen. Dank Restaurant, Bar und Pool mit grandiosem Vulkanblick möchte man das Anwesen gar nicht verlassen – höchstens in einem der Kajaks des Hotels.

Casa Texel HOTEL $$$

(Karte S. 142; ☎7762-2076; www.casatexel.com; Calle Rancho Grande; EZ/DZ/3BZ mit Frühstück 480/850/1250 Q; P wifi) Das Hotel eine Straße vom Seeufer ist eine elegante Anlage mit einer guten Dosis indigenem Stil. Die Zimmer auf drei Etagen haben Backsteinbalkone mit Terrassen am Ende und Seeblick allerorten. Die Einrichtung ist modern, mit bunten Bettdecken, hübschen Kacheln, gusseisernen Elementen und alten Fotos. Man kann Fahrräder ausleihen oder auch im Spa relaxen.

Essen

Die Calle Santander säumen zahlreiche Restaurants sowie am späten Nachmittag und am Abend Taco-Stände und andere billigen Straßenküchen. Am Südende der Calle del Lago, am Seeufer, stehen zahlreiche Palmblattdachrestaurants. In allen werden *mojarra* (Brasse) und Forellenbarsch aus dem See serviert.

★Circus Bar ITALIENISCH

(Karte S. 142; ☎7762-2056; Av Los Árboles; ⊙12–24 Uhr) Hinter den Saloon-Schwingtüren überrascht die Circus Bar mit Varieté-Atmosphäre. Jeden Abend wird von 19.30 bis 22.30 Uhr Livemusik geboten. Es gibt gute Pizza und noch bessere Pasta sowie eine ansehnliche Auswahl an Weinen und importierten Spirituosen. Flamenco, Folk oder Marimbas passen bestens zum gemütlichen Ambiente.

★El Patio GUATEMALTEKISCH $$

(Karte S. 142; ☎7762-2041; Plaza Los Patios, Calle Santander; Hauptgerichte 30–60 Q; ⊙7–21.30 Uhr) Die Einheimischen kommen gern zum Mittagessen her: Die Terrasse bietet sich wunderbar als Treffpunkt an. Wenn möglich, sollte man das El Patio montagmittags besuchen und den *caldo de res* (Rindfleischsuppe) probieren, der mit allem Drum und Dran serviert wird.

Chero's Bar SALVADORIANISCH $

(Karte S. 142; Av Los Árboles; pupusas 10 Q; ⊙Di–Sa 12.30–1 Uhr) In dem im Ausgehviertel gelegenen Chero's kann's ziemlich lebhaft zugehen: Während draußen die Tuk-Tuks vorbeiknattern, drängen sich drinnen die Biertrinker an einfachen Holztischen. Das salvadorianische Personal serviert *pupusas*, entweder ohne alles oder gefüllt mit Sachen wie *güicoy* (eine Kürbisart) oder dem spinatähnlichen Kraut *chipilín*, und dazu wie üblich sauer eingelegten Kohl und Salsa.

Fuentes de Vida GUATEMALTEKISCH $

(Karte S. 142; Markt; Mittagessen 20 Q; ⊙7.30–16 Uhr) Dies ist der größte einer Reihe von recht rustikalen Essensständen hinter dem Marktgebäude, in der Nähe der Schweinefleischstände. Es werden täglich ein halbes Dutzend Menüs geboten, allesamt mit Bohnen, Tortillas und einer feurigen Salsa aus getrockneten roten Chilis.

Mister Jon's AMERIKANISCH $$

(Karte S. 142; ☎4710-8697; www.mister-jon.com; Calle Santander; Frühstück 35–50 Q; ⊙Di–So 7–22 Uhr; 📶) Hier werden alle aus einem amerikanischen Diner bekannten Leckereien geboten wie Buttermilch-Pfannkuchen, tolle Omeletts mit *hash browns* (Rösti-Ecken) oder *country biscuits* (Brötchen im Landstil) sowie Kaffee bis zum Abwinken, und zwar guten guatemaltekischen. Aber das Lokal ist kein Ausländerghetto – auch *chapines* (Guatemalteken) mit US-Erfahrung fühlen sich hier wohl. Mister Jon's wartet außerdem mit jeder Menge Steckdosen auf – toll für Leute, die mit ihrem Laptop unterwegs sind.

Restaurante Hana JAPANISCH $$

(Karte S. 142; ☎4298-1415; www.restaurantehana.com; Calle 14 de Febrero; Hauptgerichte 65–85 Q; ⊙Di–So 12–21 Uhr) Das Hana im stillen Innenhof der **Casa Cakchiquel** (☎7762-0969; ⊙7–20 Uhr), geschmückt mit Hängepflanzen und Fotos vom alten Pana, bietet authentische japanische Küche. Neben Klassikern wie Sushi und Tempura zaubert Chefköchin Mihoko *uramaki* („verkehrtes" Sushi), *donburi* und kalte Udon-Nudeln genauso wie in ihrer Heimat Japan.

Guajimbo's STEAKS $$

(Karte S. 142; ☎7762-0063; Calle Santander; Hauptgerichte 55–100 Q; ⊙Fr–Mi 7.30–21.30 Uhr) In dem uruguayischen Grill kommen großzügige Portionen Steak-, Würstchen- oder Hühnchengerichte mit Gemüse, Salat, Knoblauchbrot und Reis oder Kartoffeln auf den Tisch – hungrig geht niemand raus. Für Vegetarier gibt's Tofu-Kebabs. Morgens wird herzhaftes Frühstück aufgetischt und abends oft Livemusik geboten.

Chez Alex EUROPÄISCH $$$

(Karte S. 142; ☎7762-0172; www.primaveraatitlan.com; Hotel Primavera, Calle Santander; Hauptgerichte 95–180 Q; ⊙12–22 Uhr) Das Restaurant des **Hotel Primavera** (☎7762-2052; EZ/DZ/3BZ ab 225/300/375 Q; 📶) ist eins der besten in Pana, mit einer guten Dosis europäischem Einfluss und einer entsprechenden Weinkarte. Wer mag, kann nach Muscheln in Weißweinsauce oder einem mit Camembert gefüllten Schnitzel bei einer Havanna-Zigarre entspannen.

🍷 Ausgehen & Nachtleben

Crossroads Café CAFÉ

(Karte S. 142; ☎5292-8439; www.crossroadscafepana.com; Calle del Campanario 0-27; ⊙Di–Sa 9–13 & 14.30–18 Uhr) Der aus der Gegend der San Francisco Bay stammende Eigentümer und Barista hat Panajachel zu einer Anlaufstelle für Kaffeegourmets gemacht. Wenn er nicht gerade Bohnen röstet, durchkämmt er das Hochland auf der Suche nach Bohnen von kleinen Produzenten, die er in sein Angebot aufnehmen kann, wie den würzigen Acatenango Eighth Wonder und den milden Huehue Organic.

La Palapa PUB

(Karte S. 142; Calle Principal; ⌚9–1 Uhr) Wie der Name andeutet, verbirgt sich diese Partyadresse mit Strandflair unter einem Palmblattdach (eigentlich zweien). Hier verkehren gern Westler, die Freiwilligenarbeit leisten, doch die Grillparty am Samstagnachmittag lockt alle möglichen Leute an. Am Wochenende gibt's außerdem Livemusik, abends zuweilen Quizabende und stets Sport im Fernsehen.

Café Loco KAFFEE

(Karte S. 142; Calle Santander; ⌚Di–So 9–20, Mo 15–20 Uhr) Das von Koreanern geführte Café ist ein echtes Paradies für Kaffeekenner. Das junge Personal hat eine umwerfende Palette von Kaffeevarianten in petto, vom „Brown Cloud" (kleiner Espresso mit ein bisschen Milch und Schaum) bis zum „Habana Blues" (mit braunem Zucker über Espressosatz).

Shoppen

Die Calle Santander säumen Stände, Läden und Komplexe, wo u. a. traditionelle Maya-Bekleidung, bunte Decken, Lederwaren und Holzschnitzereien feilgeboten werden. Ansonsten kann man noch die traditionelle Markthalle im Zentrum ansteuern, wo sonntags am meisten los ist: Dann wird jedes Fleckchen von Händler in indigener Kleidung genutzt.

Oxlajuj B'atz' KUNSTHANDWERK

(Dreizehn Fäden; Karte S. 142; ☎7762-2921; www.oxlajujbatz.org.gt; Plaza Hotel Real Santander; ⌚10–18 Uhr) Dieser Fair-Trade-Laden einer Nichtregierungsorganisation, die Selbsthilfeprojekte indigener Frauen unterstützt, verkauft schöne, mit Naturprodukten gefärbte Teppiche, Handtaschen, handgewebte Artikel und Perlenschmuck. Außerdem im Angebot: in der Gegend produzierte Schokoriegel.

Libros del Lago BÜCHER

(Karte S. 142; Calle Santander; ⌚10–18.30 Uhr) Hat ein gutes Sortiment an Büchern (auf Spanisch und Englisch) über Guatemala, die Mayas und Mesoamerika sowie Landkarten und lateinamerikanische Literatur, auch in englischer Übersetzung.

Comerciales de Artesanías Típicas Tinamit Maya KUNSTHANDWERK

(Karte S. 142; ⌚8–19 Uhr) Auf diesem großen Kunstgewerbemarkt mit einer eindrucksvollen Auswahl an Taschen, Kleidung, Decken, Gürteln und Hängematten sollte man sich auf jeden Fall umschauen. Weitere Stände stehen am Seeuferende der Calle Santander.

Praktische Informationen

GELD

Banco de América Central (Calle Santander, Centro Comercial San Rafael; ⌚Mo–Fr 9–17, Sa 9–13 Uhr) Geldautomat; Barauszahlungen auf Visa, American Express und MasterCard, Wechsel von US-Dollars.

Banco Industrial (Calle Santander, Comercial Los Pinos; ⌚Mo–Fr 9–16, Sa 9–13 Uhr) Geldautomat für Visa und MasterCard.

5B-Geldautomat Geldautomat für Visa und MasterCard.

MEDIZINISCHE VERSORGUNG

PanaMed (☎4224-2648; Callejon Juzgado, Zona 2) Das nächste Krankenhaus ist in Sololá.

Pana Medic (☎4892-3499; drzulmashalom@hotmail.com; Calle Principal 0-72) Von einem Englisch sprechenden Arzt geleitetes Ärztezentrum.

NOTFALL

Proatur (Programa de Asistencia al Turista; ☎5874-9450; proatur.solola@gmail.com; Calle Rancho Grande; ⌚9–17 Uhr)

TOURISTENINFORMATION

INGUAT (Karte S. 142; ☎2421-2953; info-pana@inguat.gob.gt; Calle Principal 1-47; ⌚9–17 Uhr)

An- & Weiterreise

BUS

Panajachels **Hauptbushaltestelle** (Karte S. 142; Calle Real) befindet sich an der Kreuzung von Calle Santander und Principal, unmittelbar westlich vom Centro Comercial El Dorado.

SCHIFF/FÄHRE

Es gibt zwei Anleger für Passagierboote.

Boote nach Santiago Atitlán (30 Min.) fahren an der **Playa Pública** (Karte S. 142) am Anfang der Calle Rancho Grande ab. Alle anderen legen am **Embarcadero Tzanjuyú** (Karte S. 142) am Anfang der Calle del Embarcadero ab. Von hier fahren regelmäßig *lanchas* (kleine Motorboote) gegen den Uhrzeigersinn um den See nach San Pedro La Laguna (25 Q, 25 min.), entweder direkt oder mit Stopps in Santa Cruz La Laguna (15 min.), Jaibalito, Tzununá, San Marcos La

BUSSE AB PANAJACHEL

ZIEL	PREIS (Q)	DAUER	ABFAHRTEN	ALTERNATIVE
Antigua	45	2½ Std.	Mo–Sa 11 Uhr	Bus nach Guatemala-Stadt und in Chimaltenango umsteigen
Chichicastenango	20	1½ Std.	6.45–18 Uhr 5-mal	Bus nach Los Encuentros (über Sololá) und dort umsteigen
Ciudad Tecún Umán (mexikanische Grenze)				Über die Pazifikroute (via Mazatenango) Bus nach Cocales und dort umsteigen; über die Hochlandroute mit Umsteigen in Quetzaltenango
Guatemala-Stadt	60	3½ Std.	4.30–15 Uhr 5-mal	Bus nach Los Encuentros (via Sololá) und dort umsteigen
Huehuetenango		3½ Std.		Bus nach Los Encuentros (via Sololá), dann Bus Richtung Huehue oder La Mesilla. Oder Bus nach Quetzaltenango und in Cuatro Caminos umsteigen
Los Encuentros	10	40 min.		Bus nach Sololá; dort umsteigen
Quetzaltenango	25	2 Std.	5–13 Uhr 4-mal	Bus nach Los Encuentros (via Sololá) und dort umsteigen
Sololá	5	15 min.	7–19 Uhr alle 10 min.	

Laguna (30 min.), San Juan La Laguna und San Pedro La Laguna (45 min.). Das erste Boot nach San Pedro legt um 7 Uhr ab, das letzte gegen 17 Uhr.

Eine einfache Fahrt nach San Pedro, Santiago oder San Lucas kostet 25 Q. Zu näher gelegenen Zielen wie Santa Cruz sollten nicht mehr als 10 Q verlangt werden.

Lanchas können an der Playa Pública oder am Embarcadero Tzanjuyú auch gemietet werden: Die Fahrt nach San Pedro La Laguna kostet dann rund 400 Q.

SHUTTLE-MINIBUS

So gut wie jedes erdenkliche Touristenziel wird von Shuttlebussen angefahren. Man kann sie in jedem Reisebüro in der Calle Santander buchen.

Einige Preisbeispiele (einfache Fahrt): Antigua (80 Q), Chichicastenango (hin & zurück Do & So 120 Q), Guatemala-Stadt (160 Q), Quetzaltenango (125 Q) und San Cristóbal de Las Casas in Mexiko (280 Q).

Santiago Atitlán

53 200 EW.

Santiago Atitlán ist der größte der Orte am See, mit einer ausgeprägten indigenen Identität. Viele *atitecos* (wie die Einwohner genannt werden) halten stolz am traditionellen Lebensstil der Tz'utujil-Mayas fest. Die Frauen tragen purpurfarben gestreifte Röcke und mit bunten Blumen und Vögeln bestickte *huipiles*, die älteren Männer noch immer lavendelfarben oder kastanienbraun gestreifte bestickte Hosen. Die *cofradías* (religiösen Bruderschaften) der Stadt halten die synkretischen Traditionen und Rituale des Katholizismus der Mayas aufrecht. Dazu kommt noch eine große Kunst- und Kunsthandwerksszene. Ein wichtiges Gewerbe ist der Bootsbau: Am Seeufer sind grob behauene *cayucos* (Einbaumkanus) aufgereiht. Am besten besucht man Santiago Atitlán an einem Freitag oder Sonntag, den beiden wichtigsten Markttagen; es hat aber auch an allen anderen Tagen seinen Reiz.

Santiago lohnt einen Besuch als Zuhause des Maya-Gottes Maximón. Er wechselt alljährlich sein Zuhause, das aber sehr leicht zu finden ist, wenn man sich durchfragt – schon gleich am Bootsanleger wird man von „Guides" angesprochen.

Sehenswertes

★ Cofradía Maximón RELIGIÖSE STÄTTE

(Spende erwünscht) Maximón ist ein traditioneller Maya-Volksheiliger, der in Santiago Atitlán zu Hause ist. Er erscheint als lebensgroße Figur mit gebrochenem Bein, Hut, dunklem Anzug und Sonnenbrille, umgeben von Kerzen, Blumen und dem Duft von brennendem Weihrauch. Maximóns *cofradía* (Bruderschaft) kümmert sich um ihn; er empfängt Besucher, die ihm Opfergaben darbieten. Nach dem synkretischen Muster eines großen Teils des Maya-Glaubens wird er mit Judas Iskariot in Verbindung gebracht. Maximón erlebt jedes Jahr nach der Semana Santa am 8. Mai einen zeremoniellen Umzug in ein neues Zuhause.

Cojolya Association of Maya Women Weavers MUSEUM
(☎7721-7268; www.cojolya.org; Calle Real, Comercial Las Máscaras, 2. OG; Spende erwünscht; ⊙Mo–Fr 9–17, Sa 9–14 Uhr) Das kleine Museum samt Verkaufsraum widmet sich der Kunst des Webens am Bandwebstuhl. Die interessante Ausstellung zeigt die Geschichte und den Prozess vom Spinnen der Baumwollfäden bis zum fertigen Stoff. Täglich wird die spezielle Webmethode vorgeführt und es gibt einen kleinen Laden. Wer möchte, kann auch Unterricht nehmen (150 Q; vorausbuchen!).

Geführte Touren

Rund um Santiago stehen verschiedene lohnende **Tageswanderungen** zur Auswahl. Am verlockendsten sind natürlich die drei Vulkane in der Umgebung: Tolimán, Atitlán und San Pedro. Bevor man sich an den Aufstieg macht, sollte man sich über die aktuelle Sicherheitslage informieren. Am besten geht man mit einem Guide; die Posada de Santiago kann einen zuverlässigen vermitteln. Geführte Vulkanbesteigungen kosten etwa 450 Q für zwei bis fünf Personen.

Weniger anspruchsvoll als die gewaltigen Vulkane der Gegend ist der **Cerro de Oro** (1892 m). Auch von ihm bieten sich tolle Ausblicke und dazu gibt's hier mehrere Zeremonialstätten der Mayas. Er liegt rund 8 km nordöstlich etwa auf halber Strecke zwischen Santiago und San Lucas Tolimán.

Milpas Tours (☎5450-2381; milpastours@yahoo.es) hat eine Reihe faszinierender Ausflüge in und um Santiago Atitlán im Programm, z. B. zur Tz'utujil-Gemeinde Chuk Muk an den Hängen des Volcán Tolimán mit einer nicht ausgegrabenen archäologischen Stätte, zum temporären Schrein des hier verehrten Heiligen Maximón (170 Q) oder zu den Werkstätten von Webern, Malern und Bildhauern sowie zu Köchen.

Ein weiteres lohnendes Ziel ist der **Mirador de Tepepul** 4 km südlich von Santiago beim Ende des Seearms (4–5 Std. hin & zurück, 250 Q pro Pers.). Die Wanderung führt durch einen kühlen Wald voller Vögel wie Sittichen, Hokkos, Schwalben, Bootschwanzgrackeln und Arassaris zu einem Aussichtspunkt mit Blick hinunter zur Küste.

Die präkolumbische Tz'utujil-Hauptstadt **Chuitinamit** liegt von Santiago auf der anderen Seite des Seearms. Die archäologische Stätte auf einem Hügel umfasst neben Petroglyphen auch fantasievoll bemalte Steinbilder jüngeren Datums. Vom Bootsanleger sind es 20 Minuten zu Fuß zur Spitze, von wo sich auch schöne Ausblicke auf Santiago eröffnen. Milpas Tours bietet eine Fahrt per *cayuco* zur anderen Seite des Seearms inklusive Begleitung über den kaum erkennbaren Pfad nach oben.

Dolores Ratzan Pablo KULTURTOUREN
(☎5730-4570; dolores_ratzan@yahoo.com) Die Englisch sprechende Tz'utujil-Frau führt Besucher in die Wunder der Geburtshilfe und Heilung nach Maya-Art ein, erläutert in der Kirche und bei den *cofradías* Beispiele des Synkretismus aus Maya-Kult und Katholizismus und beschreibt die Vorfälle, die 1990 zum Massaker im heutigen Parque de Paz führten. Die Touren dauern in der Regel zwei Stunden und kosten 300 Q pro Person.

Schlafen & Essen

Hotel La Estrella HOTEL $$
(☎7721-7814; www.hotel-laestrella.blogspot.com; Calle Campo; EZ/DZ/3BZ 180/320/450 Q; P 📶) Dieses Hotel mit gutem Preis-Leistungs-Verhältnis liegt einen kurzen Spaziergang nördlich des Fähranlegers an der Straße nach San Lucas und wartet mit modernen, komfortablen Zimmern mit hübschen Holzdecken und in der Gegend gewebten Bettdecken auf. Zimmer 13 neben der Dachterrasse macht am meisten aus der Lage des Hotels am See und bietet einen direkten Blick über die Bucht auf den Vulkan San Pedro. Zum Hotel gehört ein kleines Restaurant.

Posada de Santiago LODGE $$$
(☎7721-7366; www.posadadesantiago.com; EZ/DZ 300/400 Q, Cottages 500–1200 Q; P @ 📶 🏊) Die *posada* eines nordamerikanischen Besitzers hält gekonnt die Balance zwischen rustikalem Charme und Luxus – ein schönes Refugium. Sieben Häuschen, teils mit Platz für sechs Personen, und fünf Suiten, alle mit Steinwänden, Kaminen, Veranden, Hängematten und Volkskunst, verteilen sich in einem weitläufigen Garten. Auf der anderen Straßenseite befindet sich ein Seeresort mit Pool und Bar. Das Restaurant ist in der Gegend v. a. für seine Eggs Benedict mit Blaumaistortillas bekannt.

Die *posada* liegt 1,5 km vom Anleger entfernt. Man kann sich ein Tuk-Tuk (10 Q) nehmen oder eine *lancha* rüber zum Hotelanleger chartern.

Comedor Santa Rita GUATEMALTEKISCH $
(Calle de Santa Rita 88; Mittagessen 25–30 Q; Mo–Fr 7–21 Uhr) In der neuesten Inkarnation eines generationenalten Lokals kann man gut Maya-Spezialitäten wie *pulique* (Eintopf mit viel Gemüse) und *patín* (Seefischeintopf) probieren, serviert mit Tortillas. Das Lokal liegt einen halben Block östlich vom Parque Central.

Restaurant El Gran Sol GUATEMALTEKISCH $$
(4271-4642; Cantón Tzanjuyú; Hauptgerichte 55 Q; Mo–Sa 8–19 Uhr) Eine Straße links vom Bootsanleger entfernt bietet dieses sehr beliebte, familienbetriebene Restaurant tolle Frühstücks- und Mittagsspeisen und Snacks. Es hat eine schicke Küche und eine luftiger Terrasse oberhalb einer geschäftigen Kreuzung. Thelma und ihre Familie kochen für ihr Leben gern; Tipps: die Suppen, Pfannkuchen und Quesadillas, Letztere mit hausgemachtem Käse.

Praktische Informationen

G&T Continental (Mo–Fr 8.30–17, Sa 9–13 Uhr) Bei G&T Continental auf der Südseite des Parque Central gibt's einen Cajero-5B-Geldautomaten.

An- & Weiterreise

Stündlich verkehren Boote vom **Fähranleger** von Santiago nach San Pedro La Laguna (25 Q, 30 min.) sowie etwas häufiger nach Panajachel (25 Q, 30 min.). Pick-ups nach Cerro de Oro und San Lucas Tolimán fahren vor dem Markt ab. Busse nach Guatemala-Stadt (40 Q, 3½ Std.) fahren zwischen 3 und 6 Uhr jede halbe Stunde, dann bis 15 Uhr jede Stunde vom Hauptplatz.

Pacifico Surf Transport (www.facebook.com/pacificsurfgt) betreibt unter der Woche einen Touristenshuttle (150 Q, 3 Std.) nach El Paredón.

San Pedro La Laguna

12 300 EW. / 1592 M

Das auf einer Halbinsel am Fuß des gleichnamigen Vulkans gelegene San Pedro gehört zu den meistbesuchten Orten am See – nicht nur wegen der erschwinglichen Unterkünfte und der internationalen Travellerszene, sondern natürlich insbesondere auch wegen seiner spektakulären Lage. Dies ist ein echtes Backpacker-Eldorado: Die Besucher quartieren sich hier gern für einige Tage ein, angelockt von – in beliebiger Reihenfolge – feucht-fröhlichen Abenden, Feuerwirbeln, afrikanischen Trommeln, Spanischkursen, Vulkanwanderungen sowie Abhängen im Whirlpool und in Hängematten.

Während all dies am Seeufer zu finden ist, folgt San Pedros Viertel auf dem Hügel einem traditionelleren Rhythmus. In ihre Trachten gehüllt, versammeln sich vorwiegend Tz'utujil-*pedranos* (wie die Einwohner genannt werden) rund um den Marktplatz. An den Hängen des Vulkans kann man dabei zuschauen, wie Kaffee geerntet und zu Beginn der Trockenzeit auf weiten Flächen zum Trocknen ausgebreitet wird.

Aktivitäten

Der über der Stadt thronende Volcán San Pedro (3020 m) schreit beinahe danach, von jedem erklommen zu werden, der ein bisschen Abenteuerlust in sich spürt und einigermaßen fit ist. Er ist der am einfachsten zugängliche der drei hiesigen Vulkane und als städtischer Naturpark wird er regelmäßig von der Touristenpolizei patrouilliert.

Die erforderlichen Guides begleiten Wanderer für rund 130 Q inklusive Zugangsgebühr auf den San Pedro. Los geht's im Morgengrauen. Der Aufstieg führt durch Mais-, Bohnen- und Kürbisfelder, später durch Nebelwald und dauert drei bis vier Stunden, der Rückweg dauert zwei Stunden. Wasser, Proviant, Kopfbedeckung und Sonnencreme mitnehmen!

Eine weitere beliebte Wanderung führt zu einem Hügel, der **Indionase** genannt wird – seine Umrisse ähneln dem Profil eines antiken Maya-Würdenträgers. **Asoantur** (4379-4545; www.facebook.com/asoantur; 4a Av A 3-60; 7–19 Uhr), eine Vereinigung aus 16 vom INGUAT anerkannten Führern aus der örtlichen Gemeinde, bietet für 100 Q pro Person Expeditionen hinauf zum Gipfel. Angeboten werden zudem kulturelle Touren durch San Pedro und nahe gelegene Kaffeeplantagen sowie Reittouren. Einen Kajak-, Fahrrad- und Motorradverleih gibt's auch. Das Büro befindet sich in einer Hütte an der Gasse, die zum Pana-Anleger führt.

Kurse

Auf dem Gebiet des Spanischunterrichts macht sich San Pedro mit sehr preiswerten Kursen, die von verschiedenen Sprachschulen angeboten werden, gerade einen Namen. Der Standardpreis für vier Stunden Einzelunterricht an fünf Tagen pro Woche beträgt rund 900 Q. Die Unterkunft bei einer Familie vor Ort kostet normalerweise 50 Q pro Tag; man bekommt täglich außer sonntags drei Mahlzeiten. An Aktivitäten außerhalb des Unterrichts werden z. B. Vulkanwanrungen, Maya-Kulturseminare und Tanzunterricht angeboten.

Community Spanish School SPRACHKURSE
(☎5466-7177; www.communityspanishschool.com) Die staatlich anerkannten einheimischen Lehrkräfte dieser professionell geführten Schule geben Einzelunterricht in Palmblattdachhütten an einem Stück Garten, das zum Seeufer hinunterführt.

San Pedro Spanish School SPRACHKURSE
(☎5715-4604; www.sanpedrospanishschool.org; 7a Av 2-20) Gut organisierte Schule an der Straße zwischen den beiden Anlegern, die beständig gute Kritiken erhält. Der Unterricht findet in strohgedeckten Hütten in einem hübschen Garten statt. Die Schule unterstützt Niños del Lago, eine Organisation, die einheimischen Tz'utujil-Kindern Bildung, medizinische Versorgung und Ernährung bietet. Die Schwesterschule in San Marcos hat dasselbe Unterrichtsprogramm.

Celas Maya SPRACHKURSE
(☎5933-1450; www.spanishschool.com.gt) Die Seefiliale des renommierten Instituts in Quetzaltenango möchte anhand von Dokumentarfilmen, Fernsehberichten und Geschichten die Sprech- und Hörverständnisfähigkeiten ihrer Schüler verbessern. Es wird auch Unterricht in Tz'utujil angeboten. Vom Pana-Anleger am Ende des Seeuferpfads.

Schlafen

Mr Mullet's Hostel HOSTEL $
(☎4419-0566; www.mrmullets.com; mit Frühstück B 60 Q, Zi. mit/ohne Bad 140/95 Q; 📶) In diesem Partyhostel am See in San Pedro drängen sich die Feierwütigen in den auf zwei Etagen verteilten 4-Bett-Dorms, den zellenartigen Privatzimmern sowie den Hängematten in der Terrassenbar hinterm Haus. Diese schließt um 23 Uhr, damit diejenigen, die möchten, auch ein bisschen Schlaf kriegen. Vom Pana-Bootsanleger sind es fünf Minuten zu Fuß nach links zum Hostel.

Hostel Fe HOSTEL $
(☎3486-7027; www.hostelfe.com; mit Frühstück B/Zi. 75/200 Q; 📶) Wer mit dem Boot in San Pedro ankommt, kann die mit Fahnen geschmückte Fassade des Fe nicht übersehen: Das Hostel residiert in einem großen Betonbau 100 m südlich des Pana-Anlegers. Es ist die erste Adresse für junge Leute aus aller Welt, nicht nur wegen des lebhaften Cafés am Wasser und der benachbarten Sonnenterrassenbar (mit Rutsche), sondern auch wegen der sparsam eingerichteten Zimmer und Dorms mit Stahltüren.

Zoola HOSTEL $
(☎5847-4857; B 60 Q, Zi. mit/ohne Bad 170/140 Q; 🏊) „Entspannt" ist die treffende Beschreibung für dieses Haus unter israelischer Leitung. Zu erreichen ist das Hostel über einen langen, urwaldartigen Gehweg gegenüber vom Museo Tz'unun Ya'. Hinter dem Café bzw. der Lounge ziehen sich Lehmziegelblocks mit Dorms zum See hinunter, wo ein überdachter Swimmingpool im Mittelpunkt der allabendlichen Partys steht. Mindestaufenthalt zwei Nächte.

Hotel Sak'cari El Amanecer HOTEL $$
(☎7721-8096; www.hotel-sakcari.com; 7a Av 2-12, Zona 2; EZ/DZ/3BZ 275/305/385 Q; P📶🏊) 🍃 Das Sak'cari (Tz'utujil für „Sonnenaufgang") etwa auf halbem Weg zwischen den beiden Anlegern bietet 20 Zimmer mit Holzvertäfelung und vielen Regalen. Die hinteren Zimmer sind die besten (und teuersten) – mit großen Balkonen und Blick auf einen gepflegten Rasen (toll für Hängematten!) und den See. Aktive Gäste können per Kajak den See erkunden.

Hotel Mikaso HOTEL $$
(☎7721-8232; www.mikasohotel.com; 4a Callejón A-88; B 60 Q, EZ/DZ/3BZ ab 150/180/300 Q; 📶) Inmitten von Küchengärten der Anwohner steht das Mikaso stolz am Atitlán. Die großen Zimmer sind mit Holzmöbeln eingerichtet und werden von Deckenventilatoren gekühlt. Sie säumen einen Garten, in dem es von Paradiesvögeln nur so wimmelt. Ein paar Zimmer verfügen über eine eigene Terrasse. Das Dachrestaurant mit Bar lockt mit einem fantastischen Blick auf den See und einem Stutzflügel, die Terrassenlounge mit Whirlpool und Billardtisch.

Essen

Blue Parrot BURGER $
(7a Avenida; Burger ab 50 Q) Die luftige Sportbar beeindruckt mit über zwei Dutzend verschiedenen köstlichen Burgern sowie Chili-Hotdogs und reich belegten Sandwiches, die allesamt hervorragend zu der breiten Palette an Craft-Bieren passen. Freitags ist Fischabend, und wenn ein wichtiges Match ansteht, ist immer viel los.

Shanti Shanti ISRAELISCH $
(6a Av; Hauptgerichte 20–30 Q; ⏲7–23 Uhr; 🌶) Die terrassenartig angeordneten Sitzgelegenheiten reichen bis zum Seeufer. Hier

NICHT VERSÄUMEN

KÄSE UND WEIN AM SEE

Im **Café El Artesano** (☎4555-4773; Salida a Guatemala; Käse- oder Räucherwurstteller 125 Q, Teller zum Teilen 110 Q pro Pers.; ⏰Mo–Fr 12–16 Uhr) darf man sich auf einige der größten Gaumenfreuden Guatemalas freuen. Die Mitarbeiter erklären gern die jeweiligen Besonderheiten der zwei Dutzend in Guatemala produzierten und hier im Haus gereiften Käsesorten, vom cremigen Ziegenkäse über einen Blauschimmelkäse bis zum harten Pecorino. Dazu werden Obst, Nüsse, Marmelade, Pickles und selbstgebackenes Brot gereicht. Dasselbe gibt's auch mit hausgeräucherter Wurst.

Alles wird in einer reizend rustikalen Laube serviert, mit jeweils passender Weinbegleitung. Weil das Essen so köstlich ist, geht natürlich nichts ohne Reservierung.

gibt's prima orientalisches Essen wie Falafel, *baba ghanoush* und herzhafte Suppen.

Hummus-Ya ORIENTALISCH $$

(6 Av A, Zona 2; Platten 25–50 Q; ⏰11–22 Uhr) *Sabich* (ein israelisches Sandwich, gefüllt mit hartgekochten Eiern, Hummus und gebratenen Auberginen) ist nur *ein* Highlight auf der Karte dieses freundlichen nahöstlichen Lokals zwischen dem Pana- und dem Santiago-Anleger. Weitere Glanzlichter sind Hummus, *baba ghanoush*, marokkanische Linsen und mit Rinderhack und Feta gefüllte irakische Blätterteigrollen.

Ausgehen & Nachtleben

D'Juice Girls SAFTBAR

(Säfte ab 20 Q; ⏰7–23 Uhr) Bei den D'Juice Girls handelt es sich um Hebräisch sprechende Tz'utujil-Frauen, die die tropischen Früchte Guatemalas in supernahrhafte Kombinationen wie Karotte-Ingwer-Rote Bete pressen. Ihr gutbesuchter Stand steht fünf Fußminuten östlich vom Pana-Anleger.

Café Las Cristalinas CAFÉ

(⏰7–21 Uhr; 📶) In dem strohgedeckten Café auf dem Weg vom Pana-Anleger hoch ins Zentrum gibt's Kaffee von den umliegenden Hängen, der hier vor Ort geröstet wird. Empfehlenswert sind auch das Frühstück und das ausgezeichnete Bananenbrot, das man auf mehreren einladenden Terrassen genießen kann.

Bar Sublime BAR

(⏰12–1 Uhr) Die Bar Sublime bildet das derzeitige Zentrum der Partyszene von San Pedro. Tagsüber geht es auf den Seeterrassen eher entspannt zu und Besucher können sich an guten Sandwiches, Pastagerichten und Salaten laben, doch bei Sonnenuntergang wird einen Gang hochgeschaltet: Dann prägen billige Mixgetränke, wummernde Musik und ein junges, schönes und leicht ramponiertes Publikum das Bild.

El Barrio BAR

(7a Av 2-07, Zona 2; ⏰17–1 Uhr) In dem Pub am Pfad zwischen den beiden Bootsanlegern geht es immer hoch her und er erfreut sich einer der beliebtesten Happy Hours (17–20 Uhr) des Orts. Jeder Abend steht unter einem anderen Motto; besonders gut hat uns der Curryabend am Samstag gefallen.

Praktische Informationen

Banrural (⏰Mo–Fr 8.30–17, Sa 9–13 Uhr) Bei dieser Bank zwei Straßen östlich des Markts im Ortszentrum kann man US-Dollars und Euros umtauschen. Mit Visa-Geldautomat.

Clínica Los Volcanes (☎7823-7656; www.clinicalosvolcanes.com) Das Privatkrankenhaus mit englischsprachigem Personal bietet ärztliche und zahnärztliche Versorgung.

Geldautomat Etwas links oberhalb vom Panajachel-Anleger befindet sich ein Cajero-5B-Geldautomat.

An- & Weiterreise

San Pedro hat zwei Bootsanleger: einen für Panajachel und die Dörfer am Nordufer des Sees, einen weiteren für Santiago Atitlán.

Vom **Pana-Anleger** verkehren von 6 bis 17 Uhr etwa halbstündlich Boote nach Panajachel (25 Q). Einige fahren direkt, andere halten unterwegs in San Juan (schneller ist man allerdings mit einem Tuk-Tuk), San Marcos (10 Q) und Jaibalito/Santa Cruz (20 Q).

Vom **Santiago-Anleger** fahren Boote von 6 bis 16 Uhr stündlich nach Santiago (25 Q, 25 min.).

Von San Pedros **Hauptbushaltestelle** an der katholischen Kirche fahren von 3 bis 14 Uhr stündlich Busse nach Guatemala-Stadt (60 Q, 4 Std.) sowie montags bis samstags von 4.45 bis 13.30 Uhr sieben Busse nach Quetzaltenango (40 Q, 3 Std.). Zu beiden Zielen fahren die Busse über Santiago; sonntags verkehren weniger Busse.

Die unzähligen Reiseagenturen in San Pedro verkaufen Fahrkarten für den zweimal täglich verkehrenden Touristenshuttle nach Antigua (80 Q, 2 Std.) sowie für Anschlussverbindungen.

San Marcos La Laguna

5800 EW. / 1580 M

Eines der bezauberndsten Dörfer am gesamten Seeufer führt ein Doppelleben: Oben wohnen überwiegend Mayas, während die Expats und Touristen einen flachen dschungelartigen Bereich Richtung Seeufer mit Beschlag belegt haben, wo sich Pfade durch Bananen-, Kaffee- und Avocadobäume schlängeln. Am Hauptplatz treffen beide Teile unter dem großen *matapalo*-Baum (Würgefeige) zusammen.

San Marcos hat sich zu einer Art Magnet für Esoteriker aus aller Welt entwickelt, die glauben, der Ort strahle eine besonders spirituelle Energie aus und sei besonders geeignet, um Meditationstechniken, ganzheitliche Therapien, Massieren, Reiki oder Ähnliches zu erlernen und zu praktizieren. Der Ort ist durch eine irre Mischung der Kulturen geprägt, mit evangelikalen Christen, selbsternannten Schamanen, Cakchiquel-Bauern und visionären Künstlern, und das alles vor einer Kulisse von unglaublicher Schönheit.

Auf jeden Fall kann man hier herrlich entspannen und den Alltag der Welt eine Zeitlang hinter sich lassen. Der Lago de Atitlán ist hier wunderschön und sauber und man kann von den Felsen aus ins Wasser steigen.

Sehenswertes & Aktivitäten

Cerro Tzankujil NATURSCHUTZGEBIET

(15 Q; ⌚8–18 Uhr) Das Naturschutzgebiet auf einem heiligen Hügel westlich von San Marco wartet mit gepflegten Schotterwegen auf, die zu Badestellen mit Unterständen am Ufer und einem Sprungturm führen. Das Wasser ist hier kristallklar. Ein Nebenweg führt zu einem Maya-Altar auf dem Gipfel, ein tiefer verlaufender zu einem Vulkan-Aussichtspunkt.

Yoga Forest YOGA

(☎3301-1835; www.theyogaforest.org; Yoga-Unterricht 50 Q) Inmitten von üppigem Wald in den Hügeln nördlich des Orts kann man an wunderbar abgeschiedener Stelle schamanische Heilpraktiken und andere esoterische Künste erlernen und praktizieren. In den Hang wurde eine großartige Yoga-Plattform gebaut. Es gibt ein Café mit vegetarischem Essen und Übernachtungsmöglichkeiten in Lehmziegel-*cabañas* mit Palmblattdächern und überwältigendem Seeblick.

Kochunterricht im Restaurant Fé KOCHEN

(☎3009-5537; pcsa1521@gmail.com; Unterricht 225 Q) Das Restaurant Fé hat auf beiden Seiten der Straße jeweils einen Ableger – in dem auf der rechten Seite, wenn man vom Bootsanleger hochgeht, findet Kochunterricht statt. Mit Vorausbuchung können die Kochschüler hier innerhalb von drei Stunden so gut wie alles kochen lernen, doch die meisten Leute fangen mit guatemaltekischen Klassikern an, von Tortillas und Tamales bis zu reichhaltigen Eintöpfen wie *pepián* und *jocón*.

Meditationszentrum Las Pirámides MEDITATION

(☎5205-7302; www.laspiramidesdelka.com; 75-min. Yoga- & Meditations-Sessions 50 Q) Dieses Meditationszentrum am See besteht seit über zwei Jahrzehnten. Die meisten Bauten auf dem Gelände sind pyramidenförmig und an den vier Himmelsrichtungen ausgerichtet, so auch die beiden Tempel, in denen die Sessions stattfinden. Bei jedem Vollmond beginnt ein einmonatiger Kurs zur Persönlichkeitsentwicklung mit drei Sitzungen täglich (6000 Q).

Außerdem wird ein dreimonatiger Sonnenkurs angeboten, der von der Tagundnachtgleiche bis zur nächsten Sonnenwende dauert – Voraussetzung dafür ist der Mondkurs. Nichtgäste können sich der morgendlichen Meditation oder den Hatha-Yoga-Sessions anschließen. Kursteilnehmern stehen Unterkünfte in pyramidenförmigen Häusern zur Verfügung inklusive Saunanutzung und Zugang zur Esoterik-Bibliothek. Das Zentrum verfügt außerdem über ein vegetarisches Restaurant und einen Heilkräutergarten.

Festivals

Festival of Consciousness KULTURFESTIVAL

(www.festivalofconsciousness.weebly.com; Festivalpass 475 Q; ⌚März) Das Wochenendfestival um die Frühjahrs-Tagundnachtgleiche herum widmet sich der Erweiterung des Umwelt-, sozialen und spirituellen Bewusstseins. Tagsüber finden Workshops zu allem Möglichen von Achtsamkeit bis ganzheitlicher Medizin statt, abends gibt's Livemusik und abschließend die obligatorische Feuerzeremonie.

Cosmic Convergence KULTURFESTIVAL

(www.cosmicconvergencefestival.org; Festivalpass 1120 Q; ⌚Dez.–Jan.) Das drei Tage lang zum neuen Jahr in San Marcos stattfindende Festival widmet sich der Kunst, der Spiritualität und der Umwelt; die Sujets reichen von Maya-Religion über Permakultur bis zu neuen Technologien.

Schlafen

★ Circles HOSTEL $
(☎3327-8961; www.circles-cafe.com; B/EZ/DZ 100/175/200 Q) Dieses lockere Hostel und Café mit angeschlossener Bäckerei und Rösterei beim oberen Ende des vom Bootsanleger wegführenden Hauptpfads verfügt über die essenziellen Zutaten für einen angenehmen Aufenthalt. Oben gibt's zwei Privatzimmer und einen durchdacht eingerichteten Schlafsaal mit Vorhängen vor jedem Bett. Und von der Terrasse fällt der Blick auf einen Garten mit schattigen Nischen voller Kissen.

Dragon Hotel BOUTIQUEHOTEL $$
(☎3109-7707; www.eldragonhotel.com; Zi. ab 470 Q;) Dieses von einem amerikanischen Künstler geschaffene Seehotel ist vielleicht die abgefahrenste Unterkunft in San Marcos. Überall sind Zeichen künstlerischen Überschwangs zu finden, ob im Speiseraum mit den hängenden Kugeln oder in der Terrassenbar mit dem namengebenden Drachen. Das geht aber nicht auf Kosten des Luxus: In den einzigartig ausgestatteten Zimmern stehen Plasmafernseher und Loftbetten und sie haben eigene Terrassen.

Posada Schumann HOTEL $$
(☎5202-2216; www.laposadaschumann.com; EZ/DZ mit Frühstück ab 345/500 Q, Zi. ohne Bad 185 Q) Die Posada Schumann mit einem Garten, der hinunter zum Ufer des Lago de Atitlán reicht, bietet gepflegte Zimmer in Stein- und Holzhäuschen, einige davon mit Küche. Von einer idyllischen Caféterrasse blickt man aufs Wasser. Schön ist auch die igluförmige Sauna, deren Nutzung genauso wie die der Kajaks im Übernachtungspreis inbegriffen ist. Der Hauptanleger von San Marcos befindet sich gleich vor der Tür.

Hostal del Lago HOSTEL $$
(☎3227-9077; B 80 Q, EZ/DZ 200/250 Q, ohne Bad 150/200 Q) Die weitläufige Unterkunft am See östlich des Stadtzentrums besitzt Theaterbühnen-Flair und regelmäßig werden Spontandarbietungen geboten. Das mit viel Engagement geführte Haus bietet Gästen aus aller Welt eine Zuflucht in in psychedelischen Farben gestrichenen Häuschen. Im Café wird schönes vegetarisches Essen gereicht (Hauptgerichte ab 35 Q) und man kann auf einer erhöhten Plattform am Wasser kostenlos an den täglichen Yoga-Klassen teilnehmen.

Essen

★ Comedor Konojel GUATEMALTEKISCH $
(Tagesgerichte 30 Q) Das fröhlich bemalte Holzlokal wartet nach täglich wechselnder Karte mit guatemaltekischem Essen in großen Portionen auf und unterstützt ein breit angelegtes Versorgungsprogramm und andere soziale Projekte rund um San Marcos. Etwas Gutes zu tun schmeckt selten so köstlich!

Allala JAPANISCH $
(☎5166-8638; Hauptgerichte 35–45 Q; ⊙Do–Di 15–21 Uhr;) Grooviger kleiner Schuppen am Bach östlich des Dorfs. Der japanische Besitzer Seiko zaubert eine klasse Miso-Suppe, dazu vegetarisches Sushi und Tempura-Platten und der Pflaumenwein ist einfach himmlisch. Zum Nachtisch wird umsonst Käsekuchen gereicht. Die Bedienung kann etwas langsam sein, aber dank der außergewöhnlichen Einrichtung gibt's immer was zu schauen.

Moonfish NATURKOST $
(Sandwiches & Burritos 30 Q; ⊙Mi–Mo 7.30–20 Uhr;) Das am Hauptpfad westlich des Platzes gelegene Moonfish hat Flower-Power-Gerichte wie Tempeh-Sandwiches, Tofupfannen und gute Falafel mit frischen Zutaten aus dem hauseigenen Garten.

Restaurante Fé INTERNATIONAL $$
(Hauptgerichte 55–80 Q; ⊙7.30–22 Uhr;) Das Fé ungefähr auf halber Strecke den Hauptpfad hinunter bietet in einer netten offenen Halle mit einem Baum in der Mitte zwar großes Schlemmen bei Kerzenlicht. Die Pastagerichte, der Fisch aus der Pfanne und besonders die Currys sind lecker, ausgezeichnet ist der Mulligatawny-Eintopf. Hier kann man schön den Abend verbringen.

Praktische Informationen

Visit San Marcos (www.visit-sanmarcos.com) Eine nützliche Infoquelle mit Unterkunfts- und Restaurantverzeichnis und Veranstaltungskalender.

An- & Weiterreise

Den ganzen Tag über verkehren Boote zwischen San Marcos und Panajachel (20 Q, 20 min.). Das letzte verlässlich verkehrende Boot nach Santa Cruz La Laguna und Panajachel legt gegen 17 Uhr ab.

Eine unbefestigte Straße verbindet San Marcos mit Tzununá im Osten, eine befestigte mit San Pablo in Richtung Westen; bei San Pablo trifft Letztere auf die Straße, die von der Interamericana nach San Pedro La Laguna führt. Man kann zwischen San Marcos und San Pedro in Pick-ups mitfahren, muss aber in San Pablo umsteigen.

Santa Cruz La Laguna

9400 EW.

Wie alle Orte am Atitlán-See ist auch Santa Cruz zweigeteilt: Er verfügt am See über ein Resort, wo auch der einzige Veranstalter am See residiert, der Tauchtrips anbietet, und ein indigenes Cakchiquel-Dorf etwa 600 m bergauf vom Anleger – wer den steilen Anstieg nicht zu Fuß bewältigen möchte, kann ein Tuk-Tuk nehmen. Santa Cruz ist ein reizender Ort mit netten Unterkünften, Wassersportaktivitäten und ganz ohne Trubel.

Aktivitäten

ATI Divers TAUCHEN

(☎5706-4117; www.atidivers.com) Der Lago de Atitlán ist einer der wenigen Orte weltweit, an dem man in großer Höhe ohne Trockenanzug tauchen kann. ATI Divers bietet Tauchexkursionen ab Santa Cruz, darunter viertägige PADI-Open-Water-Zertifizierungskurse (2200 Q) sowie einen PADI-Höhenkurs (750 Q) und normale Tauchgänge für Anfänger (480 Q). In den Kursgebühren inbegriffen ist die Unterbringung im Hotel La Iguana Perdida, wo der Anbieter ansässig ist.

Der See füllt einen eingestürzten Vulkankegel mit bizarren geologischen Formationen und Wassertieren wie Buntbarschen, die in der Nähe der aktiven Verwerfungslinie laichen, wo warmes Wasser in den See strömt. Das Tauchen in großer Höhe bringt besondere Anforderungen mit sich: Man benötigt eine bessere Kontrolle seines Auftriebs, die Sicht ist schlechter und man kann den See wegen des veränderten Luftdrucks nicht am Tag des letzten Tauchgangs verlassen. In der Regenzeit wird das Wasser milchig, die beste Zeit zum Tauchen ist folglich von Oktober bis Mai.

Los Elementos Adventure Center KAJAK

(☎5359-8328; www.kayakguatemala.com; Kajak 60 Q pro Std., 2-Std.-Tour 220 Q, 2-Tage-Tour 1250 Q) Dieser Veranstalter bietet Kajaks und Paddleboards für die Erkundung des Sees, ob zur stundenweisen Miete oder für geführte mehrtägige Kajak- und Wandertouren auf und um den Atitlán. Die zweitägige Kajak- und Wandertour umfasst einen Besuch in Santa Catarina Palopó, gefolgt von einer Kajaktour am Nordufer des Sees entlang und einer Wanderung auf einem alten Maya-Pfad durch Tzununá und Jaibalito.

ABSTECHER

DAS ENDE DER WELT?

Auf einem abgeschiedenen Felsen mit Blick auf die Vulkane befindet sich eins der spektakulärsten Hotels Guatemalas, **La Casa del Mundo Hotel & Café** (☎5218-5332; www.lacasadelmundo.com; 355–700 Q). Es beeindruckt mit üppigen Gärten, mediterranen Terrassen, von denen aus man im See schwimmen kann, und einem holzbeheizten Whirlpool oberhalb des Sees. Die besten Zimmer scheinen über dem Wasser zu schweben – Land ist dazwischen nicht in Sicht. In jedem Zimmer gibt es komfortable Betten, guatemaltekische Stoffe und frische Blumen. Reservierung empfohlen!

Im Hotelrestaurant ist ein schmackhaftes 4-Gänge-Abendessen (85–95 Q) zu haben und für 50 Q pro Stunde kann man ein Kajak zur Erkundung des Sees mieten.

Schlafen & Essen

★ **La Iguana Perdida** LODGE $$

(☎5706-4117; www.laiguanaperdida.com; B 50 Q, EZ/DZ ohne Bad 115/150 Q, Zi. 335–415 Q; @📶) La Iguana Perdida ist einer der Opas der Backpackerszene von Guatemala, doch davon ist angesichts des stets frischen Erscheinungsbilds nichts zu spüren. Hier gibt's unterschiedliche Zimmer, von einem einfachen Dorm in einer Nurdachhütte bis zu nobleren Unterbringungen z. B. in einem Lehmziegelbau mit stilvoller Einrichtung und eigenem Balkon. Das Abendessen wird gemeinschaftlich eingenommen – eine sehr gesellige Angelegenheit!

Im Iguana können die Gäste den Ausblick auf den See genießen und dabei andere Reisende kennenlernen, sie können tauchen und Kajak fahren oder in der Sauna schwitzen. Es gibt auch ein regelmäßiges Abendprogramm, von Quizabenden bis zu Musik und Grillpartys, falls gewünscht mit Kostümierung – Sachen dafür sind vorhanden.

Hotel Isla Verde GÄSTEHAUS $$
(☎ 5760-2648; www.islaverdeatitlan.com; EZ/DZ-Hütte 392/440 Q, ohne Bad 296/344 Q; 📶) 🌿 Das stylische, umweltfreundliche Hotel holt aus seiner spektakulären Lage das Beste heraus. Durch üppige Vegetation windet sich ein Mosaiksteinpfad zu neun Hanghütten, sechs davon mit eigenem Bad. Je höher man kommt, desto atemberaubender werden die Ausblicke. Die einfachen Zimmer sind geschmackvoll mit Kunst und recycelten Gegenständen eingerichtet. Die Bäder präsentieren sich im Dschungelchic; Warmwasser und Strom stammen aus Sonnenenergie.

★ **Café Sabor Cruceño** GUATEMALTEKISCH $
(www.amigosdesantacruz.org; Frühstück 32–45 Q, Mittagessen 35–50 Q; ⌚ Mo–Sa 8–17 Uhr) Dieser tolle *comedor* oben im Dorf wird als Gemeinschaftsprojekt von einheimischen Studenten geführt, die lernen, guatemaltekische Gerichte auf internationalem Niveau zuzubereiten. Cakchiquel-Speisen wie *subanik* (eine Tomatensauce aus gemahlenen Samen und Chilis mit *tamalitos*) werden mit in der Gegend angebauten Kräutern und Gemüsesorten zubereitet und in einem Terrassenrestaurant serviert, natürlich vor atemberaubender Seekulisse.

An- & Weiterreise

Santa Cruz ist eine 15-minütige *lancha*-Fahrt von Panajachel (10 Q) bzw. eine 25-minütige von San Pedro (20 Q) entfernt. Das letzte Boot zurück nach Pana kommt um etwa 17.15 Uhr vorbei.

Nur in der Trockenzeit und wenn man einen sehr robusten Allradwagen hat, darf man den Karten Glauben schenken, die einem vorgaukeln, Santa Cruz sei über normale Straßen zu erreichen.

Chichicastenango

173 300 EW. / 2172 M

Von Tälern umgeben und Bergen, die den Horizont zerschneiden, scheint Chichicastenango zuweilen in Raum und Zeit gefangen und vom Rest Guatemalas völlig isoliert. Wenn die schmalen Pflasterstraßen und roten Ziegeldächer der Straßen von Nebel umhüllt werden, ist ihr Antlitz einfach magisch. Viel weltlicher und kommerzieller geht's zu, wenn zum riesigen Donnerstags- und Sonntagsmarkt die Händler und Reisegruppen in die Stadt strömen, doch auch dann ist Chichi noch zauberhaft. Die *mashenõs* (Einwohner von Chichicastenango) sind bekannt dafür, an ihrem vorchristlichen Glauben und seinen Zeremonien festzuhalten. Um die Kirche Santo Tomás herum veranstalten die verschiedenen *cofradías* (religiöse Bruderschaften) Prozessionen zu Ehren ihrer Heiligen.

Geschichte

Einst Chaviar genannt, war Chichi lange vor der spanischen Eroberung ein wichtiger Handelsplatz der Cakchiquel. Im 15. Jh. führten die Cakchiquel Krieg mit den Quiché (K'iche') aus dem 20 km nördlich gelegenen K'umarcaaj und mussten ihr Hauptquartier ins leichter zu verteidigende Iximché verlegen. Als 1524 die Konquistadoren K'umarcaaj eroberten, flohen viele Bewohner nach Chaviar, das sie in Chugüilá (Über den Nesseln) bzw. Tziguan Tinamit (Von Canyons umgeben) umbenannten. Die Quiché-Mayas verwenden diese Namen noch immer, auch wenn sonst alle Welt den Ort Chichicastenango nennt – und damit einen Begriff benutzt, der von den mexikanischen Verbündeten der Konquistadoren stammt.

Sehenswertes

Man sollte unbedingt einen Blick auf das **Wandgemälde** (Karte S. 158) werfen, das an der Ostseite des Platzes die Mauer des Rathauses ziert – es ist den Opfern des Bürgerkriegs gewidmet und erzählt mithilfe der Symbolik des *Popol Vuh* die Geschichte des Krieges nach.

INGUAT-autorisierte **Guides** (Karte S. 158; ☎ 5966-1162; 7a Av 7-14; ⌚ So–Do 8–16 Uhr) in beigefarbenen Westen bieten Kulturrundgänge durch Chichi und hoch zum Pascual Abaj an.

★ **Markt** MARKT
(Karte S. 158; Plaza Principal; ⌚ Do & So) Einige Dorfbewohner gehen auch heute noch stundenlang zu Fuß, um ihre Erzeugnisse auf dem Markt von Chichi anzubieten. Er ist einer der größten des Landes und für viele Reisende das Highlight einer Guatemala-Reise. Auf dem Markt herrscht eine bunte Mischung aus Tradition und Tourismus: Einheimische Frauen schauen sich nach einem neuen *huipil* um, während Reisende nach Stoffen als Andenken Ausschau halten. Am Sonntag ist mehr los als am Donnerstag, denn dann strömen auch noch die Sprachschüler und Wochenendausflügler aus Guatemala-Stadt herbei.

Am frühen Donnerstag- und Sonntagmorgen breiten die Händler Gemüse, Kreidestücke (das zu Pulver zermahlen dazu verwendet wird, getrockneten Mais weichezu machen), handgefertigtes Gurtzeug und andere Waren aus und warten auf Kunden. Früher bauten die Händler für jeden Markttag ihre Stände neu aus Baumstümpfen auf und spannten Baumwollplanen darüber, heute steht oberhalb der Plaza permanent ein Meer aus Blechdächern.

Einen Großteil der Plaza und der Straßen nördlich davon nehmen heute Stände ein, die sich mit Masken, Töpferwaren usw. v. a. an Touristen wenden. Artikel für den Alltagsbedarf der Dorfbewohner wie Lebensmittel, Seife, Bekleidung, Handarbeitsartikel und Spielzeug findet man am Nordende des Platzes und im überdachten **Centro Comercial Santo Tomás** (Karte S. 158) an der Nordseite: Von der oberen Etage bieten sich sehr fotogene Ausblicke auf den Obst- und Gemüsemarkt unten.

Iglesia de Santo Tomás KIRCHE

(Karte S. 158; 5a Av) Diese Kirche an der Ostseite des Hauptplatzes stammt von 1540 und ist oft Schauplatz verschiedener Rituale, die eher dem Maya-Glauben als dem Katholizismus entspringen. Im Inneren ist der Boden manchmal mit Opfergaben wie Mais, Blumen und in Maisblätter gewickelte Schnapsflaschen bedeckt. Auf niedrigen Steinplattformen sind Kerzen zu bestimmten Mustern arrangiert. Hinein in die Kirche geht's durch den Seiten-, nicht den vorderen Eingang. Fotografieren ist drinnen strengstens verboten!

Die Treppe vor der Kirche erfüllt mehr oder weniger denselben Zweck wie die großen Treppen der Maya-Pyramiden – es gibt 20 Stufen, je eine für jeden Tag des Maya-Kalenders. Besonders sonntags qualmt auf der Treppe der Rauch von *copal*-Baumharz, während indigene Vorbeter, die *chuchkajaues* (Mutter-Väter), Räuchergefäße – gewöhnlich mit Löchern versehene Blechdosen – hin und her schwenken und Zauberworte für den jeweiligen Tag des alten Maya-Kalenders und zu Ehren der Vorfahren intonieren. Die Kerzen und Gaben im Kirchenschiff erinnern an diese Vorfahren, von denen viele unter dem Boden der Kirche bestattet sind, genauso wie die Maya-Könige unter den Pyramiden bestattet waren.

Capilla del Calvario KIRCHE

(Karte S. 158; 4a Av) Diese weißgetünchte Kirche auf der Westseite der Plaza ähnelt in Form und Funktion der Kirche Santo Tomás, ist aber kleiner. Vor der Kirche finden ununterbrochen Zeremonien statt und Gläubige drängen sich um ein Feuer, in dem duftendes Kopalharz verbrannt wird. Drinnen in der Kirche zünden Besucher Kerzen auf rußgeschwärzte Steinplatten an.

NICHT VERSÄUMEN

STREET FOOD IN CHICHI

In Chichicastenango spielt sich die eigentliche kulinarische Action am Hauptplatz ab: Hier servieren *abuelitas* (Großmütter) bzw. deren Töchter und Enkelinnen aus riesigen Töpfen dem an langen, mit Wachstuch bedeckten Tischen sitzenden Landvolk Hühnersuppe, Rindfleischeintopf, Tamales und *chiles rellenos*. Was in Chichi Tamales heißt, besteht aus Reis und wird mit Sauce übergossen. An anderen Ständen gibt's Wassermelonen- und Papayascheiben. An marktfreien Tagen werden abends vor der Kathedrale Enchiladas und *pupusas* verkauft, serviert mit *atole de plátano*, einem warmen Kochbananengetränk mit Zimt.

Galería Pop-Wuj GALERIE

(Karte S. 158; ☎4629-9327; www.galeriapopwuj.wix.com/galeriapopwuj; Casa 2-27, Calle Pascual Habaj) GRATIS Auf dem Weg den Hügel hinab zum Schrein Pascual Abaj kann man einen Zwischenstopp in dieser interessanten Galerie einlegen, die mit Unterstützung des Project Guggenheim als Kunstinstitut für einheimische Kinder konzipiert wurde. Sie zeigt eine kleine, aber bedeutende Sammlung von Ölgemälden des Künstlerbruderpaars Juan und Miguel Cortéz und deren Schüler. Manchmal wird auch Quiché-Unterricht angeboten und zuweilen kann man traditionellen Maya-Zeremonien beiwohnen (vorher in der Galerie nachfragen).

Festivals & Events

Fiesta del Santo Tomás KULTUR

(Dez.) Der Schutzheilige wird fast den ganzen Dezember lang gefeiert. Los geht's am 5. mit einer Prozession und zu Ende ist's am 21.: Dann hängen mutige – einige würden auch sagen verrückte – Männer paarweise von einer Stange und fliegen mit hoher Geschwindigkeit durch die Luft. Dazu kommen noch traditioneller Tanz, Konzerte und ein Feuerwerk.

Quema del Diablo KULTUR

(Teufelsverbrennung; 7. Dez.) Einwohner verbrennen Abfall auf den Straßen und tragen eine Statue der Jungfrau Maria zu den Stu-

Chichicastenango

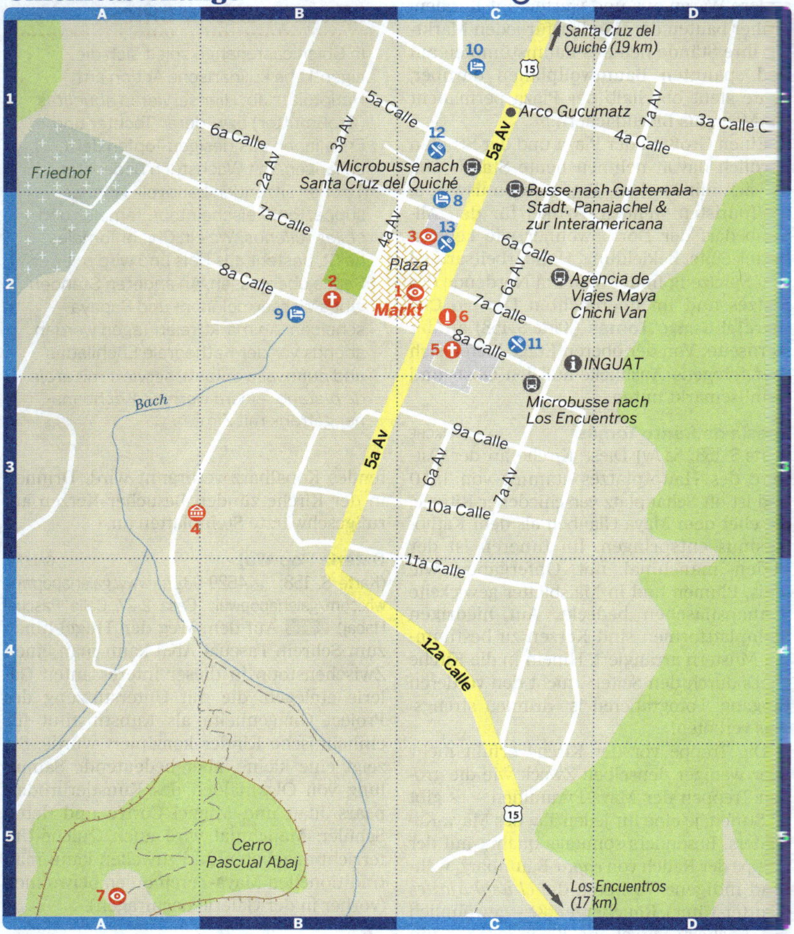

fen der Iglesia de Santo Tomás. Dazu gibt's jede Menge Weihrauch und Kerzen, eine Marimba-Band und ein Feuerwerk, bei dem sich die Zuschauer nicht selten vorsichtshalber in Sicherheit bringen.

Schlafen & Essen

Wer für die Nacht vor dem Donnerstags- oder Sonntagsmarkt ein Zimmer benötigt, sollte telefonisch reservieren oder zumindest früh da sein.

Hotel Girón HOTEL $

(Karte S. 158; ☎5527-1101; hotelgiron@gmail.com; 6a Calle 4-52; EZ/DZ/3BZ 150/200/450 Q; P) Die motelähnliche Unterkunft eine Straße nördlich der Plaza gewinnt mit ihrer Einrichtung sicher keine Preise, aber sie erfüllt ihren Zweck und ist verlässlich. Zu erreichen ist sie durch eine Einkaufsgasse und liegt somit etwas geschützt vor dem Trubel des Zentrums. Am besten sind die Zimmer im ersten Stock; Frühstück ist im Preis inbegriffen.

Posada El Arco PENSION $$

(Karte S. 158; ☎3469-1590; 4a Calle 4-36; DZ 244/305 Q) In der Nähe des Arco Gucumatz liegt die heimelige, mit Strom aus Sonnenenergie versorgte Posada El Arco

Chichicastenango

eine von Chichis originelleren Unterkünften. Alle neun Zimmer sind individuell mit Maya-Webarbeiten, kolonialzeitlichen Bettgestellen und Kaminen eingerichtet. Von den Zimmern 3, 4, 6 und 7 blickt man auf den stillen Garten hinterm Haus und in Richtung Norden auf die Berge. Der belesene Eigentümer Pedro unterhält sich gern auf Englisch. Eine Reservierung empfehlenswert.

Mayan Inn HOTEL **$$$**
(Karte S. 158; ☎2412-4753; www.mayaninn.com.gt; 8a Calle A 1-91; EZ/DZ/3BZ 630/700/1110 Q; 📶) Das 1932 gegründete Mayan Inn umfasst heute mehrere restaurierte Kolonialhäuser beiderseits der 8a Calle. Ihre Innenhöfe sind mit tropischer Vegetation bepflanzt, ihre Wände mit indigenen Stoffen behängt. Jedes der individuell eingerichteten Zimmer verfügt über Schränke und Kamine, die mit Schnitzereien verziert sind. Die Zimmer auf der Südseite haben den besten Ausblick. Das **Restaurant** (Frühstück ab 25 Q, Hauptgerichte 70–125 Q; ⏲7–22 Uhr) gehört zu den edelsten in Chichi.

★ **Villa Cofrades** CAFÉ **$**
(Karte S. 158; Centro Comercial Santo Tomás; ⏲Mi, Do, Sa & So 7–19 Uhr; 📶) Das reizende Café schmiegt sich in eine Außenecke des Centro Comercial Santo Tomás und ist ein echtes Juwel für Leute, die sich vom Markttrubel zurückziehen, aber trotzdem das Treiben im Auge behalten möchten. Es ist mit alten Schreibmaschinen, Drucken, Besteckinstallationen und Auktionshauskatalogen recht exzentrisch eingerichtet.

Los Asados GUATEMALTEKISCH **$**
(Karte S. 158; Ecke 4a Av & 5a Calle; Frühstück ab 15 Q, Tagesgerichte 30 Q) Das freundliche Restaurant abseits des Markttrubels ist eine prima Anlaufstelle für sättigendes Frühstück, Sandwiches und große Grillteller. Gewöhnlich gut und reichhaltig ist auch das Tagesmenü.

Casa San Juan GUATEMALTEKISCH **$$**
(Karte S. 158; ☎7756-2086; 6a Av 7-30; Hauptgerichte 40–65 Q; ⏲Di–So 10–21.30 Uhr) Das San Juan, eines der stilvolleren Restaurants, residiert in einem schönen Kolonialgebäude neben der Kirche Santo Tomás. Hier können die Gäste in verschiedenen Räumen bei Kerzenschein speisen. Auf der Karte steht neben Burgern und Sandwiches auch traditionelleres Essen wie etwa gute *chiles rellenos* mit würziger Salsa.

Praktische Informationen

Chichis zahlreiche Banken haben alle auch sonntags geöffnet und es gibt jede Menge Geldautomaten.

Banco Industrial (6a Calle 6-05) Mit Visa-/MasterCard-Geldautomat.

Geldautomat (Ecke 5a Av & 6a Calle)

An- & Weiterreise

Busse (Karte S. 158) nach Panajachel, Quetzaltenango und zu allen anderen Orten, die von der Interamericana aus erreichbar sind, fahren von der 5a Calle bei der Ecke mit der 5a Avenida ab, einen Block bergauf vom Arco Gucumtaz. Hier kann man auch einen Microbus nach Santa Cruz del Quiché (Karte S. 158) nehmen. Aus dem Süden kommende Busse fahren die 7a Avenida hinauf und setzen Fahrgäste an der **Tankstelle** zwei Straßen östlich des Hauptplatzes ab.

Microbusse nach Los Encuentros (Karte S. 158) fahren am Telgua-Gebäude an der 7a Avenida ab.

Die **Agencia de Viajes Maya Chichi Van** (Karte S. 158; ☎5007-2051; mayachichivan@yahoo.es; 6a Calle 6-45) bietet donnerstags und sonntags um 14 Uhr Shuttles nach Guatemala-Stadt (125 Q), Antigua (90 Q) und Panajachel (55 Q), außerdem täglich um 7 Uhr einen Shuttle nach San Cristóbal de las Casas in Mexiko. Meistens sind mindestens fünf Fahrgäste nötig. Das Unternehmen veranstaltet außerdem Touren nach K'umarcaaj bei Santa Cruz del Quiché, nach Nebaj und zu anderen Orten.

Santa Cruz del Quiché

130 300 EW. / 1979 M

Ohne einen großen Markt und den damit verbundenen Tourismus wie in Chichicastenango präsentiert Santa Cruz – oder einfach El Quiché – ein authentischeres Bild vom Provinzalltag und ist erfrischend untouristisch. Die nur 19 km nördlich von Chichi gelegene Stadt ist die Hauptstadt des Departamento Quiché und lockt eine bunte Menge an, die hier Geschäften nachgeht oder Behördengänge erledigt. Die wichtigsten Markttage sind Donnerstag und Sonntag und dann ist erheblich mehr Trubel. Die Reisenden, die es hierher verschlägt, kommen in der Regel wegen der Ruinen der alten Quiché-Maya-Hauptstadt K'umarcaaj, oder um auf dem Weg nach Norden in einen anderen Bus umzusteigen.

Die spannendste Zeit für einen Besuch ist während der Fiestas Elenas Mitte August. Bei dem einwöchigen Festival präsentierten die Menschen der Umgebung voller Stolz die indigenen Traditionen. Alle Feierlichkeiten münden im *Convite Feminino:* Die Frauen von El Quiché setzen Masken auf und tanzen zu Marimba-Klängen durch die Stadt.

Sehenswertes

Die Hauptattraktion von El Quiché sind die Ruinen von K'umarcaaj unmittelbar vor den Toren der Stadt, doch es gibt auch ein paar interessante Sachen rund um die dreiteilige Plaza. Den obersten Platz flankiert auf der Ostseite der Gobernación, der Palast der Provinzregierung, den mittleren die Kathedrale und die *municipalidad* (Rathaus) und den unteren der Kuppelbau der Veranstaltungshalle. Vor dieser steht eine Statue des Quiché-Kriegers Tecún Umán in grimmiger Haltung. Der Hauptmarkt ist in ein paar Gebäuden östlich der Plaza untergebracht.

K'umarcaaj ARCHÄOLOGISCHE STÄTTE

(Q'um'arkaj, Utatlán; 30 Q; ⌚8–16 Uhr) Die Ruinen der alten Quiché-Maya-Hauptstadt K'umarcaaj sind für die Mayas nach wie vor eine heilige Stätte und hier werden weiterhin Rituale vollzogen. Archäologen haben mehr als 80 große Bauten in zwölf Gruppen identifiziert, jedoch ist bisher nur sehr wenig restauriert worden. Die von Schluchten umgebenen Ruinen sind schön im Schatten großer immergrüner Pflanzen gelegen. Taschenlampe mitnehmen!

Das Königreich Quiché wurde gegen Ende der postklassischen Periode (ca. 14. Jh.) von einem Volk gegründet, das aus der Vermischung einer indigenen Bevölkerungsgruppe mit Invasoren aus dem Grenzgebiet Tabasco-Campeche in Mexiko hervorgegangen war. König Ku'ucumatz gründete K'umarcaaj, das dank seiner natürlichen Festungslage über ein weites Tal herrschte und viele benachbarte Siedlungen eroberte. Während der langen Herrschaft des Nachfolgers Q'uik'ab (1425–1475) erweiterte das Königreich Quiché seine Grenzen bis nach Huehuetenango, Nebaj, Rabinal und in die Pazifikebene. Zur selben Zeit rebellierten die Cakchiquel, ein Vasallenvolk, das einst zusammen mit den Quiché gekämpft hatte, und gründete in Iximché eine unabhängige Hauptstadt.

Als der spanische Konquistador Pedro de Alvarado 1524 mit seinen Truppen nach Guatemala kam, führten die Quiché unter ihrem König Tecún Umán den Widerstand gegen die Spanier an. In der entscheidenden Schlacht bei Quetzaltenango am 12. Februar 1524 lieferten sich Alvarado und Tecún einen Kampf auf Leben und Tod. Alvarado behielt die Oberhand. Die besiegten Quiché luden ihn zu einem Besuch in K'umarcaaj ein. Alvarado ahnte jedoch eine Falle und bat seine mexikanischen Verbündeten sowie die mit den Quiché verfeindeten Cakchiquel um Hilfe. Gemeinsam nahmen sie die Anführer der Quiché gefangen, verbrannten sie auf dem Hauptplatz von K'umarcaaj bei lebendigem Leibe und zerstörten die Stadt.

Eine Orientierungshilfe bietet das Museum am Eingang. Das höchste Bauwerk am Hauptplatz, der **Templo de Tohil** (ein Himmelsgott), ist von Rauch geschwärzt und verfügt über eine Nische, in der Priester den Maya-Göttern regelmäßig Opfer darbringen. Der L-förmige Ballplatz daneben ist umfassend restauriert worden.

Den Hügel rechts vom Platz hinunter liegt der Eingang zu einem Tunnel, der *cueva*. Der Legende zufolge gruben die Quiché diesen Tunnel vor der Ankunft Alvarados als Zufluchtsort für ihre Frauen und Kinder. Später soll in einem tiefen Schacht, der vom Tunnel abzweigt, eine Quiché-Prinzessin begraben worden sein. Der Tunnel wird als der Ort verehrt, an dem das Quiché-Königreich unterging; er ist den Hochlandmayas heilig, sodass hier gebetet wird, Kerzen entzündet und Opfergaben wie z. B. Hühner dargebracht werden.

Falls jemand am Eingang ist, sollte man um die Erlaubnis fragen, den Tunnel betreten zu dürfen. Drinnen ist der vielleicht

BUSSE AB SANTA CRUZ DEL QUICHÉ

ZIEL	PREIS (Q)	DAUER	ABFAHRTEN
Chichicastenango	10	40 min.	häufig
Guatemala-Stadt	35	3 Std.	3–17 Uhr alle 10 min.
Huehuetenango	25	2 Std.	5–18 Uhr halbstündl.
Nebaj	20	2 Std.	6–19 Uhr halbstündl.
Quetzaltenango	25	3 Std.	5–18 Uhr stündl.
Uspantán	30	2–2½ Std.	5.30–19 Uhr häufig

100 m lange Tunnel schwarz von Rauch und Weihrauch und mit Kerzen und Blütenblättern übersät. Taschenlampe mitnehmen und aufpassen, wohin man tritt: Es gibt mehrere Seitentunnel und in mindestens einem, rechts kurz vor dem Ende, befindet sich ein tiefer schwarzer Schacht.

Die Ruinen von K'umarcaaj liegen 3 km westlich von El Quiché. Graue „Ruinas"-Microbusse fahren alle 20 Minuten vor der Kathedrale in Santa Cruz ab (1 Q). Der letzte fährt um 18.50 Uhr zurück.

Schlafen & Essen

Die Hotels befinden sich zwischen dem Parque Central und dem Busbahnhof.

Preiswertes Essen bieten die vielen Grillstände auf dem Markt und rundherum.

Hotel Rey K'iche HOTEL $
(☎7755-0827; 8a Calle 0-39, Zona 5; EZ/DZ/3BZ 160/225/290 Q; 📶) Das sehr preiswerte Rey K'iche zwischen dem Busbahnhof und dem Platz vermietet ordentliche Zimmer mit Ziegelwänden rund um einen ruhigen Innenhof und zeichnet sich durch freundliche Mitarbeiter aus. Es gibt kostenloses Trinkwasser und oben ein anständiges Café mit Frühstück und Abendessen. Insgesamt die beste Unterkunft am Ort.

El Sitio Hotel HOTEL $$
(☎7755-3656; elsitiohotel@gmail.com; 9a Calle 0-41, Zona 5; EZ/DZ/3BZ 175/300/400 Q; P 📶) Von außen ähnelt das Businesshotel zwei Straßen nördlich vom Busbahnhof einer modernen evangelikalen Kirche. Die große Lobby ist recht steril, doch die Zimmer sind modern und gepflegt und warten mit ein wenig traditioneller Einrichtung auf.

Restaurant El Chalet STEAKS $$
(☎7755-0618; 1a Calle 2-39, Zona 5; Hauptgerichte 60–70 Q; ⏲7–21 Uhr) Spezialität des Hauses ist Grillfleisch, das mit hausgemachter Salsa serviert wird. Die tortillagroßen Portionen sind eine eher kleine Mahlzeit. Man speist unter einer Laube an einem Streifen Garten. Das El Chalet gehört zu einem noblen Hotel und Tagungszentrum nur ein paar Häuserblocks östlich vom großen Uhrenturm.

An- & Weiterreise

El Quiché ist der Ausgangspunkt für Touren in den abgeschiedeneren Norden des Departamento Quiché, der sich bis an die mexikanische Grenze erstreckt. Der **Hauptbusbahnhof**, ein staubiges Stück Land in Zona 5, liegt vier Blocks südlich und zwei Blocks östlich der Plaza. Microbusse nach Chichicastenango fahren von der Ecke 5a Calle und 2 Avenida.

Nebaj

106 200 EW. / 2000 M

Versteckt in einer abgeschiedenen Falte der Cuchumatanes-Berge nördlich von Sacapulas liegt das Triángulo Ixil (Ixil-Dreieck), ein 2300 km² großes Gebiet mit den Städtchen Santa María Nebaj, San Juan Cotzal und San Gaspar Chajul sowie Dutzenden abgelegener Dörfer und Weiler. Die hier ansässigen Ixil-Mayas litten während des Bürgerkriegs vielleicht mehr als sonst jemand in Guatemala und halten stolz an ihren Traditionen und ihrer Sprache fest. Die Frauen von Nebaj sind bekannt für ihren schönen purpurfarbenen, grünen und gelben geflochtenen Kopfschmuck mit dicken Quasten, ihre scharlachroten *cortes* (Wickelröcke) und ihre *huipiles* und *rebozos* (Schultertücher) mit Vogel- und anderen Tiermotiven. Nebaj ist ein guter Ausgangspunkt für Wanderungen – besonders schön ist die dreitägige Wanderung nach Todos Santos. In der Stadt selbst lohnt das überraschend gute Museum zur Regionalgeschichte einen Besuch.

Sehenswertes & Geführte Touren

Centro Cultural Kumool MUSEUM
(5a Av 1-32; 20 Q; ⏲Mo–Fr 9–12 & 13–18, Sa 8–13 Uhr) Das kleine Museum ist in einer Stadt

von der Größe von Nebaj ein unerwarteter Schatz. Es präsentiert vorwiegend in der Region Ixil ausgegrabene und nach historischen Epochen geordnete Keramiken. Zu den besonders herausragenden Stücken zählen eine Zeremonialaxt mit Totenkopfgriff und eine große Begräbnisurne mit Jaguargesicht sowie einige gut erhaltene bunte Vasen. Für Leute mit Spanischkenntnissen ist die kleine Bibliothek mit Büchern zur Geschichte und Kultur der Region sehr interessant.

Iglesia de Nebaj KIRCHE
(Parque Principal) Diese mächtige Kirche dominiert die Südseite des Parque Principal. Drinnen befindet sich links vom Eingang ein Denkmal für Juan José Gerardi, der als Bischof von Quiché Menschenrechtsverletzungen bezeugte. Kurz nachdem er über diese Gräueltaten einen Bericht veröffentlicht hatte, wurde er umgebracht. Mehrere Hundert einfache Holzkreuze rund um das Denkmal erinnern an Einwohner von Nebaj, die während des Bürgerkriegs und auch danach noch ermordet wurden. Draußen wird mit einem bunten Wandbild die Ixil-Kultur gewürdigt.

Guías Ixiles WANDERN
(☎5847-4747; www.nebaj.com; 3a Calle, El-Descanso-Gebäude, Zona 1; ⏲8–12.30 & 14–17 Uhr) Guias Ixiles veranstaltet Halbtagswanderungen zu Las Cascadas (1. Pers. 55 Q, jede weitere Pers. 25 Q), einer Abfolge von Wasserfällen nördlich des Orts, und Touren durch den Ort, bei denen man auch die heiligen Stätten der *costumbristas* besucht (*indígenas,* die noch immer nicht-christliche Maya-Riten praktizieren). Guias Ixil führt außerdem dreitägige Treks über die Cuchumatanes nach Todos Santos Cuchumatán. Dabei ist ein bisschen Spanisch erforderlich.

Schlafen & Essen

Hotel Turansa HOTEL $
(☎4887-8584; Ecke 5a Calle & 6a Av; EZ/DZ ab 85/150 Q; P 📶) Das freundliche Hotel im Zentrum nur eine Straße vom Parque Principal bietet recht geräumige Zimmer mit großen, bequemen Betten und Flachbildfernsehern sowie Balkonen voller Pflanzen. Die Dreibettzimmer im obersten Geschoss öffnen sich auf eine Sonnenterrasse. Aber die Zimmer unten sind wegen ihrer Nähe zum Parkplatz sehr laut.

Hotel Santa María HOTEL $$
(☎4212-7927; www.hotelsantamarianebaj.com; Ecke 4a Av & 2a Calle; EZ/DZ 150/250 Q; P 📶) Scharlachrote gewebte Bettdecken, geschnitzte hölzerne Kopfbretter und andere Ixil-Handwerksartikel zieren die hellen, makellos sauberen Zimmer in diesem gepflegten Hotel drei Querstraßen nordwestlich des Hauptplatzes. Es gibt auch ein Restaurant (das Frühstück ist nicht inbegriffen) und das Hotel teilt sich seinen Eingang mit einer Klinik.

Hotel Villa Nebaj HOTEL $
(☎7756-0005; www.hotelvillanebaj.com; Calle 15 de Septiembre 2-37; EZ/DZ/3BZ 150/250/350 Q; P 📶) Hinter einer reich verzierten Fassade verbirgt sich ein schniekes modernes Hotel mit Brunnen im Patio und detaillierten Gemälden von *nebajenses* in Fiestakleidung. Die auf drei Etagen verteilten Zimmer mit bunten Bettdecken, beschnitzten Bettkopfenden und heißen Duschen haben durchaus Stil. Da die Zimmer nach vorne raus stark durch Verkehrslärm beeinträchtigt sind, nimmt man besser eins im hinteren Nebengebäude.

Comedor El Si'm GUATEMALTEKISCH $
(3a Av; Frühstück 30 Q; ⏲7–21 Uhr) Dieses Lokal abseits des Hauptplatzes eignet sich toll für ein sättigendes *desayuno* (Frühstück) mit einer Schale *mosh* (warmer Haferbrei) und einem frisch gebackenen Plätzchen zusätzlich, begleitet von Kaffee bis zum Abwinken. Schon um 8 Uhr wimmelt es hier von Einheimischen.

El Descanso INTERNATIONAL $
(☎5847-4747; www.nebaj.com; 3a Calle, Zona 1; Hauptgerichte 25–35 Q; ⏲6.30–21.30 Uhr; 📶) Das gemütliche Restaurant verfügt über Bar- und Loungebereiche und somit über das alternativste Ambiente des Orts. Serviert werden Sandwiches, Salate, Pastagerichte und Suppen sowie westliches und guatemaltekisches Frühstück. Beliebt bei ausländischen *volontarios.*

Praktische Informationen

Im Rathausgebäude am Hauptplatz gibt's einen **5B-Geldautomaten**.

Banrural (⏲Mo–Fr 8–16.30, Sa 7–11 Uhr) In einem kleinen Einkaufszentrum unterhalb des Parque Principal; wechselt Dollars und Euros.

An- & Weiterreise

Der Busbahnhof befindet sich unterhalb des Marktes. Microbusse über Sacapulas nach Santa Cruz del Quiché (20 Q, 2 Std.) fahren zwischen 4 und 17 Uhr jede halbe Stunde ab, und zwar hinter der Kirche an der Ecke 5a Avenida und 7a Calle. Um nach Huehuetenango im Westen zu gelangen oder Richtung Osten nach Uspantán und Cobán, muss man in Sacapulas umsteigen.

Microbusse nach Chajul (15 Q, 45 min.) fahren bis 18 Uhr etwa alle 20 Minuten vor dem Hotel Villa Nebaj an der Calz 15 de Septiembre ab.

Vom Hauptbusbahnhof hinter dem Markt verkehren hauptsächlich Busse in umliegende Dörfer wie Tzalbal, Vicalama und Palop; gegen 2 Uhr nachts fährt ein Bus die ganze Strecke bis nach Guatemala-Stadt (50 Q, 5½ Std.) via Chichicastenango.

Uspantán

83 400 EW.

Uspantán, auf halber Strecke zwischen Huehuetenango und Cobán an der Straße 7W, ist von Bergen umzingelt. Die Stadt ohne spektakuläre Sehenswürdigkeiten ist ruhig und nett und ihre Lage in einem fruchtbaren Tal am Fuß von bewaldeten Bergen, über die jeden Nachmittag Wolkenbänke heranrollen, wirklich atemberaubend. Die Frauen tragen hier weite, spitzenbesetzte *huipiles* in Hellorange oder -rosa.

Die Stadt wurde um das 6. Jh. herum von den Uspanteko-Mayas gegründet und hieß ursprünglich Tz'unun Kaab' – Ort der Kolibris. In den 1980er-Jahren beherrschten grausame Unterdrückung und Gegengewalt die Stadt. Dies prägte die indigene Menschenrechtsaktivistin Rigoberta Menchú, die im fünf Stunden Fußmarsch entfernten Dorf Laj Chimel in den Bergen aufwuchs. Uspantán ist Kardamom-Anbaugebiet und an den umliegenden Hängen werden Schweine und Schafe gehalten.

Wie üblich spielt sich das Leben vor allem rund um den Stadtplatz ab. Eine Erkundung lohnen die überdeckten Marktstraßen an seinem Rand.

Schlafen & Essen

Hotel Don Gabriel HOTEL $

(☎7951-8540; hoteldongabriel@yahoo.es; 7a Av 6-22; EZ/DZ 90/160 Q; P 📶) Das Hotel mit ausgezeichnetem Preis-Leistungs-Verhältnis liegt gleich um die Ecke vom Parque Central. In den Zimmern gibt es genügend dicke Decken gegen die abendliche Kühle. Wenn möglich, sollte man sich eins ganz oben geben lassen, denn dort befindet sich eine an Gaudí erinnernde Terrasse mit Pavillons voller Pflanzen und fabelhaften Ausblicken auf die Berge. In dem ordentlichen kleinen Restaurant unten wird ab 7 Uhr Frühstück serviert.

Restaurante Mexicana MEXIKANISCH $

(Frühstück ab 20 Q, Hauptgerichte 25–50 Q; ⏲7–21.30 Uhr) Das gut ausgeschilderte Restaurant liegt eine halbe Straße von der Seite des Hauptplatzes mit der Kirche entfernt. Sein Gastraum ist eher klein, die Speisekarte dagegen groß und umfasst mexikanische und guatemaltekische Gerichte, die in üppigen Portionen gereicht werden. Das Frühstück ist genauso deftig wie die Burritos, Quesadillas und Grillteller. Wer Glück hat, gelangt in den Besitz der Fernbedienung für den Fernseher und kann dem Krach den Garaus machen.

An- & Weiterreise

Microbusse über Sacapulas nach Quiché (30 Q, 2½ Std.) fahren bis 19 Uhr, sobald sie voll sind, vom **Busbahnhof** von Uspantán an der 6a Calle drei Straßen westlich des Parque Central. Nach Cobán (35 Q, 3 Std.) fahren von 4 bis 15.30 Uhr stündlich Microbusse; ein 35 km langer Abschnitt dieser Strecke führt über eine vorwiegend schlecht befestigte Straße. Nach Nebaj gibt's zwei direkte Microbusse (die aus Cobán kommen); einfacher ist es jedoch, einen Microbus nach Sacapulas zu nehmen, von wo es regelmäßige Verbindungen ins Ixil-Dreieck gibt.

Quetzaltenango

166 700 EW. / 2367 M

Quetzaltenango ist die zweitgrößte Stadt Guatemalas und mit einer tollen Atmosphäre gesegnet: Es ist nicht zu groß, nicht zu klein, und hat genügend Besucher, um eine gute Auswahl an Hotels und Restaurants zu gewährleisten, aber nicht so viele, dass der Ort sein authentisches Flair verlieren würde. Der guatemaltekische „Schichteffekt" ist auch hier in der Innenstadt zu erkennen: Als die Spanier verschwanden, zogen die Deutschen nach. Deren Architektur verleiht dem Zentrum ein etwas düsteres Ambiente.

Der Name der Stadt ist etwas kompliziert, weshalb die Einheimischen ihn kurzerhand zu Xela (*schell*-ah) verkürzen. Dies wiederum ist eine Abkürzung des Originalnamens „Xelajú" der Quiché-Mayas.

Xela ist beliebt bei Reisenden, die Zeit haben, länger an einem Ort zu verweilen und vielleicht ihre Spanischkenntnisse zu verbessern. Die Stadt dient außerdem als Basislager für eine Reihe spektakulärer Wanderungen durch die umliegende Landschaft, z. B. zum Gipfel des Vulkans Tajumulco, der höchsten Erhebung Zentralamerikas. Faszinierend ist auch die dreitägige Tour zum Lago de Atitlán.

Quetzaltenango

Quetzaltenango

Sehenswertes

Aktivitäten, Kurse & Touren

Schlafen

Shoppen

Geschichte

Quetzaltenango fiel unter die Herrschaft der Quiché-Mayas, als diese im 14. Jh. ihre große Expansion einleiteten. Zuvor gehörte es zum Territorium der Mam-Mayas. Hier in der Nähe wurde der Quiché-Anführer Tecún Umán 1524 vom spanischen Konquistadoren Pedro de Alvarado besiegt und getötet.

Während des Kaffeebooms des späten 19. Jhs. hatte die Stadt ihre Blüte: Händler eröffneten Lagerhäuser und die zumeist deutschen Plantagenbesitzer kamen in die Stadt, um Vorräte zu kaufen. Das wohlhabende Quetzaltenango erklärte 1896 während einer der häufigen Diktaturen im Land sogar für kurze Zeit seine Unabhängigkeit. Xela florierte, bis 1902 eine doppelte Katastrophe über den Ort hereinbrach: Ein Erdbeben und ein Ausbruch des Vulkans Santa María richteten verheerende Zerstörungen an. Später sicherte Xelas Lage als Kreuzungspunkt der Straßen zum Pazifikstreifen, nach Mexiko und nach Guatemala-Stadt dem Ort einen gewissen Wohlstand. Heute brummt der Handel hier wieder – dafür sorgen Indigene, Ausländer und *ladinos*.

Sehenswertes

Parque Centro América — PLAZA

(Karte S. 168) Die meisten Sehenswürdigkeiten tummeln sich am oder um den breiten Zentralplatz herum. Hier kann man toll herumbummeln oder sich niederlassen und dem Treiben zuschauen. Nach den Plänen des italienischen Architekten Alberto Porta gab es im 19. Jh. ursprünglich zwei separate Plätze. Bei einem Umbau in den 1930er-Jahren wurden diese zur jetzigen länglichen Plaza zusammengefasst. Das interessanteste der Denkmäler auf dem Platz ist eine Rotunde mit ionischen Säulen, die dem Komponisten Rafael Álvarez Ovalle gewidmet ist.

Friedhof — FRIEDHOF

(Karte S. 164; Parque El Calvario, Zona 1; ⌚6–17.30 Uhr) Quetzaltenangos riesiger Friedhof lädt zu ausgiebigen, faszinierenden Spaziergängen ein. Links vom Haupteingang befindet sich das Grab der Zigeunerin Vanushka, die von ihrem reichen Liebhaber verlassen und gedemütigt wurde und schließlich an gebrochenem Herzen starb. Besucher, die sich in Herzensangelegenheiten Beistand erhoffen, legen hier Blumen nieder. Den Friedhof sollte man nur freitags bis sonntags tagsüber besuchen, wenn hier genügend Leute unterwegs sind.

Cerro el Baúl — AUSSICHTSPUNKT

(Karte S. 164) Der bewaldete Hügel ist mit seinen herrlichen Ausblicken auf die breite Ebene von Xela und die Vulkane drum herum ein beliebtes Wochenendausflugsziel der Städter. Es gibt ein kleines Café, einige überraschend schnelle und furchteinflößende Kinderrutschen sowie einen großen Obelisken mit einem Relief des großen Maya-Kriegers Tecún Umán – der Überlieferung zufolge soll er hier begraben sein.

Centro Intercultural de Quetzaltenango — KULTURZENTRUM

(Karte S. 164; 4a Calle & 19a Av, Zona 3) GRATIS Quetzaltenangos Bahnhof 1 km östlich des Templo de Minerva an der 4a Calle lag jahrelang brach, bis die Stadt ihn in dieses Kulturzentrum umfunktionierte. Heute sind hier eine Kunst- und eine Tanzschule sowie drei interessante Museen untergebracht.

Museo de Arte — MUSEUM

(Karte S. 164; 4a Calle & 19a Av, Zona 3; Spende erwünscht; ⌚9–13 & 15–19 Uhr) Hier ist eine interessante, wenn auch chaotische Sammlung von rund 400 Gemälden führender guatemaltekischer Modernisten wie Efraín Recinos, Jorge Mazariegos und dem Landschaftsmaler José Luis Álvarez zu sehen. Im Mittelpunkt stehen die fantastischen Bilder von Rodrigo Díaz, der zufällig auch der Kurator des Museums ist.

Museo Ixkik' — MUSEUM

(Karte S. 164; ☎5653-5585; 4a Calle & 19a Av, Zona 3; erbetene Spende 35 Q; ⌚Mo–Fr 9–17 Uhr)

Das Museum widmet sich der Maya-Webkunst: Traditionelle Trachten werden nach Region sortiert präsentiert. Direktorin Raquel García ist Expertin für die Symbole und Bedeutungen der indigenen Kleidungsstücke und liefert interessante Erläuterungen.

Aktivitäten & Geführte Touren

In der Umgebung von Xela lassen sich zahlreiche spannende Wanderungen und Bergbesteigungen unternehmen. Der **Volcán Tajumulco** (4220 m), 50 km nordwestlich, ist der höchste Punkt Zentralamerikas. Von der Stadt aus ist es ein anstrengender langer Tag zum Gipfel, oder man nimmt sich zwei Tage Zeit mit Übernachtung am Berg. Hinauf sind es vom Ausgangspunkt Tuhichan (2½ Std. mit dem Bus ab Xela) rund fünf Stunden.

Wer früh aufbricht, kann den **Volcán Santa María** (3772 m), der im Süden über der Stadt thront, oder den sehr aktiven **Santiaguito** (2488 m) an der Südwestflanke des Santa María an einem langen Vormittag ab Xela besteigen, doch die rauen, rutschigen Wege empfehlen sich nur für geübte Wanderer. Los geht's im Dorf Llanos del Pinal, 5 km südlich von Xela (5 Q per Bus); von dort sind es vier bis fünf Stunden bis zum Gipfel des Santa María. Dem Santiaguito zu nahe zu kommen ist gefährlich – die meisten Leute begnügen sich damit, ihm von einem Aussichtspunkt 1½ Stunden Fußmarsch von Llanos del Pinal entfernt einen Blick zuzuwerfen. Beliebte Wanderungen, die nicht zu Vulkanen führen, sind z. B. die dreitägige Wanderung von Xela zum Lago de Atitlán und die sechstägige Wanderung von Nebaj nach Todos Santos Cuchumatán.

★ Monte Verde Tours TOUREN
(Karte S. 168; ☎5729-6279; www.monte-verdetours.com; 13a Av 8-34, Zona 1) Der sehr empfehlenswerte Trekking- und Kulturtourismusanbieter beschäftigt fachkundige, freundliche Guides. Zu den Angeboten in der Nähe von Xela zählen Touren nach Zunil und zu den Fuentes Georginas, Tageswanderungen auf den Santa María und Treks mit Übernachtung auf dem Tajumulco. Außerdem gibt's Touren Richtung Süden nach Takalik Abaj und zu den Kaffee- und Kautschukplantagen in der Nähe.

EntreMundos FREIWILLIGENARBEIT
(Karte S. 168; ☎7761-2179; www.entremundos.org; 6a Calle 7-31, Zona 1; ⊙Mo–Do 14–16 Uhr) EntreMundos ist eine vertrauenswürdige Wohlfahrtsorganisation, die mit NGOs und Gemeindegruppen zusammenarbeitet und örtlichen NGO-Mitarbeitern allerlei Workshops anbietet. Auf der Website sind 100 Projekte in ganz Guatemala aufgeführt, die Freiwillige suchen. Eine kostenlose zweisprachige Zeitschrift, die alle zwei Monate erscheint, enthält Artikel über gesellschaftliche Entwicklungen und Menschenrechtsfragen und informiert über Stellen für Freiwillige. Wer bei EntreMundos vorbeischaut und sich eine Stelle vermitteln lässt, zahlt dafür 25 Q.

Guate Guides ABENTEUER
(Karte S. 168; ☎5195-7734; www.guateguides.com; 6a Calle 15-16, Zona 1) Der kleine Veranstalter bietet Touren zu den Vulkanen, Dörfern und Naturschutzgebieten der Gegend und legt viel Wert auf gute Ausrüstung und fachkundige Erläuterungen. Auf dem Programm stehen z. B. halbtägige Radtouren durchs Samalá-Flusstal nach San Andrés Xequl, Besteigungen der Vulkane Santa María und Tacaná sowie Fototouren zum Quetzal-Schutzgebiet bei San Marcos.

Yoga House YOGA
(Karte S. 168; www.yogahousexela.wordpress.com; 9a Av 6-68, Zona 1; 20/50 Q pro Unterrichtsstunde/Woche) Die beste Yoga-Adresse in Quetzaltenango. Neben täglichen Hatha-Yoga-Klassen für Anfänger und Fortgeschrittene gibt's auch Ashtanga Yoga. Samstags werden kostenlose Fitnesseinheiten angeboten, für die man „mit Schweiß und Tränen" bezahlt.

Adrenalina Tours TOUREN
(Karte S. 168; ☎7761-4509; www.adrenalinatours.com; 13a Av & 4a Calle, Pasaje Enríquez, Zona 1) Bietet verschiedene Touren in der Umgebung von Xela, u. a. zur Laguna de Chicabal, zu den Fuentes Georginas und zum Naturschutzgebiet El Aprisco, außerdem einwöchige Touren mit Schwerpunkt „Kosmologie der Mayas" oder „Naturschönheiten Guatemalas".

Quetzaltrekkers ABENTEUER
(Karte S. 164; ☎7765-5895; www.quetzaltrekkers.com; Diagonal 12 8-37, Zona 1) Die meisten Guides dieses Veranstalters im Hotel Casa Argentina sind ausländische Freiwillige – erfahrene Wanderer sind übrigens immer als freiwillige Helfer willkommen. Jede Woche werden Tageswanderungen nach Fuentes Georginas und zum Vulkan Santa María, dreitägige Ausflüge zum Lago de Atitlán und sechstägige Wanderungen von Nebaj nach Todos Santos Cuchumatán angeboten – Termine siehe Website. Das Büro von Quetzaltrekkers befindet sich im rückwärtigen Teil vom Hotel Casa Argentina.

Kurse

Quetzaltenangos viele Spanischschulen ziehen Schüler aus aller Welt an. Die Stadt bietet ein anderes und vielleicht für wirkliches Sprachelernen geeigneteres Umfeld als das sehr touristische Antigua.

Der Standardwochenpreis beginnt bei 900/1000 Q für vier/fünf Stunden Unterricht pro Tag (Mo–Fr). Für 350 bis 450 Q zusätzlich bekommt man ein Zimmer mit Vollpension bei einer Familie vor Ort. Einige Schulen erhöhen ihre Preise in der Hochsaison von Juni bis August um bis zu 20 %; zudem berechnen viele besonders bei Buchungen aus Europa eine Anmeldegebühr, die nicht rückerstattet wird. Begleitend zum Unterricht werden z. B. Filmvorführungen, Tanz- und Kochunterricht sowie Vorträge über guatemaltekische Politik und Kultur geboten.

Die Frauenkooperative **Trama Textiles** (Karte S. 168; www.tramatextiles.org; 3a Calle 10-56, Zona 1) bietet Unterricht im Weben am Bandwebstuhl, von einer einfachen Vorführung der Technik (40 Q) bis zum 20-stündigen Kurs, bei dem die Teilnehmer einen bestickten Tischläufer herstellen (675 Q).

★ Proyecto Lingüístico Quetzalteco de Español SPRACHKURSE
(Karte S. 164; ☎7763-1061; www.plqe.org; 5a Calle 2-40, Zona 1) Dieses genossenschaftlich geleitete und politisch engagierte Sprachinstitut betreibt auch die **Escuela de la Montaña**, ein Sprachlernprogramm mit begrenzter Teilnehmerzahl in einer ländlichen Gegend beim Ort Colomba. Neben Kursen zu lateinamerikanischer Geschichte und Literatur werden auch Quiché-Intensivkurse angeboten.

Centro de Estudios de Español Pop Wuj SPRACHKURSE
(Karte S. 164; ☎7761-8286; www.pop-wuj.org; 1a Calle 17-72, Zona 1) Die Erlöse der Sprachschule kommen Entwicklungsprojekten in nahe gelegenen Quiché-Dörfern zugute, bei denen Studenten mit anpacken können.

Inepas SPRACHKURSE
(Instituto de Español y Participación en Ayuda Social; Karte S. 168; ☎7765-1308; www.inepas.org; 15a Av 4-59) Beim Spanischunterricht dieser von der Unesco anerkannten NGO, die sich für die Bildung in ländlichen Gemeinden einsetzt, kommen auch soziale Fragen zur Sprache. Die Schüler können an verschiedenen unterstützenswerten Projekten mitarbeiten. Neben anderen günstigen Unterkünften vermittelt die Schule auch die Unterbringung bei Familien.

El Quetzal Spanish School SPRACHKURSE
(Karte S. 164; ☎7761-2784; www.elquetzalspanish.com; 7a Calle 4-24, Zona 1) Eine der wenigen Sprachschulen der Stadt, die von Indigenen geführt werden. Hat zahlreiche Aktivitäten im Programm.

Festivals

Feria de la Virgen del Rosario KULTUR
(Feria Centroamericana de Independencia; ⏲ Sept./Okt.) Xelas großes Jahresfest findet Ende September oder Anfang Oktober statt. Die Straßen der Stadt werden mit bunten Sägemehl-„Blumenteppichen" geschmückt, Taxifahrer veranstalten ein Feuerwerk und die Sirenen der Feuerwehrwagen heulen. Die Einwohner amüsieren sich auf dem Jahrmarkt am Stadtrand. Und an vielen Orten in der ganzen Stadt wird jede Menge Spaß geboten, u. a. ein Blaskapellenwettbewerb im Parque Centro América. Gleichzeitig veranstaltet die Stadt einen internationalen spanischsprachigen Literaturwettbewerb.

Schlafen

Angesichts der zahlreichen Freiwilligen und Sprachschüler aus dem Ausland hält Xela zahlreiche Langzeitunterkünfte bereit. Einige Pensionen bieten möblierte Apartments und die meisten Sprachschulen können die Unterbringung in einer Gastfamilie organisieren. Orientieren kann man sich über das Angebot z. B. im Anzeigenteil von *XelaWho.*

★ Kasa Kiwi HOSTEL $
(Karte S. 168; ☎7765-4251; www.kasakiwi.com; 9a Av 8-38, Zona 1; B 50 Q, Zi. mit/ohne Bad 170/120 Q; 📶) Die Kasa Kiwi hat sich schnell eine Position als Top-Adresse in der Hostelszene von Xela erkämpft. In den großzügig bemessenen Dorms stehen normale Betten, keine Etagenbetten, und es gibt eine Handvoll Privatzimmer, eine Küche und hilfsbereites Personal. Das Tüpfelchen auf dem i ist die wunderbare Dachterrasse mit Ausblicken über die Stadt auf die Berge.

Casa Seibel HOSTEL $
(Karte S. 168; ☎7765-2130; www.casaseibel.com; 9a Av 8-10, Zona 1; B/Zi. 50/120 Q; 📶) Die Casa Seibel ist in ein Xela-Haus vom späten 19. Jh. integriert worden und erweist sich als gemütlich und komfortabel. Die um zwei Innenhöfe voller Pflanzen angeordneten Schlafsäle und Zimmer (die sich zwei Gemein-

Quetzaltenango Zentrum

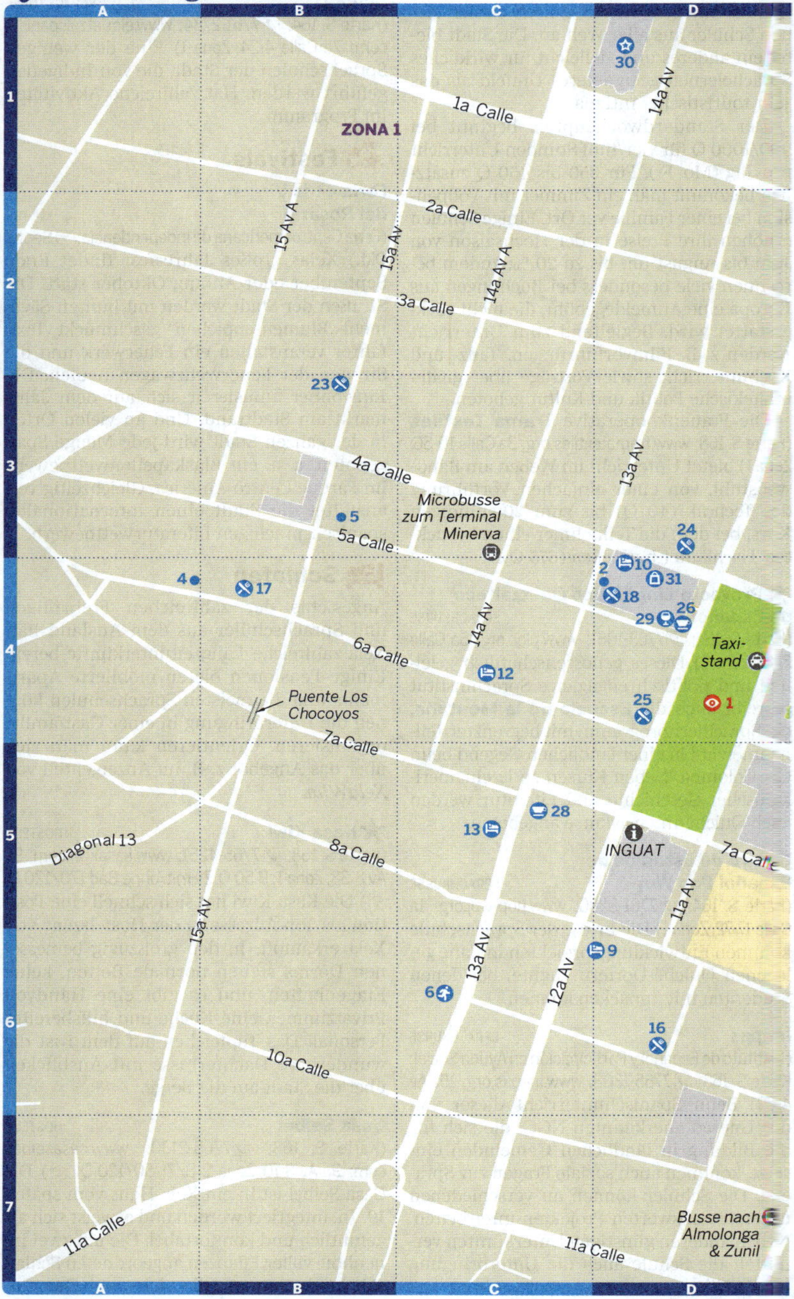

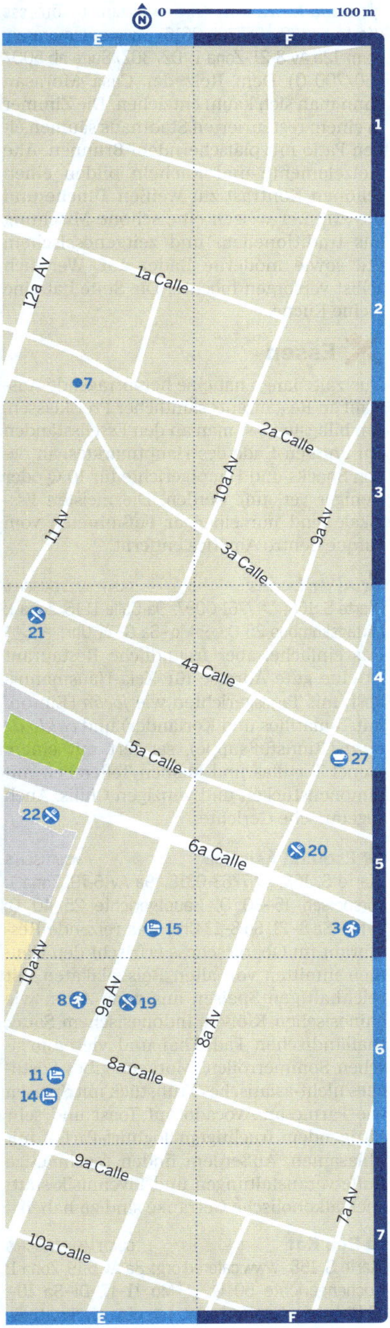

Quetzaltenango Zentrum

Sehenswertes
1 Parque Centro América D4

Aktivitäten, Kurse & Touren
2 Adrenalina Tours D4
3 EntreMundos F5
4 Guate Guides A4
5 Inepas B3
6 Monte Verde Tours C6
7 Trama Textiles E2
8 Yoga House E6

Schlafen
9 Casa Morasan D6
10 Casa Nativos D4
11 Casa Seibel E6
12 Hostal Casa Doña Mercedes C4
13 Hotel Kiktem-Ja C5
14 Kasa Kiwi E6
15 Posada Catedral Hotel E5

Essen
16 Aj de Lunas D6
17 Café Canela B4
18 Café Nativos D4
19 Esquina Asiatica E6
20 La Red Kat F5
21 La Stampa Bistro E4
22 Panque Waffles E5
23 Sabor de la India B3
24 Tacorazon D3
25 Xelapan D4

Ausgehen & Nachtleben
26 Café El Balcón del Enríquez D4
27 Café La Luna F4
28 El Cuartito C5
29 Salón Tecún D4

Unterhaltung
30 Teatro Municipal D1

Shoppen
31 Pasaje Enríquez D4

schaftsbäder teilen, davon eins mit Badewanne) verfügen über schöne Holzböden und bemalte Decken. Teils sind auch Originalmöbel erhalten und es gibt jede Menge Regal- und Schrankplatz.

In der Gemeinschaftsküche und im Fernsehzimmer können sich die Gäste treffen und austauschen. Wer möchte, kann auch auf dem alten Klavier herumklimpern.

Casa Nativos HOSTEL $
(Karte S. 168; ☎7765-4723; www.casanativos.com; Pasaje Enríquez, 13a Av, Zona 1; B 40 Q, DZ ohne Bad 125 Q; 📶) Das Hostel, Teil eines Kulturzentrums hinten im Pasaje Enríquez, beher-

bergt einfache, aber stilvoll renovierte Zimmer, die die alte Schönheit des Gebäudes gut zur Geltung bringen. Einige verfügen über einen Balkon. Für längere Aufenthalte gibt's ein 2-Zimmer-Apartment mit Gemeinschaftsküchennutzung.

Hotel Kiktem-Ja HOTEL $
(Karte S. 168; 7761-4304; www.hotelkiktem-ja.com; 13a Av 7-18, Zona 1; EZ/DZ/3BZ 135/200/270 Q; P) Das Kiktem-Ja befindet sich in einem stimmungsvollen hundert Jahre alten Haus im Zentrum und ist geprägt von quietschenden Holzböden, Steinbögen und verschnörkelten Säulen an Fluren voller Pflanzen. Die geräumigen Zimmer verfügen über robuste Betten, Kamine, Bogenfenster und hübsche gekachelte Bäder. Kein Frühstück.

Posada Catedral Hotel PENSION $$
(Karte S. 168; 7765-2472; www.hotelposadacatedral.com; 9a Av 6-47, Zona 1; EZ/DZ mit Frühstück 300/400 Q) Die gemütliche Pension rund um den obligatorischen Innenhof hat saubere weiße Zimmer und dunkle Holzmöbel im Kolonialstil. Die Zimmer auf der oberen Etage sind mit ihren Ausblicken auf die Dächer der Stadt etwas heller und hübscher, aber das Haus ist insgesamt sehr einladend. In einer Ecke des Hofs befindet sich ein kleines Restaurant mit Bar.

Hostal Casa Doña Mercedes BOUTIQUEHOTEL $$
(Karte S. 168; 7765-4687; 6a Calle 13-42, Zona 1; EZ/DZ 190/300 Q, ohne Bad 100/180 Q;) Die ruhige Unterkunft zwei Straßen westlich des Parque Centro América bietet ein gutes Preis-Leistungs-Verhältnis. Die gepflegten Zimmer verströmen mit ihren Holzböden und Rattanbetten ein wenig Kolonialflair. Es gibt genug Platz zum Abhängen und eine gut ausgestattete Gästeküche.

Casa San Bartolomé B&B $$
(Karte S. 164; 7761-9511; www.casasanbartolome.com; 2a Av 7-17, Zona 1; EZ/DZ/3BZ 175/225/336 Q; P) Das stimmungsvolle alte Wohnhaus, das sich seit Generationen im Besitz derselben Familie befindet, ist in ein gemütliches B&B verwandelt worden. Alle sechs Zimmer zieren schöne Möbel und moderne Kunst. In einer Küche können sich die Gäste Mahlzeiten zubereiten; außerdem können sie auf der hübschen und schattigen oberen Terrasse Tee trinken. Das Haus liegt in einer ruhigen Gegend eine Viertelstunde zu Fuß östlich des Stadtplatzes.

★ **Casa Morasan** BOUTIQUEHOTEL $$$
(Karte S. 168; 7765-0616; www.casamorasan.com; 12a Av 8-21, Zona 1; DZ/3BZ/Suite ab 500/650/700 Q) Dem Reiz der Casa Morasan kann man sich kaum entziehen. Die Zimmer in einem restaurierten Stadthaus säumen einen Patio mit plätscherndem Brunnen. Alte Holzelemente und Kacheln bilden einen schönen Kontrast zur weißen Tünche und die Zimmer weisen eine schöne Mischung aus traditionellem und zeitgenössischem Stil sowie moderne Bäder auf. Wer sich selbst versorgen möchte: Die Suite hat eine kleine Küche.

Essen

Quetzaltenango hat eine hervorragende Auswahl an Restaurants sämtlicher Preisklassen. Am billigsten isst man an den Essensständen am unteren Ende des Hauptmarktes, an denen Snacks und Hauptgerichte für 10 Q oder weniger verkauft werden. Die meisten Esslokale sind nur ein paar Fußminuten vom Parque Centro América entfernt.

★ **Aj de Lunas** GUATEMALTEKISCH $
(Karte S. 168; 7761-0097; 9a Calle 11-16, Zona 1; Mittagskombos 25 Q; Mo–Sa 8–21 Uhr;) Das einfache, aber freundliche Restaurant ist eine gute Adresse für Xela-Hausmannskost, mit Tagesgerichten wie *jocón* (Eintopf mit Tomatillos und Koriander) und *caldo de pata* (Rindsfußsuppe), serviert mit einem Stapel Tortillas und kleinen Tellerchen mit Limonenstücken und winzigen Chilis. Auch vegetarische Gerichte.

★ **Esquina Asiatica** ASIATISCH $
(Karte S. 168; 7763-0316; 9a Av 6-79, Zona 1; Vorspeisen 15–30 Q, Hauptgerichte 25–40 Q; Mo–Sa 8–21, So 8–13 Uhr) Das reizende Restaurant im Obergeschoss erfrischt den Gaumen inmitten von alten Reiseplakaten mit reichhaltigen Speisen aus ganz Asien wie chinesischen Klößen, indonesischem Satay, thailändischen Pad Thai und vietnamesischen Sommerrollen. Morgens gibt's köstliches nicht-asiatisches Frühstück mit Speisen wie Parmesan-Avocado auf Toast und sehr sättigendem fruchtigem Joghurt-Parfait mit Chiasamen. Außerdem finden regelmäßige Buffetveranstaltungen und Livemusik statt; auch alkoholische Getränke sind zu haben.

La Red Kat GUATEMALTEKISCH $
(Karte S. 168; www.cafered.org; 8a Av 5-19, Zona 1; Wochengerichte 50 Q; Mo 11–17, Di–Sa 10–22 Uhr;) La Red Kat ist ein alternatives

Kulturzentrum, das sich um die ökonomische Wiedereingliederung zurückkehrender Migranten kümmert. Es vergibt auch Stipendien an junge Köche in der Ausbildung – das Ergebnis ist Feinschmeckeressen zu erschwinglichen Preisen. In der Gegend angebautes Grünzeug landet in Salaten, Suppen und Burritos und abends gibt's ein günstiges Spezialgericht. Das Essen wird in einem hübschen Patio und in verschiedenen Räumen drum herum serviert.

Café Canela GUATEMALTEKISCH **$**
(Karte S. 168; 7761-6654; 6a Calle 15-16, Zona 1; Mittagsmenüs 20 Q; Mo–Fr 7–15 Uhr;) Unter der Woche bietet die aus Nicaragua stammende Besitzerin in dem schlichten Lokal mit sonniger Terrasse und alternativem Flair Frühstück und Mittagessen an. Hier gibt's kreative Varianten des *menú del día* (20 Q), hübsch angerichtete Salate und schmackhafte Suppen. Jeden Tag kann man aus drei Mittagsmenüs wählen, darunter auch eine vegane Variante. Dazu passt ein frisch gepresster Saft (12 Q).

Xelapan BÄCKEREI **$**
(Karte S. 168; 12 Av 5-44, Zona 1; Frühstück 24–26 Q; 6–20 Uhr) Die zentral gelegene Filiale einer stadtweiten Bäckereikette lohnt allein schon einen Besuch, um sich die Auslagen mit den feinen Backwaren anzuschauen; eine Tüte Kekse sollte man aber auf jeden Fall mitnehmen. Im kleinen Café hinten, wo sich oft guatemaltekische Familien tummeln, wird leckeres Frühstück serviert, insbesondere „Sheca Cabezona": das für Xela typische runde Backwerk, gefüllt mit Rührei.

Café Nativos CAFÉ **$**
(Karte S. 168; 7765-4723; 13a Ave, Zona 1; Frühstück 25–30 Q; 10–22 Uhr) Im einladenden Café Nativos, das zum Hostel und Kulturzentrums am Pasaje Enríquez gehört, gibt's gute Naturkost, Kaffee, *French toast* zum Frühstück, Falafel und Tofu in *mole*. Von einer tollen Balkonterrasse mit dem Tresen am Rand blickt man direkt auf das ehemalige Gebäude der Gutierrez-Bank, ein Art-déco-Juwel.

Panque Waffles INTERNATIONAL **$**
(Karte S. 168; 6a Calle 10-25, Zona 1; Waffeln/Burger ab 25/38 Q; 9–21 Uhr;) Ein Restaurant-Erfolgsrezept ist, sich auf ein oder zwei Sachen zu beschränken, die aber richtig gut zu machen. Panque Waffles gelingt das, wie der Name schon andeutet, mit Waffeln, aber auch mit sensationellen Burgern. Dazu gibt's Kaffee und Säfte, ordentliches WLAN und urbanen Shabby Chic – kein Wunder, dass der Laden bei den Hipstern von Xela mit ihren MacBooks so beliebt ist.

Tacorazon MEXIKANISCH **$**
(Karte S. 168; 12a Av, Zona 1; Burritos 25 Q; Mo–Sa 12–22, So 12–17 Uhr) Burrito-Fans brauchen sich gar nicht weiter umzuschauen und können schnurstracks das Tacorazon ansteuern. Das farbenfrohe Lokal liegt in einer Ecke am Hauptplatz und beeindruckt mit köstlich gefüllten Burritos in monströser Größe. Die perfekte Beilage ist eine Portion Pommes mit Guacamole, und wer sein Essen nicht mitnehmen möchte, kann sich hier vor Ort auch noch einen der guten Mojitos gönnen.

★ **Sabor de la India** INDISCH **$$**
(Karte S. 168; 7765-2555; 15a Av 3-64, Zona 1; Hauptgerichte 50–70 Q; Di–So 12–22 Uhr;) Authentisches indisches Essen wird hier von einem Koch aus Kerala zubereitet. Die Portionen sind riesig, die *thalis* – gemischte Platten mit Gemüse-, Hühnchen- oder Rindfleischcurry – eine sehr gute Wahl, und der *paneer* (Frischkäse) schmeckt genauso gut wie in Indien. Sehr beliebt!

La Stampa Bistro INTERNATIONAL **$$**
(Karte S. 168; 4a Calle, Ecke des Parque Centro América, Zona 1; Hauptgerichte ab 45 Q; So–Mi 8–22, Do–Sa 8–23 Uhr) Das niedliche Bistro gleich beim zentralen Hauptplatz ist großzügig mit Druckereizubehör eingerichtet – der Urgroßvater des Eigentümers betrieb einst die erste Druckerei von Xela. Auf der Speisekarte steht ein Sammelsurium aus Steaks, frischer Pasta und Salat und es gibt eine gute Weinkarte. Auch Frühstück ist zu haben, was bedeutet, dass man hier ebenso gut in den Tag starten kann wie abends romantisch speisen.

Ausgehen & Nachtleben

Kaffee und heiße Schokolade spielen eine wichtige Rolle in Xelas Alltag. Folgerichtig herrscht auch kein Mangel an Cafés. Die Zona Viva der Stadt liegt rund um das Teatro Municipal; an der 1a und 2a Calle und der 14a Avenida eröffnen immer wieder neue Diskos und Clubs.

★ **Salón Tecún** PUB
(Karte S. 168; Pasaje Enríquez, Zona 1; 9.30–0.30 Uhr) Im Tecún am Plaza-Ende des Pasaje Enríquez ist den ganzen Tag bis in die Nacht hinein richtig was los. Das Publikum

ABSEITS DER ÜBLICHEN PFADE

RUND UM XELA

In das schöne Vulkanland rund um Xela lassen sich zahlreiche spannende Tagesausflüge unternehmen und die Vulkane selbst üben auf viele Reisende einen unwiderstehlichen Reiz aus. Augen und Seele können sich an der gelben Kirche von **San Andrés Xecul** laben, man kann zum Zeremonialufer der **Laguna Chicabal** wandern oder in den idyllischen warmen Quellen der **Fuentes Georginas** planschen. Oder man fährt einfach mit dem Bus in eines der zahllosen kleinen traditionellen Dörfer in diesem Teil des Hochlands. An den Markttagen kann man die Einheimischen wunderbar in Aktion erleben: Besonders gute Besuchstage sind also Sonntag und Mittwoch in **Momostenango**, Montag in **Zunil**, Dienstag und Samstag in **Totonicapán** und Freitag in **San Francisco El Alto**.

besteht aus Guatemalteken und Ausländern, die hier literweise Cabro trinken: Das Tecún behauptet, die älteste Bar des Landes zu sein (seit 1935). Außerdem gibt's hier gute Kneipenkost und manchmal spielt jemand Gitarre. Auf jeden Fall vorbeischauen!

★ Café La Luna CAFÉ
(Karte S. 168; ☎7761-4354; 8a Av 4-11, Zona 1; ⌚Mo–Fr 11–21, Sa 16–21 Uhr; 📶) Eine wahre Pilgerstätte für Schokoladenjunkies: Die hier vor Ort hergestellte Schokolade ist samtig-weich und wird in verschiedensten Getränken serviert – besonders gut ist der Schokoladen-Cappuccino. In den mit altem Trödel eingerichteten Räumen versammeln sich oft Freundesgruppen.

El Cuartito CAFÉ
(Karte S. 168; 13a Av 7-09, Zona 1; ⌚10–23 Uhr; 📶) Das schräge Café mit uriger Einrichtung und Kunstinstallationen ist ein guter Anlaufpunkt für Traveller und Sprachschüler. Serviert werden neben Frühstück gute vegetarische Gerichte, Kräutertees und Biokaffee in allerlei Zubereitungsarten, außerdem kreative Cocktails – wie wär's mit einem Himbeer-Mojito? Regelmäßig wird zudem Livemusik geboten.

Café El Balcón del Enríquez CAFÉ
(Karte S. 168; 12a Av 4-40, Pasaje Enríquez; ⌚8–22 Uhr) Mit seinen speziell designten Aussichtstresen mit Blick auf den Parque Centro América ist dieses muntere Café im oberen Geschoss des Pasaje Enríquez ein nettes Plätzchen für einen morgendlichen Kaffee oder einen Cocktail am Abend.

☆ Unterhaltung

Zum Abendspaziergang trifft sich alle Welt im Parque Centro América. Xela erfreut sich einer besonders ausgeprägten Livemusikszene und in vielen der Restaurants, Cafés und Kneipen der Stadt finden mittwochs bis samstags Veranstaltungen statt. Näheres zu aktuellen Gigs steht in der *XelaWho*.

Teatro Municipal THEATER
(Karte S. 168; ☎7761-2218; www.teatromunicipalquetzaltenango.org; 14a Av & 1a Calle, Zona 1) Quetzaltenangos prachtvolles klassizistisches Gebäude nördlich vom Stadtzentrum ist die Hauptbühne für Theater, Konzerte und Tanz. Prominente Familien der Stadt besitzen auf dem reich verzierten zweistöckigen Holzbalkon eigene Logen. Tagsüber kann man manchmal einen Blick in dieses Gebäude werfen, das von 1895 stammt.

Shoppen

Pixan BEKLEIDUNG
(Karte S. 164; ☎7761-6408; www.amaguate.org; 5a Av 6-17, Zona 1; ⌚Mo–Fr 9–17 Uhr) Pixan, das Modegeschäft der Frauenorganisation AMA (Verband der Hochlandfrauen), verkauft schöne, gute Stoffe und Kleidungsstücke, die von Maya-Weberinnen hergestellt wurden, oft in Zusammenarbeit mit Designern aus aller Welt.

Pasaje Enríquez EINKAUFSZENTRUM
(Karte S. 168; zw. Calle 4a & 5a, Zona 1) Die imposante, wunderschöne Ladenpassage Pasaje Enríquez auf der Westseite des Stadtplatzes wurde 1896 nach einem Vorbild im italienischen Florenz erbaut. Hier sind verschiedene Reisebüros, Sprachinstitute, Cafés und Bars ansässig.

ℹ Praktische Informationen

GELD

Die Banken rund um den Parque Centro América haben zahlreichen Geldautomaten.

Banco Industrial (4a Calle 11-38, Zona 1; ⌚Mo–Fr 9–18, Sa 9–13 Uhr) Wechselt auch US-Dollars.

MEDIEN

Veröffentlichungen in englischer Sprache sind kostenlos in Bars, Restaurants und Cafés in der ganzen Stadt erhältlich.

XelaWho (www.xelawho.com) Das monatlich erscheinende englischsprachige Magazin umfasst einen Veranstaltungskalender und einen praktischen Stadtplan und bietet einen ungeschönten Einblick in das Leben in Xela und ganz Guatemala.

EntreMundos (S. 166) Die alle zwei Monate erscheinende Zeitung enthält zahlreiche Informationen zur politischen Entwicklung und zu Freiwilligenprojekten in der Region.

MEDIZINISCHE VERSORGUNG

In der Regenzeit wird Xela regelmäßig von Überschwemmungen heimgesucht und damit gehen zahlreiche Durchfallerkrankungen einher – sich etwas in dieser Art einzufangen ist nicht schwer, deshalb ist in dieser Zeit besonders auf die Hygiene zu achten!

Clínico La Fe (☎7794 3232; www.facebook.com/LaboratorioClinicoLAFE; 12a Av C-12, Zona 1) Die vertrauenswürdige Privatklinik führt sämtliche Laboruntersuchungen durch und bietet kostenlose Hausbesuche.

Hospital Privado Quetzaltenango (☎7774-4700; www.hospitalprivadoquetzaltenango.com; Calle Rodolfo Robles 23-51, Zona 1; ⏲24 Std.) 24-Stunden-Notaufnahme und -Krankenwagendienst. Normalerweise ist ein Englisch sprechender Arzt anwesend. Zu empfehlen, kann aber teuer werden – man sollte also versicherungstechnisch entsprechend abgesichert sein.

Hospital San Rafael (☎7761-4381; 9a Calle 10-41, Zona 1; ⏲24 Std.) Hier werden ausländische Krankenversicherungen akzeptiert.

TOURISTENINFORMATION

Es sind Unmengen von Touristenstadtplänen im Umlauf – der beste ist die *Xelamap*; erhältlich in Sprachschulen und Hotels.

INGUAT (Karte S. 168; ☎7761-4931; www.vivexela.visitguatemala.com; 7a Calle 11-35, Zona 1; ⏲Mo–Fr 9–17, Sa 9–13 Uhr) Am südlichen Ende des Parque Centro América. Gewöhnlich ist ein Englisch sprechender Mitarbeiter anwesend.

ℹ An- & Weiterreise

BUS

Alle 2.-Klasse-Busse fahren, wenn nicht anders angegeben, am **Terminal Minerva** (Karte S. 164; 7a Calle, Zona 3) ab, einem staubigen, überfüllten

BUSSE AB QUETZALTENANGO

ZIEL	PREIS (Q)	DAUER	ABFAHRTEN	ALTERNATIVE
Antigua				Bus über die Interamericana nach Guatemala-Stadt und in Chimaltenango umsteigen
Chichicastenango	25	2 Std.	8–17 Uhr halbstündl.	Bus nach Guatemala-Stadt und in Los Encuentros umsteigen
Ciudad Tecún Umán (mexikanische Grenze)	40	3 Std.	stündl.	Bus nach Coatepeque und dort nach Ciudad Tecún Umán umsteigen
El Carmen/Talismán (mexikanische Grenze)				Bus nach San Marcos; von dort nach Malacatán, dann ein Sammeltaxi
Guatemala-Stadt	40	3½ Std.	2–17 Uhr alle 15 min.	
Huehuetenango	25	2 Std.	4–18 Uhr alle 15 min.	Bus nach Cuatro Caminos, dann Pullman-Bus von Los Halcones und Velasquez
La Mesilla (mexikanische Grenze)	40	4 Std.	7–14.15 Uhr 4-mal	Bus nach Huehuetenango und dort umsteigen
Panajachel	30	2 Std.	9–19 Uhr stündl.	
Retalhuleu	15	1 Std.	5–19 Uhr alle 10 min.	
San Andrés Xequl	10	30 min.	6–15 Uhr halbstündl.	
San Pedro La Laguna	35	3 Std.	10.30–17 Uhr stündl.	

Busbahnhof im Westen der Stadt. Wer mit öffentlichen Verkehrsmitteln in der Stadt ankommt, steigt am besten am Templo de Minerva aus und geht durch den Markt zu den Bussen.

Auf ihrem Weg in die Stadt oder aus ihr heraus legen Busse aus bzw. in Richtung Salcajá, Cuatro Caminos, San Francisco El Alto und Totonicapán östlich des Zentrums einen **Stopp** (Karte S. 164) an der Rotonda ein, einem Kreisverkehr an der Calz Independencia mit dem **Monumento a la Marimba** (Karte S. 164). Wer bei der Anreise nach Xela hier aussteigt, spart sich die zehn oder 15 Minuten, die der Bus braucht, um das Terminal Minerva am anderen Ende der Stadt zu erreichen.

Die Unternehmen mit 1.-Klasse-Bussen zwischen Quetzaltenango und Guatemala-Stadt haben ihre eigenen Busbahnhöfe, z. B. **Linea Dorada** (Karte S. 164; ☎7767-5198; www.lineadorada.com.gt; 5a Calle 12-44, Zona 3), **Transportes Álamo** (Karte S. 164; ☎7763-6966; 6a Calle 12-13, Zona 3) und **Transportes Galagos** (Karte S. 164; ☎7761-2248; Calle Rodolfo Robles 17-43, Zona 1).

SHUTTLE-MINIBUS

Die Reiseagenturen in Xela verkaufen Fahrkarten für Shuttle-Minibusse zu Zielen wie Antigua (150 Q), Chichicastenango (150 Q), Panajachel (125 Q), Guatemala-Stadt (225 Q), Coban/Lanquín (360 Q), Flores (500 Q) und San Cristóbal de Las Casas in Mexiko (225 Q).

Unterwegs vor Ort

Vom Terminal Minerva fahren **Microbusse** (Karte S. 164) in die Stadt; die 10- bis 15-minütige Fahrt kostet 1,25 Q. Vom Busbahnhof geht man Richtung Süden durch den Markt bis zur Kreuzung am Templo de Minerva; hier warten die Fahrzeuge auf der Südseite der 4a Calle. Vom Zentrum zum Busbahnhof fahren die **Microbusse** (Karte S. 168) an der 14a Avenida nördlich der 5a Calle ab. **Taxis** (Karte S. 168; Parque Centro América) warten am Nordende des Parque Centro América; eine Fahrt zum Terminal Minerva sollte tagsüber nicht mehr als 30 Q kosten.

Zur Bushaltestelle Rotonda an der Calz Independencía fahren die mit „Parque" beschilderten Microbusse Richtung Zentrum. INGUAT (S. 173) bietet Informationen über andere Buslinien in der Stadt.

Huehuetenango

126 000 EW. / 1909 M

In Huehuetenango machen vor allem Traveller Halt, die auf dem Weg nach Mexiko sind bzw. von dort kommen. Die Stadt ist außerdem eine praktische Basis für Ausflüge in die Sierra de los Cuchumatanes oder das Hochland und besitzt einen gewissen „authentischen Charme". Über zu wenige Restaurants oder Schlafgelegenheiten wird man sich in „Huehue" jedenfalls nicht beklagen können und die Bergkulisse ist ein Traum. Mit Zaculeu besitzt die Stadt überdies eine Maya-Stätte, die auf jeden Fall einen Besuch lohnt.

Huehuetenango war bis ins 15. Jh. eine Mam-Maya-Region. Doch dann verdrängten die Quiché, die ihr Territorium von ihrer Hauptstadt K'umarcaaj (beim heutigen Santa Cruz del Quiché) aus erweiterten, die Mam-Mayas. Die Schwäche der Quiché-Herrschaft führte allerdings bald zu einem Bürgerkrieg, der im ganzen Hochland tobte und den Mam-Mayas die Chance zur Unabhängigkeit brachte. 1525, als Gonzalo de Alvarado, der Bruder von Pedro de Alvarado, auf der Bildfläche erschien, um Zaculeu, die Mam-Hauptstadt, für Spanien einzunehmen, war der Konflikt immer noch nicht beigelegt.

Sehenswertes

Zaculeu ARCHÄOLOGISCHE STÄTTE

(50 Q; ⌚8–16 Uhr) Die archäologische Stätte Zaculeu, ein Überrest der Mam-Hauptstadt, wurde in den 1940er-Jahren auf Veranlassung der United Fruit Company restauriert. Seither sind die Pyramiden, Ballspielfelder und Zeremonienplattformen von ergrauendem Gips überzogen. Diese Art von Restaurierung lässt Archäologiepuristen wahrscheinlich die Haare zu Berge stehen, doch für „normale" Besucher sieht die Anlage mit ihren netten Rasenflächen heute so aus, wie sie wahrscheinlich früher einmal ausgesehen hat, als sie noch aktiv von Mam-Priestern und Gläubigen genutzt wurde.

Das postklassische religiöse Zentrum Zaculeu („Weiße Erde" in der Sprache der Mam) hat eine strategisch günstige Position: Es wird auf drei Seiten von Schluchten begrenzt. Dies bedeutete Sicherheit für die einstigen Bewohner. Trotzdem fiel die Anlage 1525 nach zweimonatiger Belagerung in die Hände Gonzalo de Alvarados, der von Tlaxcalan- und Quiché-Kämpfern unterstützt wurde. Die Mam mussten sich geschlagen geben, weil sie nach und nach dem Hungertod erlagen.

Ein ausgezeichnetes Museum zeigt u. a. Schädel und andere Gegenstände aus einem Grab, das unterhalb der Estructura 1, dem größten Bauwerk auf dem Gelände, gefunden wurde.

Huehuetenango

Huehuetenango

Sehenswertes

1 Catedral de Huehuetenango C2
2 Municipalidad B1
3 Parque Central C1

Schlafen

4 Hotel Casa Blanca A2
5 Hotel El Centro D1
6 Hotel San Luis de la Sierra A2
7 Hotel Zaculeu B1

Essen

8 Cafetería Las Palmeras C2
9 La Fonda de Don Juan B1
10 La Tinaja B3

Zaculeu liegt 4 km westlich von Huehuetenangos Zentrum. Busse zur Stätte (2,50 Q, 15 min.) fahren ca. alle 30 Minuten (7.30–18 Uhr) vor der **Schule** (Karte S. 175) an der Ecke 2a Calle und 7a Avenida ab. Eine Taxifahrt ab dem Stadtzentrum kostet 30 Q. Eine Stunde reicht um das Gelände und das Museum zu erkunden.

Parque Central PLAZA
(Karte S. 175) Zylindrische Feigenbäume spenden Huehuetenangos Hauptplatz Schatten. Gesäumt wird er von imposanten Gebäuden wie der **Municipalidad** (Rathaus; Karte S. 175), mit einem Musikpavillon im oberen Stockwerk, und der eindrucksvollen klassizistischen **Kirche** (Karte S. 175). Einen Überblick über das Departamento Huehuetenango bietet eine kleine Reliefkarte mit Höhenangaben sowie den Sprachgruppen und Bevölkerungszahlen der verschiedenen Kommunen.

Schlafen

Hotel San Luis de la Sierra HOTEL $
(Karte S. 175; ☎7764-9217; hsanluis@gmail.com; 2a Calle 7-00; EZ/DZ 120/190 Q; P) Die einfachen, eher kleinen Zimmer sind mit Kiefernmöbeln und heimeligen Details eingerichtet und das Hotel schafft es, sich erfolgreich vom Trubel draußen abzuschirmen. Die eigentliche Attraktion jedoch ist die große Kaffeeplantage hinterm Haus mit ihren Spazierwegen.

Hotel Zaculeu HOTEL $$
(Karte S. 175; ☎7764-1086; www.facebook.com/HotelZaculeu; 5a Av 1-14; EZ/DZ/3BZ 130/250/340 Q; P@) Das alteingesessene Zaculeu verströmt jede Menge Flair und ist trotz seines Alters noch immer recht schick. Die Zimmer im „neuen", gut 20 Jahre alten Teil sind ein bisschen größer und stilvoller. Die große Terrasse mit Pflanzen und Vögeln lädt zum Verweilen ein, genauso wie die ausgezeich-

nete Bar. Im hauseigenen Restaurant wird neben Abendessen auch Frühstück serviert.

Hotel Casa Blanca HOTEL **$$**
(Karte S. 175; ☎7769-0777; hotelcasablancahuehue@hotmail.com; 7a Av 3-41; EZ/DZ 190/230 Q; Ⓟ📶) Den schönen Innenhof zieren hängende Farne und in Form geschnittene Sträucher. Drumherum gruppieren sich geräumige, moderne Zimmer mit gebogenen Holzdecken und guten warmen Duschen. Im Terrassenrestaurant gibt's preiswerte Mittagsmenüs (25 Q); ein tolles Schnäppchen ist das sonntägliche Frühstücksbuffet (40 Q). Angesichts der verkehrsreichen Straße draußen vor der Tür sind die Zimmer selbst erstaunlich ruhig.

Hotel El Centro HOTEL **$$**
(Karte S. 175; ☎7764-8966; hotelcentro@hotmail.com; 3a Calle 2-65, Zona 1; EZ/DZ 125/250 Q; Ⓟ📶) Das preisgünstige Mittelklassehotel bietet hinter der blauen Flachglasfassade gut ausgestattete Zimmer. Über eine Eckzufahrt erreicht man eine Tiefgarage.

Essen

★ **La Tinaja** GUATEMALTEKISCH **$**
(Karte S. 175; ☎7764-1513; 4a Calle 6-51; Menüs 25 Q; ⏲12–22 Uhr) Das Zuhause des Historikers und Feinschmeckers Rolando Gutiérrez ist gleichermaßen Café und Kulturzentrum: Es verfügt über eine interessante Bibliothek und eine Sammlung alter Uhren, Radios und der namengebenden *tinajas* (Urnen), alles ausgestellt in einer Reihe einladender Räume. Neben Quesadillas und Tamales werden hier auch heimische Snacks wie *sangüichitos* (Sandwiches im Huehue-Stil) und *rellenitos* (gebratene gefüllte Kochbananenbällchen) geboten.

BUSSE AB HUEHUETENANGO

ZIEL	PREIS (Q)	DAUER (STD.)	ABFAHRTEN	ALTERNATIVE
Antigua				Bus nach Guatemala-Stadt; in Chimaltenango umsteigen
Barillas	50	6	Microbusse 2–16.30 Uhr halbstündl.	
Cobán	45	7	Microbus Mo–Sa um 13 Uhr ab Tankstelle El Calvario	
Gracias a Dios (mexikanische Grenze)	60	5	3–13 Uhr stündl. von Chiantlequita	
Guatemala-Stadt	70	5	5.30–14.30 Uhr 5 Pullman-Busse von Velázquez Plus	
La Mesilla	20	2	3–19 Uhr alle 15 min. von Transportes Los Verdes	
Nebaj				Microbus nach Sacapulas; dort Anschluss nach Nebaj
Panajachel				Bus nach Guatemala-Stadt; in Los Encuentros umsteigen
Quetzaltenango	25	2	3.30–19 Uhr alle 15 min.	
Sacapulas	20	2	5.30–17.30 Uhr häufige Microbusse	über Aguacatán
Santa Cruz del Quiché	25	2	5–17 Uhr häufige Microbusse	
San Pedro Soloma	25	3	Microbusse 4.30–14.30 Uhr stündl. ab Tankstelle El Calvario	
Todos Santos Cuchumatán	20	2	3–15 Uhr alle 30 min. ab Tankstelle El Calvario	

Cafetería Las Palmeras GUATEMALTEKISCH $
(Karte S. 175; 4a Calle 5-10; Hauptgerichte 27–50 Q; ⏲7–20.30 Uhr; 📶) Das große Plus des beliebten Las Palmeras ist sein luftiges Obergeschoss mit Ausblick auf den Parque Central. Der *caldo de pollo criollo* (27 Q) mit viel Hühnerfleisch, *güisquil* (kürbisartiges Gemüse) und Mais ist ein echtes Muss. Samstags locken köstliche Tamales.

La Fonda de Don Juan PIZZA $$
(Karte S. 175; 2a Calle 5-35; Pizza 45–75 Q; ⏲24 Std.) Die mit einer rot-weißen Fassade versehene Anlaufstelle für Nachtschwärmer und Frühaufsteher. Hier gibt's verschiedene guatemaltekische und internationale Speisen, darunter auch günstige Pizza und preiswertes Frühstück. Das Lokal ist wirklich rund um die Uhr geöffnet!

ℹ Praktische Informationen

Rund um den Hauptplatz finden sich zahlreiche Geldautomaten, u. a. bei der **Banco Industrial** (6a Av 1-26).

ℹ An- & Weiterreise

Der **Busbahnhof** befindet sich in der Zona 4, 2 km südwestlich der Plaza an der 6a Calle. Verschiedene Busunternehmen bedienen dieselben Routen, allerdings werden die erforderlichen Infos nicht in nachvollziehbarer Form präsentiert. Microbusse nach Cobán und Barrillas, via Soloma und San Mateo Ixtatán, gibt es an der **Tankstelle** in El Calvario, an der Ecke 1a Avenida und 1a Calle, vier Blocks nordöstlich des Parque Central.

Nach Guatemala-Stadt fahren zwei Unternehmen mit Pullman-Bussen von ihrem jeweils eigenen Terminal. Die Busse von **Transportes Los Halcones** (☎7765-7985; 10a Av 9-12, Zona 1) fahren von 1 bis 15.30 Uhr siebenmal täglich (77 Q), darunter Deluxe-Busse (90 Q) um 7, 10.30 und 14 Uhr. Der Bus der **Línea Dorada** (☎7768-1566; www.lineadorada.com.gt; 8a Calle 8-70, Zona 1) fährt um 23 Uhr ab (100 Q).

Die Busse nach Zaculeu (S. 174) fahren unweit vom Hotel San Luis de la Sierra ab; oder man nimmt ein **Taxi** (Karte S. 175).

Todos Santos Cuchumatán

2980 EW. / 2470 M

Dieser Ort hoch oben im Hochland schmiegt sich auf den Grund eines tiefen Tals und ist von schönen bewaldeten Hängen umgeben. In den nahen Bergen gibt es ausgezeichnete Wanderwege und Anfang November lockt das Pferderennfest von Todos Santos Cuchumatán Tausende Besucher an.

Ungewöhnlich fürs Hochland: In Todos Santos ist die Kleidung der Männer augenfälliger als die der Frauen. Die Männer tragen rot-weiß gestreifte Hosen, kleine Strohhüte mit blauen Schleifen, Jacken mit bunten Streifen und dicke gewebte Kragen. Die *cortes* der Frauen sind marineblau mit königsblauen Nadelstreifen.

Dies ist eine eng verflochtene, aber freundliche Gemeinschaft, die im guatemaltekischen Bürgerkrieg massiver Gewalt ausgesetzt war; und obwohl die Menschen sehr fotogen sind, reagieren sie sehr empfindlich auf Touristen, die einfach blind drauflos fotografieren. Der Hauptmarkttag ist Samstag; einen kleineren Markt gibt's am Mittwoch.

Wer in der Regenzeit (Mitte Mai–Nov.) nach Todos Santos kommt, sollte warme Kleidung mitbringen, da es hier oben besonders abends und nachts kalt wird.

Sehenswertes & Aktivitäten

Wanderungen in den Cuchumatanes sind der Hauptgrund für einen Besuch von Todos Santos. Januar bis April eignen sich am besten zum Wandern in der rauen Landschaft, doch das ganze Jahr über kann man in der Regel vormittags unterwegs sein, bevor sich der Himmel zuzieht.

Museo Balam MUSEUM
(☎5787-3598; Cantón Twitnom; 40 Q; ⏲8–18 Uhr) Das Museum von Todos Santos liegt auf einer Anhöhe am östlichen Ortsrand. Die kleine, aber faszinierende Sammlung von Trachten und Masken, traditionellen Küchenutensilien, archäologischen Funden und Musikinstrumenten erwacht erst dann so richtig zum Leben, wenn Fortunato, Gemeindevorsteher und Schöpfer des Museums, seine Erläuterungen beisteuert.

Iglesia Todos Santos KIRCHE
(Parque Central) Die katholische Kirche von Todos Santos ist ein bescheidenes, weißgetünchtes Gebäude, besitzt aber eine sehenswerte bemalte Holzdecke: Farbenfroh verzierte geschnitzte Engel wachen aus dem Himmel heraus über die Gemeinde.

Red de Turismo Natural y Cultural de Huehuetenango WANDERN
(☎4051-5597; www.turismoruralguatemala.com/roberto-jeronimo; Wanderungen ab 250 Q) Dieses Netz naturfreundlich eingestellter Guides aus dem gesamten Departamento wird vor Ort durch Roberto Jerónimo Bautista re-

TODOS SANTOS' GROSSER TAG

Todos Santos Cuchumatán ist bekannt für sein überaus farbenfrohes Pferderennen, das Highlight des **Día de Todos los Santos** – ein rauschendes Fest, das jedes Jahr am 1. November stattfindet und den Abschluss und Höhepunkt einer Woche voller Festivitäten bildet. Die ganze Nacht vor dem Rennen, das oft von im Ausland lebenden *todosanteros* gesponsort wird, tanzen die Männer zu Marimba-Klängen und trinken *aguardiente* (Zuckerrohrschnaps). Das Rennen ist halb sportlicher Wettkampf, halb Mutprobe, denn es geht darum, den ganzen Tag lang – allerdings mit Mittagessenspause – so schnell wie möglich die Rennbahn hoch und runter zu galoppieren und dabei immer betrunkener zu werden. Die Pferde werden aus der gesamten Region herbeigebracht, da in Todos Santos selbst kaum noch jemand Pferde hält.

Diese wirklich authentische Veranstaltung lockt Scharen von Besuchern aus den umliegenden Gemeinden an. Sie versammeln sich auf einer abschüssigen Wiese an der Sandbahn oder auf den Dächern gegenüber, um sich die in traditionelle Festkleidung gewandeten Reiter anzuschauen. Todos Santos ist übrigens der einzige Ort in Guatemala, wo der Día de los Muertos nicht am 1. November begangen wird, da dieser Tag in der Provinz Huehuetenango für ein Unabhängigkeitsfest reserviert ist. Stattdessen wird der traditionelle Friedhofsbesuch auf den nächsten Tag verschoben. Dann sind die Gräber geschmückt und Marimba-Klänge empfangen die Friedhofsbesucher.

präsentiert. Er führt in rund sechs Stunden Wanderungen zur abgeschiedenen Bergsiedlung San Juan Atitán, wo die Frauen wunderschön bestickte *huipiles* tragen; zurück nach Todos Santos geht's mit dem Bus. Der Pfad steigt durch Primärwald hinauf zu Gipfeln, von denen sich Blicke bis hin zur mexikanischen Grenze eröffnen.

Mam Trekking WANDERN

(☎5206-0916; rigoguiadeturismo@yahoo.com; Wanderungen ab 100 Q) Der fachkundige und Englisch sprechende *todosantero* Rigoberto Pablo Cruz leitet Wanderungen durch den Parque Regional Todos Santos Cuchumatán, darunter einen Aufstieg zum Gipfel des La Torre, gefolgt von einem Abstieg nach La Maceta. Außerdem gibt's Wanderungen nach Tzunul; hier weben Männer Frauen-*cortes* und Frauen Männerhemdkragen.

Schlafen & Essen

★ **Hotel Casa Familiar** HOTEL $

(☎5737-0112; hotelyrestaurante_casafamiliar@yahoo.com; EZ/DZ 125/200 Q; 📶) Die freundliche Pension bergan vom Hauptplatz hat verschiedene behagliche Zimmer mit Böden aus Hartholz, traditionellen Tagesdecken, guten Warmwasserduschen und eigenen Terrassen – herrliche Ausblicke auf die Berge bieten sich von der Dachterrasse. Im Café unten kann man sich zum Frühstück mit *mosh* (Haferbrei) oder frisch gebackenem Bananenbrot stärken; hier ist auch Mittag- und Abendessen (35–40 Q) erhältlich. Die Mitarbeiter helfen beim Organisieren von Wanderungen. Es werden auch Stoffe gewebt und im Laden nebenan verkauft.

Hotelito Todos Santos HOTEL $

(☎3030-6950; EZ/DZ 75/150 Q) Dieses beliebte Hotel südlich der Plaza an einer nach links abzweigenden Seitenstraße bietet kleine und schlichte, aber sehr saubere Zimmer mit gefliesten Böden und soliden Betten. Das Hotel hat mehrere Etagen – je höher, desto schöner die Aussicht. Von Zimmer 15, einem der vier Turmzimmer mit eigenem Bad, bieten sich besonders tolle Ausblicke über das Tal.

Comedor Katy GUATEMALTEKISCH $

(Mahlzeiten 20–40 Q; ⏲7.30–20 Uhr) Frauen in traditioneller Kleidung kümmern sich um die großen Kessel, die in diesem rustikalen Laden unterhalb der zentralen Plaza über glühenden Kohlen vor sich hin blubbern. Es gibt auch Tische draußen auf der Terrasse.

An- & Weiterreise

Busse und Microbusse nach Huehuetenango (20 Q, 2 Std.) fahren von 4.30 bis 14 Uhr in der Hauptstraße zwischen der Plaza und der Kirche ab. Die Fahrt ist wirklich spektakulär, doch die vielen Kurven können echt nerven, wenn man mit einem „Hühnerbus" unterwegs ist. Die Busse fahren weiter nach Guatemala-Stadt. Microbusse bis nach Tres Caminos (der Kreuzung mit der Straße von Huehue nach Barillas) fahren den ganzen Tag lang, wenn sie voll sind. Ein Huisteca-Bus fährt gegen 5 Uhr nach La Mesilla.

PAZIFIKEBENE

Die Ebene, die durch eine Vulkankette vom Hochland abgeschnitten ist und sich bis zum Pazifik erstreckt, wird unter dem Begriff La Costa (die Küste) zusammengefasst. Hier herrscht ein drückendes Klima; je nach Jahreszeit ist es entweder heiß und feucht oder heiß und trocken. Auf den nährstoffreichen vulkanischen Böden gedeihen Kaffee, Ölpalmen und Zuckerrohr.

Die überwältigende Mehrheit der Einheimischen sind *ladinos* mit gemischter indigener und europäischer Abstammung. Selbst die größten Städte fallen sehr bescheiden aus und bestehen vor allem aus niedrigen Häusern und Palmblätterdachhütten.

Die wichtigsten Sehenswürdigkeiten sind die archäologische Stätte Takalik Abaj und die Skulpturen rund um Santa Lucía Cotzumalguapa aus der Zeit vor der Olmeken-Kultur.

Der Strandtourismus steckt in Guatemala noch in den Kinderschuhen, doch das kleine El Paredón mausert sich langsam zu einem Surfer- und Backpackerziel, während das größere Monterrico auch noch ein Naturschutzgebiet mit Mangrovenwäldern vorzuweisen hat.

Retalhuleu

96 200 EW.

Retalhuleu – von den meisten Guatemalteken kurz Reu (*re*-u) genannt – ist eine Stadt mit schönen alten Gebäuden. Im frühen 20. Jh. war es ein bedeutendes Handelszentrum mit einer Bahnstrecke, über die das Baumwolle produzierende Tiefland mit den Häfen an der Pazifikküste verbunden war. Ihre besten Tage hat Reu zwar hinter sich, doch die Gegend rund um die Plaza lohnt durchaus eine Erkundung, ebenso der stimmungsvolle, von Vegetation überwucherte stillgelegte Bahnhof.

Hauptanziehungspunkt für die meisten Besucher ist der Zugang zur Maya-Stätte Takalik Abaj. Und wer viel Zeit hat, könnte sich auch die hervorragenden Freizeitparks ganz in der Nähe anschauen.

Schlafen & Essen

Abends finden sich rund um die Plaza recht gute Straßenimbisse; gehobeneres Essen bieten die Restaurants im Hotel Posada de Don José und im **Hotel Astor** (☎7771-2559; 5a Calle 4-60, Zona 1; Hauptgerichte 60–120 Q; ⏰7.30–23 Uhr). Das moderne Einkaufszentrum **La Trinidad** (5a Av) beherbergt alle im Land beliebten Kettenrestaurants.

Hotel Astor HOTEL $$
(☎7957-8300; www.hotelastorguatemala.com; 5a Calle 4-60, Zona 1; EZ/DZ 285/400 Q; P ❄ 🏊) Das Astor ist eins von Reus älteren und hübschesten Hotels und residiert in einem roten Gebäude in der Nähe des alten Bahnhofs. Die hübschen Zimmer säumen einen üppigen Innenhof im alten Kolonialstil. Es gibt ein gutes Restaurant und eine Bar.

Hotel Posada de Don José HOTEL $$
(☎7771-0180; www.posadadedonjose.com; 5a Calle 3-67, Zona 1; Zi. ab 375 Q; P ❄ 📶 🏊) Schönes Hotel von der Mitte des 19. Jhs. um einen riesigen Swimmingpool herum – Schwalbensprünge vom obersten Balkon sind zwar verlockend, aber wahrscheinlich keine gute Idee. Die Zimmer sind geräumig, komfortabel und seit einer kürzlich erfolgten Auffrischung sehr elegant. Eine besondere Augenweide sind die zahlreichen guatemaltekischen Kunstgemälde, die das gesamte Hotel zieren.

La Quinta HOTEL $$
(☎7771-0872; www.hotellaquintaguatemala.com; Ecke 5a Avenida & 5a Calle, Zona 1; EZ/DZ mit Frühstück 235/300 Q; P ❄ 📶) Das moderne Hotel unweit vom Hauptplatz der Stadt präsentiert sich jenseits der etwas unpersönlich wirkenden Gemeinschaftsbereiche – ein bisschen abgemildert durch den grünen Patio – durchaus ziemlich zeitgenössisch. Guter Service!

ℹ Praktische Informationen

Sowohl die **Banco Agromercantil** (5a Av, Zona 1) als auch die **Banco Industrial** (Ecke 6a Calle & 5a Av, Zona 1) wechseln US-Dollars und haben Geldautomaten.

ℹ An- & Weiterreise

Die meisten Busse, die auf der Carretera al Pacífico unterwegs sind, machen einen Umweg nach Reu. Wer nach El Asintal (zur Ruine Takalik Abaj) fahren möchte, nimmt am besten ein Sammeltaxi (10 Q). Diese Kombis findet man rund um die Bushaltestelle und die Plaza; an der Windschutzscheibe steht „Asintal".

Die meisten Busse legen in der Stadt zwei Stopps ein, am **Hauptbusbahnhof** (5a Av, Zona 5) und an einem kleineren **Busbahnhof** (10a Calle, Zona 1).

BUSSE AB RETALHULEU

ZIEL	PREIS (Q)	DAUER (STD.)	ABFAHRTEN
Champerico	15	1	6–19 Uhr alle paar Min.
Guatemala-Stadt	55–95	3	2–20.30 Uhr alle 15 Min.
Quetzaltenango	25	1½	4–18 Uhr alle 30 Min.
Santa Lucía Cotzumalguapa	30	2	2–20.30 Uhr alle 15 Min.
Tecún Umán (mexikanische Grenze)	25	1½	5–22 Uhr alle 20 Min.

Parque Arqueológico Takalik Abaj

Der Parque Arqueológico Takalik Abaj rund 25 km nordwestlich von Retalhuleu ist eine faszinierende archäologische Stätte inmitten von Kaffee-, Kautschuk- und Kakaoplantagen. Takalik Abaj war in der späten vorklassischen Zeit vor 250 n. Chr. ein bedeutendes Handelszentrum und bildet eine historische Verbindung zwischen den Olmeken, der ersten Hochkultur Mesoamerikas, und den Mayas. Die Olmeken erlebten ihre Blütezeit ungefähr zwischen 1200 und 600 v. Chr. an der südlichen Golfküste Mexikos, doch ihr Einfluss reichte erheblich weiter, daher sind auch in Takalik Abaj zahlreiche olmekische Skulpturen gefunden worden.

Die Stadt, die eng mit der Stadt Kaminaljuyú auf dem Gebiet des heutigen Guatemala-Stadt verbunden war, wurde um 300 n. Chr. geplündert und die großen Monumente, besonders die im Maya-Stil, wurden enthauptet. Einige Monumente wurden nach 600 n. Chr. wiederhergestellt und die Stätte blieb für die Mayas von zeremonieller und religiöser Bedeutung – und das ist auch heute noch so. Regelmäßig kommen Mayas aus dem Hochland hierher, um Zeremonien abzuhalten.

Geführte Touren

★Takalik Maya Lodge TOUREN
(www.takalik.com; 100 Q pro Pers.) Die Takalik Maya Lodge veranstaltet faszinierende Führungen durch ihre Plantagen mit all ihren tropischen Erzeugnissen wie Kaffee und Macadamianüssen. Zu den Highlights zählt es, die süßen Samen einer gerade gepflückten Kakaobohne auszusaugen und den intensiv riechenden, elastischen Milchsaft eines frisch angezapften Kautschukbaums zu berühren. Die Führungen werden ganzjährig angeboten; wer jedoch bei der Kaffeebohnenverarbeitung zuschauen möchte, muss zwischen Dezember und April hier sein.

Schlafen & Essen

Die schöne Takalik Maya Lodge verfügt über zwei Restaurants mit Essen zu vernünftigen Preisen (Hauptgerichte 55–100 Q). Ansonsten nächtigt man in Retalhuleu. An der Stätte gibt's einen kleinen Kiosk mit Erfrischungen und in El Asintal ein paar einfache Esslokale.

★Takalik Maya Lodge HOTEL $$
(☎2334-7693; www.takalik.com; Bauernhaus/Bungalow 450/600 Q; P) Auf dem Gelände einer Farm 2 km hinter dem Eingang zur archäologischen Stätte Takalik Abaj – und auf einem großen noch nicht ausgegrabenen Teil derselben – steht die mit Abstand luxuriöseste Unterkunft in der Umgebung. Übernachtet wird u. a. im alten Bauernhaus oder in einem wunderbar stimmungsvollen Haus ohne Strom inmitten der Bäume. In Letzterem werden Laternen gestellt und ist viel gemütlicher, als es sich vielleicht anhört.

Auf der Website werden Pauschalarrangements geboten: Unterkunft, Verpflegung sowie Plantagenführungen.

An- & Weiterreise

Will man den archäologischen Park mit öffentlichen Verkehrsmitteln erreichen, muss man ein Gemeinschaftstaxi von Retalhuleu nach El Asintal (5 Q, 30 min.) nehmen, das 12 km nordwestlich von Retalhuleu und 5 km nördlich der Carretera al Pacífico liegt. Etwas seltener fahren Busse an der Haltestelle in der 5a Avenida A ab, 800 m südwestlich der Plaza von Reu (6–18 Uhr, Abfahrt ca. alle 30 Min). Von El Asintal gelangt man mit Pick-ups nach Takalik Abaj (5 Q); die Fahrt geht 4 km lang über eine befestigte Straße.

Ein ehrenamtlicher Guide zeigt den Besuchern das Gelände, was mit einem Trinkgeld honoriert werden sollte (ca. 20 Q pro Pers.). Takalik Abaj kann auch im Rahmen einer Tour von Quetzaltenango aus besichtigt werden.

FREIZEITPARKS BEI RETALHULEU

Wer mit Kindern im Schlepptau unterwegs ist, kann diese beiden benachbarten Freizeitparks an der Straße nach Quetzaltenango ansteuern, 12 km nördlich von Retalhuleu.

Sowohl Xocomil als auch Xetulul werden vom Irtra (Instituto de Recreación de los Trabajadores de la Empresa Privada de Guatemala; Freizeitinstitut der Arbeiter der Privatunternehmer Guatemalas) betrieben, das in ganz Guatemala Freizeitstätten für Arbeiter und ihre Familien unterhält. Zusammen machen diese beiden Parks mit mehr als 1 Mio. Besuchern im Jahr die beliebteste Attraktion Guatemalas aus.

Das erstklassige Spaßbad **Parque Acuático Xocomil** (☎7772-9400; www.irtra.org.gt; Carretera CITO Km 180,5; Erw./Kind 100/50 Q; ⏲Do–So 9–17 Uhr) steht unter einem eindeutig guatemaltekischen Motto und bietet Wasservergnügungen für alle Altersstufen (Kinder unter fünf Jahren benötigen eine Schwimmweste, die man für 20 Q ausleihen kann). Zwischen den 14 Wasserrutschen, zwei Swimmingpools und zwei Wellenbädern befinden sich Nachbildungen von Maya-Monumenten aus Tikal, Copán und Quiriguá. Die Besucher können auf einem Fluss durch Schluchten und an alten Tempeln und Maya-Masken vorbeitreiben. Von der Anlage hat man einen Blick auf die drei (echten) Vulkane Santiaguito, Zunil und Santa María.

Der **Parque de Diversiones Xetulul** (☎7722-9450; www.irtra.org.gt; Carretera CITO Km 180,5; Erw./Kind 100/50 Q; ⏲Fr–So 10–17 Uhr) ist ein überraschend schön angelegter Vergnügungspark mit erstklassigen Fahrten für alle Altersgruppen. Außerdem gibt's Nachbauten einer Tikal-Pyramide, historischer guatemaltekischer Gebäude und berühmter Bauwerke aus europäischen Städten. Eine Karte für alle Fahrten kostet zusätzlich zum Eintritt 50 Q.

Wer z. B. ein langes Wochenende hier verbringt, kann für 140 Q ein Kombiticket erwerben, das 48 Stunden lang für beide Freizeitparks gilt.

Der Komplex **Irtra Hostales** (☎7722-9100; www.irtra.org.gt; Carretera CITO Km 180; Zi. mit Ventilator/Klimaanlage ab 250/300 Q; P❄📶🏊) auf einem üppig bewachsenen tropischen Gelände mit Swimmingpools, Spa, verschiedenen Sportplätzen und der vielleicht eindrucksvollsten Minigolfanlage im ganzen Land hat die besten Unterkünfte weit und breit; er liegt auch nicht allzu weit von den beiden Freizeitparks entfernt. Der Komplex umfasst sieben Hauptgebäude, von denen jedes anders eingerichtet ist: im Kolonial-, mediterranen, polynesischen, indonesischen, thailändischen, afrikanischen und Maya-Stil. Alle Zimmer sind geräumig, modern und gut ausgestattet; die Preise schwanken stark. Sonntags bis mittwochs ist weniger los, aber donnerstags bis samstags – dann sind die Parks geöffnet – ist der Komplex ausgebucht und die Preise steigen erheblich. Am billigsten ist der Komplex San Martín (hier kosten die Zimmer oft weniger als 200 Q), im glamouröseren Komplex Paljunoj schlagen die Zimmer mit rund 800 Q zu Buche.

Alle Busse auf der Strecke von Retalhuleu Richtung Quetzaltenango lassen Fahrgäste an den Parks Xocomil und Xetulul oder bei den Irtra Hostales (10 Q, 30 min.) aussteigen. Ab Quetzaltenango gilt dasselbe für alle Busse Richtung Retalhuleu (15 Q, 1 Std.).

Champerico

41 900 EW.

Champerico, 38 km südwestlich von Retalhuleu, entstand während des Booms des späten 19. Jhs. als Verschiffungshafen für Kaffee und Baumwolle. Heute ist es ein heißer Ort mit dem beliebtesten Ozeanstrand, der sich von Quetzaltenango aus erreichen lässt.

Die bescheidene, ein bisschen mitgenommene Kleinstadt zeigt eine alltägliche, aber gerade dadurch interessante Seite Guatemalas, das weit entfernt ist von angesagten Instagram-Posts.

Am Stadtrand liegt eine Art Strandpromenade mit zahllosen Restaurants und Touristenbuden. Doch Vorsicht beim Baden: Die Strömung ist heftig und darf nicht unterschätzt werden. Zudem sollte man am klar gekennzeichneten mittleren Teil des Strandes bleiben, denn außerhalb dieses Bereichs sind schon Raubüberfälle vorgekommen.

Schlafen & Essen

Hotel Maza HOTEL $$

(☎7773-7180; EZ/DZ 180/270 Q; ❄) Die gute Unterkunft mit großen, sauberen Zimmern auf der anderen Seite der Strandstraße ist das beste Hotel am Strand, zu viel darf man jedoch nicht erwarten.

7 Mares FISCH & MEERESFRÜCHTE $
(Hauptgerichte 40–90 Q; ⏲8–19 Uhr) Das „sieben Meere" ist eins von mehreren recht gleichförmigen Restaurants am Strand und bietet einen kleinen schattigen Pool, eine Essecke und oben eine luftige Terrasse mit Ausblick. Am besten schmecken hier natürlich Fisch und Meeresfrüchte.

An- & Weiterreise

Zwischen Champerico und anderen Städten auf der Pazifikebene, Quetzaltenango und Guatemala-Stadt verkehren regelmäßig Busse. Die **Bushaltestelle** befindet sich zwei Straßen landeinwärts vom Strand an der Straße, die aus der Stadt hinausführt. Die letzten Busse nach Quetzaltenango (30 Q, 2½ Std.) fahren gegen 18 Uhr, nach Retalhuleu (15 Q, 1 Std.) gibt es auch noch ein wenig später ein paar Verbindungen.

El Paredón

KNAPP 1000 EW.

El Paredón, das früher Sipacate hieß, besteht aus kaum mehr als einer einzigen unbefestigten Straße am Ende der Landstraße und wirkt total weltabgeschieden. Doch dieses Fleckchen Erde ist auf bestem Weg, sich zur Surferhauptstadt Guatemalas zu entwickeln. Die Wellen sind hier durchschnittlich 1,8 m hoch; die besten Breaks gibt's von Dezember bis April.

Inmitten der tropischen Vegetation und den mit Palmblättern gedeckten Häusern hat sich eine florierende Backpackerszene etabliert. Die NGO La Choza Chula, die sich für die Entwicklung kleiner Gemeinden einsetzt, bietet Touren zu den Mangroven, Salzgewinnungsanlagen und Schildkröten-Futterplätzen und kann auch Kochunterricht arrangieren.

El Paredón verströmt ein entspanntes Flair und hier lassen sich wunderbar ein paar Tage vertrödeln, ohne wirklich viel zu machen. Doch bestehen Pläne für eine weitere Erschließung, die unter den Bewohnern kontrovers diskutiert werden; man ist sich uneinig, welche Auswirkungen eine geplante Asphaltierung der Landstraße für das stille Städtchen haben könnte.

Aktivitäten & Geführte Touren

Alle Gästehäuser bieten irgendetwas mit Surfen an. Sie verlangen meist um die 100 Q pro Tag für ein Leihbrett sowie rund 120 Q für Surfunterricht.

★ **La Choza Chula** TOUREN
(www.lachozochula.org; ⏲9.30–16.30 Uhr) Diese örtliche NGO bietet Bildungs- und Umweltprogramme und ist stark im gemeindebasierten Tourismus engagiert. Die beliebtesten Bootstouren sind Ausflüge zur Tierbeobachtung und zum traditionellen Angeln in den nahen Mangroven (115 Q). Gefragt sind auch Touren zu den Futterplätzen der Schildkröten von El Paredón und zu den Salzfarmen (185 Q), ebenso Einführungskurse in die regionale Küche (90 Q).

Schlafen

Das Übernachtungsangebot von El Paredón ist klein, aber oho; es gibt alles von Partyhostels bis zu Boutiquepensionen. La Choza Chula kann außerdem Privatzimmer bei einheimischen Familien vermitteln (ab 100 Q pro Nacht mit Frühstück).

Driftwood Surfer HOSTEL $
(☎3036-6891; www.driftwoodsurfer.com; B 75 Q, DZ mit/ohne Bad 375/250 Q; ❄) Das Driftwood ist das beliebteste Partyhostel von El Paredón. Es hat sich ziemlich schnell ein Plätzchen am Strand gesichert und u. a. mit seiner Poolbar die Richtung vorgegeben. Die Dorms sind ein wenig beengt, aber die Klimaanlage ist ein echter Pluspunkt. Die meisten Gäste tummeln sich draußen im Wasser, auf der Sonnenterrasse oder in der Bar.

Cocori PENSION $
(www.cocorilodge.com; B 100 Q, Cabañas 250 Q, Suite mit Küche 450 Q;) Das Cocori nimmt einen langen Streifen Land hinunter zum Strand ein. Es gibt ein paar niedliche *cabañas* sowie einige Familiensuiten mit eigener Küche, doch die eigentliche Attraktion ist der palmblattgedeckte Dorm oberhalb mit Rundumblick, wo die Meeresbrise kühlt und man beim Plätschern der Wellen einschläft und aufwacht – himmlisch!

Soul Food Kitchen & Guesthouse PENSION $
(☎3286-6473; www.facebook.com/SoulFoodKitchenElParedon; DZ mit/ohne Bad 250/150 Q;) Die relaxte und ruhige, einfache Pension bietet verschiedene luftige weißgetünchte Zimmer mit Moskitonetzen. Genauso verlockend ist das Restaurant (12–15 & 18–21 Uhr) mit köstlichen thailändischen und indischen Currys in reichlichen Portionen und großen Schüsseln mit Nudeln, jeweils

auch als vegetarische Variante. Eine Frühstückskarte war während der Recherche gerade in Planung.

★ Hotel Paredon Surf House BOUTIQUEHOTEL $$

(☎4994-1842; www.paredonsurf.com; B 205 Q, Stelzenbungalow DZ/3BZ 570/750 Q, Suite 810–1025 Q;) Das zauberhafte, am Strand gelegene Gästehaus hat unterschiedliche Unterkünfte, beispielsweise Zimmer mit Palmblattdächern, große Dorms auf Stelzen mit Meerblick und Familiensuiten mit Freiluftduschen. Das Haus wird sehr gut geführt, in einer entspannt zurückhaltenden Weise. Die Übernachtungspreise verstehen sich mit Halbpension; die Betten verfügen über Moskitonetze. Das Bar-Restaurant schließt bereits um 21.30 Uhr, damit alle Gäste ihre Mütze Schlaf bekommen.

Swell BOUTIQUEHOTEL $$

(www.swellguatemala.com; DZ ab 450 Q, Poolsuiten 750 Q;) Das „Surf- und Lifestyle"-Hotel sollte bei unserem Besuch gerade eröffnet werden und es sah sehr vielversprechend aus. Es wurde vom Eigentümer entworfen, der auch Architekt ist, und bietet verschiedene Unterbringungsarten, von palmblattgedeckten Pfahlbauzimmern, die sich der Meeresbrise erfreuen, bis zu coolen weißen Suiten am Pool, allesamt ausgestattet mit wunderschönen, regional gefertigten Holzmöbeln.

Essen

Sandra's GUATEMALTEKISCH $

(Hauptgerichte 25–45 Q; ⊙8–20 Uhr) Das beliebte offene Restaurant serviert ein bisschen von allem, der Schwerpunkt liegt jedoch auf Fisch und Meeresfrüchten, insbesondere Ceviche. Auch für Vegetarier wird bestens gesorgt und alle Hauptgerichte werden von üppigen Beilagen begleitet. Ein alteingesessener Einwohner von El Paredón meinte, Sandra's hätte die beste Guacamole des Landes – es lohnt sich also auf jeden Fall, hier einen Geschmackstest durchzuführen.

Yoli's GUATEMALTEKISCH $

(Frühstück 20 Q, Pasta 20–35 Q; ⊙8–20 Uhr) Das *palapa*-Lokal in Strandnähe ist gut fürs Frühstück, für Obstsmoothies und für Pastagerichte. Normalerweise wird auch ein probierenswertes Tagesgericht mit Meeresfrüchten angeboten.

Praktische Informationen

El Paredón hatte bei unserem letzten Besuch kaum Internetzugang, doch es wurden gerade Kabel verlegt, sodass es im Verlauf des Jahres 2019 ans Netz angeschlossen sein sollte.

Es gibt keine Geldautomaten in El Paredón, also entsprechend vorausplanen!

An- & Weiterreise

Es pendeln zwei Touristenshuttles am Tag zwischen El Paredón und Antigua (120 Q, 2 Std.). Fahrkarten verkaufen alle Reisebüros in Antigua oder man bucht über seine Unterkunft in El Paredón. Pacifico Surf Transport (S. 150) hat unter der Woche auch einen Shuttle nach Santiago de Atitlán (150 Q, 3 Std.).

Mit öffentlichen Verkehrsmitteln: Man nimmt die Fähre von Sipacate über den Fluss (10 Q) und dann ein Tuk-Tuk nach El Paredón (20 Q, 20 min.); von dort verkehren den ganzen Tag über Busse nach Guatemala-Stadt (45 Q, 3½ Std.) – Anschlussverbindungen bieten sich in La Democracía und Escuintla.

Monterrico

2400 EW.

Die Küste um Monterrico ist ganz anders als das restliche Guatemala. Hier ist das Leben wirklich tropisch geprägt, mit rustikalen, strohgedeckten Häusern aus Holzbrettern und furchteinflößenden Vulkanen im Hinterland. Der Ort wird bei ausländischen Besuchern zunehmend als Ziel für einen kleinen Strandurlaub ab Antigua oder Guatemala-Stadt beliebt. Unter der Woche ist es relativ ruhig, aber am Wochenende und an Feiertagen tummeln sich hier immer jede Menge guatemaltekische Familien.

Monterrico selbst ist ein Küstenort mit ein paar preiswerten kleinen Hotels direkt am Strand, einem großen Tierschutzgebiet und zwei Aufzuchtstationen für Meeresschildkröten und Kaimane. Gegen den recht eindrucksvollen Strand aus schwarzem Vulkansand tost aus unterschiedlichen Richtungen eine kräftige Brandung. Dieses unruhige Wellenbild weist darauf hin, dass es heimtückische Strömungen gibt; hier sind schon Menschen ertrunken, also Vorsicht! Hinter dem Ort erstreckt sich ein Geflecht aus Mangrovensümpfen und Kanälen, die zum 190 km langen Canal de Chiquimulilla gehören.

Sehenswertes & Aktivitäten

Biotopo Monterrico-Hawaii TIERSCHUTZGEBIET
(Reserva Natural Monterrico) Das vom Centro de Estudios Conservacionistas de la Universidad de San Carlos (Cecon) verwaltete Schutzgebiet ist die Hauptattraktion von Monterrico. In dem 20 km langen Küstengebiet mit Mangrovensümpfen leben Unmengen von Vögeln und Meeresbewohnern. Am Strand legen vom Aussterben bedrohte Leder- und Bastardschildkröten ihre Eier ab. Die Sümpfe sind von Kanälen durchzogen, die 25 Lagunen miteinander verbinden.

Man kann sich einer Bootsfahrt durch das Reservat anschließen (1½–2 Std.; 75–100 Q pro Pers.). Die besten Chancen, Tiere zu Gesicht zu bekommen, bieten sich bei Sonnenaufgang. Passionierte Vogelbeobachter sollten ihren Besuch am besten für den Januar oder Februar einplanen (Fernglas nicht vergessen). Einheimische hauen Touristen auf der Straße an – manche haben beeindruckende Ausweise! – und bieten sich als Guide an. Außerdem kann man über die Hotels Touren buchen. Wer aber den *tortugario* unterstützen will und Wert auf umweltbewusste Führer legt, sollte sich direkt an den Tortugario Monterrico wenden.

Einige Reisende haben sich über den Einsatz von Motorbooten beschwert, deren Lärm die Tiere verscheucht. Wer genug Zeit hat, sollte sich nach einer Paddeltour erkundigen.

Tortugario Monterrico TIERSCHUTZGEBIET
(50 Q; 8–13 & 14–17 Uhr) Den vom Cecon geführten Tortugario Monterrico erreicht man nach kurzem Fußweg vom Ende der Calle Principal am Strand Richtung Osten und dann einen Block landeinwärts. Dort werden verschiedene bedrohte Tierarten aufgezogen, z. B. Leder-, Oliv-Bastard- und Suppenschildkröten, Kaimane und Leguane.

Zu den Einrichtungen zählen ein interessanter Lehrpfad und ein kleines Museum mit in Flaschen konservierten Exponaten. Die Angestellten organisieren Lagunenfahrten, von August bis Dezember auch Nachtwanderungen (50 Q), bei denen Schildkröteneier gesucht werden. Von September bis Januar setzen Angestellte am Strand Schildkrötenbabys aus. Dabei darf man zuschauen, aber obwohl es alle machen – bitte keine Blitzlichter und Taschenlampen benutzen!

Proyecto Lingüístico Monterrico SPRACHKURSE
(5475-1265; www.monterrico-guatemala.com/spanish-school.php; Calle Principal) Diese 250 m vom Strand entfernte Schule ist recht professionell. Der Unterricht findet in der Regel draußen in einem schattigen Garten statt. Je nach Unterrichtsplan kann man vor- oder nachmittags Unterricht nehmen. 20 Wochenstunden kosten 750 Q, die Unterbringung bei einer Gastfamilie kostet 670 Q für sieben Nächte.

Schlafen & Essen

Monterrico hat eine recht gute Auswahl an Hotels, und zwar an zwei Straßen, die am Ende der Calle Principal nach rechts und links parallel zum Strand verlaufen. Die Preise variieren: Am Wochenende ist die Übernachtung teurer als unter der Woche, aber wer mindestens drei Nächte bleibt, erhält oft einen Rabatt.

An der Calle Principal gibt's zahlreiche einfache Fischrestaurants. Noch besser sind die schlichten Schuppen mit Sonnenschirmen und Tischen am Strand, wo man bei einem kühlen Bier Fisch oder Knoblauchgarnelen verputzen und gleichzeitig die Wellen betrachten kann. Die meisten Hotels haben Restaurants, die fangfrische Meeresfrüchte servieren.

Johnny's Place HOTEL $
(5812-0409; www.johnnysplacehotel.com; B 45 Q, Zi. ohne Bad 190 Q, Zi. mit Klimaanlage ab 320 Q, Bungalow ab 600 Q; P) Johnny's Place ist die erste Unterkunft, die man erreicht, wenn man am Strand links abbiegt. Hier herrscht eine recht angenehme Atmosphäre: Das Hotel beherbergt ein bunt gemischtes Völkchen aus Backpackern und Familien. Die billigeren Zimmer sind alles andere als glamourös, aber sie haben Ventilatoren und Insektengitter vor den Fenstern. Wer ein bisschen was drauflegt, kann sich dann schon nobler betten.

Jeweils zwei Bungalows teilen sich einen Grill und einen kleinen Pool und für die Allgemeinheit gibt's auch noch einen größeren Pool.

Das Essen im gutbesuchten Hotelrestaurant samt Bar und Meerblick ist keine Feinschmeckerkost, doch die Auswahl ist groß und es werden kreative *licuados* (frische Fruchtgetränke) und andere kühle Getränke ausgeschenkt.

Brisas del Mar HOTEL $
(☎5517-1142; mit Frühstück EZ/DZ mit Ventilator 100/200 Q, mit Klimaanlage 150/300 Q; P❄≋) Das beliebte Hotel eine Straße landeinwärts vom Strand bietet relativ geräumige Zimmer, einen offenen *palapa*-Speisesaal im ersten Stock mit tollem Seeblick sowie einen großen Pool.

Hotel Pez de Oro BUNGALOWS $$
(☎5232-9534; EZ/DZ 400/500 Q; P≋) Die schicke Bleibe hat gemütliche Hütten und Bungalows auf einem von Palmen beschatteten Grundstück. Die Zimmer sind geschmackvoll eingerichtet, mit großen Deckenventilatoren ausgestattet und in fröhlichen Farben gehalten (Blau und Gelb). In dem hervorragenden Restaurant mit Meerblick gibt's italienische Küche und Seafood.

Hotel Atelie del Mar HOTEL $$$
(☎5752-5528; www.hotelateliedelmar.com; EZ/DZ mit Frühstück ab 415/630 Q; P❄≋) Dies ist eins der elegantesten Hotels am Ort, mit hübsch gestalteten Außenanlagen und geräumigen, schlichten und schönen Zimmer mit Betten mit Moskitonetzen. Das Atelie hat nicht nur den besten Pool weit und breit, sondern auch die am breitesten gefächerte Speisekarte und sogar eine eigene Kunstgalerie.

★Taberna El Pelicano ITALIENISCH, FISCH & MEERESFRÜCHTE $$
(Hauptgerichte 60–150 Q; ⊙Mi–So 12–14 & 18–22 Uhr) Das freundliche orangefarbene *palapa*-Restaurant ist eins der besten des Orts. Es überzeugt mit einer umfangreichen Speisekarte und interessanten Spezialitäten, u. a. ausgezeichneten Salaten (80 Q), raffiniert zubereiteten Fischgerichten (ab 90 Q) und verschiedenen Speisen mit Riesengarnelen (175 Q). Außerdem sind Tagesgerichte zu haben.

ℹ Praktische Informationen

In der Ortsmitte gibt's einen **Cajero-5B-Geldautomaten**.

ℹ An- & Weiterreise

Am schnellsten und einfachsten erreicht man Monterrico zweifellos per Shuttle ab Antigua (80 Q, 2 Std.) oder Guatemala-Stadt (150 Q, 3 Std.). Die Shuttles ab Monterrico sind schnell ausgebucht – am besten einen Tag vorher buchen!

Täglich um 5 Uhr fährt ein Direktbus nach Guatemala-Stadt (80 Q, 3 Std.). Er fährt über Iztapa und Escuintla, wo Anschluss nach Antigua und zu anderen Zielen besteht.

Oder man gönnt sich eine halbstündige Bootsfahrt auf dem Canal de Chiquimulilla nach Avellana (5 Q), einem langen, von Mangroven gesäumten Kanal. Das erste Boot legt morgens gegen 4.30 Uhr ab, danach macht sich bis zum späten Nachmittag alle 30 bis 60 Minuten eine *lancha* auf den Weg. Außerdem verkehren Autofähren (100 Q pro Fahrzeug). Von Avellana fahren jede halbe Stunde Busse über Taxisco und Escuintla nach Guatemala-Stadt. Von Taxisco verkehren regelmäßig Busse zur salvadorianischen Grenze bei Ciudad Pedro de Alvarado.

ZENTRAL-GUATEMALA

Dies ist die vielfältigste Region Guatemalas: Sie erstreckt sich von den dampfenden Tieflandwäldern des Petén bis zu den trockenen Tropen des Río-Motagua-Tals und vom Rand des westlichen Hochlands bis zur Karibik.

Die Carretera al Atlántico (Ctra 9) führt von Guatemala-Stadt Richtung Osten zum Meer. Unterwegs kann man zu den wunderbar erhaltenen Ruinen von Copán (Honduras), nach Quiriguá mit seinen eindrucksvollen Stelen und nach Río Dulce abzweigen, einer bei Karibikseglern beliebten Zwischenstation und Tor zum Refugio de Vida Silvestre Bocas del Polochic (Tierschutzgebiet Bocas del Polochic). Und hier in der Gegend sollte man sich auch nicht die wundervolle Bootstour auf dem Río Dulce nach Lívingston entgehen lassen, der Enklave der Garifuna.

Der Norden der Region ist ein üppiges und bergiges Kaffeeanbaugebiet. Die Kalksteinlandschaft um Cobán lockt Höhlenerkunder aus aller Welt an und die schönen Becken und Kaskaden von Semuc Champey stehen auf der Liste der guatemaltekischen Naturwunder ganz weit oben.

Salamá & Umgebung

Salamá ist ein Musterbeispiel für das nicht zu heiße, aber auch nicht zu kühle Klima der Region Baja Verapaz – ideal, um die postkolonialen und indigenen Sehenswürdigkeiten in der Umgebung zu entdecken.

Salamá selbst ist bekannt für seine reich verzierte Kirche (mit einer grausigen Christus-Darstellung) und seinen quirligen Sonntagsmarkt. Ein fotogenes Museum (früher eine Zuckerfabrik) und einen eindrucksvollen Steinaquädukt gibt's in der Nachbarstadt **San Jerónimo**.

Schlafen & Essen

Restaurants und Cafés säumen die Plaza. Wer die mit Fleisch gefüllten Tortillas im **Antojitos Zacapanecos** (7954-5691; Ecke 6a Calle & 8a Av; Hauptgerichte 27–50 Q; 10–21 Uhr) nicht probiert, hat selbst Schuld.

Hotel Real Legendario HOTEL $
(7940-0501; www.hotelreallegendario.com; 8a Av 3-57; EZ/DZ/3BZ 115/160/180 Q; P) Dieses Hotel drei Straßen östlich der Plaza ist an seiner blassgelben Fassade und an dem kleinen Bambushain am Parkplatz zu erkennen. Seine sauberen, sicheren Zimmer verfügen über Ventilatoren, Bäder mit Warmwasser und Kabelfernsehen.

Los Molinos HOTEL $$
(5762-8714; hotellosmolinos@outlook.com; Calle Los Molinos Lote 3145; EZ/DZ 160/220 Q; P @) Das neue, blitzsaubere Hotel zehn Autominuten außerhalb von Salamá eignet sich am besten für Reisende mit eigenem Auto oder solche, denen es nichts ausmacht, ab und zu mal mit dem Taxi zu fahren. Der fast italienisch anmutende Schick, die glänzenden Fliesenböden, die minimalistische Einrichtung und das angeschlossene Restaurant ergeben zusammen eine angenehme Bleibe.

An- & Weiterreise

Vom **Busbahnhof** in der Innenstadt von Salamá fahren regelmäßig Busse nach Cobán (20 Q, 1½–2 Std.), Guatemala-Stadt (40 Q, 3½ Std.) und in umliegende Dörfer.

Biotopo del Quetzal

Entlang der Fernstraße 14 liegt 34 km hinter der Abzweigung La Cumbre nach Salamá unmittelbar östlich des Dorfes Purulhá das Biotopo Mario Dary Rivera, das unter dem Namen **Biotopo del Quetzal** (4499-3236; Ctra 14, Km 160,5; 40 Q; 7–16 Uhr) bekannt ist.

Um einen Quetzal zu sehen, ist schon ziemlich viel Glück nötig, denn die Vögel sind selten und scheu. Die größte Chance bietet sich zwischen März und Juni. Trotzdem lohnt sich ein Abstecher hierher zur Erkundung des üppigen, hoch gelegenen Nebelwaldes, den der Quetzal sein natürliches Zuhause nennt. Am besten hält man früh am Morgen oder früh am Abend nach ihnen Ausschau – um die Gelände der nahen Hotels herum sind sie allerdings häufiger zugegen als hier.

Das Naturschutzgebiet wartet mit einem Besucherzentrum, einem kleinen Laden mit Getränken und Snacks und einem Zelt- und Grillbereich auf. Die Campingregeln ändern sich hin und wieder. Am besten wendet man sich an Cecon (S. 121); Cecon verwaltet dieses und weitere *biotopos*.

Zwei ausgezeichnete, gut in Schuss gehaltene **Naturlehrpfade** winden sich durch das Schutzgebiet: der 1800 m lange **Sendero los Helechos** (Farnweg) und der 3600 m lange **Sendero los Musgos** (Moosweg). Unterwegs auf schwerem, schwammigem Humus und Laubkompost sieht man im dichten Wald jede Menge Epiphyten (Aufsitzerpflanzen), die in der feuchten Luft des Waldes gedeihen.

Schlafen & Essen

★ **Ranchitos del Quetzal** HOTEL $$
(4130-9456; www.ranchitosdelquetzal.com; Ctra 14 Km 160,5; EZ/DZ/3BZ 200/300/350 Q; P) Dieses Hotel befindet sich 200 m vom Eingang zum Biotopo del Quetzal an einem Hügel mitten im Urwald. Die schlichten Zimmer haben eine vernünftige Größe und Warmwasserduschen und im Restaurant werden einfache, preisgünstige Mahlzeiten (Hauptgerichte ca. 30 Q; auch vegetarische Speisen) serviert. Am besten ist jedoch, dass das freundliche Personal die Gäste mit jeder Menge Infos versorgt und man hier direkt am Naturschutzgebiet ist.

Abends schauen Füchse vorbei sowie zahlreiche interessante Vögel, die die Mitarbeiter gern für die Gäste identifizieren. Andere Unterkünfte sind vielleicht luxuriöser, aber wer wegen der Natur hier ist – und wer ist das nicht? –, für den ist dies die beste Wahl. In die Berge führt ein Pfad zur Quetzal-Beobachtung und ein anderer verläuft an einem von wunderbar üppiger Vegetation gesäumten Fluss entlang zu einem schönen Wasserfall.

Hotel Restaurant Ram Tzul HOTEL $$$
(5908-4066; www.ramtzul.com; Ctra 14 Km 158; Camping 75 Q pro Pers., EZ/DZ 422/645 Q; P) Das leicht verblichene Hotel verfügt über einen Restaurant-/Aufenthaltsbereich in einem großen, strohgedeckten Gebäude mit Feuerstellen. Das Haus steht ganz unter dem Motto „rustikal mit Stil" – das gilt auch für die schönen, geräumigen Zimmer und Bungalows. Auf der Hotelanlage befinden sich Wasserfälle und diverse Schwimmgelegenheiten.

An- & Weiterreise

Alle Monja-Blanca-Busse (65–85 Q) ab/nach Guatemala-Stadt halten am Parkeingang. Für den Rückweg hält man am besten einen (Micro-)Bus nach El Rancho (35 Q) an und steigt dort um.

Am besten ist man hier mit einem eigenen Fahrzeug bedient.

Cobán

280 000 EW. / 1320 M

Einst ein raues Pflaster, das Touristen einfach nur durchquerten, hat sich Cobán inzwischen selbst zu einem Reiseziel entwickelt. Abgesehen von Guatemala-Stadt ist es nun eine der besten Adressen der Region, was gutes Essen und ein breites Angebot an Hotels und Aktivitäten betrifft. Und natürlich ist Cobán weiterhin ein prima Ausgangspunkt für Tagesausflüge zur Erkundung der Naturwunder der Umgebung, wie z. B. Semuc Champey (S. 193).

Einst war Cobán das Zentrum von Tezulutlán (Tierra de Guerra, „Land des Krieges"), einer Bastion der Rabinal-Mayas. Im 19. Jh. ließen sich deutsche Einwanderer hier nieder. Sie legten ausgedehnte Kaffee- und Kardamomplantagen an und verpassten Cobán mit ihren Wohnhäusern das Aussehen und Flair eines deutschen Bergortes. Die Zeit der kulturellen und wirtschaftlichen Dominanz der deutschen Siedler endete im Zweiten Weltkrieg, als die guatemaltekische Regierung auf Betreiben der USA die einflussreichen *finca*-Besitzer, von denen viele Parteigänger der Nazis waren, des Landes verwiesen.

Sehenswertes & Aktivitäten

Orquigonia GARTEN

(☎4740-2224; www.orquigonia.com; Ctra 14 Km 206; 50 Q; ⏲7–17 Uhr) Orchideenfreunde sollten sich auf keinen Fall diese wunderbar informativen Führungen durch das Orchideen-Schutzgebiet nahe der Straße nach Cobán entgehen lassen. Die 1½- bis zweistündige Tour führt auf einem Waldweg in die Geschichte des Orchideensammelns ein, angefangen bei den Mayas. Auf dem Gelände gibt's außerdem nette kleine Hütten, die für 550 bis 750 Q pro Nacht vermietet werden, sowie Zeltstellplätze (40 Q). Der letzte Einlass ist um 16 Uhr; bis 17 Uhr müssen alle Besucher das Gelände verlassen haben.

Parque Nacional Las Victorias PARK

(Karte S. 188; 3a Calle, Zona 1; 15 Q; ⏲8–16.30 Uhr, Wanderwege 9–15 Uhr) Der bewaldete, 82 ha große Nationalpark mitten in der Stadt besitzt Teiche, Grill- und Picknickbereiche, Kinderspielplätze, einen Aussichtspunkt und zahlreiche Wanderwege. Der Eingang befindet sich unweit der Kreuzung von 9a Avenida und 3a Calle. Die meisten Wege sind recht einsam – am besten nicht allein, sondern in der Gruppe wandern. Man kann hier auch **zelten** (Stellplatz 50 Q pro Pers.).

Templo El Calvario KIRCHE

(Karte S. 188; 3a Calle, Zona 1) Am nördlichen Ende der 7a Avenida führt eine lange Treppe zu der Kirche hinauf, die einen schönen Ausblick auf die Stadt bietet. *Indígenas* legen Opfergaben an Schreinen und Kreuzen vor dem Bauwerk nieder. Nach Einbruch der Dunkelheit sollte man sich hier nicht mehr aufhalten, denn es sind schon Raubüberfälle vorgekommen.

150 m westlich vom Fuß der Treppe, die zur Kirche El Calvario hinaufführt, befindet sich die **Ermita de Santo Domingo de Guzmán** (Karte S. 188). Die Kapelle ist dem Schutzheiligen von Cobán geweiht.

Chicoj Cooperative KAFFEETOUREN

(☎5524-1831; www.coffeetourchicoj.com; Führungen 60 Q) Nur 15 Busminuten von der Stadt entfernt bietet diese Tourismusinitiative 2 km lange, 45-minütige Führungen über eine Kaffeeplantage. Unterwegs wird noch Seilrutschen durch die Baumwipfel eingeschoben und am Ende gibt's eine Tasse Kaffee aus vor Ort angebauten und gerösteten Bohnen.

Anbieter in Cobán haben diese Tour für 160 Q im Programm, aber man kann auch einfach an der Haltestelle bei der Polizeiwache an der 1a Calle einen Bus direkt zum Dorf Chicoj nehmen.

Aventuras Turísticas TOUREN

(Karte S. 188; ☎7951-4213; www.facebook.com/aventurasturisticascoban; 1a Calle 5-34, Zona 1; unterschiedliche Preise; ⏲8–21 Uhr) Organisiert Touren zur Laguna Lachuá, den Grutas de Lanquín, nach Rey Marcos und zum Parque Nacional Cuevas de Candelaria sowie zum Semuc Champey, nach Tikal und Ceibal – um nur einige Ziele zu nennen. Gern werden die Touren auch auf die Kundenwünsche zugeschnitten. Die Preise richten sich nach Ziel und Anzahl der Teilnehmer. Es stehen Französisch, Englisch und Spanisch sprechende Guides zur Verfügung. Der An-

Cobán

bieter ist über die Nummer +502-3021-2169 auch per WhatsApp erreichbar.

Festivals & Events

Rabin Ajau KULTUR

(Estadio Verapaz) Wer gerade in der Gegend ist, sollte sich das Rabin Ajau nicht entgehen lassen: eine Art Schönheitswettbewerb für Leute aus der Region in traditioneller Tracht. Karten müssen jedoch frühzeitig besorgt werden, da die Veranstaltung jedes Jahr ausverkauft ist. Sie findet in der letzten Juli- oder ersten Augustwoche statt.

Schlafen

Bei der Buchung eines Zimmers in Cobán ist darauf zu achten, dass die Duschen warmes Wasser haben. In dieser Gegend kann es nämlich kalt sein.

★ Casa Tenango HOSTEL $

(Karte S. 188; ☎7952-3664; www.facebook.com/casatenango; 3a Av A 2-50, Zona 1; EZ/DZ mit Bad 80/150 Q, B/EZ/DZ ohne Bad 45/60/110 Q; P ⊗ ☎) Was dieser Unterkunft an Ausstattung wie Pool oder Bar fehlt, macht sie mehr als wett durch ihre Gastfreundlichkeit, eine große Küche, mehrere Gemeinschaftsbereiche und saubere Zimmer. Die Dorms verfügen über große Schließfächer und einige Zimmer wirken eher wie die eines Boutiquehotels als die eines Hostels. Das Beste sind aber die Eigentümer, die jeden Gast wie ein Familienmitglied begrüßen.

Hotel La Paz HOTEL $

(Karte S. 188; 6a Av 2-19, Zona 1; EZ/DZ 98/183 Q; P) Das freundliche, saubere Budgethotel anderthalb Straßen nördlich und zwei Straßen westlich von der Plaza ist ein ausgezeichnetes Schnäppchen. Es wird von zahlreichen Pflanzen geschmückt, die der ansonsten schlichten Einrichtung Frische verleihen.

Casa Duranta HOTEL $$

(Karte S. 188; ☎7951-4716; www.casaduranta.com; 3a Calle 4-46, Zona 3; EZ/DZ 305/427 Q; P ⊗ ☎)

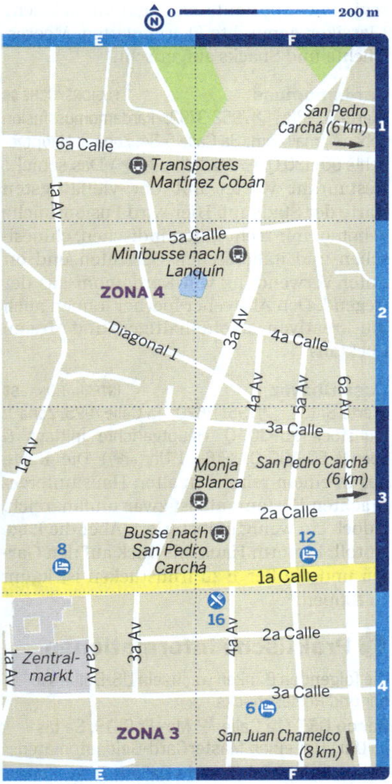

Cobán

Sehenswertes

1 Ermita de Santo Domingo de Guzmán B2
2 Parque Nacional Las Victorias A2
3 Templo El Calvario B2

Aktivitäten, Kurse & Touren

4 Aventuras Turísticas C3

Schlafen

5 Campingplatz A1
6 Casa Duranta F4
7 Casa Tenango D3
8 Hotel Central E3
9 Hotel La Paz C3
10 Hotel La Posada D4
11 Pensión Monja Blanca B4
12 Posada de Don Antonio F3

Essen

13 Casa Chavez C3
14 El Peñascal C3
15 Kardamomuss B4
16 La Abadia F4
17 La Casa del Monje D4
18 Xkape Koba'n C4

Einige der Zimmer in diesem liebevoll restaurierten, bunt eingerichteten Hotel bieten ein ausgezeichnetes Preis-Leistungs-Verhältnis, während andere für den Preis etwas beengt sind. Die meisten Zimmer haben geflieste Böden, aber manche bekommen viel Straßenlärm ab – aus diesen Gründen sollte man sich möglichst erst mal ein paar zeigen lassen. Das Haus verfügt über ein Restaurant und einen hübschen Innenhof.

Hotel Central HOTEL $$

(Karte S. 188; ☎7952-1442; 1a Calle 1-79, Zona 1; EZ/DZ 137/260 Q; P 📶) Zimmer mit guter Größe und hübsche Sitzbereiche im Freien machen dieses Hotel zu einer guten Wahl. Am besten wählt man eine Unterkunft im hinteren Teil, denn dort ist die Belüftung besser und man blickt auf die Stadt.

Posada de Don Antonio HOTEL $$

(Karte S. 188; ☎7951-1792; 5a Av 1-51, Zona 4; EZ/DZ 265/415 Q; P 🚭 📶) M. C. Eschers berühmtes Bild *Relativität* könnte glatt von den vielen Treppen in der Lobby hier inspiriert sein, doch die stimmungsvolle Unterkunft in einem zweistöckigen Haus bietet Zimmer, deren Preis-Leistungs-Verhältnis zum besten der Stadt gehört. Die geräumigen Zimmer mit Doppelbetten und hohen Decken sind mit liebevoller Hingabe zum Detail ausgestattet. Das im Patio servierte Frühstück (30–50 Q) sorgt für einen guten Start in den Tag.

Pensión Monja Blanca HOTEL $$

(Karte S. 188; ☎7952-1712; 2a Calle 6-30, Zona 2; EZ/DZ 200/300 Q, ohne Bad 150/200 Q; P 🚭 📶) Trotz der Lage an der geschäftigen 2a Calle ist es hier recht ruhig. Durch zwei Innenhöfe gelangt man zu einem üppigen Garten voller Obst- und Hibiskusbäume – um diesen Garten sind die makellos sauberen Zimmer angeordnet. Sie haben einen altmodischen Touch und sind mit zwei hochwertigen Einzelbetten mit traditionellen Bettdecken sowie Kabel-TV ausgestattet. Dank der zentralen Lage und der ruhigen Atmosphäre eine gute Adresse für Frauen, die allein unterwegs sind.

Hotel La Posada HOTEL $$$

(Karte S. 188; ☎7952-1495; www.laposadacoban.com.gt; 1a Calle 4-12, Zona 2; EZ/DZ 480/560 Q) Das Hotel im Kolonialstil nicht weit von der Plaza ist das beste der Stadt, wenn auch die zur Straße hin gelegenen Zimmer unter dem Verkehrslärm leiden. Auf den mit Lehnstühlen und Hängematten versehenen Säulenveranden gedeihen jede Menge tropische Pflanzen. Die Zimmer sind etwas karg, mit zahlreichen religiösen Relikten, aber sie verfügen über schöne alte Möbel, Kamine und im traditionellen Stil gewebte Wandbehänge.

Essen

Die meisten Hotels in Cobán haben ein eigenes Restaurant. Abends parken rund um die Plaza Foodtrucks, an denen es mit das günstigste Essen der Stadt gibt. Wie üblich orientiert man sich am besten an der Länge der Warteschlangen.

★Xkape Koba'n GUATEMALTEKISCH $

(Karte S. 188; ☎7951-4152; 2a Calle 5-13, Zona 2; Imbiss 35 Q, Hauptgerichte 50–90 Q; ⌚Mo–Fr 7–20, Sa ab 9 Uhr) Der perfekte Ort für ein kleines Päuschen oder einen entspannten Nachmittag. Hinter dem hübschen, kleinen Café befindet sich ein üppig grüner Garten. Auf der kleinen Speisekarte stehen ein paar interessante traditionell angehauchte Gerichte. Der Kuchen ist hausgemacht, der Kaffee köstlich und es steht Kunsthandwerk zum Verkauf.

★La Abadia FUSIONSKÜCHE $$

(Karte S. 188; Ecke 1a Calle & 4a Av, Zona 3; Hauptgerichte 90–160 Q; ⌚Mo–Sa 18–21.30 Uhr) Im Lauf der Jahre hat sich die kulinarische Szene Cobáns erheblich gemausert und dieses Restaurant zählt zu den gehobeneren der Stadt. Das Ambiente ist kultiviert, aber locker, die Karte weist ein ausgezeichnetes Angebot an guatemaltekischen, internationalen und Fusionsgerichten auf und auch die Weinkarte kann sich sehen lassen.

La Casa del Monje STEAK $$

(Karte S. 188; ☎7951-3845; 3a Calle 2-24, Zona 2; Hauptgerichte 59–115 Q; ⌚6.30–22 Uhr;) Cobáns bestes Steakhaus, beschützt vom „eisernen Mönch", residiert in einem hübschen Kloster aus der Kolonialzeit ein paar Straßen von der Plaza. Wer keinen Appetit auf große Stücke Fleisch hat: Zu empfehlen sind auch die guatemaltekischen Gerichte wie *kaq'ik* (Truthahneintopf).

El Peñascal GUATEMALTEKISCH $$

(Karte S. 188; 5a Av 2-61, Zona 1; Hauptgerichte 75–160 Q; ⌚11.30–21 Uhr) El Peñascal ist wahrscheinlich das beste unabhängige Restaurant in Cobán. In einem noblen, aber entspannten Ambiente werden zahlreiche regionale Spezialitäten, guatemaltekische Klassiker, gemischte Fleischplatten, Meeresfrüchte und Snacks aufgetischt.

Kardamomuss FUSIONSKÜCHE $$

(Karte S. 188; ☎7952-3792; kardamomussfusion coban@gmail.com; 3a Calle 5-34, Zona 2; Hauptgerichte 60–130 Q; ⌚7–22 Uhr; P) Das schicke Restaurant wartet mit der vielfältigsten Karte der Stadt auf. Hier wird Fusionsküche geboten, mit recht guten indischen, chinesischen und italienischen Gerichten und oft unter Verwendung von Kardamom aus der Gegend. Den Abstecher hierher lohnen auch die kreativen alkoholhaltigen und -freien Cocktails.

Casa Chavez INTERNATIONAL $$

(Karte S. 188; ☎7951-4620; 1a Calle 4-25, Zona 1; Frühstück 25–30 Q, Hauptgerichte mittags & abends 50–100 Q; ⌚6–21 Uhr;) Die Karte des in einem reizenden alten Haus untergebrachten Restaurants ist zwar umfangreich, jedoch ein wenig uninspiriert. Aber die Lage ist toll: hinterm Haus mit Blick auf den Garten und die Berge zu frühstücken ist kaum zu toppen.

Praktische Informationen

Die folgenden Banken wechseln US-Dollars in bar und Reiseschecks.

Banco G&T (1a Calle; ⌚Mo–Fr 9–19, Sa bis 13 Uhr) Hat einen MasterCard-Geldautomaten.

Banco Industrial (Ecke 1a Calle & 7a Av, Zona 1; ⌚Mo–Fr 9–18, Sa 10–14 Uhr) Hat einen Visa-Geldautomaten.

INGUAT (Karte S. 188; ☎4210-9992; 2a Calle 5-12, Zona 2; ⌚Mo & Di, Do–Sa 9–17 Uhr) Hat eine Niederlassung zwei Straßen von der Plaza.

Municipalidad (Rathaus; Karte S. 188; ☎7952-1305, 7951-1148; 1a Calle, Zona 1; ⌚Mo–Sa 8–16 Uhr) In dem Büro hinter der Polizeiwache arbeiten gut informierte jüngere Leute.

An- & Weiterreise

Die Carretera 14 (im weiteren Verlauf die Carretera 9) von Cobán nach Guatemala-Stadt ist die wichtigste Verbindung zwischen Cobán und der „Außenwelt", obwohl sich Cobán auch über andere Strecken erreichen lässt. Da die Straße Richtung Norden durch Chisec nach Sayaxché und Flores jetzt komplett asphaltiert ist, lässt sich die Strecke in den Petén nun viel leichter zurücklegen. Die Nebenstrecken Richtung Westen nach Huehuetenango und Nordwesten nach Fray Bartolomé de Las Casas und Poptún sind teils unbefestigt und bieten so noch ein bisschen Abenteuer. Die Abfahrtszeit der Busse sollte am besten immer doppelt gecheckt

GUATEMALA COBÁN

BUSSE AB COBÁN

ZIEL	PREIS (Q)	DAUER	ABFAHRTEN	ABFAHRT
Biotopo de Quetzal	15	1 Std.	1–17 Uhr	Monja Blanca
Cahabón	30	4 Std.	7–16 Uhr	Transportes Martínez
Chisec	25	2 Std.	6–16 Uhr	Del Norte
Fray Bartolomé de Las Casas	50	4 Std.	6–16 Uhr	Del Norte
Guatemala-Stadt	50–80	5 Std.	1–17 Uhr	Monja Blanca
Lanquín	25	2½ Std.	7–16 Uhr	Transportes Martínez
Nebaj	50	5 Std.	2 Busse: 6, 13 Uhr	Del Norte
Playa Grande, zur Laguna Lachuá	50	3½ Std.	6–16 Uhr	Del Norte
Raxruhá	35	3 Std.	6–16 Uhr	Del Norte
Salamá	20	2 Std.	6–17 Uhr	Del Norte
San Pedro Carchá	3	20 min.	6–19 Uhr	vor Monja Blanca
Sayaxché	50	4 Std.	6–16 Uhr	Del Norte
Tactic	6	40 min.	6–17 Uhr	Campo Número Dos
Uspantán	30	3½ Std.	6–17 Uhr	Del Norte

werden, besonders bei Fahrten zu seltener angesteuerten Zielen.

Busse fahren von verschiedenen Stellen in der Stadt ab; einige Frühmorgen-Busse fahren am Markt ab. Soweit nicht anders angegeben, starten die in der Tabelle aufgeführten Busse in den angegebenen Zeiträumen stündlich, halbstündlich oder noch häufiger.

Achtung: Die Straße nach Uspantán und Nebaj ist oft von Erdrutschen betroffen – hier sollte man sich vor der Fahrt nach der aktuellen Lage erkundigen.

Rund um Cobán

In der gesamten Region um Cobán gibt es jede Menge Dörfer, in denen die traditionelle Maya-Kultur in einer ihrer reinsten noch existierenden Form beobachtet werden kann. Einer dieser Orte ist **San Cristóbal Verapaz**, ein Poqomchi'-Maya-Dorf an der Laguna Chicoj 19 km westlich von Cobán. Während der **Semana Santa** (Karwoche) entwerfen örtliche Künstler komplizierte *alfombras* (Teppiche) aus gefärbtem Sägemehl und Blütenblättern, die an Schönheit vielleicht nur von denen in Antigua übertroffen werden.

In San Cristóbal ist auch das Centro Communitario Educativo Pokomchi (Cecep) ansässig, eine Organisation, die sich die Erhaltung der herkömmlichen sowie der modernen Lebensweisen der Poqomchi'-Mayas auf die Fahnen geschrieben hat. Das Cecep rief das **Museo Katinamit** (☎7950-4896; cecep@itelgua.com; Calle del Calvario 0-33, Zona 3, 10 Q, mit Guide 20 Q; ⏲Mo–Sa 8–13 & 14–17 Uhr) ins Leben, in dem ein typisches Poqomchi'-Haus nachgebaut ist. Zudem hat die Organisation Stellen für Ehrenamtliche und ethnotouristische Angebote im Programm.

Lanquín

29 000 EW.

Eines der lohnendsten Ziele für einen Tagesausflug in der Nähe von Cobán ist das hübsche Dorf Lanquín 61 km weiter östlich. Außerhalb des Orts gibt es ein wunderbares Höhlensystem zu erkunden und zudem ist Lanquín ein guter Ausgangspunkt für einen Besuch der natürlichen Felsbecken von Semuc Champey (S. 193).

Sehenswertes & Aktivitäten

Grutas de Lanquín HÖHLE

(Erw./Kind 5–12 J. 30/10 Q, Tubing 5 Q; ⏲8–18 Uhr) Diese Höhlen liegen etwa 1 km nordwestlich der Stadt und erstrecken sich unter der Erde mehrere Kilometer weit. Inzwischen gibt es hier einen Eintrittskartenverkauf. Die erste Höhle ist beleuchtet, aber man sollte für den Notfall unbedingt eine starke Taschenlampe dabeihaben. Außerdem benötigt man Schuhe mit gutem Halt, weil es drinnen wegen Feuchtigkeit und Fledermäusekot rutschig ist.

Zwar sind die ersten paar hundert Meter der Höhle durch einen Steg erschlossen und mit elektrischem Licht beleuchtet, doch ein großer Teil des Höhlensystems ist noch völlig ursprünglich. Wer kein erfahrener Höhlenforscher ist, sollte sich nicht zu weit hineinwagen: Es muss in seiner gesamten Ausdehnung erst noch erforscht und kartiert werden.

Neben tollen, zumeist nach Tieren benannten Stalaktiten wimmelt es in den Höhlen vor Fledermäusen. Am besten kommt man zum Sonnenuntergang (gegen 18 Uhr) hierher: Dann verlassen Hunderte Fledermäuse die Höhlen durch deren Öffnung – in so dichter Formation, dass der Himmel verdunkelt wird. Um ihre Navigationsfertigkeiten zu bestaunen, setzt man sich am besten an den Eingang. Fledermäuse sind extrem lichtempfindlich – mit Blitzlicht zu fotografieren kann ihre Orientierung stören und sie vielleicht sogar blenden.

ADETES RAFTING

(5069-3518; www.guaterafting.com) Dieses ausgezeichnete Projekt für gemeindebasierten Tourismus hat seinen Sitz in Aldea Saquijá 12 km von Lanquín. Es bietet Raftingtouren auf dem Río Cahabón, die von gut ausgebildeten Einheimischen durchgeführt werden. Der Preis für eine zwei- bis fünfstündige Tour liegt zwischen 260 und 360 Q pro Person. Um zum Sitz des Anbieters zu gelangen, nimmt man in Lanquín irgendeinen Bus Richtung Cahabón.

Schlafen & Essen

Die Verpflegungslage in Lanquín ist ganz gut, denn es gibt einige preisgünstige *comedores* und die meisten Hotels bieten ausländerfreundliches Essen.

Zephyr Lodge HOSTEL $$

(5168-2441; www.zephyrlodgelanquin.com; B 105 Q, Zi. 350–500 Q; P) Lanquíns Partyhostel bietet tolle Zimmern mit spektakulärem Ausblick, annehmbare Dorms und einige hübsche Aufenthaltsbereiche, u. a. das große Bar-Restaurant mit Palmblattdach. Zum Fluss sind es nur fünf Minuten zu Fuß bergabwärts. Das WLAN stellt jedoch um 20 Uhr den Betrieb ein – umso mehr Grund also, mit seinen neuen Freunden zu feiern, statt am Computer oder Handy zu hängen.

El Muro HOSTEL $$

(4904-0671; www.elmurolanquin.net; B 50 Q, Zi. 150–250 Q;) Das El Muro ist die bei Weitem beste Unterkunft im Ort selbst, ein fröhliches kleines Hostel mit Bar und recht geräumigen Dorms und Zimmern. Die meisten davon verfügen über ein eigenes Bad und Ventilatoren, alle über luftige Balkone mit Blick auf die Berge oder den Garten. Außerdem gibt's Hängematten zum Abhängen, eine Bar, ein Restaurant und Gesellschaftsspiele.

Rabin Itzam HOTEL $

(5699-1402, 4913-8927; EZ/DZ 173/288 Q, EZ/DZ ohne Bad 92/184 Q) In dem schnörkellosen Billighotel im Zentrum hängen die Betten ein bisschen durch, doch die Zimmer oben nach vorn hinaus (ohne Bad) haben schöne Ausblicke aufs Tal. Außerhalb der Karwoche werden Ermäßigungen geboten.

Restaurante Champey GUATEMALTEKISCH $

(3000-6130; Hauptgerichte 25–60 Q; 7.30–23 Uhr; P) In dem großen Freiluftrestaurant auf halber Strecke zwischen der Stadt und El Retiro werden die Gäste mit großen Portionen Steak, Eiern und Reis sowie vegetarischen Speisen verwöhnt. Abends wird's hier ziemlich laut und bierselig.

Praktische Informationen

Banrural (24 Std.) Am Hauptplatz von Lanquín. Wechselt US-Dollars und Reiseschecks und hat einen Geldautomaten.

An- & Weiterreise

Die Grutas de Lanquín und Semuc Champey lassen sich am einfachsten im Rahmen von Touren mit Übernachtung (S. 187) besichtigen, die in Cobán für 400 Q pro Person angeboten werden. Doch auch auf eigene Faust ist es kein Problem. Von Cobán nach Lanquín brauchen die Touren rund zwei Stunden; ein Lunchpaket ist im Preis inbegriffen.

Mehrmals täglich verkehren Busse zwischen Cobán und Lanquín; hier legen sie an der **Plaza** einen Halt ein, bevor sie weiter nach Cahabón fahren. Zwischen 6 und 17.30 Uhr fahren acht Busse nach Cobán (25 Q, 2½ Std.). Shuttles nach Semuc Champey (25 Q einfach) fahren um 9.30 Uhr ab (im Hotel reservieren), Pick-ups (25 Q) sobald sie voll besetzt sind (Abfahrt einen halben Block abseits des Hauptplatzes).

Richtung Río Dulce gibt's eine Nebenstraße, die aber größtenteils ungeteert ist und bei starkem Regen weggespült werden kann. Die öffentlichen Verkehrsverbindungen auf dieser Strecke sind flexibel, um es vorsichtig zu formulieren. Am besten erkundigt man sich vor Ort nach der aktuellen Lage. Täglich befährt ein Shuttle (180 Q, 6 Std.) diese Straße – die zuverlässigste und bequemste Verbindung, zu buchen in den Hotels.

Wer selbst fahren möchte: Wenn es geregnet hat, braucht man ein Allradfahrzeug, da Teile der Straße zwischen Lanquín und Semuc Champey dann für ein normales Fahrzeug zu steil sind. Die Straße von San Pedro Carchá nach El Pajal, wo man nach Lanquín abbiegt, ist asphaltiert, die 11 km von El Pajal nach Lanquín sind es jedoch nicht. Von Lanquín geht es in 14 bis 15 Stunden über El Pajal, Sebol, Raxruhá und Sayaxché nach Flores. Die Straße von El Pajal nach Sebol ist inzwischen geteert. Oder man fährt von Lanquín nach Sebol und Fray Bartolomé de Las Casas und dann weiter nach Poptún.

Semuc Champey & Umgebung

11 km südlich von Lanquín liegt **Semuc Champey** (50 Q; ⌚8–17 Uhr), zu erreichen über eine schlecht ausgebaute Straße voller Schlaglöcher. Das Highlight ist eine 300 m lange Naturbrücke aus Kalkstein mit zahlreichen Becken, die von kühlem Flusswasser durchspült werden und zum Schwimmen einladen. Der Río Cahabón verläuft größtenteils unterirdisch unterhalb der Kalksteinbrücke. Das paradiesische Fleckchen Erde ist nicht ganz leicht zu erreichen, aber der Aufwand lohnt sich: Die Lage der Becken ist traumhaft, das Wasser schimmert in allen Farbtönen zwischen Türkis und Smaragdgrün. Für viele Besucher ist dies der schönste Ort Guatemalas.

Bei geführten Touren kann man manchmal eine Strickleiter zum niedrigsten Pool am Fluss hinabklettern, der zwischen den Steinen hervorschießt. Jede Menge Leute machen das und haben auch ihren Spaß daran, aber es ist ein bisschen riskant.

Schlafen & Essen

★ Utopia HOSTEL $$

(☎3135-8329; www.utopiaecohotel.com; Zeltstellplatz 30 Q pro Pers., Hängematte/B 35/70 Q, Zi. mit/ohne Bad 315/285 Q; 📶) Das 3 km von Semuc Champey auf einem Hügel oberhalb des kleinen Dorfs Semil gelegene Utopia ist die eindrucksvollste Unterkunft der Gegend. Hier werden alle möglichen Übernachtungsmöglichkeiten angeboten, von netten Hütten am Fluss bis zu Zeltstellplätzen. Das Restaurant mit Bar punktet mit vegetarischen Familiengerichten und einem tollen Ausblick auf das Tal. Der Abschnitt des Flusses, an dem das Utopia liegt, ist wirklich sehr idyllisch.

Die Abzweigung nach Semil befindet sich 2 km vor Semuc Champey. Von hier ist es noch 1 km zum Hotel. Wer von Lanquín aus anruft oder sich im Büro an der Kreuzung, wo der Bus ankommt, meldet, kann sich abholen lassen.

El Portal HOSTEL $$

(☎4091-7878; B 60 Q, Zi. mit/ohne Bad 250/150 Q; P🍽📶) Die Unterkunft rund 100 m vor dem Eingang zu Semuc Champey ist die offensichtliche Wahl bei Semuc. Strom gibt's nur von 18 bis 23 Uhr, doch die geräumigen Holzhütten am abschüssigen Flussufer sind mit Abstand der beste Übernachtungsdeal in der Gegend. Es werden auch Mahlzeiten und Touren angeboten.

ℹ An- & Weiterreise

Die 2½-stündige Wanderung ab Lanquín ist recht nett: Sie führt durch eine üppige Landschaft und ländliche Szenerien. Wer vom Laufen irgendwann genug hat, kann problemlos für den Rest der Strecke ein Fahrzeug anhalten.

Von der Plaza in Lanquín fahren Pick-ups nach Semuc Champey – am besten erwischt man sie am frühen Morgen und an Markttagen (So, Mo, Do). Die Fahrt kostet um die 25 Q. Außerdem bieten alle Hotels und Hostels in Lanquín Shuttles für ihre Gäste.

Fray Bartolomé de Las Casas

Dieser Ort, oft nur Fray genannt, bildet eine Zwischenstation auf der Nebenstrecke zwischen dem Gebiet Cobán/Lanquín und Poptún. Gesäumt wird die Straße von traditionellen Maya-Dörfern, in denen nur die Patriarchen Spanisch sprechen – und das auch nur wenig. Dies ist eine tolle Gelegenheit, die ausgetretenen Pfade zu verlassen und ins Herz Guatemalas vorzudringen.

Dafür, dass es mitten in der Pampa liegt, ist Fray recht groß, doch wer Action sucht, ist hier falsch. Das größte Ereignis im Ort stellt das wöchentliche Fußballmatch dar, auf den Straßen sonnen sich die Hühner und die Siesta wird hier noch sehr ernst genommen.

Unterkünfte gibt's hier nur wenige. Die vielleicht beste am Ort ist das **Hotel La Cabaña** (☎7952-0097; 2a Calle 1-92, Zona 3; Zi. mit/ohne Bad 75/50 Q pro Pers.).

Restaurants sind dünn gesät. Man könnte das **Restaurante Doris** (☎3011-3396; ⌚7–21 Uhr) an der Hauptstraße ansteuern. Eine weitere Option sind die einfachen Grillbuden, die abends entlang der Hauptstraße öffnen. Dort gibt's z. B. Steaks (mit Tortillas und Bohnen; 20 Q).

Mindestens zwei Busse täglich fahren morgens an der Plaza nach Poptún ab (40 Q, 5 Std.). Von 4 bis 16 Uhr gibt es stündliche Verbindungen nach Cobán. Manche Busse fahren über Chisec (50 Q, 3½ Std.), andere nehmen die langsamere Route via San Pedro Carchá. Die Busse halten an der Plaza, bevor sie Richtung Osten weiterfahren, um an der anderen Seite der Stadt zu halten. Richtung Westen fahren sie am Bahnhof ab, sammeln Fahrgäste aber auch an der Plaza auf.

OST-GUATEMALA

Östlich von Guatemala-Stadt gelangt man in die langen, flachen Täler der Region, die die Guatemalteken El Oriente (der Osten) nennen. Dies ist eine trockene, raue Landschaft mit von kargen Sträuchern bewachsenen, krüppeligen Hügeln. Zu dieser zerklüfteten Kulisse passen bestens die Cowboyhüte, -stiefel, und -gürtelschnallen und Waffen, die viele Männer der Region tragen.

Die meisten Reisenden kommen auf dem Weg nach Copán in Honduras hier durch oder sie statten dem Pilgerort Esquipulas einen Besuch ab. Weiter östlich wird die Landschaft erheblich tropischer und an Straßenständen wird jede Menge Obst verkauft. Wer hier ein bisschen Zeit verbringen möchte, kann noch einen lohnenden Abstecher zu den Ruinen von Quiriguá unternehmen.

Chiquimula

106 000 EW.

Chiquimula, 32 km südlich von Río Hondo an der Carretera 10, ist die bedeutendste Marktstadt in ganz Ost-Guatemala. Für Reisende ist die Stadt nicht unbedingt ein Ziel, eher fungiert sie als Verkehrsknotenpunkt – die meisten Traveller befinden sich auf dem Weg zu den fabelhaften Maya-Ruinen in Copán in Honduras, gleich hinter der Grenze bei El Florido. Außerdem gibt es zwischen Chiquimula und dem 78 km westlich gelegenen Jalapa ein paar interessante Strecken.

Schlafen & Essen

Entlang der 8a Avenida hinter dem Markt gibt es eine Reihe von günstigen *comedores*. Abends findet man auf der 7a Avenida gegenüber der Plaza Snack- und Taco-Verkäufer. Nirgendwo in der Stadt bekommt man günstigeres Essen.

Hotel Hernández HOTEL $

(☎7942-0708; 3a Calle 7-41, Zona 1; EZ/DZ mit Ventilator 80/120 Q, mit Klimaanlage 120/200 Q; P) Das Hernández ist kaum zu toppen. Es steht schon seit Jahren bei Travellern hoch im Kurs und ist wie eh und je gut ausgelastet. Das liegt u. a. an der zentralen Lage, den einfachen, aber geräumigen Zimmern und dem nicht zu kleinen Swimmingpool.

Hotel Posada Don Adan HOTEL $

(☎7942-3924; 8a Av 4-30, Zona 1; EZ/DZ 120/180 Q; P) Die besten Deals in dieser Preisklasse bietet Don Adan– saubere Zimmer mit Fernseher, Ventilator, Klimaanlage, ein wenig Mobiliar und guten, festen Betten. Um 22 Uhr werden die Türen zugesperrt.

Hostal Casa Vieja HOTEL $$$

(☎7942-7991; hostalcasaviejachiquimula@hotmail.com; 8a Av 1-60, Zona 2; EZ/Suite 350/600 Q; P) Das nur einen kurzen Spaziergang vom Zentrum entfernte Hotel ist wahrscheinlich das beste der Stadt. Die Zimmer sind schön eingerichtet und die Gartenbereiche reizend. Das ganze Haus verströmt eine Ruhe, an der es in der übrigen Stadt leider schmerzlich mangelt. Es gibt auch einen Wäscheservice und Mahlzeiten.

Casa Lú GUATEMALTEKISCH $$

(☎5927-2562; Parque El Calvario; Hauptgerichte 30–70 Q; ⏲10.30–22.30 Uhr) Die schicke schwarz-rote Casa Lú sieht aus wie ein Sushi-Lokal, produziert jedoch verschiedene guatemaltekische Gerichte sowie Pizza, Pasta und Burger und auch einige recht gute Cocktails. Die Frozen Margarita ist gigantisch und ein gutes Mittel gegen die Hitze in Chiquimula.

Charli's INTERNATIONAL $$

(☎7943-8559; 7a Av 5-55, Zona 1; Hauptgerichte 60–120 Q; ⏲8–21 Uhr) Das Restaurant wartet mit einer umfangreichen Speisekarte auf. Pasta, Pizza und Steaks werden in einem ordentlich klimatisierten Laden serviert. Freundliches Personal.

Praktische Informationen

Banco G&T (7a Av 4-75, Zona 1; ⏲Mo–Fr 9–20, Sa 10–14 Uhr) Einen halben Block südlich der Plaza. Wechselt US-Dollars, löst Reiseschecks ein und tätigt Barauszahlung auf Visa und MasterCard.

An- & Weiterreise

Es gibt verschiedene Bus- und Microbus-Unternehmen im Ort; An- und Abfahrt rund um den **Busbahnhof** (11a Av, zw. 1a & 2a Calle). **Litegua** (☎7942-2064; www.litegua.com; 1a Calle, zw. 10a & 11a Av) betreibt Busse nach El Florido, dem Grenzübergang auf der Strecke nach Copán, und nach Flores; es hat ein eigenes Busterminal einen halben Block weiter nördlich. Wer zum Grenzübergang bei Agua Caliente gelangen will, nimmt einen Minibus nach Esquipulas und steigt dort um. Ist Jalapa das Fahrtziel, muss man in Ipala umsteigen. Reisende auf dem Weg nach Río Dulce nehmen einen Bus nach Flores. Alternativ kann man auch mit einem Bus nach Puerto Barrios bis zur Anschlussstelle La Ruidosa fahren und dort umsteigen. Wer unterwegs nach Esquipulas ist, sollte sich einen Sitzplatz auf der linken Seite des Busses suchen – dort hat man die bessere Aussicht auf die Basilika mit dem Schrein von El Cristo Negro.

Esquipulas

66 000 EW.

Von Chiquimula aus gelangt man über die Carretera 10 nach Süden in die Berge, wo das Klima etwas kühler ist. Nach einer Stunde Fahrt durch eine hübsche Landschaft führt die Carretera in ein von Bergen umringtes Tal hinab – hier liegt Esquipulas. Auf halber Strecke den Hang hinunter, ca. 1 km vor dem Zentrum, gibt es einen *mirador* (Aussichtspunkt) mit tollem Blick auf den Ort. Der eigentliche Grund für einen Besuch hier erschließt sich einem, sobald man die mächtige Basílica de Esquipulas erblickt, die strahlend weiß in der Sonne schimmert.

Geschichte

Esquipulas war eventuell schon vor der Ankunft der Spanier ein wichtiger Wallfahrtsort. Der Name der Stadt soll auf den Maya-Herrscher zurückgehen, der über dieses Territorium herrschte, als die Europäer mit der Kolonialisierung Zentralamerikas begannen – er empfing diese übrigens im Frieden.

Nach der Ankunft der Mönche wurde die erste Kirche errichtet und 1595 hinter dem Altar ein Bildnis aufgestellt, das unter dem Namen El Cristo Negro (Schwarzer Christus) bekannt wurde. Die Zahl der Pilger schoss in die Höhe, woraufhin bis 1758 eine riesige neue Kirche gebaut wurde. Seither ist der Pilgerverkehr die Haupteinnahmequelle des Städtchens.

Sehenswertes

Basílica de Esquipulas KIRCHE

(11a Calle) Durch einen hübschen Park und über eine breite Treppe gelangt man zur Basilika, einem pompösen Bau, der tapfer den Erdbeben der vergangenen knapp 250 Jahre getrotzt hat. Die beeindruckende Fassade und die Türme werden nachts mit Scheinwerfern angestrahlt. Und wer gern Stunden darauf wartet, einen berühmten „Schwarzen Christus" sehen zu können, ist hier an der richtigen Adresse.

Drinnen nähern sich die Gläubigen dem überraschend kleinen El Cristo Negro (Schwarzer Christus) mit größter Ehrerbietung. Viele rutschen auf den Knien. Weihrauchduft wabert durch das Gotteshaus, das vom Gemurmel der Betenden und dem schlurfenden Geräusch von Sandalen erfüllt ist. Bei einem besonders großen Ansturm von Pilgern muss auf den Seiteneingang ausgewichen werden, um die berühmte Christusfigur aus der Nähe betrachten zu können. Mit etwas Glück wird man vielleicht einen längeren Blick erheischen können, bevor einen die von hinten nachrückenden Menschenmassen weiterschieben. Erwartungsgemäß schnellt die Besucherzahl sonntags, an religiösen Feiertagen und vor allem anlässlich des Festes **Cristo de Esquipulas** (14./15. Januar) in die Höhe. Unter der Woche kann es vorkommen, dass man der einzige Besucher ist – ein wirklich tolles Erlebnis.

Centro Turístico Cueva de las Minas HÖHLE

(☎4979-9086; 30 Q; ⊙7–18 Uhr) Die Highlights hier sind die 50 m tiefe Höhle (Taschenlampe mitbringen!), grasbewachsene Picknickbereiche und der Río El Milagro (es soll Wunder wirken, in ihm zu baden!). Höhle und Fluss sind 500 m vom Eingangstor entfernt, das sich hinter dem Basilikafriedhof befindet (300 m südlich der Abzweigung in die Stadt, an der Straße, die Richtung Honduras führt). Vor Ort werden Getränke verkauft. Übrigens mündet der Fluss entgegen einigen Beschreibungen im Internet nicht in die Höhle, sodass Tubing oder Waten nicht möglich ist.

WEITERREISE NACH EL SALVADOR

Die Kreuzung Padre Miguel, 35 km von Chiquimula und 14 km von Esquipulas entfernt, ist gleichzeitig die Abzweigung nach Anguiatú an der Grenze von El Salvador (19 km bzw. 30 min. Fahrt entfernt). Häufig kommen Minibusse aus Chiquimula, Quetzaltepeque und Esquipulas vorbei.

Der Grenzübergang bei Anguiatú ist rund um die Uhr geöffnet, aber am besten überquert man ihn tagsüber. Auf der Strecke sind viele Lkws unterwegs. Auf der anderen Seite der Grenze gibt's jede Stunde Busverbindungen über Metapán und Santa Ana in die Hauptstadt San Salvador.

Schlafen

In Esquipulas gibt es eine Vielzahl an Unterkünften. An Feiertagen und während des jährlichen Festes Cristo de Esquipulas sind die Hotels dennoch allesamt ausgebucht und auch an den Wochenenden ist eine Menge los (dann sind die Preise um einiges höher als unter der Woche). Die hier angegebenen Preise gelten fürs Wochenende. Wer an einem normalen Werktag anreist, könnte nach einem *descuento* (Rabatt) fragen. Soll die Bleibe möglichst günstig sein, steuert man am besten die Straßen gleich nördlich der mächtigen Basilika an.

Hotel Monte Cristo HOTEL **$$**
(7943-1453; 3a Av 9-12, Zona 1; EZ/DZ 220/257 Q, ohne Bad 98/122 Q;) Recht große Zimmer mit ein wenig Mobiliar und superheißen Duschen. Die Zimmer oben werden erst vergeben, wenn unten alles voll ist – man wird also eventuell im Erdgeschoss unterkommen.

Hotel Mahanaim HOTEL **$$**
(7943-1131; 10a Calle 1-85, Zona 1; EZ/DZ 150/300 Q;) Das Hotel erstreckt sich rund um einen überdachten Innenhof über fünf Stockwerke. Die Zimmer sind gemütlich, aber schlicht. Was das Hotel zu einem guten Deal macht, ist der große überdachte Pool hinterm Haus.

Hotel Vistana al Señor HOTEL **$$**
(7943-4294; hotelvistana@gmail.com; 1a Av A 1-42; EZ/DZ 350/450 Q;) Das bei Weitem beste Preis-Leistungs-Verhältnis in dieser Preisklasse bieten die netten kleinen Zimmer in diesem Hotel unmittelbar südlich des Marktes. Oben eröffnen sich von einem hübschen Balkon gute Ausblicke.

Hotel Portal de la Fe HOTEL **$$$**
(7943-4124; 11a Calle 1-70, Zona 1; EZ/DZ 350/600 Q;) Eins der wenigen Hotels im Ort, die über einen Hauch von Stil verfügen. In der Hauptlobby gibt's überdies eine interessante Wendeltreppe. Die Zimmer im Untergeschoss sind erwartungsgemäß düster, treppauf sieht das Ganze jedoch schon um einiges ansprechender aus.

Essen

Die Restaurants hier sind etwas teurer als anderswo in Guatemala. Günstige Esslokale drängen sich rund um das nördliche Ende der Plaza bei der Basilika und sind leicht zu finden.

Restaurante Calle Real GUATEMALTEKISCH **$**
(7943-0537; 3a Av; Hauptgerichte 35–90 Q; Mo–Fr 7.30–21, Sa & So 8–22 Uhr) Ähnlich wie in den übrigen Restaurants in der Stadt gibt's auch in diesem großen Laden günstiges Essen für hungrige Pilger. Die Speisekarte ist umfangreich, Licht spenden Leuchtstoffröhren und an den Wänden hängen zahlreiche Basilika-Gemälde.

City Grill STEAKS **$$**
(7943-1748; Ecke 2a Av & 10a Calle, Zona 1; Hauptgerichte 50–150 Q; Mo–Fr 7.30–21, Sa & So 7–22 Uhr) Im besten Steakhaus der Stadt werden nicht nur die besten Steaks meilenweit aufgetischt, sondern auch recht gute Meeresfrüchte- und Pastagerichte. Auch die Pizza kann sich sehen lassen.

Restaurant El Angel CHINESISCH **$$**
(7943-1372; Ecke 11a Calle & 2a Av, Zona 1; Hauptgerichte 50–70 Q; 8–21 Uhr) Dieser Chinese hat sämtliche Standardgerichte auf der Karte, außerdem Steaks und eine gute Auswahl an *licuados* (Milchshakes). Mit Lieferservice, außerdem gibt's billige Tagesgerichte.

La Rotonda FAST FOOD **$$**
(7943-3038; 1a Av A 10-30, Zona 1; Hauptgerichte 40–180 Q; 8–22 Uhr) Gegenüber dem Busbahnhof Rutas Orientales steht der Rundbau, in dem die Sitzplätze um eine ebenfalls runde Theke unter einer großen Markise angeordnet sind. La Rotonda ist ein sauberes, einladendes Restaurant mit guter Auswahl (u. a. Pizzas, Pasta und Burger).

Praktische Informationen

Banco Internacional (3a Av 8-87, Zona 1; Mo–Fr 8–18, Sa 9–13 Uhr) Wechselt Bargeld und Reiseschecks, tätigt Barauszahlungen auf Visa und MasterCard, ist die American-Express-Agentur der Stadt und hat einen Visa-Geldautomaten.

An- & Weiterreise

Busse nach Guatemala-Stadt (65–75 Q, 4–5 Std.) fahren von 1.30 bis 16 Uhr stündlich vom Busbahnhof von **Rutas Orientales** (7943-1366; Ecke 11a Calle & 1a Av A, Zona 1) am Ortseingang.

Minibusse nach Agua Caliente (honduranische Grenze; 20 Q, 30 min.) fahren zwischen 5 und 17 Uhr halbstündlich auf der anderen Straßenseite ab; dort stehen auch Taxis parat. Sie kosten dasselbe wie die Minibusse, wenn mindestens fünf Fahrgäste zusammengekommen sind.

Minibusse nach Chiquimula (15 Q, 90 min., alle 6 min.) fahren am östlichen Ende der 11a Calle ab (neben der Plaza Pepsi).

Transportes Guerra (Ecke 5a Av & 10a Calle, Zona 1) bietet Busse nach Anguiatú (salvadorianische Grenze; 15 Q, 80 min., 6–18 Uhr alle 30 min.).

Nach Flores/Santa Elena (120 Q, 8 Std.) fahren vom Büro von **Transportes María Elena** (☎7943-0957; 11a Calle 0-54, Zona 1; ⏲4–20 Uhr) drei Busse täglich, und zwar um 4.30, 8.30 und 13.30 Uhr. Sie passieren Quiriguá (45 Q, 2 Std.), Río Dulce (60 Q, 4 Std.) und Poptún (90 Q, 6 Std.).

Quiriguá

4800 EW.

Die archäologische Stätte Quiriguá liegt von Copán nur 50 km Luftlinie entfernt, aber dank der Beschaffenheit des Terrains, einer Staatsgrenze und den Straßenbedingungen sind es insgesamt 175 km hierher. Quiriguá ist für seine aufwendig verzierten Stelen bekannt, riesige, bis zu 10,5 m hohe braune Sandsteinmonolithen. Wie uralte Wächter stehen sie in einem ruhigen, gepflegten Park mit tropischer Vegetation.

Von der Kreuzung Río Hondo sind es 67 km auf der Carretera 9 bis zum Dorf **Los Amates** mit ein paar Hotels, Restaurants und Essensständen sowie einer Bank und einem kleinen Busbahnhof. Das Dorf Quiriguá liegt 1,5 km östlich von Los Amates und die Abzweigung zu den Ruinen dann noch einmal 1,5 km östlich. Eine 3,4 km lange Zufahrtsstraße führt Richtung Süden durch Bananenhaine.

Geschichte

Die Geschichte von Quiriguá erinnert an die von Copán. Tatsächlich war Quiriguá die meiste Zeit der klassischen Periode von Copán abhängig. Von den drei Stätten in der Gegend ist nur dieser archäologische Park interessant.

Quiriguás Lage war ideal für die Schaffung großer Stelen. Aus dem Flussbett des nahe gelegenen Río Motagua förderten die Menschen riesige braune Sandsteinblöcke. Diese waren zunächst weich, härteten an der Luft jedoch schnell aus – ideale Voraussetzungen, um die gigantischen verzierten Steinstelen zu schaffen. Herausragende Künstler aus Copán unterstützten die Steinmetze aus Quiriguá bei ihren faszinierenden Schöpfungen. Alles, was sie benötigten, war ein großer Anführer, der sie inspirierte – und für ihre Arbeit zahlte.

Solch eine Führungspersönlichkeit war K'ak' Tiliw Chan Yo'at (Cauac Sky; reg. 725–784), der für Quiriguás Unabhängigkeit von Copán kämpfte. Cauac Sky nahm im Jahr 737 schließlich Uaxaclahun Ubak K'awil („18 Kaninchen"), den König von Copán, gefangen und ließ ihn später enthaupten. Quiriguá war endlich unabhängig – Cauac Sky trommelte die Steinmetze zusammen und ließ sie in den folgenden 38 Jahren zu seinen Ehren riesige Stelen und Zoomorphen erschaffen.

Cauac Skys Sohn Sky Xul (reg. 784–800) verlor den Thron an einen Usurpator, Jade Sky. Dieser letzte große König von Quiriguá setzte den von Cauac Sky initiierten Bauboom fort und ließ die Akropolis von Quiriguá im größeren Maßstab neu aufbauen.

Den Europäern blieb Quiriguá unbekannt, bis der Entdeckungsreisende und Diplomat John L. Stephens hier 1840 auf der Bildfläche erschien. Beeindruckt von den mächtigen Monumenten, beklagte Stephens in seinem Buch *Incidents of Travel in Central America, Chiapas and Yucatan* (1841) das Desinteresse der restlichen Welt.

Stephens versuchte, die Ruinenstadt zu kaufen, um die Stelen nach New York schaffen zu lassen, doch der Besitzer, Señor Payes, nahm an, dass Stephens – als Diplomat – im Auftrag der US-Regierung verhandelte und diese auch zahlen würde. Daher nannte er einen extravaganten Preis und der Deal kam nie zustande.

Zwischen 1881 und 1894 führte Alfred P. Maudslay Grabungen durch. Im frühen 20. Jh. kaufte die US-amerikanische United Fruit Company das gesamte Land rund um Quiriguá und errichtete Bananenplantagen. Die UFC ist wieder verschwunden, die Bananen sind aber geblieben. In den 1930er-Jahren wurde die Stätte unter Federführung der University of Pennsylvania restauriert. 1981 erklärte die Unesco die Ruinen zur Welterbestätte, eine von nur dreien in Guatemala – die anderen beiden sind Tikal und Antigua.

Sehenswertes

Archäologische Stätte Quiriguá ARCHÄOLOGISCHE STÄTTE
(80 Q; ⏲8–16.30 Uhr) Trotz der klebringen Hitze und der teils nervigen Moskitos ist Quiriguá ein wundervoller Ort. Die gigantischen Stelen auf der **Gran Plaza** (Große Plaza) sind allesamt erheblich verwitterter als die in Copán. Um ihren weiteren Zerfall hinauszuzögern, wurde jede mit einem Palmblattdach überdacht. Im Schatten dieser Dächer sind die Steinmetzarbeiten nur schwer genau zu sehen und es ist fast unmöglich, ein gutes Foto von ihnen zu schießen – doch das tut dem Gefühl der Ehrfurcht, das einen hier beschleicht, keinerlei Abbruch.

1

5

ANDY KRAMER/ALAMY STOCK PHOTO ©

CLAUDE LETIEN/GETTY IMAGES ©

1. Fiesta del Santo Tomás (S. 157)
Farben und traditionelle Kostüme bei der jährlichen Feier zu Ehren von Chichicastenangos Schutzheiligem

2. San Andrés Xecul (S. 172)
Seine knallgelbe Kirche ist ein unvergesslicher Anblick.

3. Weberei (S. 237)
Eine Vielzahl traditioneller Webtechniken ist bis heute in Guatemala populär.

4. Lívingston (S. 205)
Die karibische Stadt Lívingston ist der beste Ort, um Garifuna-Kultur zu erleben.

5. Semuc Champey (S. 193)
Eine Serie natürlicher Kalksteinbecken, ideal zum Baden

SVETLANA BYKOVA/SHUTTERSTOCK ©

Sieben der **Stelen**, die Stelen A, C, D, E, F, H und J, wurden in der Regierungszeit Cauac Skys gefertigt und tragen sein Bild. Stele E ist die größte bekannte Maya-Stele überhaupt: Sie ist 8 m hoch – wobei noch weitere 3 m in der Erde verbuddelt sind – und wiegt fast 60 t. Besondere Beachtung verdienen der aufwendige Kopfschmuck, die Bärte mancher Figuren (eine Rarität in der Welt der Maya), die Machtsymbole in den Händen des Königs und die Glyphen an den Seiten der Stele.

Am Ende der Plaza befindet sich die Akropolis, weit weniger eindrucksvoll als die in Copán. Dort können verschiedene **Zoomorphen** besichtigt werden, gemeißelte Steinblöcke, die realen oder mythischen Tieren ähneln. Besonders beliebt waren Frösche, Schildkröten, Jaguare und Schlangen. Die niedrigen Zoomorphen sind nicht ganz so beeindruckend wie die hoch aufragenden Stelen, aber dennoch wunderschöne Kunstwerke mit mythischer Bedeutung, die von einem hohen Maß an Vorstellungskraft zeugen.

Schlafen & Essen

Posada de Quiriguá BOUTIQUEHOTEL **$$**
(5349-5817; www.facebook.com/posadadequirigua; EZ/DZ 160/300 Q; P) Die Posada de Quiriguá verdient nicht nur für ihre hübschen Zimmer und die reizende Eigentümerin eine hohe Punktzahl, sondern auch für das köstliche japanische Essen, das hier serviert wird. Es gibt aber nur wenige Gästezimmer, und wenn die Betreiberin unterwegs ist, ist die Posada geschlossen. Daher auf jeden Fall rechtzeitig reservieren.

An- & Weiterreise

Busse auf den Strecken Guatemala-Stadt–Puerto Barrios, Guatemala-Stadt–Flores, Esquipulas–Flores oder Chiquimula–Flores lassen Fahrgäste hier aus- und zusteigen. Wer zum **Hotel** (7934-2624; EZ/DZ 80/150 Q; P) möchte, sollte sich an der Pasarela de Quiriguá (Fußgängerüberweg) absetzen lassen. Die Fahrer stoppen auf Wunsch auch an der Abzweigung zur archäologischen Stätte.

Von der Carretera sind es 3,4 km bis zur archäologischen Stätte – eine 5 bis 10 Q teure Tuk-Tuk-Fahrt. Sollte man gerade kein Tuk-Tuk erspähen, kein Problem: Es ist ein netter Spaziergang (ohne Gepäck!) an Bananenplantagen vorbei zur Stätte.

Wer im Dorf Quiriguá oder in Los Amates übernachtet und zu den Stelen spazieren will, kann eine Abkürzung entlang der Zuggleise vom Dorf durch die Bananenfelder nehmen; man überquert die Zufahrtsstraße unweit des Eingangs zur archäologischen Stätte. Eine Tuk-Tuk-Fahrt von Quiriguá zu den Stelen kostet ca. 20 Q.

Auf der Fernstraße kommen regelmäßig Busse nach Río Dulce (35 Q, 2 Std.), Chiquimula (35 Q, 2 Std.) und Puerto Barrios (25 Q) vorbei.

Lago de Izabal

Der größte See Guatemalas, nördlich der Carretera 9 gelegen, erobert sich langsam seinen Platz auf den Reiserouten der Touristen. Die meisten, die dem See einen Besuch abstatten, übernachten im Ort Río Dulce. Er liegt an der langen, hohen Brücke, über die die Carretera 13 nach Flores und Tikal im Norden den Río Dulce überquert. Dieser romantische Fluss entspringt dem See im Osten. Flussabwärts verbreitert er sich zum See El Golfete, bevor er bei Lívingston ins Karibische Meer mündet. Eine Bootsfahrt auf dem Río Dulce zählt zu den Highlights im Osten Guatemalas. Wem es nach Seeambiente ohne das Verkehrschaos und den Trubel von Río Dulce gelüstet, der kann Chapin Abajo westlich von Mariscos oder El Estor beim Westende des Sees ansteuern: Von beiden Orten hat man Zugang zur reichen Tierwelt des Flussdeltas Bocas del Polochic. In dieser Gegend wimmelt es von unentdeckten Orten, die einer Erkundung harren – also keine falsche Bescheidenheit!

Río Dulce

7200 EW.

Am östlichen Ende des Lago de Izabal befindet sich der Ort Río Dulce, das nach wie vor oft als Fronteras bezeichnet wird. Dieser Name stammt noch aus den Zeiten, als man den Fluss ausschließlich mit der Fähre überqueren konnte und der Ort das letzte bisschen Zivilisation war, bevor man sich auf die lange und beschwerliche Reise in den Petén begab.

Die Zeiten ändern sich – mittlerweile wurde eine riesige Brücke gebaut und die Straßen im Petén zählen zu den besten des Landes. Río Dulce wird derweil von immer mehr Touristen frequentiert. Darunter tummeln sich verblüffend viele Jachtbesitzer, seitdem die US-amerikanische Küstenwache hat verlauten lassen, der See sei für Boote während der Hurrikan-Saison der sicherste Ort in der westlichen Karibik. Die übrigen ausländischen Besucher lockt wohl vor allem der fantastische Bootstrip nach Lívingston an.

BOOTSTOUREN AUF DEM RÍO DULCE

Die Reiseveranstalter im Ort wie auch ein Großteil der Fischer am Pier von Lívingston organisieren Tagestouren nach Río Dulce auf dem gleichnamigen Fluss (Abfahrt 9.30 und 14.30 Uhr; einfach 125 Q). Viele Traveller kehren nicht nach Lívingston zurück, sondern gehen in Río Dulce von Bord. Die Fahrt durch den tropischen Urwald ist überwältigend.

Zwar ist eine Bootsfahrt auf dem Río Dulce wirklich toll, aber für Reisende, die aus Guatemala-Stadt oder Puerto Barrios kommen, ist es sinnvoller, ein Boot von Puerto Barrios nach Lívingston zu nehmen und die Flusstour bei der Weiterreise von Lívingston zu unternehmen.

Kurz hinter Lívingston passiert man rechts die Einmündung des Nebenflusses Río Tatin; danach hält das Boot wahrscheinl ch am **Museum für indigene Kunst** der **Asociación Ak' Tenamit** (☎5908-3392; www.aktenamit.org), einer NRO, die sich die Verbesserung der Lebensbedingungen der Q'eqchi'-Mayas in der Gegend auf die Fahnen geschrieben hat. Anschließend erreicht man die Schlucht **La Cueva de la Vaca**. Die steilen Wände sind mit einem Gewirr aus Urwaldvegetation und Bromelien überwuchert und die Luft ist erfüllt vom Gesang tropischer Vögel. Ein Stück dahinter erhebt sich **La Pintada**, eine mit Graffiti übersäte Steinklippe. Danach gelangt man zu einer **Thermalquelle**: Schwefelhaltiges Wasser wird am Fuß der Klippe herausgepresst – eine tolle Gelegenheit für ein warmes Bad. Schließlich verbreitert sich der Fluss: **El Golfete**, ein seeähnliches Gewässer, bietet gewissermaßen einen Vorgeschmack auf den noch größeren Lago de Izabal weiter flussaufwärts.

Am Nordufer des Golfete erstreckt sich das **Biotopo Chocón Machacas**, ein 72 km² großes Naturschutzgebiet im Parque Nacional Río Dulce, das den Fluss, die kostbaren Wälder und die Mangrovensümpfe sowie die darin lebenden Tiere wie Tapir und Manati (Seekuh) schützt. Dank diverser Bootsrouten durch Dschungellagunen ist die hiesige Flora und Fauna aus nächster Nähe zu erleben. Außerdem kann man in der von der Gemeinde geführten Lodge Q'ana Itz'am in Lagunita Salvador übernachten; der Transport hierher muss jedoch separat arrangiert werden.

Wahrscheinlich fahren die Boote auch zu den **Islas de Pájaros**, zwei Inseln mitten im Golfete, auf denen Tausende von Wasservögeln leben. Hinter El Golfete nehmen die Boote weiter Kurs stromaufwärts und passieren immer mehr teure Villen und Bootshäuser auf dem Weg nach Río Dulce (wo die Fernstraße 13 über den Fluss hinwegführt) und zum Castillo de San Felipe am Lago de Izabal.

Diese Bootstour kann auch ab Río Dulce unternommen werden.

Schlafen

Viele Unterkünfte in Río Dulce kommunizieren via Funk, sind aber auch übers Telefon zu erreichen. Die Bar im Bruno's (s. u.) funkt die Unterkunftswahl falls nötig weiter.

Hotel Kangaroo HOTEL $
(☎5363-6716, auf Englisch 4513-9602; www.hotelkangaroo.com; B 60 Q, Zi. 160–180 Q, Bungalow 220–250 Q; @ 📶) Am Río La Colocha steht gegenüber vom Castillo de San Felipe in den Mangroven dieses schlichte, aber schöne Pfahlbauhotel. Es wird von Australiern und Mexikanern betrieben. Auf der spannenden Karte des Restaurants (Hauptgerichte 50–100 Q) steht neben einigen australischen Klassikern das vielleicht beste mexikanische Essen außerhalb von Mexiko.

Bruno's HOTEL $$
(☎7930-5721; www.brunoshotel.com; Camping 25 Q pro Pers., B 50 Q, EZ 100–220 Q, DZ 200–500 Q; P ❄ 📶 🏊) Vom nordöstlichen Ende der Brücke führt ein Pfad zu dieser Unterkunft am Fluss hinab. Die Mehrbettzimmer sind sauber und geräumig. Die Räumlichkeiten im neuen Gebäude zählen zu den komfortabelsten der ganzen Stadt: Sie sind klimatisiert und haben Balkone mit Flussblick. Hier können gut Familien absteigen. Der Campingplatz reicht für sechs Personen.

Casa Perico HOSTEL $$
(☎7930-5666; www.casa-perico.com; B 60 Q, EZ/DZ ohne Bad ab 110/160 Q, Hütten 220 Q; 📶) Eine der unauffälligeren Unterkünfte in der Gegend. Sie liegt an einer netten kleinen Bucht ca. 200 m vom Hauptfluss entfernt. Die Hütten sind stabil gebaut und durch Stege miteinander verbunden. Die Betreiber bieten Bootsfahrten den Fluss hoch und runter sowie Abendgerichte à la carte (Hauptgerichte 40–90 Q) an. Wer es auf die eine Hütte mit

eigenem Bad abgesehen hat, sollte diese reservieren.

El Tortugal BUNGALOWS $$

(☎7742-8847; www.tortugal.com; Zi./Bungalow ab 420/513 Q;) Fünf Minuten per *lancha* (Motorboot) südlich des Orts befinden sich die schönsten Bungalows am Fluss; davon abgesehen gibt's noch ein paar Zimmer und jede Menge Hängematten. Die Duschen sind schön heiß und vormittags können die Gäste kostenlos Kajaks ausleihen.

Hotel Backpackers HOSTEL $$

(☎7930-5168, 7930-5480; www.hotelbackpackers.com; B 30–50 Q, Zi. mit/ohne Bad ab 250/120 Q;) Vom Ort Río Dulce aus gesehen auf der anderen Seite der Brücke in einem alten, klapprigen Haus am Wasser residiert dieser alte Backpacker-Liebling mit einfachen Zimmern und Dorms. Die angeschlossene Bar erwacht abends so richtig zum Leben – manchmal auch mit Karaoke. Die Gäste werden davor gewarnt, in ihren Rucksäcken Lebensmittel aufzubewahren, da Essbares nachts hungrige Ratten anziehen könnte. Wer per *lancha* (kleines Motorboot) oder Bus kommt, sollte sich gleich bei der Unterkunft absetzen lassen, um nicht über die Brücke zurücklaufen zu müssen.

Essen

Die meisten Hotels verfügen über eigene Restaurants. Im Bruno's gibt's leckeres Frühstück, typische Gringo-Leibspeisen und eine gut ausgestattete Bar. In der **Hacienda Tijax** (☎7930-5505; www.tijax.com; EZ/DZ ab 339/439 Q, ohne Bad 123/223 Q;) ist mittags einiges los – einfach anrufen, um abgeholt zu werden.

★ **Sundog Café** INTERNATIONAL $

(☎4999-6972; Sandwiches 50 Q, Hauptgerichte 35–115 Q; 12–21 Uhr, Bar bis 23 Uhr) Vom Büro der Busgesellschaft Litegua (hinter dem Ende der Brücke 200 m die Hauptstraße rauf) aus führt eine Gasse hinab zu diesem Freiluft-Bar-Restaurant am Fluss, wo es Sandwiches, einige vegetarische Gerichte, Pizza und frische Obstsäfte sowie tolle Ausblicke gibt. Die Mitarbeiter geben gern Tipps und Infos, u. a. zu Unternehmungen in der Umgebung.

Cafe Paris CRÊPES $

(☎7930-5038; Crêpes 25–55 Q; 7–21 Uhr) Das Hotelcafé hat köstlichen Kaffee sowie passable Croissants. Die Crêpes würden in einem Bistro an den Champs-Élysées vielleicht durchfallen, sind aber eine erfreuliche Abwechslung zum üblichen Frühstück in Guatemala. Launisches WLAN.

Praktische Informationen

In den Banken an der Hauptstraße können Bargeld und Reiseschecks gewechselt werden. Der Geldautomat der **Banco Industrial** (Mo–Fr 9–16 Uhr) akzeptiert Visa-Karten. Im Supermarkt **Dispensa Familiar** (CA-13; 8–20 Uhr), ebenfalls an der Hauptstraße, gibt's einen verlässlichen Visa-/MasterCard-Geldautomaten.

Jede Menge Infos über Río Dulce stehen in der lokalen Internetzeitung **Chisme Vindicator** (www.riodulcechisme.com).

An- & Weiterreise

BUS

Das Büro der Buslinie **Litegua** (☎7930-5251; 5–20 Uhr) liegt auf der Nordseite der Brücke. Jeden Tag fahren sieben Busse nach Guatemala-Stadt (80–100 Q).

Die Minibusse nach Puerto Barrios (25 Q, 2 Std.) fahren los, sobald sie voll sind; Abfahrt ist in der Nähe des Litegua-Busbahnhofs.

Täglich fährt vom Sundog Café um 13.30 Uhr ein Shuttlebus nach Lanquín (180 Q, 5 Std.).

Minibusse nach El Estor (20 Q, 1½ Std., 7–18 Uhr stündl.) fahren an der Abzweigung nach San Felipe und El Estor mitten in der Stadt ab.

SCHIFF/FÄHRE

Sammel-*lanchas* (einfach/hin & zurück 125/250 Q pro Pers.) fahren auf dem Río Dulce entlang einer wunderschönen Strecke nach Lívingston (Abfahrt am Hauptanleger). Normalerweise legen sie erst ab, wenn acht bis zehn Passagiere zusammengekommen sind. Das Ganze ist wie eine Ausflugsfahrt mit mehreren Stopps. Abfahrt gewöhnlich von 9 bis 14 Uhr, wobei um 9.30 und 14 Uhr regulär zwei Boote ablegen. So ziemlich alle Einheimischen können eine *lancha*-Fahrt nach Lívingston oder anderswohin organisieren, verlangen dafür allerdings mehr Geld.

San Felipe

Die Festung von San Felipe de Lara, **El Castillo de San Felipe** (25 Q; 8–17 Uhr), ca. 3 km westlich des Ortes Río Dulce, wurde 1652 erbaut, um den plündernden Piraten Einhalt zu gebieten, die es auf die Dörfer und Handelskarawanen in Izabal abgesehen hatten. Das funktionierte nur bedingt; ein paar Freibeuter eroberten und verbrannten die Festung 1686. Am Ende des folgenden Jahrhunderts gehörten die Piraten in der Karibik jedoch der Geschichte an. Eine Zeit lang diente das Bauwerk mit seinen massiven Wänden noch als Gefängnis.

Doch schon bald wurde es aufgegeben und verfiel. Was heute zu sehen ist, ist eine Rekonstruktion von 1956.

Heute ist die Festung Teil eines Schutzgebiets und gehört zu den Hauptattraktionen am Lago de Izabal. Die Anlage umfasst einen großen Park mit Grill-/Picknickbereichen und Badestellen. Besonders während der **Feria de San Felipe** (30. April–4. Mai) ist hier jede Menge los.

Unweit des Castillo bietet das **Hotel Don Humberto** (7930-5051; EZ/DZ 48/86 Q; P) einfache Zimmer mit großen Betten und Moskitonetzen. Es ist nicht schick, der Standard ist aber angesichts des günstigen Preises absolut angemessen.

An- & Weiterreise

San Felipe liegt 3 km südlich von Río Dulce am Seeufer. Der wunderschöne Spaziergang von einem Ort zum anderen dauert 45 Minuten. Ansonsten kann man auch einen Minibus nehmen (15 Q, alle 30 min.). Sie halten in Río Dulce an der Carretera-Anschlussstelle der Straße nach El Estor und in San Felipe am Eingang zum Castillo.

Boote aus Lívingston halten auf Wunsch in San Felipe. Auch bei den Bootsausflügen ab Río Dulce kommt man gewöhnlich am Castillo vorbei; dann ist auch ein Besuch der Festung vorgesehen. Andernfalls kann man mit einem selbst gecharterten Boot von Río Dulce aus übersetzen.

El Estor

21 100 EW.

Die größte Siedlung am Nordufer des Lago de Izabal ist El Estor, ein freundlicher, eher verschlafener kleiner Ort in hübscher Lage und ein praktischer Zugangspunkt zum extrem artenreichen Tierschutzgebiet Bocas del Polochic am westlichen Ende des Sees. El Estor ist auch eine Zwischenstation auf einer Alternativroute zwischen Río Dulce und Lanquín.

Schlafen & Essen

Restaurante Típico Chaabil HOTEL $

(7949-7666, 7949-7272; 3a Calle; EZ/DZ 75/150 Q; P) Am westlichen Straßenende. Das Holzhütten-Image ist zwar etwas dick aufgetragen, doch die Zimmer bieten ein unschlagbares Preis-Leistungs-Verhältnis. Am besten nimmt man sich eins im Obergeschoss mit mehr Tageslicht und einem schöneren Blick. Das Restaurant überzeugt mit einer hübschen Terrasse am See, auf der leckeres Essen serviert wird, z. B. *tapado* (Garifuna-Eintopf). Das Wasser ist kristallklar; man kann direkt am Hotelpier hineinhüpfen!

Hotel Vista al Lago HOTEL $$

(7949-7658, 7949-7205; 6a Av 1-13; EZ/DZ/3BZ 150/225/300 Q) Das klassische historische Gebäude steht direkt am Wasser und hat jede Menge Stil, die Zimmer an sich fallen jedoch eher gewöhnlich aus. Der Ausblick auf den „größten Swimmingpool der Welt" vom Balkon ist genial! Die Preise für die Zimmer mit Ventilator sind niedriger als für die mit Klimaanlage und überdies verhandelbar.

Hotel Villela HOTEL $$

(4930-5043; 6a Av 2-06; EZ/DZ/3BZ 130/255/380 Q; P) Die Zimmer sind zwar weniger schön als der propere Rasen und die Bäume, die sie umgeben, aber einige sind luftiger und heller als andere und alle verfügen über Ventilator und Bad. Erhebliche Rabatte in der Nebensaison.

Praktische Informationen

Banrural (Ecke 3a Calle & 5a Av; Mo–Fr 8.30–17, Sa 9–13 Uhr) Wechselt US-Dollars und Amex-Reiseschecks und hat einen Geldautomaten.

Fundación Defensores de la Naturaleza (7949-7237, 3011-7575; https://defensores.org.gt; Ecke 5a Av & 2a Calle; unterschiedlich) Verwaltet u. a. das Refugio de Vida Silvestre Bocas del Polochic und die Reserva de Biosfera Sierra de las Minas.

An- & Weiterreise

El Estor ist am einfachsten von Río Dulce aus zu erreichen, und zwar über eine neue Teerstraße. Combis kosten 20 Q und verkehren von 5 bis 19 Uhr.

Ein Lkw nach Cahabón (40 Q, 4–5 Std.) fährt um 10.30 Uhr am Parque Central ab; in Cahabón angekommen, kann man noch am selben Tag mit einem Bus oder Pick-up nach Lanquín weiterfahren. In umgekehrter Richtung muss man in Cahabón umsteigen; manchmal ist dafür eine Übernachtung notwendig.

Refugio de Vida Silvestre Bocas del Polochic & Reserva de Biosfera Sierra de las Minas

Das Refugio de Vida Silvestre Bocas del Polochic (Tierschutzgebiet Bocas del Polochic) umfasst das Delta des Río Polochic, der den größten Teil des Wassers für den Lago de Izabal liefert. Hier lassen sich wunderbar Vögel und Brüllaffen beobachten. In dem Schutzgebiet kommen mehr als 300 Vogelarten vor – die Vogelzugzeiten September/Oktober und April/Mai sind fantastische Zeiten für einen Besuch – sowie zahlreiche Schmetterlings- und Fischarten. Wahrscheinlich bekommt man auch Alligatoren zu Gesicht und mit Glück sogar eine Seekuh. Nach Bootsführern kann man sich in El Estor erkundigen. Das Reservat wird von der Fundación Defensores de la Naturaleza verwaltet. Deren Forschungsstation, die **Estación Científica Selempim** (☎3011-7507; https://defensores.org.gt; Camping/B 20/50 Q pro Pers.) unmittelbar südlich in der Reserva de Biosfera Sierra de las Minas, steht Besuchern offen. Zwecks Buchungen und ausführlicheren Informationen wendet man sich ans Büro der Stiftung in El Estor.

Die Schutzgebiete können mit kostenlosen Kanus, auf Bootstouren (250–400 Q) oder auf den drei angelegten Wegen erkundet werden.

An- & Weiterreise

Wer die Estación Científica Selempim besuchen möchte, muss ein Boot chartern (600 Q für ein Boot mit bis zu 12 Pers.).

Puerto Barrios

117 000 EW.

Hafenstädte stehen seit jeher in dem Ruf, etwas zwielichtig zu sein. Das gilt ganz besonders für diejenigen, die sich an einer Landesgrenze befinden, und Puerto Barrios verströmt ein raues, etwas abgerocktes Flair. Ausländische Besucher kommen jedenfalls in erster Linie in die Stadt, um so schnell wie möglich eines der Boote nach Punta Gorda in Belize oder nach Lívingston zu nehmen.

Im weitläufigen Stadtgebiet von Puerto Barrios müssen vergleichsweise große Distanzen zu Fuß oder motorisiert zurückgelegt werden. Die Busbahnhöfe beim Markt im Stadtzentrum und am Muelle Municipal am Ende der 12a Calle – hier legen Passagierboote ab – sind 800 m voneinander entfernt. Nur wenige Hotels, Restaurants usw. haben Hausnummern. Die meisten geben nur die Straße sowie die Querstraßen an, zwischen denen sie sich befinden.

Schlafen & Essen

Hotel Lee HOTEL $

(☎7948-0830; 5a Av, zw. Calle 9a & 10a; EZ/DZ mit Ventilator 57/100 Q, DZ mit Klimaanlage 180 Q; P) Nette, familienbetriebene Unterkunft in der Nähe der Busbahnhöfe. So wie in den meisten Budgethotels in Puerto Barrios sind die Zimmer auch hier schmucklos und nur annähernd sauber. Auf dem kleinen Balkon vorn weht ab und an ein laues Lüftchen.

Puerto Bello HOTEL $$

(☎7948-0525; 8a Av, zw. Calle 18 & 19; EZ/DZ 255/440 Q; P@) Von allen Hotels der Stadt sieht dieses am besten aus – nur die etwas abseitige Lage stört ein bisschen. Die Zimmer sind geräumig und modern und der hübsche Garten und der Pool (mit Wasserrutsche!) sind das ganze Jahr über ein Segen.

Hotel Europa HOTEL $$

(☎7948-1292; 3a Av, zw. Calle 11a & 12a; EZ/DZ mit Ventilator 87/170 Q, mit Klimaanlage 145/290 Q; P) Dieses Hotel, das praktischer-

ABSEITS DER ÜBLICHEN PFADE

FINCA IXOBEL

Die Finca Ixobel liegt 5 km südlich von Poptún. Von dort fahren Taxis (50 Q) und Tuk-Tuks (20–30 Q) zur Finca. Ansonsten kann einen jeder Bus oder Minibus, der auf der Carretera 13 unterwegs ist, an der Abzweigung zur Finca absetzen; von hier sind es noch 15 Minuten zu Fuß. Für den Rückweg: Die meisten Busse lesen Fahrgäste an der Carretera auf, allerdings nur bis zur Dämmerung.

Die beste Möglichkeit, von Flores/Santa Elena nach Poptún zu gelangen, ist, vom Hauptbusbahnhof einen Minibus (30 Q, 5–19 Uhr alle 10 Min.) zu nehmen. Man sagt dem Fahrer, wo man hinmöchte, und er lädt einen bei der Lodge ab. Von Guatemala-Stadt oder Río Dulce halten alle Busse nach Santa Elena in Poptún.

Die **Finca Ixobel** (☎5410-4307; www.fincaixobel.com; Zeltplatz/B 40/55 Q, EZ/DZ 205/355 Q, ohne Bad 100/155 Q, Baumhaus ab 150/275 Q; P@) ist ein Ökoresort und Szenerefugium inmitten von Kiefernwald und Dschungelgebieten zwischen Flores und Río Dulce im südöstlichen Petén. Mit seiner freundlichen, lockeren Atmosphäre, einem breiten Angebot an Aktivitäten, Unterkünften und köstlichen hausgemachten Mahlzeiten ist dies ein toller Ort, um andere Reisende zu treffen.

weise in der Nähe des öffentlichen Bootsanlegers liegt, bietet rund um einen Parkplatz saubere Zimmer mit Fernseher. Doch man sollte sich vergewissern, dass der angebotene Übernachtungspreis nicht höher ist als in der Lobby angegeben.

Kaffa CAFÉ $
(☎7942-9175; 8a Av, zw. Calle 7a & 8a; Sandwiches & Frühstück 25–40 Q; ⊙Di–So 8–21.30 Uhr) Ein hippes Café in Puerto Barrios? Warum nicht? Der Kaffee und die luftige Terrasse am Hauptplatz sind klasse.

★ **Restaurante Safari** FISCH & MEERESFRÜCHTE $$
(☎7948-0563; Ecke 1a Calle & 5a Av; Seafood 45–125 Q; ⊙10–21 Uhr) Das netteste Restaurant der Stadt befindet sich auf einer Plattform mit Strohdach direkt überm Wasser, ca. 1 km nördlich des Zentrums. Meeresbrise garantiert! Das Safari ist sowohl bei Einheimischen als auch bei Touristen beliebt. Auf der Speisekarte stehen hervorragende Fischgerichte aller Art, darunter die köstliche Garifuna-Spezialität *tapado* (110 Q).

Fleischgerichte sind billiger als Fischgerichte. Wenn das Safari voll ist: Das Cangrejo Azul nebenan hat praktisch dasselbe Angebot in einem bescheideneren Ambiente.

ℹ Praktische Informationen

Einreisebehörde (Ecke 12a Calle & 3a Av; ⊙7–18 Uhr) Einen Block vom Muelle Municipal entfernt. Hier erhält man seinen Einreise- bzw. Ausreisestempel, wenn man gerade aus Belize ankommt bzw. auf dem Weg dorthin ist. Wer übers Meer ausreist, muss eine Ausreisesteuer in Höhe von 80 Q bezahlen. Und falls Honduras das nächste Reiseziel ist: Der Ausreisestempel kann in einem anderen Büro auf dem Weg zur Grenze bei Corinto abgeholt werden.

ℹ An- & Weiterreise

BUS

Minibusse (Ecke 6a Av & 9a Calle) über Quiriguá nach Chiquimula (45 Q, 4½ Std.) fahren von 3 bis 16 Uhr jede halbe Stunde. An derselben Stelle starten auch die Minibusse nach Río Dulce (25 Q, 2 Std.).

Transportes Litegua (☎7948-1172; Ecke 6a Av & 9a Calle) fährt regelmäßig über Quiriguá und Río Hondo nach Guatemala-Stadt (100–150 Q, 5–6 Std.). *Directos* lassen den halbstündigen Umweg nach Morales aus.

SCHIFF/FÄHRE

Boote legen am **Muelle Municipal** (städtischer Bootsanleger) am Ende der 12a Calle ab.

Achtmal am Tag nehmen zwischen 5.30 und 17.30 Uhr *lanchas* Kurs auf Lívingston (35 Q, 30 Min.). Die Fahrkarten sollte man so früh wie möglich am Tag der Abfahrt besorgen (sie können nicht zu einem früheren Datum gekauft werden), da die Anzahl der Tickets begrenzt ist.

Außerhalb dieser Zeiten legen *lanchas* auch dann ab, wenn sich sechs Passagiere eingefunden haben (50 Q pro Pers.).

Die meisten Verbindungen von Lívingston nach Puerto Barrios gibt's am Vormittag; die Boote kehren nachmittags zurück. Das letzte Boot ab Lívingston ist vermutlich die *lancha* um 17 Uhr, besonders in der Nebensaison, in der weniger Reisende den Bootsservice in Anspruch nehmen.

Dreimal täglich (10, 13 & 14 Uhr) legt am Muelle Municipal eine *lancha* nach Punta Gorda in Belize (200 Q, 1 Std.) ab. Wer um 10 Uhr abfährt, kommt rechtzeitig in Punta Gorda an, um den Mittagsbus nach Belize City zu erwischen. Tickets gibt's am Anleger. Bevor man an Bord geht, muss man sich beim nahe gelegenen Einwanderungsamt (s. o.) einen Ausreisestempel besorgen und 80 Q (10 US$) Ausreisesteuer zahlen.

Wer einen oder zwei Tage in Lívingston verbringen und sein Auto in Puerto Barrios stehen lassen möchte, kann dies auf den zahlreichen *parqueos* (Parkplätze) um den Anleger herum tun (50 Q für 24 Std.). Auch viele der Hotels bieten einen Parkservice.

WEITERREISE NACH HONDURAS

Von der 6a Avenida am Markt in Puerto Barrios fahren von 5 bis 17 Uhr alle 20 Minuten Minibusse zur honduranischen Grenze (30 Q, 1½ Std.). Unterwegs halten sie am guatemaltekischen Zoll, wo man eventuell 10 Q für den Ausreisestempel bezahlen muss. Für die Einreise nach Honduras muss man etwa 60 HNL berappen.

Einmal am Tag (7 Uhr) fährt vom Muelle Municipal (städtischen Anleger) ein Semiexpress-Minibus (75 Q).

Lívingston

7000 EW.

Lívingston ist eine echte Rarität in Guatemala. Der beste Grund für einen Besuch hier sind die Garifuna mit ihren Farben, ihrer Kultur, ihren Rhythmen, Aromen und Einstellungen – nirgends sonst in Guatemala findet man so eine freundliche, vergnügliche und relaxte Stimmung vor. Aber es sind nicht nur die Menschen: Ganz in der Nähe befinden sich gute Strände und das geruhsame Herangehen ans Leben ist wirklich zauberhaft. Hier findet man Boote in malerischen Verfallszuständen, inmitten erfrischender Meeresbrisen paddeln Menschen geruhsam umher, und wenn am späten Nachmittag die Happy Hour beginnt, schwingen sich über einem die Pelikane durch die Lüfte. Einfach wunderbar!

Obwohl der Ort am einfachsten und billigsten vom nahen Puerto Barrios aus zu erreichen ist, lohnt die Anfahrt über den Río Dulce den zeitlichen Mehraufwand: Der Fluss ist so wild, dass er für die Fernsehserie *The New Adventures of Tarzan* als Kulisse diente. Die vom Dunst umhüllten Felsen, der dichte Dschungel und das jadefarbige Wasser, in dem sich zahlreiche Seekühe verbergen, machen die Anreise zu diesem einzigartigen Karibikort zu einem echten Erlebnis.

Sehenswertes & Aktivitäten

Die Strände in Lívingston selbst sind enttäuschend, da die Bebauung oder die Vegetation meist bis ans Wasser reicht. Und da, wo ein Strand vorhanden ist, ist das Wasser oft stark verschmutzt. Bessere Strände gibt es jedoch nur wenige Kilometer Richtung Nordwesten. Die **Playa Quehueche** bei der Mündung des Río Quehueche lässt sich in zehn Minuten mit dem Taxi (30 Q) erreichen. Der beste Strand der Gegend ist die **Playa Blanca** (20 Q) etwa 12 km von Lívingston, die aber in Privatbesitz und nur mit einem Boot zu erreichen ist.

Rasta Mesa KULTURZENTRUM
(☎4459-6106; www.rastamesa.com; Barrio Nevago; ⌚9–14 Uhr, Kochunterricht 18 Uhr) Das freundliche, informelle, mit viel Enthusiasmus geführte Kulturzentrum bietet Unterricht (ohne vorherige Anmeldung) in der Garifuna-Küche (125 Q pro Pers., Fischeintopf 150 Q), außerdem im Trommeln und Tanzen (jeweils 125 Q pro Pers.). Oder man lässt sich einfach nur massieren (ab 250 Q). Rasta Mesa vermittelt auch Freiwilligenarbeitsstellen.

Geführte Touren

Ein paar Anbieter organisieren Touren zu den Naturwundern in der Umgebung, z. B. **Happy Fish Travel** (☎7947-0661; www.happyfishtravel.com; Calle Principal, Restaurant Happy Fish; ⌚7–22 Uhr). Aber man erhält auch sehr gute Infos bei Hotels und Hostels und kann dort auch Touren buchen, was in einigen Fällen zuverlässiger ist.

Die beliebte Öko-/Urwaldtour (70 Q) umfasst eine Wanderung durch die Stadt, dann geht's nach Westen zu einem Aussichtspunkt und weiter zum Río Quehueche. Mit einem Kanu fährt man von dort aus weiter zur Playa Quehueche (30 min.) und spaziert anschließend durch den Urwald nach **Los Siete Altares** (Die Sieben Altäre; 20 Q). Nachdem man sich umgeschaut hat, geht's am Strand entlang zurück nach Lívingston. Dies stellt eine tolle Möglichkeit dar, die Gegend kennenzulernen, und die freundlichen einheimischen Guides bieten den Teilnehmern auch einen guten Einblick in den Alltag der hiesigen Garifuna.

Die Playa-Blanca-Tour (mind. 2 Pers.; 100 Q pro Pers.) führt zunächst mit dem Boot zu Los Siete Altares und dann zur Playa Blanca, dem besten Strand in der Gegend. Dort verweilt man zwei oder drei Stunden.

Happy Fish bietet eine Bootstour (220 Q) durch den Schluchtabschnitt des Río Dulce, den interessantesten und malerischsten Teil des Flusses. Dabei bleibt mehr Zeit fürs Wandern und Vögelbeobachten als bei der „Tour" der öffentlichen *lanchas*. Happy Fish bietet außerdem Touren zum gemeindebasierten Tourismusprojekt **Cueva del Tigre**, 8 km von Lívingston (175 Q für die Tour, oder die Organisatoren erklären, wie man auf eigene Faust dort hinkommt).

Beliebt ist außerdem eine Exkursion (auch mit Übernachtung möglich) zu den **Cayos Sapodillas** (oder Zapotillas), ein ganzes Stück vor der Küste von Süd-Belize. Die Cayos sind ein Paradies für Schnorchler (mind. 8 Pers.; 560/1200 Q für 1/2 Tage, plus Ausreisesteuer und Nationalparkgebühren von insgesamt 30 US$).

Festivals & Events

Nationalfeiertag der Garifuna KULTUR
(⌚26. Nov.) Wird mit diversen Kulturveranstaltungen begangen.

Schlafen

Am höchsten sind die Übernachtungspreise in Lívingston von Juli bis Dezember. Den Rest des Jahres sind die Tarife in den Mittel- und Spitzenklassehotels nur halb so hoch.

Casa de la Iguana HOSTEL $
(☎7947-0064; www.casadelaiguana.com; Calle Marcos Sánchez Díaz; Hängematte/B 25/50 Q, Hütten mit/ohne Bad 200/120 Q; 📶🍸) Das Party-

hostel fünf Gehminuten vom Hauptanleger bietet zu fairen Preisen schlichte Holzhütten, Zeltstellplätze und Hängematten. Bei der Happy Hour gibt's dann das Trinkspiel Beer Pong, bei dem die Verlierer allerlei Sachen machen müssen, die meist mit Trinken, Nackigmachen oder einer Kombination von beidem zu tun haben. Wer also um 21 Uhr in der Koje liegen und ungestört ruhen möchte, ist hier sicher falsch.

★ Casa Rosada HOSTEL **$$**
(☎7947-0303; www.restaurantcasarosada.com; Calle Marco Sánchez Días; B/Bungalow 80/200 Q;) Die Casa Rosada bietet alles Mögliche an – und das richtig gut. Der Eigentümer Ismael kennt sich bestens in der Gegend aus und kann Touren und Darbietungen organisieren, mit Tipps und Ratschlägen weiterhelfen und sich überhaupt als Problemlöser betätigen. Die reizenden Bungalows haben saubere Gemeinschaftsbäder und auch das Essen ist eine wahre Freude. Das Abendessen muss man bis zwei Stunden vorher bestellen, doch ansonsten ist das Restaurant für Laufkundschaft geöffnet und hat sehr guten Kaffee, gutes Frühstück und leckere Margaritas. Dank Anleger und Hängematten kann man mühelos einen Bootsausflug machen oder den Tag schaukelnd vertrödeln. Lívingstons geruhsamer Luxus von seiner besten Seite!

★ Casa Nostra BOUTIQUEHOTEL **$$**
(☎7947-0842; www.livingstoncasanostra.com; Calle Marcos Sánchez Díaz; DZ ohne Bad 200 Q, Suite 450 Q;) Die Casa Nostra ist ein nettes Plätzchen direkt am Wasser – vom Obergeschoss reicht die Aussicht an guten Tagen bis nach Honduras. Hier fühlt man sich gleich zu Hause. Eigentümer Stuart zaubert unglaubliches Essen, die Mitarbeiter sind freundlich und das Hotel besitzt genau die richtige Balance zwischen Lockerheit und Stil. Es sind Transfers vom/zum Bootsanleger möglich. Selbst wer anderswo nächtigt, sollte sich hier mal eine Meeresfrüchtepizza gönnen – eine Wonne selbst für Leute, die es sonst nicht so haben mit Meeresgetier.

Dos Arboles HOSTEL **$$**
(☎7947-0530; www.dosarbolesguate.com; B/Zi./Bungalow 85/250/350 Q;) Das „Zwei Bäume" hat sich vor nicht allzu langer Zeit im alten Vecchia Toscana niedergelassen und ist ein hippes Spaßhostel mit Livemusik, hübschem Pool mit Kolibris und erfahrenen Betreibern, die wissen, wie sie einer Unterkunft echtes Leben einhauchen. Wollte man noch näher am Wasser nächtigen, müsste man herumwaten. Die guten Moskitonetze sorgen für ungestörtes Schlummern.

Hotel Ríos Tropicales HOTEL **$$**
(☎7947-0158; Calle Principal; EZ/DZ/3BZ 100/200/300 Q;) Das Ríos Tropicales hat verschiedenste große Zimmer mit Blick auf einen zentralen Patio, in dem zahlreiche Hängematten hängen und viel Platz zum Faulenzen und Entspannen ist. Die Zimmer haben eigene Bäder, aber keine Klimaanlage.

Essen

Lebensmittel sind vergleichsweise teuer in Lívingston – es muss nämlich so ziemlich alles mit Booten in die Stadt transportiert werden. Fisch und Meeresfrüchte sind dafür von erstklassiger Qualität und werden in für Guatemala untypischen Kreationen mit Kokosmilch oder als Curry zubereitet. Eine echte Köstlichkeit ist die hiesige Spezialität: *tapado*, ein mit Koriander gewürzter Eintopf mit Fisch, Krustentieren und Kokosmilch.

Entlang der Calle Principal befinden sich zahlreiche Freiluftrestaurants und in vielen Hotelrestaurants speist man ebenfalls sehr gut.

★ Restaurante Buga Mama FISCH & MEERESFRÜCHTE **$$**
(☎7947-0198; Calle Marcos Sánchez Díaz; Hauptgerichte 70–120 Q; ⏲Di–So 6–21 Uhr;) Hat die schönste Lage von allen Restaurants im Ort. Die Einnahmen kommen der Asociación Ak Tenamit (S. 201) zugute, einer NGO mit mehreren Projekten in der Gegend. Man hat die Wahl zwischen Fisch und Meeresfrüchten, hausgemachter Pasta und Currys; auch der *tapado* (110 Q) ist fantastisch. Die meisten Kellner gehören zu einem von der Gemeinde betriebenen nachhaltigen Tourismusprojekt und sind noch in der Ausbildung – der Service lässt also eventuell zu wünschen übrig, doch sollte man da ein Auge zudrücken.

Restaurante Gaby GUATEMALTEKISCH **$$**
(☎7947-0858; Calle Marcos Sánchez Díaz; Hauptgerichte 35–180 Q; ⏲7–21 Uhr) An Gaby kommt man nicht vorbei, wenn es einen nach guter, „ehrlicher" Küche in einem bescheidenen Ambiente gelüstet. Es gibt Hummer, *tapado* (80 Q), Reis und Bohnen und gutes Frühstück zu guten Preisen und dazu kostenlose Unterhaltung in Form von *telenovelas* (TV-Seifenopern).

Happy Fish FISCH & MEERESFRÜCHTE **$$**
(☎7947-0661; www.happyfishtravel.com; Calle Principal; Hauptgerichte 75–165 Q; ⏲7–22 Uhr;)

bei Hotels und Hostels Die Betreiber vom Happy Fish, einem der munteren Lokale an der Hauptstraße, versuchen den Gästen außer dem Essen auch Touren schmackhaft zu machen. Das Flair ist hier eher schick, kommerziell und wenig authentisch, doch der Laden ist nach wie vor populär. Hier gibt's natürlich auch den obligatorischen *tapado* (100 Q).

Ausgehen

Am Strand lockt eine Handvoll Bars – am Ende der Calle Principal links – sowohl Reisende als auch Einheimische an. In der Ecke ist es ziemlich dunkel, man sollte entsprechend vorsichtig sein. Musikalisch wird alles von *punta*, einem Garifuna-Tanz, über Salsa und Merengue bis hin zu Electronica geboten. Der große Partyabend ist der Samstag.

Aus Lívingston nicht wegzudenken ist die Happy Hour. Jedes Restaurant hat dann irgendetwas verbilligt im Angebot.

Wer gern mal etwas Neues ausprobiert, sollte *guifiti* kosten, ein lokales Gebräu mit Kokosnussrum (und oft auch Kräutern), von dem es heißt, es habe heilende Kräfte.

Praktische Informationen

EINREISE

Einreisebehörde (Calle Principal; ⌚6–19 Uhr) Stellt Einreise- und Ausreisestempel für Reisende aus, die gerade aus Belize oder Honduras ankommen bzw. auf dem Weg in eines der beiden Länder sind (Ausreisesteuer 80 Q). Die Einreise über Corinto (Honduras) kostet 30 Q. Einfach anklopfen, wenn man außerhalb der Öffnungszeiten kommt.

GEFAHREN & ÄRGERNISSE

In Lívingston treiben einige Schwindler ihr Unwesen, die Reisende um Geld für eine Garifuna-Schule oder ein Waisenhaus bitten, das dann natürlich in ihrer eigenen Tasche landet. Manchmal wird sogar ein Besuch bei einer „von einem Hurrikan zerstörten Schule" arrangiert, wobei es sich jedoch nur um irgendein verfallenes Haus handelt. Man darf sich also nicht veräppeln lassen!

Es ist ratsam, reichlich Insektenschutz auftragen und möglichst weitere Vorkehrungen zu treffen, um Stichen vorzubeugen, vor allem im Urwald: Die Moskitos hier übertragen Malaria und Denguefieber.

GELD

Banrural (Calle Principal; ⌚Mo–Fr 9–17, Sa bis 13 Uhr) Wechselt US-Dollars und Reiseschecks und hat einen Geldautomaten.

An- & Weiterreise

Häufig legen Boote aus Río Dulce oder Puerto Barrios bzw. Boote aus Honduras und Belize in Lívingston an.

Reisende, die aus Guatemala-Stadt oder Antigua kommen, nehmen meist einen Litegua Expressbus nach Puerto Barrios (125 Q) und dann ein Boot nach Lívingston (35 Q) – dies ist die billigste und schnellste Art der Anreise.

Happy Fish (S. 206) bietet kombinierte Boots- und Shuttlebusfahrten ins honduranische La Ceiba an. Sie kosten etwa 550 Q pro Person (die günstigste Transportmöglichkeit zu den honduranischen Bay Islands; Mindestteilnehmerzahl: 4 Pers.). Wer Lívingston bis spätestens 6 Uhr morgens verlässt, erreicht La Ceiba rechtzeitig, um das Boot zu den Inseln zu erwischen. Es ist nahezu unmöglich, die eintägige Reise auf eigene Faust zu organisieren.

Täglich um 7 Uhr setzt ein Boot ohne Zwischenstopp nach Punta Gorda (Belize) über (250 Q, 1½ Std.); Abfahrt am **öffentlichen Pier**. In Punta Gorda hat man Anschluss an einen Bus nach Placencia und Belize City. Wer in die andere Richtung unterwegs ist: Das Boot wartet in Punta Gorda, bis der Bus aus Placencia ankommt, bevor es gegen 10.30 Uhr nach Lívingston zurückkehrt.

Wer frühmorgens an Bord eines internationalen Boots geht, muss sich seinen Ausreisestempel einen Tag zuvor bei der Einreisebehörde in Lívingston besorgen.

DER PETÉN

Riesig, dünn besiedelt und von Dschungel bedeckt: Guatemalas größtes und nördlichstes Departamento harrt der Erkundung. Ob die Mysterien der klassischen Mayas, das Füllhorn des Dschungels oder die Chance, an einem See abzuhängen: Hier gibt's alles im Übermaß. Wie tief man in die Geheimnisse der Mayas eintaucht, hängt davon ab, ob man gewillt ist, sich schlammige Füße zu holen. Die hoch aufragenden Tempel von Tikal sind von fast überallher im Rahmen organisierter Touren zu erreichen, während man für abgelegenere Stätten wie El Mirador und Piedras Negras einige Tage Planung braucht und dann weitere Tage durch den Dschungel wandern muss. Die Reserva de Biósfera Maya (Maya-Biosphärenreservat) umfasst mehr oder weniger das gesamte nördliche Drittel des Petén und bildet zusammen mit ihren Gegenstücken in Mexiko und Belize ein länderübergreifendes Naturschutzgebiet mit einer Größe von mehr als 30 000 km^2.

Sayaxché

147 000 EW. / 133 M

Sayaxché, 61 km südwestlich von Flores am Südufer des Río de la Pasión gelegen, ist die rund zehn verstreut liegenden Maya-Stätten – darunter Ceibal, Aguateca, Dos Pilas, Tamarindito und Altar de Sacrificios – am nächsten gelegene Stadt. Man könnte hier also Wochen damit zubringen, sie alle zu erkunden, doch die meisten Reisenden treffen eine kleine Auswahl. Viele lassen die Stadt gänzlich links liegen, um in den per *lancha* zu erreichenden einladenden Hotels am Fluss etwa eine Stunde entfernt zu nächtigen.

Abgesehen von seiner strategisch günstigen Lage zwischen Flores und der Region um Cobán profitiert Sayaxché aber auch von seiner reizvollen Lage am Fluss; über den breiten Wasserweg schippern klapprige Motorboote und schnittige Kähne mit Lastwagen drauf. Wer einen Teil Guatemalas erkunden möchte, den die meisten Touristen nicht auf dem Schirm haben, sollte hier eine Nacht oder eine Woche verbringen und sich überraschen lassen.

Schlafen & Essen

Hospedaje Yaxkín BUNGALOWS **$**

(☎4913-4879; Barrio La Esperanza; Bungalow mit/ohne Bad 50/35 Q pro Pers.) Östlich des Zentrums verteilen sich auf einem bewaldeten Grundstück 15 rustikale Hütten und in einem großen offenen Restaurant werden Pasta, Tacos und Flussfisch (50 Q) serviert. Die Unterkunft liegt zwei Straßen südlich und drei Straßen östlich der Kirche. Je nach Tageszeit kostet eine Taxifahrt vom Bootsanleger hierher 25 bis 80 Q.

Hotel Del Río HOTEL **$$**

(☎7928-6138; hoteldelriosayaxche@hotmail.com; EZ/DZ 125/200 Q, mit Klimaanlage 175/250 Q; P⊖❄@📶) Ein paar Schritte rechts vom Bootsanleger (wenn man mit dem Rücken zum Fluss steht) steht dieses moderne Hotel mit großen, blitzsauberen Zimmern an und über einer luftigen Lobby.

Café Maya GUATEMALTEKISCH **$$**

(☎4641-9753; Calle del Ferry; Hauptgerichte 45–95 Q; ⏱7–21 Uhr) Vielleicht das beste Speiselokal der Stadt ist dieses legere offene Restaurant, das sich sowohl morgens als auch abends großer Beliebtheit erfreut. Neben den üblichen Eiern und Bohnen, Huhn, Fisch und Pasta gibt's hier *pinchos* (Schaschlik) mit reichlich Salat, Bohnen und Reis sowie Pommes. Himmlisch sind die Papaya-Smoothies.

Praktische Informationen

Banrural (⏱Mo–Fr 8.30–17, Sa 9–13 Uhr) Gleich unterhalb der Kirche Richtung Fluss. Wechselt Dollars und Euros. Eine Filiale in der Nähe hat einen Cajero-5B-Geldautomaten.

An- & Weiterreise

Von Sayaxché fahren täglich zwischen 5 und 15 Uhr mehrere Microbusse Richtung Süden nach Cobán (55 Q, 4 Std.). Rund alle 25 Minuten fahren Microbusse Richtung Raxruhá zur Kreuzung San Antonio (35 Q, 1½ Std.), wo es regelmäßig Anschluss nach Cobán gibt. Die Busse findet man auf einem Platz beim Fähranleger. An der Nordseite des Río de la Pasión fahren alle 15 Minuten Microbusse nach Santa Elena ab (5.45–18.30 Uhr, 25 Q, 1½ Std.).

Infos über Transportmöglichkeiten auf dem Fluss gibt's bei **Viajes Don Pedro** (☎4580-9389; servlanchasdonpedro@hotmail.com; ⏱8–17 Uhr).

Ceibal

Indem es sich seine günstige Lage am Westufer des Río de la Pasión zunutze machte und den Handel an diesem bedeutsamen Wasserweg kontrollierte, gelangte das unabhängige Königreich **Ceibal** (60 Q; ⏱8–16 Uhr) zu ansehnlicher Macht. Zwar ist die Stätte in architektonischer Hinsicht nicht so beeindruckend wie andere, doch die Fahrt über den Fluss hierher ist wirklich ein Erlebnis, genauso wie die Wanderung durch den Dschungel, begleitet vom Brüllen der Affen.

Am Eingang befindet sich ein großes Modell der Anlage. Der rituelle Kern der Stadt bedeckt drei Hügel, die durch über steile Schluchten führende Dämme verbunden sind. Eher kleine Tempel, viele davon vom Dschungel überwuchert, umgeben die Hauptgruppen A und D. Vor einigen Tempeln und scheinbar einsam an Pfaden stehen prächtige Stelen, deren feine Reliefs noch immer in ausgezeichnetem Zustand sind.

Für die Erkundung der Stätte braucht man etwa zwei Stunden. Insektenschutz sowie Verpflegung und Wasser mitbringen!

Viajes Don Pedro in Sayaxché bietet *lanchas* hierher (700 Q für bis zu 5 Pers.). Ein Guide sollte im Preis inbegriffen sein; er ist eventuell gleichzeitig der Bootsführer. In der Hauptsaison kann man die *lancheros* fragen, ob man sich einer Reisegruppe anschließen kann.

Der Petén

MEXIKO
Tenosique
La Palma
Río San Pedro
Sumpf
Parque Nacional Laguna del Tigre
Biotopo Laguna del Tigre
El Naranjo
El Ceibo
Piedras Negras
Parque Nacional Sierra del Lacandón
Sierra del Lacandón
Río Usumacinta
Carretera Fronteriza
La Técnica
Frontera Corozal
San Javier
Yaxchilán
Bonampak
Bethel
Laguna Mendoza
Reserva de la Biosfera Montes Azules
Benemérito de las Americas
Pipiles
San Quintín
Laguna Miramar
La Realidad
Río Lacantún
Flor de Café
Ixcán
Chajul
Río Salinas
El Mirador
Parque Nacional Mirador–Río Azul
Nakbé
Wakná
Xulnal
El Tintal
Reserva de Biosfera Maya
Carmelita
Biotopo San Miguel La Palotada
El Zotz
El Perú
Paso Caballos
Estación Biológica Las Guacamayas
Río San Pedro
Cruce Dos Aguadas
Biotopo Cerro Cahuí
Laguna Perdida
San José
San Andrés
Lago de Petén Itzá
Flores
San Benito
Santa Elena
Parque Natural Ixpanpajul
La Libertad
Río de la Pasión
Crater Azul
El Subín
Sayaxché
Ceibal
Refugio de Vida Silvestre Petexbatún
Dos Pilas
Aguateca
Laguna Petexbatún
Río Machaquilá
Machaquilá
5
Cancuén
Playa Grande
Parque Nacional Laguna Lachuá
Sierra de Chamá
San Antonio Las Cuevas
Fray Bartolomé de Las Casas
Raxruhá
Chisec
Sebol
Grutas de Lanquín
Lanquín
Cahabón
Semuc Champey
San Mateo Ixtatán
Barillas
Santa Eulalia
Soloma
San Juan Ixcoy
Chajul
San Juan Cotzal
San Pedro Carchá
Cobán
San Juan Chamelco

Ceibal ist aber auch auf dem Landweg zu erreichen. Man kann jeden Minibus nehmen, der von Sayaxché auf der Carretera 5 nach Süden fährt (Richtung Raxrujá und Chisec). Nach 9 km muss man in Paraíso aussteigen. Von dort führt ein unbefestigter Pfad gen Osten nach Ceibal (8 km). Nach 2 km geht man an einer Stelle, wo der Weg bei einem kleinen Bauernhaus nach links führt, geradeaus weiter bergan, um den Park zu betreten – es gibt hier kein Schild. In der Regenzeit sollte man sich erst vergewissern, ob der Pfad überhaupt passierbar ist.

Flores & Santa Elena

73 000 EW.

Seine pastellfarbenen Häusern, die sich von der zentralen Plaza zum smaragdgrünen Wasser des Lago de Petén Itzá hinabziehen, verleihen der Inselstadt Flores ein venezianisches oder mediterranes Flair. Durch einen 500 m langen Damm ist Flores mit ihrer Schwesterstadt Santa Elena am Seeufer verbunden, welche dann Richtung Westen wiederum in den Ort San Benito übergeht. Die drei Niederlassungen bilden zusammen eine große Ansiedlung, die insgesamt einfach Flores genannt wird.

Das eigentliche Flores ist die bei Weitem schönste Basis. Die Straßen säumen kleine Hotels und Restaurants, viele davon mit Dachterrassen mit Seeblick. Die Bewohner sind sehr stolz auf die Schönheit ihrer Inselstadt. Die um die Insel herumführende Promenade steht allerdings wegen des steigenden Seewasserspiegels zum Teil unter Wasser.

Banken, Busse und ein großes Einkaufszentrum findet man in Santa Elena.

Geschichte

Flores wurde von den Itzáes auf einem *petén* (Insel) gegründet, nachdem das Volk aus Chichén Itzá auf der mexikanischen Halbinsel Yucatán vertrieben worden war, wahrscheinlich um die Mitte des 15. Jhs. Sie nannten diesen Ort Tah Itzá („Ort der Itzá"), was von den Spaniern später zu Tayasal verballhornt wurde. 1525 kam es zu einem Zusammentreffen zwischen Hernán Cortés und König Canek von Tayasal; Córtez befand sich auf dem Weg ins heutige Honduras und das Treffen verlief überraschenderweise friedlich. Cortés ließ ein lahmes Pferd zurück, das die Itzáes mit Blumen und Truthahneintopf fütterten. Als es starb, fertigten die Itzáes eine Statue von ihm an. Und als 1618 zwei spanische Mönche hier vorbeikamen, sahen sie, wie die Statue als Manifestation des Re-

Flores

gengottes Chac verehrt wurde. Erst 1697 unterwarfen die Spanier schließlich die Itzáes aus Tayasal, das letzte überlebende unabhängige Maya-Königreich. Die spanischen Soldaten zerstörten die vielen Pyramiden, Tempel und Statuen, sodass keine Spuren mehr davon zu sehen sind, obwohl die heutige Stadt zweifelsohne auf den Fundamenten und Ruinen von Maya Tayasal steht.

Sehenswertes & Aktivitäten

Museo Santa Bárbara MUSEUM
(☎7926-2813; www.radiopeten.com.gt; Insel Santa Bárbara; 25 Q; ⏱8–17 Uhr) Dieses kleine Museum auf einem Inselchen westlich von Flores beherbergt ein buntes Sammelsurium an Maya-Artefakten von archäologischen Stätten in der Umgebung sowie Funkinstrumente des Senders Radio Petén (88,5 FM), der von einem benachbarten Gebäude aus sendet. Wenn man anruft, wird man für 10 Q pro Person vom Anleger hinter dem **Hotel Santana** (Karte S. 212; ☎7867-5123; www.santanapeten.com.gt; Calle 30 de Junio, Flores; DZ/3BZ 600/700 Q;) abgeholt.

Cuevas de Ak'tun Kan HÖHLE
(35 Q; ⏱7–17 Uhr) Die eindrucksvollen Kalksteinhöhlen Ak'tun Kan, übersetzt aus dem

Flores

Aktivitäten, Kurse & Touren

1 Mayan Adventure ... C3

Schlafen

2 Hostel Los Amigos ... C3
3 Hotel Isla de Flores ... B2
4 Hotel La Mesa de los Mayas ... B3
5 Hotel Petenchel ... C3
6 Hotel Santana ... A3
7 La Posada de Don José ... C1

Essen

8 Antojitos Mexicanos ... C4
9 Cool Beans ... D2
10 Maple y Tocino ... C1
11 Restaurante El Peregrino ... B3
12 Terrazzo ... B2

Ausgehen & Nachtleben

13 El Trópico ... B3
14 Jamming ... B3
15 Qué Pachanga ... A3

Q'eqchi'-Maya „Höhle der Schlange", laden zu einer Erkundung ein. Der Höhlenaufseher liefert die offizielle Interpretation der merkwürdig geformten Stalagmiten und Stalaktiten, darunter der Gefrorene Wasserfall, der Walschwanz und das Himmelstor, Letzteres in einer großen Halle, in deren Nischen Fledermäuse umherflattern. Die kleinen Helme, die gestellt werden, verfügen über eine kleine Leuchte. Die Erkundung dauert 30 bis 45 Minuten. Die Höhlen liegen 2 km südlich von Flores und sind per Tuk-Tuk zu erreichen (15 Q).

Arcas FREIWILLIGENARBEIT

(Asociación de Rescate y Conservación de Vida Silvestre; ☎7830-1374, Freiwilligenkoordinator 5690-6762; www.arcasguatemala.org/volunteering; erste Woche 250 US$, jede weitere Woche 200 US$) Diese guatemaltekische NGO betreibt auf dem Festland nordöstlich von Flores eine Rettungs- und Rehabilitationsstation für Tiere. Hier können Volunteers dabei helfen, Tiere wie Aras, Papageien, Jaguare und Nasenbären zu füttern, die aus den Händen von Schmugglern und aus dem illegalen Handel gerettet wurden. In der Teilnahmegebühr sind Verpflegung und Übernachtung inbegriffen.

Schlafen

Mit Ausnahme einiger gehobener Unterkünfte am Wasser in Santa Elena ist Flores der weitaus angenehmere Ort für eine Übernachtung – obwohl die Hotels in Santa Elena teils ein gutes Preis-Leistungs-Verhältnis bieten.

Hostel Los Amigos HOSTEL $

(Karte S. 212; ☎7867-5075, 4495-2399; www.amigoshostel.com; Calle Central, Flores; B 100–120 Q, Zi. 220 Q; @) Die bei Weitem beliebteste Backpacker-Herberge im Petén ist in den 15 Jahren ihres Bestehens ständig gewachsen und verfügt inzwischen über verschiedene Unterbringungsmöglichkeiten, von 6- und 10-Bett-Dorms bis zu einem Baumhaus (200 Q). Das Nebengebäude um die Ecke mit sieben individuell eingerichteten Zimmern ist ruhiger.

Die Unterkunft wartet mit allem auf, was Traveller so „brauchen": Kräuterdampfbäder, Massagen, Billardtisch, Hängematten, große Essensportionen, Yogaunterricht und Urwaldtouren zu ermäßigten Preisen. Außerdem werden Radtouren in der Umgebung angeboten.

Trotz der geselligen Atmosphäre gehen um 22 Uhr die Lichter aus – allerdings kann in einer raffiniert schallgedämpften Nachtlounge oben weitergefeiert werden.

La Posada de Don José HOTEL $$

(Karte S. 212; ☎7867-5298; Ecke Calle del Malecón & Calle Fraternidad, Flores; B 75 Q, Zi. mit/ohne Klimaanlage 250/175 Q;) In dem altmodischen Etablissement bei der Nordspitze der Insel – in der Lobby hängt ein Foto des Gründers – stehen Schaukelstühle auf der mit Pflanzen geschmückten Terrasse und die freundliche Familie kennt sogar die Namen ihrer Gäste. Da der *malecón* (Uferpromenade) hier oben vom See verschluckt wurde, ist es auf der rückwärtigen Hotelterrasse jetzt viel ruhiger als weiter unten. Außer den ordentlichen kleinen Zimmern gibt's hinten im Haus auch noch einen geräumigen, ventilatorgekühlten Dorm.

Hotel Quinta Maya HOTEL $$

(☎7926-4976; www.hotelquintamaya.com; 6a Av & 4a Calle; EZ/DZ/3BZ 275/390/490 Q; P) Die geräumigen Zimmer des gemütlichen, inzwischen unter neuer Flagge segelnden Hotels säumen einen netten Patio. Mit Restaurant, Flughafentransfers und Reisebüro.

Hotel La Mesa de los Mayas HOTEL $$

(Karte S. 212; ☎7867-5268; mesamayas@hotmail.com; Av La Reforma, Flores; EZ/DZ 125/200 Q, mit Klimaanlage 150/250 Q;) Das an einer schmalen Gasse gelegene Mesa besticht mit einem sensationellen Preis-Leistungs-Verhältnis. Die 19 Zimmer sind schön eingerichtet und warten mit pyramidenförmigen Kopfenden, karierten Bettdecken und Leselampen auf; einige haben auch Balkone voller Pflanzen. Im ersten Stock gibt's ein Restaurant.

Hotel Petenchel HOTEL $$
(Karte S. 212; ☎7867-5450; escalofrio_puga@hotmail.com; Calle Playa Sur, Flores; EZ/DZ 150/230 Q, mit Klimaanlage 200/270 Q;) Das gemütliche Refugium nicht weit vom Damm hat sechs geräumige Zimmer, alle mit stabilen Betten und hohen Decken rund um einen üppigen Garten. Im angeschlossenen Café Escalofrío werden morgens Burritos serviert.

Hotel Santa Bárbara HOTEL $$$
(☎7926-2813; http://radiopeten.com.gt; Hütten mit Frühstück 750 Q;) Das Hotel gehört zu einem Komplex mit Museum (S. 212) und Café und bietet auf einem Inselchen, das per *lancha* nur fünf Minuten von der Stadt entfernt ist (im Preis inbegriffen), eine tolle Möglichkeit, dem Trubel der Stadt zu entfliehen. Von den drei gemütlichen Hütten mit großen Betten und gefliesten Böden blickt man durch einen Garten voller Kokospalmen und einem Kapokbaum auf den See.

Hotel Isla de Flores HOTEL $$$
(Karte S. 212; ☎2476-8775; www.hotelisladeflores.com; Av La Reforma, Flores; EZ/DZ 570/663 Q;) Das Inselhotel ist in einem ansprechend dezenten tropischen Stil gehalten. Holzbalken säumen elfenbeinfarbene Wände mit Blumenmotiven, die sich auch auf den kühlen Steinböden wiederfinden, und die großen Betten verfügen über bemalte Kopfenden. Zwar liegt das Hotel nicht am Seeufer, doch von der hölzernen Dachterrasse mit kleinem Pool bieten sich fantastische Ausblicke über die ganze Insel. Im stilvollen Bar-Restaurant kann man sich sowohl Mojitos als auch Fusionsküche schmecken lassen.

Essen

In Flores wimmelt es von Pizza-, Pasta- und Burgerläden, die allerdings oft wenig überzeugen können. Jedoch gibt es auch Ausnahmen und überhaupt scheint sich die kulinarische Szene zum Besseren zu wandeln.

★ **Maple y Tocino** CAFÉ $
(Karte S. 212; ☎7867-5294; www.facebook.com/mapleytocino; zw. Calle La Union & El Malecón; Hauptgerichte 29–54 Q; So–Do 7–21, Fr & Sa bis 22 Uhr) Das fabelhafte Angebot dieses Frühstücks- und Mittagscafés reicht von Smoothies und Frappés – einige davon mit frischem Doughnut oben drauf! – bis zu Waffeln, Pizza, Sandwiches und Wraps. Dazu gibt's köstlichen Kaffee und Ausblick auf den See sowie den inzwischen unter Wasser stehenden *malecón*.

Cool Beans CAFÉ $
(Karte S. 212; ☎5571-9240, 7867-5400; Calle 15 de Septiembre, Flores; Frühstück 25–35 Q; Mo–Sa 7–22 Uhr;) Auch als Café Chilero bekannt. Das Lokal mit der entspannten Atmosphäre ist eher ein Clubhaus mit Snacks als ein richtiges Restaurant. Es bietet Sitzsalons mit WLAN zum Chatten, Videosgucken und Surfen. Der schöne Garten – hie und da erspäht man den See – ist extrem *tranquilo* und der richtige Ort für ein Frühstück oder einen Gemüseburger. Achtung: Die Küche stellt um Punkt 21.01 Uhr die Arbeit ein.

Restaurante El Peregrino GUATEMALTEKISCH $
(Karte S. 212; ☎7867-5701; Av La Reforma, Flores; Hauptgerichte 35–60 Q; 7–22 Uhr) In dem bescheidenen *comedor* des gleichnamigen Hotels kommen große Portionen hausgemachter Gerichte auf den Tisch, z. B. *caldo de panza* (Schweinebaucheintopf; 40 Q) und panierte Rinderzunge. Nach den täglichen Mittagsangeboten (30 Q) fragen!

★ **Terrazzo** ITALIENISCH $$
(Karte S. 212; ☎7867-5479; Calle Unión, Flores; Pasta 70–90 Q; 11–22 Uhr) Das italienische Feinschmeckerrestaurant nimmt eine Dachterrasse ein. Die Fettuccine sind hausgemacht, die Pizza wird gegrillt, nicht gebacken und die frische Minzlimonade ist einfach unglaublich. Obendrein ist der Service der aufmerksamste der Stadt. Zur Happy Hour von 17 bis 21 Uhr gibt's einige Drinks für 10 Q.

★ **Antojitos Mexicanos** STEAKS $$
(Don Fredy; Karte S. 212; ☎3130-5702; Calle Playa Sur, Flores; Grillfleisch 60–70 Q; 19–22.30 Uhr; P) Jeden Abend schmeißen diese Leute am Fuß des Damms den Grill an und grillen Steaks, Huhn und Schweinerippchen von außergewöhnlicher Qualität. Ihre Spezialität ist *puyazo* (Lendensteak) mit Knoblauchsauce. Bei gutem Wetter sitzt man draußen und schaut den Lichtern überm See beim Funkeln zu, wenn es regnet drinnen unter einem Blechdach. Das Personal benimmt sich so förmlich wie in einem eleganten Restaurant.

Wenn der Grill gerade erst angeworfen wird, kann das Essen etwas länger auf sich warten lassen.

Don Fredy selbst betätigt sich oft als DJ und spielt alles von spanischen Versionen von Sinatras „My Way“ bis zu den aktuellen Top 40.

Restaurante El Puerto FISCH & MEERESFRÜCHTE **$$**
(☎4211-8668, 5510-5023; 1a Calle 2-15, Santa Elena; Hauptgerichte 90–130 Q; ⏲11–23 Uhr) Fisch und Meeresfrüchte stehen in diesem Freiluftrestaurant beim Seeufer in Santa Elena im Rampenlicht; vorne befindet sich eine gut sortierte Bar. Eine wunderbare Kulisse, um einen Schalentiereintopf, eins der begehrten Ceviches oder den berühmten *pescado blanco* (Weißfisch aus dem See) zu genießen.

Ausgehen & Nachtleben

Die kleine Zona Vida von Flores bilden seit jeher die Kneipen an der Calle Playa Sur, aber auch um die Ecke an der Seepromenade nördlich des Hotels Santana ist jede Menge los.

El Trópico BAR
(Karte S. 212; Calle Playa Sur, Flores; ⏲Mo–Sa 17–1 Uhr) In der alteingesessensten der Bars am Südufer gönnt sich ein zumeist etwas älteres guatemaltekischen Publikum Tacos und *cerveza* (Bier). Zum Sonnenuntergang ist es hier noch ruhig, aber zahlreiche *gallos* (Tortilla-Sandwiches) später wird es lebhafter und DJs bearbeiten die Gästeschar.

Qué Pachanga CLUB
(Karte S. 212; El Malecón, Flores; ⏲14–1 Uhr) Einer von zwei munteren Clubs auf der Westseite der Insel. Hier steppt fast jeden Abend der Bär, wenn junge Guatemalteken in ihren engsten Jeans zu pulsierendem Reggaetón und zu *cumbia* (kolumbianische Tanzmusik) herumhüpfen.

Jamming BAR
(Karte S. 212; Calle Playa Sur, Flores; ⏲17–1 Uhr) Das Jamming, einer von mehreren Ausgehläden am Südufer, steht ganz im Zeichen des Reggae, doch das Publikum berauscht sich hier mehr am Bier als an Marihuana und besteht größtenteils aus jüngeren Guatemalteken der Mittelschicht. Nach 20 Uhr stellen dann sicher einige Tänzer ihre besten Twerk-Künste zur Schau.

Praktische Informationen

GELD

Viele Reisebüros und Unterkünfte wechseln bare US-Dollars, manchmal auch Reiseschecks, jedoch zu ungünstigeren Kursen als die Banken. Banken mit Geldautomaten gibt's auf der 4a Calle in Santa Elena.

5B-Cajero-Geldautomat (⏲7–20.30 Uhr) Im Reisebüro Marlin Espadas gegenüber vom Ramada Tikal.

Banco G&T Continental (Maya Mall Petén, 1a Calle 6-17, Santa Elena; ⏲Mo–Sa 10–19, So bis 18 Uhr) Hat einen Geldautomaten.

Banco Industrial (Metroplaza Mundo Maya, 1a Calle, Santa Elena; ⏲Mo–Fr 9–16, Sa 10–14 Uhr) Im Einkaufszentrum gegenüber vom Flughafen, mit zuverlässigem Geldautomaten.

Super Fotomart (Calle 30 de Junio, Flores; ⏲6–1 Uhr) Minimarkt mit Geldautomat gegenüber vom Hotel Casona de la Isla.

NOTFALL

Regional Hospital de San Benito Petén (☎7932-1111; San Benito; ⏲24 Std.) Eins der größten Krankenhäuser der Region; mit Notaufnahme.

Polizei (☎7926-1365; Calle Límite 12-28, San Benito)

TOURISTENINFORMATION

Comisión de Turismo Cooperativa Carmelita Agency (Karte S. 212; ☎4836-9423, 7867-5629; Calle Centroamérica, Flores; Tikal-Tour 150 Q pro Pers., El Mirador 5 Tage/4 Nächte 1925 Q pro Pers.; ⏲8–20 Uhr) Ableger der Trekkingguide-Kooperative aus Carmelita.

INGUAT (Karte S. 212; ☎3128-6906; info-ciudadflores@inguat.gob.gt; Calle Centroamérica, Flores; ⏲Mo–Fr 8–16 Uhr, manchmal auch Sa & So) Das offizielle INGUAT-Büro bietet einfache Informationen. Eine Filiale (☎3128-6905, 7926-0533; info-mundomaya@inguat.gob.gt; Aeropuerto Internacional Mundo Maya; ⏲Di–Do 7–19, Fr–Mo 7–11 & 15–19 Uhr) befindet sich am Flughafen.

An- & Weiterreise

BUS

Fernbusse steuern den **Terminal Nuevo de Autobuses** in Santa Elena an, 1,5 km südlich des Damms an der 6a Avenida. Hier wartet auch eine ganze Reihe von Microbussen, die häufige Verbindungen zu diversen Orten anbieten. 2.-Klasse-Busse und einige Microbusse halten vor der Abfahrt aus Santa Elena außerdem an der 5a Calle im **Marktviertel** (am „alten“ Terminal). Wer direkt zum Markt geht, spart sich eine Viertelstunde Fahrzeit, jedoch kann der Bus dort schon voll sein.

Wie immer können sich Fahrpläne jederzeit ändern; vor der Abfahrt also stets noch einmal genau nachfragen!

FLUGZEUG

Der **Aeropuerto Internacional Mundo Maya** liegt am östlichen Stadtrand von Santa Elena,

BUSSE & MINIBUSSE AB SANTA ELENA

ZIEL	PREIS (Q)	DAUER	ABFAHRTEN & ANMERKUNGEN
Belize City	160	4½–5 Std.	**Línea Dorada** (☎7924-8535) fährt um 7 Uhr, Rückfahrt um 13 Uhr. Dieser Bus hat Anschluss an Boote nach Caye Caulker & Ambergris Caye.
Bethel/La Técnica (mexikanische Grenze)	50	4–4½ Std.	**Fuente del Norte** (☎7926-2999; ⌚24 Std.) fährt um 6 Uhr.
Carmelita	80	4½ Std.	Minibus-Transport möglich, aber unzuverlässig. Am besten sind private Transportmittel, gewöhnlich zu arrangieren über den Reiseveranstalter.
Cobán	80–125		Mit dem Bus oder Minibus nach Sayaxché, von dort fahren Microbusse nach Cobán.
El Ceibo/La Palma (mexikanische Grenze)	50	4 Std.	Microbusse mit Ziel El Naranjo fahren von 4 bis 18 Uhr alle 20 min., mit Halt an der Kreuzung El Ceibo; von dort gibt's Shuttles zur Grenze (15 Q, 15 min.). Einige fahren ganz bis nach El Ceibo (55 Q). In La Palma auf mexikanischer Seite gibt's Verbindungen nach Tenosique, Tabasco (1 Std.) & weiter nach Palenque oder Villahermosa.
El Remate	20	45 min.	Microbusse von **ATIM** fahren von 6.30 bis 19 Uhr halbstündl. Busse & Minibusse von & nach Melchor de Mencos setzen Fahrgäste an der Kreuzung Puente Ixlú ab, 2 km südlich von El Remate (S. 217).
Guatemala-Stadt	130–205	8–9 Std.	Línea Dorada bietet um 8, 20 & 21 Uhr 1.-Klasse-Busse (205 Q). **Autobuses del Norte** (☎7924-8131; ⌚24 Std.) hat Busse um 21 & 22 Uhr (180 Q). Fuente del Norte betreibt zw. 4 & 22 Uhr mind. 11 Busse (130 Q), darunter 5 Deluxe-Busse (180 Q).
Melchor de Mencos (belizische Grenze)	30–50	2 Std.	Microbusse von 5 bis 18 Uhr etwa stündl. Fuente del Norte fährt um 2.30, 5, 6 & 16.30 Uhr.
Poptún	30	2 Std.	Microbusse über Dolores 5–22 Uhr alle 10 min.
Puerto Barrios	270	6 Std.	Keine Direktbusse. Man nimmt einen Bus von Fuente del Norte Richtung Guatemala-Stadt und steigt an der Kreuzung La Ruidosa (90–150 Q) südlich von Río Dulce um.
Río Dulce	140	4 Std.	Man nimmt einen Bus von Fuente del Norte oder Línea Dorada Richtung Guatemala-Stadt.
San Andrés/ San José	8–10	35–40 min.	Microbusse 5–18.40 Uhr etwa alle 15 min.; Abfahrt links vom Eingang zum Busbahnhof.
Sayaxché	23	1½ Std.	Microbusse 5.35–18 Uhr etwa alle 15 min.
Tikal	30–80	1¼ Std.	Acht Microbusse von **ATIM** 6–15.20 Uhr, letzte Rückfahrt um 17 Uhr. Oder man nimmt um 14.15 oder 15.40 Uhr den Bus Richtung Uaxactún (40 Q), der ein bisschen langsamer ist.

2 km vom Damm zwischen Santa Elena und Flores. **Avianca** (www.avianca.com) bietet zwei Verbindungen täglich zwischen hier und Guatemala-Stadt. Die in Belize beheimatete Fluglinie **Tropic Air** (☎7926-0348; www.tropicair.com; Aeropuerto Internacional Mundo Maya) fliegt einmal am Tag von/nach Belize City (1 Std., ca. 1432 Q einfach). Abflug ist um 8.30 Uhr.

SHUTTLE-MINIBUS

Die meisten Hotels und Reisebüros übernehmen Buchungen für Shuttles. Praktisch: Die Fahrer holen einen an der eigenen Unterkunft ab. In Tikal machen sich die Minibusse um 12.30, 15 und 17 Uhr auf den Rückweg. Wer schon vorher weiß, um wie viel Uhr es nach Flores zurückgehen soll, könnte den Fahrer bitten, einen Sitzplatz zu reservieren (eventuell auch in einem anderen Bus). Wer in Tikal übernachtet und mit dem Minibus nach Flores zurückkehren will, sollte bei einem der Busfahrer, die morgens ankommen, einen Sitzplatz reservieren.

Unterwegs vor Ort

Ein Taxi vom Flughafen nach Santa Elena oder Flores kostet 60 Q (bzw. 20 Q pro Pers. in einem Sammeltaxi). Tuk-Tuk-Fahrer berechnen für Strecken zwischen Flores und Santa Elena bzw. innerhalb der Ortschaften 20 Q. Nach 19 Uhr fahren keine Tuk-Tuks mehr. Über den See schippern ab Flores **Boote** (Karte S. 212; 5–20 Q einfach; ⌚6–24 Uhr) und eine **Autofähre** (Karte S. 212; Auto & Fahrer 15 Q, pro Mitfahrer 2 Q; ⌚5–21.30 Uhr).

El Remate

Dieser friedvolle Ort am östlichen Ende des Lago de Petén Itzá ist eine gute alternative Basis für Reisende auf dem Weg nach Tikal – es geht entspannter zu als in Flores und El Remate liegt näher bei den archäologischen Stätten. Außerdem besitzt die Ansiedlung am See ihren ganz eigenen Charme. Wer hierher kommt, möchte entschleunigen. Diskos mit wummernden Bässen und Craft-Cocktails sind also Fehlanzeige, stattdessen erfreut man sich an *cerveza* (Bier) und dem Ausblick.

El Remate beginnt 1 km nördlich von Puente Ixlú, wo die Straße zur belizischen Grenze von der Straße nach Tikal abzweigt. Das Dorf erstreckt sich 1 km lang an der Straße nach Tikal bis zu einer weiteren Kreuzung, von wo eine Nebenstraße Richtung Westen am Nordufer des Sees entlangführt.

El Remate ist für Holzschnitzereien bekannt, die an Ständen an der Hauptstraße verkauft werden.

Sehenswertes & Aktivitäten

In den meisten Unterkünften in El Remate können zweistündige Bootsfahrten zur Vogelbeobachtung bzw. nächtliche Fahrten zum Krokodilebeobachten (jeweils 150 Q pro Pers.) gebucht werden. Beispielsweise im **Hotel Mon Ami** (☎3010-0284; Jobompiche Rd; B/EZ/DZ 75/150/200 Q, EZ/DZ ohne Bad 100/150 Q; 📶), das auch Sonnenuntergangstouren auf dem See mit Abstechern zu den Flüssen Ixlú und Ixpop (200 Q pro Pers.) anbietet.

Biotopo Cerro Cahuí NATUR
(40 Q; ⌚7–16 Uhr) Das Naturschutzgebiet umfasst 7,3 km² subtropischen Wald, der sich vom Seeufer über Kalksteinland hinaufzieht. Es bietet die Gelegenheit zu mittelmäßig anstrengenden Wanderungen und auf Pfaden zu erstklassigen Aussichtspunkten bestehen tolle Möglichkeiten zur Tierbeobachtung. Dazu gibt's nebenan einen Park am See mit Tauchanlegern, wo man seine Tour erfrischend ausklingen lassen kann.

Mehr als 20 Säugetierarten sind in dem Reservat unterwegs, darunter Spinnen- und Brüllaffen, Weißwedelhirsche und die scheuen mesoamerikanischen Tapire, die sich aber nur selten zeigen. Auch die Avifauna ist sehr vielfältig; vielleicht sieht man Tukane, Spechte und das berühmte Pfauentruthuhn: ein großer Vogel, der einem Pfau ähnelt. Hiesige Vertreter der Pflanzenwelt sind z. B. Mahagonibäume, Zedern, Ramón- und Cohunepalmen, dazu verschiedene Arten Bromelien, Farne und Orchideen.

Verschiedene Wege führen hinauf zu drei Aussichtspunkten mit Blick auf den See sowie die Laguna Salpetén im Osten. Der Weg **Los Escobos** (4 km, ca. 2¼ Std.) führt durch Sekundärwald; hier lassen sich gut Affen beobachten.

Im Eintritt inbegriffen ist die Übernachtung im Zelt; alternativ darf man auch in den kleinen *palapa*-Unterschlüpfen hinterm Eingang eine Hängematte befestigen. Toiletten und Duschen sind vorhanden. Das Naturschutzgebiet liegt 1,75 km westlich von El Remate und ist über die Straße nach Jobompiche zu erreichen.

Schlafen

Die Unterkünfte reichen von Budgethostels bis zu schicken Resorts, am häufigsten sind jedoch saubere und preisgünstige familiengeführte Bleiben vertreten. Die meisten Hotels bieten Gelegenheiten zum Baden im See und zum Beobachten des Sonnenuntergangs über selbigem.

Posada Ixchel HOTEL $
(☎3044-5379; hotelixchel@yahoo.com; EZ/DZ/3BZ 90/140/190 Q) Das von einer Familie betriebene Hotel bei der Hauptkreuzung des Dorfs ist ein echtes Schnäppchen. Es hat blitzsaubere, nach Holz duftende Zimmer mit Ventilatoren und handgefertigten

Moskitonetzen. Im kopfsteingepflasterten Patio gibt es einladende kleine Nischen mit Baumstammsitzen.

Hostal Hermano Pedro HOSTEL $
(☎5164-6485; www.hhpedro.com; Calle Camino Biblico 8055; B/EZ/DZ mit Frühstück 80/80/160 Q;) In dem zweigeschossigen Holzbau rund 150 m von der Norduferkreuzung geht es relaxt zu; im Patio und auf den Veranden hängen viele Hängematten. In die Ausstattung der geräumigen Zimmer mit Ventilatoren und spitzenbesetzten Vorhängen sind auf raffinierte Weise recycelte Sachen eingefügt. Den Gästen steht eine Küche zur Verfügung. Ein Dormbett ohne Frühstück kostet 50 Q.

★ **Alice Guesthouse** BUNGALOWS $$
(☎3087-0654; www.facebook.com/aliceguesthouse guatemala; B 70 Q, Bungalow mit/ohne Bad 230/200 Q;) Alice im Wunderland! Diese etwas abgelegene Anlage ist das Produkt der reichen Fantasie eines französisch-belgischen Paares und bietet keinen Ausblick auf den See, sondern in den Dschungel. Die freundlichen Dorms befinden sich in kreativen Hütten mit konischen Palmblattdächern; dazu kommen zwei bunte Hütten und eine tropische Dusche in einem Rundhaus, alle durch Kieselpfade miteinander verbunden. In der offenen Küche schwingt ein aus Nantes importierter Koch den Löffel. Um zum Alice zu kommen folgt man der Straße nach Jobompiche rund 1,5 km weit und dann dem ausgeschilderten Weg rechts bergan. Der See ist nur einen kurzen Spaziergang entfernt.

★ **Posada del Cerro** BUNGALOWS $$
(☎5376-8722; www.posadadelcerro.com; Jobompiche Rd; B/EZ/DZ/3BZ/Apt. 100/220/330/450/550 Q;) Diese umweltfreundliche Unterkunft schmiegt sich so nah beim Biotopo Cerro Cahuí in den Dschungel, dass man hören kann, wie die Brüllaffen den Abend einläuten. Die zehn sorgfältig eingerichteten Zimmer befinden sich in Stein-Holz-Häusern sowie freistehenden Hütten an einem Hügel; eine verfügt über eigene Terrasse mit Seeblick. Außerdem stehen eine Hütte mit acht Betten und ein Apartment für vier bis fünf Personen zur Verfügung. Im sauberen, palmblattgedeckten Restaurant werden regionale, mit Waldkräutern angereicherte Gerichte aufgetischt.

Gringo Perdido Ecological Inn RESORT $$
(☎2334-2305; www.hotelgringoperdido.com; Jobompiche Rd; Stellplatz 50 Q, EZ/DZ mit Frühstück & Abendessen 360/700 Q;) Die Dschungellodge in paradiesischer Seelage im Biosphärenreservat Cerro Cahuí bietet eine Flucht von Zimmern mit Rolljalousien auf einer Wandseite, sodass man den Eindruck herstellen kann, im Freien zu schlafen. Ein bisschen mehr Privatsphäre erlauben ein paar Ferienhäuschen am See. Dort liegt auch ein Gras-Zeltplatz mit *palapas* für Hängematten; ein Regal mit Leihbüchern ist ebenfalls vorhanden. Das Gringo Perdido befindet sich am nördlichen Seeufer, 3 km von der Hauptstraße nach Tikal entfernt.

Essen

Desayunos El Árbol CAFÉ $
(☎5950-2367; Frühstücksgerichte 30–40 Q, Hauptgerichte abends 40–60 Q; Do–Di 6–14 & 17–21 Uhr) Dieses ausländermagenfreundliche Lokal hat eine hübsche Terrasse mit Seeblick und eignet sich für ein gesundes Frühstück mit Müsli, Pfannkuchen und Omeletts. Zu den Sandwiches wird ein Beilagensalat gereicht; toll sind die Smoothies. Das Lokal liegt 50 m südlich der Kreuzung.

★ **Las Orquídeas** ITALIENISCH $$
(☎5701-9022; Jobompiche Rd; Pasta 55–120 Q; Di–So 12–21 Uhr;) Im Wald, zehn Minuten zu Fuß von der Kreuzung nach Tikal am Nordufer, versteckt sich dieses großartige Freiluftrestaurant. Der freundliche italienische Eigentümer und Koch mischt in seine selbst gefertigten Tagliatelle und *panzarotti* (kleinere Versionen von Calzones) *chayo*, ein heimisches Kraut. Außerdem bereitet er sündhaft leckere Desserts zu.

Praktische Informationen

Horizontes Mayas (☎5773-6193; www.horizontesmayas.com; Ruta a Tikal) Bei dieser Mehrzweckagentur an der Kreuzung kann man – zu schlechten Kursen – US-Dollars und Euros tauschen und seine Mails checken. Gut für Shuttles (mit Reservierung) oder Touren nach Tikal, Yaxhá und zu zahlreichen anderen Zielen.

An- & Weiterreise

Auf der Strecke zwischen El Remate und Santa Elena verkehren täglich zwischen 5.30 und 18 Uhr zahlreiche Minibusse (25 Q).

Shuttles nach Tikal fahren in El Remate um 5.30 Uhr ab, Rückfahrt in Tikal um 14 Uhr (einfach/hin & zurück 30/50 Q). In sämtlichen Unterkünften in El Remate können Sitzplatzreservierungen vorgenommen werden. Alternativ kann man einen der Shuttles von **ATIM** (☎5905-0089) oder einen der anderen

Shuttles nehmen, die El Remate zwischen 5 und 15.30 Uhr auf dem Weg von Santa Elena nach Tikal passieren.

Nach Taxis kann man sich im **Hotel Sun Breeze** (☎ 5898-2665; infosunbreezehotel@gmail.com; Hauptstraße; EZ/DZ 150/200 Q, mit Klimaanlage 200/250 Q; P) erkundigen. Die einfache Fahrt nach Flores kostet etwa 250 Q, die Hin- und Rückfahrt nach Tikal 350 Q.

Wer nach Melchor de Mencos an der Grenze zu Belize fahren möchte, steigt in Puente Ixlú 1 km südlich von El Remate in einen Minibus oder regulären Bus (60 Q, 1¼ Std.). Außerdem bietet Horizontes Mayas täglich Busse über Melchor nach Belize City (400 Q).

Tikal

Das auffälligste Merkmal der antiken Stadt **Tikal** (☎ 2367-2837; www.tikalnationalpark.org; 150 Q; 6–18 Uhr) sind die hoch aufragenden, steilwandigen Tempel, die bis über 44 m hoch sind. Darüber hinaus unterscheidet sich Tikal von anderen Stätten natürlich auch durch seine Lage mitten im Urwald. Die zahlreichen Plätze wurden von Bäumen und Kletterpflanzen befreit und die Tempel freigelegt und teilweise restauriert, doch wer von einem Gebäude zum nächsten spaziert, wird sich immer wieder unter dem dichten Baldachin des Regenwalds wiederfinden und von dem kräftigen, lehmigen Geruch nach Erde und Pflanzen umhüllt werden. Eine besondere Freude ist es, auf den breiten Wegen zu spazieren, ursprünglich angelegt aus gestampftem Kalkstein für das Hin und Her zwischen den Tempelkomplexen. Wer sich leise bewegt, hat größere Chancen, Affen, Agutis, Füchse und Pfauentruthühner zu erspähen.

Tikal ist ein beliebtes Ziel für einen Tagesausflug von Flores oder El Remate. Mehr hat man von dem Besuch aber, wenn man vor Ort übernachtet, denn frühmorgens und spätnachmittags ist es an den Ruinen am ruhigsten.

Geschichte

Tikal liegt auf einem niedrigen Hügel – das merkt man, wenn man von der Zufahrtsstraße zur Gran Plaza hinaufsteigt. Die Lage oberhalb einer morastigen Fläche erklärt vielleicht, warum sich die Mayas um 700 v. Chr. hier niederließen. Ein weiterer Grund war sicher das reichhaltige Vorkommen an Flintsteinen, aus denen Keulen, Speerspitzen und Messer hergestellt wurden. Da es von diesem wertvollen Material reichlich gab, konnten auch qualitativ hochwertige Waren hergestellt und die Flintsteine außerdem gegen andere Waren eingetauscht werden. Binnen 200 Jahren hatten die Mayas aus Tikal begonnen, religiöse Steinbauten zu errichten. Und um 200 v. Chr. erhob sich dort, wo sich heute die Acrópolis del Norte befindet, bereits ein Gebäudekomplex.

Klassische Zeit

Vor ungefähr 2000 Jahren begann die Gran Plaza, der Große Platz, seine heutige Form anzunehmen. In der frühen klassischen Zeit (um 250 n. Chr.) war Tikal schon eine dicht besiedelte Stadt von großer religiöser, kultureller und wirtschaftlicher Bedeutung. König Yax Ehb' Xooc, der ab ca. 230 regierte, gilt als Begründer der ab dann herrschenden Dynastie.

Unter König Chak Tok Ich'aak I. (Große Jaguartatze, reg. Mitte des 4. Jhs.) gingen die Bewohner von Tikal zu einer brutalen Form der Kriegsführung über, die von den Herrschern von Teotihuacán in Zentral-Mexiko praktiziert wurde: Statt sich den Kontrahenten im Nahkampf zu stellen, kreisten die Krieger aus Tikal ihre Feinde von nun an ein und töteten sie mit Speeren, die sie aus sicherer Entfernung warfen. Als diese Form des „Luftangriffs" zum ersten Mal bei einer Auseinandersetzung zwischen den Mayas des Petén zum Einsatz kam, konnte der Tikal-General Siyah K'ak' (Rauchender Frosch) die Armee von Uaxactún unterwerfen. So stieg Tikal zum herrschenden Königreich im Petén auf.

Etwa Mitte des 6. Jhs. breitete sich Tikal dank seiner militärischen Stärke und seiner Verbindung mit Teotihuacán stark aus. Es erreichte eine Fläche von etwa 30 km² und eine Bevölkerungszahl von um die 100 000 Menschen. Doch 553 bestieg Yajaw Te' K'inich II. (Herr Wasser) den Thron von Caracol im Südwesten des heutigen Belize. Innerhalb eines einzigen Jahrzehnts eroberte er Tikal und ließ dessen Herrscher den Opfertod sterben. Tikal und andere Reiche im Petén litten bis ins späte 7. Jh. unter dem Joch Caracols – dann schüttelte Tikal unter einer neuen Führung offenbar das Joch ab und konnte erneut florieren.

Tikals Renaissance

Der mächtige König Ha Sawa Chaan K'awil (682–734, auch Ah Cacao oder Mond Doppelkamm genannt), der 26. König nach Yax Ehb' Xooc, reorganisierte das Heer Tikals, das erneut die Vorherrschaft als prächtigste

Tikal

DIE KLASSISCHE MAYASTADT IM ÜBERBLICK

Das in mehreren Phasen über einen Zeitraum von mindestens 800 Jahren erbaute Tikal ist eine riesige, komplizierte Anlage mit Hunderten von Tempeln, Pyramiden und Stelen. Es ist unmöglich, alles an einem Tag zu sehen, aber mit diesem Rundgang kann man viele der Highlights erleben. Zunächst sollte man sich im Besucherzentrum das Modell der Anlage anschauen. Das kleine ❶ **Museo Sylvanus G. Morley** beherbergt normalerweise zahlreiche Artefakte, die meisten Objekte (außer der Stele 31) befinden sich jedoch derzeit im Forschungszentrum CCIT, während das Museum renoviert wird. Am nahegelegenen Kartenhäuschen zeigt man sein Ticket vor; an der Tafel mit dem Übersichtsplan geht man links. Von hier sind es zwanzig Minuten bis zum einsamen ❷ **Templo VI**, von dem ein schöner Spaziergang die breite Calzada Méndez entlang zur ❸ **Gran Plaza**, dem zeremoniellen Kern von Tikal, führt. Dort kann man den antiken Bereich der ❹ **Nordakropolis** erkunden. Anschließend verlässt man die Plaza Richtung Westen und nimmt den ersten Abzweig links einen gewundenen Pfad entlang zum ❺ **Templo V**. Hinter dem Tempel führt rechts ein Weg um die größtenteils nicht freigelegte Südakropolis zur ❻ **Plaza de los Siete Templos**. Unmittelbar westlich erhebt sich die große Pyramide des ❼ **Mundo Perdido**. Von hier ist es ein kurzer Spaziergang zum ❽ **Templo IV**, und dann ein ziemlich anstrengender Aufstieg hinauf zur Spitze des höchsten Bauwerks in Tikal.

TOP-TIPPS

- Proviant und Wasser mitnehmen.
- Alle Tickets müssen vorab oder am Eingang gekauft werden, kein Verkauf innerhalb des Parks.
- Nach 15 Uhr gekaufte Tickets gelten auch für den nächsten Tag.
- Wer in einem der Hotels in Tikal nächtigt, kann hier den Sonnenuntergang und Sonnenaufgang erleben.
- Um die Sonne vom Templo IV unter- oder aufgehen zu sehen, braucht man ein weiteres Ticket (100 Q).
- Mückenschutz nicht vergessen.

ZAI ARAGON/SHUTTERSTOCK ©

Templo IV
Am späten Nachmittag bietet sich vom Tempel V ein wunderschöner Blick auf die Tempel I, II und III, die dann in ein magisches Licht getaucht sind. Bei onnenaufgang zeigen sich mystische Nebelschwaden, die sich auflösen, sobald die Sonne erscheint.

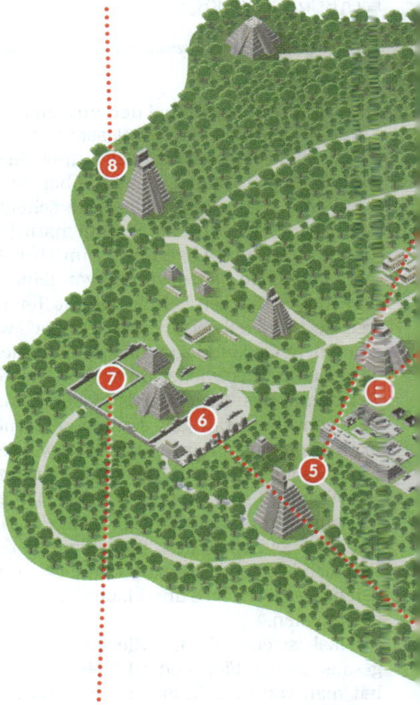

Mundo Perdido
Die „Verlorene Welt“ besteht aus zwei beeindruckenden Pyramiden und ein paar kleineren Strukturen. Die *talud-tablero*-Gestaltung lässt au Einflüsse aus dem fernen Teotihuacán schließe .

RALF BROSKVAR/GETTY IMAGES ©

KOBBY DAGAN/SHUTTERSTOCK ©

Templo V

Die ebenso steile wie massive, zweithöchste Tempelpyramide Tikals (52 m) verfügt über ungewöhnliche runde Ecken. Auch wenn sie sehr verlockend erscheint, die breite vordere Treppe darf man nicht hinaufkraxeln.

Gran Plaza

Während der hohe Templo I, ein Mausoleum für den spätklassischen Herrscher Ah Cacao, nicht erklommen werden darf, darf man auf den fast genauso hohe Templo II gegenüber klettern.

MICHAEL ZYSMAN/SHUTTERSTOCK ©

Nordakropolis

Inmitten der zahlreichen kleineren und viel älteren Tempel am Hang nördlich des Hauptplatzes befinden sich in zwei strohgedeckten Schutzhütten auf einem Vorsprung zwei furchterregende Masken.

Museo Sylvanus G. Morley

Über die Stele 31 sind schon Bände geschrieben worden; sie zeigt die Selbstkrönung des Herrschers Stürmischer Himmel, flankiert von mit Speeren bewaffneten Kriegern, gekleidet im Stil von Teotihuacán.

Templo VI

Auf der Rückseite des Dachkamms dieses abgelegenen Tempels befindet sich eine lange Glypheninschrift, die die Abfolge der Königreiche verzeichnet. Hier ist Geduld gefragt: Der verwitterte Stein ist schwer zu entziffern.

Plaza de los Siete Templos

Die Ostseite dieses grasbewachsenen Platzes säumen sieben Minitempel. Vom größeren „Palast" am Südende blickt man auf das aufgereihte Septett.

MATYAS REHAK/SHUTTERSTOCK ©

Stadt der Maya-Welt erlangte. 695 eroberte er den größten Rivalen Tikals, das mexikanische Maya-Reich Calakmul. Die meisten der erhaltenen Tempel am Großen Platz stammen aus der Zeit Ah Cacaos und seiner Nachfolger. König Ah Cacao wurde unter dem schwindelerregend hohen Tempel I beigesetzt.

Der Stern Tikals verblasste um 900. Die Stadt teilte damit das Schicksal der Maya-Zivilisation in den Niederungen, die einen allgemeinen mysteriösen Verfall erlitt.

Neuentdeckung

Es besteht kein Zweifel daran, dass die Itzáes aus Tayazal, dem heutigen Flores, in der späten postklassischen Periode von der Existenz Tikals wussten. Vielleicht reisten sie sogar dorthin, um den Göttern in den Schreinen ihre Aufwartung zu machen. Die Aufzeichnungen spanischer Missionare, die nach der Eroberung durch den Petén reisten, enthalten kurze Hinweise auf die Bauwerke im Urwald. Die jahrzehntelange Lagerung in diversen Büchereien ist den Schriftstücken aber leider nicht gut bekommen.

Erst 1848 entsandte die guatemaltekische Regierung eine von Modesto Méndez und Ambrosio Tut angeführte Expedition nach Tikal. Den Anstoß gaben vielleicht die 1841 und 1843 erschienenen Bestseller von John L. Stephens, in denen er über fabelhafte Maya-Ruinen berichtete – in Tikal selbst war er jedoch nie gewesen. Wie auch Stephens nahmen Méndez und Tut einen Künstler mit, Eusebio Lara, der ihre archäologischen Entdeckungen festhalten sollte. Ein Bericht über ihre Funde veröffentlichte die Berliner Akademie der Wissenschaften.

1877 machte sich der Schweizer Dr. Gustav Bernoulli auf in den Urwald, entfernte Türstürze von den Tempeln I und IV und brachte sie nach Basel, wo sie noch heute im Museum für Völkerkunde zu sehen sind.

Die wissenschaftliche Erforschung Tikals nahm ihren Lauf mit der Ankunft des englischen Archäologen Alfred P. Maudslay im Jahre 1881. Später setzten u. a. Teobert Maler, Alfred M. Tozzer und R. E. Merwin seine Arbeit fort. Tozzer erforschte Tikal von Beginn des 20. Jhs. mit Unterbrechungen bis zu seinem Tode 1954. Die Inschriften auf dem Gelände entschlüsselte Sylvanus G. Morley.

Bis 1969 waren die Universität von Pennsylvania und das guatemaltekische Instituto de Antropología e Historia für die Forschungs- und Ausgrabungsarbeiten in Tikal verantwortlich. Seit 1991 arbeitet ein guatemaltekisch-spanisches Team an der Erhaltung und Restaurierung der Tempel I und IV. Der Parque Nacional Tikal gehört seit 1979 zum Weltkulturerbe der Unesco.

Sehenswertes

Gran Plaza

Der Eingangspfad führt zur Gran Plaza (Großer Platz) um den **Templo I** herum – den Templo del Gran Jaguar (Tempel des Großen Jaguars), der zu Ehren von Ah Cacao und als dessen Grabstätte erbaut wurde. Vielleicht hat der König selbst die Baupläne ausgearbeitet, errichtet wurde der Tempel über seinem Grab jedoch von seinem Sohn, der ihm 734 auf den Thron folgte. Zu den Grabbeigaben zählten Rochenstachel, die bei rituellen Aderlässen zum Einsatz kamen, 180 Gegenstände aus Jade, Perlen und 90 Knochen mit eingeschnitzten Hieroglyphen. Ganz oben in dem 44 m hohen Tempel befinden sich drei Räume unter einem Kraggewölbe. Die Türstürze aus Sapodilla-Holz waren reich verziert; einer davon wurde entfernt und befindet sich heute im Museum der Kulturen in Basel. Der hohe Dachkamm, der den Tempel krönte, war ursprünglich mit Reliefs verziert und in kräftigen Farben gestrichen. Wenn er von der Spätnachmittagssonne angestrahlt wird, kann man die Figur eines sitzenden Würdenträgers ausmachen.

Zwar darf der Tempel I nicht mehr bestiegen werden, doch der Ausblick vom **Templo II** gleich gegenüber ist ähnlich fantastisch. Der Tempel II, auch bekannt als Tempel der Masken, war einst beinahe so hoch wie der Tempel I; heutzutage misst er ohne seinen Dachkamm 38 m.

Die **Acrópolis del Norte** (Nordakropolis) entstand erheblich früher als die beiden großen Tempel. Archäologen haben etwa 100 verschiedene Bauwerke freigelegt – das älteste stammt aus der Zeit vor Christi Geburt. Und vieles deutet darauf hin, dass die Stätte schon um 600 v. Chr. genutzt wurde. Die Mayas errichteten neue Gebäude auf den älteren – und die vielfältigen „Schichten" verliehen den Tempeln in Kombination mit aufwendigen Begräbnissen der frühen Herrscher von Tikal mehr Macht und Heiligkeit. Um 800 bestand die Akropolis aus mehr als zwölf Tempeln auf einer großen Plattform. Viele davon waren das Werk des Königs Ah Cacao. Interessant sind vor allem die beiden riesigen, ausdrucksstarken Wandmasken, die aus einem früheren Bau geborgen wurden und jetzt durch Dächer geschützt sind.

Auf der dem Platz zugewandten Seite der Nordakropolis wird man zwei Stelenreihen entdecken. Sie sollten an die großen Taten der Könige von Tikal erinnern und den umliegenden Tempeln und Plätzen „Macht“ verleihen.

Acrópolis Central

Die zentrale Akropolis südlich und östlich des Großen Platzes besteht aus einem Labyrinth aus Höfen, kleinen Räumen und Tempeln. Viele Forscher nehmen an, dass dort die Adeligen von Tikal wohnten, andere deuten die Malereien in den Räumen als Hinweis auf rituelle Zeremonien, die in ihnen stattgefunden haben könnten. Über die Jahrhunderte wurde die Gestaltung der Zimmer immer wieder geändert, was eventuell darauf schließen lässt, dass der „Palast“ immer wieder anderen Gruppen von Verwandten als Wohnsitz diente. Ein Teil der Akropolis diente dem Archäologen Teobert Maler (1842–1917) während seiner Arbeiten vor Ort als Wohnstatt.

Templo III

Westlich der Gran Plaza steht jenseits der Calzada Tozzer (Tozzer-Dammweg) der **Templo III**, der immer noch restauriert wird. Bisher wurden nur die oberen Teile freigelegt. Eine in einen Türsturz ganz oben in 55 m Höhe eingeschnitzte Szene zeigt eine Figur in einem aufwendigen Jaguarfell, bei der es sich um den Herrscher Dunkle Sonne handeln soll. Vor dem Tempel steht die Stele 24 mit dem Datum ihrer Herstellung, 810 n. Chr. Von hier kann man über die Calzada Tozzer, einen von mehreren heiligen Wegen zwischen den Tempelkomplexen von Tikal, weiter Richtung Westen zum Templo IV gehen.

Templo V & Acrópolis del Sur

Der bemerkenswert steile, 57 m hohe **Templo V** direkt südlich der Gran Plaza entstand irgendwann im 7. oder 8. Jh. n. Chr. Er besteht aus sieben gestuften Plattformen und verfügt im Gegensatz zu den anderen großen Tempeln über leicht gerundete Ecken. Bei jüngsten Grabungen kam eine Gruppe unter dem Tempel verborgener Bauten zum Vorschein, teils mit Maya-Kalendern an den Wänden. Sie sieht zwar verlockend aus, aber die große Treppe in der Mitte darf nicht betreten werden.

Bei all den Bauten unmittelbar westlich des Tempels, der sogenannten **Acrópolis del Sur** (Südakropolis), schreiten die Ausgrabungen nur sehr schleppend voran. Die zuletzt entstandenen Paläste stammen aus der spätklassischen Zeit (der Zeit von König Mond Doppelkamm), die darunter liegenden Bauten sind wahrscheinlich 1000 Jahre alt.

Plaza de los Siete Templos

Westlich der Acrópolis del Sur befindet sich eine breite Rasenfläche, deren Südrand über einen Pfad zu erreichen ist. Die Ostseite des Platzes säumen die in spätklassischer Zeit entstandenen sieben **Tempel** mit ihren untersetzen Dachkämmen. Am Südende stehen drei größere „**Paläste**“, gegenüber gibt's einen ungewöhnlichen **Dreifach-Ballspielplatz**.

El Mundo Perdido

Etwa 400 m südwestlich des Großen Platzes liegt **El Mundo Perdido** (die verlorene Welt), ein Komplex aus 38 Gebäuden mit einer großen Pyramide in der Mitte, vorwiegend wahrscheinlich aus vorklassischer Zeit, ergänzt durch Reparaturarbeiten und Renovierungen in späterer Zeit. Auf den vier Seiten der 32 m hohen Pyramide – ihre Seitenlänge beträgt an der Basis 80 m – gibt es jeweils eine heute stark erodierte Treppe, die von großen Masken flankiert ist. Man nimmt an, dass von der Osttreppe der Lauf der Sonne vor drei Bauten, die Richtung Osten auf einer erhöhten Plattform stehen, beobachtet wurde – ähnlich einer Anordnung im astronomischen Observatorium von Uaxactún. Archäologen haben in die Pyramide Tunnel gegraben und vier ähnliche Pyramiden unter der Außenfassade entdeckt. Der älteste (Bauwerk 5C-54 Sub 2B) stammt aus dem Jahr 700 v. Chr. und ist somit das älteste Maya-Gebäude von Tikal.

Der *talud-tablero*-Stil (Stufenbauweise) eines kleineren **Tempels**, der westlich hiervon steht und aus frühklassischer Zeit stammt, zeugt vom Einfluss von Teotihuacán.

Templo IV & Complejo N

Mit einer Höhe von 65 m ist der **Templo IV** das höchste Gebäude in Tikal sowie nach dem La Danta in El Mirador das zweithöchste präkolumbische Gebäude der westlichen Erdhalbkugel. Er wurde als westliche Grenze des Zeremonialbezirks um 741 fertiggestellt, wahrscheinlich auf Geheiß von Ah Cacaos Sohn Yax Kin, der auf dem geschnitzten Türsturz über der mittleren Tür dargestellt war (der Türsturz befindet sich jetzt in einem Museum in Basel). Hinauf zur Spitze führt eine Holztreppe. Der Ausblick Richtung Osten ist fast genauso gut wie von einem Hubschrauber aus – der Blick schweift

LIDAR: EINE NEUE ÄRA

Der Wiederentdeckungsprozess dauert an und Verbesserungen bei der Lidar-Technik, einer Methode zur optischen Abstands- und Geschwindigkeitsmessung mit Lasern, haben es ermöglicht, weitere Teile der Wälder und Sümpfe der Region zu scannen und zu kartieren. Das hatte spektakuläre Entdeckungen zur Folge und die Wissenschaftler schätzen derzeit, dass der Tikal-Komplex, der einst auf 6000 Bauten geschätzt wurde, mehr als 10 000 Bauten umfasst. Was noch faszinierender ist: Neu entdeckte Bauten deuten darauf hin, dass die Menschen auch Gebiete besiedelten, die dafür heute als viel zu sumpfig angesehen würden.

Die jüngsten und noch andauernden Entdeckungen machen es unmöglich, endgültige Aussagen über die Größe von Städten wie Tikal zu treffen. Unbestritten ist jedoch, dass Tikal die bedeutendste Ruinenstätte Guatemalas ist und damit ein echtes Muss auf vielen Reiserouten.

über die Wipfel des Dschungels, aus dem (von links nach rechts) die Tempel der Gran Plaza, Tempel III, Tempel V (nur die Spitze) und die große Pyramide des Mundo Perdido herausragen.

Der **Complejo N** zwischen Templo IV und Templo III stellt ein Beispiel für die in spätklassischer Zeit erbauten „Zwillingstempel" dar. Dieser Komplex wurde 711 von Ah Cacao zum Andenken an den 14. *katun* (20-Jahres-Zyklus) des *baktún* 9 errichtet. Der König selbst ist in einer Einfriedung auf der anderen Seite des Pfads auf der bemerkenswert gut erhaltenen Stele 16 dargestellt. Neben der Stele befindet sich Altar 5: Auf einem Rundstein ist derselbe König in Begleitung einer Priesterfigur zu sehen, die gerade das Skelett einer Herrscherin exhumiert.

Templo de las Inscripciones (Templo VI)

Der **Templo VI** ist einer der wenigen Tempel in Tikal mit schriftlichen Zeugnissen. Die Rückseite des 12 m hohen Dachkamms ziert eine lange Inschrift, die im Sonnenlicht allerdings nur schwer zu erkennen ist, aber eine Jahreszahl liefert: 766 n. Chr. Auch die Seiten und das Gesims des Dachkamms sind mit Glyphen versehen. Dank seiner abgeschiedenen Lage rund 25 Fußminuten südöstlich der Gran Plaza, zu erreichen über die Calzada Méndez, ist dies eine gute Stelle zum Tierebeobachten. Von hier sind es 20 Minuten zurück zum Haupteingang.

Nördliche Gebäudekomplexe

Etwa 1 km nördlich des Großen Platzes erstreckt sich der **Complejo P**. Wie beim Komplex N handelt es sich auch hierbei um einen Zwillingstempel aus spätklassischer Zeit, der wahrscheinlich an das Ende eines *katun* erinnern sollte. Der **Complejo M** nebenan wurde in spätklassischer Zeit teilweise niedergerissen, da die Mayas Baumaterial für den Dammweg benötigten, der nach Südwesten zum Tempel IV führt. Der Dammweg ist heute nach Alfred P. Maudslay benannt. Die **Grupo H**, nordöstlich der Komplexe P und M, mit einem hohen, ausgegrabenen Tempel, verfügte in ihren Tempeln über einige interessante Malereien.

Weitere spätklassische Zwillingspyramiden jeweils mit Stelen und Altären davor umfassen **Complejo Q** und **Complejo R** etwa 300 m nördlich des Großen Platzes. Der teils restaurierte Komplex Q liefert das wahrscheinlich beste Beispiel für die Zwillingstempelbauweise. Die Stele 22 und der Altar 10 veranschaulichen eindrucksvoll die spätklassische Reliefschnitzerei aus Tikal; sie entstanden 771.

Museen

CCIT MUSEUM

(Centro de Conservación e Investigación de Tikal; ⌚8–16 Uhr) GRATIS Das von Japan finanzierte Forschungszentrum widmet sich der Identifizierung und Restaurierung von Stücken, die auf dem Gelände gefunden wurden. Die 1300 m² große Einrichtung muss sich noch durch Unmengen von Funden arbeiten; man kann den Restauratoren bei der Arbeit über die Schulter schauen. Dies ist zwar eigentlich kein richtiges Museum, doch werden in einer ausgezeichneten Galerie die von den Maya-Handwerkern verwendeten Materialien vorgestellt.

Während das Museum umgebaut wird, findet hier auf unbestimmte Zeit das **Museo Sylvanus G. Morley** (Museo Cerámico; Keramikmuseum; 30 Q, auch gültig fürs Museo Lítico; ⌚8–16 Uhr) eine Heimstatt.

Museo Lítico MUSEUM

(Steinmuseum; 30 Q, gilt auch fürs Museo Sylvanus G. Morley; ⌚Mo–Fr 8–16 Uhr) Das größere der beiden Museen in Tikal ist im Besucherzentrum untergebracht und beherbergt eine Reihe von bearbeiteten Steinen aus den Ruinen. Besonders interessant sind aber die Fotos der Archäologiepioniere Alfred P. Maudslay und Teobert Maler, die die Urwaldtempel in verschiedenen Phasen der Ausgrabungsarbeiten zeigen. Draußen befindet sich ein Modell, das zeigt, wie Tikal um 800 ausgesehen haben mag.

Geführte Touren

Der familiengeführte örtliche Veranstalter **Gem Trips** (☎4051-3805, 4214-9514, USA 530-853-4329; www.gemtrips.com; Tikal-Sonnenaufgang 150 US$) führt hervorragende Sonnenaufgangstouren sowie geführte Touren nach Tikal und zu anderen Maya-Stätten durch. Die Archäologin **Roxy Ortiz** (☎5197-5173; www.tikalroxy.blogspot.com) verfügt über jahrelange Erfahrungen im Führen von Wanderungen durch die Welt der Mayas.

Mehrsprachige Guides können am Infokiosk engagiert werden. Die offiziellen Führer tragen ihren Ausweis deutlich sichtbar; darauf sind auch die Sprachen vermerkt, die sie sprechen. Vor 7 Uhr zahlt man 100 Q pro Person für eine Halbtagestour (3–6 Teilnehmer), später sind es 600 Q für eine Gruppe.

Schlafen & Essen

Über Nacht in Tikal zu bleiben hat den Vorteil, dass man das Gelände bei Sonnenauf- und -untergang besuchen kann – zu dieser Zeit sind die Vögel und andere Tiere des Dschungels am aktivsten, besonders die Brüllaffen. Neben dem Campingplatz gibt's hier nur drei Übernachtungsmöglichkeiten und viele der Zimmer sind mit Reisegruppen belegt. Fast alle Reisebüros in Guatemala haben Tikal-Touren inklusive Übernachtung, Teilverpflegung und Führung im Angebot.

Auf der rechten Seite der Zufahrtsstraße stehen einige kleine *comedores*. Sie sind täglich von etwa 6.30 bis 20.30 Uhr geöffnet. Auf der Speisekarte des Restaurants im Besucherzentrum stehen u. a. Pasta und Hamburger. Wer den ganzen Tag auf dem Ruinengelände verbringen und seine Zeit nicht mit dem 20- bis 30-minütigen Fußmarsch zu den *comedores* vergeuden will, sollte ausreichend Proviant und Wasser einpacken.

Campingplatz CAMPINGPLATZ $
(Stellplatz 50 Q pro Pers., Hängematte mit Moskitonetz 85 Q) Der Platz befindet sich gegenüber vom Besucherzentrum auf einer großen Rasenfläche mit einem sauberen Sanitärblock und Palmblattdach-Schutzhütten für Hängematten. Für den Zeltstellplatz zahlt man am Hauptkartenschalter. Eine Reservierung ist nicht nötig – es gibt jede Menge Platz.

Tikal Inn HOTEL $$$
(☎7861-2444; www.tikalinn.com; EZ/DZ/Bungalow 500/730/720 Q; P 🛜 🏊) Diese Ende der 1960er-Jahre erbaute, resortähnliche Unterkunft vermietet Zimmer im Hauptgebäude sowie palmblattgedeckte Bungalows am Pool und Rasen hinterm Haus, jeweils mit einer kleinen Veranda davor. Alle sind einfach, geräumig und recht komfortabel. Die billigsten Unterkünfte sind die abgeschiedensten: eine Handvoll Hütten am Ende eines Sägemehlpfads durch den Wald.

Jungle Lodge HOTEL $$$
(☎7861-0446; www.junglelodgetikal.com; EZ/DZ 680/772 Q, ohne Bad 359/423 Q; P 🛜 🏊) Das dem Eingang zur Stätte am nächsten gelegene Hotel diente ursprünglich als Unterkunft für Archäologen, die in Tikal arbeiteten. Die voll ausgestatteten Bungalows und die billigeren Unterkünfte stehen in genügendem Abstand voneinander auf einem weitläufigen Urwaldanwesen. Einige neuere Unterkünfte warten mit einer Einrichtung im Dschungelchic und Regenduschen unter freiem Himmel auf. Das Restaurant mit Bar serviert in einem tropischen Ambiente Gemüse-Pastagerichte, Crêpes und andere internationale Speisen (Hauptgerichte 80–100 Q).

Jaguar Inn HOTEL $$$
(☎7926-2411; www.jaguartikal.com; Stellplatz 50 Q pro Pers., mit Zelt 115 Q, EZ/DZ/3BZ 532/639/852 Q; P ❄ @ 🛜) Diese Unterkunft, vor allem bei jungen, unabhängigen Reisenden beliebt, bietet Bungalows mit zwei und vier Betten, Strohdächern und Hängematten auf den Veranden sowie ein nettes kleines Restaurant mit einer beliebten Terrasse. Leute mit sehr spärlich gefüllter Reisekasse können Zelte auf einem Podest mieten.

Orientierung

Die archäologische Stätte liegt im Zentrum des 550 km² großen Parque Nacional Tikal. Die Straße aus Flores führt ca. 19 km südlich der Ruinen in den Nationalpark. Vom Parkplatz der Stätte ist es nur ein kurzer Spaziergang zurück zur Kreuzung; dort gibt es einen Informationskiosk. Unmittelbar südlich der Kreuzung werden in einem **Besucherzentrum** (🕒8–16 Uhr) Bücher, Karten, Souvenirs, Hüte, Insektenschutzmittel, Sonnencreme u. a. verkauft. Hier gibt's auch ein Restaurant und ein Museum (S. 224).

VOGELBEOBACHTUNG IN TIKAL

Neben den Brüll- und Klammeraffen, die in Tikal in den Bäumen herumturnen, ist auch die Vielzahl an Vögeln beeindruckend, die hier überall unterwegs sind. Die Ruinen der Tempelkomplexe sind ideale Aussichtsplattformen zur Vogelbeobachtung; oft kann man auf die Baumwipfel hinabblicken und einige der rund 300 Vogelarten (Zugvögel und endemische Arten) erspähen, die bislang in Tikal gesichtet worden sind. Am besten bringt man ein Fernglas und ein Exemplar von *The Birds of Tikal: An Annotated Checklist* von Randell A. Beavers mit, das im Besucherzentrum erhältlich ist. Es ist wichtig, sich leise zu bewegen und Geduld mitzubringen, um wahrscheinlich Vertreter folgender Gattungen vor die Linse zu bekommen:

Templo de las Inscripciones Zwergmotmots (oder Sägeracken), vier verschiedene Trogon-Gattungen und Kronentyrannen

El Mundo Perdido Zwei Pirolarten, Fischertukane und Halsbandarassaris

Complejo P Hokkohühner, drei Spechtarten, Haubenguans, Braunflügelguans und drei Tangaren-Arten

Aguada Tikal Drei Arten von Eisvögeln, Jacanas (Blatthühnchen), Blaureiher, zwei Strandläufergattungen und Schwefeltyrannen

Eingangsweg In dem großen Ceiba-Baum nisten manchmal Tigerreiher.

Complejo Q Gelbhosenpipra und Schnurrvögel

Complejo R Laucharassaris

In der Nähe des Besucherzentrums befinden sich die Hotels von Tikal, ein Campingplatz, ein paar kleine *comedores* und ein modernes Forschungszentrum mit einem zweiten Museum (S. 224).

Vom Kartenkontrollhäuschen sind es fünf Minuten zu Fuß zum Eingangstor. Gleich dahinter findet man eine große Lagekarte. Von hier sind es 1,5 km (20 min.) Richtung Südwesten zur Gran Plaza. Von der Gran Plaza Richtung Westen zum Templo IV sind es dann etwas mehr als 600 m.

Praktische Informationen

Jeder – selbst wer in einem der Hotels im Park selbst übernachtet – muss am ersten Tor an der Zufahrtsstraße (oder in Banrural-Filialen z. B. in Flores oder Guatemala-Stadt) *im Voraus* ein Ticket kaufen. Mittlerweile sind *hinter dem Eingangstor keine Tickets mehr erhältlich* – auch keine Tickets für Sonnenaufgangstouren. Man erwirbt die Eintrittskarten im Voraus und verwendet sie dann zu der gewünschten Zeit an dem gewünschten Tag.

Von etwa Oktober bis März ist vom Tempel IV am westlichen Rand der Hauptstätte der Sonnenaufgang zu sehen; wer den Park jedoch vor oder nach den eigentlichen Öffnungszeiten betreten möchte, muss für 100 Q eine zusätzliche Eintrittskarte kaufen – dies ist im normalen Eintrittsticket nicht enthalten. Außerdem benötigt man einen Guide.

Der Kern der einstigen Stadt bedeckt eine Fläche von rund 16 km² mit über 6000 Bauwerken – weitere 4000 sind kürzlich mit Hilfe der Lidar-Technologie identifiziert worden, sodass Tikal eine der größte je gefundenen Maya-Stätte ist. Wer alle bedeutenden Gebäudekomplexe besichtigen will, wird mindestens 10 km zurücklegen müssen – bequemes Schuhwerk ist sicher keine schlechte Idee. Eine ordentliche Gummisohle mit Profil ist für das Terrain am besten geeignet. Der Regen und Pflanzenbewuchs können die Erkundung der Ruinen zu einer ziemlich rutschigen Angelegenheit machen, besonders während der Regenzeit. Außerdem sollte man ausreichend Wasser mitbringen, da man den ganzen Tag in der Hitze umherläuft.

Und bitte auf keinen Fall die *pisotes* (Nasenbären) füttern!

An- & Weiterreise

Zwischen 6.30 und 15 Uhr fahren ab Flores (30–80 Q, 1¼ Std.) acht Microbusse der ATIM (S. 218). Die Rückfahrt von Tikal erfolgt um 12, 13.30, 15 und 17 oder 18 Uhr. Vom Markt in Santa Elena kann man auch um 15.30 Uhr den etwas langsameren Bus Richtung Uaxactún nehmen.

Von El Remate fährt um 5.30 Uhr ein Sammelshuttle nach Tikal, Rückfahrt um 14 Uhr (einfach/hin & zurück 30/50 Q). Alle Unterkünfte in El Remate können Plätze buchen.

Aus Belize kommend kann man einen Minibus Richtung Santa Elena bis Puente Ixlú (auch El Cruce genannt) nehmen und dort in einen der Minibusse umsteigen, die Richtung Norden fahren; bis Tikal sind es von dort aus noch 36 km. Wer im Anschluss an den Besuch von Tikal nach Belize ausreisen möchte, sollte sich frühmorgens auf den Weg nach Puente Ixlú machen, um dort einen Bus oder Minibus Richtung Osten zu erwischen. Vorsicht mit den Shuttles nach Belize, die in Tikal angepriesen werden; es ist vorgekommen, dass die Fahrer einen Umweg über Flores machen, um mehr Passagiere einzusammeln. Und auf keinen Fall irgendwelchen „Verkäufern" im Bus Tickets für die Ruinen abkaufen!

Uaxactún

700 EW. / 175 M

Uaxactún (wa-schack-*tun*) war in präklassischer Zeit der politische und militärische Rivale des Königreichs Tikal. Es ist über eine unbefestigte Straße durch den Urwald zu erreichen. Im 4. Jh. unterwarf König Chak Tok Ich'aak I. (Große Jaguartatze) die Siedlung 23 km nördlich von Tikal. Uaxactún blieb danach jahrhundertelang abhängig von der „großen Schwester" im Süden. Doch nach dem Niedergang Tikals erlebte Uaxactún in der Endphase der Klassik offenbar eine erneute Blüte.

Die Dorfbewohner verdienen sich ihren Lebensunterhalt mit dem Sammeln von *chicle*, *pimienta* (Piment) und *xate* (eine kleine Palme, die an Blumenhändler in Holland verkauft wird) in den umliegenden Wäldern. Im *xate*-Lagerhaus am Westrand des Örtchens binden Frauen die Pflanzen zu Bündeln für den Transport zusammen.

Den Reiz des Orts machen vor allem die absolute Stille und seine Isolation aus. Nur wenige Reisende verirren sich hierher.

Sehenswertes

Die durch das Carnegie Institute in den 1920er- und 1930er-Jahren durchgeführten Forschungen bildeten die Grundlage für einen Großteil der archäologischen Erkundungen, die später in der Region stattfanden, u. a. in Tikal.

Die Eintrittsgebühr für Uaxactún in Höhe von 50 Q wird am Tor zum Parque Nacional Tikal bezahlt, allerdings erfolgt in Uaxactún selbst keine Kartenkontrolle.

Grupos B & A

Rund 20 Fußminuten nordwestlich der Landepiste befinden sich Grupo B und Grupo A, Letztere mit den größeren Bauten rund um den Hauptplatz der Stadt herum. Der **Palacio V** auf der Ostseite des Platzes gilt als Vorbild für die Nordakropolis von Tikal. 1916 entdeckte der amerikanische Archäologe Sylvanus Morley in der Grupo A eine Stele aus dem 8. *baktún*. Daher wurde die Stätte Uaxactún genannt, „Achtstein". Hinter dem Palacio V erhebt sich an einem Pfad zurück ins Dorf der imposante **Palacio A-XVIII** mit dem besten Panoramablick der Stätte von seiner Spitze.

Die **Stele 5** der Grupo B weist Tikals Erkennungsglyphe auf: Aus ihr schlossen die Archäologen, dass sich Uaxactún im hier verzeichneten Jahr 358 n. Chr. unter der Herrschaft Tikals befand.

Grupo E

Die Gebäude hier gruppieren sich auf fünf kleinen Hügeln. Vom Flugfeld weist zwischen der katholischen und der evangelischen Kirche rechts ein Schild den Weg zur Grupo E; dahin sind es 10 bis 15 Minuten zu Fuß. Der wichtigste Tempel hier ist der **Templo E-VII-Sub**: Er gehört zu den ältesten intakten Tempeln, die freigelegt wurden; die Fundamente reichen vielleicht bis in die Zeit um 2000 v. Chr. zurück. Die Pyramide ist Teil einer Gruppe von astronomischer Bedeutung. Von hier aus gesehen geht die Sonne am längsten Tag des Jahres hinter dem **Templo E-I** auf, am kürzesten Tag hinter dem **Templo E-III**. Die vier Jaguar- und Schlangenmasken an der Treppe des Haupttempels wurden 2014 von slowakischen Archäologen penibelst restauriert, dann zu ihrem Schutz aber wieder verdeckt. Vom Templo E-VII-Sub aus gesehen geht die Sonne zu Beginn des Frühjahrs und Herbsts hinter dem **Templo E-II** unter. Der **Templo E-V** gehört zu einem Komplex nicht ausgegrabener Tempel in der Grupo E. Der **Templo E-X** ist der höchste und vielleicht auch der älteste Tempel der Grupo E.

Schlafen & Essen

Wer mit einem öffentlichen Bus anreist, muss hier übernachten, da der einzige Bus zurück früh am Morgen fährt. Es stehen zwei Unterkünfte zur Verfügung, eine einfach, die andere rustikal.

Essen bekommt man in ein paar schlichten Imbissbuden wie dem **Comedor Uaxactún** (Hauptgerichte 35–50 Q; ⌚8–20 Uhr) und dem **Comedor Imperial Okan Arin** (☎4132-5709; Hauptgerichte 25–40 Q; ⌚7–22 Uhr). Außerdem bietet die wichtigste Unterkunft im Dorf alle Mahlzeiten.

Posada & Restaurante Campamento El Chiclero HOTEL **$**
(campamentochiclero@gmail.com; Stellplatz Zi. 30/75 Q pro Pers.) El Chiclero liegt an der Nordseite der Landebahn und hat zehn spar-

tanisch eingerichtete Zimmer unter einem Strohdach. Die Matratzen sind ordentlich, an den Decken und Fenstern sind Moskitonetze angebracht. Die sauberen Duschen und Toiletten befinden sich in einem Nebengebäude; um 21 Uhr wird das Licht ausgeschaltet. Die flotte Besitzerin Neria bereitet das beste Essen im Ort zu (Suppe & Hauptgericht mit Reis 75 Q).

Aldana's Lodge HÜTTEN $
(☎7783-3931; posadaaldana@gmail.com; Stellplatz/Zi. 20/40 Q pro Pers.) Rechts von der Straße, die zu den Gruppen B und A führt, können Traveller in sieben Holzhütten mit dünnen Matratzen auf Pritschen übernachten. Alfido und sein Sohn Héctor Aldana arbeiten als Tourguides zu Dschungelstätten wie El Zotz (3000 Q) und El Mirador (2000 Q), Amparo kümmert sich um das Essen.

An- & Weiterreise

Um 14 Uhr fährt am Hauptbusbahnhof in Santa Elena ein Pinita-Bus nach Uaxactún (40 Q) ab, der zunächst den Busbahnhof am Markt ansteuert und schließlich um 14.30 Uhr die Stadt verlässt. Dieser Bus passiert El Remate gegen 15.30 Uhr und Tikal gegen 17 Uhr. Am nächsten Morgen fährt er um 7 Uhr von Uaxactún nach Santa Elena zurück. Man muss also zwei Übernachtungen in Uaxactún einplanen, wenn man sich die Ruinen ansehen will. Organisierte Privattouren der **Casa de Don David** (☎5949-2164; www.lacasadedondavid.com; Jobompiche Rd; EZ/DZ mit Frühstück oder Abendessen ab 248/468 Q; ⏲Restaurant 6.30–21 Uhr; ❄@📶) von El Remate nach Uaxactún und zurück können arrangiert werden.

Wer selbst fährt und aus Richtung Süden kommt, hat in Puente Ixlú etwas südlich von El Remate die letzte Gelegenheit vollzutanken. In der Regenzeit (Mai–Okt., manchmal bis Nov.) kann die Straße von Tikal nach Uaxactún ziemlich matschig werden. Von Uaxactún führen ungeteerte Straßen zu anderen Ruinen: El Zotz (ca. 30 km südwestlich), Xultún (35 km nordöstlich) und Río Azul (100 km nordöstlich).

Yaxhá

Die klassischen Maya-Stätten Yaxhá, Nakum und El Naranjo bilden ein Dreieck, das die Grundlage für einen Nationalpark mit einer Fläche von mehr als 370 km² bildet und im Westen an den Parque Nacional Tikal grenzt. Yaxhá, die meistbesuchte Stätte von den dreien, liegt auf einem Hügel zwischen zwei größeren Seen, dem Lago Yaxhá und dem Lago Sacnab. Die Lage, die schiere Ausdehnung der Stätte, die Zahl der ausgezeichnet restaurierten Gebäude und die üppige Dschungelflora und -fauna machen einen Besuch hier sehr lohnend. Von der höchsten Pyramide bieten sich zudem einige atemberaubende Ausblicke über die Seen. Logischerweise ist hier weniger los als an den beliebteren, leichter zu erreichenden Stätten.

Die Stätte liegt 11 km nördlich der Straße von Puente Ixlú nach Melchor de Mencos und ist von einer Abzweigung 32 km von Puente Ixlú und 33 km von Melchor de Mencos über eine ungeteerte Straße zu erreichen.

Sehenswertes

Ostakropolis & Tempel 216 ARCHÄOLOGISCHE STÄTTE
Beim Eingang befindet sich – auch im wörtlichen Sinn – gleich der Höhepunkt von Yaxhá: der Tempel 216 in der Ostakropolis. Der auch „Tempel der roten Hände" genannte Bau (hier wurden einst rote Handabdrücke gefunden) ist über 30 m hoch und gewährt somit Ausblicke in alle Richtungen.

Nordakropolis ARCHÄOLOGISCHE STÄTTE
Die drei Pyramidentempel der Nordakropolis stehen auf älteren Bauten von 100 v. Chr. Der nördlichste Tempel erhebt sich mit sieben Plattformen über dem Dschungel. Beim Betreten des Komplexes sollte man unter dem Palmblattdach rechts nach den Überresten von riesigen Stuckmasken Ausschau halten.

An- & Weiterreise

Reisebüros in Flores und El Remate bieten organisierte Touren nach Yaxhá, teils inklusive Nakum und/oder Tikal. **Horizontes Mayas** (S. 218) in El Remate hat Touren (125 Q pro Pers. inkl. Guide und Eintritt, mind. 3 Teilnehmer) um 7 und 13 Uhr im Programm, Rückfahrt um 13 bzw. 18.30 Uhr. Oder man nimmt einen Microbus Richtung Melchor de Mencos und steigt am Restaurante El Portal de Yaxhá gegenüber der Abzweigung nach Yaxhá aus; die Restaurantmitarbeiter können die Weiterfahrt per Pick-up oder Motorrad (hin & zurück 200 Q) organisieren. *Colectivos* ab Flores kosten ebenfalls 200 Q.

El Mirador

Die Metropole **El Mirador** (Der Aussichtspunkt; www.miradorbasin.com; ⏲24 Std.) GRATIS aus der späten vorklassischen Zeit liegt im entlegensten Urwald des Petén nur 7 km südlich der mexikanischen Grenze. Sie beherbergt die vielleicht umfangreichste Ansammlung von Gebäuden aller Maya-Stätten, darunter die größte je in der Welt der Mayas gebaute Pyramide. Bisher konnten die Ausgrabungen nur ein bisschen an der Oberfläche kratzen, sodass viele Bauten immer noch unter dem Dschungel verborgen sind.

El Mirador wurde von einheimischen *chicheros* (*chicle*-Sammlern) nach den wundervollen Aussichten benannt, die sich von manchen Pyramiden bieten. **La Danta** (der Tapir) erhebt sich 70 m über dem Waldboden. **El Tigre** ist 55 m hoch und hat ein 18 000 m^2 großes Fundament. Zu ihrer Blütezeit bedeckte die Stadt eine Fläche von 16 km^2 und hatte Zehntausende Bewohner. Dies war zweifellos eine der größten Maya-Städte der vorklassischen Zeit.

ℹ An- & Weiterreise

Wer El Mirador besuchen möchte, muss eine anstrengende, mindestens fünftägige Dschungelwanderung bewältigen (ca. 60 km je Richtung); es gibt keinerlei Einrichtungen und man muss alles mit sich führen bzw. im Dschungel suchen. In der Regenzeit, insbesondere von September bis Dezember, kann die Wanderung durch den Matsch extrem schwierig sein. Die beste Zeit ist Februar bis Juni. Oder man kommt mit dem Hubschrauber.

WANDERN

Die Wanderung beginnt gewöhnlich bei einer Ansammlung von Häusern namens Carmelita, 82 km von Flores entfernt. Die **Comisión de Turismo Cooperativa Carmelita** (☎7867-5629; www.turismocooperativacarmelita.com), eine Gruppe von 16 INGUAT-autorisierten Guides, kann sämtliche Vorbereitungen für eine Wanderung nach El Mirador mit möglichen Abstechern zu den vorklassischen Stätten Nakbé, El Tintal, Wakná und Xulnal treffen. Wer an dieser Tour teilnehmen möchte, sollte fit sein, hohe Temperaturen (durchschnittlich fast 38 °C) und hohe Luftfeuchtigkeit (durchschnittlich 85 %) aushalten und lange Strecken von bis zu 30 km am Tag bewältigen können.

Am ersten Tag einer typischen Wanderung geht man in sechs Stunden nach El Tintal, wo im Zelt übernachtet wird. Am zweiten Tag geht es nach einer kurzen Besichtigung von El Tintal durch dichtere Wälder nach El Mirador; dort wird das Nachtlager aufgeschlagen. Der nächste Tag ist für El Mirador reserviert. Wer für die Wanderung fünf Tage veranschlagt hat, marschiert jetzt einfach denselben Weg wieder zurück. Wer sechs oder mehr Tage Zeit hat, wandert vier Stunden Richtung Südosten nach Nakbé und zeltet dort. Am folgenden Tag geht's wieder zurück, vielleicht mit einer Übernachtung in La Florida. Und am sechsten Tag marschiert man schließlich zurück nach Carmelita.

Für einen fünf-/sechstägigen Trip verlangt die Kooperative 1925/2240 Q pro Person bei einer Gruppe von mindestens drei Teilnehmern. Im Preis inbegriffen sind Zelte, Hängematten und Moskitonetze, alle Mahlzeiten und Trinkwasser, ein Spanisch sprechender Guide, Maultiere und Maultiertreiber sowie Erste-Hilfe-Ausstattung. Ein englischsprachiger Guide kostet extra.

Von Flores fahren täglich um 5 und 13 Uhr zwei Busse nach Carmelita (80 Q). Normalerweise nimmt man den Bus morgens und läuft gleich nach der Ankunft los – es sei denn, der Guide hat ein privates Transportmittel organisiert.

Es ist aber auch möglich, von Uaxactún nach El Mirador zu gelangen; das dauert länger, ist aber einfacher, da es hier weniger *bajos* (saisonale Sümpfe) gibt und die Route nicht so stark von der Abholzung des Dschungels zwecks landwirtschaftlicher Nutzung betroffen ist – man geht also gleich von Anfang an unter dem Baldachin des Dschungels. Diese Route zu gehen ist inzwischen recht ungewöhnlich geworden, sodass man das Ganze sehr frühzeitig selbst planen muss und sich nicht darauf verlassen kann, sich einer Tourgruppe anschließen zu können. Die Posada Campamento del Chiclero (S. 227) und die Aldana's Lodge (S. 228) bieten die beste Möglichkeit, zuverlässige Informationen über das Angebot und die Kosten zu erhalten (derzeit 2000 Q pro Pers.). Die erste Etappe fährt man in einem Monstertruck zu einem Zeltplatz beim früheren *chiclero*-Camp im fünf Stunden entfernten Yucatán. Am nächsten Morgen gesellen sich Lasten-Maultiere zur Gruppe und es geht zu einem weiteren Camp, La Leontina, eine vierstündige Dschungelwanderung entfernt. Am folgenden Tag wandert man dann drei Stunden nach Nakbé. Nach dem Besuch der Stätte führt die Expedition weiter nach El Mirador. Zurück geht's schließlich auf derselben Route.

HUBSCHRAUBER

Wer nicht gern wandert, zeltet und sich mit Moskitos herumschlägt, kann man es sich leicht machen und den Hubschrauber nehmen. Zu ausgewählten Zeiten des Jahres bietet **TAG Airlines** (☎4218-5485, Guatemala-Stadt 2380-9494; www.tag.com.gt; Aeropuerto Internacional Mundo Maya; 399 US$; ⏲6–19.30 Uhr) Hubschrauber-Exkursionen von Flores nach El Mirador für nur 399 US$ pro Person. Preise und Angebote ändern sich ständig, daher ist es ratsam, sich frühzeitig bei der Fluggesellschaft über die aktuellen Termine zu informieren. Wer fliegt, hat nur vier bis fünf Stunden Zeit zur Erkundung der Ruinen, doch je nach Wetter besteht zeitlich auch die Möglichkeit, nach La Danta und El Tigre zu wandern. Der Hubschrauber fliegt frühmorgens los und ist gegen 15.30 Uhr wieder zurück in Flores. Wasser und Snacks werden gestellt, aber man sollte Sonnen- und Insektenschutz mitnehmen und sich vergewissern, dass die Akkus der Kamera vollständig geladen sind.

GUATEMALA VERSTEHEN

Guatemala aktuell

Guatemala ist ein Land mit einer vielfältigen Tourismusszene, aber in wirtschaftlicher und politischer Hinsicht hat das Land nach wie vor zu kämpfen. Über die Hälfte der Bevölkerung ist unter 25 Jahre alt und ein ähnlich großer Teil lebt unterhalb der Armutsgrenze. Der Gewalt der Gangs und dem immer noch nicht aufgearbeiteten Erbe des Bürgerkriegs steht die unerschöpfliche Energie der guatemaltekischen Graswurzelorganisationen gegenüber, die aber unter Geldmangel leiden. Zwar machen die verschiedenen Regierungen immer wieder neue Versprechungen, doch die Guatemalteken verlassen sich lieber auf sich selbst, um Lösungen zu finden.

Weder korrupt noch ein Dieb?

Im Januar 2016 trat Jimmy Morales, ein beliebter Fernsehstar, sein Amt als Präsident des Landes an. Er war mit dem Slogan *„Ni corrupto, ni ladrón"* (Weder korrupt noch ein Dieb) angetreten, nachdem der ehemalige Präsident Otto Pérez Molina wegen Korruption des Amtes enthoben worden war.

Die Wirklichkeit der Regierung Morales stellte sich jedoch als ernüchternd heraus. Aufgrund der engen Bande des evangelikalen Präsidenten zum Militär – dem Kern der politischen Elite Guatemalas – ist das Land in Menschenrechtsbelangen nicht weitergekommen; die Menschenrechtskommission des Landes wurde in die Schranken gewiesen und es wurde – allerdings ohne Erfolg – versucht, den ranghöchsten Vertreter der USA im Land auszuweisen. Nach Fragen hinsichtlich der Finanzierung seines eigenen Präsidentschaftswahlkampfes ließ Morales im Kongress ein Gesetz verabschieden, das ihm Immunität verlieh, und er schlug Amnestien für illegale Spender vor.

Ein Ausbruch mit politischen Folgen

Am 3. Juni 2018 nahm die nationale Debatte plötzlich eine andere Richtung: Südlich von Antigua brach der Fuego aus. Bei dem verheerendsten Vulkanausbruch des Landes seit 1929 kamen etwa 160 Menschen zu Tode und Tausende verloren ihr Zuhause. In ganz Guatemala wurde für die Opfer gesammelt, doch Hilfsgruppen aus dem Ausland wurde nur beschränkt Zugang ermöglicht. Später wurden Anschuldigungen laut, dass Hilfsgelder ungerecht verteilt worden waren, und es kam zu Protesten. Als unzulänglich eingestuft und kritisiert wurde auch das gesamte Krisenmanagement der Regierung, wodurch das Ansehen der Regierung Morales bei vielen Guatemalteken noch tiefer sank. Da die Wiederansiedlung der obdachlosen Menschen weiterhin nur sehr schleppend vorangeht, wird der Fuego wohl einen langen Schatten auf das Wahljahr 2019 werfen.

Weltpolitik

Auch die Weltpolitik übt weiter ihren Einfluss auf Guatemala aus, besonders hinsichtlich des Verhältnisses zu den USA. Jimmy Morales war weltweit das erste Staatsoberhaupt, das nach Donald Trump Jerusalem als Hauptstadt Israels anerkannte, und er kündigte an, die guatemaltekische Botschaft von Tel Aviv nach Jerusalem zu verlegen. Die Verbindungen zwischen Guatemala und Israel waren seit jeher eng gewesen, doch die arabischen Länder verurteilten den Entschluss natürlich. Der Nahe Osten ist ein bedeutender Markt für den guatemaltekischen Kardamomexport und es liegen noch immer Boykottandrohungen in der Luft.

Ein sehr umstrittenes Thema im ländlichen Guatemala sind die großen, oft von ausländischen Firmen betriebenen Bauprojekte wie Staudämme für die Stromerzeugung und der Abbau von Bodenschätzen. Derzeit kämpfen guatemaltekische Indigenenverbände gegen die von der Internationalen Bank für Wiederaufbau und Entwicklung finanzierten Staudammprojekte Pojom II und San Andres in der nördlichen Provinz Huehuetenango, da diese Vorhaben den dortigen Bewohnern die Lebensgrundlagen entziehen und die Wasserversorgung bedrohen.

Der lange Weg zur Genesung

Trotz des Friedensabkommens von 1996 erholt sich Guatemala nur langsam von den im Bürgerkrieg davongetragenen Wunden. Ein wichtiger Schritt der Aufarbeitung war die offizielle Anerkennung einiger Gräueltaten, auch wenn dies einigen Beobachtern zufolge nur widerstrebend geschah. Zwar bemerkte Präsident Morales, dass er nicht glaube, im Ixil-Dreieck habe je ein Völkermord stattgefunden, doch auf Geheimfriedhöfen, auf denen das Militär „verschwundene" Dissidenten begraben ließ, werden

ABGELEGENE MAYA-STÄTTEN

Der Petén strotzt nur so von archäologischen Stätten. Einige sind schwieriger zu erreichen als andere; Reisebüros in Flores und El Remate können bei der Anreise behilflich sein, benötigen aber etwas Vorlaufzeit. Hier einige der derjenigen, die einen Abstecher lohnen:

San Bartolo Die 2003 entdeckte Stätte beherbergt eines der besterhaltenen Maya-Wandbilder mit der Schöpfungslegende aus dem Popul Vuh. Die Stätte liegt ca. 40 km nordöstlich von Uaxactún nicht weit vom Río Azul.

Piedras Negras Die am Ufer des Río Usumacinta inmitten schwarzer Klippen gelegenen Ruinen weisen eindrucksvolle Steinmetzarbeiten und einen großen Akropolis-Komplex auf. Hier entschlüsselte die Teilzeitarchäologin Tatiana Proskouriakoff das Hieroglyphensystem der Mayas. Sie wünschte, nach ihrem Tod (1985) hier begraben zu werden, doch wegen des Bürgerkriegs kam es nicht dazu. Schließlich wurden ihre sterblichen Überreste zehn Jahre später oben auf dem Bau J23 unter einem schlichten Grabstein bestattet.

La Blanca Dieser palastartige Komplex am Río Mopan nicht weit von der belizischen Grenze erblühte in der spätklassischen Zeit vielleicht als Handelszentrum. Die Akropolis zeichnet sich durch ihre bemerkenswert gut erhaltenen Steinmauern und jede Menge Graffiti aus. Das Ganze wurde von einem spanischen Team ausgegraben. Touren hierher bietet **Mayan Adventure** (Karte S. 212; ☎5830-2060; www.the-mayan-adventure.com; Calle 15 de Septiembre; ⊙Buchungen Mo–Fr) in Flores.

El Zotz Diese weitläufige Stätte liegt in einem eigenen Biotop am Parque Nacional Tikal. Von den drei kaum ausgegrabenen Tempeln kann einer, die Pirámide del Diablo, bestiegen werden; von oben blickt man bis nach Tikal. Wer bis zur Abenddämmerung bleibt, versteht auch, wie der Ort zu seinem Namen kam: „Die Fledermaus". Forscher von der University of Southern California legten 23 Masken in den Gräbern der größten Pyramide frei. Vom INGUAT autorisierte Guides aus dem Ort **Cruce Dos Aguadas** (☎5039-1188) 42 km nördlich von Flores führen Touren nach El Zotz – eine 24 km lange Wanderung Richtung Osten durch den Dschungel.

Río Azul Diese mittelgroße Stätte in der Nähe der Stelle, wo Belize, Guatemala und Mexiko zusammentreffen, fiel in frühklassischer Zeit unter die Herrschaft von Tikal und entwickelte sich zu einem wichtigen Handelsposten für Kakao aus der Karibik. Am interessantesten sind die Grabmale mit den bunten gemalten Glyphen im Innern. Campamento El Chiclero (S. 227) in Uaxactún bietet eine empfehlenswerte Exkursion hierher.

El Naranjo An dieser riesigen Stätte 12 km von der belizischen Grenze finden gerade umfangreiche Ausgrabungs- und Restaurierungsarbeiten statt. Im Zuge dieser Arbeiten haben die Archäologen herausgefunden, dass diese Stadt dichter bevölkert war als Tikal und vielleicht auch größer. Das von der Prinzessin Sechs Himmel, Tochter eines Herrschers von Dos Pilas, regierte Naranjo eroberte benachbarte Königreiche und brachte eine der am weitesten entwickelten Kunstszenen der Maya-Welt hervor. Infos über eine Besichtigung der Stätte gibt's bei der **Río Mopán Lodge** (Karte S. 278; ☎7926-5196; avinsa@yahoo.com; Zi. mit/ohne Klimaanlage 188/150 Q; P ❄ ᯤ).

weiter Leichen exhumiert und im Dezember 2017 wurden in der Gegend 172 frisch identifizierte Leichname erneut bestattet. Mehr als 35 000 Personen gelten nach wie vor als vermisst und die eigentlich vorgeschriebenen Entschädigungsmaßnahmen wurden nie vollständig umgesetzt.

Einige Kriegsverbrecher kamen vor Gericht. Die härteste Strafe traf bisher den ehemaligen Militärbeauftragten Lucas Tecún: Er wurde zu 7710 Jahren Haft verurteilt. Auch der ehemalige Diktator Efraín Ríos Montt wurde wegen Völkermords verurteilt, das Urteil jedoch später wieder aufgehoben. Derzeit steht Ríos Montt allerdings wieder vor Gericht, trotz seiner angeblichen, ärztlich bescheinigten Senilität.

Graswurzelbewegungen

Angesichts der Gleichgültigkeit der Behörden beziehungsweise ihrer Unfähigkeit, mit den zahllosen Problemen des Landes fertig zu werden, versuchen zahlreiche gemeindebasierte Organisationen und NGOs, die Lücke zu füllen. Sehr viele Guatemalteken engagieren sich als Freiwillige, z. B. in Bürgerwehren in Gebieten, die von der Polizei nicht patrouilliert werden, oder in Initiativen zur Lebensmittelkontrolle und zur Unterbringung der Armen.

Die Massenproteste gegen die alte Regierung von Pérez Molina und die nachfolgende Präsidentschaft von Jimmy Morales, die hauptsächlich nicht parteipolitisch, sondern über die sozialen Medien organisiert war bzw. ist, haben bei jungen Guatemalteken ein neues Interesse an der Politik geweckt: Aus vormals zersplitterten Gruppen sind neue Allianzen entstanden und die Zivilgesellschaft wurde gestärkt.

Geschichte

Forscher nehmen an, dass Menschen das heutige Guatemala frühestens 11 000 v. Chr. besiedelten. Der vorherrschenden Theorie zufolge wanderten die ersten Siedler über die damals existierende Landbrücke zwischen Sibirien und Alaska auf den amerikanischen Kontinent ein. Die Entwicklung der Landwirtschaft und die daraus resultierende sicherere Versorgung mit Nahrungsmitteln führten zu einem Bevölkerungswachstum sowie zur Entwicklung erster Kunstformen und einer Sprache, auf die zahlreiche heute noch gesprochene Maya-Sprachen zurückverfolgt werden können.

Aufstieg & Untergang der Mayas

Dank weiterer Fortschritte in den Anbaumethoden und eines anhaltenden Bevölkerungswachstums besaßen diese frühen Zivilisationen die Zeit und die Ressourcen, um künstlerische und architektonische Fertigkeiten zu entwickeln.

Zwischen 800 v. Chr. und 100 n. Chr. entstanden Siedlungszentren wie El Mirador im Petén und auch Kaminaljuyú wurde durch Handel und Eroberungen immer größer, sodass Hunderte, wenn nicht Tausende Tempel und zeremonielle Zentren gebaut wurden – viele schlummern immer noch unentdeckt unter der Erde. Tikal, Guatemalas berühmteste Maya-Stätte, entstand zu Beginn der klassischen Periode um 250 n. Chr.

Die Entwicklung dieser und vieler anderer Stadtstaaten ging bestenfalls holprig vonstatten und war von nicht eingehaltenen Militärbündnissen, Nahrungsmangel und Dürren gekennzeichnet. Eines der besten, nicht allzu wissenschaftlichen Bücher zu dieser Epoche ist Nikolai Grubes reich bebildertes *Maya: Gottkönige im Regenwald.*

Zu Beginn des 16. Jhs. war die Maya-Zivilisation bereits im Niedergang. Einige Zentren wie El Mirador waren bereits verlassen, während andere wie Tikal oder Quiriguá das Dasein kleiner unbedeutender Städte fristeten. Verschiedene Theorien legen nahe, dass unzählige Bewohner den Petén verließen und ins Hochland zogen, wo sie große Städte wie K'umarcaaj, Iximché, Zaculeu und Mixco Viejo gründeten.

Diese neue Heimat brachte ihnen jedoch keinen Frieden – schon bald folgten ihnen toltekische Stämme aus Yucatán und übernahmen nach und nach die Kontrolle. Kämpfe zwischen einzelnen Stämmen sowie die Überbevölkerung und die daraus resultierende Nahrungsknappheit bereiteten den Boden für die Eroberungen der Spanier, die 1523 ins heutige Guatemala vordrangen.

Eroberung & Kolonialisierung

Die Spanier sind aber nicht einfach so einmarschiert. Sie trafen auf energischen Widerstand, hauptsächlich von den K'iche' (Quiché; in einer berühmten Schlacht wurden sie nahe dem heutigen Quetzaltenango von Tecún Umán angeführt). Die benachbarten Cakchiquel weigerten sich nicht nur, ihre Kräfte mit den Quiché zu vereinen, sie verbündeten sich sogar mit den Spaniern und kämpften gegen ihre Landsleute.

Es dauerte jedoch nicht lange, bis die Spanier sich auch gegen die Cakchiquel wendeten und schon bald befand sich der Großteil des einstigen Maya-Territoriums unter spanischer Kontrolle. Die Ausnahme bildeten die Rabinal, die ihre Kultur bis heute größtenteils bewahren konnten, und die Itzáes, die sich weit weg auf der erst 1697 eroberten Insel Flores im Petén versteckten.

Unabhängigkeit & 19. Jahrhundert

Als sich die ersten Gedanken über eine Unabhängigkeit von Spanien in Guatemala breitmachten, war die Gesellschaft schon streng in soziale Schichten gegliedert. Nachdem ihnen wiederholt der soziale Aufstieg verwehrt worden war, zettelten die guatemaltekischen *criollos* (in Guatemala geborene Spanier) 1821 erfolgreich einen Aufstand an. Für die indigenen Bevölkerungsteile Guatemalas brachte die Unabhängigkeit jedoch kaum Veränderungen: Sie fristeten ihr Dasein weiterhin unter der Knute der Kirche und der Elite der Landbesitzer.

Während der kurzen Existenz der Zentralamerikanischen Konföderation brachte der liberale Präsident Francisco Morazán (1830–1839) Reformen auf den Weg, die drei dauerhafte Probleme beheben sollten: die Übermacht der Kirche, die Teilung der Gesellschaft in eine hispanische Ober- und eine indigene Unterschicht und die Bedeutungslosigkeit der Region auf den Weltmärkten. Doch die Konföderation zerbrach und Guatemala erlangte 1839 die Eigenstaatlichkeit.

Eine unpopuläre Wirtschaftspolitik, hohe Steuern und die Cholera-Epidemie von 1837 führten zu Aufständen der indigenen Bevölkerung, die dem konservativen Rafael Carrera zur Macht verhalfen. Carrera, der mit dreijähriger Unterbrechung bis 1865 regierte, machte viele von Morazás Errungenschaften zunichte.

Unter Präsident Justo Rufino Barrios, einem Kaffeeplantagenbesitzer, erlangten die Liberalen in den 1870er-Jahren erneut die Macht. Er brachte ein Modernisierungsprogramm auf den Weg, ließ Straßen, Eisenbahnstrecken und Schulen bauen und begründete ein modernes Bankensystem. Und er tat alles nur Mögliche zur Förderung der Kaffeeproduktion und machte auch vor Zwangsumsiedlungen und Zwangsarbeit nicht halt. Die folgenden Regierungen behielten mehr oder weniger das altbekannte Schema bei: Die Macht lag in den Händen einer reichen Minderheit, die die Opposition unterdrückte.

Das frühe 20. Jahrhundert

Von 1898 bis 1920 regierte Manuel Estrada Cabrera als Diktator das Land. In der öffentlichen Darstellung stilisierte er sich zum „Lehrer und Beschützer der Jugend Guatemalas", der versucht, Kultur in ein rückständiges Land zu bringen. Gleichzeitig belastete er die Bevölkerung mit Ausnahme der herrschenden Oligarchie schwer.

Dem Sturz Cabreras folgte eine Phase der Instabilität. Sie endete 1931 mit der Wahl von General Jorge Ubico, der das Gesundheits- und Sozialsystem des Landes modernisierte, 1944 jedoch ins Exil getrieben wurde.

1945 kam der Philosoph Juan José Arévalo an die Macht. Er schuf ein Sozialversicherungssystem, eine Behörde für die Belange der *indígenas*, ein modernes öffentliches Gesundheitswesen und ein liberales Arbeitsrecht. In seiner sechsjährigen Amtszeit überstand er 25 Putschversuche des konservativen Militärs.

Arévalo folgte 1951 Oberst Jacobo Arbenz Guzmán nach, der die großen Farmen zerschlagen und die Produktivität kleinerer Betriebe steigern wollte. 1954 steuerte die US-Regierung schließlich bei einer der ersten dokumentierten verdeckten CIA-Operationen dieser Art eine Invasion von Honduras aus, die von zwei im Exil lebenden Offizieren aus Guatemala geleitet wurde. Arbenz wurde zum Rücktritt gezwungen, seine Landreform wurde nie umgesetzt. Es folgten Gewalt, Unterdrückung und Enteignungen, die zur Bildung linksradikaler Guerillagruppen führten.

Bürgerkrieg

In den 1960er- und 1970er-Jahren nahm das wirtschaftliche Ungleichgewicht zu. Während die Gewerkschaftsbewegung aufkeimte, erreichten die Repressionen neue Dimensionen. Amnesty International schätzt, dass während der politischen Unruhen der 1970er-Jahre 50 000 bis 60 000 Guatemalteken getötet wurden. Darüber hinaus forderte 1976 ein Erdbeben 22 000 Todesopfer und machte rund 1 Mio. Menschen obdachlos.

1982 verfolgte General José Efraín Ríos Montt, der durch einen Putsch an die Macht gelangt war, eine erbarmungslose Politik der „verbrannten Erde": Zahllose Personen aus über 400 Dörfern, vorwiegend indigene Männer, wurden ermordet. Ríos Montt schrieb sich die Niederschlagung der Aufstände, die Stabilisierung des Landes und den Antikommunismus auf die Fahnen. Geschätzte 15 000 Zivilisten wurden gefoltert und massakriert; 100 000 Flüchtlinge flohen nach Mexiko. Als Antwort schlossen sich vier Guerilla-Organisationen zur URNG („Revolutionäre Nationale Einheit Guatemalas") zusammen.

Im August 1983 wurde Ríos Montt durch einen von General Óscar Humberto Mejía Victores geführten Putsch gestürzt, doch die Menschenrechte wurden auch in der Folge mit Füßen getreten. Nachdem die USA ihre militärische Hilfe eingestellt hatten, gewann 1985 der Zivilist und Christdemokrat Marco Vinicio Cerezo Arévalo die Wahl – jedoch erst, nachdem sich das Militär Immunität vor strafrechtlichen Verfolgungen gesichert hatte. Und in abgelegenen Gebieten tobten weiter bewaffnete Auseinandersetzungen.

Die Unterzeichnung des Friedensabkommens

1996 wurde Álvaro Enrique Arzú Irigoyen von der Mitte-Rechts-Partei PAN (Partido de Avanzada Nacional) zum Staatspräsidenten gewählt. Im Dezember unterzeichnete er ein Friedensabkommen mit der URNG, das den 36-jährigen Bürgerkrieg beendete – einen Krieg, in dem geschätzte 200 000 Guatemalteken getötet und 1 Mio. Menschen obdachlos wurden und in dem unzählige Tausend „verschwanden".

Das Abkommen sah vor, die Menschenrechtsverletzungen durch die Militärs aufzuklären und 1 Mio. Flüchtlinge wieder in ihre Heimat zurückzuholen. Es griff darüber hinaus Probleme wie die Identität und die Rechte der *indígenas* auf, das Gesundheitswesen, die Bildung und andere staatliche Sozialleistungen, die Rechte der Frauen, die Abschaffung des Militärdienstes und die Wiedereingliederung ehemaliger Guerillas in die Zivilgesellschaft.

Seit Ende des Krieges ist das Land einen steinigen Weg gegangen. Die größte Herausforderung für den Frieden stellen die Ungerechtigkeiten in den Machtstrukturen dar. Schätzungsweise 70 % des urbaren Landes sind im Besitz von nur 3 % der Bevölkerung. Laut eines UN-Berichts verfügen die oberen 20 % der Bevölkerung über ein Einkommen, das 30-mal größer ist als das der unteren 20 %. Oder, wie es auch die meisten Guatemalteken ausdrücken: Es gibt sieben Familien, denen Guatemala „gehört".

Guatemala im 21. Jahrhundert

In den Jahren seit 1996 scheinen sich sämtliche Hoffnungen für eine wahrhaft gerechte und demokratische Gesellschaft als immer zerbrechlicher zu erweisen. Während internationale Organisationen die Menschrechtslage im Land regelmäßig kritisieren, werden guatemaltekische Menschenrechtler immer wieder bedroht oder verschwinden einfach, und das erschreckend regelmäßig. Nach wie vor weit von einer Lösung entfernt sind die größten Probleme des Landes: Armut, Analphabetismus und ein mangelhaftes Bildungs- und Gesundheitswesen (in ländlichen Gegenden, in denen überproportional Mayas leben, sind diese noch deutlich ausgeprägter).

Die Präsidentschaftswahlen im Jahr 1999 gewann Alfonso Portillo von der konservativen Frente Republicano Guatemalteco (FRG). Am Ende seiner Präsidentschaft floh Portillo aus dem Land, als Anschuldigungen gegen ihn erhoben wurden, er habe 500 Mio. US$ aus der Staatskasse auf eigene Konten und die von Familienangehörigen verschoben. Schließlich wurde er in den USA wegen Geldwäsche zu sechs Jahren Gefängnis verurteilt und 2018 freigelassen.

2006 ratifizierte Guatemala das Cafta (Central America Free Trade Agreement, auf Spanisch *Tratado de Libre Comercio*, TLC). Befürworter meinen, es mache das Land fit für den internationalen Wettbewerb, während Gegner warnen, das Abkommen sei ein schlechtes Geschäft für die ohnehin gebeutelte, verarmte Landbevölkerung.

Die Präsidentschaft von Álvaro Colom ab 2008 überschatteten Gerüchte von direktem Stimmenkauf sowie Deals hinter verschlossenen Türen, bei denen solchen Unternehmen Aufträge zugeschanzt wurden, die in Coloms Wahlkampfkasse eingezahlt hatten. Anfang 2012 übernahm der ehemalige Bürgerkriegsgeneral Otto Pérez Molina das Amt des Präsidenten.

Es war von Anfang an klar, dass die Wahl von Pérez Molina immer umstritten sein würde: Er war zu Zeiten, in denen die schlimmsten Gräueltaten geschahen, und in den Gegenden, in denen sie geschahen, General in Ríos Montts Armee. Doch die Guatemalteken hatten inzwischen genug von der wachsenden Gesetzlosigkeit im Land und ließen Vergangenheit Vergangenheit sein in der Hoffnung, dass Molina seine beiden Wahlversprechen einlösen würde – Arbeit und Sicherheit.

Während auf Proteste teils rücksichtslos reagiert wurde – bei einem Protest gegen einen Staudammbau und die Ausbeutung von Bodenschätzen tötete die Armee sieben Menschen und verwundete 40 –, unternahm Pérez Molina wenig, um die Kriminalität zu bekämpfen, und zu Beginn seiner Präsidentschaft kursierten vage Gerüchte über Korruption in seiner Regierung. Im April gab die Anti-Korruptionskommission der Vereinten Nationen in Guatemala, die CICIG, einen Bericht heraus – jetzt waren die Anschuldigungen nicht mehr so vage.

Dem Bericht zufolge nahmen mehrere hochrangige Mitglieder der Regierung Pérez Molinas von Warenimporteuren Bestechungsgelder an, um die Zollgebühren zu senken. Innerhalb weniger Tage wurden über die sozialen Medien Massenproteste organisiert und in Guatemala-Stadt gingen Zehntausende auf die Straße. Vizepräsidentin Roxana Baldetti war das erste Opfer: Sie trat Anfang Mai zurück, da sie z. B. nicht erklären konnte, woher die 13 Mio. US$ für ihren Hubschrauber stammten.

In den folgenden Monaten, als der Skandal langsam seinen Weg zur Regierungsspitze fand, traten mehr als 20 Regierungsbeamte zurück und zahlreiche wurden verhaftet. Als noch mehr Details zutage traten, gingen die Massenproteste weiter. Baldetti wurde im August verhaftet und es wurden Rufe laut, Pérez Molina seines Amtes zu entheben. Der Präsident klammerte sich noch ein paar Wochen an seinen Posten und trat dann im Angesicht der drohenden Amtsenthebung zurück. Er wurde Anfang September verhaftet.

Die Menschen

Mentalität

Wer zum ersten Mal nach Guatemala kommt, ist erstaunt, wie hilfsbereit, höflich und gelassen die Guatemalteken sind. Jeder hat Zeit, kurz ein Päuschen zu machen, ein Schwätzchen zu halten und einem zu erklären, was man wissen möchte. Die meisten Guatemalteken lernen andere Menschen lieber in aller Ruhe kennen und finden heraus, welche Gemeinsamkeiten sie haben bzw. welche Ansichten sie teilen.

Was sich hinter dieser höflichen Fassade abspielt, ist schwieriger zu fassen. Nur wenige Guatemalteken scheinen den Stress, die Sorgen und die Hektik einer „modernen" Gesellschaft zu kennen, was aber ganz offensichtlich nicht daran liegt, dass sie sich nicht um Geld oder Arbeit sorgen müssen. Dieses Volk leidet seit langer Zeit und hat die Hoffnung auf Wohlstand und eine vernünftige Regierung aufgegeben – die Menschen hier machen das Beste aus dem, was sie haben: Freundschaft, Familie, gutes Essen und etwas nette Gesellschaft.

Nach außen hin scheinen die Familienbande stark zu sein, bei genauerem Hinsehen stellt man aber fest, dass der wahre Grund für das Zusammenleben dreier Generationen in einem Haus eher wirtschaftlicher Natur ist und nicht zwangsläufig etwas mit gegenseitiger Zuneigung zu tun hat.

Die Guatemalteken sind ein religiöses Volk, Agnostiker und Atheisten sind nur sehr spärlich gesät. Man wird oft schon zu Beginn einer Unterhaltung gefragt, welcher Religion man angehört. Wer keine Lust auf eine derartige Diskussion verspürt, kann sein Gegenüber mit der Antwort „Ich bin Christ" in der Regel zufriedenstellen. Der katholisch-orthodoxe Glaube weicht unter den *ladinos* (Menschen gemischter, also indigener und europäischer Abstammung) immer mehr dem evangelikalen Protestantismus, während der animistisch-katholische Synkretismus der Mayas stets gegenwärtig ist.

Manch Beobachter meint, Guatemala habe keine Mittelschicht, sondern nur eine herrschende und eine ausgebeutete Klasse. Tatsächlich wird Guatemala von einer kleinen, reichen *ladino*-Elite regiert, deren wichtigstes Ziel es zu sein scheint, ihren Wohlstand und ihre Macht um nahezu jeden Preis zu erhalten. Auf der anderen Seite des gesellschaftlichen Spektrums finden sich indigene Mayas wieder, die mehr als die Hälfte der Gesamtbevölkerung ausmachen, in der Regel arm, schlecht ausgebildet und schlecht versorgt sind.

Neben diesen beiden Gruppen existiert auch eine große Gruppe *ladinos* aus der Unter- und Mittelschicht, deren Sehnsüchte durch ihre Bildung, das Fernsehen, internationale Popmusik und die USA (wo viele Guatemalteken eigene Erfahrungen als Gastarbeiter gemacht haben) geprägt werden – und möglicherweise vom liberalen Gedankengut sozialer Gleichheit und Toleranz. Zu dieser Schicht gehören auch unkonventionelle Studenten und Künstler, die Ziele und Ansichten mit der Gruppe der gebildeten, nach vorne blickenden Mayas teilen und vielleicht am ehesten gewillt und auch in der Lage sind, eine gerechtere Gesellschaft zu verwirklichen.

Lebensart

Die meisten Guatemalteken leben in Ziegel- oder Betonhäusern mit nur einem Zimmer oder in den traditionellen *bajareque* mit Blech-, Ziegel- oder Strohdach. Die Häuser haben einen Boden aus Erde, einen Ofen oder eine Feuerstelle und eine minimale Einrichtung – oft nicht mehr als ein paar karge Betten und ein paar Töpfe. So lebt der Großteil der indigenen Bevölkerungsmehrheit, egal ob auf dem Land, in Dörfern oder in der Stadt.

Die wenigen wohlhabenderen *indígenas* und die meisten *ladino*-Familien haben größere Häuser in den Städten und größeren Dörfern, die aber ebenfalls selten aus viel mehr als ein oder zwei Zimmern und einer Küche bestehen, die gleichzeitig als Wohnzimmer dient. Familien der Mittelschicht in den reicheren Vororten von Guatemala-

Stadt leben in großzügigen ein- oder zweistöckigen Häusern mit Garten. Die kleine Elite besitzt sowohl ländliche Anwesen als auch Immobilien in der Stadt, z. B. ein komfortables Bauernhaus am Pazifikgürtel oder eine Villa direkt am Meer.

Trotz moderner Einflüsse sind die traditionellen Familienbande nach wie vor sehr stark. Die erweiterte Verwandtschaft trifft sich am Wochenende zum Essen oder für gemeinsame Unternehmungen. Auch traditionelle Geschlechterrollen sind weit verbreitet: Viele Frauen haben zwar einen Job, um das Familieneinkommen aufzustocken, aber nur wenige bekleiden höhere Positionen. Homosexuelle wagen sich nur selten aus der Deckung: Lediglich in Guatemala-Stadt gibt's so etwas wie eine offene Szene, die allerdings fast ausschließlich homosexuellen Männern vorbehalten ist.

Dem World Factbook der CIA zufolge lebt mehr als die Hälfte der Guatemalteken in Armut. Der offizielle nationale Mindestlohn beträgt gerade einmal 81 Q (10 €) pro Tag – und bei Weitem nicht jeder hat Anspruch darauf. Ein ausgebildeter Lehrer verdient bis zu 1950 Q (ca. 230 €) pro Monat. Besonders stark ausgeprägt ist die Armut in ländlichen Gebieten, Heimat vieler *indígenas*, und ganz besonders im Hochland. Wohlstand, Industrie und Kommerz wird man fast ausschließlich in der wuchernden, von Luftverschmutzung geplagten Hauptstadt antreffen.

Bevölkerung

Die große Mehrheit der 15 Mio. Einwohner Guatemalas lebt im Hochlandstreifen zwischen Guatemala-Stadt und Quetzaltenango, den beiden größten Städten des Landes. In dieser Region liegen verstreut zahlreiche weitere Städte und größere Dörfer. Etwa 49 % der Bevölkerung leben in Städten, fast die Hälfte ist jünger als 19 Jahre.

41 % der Guatemalteken sind *indígenas*, diese Zahl hat aber nur bedingt Aussagekraft, da viele Menschen zwar indigene Vorfahren haben, sich selbst aber nicht als solche bezeichnen. Nahezu alle *indígenas* sind Mayas, daneben gibt es allerdings auch eine sehr kleine Bevölkerungsgruppe, die dem in der Südost-Ecke des Landes lebenden Volk der Chinka' (Xinca) angehören. Die Angehörigen der vier wichtigsten Maya-Bevölkerungsgruppen – Quiché (K'iche'), Mam, Kekchí (Q'eqchi') und Cakchiquel – sind vor allem im Hochland beheimatet. Der Rest der Bevölkerung Guatemalas besteht fast ausschließlich aus *ladinos*, die sowohl Mayas als auch europäische (meist spanische) Siedler unter ihren Vorfahren haben. Außerdem leben rund um die karibische Stadt Lívingston ein paar Tausend Garifuna, die von karibischen Inselbewohnern und schiffbrüchigen afrikanischen Sklaven abstammen.

Viele Mayas sprechen noch immer Maya-Sprachen, wobei in den einzelnen Regionen des Landes etwa 20 verschiedene Varianten in Gebrauch sind. Mayas, die unterschiedliche Maya-Sprachen sprechen, können sich nicht zwangsläufig untereinander verständigen. So bestimmt hauptsächlich die Sprache, welchem Maya-Volk man angehört. Obwohl viele Mayas etwas Spanisch sprechen, ist es stets ihre Zweitsprache – und viele *indígenas* sprechen auch überhaupt kein Spanisch.

Religion

Der Katholizismus ist zwar die vorherrschende Religion in Guatemala, nicht jedoch die einzige. Seit den 1980er-Jahren erfreuen sich evangelikale Sekten wachsender Beliebtheit. Schätzungen zufolge gehören 30 bis 40 % der Guatemalteken einer evangelikalen Konfession an. Und die Zahl wächst stetig, werben doch die evangelikalen Kirchen eifrig um weitere Schäfchen.

Der Niedergang der katholischen Kirche hat seinen Ursprung teilweise im Bürgerkrieg. Katholische Priester waren und sind offene Verteidiger der Menschenrechte und wurden von den verschiedenen Diktatoren verfolgt; besonders Ríos Montt griff hart durch. Viele Kirchen in ländlichen Gebieten wurden geschlossen, sodass die Evangelikalen nachziehen und die entstandene Lücke füllen konnten.

Die Anzahl der neuen evangelikalen Kirchen in einigen Städten und Dörfern, nicht zuletzt in Maya-Dörfern, ist verblüffend. Bei einem Bummel durch deren Straßen wird man zweifellos laute guatemaltekische Gospel-Gesänge vernehmen, mitunter wird die Kirchenmusik mitsamt Predigt über Lautsprecher im ganzen Ort verbreitet.

Der Katholizismus war in den Maya-Gegenden noch nie auf einer streng orthodoxen Linie. Die Missionare, die die Mayas im 16. Jh. zum neuen Glauben bekehrten, ließen auch Aspekten der alten animistischen, schamanischen Maya-Religion ihren Raum, die so neben den christlichen Bräuchen und dem Glauben weiter bestehen blieben. Indem Maya-Gottheiten mit christlichen Heiligen gleichgesetzt werden konnten, überlebte der Synkretismus bis heute. Eines der bizarreren Beispiele ist die Gottheit, die u. a. als Maximón bekannt ist.

Die Mayas üben ihren Glauben noch immer in denselben heiligen Stätten aus wie in präkolumbischer Zeit. Dort bringen sie den Göttern ihrer Ahnen Gaben dar oder opfern ihnen Hühner. Jeder dieser Orte hat seine ureigene Götterschar – oder zumindest andere Namen für ähnliche Gottheiten.

An Orten wie dem Pascual-Abaj-Schrein (Karte S. 158) in Chichicastenango, an den Altären der Laguna Chicabal vor den Toren von Quetzaltenango oder in El Baúl in der Nähe von Santa Lucía Cotzumalguapa haben Besucher mitunter die Möglichkeit, traditionelle Maya-Zeremonien zu beobachten; zu vielen traditionellen Riten wird Fremden jedoch der Zutritt verwehrt.

Kunst & Kultur

Literatur

Der guatemaltekische Schriftsteller Miguel Ángel Asturias (1899–1974) gewann 1967 den Literaturnobelpreis. Vor allem für seine nur sehr dünn verschleierte Schmähung lateinamerikanischer Diktatoren in *Der Herr Präsident* bekannt, schrieb Asturias auch Gedichte (erschienen in der Sammlung *Sien de alondra*). Weitere gefeierte guatemaltekische Schriftsteller sind der Dichter Luis Cardoza y Aragón (1901–92) und der Meister der Kurzgeschichten, Augusto Monterroso (1921–2003). *A Mayan Life* von Gaspar Pedro Gonzáles gilt als erster Roman eines Maya-Autors.

Musik

Musik ist ein sehr wichtiger Bestandteil der Gesellschaft Guatemalas. Quell des guatemaltekischen Stolzes ist, dass die Marimba (Xylophon) möglicherweise hier erfunden wurde (obwohl einige behaupten, dass sie zunächst von Sklaven aus Afrika eingeführt wurde). Die Mayas spielen ferner traditionelle Instrumente wie die mit der Oboe verwandte *chirimía* (arabischen Ursprungs) oder die Schilfflöte.

Der guatemaltekische Geschmack in Sachen Popmusik wird stark von dem beeinflusst, was andere lateinamerikanische Länder produzieren. Reggaetón ist extrem beliebt – die derzeitigen Favoriten sind Pitbull, Nicky Jam und J Balvin.

Das einzige Plattenlabel, das ernsthaft Künstler aus Guatemala fördert (die meisten aus der Urban/Hip-Hop-Ecke), ist Outstanding Productions in Guatemala-Stadt.

Der guatemaltekische Rock erlebte sein goldenes Zeitalter in den Achtzigern und frühen Neunzigern. Bands aus dieser Zeit, z. B. Cambio, Bohemia Suburbana und Viernes Verde, haben noch immer treue Fans. Der berühmteste in Guatemala geborene Musiker ist Ricardo Arjona.

Weberei

In Guatemala haben die vielfältigen traditionellen *artesanías* (Handarbeiten) einen hohen Stellenwert, sowohl für den alltäglichen Gebrauch als auch für den Handel. Das Kunsthandwerk stellt Körbe, Keramik und Holzschnitzereien her, am häufigsten aber fertigen Maya-Frauen Webarbeiten, Stickereien und andere Textilkunstwerke an.

Die *huipil* (eine lange, gewebte, ärmellose weiße Tunikabluse mit kunstvollen bunten Stickereien) ist eines von mehreren Kleidungsstücken, das schon in präkolumbischen Zeiten getragen wurde. Weitere farbenfrohe Exemplare sind der *tocoyal*, eine gewebte, oft mit bunten Quasten verzierte Kopfbedeckung, der *corte*, ein 7 oder 10 m langer Stoff, der als Wickelrock getragen wird, und die *faja*, eine lange, gewebte Taillenschärpe, die so gewickelt wird, dass man darin Dinge aufbewahren kann, die sich andere in die Hosentasche stecken würden.

Die bunte traditionelle Kleidung ist vor allem im von Mayas geprägten Hochland verbreitet, man sieht sie aber in allen Teilen des Landes. Die Vielfalt der Techniken, Materialien, Stile und Muster ist für Neulinge verwirrend. Einige der farbenfrohsten, aufwendigsten, auffälligsten und am weitesten verbreiteten Designs kann man in Sololá und Santiago Atitlán in der Nähe des Lago de Atitlán, in Nebaj im Ixil-Dreieck, in Zunil in der Nähe von Quetzaltenango und in Todos Santos und San Mateo Ixtatán im Cuchumatanes-Gebirge bestaunen.

Natur & Umwelt

Das Land

Guatemala erstreckt sich über eine Fläche von fast 109 000 km^2 und besteht hauptsächlich aus bergigem, bewaldetem Hochland und mit Urwald bewachsenen Ebenen. Im westlichen Hochland ragen 30 Vulkane in

NATIONALPARKS & NATURSCHUTZGEBIETE

In Guatemala gibt es 92 Schutzgebiete, darunter auch Biosphärenreservate, Nationalparks, geschützte Biotope, Tier- und private Naturschutzgebiete. Auch wenn einige dieser Reservate innerhalb anderer Schutzgebiete liegen, machen sie insgesamt 28 % der Landesfläche aus.

Viele Reservate sind abgeschieden und für Individualreisende nur schwer zu erreichen; die folgende Tabelle listet die auf, die am leichtesten zu erreichen und/oder besonders sehenswert sind (ausgenommen Vulkane, die nahezu alle unter Naturschutz stehen, und Gebiete von hauptsächlich archäologischem Interesse).

Parque Nacional Tikal Vielfältige Urwaldtiere und -pflanzen inmitten Guatemalas eindrucksvollster Maya-Ruinen

Parque Nacional Laguna del Tigre Abgeschiedener, großer Park in der Reserva Maya mit Süßwasser-Feuchtgebieten; darin Hellrote Aras, Affen, Krokodile

Parque Nacional Mirador-Río Azul Nationalpark in der Reserva Maya mit der archäologischen Stätte El Mirador

Parque Nacional Río Dulce Herrlicher, von Urwald gesäumter Unterlauf des Río Dulce zwischen dem Lago de Izabal und der Karibik; Manati-Schutzgebiet

Parque Nacional Grutas de Lanquín Großes Höhlensystem 61 km östlich von Cobán mit jeder Menge Fledermäusen

Biotopo del Quetzal Leicht zugängliches Nebelwald-Schutzgebiet mit Brüllaffen und Vögeln; Quetzal-Sichtung möglich

Biotopo Cerro Cahuí Waldschutzgebiet am Lago de Petén Itzá mit zahlreichen Tieren und guten Wanderwegen

Refugio de Vida Silvestre Bocas del Polochic Guatemalas zweitgrößtes Süßwasser-Feuchtgebiet am westlichen Ende des Lago de Izabal (S. 200) mit mehr als 300 Vogelarten

Reserva Natural Monterrico-Hawaii Strände und Feuchtgebiete mit Vögeln und Meeresschildkröten

den Himmel, die südwestlich von Huehuetenango eine Höhe von über 4200 m erreichen. Weiter nordwestlich liegt in der Sierra de los Cuchumatanes (Cuchumatanes-Gebirge) das Land, das nicht für die *milpas* (Maisfelder) der Maya freigegeben ist; die hiesigen Kiefernwälder lichten sich jedoch rapide.

Am Pazifikgürtel gibt es fruchtbare Kaffee-, Kakao-, Obst- und Zuckerrohrplantagen. Im Tiefland trifft der Vulkanstreifen auf das Meer, so haben sich weite, glühend heiße Strände aus schwarzem Vulkansand gebildet.

Guatemala-Stadt liegt auf einer Höhe von etwa 1500 m. Im Norden weicht das Hochland Alta Verapaz allmählich dem Petén, das in puncto Klima und Topographie der Halbinsel Yucatán ähnelt: heiß und feucht bzw. heiß und trocken. Südöstlich des Petén befindet sich das von Bananenstauden übersäte Tal des Río Motagua, dessen Flussbett in einigen Gegenden trocken ist, anderswo aber auch noch Wasser führt.

Unter Guatemala stoßen drei tektonische Platten aufeinander, was immer wieder Erdbeben und Vulkanausbrüche verursacht. Große Beben erschütterten das Land in den Jahren 1773, 1917 und 1976. Zur dynamischen Geologie des Landes gehört außerdem ein erstaunliches Höhlensystem; das Karst-Terrain durchlöchert die Region Verapaces und hat Guatemala zu einem beliebten Ziel für Höhlenforscher gemacht. Einige Höhlen werden seit der Antike für Maya-Zeremonien genutzt.

Flora & Fauna

Die unglaubliche Tiervielfalt des Landes umfasst 250 Säugetierarten, 600 Vogelarten, 200 Reptilien- und Amphibienarten und nicht zuletzt unzählige Schmetterlinge und Insekten.

Der Nationalvogel, der prächtige Quetzal, gilt auch als Symbol für ganz Zentralamerika. Die Männchen besitzen ein außergewöhnlich schönes Gefieder: einen blaugrün leuchtenden Körper, eine auffällig rote Brust und eine Schwanzfeder mit grellweißer Unterseite.

Weitere Vertreter der farbenfrohen Vogelwelt sind Tukane, Aras und Papageien. Tikal kann sich mit dem Pfauentruthahn („Petén-Truthahn") brüsten – einem großen, beeindruckenden, mehrfarbigen Vogel, der an einen Pfau erinnert. Nicht zuletzt seinetwegen ist die antike Stadt ein Eldorado für Vogelkundler, in der bis heute um die 300 Tropen- und Wandervogelarten gesichtet wurden. Mehrere Spechtarten, neun verschiedene Kolibrispezies und vier Trogonarten sind nur der Anfang der Liste. In der Gegend leben außerdem Kanadareiher, Falken, Waldsänger, Eisvögel, die seltenen Harpyienadler u. v. a.

Auch wenn durch Guatemalas Wälder verschiedene Säugetiere und Reptilienarten streifen, sind viele von ihnen schwer zu beobachten. Besucher Tikals kommen aber mit ziemlicher Sicherheit in den Genuss der Possen des allgegenwärtigen *pizote* (Nasenbär), eines tropischen Säugetiers, das mit dem Waschbären verwandt ist; und vielleicht sehen sie auch Brüll- und Klammeraffen.

Tiefer in den Wäldern leben Jaguare, Ozelote, Pumas, Pekaris, Agutis, Opossums, Tapire, die nachtaktiven und auf Bäumen wohnenden Wickelbären, *tepezcuintles* (Pakas, bräunliche Nager mit weißen Punkten), Weißwedel- und Spießhirsche, Gürteltiere und sehr große Klapperschlangen. Zu den Reptilien und Amphibien im restlichen Guatemala zählen auch drei Meeresschildkrötenarten (Lederschildkröte, *tortuga negra* und Olive Bastardschildkröte) und zwei Krokodilarten; die eine lebt im Petén, die andere im Río Dulce. Darüber hinaus sind Seekühe teils in den Gewässern rund um den Río Dulce heimisch.

In Guatemala wachsen über 8000 Pflanzenarten in 19 verschiedenen Ökosystemen, die von Mangrovenwäldern an der Küste über die Kiefernwälder der Berge im Landesinneren bis zu hoch gelegenen Nebelwäldern reichen. Darüber hinaus sind im Petén etliche Baumarten heimisch, u. a. Mahagoni, Zedern, Ramóns und Sapodillas.

Die Nationalblume, die *monja blanca* (weiße Nonnenorchidee), wurde angeblich schon so oft gepflückt, dass sie in der Wildnis mittlerweile sehr selten anzutreffen ist. Doch darüber hinaus gedeihen hier noch 600 weitere Orchideenarten, von denen ein Drittel endemisch ist.

Guatemala bietet außerdem das perfekte Klima für die *xate* (*scha*-te), eine niedrig wachsende Palmenart, die im Petén häufig vorkommt und weltweit gern für Blumenarrangements genutzt wird.

Umweltprobleme

Das Umweltbewusstsein ist in Guatemala nicht sonderlich ausgeprägt, was man angesichts der riesigen Müllberge, die überall im Land verstreut liegen, schnell feststellen wird. Trotz der beeindruckenden Liste mit Parks und Reservaten ist ein nennenswerter wirksamer Schutz für diese Gebiete nur schwer zu bewerkstelligen. Dies liegt einerseits an stillen Absprachen der Behörden, die offizielle Vorgaben ignorieren, andererseits am Druck ärmerer Guatemalteken, die verzweifelt Land benötigen. Die Abholzung ist daher in vielen Regionen ein ernsthaftes Problem, besonders im Petén, wo der Urwald in alarmierendem Tempo gerodet wird – und zwar nicht nur zur Holzgewinnung, sondern auch, um Platz für Rinderfarmen, Ölpipelines, versteckte Landebahnen, neue Siedlungen und neue Maisfelder zu schaffen, die durch Brandrodung erschlossen werden.

Auf der dichter besiedelten Pazifikseite Guatemalas wird das Land hauptsächlich landwirtschaftlich genutzt oder wurde der Industrie überlassen. Und auch die verbleibenden Wälder entlang der Pazifikküste und im Pazifikhochland werden nicht mehr lange erhalten bleiben, sollte der Abholzung kein Einhalt geboten werden. Die Gemeinden vor Ort sind jedoch auf das Holz zum Heizen und als Brennstoff angewiesen.

Dennoch leistet eine Reihe guatemaltekischer Organisationen wertvolle Arbeit und versuchen, die Umwelt und die biologische Vielfalt ihres Landes zu schützen. Diese NGOs sind gute Quellen für alle, die etwas mehr über Guatemalas Naturparks und Reservate erfahren möchten.

PRAKTISCHE INFORMATIONEN

Allgemeine Informationen

ARBEITEN

Manche Traveller suchen sich einen Job in einer Bar, einem Restaurant oder Hotel in Antigua, Panajachel oder Quetzaltenango, das Gehalt ist allerdings nicht der Rede wert. Wer auf einem Boot anheuern möchte, sollte sich nach Río Dulce begeben: Hier wird immer Arbeit angeboten, manchmal für kurze Fahrten, manchmal auch für Trips in die USA oder andere Länder. Nähere Infos findet man an Schwarzen Brettern und in Internetforen.

BARRIEREFREIES REISEN

Es ist nicht einfach, Guatemala mit einer körperlichen Einschränkung zu bereisen. Zwar sind viele Bürgersteige in Antigua abgeschrägt und man wird kleine Kacheln entdecken, auf denen ein Rollstuhl dargestellt ist. Doch die Straßen haben Kopfsteinpflaster und die Rampen sind alles andere als glatt und eben.

Bei vielen Hotels handelt es sich um umgebaute Wohnhäuser; die Zimmer sind um Höfe angeordnet und für Rollstuhlfahrer zugänglich, die Bäder jedoch eventuell nicht. Spitzenklassehotels sind oft mit Rampen, Aufzügen und barrierefreien Toiletten ausgestattet. Die größte Hürde für Reisende mit eingeschränkter Mobilität in Guatemala ist es, von A nach B zu gelangen. Rollstuhlfahrer organisieren sich am besten einen Wagen mit Fahrer, da Busfahrten nicht zuletzt wegen des Platzmangels kaum zu meistern sind.

Transitions (www.transitionsfoundation.org) ist eine Organisation mit Sitz in Antigua, die es sich zum Ziel gemacht hat, den Interessen von Behinderten in Guatemala Gehör zu verschaffen.

Auf http://lptravel.to/AccessibleTravel lassen sich die Accessible-Travel-Titel von Lonely Planet kostenlos herunterladen.

BOTSCHAFTEN & KONSULATE

Österreich unterhält in Guatemala lediglich ein Honorargeneralkonsulat ohne Pass- und Visabefugnis; falls die Dienste einer Botschaft benötigt werden, muss man sich an die diplomatische Vertretung in Mexiko-Stadt (www.bmeia.gv.at/botschaft/mexiko.html) wenden.

Belize (☎2367-3883; www.embajadadebelize.org; 5a Av 5-55, Europlaza 2, Büro 1502, Zona 14; ⌚Mo–Fr 9–12 & 14–16 Uhr)

Deutschland (☎2364-6700; http://guatemala.diplo.de; Av La Reforma 9-55, Edificio Reforma 10, 10. OG, Zona 10; ⌚Mo–Fr 9–12 Uhr)

Honduras (☎2332-6281; embhond@intelnet.net.gt; Av La Reforma 6-64, Zona 9; ⌚Mo–Fr 9–13 Uhr)

Mexiko (☎2420-3400; https://embamex.sre.gob.mx/guatemala; 2a Av 7-57, Zona 10; ⌚Mo–Fr 8–12.30 Uhr)

Österreich (Honorargeneralkonsulat ☎2385-3584; consuladodeaustria.gua@gmail.com; Edificio Multimédica, Blvd Vista Hermosa 25-19; Zona 15 Nivel 12, Oficina 12-18, Guatemala-Stadt)

Schweiz (☎2367-5520; gua.vertretung@eda.admin.ch; Edificio Torre Internacional, 16 Calle 0-55, Zona 10, Guatemala-Stadt)

PREISKATEGORIEN ESSEN

Die folgenden Preiskategorien gelten für ein Standard-Hauptgericht inklusive Steuern, aber ohne Trinkgeld.

$ bis 50 Q

$$ 50–150 Q

$$$ über 150 Q

ESSEN

Das kulinarische Angebot in Guatemala besteht aus einer Mischung aus guatemaltekischer Küche – nahrhaft und sättigend, aber nicht umwerfend schmackhaft – und internationalem Touristenessen, das es überall dort gibt, wo sich Reisende tummeln. In beiden Fällen schmeckt es in der Regel am leckersten in den kleineren Restaurants, in denen der Chef/die Chefin des Hauses selbst in der Küche steht.

FEIERTAGE

Einige Feiertage in Guatemala:

Neujahr (Año Nuevo) 1. Januar

Ostern (Semana Santa; Gründonnerstag–Ostersonntag) März/April

Tag der Arbeit (Día del Trabajo) 1. Mai

Tag der Armee (Día del Ejército) 30. Juni

Mariä Himmelfahrt (Día de la Asunción) 15. August

Unabhängigkeitstag (Día de la Independencia) 15. September

Revolutionstag (Día de la Revolución) 20. Oktober

Allerheiligen (Día de Todos los Santos) 1. November

Heiligabend (Víspera Navidad) 24. Dezember

Weihnachten (Navidad) 25. Dezember

Silvester (Víspera de Año Nuevo) 31. Dezember

FOTOGRAFIEREN

Fotografieren ist ein heikles Thema in Guatemala. Bevor man ein Bild von jemandem macht, muss man immer um Erlaubnis bitten, besonders wenn man Mayafrauen oder -kinder ablichten möchte. Häufig werden diese Bitten ausgeschlagen. Kinder posieren oftmals nur gegen Bezahlung (meist 1 Q).

- Es gibt Orte, an denen das Fotografieren strikt verboten ist, z. B. in der Kirche von Santo Tomás in Chichicastenango.
- Wer das Glück hat, einer Maya-Zeremonie beizuwohnen, muss die Kamera in der Tasche lassen (es sei denn, es wird ausdrücklich erlaubt, Fotos zu knipsen).
- Wenn Einheimische in irgendeiner Form deutlich machen, dass sie sich durch den Fotoapparat gestört fühlen, sollte man ihn sofort einstecken und sich entschuldigen – aus Respekt, aber auch im Interesse der eigenen Sicherheit.

→ Niemals Aufnahmen von Militäreinrichtungen, bewaffneten Männern oder Ähnlichem machen.

FRAUEN UNTERWEGS

Alleinreisende Frauen sollten in Guatemala normalerweise keine Probleme aufgrund ihres Geschlechts haben. Der beste Ratschlag für Frauen ist, Kleidungsstücke mit Bedacht auszuwählen, denn ein sittsames Äußeres ist den Guatemalteken sehr wichtig – wer sich dezent kleidet, wird normalerweise respektvoll behandelt werden.

Kurze Hosen sollten ausschließlich am Strand getragen werden, nie in der Stadt (vor allem nicht im Hochland). Rocksäume sollten mindestens bis zum Knie reichen. Außerdem sollte man nie ohne BH losziehen, da das als Provokation gilt. Guatemaltekische Frauen tragen beim Schwimmen häufig ein T-Shirt über ihrem Badeanzug.

Frauen, die allein unterwegs sind, können sich auf viel Aufmerksamkeit vonseiten der männlichen Bevölkerung einstellen. Oft sind sie nur neugierig und nicht auf „Eroberung" aus. Frau sollte sich von ihren Avancen nicht einschüchtern lassen, die Situation analysieren und immer schön selbstbewusst bleiben. Im Bus kann man sich eventuell neben Frauen oder Kinder setzen, um unangenehme Begegnungen auszuschließen. Einheimische Frauen fangen nur selten ein Gespräch mit Ausländern an, haben aber viel Interessantes zu erzählen, wenn die Unterhaltung einmal ins Rollen gekommen ist.

Auch wenn kein Grund zur Panik besteht, sollten Frauen wissen, dass Vergewaltigungen und gewalttätige Übergriffe eine reale Gefahr darstellen. Frauen sollten sich auf ihren gesunden Menschenverstand verlassen, nachts nicht allein durch menschenleere Straßen spazieren und niemals trampen.

FREIWILLIGENARBEIT

Es gibt jede Menge Freiwilligenprogramme in Guatemala, doch sie sind natürlich sehr unterschiedlich. Wer dem Land etwas zurückgeben möchte, sollte bedenken, dass die besten Projekte diejenigen sind, die das Wohl der Nutznießer im Sinn haben und es nicht darum geht, dass die Teilnehmer sich als gute Menschen fühlen können. Voluntarios sollten sich außerdem keinem Programm anschließen, für das sie auch im Heimatland nicht qualifiziert wären.

Meist wird von Freiwilligen erwartet, dass sie zumindest ein paar Brocken Spanisch sprechen und sich für einen bestimmten Zeitraum verpflichten. Je nach Organisation müssen die Freiwilligen für die Zeit des Aufenthalts für Kost und Logis bezahlen. Bevor man unterschreibt, sollte man das Kleingedruckte des Vertrags lesen und sämtliche Fragen stellen, die man auf dem Herzen hat.

Jahrelang waren kurze Arbeitseinsätze in Waisenhäusern ein Standardprojekt guatemaltekischer Freiwilligenprogramme. Unicef und andere Kinderschutzorganisationen haben jedoch darauf hingewiesen, dass solche Programme negative Auswirkungen auf die Kinder haben können – kein renommiertes Freiwilligenprogramm sollte Volunteers solch einen Zugang zu Kindern gewähren.

Wer Freiwilligenarbeit leisten möchte, sollte sich auf jeden Fall gut informieren und sich verantwortungsvoll für ein sinnvolles Projekt entscheiden. Eine gute Infoquelle für Freiwillige ist EntreMundos (S. 166) mit Sitz in Quetzaltenango. Der Verband arbeitet mit einer Vielzahl von NGOs zusammen, die Freiwillige mit bestimmten Fertigkeiten beschäftigen.

GELD

Die guatemaltekische Währung, der Quetzal (Q), liegt schon seit mehreren Jahren stabil bei etwa 7,50 Q = 1 US$. Ein Quetzal sind 100 Centavos.

In den Banken wird Bargeld gewechselt, doch schneller geht's gewöhnlich in den *casas de cambio* (Wechselstuben), die vielleicht auch bessere Kurse anbieten.

Bargeld

In Guatemala wird bevorzugt bar bezahlt; wer allerdings viel Bargeld mit sich herumträgt und überfallen wird, wird sich umso mehr ärgern. In manchen Städten ist Kleingeld rar – darum möglichst immer einen Vorrat an kleineren Banknoten griffbereit haben. Auch ist es keine schlechte Idee, für Notfälle US-Dollars in kleinen Scheinen dabeizuhaben; damit kann fast überall bezahlt werden, wenn auch zu unterschiedlichen Wechselkursen.

Zwar werden überall US-Dollars angenommen, günstiger ist es jedoch fast immer, in Quetzales zu zahlen.

Alle anderen Fremdwährungen sind praktisch nutzlos, auch wenn hier und da bare Euros getauscht werden.

Handeln

Feilschen ist in Guatemala mehr oder weniger Volkssport. Das Ganze ist eher ein Spiel – wer das Gefühl hat, über den Tisch gezogen zu werden, sollte einfach gehen. In kleinen Läden und Restaurants ist Feilschen unangebracht, auf Märkten und bei Taxifahrern dagegen immer angesagt.

Geldautomaten

Geldautomaten *(cajeros automáticos)*, die Visa/Plus-Karten akzeptieren, findet man mit Ausnahme der kleinsten Ortschaften überall im Land; vielerorts gibt es auch Automaten für MasterCard/Cirrus-Karten. Es ist also ratsam, eine Kreditkarte im Reisegepäck zu haben. Das 5B-System ist weit verbreitet und besonders nützlich, da es sowohl Visa- als auch Master-Card-Kreditkarten akzeptiert.

Das Skimming, also das Ausspionieren von Bankkartendaten, ist auch in Guatemala ein verbreitetes Problem. Daher sollten Geldautomaten gemieden werden, die nachts unbewacht sind (z. B. in einem kleinen Raum vor einer Bank), und solche genutzt werden, die sich in einem sicheren Umfeld befinden wie in Supermärkten, Einkaufszentren usw. Falls das nicht möglich ist, sollte bei der Eingabe der PIN das Eingabefeld mit der anderen Hand abgedeckt und der Kontostand im Internet überprüft werden.

Kreditkarten

Viele Banken tätigen Barauszahlungen auf Visa-Karten, einige auch auf MasterCards. Mit diesen Karten sowie mit American Express (Amex) kann vielerorts bezahlt werden, v. a. in gehobeneren Hotels und Restaurants. Auf Kreditkartenzahlungen können Gebühren von bis zu 5 % anfallen – vorher nach der Transaktionsgebühr *(recargo)* fragen.

Trinkgeld

In Restaurants werden 10 % Trinkgeld erwartet und in Touristenorten wie Antigua automatisch auf die Rechnung geschlagen. In kleinen *comedores* (einfachen, billigen Esslokalen) sind Trinkgelder freiwillig, aber am besten folgt man der üblichen Praxis und hinterlässt ein wenig Wechselgeld.

Hotels 10 Q pro Gepäckstück

Privatunterkünfte Ein kleines Geschenk ist besser als Bargeld.

Restaurants Höchstens 10 % (falls nicht schon inbegriffen)

Taxis Nicht üblich

Wander- und Reiseleiter 50 Q pro Pers. und Tag (auf freiwilliger Basis)

INTERNETZUGANG

WLAN-Empfang besteht an immer mehr Orten im ganzen Land, wirklich darauf zählen kann man allerdings nur in großen Städten und Touristenhochburgen. In den meisten (aber nicht in allen) Hostels und Hotels kann man kabellos ins Internet gehen, ebenso in vielen Restaurants. Wer ansonsten kein WLAN-Netz findet, kann es in einem Pollo-Campero-Restaurant versuchen: Filialen findet man in so ziemlich jeder Stadt; der Internetzugang ist kostenlos (ungesicherte Netzwerke).

In Cybercafés kostet eine Stunde Internet normalerweise zwischen 5 und 10 Q – es gibt heute nicht mehr so viele wie früher, aber in den meisten größeren Orten ist noch eins zu finden.

KINDER

Kleine Kinder stehen in Guatemala hoch im Kurs und können oft dabei helfen, das Eis zwischen Einheimischen und Touristen zu brechen.

Allerdings hat das Land so viel kulturell Bedeutsames mit Schwerpunkt auf Geschichte und Archäologie zu bieten, dass Kinder schnell überfordert sind. Doch z. B. die Ruinen von Tikal (S. 219) sind sicher auch faszinierend für Kinder: Falls das Herumkraxeln auf Ruinen einer alten Kultur, die außerdem noch in mehreren *Krieg der Sterne*-Filmen vorkamen, nicht spannend genug ist, gibt's schließlich auch noch jede Menge Brüll- und Klammeraffen zu erspähen.

Um die Kids bei Laune zu halten, steuert man zwischendurch Orte an wie das **Museo de los Niños** (Kindermuseum; Karte S. 118; ☎ 2475-5076; www.museodelosninos.com.gt; 5a Calle 10-00, Zona 13; 40 Q; ⊙ Di–Fr 8.30–12 & 13–16.30, Sa & So 9.30–13.30 & 14.30–18 Uhr), das **Museo de Historia Natural** (Naturkundemuseum; Karte S. 118; ☎ 2334-6065; Calle Mariscal Cruz 1-56, Zona 10; 10 Q; ⊙ Mo–Fr 8–15 Uhr), die **Autosafari Chapín** (☎ 2222-5858; www.autosafarichapin.com; Carretera a Taxisco Km 87,5; Erw./Kind 60/50 Q; ⊙ Di–So 9.30–17 Uhr) oder das Spaßbad **Xocomil** (S. 181) und den Freizeitpark **Xetulul** (S. 181) bei Retalhuleu. Die meisten Sprachschulen nehmen auch Kinder als Schüler auf und vielen älteren Kindern machen sicher Aktivitäten wie Seilrutschen, Kajakfahren und Reiten Spaß.

Allgemeine Informationen zum Reisen mit Kindern bietet der Lonely Planet Band *Travel with Children*.

LGBTIQ+ UNTERWEGS

Nur wenige Orte in Lateinamerika sind wirklich schwulen- und lesbenfreundlich. Guatemala stellt da keine Ausnahme dar. Per Gesetz ist Homosexualität legal, sofern man 18 Jahre oder älter ist, im Alltag sieht das Ganze jedoch anders aus: Diskriminierung und Gewalt gegen Homosexuelle sind nicht gerade selten. Man sollte nicht einmal im Traum daran denken, die Toleranzgrenze der Einheimischen angesichts öffentlicher Zuneigungsbekundungen auszutesten.

In Antigua und Guatemala-Stadt gibt es eine zurückhaltende Szene, die jedoch meist im Verborgenen agiert. In diesen Städten wie auch in Quetzaltenango finden auch Pride-Events statt. Die meisten Schwulen und Lesben üben sich auf ihrer Reise durch Guatemala jedoch in Zurückhaltung – und schieben einfach Einzelbetten in Zwei-Bett-Zimmern zusammen.

Die beste Informationsseite, **Gay Guatemala** (www.gayguatemala.com), ist auf Spanisch.

MASSE & GEWICHTE

Für Maße und Gewichte gilt das metrische System. Einige Lebensmittel wie Fleisch, Zucker und Kaffee werden pfundweise verkauft. Benzin kauft man per *galón* (US-Gallone; 3,79 l).

ÖFFNUNGSZEITEN

Die hier angegebenen Öffnungszeiten sind nur Orientierungshilfen, denn die Zeiten unterscheiden sich in der Praxis erheblich. Besonders bei Restaurants sind Abweichungen von bis zu zwei Stunden möglich.

Der *Ley Seca* („trockenes Gesetz"; Alkoholverkaufsverbot) zufolge müssen Bars und *discotecas* um 1 Uhr schließen, es sei denn, der nächste Tag ist ein offizieller Feiertag. In den großen Städten hält man sich strikt an diese Verordnung, in kleineren Orten pfeift man darauf.

Banken Mo–Fr 9–17, Sa 9–13 Uhr
Bars 11–1 Uhr
Behörden Mo–Fr 8–16 Uhr
Cafés und Restaurants 7–21 Uhr
Geschäfte Mo–Sa 8–12 & 14–18 Uhr

POST

Aufgrund eines Vertragsstreits mit dem Staat liegt die privatisierte guatemaltekische Post derzeit brach und Post und Pakete können nur über einen internationalen Kurierdienst verschickt und empfangen werden. Sowohl FedEx als auch UPS und DHL sind in Guatemala vertreten.

RECHTSFRAGEN

Eventuell stößt man in Guatemala auf Polizisten, die nicht gerade hilfsbereit erscheinen. Im Allgemeinen ist es am besten, so wenig mit den Gesetzeshütern zu tun zu haben wie irgend möglich.

Von illegalen Drogen sollte man sich unbedingt fernhalten, auch wenn Einheimische scheinbar sorglos mit ihnen umgehen. Als Ausländer ist man immer deutlich im Nachteil und wird eventuell von anderen angeschwärzt oder hinters Licht geführt. Die Drogengesetze sind sehr strikt und die Strafen hoch. Wer bei etwas Illegalem erwischt wird, sollte sich entschuldigen, ruhig bleiben und schauen, was passiert.

Zwar wird gerne behauptet, dass Korruption in Guatemala an der Tagesordnung ist, aber das heißt noch lange nicht, dass man sich aus misslichen Lagen freikaufen kann. Falls es in einer bestimmten Situation dennoch den Anschein hat, dass man sich durch eine Geldzahlung aus ihr befreien könnte, sollte man auf jeden Fall diskret und taktvoll vorgehen.

SICHERHEIT

Guatemala ist größtenteils ein sicheres Reiseland, aber es gibt natürlich auch Kriminalität.

- Heutzutage stellen Raubüberfälle auf Wanderwegen das wohl größte Problem für Touristen dar.
- Dass Touristenbusse auf offener Landstraße angehalten und überfallen werden, scheint zum Glück der Vergangenheit anzugehören, doch hin und wieder kommt es zu Überfällen auf Mietwagen.
- Am häufigsten werden Reisende Opfer von Taschendiebstahl und Ähnlichem: Taschen werden dem Besitzer entrissen oder unbemerkt aufgeschlitzt und ausgeräumt. Aufpassen muss man auf vollen Straßen und Märkten sowie in überfüllten Busbahnhöfen und Bussen, aber auch in menschenleeren dunklen Straßen.
- In Guatemala-Stadt und Antigua gibt's eine eigene Touristenpolizei. Ansonsten bietet **Proatur** (☎ auf Englisch 1500; http://proatur.visitguatemala.com) rund um die Uhr Hilfe für Touristen und ist eine gute erste Anlaufstelle bei irgendwelchen Schwierigkeiten.

TELEFON

In Guatemala gibt's keine Ortsvorwahlen. Innerhalb von Guatemala wählt man nur die achtstellige Nummer. Wer aus dem Ausland anruft, wählt zunächst die ☎ 00, dann die ☎ 502, die Landesvorwahl für Guatemala, und zuletzt die achtstellige Rufnummer. Wer aus Guatemala ins Ausland telefonieren will, muss die ☎ 00 vorwählen.

Handys

Roaming ist teuer in Guatemala – die meisten Reisenden kaufen sich vor Ort eine SIM-Karte (dafür muss das Handy entsperrt sein) oder ein Prepaid-Handy. Für beides muss man einen Ausweis vorlegen. Vermehrt steht 4G zur Verfügung.

Es gibt drei Mobilfunkanbieter im Land: **Tigo** (www.tigo.com.gt) und **Claro** (www.claro.com.gt) haben die beste Netzabdeckung; **Movistar** (www.movistar.com.gt) ist vielleicht billiger, aber die Netzabdeckung reicht meist nur bis in die Umgebung der größeren Orte.

TOILETTEN

- In guatemaltekische Toiletten darf wegen der schlechten Abflüsse nichts hineingeworfen werden, auch kein Toilettenpapier. In den Bädern stehen kleine Behältnisse für gebrauchtes Papier.
- Toilettenpapier ist nicht immer vorhanden. Wenn man keins hat und welches braucht, fragt man im Restaurant nach *un rollo de papel* und macht ein panisches Gesicht – das führt in der Regel zum Ziel.
- Öffentliche Toiletten sind selten. Stattdessen werden die in Cafés und Restaurants, im Hotel und an archäologischen Stätten benutzt. Auch Busse sind nur selten mit einer Toilette ausgestattet und wenn ja, ist kein Verlass darauf, dass sie funktioniert.

TOURISTENINFORMATION

Das nationale Tourismusinstitut **INGUAT** (El Instituto Guatemalteco de Turismo; www.visitguatemala.com) unterhält Büros in den wichtigen Touristenzentren. In ein paar anderen Städten findet man von den Verwaltungsbezirken oder Gemeinden betriebene bzw. private Touristeninformationen. Proatur, eine staatliche und private Gemeinschaftsinitiative, bietet eine kostenlose Info-Hotline für Touristen, die rund um die Uhr besetzt ist.

UNTERKÜNFTE

In der Regel müssen Unterkünfte nicht im Voraus gebucht werden. Wer sich jedoch während der Karwoche in Antigua oder am Strand aufhalten möchte, sollte so weit wie möglich vorausbuchen.

Hotels Es gibt jede Menge Hotels – von abgewrackten Absteigen an den Busbahnhöfen bis zu schicken Boutique-Herbergen.

Hostels In der Szene für Billigbleiben tauchen immer mehr Hostels auf, besonders in den Backpackerhochburgen Antigua, Quetzaltenango und um den Lago de Atitlán herum.

Privatunterkünfte Sie werden gewöhnlich von Sprachschulen organisiert und sind eine tolle Möglichkeit, mit den Einheimischen in Kontakt zu kommen.

VISA

Deutsche, österreichische oder schweizerische Staatsbürger benötigen kein Visum, wenn sie Guatemala ausschließlich als Touristen bereisen wollen. Es wird lediglich ein noch mindestens sechs Monate gültiger Reisepass benötigt, in den gewöhnlich eine 90-tägige Aufenthaltserlaubnis gestempelt wird (darauf achten, dass auch wirklich die Zahl 90 eingetragen wird).

Guatemala ist Unterzeichner des Handelsabkommens Centro America 4 (CA-4) mit Nicaragua, Honduras und El Salvador. Bei der Einreise in die CA-4-Region erhalten Reisende eine 90-tägige Aufenthaltserlaubnis für die gesamte Region. Diese kann einmal verlängert werden, um weitere 90 Tage (ca. 120 Q), und zwar beim **Departamento de Extranjería** (Ausländerbehörde; Karte S. 114; ☎ 2411-2411; www.migracion.gob.gt; 6a Av 3-11, Zona 4; ⏲ Mo–Fr 8–14.30 Uhr) in Guatemala-Stadt. Neben der Gebühr benötigt man derzeit zwei Passfotos sowie Fotokopien des Reisepasses und der Vorder- und Rückseite einer gültigen Kreditkarte. Die Verlängerungen werden in der Regel innerhalb von 24 Stunden ausgestellt.

Für manche Reisende ist es einfacher, die CA-4-Region z. B. nach Belize oder Mexiko zu verlassen und wieder neu in die Region einzureisen. Manche Ausländer praktizieren das schon seit Jahren.

Die Visabestimmungen können sich ändern – am besten erkundigt man sich vor der Reise bei einer guatemaltekischen Botschaft.

ZOLL

In der Regel inspizieren die Zollbeamten das Gepäck der Reisenden nicht genau oder auch gar nicht. In Guatemala gelten für die Ein- und Ausfuhr bestimmter Dinge (Waffen, Drogen, große Mengen Bargeld usw.) so ziemlich dieselben Bedingungen wie in anderen Ländern auch.

PREISKATEGORIEN SCHLAFEN

Die angegebenen Preiskategorien gelten für ein Doppelzimmer mit Bad in der Hauptsaison (jedoch nicht der absoluten Hochsaison). Falls nicht anders angegeben, beinhalten die Preise 22 % Steuern.

$ bis 200 Q

$$ 200–550 Q

$$$ über 550 Q

An- & Weiterreise

FLUGZEUG

Von den USA aus bieten die meisten US-amerikanischen Fluggesellschaften Direktflüge an. **AeroMexico** (www.aeromexico.com) und **Interjet** (www.interjet.com) fliegen direkt ab Mexiko-Stadt. **Avianca** (www.avianca.com/gt) bietet Verbindungen ab den meisten zentralamerikanischen Hauptstädten nach Guatemala-Stadt. Wer aus Europa anreist, muss in der Regel in den USA, in Mexiko oder anderswo in Zentralamerika umsteigen.

AUF DEM LANDWEG

Grenzübergänge sollte man so früh morgens wie möglich passieren. Nachmittags stehen für die Weiterreise oft keine öffentlichen Verkehrsmittel mehr zur Verfügung und die Grenzgebiete sind oft nicht die besten Gegenden für abendliche Aufenthalte. Bei der Ausreise aus Guatemala auf dem Landweg wird keine Ausreisegebühr erhoben, auch wenn viele Grenzbeamte verbotenerweise 10 Q verlangen.

Von Guatemala aus gibt's zu allen Nachbarländern offizielle Grenzübergänge. Über die Visabestimmungen sollte man sich vor der Anreise informieren. Deutsche, österreichische und Schweizer Staatsbürger benötigen kein Visum, wenn sie Guatemala ausschließlich als Touristen bereisen wollen.

Belize

→ Melchor de Mencos (GUA) – Benque Viejo del Carmen (BZE)

El Salvador

- Ciudad Pedro de Alvarado (GUA) – La Hachadura (ES)
- Valle Nuevo (GUA) – Las Chinamas (ES)
- San Cristóbal Frontera (GUA) – San Cristóbal (ES)
- Anguiatú (GUA) – Anguiatú (ES)

Honduras

- Agua Caliente (GUA) – Agua Caliente (HND)
- El Florido (GUA) – Copán Ruinas (HND)
- Corinto (GUA) – Corinto (HND)

Mexiko

Die meistgenutzten und praktischsten Übergänge:

- Ciudad Tecún Umán (GUA) – Ciudad Hidalgo (MEX)
- El Carmen (GUA) – Talisman (MEX)
- La Mesilla (GUA) – Ciudad Cuauhtémoc (MEX)

FLUSSÜBERGÄNGE

Vom mexikanischen Bundesstaat Chiapas gibt's zwei mögliche Übergänge in den Petén – am meisten wird der Übergang von der mexikanischen Grenzstadt Frontera Corozal nach entweder La Técnica oder Bethel in Guatemala genutzt. Von Frontera Corozal bestehen gute Verbindungen nach Palenque in Mexiko und von La Técnica und Bethel verkehren regelmäßig Busse nach Flores/Santa Elena in Guatemala.

Die andere theoretische Flussroute von Mexiko in den Petén in Guatemala führt von Benemérito de las Américas südlich von Frontera Corozal über den Río de la Pasión nach Sayaxché. Jedoch findet man an dieser Strecke keine Zollabfertigung und keine verlässlichen Verkehrsverbindungen.

ÜBERS MEER

Öffentliche Boote verbinden Punta Gorda in Belize mit Lívingston und Puerto Barrios in Guatemala. Nach Punta Gorda fahren Busse ab Belize City.

Wer Guatemala übers Meer verlässt, muss eine Ausreisesteuer von 80 Q bezahlen.

> **AUSREISESTEUER**
>
> Für alle internationalen Flüge ab Guatemala fällt eine Ausreisesteuer in Höhe von 30 US$ an. Die Ausreisesteuer sollte bereits im Ticketpreis enthalten sein. Falls nicht, muss die Steuer am Check-in-Schalter der Fluggesellschaft bar in US-Dollar oder Quetzales bezahlt werden.

Unterwegs vor Ort

AUTO & MOTORRAD

Mit dem eigenen nationalen Führerschein oder mit einem International Driving Permit (IDP) kann man sich in Guatemala selbst hinters Steuer setzen. Der guatemaltekische Fahrstil unterscheidet sich vom teutonischen allerdings stark: Hier wird gern mal in unübersichtlichen Kurven überholt und sowieso überall aus nicht ersichtlichem Grund laut gehupt. Es gibt nur wenige Straßenschilder und die anderen Verkehrsteilnehmer lassen einen über ihre Absichten gern im Dunklen. Geblinkt wird so gut wie gar nicht, und wenn, dann nicht unbedingt in die Richtung, in die man auch fahren will. Wer die Warnblinkanlage eingeschaltet hat, kündigt in der Regel damit an, dass er gleich etwas Verrücktes und/oder Verbotenes tut.

Ein bergan fahrendes Fahrzeug hat immer Vorfahrt. *Túmulos* sind Bodenschwellen; sie sind großzügig (und manchmal anscheinend grundlos) übers Land verteilt, gewöhnlich auf den durch die Ortschaften führenden Hauptstraßen. Anschnallen ist Pflicht, aber daran stört sich kaum jemand.

Das Autofahren in städtischen Straßennetzen aus der Kolonialzeit, die oft ein vertracktes Einbahnstraßensystem aufweisen, kann ein echter Alptraum sein.

In Guatemala bei Dunkelheit zu fahren ist aus allerlei Gründen keine gute Idee, u. a. wegen bewaffneter Banditen und betrunkener Fahrer.

Jeder Fahrzeuglenker, der an einem Unfall beteiligt ist, bei dem eine Person zu Schaden kommt, wird erst einmal in Haft genommen. Ein Richter entscheidet dann über die Schuldfrage.

Bei einer Panne auf einer Fernstraße, besonders auf kurvigen Bergstraßen, legen die Autofahrer ein paar hundert Meter vor der Stelle, an der das eigene Auto steht, Gebüsch oder kleine Äste auf die Straße, um die anderen Verkehrsteilnehmer zu warnen. Leider sammeln sie das Grünzeug nachher nur selten wieder ein ... Trotzdem sollte man immer vorsichtig sein, wenn man welches sieht.

BUS

Mit Bussen gelangt man in Guatemala so ziemlich in jede Ecke des Landes und eine Busfahrt hinterlässt mit die lebhaftesten Erinnerungen einer Guatemala-Reise. Bei den meisten Bussen handelt es sich um alte Schulbusse aus den USA und Kanada. Bei Reisenden sind diese Busse gemeinhin als „Hühnerbusse" bekannt – denn viele Fahrgäste haben solche (lebenden) Tiere dabei. Die Busse fahren häufig und sind voll und billig. Für eine Stunde Fahrt zahlt man etwa 10 bis 15 Q.

Die Hühnerbusse halten überall und für jeden. Die „Schaffner" rufen *„hay lugares!"* – es gibt

AMTLICHE REISEWARNUNGEN

Die folgenden amtlichen Websites bieten Reisehinweise zu aktuellen Gefahrengebieten. Dabei sollte immer auf Aktualität geachtet werden.

Auswärtiges Amt in Berlin (www.auswaertiges-amt.de)

Österreichisches Außenministerium (www.bmeia.gv.at)

Eidgenössisches Departement für auswärtige Angelegenheiten (www.eda.admin.ch)

Plätze. Dabei spielt es keine Rolle, dass der Platz, den sie anpreisen, vielleicht nur aus einem Stückchen Luft zwischen Dutzenden Einheimischen besteht, die sich aneinander quetschen. Dieselben Busbegleiter rufen auch das Ziel ihres Busses aus, in unterschiedlicher Stimmlage und Fröhlichkeit – man warte einfach, bis das eigene Ziel gesungen wird. Insbesondere großgewachsene Reisende haben es in diesen Bussen nicht leicht. Wer einen dieser Hühnerbusse anhalten möchte, stellt sich einfach an die Straße und streckt seinen Arm waagerecht nach vorn.

Auf einigen Strecken, besonders zwischen den großen Städten, verkehren auch bequemere Busse mit einem gewissen Luxus – hier gibt's einen Sitzplatz pro Fahrgast. Die besten Busse werden „Pullman", *especial* oder *primera clase* genannt. Manchmal verfügen diese Busse auch über eine Toilette – die aber nicht unbedingt funktioniert –, Videobildschirm und sogar einen Imbissservice.

Pullman-Strecken beginnen oder enden immer in Guatemala-Stadt.

Im Allgemeinen fahren mehr Busse vormittags (teils ab 2 Uhr nachts) als nachmittags ab. Nach 16 Uhr ist nicht mehr viel los; Nachtbusse sind selten und auch nicht unbedingt zu empfehlen.

Die Entfernungen in Guatemala sind nicht groß und außer der erwähnten Strecke von Guatemala-Stadt nach Flores ist man auch selten mehr als vier Stunden am Stück unterwegs. Auf einer normalen vierstündigen Busfahrt schafft man 175 bis 200 km und zahlt dafür 60 bis 100 Q.

Für einige der besseren Busverbindungen kann gibt es Fahrkarten im Voraus zu kaufen, was in der Regel auch besser ist, um sich einen Platz zu sichern.

Auf einigen kürzeren Strecken verkehren statt der Hühnerbusse Minibusse, gewöhnlich Microbusse genannt. Sie werden aber genauso vollgestopft und können noch unbequemer sein, da noch weniger Beinfreiheit besteht. Wo es weder Hühner- noch Minibusse gibt, fahren Pick-ups (*picop*); man hält sie an und zahlt für die Fahrt genau wie in normalen Bussen.

Mindestens zweimal im Monat stürzt ein Hühnerbus über eine Klippe oder hat hinter einer nicht einsehbaren Kurve eine Frontalkollision. Die Zeitungen sind voll von den gruseligen Einzelheiten und Fotos des aktuellsten Unfalls – was einem die öffentlichen Verkehrsmittel des Landes nicht unbedingt sympathischer macht.

FAHRRAD

Angesichts des bergigen Terrains und der zuweilen haarsträubenden Straßenzustände ist das Radeln von Stadt zu Stadt sehr mühselig. Doch erfahrene Radler können per Drahtesel prima kleinere Städte wie Antigua, Quetzaltenango und San Pedro La Laguna erkunden: Hier werden annehmbare Mountainbikes pro Tag, Stunde oder Woche oder auch für länger vermietet – andere Räder sind übrigens nutzlos. In fast allen Städten gibt's Fahrradläden, in denen man neue Räder für rund 800 Q aufwärts kaufen kann.

FLUGZEUG

Die einzigen planmäßigen Inlandsflüge, die zum Zeitpunkt der Recherche verfügbar waren, verbanden Guatemala-Stadt mit Flores und wurden von **Avianca** (www.avianca.com) und **TAG** (www.tag.com.gt) durchgeführt.

NAHVERKEHR

Bus

In Orten außerhalb von Guatemala-Stadt besteht der öffentliche Nahverkehr zumeist aus recht neuen, überfüllten Minibussen. Für Reisende sind sie vor allem in weitläufigeren Städten wie Quetzaltenango und Huehuetenango interessant. Guatemala-Stadt verfügt über eine eigene Version von Busverkehr: die alten roten Busse, die aus Sicherheitsgründen nicht zu empfehlen sind, und die neueren TransMetro- und TransUrbano-Busse.

Taxi

In allen größeren Orten sind jede Menge Taxis unterwegs. Eine zehnminütige Fahrt kann rund 60 Q kosten, was vergleichsweise teuer ist – man darf sich darauf gefasst machen, von den Taxifahrern jede Menge trauriger Geschichten über den horrenden Benzinpreis erzählt zu bekommen. Abgesehen von einigen Taxis in Guatemala-Stadt haben die Taxis keinen Taxameter: Man muss sich vorher über den Fahrpreis einigen, am besten, bevor man einsteigt. Das Unternehmen Uber ist in Guatemala-Stadt und Antigua vertreten.

Wer sich auf den Straßen Guatemalas nicht selbst hinters Steuer setzen möchte, kann auch ein Taxi samt Fahrer mieten. Das ist meist nur wenig teurer als ein Mietwagen und verleiht einem sämtliche Freiheiten eines eigenen Fahrzeugs, ohne selbst fahren zu müssen.

Tuk-Tuk

Wer schon mal in Asien war, dem sind Tuk-Tuks hinreichend bekannt, dreirädrige Minitaxis für drei Fahrgäste und einen Fahrer – aber natürlich passen auch doppelt so viele Leute drauf.

Die nach dem Geräusch ihres kleinen Rasenmähermotors benannten Tuk-Tuks eignen sich am besten für kurze Fahrten in der Stadt und kosten um die 5 bis 10 Q pro Person. Man winkt sie heran wie ein normales Taxi.

SCHIFF/FÄHRE

Die Karibikstadt Lívingston ist nur per Schiff erreichbar: über die Bahía de Amatique ab Puerto Barrios oder den Río Dulce hinunter von der Stadt Río Dulce aus. Am Lago de Atitlán verbinden schnelle Glasfaser-*lanchas* (Motorboote) die einzelnen Orte miteinander – das bei Weitem beste Verkehrsmittel hier.

SHUTTLE-BUS

Die stark beworbenen von Reisebüros betriebenen Shuttle-Minibusse bieten bequeme und schnelle Verbindungen auf den von Touristen frequentierten Hauptstrecken. Sie sind erheblich teurer als Busse, dafür aber viel praktischer, denn gewöhnlich bieten sie einen Service von Tür zu Tür sowie unterwegs Essens- und Toilettenpausen. Zu den beliebtesten Shuttle-Strecken gehören Guatemala-Stadt (Flughafen)–Antigua, Antigua–Panajachel, Panajachel–Chichicastenango und Lanquín–Antigua.

Manchmal muss man auf halber Strecke in einen anderen Minibus umsteigen, damit der erste schnell wieder zum Ausgangspunkt zurückkehren kann. Damit werden Kosten eingespart – doch beim ersten Mal kommt es etwas überraschend, an einer Tankstelle ausgeladen zu werden, wo man dann auf den Anschlussbus warten muss.

TRAMPEN

Trampen im westlichen Sinne ist in Guatemala absolut unüblich, da viel zu unsicher. Wo allerdings Busse nur sehr sporadisch oder gar nicht verkehren, dienen Pick-ups und andere Fahrzeuge als öffentliche Transportmittel. Man kann sich an den Straßenrand stellen und einen Arm ausstrecken, um Fahrer anzuhalten. Es wird erwartet, dass man fürs Mitnehmen auch bezahlt – und zwar in etwa so viel wie für eine vergleichbare Busstrecke. Das Prozedere ist ein zuverlässiges System, das Einheimische und Traveller gleichermaßen nutzen – man kann sich aber schon mal auf rappelvolle Fahrzeuge einstellen.

Ansonsten birgt das Trampen immer ein gewisses Risiko, über das man sich im Klaren sein sollte – wir raten generell vom Trampen ab.

Belize

388 000 EW.

Inhalt ➡

Auf nach Belize!

Das winzige Belize zwischen dem zentralamerikanischen Dschungel und der Karibik steckt voller Inseln, Abenteuern und Kultur. Das Belize Barrier Reef ist nach dem in Australien das zweitgrößte der Welt und mit über 100 Korallen- und um die 500 Tropenfischarten ein wahres Paradies für Taucher und Schnorchler. Im Binnenland bieten (nach belizischen Verhältnissen) riesige Nationalparks, Wildreservate und Naturschutzgebiete ein sicheres Refugium für Wildtiere, von fleißigen Blattschneiderameisen bis zu Tapiren, von lauten Brüllaffen bis zu scheuen Jaguaren. Das Land ist auch die Heimat einer der mysteriösesten Zivilisationen der Welt, der Mayas, und besitzt zahlreiche archäologische Stätten aus deren Glanzzeit (250–1000 n. Chr.), wo gewaltige Stufen hinauf zu hohen Steintempeln führen, von deren Spitze der Blick weit über den Dschungel schweift.

Gut essen

- Hidden Treasure (S. 267)
- Guava Limb Cafe (S. 285)
- Hibisca by Habaneros (S. 262)

Schön übernachten

- Black Rock Lodge (S. 290)
- Belize Boutique Resort & Spa (S. 271)
- Matachica Beach Resort (S. 266)
- Turtle Inn (S. 297)

Reisezeit

Belize City

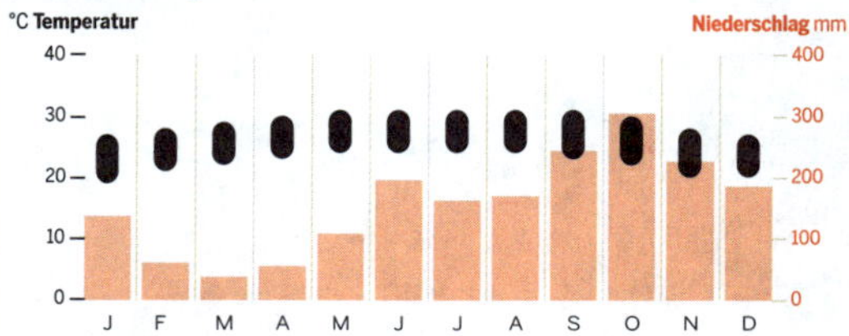

Dez.–April Sonnig, hohe Preise, Reservierungen sind wichtig in der Hochsaison.

Nov. & Mai Weniger Touristen, niedrigere Preise, Attraktionen alle geöffnet.

Juni–Okt. Starker Regen, Orkangefahr, weniger Touristen, Preise fallen, einige Betriebe schließen.

Einreise

Es gibt vielgenutzte Grenzübergänge zwischen Belize und Mexiko im Norden und Guatemala im Westen. Die Grenzformalitäten sind mit beiden Ländern unkompliziert.

BELIZE FÜR EINSTEIGER: EINE WOCHE

In **Belize City** geht's direkt zum Wassertaxianleger, um zum lässigen **Caye Caulker** oder dem lebhafteren **San Pedro** auf Ambergris Caye überzusetzen. Beide Inseln sind gute Ausgangspunkte, um das Riff zu erkunden.

Nach zwei, drei Tagen auf den Cayes fährt man zurück nach Belize City und mit dem Bus direkt nach **San Ignacio**. Von der zwanglosen Stadt im Cayo District lassen sich u. a. die Höhle Actun Tunichil Muknal, Caracol, Xunantunich und die Barton Creek Cave erreichen. Wenn nur für eines Zeit ist, empfehlen wir die Höhle **Actun Tunichil Muknal**. Zurück über den Hummingbird Highway gibt's in **Hopkins** Stranderholung und Garifuna-Trommeln. Den Abschluss der Reise bilden ein Besuch der Schokoladenfabrik im **Maya Center** und ein Abstecher zum Jaguarreservat **Cockscomb Basin Wildlife Sanctuary**.

Typische Speisen und Getränke

Kuhfußsuppe Dickflüssige Suppe mit echten Kuhfüßen gekocht

Pakas Kleine einheimische Nagetiere, die manchmal gegrillt gegessen werde.

Horchata Ein milchiges, dickflüssiges Reisgetränk

Habanero-Sauce Empfehlenswert ist Marie Sharp's „Not for Wimps" („Nichts für Weicheier")!

Chirmole Das sogenannte „schwarze Essen" ist ein Hühnereintopf aus der Maya-Küche mit dunkler Chili-Sauce.

Top-Tipps

- Unterkünfte auf den Inseln müssen im Voraus gebucht werden, besonders in der Hochsaison. Viele Lodges bieten ihren Gästen einen kostenlosen Bootstransfer an.
- Die Reiseplanung sollte flexibel sein, da entlegene Attraktionen wie Höhlen manchmal wegen Rutschgefahr geschlossen sind, oder Unterkünfte auf der gewünschten Insel ausgebucht sind.
- Autofahrten bei Nacht vermeiden. Die Landstraßen sind nicht beleuchtet, Bodenschwellen nicht markiert und man riskiert, auf der Straße gehende Personen zu übersehen und anzufahren.
- Neben Kreditkarten sollten auch US-Dollars mitgeführt werden. Manche Banken wechseln keine Euros oder andere ausländische Währungen.

AUF EINEN BLICK

Währung Belize Dollar (BZ$)

Visa Für EU-Bürger und Schweizer wird ein Visum von bis zu 30 Tagen bei der Einreise ausgestellt.

Geld Geldautomaten sind weit verbreitet.

Hauptstadt Belmopan

Notfall ☎ 911

Sprachen Englisch, Spanisch, Kreolisch, Garifuna

Wechselkurse

Eurozone	1 €	2,21 BZ$
Guatemala	1 Q	0,25 BZ$
Mexiko	1 Mex$	0,10 BZ$
Schweiz	1 SFr	1,98 BZ$
USA	1 US$	1,97 BZ$

Preise

- Doppelzimmer in einem Budgethotel: 50–120 BZ$, in einem Mittelklassehotel 120–350 BZ$
- Straßenimbiss oder Selbstversorgung: 3–10 BZ$; Abendessen und Getränke in Restaurants: 15–35 BZ$

Infos im Internet

Lonely Planet (www.lonelyplanet.com/belize)

Belizean Journeys (www.belizeanjourneys.com)

Belize Tourism Board (www.travelbelize.org)

Highlights

1 Caye Caulker (S. 258) Das großartige Angebot an Wasseraktivitäten nutzen – von Kitesurfen und Stehpaddeln bis Schnorcheln und Tauchen

2 Actun Tunichil Muknal (S. 289) Die spektakulärste Höhle Belizes erforschen

3 San Pedro (S. 263) Bei einem Segeltörn vor der Küste einen abendlichen Cocktail genießen

4 Lighthouse Reef (S. 269) In die Dunkelheit des Blue Hole Natural Monument abtauchen.

5 Caracol (S. 287) Die abgelegenen alten Maya-Ruinen erkunden

6 Placencia (S. 296) Essen, trinken, faulenzen und schnorcheln auf der „Festlandsinsel"

7 Crooked Tree Wildlife Sanctuary (S. 273) Bei einer Bootsfahrt auf der Lagune die Vogelwelt bestaunen

8 Lamanai (S. 271) Mit dem Boot über den New River zu dieser überwucherten Maya-Stätte fahren

9 Hopkins (S. 294) In dem lässigen Stranddorf Garifuna-Trommeln und kreolische Küche erleben

10 Tiefer Süden (S. 290) Maya-Dörfer, Schokoladenfabriken und archäologische Stätten besuchen

BELIZE CITY

61 760 EW.

Belize City ist die historische (wenn auch nicht mehr die tatsächliche) Hauptstadt des Landes und deswegen interessant genug für einen Besuch über ein oder zwei Tage. In den verwinkelten Straßen tummeln sich schillernde Persönlichkeiten, die jeden Aspekt der ethnischen Zusammensetzung Belizes repräsentieren, vor allem die Kreolen. Zum Stadtbild gehören zwar der eine oder andere stinkende Kanal oder ein heruntergekommener Stadtteil, aber es ist auch von schönen Kolonialhäusern, Strandparks, geschäftigen Einkaufsstraßen und im Wasser an der Mündung des Haulover Creek schaukelnden Segelbooten geprägt.

Belize City mag vielleicht erstmal bedrohlich erscheinen, aber langweilig ist es auf keinen Fall. Die Stadt gehört zwar nicht zu den touristischen Spitzendestinationen, doch Besucher bewundern ihren unkonventionellen Charme und ihre kulturelle Dynamik. Die Regierung hat in letzter Zeit mit einigem Erfolg zusätzliche Maßnahmen ergriffen, damit sich Touristen sicher fühlen. Dennoch wirkt Belize City spürbar weniger entspannt als der Rest des Landes und gilt immer noch als eine Stadt mit hoher Armuts- und Kriminalitätsrate.

Sehenswertes

Die wichtigsten historischen Sehenswürdigkeiten von Belize City liegen alle in Laufnähe der Swing Bridge.

★ Museum of Belize MUSEUM

(Karte S. 254; ☎223-4524; www.nichbelize.org/museum-of-belize-and-houses-of-culture; Gabourel Lane; 10 BZ$; ⌚Di–Do 9–17, Fr & Sa bis 16.30 Uhr) Das moderne Museum im Fort George District bietet einen exzellenten Überblick über die Geschichte von Belize, erzählt mittels Exponaten im ehemaligen Gefängnis des Landes (1857 aus Ziegeln gebaut). Die faszinierenden Darstellungen, historischen Fotos und Dokumente beleuchten die Zeit der Kolonialherrschaft und der Unabhängigkeit. Daneben gibt es eine Ausstellung zur Geschichte der Sklaverei und eine Galerie mit zeitgenössischer Kunst.

NICHT VERSÄUMEN

GOFF'S CAYE

Einige der spektakulärsten Schnorchelreviere befinden sich fast direkt vor dem puderzuckerweißen Strand des **Goff's Caye**, einer winzigen, unbewohnten Insel, die nur eine 30-minütige Bootsfahrt südöstlich von Belize City liegt. Die idyllische Insel mit nichts als einigen Kokospalmen und ein paar Picknicktischen unter Palmwedeldächern befindet sich direkt neben dem Belize Barrier Reef mit seiner intakten Welt aus Korallen, Hummern, Stachelrochen, bunten Fischen und mehr.

★ Swing Bridge WAHRZEICHEN

(Karte S. 254) Der Dreh- und Angelpunkt von Belize City, der praktisch von allen so ziemlich jeden Tag überquert wird, soll die einzige erhaltene, per Hand betriebene Drehbrücke der Welt sein. Die in der Eisenhütte Liverpool hergestellte Swing Bridge wurde 1923 errichtet und ersetzte eine ältere Brücke von 1897.

Image Factory GALERIE

(Karte S. 254; ☎223-1493; www.imagefactorybelize.com; 91 North Front St; ⌚Mo–Fr 9–17 Uhr) GRATIS Die innovativste und spannendste Kunstgalerie der Stadt veranstaltet neue Ausstellungen und regelmäßige Buchpräsentationen, überwiegend von Werken belizischer Künstler. Die Vernissagen finden meist zu Monatsbeginn auf der Veranda mit Blick auf den Haulover Creek statt.

Schlafen

TBG B&B B&B $

(☎632-2838; www.facebook.com/guillermo.alamina; St Luke St; Zi. 110 BZ$; P❄📶) Das blitzsaubere B&B mit fünf Zimmern liegt im neueren Wohnviertel Kings Park und günstig für alle, die vom oder zum Municipal Airport von Belize City fliegen. Die Zimmer sind modern und gut ausgestattet und der nette Besitzer serviert mit Stolz ein aufwendiges Frühstück, zu dem oft *johnnycakes*, *fry jacks* und frische Mangos vom Baum im Garten des Hauses gehören

★ Villa Boscardi B&B $$

(☎223-1691; www.villaboscardi.com; 6043 Manatee Dr, Buttonwood Bay; EZ/DZ 185/225 BZ$; ❄@📶) Die Pension in einem sicheren, bürgerlichen Vorort und deren charmante Gastgeber sorgen dafür, dass aller Stress verschwindet, der von den anstrengenderen Seiten von Belize City verursacht wurde. Die acht großen und eleganten Zimmer sind mit belizischen Materialien und in frischen, kräftigen Farben eingerichtet. Einige Zimmer haben eine Kochnische, die Gäste der übrigen Zimmer können die Gemeinschaftsküche benutzen.

Bella Sombra Guest House Downtown PENSION $$
(Karte S. 254; ☎631-8989; www.bella-sombra-guest-house-bz.book.direct; 36 Hydes Lane; EZ/DZ/3BZ 100/140/180 BZ$; P❄📶) Eine fantastische Pension der Mittelklasse mitten in der Innenstadt mit großen, modernen Zimmern, die mit guten Matratzen und allem modernen Komfort, u. a. riesigen Flachbildfernsehern, ausgestattet sind. Die meisten Zimmer haben eine Kochecke mit Spülbecken, Mikrowelle und Kühlschrank, einige auch einen großen Schreibtisch. Die Dachterrasse ist prima für ein Bier bei Sonnenuntergang. Reservierung ist erforderlich. Die freundlichen Besitzer betreiben auch das Bella Sombra King's Park, ein heimeligeres Haus für längerfristige Gäste, das sich in der Nähe des Municipal Airstrip befindet.

D'Nest Inn B&B $$
(☎223-5416; www.dnestinn.com; 475 Cedar St; EZ/DZ/3BZ mit Frühstück ab 144/179/214 BZ$; ❄📶) Die Gastgeber Gaby und Oty haben offensichtlich viel Sorgfalt auf dieses Refugium am Nordrand der Stadt verwendet. Die individuell eingerichteten Zimmer sind mit Himmelbetten, handgemachten Quilts und vielen viktorianischen Antiquitäten ausgestattet. Noch verlockender ist der üppige Garten mit seinen blühenden Orchideen und Goldtrompeten, Singvögeln und ruhigen Ecken.

Belize River Lodge LODGE $$$
(☎225-2002, USA 888-275-4843; www.belizeriverlodge.com; 2/7 Nächte Angelurlaub alles inkl. (Doppelbelegung) 4121/10 631 BZ$; ❄📶) Belizes älteste Angler-Lodge ist noch immer eine der besten. Das Schmuckstück aus Mahagoni auf einem üppigen tropischen Grundstück unweit vom Flughafen am Flussufer ist eine komfortable und praktische Bleibe für Angler. Im Preis enthalten ist die Abholung vom Flughafen per kurzer, schneller Bootsfahrt; Ausflüge zur Flussmündung, in die Karibik sowie zu einigen idyllischen Sandbänken und von Mangroven gesäumten Lagunen gehen ebenfalls schnell.

Radisson Fort George Hotel HOTEL $$$
(Karte S. 254; ☎223-3333; www.radisson.com; 2 Marine Pde Blvd; Zi. 545–621 BZ$; P❄@📶🏊) Das Spitzenhotel der Stadt hat 102 konservativ eingerichtete Zimmer mit allem Komfort. Das Radisson bietet zwar einen Service nach internationalem Standard, aber es vermeidet die kulturelle Distanz, die oft bei solchen Angeboten üblich sind: Heimische Hölzer, Möblierung und Einrichtung schaffen ein authentisches belizisches Ambiente.

Belize City

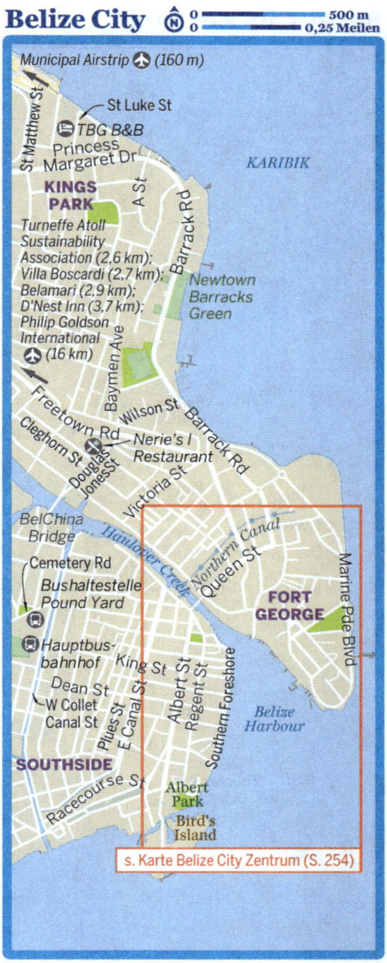

Essen

★ Nerie's II Restaurant BELIZISCH $
(Karte S. 254; ☎223-4028; Ecke Queen & Daly St; Hauptgerichte 10–18 BZ$; ⏲Mo–Sa 8–22, So bis 15 Uhr) Das Nerie's bietet die breiteste Auswahl an passenden Begleitern für Reis

Belize City Zentrum

Belize City Zentrum

und Bohnen, z. B. Lammcurry, geschmorte Rindsfüße, Hummer und Wild. Als Vorspeise empfiehlt sich eine Suppe wie Hühnersuppe, *escabeche* (mit Huhn, Limone und Zwiebeln), *chirmole* (mit Huhn und einer Chili-Schokoladensauce) oder Rinderfußsuppe, als Nachspeise dann ein Maniokpudding. Nerie's hat noch einen zweiten Standort: **Nerie's I Restaurant** (☎224-5199; Douglas Jones St; Hauptgerichte 10–18 BZ$; ⌚Mo–Sa 7.30–16.30 Uhr) im Norden der Stadt.

Dario's Meat Pies BELIZISCH $
(Karte S. 254; ☎203-5197, 605-0587; 33 Hydes Lane; Fleischpasteten 1,25 BZ$; ⌚Mo–Sa 5–15 Uhr) Jeder Einheimische wird auf die Frage, wer die besten Fleischpasteten mache, ohne Zögern antworten: Dario's, wo die Leute Schlange stehen (wahrscheinlich bis um die Ecke). Zur Wahl stehen Rind- und Hühnerfleisch. Die Pasteten werden im ganzen Land geliefert, aber am besten schmecken sie hier, frisch aus dem Ofen.

★ **Belamari** INTERNATIONAL $$
(☎615-2075; 63 Seashore Dr; Pasta 21–34 BZ$, Hauptgerichte 26–65 BZ$; ⌚Di–Do 12–22, Fr & Sa bis 23, So bis 22 Uhr) Das Freiluftrestaurant am Meer in Buttonwood Bay ist nicht nur eine schicke Cocktailbar, sondern ein noch besseres Restaurant. Das Speisenangebot reicht über mehrere Kontinente, von brasilianischem Garnelentopf oder Huhn mit Pilzen und Marsala bis zu Schweineschnitzel. Auch wenn die Küche etwas schäbig aussieht – der luftige Essbereich mit Meerblick ist wunderbar.

★ **Spoonaz Photo Cafe** CAFÉ $$
(Karte S. 254; ☎223-1043; www.facebook.com/spoonazorlater; 89 North Front St; Johnnycakes 2,25 BZ$, Hauptgerichte 10–25 BZ$; ⌚Mo–Do 7–18, Fr & Sa bis 19, So bis 14.30 Uhr, Bar bis 22 Uhr) Das kosmopolitische Café ist eine Oase in der Innenstadt von Belize City mit erstklassigem Kaffee sowie Panini und Sandwiches. Der Innenraum ist schick und klimatisiert, aber hinten unter den grünen Sonnenschirmen sitzt es sich beim Anblick der schaukelnden Segelboote auf dem Haulover Creek und einem Cocktail in der Hand viel schöner.

Om Shanti Cafe VEGAN $$
(Karte S. 254; ☎227-2247; www.omshantibelize.com/cafe-and-gift-shop; 10 Fort St; Hauptgerichte 10–20 BZ$; ⌚Mo–Sa 8.30–18.30 Uhr; 📶) Das fantastische neue vegane Café in Fort George ist genau das Richtige nach einem anstrengenden Ashtanga-Kurs im zugehörigen **Yogastudio** (Karte S. 254; ☎610-0882; pro Kurseinheit 25 BZ$, auch Pauschalangebote ⌚Kurstermine siehe Website) oder einer Massage im Wellnesscenter, alles unter einem Dach in einem hinreißend restaurierten Haus am Meer. Zum Speisenangebot gehören Papaya-Ceviche, vegane Nachos und veganer Cashew-Käse, phänomenal sind auch die Suppen, Säfte und Desserts.

Celebrity Restaurant INTERNATIONAL $$
(Karte S. 254; ☎223-7272; www.celebritybelize.com; Ecke Marine Parade Blvd & Goal Lane; Hauptgerichte 16–40 BZ$; ⌚11–23 Uhr) Das Celebrity ist einfach superklasse, weil es ein halbwegs schickes Restaurant ist, das nicht zu einem Hotel gehört. Es hat ein umfangreiches Speisenangebot, darunter nordamerikanische Klassiker wie Steaks und Sandwiches, mexikanisches Essen wie Fajitas und Quesadillas, zahlreiche Pastagerichte und ein paar mediterrane Überraschungen wie Hummus, Köfte und Kebabs.

Ausgehen & Unterhaltung

★ **Bird's Isle Restaurant** BAR
(Karte S. 254; ☎207-6500; Bird's Island; ⌚Mo–Fr 10.30–14.30, Mi 17.30–21, Do bis 24, Fr bis 22,

Sa 10.30–22 Uhr) Das Bird's Isle ist wohl das beste Lokal in Belize City. Die Inseloase an der Südspitze der Stadt schafft es, die urbanen Widrigkeiten nur ein paar Straßenzüge weiter fernzuhalten. Sowohl Einheimische als auch Touristen zieht es in die *palapa*, um die Meeresbrise, frisch gepressten Säfte und kaltes Bier zu genießen.

Bliss Centre for the Performing Arts DARSTELLENDE KUNST
(Karte S. 254; ☎227-2110; www.nichbelize.org; Southern Foreshore) Im 600-sitzigen Theater des umgebauten, vom Institute for Creative Arts geführten Bliss Centre gibt es das ganze Jahr über verschiedene Veranstaltungen. Interessant sind Konzerte traditioneller belizischer Musik sowie Shows, die Belize und seine Kultur zelebrieren. Zu den jährlichen Events zählen das **Belize Film Festival** und das **Children's Art Festival** im Mai.

ℹ Praktische Informationen

GEFAHREN & ÄRGERNISSE

Besucher verbringen wahrscheinlich die meiste Zeit im Geschäftsviertel und in Fort George, die beide tagsüber sicher sind. Zu beachten ist jedoch Folgendes:

- Vorsicht vor allzu freundlichen Fremden.
- Nichts Wertvolles zur Schau tragen.
- Keine Wertsachen im Hotel lassen.
- Keine illegalen Drogen nehmen.
- Einsame Straßen vermeiden.
- Die Southside (das Viertel südlich des Haulover Creek und westlich des Southside Canal) ist Schauplatz häufiger Bandenkriege, aber auch Verbrechen, die nichts mit Banden zu tun haben (Bagatell- und Gewaltkriminalität), sind ein Problem.
- Auf dem (Fuß-)Weg von und zu Busbahnhöfen oder -haltestellen sollte man sich an die Hauptstraßen halten oder ein Taxi nehmen.
- Nach Einbruch der Dunkelheit immer ein Taxi nehmen und nirgendwohin alleine gehen.

GELD

Alle Banken wechseln US-Dollars, britisches Pfund und in der Regel auch Euros. Die meisten Geldautomaten sind 24 Stunden zugänglich, es ist jedoch äußerst ratsam, sie nur bei Tageslicht zu benutzen.

Belize Bank (60 Market Sq; ⏲Mo–Do 8–15, Fr bis 16.30 Uhr) Der Geldautomat befindet sich an der Nordseite des Gebäudes. Ein weiterer **Geldautomat der Belize Bank** (North Front St) liegt in günstiger Nähe zu den Wassertaxis.

Scotia Bank (Ecke Albert & Bishop St; ⏲Mo–Do 8–15, Fr bis 16.30 Uhr)

INTERNETZUGANG

S&L Travel (Karte S. 254; ☎227-7593, 227-5145; www.sltravelbelize.com; 91 North Front St) Klimatisiertes Internetcafé nahe dem Anleger der Wassertaxis.

MEDIZINISCHE VERSORGUNG

In Belize City gibt es die besten medizinischen Einrichtungen des Landes.

Belize Medical Associates (☎223-0302; www.belizemedical.com; 5791 St Thomas St; ⏲Notfalldienst 24 Std.) Eine von mehreren guten Privatkliniken.

Karl Heusner Memorial Hospital (☎223-1671, 223-1548; www.khmh.bz; Princess Margaret Dr; ⏲Notfalldienst 24 Std.) Größtes staatliches Krankenhaus der Stadt.

POST

Hauptpostamt (Karte S. 254; ☎227-2201; North Front St; ⏲Mo–Do 8–16, Fr bis 15.30 Uhr)

TELEFON

Digi (☎223-1800; www.livedigi.com; Regent St; ⏲Mo–Fr 8–17 Uhr) Der Laden in der Innenstadt verkauft-SIM-Karten für Handys.

TOURISTENINFORMATION

Belize Tourism Board (BTB; Karte S. 254; ☎227-2420; www.travelbelize.org; 64 Regent St; ⏲Mo–Do 8–17, Fr bis 16 Uhr) Karten, Magazine und alle möglichen Informationen für Reisen in Belize. Hier ist auch der Kreuzfahrt-Fahrplan in Form einer praktischen Broschüre erhältlich.

Belize Tourism Industry Association (BTIA; Karte S. 254; ☎227-1144; www.btia.org; 10 Taiwan St; ⏲Mo–Do 8–12 & 13–17, Fr bis 16 Uhr) Die BTIA ist ein unabhängiger Verein von Tourismusbetrieben, der aktiv für „nachhaltigen, ökokulturellen Tourismus" eintritt. Im Büro gibt es Prospekte zu den Regionen des Landes, Exemplare des jährlichen Magazins *Destination Belize* (kostenlos) und Informationen über die Vereinsmitglieder, zu denen viele der besten Hotels, Restaurants und andere touristische Unternehmen Belizes gehören. Die Website hat massenhaft Infos.

Turneffe Atoll Sustainability Association (☎670-8272; www.turneffeatollsustainabilityassociation.org; 1216 Blue Marlin Av, unter dem Büro der OAS; ⏲Mo–Do 8–17, Fr bis 16 Uhr) Verwaltet das Turneffe Atoll Marine Reserve.

ℹ An- & Weiterreise

BUS

Der **Hauptbusbahnhof** von Belize City (West Collet Canal St) ist das alte Novelo-Terminal am Kanal, das in den mittlerweile verblichenen Rastafari-Farben Rot, Gold und Grün gestrichen ist. Hier fahren die meisten Busse ab, Regionalbusse innerhalb des Belize Districts zu Zielen wie Ladyville und Burrell Boom fahren jedoch um die Ecke an der **Bushaltestelle Pound Yard** (Cemetery Rd) los.

FLUGZEUG

Belize City hat zwei Flughäfen: den **Philip Goldson International Airport** (BZE; Belize City; ☎225-2045; www.pgiabelize.com), der 18 km nordwestlich des Stadtzentrums am Philip Goldson Highway liegt, und den Municipal Airstrip (TZA) gut 3 km nördlich des Stadtzentrums. Alle internationalen Flüge landen auf dem internationalen Flughafen. Die zwei einheimischen Fluglinien benutzen beide Flughäfen, aber Flüge vom Municipal Airstrip sind billiger (oft erheblich). Die folgenden einheimischen Fluggesellschaften fliegen ab Belize City:

Maya Island Air (☎223-1403, 223-1140; www.mayaislandair.com; Belize City Municipal Airport) Flüge nach Dangriga, Placencia, Punta Gorda, San Pedro (Ambergris Caye) und Orange Walk. Vom internationalen Fughafen hat die Fluglinie auch Verbindungen mit Corozal in Mexiko.

Tropic Air (☎224-5671; www.tropicair.com; Belize City Municipal Airport) Flüge nach Dangriga, Placencia, Punta Gorda, San Ignacio, Belmopan und San Pedro. Vom internationalen Flughafen hat die Fluglinie auch Verbindungen mit Flores in Guatemala, Roatán in Honduras und Cancún in Mexiko.

SCHIFF/FÄHRE

Zwei Wassertaxiunternehmen in der North Front Street bieten jeweils ähnliche Verbindungen mit Caye Caulker und San Pedro. Freitags fährt zudem eine Fähre nach Dangriga und von dort weiter nach Honduras.

San Pedro Belize Express Water Taxi (Karte S. 254; ☎223-2225; www.belizewatertaxi.com; Brown Sugar Mall, Front St) Professionell geführter Wassertaxiservice mit neun Fahrten pro Tag (ungefähr stündl. 8–17 Uhr) nach Caye Caulker (einfach/hin & zurück 36/56 BZ$, 45 Min.) und San Pedro (einfach/hin & zurück 56/76 BZ$, 1½ Std.). Einmal täglich gibt es auch eine Bootsverbindung zwischen Caye Caulker und Chetumal in Mexiko (via San Pedro).

Ocean Ferry Belize (Karte S. 254; ☎223-0033; www.oceanferrybelize.com; North Front St) Bootsverbindungen nach Caye Caulker (einfach/hin & zurück 19/30 BZ$, 45 Min.) und San Pedro (einfach/hin & zurück 29/50 BZ$, 1½ Std.) ab dem alten Anleger Caye Caulker Water Taxi. Abfahrtszeiten ab Belize City zu beiden Zielen sind 8, 10.30, 13.30, 15 und 17.30 Uhr.

Starla International Ferry (Karte S. 254; ☎628-0976; Brown Sugar Mall, Front St) Abfahrt vom Anleger San Pedro Belize Express freitags um 9 Uhr, Zwischenhalt in Dangriga (160 BZ$) und Weiterfahrt nach Puerto Cortés in Honduras (zusätzliche 110 BZ$). Die Fahrt dauert insgesamt 5½ Stunden. Montags kehrt die Fähre zurück und trifft um 16.30 Uhr in Belize City ein.

ℹ Unterwegs vor Ort

Philip Goldson International Airport Der Taxipreis vom/zum internationalen Flughafen beträgt 50 BZ$ für ein bis zwei Fahrgäste, 60 BZ$ für drei und 70 BZ$ für vier Fahrgäste. Ansonsten kann man auch die 2,4 km bis zum Philip Goldson Highway laufen, wo recht häufig Busse nach Belize City fahren. Vom und zum Municipal Airport fahren keine öffentlichen Verkehrsmittel.

Municipal Airport Taxis ins Stadtzentrum kosten rund 10 BZ$. Von hier zum internationalen Flughafen gibt es keine öffentlichen Verkehrsmittel.

Hauptbusbahnhof Taxis warten vor dem Busbahnhof. Sie sollten eigentlich der Reihe nach fahren, aber die Fahrer streiten sich stets um die Reihenfolge.

TAXI

Taxis (Karte S. 254) kosten um die 10 BZ$ für Fahrten innerhalb der Stadt. Die Fahrt von einer Seite der Stadt zur anderen dauert lang, es ist dann mit einem höheren Preis zu rechnen. Der Preis sollte im Voraus mit dem Fahrer vereinbart werden. Die meisten Restaurants und Hotels rufen auf Wunsch ein Taxi für ihre Gäste.

DIE NÖRDLICHEN CAYES

Man stelle sich die ultimative tropische Trauminsel vor. Mit mehr als 100 verlockenden Inselchen und zwei herrlichen Atollen ist es höchst wahrscheinlich, dass eine der nördlichen Cayes von Belize diesem Traum entspricht.

Wer sich vorstellte, eine Hängematte an einem einsamen Strand aufzuknüpfen, kann diese Fantasie an einem äußeren Atoll verwirklichen. Steht der Sinn nach Luxus? Auf Ambergris Caye werden immer mehr Nobelresorts angelegt. San Pedro ist super, um die Nacht beim Reggae durchzutanzen, während es auf Caye Caulker gemächlicher zugeht.

Aber die Inseln selbst sind nur der Anfang: Nur ein paar Kilometer vor der Küste erstreckt sich das Belize Barrier Reef über umwerfende 300 km und bietet unvergleichliche Gelegenheiten, tiefe Spalten und Korallen zu erkunden, Ammenhaien und Stachelrochen zu begegnen und mit kunterbunten Fischschwärmen zu schwimmen.

Caye Caulker

2000 EW.

„No Shirt, No Shoes...No Problem". Dieses Schild ist in Belize überall zu sehen, aber zu keinem Ort passt es besser als zum Caye Caulker. Auf dieser winzigen Insel, auf der es wunderbarerweise auch keine Autos gibt, dösen Hunde mitten auf der Staubstraße und sonnengebräunte Radfahrer fahren um sie herum. Das einzige Verkehrszeichen auf der Insel mahnt Golfwagen- und Radfahrer langsam zu fahren und diese Anweisung wird ernst genommen.

Statt Stress gibt es auf Caye Caulker sanfte Brisen, frische Meeresfrüchte, himmelblaues Wasser und ein fantastisches Barriereriff vor der Küste. Die gelassene Haltung ist teilweise der überwiegend kreolischen Bevölkerung dieser zu klassischen Reggae-Rhythmen swingenden Insel zu verdanken, auf der eine kleine Gruppe Rastafaris lebt. Dies ist seit langer Zeit ein Mekka von Budgetreisenden, aber in den vergangenen Jahren haben Touristen jeden Alters und Einkommens die einzigartige Atmosphäre der Insel zu schätzen gelernt.

Aktivitäten & geführte Touren

★ RandOM Yoga YOGA

(Karte S. 260; ☎637-4109; www.randomyoga.com; Pasero St; ⌚9 Uhr) Das hervorragende, alteingesessene Yogastudio ein paar Stockwerke über dem **Namaste Cafe** (Karte S. 260; Salate & Sandwiches 12 BZ$; ⌚Mo–Sa 7.30–16.30 Uhr; 📶) bietet täglich um 9 Uhr eine Yogastunde auf einer Plattform im Freien mit fernem Meerblick. Die hochkarätigen Yogaklassen auf Spendenbasis werden von der amerikanischen Langzeitbewohnerin der Insel und erstklassigen Yogalehrerin/Studiobesitzerin Jessie Wigh geleitet. Sie und ihr Mann veranstalten auch einwöchige Yogaseminare.

★ Contour WASSERSPORT

(Karte S. 260; ☎615-8757; www.contourbelize.com; Front St; Verleih pro Std./halb-/ganztags 25/60/80 BZ$; ⌚8–18 Uhr) Der gut geführte Laden bringt neuen Schwungs ins Wasservergnügen von Caulker: Er führt Besucher auf dem Paddleboard durch Mangroven oder auf abendliche Exkursionen. Außerdem vermietet er erstklassiges Zubehör.

★ Anda De Wata Tours ABENTEUER

(Karte S. 260; ☎226-0640, 607-9394; www.snorkeladw.com; Front St) Auf einem Reifenschlauch dahintreiben, der von einem langsamen Boot gezogen wird – klingt das absolut traumhaft? Anda De Watas 90-minütige Boot-und-Schlauch-Tour bei Sonnenuntergang (70 BZ$; inkl. Rumpunsch so viel man will) könnte die Verwirklichung der eigenen Paradiesvorstellung sein! Das Unternehmen bietet auch großartige Schnorcheltouren in den heimischen Riffe an, einschließlich professioneller Gratisfotos, sowie Flüge über das Blue Hole.

Richard's Adventures & Estuary Tours WILDTIERE

(Karte S. 260; ☎602-0024; Playa Asuncion; Schnorchel- & Krokodiltour pro Pers. 70 BZ$) Der einheimische Guide und Naturschützer Richard Castillo ist nicht nur super beim Sichten von Meerestieren in den Riffen, sondern auch der einzige, der Gäste in das neue Krokodilreservat im **Caye Caulker Forest Reserve** bringen kann. Er war Teil der Mannschaft, die den 1,6 km langen Plankenweg durch den Mangrovensumpf gebaut hat, und besitzt ein enzyklopädisches Wissen über dieses Biotop.

Belize Diving Services TAUCHEN

(Karte S. 260; ☎226-0143; www.belizedivingservices.com; Chapoose St; ⌚8–18 Uhr) Professioneller und hoch empfohlener Tauchladen, der PADI-Kurse und Tauchen in den Riffen der Umgebung sowie weiter draußen im Turneffe North und im Blue Hole anbietet. Hinzu kommen Tauchausbildungen für Fortgeschrittene und Höhlentouren.

Stressless Eco Friendly Tours SCHNORCHELN, ANGELN

(Karte S. 260; ☎624-6064; www.stresslessecofriendlytours.com; Calle al Sol) Das professionelle Unternehmen hebt sich auf dem überreichlichen Schnorchelmarkt durch großartige Kundenbetreuung sowie Schwerpunkt auf Nachhaltigkeit und engagierte Führer ab. Es bietet eine gekürzte Fassung des klassischen Trips Hol Chan/Shark Ray Alley sowie Exkursionen und Ausflüge zum Goff's Caye mit Charterbooten. Einige Schnorcheltouren werden mit Ceviche, Rumpunsch und einem Strandlagerfeuer bei Sonnenuntergang abgeschlossen.

Caveman Tours SCHNORCHELN

(Karte S. 260; ☎226-0367; www.cavemansnorkelingtours.com; Front St; Ausflüge halber/ganzer Tag 70/130 BZ$ ⌚8.30–18.30 Uhr) Die Guides von Captain Caveman bieten äußerst beliebte Schnorcheltouren in lokalen Gewässern an,

WO GEHT'S ZUR STRANDPARTY?

Koko King (☎626-8436; www.facebook.com/KokoKingCayeCaulker; ⏲10–24 Uhr) Für alle, die auf dem weichen weißen Sand und im sanften Meer chillen wollen, mit Cocktail in der Hand und inmitten von gleichgesinnten Reisenden, ist das Koko King der Treffpunkt schlechthin. Es ist eine Art Allround-Strandparty mit einer gut sortierten Bar, einem leckeren karibischen Restaurant und zahlreichen Strandspielen und Wasserspielzeug – man kann hier gut den ganzen Tag verbringen. Zu erreichen ist es mittels einer kurzen Fährfahrt (Karte S. 260; kostenlos bei einer Ausgabe von 20 BZ$ am Strand, nachweisbar mit einem Armband) oder auf eigene Faust per Kajak, Paddleboard oder Schwimmen über den Split. Bei früher Ankunft lohnt es sich, ein Strandbett (50 BZ$) oder einen schattigen Platz hinter der Bettenreihe (25 BZ$) zu mieten. Für wahre Koko-King-Fans gibt es auch seit Ende 2018 das We'Yu Boutique Hotel (Zimmer ab 200 BZ$), das gelegen kommt, wenn das Koko seine berühmten Vollmondpartys schmeißt.

The Split (Karte S. 260) Der schmale Kanal, der den Caye Caulker in zwei Teile teilt, hat klares, tiefes und algenfreies Wasser und ist somit eines der besten Schwimmgewässer der Insel. Das umso mehr, seit jüngst ein Damm gebaut wurde und ein Planschbereich mit überdachten Picknicktischen, ein Spa, einige Restaurants und ein Kajak- und Paddleboard-Verleih eröffnet wurden. Die laute Musik und die lärmenden Gäste in der angrenzenden Bar Lazy Lizard (Karte S. 260; ⏲10–23 Uhr) machen den Aufenthalt entweder super oder nervig, je nachdem, wie man selbst drauf ist.

auch Ausflüge zu den Seekühen und gelegentliche private Touren zum Goff's Caye und Swallow Caye. Der Captain ist seriös, sicherheitsbewusst und achtet sehr auf Kundenwünsche. Sein Büro befindet sich im Kunsthandwerksmarkt.

Kitexplorer KITESURFEN
(Karte S. 260; ☎652-7308; www.kitexplorer.com; Front St; Ausrüstungsverleih pro Std./halb-/ganztags 120/200/300 BZ$; ⏲8–18 Uhr) Bietet zweistündige Einführungskurse (360 BZ$) und sechsstündige Grundkurse (980 BZ$) sowie Ausrüstungsverleih. Hinzu kommen Windsurfingkurse und es gibt auch Paddleboards. Der Laden liegt am nördlichen Ende der Insel in der Nähe des Split.

Schlafen

Yuma's House Belize HOSTEL $
(Karte S. 260; ☎206-0019; www.yumashousebelize.com; Front St; B/EZ/DZ 38/75/90 BZ$; 📶) Das fröhliche, frisch gestrichene Hostel liegt nur ein paar Schritte vom Wassertaxi-Anleger entfernt und hat somit eine erstklassige Lage im Ortszentrum und am Ufer. Die nutzt es optimal aus, indem es seinen Gästen einen eigenen Anleger und einen luftigen Garten im Schatten von Palmen mit Hängematten und Picknicktischen bietet, von denen sich die Aussicht bewundern lässt.

Maxhapan Cabanas HÜTTE $
(Karte S. 260; ☎226-0118, 610-4993; maxhapan04@hotmail.com; 55 Pueblo Nuevo; EZ/DZ/3BZ 100/110/120 BZ$; ❄📶) Das Maxhapan in einer unvermuteten Lage südlich der Stadt vermietet drei hübsche, gelbe *cabañas* um einen sandigen Garten samt einer erhöhten *palapa* mit Hängematten und einer Bar für Selbstversorger, wo sich die Gäste treffen können. Die sauberen, modernen Hütten sind lichtdurchflutet und mit Kühlschrank, Klimaanlage und Fernseher ausgestattet. Die Vermieterin Louise garantiert den Komfort und das Wohlbefinden ihrer Gäste.

★ **Jungle Cocoon** BUNGALOW $$
(☎630-8396; Av Mulche; Zi. 218 BZ$; 📶) Der von Dschungel umgebene, achteckige Bungalow besitzt viel Charme und muss wohl die romantischste Unterkunft auf Caye Caulker sein. Das Schlafzimmer ist geräumig und mit Hartholzboden und geschmackvoller Kunst ausgestattet, aber richtig toll ist das Badezimmer mit Sitzecke und Trommeln und viel Naturdeko, auch einem echten, von Muschelschalen umgebenen Baum. Die großen Fenster an jeder der acht Ecken des Bungalows lenken den Blick auf die üppige tropische Umgebung und der angrenzende private Garten ist ideal, um sich den Morgenkaffee und Backwaren aus dem **Suggestion Gourmet** (Hauptgerichte 20 BZ$; ⏲7.30–17 & 18–20.30 Uhr), dem fabelhaften Restaurant der Anlage, schmecken zu lassen.

★ **Oasi** PENSION $$
(Karte S. 260; ☎623-9401; www.oasi-holidaysbelize.com; Back St; Apt. 190–210 BZ$; ❄📶🏊)

Caye Caulker

Caye Caulker

Die großartige Pension um einen blühenden tropischen Garten mit einladendem Pool hat nur vier elegante Apartments mit wunderbaren breiten Veranden (natürlich mit Hängematten). Gewebte Wandteppiche und warme Farbtöne schmücken die Zimmer, die mit Küche, Sofas und erstklassigen Badezimmern ausgestattet sind. Es gibt auch ein kleines italienisches Bar-Restaurant, **Il Baretto** (Karte S. 260; Av Mangle; Sa 19.30 Uhr), in dem gutbesuchte Konzerte und Events stattfinden.

Amanda's Place PENSION $$
(Casita Cariñosa; Karte S. 260; 226-0547; www.cayecaulkercasita.com; Front St; Apt. 190 BZ$, Haus 200–390 BZ$;) Amanda liegt einen Block vom Strand entfernt und bietet unterschiedliche Unterkunftsarten auf einem begrünten Grundstück mit einem netten Pool. An einer Seite des Grundstücks ist eine moderne *casita* mit drei Schlafzimmern und Dachterrasse. Das Hauptgebäude blickt über die Straße hinweg aufs Meer und hat unten zwei kleine Apartments mit Kunstwerken und Kochnische und oben ein traditionell belizisch gehaltenes Apartment.

★ **Sea Dreams Hotel** B&B $$$
(Karte S. 260; 226-0602; www.seadreamsbelize.com; Hattie St; Zi. 272 BZ$, Apt. 370–480 BZ$;) Die hübsche Pension an der Nordseite der Insel bietet eine seltene Kombination aus guter Erreichbarkeit und herrlicher Ruhe, wo die Gäste tagsüber am Split abhängen und sich dann nur wenige Schritte entfernt in die gemütliche Unterkunft zurückziehen können. Originalgemälde lokaler Künstler schmücken die bunten Wände der eleganten und komfortablen Zimmer und Apartments.

★ **Caye Reef** BOUTIQUEHOTEL $$$
(Karte S. 260; 610-0240; www.cayereef.com; Front St; Apt. 558–598 BZ$;) Die sechs Apartments des Caye Reef wurden mit äußerster Sorgfalt eingerichtet – von Originalkunstwerken an den Wänden bis zu Hängematten auf den Balkonen. Die Preise steigen mit jedem Stockwerk, das teuerste Apartment liegt im 3. Stock.

Essen

Errolyns House of Fry Jacks BELIZISCH $
(Karte S. 260; Middle St; 1,50–6 BZ$; Di–So 6.30–14 & 18.30–21 Uhr) Wer sagt, dass Belize teuer sein muss? Sowohl Einheimische als auch Reisende strömen zu dieser adretten Imbisshütte, um das preiswerteste Frühstück zu mampfen: köstliche, goldene *fry-jacks* (frittierte Teigtaschen) gefüllt mit jeglicher Kombination aus Bohnen, Käse, Ei, Rindfleisch oder Huhn. Billig, sättigend und lecker.

Amor Y Café FRÜHSTÜCK $
(Karte S. 260; 610-2397; Front St; Frühstück 6–12,50 BZ$; 6–14 Uhr;) Wenn es um das beliebteste Frühstückscafé auf der Insel geht, gibt es keine Konkurrenz – der Laden ist immer voll, aber niemand muss lange auf einen Tisch auf der schattigen Veranda an der Front Street warten. Zur Auswahl stehen frisch gepresste Säfte, Rühreier und hausgemachter Joghurt mit Obst – nicht zu vergessen der frisch gebrühte Kaffee (mit Espresso-Eiswürfeln!).

★ **Caribbean Colors Art Café** NATURKOST $$
(Karte S. 260; ☎605-9242; Front St; Hauptgerichte 10–25 BZ$; ⏰Fr–Mi 7–14.30 Uhr) Was für die Besitzerin und Künstlerin Lee Vanderwalker als **Galerie** (Karte S. 260; ⏰7–14.30 Uhr) begann, hat sich zu einem erstklassigen Café entwickelt. Und die Kunst hängt immer noch an den Wänden. Beim Betrachten kann man sich einen Kaffee oder einen kühlen Smoothie gönnen und sich dann zu einem frischen, gesunden Frühstück, Salat oder Sandwich niederlassen. Es gibt auch jede Menge vegetarische und vegane Angebote.

Little Kitchen Restaurant BELIZISCH $$
(Karte S. 260; ☎667-2178; nahe Luciano Reyes St; Hauptgerichte 15–25 BZ$; ⏰6–11, 12–16 & 18–22 Uhr) Elba Flowers Little Kitchen ist ein Open-Air-Restaurant im 3. Stock an der Südwestseite von Caulker. Serviert werden traditionelle (aber raffiniert zubereitete) belizische Gerichte wie Garnelencurry, Roter Schnapper in Kokosnuss und exzellente Meeresschneckenfrikadellen (um nur einige zu nennen). Die Portionen sind groß und unglaublich preiswert, Bedenken haben wir jedoch wegen der jungen Hummer auf der Speisekarte – man sollte auf der erlaubten Größe bestehen.

★ **Il Pellicano** ITALIENISCH $$$
(Karte S. 260; ☎226-0660; Pasero St; Hauptgerichte 25–42 BZ$; ⏰Di–So 17.30–21.30 Uhr) Das schöne Gartenrestaurant an der Lagunenseite der Insel hat ein kleines, aber ständig wechselndes Angebot herausragender italienischer Klassiker, darunter schmackhafte hausgemachte Pasta und die beste Pizza auf der Insel. Dazu gibt's italienischen Wein per Glas oder per Flasche und danach unbedingt eins der exzellenten Desserts.

★ **Hibisca by Habaneros** INTERNATIONAL $$$
(Karte S. 260; ☎626-4911; Ecke Front St & Calle al Sol; Hauptgerichte 32–58 BZ$; ⏰Fr–Mi 17.30–21.30 Uhr) Das feinste Restaurant von Caulker befindet sich in einem leuchtend bunt gestrichenen Schindelhaus im Ortszentrum. Die Köche bereiten internationale Gourmetküche zu, bestehend aus frischen Meeresfrüchten, Fleisch und Gemüse und kombiniert mit irrsinnig leckeren Saucen und Aromen. Dazu passt ein guter Wein oder ein Krug Sangria.

Ausgehen & Nachtleben

Barrier Reef Sports Bar & Grill SPORTBAR
(Karte S. 260; ☎226-0077; Front St; ⏰9–24 Uhr) Die bei Expats und Besuchern aus aller Welt beliebte Strandbar serviert fantastische internationale Gerichte und alle möglichen Getränke. Es gibt oft Livemusik und wichtige Sportübertragungen auf den vielen Flachbildschirm-TVs. Dies ist so ziemlich das einzige Lokal auf der Insel, wo garantiert immer eine gesellige Atmosphäre herrscht.

I&I Reggae Bar BAR
(Karte S. 260; ☎668-8169; Luciano Reyes St; ⏰Mo–Mi 16–1, Do–Sa bis 2 Uhr) I&I ist die hippste und angesagteste Bar auf der Insel, wenn abends aus dem starken Soundsystem Reggae tönt. Jede der drei Etagen bietet eine andere Szenerie: Auf einer ist die Tanzfläche und auf der anderen hängen Schaukeln von den Dachbalken. Der oberste Stock ist die „Chill-Zone" samt Hängematten und Panoramablick. Eine tolle Kneipe für einen Drink bei Sonnenuntergang.

ℹ Praktische Informationen

Da häufig von Zimmerdiebstählen berichtet wird: Keine Wertsache im Hotelzimmer lassen – besonders in einigen der schlichteren Unterkünfte südlich des Orts. Wenn sich das Zimmer nicht ordentlich abschließen lässt, sollte man um ein anderes bitten und den Hotelsafe benutzen.

Auf der Insel gibt es eine einfache Ärztepraxis, aber wer wirklich ärztliche Hilfe braucht, sollte sich besser direkt nach Belize City begeben.

Atlantic Bank (Middle St; ⏰Mo–Fr 8–15, Sa 9–12 Uhr) Hat zwei recht zuverlässige Geldautomaten, aber man sollte etwas Bargeld mit auf die Insel nehmen, falls sie außer Betrieb sind.

Caye Caulker BTIA (www.cayecaulkervacation.com) Offizielle Website für Caye Caulker der Belize Tourism Industry Association (BTIA).

Caye Caulker Health Center (☎226-0166, Notfall 668-2547; ⏰Mo–Fr 8–12 & 13–17 Uhr) Ärztepraxis nahe der Front Street, zwei Häuserblocks südlich der Calle al Sol.

Cayeboard Connection (☎206-0022; Front St; pro Std. 12 BZ$; ⏰9–21 Uhr) Internetzugang und Drucker; verkauft Kaffee und Bücher.

GoCayeCaulker.com (www.gocayecaulker.com) Allgemeine Informationen für Besucher.

Postamt (Karte S. 260; Estella St, Caye Caulker Health Center Bldg; ⏰Mo–Do 8–12 & 13–16.30, Fr bis 16 Uhr)

ℹ An- & Weiterreise

FLUGZEUG

Maya Island Air (☎226-0012; www.mayaislandair.com) und **Tropic Air** (☎226-0040; www.tropicair.com) verbinden Caye Caulker mit San Pedro und Belize City. Die Fluglinienbüros befinden sich am südlichen Ende der Insel.

SCHIFF/FÄHRE

Boote von zwei Gesellschaften fahren von Caye Caulker nach Belize City und San Pedro.

Ocean Ferry Belize (Karte S. 260; ☎226-0033; www.oceanferrybelize.com) Die Boote fahren vom Hauptanleger in der Calle al Sol ab. Nach Belize City (einfach/hin & zurück 19/30 BZ$; 45 Min.) legen sie um 6.30, 8.30, 9, 10.30, 12, 13.30 und 16.30 Uhr ab. Die Boote nach San Pedro (einfach/hin & zurück 19/30 BZ$; 30 Min.) fahren um 8.45, 11.15, 14.15, 15.45 und 18.15 Uhr los.

San Pedro Belize Express Water Taxi (Karte S. 260; ☎226-0225; www.belizewatertaxi.com) Das Wassertaxi legt am Pier vor dem Basketballplatz ab. Nach San Pedro (einfach/hin & zurück 18/28 BZ$) fährt es um 8.45, 9.45, 11.15, 12.45, 14.15, 15.45, 16.45, 17.15 und 18.15 Uhr, nach Belize City (einfach/hin & zurück 18/28 BZ$) um 6.30, 7, 8, 9, 10.30, 12, 13.30, 15.30 und 17 Uhr.

Die Anleger befinden sich nebeneinander an der Riffseite der Insel.

San Pedro Belize Express Water Taxi hat auch jeden zweiten Tag eine Verbindung mit Chetumal in Mexiko via San Pedro. **Water Jets** (Karte S. 260; ☎206-0010; www.sanpedrowatertaxi.com; Lagunenanleger) befährt dieselbe Strecke an alternierenden Tagen.

Unterwegs vor Ort

Caulker ist so klein, dass die meisten Leute überall zu Fuß hingehen. Ein paar Golfwagentaxis stehen in der Front Street herum und verlangen 5 bis 7 BZ$ je Kurzstrecke im Ort.

Golfwagen vermietet **Buddy's Golf Cart Rentals** (☎628-8508; buddysgolfvartrentals@gmail.com; Middle St; pro Std./Tag/24 Std. 25/100/150 BZ$), aber Leihfahrräder sind viel billiger und genauso schnell. Fahrräder werden von Lebensmittelläden, Reiseveranstaltern und Hotels verliehen.

Ambergris Caye & San Pedro

16 444 EW.

„La Isla Bonita", der unbestrittene Tourismussuperstar von Belize, findet einen beeindruckenden und vielleicht sogar magischen Mittelweg zwischen massentouristischer Erschließung und einer fröhlichen, gelassenen Atmosphäre. Klar kann es hier trubelig werden, besonders in der Hochsaison, wenn eine endlose Golfwagenschlange die engen Straßen der Hauptstadt San Pedro verstopft. Aber es ist hier immer noch völlig normal, den Verkehr aufzuhalten, um alte Bekannte zu begrüßen.

Abgesehen von Klagen über zu intensive touristische Entwicklung ist Ambergris Caye nach wie vor das archetypische Tropenparadies, wo sonnendurchflutete Tage bei fruchtigen Drinks und Wassersport verbracht werden. Einfache Vergnügungen gibt es reichlich, von Radfahren auf einem Strandweg bis zum Waten in kristallklarem Wasser. Das wertvollste Gut der Insel, das blühende Barriereriff etwa 800 m vor der Küste, ist der Mittelpunkt der Schnorchel- und Tauchbranche des Landes und Lieferant für das kreativste kulinarische Angebot der Insel.

Sehenswertes & Aktivitäten

★ Hol Chan Marine Reserve TAUCHREVIER
(☎226-2247; www.holchanmarinereserve.org; Nationalparkeintritt 20 BZ$) Das 17 km² große Hol Chan Marine Reserve an der Südspitze von Ambergris ist wohl das meistbesuchte Tauch- und Schnorchelrevier von Belize. Es bietet spektakuläre Korallenformationen und reichliche, vielfältige Meereslebewesen – ganz abgesehen von der Nähe zu den Inseln. Hol Chan bedeutet in der Maya-Sprache „kleiner Kanal", was sich auf den natürlichen Einschnitt im Riff bezieht, den sogenannten Hol Chan Cut. Die Kanalwände sind von farbenprächtigen Korallen bedeckt, in denen sich unglaubliche viele Fischarten tummeln, darunter Muränen und Schwarze Zackenbarsche.

Das Riff ist zwar die Hauptattraktion des Hol Chan, aber zum Meeresschutzgebiet gehören auch Seegrassohlen und Mangroven. Das Seegras bietet Ammenhaien und Amerikanischen Stachelrochen einen Lebensraum, was ihm den Namen **Shark Ray Alley** verliehen hat. Schnorchler haben die Gelegenheit, beide Arten aus nächster Nähe zu erleben, hauptsächlich deswegen, weil die Tiere daran gewöhnt sind, von Ausflugsbooten aus gefüttert zu werden.

Alle Tauch- und Bootsunternehmen bieten Ausflüge zum Hol Chan an. Informationen und Ausstellungen zum Meeresleben gibt's im Hol Chan Visitors Center (S. 268).

★ ACES TIERBEOBACHTUNG
(American Crocodile Education Sanctuary; Karte S. 264; ☎623-7920; www.americancrocodilesanctuary.org; Esmeralda St; 100 BZ$; ⏰18.45–21 Uhr) Eine fantastische abendliche Tour zu den Krokodilen durch die Mangrovenlagune an der Westseite der Insel. Sie wird von einer ge-

San Pedro (Ambergris Caye)

meinnützigen Organisation angeboten, die die Reptilien erforscht und sich um kranke Tiere kümmert. Die Tour dauert etwa drei Stunden und beginnt am Restaurant The Office.

★ Ecologic Divers TAUCHEN
(Karte S. 264; ☎226-4118; www.ecologicdivers.com; 1/2/3 Tauchgänge 112/180/247 BZ$) Edeltauchladen mit großartigem Kundenservice und soliden Umweltreferenzen. Im Angebot sind alle lokalen Tauchreviere, Angeltouren und Bootsrundfahrten. Die Geschäftsleitung verspricht kleine Gruppen mit einem Tauchlehrer für jeweils sechs Taucher bei allen Tauchgängen. Auch die Tauchkurse sind empfehlenswert.

★ Science & Soul Wellness YOGA
(☎615-0089; www.scienceandsoulwellness.com; Mahogany Bay; Yogastunde ab 40 BZ$, Massage ab 180 BZ$; ⏲9.30–18 Uhr) Das hinreißende und professionell geführte Wellnesscenter ist schon Grund allein, eine Unterkunft in der Mahogany Bay zu buchen, dem vornehmen neuen „Städtchen“ etwa 4 km südlich von San Pedro. Das Yogastudio ist das erste in Belize, das Aerial Yoga anbietet. Die Kurse richten sich an alle Erfahrungsstufen und die Lehrer sind erstklassig.

San Pedro (Ambergris Caye)

Aktivitäten, Kurse & Touren

1	ACES	A3
2	Belize Food Tours	C2
3	Ecologic Divers	D2
4	Seaduced by Belize	B4
5	Searious Adventures	B4

Schlafen

6	Ramon's Village	A4
7	Sandbar	D1

Essen

8	DandE's Frozen Custard	C2
9	El Fogón	A3
10	Estel's Dine by the Sea	C3
11	Wild Mango's	B4

Ausgehen & Nachtleben

12	Palapa Bar	D1

Shoppen

13	Belizean Arts Gallery	C2

Searious Adventures SCHNORCHELN, SEGELN

(Karte S. 264; ☎226-4202, 636-3001; www.seariousadventuresbelize.com) Ein alteingesessenes und angesehenes Unternehmen, das verschiedene Aktivitäten zu Wasser und zu Land anbietet. Zur Bootstour mit dem Katamaran (146 BZ$) gehören drei Pausen zum Schnorcheln und eine an einem abgelegenen Grillplatz auf dem Weg von San Pedro nach Mexico Rocks.

Ak'bol Yoga YOGA

(☎626-6296, 226-2073; www.akbol.com; Mile 2.25, North Island; Yogastunde 30 BZ$; ⏲Mo–Sa 9, So 10 Uhr) Ak'bol bietet in zwei offenen, palmwedelgedeckten Yogastudios (eines am Ende des Anlegers) tägliche Kurse ohne Anmeldung, außerdem einwöchige Yogaseminare, die das ganze Jahr über stattfinden. Die Seminare haben unterschiedliche Preise, aber sie schließen stets sieben Übernachtungen, Buffetessen zu allen Mahlzeiten (außer dem Abendessen am Abreisetag) und natürlich mindestens zweimal täglich Yoga ein.

Geführte Touren

★ **Belize Food Tours** ESSEN

(Karte S. 264; ☎615-1321; www.belizefoodtours.com; Ecke Barrier Reef Dr & Pelican St; kulinarische Touren ab 124 BZ$, Kochkurse 150 BZ$) Eine leckere Einführung zu allen Köstlichkeiten in Belize bietet diese großartige kulinarische Tour, die von einer der Vorreiterfamilien der Insel geleitet wird. Die Mittagstour „Belizean Bites" und die Abendtour „Savor Belize" führen durch Küchen in Familienbetrieben mit Kostproben von unterschiedlichen, authentischen Gerichten und Getränken, die aus den vielen Kulturen Belizes stammen.

Seaduced by Belize BOOTSTOUR

(Karte S. 264; ☎226-2254; www.seaducedbybelize.com; Tarpon St, Vilma Linda Plaza; ⏲7–18 Uhr; 👪) Verschiedene Segeltörns, einschließlich einer Rundfahrt bei Sonnenuntergang, und eine ganztägige Tour nach Caye Caulker. Im Angebot sind auch preiswerte Ausflüge, um Seekühe bei Swallow Caye (210 BZ$, plus 30 BZ$ Parkeintritt) zu sehen, Mittagessen auf Goff's Caye und Schnorcheln sind inbegriffen. Zudem gibt es Touren zum Bacalar Chico und eine empfehlenswerte Tagestour zum Robles Beach samt Schnorcheln und Grillen am Strand.

Schlafen

Die Unterkünfte auf Ambergris Caye neigen zur Luxusklasse, besonders außerhalb von San Pedro, und die besten Häuser sind in der Hochsaison zwischen Dezember und Mai schnell ausgebucht. Fast alle Hotels akzeptieren die verbreiteteren Kreditkarten, allerdings oft gegen Aufpreis. Apartments, Suiten und Ferienwohnungen sind auf www.ambergriscaye.com zu finde

Sandbar HOSTEL $

(Karte S. 264; ☎226-2008; www.sanpedrohostel.com; Boca del Rio Dr; B/Zi. 30/120 BZ$; ❄📶) Ein knappes Budget heißt nicht mehr, in einem stickigen Zimmer in einer finsteren Gasse nächtigen zu müssen. Das einzige Strandhostel San Pedros ist auch locker das beste. Die hellen Privatzimmer haben große Schiebetüren zu einem Balkon mit Karibikblick, die klimatisierten Schlafsäle sind gut eingerichtet und haben Vorhänge für die Privatsphäre und eine eigene Steckdose pro Bett.

★ **Daydreamin' Bed & Breakfast** B&B $$

(☎601-3306; www.daydreaminbelize.com; Tres Cocos; 185–200 BZ$; ❄📶🏊) Das Refugium in North Island ist mit seinen nur vier ordentlichen Hütten und einem wunderbaren **Café** (Tres Cocos; ⏲7–14 Uhr), alles um einen kleinen, erfrischenden Pool, locker eine der zauberhaftesten Unterkünfte auf Ambergris. Die Besitzerin ist absolut spitze und ihre relaxte Professionalität ist überall in der Anlage spürbar. Die eleganten Hütten sind

NICHT VERSÄUMEN

SECRET BEACH

Das offenste Geheimnis der Insel ist ein traumhafter Küstenabschnitt im Nordwesten, der dennoch seinen Namen Secret Beach beibehalten hat. Einen Großteil der Anziehungskraft macht allein schon die Anfahrt aus, eine 45-minütige Fahrt mit dem Golfwagen von San Pedro nordwärts über einen Großteil von North Island, über dunstige Lagunen und wildromantische Mangrovensümpfe, in denen Krokodile lauern.

Der Lohn für all die Mühe ist eine Art weltabgewandtes Paradies, das San Pedro einst war. Komplett abseits aller Zivilisation, mit weißem Sandstrand, klarem, türkisfarbenem Wasser, Buden mit leckeren Meeresfrüchten und so vielen Cocktails wie man nur schlürfen kann. Den Mittelpunkt bildet **Wayne's World** (Hauptgerichte 20–25 BZ$; ⌚10–17 Uhr; 📶), ein Bar-Restaurant, das denselben Besitzern wie die erste (und einzige) Unterkunft gehört, das **Paradise on the Caye** (☎615-2042; www.paradiseonthecaye.com; Zi. mit Frühstück 190 BZ$; 📶). Andere Highlights sind der noble **Maruba Beach Klub** (☎610-3775; ⌚9–17 Uhr) 🌿 mit Techno-Beats und quietschbunten Ruhekissen und das **Blue Bayou** (☎623-8051; www.facebook.com/pg/bluebayoubelize; ⌚10–17 Uhr), ein kleines Refugium in Familienbesitz mit einer fröhlichen Atmosphäre und Picknicktischen, die im Wasser stehen.

Paddleboards, Kajaks und Kanus werden in Wayne's World vermietet, auch gibt es hier Beachvolleyball, cornhole und einen mobilen Zopfflechter. Das beste Essen am Strand, z. B. gegrillter Zackenbarsch oder Fisch-Tacos, verkauft die Imbissbude **Aurora's**.

aus neun heimischen Hartholzarten gebaut, jede in einem eigenen Stil. Nur Erwachsene.

★ **Ak'bol Yoga Resort** RESORT $$
(☎626-6296, 226-2073; www.akbol.com; North Island; EZ/DZ 80/116 BZ$, Cabañas 333–380 BZ$; 📶❄) Yogis, freut euch! Ak'bol, bzw. „Herz des Dorfs", ist ein wunderbares Refugium in fast perfekter Lage etwa 1,5 km nördlich der Stadt auf der North Island. In den sieben farbenfrohen *cabañas* gibt es reizvolle Details wie handgefertigte Hartholzmöbel und Mosaikwaschbecken mit muschelförmigen Armaturen. Toll sind die Fensterläden im Plantagenstil, die sich zum Meer hin öffnen, und die Mosaikduschen unter freiem Himmel.

★ **Caye Casa** BOUTIQUEHOTEL $$$
(☎226-2880; www.cayecasa.com; Boca del Rio Dr; Zi./Suite/Villa 250/325/425 BZ$; ❄📶❄) Caye Casa an der stillen Nordseite der Stadt San Pedro zeichnet sich durch Einfachheit, Kultiviertheit und absolute Schönheit aus. Die hübschen *casitas* und Ferienwohnungen im Kolonialstil haben Palmdächer über den Veranden mit herrlichem Meerblick, voll eingerichtete Küchen mit Edelstahlgeräten und Arbeitsflächen aus Kalkstein, große, geflieste Badezimmer und einladende Doppelbetten.

★ **Victoria House** RESORT $$$
(☎226-2067; www.victoria-house.com; Sea Grape Dr; Zi. ab 420 BZ$, Casitas 710 BZ$, Ferienhaus 900–4200 BZ$; ❄📶❄) Das elegante Strandresort ist eins der ältesten auf der Insel, aber es ist äußerst gepflegt und erstrahlt wie neu. Es liegt an einem herrlichen, breiten Strand mit Palmen, die Schatten spenden. Die beiden exzellenten Pools sind von Rasen umgeben. Die Zimmer befinden sich in palmstrohgedeckten *casitas* und in „Plantagenhäusern" im Kolonialstil mit eleganter Farbgebung in Weißtönen, die Luxusfeeling verströmen.

★ **Matachica Beach Resort** RESORT $$$
(☎226-5010; www.matachica.com; Mile 5,5, North Island; Zi. 655–1725 BZ$; P❄📶❄) Das Matachica, das den Titel als „nobelstes Resort" anstrebt, ist extravagant, exotisch und eklektisch. Tropischer Luxus wird hier groß geschrieben und so haben die Betten unter den Moskitonetzen Daunendecken und Frette-Bettwäsche und jedes der strohgedeckten Häuschen ist mit klassischen Möbeln und eigenen Veranden ausgestattet – natürlich mit Hängematten. Die luxuriösen Ferienhäuser haben eigene Terrassen und Whirlpools im Freien.

Ramon's Village RESORT $$$
(Karte S. 264; ☎226-2071; www.ramons.com; Coconut Dr; Zi./Suite ab 337/709 BZ$; ❄❄) Gäste lieben das exotische, auf Dschungel gemachte Ambiente dieses luxuriösen Strandresorts, wo eine gigantische Maya-Maske namens „Rey Ramon" auf die Anlage

blickt. Strohgedeckte *cabañas* sind von üppigem Grün, blühendem Hibiskus und Bougainvillea umgeben, was viel Privatsphäre bietet. Die *cabañas* am Strand stehen an vorderster Front, andere *cabañas* liegen ein Stück zurückgesetzt.

Essen

Es gibt zwar reichlich günstige Straßenkost wie Tacos und *fry-jacks* (frittierte Teigkringel), aber in einem richtigen Restaurant ist es unwahrscheinlich, mit weniger als 50 BZ$ pro Person wegzukommen – Ambergris Caye hat wohl die teuersten Restaurants in Belize. Abgesehen davon gibt es auf der Insel die frischesten Meeresfrüchte und kreativsten Köche, Gäste werden also durchaus auf ihre Kosten kommen.

★ DandE's Frozen Custard EISCREME **$**
(Karte S. 264; ☎660-5966; www.dande.bz; Pescador Dr; Eiscreme ab 6 BZ$; ⊙14–21.30 Uhr; 👪) Der Name „gefrorener Vanillepudding" sollte nicht verwirren. Es ist im Prinzip ein hochwertiges Eis, das mit Eiern für mehr Reichhaltigkeit gemacht und dann beim Gefrieren gerührt wird, damit es cremiger wird. Die Geschmacksrichtungen ändern sich häufig, meist durch Beigabe hiesiger Fruchtessenzen wie Kokosnuss, Stachelannone und Mango. Ansonsten liegt man nie falsch, wenn man „nicht nur Vanille" bestellt. DandE's produziert auch Sorbets, aber den gefrorenen Vanillepudding sollte sich niemand entgehen lassen.

★ Truck Stop IMBISSBUDENPARK **$$**
(☎226-3663; www.truckstopbz.com; North Island; Hauptgerichte 15–27 BZ$; ⊙Mi–So 12–21 Uhr; 📶🍸) Die irrsinnig coole Ansammlung von Imbissbuden in Schiffscontainern ist zugleich das Vergnügungszentrum von Ambergris Caye, wo Filmabende, Rechtschreibwettbewerbe für Erwachsene, Livemusik, Bauernmärkte und Freizeitspiele wie Tischtennis und *cornhole* geboten werden. Und es gibt einen Pool! Und eine Bar! Und einen Anleger an der Lagune mit einer witzigen (aber berechtigten) Warnung vor Krokodilen.

★ Robin's Kitchen JAMAIKANISCH **$$**
(☎651-3583; Sea Grape Dr; Hauptgerichte 14–25 BZ$; ⊙So–Do 7–21, Fr bis 17.30, Sa 18.30–21 Uhr) In dem einfachen kleinen Restaurant an der Straße südlich der Stadt bereitet der jamaikanische Grillkönig Robin die besten *jerk*-Hühnchen und -Fische jenseits von Kingston zu. Die Gerichte sind stark gewürzt, aber ohne die feinen Aromen zu überwältigen, und auch die Saucen sind unwiderstehlich. Wer seinen eigenen Fisch fängt, kann ihn von Robin nach Wunsch zubereiten lassen, der dann nur die Beilagen berechnet.

Black & White GARIFUNA **$$**
(☎605-2895; gariculenter@gmail.com; Villa Dr; Hauptgerichte 20–35 BZ$; ⊙9–21 Uhr) In dem kleinen Restaurant mit tropisch gemusterten Tischdecken, heimischer Kunst und hübschem Gitterwerk gibt es Garifuna-Spezialitäten wie *hudut* (Roter Schnapper in Kokosmilch mit Gewürzen und gestampften Kochbananen) und Maniokbrot; *hudut* war die Hauptnahrung der Vorfahren dieser Ethnie. Das Restaurant dient zugleich als Kulturzentrum, wo gelegentlich informative Aufführungen zu Geschichte, Lebensweise und Trommeltraditionen der Garifuna veranstaltet werden.

El Fogón BELIZISCH **$$**
(Karte S. 264; ☎671-1277, 206-2121; www.elfogonbelize.com; 2 Trigger Fish St; Hauptgerichte 17–45 BZ$; ⊙Mo–Sa 11–21 Uhr) Auf den ersten Blick scheint das Ambiente nicht den Preisen in diesem Restaurant in einer Seitengasse zu entsprechen, aber sobald das Essen auf dem Tisch ist, mokiert sich keiner mehr wegen der mangelnden Eleganz. El Fogón steht für köstliche klassisch belizische Kreolenküche mit jeder Menge perfekt zubereiteten Meeresfrüchten. Besonders lecker sind die Meeresschnecken.

Estel's Dine by the Sea FRÜHSTÜCK **$$**
(Karte S. 264; ☎226-2019; www.ambergriscaye.com/estels; Buccaneer St; Frühstück 12–20 BZ$, Hauptgerichte 15–35 BZ$; ⊙6–21 Uhr; 🍸) Das alteingesessene und beliebte Frühstückslokal ist im Prinzip eine Erweiterung des Strands – samt Sandboden und Meeresbrise. Zum Frühstück, das bis 16 Uhr serviert wird, gibt's Burritos, Eier nach Maya-Art und starken Kaffee. Auf der Kreidetafel stehen aber auch Sandwiches, Burger und Fish and Chips.

★ Hidden Treasure KARIBISCH **$$$**
(☎226-4111; www.hiddentreasurebelize.com; 4088 Sarstoon St; Hauptgerichte 29–68 BZ$; ⊙Mi–Mo 17–21 Uhr; 🍸) Der „Verborgene Schatz" wird seinem Namen gerecht: Es handelt sich um ein hinreißendes Open-Air-Restaurant in einem abgelegenen Wohnviertel (vom Coconut Drive immer den Schildern nach). Der schöne Gastraum aus Bambus und Holz bietet mit seinem Kerzenlicht das perfekte Ambiente für ein romantisches Abendessen.

Auf den Teller kommen dann vielleicht ein mit Mandeln panierter Zackenbarsch, ein scharf gebratener Schnapper mit Garnelen im Speckmantel oder Schweinerippchen in einer Ingwer-Ananas-Marinade.

★ **Wild Mango's** INTERNATIONAL $$$
(Karte S. 264; ☎226-2859; 42 Barrier Reef Dr; Hauptgerichte 20–48 BZ$; ⌚Mo–Sa 11.30–21 Uhr; ☑) Die Mitarbeiter dieses Open-Air-Restaurants mit seiner unbekümmerten, lässigen Atmosphäre (wie es sich für ein Strandrestaurant gehört) bringen das Kunststück fertig, eine der stimmigsten und kreativsten Küchen der Insel in Betrieb zu halten. Die Gerichte mit einem Hauch Karibik und einem Hauch Mexiko bestehen aus frischen Meeresfrüchten, Cajun-Gewürzen und heimischem Obst und Gemüse. Die Tische sind meist voll besetzt – frühe Ankunft oder eine Reservierung sind ratsam.

Ausgehen & Unterhaltung

★ **Stella's Sunset Wine Bar & Restaurant** WEINBAR
(☎602-5284; www.stellasmile.com; Mile 1, Tres Cocos, North Island; ⌚Mo–Mi, Fr & Sa 16–21, So 8–13 Uhr) Stella's ist eine elegante aber nicht überhebliche Weinbar in einem wunderbaren Garten am Rand der San Pedro Lagoon mit schönem Blick auf den Sonnenuntergang. Auf den Sesseln unter den Bäumen oder an einem Tisch in der *palapa* kann man gut die Liste mit zwei Dutzend verschiedenen Rot- und Weißweinen abarbeiten.

Crocs Sunset Sports Bar BAR
(☎610-0026; North Island; ⌚11–23 Uhr) Die dreistöckige Open-Air-Bar mit Großbild-TVs und bildschönem Blick über die Lagune ist ein neuer Treffpunkt zum Sonnenuntergang.

Palapa Bar BAR
(Karte S. 264; ☎226-3111; www.palapabarandgrill.com; San Pedro; ⌚10–23 Uhr) Die *palapa* über dem Wasser, ca. 1,5 km südlich der San-Pedro-Brücke, hat Burger und Tacos und ist zu jeder Tageszeit ein fantastischer Ort, um sich tropische Drinks zu gönnen. Es gibt kein Gesetz, das Trinken und Treiben verbietet; wenn es also wirklich heiß ist, kann jeder in einem Reifenschlauch im Wasser dümpeln und sich aus einem Eimer mit Bierflaschen bedienen.

Shoppen

Belizean Arts Gallery KUNST
(Karte S. 264; www.belizeanarts.com; 18 Barrier Reef Dr; ⌚Mo–Sa 9–22 Uhr) Der beste Laden des Landes für einheimische Kunst und Kunsthandwerk verkauft Keramiken, Garifuna-Trommeln und Antiquitäten sowie preisgünstigen und geschmackvollen Nippes. Außerdem gibt es auch eine gute Auswahl an Gemälden von lokalen und landesweiten Künstlern. Kosmetika aus Regenwaldflora, z. B. Seifen, sind ebenfalls im Angebot. Der Laden befindet sich im Fido's.

Praktische Informationen

In den Golfwagen sollte nichts unbeaufsichtigt liegenbleiben, wenn man es später wiedersehen will, das gilt vor allem im Zentrum von San Pedro. Und nicht vergessen, das Lenkrad abzuschließen. Die Insel ist nicht gefährlich, aber Gelegenheitsdiebstahl ist üblich.

In San Pedro gibt es sowohl private als auch staatliche Krankenversorgung, aber bei ernsthaften Erkrankungen ist Belize City vorzuziehen.

Geldwechseln ist in San Pedro kein Problem und US-Dollars werden fast überall akzeptiert. Die meisten Unterkünfte können mit der Karte bezahlt werden, aber viele Restaurants nehmen nur Bargeld.

Ambergris Caye (www.ambergriscaye.com) Hervorragende Inselinformationen und ein gut besuchtes Forum.

Atlantic Bank (Barrier Reef Dr; ⌚Mo–Fr 8–15, Sa 9–12 Uhr)

Belize Bank (Barrier Reef Dr; ⌚Mo–Do 8–15, Fr bis 16.30 Uhr)

Belize Tourism Board (Karte S. 264; ☎226-4532; Barrier Reef Dr; ⌚Mo–Fr 8–12 & 13–17 Uhr) Staatliche Touristeninformation mit nur wenig praktischen Informationen.

Hol Chan Visitors Center (Karte S. 264; ☎226-2247; Caribeña St; ⌚Mo–Fr 8–12 & 13–17, Sa & So 8–12 Uhr) Information und Schautafeln zur Meeresflora und -fauna.

Hyperbaric Chamber (☎615-4288, 226-2851; belize@sssnetwork.com; Lion St; ⌚24 Std.) Zentrum für Tauchunfälle vor dem Terminal von Maya Island Air.

Postamt (Karte S. 264; Pescador Dr; ⌚Mo–Do 8–12 & 13–16.30, Fr bis 16 Uhr)

San Carlos Medical Clinic, Pharmacy & Pathology Lab (☎226-2918, Notfälle 627-3462; 28 Pescador Dr; ⌚7–21 Uhr) Privatklinik, wo Krankheiten behandelt und Blutuntersuchungen durchgeführt werden.

San Pedro Policlinic (☎226-2536, Notfall 660-2871; Sea Grape Dr; ⌚stationäre Behandlung Mo–Fr 8–20, Sa bis 12 Uhr; Notfälle 24 Std.) Staatliche Klinik mit 24-Stunden-Notfalldienst.

An- & Weiterreise

FLUGZEUG

Der Flughafen von San Pedro befindet sich gleich südlich des Stadtzentrums am Coconut Drive.

NICHT VERSÄUMEN

DAS BLUE HOLE NATURAL MONUMENT

Im Zentrum des Lighthouse Reef befindet sich das weltberühmte **Blue Hole Natural Monument** (www.belizeaudubon.org; Nationalparkeintritt 60 BZ$; ⌚8–16.30 Uhr), ein unvergleichliches Naturwunder und einzigartiges Taucherlebnis. Es geht nicht in erster Linie um die (begrenzte) Unterwasserwelt, sondern dies ist die beste Gelegenheit für Freizeittaucher, einen wirklich aufregenden, atemberaubenden Tauchgang in einem Unterwasserkrater zu unternehmen. Die Chance, kreisende Riffhaie und den einen oder anderen Hammerhai zu erblicken, macht die Sache noch reizvoller.

Der Unterwasserpionier Jacques Cousteau erforschte in den 1970er-Jahren den Krater und erklärte ihn zu einem der besten Tauchreviere der Welt. Seither ist das Bild des „Blauen Lochs" – eine tiefblaue Pupille mit einem aquamarinblauen Rand, umgeben von den helleren Farbtönen des Riffs – das Logo der Touristenwerbung und ein Symbol von Belize. Das Loch bildet einen perfekten Kreis von 304 m Durchmesser an der Oberfläche und soll angeblich 131 m tief sein, aber davon sind mittlerweile wahrscheinlich 60 m mit Schlick und anderen natürlichen Ablagerungen gefüllt.

Taucher gehen von dort, wo sie unter einer Auskragung ins Wasser gehen, schnell auf 40 m runter und erblicken dann Stalaktiten und auch ein paar Riffhaie. Das Wasser ist zwar klar, aber es dringt kaum Licht ein, eine gute Taucherlampe ist also sinnvoll, um die Felsformationen wirklich erkennen zu können. Wegen der Tiefe beginnt der Aufstieg bereits wieder nach acht Minuten; die Kürze des Tauchgangs mag manche Taucher enttäuschen. Der Ausflug wird meist mit anderen Tauchgängen am Lighthouse Reef kombiniert und viele Teilnehmer berichten, dass diese Tauchgänge das wahre Highlight ausmachten. Der Popularität nach zu urteilen – die meisten Tauchanbieter fahren zweimal wöchentlich zum Blue Hole – wollen aber viele lieber in die Tiefe tauchen.

Bei Tagesausflügen findet der erste Tauchgang im Blue Hole statt, was ungünstig sein kann, wenn man den Tauchführer und die anderen Taucher nicht kennt oder man schon eine Weile nicht unter Wasser war. Es wäre nicht schlecht, mit dem Tauchführer erst einmal ein paar Tauchgänge vor der Insel zu unternehmen, bevor es unvorbereitet ins Blue Hole geht. Eine Alternative ist ein Ausflug mit Übernachtung zum Lighthouse Reef, wo es einen Tauchladen gibt, der lebhaftere (und sportlichere) Taucherlebnisse im Blue Hole anbietet.

Elvis Solis, der Besitzer von **Long Caye Diving Services** (☎601-5181; www.itzalodge.com/diving; Itza Lodge; pro Tauchgang 140 BZ$), war bereits mehr als 500-mal im Blue Hole und hat einen einzigartigen Kurs ausgearbeitet, den er kleinen Gruppen anbietet, die entweder in der Itza Lodge nächtigen, wo sich auch der Tauchladen befindet, oder unabhängig reisen. Der Tauchgang beginnt am nördlichen Abschnitt des Blue Hole, führt 40 m in die Tiefe und geleitet auf rund 25 m Tiefe die Taucher durch ein paar kleine Höhlen, wo oft Husarenfische und Ammenhaie lauern. Die Sicherheitspause ist sehr lang, nämlich 25 Minuten, und besteht aus dem Umkreisen des Rands des Blue Hole, wo Gorgonien, Schwämme, Schildkröten, Barrakudas und andere Riffbewohner entdeckt werden können.

Die Korallen in diesem flachen Randgebiet sind auch reizvoll für Schnorchler, allerdings ist die Tour teuer und Interessierte müssen in einem Taucherboot mitfahren. Ob Tauchen oder Schnorcheln, die Bootsfahrt zum Loch dauert jeweils zwei Stunden hin und wieder zurück durch möglicherweise raues, offenes Gewässer. Auch wird eine Meeresschutzgebühr von 60 BZ$ für den Besuch des Blue Hole erhoben, meist zusätzlich zu den Kosten fürs Tauchen selbst.

Der Terminal von Tropic Air liegt am Nordende des Flughafens direkt am Coconut Drive, der Terminal der Maya Island Air an der Westseite. Alle Flüge starten zwischen 6 und 17 Uhr.

Tropic Air (☎226-2012; www.tropicair.com; Coconut Dr) Stündliche Flüge zum/vom Philip Goldson International Airport in Belize City (einfach/hin & zurück 178/315 BZ$, 18 Min.) sowie rund ein Dutzend Flüge zum Belize City Municipal Airport, knapp 20 km näher an der Stadt (einfach/hin & zurück 116/206 BZ$, 15 Min.). Es gibt auch täglich vier Flüge zum Caye Caulker (einfach/hin & zurück 106/156 BZ$, 5 Min.). Weitere Flugverbindungen bestehen mit Corozal (einfach/hin & zurück 151/267 BZ$, 20 Min., 5-mal tgl.), Orange Walk (einfach/hin & zurück

172/304 BZ$, 20 Min., 3-mal tgl.), Belmopan (einfach/hin & zurück 255/450 BZ$, 40 Min., 3-mal tgl.) und San Ignacio nahe der guatemaltekischen Grenze (einfach/hin & zurück 310/547 BZ$, 55 Min., 3-mal tgl.).

Maya Island Air (☎226-2485; www.mayaislandair.com; ⏰6.30–18 Uhr) Regelmäßige Flüge zum Philip Goldson International Airport (einfach 146–233 BZ$, hin & zurück 293–464 BZ$, 20 Min.) und zum Belize Municipal Airport (einfach 83–135 BZ$, hin & zurück 166–310 BZ$, 20 Min.); einige Flüge mit Zwischenlandung auf Caye Caulker. Hinzu kommen vier oder fünf Flugverbindungen täglich mit Corozal und eine mit Orange Walk. Aktuelle Flugpläne stehen auf der Website.

SCHIFF/FÄHRE

Zwei Wassertaxibetreiber bedienen die Strecke zwischen San Pedro und Belize City via Caye Caulker, beide legen an der Riffseite der Insel ab.

San Pedro Belize Express Water Taxi (Karte S. 264; ☎226-3535; www.belizewatertaxi.com; öffentlicher Anleger San Pedro) Fahrten zum Caye Caulker (einfach/hin & zurück 30/50 BZ$, 30 Min.) und nach Belize City (einfach/hin & zurück 40/70 BZ$, 1½ Std.) um 6, 6.30, 7.30, 8.30, 10, 11.30, 13, 15 und 16.30 Uhr.

Ocean Ferry Belize (Karte S. 264; ☎226-2033; www.oceanferrybelize.com; Caribeña Foreshore) Regelmäßige Bootsverbindungen mit Caye Caulker (einfach/hin & zurück 19/30 BZ$, 30 Min.) und Belize City (einfach/hin & zurück 29/50 BZ$, 1½ Std.). Die Boote legen um 6, 8, 10, 13 und 16 Uhr in San Pedro ab.

Thunderbolt (Karte S. 264; ☎631-3400; Black Coral St) Die Boote verkehren täglich zwischen San Pedro und Corozal in Nord-Belize (einfach/hin & zurück 50/90 BZ$, 2 Std.) und legen hinter dem Fußballplatz an der Lagunenseite der Insel ab.

Vom **International Departures Dock** an der Lagunenseite der Stadt fahren auch jeden Morgen gegen 8 Uhr abwechselnd Boote von **Water Jets** (Karte S. 264; ☎226-2194; www.sanpedrowatertaxi.com) und San Pedro Belize Express Water Taxi nach Chetumal in Mexiko (einfach 100–110 BZ$, 2 Std.).

ℹ Unterwegs vor Ort

Vom Flughafen sind es fünf Minuten zu Fuß ins Ortszentrum, von den Bootsanlegern ist es sogar noch kürzer.

Minibustaxis fahren auf der Suche nach Kundschaft die Straßen entlang. Der offizielle Preis für alle Fahrten innerhalb des Ortszentrums liegt tagsüber bei 7 BZ$ und nachts bei 10 BZ$. Wer zu Hotels außerhalb des Zentrums fahren will, sollte den Preis vor dem Einstieg aushandeln.

Über den Fluss San Pedro führt eine kleine **Mautbrücke**. Für alle 20 m mit dem Golfwagen müssen absurde 5 BZ$ bezahlt werden. Fahrräder überqueren die Brücke kostenfrei.

NORD-BELIZE

Nord-Belize besteht aus zwei Distrikten: Corozal und Orange Walk, beide durchquert vom geraden, ebenen Philip Goldson Highway. Abenteuerlustige Reisende werden abseits der Hauptstraße hübsche Fischerdörfer, unberührten Dschungel, alte Maya-Städte und anachronistische Mennonitengemeinschaften entdecken.

Community Baboon Sanctuary

In Belize leben keine echten Paviane *(baboons)*, aber die Belizer benutzen diesen Namen für den Guatemala-Brüllaffen *(Alouatta pigra)*. Das ist einer der größten Affen auf dem amerikanischen Doppelkontinent und eine gefährdete Art, die es nur in Belize, Nord-Guatemala und Süd-Mexiko gibt. Das **Community Baboon Sanctuary** (CBS; www.howlermonkeys.org; Naturwanderung/Flussfahrt/Dorfführung 14/28/50 BZ$; ⏰8–17 Uhr) ist eine kommunal geführte Basisinitiative zum Naturschutz, die es geschafft hat, die lokale Population der Primaten enorm zu erhöhen.

Das CBS ist gut 50 km² groß, verteilt über etliche Kreolendörfer im Tal des Belize River. Über 200 Landbesitzer in sieben Dörfern haben Zusicherungen unterschrieben, den Lebensraum der Affen zu bewahren, indem sie Wälder am Fluss und in Korridoren an ihren Grundstücksgrenzen schützen. Die Guatemala-Brüllaffen haben sich hier wieder erstaunlich ausgebreitet und durchstreifen nun frei das umliegende Gebiet.

CBS Museum & Visitor's Center MUSEUM
(☎245-2009, 245-2007, 622-9624; baboonsanctuary@hotmail.com; Bermudian Landing; Erw./Kind 14/7 BZ$; ⏰8–17 Uhr; Ⓟ) Das CBS Museum & Visitor's Center hat in einem neu gebauten Haus etliche gute Exponate und Ausstellungen zu den Brüllaffen, zu anderen Wildtieren Belizes und zur Geschichte des Schutzgebiets. Eine 45-minütige Naturwanderung, auf der die Teilnehmer wahrscheinlich einer Horde Brüllaffen aus nächster Nähe begegnen, ist im Eintrittspreis enthalten. Die ausgebildeten lokalen Guides informieren unterwegs auch über die vielen Heilpflanzen.

Schlafen

Howler Monkey Resort LODGE $$
(☎607-1571; www.howlermonkeyresort.bz; Hütten 250–270 BZ$; Ⓟ❄📶🏊) 🌿 Ed und Melissa

Turtons schöne, rustikale Dschungel-Lodge besteht aus acht Hütten unterschiedlicher Größe in Flussnähe auf einem 8 ha großen Dschungelgelände oberhalb der Biegung des Belize River. Hier kann man nachts dem Kreischen der Brüllaffen lauschen und tagsüber Vögel, Agutis, Leguane und sogar hin und wieder ein Krokodil beobachten.

An- & Weiterreise

Bermudian Landing liegt 45 km nordwestlich von Belize City und gut 14 km westlich von Burrell Boom. Vom CBS Museum & Visitor's Center fahren sehr früh am Morgen Busse nach Belize City (5–8 BZ$, 1 Std.) und montags bis samstags zusätzlich um 12 und 15.30 Uhr. Von Belize City fahren die Busse an der Ecke Amara Avenue und Cemetery Road um 12.15, 15.25, 17, 17.20 und 20 Uhr ab.

Altun Ha

Altun Ha (www.nichbelize.org/altun-ha; 10 BZ$; 8–17 Uhr), die Maya-Ruinen, die auf den Etiketten des Biers von Belikin und auf belizischen Banknoten abgebildet sind, liegt 50 km nördlich des Zentrums von Belize City hinter dem Old Northern Highway. Altun Ha ist zwar kleiner und weniger imposant als einige andere Maya-Stätten im Land, aber mit der wunderschönen zentralen Plaza dennoch spektakulär und den kleinen Abstecher wert. Die ursprüngliche Stätte breitete sich auf über 600 ha aus, doch Besucher sehen heute nur noch das zentrale zeremonielle Gebiet aus zwei von Tempeln umgebenen Plätzen.

Das herrlich einsam gelegene **Belize Boutique Resort & Spa** (225-5555, USA 800-861-7001, USA 815-312-1237; www.belizeresortandspa.com; Mile 40,5 Old Northern Hwy; Zi. 460 BZ$, Juniorsuite 540 BZ$, Suite 850 BZ$, Ferienhäuser 1050–1250 BZ$; P) erreicht mit dem Konzept von Dschungel-Lodge plus Spa ein neues Level teurer Verwöhnkultur. Es bietet luxuriöse Annehmlichkeiten und zahlreiche Gesundheits- und Schönheitsbehandlungen. Auf dem üppig tropischen Gelände befinden sich individuell gestaltete Unterkünfte mit verschiedenen Stilelementen Afrikas, der Kreolen, der Mayas und sogar von Gaudí – darunter Hochzeits- und „Fruchtbarkeits"-Suiten und ein Dschungelbaumhaus.

Lamanai

Lamanai (www.nichbelize.org; 10 BZ$; 8–17 Uhr), die wohl faszinierendste Maya-Stätte in Nord-Belize, liegt 38 km südlich von Orange Walk Town, wenn man auf dem New River anreist (oder 58 km über eine unbefestigte Straße). Die Ruinen zeichnen sich sowohl durch ihre eindrucksvolle Architektur als auch durch ihre hinreißende Lage inmitten eines dichten Dschungels an der New River Lagoon aus. Der Aufstieg auf die Spitze des 38 m hohen High Temple, wo der Blick über das endlos weite Dschungeldach schweift, ist eine zutiefst beeindruckende Erfahrung, die niemand versäumen sollte.

Die meisten Besucher fahren mit einer geführten Flusstour ab Orange Walk nach Lamanai, nicht nur um die lange und holprige Straße zu vermeiden, sondern auch um die Bootsfahrt selbst zu genießen, die tief in den Lebensraum von zahllosen bunten und ungewöhnlichen Vögeln hineinführt. Viele Führer auf dieser 1½-stündigen Flusstour sind Experten in Sachen Archäologie und Flora und Fauna der Gegend, was den Ausflug zu einem besonders lohnenden Erlebnis macht. Die Flussfahrt führt durch eines der schönsten Dschungel- und Lagunengebiete von Nord-Belize und durch die Mennonitengemeinde Shipyard bis hin nach Lamanai. Es gibt etliche hervorragende Reiseleiter in Orange Walk, die auf diese Fahrt spezialisiert sind.

Für alle, die es sich leisten können, ist die noble **Lamanai Outpost Lodge** (670-3578, USA 954-636-1107; www.lamanai.com; Zi. ab 315 BZ$; P@) die ideale Unterkunft am Flussufer, um Lamanai zu erkunden. Die Lodge liegt etwa 1,5 km südlich der Ruinen an einem Hang gleich oberhalb der Lagune und bietet von der Bar und dem herrlichen Open-Air-Restaurant einen Panoramablick.

An- & Weiterreise

Wer ohne Guide losziehen möchte, kann mit dem Bus von Orange Walk zum Dorf Indian Church (neben Lamanai) fahren, allerdings verkehrt er nur zweimal pro Woche: am Montag und Freitag. Man braucht also unbedingt eine Unterkunft für ein paar Nächte, bevor es wieder mit dem Bus zurück nach Orange Walk geht.

Orange Walk Town

13 700 EW.

Orange Walk Town hat viele Funktionen: Landwirtschaftsstadt, Wirtschaftszentrum, Begegnungsstätte der Mennoniten, Imbissstadt ... aber eine Touristenstadt ist sie eigentlich nicht. Die Stadt selbst, nur 92 km von Belize City entfernt, hat nicht viel zu bieten, was Reisende länger als ein oder zwei

ABSEITS DER ÜBLICHEN PFADE

TRAUMHAFTE UNTERKUNFT

Die **Chan Chich Lodge** (☎223-4419; www.chanchich.com; Gallon Jug; Cabañas mit Frühstück 750–950 BZ$, Villen mit Klimaanlage 1300 BZ$; P@) inmitten eines rund 520 km² großen Privatreservats in der äußersten Westecke des Orange Walk District ist eine der ersten Öko-Lodges in Belize. Die äußerst komfortablen, strohgedeckten *cabañas* aus heimischem Hartholz umgeben die teilweise ausgegrabenen Ruinen eines alten Maya-Platzes und haben hölzerne Lamellenwände, durch die die Geräusche der Natur dringen.

Tage hier hält, aber sie ist der beste Standort, um von hier den tollen Ausflug zu den Ruinen von Lamanai und längere Exkursionen in die Wildnis von Nord-Belize zu unternehmen. Orange Walk liegt in schöner Lage am New River, der sich träge an der Ostseite der Stadt entlang schlängelt, und es gibt einige sehr nette (und preisgünstige) Hotels und Restaurants für Besucher, die hier ein Weilchen bleiben möchten.

Schlafen

St Christopher's Hotel HOTEL $
(☎302-1064; www.stchristophershotelbze.com; 10 Main St; Zi. mit Ventilator/Klimaanlage 80/120 BZ$; P) Die blühenden Gärten und die Lage am Fluss machen dieses sonst unscheinbare Hotel zu einer attraktiven Übernachtungsmöglichkeit. Die Zimmer sind geräumig, aber einfach. Flussfahrten nach Lamanai beginnen direkt auf dem Hotelgelände und die Besitzer, die Familie Urbina, sind auf unaufdringliche Art zuvorkommend und gastfreundlich.

Lamanai Landings HOTEL $$
(☎670-7846; Mile 51 Philip Goldson Hwy, Tower Hill; Zi. 160–200 BZ$;) Das Hotel auf der New River Lagoon etwa 7 km südlich von Orange Walk ist ideal gelegen für Ausflüge nach Lamanai und diverse andere Abenteuertouren. Alle Zimmer blicken auf die Lagune und haben Balkon, Klimaanlage, moderne Badezimmer und Kabel-TV. Vom hauseigenen *palapa*-Restaurant lässt sich prima die Aussicht aufs Wasser genießen.

El Gran Mestizo RESORT $$
(☎322-2290; www.elgranmestizo.bz; 1 Naranjal St; B 30 BZ$, Cabañas 130–160 BZ$, Familienhütten 200 BZ$; P) Wem es nichts ausmacht, ein bisschen abseits des Zentrums unterzukommen, kann sich in diesem fantastischen kleinen Resort am Ufer des New River einquartieren. Die kompakten *cabañas* sind gemütlich und mit Kühlschrank, TV, Klimaanlage und bequemen Betten ausgestattet, die Luxushütten haben eine Küche und zwei Ebenen. Es gibt sogar einen Schlafsaal mit sechs Betten für Budgetreisende.

Essen & Ausgehen

Come n' Dine Restaurant FRÜHSTÜCK, BELIZISCH $
(☎302-0311; Philip Goldson Hwy; Gerichte 8–40 BZ$; 6–17 Uhr) In dem unscheinbaren Straßenrestaurant werden überraschenderweise einige der besten belizischen Gerichte serviert. Es liegt neben einer Tankstelle an einer Biegung des Philip Goldson Highway nur ein paar Kilometer südlich der Stadt und daher ideal für Autoreisende (lohnt aber auch die Fahrt, wenn man in der Stadt nächtigt). Die Eintöpfe, Steaks und Pfannengerichte sind köstlich.

★ **Aegea Blue's** INTERNATIONAL $$
(☎628-0090; Main St, Banquitas Plaza; Hauptgerichte 18–40 BZ$; Mi–So 11–23 Uhr) Die Vorzüge des Aegea Blue's sind die schöne Lage am New River und der luftige Garten. Wie beim Schwesterrestaurant in Corozal ist das Highlight hier die Pizza aus dem Steinofen, aber im Angebot sind auch zahlreiche internationale Gerichte wie Pasta, Steaks und Tacos sowie belizische Klassiker. Die Cocktailbar gehört zu den kultiviertesten Lokalen für einen abendlichen Drink in Orange Walk.

Cocina Sabor BELIZISCH $$
(☎322-3482; Philip Goldson Hwy; Hauptgerichte 15–45 BZ$, leichte Mahlzeiten 10–25 BZ$; Mi–Mo 11–22 Uhr) Das einladende Lokal an der Fernstraße hat ein umfangreiches Angebot belizischer und internationaler Gerichte, von Reis mit Bohnen bis zu authentischer Pasta und schmackhaften Steaks, die in einem sauberen, klimatisierten Gastraum mit Holzverkleidung serviert werden. Tagsüber gibt es leichte Mahlzeiten wie Hamburger und Wraps. Die Bedienung ist zügig und höflich und auch eine gut bestückte Bar ist vorhanden.

Maracas Bar & Restaurant BELIZISCH $$
(☎322-2290; 1 Naranjal St; Hauptgerichte 10–34 BZ$; Mi–So 11.30–22, Fr & Sa bis 23 Uhr

Wer in wunderbarer Natur am Flussufer gut essen will, sollte sich ein Taxi zu diesem Restaurant im El Gran Mestizo am Ufer des New River südlich der Stadt leisten. Am besten sichert man sich einen Tisch in einer der *palapas* direkt am Ufer und wählt dann von der umfangreichen Speisekarte mit belizischen, mexikanischen und internationalen Gerichten sowie Meeresfrüchten das Passende aus.

ℹ Praktische Informationen

Belize Bank (34 Main St) Der Geldautomat akzeptiert alle gängigen Kreditkarten.

Postamt (Ecke Queen Victoria Ave & Arthur St; ⏲Mo–Do 8–17, Fr bis 16 Uhr)

Scotia Bank (Ecke Park & Main St) Akzeptiert alle Karten.

ℹ An- & Weiterreise

Orange Walk ist ein wichtiger Verkehrsknotenpunkt in Nord-Belize für Busse auf der Strecke zwischen Corozal und Belize City. Ein halbes Dutzend Busunternehmen befahren die Strecke und rund 30 Busse pro Tag fahren in jede Richtung.

Alle Fernbusse, auch die nach Belize City, Corozal, Chetumal und Sarteneja, halten am **Busbahnhof** in der Dunn Street westlich des Friedhofs. Er sollte eigentlich nur vorübergehend in Betrieb sein, aber die Einheimischen warten noch immer auf einen permanenten Busbahnhof.

Busse zu ländlichen Zielen im Orange Walk District, z. B. **Copper Bank** (Progresso St), fahren an verschiedenen Punkten um den Markt ab. Die Fahrpläne können sich ändern, daher ist es ratsam, sich rechtzeitig auf dem Markt oder im Hotel zu erkundigen.

Die Busse ab Orange Walk nach Norden verkehren von 6.45 bis gegen 21.15 Uhr, nach Belize City im Süden von 4.45 bis 20.30 Uhr. Die Fahrt nach Belize City dauert rund zwei Stunden und kostet 5 bis 8 BZ$; die Fahrt nach Corozal ist etwas kürzer und billiger.

CROOKED TREE WILDLIFE SANCTUARY

Zwischen November und April versammeln sich Zugvögel an den Lagunen, Flüssen und Sümpfen des riesigen **Crooked Tree Wildlife Sanctuary** (CTWS; www.belizeaudubon.org; 8 BZ$; ⏲8–16.30 Uhr) 🍃, das von der Belize Audubon Society verwaltet wird. Vögel lassen sich am besten im April und Mai beobachten, wenn der niedrige Wasserstand der Lagunen Tausende Vögel zur Futtersuche an die seichten Stellen lockt. Vogelbeobachter werden aber zu jeder Zeit zwischen Dezember und Mai stundenlang ihre ornithologische Freude haben.

Kahnschnäbel und Nacktkehlreiher, Moschusenten, Graubrust-Pfeifgänse, Schneckenmilane, Fischadler, Fischbussarde und alle fünf Eisvogelarten Belizes gehören zu den rund 300 Arten, die hier erfasst wurden. Jabirus, die größten fliegenden Vögel des amerikanischen Doppelkontinents mit einer Flügelspannweite von knapp 2,5 m, versammeln sich hier das ganze Jahr über, sind aber besonders im April und Mai zu entdecken.

Am Dorfeingang gleich hinter dem Damm befindet sich das **CTWS Visitor Center** (☎223-5004; ⏲8–16.30 Uhr) mit einigen interessanten Exponaten, außerdem werden Bücher und Informationsmaterial verkauft. Hier auch ist das Eintrittsgeld zu zahlen. Die hilfsbereiten, kenntnisreichen Angestellten stellen eine Dorf- und Wanderkarte zur Verfügung und können auch Kontakte zu erfahrenen hiesigen Vogelführern herstellen. Eine Auswahl an Unterkünften:

Beck's Bed & Breakfast (☎633-3398; www.becksbedandbreakfast.com; Zi. 196–327 BZ$; P ❄ 📶 🏊) Das B&B inmitten eines Kiefernwalds auf einem 2 ha großen Grundstück im Crooked Tree ist die luxuriöseste Unterkunft im Ort. Das Haus im Kolonialstil hat nur drei Gästezimmer, die geschmackvoll und aufwendig eingerichtet sind, und eine Küche, wo die liebenswürdige Gastgeberin Becky ein authentisches belizisches Frühstück zubereitet. Ein hübscher Innenhof führt zu einem Swimmingpool mitten im Grünen.

Crooked Tree Lodge (☎365-6611, 626-3820; www.crookedtreelodgebelize.com; Zeltplatz pro Pers. 20 BZ$, Cabañas 175–225 BZ$; P 📶) Mick ist ein britischer Pilot, der jahrelang in Belize stationiert war, Angie ist in Crooked Tree geboren und aufgewachsen. Das freundliche Paar hat sein kleines Stück Paradies in Crooked Tree gefunden und baute wunderschöne Holz-*cabañas*, alle mit eigener Veranda mit Blick auf die Lagune und den Sonnenaufgang. Ganz toll sind die Selbstbedienungsbar am Ufer und der offene Speiseraum.

Corozal Town

12 300 EW.

Corozal, nur 14 km südlich von Mexiko und knapp 47 km nördlich von Orange Walk Town, hat eine zauberhafte Lage am milchigblauen Gewässer der Corozal Bay und dank des deutlich mexikanischen Einflusses eine Atmosphäre, die sich von der in allen anderen Städten in Belize unterscheidet. Ein Großteil des Reichtums der Stadt ist auf ihre Rolle als Handels- und Landwirtschaftszentrum zurückzuführen – nicht auf den Tourismus. Denn der vorsichtig aufblühende Tourismussektor der Stadt wurde durch die Einrichtung einer direkten Bootsverbindung zwischen San Pedro und Chetumal praktisch im Keim erstickt. Viele Reisende lassen Corozal jetzt komplett links liegen.

Corozal ist jedoch noch immer ein schönes Ziel für Touristen, da hier keine aufgesetzte Urlaubsatmosphäre wie in anderen Orten in Belize herrscht. Corozal ist mit der Meeresbrise, erschwinglichen Hotels, gutem Essen und einfachem Zugang zum Rest des Distrikts eine lohnende Zwischenstation auf dem Weg von oder nach Mexiko – wenn nicht sogar ein schöner Abstecher von der belizischen Reiseroute weiter im Süden.

Sehenswertes

★ Corozal House of Culture HISTORISCHE STÄTTE

(Karte S. 275; Ecke 2nd St South & 1st Ave; Mo–Fr 9–17 Uhr) GRATIS In dem schönen alten spanischen Kolonialgebäude von 1886 war einst ein lebhafter Markt neben dem Zollamt untergebracht. Es war eines von elf Gebäuden, die 1955 vom Hurrikan Janet verschont blieben. Heute birgt das historische Haus ein Kulturzentrum und ein Museum, das lokale Artefakte ausstellt. Es dient auch als Touristeninformation, wo die Broschüre *Corozal Town Historical Walk* ausliegt, die einen kurzen Stadtbummel beschreibt. (Monatliche Events sind über www.facebook.com/CHOCNICH zu erfahren.)

Santa Rita RUINE

(10 BZ$; 8–18 Uhr) Santa Rita war eine alte Küstenstadt der Mayas. Sie erfreute sich einst der gleichen strategisch günstigen Lage als Handelsstadt wie das heutige Corozal, nämlich zwischen zwei Flüssen: dem Río Hondo (der heute die Grenze zwischen Belize und Mexiko bildet) und dem New River (der südlich der Stadt in die Corozal Bay mündet). Ein großer Teil von Santa Rita ist noch immer nicht freigelegt worden, aber der kurze Ausflug zur Erkundung der Stätte lohnt sich.

Schlafen

Hotel Maya HOTEL $

(Karte S. 275; 422-2082; hotelmaya@btl.net; 7th Ave, South End; DZ 85 BZ$, EZ/DZ mit Klimaanlage 95/120 BZ$;) Die einnehmende Rosita May führt diese alteingesessene Lieblingsherberge preisbewusster Reisender. Die Zimmer sind sauber und behaglich und werden mit bunten Bettüberwürfen und Bildern örtlicher Künstler aufgepeppt. Apartments stehen für langfristige Anmietung zur Verfügung. Rosita ist nicht nur eine zugelassene Reisevermittlerin, sondern auch eine tolle Informationsquelle für die Umgebung.

Hok'ol K'in Guest House PENSION $

(Karte S. 275; 422-3329; www.corozal.net; 89 4th Ave; EZ/DZ/3BZ mit Ventilator 77/104/109 BZ$, mit Klimaanlage 92/120/130 BZ$;) Das moderne, gut geführte kleine Hotel mit dem Maya-Namen, der „aufgehende Sonne" bedeutet, liegt an der Bucht und ist wohl das preiswerteste im Ort. Die großen, makellos sauberen Zimmer sind so gestaltet, dass sie die Meeresbrise einfangen. Jedes hat zwei Doppelbetten, ein Bad und einen Balkon mit Hängematte. Hok'ol K'in hat auch ein Café, in dem Mahlzeiten zu günstigen Preisen (besonders gut ist das Frühstück) serviert werden.

★ Serenity Sands B&B $$

(669-2394; www.serenitysands.com; 50 Serenity Lane; DZ mit Frühstück 200–210 BZ$, Haus 220 BZ$;) Das B&B etwa 5 km nördlich von Corozal Town liegt abseits vom Rummel, ist abgeschieden und einfach himmlisch. Die abgelegene Strandlage – Gäste können den privaten Pool am Strand benutzen – bietet die perfekte Kombination aus Einsamkeit und Erreichbarkeit. Die vier Zimmer im oberen Stock sind mit Möbeln eingerichtet, die von heimischen Handwerkern angefertigt wurden, und haben einen eigenen Balkon.

★ Almond Tree Resort RESORT $$

(422-0006; www.almondtreeresort.com; 425 Bayshore Dr; Zi. 210–380 BZ$;) Das Almond Tree an der Bucht südlich der Stadt ist ein hinreißendes kleines Resort mit zehn Zimmern und die luxuriöseste zentrale Unterkunft Corozals. Die meisten der stilvollen Suiten haben Meerblick, karibische Möblierung, Maya- und mexikanische Kunst und moderne Badezimmer. Die Deluxe-Suiten haben einer Kochnische. Die Anlage liegt auf ei-

Corozal

Corozal Town

Highlights
1 Corozal House of Culture C2

Schlafen
2 Hok'ol K'in Guest House C3
3 Hotel Maya A4

Essen
4 Venky's Kabab Corner B3
5 Wood House Bistro B3

Ausgehen & Nachtleben
6 Jam Rock B3

nem üppig grünen Gelände und besitzt auch einen herrlichen Swimmingpool.

Essen & Ausgehen

★ Wood House Bistro ASIATISCH $
(Karte S. 275; ☎636-0209; 1st Ave; Gerichte 9–30 BZ$; ⏲Mi–Mo 12–22 Uhr) Das Wood House ist unter den chinesischen Restaurants in Corozal (und generell in Belize) ein echtes Glanzlicht. Den Open-Air-Gastraum zieren Holzmöbel und eine karibische Bar, den Soundtrack bildet Weltmusik. Das Essen ist bunt durchmischt und besteht aus mehr als dem üblichen Brathuhn. Die Nudeln nach Singapur-Art sind besonders lecker, ebenso die Teigtäschchen, pikanten Wan Tans und das breite Angebot an Meeresfrüchten.

Venky's Kabab Corner INDISCH $
(Karte S. 275; ☎402-0546; 5th St South; Gerichte 10–15 BZ$; ⏲9–21 Uhr) Venky ist der führende – und soweit wir wissen einzige – Hindu-Koch in Corozal, der exzellentes indisches Essen sowohl mit Fleisch als auch vegetarisch zubereitet. Das Lokal macht innen nicht viel her, eigentlich steht da nur ein Tisch, der meist mit diversem Kram vollgestellt ist, aber das Essen ist hervorragend und sättigend.

Corozo Blue's PIZZA, BELIZISCH $$

(☎422-0090; Philip Goldson Hwy; Hauptgerichte 15–35 BZ$; ⏱So–Do 10–24, Fr & Sa 10–2 Uhr; 📶✎) Die Lage am Wasser dieses halb umschlossenen, steinernen Restaurants und Tagesresorts ist unschlagbar – von den Tischen im Raum, am Strand und im Garten bietet sich ein spektakulärer Blick auf die Bucht. Beliebt ist es wegen seiner Pizza aus dem Steinofen, dem späten Frühstück und den beeindruckenden Steaks, aber es gibt auch Burger und belizische Klassiker wie Reis mit Bohnen und Ceviche.

Jam Rock BAR

(Karte S. 275; ☎402-2205; 1st Ave; ⏱Mi–Mo 11–24 Uhr) Die Open-Air-Bar in einem Park direkt an der Bucht ist angenehm luftig und beliebt bei Expats und Einheimischen. Leckere Mahlzeiten werden von 12 bis 22 Uhr serviert, die Bar ist gut bestückt und es herrscht eine gesellige, tropische Atmosphäre.

Praktische Informationen

Belize Bank (Ecke 5th Ave & 1st St North; ⏱Mo–Fr 9–16 Uhr) An der Plaza gelegen; der Geldautomat akzeptiert die meisten internationalen Kreditkarten.

Corozal Hospital (☎422-2076; Santa Rita Rd; ⏱24 Std.) Das Krankenhaus liegt nordwestlich des Stadtzentrums Richtung Chetumal (Mexiko).

Corozal House of Culture Hilft mit lokalen Informationen und hat eine Broschüre mit einem historischen Stadtrundgang.

Einreisebehörde (Karte S. 275; ☎402-0123; 4th Ave; ⏱Mo–Do 8–16, Fr bis 15.30 Uhr) Hier sind für die meisten Nationalitäten Visaverlängerungen über 30 Tage erhältlich.

Postamt (Karte S. 275; 5th Ave; ⏱Mo–Do 8.30–12 & 13–16.30, Fr bis 16 Uhr) Am Fort Barlee an der Plaza.

An- & Weiterreise

BUS

Der **Hauptbusbahnhof** (Karte S. 275) von Corozal ist ein wichtiger Zwischenstopp für fast alle der unzähligen Buslinien, die über den Philip Goldson Highway nach Orange Walk und Belize City fahren. Bei der letzten Zählung fuhren 30 Busse täglich zwischen 3.30 bis 19 Uhr die 2½ Stunden von Corozal Town nach Belize City; ein halbes Dutzend Busse fahren die 15-minütige Strecke in die andere Richtung zur mexikanischen Grenze, der letzte gegen 16 Uhr. Es gibt ein paar sehr frühe Direktverbindungen nach Belmopan über Orange Walk um 3 und 3.30 Uhr.

FLUGZEUG

Der kleine Flughafen von Corozal (CZH) liegt ein paar Kilometer südlich des Stadtzentrums in Ranchito. Taxis (10 BZ$) stehen bereit, wenn Flugzeuge landen. **Tropic Air** (☎226-2012; www.tropicair.com) und **Maya Island Air** (☎422-2333; www.mayaislandair.com) haben Direktflüge zwischen Corozal und San Pedro.

SCHIFF/FÄHRE

Zwischen Corozal und Sarteneja und San Pedro verkehren regelmäßig Boote. **Thunderbolt** (Karte S. 275; ☎422-0026, 610-4475; 1st Ave) ist das größte Wassertaxiunternehmen der Stadt. Seit Einrichtung der Bootsverbindung von Chetumal nach San Pedro ist diese Fahrt zwar nicht mehr so beliebt, aber mit dem Bus nach Mexiko zu fahren und dort das Boot zu nehmen kommt erheblich billiger.

Das Wassertaxi legt in Corozal um 7 Uhr ab und kehrt um 15 Uhr von San Pedro zurück. In Sarteneja hält es nur auf Anfrage. Die Fahrt nach Sarteneja dauert 30 Minuten und kostet 25/50 BZ$ einfach/hin & zurück, nach San Pedro sind es zwei Stunden und es kostet 50/90 BZ$ einfach/hin & zurück.

Sarteneja

3500 EW.

Wer nach Belize kommt und glitzerndes, blaues Gewässer, köstliche Meeresfrüchte, tierreiche Wälder und erschwingliche Preise wünscht, ist in Sarteneja (sar-ten-*e*-cha) genau richtig. Das winzige Fischer- und Schiffbaudorf nahe der Nordostspitze des belizischen Festlands ist ein zauberhafter Ausgangsort, um die traumhafte Wasserwelt und den Urwald der Region zu erkunden.

Sehenswertes & Aktivitäten

Shipstern Conservation & Management Area NATURSCHUTZGEBIET

(☎660-1807; www.visitshipstern.com; 10 BZ$; ⏱8–17 Uhr) 🍃 Das große, von einer gemeinnützigen Organisation verwaltete Naturschutzgebiet umfasst eine über 110 km² große Fläche aus halbimmergrünen Hartholzwäldern, Sumpfgebieten, Lagunen und Küstenmangroven. Der Sitz der Organisation befindet sich 5,5 km südwestlich von Sarteneja an der Straße nach Orange Walk. Die Vielfalt der Lebensräume in dem Naturschutzgebiet, das im Übergangsgebiet zwischen den Tropenwäldern Zentralamerikas und dem trockeneren Ökosystem wie in Yucatán liegt, ist selten in Belize.

Sarteneja Tour Guide Association ABENTEUER

(☎621-6465; North Front St; ⌚9–17 Uhr) Die Kooperative engagierter junger Guides verleiht Kajaks (pro Std./Tag 10/50 BZ$) und unternimmt Touren um Sarteneja und zu den Ruinen in Cerro Maya. Sie organisiert auch Bootsausflüge zum abgelegenen Bacalar Chico an der Nordspitze von Ambergris Caye (160 BZ$ pro Pers.). Das Büro befindet sich an der Promenade.

Schlafen

Shipstern Nature Reserve Bungalows LODGE $

(☎660-1807; www.visitshipstern.com; Shipstern Conservation & Management Area; B/EZ/DZ 40/80/100 BZ$) Die vier Bungalows 5 km außerhalb des Orts sind prima für Besucher, die an frühen Naturtouren teilnehmen oder von Wildnis umgeben sein wollen. Die klimatisierten Zimmer haben jeweils ein eigenes Bad und eine durch Fliegengitter geschützte Veranda, damit man die Geräusche des Dschungels genießen kann.

Backpackers Paradise CABAÑAS, CAMPINGPLATZ $

(☎607-1873, 423-2016; www.cabanasbelize.wordpress.com; Bandera Rd; Camping 12 BZ$, EZ/DZ/3BZ 45/55/60 BZ$, Cabañas 50/66/70 BZ$, Familienhaus 60/80/90 BZ$; 📶) Die zwanglose und sehr rustikale Anlage auf einem üppig grünen Gelände ist friedlich, nachhaltig und erschwinglich. Sie liegt nur 15 Minuten zu Fuß vom Strand entfernt und ist eine gute Unterkunft für Budgetreisende. Außer Zeltplätzen gibt es noch verschiedene, ziemlich schlichte *cabañas*, einige mit eigenem Bad, sowie zwei hervorragende, von den Mennoniten erbaute Häuser mit jeweils Platz für vier bis sechs Personen.

VON BELIZE CITY NACH BELMOPAN

Der George Price Highway, ehemals Western Highway und von vielen Einheimischen auch noch so genannt, führt von Belize City durch das Dorf Hattieville und weiter nach Belmopan und in den Cayo District.

Sehenswertes

★ **Belize Zoo** ZOO

(☎625-3604, 822-8000; www.belizezoo.org; Mile 29 George Price Hwy; Erw./Kind 30/10 BZ$; ⌚8.30–17 Uhr, letzter Eintritt 16.15 Uhr) Wenn die meisten Zoos Hochsicherheitsgefängnisse für Tiere sind, dann ist der Belize Zoo eher eine offene Anstalt für wilde Tiere, die in freier Wildbahn nicht überleben würden. Der Besuch des Zoos ist ein Muss auf jeder Tour durch den Belize District, da es hier viele Tiere gibt, die wohl kaum anderswo zu sehen sind. Hier leben mehrere Tapire (ein belizischer Verwandter des Nashorns), darunter ein Jungtier, Pakas, etliche Südamerikanische Nasenbären (sie sehen wie eine Mischung aus Waschbär und Affe aus), Hellrote Aras, Weißbartpekaris, Pumas und viele andere Vertreter der Tierwelt.

Monkey Bay Wildlife Sanctuary WILDRESERVAT

(☎664-2731, 822-8032; www.monkeybaybelize.com; Mile 31,5 George Price Hwy; ⌚7–17 Uhr) Das 433 ha große Wildreservat und Umweltbildungszentrum ist ein privates Naturschutzgebiet gleich an einer der wichtigen Fernstraßen des Landes. Es bietet Unterkunft und Aktivitäten für Durchreisende sowie Praktika für alle, die sich längerfristig in Belize engagieren wollen. In der umfangreichen Bibliothek findet sich reichlich Fachliteratur und Lesestoff zur Naturkunde und zum Land.

★ **Nohoch Che'en Caves Branch Archaeological Reserve** HÖHLENTOUREN

(Karte S. 278; Parkeintritt 10 BZ$; ⌚8–17 Uhr) Das weitläufige Geflecht aus Kalksteinhöhlen nordwestlich von Belmopan ist enorm beliebt zum Höhlentubing, Kajakfahren und zur Höhlenerkundung. Der Caves Branch River fließt durch neun Höhlen und bietet ideale Bedingungen zum Flößen auf einem Gummischlauch oder zur Erkundung von Seitenpassagen, die zu anderen Höhlen führen, darunter zur spektakulären Crystal Cave.

WEST-BELIZE (CAYO DISTRICT)

Die Provinz Cayo gilt als die führende Region Belizes für Abenteuer- und Ökoaktivitäten. Die üppig grüne Landschaft des „Wilden Westens" ist von Dschungel bedeckt, von Flüssen, Wasserfällen und tiefblauen Teichen durchzogen, durchsiebt von Höhlen und übersät mit Maya-Ruinen, von kleinen, baumbewachsenen Hügeln bis zu riesigen, prachtvollen Tempeln. Cahal Pech, Xunantunich, El Pilar und die gewaltigste aller Maya-Stätten Belizes, Caracol, befinden sich alle im Cayo District.

West-Belize

A
B
C
D
1
2
3
4
5
6
7
BELIZE
GUATEMALA
Spanish Lookout
Belize River
Mount Hope
Ontario Village
Teakettle Village
Unitedville
11
Georgeville
Central Farm
Esperanza
Bullet Tree Falls
23
Santa Elena
San Ignacio
20
5
Cristo Rey
22
Chiquibul Rd
Barton Creek
Roaring Creek
10
21
Cristo Rey Rd
6
3
Xunantunich
2
San José Succotz
26
Chial Rd
16
12
Benque Viejo del Carmen
San Antonio
18
Melchor de Mencos
24
Black Rock
Macal River
19
Baldy Beacon Rd
Privassion Camp
4
Arenal
Privassion Creek
Cooma Cairn (953 m)
Río On
Douglas da Silva
Río Frío
Granite Cairn (860 m)
8
Mollejon Creek
Vaqueros Creek
San Luis
Macal River
Chiquibul Rd
CAYO
Caracol Natural Monument Reservation
Vaca Plateau
1
Caracol

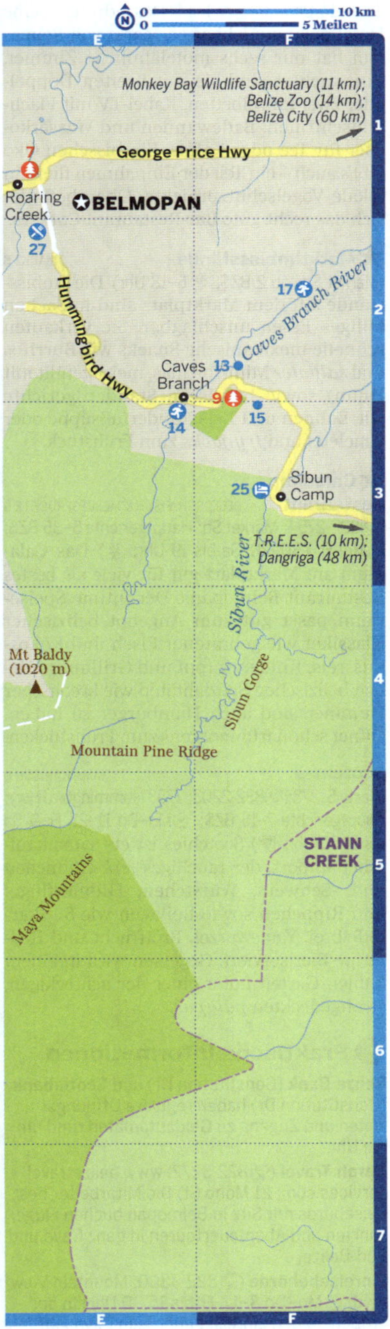

West-Belize

Highlights
1 Caracol A7
2 Xunantunich A3

Sehenswertes
3 Belize Botanic Gardens B3
4 Big Rock Falls C4
5 Cahal Pech B3
6 García Sisters' Place B3
7 Guanacaste National Park E1
8 Mountain Pine Ridge Forest Reserve C5
9 St Herman's Blue Hole National Park F2

Aktivitäten, Kurse & Touren
10 Actun Tunichil Muknal D3
11 Belize Wildlife & Referral Clinic C2
12 Calico Jack's C3
13 Caves Branch Adventures F2
14 Lamanai Chocolate E3
15 Maya Guide Adventures F3
16 MET Outfitters & Lodge C3
17 Nohoch Che'en Caves Branch Archaeological Reserve F2

Schlafen
18 Black Rock Lodge B3
19 Blancaneaux Lodge C4
20 Cahal Pech Village Resort B2
Ian Anderson's Caves Branch Jungle Lodge .... (s. 13)
21 Lodge at Chaa Creek B3
22 Log Cab-Inn B3
23 Midas Resort B2
24 Río Mopán Lodge A3
25 Sleeping Giant Rainforest Lodge F3
26 Trek Stop A3

Essen
27 Scotchies E2

Belmopan

19 460 EW.

Wie so viele zweckgebaute Hauptstädte in der Welt kann auch Belmopan auf den ersten Blick etwas langweilig wirken. Breite, geordnet angelegte Straßen, kahle städtische Grünanlagen und eintönige Regierungsgebäude verleihen der Stadt etwas Ödes. Die Ausnahme bildet der pulsierende Markt im Zentrum, wo preisgünstige Imbissstände und eintreffende Busse für etwas willkommene Aktivität sorgen.

Aber es ist die Landeshauptstadt, ein wichtiger Verkehrsknotenpunkt, ein Ort, wo das Visum verlängert wird und eine lässige Universitätsstadt mit recht guten Restaurants. Wichtiger noch, sie ist eine nützliche Basis für die Erkundung der Höhlen und Nationalparks in der Umgebung, des Hummingbird Highway und der meisten Attraktionen im östlichen Cayo.

Sehenswertes & Aktivitäten

Die großen Markttage sind Dienstag und Freitag, wenn Händler aus der gesamten Provinz herbeiströmen, um ihre Waren zu verkaufen.

George Price Center for Peace & Development MUSEUM
(☎822-1054; www.gpcbelize.com; Price Center Rd; ⊙Mo–Do 8–17, Fr bis 16 Uhr) GRATIS Das Museum und Konferenzzentrum für Frieden und Entwicklung ehrt den beliebten Staatsmann und ersten Premierminister nach der Unabhängigkeit Belizes George Price, der 2011 verstarb. Neben Fotos und Informationstafeln gibt es auch ein Archiv mit Dokumenten und Briefen von Price.

Guanacaste National Park NATIONALPARK
(Karte S. 278; George Price Hwy; 5 BZ$; ⊙8–16.30 Uhr) Der kleinste Nationalpark Belizes wurde 1990 gegründet und nach dem riesigen Guanacaste-Baum an seinem Westrand benannt. Der Baum überlebte die Äxte der Kanubauer, starb aber nun eines natürlichen Todes. Er steht aber immer noch in seinem Dschungelumfeld. Der 20 ha große Nationalpark neben der Fernstraße am Abzweig nach Belmopan wird vom Roaring Creek und dem Belize River gesäumt und auf den über 3 km langen Wanderwegen lernt man die zahlreichen heimischen Bäume und farbenprächtigen Vögel kennen.

Schlafen

★El Rey Hotel HOTEL $
(☎822-3438; www.elreyhotel.com; 23 Moho St; EZ/DZ/3BZ ab 90/100/110 BZ$, Suite 180/190/200 BZ$ P❄📶) Das El-Rey im Nordosten der Stadt ist das beste Budgethotel in Belmopan, ein preisgünstiges und freundliches Haus mit zwölf einfachen, sauberen Erdgeschosszimmern mit Bad, Fernseher und WLAN sowie einem Budgetzimmer für 70 BZ$. Alle Zimmer haben eine Klimaanlage, es gibt ein kleines Café und Touren können hier auch gebucht werden.

★Hibiscus Hotel HOTEL $$
(☎633-5323, 822-0400; www.hibiscusbelize.com; Market Sq; EZ/DZ 110/120 BZ$; ⊙Rezeption Mo–Sa ab 14 Uhr; P❄📶) 🍃 Das adrette kleine Hotel dicht am lebhaften Markt von Belmopan hat nur sechs motelähnliche Zimmer. Eingerichtet sind sie mit breiten Doppel- oder zwei Einzelbetten, Kabel-TV mit Flachbildschirmen, Badewannen und Wasserkocher für Tee oder Kaffee. Ein bisschen Öko gibt's auch – ein Teil der Einnahmen fließt in lokale Vogelschutzprojekte. Oben befindet sich das recht gute Bar-Restaurant Corkers.

★Marktimbissstände MARKT $
(Market Sq; ab 2 BZ$; ⊙6–18 Uhr) Die Imbissstände auf dem Marktplatz sind in Sachen billiges Essen unschlagbar. Sie verkaufen schnelle mexikanische Snacks wie Burritos und *salbutes* Mini-Tortillas, meist gefüllt mit Huhn) sowie belizische Standardgerichte wie Bohnen und Reis, Rinderfußsuppe oder Omeletts und *fry-jacks* zum Frühstück.

★Caladium Restaurant BELIZISCH, FISCH & MEERESFRÜCHTE $
(☎822-2754; Market Sq; Hauptgerichte 5–35 BZ$; ⊙Mo–Fr 7.30–20, Sa bis 19 Uhr; ❄) Das Caladium am Marktplatz gilt für viele als bestes Restaurant Belmopans. Der intime Speiseraum passt gut zum Angebot belizischer Klassiker wie gebratener Fisch und Kokosnussreis, Rindereintopf und Grillhuhn. Neben belizischen Spezialitäten wie kreolischer Hummer sind auch Hamburger zu haben. Öffnet schon frühmorgens zum Frühstücken.

Scotchies JAMAIKANISCH $
(Karte S. 278; ☎832-2203; 7753 Hummingbird Hwy; Hauptgerichte 7–15 BZ$; ⊙Mo–Do 11–21, Fr & Sa bis 21.30 Uhr; 📶) Scotchies ist ein jamaikanischer Import, der rauchiges *jerk*-Hühnchen und -Schwein, Würstchen, Hühnerflügel und Rippchen sowie Beilagen wie Süßkartoffelbrei, Yamswurzel, Brotfrucht und Red-Stripe-Bier serviert. Gegessen wird in einem kühlen Garten unter einer der achteckigen, strohgedeckten *palapas*.

Praktische Informationen

Belize Bank (Constitution Dr) und **Scotiabank** (Constitution Dr) haben reguläre Öffnungszeiten und Zugang zu Geldautomaten rund um die Uhr.

Darah Travel (☎822-3272; www.belizetravelservices.com; 21 Moho St) Die Mitarbeiter des Reisebüros mit Sitz in Belmopan buchen Flüge, Fahrten und Abenteuertouren in ganz Cayo und Süd-Belize.

Einreisebehörde (☎822-3860; Mountain View Blvd, ⊙Mo–Do 8–17, Fr bis 15.30 Uhr) In der großen, neuen Einreisebehörde in Cayo gibt es für 50 BZ$ Stempel für Visaverlängerungen von 30 Tagen. Es ist viel los dort, frühe Ankunft ist also ratsam.

Postamt (⏲Mo–Do 8–12 & 13–17, Fr bis 16.30 Uhr)

Western Regional Hospital (☎822-0666; an der N Ring Rd) Die einzige Notfallstation zwischen Belize City und San Ignacio liegt gleich nördlich des Stadtzentrums.

An- & Weiterreise

BUS

Der **Busbahnhof** (☎802-2799; Market Sq) von Belmopan ist der Verkehrsknotenpunkt für Cayo und alle Busse (egal von welcher Busgesellschaft), die vom Belize District nach Süden oder Westen oder von Dangriga (und südlicheren Orten) nach Norden und Westen fahren. Auf dem George Price Highway fahren die Busse von 6 bis 19 Uhr alle halbe Stunde ostwärts nach Belize City (6 BZ$, 1 Std.) und westwärts nach San Ignacio (3 BZ$, 1 Std.) und Benque Viejo del Carmen (4 BZ$, 1½ Std.). Auf dem Hummingbird Highway fahren Busse von 6.45 bis 19.15 Uhr ein- oder zweimal pro Stunde südwärts nach Dangriga (7 BZ$, 2 Std.). Von dort fahren die meisten Busse weiter nach Punta Gorda (20 BZ$, 5½ Std.).

FLUGZEUG

Der winzige Flughafen von Belmopan liegt nur ein paar Kilometer östlich der Stadt.

Tropic Air (☎226-2012; www.tropicair.com) fliegt täglich dreimal nach San Pedro (260 BZ$, 55 Min.), zum Belize City Municipal Airstrip (142 BZ$, 25 Min.) sowie zweimal zum Belize City International (190 BZ$, 25 Min.).

Unterwegs vor Ort

Das Stadtzentrum innerhalb der Ringstraße ist kompakt und leicht zu Fuß zu bewältigen. Ein Taxistand befindet sich vor dem Busbahnhof. Ein kurze Fahrt innerhalb der Stadt kostet 5 BZ$.

Hummingbird Highway

Der Hummingbird Highway mit seinem poetischen Namen („Kolibristraße") ist eine der hübschesten Strecken in Belize. Er schlängelt sich am Nordrand der Maya Mountains zwischen Belmopan und Dangriga durch Dschungel, Zitrusplantagen und unglaublich kleine Dörfer; unterwegs locken Höhlen- und Dschungelaktivitäten. An klaren Tagen bietet die Straße jede Menge postkartenschöne Aussichten. Die 88 km sind in zwei Stunden zu schaffen, aber am Wegesrand liegen ein paar so erstklassige Öko- und Budgetunterkünfte, dass es fast eine Sünde wäre, nicht irgendwo zu übernachten.

Sehenswertes & Aktivitäten

St Herman's Blue Hole National Park — NATIONALPARK

(Karte S. 278; 8 BZ$; ⏲8–16.30 Uhr) Im 232 ha großen Blue Hole National Park befindet sich die St Herman's Cave, eine der wenigen Höhlen in Belize, die ohne Führung besucht werden kann. Das Besucherzentrum (wo Taschenlampen für 3 BZ$ verliehen werden) liegt über dem Hummingbird Highway 18 km von Belmopan. Von dort führt ein knapp 460 m langer Weg zur St Herman's Cave. Ein weiterer Pfad führt an einem unterirdischen Fluss entlang über 180 m in die Höhle – wer weiter gehen will, braucht einen Führer.

Caves Branch Adventures — ABENTEUER

(Karte S. 278; ☎610-3451; www.cavesbranch.com; Mile 41,5 Hummingbird Hwy; Touren pro Pers. 150–500 BZ$) Zu den typischen Angeboten von Ian Anderson gehören Dschungeltrecks, Touren in Fluss- und Wasserfallhöhlen sowie zum Black Hole Drop. Die Abenteueraktivitäten sind exklusiv und spannend und starten ab der hervorragenden Lodge gleich hinter dem Hummingbird Highway.

Maya Guide Adventures — TOUREN

(Karte S. 278; ☎600-3116; www.mayaguide.bz; Höhlentour ab 170 BZ$, Dschungeltouren mit Übernachtung 300 BZ$) Der sehr erfahrene Kekchí-Maya-Führer Marcos Cucul bietet Survival-Touren im Dschungel mit einer oder mehreren Übernachtungen an. Zu den Touren gehören Trekking, Führungs- und Überlebensstrategien sowie Übernachtung in Hennessy-Hängematten. Cucul besitzt eine mehr als zehnjährige Erfahrung und genießt einen exzellenten Ruf.

Schlafen

T.R.E.E.S — HÜTTE $

(Toucan Ridge Ecology & Education Society; ☎669-6818, 665-2134; Mile 27,5 Hummingbird Hwy; Schlafbaracke 40 BZ$, EZ-/DZ-Hütte 125/140 BZ$, ohne Bad 80/100 BZ$; 📶) T.R.E.E.S ist teils Feldstation und teils umweltfreundliche Lodge, in der Forschungsstudenten, Praktikanten, Vogelbeobachter ebenso wie durchreisende Backpacker willkommen sind. Das Projekt ist gemeinnützig und die Erlöse fließen in kommunale Naturschutzprojekte und in den

Ökotourismus. Geboten werden Vorlesungen über Artenvielfalt, Feldkurse und Aktivitäten mit Führung sowie Yoga, Wandern und Dorfbesuche.

★ Ian Anderson's Caves Branch Jungle Lodge
LODGE $$$

(Karte S. 278; ☎ Belize 610-3452, USA & Kanada 866-357-2698; www.cavesbranch.com; Mile 41,5 Hummingbird Hwy; DZ-Cabañas & -Bungalows 340–492 BZ$, DZ, Suite & Baumhäuser 588–1182 BZ$;) Das Ian Anderson's versteckt in dichtem Dschungel abseits des Hummingbird Highway ist ein 233 km² großes privates Anwesen, das als Basis für unterschiedliche exklusive Dschungelaktivitäten auf dem Gelände dient. Die Unterkünfte sind feinster Dchungelschick und Gäste können sich im schönen Pool und im Whirlpool am Fluss entspannen sowie Essen und Cocktails im Restaurant mit Flussblick genießen.

Sleeping Giant Rainforest Lodge
LODGE $$$

(Karte S. 278; ☎ 822-0037, gebührenfrei 888-822-2448; www.vivabelize.com/sleeping-giant; Mile 36,5 Hummingbird Hwy; Zi. 480–880 BZ$, Penthouse 1120 BZ$;) Das noble Sleeping Giant besitzt 20 Zimmer entweder mit Gartenblick im Haupthaus oder in großen Cottages, *casitas* oder Suiten, die sich im üppig grünen Garten verteilen. Sie sind mit modernen Annehmlichkeiten wie Klimaanlage, Espressomaschinen und Möbeln aus heimischem Hartholz ausgestattet; die besten haben großartige Badezimmer mit Oberlicht, sodass man von der Badewanne oder vom Whirlpool aus in den Himmel schauen kann.

San Ignacio

21 150 EW.

San Ignacio ist der Dreh- und Angelpunkt des Cayo District, ein pulsierendes Touristenzentrum, von dem alle Straßen und Aktivitäten ausgehen. Zusammen mit der Zwillingsstadt Santa Elena am Ostufer des Macal River bildet sie das größte Bevölkerungszentrum der Provinz Cayo mit guten Budgetunterkünften, anständigen Restaurants und häufigen Verkehrsverbindungen.

Aber so sehr es auch auf Reisende ausgerichtet ist, so ist San Ignacio doch kein San Pedro im Binnenland, das nur für den Tourismus existiert. Die Stadt besitzt mit dem quirligen Markt und einem steten Zustrom von Immigranten, hauptsächlich aus dem benachbarten Guatemala, eine sehr positive und ansteckend belizische Atmosphäre. Hier leben Mestizen, Mayas und Garifuna sowie ein Häufchen nonkonformistischer Expats aus Europa und Nordamerika.

Die meisten Reisenden nutzen San Ignacio als Ausgangspunkt für Abenteuertouren in Cayo oder als Zwischenstation auf dem Weg nach und von Guatemala; viele bleiben länger als gedacht.

Sehenswertes & Aktivitäten

★ Green Iguana Conservation Project
GÄRTEN

(Karte S. 284; ☎ 824-2034; www.sanignaciobelize.com; 18 Buena Vista St; Führung 18 BZ$; ⌚ 8–16 Uhr, Führung jede Std.;) Die Mitarbeiter des großartigen Projekts auf dem üppigen Gelände des San Ignacio Resort im Macal Valley sammeln Leguaneier und lassen sie im Brutkasten ausbrüten. Dann ziehen sie die Reptilien auf, bis sie aus dem Gröbsten raus sind und in die Wildnis entlassen werden können. Auf der Führung gibt es reichlich Gelegenheiten, die entzückenden Leguane zu streicheln und anzufassen und viel über ihre Gewohnheiten und ihre Lebensweise zu erfahren. Die Tour folgt auch dem Heilpflanzenweg, der sich durch den Dschungel schlängelt.

Cahal Pech
RUINEN

(Karte S. 278; ☎ 824-4236; 10 BZ$, 2-Std.-Führung 20 BZ$; ⌚ 6–18 Uhr) Cahal Pech auf einem Hügel etwa 1,5 km südlich von San Ignacio ist die älteste bekannte Maya-Stätte im Tal des Belize River, die zwischen 1500 und 1000 v. Chr. erstmals besiedelt war. Sie ist weniger eindrucksvoll als Xunantunich und Caracol, aber immer noch ein faszinierendes Beispiel der vorklassischen Maya-Architektur und von der Stadt auf einem Spaziergang leicht bergauf gut zu erreichen. Sie war eine bedeutende Maya-Stadt für über 2000 Jahre. Im kleinen Besucherzentrum wird etwas von der Geschichte von Cahal Pech erläutert.

★ Ajaw Chocolate
TOUREN

(Karte S. 284; ☎ 635-9363; ajawchocolatebze@gmail.com; 16 Benque Viejo Rd; Vorführung pro Pers. 24 BZ$, mit Plantagentour 50 BZ$; ⌚ Mo–Sa 9–18 Uhr, Führung stündl.;) Adrian und Elida, Kekchí-Mayas aus Toledo, zeigen in San Ignacio ihr Können als Schokoladenhersteller mit exzellenten Vorführungen, auf Wunsch auch verbunden mit einer Führung über ihre kleine Kakaoplantage. Auf der einstündigen Tour können Teilnehmer geröstete Kakaobohnen mahlen und selbst Kakao oder eine Schokoladentafel herstellen.

Geführte Touren

San Ignacio oder die Unterkünfte im Umland bilden die besten Ausgangspunkte, um die Kultur- und Naturschönheiten von Cayo zu besuchen. In der Burns Avenue sind zahlreiche Tourunternehmen zu finden und die meisten Hotels organisieren die gleichen Touren in Zusammenarbeit mit den gleichen Unternehmen.

Ausflüge zu den Höhlen Actun Tunichil Muknal (S. 289) und Barton Creek sind nur mit einem Guide möglich, Caracol hingegen wird meist im Fahrzeugkonvoi besucht.

David's Adventure Tour ABENTEUER
(Karte S. 284; ☎804-3674; www.davidsadventuretours.com; Savannah St; Kanutouren 60–90 BZ$, Barton Creek 150 BZ$) David's, gleich gegenüber dem Samstagsmarkt, ist ein erfahrener Veranstalter, der umweltfreundliche Touren zu Stätten in der ganzen Gegend anbietet. Spezialität sind Kanutouren auf dem Fluss, Höhlenabenteuer und Dschungelwanderungen mit Übernachtung.

Pacz Tours TOUREN
(Karte S. 284; ☎824-0536; www.pacztours.net; 30 Burns Ave; Touren 90–300 BZ$) Bietet stets hervorragenden Service sowie sachkundige Führer auf den Touren nach Actun Tunichil Muknal und Tikal, sowie Kajaktouren, Kanufahrten auf dem Fluss und Reiten, auch Transfers in ganz Cayo.

Carlos the Caveman HÖHLENTOUR
(☎669-7619; www.carloscaveman.com) Carlos Panti aus Cayo weiß viel über Höhlen und Kultur. Seine Spezialität sind Touren für kleine Gruppen in die Höhle Actun Tunichil Muknal mit spirituellem Thema.

Schlafen

In San Ignacio gibt es das beste Angebot an preiswerten Budgetunterkünften (Campingplätze inbegriffen) in Belize, auch ein paar hervorragende Mittelklassehäuser. Luxuriösere Unterkünfte – mit die besten im Land – sind die Dschungel- und Berg-Lodges außerhalb der Stadt.

Bella's Backpackers HOSTEL $
(Karte S. 284; ☎824-2248; www.bellasinbelize.com; 4 Galvez St; B 25–30 BZ$, DZ mit/ohne Bad 90/60 BZ$;) Bella's ist eine klassische Backpackerunterkunft mit rustikalem Charme, szenigen Reisenden jeden Alters und einem geselligen Gemeinschaftsraum auf dem Dach mit Hängematten und Sofas. Zu den gut eingerichteten Dorms mit stabilen Stockbetten aus Holz und Badezimmern kommen noch ein paar Privatzimmer mit Fensterläden und Bädern mit Felsmotiven hinzu. Bella besitzt auch eine Dschungel-Lodge in Cristo Rey.

Casa Blanca Guest House PENSION $
(Karte S. 284; ☎824-2080; www.casablancaguesthouse.com; 10 Burns Ave; EZ/DZ/3BZ 50/70/90 BZ$, mit Klimaanlage 75/100/120 BZ$;) Die Casa Blanca ist behaglich, blitzblank und sicher, also genau so, wie man sich eine Budgetunterkunft wünscht. Die relativ großen Zimmer haben weiße Wände und frische Bettwäsche. Den Gästen stehen eine gemütliche Sitzecke, eine saubere Küche und ein luftiger Balkon zur Verfügung, von dem sie das Treiben draußen beobachten können.

Midas Resort HOTEL $$
(Karte S. 278; ☎824-3172; www.midasbelize.com; Branch Mouth Rd; Cottage/Cabañas/Casitas 152/175/370 BZ$, DZ/FZ 235/370 BZ$; P) Das Midas sticht inmitten von Budgetunterkünften als eines der besseren Mittelklassehäuser San Ignacios hervor. Der große Pool, die abgefahrene Bar und das freundliche Personal ergänzen ein interessantes Unterkunftsangebot, von Hotelzimmern im Hauptgebäude bis zu Cottages, *cabañas* und einer *casita* mit zwei Schlafzimmern hinter dem Gebäude. Das Resort befindet sich in ruhiger Lage fünf Minuten zu Fuß nördlich des Markts.

Rainforest Haven Inn HOTEL $$
(Karte S. 284; ☎674-1984; www.rainforesthavens.com; 2 Victoria St; Zi. 130 BZ$, Apt. mit 2 Schlafzi. 150 BZ$; @) Das Rainforest Haven ist eine prima Entdeckung in Sachen Mittelklassekomfort mit nahezu Budgetpreisen. Die fünf Zimmer sind mit Klimaanlage, Kabel-TV mit Flachbildschirm, Kühlschrank, WLAN und Heißwasserdusche ausgestattet. Das Apartment hat eine richtige Küche – ein Schnäppchen für Familien oder Gruppen. Im 2. Stock gibt es eine coole Chill-out-Ecke.

Cahal Pech Village Resort RESORT $$
(Karte S. 278; ☎824-3740; www.cahalpech.com; Cahal Pech Hill; DZ/Cabañas/Suite 215/270/330 BZ$; P@) Von dem noblen Familienresort auf dem Hügel Cahal Pech, ca. 800 m vom Stadtzentrum entfernt, lässt

San Ignacio

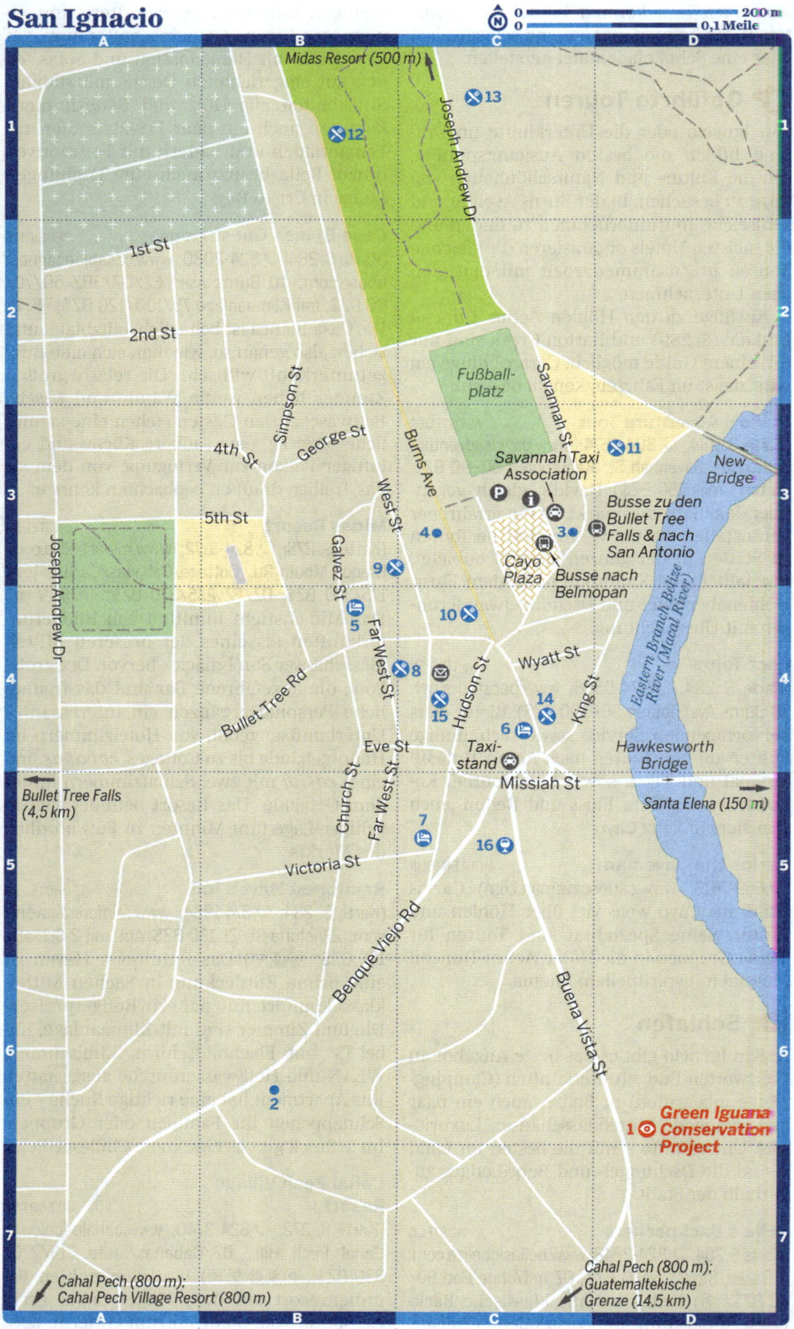
0 200 m
0 0,1 Meile
A
B
C
D
1
2
3
4
5
6
7
Midas Resort (500 m)
13
12
Joseph Andrew Dr
1st St
2nd St
Fußball-
platz
Savannah St
11
New
Bridge
Simpson St
George St
4th St
Burns Ave
Savannah Taxi
Association
West St
5th St
Busse zu den
Bullet Tree
Falls & nach
San Antonio
4
3
Galvez St
9
Cayo
Plaza
Busse nach
Belmopan
Joseph Andrew Dr
5
10
Eastern Branch Belize
River (Macal River)
Far West St
Wyatt St
8
Bullet Tree Rd
Hudson St
14
King St
15
6
Eve St
Hawkesworth
Bridge
Taxi-
stand
Church St
Far West St
Missiah St
Bullet Tree Falls
(4,5 km)
Santa Elena (150 m)
7
16
Victoria St
Benque Viejo Rd
Buena Vista St
2
Green Iguana
1 Conservation
Project
Cahal Pech (800 m);
Cahal Pech Village Resort (800 m)
Cahal Pech (800 m);
Guatemaltekische
Grenze (14,5 km)

San Ignacio

sich eine schöne Aussicht genießen. Das Resort hat 21 helle Zimmer mit Fliesenboden und Klimaanlage, neun Familiensuiten und 27 paradiesische, strohgedeckte *cabañas*. Am herrlichen zweistufigen Kaskadenpool (Nichtgäste 10 BZ$) kann man sich wunderbar abkühlen.

★ San Ignacio Resort Hotel HOTEL $$$
(Karte S. 284; ☎824-2034; www.sanignaciobelize.com; 18 Buena Vista St; EZ/DZ ab 400/480 BZ$, Suite 890–1320 BZ$; P❄📶🏊) Das bei Weitem nobelste Hotel in San Ignacio (Königin Elizabeth nächtigte hier, wie die Fotos in der Lobby belegen), ist feinster Luxus, aber mit freundlichen, professionellen Mitarbeitern und einer beschaulichen Lage auf dem Hang oberhalb vom Ortszentrum. Hinter dem Pool grenzt das Grundstück, auf dem sich das hervorragende Green Iguana Conservation Project befindet (S. 282), an den Dschungel.

Essen

★ Cenaida's BELIZISCH $
(Karte S. 284; ☎631-2526; Far West St; Hauptgerichte 7–12 BZ$; ⏲Mo–Di & Do–Sa 11–21, Mi bis 17 Uhr) Das schlichte Imbissrestaurant ist eins der allerbesten Lokale der Stadt für authentisches, traditionell belizisches Essen: Reis und Bohnen, Hühnertopf und Rinderfußsuppe, Burritos und Fajitas.

Bauernmarkt MARKT $
(Karte S. 284; ⏲Sa ab 5 Uhr) Samstags ist großer Markttag in San Ignacio, dann verkaufen Händler aus ganz Cayo frische Erzeugnisse, Kunsthandwerk und Kleidung. An etwa einem Dutzend Imbissständen mittendrin im Gewusel gibt's schnelle Happen auf die Hand – billig und lecker. An den meisten anderen Wochentagen finden kleinere Versionen des Markts statt.

Pop's Restaurant DINER $
(Karte S. 284; ☎824-3366; www.popsbelize.com; West St; Frühstück 4–15 BZ$; ⏲6.30–15 Uhr) Dieser freundliche Diner mit Sitznischen scheint aus einer Folge von *Seinfeld* zu stammen. Dank der besten Omeletts der Stadt, Waffeln und gutem Kaffee ist er längst kein Frühstücksgeheimtipp mehr und ein gemütlicher Ort, um den Vormittag zu vertrödeln. Mittags gibt's gute Jumbosandwiches und Burger.

★ Guava Limb Cafe INTERNATIONAL $$
(Karte S. 284; ☎824-4837; www.guavalimb.com; 79 Burns Ave; Hauptgerichte 16–45 BZ$; ⏲Di–Sa 11–22, So bis 17 Uhr; 📶✎) 🍃 Das kleine Guava Limb in einem reizenden, türkisfarbenen zweistöckigen Haus mit einem beschaulichen Garten ist eines der elegantesten Restaurants in San Ignacio. Frische Bioprodukte von der Farm des Besitzers oder lokalen Zulieferern werden zu einem bunten Angebot internationaler Gerichte verarbeitet, z. B. indonesischem *gado gado,* orientalischer Meze-Platte oder Meeresschnecken-Ceviche.

Eva's FRÜHSTÜCK, BELIZISCH $$
(Karte S. 284; Burns Ave; Hauptgerichte 12–35 BZ$; ⏲6–22 Uhr; 📶) Das Eva's am geschäftigen Ende der Burns Avenue, das schon früh zum Frühstück öffnet, ist ein beliebter Treff von Reisenden. Das Speisenangebot besteht aus ziemlich üblichen Gerichten, z. B. belizisches und westliches Frühstück, belizischer Reis mit Bohnen, kreolisches Curry, Tex-Mex, Burger, Steaks und Pasta. Die Straßentische bieten eine gute Gelegenheit, bei einem kalten Bier Leute zu beobachten.

Ko-Ox Han-nah BELIZISCH, INDISCH $$
(Karte S. 284; ☎623-0019; 5 Burns Ave; Frühstück 7–16 BZ$, belizische Hauptgerichte 10–12 BZ$, asiatische Hauptgerichte 22–32 BZ$; ⏲6–21 Uhr; ✎) 🍃 Der Name bedeutet in der Maya-Sprache

LUXUSUNTERKUNFT

Die verschwenderische **Blancaneaux Lodge** (Karte S. 278; ☎824-3878; www.thefamilycoppolahideaways.com/en/blancaneaux-lodge; Cabañas 770–1200 BZ$, Villen mit 2 Schlafzi. 1470 BZ$; P 📶 ❄) 🍃 vermietet 20 strohgedeckte *cabañas* und Luxusvillen, die sich auf einem herrlichen, gepflegten Garten verteilen, einige mit Blick direkt über den malerischen Privassion Creek. Die Lodge gehört dem Filmregisseur Francis Ford Coppola, der dort auch eine eigene Villa unterhält, die „Francis Ford Coppola Villa" samt Diener und privatem Pool – zu haben für 1800 BZ$ pro Nacht.

lasst uns essen gehen, aber das Han-nah's ist keineswegs nur ein weiteres belizisches Restaurant. Auf der Speisekarte steht eine faszinierende Auswahl indischer Gerichte wie Lammcurry sowie birmanisches Garnelencurry; alle Zutaten stammen von Erzeugern aus der Umgebung. Das Frühstück ist lecker und das Mittag- und Abendessensangebot eine Mischung aus mexikanischen und indoasiatischen Gerichten sowie Burgern.

Hode's Place BELIZISCH, AMERIKANISCH $$
(Karte S. 284; ☎804-2522; Branch Mouth Rd; Hauptgerichte 6–30 BZ$; ⏰9–22 Uhr; 📶 👪) Die Einheimischen lieben dieses scheunengroße Lokal gleich nördlich des Stadtzentrums. Das große Terrassenrestaurant mit einem Zitrusfrüchtegarten und Kinderspielplatz wird gern von Familien oder auf einen abendlichen Drink besucht. Freundliche Bedienung und ordentliches Essen – von Burritos und Fajitas bis zu Steaks, Meeresfrüchten und Reis und Bohnen – komplettieren das Gesamtpaket.

★ **Running W Steakhouse** INTERNATIONAL, STEAKHAUS $$$
(Karte S. 284; San Ignacio Resort Hotel, 18 Buena Vista St; Hauptgerichte 24–65 BZ$; ⏰Mo–Do 7–21.30, Fr–So bis 22.30, Brunch So 9–14.30 Uhr; ❄) Das Restaurant im San Ignacio Resort Hotel ist eines der Nobellokale von San Ignacio und nach der Ranch „Running W" des Besitzers benannt, von der zum großen Teil das beste Fleisch in West-Belize stammt. Steaks sind die Spezialität, z. B. das Black-Angus-Ribeye, aber es gibt auch eine breite Auswahl sorgfältig zubereiteter internationaler und belizischer Gerichte. Serviert wird im klimatisierten Restaurant oder draußen auf dem romantischen, kerzenbeleuchteten Terrassenbalkon mit Blick auf den Pool und Dschungel. Zum Restaurant gehört auch eine Bar mit routiniertem Service.

Crave House of Flavour INTERNATIONAL $$$
(Karte S. 284; ☎824-3707; 24 West St; Hauptgerichte 16–45 BZ$; ⏰18–21 Uhr) Das neue Gourmetrestaurant ist winzig und intim und hat nur ein paar Tische drinnen und draußen. Auf der wechselnden Speisekarte steht ein breites Angebot, allerdings mit starker Neigung zu italienischen, Steak- und Grillgerichten. Highlights sind u. a. Ribeye-Steak, Schweinerippchen, Kaninchenbraten oder pikant gebratene Hummerschwänze. Super für ein romantisches Essen.

🍷 Ausgehen

Soul Project BAR
(Karte S. 284; ☎653-1855; Buena Vista Rd; ⏰Mi & Fr 18–23 Uhr; 📶) 🍃 Das Soul Project ist eine super Bar, wo der Künstler, Filmemacher und Umweltschützer Daniel Velazquez eine Plattform für lokale und auswärtige Künstler und Musiker schafft. Außerdem macht er seinen eigenen Kräuter-Obstwein. Die Bar ist nur mittwochs und freitags geöffnet, es lohnt sich also herauszufinden, wann was los ist und sich dann unbedingt einen Besuch vorzumerken. Die Bar befindet sich unten im Old House Hostel.

ℹ Praktische Informationen

Belize Bank (Burns Ave), **Scotiabank** (Ecke Burns Ave & King St) und **Atlantic Bank** (Burns Ave) haben Geldautomaten, die Visa, MasterCard, Plus und Cirrus akzeptieren.

Cayo Welcome Center (Karte S. 284; ☎634-8450; Savannah St, Cayo Plaza; ⏰Mo–Fr 8–17, Sa bis 16 Uhr) Die einzige Touristeninformation im Cayo District ist hilfsbereit und befindet sich in einem klimatisierten, modernen Haus am zentralen Platz. Neben einigen Ausstellungen zur Umgebung läuft auch ein kurzer Film über die Region in Endlosschleife.

Postamt (Karte S. 284; ☎824-2049; West St)

ℹ An- & Weiterreise

In San Ignacio gibt es (überraschenderweise) keinen Busbahnhof. Die Busse halten am Marktplatz auf ihrer Strecke von/nach Belize City (normal/Express 9/10 BZ$, 2 Std.), **Belmopan** (Karte S. 284; Savannah St; 4 BZ$, 1 Std.) und Benque Viejo del Carmen (2 BZ$, 30 Min.). Busse verkehren von 3.30 bis 19 Uhr in beide

Richtungen etwa alle halbe Stunde, weniger häufig an Sonntagen.

Ab einer **Baulücke** (Karte S. 284) in der Savannah Street fahren Busse montags bis samstags fünf- oder sechsmal täglich nach San Antonio (3 BZ$, 35 Min.) sowie montags bis samstags von 10.30 bis 17 Uhr ungefähr stündlich nach Bullet Tree Falls (1 BZ$, 15 Min.).

Mehrere Reiseunternehmen bieten auch Charterbusse in Cayo und darüber hinaus an, u. a. zur guatemaltekischen Grenze (50 BZ$) und nach Belize City (150 BZ$).

Um Cayo wirklich zu erkunden, ist ein Auto hilfreich, vorzugsweise ein Geländewagen mit hoher Radaufhängung. Autos vermietet **Cayo Auto Rentals** (☎ 824-2222; www.cayoautorentals.com; 81 Benque Viejo Rd).

Im Stadtzentrum gibt es mehrere Taxistände; **Savannah Taxi Association** (Karte S. 284; ☎ 824-2155; Savannah St; ⌚ 24 Std.) ist der größte Stand im Zentrum von San Ignacio. Eine Fahrt zur guatemaltekischen Grenze (14 km) kostet beispielsweise 25 BZ$, hin und zurück nach Xunantunich 60 BZ$ und eine einfache Fahrt zu den Unterkünften im Mountain Pine Ridge 80 bis 100 BZ$. Taxis nach Bullet Tree Falls (*colectivo*/privat 4/20 BZ$) fahren in der **Wyatt Street** (Karte S. 284; Benque Viejo Rd) abseits der Burns Avenue ab.

Unterwegs vor Ort

San Ignacio ist relativ klein, sodass die meisten Sehenswürdigkeiten zu Fuß erreichbar sind. Autofahrer sollten wissen, dass das Parken im Stadtzentrum schwierig sein kann. Außerdem ist das Einbahnstraßensystem zu beachten; die Hawkesworth Bridge führt in eine Richtung aus San Ignacio hinaus, die New Bridge nördlich des Markts in die Stadt hinein und auf der neuen Ringstraße lässt sich das Stadtzentrum gänzlich umfahren.

Kurze Taxifahrten in der Stadt kosten 5 BZ$.

Mountain Pine Ridge & Caracol

Südlich von San Ignacio und dem Western Highway geht es allmählich bergauf in die Maya Mountains, deren gewölbter Kamm die Grenze zwischen dem Cayo District und dem Stann Creek District im Osten und dem Toledo District im Süden bildet.

Im Zentrum des 520 km² großen Hochlandgebiets aus subalpinen Kieferwäldern erstreckt sich das **Mountain Pine Ridge Forest Reserve** (Karte S. 278) GRATIS. Der plötzliche Wechsel von tropischem Regenwald zu Kiefernwäldern auf der Fahrt zum Mountain Pine Ridge hoch – ein weitläufiges Hochlandgebiet aus mehreren Bergzügen und Tälern – ist eigenartig und überraschend. In dem Waldschutzgebiet gibt es reichlich Flüsse, Teiche, Wasserfälle und Höhlen; die Höhenlage lindert die Hitze und die Moskitoplage. Jenseits des Mountain Pine Ridge liegt die spektakuläre Maya-Ruine Caracol.

Sehenswertes & Aktivitäten

★ **Caracol** ARCHÄOLOGISCHE STÄTTE
(Karte S. 278; 30 BZ$; ⌚ 8–16 Uhr, Konvoiabfahrt 9 Uhr) Caracol war einst eine der mächtigsten Städte der gesamten Maya-Welt und liegt heute zugewachsen im dichten Dschungel nahe der Grenze zu Guatemala, 83 km bzw. ungefähr zwei bis drei Stunden Fahrt von San Ignacio entfernt. Die größte Maya-Stätte von Belize liegt hoch auf dem Vaca Plateau und hat sich wahrscheinlich zu ihrer Glanzzeit um 650 v. Chr. Über eine Fläche von 180 km² erstreckt. Wege von insgesamt gut 65 km Länge verlaufen vom Zentrum zu den großen am äußeren Rand gelegenen Plätzen und Wohnvierteln.

In ihren besten Tagen haben hier wahrscheinlich fast 150 000 Menschen gelebt, mehr als doppelt so viele wie in Belize City heute. Die Bewohner von Caracol hatten zwar keine natürliche Wasserquelle, aber sie gruben künstliche Wasserbecken, um das Regenwasser zu sammeln und bauten Feldfrüchte auf ausgedehnten Terrassenfeldern an. Das Zentrum war ein lebhafter Platz aus Tempeln, Palästen, verkehrsreichen Straßen, Handwerksbetrieben und Märkten. Caracol ist nicht nur eine überragende archäologische Stätte in Belize, sondern auch wegen der Dschungellage und der reichen Vogelwelt spannend. Am Kartenschalter vermittelt ein kleines Besucherzentrum einen Überblick über die Geschichte von Caracol und zeigt ein Miniaturmodell (gut zur Orientierung) und in einem Museum sind viele der in Caracol gefundenen Skulpturen ausgestellt. Außerdem gibt es hier Toiletten, Picknicktische und einen kleinen Souvenirladen. Unbedingt Essen und Trinken mitbringen. Wer mit dem Auto kommt, sollte einen Reservereifen einpacken. Übernachten ist nicht erlaubt.

Big Rock Falls WASSERFALL
(Karte S. 278) Die kleinen, aber mächtigen Big Rock Falls des Privassion Creek halten viele für eindrucksvoller als die Thousand Foot Falls – nicht zuletzt, weil man ganz dicht herangehen und in den Teichen darunter

baden kann. Zu erreichen ist der Wasserfall über die Straße Richtung Gaïa River Lodge (ausgeschildert) und dann knapp 2,5 km nach der Blancaneaux Lodge links auf einen Feldweg mit dem Hinweisschild „Big Rock“. Vom Parkplatz ist es ein steiler Fußmarsch hinab (noch steiler wieder bergauf zurück!) über Bohlenstufen.

García Sisters' Place KULTURZENTRUM
(Karte S. 278; ☎671-1753; artistmai1981@gmail.com; Cristo Rey Rd, San Antonio; ⏰7–18 Uhr) Die García-Schwestern stellen eine große Auswahl wunderschöner Reliefs auf schwarzen Schieferplatten aus, die sie auch verkaufen. Die fünf Schwestern entwickelten dieses Kunsthandwerk, das nun in Belize weithin imitiert wird. Die Reliefs, die für 10 bis 200 BZ$ verkauft werden, haben verschiedene Motive, u. a. Maya-Gottheiten und Kalender. Nach vorheriger Absprache bieten die Schwestern auch Maya-Zeremonien, Massage und Kräuterführungen an.

Calico Jack's ABENTEUERSPORT
(Karte S. 278; ☎832-2478; www.calicojacksvillage.com; 7 Mile Rd, El Progresso; pro Pers. 80–175 BZ$; ⏰8–16 Uhr) Das 148 ha große Areal besitzt die größte und modernste Seilrutschenanlage im westlichen Cayo mit neun Durchläufen und 15 Plattformen. Diverse Pakete enthalten verschiedene Durchläufe, vom 45-minütigen „Explorer“ bis zum 90-minütigen „Ultimo Explorer“. Abenteuerlustige Besucher können die Drahtseiltour oder die Dschungelschaukel (60 BZ$) probieren, ein Trip über einen Canyon samt freien Fall über 18 m.

MET Outfitters & Lodge REITEN
(Karte S. 278; ☎669-1124, USA 800-838-3918; www.metbelize.com; Mile 8 Chiquibul Rd; Ausritte halber/ganzer Tag 136/200 BZ$) Für Reiter gibt es natürlich nichts Schöneres, als die Gegend hier vom Rücken eines Pferdes zu erkunden. Mountain Equestrian Trails (MET) bietet hochprofessionelle halb- und ganztägige Reitausflüge zu den Big Rock Falls, zum Barton Creek und anderen Zielen an, auch mehrtägige Reitexkursionen mit Übernachtung in rustikalen *cabañas*. Die erfahrenen Leiter organisieren auch Vogelbeobachtungs-, Höhlen- und Autotouren.

Nach Westen bis Guatemala

Der George Price Highway südwestlich von San Ignacio verläuft durch sanft hügelige Landschaft in Richtung Benque Viejo del Carmen und guatemaltekische Grenze. Entlang der Straße und an Seitenstraßen wie der Chial Road gibt es diverse Unterkünfte.

Sehenswertes

★ Xunantunich RUINE
(Karte S. 278; San José Succotz; 10 BZ$; ⏰7.30–16 Uhr) Xunantunich (schu-nan-*tu*-nitsch) auf einer abgeflachten Hügelkuppe ist eine der am leichtesten erreichbaren und eindrucksvollsten archäologischen Maya-Stätten in Belize. Die Anfahrt mit einer kostenlosen, handgekurbelten Kabelfähre, die Passagiere (und Autos) über den Mopan River transportiert, ist schon der halbe Spaß. Xunantunich war wohl schon 1000 v. Chr. besiedelt, war damals jedoch kaum mehr als ein Dorf. Die großen Bauten, die heute zu sehen sind, entstanden erst im 7. Jh. n. Chr.

Von 700 bis 850 n. Chr. war Xunantunich wahrscheinlich mit Naranjo, 14 km westlich von Guatemala, verbündet. Gemeinsam beherrschten sie den westlichen Teil des Belize-River-Tals, allerdings überstieg wohl die Bevölkerungszahl niemals 10 000. Xunantunich überlebte teilweise den anfänglichen Niedergang der klassischen Maya-Zivilisation um etwa 850 (als das benachbarte Cahal Pech verlassen wurde), aber um 1000 wurde es schließlich ebenfalls aufgegeben.

Mittelpunkt der Stätte bilden die Plazas A-2 und A-1, die von Structure A-1 voneinander getrennt sind. Gleich nördlich von Plaza A-2 bildeten Structure A-11 und Plaza A-3 einen **„Palast“- Wohnbezirk** für die Herrscherfamilie. Das dominante **Castillo** (Structure A-6) erhebt sich knapp 40 m hoch am südlichen Ende der Plaza A-1. El Castillo war vielleicht der Ahnenschrein der Herrscherfamilie, wo sie bestattet und/oder in plastischen Friesen dargestellt wurde. Structure A-1 und A-13 beidseitig der Plaza A-2 wurden erst im 8. Jh. gebaut und dienten wohl dazu, die Herrscherfamilie vom Rest der Bevölkerung abzuschirmen, möglicherweise eine Reaktion auf die Probleme, die in jener Zeit mit dem Niedergang der klassischen Maya-Zivilisation einhergingen.

Wer auf die Spitze des Castillo klettert, genießt einen spektakulären Rundumblick. Die oberen Ebenen wurden in zwei verschiedenen Phasen errichtet. Zur ersten, um 800 erbaut, gehört ein aufwendiges Gipsfries rund um das Gebäude, die zweite, um 900 erbaut, überdeckte den größten Teil der ersten und das Fries. Die Friese an der Ostseite und einem Teil der Westseite des Gebäudes sind von

ACTUN TUNICHIL MUKNAL

Der Besuch der **Actun Tunichil Muknal** (Karte S. 278; Führung 190 BZ$) – der Höhle des steinernen Grabs – ist eine der unvergesslichsten und abenteuerlichsten Höhlentouren in Belize. Die geführte Tour in die ATM geht tief hinein in die Unterwelt, die von den alten Mayas Xibalba genannt wurde. Der Eingang in die 5 km lange Höhle liegt an den nördlichen Ausläufern der Maya Mountains.

Die meisten Leute treffen hier auf einer geführten Tour aus San Ignacio, Belmopan oder den Küstenresorts ein, aber es ist auch möglich, in Eigenregie hierher zu fahren und einen Führer vor Ort zu buchen.

Das Abenteuer ist von mittlerem Schwierigkeitsgrad und beginnt mit einem leichten 45-minütigen Marsch durch den üppigen Dschungel, bei dem der Roaring Creek dreimal durchquert wird (die Füße sind dann den ganzen Tag nass). Vor dem weiten, eieruhrförmigen Eingang zur Höhle wird ein Helm mit Stirnlampe aufgesetzt. Um zum Höhleneingang zu gelangen, müssen die Besucher zunächst durch das erfrischende Wasser eines tiefen Beckens schwimmen (etwa 4,5 m), sie müssen also unbedingt gute Schwimmer sein (oder um eine Schwimmweste bitten). Danach geht es teilweise kletternd etwa eine Stunde dem Führer auf gewundenen Pfaden durch die dunkle Höhle hinterher.

Unterwegs faszinieren riesige, schimmernde Tropfsteinformationen, dicke Stalaktiten aus Kalkstein, die von der Decke hängen, und phallische Stalagmiten, die aus dem Höhlenboden ragen. Schließlich geleitet der Guide die Teilnehmer in einen gewaltigen Höhlenraum mit Hunderten Tongefäßen und -scherben sowie menschlichen Überresten. Eines der schockierendsten Exemplare ist das von Kalkspat überkrustete Skelett einer Frau, nach der Actun Tunichil Muknal benannt ist. In der Hauptkammer der Höhle müssen alle ihre Schuhe aus- und Socken anziehen, damit die Artefakte von Hautfetten geschützt bleiben.

Von San Ignacio dauert der Ausflug etwa acht Stunden, einschließlich der jeweils einstündigen Fahrt hin und wieder zurück. Einige der Unternehmen in San Ignacio bieten die Tour für 190 BZ$ pro Person an, einschließlich Transport, Eintritt, Mittagessen und Ausrüstung. Die Tour ist nur mit einem anerkannten Führer (von denen es rund 30 gibt) möglich. Fotografieren und Filmen ist in der Höhle nicht mehr erlaubt, seitdem ein ungeschickter Besucher seine Kamera fallen ließ und dabei ein unschätzbares Artefakt zerbrach.

Archäologen freigelegt worden; sie stellen eine Reihe Maya-Gottheiten dar, mit Chaac, dem Regengott vermutlich als zentrale Figur an der Ostseite. Die Friese, die man heute sieht, sind Nachbildungen; die Originale befinden sich darunter, um sie zu schützen.

Südlich des Castillo ist ein teilweise überwuchertes Areal mit unbedeutenderen Bauwerken (Group C), die nach 900 verlassen wurden. El Castillo (einst im Zentrum der antiken Stadt gelegen) steht somit am Südrand des damals noch bewohnten Stadtgebiets.

Gleich hinter dem Kartenschalter befindet sich ein Besucherzentrum. Darin sind archäologische Fundstücke wie Keramiken und Schmuck, eine interessante Begräbnisstätte und Erläuterungen zu den Castillo-Friesen zu sehen.

Die Ruinen sind mit der Fähre ab dem Dorf San José Succotz und dann zu Fuß gut 1,5 km bergauf zum Parkplatz und zum Kartenschalter zu erreichen. Alle Busse von San Ignacio halten am Fähranleger.

Belize Botanic Gardens GÄRTEN
(Karte S. 278; ☎824-3101; www.belizebotanic.org; nur Eintritt 16 BZ$, Besichtigung/Führung pro Pers. 15/30 BZ$; ⏲7–17 Uhr, letzter Eintritt 15 Uhr) In dem prächtigen botanischen Garten, der über das Grundstück der Sweet Songs Jungle Lodge betreten wird, gedeihen Exemplare von ungefähr einem Viertel der schätzungsweise 4000 Pflanzenarten Belizes. In der üppig bepflanzten, 18 ha großen Anlage gibt es gut 3 km Wanderwege, viele Obstbäume und vier unterschiedliche belizische Biotope: Feuchtgebiete, Regenwald, Mountain Pine Ridge (mit Aussichtsturm) und Heilpflanzen der Mayas.

Schlafen & Essen

★ **Trek Stop** LODGE, CAMPINGPLATZ $
(Karte S. 278; ☎823-2265; www.thetrekstop.com; Mile 71 Western Hwy; Camping pro Pers. 14 BZ$, DZ/3BZ/4BZ mit Bad 150/200/240 BZ$, EZ/DZ ohne Bad 50/80 BZ$; P@) Das Trek Stop ist ideal für Leute, die außerhalb von

San Ignacio günstig, aber in der Nähe von Xunantunich unterkommen wollen. Die Ökoherberge für Backpacker besteht aus soliden Holzhütten im Dschungel neben der Fernstraße. Alles wirkt Öko, aber es hat Strom und WLAN. Zudem gibt's reichlich Platz für Geselligkeiten, ein Hochschwimmbecken und ein cooles kleines Restaurant.

Log Cab-Inn CABAÑAS $$

(Karte S. 278; ☎824-3367; www.logcabinn-belize.com; Mile 68 Western Hwy; DZ 215 BZ$, DZ-Cabañas 260–325 BZ$; P ❄ 📶 🏊) Der Name sagt schon alles: 20 schön gestaltete *cabañas* aus Mahagoni in Blockhausbauweise und mit Möbeln, die in der hauseigenen Schreinerei gefertigt wurden. Alle *cabañas* sind mit Klimaanlage, heißen Duschen und Kabel-TV ausgestattet. Die ganze Anlage befindet sich an einem Hang voller Zitrusbäume und Palmen. Mahlzeiten werden im Bar-Restaurant unter freiem Himmel am Pool serviert.

★ **Black Rock Lodge** RESORT $$$

(Karte S. 278; ☎834-4038, 834-4049; www.blackrocklodge.com; Hütten 280–430 BZ$, Suite 490 BZ$; P 📶) Die Lodge hoch am Oberlauf des Macal im schönen Black Rock Canyon ist ein hinreißend gelegener Ausgangspunkt für Dschungelabenteuer. Die Hütten aus Holz und Schiefer werden von Ventilatoren gekühlt und besitzen wunderbare Veranden mit Blick auf den Fluss und die steilen Felshänge. Lage und Aktivitäten sind das Wichtigste hier; Besucher können auf unberührten Wegen wandern, zu den Vaca Falls reiten oder auf dem Macal Kanu fahren.

★ **Lodge at Chaa Creek** ECOLODGE $$$

(Karte S. 278; ☎824-2037; www.chaacreek.com; Chaa Creek Rd; Cottages mit DZ/3BZ 390/270 BZ$, Suite mit DZ 860 BZ$, Villen mit DZ 1120 BZ$; P 📶 🏊) Chaa Creek wird schon lange zu den besten Lodges in Belize gezählt und das aus gutem Grund: Der tropische Garten und die sehr gepflegten, strohgedeckten Cottages liegen an einem sanften Hang oberhalb des Macal River. Chaa Creek hat sich vor mehr als 40 Jahren aus einer überwucherten Farm entwickelt. Die Cottages, mit Maya-Textilien und Kunsthandwerk ausgestattet, haben Terrassen, Ventilatoren und Badezimmer.

SÜD-BELIZE

Süd-Belize ist der faszinierendste Schmelztiegel der Kulturen des Landes mit einer starken Garifuna-Prägung um Dangriga und Hopkins sowie der größten Maya-Bevölkerung in Toledo. Auch die Landschaft ist vielfältig – offene Savanne und Zitrusplantagen gehen über in bewaldete Hügel voller Maya-Dörfer, Ruinen und Nationalparks, die für Dschungeltrecking geeignet sind.

Dangriga

10 200 EW.

Dangriga ist die größte Stadt in Süd-Belize und die spirituelle Hauptstadt der belizischen Garifuna. Dangriga hat zwar ein ähnlich marodes Erscheinungsbild und die gleiche lässige Küstenatmosphäre wie Belize City, aber kein Großstadtflair und ist generell sicher.

Sehenswertes

Pen Cayetano Studio Gallery GALERIE

(Karte S. 292; ☎628-6807; www.cayetano.de; 3 Aranda Cres; Erw./Stud. 5/3 BZ$; ⏱Mo–Fr 9–17 Uhr, Sa & So nach Vereinbarung) Pen Cayetano ist in ganz Belize berühmt für seine Kunst und Musik und stellt in seiner Atelier-Galerie Artefakte und Kunsthandwerk der Garifuna aus. Die Kunst und Musik von Pen und die Textilarbeiten seiner Frau Ingrid stehen auch zum Verkauf. Zu den einzigartigsten Gegenständen zählen Trommeln aus Schildkrötenpanzern, die um 50 BZ$ kosten.

Gulisi Garifuna Museum MUSEUM

(☎669-0639; www.ngcbelize.org; Hummingbird Hwy, Chuluhadiwa Park; 10 BZ$; ⏱Mo–Fr 10–17, Sa 8–12 Uhr) Das vom National Garifuna Council (NGC) geführte Museum ist ein Muss für alle, die sich für die blühende Garifuna-Kultur interessieren. Gezeigt werden Artefakte, Bilder und Dokumente zur Geschichte und Kultur der Garifuna, auch eine Ausstellung zum Leben und zur Musik des verstorbenen Garifuna-Musikers Andy Palacio. Im Eintritt ist eine Führung enthalten. Es liegt etwa 3 km außerhalb der Stadt; alle Busse ab Dangriga halten hier auf Wunsch.

Marie Sharp's Factory FABRIK

(☎532-2087; www.mariesharps.bz; 1 Melinda Rd; ⏱Mo–Fr 7–16 Uhr) Die Flaschen mit superscharfen Saucen, die auf den Tischen in ganz Belize und anderen Ländern zu finden sind, werden hier in Marie Sharp's Factory, knapp 13 km nordwestlich der Stadt in der Melinda Road, aus Habanero-Chilis hergestellt. Während der Geschäftszeiten werden meist (bei vorheriger Anmeldung) kostenlose Führungen angeboten und im

ABSTECHER

COCKSCOMB BASIN WILDLIFE SANCTUARY

Das **Cockscomb Basin Wildlife Sanctuary** (10 BZ$) ist Belizes berühmtestes Wildreservat und eines der größten Schutzgebiete des Landes. Der große Streifen tropischen Walds wurde dank des Einsatzes des amerikanischen Zoologen Alan Rabinowitz 1984 zum ersten Jaguarreservat der Welt erklärt. Heute leben in dem wichtigen biologischen Korridor schätzungsweise 40 bis 50 Jaguare und zahlreiche andere Tiere, Vögel und Pflanzen.

Die knapp 10 km lange, unbefestigte Straße zum Reservat beginnt im Dorf Maya Center am Southern Highway, 8 km südlich des Abzweigs nach Hopkins. Das Reservatsbüro, wo der Eintritt bezahlt wird, befindet sich am Ende der Straße. Im Büro werden Wegekarten (5 BZ$) und ein paar Souvenirs, Erfrischungsgetränke und Schokoladentafeln verkauft. Wer will, kann sich hier auch Ferngläser (5 BZ$ pro Tag) ausleihen.

Im Besucherbuch wird festgehalten, wann Leute Jaguare gesichtet haben (oft bei der Fahrt hinein), es kommt also durchaus vor. Aber trotz seiner Größe ist das Reservat selbst nicht groß genug, um eine gesunde Zuchtpopulation von Jaguaren zu ernähren. Allerdings ist es durch die Nähe zu anderen Reservaten und Dschungelgebieten Teil eines biologischen Korridors, der nach Ansicht vieler für die Zukunft der Jaguare in Zentralamerika vielversprechend ist.

Die anderen vier Wildkatzen Belizes, Puma, Ozelot, Baumozelot und Wieselkatze, leben ebenfalls im Reservat oder durchstreifen es, ebenso Tapire, Ameisenbären, Gürteltiere (die Lieblingsbeute der Jaguare – außen knusprig und innen weich), Spießhirsche, Nasenbären, Wickelbären, Otter, Pekaris, Tayras, Leguane, einheimische Nagetiere wie Pakas und andere endemische Tiere.

Auch zahllose Vögel bevölkern das Reservat: Über 290 Arten wurden gesehen. Reiher, Kolibris, Fischertukane, Königsgeier, Zimthokko und Hellrote Aras sind nur einige der Vögel, die hier leben oder durchfliegen.

Und in der Nähe des Besucherzentrums ist eine Herde von Schwarzen Brüllaffen angesiedelt. Sollten sich die Tiere tagsüber nicht sehen lassen, werden Übernachtungsgäste auf jeden Fall ihr schauriges, misstönendes Heulen zu hören bekommen. Große Königsschlangen, kleine (und tödlich giftige) Lanzenottern und winzige Kaffeeschlangen sind nur einige der Schlangen, die im Reservat vorkommen.

Fabrikladen scharfe Saucen und Konfitüren zum Fabrikpreis verkauft. Wer es nicht zur Fabrik schafft: Marie Sharp's führt auch ein **Geschäft** (Karte S. 292; ☎522-2370; 3 Pier Rd; ⌚Mo–Fr 8–12 & 13–17 Uhr) in Dangriga.

Festivals & Events

Garifuna Settlement Day KULTUR

Am 19. November wird in Dangriga die Ankunft der Garifuna in Dangriga im Jahr 1832 gefeiert. Exil-Dangriganer strömen dann zurück in die Heimat. Trommeln, Tanz und Trinkgelage ziehen sich durch die ganze Nacht vom 18. zum 19. November, und morgens wird mit Kanus die Landung am Strand nachvollzogen. Unterkünfte müssen frühzeitig gebucht werden.

Schlafen & Essen

★ **D's Hostel** HOSTEL $

(Karte S. 292; ☎502-3324; 1 Sharp St; B/DZ 25/100 BZ$; ❄📶) Das einzige Hostel in Dangriga ist eine lokale Institution, die von der netten Besitzerin Dana gut in Schuss gehalten wird. Die Schlafsäle mit je acht Betten haben individuelle Ventilatoren und Schließfächer, die zwei geräumigen privaten Zimmer jeweils zwei bzw. drei Doppelbetten, Klimaanlage, Kochnische und ein eigenes Bad. Die aufpumpbaren Betten sind ungewöhnlich, aber recht bequem.

Pelican Beach Resort RESORT $$

(☎522-2044; www.pelicanbeachbelize.com; 1st St; EZ/DZ 210/270 BZ$, Suite EZ/DZ 260/330 BZ$; P❄📶) Das Pelican ist die „nobelste" Herberge in Dangriga, hat aber gleichwohl noch immer das altbackene Flair der 1950er-Jahre. Das Hotel liegt am Nordrand der Stadt, ganz in der Nähe des kleinen Flughafens und direkt am Karibischen Meer. Die sauberen, aber wenig reizvollen Zimmer sind mit Fernseher, Klimaanlage (einige haben Ventilatoren, aber Veranden zum Meer raus) und farbenprächtiger heimischer Kunst ausgestattet.

★ **Tuáni Garifuna** BELIZISCH $

(Karte S. 292; ☎502-0287; 1734 Southern Foreshore; Mahlzeiten 10–25 BZ$; ⌚7–22 Uhr; 📶)

Dangriga

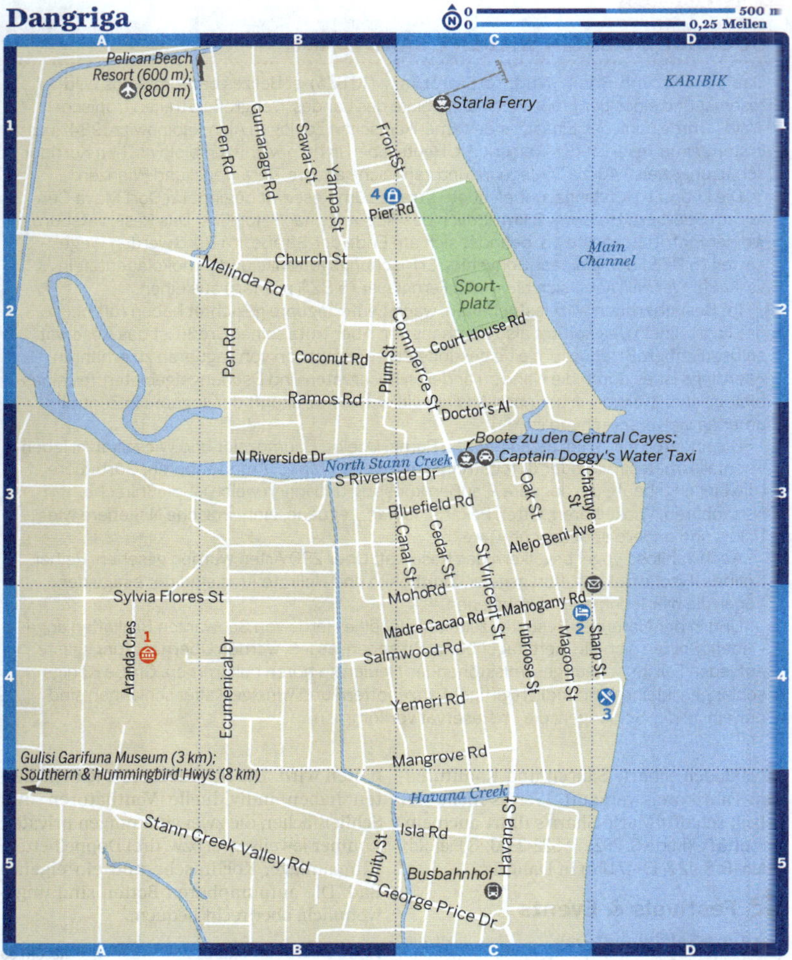

Belizische und Garifuna-Gerichte wie *hudut* (Fisch mit Kochbananen in Kokosnuss-curry), Schweineschwänzchen, gebratene Kochbananen und Bohneneintopf sind die Spezialität in diesem hübschen kleinen Bar-Restaurant am Meer. Auch prima für ein Frühstück mit *fry-jacks* und *johnny-cakes* oder einfach nur für ein kaltes Bier an einem warmen Abend.

Praktische Informationen

Belize Bank (Commerce St), **Scotia Bank** (Commerce St) und **First Caribbean International Bank** (Commerce St) haben Geldautomaten, die rund um die Uhr zugänglich sind und Visa, MasterCard, Plus und Cirrus akzeptieren. Cirrus verlangt eine unverschämte Gebühr von 5 US$ pro Transaktion.

Einreisebehörde (☎522-3412; St Vincent St; ⏰Mo–Do 8–17, Fr bis 16.30 Uhr) Stellt 30-tägige Visaverlängerungen gegen 50 BZ$ aus.

Postamt (Karte S. 292; ☎522-2035; Mahogany Rd) Neben dem Bonefish Hotel.

An- & Weiterreise

BUS

Der **Busbahnhof** (Karte S. 292; Havana St) von Dangriga nahe dem Kreisverkehr am Südrand der Stadt ist ein wichtiger Verkehrsknotenpunkt

Dangriga

Sehenswertes

1 Pen Cayetano Studio Gallery............. A4

Schlafen

2 D's Hostel.. C4

Essen

3 Tuáni Garifuna.................................. D4

Shoppen

4 Marie Sharp's Factory Store...............B1

für alle Busunternehmen in Süd-Belize. Es gibt häufige Busverbindungen mit Belize City (normal/Express 12/14 BZ$, 2 Std.), Belmopan (8 BZ$, 1½ Std.), Punta Gorda (14 BZ$, 2½ Std.) und San Ignacio (12 BZ$, 2¼ Std.) sowie ein paar Direktverbindungen nach Hopkins (5 BZ$, 30 Min.) und Placencia (10 BZ$, 1½ Std.).

FLUGZEUG

Maya Island Air (☎522-2659; www.mayaisland air.com) und **Tropic Air** (☎226-2012; www.tropicair.com) fliegen mehrmals täglich vom Flughafen Dangriga (DGA) direkt nach Belize City, Placencia und Punta Gorda.

SCHIFF/FÄHRE

Die **Starla Ferry** (Karte S. 292; ☎628-0976) zwischen Belize City und Puerto Cortes (Honduras) legt jeden Freitag um 11 Uhr am Hauptanleger in Dangriga an und um 12 Uhr wieder ab (120 BZ$).

In Dangriga legen die Boote zu den zentralen Cayes von Belize und die Charterboote für Ausflüge an der Küste entlang ab. **Bootsfahrten** (Karte S. 292) lassen sich am besten vor dem Riverside Café am South Riverside Drive vereinbaren. Wann die Boote abfahren ist vor 9 Uhr oder am Nachmittag des Vortags zu erfahren. Je mehr Leute für eine Fahrt zusammenkommen (im angemessenen Rahmen), desto billiger wird es pro Person.

Boote fahren in der Regel täglich nach Tobacco Caye (40 BZ$ pro Pers.), aber sie können auch nach Thatch Caye, South Water Caye und Glover's Reef gechartert werden. Die Nobelunterkünfte auf diesen Inseln arrangieren ebenfalls für ihre Gäste den Bootstransfer, aber es sollte zuvor geklärt werden, ob das im Zimmerpreis enthalten ist; wenn nicht, kommt es billiger, ein Boot im Ort zu chartern.

Das 8 m lange **Boot** (Karte S. 292; ☎627-7443; captaindoggy@gmail.com) des schillernden Captain Doggy fährt zwischen Dangriga und allen Cayes. Er unternimmt auch individuelle Tagesausflüge mit Speerfischen, Inselbesuchen und Mittagessen für 100 BZ$.

Zentrale Cayes

Die zentralen Cayes – die meisten sind privat – sind weniger überfüllt, weniger bekannt und oft weniger teuer als die Cayes im Norden. Sie liegen vor der zentralen Küste Belizes inmitten einiger der hinreißendsten Tauch-, Schnorchel- und Angelreviere des Landes.

Auf jeder der Inseln gibt es mindestens ein Resort. Auf **Tobacco Caye** befinden sich die wichtigsten Budgetunterkünfte. Die Resorts auf Glovers Reef bieten einen preisgünstigen einwöchigen Aufenthalt an.

In den meisten Fällen sorgen die Resorts für den Bootstransfer. Die zentralen Cayes sind am besten von Dangriga zu erreichen, aber es gibt auch Charterboote ab Hopkins und Placencia.

Schlafen

★ **Glover's Atoll Resort** HÜTTE $

(☎532-2916; www.glovers.com.bz; Camping/B pro Pers./Woche 298/398 BZ$, Hütten 498–698 BZ$;) Das kleine Inselparadies für Backpacker auf dem nordöstlichen Caye des Glover-Atolls ist das perfekte erschwingliche Inselrefugium. Auf der 4 ha großen Privatinsel gibt es 16 Hütten (über dem Wasser und am Strand), einen schlichten Schlafsaal und acht private Campingplätze. Die meisten Reisenden buchen für eine Woche, wozu auch der Bootstransfer von Sittee River gehört, aber es gibt auch Tagespreise für Spontanbesucher ab 24 BZ$ fürs Zelten. .

Tobacco Caye Paradise HÜTTE $$

(☎532-2101; www.tobaccocaye.com; DZ-Cabañas inkl. Mahlzeiten 160 BZ$;) Die romantischste preisgünstige Unterkunft auf Tobacco hat die einzigen Bungalows der Insel über dem Wasser. Das Paradise vermietet sechs bunt gestrichene *cabañas* auf Pfählen im Wasser mit eigenem Bad und Kaltwasserduschen. Die Veranden gehen zum Riff raus, wo das Wasser seicht genug ist, um hineinzuwaten.

★ **Thatch Caye Resort** RESORT $$$

(☎1-800-435-3145, 603-2414; www.thatchcaye belize.com; Cabañas & Bungalows 400–790 BZ$, Pfahlbungalows 950 BZ$;) Das luxuriöseste private Inselresort hat 13 schöne *cabañas* mit Strohdach und Klimaanlage sowie Bungalows aus heimischem Hartholz, die auf Pfählen im Wasser stehen und durch Holzstege durch die Mangroven miteinander verbunden sind. Zum Resort gehören ein hervorragendes Bar-Restaurant (das

BELIZE ZENTRALE CAYES

Pauschalangebot kostet 300 BZ$ pro Person mehr), das geselliger Mittelpunkt ist, sowie die Starfish Bar über dem Wasser und ein überwältigendes Angebot an Aktivitäten.

Hopkins & Sittee Point

1500 EW.

Das freundliche, leicht schmuddelige Küstendorf Hopkins ist etwas für Reisende, die Meeresbrisen und Garifuna-Kultur erleben wollen. Hier kann man zwanglos andere Traveller oder zufriedene Expats treffen und es ist ein guter Ausgangspunkt für Ausflüge zu den Cayes, Riffen und Inseln im Osten sowie in die Dschungel, Berge und Nationalparks im Westen.

Sittee Point, etwa 2,5 km südlich von Hopkins, ist eine kleine Gemeinde mit Nobelresorts am Strand und ein paar interessanten Restaurants.

Aktivitäten

Von Hopkins aus lassen sich prima einige der besten Tauchreviere Belizes erreichen. Das Barriereriff liegt nur knapp 40 Minuten per Boot entfernt und das Glover's Reef etwa 90 Minuten mit einem schnellen Ruderboot. Tauch- und Schnorchelausflüge werden von mehreren Anbietern in Hopkins und Sittee Point organisiert.

Lebeha TROMMELKURS

(☎650-2318; Front St, North Side; Kurs pro Pers./Std. 20 BZ$) Der lokale Trommler Jabbar Lambey und seine Frau Dorothy führen Lebeha sowohl als Bildungs- und Kulturzentrum für Einheimische als auch als angesagten Treffpunkt für Reisende, die sich fürs Garifuna-Trommeln interessieren. Es gibt Einzel- und Gruppenunterricht und ab 19 Uhr wird an den meisten Abenden getrommelt. Ein Besuch lohnt sich auf jeden Fall zu den Trommelpartys bei Vollmond.

Hopkins Stand-up Paddleboarding WASSERSPORT

(☎650-9040; www.suphopkins.com; Sittee River Rd, Sittee Point; Paddleboard-Touren 140–270 BZ$) Das Unternehmen veranstaltet auf dem Sittee River fantastische, zweistündige Biolumineszenz-Paddeltouren am Abend oder eine halbtägige Tour zum Tiere entdecken. Kombinierte Paddel- und Schnorcheltouren sind ebenfalls im Angebot.

Belize Underwater TAUCHEN

(☎670-7298; www.belizeunderwater.com; Sittee River Rd, Sittee Point; 2 Tauchgänge 270 BZ$, 3 Tauchgänge Glover's Reef 470 BZ$) Belize Underwater ist ein anerkannter PADI-Tauchladen, der Tauchkurse und Tauchausflüge nach South Water Caye, Thatch Caye und Glover's Reef im Programm hat.

Hopkins Kulcha Tours TOUREN

(☎661-8199; www.hopkinskulchatours.weebly.com; South Side; Touren 110–300 BZ$) Charlton Castillo bietet Vogelbeobachtung, Wanderungen und Touren zu Maya-Ruinen an, u. a. nach Stann Creek, Cayo und in die weitere Umgebung.

Schlafen

★ **Funky Dodo** HOSTEL $

(☎676-3636; www.funkydodo.bz; Main St, South Side; DZ mit Bad 69–86 BZ$, B/DZ ohne Bad 25/57 BZ$; 📶) Das einzige Hostel in Hopkins ist wirklich „funky": ein dicht gedrängtes Dorf aus rustikalen Holzhütten mit Zimmern und Schlafsälen in einem grünen Garten. Backpacker schaukeln in Hängematten und lesen, andere rollen Yogamatten aus. Die besten Unterkünfte sind die Tree-Top-Zimmer in der oberen Etage mit eigener Veranda. Es gibt auch eine Gemeinschaftsküche, einen Tourbuchungsschalter und einen Fahrradverleih.

★ **Coconut Row Guesthouse** PENSION $$

(☎675-3000, USA 518-658-3677; www.coconutrowbelize.com; Front St; DZ 210–230 BZ$, Hütten 230–250 BZ$, Apt. 280–300 BZ$; P❄📶) Das bunt gestrichene Coconut Row hat einige der schönsten Zimmer am Strand in Hopkins. Die fünf Zimmer sind geräumig und blitzsauber und mit Klimaanlage, Kühlschrank, Kaffeemaschine und extrabreiten Betten ausgestattet; zwei davon sind eigentlich Apartments mit je zwei Schlafzimmern. Nebenan am Strand werden auch drei Holzhütten vermietet. Jüngst wurde noch das Restaurant Coconut Husk eröffnet.

Whitehorse Inn PENSION $$

(☎651-7961; www.whitehorseguesthouse.com; Main St, South Side; Zi. 120–180 BZ$, Bungalows 200 BZ$; ❄📶) Die vornehme neue Strandpension bietet Platz und Komfort zu einem Preis, der anderswo in Hopkins wohl kaum zu haben ist. Die vier Zimmer im Haupthaus und die zwei *cabañas* auf der Meeresseite sind freundlich eingerichtet, haben Klimaanlage und eine Minikochecke (Kühlschrank, Mikrowelle) und Fernseher. Wer für eine Woche bucht, erhält eine Nacht gratis. Sehr empfehlenswert.

All Seasons Guest House PENSION $$
(☎523-7209; www.allseasonsbelize.bz; Main St, South Side; Zi. 130–170 BZ$, Cabañas 218–238 BZ$; P❄📶) Das All Seasons mit seinen bunt gestrichenen *cabañas* mit zwei Schlafzimmern und den gemütlichen Pensionszimmern ist eine der hübschesten Unterkünfte im Dorf. Alle Zimmer haben Klimaanlage, Kaffeemaschinen und heiße Duschen. Vor dem Haus gibt's eine tolle Terrasse mit Grill und Picknickecke. Die Lage ist gut: am Südrand des Orts und nur ein kurzes Stück vom Strand entfernt.

Tipple Tree Beya HOTEL $$
(☎615-7006; www.tippletreebelize.com; Main St, South Side; Zi. 90–110 BZ$, Apt. mit 1/2 Schlafzi. 206/350 BZ$; 📶) 🍃 Das robuste Holzhaus am Strand verfügt über drei gemütliche, saubere Zimmer mit Ventilator, die sich eine Veranda unterhalb der Wohnung der Besitzer teilen. Die hervorragenden separaten Apartments in einem angrenzenden Gebäude sind ideal für Familien oder Gruppen. Die Besitzer sind auf Nachhaltigkeit bedacht – sie kompostieren, recyceln und sparen Strom, wo immer es geht.

★ **Hamanasi Adventure & Dive Resort** RESORT $$$
(☎533-7073, USA 877-552-3483; www.hamanasi.com; Sittee River Rd; Zi. 840–970 BZ$, Baumhaus 1140–1450 BZ$; P❄📶🏊) Das Hamansi (in der Garifuna-Sprache „Mandelbaum") ist das nobelste Resort in der Gegend. Es verbindet die Vorzüge eines erstklassigen Taucherresorts mit zahlreichen Landtouren und Aktivitäten, alles an einem wunderbaren, 120 m langen Privatstrand. Sämtliche Zimmer und Suiten blicken aufs Meer, nur nicht die beliebten, hölzernen Baumhäuser, die sich im Blätterdach hinter dem Strand verbergen.

★ **Beaches & Dreams** BOUTIQUEHOTEL $$$
(☎523-7259; www.beachesanddreams.com; Sittee River Rd; Baumhaus 300 BZ$, DZ-Cabañas 350, Suite 400 BZ$; P❄📶🏊) Beaches & Dreams ist ein herrliches, familiengeführtes Resort mit direktem Strandzugang, einem tollen Pool und dem renommierten Restaurant **Barracuda Bar & Grill** (Hauptgerichte 22–58 BZ$; ⏲7–21 Uhr; 📶). Zu den Zimmern gehört auch das „Bird's Nest" mit eigenem Loft, die *cabañas* am Strand haben Meerblick und Hängematten auf der Veranda. Gästen stehen Fahrräder und Kajaks zur Verfügung.

Hopkins Bay Resort RESORT $$$
(☎523-7284; www.hopkinsbaybelize.com; Front St, North Side; Villen mit 1/2/3 Schlafzi. mit Frühstück 500/890/1180 BZ$; P❄📶🏊) Das luxuriöse Resort am äußersten Nordrand von Hopkins scheint Welten entfernt vom Dorfleben: Es hat zwei Pools, eine super Lage am Strand und luxuriöse Villen. Gäste können sich kostenlos ein Kajak leihen oder unter dem Rum Shack, einem einladenden *palapa*-Bar-Restaurant am Meer, entspannen. In der Nebensaison oder bei Sonderaktionen werden erhebliche Nachlässe angeboten.

Essen & Ausgehen

Kat's Coffee CAFÉ $
(Main St, South Side; Hauptgerichte 5-9 BZ$, Kaffee 2,50–5 BZ$; ⏲7–18 Uhr; 📶) Die winzige Bude in der Hauptstraße ist ein tolles Café für ein Frühstück mit Bagels, Obstbechern mit Knuspermüsli und Joghurt, Smoothies, Säfte und natürlich Filterkaffee und Espresso.

Gecko's BELIZISCH $$
(☎629-5411; Main St, North Side; Hauptgerichte 15–30 BZ$; ⏲Mo & Mi–Sa 12–21 Uhr; 📶🌱) Gecko's punktet mit billigen Tacos, vegetarischem, veganem und glutenfreiem Essen, einem interessanten Angebot an Tagesgerichten und einem luftigen Open-Air-Speiseraum gleich nördlich der Hauptkreuzung.

Thongs Cafe CAFÉ $$
(Main St; Hauptgerichte 10–23 BZ$; ⏲7–15 Uhr; 📶) Das nette europäisch-karibische Café ist ein cooler Laden fürs Frühstück oder einen leichten Mittagsimbiss aus Salat, Wraps und Tagesgerichten wie Quesadillas oder Fleischklopse. Die Smoothies sind gut – wer entgiften möchte, könnte Green Fusion mit Spinat, Gurke und Ananas probieren. Die Bedienung ist manchmal schleppend, aber während der Wartezeit kann man sich im Geschenkeladen mit Designer-T-Shirts und Vintageklamotten umtun.

★ **Chef Rob's** FISCH & MEERESFRÜCHTE $$$
(☎523-7225; www.chefrobbelize.com; Sittee River Rd; Hauptgerichte 37–59 BZ$, 4-Gänge-Abendessen 59–79 BZ$; ⏲Di–Sa 12–21 Uhr; 📶) Chef Rob's ist im Ort bekannt für seine großartigen Meeresfrüchtekreationen und perfekt gebratenen Steaks vom heißen Stein. Auf der Speisekarte stehen Sachen wie gebratener Schnapper, gegrillte Riesengarnelen-Spieße oder Ribeye-Steak in Rumsauce. Vier Gänge kosten ab 59 BZ$. Die Tische am Wasser an der Parrot Cove sind total romantisch.

★ **Driftwood Beach Bar** BAR, LIVEMUSIK
(North Side; ⏲Do–Di 10–22, Sa & Di bis 24 Uhr) Das stets beliebte Driftwood (begehrter

Treffpunkt und Partykneipe) ist näher ans Dorfzentrum umgezogen, hat aber immer noch eine tolle Lage am Strand, die besten Trommelabende in Hopkins sowie Pizza (ab 16 BZ$) und Tacos (10 BZ$). Dienstag ist die große Nacht mit Garifuna-Trommeln, aber es gibt auch Events am Wochenende und Grillpartys am Strand.

Praktische Informationen

An der Hauptkreuzung im Ortszentrum gibt es einen einzigen **Geldautomaten der Belize Bank** (Main St; 24 Std.). Falls er außer Betrieb ist: Die nächste Bank befindet sich in Dangriga.

An- & Weiterreise

Ein Bus fährt zweimal täglich von Hopkins nach Dangriga (5 BZ$, 30 Min.) und Placencia (5 BZ$, 1 Std.). Viele Leute trampen oder nehmen ein Taxi (20 BZ$) zur 6,5 km entfernten Abfahrt auf den Southern Highway und halten dort irgendeinen Bus nach Norden oder Süden an. Ein Taxi von Dangriga nach Hopkins kostet 80 BZ$.

Placencia

1500 EW.

Placencia ist ein richtiger Strandurlaubsort auf einer ins Meer ragenden Landzunge und schon seit Ewigkeiten beliebt bei nordamerikanischen Expats und Touristen. Das Dorf an der Südspitze einer langen, schmalen und sandigen Halbinsel gilt seit jeher als „der Caye, zu dem man fahren kann" – eine 43 km lange Asphaltstraße führt vom Southern Highway über Maya Beach und Seine Bight zur Spitze der Halbinsel.

Placencia hat einiges zu bieten, aber ob das jedermanns Sache ist, hängt wirklich von den jeweiligen Erwartungen ab. Geht es um eine lässige Atmosphäre, vielfältige Unterkünfte, Bootsfahrten zu privaten Inseln und einige der besten Restaurants in Süd-Belize, ist dieses Stranddorf genau das Richtige.

Aktivitäten & Geführte Touren

In Placencia werden Ausflüge zum Tauchen, Schnorcheln, Angeln und Kajakfahren sowie Touren ins Landesinnere angeboten und es wimmelt von Unternehmen, die Aktivitäten organisieren.

★ Splash Dive Center TAUCHEN, TOUREN
(Karte S. 298; ☎523-3058; www.splashbelize.com; Main St) Das Splash gibt PADI-Kurse für Taucher aller Stufen und bietet auch Tauch- und Schnorcheltouren zu den Inseln und Riffen der Gegend an. Die Besitzerin Patty Ramirez ist eine geduldige und professionelle Ausbilderin und daher für Tauchanfänger und -erfahrene gleichermaßen geeignet. Wie Quest Tours unternehmen auch Patty und Partner Ralph Touren ins Landesinnere und veranstalten Ausflüge zu Maya-Ruinen und in den Dschungel.

★ Taste Belize Tours ESSEN & TRINKEN
(Karte S. 298; Main St; Tagestouren ab 250 BZ$) Zu den besten kulinarischen Touren in Belize gehören diese zum Thema Maya-Schokolade, Küche der Garifuna, Kreolen und Mayas sowie Ausflüge zu Gewürzplantagen. Im Laden in Placencia kann auch Schokolade probiert werden.

King Lewey's Island Resort INSEL
(Karte S. 298; ☎543-4010; www.kingleweysislandresort.com; Tagestour 100–240 BZ$) Wer sich nach ein bisschen Inselauszeit für wenig Geld sehnt, kann eine Tagestour zu dieser winzigen Insel mit Piratenambiente knapp 20 km von Placencia unternehmen. Natürlich gibt es dort ein Restaurant und eine Bar sowie Ausrüstung für Wassersport wie Kajaks, Paddleboards, Angeln und Schnorcheln. Oder man faulenzt einfach nur in der Hängematte.

Seakunga Adventure ABENTEUER
(☎523-3644; www.seakunga.com; Mile 18 Placencia Rd; Kajaktouren 1/4 Tage 160/2400 BZ$) Seakunga ist auf der Halbinsel gleich hinter Seine Bight zu finden und veranstaltet begleitete mehrtägige Kajaktouren auf Fluss und Meer sowie diverse Abenteuertrips. Es verleiht auch Ausrüstung für Windsurfer (pro Tag 80 BZ$, Kurs 160 BZ$) und hat die erste Kiteboarding-Schule in Placencia eröffnet.

Schlafen

★ Placencia Hostel HOSTEL $
(Karte S. 298; ☎627-0104; colinbelize@yahoo.com; Main St; B/DZ 35/60 BZ$) Backpacker haben seit Eröffnung dieser exzellenten Unterkunft nun eine größere Auswahl in Placencia. Sie wird vom freundlichen Chris geführt und ist dank diverser Privatzimmer mit Ventilator mehr eine Pension als ein Hostel. Die Doppelzimmer mit Bad sind ein Schnäppchen, besonders für Placencia. Es gibt eine kleine Küche, einen Wäschedienst und Leihfahrräder.

Anda Di Howse HOSTEL $
(Karte S. 298; ☎631-1614, 523-3306; pandora_gaudino@yahoo.com; Sidewalk; B 25 BZ$;) „Unter dem Haus" war das erste echte Hostel in Placencia mit erstklassiger Strandlage. Die Besitzerin Pandora hat unter ihrem Pfahlbauhaus einen zweckmäßigen Schlafsaal mit zehn Betten, Holzboden, Sprungfedermatratzen, individuellen Ventilatoren, Spinden und makellos sauberen Badezimmern eingerichtet. Es ist eine gemütliche Unterkunft mit Küche und kleiner Veranda. Zelte und Hängematten werden für 15 BZ$ verliehen.

Casa Placencia APARTMENT $
(☎630-7811; www.casaplacencia.com; Placencia Rd; Zi. 110 BZ$, Apt. pro Woche 1300 BZ$; P) Die Casa Placencia am ruhigen Nordrand des Orts ist schon lange im Geschäft und bietet schön eingerichtete Zimmer mit Kochecke, Kabelfernseher und WLAN. Es gibt einen Biogarten mit Bananen, Mangos und Papayas sowie hinten eine Chill-Ecke mit einem freistehenden Pool und Grillplatz. Die Apartments mit ein und zwei Schlafzimmern haben eine richtige Küche und sind ideal für Familien. Kostenlose Fahrräder für Gäste.

Serenade Hotel HOTEL $$
(Karte S. 298; ☎523-3113; www.serenadeplacencia.com; Sidewalk; DZ 130–170 BZ$; P) Das große, alte zweistöckige Haus am Sidewalk hat neun geräumige, bunt gestrichene Zimmer, die mit Klimaanlage, Mikrowelle, Minikühlschrank, Kabelfernseher und Badezimmern mit heißen Duschen ausgestattet und für Placencia-Verhältnisse recht günstig sind. Die besseren Zimmer im oberen Stockwerk haben Meerblick und der Strand ist nur ein paar Schritte entfernt.

★**Turtle Inn** LODGE $$$
(☎523-3486; www.thefamilycoppolahideaways.com/en/turtle-inn; Placencia Rd; Cottages 638–2038 BZ$, Villen 1300–3858 BZ$; P) Die Lodge mit balinesischem Ambiente ist der Gipfel des ultraschicken Luxus (mit entsprechenden Preisen). Sie gehört der Familie von Francis Ford Coppola und der Regisseur selbst hat hier seine eigene belizische Villa. Die strohgedeckten Cottages und Villen sind eine Kombination aus Opulenz und einem Hauch Rustikalität; im Mare Restaurant wird italienische Nobelküche serviert.

★**Maya Beach Hotel** HOTEL $$$
(☎533-8040; www.mayabeachhotel.com; Maya Beach; Zi. 280–400 BZ$, Suite 500 BZ$; P) Das Hotel hat zehn reizvolle, individuell gestaltete Zimmer zum Strand raus. Das kleinste ist schnucklig; die meisten sind aber geräumig und liebevoll eingerichtet, alle mit Klimaanlage, maßgefertigten Möbeln, Kochnische und Balkon oder Veranda. Gäste können im kleinen Pool oder am privaten Anleger im Meer schwimmen und außerdem kostenlos Kajaks und Paddleboards benutzen.

Naïa Resort Spa WELLNESSHOTEL $$$
(☎523-4600; www.naiaresortandspa.com; nahe Placencia Rd, Cocoplum; Einzimmerapartment 750–850 BZ$, Villen mit 1/2/3 Schlafzi. 970/1600/1990 BZ$) Das neueste Luxusresort auf der Halbinsel Placencia hat einen Tages-Spa mit allem Drum und Dran sowie spektakulären Strandvillen. Die Strandhäuser und -villen, viele mit eigenem Tauchbecken, sind geräumig, abgeschirmt und luxuriös ausgestattet mit Kochecken, moderner Kunst und großen Glastüren zu Balkonen und Veranden.

Green Parrot Beach Houses CABAÑAS $$$
(☎533-8188; www.greenparrot-belize.com; 1 Maya Beach; DZ 350 BZ$; P) Das Green Parrot vermietet sechs originelle Strandhäuser und zwei strohgedeckte *cabañas* auf Pfählen, alle am Strand. Innen sind sie ganz mit Holz verkleidet, haben hohe Decken und große Fenster mit Fliegengittern, die für Luftzug sorgen. Zu den strohgedeckten *Cabañas*, alle mit tropischem Flair, gehören Open-Air-Duschen. Den Gästen stehen Fahrräder, Schnorchelausrüstung, Kajaks und Glasbodenkanus zur Verfügung. Im Restaurant wird Frühstück, Mittagessen und Abendessen serviert.

Essen

★**Tutti Frutti** EISCREME $
(Karte S. 298; Main St; 1/2 Kugeln 4/5 BZ$; ⏲Do–Di 9–21 Uhr) Wer das Eis hier nicht mag, wird es nirgendwo mögen. Punktum. Das italienische Eis schmeckt sogar noch besser und die 18 Geschmacksrichtungen ändern sich ständig – von gesalzenem Karamell bis zu Ferrero Rocher.

Chachi's ITALIENISCH $
(Karte S. 298; ☎523-3305; Main Rd; Pizzastück 5–8 BZ$; ⏲11–23 Uhr) Chachi's ist eine prima Ergänzung in der Hauptstraße von Placencia: eine ungezwungene Pizzeria und Cocktailbar im Erdgeschoss und einen Stock höher eine lebhafte Livemusik-Bar. Pizza gibt's stückweise oder ganz mit Belag nach

Placencia

Wahl, auch mit hausgemachter Wurst oder Schimmelkäse. Mit einem Cocktail oder einer Sangria bewaffnet kann man sich ins Treiben oben stürzen.

★ Omar's Creole Grub

FISCH & MEERESFRÜCHTE **$$**

(Karte S. 298; ☎605-7631; Main St; Hauptgerichte 10–45 BZ$; ⊙So–Do 7–21, Fr bis 16, Sa bis 18 Uhr) Omar's gibt's schon lange und es serviert noch immer die frischesten Meeresfrüchte im Ort. In der kleinen und rustikalen Bude stehen Krebse, Hummer, Garnelen und Meeresschnecken zur Auswahl, die entweder traditionell kreolisch, als karibisches oder als Kokosnusscurry zubereitet werden. Burger und Burritos sind ebenfalls zu haben, zum Frühstück auch Omeletts. Alkoholische Getränke muss jeder selbst mitbringen.

★ Maya Beach Bistro

INTERNATIONAL **$$$**

(☎533-8040; www.mayabeachhotel.com; Maya Beach; mittags 18–40 BZ$, abends 14–58 BZ$; ⊙7–21 Uhr) Das beliebte Bistro des Maya Beach Hotels, in dem exzellente internationale Gerichte aus frischen heimischen Erzeugnissen zubereitet werden, ist ein Wahrzeichen in Placencia. Hier essen Restaurantangestellte an ihren freien Tagen Fisch- und Kokosnusssuppe, Hummer-Brotauflauf oder

Placencia

Aktivitäten, Kurse & Touren
1 King Lewey's Island Resort ... B2
2 Nite Wind Tours ... C5
3 Splash Dive Center ... C5
4 Taste Belize Tours ... B4

Schlafen
5 Anda Di Howse ... D4
6 Placencia Hostel ... B2
7 Serenade Hotel ... C3

Essen
8 Chachi's ... C4
9 Omar's Creole Grub ... B4
Rumfish ... (s. 10)
10 Tutti Frutti ... C4

Ausgehen & Nachtleben
11 Above Grounds ... C4
12 Barefoot Bar ... C3
13 Brewed Awakenings ... B2

Kakao-Schweinebraten. Der Blick aufs Meer ist schön, der Service freundlich und Gäste können im kleinen Pool schwimmen.

★ **Rumfish** FUSIONSKÜCHE **$$$**
(Karte S. 298; ☎523-3293; www.rumfishyvino.com; Main St; Tacos 9 BZ$, kleine Portionen 10–22 BZ$, Hauptgerichte 35–55 BZ$; ⌚12–24 Uhr, Küche bis 22 Uhr) Das Rumfish ist eine Art Feinschmecker-Weinbar auf zentralamerikanische Art. Auf dem Balkon des schönen alten Holzgebäudes werden einfache Vorspeisen wie peruanisches Ceviche oder Spezialitäten wie yukatekisches Hähnchen oder karibischer Fischeintopf serviert. Gourmet-Tacos kosten 18 BZ$ für zwei Stück. Importierter Wein, Bier und Cocktails und eine luftige Veranda runden die Sache ab.

Ausgehen & Nachtleben

Brewed Awakenings CAFÉ
(Karte S. 298; Main St; ⌚Mo–Sa 6–21, Do bis 17 Uhr; 📶) Der einfallsreiche Name bezieht sich auf die Getränke, darunter perfekt gebrauter Espresso (3,50–7 BZ$) und etliche aromatisierte Algenshakes (7–8 BZ$; die Algen dienen als Bindemittel und sollen diverse gesunde Vitamine enthalten). Toll für einen morgendlichen Koffeinschub.

Barefoot Bar BAR
(Karte S. 298; ☎523-3515; Sidewalk; ⌚11–24 Uhr; 📶) Die angesagteste Bar von Placencia auf einem Filetgrundstück am Strand hat Livemusik an fünf Abenden der Woche, Feuertanz jeden Mittwoch, Vollmondpartys, Wettbewerbe im Hufeisenwerfen und mehr. Zur Happy Hour von 17 bis 18 Uhr gibt's verbilligtes Bier und Rum. Auf der Speisekarte steht eine große Auswahl an mexikanischen Snacks, Pizza und Burgern.

Above Grounds KAFFEE
(Karte S. 298; ☎634-3212; www.abovegroundscoffee.com; Main St; ⌚Mo–Sa 7–16, So 8–12 Uhr; 📶) Das Pfahlbudencafé verkauft klasse Kaffee, Bagels, Muffins und hat von der erhöhten Holzveranda einen tollen Blick aufs Geschehen (Kaffee 3–7 BZ$, Imbiss 2–9 BZ$). Jeder Kaffee stammt aus guatemaltekischem Bioanbau direkt von den Erzeugern. Es gibt auch Biokakaogetränke, frische Säfte, WLAN und gute Musik.

Praktische Informationen

Belize Bank (Pompass Rd) und **Scotiabank** (⌚Mo–Do 8.30–14.30, Fr bis 16 Uhr) befinden sich beide in der Hauptstraße und haben rund um die Uhr zugängliche Geldautomaten. Eine Filiale der Atlantic Bank liegt am äußersten Nordrand des Ortes.

Infos zu Placencia gibt's reichlich, sowohl im Internet als auch in ganz Belize. Im Ort selbst hilft das **Placencia Tourism Center** (Karte S. 298; ☎523-4045; www.placencia.com; ⌚Mo–Fr 9–17 Uhr) in einer Gasse gegenüber der Scotia Bank (beschildert). Das Büro der privaten BTIA (Belize Tourism Industry Association) hat freundliche Mitarbeiter, die auch über Verkehrsmittel informieren. Dort liegt außerdem das Monatsblatt *Placencia Breeze* aus.

An- & Weiterreise

BUS

Die Buslinie **Ritchie's** (Karte S. 298; ☎523-3806) fährt einmal täglich um 6.15 Uhr nach Belize City (20 BZ$, 4½ Std.) und montags bis samstags dreimal täglich nach Dangriga (10 BZ$, 1¾ Std.), wo es Anschluss nach Belmopan und darüber hinaus gibt. Die Busse nach Dangriga fahren um 7, 12.45 und 14.30 Uhr (sonntags nur um 14.30 Uhr) von der **Bushaltestelle** (Karte S. 298) in der Main Street gegenüber von Hokey Pokey Water Taxi ab.

Die zwei Busse von Bebb Line zwischen Placencia und Dangriga, die um 10.30 und 17.30 Uhr abfahren, halten auch in Hopkins. Ansonsten hält der Fahrer auch auf Wunsch am Abzweig nach Hopkins, wo man sich ein Taxi rufen kann.

Wer nach Toledo will, sollte das Hokey Pokey Water Taxi (S. 300) nach Independence nehmen; von der Bushaltestelle (Taxi 5 BZ$) in Independence gibt es Anschluss an die Busse der James Line, die über den Southern Highway fahren.

SCHIFF/FÄHRE

Das **Hokey Pokey Water Taxi** (Karte S. 298; ☎665-7242; einfach 10 BZ$; ⊙stündl. von 6.45–18 Uhr, So bis 17 Uhr) ist ein prima Verkehrsmittel von und nach Placencia. Die zehnminütige Bootsfahrt über den Mango Creek geht zur Verwaltungsstadt Independence/ Mango Creek; vom Busbahnhof in Independence (5 BZ$ fürs Taxi ab dem Bootsanleger) besteht Anschluss an alle Busse, die über den Southern Highway fahren.

Das 45-sitzige Boot **D Express** (Karte S. 298) fährt freitags um 9 Uhr vom Stadthafen in Placencia nach Puerto Cortés in Honduras (130 BZ$, 4½ Std. inkl. Zeit für Einreiseformalitäten). Tickets werden an Bord verkauft oder bei **Nite Wind Tours** (Karte S. 298; ☎660-6333, 503-3487; Main St; Touren 45–385 BZ$; ⊙8–17.30 Uhr). Zurück von Puerto Cortés geht es montags um 11 Uhr.

Unterwegs vor Ort

Autos, Motorräder und Golfwagen werden auf der Halbinsel Placencia überall vermietet, z. B. bei **Barefoot Services** (☎523-3066; www.barefootservicesbelize.com; Placencia Rd; ⊙So–Fr 8.30–17.30 Uhr) oder bei **Captain Jak's Rentals** (☎628-6447; www.captainjaks.com; Main St; ⊙7–17 Uhr).

Punta Gorda

6030 EW.

Punta Gorda (oder PG) ist ein leicht heruntergekommener Küstenort im äußersten Süden von Toledo. Einst war er Reisenden nur bekannt als Hafen für die Überfahrt nach Guatemala oder Honduras, inzwischen jedoch kommen auch immer mehr Besucher, die im Süden relaxen und von hier aus die Maya-Dörfer und die entlegenen südlichen Cayes erkunden wollen.

Aktivitäten

★**Cotton Tree Chocolate Factory** ESSEN & TRINKEN
(Karte S. 302; ☎621-8776; www.cottontreechocolate.com; 2 Front St; ⊙Mo–Fr 8–12 & 13.30–17, Sa 8–12 Uhr) GRATIS Cotton Tree ist eine gute Gelegenheit, vor Ort produzierte Schokolade zu kaufen und etwas über die Herstellung zu erfahren. Die Kakaobohnen stammen von der Toledo Cacao Growers Association, die sich für Fair Trade und einheimische Produktion einsetzt. Der Besitzer bietet gerne eine Führung durch die kleine Fabrik an und es gibt einen Geschenkeladen, in dem nur lokal hergestelltes Kunsthandwerk verkauft wird, darunter Seifen, Schmuck aus Kakaobohnen und natürlich Schokoladentafeln.

Warasa Garifuna Drum School TROMMELKURS
(☎632-7701; www.warasadrumschool.com; New Rd; Trommelstunde 25 BZ$, Halbtagskurs 125 BZ$; ⊙nach Vereinbarung) Der einheimische Trommler Ronald Raymond (Ray) McDonald unterrichtet Garifuna-Rhythmen in seiner Warasa Garifuna Drum School in der New Road (etwa 15 Minuten zu Fuß außerhalb des Orts). Er bietet Einzel- und Gruppenunterricht. McDonald tritt auch auf und doziert über Garifuna-Kultur in den Hickatee Cottages.

Maroon Creole Drum School TROMMELKURS
(☎632-7841, 668-7733; methosdrums@hotmail.com; Joe Taylor Creek Rd; ⊙nach Vereinbarung) Wer bei einem Meister lernen will, wird den Ausflug zu Emmeth Youngs Trommelschule nicht bereuen. Wenn er nicht gerade durchs Land tourt und auftritt, leitet einer der anerkanntesten kreolischen Trommler von Belize Trommelbauworkshops und Gruppenvorführungen. Trommelkurse kosten 25 BZ$ pro Stunde, für 250 BZ$ gibt es einen mehrtägigen Trommel- und Trommelbaukurs.

TIDE Tours TOUREN
(☎722-2129; www.tidetours.org; Hopeville) Das umweltfreundliche TIDE Tours gehört zum Toledo Institute for Development and Environment (TIDE) und unternimmt Naturschutz- und Umwelttouren im ganzen Gebiet um Toledo, darunter Exkursionen ins Binnenland zu Höhlen und Wasserfällen, Vogelbeobachtungstouren im Payne's Creek National Park und Kulturtourismus zu lokalen Maya-Dörfern. TIDE bietet auch Bootstouren zu den südlichen Cayes zum Schnorcheln, Angeln und Tauchen an.

Schlafen

A Piece of Ground HOTEL $
(☎665-2695; www.apieceofground.com; 1050 Pelican St; B/DZ 38/78 BZ$; ❄📶) Das ungezwungene dreistöckige Haus, vor Ort auch bekannt als Backa Jama's, hat im Erdgeschoss ein Hostel mit zwei Schlafsälen (einer mit Klimaanlage) und vier blitzsaubere Zimmer mit Bad im 1. Stock. Eine Treppe höher befindet sich das beliebte Restaurant, wo Hähnchengerichte sowie Hamburger und Pommes serviert werden. Und ganz oben ist die Bar.

Tate's Guest House PENSION $
(Karte S. 302; ☎722-0147; tatesguesthouse@yahoo.com; 34 Jose Maria Nunez St; Zi. 75–90 BZ$,

Wohneinheiten 125–150 BZ$; P ❄ 📶) Die Pension des ehemaligen Postmeisters Mr. Tate ist einwandfrei gepflegt und die beste Budgetunterkunft im Ortszentrum. Die sechs Zimmer in dem zweistöckigen, malvenfarbenen Haus in einem kleinen Garten mit Pavillon haben alle Klimaanlage und sind für den Preis recht gut. Zwei sind separat mit Kochnische, alle haben Kabelfernseher und heiße Duschen.

★ Coral House Inn BOUTIQUEHOTEL **$$**
(Karte S. 302; ☎722-2878; www.coralhouseinn.com; 151 Main St; DZ mit Frühstück 220–240 BZ$, Suite 290 BZ$; ❄ 📶 🏊) Das großartige Strandhotel am südlichen Ortsrand besitzt einen wunderbaren Garten und einen Swimmingpool. Die riesigen Zimmer wurden stilvoll eingerichtet, was dem Haus ein klassisches (aber keineswegs steifes) koloniales Flair verleiht. Auf der Meeresseite liegt eine große Veranda, auf der anderen Seite ein malerischer alter Friedhof.

Hickatee Cottages RESORT **$$**
(☎662-4475; www.hickatee.com; Cottages 170–230 BZ$, DZ 160 BZ$, Suite 270–290 BZ$; P 📶 🏊) 🍃 Die friedlichen Hickatee Cottages sind ein schönes, einzigartiges Resort mit Solarstrom, das nur einen leichten ökologischen Fußabdruck hinterlässt. Vermietet werden drei voll eingerichtete Cottages, zwei große Suiten und das Hickatee Den, ein Häuschen am kleinen Tauchbecken mit Platz für zwei Personen. Die Anlage besteht zudem aus Gärten und wildem Dschungel mit einem 5 km langen Wegenetz.

★ Blue Belize Guest House B&B **$$$**
(Karte S. 302; ☎722-2678; www.bluebelize.com; 139 Front St; Suite 170–340 BZ$; @ 📶 🏊) 🍃 Es ist unmöglich, sich dem herrlichen Gefühl von Weite und Gelassenheit im Blue Belize zu entziehen: Es liegt am Meer, hat üppige Gärten und riesige Zimmer in zwei miteinander verbundenen, zweistöckigen Häusern. Die sechs luftigen, schön eingerichteten Suiten sind eher Apartments mit Service als Hotelzimmer. Jede besteht aus einem gut möblierten Wohnzimmer, einer Kochnische und einem komfortablen Schlafzimmer.

Essen & Ausgehen

★ Gomiers VEGETARISCH **$**
(Southern Hwy, Hopeville; Mahlzeiten 5–17 BZ$; ⏲8–22 Uhr; 📶 ✎) Gormiers ist von seiner kleinen grünen Bude an einen neuen Standort gegenüber der Uferpromenade nördlich des Orts gezogen. Es ist noch immer das beste vegetarische und vegane Lokal in PG und verwöhnt seine Gäste mit verschiedenen Tofukreationen, vegetarischer Lasagne und ein paar Fischgerichten. Freitagabends gibt's Reggae-Konzerte.

★ Snack Shack CAFÉ **$**
(Karte S. 302; Main St; Hauptgerichte 7,50–12 BZ$; ⏲Mo–Fr 7–15, Sa bis 12 Uhr) Das Snack Shack mit seiner luftigen Terrasse im oberen Stock an der Main Street ist das beste Café für westliches oder belizisches Ganztags-Frühstück, aber auch für eiskalte Slushies, Säfte und Shakes.

★ Asha's Culture Kitchen FISCH & MEERESFRÜCHTE **$$**
(Karte S. 302; ☎722-2742; 74 Front St; Hauptgerichte 15–30 BZ$; ⏲12–22 Uhr, Di abends geschl.) Gegrillter Hummer, gebackener Barracuda, Meeresschnecken, ganze Schnapper und Fischstäbchen aus Rotfeuerfisch – und die beste Strandterrasse in PG. Es spricht einiges für das auf Meeresfrüchte spezialisierte und von einer wohltuenden Meeresbrise umschmeichelte Asha's. Als Standardmahlzeit wählt man gewöhnlich eins der auf dem Schwarzen Brett angeschriebenen Hauptgerichte und ordert dazu zwei Beilagen (der Knoblauchkartoffelbrei ist köstlich). Die Bedienung kann langsam sein, aber das Warten lohnt sich.

Waluco's BAR
(☎702-2129; Front St, Hopeville; ⏲Di–So 11.30–24 Uhr; 📶) Die große, luftige *palapa* gut 1,5 km nordöstlich des Orts ist ein beliebter Treff am Wochenende, besonders sonntags, wenn der Grill angefeuert wird und die Gäste alle am Bootsanleger gegenüber schwimmen gehen. Zu essen gibt's billige Kneipenkost und manchmal treten Garifuna-Trommler auf.

ℹ Praktische Informationen

Belize Bank (30 Main St) und **Scotia Bank** (1 Main St) haben beide rund um die Uhr zugängliche Geldautomaten, die die meisten internationalen Karten akzeptieren.

Customs & Immigration (☎722-2022; Front St; ⏲Mo–Fr 9–17 Uhr) Die Einreisebehörde ist der erste Anlaufpunkt für alle, die mit dem Boot von Guatemala oder Honduras in Punta Gorda eintreffen; es sollte auch die letzte Anlaufstelle sein, wenn es wieder zurück übers Meer geht (die Ausreisegebühr beträgt 40 BZ$). Visaverlängerungen werden hier auch erledigt.

Punta Gorda Tourism Information Center (Karte S. 302; ☎722-2531; Front St; ⏲Mo–Fr

Punta Gorda

8–17 Uhr) Die kleine Touristeninformation der BTIA in PG beantwortet allgemeine Fragen und hat Fahrpläne für Busse im Dorf. Hier liegt auch manchmal die kostenlose Touristenzeitung *Toledo Howler* aus.

TIDE (☎722-2274; www.tidebelize.org; One Mile San Antonio Rd) Das Toledo Institute for Development and Environment ist für eine Reihe von kommunalen Umweltprojekten im äußersten Süden verantwortlich, sowohl in den Wäldern im Binnenland als auch in den Küstengewässern.

ℹ An- & Weiterreise

BUS

Die Busse der **James Bus Line** (Karte S. 302; ☎702-2049, 722-2625; King St) fahren stündlich von 4 bis 16 Uhr von Punta Gorda nach Belize City (normal/klimatisiert 26/28 BZ$, 7 Std.). Sie halten in Dangriga (14/15 BZ$, 3½ Std.) und Belmopan (20/22 BZ$, 5½ Std.). Ein weiterer Bus fährt regelmäßig nach Independence (mit Anschluss nach Placencia). Alle Busse fahren am **Busbahnhof** in der King Street ab und erst ein bisschen durch PG, bevor sie nordwärts weiterfahren.

FLUGZEUG

Tropic Air (☎722-2008; www.tropicair.com) fliegt fünfmal täglich nach Belize City zum Belize City International (370 BZ$, 1 Std.) sowie einmal täglich nach Placencia (150 BZ$, 20 Min.) und Dangriga (226 BZ$, 40 Min.).

Punta Gorda

Aktivitäten, Kurse & Touren
1 Cotton Tree Chocolate Factory D2

Schlafen
2 Blue Belize Guest House B5
3 Coral House Inn A5
4 Tate's Guest House C2

Essen
5 Asha's Culture Kitchen B4
6 Snack Shack C2

Maya Island Air (☎722-2856; www.mayaislandair.com) fliegt ebenfalls viermal täglich nach Belize City, Placencia und Dangriga zu ähnlichen Preisen. Oft sind Sonderangebote erhältlich; Ticketschalter befinden sich am **Flughafen** (PND; Karte S. 302).

SCHIFF/FÄHRE

Zur Zeit der Recherche gab es zwei tägliche **Bootsverbindungen** (Karte S. 302) um 9 und um 14 Uhr mit Puerto Barrios in Guatemala. Auch fuhr einmal täglich um 14 Uhr ein Boot nach Livingstone (60 BZ$). Die Boote legen am Stadthafen vor der Zoll- und Einwanderungsbehörde ab, wo auch die Zollabfertigung stattfindet.

Die *Mariestela* von **Requena's Charter Service** (Karte S. 302; ☎722-2070; 12 Front St) legt täglich um 9 Uhr in Punta Gorda nach Puerto Barrios in Guatemala ab (60 BZ$, 1 Std.) und kehrt um 14 Uhr zurück. Tickets werden im Büro und am **Zollanleger** (Karte S. 302) ein Stück die Straße runter verkauft.

Zur Zeit der Recherche wurde überlegt, ein Shuttleboot zwischen Punta Gorda, Barranco und Monkey River einzusetzen.

Dörfer in Toledo

Besucher im äußersten Süden von Belize haben die einmalige Gelegenheit, gleichzeitig alte und moderne Maya-Kultur zu erleben. Über 60 % der Bevölkerung des Toledo District sind Mayas, die sich in ihren über 30 Dörfern dafür eingesetzt haben, ihre Kultur lebendig und intakt zu halten.

Big Falls & Indian Creek

Big Falls am Southern Highway, gut 32 km von Punta Gorda entfernt, ist ein kleines Dorf mit etlichen kulturellen Attraktionen und Aktivitäten. Es ist ein guter Ausgangspunkt für die Maya-Tour durch Toledo, die auch San Miguel und San Pedro Columbia einschließt.

★ Living Maya Experience KULTURZENTRUM
(☎Chiacs 632-4585, Cals 627-7408; livingmayaexperience@gmail.com; Big Falls; Tour pro Pers. 20–30 BZ$; ⏲nach Vereinbarung) Zwei Kekchí-Familien in Big Falls haben ihre Häuser als Kulturerlebnis für Besucher geöffnet, und beide sind großartig. Familie Cal demonstriert alte Maya-Bräuche, vom Tortillabacken über die Schokoladenherstellung bis zur Anfertigung traditioneller Instrumente, und erklärt ihren Selbstversorgergarten. Bei Familie Chiac dagegen können Besucher erfahren, wie die Mayas auf herkömmliche Art Körbe, Hängematten und Taschen weben.

Nim Li Punit RUINEN
(☎822-2106; 10 BZ$; ⏲8–17 Uhr) Die Maya-Ruinen Nim Li Punit liegen auf einem natürlichen Hügel etwa 800 m nördlich vom Southern Highway in der Nähe des Dorfs Indian Creek. Bemerkenswert sind dort vor allem die 26 Stelen, die auf der südlichen Stelen-Plaza entdeckt wurden. Vier der schönsten sind im Stelenhaus neben dem Besucherzentrum ausgestellt.

San Pedro Columbia

San Pedro Columbia liegt gut 32 km nordwestlich von Punta Gorda und ist das größte Dorf der Kekchí-Mayas außerhalb von Guatemala.

Sehenswertes & Aktivitäten

Lubaantun RUINEN
(10 BZ$; ⏲8–17 Uhr) Die Maya-Ruinen in Lubaantun, 2 km nordwestlich von San Pedro Columbia, liegen auf einer Hügelkuppe und unterscheiden sich in ihrer Bauweise von den mörtellosen, säuberlich gehauenen schwarzen Schieferblöcken der alten Maya-Welt. Archäologen nehmen an, dass Lubaantun, das zwischen 730 und 860 n. Chr. seine Blütezeit hatte, ein Verwaltungszentrum zur Regelung des Handels gewesen sein könnte, während das benachbarte Nim Li Punit als religiöses und zeremonielles Zentrum diente. Die Maya-Stätte besteht aus sieben Plazas, drei Ballspielplätzen und den Bauten um sie herum.

Eladio's Chocolate Adventure ESSEN & TRINKEN
(☎624-0166; eladiopop@gmail.com; pro Pers. 60 BZ$) Eladio Pop in San Pedro Columbia führt Besucher voller Begeisterung über seine

SPEISE DER GÖTTER

Die Kakaopflanze und die Schokolade, die daraus gemacht wird, waren in der Maya-Gesellschaft seit jeher von Bedeutung; Schokolade gilt bei den Mayas als „Speise der Götter". Bis heute werden im Toledo District traditionelle Methoden der Fermentierung, Trocknung und Röstung der anschließend von Hand gemahlenen Kakaobohnen angewandt und Schokoladenherstellung als Heimgewerbe ist in etlichen Orten Belizes üblich. Das **Chocolate Festival of Belize** in Punta Gorda im Mai ist ein Fest rund um die Schokolade.

In der Cotton Tree Chocolate Factory (S. 300) in Punta Gorda kann man heimische Schokoladenprodukte probieren und kaufen. Und Taste Belize Tours (S. 296) veranstaltet in Placencia kulinarische Touren zu Schokoladenfabriken.

Weitere Schokoladenhersteller in Belize, die Besuchern offenstehen, sind **Ixcacao Maya Belizean Chocolate** (☎742-4050; www.ixcacaomayabelizeanchocolate.com; San Felipe; Führung pro Pers. 60–100 BZ$; ⏲9–17 Uhr) und Eladio's Chocolate Adventure in Toledo, die **Che'il Chocolate Factory** (☎660-3903; juliosaqui@gmail.com; Southern Hwy; Führung pro Pers. 35 BZ$; ⏲Laden 7–17.30 Uhr, Führungen 9, 11, 13 & 15 Uhr oder nach Vereinbarung) im Dorf Maya Center, **Lamanai Chocolate** (Karte S. 278; ☎621-9127; www.lamanaichocolate.com; Hummingbird Hwy; Schokoladentour 25 BZ$; ⏲8–17 Uhr) bei Belmopan und Ajaw Chocolate (S. 282) in San Ignacio.

Kakaoplantage. Anschließend gibt's eine Vorführung traditioneller Schokoladenherstellung und ein Maya-Mittagessen.

San Antonio

San Antonio ist das größte Dorf der Mopan-Mayas in Belize. Es wurde Mitte des 19. Jhs. von Bauern aus San Luis Rey im Departamento Petén in Guatemala gegründet. Einige Siedler kehrten später extra noch einmal nach Guatemala zurück, um aus der Kirche in San Luis Rey eine Holzstatue ihres Heiligen San Luis abzuholen. Die Statue befindet sich heute in der schönen Steinkirche in San Antonio, die wunderbare Buntglasfenster mit italienischen und irischen Namen darauf besitzt (das Glas wurde von Gemeindemitgliedern aus St Louis in Missouri gestiftet). In San Antonio leben zahlreiche Bauern, die Kakao für den Export und zur Herstellung belizischer Schokolade anbauen.

Río Blanco National Park NATIONALPARK
(10 BZ$; ⏲7–17 Uhr) Der 42 ha große Nationalpark Río Blanco, gleich westlich des Dorfs Santa Elena, ist ein kompaktes Naturschutzgebiet mit einer reichhaltigen Flora und Fauna. Ein Highlight für Besucher sind zweifellos die Río Blanco Falls, ein bezaubernder, 6 m hoher Wasserfall nur fünf Minuten zu Fuß von der Rangerstation, der in einen klaren Badeteich stürzt. Stufen führen hinab zu einer Plattform an der Badestelle am Teich, auch wurde ein Betonweg zu einer Hängebrücke über den Fluss gebaut.

Blue Creek

Blue Creek, dessen Bewohner teils Kekchi- und teils Mopan-Mayas sind, fließt der hübsche, blaugrüne Fluss gleichen Namens. Im umliegenden hügeligen Dschungel leben Brüllaffen, am Flussufer tummeln sich Otter und es wimmelt von grünen Leguanen. Für Reisende ist Blue Creek wegen der Höhlen- und Dschungelwanderungen ein reizvolles Ziel.

In der Nähe von Blue Creek befindet sich die **Tumul'kin School of Learning**, ein Maya-Internat mit Schülern aus ganz Toledo und anderen Teilen Belizes. Hier lernen die Schüler stolz auf ihre Zugehörigkeit zum Volk der Mayas zu sein und traditionelles Maya-Wissen anzuwenden.

BELIZE VERSTEHEN

Belize aktuell

Belize erlebt endlich einen Boom. Nachdem es viele Jahre ein Dasein im Schatten seiner Nachbarn fristete, wird das jüngste und am dünnsten besiedelte Land Zentralamerikas plötzlich als neuester Trend im karibischen Tourismus betrachtet, dem größten Arbeitgeber und Investitionsbereich Belizes. Die Besucherzahlen haben sich im letzten Jahrzehnt verdoppelt und die Herausforderung für die Zukunft ist der Balanceakt zwischen den Bedürfnissen der Tourismusindustrie und dem Wunsch der Belizer, die Umwelt zu schützen und den ungezwungenen Lebensstil zu bewahren, der dem Land den eigentlichen Reiz verleiht.

2018 machte die UDP-Regierung unter Dean Barrow den bislang entscheidendsten umweltpolitischen Schritt – sie verbot auf unbestimmte Zeit Offshore-Erdölbohrungen und -sondierungen in allen Gewässern des Landes, um das empfindliche Barriereriff zu schützen. Das Gesetz wurde von Umweltschützern und der Tourismusindustrie weithin begrüßt und trug entscheidend dazu bei, dass die Unesco das Riff, das zum Welterbe gehört, von der Gefährdungsliste strich. Eine seit einem Jahrzehnt stabile Regierung, die die Schulpflicht einführte, trägt zudem dazu bei, dass ein winziges, außerordentlich schönes Land allmählich seinen eigenen Weg findet.

Davon abgesehen geht der wirtschaftliche Aufschwung jedoch an den meisten Belizern vorbei. Ein paar Existenzgründer haben gut abgesahnt und eine kleine Mittelschicht überlebt durch Handel, Tourismus und andere Berufssparten. Aber weitaus mehr Belizer leben vom Existenzminimum in einfachsten Verhältnissen.

Geschichte

Man darf sich nicht täuschen lassen: Das jüngste unabhängige Land Zentralamerikas hat durchaus einiges an Geschichte zu bieten. Die Unabhängigkeit wurde zwar erst 1981 errungen (friedlich übrigens), aber viele belizische Familien führen ihre Verbundenheit zum Land auf viele Generationen zurück. Die meisten Belizer können Verwandte vorweisen, die bei der Bildung jener Nation, die sie nun stolz als ihre Heimat bezeichnen, eine Rolle gespielt haben.

Belize vor Kolumbus

Belize hat seinen Platz an der Ruta Maya mit Sicherheit verdient – überall sind Ruinen zu finden und vor allem im Südwesten leben noch immer viele Mayas. Sie waren die ersten Einwohner von Belize. Eine der frühen Maya-Siedlungen war Cuello in der Nähe der heutigen Stadt Orange Walk. Die Handelsrouten der Mayas verliefen durch das ganze Land und der New River, der Río Hondo sowie der Belize River spielten eine wichtige Rolle für den frühen Handel und Kommerz. Aus dieser Zeit stammen auch so bedeutende archäologische Stätten wie Cahal Pech in der Nähe von San Ignacio und Lamanai.

Piratenparadies

Eine wenig tatkräftige Regierung und der Schutz durch das Barriereriff lockten im 17. Jh. viele englische und schottische Piraten vor die Küste von Belize. Sie konnten ihrem Handwerk quasi ohne jede Einschränkung nachgehen und kaperten spanische Galeonen. 1670 konnten die Spanier die britische Regierung davon überzeugen, dass dem Treiben der Piraten rigoros ein Ende gesetzt werden müsse. Die meisten der so arbeitslos gewordenen Piraten wechselten ins Holzgeschäft.

In den 1780er-Jahren unterstützten die Briten die Interessen der Holzfäller aktiv und versicherten dabei den Spaniern, dass Belize spanisch sei, was aber absolut nicht den Tatsachen entsprach. Zu dieser Zeit fühlte sich Belize schon von seiner Tradition und Sympathie her zu England hingezogen. Mit Erleichterung und großer Freude nahmen die Belizer am 10. September 1798 die Nachricht auf, dass die britischen Streitkräfte die spanische Armada vor der Küste von St George's Caye in die Flucht geschlagen hatten.

Belize im 19. Jahrhundert

Nachdem das Holzgeschäft abgeflaut war, erlebte Belize einen neuen Boom. Jetzt wurden Waffen, Munition und andere Gerätschaften an die Maya-Rebellen in Yucatán geliefert, die Mitte des 19. Jhs. den Kastenkrieg führten. Der Krieg war der Grund dafür, dass unzählige Flüchtlinge von beiden Seiten nach Belize strömten.

1859 unterzeichneten Großbritannien und Guatemala einen Vertrag: Die Briten sollten das Land bekommen und dafür eine Straße von Guatemala an die Karibikküste bauen. Der Vertrag gilt noch heute, aber der Bau der Straße wurde lange hinausgezögert und hat erst jetzt begonnen. Die meisten Karten aus Guatemala zeigen den Teil von Belize südlich des Hummingbird Highway als Teil von Guatemala an.

Die Unabhängigkeit & die Zeit danach

1954 fanden die ersten allgemeinen Wahlen in Belize statt, die von der nach Unabhängigkeit strebenden People's United Party (PUP) unter George Price mit großem Vorsprung gewonnen wurden. Am 21. September 1981 wurde die Kolonie Britisch-Honduras offiziell zum unabhängigen Staat Belize erklärt.

Politisch ist Belize heute eine parlamentarische Demokratie innerhalb des Commonwealth, in der die britische Monarchin zwar Staatsoberhaupt ist, aber die ausführende Macht bei der Regierung liegt. Seit 2008 bildet die Mitte-rechts-Partei United Democratic Party (UDP) unter Dean Barrow die Regierung und Parlamentsmehrheit, die Oppositionspartei People's United Party (PUP) hält die übrigen Parlamentssitze.

Die Menschen

Mentalität

Regel Nummer eins in Belize lautet: Wer andere respektiert, wird selbst respektiert. Die Belizer sind von Natur aus freundliche, neugierige Menschen. Oft schauen sie sich ihr Gegenüber aber abwartend an, bevor sie entscheiden, wie sie sich verhalten.

Die langjährige Verbindung zu Großbritannien hat in Belize einige merkwürdige Spuren hinterlassen. Vielleicht ist das (abgesehen von der Sprache) der Grund dafür, dass Belize mit den USA enger verbunden ist als mit anderen zentralamerikanischen Ländern. Viele Belizer identifizieren sich zudem mehr mit der Kultur der Karibikinseln als mit der Zentralamerikas.

Bevölkerung

Belize ist ein winziges Land, aber es besitzt eine ethnische Vielfalt, die unbestreitbar anregend und unglaublich gelassen ist. Die vier großen ethnischen Gruppen – Mestizen, Kreolen, Mayas und Garifuna – machen 76 % der Bevölkerung aus. Die restlichen 24 % bestehen aus Indern, Chinesen, Spaniern, Arabern (meist Libanesen), der kleinen, aber einflussreichen Gruppe der Mennoniten sowie Nordamerikanern und Europäern, die sich hier in den letzten Jahrzehnten niedergelassen haben.

Die Mayas in Belize machen fast 11 % der Bevölkerung aus und sind in drei Sprachgruppen unterteilt. Die Yucatec-Mayas leben hauptsächlich im Norden, die Mopan-Mayas im südlichen Toledo District und die Kekchí-Mayas in West-Belize und ebenfalls im Toledo District. Neuerdings sprechen die meisten Mayas auch Spanisch und Englisch. Die traditionelle Maya-Kultur ist am stärksten im Süden vertreten.

Der Süden von Belize ist die Heimat der Garifuna (Garinagu oder „schwarze Kariben"). Die Garifuna stammen von südamerikanischen Ureinwohnern und Afrikanern ab.

Musik

Musik ist mit Abstand die beliebteste Kunstform in Belize, vom Reggae auf den Cayes bis zur hämmernden Musik, die in jedem Bus des Landes dröhnt. Der Sound klingt mehr nach Karibik als nach Latinomusik, und wer ein paar Wochen im Land ist, kennt sich mit Sicherheit mit Calypso, Soca, Steel-Drums und natürlich auch Reggae aus.

Punta-Rock ist der offizielle Musikstil von Belize. Seine Ursprünge liegen in der Musik der Garifuna, die sehr auf Trommeln beruht und viele Call-and-Response-Elemente aufweist. Nach dieser Musik muss man einfach die Hüften schwingen. Der berühmteste Punta-Rocker ist wohl Pen Cayetano, der ein Studio und eine Galerie in Dangriga hat.

Der Parranda-Stil hat seine Wurzeln in traditionelleren Garifuna-Songs mit akustischer Gitarre, Trommeln und Rasseln und wird meist mit Künstlern wie Paul Nabor und dem verstorbenen Andy Palacio in Zusammenhang gebracht.

Brukdown ist ein belizischer Musikstil, der von den Kreolen entwickelt wurde, die im 18. und 19. Jh. als Holzarbeiter schufteten. Benutzt werden Akkordeon, Banjo, Mundharmonika und ein Schlaginstrument – traditionell ein Schweinekiefer, dessen Zähne mit einem Stock zum Klappern gebracht werden.

Wenn es um Musik geht, vertreten die Mayas in Belize einen ganz eigenen Stil. Am bemerkenswertesten ist die Flötenmusik von Pablo Collado und die traditionelle Marimba (gespielt auf großen Holzxylofonen, Kontrabass und Schlagzeug) von Alma Beliceña.

Natur & Umwelt

Geografie

Belize besteht größtenteils aus tropischem Tiefland. Die meiste Zeit des Jahres ist es heiß und feucht. Im Norden regnet es am wenigsten, im Süden am meisten. In den Regenwäldern im Süden beträgt die jährliche Niederschlagsmenge 4 m, somit ist dies die feuchteste Region des Landes.

Eine Ausnahme von der Tiefebene mit ihrem heißen, stickigen Klima sind die fast 1000 m hohen Maya Mountains im Südwesten. In diesen Bergen herrscht ein erträglicheres Klima – hier ist es tagsüber angenehm warm und nachts kühlt es sich etwas ab.

Die Küste und die Küstenebene im Norden durchziehen Mangrovensümpfe, die die Verbindung zwischen Land und Meer herstellen. Vor der Küste erstrecken sich in etwa 5 m Tiefe Kalksteinfelsen kilometerweit nach Osten hinaus in die Karibik. Am östlichen Ende dieses Festlandsockels befindet sich das zweitgrößte Barriereriff der Welt (nach dem Great Barrier Reef in Australien).

Flora & Fauna

In den üppigen Tropenwäldern stehen riesige Kapok- und Mahagonibäume sowie Guanacasten und Cohune-Palmen, die von Orchideen, Bromeliengewächsen sowie anderen Epiphyten und Lianen geschmückt sind. Große Teile des Küstenstreifens verstecken sich hinter dichten Mangrovenwäldern – auf den Inseln genauso wie auf dem Festland.

Das Wappentier von Belize ist der Baird-Tapir. Pakas (*gibnuts* oder *tepezcuintles*), kaninchengroße Nagetiere, gibt's im Überfluss. Auch andere tropische Tiere wie Jaguare, Ozelots, Brüllaffen, Klammeraffen, Pekaris, Geier, Störche und Ameisenbären sind hier zu Hause.

60 Schlangenarten tummeln sich in den belizischen Wäldern und Gewässern. Aber nur wenige sind giftig – besonders gefährlich sind die Lanzenschlange, die Korallenschlange und die tropische Klapperschlange.

Die Vogelwelt Belizes ist reich und vielfältig. Es gibt Kolibris, Regenbogentukane, Spechte und viele Arten von Papageien und Aras.

Nationalparks & Naturschutzgebiete

Rund 44 % der Fläche von Belize, etwa 10 520 km², sind auf die eine oder andere Art offiziell geschützt, entweder von staatlichen Organisationen oder privaten Stiftungen. Große Teile der Wälder in den Maya Mountains südlich von San Ignacio sind als Pine Ridge Forest Reserve und Chiquibul National Park geschützt. Überall im Land gibt's kleinere Nationalparks, Natur- und Meeresschutzgebiete.

Umweltprobleme

Umweltprobleme werden in Belize nicht auf die leichte Schulter genommen und es wurde viel getan, um vom Aussterben bedrohte Tierarten zu schützen. Zu den gefährdeten Arten gehören die Karettschildkröte, die Grüne Meeresschildkröte und die Lederschildkröte, das Spitz- und das Beulenkrokodil, der Hellrote Ara, der Jabiru und die Seekuh.

Trotz der beeindruckend vielen Naturschutzgebiete und der höchsten prozentualen Bewaldung in Zentralamerika nahm die Abholzung in Belize seit der Unabhängigkeit langsam und beständig zu. Landwirtschaft und Gewässerbewirtschaftung, Baugeländeerschließung und illegale Holzausbeute tragen alle zur Entwaldung von 0,6 % pro Jahr bei.

Die Bebauung an der Küste ist dem wachsenden Bedarf des Tourismus geschuldet; ganze Inseln wurden gekauft und für den Bau von Resorts wieder verkauft. Neue Gebäude und asphaltierte Straßen auf Ambergris Caye haben das Bild und die Atmosphäre der Insel einschneidend verändert, die einst ein verschlafener Außenposten war und nun eine Destination für Pauschaltouristen und Partyschwärmer ist. Natürlich gibt es keine allgemeingültige Regel, wie viele Touristen zu viele sind oder wieviel Erschließung zuviel ist. Viele Belizer vergleichen ihr Land mit Cozumel oder Cancún und sind stolz darauf, dass der Ökotourismus ihr Paradies bewahrt.

PRAKTISCHE INFORMATIONEN

Allgemeine Informationen

BARRIEREFREIES REISEN

In Belize gibt es keine Barrierefreiheitsvorschriften und viele Häuser sind Pfahlbauten oder haben unebene Holzstufen. Es sind kaum Rampen für Rollstühle vorhanden und nur sehr wenige für Rollstuhlfahrer geeignete Badezimmer.

Noch gravierender ist das Fehlen von rollstuhlgeeigneten Gehwegen, ebenso das häufig unebene und sandige Terrain. Busfahrten sind mit Unterstützung machbar, aber die Benutzung kleiner Flugzeuge und Wassertaxis könnte problematisch werden.

BOTSCHAFTEN & KONSULATE

Einige wenige Länder unterhalten Botschaften in Belize. Viele andere regeln ihre Beziehungen mit

PREISKATEGORIEN ESSEN

Die folgenden Preise beziehen sich auf ein Standardgericht: Reis, Bohnen, Fleisch oder Fisch und eine Beilage. Nur die feinsten Restaurants berechnen ein Bedienungsgeld, aber ein Trinkgeld wird immer gern genommen.

**$** unter 15 BZ$

**$$** 15–35 BZ$

**$$$** über 35 BZ$

Belize über ihre Botschaften in anderen Ländern wie Mexiko und Guatemala, aber viele haben einen Honorarkonsul in Belize, den Reisende als ersten Ansprechpartner kontaktieren können. Wenn nicht anders erwähnt, befinden sich alle Botschaften in Belize City.

Deutsches Honorarkonsulat (☎223-0896; kay@karlmenzies.com; 104 Barrack Rd)

Guatemaltekische Botschaft (☎223-3150; embbelice1@gmail.com; 8 A St, Kings Park; ⌚Mo–Fr 8.30–17 Uhr)

Honduranische Botschaft (☎224-5889; embahn.embajadabelize@gmail.com; 6 A St, Kings Park; ⌚Termine Mo–Fr 9–12 Uhr)

Mexikanische Botschaft (☎822-0406; https://embamex.sre.gob.mx/belice; Embassy Sq, Belmopan; ⌚Mo–Fr 8–17 Uhr)

Mexikanisches Konsulat (☎223-0193; consular@embamex.bz; Ecke Wilson St & Newtown Barracks Rd; ⌚8–12 & 15–16 Uhr)

Österreichisches Honorarkonsulat (☎223-1013 6; info@lawbelize.bz; 115 Barrack Rd)

Schweizerisches Honorarkonsulat (☎223-5505; belize@honrep.ch; 83 North Front St,)

FEIERTAGE

Viele Feiertage in Belize werden auf den nächstliegenden Montag des angegebenen Datums verlegt, damit es ein langes Wochenende gibt. Banken und die meisten Geschäfte sind an diesen Tagen geschlossen. Die Belizer verreisen am meisten um Weihnachten, Neujahr und Ostern. In diesen Zeiträumen ist es sinnvoll, Verkehrsmittel und Unterkünfte im Voraus zu buchen.

Neujahr 1. Januar
Baron Bliss Day 9. März
Karfreitag März oder April
Karsamstag März oder April
Ostermontag März oder April
Tag der Arbeit 1. Mai
Sovereign's Day 24. Mai
Nationalfeiertag 10. September
Unabhängigkeitstag 21. September
Day of the Americas 12. Oktober
Garifuna Settlement Day 19. November
1. Weihnachtsfeiertag 25. Dezember
2. Weihnachtsfeiertag 26. Dezember

FREIWILLIGENARBEIT

Es gibt viele Gelegenheiten für Freiwilligenarbeit in Belize, besonders bei Umweltschutzprojekten. In einigen Fällen müssen Interessierte für die Teilnahme zahlen (die Preise sind unterschiedlich).

Belize Audubon Society (Karte S. 254; ☎223-4987, 223-5004; www.belizeaudubon.org; 16 Taiwan St) Nimmt Freiwillige auf, die mindestens drei Monate mitarbeiten, sei es im Büro, in der Bildung oder im Außeneinsatz. Taucher können bei Meeresforschungsprojekten mitwirken. Bei Projekten auf dem Land sollten Teilnehmer körperlich fit und in der Lage sein, mit rustikalen Unterkünften klarzukommen.

Belize Wildlife & Referral Clinic (Karte S. 278; ☎615-5159; www.belizewildlifeclinic.org; ⌚8:30–17 Uhr) Kurze tiermedizinische Praktika für Studenten. Es gibt Stipendien und Austauschprogramme für Studenten mit ernsthaftem Interesse und Vorkenntnissen. Die Klinik ist flexibel und immer interessiert an einem Kontakt zu potenziellen Praktikanten und langfristigen freiwilligen Helfern.

Cornerstone Foundation (www.cornerstonefoundationbelize.org) Die NGO in San Ignacio nimmt Freiwillige für Aids-Aufklärung, Dorfentwicklung und andere Projekte auf. In den meisten Fällen werden mindestens zwei Wochen Teilnahme verlangt sowie eine angemessene Gebühr für Essen und Unterbringung.

Earthwatch (www.earthwatch.org) Zahlende Freiwillige arbeiten zusammen mit Wissenschaftlern in Haischutzprojekten.

Monkey Bay Wildlife Sanctuary (S. 277) Die Programme bieten Mitarbeit in der Bildung, im Umweltschutz und in gemeinnütziger Arbeit. Monkey Bay hat auch viele Verbindungen zu anderen Umweltschutzorganisationen in Belize.

Maya Mountain Research Farm (☎630-4385; www.mmrfbz.org) Die 28 ha große Biofarm und eingetragene NGO in Toledo bietet Praktika für alle, die sich für Bioanbau, Biodiversität und alternative Energien interessieren.

Oceanic Society (www.oceanicsociety.org; St George's Caye; Familienbildungsprogramm pro Pers. 5000 BZ$, Freiwilligen-/Schnorchelprogramm pro Pers. 6400 BZ$) Zahlende Teilnehmer an Expeditionen der Gesellschaft assistieren Wissenschaftlern bei Meeresforschungsprojekten auf dem St George's Caye und um das Turneffe Atoll.

Plenty International (www.plenty.org) Gelegenheit zur Mitarbeit in Basisorganisationen (wie Kunsthandwerks-Kooperativen) und Schulen, meist im Toledo District.

ProWorld Service Corps (www.proworldvolunteers.org) Wie alle privaten Peace Corps betreut ProWorld kleine, nachhaltige Projekte in Bereichen wie Gesundheitsfürsorge, Bildung,

Naturschutz, Technologie und Bauwesen, meist um San Ignacio in Cayo.

T.R.E.E.S (S. 281) Die gemeinnützige Naturschutzorganisation am Hummingway Highway bietet Volontariate und Freiwilligenarbeit an.

Volunteer Abroad (www.volunteerabroad.com) Eine Art Sammelstelle für Freiwilligenarbeit in der ganzen Welt. Die Datenbank enthält auch ein paar Dutzend Organisationen, die in Belize arbeiten.

GELD

Der belizische Dollar (BZ$) ist zwei zu eins an den US-Dollar gekoppelt (1 BZ$ = 0,50 US$). Nahezu jedes Geschäft oder Unternehmen in Belize akzeptiert US-Dollars. In Nobelresorts und -hotels sind die Preise auch manchmal in US-Dollars angegeben – es sollte vorher geklärt werden, ob in belizischen oder US-amerikanischen Dollars bezahlt wird.

Handeln

Handeln ist in Belize nicht üblich, außer bei den Souvenirständen auf Straßenmärkten, wo alles verhandelbar ist. Wenn keine große Nachfrage herrscht, ist es auch möglich, Ermäßigungen für Hotelzimmer, Mietgolfwagen und andere touristische Dienstleistungen zu bekommen. Allerdings klärt man das in einem kurzen Gespräch, nicht in einer hartnäckigen Verhandlungsrunde.

Kreditkarten

Kreditkarten werden in den meisten Hotels, Restaurants und Läden akzeptiert.

Trinkgeld

Trinkgeld ist nicht zwingend, wird aber immer gern von Guides, Fahrern oder Bedienungen angenommen, die einen wirklich guten Service geboten haben. Einige Hotels und Restaurants schlagen auf die Rechnung ein obligatorisches Bedienungsgeld auf (meist 10 %).

Guides In Gegenden mit Massentourismus erwarten Guides ein Trinkgeld.

Hotels Nicht notwendig, aber Gepäckträger freuen sich über ein kleines Trinkgeld.

Restaurants Die Rechnung wird um etwa 5 bis 10 % aufgerundet.

Taxis Trinkgeld wird nicht erwartet.

GEWICHTE & MASSE

In Belize gilt das englische Maßsystem. Benzin wird jedoch per US-Gallone verkauft.

INTERNETZUGANG

Da es in Belize fast überall WLAN und günstiges 4G gibt, sind Internetcafés praktisch nicht mehr vorhanden. Selbst entlegene Hotels und Lodges haben in der Regel beschränktes WLAN, über das Gäste ins Internet kommen, gelegentlich gibt es jedoch überhaupt keinen Zugang.

Reisende mit Laptops und Smartphones finden in den meisten Unterkünften WLAN in den Zimmern oder den allgemeinen Räumlichkeiten, was mit dem Symbol 🛜 vermerkt ist. Die Verbindung ist in diesen Fällen recht zuverlässig, kann aber schnell überlastet sein, wenn sie von mehreren Leuten gleichzeitig genutzt wird.

Öffentliche WLAN-Hotspots sind in Belize noch nicht wirklich verbreitet, aber sich über das 4G-Netz mit einer einheimischen SIM-Karte einzuloggen, ist eine zuverlässige Alternative, wenn es kein WLAN gibt.

LGBTIQ+ UNTERWEGS

Homosexualität unter Männern wurde in Belize erst 2016 legalisiert, als der Oberste Gerichtshof die Anti-Schwulen-Gesetze für verfassungswidrig befand. Die erste offizielle Pride-Parade des Landes fand 2017 statt. Generell ist Belize eine tolerante Gesellschaft mit einer „leben und leben lassen"-Haltung. Aber der unterschwellige zentralamerikanische Machismo und die traditionelle Religiosität erfordern, dass gleichgeschlechtliche Paare diskret auftreten sollten. Einige nützliche Informationsquellen:

International Gay & Lesbian Travel Association (www.iglta.org) Allgemeine Lateinamerika-Reiseinformationen für Schwule und Lesben.

Purple Roofs (www.purpleroofs.com) Enthält einige Adressen in San Pedro und im Cayo District.

Undersea Expeditions (www.underseax.com) Tauchunternehmen, das manchmal auch Bootstouren mit Übernachtung zum Blue Hole unternimmt.

ÖFFNUNGSZEITEN

Außer bei Banken, Telefongesellschaften und Behörden sind die Öffnungszeiten generell flexibel. Restaurants und Bars haben in der Hochsaison meist länger geöffnet, schließen unter Umständen aber auch früher (z. B. wenn kaum Kundschaft da ist).

Banken Mo–Do 8–15, Fr 8–16 oder 16.30 Uhr

Geschäfte Mo–Sa 9–17 Uhr, manche sind auch sonntags geöffnet

Kneipen und Bars 12–24 Uhr (oder später)

Restaurants und Cafés 7–9.30 Uhr (Frühstück), 11.30–14 Uhr (Mittagessen), 18–20 Uhr (Abendessen)

SICHERHEIT

Belize hat eine ziemlich hohe Rate an Gewaltverbrechen, aber die meisten von Reisenden besuchten Gegenden sind sicher. Wer grundsätzliche Vorsichtsmaßnahmen einhält, wird wohl kaum in ernsthafte Schwierigkeiten geraten. Das größte Problem stellen wahrscheinlich Gelegenheitsdiebstähle dar, sowohl unterwegs als auch aus Hotelzimmern.

Tipps, um Risiken zu mindern:

- In Fernbussen die Tasche immer in der Gepäckablage oder unter dem Sitz verstauen, nicht hinten im Bus.

- Im Zimmer die Fenster und Türen kontrollieren, ob sie richtig abschließbar sind, besonders in abgelegenen Strandhütten, und wenn vorhanden, den Hotelsafe nutzen.
- In größeren Orten und Städten Hotels und Restaurants darum bitten, ein Taxi eines vertrauenswürdigen Unternehmens zu rufen.

TELEFON

In Belize gibt es keine Ortsvorwahlen. Jede Nummer besteht aus sieben Ziffern, die von überall im Land angewählt werden. Bei Anrufen aus anderen Ländern nach Belize wird die Landesvorwahl plus die siebenstellige Teilnehmernummer gewählt.

Handys

Einheimische SIM-Karten können in den meisten freigeschalteten internationalen Handys benutzt werden.

TOURISTENINFORMATION

Belize Tourism Board (www.travelbelize.org) Die staatliche Tourismusbehörde unterhält Touristeninformationen in Belize City und San Pedro.

Belize Tourism Industry Association (S. 256) Der unabhängige Verband von Tourismusunternehmen setzt sich aktiv für „nachhaltigen, ökokulturellen Tourismus" ein. Die Niederlassung in Belize City hat Informationen zum ganzen Land und unterhält auch kleine Informationsbüros in einigen wichtigen Reiseorten. Auf der Website stehen massenhaft Informationen.

UNTERKÜNFTE

Budget In dieser Kategorie bekommt man in der Regel die besten Zimmer fürs Geld in kleinen, oft familiengeführten Pensionen. Nur die billigsten Budgetunterkünfte haben Gemeinschaftsbäder oder kalte Duschen. Das gilt auch für die wenigen Backpackerhostels mit Schlafsälen sowie Campingplätze.

Mittelklasse Zur Mittelklasse zählen viele Hotels, komfortablere Pensionen und die meisten der kleinen Lodges und Resorts. Viele Unterkünfte in dieser Kategorie haben eigene Restaurants und Bars und vermitteln Aktivitäten, geführte Touren und andere Dienstleistungen. Die Bandbreite an Unterkünften und Serviceangeboten ist groß in dieser Kategorie.

Spitzenklasse Unterkünfte der Spitzenklasse können richtig luxuriös sein. Es sind Resorts, Lodges und Nobelhotels mit großen, gut ausgestatteten Zimmern und zahlreichen anderen Annehmlichkeiten, von Restaurants und Bars bis zu Privatstränden, Spas, Pools, Pferdestallungen, Tauchläden und Wanderwegen. Viele besitzen dank der Architektur, Einrichtung, Standort und Anlage einen ganz eigenen Stil und eigene Atmosphäre.

PREISKATEGORIEN SCHLAFEN

Die folgenden Preise beziehen sich auf Doppelzimmer mit Bad in der Hauptsaison. Wenn nicht anders angegeben, wird noch eine Beherbergungssteuer von 9 % auf den Preis aufgeschlagen.

**$** unter 120 BZ$

**$$** 120–350 BZ$

**$$$** über350 BZ$

VISA

Informationen zur Erteilung eines Visums sind in den belizischen Botschaften und Konsulaten sowie beim Belize Tourism Board (www.travelbelize.org) erhältlich. Zur Zeit der Recherche brauchten u. a. EU-Bürger und Schweizer kein Visum. Eine Besuchsgenehmigung, gültig für 30 Tage, wird bei der Einreise in den Pass gestempelt. In den meisten Fällen kann sie in einem Büro der Einreisebehörde (es gibt mindestens eines in jedem der sechs Distrikte Belizes) jeweils um einen Monat verlängert werden (bis zu maximal sechs Monaten). Weitere Informationen beim Immigration & Nationality Department (S. 280) in Belmopan.

ZOLL

Erlaubte zollfreie Einfuhr nach Belize:

- 1 l Wein oder Spirituosen
- 200 Zigaretten, 250 g Tabak oder 50 Zigarren

Die Ausfuhr von antiken Maya-Artefakten, Schildkrötenpanzern, unverarbeiteten Korallen und Fisch (es sei denn, man kann eine kostenlose Exportgenehmigung der Fischereibehörde vorlegen) ist verboten. Ebenfalls verboten ist die Ein- und Ausfuhr von Schusswaffen und Munition.

An- & Weiterreise

FLUGZEUG

Auf dem Philip Goldson International Airport (S. 257) in Ladyville, knapp 18 km nordwestlich vom Stadtzentrum Belize Citys, werden alle internationalen Flüge abgewickelt. Bei den kurzen Entfernungen der Inlandsflüge in Belize ist es oft möglich, von Belize City am gleichen Tag einen Anschlussflug von oder zu anderen Flughäfen im Land zu bekommen.

Nicht-Belizer müssen Gebühren von insgesamt 55,50 US$ bezahlen, wenn sie von Belize City ins Ausland fliegen. Darin enthalten sind 3,75 US$ Gebühr für den Protected Areas Conservation Trust (PACT), die dazu beiträgt, den Erhalt der Naturschutzgebiete zu finanzieren. Bei größeren Fluglinien ist diese Steuer im Ticketpreis enthalten.

GRENZÜBERGÄNGE

Bei der Ausreise aus Belize auf dem Landweg müssen Nicht-Belizer Gebühren von insgesamt 40 BZ$ (20 US$) in bar entweder in belizischen oder US-Dollars zahlen. Darin enthalten sind 7,50 BZ$ Gebühr für den Protected Areas Conservation Trust (PACT), die dazu beiträgt, den Erhalt der Naturschutzgebiete zu finanzieren.

Mexiko

Es gibt zwei offizielle Grenzübergänge zwischen Mexiko und Belize. Am häufigsten benutzt wird jener in Subteniente López–Santa Elena, gut 14 km von Corozal in Belize und 11 km von Chetumal in Mexiko. Der asphaltierte Philip Goldson Highway verläuft von der Grenze bis nach Belize City.

Der andere Übergang befindet sich in La Unión–Blue Creek, knapp 55 km südwestlich von Orange Walk nahe der Río Bravo Conservation and Management Area. Eine neue Schnellstraße verläuft zwischen Blue Creek und Orange Walk.

Wer von Mexiko nach Belize einreist, muss beim Verlassen des Landes seine mexikanische Touristenkarte der mexikanischen Einreisebehörde übergeben und 30 US$ Touristensteuer zahlen (zahlbar in US-Dollars oder mexikanischen Pesos).

Die exzellenten, klimatisierten Busse der mexikanische Busgesellschaft ADO (www.ado.com.mx) fahren zweimal täglich von Cancún (840 M$, 10 Std.) nach Belize City via Corozal und Orange Walk. Der Bus aus Cancún hält in Playa del Carmen und Tulum und lässt auf der Rückfahrt Fahrgäste auch direkt am Flughafen Cancún aussteigen. Die Busse fahren in beide Richtungen nicht durch Chetumal. Zu beachten ist, dass die Nachtbusse ganz früh am Morgen an der Grenze ankommen, wo Passagiere vor der Einreise nach Belize den Bus verlassen, ihre mexikanische Touristenkarte aushändigen und 30 US$ Ausreisegebühr zahlen müssen.

Viele reguläre belizianische Busse verkehren auf dem Philip Goldson Highway zwischen Belize City und Chetumal. In Chetumal fahren die Busse nach Corozal (4 BZ$, 1 Std.), Orange Walk (8 BZ$, 2 Std.) und Belize City (14–16 BZ$, 4 Std.) an der Nordseite des Nuevo Mercado ab, etwa 1,2 km nördlich des Stadtzentrums. Die Busse ab Belize City fahren überwiegend am Morgen los, in Chetumal eher am Nachmittag.

Zusätzlich verkehrt ein klimatisierter Touristenbus (50 BZ$, 3 Std.) täglich zwischen dem San Pedro Belize Express Water Taxi Terminal und Chetumal.

Guatemala

Der einzige Grenzübergang zwischen Belize und Guatemala liegt etwa 1,6 km westlich der belizischen Stadt Benque Viejo del Carmen am Ende des George Price Highways von Belize City. Der Ort Melchor de Mencos befindet auf der guatemaltekischen Seite des Grenzübergangs. Die Grenze liegt etwa 71 km vom Abzweig nach Puente Ixlú (auch El Cruce genannt) in Guatemala entfernt. Dort führen Straßen nordwärts nach Tikal (35 km) und Richtung Südwesten nach Flores (29 km). Die Straße ist durchgängig asphaltiert.

Der Southern Highway führt nun bis zur guatemaltekischen Grenze im Süden, aber es gibt dort keinen offiziellen Grenzübergang.

Zwei Busgesellschaften sorgen für den Expressbusverkehr nach und von Guatemala. Vom San Pedro Belize Express Water Taxi Terminal in Belize City fährt ein Bus um 10 und um 13 Uhr nach Flores (50–55 BZ$, 5 Std.). Von dort gibt es häufige Verbindungen nach Guatemala-Stadt.

Nach Benque Viejo del Carmen kommt man auch mit einem der vielen belizischen Busse Richtung Westen, von wo es dann mit einem lokalen Bus weiter zur Grenze geht.

AUF DEM SEEWEG

Belize ist mit dem Schiff von allen drei Nachbarländern zu erreichen.

Bei der Ausreise aus Belize ab Placencia ist lediglich die Gebühr für den Protected Areas Conservation Trust (PACT) zu zahlen 7,50 BZ$ (3,75 US$) und zwar bar in belizischen oder US-Dollars.

Wer von Punta Gorda oder mit dem Wassertaxi von Caye Caulker/San Pedro nach Chetumal ausreist, muss die normale Ausreisesteuer von 40 BZ$ bezahlen.

ℹ Unterwegs vor Ort

Auto & Motorrad In Belize herrscht Rechtsverkehr. Alle größeren Fernstraßen sind asphaltiert, aber nur wenige haben gute Seitenstreifen und eine Mittellinie. Bodenschwellen sind üblich, aber nicht immer markiert.

Bus Busse sind das häufigste Verkehrsmittel in Belize. Alle Orte werden von einer oder mehreren der verwirrend vielen privaten Busgesellschaften angefahren. Auf den Fernstraßen lassen sich Busse meist auch anhalten.

Flugzeug Maya Island (www.mayaislandair.com) und Tropic Air (www.tropicair.com) verkehren zwischen allen größeren Städten in Belize. Die Flugzeuge sind klein, die Flüge kurz und ziemlich günstig.

Schiff/Fähre Caye Caulker und Ambergris sind mit Fähren ab Belize City zu erreichen, auch gibt es ein Boot von Corozal nach Ambergris mit möglichem Stopp in Sarteneja.

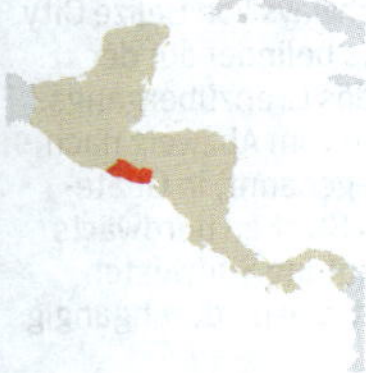

El Salvador

☎ 503 / 6,2 MIO. EW.

Inhalt ➡

Gut essen

- Beto's (S. 324)
- Rustico Bistro (S. 323)
- R&R (S. 350)
- Tunco Veloz (S. 336)
- La Cocina de Ma'Anita (S. 365)

Schön übernachten

- La Tortuga Verde (S. 362)
- Casa Verde (S. 338)
- Hotel Anáhuac (S. 350)
- Los Almendros de San Lorenzo (S. 368)

Auf nach El Salvador!

Das meistunterschätzte Land Zentralamerikas könnte dringend ein neues Image gebrauchen. El Salvador leidet sehr unter der negativen Berichterstattung. Nachrichten über Bandenkriminalität dominieren die internationalen Schlagzeilen und halten viele abenteuerlustige Reisende davon ab, dieses schöne Land zu bereisen, dabei beschränken sich die beschriebenen Schwierigkeiten auf wenige Regionen.

Die Besucher, die es wagen, sind beeindruckt vom herzlichen Empfang, der ihnen bereitet wird, und der Bandbreite, die das winzige Land zu bieten hat. Sensationelle Breaks für Surfer an einsamen Sandstränden, Kaffeeplantagen an den Hängen von Vulkanen, malerische Dörfer, Nationalparks – alles ist dabei. Außerhalb der Hauptstadt dünnen die Menschenmassen aus, San Salvador derweil wirft sich besonders stolz in die Brust, stärker als die übrigen zentralamerikanischen Hauptstädte. Mehr Werbung können wir für El Salvador kaum machen; den Rest erfährt man dann vor Ort.

Reisezeit

San Salvador

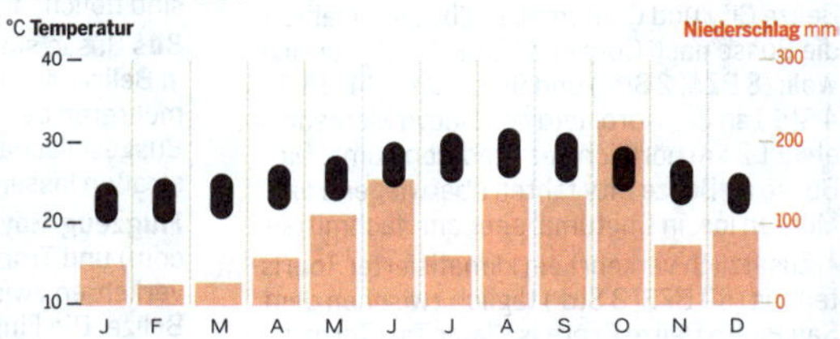

Dez.–Jan. Nach der Regenzeit ist die Landschaft saftig grün. Ideales Wetter.

Mai–Aug. Hohe Wellen; Anfang August wird El Salvadors Schutzpatron gefeiert.

Juli–Nov. Brutzeit der Meerschildkröten entlang der 300 km langen Pazifikküste.

Einreise

Von Guatemala aus führen vier Grenzübergänge nach El Salvador: San Cristóbal, von wo aus Busse nach Santa Ana fahren, Las Chinamas bei Ahuachapán, La Hachadura an der Pazifikküste und Anguiatú bei Metapán im Norden.

Von Honduras gibt's die Übergänge El Poy im Norden von El Salvador und El Amatillo im Osten.

EL SALVADOR IN EINER WOCHE

Die meisten Attraktionen El Salvadors liegen dicht beieinander im Westen des Landes, man kann sie alle innerhalb einer Woche erkunden. Ein guter Ausgangspunkt ist die freundliche Stadt **Santa Ana**. Von hier aus kann man Tagestouren zum **Parque Nacional Los Volcanes** mit einer Besteigung des Volcán Santa Ana unternehmen, die Maya-Ruinen von **Tazumal** besichtigen und eine Bootsfahrt auf dem **Lago de Coatepeque** unternehmen.

Danach geht's Richtung Südwesten nach Juayúa. Von hier kann man sich ein paar Tage lang die **Ruta de las Flores** entlangarbeiten und unterwegs Kaffee verkosten, Dörfer erkunden und in natürlichen Wasserbecken baden. Von **Ahuachapán** am westlichen Ende der „Blumenstraße" fahren Busse die kurze Strecke nach **Tacuba**, dem Tor zur üppigen ursprünglichen Wildnis des **Parque Nacional El Imposible**. Hier kann man sich an Wasserfällen abseilen oder an ihnen hinunterspringen oder auch per Mountainbike zu einem unberührten mangrovengesäumten Strand an der Barra de Santiago radeln. Danach geht's zurück nach Ahuachapán und über die Fernstraße Richtung Osten nach **San Salvador**.

Typische Speisen & Getränke

Pupusas Maismehl-Tortillas mit deftigen Füllungen – *das* salvadorianische Standardgericht

Nuégados Frittierte Maniokklöße mit Zuckerrohrsirup

Panes Chucos Veganerfreundliche Soja-Hotdogs

Riguas Süße Maismehl-Pfannkuchen, in Bananenblätter gewickelt und gegrillt

Top-Tipps

- El Salvador ist klein und seine Sehenswürdigkeiten sind leicht erreichbar. Um sich nicht ständig samt Gepäck in volle Busse quetschen zu müssen, unternimmt man am besten von einen festen Stützpunkt aus jeweils Tagestouren.
- Man sollte vorausplanen, um nicht in der Dunkelheit reisen zu müssen, und sich die Busfahrpläne immer genau anschauen, um nicht irgendwo stecken zu bleiben.
- Salvadorianer essen meist morgens und mittags ausgiebig, abends gibt's dann vielleicht nur noch *pupusas*. Wer seine Hauptmahlzeit mittags einnimmt, hat eine größere Auswahl.

AUF EINEN BLICK

Währung US-Dollar (US$)

Visa Für Aufenthalte bis zu 90 Tagen benötigen EU-Bürger und Schweizer kein Visum.

Geld Es gibt zahlreiche Geldautomaten und man kann fast überall mit Kreditkarten zahlen, besonders mit Visa-Karten.

Hauptstadt San Salvador

Notruf ☎ 911

Sprache Spanisch, Nahuatl

Wechselkurse

Eurozone	1 €	1,12 US$
Schweiz	1 SFr	1,00 US$

Preise

- Dorm-Bett: 7–10 US$; Doppelzimmer im Mittelklassehotel: 20–60 US$
- *Pupusa* mit Bohnen und Käse: 0,25 US$; Mittagessen für 2 Pers. im Restaurant: 12–20 US$

Infos im Internet

Lonely Planet (www.lonelyplanet.com/el-salvador)

Tourismusministerium (www.elsalvador.travel)

SalvaNATURA (www.salvanatura.org)

Highlights

1 Ruta de las Flores (S. 346) Den Weg der Gourmet-Kaffeebohne von der Plantage bis in die Tasse verfolgen

2 Parque Nacional Los Volcanes (S. 341) Die aktiven Vulkane im Nationalpark erklimmen

3 Bahía de Jiquilisco (S. 357) Mit dem Kajak durch Mangroven paddeln

4 Perquín (S. 364) An ernüchternden Bürgerkriegsstätten etwas über die turbulente Vergangenheit El Salvadors lernen

5 Strände im Osten (S. 361) Den „Wilden Osten" in Angriff nehmen, angefangen mit der Playa Esteron

6 Maya-Ruinen (S. 342) Die Stätten Tazumal und Joya de Cerén erkunden

7 Parque Nacional El Imposible (S. 352) Durch Urwald wandern und sich an Wasserfällen abseilen

8 Suchitoto (S. 365) In dem relaxten Künstlerort durch Kopfsteinpflasterstraßen schlendern

9 San Salvador (S. 316) Sich in den Galerien, Kirchen und Museen die nötige Dosis Kunst verabreichen

10 Costa del Bálsamo (S. 334) Entspannen an der Playa El Tunco: surfen, feiern und wieder von vorn

SAN SALVADOR

1,1 MIO. EW.

Für eine zentralamerikanische Hauptstadt ist San Salvador durchaus hübsch: Ringsum erheben sich Vulkane mit grünen Gipfeln und die baumbestandenen Vororte lassen sich wunderbar zu Fuß erkunden. Und die Galerien und Museen der Stadt sind top.

Nach einer umfassenden Auffrischung präsentiert sich das Stadtzentrum so ansprechend wie nie. Die Gegend um die Kathedrale wurde gepflastert und ist jetzt eine begrünte Fußgängerzone; dank neuer Beleuchtung ist es hier jetzt sicherer und die Plaza Barrios bietet abends einen reizenden Anblick. Tagsüber kann man sich in die wuseligen Märkte im *centro* stürzen – dort werden Reisende oft mit der unverwechselbaren *guanaco*-Gastfreundschaft begrüßt.

Zwar kommen Touristen kaum je in Kontakt mit der Bandenkriminalität, doch einige Viertel östlich der Innenstadt sind tabu. Stattdessen sollte man die hippen Bars der Zona Rosa und die Geschäfte und Cafés der Colonia Escalón ansteuern.

Die größte Stärke von San Salvador ist aber wohl die Lage: Sowohl das Meer als auch die Berge befinden sich in nächster Nähe und man kann Tagesausflüge unternehmen.

Sehenswertes

★ Catedral Metropolitana — KATHEDRALE

(Karte S. 320; 2a Calle Oriente; 7–17 Uhr) GRATIS Mit Blick auf die sanierte Plaza Barrios erhebt sich das Wahrzeichen der Stadt, die letzte Ruhestätte von Erzbischof Óscar A. Romero. In der ersten Phase des Bürgerkriegs kritisierte Monseñor Romero von der Kanzel die Regierung, bis er 1980 in einem Krankenhaus in der Nähe ermordet wurde, wo er gerade eine Messe las. Sein Bildnis ziert ein Wandbild in der Kuppel.

Das mit einer Skulptur des italienischen Künstlers Paolo Borghi verzierte Grabmal von Erzbischof Romero befindet sich in der Krypta unter der Kathedrale.

★ Iglesia El Rosario — KIRCHE

(Karte S. 320; 4a Calle Oriente; 8.30–16.30 Uhr) Die Iglesia El Rosario wurde von dem Bildhauer Ruben Martinez gestaltet und 1971 vollendet und ist die vielleicht schönste Kirche Zentralamerikas. Hinter der unauffälligen Betonfassade verbirgt sich ein Tonnendach, und ein Regenbogen aus natürlichem Licht spannt sich über den Altar und taucht Metall- und Steinflächen in bunte Farben. Der Vater der zentralamerikanischen Unabhängigkeit, Padre Delgado, wurde hier beigesetzt – es gibt sicher tristere Grabstätten!

★ Jardín Botánico La Laguna — GARTEN

(www.jardinbotanico.org.sv; 1,25 US$; Di–So 9–17.30 Uhr) Von Moos bedeckte Brücken, Kieselsteinwege, kleine Wasserfälle und Teiche mit quakenden Fröschen, Schildkröten und Fischen, die an der Wasseroberfläche auf Futtersuche gehen, sind das perfekte Heilmittel gegen Großstadthektik. In dem botanischen Garten am Fuß eines Vulkankraters wachsen und gedeihen viele salvadorianische Pflanzen. Im Stadtzentrum Buslinie 44 nehmen und den Fahrer bitten, einen am „Plan de la Laguna" abzusetzen. Von dort aus geht es 1 km zu Fuß bergab zum Park.

Museo de Arte de El Salvador — MUSEUM

(MARTE; Karte S. 326; www.marte.org.sv; Av La Revolución; 1,50 US$; Di–So 10–18 Uhr) Die beeindruckende Sammlung aus Zeichnungen, Gemälden und Installationen spürt der Entwicklung bekannter salvadorianischer Künstler wie Fernando Llort, Rosa Mena Valenzuela und Rodolfo Molina nach – einige der größeren modernen Arbeiten sind herausragend. Das Kunstmuseum liegt auf dem Hügel hinter dem großen **Monumento a la Revolución**. Sonntags kostenfreier Eintritt.

Museo Nacional de Antropología David J. Guzmán — MUSEUM

(Karte S. 326; Av La Revolución; 3 US$; Di–Fr 9–17, Sa & So 10–18 Uhr) Das lohnende Museum verfügt über eine ausgezeichnete Auswahl an Statuen und Relikten aus den Kulturen der Mayas und Olmeken (Prä-Maya-Zeit); sie stammen aus dem alten Cuscatlan. Dazu kommen noch Lenca-Artefakte aus dem östlichen El Salvador. Besonders spannend ist die Abteilung zu den Ritualen und Glaubensvorstellungen in Bezug auf den Tod in Mesoamerika. Das traditionelle Kunsthandwerk ist ebenfalls einen Blick wert. Die meisten Erklärungen sind auf Spanisch und Englisch. Das Museumscafé ist erstklassig.

Centro Monseñor Romero — MUSEUM

(www.uca.edu.sv/cmr; Calle de Mediterraneo; Mo–Fr 8–12 & 14–18, Sa 8–11.30 Uhr) GRATIS Das Zentrum, das sich in der Universidad Centroamericana José Simeón Cañas (La UCA) befindet, ist dem Erzbischof Óscar Romero gewidmet, der als Märtyrer starb. Die sehr informativen Führungen auf Englisch und Spanisch bieten detaillierte Erläuterungen zu den Ausstellungsstücken, die sich mit dem Leben und

San Salvador

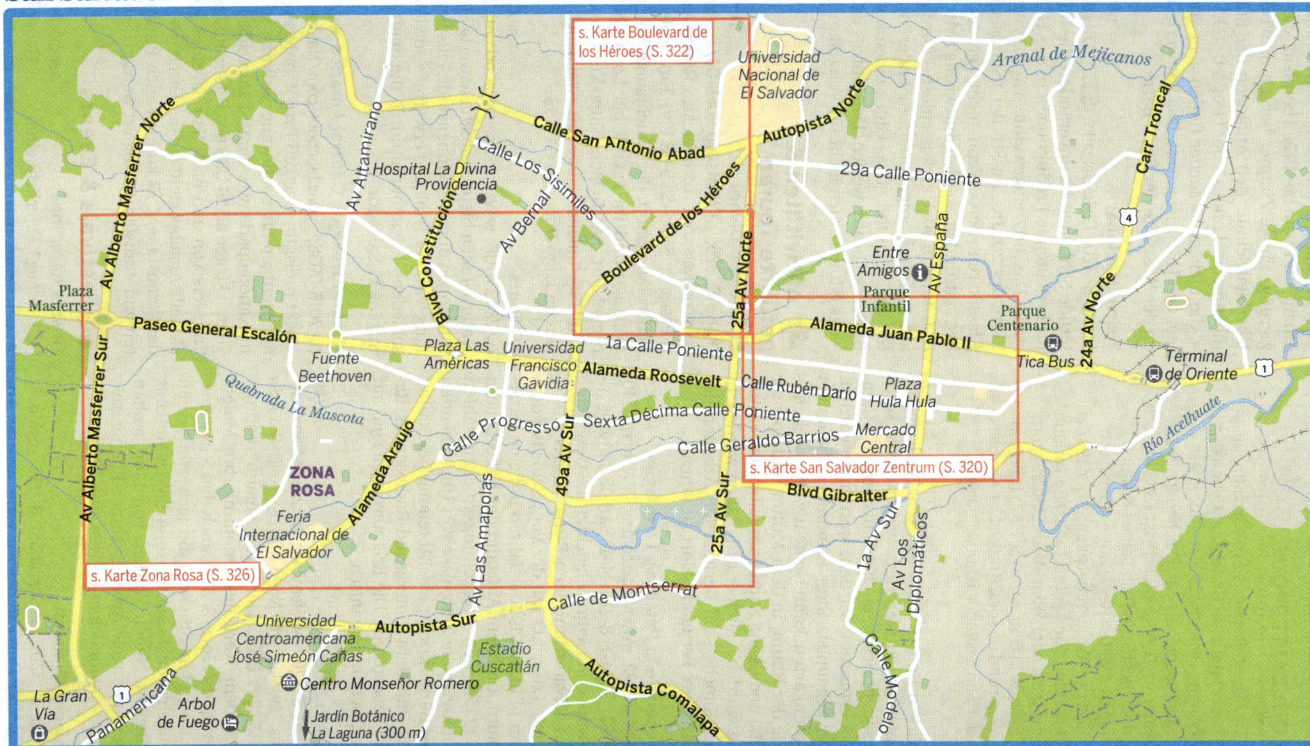

NICHT VERSÄUMEN

QUEZALTEPEQUE

Der Quezaltepeque (Volcán San Salvador) hat zwei Gipfel, von denen der höhere, Picacho, 1960 m über dem Meeresspiegel liegt. Der andere, Boquerón (Großer Mund), ist 1893 m hoch und weist innerhalb seines Kraters einen zweiten Kegel auf – 45 m hoch und perfekt symmetrisch –, der 1917 entstand. Eine geteerte Straße verläuft bis ganz nach oben. Vom Eingang zum Parque El Boquerón (S. 332) führt ein Weg rund um den Krater. Der Ausblick auf San Salvador ist unschlagbar.

Wirken Romeros beschäftigen. Auch andere Opfer des Bürgerkriegs wie etwa die sechs Jesuitenpriester, die 1989 auf dem UCA-Campus ermordet wurden, werden gewürdigt. Der Schauplatz ihrer Ermordung, heute ein Rosengarten, kann besucht werden, ebenso wie der Raum, in dem Mutter und Tochter Elba und Celina Ramos am selben Tag ermordet wurden – auch er ist erhalten worden. In der Kapelle sind berührende Arbeiten des Künstlers Fernando Llort zu sehen.

Museo de la Palabra y La Imagen MUSEUM
(Karte S. 322; www.museo.com.sv; 27 Av Norte 1140; 2 US$; ⌚Mo–Fr 8–12 & 14–17, Sa 8–12 Uhr) Das innovative Museum beleuchtet die Geschichte des salvadorianischen Bürgerkriegs (1981–1992). Los geht's mit der Vorgeschichte: dem Kampf in den 1920er-Jahren um eine Agrarreform und dem Aufstand der Kaffeebauern 1932. Zu den Ausstellungsstücken zählen audiovisuelle Zeugnisse von Überlebenden des Bürgerkriegs; eine Abteilung beschäftigt sich mit dem Untergrund-Radiosender Radio Venceremos. Die Erläuterungen sind auf Englisch und Spanisch.

El Arbol de Dios GALERIE
(Karte S. 326; www.fernando-llort.com/el-arbol-de-dios; Av Masferrer Norte 575; ⌚Mo–Fr 8–19, Sa 9–18 Uhr) GRATIS Der „Gottesbaum" widmet sich dem Werk des renommierten Malers Fernando Llort (S. 375), auch den feiner ausgearbeiteten Stücken, die sich von seinen schlichteren, bekannteren Arbeiten auf Holz abheben. Neben Werken von Llort stehen hier auch viele Arbeiten seiner Kooperative zu erschwinglichen Preisen zum Verkauf.

Palacio Nacional PALAST
(Karte S. 320; Av Cuscatlán; 3 US$; ⌚Mo–Fr 9–16 Uhr) Der Palacio Nacional wurde Anfang des 20. Jhs. aus italienischem Marmor erbaut und war bis 1974 Hauptsitz der Regierung. Einige Zimmer bergen inzwischen Überbleibsel aus den Anfängen der Staatsführung des Landes – der Großteil steht leer –, die meisten Besucher finden aber vor allem den Hof sehenswert. Das Bauwerk steht an der Westseite der Plaza Barrios.

Teatro Nacional THEATER
(Karte S. 320; Calle Delgado) GRATIS Diese alternde Schönheit ist unverändert die Bühne für bedeutende Produktionen in der Hauptstadt. Das 1917 eingeweihte Theater wurde Mitte des 20. Jhs. im Stil der französischen Klassik renoviert. Wenn nicht gerade Proben stattfinden, werden mittwochs zwischen 8.30 und 15.30 Uhr kostenlose Führungen auf Spanisch angeboten; zu anderen Zeiten darf man mit etwas Glück einen kurzen Blick ins Theater werfen. Der Eintritt ist frei – das gilt natürlich nicht für Vorstellungen.

Aktivitäten & geführte Touren

El Salvador Divers TAUCHEN
(Karte S. 326; ☎WhatsApp 7069-0473; www.elsalvadordivers.com; Ecke Av Juan Ramon Molina & Pasaje 2; ⌚Mo–Sa 9–18 Uhr) Ein professioneller Tauchshop, der Tauchgänge im Lago Ilopango und im Pazifik bei Los Cóbanos organisiert. PADI-Open-Water-Kurse kosten 350 US$, Tauchausflüge mit zwei Tauchgängen im Lago Ilopango 65 US$.

EC Tours RUNDGÄNGE
(☎7842-4708; www.ectourselsalvador.com) Das Unternehmen bietet empfehlenswerte Stadtführungen durch die Innenstadt – als Bezahlung wird ein Trinkgeld erwartet – sowie verschiedene Privattouren durch die Stadt und in ganz El Salvador.

Natural Trekking Central America WANDERN
(☎7016-0938; www.facebook.com/NatTrekCA) Bietet preisgünstige geführte Wanderungen auf weniger oft bestiegene Vulkane sowie in Nationalparks wie dem El Imposible. Die Touren kosten ab 25 US$ pro Person inklusive Transfers von und nach San Salvador – das aktuelle Angebot steht auf der Facebook-Seite des Veranstalters. Es können auch Privattouren und -transfers arrangiert werden.

Festivals & Events

Fiestas Agostinas RELIGIÖSES FEST
(⌚1.–6. Aug.) Feierlichkeiten zum Gedenken an den Schutzpatron von El Salvador finden

in allen Städten statt, am meisten ist aber in San Salvador los.

Dia de Indepencia PARADE
(⏲15. Sept.) Mit diesem Feiertag wird jedes Jahr die Unabhängigkeit von Spanien gefeiert.

Schlafen

Die besten Hotels der Stadt sind in der Zona Rosa und in Colonia Escalón zu finden. Die Gegend um den Boulevard de los Héroes ist sicher und praktisch gelegen. Hier gibt es Unterkünfte zu angemessenen Preisen gleich in der Nähe der Universidad Nacional, wo tagsüber immer viele Studenten unterwegs sind. Unterkünfte im Zentrum *(el centro)* sind eigentlich nur dann praktisch, wenn man auf den Markt gehen möchte.

★ **La Zona Hostel** HOSTEL $
(Karte S. 326; ☎2528-6689; www.facebook.com/lazonahostel; Blvd del Hipódromo 436, Colonia San Benito; B/EZ/DZ/3BZ 10/35/45/55 US$; ❄📶) Der selbsterklärte „Traveller-Spot" ist ein Fixpunkt der Budgetunterkunftsszene von San Salvador. Man ist nah dran an den Bars der Zona Rosa und wohnt gegenüber von der Tica-Bushaltestelle in einem sicheren, wohlhabenden Viertel. Das Hostel hat bunte Mehrbettzimmer, gut ausgestattete Privatzimmer und gemütliche Gemeinschaftsbereiche, wo man bei einem kühlen Bier Reisetipps austauschen kann.

★ **Cumbres del Volcán Colonia Escalón** HOSTEL $
(Karte S. 326; ☎2207-3705; www.cumbresdelvolcan.com; 85a Av Norte 637; B 10–12 US$, DZ 20 US$, 3BZ 30–45 US$; ❄📶) Diese Unterkunft im schattigen Viertel Colonia Escalón bietet unten beliebte Dorms sowie oben vier Privatzimmer mit Farbmotto. Die Lounge für alle ist groß und ruhig, die kommunale Küche und Terrasse eignen sich bestens, um mit anderen Travellern ins Gespräch zu kommen. Außerdem liegt die Unterkunft in fußläufiger Nähe zu einigen der besten Restaurants von San Salvador.

La Almohada HOSTEL $
(Karte S. 322; ☎2260-7380; www.facebook.com/almohadahostal; Calle Berlín 220; B/EZ 12/15 US$; 📶) Die sozial engagierten Betreiber des Almohada unterstützen einen Wohlfahrtsverband für einheimische Kids mit den Geldern, die die Vermietung der billigen Schlafgelegenheiten in einer freundlichen, geselligen Atmosphäre einbringt. In dem ruhigen Vorort kann man sich bedenkenlos frei bewegen und hat es nicht weit zu ein paar Restaurants. Viele Gäste lassen sich aber einfach in der großen Küche oder den Gemeinschaftsbereichen nieder.

★ **Cumbres del Volcán Flor Blanca** HOSTEL $$
(Karte S. 326; ☎2556-9803; www.cumbresdelvolcan.com; Ecke Sexta-Decima Calle Pte & 37

DER HEILIGE ÓSCAR ROMERO

Óscar Arnulfo Romero gilt in seinem Heimatland schon lange als Held und Märtyrer – aber jetzt ist es offiziell. 2018, drei Jahre nachdem in San Salvador rund 250 000 Menschen einer Seligsprechungszeremonie beiwohnten, erteilte Papst Franziskus seine Zustimmung zur Heiligsprechung Romeros. Diese erfolgte am 14. Oktober 2018.

Erzbischof Romero war ein leidenschaftlicher Kämpfer für soziale Gerechtigkeit und wurde am 24. März 1980 erschossen, als er im **Hospital La Divina Providencia** (El Hospitalito; www.hospitaldivinaprovidencia.org; Ecke Calle Toluca & Av Rocio; ⏲ 8–12 & 14–17, Sa 8–12 Uhr) GRATIS in San Salvador eine Messe zelebrierte. Seine Heiligsprechung war bisher von konservativen Kräften in der katholischen Kirche verhindert worden, galt aber gleichzeitig bei vielen als überfällig. In El Salvador wurde die Nachricht von der Heiligsprechung Romeros mit riesiger Freude und großem Stolz aufgenommen.

Das ausgezeichnete Centro Monseñor Romero (S. 316) in San Salvador beleuchtet das Leben und Wirken Romeros. Sein Grabmal befindet sich in der Kathedrale von San Salvador (S. 316).

Für den Mord an Romero wurde niemand je zur Rechenschaft gezogen, doch 2017 wurde der Fall von einem Richter neu aufgerollt. Eine Entscheidung des Obersten Gerichtshofs, die die Generalamnestie von 1993 außer Kraft setzte, hat neue Gerichtsverfahren in einer Anzahl von Fällen im Zusammenhang mit dem Bürgerkrieg möglich gemacht. In einem weiteren wichtigen Fall, der kürzlich wieder aufgenommen wurde, geht es um 18 ehemalige Militärs und ihre mutmaßliche Beteiligung am Massaker von El Mozote (S. 366).

San Salvador Zentrum

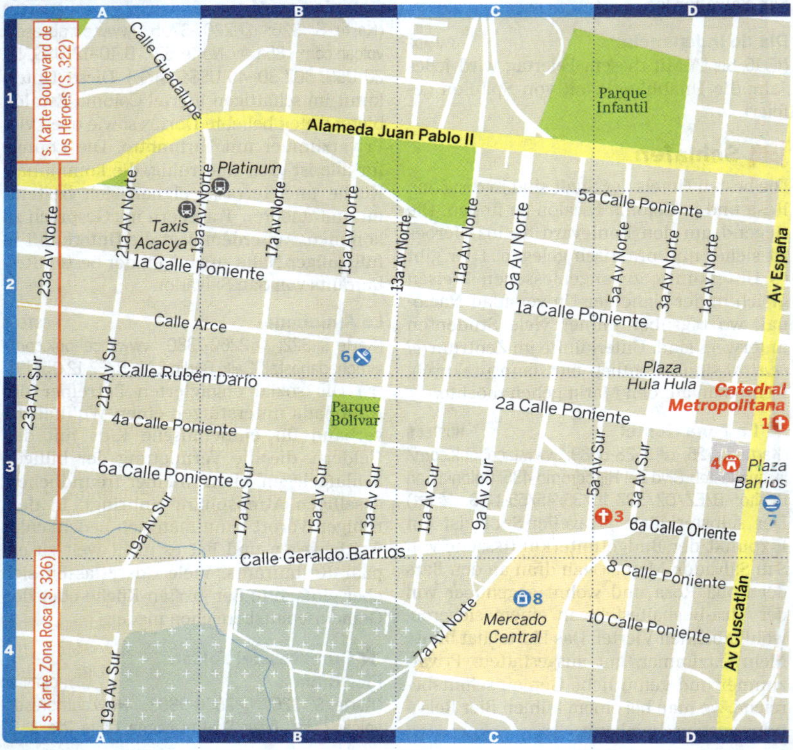

Av Sur; B 7 US$, Zi. 30–35 US$;) Das gut geführte Hostel residiert in einer luftigen Villa aus den 1950er-Jahren in der Nähe des Parque Cuscatlán im Viertel Flor Blanca. Besondere Pluspunkte sind die geräumige moderne Küche, der helle Innenhof und die heimeligen Gemeinschaftsbereiche; die Privatzimmer oben sind überdies riesig. Das Hostel ist eine gute Basis für die Erkundung des 2 km östlich gelegenen Stadtzentrums, doch die Ausgehmöglichkeiten sind hier in der Gegend eher begrenzt.

Arbol de Fuego HOTEL $$

(2557-3601; www.arboldefuego.com; Av Antiguo Cuscatlan, Colonia La Sultana; mit Frühstück EZ 60–70 US$, DZ 70–80 US$;) Das nach dem rot blühenden Feuerbaum draußen benannte Arbol de Fuego ist das beste Hotel im ruhigeren Viertel Antiguo Cuscatlan südlich der Stadt. Die Zimmer sind tadellos und mit bunten salvadorianischen Textilien und Naturseifen bestückt; die Zimmer oben sind etwas heller. Eine kleine Oase ist der Frühstücksgarten. Die Eigentümer haben viel darin investiert, das Haus so umweltfreundlich wie möglich zu gestalten, und bieten sogar Seminare zur Nachhaltigkeit an.

Hotel Villa del Angel HOTEL $$

(Karte S. 326; 2223-7171; www.villadelangelhotel.com; 71 Av Norte 219; EZ/DZ/3BZ mit Frühstück ab 70/75/87 US$;) Das Angel bildet mit seinen hellen, sehr großen Zimmern rund um einen hübschen Garten ein friedvolles Refugium in der Stadt. Außerdem kommt man gut zu den Galerías Escalón und es wird Englisch gesprochen.

La Posada del Rey I HOTEL $$

(Karte S. 326; 2264-5245; laposadadelrey@gmail.com; Pasaje Dordely 4425, Colonia Escalón; EZ/DZ/3BZ 53/65/74 US$;) Die treue Seele von Colonia Escalón verfügt über angenehm große Zimmer mit edlen Betten. Hier übernachten Reisegruppen, Geschäftsleute und Alleinreisende. Die zahlreichen

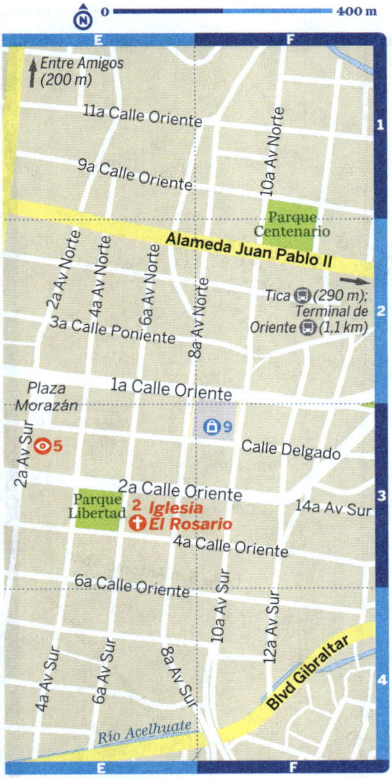

San Salvador Zentrum

Highlights
1 Catedral Metropolitana ... D3
2 Iglesia El Rosario ... E3

Sehenswertes
3 Iglesia El Calvario ... D3
4 Palacio Nacional ... D3
5 Teatro Nacional ... E3

Essen
6 Pollo Bonanza ... B2

Ausgehen & Nachtleben
7 Café de El Salvador ... D3

Shoppen
8 Mercado Central ... C4
9 Mercado Ex-Cuartel ... F3

Angestellten haben immer ein Lächeln auf den Lippen, es gibt einen hübschen Patio mit Pool und die Farbe an den Wänden sorgt für gute Laune. Die Gegend ringsum bietet sich für Spaziergänge an.

Hostal Armonía HOTEL $$
(Karte S. 322; 2225-6124; www.armoniahostal.com; 35a Av Norte; EZ/DZ/3BZ 34/42/50 US$;) Die ordentliche Pension hat ein tolles Preis-Leistungs-Verhältnis und schnellen, freundlichen Service, aber es herrscht ein Mangel an Gemeinschaftsbereichen. Die 14 Zimmer sind geräumig und gut ausgestattet. Eine clevere Wahl für alle, die sich Ruhe und Komfort wünschen. Nach einem Eingang mit weißen Arkaden Ausschau halten.

Hotel Villa Florencia Zona Rosa HOTEL $$
(Karte S. 326; 2243-7164; www.hotelvillaflorencia.com; Av La Revolución; EZ/DZ/3BZ mit Frühstück 65/75/88 US$;) Das kleine Hotel ist sehr beliebt bei wiederkehrenden San-Salvador-Besuchern. Mehrere hervorragende kulturelle Einrichtungen und Restaurants sind fußläufig zu erreichen. Es ist nicht billig, aber die kleinen Zimmer sind dafür vergleichsweise opulent und der Hof aus Stein bietet Zuflucht vor der Hitze. In der Nähe fahren Busse nach Guatemala und Honduras ab.

International Guest House HOTEL $$
(Karte S. 322; 2226-7343; i_guesthouse@hotmail.com; 35a Av Norte 9 bis; EZ/DZ/3BZ mit Frühstück 25/35/45 US$;) Der Kampf um Kundschaft holt das Beste aus dem International heraus, das von der charmant überschwänglichen Alma geführt wird. Das WLAN ist schnell, das Bier gekühlt und die Betten sind genau richtig. Die mit Pflanzen geschmückten Gemeinschaftsbereiche verströmen ein gemütliches Flair und hinten gibt's noch einen Garten mit Hängematten.

Hotel El Torogoz HOTEL $$
(Karte S. 322; 2225-8483; www.hoteleltorogoz.com; 35a Av Norte 7B; EZ/DZ mit Frühstück, mit Bad 35/45 US$, ohne Bad 27/42 US$;) Es gibt bessere Zimmer in der Stadt als die in diesem relaxten familiengeführten Hotel, doch der große Reiz des El Torogoz liegt in seinem schattigen Garten und dem einladenden Swimmingpool.

Hotel Tazumal HOTEL $$
(Karte S. 322; 2235-0156; www.hoteltazumalhouse.com; 35a Av Norte 3; EZ/DZ/3BZ mit Frühstück 35/45/55 US$;) In einer Gegend mit vielen kleinen Hotels, die ähnliche Zimmer vermieten, sticht das Tazumal durch seine anheimelnden Gemeinschaftsbereiche, viel natürliches Licht und einen hübschen Hof

Boulevard de los Héroes

Boulevard de los Héroes

Sehenswertes
1 Museo de la Palabra y La Imagen D5

Schlafen
2 Hostal Armonía C2
3 Hotel El Torogoz C2
4 Hotel Tazumal C2
5 International Guest House C2
6 La Almohada C4

Essen
7 Café Maquilishuat B6

Unterhaltung
8 Café La 'T' B3
9 CineMark B6
10 Teatro Luis Poma B6

Shoppen
11 La Ceiba Libros B6

hervor. Da kaum Englisch gesprochen wird, sollte man vielleicht sein Spanischwörterbuch aus der Tasche kramen.

★ Nico Urban Hotel BOUTIQUEHOTEL **$$$**
(Karte S. 326; ☎2528-4200; www.nicourbanhotel.com; Blvd del Hipódromo 605, Colonia San Benito; EZ/DZ mit Frühstück 153/172 US$;) Das Nico Urban Hotel ist das edelste Boutiquehotel des Landes. Die sechs Zimmer im minimalistischen Design sind groß genug, um seine Yoga-Matte auszurollen und die Sonne zu grüßen. Die Steinböden, die geschützte Rasenfläche und Bettwäsche aus reiner Baumwolle trösten über den fehlenden Swimmingpool hinweg, das Mobiliar und die Kunstwerke schaffen eine Oase des guten Geschmacks. Das Hotel verfügt außerdem über eine Ginbar sowie ein Restaurant, das es mit jedem anderen der Stadt aufnehmen kann.

Clarion Suites Las Palmas APARTMENTS **$$$**
(Karte S. 326; ☎2250-0800; www.choicehotels.com/clarion; Blvd del Hipódromo, Colonia San Benito; Suite ab 150 US$;) Die Suiten hier verfügen über kleine Küchen mit großem Kühlschrank und Mikrowelle. Mit seinen diskreten Mitarbeitern, Platz zum Tanzen und fabelhaften Dachpool ist das Las Palmas eine gute Wahl für Familien und Gruppen, die auf eine Unterkunft nicht weit vom Nachtleben der Zona Rosa aus sind. Die Einrichtung verströmt Businesshotelflair, doch von den oberen Stockwerken bieten sich tolle Ausblicke. Am Wochenende ist die Übernachtung billiger.

Essen

★ Pollo Bonanza SALVADORIANISCH **$**
(Karte S. 320; Calle Arce 525, Stadtzentrum; Hauptgerichte 2,75 US$; Mo–Sa 9.30–18, So bis 15 Uhr) Laut einigen Einheimischen ist das Grillhähnchen in diesem einfachen Lokal im Zentrum das beste im ganzen Land. Seit über 30 Jahren lockt das Bonanza mittags die Gästescharen mit großzügigen Portionen *pollo* aus dem Holzofen, serviert mit *escabeche* (mariniertem Kohl) und Pommes. Früh da sein oder warten!

Food Trucks STREET FOOD **$**
(Karte S. 326; Av La Revolución, Colonia San Benito; Hauptgerichte 3–7 US$; Mo–Sa 11.30–14.30 & 18–21.30, So 12–16 Uhr) Beim Monumento a la Revolución in San Benito verkaufen Imbisswagen Burger, *arepas* (gefüllte Maistortillas), Grillfleisch, *chocobananos* (in Schokolade getauchte gefrorene Bananen) u. v. m. Dazu passt ein Mojito vom Cocktailwagen Kombi 2Go.

Café Maquilishuat SALVADORIANISCH **$**
(Karte S. 322; Av Los Andes, Metrocentro; Hauptgerichte 2,25–4,50 US$; Mo–Sa 7.30–19, So 9–17.30 Uhr;) Ein verlässlich gutes salvadorianisches Restaurant für billiges Essen. Der Name geht auf den pinkfarben blühenden Nationalbaum von El Salvador zurück. Jeden Tag werden andere einheimische Leibspeisen zubereitet, darunter auch einige vegetarische Optionen.

★ Rustico Bistro BURGER **$$**
(Karte S. 326; ☎2224-5656; 3a Calle Poniente 3877, Colonia Escalón; Hauptgerichte 6–11 US$; Mo & Di 12–15, Mi–Sa 12–15 & 18–21.30 Uhr) Das Rustico kann unserer Meinung nach mit so ziemlich jedem Burgerladen in der Welt mithalten. Die Brötchen sind schön dick und frisch und das Fleisch wiegt gefühlt ein halbes Rind. Wir lieben das Sandwich mit *pulled pork* und Tamarindensoße. Zu trinken bietet sich z. B. ein Fruchtsaft oder ein kühles Cadejo-Bier an.

★ El Sopón Típico SALVADORIANISCH **$$**
(Karte S. 326; Paseo General Escalón, Colonia Escalón; Hauptgerichte 5–15 US$; 11–21 Uhr) Einfach, frisch und köstlich ist die einheimische Küche in diesem berühmten *típico*-Restaurant an einer belebten Ecke neben den Galerías Escalón. Überzeugt haben uns die *mariscos en crema* (Meeresfrüchte mit Sahne) und die *sopa de chorizo* (Suppe mit Wurst), aber eigentlich schmecken alle Gerichte super.

ABSTECHER

LOS PLANES DE RENDEROS

Dieser hügelige Distrikt 12 km südlich von San Salvador ist berühmt für seine **Puerta del Diablo** (Teufelstor). Die zwei emporragenden Felsstücke, angeblich ein einzelner Steinblock, der auseinandergebrochen ist, bieten einen tollen Aussichtspunkt und herrliche Ausblicke. Während des Krieges wurden hier Hinrichtungen durchgeführt und die Leichen einfach über die Klippen geworfen.

Die Felsen liegen 2 km hinter dem familienfreundlichen **Parque Balboa** (3 US$; ⌚8–16 Uhr), wo es einige der besten *pupusas* im Land geben soll. An der Ostseite des Mercado Central, an der 6a Calle Poniente, nimmt man Bus 12 mit der Aufschrift „Mil Cumbres" (0,30 US$, 20 Min.). Wer ein eigenes Fahrzeug hat, fährt die Avenida Cuscatlán entlang, bis die Wegweiser zu den Felsen in Sicht kommen.

Olas Permanentes FISCH & MEERESFRÜCHTE **$$**
(Karte S. 326; ☎2264-5954; www.olaspermanentes.restaurant; Calle El Mirador 127, Colonia Escalón; Hauptgerichte 7–20 US$; ⌚So–Mi 12–22.30, Do bis 24, Fr & Sa bis 1 Uhr) „Magst du nicht zum Strand gehen, kommt der Strand eben zu dir": So ähnlich lautet jedenfalls das Motto dieses quirligen Restaurants mit maritimem Einschlag und Bar. Von der luftigen Terrasse blickt man auf die Plaza Palestina, während die kunstvolle Inneneinrichtung wellenförmige Mosaike, Skulpturen von hiesigen Künstlern und mit Muscheln bedeckte Lampen aufweist. Die Meeresfrüchtegerichte hier sind recht preisgünstig; Tipp: der *coctel de camaron* (Garnelencocktail).

Mile Time VEGETARISCH **$$**
(Karte S. 326; ☎2264-9980; www.facebook.com/MileTimeEscalon; 11a Calle Poniente 4134, Colonia Escalón; Hauptgerichte 4–8,50 US$; ⌚Mo–Sa 11.30–21 Uhr; 🖉) Fleischersatz hat noch nie so gut gemundet wie im Mile Time in Escalón, in dem querbeet alle veganen und vegetarischen Gerichte aus Asien und dem Abendland aufgefahren werden. Die *sopa agripicante* (süßsaure Suppe) ist göttlich, die Dessertkarte ellenlang.

Le Croissant FRANZÖSISCH **$$**
(Karte S. 326; ☎2223-2575; www.lecroissant.com.sv; Blvd del Hipódromo, Colonia San Benito; Frühstück 4–8,50 US$, Hauptgerichte 4,25–10 US$; ⌚7.30–18.30 Uhr) Die schicke Patisserie in einem noblen Möbelgeschäft bietet frisch gebackenes französisches Gebäck, Brunch, Quiches, Salate und Sandwiches. Da auch der Kaffee nicht schlecht ist, bietet sich dieses Café als Frühstücksadresse für Reisende an, die in der Zona Rosa nächtigen.

El Cafe de Don Pedro SALVADORIANISCH **$$**
(Karte S. 326; ☎2260-2011; www.elcafededonpedro.com; Ecke 39a Av Norte & Alameda Roosevelt, Colonia Flor Blanca; Hauptgerichte 4–12 US$; ⌚24 Std.) Die Fleischgerichte vom Grill und die Frühstücksangebote sind die Highlights in diesem familienbetriebenen Restaurant, das fast rund um die Uhr geöffnet ist und in einem teils offenen Diner aus den 1950er-Jahren residiert. Die Qualität des Essens schwankt stark, aber das Personal ist leutselig und es gibt viel Platz zum Parken und spottbilliges Bier.

Típicos Margoth SALVADORIANISCH **$$**
(Karte S. 326; ☎2263-3340; 77a Av Norte, Colonia Escalón; Hauptgerichte 4–7,50 US$; ⌚7–21.30 Uhr) Der Service ist nicht immer so *margoth* (lebendig und extrovertiert) wie es der Name verspricht, dafür bietet das familienbetriebene Selbstbedienungsrestaurant eine leckere Einführung in die salvadorianische Küche. Los geht's mit den *antojitos* (Appetithäppchen) und zum Abschluss gibt's *plátanos* (Kochbananen) und Zimtcreme.

★ **Beto's** FISCH & MEERESFRÜCHTE **$$$**
(Karte S. 326; ☎2263-7304; Ecke 85a Av Norte & Pasaje Dordely, Colonia Escalón; Hauptgerichte 7–21 US$; ⌚Mo–Do 11–23, Fr & Sa bis 24, So bis 22 Uhr; 📶) Colonia Escalón ist das Viertel, in dem man es sich bei einer Portion Krustentieren gut gehen lässt. Beto's bietet den perfekten Wohlfühlmix aus Mittagessen für Werktätige und Abendessen für die salvadorianische Elite. Hier landet alles, was im Meer lebt, auf dem Teller, und der Service ist großartig. Auf der umfangreichen Karte stehen auch Fleischgerichte, Pasta und Pizza.

Ausgehen & Nachtleben

San Salvador hat ein gutes, abwechslungsreiches Nachtleben. Die beliebteste Anlaufstelle ist die Zona Rosa. Auf zahlreichen verrauchten Tanzflächen und bei Livemusikbegleitung kann man bis tief in die Nacht feiern, Colonia Escalón ist derweil etwas gediegener. Außerhalb der Stadt zieht es die Nachtschwärmer zum Paseo El Carmen in Santa Tecla. Dort locken Cafés unter freiem Himmel und an den Wochenenden dröhnt in den Bars die Musik aus den Lautsprechern.

★Cadejo Brewing Company CRAFT-BIER
(Karte S. 326; ☎2223-3180; www.cervezacadejo.com; Calle La Reforma 222, Colonia San Benito; ⌚Mo–Do 11.30–23, Fr & Sa bis 24, So 10–20 Uhr) Die Craft-Bier-Welle ist auch in El Salvador angekommen! Dieses beliebte Brauhaus verkauft sieben Cadejo-Biere vom Fass; ein Probierset kostet 5 US$. Interessant ist z. B. das Suegra („Schwiegermutter"), ein starkes, süßes und bitteres IPA mit viel Charakter. Um 17 Uhr werden gewöhnlich kostenlose Brauereiführungen geboten – telefonisch nachfragen!

Nómada COCKTAILBAR
(Karte S. 326; ☎7803-3788; Blvd del Hipodrómo; ⌚Mo–Sa 12–15 & 18–1 Uhr) Diese schicke, schummrig beleuchtete Cocktailbar wäre auch in New York oder London nicht fehl am Platz. Zu den hauseigenen Schöpfungen zählt der Nómada, eine Mischung aus Passionsfrucht, Chiltepe-Chilis, Zitrone und Tíc Táck, einem salvadorianischen Zuckerrohrlikör.

Café de El Salvador KAFFEE
(Karte S. 320; Av Cuscatlán, Edificio Centro, 2. OG; ⌚Mo–Fr 8.30–17, Sa 8–12 Uhr) Der ausgezeichnete Coffeeshop im Museo Banco Hipotecario (Eintritt frei) an der Plaza Barrios ist ein klimatisiertes Refugium von der Hitze und wartet mit fachkundig zubereitetem Kaffee aus Bohnen nach Wahl auf. Es stehen sechs salvadorianische Sorten zur Auswahl – eine Karte zeigt, wo diese angebaut werden.

Mercado Cuscatlán DACHBAR
(Karte S. 326; Ecke 25 Av Sur & Calle Gerardo Barrios; ⌚Markt 6–3 Uhr, Bars So–Do 11.30–22, Fr & Sa bis 24 Uhr) Schon allein die herrlichen Wandbilder an den Außenwänden dieses nagelneuen Marktes sind ein Grund für einen Besuch hier. Drinnen befinden sich zwei Etagen voller Marktstände sowie auf dem Dach ein *mirador* (Aussichtspunkt) mit mehreren Bars und Cafés, in denen am Wochenende jede Menge los ist. Am beliebtesten ist **La Taberna**, wo freitag- und samstagabends DJs auflegen.

La Ventana BAR
(Karte S. 326; ☎2557-0198; 83a Av Norte 510; ⌚Mo–Mi 12–23, Do–Sa bis 2 Uhr) Das Ventana ist schon seit mehr als zwei Jahrzehnten im Geschäft, was in einer Stadt wie San Salvador eine ziemliche Errungenschaft ist. An erster Stelle kommt hier das Bier in einer Riesenauswahl und erst danach die solide Kneipenkost (Hauptgerichte 7–15 US$). Eine nette Abwechslung sind die verschiedenen Crêpes.

Barbass BAR
(Karte S. 326; 79a Av Norte 725, Colonia Escalón; ⌚Di–Sa 19.30 Uhr–open end) Rock 'n' Roll wird in diesem Laden nicht als Krach abgetan. Hier treten lokale Gitarristen auf, das Publikum ist gemischten Alters. Die Wände bedeckt interessante Street-Art. Tattoos sind zwar keine Voraussetzung, um eingelassen zu werden, aber durchaus gern gesehen.

Republik BAR
(Karte S. 326; ☎2240-0041; www.facebook.com/barrepublik; Calle La Reforma 243–247; ⌚Mi–So 15–1 Uhr) Diese irische Bar ist die verlässlichste Anlaufstelle in der Zona Rosa, denn hier ist eigentlich immer was los. Cover-Bands und DJs unterhalten ein gut gekleidetes Publikum, das in Grüppchen tanzt und an reservierten Tischen Mojitos sowie Eimer voll Flaschenbier trinkt. Aktuelle Veranstaltungen siehe Facebook-Seite.

Scape SCHWULE
(Karte S. 326; www.facebook.com/scapedisco; Prolongación Juan Pablo II; ⌚Do–Sa 21–2.30 Uhr) An Wochenenden der Clubhimmel für Schwule.

NICHT VERSÄUMEN

PARQUE CUSCATLÁN

Im Stadtteil Colonia Flor Blanca westlich des Stadtzentrums befindet sich der **Parque Cuscatlán**, eine öffentliche Grünanlage, die zur Zeit der Recherche gerade für 4,6 Mio. US$ saniert wurde. Die ganze Anlage samt Beleuchtung wird modernisiert, das Kunstmuseum ausgebaut und ein neues Kulturzentrum sowie ein neues Sportzentrum werden gebaut.

Eine Straße südlich des Parks befindet sich an der 25 Avenida Sur der Mercado Cuscatlán, ein schicker neuer Markt in einem vierstöckigen Gebäude mit Verkaufsständen auf zwei Etagen, einer öffentlichen Bücherei und einem Dach-*mirador* mit wundervollem Ausblick auf San Salvador und Umgebung. Bisher hat sich der Markt noch nicht als der erwünschte Erfolg herausgestellt, doch die Bars auf dem Dach erfreuen sich am Wochenende einiger Beliebtheit.

Zona Rosa

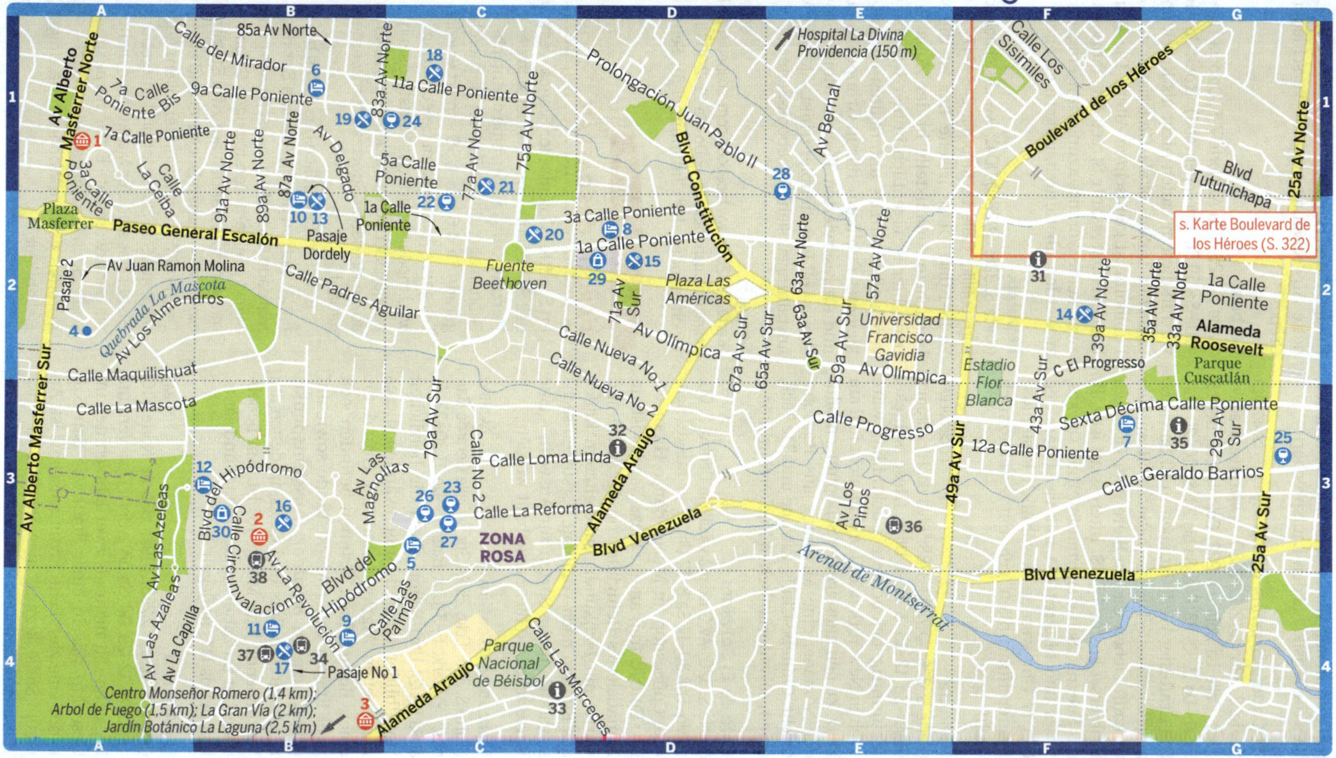
0
1 km
Av Alberto Masferrer Norte
Calle del Mirador
85a Av Norte
7a Calle Poniente Bis
9a Calle Poniente
7a Calle Poniente
3a Calle Poniente
Calle La Ceiba
Plaza Masferrer
91a Av Norte
89a Av Norte
87a Av Norte
Av Delgado
83a Av Norte
11a Calle Poniente
5a Calle Poniente
1a Calle Poniente
Pasaje Dordely
77a Av Norte
75a Av Norte
Paseo General Escalón
Pasaje 2
Av Juan Ramon Molina
Quebrada La Mascota
Av Los Almendros
Calle Padres Aguilar
Fuente Beethoven
3a Calle Poniente
1a Calle Poniente
Plaza Las Américas
71a Av Sur
Prolongación Juan Pablo II
Blvd Constitución
Hospital La Divina Providencia (150 m)
Av Bernal
63a Av Norte
57a Av Norte
67a Av Sur
65a Av Sur
63a Av Sur
59a Av Sur
Universidad Francisco Gavidia
Av Olímpica
Calle Nueva No 1
Calle Nueva No 2
Calle Maquilishuat
Calle La Mascota
Av Alberto Masferrer Sur
Blvd del Hipódromo
79a Av Sur
Av Las Magnolias
Calle No 2
Calle Loma Linda
Calle La Reforma
ZONA ROSA
Calle Circunvalación
Av La Revolución
Blvd del Hipódromo
Calle Las Palmas
Av Las Azaleas
Av La Capilla
Pasaje No 1
Centro Monseñor Romero (1,4 km); Arbol de Fuego (1,5 km); La Gran Vía (2 km); Jardín Botánico La Laguna (2,5 km)
Alameda Araujo
Parque Nacional de Béisbol
Calle Las Mercedes
Blvd Venezuela
Arenal de Montserrat
Av Los Pinos
Calle Progresso
49a Av Sur
Estadio Flor Blanca
43a Av Sur
C El Progresso
12a Calle Poniente
Sexta Décima Calle Poniente
Calle Geraldo Barrios
29a Av Sur
25a Av Sur
Calle Los Sisimiles
Boulevard de los Héroes
Blvd Tutunichapa
25a Av Norte
s. Karte Boulevard de los Héroes (S. 322)
39a Av Norte
35a Av Norte
33a Av Norte
1a Calle Poniente
Alameda Roosevelt
Parque Cuscatlán
A
B
C
D
E
F
G
1
2
3
4
1
2
3
4
5
6
7
8
9
10
11
12
13
14
15
16
17
18
19
20
21
22
23
24
25
26
27
28
29
30
31
32
33
34
35
36
37
38

Zona Rosa

Sehenswertes
1 El Arbol de Dios ... A1
2 Museo de Arte de El Salvador ... B3
3 Museo Nacional de Antropología David J Guzmán ... B4

Aktivitäten, Kurse & Touren
4 El Salvador Divers ... A2

Schlafen
5 Clarion Suites Las Palmas ... C3
6 Cumbres del Volcán Colonia Escalón ... B1
7 Cumbres del Volcán Flor Blanca ... F3
8 Hotel Villa del Angel ... D2
9 Hotel Villa Florencia Zona Rosa ... B4
10 La Posada del Rey I ... B2
11 La Zona Hostel ... B4
12 Nico Urban Hotel ... B3

Essen
13 Beto's ... B2
14 El Cafe de Don Pedro ... F2
15 El Sopón Típico ... D2
16 Food Trucks ... B3
17 Le Croissant ... B4
18 Mile Time ... C1
19 Olas Permanentes ... B1
20 Rustico Bistro ... C2
21 Típicos Margoth ... C1

Ausgehen & Nachtleben
22 Barbass ... C2
23 Cadejo Brewing Company ... C3
24 La Ventana ... C1
25 Mercado Cuscatlán ... G3
26 Nómada ... C3
27 Republik ... C3
28 Scape ... E1

Shoppen
29 Galerías Escalón ... D2
30 Xocolatísimo ... B3

Praktisches
31 Centro Nacional de Registros ... F2
32 Corporación Salvadoreña de Turismo ... D3
33 Ministerio de Medio Ambiente ... C4
34 Platinum (Busunternehmen) ... B4
35 SalvaNatura ... G3
36 Terminal de Occidente ... E3
37 Tica Bus ... B4
38 Transportes del Sol ... B3

Unterhaltung

★ Café La 'T' LIVEMUSIK
(Karte S. 322; Calle San Antonio Abad 2233; ⏲Mo–Mi 10–21.30, Do–Sa bis 23 Uhr) Hin und wieder treten in diesem entspannten Laden abseits des Partytumults die besten Musiker des Landes auf: Ska, Jazz, Blues oder Salsa. Davon abgesehen gibt's leichte Mahlzeiten, Alkohol und guten Kaffee.

Teatro Luis Poma THEATER
(Karte S. 322; ☎2210-3828; www.teatroluispoma.com; Blvd de los Héroes, Metrocentro; 7 US$) In San Salvadors angesehenstem Theater werden genreübergreifende moderne Darbietungen inszeniert. Es befindet sich in einem Einkaufszentrum.

CineMark KINO
(Karte S. 322; ☎2261-2001; Blvd de los Héroes, Metrocentro, 3. OG) Unser Liebling unter den großen Kinoketten.

Shoppen

Xocolatísimo SCHOKOLADE
(Karte S. 326; www.xocolatisimo.com.sv; Blvd del Hipódromo 548; ⏲Mo–Fr 9–19, So bis 18 Uhr) Da der meiste Kakao des Landes exportiert wird, ist hochwertige salvadorianische Schokolade vor Ort gar nicht so leicht aufzutreiben. Doch dieser Chocolatier bildet eine Ausnahme und verkauft preisgekrönte Pralinen und Schokoriegel, die mit Kakao von der Hacienda San José Real de la Carrera in Usulután hergestellt werden. Mit ihrer schönen Verpackung eignen sie sich wunderbar als Geschenke.

Galerías Escalón EINKAUFSZENTRUM
(Karte S. 326; www.galerias.com.sv; Paseo Gezcalón warten mit exklusiven Klamotten- und Schmuckläden, Elektronikgeschäften, Handyanbietern, Banken und einem Kino auf drei klimatisierten Stockwerken auf. Das Einkaufszentrum wurde rund um eine schön restaurierte Villa aus den 1950er-Jahren erbaut; diese befindet sich im Hauptatrium und beherbergt Geschäfte und eine Galerie.

Mercado Central MARKT
(Karte S. 320; 6a Calle Ote; ⏲Mo–Sa 7.30–18, So bis 14 Uhr) Salvadorianischen Stadtalltag par excellence bietet der Mercado Central, die einheimische Lieblingsadresse für Kleidung und Elektrowaren.

La Gran Vía EINKAUFSZENTRUM
(Ecke Carretera Panamericana & Calle Chiltiupán; ⏲10–20 Uhr) Großes Einkaufszentrum mit Filialen internationaler Ketten, Cafés, Restaurants und einem Kino.

ABSTECHER

RUINEN BEI SAN SALVADOR

Joya de Cerén (3 US$; Di–So 9–16 Uhr) Das von der Unesco ins Verzeichnis der Welterbestätten aufgenommene Joya de Cerén wird auch das Pompeji Amerikas genannt. Beim Ausbruch des Vulkans Laguna Caldera wurde die kleine Maya-Siedlung im Jahr 595 n. Chr. unter Vulkanasche begraben. Die vor dem Ausbruch fliehenden Bewohner ließen jede Menge Alltagsgegenstände zurück, die Auskunft geben über Pflanzungstechniken, den Hausbau und die Aufbewahrung von Lebensmitteln zu jener Zeit. Zu den erhaltenen Bauten zählen das Haus des Dorfschamanen und das *tamascal*-Dampfbad. Die Stätte ist ausgezeichnet auf Spanisch und Englisch beschildert. Ein kleines Museum, das bei unserem letzten Besuch zwecks Renovierung geschlossen war, zeigt eine gute Ausstellung mit Fundstücken und Miniaturnachbildungen der Dörfer. Ein besonders fesselndes Stück ist ein kleiner Teller, auf dem die Essensreste einer offenbar unterbrochenen Mahlzeit und darin sogar noch Fingerabdrücke zu erkennen sind. Ab San Salvador (36 km) oder Santa Ana (42 km) den Bus Nr. 201 (0,85 US$) bis zur Abzweigung nach Opico nehmen und dann an der Tankstelle in Sitio del Niño den Bus 108 (10 Min., 0,50 US$). Man steigt aus, sobald der Bus die Brücke über den Río Sucio überquert hat; die Ruinen sind ausgeschildert.

Ruinas de San Andrés (Erw./Kind 3 US$/frei; Di–So 9–16 Uhr) 1977 wurden an dieser Ausgrabungsstätte, die zwischen 600 und 900 n. Chr. von den Mayas bewohnt war, eine steile Pyramide und ein großer Hof mit einem unterirdischen Teilstück ausgegraben. Experten glauben, dass hier einmal bis zu 12 000 Menschen gelebt haben. Die friedlichen Ruinen liegen 33 km westlich von San Salvador 300 m nördlich der Fernstraße im Valle de Zapotitán. Am Terminal de Occidente in San Salvador nimmt man den Santa-Ana-Bus 201 und steigt bei Kilometer 33 beim Schild aus, das den Weg zu den Ruinen weist. Einst dominierte die Stadt das Valle de Zapotitán und vielleicht auch das benachbarte Valle de las Hamacas, in dem heute San Salvador liegt. Wer diese Stätte zusammen mit Joya de Cerén besuchen möchte, sollte zuerst Joya de Cerén ansteuern und dann an der Fernstraße einen beliebigen Bus für die kurze Strecke nach San Andrés nehmen.

Parque Arqueológico Cihuatán (3 US$; Di–So 9–16 Uhr) Die bescheidenen Ruinen von Cihuatán bildeten früher ein enormes Stadtgebiet entlang des Río Guazapa – vielleicht war dies sogar die größte präkolumbische Stadt zwischen Guatemala und Peru. Heute ist die Stätte eine Art Lektion in Lokalgeschichte, die von San Salvador aus leicht zu erreichen ist und Besuchern dabei hilft, die moderne Hauptstadt in einen historischen Kontext zu bringen. Vom Terminal de Oriente in San Salvador aus nimmt man Bus 119 in Richtung Chalatenango (1½ Std.) und steigt etwa 2 km hinter Aguilares aus – den Fahrer bitten, bei den Ruinen anzuhalten. Vom Haltepunkt aus sind es noch etwa 900 m bis zu der Stätte.

Mercado Ex-Cuartel MARKT

(Karte S. 320; Calle Delgado; Mo–Sa 7.30–18, So bis 14 Uhr) Die Orientierung auf dem Mercado Ex-Cuartel ist schwierig, aber mit Geduld findet man sicherlich eine selbstgeknüpfte Hängematte und bestickte Textilien aus dem ganzen Land, die einem zusagen.

La Ceiba Libros BÜCHER

(Karte S. 322; Blvd de los Héroes, Metrocentro, 1. OG; Mo–Sa 9–19, So 10–17 Uhr) Hier gibt's jede Menge spanischsprachige Geschichtsbücher und Literatur aus El Salvador. La Ceiba hat auch noch weitere Filialen in der Hauptstadt.

Orientierung

San Salvador besitzt das gleiche Straßenraster wie die meisten anderen zentralamerikanischen Städte. Im Stadtzentrum ist die Beschilderung leider spärlich – die Straßennamen stehen vielleicht an den Bordsteinen. Vom Nullpunkt an der Kathedrale führen die Avenida España nach Norden und die Avenida Cuscatlán nach Süden; die Calle Arce geht nach Westen, die Calle Delgado nach Osten.

Die Avenidas (Alleen) verlaufen in Nord-Süd-Richtung und ändern sich an der wichtigsten Ost-West-Verkehrsader (Calle Arce und Calle Delgado) von Sur (Süd) in Norte (Nord). Die Avenidas tragen eine ungerade bzw. gerade Nummer, je nachdem, ob sie westlich oder östlich der Nord-Süd-Magistrale (Av Cuscatlán und Av España) verlaufen. Die 5a Avenida Sur befindet sich also südlich der Calle Arce und – da sie eine ungerade Zahl trägt – westlich der Avenida Cuscatlán. Die Calles (Straßen) sind ähnlich geordnet, nur mit Oriente (Ost) und Poniente (West). Am Anfang ist das System für Besucher verwirrend, doch bald hat man den Bogen raus. Die Sache mit gerade/ungerade kann allerdings tückisch sein: So ist die 25a Avenida eine Straße von der 27a Avenida entfernt, aber mehr als 25 von der 26a Avenida!

Vom Stadtzentrum aus sind die 1a Calle Poniente und die Calle Rubén Darío, nördlich bzw. südlich der Calle Arce, die wichtigsten Straßen in den wohlhabenderen Westen der Stadt.

ℹ Praktische Informationen

GEFAHREN & ÄRGERNISSE

Die Kriminalität ist nach wie vor ein ernstes Problem in San Salvador. Am besten trägt man nur wenig mit sich herum, protzt nicht mit auffälligem Schmuck oder Uhren und hat stets ein Auge auf seine Habseligkeiten, besonders in Bussen, auf Märkten und in vollen Straßen. Wer ausgeraubt wird, sollte einfach seine Sachen aushändigen. In den meisten Stadtgebieten ist es ratsam, nach 20 Uhr ein Taxi zu nehmen; eine Ausnahme bilden die Zona Rosa und die Colonia Escalón – jedoch sollte man sich immer auf sein Bauchgefühl verlassen und keinerlei Risiko eingehen. Im Stadtzentrum ist die Lage in den vergangenen Jahren besser geworden, trotzdem sollte es nach Einbruch der Dunkelheit noch immer gemieden werden. Wer dann dennoch im Zentrum unterwegs ist, sollte mit dem Taxi zur Plaza Barrios fahren und sich nur in gut beleuchteten Gegenden aufhalten.

Unfälle zwischen Autos und Fußgängern sind nicht ungewöhnlich, daher beim Überqueren der Straßen besondere Vorsicht walten lassen! Fußgänger haben keinen Vorrang und es wird auch kein Autofahrer höflich für Fußgänger anhalten, um sie über die Straße zu lassen.

GELD

Überall in San Salvador gibt's Banken sowie rund um die Uhr zugängliche Geldautomaten, die US-Dollar ausspucken. Zuverlässig und sicher sind in der Regel die Geldautomaten in Einkaufszentren und an Tankstellen.

Banken

Banco Credomatic Mit Filialen im *centro* und beim Supermarkt Super Selectos im Centro Comercial San Luis nahe der Calle San Antonio Abad. Wechselt Reiseschecks und tätigt Barauszahlungen auf MasterCard.

Citibank Hat Geldautomaten, die alle Karten akzeptieren, in den Einkaufszentren Metrocentro und Galerías. In den Filialen werden Reiseschecks eingetauscht und Barauszahlungen auf Visa-Karten getätigt.

LANDKARTEN

Centro Nacional de Registros (IGN; Karte S. 326; ☎2593-5000; www.cnr.gob.sv; 1a Calle Poniente; ⏲Mo–Fr 7.30–16 Uhr)

MEDIZINISCHE VERSORGUNG

Die Luftverschmutzung ist und bleibt ein hartnäckiges Problem und die Berge, die die Stadt einkesseln, tragen ihren Teil dazu bei. Die hohe Abgas-Konzentration, die vor allem von den Bussen verursacht wird, kann tränende Augen oder sogar ein Kratzen im Hals hervorrufen.

Hospital Bloom (☎2225-4114; www.hospitalbloom.gob.sv; Ecke Blvd de los Héroes & Av Gustavo Guerrero)

Hospital Diagnóstico Escalón (☎2506-2000; www.hospitaldiagnostico.com; Paseo General Escalón 99)

POST

Correos Central (Karte S. 322; ☎2260-3210; Blvd de los Héroes, Metrocentro; ⏲Mo–Fr 7.30–17, Sa 8–12 Uhr)

TOURISTENINFORMATION

Corporación Salvadoreña de Turismo (Corsatur; Karte S. 326; ☎914, 2201-4000; www.elsalvador.travel; Alameda Araujo; ⏲9–16 Uhr) Hervorragende Website.

SalvaNatura (Karte S. 326; ☎2202-1515; www.salvanatura.org; 33 Av Sur 640; ⏲Mo–Fr 8–12.30 & 14–17.30 Uhr) Verwaltet den Parque Nacional El Imposible und den Parque Nacional Los Volcanes.

Touristenpolizei (POLITUR; ☎Zentralbüro 2511-8300, Zona Rosa 2263-3904; www.politurelsalvador.com)

ℹ An- & Weiterreise

FLUGZEUG

Internationaler Flughafen Monseñor Óscar Arnulfo Romero (☎2349-9455; www.elsalvadorinternational.com) 44 km südöstlich von San Salvador.

INTERNATIONALE BUSSE

Die Büros der Busgesellschaften **Tica Bus** (Karte S. 326; ☎2243-1188; www.ticabus.com; Blvd El Hipodrómo 301, Hotel Meson de Maria; ⏲8–19 Uhr) und **Platinum** (Karte S. 326; ☎2241-8705; www.platinumcentroamerica.com; Blvd El Hipódromo, Pasaje 1, Local 415, Colonia San Benito) in der Zona Rosa liegen praktischerweise direkt nebeneinander in der Nähe mehrerer Hostels und Hotels, außerdem haben sie Büros im Stadtzentrum. Das Unternehmen **Transportes del Sol** (Karte S. 326; ☎2133-7800; www.transportedelsol.com;

Calle Circunvalación 149; ⌚ Büro Mo–Fr 8–18, Sa & So bis 16 Uhr) hat ebenfalls ein Büro in der Zona Rosa.

Die Busse von **Tica Bus** nach Guatemala-Stadt fahren um 6 und 15 Uhr (20 US$, 5 Std.) vom Hotel Meson de Maria in der Zona Rosa und vom **Hotel San Carlos** (☎ 2243-1188; www.ticabus.com; Calle Concepción 121) im Stadtzentrum ab. Am besten ein bis zwei Tage im Voraus reservieren und eine halbe Stunde vor Abfahrt am Abfahrtsort sein. Von Guatemala-Stadt fährt der Bus um 7 Uhr zur mexikanischen Grenze bei Tapachula in Chiapas (42 US$, 7 Std.).

Richtung Osten fährt ab San Salvador ein Tica-Bus um 5 Uhr los und erreicht Managua in Nicaragua zwischen 18 und 19 Uhr (35 US$). Am nächsten Morgen verlässt der Bus um 6 Uhr Managua und ist zwischen 15 und 16 Uhr (62 US$) in San José in Costa Rica. Von dort geht die Fahrt um 12 Uhr weiter nach Panama (102 US$), wo der Bus am dritten Tag zwischen 16 und 17 Uhr ankommt.

Platinum (Karte S. 320; ☎ 2281-1996; www.platinumcentroamerica.com; 19a Av Norte) hat Deluxe-Busse nach Guatemala-Stadt (35 US$), San Pedro Sula (49 US$), Tegucigalpa (40 US$) und Nicaragua (56 US$).

Transportes del Sol Abfahrt um 7 und 16 Uhr nach Guatemala-Stadt (25 US$) und um 7 Uhr (45 US$) und 16 Uhr (75 US$) nach Antigua. Nach Managua in Nicaragua fahren Busse um 1 und 6.30 Uhr (50 US$). Busse nach San José in Costa Rica (über Nicaragua) fahren um 1 Uhr (65 US$).

ℹ Unterwegs vor Ort

AUTO & MOTORRAD

Wer mit dem eigenen Fahrzeug unterwegs ist, sollte das Zentrum am besten meiden. Tagsüber staut sich dort der Verkehr und nachts ist die Gegend zu gefährlich. Der schnellste Weg führt über die großen Durchgangsstraßen. Einbahnstraßen sind mit einem auf die Straße aufgemalten Pfeil oder mit Schildern gekennzeichnet.

BUS

San Salvador hat ein umfangreiches Busnetz – hier ist einiges unterwegs, vom großen, Auspuffgaswolken speienden Monster bis hin zum schnittigen Microbus. Eine Busfahrt kostet zwischen 0,30 und 0,35 US$.

Täglich zwischen 5 und 19.30 Uhr fahren regelmäßig Busse; sonntags ist die Frequenz geringer. Die letzten Busse fahren zwischen 19.30 und 20.30 Uhr; Microbusse sind länger, bis etwa um 21 Uhr, unterwegs. Nach 21 Uhr bleibt einem nur das Taxi.

Wenn man im Zentrum in den Bus steigen will, lohnt es sich, von der Plaza Barrios aus zu Fuß ein paar Blocks zu gehen – das geht schneller. Einige der Routen sind:

Bus 9 Fährt auf der 29a Av Norte an der Universidad de El Salvador entlang. Dann biegt er nach Osten ins Zentrum ab, vorbei an der Kathedrale und auf der Independencia am Terminal de Oriente vorbei.

Bus 26 Passiert auf seinem Weg zum Terminal del Sur die Plaza Barrios und den Parque Zoológico.

Bus 29 Kommt auf seinem Weg zum Terminal de Oriente durch das Zentrum. Die Busse halten zwischen dem Metrocentro und dem MetroSur.

Bus 30 Fährt ins Zentrum und bildet die beste Anbindung an Bus 138 zum Flughafen. Hält hinter dem Metrocentro und am Parque Libertad im Zentrum.

Bus 30B Fährt, vor allem ab dem Boulevard de los Héroes, eine sehr praktische Strecke. Er ist zunächst auf dem Boulevard Universitario nach Osten unterwegs, dann auf dem Boulevard de los Héroes nach Südwesten zum Metrocentro. Dort biegt er nach Westen auf die Alameda Roosevelt ab und dann auf die 79a Avenida nach Süden. Weiter geht's auf dem Boulevard del Hipódromo bis zur Avenida Revolución, dann über die Alameda Araujo, Roosevelt und 49a Avenida Sur zurück zum Metrocentro.

Bus 34 Ist vom Terminal de Oriente zum Metrocentro, dann hinunter zur Zona Rosa unterwegs und dreht direkt vor dem MARTE (Kunstmuseum) um. Fährt auf dem Rückweg am Terminal de Occidente vorbei.

Bus 42 Von der Kathedrale aus folgt der Bus der Calle Arce in westlicher Richtung und setzt seine Fahrt auf der Alameda Roosevelt fort. An der Statue El Salvador del Mundo biegt er nach Südwesten auf die Alameda Araujo ab und kommt auf seinem Weg am Mercado de Artesanías und dem Museo Nacional de Antropología David J. Guzmán vorbei. Die Route verläuft weiter auf der Panamericana und passiert La Ceiba de Guadalupe.

Bus 101 Kommt auf seinem Weg von der Plaza Barrios ins Zentrum am Metro Sur, dem Anthropologiemuseum und der Basilika La Ceiba de Guadalupe vorbei und fährt weiter auf die Santa Tecla.

TAXI

Taxis gibt's hier wie Sand am Meer. Sie haben allerdings keine Taxameter, deshalb immer im Voraus einen Preis aushandeln. Tagsüber sollte eine Fahrt innerhalb der Stadt zwischen 5 und 8 US$ kosten. Spätabends und nachts steigen die Preise um ein paar Dollar. Registrierte Taxis sind mit einem „A" am Beginn des Nummernschilds gekennzeichnet und die Fahrer können bei Problemen theoretisch zur Verantwortung gezogen werden. Wenn gerade kein Taxi vorbeikommt, kann man bei **Taxis Acacya** (Karte S. 320; ☎ 2271-4937, Flughafen 2339-9282;

BUSSE AB SAN SALVADOR

Für nationale Langstreckenbusse gibt's in San Salvador drei Hauptterminals.

Alle Busse, die Ziele im Osten und einige wenige, die Ziele im Norden des Landes anfahren, kommen am **Terminal de Oriente** (Alameda Juan Pablo II) im Osten der Stadt an bzw. fahren von dort ab. Um hierher zu gelangen, nimmt man östlich des Zentrums Bus 9, 29 oder 34. Die Busse 29 und 52 fahren vom Boulevard de los Héroes ab; vom Terminal de Occidente fahren die Busse 7C und 34; vom Terminal de Sur ist es Bus 21. Unten sind regelmäßig angefahrene Ziele aufgeführt; Achtung: Nach La Unión und San Miguel gibt es schnellere Sonderverbindungen.

ZIEL	BUS	PREIS (US$)	DAUER (STD.)
Chalatenango	125	1,50	2
El Poy (honduranische Grenze)	119	1,80	3
Ilobasco	111	1,10	1½
La Palma	119	1,80	2¾
La Unión	304	3,25	4
San Miguel	301	3–5	3
San Vicente	177	1	1½
Suchitoto	129	0,90	1½

Alle Busse, die Ziele im Westen des Landes anfahren, darunter auch die Grenze nach Guatemala, kommen am **Terminal de Occidente** (Karte S. 326; Blvd Venezuela, nahe 49a Av Sur) an, bzw. fahren von dort ab. Um hierher zu gelangen, nimmt man vom Zentrum aus Bus 34; Bus 44 fährt vom Boulevard de los Héroes ab (am Boulevard Venezuela aussteigen und ein paar Blocks in Richtung Westen zum Terminal gehen); vom Terminal de Oriente fahren die Busse 7C und 34. Regelmäßig angefahrene Ziele:

ZIEL	BUS	PREIS (US$)	DAUER
Ahuachapán	203/203e	1,25/2,30	3/1¼ Std.
Cerro Verde	Bus nach Santa Ana, dann 248	0,90	40 Min.
Joya de Cerén	201 zur Kreuzung Opico, dann 108	0,85	1¾ Std.
La Hachadura	205 nach Sonsonate, dann 259	1.55	3½ Std.
La Libertad	102	0,70	1 Std.
Lago de Coatepeque	Bus nach Santa Ana, dann 242	0,90	40 Min.
Las Chinamas	205 nach Ahuachapán, dann 263 oder Minibus	1,60	2½ Std.
Los Cóbanos	205 nach Sonsonate, dann 257	1,30	2½ Std.
Metapán	201A	2,50	1¾ Std.
Ruínas de San Andrés	Bus 201 nach Santa Ana	0,85	40 Min.
San Cristóbal	498	1,30	3 Std.
Santa Ana	201	0,90	1¼ Std.
Sonsonate	205/205e	1/1,50	1½ Std.

Im Süden der Stadt liegt das **Terminal de Sur** (Autopista a Comalapa), auch Terminal San Marcos genannt. Von hier aus werden Ziele im Süden und Südosten angesteuert. Vom Stadtzentrum aus fahren die Buslinie 26 und der Microbus 11B dorthin, vom Terminal de Oriente Bus Nr. 21. Folgende Strecken werden bedient (Achtung: Nach Usulután fährt auch ein schnellerer *especial*-Bus):

ZIEL	BUS	PREIS (US$)	DAUER (STD.)
Costa del Sol	495	1,25	2½
Puerto El Triunfo	185	1,60	2
Usulután	302	1,70	2½

www.taxisacacya.com; Ecke 19a Av Norte & 3a Calle Poniente) oder **Acontaxis** (☎2523-2424; www.acontaxis.com) telefonisch eins bestellen.

ZENTRALES EL SALVADOR

San Salvador liegt im „Tal der Hängematten" und wird von Siedlungen gesäumt, die sich an die Hänge der hügeligen Landschaft klammern. Hie und da befindet sich auch eine Maya-Ruine. Darüber hinaus umgeben steile Vulkane die salvadorianische Hauptstadt, die erklommen werden können, und kleine Künstlerdörfer und Kaffee-*fincas* in erhöhter Lage (weniger heiß) machen sich wunderbar als Ausflugsziele. Zur Küste ist es nur eine kurze Fahrt nach Süden. Und La Libertad, der wichtigste Hafen, dient als Ausgangspunkt für ein fantastisches Surf-Abenteuer.

Santa Tecla

133 601 EW.

Während San Salvador mit gesellschaftlichen und Infrastrukturproblemen kämpft, schreitet in Santa Tecla (oder Nueva San Salvador), 15 km südwestlich der Hauptstadt, langsam, aber sicher die Gentrifizierung voran, insbesondere in der Gegend um den Paseo El Carmen mit ihrem jungen, künstlerischen Flair. Am Wochenende und im Sommer auch täglich verwandelt sich die Fußgängerstraße in einen Markt, zu vorgerückter Stunde dann in eine quirlige Ausgehmeile mit Essensständen, Cafés, Bars, Restaurants und sogar Möbelgeschäften. Und die Klientel ist auffallend relaxt.

Sehenswertes

Parque El Boquerón PARK

(3 US$; ⏲8–17 Uhr) Der am leichtesten zugängliche Vulkan El Salvadors ist der El Boquerón (Großer Mund), einer der beiden Gipfel des Volcán San Salvador. Um den Krater herum führt ein einfacher Pfad. Von ihm bieten sich Ausblicke auf San Salvador auf der einen Seite und innerhalb des Kraters auf einen kleineren Kegel, einen Minivulkan, der bei einem Ausbruch 1917 entstand. Hierher geht's von Santa Tecla mit dem Bus 103 (30 Min.).

Schlafen & Essen

Rund um den Paseo El Carmen haben sich ein paar Pensionen und Hotels angesiedelt. Dank der guten Verkehrsanbindungen eignet sich Santa Tecla gut als Stützpunkt für die Erkundung von San Salvador und das westliche El Salvador.

★ **La Casa de Izel** HOSTEL $$

(☎2566-6695, 7925-3037; www.lacasadeizel.com; Av Manuel Gallardo 3; B/EZ/DZ 12/25/35 US$ mit Klimaanlage EZ/DZ 45/55 US$) Hinter Buntglasfenstern verbirgt sich ein elegantes Haus, das stilvoll in ein heimeliges Hostel verwandelt wurde. Mit Kunst an den Wänden und Retro-Möbeln sind die 4-Bett-Dorms und Zimmer wirklich reizend. Dazu kommen eine gut ausgestattete Küche und die Möglichkeit zum Büchertausch. Auf der Dachterrasse kann man wunderbar chillen, bevor man sich zum Paseo Carmen aufmacht.

Hotel Jardin del Carmen HOTEL $$

(☎2519-6487; www.hoteljardindelcarmen.com; 7a Calle Oriente 7–8; EZ/DZ 35/40 US$; ❄📶) Das Carmen nahe der gleichnamigen Fußgängerzone hat geräumige geflieste Zimmer und einen großen Garten mit viel Gras – ideal für Kinder. Die Mitarbeiter sind stets gut gelaunt und es gibt großzügige Rabatte für längere Aufenthalte.

El Cafecito CAFÉ $

(Ecke Paseo El Carmen & 1 Av Norte; Sandwiches 4 US$; ⏲So & Di–Do 14–20.30, Fr & Sa bis 22.30 Uhr) Das luftige Eckcafé ist die beste Adresse für Koffeinjunkies. Zu essen gibt's beispielsweise Panini, Waffeln und Crêpes.

★ **El Sopón Don Guayo** SALVADORIANISCH $$

(☎2228-9394; 5a Av Norte 2-6; Mahlzeiten 5–7,50 US$; ⏲9.30–16 Uhr) *Sopa de gallina* ist eine salvadorianische Spezialität und in diesem familiengeführten Restaurant kann man sie wunderbar probieren. Für das Gericht werden zunächst in einem Holzofen ganze Hähnchen gebacken und dann zu einer köstlichen Suppe verarbeitet, die mit Tortillas serviert wird.

Teklebab TÜRKISCH $$

(☎7910-1482; 5a Av Norte 2-13; Hauptgerichte 6–14 US$; ⏲Mo–Mi 18–23.30, Do–Sa bis 1.30 Uhr) Wunderbares Essen mit türkischer Note in einer hippen Restaurant-Bar mit dazugehöriger Shisha-Lounge.

Shoppen

Fundación Emprendedores Por El Mundo KUNSTHANDWERK

(www.facebook.com/emprendedoresPM; Paseo El Carmen, nahe 1 Av Norte; ⏲Di–So 14–20.30 Uhr) Der von einer Gruppe junger salvadorianischer Kreativer geführte Laden hat Produkte von über 50 Unternehmern aus dem ganzen Land auf Lager, z. B. handbemalte Dosen, mit Indigo gefärbte Hemden, Taschen, Schmuck und Seifen.

An- & Weiterreise

Der Bus 102 ab La Libertad kostet 1 US$ und braucht 45 Minuten.

Eine Taxifahrt ab San Salvador kostet ca. 12 US$.

La Libertad

16 885 EW.

Die meisten Reisenden, die San Salvador den Rücken kehren, um endlich das Meer und Surfstrände zu sehen, steuern als Erstes La Libertad an. Die Stadt ist zwar kein Postkartenmotiv, aber die berüchtigte Welle **Punta Roca** bricht in Sichtweite eines quirligen Fischmarkts und schafft in Verbindung mit dem *malecón* (Strandpromenade) ein außergewöhnliches Stadtbild. La Libertad ist übrigens längst nicht so gefährlich, wie viele Kritiker behaupten.

Zudem ist die Stadt mehr als der Strand; sie ist vor allem wegen des Hafens ein wichtiges kommerzielles Zentrum und hat viel mehr Dynamik, frisierte Busse und laute Schlepper, als man in einem Ort dieser Größe erwarten würde. Viele Touristen lassen La Libertad aus und machen sich direkt zu den relaxteren Stränden weiter westlich oder in den Deininger-Nationalpark im Osten auf. Dabei lohnt sich ein Abstecher, um Vorräte oder Ausrüstung zu kaufen und das Leben in einer mittelgroßen salvadorianischen Stadt von der bequemen Warte einer Hängematte aus kennenzulernen.

Sehenswertes & Aktivitäten

Am Wochenende strömen die Städter nach La Libertad. Der felsige Strand ist mit großen schwarzen Steinblöcken übersät und in der Regenzeit (Mai–Okt.) ist das Wasser aufgrund von tückischen Strömungen und wegen der Abwässer wenig einladend. Wer gern in den Wellen planschen möchte, sollte die Costa del Bálsamo oder die sandige Playa San Diego 4 km östlich ansteuern.

Parque Nacional Walter T. Deininger NATIONALPARK
(3 US$; ⌚8–16 Uhr) An der Straße nach Comalapa, etwa 4 km nördlich von La Libertad, liegt der Parque Nacional Walter T. Deininger, der nach einem deutschen Siedler benannt ist, der das Land stiftete. Zwei Waldtypen sind hier vertreten: der Laub abwerfende *caducifolio* und der immergrüne *galería*. Der Park liegt mit dem Bus (Bus 187) etwa 15 Minuten von La Libertad entfernt.

Hospital de Tablas de Surf SURFEN
(☎7944-3632; www.facebook.com/hospitaldetablas; 3a Av Norte 27-8, Playa La Paz) Der Surfbrett-Doktor Saul hat sein Hospital de Tablas de Surf auf das Nachbargrundstück ausgeweitet und nun noch mehr Platz für Reparaturen, Vermietungen und den Verkauf von Surfbrettern. Wenn es verlassen aussieht, einfach klopfen.

Schlafen & Essen

In La Libertad gibt es ein paar eher rudimentäre Motels, auf die nur im Notfall zurückgegriffen werden sollte. Besser sind die Unterkünfte etwas weiter westlich an der Playa El Tunco und dahinter. Den *malecón* säumen mehrere tolle Fischrestaurants.

Punta Roca Surf Resort HOTEL $$
(☎2352-4628; Playa El Cocal; DZ 60 US$; ❄≋) Den Betreibern dieses beliebten lokalen Resorts gehört auch das berühmte Restaurant auf der Landspitze in La Libertad. Tagesausflügler lieben den großzügigen Poolbereich, abends wird es dann aber wieder angenehm ruhig. Schick ist anders, doch die aufrichtige Gastfreundlichkeit und die komfortablen Betten machen das Punta Roca zu einer guten Anlaufstelle.

AST Surf Hotel HOTEL $$
(☎2306-2110; www.astelsalvador.travel; Calle Principal Malecón Turístico; EZ 50–80 US$, DZ 75–95 US$, 3BZ 100–125 US$; ≋) Die beste Unterkunft in Puerto de la Libertad ist dieses passable Hotel mit direktem Zugang zu den Wellen. Das Frühstück ist im Übernachtungspreis inbegriffen; die teureren Zimmer haben Terrassen und Meerblick. Es gibt nur sechs Zimmer, also vorausbuchen!

★ **Punta Rocamar** FISCH & MEERESFRÜCHTE $$
(☎2315-4100; Ecke 5a Av Sur & 4a Calle Poniente; Hauptgerichte 7–16 US$; ⌚Mo–Do 9–19, Fr & Sa bis 24, So bis 22 Uhr) Das Restaurant mit Blick auf die Landspitze ist Robert Rotherhams ganzer Stolz. Der Wahl-Salvadorianer und Surfer versorgt die notorisch anspruchsvolle Surfer-Gemeinde schon seit Jahrzehnten mit Essen. Der *gringo frijolero* (gegrillter Fisch oder Fleisch mit Bohnen, Gemüse, Avocado und Tortillas für 10 US$) stillt auch den größten Bärenhunger, die großen Shakes, Smoothies und Cocktails führt man sich am besten bei Sonnenuntergang zu Gemüte.

Praktische Informationen

GEFAHREN & ÄRGERNISSE

La Libertad ist bekannt als Bastion des organisierten und nichtorganisierten Verbrechens, deshalb sollte man hier nicht ziellos umherschweifen, erst recht nicht nach Einbruch der Dunkelheit. Dann sollte das Gebiet südöstlich der Plaza am besten gemieden werden – das bessere Nachtleben gibt's ohnehin am *malecón*.

An der gesamten Küste herrschen tückische Strömungen. In La Libertad und an der Playa San Diego sind nur am Wochenende Rettungsschwimmer im Einsatz. Wer das Strandleben unbeschwert genießen möchte, verzichtet besser auf den Verzehr von schwarzen Klaffmuscheln.

GELD

Banco Agrícola Gegenüber der Touristeninformation.

POST

Post (☎2335-3002; Complejo Turístico, Puerto de la Libertad; ⌚Mo–Fr 8–16, Sa bis 12 Uhr) Nahe der 2a Avenida Norte.

TOURISTENINFORMATION

Touristeninformation (Plaza del Muelle; ⌚9–12.30 & 13.10–17 Uhr)

An- & Weiterreise

Hier gibt es kein Busterminal. Bus 102 verbindet La Libertad mit San Salvador (1,50 US$, 1 Std.). In San Salvador fährt dieser am Terminal hinter dem Parque Bolivar bzw. am Terminal de Occidente ab. In La Libertad starten die Busse an der Ecke 4a Av Norte und Calle Gerardo Barros.

Um nach Sonsonate zu kommen, nimmt man an der Bushaltestelle in der 2a Calle Poniente Bus 287 (1,25 US$, 2½ Std., nur um 6.15 und 13.45 Uhr) oder alternativ Bus 192 zur Playa Mizata und steigt dann um.

La Libertad ist auch direkt vom Flughafen aus zu erreichen und etwa gleich weit entfernt wie San Salvador. Mit dem Microbus fährt man einige Minuten bis zum *puente a Comalapa* (Comalapa-Überführung). Von dort führt ein Fußweg zur Straßenkreuzung, von der es noch 100 m bis zum Ort Comalapa sind. Der Bus 187 fährt von hier alle 20 Minuten nach La Libertad (0,60 US$).

Unterwegs vor Ort

Bus 80 fährt von La Libertad Richtung Westen zur Playa El Tunco und Playa El Sunzal (0,25 US$, 4.30–18 Uhr alle 15 Min.) bzw. Richtung Osten zur Playa San Diego (0,30 US$, 5.40–18 Uhr alle 15 Min.). Die Busse fahren von der 4a Avenida Norte Höhe 2a Calle Oriente.

Zur Playa El Zonte und Playa Mizata nimmt man den Bus 192 (0,50 US$, 7–17.30 Uhr alle 30 Min.).

Costa del Bálsamo

Willkommen im Surferparadies made in El Salvador. Von der rauen Hafenstadt La Libertad aus führt die Küstenautobahn nach Westen, vorbei an Stränden mit surfbaren Wellen und schwarzem Sand.

An der **Playa El Tunco** wird am Wochenende immer bis zum Umfallen gefeiert, aber nur ein Stück weiter hat man den glitzernden Ozean, in dem es von Schildkröten, Delfinen und riesigen fliegenden Fischen nur so wimmelt, so gut wie für sich allein. Die **Playa El Zonte** ist der beste Ort, um surfen zu lernen oder sich ein Fischerboot zu mieten.

Ihren Namen verdankt die Region dem kostbaren Öl, das hier durch das Verbrennen der Rinde von lebenden Balsambäumen gewonnen wird. Heute gibt es nur noch wenige davon – die wichtigste Nutzpflanze ist jetzt Baumwolle.

Schlafen

Playa El Tunco

An der Playa El Tunco gibt's die meisten Übernachtungs- und Speisemöglichkeiten sowie die größte Szene in El Salvador mit sowohl einheimischen als auch ausländischen Touristen. Hier kann man viel Spaß haben, Wellen reiten und Kater auskurieren. Der Name „das Schwein" *(el tunco)* bezieht sich auf eine Felsformation gleich vor der Küste.

Papaya Lodge HOSTEL $
(☎2389-6027; www.papayalodge.com; Playa El Tunco; B mit/ohne Klimaanlage 10/8 US$, Zi. mit/ohne Klimaanlage 50/25 US$) Die Lodge ist ein einladendes Hostel mit jugendlichem Ambiente, zahlreichen Hängematten zum Abhängen bei ungünstigem Wellengang und einer Gästeküche. Die Anlage ist ein Stückchen abseits vom Strand, aber in der Nähe von mehreren Bars, und wenn die Surfergemeinde in Stimmung kommt, steigt der Geräuschpegel empfindlich an. In der angeschlossenen Bar sind Mahlzeiten und Snacks erhältlich; zudem kann man Surfbretter leihen (15 US$ pro Tag) und Unterricht nehmen (15 US$ pro Std. plus Leihgebühr fürs Brett).

La Sombra HOSTEL $
(www.surflibre.com; Playa El Tunco; B/DZ/3BZ ohne Bad 7/18/21 US$, DZ/3BZ mit Bad 30/45 US$;

Das La Sombra ist ein hippes kleines Hostel, das in einer höheren Gewichtsklasse mitmischt. Die ordentlichen Schlafsäle bieten das beste Preis-Leistungs-Verhältnis in ganz El Tunco und der kleine Pool reicht völlig aus. Außerdem gibt's eine Gästeküche und stabiles WLAN; gut ist auch, dass hier mitgebrachte alkoholische Getränke konsumiert werden dürfen.

★Hotel Mopelia HOTEL **$$**
(www.hotelmopelia-salvador.com; Playa El Tunco; EZ/DZ ab 15/20 US$, mit Klimaanlage 35/40 US$;) Die große Anlage ist ein Magnet für Reisende, die das gut durchdachte, raumgebende Konzept des Besitzers zu würdigen wissen. In einem netten Garten mit zahlreichen Hängematten und kleinem Pool stehen zwölf Zimmer in verschiedenen Preiskategorien zur Verfügung. In der Bar dürfen sich Genießer über eins der umfangreichsten Biersortimente von El Salvador freuen.

★La Guitarra HOTEL **$$**
(2389-6398; www.surfingeltunco.com; Playa El Tunco; EZ/DZ/3BZ mit Ventilator 20/40/60 US$, EZ/DZ/3BZ mit Klimaanlage ab 30/65/110 US$;) Näher an den Wellen als in den Strandzimmern dieser El-Tunco-Bleibe mit Rockmusik-Motto kann man wohl kaum unterkommen. Die Gartenzimmer dagegen sind ruhiger und näher an der Rezeption. Der Rasenbereich neben dem Pool und die TV-Lounge drinnen bieten Gelegenheit, mit anderen Gästen ins Gespräch zu kommen. Für längere Aufenthalte gibt's Rabatte. An den Wochenenden treten Bands in der Bar auf – dann kann es laut werden!

Eco del Mar HOTEL **$$**
(www.ecosurfelsalvador.com; Playa El Tunco; Zi. mit Frühstück 48–78 US$;) Das Eco del Mar ist eins der zurückhaltenderen Hotels von Tunco, ein zweigeschossiges Gebäude mit viel Holz, z. B. an der netten Veranda, den Außentreppen und in den Sitzbereichen. Die Zimmer sind ungewöhnlich groß und haben Frühstückstische, Kühlschränke, Kochgelegenheiten und Fernseher. Eine supergünstige Unterkunft für Kleinfamilien. Nur Bargeldzahlungen möglich.

El Sunzalito HOTEL **$$**
(2406-3647; www.facebook.com/Elsunzalito; Playa El Tunco; DZ 30–50 US$;) Ein schöner Pool, Rasenflächen, eine gut ausgestattete Gästeküche und ein Musikverbot machen dieses stille Hotel zu einer guten Wahl für Familien. Die Zimmer sind klein und spärlich eingerichtet, aber makellos sauber, und die gesamte Anlage ist rundum gut gepflegt.

Boca Olas BOUTIQUEHOTEL **$$$**
(2389-6333; www.bocaolas.com; Playa El Tunco; DZ mit Frühstück 146–170 US$;) Das Boca Olas hat den Kultiviertheitsgrad des Strandnests mit seinem gepflegten, hochpreisigen Angebot deutlich erhöht: Es bietet zwei Pools, jeweils mit vom Wasser aus zu erreichender Bar, noble Zimmer und einen professionellen Service. Die Suiten mit zwei Schlafzimmern (280 US$) sind ideal für kleinere Gruppen. Auch das Fischrestaurant hier wird empfohlen.

Tekuani Kal BOUTIQUEHOTEL **$$$**
(2355-6500; www.tekuanikal.com; Playa El Tunco; Zi. mit Frühstück 61–117 US$;) Die 21 Zimmer des originellen Boutiquehotels haben echtes Flair, z. B. die Baumhaussuite rund um einen mächtigen Baumstamm mit Balkon im Blätterdach. Von den Apartments mit Meerblick und Surfbrettständern genießt man einen unverstellten Blick auf die Wellen.

Playa El Sunzal

Hier gibt's jede Menge Holzhütten, in denen die ausländischen Surfer zwischen der Wellenreiterei abhängen. Außerdem sind ein paar neue Läden entstanden, aber insgesamt ist es hier noch sehr ruhig.

B Boutique Hotel BOUTIQUEHOTEL **$$$**
(7574-9664; www.bboutiquehotel.com; Carretera Litoral Km 45,9; DZ mit Frühstück 350 US$;) Gleich außerhalb von Playa El Sunzal befindet sich die beste Nobelherberge des ganzen Landes. Das kleine Hotel ist bemerkenswert bescheiden. Gerade mal vier Zimmer blicken auf einen Infinity Pool und den Pazifik dahinter. Auf dem Gelände ist auch das erstklassige Fischrestaurant Beto's angesiedelt.

Playa El Zonte

Von der Straße führt ein Pfad zur total relaxten Playa El Zonte. Der Strand bietet die besten Möglichkeiten, surfen zu lernen und sich ein Päuschen von der Partyszene von El Tunco zu gönnen. Hier haben inzwischen zwei ausgezeichnete Top-Unterkünfte eröffnet.

Esencia Nativa HOSTEL **$**
(7737-8879; www.esencianativa.com; Playa El Zonte; B/EZ/DZ 10/27/34 US$, EZ/DZ mit Klimaanlage 38/48 US$;) Die einzige Straße in El

Zonte führt zum Escencia Nativa – und das ist gut so. Das unauffällige Hostel ist nämlich ein beliebter Backpacker-Treffpunkt, unabhängig von der eigentlichen Schlafgelegenheit. Der Pool ist ein echter Abräumer und es bedarf schon richtig guter Wellen, um einen von der leckeren Pizza im Restaurant samt Blick aufs Meer wegzulocken. Alex, der schon ewig hier lebt, ist eine sprudelnde Infoquelle zur Gegend.

Canegue Hostal HOSTEL $

(☎7207-8669; www.facebook.com/caneguehostal; Playa El Zonte; B/Zi. 10/20 US$, Hängematten & Camping 5 US$) Das Canegue ist ein einfaches Hostel, das vom einheimischen Surfer Zancudo betrieben wird, der mit seinen Gästen gern ein Schwätzchen hält. Die Zimmer und Dorms sind nichts Besonderes, aber das Hostel ist direkt am Strand und die Hängematten sind ein guter Deal.

El Dorado BOUTIQUEHOTEL $$

(☎7859-4212; www.surfeldorado.com; Playa El Zonte; EZ/DZ ab 31/66 US$; ❄≋) Von der „Hauptstraße" aus gesehen auf der anderen Flussseite liegt dieses stylische Resort. Die Betreiber sind zwei geschäftstüchtige Franco-Kanadier, ein Pärchen; das Personal ist eingespielt und besteht aus Einheimischen. Der direkte Zugang zu den Wellen sorgt dafür, dass man früh aus den Federn kommt. Die Zimmer mit Bambuskunst, hochwertiger Bettwäsche und Steinduschen sind ein echter Augenschmaus. Von November bis Mai gilt ein Mindestaufenthalt von einer Woche.

★ **Puro Surf Hotel** BOUTIQUEHOTEL $$$

(☎6148-7782; www.purosurf.com; Playa El Zonte; B 78 US$, DZ mit Frühstück 236 US$; ≋) Jedes Detail dieses schicken Hotels mit angeschlossener Surfakademie ist in Hinblick auf Surfer entworfen worden. Alle Zimmer sind schön mit salvadorianischen Materialien ausgestattet und bieten Balkone mit Ausblick; der Infinity Pool ist vielleicht sogar eine Alternative zu den Wellen. Im luxuriösen Dorm kann man sich wunderbar mit anderen Surfern austauschen.

Essen

★ **Covana Seaside Kitchen** INTERNATIONAL $$

(☎6148-7782; Playa El Zonte; Hauptgerichte 8–18 US$; ⏲Mo–Do 8–20.30, Fr & So bis 21, Sa bis 22 Uhr;) Mit einer dermaßen eindrucksvollen Architektur wie der des luftigen Speisesaals vom Puro Surf rechnet man im Stranddörfchen El Zonte eigentlich nicht: Hoch aufragende, zackenförmige *palapa*-Dächer über Tischen mit freiem Meerblick, poliertem Betonboden und modernen Möbeln. Die frischen Meeresfrüchte, gesunden Salate und Snacks machen dem Ambiente alle Ehre und außerdem gibt's eine gut bestückte Bar und ordentlichen Kaffee.

★ **Tunco Veloz** ITALIENISCH $$

(☎2406-5689; Playa El Tunco; Hauptgerichte 8–10 US$; ⏲7–23 Uhr) Die dünnkrustigen Pizzas im „Schnellen Schwein" lassen sich zu jeder Tageszeit gut vertilgen, z. B. mit Spinat und Ei zum Frühstück oder mittags und abends mit allem, was man sich so wünscht. Auf der Karte stehen auch hausgemachte Pasta und Gnocchi. Abgerundet wird das Ganze durch eine gute Weinkarte.

Loroco Bistro SALVADORIANISCH $$

(☎7725-5744; Playa El Tunco; Hauptgerichte 6–8 US$; ⏲Mo & Di 7–13, Mi–So 7–13 & 17–22 Uhr) Das legere Bistro mit Tischen unter freiem Himmel hat tolles salvadorianisches Frühstück (3–3,50 US$). Abends verleihen Kerzen dem Lokal ein romantisches Flair; das Essen auf der Karte – Pizza, Burger, Schnitzel, Salate und Ceviche – ist sehr preiswert und mit das beste am Ort.

Esquina La Comadre SALVADORIANISCH $$

(Playa El Tunco; Hauptgerichte 4–12 US$; ⏲8–22 Uhr) Das unscheinbare Ecklokal erfreut sich besonderer Beliebtheit bei hungrigen Surfermäulern und stopft diese mit großzügigen Portionen Tacos, Meeresfrüchten und Reisgerichten.

Coyote CAFÉ $$

(Playa El Tunco; Hauptgerichte 5,50–9,50 US$; ⏲Mi–Mo 9–21 Uhr) Das Café im US-amerikanischen Stil in Strandnähe lockt mit verführerischem Frühstück, Smoothies, Kaffee und anderen Stärkungen für Surfer.

La Bocana FISCH & MEERESFRÜCHTE $$

(Playa El Tunco; Hauptgerichte 5–20 US$; ⏲7–22 Uhr) Es liegt am Strand, hat mehr als hundert Sitzplätze, ein Überangebot an Kellnern und eine umfangreiche Karte, auf der so ziemlich alles draufsteht, worauf Besucher Appetit haben könnten. Wenn die Sonne untergeht (beziehungsweise nach einem sechsstündigen Mittagessen), darf man getrost laut werden.

Dale Dale Cafe CAFÉ $$

(☎7080-0263; Playa El Tunco; Sandwiches 4–8 US$; ⏲6–17 Uhr) Wer gern einen weniger lateinamerikanischen Start in den Tag hätte,

ABSTECHER

PANCHIMALCO

Inmitten der grünen Hänge des Cerro Chulo liegt das kleine Örtchen Panchimalco, das für seine religiösen Feste bekannt ist. Besonders eindrucksvoll sind dabei die Feierlichkeiten am Palmsonntag, wenn die Bewohner mit prächtig geschmückten Palmwedeln durch die Straßen ziehen. Anfang Mai findet die **Fería de Cultura de las Flores y las Palmas** mit Palmwedel-Kunst, Volkstanz und Feuerwerk statt.

Die von den Pipil abstammende Bevölkerung Panchimalcos hat sich neu erfunden und das Dorf zu einer Künstlerenklave gemacht. Besucher haben die Gelegenheit, eine Reihe von Werkstätten/Galerien aufzusuchen und Arbeiten führender nationaler Künstler zu erschwinglichen Preisen zu kaufen.

Der Bus Nr. 17 nach Panchimalco fährt in San Salvador an der Avenida 29 de Agosto auf der Südseite des Mercado Central ab.

könnte sich in diesem etwas feineren Café an der Hauptstraße einen Smoothie, Kräutertee, Americano-Kaffee oder einen Haufen luftig-leichter Pfannkuchen bestellen. Nur zu! *(Dale dale!)*

Ausgehen & Nachtleben

★ Monkey Lala BAR

(☎ 2228-3992; Playa El Tunco; ⊙ Mo & Di 14–20, Mi & Do 10–20, Fr & Sa 9–22, So 9–20 Uhr) Alle lieben diese Cocktailbar östlich vom Hauptstrand, ein wunderbarer Sonnenuntergangstreff. Im Hintergrund laufen knackige Elektro-Sounds und auf dem Sandboden tummeln sich wohlsituierte Einheimische und clevere Traveller.

★ Cadejo La Libertad CRAFT-BIER

(☎ 2346-2828; Carretera Litoral Km 45, Playa El Sunzal; ⊙ Mo–Do 11.30–20.30, Fr bis 24, Sa 7.30–24, So 7.30–19 Uhr) In diesem Ableger einer Brauerei in San Salvador (S. 325) auf einer Klippe westlich der Playa El Sunzal werden zum Meerblick das beste Bier des Landes ausgeschenkt und jede Menge köstliche Barsnacks und Meeresfrüchte gereicht – ein herrliches Plätzchen um länger zu verweilen. Zur Zeit der Recherche war ein Poolbereich im Entstehen.

Beach Life Café BAR

(Calle Principal, Playa El Tunco; ⊙ Mo–Do 17–0.30, Fr & Sa bis 1.30, So 15–0.30 Uhr) Das Tunco-Partyvolk steuert nach Sonnenuntergang am Strand diesen palmblattgedeckten Schuppen an, um hier bis in die frühen Morgenstunden abzutanzen. Getränkeauswahl, Livemusik und Stimmung – alles cool.

Praktische Informationen

In El Tunco gibt's mehrere Geldautomaten, in El Zonte jedoch keine, also genügend Bargeld mitbringen!

An- & Weiterreise

Bus 102A aus San Salvador und Bus 80 aus La Libertad fahren bis zur Playa El Sunzal. Dort muss man dann in die seltener verkehrende Linie 192 umsteigen.

Bus 287 verbindet La Libertad mit Sonsonate und kommt unterwegs an den Stränden vorbei. Ab La Libertad verkehrt der Bus zweimal am Tag, um 6.15 und 13.45 Uhr.

WESTLICHES EL SALVADOR

Der Westen von El Salvador ist eine kleine Region, in der sich der Großteil der Hauptattraktionen des Landes befindet: Der Wolkenwald und die Vulkankegelpracht des Parque Nacional Los Volcanes, die mysteriösen, bisweilen menschenleeren, Maya-Ruinen Tazumal, die Ruta de las Flores und ein Kratersee sind alle nur 90 Fahrminuten von Santa Ana entfernt. Die charmante Provinzhauptstadt trumpft mit der schönsten Plaza des Landes.

Von der Wildnis des Parque Nacional El Imposible nahe der Grenze zu Guatemala – dort sind Pumas, Wildschweine und *tigrillos* (Ozelotkatzen) heimisch – geht's an Wasserfällen vorbei zur berühmten „Blumenroute", einer Postkartenlandschaft mit vielen heißen Quellen, kulinarischen Festivals und Künstlerdörfern. Wer nach San Salvador fliegt, kann diese Punkte in nur einem Tag besuchen. Die letzte Station ist der westlichste Zipfel, Barrio de Santiago, ein windgepeitschter Strand mit riesigen Wellen, an dem Schildkröten im Mondschein ihre Eier ablegen.

Santa Ana

176 660 EW.

Nur 65 km von der Hauptstadt entfernt liegt diese mittelgroße Stadt, deren Wohlstand auf dem Kaffeeanbau beruht und sich in der Architektur widerspiegelt. Hier stehen einige der prachtvollsten Bauwerke Zentralamerikas. Die breiten Alleen und bunten Häuser verströmen ein entspanntes Selbstbewusstsein und die Santanecos sind stolz auf die wachsende Kulturszene ihrer Stadt. Clevere Reisende wählen Santa Ana anstelle von San Salvador als Basis für Ausflüge zum Volcán Santa Ana, zum Lago de Coatepeque, zu den Maya-Ruinen Tazumal und Joya de Cerén oder zur Ruta de las Flores.

Sehenswertes

Catedral de Santa Ana KATHEDRALE

(Karte S. 339; 1a Av Norte; 7–12 & 14–18 Uhr) GRATIS Die augenfälligste Sehenswürdigkeit von Santa Ana ist diese große neugotische Kathedrale, die 1913 fertiggestellt wurde. Kunstvolle Ornamente schmücken ihre Fassade, während die hohen Bogengänge und Pfeiler im Innern mit blaugrauen und pinkfarbenen Streifen versehen sind, was den Eindruck von Stille und Weite unterstreicht. Am Eingang steht eine unheimliche Statue der Stadtpatronin Nuestra Señora de Santa Ana.

Teatro de Santa Ana THEATER

(Karte S. 339; 2447-6268; Ecke Av Independencia Sur & 2a Calle Poniente; 1,50 US$; Di–Sa 9–12 & 13–17 Uhr) Das Teatro de Santa Ana ist ein opulentes Bauwerk im Stil der Renaissance. Es wurde mit den Einnahmen aus einer Exportsteuer für Kaffeebohnen finanziert und ist mit seinen Buntglasfenstern, Marmortreppen und vielen zauberhaften Ornamenten ein Symbol für Wohlstand, Üppig- und Kultiviertheit. Ab 1933 diente es eine Zeitlang als Kino, nach einer umfassenden Renovierung ist es nun wieder ein Theater (Eintrittskarten um 5 US$).

Schlafen

★ **Casa Verde** HOSTEL $

(Karte S. 339; 7840-4896; www.facebook.com/hostalcasaverde; 7a Calle Poniente; B/EZ/DZ/3BZ 10/25/30/35 US$;) Carlos und sein Team verkörpern die Art einfallsreicher, gewissenhafter Gastlichkeit, die El Salvador zu einem derartig tollen Reiseland macht. Auf der Dachterrasse kann man wunderbar runterkommen, besonders bei Sonnenuntergang. Die Mehrbettzimmer sind großzügig geschnitten (keine Etagenbetten!) und bieten viel Stauraum sowie kleine Tische. Außerdem gibt's zwei blitzsaubere Küchen und eine Lounge, in der man andere Traveller treffen kann.

Hostal Vital Yek HOSTEL $

(Karte S. 339; 2421-2276; www.facebook.com/vitalyek.sv; Av Independencia Sur, zw. Calle 15 & 17 Oriente; B 10 US$, DZ mit/ohne Bad 36/30 US$) Das Vital Yek macht einfach Spaß – der begrünte, mit Graffiti besprühte Gemeinschaftsbereich ist beliebt bei einheimischen Musikern und Künstlern, die Zimmer sind gemütlich, es gibt eine kleine Küche und schön sind auch der Garten und die Terrasse. Das Hostel soll weiter ausgebaut werden.

Casa Frolaz B&B $

(2440-1564; casafrolaz@yahoo.com; 29a Calle Poniente; B/DZ 9/23 US$) Francisco ist ein kultivierter Gentleman, der von der komfortablen Warte seines wunderbaren Heims aus einen höflichen, interessierten Blick auf die Reisepläne seiner Gäste wirft. Die Doppelzimmer verfügen jeweils über einen kleinen Balkon und man darf die Küche und den Garten nutzen. Die Casa Frolaz liegt in einer ruhigen Straße.

In dem kleinen Café im Erdgeschoss sind tagsüber Salate, Sandwiches und Pfannkuchen (6–7,50 US$) zu haben. Manchmal finden am Wochenende abends kleine Veranstaltungen wie Kaffeeverkostungen statt.

Villa Napoli B&B $$

(7985-6021; www.villanapoli.hostel.com; Quinta del Moral Km 62–63; DZ/3BZ 30/37 US$;) Rosa liegt die Gastfreundschaft im Blut und ihre Villa Napoli ist ein ruhiges, stilvolles Gästehaus an der Straße, die aus Santa Ana hinausführt. Dort sind die Gärten verwilderter und die Häuser wurden für Großfamilien gebaut. Der Poolbereich wird einen dazu verleiten, über einen längeren Aufenthalt nachzudenken.

Essen

Santa Ana wartet mit zahlreichen hochwertigen Speisemöglichkeiten auf, von denen einige edler sind als andere. Hiesige Spezialität sind *panes chucos*, Soja-Hotdogs, die von Straßenhändlern verkauft werden, und *nuégados*, frittierte Bällchen aus Mais- oder Maniokmehl.

El Sin Rival EISCREME $

(Karte S. 339; Calle Libertad Oriente; Hörnchen 0,50–1 US$; Mi–Mo 9–18 Uhr) Seit Jahrzehnten werden bei El Sin Rival Eiscreme und Sorbets (und herausragende Fruchthörnchen) hergestellt und u. a. an Wagen rund um den Hauptplatz verkauft. Besonders gut sind die Geschmacksrichtungen *arrayán* (eine bittersüße lokale Frucht) und *mora* (Brombeere).

Santa Ana

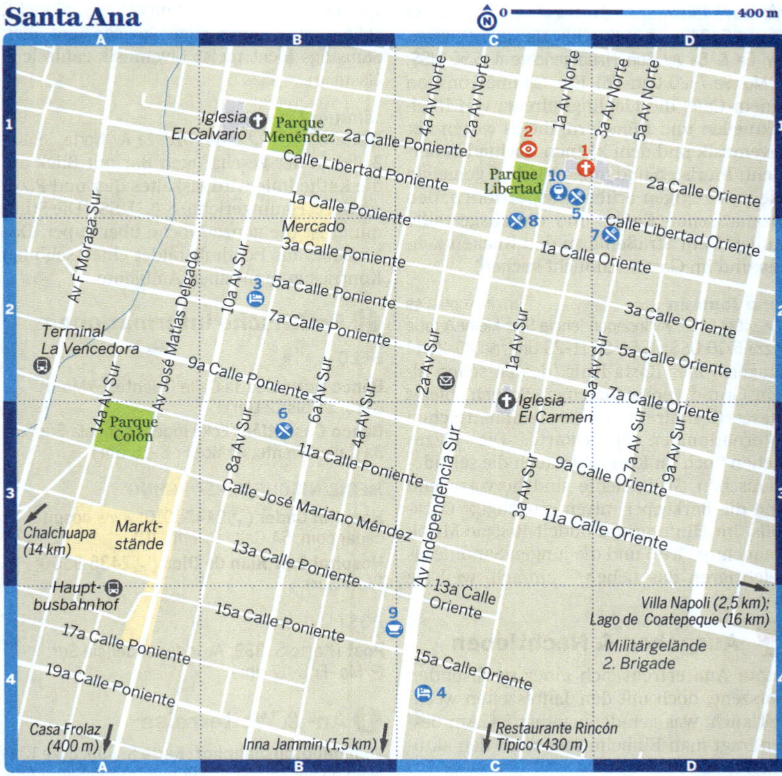

Santa Ana

Sehenswertes

1 Catedral de Santa Ana C1
2 Teatro de Santa Ana C1

Schlafen

3 Casa Verde B2
4 Hostal Vital Yek C4

Essen

5 Artisant C1
6 Café Expresión Cultural B3
7 El Sin Rival D2
8 Pastelería Ban Ban C2

Ausgehen & Nachtleben

9 Café Téjas B4
10 Simmer Down C1

Restaurante Rincón Típico SALVADORIANISCH $
(2440-5697; www.facebook.com/Rincontipicosantaana; 3a Av Sur; Hauptgerichte 3–5 US$; 7.30–17 Uhr;) Eine tolle Adresse für herzhafte salvadorianische Eintöpfe, gegrilltes Fleisch, frische Salate und die Spezialität des Hauses, *sopa de gallina* (Hühnersuppe). Auch die selbstgemachten Softdrinks sind großartig. Am Wochenende gibt's oft Livemusik.

Artisant INTERNATIONAL $
(Karte S. 339; 2441-3139; Callejón Sur de Catedral 6; Hauptgerichte 4–6 US$; So–Do 7–20, Fr & Sa bis 22 Uhr;) Das schicke Café hinter der Kathedrale im Stadtzentrum bietet großzügige Frühstücksgerichte sowie Panini, Burger, Salate und riesige Sandwiches aus selbst gebackenem Brot. Auf Wunsch sind auch vegane Speisen erhältlich.

Pastelería Ban Ban BÄCKEREI $
(Karte S. 339; Av Independencia Sur; süße Teilchen 0,50–2,50 US$; Mo–Do 6.30–19, Fr–So bis 20 Uhr) Ban Ban ist inzwischen eine landesweite Kette, ihre Wiege steht jedoch in Santa Ana. Hier lassen es sich die Einheimischen nachmittags bei einem leckeren Stück Kuchen oder Gebäck gut gehen.

★ **Café Expresión Cultural** CAFÉ $$

(Karte S. 339; ☎2440-1410; 11a Calle Poniente, zw. 6a & 8a Av Sur; Hauptgerichte 4–6,50 US$; ⏰Mo–Sa 7–20 Uhr; 📶) Ein Chamäleon von einem Café, die Lieblingsadresse von Intellektuellen und Künstlern, die es wegen der Livemusik und dem kleinen Buchladen herzieht. Touristen und junge Pärchen genießen die großzügigen Frühstücksportionen, den aromatischen Kaffee und die ausgestellte Kunst. Dem Straßenlärm den Rücken kehren und im Garten Zuflucht suchen!

Inna Jammin INTERNATIONAL $$

(☎2400-5757; Av Independencia Sur; kleine/große Pizza 5/10 US$; ⏰Di–So 11–23 Uhr; 📶🍷) Zwei Etagen voller Rasta-Flair (das ist schon allein Grund genug für einen Besuch) bietet dieses Restaurant mit der umfangreichen internationalen Speisekarte. Die Pizzas stehen hoch im Kurs, aber auch die salvadorianischen Grillgerichte sind hervorragend und die Barkeeper mixen großzügige Cocktails. Im Hintergrund dudelt Reggae-Musik (manchmal live) und die jungen Santanecos zelebrieren das Leben – einfach, weil sie können.

Ausgehen & Nachtleben

Santa Ana erfreut sich einer wachsenden Barszene, doch mit den Jahreszeiten wechselt auch, was gerade angesagt ist. Am besten fragt man Einheimische nach den aktuellen Hotspots.

★ **Café Téjas** CAFÉ

(Karte S. 339; ☎2447-2110; www.facebook.com/cafetejas.santaana; Av Independencia Sur; ⏰Mi–Sa 13–23, So & Mo bis 21 Uhr; 📶) Retro-Möbel, eine klobige Holzterrasse und ein Dschungelgarten verschaffen diesem weitläufigen Café ein cooles Flair – die Musik kommt von der Schallplatte. Mittags werden Sandwiches und *licuados* (Smoothies) gereicht, später gibt's tapasartige Speisen und Bier. Samstags lockt meist Livemusik zahlreiche Gäste an.

Simmer Down BAR

(Karte S. 339; ☎2484-7511; 1a Av Norte; ⏰10–2 Uhr) In der geschäftigen Bar mit Blick auf die Kathedrale wird eiskaltes Bier und Pizza serviert (Hauptgerichte 8–15 US$). Die Stimmung ist die ganze Woche über super. Das Mobiliar aus Echtholz bildet einen schönen Kontrast zum urbanen Ambiente.

Praktische Informationen

GELD

Banco Agrícola (3a Calle Oriente; ⏰Mo–Fr 8–16, Sa bis 12 Uhr)

Banco Cuscatlán (Ecke Independencia Sur & 3a Calle Oriente; ⏰Mo–Fr 8–16 Uhr)

MEDIZINISCHE VERSORGUNG

Hospital Cáder (☎2447-1010; www.hospitalcader.com; 5A Calle Oriente 10)

Hospital San Juan de Dios (☎2435-9500; 17 Av Sur)

POST

Post (Karte S. 339; Av Independencia Sur; ⏰Mo–Fr 8–17 Uhr)

An- & Weiterreise

Vom **Hauptbusbahnhof** (Karte S. 339; Ecke 10a Avenida Sur & 15a Calle Poniente) von Santa Ana fahren Busse zu Zielen wie Ahuachapán, Juayúa, Sonsonate und San Cristóbal (guatemaltekische Grenze). Nach Las Chinamas, ebenfalls an der guatemaltekischen Grenze, nimmt man einen Bus nach Ahuachapán und steigt dort um.

Nach San Salvador nimmt man am Hauptbusbahnhof den Bus 210 zum **TUDO-Terminal** westlich der Stadt; dort steigt man in den Bus 201 (0,90 US$, 1¼ Std.) um.

BUSSE AB SANTA ANA

ZIEL	BUS	PREIS (US$)	DAUER (STD.)
Ahuachapán	210	0,75	1
Chalchuapa (Tazumal)	218	0,25	½
Juayúa	238	0,50	1
Lago de Coatepeque	220	0,40	1¼
San Cristóbal (guatemaltekische Grenze)	236	0,50	1
San Salvador *directo*	201	1	1½
San Salvador *especial*	201e	1,30	1¼
Sonsonate	216	0,75	1¼

Bus 235 nach Metapán (0,90 US$, 1½ Std.) fährt an der Ecke Avenida F Moraga Sur und 13a Calle Poniente ab. Nach Anguiatú (guatemaltekische Grenze) nimmt man den Bus 235 nach Metapán und steigt dort um.

Bus 248 zum Parque Nacional los Volcanes (Cerro Verde; 0,90 US$, 1¾ Std.) fährt um 7.30 Uhr vom **Busterminal La Vencedora** (Karte S. 339; Ecke Av F Moraga Sur & 11a Calle Poniente) eine Straße westlich des Parque Colón; die Rückfahrt ab Cerro Verde erfolgt um 16 Uhr.

Parque Nacional Los Volcanes

Der **Parque Nacional Los Volcanes** (Parkeintritt 3 US$, geführte Vulkanbesteigung 7 US$; ⏲8–17 Uhr) mit seinen vogelreichen Wäldern, kargen Gipfeln und drei großen Vulkanen in Wandernähe ist für viele Reisende ein Highlight ihres Besuchs.

Der aktive **Volcán Izalco** ist der Jüngste im Bunde. Sein Kegel formte sich erst ab 1770 aus einem Lava speienden Loch mit schwefelhaltigem Rauch. Heute ragt er 1910 m hoch in die Luft. Der Izalco brach im 20. Jh. mehrmals aus, wobei er Rauch, Felsbrocken, und Flammen spie. Heute steht dieser völlig karge, perfekt geformte Kegel inmitten von sonst sehr fruchtbarem Land.

Ohne Izalcos Hang zur Dramatik, aber 400 m höher, ist der **Volcán Santa Ana** (auch als Ilamatepec bekannt) der dritthöchste Gipfel El Salvadors. Sein Ausbruch im Oktober 2005 löste Erdrutsche aus, die zwei Kaffeepflücker unter sich begruben und zur Evakuierung von Tausenden Menschen führten. Von seinem kargen, windgepeitschten Gipfel bieten sich spektakuläre Ausblicke: auf der einen Seite auf den Lago de Coatepeque und auf der anderen auf den steil in den Krater abfallenden Abhang.

Aktivitäten

Vierstündige geführte Wanderungen auf den Volcán Santa Ana (Ilamatepec) und Volcán Izalco beginnen jeweils um Punkt 11 Uhr. Das bedeutet auch, dass man beide Gipfel nicht an einem Tag erklimmen kann. Für die Wanderungen sind jeweils mindestens zehn Teilnehmer nötig. Da die Besteigung des Santa Ana die beliebtere ist, werden diese Wanderungen in Begleitung eines Guides so gut wie immer durchgeführt. Wer die anspruchsvollere Wanderung auf den steileren Izalco unternehmen möchte, hat am Wochenende die beste Chance darauf, dass eine genügend große Gruppe zusammenkommt; sonntags findet fast immer eine geführte Wanderung statt. Festes Schuhwerk tragen und Jacke mitbringen! Zur Eintrittsgebühr für den Park (3 US$) kommen 1 US$ Trinkgeld für den Guide sowie weitere 6 US$ Gebühr für die Besteigung eines der Vulkane.

Eine kürzere Alternative ist eine 40-minütige Natur-Wanderung um den Cerro Verde, in deren Verlauf sich wunderbare Blicke auf den See und den Volcán Santa Ana auftun. Gegen ein Trinkgeld stehen für die Wanderung Freiwilligen-Guides zur Verfügung.

Alle Wanderungen beginnen beim Parkplatz am Cerro Verde in der Nähe des Parkeingangs.

Schlafen & Essen

Auf dem Parkplatz beim Ausgangspunkt der geführten Vulkanwanderungen sind an mehreren Imbissständen Frühstück, *pupusas*, frisches Obst und *nuégados* (frittierte Maniokteigbällchen) zu haben. Wer über Nacht bleibt, sollte aus Santa Ana oder Sonsonate Proviant mitbringen.

Cerro-Verde-Hütten HÜTTEN $
(☎2260-9249, 7294-7255; 4-/6-Bett-Hütten 35/55 US$) Diese einfachen Hütten am Cerro Verde im Parque Nacional Los Volcanes haben Etagenbetten und Bäder mit warmem Wasser. Sie liegen nur wenige Schritte entfernt vom Startpunkt der Wanderungen auf den Volcán Santa Ana und Volcán Izalco. Es gibt keine Küche und Bettwäsche wird nicht gestellt. Proviant und Wasser mitbringen.

Cabañas Campo Bello HÜTTEN $$
(☎2271-0853; www.campobello.com.sv; San Blas; Camping 5 US$ pro Pers., 1-/2-Bett-Hütten 50/55 US$) In einem Betoniglu aufwachen, umgeben von Vulkanen – irgendwie traumhaft! An der Straße hoch zum Cerro Verde folgt man 2 km vor dem Eingang zum Park Schildern nach rechts.

Casa de Cristal HÜTTEN $$
(☎2483-4713; www.facebook.com/CasaCristalOficial; Finca San Blas; Hütten 12–18 US$ pro Pers.) Zur Casa de Cristal gehören rustikale *cabañas* und ein Campingplatz. Sie befindet sich in San Blas an der Straße hoch zum Casa Verde und organisiert auch geführte Wanderungen.

Praktische Informationen

Trotz erheblicher Verbesserungen der Lage in den letzten Jahren wird aus Sicherheitsgründen nach wie vor davon abgeraten, allein zu wandern.

An- & Weiterreise

Spätestens um 11 Uhr aufkreuzen, da es nur einmal täglich geführte Wanderungen gibt. Am einfachsten und verlässlichsten ist die Anfahrt von Santa Ana aus. Von dort fährt Bus 248 (0,90 US$) direkt bis zum Eingang am Cerro Verde. Allerdings fährt der Bus schon um 7.30 Uhr vom Terminal La Vencedora in Santa Ana ab und erreicht Cerro Verde 1½ Stunden später. Es bleiben also noch rund zwei Stunden Wartezeit bis zum Beginn der Wanderung. Der Bus zurück nach Santa Ana fährt um 16 Uhr, rund eine Stunde nach der Rückkehr von der Wanderung.

Mit dem eigenen Fahrzeug erreicht man den Parque Nacional Los Volcanes über Sonsonate (67 km von San Salvador) oder über die landschaftlich schönere Strecke Richtung Santa Ana (77 km von San Salvador).

Lago de Coatepeque

Viele Besucher sind vom Anblick des 6 km breiten, blauen Lago de Coatapeque überwältigt, und auf der Straße zum Kratersee gehen die Autofahrer unter Garantie vom Gas, um erst mal am *mirador* zu halten. Dabei ist hier gar nicht so viel los, denn die meisten Grundstücke am Seeufer sind Privatbesitz der Elite San Salvadors. Man darf aber im Wasser schwimmen, tauchen oder mit einem Bötchen herumschippern, ohne sich Gedanken um die gefürchteten Cyanobakterien machen zu müssen. Diese Bakterien verursachen Hautreizungen und, wenn sie in den Magen gelangen, Übelkeit.

Für 5 US$ erhalten Tagesausflügler in einem der Hotels am Nordostufer Zugang zum See. Und für 20 US$ gibt's ein Boot für ein paar Stunden zu mieten.

Schlafen & Essen

Amacuilco Hostal HOSTEL $

(☎7009-8620; hostalamacuilco@hotmail.com; El Congo; B/DZ 8/25 US$;) Das beliebte Hostel befindet sich im kleinen Dorf El Congo oben an der Straße nach Coatepeque. Es hat ordentliche Schlafsäle, fünf Doppelzimmer, eine Küche, eine Bücherbörse und einen tropischen Garten mit kleinem Pool. Außerdem wird Spanischunterricht geboten (sehr empfehlenswert!).

El Gran Mirador FISCH & MEERESFRÜCHTE $$

(☎7860-2044; Hauptgerichte 7–15 US$; ⏲9–21 Uhr) Hier lässt sich *mojarro*-Fisch frisch aus dem See genießen. Das Fischrestaurant mit der Superaussicht befindet sich bei Kilometer 53 an der Straße vom Dorf El Congo hinunter zum See.

An- & Weiterreise

Die Busse 220 und 242 fahren von Santa Ana aus im Halbstundentakt zum See (0,50 US$, 45 Min.).

Chalchuapa

84 510 EW.

Die Stadt Chalchuapa liegt im Flachland und ist für die präkolumbische Siedlung Tazumal bekannt, die schönste Ruinenstätte El Salvadors. Für viele Reisende sind diese Maya-Ruinen ein unerwartetes Highlight, jedoch sollte man sie nicht unbedingt mit anderen in Zentralamerika vergleichen.

Die nette Innenstadt von Chalchuapa mit ihren niedrigen bunten Häusern und baufälligen Kolonialfassaden ist wie gemacht für gemütliche Spaziergänge. Außerdem wartet die Stadt mit einigen hervorragenden Restaurants auf.

Sehenswertes & Aktivitäten

Die **Laguna Cuzcachapa** ist ein natürlicher schwefelhaltiger Tümpel am Stadtrand und in der Kultur der Mayas ein mystischer Ort von großer Bedeutung. Die Einheimischen kommen hierher, wenn schwierige Entscheidungen anstehen. Man sollte sich aber vor der *siguanaba* (einer mystischen Kreatur, die in der Gestalt einer schönen Frau alleinreisende Männer anlockt) in Acht nehmen! Die natürlichen Quellwassertümpel von **El Trapiche** (der Stätte der ersten Maya-Siedlung um 2000 v. Chr.) eignen sich hervorragend zum Schwimmen. Alternativ kann man im **Salto El Espino** unter einem Wasserfall abtauchen.

★**Tazumal** RUINE

(7a Calle Oriente; 3 US$; ⏲Di–So 9–16 Uhr) In der Sprache der Quiché bedeutet Tazumal „Pyramide, wo Opfer verbrannt wurden". Archäologen nehmen an, dass das fruchtbare Gebiet erstmals um 5000 v. Chr. besiedelt wurde. Ein Teil des 10 km² großen Areals liegt weiterhin unter den Häusern Chalchuapas begraben. Die jüngsten Restaurierungsarbeiten haben im Dezember 2006 begonnen und die ursprüngliche Stein-Mörtel-Konstruktion eines Großteils der Ruinen wiederherstellen können. Eine Kette hindert Besucher daran, die Pyramiden zu betreten, doch durch die unmittelbare Nähe der historischen Stätte zum modernen salvadorianischen Alltag entsteht eine eindrucksvolle Verbindung zwischen Vergangenheit und Gegenwart.

In einem **Museum** sind Gegenstände zu sehen, die auf Handelsbeziehungen bis nach Panama und Mexiko schließen lassen – die Erläuterungen sind auf Spanisch. Andere Funde wie die Estela de Tazumal, ein 2,65 m hoher, mit Hieroglyphen beschrifteter Basaltmonolith, befinden sich heute im Museo Nacional de Antropología David J. Guzmán (S. 316) in San Salvador.

Casa Blanca RUINE

(Carretera Km 78; 3 US$; ⌚ Di–So 9–16 Uhr) Vom Stadtzentrum von Chalchuapa und von der Tazumal-Stätte aus gesehen auf der anderen Seite der Fernstraße befindet sich die Stätte Casa Blanca, bestehend aus einigen präklassischen Ruinen in einem hübschen bewaldeten Gebiet. Ein Besuch lohnt sich auf jeden Fall, denn es gibt ein ausgezeichnetes Museum mit detaillierten Beschreibungen auf Englisch und die Anlage an sich ist einladend und friedvoll. Außerdem befindet sich hier eine Indigo-Werkstatt, in der Besucher selbst aktiv werden und eigene Stoffe färben können.

RastaMaya Tours TOUREN

(☎7878-0155; www.rastamaya.com; 5 Av Sur Casa 6, Barrio Apaneca, zw. Calle 1a & 3a Oriente) In der Nähe der Tazumal-Ruinen arrangiert der frühere Englischlehrer Jorge zusammen mit einem dynamischen jungen Team sehr engagiert ausgefallene Abenteuertouren. Die Ausflüge zu den Aguas Termales (heiße Quellen) und zur Ruta Ancestral sind sehr kurzweilig.

Schlafen & Essen

In puncto kulinarische Schätze hat Chalchuapa einiges zu bieten. Die Stadt ist für ein nahrhaftes Maisgetränk namens *chilate* bekannt, das zu *camote* (Süßkartoffeln) und zuckersüßen *buñuelos* (Krapfen) gereicht wird, und für *yuca* (Maniok) mit Schweinebraten – ein Nationalgericht. An den Ständen entlang der Straße nach Tazumal wird hervorragende *comida típica* zubereitet.

Hostal Las Flores PENSION $$$

(☎2408-5117, 2444-0194; 5a Calle Oriente 13; B/DZ 20/110 US$; ❄📶) Der schön restaurierte Kolonialbau, ehemals im Besitz eines wohlhabenden Santaneco, beherbergt eine nette Pension mit einem Dutzend heller Räume, die mit Originalelementen und antiken Möbeln eingerichtet sind. Zum Haus gehören überdies ein gelb gefliester Innenhof und ein blühender Garten. Und ein Whirlpool soll auch noch dazukommen.

★ **Pan La Esperanza** BÄCKEREI $

(Ecke 1a Calle Oriente & Av 2 de Abril Sur; ⌚ Mo–Sa 7–18 Uhr) Köstliche Backwaren wie Brot und Brötchen werden jeden Tag frisch nach den streng gehüteten Rezepten der Eigentümerin Beatriz gebacken. Wer die Sachen gleich vor Ort verzehren möchte, kann im Bäckereicafé süße Leckereien wie Passionsfrucht-Muffins, aber auch herzhafte Sandwiches und Snacks verzehren und dazu guten Kaffee trinken.

Jade SALVADORIANISCH $

(7a Calle Oriente; Hauptgerichte 1–2 US$; ⌚ 9.30–19 Uhr) *Yuca con chicharrón* (Maniok mit Schweinebraten) ist das einzige, was hier angeboten wird. Da muss man sich also nur noch für die Portionsgröße entscheiden – am besten für die große!

An- & Weiterreise

Von Santa Ana fährt Bus 218 (0,30 US$, 30 Min., halbstündl.) hierher. An der durch Chalchuapa führenden Hauptstraße weist ein Schild den Weg zu den Tazumal-Ruinen; sie sind fünf Minuten zu Fuß von der Fernstraße entfernt.

Metapán

19 145 EW.

Die Bürger von Metapán sind sehr stolz auf ihre heiße Stadt, ein wichtiges landwirtschaftliches Zentrum des Landes, das eine nette Abwechslung zur Hektik in den größeren Städten darstellt. Der restaurierte koloniale Stadtplatz, beherrscht von der eindrucksvollen Iglesia de San Pedro, bietet sich für einen netten Bummel an.

Metapán macht sich zudem gut als Basis für Streifzüge durch den Parque Nacional Montecristo (S. 344), den am schwersten zugänglichen und gleichzeitig exotischsten Nationalpark von El Salvador. Für die Anreise ist ein Wagen mit Allradantrieb erforderlich.

Sehenswertes & Aktivitäten

Iglesia de San Pedro KIRCHE

(Av Benjamin E Valiente) GRATIS Metapáns Stadtplatz schmückt die herrliche Iglesia de San Pedro, das Juwel eines restaurierten alten Viertels, wo der Stolz der Bürger spürbar ist. Im Park gegenüber herrscht bis zum

Abend geruhsames salvadorianisches Familienleben.

Reserva Ecologica El Limo NATURSCHUTZGEBIET

(Carretera Km 122,5, Richtung Norden) 14 km nördlich von Metapán befindet sich die üppige Reserva Ecologica El Limo mit ihren tollen *cascadas* (Wasserfällen). Bei der Abzweigung zur Frontera Anguiatú bieten einem Autofahrer an, einen für rund 30 US$ dorthin zu fahren; ansonsten kann man es beim Hostal Villa Limón versuchen.

Wasserpark Apuzunga RAFTING

(☎7205-1288; www.apuzunga.com; 3 US$; ⏲7–17 Uhr) Apuzunga ist eins der bekannteren und besser entwickelten Thermalquellenresorts in El Salvador. Der größte Vorteil sind die Stromschnellen, die unterhalb des Bar-Restaurants vorbeirauschen. Nach der Regenzeit haben sie einen ordentlichen Zahn drauf! Raftingtrips kosten für eine Gruppe von sechs Personen 50 US$ pro Person; unbedingt vorbuchen.

Lago de Güija NATUR

Der Lago de Güija an der Grenze zu Guatemala ist ein schönes Feuchtgebiet mit Gelegenheit zum Angeln und Vögelbeobachten. In der Trockenzeit kann man zu archäologischen Stätten wandern und am Ufer Felsritzungen finden. Ob das Baden möglich ist, hängt vom Ausmaß des Blaualgenteppichs ab, doch bei örtlichen Anbietern lassen sich Bootstouren arrangieren.

Der See erstreckt sich mehrere Kilometer südlich von Metapán und 30 km nördlich von Santa Ana an der CA12. Von Metapán aus nimmt man einen Bus Richtung Santa Ana und lässt sich an der Kreuzung mit der Straße zum See absetzen. Von dort sind es noch 2 km zu Fuß.

Schlafen & Essen

Hostal de Metapan HOSTEL $

(☎2402-2382; 2a Calle Oriente; Zi. 22 US$; ❄📶) Die Betreiber tun alles, damit sich die Gäste in diesem funktionellen, kleinen Hotel in der Nähe des Busbahnhofs wohl und zu Hause fühlen. Die Innenausstattung erinnert ans Filmset einer TV-Schnulze aus den 90ern.

Hostal Villa Blanca HOTEL $$

(☎2402-3383; www.hostalvillablancametapan.com; Av Isidro Menéndez 4; EZ/DZ 30/45 US$; ❄📶) Die schickste Unterkunft im Ort ist dieses gut geführte Hotel in der niedlichen Altstadt. Die Fliesenböden sorgen für angenehme Temperaturen, bunte Möbel bringen frischen Wind in die großen Zimmer. Beliebt bei Flitterwöchnern und Wanderern. Die Mitarbeiter sind bei der Planung von Tagesausflügen zum Parque Nacional Montecristo (s. u.) behilflich.

Hostal Villa Limón HOSTEL $$$

(☎2442-0149; www.facebook.com/hostalvillalimon; Häuschen 80–115 US$; 🅿) Das Hostal Villa Limón besteht aus drei Hütten im Wald, in denen jeweils vier Personen bequem übernachten können, vielleicht sogar noch mehr. Die Unterkunft liegt 14 km nördlich von Metapán nahe einem spektakulären Wasserfall im Schutzgebiet Reserva Ecologica El Limo. Vorher anrufen, um einen Abholservice in Metapán zu organisieren. Wer selbst fährt, nimmt die staubige Straße Richtung Frontera Anguiatú, dann geht's geradeaus weiter, bis man die Schilder sieht.

Balompie Sports Bar & Cafe CAFÉ $$

(☎2402-3567; 3 Av Norte 17; Hauptgerichte 3–10 US$; ⏲Di–So 11–23 Uhr) Zwischen dem zentralen Platz und Fußballstadion befindet sich diese erstaunlich gute Sportbar (durch einen Bogen aus Beton gelangt man zu einer Treppe), die weit mehr ist als ein Ort zum Bierchen kippen und *Los Caleros* anfeuern. Auf der Sonnenterrasse lässt sich salvadorianische Küche genießen.

Praktische Informationen

Scotiabank (Av Ignacio Gómez; ⏲Mo–Fr 8–16.30, Sa bis 12 Uhr)

An- & Weiterreise

Der **Busbahnhof** liegt am Highway direkt an der Zufahrtsstraße zur Stadt. Santa Ana wird von Bus 235 (0,90 US$, 1½ Std.) angefahren. Abfahrt nach San Salvador ist siebenmal täglich mit Bus 201A (2,50 US$, 1¾ Std.). Bus 235 und einige Microbusse bedienen die guatemaltekische Grenze in Anguiatú (0,50 US$, 30 Min.); letzte Abfahrt ist um 18.30 Uhr.

Parque Nacional Montecristo

In der Nordwestecke von El Salvador reckt sich der Wald gen Himmel. Am höchsten Punkt des **Parque Nacional Montecristo** (☎MARN-Büro in San Salvador 2455-5192; www.marn.gob.sv/parque-nacional-montecristo-2; 10 US$; ⏲7.30–15 Uhr, letzter Einlass 13 Uhr), El Trifinio (2418 m), treffen El Salvador, Honduras und Guatemala zusammen. Hier bilden die Eichen und Lorbeerbäume des Nebelwalds, von denen einige 30 m hoch werden, einen dichten Blätterbaldachin, der keine Sonne durchlässt. Der Waldboden ist das Habitat einer Vielzahl von Pflanzen wie Pilzen, Flechten, Moosen und Baumfarnen – Letztere erreichen bis zu 8 m Höhe. Die Durchschnittstemperatur beträgt hier oben zwischen 10 und 15 °C und die relative Luftfeuchtigkeit liegt bei fast 100 %.

In der Gegend zu Hause, aber nur selten zu sehen sind Tiere wie Pumas, Ameisenbären, Stinktiere, Klammeraffen, Agutis und Kojoten; auch rund 100 Vogelarten sind vertreten, darunter Quetzals, Bunttukane und Wachteltauben.

Sehenswertes

Hacienda San Jose MUSEUM
(8–12 & 13–15 Uhr) Beim Parkeingang befindet sich in einer reizenden Hacienda mit hübschem Garten ein kleines Museum mit Ausstellungen zur Flora und Fauna des Parks, u. a. in Form ausgestopfter Tiere.

Jardín de los Cien Años GARTEN
Dieser zauberhafte Garten in Los Planes beherbergt über 70 Orchideenarten sowie hoch aufragende Eichen und andere Pflanzen, von denen viele mit Namen gekennzeichnet sind. Nett ist der *arbol de amor* (Liebesbaum), zwei Zypressen, die in einer Umarmung vereint sind.

Aktivitäten

In Los Planes (ca. 1900 m), einer begrasten Lichtung in einer Senke am Fuß des Cerro Montecristo, beginnen mehrere Wanderwege. Ein 1,2 km langer Weg führt durch duftenden Kiefernwald mit Ausblick auf den Park und Umgebung; ein zweiter Pfad führt zu Wasserfällen, wo man baden kann.

Der interessanteste Weg ist jedoch wohl der zu **El Trifinio** (2418 m), dem Highlight des Parks. Der anstrengende 7-km-Anstieg führt durch dichten Nebelwald; man sollte fünf Stunden einplanen. Am Gipfel markiert eine Tafel den Treffpunkt der drei Länder und der Ausblick zählt zu den atemberaubendsten in ganz Zentralamerika. Von Dezember bis April warten am Parkeingang lizenzierte heimische Guides, um ihre Dienste anzubieten (um 25 US$).

Um innerhalb von einem Tag auf den El Trifinio zu gelangen, muss man um 7.30 Uhr an den Parktoren sein, damit die Wanderung ab Los Planes bis spätestens 8.30 Uhr beginnen kann und man rechtzeitig vor Schließung des Parks um 15 Uhr zurück ist.

Zwar wird zum Betreten des Parks offiziell eine Genehmigung des **Ministerio de Medio Ambiente** (MARN; Karte S. 326; 2267-6276; www.marn.gob.sv; Alameda Araujo/Carretera Santa Tecla Km 5,5; Mo–Fr 8.30–12.30 & 13.10–16.30 Uhr) benötigt, doch unter der Woche können Tagesausflügler gewöhnlich einfach auftauchen und an den Parktoren die Eintrittsgebühr entrichten. Am Wochenende und an Feiertagen wird man ohne vorherige Buchung jedoch vielleicht abgewiesen, denn für den Zugang zum Park gibt es eine Besucher-Obergrenze. Das Gebiet oberhalb von Los Planes ist übrigens von Mai bis November gesperrt, weil dann die ortsansässige Tierwelt mit der Brutpflege beschäftigt ist.

Schlafen & Essen

Campingplatz Los Planes CAMPINGPLATZ $
(MARN in San Salvador 2455-5192; www.marn.gob.sv/parque-nacional-montecristo-2; Camping 6 US$ pro Pers., 8-Bett-Hütte 35 US$; Check-in 7.30–12.30 Uhr) Um den Parque Nacional Montecristo ausgiebig zu erkunden, verbringt man die Nacht am besten in einem Zelt – wenn man eins dabeihat – oder in einer der beiden niedlichen Holzhütten mit kleiner Gaskochplatte, Solarlampen und Grill. Hier oben wird's nachts kalt; gegen die Kälte hilft ein guter Schlafsack. Reservieren!

Tienda Roxana SALVADORIANISCH
(Los Planes; Hauptgerichte 2 US$; 7–20 Uhr) In ihrem idyllisch gelegenen Zuhause beim Campingplatz von Los Planes serviert eine Familie typische Regionalkost. Bei Vorausbestellung kann auch *sopa de gallina* (Hühnersuppe; 20 US$, für 6 Pers.) zubereitet werden, wofür dann eins der eigenen freilaufenden Hühner dran glauben muss. In einem kleinen Laden werden außerdem einige einfache Lebensmittel und Snacks verkauft.

An- & Weiterreise

Die Anreise nach Los Planes stellt eine Herausforderung dar. Wer ein Allradfahrzeug hat, kann hierher fahren (22 km von Metapán). In Metapán verlangen Fahrer für die Hin- und Rückfahrt 80 bis 100 US$.

Wer frühmorgens an der Hauptstraße an der Abzweigung zum Park wartet, kann vielleicht bei den Rangern oder einem der Bewohner des kleinen Dorfs im Park mitfahren, aber das ist keineswegs sicher und damit ist auch die Rückfahrt noch lange nicht geklärt. Von der Abzweigung zum Tor (5 km) kann man zu Fuß gehen, doch wer kein privates Fahrzeug dabeihat, darf ab dort nicht mehr zu Fuß gehen – so lautet die Vorschrift.

Ruta de las Flores

Mit offenen Augen eine gemächliche Reise über die Ruta de las Flores zu unternehmen gleicht einem Streifzug durch die Geschichte El Salvadors. Unterwegs passiert man eine Reihe Bilderbuchdörfer mit verschiedenen Kolonialarchitekturstilen in indigenen Farbtönen. Wer gern schlemmt, kann sich quer durch die lokaltypische Küche essen, insbesondere auf den Wochenendmärkten, und sich persönlich davon überzeugen, warum der Kaffee aus El Salvador in der ganzen Welt bekannt ist. Ebenfalls sehenswert sind die Kunsthandwerker-*tiendas* (Läden). Und wer einen Kick braucht, kann sich in die Cordillera Apaneca aufmachen, eine Vulkankette mit zahlreichen Wasserfällen, Mountainbike-Pisten und Wanderwegen durch Kiefernwälder, in denen im Mai weiße Blüten knospen.

1932 ereigneten sich in dieser Region die furchtbaren La-Matanza-Massaker: Regierungstruppen schlugen einen Massenprotest und versuchten Aufstand blutig nieder, der in erster Linie von Nahuatl-Kaffeebauern organisiert worden war. Wie viele Menschen starben, ist unklar, 30 000 Opfer scheinen jedoch wahrscheinlich.

An- & Weiterreise

Der Bus 249 fährt regelmäßig zwischen Sonsonate und Ahuachapán und hält unterwegs in allen Ortschaften, darunter auch Juayúa, Apaneca und Ataco.

Ahuachapán

38 110 EW.

Ahuachapán ist entweder Ausgangs- oder Endpunkt der Ruta de las Flores, je nachdem, in welcher Richtung man die Strecke abfährt. Es ist eine wohlhabende Provinzhauptstadt mit ein paar hübschen Kolonialgebäuden, aus der El Salvador 15 % des benötigten Stroms bezieht – dank sei dem Wunder der Geothermie. Für Reisende ist Ahuachapán aber vor allem das Tor zum Parque Nacional El Imposible oder nach Ataco.

In Ahuachapán ist geothermisch ordentlich was los, was sich u. a. an dampfenden Schlammtöpfen in der Gegend zeigt. **Los Ausoles**, auch als *los infernillos* (die kleinen Höllen) bekannt, sind eine Reihe von warmen Quellen 20 km nördlich der Stadt. Im Hotel kann man sich nach Guides erkundigen; wer mit dem Auto unterwegs ist, kann die Quellen problemlos auf eigene Faust erkunden.

Schlafen & Essen

La Casa de Mamapán HOTEL $$
(☎ 2413-4747; www.lacasademamapan.com; Ecke 2a Ave Sur & Pasaje La Concordia; Zi. mit Frühstück 50–80 US$; P ❄ 📶) Das Mamapan, erbaut im 19. Jh., steht gegenüber der Plaza Concordia und feiert die salvadorianische Kultur mit authentischer Küche und Kunst. Die bescheidenen, funktionalen Zimmer sind mit komfortablen Betten aus dunklem Holz ausgestattet, die Bäder sind makellos sauber und die Besitzer respektieren die Privatsphäre ihrer Gäste. Eine Terrasse bietet Aussicht auf die Kirche.

Termales de Santa Teresa RESORT $$
(☎ 2423-8041; www.termalesdesantateresa.com; Zi. mit Frühstück & Abendessen ab 60 US$ pro Pers.; ⏲ Tagesbesuche 8–22 Uhr) Die Gegend ist für ihre heißen Quellen berühmt, doch das Santa Teresa übertrifft mit seinen weit verteilten Becken die Erwartungen. Man kann einfach nur baden (10 US$), aber in leicht kitschiger Pracht auch übernachten. Angeboten werden außerdem Schönheitsanwendungen, Massagen und Schlammpackungen. Von Ahuachapán erfolgt die Anreise über die Straße nach Ataco; nach 2 km geht's links ab (ausgeschildert) und dann noch mal 2 km weiter.

Hotel Casa Blanca HOTEL $$
(☎ 2443-1505; Ecke 2a Av Norte & Calle Barrios; EZ/DZ 33/60 US$; ❄ 📶) Das etwas protzige Hotel nimmt eine alte Villa voller Möbel im Kolonialstil ein, ein toller Auftakt oder Endpunkt für die Reise entlang der Ruta de las Flores. Die acht Zimmer sind ein wenig beengt und die Farben passen nicht unbedingt zusammen, doch die Betten sind bequem. Im Patio beim Kaffeetrinken spürt man noch den Hauch vergangener Zeiten.

Las Mixtas SALVADORIANISCH $
(2a Av Sur, zw. Calle 3a & 1a Oriente; Hauptgerichte 3–5 US$; ⏲ Mo–Fr 7–20, Sa bis 21, So 11–21 Uhr) Ein buntes Restaurant mit geselliger Atmosphäre, in dem immer viele junge Pärchen sitzen. Wie der Name schon sagt, werden hier *mixtas* serviert, weiche Sandwiches, die mit fast zu viel von allem belegt sind, darun-

BUSSE AB AHUACHAPÁN

ZIEL	BUS	PREIS (US$)	DAUER
Las Chinamas	263 oder Minibus	0,50	40 Min.
San Salvador	202	1,25	3 Std.
San Salvador *especial*	202e	2,30	1¼ Std.
Santa Ana	210	0,50	1 Std.
Sonsonate *directo*	23	1,25	1½ Std.
Sonsonate via Ataco & Juayúa	249	0,95	2 Std.
Tacuba	264 oder Ruta 15	0,70	¾ Std.

ter eingelegtes Gemüse. Die Einheimischen schwören auf die eiskalten *licuados* (frische Obstsäfte).

Típicos Kolo Kolo SALVADORIANISCH $
(Ecke Av Tranceico Menéndez Sur & 1a Calle Oriente; Hauptgerichte 2,50 US$; ⏲6–16 Uhr) Das fröhliche Ecklokal ist wirklich nicht zu übersehen: Es ist außen und innen mit bunten Wandbildern zum Leben hier verziert. Das salvadorianische Frühstück, das Mittagsbuffet und die *pupusas* treffen genau ins Schwarze.

Praktische Informationen

Banco de America Central (3a Calle Oriente; ⏲Mo–Fr 8–17, Sa bis 12 Uhr) Wechselt Reiseschecks von Amex und Visa.

An- & Weiterreise

Einen Block nördlich des Parque Central stehen auf der Avenida Menéndez direkt an der 10a Calle Oriente die Busse nach Tacuba, Santa Ana und Sonsonate. Die Busse zur guatemaltekischen Grenze bei Las Chinamas starten von der 8a Calle Poniente, an der nordwestlichen Ecke des Parque Menéndez. Die Busse nach San Salvador fahren von dem neuen Terminal gleich hinter der Tankstelle an der Carretera 13, der Straße Richtung Santa Ana.

Ataco

12 882 EW.

Viele Reisende haben nach dem Besuch von Ataco ein neues Lieblingsdorf in El Salvador. Das verschlafene Nest an der „Blumenroute" bietet Wandbilder in kräftigen Farben und Kunsthandwerkermärkte, Kopfsteinpflasterstraßen und Kolonialgebäude, eine wunderschöne Lage in den Bergen und günstige, gute Restaurants und Hotels. Und samstagabends wird es dann sogar ein wenig laut, wenn die Livemusik aus den Bars bis auf die Straße zu hören ist.

Das nächste Dorf entlang dieser Route ist das von dem präkolumbischen Volk der Pipil gegründete **Salcoatitán**. In seinen Kopfsteinpflasterstraßen finden sich zahlreiche winzige Kunstgalerien.

Geführte Touren

In der Touristeninformation werden Guides für die Erkundung der Umgebung vermittelt. Mögliche Ziele sind der **Salto de Chacala**, ein 50 m hoher Wasserfall am Río Matala, und die **Chorros del Limo**, eine Quelle, die ein breites Becken speist, in dem man toll baden kann.

El Carmen Estate LEBENSMITTEL & GETRÄNKE
(☎2243-0304; www.elcarmenestate.com; Führung 6 US$ pro Pers.; ⏲9–16 Uhr) Auf einstündigen Führungen wird hier der Kaffeeanbau erläutert. Den Abschluss bildet eine Verkostung der erstklassigen Bohnen. Auf Englisch und Spanisch.

Schlafen & Essen

Segen Hostel HOSTEL $$
(☎2450-5832; www.facebook.com/segenhostel.ataco; Calle Poniente 3; EZ/DZ 25/40 US$; ❄📶) In den letzten Jahren hat sich im Segen, einem der besten kleinen Hostels von Ataco, wenig verändert. Die Zimmer sind dem Preis angemessen, der Dachbalkon ist ein toller Ort, um den Dorfalltag aus der Vogelperspektive zu beobachten, und die Betreiber kümmern sich rührend um ihre Gäste. Das Eingangstor ist verschlossen, aber es ist immer jemand zu Hause, gewöhnlich Eduardo, der Englisch spricht.

Los Portones de Ataco HOTEL $$
(☎2432-8853, 6114-8030; www.losportonesdeataco.webstudio503.com; 2a Av Sur 2; EZ/DZ 35/50 US$; 📶) Jenseits der *portones* (Tore) und eines reizenden Cafés und Gartens befinden sich im hinteren Bereich dieses schönen Anwesens sechs ordentliche, mit salvadorianischer Kunst geschmückte Zimmer mit Bad und Kabelfernsehen. Das Café La Estancia

bietet sich bestens zum Leutebeobachten an, während man sich am berühmten Kaffee von Ataco labt.

Villa Santo Domingo HOSTEL $$
(☎2450-5442; hotel.villasantodomingo@gmail.com; Ecke 1a Av Norte & Calle Central; DZ 30 US$; @📶) Hübsche Gartenanlagen und einheimische Antiquitäten und Kunstwerke runden das Bild dieses durchweg angenehmen Hotels ab. Die Zimmer schauen auf einen Innenhof und verfügen über die Original-Steinböden sowie dicke Wände.

El Carmen Estate BOUTIQUEHOTEL $$$
(☎2243-0304; www.elcarmenestate.com; La Casona DZ/3BZ/4BZ mit Frühstück 88,50/100/112 US$, Quinta El Carmen DZ mit Frühstück ab 65 US$; ❄📶) Die allgegenwärtige Marke „Cafe Ataco" stammt von dieser hübschen *finca,* die es schon seit den 1930er-Jahren gibt. Das Originalhaus **La Casona** wurde in ein luxuriöses Boutiquehotel umgebaut. Es steht inmitten eines üppigen Gartens und verfügt über mehrere elegante Gemeinschaftsbereiche, darunter eine Bibliothek und eine Bar. Das zweite Gebäude, die **Quinta el Carmen**, ist dank viel Platz eine fabelhafte Option für Familien.

★ **Tayua** INTERNATIONAL $$
(Ecke 5a Calle Oriente & 2a Av Norte; Hauptgerichte 6,50–13 US$; ⌚Mi & Do 17.30–20, Fr & Sa 12–22, So 12–18.30 Uhr; 📶🖉) Am Wochenende ist das Tayua eins der lebhaftesten Fleckchen im kleinen Ataco. Die hausgemachten Pizzas, Salate und Gourmet-Sandwiches werden mit frischen Kräutern aus dem eigenen Garten zubereitet und die dekadenten süßen Teilchen lassen sich wunderbar in den Kaffee tunken. Hin und wieder tritt eine Band auf. Die Kunst an den Wänden steht zum Verkauf.

Vocho Pizza PIZZA $$
(1a Av Sur; Pizza 5–6 US$; ⌚Di–So 12–21 Uhr) Das Ganze ist ein bisschen marktschreierisch, doch ein in einen Imbisswagen mit holzbefeuertem Pizzaofen umgebauter VW Käfer ist wirklich etwas Außergewöhnliches. Bis draußen die dünnkrustige Pizza fertiggebacken ist, kann man schon mal an einem Tisch in der Holzhütte Platz nehmen.

Shoppen

Diconte-Axul KUNSTHANDWERK
(Ecke 2a Av Sur & Calle Central; ⌚8.30–18 Uhr) Dieser Laden ist für seine von Hand hergestellten Textilien, gebatikten Stoffe und handbemalten Gegenstände bekannt.

Markt MARKT
(2a Av Sur; ⌚7–19 Uhr) Atacos großer Markt eignet sich wunderbar für einen Bummel.

Praktische Informationen

Scotiabank (Ecke 2a Av Sur & Calle Central)
Touristeninformationskiosk (⌚Sa & So 7–19 Uhr) Am Ortseingang. Hier gibt's einen praktischen Stadtplan.

An- & Weiterreise

Bus 249 hält an der Ecke 2a Calle Oriente und 4a Av Sur. Er fährt alle 15 Minuten Richtung Norden nach Ahuachapán (0,35 US$, 15 Min.) und, ebenso häufig, nach Süden Richtung Apaneca (0,25 US$, 10 Min.), Juayúa (0,70 US$, 30 Min.) und Sonsonate (0,80 US$, 1 Std.).

Apaneca

8597 EW.

Apaneca bedeutet auf Nahuatl „Fluss des Windes", was ganz gut passt, denn in der am zweithöchsten gelegenen Stadt von El Salvador (1450 m) ist die Luft tatsächlich frisch. Die kleine Stadt ist einer der schönsten Orte im ganzen Land. Unter der Woche herrscht in den mit Kopfsteinen gepflasterten Straßen zwischen den Häusern aus Adobe-Ziegeln wohltuende Stille, doch am Wochenende strömen zunehmend mehr Besucher hierher. Apanecas Kunsthandwerkerbranche genießt einen sehr guten Ruf und die Sierra Apaneca Ilamatepec ringsum ist ein Paradies für Wanderer.

Die schöne **Iglesia San Andres** war eine der ältesten Kirchen des Landes, wurde aber beim Erdbeben 2001 vollständig zerstört. Nach ihrem Wiederaufbau sieht sie jetzt wieder fast so aus wie früher.

Sehenswertes & Aktivitäten

Die Kraterseen **Laguna de las Ninfas** und **Laguna Verde** nördlich bzw. nordöstlich des Städtchens sind auf Schusters Rappen zu erreichen. Der erstgenannte See ist sumpfig, von Schilf umstanden und mit Seerosenblättern bedeckt, der zweite ist tief und kalt. Das Personal im Touristenkiosk an der Plaza (nur am Wochenende geöffnet) kann einem den Weg weisen oder einen Guide vermitteln.

Finca Santa Leticia KAFFEEPLANTAGE
(☎2433-0357; www.hotelsantaleticia.com; Carretera de Sonsonate Km 86,5; ⌚Archäologischer Park 9–17 Uhr) Die Finca Santa Leticia gleich südlich von Apaneca ist Kaffeeplantage, Ho-

tel und Restaurant in einem. Das Highlight des kleinen **Archäologieparks** (Eintritt 8 US$; vorher anrufen!) auf dem Gelände sind zwei dickbäuchige Figuren, die aus riesigen Basaltbrocken herausgeschlagen wurden und zwischen 6350 und 11 000 kg wiegen. Experten nehmen an, dass die 2000 Jahre alten Pummelchen in der Frühzeit der Maya-Kultur zu Ehren damaliger Herrscher geschaffen wurden.

Apaneca Canopy Tours ABENTEUERTOUREN
(☎2433-0554; Av 15 de Abril; 1½-stündige Tour 35 US$) Ein tolles Zipline-Abenteuer, bestehend aus 13 Seilrutschen und 2,5 km Bergwald. Touren starten täglich um 9.30, 11.30 und 15 Uhr.

Buggy Buggy Apaneca Aventura ABENTEUERTOUREN
(☎2612-7034; www.503apanecabuggies.wix.com/apanecaadventure; 4a Av Norte; 2-stündige Tour für 2 Pers. 70 US$) Ein beliebter Anbieter. Die Gelände-Karts passen eigentlich nicht ins stille Apaneca, aber es macht tierischen Spaß, mit viel Motorenlärm zur Laguna Verde zu röhren. Touren um 9, 11, 13 und 15 Uhr.

Schlafen

Hostal Il Piemonte HOSTEL $
(☎7739-5830, 2406-5987; 2a Av Sur 4; B 8 US$, EZ/DZ mit Bad 20/35 US$, EZ/DZ ohne Bad 15/25 US$; ❄📶) Massimo, ein Italiener, vermietet lichtdurchflutete, gepflegte Zimmer in seinem Wohnhaus an Budgetreisende (und gewährt ihnen Zugang zu seiner Action-Figuren-Sammlung). Wanderer werden die hausgemachte Pasta lieben.

Jardín Hostal HOTEL $$
(☎2407-3784; www.jardinhostal.com; Ecke 2a Calle Poniente & 1a Av Sur; EZ/DZ ohne Bad 20/25 US$, DZ mit Bad 35–45 US$; 📶) Das Jardín in einem netten, mit Grünzeug geschmückten Eckgebäude hat einfache Zimmer mit nackten Backsteinwänden; die meisten Zimmer öffnen sich zu einem Rundumbalkon mit Bergblick hin. Haus ist gut geführt, die Mitarbeiter sind hilfsbereit und die Atmosphäre ist entspannt. Frühstück (3,25–4,50 US$) gibt's im Café im ersten Stock.

Essen & Ausgehen

Die besseren Restaurants an der Fernstraße bieten die obligatorische *buena vista* und ein relaxtes Ambiente. Ansonsten gibt's im Dorf jede Menge salvadorianisches Essen, jedoch kaum noch etwas nach Einbruch der Dunkelheit.

Plaza Apaneca MARKT $
(1a Av Sur; Hauptgerichte 2,50–6 US$; ⏲7–20 Uhr) In der Gastrohalle in einem schicken neuen Gebäude mit hohen Backsteinbögen und viel Holz gegenüber dem Park sind Schinken, Eier mit Bohnen und *atole* (ein Maisgetränk) zu haben, aber auch Hähnchengerichte und *pupusas*. In ausgehöhlten Ananasschalen werden *piñas locas* serviert: Cocktails aus Rum, Ananas und Sahne.

★**El Jardin de Celeste** INTERNATIONAL $$
(☎2433-0277; www.eljardindeceleste.com; Km 94; Hauptgerichte 8–17 US$; ⏲7–18 Uhr; 📶👪) Das traumhaft schöne Gartenrestaurant ist eins der kulinarischen Highlights in der Region. Unbedingt wenigstens auf einen Kaffee und ein Stück Kuchen vorbeischauen! Das Celeste liegt zwischen Apaneca und Ataco und macht am meisten Spaß mit ein paar Freunden, mit denen man lachen, schmausen und die subtropische Pracht zelebrieren kann.

Cafe Albania CAFÉ
(☎7349-5124; ⏲Mo–Fr 8–17, Sa & So bis 18 Uhr; 📶) Die Einheimischen fasziniert das Heckenlabyrinth (Eintritt 3 US$) beim Café, aber uns haben die herrlichen Ausblicke über die dunstigen Berge noch mehr begeistert. Es lohnt sich hier einzukehren und eine Tasse des köstlichen Kaffees aus Bohnen der Finca Albania zu genießen, dazu Pfannkuchen oder ein Stück Kuchen. Das Café liegt nicht weit von der Hauptstraße auf der anderen Seite des Ortszentrums von Apaneca und ist ausgeschildert.

Shoppen

Axul Artesanías KUNSTHANDWERK
(www.facebook.com/axulartesania; Av Central Norte; ⏲9–18 Uhr) In diesem Laden wird von hiesigen Künstlern und Kunsthandwerkern Produziertes verkauft, u. a. schöne handgewebte Tischdecken, bemalte Kästchen und Schmuck. Es gibt auch einen Fahrradverleih (2 US$ pro Std.) und ein Künstlercafé mit gutem Kaffee aus der Region; am Wochenende sind auch Sandwiches und anderes Essen (Hauptgerichte 4,50–10,50 US$) zu haben.

Praktische Informationen

Es gibt keine Banken im Ort. Die nächsten Geldautomaten sind in Ataco und Juayúa.

Am Wochenende ist auf der Plaza ein Infokiosk geöffnet.

An- & Weiterreise

Busse halten auf der Hauptstraße, direkt vor dem Markt. Bus 249 bedient alle 30 Minuten die

Strecke zwischen Ahuachapán und Sonsonate mit einem Halt in Apaneca. Der letzte Bus fährt zwischen 18 und 19 Uhr. Sicherheitshalber sollte man aber einen Einheimischen fragen.

Juayúa

9936 EW.

Juayúa (Chuai-*ju*-wa) ist die meistbesuchte Stadt an der Ruta de las Flores, wohl wegen der hübschen Kopfsteinpflasterstraßen, der Lebensmittelmesse am Wochenende und den nahen Wasserfällen und Thermalquellen. Die frische Bergluft hat viele Ureinwohner dazu bewogen, sich hier niederzulassen. Das Nahua-Erbe kommt im hiesigen Kunsthandwerk zum Ausdruck.

Cristo Negro, der schwarze Christus, ist eine bedeutende religiöse Statue, die von Quirio Cataño im späten 16. Jh. geschnitzt wurde und in der Kirche aufbewahrt wird. Sie ist wunderschön und zugleich ein Symbol für Wandel.

Die Vergangenheit Juayúas war alles andere als friedlich. Die Aufstände der indigenen Bevölkerung der Region waren Auslöser für die Revolutionsbewegung von 1932. Mit der Unterstützung der durch den Kaffeeanbau zu Reichtum gelangten Oberschicht, schlugen die Regierungstruppen den schlecht organisierten Aufstand brutal nieder.

Festivals & Events

Feria Gastronómica LEBENSMITTEL & GETRÄNKE
(Sa & So) Auf dem Hauptplatz findet jedes Wochenende eine beliebte Lebensmittelmesse statt. Das außergewöhnliche Angebot prägen Gaumenfreuden wie Meerschweinchen- und Froschspieße; weniger „exotische" Speisen sind etwa *riguas de coco* (gebratene Kokosnuss-Maismehl-Pfannkuchen) und der obligatorische *elote loco* („verrückter Maiskolben") mit Parmesan und Senf.

Aktivitäten

Ein Ausflug zu **Los Chorros de Calera**, einer Gruppe von Wasserfällen, die über zerklüftete Abhänge hinabstürzen, ist eine empfehlenswerte Wanderung, mit der Option auf einen Sprung ins kühle Nass. Die **Ruta de las Seite Cascadas** verläuft an sieben malerischen Kaskaden am Río Bebedero entlang. Im Hotel Anáhuac oder der Casa Mazeta nach einem Guide fragen. Da es gelegentlich zu Diebstählen kommt, ist es bei manchen Aktivitäten besser, sich einen Führer zu nehmen. Weitere geführte Touren sind z. B. Ausflüge zum See, Kaffee-Touren und das Abseilen an einem Wasserfall.

Schlafen

★ **Casa Mazeta Hostal** HOSTEL $
(Englisch 7252-8498, Spanisch 2406-3403; www.casamazeta.com; 1 Calle Poniente 22; B 12 US$, DZ mit/ohne Bad 32/26 US$, 3BZ 36 US$;) Das kleine Mazeta ist ein wunderbares Hostel: Die englischen Betreiber haben das umgebaute Wohnhaus mit Hingabe und Geschmack eingerichtet. In den Doppelzimmern erwarten einen lokaltypische Textilien und antike Möbel und die Dorms haben viel Charme und sind überhaupt nicht angestaubt – der Stoff, aus dem Reiseführerträume gemacht sind. Es gibt eine recht große Küche und jede Menge Informationen zur Umgebung. Empfehlenswert ist die angebotene Tour zu sieben Wasserfällen (20 US$ pro Pers.).

★ **Hotel Anáhuac** HOSTEL $$
(2469-2401; www.hotelanahuac.com; Ecke 1a Calle Poniente & 5a Av Norte; B/EZ/DZ 11/20/30 US$;) Für viele Reisende ist das Hotel Anáhuac ein Synonym für Juayúa. Der Platz wird optimal ausgenutzt, angefangen beim Garten und dem Doppelzimmer treppauf über den Bäumen bis hin zu dem Extra-Badezimmer neben dem Eingang. Besitzer César kennt die Gegend in- und auswendig, über Kaffee weiß er sogar noch mehr. Auf keinen Fall verpassen darf man die Führung über seine Plantage und durch seine Rösterei (20 US$).

Hotel Juayúa HOTEL $$
(2469-2109; www.hotel-juayua.com; Final Av 6; B 12 US$, Zi. mit Frühstück 35–60 US$;) Ein hübsches Boutiquehotel, ideal für Familien mit Kindern, die Platz zum Toben brauchen. Schnell hat man sich daran gewöhnt, auf dem gestutzten Rasen neben dem glitzernden Pool zu entspannen. Im Hintergrund erstrecken sich blühende Kaffeeplantagen. Manche Zimmer sind heller als andere, aber alle sind groß und rustikal-schick. Der 8-Bett-Dorm ist perfekt für Budgetreisende, denen der Sinn nach etwas Ruhe steht.

Essen & Ausgehen

Taquería la Guadalupana MEXIKANISCH $
(Calle Merceditas Caceres Poniente; Hauptgerichte 3–9 US$; Di–So 10.30–21 Uhr) Im knalligen und lauten (der Eigentümer ist Karaoke-Fan) Guadalupana gibt's sehr gutes mexikanisches Essen ohne viel Tamtam.

★ **R&R** SALVADORIANISCH $$
(2452-2083; Calle Mercedes Caceres Poniente; Hauptgerichte 7–12 US$; Mi–Mo 11.30–21 Uhr) Das edelste Restaurant in Juayúa, vielleicht

sogar an der gesamten Ruta de las Flores. Chefkoch Carlos verleiht den Steaks, Salaten und mexikanischen Gerichten eine besondere, persönliche Note. Selbst wenn im Rest von Juayúa nichts los ist, sind die Tische dieses kleinen, bunt gestrichenen Eckhauses voll besetzt mit zufriedenen Gästen.

Restaurante San José SALVADORIANISCH **$$**
(☎2469-2349; 2a Calle Poniente; Hauptgerichte 5–7,50 US$; ⌚9–19 Uhr) Das San José in einem der ältesten Häuser von Juayúa am Hauptplatz hat Rind, Huhn und Fisch und Meeresfrüchte vom Grill sowie ein paar seltenere Speisen wie gegrilltes Kaninchen. Die Bar ist gut sortiert und das Restaurant erstrahlt in einer fröhlichen Sonnenblumendeko.

★ **Occalli Cafe** KAFFEE
(☎2452-2783; 3a Av Sur; ⌚Do–Di 7.30–18.30 Uhr) Bietet eine tolle Auswahl an hochwertigen Kaffeesorten aus der Umgebung in unterschiedlichen Zubereitungsarten, außerdem Frühstück, Sandwiches und Kuchen.

Praktische Informationen

Juayutur (Plaza de Juayúa; ⌚Sa & So 9–17 Uhr) Die Touristeninformation von Juayúa besteht aus einem Kiosk an der östlichen Seite der Plaza. Dort erhalten Touristen Infomaterial über die Stadt und Ausflugsziele in der Umgebung.

Scotiabank (Calle Monseñor Óscar Romero)

An- & Weiterreise

Bus 249 fährt in Richtung Nordwesten nach Apaneca (0,60 US$, 20 Min.), Ataco (0,70 US$, 30 Min.) und Ahuachapán (0,90 US$, 1 Std.) und tagsüber auch Richtung Süden nach Sonsonate (0,80 US$, 45 Min.). Alle 15 Minuten fahren Busse vom Park ab, am Wochenende jedoch vier Blocks westlich des Parks. Bus 238 fährt direkt nach Santa Ana (0,75 US$, 40 Min.) und startet sechsmal täglich ein paar Blocks westlich vom Parque Central.

Sonsonate

72 591 EW.

Sonsonate ist eine staubige Stadt mit ein paar hübschen Kolonialgebäuden am Fuß der Ruta de las Flores, die viele Reisende auf dem Weg zu den Stränden und Vulkanen passieren werden. Angesichts der Viehbauern in Jeans und Stiefeln kommt ein ländliches Feeling auf. Einen Grund, länger zu verweilen (geschweige denn hier zu übernachten), gibt es eigentlich nicht, es sei denn, man ist während der **Semana Santa** hier. Dann scheint sich die halbe Provinz in der Stadt zu versammeln.

Schlafen & Essen

Hotel Plaza HOTEL **$$**
(☎2451-6626; Ecke 9a Calle Oriente & 8a Av Norte; EZ/DZ/3BZ 36/42/47 US$; ❄≋) Das gelbe Haus mit dem Flachdach hat einen netten Swimmingpool und ein Restaurant und liegt in einem freundlichen Viertel. Die Zimmer huldigen dem Komfortstandard anno 1980 – wenn es dunkel wird und man nicht mehr weiterfahren möchte oder kann, stört das gar nicht.

★ **Café La Casona** INTERNATIONAL **$**
(3 Calle Poniente, zw. 1 & 3 Av Norte; Sandwiches 2–4 US$, Pizza 8 US$; ⌚8–18 Uhr; ❄📶) Eine echte Oase in den heißen, staubigen Straßen im Zentrum von Sonsonate. Hier serviert man mit den besten Kaffee des ganzen Landes sowie Smoothies, Sandwiches mit Maniokpommes, frisch gebackene Pizza und

BUSSE AB SONSONATE

ZIEL	BUS	PREIS (US$)	DAUER
Ahuachapán via Juayúa, Apaneca & Ataco	249	0,95	2 Std.
Barra de Santiago	285	1	1¼ Std.; Abfahrt 10 & 17 Uhr
La Hachadura	259	0,85	1¾ Std.
La Libertad	287	1,30	2½ Std.
La Perla	261	0,80	1½ Std.
Los Cóbanos	257	0,45	40 Min.
San Salvador *directo*	205	1	1½ Std.
San Salvador *especial*	205	1,50	1½ Std.
Santa Ana	216	0,75	1¼ Std.

hausgemachte Süßspeisen wie Basilikum-Cheesecake, Kokospudding und Zitronenkuchen. Das Café residiert in einem schön restaurierten und stilvoll eingerichteten alten Haus; es gibt sogar einen Raum mit Schaukeln.

Praktische Informationen

Banco Agrícola (Ecke Calle San Antonio del Monte & Av Rafael Campos; Mo–Fr 8–16, Sa 8.30–12 Uhr)

An- & Weiterreise

Um vom Stadtplatz im Zentrum zum Busterminal zu kommen, das 2 km östlich vom Zentrum liegt, nimmt man ein Taxi oder Bus 53C. Busse nach San Salvador fahren vor dem Terminal ab.

Vom Terminal aus fahren auch Busse nach Izalco (Bus 53A), Nahuizalco (Bus 53D) und Acajutla (Bus 252). Zum Parque Nacional El Imposible gelangt man mit allen La-Hachadura-Bussen nach Puente Ahuachapío oder Cara Sucia (0,50 US$, 30 Min.). Wer zur Barra de Santiago möchte, kann auch Bus 259 bis zur Abzweigung und dann einen Pick-up nehmen.

Tacuba

5055 EW.

Tacuba ist ein hübscher kleiner Außenposten in den Bergen, der Touristen als Tor zum Parque Nacional El Imposible ein Begriff ist. Das üppig grüne Umland auf einer Höhe von 680 m am Ende einer einspurigen Straße versetzt Erstbesucher durch seine Abgeschiedenheit in Staunen.

★ **Imposible Tours** ABENTEUERTOUREN
(2417-4202; www.imposibletours.com; Hostal de Mamá y Papá; Touren ab 25 US$, 2-tägige Tour zur Barra de Santiago 70 US$) Eine Imposible-Tour lohnt sich, auch wenn das mit Aufwand verbunden ist. Der temperamentvolle Manolo kennt die Gegend in- und auswendig und seine Leidenschaft für diese Region ist ansteckend. Er bietet Touren mit einer Länge von zwei Stunden bis drei Tagen an, je nachdem, wie tief seine Kunden in den Nationalpark vordringen möchten. Wasserfälle hinunterrutschen, durch ursprünglichen Wald wandern oder per Mountainbike zur Barra de Santiago strampeln – das alles ist möglich.

Hostal de Mamá y Papá HOSTEL $
(2417-4202; www.imposibletours.com; 10a Calle Poniente, zw. Av Cuscatlán & 1a Ave Sur No 1; B/DZ 9/20 US$;) Mamá betreibt das beste Hostel von Tacuba, das glücklicherweise nicht den Befürchtungen angesichts einer derart abgeschiedenen Stadt entspricht. Im Mittelpunkt der Unterkunft steht der Garten, wo es zum köstlichen Frühstück Gitarrenmusik gratis gibt. Die Zimmer sind groß, sauber und günstig; aus den Duschen kommt warmes Wasser. Oben befindet sich eine Lounge zum Chillen mit herrlicher Aussicht. Manolo von Imposible Tours steht jederzeit als Ansprechpartner zur Verfügung.

An- & Weiterreise

Bus 264 (0,70 US$, 45 Min., 5.30–18 Uhr alle 30 Min.) fährt von der Hauptplaza nach Ahuachapán.

Parque Nacional El Imposible

Dieser **Park** (Salvanatura 2279-1515; 6 US$; 8–16 Uhr) ist der größte Nationalpark El Salvadors. Seinen Namen verdankt er der mittlerweile mit einer Brücke überspannten gefährlichen Schlucht, die schon viele Bauern und Lasttiere, die Kaffee zum Hafen am Pazifik beförderten, das Leben kostete. Er wurde 1989 zum Nationalpark ernannt und liegt im Höhenzug Apaneca Ilamatepec zwischen 300 und 1450 m Höhe. Zu ihm gehören acht Flüsse, die das Einzugsgebiet der Barra de Santiago und der Mangrovenwälder an der Küste nähren.

Der Nationalpark reicht bis zur guatemaltekischen Grenze und besteht in erster Linie aus Primärwald. Er ist durchzogen von Flüssen und wunderschönen Wasserfällen. Wanderungen führen z. T. über matschige und steile Pfade, der sagenhafte Blick auf die von Nebelschwaden umgebenen Gipfel und den schillernden Pazifischen Ozean entschädigt aber dafür. Die beste Zeit für einen Ausflug in den Park ist zwischen Oktober und Februar, da das Reisen in der Regenzeit oft nicht oder nur schwer möglich ist. Zugang hat man entweder von Norden oder Südosten her.

Der Haupteingang San Benito befindet sich an der südöstlichen Seite hinter dem kleinen San Miguelito. Nähert man sich von Norden her, via Tacuba, muss man nichts bezahlen, sollte aber in Begleitung eines Guides gehen, da die Vegetation schnell dicht und unüberschaubar wird. Imposible Tours hat ein paar tolle Touren im Programm.

Geduldige Beobachter können Pumas, Tigrillos, Wildschweine und Ameisenbären zu Gesicht bekommen, Hobby-Ornithologen dürfen sich auf Schopfadler, Falken,

ABSTECHER

STRÄNDE BEI SONSONATE

Von Sonsonate aus leicht zu erreichen ist der Küstenort **Los Cóbanos**, ein Fischerdorf an einem abgeschiedenen Riff mit den besten Schnorchel- und Tauchmöglichkeiten des Landes. Ebenfalls unschwer erreichbar ist die **Barra de Santiago**, ein Mangrovenwald-Schutzgebiet, wo man mit Kaimanen baden, mit örtlichen Fischern Kanu fahren und am schlammigen Ufer nach alten Ruinen suchen kann. Wer an einem großen ursprünglichen Ozeanstrand nächtigen möchte, kann sich an das Hostal de Mamá y Papá (S. 352) in Tacuba wenden: Es arrangiert eine Wanderung durch den Parque Imposible zum Strand, wo man in einem großen Haus unterkommen kann.

Water Quest (☎7160-8361; www.waterquestelsalvador.com; Los Cóbanos Hotel) Der professionelle Veranstalter mit Sitz im Hotel Los Cóbanos bietet Open-Water-Kurse (275 US$) und Rifftauchen (65 US$).

La Cocotera (☎2245-3691; www.lacocoteraresort.com; Barra de Santiago; Zi. inkl. Mahlzeiten 195 US$ pro Pers.;) Die sechs Luxusapartments mit großen Betten in einem Resort an der rauen Küste der Barra de Santiago nahe der guatemaltekischen Grenze gehen auf einen langen, menschenleeren Strand hinaus, der von Kokospalmen und Mangobäumen gesäumt ist. Für die Anreise über die Sandbank benötigt man einen Jeep oder man lässt sich per Boot abholen.

Wenn die Sonne untergeht, legt sich die Stille über die Anlage. Es gibt weder Fernseher noch Internet und manchmal auch keine anderen Gäste. Der gesamte Betrieb zeichnet sich durch die Verwendung lokaler, ökologisch nachhaltiger Materialien aus. Vorbildlich!

Motmots und Hunderte weitere Vogelarten freuen. Schmetterlinge sind ebenfalls zahlreich vertreten.

Fußläufig zum Besucherzentrum liegen drei große Campingareale mit Toiletten und Grillstellen; der ruhigste ist der am weitesten entfernte (20 Min. zu Fuß). Eigene Ausrüstung mitbringen!

Aktivitäten

Los Enganches WANDERN

Ein 3,5 km langer Weg (einfache Strecke) führt am **Mirador El Mulo** vorbei, fällt dann steil ab und endet schließlich an einer großen Badestelle – ein idealer Platz zum Picknicken. Der Weg passiert außerdem den **Mirador Madre Cacao**, von dem man den südöstlichen Teil des Parks überblicken kann. Nach Agutis und Nasenbären Ausschau halten!

Cerro El Leon WANDERN

Ein anstrengender, 8 km langer Rundweg, der über einen der höchsten Gipfel des Parks (1113 m) führt. Er beginnt in einer üppig grünen, feuchten Schlucht und führt durch dichten Wald nach oben. Während der Wanderung eröffnen sich immer wieder neue grandiose Ausblicke. Man muss ein paar Stunden einplanen; viel Wasser mitnehmen.

Piedra Sellada WANDERN

Auf diesem 4 km langen Weg kommt man zu einer Badestelle und zu einem mit Maya-Inschriften versehenen Stein. Einfach der Los-Enganches-Wanderung folgen und kurz vor deren Ende den Weg nehmen, der flussaufwärts führt und nach 1 km die Piedra Sellada erreicht.

An- & Weiterreise

Von Sonsonate geht es mit Bus 259 Richtung La Hachadura; bei Cara Sucia (0,90 US$) aussteigen. Von dort fahren ein Bus um 11 Uhr und ein Pick-up um 14 Uhr (beide 2 US$, 1 Std.) zum Haupteingang. Die kleinen Transporter fahren jeden Morgen um 5.30 und 13.30 Uhr (Zeiten im Besucherzentrum checken!) nach Cara Sucia zurück. Wer Angst hat, die Pick-ups in Cara Sucia zu verpassen, kann probieren, sie an der Puente Ahuachapío (Brücke), ein paar Kilometer vor Cara Sucia, einzuholen. Sind sie auch dort schon weg, kann man es immer noch per Anhalter probieren (13,5 km). Der Park kann auch von Norden aus über Tacuba erkundet werden.

ÖSTLICHES EL SALVADOR

Die meisten Reisenden heizen die Panamericana hinunter, um den Westen El Salvadors zu erkunden bzw. in östlicher Richtung zur nicaraguanischen Grenze zu gelangen, dabei ist der „wilde Osten" eine geografisch abwechslungsreiche Region, die eigentlich mehr Beachtung verdient hätte.

Das niedliche Dorf Alegría, die tief im Bewusstsein der Bewohner verankerte Kriegsgeschichte rund um Morazán und die langen, sandigen Surfstrände in der Nähe von El Cuco und Las Flores werden selbst die verwöhntesten Reisenden spannend finden. Der Verkehr aus umliegenden Städten wie z. B. San Miguel, einer Stadt mit einer ausgesprochen ungezwungenen Lebenseinstellung, ist sehr überschaubar. Für ein Küstenabenteuer abseits der Touristenpfade bieten sich die vogelreiche Bahía de Jiquilisco und die winzigen, weltabgeschiedenen Fischerdörfer an.

Geschichte

Vor dem Krieg sicherte hier lange die Subsistenzlandwirtschaft das Überleben. Die unvermeidbare Forderung nach einer landesweiten Landreform fand in den ärmeren Gemeinden große Zustimmung und vor allem der Nordosten wurde zu einer hart umkämpften Guerillahochburg. Weit von der Hauptstadt entfernt trugen sich hier schreckliche Gräueltaten zu. Wenn auch keine so schrecklich war wie die von El Mozote, blieb dennoch kaum ein Dorf von den Kämpfen verschont und die Widerstandskraft der Einwohner wird noch viele Generationen von Besuchern beeindrucken.

Cojutepeque, Ilobasco& San Sebastián

An der Panamericana zwischen San Salvador und San Vicente liegen ein paar interessante Orte. Das kleine **Cojutepeque** 32 km östlich von San Salvador ist v. a. bekannt für den Cerro las Pavas (Hügel der Truthähne) mit einem Schrein für die Virgen de Fátima unter freiem Himmel – der Schrein wurde 1949 aus Portugal nach Cojutepeque gebracht. Sonntags und am 13. Mai, dem **Día de la Virgen**, strömen Pilger hierher.

Etwas weiter die Carretera hinunter (54 km östlich von San Salvador bzw. 22 km östlich von Cojutepeque) befindet sich die Abzweigung nach **Ilobasco**: Der Ort ist für seine Keramiken bekannt, die *sorpresas*. Sie zeigen in winzigem Detail meist religiöse und ländliche Motive; andere wiederum sind eher anzüglicher Natur. Am Ortseingang säumen *artesanía*-Läden die Avenida Carlo Bonilla. Vom 24. bis zum 29. September findet jedes Jahr ein **Kunsthandwerksmarkt** statt.

Weitere 8,5 km auf der Panamericana Richtung Osten liegt **San Sebastián**, berühmt für gewebte Hängematten und Stoffe.

An- & Weiterreise

Cojutepeque Ab San Salvador mit Bus 113 von der Blumenuhr (Reloj de Flores) unmittelbar westlich des Terminal de Oriente (45 Min., 0,45 US$).

Ilobasco Bus 111 oder 142 vom Terminal de Oriente in San Salvador (1 Std., 0,60 US$) oder ab Cojutepeque.

San Sebastián Bus 111 ab Cojutepeque (80 Min., 1,10 US$).

San Vicente

44 369 EW.

San Vicente liegt im Schatten des spitz zulaufenden Volcán Chichontepec im Jiboatal. Ebenso dramatisch ist der gewaltige **Torre Kiosko**, ein Glockenturm wie aus einer anderen Welt, der über den Feldern emporragt wie eine Disneyland-Attraktion, die nicht so richtig in ihre Umgebung passt. Außerdem ist die Stadt bekannt als Heimat zahlreicher *cumbia*-Musiker.

El Pilar, eine wunderschöne Kolonialkirche aus den 1760er-Jahren, wurde bei einem Erdbeben schwer beschädigt; obwohl inzwischen renoviert, bleibt sie weiterhin geschlossen.

Aktivitäten

Volcán Chichontepec WANDERN

Der Volcán Chichontepec (der auch als Volcán de San Vicente bekannt ist) mit seinen zwei Gipfeln bietet Gelegenheit zu mittelmäßig anstrengenden Besteigungen durch Kaffeeplantagen. In der Touristeninformation muss man mindestens einen Tag im Voraus einen Guide buchen. Der Transfer zum Startpunkt des Weges, der Guide und eine Polizeieskorte kosten 20 US$ für eine Person bzw. 30 US$ für zwei.

Für den Aufstieg hoch zum Gipfel stehen zwei Startpunkte zur Wahl: Von einem sind es drei Stunden bis zur Spitze, vom anderen 90 Minuten. Auf dem ersten Teil der längeren Wanderung gibt es keinen Schatten.

Da die Straße zum Startpunkt der Wanderung über privates Land führt, muss man sich in Begleitung eines von der Touristeninformation lizenzierten Guides mit den entsprechenden Genehmigungen befinden.

BUSSE AB SAN VICENTE

ZIEL	BUS	PREIS (US$)	DAUER	ABFAHRTEN
Ilobasco	530	0,60	1 Std.	6.50, 11, 16 Uhr
San Miguel	301 ab der Abzweigung von der Fernstraße	1,50	1½ Std.	letzter Bus 18 Uhr
San Salvador	116	1	1½ Std.	letzter Bus 18 Uhr
Zacatecoluca	177	0,60	50 Min.	alle 20 Min.; letzter Bus 17 Uhr

Festes Schuhwerk tragen und einen Pulli sowie ausreichend Proviant und Wasser mitnehmen!

Schlafen & Essen

Hotel Pablo Tesák HOTEL $$
(☎2393-0012; rosaelena_valencia@yahoo.com; Calle Dr Jacinto Castellanos 25; EZ/DZ/3BZ 25/31/43 US$; ❄📶) Die schickste Unterkunft in San Vicente ist das Hotel Pablito Tesak mit 33 Zimmern rund um einen Parkplatz. Nach der Besteigung des Chichontepec kann man hier auf einer Terrasse mit Ausblick auf die spitzen Gipfel des Vulkans entspannen.

★**Dulcería Villalta** SÜSSWAREN $
(7 Calle Poniente 4; Süßwaren 0,25 US$; ⏲Mo–Sa 7.30–17, So bis 15 Uhr) Schon seit 1860 stellt die Familie Villalta nach traditionellen Methoden *dulces de camote* her, Süßigkeiten aus Süßkartoffeln. Señora Villalta ist zwar schon in den Neunzigern, aber immer noch im Laden zu finden, wo sie ein Auge auf die Qualität der Erzeugnisse hat.

Casa Vieja SALVADORIANISCH $$
(1a Calle Poniente, nahe 3a Av Sur; Hauptgerichte 5–8,25 US$; ⏲6.30–21 Uhr) Das verlässliche Restaurant bietet Fleisch vom Grill, Tacos und San Vicentes Spezialität *pan relleno* (3 US$): mit Avocado, Huhn, Ei, Salat und Tomatensauce gefülltes Brötchen.

Praktische Informationen

Banco Agrícola (2a Av Sur)
Touristeninformation (☎2314-2424; Av José Maria Cornejo; ⏲So–Fr 8–16 Uhr)

An- & Weiterreise

Alle Busse fahren am Parque Central vorbei, nachdem sie das auf dem Hügel gelegene **Busterminal** in der 6a Calle und 15 Av verlassen haben. Um den Massen, die am Park zusteigen, zuvorzukommen, ohne den ganzen Weg bis zum Terminal gehen zu müssen, am besten an der Ecke 6a Calle und 2a Av zusteigen. Wer nach Alegría will, muss an der Panamericana einen Bus in Richtung Osten nehmen und in Villa El Triunfo umsteigen.

Alegría

15 000 EW.

Alegría, Glückseligkeit, ist ein flüchtiger Zustand, und es ist ein Segen, dass es Städte wie Alegría gibt, die einen daran erinnern, dass man hin und wieder stehenbleiben und an den Rosensträuchern an der Plaza schnuppern muss. Die Anreise über einen Bergpass geht langsam vonstatten. Neuankömmlinge sind erstaunt, wie friedlich dieser Ort ist. Richtig viel zu tun gibt es nicht – nach einem halbstündigen Spaziergang hat man eigentlich alles gesehen –, aber ein Tag an der Lagune oder ein Nachmittag in einem oder mehreren Cafés und anschließendem Blumen- und Kunsthandwerk-Shopping ist vielleicht genau das Richtige, um sich zwischen Wanderungen in der Umgebung ein wenig auszuruhen.

Aktivitäten

Zu den Wandermöglichkeiten hier gehört ein 2 km langer Weg zur schönen **Laguna de Alegría** (0,25 US$; ⏲8–18 Uhr). Dem eisigen Gewässer werden heilende Kräfte nachgesagt.

Der Blick vom **Mirador de las Cien Grados** lohnt die 100 Stufen hinauf zum Aussichtspunkt. Außerdem kann man die Straße nach **Berlín** entlanggehen, einem weiteren hübschen Bergdorf.

Die Touristeninformation (S. 356) hat Infos zu Guides und weiteren Wandermöglichkeiten in der Gegend.

Schlafen

Cabañas La Estancia de Daniel HÜTTEN $
(☎2628-1030, 7876-5344; 2a Av Sur; EZ/DZ 15/25 US$; 📶) Das beste Preis-Leistungs-Ver-

hältnis aller Unterkünfte in Alegría bietet diese Unterkunft zwei Straßen westlich der Plaza. In einem Blumengarten stehen vier *cabañas*. Eigentümerin Betty bereitet auf Wunsch auch Frühstück (2,50 US$) zu.

★ Hostal & Cafe Entre Piedras HOTEL $$
(☎2313-2812; entrepiedras.alegria@hotmail.com; Av Camilo Campus; EZ/DZ 16/32 US$; ❄📶) Die wohl besten Zimmer im Ort mit kühlen Fliesen, Wandverkleidungen aus Holz und schicken Bädern sind die im Entre Piedras. In dem charmanten Café im Hof kann man eine der Spezialitäten mit Schokolade und Pizza oder Panini (Hauptgerichte 5–6 US$) bestellen. Fürs Wochenende vorher reservieren.

Casa de Huéspedes la Palma B&B $$
(☎2628-1012; 15 US$ pro Pers.; 📶) Ein Wohnhaus mit exzentrischer Ausstattung (religiöse Schnitzereien, Fotos und allerlei Krimskrams) dient zugleich als informelles Hostel mit vier spartanischen, gefliesten Zimmern. Zwei Zimmer mit Doppel- und Etagenbetten eignen sich für Familien. Kaffee wird auf der Plaza serviert.

Essen & Ausgehen

Cartagena SALVADORIANISCH $$
(Hauptgerichte 5–13 US$; ⏲8–20 Uhr; 📶) Hier locken nicht die überteuerten Zimmer, sondern die Aussicht und der hübsche Garten. Das Bier ist kalt und das Mittagessen (gegrilltes Fleisch und Beilagen) so reichlich, dass zwei davon satt werden können. Das Cartagena liegt ein paar Blocks unterhalb der Plaza.

Restaurante Mi Pueblito SALVADORIANISCH $$
(Av Camilo Campus; Hauptgerichte 6–10 US$; ⏲8–19 Uhr) Diese alteingesessene Institution südlich des Parque wird von einer emsigen Familie betrieben, die große Portionen Hühnchen, Reis, Bohnen und Salat aufträgt. Obendrein gibt's schöne Ausblicke über dunstverhangene Berge. Das Restaurant liegt eine halbe Straße östlich des Stadtplatzes.

La Fonda BAR
(☎2628-1198; https://lafondadealegriasv.jimdo.com; Final Calle Gólgota; ⏲Mo–Fr 10–20, Sa & So 9–20 Uhr) Wem der Sinn nach einem Cocktail oder Whisky steht, ist hier genau richtig: Dieses Restaurant hat die bestsortierte Bar der Stadt. Dazu passen *pupusas* oder ein typisch salvadorianisches Grillhühnchen oder anderes Fleischgericht (Hauptgerichte 6,50–12,50 US$). Zwei Straßen vom Stadtplatz entfernt.

ℹ Praktische Informationen

Beim Bürgermeisteramt gibt's einen jedoch eher unzuverlässigen Geldautomaten. Ansonsten finden sich Geldautomaten in Santiago de María und Berlín.

Touristeninformation (☎2605-5119; Ecke 1a Av Norte & 1a Calle Poniente; ⏲7–16 Uhr)

ℹ An- & Weiterreise

Alegría liegt zwischen der Panamericana und der Carretera del Litoral und ist von beiden aus gut zu erreichen. Von der Panamericana geht es von Villa El Triunfo mit dem Minibus nach Santiago de María (0,25 US$, 15 Min.), wo stündlich Busse nach Alegría abfahren (0,35 US$, 45 Min.).

Usulután

71 636 EW.

Usulután, die Hauptstadt des gleichnamigen *departamento* am Fuß des 1450 m hohen Volcán de Usulután, ist eine laute Marktstadt. Die meisten Traveller werden sie vermutlich nur als Zwischenstation auf dem Weg zur Bahía de Jiquilisco und zur schönen Playa El Espino nutzen. Von hier ist auch das Bergdörfchen Alegría leicht zu erreichen.

Lito's Comida Mexicana MEXIKANISCH $$
(☎2624-4926; Ecke Calle Dr Federico Penado & 1a Av Norte; Hauptgerichte 4,50–8,50 US$; ⏲6–21.30 Uhr) Großes mexikanisches Restaurant mit offenen Fenstern und einem brutzelnden Grill. Die *tortas* (mit Fleisch belegte Brötchen), die draußen gemacht werden, sind einfach köstlich, ebenso die stattlichen Tacos.

ℹ Praktische Informationen

Scotiabank (Carretera El Litoral, zw. Av 6a & 8a Sur)

ℹ An- & Weiterreise

Usulutáns **Hauptbusbahnhof** liegt 1,5 km östlich des Parque Central (Taxi 3 US$). Von hier fahren Busse nach San Salvador. Der **Terminal San Miguel** befindet sich westlich der Stadt, Passagiere können aber auch auf der 1a Calle Oriente zusteigen, einen Block südlich des Parque Central. Bus 373 fährt nach San Miguel (0,80 US$, 1½ Std.); mit ihm erreicht man Verbindungen nach La Unión.

Busse nach Santiago de María (wo man nach Alegría umsteigt), Puerto El Triunfo und San Sal-

BUSSE AB USULUTÁN

ZIEL	BUS	PREIS (US$)	DAUER (STD.)
Playa El Cuco	373	1,50	2
Puerto Parada	350	0,30	½
San Salvador *directo*	302	2	2½
San Salvador *especial*	302	2,30	1½
Santiago de María (umsteigen nach Alegría)	348	1	1
Zacatecoluca	302	0,80	1½

vador fahren alle auf der 4a Calle in westlicher Richtung durchs Zentrum. Da die meisten Busse diesen Weg durch die Stadt nehmen, muss man nicht unbedingt zum Busbahnhof gehen (außer wenn man einen Sitzplatz haben möchte).

Nach Playa El Espino fahren die Busse 351 und 358 (1,25 US$, 1½ Std.) von einer **kleinen Haltebucht** gegenüber einem Supermarkt und 100 m westlich des Hauptbusbahnhofs ab. Nach Puerto El Triunfo fährt Bus 363 (0,55 US$, 1 Std.) von einer **Haltebucht** auf dem Highway ab. Busse nach Santiago de María starten an einem **kleinen Terminal** westlich des Hauptterminals für Busse nach San Salvador.

Bahía de Jiquilisco

Die Bahía de Jiquilisco lockt mit kilometerlangen, von der Brandung umspülten weißen Sandstränden und küstenfernen Mangrovenwäldern vor einer beeindruckenden Kulisse aus Vulkanen. El Salvadors größtes Feuchtgebiet ist ein Unesco-Biosphärenreservat und ein bedeutendes Brutgebiet für die bedrohte Echte Karettschildkröte. Das Binnenland bietet Graureihern, Pelikanen und anderen Wasservögeln einen Lebensraum.

Dieses Schutzgebiet ist erfrischend ursprünglich und unerschlossen und es lässt sich hier alles Mögliche unternehmen, vom Kajakfahren durch die Mangroven bis zum Angeln und zur Vogelbeobachtung.

Fischerdörfer an der Bucht sind u. a. **Corral de Mulas** und **La Pirraya**. Geschützte Sandstrände finden sich an der **Punta San Juan** und auf der **Isla Madre Sal**. Die **Isla Espíritu Santo**, auch Isla Jobal genannt, hat endlos viele Kokoshaine und eine Aufbereitungsanlage für Kokosöl.

Schlafen & Essen

Hotel Solisal RESORT **$$**
(☎2243-2290, 7890-2638; info@hotelsolisal.com; Corral de Mulas; Zi. für 3/5 Pers. inkl. Bootsfahrt 40/60 US$;) Sehr zu empfehlen für Gruppen (aber durchaus auch für Alleinreisende). Das Solisal ist berühmt für sein schwimmendes Restaurant in Corral de Mulas auf der ruhigen Halbinsel San Juan del Gozo. Geschlafen wird in unterschiedlichen hölzernen Pfahlbauten, vorm Fenster segeln Vögel vorbei und an der Hintertür springen die Fische.

★ **Puerto Barillas** RESORT **$$$**
(☎2632-1802, 2675-1131; www.puertobarillas.com; Canal Barillas; Baumhaus mit Frühstück für 1–3 Pers. 95 US$, Apt. mit Frühstück für 1–6 Pers. 200 US$;) Für eine Übernachtung in diesem gut geführten Resort in wirklich toller Lage lohnt es sich, die Reisekasse zu sprengen. Puerto Barillas liegt im Herzen eines einzigartigen Biosphärenreservats, in dem schicke Boote von überallher ankern, deren Besitzer die Einsamkeit suchen. Die Unterbringung erfolgt in einfachen Baumhäusern und luxuriöseren Apartments inmitten von Wald und nur einen Katzensprung entfernt vom Pool und Restaurant am Wasser.

Ein Aufenthalt hier ist wirklich sehr kurzweilig: Für die Kids gibt's einen Spielplatz, für die gesamte Familie allerlei Aktivitäten wie Radtouren zu einer Kakaoplantage in der Nähe (20 US$ für 2 Pers.), Kajaktouren durch die Mangroven (ab 12 US$ pro Pers.) und Bootsfahrten in der Bucht (ab 100 US$ für bis zu 5 Pers.). Unter einer Brücke residiert Juanita, der Hausalligator, und im benachbarten Wald toben Klammeraffen umher. Das Hotel arbeitet eng mit Umweltgruppen zusammen, um die Brutplätze der Echten Karettschildkröte zu schützen und die Zugvögel zu beobachten. Wer kein Auto hat, nimmt einen Bus nach Usulután und lässt sich dort abholen.

An- & Weiterreise

Puerto El Triunfo, das Tor zur Bahía de Jiquilisco, lässt man lieber schnell hinter sich (am besten per Boot). Der letzte Bus von Usulután nach Puerto El Triunfo fährt um 16.40 Uhr los, der letzte zurück nach Usulután um 17.30 Uhr. Von der Abzweigung am Highway Bus 377 nach San Miguel (1,40 US$, 2½ Std., letzter Bus um 14.50 Uhr) oder Bus 185 nach San Salvador (1,65 US$, 2 Std., alle 30 Min, letzter Bus um 14.50 Uhr) nehmen.

San Miguel

218 410 EW.

San Miguel, gegründet 1530, ist die zweitgrößte Stadt El Salvadors. Sie liegt im Schatten des Volcán Chaparrastique und ist eine Provinzhauptstadt, die etwas auf sich hält. Reisende können mehrere Kolonialbauten im Zentrum betrachten, in erster Linie ist San Miguel aber ein wichtiger Verkehrsknotenpunkt auf halber Strecke zwischen den Bergen von Morazán und den Pazifikstränden und bietet sich als Basis für Ausflüge ins vulkanische Hinterland an.

In San Miguel steigt zudem El Salvadors größte Party, der Carnaval de San Miguel. Für den Rest des Jahres kehrt das Nachtleben dann in den Normalzustand zurück, aber da es hier mehr Strip-Schuppen pro Kopf gibt als in sämtlichen Städten Zentralamerikas, halten sich die meisten Besucher an die schnieken neuen Einkaufszentren entlang der Avenida Roosevelt, wenn sie ausgehen.

Sehenswertes & Aktivitäten

Museo Regional del Oriente MUSEUM

(Karte S. 359; 15a Calle Oriente; 3 US$; Mo–Sa 9–16 Uhr) Die kleine Sammlung an Töpferarbeiten umfasst Stücke aus Quelepa mit Erläuterungen auf Englisch und Spanisch. Viel gibt's hier nicht zu sehen, doch die Ausstellungen sind gut konzipiert und das Museum ist wahrscheinlich die wichtigste Attraktion in der Stadt selbst.

Ruinas de Quelepa ARCHÄOLOGISCHE STÄTTE

GRATIS Archäologiebegeisterte werden die Ruinas de Quelepa, einige Grashügel, die 40 terrassenförmig angelegte und zum größten Teil noch nicht freigelegte Zeremonialplattformen bedecken, zu würdigen wissen. Die Lencas haben diese Stätte zwischen dem 2. und 7. Jh. n. Chr. bewohnt und mit Copán in Honduras und mit Mexiko Handel getrieben. Um die Stätte besichtigen zu können, muss man zuerst ins Bürgermeisteramt in Quelepa gehen und dort um eine Polizeieskorte bitten. Die Ruinen liegen 2,5 km außerhalb der Stadt. Viele der eindrucksvollen Funde sind derzeit eingelagert, doch eventuell soll ein Museum eröffnet werden.

Quelepa liegt 8 km westlich von San Miguel. Bus 90 fährt an der Kathedrale ab und passiert die Ruinen auf dem Weg nach Moncagua (0,60 US$, 30 Min.).

Volcán Chaparrastique WANDERN

Fitte Wanderer können den Aufstieg zum Gipfel des 2130 m hohen Volcán Chaparrastique wagen, auch Volcán de San Miguel genannt. Sein Kegel überragt die Stadt im Südwesten. Auf dem Gipfel eröffnet sich ein umwerfender Blick auf die Küste und einen Flickenteppich aus hügeligem Ackerland. Der Krater ist Hunderte Meter tief und auf seinem Grund liegen zahlreiche Steinblöcke. Das Europa Guest House bietet für 25 US$ pro Person geführte Besteigungen.

Moncagua Piscinas Naturales SCHWIMMEN

(Turicentro El Capulin; 1 US$; 7–17 Uhr) Diesen hübschen natürlichen Becken stattet man am besten unter der Woche einen Besuch ab: Dann ist hier weniger los und das Wasser ist klarer. Aus den von dichter Vegetation umgebenen Becken fließt das Wasser in Höhlen. Die Moncagua Piscinas liegen 12 km westlich von San Miguel und lassen sich mit Bus 90 ab der Kathedrale erreichen. Keine Wertsachen mitbringen!

Festivals & Events

Fiestas Patronales RELIGIÖSES FEST

(Nov.) Bei den Fiestas Patronales wird in San Miguel jeden November die Virgen de la Paz mit Prozessionen und riesigen, bunten Teppichen aus Sägemehl gewürdigt. Den Höhepunkt bildet der am letzten Samstag im November in der ganzen Stadt ausgelassen gefeierte **Carnaval**, den man sich nicht entgehen lassen sollte.

Schlafen & Essen

★ **Europa Guest House** PENSION $

(Karte S. 359; 2639-2042, 7528-6952; Polígono 20, Calle Suiza 1, Colonia Hirleman; B 12 US$, DZ mit/ohne Bad 27/25 US$;) Das in einem grünen Viertel gelegene, in eine Pension verwandelte Wohnhaus ist eine angenehme Unterkunft mit großer Küche, Garten mit Hängematten und fünf geräumigen Zimmern. Der stolze Eigentümer und gebürtige Migueleño Mauricio kennt sich bestens aus und bietet lockere kostenlose Führungen zum Markt von San Miguel. Außerdem sind geführte Besteigungen des Volcán Chaparrastique und Ausritte möglich.

San Miguel

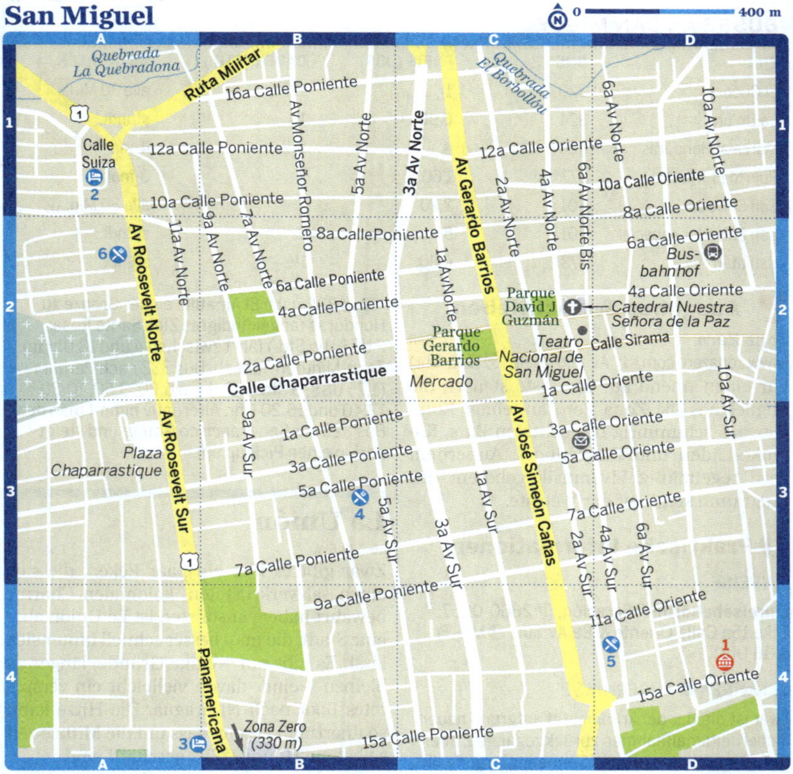

San Miguel

Sehenswertes

Schlafen

Essen

Für die Erkundung der Stadt werden Fahrräder verliehen. Wäschewachen kostet 2 US$ und es wird Spanischunterricht angeboten.

Hotel Plaza Floresta HOTEL **$$**
(Karte S. 359; ☎2640-1549; florestahotel@yahoo.com; Av Roosevelt 704; EZ/DZ/3BZ mit Frühstück 36/50/54 US$; ❄📶🏊) Eine gastfreundliche einheimische Familie betreibt das Hotel an der Avenida Roosevelt. Der Patio mit Swimmingpool ist entspannter Ort zum Chillen. Die gefliesten Standardzimmer auf zwei Stockwerken sind luftig, sauber und ruhig.

Pastelería Lorena BÄCKEREI **$**
(Karte S. 359; Av Roosevelt Norte; Kuchen 0,20–3 US$; ⏲7–19 Uhr) Die berühmteste Bäckerei El Salvadors nahm hier ihre Anfänge. Ein Glas *horchata* und ein Stück *Maria Luisa* (Marmeladen-Kuchen) sind der Renner.

Los Chipotles MEXIKANISCH **$$**
(Karte S. 359; ☎7167-7355; 4a Av Sur 704; Hauptgerichte 4,25–6 US$; ⏲Mi–So 16–22 Uhr) Die Mexikanerin Florinda serviert in diesem netten mexikanischen Lokal mit quietschgelben Wänden und einem schattigen Innenhof die besten Tacos der Stadt.

El Barrilito FISCH & MEERESFRÜCHTE **$$**
(Karte S. 359; ☎2660-2344; 5a Calle Poniente 403; 5–12 US$; ⏲10–23 Uhr) Geräumige San-Miguel-Institution mit Meeresfrüchte-Cocktails, frischen Säften und *pupusas*.

BUSSE AB SAN MIGUEL

ZIEL	BUS	PREIS (US$)	DAUER (STD.)	ABFAHRTEN
El Cuco	320	1	1½	alle 30 Min.
La Unión	324	0,90	1¼	stündl.
Marcala, Honduras	426	4	5½	4-mal tgl.
Puerto El Triunfo	377	1,60	2	3-mal tgl.
San Salvador	301	2,20	3	alle 30 Min.
San Salvador *especial*	301	5	2	stündl.
Usulután	373	0,80	1½	stündl.

Ausgehen & Nachtleben

Zona Zero BAR
(www.zonazero.com.sv; Av Roosevelt; ⌚11–2 Uhr) Für einen Abend auf der Piste steuern die Migueleños die Zona Zero an, einen Komplex aus schummrig beleuchteten Bars, Karaoke-Läden und Dancefloors. Außerdem wird regelmäßig Livemusik geboten; das Programm steht auf der Website.

Praktische Informationen

EINREISE

Einreisebehörde (Migración; ☎2660-0957; Ecke 15a Calle Oriente & 8a Av Sur; ⌚Mo–Fr 8–16 Uhr)

GEFAHREN & ÄRGERNISSE

Zwar ist die Bandenkriminalität aufgrund neuer Sicherheitsmaßnahmen zurückgegangen, aber trotzdem sollte man nach Sonnenuntergang die Gegend rund um den Busbahnhof in der Innenstadt meiden.

GELD

Banco Cuscatlán (Ecke 4a Calle Oriente & Av Barrios)

Scotiabank (8a Calle Poniente)

POST

Post (Karte S. 359; 3a Calle Oriente nahe 4a Av Sur; ⌚Mo–Fr 8–17, Sa bis 12 Uhr)

An- & Weiterreise

AUTO

Alamo Rent A Car (☎2367-8040; www.alamoelsalvador.com; Av Roosevelt Sur)

BUS

Die Bussteige in San Miguels **Busbahnhof** (Karte S. 359; 6a Calle Oriente) sind deutlich markiert, nach Fahrplänen muss man allerdings erst mal fragen. Wer hier abends oder nachts ankommt, sollte mit dem Taxi zum Hotel fahren.

Bus 330 nach El Amatillo an der Grenze zu Honduras (angekündigtes Ziel: Santa Rosa; 2 US$, 1½ Std.) fährt zwischen 4 und 18 Uhr im Zehn-Minuten-Takt ab. Bus 332 nach Perquín (1,75 US$, 3 Std.) fährt um 6.20, 9.50, 10.20, 12.40 und 15.20 Uhr. Alternativ nimmt man den Bus 328 zur San Francisco Gotera und steigt dort in einen Pick-up um.

La Unión

26 739 EW.

Zwar gibt es hier ein paar Ecken, die sich einen salzverkrusteten, kolonialen Charme bewahrt haben, ansonsten ist La Unión aber eine Stadt, die man besser schnell hinter sich lässt. Es gibt nur wenige Gründe, länger zu bleiben – einer davon vielleicht ein verspätetes Boot nach Nicaragua. Die Hitze kann so unerträglich sein, dass um die Mittagszeit selbst die Hunde völlig geschafft sind.

Die Strände Playa Las Tunas und Playa Jaguey westlich von La Unión sind ganz gut. Um der Gluthitze zu entkommen und einen Blick über den Golf zu erhaschen empfiehlt sich ein Besuch in **Conchagua** am Fuß des beeindruckenden Vulkans gleichen Namens. Der Anblick ist ehrfurchtgebietend.

Schlafen & Essen

Die Billigunterkünfte der Stadt sind grenzwertig; bei Weitem am besten nächtigt man im **Comfort Inn** (☎2665-6565; Calle a Playitas Carretera Panamericana Km 2,8; EZ/DZ mit Frühstück 70/82 US$; ❄📶🏊) an der Fernstraße.

Amanecer Marino FISCH & MEERESFRÜCHTE **$$$**
(☎2604-4645; www.amanecermarino.com.sv; Ecke 3a Calle Oriente & 9a Av Norte; Hauptgerichte 10–20 US$; ⌚10–22 Uhr) In diesem fröhlichen Familienrestaurant am Hafen stehen Fisch und Meeresfrüchte im Rampenlicht. Tipp: die *Mariscada „Devuelvame La Vida“* („Bring mich zurück ins Leben“ – Meeres-

früchteplatte mit Hummer und Garnelen) – sie soll die beste Maßnahme gegen einen Kater sein. Für frischen Wind im Kopf sorgen auch die Ausblicke über den Golfo de Fonseca.

Praktische Informationen

Einreisebehörde (☎2526-3409, 2604-4375; Ecke Av General Cabañas & 7a Calle Poniente; ⏲Mo–Sa 6–22 Uhr) Neben der Post; auf dem Schild steht *Control Migración*. Wer mit dem Boot von Nicaragua oder Honduras ein- bzw. dorthin ausreist, muss sich hier einen Stempel holen. Einige Reisebüros, die die Bootsfahrt anbieten, erledigen für die Reisenden den Papierkram, sodass man nicht selbst zur Einreisebehörde gehen muss – aber auf jeden Fall nachfragen!

Plaza Médica Vida (☎2604-2065; Calle General Menéndez, zw. 7a & 9a Av Sur; ⏲24 Std.)

Scotiabank (3a Calle Oriente, nahe 1a Av Norte; ⏲Mo–Fr 8–17, Sa bis 12 Uhr) Hat einen 24-Stunden-Geldautomaten.

An- & Weiterreise

Der **Busbahnhof** liegt an der 3a Calle Poniente zwischen 4a Av Norte und 6a Av Norte. Wer nach El Amatillo an der Grenze zu Honduras möchte, nimmt den Santa-Rosa-de-Lima-Bus 342 (1 US$, 1 Std.) nach San Carlos; an der Abzweigung in Bus 330 umsteigen.

Nur sporadisch fahren Boote von La Unión nach Coyolitos in Honduras oder zum Hafen Potosí in Nicaragua. **Mario Calleja** (☎7540-6048) unternimmt diese Tour manchmal. Außerdem kann man bei Amanecer Marino nachfragen; eventuell kann das Personal weiterhelfen.

Die Unterkunft Tortuga Verde in El Cuco arrangiert die Fahrt nach Nicaragua über La Unión für ihre Gäste; vielleicht wissen die Mitarbeiter von einem Boot, das die Fahrt unternimmt. Wer über Tortuga Verde bucht: Die Fahrt kostet 250 US$ für ein Privatboot für bis zu vier Personen bzw. 75 US$ pro Person, falls man sich einer Gruppe anschließt.

Als letzter Ausweg bleibt noch die Route über Land. Sie ist zwar nicht toll, aber in La Unión gestrandet zu sein, ist auch nicht besser.

Strände rund um La Unión

Südwestlich des unberührten Küstenwalds Bosque Conchagua erstreckt sich ein langer, ausladender Sandstrand. Einst gehörte er ganz allein den Surfern, Einheimischen aus San Miguel und den Meeresschildkröten. Doch inzwischen hat sich die Kunde von diesem Strand verbreitet und immer mehr Reisende steuern den schönen Küstenabschnitt an, der immer noch überwiegend friedvoll und unberührt ist.

Strände

Viele Besucher bevorzugen die **Playa Esteron**, sie ist gut zugänglich, sauber und von Kokospalmen bestanden. Zudem befindet sich hier das Ökoresort La Tortuga Verde.

Etwa 3 km westlich liegt die **Playa El Cuco**, die an Wochenenden von Städtern aus San Miguel überrannt wird, und wo Surfer sich in die recht ordentlichen Wellen stürzen. Auf dem sandigen Marktplatz gibt's Unmengen von guten, günstigen Fischrestaurants

Die etwas weiter westlich gelegene schöne **Playa Las Flores** ist von Dezember bis Februar ein optimaler Surfspot für Anfänger. Von Juni bis September lässt man hier lieber die Profis ran.

Die einst wunderbar einsame **Punta Mango** lockt inzwischen mehr Besucher an – in den letzten Jahren sind einige neue Hotels entstanden. Den berühmten Break an der Punta Mango erreicht man mit dem Boot entweder von Las Flores oder El Cuco aus.

Die **Playa Jaguey** ist ein breiter Sandstrand zwischen El Tamarindo und El Cuco mit einer moderaten Brandung. Den Strand säumen Privathäuser. Nutzen kann man ihn dennoch, es gibt allerdings keine sanitären Anlagen.

Die **Playa Las Tunas** ist auch ganz nett, mit einem weitläufigen, flachen Strand, der bis auf 100 m an einen Meeresarm heranreicht. Die Fischrestaurants sind am Wochenende schnell voll.

Schlafen & Essen

Dieser Küstenabschnitt wartet mit zahlreichen guten Unterkünften auf, sowohl östlich als auch westlich des Orts El Cuco. Besonders an der Playa Las Flores öffnen ständig neue Unterkünfte die Pforten.

Casa de Canela HOSTEL $
(☎2612-6820; www.azulsurfclub.com; Playa El Cuco; B/DZ 10/25 US$; 📶) Das einzige Hostel in El Cuco selbst ist die schön angelegte Casa de Canela an der Hauptstraße. WLAN steht nur tagsüber zur Verfügung, aber es gibt eine Küche und Lounge und die Lage ist praktisch. Die Gäste dürfen den Pool und die anderen Einrichtungen des verbandelten Azul Surf Club (S. 362) 1 km östlich mitbenutzen.

Mama Cata HOSTEL $
(☎2619-9173; casacata1@hotmail.com; Playa Las Flores; Zi. mit/ohne Klimaanlage 35/20 US$; ❄📶)

Mama Cata vermietet günstige, saubere Zimmer in unmittelbarer Nähe der Breaks. Davon abgesehen kocht sie für ihre Gäste und findet immer genau den richtigen Ton.

★ La Tortuga Verde RESORT $$

(✆7338-9646; www.latortugaverde.com; Playa Esteron; B/EZ/DZ 10/12/18 US$, DZ mit Klimaanlage 25–70 US$, Haus 200 US$;) Die Zimmer verteilen sich auf einer von Kokospalmen bestandenen Anlage über drei Strandhäuser, die über sandige, schwach beleuchtete Pfade zu erreichen sind. Mit der Hilfe von einheimischen Angestellten hat der gebürtige New Yorker Tom Pollack ein unfassbar schönes Öko-Resort für jedes Budget geschaffen.

Es gibt einen glitzernden Pool, eine Bar, ein Yogastudio, eine Schildkrötenaufzuchtstation und ein Wellnessstudio mit den besten Massagen weit und breit. Das renommierte Restaurant wird von Einheimischen und Reisenden gleichermaßen frequentiert, die ihren Augen nicht trauen. Ein Freiwilligenprogramm bietet die Möglichkeit, Arbeit gegen freie Logis zu tauschen.

Darüber hinaus werden Partys, Bootstouren und spontane Aktivitäten veranstaltet. Wir empfehlen, sich auf die Seele dieses Orts einzulassen, in all die gezückten Kameras zu lächeln und zu genießen. Nach/ab Nicaragua fahren Schnellboote (75 US$); angenehmer kann eine Grenzüberquerung kaum sein.

La Tortuga Verde liegt 3 km östlich von El Cuco. In El Cuco angekommen, links abbiegen und der Schotterstraße für ungefähr 3 km folgen. La Tortuga Verde liegt auf der rechten Seite.

Papaya Lodge Las Flores HOSTEL $$

(✆2619-9091; papayalasflores2017@gmail.com; Playa Las Flores; B/EZ/DZ 15/35/50 US$, EZ/DZ mit Klimaanlage 45/60 US$;) In diesem 2017 eröffneten Hostel schaffen nette palmblattgedeckte Bungalows rund um einen Pool ein entspanntes Flair. Man kann Surfbretter ausleihen (15 US$ pro Tag) und vom palmenbestandenen Gelände über einen Sandpfad in fünf Minuten den wunderschönen Strand Las Flores erreichen. Hostel-Bar und -Restaurant laden nach dem Wellenreiten zum Relaxen ein.

Azul Surf Club RESORT $$

(✆2612-6820; www.azulsurfclub.com; Playa El Cuco; DZ/3BZ mit Frühstück 80/90 US$;) Der Azul Surf Club ist ein hübsches, familienbetriebenes Surfresort mit verschiedenen Schlafoptionen direkt an einem schönen, ruhigen Strandabschnitt. Es wird Surfunterricht und Bretterverleih angeboten, u. a. an der per Boot zu erreichenden Playa Mango. Besitzerin Lisette engagiert sich fürs Gemeinwohl und organisiert soziale Projekte in der Umgebung.

Hotel Miraflores HOTEL $$

(✆7890-4751; www.elhotelmiraflores.com; Playa Las Flores; EZ/DZ/3BZ mit Frühstück 70/82/95 US$;) Vernünftige Zimmer in einem Gebäude aus roten Lehmziegeln mit einem großen Innenhof. Aus einer erhöhten Warte lassen sich die legendären Wellen von Las Flores in Augenschein nehmen und der Pool mit Strandblick lädt zu tagelangem Abhängen ein.

ℹ Praktische Informationen

Immer an die potenzielle Gefahr von Quallen und Mantarochen denken, besonders um El Cuco. Beim Hinausgehen den Sand immer ein wenig aufwühlen!

In El Cuco gibt es keinen Geldautomaten, also genügend Bares aus San Miguel mitbringen.

ℹ An- & Weiterreise

La Unión Bus 383 dreht eine Runde nach El Tamarindo (1 US$, 70 Min.) über Las Tunas und Jaguey.

BUSSE AB LA UNION

ZIEL	BUS	PREIS (US$)	DAUER
Conchagua	382A	0,50	20 Min.
El Tamarindo	383	1	1¼ Std.
Las Playitas	418	1	1 Std.
San Miguel	324	1	1¼ Std.
San Miguel *especial*	324	1	1 Std.
San Salvador	304	3,25	4 Std.
San Salvador *especial*	304	6	3 Std.
Santa Rosa de Lima	342	1	1 Std.

INSIDERWISSEN

EL SALVADORS TOP-SURFSPOTS

16 Point Breaks (Righthander), eine Wassertemperatur von 28 °C und ein Meer, in dem es von Schildkröten nur so wimmelt. Was will man mehr? Hier unsere Favoriten:

Punta Roca Hat Kultstatus, und das zu Recht. Die beste Welle Zentralamerikas wird oft mit der südafrikanischen J Bay verglichen. Der felsige Boden macht sie schnell und kraftvoll. Nichts außer dem Brett mitbringen – auf dem Weg zur Landspitze wird oft geklaut.

Las Flores Ein schneller, sandiger Point Break, der bei Ebbe am besten läuft. Nach einem flachen Start reitet man bis zu 300 m (!) bis zu einem Strand mit schwarzem Sand. Von hier aus lässt sich per Boot auch die berüchtigte Punta Mango erreichen. Bloß nicht reinfallen!

Playa El Sunzal Die beliebteste Welle von El Salvador, ein toller, konstant großer Righthander, hier sind erfahrene Surfern unterwegs.

Playa El Zonte Jede Menge Schaum und viele Surflehrer vor Ort machen diesen hübschen, größtenteils geschützten Strand zum idealen Ort für Surfanfänger.

Playa El Palmarcito So etwas wie ein Geheimtipp. Diese kleine Schönheit serviert leckere Wellen für alle Niveaus, wenn die Bedingungen stimmen.

San Miguel Bus 320 fährt zur Playa El Cuco (1 US$, 1½ Std., 5.30–16 Uhr alle 30 Min.). Sonntags verkehren weniger Busse.

Inseln im Golfo de Fonseca

Im 17. Jh. trieben in dem Archipel nahe der nicaraguanischen Grenze Piraten ihr Unwesen. Heute befinden sich hier kleine Fischerdörfer und hübsche Buchten. Das Wasser ist schön warm und die raue Ozeanszenerie denkwürdig. Man kann sie während der kurzen Bootsfahrt zur Grenze genießen oder bei einer Schnellbootchartertour von El Cuco zum Mittagessen in einem Fischrestaurant auf der Isla Meanguera.

La Tortuga Verde (S. 362) in El Cuco bietet empfehlenswerte Tagestrips zur Isla Meanguera (35–75 US$ pro Pers. je nach Gruppengröße).

ℹ An- & Weiterreise

Vom Landungssteg in La Unión fahren Boote nach Zacatillo (2 US$, 20 Min.) und Meanguera (2,50 US$, 1½ Std.). Die Abfahrtszeiten können variieren, meist legen die Boote aber um 10.30 Uhr ab und kehren um 5 Uhr am nächsten Morgen zurück. Wer nur einen Tag bleiben möchte, muss sich selbst um ein Boot für die Abholung kümmern.

Eine private „Express"-*lancha* kostet für den Hin- und Rückweg nach Meanguera ab 60 US$. Auf jeden Fall vor dem Ablegen einen Preis aushandeln und vorab nur die Hälfte bezahlen, um auch wirklich wieder abgeholt zu werden. Außerdem kann man bei **Golfo de Fonseca Boat Tours** (☎ 7930-4878, 2604-4645; www.amanecermarino.com.sv; Boot für bis 12 Pers. 60–200 US$) nach dem Preis fragen.

Auch von Las Playitas weiter entlang der Küste legen Fähren zu den Inseln ab.

Morazán

Das kleine nordöstliche Departamento Morazán ist eine landwirtschaftliche Region, durchzogen von unwegsamen Bergwäldern. Das kühlere Klima, aber auch der sauberste Fluss des Landes, der Río Sapo, und sehr gute Wandermöglichkeiten zu Wasserfällen und alten Verstecken aus Zeiten des Bürgerkriegs locken viele Besucher aus San Miguel an. Das Museum in Perquín und ein Denkmal in El Mozote sind eindrucksvolle Symbole der Versöhnung und der Erinnerung, und in den Dörfern um San Francisco Gotera, der Hauptstadt von Morazán, werden die Traditionen der indigenen Bevölkerung unverändert gepflegt.

Aktivitäten

In dieser stillen Ecke des Landes lassen sich noch einige wirklich schöne und unerschlossene Naturwunder entdecken.

Bei den *aguas termales* (Thermalquellen) nahe El Rosario kann man in einer schönen, perfekt für zwei Personen geeigneten *pila* (Badewanne) planschen. Die Quellen befinden sich 40 Autominuten südlich von Perquín; von dort muss man noch eine Stunde bis zum Río Araute marschieren. Der **Wasserfall El Salto** ganz in der Nähe ist nur etwas für wirkliche Abenteurer: Der

Weg führt am rutschigen Ufer des Río Araute entlang.

Die **Cascada del Chorrerón** bei San Fernando 6 km östlich von Perquín ist der eindrucksvollste und am leichtesten erreichbare Wasserfall der Gegend. Das Wasser stammt aus einer ununterbrochen sprudelnden natürlichen Quelle. Hier in der Gegend fand während des Bürgerkriegs eine der blutigsten Auseinandersetzungen überhaupt statt, die Batalla del Moscardon. Von San Fernando wandert man 2 km auf sanftem Terrain durch eine *reserva natural*. Der 40 m hohe Wasserfall ergießt sich in einen schönen Krater, in dem man wunderbar baden kann.

Perquín

3862 EW.

Ein Besuch der früheren FMLN-Zentrale im Bergdorf Perquín ist ein wichtiger Schritt, um den brutalen Bürgerkrieg in El Salvador verstehen zu können. Hier, in diesen Hügeln, konnte die Opposition ihre treuesten Gefolgsleute gewinnen und trotz heftiger Bombardierungen gelang es dem Militär nicht, die Guerillakräfte von hier zu vertreiben. Der Ort an sich ist klein, aber der Kiefernwald ringsum ist umwerfend und das Bergklima und das Kriegsmuseum machen einen Ausflug hierher für viele Traveller zu einem der Höhepunkte ihrer Reise nach El Salvador.

Sehenswertes

Museo de la Revolución Salvadoreña MUSEUM
(Calle Los Héroes; 2 US$; 8.30–17 Uhr) Wenige Blocks nördlich des Parks illustriert das ausgezeichnete kleine Museum die Gründe und den Hergang des salvadorianischen Bürgerkriegs. Zu den Highlights gehören u. a. Anti-Kriegs-Poster aus der ganzen Welt, schonungslose Farbbilder des Lebens in den Guerillacamps, eine bestürzende Sammlung sowjetischer und US-amerikanischer Waffen und Geschichten über Menschen, die im Kampf fielen. Außerdem gibt's einen Krater, der von einer 500-Pfund-Bombe gerissen wurde. Der Besuch hier ist traurig und ergreifend.

Im Museum kann man auch mit Ex-Guerilla-Kämpfern in Kontakt treten, die Hintergrundinfos zu den Ausstellungen und detaillierte Erläuterungen liefern können. Ihre Berichte sind äußerst spannend, jedoch sprechen nur wenige dieser Guides Englisch. Sie bieten auch faszinierende Ausflüge durchs Kriegsgebiet an. Das beliebteste Ziel ist El Mozote (S. 366).

Campamento Guerrillero MUSEUM
(7536-8747; Calle Los Héroes; 1 US$, Gruppenführungen 20 US$; 7–16.30 Uhr) Das rekonstruierte Guerillacamp in einem teilweise gerodeten Waldstück besteht aus *tatús* (Höhlenverstecken) und unterirdischen Schutzräumen, die über wackelige Seilbrücken und Pfade verbunden sind. Es befindet sich neben dem Museum, vom Hauptplatz bergan Richtung Norden.

Auf dem Gelände sind u. a. die Überreste des abgeschossenen Helikopters zu sehen, in dem Leutnant Colonel Domingo Monterrosa, der Anführer des berüchtigten Atlacatl-Bataillons, in den Tod stürzte. Außerdem kann die Ausrüstung des illegalen Radiosenders der FMLN, Radio Venceremos („Wir werden gewinnen"), besichtigt werden. Der Sender war in einen ausgeklügelten Plan verwickelt, der dazu führte, dass der Helikopter zerstört wurde – durch einen mit Sprengstoff präparierten Funksender.

Aktivitäten & Geführte Touren

Perquín bietet hervorragende Möglichkeiten zum Wandern und zum Baden im Fluss. Es wartet außerdem mit zahllosen Orchideen und Schmetterlingen auf und ist ein tolles Vogelbeobachtungsgebiet: Hier sind allein zwölf Pirolarten gesichtet worden, ebenso wie der seltene Rotkopf-Stirnvogel. Guides werden bei Serafin Tours und vielleicht auch im Museum vermittelt.

Serafin Tours TOUREN
(7901-9328, 2613-8032; www.facebook.com/SerafinTousrRutadePaz) Bietet empfehlenswerte Touren durch Perquín und das Umland, u. a. nach El Mozote und zum Wasserfall El Chorrerón.

Schwimmen

Einer der drei durch den Wald führenden Flüsse ist der **Río Sapo**. Nach einem Besuch in El Mozote kann man hier baden und/oder zelten. Bis zum Sapo sind es 45 Minuten zu Fuß, aber der Weg lohnt sich. An der schönen oberen Wasserscheide liegen zahlreiche freundliche Siedlungen wie **Cumaro**: Hier kann man in einem Wasserloch baden und an Kaffee- und Zuckerrohrplantagen vorbeiwandern. Kleiner und felsiger ist die **Quebrada de Perquín**, die sich aber auch gut zum Baden eignet.

Wandern

Der **Cerro de Perquín** ist zehn Minuten zu Fuß vom Ort entfernt, der **Cerro el Pericón** liegt weiter weg. Von beiden Bergen bieten sich wunderbare Ausblicke.

Schlafen & Essen

Hostal Perquín Real HOSTEL $

(☎2680-4020; 10 US$ pro Pers.) Eine erstklassige Lage am südlichen Ortseingang von Perquín hat dieses bescheidene Hotel mit fairen Preisen für saubere Zimmer und gemütliche Gemeinschaftsbereiche. Aber Vorsicht: Es kommt nur eiskaltes Wasser aus den Duschen.

★ **Hotel Perkin Lenca** HOTEL $$

(☎2680-4046, 7287-6510; www.perkinlenca.com; Carretera a Perquín Km 205; EZ/DZ mit Frühstück ab 20/30 US$, Hütten 40–65 US$;) Das schöne, renommierte Berghotel an der Straße nach Perquín wurde von einem US-amerikanischen Expat errichtet, der auch herausragende Gemeindeprojekte auf die Beine stellt. Die großen Zimmer und Hütten mit viel Holz verströmen Wohlfühlatmosphäre. Warmwasser gibt es auch. Man kann Wanderungen und kulturelle Touren buchen und den Ausblick im Restaurant genießen.

Concina Lenca SALVADORIANISCH $

(Hauptgerichte 1–2,50 US$; ⌚6.30–20 Uhr) Der gesellige *típico* am Hauptplatz hat das übliche salvadorianische Frühstück, mittags *comida a la vista* (salvadorianisches Essen im Kantinenstil) und abends eine riesige Auswahl an *pupusas*.

La Cocina de Ma'Anita SALVADORIANISCH $$

(Hotel Perkin Lenca; Hauptgerichte 5–9 US$; ⌚7–20 Uhr;) „Anitas Küche" im Hotel Perkin Lenca ist den ganzen Tag geöffnet und immer lecker. Die Zutaten sind größtenteils „Bio" und abgesehen vom üblichen Frühstücks- und Mittagsangebot stehen auch gehaltvollere Mahlzeiten auf dem Programm, darunter die Perkin-*parillada* (Barbecue, 8,60 US$) und das *churrasco típico* (Steak, 8 US$). Weitere Pluspunkte sind die Panoramafenster und das schmackhafte Eingemachte.

An- & Weiterreise

Die CA7 von San Miguel nach Norden bis zur Grenze nach Honduras ist in gutem Zustand. Bus 332 fährt um 6, 7, 9.50 und 12.40 Uhr von San Miguel nach Perquín (1,50 US$, 3 Std.). Alternativ kann man auch den regelmäßiger verkehrenden Bus 328 nach San Francisco Gotera (0,75 US$, 2 Std.) nehmen und dort in einen Pick-up nach Perquín (0,75 US$, 1 Std.) umsteigen. Der letzte Bus zurück nach San Miguel geht um 16 Uhr; der letzte Pick-up nach Gotera startet um 17.40 Uhr. Wer aber von dort die letzte Busverbindung nach San Miguel erwischen will, der muss den Pick-up schon um 17 Uhr nehmen.

NÖRDLICHES EL SALVADOR

Die kleine Provinz Chalatenango bildet den nördlichen Teil El Salvadors, in dem sich die Berge bis zur honduranischen Grenze erstrecken. Diese hübsche, friedliche Gegend und die honduranische Grenze sind von San Salvador aus gut zu erreichen.

Die Hauptattraktion des Nordens ist – verdientermaßen – Suchitoto, die wohl schönste salvadorianische Kolonialstadt. An den Wochenenden wirkt sie manchmal wie das Kulturzentrum Zentralamerikas. Davon abgesehen bildet Suchitoto eine wunderbare Basis für die Erkundung des Landes.

La Palma ist ein einzigartiger Künstler-Treff, wo naive Kunst die Fantasie beflügelt. Die Wandermöglichkeiten ab San Ignacio und Miramundo zählen zu den besten des Landes. Das Wirtschaftszentrum Chalatenango (S. 370) ist eine stolze Stadt, die vor allem von der Landwirtschaft lebt und in der ein starker Gemeinschaftssinn herrscht.

Suchitoto

Das erstaunliche Städtchen „Suchi", 50 km nordöstlich von San Salvador gelegen, ist die Kulturhauptstadt El Salvadors. Jedes Wochenende strömen die Wochenendausflügler in die Stadt und füllen die Kopfsteinpflasterstraßen mit Leben. Der Februar gehört den einheimischen Künstlern; dann sind die kleinen Galerien vollgestopft mit salvadorianischen Besuchern. Dies alles ist nicht neu, denn Suchitoto war bereits der Stolz der Provinz, als das Indigo noch das Bild des Marktplatzes bestimmte und die wunderschöne spanische Kirche täglich von reuigen Sündern bevölkert wurde.

Wer sich für Architektur interessiert, wird die Kolonialgebäude lieben, wer gern draußen in der Natur ist, hat in unmittelbarer Nähe der Stadt unzählige Möglichkeiten, Wasserfälle, Höhlen und den wunderschönen Lago Suchitlán zu Fuß zu erkunden. Suchitoto ist mit seinen 200 Vogelarten aber auch ein wichtiges Gebiet für Zugvögel. Tau-

ABSTECHER

EL MOZOTE

Am 11. Dezember 1981 terrorisierten und exekutierten Regierungssoldaten die Bewohner dieses Bergdorfes im Norden des Landes. Nach Schätzungen starben 978 Personen; von den 143 entdeckten Opfern waren 131 Kinder. Heute ist El Mozote ein Ziel für Menschen, die der Opfer des Massakers gedenken möchten. Ein buntes Wandbild an der Kirche erinnert an den Ort, wie er einst war und wie die Kinder des Dorfes hoffen, dass er eines Tages wieder aussehen möge. Eine Gedenktafel trägt die Namen der Opfer und über dem Gemeinschaftsgrab der ermordeten Kinder wurde ein Rosengarten angelegt.

Neben der Kirche befindet sich ein kleiner Kunstgewerbeladen. Wer hier etwas kauft, unterstützt die hiesige Gemeinschaft. Am besten kommt man mit einem Guide nach El Mozote – Serafin Tours und das Museo de la Revolución Salvadoreña (S. 364) bieten Touren hierher. Im Dorf selbst wird man vielleicht von ortsansässigen spanischsprachigen Guides angesprochen, die einem etwas über die Stätte erzählen möchten. Auf jeden Fall sollte man sich hier immer respektvoll verhalten.

Bis das Massaker von El Mozote offiziell anerkannt wurde, dauerte es ewig, doch nach drei Jahrzehnten des politischen Widerstands fand in dem kleinen Bergdorf 2011 eine internationale Zeremonie statt. Neue Straßen hießen die Würdenträger willkommen und Angehörige von Opfern sprachen darüber, wie sich das Ereignis auf ihr Leben ausgewirkt hatte.

Zu Ehren der Getöteten entstand außerdem ein **Denkmal**. Es zeigt die Silhouetten von Kindern und ist von Figuren des friedlichen Widerstands aus aller Welt umgeben.

Menschenrechtsgruppen kämpfen auch heute noch um Gerechtigkeit für die Opfer. 2016, 35 Jahre nach dem Massaker, erklärte der Oberste Gerichtshof die Generalamnestie von 1993 für verfassungswidrig, sodass der Prozess gegen 18 hochrangige ehemalige Militärangehörige wiedereröffnet werden kann. Seit 2017 haben über 30 Überlebende und Zeugen des Massakers vor einem Gericht in San Francisco Gotera ausgesagt. Bei Redaktionsschluss war das Verfahren noch nicht beendet.

El Mozote liegt südöstlich von Perquín. Von Perquín läuft man 3 km bis zu einer Abzweigung an der Fernstraße oder nimmt einen Pick-up dorthin. El Mozote ist 10 km von der geteerten Straße entfernt; Bus 332 Richtung Jateca kommt hier um 8 Uhr vorbei. Unterwegs kommt man durch Arambala, das einst verheerend von Luftangriffen getroffen wurde. Derselbe Bus fährt um 12.30 Uhr von El Mozote zurück und kann einen an der Abzweigung absetzen. Der Ausflug nach El Mozote lässt sich gut mit einem Abstecher zum eine halbe Stunde zu Fuß von El Mozote entfernten Río Sapo kombinieren.

sende Habichte und Falken bevölkern zum Wechsel der Jahreszeiten die Lüfte und allerlei Vögel bauen in der relativen Sicherheit der Flussinseln ihre Nester.

Geschichte

Man nimmt an, dass sich die Yaqui und Pipil vor etwa 1000 Jahren hier niederließen. Die Hauptstadt El Salvadors wurde Anfang des 16. Jhs. hier ganz in der Nähe gegründet. In der jüngeren Geschichte war Suchitoto der Ort, an dem die ersten Kämpfe des Bürgerkriegs ausgetragen wurden, was viel Zerstörung und Abwanderung mit sich brachte. Heute ist die Stadt im Hochland wieder zurück und ein wichtiges Reiseziel des Landes.

Sehenswertes & Aktivitäten

Das ehemalige FMLN-Versteck am Volcán Guazapa südwestlich der Stadt ist ein beliebtes Ziel für Reitausflüge (6 Std., 30 US$), die von einer unabhängigen Kooperative angeboten werden. Die Teilnehmer können sich *tatús* anschauen, raffinierte Erdlochverstecke, sowie Krater und Bombenmäntel. Tourbuchung über die Touristeninformation (S. 369).

★ **Centro Arte para la Paz** KULTURZENTRUM
(☎ 2335-1080; www.capsuchitoto.org; 2a Calle Poniente 5; 2 US$; ⏲ Di–So 8–12 & 13–16 Uhr) Das 2000 eröffnete Centro Arte para la Paz war ursprünglich ein gemeinnütziges Projekt zur Unterstützung von Opfern häuslicher Gewalt; inzwischen finden in dem bildschönen alten Dominikanerkonvent verschiedene kulturelle Aktivitäten statt. Es beherbergt zudem ein kleines Museum (Eintritt 2 US$) und eine Galerie, ein Café sowie einen gut ausgestatteten Schlafsaal für Selbstversorger (gewöhnlich für Gruppen; vorausbuchen!). Schon allein wegen des spürbaren

Gemeinschaftssinns dieses Orts lohnt sich ein Besuch.

Cascadas Los Tercios WASSERFALL
Die Cascadas Los Tercios sind eine geologische Kuriosität: Sie ergießen sich über dicht zusammenstehende sechseckige Steinsäulen. Meist ist nur wenig Wasser vorhanden und der Wasserfall nicht sonderlich eindrucksvoll, doch die Gesteinsformationen und die Anfahrt als solche sind spannend genug. Der Wasserfall befindet sich 1,5 km östlich des Orts Richtung Cinquera, doch sollte man nicht allein hierhergehen, denn es wurde schon von Überfällen berichtet – am besten bucht man über Gringo Tours einen Ausflug.

Indigo Workshop KULTURZENTRUM
(Ecke 4a Av Sur & 2a Calle Poniente, Casa Municipal de la Mujer; ⌚8–16.30 Uhr) Das Zentrum wurde gegründet, um Frauen in ländlichen Gemeinden zu unterstützen, und bietet traditionelle Vorführungen des Färbens mit Indigo. Man kann auch selbst ein T-Shirt (25 US$), einen Schal (20 US$) oder einen Sarong (25 US$) färben. Diese Workshops dauern etwa eine Stunde. Außerdem stehen schon fertig gefärbte Artikel zum Verkauf.

Casa de los Recuerdos Alejandro Cotto MUSEUM
(Av 15 de Septiembre 103; 3 US$; ⌚Di–Fr 9–12 & 14–17, Sa & So 9–17 Uhr) Das ehemalige Zuhause des erfolgreichsten salvadorianischen Filmregisseurs, des inzwischen verstorbenen Alejandro Cotto, ist heute ein Museum. Viele von Cottos persönlichen Habseligkeiten, Kunstwerken, Auszeichnungen und Möbeln sind hier noch zu finden und das Haus ist ein schönes Beispiel für das Zuhause wohlhabender Salvadorianer. Vom Ende des Gartens blickt man auf den See.

Turicentro San Juan SCHWIMMEN
(1 US$; ⌚Pool 8–17 Uhr) Unten am Lago Suchitlán befindet sich ein Touristenkomplex, bestehend aus mehreren Restaurants mit salvadorianischer Küche sowie einem 25-m-Pool (3 US$). Am Wochenende sind hier viele einheimische Familien anzutreffen, doch unter der Woche ist es ruhig. Von Suchitoto kommt man mit der Buslinie 3 zum Turicentro; sie fährt vor der Touristeninformation am Hauptplatz ab (10 Min., 0,30 US$).

Kurse & Geführte Touren

Pájaro Flor Spanish School SPRACHKURSE
(☎2327-2366, 7230-7812; www.pajaroflor.com; 4a Calle Poniente 22) Die Spanischschule Pájaro Flor bietet für 160 US$ 20 Stunden fundierten Privatunterricht an. Auch eine Unterbringung in Familien kann arrangiert werden.

★ **Gringo Tours** TOUREN
(☎7860-9435; www.elgringosuchitoto.com; 8a Av Norte 9) Der aus Kalifornien stammende Roberto („El Gringo") bietet von seinem Zuhause in Suchitoto aus schon seit über zehn Jahren Touren in ganz El Salvador an. Sein umfangreiches Wissen und seine Erfahrung offenbaren sich in der Qualität des Angebots, von *pupusa*-Kursen bis zu einwöchigen Trips. Besonders gut sind Vogelbeobachtungs- und regionalgeschichtliche Touren. Roberto ist extrem hilfsbereit und eine gute Anlaufstelle für Tipps und Ratschläge.

★ **Suchitoto Adventure Outfitters** TOUREN
(☎2335-1859, 7921-4216; www.suchitotoadventureoutfitters.net; Final Pasaje Cielito Lindo 7) Es gibt wirklich nicht viele Orte in El Salvador, die René Barbon nicht selbst bereist hat. Seine Stärken sind Kajaktouren, Angeln und andere körperliche Herausforderungen, er weiß aber auch jede Menge über die Geschichte und Kultur des Landes. Tagesausflüge im Programm sind u. a. der zum Lago de Ilopango im Osten San Salvadors und zum Kriegsgeschichte- und Regenwaldpark von Cinquera.

Bootstouren BOOTSFAHRTEN
(Puerto San Juan; 30 US$ pro Std.; ⌚6–18 Uhr) Bootstouren auf dem See für bis zu zehn Personen starten beim Turicentro San Juan am Seeufer. Am Wochenende stehen die Chancen besser, sich mit anderen Interessenten zusammentun zu können, um Geld zu sparen.

Festivals & Events

Festival de Maíz KULTUR
(⌚Aug.) Das Maiserntefest von Suchitoto geht mit religiösen Prozessionen und einem Straßenfest rund um den Parque Central einher.

Schlafen

Posada Blanca Luna HOSTEL $
(☎2398-1056; hotelblancaluna@gmail.com; 1a Calle Oriente; EZ mit/ohne Bad 10/6 US$, DZ 13–25 US$; 📶) Das friedliche kleine Hostel einen Häuserblock hinter der Kirche hat im ersten Stock Zimmer mit Bad (kein Warmwasser) und unten einfache Einzelzimmer, die nur durch dünne Trennwände voneinander getrennt sind. Die geräumige Terrasse ist ein

ABSTECHER

CINQUERA

Diese ehemalige FMLN-Hochburg hat sich zu einem erfolgreichen Beispiel für Graswurzeltourismus entwickelt. Die freundliche Dorfgemeinschaft hat eine Reihe von Projekten ins Leben gerufen, die dazu beigetragen haben, die Schrecken des Bürgerkriegs zu bewältigen. In einem **Kriegsmuseum** erzählen Ex-Guerillakämpfer von ihren eigenen Erfahrungen in diesem Konflikt. In einem tollen kleinen **Waldpark** kann man eine kurze Wanderung machen und am Wasserfall schwimmen. Wer Amphibien und Reptilien mag, sollte sich die nachhaltige **Leguanfarm** anschauen.

Die Straße nach Cinquera ist in einem desolaten Zustand. Bus 482 (0,80 US$, 1 Std.) fährt um 9.15 und 14 Uhr in Suchitoto ab; die Rückfahrt ab Cinquera erfolgt um 6.30 und 12 Uhr, sodass der Ort ohne eigenes Fahrzeug nur schwer im Rahmen eines Tagesausflugs zu erreichen ist. Gringo Tours bietet eine empfehlenswerte Tour nach Cinquera inklusive privaten Transfers von und nach Suchitoto (50 US$ pro Pers.).

prima Treffpunkt, um etwa den herrlichen Sonnenuntergang über Suchi zu genießen.

El Tejado HOTEL **$$**
(☎2335-1769; 3a Av Norte 58; DZ mit Frühstück 60–75 US$; ⏲Pool Mo–Fr 10–17, Sa & So 9–17 Uhr; ❄📶🏊) Hier lohnt es sich, mehr Geld für ein Zimmer mit Aussicht auf den Tisch zu legen, denn der Blick auf den See ist spektakulär. Ein weiteres Plus sind die jeweils eigenen Terrassen; überhaupt wirkt das gepflegte Hotel recht geräumig. Tagesgäste können für 3,50 US$ den riesigen Pool benutzen – das Poolgelände ist auch ein nettes Plätzchen für ein Bierchen.

Hostal Vista al Lago HOSTEL **$$**
(☎7310-1854; 2a Av Norte 18; EZ/DZ 20/30 US$; 📶) Die Aussicht, die dieses baumbestandene Grundstück gewährt, ist schlichtweg umwerfend. Zutritt hat man via einen unspektakulären Rezeptionsbereich; die dortigen Zimmer sind ein wenig trist. Aber dann geht's in den Garten und zu den neueren Doppelzimmern, die genau den Blick bieten, den der Name Vista al Lago verspricht. Die Besitzer sind gut aufgelegt.

★ **Los Almendros de San Lorenzo** BOUTIQUEHOTEL **$$$**
(☎2335-1200; www.hotelsalvador.com; 4a Calle Poniente; DZ/Suite mit Frühstück ab 120/150 US$; ❄📶🏊) Zweifellos eine der besten Übernachtungsmöglichkeiten in El Salvador: Ein Boutiquehotel in einem restaurierten, 200 Jahre alten Gebäude, erstklassige salvadorianische Kunst, antikes und modernes Mobiliar, maßgefertigte Türen und mehrere gurgelnde Brunnen bilden den Hintergrund für die makellosen Zimmer, die mit hohen Decken, großen gefliesten Badezimmern und schlichtem, klassischem Dekor ausgestattet sind.

Außer in den Zimmern, die man nur ungern verlässt, kann man sich in einer luxuriösen Bibliothek, am gepflegten Pool oder im üppigen Garten aufhalten. Ein Restaurant und eine Lounge-Bar runden das Ganze ab.

Essen

Suchimex MEXIKANISCH **$**
(☎6106-0908; Pasaje el Cerrito; Hauptgerichte 4–5 US$; ⏲Di–So 11–23 Uhr) Das vergnügliche mexikanische Lokal hat recht gute Burritos und Tacos, die sich wunderbar mit einer oder zwei Margaritas runterspülen lassen.

★ **La Lupita del Portal** INTERNATIONAL **$$**
(☎2335-1429; Calle San Marcos; Hauptgerichte 4–12 US$; ⏲So–Do 7.30–21, Fr & Sa bis 23 Uhr) Das La Lupita am Hauptplatz wird inzwischen von *pupusa*-Imbissen flankiert, ist aber nach wie vor gut für Speisen und Getränke von verlässlicher Qualität. Zu den Salaten, Sandwiches, Pizzas und Grillgerichten gibt's riesige Fruchtshakes. Frühstück (5–6 US$) wird bis 11 Uhr serviert.

Casa 1800 INTERNATIONAL **$$**
(www.facebook.com/casa1800suchitoto; Av 15 de Septiembre 61; Hauptgerichte 6–21 US$; ⏲Mo–Fr 9–17, Sa & So 8–20 Uhr; 📶) Herrliche Seeblicke von einer Holzterrasse unter Bäumen machen das Casa 1800 zu einer guten Wahl. Das Essen, darunter Grillfleisch, Fisch, Sandwiches und Pizzas, ist eher teuer, doch diesen Preis zahlt man halt für die Lage. Die drei Gästezimmer im alten Haus sind geschmackvoll eingerichtet, haben aber nur Gemeinschaftsbäder (DZ mit Frühstück 60 US$).

Ausgehen & Nachtleben

★ **Café Literario Eluney** KAFFEE
(www.facebook.com/eluneycafe; 1a Av Sur; ⏲Mo–Fr 8–18, Sa & So bis 20 Uhr) Juan José und Marisol

haben ihren kleinen, künstlerisch angehauchten Coffeeshop mit Büchern zum Stöbern ausgestattet und veranstalten außerdem Lesungen und andere Literaturveranstaltungen sowie manchmal auch Jazzabende. Eine Galerie bietet eine ausgezeichnete Auswahl an Erzeugnissen unabhängiger salvadorianischer Kunsthandwerker wie handgemachte Seife, Ananasmarmelade, *loroco*-Pesto, aromatisierten Honig und Schmuck.

El Necio BAR

(6a Calle Oriente; ⌚Di–Sa 18–24 Uhr) Hier geht's ums Trinken, keine Frage, und die ordentlichen Drinks schmecken nach Revolution: Jerry und seine Freunde sind stolz auf die verschiedenen ausgestellten politischen Utensilien. Hier kann man in einer Nacht mehr über die Geschichte des Landes lernen als aus jedem Buch.

Shoppen

Arte Añil MODE & ACCESSOIRES

(☎2335-1080; Calle San Marcos; ⌚8–18 Uhr) Die Indigo-Künstlerin Irma Guadrón betreibt einen gemütlichen Laden, der auf hochwertige mit Indigo gefärbte Artikel spezialisiert ist. Jedes Stück ist sorgsam handgefertigt, und Irma hat Kundschaft in aller Welt.

Orientierung & Praktische Informationen

An der Ostseite des Parque Central, des Mittelpunkts der Stadt, erhebt sich die Iglesia Santa Lucía. Schilder weisen den Weg zum See: Erst geht's eine Straße östlich vom Platz, dann links in die 3a Avenida Sur und schließlich steil hinunter zum Wasser (ca. 1 km). Oder man folgt der Straße, die den Westrand des Platzes bildet, der Avenida 15 de Septiembre; nach mehreren Querstraßen verschmilzt sie mit der 3a Avenida Sur. Der Parque San Martín liegt zwei Straßen westlich und zwei Straßen nördlich des Stadtzentrums.

Ein rund um die Uhr zugänglicher **HSBC-Geldautomat** befindet sich am Hauptplatz.

Touristeninformation (☎2335-1739; Calle San Marcus; ⌚8–16 Uhr)

An- & Weiterreise

Vom Terminal de Oriente in San Salvador wird Suchitoto von Bus 129 angefahren. Derselbe Bus fährt auf dem Rückweg an der Ecke 1a Calle Poniente und 4a Av Sur, einen Block westlich des Parque Centenario, ab. Mit dem Auto geht's auf der Panamericana zuerst Richtung Cojutepeque; in San Martín dann am Texaco-Schild nach links abbiegen.

Wer nach Norden weiterfährt, nimmt Bus 163 nach Las Aguilares (0,75 US$, 1 Std.), wo Busse in Richtung Chalatenango, La Palma und zur Grenze El Salvador–Honduras vorbeifahren. Langsamer, aber landschaftlich schöner ist es, wenn man mit dem Boot (5 US$, 20 Min.) oder mit der Autofähre (1/10 US$ pro Pers./Auto) über den Lago de Suchitlán nach San Francisco Lempa und von dort weiter mit dem Bus 643 nach Chalatenango (0,80 US$, 45 Min.) fährt. Der letzte fährt um 15 Uhr ab.

La Palma

Wandbilder *en masse* im regenbogenfarbigen, naiven Malstil, den der berühmte Sohn der Stadt, Fernando Llort (S. 375), salonfähig gemacht hat, sind das Markenzeichen des winzigen Dorfs La Palma. Es liegt zwei Fahrstunden nördlich von San Salvador und die klare Bergluft und die wunderschönen Wanderwege sind schon Grund genug für einen Abstecher hierhin. Aber die Tatsache, dass jede Bushaltestelle, verfügbare Mauer und Parkbank mit kunterbunter Farbe bemalt ist, macht La Palma zu einem Muss. Die verspielte Respektlosigkeit dieser Kunstwerke ist entwaffnend.

Diese bunten und primitiven Bilder von Bergdörfern, *campesinos* (Bauern) oder Jesus Christus sind gleichbedeutend mit der Kunstbewegung des modernen El Salvador. Llort brachte den Einheimischen hier bei, die gleichen Bilder herzustellen, und gründete so eine erfolgreiche Kooperative.

Wanderer können ihre Kondition an ein paar Gipfeln testen. Wer es wirklich ernst meint, ist im benachbarten **San Ignacio** besser aufgehoben; der Ort liegt näher an den Hauptwegen.

Sehenswertes

★ **La Semilla de Dios** KULTURZENTRUM

(Ecke 3a Calle Poniente & 5a Av Norte; ⌚Mo–Sa 8–16, So 9–16 Uhr) Die ortsansässige Kooperative La Semilla de Dios wurde 1977 von Fernando Llort selbst gegründet und stellt hinter dem Laden in Werkstätten qualitativ hochwertiges Kunsthandwerk her. Wer freundlich fragt, kann sich in der Werkstatt umsehen und den Malern und Holzarbeitern bei der Arbeit zusehen.

Aktivitäten

Der **Cerro El Pital** (2730 m) ist zwar El Salvadors höchster Gipfel, dank einer Zufahrtsstraße aber auch einer derjenigen, die am

ABSEITS DER ÜBLICHEN PFADE

CHALATENANGO & DAS HOCHLAND

„Chalate" ist die Hauptstadt der bergigen Provinz Chalatenango im Norden von El Salvador. Sie hat einen wunderbaren Alltagsrhythmus: In den schmalen Straßen drängen sich Laster, beladen mit Obst, Zuckerrohr, Indigo und Kaffee auf dem Weg zum Morgenmarkt, wo man vielleicht sogar einem Cowboy begegnet.

Bei einem Spaziergang lassen sich Ausblicke auf die spektakulären La-Peña-Berge und den Cerro Verde weiter westlich erhaschen, zwei mögliche weitere Ziele für Reisende, die es schon mal bis hierhin geschafft hat. Ein beliebter Tagesausflug führt zum Lago de Suchitlán im Osten.

Die Vergangenheit ist in Chalate allgegenwärtig, und es ist ein großer Kontrast zwischen den ehrgeizigen jungen Menschen zu erkennen, die das Stadtleben lieben, und einer Generation von Bauern mit von der Sonne gegerbter Haut, die sich mit der Landwirtschaft ihren Lebensunterhalt sichern und Geschichten aus der Zeit der FMLN-Herrschaft erzählen. Die große Militärgarnison auf der Plaza wurde zu Kriegszeiten erbaut, um die revolutionären Aktivitäten in dieser FMLN-Hochburg im Zaum zu halten.

Rund um Chalate geht die Landschaft in einen trockenen Wald über, der von spitzen Gipfeln und schroffen, gelbbraunen Hügeln gespickt ist. Die kleinen Dörfer in dieser abgeschiedenen Gegend warten mit einer tollen Landschaft und fesselnden Geschichten auf. **La Montañona** liegt auf 1600 m und ist ein Kiefern-Schutzgebiet. Der Ausblick ist erstklassig und es gibt präkolumbische Petroglyphen zu bewundern. Der Bürgerkrieg hinterließ hier mehrere *tatús* (Höhlenverstecke), darunter auch den des illegalen Guerilla-Radiosenders Radio Farabundo und ein unterirdisches Guerillakrankenhaus. Nordwestlich von Chalate befindet sich **Concepción Quezaltepeque**, ein Zentrum der Hängemattenherstellung. Am Straßenrand kann man Frauen bei der Arbeit an den Hängematten beobachten. Jenseits des Río Sumpul liegt das wunderschöne Dörfchen **Arcatao** inmitten der entlang der Grenze zu Honduras verlaufenden Berge. Im Büro der Ortsverwaltung kann man sich nach Touren zu den *tatús* erkundigen, die von der Bedeutung Arcataos als Bollwerk der FMLN zeugen.

einfachsten erklommen werden können. Aus dem nahegelegenen San Ignacio mit Bus 509 nach Las Pilas bis zum Río Chiquito fahren. Der Bus hält in der Nähe des Wanderwegs. Von dort dauert es etwa 1½ Stunden bis zur Spitze, wo den Gipfelstürmer eine wunderbare Aussicht erwartet. Wer daran zweifelt, ob er wirklich schon oben angekommen ist, kann nach dem Betonblock Ausschau halten, der den höchsten Punkt des Landes markiert. Dieser befindet sich auf Privatgelände; 5 US$ für den Eintritt mitbringen.

Wenn man schon mal da ist, lohnt sich auch noch ein Abstecher zur **Piedra Rajada** (nach dem Weg fragen), einem riesigen gespaltenen Felsen, etwa eine halbe Stunde vom Gipfel entfernt. Der Weg dorthin führt über eine nervenaufreibende Baumstamm-Brücke, die einen 25 m tiefen Abgrund überspannt. Bei feuchtem Wetter sollte man diesen Abstecher daher besser gleich wieder streichen. Mit einem Tag Vorlauf kann die Touristeninformation Transport zum Río Chiquito sowie einen Guide für die Wanderung organisieren. Oder man wendet sich an José Samuel Hernández (7554-2608) bzw. Patricia Morales (7214-0921).

Den wirklich schönsten Ausblick über die Wälder gibt's in **Miramundo**, einer kleinen Gemeinde mit aussagekräftigem Namen, die sich an einen steilen Berghang schmiegt. Wieder zurück am Río Chiquito, ist das Örtchen entlang des nach rechts abzweigenden Wegs nach etwa einer Stunde erreicht. Auf der rechten Seite des Wegs liegt direkt am Gebirgskamm das Hostal Miramundo. Von Miramundo sind es drei Stunden (12 km) hinunter nach La Palma.

Schlafen & Essen

Hostal Posada Real HOTEL $

(☎2335-9009; www.facebook.com/restauranteposadareal; Zi. 10 US$ pro Pers.) Zimmer mit bunten Wandbildern und ein Hofgarten verschönern diese einfache familiengeführte Unterkunft. Die Preise sind günstig, aber es gibt kein warmes Wasser. Das Hostal befindet sich kurz vor dem Stadtplatz an der Hauptstraße.

Hotel La Palma HOTEL $$

(☎2335-9012, 2305-8483; www.hotellapalma.com.sv; Barrio El Tránsito; EZ/DZ 21/35 US$; @) Das alteingesessene Hotel in den Bergen richtet sich hauptsächlich an große Reisegruppen, dennoch ist die Unterkunft neben dem Río La Palma aufgrund des guten Restaurants und der gepflegten Anlage auch für Alleinreisende eine gute Wahl. Von den farbenfroh gestalteten Zimmern blickt man leicht erhöht auf die Bäume, die Mitarbeiter sind sehr aufmerksam. Das Hotel liegt unmittelbar vor den Toren der Stadt rechts an der Hauptstraße.

Hostal Miramundo HOTEL **$$**
(☎2219-6252; www.hostalmiramundo.com; San Ignacio; 2-Pers.-Hütte 60 US$, 4BZ 65 US$) Die Zimmer und Hütten im Wald nahe San Ignacio sind eine gute Option, wenn man vorhat zu wandern. Von der Türschwelle aus kann man zum Río Sumpul und zum El Pital marschieren und anschließend eine warme Dusche genießen und auf herrlich festen Matratzen schlafen.

La Cafeta CAFÉ **$**
(www.facebook.com/cafetalapalma; Calle Gerardo Barrios; Sandwiches 1,75–2,50 US$, Backwaren 1–2 US$; ⌚Mo–Sa 9–19 Uhr; 📶) Das freundliche Café hat Feinschmeckerkaffee aus den Hügeln rund um La Palma sowie die besten hausgemachten Kuchen, Backwaren und Keksen der Stadt. Außerdem gibt's Frühstück und Sandwiches.

Cartagena MEXIKANISCH **$**
(☎2305-8741; Calle Gerardo Barrios; Hauptgerichte 1,50–2,85 US$; ⌚Sa–Do 9–20 Uhr) Hier sind überzeugende, frisch zubereitete Tacos, Burritos, Quesadillas und Enchiladas sowie köstliche *licuados* (Smoothies) zu haben.

ℹ Praktische Informationen

Banco Azteca (Calle la Ronda)

Touristeninformation (☎2335-9076; Parque Municipal; ⌚9–12.30 & 13.10–17 Uhr) Sehr hilfreich, allerdings nur auf Spanisch.

ℹ An- & Weiterreise

Bus 119 fährt alle 30 Minuten vom Terminal de Oriente in San Salvador nach El Poy an der Grenze zwischen El Salvador und Honduras ab. In La Palma (1,80 US$, 2¾ Std.) wird ein Stopp eingelegt. Einige der Busse fahren die 3 km ins nördlich gelegene San Ignacio hinein, andere halten nur am Ortseingang. Von San Ignacio aus fährt ein Bus nach El Pital und Umgebung.

Bus 509A nach Las Pilas, der auch am Río Chiquito vorbeikommt, fährt um 7, 9.30, 12, 14 und 16 Uhr in San Ignacio ab und zu denselben Zeiten auch zurück.

Ab La Palma fährt der Bus 509 um 10.45 und 14.45 Uhr über Miramundo (25 Min.) und Río Chiquito (45 Min.) nach Los Planes. Die Rückfahrt ab dem Río Chiquito erfolgt um 11.45 und 15 Uhr; 20 Minuten später kommt der Bus dann jeweils durch Miramundo.

EL SALVADOR VERSTEHEN

El Salvador aktuell

In den letzten Jahren stand El Salvador wegen der fortwährenden Gewaltproblematik im Zusammenhang mit Bandenkriminalität immer wieder im Fokus der Weltöffentlichkeit. Dieser verstörende Trend überschattete die ersten Jahre der Präsidentschaft von Salvador Sanchez Cerén, einem ehemaligen Guerillasoldaten, der 2014 ins Amt gewählt wurde und eine Reihe von sozialen und Bildungsreformen in Angriff nahm, die auf ein positives Echo stießen.

Doch es kam noch schlimmer. 2016 floh der ehemalige Präsident Mauricio Funes nach Nicaragua: Die Staatsanwaltschaft hatte aufgrund des Verdachts der persönlichen Bereicherung während seiner Präsidentschaft Untersuchungen gegen ihn eingeleitet. Der Korruptionsskandal warf einen Schatten auf die FMLN (Nationale Befreiungsfront Farabundo Martí) und Ceréns Präsidentschaft.

Der Sieg der ARENA (Nationalistische Republikanische Allianz) bei den Parlamentswahlen 2018, bei denen trotz Wahlpflicht nur 42 % der Stimmberechtigten an die Urnen gingen, zeugte von der allgemeinen Desillusionierung der Bevölkerung angesichts der Korruption im rechten wie auch im linken Lager. Falls überhaupt jemand als Sieger aus diesen Wahlen hervorging, dann war es der aufstrebende Politstar Nayib Bukele, dessen Name auf einige Wahlzettel gekritzelt worden war – quasi als Unterstützung einer Präsidentschaftskandidatur Bukeles 2019. Bukele, ein ehemaliger FMLN-Politiker, der 2017 von politischen Rivalen aus der Partei gedrängt worden war, erwarb sich mit seiner populistischen Politik als Bürgermeister von San Salvador breite Unterstützung. Anfang 2019 wurde Bukele dann in der Tat zum Präsidenten gewählt und trat sein Amt im Juni an.

Geschichte

Mesoamerika

Volksstämme von Paläoindianern besiedelten El Salvador schon vor 10 000 Jahren und hinterließen im heutigen Morazán ihre Spuren in Form von Höhlenmalereien. Ihnen folgten um 2000 v. Chr. die Olmeken, die der Nachwelt den Olmeken-Felsen hinterließen, eine riesige Skulptur in Form eines Kopfes, die bei Casa Blanca gefunden wurde und Skulpturen in Mexiko sehr ähnlich ist.

El Salvador war früher ein wichtiges Handelszentrum in der Region. Archäologische Funde weisen auf Einflüsse unterschiedlichster Völker hin; von den Pipil, Teotihuacan und den Mayas im Westen, bis hin zu den Lenca, Chorti und Pok'omama im Osten. Die Ruinen von Stufenpyramiden in Tazumal, San Andrés und Casa Blanca bezeugen, dass die Region schon vor der Kolonialisierung durch die Spanier 3000 Jahre lang fast durchgängig bewohnt wurde.

Als der spanische Eroberer Pedro de Alvarado 1524 seinen Fuß auf diesen Boden setzte, wurde das Land von den Pipils, den Nachkommen der Tolteken und Azteken, dominiert. Diese Völker aus dem Norden (dem heutigen Mexiko) nannten ihre Heimat Cuscatlán, „Land der Juwelen". Ihre Landwirtschaft basierte auf dem Maisanbau und war ertragreich genug, um einige Städte bauen und eine hochentwickelte Kultur fördern zu können, die eine Bilderschrift verwandte und Disziplinen wie Astronomie und Mathematik betrieb. Ihr Dialekt war dem heutigen Nahuatl sehr ähnlich.

Vom Indigoanbau zur Unabhängigkeit

Die spanische Herrschaft begann mit einem ein Jahr lang andauernden Krieg gegen die Pipil. Die Spanier konnten sich letztendlich durchsetzen und beanspruchten das Land für sich. Sie verwandelten es in Baumwoll-, Balsam- und Indigoplantagen. Mit der Indigopflanze als wichtigstem Exportgut boomte die Landwirtschaft in der Region im 18. Jh. geradezu. Eine kleine Gruppe von Europäern, bekannt als die „14 Familien", kontrollierte praktisch das gesamte Vermögen und die Landwirtschaft der Kolonie und ließ das Land von versklavten Indígenas und Afrikanern bearbeiten.

Vor dem Hintergrund einer derartig ungleichen Machtverteilung schwelte schnell ein Konflikt vor sich hin. Eine von Padre (Pater) José Delgado angeführte Revolte gegen die Spanier im Jahr 1811 scheiterte zwar, schürte aber die Unzufriedenheit der Menschen weiter. Zehn Jahre später, am 15. September 1821, gelangte El Salvador seine Unabhängigkeit von Spanien und trat dann der Zentralamerikanischen Konföderation bei.

Anastasio Aquino drängte auf eine Landreform und führte 1833 einen Aufstand der indigenen Bevölkerung an. Obwohl dieser niedergeschlagen und Aquino hingerichtet wurde, wurde er zum Nationalhelden. Nach der Auflösung der Zentralamerikanischen Föderation in den Jahren 1838/1839 sah sich El Salvador noch bis 1841 als Rechtsnachfolger dieses Staatenbunds.

Der Aufstieg des Kaffees

Im späten 19. Jh. lösten synthetische Farbstoffe die aus der Indigopflanze gewonnene Farbe als Färbemittel ab und stattdessen wuchs die Bedeutung des Kaffees. Eine Handvoll reicher Landbesitzer vergrößerte ihren Grundbesitz, indem sie die indigene Bevölkerung vertrieben. Kaffee wurde zur wichtigsten für den Verkauf bestimmten Anbaufrucht und *cafetaleros* (Kaffeebauern) verdienten sich eine goldene Nase, ohne dass der Gewinn besteuert oder ein Teil des Erlöses über gerechte Löhne an die Arbeiter ausbezahlt worden wäre. Im 20. Jh. hingen 95 % der Einkünfte El Salvadors direkt oder indirekt von Kaffeeexporten ab, aber nur 2 % der Salvadorianer kontrollierten diesen Reichtum.

Das 20. Jahrhundert

Die unerbittliche Regierung ging in den 1920er-Jahren mit harter Hand gegen jegliche gewerkschaftliche Vereinigung innerhalb der Kaffeeindustrie vor. Im Januar 1932 führte Augustín Farabundo Martí, einer der Gründer der Zentralamerikanischen Sozialistischen Partei, einen Aufstand der Bauern und der indigenen Bevölkerung an. Auf Befehl von Maximiliano Hernández Martínez schlug das Militär brutal zurück und brachte systematisch jeden um, der indigene Gesichtszüge hatte oder den Aufstand unterstützte. Im Zuge der „La Matanza" (das Massaker) wurden 30 000 Menschen getötet, darunter auch Martí selbst, der von einem Erschießungskommando hingerichtet wurde. Ihm zu Ehren übernahm die Revolutionsarmee FMLN (Frente Farabundo Martí para la Liberación Nacional) später seinen Namen.

In den 1970er-Jahren wurde die Situation der Kleinbauern ohne Landbesitz immer schwerer zu ertragen und Armut, Arbeitslosigkeit und Überbevölkerung wurden zum ernsthaften Problem. Innerhalb der Regie-

BÜCHER ZUR EINSTIMMUNG AUF EL SALVADOR

Die wichtigsten salvadorianischen Schriftsteller sind mittlerweile auch ins Deutsche übersetzt. Joan Didions *Salvador* beispielsweise ist eine bewegende Erzählung aus der Zeit der Kriegsanfänge. Englischsprachige Sachbücher über den Bürgerkrieg sind z. B. *Massacre at El Mozote* von Mark Danner und *Rebel Radio*, eine faszinierende Erzählung aus erster Hand über die illegalen Radiostationen, die die FMLN-Guerilla betrieb.

Auch ins Deutsche übersetzt wurde das von María López Vigil verfasste Buch *Óscar Romero: ein Porträt aus tausend Bildern* – ein empfehlenswerter Bericht über das Leben des Klerikers und ein politisches Bekenntnis, erzählt von denjenigen, die ihn persönlich kannten. *When the Dogs Ate Candles* von Bill Hutchinson ist eine geschichtliche Anekdote, die den Konflikt auf der Grundlage von mit Flüchtlingen geführten Interviews darstellt. Archäologiebegeisterte können in *Before the Volcano Erupted: The Ancient Ceréen Village in Central America* von Payton Sheets Informationen über das Pompeji Zentralamerikas bekommen.

La Diáspora ist ein wichtiger Roman von Horacio Casellanos Moya. Er erzählt vom Leben im Exil, fernab der Heimat El Salvador.

rung kämpften die polarisierten linken und rechten Parteien mit Staatsstreichen und Wahlbetrug um die Macht. 1972 ließ sich José Napoleon Duarte, der Mitbegründer der Christlichen Demokratischen Partei (Partido Democrático Cristiano; PDC), als Präsidentschaftskandidat aufstellen und wurde von einer breiten Koalition aus Reformgruppen unterstützt. Als ihm, unter dem Vorwurf des Wahlbetrugs, der Wahlsieg aberkannt wurde, kam es zu ersten Protesten. Ein Putschversuch wurde vom Militär abgewehrt und die Rechte reagierte mit der Gründung von Todesschwadronen auf die wachsende Guerillaaktivität. Tausende Salvadorianer wurden entführt, gefoltert und ermordet.

1979 wurde Präsident Carlos Humberto Romero von einer Junta aus Militär und Zivilisten gestürzt und Reformen wurden versprochen. Als diese ausblieben, schlossen sich die Oppositionsparteien zur Frente Democrático Revolucionario (FDR) zusammen und verbündeten sich mit der FMLN, einer Revolutionsarmee aus fünf Guerillagruppen, für die der bewaffnete Widerstand der einzige Ausweg zu sein schien. Die erfolgreiche Revolution in Nicaragua 1979 ermutigte viele Salvadorianer, selbst Reformen zu fordern. Der Erzbischof Óscar A. Romero war einer von ihnen; ein ehemaliger konservativer Priester, der sich für seine Mitmenschen einsetzte.

Am 24. März 1980 wurde der für seine direkte Art bekannte Romero ermordet, während er in der Krankenhauskapelle des Hospital Divina Providencia in San Salvador die Messe las. Dieser Mord hatte einen bewaffneten Aufstand zur Folge, der noch im selben Jahr in einen Bürgerkrieg mündete.

Bürgerkrieg

Infolge der Vergewaltigung und Ermordung von vier US-amerikanischen Nonnen Ende 1980, die nach El Salvador gekommen waren, um den Bedürftigen zu helfen, stellte die Carter-Regierung jede militärische Unterstützung ein. Aber nachdem 1981 bei den Präsidentschaftswahlen in den USA Ronald Reagan an die Macht gekommen war, pumpte die US-Regierung angesichts der Bedrohung durch die sozialistische Revolution in Nicaragua erneut riesige Summen in das eigentlich bereits dem Untergang geweihte salvadorianische Militär. Diese Finanzspritze von „Uncle Sam" hatte de facto die Verlängerung des Konflikts zur Folge. Als die Guerilla Gebiete Nord- und Ostsalvadors unter ihre Kontrolle brachte, wurde dies vom salvadorianischen Militär mit Angriffen auf Dörfer gerächt. 1981 tötete die in den USA ausgebildete Elitetruppe „Atlacatl Battalion" in El Mozote, Morazán, über 700 Männer, Frauen und Kinder. Bis zu 300 000 Menschen flüchteten daraufhin aus dem Land.

1982 wurde Major Roberto D'Aubisson, der Gründer der extrem-rechten ARENA-Partei, Präsident der gesetzgebenden Versammlung und erließ ein Gesetz, das der Legislative Macht über den Präsidenten einräumte. D'Aubisson organisierte die Todesschwadronen, die u. a. auf Gewerkschafter und Befürworter der Agrarreform angesetzt wurden. Im Gegenzug tat die FMLN alles, um der Wirtschaft zu schaden. Sie sprengte Brücken, unterbrach die Stromversorgung, zerstörte Kaffeeplantagen und tötete Viehbestände. Als die Regierung ein Friedensangebot der FMLN ablehnte, verweigerten die

Rebellen ihre Teilnahme an den Präsidentschaftswahlen 1984, bei denen Duarte gegen D'Aubisson gewann. In den folgenden Jahren beteiligten sich die PDC und die FMLN immer wieder erfolglos an Friedensgesprächen. Die Todesschwadronen setzten ihre Plünderungen fort und die Guerillas untergruben weiterhin die Macht des Militärs und boykottierten Kommunalwahlen.

Der Preis des Friedens

Der Frieden rückte 1989 in greifbare Nähe, als die FMLN ihre Wahlteilnahme an die Bedingung knüpfte, die Regierung müsse den Termin aufschieben, um einen demokratischen Urnengang zu ermöglichen. Diese Aufforderung wurde jedoch ignoriert und Alfredo Cristiani, ein reicher Geschäftsmann und ARENA-Mitglied, wurde zum Präsidenten gewählt. Die Antwort der FMLN war ein großangelegter Angriff auf die Hauptstadt. Im Gegenzug tötete das Militär geschätzte 4000 „linke Sympathisanten".

Im April 1990 begannen unter Aufsicht der UN Verhandlungen zwischen der Regierung und der FMLN. Unter den ersten Vereinbarungen war ein Menschenrechtsabkommen, das von beiden Parteien unterzeichnet wurde. Dennoch stieg die Mordrate 1991 sogar noch an, obwohl im Rahmen einer UN-Mission Beobachter zur Überwachung der Menschenrechte in das Land entsandt wurden.

Am 16. Januar 1992 wurde endlich ein Kompromiss unterzeichnet. Die FMLN wurde eine Oppositionspartei und die Regierung stimmte einer Reihe von Reformen zu, u. a. der Auflösung der paramilitärischen Gruppierungen und der Todesschwadronen sowie deren Ablösung durch eine nationale zivile Polizei. Das Land sollte unter den Bürgern aufgeteilt und Menschenrechtsverletzungen untersucht werden. Doch stattdessen wurden diejenigen, die die Menschenrechte missachtet hatten, von der Regierung begnadigt – diese Entscheidung wurde schließlich 2016 vom Obersten Gerichtshof für verfassungswidrig erklärt und damit der Weg dafür freigemacht, Verfahren gegen die Verdächtigen einleiteten zu können.

In den 12 Jahren des Bürgerkriegs wurden etwa 75 000 Menschen getötet.

Jüngste politische Entwicklungen

Die FMLN hat sich weitgehend als ein vorbildliches Beispiel für eine ehemalige Guerillaorganisation auf dem Weg in die reguläre Politik erwiesen. Skeptiker hatten damit gerechnet, dass die Salvadorianer eher konservativ wählen würden. 2009 änderte sich dies jedoch, als Mauricio Funes die FMLN bei den Präsidentschaftswahlen zum Sieg führte. Mit knappem Vorsprung wurde die FMLN 2014 wiedergewählt, dieses Mal unter der Führung von Salvador Sánchez Cerén, doch bei den Parlamentswahlen 2018 erhielt die Partei nur 25 % der Stimmen und wurde von der ARENA übertrumpft.

Auch seine Regierung stand vor der großen Frage, wie mit den beiden größten Banden im Land, MS-13 oder Mara Salvatrucha und Barrio 18, verfahren werden soll. Diese beiden Banden haben mittlerweile geschätzte 100 000 Mitglieder in Zentral- und Nordamerika. Gegründet wurde Mara Salvatrucha in den USA als Antwort auf die konzertierten Angriffe der dortigen mexikanischen Gangs. Zwischen 2000 und 2004 wurden unzählige *maras* aus den USA ausgewiesen und kamen so mit Drogenkartellen, Waffen, Prostitution und illegaler Einwanderung in Kontakt.

Aufeinanderfolgende Regierungen haben es weder mit Zuckerbrot noch mit Peitsche geschafft, der Bandenkriminalität einen Riegel vorzuschieben. Das harte Durchgreifen der rechten ARENA-Partei in den 2000er-Jahren zog zwar zahlreiche medienwirksame Verhaftungen nach sich, katalysierte allerdings auch die Vergeltungsschläge, und der sorgsam ausgearbeitete „Waffenstillstand" zwischen den rivalisierenden Banden im Jahre 2012 war nur von kurzer Dauer.

2015 war die Zahl der Toten so hoch wie nie – ein trauriger Rekord, der El Salvador zu dem Land mit der höchsten Mordrate weltweit machte. Internationale Medienberichte über die Fortschritte des Landes werden immer noch gleichzeitig durch Hinweise auf diese vernichtende Statistik wieder ein Stück weit relativiert. Im Januar 2017 berichteten die Zeitungen des Landes, dass zum ersten Mal seit zwei Jahren in El Salvador ein Tag ohne einen einzigen gemeldeten Mord vergangen war.

Die Menschen

Mentalität

Salvadorianer sind selbstbewusst und Reisenden gegenüber sehr gastfreundlich. Geschätzt ein Drittel der Bevölkerung lebt in den USA, weshalb die Menschen oftmals nostalgisch werden, wenn sie über ihr Geburtsland nachdenken. Typisch ist auch ein geradezu verbissen idealistischer Blick in die Zukunft. Manchmal ist die Frustration über den schleppenden Fortschritt des Landes deutlich spürbar.

Der Bürgerkrieg ist selbstverständlich immer noch tief im Bewusstsein der Menschen verankert – die Erinnerungen daran sind zu tief eingebrannt, als dass man sie vergessen könnte. Gleichzeitig sind die Salvadorianer aber auch aufrichtig bestürzt darüber, dass viele Ausländer so wenig über ihr Land wissen, was über den Krieg hinausgeht. Sie sind sehr gerne bereit, alle Fragen über El Salvador zu beantworten und dem Reisenden helfend zur Seite zu stehen.

Lebensart

Die Geldsendungen der rund 2 Millionen im Ausland lebenden und arbeitenden Salvadorianer und Salvadorianerinnen, die rund 20 % des BIP ausmachen, sind eine wichtige Säule der Wirtschaft und wirken sich auf die Arbeits- und Lebensweise der Bevölkerung aus. Armut und Arbeitslosigkeit sind weiterhin ein Problem und 35 % der Bevölkerung leben, vor allem in den ländlichen Gebieten, unterhalb der Armutsgrenze. Dabei gilt in El Salvador der höchste Mindestlohn von ganz Zentralamerika (225 US$ pro Woche) und das Land ist deutlich wohlhabender als seine Nachbarn Honduras und Nicaragua.

Religion

El Salvador ist ein sehr religiöses Land. Vormals streng katholisch erlebt El Salvador, genau wie der Rest Lateinamerikas, derzeit eine explosionsartige Zunahme des Evangelikalismus. Die emotionalen Gottesdienste scheinen dem Glauben neue Energie zu geben. Gottesdienste auf öffentlichen Plätzen mit dröhnenden Lautsprechern sind mittlerweile ein typisches Mittel für diese Art der „Verbreitung des Wortes". Evangelikale Kirchen ziehen mittlerweile fast die Hälfte aller Gläubigen an.

Vor und während des Kriegs waren Priester und Missionare oft offene Kritiker staatlicher Repressionen – und viele von ihnen, wie Erzbischof Óscar Romero, bezahlten dafür mit ihrem Leben.

Kunst & Kultur

Kunsthandwerk kann innovativ und qualitativ sehr hochwertig sein. Fernando Llorts Naive Kunst hat Künstler in der Gemeinde La Palma zur Schaffung einer neuen Art bunt bemalten Kunsthandwerks mit kindlichen Motiven inspiriert. In Guatajiagua in Morazán werden schwarze Keramikarbeiten hergestellt, die Einflüsse der indigenen Lenca zeigen, und Ilobasco ist bekannt für seine *sorpresas,* aufwendig gearbeitete Minifiguren, die in einer Keramikhülle versteckt sind.

Die Salvadorianer lieben die Dichtung. Der ikonoklastische Dichter Roque Dalton

HINTER DEN KULISSEN: NAIVE KUNST

Geschichten aus der Bibel, seltsame Vögel, bunte Regenbogenfarben: Die kindlichen Bilder von Fernando Llort sind, in einem von Kriegen zerrütteten Zentralamerika, Sinnbilder der Hoffnung geworden. Der Unterschied zwischen Llort und Miró oder Picasso besteht in der ernsthaften Bilddeutung und den einfachen, tropischen Farbtönen, die seinen Stil der „primitiven Moderne" ausmachen.

Ironischerweise festigte sich diese starke lateinamerikanische Identität erst, als Llort nach Frankreich ging, um erst Architektur, dann Theologie zu studieren. Religiöse Symbole kehren in seinen Kunstwerken immer wieder; statt Verherrlichung bevorzugt er das Einfache und Alltägliche.

Als Llort Anfang der 1970er-Jahre nach El Salvador zurückkehrte, erwarteten ihn Spannungen und Gewalt, die letztendlich zum Bürgerkrieg führten. Llort zog sich in das abgelegene Bergdorf La Palma im Norden des Landes zurück. Die offensichtliche Einfachheit des Lebens in Harmonie mit der Natur prägten seinen Stil noch stärker. Er rief La Semilla de Dios (Die Saat Gottes; S. 369) ins Leben, einen Workshop, in dem er andere Menschen sein Handwerk lehrte und die Kunsthandwerker im Ort professionalisierte.

Mittlerweile lebt Llort in San Salvador und auch immer wieder im Ausland; sein Workshop in seinem ehemaligen Atelier läuft aber weiterhin prächtig. Llorts Werke sind sowohl an der Fassade der Catedral Metropolitana in San Salvador als auch im Weißen Haus, im Museum of Modern Art in New York und im Vatikan zu bewundern.

wurde für seine radikale politische Haltung des Landes verwiesen. Er kehrte schließlich in seine Heimat zurück, um die Guerilla in ihrer Sache zu unterstützen, wurde aber von seinen eigenen Leuten unter dem Verdacht, ein CIA-Agent zu sein, hingerichtet. Namhafte Werke sind z. B. *Taberna y otros lugares* (1969), eine politische Vision in Versform, und *Miguel Marmol* (1972). Die progressive Dichterin Claudia Lars verfasste freizügige, gewagt erotische Dichtung und zählt in ihrem Land zur Riege der führenden und fortschrittlichsten Schriftsteller.

Unter dem Künstlernamen Salarrué veröffentlichte der viel gelobte Schriftsteller Salvador Efraín Salazar Arrué 1933 seine *Cuentos de barro* (Erzählungen vom Schlamm), die den Beginn des Genres der modernen Kurzgeschichten in Zentralamerika markieren. Gleichermaßen gilt Manlio Arguetas *Tage des Alptraums* (*Un día en la vida,* 1980), eine Erzählung über eine ländliche Familie zu Zeiten des Bürgerkriegs, als moderner Klassiker. Die Bühnenautorin Matilde Elena Lopez schrieb 1978 ein fesselndes Stück, das auf dem Leben des indigenen Anführers Anastasio Aquino basiert.

Einer der interessanteren salvadorianischen Romanautoren der Gegenwart ist Horacio Casellanos Moya. Sein Roman *Insensatez* von 2004 (auf Englisch unter dem Titel *Senselessness* erschienen) ist eine beißend schwarze Komödie über die von Regierungen unterstützte Gewalt.

Der von Ellwood Kieser produzierte Film *Romero* (1988) und der Film *Salvador* (1986) des Regisseurs Oliver Stone brachten den Bürgerkrieg in El Salvador auf die Kinoleinwand. *Voces inocentes – Unschuldige Stimmen* (2004) betrachtet den Bürgerkrieg aus der Sicht eines Kindes. Der Film wurde mit einer Oscar-Nominierung gewürdigt.

Natur & Umwelt

Geografie

El Salvador ist das Land der Vulkane: Zwei vulkanische Gebirgsketten, die sich von Osten nach Westen erstrecken, verleihen sowohl der Landschaft als auch dem Leben hier eine gewisse Dramatik. Ein Großteil des Landes ist abgeholzt, die Berge im äußersten Norden sind jedoch von Kiefern- und Eichenwäldern, zerklüfteten Felsen und Nebelwäldern überzogen. Der Río Lempa zieht eine fruchtbare Schneise durch das Land und teilt es in zwei Teile. Während El Salvador das einzige zentralamerikanische Land ohne Zugang zur Karibik ist, besitzt es am Pazifik eine 300 km lange Küste mit Mangroven, Meeresarmen und tropischem Trockenwald. Die Seen und Süßwasserlagunen versorgen das Land mit Trinkwasser und Erholungsmöglichkeiten.

Flora & Fauna

Im Verlauf des 20. Jh. wurden die Wälder in El Salvador radikal abgeholzt. Als Folge davon sind viele Tier- und Pflanzenarten in dem Land ausgestorben; dennoch ist in den Nationalparks und Schutzgebieten noch immer eine große Artenvielfalt vorhanden.

El Salvador hat über 800 Tierarten aufzuweisen. Fast die Hälfte davon sind Schmetterlinge, an zweiter Stelle stehen die Vögel mit 330 hier heimischen Arten (und 170 Zugvogelarten). Zu ihnen gehören Quetzals, Tukane, Reiher, Eisvögel, Braunpelikane, Papageien und Schnepfenvögel. Der illegale Handel mit Vögeln (insbesondere mit Aras aus Nicaragua) stellt unverändert ein großes Problem dar.

Die Zahl der noch hier lebenden Säugetierarten liegt bei etwa 200, darunter befinden sich Opossums, Ameisenbären, Stachelschweine, Agutis, Ozelote, Klammeraffen und Weißwedelhirsche. Man bekommt sie vor allem in den Naturschutzgebieten zu Gesicht.

Insgesamt sind etwa 90 Tierarten vom Aussterben bedroht. Meeresschildkröten, Gürteltiere und über 15 Kolibriarten gehören dazu.

Aufgrund des großen Anteils landwirtschaftlich genutzter Fläche haben nur wenige einheimische Pflanzenarten überlebt. Entlang der Pazifikküste findet man einen kleinen Bestand von Balsambäumen (deshalb wird die Küste auch Costa del Bálsamo genannt) und Mangroven säumen die Meeresarme. In den Nationalparks Montecristo und El Imposible gibt es die größte Vielfalt an hier heimischen Pflanzen, die Vegetation im Parque Nacional los Volcanes ist ebenfalls in gutem Zustand. Zu den in diesen Gebieten verbreiteten Pflanzen gehören u. a. Bergkiefern, Eichen, Feigenbäume, Agaven, Farne und Orchideen.

Umweltprobleme

Besorgniserregend ist die Abholzung. Gepaart mit einer relativ hohen Bevölkerungsdichte behindert sie die Regeneration der Ökosysteme. Heute sind noch gerade mal

NATIONALPARKS & NATURSCHUTZGEBIETE

El Salvador hat offiziell nur vier Nationalparks, es gibt aber auch einige lokal oder privat verwaltete Schutzgebiete.

Barra de Santiago (S. 353) Ein abgelegenes Gebiet mit von Mangroven gesäumten Meeresarmen und Stränden entlang der Pazifikküste.

Cerro El Pital (S. 369) Der höchste Berg von El Salvador. An seinen mit Kiefern bewachsenen Hängen kann man den *torogoz* (Blauscheitelmotmot) und Quetzals beobachten.

La Laguna de Alegría (S. 355) Ein smaragdgrüner, von heißen Quellen gespeister See mitten im Krater des schlafenden Volcán de Tecapa. Ozelote und Nasenbären sind unter den wilden Bewohnern des Primärwaldes zu finden, der den See umgibt. 2015 war der Pegelstand so niedrig wie noch nie zuvor.

Laguna El Jocotal Die Süßwasserlagune östlich von Usulután ist von Oktober bis März ein wichtiges Schutzgebiet für Zugvögel.

Parque Nacional El Imposible (S. 352) Nahe der westlichen Grenze El Salvadors liegt einer der letzten Überreste des ursprünglichen tropischen Regenwalds mit Wasserfällen, tollen Aussichten und zahlreichen bedrohten Tier- und Pflanzenarten.

Parque Nacional Los Volcanes (S. 341) Von dem bewaldeten Vulkankrater aus hat man eine beeindruckende Aussicht auf die nahen Vulkane Izalco und Santa Ana. Zu den Highlights gehören die Laucharassaris, Motmots und Kolibris.

Parque Nacional Montecristo (S. 344) Dieses bergige Nebelwald-Schutzgebiet liegt an der Grenze zwischen El Salvador, Honduras und Guatemala. Zu den hier lebenden wilden Tieren gehören Pumas, Klammeraffen und Agutis. Riesige Farne, Orchideen und Bromelien gibt es in diesem Park in rauen Mengen.

Parque Nacional Walter T. Deininger (S. 333) Tropischer Trockenwald am Pazifik, der 87 Vogelarten, Rehen, Hirschen und Pakas Lebensraum bietet.

14 % des Landes bewaldet und davon wiederum ist nur der verschwindend kleine Anteil von 2 bis 5 % Primärwald. Aufgrund dessen sind viele einheimische Arten vom Aussterben bedroht oder existieren bereits nicht mehr.

In den vergangenen Jahren war El Salvador mehrfach Hauptleidtragender diverser Naturkatastrophen. Erdbeben im Jahre 2001 zogen Erdrutsche nach sich, zerstörten Gebäude und kosteten 1159 Menschen das Leben. Auch der Ausbruch des Vulkans Santa Ana im Oktober 2005 führte in Kombination mit den durch den Hurrikan Stan verursachten sintflutartigen Regenfällen zahllose Erdrutsche; besonders viele Menschen starben in ärmlichen Gegenden, in Siedlungen an steilen Hängen oder Flussufern. Außerdem kamen 2009 bei massiven Überschwemmungen 200 Menschen ums Leben und ein Großteil der Felder und unzählige Häuser im Umkreis von 50 km rund um die Hauptstadt wurden verwüstet.

2012 war ein weiteres Jahr vermehrter seismischer Aktivität. 2015 dann brach der Vulkan Chaparrastique aus, der sich unmittelbar neben der zweitgrößten Stadt des Landes erhebt, San Miguel.

Der Río Lempa, eine der wichtigsten Wasseradern des Landes, ist aufgrund des jahrzehntelangen Einsatzes von Pestiziden stark verschmutzt. Die Ökosysteme rund um den Fluss sind zudem durch die Folgen der globalen Erwärmung gefährdet. Kommunale Führungskräfte haben die Schäden an den geschützten Biosphärenreservaten um die Bahía de Jiquilisco als Umweltkatastrophe eingestuft und Klimaschützer beobachten die Maßnahmen der Regierung mit Argusaugen.

Einer der jüngsten Umweltskandale dreht sich um den australisch-kanadischen Bergbaukonzern Pacific Rim: Dieser verklagte die salvadorianische Regierung auf 250 Mio. US$ Schadensersatz, da sie ihm nicht erlaubt hatte, im Land nach Gold zu suchen. 2016 entschied ein internationaler Gerichtshof gegen den Bergbaukonzern und verurteilte ihn dazu, dem salvadorianischen Staat Prozesskosten in Höhe von 8 Mio. US$ zu erstatten. Diese Entscheidung bedeutete eine Stärkung des Kampfes für den Umweltschutz auf der ganzen Welt.

PRAKTISCHE INFORMATIONEN

Allgemeine Informationen

ARBEITEN

Offiziell gibt es für Traveller keine Arbeitsstellen, aber manchmal besteht die Möglichkeit, kurzfristig Englisch- oder Surfunterricht zu geben. Wer länger bleiben und arbeiten möchte, muss sich in einem Freiwilligenprojekt engagieren.

BARRIEREFREIES REISEN

In El Salvador haben viele Menschen eine Behinderung – bei den meisten von ihnen handelt es sich um Opfer von Gewalttaten während des Bürgerkriegs –, es gibt aber nur wenige Einrichtungen oder Ausstattungen, die ihnen das Leben erleichtern. Es fehlt an gut gewarteten Rampen und Geländern; Dienstleistungen für Sehbehinderte und Gehörgeschädigte sind ebenfalls Mangelware. Aber alle Reisenden, ob mit oder ohne Behinderung, werden schnell feststellen, dass die Salvadorianer sehr freundlich und hilfsbereit sind.

BOTSCHAFTEN & KONSULATE

Deutschland (☎2247-0000; www.san-salvador.diplo.de; 7a Calle Poniente 3972, Colonia Escalón; ⏲Mo–Do 8–11.30, Fr bis 11 Uhr)

Guatemala (☎2271-2225; embelsalvador@minex.gob.gt; 15a Av Norte 135, zw. Calle Arce & 1a Calle Poniente, Colonia Escalón; ⏲Mo–Fr 8–16 Uhr)

Honduras (☎2264-7841; www.embajadahonduraselsalvador.com; 89a Av Norte 561, zw. 7a & 9a Calle Poniente, Colonia Escalón; ⏲Mo–Fr 9–12 & 14–17 Uhr)

Mexiko (☎2248-9900; https://embamex.sre.gob.mx/elsalvador; Ecke Calle Circunvalación & Pasaje 12, Colonia San Benito; ⏲Mo–Fr 8–17 Uhr)

Nicaragua (☎2263-8770; 7a Calle Poniente, Colonia Escalón; ⏲Mo–Fr 9–16.30 Uhr)

Österreich (☎2562 1247; consuladodeaustria.elsalvador@gmail.com; Calle Circunvalación 150, Colonia San Benito, ⏲Mo, Mi, Fr 10–12 Uhr)

Schweiz (sansalvador@honrep.ch; 9a Calle Poniente bis, Pasaje Bella Vista 356, Colonia Escalón)

USA (☎2501-2999; https://sv.usembassy.gov; Blvd Santa Elena, Antiguo Cuscatlán; ⏲Mo–Fr 7.30–11.30 Uhr)

ESSEN

Ein typisches salvadorianisches Frühstück umfasst Eier, Bohnen oder *casamiento* (Reis mit Bohnen), gebratene Kochbananen, Käse, Tortillas und Kaffee oder Saft. *Panaderías* (Bäckereien) bieten gewöhnlich Frühstücksgebäck und Kaffee. Die größte Mahlzeit des Tages ist das Mittagessen *(almuerzo)*.

PREISKATEGORIEN ESSEN

Die folgenden Preiskategorien beziehen sich auf ein Standard-Hauptgericht.

**$** bis 5 US$

**$$** 5–15 US$

**$$$** über 15 US$

Das Abendessen besteht in El Salvador meistens aus *pupusas*. Beliebt sind auch *panes:* mit Hähnchenfleisch, Salsa und eingelegtem Gemüse belegte Baguettes.

FEIERTAGE

Neujahr 1. Januar
Semana Santa Ostern
Tag der Arbeit 1. Mai
Muttertag 10. Mai
Vatertag 17. Juni
Fest des San Salvador 6. August
Unabhängigkeitstag 15. September
Allerseelen 2. November
Weihnachten 25. Dezember

FREIWILLIGENARBEIT

In der Nähe des Boulevard de los Héroes bietet das Friedens- und Solidaritätszentrum Centro de Intercambio y Solidaridad (CIS; www.cis-elsalvador.org) freiwilligen Helfern die Möglichkeit, einkommensschwachen Salvadorianern Englisch beizubringen und im Gegenzug Spanisch zu lernen. Man muss für mindestens 10 Wochen dabeibleiben, und wer Englisch unterrichtet, bekommt als Gegenleistung den Spanischunterricht zum halben Preis. Außerdem bekommt man hier Infos über verschiedene NGOs und die Bereiche, in denen sie arbeiten, z. B. in der Entwicklung der Gemeinden, Bekämpfung von Bandenaktivitäten, Umwelt usw. Das CIS kann zwar keine Freiwilligenarbeit im eigentlichen Sinne vermitteln, dafür aber die richtigen Tipps geben.

Die Eastern Pacific Hawksbill Initiative (ICAPO; www.hawksbill.org) in der Bahía de Jiquilisco ist eine gemeinnützige Organisation, die sich dem Schutz der Echten Karettschildkröte verschrieben hat. Freiwillige helfen bei der Überwachung, dem Wiegen und Kennzeichnen der Schildkröten. Die Arbeit als *volunteer* kostet 280 US$ pro Woche inklusive Verpflegung und Unterkunft.

GELD

Seit Januar 2001 ist der US-Dollar die offizielle Währung in El Salvador (davor war es der Colón), deshalb US-Dollar mitbringen, am besten in Scheinen zu 20 US$ und kleiner. An den Grenzübergängen warten immer Geldwechsler.

Fast überall werden Kreditkarten problemlos akzeptiert, in vielen Läden muss man jedoch mit einem Preisaufschlag rechnen. Visa- und MasterCard-Karten werden am häufigsten angenommen, American Express hingegen seltener.

Die Mehrwertsteuer von 13 % gilt für sämtliche Waren und Dienstleistungen. Meist sind Bruttopreise angegeben.

Handeln

Feilschen ist hier nicht ganz so verbreitet wie in anderen zentralamerikanischen Ländern. Mit Taxifahrern und Ladenbesitzern kann man schon mal ein bisschen verhandeln, wer es aber übertreibt, wird schnell als unhöflich abgestempelt.

Geldautomaten

Geldautomaten gibt's in den meisten Städten und Ortschaften. Banco Agrícola, Scotiabank und Banco Cuscatlán haben das dichteste Netzwerk. Visa und MasterCard funktionieren meist sehr gut; sollte es an einem Gerät mal nicht klappen, einfach einen anderen Automaten ausprobieren. Zum Abheben empfehlen sich die etwas sichereren Kabinen; wenn möglich nachts kein Bargeld abheben.

Trinkgeld

Restaurants 10 % Trinkgeld sind die Norm.

Taxis Taxifahrer bekommen in der Regel nichts, den Betrag aufzurunden kommt aber gut an.

GESUNDHEIT

Das öffentliche Gesundheitssystem von El Salvador ist überlastet, die private Gesundheitsversorgung dagegen ausgezeichnet und die Ärzte sind sehr gut ausgebildet. Achtung: Dengue-Fieber! Vorsicht ist geboten in küstennahen Gebieten, in denen es viele Mücken gibt, und während der Regenzeit.

In San Salvador findet man leicht einen guten Arzt, allerdings muss man in Vorkasse treten – und die Gebühren sind ordentlich.

Wir empfehlen den Abschluss einer Auslandskrankenversicherung (in besseren Krankenhäusern unerlässlich).

Empfohlene Impfungen

- Gelbfieber
- Hepatitis A
- Hepatitis B
- Malaria
- Tollwut
- Typhus

Trinkwasser

Das Wasser aus dem Hahn hat generell eine gute Qualität in El Salvador, in ärmlicheren Gegenden sollte man es jedoch vor dem Trinken abkochen.

INTERNETZUGANG

In den Städten bieten viele Restaurants und Cafés und fast alle Hostels und Hotels WLAN. Auch in vielen ländlichen Gebieten gibt's WLAN, doch ein paar abgeschiedene Orte liegen fernab vom Netz. In einigen Städten und Orten steht inzwischen im öffentlichen Raum teils kostenloses WLAN zur Verfügung, auch wenn die Verbindungen nicht sehr zuverlässig sind.

Internetcafés gibt's immer weniger, doch in den Städten sind meist noch immer welche zu finden. Für eine Stunde Surfen werden 0,50 bis 1 US$ berechnet.

KINDER

El Salvador ist ein sehr christliches Land, in dem sich alles um die Familie dreht. Kinder sind daher immer willkommen. Hier ein paar Tipps für Eltern:

- Suchitoto, die Ruta de las Flores und Alegría sind gewöhnlich entspannte, familienfreundliche Reiseziele.
- Die Costa del Bálsamo hat wunderschöne Strände, das Meer dort ist allerdings für Schwimmanfänger ungeeignet.
- Camping ist herrlich, wegen mangelnder Infrastruktur aber nur etwas für erfahrene Camper.
- Die Busse sind oft rappelvoll und in El Salvador mit Kindern in öffentlichen Verkehrsmitteln zu reisen stellt eine Herausforderung dar.

KLIMA

Der *invierno* (Regenzeit) dauert von Mai bis Oktober, der *verano* (Trockenzeit) von November bis April. Während der Regenzeit regnet es meistens nur nachts.

In San Salvador schwanken die Höchsttemperaturen zwischen 27 °C (Nov.) und 30 °C (März/April); die Tiefsttemperaturen bewegen sich zwischen 16 °C (Jan./Feb.) und 20 °C (März). Die heißeste Region ist das Küstentiefland.

LANDKARTEN

- Corsatur und das Tourismusministerium bieten Hochglanzkarten von El Salvador und der Hauptstadt an, die in manchen Hotels und bei Tourveranstaltern ausliegen.
- Einfache Karten mit Wanderwegen sind manchmal in den Touristeninformationen erhältlich.

LGBTIQ+ UNTERWEGS

Schwule und Lesben dürfen hier nur auf wenig Toleranz hoffen. Unlängst sind gleich mehrere Übergriffe auf Homosexuelle nicht geahndet worden. Einige Hotels weigern sich sogar, Zimmer mit nur einem Bett an zwei Männer zu vermieten; Frauen werden nicht ganz so misstrauisch beäugt. Einige Kulturzentren und Clubs rund um San Salvadors Boulevard de los Héroes sind schwulen- und lesbenfreundlich. Die Schwulen- und Lesbenorganisation **Entre Amigos** (☎ 2206-8400; https://entreamigos

lgbti-sv.org; 17a Calle Poniente 142, Barrio San Miguelito; ⌚ Mo–Fr 10–17 Uhr) ist die etablierteste ihrer Art im Land.

MASSE & GEWICHTE

In El Salvador gilt das metrische System.

ÖFFNUNGSZEITEN

Einige Büros und Läden schließen über die Mittagszeit zwischen 12 und 14 Uhr, was aber immer seltener wird.

Banken Mo–Fr 8–16 oder 17 Uhr; meist auch Sa vormittags

Behörden Mo–Fr 8–16 Uhr

Kaufhäuser & Geschäfte Mo–Fr 9–18, Sa 9–12 Uhr

Restaurants Abendessenszeit ist schon relativ früh; 16 Uhr ist *pupusa*-Zeit.

RECHTSFRAGEN

Die Gesetzeshüter hier sind streng und effektiv – vom Streifenpolizisten bis zum Grenzbeamten. Die Polizei hat das Recht, Busse anzuhalten und Personen und Taschen zu durchsuchen. Wer verhaftet wird, sollte kooperieren und mit der Botschaft Kontakt aufnehmen. Im Falle einer Straftat kann aber auch die Botschaft nur wenig unternehmen. Schon kleinste Vergehen werden oft mit Gefängnis bestraft.

SICHERHEIT

Angriffe auf Touristen sind in El Salvador selten und die vorhandene Kriminalität sollte keinen Traveller vor einer Reise nach El Salvador zurückschrecken lassen.

- Die Bandenkriminalität konzentriert sich auf Stadtviertel, die für Reisende eh wenig interessant sind. Die meisten Touristengegenden werden von der Polizei kontrolliert, sodass für übergroße Nervosität also kein Grund besteht.
- Abends und nachts sollte man am besten nicht unterwegs sein und nach Einbruch der Dunkelheit ein Taxi nehmen, besonders in San Salvador, San Miguel, Sonsonate, La Unión und La Libertad.
- Einfache Vorsichtsmaßnahmen beachten: auf Tagesausflüge so wenig wie möglich mitnehmen, im Bus immer ein Auge auf das Gepäck haben und, sofern möglich, keine wertvollen Dinge mit sich herumtragen.
- Waffen sind hier sehr verbreitet, bei einem Überfall also niemals Widerstand leisten.
- Vor Reisebeginn von allen wichtigen Dokumenten Kopien anfertigen; eine Ausführung mitnehmen und eine weitere an die eigene E-Mail-Adresse schicken.

SPRACHE

Die Landessprache in El Salvador ist Spanisch. In ein paar wenigen indigenen Dörfern spricht noch eine Handvoll Menschen Nahuatl, die Sprache der Pipil. Es besteht jedoch zunehmend Interesse daran, die Sprache zu erhalten. Viele Salvadorianer lernen beim Arbeiten in den USA, Australien oder sonstwo ein paar Brocken Englisch, sodass man hier tendenziell mehr Leute mit Englischkenntnissen antreffen wird als in den Nachbarländern.

Kurse

In Suchitoto gibt's hervorragende Sprachschulen und die Einheimischen dort sind es gewohnt, mit Reisenden zu plaudern, die Spanisch lernen. Auch Playa El Tunco ist eine gute Adresse, um eine qualifizierte Lehrkraft aufzutun.

TELEFON

- Die Ländervorwahl von El Salvador ist 503.
- Telefonnummern haben normalerweise acht Ziffern, Ortsvorwahlen gibt es nicht.
- Einige Internetcafés bieten auch Internettelefonie an.

Handys

Claro, Tivo, Digicel und Movistar sind brauchbare Anbieter und allgegenwärtig. Die SIM-Karten (Prepaid) sind erschwinglich und mit europäischen Mobiltelefonen kompatibel. Beim Kauf muss man zur Registrierung seinen Reisepass vorlegen.

TOURISTENINFORMATION

- In touristischen Gegenden wie Suchitoto, an der Ruta de las Flores, in La Libertad und Perquín findet man recht gut aufgestellte Touristenbüros. Die besten Ansprechpartner sind aber die Hotel- und Hostelbesitzer.
- Das Büro der Corporación Salvadoreña de Turismo (S. 329) in der Hauptstadt hat Broschüren und Faltblätter vorrätig.

UNTERKÜNFTE

Das Angebot an kleinen Hotels und Hostels für Rucksackreisende ist hervorragend, insbesondere in San Salvador und im westlichen El Salvador.

Campingplätze und *eco-albergues* (Öko-Hostels; einfache Hütten für mehrere Personen, z. T. mit rudimentärer Küche) findet man in

PREISKATEGORIEN SCHLAFEN

Die folgenden Preiskategorien beziehen sich auf ein Doppelzimmer mit Bad. Wenn nicht anders angegeben, ist das Frühstück nicht im Preis inbegriffen.

**$** bis 25 US$

**$$** 25–80 US$

**$$$** über 80 US$

der Nähe beliebter Outdoor-Destinationen. Zeltausrüstung muss mitgebracht werden.

Die Zimmerpreise steigen in den Sommerferien (erste Augustwoche) und während der Semana Santa (Karwoche): Dann sollte man auch vorausbuchen.

VISA

- EU-Bürger und Schweizer Staatsbürger brauchen für El Salvador kein Visum und müssen an der Grenze auch keine Touristenkarte erwerben.

Abkommen Central America-4

Das Einreiseabkommen zwischen den vier zentralamerikanischen Staaten (CA-4) ermöglicht das Überqueren der Grenzen zwischen Guatemala, Honduras, El Salvador und Nicaragua innerhalb von 90 Tagen, wobei der Reisepass nur einmal abgestempelt wird.

Wer ein Visum benötigt: Es kostet 30 US$.

ZOLL

Bei der Einreise nach El Salvador darf man einführen:

- 200 Zigaretten oder 25 Zigarren und Zigarillos oder 250 g Tabak
- 12 l alkoholische Getränke
- 6 Einheiten Parfüm
- Andere Artikel bis zum Wert von 500 US$

Bei der Ein- und Ausreise passieren alle Reisenden die Zollkontrolle. Sowohl am Flughafen als auch an den Grenzübergängen zu Land muss man darauf eingestellt sein, dass das Gepäck durchsucht wird.

An- & Weiterreise

FLUGZEUG

Flüge in die/aus den Vereinigten Staaten, aber auch aus Europa sind um Weihnachten und Ostern herum heiß begehrt; am besten so früh wie möglich ein Ticket kaufen, damit es nicht zu teuer wird.

Die Costa del Bálsamo ist genauso weit vom Flughafen entfernt wie San Salvador, man kann die Hauptstadt also problemlos umgehen.

Flughäfen & Fluggesellschaften

Der internationale Flughafen Monseñor Óscar Arnulfo Romero (S. 329) befindet sich 44 km südöstlich von San Salvador. Als wichtiger Verkehrsknotenpunkt in Lateinamerika ist er auch das Tor zu vielen Städten in Nordamerika.

Nach El Salvador fliegen u. a. folgende Fluggesellschaften:

American (☎ 24 Std. 2298-0777; www.aa.com; Ecke 89a Av Norte & Calle del Mirador, World Trade Center I; ⌚ Mo–Fr 9–19, Sa bis 13 Uhr)

Avianca (☎ 2267-8222; www.avianca.com; Paseo General Escalón, Galerías Escalón; ⌚ Mo–Fr 9–19, Sa bis 17 Uhr)

Copa (☎ 2209-2672; www.copaair.com; Ecke 89a Av Norte & Calle del Mirador, World Trade Center I; ⌚ Mo–Fr 8–18, Sa bis 12 Uhr)

Delta (☎ 2275-9292; www.delta.com; Ecke 89a Av Norte & Calle del Mirador, World Trade Center I; ⌚ Mo–Fr 8–18 Uhr)

United (☎ 2207-2040; www.united.com; Av de la Revolución, Sheraton Presidente Hotel; ⌚ Mo–Fr 8–18, Sa bis 12 Uhr)

GRENZÜBERGÄNGE

Wer nicht mit dem Flugzeug nach El Salvador einreist, wird sein CA-4-Visum bei der Ankunft an der salvadorianischen Grenze bereits haben.

Guatemala

- Der Grenzübergang San Cristóbal–El Progreso ist rund um die Uhr geöffnet, man sollte aber nur bei Tageslicht ein- bzw. ausreisen. Von Santa Ana aus Bus 236 nach San Cristóbal nehmen (0,50 US$, 1 Std., 5.30–21 Uhr; alle 20 Min.). Die Busse auf der anderen Seite der Grenze fahren nach El Progreso. Der letzte Bus von San Cristóbal fährt um 18 Uhr zurück.
- Der Grenzübergang Las Chinamas–Valle Nuevo ist rund um die Uhr geöffnet, man sollte aber besser bei Tageslicht ein- bzw. ausreisen. Busse zur guatemaltekischen Grenze fahren in Ahuachapán alle 15 Minuten (0,50 US$, 5–19.30 Uhr) vom Parque Menéndez ab. An der Haltestelle 300 m hinter dem Grenzübergang fahren Busse nach Guatemala-Stadt (via Cuilapa) ab. Alle 30 Minuten kommt hier ein Tica-Bus vorbei. Diese sind sicherer als die 2.-Klasse-Busse. Der letzte Bus von der Grenze nach Ahuachapán startet hier um 17.45 Uhr.
- Der Grenzübergang La Hachadura–Ciudad Pedro de Alvarado ist rund um die Uhr geöffnet, man sollte aber besser bei Tageslicht ein- bzw. ausreisen. Bus 259 aus Sonsonate (0,85 US$, 1¾ Std.) hält an der Grenze an; die Einwanderungsstellen sowohl El Salvadors als auch Guatemalas befinden sich am anderen Ende des Komplexes. Die Haltestelle in Guatemala ist 1 km entfernt. Ein Fahrrad-Taxi kostet 0,50 US$. Busse nach Guatemala-Stadt fahren halbstündlich und halten in Chiquimulilla und Escuintla. Der letzte Bus von La Hachadura nach Sonsonate startet um 18 Uhr.
- Von Metapán fahren halbstündlich Microbusse (40 Min.) zum Grenzübergang Anguiatú–Chiquimula (24 Std. geöffnet, am zuverlässigsten 6–19 Uhr). Auf der guatemaltekischen Seite fahren regelmäßig Busse nach Chiquimula (1 Std., letzter Bus um 17.30 Uhr) und weiter nach Guatemala-Stadt (3 Std., letzter Bus ab Chiquimula um 15.30 Uhr). Dies ist der schnellste Weg nach Nueva Ocotopeque oder Copán Ruínas in Honduras. Auf salvadorianischer Seite fährt der letzte Bus nach Metapán um 18.30 Uhr ab.

Honduras

- Der Bus aus La Palma hält etwa 100 m vor dem Grenzübergang nach Honduras (rund um die Uhr geöffnet) in El Poy, wo 3 US$ Verwaltungsgebühr für die Einreise nach Honduras bezahlt werden müssen. Von El Poy geht's mit dem Bus oder dem *colectivo* (Gemeinschaftstaxi) weiter nach Nueva Ocotepeque in Honduras. Von dort fahren stündlich Busse nach San Pedro Sula. Wer nach Copán Ruinas möchte, muss in La Entrada umsteigen.
- Der letzte Bus von La Palma nach El Poy (Bus 119, 0,50 US$, 30 Min.) startet um 19 Uhr. Die letzte Abfahrt in Richtung Süden, von El Poy nach San Salvador, ist gegen 16 Uhr.
- Der über Santa Rosa de Lima verkehrende Bus 330 ab dem Hauptbusbahnhof von San Miguel (2 US$, 1 Std.) hält 50 m von El Amatillo entfernt an der salvadorianischen Grenze, wo eine Brücke hinüber nach Honduras führt (Einreisegebühr 3 US$). Von dort fahren die honduranischen Busse weiter nach Choluteca (1½ Std.) und von dort weiter nach Tegucigalpa (3½ Std.). Der letzte Bus von El Amatillo nach San Miguel startet um 18.30 Uhr. Vom Busbahnhof von La Unión fährt der Bus 342 (1 US$, 1 Std.) nach Santa Rosa de Lima; dort nimmt man dann den Bus 330.

Nicaragua

- Von El Amatillo in Honduras fahren zwischen 5.30 und 17 Uhr Microbusse über die Südspitze von Honduras zur nicaraguanischen Grenzstadt Guasaule (abhängig von der Zahl der Fahrgäste 6 US$, 2 Std.). Um die Busverbindungen nach León and Managua zu erreichen, muss man einen 200 m langen Fußweg zurücklegen.

AUTO & MOTORRAD

Wer mit dem eigenen Fahrzeug nach El Salvador einreist, muss einen Führerschein vorweisen können (der internationale Führerschein wird anerkannt) und beweisen, dass er oder sie der Besitzer des Fahrzeugs ist. Außerdem muss eine Reihe umfangreicher Formulare ausgefüllt werden. Eine Autoversicherung ist möglich und ratsam, aber nicht vorgeschrieben. Fahrzeuge dürfen 30 Tage lang in El Salvador bleiben. Wer länger bleiben will, reist am besten mit dem Fahrzeug aus und wieder ein. Das ist immer noch besser, als zu versuchen, sich mit dem Verkehrsministerium herumzuschlagen.

ÜBERS MEER

El Salvador grenzt, genau wie Honduras und Nicaragua, an den Golfo de Fonseca. Gelegentlich sind Fähren zwischen La Unión (El Salvador), Coyolito, Amapala und San Lorenzo (Honduras) und Potosí (Nicaragua) unterwegs. Zeit spart man auf diese Weise kaum, da es keine Passagierboote mit festen Abfahrtszeiten gibt und die Grenzübergänge an Land relativ nah sind.

La Tortuga Verde (S. 362) bietet Bootsfahrten von La Unión nach Potosí in Nicaragua.

Unterwegs vor Ort

El Salvador hat ein exzellentes Busnetzwerk. Nur wenige Traveller mieten ein Auto; die meisten wechseln fröhlich zwischen aufgemotzten amerikanischen Schulbussen und Langstreckenbussen hin und her. Ein Schienennetz gibt es nicht.

AUTO & MOTORRAD

Zwar sind die meisten Straßen in El Salvador befestigt, überschaubar ist der Verkehr aber nur schwer und die Ausschilderung ist nicht besonders gut.

Die Polizei richtet, insbesondere auf Straßen in der Nähe von Grenzübergängen, oft Kontrollpunkte ein. Autodiebstähle sind ebenso verbreitet wie das Abmontieren von Teilen an geparkten Fahrzeugen. In Gegenden, die für hohe Kriminalität bekannt sind, sollte man nie alleine mit dem Auto unterwegs sein und immer sichere Parkplätze wählen. Obwohl es nicht zwingend notwendig ist, ist es empfehlenswert, eine Autoversicherung abzuschließen.

In San Salvador und San Miguel gibt es Autos zu mieten, die auch in anderen Städten zurückgegeben werden können. Die folgenden Autovermietungen befinden sich in San Salvador:

Alamo Uno Rent a Car (☎ 2367-8000; www.alamoelsalvador.com; Blvd del Hipódromo 426; ⏲ 5.30–19.30 Uhr)

Avis (☎ 2500-2800, Flughafen 2339-9268; www.avis.com.sv; 43a Av Sur 127, Colonia Flor Blanca; ⏲ Mo–Fr 8–18, Sa bis 12 Uhr)

Budget (☎ 2259-5400, Flughafen 2259-5402; www.budget.com; 85a Av Norte 648, Colonia Escalón; ⏲ Mo–Fr 8–17, Sa bis 12 Uhr)

Quick Rent a Car (☎ 2229-6959; www.quickrentacar.com.sv)

BUS

- Kunterbunt gestrichene amerikanische Schulbusse fahren regelmäßig und sehr günstig (0,25–5 US$) Ziele im ganzen Land an. Am Wochenende können die Tickets um bis zu 25 % teurer werden.
- Die Fahrtrouten zu einigen Zielen im Osten sind in verschiedene Kategorien aufgeteilt: *ordinario, especial* und *super especial*. Die letzten beiden Optionen sind zwar teurer, dafür aber auch schneller und komfortabler.
- Die meisten Überlandbusse fahren ab 4 oder 5 Uhr morgens und bis 18 oder 19 Uhr abends.

FAHRRAD

Radfahren erfreut sich in El Salvador einiger Beliebtheit, sowohl als Freizeitbeschäftigung als auch im Alltag.

Eine gute Anlaufstelle in San Salvador sind die Fahrradenthusiasten **Ciclistas Urbanos** (☎ 7432-0241; www.facebook.com/asociacion ciclistasurbanos). Sie haben auch Infos über die **Cicleada Urbana Nocturna**, eine Fahrradgruppenveranstaltung, die jeden Donnerstagabend in der Stadt stattfindet.

Mountainbiken kann man bei Perquín im Morazán – bei Perkin Lenca (S. 365) oder Serafin Tours (S. 364) nachfragen!

FLUGZEUG

Inlandsflüge sind weder günstig noch leicht verfügbar. Betuchte Geschäftsleute nutzen Privatflugzeuge, um von San Miguel nach San Salvador zu gelangen, und Puerta Barillas (Bahía de Jiquilisco) hat einen Hubschrauberlandeplatz.

SCHIFF/FÄHRE

Wer in der Bahía de Jiquilisco im Osten El Salvadors herumkommen oder irgendwelche Ausflüge im Golfo de Fonseca in der Nähe von La Unión unternehmen will, muss zu Wasser reisen. Ansonsten ist der Seeweg eher selten.

TRAMPEN

Busse oder Sammel-Pick-ups bringen einen praktisch an jedes nur vorstellbare Ziel, so dass es normalerweise nicht notwendig ist zu trampen. Unter Einheimischen schwingen sich hier sowohl Männer als auch Frauen auf die Ladeflächen von Pick-ups. Da Trampen jedoch nie hundertprozentig sicher ist, empfehlen wir es nicht. Wer trampt, sollte wissen, dass er oder sie dabei ein kleines, aber möglicherweise folgenschweres Risiko eingeht.

Honduras

9,1 MIO. EW.

Inhalt ➡

Gut essen

- Roatán Oasis (S. 438)
- Café at La Casa de Café (S. 410)
- Mango Café (S. 444)
- Galeano Cafe (S. 392)

Schön übernachten

- D&D Brewery (S. 401)
- La Villa de Soledad (S. 430)
- La Madrugada (S. 404)
- La Casa de Café (S. 409)

Auf nach Honduras!

Weiße Strände und das zweitgrößte Wallriff der Welt, urwaldbedeckte Berge mit befahrbaren Wildwasserflüssen, eine atemberaubende Vogelvielfalt, herrliche Maya-Ruinen, malerische Dörfer aus der Kolonialzeit, frischer Grillfisch am Meer ... Honduras hat all das und noch viel mehr zu bieten. Allerdings ist es ein Land, das als gefährlich gilt und daher oft nur schnell durchstreift oder gänzlich vermieden wird.

Nach einem Jahrzehnt, in dem Honduras von einer Welle grausamer Gewalt erfasst wurde, geht es trotz ein paar kleiner Schwierigkeiten nun wieder deutlich aufwärts. Die anstehenden Probleme mögen zwar noch massiv sein (und die Straßen nach wie vor holprig), aber die Aussichten waren seit Jahren noch nie so vielversprechend. Das Land ist sicher nichts für Zartbesaitete und in den Städten ist Vorsicht angesagt, aber abgesehen davon ist Honduras wieder zurück und wartet nur darauf, entdeckt zu werden.

Reisezeit

Tegucigalpa

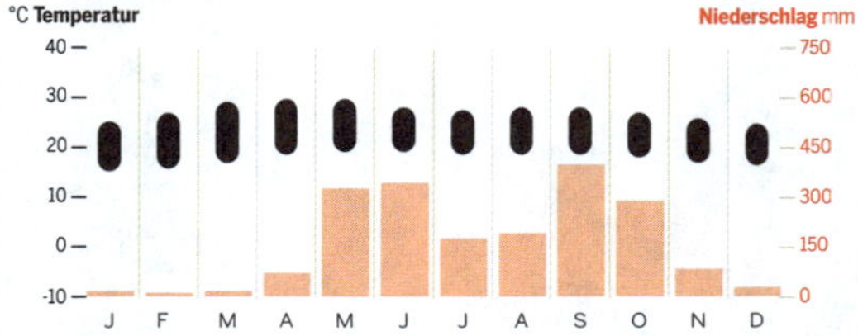

Okt.–Feb. Regenzeit an der Nordküste und auf den Inseln, aber trocken im Binnenland.

März–April Heiß und trocken überall, mit hohen Temperaturen im Landesinneren.

Juni–Sept. Hochsaison zum Sichten von Walhaien in Utila.

Einreise

Die Einreise nach Honduras ist von allen drei Nachbarländern möglich. Grenzübergänge sind u. a. Corinto und El Florido (Guatemala), El Amatillo und El Poy (El Salvador) sowie Guasaule, Leimus und Las Manos (Nicaragua). Von Belize aus fahren auch Boote nach Honduras. Oft kann zwischen luxuriösen internationalen Bussen und viel preiswerteren, aber langsameren Regionalbussen gewählt werden.

HONDURAS IN ZWEI WOCHEN

Nach der Einreise in Honduras über den Grenzübergang El Florido lockt sofort eine der Hauptattraktionen: die großartigen Ruinen von **Copán**. Mindestens zwei Tage sollten für die Tempel und die Sehenswürdigkeiten der Umgebung eingeplant werden. Danach geht es eine kurze Strecke nach Westen in die Hochlandstadt **Gracias** mit ihren Thermalquellen und Lenca-Dörfern. Es folgt eine lange Fahrt zur Küstenstadt **La Ceiba**.

Von hier geht's mit dem Boot nach **Roatán** oder **Utila** an den Strand zum Schnorcheln oder Tauchen im Riff und um es sich einfach gut gehen zu lassen. Zurück auf dem Festland steht eine Floßtour auf dem **Río Cangrejal** an, dann geht's nach Süden zum **Lago de Yojoa** zu ein paar Craft-Bierchen, zum Wandern oder zu Bootsausflügen. Den Abschluss bildet eine Übernachtung im kolonialen, stillen **Comayagua** oder in der quirligen Hauptstadt **Tegucigalpa**.

Typische Speisen & Getränke

Baleadas Frische, mit Bohnen, Käse und anderen Leckereien gefüllte Maistortillas

Salva Vida Das honduranische Bier ist leicht und frisch und fühlt sich oftmals an wie ein Lebensretter.

Sopa de caracol Muschelsuppe nach Garifuna-Art mit Kokosmilch und Gewürzen

Pinchos Gegrillte Rindfleisch- oder Geflügelspieße

Honduranischer Kaffee Einer der besten der Welt, wird im ganzen Land serviert.

Típico Das typisch honduranische Gericht aus Fleisch/Ei, Bohnen, Kochbananen und einem Stück Weißkäse

Top-Tipps

- Man sollte auf seine Sachen aufpassen, aber dabei nicht die Freundlichkeit vergessen. Die meisten Honduraner sind sehr nett, hilfsbereit und unterhalten sich gern mit Fremden.
- Spanischkenntnisse sind zwar nicht zwingend notwendig, machen das Leben unterwegs aber einfacher.
- *Baleadas* sind dort am besten, wo die Tortillas frisch vor Ort zubereitet werden – den Unterschied schmeckt man.

AUF EINEN BLICK

Währung Lempira (HNL)

Visa Die meisten Reisenden brauchen kein Visum für Honduras, sondern erhalten bei der Einreise einfach eine Touristenkarte, die 90 Tage lang gültig ist.

Geld In größeren Orten und Städten gibt es genügend Geldautomaten.

Hauptstadt Tegucigalpa

Notruf ☎ 911

Sprache Spanisch (und Englisch auf den Bay Islands)

Wechselkurse

Eurozone	1 €	27,07 HNL
Schweiz	1 SFr	24,21 HNL
USA	1 US$	24,15 HNL

Preise

- Doppelzimmer in einem Budgethotel: 400 HNL; in einem Mittelklassehotel: 800 HNL
- Einfache Mahlzeit: 80–120 HNL; Abendessen in einem Spitzenrestaurant: 600 HNL

Infos im Internet

Lonely Planet (www.lonelyplanet.com/honduras)

Honduras Tips (www.hondurastips.hn)

Honduras Travel (www.hondurastravel.com)

Bay Islands Voice (www.bayislandsvoice.com)

Highlights

1 Utila (S. 440) Im Taucherparadies die atemberaubende Unterwasserwelt und das wilde Nachtleben entdecken

2 Copán (S. 407) Außerhalb eines charmanten kleinen Dorfs beeindruckende Steinreliefs und gewaltige alte Maya-Bauten bewundern

3 Cayos Cochinos (S. 430) Sich vom blausten Wasser und den schönsten Stränden bezaubern lassen

4 Río Cangrejal (S. 429) Am Wildwasserfluss im majestätischen Dschungel die Kraft der Natur erleben

5 Lago de Yojoa (S. 401) Sich ein Craft-Bier genehmigen, auf Seen paddeln, in

den Bergen wandern und Kaffeeplantagen besuchen

6 Roatán (S. 434) Gut essen, erstklassig tauchen und rundum das schöne Leben auf der vornehmen Urlaubsinsel genießen

7 La Moskitia (S. 445) Die letzte ungezähmte Wildnis Zentralamerikas auf einer abenteuerlichen Route nach Nicaragua erkunden

8 Trujillo (S. 432) In dieser Kleinstadt mit ihrer schrägen Geschichte, den schönen Stränden und charmanten Bewohnern ins Alltagsleben eintauchen

TEGUCIGALPA

1,19 MIO. EW.

Die ausgedehnte Stadt Tegucigalpa in einem von bewaldeten Hügeln umgebenen Hochlandtal hat ein relativ frisches, mildes Klima und eine spektakuläre Lage. Es ist eine quirlige und dynamische Stadt, aber sie wird von vielen Reisenden nur kurz oder erst gar nicht besucht. Das ist schade, denn auch wenn Tegus, wie die Bewohner sie nennen, keine Schönheit ist – die Straßen sind verstopft und die Luft deswegen verschmutzt, die Kriminalitätsrate ist hoch –, so ist sie doch faszinierend, hat einige gute Museen, Restaurants und das Flair eines aufstrebenden Orts. Wer sich richtig auf die Stadt einlässt, wird eine dynamische, junge und urbane Szene erleben, allen voran junge Künstler, Musiker, DJs und Designer.

Sehenswertes

Die Innenstadt von Tegus ist das vernachlässigte Herz des Landes, eine Ansammlung einst eleganter, aber mittlerweile verblichener Straßen, wo Läden für *ropa americana* (gebrauchte Kleidung) die Kaufhäuser ersetzt haben. Ein Bummel über die verkehrsfreie Calle Peatonal, ein Besuch von ein paar der recht guten Museen und ein Imbiss auf dem Markt vermitteln ein Gefühl für die Stadt.

★ Museo para la Identidad Nacional — MUSEUM

(MIN; Karte S. 394; www.min.hn; Av Miguel Paz Barahona; 100 HNL; Di–Sa 9–17, So 11–17 Uhr) Wer nur eine Sehenswürdigkeit in Tegus besuchen will, der sollte diese wählen. Das beste Museum der Hauptstadt ist im wunderschön renovierten ehemaligen Ministeriumspalast aus dem 19. Jh. untergebracht. Die modernen Ausstellungen vermitteln einen hervorragenden Überblick über Geschichte und Identität des Landes. Die Exponate sind spanisch beschriftet, aber viermal täglich organisieren ausgezeichnete Guides kostenlose Führungen auf Englisch (bei Bedarf nach Touren auf Deutsch fragen).

Parque Naciones Unidas El Picacho — NATIONALPARK

(25 HNL; 8.30–17 Uhr) Der kleine Park auf dem Hügel liegt 6 km vom Stadtzentrum entfernt. Seine Fußwege sind gut besucht, aber die eigentliche Attraktion ist der ca. 20 m hohe **El Cristo del Picacho** (Eintritt 10 HNL). Die meisten Touristen erspähen ihn zuerst nachts, wenn er hell erleuchtet über der Stadt wacht. Von hier oben aus hat man einen weiten Blick über Tegucigalpa.

> **FERIA DE SUYAPA**
>
> Die Jungfrau von Suyapa, die Schutzheilige von Honduras, wird von etwa 2. bis 11. Februar im nach ihr benannten Stadtteil von **Tegucigalpa** (Anfang Feb.) gefeiert. Der 3. Februar ist ihr Feiertag. Massen von Menschen und Gottesdienste in und um die Basílica de Suyapa sind dann zu erwarten.

Centro de la Cultura Garinagu de Honduras — KULTURZENTRUM

(Karte S. 394; 2222-0511; Plaza Morazán; Mo–Sa 8–17 Uhr) GRATIS Ein Besuch in dem Kulturzentrum am Parque Morazán lohnt sich. Es stellt Kunsthandwerk, Kleidung und Werkzeuge aus und es gibt auch eine Bibliothek und Informationen zu den Garifuna. Die Angestellten können darüber informieren, wo Garifuna-Tanzensembles mit ihren athletischen und sinnlichen Tänzen auftreten.

Plaza Morazán — PLAZA

(Karte S. 394; Av Miguel de Cervantes) Zentrum und Herz der Stadt ist die Plaza Morazán, oft auch Parque Central genannt. In der Mitte steht die Reiterstatue des ehemaligen Präsidenten Francisco Morazán. Überragt wird der Platz von einer schmuckreichen, spätbarocken **Kathedrale** aus dem 18. Jh. Sie birgt einen kunstvollen Altar aus Gold und Silber.

Basílica de Suyapa — KIRCHE

(Anillo Periferico 2) Diese neugotische Basilika ist die wichtigste Kirche in Tegucigalpa und somit auch in Honduras. La Virgen de Suyapa ist die Schutzheilige des Landes, nach einem päpstlichen Erlass 1982 auch ganz Zentralamerikas. Der Bau der Basilika, die berühmt für ihre großen Buntglasfenster ist, begann 1954.

Iglesia Los Dolores — KIRCHE

(Karte S. 394; Av Máximo Jeréz) Die auffallende Kirche an einer ansonsten unscheinbaren Plaza besitzt einige schöne sakrale Kunstwerke. Die Fassade ist mit Figuren geschmückt, die das Leiden Christi darstellen – seinem Kreuzigungsgewand, dem Hahn, der dreimal krähte – alles gekrönt vom indigenen Sonnensymbol.

Schlafen

Die Innenstadt von Tegucigalpa ist tagsüber generell sicher, Vorsicht ist jedoch immer geboten und nachts sollte immer ein Taxi genommen werden. Comayagüela ist ein sehr zwielichtiger Stadtteil: Weder tagsüber noch abends empfiehlt sich ein Bummel durch dieses Viertel. Colonia Palmira ist das sicherste Viertel und teurer, Vorsicht ist dennoch geboten – auch hier gilt, dass zu jeder Tageszeit ein Taxi die beste Lösung ist.

★ Palmira Hostel HOSTEL $
(Karte S. 390; ☎9972-9666; www.palmirahostel.com; Av República del Peru; Hängematte/B/Zi. 120/216/696 HNL;) Das hervorragende, saubere und sehr sichere Hostel wird von Hernán geführt, einem Englisch sprechenden Honduraner, der Besuchern weit über jede Notwendigkeit hinaus hilft, so viel wie möglich von Tegus kennenzulernen. Es gibt eine Küche, einen Gemeinschaftsraum und nachmittags kostenlose Führungen durch die Innenstadt von Tegus. Hier kann man prima andere Reisende treffen und die Mitarbeiter haben immer Tipps parat. Am besten im Voraus buchen und sich anmelden, denn das Hostel ist nicht als solches gekennzeichnet.

★ La Ronda HOSTEL $
(Karte S. 394; ☎9949-9108; www.larondahostel.com; Ecke Calle La Ronda & Av Máximo Jeréz; B/Zi. 240/600 HNL;) Betreiber der coolsten Unterkunft der Innenstadt ist Juan Pablo, ein ehemaliger honduranischer Reggaetón-Star; ihm verdankt La Ronda das lockere Künstlerflair. Die einfachen, aber sehr sauberen Schlafsäle und ein paar Privatzimmer (für bis zu 4 Pers.) liegen um eine kontaktfördernde Terrasse. Unten gibt's eine hippe und beliebte Bar (die um 22 Uhr schließt) und ein gutes Restaurant.

Hotel Boston HOTEL $
(Karte S. 394; ☎9719-0538; nuevohotelboston@yahoo.es; Av Máximo Jérez 321; EZ/DZ/2BZ/4BZ ab 375/500/675/800 HNL;) Das Innenstadthotel liegt in einem einst prachtvollen, heute aber eher verblichenen Gebäude mit einem altertümlichen Fliesenboden, hohen Räumen und zwei Gästelounges, in denen man sich wie im Jahr 1937 fühlt. Zur Wahl stehen Zimmer zur Straße, die unglaublich groß, aber etwas laut sind, oder die billigeren, aber viel kleineren und dunkleren Zimmer nach hinten. Manche Matratzen sind *sehr* weich. Kaffee und mütterlichen Service gibt's umsonst.

★ Hotel MacArthur HOTEL $$
(Karte S. 394; ☎2237-9839; www.hotelmacarthur.com; Av Lempira 454; EZ/DZ mit Frühstück und Ventilator 966/1269 HNL, mit Klimaanlage 1222/1551 HNL;) Das Hotel ist typisch honduranisch und hat eine einladende hellgelbe Lobby voll alter Fotos der Stadt. Die Zimmer sind in warmen Farben gehalten, groß, sauber und schön hell. Neue Betten und unverputztes Mauerwerk sorgen für einen modernen Touch. Man sollte versuchen, eins der Zimmer mit Straßenblick und Terrasse zu erhaschen. Der Hotelpool ist einer der besten der Hauptstadt.

Apart Hotel Plaza Colonial HOTEL $$
(Karte S. 394; ☎2222-7727; 504 Calle Hipolito Matute; Zi. 716–818 HNL, Apt. 1073 HNL) Das senfgelbe Gebäude im Kolonialstil mit seinem gefliesten Innenhof und den vielen Farnen gehört zu den hübschesten im Stadtzentrum. Die Zimmer dagegen sind zwar zweckmäßig, aber klein, dunkel und nichts Besonderes. Die Ferienwohnungen mit Kochnischen und Wohnzimmern eignen sich für längere Aufenthalte (Preis verhandeln); Apartments 8 und 9 verfügen über Terrassen und sind etwas heller.

Hotel Otoch Balam B&B B&B $$
(Karte S. 390; ☎2238-2747; Calle República de Brasil, Palmira; EZ/DZ/3BZ 1350/1550/1800 HNL; P) Die vielleicht gemütlichste Unterkunft in ganz Tegucigalpa. Die Zimmer sind groß, modern und vornehm. Das geräumige Haus liegt hinter einem sehr sicheren Eingangstor in einem ruhigen, aber zentralen Teil von Palmira. Der freundliche Service und die coolen Wandmalereien (inspiriert von den Ruinen Copáns) machen das leicht lieblose Frühstücksbuffet mit Zerealien und Snacks wieder wett.

Casa Bella HOTEL $$
(Karte S. 390; ☎2262-6000; www.casabellahn.com; Calle Principal s/n, Colonia Palmira; Zi. mit Frühstück ab 1400 HNL; P) Das sehr komfortable, exzellente Hotel hat eine fantastische Lage im Herzen von Colonia Palmira, nur ein kurzes Stück zu Fuß zu vielen Restaurants und Bars. Hinter den senfgelben öffentlichen Räumen liegen überraschend geschmackvolle, moderne Zimmer mit schönen, dunklen Holzmöbeln und lokalem Kunsthandwerk. Die Suiten sind riesig. Alle Zimmer haben Kühlschrank, Safe und Kabelfernsehen. Das Personal spricht sehr gut Englisch.

Essen

Es gibt in der Innenstadt nur wenige Restaurants, stattdessen jede Menge Fast-Food-Läden. Colonia Palmira bietet hingegen eine

Tegucigalpa

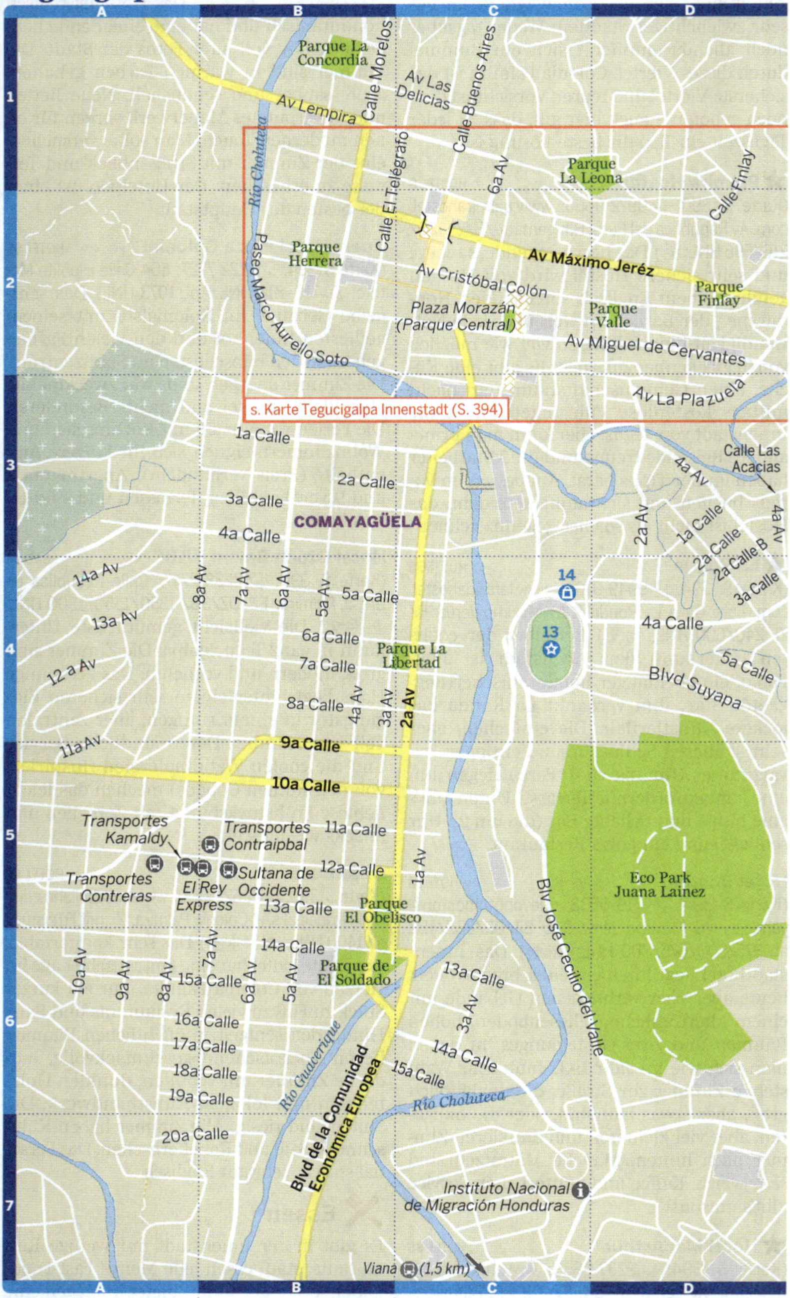

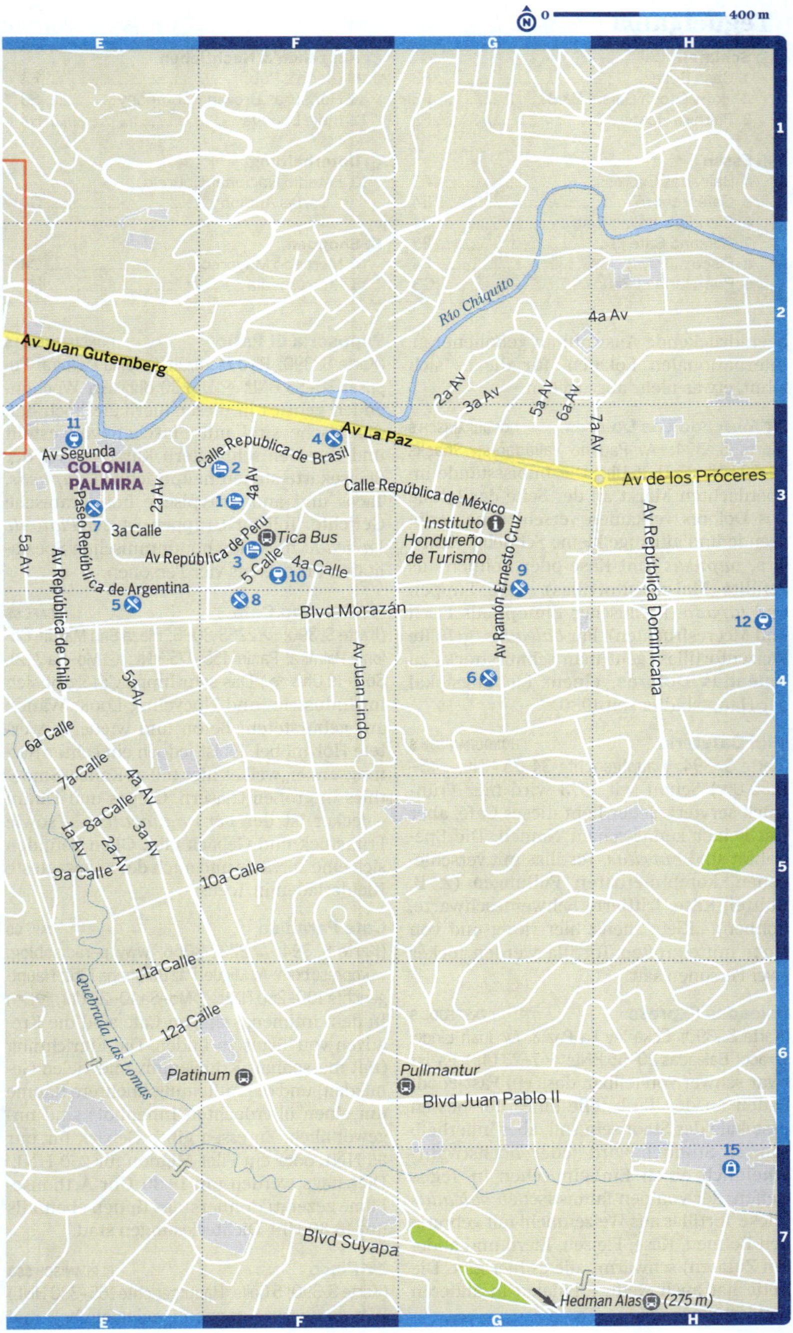
0
400 m
E
F
G
H
1
2
3
4
5
6
7
Río Chiquito
4a Av
Av Juan Gutemberg
Av La Paz
2a Av
3a Av
5a Av
6a Av
7a Av
11
Av Segunda
COLONIA
PALMIRA
Calle Republica de Brasil
4
2
1
4a Av
2a Av
Paseo República de Argentina
7
3a Calle
Av de los Próceres
Calle República de México
Instituto
Hondureño
de Turismo
Av República Dominicana
Av Ramón Ernesto Cruz
9
Tica Bus
Av República de Peru
3
5 Calle
4a Calle
10
5a Av
Av República de Chile
5
8
Blvd Morazán
12
Av Juan Lindo
6
5a Av
6a Calle
7a Calle
4a Av
8a Calle
3a Av
1a Av
2a Av
9a Calle
10a Calle
11a Calle
12a Calle
Quebrada Las Lomas
Platinum
Pullmantur
Blvd Juan Pablo II
15
Blvd Suyapa
Hedman Alas (275 m)

Tegucigalpa

beeindruckende Auswahl an gehobeneren, internationalen Lokalen, für die es sich lohnt, etwas mehr auszugeben.

★ Mercado Los Dolores HONDURANISCH $
(Karte S. 394; Av Paulino Valladares; Snacks 20–70 HNL; ⌚11–15 Uhr) Die Imbissstände im überdachten Markt an der Seite der Iglesia Los Dolores verkaufen verschiedene verlockende und günstige kleine Schnellgerichte, u. a. *pupusas* (mit Käse oder Bohnenmus gefüllte Maismehltortillas), viele Suppen und *tapado* (karibischer Eintopf aus Fisch und Meeresfrüchten). Für *baleadas* (gefüllte Weizentortillas) geht man schnurstracks zu **Beleadas Dolores**, einem Lieblingslokal der Hauptstädter seit 1980.

Mini Cafeteria HONDURANISCH $
(Karte S. 394; Hauptgerichte 34–75 HNL; ⌚5–11.30 Uhr) Schon seit 1973 wird hier Frühstück serviert. Jeder liebt dieses Café, aber fast keiner kennt seinen Namen. Die Spezialität sind *burritas*, Tortillas mit verschiedenen, kombinierbaren Füllungen (z. B. Rührei, Käse, frittierte Schweineschwarte, Bohnen). „Klein" heißt hier riesig und von einer mittelgroßen Tortilla werden locker zwei Personen satt.

Baleadas Express FAST FOOD $
(Karte S. 390; Ecke Av La Paz & Av Juan Lindo, Texaco; Baleadas 20–55 HNL; ⌚7–23 Uhr) Es ist zwar schwer vorstellbar, dass ein Fast-Food-Laden an der Tankstelle eines der besten Esslokale der Stadt sein soll, aber innerhalb von 24 Stunden wird jeder höchstwahrscheinlich einen Einheimischen in Tegus treffen, der von den fantastischen *baleadas* (dicke Tortillas aus Weizenmehl mit gebratenen Bohnen, Käse, Fleisch, Eiern und anderen Zutaten) schwärmt, die es hier gibt. Die Kette hat auch weitere Filialen in anderen Landesteilen.

Pupusería El Patio HONDURANISCH $
(Karte S. 390; Blvd Morazán, Colonia Palmira; Pupusas 30–55 HNL; ⌚11–1.30 Uhr) An Wochenenden geht es in dieser Bierhalle hoch her, die Tische sind mit Flaschen vollgestellt und Familien schmettern Karaoke. Auf der Speisekarte stehen hauptsächlich *pupusas*, Tacos und andere typische honduranische Gerichte. Toll für Gruppen ist der *Plato de Variedad* mit allen honduranischen Spezialitäten für drei bis vier Personen.

★ Galeano Cafe CAFÉ $$
(Karte S. 390; ☎2263-8096; Plaza San Martín, Colonia Palmira; Panini 155–175 HNL; ⌚Mo–Sa 7–21, So 9–19 Uhr; WLAN) Das sehr hippe Café gibt sich im Industrie- und Upcycling-Look: Wände aus gebürstetem Beton und wiederverwertete Holzmöbel. Es ist jedoch ein echter Rettungsanker, weil es hier tollen Kaffee, Smoothies in großen Gläsern, Crêpes und Panini – lecker ist der *pero aguacatero* – sowie Frühstück und Gebäck gibt. Oben befinden sich eine Terrasse und auch der angesagteste Kleiderladen in Tegus.

Café Paradiso CAFÉ $$
(Karte S. 394; ☎2222-3066; www.paradisoblog.wordpress.com; Av Miguel Paz Barahona 1351; Hauptgerichte 100–250 HNL; ⌚Mo–Sa 10–22 Uhr; WLAN) In dem intimen, szenigen Café sind die Kreativen von Tegus zu finden. Die Einrichtung (mit massenhaft Krimskrams und vielen Gemälden) und die Aufteilung (mehrere Räume um einen überdachten Innenhof) sind ungewöhnlich. Zu essen gibt's Gebäck für nur 35 HNL oder ein Filet Mignon für 250 HNL. Dienstags werden um 18.30 Uhr Arthouse-Filme gezeigt; donnerstags finden ebenfalls um 18.30 Uhr Dichterlesungen statt.

★ Pisco PERUANISCH $$$
(Karte S. 390; 5 Calle; Hauptgerichte 165–330 HNL) Wer sich etwas gönnen – oder einfach mal

eine andere Küche probieren – möchte, der findet kein besseres Lokal als dieses authentische und hervorragende peruanische Restaurant in Palmira. Die Speisekarte ist nach Zutaten wie Limone, Oktopus oder Schalotte gegliedert und zeigt appetitliche Fotos der Gerichte. Die schmecken auch wirklich so gut wie sie aussehen. Der Paseo República de Argentina wird zur 5 Calle, deshalb die Adresse des Pisco auf dieser Straße.

Claudio's Italian Bistro ITALIENISCH $$$
(Karte S. 390; ☎2235-7738; Av Ramón Ernesto Cruz; Hauptgerichte 230–425 HNL; ⏲11–22 Uhr; 📶) Das Bistro wird gern von betuchten Gästen aufgesucht und bietet eine schöne Abwechslung zur einheimischen Küche. Es gibt hervorragende Pizza sowie diverse Pastagerichte, Meeresfrüchte und Grillfleisch. Unten befinden sich der Speiseraum und ein Weingeschäft, oben eine schöne offene Terrasse. Die Deko kann zwar etwas kitschig daherkommen (diese Kerzenleuchter!), aber abgesehen davon ist es ein niveauvolles und freundliches Restaurant.

Café Honoré INTERNATIONAL, DELI $$$
(Karte S. 390; ☎2239-7566; 5a Calle/Paseo República de Argentina 1941, Colonia Palmira; Sandwiches 140–398 HNL, Hauptgerichte 270–635 HNL; ⏲Mo–Sa 8.30–23 Uhr; 📶) Ein Mekka für die honduranische Elite, aber wem nach Gourmet-Kost gelüstet, ist hier richtig. Die Delikatessenabteilung verkauft Parmaschinken und französischen Käse und die große Straßenterrasse in modern asiatischem Design ist super, um mit einem teuren Gourmet-Sandwich, Hamburger, Salat oder Pastagericht die Reisekasse zu sprengen. Das Honoré liefert auch in die Unterkunft.

Ausgehen & Nachtleben

Das Nachtleben findet überwiegend in Colonia Palmira statt. Es gibt dort mehrere Bars am Bulevar Morazán und Paseo de República de Argentina. Da aber Tegus in den vergangenen Jahren unter Sicherheitsproblemen litt, beginnt das Nachtleben generell direkt nach Feierabend und neigt sich meist um Mitternacht dem Ende zu.

★ **Honduras Brewing Company** BRAUEREI
(Karte S. 390; ⏲Di–Fr 17–22, Sa 14–22 Uhr) Die Honduras Brewing Company braut fünf Biere, die in jeder bierliebenden Stadt Verkaufsschlager wären. Jede Sorte ist nach einer Strophe der honduranischen Nationalhymne benannt. Das India Virgin Pale Ale ist leicht, aber buttrig und aromatisch und das Ondas Bravias Irish Red Ale schön malzig, ohne zu schwer zu sein.

Indie Lounge SCHWULE & LESBEN
(Karte S. 390; Blvd Morazán, Nivel C4; Eintritt Fr 100 HNL; ⏲20–2 Uhr) Tegucigalpas blühende Schwulen- und Lesbenszene verhält sich sonst eher unauffällig, aber in diesem gut besuchten Club lassen alle ihren Gefühlen freien Lauf. Die Tanzfläche füllt sich jede Nacht, ruhiger geht es auf der riesigen Außenterrasse zu. Bewaffnete Türsteher sorgen für Sicherheit. Der Club befindet sich etwas versteckt im Obergeschoss eines vornehmen Bürogebäudes.

Glenn's Pub PUB
(Karte S. 390; 4a Calle, Colonia Palmira; ⏲Mo–Sa 18–2 Uhr; 📶) In der intimen, sehr geselligen Bar – ein alter „Geheimtipp" unter *capitalinos* – verkehrt eine Mischung aus freigeistigen Twens und hartgesottenen Trinkern. Am Wochenende drängen sich die Leute bei Livemusik bis auf den Bürgersteig. Der Besitzer ist ein Hard-Rock-Fan, im Hintergrund dudeln an weniger vollen Abenden also endlose Gitarrensolos.

Unterhaltung

In Tegucigalpa gibt es eine kleine, aber lebendige Kunst- und Musikszene. Wer Spanisch versteht, kann sich über www.agendartehonduras.com einen Überblick über Kulturveranstaltungen verschaffen; auch Hostels haben Tipps. Im Museo para la Identidad Nacional (S. 388) finden häufig Kulturveranstaltungen und Ausstellungen statt.

Teatro Nacional Manuel Bonilla DARSTELLENDE KÜNSTE
(Karte S. 394; ☎2222-4366; Av Miguel Paz Barahona) Das 1912 erbaute Nationaltheater von Honduras zeigt vielfältige Bühnenkunst, darunter Theater und Konzerte. Der Innenraum wurde nach dem Vorbild des Pariser Theaters Athénée-Comique gestaltet und ist für sich schon ein wunderbarer Grund, eine Aufführung zu besuchen.

Estadio Nacional Tiburcio Carías Andino STADION
(Karte S. 390; 9a Calle, am Blvd Suyapa) In dem Stadion am Flussufer gegenüber von Comayagüela finden Fußballspiele und andere Sportwettkämpfe statt.

Shoppen

Honduranisches Kunsthandwerk wird in kleinen, aber ziemlich trostlosen Läden in

Tegucigalpa Innenstadt

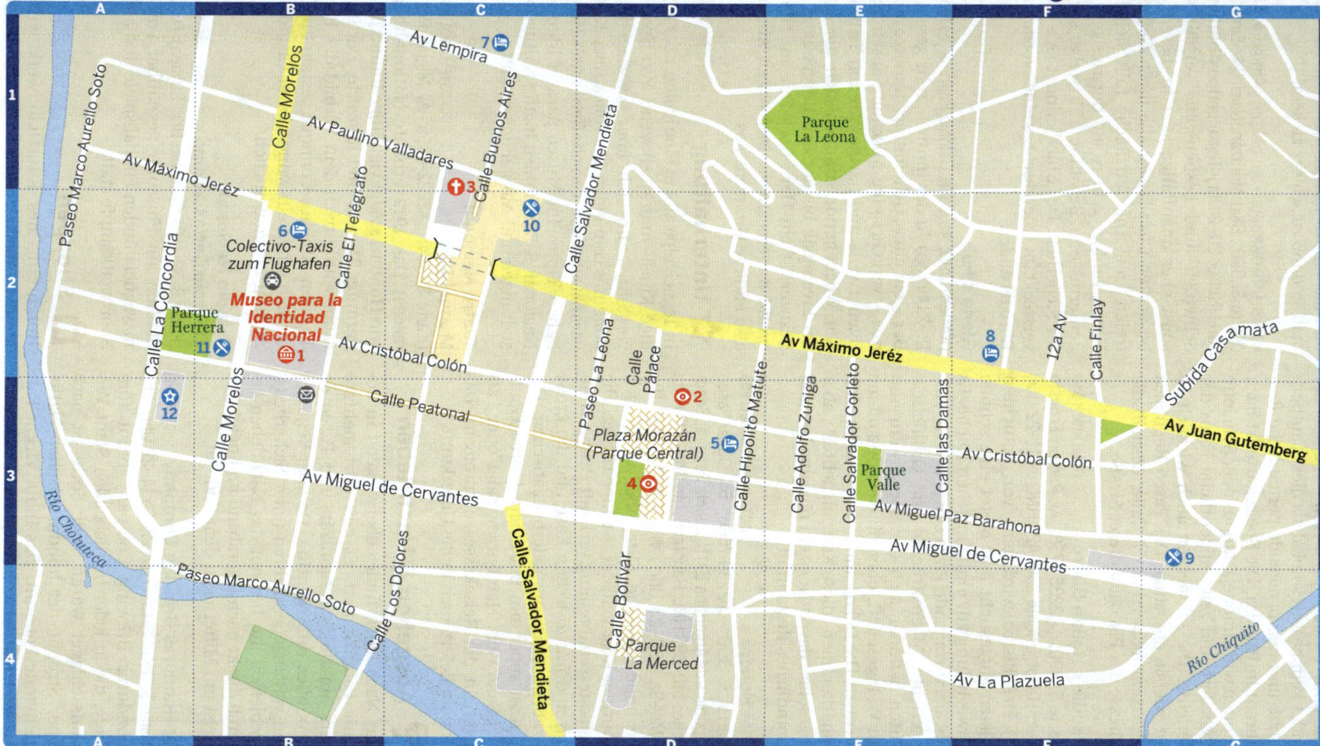

Tegucigalpa Innenstadt

Highlights
1 Museo para la Identidad Nacional B2

Sehenswertes
2 Centro de la Cultura Garinagu de Honduras D3
3 Iglesia Los Dolores C1
4 Plaza Morazán D3

Schlafen
5 Apart Hotel Plaza Colonial D3
6 Hotel Boston B2
7 Hotel MacArthur C1
8 La Ronda F2

Essen
9 Café Paradiso G3
10 Mercado Los Dolores C2
11 Mini Cafeteria B2

Unterhaltung
12 Teatro Nacional Manuel Bonilla A3

der Avenida Miguel de Cervantes östlich der Plaza Morazán verkauft. Ansonsten gibt es in Tegus, wo sich die meisten Läden in diversen großen Einkaufszentren befinden, nicht viele interessante Einkaufsmöglichkeiten.

Mercado Mayoreo MARKT
(Karte S. 390; Estadio Nacional; Fr 8–17, Sa 6–15 Uhr) Jeden Freitag und Samstag wird dieser billige, bunte Markt in der Nähe des Estadio Nacional aufgebaut. Die Auswahl an Obst und Gemüse und Ständen, an denen alles von Vogelkäfigen bis hin zu Gemüse verkauft wird, ist gewaltig. Außerdem gibt es ein paar tolle kleine *pupusa*-Cafés.

Metromedia BÜCHER
(Karte S. 390; Blvd Juan Pablo II, Multiplaza Mall; Mo–Sa 10–19 Uhr) Verkauft englischsprachige Bücher und Magazine und hat auch ein Café.

Praktische Informationen

GEFAHREN & ÄRGERNISSE

- Tegucigalpa hat eine sehr hohe Kriminalitätsrate. Selbst bei Tageslicht kann die Stadt gefährlich sein, Vorsicht ist also immer ratsam.
- Wertsachen sollten immer außer Sicht aufbewahrt werden und niemand sollte allein durch Nebenstraßen laufen. Vorsicht vor Taschendieben.
- Comayagüela, ein ärmerer und schmutzigerer Stadtteil auf der anderen Seite des Flusses, wird von Banden kontrolliert. Einige Buslinien haben dort ihre Endbahnhöfe, aber sonst gibt es keinen Grund, sich hier aufzuhalten.
- Nur Geldautomaten mit bewaffneten Wächtern davor oder jene in Einkaufszentren sollten benutzt werden.
- Stadtbusse sollten am besten gemieden werden (in ihnen verlangen Bandenmitglieder oft eine „Gebühr"), ebenso die meisten *colectivos* (Gemeinschaftstaxis). Ausnahmen: Von vielen anderen Fahrgästen genutzte Verkehrsmittel, die nur kurze Strecken innerhalb der Innenstadt zurücklegen oder Shuttles zwischen dem Flughafen und dem Stadtzentrum.
- Nachts sind Taxis ein Muss, es sei denn, es handelt sich nur um eine kurze Distanz zu Fuß auf einer verkehrsreichen Straße.

GELD

Geldautomaten gibt es überall in der Stadt: auf dem Flughafen, an der Nordost-Ecke des Parque Central, im Busbahnhof Hedman Alas und in den Einkaufszentren.

Banco Atlántida (Parque Central; Mo–Fr 9–16, Sa 9–14 Uhr) Hat einen 24-Stunden-Geldautomaten.

Citibank (Blvd Morazán, Centro Comercial Plaza Criolla; Mo–Fr 8–16, Sa 9–13 Uhr) Eine von mehreren Banken.

HSBC (Blvd Morazán; Mo–Fr 8–17, Sa 9–13.30 Uhr) Mit Geldautomat.

Geldwechseln kann in Tegucigalpa problematisch sein, denn die meisten Wechselstuben akzeptieren nur makellose 50- und 100-US-Dollarscheine.

NOTFALL & MEDIZINISCHE VERSORGUNG

Krankenwagen	195
Notruf/Polizei	199

Honduras Medical Center (2280-1500; www.hmc.com.hn; Av Juan Lindo; 24 Std.) Eine der besten Privatkliniken des Landes mit Englisch sprechenden Ärzten und modernster Ausstattung.

POST

Postamt in der Innenstadt (Karte S. 394; Ecke Av Miguel Paz Barahona & Calle El Telégrafo; Mo–Fr 8–17, Sa 8–13 Uhr)

TOURISTENINFORMATION

Instituto Nacional de Migración Honduras (Karte S. 390; 2235-7381; www.inm.gob.hn; Colonia El Prado, Blvd Kuwait; Mo–Fr 7–17 Uhr) Kümmert sich um Einreiseformalitäten.

Instituto Hondureño de Turismo (IHT; Karte S. 390; 2222-2124; www.letsgohonduras.com; Ecke Av Ramón Ernesto Cruz & Calle República de México, 1. Stock; Mo–Fr 9–17 Uhr) Eine hilfreiche Touristeninformation mit guten allgemeinen Infos und jeder Menge Hochglanzbroschüren. Viele praktische Informationen sind jedoch nicht zu erwarten.

An- & Weiterreise

BUS

Ärgerlicherweise gibt es in Tegus keinen zentralen Busbahnhof, weswegen die Buslinien sich auf die ganze Stadt verteilen. Leider liegen viele Busbahnhöfe in Comayagüela, dem unsichersten Stadtgebiet – allerdings hat eine Welle jüngster Bandenangriffe dafür gesorgt, dass mehrere Busgesellschaften in sicherere Gebiete im Ostteil von Tegus umgezogen sind und nur noch wenige Busgesellschaften der 1. Klasse von dort abfahren.

Auf jeden Fall sollte man schon wissen, welchen Bus man nehmen will, und nicht einfach an einem Busbahnhof auftauchen und warten. Es ist also klug, vorher anzurufen.

Internationale & Fernbusse

Es gibt vier empfehlenswerte Unternehmen für internationale Busse:

Hedman Alas Verbindet Tegus mit San Salvador und Guatemala-Stadt. Zwei Stationen: eine in Comayagüela und eine weitaus nettere hinter der Multiplaza Mall im Südosten der Stadt.

Platinum (Karte S. 390; ☎2225-5415; www.platinumcentroamerica.com; Juan Manuel Gálvez 1521) Fährt nach El Salvador, Guatemala und Nicaragua.

Pullmantur (Karte S. 390; ☎2232-0216; www.pullmantur.com; Blvd Juan Pablo II, Hotel Marriott) Verbindet Tegus mit San Salvador und Guatemala-Stadt.

Tica Bus (☎2291-0022; www.ticabus.com; Palmira Hostel) Fährt nach El Salvador, Guatemala, Nicaragua und an die mexikanische Grenze und hat Anschluss nach Costa Rica und Panama.

Fernbusse innerhalb des Landes:

Colinas de Oro (☎9523-1637; Centro Comercial la Alhambra, Colonia Kennedy)

El Rey Express (Karte S. 390; ☎2237-8561)

Hedman Alas (☎2516-2273; www.hedmanalas.com; Blvd Centro America, Colonia Tres Caminos)

Sultana de Occidente (Karte S. 390; ☎2238-8507; www.sultanaexpress.webs.com)

Transportes Contreras (Karte S. 390; ☎2238-8984; 12a Calle)

Transportes Cotraipbal (Karte S. 390; ☎2237-1666; 7a Avenida)

Transportes Kamaldy (Karte S. 390; ☎2220-0117; 12a Calle)

Viana (☎2225-6583; www.vianatransportes.com; Blvd Fuerzas Armadas)

FLUGZEUG

Der **Flughafen** (TGU; ☎2234-0106; www.interairports.hn; CA-5) liegt 6,5 km südlich des Zentrums von Tegucigalpa. Ein Taxi vom Stadtzentrum kostet um 120 HNL, vom Flughafen in die Stadt hingegen 220 bis 250 HNL

Unterwegs vor Ort

AUTO & MOTORRAD

Ein Mietwagen kostet ab 720 HNL pro Tag. **National/Alamo** (☎2239-1537, Flughafen 2233-4962; www.alamo.com; Blvd San Juan Bosco; ⌚Mo–Sa 8–18 Uhr) und andere große internationale Firmen sind im Flughafen zu finden, auch die einheimische Firma **Econo Rent-a-Car** (☎2235-2105, Flughafen 2291-0108; www.econorentacarhn.com; Calle El Trapiche; ⌚Mo–Fr 7–19, Sa & So 7–17 Uhr).

BUS

Stadtbusse gibt es als billige ehemalige US-amerikanische Schulbusse (10 HNL) und als schnellere Minibusse, die sogenannten *rapiditos* (15 HNL); beide können schmutzig und gefährlich sein. Diebstähle kommen regelmäßig vor und oft sind die Busse Angriffsziel von Banden. Besser sind Taxis.

TAXI

Taxis fahren durch das ganze Stadtgebiet; eine Fahrt kostet je nach Strecke 80 bis 150 HNL. Es ist immer besser, ein zuverlässiges Taxiunternehmen anzurufen, statt ein Taxi an der Straße anzuhalten. **Teguber** (www.ferby.stolz-engineering.com:8888/teguber) ist Tegus' Antwort auf Uber. Die App lohnt sich besonders für längere Aufenthalte in der Stadt. **Radio Taxi Mall** (☎2232-4067 2232-2352; www.facebook.com/rtmall1998) ist ein zuverlässiges traditionelles Taxiunternehmen, dessen Taxis per Telefon oder Facebook Messenger gerufen werden können. Gute Fahrer kann man nach ihren Telefonnummern fragen und so während des ganzen Aufenthalts immer wieder heranrufen.

VOM/ZUM FLUGHAFEN

Aeropuerto Internacional Toncontín Liegt 6,5 km südlich des Zentrums von Tegucigalpa. Stadtbusse fahren vom Flughafen nach Comayagüela, aber wegen der Sicherheitsbedenken in den Stadtbussen ist es besser, ein Taxi oder ein **colectivo** (Karte S. 394; 12 HNL) zu nehmen, das zwischen dem Flughafen und der Calle Morelos, fünf Straßenblöcke westlich des Parque Central, verkehrt.

WESTLICHES HONDURAS

Nur wenige ausländische Besucher zieht es ins Landesinnere von Honduras mit seinen hohen, kühlen Bergen, tierreichen Wäldern und sanft hügeligen Kaffeefeldern. Das ist ein Fehler, denn Gäste werden hier herzlich willkommen geheißen, können die bunte Lenca-Kultur aus nächster Nähe kennenlernen, sich in natürlichen Thermalquellen wärmen und richtig guten Kaffee trinken. Die Hauptattraktion sind natürlich die beeindruckenden Maya-Ruinen von Copán, dicht gefolgt von zauberhaften Kolonialstädten wie Copán Ruinas und Gracias.

Wanderer werden von den spektakulären Wanderwegen im Nebelwald der Montaña de Celaque begeistert sein. Der idyllische Lago de Yojoa mit seiner herrlichen Vogelwelt und herrlichen Landschaft gilt als wichtigstes Ziel der Region auf der zentralamerikanischen Backpackerroute.

San Pedro Sula ist das Wirtschaftszentrum des Landes und ein Verkehrsknotenpunkt. Da die Stadt Besuchern nicht viel zu bieten hat, halten sich hier nur wenige Reisende auf.

Comayagua

152 050 EW.

Comayagua war die erste Hauptstadt Honduras' und über 300 Jahre lang ein wichtiges religiöses und politisches Zentrum des Landes, bis die Hauptstadt 1880 nach Tegucigalpa verlegt wurde. Die reiche Vergangenheit der Stadt zeigt sich in den schönen alten Kirchen, einer beeindruckenden Kathedrale und den kolonialen Plazas. Die sehr katholische Stadt ist der beste Ort in Honduras, um die Osterfeierlichkeiten zu erleben. Mit Eröffnung des neuen Palmerola International Airport als Haupteinreiseort ins Land wird Comayagua sicher zu einer guten Übernachtungsalternative zu Tegucigalpa und dem raueren San Pedro Sula werden.

Direkt neben dem neuen Flughafen befindet sich ein großer Luftwaffenstützpunkt der US-Armee. Er war die Basis der US-Streitkräfte in den 1980er-Jahren, als in Nicaragua der Contra-Krieg wütete. Heute sind hier etwa 1000 Soldaten stationiert, die ihre Freizeit oft in der Stadt verbringen

Sehenswertes

Die Sehenswürdigkeiten befinden sich alle am schönen Parque Central.

Cathedral KIRCHE

(Parque Central; ⌚7–20 Uhr) Die eindrucksvolle Kathedrale von Comayagua ist das größte Gotteshaus aus der Kolonialzeit in Honduras. Sie wurde zwischen 1685 und 1715 gebaut und ist mit aufwendigen Holzschnitzereien und vergoldeten Altären geschmückt. Die interessanteste Besonderheit der Kathedrale ist ihre alte maurische Uhr, die von etwa 1100 n. Chr. stammt und sich ursprünglich in der Alhambra im spanischen Granada befand.

Museo Regional de Arqueología MUSEUM

(6a Calle NO; 92 HNL; ⌚8–16 Uhr) Das hübsche Museum ist in einem ehemaligen Präsidentenpalast untergebracht, einem einstöckigen Gebäude mit Ziegeldach und einem wunderschönen, gepflegten Garten im Innenhof. Die Exponate erzählen die Geschichte Comayaguas von der Urzeit bis zur Gegenwart, zu den Highlights gehören einige Artefakte der Lenca wie eine Stele, mehrfarbige Keramiken, Jadeschmuck und Petroglyphen. Die meisten Exponate sind nur auf Spanisch beschriftet.

RUND UM TEGUCIGALPA

Im hinreißenden Umland von Tegucigalpa befinden sich einer der eindrucksvollsten Nationalparks von Honduras, der Parque Nacional La Tigra, und mehrere hübsche Bergstädtchen, die ideal für Tagesausflüge sind. Eines davon ist **Santa Lucía**, eine zauberhafte alte Bergbaustadt aus der Kolonialzeit mit einem spektakulären Blick über die Hauptstadt 14 km im Osten. Zu erkunden sind dort eine bemerkenswerte *iglesia* (Kirche) aus dem 18. Jh. und historische Straßen.

Der **Parque Nacional La Tigra** (☎Jutiapa 2265-1891, Rosario 2265-3167; 240 HNL; ⌚8–16 Uhr, letzter Einlass 14 Uhr) umfasst einen Nebelwald und acht Wanderwege. Er beherbergt eine Fülle an (scheuen) Tierarten, von Pumas bis zu Nabelschweinen, sowie turmhohe Bäume, Flechten, riesige Farne, Bromelien und Orchideen. Hier oben kann es frisch werden, also warme Kleidung mitbringen.

Der Eintritt in den Nationalpark kostet 120 HNL pro Person. An beiden Eingängen gibt es einfache Schutzhütten, wo Wanderer übernachten können (200 HNL pro Pers.).

Eine ganz besonders tolle Unterkunft ist die **Cabaña Mirador El Rosario** (☎2767-2141; Zi. 650 HNL) mit zwei Zimmern, atemberaubenden Aussichten und köstlichem hausgemachtem Essen. Wer vorher anruft, wird von den deutschen Inhabern Jorge und Monika abgeholt.

Parque Nacional Montaña de Comayagua NATIONALPARK

(Panacoma; 70 HNL) Im Panacoma (der von Ecosimco verwaltet wird) mit einer Fläche von über 300 km² Primär- und Sekundärwald führen zwei Wanderwege nahe dem Dorf Río Negro (42 km nördlich von Comayagua) durch den Nebelwald zu Wasserfällen.

Schlafen & Essen

Hotel America Inc HOTEL $

(☎2772-0630; www.hotelamericainc.com; Ecke 1a Av NO & 1a Calle NO; EZ/DZ ab 600/1075 HNL;) Das ziemlich orangefarbene (innen und außen!), moderne Hotel befindet sich in der geschäftigen Marktgegend, wo man sich nicht ganz so sicher fühlt wie ein paar Straßen weiter nördlich. Es liegt nur wenige Gehminuten vom Parque Central entfernt. Die Einzelzimmer sind gut und preiswert, die teureren Zimmer zwar groß, aber nicht unbedingt ihr Geld wert. Nach einem Zimmer mit Fenster muss gefragt werden, denn das ist nicht selbstverständlich.

Hotel Antigua Comayagua HISTORISCHES HOTEL $$

(☎2772-0816; www.hotelantiguacomayagua.com; Ecke 6a Calle NO & 2a Av NO; EZ/DZ mit Frühstück 1400/1550 HNL;) Die beste Adresse der Stadt: Ein sehr sicheres, gut gepflegtes Haus mit herrlichem Pool und großen, schicken Zimmern, viele mit Balkon. Das Hotel hat auch einen eigenen Nachtclub, was am Wochenende etwas Lärm mit sich bringt. Es liegt gleich um die Ecke vom Parque Central, hat schöne warme Duschen, aber sehr schlechtes WLAN.

★ **Cafe Tío Juan** CAFÉ $

(Parque Central; Getränke 35–65 HNL; 7–21 Uhr;) Im hippen und freundlichen Café im ersten Stock gibt's wunderbaren heißen oder kalten Biokaffee aus dem nahen Marcala, animierende Zitate an der Wand, köstlichen Kuchen und Bananenbrot. Alles mit Blick auf den Hauptplatz. Draußen an der Straße stehen auch ein paar Tische – ideal, um bei einem Espresso Leute zu beobachten.

Ricardo's HONDURANISCH $$$

(Parque Central; Hauptgerichte 140–450 HNL; 7.30–22 Uhr;) Das stilvolle Restaurant direkt am Parque Central bietet von seinen Tischen an der Plaza den schönsten Blick auf die Stadt und hat mehrere Speiseräume voller Kuriositäten und Charakter. Es ist ziemlich teuer, aber das Mittagsmenü (81 HNL) ist recht preisgünstig. Zudem sind die Meeresfrüchte, gegrillten Fleischgerichte und leckeren Saucen von überraschend hoher Qualität.

Ausgehen & Nachtleben

La Gota de Limón BAR

(5a Calle NO; So–Mi 10.30–19, Do–Sa bis 2 Uhr) Eine gehobene Lounge-Bar, die tagsüber als (wenig genutztes) Café dient. Am Wochenende wird sie abends zu einer der besten Bars der Stadt, wo sich schicke Gäste tummeln und DJs eine Mischung aus Salsa, Merengue und lateinamerikanischen Hits auflegen. Meist kostet es keinen Eintritt.

Orientierung

Ab der Straße von San Pedro Sula nach Tegucigalpa Richtung Norden geht es nach 750 m über den Markt, dann nach weiteren 250 m zum Parque Central.

Die Straßen sind nach den Himmelsrichtungen benannt: NO für *noroeste* (Nordwesten), NE für *noreste* (Nordosten), SO für *suroeste* (Südwesten) und SE für *sureste* (Südosten).

Praktische Informationen

Am Parque Central gibt es mehrere Banken mit Geldautomaten. **Banco Credomatic** (Parque Central & 1a Av NO; Mo–Fr 8–12 & 13–16 Uhr) hat den zuverlässigsten. Falls dieser nicht funktioniert, probiert man es bei der **Banco Atlántida** (1a Av NO; Mo–Fr 8–17, Sa 9–13.30 Uhr).

Ecosimco (Ecosistema Montaña de Comayagua; ☎2772-4681; ecosimco@yahoo.com.mx; Edifico Pasaje Andara Flores, Calle del Comercio; Mo–Fr 9–12 & 13–17 Uhr) Bietet Informationen zum Parque Nacional Montaña de Comayagua und verkauft Eintrittskarten. Das Büro liegt 500 m nördlich der Stadt – zu erkennen am großen grünen Tor.

An- & Weiterreise

Zwischen Comayagua und Tegucigalpa (50 HNL, 2 Std., alle 20 Min.) gibt es eine sehr regelmäßige Busverbindung, auch mit Bussen von **Transportes Catrachos** (☎2772-0260; Ecke 1a Calle SO & 1a Av NO), **Transportes Contreras** (☎2772-4618; Av 3a SO) und El Rey Express; die Busse von Transportes El Rey halten an der Fernstraße an der Südseite der Stadt. Alle Busse zwischen San Pedro Sula und Tegucigalpa fahren am Eingang zum Comayagua an der Fernstraße vorbei.

Busse von Transportes Catrachos und El Rey fahren auch nach San Pedro Sula (92 HNL, 3 Std., alle 30 Min.). Die Busse nach Marcala (60 HNL, 1½ Std.) fahren stündlich von 6 bis 13 Uhr und nochmals um 15 Uhr vor dem **Busbahnhof Transportes Rivera** (Ecke 2a Calle SO & 1a Ave NO) ab.

La Esperanza

12 960 EW.

Das hübsche, geschäftige La Esperanza im Hochland ist die höchstgelegene Stadt von Honduras (1770 m) und eine der freundlichsten. Der Einfluss der indigenen Bevölkerung ist deutlich zu spüren: Viele Frauen tragen den charakteristischen, bunten Lenca-Kopfschmuck. Die Stadt ist besonders für ihre allgegenwärtigen Märkte bekannt, die samstags und sonntags am größten und belebtesten sind. Besonders schön sind die bunten Webwaren der Lenca wie Schals oder Ponchos, die es auch unter der Woche zu kaufen gibt. Achtung: Hier oben kann es ziemlich frisch werden!

Sehenswertes

La Esperanza lädt mehr zum entspannten Bummeln ein als zur Jagd auf bestimmte Sehenswürdigkeiten.

La Gruta KAPELLE
(⌚9–16 Uhr) Die kuriose Kapelle mit der hübschen Fassade wurde in eine kleine Felshöhle gebaut und ist wohl La Esperanzas auffälligstes Bauwerk. Sie ist leicht von jedem Punkt der Stadt aus zu sehen und um zu ihr zu gelangen, folgt man einfach der Fußgängerstraße vom Parque Central aus und erklimmt die von Hand gehauenen Stufen. Oben eröffnet sich eine schöne Aussicht auf die Stadt.

Casa de la Cultura MUSEUM
(Av Morazán; ⌚Mo–Fr 12–16 Uhr) GRATIS Im kleinen Kulturzentrum sind ein paar Räume den Lenca gewidmet und zeigen u. a. einige hervorragende Keramiken und Webarbeiten.

Schlafen

Hotel Las Margaritas HOTEL $
(EZ/DZ/3BZ 550/885/1100 HNL; 📶) Das blitzsaubere, gepflegte Hotel im Businesslook hat riesige Zimmer mit Warmwasser und starkem WLAN. Nette Geste: Kaffee und gefiltertes Wasser gibt's gratis. Grethel, die freundliche Inhaberin, spricht ausgezeichnet Englisch und kann bei den meisten Fragen zu La Esperanza weiterhelfen.

★ **Posada Papa Chepe** HOTEL $$
(☎2783-0443; posadapapachepe@gmail.com; Parque Central; EZ/DZ/3BZ/4BZ 850/1000/1200/1450 HNL; 📶) Papa Chepe am Parque Central in La Esperanza ist ein unerwartetes Schmuckstück: Das Haus hat einen wunderbar wild gewachsenen Garten im Innenhof voller Pflanzen und Blumen, umgeben von gut ausgestatteten Zimmern mit hohen Decken und guten Heißwasserduschen (in diesem Klima notwendig). Hinten befinden sich ein kleines Restaurant und ein Café mit gutem Espresso und Kunsthandwerk zum Verkauf.

Essen & Trinken

Die Restaurantspeisekarten unterscheiden sich hier nicht groß, aber es lohnt sich, Ausschau nach lokalen Gerichten mit *choros* (Wildpilzen) zu halten.

La Hacienda Lenca HONDURANISCH $$
(Av España; Hauptgerichte 120–180 HNL; ⌚9–22 Uhr) Das höhlenartige, etwas vornehm scheinende Lokal eine Straße östlich vom Parque Central steckt voller massiver Holzmöbel und hat gleich mehrere Speiseräume, darunter einen Innenhof. Die Bedienung ist supernett und das Essen aus typisch honduranischer Küche, Burgern, Fajitas, großem Frühstück und saisonalen *choro*-Gerichten gut.

La Casa Vieja HAMBURGER $$
(Parque Central; Hamburger 165–275 HNL; ⌚Di–Do 11–22, Fr & Sa bis 23, So bis 21 Uhr; 📶) Die Casa Vieja ist berühmt für ihre Hamburger – der König der Bouletten ist La Big Daddy (mit knapp einem Pfund Rindfleisch) –, aber es gibt auch Hühnerflügel und panierte Garnelen, Veggieburger, Cocktails und Käsekuchen. Der Laden mit Holzbalkendecke und freundlicher Bedienung ist ziemlich cool.

MarDu Arte Cafe Y Vino CAFÉ
(Kaffee 25–45 HNL, Wein 60–75 HNL) Im gemütlichen Café mit bunten Wänden, bequemen Sofas und Werken von einheimischen Künstlern lässt es sich entspannt ein heißes Käffchen genießen oder einen der regionalen (recht süßen) Fruchtweine probieren. Es gibt auch kalte Getränke und Cocktails sowie einfache Sandwiches, Pizza und Gebäck.

Shoppen

★ **Artesanías Togopala** TEXTILIEN
(⌚Mo–Fr 8–16, Sa bis 12 Uhr) Dieser kleine Laden gleich östlich des Parque Central hat eine riesige Auswahl an wunderschönen handgewebten Lenca-Textilien wie Ponchos, Schals, Schultertücher und mehr. Oft sitzt sogar gerade einer der Künstler am Webstuhl. Außer den hier sehr beliebten leuchtenden Farben sind auch Stücke in sonst schwer zu findenden neutralen Tönen zu haben.

BUSSE AB LA ESPERANZA

ZIEL	PREIS (HNL)	DAUER (STD.)	ABFAHRTEN
Gracias	90	1½	5-mal tgl.
Marcala	45	¾	alle 30 Min.
San Pedro Sula	120	4	stündl.
Santa Rosa de Copán	140	2½	tgl.
Tegucigalpa	120	4	stündl.

Praktische Informationen

Bargeld gibt's in der **Banco Atlántida** (Av Los Proceres) einen Häuserblock nördlich des Parque Central.

An- & Weiterreise

Der geschäftige **Terminal Carolina** ist der Hauptbusbahnhof und liegt 800 m vom Stadtzentrum entfernt hinter der Brücke. Jeder Bus nach Tegucigalpa hält auch in Comayagua (90 HNL, 2½ Std.).

Marcala

29 860 EW.

Marcala ist eine kleine, staubige (oder schlammige, je nach Jahreszeit) Stadt im Hochland mit starker indigener Tradition. Sie liegt am südlichen Ende der honduranischen „Ruta Lenca" - einer Ansammlung von Lenca-Dörfern und einer der Hochburgen des Lenca-Volks. Die Stadt ist zwar ruhig, aber keine Schönheit. Dafür liegt sie jedoch in einem erstklassigen Kaffeeanbaugebiet und der Duft von frisch gerösteten Bohnen weht durch die Straßen. Zahlreiche Wanderungen im Umkreis führen zu malerischen Wasserfällen und Höhlen. Außer Kaffeehändler verschlägt es allerdings kaum Ausländer hierher.

Cooperativa RAOS ÖKOTOUR

(☎9987-8920, 2764-3779; www.cooperativaraos.org; ⊙Mo–Fr 8–16, Sa bis 12 Uhr) GRATIS Die Cooperativa RAOS an der Straße Richtung La Esperanza ist Honduras' erste Ökokaffee-Kooperative. Sie vertritt heute mehr als 200 Kleinbauern und sorgt so für Arbeitsplätze in der Region. Führungen sind normalerweise für Kaffeehändler, aber die *cooperativa* holt nach telefonischer Vereinbarung gern Privatpersonen von ihrem Büro in Marcala ab und organisiert eine improvisierte Tour der Kaffeefabrik. Es wird kein Englisch gesprochen.

Schlafen & Essen

La Casona HOTEL $

(☎2764-5311, 9696-7269; EZ/DZ 400/500 HNL; 📶) La Casona ist das beste Haus in dieser kleinen Stadt. Das einfache Betonhotel ist freundlich und sauber, aber etwas dunkel. Es liegt etwa einen Block von der Kirche entfernt, ein zweites Gebäude steht außerhalb in der Nähe der Kaffeefabrik der Cooperativa RAOS. Gäste sollten um ein Zimmer vorne im Haus bitten, da diese eine Terrasse haben. Warmwasser gibt's auch.

Casa Gloria HONDURANISCH $$

(Parque Central; Hauptgerichte 60–210 HNL; ⊙8–21 Uhr; 📶) Ein attraktives Lokal im Kolonialstil, das tagsüber ein Bufett - *pollo asada* (Grillhähnchen) oder *bistek* (Steak) und ein paar vegetarische Gerichte - und freundlichen Service bietet. Während der Recherche wurde es gerade von Grund auf renoviert, sollte also in Zukunft das schönste Haus der Stadt sein.

Praktische Informationen

Bargeld gibt's bei der **Banco Atlántida** (⊙Mo–Fr 8–16.30, Sa bis 12 Uhr) am Ortseingang, die einen Geldautomaten hat.

BUSSE AB MARCALA

ZIEL	PREIS (HNL)	DAUER (STD.)	ABFAHRTEN
Comayagua	70	2	8-mal tgl.
La Esperanza	45	¾	alle 30 Min.
San Pedro Sula	200	5	1-mal tgl.
Tegucigalpa	110	3½	stündl.

An- & Weiterreise

Busse fahren an zahlreichen Stellen ab. Alle passieren die Texaco-Tankstelle am östlichen Ende der Hauptstraße in die und aus der Stadt. Wer hier ankommt, kann nach dem Weg in die Stadt fragen (ca. 5 Min. zu Fuß) oder ein Taxi nehmen (20 HNL).

Ausländer dürfen am nahen Grenzübergang Sabanetas nicht nach El Salvador einreisen. Honduraner dürfen jedoch durch. Alle anderen sollten sich die frustrierende Fahrt sparen und andere Grenzübergänge benutzen.

Lago de Yojoa

Der weitgehend unerschlossene und von Bergen und dichtem tropischem Wald umgebene Lago de Yojoa ist eine außerordentlich malerische Oase. Dank des unermüdlichen Einsatzes eines lokalen Kleinbrauereibesitzers, die Region zu promoten, ist der See nun bei Touristen der beliebteste Zwischenstopp zwischen den Bay Islands und Nicaragua.

Die Vogelwelt des Lago de Yojoa ist spitzenmäßig: Die jüngste Artenzählung ergab 485 – über die Hälfte der Gesamtzahl in Honduras –, einschließlich des scheuen Quetzals. Besucher können hier auch zu abgelegenen Wasserfällen und zum Gipfel des Santa Bárbara wandern, Kaffeeplantagen besuchen, an Seilrutschen durch die Luft flitzen oder auf dem See selbst Kajak fahren. Schwimmen ist möglich, aber der See ist sehr flach und voller Pflanzen.

Peña Blanca, eine geschäftige, aber wenig interessante Handelsstadt, ist der wichtigste Verkehrsknotenpunkt in der Nähe des Sees. In der D&D Brewery in Los Naranjos, einem ansonsten unscheinbaren Dorf ein Stück die Straße runter, quartieren sich die meisten Reisenden ein.

Aktivitäten

Bootstouren auf dem See sind ein einmaliges Erlebnis, aber sie erfordern einen frühen Start und Paddeln an der völlig unerschlossenen Westseite des Sees. Hier sind prachtvolle Vögel zu sehen, darunter Tukane und Fischadler; manchmal lassen sich auch große Leguane und Affen blicken. Eine morgendliche Tour im Ruderboot oder eine selbst gepaddelte Kajaktour mit Guide kostet 450 HNL pro Person.

Die **Drei-Wasserfälle-Wanderung** führt über die Bergausläufer des Parque Nacional Montaña de Santa Bárbara (S. 402) – eine herrliche Tageswanderung durch Kaffeeplantagen und traditionelle Dörfer. Die Hauptattraktion ist ein hinreißender, gestufter Wasserfall, **La Escalada de los Gigantes** (Riesentreppe) genannt, von wo sich ein weiter Blick öffnet. D&D Adventures verlangt 675 HNL für diese Wanderung, einschließlich Transport.

★D&D Adventures ABENTEUER
(☎9994-9719; www.ddadventures.com; D&D Brewery, Los Naranjos; Tagestouren ab 250 HNL) Dieses hervorragende Unternehmen hat engagierte, Englisch sprechende Führer und ist die beste Art, um die abgelegeneren Gebiete um den Lago de Yojoa zu erkunden. Zu den Touren gehört die fantastische Drei-Wasserfälle-Wanderung. Vogelbeobachtung, Kajaktouren, Höhlenwandern und Kaffeetouren sind ebenfalls im Angebot.

Schlafen & Essen

★D&D Brewery LODGE $
(☎2544-0052, 9994-9719; www.ddbrewery.com; Los Naranjos; Zeltplatz/B pro Pers. 85/150 HNL, Zi. mit/ohne Bad ab 420/300 HNL; P❄📶) Der US-Amerikaner Bobby Durrette, der das innovativste und streng nach ethischen Krieterien geführte Hotel samt Brauerei und Kaffeerösterei von Honduras gegründet hat, machte sich daran, Backpacker zum Lago de Yojo zu locken (mit erheblichem Erfolg). Zu den einfachen, aber sauberen, komfortablen und wunderbar preiswerten Zimmern inmitten von dichtem Dschungel gibt es jede Menge Alternativen, vom Zeltplatz bis zu einem größeren, komfortableren Zimmer mit Terrasse für 1050 HNL.

El Cortijo del Lago HOTEL $
(☎9906-5333, 2608-5527; www.elcortijodellago.com; B/DZ 250/625 HNL; ❄📶) Das Hotel ist eine der wenigen Unterkünfte in der Gegend, das direkt am Seeufer liegt. Der große Schlafsaal ist klimatisiert und es gibt einen mit Fliegengittern geschützten Gemeinschaftsbereich mit Seeblick. Die separate *cabaña* ist die beste Unterkunft, die sich durchaus zu buchen lohnt. Außerhalb der honduranischen Ferienzeit stehen die Chancen gut, dass man der einzige Gast ist.

Finca Paradise CABAÑAS $$$
(☎9502-8189, 9995-1875; Zi./Hütte 840/2375 HNL) Die herrliche Kaffeeplantage ist eine bezaubernde Unterkunft. Die einfachen Zimmer haben heißes Wasser und sind sehr sauber, aber die eigentliche Attraktion sind die beiden baumhausartigen Hütten, die

PARQUE NACIONAL MONTAÑA DE SANTA BÁRBARA

Im **Parque Nacional Montaña de Santa Bárbara** GRATIS mit Blick auf den Lago de Yojoa thront die majestätische Montaña de Santa Bárbara (von vielen Einheimischen „El Maroncho" genannt). Mit seinen 2744 m ist er der zweithöchste Gipfel von Honduras – aus der Ferne sieht er einfach gigantisch aus. Der seit 1987 unter Naturschutz stehende Park umfasst 321 km² tropischen Regen-, Nadel- und Nebelwald. Er besteht ganz aus Kalkstein, weshalb es viele Höhlen und Tunnel sowie in größerer Höhe keine sichtbaren Gewässer gibt, denn das poröse Gestein saugt jegliches Wasser auf.

Der Parque Nacional Montaña de Santa Bárbara weist keinerlei touristische Infrastruktur auf. Die Pfade sind nicht markiert; ein paar wurden aber immerhin kürzlich auf Kosten der D&D Brewery (S. 401) von Vegetation befreit. Es sind weder Campingplätze noch sonstige Einrichtungen vorhanden.

jeweils Platz für sechs Personen bieten. Die Bauten sind ziemlich einfach (und nichts für Leute mit Höhenangst), haben rundum einen Balkon und sind perfekt, um den Geräuschen des Waldes zu lauschen.

El Dorao Cafe CAFÉ $
(Peña Blanca; Panini 40–60 HNL; 7–19 Uhr;) Das schicke Café ist eine unglaubliche Entdeckung im verschlafenen Peña Blanca – es verbindet Kenntnisse im Kaffeeanbau mit den Bedürfnissen des kosmopolitischen Stadtmenschen. Das Ergebnis ist ein wunderbares Café, das exzellenten Kaffee, Kuchen (lecker: der Passionsfrucht-Käsekuchen), Waffeln und ein täglich wechselndes Panini-Angebot hat. Es liegt gleich nach dem Abzweig Richtung Los Naranjos auf der linken Seite.

D&D Brewery INTERNATIONAL $$
(9994-9719, 2544-0052; www.ddbrewery.com; Los Naranjos; Hauptgerichte 100–280 HNL; 8–20 Uhr) Neben vor Ort gebrautem Craft-Bier gibt's in diesem Restaurant auch wunderbares Essen wie Blaubeerpfannkuchen, Burger und sättigende Hühnchen-Enchiladas. Der Kaffee aus hiesigem Anbau ist schön mild und die Bedienung die freundlichste von ganz Honduras.

An- & Weiterreise

Der kleine Ort Peña Blanca dient als Verkehrsknotenpunkt für den See.

Hedman Alas (2516-2273; www.hedmanalas.com; 3a Calle NO & 8a Av NO; 5–18 Uhr) verkehrt direkt zwischen dem Lago Yojoa (mit einem Stopp an der Polizeistation La Guama) und verschiedenen Städten wie La Ceiba (500 HNL, 6 Std.), San Pedro Sula (200 HNL, 2 Std.), Tegucigalpa (200 HNL, 3 Std.), Copán Ruinas (790 HNL, 5 Std.) und Antigua, Guatemala (1343 HNL, 12 Std.). Tica Bus fährt exklusiv für Gäste der D&D Brewery (S. 402) – buchbar ausschließlich über die Website der D&D Brewery – von der Polizeistation in La Guama nach León (960 HNL, 8 Std.) und Managua (960 HNL, 10 Std.) in Nicaragua.

Eine preiswertere Alternative sind die bunten Busse vom Hauptbusbahnhof in San Pedro Sula Richtung El Mochito zum Dorf Los Naranjos (50 HNL, 2 Std., alle 30 Min.). Der Bus hält etwa 300 m von der D&D Brewery entfernt.

In Tegucigalpa fährt vom Mercado Mama Chepa in Comayagüela täglich um 13 Uhr ein Bus direkt nach Los Naranjos und Peña Blanca (135 HNL, 4 Std.). Zielort des Busses ist Las Vegas in Santa Barbara, der Fahrer hält auf Anfrage am gewünschten Ort an. Eine andere Möglichkeit ist ein Bus nach San Pedro Sula bis nach La Guama (97 HNL, 3 Std., über 20-mal tgl.). Von dort fährt ein weiterer Bus nach Peña Blanca (15 HNL, 15 Min., alle 15 Min.), von wo es mit Bus oder *mototaxi* noch 6 km bis nach Los Naranjos sind.

Rund um den Lago de Yojoa

Wer die freie Natur liebt, wird in der hinreißenden Gegend um den Lago de Yojoa tagelang beschäftigt sein. In der sanft hügeligen, grünen Landschaft verbergen sich rauschende Flüsse, tolle Wasserfälle, spektakuläre Höhlen, Kaffeeplantagen, bedeutende archäologische Stätten und eine äußerst reiche Flora und Fauna. All das kann auf eigene Faust oder mit einem engagierten, englischsprachigen Führer von D&D Adventures (S. 401) erkundet werden.

Sehenswertes

Pulhapanzak WASSERFALL
(www.pulhahn.com; 80 HNL; 6–18 Uhr) Der prachtvolle 43 m hohe Wasserfall auf dem Río Lindo befindet sich nur 17 km nördlich des Lago de Yojoa (und ist auch ein gutes Tagesausflugsziel von San Pedro Sula). Die Naturattraktion inmitten von üppigem Wald wird privat verwaltet. Führer geleiten Besucher auf einem kurzweiligen, anspruchs-

vollen Pfad direkt hinter dem Wasserfall (300 HNL). Schwimmen kann man hier auch und es gibt eine Seilrutsche (550 HNL) direkt über den Wasserfall.

Parque Nacional Cerro Azul Meámbar NATIONALPARK
(☎8881-2553; 168 HNL) In dem gut in Schuss gehaltenen Nationalpark östlich des Sees gibt es kilometerlange Wanderwege, die zu Wasserfällen, Höhlen und unberührtem Nebelwald führen. Außerdem gibt es hier ein Besucherzentrum, eine Lodge und ein Restaurant. Der Eingang ist von La Guama über eine Abfahrt von der Fernstraße CA-5 zu erreichen. Nach Santa Elena fahren regelmäßig Kleintransporter. Von dort ist es eine Stunde zu Fuß zur Panacam Lodge im Park.

Parque Eco-Arqueológico Los Naranjos NATIONALPARK
(☎9654-0040; 140 HNL; ⏲8–16 Uhr) Der Park nordwestlich des Sees wurde gegen 1300 v. Chr. erstmals besiedelt und gilt als größte archäologische Lenca-Stätte der vorklassischen Zeit. Der Hauptgrund für einen Besuch ist jedoch die Tierwelt. Im Park gibt es 6 km Wanderwege, die sich durch den Wald über Hängebrücken und einen Bohlenweg am Seeufer entlang schlängeln und fantastische Gelegenheiten für Vogelbeobachtung bieten.

Die Ruinen selbst sind nicht sehr interessant: Sie wurden aus Lehm gebaut und wurden daher nur halb freigelegt, um sie vor Umweltschäden zu schützen. Das kleine Museum nahe des Eingangs hat ein paar schöne Keramikstücke und Informationstafeln.

Cuevas de Taulabé HÖHLE
(☎9545-0095; 96 HNL; ⏲8–16 Uhr) Rund 20 km südlich vom Lago de Yojoa befindet sich der Eingang zu den Cuevas de Taulabé, einem unterirdischen Höhlensystem mit ungewöhnlichen Stalaktiten und Stalagmiten. Im Preis enthalten ist ein Führer – aber mit einem Trinkgeld geht es dann auch in die weniger besuchten Ecken. Bislang wurden die Höhlen 12 km tief erkundet, ohne dass ein Ende in Sicht ist.

Schlafen

Panacam Lodge LODGE $$
(☎8881-2553, Tegucigalpa 9865-9082; www.panacamlodge.com; Parque Nacional Cerro Azul Meámbar; Zeltstellplatz 200 HNL, DZ mit Frühstück 1680 HNL; ❄📶) Die feine Lodge ist eine exzellente Basis für den Parque Nacional Cerro Azul Meámbar. Die komfortablen Zimmer befinden sich in der Lodge selbst und bis 2019 sollen robuste Cabañas für zwei Personen mit Terrassen und entspannendem Waldblick fertig sein. Auf der Terrasse des hauseigenen internationalen Restaurants sind Futterspender für Kolibris angebracht, an denen sich verschiedene Arten – und vielleicht sogar ein plündernder Nasenbär – beobachten lassen.

An- & Weiterreise

Der Wasserfall Pulhapanzak ist von San Pedro Sula mit einem der alten, bunten Busse nach El Mochito (45 HNL, 1 Std.) mit Ausstieg in San Buenaventura zu erreichen, von wo es noch 15 Minuten zu Fuß über einen gut markierten Weg sind. Der letzte Bus zurück fährt gegen 16 Uhr durch San Buenaventura. Der Bus nach El Mochito fährt auch durch Los Naranjos, der Wasserfall ist also von der D&D Brewery einfach zu erreichen.

Zum Parque Nacional Cerro Azul Meámbar geht es mit dem Bus von Peña Blanca nach La Guama (25 HNL, 20 Min., alle halbe Std.). In La Guama muss man dann einen Minibus Richtung Santa Helena nehmen und dem Fahrer 250 HNL für die Tour in den Park zahlen.

San Pedro Sula

639 000 EW.

San Pedro, die Geschäfts- und Industriehauptstadt von Honduras erwirtschaftet fast zwei Drittel des Bruttoinlandsprodukts und beschäftigt Tausende Menschen in riesigen *maquila*-Fabriken (Stoffwebereien). Die Stadt ist wohlhabender und kultivierter, aber weniger interessant als Tegucigalpa. Sie ist berüchtigt für blutige Auseinandersetzungen zwischen rivalisierenden Gangsterbanden, doch Touristen geraten selten ins Fadenkreuz und die Stadt fühlt sich sicherer an als Tegucigalpa – ob sie es nur wirklich ist oder nicht.

Tatsächlich geht es mit San Pedro bergauf: Noch im Jahr 2015 war sie die gewalttätigste Stadt der Welt (außerhalb eines Kriegsgebiets), 2018 nahm sie stattdessen Platz 26 ein. Für Reisende ist ein Aufenthalt von ein oder zwei Tage gut machbar, dennoch sollte man besonders nach Einbruch der Dunkelheit vorsichtig sein.

Nur wenige Touristen bleiben länger hier: Es gibt nur wenige Sehenswürdigkeiten, kaum Kultur und das schwüle Klima kann beklemmend sein. Da San Pedros internationaler Flughafen das wichtigste Tor nach Honduras ist und der Busbahnhof ein wichtiger Verkehrsknotenpunkt, werden die meisten wohl hier durchkommen.

Sehenswertes & Aktivitäten

Das Zentrum der Stadt um den Parque Central ist etwas abgerockt, aber voller Leben.

Museo de Antropología e Historia de San Pedro Sula MUSEUM
(☎2557-1874; Ecke 3a Av NO & 4a Calle NO; 75 HNL; ⏲Mo & Mi–Sa 9–16, So bis 15 Uhr) Das luftige, zweistöckige Museum führt Besucher durch die Geschichte des Valle de Sula von der präkolumbischen Zeit bis heute. Die Keramiksammlung ist besonders schön und die Informationsblätter gibt es auch auf Englisch.

Parque Nacional Cusuco NATIONALPARK
(220 HNL; ⏲8–16.30 Uhr) Der Parque Nacional Cusuco ist ein Nebelwald im beeindruckenden Merendón-Gebirge, der nur 45 km von San Pedro Sula entfernt, aber erstaunlich schwer zu erreichen ist. Im Park leben unzählige Tiere, darunter Papageien, Tukane und eine große Population von Quetzals, die zwischen April und Juni am häufigsten zu sehen sind.

Der höchste Gipfel ist der Cerro Jilinco (2242 m). Das Besucherzentrum (wo Führer angeheuert werden können) ist der Startpunkt für fünf verschiedene Wanderwege. Zwei davon – **Quetzal** und **Las Minas** – führen an Wasserfällen und Badeteichen vorbei.

JungleXpedition WANDERN
(☎9762-6620; www.junglexpedition.com; 19 Avenida, San Pedro Sula) Juan Paz ist der Englisch sprechende Inhaber von JungleXpedition und ein Experte für den Parque Nacional Cusuco. Er legt Wanderwege im Park an und hält sie instand, steht in Kontakt mit allen Gemeinden und hat großzügig Initiativen zur Lebensverbesserung der Menschen unterstützt, die im Park leben. Die Kosten für ganztägige Wanderausflüge beginnen bei 2040 HNL pro Person (mind. 3 Teilnehmer) und beinhalten den Transport mit Allradfahrzeugen sowie alle Mahlzeiten.

Coca-Cola WANDERN
GRATIS Eine Wanderung zum Coca-Cola-Schild auf dem Hausberg von San Pedro Sula wird mit einem Blick auf die Stadt belohnt. Der Aufstieg ist sogar für Alleinwanderer sicher, denn hier sind immer viele Einheimische unterwegs, um sich fit zu halten. Hin und zurück dauert die Wanderung um die 1½ Stunden (ca. 6 km bergauf). Ein Taxi zwischen Stadtzentrum und Eingangstor kostet zwischen 50 und 80 HNL.

Schlafen

In die Jahre gekommene Budgethotels befinden sich meist in der Innenstadt südlich des Parque Central, einer Gegend, die nach Einbruch der Dunkelheit sehr zwielichtig ist. Hostels und Pensionen liegen eher in den bürgerlicheren Vierteln der Stadt und eine Ecke von der Innenstadt entfernt.

Dos Molinos B&B B&B $
(☎2550-5926; www.dosmolinos.hostel.com; Ecke 13a Calle SO & 8a Av SO, Barrio Paz Barahona; B 530 HNL, EZ/DZ/3BZ mit Frühstück 530/750/880 HNL; ❄📶) Ein blitzsauberes, bunt gestrichenes, aber leicht alterndes B&B in Familienbetrieb. Blanca und Luis sind außerordentlich nette Gastgeber, die zwar wenig Englisch sprechen, bei denen sich Gäste aber schnell heimisch fühlen. Alle Zimmer, auch die „Schlafsäle" (eigentlich ein Zweibett- und ein Dreibettzimmer, deren Betten einzeln vermietet werden), haben Ventilatoren und jeweils ein eigenes Bad mit kaltem Wasser.

La Hamaca HOSTEL $
(☎9868-3270, 2510-5174; www.lahamacahostel.com; 10 Calle SO, zw. 26 & 27 Av; B mit/ohne Klimaanlage 600/500 HNL, Zi. mit/ohne Bad 1500/750 HNL; ❄@📶) Das exzellente Partyhostel liegt mit dem Taxi fünf Minuten vom Busbahnhof entfernt. Es wird von dynamischen, jungen Honduranern geführt, die alle Englisch sprechen und großartige aktuelle Reisetipps parat haben. Die Zimmer und Schlafsäle sind geräumig, wenn auch etwas verwohnt, und es gibt eine tolle Lounge, ein Spielezimmer, eine Küche und hinten einen Garten. Es ist auf jeden Fall ein geselliges Haus, aber die Partygänger ziehen nach 23 Uhr weiter.

★ **La Madrugada** HOSTEL $$
(☎2569-6085; www.lamadrugadahostel.com; 8 Calle, zw. 8 & 9 Av NO; B/Zi. 240/600 HNL; ❄📶) Das Hostel in der Innenstadt nimmt einen ganzen Straßenzug ein – es handelt sich um den faszinierenden Umbau einer Villa, in der noch einige Originalbestandteile erhalten blieben, z. B. wunderschöne Fliesenböden. Die Schlafsäle sind geräumig und hell und besitzen große Badezimmer mit Warmwasser. Die Privatzimmer haben Platz für bis zu vier Personen. Zum Haus gehören eine nette Bar, ein Gemeinschaftsraum, ein Billardtisch und ein ausgedehntes Freigelände.

La Posada B&B $$
(☎2566-3312; www.laposadahn.com; 21 Calle A, zw. 9 & 11 Av, Colonia Universidad, casa 172; EZ/DZ/4BZ 1176/1320/1750 HNL; ❄📶🏊) Angesichts des eleganten Hauses, der Sauberkeit, der schönen Zimmer und der sehr gastfreundlichen und hilfsbereiten Inhaber ist diese Unterkunft ein echtes Schnäppchen. Es gibt eine Gästeküche und einen Garten sowie vier Straßen weiter ein Einkaufszentrum und Restaurants. Das alles in einer grünen, wohlhabenden Gegend – dem schönsten Viertel der Stadt.

Essen

San Pedro Sula ist kein Feinschmeckerparadies, man findet hier größtenteils Fast Food und einfache, honduranische Küche. Feinere Restaurants mit ein paar guten internationalen Alternativen liegen meist in der Circunvalación. Es gibt auch eine Menge gute und günstige *comedores* im Mercado Guimilito.

Pastelitos Miriam BÄCKEREI $
(11 Calle NE; Pastelitos 18 HNL; ⌚6.30–12 Uhr) Im beliebtesten Frühstückssimbiss von San Pedro Sula gibt's frittierte *pastelitos* – halbmondförmige Gebäcktaschen mit jeder Menge leckeren Füllungen – am laufenden Band. Man kann aus so leckeren Kombinationen wie dem *italiano* mit Schinken, Käse und Salami und dem salzig-süßen *cubano* mit geschmolzenem Käse und Guavenmarmelade wählen. Zum Hieressen oder Mitnehmen.

★ **Angeli Gardens** HONDURANISCH $$
(☎2556-5891; Jardines del Recuerdo; Hauptgerichte 210–355 HNL; ⌚Di–So 8–22 Uhr) Das Essen ist hier in Ordnung (beste Option: die honduranischen Gerichte für zwei oder mehr Personen), aber die eigentliche Attraktion ist die romantische Lage in einem üppigen Garten an einem Berghang. Wunderschöne Wege schlängeln sich vom Restaurant aus durch den Urwald, auf ihnen lässt es sich gut zwei Stunden vor oder nach dem Essen in den Bergen wandern. Noch besser schmeckt es hier mit einem Bier aus der hauseigenen Brauerei Cervecería del Bosque. Eine Seilrutsche durch die Baumkronen ist in Planung. Ein Taxi aus der Stadt kostet 80 bis 100 HNL oder das Restaurant organisiert die Abholung vom Hotel (nach telefonischer Vereinbarung).

Sobre Mesa CAFÉ $$
(☎3276-3619; Hotel Holiday Inn Express; Hauptgerichte 90–250 HNL; ⌚8–21.30 Uhr) 🍃 Das ganze Gegenteil von Frittiertem: Hier gibt's Suppen, Salate, Sandwiches, herzhaftes Frühstück und leichte Mahlzeiten aus gesunden Biozutaten und als Belohnung verführerische Kuchen, Gebäck und Gelato, alles hausgemacht.

Ausgehen & Nachtleben

In der *zona viva* in der Circunvalación zwischen 7a Calle SO und 11a Calle SO sind die meisten Bars und Clubs der Stadt ansässig.

Cerveceria del Bosque BRAUEREI
(☎9861-8037; Jardines del Recuerdo; 325 ml Bier 65 HNL; ⌚Di–Fr 16–22, Sa 12–22, So 11–17 Uhr) San Pedro Sulas hippe Brauerei ist ein gemütliches Fleckchen mit Kiesböden, Picknicktischen und vielen Pflanzen. Es werden vier gute Biersorten gebraut, von einem sehr leichten Pilsener bis zu einem dunklen Porter. Essen gibt's im Angeli Restaurant, Wanderwege führen direkt vom Garten in den Urwald.

Praktische Informationen

Die Einkaufszentren der Stadt haben auch Banken mit Geldautomaten.

BAC/Bamer (5a Av NO zw. Calle NO 1a & 2a; ⌚Mo–Fr 9–17, Sa bis 12 Uhr)

Banco Atlántida (Parque Central; ⌚Mo–Fr 8.30–17, Sa 9–13 Uhr)

Mesoamérica Travel (☎2558-6447; www.mesoamerica-travel.com; 32 Avenida) Professionelle Reiseagentur mit interessanten, hochwertigen Touren, darunter auch in die honduranischen Nationalparks.

Post (Ecke 9a Calle & 3a Av SO; ⌚Mo–Fr 7.30–17, Sa 8–12 Uhr)

Touristenpolizei (☎2550-0001; Ecke 12a Av NO & Blvd Morazan; ⌚24 Std.) Die Mitarbeiter sprechen nur Spanisch.

GEFAHREN & ÄRGERNISSE

- Bei San Pedro Sulas berüchtigter Kriminalität handelt es sich meist um Bandenkriege, Reisende geraten also selten in größere Schwierigkeiten. Dennoch ist ganz besondere Vorsicht geboten.
- Wertsachen sollten nicht zu offen gezeigt werden und die Kleidung sollte zurückhaltend sein (Shorts sind für den Strand).
- Nach Einbruch der Dunkelheit ist die Innenstadt gefährlich. Wer unterwegs ist, sollte ein Taxi nehmen – und sich auch tagsüber nicht in die Stadtbusse wagen.

An- & Weiterreise

BUS

Alle Busse fahren von zugewiesenen Buchten im modernen, gut organisierten **Terminal Gran**

Central Metropolitana (☎2516-1616; Av Circunvalación), 6 km südlich des Parque Central. Es gibt dort auch ein großes Einkaufszentrum mit Food-Court. Am Eingang zum Busbahnhof befindet sich ein praktischer Wegweiser; die Busse von Hedman Alas (S. 402) haben ihren eigenen Bahnhof am hinteren Ende. Für die Fahrt von hier aus in die Stadt sollte man nur ein Taxi vom offiziellen Taxistand nehmen und sich keinesfalls einem nichtautorisierten Taxifahrer anvertrauen.

FLUGZEUG

San Pedro Sulas moderner **Aeropuerto Internacional Ramón Villeda Morales** (SAP; ☎6689-3261) hat tägliche Direktverbindungen mit größeren Städten in Zentralamerika und mehreren Städten in den USA. Inlandsverbindungen gibt es mit Tegucigalpa, La Ceiba, Puerto Lempira und den Bay Islands (meist über La Ceiba). Der Flughafen liegt an der Carretera CA-13 zwischen San Pedro Sula und Tela, etwa 14 km südöstlich des Stadtzentrums.

Unterwegs vor Ort

AUTO & MOTORRAD

Zu den Autovermietungen in San Pedro Sula mit Vertretung am Flughafen gehören:

Econo Rent-A-Car (☎2668-1884; www.econorentacarhn.com; Flughafen)

Hertz (☎2580-9191; www.hertz.com; Flughafen)

Thrifty (☎2668-2427; www.thrifty.com; Flughafen)

BUS

Die Stadtbusse sollten besser nicht benutzt werden, da sie oft überfallen werden und Banden „Abgaben" verlangen.

TAXI

Die durchschnittlichen Preise für Stadtfahrten liegen bei 50 bis 120 HNL. Vom Busbahnhof ins Zentrum kostet es etwa 100 HNL, zum Flughafen um 350 HNL. Nach 21 Uhr erhöhen sich die Preise gewaltig.

INTERNATIONALE BUSSE AB SAN PEDRO SULA

ZIEL	PREIS (HNL)	DAUER (STD.)	BUSLINIE	TELEFON	ABFAHRTEN
Antigua, Guatemala	1205	9	Hedman Alas	☎2516-2273	tgl.
Guatemala-Stadt, Guatemala	1067	8	Hedman Alas	☎2516-2273	tgl.
Managua, Nicaragua	980	12	Tica Bus	☎2220-0579	tgl.
San Jose, Costa Rica	1632	33	Tica Bus	☎2220-0579	tgl.
San Salvador, El Salvador	720	8	King Quality/ Platinum	☎2516-2167	tgl.

FERNBUSSE AB SAN PEDRO SULA

ZIEL	PREIS (HNL)	DAUER (STD.)	BUSLINIE	TELEFON	ABFAHRTEN
Agua Caliente	230	5	Congolón	☎2553-1174	alle 2 Std.
Comayagua	92	3	Catrachos, El Rey Express		alle 30 Min.
Copán Ruinas	140	3	Casasola	☎2516-2031	4-mal tgl.
La Ceiba	150-420	3-4	7 Buslinien inkl. Hedman Alas, Viana, Diana Express		alle 15–30 Min.
Lago de Yojoa	296	2	Hedman Alas	☎2516-2011	3-mal tgl.
Puerto Cortés	76	1-1½	Impala	☎2665-0606	alle 15 Min.
Santa Rosa de Copán	100	3	Toritos y Copanaecos	☎2516-2045	alle 30 Min.
Tegucigalpa	150-710	4-4½	6 Buslinien inkl. El Rey Express, Hedman Alas, Sultana, Viana		alle 15–30 Min.
Tela	90	2	7 Buslinien inkl. Cotuc, Mirna, Tela Express		alle 15–30 Min.
Trujillo	230	7	Cotuc	☎2520-7497	8-mal tgl.

Copán Ruinas

39 490 EW.

Copán Ruinas, oft nur Copán genannt, ist eine schöne Stadt mit Kopfsteinpflaster und weißen Lehmhäusern mit roten Ziegeldächern. Sie ist auch eine der zauberhaftesten und touristischsten Städte in Honduras. Die Einwohner sind freundlich, viele sprechen Englisch und es gibt einige großartige Hotels und Restaurants. Viele Leute machen nur einen kurzen Abstecher hierher, um die berühmten Maya-Ruinen in der Nähe zu sehen. Aber zahlreiche andere Attraktionen sowohl in der Stadt als auch im Umland sprechen für einen längeren Aufenthalt.

Sehenswertes

Die archäologische Stätte ist zwar die Hauptattraktion der Region Copán, aber es gibt noch andere schöne Sehenswürdigkeiten in der Gegend, auch mehrere Museen in und um die Stadt.

El Lugar del Té & Chocolate AGRARZENTRUM
(☎2651-4087; ⊙Mo–Sa 16–18 Uhr) Der zauberhafte „Tee- & Schokoladenort" ist ein Forschungszentrum und dient am Nachmittag auch als Tee- und Geschenkeladen, um die wichtige Wiederaufforstungstätigkeit der hier ansässigen Umweltstiftung zu unterstützen. Einen Tee (besonders lecker mit Kakao und Gewürzen) auf der wunderbaren Veranda bei Sonnenuntergang zu genießen, ist ein Muss in Copán Ruinas. Um hinzukommen nimmt man ein *mototaxi* oder geht zu Fuß von der Stadt aus 1 km bergauf.

Museo Digital de Copán MUSEUM
(Karte S. 408; Parque Central; 69 HNL; ⊙13–21 Uhr) Das Museum eröffnete Ende 2015 als Geschenk Japans an die Bevölkerung von Copán und enthält einige interessante alte Fotos der Stadt. Die Hauptattraktion ist jedoch ein hervorragendes, 12-minütiges Video über die archäologische Stätte Copán, eine tolle Einstimmung auf den Besuch der Ruinen.

Memorias Frágiles GALERIE
(Karte S. 408; ☎2651-3900; Palacio Municipal, Parque Central; ⊙Mo–Fr 8–17 Uhr) GRATIS Die faszinierende Fotoausstellung war ein Geschenk des Bostoner Peabody Museum; sie besteht aus einer Sammlung seltener Fotos, die die erste archäologische Expedition nach Copán um die Wende zum 20. Jh. dokumentieren. Viele erwiesen sich als wichtig für die späteren Restaurierungsarbeiten, da auf den Fotos die Stätte im damaligen Zustand zu sehen war und sie Hinweise lieferten, wie die verschiedenen Hieroglyphensteine lagen.

Museo de Arqueología Maya MUSEUM
(Karte S. 408; ☎2651-4437; Parque Central; 69 HNL; ⊙14–21 Uhr) Das Museo de Arqueología Maya ist einen Besuch wert. Zu den Exponaten gehören einige der besten ausgegrabenen Keramiken, Fragmente der Altäre und der Untermauerung der Maya-Ruinen, eine Erklärung des ausgeklügelten Maya-Kalenders und die Nachbildung des Grabes einer Schamanin. Einige Beschriftungen sind auch auf Englisch.

Macaw Mountain Bird Park ZOO
(☎2651-4245; www.macawmountain.org; 230 HNL; ⊙9–17 Uhr) Etwa 2,5 km außerhalb von Copán Ruinas liegt ein ausgedehntes Privatreservat zum Schutz von zentralamerikanischen Aras. Die sind hier reichlich vorhanden, ebenso Tukane, Motmots, Papageien, Eisvögel und Pirole, die alle in sehr geräumigen, tierfreundlich gebauten Käfigen herumflattern. Im „Begegnungszentrum" fliegen freie Vögel auf die Schultern oder Hände von Besuchern, die sich mit ihnen fotografieren lassen können.

Casa K'inich MUSEUM
(Karte S. 408; ☎2651-4105; an der Av Centroamericano; 30 HNL; ⊙Di–So 8–12 & 13–17 Uhr) Zur Casa K'inich gehört die interaktive Nachbildung eines alten Ballspiels, das von den Bewohnern Copáns vor über 1000 Jahren gespielt wurde. Die Darstellungen sind dreisprachig: Englisch, Spanisch und Ch'orti'. Kinder haben wahrscheinlich ihren Spaß an der Stele mit dem Loch, durch das sie ihren Kopf stecken können.

Kurse & geführte Touren

Guacamaya Spanish Academy SPRACHKURSE
(Karte S. 408; ☎2651-4360; www.guacamaya.com; Calle de las Gradas, an der Av Copán) Bietet einen Kurs von 20 Stunden Einzelunterricht für 3840 HNL. Für zusätzliche 2400 HNL gibt es Vollpension und Unterkunft bei einer Familie.

Ixbalanque Spanish School SPRACHKURSE
(Karte S. 408; ☎2651-4432; www.ixbalanquespanish.com; Av los Jaguares) Bietet 20 Stunden Einzelunterricht in Spanisch für 6240 HNL pro Woche, einschließlich Privatunterkunft bei einer Familie mit drei Mahlzeiten am Tag.

Welchez Copán Coffee Tours ÖKOTOUR
(Karte S. 408; www.cafehonduras.com; Halbtagstouren 960 HNL) Diese Vor- oder Nachmittags-

Copán Ruinas

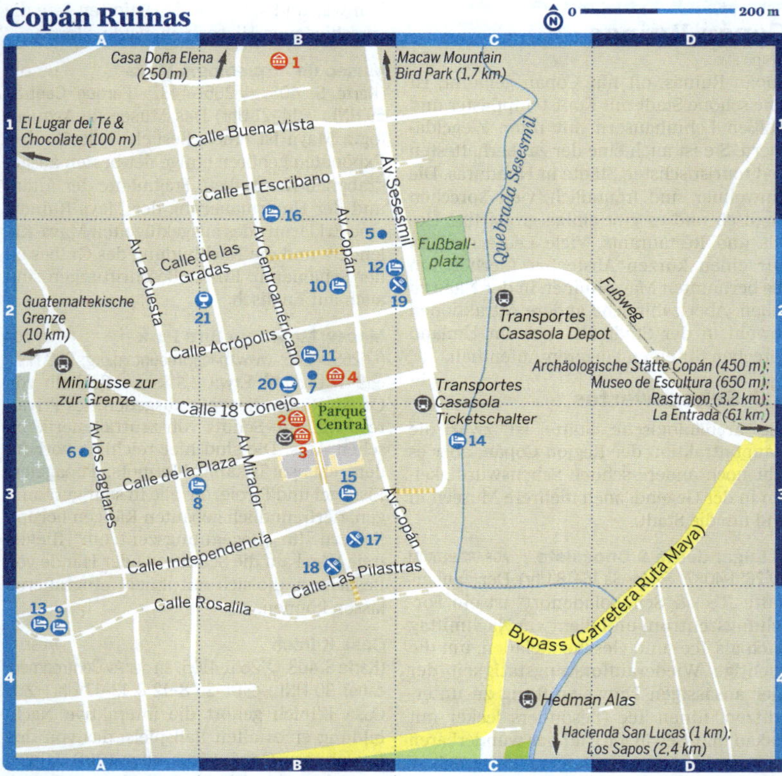

touren bringen Gäste zur Finca Santa Isabel, wo einer der besten Kaffees der Region angebaut wird. An den Berghängen wimmelt es von Vögeln, also am besten ein Fernglas mitbringen. Eine leckere Mahlzeit in einer hübschen Ranch ist im Preis inbegriffen.

Alexander Alvarado VOGELBEOBACHTUNG
(☎9751-1680; alexander.alvarado469@gmail.com) Der Englisch sprechende Alexander Alvarado bietet Vogelbeobachtungstouren in Copán und ganz Honduras an.

Basecamp Tours ABENTEUER
(Karte S. 408; ☎2651-4695; www.basecamphonduras.com; Calle de la Plaza) Der Anbieter mit Büro im Café ViaVia hat diverse originelle und abenteuerliche Touren in der Umgebung im Programm, sowohl zu Fuß (230–460 HNL) als auch zu Pferd (345 HNL, 3 Std.). Der höchst empfehlenswerte zweistündige Stadtrundgang „Alternatives Copán" (230 HNL) blickt hinter die glänzende Oberfläche der Stadt und erkundet das reale Leben vieler Honduraner.

Schlafen

Madrugada Copán HOSTEL $
(Karte S. 408; www.madrugadacopan.com; B/EZ/DZ ab L240/360/480 HNL; 📶) Das besonders auf Backpacker ausgerichtete Hostel in der Nähe des Stadtzentrums eröffnete 2017 in einer Hacienda im Kolonialstil neben einem von Bougainvillea umgebenen Bach. Die Zimmer sind klein, aber geschmackvoll eingerichtet und werden von Deckenventilatoren temperiert. Es gibt eine Terrasse mit Hängematten zum Ausruhen und eine Gästeküche und die Atmosphäre ist gut.

Café ViaVia HOTEL $
(Karte S. 408; ☎2651-4652; www.viaviacafe.com/en/copan/hotel; Calle de la Plaza; Zi. 230 HNL; 📶) Das kleine, von Belgiern geführte Hotel besitzt fünf sehr einfache, blitzblanke Zimmer mit Bad und Heißwasser, Fliesenboden und guten Betten. Auch gibt es Hängematten, einen kleinen Garten und genug Platz zum Relaxen. Die touristischen Informationen

Copán Ruinas

Sehenswertes
1 Casa K'inich B1
2 Memorias Frágiles B3
3 Museo de Arqueología Maya B3
4 Museo Digital de Copán B2

Aktivitäten, Kurse & Touren
Basecamp Tours .... (s. 8)
5 Guacamaya Spanish Academy B2
6 Ixbalanque Spanish School A3
7 Welchez Copán Coffee Tours B2

Schlafen
8 Café ViaVia A3
9 Hostel Iguana Azul A4
10 Hotel & Hostal Berakah B2
11 Hotel La Posada B2
12 Hotel Mary B2
13 La Casa de Café A4
14 Madrugada Copán C3
15 Plaza Yat B'alam B3
16 Terramaya B1

Essen
Café at La Casa de Café .... (s. 13)
17 Café San Rafael B3
Café ViaVia .... (s. 8)
18 Carnitas Nia Lola B3
19 Casa Ixchel C2
Comedor Mary .... (s. 12)

Ausgehen & Nachtleben
20 Café Welchez B2
21 Sol de Copán B2

sind hier ebenfalls super. Überdies gibt's eine quirlige Bar, die allerdings sehr laut werden kann! Insgesamt ein tolles Schnäppchen.

Hotel La Posada HOTEL $
(Karte S. 408; ☎2651-4059; www.laposadacopan.com; Av Centroaméricano; EZ/DZ 495/760 HNL; 📶) La Posada ist preiswert, beschaulich und komfortabel und zudem nur einen halben Block von der Plaza entfernt. Die 19 fröhlichen Zimmer gruppieren sich um begrünte Innenhöfe, sind behaglich und sauber und verfügen über Badezimmer mit Heißwasser, Ventilator und Fernseher. Das Hotel steckt voll lokalem Charme und das Preis-Leistungs-Verhältnis ist sehr gut.

Hostel Iguana Azul HOSTEL $
(Karte S. 408; ☎2651-4620; www.iguanaazulcopan.com; Calle Rosalila; B/EZ/DZ 200/400/450 HNL; 📶) Das Haus im Kolonialstil hat acht komfortable Etagenbetten in zwei Räumen und ein Gemeinschaftsbad mit Warmwasser, des Weiteren vier Privatzimmer für jeweils zwei Personen. Ein hübscher Garten ist auch vorhanden. Im Gemeinschaftsraum gibt's Bücher und massenhaft Reiseinformationen, ein Kühlschrank steht ebenfalls zur Verfügung, aber keine Küche. Das ist Backpacker-Eleganz in Reinformat: Selbst die Zimmerreinigung ist im Preis enthalten.

★ **La Casa de Café** B&B $$
(Karte S. 408; ☎2651-4620; www.casadecafecopan.com; Calle Rosalila; EZ/DZ mit Frühstück 1275/1512 HNL; ❄📶) Die Zimmer in dem perfekt eingerichtetes B&B sind mit geschnitzten Holztüren und guatemaltekischen Masken ausgestattet. Die Lage ist umwerfend – der Blick schweift beim ausgiebigen, köstlichen Frühstück auf dem Rasen bis hin zu den fernen guatemaltekischen Bergen im Morgendunst. Der US-amerikanische Besitzer Howard ist eine Goldgrube an Infos zum Umland und vermittelt das Gefühl, dass jeder sein persönlicher Gast ist.

Casa Doña Elena PENSION $$
(☎2651-4029; www.casadonaelena.com; Av Centroaméricano; EZ/DZ/3BZ mit Frühstück 700/1200/1440 HNL; ❄📶) Das hübsche, familiengeführte Haus auf einer Hügelkuppe bietet tolle Ausblicke über die Stadt und das Tal. Die sieben unterschiedlich benannten Zimmer teilen sich einen picobello gepflegten Garten. Die Zimmer selbst sind einfach, aber geräumig und sauber, ein gutes Frühstück ist im Preis enthalten. Vom Stadtzentrum ist die Pension in einem strammen Marsch bergauf in zehn Minuten zu erreichen.

Hotel Mary HOTEL $$
(Karte S. 408; ☎2651-4673; www.comedormary.com; Av Sesesmiles; EZ/DZ 1050/1180 HNL) Das schön ausgestattete Haus hat ganz bezaubernde Zimmer, die hell gestrichen und gut gepflegt sind. Ausgestattet sind sie mit Heißwasser, Deckenventilatoren und schönen traditionellen Bettüberwürfen. Zum Haus gehört auch ein wunderschöner Garten. Die Klimaanlage kostet zusätzlich 230 HNL pro Nacht.

★ **Terramaya** BOUTIQUEHOTEL $$$
(Karte S. 408; ☎2651-4623; www.terramayacopan.com; Av Centroaméricano; EZ/DZ mit Frühstück ab 2090/2280 HNL; ❄📶) Das ultrakomfortable, tadellos geführte und stilvolle Juwel eines Hauses schwebt irgendwo zwischen B&B und Boutiquehotel. Es hat sechs Zimmer mit Terrakottafliesen und cremefarbener Wäsche, einen blühenden Garten und eine von Kerzen

beleuchtete Terrasse mit Aussicht auf nebelverhangene Berge. Die Zimmer oben haben einen Balkon mit spektakulärem Blick auf die Berglandschaft – Zimmer 6 ist einfach atemberaubend. Ein super Angebot, das seinen Preis allemal wert ist.

Plaza Yat B'alam BOUTIQUEHOTEL **$$$**
(Karte S. 408; ☎2651-4338; www.yatbalam.com; Calle Independencia; EZ/DZ/3BZ ab 1600/1850/2100 HNL; P❄📶) Jedes der vier wunderschönen, geräumigen Zimmer verfügt über allen üblichen Komfort sowie eine Minibar und einen DVD-Player (Filme können ausgeliehen werden). Das ganze Hotel ist mit einem schönen Mix aus kolonialen und indigenen Einflüssen dekoriert.

Essen

★**Café at La Casa de Café** INTERNATIONAL **$$**
(Karte S. 408; ☎2651-4620; www.casadecafecopan.com; Hauptgerichte 50–175 HNL; ⏲7–20 Uhr) Zu ihren hausgemachten, gesunden und frischen Leckereien (von *tamales* bis zu perfekt gewürzten Currys) ließen sich die Inhaber von ihren Reisen in der ganzen Welt inspirieren. Die Pfannkuchen, Eiergerichte und Smoothies zum Frühstück sind hervorragend, genau wie die Sandwiches zu Mittag aus manchmal noch warmem, frisch gebackenem Brot. Die Köche bedienen sich reichlich an Gemüse, Kräutern, Aufstrichen und leckeren Belägen wie z. B. gebratenem Buntbarsch.

Casa Ixchel CAFÉ **$$**
(Karte S. 408; Av Sesesmiles; Hauptgerichte 90–250 HNL; ⏲7–18 Uhr; 📶) In diesem Café für Kaffeeliebhaber herrscht eine freundliche Atmosphäre. Der Kaffee der Sorte Casa Ixchel Arabica stammt aus lokalem Anbau und die Espressomaschine ist hier im Dauergebrauch. Hinten gibt es einen schönen kleinen Hof zum Essen und Trinken in der Sonne und auf der Speisekarte stehen leckere Gerichte zum Frühstück, leichten Mittagessen oder Brunch.

Comedor Mary HONDURANISCH **$$**
(Karte S. 408; Av Sesesmiles, Hotel Mary; Hauptgerichte 88–250 HNL; ⏲7–21 Uhr; 📶) Ein reizendes Lokal, wo hervorragende *pupusas* (12–25 HNL das Stück) im Garten oder im Speiseraum voller dunkler Holzmöbel serviert werden. *Comida típica* wird hier ebenfalls neu definiert (z. B. der *lomito de res a la plancha*, gegrillte Rinderlende); die Bedienung ist ausnehmend freundlich und das Ambiente gehoben. Unbedingt mal hingehen.

Café ViaVia INTERNATIONAL **$$**
(Karte S. 408; www.viaviacafe.com/en/copan; Calle de la Plaza; Frühstück 60–95 HNL, Hauptgerichte 95–150 HNL; ⏲7–22 Uhr; 📶🌱) Das großartige Restaurant bietet Frühstück, Mittag- und Abendessen in einer fröhlich-hippen Atmosphäre. Es hat Tische an einem begrünten Innenhof und an der Straße. Der Biokaffee ist hervorragend, das Brot selbst gebacken und es gibt immer eine gute Auswahl an vegetarischen und Fleischgerichten.

★**Café San Rafael** CAFÉ, DELI **$$$**
(Karte S. 408; Av Centroaméricano; Sandwiches 160–200 HNL; ⏲Di–Sa 11–23, So & Mo 8–18 Uhr; 📶) In dem schicken Café gibt's Biokaffee, der auf der eigenen Finca angebaut wird, die hier aber hauptsächlich für ihre verschiedenen Käsesorten (Platten 150–700 HNL) bekannt ist. Das Frühstücksangebot ist üppig und verführerisch (100–200 HNL) und die getoasteten Sandwiches (hervorragend schmeckt das mit Steak und Provolone) ergeben einen prima Mittagsimbiss. Das Lokal teilt sich in einen schönen Garten und einen sehr modernen Innenraum.

Carnitas Nia Lola HONDURANISCH **$$$**
(Karte S. 408; Av Centroaméricano; Hauptgerichte 180–455 HNL; ⏲7–22 Uhr; 📶) Das Open-Air-Restaurant zwei Straßen südlich der Plaza hat einen schönen Blick über Mais- und Tabakfelder bis zu den Bergen. Es ist ein behagliches Plätzchen mit bodenständigem Essen; Spezialität sind Hühnchen und Rindfleisch vom Holzkohlegrill. Die Happy Hour beginnt um 18.30 Uhr

Ausgehen & Nachtleben

★**Sol de Copán** BRAUEREI
(Karte S. 408; Av Mirador; Hauptgerichte 130–180 HNL; ⏲Di–Sa 14–22 Uhr; 📶) Eine supertolle Kleinbrauerei in einer Kellerkneipe. Thomas, der freundliche deutsche Besitzer, sorgt dafür, dass allen Gästen immer ordentlich Pilsner oder Lager nachgeschenkt wird. Zu essen gibt's knackige deutsche Würstchen und an manchen Abenden wird auch Livemusik geboten. Wer Glück hat, darf Thomas sogar hinters Haus begleiten und seine Gärbottiche in Augenschein nehmen. An einem der großen Tische kommt man schnell mit Einheimischen und anderen Reisenden ins Gespräch.

Café Welchez CAFÉ
(Karte S. 408; ☎2651-4202; nahe Parque Central; Hauptgerichte 150–200 HNL; ⏲7–17 Uhr; 📶) Das

sehr nette, zweistöckige Café hat exzellenten Kaffee und Kuchen und eine zauberhafte Terrasse mit Blick auf den Parque Central. Gutes Frühstück gibt es auch, z. B. Arme Ritter, Eier Benedikt und ein amerikanisches Frühstück mit allem Drum und Dran. Sandwiches, Suppen und Salate ergänzen das Angebot.

Praktische Informationen

Polizei (☎2651-4060; Calle de la Plaza; ⏲24 Std.) 300 m westlich des Parks.

Post (Karte S. 408; Calle de la Plaza; ⏲Mo–Sa 8–12 & 13–17 Uhr) Nur ein paar Häuser von der Plaza entfernt.

Proyecto Clinico Materno Infantil (Carretera CA-11; ⏲24 Std.) Das einzige Krankenhaus der Gegend ist zwar auf Kinderheilkunde und Geburtshilfe spezialisiert, weist aber niemanden ab. Es liegt in El Jaral, 20 km nordöstlich von Copán Ruinas an der Carretera CA-11.

GELD

US-Dollar werden in den meisten Banken gewechselt, guatemaltekische Quetzal hingegen können derzeit nur auf dem Schwarzmarkt getauscht werden. Die folgenden Banken haben Geldautomaten, die ausländische Karten akzeptieren

BAC (Parque Central; ⏲Mo–Fr 9–17, Sa bis 12 Uhr) Wechselt US-Dollar und hat einen 24 Stunden zugänglichen Geldautomaten.

Banco Atlántida (Ecke Calle Independencia & Av Copán) Wechselt US-Dollar und hat einen Geldautomaten.

Banco de Occidente (Ecke Calle 18 Conejo & Av Copán) An der Plaza; wechselt US-Dollar und gibt Bargeld auf Visa und MasterCard aus.

An- & Weiterreise

Auf dem 2015 hier eröffneten Flughafen ist noch nie ein kommerzieller Linienflug gelandet und niemand rechnet in naher Zukunft damit.

BUS

Casasola-Busse (Karte S. 408; ☎2651-4078; Av Sesesmiles) fahren vom **Busdepot** (Karte S. 408; ☎2651-4078) am Ortseingang u. a. nach San Pedro Sula (140 HNL, 3 Std., 5-mal tgl.) und Santa Rosa de Copán (100 HNL, 3 Std., stündl.), von wo es Anschluss nach Tegucigalpa gibt.

Minibusse zur/von der guatemaltekischen Grenze (Karte S. 408) (25 HNL, 20 Min., alle 20 Min.) fahren von 6 bis 17 Uhr in der Nähe des Stadtfriedhofs am Ende der Calle 18 Conejo ab. Auf der guatemaltekischen Seite fahren die Busse nach Esquipulas und Chiquimula ab der Grenze regelmäßig bis etwa 17 Uhr los.

Bei Basecamp Tours (S. 408) und im **Hotel & Hostal Berakah** (Karte S. 408; ☎9951-4288, 2651-4771; www.hotelberakahcopan.hostel.com; Av Copán; B/DZ/3BZ 174/400/450 HNL) können viel genutzte Shuttlebusse nach Antigua (600 HNL, 6 Std.), Guatemala-Stadt (600 HNL, 5 Std.) und San Salvador (880 HNL, 5 Std.) mit Halt in Santa Ana oder Tunco (beide 960 HNL, 4½ Std.) gebucht werden. Eine Shuttlebus fährt nach León und Managua in Nicaragua (2040 HNL, 12 Std.) und einer nach La Ceiba (960 HNL, 7 Std.), Lago de Yojoa (480 HNL, 6 Std.) und zum Flughafen von San Pedro Sula (480 HNL, 4 Std.). Viele Shuttlebusse fahren allerdings nur dann, wenn genügend Fahrgäste zusammenkommen.

Hedman Alas (Karte S. 408; ☎2651-4037; Carretera a San Lucas Km 62) hat einen modernen Busbahnhof gleich südlich der Stadt, von wo täglich 1.-Klasse-Busse nach San Pedro Sula und zum Flughafen (395 HNL, 3 Std.), Tegucigalpa (790 HNL, 8 Std.), Lago de Yojoa (790 HNL, 6 Std.), La Ceiba (731 HNL, 7 Std.) und Tela (731 HNL, 6 Std.).abfahren.

Rund um Copán Ruinas

In den bewaldeten Hügeln um Copán Ruinas gibt es ein paar interessante Sehenswürdigkeiten, deren Besuch lohnt, wenn man ohnehin in der Stadt ist.

Sehenswertes & Aktivitäten

Rastrajón ARCHÄOLOGISCHE STÄTTE

(70 HNL) Die ungewöhnlichen Formen der strategisch günstig auf einem Berg gelegenen Ruinen entstanden durch Erdverschiebungen aufgrund von unterirdischem Wasser. Die Stätte wurde vor und nach der langen Copán-Dynastie genutzt, was sie im Tal einzigartig macht. Hier sind außerordentliche Skulpturen zu sehen. Die Ruinen liegen ca. 2 km von der Hauptstätte entfernt hinter dem Clarion Hotel (*mototaxi* 30 HNL).

Los Sapos ARCHÄOLOGISCHE STÄTTE

(Hacienda San Lucas; 30 HNL) Die *sapos* (Kröten) sind alte Steinfiguren der Mayas, die an einem Wanderweg in den Hügeln bei der Hacienda San Lucas stehen (in der Hacienda gibt es eine Orientierungskarte). Die Stätte wird in Zusammenhang mit Fruchtbarkeitsriten gebracht und ist eine der wenigen mit ähnlichen Steinreliefs. Hier gibt es Dutzende davon und es macht Spaß, sie in den Felsgebilden zu entdecken.

Luna Jaguar Spa Resort SPA

(www.lunajaguarsparesort.com; ab 250 HNL; ⏲9–21 Uhr) Das fantastische Thermalbad liegt

24 km nördlich von Copán Ruinas, eine einstündige Fahrt durch Berge und Kaffeeplantagen. Im Bereich Popol Nah gibt es Badebecken im Fluss, in denen sich das kochend heiße Thermal- mit dem kühlen Flusswasser vermischt. Etwas vornehmer ist die Spa Acropolis, wo „Behandlungsstationen" (mit Kräuterdampfbädern, Massagen und dergleichen) auf dem Hang verteilt und durch steinerne Pfade miteinander verbunden sind.

Finca El Cisne REITEN
(☎2651-4695; www.fincaelcisne.com; Touren ab 2000 HNL) Ein Besuch dieser Finca 24 km von Copán Ruinas ist weniger eine Besichtigung, sondern eher ein „Erlebnis auf dem Biohof". Auf der in den 1920er-Jahren gegründeten Finca wird immer noch Vieh gezüchtet und Kaffee und Kardamom angebaut. Zu den ganz- oder mehrtägigen Pauschalangeboten gehören geführte Reitausflüge durch die Wälder sowie Führungen durch die Kaffee- und Kardamomplantagen und die Verarbeitungsanlagen. Tagestouren kosten 2000 HNL.

Schlafen & Essen

★ **Hacienda San Lucas** HISTORISCHES HOTEL $$$
(☎2651-4495; www.haciendasanlucas.com; EZ/DZ/3BZ mit Frühstück 2860/3300/3960 HNL; 📶) Die zauberhafte Hacienda etwa 3 km südlich der Stadt bietet von ihren wunderbar gepflegten Gärten weite Aussichten. Das Ambiente ist rustikal, aber reizvoll; die Zimmer sind aus Lehmziegeln gebaut und haben Kerzenlicht. Die Gäste werden von einem Hund begrüßt. Die Zimmer unter Terrakottadächern sind mit Steinfußböden, Holzmöbeln und lokalem Kunsthandwerk ausgestattet. Das hauseigene Restaurant ist hervorragend. Auf dem Grundstück befindet sich die archäologische Stätte Los Sapos.

★ **Hacienda San Lucas** HONDURANISCH $$$
(☎2651-4495; www.haciendasanlucas.com; 3/4 Gänge 600/750 HNL) Das wunderbare Restaurant in einem landwirtschaftlichen Gebiet mit Blick auf Copán Ruinas hat so ziemlich die beste Küche in der Region und ist den Preis und Weg wert. Ein mehrgängiges Essen bei Kerzenlicht im restaurierten Bauernhaus ist an Romantik kaum zu übertreffen. Die Speisen werden überwiegend mit traditionellen Zutaten zubereitet. Es sollte mindestens einen Tag im Voraus reserviert werden.

An- & Weiterreise

Von Copán Ruinas mit städtischen *mototaxis* einfach und billig zu erreichen.

Archäologische Stätte Copán

Eine der wichtigsten aller Maya-Zivilisationen lebte, gedieh und verschwand dann auf mysteriöse Weise rund um die archäologischen Ruinen von Copán, heute eine Welterbestätte. Während der Klassik (250–900 n. Chr.) dominierte die Stadt beim heutigen Copán Ruinas die Region kulturell. Die Architektur ist nicht so großartig wie die in Tikal auf der anderen Seite der Grenze, es entstanden aber bemerkenswerte Skulpturen und Hieroglyphen. Heutzutage haben Besucher die Stätte oft praktisch ganz allein für sich, was die Erfahrung umso eindringlicher macht.

Die Ruinen liegen einen schönen, 1 km langen Fußmarsch außerhalb von Copán. Am Haupteingang befinden sich ein Besucherzentrum, ein exzellentes Skulpturenmuseum sowie ein Café und ein Andenkenladen. Die Führer der Asociación de Guías Copán kennen sich wirklich aus und lohnen die Ausgabe.

Geschichte

Präkolumbische Geschichte

Seit mindestens 1200 v. Chr. leben Menschen im Copán-Tal, wie Keramikfunde aus diesem Zeitraum belegen. In Copán muss von Anbeginn an ein reger Handel geherrscht haben, da Gräber aus der Zeit von etwa 900 bis 600 v. Chr. eine eindeutig olmekische Prägung haben.

Im 5. Jh. n. Chr. kam eine Königsfamilie in Copán an die Macht, angeführt von einem mysteriösen König namens Mah K'ina Yax K'uk' Mo' (Großer Sonnenherrscher Quetzal-Ara), der von 426 bis 435 regierte. Archäologische Fundstücke deuten darauf hin, dass er ein großer Schamane war und spätere Könige verehrten ihn als halbgöttlichen Gründer der Stadt. Die Dynastie regierte während der gesamten Blütezeit von Copán in der klassischen Ära.

Über die nachfolgenden Herrscher ist bis zum Jahr 628 wenig bekannt. Nur einige ihrer Namen wurden entziffert: „Filzkopf" war der zweite König, Cu Ix der vierte, Wasserlilie-Jaguar der siebte, Mond-Jaguar der zehnte und Butz' Chan der elfte.

Zu den größten Königen Copáns gehörte Rauch-Imix (Rauch-Jaguar; reg. 628–695), der zwölfte König. Rauch-Imix baute Copán zu einer wichtigen Militär- und Handelsmacht der Region aus. Er hat vielleicht auch

Archäologische Stätte Copán

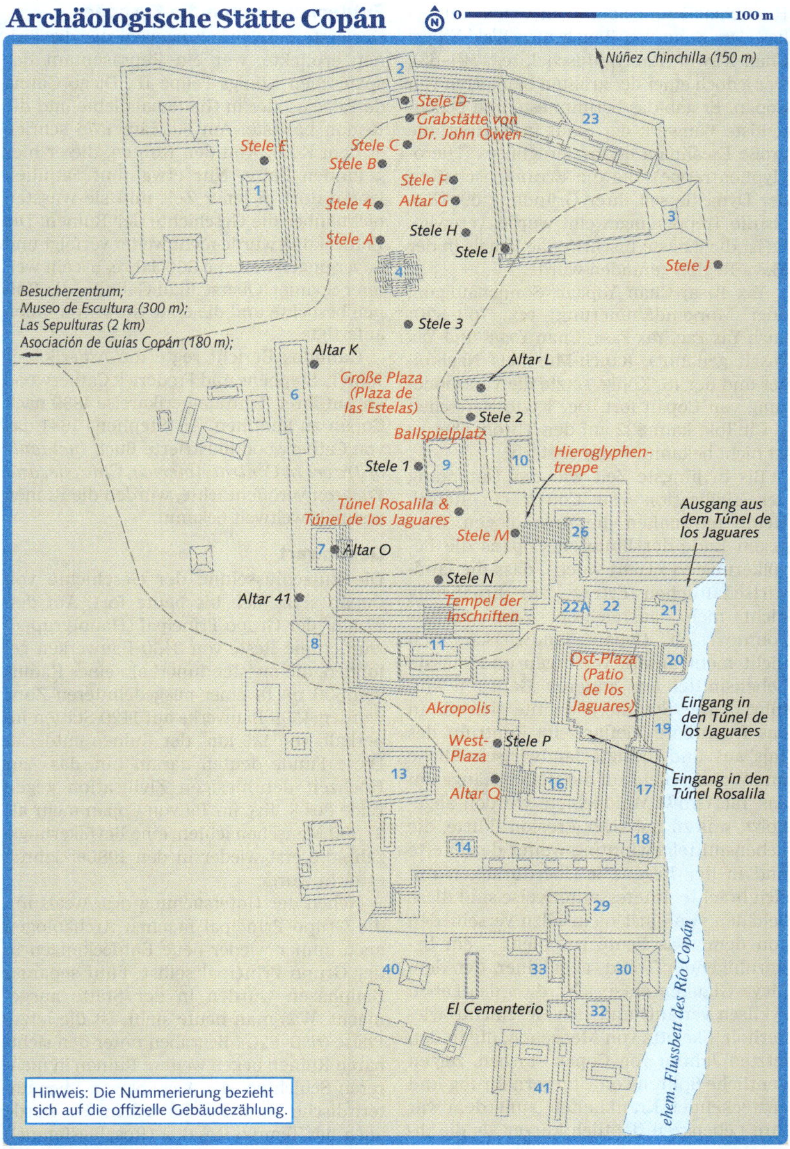

das Fürstentum Quiriguá eingenommen, da eine der berühmten Stelen dieser Stätte seinen Namen und sein Bild trägt. Als er 695 starb war die Bevölkerung von Copán enorm gewachsen.

Nachfolger von Rauch-Imix war Uaxaclahun Ubak K'awil (18 Kaninchen; reg. 695–738), der 13. König, der die Zügel übernahm und weitere militärische Eroberungen unternahm. In einem Krieg mit Cauac-Himmel, seinem Nachbarn aus Quiriguá, wurde 18 Kaninchen gefangen genommen und geköpft. Ihm folgte K'ak' Joplaj Chan K'awiil (Rauch-Affe; reg. 738–49), der 14. König, dessen kurze

Herrschaft kaum Spuren in Copán hinterließ. Der Sohn von Rauch-Affe, K'ak' Yipyaj Chan K'awiil (Rauch-Muschel; reg. 749–63), war jedoch einer der größten Bauherren von Copán. Er gab das berühmteste und bedeutendste Bauwerk der Stadt in Auftrag, die große Escalinata de los Jeroglíficos (Hieroglyphentreppe), die die Errungenschaften der Dynastie seit ihrer Gründung bis 1755, als die Treppe eingeweiht wurde, verewigt. Es ist die längste Inschrift, die jemals in der Maya-Region gefunden wurde.

Yax Pasaj Chan Yopaat (Sonnenaufgang oder Morgendämmerung; reg. 763–820; auch Yax Pac, Yax Pasaj Chan Yoaat und Yax Pasah genannt), Rauch-Muschels Nachfolger und der 16. König, setzte die Verschönerung von Copán fort. Der letzte Herrscher, U Cit Tok', kam 822 auf den Thron, aber es ist nicht bekannt, wann er starb.

Bis in jüngste Zeit war der Untergang der Zivilisation von Copán ein Rätsel. Heute mutmaßen die Archäologen, dass gegen Ende der Blütezeit Copáns die Bevölkerung so rasant wuchs, dass die landwirtschaftlichen Erträge zur Ernährung nicht mehr ausreichten. Zum Schluss konnte sich Copán landwirtschaftlich nicht mehr autark versorgen und musste Lebensmittel aus anderen Gebieten einführen. Der Stadtkern dehnte sich bis in das fruchtbare Tiefland im Zentrum des Tals aus und drängte landwirtschaftliche und Wohngebiete auf die steilen Hänge um das Tal. Große Waldgebiete wurden abgeholzt, was zu massiver Erosion führte, die Lebensmittelgewinnung weiter dezimierte und in der Regenzeit Überflutungen mit sich brachte. Interessanterweise sind diese Schäden von einst nicht allzu verschieden von dem, was heute geschieht – ein beunruhigender Trend, aber einer, der dem Maya-Glauben entspricht, dass das Leben zyklisch verläuft und sich Geschichte wiederholt. Skelette von Menschen, die in den letzten Jahren von Copán starben, zeigen deutliche Spuren von Unterernährung und ansteckenden Krankheiten, außerdem war ihre Lebenszeit deutlich kürzer als die ihrer Vorfahren.

Das Copán-Tal wurde nicht über Nacht verlassen; Landwirte lebten vermutlich noch weitere 100 oder 200 Jahre in dem ökologisch verwüsteten Land. Aber ungefähr um 1200 waren sogar die Bauern verschwunden und die Königsstadt Copán wurde vom Dschungel zurückerobert.

Entdeckung durch die Europäer

Der erste bekannte Europäer, der die Ruinen erblickte, war ein Repräsentant des spanischen Königs Felipe II., Diego García de Palacios, der in Guatemala lebte und die Region bereiste. Am 8. März 1576 schrieb er dem König von den Ruinen, die er hier gefunden hatte. Nur etwa fünf Familien lebten dort in jener Zeit und sie wussten nichts über die Geschichte der Ruinen. Die Entdeckung wurde nicht weiter verfolgt und es vergingen beinahe 300 Jahre, bis ein weiterer Spanier, Oberst Juan Galindo, die Ruinen besuchte und die erste Karte von ihnen anfertigte.

Galindos Bericht regte die Amerikaner John L. Stephens und Frederick Catherwood an, auf ihrer Zentralamerikareise 1839 nach Copán zu kommen. Als Stephens 1841 das von Catherwood illustrierte Buch *Incidents of Travel in Central America, Chiapas, and Yucatan* veröffentlichte, wurden die Ruinen erstmals weltweit bekannt.

Gegenwart

Die Entschlüsselung der Geschichte von Copán setzt sich bis heute fort. Auf den 27 km² der Grupo Principal (Hauptgruppe) wurden die Reste von 3450 Bauwerken gefunden, die meisten innerhalb eines Radius von 500 m. In einer ausgedehnteren Zone wurden 4509 Bauwerke auf 1420 Stätten innerhalb von 135 km² der Ruinen entdeckt. Diese Funde deuten darauf hin, dass zur Hochzeit der hiesigen Zivilisation gegen Ende des 8. Jhs. im Tal von Copán mehr als 27 500 Menschen lebten, eine Bevölkerungszahl, die erst wieder in den 1980er-Jahren erreicht wurde.

Neben der Untersuchung des Areals um die Grupo Principal machen Archäologen auch immer wieder neue Entdeckungen in der Grupo Principal selbst. Fünf separate Bauphasen wurden in der Stätte ausgemacht. Was man heute sieht, ist die letzte Phase (650–820). Begraben unter den sichtbaren Ruinen liegen weitere Ruinen in mehreren Schichten, die Archäologen über unterirdische Tunnel untersuchen. So wurde auch der Templo Rosalila (Rosalila-Tempel) gefunden, von dem ein Nachbau heute im Museo de Escultura steht. Unterhalb des Rosalila-Tempels liegt ein weiterer früherer Tempel, der Margarita-Tempel, und unter diesem der Hunal-Tempel, der das Grab des Gründers der Dynastie Yax K'uk' Mos (Großer Sonnenherr Quetzal-Ara) beherbergt. Zwei der Grabungstunnel, auch der zum

Rosalila-Tempel, sind der Öffentlichkeit zugänglich. Allerdings wird für den Zugang ein zusätzliches Eintrittsgeld verlangt.

Sehenswertes

Museo de Escultura MUSEUM

(Skulpturenmuseum; Archäologische Stätte Copán; 7 US$; ⌚8–18 Uhr) Copán ist wegen seiner Skulpturen einzigartig in der Maya-Welt. Einige der schönsten Stücke werden in diesem beeindruckenden Museum ausgestellt, das komplett auf Englisch beschriftet ist. Allein das Gebäude zu betreten, ist ein Erlebnis. Man geht durch den Mund einer Schlange und durch ihr Inneres und steht plötzlich in der hellen Haupthalle.

Núñez Chinchilla ARCHÄOLOGISCHE STÄTTE

Dieser interessante Bereich mit 23 Wohnbauten liegt 150 m nördlich der Gran Plaza und ist im Eintrittspreis für die Stätte Copán enthalten. Der japanische Archäologe Shinji Nakuamura und sein Team befanden sich 2018 noch bei der Ausgrabung, die wohl noch etwas dauern soll. Wer die Stätte also an einem Wochentag besucht, darf den Archäologen vielleicht sogar über die Schulter schauen.

Túnel Rosalila & Túnel de los Jaguares ARCHÄOLOGISCHE STÄTTE

(Archäologische Stätte Copán; 15 US$; ⌚8–18 Uhr) 1999 machten Archäologen die zwei Tunnel der Öffentlichkeit zugänglich, damit Besucher einen Blick auf die älteren Bauwerke unterhalb der heute sichtbaren Bauwerke werfen können. Der sehr kurze erste Tunnel ist der **Rosalila**, in den jeweils nur ein paar Besucher gleichzeitig dürfen. Der berühmte Tempel ist nur teilweise zu sehen und liegt hinter einer dicken Glasscheibe. Der andere Tunnel, **Los Jaguares**, verläuft an den Fundamenten von Tempel 22 entlang und war ursprünglich 700 m lang, doch ein großer Abschnitt wurde geschlossen, sodass er nur noch ca. 80 m misst.

Die Hauptgruppe

Die Hauptgruppe der Ruinen liegt etwa 400 m hinter dem Besucherzentrum und ist über gepflegte Rasen, durch ein Tor im Zaun und über schattige Alleen zu erreichen. Ein Schwarm Aras ist hier zu Hause: oben in den Baumwipfeln wurden Nistkästen für sie angebracht. Die Ruinen selbst sind zwecks einfacherer Identifizierung nummeriert worden. Ein ausgetretener Pfad führt um die Stätte herum.

Stelen der Gran Plaza

Der Pfad führt zur **Gran Plaza** (Großer Platz; Plaza de las Estelas) und zu den großen, kunstvoll gemeißelten Stelen mit den Abbildern der Herrscher von Copán. Die meisten der schönsten Stelen Copáns stammen aus den Jahren 613 bis 738 n. Chr. Alle scheinen ursprünglich bemalt gewesen zu sein; Überreste von roter Farbe sind noch an Stele C zu erkennen. Viele Stelen hatten Vertiefungen unter oder neben sich, in denen Opfergaben niedergelegt werden konnten.

Viele der Stelen an der Gran Plaza stellen König 18 Kaninchen dar, darunter auch die Stelen A, B, C, D, F, H und 4. Die vielleicht schönste Stele an der Gran Plaza ist die **Stele A** (731 n. Chr.); das Original wurde ins Museo de Escultura verbracht und die draußen ist, wie viele hier, eine Replik. In der Nähe stehen die fast ebenso schönen **Stele 4** (731 n. Chr), **Stele B** (731 n. Chr), die 18 Kaninchen bei seiner Thronbesteigung darstellt, und **Stele C** (782 n. Chr) mit einem schildkrötenförmigen Altar davor. Diese letztere Stele ist an beiden Seiten mit Figuren geschmückt. Die **Stele E** (614 n. Chr), die auf der Estructura 1 (Gebäude 1) an der Westseite der Gran Plaza steht, gehört zu den ältesten.

Die **Stele D** (736 n. Chr.) am Fundament der Estructura 2 am Nordrand der Gran Plaza porträtiert ebenfalls König 18 Kaninchen. An ihrer Rückseite befinden sich zwei senkrechte Hieroglyphenreihen und am Fuß ein Altar mit furchterregenden Darstellungen des Regengotts Chac. Vor dem Altar liegt das **Grab von Dr. John Owen**, eines Archäologen einer Expedition des Peabody Museum der Uni Harvard, der 1893 bei Ausgrabungsarbeiten starb.

Die **Stele F** (721 n. Chr.) an der Ostseite der Plaza ist verspielter gestaltet als andere Stelen hier: Das Gewand der Hauptfigur fließt bis zur anderen Seite des Steins, der mit Glyphen geschmückt ist. **Altar G** (800 n. Chr.) mit seinen doppelköpfigen Schlangen gehört zu den letzten Bauten, die in Copán entstanden. Die **Stele H** (730 n. Chr.) stellt vermutlich eine Königin oder Prinzessin statt eines Königs dar. Bei der **Stele I** (692 n Chr.) am Bauwerk am Ostrand der Plaza handelt es sich um eine Person mit einer Maske. Die **Stele J** (702 n. Chr.) weiter im Osten gleicht den Stelen in Quiriguá, da sie nicht von menschlichen Figuren, sondern von Glyphen bedeckt ist.

Ballspielplatz & Hieroglyphentreppe

Südlich der Gran Plaza, gegenüber der Plaza Central, liegt der Juego de Pelota (Ballspielplatz; 731 n. Chr.), der zweitgrößte in ganz Zentralamerika. Der noch sichtbare Platz ist der dritte an dieser Stelle, die zwei kleineren wurden bei dessen Bau zugeschüttet. Man beachte die gemeißelten Araköpfe oberhalb der zwei Böschungen. Der mittlere Markierstein des Platzes ist das Werk des Königs 18 Kaninchen.

Südlich des Juego de Pelota steht Copáns berühmtestes Bauwerk, die Escalinata de los Jeroglíficos (Hieroglyphentreppe; 743 n. Chr.), die unter König Rauch-Muschel entstand. Heute schützt sie ein Zeltdach vor Wind und Wetter. Die Treppe aus 63 Stufen erzählt die Geschichte des Königshauses von Copán in Form von mehreren Tausend Glyphen. Rampen, die mit weiteren Reliefs und Glyphen übersät sind, fassen die Stufen ein. Die Geschichte, die auf den Stufen erzählt wird, ist noch immer nicht vollständig entziffert, da die Treppe teilweise zerstört war und die Steine durcheinandergeraten waren. Aber die Archäologen benutzen 3-D-Scanner, um eine digitale Version des Originals herzustellen, in der Hoffnung, dass sie eines Tages in Gänze lesbar sein wird.

Am Fuß der Hieroglyphentreppe steht **Stele M** (756 n. Chr.), auf der eine Figur (vermutlich König Rauch-Muschel) in einem Federumhang zu sehen ist. Glyphen berichten von der Sonnenfinsternis in jenem Jahr. Auf dem Altar davor sieht man eine gefiederte Schlange, aus deren Maul ein Menschenkopf herausschaut.

Neben der Treppe führt ein Tunnel zum **Grab eines Adligen**, eines königlichen Schreibers, der vermutlich der Sohn von König Rauch-Imix war. Das Grab, das im Juni 1989 entdeckt wurde, barg einen wahren Schatz aus bemalten Keramiken und schönen Jadeschnitzereien, die sich nun in honduranischen Museen befinden

Akropolis

Die imposante Freitreppe südlich der Hieroglyphentreppe führt auf den **Templo de las Inscripciones** (Tempel der Inschriften) hinauf. Die Wände oben an der Treppe sind mit Hieroglyphengruppen verziert. An der Südseite des Tempels der Inschriften ist der **Patio Occidental** (Westhof), im Osten der **Patio Oriental** (Osthof), auch **Patio de los Jaguares** (Hof der Jaguare) genannt. Im Westhof lohnt ein Blick auf den **Altar Q** (776 n. Chr.), der hier zu den berühmtesten Skulpturen gehört; das Original befindet sich im Museo de Escultura. An seinen Seiten sind die prächtigen Reliefs der 16 großen Könige von Copán eingemeißelt, als letzter sein Erschaffer Yax Pasaj Chan Yopaat. Hinter dem Altar ist eine Opfernische, in der Archäologen die Knochen von 15 Jaguaren und mehreren Aras entdeckten, die vermutlich zu Ehren von Yax Pasaj Chan Yopaat und seinen Vorfahren geopfert wurden.

Diese Tempelgruppe, die Akropolis, bildete den spirituellen und politischen Kern der Stadt, der nur Mitgliedern des Königs-

NICHT VERSÄUMEN

EL BOSQUE & LAS SEPULTURAS

Ausgrabungen in El Bosque und Las Sepulturas ergaben Erkenntnisse über das Alltagsleben der Mayas in Copán während der Glanzzeit der Stadt. **Las Sepulturas**, einst mit der Gran Plaza über einen Damm verbunden, war vermutlich das Wohnviertel der Reichen und Mächtigen. In einer einzigen riesigen, luxuriösen Wohnanlage lebten anscheinend rund 250 Personen in 40 oder 50 Gebäuden, die um elf Höfe angelegt waren. Das Hauptgebäude, der **Palacio de los Bacabs** (Palast der Beamten), hatte Außenwände, in die zehn lebensgroße Männer mit Federkopfschmuck eingemeißelt waren; innen stand eine große, mit Hieroglyphen verzierte Bank. Las Sepulturas ist von der Hauptstraße rechts, dann am Schild nochmals rechts zu erreichen (2 km von der Gran Plaza).

Der Weg zu **El Bosque** ist der eigentliche Grund für einen Besuch, da er von den Hauptruinen entfernt liegt. Es ist ein 5 km (1 Std.) langer Marsch auf einem gut instandgehaltenen Pfad durch dichtes Laub voller Vögel, aber an der Stätte selbst gibt's nicht viel zu sehen, abgesehen von einem kleinen Ballspielplatz. Es ist dennoch ein tolles Erlebnis, eine Stunde lang die Hauptverkehrswege einer alten Maya-Stadt zu begehen. Der Weg zu El Bosque zweigt rechts von der Bude ab, wo die Eintrittskarte gestempelt wird. Vor dem Losmarschieren – aber niemals ohne Begleitung! – muss man sich unbedingt mit Insektenschutzmittel einreiben.

hauses und Adligen vorbehalten war, ein Ort der Zeremonien und Königsgräber.

Im Osthof befindet sich auch das **Grab** von Yax Pasaj Chan Yopaat, nämlich unter der Estructura 18. Leider wurde das Grab lange vor den Archäologen entdeckt und geplündert. Auf dem Ost- und dem Westhof stehen diverse faszinierende Stelen sowie Skulpturen von Menschen- und Tierköpfen. Das aufwendigste Relief ist oben auf der Estructura 22 an der Nordseite des Osthofs zu sehen. Es handelt sich um den **Templo de Meditación** (Tempel der Meditación), der in den vergangenen Jahren umfassend restauriert wurde.

Geführte Touren

Asociación de Guías Copán TOUREN
(☎2651-4018; guiascopan@yahoo.com; Archäologischer Park 30 US$, Tunnel 15 US$; Sepulturas 18 US$) Es empfiehlt sich, die Stätte mit einem Führer zu besichtigen, der die Ruinen erklärt und zum Leben erweckt. Die Führer arbeiten für die Kooperative Asociación de Guías Copán und ihre Preise gelten für Gruppen von bis zu fünf Personen. Sie sind am Eingang zum Parkplatz zu finden.

An- & Weiterreise

Die Maya-Ruinen von Copán sind 1 km von der Stadt Copán Ruinas entfernt und leicht zu Fuß zu erreichen. Wer lieber fahren möchte, nimmt eins der *mototaxis* (20 HNL pro Pers.). Vom Archäologischen Park zu den Sepulturas sind es 2 km zu Fuß oder man wählt ebenfalls ein *mototaxi* (einfache Fahrt 20 HNL).

Gracias

12 800 EW.

Gracias ist eine kleine, beschauliche Stadt mit Kopfsteinpflaster und einer der hübschesten und historischsten Orte in Honduras. Eine kurze Zeit lang war Gracias im 16. Jh. die Hauptstadt des gesamten spanisch eroberten Zentralamerikas. Spuren ihrer alten Pracht sind noch an den jahrhundertealten Gebäuden, Kolonialkirchen und der eindrucksvollen Festung zu sehen. Seither befindet sie sich im langsamen, aber reizvollen Verfall und heute verläuft das Leben hier selten schneller als im Schritttempo.

Gracias wurde 1526 vom spanischen Kapitän Juan de Chavez gegründet. Der ursprüngliche Name der Stadt lautete Gracias a Dios („Dank sei Gott"). Antigua (Guatemala) und Comayagua stellten die Bedeutung der Stadt schließlich in den Schatten.

Viele Besucher kommen allerdings vor allem wegen der bergigen Waldlandschaft des Umlands nach Gracias und um El Cerro de las Minas (2849 m) im Parque Nacional Montaña de Celaque – den höchsten Gipfel des Landes – zu besteigen.

Sehenswertes

Gracias ist ein bezaubernder Ort zum Umherschlendern. Neben der berühmten Festung gibt es noch mehrere koloniale *iglesias*, u. a. **San Marcos** am Parque Central (deren Fassade merkwürdigerweise nicht zur Plaza gerichtet ist).

Die meisten anderen Attraktionen der Gegend, darunter ein paar schöne Thermalquellen, liegen wenige Kilometer außerhalb der Stadt.

Fuerte de San Cristóbal FESTUNG
(⌚8–16 Uhr) GRATIS Die eindrucksvolle Fuerte de San Cristóbal, die in der turbulenten Zeit des 18. Jhs. errichtet wurde, bietet einen wunderbaren Blick auf Gracias und die Kirche San Marcos darunter. Ansonsten ist hier oben nicht viel zu sehen, abgesehen vom **Grab des Juan Lindo**, eines Honduraners, der einst Präsident von El Salvador (1841–1842) *und* Honduras (1847–1852) war.

Museo Casa Galeano MUSEUM
(☎2625-5407; 30 HNL; ⌚9–18 Uhr) Das Museum ist in einem wunderschönen alten Haus im Kolonialstil mit hohen Räumen, geschnitzten Holzpfosten und verblassten Wänden mit Blumenmuster untergebracht. Der Inhalt (verblichene Fotos, alte Münzen) ist ziemlich mittelprächtig und nur auf Spanisch beschriftet. Es steht allerdings eine Aufwertung der Sammlung auf dem Plan, also lohnt es sich, dort mal vorbeizuschauen.

Jardín Botánico GARTEN
(⌚Mo–Sa 8–17, So bis 12 Uhr) Der botanische Garten der Stadt liegt am Südrand der Stadt, fünf Querstraßen südlich des alten Mercado Municipal, und nimmt einen halben Häuserblock ein. Die einheimische Flora kann das ganze Jahr über von einem gepflasterten Weg durch den Garten bewundert werden.

Aktivitäten

Wer einen Führer braucht, sollte nach Ángel im Jardín Cafe Hostel fragen, der verschiedene Touren anbietet, während Carlos in der **Finca Bavaria** (☎2656-1372; Calle Lopez Garcia; ⌚18–24 Uhr; 📶) auf Vogelbeobachtung spezialisiert ist. Ganz gute Touren werden auch vom Hotel Guancascos angeboten. Es gibt viele Führer und die meisten Hotels arbeiten mit Guides ihres Vertrauens zusammen. Für eine Zweitageswanderung im Parque Nacional Montaña de Celaque sollte man mit 1000 HNL rechnen, für das Abseilen an einem Wasserfall oder einen Tag Vogelbeobachtung mit je 850 HNL.

Schlafen

Jardín Cafe Hostel HOSTEL $

(☎2656-1244; jardincafegracias@gmail.com; Av Circunvalacion; B 470 HNL, Zi. 700–950 HNL; 📶) Die großen Privatzimmer und geräumigen 4-Bett-Schlafsäle sind preisgünstig, modern und verfügen über Badezimmer mit Warmwasser. Alle haben Blick auf das Gartencafé des Restaurants, das sich aber gegen 22 Uhr leert. Der Besitzer Ángel bietet Vogelbeobachtungs-, Wander- und Abseiltouren sowie Besuche der örtlichen Opalmine an. Der einzige Nachteil ist die Lage des Hostels an einer sehr befahrenen Straße am Stadtrand.

★**Hotel Guancascos** HOTEL $$

(☎9920-0711; www.guancascos.com; Av Eleuterio Galeano Trejo; B/EZ/DZ mit Frühstück ab 360/800/1150 HNL; @📶) Eine unvergessliche, von Niederländern geführte Unterkunft mit makellos sauberen und preisgünstigen Zimmern an schattigen Pfaden, die sich über das grüne Gelände des Hotels am Hang unterhalb der Festung schlängeln. Alle Pflanzen sind beschriftet, oft bekommt man auch Spechte und Kolibris zu sehen. Die Zimmer 13 und 14 teilen sich eine hinreißende Terrasse mit großartigem Blick auf die Stadt. Der Schlafsaal mit fünf Betten ist gut und günstig.

Hotel Real Camino Lenca HOTEL $$

(☎2656-1932; www.realcaminolencahotel.com; Calle Jeremias Cisneros; Zi. mit Frühstück ab 1550 HNL; ❄📶) Wer gern von einem Kellner mit schwarzer Krawatte bedient wird, ist im Camino Lenca richtig. Die etwas veralteten Zimmer des Kolonialhauses um ein Atrium voller Pflanzen sind komfortabel und haben große Flachbildfernseher, manche sind jedoch ohne Tageslicht. Auf dem Dach gibt es eine beliebte Bar und unten ein Restaurant. Im Voraus reservieren.

Posada de Don Juan HOTEL $$$

(☎2656-1020; www.posadadedonjuanhotel.com; Av Dr Juan Lindo; Zi. ab 1900 HNL; P❄📶) Das Hotel mit der stylischen Lobby (Bougainvillea, künstlerische Schwarz-Weiß-Fotos der Stadt) und recht modernen, sauberen und geräumigen Zimmern ist definitiv die schickste Unterkunft der Stadt. Es gibt einen wunderbaren Pool und ein gutes Restaurant.

Essen & Ausgehen

Cafetería Artesenías El Jarrón HONDURANISCH $

(Av. Medina; Hauptgerichte 75–120 HNL; ⏲7–20 Uhr; 🖉) Ein quirliges, atmosphärisches Lokal, das besonders mittags gut besucht ist: Das Buffet (120 HNL) mit vielen vegetarischen Gerichten ist ein Superschnäppchen. Die Gäste sitzen an polierten Holztischen oder hinten auf der Gartenveranda. Hier werden auch Kunsthandwerk und Keramiken der Lenca verkauft und Touren organisiert.

★**Kandil Pizza Y Cafe** PIZZA $$

(Av Medina; Pizza 115–440 HNL; ⏲Di–So 11.30–22 Uhr; 📶) Das Kandil, Vorreiter zeitgenössischer Ästhetik in den ländlichen Lenca-Bergen, ist ein sehr schön gestaltetes Lokal, das modische Einrichtung mit traditionell kolonialem Stil kombiniert. Serviert wird im eleganten Speiseraum und draußen im schattigen Innenhof. Es ist berühmt für seine Cocktails und Pizza. Hier lässt es sich schön verweilen und unter die künstlerisch angehauchte Menge mischen.

Jardín Café INTERNATIONAL $$

(☎2656-1244; Av Circunvalacion; Hauptgerichte 150–220 HNL; ⏲Mo–Sa 7.30–22, So bis 16 Uhr; 📶🖉) Das Essen in diesem trendig-gemütlichen Restaurant im Café-Stil gehört zum besten der Stadt. Tische gibt es im Hauptspeiseraum, draußen im Innenhof und oben auf dem Dach (perfekt zu Sonnenuntergang). Die Pizza, Burger und dergleichen sind alle gut, aber das echte Highlight sind die honduranischen Gerichte mit vielen Beilagen.

Restaurante Guancascos INTERNATIONAL, HONDURANISCH $$

(Hotel Guancascos; Hauptgerichte 95–180 HNL; ⏲7–21 Uhr; 📶) Ein wunderbares Terrassenrestaurant im Hotel Guancascos mit Blick über die Terrakottadächer von Gracias und das Lenca-Hochland. Super zum Frühstück (70–90 HNL), ein sättigendes Sandwich, ein vegetarisches Gericht oder gebratenen Fisch. Die Bedienung ist effizient und es gibt frische Säfte und glasweise Wein.

Plaza Café KAFFEE

(Parque Central; Getränke 20–60 HNL; ⏲7–20.40 Uhr; 📶) Das Café in einem zweistöckigen, sechseckigen Haus inmitten des zentralen Platzes der Stadt ist der schönste Ort, um einen Espresso, Cappuccino, aromati-

BUSSE AB GRACIAS

ZIEL	PREIS (HNL)	DAUER (STD.)	ABFAHRTEN
La Esperanza	90	1½	oft
San Pedro Sula	150	4	4-mal tgl.
Santa Rosa de Copán	50	1½	alle 30 Min.
Tegucigalpa	200	6	stündl.

sierten Kaffee oder eine *granita* (Obstsaft mit Eis) und einen Donut zu genießen. Der Kaffee stammt von der Finca Santa Elena in der Nähe. Die Tische oben sind ideal, um Leute zu beobachten.

Shoppen

Envasados Dulces Lorendiana LEBENSMITTEL
(Av Dr Juan Lindo; Mo–Sa 7.30–19, So bis 12 Uhr) Der kleine Laden ist eine tolle Entdeckung: Die Regale sind vom Boden bis zur Decke vollgestopft mit Hunderten (Tausenden?) Gläsern mit eingelegtem Gemüse, Chutneys und Obstwein, alles selbst gemacht vom Besitzer. Eine Portion zum Mitnehmen kostet 25 HNL. Der Laden liegt 250 m südwestlich des Parque Central.

Praktische Informationen

In der Stadt gibt es mindestens vier Geldautomaten, einen davon in der **Banco Atlantida** (Calle Jeremias Cisneros; Mo–Fr 9–17 Uhr).

Hospital Dr Juan Manuel Galvez (2656-1100; Carretera a Santa Rosa de Copán; 24 Std.) Ein sehr einfaches Krankenhaus in der Nähe des Ortseingangs.

Post (Calle San Cristobal; Mo–Fr 8–12 & 14–17, Sa 8–11 Uhr) Liegt einen Block südöstlich vom Parque Central.

An- & Weiterreise

Die meisten Busse fahren am **Busbahnhof** an der Ringstraße gleich nordwestlich der Festung ab. Er ist verkehrsreich und verwirrend und man muss fragen, welcher der unzähligen großen Busse oder Minivans der richtige ist (Fahrkarten werden im Bus verkauft). Sie fahren u. a. nach Santa Rosa de Copán, San Pedro Sula und La Esperanza. Die Busse nach Tegucigalpa sind Luxusmodelle und ziemlich bequem. Nach Copán Ruinas muss in Santa Rosa de Copán und nach Comayagua in La Esperanza umgestiegen werden.

Rund um Gracias

In der hügeligen, grünen Landschaft um Gracias befinden sich zwei viel besuchte Thermalquellen, mehrere traditionelle Lemca-Dörfer und grandiose Schluchten. Im Dorf La Campa wird Seilrutschen zum Erkunden der zerklüfteten Landschaft geboten. La Campa ist der beste Ort der Region für den Kauf der roten, erdfarbenen Lenca-Keramik, die in Werkstätten im ganzen Dorf angeboten wird.

Aktivitäten

★ **Canopy Extremo** ABENTEUERSPORT
(9756-9801; www.facebook.com/canopyextrem/; La Campa; 720 HNL) Canopy Extremo ist die verrückteste Seilrutsche in ganz Honduras, wenn nicht sogar in ganz Zentralamerika. Sechs Seilrutschen überspannen in atemberaubender Höhe das tiefe, felsige Flusstal. Auf Sicherheit wird geachtet und einige Anleiter sprechen Englisch; für den Parcours sind um die zwei Stunden nötig. Es ist wichtig, sich vorher anzumelden, damit die Leute vor Ort Bescheid wissen und die kostenlose Abholung vom Hotel in Gracias organisieren können.

Centro Turístico Terma del Río THERMALBAD
(www.termasdelrio.com; 150 HNL; 7–21 Uhr) Das Thermalbad Centro Turístico Terma del Río 7 km außerhalb der Stadt an der Straße nach Santa Rosa de Copán ist zwanglos und familienorientiert. Es gibt auch einen Kaltwasserpool, Zeltplatz, einfache Unterkünfte und eine Seilrutsche und die Terme ist mit allen Bussen Richtung Santa Rosa zu erreichen.

Aguas Termales Presidente THERMALBAD
(60 HNL; 7–23 Uhr) Die Thermalquellen der Aguas Termales Presidente gehören zu den Hauptattraktionen von Gracias. Sie liegen 6 km südöstlich der Stadt und bestehen aus mehreren Becken mit unterschiedlichen Temperaturen. Zu erreichen sind die Bäder mit einem *mototaxi* ab Gracias (80 HNL). Man kann mit dem Fahrer entweder einen Preis für die Wartezeit aushandeln oder für die Rückfahrt ein *mototaxi* anhalten.

Schlafen

★ **Hostal JB** PENSION $
(9547-7356; La Campa; Zi. 500 HNL) Eine der hübschesten Unterkünfte an der Ruta Lenca; eine Art großes Ferienhaus mit Terrakottaziegelpatios, einem großen Garten und

NUEVA OCOTEPEQUE

Das staubige Nueva Ocotepeque ist ein Knotenpunkt mit viel Verkehr zu den nahen Grenzübergängen Agua Caliente (Guatemala) und El Poy (El Salvador). Der Ort ist unangenehm und es wird dringend davon abgeraten, dort zu übernachten. Wer es dennoch tut, muss bei Dunkelheit vorsichtig sein.

Nur wenige Reisende bleiben freiwillig hier, aber für in Nueva Ocotepeque unfreiwillig Gestrandete gibt es ein paar zweckmäßige Hotels, darunter das preisgünstige **Hotel Turista** (☎2653-3639; 3era Av General Francisco Morazán; EZ/DZ 400/550 HNL, DZ ohne Bad 300 HNL; 📶).

Zwei Fernbusgesellschaften fahren von und nach Nueva Ocotepeque: **Congolón** (☎2653-3064) liegt einen halben Block südlich des Parque Central, **Sultana** (☎2653-2405) zwei Blocks nördlich des *parque*. Busse nach Agua Caliente und El Poy fahren am Busbahnhof Transportes San José zwei Blocks nördlich des *parque* ab.

Nach Tegucigalpa geht es mit dem Bus nach San Pedro Sula (dort umsteigen) und nach Santa Rosa de Copán mit allen Bussen Richtung San Pedro Sula.

Zimmern mit natürlichem Licht. Jedes Zimmer hat ein Einzel- sowie ein französisches Bett mit dicken Bettdecken. Den Gästen stehen eine Küche und ein großes Wohnzimmer mit Sofas, Volkskunst und hoher Balkendecke zur Verfügung. Das Haus liegt kurz vor der Kirche.

Hotel Real Camino Lenca La Campa BUNGALOW **$$**
(☎2617-6470; www.realcaminolencahotel.com; La Campa; DZ mit Frühstück 1450 HNL; ❄📶🏊) Die bei Weitem schickste Unterkunft der Gegend eröffnete Ende 2017 und besteht aus malerischen weißen Bungalows mit Dächern aus Keramikfliesen, die sich über einen üppig grünen Hang verteilen. Die Inneneinrichtung ist kofortabel und neu, aber ziemlich farblos. Alle Bungalows schauen auf die Seilrutschen über die nahe Schlucht. Auf dem Gelände befinden sich ein kleiner Pool und ein Restaurant. Die Mitarbeiter sind hilfsbereit und professionell.

ℹ An- & Weiterreise

Beide Thermalbäder sind am einfachsten mit dem *mototaxi* (80 HNL) ab Gracias zu erreichen. Busse fahren von Gracias nach La Campa (25 HNL, 1 Std., 4-mal tgl.) und normalerweise weiter nach San Manuel Colohete (35 HNL, 2 Std.).

NÖRDLICHES HONDURAS

Die üppige, tropische Nordregion von Honduras hat Besucher schon seit Jahrhunderten mit ihren Naturschönheiten und der lässigen karibischen Atmosphäre verführt. Zwischen den Stränden liegen Mangrovensümpfe und Dschungelreservate, die geradezu zur Erkundung auffordern. Raftingtouren auf dem Wildwasser des Río Cangrejal ist der absolute Hit, aber es gibt auch schöne Wanderwege im Parque Nacional Pico Bonito und das einzigartige Flair und die Rhythmen der Garifuna-Dörfer an der Küste. Das abgelegene Trujillo, letzte Station vor der Moskitia, ist ein zauberhaftes Stück der alten Karibik mit wunderbaren Stränden in der Nähe und großartiger Berglandschaft dahinter.

Trotz allem, was die Region zu bieten hat, fahren Reisende auf ihrem Weg zu den Bay Islands oder Belize hier einfach durch und bekommen nicht mehr als den tristen Charme von Puerto Cortés, Tela oder La Ceiba zu sehen. Dabei sollte man die Städte lieber meiden und sich stattdessen auf die ländlichen Regionen konzentrieren.

Omoa

47 290 EW.

Omoa wirkt wie eine Sackgasse und tatsächlich verirren sich in die unscheinbare Stadt 18 km westlich von Puerto Cortés nur wenige Besucher. Dennoch ist sie ein hübscher, kleiner Badeort an einer breiten, gebogenen Bucht mit tollem Blick auf den Sonnenuntergang, selbst wenn wegen der Küstenerosion der braune Sandstrand nur schmal ist. Es gibt eine historische Festung und am Ufer ein paar Fischrestaurants.

Sehenswertes

Fortaleza de San Fernando de Omoa FESTUNG
(☎2658-9167; 88 HNL; ⏲Mo–Fr 8–16, Sa 9–17 Uhr) Berühmtheit erlangte Omoa wegen dieser

kolossalen spanischen Festung. Sie wurde zwischen 1759 und 1777 aus Ziegeln und Korallen im Auftrag von König Ferdinan VII. von Spanien gebaut, um die Küste vor der karibischen Piratenplage zu schützen, wurde aber 1779 von den Briten eingenommen. Die Festung ist in hervorragendem Zustand und das schöne Besucherzentrum und das Museum präsentieren einen überzeugenden Einblick in die Geschichte.

Schlafen & Essen

Roli's Place HOSTEL $
(☎2658-9082; www.omoa.net/roli.html; Zeltplatz/Hängematte/B pro Pers. 90/100/120 HNL, EZ/DZ 300/350 HNL, EZ/DZ ohne Bad 180/250 HNL; ❄📶) Das etwas alternde Hostel in Schweizer Besitz liegt auf einem großen Rasengelände, ist wunderbar zum Abhängen und nur 70 m vom Strand entfernt. Die gut eingerichteten Doppelzimmer mit Kabelfernsehen sind ein Schnäppchen. Außerdem gibt es einen ganz guten Schlafsaal und einen schattigen Campingplatz. Kostenlos sind die meerestauglichen Kajaks und die Fahrräder. Dies ist kein Partyhostel und es gibt Hausregeln, aber man kann hier echt gut entspannen.

Family Restaurante FISCH & MEERESFRÜCHTE $$$
(Hauptgerichte 190–600 HNL; ⏲11–21 Uhr) Das beste von Omoas Fischrestaurants an der Uferpromenade ist immer voll mit schmatzenden Gästen und blühende Paradiesvogelblumen umrahmen den Meerblick. Die typischen Gerichte der Region sind perfekt zubereitet, vom Grillfisch bis zur Kokos-Muschelsuppe und gegrilltem Knoblauch-Hummer.

An- & Weiterreise

Es gibt stündliche Busverbindungen (25 HNL, 30 Min.) mit Puerto Cortés; einige Busse zweigen von der Carretera ab und lassen Fahrgäste am Strand aussteigen, der etwa 1,5 km entfernt ist.

Roli's Place (s. o.) bietet auf Anfrage einen Shuttleservice nach La Ceiba oder Puerto Barrios in Guatemala.

Puerto Cortés

126 010 EW.

Puerto Cortés liegt an der Grenze zu Belize und Guatemala. Neuankömmlinge sollten nicht erschrecken – ab hier kann alles nur besser werden. Leider ist die wichtigste Hafenstadt von Honduras von Grund auf deprimierend und hässlich. Wer durch den Fährfahrplan zum Übernachten gezwungen wird, ist mit dem attraktiveren Omoa besser bedient. Die meisten Leute ziehen aber direkt nach San Pedro Sula oder in andere Landesteile weiter.

Festivals & Events

Día de los Garifunas KULTUR
(⏲12. April) Das jährliche Fest der Garifuna erinnert an den Tag im Jahr 1797, als sie in Honduras eintrafen.

Schlafen

Hotel El Centro HOTEL $
(☎2665-1160; 3a Av, zw. Calle E 2a & 3a; Zi. mit Ventilator/Klimaanlage ab 450/650 HNL; P❄📶) Das Hotel im Stadtzentrum ist sicher und sauber: Eine gute Wahl für Backpacker.

ABSTECHER

LA CAMPA & UMGEBUNG

Das hübsche kleine Dorf mit seinen weiß gekalkten Häusern ist von Bergen umgeben, überall zwitschern Vögel und auf den Gehwegen trocknen Kaffeebohnen. Hier lässt es sich schön durch die Keramikläden bummeln und die eindrucksvolle barocke **Iglesia de Santa María** besuchen. Oder man setzt sich einfach nur auf eine schattige Bank auf dem Dorfplatz und beobachtet das sehr gemächliche Leben. Viele Besucher kommen wegen der Seilrutsche über der schwindelerregend tiefen Flussschlucht, aber wer mal eine Pause von der modernen Welt braucht, sollte ein paar Tage länger bleiben.

18 km westlich von La Campa liegt der **Parque Nacional Montaña de Celaque** (120 HNL), einer der spektakulärsten Nationalparks von Honduras. Hier befindet sich der Cerro de las Minas, der höchste Berg des Landes (2849 m), bedeckt von dichten Wäldern. Im Park entspringen mehrere Flüsse, es gibt einen majestätischen Wasserfall, der vom gesamten Tal aus sichtbar ist, und sehr steile Hänge, auch einige vertikale Felswände. Das Tier- und Pflanzenleben im Park ist sehr vielfältig. Hier leben Pumas, Ozelote und Quetzals, die man aber selten sieht. Häufiger vertreten sind Schmetterlinge, Affen und Reptilien.

Prince Wilson Hotel HOTEL $$
(☎9864-7760; EZ/DZ mit Klimaanlage 700/950 HNL; ❄📶) Das annehmbare Haus ist die beste Option für die Fähre, da es direkt am Anleger liegt. Die Zimmer sind sauber und komfortabel und das Personal ist hilfsbereit. Mit Abstand die am günstigsten gelegene und sicherste Unterkunft.

An- & Weiterreise

BUS

Busse nach San Pedro Sula (76 HNL, 1 Std., alle 15 Min. bis 17.30 Uhr) fahren vom **Busbahnhof** in der 4a Avenida zwischen den Calles 3a und 4a ab. Die Busse zur guatemaltekischen Grenze in Corinto verkehren ungefähr stündlich (65–90 HNL, 2 Std.) über Omoa (25 HNL, 30 Min.).

SCHIFF/FÄHRE

D-Express (☎9991-0778, 2665-0726) fährt montags um 11.30 Uhr nach Big Creek, Belize City und Placencia (alle 1320 HNL). Der **Anleger** ist neben dem Restaurant El Delfin in Barra la Laguna 3 km südöstlich des Zentrums. Wer mit dem Bus in Puerto Cortés eintrifft, sollte den Fahrer bitten, an der Laguna-Kreuzung anzuhalten, dann dort die Straße überqueren und Richtung Brücke gehen. Dort befinden sich der Ticketverkauf und die Einreisebehörde. Passagiere müssen um 10 Uhr am Kai sein, um vor der Abfahrt die Formalitäten zu erledigen. Zurück nach Honduras fährt die Fähre freitags 9.30 Uhr ab Placencia und 10.30 Uhr ab Big Creek.

Eine Überfahrt nach Belize ist übrigens meist billiger und einfacher ab der guatemaltekischen Hafenstadt Puerto Barrios.

Tela

99 290 EW.

Viele Leute kommen durch Tela oder bleiben sogar ein oder zwei Nächte, um den fantastischen Lancetilla Jardín Botánico zu besuchen, den größten botanischen Garten auf dem amerikanischen Doppelkontinent. Die beiden Nationalparks Jeannette Kawas und Punta Izopo sind ebenfalls wunderbare Ausflugsziele und liegen in unmittelbarer Nähe der Stadt.

Tela selbst ist ein heruntergekommener urbaner Badeort, dessen Strände leider zugemüllt sind und der an vielen Ecken schlichtweg auch tagsüber zu gefährlich ist. Das Stadtzentrum ist laut, geschäftig, marode und absolut unsicher bei Nacht; die Hotels und Restaurants sind überteuert.

Während der Semana Santa (Karwoche vor Ostern) und auch oft am Wochenende ist Tela voll mit honduranischen Urlaubern, aber im übrigen Jahr ist hier alles ziemlich *tranquilo*.

Sehenswertes & Aktivitäten

Die Hauptattraktion von Tela selbst sind die **Strände**, die sich kilometerlang um die Bucht erstrecken. Die meisten sind vermüllt, aber westlich der Stadt ist vor dem Hotel Villas Telamar ein heller, pudriger Abschnitt, der makellos sauber gehalten wird. Auch Nichtgäste können hier Strandliegen mieten, aber nur, wenn die Auslastung des Resorthotels gering ist. Die entfernter liegenden Strände sind zwar viel sauberer, aber auch gefährlicher.

Garífuna Tours BOOTSFAHRTEN
(☎2448-1069; www.garifunatours.com; 9a Calle NE, an der 5a Ave NE) Eine professionelle, bewährte Agentur, die Touren anbietet, darunter ganztägige Bootsfahrten in den Parque Nacional Jeannette Kawas (ab 925 HNL), ganztägige Kajaktouren im Punta Izopo (850 HNL) und Ausflüge zu den Cayos Cochinos (1375 HNL). Außerdem ist auch ein exzellenter Ausflug zu verschiedenen Garifuna-Dörfern im Angebot, inklusive Besuch des Lancetilla Jardín Botánico (1375 HNL). Für die Touren sind mindestens sechs Teilnehmer erforderlich, was am Wochenende kein Problem ist.

Schlafen & Essen

Hotel Bertha PENSION $
(☎2448-3020; 2a Av NE & 7a Calle NE; Zi. mit Ventilator/Klimaanlage ab 450/700 HNL; ❄) Eine klassische Pension der alten Schule in einer ruhigen Lage. Toll an ihr ist, dass die freundliche Besitzerfamilie keinen Schnickschnack bietet, aber sehr anständige, kleine und saubere Zimmer mit Bad (Kaltwasser) zu erschwinglichen Preisen vermietet. Eine besonders herzliche Begrüßung ist allerdings nicht zu erwarten. Hotel Bertha liegt fünf Minuten zu Fuß landeinwärts vom Strand.

★ **Maya Vista Hotel y Restaurante** HOTEL $$
(☎2448-1497; www.mayavista.com; 8a Calle NE, zw. 9a & 10a Av NE; EZ/DZ/3BZ ab 1450/1650/2180 HNL; ❄📶🏊) Das architektonisch interessante Hotel auf einem Hügel inmitten der Stadt ist mit Abstand die beste Unterkunft in Tela. Es hat eine schöne Auswahl an Zimmern mit geschmackvoller Einrichtung, viele mit weitem Blick über Tela und das Meer mit seinem spektakulären Sonnenun-

tergang. Zum Haus gehört auch ein wundervolles, wenn auch teures Restaurant (Hauptgerichte 160–595 HNL), dessen Spezialität Fisch und Meeresfrüchte sind.

Auto Pollo Al Carbón FAST FOOD $
(11a Calle NE Höhe 2a Av NE; Brathuhn 43–185 HNL; ⌚7–23 Uhr) Brathühnchen unter einem Wellblechdach in einer netten, rot und weiß gestrichenen offenen Bude nur einen Steinwurf von der Karibik entfernt. Ein Viertel Hühnchen und ein Salat kosten nur 58 HNL.

Luces del Norte FISCH & MEERESFRÜCHTE $$
(Ecke 11a Calle NE & 5a Av NE; Hauptgerichte 190–395 HNL; ⌚7–21 Uhr; 📶) Das anheimelnde, bunte karibische Holzhaus ist in der Stadt für seine Meeresfrüchte bekannt (die Paella ist besonders lecker). Es gibt auch diverse Pastagerichte, Omeletts und ein üppiges Frühstück.

★César Mariscos Restaurante FISCH & MEERESFRÜCHTE $$$
(Calle Peatonal frente al mar; Hauptgerichte 290–404 HNL) Das Lieblingsrestaurant des ganzen Landes ist für viele ein Grund, um nach Tela zu kommen. Der pro Kilo verkaufte Hummer trieft nur so vor Knoblauchbutter und die Lage direkt am Strand ist wunderbar zum Leutegucken. Zu den weiteren Spezialitäten zählen die Muschelsuppe und mit Kokos panierte Garnelen. Jedes Gericht wird mit hausgebackenem, warmem und knusprigem Kokosbrot und einer unverschämt guten, stückigen scharfen Sauce serviert. Hier sollte man mal richtig zuschlagen.

ℹ Praktische Informationen

Im Zentrum von Tela gibt es viele Bankautomaten. Ein verlässlicher steht in der **Banco de Occidente** (Parque Central; ⌚Mo–Fr 8–17.30, Sa 8.30–13 Uhr).

Fundación Prolansate (☎2448-2042; www.prolansate.org; Ecke 7a Av & 8a Calle NE; ⌚Mo–Do 8–17.30, Fr bis 16.30 Uhr) Fördert den Ökotourismus in Tela, hat Infos zum Lancetilla Jardín Botánico und Punta Sal (im Parque Nacional Jeannette Kawas).

Post (4a Av NE; ⌚Mo–Fr 8–16, Sa 8–12 Uhr)

Touristenpolizei (☎9713-6731; Ecke 11a Calle NE & 4a Av NE; ⌚24 Std.)

GEFAHREN & ÄRGERNISSE

Tela ist eine arme Stadt und nach Einbruch der Dunkelheit nicht sicher. Nachts ist jeglicher noch so kurze Weg zu Fuß zu vermeiden, besonders in schlecht beleuchteten Straßen und am Strand.

Wertsachen sollten auf keinen Fall an den Strand mitgenommen werden. Ohne Begleitung sind alle Ecken hinter dem Hotel Villas Telamar Resort (westliches Strandende) und dem Anleger des La Ensenada Beach Resort (östliches Strandende) auch tagsüber absolut tabu.

ℹ Anreise & Unterwegs vor Ort

Langsame Busse (Ecke 9a Calle NE & 9a Av NE) nach La Ceiba (50 HNL, 2½ Std., 4–18 Uhr) fahren alle 20 Minuten vom Fernbusbahnhof in Tela an der Ecke 9a Calle NE und 9a Avenida NE ab. Schnellere **Direktbusse** nach La Ceiba (80 HNL) und San Pedro Sula (92 HNL) fahren regelmäßig an der Tankstelle an der Fernstraße ab. Sie ist mit dem Taxi zu erreichen.

Am Busbahnhof von **Transportes Tela Express** (2a Av NE) fahren täglich neun (sonntags sieben) Direktbusse nach San Pedro Sula (90 HNL, 2 Std.). **Hedman Alas** (☎2448-3075; Tankstelle Aleros; ⌚8–17 Uhr) hat einmal täglich eine Verbindung nach San Pedro Sula (165 HNL, 2 Std.) und nach La Ceiba (195 HNL, 2 Std.).

Regionalbusse (Ecke 11a Calle & 8a Av) zu den Garifuna-Dörfern bei Tela fahren von einem ungeteerten Platz an der Ecke 11a Calle und 8a Avenida ab.

In Tela gibt es viele **Taxis**; eine Fahrt innerhalb der Stadt kostet 25 HNL. Ein Taxi nach Triunfo de la Cruz, La Ensenada oder Tornabé kostet zwischen 120 und 150 HNL.

Rund um Tela

Das Umland von Tela besticht durch seine faszinierende Vielfalt. In einem relativ kleinen Gebiet befinden sich tolle Strände, mehrere Naturschutzgebiete, florierende Garifuna-Dörfer und einer der größten botanischen Gärten der Welt.

Sehenswertes

Parque Nacional Jeannette Kawas NATIONALPARK
(160 HNL) Im eine halbstündige Bootsfahrt von Tela entfernten Nationalpark gibt es mehrere weiße Sandstrände, u. a. die hübsche **Playa Cocalito**. Die Korallenriffe vor der Küste bieten recht gute **Schnorchelmöglichkeiten**, während Brüllaffen, Königsboas, Tukane und sehr scheue Jaguare im Wald leben. Auf Tagesausflügen kann man **wandern**, schnorcheln und am Strand faulenzen. Reiseagenturen in Tela bieten Touren an.

Refugio de Vida Punta Izopo TIERSCHUTZGEBIET
(90 HNL) Die Flüsse, die in das Wildreservat Punta Izopo fließen, bilden ein Labyrinth aus Flussläufen im dichten Mangrovenwald.

Affen, Schildkröten und sogar Krokodile leben hier, ebenso viele Vogelarten. Beim stillen Gleiten auf den Mangrovenkanälen sind viele Tiere oft aus nächster Nähe zu sehen.

Garifuna-Dörfer

Von Tela aus gut zu erreichen sind mehrere idyllische Dörfer, in denen Garifuna leben. Jedes besteht aus rustikalen Häusern (manchmal auf Pfählen) direkt am Strand, wo Fischerkanus liegen und das blaue Wasser der Karibik ans Ufer schwappt

Das nächstgelegene Dorf ist das hübsche kleine **La Ensenada** kurz vor der Landspitze 3 km östlich von Tela den Strand entlang. Es gibt ein paar einfache Übernachtungsmöglichkeiten, aber die Seafood-Restaurants in La Ensenada sind meist nur am Wochenende geöffnet. Das nächste Dorf in nordöstlicher Richtung ist das größere **El Triunfo de la Cruz**, das am meisten erschlossene Garifuna-Dorf, dem aber das beschauliche Flair der anderen Dörfer fehlt. 8 km westlich von Tela liegt das große Garifuna-Dorf **Tornabé**, wo Bootstouren vereinbart werden können. Hinter Tornabé erstreckt sich der Strand noch mehrere Kilometer bis nach **Miami**, einem wunderschönen Dorf aus Hütten mit *palapa*-Dächern auf einer schmalen Sandbank; es ist das traditionellste und ursprünglichste Dorf an diesem Abschnitt. Hier werden Boote für Ausflüge in den Parque Nacional Jeannette Kawas vermietet (2200 HNL für bis zu 7 Pers.).

Schlafen

Coco Cabañas CABAÑAS $

(☎3335-4599; www.hotelcaraibe.com; Triunfo de la Cruz; cabaña 500 HNL; 📶) Die sehr rustikalen Hütten für zwei Personen am Strand bestehen aus recycelten Flaschen, Bambus und anderen umweltfreundlichen Materialien. Die Inhaber sind sehr freundlich, über den Betten hängen Moskitonetze und es gibt ein Bad mit Warmwasser sowie eine Kochnische. Die Wellen hat man direkt vor der Haustür. Frühstück sowie Touren in die Umgebung gibt's auf Anfrage.

An- & Weiterreise

Ab dem Regionalbusbahnhof in Tela fahren Busse über zwei Routen in ca. 30 bis 45 Minuten zu den Garifuna-Dörfern: In Richtung Westen fahren sie nach Tornabé, gen Osten nach El Triunfo de la Cruz (jeweils 15–22 HNL, Mo–Sa ca. 7–17 Uhr, stündl.). Die Alternative dazu ist ein *colectivo*-Taxi für rund 50 HNL.

Lancetilla Jardín Botánico

Der **Botanische Garten & Forschungszentrum Lancetilla** (☎2408-7806; www.esnacifor.hn; 190 HNL; ⏲7–17 Uhr) ist einer der größten tropischen Gärten der Welt. Er wurde 1926 von der United Fruit Company angelegt und ist nach wie vor ein aktives wissenschaftliches Forschungszentrum. Ein Besuch der Gärten ist eine wahre Freude – sie sind ein tropisches Wunderland mit Pflanzenarten aus aller Welt. Hier wachsen 636 Arten asiatischer Obstbäume, darunter Lychee, Mango, Durian, Mangostane und Jackfrucht. Die Pfade sind gut markiert.

Auch die Vogelwelt gedeiht in Lancetilla – Hunderte Arten wurden entdeckt. Jedes Jahr findet hier am 14. und 15. Dezember die 24-stündige Vogelzählung der Audubon Society statt; wer dann gerade vor Ort ist, kann daran teilnehmen. Zugvögel lassen sich hier von November bis Februar nieder.

Im **Besucherzentrum** (☎2408-6715; ⏲7–16 Uhr) können Guides für Führungen auf Spanisch (150 HNL pro Std.) angeheuert werden.

Auf dem Gelände gibt es auch eine Unterkunft: **Hütten** (☎2408-6715; 2BZ/Hütte 545/760 HNL; ❄) mit drei Einzelbetten und eigenem Bad. Sie können im Besucherzentrum gebucht werden.

An- & Weiterreise

Lancetilla liegt 6 km südwestlich von Telas Zentrum. Eine Hin- und Rückfahrt mit dem Taxi kostet rund 230 HNL.

La Ceiba

204 140 EW.

La Ceiba ist die Partystadt von Honduras. Hierzulande sagen die Leute: „Tegucigalpa denkt, San Pedro Sula arbeitet und La Ceiba amüsiert sich". Das quirlige Nachtleben macht diese Hafenstadt auf jeden Fall zu einem Ziel für feierfreudige Honduraner. Allerdings findet fast das ganze Nachtleben jenseits der Flussmündung im Barrio La Isla statt, der *zona viva* (Vergnügungsviertel) der Stadt. In anderen Vierteln herrscht glühende Hitze und extreme Luftfeuchtigkeit (Vorsicht nach Einbruch der Dunkelheit!).

Ansonsten hat Ceiba kaum etwas zu bieten: Die Strände sind verschmutzt und unsicher und die Innenstadt wirkt verfallen und vernachlässigt, aber trotzdem irgendwie lebendig und freundlich. Gleichwohl werden die meisten Reisenden sich hier irgendwann wiederfinden, da Ceiba ein Verkehrsknotenpunkt für die Bay Islands und auch ein toller Standort zur Erkundung des Nationalparks Pico Bonito, der idyllischen Cayos Cochinos und der erstklassigen Wildwasser des Río Cangrejal ist.

Sehenswertes & Aktivitäten

Parque Swinford PLAZA
(Karte S. 426; Av La República, zw. Calle 7a & 8a; 6–18 Uhr) GRATIS Der Parque Swinford ist eine üppig bewachsene Tropenoase im Herzen La Ceibas, die sogar einen restaurierten Waggon aus den glorreichen Eisenbahntagen der Gegend aufzuweisen hat.

Tourist Options WANDERN, TAUCHEN
(Karte S. 426; 9978-8868, 9982-7534; www.hondurastouristoptions.com; Av La República) Das Reiseunternehmen bietet Ausflüge zu Garifuna-Dörfern und Tagestouren zu den Cayos Cochinos (ab 1000 HNL pro Pers.). Im Angebot sind auch Tauchausflüge, Tagestouren nach Trujillo und Vogelbeobachtung.

Festivals & Events

Carnaval KULTUR
(Ende Mai) Mit dem Karneval erlebt die Stadt ihren Partyhöhepunkt und es wimmelt nur so von Faschingsnarren. Ihre Spitze erreicht die Stimmung am Samstag bei Umzügen mit maskierten und kostümierten Teilnehmern, Musik und Straßenfesten.

Schlafen & Essen

Die Unterkünfte in La Ceiba sind wenig verlockend. Im Zentrum zu übernachten ist praktisch, aber dort ist es nachts (wenn ohnehin niemand mehr rumlaufen sollte) auf unheimliche Weise ruhig. Außerhalb der Stadt im tropischen Dschungel am Río Cangrejal gibt es weitaus bessere Alternativen.

In La Ceiba gibt es einige gute Restaurants, die so ziemlich alle Fisch und Meeresfrüchte anbieten. An **La Línea**, wo die alte Eisenbahnlinie von La Ceiba auf der Avenida La República verläuft, gibt es rund um die Uhr geöffnete Imbissstände, z. B. mit köstlichen *baleadas* (Tortillas mit Bohnenmus und anderen Füllungen).

Guacamayos Backpackers HOSTEL $
(Karte S. 426; 8763-1410; Av 14 de Julio; B/Zi. 195/350 HNL;) Das Hostel ist zwar schäbig, unsicher und einfach, aber dafür zweckmäßich, zentral gelegen und billig. Im Gemeinschaftszimmer stehen ein paar Stühle vor einem kleinen Fernseher und ein kleiner Tisch mit geöffneten Whiskey- und Colaflaschen. Die Schlafsäle haben drei bis vier Betten und private Bäder mit Warmwasser.

Casa de España BOUTIQUEHOTEL $$
(Karte S. 426; www.casadeespana.com; Av 14 de Julio; EZ/DZ/2BZ/4BZ ab 700/1300/1700/1900 HNL;) Das sichere, saubere und sehr gut gelegene Hotel wird liebevoll von Carlos und Jennifer geführt. Es strotzt nur so vor hübschen dekorativen Details wie Kissen und gerahmten Spiegeln. Im fantastischen Dachrestaurant/Loungebereich mit Meerblick wird das große, herzhafte Frühstück serviert, weitere Mahlzeiten können bestellt werden. Die Zimmer sind klein, es gibt aber gute Betten und Bettwäsche.

Cobel HONDURANISCH $
(Karte S. 426; 2 Baleadas 35 HNL) Ein super Zwischenstopp für preiswerte, sättigende und leckere *baleadas* in einem sauberen Lokal im Herzen der Stadt.

Jugos Chapala SAFTBAR $
(Karte S. 426; Av San Isidro; Getränke ca. 35 HNL; 7.30–19 Uhr) Die tolle Saftbar bietet eine unglaublich große Auswahl and Säften und Shakes, unter anderem aus Früchten, von denen man noch nie gehört hat. Jedes Getränk kann wahlweise mit unzähligen Extras (z. B. Haferflocken und Cornflakes) bestellt werden. Ein Geschenk des Himmels für alle, die sich nach Obst und Gemüse sehnen. Der Preis hängt von den Zutaten ab.

Pupusaría Universitaria HONDURANISCH $
(Karte S. 426; 1a Calle nahe Av 14 de Julio; Pupusas 29 HNL, Hauptgerichte 130–175 HNL; So–Fr 10–22 Uhr) Das prima Billiglokal in einem aus Holzschindeln und Bambus bestehenden Gebäude serviert leckere Gerichte zu moderaten Preisen: *pupusas* (Maismehltortillas, gefüllt mit Käse, knusprigem Schweinefleisch und/oder Bohnenmus), Tacos und köstliche *pinchos* (Kebabs). Es wird gern von Studenten aufgesucht und die Angestellten sind freundlich.

★ **Ki'boc Café** HONDURANISCH, INTERNATIONAL $$
(Karte S. 426; 4a Av, zw. Calle 8a & 9a; Hauptgerichte 50–138 HNL; Mo–Fr 7–19, Sa 8–19, So 8–12 Uhr;) Das nette Café mit einer künstlerischen Atmosphäre, freundlichem Personal und Biokaffee ist so alternativszenig wie es in Ceiba nur geht. Das reichliche Frühstücksangebot ist das beste in

La Ceiba

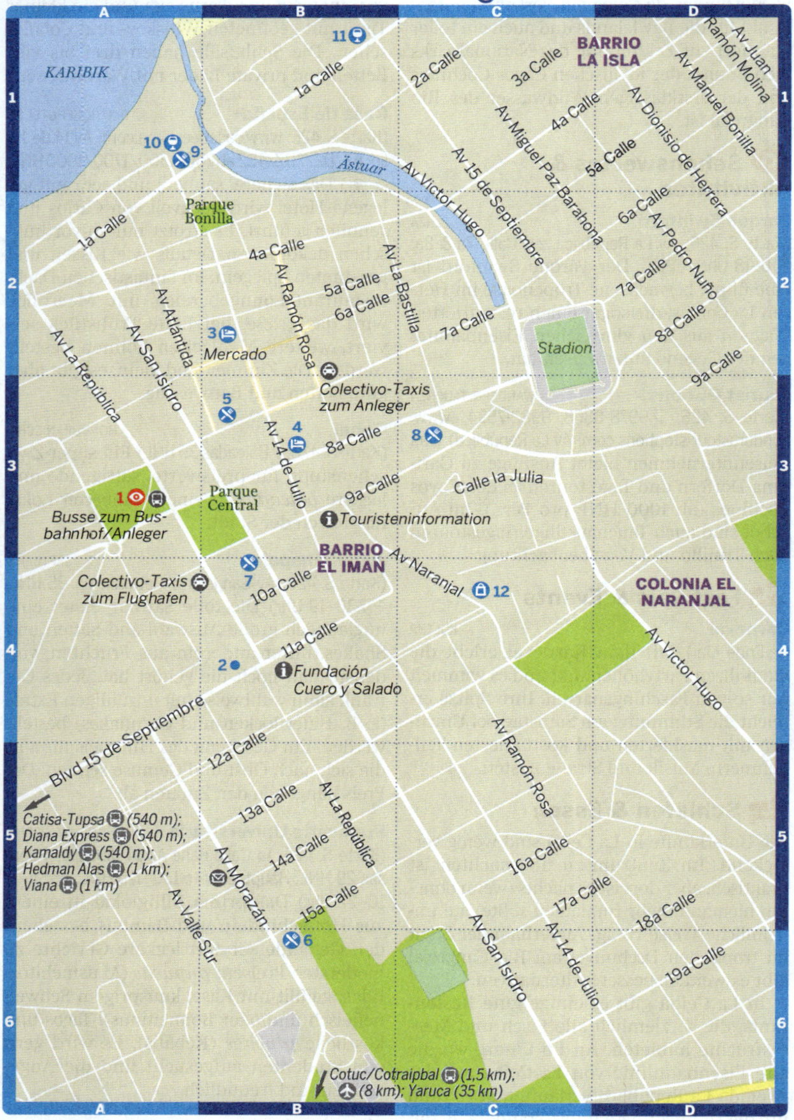

der Stadt und besteht aus leckeren honduranischen *chilaquiles*, Obstsalat, Armen Rittern, Omeletts und verschiedenen Arten Flan. Es gibt eine Bücherbörse, eine kleine Terrasse und einen klimatisierten Gastraum mit Gemälden und zusammengewürfelter Einrichtung.

★ **El Jardín de Susana** HONDURANISCH $$$
(Karte S. 426; ☎ 2440-0061; Calle 15a & Av Morazán; Hauptgerichte 250–340 HNL; ⏲ Mi–Mo 10–14.30 & 17–22 Uhr) Kein Schild kennzeichnet „Susanas Garten" (es ist das grüne Haus mit Tischen im Patio), trotzdem macht der Laden reichlich Furore. Berühmt ist die Salat-

La Ceiba

bar (ja, frisches Gemüse, keine Einbildung) und es ist wohl das einzige Restaurant in Honduras, wo Zucchini serviert werden. An der Salatbar kann man sich schon ab 140 HNL bedienen. Die Hauptgerichte sind fleischlastig oder kommen mit einem Berg frischer Meeresfrüchte daher und schmecken köstlich.

Ausgehen & Nachtleben

★ La Casa del Jaguar BAR

(Karte S. 426; Nähe 1a Calle; Mo–Sa 17–23 Uhr) Eine der interessantesten Kneipen in Ceiba ist eine schräge Strandbar mit Baumhausatmosphäre und vielen Ecken und Nischen für ein gemütliches Beisammensein. Im Ort ist sie berühmt für die hausgebrannten Schnäpse des Besitzers – er nennt sie augenzwinkernd „die einzige Biobar in Honduras". Die Gäste sind eher szenig und Partys am Wochenende dauern bis tief in die Nacht.

La Palapa BAR, CLUB

(Karte S. 426; Av 15 de Septiembre; So–Mi 11–23, Do–Sa bis 2 Uhr) Das große und noble zweistöckige Bar-Restaurant mit Strohdach direkt hinter dem Strand ist ein fester Bestandteil der *zona viva*. Hier tummeln sich meist reiche und hedonistische Partygäste, allerdings kommen auch viele sowohl wegen der hervorragenden Meeresfrüchte hierher als auch zum Tanzen nach dem Essen. Es gibt zwei Tanzflächen: die oben ist kostenlos, unten wird Eintritt in unterschiedlicher Höhe verlangt.

Shoppen

Souvenirs El Buen Amigo KUNSTHANDWERK

(Karte S. 426; Av Naranjal s/n, Barrio El Iman; Mo–Sa 8–18.30 Uhr) Der kleine, familiengeführte Laden verkauft honduranische *artesanías* (Kunsthandwerk) wie Töpferwaren der Lenca, Holzschnitzereien und Hängematten. Ideal für Souvenirs.

Praktische Informationen

Im Stadtzentrum und drum herum gibt es mehrere Geldautomaten, darunter in der **Banco Atlántida** (Av San Isidro; Mo–Fr 9–12 & 13–17 Uhr).

Obwohl La Ceibas **Touristeninformation** (Karte S. 426; 2440-3044; 9a Calle; Mo–Fr 8–16.30 Uhr) versucht hilfreich zu sein (es wird kein Englisch gesprochen), sind die Tourveranstalter die beste Wahl, wenn es um das Buchen von Reisedienstleistungen geht. Eine großartige Tourismus-Website ist www.visitalaceiba.com.

Einreisebehörde (2442-0638; 1a Calle, Ecke Av 14 de Julio; Mo–Fr 7.30–15.30 Uhr) Kann Einreisestempel und Visa verlängern.

Hospital Eurohonduras (2440-0927; Av Atlántida; 24 Std.) Zwischen 1a Calle und dem Strand.

Post (Karte S. 426; Ecke Av Morazán & 14a Calle; Mo–Fr 8–16, Sa 8–12 Uhr)

Touristenpolizei (2441-0860; Residencial El Toronjal; 24 Std.) Drei Straßen südlich der Carretera a Tela.

An- & Weiterreise

BUS

Der Hauptbusbahnhof befindet sich am **Mercado San José**, etwa 1,5 km westlich des Zentrums von La Ceiba, von wo Stadtbusse ins Stadtzentrum und zur zentralen Plaza fahren (9 HNL). Eine Alternative ist ein *colectivo*-Taxi (20 HNL). Busse mit der Aufschrift „Terminal" fahren von der **Haltestelle** (Karte S. 426) in der Avenida La República zwischen 7a Calle und 8a Calle zum Busbahnhof.

La Ceiba ist ein wichtiger Verkehrsknotenpunkt; von hier gibt es sogar Verbindungen nach Antigua in Guatemala sowie regelmäßige Busse von/nach Copán Ruinas. Die meisten normalen Busse (im Unterschied zu den Luxusbussen) benutzen den Hauptbusbahnhof; **Diana Express** (2509-4886; www.transportedianaexpress.jimdo.com), **Catisa-Tupsa** (2441-2539) und **Kamaldy** (2441-2028; www.transporteskamaldy.com) haben hier ihre Schalter. Es gibt aber ein paar Ausnahmen: Der Busbahnhof von **Viana** (2441-2230; www.vianatransportes.com; Blvd 15 de Septiembre) liegt 500 m weiter westlich an derselben Straße, der von **Hedman Alas** (2441-5347; www.hedmanalas.com)

BUSSE AB LA CEIBA

ZIEL	PREIS (HNL)	DAUER (STD.)	BUSLINIE	ABFAHRTEN
Antigua (Guatemala)	1285	11	Hedman Alas	2-mal tgl.
Copán Ruinas	731	7	Hedman Alas	2-mal tgl.
La Unión-Cuero y Salado	33	1½	Hauptbusbahnhof	Mo–Sa alle 45 Min., So stündl.
Lago de Yojoa	500	5	Hedman Alas	4-mal tgl.
Sambo Creek/Corozal	20	1	Hauptbusbahnhof	alle 35 Min.
San Pedro Sula	150	3½	Diana Express	6-mal tgl.
	138	3½	Catisa-Tupsa	5–18 Uhr stündl.
	300	3	Hedman Alas	3-mal tgl. (über Flughafen San Pedro Sula)
	420	3	Viana	4-mal tgl.
Tegucigalpa	265	7	Kamaldy	4-mal tgl.
	710	6½	Viana	4-mal tgl.
	537	6½	Hedman Alas	2-mal tgl.
Tela	72	2	Kamaldy	4-mal tgl.
	54	2	Hauptbusbahnhof	alle 25 Min.
Trujillo	160	3	Cotuc/Cotraipbal	stündl.
Yaruca/Río Cangrejal	25	½	Hauptbusbahnhof	5-mal tgl., oder jeder Bus nach Las Mangas

gegenüber. Die Busse von **Cotuc/Cotraipbal** (☎2441-2199) nach Trujillo fahren von Haltestellen an der Carretera a Tela ab.

FLUGZEUG

Der **Aeropuerto Golosón** (LCE) liegt 10 km westlich von La Ceiba an der Straße nach Tela. Häufige Flüge gibt es nach San Pedro Sula, Tegucigalpa, zu den Bay Islands und zur Moskitia.

AeroCaribe (☎3364-7688, 2442-1088; www.aerocaribehn.com; 13a Calle) Fliegt nach Guanaja und zu mehreren Orten in der Moskitia, u. a. Puerto Lempira und Brus Laguna.

Aerolíneas Sosa (☎2443-1399, Flughafen 2440-0692; www.aerolineassosa.com; Av San Isidro zw. Calle 8a & 9a) Regelmäßige Verbindungen mit Roatán, Utila und Puerto Lempira.

Lanhsa (☎2442-1283; www.lanhsa.com; Flughafen) Flüge zwischen La Ceiba und Roatán, Guanaja, Puerto Lempira und Tegucigalpa.

SCHIFF/FÄHRE

Fähren zu den Bay Islands legen vom **Muelle de Cabotaje** etwa 8 km östlich der Stadt ab. Taxis vom Busbahnhof oder von der Stadt kosten etwa 100 HNL. *Colectivos* (Karte S. 426) kosten 25 HNL und fahren an der 7a Calle im Stadtzentrum ab, aber keines zurück. Vom Stadtzentrum zum Fährhafen fährt ein Bus ab der Avenida La República.

Die moderne und komfortable **Galaxy Wave** (☎2445-1775; www.roatanferry.com) fährt zweimal täglich nach Roatán (900 HNL, 1¼ Std). Die moderne **Utila Dream** (☎9450-8133; www.utilaferry.com; Muelle de Cabotaje; einfach 200 HNL; ⏲tgl. 9.30 & 16 Uhr) legt zweimal täglich nach Utila (600 HNL) ab, die Fahrt dauert 45 Minuten.

Passagiere können auf allen oben genannten Fähren seekrank werden, besonders bei rauer See – Spucktüten stehen nicht zur Verfügung, Vorsorge ist also ratsam.

ℹ Unterwegs vor Ort

Es gibt in La Ceiba zahlreiche Autovermietungen. Am Flughafen lassen sich die Preise am besten vergleichen. Autovermieter sind u. a. **Avis** (☎2441-2802; www.avis.com.hn; Flughafen) und **Econo Rent-A-Car** (☎2441-5079, 2441-5080; www.econorentacarhn.com; Flughafen; ⏲8–17 Uhr).

Colectivo-Taxis in La Ceiba verlangen 25 HNL pro Person, nach 20 Uhr etwas mehr.

ZUM/VOM FLUGHAFEN

Alle normalen Busse, die vom Hauptbusbahnhof in La Ceiba Richtung Westen fahren, halten auf Wunsch auch am Flughafen. **Colectivo-Taxis** (Karte S. 426) vom Parque Central fahren auch am Flughafen vorbei (25 HNL), aber sie fahren erst ab, wenn sie voll besetzt sind. Ein normales Taxi kostet um 200 HNL.

Taxis am offiziellen Stand außerhalb des Flughafens verlangen ungefähr 200 HNL für die Fahrt nach la Ceiba; wer an der Hauptstraße ein *colectivo* anhält, zahlt dagegen nur 25 HNL pro Person.

Rund um La Ceiba

Die Umgebung von La Ceiba ist umwerfend und mit Abstand der beste Grund, die Stadt zu besuchen. Und in der Tat übernachten viele Reisende lieber in der Umgebung als in La Ceiba selbst, was ohnehin besser ist, um den Parque Nacional Pico Bonito, den hinreißenden Río Cangrejal, die herrlichen Strände der Cayos Cochinos oder die Tierwelt im Refugio de Vida Silvestre Cuero y Salado zu erkunden.

Río Cangrejal

Der türkisfarbene Río Cangrejal, der durch den Dschungel braust, ist zu Recht als Zentralamerikas bester Fluss für Wildwasserfahrten bekannt. Selbst wenn nicht die geringste Lust besteht, durch die reißenden Wasser zu paddeln, ist die Region eine hinreißende Basis für alle möglichen Abenteuersportarten, aber auch um Vögel zu beobachten oder einfach am Fluss die Seele baumeln zu lassen. Die Landschaft ist spektakulär, die Luft frisch und es gibt ein paar tolle Unterkünfte am Flussufer.

Aktivitäten

Die meisten Besucher wollen auf dem Cangrejal raften oder paddeln, aber man kann auch schwimmen, Mountainbike- und Reitausflüge sowie tolle Wanderungen im Regenwald unternehmen. Buchungen erledigen die jeweiligen Unterkünfte oder jedes Reisebüro in La Ceiba.

Wandern

Ein Stück bergauf von der Jungle River Lodge, direkt am Besucherzentrum (S. 430), geht es über eine Seilbrücke ans andere Ufer des Cangrejal und von dort aus auf einem Wanderweg ins Zentrum des Parque Nacional Pico Bonito. Auf dem Privatgelände der Omega Lodge (S. 430) gibt es ebenfalls mehrere gut markierte Wanderwege.

★ Omega Tours ABENTEUER
(☎9745-6810, 9631-0295; www.omegatours.info; Omega Lodge) Das von einem ehemaligen internationalen Kajakfahrer gegründete Unternehmen bietet Wildwasserrafting (ab 1400 HNL) mit Mittagessen, Kajak- und Kanutouren, Reitausflüge, Mountain Biking sowie Dschungel- und Wasserwanderungen an, alles unter professioneller Anleitung. Eine Übernachtung in der Omega Lodge ist im Preis jeder Tour enthalten.

Guaruma Servicios WANDERN
(☎2442-2673; www.guaruma.org; Wanderführer pro Tag inkl. Parkeintritt 360–525 HNL) Dieses empfehlenswerte Unternehmen im Weiler Las Mangas am Río Cangrejal fördert die örtliche Gemeinde gezielt über den Ökotourismus.

Reiten

Reitausflüge werden von der Omega Lodge (S. 430) für 1500 HNL pro halben Tag angeboten. Alle Pferde gehören zur Lodge und werden sehr gut versorgt.

Wildwasserfahrten

Der Río Cangrejal bietet sich für grandiose Wildwasserfahrten an. Die Landschaft ist überwältigend: Der Fluss strömt durch Regenwald, der zum Parque Nacional Pico Bonito gehört und wo häufig Reiher, Eisvögel und Tukane zu sehen sind.

Der Cangrejal ist in zwei Hauptabschnitte aufgeteilt: Der obere Teil ist knochenhart und bietet Stromschnellen und echten Nervenkitzel der Klasse IV und V. Nach starken Regenfällen ist er meist nicht mehr befahrbar. Auf dem unteren Abschnitt, wo der Fluss um riesige Felsbrocken rauscht, sind das ganze Jahr über Wildwasserfahrten der Klasse III möglich.

Für beide Abschnitte ist ein erfahrener und kompetenter Führer nötig. Im oberen Teil des Cangrejal ist es nämlich nach heftigen Regenfällen schon zu Unfällen gekommen, weil die Stromschnellen dann besonders tückisch sind. Die aktuelle Lage sollte erst beim Touranbieter erfragt werden (die Buchung kann man in der Lodge erledigen lassen, in der man abgestiegen ist).

La Moskitia Ecoaventuras RAFTING
(www.lamoskitia.hn; Halbtags-Raftingtouren 1075 HNL) Der umweltbewusste Jorge Salaverri ist ein echter Rafting-Pionier auf dem Río Cangrejal und denkt noch lange nicht ans Aufhören. Seine Söhne führen oft die Touren. Er ist der wohl kompetenteste der wenigen Guides, die sich in der Region Moskitia auskennen (Jorge stammt aus Nicaragua, aus dem Grenzgebiet bei Puerto Lempira) und organisiert Touren oder hilft Individualreisenden bei der Planung.

Jungle River Tours ABENTEUER
(☎2416-5009, 9681-6466; www.jungleriverlodge.com) Diese Agentur organisiert Wildwasser-

fahrten, Mountain Biking, Baumwipfeltouren mit einer eher zweifelhaften Seilrutsche, Wanderungen und andere Ausflüge.

Schlafen & Essen

La Moskitia Adventuras Lodge LODGE $

(☎2441-3279; www.lamoskitia.hn; Straße nach Yaruca Km 9; Zelt 250 HNL; 📶) Eine sehr einfache Lodge am Fluss mit hinreißender Lage am tosenden Cangrejal – der Blick ist einfach faszinierend. Die Unterkunft besteht aus stabilen Armeezelten mit richtigen Betten. Manchmal können Mahlzeiten bestellt werden, ansonsten steht eine Küche zur Verfügung oder man spaziert zum Essen in die nahe Omega Lodge. In Zukunft soll es auch Schlafsäle geben. Hier geht es vor allem ums Rafting.

Jungle River Lodge LODGE $

(☎2416-5009, 9681-6466; www.jungleriverlodge.com; Straße nach Yaruca Km 7; B/DZ/3BZ ab 250/750/850 HNL, Mahlzeiten ab 120 HNL; 📶) Die aufs Geratewohl geführte Jungle River Lodge hockt auf einem Felsvorsprung mit schlichtweg prachtvollem Blick auf das Tal des Río Cangrejal – das Terrassenrestaurant hier hat wohl eine der großartigsten Aussichten in Honduras. Die neuen Schlafsäle sind gefliest und sauber (die dunklen alten Schlafsäle zum selben Preis können getrost ignoriert werden), die rustikalen Privatzimmer werden durch Moskitonetze geschützt und haben Badezimmer mit Heißwasser.

★**Omega Lodge** LODGE $$

(☎9631-0295; www.omegatours.info; EZ/DZ mit Frühstück ab 1550/1900 HNL, Hütten mit Frühstück für 1/2 Pers. ab 840/1200 HNL; Camping pro Pers. 240 HNL; @📶🏊) 🌿 Die wunderschöne Ökolodge ist von dichtem Dschungel umgeben und bietet daher natürlich keine weiten Ausblicke. Aber dafür sie ist wirklich umsichtig erbaut worden: Sonnenenergie, ein chemiefreier Pool und umweltfreundliche Abfallentsorgung gehören zum Konzept. Die Besitzer sind Rafting-Experten auf dem Río Cangrejal und bieten viele exzellente Trips an. Das Essen, darunter viele vegetarische Gerichte, ist herausragend.

★**La Villa de Soledad** B&B $$$

(☎9967-4548; www.lavilladesoledad.com; DZ mit Frühstück 1550–2630 HNL; 📶) Man nimmt eine moderne italienische Villa mit Kathedralendecke, spickt sie mit mexikanischem Charme (Hängematten usw.) und stellt sie mitten in einen lauschigen, sattgrünen Urwald mit Vogelgesang. Das luxuriöse, tadellos geführte Haus ist seinen Preis mehr als wert – Gäste fühlen sich schnell wie zu Hause.

An- & Weiterreise

Die meisten Lodges sorgen für Abholung aus La Ceiba, auch vom Flughafen, Busbahnhof oder Muelle de Cabotaje (Fähranleger). Da alle Lodges an der Hauptstraße liegen, sind sie auch vom Hauptbusbahnhof in La Ceiba mit dem Bus nach Yaruca oder Las Mangas (25 HNL, 30 Min.) zu erreichen

Parque Nacional Pico Bonito

Der dicht bewaldete Berg Pico Bonito hoch über La Ceiba ist einer der bekanntesten Nationalparks (Eintritt 190 HNL) in Honduras. Er birgt eine reiche Tierwelt, darunter Jaguare, Gürteltiere und Affen.

Es gibt zwei Eingänge. Die meisten Besucher nehmen den Eingang am Río Cangrejal, wo sich ein **Besucherzentrum** (Straße nach Yaruca Km 10; ⏲7–16 Uhr) bei einer Hängebrücke über den tosenden Fluss (Zugang zum Fotografieren 40 HNL) befindet. Praktischerweise liegt der Eingang an der gleichen Straße wie die Lodges am Río Cangrejal. Vom Besucherzentrum führt ein wunderbarer Wanderweg (24 km oder 4 Std. hin & zurück) durch dichten Bergwald zum **Wasserfall El Bejuco**.

Der zweite Parkeingang befindet sich im Dorf El Pino, etwa 15 km westlich von La Ceiba an der Schnellstraße nach Tela. Für die mittelschwere dreistündige Wanderung zum **Wasserfall Cascada Zacate** (pro Pers. inkl. Parkeintritt 190 HNL; Hinweg 17 km) müssen in La Ceiba Führer vorgebucht werden. Wer hier übernachten will, kann sich eine rustikale Hütte im **Centro Ecoturístico Natural View** (☎3302-2456; Zi. 600 HNL) mieten.

An- & Weiterreise

Alle Busse Richtung Tela oder San Pedro Sula halten in El Pino (23 HNL, 30 Min.). Zum Río Cangrejal fahren ab dem Hauptbusbahnhof in La Ceiba Busse Richtung Yaruca oder Las Mangas (25 HNL, 30 Min.).

Cayos Cochinos

Weiße Strände, die der Fantasie entsprungen zu sein scheinen, werden von traumhaft blauem Wasser umspült. Die sagenhaft schönen Cayos Cochinos (Schweineinseln), nur 17 km vom Festland entfernt, können von der Region um La Ceiba aus als Tagesausflug besucht werden und gehören zu den reizvollsten Gegenden des Landes. Von Nueva Armenia oder Sambo Creek östlich von La Ceiba setzen Motorkanus über.

Die beiden Schweineinseln, 13 winzige Koralleninselchen und die umgebenden Gewässer bilden zusammen ein Meeresschutzgebiet – das kommerzielle Fischen und Ankern auf den Riffen ist streng verboten. Letztere sind dementsprechend unberührt und fischreich. Schwarzkorallen, Steilwände, Höhlen, Tiefseeberge und ein Flugzeugwrack machen die Unterwasserwelt um die Inseln zu einem wunderbaren Tauch- und Schnorchelrevier. Die Inseln sind auch bekannt für ihre Kaiserboas und die ausgeprägte Garifuna-Kultur.

Schlafen & Essen

Die meisten Leute besuchen die Cayos Cochinos nur als Tagesausflug, aber wer Robinson Crusoe spielen möchte, kann sich extrem rustikale *cabañas* (150–500 HNL) mit Sandböden und feuchten, durchgelegenen Betten auf dem Cayo Chachauate mieten; Leute am Strand wissen Bescheid wo und wie. **Laru Beya** (☎9489-6058; www.facebook.com/CayosCochinosHonduras; B 280 HNL) vermietet zwei komfortable, moderne Hütten mit Bad an der Ostseite der Hauptinsel. Außerdem gibt es auf den Inseln auch gehobene Tauchresorts.

Zu den organisierten Tagesausflügen gehört entweder ein Picknick oder Grillen am Strand. Auf dem Cayo Chachauate kochen die Gastgeber für ihre Übernachtungsgäste (80–200 HNL pro Mahlzeit). Andere Verpflegungsmöglichkeiten gibt es kaum, abgesehen von einigen Buden, die Fisch und Meeresfrüchte verkaufen, und dem Restaurant im Laru Beya.

An- & Weiterreise

Motorisierte Kanus fahren die Cayos Cochinos von Nueva Armenia oder Sambo Creek östlich von La Ceiba aus an. Es ist zwar möglich, die Cayos auf eigene Faust zu besuchen, aber viel billiger wird das auch nicht. Zudem haben die meisten lokalen Bootsbetreiber weder Funkgeräte noch Schwimmwesten an Bord.

Zahlreiche Tourunternehmen in La Ceiba bieten Touren zu den Inseln an: Das ist die beste Art für einen Besuch. Für einen ganztägigen Ausflug verlangen die Agenturen rund 1000 HNL pro Person (mind. 6 Teilnehmer). Tagesausflüge sind auch ab Roatán möglich, aber kosten mindestens das Dreifache.

Sambo Creek

Sambo Creek, etwa 21 km östlich von La Ceiba, ist ein florierendes Garifuna-Fischerdorf – ein etwas vergammelter, aber faszinierender Ort, wo Frauen in auffallender Kleidung und traditionellem Kopfputz zu sehen sind. Ein Fest mit *punta* (traditioneller Garifuna-Tanz) steht hier öfters an. Der wunderbare Sandstrand ist die meiste Zeit des Jahres ziemlich sauber, aber nach Stürmen ist er von Müll überschwemmt.

Aktivitäten

Sambo Creek Canopy Tour & Spa ABENTEUER
(☎3355-5481; Spa inkl. Transport von/nach La Ceiba 1000 HNL) Sambo Creek Canopy Tour hat einen absolut herrlichen heißen, quellgespeisten Wasserfall mit mehreren Badebecken, die flussabwärts immer kühler werden. Eine Schlammbehandlung zur Entgiftung von Körper und Gesicht sowie eine Ganzkörpermassage im Freien sind im Preis enthalten. Die hat man sich nach der adrenalingeladenen Baumwipfeltour über 18 Seilrutschen (500 HNL extra) auch verdient.

Schlafen & Essen

Centro Turístico Sambo Creek PENSION $
(☎9587-0874; mauricioelvir@yahoo.com; pro Pers. mit/ohne Klimaanlage 360/215 HNL; ❄📶) Die billige Unterkunft direkt am Strand gehört zum Reiseveranstalter Tourist Options in La Ceiba und ist super für eine Übernachtung in Sambo Creek, wenn das Geld knapp ist.

Villa Helen's PENSION $$
(☎2408-1137; www.villahelens.com; Zi. 975–1075 HNL, Hütten ab 1200 HNL; ❄📶🏊) Das Hotel mit tropischer Bar und Restaurant sowie einem hinreißenden Garten und anständigen Pool ist das beste Schnäppchen im Ort. Die Zimmer sind ziemlich einfach, besitzen jedoch Heißwasserbäder und kleine Kühlschränke. Auch sieben Gästehütten werden vermietet, die meisten haben Wohnzimmer und Küche.

Kay's Place HONDURANISCH $$
(Mahlzeiten 145–600 HNL; ⏰9.30–22 Uhr) Das luftige Restaurant im obersten Stock mit fantastischem Strandblick serviert guten Fisch, Meeresfrüchte und Fleisch vom Grill sowie Cocktails für Strandhasen. Oft gibt es auch Garifuna-Livemusik und der Besitzer hat für alle ein herzliches Lächeln.

An- & Weiterreise

Colectivo-Taxis (30 HNL, 40 Min.) fahren mit mindestens vier Fahrgästen von der Av San Isidro und 4a Calle in La Ceiba ab. Busse fahren den ganzen Tag über alle 30 Minuten vom Hauptbusbahnhof in La Ceiba nach Sambo Creek (20 HNL, 1 Std.).

Refugio de Vida Silvestre Cuero y Salado

Das Feuchtlandreservat an der Küste etwa 30 km westlich von La Ceiba schützt viele verschiedene Tierarten: Die Seekühe (Manatis) sind am berühmtesten, werden aber am seltensten gesichtet. Doch es gibt auch Brüllaffen, Weißschulterkapuziner, Faultiere, Agutis (kaninchengroße Nager), Leguane, Kaimane und rund 200 Vogelarten.

Das Städtchen **La Unión** ist das Tor zum Cuero y Salado. Von dort fährt ein Zug zu einem Besucherzentrum, wo das Eintrittsgeld von 250 HNL bezahlt wird und Touren angeboten werden. Zweistündige geführte **Kanutouren** (200 HNL für 2 Pers., plus 250 HNL pro Führer) sind bei Weitem die beste Art, das Reservat zu erkunden.

Weitere Informationen hat die **Fundación Cuero y Salado** (FUCSA; Karte S. 426; ☎ 2443-0117; 11a Calle, zw. Av San Isidro & Av La República; ⌚ Mo–Fr 8–17, Sa 8–11 Uhr) in La Ceiba.

An- & Weiterreise

Das Reservat ist vom Hauptbusbahnhof in La Ceiba mit dem Bus nach La Unión zu erreichen (33 HNL, 1½ Std., alle 45 Min.). Von La Unión fährt ein trencito (Schienenbus) 9,5 km auf der alten Bananenbahnlinie zum Besucherzentrum (260 HNL, 7–14 Uhr stündl.). Der letzte Schienenbus fährt vom Besucherzentrum um 14.30 Uhr zurück, der letzte Bus von La Unión nach La Ceiba um 16 Uhr.

Eine andere Möglichkeit ist eine organisierte Tour ab La Ceiba. Die kostet fast dasselbe und spart viel Mühe.

Trujillo

62 560 EW.

Das abgeschiedene, tapfere Trujillo ist die Endstation für das honduranische Festland – dahinter liegt nur noch der praktisch straßenlose Dschungel der Moskitia, was dem Ort die Atmosphäre einer Grenzstadt verleiht. Das Umfeld der Stadt ist herrlich: hohe Berge in der Ferne, der breite Bogen der Bahía de Trujillo und davor ein leuchtend blaues Meer, auf dem schon Kolumbus und viele der berühmten Freibeuter segelten. Trujillo hat eine interessante Geschichte, großartige Strände in der Umgebung und ein gemächliches karibisches Flair zu bieten, wie es anderswo an der honduranischen Nordküste nicht zu finden ist.

Seit Jahren schon wird die Stadt als das neueste Touristenziel angepriesen. Gelegentlich wird sie von Kreuzfahrtpassagieren überschwemmt und am Wochenende von vielen Honduranern besucht, aber zum Glück geht in diesem reizenden, halbvergessenen Ort ansonsten alles seinen Gang wie eh und je.

Sehenswertes

Die turbulente Geschichte Trujillos lässt sich bei einem kleinen Bummel in der Altstadt erahnen. Viele schöne karibische Holzhäuser sind noch um den Parque Central erhalten und natürlich gibt es eine faszinierende alte Festung mit weitem Blick über die Bucht.

Trujillo hat auch eine hübsche Küste, allerdings wird manchmal Müll an die Strände geschwemmt. Die schönsten Strände befinden sich ein paar Kilometer westlich der Stadt. Kurz vor der Küste, 2 km östlich der Casa Kiwi an der Straße nach Puerto Castillo, befindet sich das Wrack eines gesunkenen Schiffs, das sich prima zum **Schnorcheln** eignet. Da es dicht an der Küste liegt, ist es leicht vom Strand aus zu erreichen.

Die **Laguna de Guaimoreto** rund 5 km östlich von Trujillo dient als Wildreservat. Sie besteht aus einem verschachtelten Gewirr aus Wasserläufen und Mangrovenwäldern, ein Refugium für unzählige Vögel, Pflanzen und Tiere (darunter scheue Seekühe). Tausende von Zugvögeln machen hier zwischen November und Februar Station. An der alten Brücke zwischen Trujillo und Puerto Castillo werden Ruderboote und Kanus verliehen (und sogar Leute, die sie paddeln). Ein zweistündiger Ausflug kostet etwa 3000 HNL.

Die freundlichen traditionellen Garifuna-Dörfer Santa Fe, San Antonio und Guadalupe liegen nur eine kurze Busfahrt entfernt.

★ Fortaleza Santa Bárbara de Trujillo FESTUNG

(Karte S. 433; 69 HNL; ⌚ 9–17 Uhr) Die spanische Festung aus dem 17. Jh. könnte keine bedeutungsvollere Lage haben: Sie blickt hoch über dem Meer über die Karibik in Richtung des europäischen Mutterlands. Die verfallenen Überreste sind zwar nicht

Trujillo

Trujillo

Highlights
1 Fortaleza Santa Bárbara de Trujillo ... B2

Sehenswertes
2 Hotel Emperador ... A2

Essen
3 Café & Sabores ... A2
4 Café Vino Tinto ... A2
5 Du Monde Café y Té ... B2

unbedingt ein eindrucksvoller Anblick, aber es ist dennoch ein Ort, der zum Nachdenken über die Mächte und Personen anregt, die die Geschichte des nordamerikanischen Kontinents geprägt haben.

Grab von William Walker FRIEDHOF
Der uralte, faszinierende Stadtfriedhof liegt gleich westlich des Ortes an der Mündung des Río Cristales ins Meer. Hier befindet sich auch das Grab von William Walker, der kurz nach seiner misslungenen Eroberung Zentralamerikas in Trujillo starb.

Schlafen & Essen

Hotel Emperador PENSION $
(Karte S. 433; ☎2434-4446; Zi. mit/ohne Klimaanlage 600/300 HNL; ❄📶) Das zentral gelegene Hotel hat zehn einfache, aber hübsche, saubere und heimelige Zimmer an der Seite eines bemerkenswerten karibischen Gebäudes von 1787. Es wird von einer immer beschäftigten und freundlichen Großfamilie betrieben. Im angrenzenden Café scheint die Zeit stehen geblieben zu sein.

★ **Tranquility Bay** CABAÑAS $$$
(☎9928-2095; www.tranquilitybayhonduras.com; Apt./Cabaña ab 1890/2130 HNL; ❄📶) Die wunderbare Anlage ist ganz schön teuer, aber die Ausgabe lohnt sich: Die geräumigen, schönen und sauberen Holzhütten für jeweils bis zu vier Personen liegen alle am schönsten Strand in Trujillo und sind von üppigen Gärten umgeben. Die Apartments und Ferienhäuser befinden sich näher an der Stadt. Es gibt hier ein Restaurant und eine Menagerie, zu der auch ein geretteter Kapuzineraffe und ein Weißschulterkapuziner gehören.

Du Monde Café y Té CAFÉ $
(Karte S. 433; leichte Mahlzeiten 70–80 HNL) Dieses gemütliche Café ist eine richtige kleine Entdeckung, hat Innen- und Außensitzplätze mit Blick auf die Straße und serviert den besten Kaffee der Stadt. Neben verführerischem Gebäck werden auch kleine Gerichte wie Nachos mit Chili oder Grillkäse-Sandwiches angeboten.

Café & Sabores HONDURANISCH $
(Karte S. 433; Calle Principal; Baleadas 12–30 HNL, Hauptgerichte 80–120 HNL; ⌚Mo–Sa 6–21, So bis 13 Uhr; ❄📶) Das liebenswürdige Diner-artige Café bietet gutes Frühstück und stets fünf oder sechs Mittagsgerichte. Die exzellenten *licuados* (frische Obstsäfte) sind erfrischend und die *baleadas* (dicke Weizenmehltortillas mit verschiedenen Füllungen) aus gutem Grund berühmt. Hinten befindet sich ein Raum mit Klimaanlage.

Café Vino Tinto HONDURANISCH $$
(Karte S. 433; Hauptgerichte 90–250 HNL, Pizza 160–300 HNL; ⌚12–22 Uhr; 📶) In dem stimmungsvollen kleinen Restaurant gleich unterhalb der Plaza mit wunderbarem Blick aufs Meer werden Pizza aus dem Holzofen, Quesadillas sowie frischer Fisch und Meeresfrüchte serviert. Rotwein gibt's glasweise (60 HNL) und wer Glück hat, trifft den englischen Besitzer Jon, einen passionierten Lokalhistoriker und eine sprudelnde Informationsquelle zur Geschichte der Stadt und der benachbarten Moskitia.

Praktische Informationen

In Trujillo gibt es zwei Geldautomaten, allerdings sollte man etwas mehr Bargeld mitbringen, falls diese außer Betrieb sind.

Banco Atlántida (Parque Central; ⌚ Mo–Fr 8–16.30, Sa 8.30–12 Uhr) Hat einen 24-Stunden-Geldautomaten.

Banco Occidente (2a Calle & Calle Principal; ⌚ Mo–Fr 8–12 & 13.30–17 Uhr)

Polizei (☎ 2434-4054; Parque Central)

Post (Karte S. 433; 4a Calle; ⌚ Mo–Fr 8–16, Sa 8–11 Uhr)

Touristeninformation (Karte S. 433; ☎ 2434-3140; Parque Central; ⌚ Mo–Fr 8–16 Uhr) Englisch sprechendes Personal ist hier behilflich.

An- & Weiterreise

Bitte beachten, dass die Straße zwischen Trujillo und La Ceiba Teil einer berüchtigten Drogenschmugglerroute in die Moskitia ist. Es gibt hier daher viele Polizeikontrollpunkte.

BUS

Zwei Busunternehmen, **Cotuc** (☎ 2444-2181) und **Cotraipbal** (☎ 2434-4932), haben (schnelle) Direkt- und normale Verbindungen ab zwei kleinen Busbahnhöfen jeweils 1 km und 2 km westlich des Parque Central. An einem kleineren Busbahnhof näher an der Stadt fahren Regionalbusse und die Busse durch Olancho ab.

Ab den beiden Busbahnhöfen fahren Busse nach San Pedro Sula (230 HNL, 7 Std., 8-mal tgl.) über La Ceiba (160 HNL, 3 Std.) und Tela (200 HNL, 5 Std.), die meisten am Vormittag, der letzte um 15 Uhr. Von hier gibt es auch dreimal täglich Busverbindungen nach Tegucigalpa (360 HNL, 10–11 Std.).

Die **Regionalbusse** (Karte S. 433) fahren von einer Haltestelle am alten Friedhof zu den Garifuna-Dörfern Santa Fe, San Antonio und Guadalupe ab.

SCHIFF/FÄHRE

Eine Fähre verbindet Trujillo mit Guanaja (800 HNL, 1½ Std.), eine der Bay Islands, aber der Fahrplan ist ziemlich ungenau. An Tagen, wenn sie verkehrt, läuft sie in Trujillo gegen 13 Uhr aus, die Frequenz ändert sich allerdings je nach Nachfrage. Zur Zeit der Recherche fuhr sie mindestens jeden zweiten Tag. Von Guanaja zurück fährt sie gegen 8 Uhr und trifft gegen 10 Uhr in Trujillo ein.

Von Trujillo gibt es keine fahrplanmäßigen Verbindungen zur Moskitia, aber vom **Hafen** der Stadt schippern von Juli bis Februar gelegentlich Fischer- und Frachtboote dorthin, also am besten nachfragen.

BAY ISLANDS

Großartige Tauch- und Schnorchelmöglichkeiten locken Besucher aus aller Welt zu den drei Bay Islands (Islas de la Bahía) – Roatán, Utila und Guanaja – zwischen 25 und 50 km vor der honduranischen Nordküste. Ihre Riffe gehören weltweit zum zweitgrößten Barriereriff nach dem australischen Great Barrier Reef und werden von Fischen, Korallen, Schwämmen, Rochen, Meeresschildkröten und sogar Walhaien bevölkert.

Tauchen ist hier sehr erschwinglich, aber Unterkunft und Essen können auf den Inseln teurer als auf dem Festland sein. Utila ist die zwanglose Spaß-Insel und die preisgünstigste der drei (und sehr beliebt bei Backpackern), während Roatán viel größer und gehobener ist und schönere Strände besitzt.

Tauchangebote sind auch auf Guanaja gut, allerdings liegen die Preise um einiges höher als auf den anderen zwei Inseln.

Regenzeit ist von Oktober oder November bis Februar. März und August sind die heißesten Monate; zu anderen Zeiten mildern Meeresbrisen die Hitze.

Roatán

69 500 EW.

Roatán ist die größte und am stärksten erschlossene der Bay Islands. Die Insel ist lang und schmal (50 km lang und nur 2 bis 4 km breit) und wie das benachbarte Utila ein Tauch- und Schnorchelparadies – praktisch die gesamte Küste ist von erstaunlich vielfältigen Korallenriffen voller tropischer Fische gesäumt.

Zu Land warten herrliche weiße Sandstrände wie West Bay, ein bergiges Binnenland aus kiefernbewaldeten Hügeln und der abgeschiedene wilde Osten der Insel (einst ein Piratennest) auf Erkundung.

Nach Roatán zieht es weitaus mehr Leute mit mittlerem Reisebudget als nach Utila und es gibt weniger preisgünstige Optionen. Fast alle Backpacker lassen sich in West End nieder, wo die meisten bezahlbaren Unterkünfte und Restaurants sowie eine lebhafte und unterhaltsame Backpackerszene zu finden sind.

Riesige Kreuzfahrtschiffe kommen regelmäßig nach Roatán, legen aber in Coxen Hole oder Mahogany Bay an. Deren Passagiere besuchen tagsüber oft in Kleinbussen die Hauptattraktionen der Insel.

Bay Islands (Islas de la Bahía)

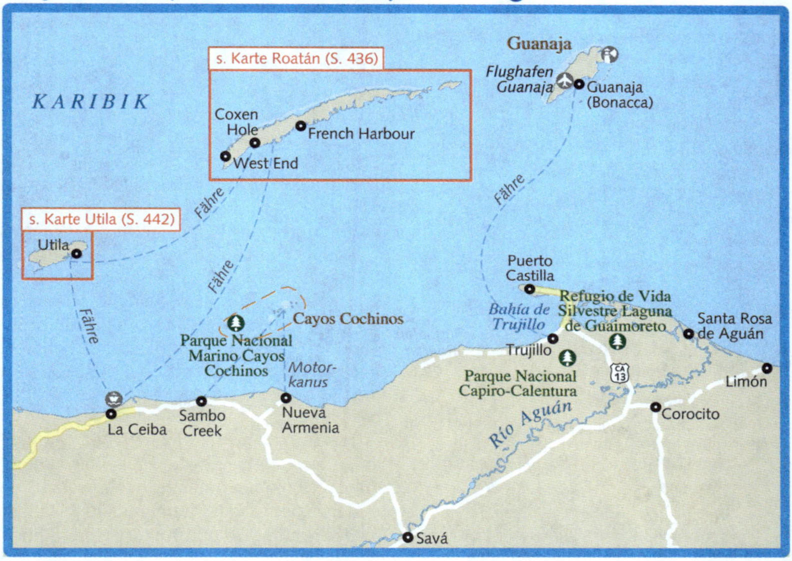

West End

West End erstreckt sich um zwei kleine, von Kokospalmen gesäumte türkisfarbene Buchten und ist eine gelassene Welt für sich. Hier treffen sich eher Individualreisende als Pauschaltouristen, sonnen sich, schwimmen, feiern und tauchen. Seine eigenwillige Hauptstraße ist gesäumt von Restaurants mit Meerblick, Boutiquen, die Sarongs und Schmuck verkaufen, Reggae-Bars und Unmengen von Tauchschulen. Alles Nötige ist zu Fuß zu erreichen. Zwar sind viele Unterkünfte und Restaurants eher im mittelpreisigen Segment, aber es gibt auch einige sehr gute Budgetoptionen und eine tolle Gemeinschaft von Reisenden, um Kontakte zu knüpfen.

Sehenswertes & Aktivitäten

Roatán Marine Park MEERESSCHUTZGEBIET
(☎2445-4206; www.roatanmarinepark.com)
Der Roatán Marine Park wurde 2005 zum Schutz der Riffe um West End und Sandy Bay gegründet, umfasst jedoch heute die gesamte Insel. Die gemeinnützige Organisation setzt sich engagiert dafür ein, die Meeresumwelt zu erhalten – Roatáns Riffe sind stark belastet, sowohl von Neubauten als auch von der schieren Masse der Besucher. Vier Boote patrouillieren an der Küste. Leute, die beim illegalen Fischen erwischt werden (mit Netzen, Harpunen und Fallen), erhalten Gefängnisstrafen.

Das Büro der Organisation verleiht Schnorchelausrüstung (120 HNL pro Tag).

Strände & Schnorcheln

Die **Half Moon Bay**, die den nördlichen Teil von West End bildet, ist eine wunderbare, geschützte Sandbucht mit flachem Wasser. Das **iSoar Fun Boat** GRATIS liegt vor der Küste und hat eine coole Seilschaukel, die richtig viel Spaß macht. Die Schnorchelbedingungen sind an der Südküste in Ordnung, aber an der nahegelegenen West Bay viel besser.

Verleiher von Schnorchelausrüstungen (120 HNL pro Tag) gibt es in West End reichlich: Das Büro des Marine Park ist empfehlenswert, da das Geld dort zum Schutz des Riffs beiträgt.

Tauchen

Roatán ist ein Taucherparadies mit vielen Schiffswracks, Felswänden und -spalten nur Minuten von der Küste entfernt. Die Preise gehören zu den weltweit günstigsten und konkurrieren mit denen in Utila. Auf der Insel gibt es eine Menge Tauchveranstalter; zu den besten gehören **West End Divers**

Roatán

(☎9565-4465; www.westenddivers.com; Tauchgänge ab 830 HNL, Open-Water-Kurs 7150 HNL), **Grand Bleu** (www.grandbleudiving.com; Tauchgänge ab 850 HNL, Open-Water-Kurs 8350 HNL), **Native Sons** (☎2445-4003; www.roatandiving nativesons.com; Tauchgänge ab 1300 HNL, Open-Water-Kurs 6675 HNL) und **Roatán Divers** (☎9949-3781; www.roatandiver.com; Tauchgänge ab 1000 HNL, Open-Water-Kurs 8950 HNL). Training und Kurse in **Apnoetauchen** werden ebenfalls in West End angeboten.

Tiefsee-U-Boot

Roatán Institute of Deep Sea Exploration ABENTEUER
(☎3359-2887; www.stanleysubmarines.com; Tauchgänge ab 12 000 HNL) Karl Stanley bringt Passagiere in seinem kleinen gelben U-Boot in Tiefen von 300 m, 450 m oder 600 m. Da in diese Tiefen kein Licht mehr vordringt, erleben Wagemutige außerordentliche Meereslebewesen, beispielsweise den geheimnisvollen Sechskiemerhai.

Reiten

El Rancho Barrio Dorcas REITEN
(☎9687-1067; www.barriodorcasranch.com; 2 Std. ab 950 HNL pro Pers.) Der gut organisierte Reitstall bietet Ausritte am Strand und an den Mangroven sowie spezielle Nachtritte bei Vollmond an.

Schlafen

In West End gibt es eine Handvoll Budgetunterkünfte für Backpacker. Einige preisgünstige Unterkünfte sind an Tauchschulen gebunden. Wer also einen Kurs bucht, erhält ein Zimmer zu ermäßigtem Preis. Ansonsten gibt es einige großartige Boutiquehotels zu mittleren bis hohen Preisen.

★ **Chillies** HOSTEL $
(☎2445-4003; www.hotelchilliesroatan.com; Half Moon Bay; B/DZ 300/600 HNL, Zi. in Hütte ab 700 HNL, private Hütten ab 950 HNL; 📶) Die beste Option für Backpacker, die keine Lust mehr auf Schlafsäle haben: Die rustikalen, aber netten *cabañas* stehen teilweise in einem dschungelartigen Garten. Der Strand von Half Moon Bay liegt genau gegenüber auf der anderen Straßenseite. Die günstigen Zimmer und Dorms sind eher klein und haben Zugang zu einer gemeinsamen Küche. Zweizimmer-Hütten teilen sich eine Küche, private Hütten haben ihre eigene.

★ **Buena Onda** HOSTEL $
(☎9770-0158; www.hbuenaonda.com; B 300 HNL, EZ mit/ohne Bad 650/500 HNL, DZ mit/ohne Bad 900/700 HNL; 📶) Das hervorragende Hostel eines freundlichen, weltläufigen spanischen Globetrotters hat stilvolle Schlafsäle mit wunderbaren Bambusbetten, guten Matrat-

zen, Schließfächern und riesigen Gemälden. Das Herzstück des Hostels ist eine sehr gesellige Wohnküche. Auf der Dachterrasse kann man in der Hängematte chillen und viele andere Reisende kennenlernen.

Georphi's Tropical Hideaway CABAÑAS $
(☎2445-4104; www.georphis.com; B ab 240 HNL, Zi. mit/ohne Bad 800/600 HNL, Hütten ab 840 HNL; ❄📶) Die weitläufige Anlage aus Holzhütten auf einem dunklen, baumbeschatteten Grundstück liegt inmitten von West End und nur ein kurzes Stück vom Meer entfernt. Die Hütten sind robust, wenn auch einfach, einige mit Küche, aber alle mit eigener Terrasse samt Hängematten. Die Gemeinschaftsküchen sind winzig, aber funktional. Insgesamt sehr preiswert, beliebt und unter freundlicher Leitung.

Posada Arco Iris HOTEL $$
(☎2445-4264; www.hotelarcoirisroatan.com; EZ/DZ/3BZ mit Ventilator 1000/1150/1300 HNL, Apt. ab 1580 HNL; ❄@📶) Das schöne, von Argentiniern geführte Hotel auf einem schattigen Grundstück hinter der Half Moon Bay hat sehr schön ausgestattete Zimmer und Apartments mit Küchen, die alle mit Webarbeiten und folkloristischer Kunst aufgehübscht sind. Mit Klimaanlage und Meerblick wird es teurer, aber für Gruppen kann es halbwegs preisgünstig werden. Gäste können Kajaks umsonst benutzen. Das hauseigene Restaurant ist sehr gut.

Posada Las Orquideas HOTEL $$
(☎2445-4387; www.posadalasorquideas.com; EZ/DZ mit Ventilator 860/1000 HNL, mit Küche 1150/1300 HNL; P❄@) Das stilvolle, gut geführte Hotel liegt ganz am Ende von West End auf einer ruhigen und abgeschiedenen Halbinsel mit Blick auf die Bucht Mangrove Bight. Die Zimmer sind schick und geräumig, im dritten Stock jedoch teurer, da sie einen besseren Meerblick haben. Der Anlegesteg ist ausschließlich für Gäste, aber das Wasser ist hier brackig.

Land's End Resort HOTEL $$
(☎9979-9324; www.landsendroatan.com; Zi. ab 1400 HNL; ❄📶🏊) Das alternde Hotel mit seinem spektakulären Meerpanorama hat auch ein paar angenehme, günstigere Zimmer ohne Meerblick, die für den Preis aber gut sind. Es gibt einen Salzwasser-Infinity-Pool, ein Bar-Restaurant, dank einer Leiter ins Meer auch Zugang zum Riff und eine riesige Statue eines Weißen Hais mit offenem Maul. Das Hotel liegt nur zehn Minuten zu Fuß vom Zentrum West Ends entfernt.

Essen

Essen ist in West End überraschend erschwinglich, wenn man die Touristenrestaurants links liegen lässt. Die billigsten Snacks gibt es bei den **Baleada-Verkäufern** in der Hauptstraße; die Weizenmehltortillas kosten 20 bis 45 HNL pro Stück.

★Tacos Raul TACOS $
(Tacos 45 HNL; ⌚So–Do 7–24, Fr & Sa bis 2 Uhr) Die Tacos *al pastor* (Schweinefleisch) an diesem einfachen Imbissstand gehören zu den besten von ganz Honduras. Ordentlich mit *chimole* (Salsa aus kleingeschnittenen Zutaten) gewürzt, wird aus zwei Stück eine große Mahlzeit. Die *gringas* (Tortillas mit geschmolzenem Käse) sind mit köstlichem Frischkäse vom Festland gefüllt. Rauls feurige Chilisoße macht Tacos zu einem Essen, an das man sich noch lange erinnert.

Keith's BBQ GRILL $
(Mahlzeiten 100 HNL; ⌚So–Fr 7–16 Uhr) Hungrige zieht es ohne Umwege an die bescheidene Hütte – hier gibt's die beste Mahlzeit am ganzen Strand. Reina kocht riesige Portionen frischen Fisch, Geflügel oder Schweinefleisch mit Bohnenreis, gebratenen Bananen und Gemüse. Halbe Portionen gibt es für 60 HNL. In der Kühlbox verstecken sich leckere *aguas frescas* (Obstsäfte) – am besten danach fragen.

¿Por qué no? MEDITERRAN $$
(www.porquenoroatan.com; Hauptgerichte 240–310 HNL; ⌚Di–Sa 8–21, So bis 15 Uhr; 📶) Das reizende, einladende Café mit Tischen auf der Veranda am Meer serviert wunderbares Frühstück (190 HNL), darunter unwiderstehliches Gebäck, Omeletts und mediterrane Köstlichkeiten. Mittags und abends gibt's leckere frische Salate, Wraps und türkisch angehauchte Hauptgerichte. Nach so einem gesunden Essen hat man sich ein verführerisches Dessert wie Baklava, Tiramisu oder Kuchen allemal verdient.

Creole's Rotisserie Chicken HONDURANISCH $$
(Hauptgerichte 100–230 HNL; ⌚Di–Sa 12–21 Uhr) Creole's ist eine zwanglose Institution auf der Insel, wo exzellente Grillhühnchen nach Inselart (ein Viertel kostet 80 HNL) sowie Garnelen und Fischgerichte serviert werden. Zur Wahl stehen acht verschiedene *fixins* (Beilagen) zum Hauptgericht, z. B. Kokosnussreis, Möhrensalat, Krautsalat und rote Bohnen. Mit einem Stück Rumkuchen zum Nachtisch ist dann alles paletti. Gegessen wird auf einer offenen Veranda zum Strand raus.

★Roatán Oasis INTERNATIONAL $$$
(☎9484-6659; www.roatanoasis.com; Hauptgerichte 295–450 HNL; ⌚Mo–Fr 17–20.30 Uhr; 📶) Wer sich auf Roatán einmal ordentlich verwöhnen möchte, ist hier richtig. In der wunderschönen „Oase" werden aus saisonalen und lokalen Erzeugnissen köstliche Gerichte wie Entenconfit-Risotto oder Jakobsmuschel-Krabben-Ravioli gezaubert. Von Montag bis Mittwoch gibt's abends ein supergünstiges Drei-Gänge-Menü (17 bis 19 Uhr) ab 580 HNL. Die Cocktails sind ein Gedicht.

Ausgehen & Nachtleben

In der Hauptstraße von West End gibt es reichlich Bars mit Livemusik oder DJs am Abend. Die Partyszene ist zahm, da die meisten Besucher zum Tauchen am nächsten Tag früh aufstehen. Trotzdem ist dies der lebhafteste Ort auf der Insel.

Blue Marlin BAR
(www.bluemarlinroatan.com; ⌚Mo–Do 12–24, Fr & Sa bis 2, So bis 22 Uhr) Sehr freundliches Bar-Restaurant mit herrlichem Blick auf den Sonnenuntergang von der hinteren Veranda. Das angenehm gemischte Publikum besteht aus Einheimischen, Expats und Besuchern. Freitags zieht Livemusik begeisterte Zuhörer an und donnerstags ist das eine oder andere Talent beim Karaoke zu erleben.

Café Escondido BAR
(⌚Mo 7.45–15, Do–Sa 7.45–15 & 18–22 Uhr) Die nette Café-Bar Escondido über dem West End Divers hat eine wunderbare, luftige Balkonveranda mit schönem Hafenblick, Zeitschriften zum Blättern und Sofas zum Faulenzen. Tagsüber ist es hier nett für einen Espresso oder ein Bier zum Relaxen. Sonntags ist Sangria-Abend mit Tapas und Sangria aus Krügen.

Sundowners BAR
(⌚11–21.30 Uhr) Die offene Strandbar ist *der* Expat-Treff in Roatán, wo sich ab mittags immer ein paar grauhaarige Gestalten auf den Barhockern breitmachen. Später kommen Backpacker dazu und verwandeln das Lokal ins bestbesuchte der Stadt. Während der Recherche war es gerade wegen Renovierungsarbeiten geschlossen, sollte also inzwischen besser denn je sein.

ℹ Praktische Informationen

In West End gibt es mehrere Geldautomaten, allerdings wurden einige davon durch Kriminelle mit Lesegeräten versehen, die die Bankdaten ausspionieren. Sicherer ist es, ein Taxi nach Coxen Hole zu nehmen und Geld in bewachten Banken abzuheben.

An- & Weiterreise

Taxis verlangen für die Fahrt vom Flughafen nach West End 350 HNL. Wer zur Straße außerhalb des Flughafens geht, kommt billiger weg: *colectivos* kosten 50 HNL.

Vom Fährhafen verlangen offizielle Taxis 500 HNL für die Strecke nach West End. Eine billigere Alternative ist es, 150 m zur Hauptstraße zu gehen und ein *colectivo* zu nehmen (60 HNL).

Far East

Oak Ridge ist der Inbegriff des alten Roatán: Hier tummeln sich Einheimische mit Piratenflair und Expats, die irgendwann einmal auf ihren Segelbooten hier angespült worden sind. Der meistgenutzte Zugang führt über Wasserwege durch Mangrovenwälder und den Ort selbst bis zu den vorgelagerten Inselchen. Am besten lässt sich die Gegend auf einer **Mangroven-Tour** (ca. 1000 HNL pro Pers.) erkunden.

Östlich von Oak Ridge verläuft eine unbefestigte Straße über den wilden und unglaublich schönen, bewaldeten Rücken der Insel, der sich über abgelegene Buchten, Strände und Mangroven erhebt. Es gibt Abzweigungen zur Garifuna-Siedlung **Punta Gorda** und dem alten Piratennest **Port Royal**, aber die Hauptattraktion ist der hinreißende **Camp Bay Beach** – ein wunderbarer, unerschlossener Streifen aus hellem Sand. Ein Stück weiter nach Osten folgt der dichte Kiefernwald des **Port Royal National Park**. Leider wurde 2018 auf der Straße nach Camp Bay ein Auto entführt, deshalb sollte man sich vorher über die Sicherheitslage informieren.

Schlafen & Essen

Reef House HOTEL $$
(☎9487-0521; www.reefhouselodge.com; DZ mit Frühstück 1900 HNL; ❄📶) Der bunte Lieblingsort der Taucher draußen auf der Oak Ridge Cay bietet eine ganz andere Erfahrung als die Hotels in West-Roatán. Gäste werden mit dem Boot durch die Gegend gefahren, treffen Einheimische, spielen Gartenspiele und tauchen an unberührten Riffen, die sonst nur wenige Anbieter ansteuern. Im Riff selbst gibt es ein natürliches Badebecken und geschnorchelt werden kann direkt am Strand.

★**Temporary Cal's Cantina** FUSIONSKÜCHE $$
(☎9985-8539; Hauptgerichte 140–325 HNL; ⌚Di–Fr 10–20 Uhr) Jede Nacht ist es hier randvoll mit Gästen, denen die Fahrt in das abgelegene Lokal zwischen Oak Ridge und French Harbor nichts ausmacht. Die Holztische auf der wunderschönen Gartenterrasse überblicken ein Panorama aus Urwald und Meer. Alle Gerichte – vom Jerk Chicken bis zu den gebratenen Muscheln und geräucherten Schweinekoteletts – schmecken köstlich. Eine leichtere Alternative sind die leckeren Fisch-Tacos (140 HNL).

La Sirena FISCH & MEERESFRÜCHTE $$$
(☎8867-5227, 3320-6004; Camp Bay; Mahlzeiten 200–450 HNL; ⌚11–20 Uhr) Das abseits gelegene Restaurant befindet sich in einem ziemlich heruntergekommenen Pfahlbau über dem Wasser. Hier werden jedoch einige der besten Meeresfrüchte von ganz Roatán aufgetischt, die lange und holprige Fahrt vom Osten der Insel lohnt sich also. Auch auf dieser Straße gab es zum Zeitpunkt der Recherche Probleme mit bewaffneten Überfällen, sie ist aber normalerweise sicher. Unbedingt vorher über die aktuelle Lage informieren.

Ausgehen & Nachtleben

★**Hole in the Wall** BAR
(Hauptgerichte 400 HNL; ⌚10–19 Uhr) Ganz weit draußen in den Mangrovenwäldern geht die Post ab! Nämlich in dieser Bar auf dem Wasser, die nur per Boot (z. B. als Teil einer Mangroven-Tour) erreichbar ist. Am besten lässt man sich auf einem Barhocker neben Gestalten wie aus *Fluch der Karibik* nieder, bestellt ein Bier oder etwas Stärkeres und versucht sein Glück bei einem Spiel, bei dem ein Ring auf einen Haken an der Wand geworfen wird. Es gibt auch Mahlzeiten und Snacks.

French Harbour

French Harbour ist eine wichtige Hafenstadt mit einer großen Fisch-, Krabben- und Hummerfangflotte, hat aber ansonsten außer dem kuriosen Reiz der **Arch's Iguana Farm** (☎2455-7743; www.archsiguanaandmarinepark.com; Eintritt 220 HNL; ⌚8–16 Uhr) in French Cay gleich außerhalb der Stadt wenig zu bieten.

Sandy Bay

Sandy Bay, etwa 4 km nordöstlich von West End, ist ein ruhiges kleines Dorf, das bei Expats beliebt ist. Hier befinden sich auf einem naturgeschützten Hang die **Carambola Botanical Gardens** (☎2445-3117; www.carambolagardens.com; 240 HNL; ⌚8–17 Uhr). Der botanische Garten hat mehrere Naturwanderwege voller Orchideen, Gewürzpflanzen, eine „Leguanwand" und zahlreiche umherwandernde Agutis (eine Nagetiergattung). Wie der Name schon andeutet, gibt es hier einen Sandstrand. Es ist eine relaxtere Alternative zu West End.

Schlafen & Essen

Roatán Backpackers Hostel HOSTEL $
(☎9714-0413; www.roatanbackpackers.com; B/EZ/DZ ab 240/360/620 HNL, Apt. 860 HNL;) Das gut organisierte Hostel in einem gastlichen Haus aus der Kolonialzeit hat mehrere Zimmerkategorien, eine Gemeinschaftsküche, einen Pool mit Terrasse zum Sonnenbaden und sogar einen eigenen Wasserfall. Der verschlafene Sandy Bay Beach ist ein kurzes Stück zu Fuß entfernt. Ins geschäftige West End fahren *colectivo*-Taxis in fünf Minuten (30 HNL). Die Lage ist vielleicht nicht die beste, aber die Preise sind kaum zu übertreffen.

Sunken Fish INTERNATIONAL $$$
(☎2407-2070; www.tranquilseas.com; Tranquil Seas Eco-Lodge & Dive Center, Sandy Bay; Mahlzeiten 220–550 HNL; ⏲7.30–22 Uhr) Das Sunken Fish, das hauseigene Restaurant einer Lodge mit Tauchzentrum, ist den ganzen Tag über geöffnet und auch der Allgemeinheit zugänglich. Es hat eine fantastische Lage mit Blick aufs Meer, der besonders für beeindruckende Sonnenuntergänge super ist. Das vielfältige und leckere Speisenangebot besteht aus Meeresfrüchten und Garifuna-Gerichten sowie spanisch, honduranisch und sogar thailändisch inspirierten Speisen. Zur Happy Hour (16 bis 18 Uhr) gibt es günstige Essensangebote.

Praktische Informationen

Das Krankenhaus auf Roatán ist sehr einfach und auch Einheimische fahren zur Behandlung lieber nach La Ceiba. Für medizinische Grundversorgung ist die **Clinica Esperanza** (☎2445-3234; www.clinicaesperanza.org; ⏲Mo–Fr 7.30–18 Uhr) in Sandy Bay die beste Option.

West Bay

Ein paradiesischer weißer Karibikstrand – einer der schönsten in Honduras – gesäumt von Kokospalmen und blaues Meer bis zum Horizont: Vor zwanzig Jahren schwelgten Backpacker noch in der majestätischen Natur von West Bay, aber heute thronen eine Reihe von langweiligen Resorthotels über den Palmen und Küstenkiefern. Trotzdem lohnt sich West Bay für einen Tagesausflug. Ganz am südlichen Ende des kilometerlangen Strandes, bei den Vulkanfelsen, findet sich noch ein traumhaftes Plätzchen mit spektakulären Schnorchelmöglichkeiten. Gegen Gebühr (ca. 300 HNL pro Pers.) können auch die Strandanlagen benutzt werden, was viele Resorts mit Bestellungen in ihren Bars oder Restaurants verrechnen. Gute Sandwiches, Kaffee und Kuchen gibt es im netten Café/Weinbar **Java Vine** (www.javavine.com; Sandwiches ab 130 HNL; ⏲Mo–Fr 7.30–17, Sa & So 8–14 & 15–17 Uhr;), einem der wenigen unabhängigen, geldbeutelfreundlichen Lokale in West Bay.

Es ist jedoch wichtig, den Besuch zeitlich gut zu planen: Wenn ein Kreuzfahrtschiff die Insel ansteuert, können bis zu 5000 Menschen auf das arme West Bay losgelassen werden. Sonnenliegen, die sonst für 100 HNL zu haben sind, kosten dann 500 HNL.

Utila

4160 EW.

Die kleine Insel Utila ist das beliebteste Backpackerziel von Honduras und einer der preiswertesten Orte der Welt für Tauchkurse. Jeden Tag trifft man auf der Insel Leute, die, nachdem sie hier ihre Tauchausbildung gemacht hatten und in ihre Heimat zurückgekehrt waren, dort alles verkauften und ohne Rückflugticket nach Utila zurückkehrten. Angesichts der grandiosen tropischen Schönheit der Insel und ihrer gelassenen Atmosphäre fällt es schwer, sich nicht wenigstens kurzzeitig solchen Auswandererträumen hinzugeben.

Die Insel ist nur etwa 13 km lang und 5 km breit und konzentriert sich auf und um Utila Town. Das einzige Dorf der Insel liegt an einer geschwungenen Bucht mit zwei kleinen Stränden und Dutzenden Hotels, Restaurants, Bars und Tauchläden. Es gibt wenige Straßen und ein Großteil der Insel ist undurchdringliche Wildnis, die sich nur übers Meer erreichen lässt.

Eine weitere Attraktion: Junge Walhaie, sanfte Riesen, die bis zu 6 m lang werden können, werden regelmäßig um die Insel gesichtet. Selbst einen zu sehen, ist wie ein Lottogewinn.

Sehenswertes

Whale Shark & Oceanic Research Center AQUARIUM
(☎3373-1307; https://wsorc.org; Main St E; Schnorchelausflüge 1400 HNL; ⏲Mo–Sa 9–16 Uhr)

Dieses meereswissenschaftliche Zentrum untersucht Walhaie und überwacht das Korallenriff. Es organisiert regelmäßig Schnorchelausflüge, bei denen Walhaie aufgespürt und invasive Rotfeuerfische entfernt werden. Sobald die Walhaie in Sicht kommen, legen alle ihre Schnorchel an und springen zu ihnen ins Meer – ein unvergessliches Erlebnis. Das Konzept: Die Begegnungen zwischen Mensch und Tier sollen nachhaltig sein und die Walhaie nicht stören.

Bando Beach STRAND
(72 HNL) Der Strand von Utila Town befindet sich in Privatbesitz und besteht aus einem schmalen Streifen weißem Sand, ein paar Sonnenliegen, einigen schattenspendenden Palmen und einer lebhaften Bar. Das Meer lädt zwar zum Erfrischen ein, aber zum Schwimmen oder Schnorcheln wächst hier zu viel Seegras. Zu erreichen ist der Strand vom Hafen rechts und dann weiter bis ganz zum Ende der Main Street.

Iguana Research & Breeding Station TIERZUCHTSTATION
(☎2425-3946; www.utila-iguana.de; 60 HNL; ⏲Mo–Fr 9.30–12 & 13.30–17 Uhr) Diese großartige Einrichtung hügelaufwärts vom Ortszentrum erforscht und schützt den hoch gefährdeten Utila-Leguan (*Ctenosaura bakeri*), der hier auch „Swamper" genannt wird. Besucher bekommen hier viele dieser faszinierenden, stachelschwänzigen Viecher zu Gesicht. Vier hervorragende naturkundliche Touren (240–400 HNL) zu Fledermaushöhlen und anderen Zielen werden angeboten; auch Freiwilligenarbeit ist möglich.

Aktivitäten

Tauchen

Utila hat einige erstklassige Tauchreviere. Vor der Nordküste gibt es eine spektakuläre Steilwand und reichlich Meeresgetier wie Rochen und Haie sowie meist eine exzellente Sichtweite. Es ist hier super zum Strömungs- und Tieftauchen.

Die Reviere an der Südseite sind mit ihrem flacheren Wasser eher für Anfänger geeignet, aber die Korallen sind nicht in so unberührtem Zustand. Um den Unterwasserberg **Black Hills** gibt es oft die meisten Meerestiere, z. B. Schwärme von Pferdemakrelen. Das Wrack der *Halliburton 211* ist ein Kick für Tieftaucher.

Utila ist zu Recht berühmt für die prachtvollen **Walhaie**, die sich hier das ganze Jahr über aufhalten. Die Begegnung mit einer dieser Kreaturen wird ein Highlight eines jeden Besuchs sein, allerdings ist das Tauchen mit ihnen nicht erlaubt. Schnorcheln ist gestattet, aber die Wahl des Anbieters sollte auf ethisch gesinnte, forschungsorientierte Organisationen wie das Whale Shark & Oceanic Research Center fallen.

Die meisten Tauchläden beginnen jeden oder jeden zweiten Tag einen Kurs, viele auch in verschiedenen Sprachen. Die Preise unterscheiden sich kaum, daher empfiehlt es sich, vor der Anmeldung mit den Tauchlehrern zu reden. Sicherheit und Naturschutz sind am wichtigsten – daher sind Tauchschulen, die Mitglied im Udsec (Utila Dive Safety & Environment Council) sind, am besten. Die meisten Schulen bieten kostenlose oder ermäßigte Unterkunft für Kursteilnehmer an. PADI-Open-Water-Kurse dauern drei oder auch vier Tage und kosten rund 7000 HNL.

Kurse im **Apnoetauchen** werden im **Free Dive Utila** angeboten (☎9730-3424; www.freediveutila.com; Main St E).

Alton's Dive Center TAUCHEN
(☎2425-3704; www.diveinutila.com; 2-Tank-Tauchgang 1600 HNL, Open-Water-Kurs 8400 HNL) Die freundliche Tauchschule bietet modernste Ausrüstung und (für Tauchgäste) gratis Unterkunft in Schlafsälen sowie exklusivere Zimmer (DZ 1000 HNL pro Nacht) direkt am Kai an. Sie wird überwiegend von jüngeren, tauchbegeisterten Backpackern genutzt. Die Schule liegt 300 m östlich der Hauptkreuzung.

Underwater Vision TAUCHEN
(☎2425-3103; www.utilascubadiving.com; 2-Tank-Tauchgang 1400 HNL, Open-Water-Kurs 7190 HNL) In einer der beliebtesten Tauchschulen der Insel herrscht Partystimmung und professioneller Unterricht wird auf Englisch, Spanisch, Deutsch, Französisch, Schwedisch und Italienisch angeboten. Die ermäßigte Unterbringung erfolgt in tollen Schlafsälen im angeschlossenen, edlen Trudy's (S. 443), an dessen kleinem Strand es sich schön schwimmen lässt.

Captain Morgan's Dive Centre TAUCHEN
(☎2425-3349; www.divingutila.com; Main St; 2-Tank-Tauchgang 1300 HNL, Open-Water-Kurs 6900 HNL) Captain Morgan's direkt gegenüber vom Kai bietet mehr Ausflüge zur Nordküste und ihren enormen Steilhängen an als alle anderen Tauchzentren. Es gibt ein Übungsbecken, einen kleinen Strand und neue Neo-

Utila

prenanzüge. Unterkunft ist in einem guten Hotel, dem Pirate's Bay Inn nebenan.

Utila Dive Centre TAUCHEN
(UDC; ☎2425-3326; www.utiladivecentre.com; 2-Tank-Tauchgang 1850 HNL, Open-Water-Kurs 8400 HNL) Das UDC ist die größte Tauchschule in Utila und nimmt Sicherheit äußerst ernst. Sie hat fünf Tauchboote und bietet jede Menge Kurse und Anleitungen für technisches Tauchen und Kreislauf-Tauchgeräte. Schüler und zertifizierte Taucher bleiben getrennt und die Unterkunft im Mango Inn (S. 444) ist hervorragend.

Ecomarine TAUCHEN
(Gunter's Dive Shop; ☎2425-3350; www.ecomarineutila.com; 2-Tank-Tauchgänge 1140 HNL, Open-Water-Kurse 6990 HNL) Der älteste Tauchladen der Insel liegt zehn Minuten zu Fuß westlich des Kais. Er ist einfach und bescheiden und hat kleine Klassen und solide PADI-Kurse. Kursteilnehmer kommen kostenlos in der Backpackerunterkunft gegenüber unter.

Kajak-, Kanufahren & Paddeln

Eine Paddeltour von Utila Town zum **Rock Harbour** ist ein herrlicher Tagesausflug. Die Strecke führt über die Oyster Bed Lagoon, die Lower Lagoon und über einen Mangrovenkanal. Am Rock Harbour gibt es einen guten und sehr abgeschiedenen Strand. Viele Tauchschulen bieten ihren Schülern kostenlose Kajaks und Paddelbretter an.

Schnorcheln

Utila hat exzellente Schnorchelbedingungen, allerdings muss man einige Mühen auf sich nehmen, um ein wirklich gutes Riff zu erreichen. Viele Tauchläden verleihen Schnorchelausrüstung (um 150 HNL pro Tag). Die meisten Tauchschulen lassen Schnorchler gegen eine kleine Gebühr (um 100 HNL) auch auf den Tauchbooten mitfahren. Der beste Ort zum Schnorcheln auf Utila liegt am Neptune's Restaurant (S. 444), zu erreichen mit einem kostenlosen Shuttleboot vom Dorf aus. Ansonsten gibt es auch ein gutes Tauchrevier am **Chepes Beach** am westlichen Ende der Main Street, aber das Wasser ist hier in Küstennähe sehr flach.

Naturführungen

Nur wenige Besucher kommen über Utila Town und die Riffe vor der Küste hinaus, aber das sumpfige Inselinnere ist ebenso faszinierend. Die Iguana Research & Breeding Station bietet ausgezeichnete Touren (240–400 HNL) zu Fledermaushöhlen und einer abgestorbenen Lagune sowie Kajakfahrten durch die Mangroven an.

Bootsausflüge

In den Fenstern vieler einheimischer Fischer werben Schilder für Bootsausflüge, beispielsweise zur Water Cay, zum Rock Harbour über den Mangrovenkanal oder über die Lagune und zu anderen Orten. Sie kosten ab 1000 HNL pro Boot.

Schlafen

Am Anleger wartet bereits ein mit Broschüren bewaffneter Haufen von Schleppern, die Neuankömmlinge bedrängen. Viele Tauchschulen haben gute, billige (oder kostenlose) Unterkünfte für Kursteilnehmer, aber diese Angebote gelten nur an Tagen, wenn tatsächlich getaucht wird oder ein Kurs stattfindet.

★ The Venue HOSTEL $

(☎9505-5760; www.thevenueutila.com; Zi. 330 HNL; 📶) Das trendige Hostel liegt genau an einem wunderschönen Mangrovenfluss und nur wenige Schritte von Chepes Beach entfernt. Die kleinen Zimmer sind in dem achteckigen Gebäude wie Kuchenstücke angeordnet, haben je zwei Doppelstockbetten und teilen sich ein Badezimmer. Zur Zeit der Recherche befanden sich ein paar Doppelzimmer im Bau. Kajaks und Stehpaddelbretter können gemietet werden (100 HNL pro Std.).

★ Rubi's Inn HOTEL $

(☎2425-3240; rubisinn@yahoo.com; Main St E; EZ/DZ 480/600 HNL; Suite mit Klimaanlage 1320 HNL; ❄📶) Das kleine Hotel gehört einem charmanten Paar, das zwölf saubere, große Zimmer mit lackierten Holzböden und makelloser Bettwäsche in einem Holzhaus am Wasser vermietet. Die Zimmer im oberen Stock schauen aufs Meer und die „Flitterwochensuite" in der Ecke hat einen unverdeckten Ausblick. Es gibt einen privaten Bootsanleger zum Schwimmen und Sonnenbaden, Hängematten zum Ausspannen und eine Gästeküche.

Sea Side Utila Hostel HOTEL $

(☎2425-3150; Main St W; Zi. mit/ohne Klimaanlage 840/480 HNL; ❄📶) Das helle, gepflegte Haus mit schlichtem Kolonialcharme befindet sich zehn Minuten zu Fuß westlich des Kais in ruhiger Lage unweit vom Chepes Beach. Die Zimmer haben Doppelbetten und sind entweder mit Klimaanlage oder einem Ventilator (sehr viel billiger) zu haben. Außerdem gibt es eine Gästeküche. Der Blick vom gemeinschaftlichen Balkon auf die Karibik ist wunderbar.

★ Jade Seahorse BOUTIQUEHOTEL $$

(☎2425-3270; www.jadeseahorseutila.com; Hütten 1800–2525 HNL; ❄📶) Willkommen in dieser künstlerischen Oase am Berghang, wo die Hälfte aller Oberflächen mit bunten, fantasievollen Mosaiken aus Glas, Fliesen und anderen Materialien verziert sind. Jede der sechs bequemen Hütten ist einzigartig. Besonders schön ist die helle, in Blau gehaltene „Mono Lisa" im Schatten eines Tamarindenbaums. Das asiatisch inspirierte hauseigene Restaurant ist eins der besten der Insel, genauso wie die Treetanic Bar (S. 444).

Hotel Trudy HOTEL $$

(☎2425-3103; www.utilascubadiving.com; Main St E; B/Zi./Suite 300/1080/2140 HNL; 📶) Das Hotel in Besitz von Einheimischen auf einem fantastischen Grundstück am Meer mit einem Beachvolleyball-Platz und einem Café, das zum entspannenden und geselligen Aufenthalt beiträgt, ist eine wundervolle Unterkunft. Die Schlafsäle sind klein, haben aber Holzböden und Meerblick vom gemeinschaftlichen Balkon. In den Gemeinschaftsbädern gibt's warmes Wasser. Tauchschüler von Underwater Vision bekommen Ermäßigung.

Mango Inn HOTEL $$$
(☎ 2425-3326; www.mango-inn.com; Cola de Mico; EZ/DZ mit Frühstück ab 2000/2200 HNL, Hütten mit Frühstück ab 3270 HNL;) Das hervorragende Haus gehört zum Utila Dive Center und liegt gleich hügelaufwärts vom Kai. Die stabilen Zimmerblöcke und Hütten liegen in einem von Mangobäumen beschatteten Garten. Der Pool und das Café sind absolut klasse und das ganze Hotel wird außergewöhnlich gut geführt. Frühstück gehört zu jeder Unterkunftsoption dazu. Eine prima Wahl für Familien.

Essen

Utila Town besitzt für einen so kleinen Ort eine gute Restaurantauswahl, von preiswerten *baleadas* bis zu gehobener Küche. Mehrere Unterkünfte haben auch Küchen für Selbstversorger. In der Main Street befinden sich spärlich bestückte Supermärkte.

Camilla's Bakery BÄCKEREI $
(☎ 9969-6360; Hauptgerichte 71–140 HNL; ⏲ So–Di 6.30–14 & 17–21 Uhr;) Im besten Frühstückslokal von Utila gibt's frisches Brot und hausgebackene Bagels mit allen möglichen Belägen sowie leckere Eiergerichte, Quiche, Smoothies und Croissants. Die Atmosphäre ist französisches *savoir faire* und sogar der Selbstbedienungskaffee schmeckt ausgezeichnet. Nachts wird die Bakery zu Pizza Nut und serviert fantastische Pizza mit viel Käse (um 200 HNL).

★ **Neptune's Restaurant & Bar** INTERNATIONAL $$
(Hauptgerichte 155–210 HNL; ⏲ 9–17.30 Uhr) Ein kostenloses Shuttleboot legt (jede halbe Stunde) in der Nähe des Coral View Dive Center ab und bringt Gäste zum Neptune's an einem wunderschönen weißen Sandstrand – ein toller Tagesausflug. Dort, genau am Bootsanleger, liegt die beste Schnorchelstelle des gesamten Festlands von Utila. Für Hungrige gibt's gute Hamburger, Tacos, Salate und vegetarische Gerichte sowie als Vorspeise ein hervorragendes Türmchen aus frischem rohen Thunfisch und Avocado.

Hotspot Cafe CAFÉ $$
(Main St W; Hauptgerichte 90–150 HNL; ⏲ Mo–Sa 6–17 Uhr;) Die hübsche, bunt gestrichene Bude mit richtigem Kaffee und einer riesigen Auswahl an Frühstück, Smoothies, Hamburgern, Wraps und einem beliebten Jumbosandwich mit Steak wird ihrem Namen gerecht – sie ist den ganzen Tag rappelvoll mit Tauchern und Backpackern. Es gibt nur relativ wenige Tische, aber der kontaktfördernde Tresen ist super, um Leute kennenzulernen.

RJ's KARIBISCH $$
(Main St E; Hauptgerichte 150–200 HNL; ⏲ Mi, Fr & So 17.30–21 Uhr) Jeder auf der Insel antwortet auf die Frage, wo es das beste Essen auf Utila gibt, ohne zu zögern: bei RJs. Das mag zwar mehr mit dem hiesigen Geschmack für traditionelle karibische Küche zu tun haben, aber in dem einladenden Restaurant werden wirklich hervorragende Schweinefleisch- und Meeresfrüchtegerichte zubereitet, alle mit einem Berg an Beilagen. Zu beachten sind die merkwürdigen Öffnungstage. Frühzeitiges Erscheinen ist ratsam.

★ **Mango Tango** INTERNATIONAL $$$
(☎ 3211-9469; Hauptgerichte 275–390 HNL; ⏲ 8–22 Uhr;) Das Mango Tango steht auf Stelzen im Wasser, hat einen Panoramablick auf drei Seiten und seine Gerichte gehören zu den besten des Ortes. Auf der interessanten internationalen Speisekarte stehen u. a. Tintenfisch auf galicische Art, hausgemachte Krabben-Ricotta-Ravioli und Filet Mignon mit Chimichurri. Ein Weltklassecocktail als Aperitif und ein „Better Than Sex Tiramisu" runden das Ganze ab. Die Meeresbrise gibt es inklusive.

Mango Café PIZZA, INTERNATIONAL $$$
(☎ 2425-3410; Mango Inn, Cola de Mico; Hauptgerichte 180–240 HNL, Pizza ab 170 HNL; ⏲ 6–14 & 17–22 Uhr;) Das Lokal gehört Andrea, einem Italiener, der seit den 1990er-Jahren auf Utila lebt. Spezialität sind die authentischen, dünnkrustigen Pizzas aus einem speziell gebauten Ziegelofen. Zum Angebot gehören Eiersandwiches, Burritos, gebratener Thunfisch, Kokosnussgarnelen und Schnapperfilet in Weinsauce; ein täglich wechselndes Tagesgericht gibt's auch. Wer hier isst, darf den Pool und die Sonnenliegen des Hotels benutzen.

Ausgehen & Nachtleben

In Utila ist mächtig was los, was manchmal so wirkt, als wäre es eine coole Studentenstadt mit einer kleinen Tauchuniversität. Die meisten Bars haben eine besondere Partynacht in der Woche, in der viel los ist – am besten herumfragen.

★ **Treetanic** BAR
(Cola de Mico; ⏲ Sa–Di & Do 20–24, Mi & Fr bis 1 Uhr) Die psychedelische Baumhausbar auf einem Mangobaum gehört dem exzentrischen

US-amerikanischen Künstler Neil. Man muss sie einfach gesehen haben, während man auf Utila ist. Hier hängt immer eine Truppe einheimischer Charaktere rum und es ist fraglos eine der witzigeren Kneipen auf der Insel. Die „Dark Moon"-Nacht während des Neumonds ist eine der besten Partys der Insel.

Islanders BAR
(Schoppen Bier/Bierprobe 90/160 HNL) Im neuen, relaxten Islanders gibt's erstklassige Biere – darunter das Craftbier „El Bosque" aus San Pedro Sula – bei tollem Ausblick von der Terrasse über dem Meer. Wein, Cocktails und leichte Gerichte wie z. B. Hamburger und Nachos stehen ebenfalls auf der Karte.

Relapse BAR
(⌚11–24 Uhr) Am Tag ist die bunte Kneipe mit den vielen Hängematten und Kissen und der super Aussicht auf Chepes Beach eine Oase der Gelassenheit, doch je später die Stunde, desto munterer geht's hier zu.

Skid Row BAR
(Main St W; ⌚10–23 Uhr) Alles, was eine gute Säuferbar braucht: ein undichtes Blechdach, Betonboden, Poolbillard, Dartscheibe, ein Haufen verhutzelter Typen und ein leidgeprüfter Barkeeper. Alle Besucher werden herzlich eingeladen, beim „Giufity Challenge" mitzumachen – dem Kippen von schwarzgebranntem, mit Kräutern versetztem Garifuna-Schnaps. Gute Kneipengerichte wie Tex-Mex und Hamburger gibt's auch, ebenso Lieferung außer Haus.

ℹ Praktische Informationen

Morgan's Travel (☎2425-3161; www.utilamorganstravel.com; Mo–Fr 8–17.30, Sa 8–12 Uhr) Bucht Flüge von der Insel und Taxis vom bzw. zum Flughafen. Liegt neben dem Kai.

Utila Community Clinic (☎2425-3137; Main St W; ⌚Mo–Fr 8–12 & 13–14 Uhr) Hat eine Englisch sprechende Ärztin, die auf Tauchkrankheiten spezialisiert ist. Im Haus gibt es auch eine Apotheke. Das **Bay Islands College of Diving** (☎2425-3291; www.dive-utila.com; 2-Tank-Tauchgang 1440 HNL, Open-Water-Kurs 7900 HNL) verfügt über eine Dekompressionskammer.

World Wide Travel (☎9891-1960; Main St E; ⌚Mo–Fr 9–12 & 14–17 Uhr) Bucht Flugtickets und organisiert Touren auf Utila und den anderen Bay Islands.

ℹ An- & Weiterreise

FLUGZEUG

Auf Utila gibt es eine Landebahn, aber kein Flughafengebäude; Tickets verkaufen World Wide Travel und Morgan's Travel in der Stadt. Die Flugzeuge von und nach Utila reichen von kleinen 20-Sitzern bis zu winzigen Fünfsitzern – und sie sind schnell ausgebucht, ein Ticket sollte also so früh wie möglich beschafft werden.

Flüge zwischen Utila und Roatán (15 Min.) mit **CM Airlines** (☎9522-5304; www.cmairlines.com) sind eine gute Wahl bei rauer See.

In La Ceiba gibt es Anschlussflüge nach San Pedro Sula und Tegucigalpa. Flüge nach La Ceiba dauern 15 Minuten.

SCHIFF/FÄHRE

Die **Utila Dream** (☎2425-3191; www.utilaferry.com) fährt zweimal täglich nach/ab La Ceiba (600 HNL, 45 Min.) und einmal täglich nach/ab Roatán (700 HNL, 1 Std.). Passagiere sollten 30 Minuten vor Abfahrt am Anleger sein.

ℹ Unterwegs vor Ort

Zu Fuß ist die gesamte Main Street von Utila in 20 Minuten zu schaffen.

Fahrräder werden an vielen Stellen verliehen und kosten pro Stunde/Tag/Woche 25/100/600 HNL, sind aber generell schlecht instandgehaltene Rostlauben.

LA MOSKITIA

Die Moskitia – nach dem Bevölkerungsstamm der Moskito (oder Miskito) benannt, nicht nach dem blutdürstigen Insekt – ist eines der letzten Gebiete ungezähmter Wildnis in Zentralamerika. Riesige Flächen sind praktisch unberührter Dschungel und zusammen mit den herrlichen Feuchtgebieten und Savannen ist es kein Wunder, dass die Gegend oft als das Amazonasbecken Zentralamerikas bezeichnet wird. Moskito, die Sprache der Ureinwohner, wird vor allem an der Küste gesprochen, aber die meisten Menschen können sich auch leicht auf Spanisch verständigen.

Hier leben Seekühe, Tapire und Jaguare, sind aber nur schwer zu beobachten. Krokodile bevölkern die Gewässer und die Vogelwelt, darunter Aras und Fischadler, ist fantastisch.

Ein Besuch dieser Region ist nichts für Zartbesaitete – das Hinkommen ist schwierig und die Gegebenheiten sind bestenfalls rustikal. Doch dank der stetigen Verbesserung hinsichtlich Transport und Sicherheit stellt die Durchquerung der Moskitia eine tolle, abenteuerliche Möglichkeit dar, weiter bis nach Nicaragua zu reisen. Bootsfahrten mit *lanchas* (Motorboote) auf Flüssen, über große Lagunen und vorbei an Savannen sind ein besonderes Highlight.

An- & Weiterreise

AeroCaribe (☎ 2442-1088; www.aerocaribehn.com; La Ceiba) und **Lanhsa** (☎ 9450-1025; www.lanhsahn.com) fliegen täglich zwischen Puerto Lempira und La Ceiba (3100 HNL). AeroCaribe bietet ebenfalls regelmäßige Flüge zwischen Puerto Lempira und Brus Laguna (1400 HNL), Ahuas (1150 HNL) und Wampusirpe (1530 HNL) an.

Für die Überlandreise fährt früh am Morgen ein Bus von Trujillo (45 HNL, 1½ Std.) oder La Ceiba (100 HNL, 2½ Std.) nach Tocoa. Am Markt fahren dort zwischen 9 und 10 Uhr überladene *pailas* (Pick-ups) nach Batalla (400–500 HNL, 4–6 Std.) los. In Batalla legen *colectivo*-Boote nach Palacios (60 HNL, 5 Min.), Raista (250 HNL, 2 Std.) und zu weiteren Orten bis nach Brus Laguna (550 HNL, 4 Std.) ab. Von Brus Laguna geht es weiter nach Puerto Lempira (1100 HNL, 7 Std.) über Ahuas (500 HNL, 3½ Std.). Falls sich nicht genügend Passagiere für die *lancha* nach Puerto Lempira finden, kann man schon mal einen Tag oder länger in Ahuas festsitzen.

Für den Rückweg fährt sehr früh morgens eine *lancha* nach Batalla, um 7 Uhr geht es von dort mit einem Pick-up nach Tocoa. In Tocoa gibt es Busverbindungen nach La Ceiba und Trujillo (ca. stündl. bis 16 Uhr).

Laguna de Ibans

Die kleinen, traditionellen Küstenorte um die Laguna de Ibans sind eine Ansammlung von Dörfchen – **Cocobila**, **Raista** und **Belén** liegen nur ein kurzes Stück voneinander entfernt. Fast alle Besucher bleiben allerdings wegen der netten, gut geführten Unterkünfte in Raista.

Im Meer kann gebadet werden, aber Quallen können einem das Schwimmen vermiesen. Eine Süßwasserlagune ist deshalb die bessere Wahl. Wenn möglich, lohnt auch ein Besuch von **Plaplaya**, einem hübschen traditionellen Garifuna-Dorf nur eine kurze Bootsfahrt von Raista entfernt, wo riesige Lederschildkröten nisten und zwischen April und Juli von Freiwilligen ins Meer entlassen werden.

Schlafen & Essen

Etwas zu essen gibt es nur in den Hotels.

★ **Raista Eco Lodge** LODGE $
(☎ 8926-5635, 2433-8220; Raista; Zi. pro Pers. 180 HNL) Die Raista Eco Lodge, eine Wegbereiterin des Ökotourismus in der Moskitia, hat rustikale, aber angenehme Zimmer, Moskitonetze und hervorragende Hausmannskost (Mahlzeiten 100 HNL). Die Familie Bodden, die das Haus betreibt, ist sehr freundlich und kenntnisreich. Gästen wird ein kostenloser Dorf- und Strandrundgang geboten. Es können Schildkröten- oder Kaimantouren gebucht sowie Fahrten nach Las Marías und zu anderen Zielen organisiert werden.

An- & Weiterreise

Für Fahrten ins Landesinnere können private *lanchas* nach Las Marías (hin & zurück 5000 HNL, 5–6 Std.) gemietet oder auf eine *colectivo lancha* (500 HNL pro Pers.) gehofft werden. Zur Weiterfahrt nach Osten in Richtung Batalla und Westen bis nach Brus Laguna bieten sich ziemlich verlässliche, tägliche *colectivo lanchas* an.

Reserva de la Biósfera del Río Plátano

Das herrliche Biosphärenreservat Río Plátano wurde bereits 1980 in die Liste der Weltnaturerbestätten aufgenommen. Seine weite, unberührte und ursprüngliche Wildnis mit außergewöhnlicher Tierwelt beheimatet auch ein paar bedrohte Arten. Beste Besuchszeit ist von November bis Juli. Vogelbeobachter sollten im Februar und März kommen, wenn viele Zugvögel das Naturschutzgebiet bevölkern.

Las Marías ist einer der besten Orte, um diese ganze Natur zu erleben. Das Dorf mit ca. 100 Familien der Miskito und Pech liegt mitten im Reservat. Es hat einige Generatoren, aber kein Strom- oder Wasserleitungsnetz.

Kurze Wanderwege um das Dorf sind gut für Vogelbeobachter, aber für längere Ausflüge ist es wichtig, einen Führer zu mieten und für Campingausrüstung und Essen zu sorgen. Die Führer sprechen kein Englisch. Buchungen sind kompliziert zu organisieren und nicht wirklich nötig.

Geführte Touren

Zu den beliebten Kurztouren gehören eine Krokodilwanderung bei Dämmerung und ein Tagesausflug per Boot zu einigen Felszeichnungen. Anstrengende längere Touren in den Regenurwald bestehen aus zweitägigen Wanderungen auf den tierreichen **Cerro Baltimore** und eine dreitägigen Expedition zum Gipfel des **Pico Dama** (840 m). Für beide sind mehrere Führer nötig.

LA CIUDAD BLANCA: VON DER LEGENDE ZUR ENTDECKUNG

La Ciudad Blanca, die Weiße Stadt, ist eine honduranische Legende: Bereits seit der spanische *conquistador* Hernán Cortés 1516 von Gerüchten über eine Stadt mit unermesslichen Reichtümern berichtete, wurde nach ihr gesucht. Sie war das Thema unzähliger Artikel und Dokumentationen. Die meisten der zahlreichen vermeintlichen Entdeckungen stellten sich allerdings als Falschmeldungen heraus – vielen von ihnen ging ein riesiges internationales Tamtam voraus, bevor sie als Schwindel entlarvt wurden.

Mithilfe von Lidar-Messungen entdeckte dann 2012 ein Team des Filmemachers Steve Elkins zusammen mit der honduranischen Regierung zwei große Siedlungen. Spannung machte sich breit – könnte eine davon die Weiße Stadt sein? Eine Bodenexpedition zu einer der Stätten im Jahr 2015 bestätigte, dass es sich um eine präkolumbische Stadt handelte. *National Geographic* berichtete ausführlich über diese Entdeckung und Douglas Preston, der an beiden Expeditionen teilgenommen hat, erzählt darüber in seinem Bestseller *Die Stadt des Affengottes*. Einige auf die Region spezialisierte Archäologen bezeichnen den ganzen Rummel jedoch als viel Lärm um voreilig gezogene Schlüsse. Die Ureinwohner der Moskitia sind keine Mayas und eine der am wenigsten bekannten Kulturen Zentralamerikas – die Wissenschaftler können also nur auf geringen Vorkenntnissen aufbauen.

2018 weihte der honduranische Präsident Juan Orlando Hernández ein archäologisches Forschungszentrum in El Aguacata in der Provinz Olancho ein, in welchem die Funde untersucht werden. Leider liegt das Zentrum für die meisten Hondurasreisenden zu abgeschieden. Die archäologische Stätte selbst befindet sich so tief um Urwald, dass ein Besuch Tage in Anspruch nimmt oder einen Hubschrauber voraussetzt. Die Wissenschaftler der Expedition nehmen an, dass sie seit rund 500 Jahren keine Menschenseele mehr betreten hatte.

Schlafen & Essen

In mehreren einfache Unterkünften, darunter Hospedaje Doña Justa, werden die Gäste auf Wunsch mit einfachen Mahlzeiten bekocht. Andere Verpflegungsmöglichkeiten gibt es nicht.

Hospedaje Doña Justa HOTEL **$**
(☎9966-9234; Las Marías; Zi. ohne Bad pro Pers. 150 HNL) Das supernette Doña Justa ist ein strohgedecktes Haus mit mehreren luftigen Zimmern, die auf einen großen Blumengarten blicken. Jedes Zimmer ist gut gepflegt und hat annehmbare Betten mit Moskitonetzen. Im großen Innenhof gibt es viele Hängematten, perfekt, um mit einem Buch einen Nachmittag lang die Zeit zu vertrödeln. Auf Wunsch werden Mahlzeiten (60–100 HNL) zubereitet.

An- & Weiterreise

Ein paar *colectivo lanchas* (kleine Motorboote) verkehren einmal die Woche zwischen Las Marías und Raista, aber man muss eventuell ein paar Tage warten, um eine zu erwischen. Die einfache Strecke kostet 500 HNL pro Person. Ein Charterboot von Raista kostet hin und zurück rund 5000 HNL für bis zu drei Personen (5–6 Std.); der Bootsführer wartet dann zwei oder drei Nächte in Las Marías für die Fahrt zurück. Auch nach oder von Brus Laguna aus können Boote gemietet werden, das kommt aber teurer.

Palacios

Palacios ist der erste Stopp in der Moskitia für Reisende, die auf dem Landweg von innerhalb Honduras' hierherkommen. Der Ort hat zwar eine hübsche Lage am Fluss, ist aber ziemlich gesetzlos und gehört sicher nicht zu den Highlights der Region. Wer allerdings erst spät aus Batalla anreist, muss eventuell hier übernachten. Man sollte gut auf seine Sachen aufpassen und nachts nicht ausgehen.

Im Ort gibt es einen *comedor*, der sehr billige Mahlzeiten serviert.

Hotel Moskitia (☎9996-5648; Zi. 180 HNL) ist die beste Unterkunft in Palacios, aber immer noch sehr schlicht. Das Beste an ihr ist der Seeblick von den Balkons aus.

An- & Weiterreise

Colectivo-Kanus fahren Passagiere von Batalla über den See (60 HNL, 5 Min.).

AeroCaribe (☎3312-8978; www.aerocaribehn.com) bietet regelmäßige Flüge von/nach Puerto Lempira (1960 HNL).

Brus Laguna

Brus Laguna an der gleichnamigen Lagune ist ein lebhafter, staubiger Ort und ein gut erreichbares Tor zur Moskitia, da es hier einen Flughafen und eine direkte Bootsverbindung nach Batalla gibt. Auch nach Raista oder sogar direkt nach Las Marías geht es von hier aus. Besonders nach Einbruch der Dunkelheit macht der Ort einen zwielichtigeren Eindruck als Raista oder Puerto Lempira und wegen Rauschgiftaktivitäten ist hier verstärkt das honduranische Militär vertreten. Trotzdem macht die atemberaubende Fahrt mit einer *lancha* zwischen Brus Laguna und Raista einen Besuch wert. Wer auf dem Landweg aus Nicaragua anreist oder dorthin will, muss fast zwangsläufig eine Nacht hier verbringen.

Ein paar einfache Speiselokale haben typisch honduranisches Essen und preiswerte, aber gute *baleadas*.

Es lohnt sich, für einen guten Schlaf ein paar Lempiras mehr für eine Nacht im pastellfarbenen, zweistöckigen Hotel **Ciudad Blanca** (☎3165-0250; EZ/DZ 400/600 HNL) auszugeben. Die sauberen Zimmer ordentlicher Größe sind viel besser als alle anderen Übernachtungsmöglichkeiten im Ort. Vom Bootsanleger aus geht man die Hauptstraße hinunter bis zur zweiten Querstraße und biegt links ab. Das Hotel liegt ein oder zwei Straßen weiter auf der linken Seite.

An- & Weiterreise

AeroCaribe (S. 427) verbindet La Ceiba (einfacher Flug 3100 HNL) und Puerto Lempira (einfacher Flug 1400 HNL) täglich mit Brus Laguna. Von Batalla aus fahren *lanchas* (kleine Motorboote) zwischen 15 und 17 Uhr direkt nach Brus Laguna (550 HNL, 4 Std.). Nach Puerto Lempira (1100 HNL, 7 Std.) wird in Ahuas umgestiegen.

Puerto Lempira

Puerto Lempira liegt auf der Landseite der Laguna de Caratasca und ist die größte Stadt der Moskitia. Wer von der honduranischen Seite über Land anreist, auf den wirkt sie wie eine Metropole. In Wirklichkeit ist es aber nur ein großes Dorf mit überwiegend unbefestigten Straßen, einem großen Kai, drei Supermärkten, einem Krankenhaus, einem Geldautomaten und guten Flugverbindungen. Wer die Menschen mit einem *buenos dias* begrüßt, wird recht freundlich empfangen. Obwohl die Drogenkartelle hier nach wie vor aktiv sind, verhalten sie sich ziemlich unauffällig und stellen keine Bedrohung für Touristen dar, sofern sich diese aus deren Aktivitäten heraushalten und ihren gesunden Menschenverstand einsetzen.

Die beliebteste Tagestour von Puerto Lempira aus führt ins beschauliche Miskito-Dorf **Mistruk**, das 18 km südlich der Stadt am Ufer der hübschen Laguna de Tansing liegt. Ein Pick-up bringt Besucher für rund 1000 HNL dorthin.

Geführte Touren

La Moskitia Ecoaventuras (S. 429) hat jahrzehntelange Erfahrung in der Moskitia, Inhaber Jorge Salaverri ist hier geboren. Er bietet mehrere Ausflüge an, von Überland- und Backpackerabenteuern bis zu komfortableren Deluxe-Touren. Der größte Vorteil einer Tour ist, dass die Aktivitäten (Bootfahren, Angeln, Vogelbeobachtung) an Orten stattfinden, an denen auf eigene Faust nur schwer etwas organisiert werden kann.

Ein weiterer Ansprechpartner ist Jon Tompson, Inhaber von Vino Tinto (S. 433) in Trujillo, der die Region selbst ausgiebig bereist hat.

Schlafen & Essen

Preiswertes Essen gibt es vor allem in den Esslokalen am Kai, die leckere *baleadas*, Tacos und Lokalgerichte (*típicos*) anbieten. Anspruchsvolleres bekommt man im Hotel Pinares oder Hotel Yu Baiwan.

★ **Hotel Yu Baiwan** HOTEL $
(☎9568-2142, 2433-6348; nahe Calle Principal; Zi. 550 HNL) Das Yu Baiwan hat das beste Preis-Leistungs-Verhältnis am Ort. Und dabei sieht es aus wie ein Resort, mit dem weißen Sandstrand und der palmengesäumten Lagune direkt vor der Tür. Die Zimmer sind alt, aber groß, blitzsauber und angenehm, der Service ist freundlich. Zu finden ist das Yu Baiwan in einem schmalen Betondurchgang an der Calle Principal, einen halben Block vom Bootsanleger.

Hotel El Sol HOTEL $
(Zi. 350 HNL) Die einzige anständige Budgetunterkunft in der Stadt macht ihrem Namen alle Ehre: Hier ist es wirklich sonnig, die Wände sind hell gestrichen, überall stehen Topfpflanzen und die Zimmer schmückt bunt aufgemaltes „Mauerwerk“. Auf der Terrasse mit Straßenblick stehen Holzbänke. Vom Kai aus geht man hoch bis zur ersten

Straßenkreuzung und biegt links ab, das Hotel liegt an der zweiten Querstraße.

Hotel Pinares HOTEL $$

(☎2433-6681; Av 10; Zi. mit/ohne Klimaanlage 950/750 HNL; ❄✉) Das Pinares direkt an der Lagune ist komfortabel und freundlich. Die Zimmer sind zwar etwas veraltet, aber sehr groß und liegen an einem bepflanzten Patio. Das Highlight ist der umzäunte Pool mit Lagunenblick und Meeresbrise. Während der häufigen Stromausfälle in Puerto Lempira funktioniert die Klimaanlage natürlich nicht.

An- & Weiterreise

AeroCaribe und Lanhsa (S. 446) fliegen täglich zwischen Puerto Lempira und La Ceiba (3100 HNL). AeroCaribe betreibt außerdem Linienflüge nach Palacios (1960 HNL), Brus Laguna (1400 HNL), Ahuas (1150 HNL) und Wampusirpe (1530 HNL). Alternativ fahren Boote nach Ahuas, wo nach Brus Laguna umgestiegen werden kann.

Jeden Morgen fahren Kleintransporter (Pickups) zur nicaraguanischen Grenze (200 HNL, 4 Std.). Man lässt sich einen Ausreisestempel geben, nimmt eine *lancha* über den Fluss und bekommt in Leimus in Nicaragua einen Einreisestempel. Kleintransporter fahren von hier aus nach Waspan, wo höchstwahrscheinlich übernachtet werden muss, um am nächsten Morgen weiterzureisen.

Südliches Honduras & Isla del Tigre

9690 EW.

Honduras stößt am Golfo de Fonseca mit einer 124 km langen Küste an den Pazifik. Diese ständig und oft höllisch heiße Küstenebene ist von Agrarindustrie geprägt: Zuckerrohr, Ölpalmplantagen und Krabbenzucht. Es ist zwar eine viel bereiste Region (die Panamericana führt hier durch Honduras), aber für Reisende ist sie nicht besonders interessant – mit Ausnahme von der Isla de Tigre vielleicht, die einige Reize hat.

Die Isla del Tigre ist eine nicht aktive Vulkaninsel vor der Südküste von Honduras, deren höchster Punkt 783 m misst. Sie ist spektakulär von dichtem Wald bedeckt und hat einige nette Strände, an denen sich zahlreiche Einheimische, aber nur wenige Ausländer tummeln.

Der größte Ort ist **Amapala**, ein abgerocktes Fischerdorf mit malerischen, halbzerfallenen Schindelhäusern. Die schwarzsandige **Playa Negra** im Norden der Insel ist zweifellos der beste Strand, aber es gibt hier noch mehrere andere, völlig unerschlossene Strände.

Schlafen & Essen

Unterkünfte auf der Isla del Tigre sind teurer als auf dem Festland. Die beliebteste der wenigen Budgetunterkünfte ist das Hotel Paz Camping Playa Negra an der wunderschönen Playa Negra.

An der Playa Grande der Isla del Tigre gibt es zahlreiche Restaurants.

Paz Camping Playa Negra HOTEL $$

(☎9978-2761; Zi. ab 1440 HNL; ❄📶) Das familiengeführte Hotel liegt an einem urwaldbewachsenen Hügel und hat Terrassen mit Blick auf die relaxte Playa Grande. Es gibt sieben saubere Zimmer, einen kleinen Pool und ein hauseigenes Restaurant in lockerer Atmosphäre. Wanderungen und Angelausflüge können organisiert werden.

Praktische Informationen

Auf der Isla del Tigre gibt es keine Geldautomaten, der nächste befindet sich in San Lorenzo auf dem Festland. Kleinere Hotels nehmen keine Kreditkarten, also an genügend Bargeld denken!

An- & Weiterreise

Wer den Süden von Honduras lediglich durchfährt, braucht nur knapp drei Stunden mit dem Bus zwischen den Grenzen von El Salvador und Nicaragua. Auf dem Weg ostwärts nach Nicaragua geht es auf jeden Fall durch die Großstadt Choluteca, die als Verkehrsknotenpunkt dient, ansonsten aber wenig Spannendes bietet, allerdings viele Banken und Dienstleistungen hat.

Zur Isla del Tigre fahren kleine *colectivo*-Boote (25 HNL, 20 Min.) ab dem Ort Coyolito, 30 km von der Panamericana entfernt, aber erst, wenn zehn Passagiere zusammenkommen. Eine private Bootsfahrt kostet 120 HNL, was vorzuziehen ist, da am einfachsten.

Vom Busbahnhof hinter dem Fertigbau der Markthalle von San Lorenzo oder von einem staubigen Abzweig 2 km nördlich der Stadt fahren Busse nach Coyolito (30 HNL, 1 Std., alle 40 Min. bis 17.30 Uhr). Nach San Lorenzo geht es mit dem Bus ab Tegucigalpa (90 HNL, 2 Std., alle 40 Min.) über Blanquita oder San Benito.

Unterwegs vor Ort

Minibusse (15 HNL) ab Amapala fahren um die Hälfte der Insel herum zu den Stränden, andernfalls bietet sich ein *mototaxi* an.

HONDURAS VERSTEHEN

Honduras aktuell

Willkommen beim Bösewicht Zentralamerikas: Honduras gilt seit Jahren als abschreckendes Beispiel für das, was die Kombination aus Korruption, Drogen und Armut anrichten kann. Aber dieses stets tapfere Land weigert sich, in eine Schublade gesteckt zu werden und kämpft beharrlich gegen den weltweiten Ruf, gefährlich zu sein. Die Mordrate ist zwar noch immer sehr hoch, aber fällt allmählich, um die Sicherheit ist besser bestellt als seit Jahren und trotz ein paar kleinen Problemen hier und da geht es endlich aufwärts für eines der am wenigsten angesehenen Reiseziele Zentralamerikas.

Honduras, die ursprüngliche Bananenrepublik, wurde seit Bestehen meist ignoriert oder herumgestoßen. Doch 2012 geriet die Nation endlich in die Schlagzeilen – die Vereinten Nationen erklärten das Land zur Weltspitze im Hinblick auf die Mordrate. 2015 verlor Honduras den Titel allerdings ans benachbarte El Salvador und 2017 war San Pedro Sula (die raueste Stadt) vom 1. auf einen unglaublichen 26. Platz auf der Liste der „Gefährlichsten Städte der Welt" des Business Insider gefallen. Die Sicherheitslage im Land ist trotzdem immer noch bedenklich. Es ist nicht nur die alltägliche Gefahr von Überfällen oder Raub, mit der die Honduraner beim Einkaufen, Auto- oder Busfahren leben müssen. Räuberische Erpressung oder „Kriegsbesteuerung" durch Banden in armen Stadtvierteln treiben die Kosten für die ganze Nation in die Höhe: Straßenhändler müssen für ihren Standplatz zahlen, Transportunternehmen für die Durchfahrt ihrer Busse durch bandenkontrolliertes Territorium. Die hohen Kriminalitätsraten bremsen ausländische Direktinvestitionen, da mögliche Arbeitgeber Honduras wegen der hohen Sicherheitskosten meiden. Bewaffnete Wächter stehen vor fast jedem Gebäude. Darunter leidet auch der Tourismus und selbst das Friedenskorps zog sich wegen Sicherheitsbedenken 2012 zurück.

Die politische Situation ist ähnlich enttäuschend. Der Kandidat des Partido Nacional de Honduras Juan Orlando Hernández übernahm 2014 die Präsidentschaft und gewann Ende 2017 die Präsidentschaftswahlen erneut, obwohl ein Gesetz die Wiederwahl verbietet. Es kam zu Demonstrationen wegen Wahlbetrugs, die mindestens 17 Todesopfer forderten. Dem konservativen Hernández (von Honduranern nach seinen Initialen JOH genannt) ist es zu verdanken, dass die Mordrate sank, aber ihm gelang es nicht, das uralte honduranische Problem der Korruption ernsthaft anzugehen – er wurde sogar selbst indirekt der Korruption bezichtigt.

Angesichts der aktuellen Lage stimmten viele Honduraner mit den Füßen ab und suchten ein neues Leben in den USA oder anderswo. Schätzungsweise eine Million Honduraner leben nördlich der Grenze; laut der Zeitung *La Prensa* betrugen ihre Geldüberweisungen 2014 etwa 3,4 Mrd. US$, etwa 17 % der honduranischen Wirtschaft. Es gibt im ganzen Land kaum eine Familie, die nicht ein Mitglied in *El Norte* hat.

Geschichte

Honduras hatte es nicht leicht über die Jahrhunderte. Der Anfang war mit dem Auftauchen der Mayas in Copán zwar glanzvoll, aber dann kamen die Spanier und trampelten im gesamten Land herum. Im 17. Jh. kamen noch plündernde Piraten hinzu.

Die Unabhängigkeit brachte eine kurze Ruhepause mit sich. Aber fast das gesamte 20. Jh. hindurch hatten in Honduras ausländische Mächte das Sagen, nicht zuletzt die großen US-amerikanischen Obstkonzerne und später das US-Militär, das sich im Land festsetzte.

Frühgeschichte

Die ersten Menschen kamen vermutlich um 9000 v. Chr. nach Honduras. Allerdings ist über sie nichts bekannt, außer dass sie Jäger und Sammler waren. Um 2000 v. Chr. entstanden im ganzen Land Siedlungen.

Es dauerte noch Jahrtausende, bevor die Maya-Stadt bei Copán Ruinas zu erblühen begann und Bildhauer in der Maya-Welt einmalige Steinstelen schufen, Soldaten erfolgreiche Feldzüge führten und Mathematiker und Astronomen unheimlich präzise Kalender und die Bewegungen der Planeten berechneten. Über Hunderte Jahre, während eines nicht geringen Teils der Klassischen Maya-Zeit (250–900 n. Chr.), dominierte die Stadt die Region kulturell – bis zu ihrem Verfall im 9. Jh. n. Chr.

Spanische Kolonialisierung

Auf seiner vierten und letzten Reise landete Kolumbus 1502 in der Nähe des heutigen Trujillo. Wegen der tiefen Wasser vor der Nordküste nannte er das neu entdeckte Land Honduras (Spanisch: „Tiefen").

Er gründete 1525 eine Stadt (Trujillo), die erste Hauptstadt von Honduras. Doch der Glanz des Silbers lockte die Eroberer ins Binnenland: 1537 wurde Comayagua, auf halbem Weg zwischen dem Pazifik und der Karibikküste, zur neuen Hauptstadt.

Die indigenen Stämme leisteten heftigen Widerstand gegen die Invasoren, doch der schwächte sich ab, da sie anfällig für Krankheiten waren, die von den Europäern eingeschleppt wurden. Am unerbittlichsten widersetzte sich Lempira (Häuptling der Lenca und heutiger Nationalheld), der mit 30 000 Mann gegen die Spanier kämpfte, bevor er ermordet wurde. 1539 war jeglicher Widerstand weitgehend niedergeschlagen.

Der Einfluss der Briten

Anfang des 17. Jhs. wurden die spanischen Kolonialisten regelmäßig von Truppen rivalisierender Imperien angegriffen – vor allem von britischen. Kaufleute aus Großbritannien, angelockt vom Mahagoni und Hartholz der honduranischen Karibikküste, errichteten Siedlungen vor Ort und auf den Bay Islands.

1786 überließ Großbritannien schließlich den Spaniern die Herrschaft über die Karibikküste, übte aber immer noch Einfluss in der Region aus. 1797 rebellierten Sklaven auf der Karibikinsel St. Vincent. Die Briten verschleppten Tausende auf die Insel Roatán, wo sie sich mit den dortigen *indígenas* vermischten. Ihre Nachkommen, die Garifuna, kamen schließlich aufs Festland und gründeten Siedlungen an der Küste.

Unabhängigkeit

Nachdem Honduras 1821 die Unabhängigkeit von Spanien erlangt hatte, gehörte es für kurze Zeit zum unabhängigen Mexiko und wurde dann Mitglied der Zentralamerikanischen Konföderation. 1830 wurde der honduranische Freiheitsheld General Francisco Morazán zum Präsidenten gewählt. Die Union hatte jedoch nicht lange Bestand: Am 5. November 1838 erklärte sich Honduras zu einer eigenständigen, unabhängigen Nation.

Liberale und Konservative rangen um die Macht, sodass Honduras immer wieder mal eine Zivil-, mal eine Militärregierung hatte – die Verfassung des Landes wurde zwischen 1821 und 1982 17-mal umgeschrieben. Zudem erlebte Honduras seit der Unabhängigkeit buchstäblich Hunderte Putsche, Rebellionen und Machtergreifungen.

Die „Bananenrepublik"

Gegen Ende des 19. Jhs. staunten US-Händler über das schnelle Wachstum von Bananen an der fruchtbaren Nordküste des

DER FUSSBALLKRIEG

Der legendäre Fußballmanager Bill Shankly sagte einst: „Einige Leute halten Fußball für einen Kampf um Leben und Tod. Ich versichere Ihnen, dass es viel ernster ist!" Aber sogar Mr. Shankly hätte es wahrscheinlich angesichts der sportlichen Rivalität zwischen Honduras und El Salvador die Sprache verschlagen. Hier wurde nämlich im berüchtigten Fußballkrieg (Guerra de Fútbol) von 1969 aus Spiel blutiger Ernst.

Die Gewaltausbrüche auf den Tribünen kamen nicht aus heiterem Himmel. In den 1950er- und 1960er-Jahren zwang die erlahmende Wirtschaft 300 000 Bewohner El Salvadors, ihr Glück in Honduras zu versuchen. Die honduranische Wirtschaft kränkelte allerdings selbst und die Salvadorianer wurden zum Sündenbock gemacht. Im Juni 1969 begannen die honduranischen Behörden, Immigranten aus Salvador aus dem Land zu werfen. Es folgte ein Strom von salvadorianischen Flüchtlingen, die Honduras der Brutalität beschuldigten.

Im selben Monat spielten die beiden Länder im Qualifikationsspiel der Weltmeisterschaft gegeneinander. Während des Spiels in San Salvador griffen die Salvadorianer honduranische Fans an, schändeten die honduranische Flagge und verspotteten die Hymne. Jenseits der Grenze gingen wütende Honduraner auf salvadorianische Einwanderer los. Die Gemüter erhitzten sich noch weiter und am 14. Juli marschierte die salvadorianische Armee in Honduras ein und besetzte Nueva Ocotepeque. Honduras konterte mit Luftangriffen. Nach nur sechs Tagen wurde der Waffenstillstand ausgerufen, aber 2000 Honduraner hatten ihr Leben gelassen und Tausende Salvadorianer flohen zurück in ihr Heimatland.

Landes, die nur eine kurze Schiffsfahrt vom Süden der USA entfernt liegt. US-Unternehmer kauften Land zum Anbau von Bananen, drei Unternehmen, darunter die Standard Fruit Company (die spätere Dole Food Company), erwarben riesige Ländereien.

1892 machten Bananen 11 % des Exportgeschäfts von Honduras aus, 1903 42 % und 1913 66 %. Der Erfolg der Industrie verhalf den Bananenunternehmen zu extrem großer Macht in Honduras, die Politik und Politiker wurden von ihren Interessen beherrscht.

Die Politik des 20. Jahrhunderts

Die USA nahmen immer stärker Einfluss auf die Geschehnisse in Honduras. 1911 und 1912 wurden US-Marines in das Land entsandt, um „US-Investitionen zu schützen".
Ein zweimonatiger Streik im Jahr 1954, an dem über 25 000 Arbeiter der Bananenindustrie und Sympathisanten teilnahmen, ist nach wie vor ein bahnbrechender Moment in der honduranischen Arbeitergeschichte. Gewerkschaften wurden anerkannt und Arbeiter erhielten Rechte, von denen man in den zentralamerikanischen Nachbarländern noch nicht einmal gehört hatte.

Ab Ende der 1950er-Jahre spielte das Militär durch Putsche und politischen Druck eine immer wichtigere Rolle in der Landesregierung. In den 1960er- und 1970er-Jahren wechselten sich lange Zeiträume der Militärherrschaft mit zivilen Präsidenten ab. Dieser Kreislauf endete schließlich 1981 mit demokratischen Präsidentschaftswahlen.

Die 1980er-Jahre

In den 1980er-Jahren war Honduras von Revolutionen und Konflikten umgeben. Im Juli 1979 stürzten die revolutionären Sandinistas in Nicaragua die Diktatur von Somoza, dessen Nationalgardisten nach Honduras flohen. 1980 brach in El Salvador ein Bürgerkrieg aus und interne Konflikte in Guatemala spitzten sich zu.

Honduras rückte in den Fokus der US-Politik und strategischer Operationen in Zentralamerika mit Unterstützung von General Gustavo Álvarez, der eine zunehmende US-Militärpräsenz befürwortete. Unter dem US-Präsidenten Ronald Reagan flossen gewaltige Geldsummen nach Honduras und Tausende von US-Soldaten wurden ins Land geschickt. Flüchtlingslager von Nicaraguanern in Honduras wurden als Stützpunkte für einen von den USA finanzierten Guerilla-Krieg gegen die nicaraguanische Sandinista-Regierung genutzt, der als Contra-Krieg bekannt wurde.

TOP-BÜCHER

Mehr Hintergrundwissen gefällig? Diese Bücher helfen dabei:

- *Die Stadt des Affengottes* (2017) Douglas Preston: Ein fesselnder Bericht über die Suche nach der legendären Ciudad Blanca in der Moskitia und ihre mögliche Entdeckung.
- *Moskito-Küste* (1981) Paul Theroux: Eine eindringliche Erzählung über das Leben im Dschungel.
- *Das Grüne Gefängnis* (1950) Ramón Amaya-Amador: Über das Leben eines politischen Schriftstellers auf einer Bananenplantage.
- *El Humano y la Diosa* (1996), *Los Barcos* (1992) und *Big Banana* (1999) Roberto Quesada: Einer der bekanntesten Schriftsteller von Honduras.
- *Obras de Juan Ramón Molina* (1875–1908): Werke des vielleicht beliebtesten Dichters des Landes.
- *Enrique's Journey* (2006) Sonia Nazario: Ein Ausreißer aus Tegucigalpa sucht in den USA nach seiner Mutter.
- *Bananas: How the United Fruit Company Shaped the World* (2007) Peter Chapman: Aufschlussreicher Bericht über die Machtposition des Bananenriesen in Zentralamerika.
- *The United States, Honduras, and the Crisis in Central America* (1994) Donald E. Schulz und Deborah Sundloff Schulz: Setzt sich mit der Rolle der USA in den zentralamerikanischen Bürgerkriegen auseinander.

Die Besorgnis in der Bevölkerung wuchs, als Hunderte Linke in Honduras „verschwanden“ und sich die US-Militärpräsenz in Honduras verstärkte. 1984 wurde General Álvarez von seinen Offizieren ins Exil geschickt und die honduranische Regierung verbot die Ausbildung des salvadorianischen Militärs durch die USA auf honduranischem Boden.

In Washington wurde die Regierung unter Reagan durch die Aufdeckung erschüttert, sie habe illegalerweise Gelder aus Waffenverkäufen in den Iran genutzt, um die anti-sandinistischen Contras zu unterstützen. Es folgten große Demonstrationen in Tegucigalpa und im November 1988 weigerte sich die honduranische Regierung, ein neues Militärabkommen mit den USA zu unterzeichnen. Mit Violeta Chamorros Wahl zur Präsidentin von Nicaragua im Jahr 1990 endete der Contra-Krieg.

Moderne Entwicklungen & Putsche

Während der Regierungszeit von Rafael Leonardo Callejas Romero (1990–1994) und Carlos Roberto Reina Idiaquez (1994–1998) hatte Honduras wirtschaftlich zu kämpfen. 1998 erlitt Honduras einen verheerenden Schlag, als Hurrikan Mitch Tausende Menschen tötete, gewaltige Verwüstungen anrichtete (geschätzter Schaden: 3 Mrd. US$) und somit die Wirtschaft um Jahre zurückwarf. 2001 wurde Ricardo Maduro vom Partido Nacional aufgrund seines Wahlversprechens, die Kriminalität zu reduzieren, zum Präsidenten gewählt. Doch obwohl er große Summen in die Lösung des Problems steckte, stieg die Kriminalität weiter. 2006 wurde José Manuel Zelaya Rosales, ein Farmer mit Cowboy-Hut, zum Präsidenten gewählt. Er schloss sich an andere lateinamerikanische linke Regierungschefs an (wie Hugo Chávez). Aber sein Versuch, 2009 die Verfassung zu ändern, um für eine zweite Amtszeit wählbar zu werden, führte zur politischen Krise. Das Verfassungsgericht ordnete die Absetzung von Zelaya an (viele Länder betrachteten seine Vertreibung als Putsch) und er wurde ins Exil in die Dominikanische Republik geschickt.

Es folgten demokratische Wahlen und gewählt wurde der Kandidat der Nationalen Partei Porfirio „Pepe“ Lobo, ein Mitte-Rechts-Konservativer mit Unterstützung der honduranischen Oligarchie. Unter Lobos Präsidentschaft häufte das Land Auslandsschulden in Höhe von über 5 Mrd. US$ an. Staatsangestellte wie Lehrer und Militär erhielten kein Gehalt mehr. 2014 wurde der konservative Juan Orlando Hernández zum Präsidenten gewählt. Trotz ständiger Korruptionsvorwürfe konnte er die Gewaltstatistik des Landes verbessern. Auch er ließ sich ein zweites Mal als Präsidentschaftskandidat aufstellen und kam im Gegensatz zu Zelaya 2017 damit durch. Nach seinen zweiten Sieg gab es blutige Proteste, bei denen ihm Wahlbetrug und Stimmenfälschung vorgeworfen wurden.

Die Menschen

Honduras ist ein komplexer ethnischer, religiöser und kultureller Schmelztiegel, der verstanden werden muss, will man die Reise durch das Land voll genießen. Das Vermächtnis der ereignisreichen und turbulenten Geschichte ist überall zu sehen, von den Garifuna-Dörfern ehemaliger Sklaven (die sich von der restlichen Bevölkerung ziemlich abgrenzen) bis zur deutlich britischen Prägung der Bay Islands und Ureinwohnervölkern wie den Lenca und den Miskito, von denen viele auch heute noch ihre eigene Sprache sprechen.

Mentalität

Bei einem Land mit so verschiedenen Kulturen kann und sollte man nicht verallgemeinern. Der *ladino*-Angestellte (jemand mit gemischter indigener und europäischer Abstammung) hat eine ganz andere Mentalität als ein Garifuna-Fischer, der wiederum nicht viel mit einem Lenca-Kleinbauern gemein hat. Gleichwohl ist es sehr viel unwahrscheinlicher als in den Nachbarländern, dass es unter Honduranern zu explosiven Reibungen kommt, zumindest wenn man die Vergangenheit betrachtet.

Diese gelassene Wesensart bestimmt vermutlich mehr als alles andere die nationale Mentalität. Andere Zentralamerikaner, besonders jene aus El Salvador, betrachten das oft als Faulheit, was ein bisschen harsch ist. Für westliche Besucher kann dieser Mangel an Dringlichkeit manchmal frustrierend sein, aber es ist wichtig, sich vor Augen zu führen, dass die Einstellung zur Dienstleistung eine ganz andere ist als beispielsweise in den USA oder Europa. Honduraner gehen die Dinge gemächlich und gelassen an. Auch wird oft eine gewisse Zurückhaltung geübt – nur wenige Honduraner sind unverblümt laut und bestimmt.

Lebensart

Die Lebensweise in Honduras ist genauso vielfältig wie die erschreckende soziale Ungleichheit des Landes groß. Die wirtschaftliche Elite führt oftmals einen amerikanisierten Lebensstil, fährt SUVs und shoppt in klimatisierten Einkaufszentren. Die deutliche Mehrheit der Honduraner allerdings muss sich mühsam ihren Lebensunterhalt verdienen. Am gravierendsten ist die Not wohl in armen Vierteln der Städte, wo stets Gewalt droht. Die Chancenlosigkeit hat viele Menschen gezwungen, in den USA Arbeit zu suchen, wo schätzungsweise 1 Mio. Honduraner leben, davon 60 % illegal.

Honduraner sind sehr familienorientiert. Meist haben sie ein größeres familiäres Netzwerk als viele Europäer oder Nordamerikaner – Tanten, Onkel, Großeltern, Cousins und Cousinen und sogar entferntere Verwandte spielen oft eine wichtige Rolle im Familienleben. Ebenfalls auffällig in der honduranischen Gesellschaft ist der Machismo. Frauen verdienen deutlich weniger als Männer und es gibt ziemlich viele Fälle von Gewalt in der Ehe.

Bevölkerung

Etwa 90 % der Honduraner sind Mestizen, eine Mischung aus spanischer, indigener und afrikanischer Herkunft. Eine der ethnisch vielfältigsten Regionen von Honduras ist die Moskitia, in der die Miskito und die Pech sowie eine winzige Anzahl Tawahka (weniger als 3000) um den Río Patuca beheimatet sind.

Über 50 000 Garinagu (afro-karibische Garifuna) leben an der Nordküste von Honduras zwischen der Moskitia und der guatemaltekischen Grenze. Tausende andere Menschen afrikanischer Herkunft leben ebenfalls an der Nordküste und auf den Bay Islands.

Die indigenen Tolupanes (auch Jicaque oder Xicaque genannt) leben in kleinen Dörfern in den Verwaltungsbezirken Yoro und Francisco Morazán. Um Copán Ruinas gibt es noch etwa 38 000 Ch'orti'-Mayas, während die große Gruppe der Lenca (bis zu 300 000) den Südwesten von Honduras bewohnt.

Die Elite des Landes ist zum großen Teil weißer (spanischer oder anderer europäischer) Abstammung, aber auf den Bay Islands gibt es auch eine kleine Anzahl, deren (entfernte) Wurzeln bis nach Großbritannien zurückführen.

In Honduras gibt es auch etwa 100 000 Menschen arabischer Herkunft, hauptsächlich katholische und orthodoxe Christen, die ursprünglich aus Palästina und der Levante kamen.

Religion

Honduras war traditionell ein überwiegend römisch-katholisches Land, aber das hat sich in den letzten Jahrzehnten mit dem Vordringen des Protestantismus erheblich gewandelt. Anders als beispielsweise in Guatemala wurden nur wenige Bräuche und Glaubensvorstellungen der indigenen Bevölkerung in das Christentum eingebunden. Es gibt auch eine kleine Anzahl orthodoxer Christen, Juden und Muslime. In Tegucigalpa und in San Pedro Sula gibt es jeweils Synagogen und Moscheen.

Kunst & Kultur

Die Garifuna sind für ihre unglaublichen Tänze bekannt. Wer die Chance hat, das Ballet Folklórico Garífuna zu sehen, sollte sich die Gelegenheit nicht entgehen lassen.

Der Musiker und Politiker Aurelio Martínez (der vier Jahre lang Kongressabgeordneter in Honduras war) ist der Star der *punta*-Szene (traditionelle Garifuna-Musik und -Tänze). Seine Alben *Garífuna Soul* und *Laru Beya* erhielten in der ganzen Welt glänzende Kritiken.

Auch die bildende Kunst floriert hier. Julio Visquerra (geb. 1943) malt in einem Stil, der „magischer Realismus" genannt wird. José Antonio Velásquez (1906–1983) war ein bekannter primitiver Maler. Urban Maeztro ist das Pseudonym eines honduranischen Straßenkünstlers, der provokante, Banksy-artige Werke malt. Fans von Comicromanen sollten einen Blick auf Honduran Independent Comics (www.hiccomics.com) werfen. Das Museo para la Identidad Nacional (S. 388) in Tegucigalpa ist der beste Ort für Ausstellungen aufstrebender Künstler.

Natur & Umwelt

Die Natur des Landes mit ihren unzähligen Vogel-, Säugetier-, Reptilien- und Pflanzenarten ist atemberaubend schön. Diese Vielfalt wird allerdings durch illegales Holzfällen, Viehwirtschaft auf geschütztem Land und unterbesetzte Schutzbehörden bedroht. Zwar hat die Umwelt zahlreiche Verteidiger, muss jedoch gegen Bauunternehmer, Korruption und pure Ignoranz ankämpfen.

Geografie

Die Länder Zentralamerikas sind allgemein nicht besonders groß. Aber Honduras ist mit einer Fläche von 112 090 km² das zweitgrößte Land nach Nicaragua. Seine Küste besteht aus 644 km an der Karibik und 124 km am Pazifik. Hinzu kommen die Islas de Bahía und andere Inselchen. Der fruchtbare Norden ist bei Weitem das erschlossenste Gebiet – die dortigen Bananenplantagen sind seit Langem ein Standbein der Wirtschaft.

Ein Großteil des honduranischen Binnenlandes ist bergig mit bis zu 2849 m hohen Gipfeln. Es gibt dort viele fruchtbare Hochlandtäler, aber keine aktiven Vulkane. Weitläufige Feuchtgebiete, Sümpfe und Mangrovenwälder erstrecken sich an der Nordküste

Flora & Fauna

In Honduras gibt es überwältigend viele Pflanzen- und Tierarten. Jaguare, Tapire, Krokodile und der gewaltige Kapokbaum (Ceiba) sind in den tropischen Zonen beheimatet, in den Nebelwäldern flattern seltene Schmetterlinge zwischen Orchideen und prachtvollen Kiefern. Und in den türkisfarbenen karibischen Gewässern schwimmen Walhaie und Meeresschildkröten.

Die schiere Vielfalt der Lebensräume ermöglicht es, dass so viele unterschiedliche Arten gedeihen können. In Honduras gibt es Mangroven, Süßwasserseen, Meere, Lagunen, Nebel-, Kiefern- und tropische Regenwälder (deutlich mehr als in Costa Rica).

Große Teile der Lebensräume sind von der Abholzung bedroht. Zu den gefährdeten Tierarten gehören u. a. der Hellrote Ara (der Nationalvogel), der Utila-Leguan, die Seekuh, der Quetzal, Jaguar und Tapir. Ihre Zukunft hängt davon ab, wie viel Schutz Honduras' Naturschutzgebiete wirklich bieten können.

Umweltprobleme

Entwaldung ist heute das gravierendste Umweltproblem in Honduras. Die Wälder des

NATIONALPARKS & NATURSCHUTZGEBIETE

Fast ein Fünftel des honduranischen Staatsgebiets steht offiziell als Nationalpark oder Reservat unter Naturschutz. Allzu oft fehlen der Regierung aber die Mittel – oder der Wille – um Erschließungsprojekte oder Abholzung aufzuhalten. Hier die wichtigsten Schutzgebiete (inklusive Meeresschutzgebiete):

Lancetilla Jardín Botánico (S. 424) Botanischer Garten mit mehr als 1200 Pflanzen- und Hunderten Vogelarten. Nahe Tela.

Parque Nacional Cusuco (S. 404) Nebelwald mit einer großen Quetzalpopulation. Nahe San Pedro Sula.

Parque Nacional Jeannette Kawas (S. 423) Zu den verschiedenen Lebensräumen gehören Mangrovensümpfe, ein kleiner tropischer Wald, Strände und küstennahe Riffe. Nahe Tela.

Parque Nacional Montaña de Celaque (S. 421) Ein Hochplateau mit dem höchsten Gipfel von Honduras. Nahe Gracias.

Parque Nacional Pico Bonito (S. 430) Eine große Artenvielfalt, dichte Wälder und viele Wasserfälle. Nahe La Ceiba.

Refugio de Vida Punta Izopo (S. 423) Unter anderem tropische Feuchtwälder, Mangroven und Feuchtgebiete. Nahe Tela.

Refugio de Vida Silvestre Cuero y Salado (S. 432) Das größte Manati-Schutzgebiet in Zentralamerika mit vielen Affen und Vogelarten. Nahe La Ceiba.

Reserva de la Biósfera del Río Plátano (S. 446) Der zum Weltnaturerbe gehörende Río Plátano fließt durch 5251 km² tropischen Tieflandwald. In der Moskitia.

Roatán Marine Park (S. 435) Schützt das Küstengebiet der gesamten Insel und umfasst herausragende Korallenformationen. Auf Roatán.

Reserva de la Biósfera Tawahka Asangni Tropischer Regenwald im Stammesgebiet der Tawahka. In der Moskitia.

Turtle Harbor Marine Reserve Ein Meeresschutzgebiet, das besonders bei Tauchern beliebt ist. Auf Utila.

Landes sind zwar die dichtesten in Zentralamerika, aber sie verschwinden rasch – rund 2 % gehen jedes Jahr verloren. 2018 schlossen die EU und Honduras ein freiwilliges Partnerschaftsabkommen für den Export von ausschließlich legal gefälltem Holz nach Europa. Illegale Holzexporte in die USA und auf die Karibischen Inseln gehen jedoch weiter.

Aktivisten, die Holzfäller, Bauunternehmer und Rancher bekämpfen, werden regelmäßig bedroht und sogar getötet. 2015 wurde Honduras von der Nichtregierungsorganisation Global Witness als „tödlichstes Land der Welt für Land- und Umweltschützer" bezeichnet (der Titel ging danach an Nicaragua). Das Naturschutzgebiet Punta Sal bei Tela ist heute der Parque Nacional Jeannette Kawas, benannt nach der Aktivistin, die gegen die Rodung und wirtschaftliche Nutzung des Geländes kämpfte und getötet wurde. 2016 machte die Ermordung von Berta Cáceres weltweite Schlagzeilen. Sie hatte sich gegen den Bau des Agua-Zarca-Damms an einem Fluss gewehrt, der für das indigene Volk der Lenca – zu dem sie gehörte – heilig ist.

Es gibt noch unzählige weitere Umweltprobleme: Zwischen 1980 und 2003 verlor Honduras zwei Drittel aller Mangrovenwälder. Riesige Palmölplantagen dehnen sich an der Nordküste aus, eine Monokultur, die Wildtieren kaum Lebensraum bietet. In Teilen der Reserva de la Biósfera del Río Plátano wird Urwald von Viehzüchtern brandgerodet, um Platz für Rinderweiden zu schaffen.

VOGELWELT IN HONDURAS

In Honduras wurden über 700 Vogelarten erfasst. Der Lago de Yojoa ist das Mekka der Vogelfreunde und in Nationalparks und Naturschutzgebieten gibt es ausgezeichnete Möglichkeiten zur Beobachtung von Tukanen, Papageien und Greifvögeln. Quetzals sind in Nationalparks mit Nebelwäldern zu finden, z. B. in Cusuco, Celaque und La Tigra.

Zugvögel lassen sich zwischen November und Februar in Feuchtgebieten und an Lagunen an der Nordküste nieder. Dank eines erfolgreichen Zucht- und Auswilderungsprogramms lebt jetzt auch der Hellrote Ara, der honduranische Nationalvogel, wieder im Copán-Tal, wo es auch einen wunderbaren Vogelpark gibt.

PRAKTISCHE INFORMATIONEN

Allgemeine Informationen

ARBEITEN

Die meisten Individualreisenden, die in Honduras zum Arbeiten bleiben, tun dies auf den Bay Islands; die Tauchlehrer stammen fast ausschließlich aus dem Ausland und viele Leute, die hier ihre Ausbildung zum Tauchführer absolvieren, verdienen sich nebenbei als Bedienung oder Barkeeper in West End, West Bay oder Utila etwas dazu. Die meisten haben keine Arbeitserlaubnis und reisen alle drei oder sechs Monate aus, um ein neues Touristenvisum zu erhalten.

BARRIEREFREIES REISEN

Abgesehen von gehobenen Hotels und Resorts hat Honduras keine behindertengerechte Einrichtungen. Schlechte Bürgersteige und Kopfsteinpflaster erschweren Rollstuhlfahrern die Bewegung in Ortschaften. Öffentliche Verkehrsmittel sind nicht für behinderte Fahrgäste eingerichtet, die Fähren nach Roatán sind jedoch barrierefrei.

BOTSCHAFTEN & KONSULATE

Die folgenden Botschaften und Konsulate befinden sich in Tegucigalpa. Die nächstgelegene österreichische Botschaft ist in Mexiko, die Botschaft der Schweiz in Guatemala.

Belizische Botschaft (☎2238-4614; consuladobelice@yahoo.com; Av República de Chile, Centro Comercial Hotel Honduras Maya)

Deutsche Botschaft (☎2232-3161; www.tegucigalpa.diplo.de; Av República Dominicana 925, Callejon Siria, Colonia Lomas del Guijarro; Mo–Fr 8–16 Uhr)

Guatemaltekische Botschaft (☎2231-1543; www.honduras.minex.gob.gt; Calle Bonn)

Nicaraguanische Botschaft (☎2232-4290; www.cancilleria.gob.ni; Av Choluteca, Bloque M-1, No 1130, Colonia Lomas de Tepeyac; Mo–Fr 9–17 Uhr)

Österreichisches Honorarkonsulat (☎2231 1832; consaustria@gmail.com; Calle Yoro, Edificio Plaza Vision, 3er Nivel Contiguo al COHEP, Colonia Tepeyac; Mo–Fr 8–17 Uhr)

Salvadorianische Botschaft (☎2232-4947; http://embajadahonduras.rree.gob.sv; Diagonal Aguán 2952, Colonia Altos de Miramontes; Mo–Fr 7.30–12 & 14–16 Uhr)

Schweizerisches Konsulat (☎2236 9098; tegucigalpa@eda.admin.ch; Av República de México, Casa No. 2402, Colonia Palmira; Mo–Do 8–17, Fr 8–14 Uhr)

FEIERTAGE

Neujahr 1. Januar

Tag der amerikanischen Länder 14. April

Semana Santa (Karwoche) Donnerstag, Freitag und Samstag vor Ostersonntag
Tag der Arbeit 1. Mai
Unabhängigkeitstag 15. September
Geburtstag von Francisco Morazán 3. Oktober
Día de la Raza (Kolumbus-Tag) 12. Oktober
Tag der bewaffneten Truppen 21. Oktober
Weihnachten 25. Dezember

FRAUEN UNTERWEGS

Honduras ist noch immer eine männerdominierte Gesellschaft. Persönliche Sicherheit ist für weibliche Reisende daher die größte Sorge. Die meisten Frauen fühlen sich als Alleinreisende in Honduras nicht bedroht, aber es zahlt sich auf jeden Fall aus, selbstbewusst aufzutreten.

FREIWILLIGENARBEIT

Etliche Organisationen bieten in Honduras Freiwilligenarbeit für Projekte an, die von Hausbau bis (für Englischsprachler) Englischunterricht reichen.

Die Website www.transitionsabroad.com hat ein langes Verzeichnis von Gruppen mit Freiwilligenprogrammen, von großen Organisationen wie **Casa Alianza** (www.casa-alianza.org) bis zur kleinen Utila Iguana Research & Breeding Station (S. 441).

GELD

Bargeld

- Die Währungseinheit von Honduras ist der Lempira (HNL), der in 100 *centavos* aufgeteilt ist.
- Viele Geschäfte geben den Preis in US-Dollar an und akzeptieren auch gerne Bezahlung in Dollar.
- Banken tauschen US-Dollar und gelegentlich auch Euros um, einige bestehen allerdings auf makellose Banknoten und akzeptieren keine 20-Dollar-Scheine. Reisepass nicht vergessen.

Geldautomaten

- Geldautomaten gibt es in Städten und größeren Orten im ganzen Land, aber in kleineren Ortschaften funktionieren sie nicht immer.
- Raubüberfälle an Geldautomaten sind weit verbreitet. Sie sollten niemals nachts benutzt werden, außer in einem sicheren Umfeld wie innerhalb von Einkaufszentren.
- Tagsüber ist es ratsam, nur Geldautomaten in Banken mit bewaffneten Schutzleuten davor zu benutzen.

Handeln

Kunsthandwerk ist in Honduras ziemlich selten, beim Einkauf muss also nicht gefeilscht werden. Die Preise für viele Dienstleistungen sind festgelegt, es besteht also keine Notwendigkeit zu handeln: In großen Städten z. B. haben *colectivos* und Taxis einen festen Preis für Fahrten im Stadtgebiet. Das jeweilige Hotel gibt Auskunft, wieviel ein Taxi kostet – wenn ein Fahrgast einsteigt und den Preis kennt, werden die meisten Fahrer nicht streiten.

> **PREISKATEGORIEN ESSEN**
>
> Die angegebenen Preiskategorien beziehen sich auf ein Hauptgericht.
>
> **$** weniger als 100 HNL
>
> **$$** 100–200 HNL
>
> **$$$** mehr als 200 HNL

Kreditkarten

- Visa- und MasterCard werden in den meisten Mittel- und Spitzenklassehotels und auch in manchen Hostels akzeptiert, aber dafür wird eine Kreditkartengebühr von 5 bis 10 % verlangt (was die Benutzung auf Dauer recht teuer macht).
- Bargeldauszahlung auf Kreditkarten ist in Notfällen in den meisten Banken möglich.

Steuern

Restaurants und Hotels müssen immer die Mehrwertsteuer in ihren Preisen einbeziehen, aber bei Hotelzimmerpreisen ist dies nicht immer der Fall, man sollte bei der Buchung also fragen. Viele Hotels vermieten auch Zimmer ohne die Mehrwertsteuer zu berechnen, solange keine Quittung verlangt wird.

Trinkgeld

In *comedores*, Cafés oder einfachen Restaurants ist Trinkgeld nicht üblich, wird aber gern gesehen. Gehobene Restaurants schlagen automatisch ein Bedienungsgeld von 10 % auf die Rechnung auf.

Wechselkurse

Der US-Dollar und (in geringerem Maße) der Euro sind die einzigen ausländischen Währungen, die in Honduras problemlos gewechselt werden; außer an der Grenze ist es sogar schwierig, die Währungen von Nachbarländern zu wechseln.

GEWICHTE & MASSE

In Honduras gilt das metrische System.

INTERNETZUGANG

WLAN gibt es nahezu überall in Honduras, in fast allen Hotels und Hostels auch kostenlos (selbst wenn das Signal in vielen Fällen nicht immer alle Zimmer erreicht). Kostenloses WLAN gibt es auch an vielen öffentlichen Plätzen und in Behörden (allerdings selten sehr verlässlich) sowie in vielen Restaurants, Bars und Cafés. Viele Hotels stellen ihren Gästen Computer für den Internetzugang zur Verfügung.

KINDER

Wie fast überall in Lateinamerika sind die Menschen auch in Honduras Kindern gegenüber sehr offen und entgegenkommend. Es ist überhaupt kein Problem, Kinder in Restaurants und zu Aufführungen mitzunehmen und Schwangere werden in Banken, auf Ämtern und in vielen privaten Einrichtungen und Geschäften vorgelassen.

Reisende werden allerdings Mühe haben, kinderspezifische Ausstattung zu finden wie Autositze, Hochstühle und Babybetten, außer vielleicht in Spitzenhotels und -resorts. Einwegwindeln, Feuchttücher, Säuglingsnahrung und andere Notwendigkeiten sind jedoch in den meisten größeren Supermärkten erhältlich.

KLIMA

Es gibt verwirrenderweise zwei Regenzeiten in Honduras. An der Nordküste regnet es das ganze Jahr, aber die regenreichste Zeit ist von September bis Februar. In diesen Monaten kann es zu Überflutungen kommen, die den Verkehr behindern und gelegentlich schwere Schäden anrichten. Der Süden und Westen des Landes hat eine andere, ausgeprägtere Regenzeit zwischen Mai und Oktober.

Das bergige Binnenland ist viel kühler als das feuchte Küstengebiet. Die Höhenlage beeinflusst die Temperaturen enorm: In Orten wie Tegucigalpa (975 m) und Gracias (803 m) wird die Hitze selten drückend.

Hurrikansaison ist von Juni bis November.

LGBTIQ+ UNTERWEGS

Honduras ist für Homosexuelle ein eher widersprüchliches Land. Einerseits sind gleichgeschlechtliche Ehe und Adoption in der Verfassung verboten, aber andererseits verstößt es auch gegen das Gesetz, Menschen aufgrund ihrer Sexualität zu diskriminieren. Schwule treten in der Gesellschaft offen auf, aber öffentliche Zuneigungsbekundungen zwischen schwulen oder lesbischen Paaren sind ungewöhnlich und in manchen Situationen sogar riskant. Gleichwohl gibt es in allen größeren Städten eine kleine, aber aktive schwule und lesbische Gemeinde, allerdings finden die meisten Kontakte online statt.

> **ETIKETTE**
>
> Die Honduraner sind ziemlich entspannte Menschen und ärgern sich selten über Touristen, die sich mit den kulturellen Normen des Landes nicht auskennen.
>
> Es ist höflich, die Menschen auf Spanisch zu grüßen: *buenos días* (am Morgen), *buenas tardes* (am Nachmittag) und *buenas noches* (nach Einbruch der Dunkelheit).
>
> Männer geben sich meistens zur Begrüßung die Hand. Frauen umarmen sich oft untereinander, nicken aber Männern, die sie nicht gut kennen, nur zu.

ÖFFNUNGSZEITEN

In der Regel gelten folgende Öffnungszeiten:

Banken Mo–Fr 8.30–16.30 & Sa 8.30–12 Uhr
Bars tgl. 12–24 Uhr
Läden tgl. 9–18 Uhr
Restaurants tgl. 7 oder 8–21 Uhr

RECHTSFRAGEN

In Städten wie San Pedro Sula und Tela gibt es eine Touristenpolizei, aber da nur wenige Beamte Englisch sprechen, ist nicht mit viel Hilfe zu rechnen. Auch honduranische Polizisten sind teilweise korrupt – wer irgendein Problem mit der Polizei bekommt, sollte sofort seine diplomatische Vertretung (Botschaft bzw. Konsulat) benachrichtigen.

SICHERHEIT

- In Städten ist Vorsicht angebracht, besonders in San Pedro Sula und Tegucigalpa, die beide ein Bandenproblem haben (Reisende sind jedoch selten betroffen). Tagsüber im Stadtzentrum herumzulaufen, ist normalerweise okay.
- Keine Wertsachen zur Schau tragen, nicht allein durch Seitenstraßen gehen und Vorsicht vor Leuten, die sich annähern: Raubüberfälle kommen auch tagsüber häufig vor.
- Nachts immer ein Taxi nehmen.
- An der Nordküste ist erhöhte Vorsicht geboten, besonders am Strand.
- Niemals allein an den Stadtstränden in Tela oder La Ceiba herumspazieren.
- Geldautomaten nur in Banken benutzen, um manipulierte Geräte zu vermeiden.

TELEFON

Die Landesvorwahl für Honduras lautet +504. Es gibt keine Ortsvorwahlen. Alle Telefonnummern im Land (Handys und Festnetz) bestehen aus acht Ziffern.

Handys

Honduras hat ein flächendeckendes Handynetz, die größten Anbieter sind Claro und Tigo. SIM-Karten (nutzbar mit entsperrten Mobiltelefonen) von allen Anbietern sind für rund 100 HNL (unter Vorlage des Reisepasses) problemlos erhältlich. Die meisten Angebote beinhalten 3G-Datennutzung und Telefonguthaben. Guthaben *(saldo)* kann vielerorts gekauft werden, auch in kleinen Läden.

UNTERKÜNFTE

In den meisten Ortschaften sind funktionale Zimmer mit Bad und Ventilator für etwa 350 bis 550 HNL zu haben. In den großen Städten und auf den Bay Islands sind die Unterkünfte teurer (500–1000 HNL).

Hostels mit Schlafsälen gibt es in Tegucigalpa, Copán Ruinas, Utila, Roatán, La Ceiba und San Pedro Sula. Die Preise liegen zwischen 175 und 300 HNL pro Bett.

VISA

EU-Bürger und Schweizer mit gültigem Reisepass erhalten bei der Einreise normalerweise eine kostenlose Touristenkarte, die 90 Tage lang gültig ist. Diese gilt auch für alle Staaten, die das CA-4-Grenzabkommen unterzeichnet haben, nämlich Guatemala, Nicaragua, Honduras und El Salvador.

In Honduras selbst kann bei der Einreisebehörde (S. 395) in Tegucigalpa (Reisende haben von Problemen mit der Verlängerung in anderen Büros berichtet) eine einmalige 30-tägige Verlängerung beantragt werden (20 US$). Möglich ist auch ein mindestens dreitägiger Trip außerhalb des Gebiets des CA-4-Grenzabkommens (Belize und Costa Rica liegen am nächsten). Dann gibt es bei der Wiedereinreise nach Honduras ein neues 90-Tage-Visum.

ZOLL

Die Zollkontrollen sind ziemlich lax; die Polizei- und Zollbeamten sind zwar berechtigt, Leute jederzeit zu durchsuchen, besonders in Grenzgebieten, aber sie tun das nur selten. Selbst Durchsuchungen am Flughafen fallen meist oberflächlich aus, nur das Gepäck wird bei Ein- und Ausreise durchleuchtet. Ausnahme ist, wenn Aussehen und Verhalten einer Person die Beamten vermuten lassen, dass Drogen mitgeführt werden.

ℹ An- & Weiterreise

FLUGZEUG

Es gibt häufige Flugverbindungen mit anderen zentralamerikanischen Hauptstädten und Orten in den USA, aber keine Direktflüge von und nach Europa.

Flughäfen & Fluglinien

Der Palmerola Airport soll noch 2019 fertiggestellt und zum größten internationalen Flughafen von Honduras werden. Internationale Verbindungen haben auch San Pedro Sula, Tegucigalpa und Roatán, z. B. nach Atlanta, Houston und Miami in den USA.

Honduras besitzt keine eigene Fluglinie. Zu den Fluggesellschaften, die Honduras anfliegen, gehören **Aeroméxico** (www.aeromexico.com), **American Airlines** (www.aa.com), **Avianca** (www.avianca.com), **Copa** (www.copa.com), **Delta** (www.delta.com), **Spirit Airlines** (www.spirit.com), **Sunwing** (www.sunwing.ca), **TAG** (www.tag.com.gt), **Tropic Air** (www.tropicair.com) und **United** (www.united.com).

> **PREISKATEGORIEN SCHLAFEN**
>
> Die angegebenen Preiskategorien beziehen sich auf ein Doppelzimmer mit Bad einschließlich Steuern.
>
> **$** weniger als 1000 HNL
>
> **$$** 1000–1500 HNL
>
> **$$$** mehr als 1500 HNL

AUF DEM LANDWEG

Grenzübergänge sind Corinto und El Florido (Guatemala), El Amatillo und El Poy (El Salvador) sowie Guasaule, Leimus und Las Manos (Nicaragua).

Es gibt vier große internationale Busgesellschaften der Luxusklasse, die aus den Nachbarländern nach Honduras fahren: Platinum, Pullmantur, Tica Bus und Hedman Alas.

Die zwei Verkehrsknotenpunkte für internationale Busfahrten sind San Pedro Sula und Tegucigalpa. Von diesen beiden Städten fahren Busse nach San Salvador (El Salvador), Guatemala-Stadt, Antigua und Santa Elena/Flores (Guatemala), Managua (Nicaragua), San José (Costa Rica) und Panama-Stadt (Panama).

Es ist auch möglich, mit Regionalbussen zu fahren, die Grenze zu Fuß zu überschreiten und auf der anderen Seite einen anderen Bus zu nehmen. Das ist zwar billiger, aber auch sehr viel langsamer.

Guatemala

Die wichtigsten Grenzübergänge nach Guatemala sind in El Florido, Agua Caliente und Corinto. Es gibt keine offizielle Gebühr für die Ausreise aus Honduras oder die Einreise nach Guatemala, aber Grenzbeamte verlangen oft ein oder zwei Dollar.

Die rund um die Uhr geöffnete Grenze in Agua Caliente ist eine halbe Stunde mit dem Bus von Nueva Ocotepeque entfernt. Zwischen den honduranischen und guatemaltekischen Grenzposten, die 2 km voneinander entfernt sind, verkehren Busse. Auf der guatemaltekischen Seite fahren Busse nach Esquipulas mit Anschluss nach Guatemala-Stadt oder Flores.

Die rund um die Uhr geöffnete Grenze in El Florido liegt 9 km westlich von Copán Ruinas und wird von sehr regelmäßigen Minibussen angefahren (25 HNL, 20 Min., alle 20 Min.). Wer mit

FLUGHAFENGEBÜHREN

Bei der Ausreise mit dem Flugzeug müssen am Flughafen 880 HNL (40 US$) Ausreisegebühr gezahlt werden. Bei Flügen im Inland beträgt die Gebühr 44 HNL (2 US$). Beide sind oft bereits im Flugpreis enthalten: beim Einchecken erfährt man, ob man zahlen muss oder nicht.

einem grenzüberschreitenden oder Shuttlebus reist, muss aussteigen und jeweils an beiden Seiten der Grenze die Einreiseformalitäten erledigen. Geldwechsler sprechen Reisende an und bieten meist gute Wechselkurse. Auf der guatemaltekischen Seite gibt es auch eine Bank.

Die guatemaltekische Grenze in Corinto (6–21 Uhr) liegt 51 km südwestlich von Omoa (48 HNL, 1½ Std., stündl.). Die Busse zur Grenze fahren von der Fernstraße ab und halten an einer Reihe *comedores*. Von dort geht es zu Fuß über die Grenze. Kleinbusse warten auf der guatemaltekischen Seite zur Weiterfahrt nach Puerto Barrios.

El Salvador

Die Hauptgrenzübergänge nach El Salvador sind El Poy und El Amatillo; der Übergang in Sabanetas bei Marcala ist für Ausländer nicht gestattet.

Die salvadorianische Grenze in El Poy (24 Std. geöffnet) ist nur eine kurze Busfahrt von Nueva Ocotepeque entfernt (18 HNL, 15 Min., alle 20 Min. bis 19 Uhr). Auf beiden Seiten hält der Bus etwa 100 m vor dem jeweiligen Grenzübergang, der zu Fuß bis zum anderen Bus überschritten wird. Auf der salvadorianischen Seite fahren Busse häufig nach San Salvador und La Palma.

Von Choluteca im Süden von Honduras gibt es auch Busverbindungen zur salvadorianischen Grenze in El Amatillo (55 HNL, 2 Std., alle 20 Min. bis 18.30 Uhr).

Nicaragua

Grenzübergänge nach Nicaragua sind in Guasaule, El Espino, Las Manos und Leimus. Von Choluteca im südlichen Honduras fahren Busse zur nicaraguanischen Grenze in Guasaule (30 HNL, 45 Min., alle 20 Min. 6–18 Uhr).

Zur Grenze in El Espino geht es ab San Marcos de Colón, von wo es sehr regelmäßige Verkehrsverbindungen gibt (20 HNl, 15 Min.).

Nach Las Manos fahren Busse ab Tegucigalpa (97 HNL, 2½ Std., 3-mal tgl.).

Von Leimus fahren Kleintransporter nach Puerto Lempira (200 HNL; 4 Std., nur vormittags).

SCHIFF/FÄHRE

Die einzigen planmäßigen internationalen Passagierschiffe nach und von Honduras sind die kleinen Boote, die wöchentlich von Puerto Cortés nach Belize fahren.

Wer übers Meer nach oder von Honduras aus reist, sollte sich umgehend in der Einreisebehörde in Puerto Cortés um alle Formalitäten kümmern (nach Bedarf Ein- und Ausreisestempel).

Unterwegs vor Ort

AUTO & MOTORRAD

Fahrten auf den Fernstraßen in Honduras sind wie das nächste Level in einem Videospiel. Viele Einheimische rasen wie verrückt (in der Hoffnung, dadurch der Gefahr eines Überfalls zu entgehen). Aber Autofahren in Honduras kann auch einigermaßen sicher sein, wenn man selbst defensiv fährt.

Die wichtigsten Straßen sind asphaltiert und meist in vernünftigem Zustand; die meisten sind auch mautpflichtig, Fahrer müssen also in regelmäßigen Abständen ein wenig Geld bezahlen (um 20 HNL). Die kleineren Landstraßen sind oftmals holprig und manchmal nicht asphaltiert: Je nach Regenmengen und Jahreszeit können dort die Verhältnisse von akzeptabel bis unpassierbar schwanken. Wer sich auf den Weg macht, sollte vorher bei Einheimischen nachfragen und daran denken, dass manche Navis den direktesten Weg anweisen, nicht den besten – Tipps von Ortskundigen sind immer entscheidend.

Mietwagen gibt es in Tegucigalpa, San Pedro Sula und La Ceiba sowie auf Roatán. Ein einfacher Pkw kostet ab 650 HNL pro Tag. Motorräder und -roller werden auf Utila und Roatán vermietet.

BUS

Busse sind in Honduras ein günstiges und unkompliziertes Verkehrsmittel, aber es gibt auch einige sehr schicke (und sehr viel teurere) Buslinien. Die ersten starten oft frühmorgens, die letzten in der Regel am späten Nachmittag. Busse auf den großen Fernstraßen fahren später.

Für die größeren Busstrecken besteht oft die Wahl zwischen einem *directo* (Direktbus) oder einem *parando* („Bummelbus" mit vielen Haltestellen). Minibusse oder *rapiditos* sind Kleintransporter mit Fenstern.

Stadtbusse sind aus Sicherheitsgründen nicht empfehlenswert – Banden „besteuern" Verkehrsgesellschaften und überfallen gelegentlich die Fahrer.

FAHRRAD

Auf dem Festland gibt es nur wenige Möglichkeiten, sich ein Fahrrad zu leihen, denn der starke Verkehr, die schlechten Straßen und die Gefahr von Raubüberfällen schrecken vom Radfahren ab. Richtig brauchbar sind Fahrräder auf den Bay Islands, besonders auf dem kleinen Utila, wo es nur wenig Verkehr gibt – dort ist Radeln sicher und ein Vergnügen.

FLUGZEUG

Inlandsflüge sind in Honduras ziemlich teuer, aber der Sicherheitsstandard ist im Allgemeinen gut. Verbindungen gibt es von La Ceiba, Tegucigalpa und San Pedro Sula nach Utila und Roatán sowie zwischen den drei großen Städten selbst. Von La Ceiba gibt es auch Flüge in die Moskitia und zur Bahía-Insel Guanaja.

SCHIFF/FÄHRE

Zwischen La Ceiba und den Bay Islands sowie Utila und Roatán verkehren Passagierfähren. Eine reguläre Fährverbindung gibt es zwischen Trujillo und Guanaja, der dritten Insel der Bay Islands.

In der Moskitia verlaufen fast alle Verkehrswege übers Wasser. Wassertaxis fahren außerdem auf Roatán von West End nach West Bay sowie von Coyolito durch den Golfo de Fonseca hinüber zur Isla del Tigre.

TAXI

Taxis gibt es in honduranischen Städten überall. In vielen Orten ist es üblich, sich eine Fahrt zu teilen, jeder Fahrgast zahlt dann um die 20 HNL. Wer eines allein für sich haben will, zahlt etwa ab 60 HNL. Nachts wird es teurer.

In den größeren Städten befahren *colectivos* (Gemeinschaftstaxis) etliche festgelegte Strecken. Sie kosten um 15 bis 35 HNL pro Fahrgast.

Dreirädrige *mototaxis* (Motorradtaxis) sind in kleinen Städten und Dörfern üblich, dürfen aber nicht im Zentrum von Großstädten fahren. Sie kosten etwa die Hälfte dessen, was fürs normale Taxi gezahlt werden müsste: Eine Fahrt kostet in der Regel 10 bis 25 HNL pro Person.

Nicaragua

6,3 MIO. EW.

Inhalt ➡

Gut essen

- Miss Dell's Kitchen (S. 480)
- Asados Doña Tania (S. 469)
- Darinia's Kitchen (S. 533)

Schön übernachten

- La Bastilla Ecolodge (S. 523)
- La Posada Azul (S. 496)
- Casa Lucia (S. 467)

Auf nach Nicaragua!

Nicaragua hat Vulkanlandschaften, Kolonialarchitektur, tolle Strände, idyllische Inseln, wellenumtoste Pazifikstrände und ursprüngliche Wälder zu bieten. Die Kolonialarchitektur präsentiert sich in zwei Spielarten: Schon seit Jahrhunderten locken die eleganten Straßen von Granada, der am besten erhaltenen Kolonialstadt Nicaraguas, Besucher an. In der Arbeiterstadt León dagegen sind zwischen zerfallenden 300 Jahre alten Häusern und Kirchen revolutionäre Wandbilder und architektonische Meisterwerke zu finden. Die herrliche Natur des Landes ist recht ungezähmt – an vielen Attraktionen gibt's weder Besuchermassen noch Schilder –, sodass sich das „Land der Seen und Vulkane" bestens für Abenteuer auf eigene Faust anbietet. Ob man seine Zehen in die kristallklare Karibik taucht oder in die tosenden Wellen des Pazifiks hinauspaddelt – Nicaraguas Strände sind einfach klasse! Nur wenige Reiseziele auf der Welt bieten so viel Schönheit wie Nicaragua und sind gleichzeitig so wenig erschlossen.

Reisezeit

Managua

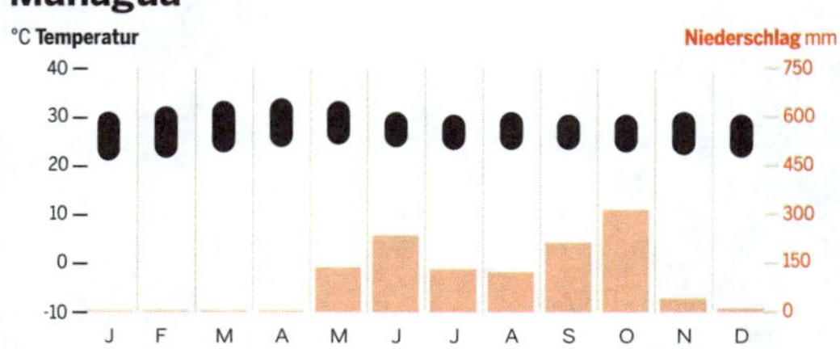

Dez.–April Heiß, sonnig und trocken im ganzen Land.

Mai–Okt. Die höchsten Wogen auf der Pazifikseite lockt die Massen zu den besten Breaks.

Nov. Kühles Wetter und grüne Landschaften sorgen für beste Wanderbedingungen.

Einreise

Nicaragua hat Landgrenzen nach Costa Rica und Honduras. In der Regel geht es an den nicaraguanischen Grenzübergängen chaotisch zu – es gibt nirgends Schilder –, doch die Einreise an sich verläuft recht unproblematisch, sofern man den Papierkram beisammen hat. Zwei der geschäftigsten Grenzübergänge – nach Honduras und Costa Rica – sind rund um die Uhr geöffnet, die übrigen nur eingeschränkt.

NICARAGUA IN ZWEI WOCHEN

Nicht viel Zeit? Dann verspricht ein Trip durch den Südwesten großes Kino bei relativ wenig Fahrtzeit im Bus. Ein toller Ausgangspunkt ist **Granada**. Man sollte drei Übernachtungen einplanen, um durch die malerischen Straßen zu spazieren und Museen und Kirchen zu besichtigen. Außerdem besteht die Möglichkeit, Tagestouren (oder mit Übernachtung) zum Kratersee **Laguna de Apoyo**, den als **Pueblos Blancos** bekannten Künstlerkommunen, zu den Vulkanen **Mombacho** und **Masaya** und in Naturschutzgebiete zu unternehmen.

Danach geht's auf der Carretera hinab nach San Jorge. Dort legt die Fähre zur zauberhaften **Isla de Ometepe** mit ihren zwei Vulkanen ab. Die Möglichkeiten für Outdooraktivitäten sind endlos. Auf der anderen Seite des Isthmus liegen die südpazifischen Strände. Für viele Reisende ist das Dorf **San Juan del Sur** Ausgangs- und Endpunkt ihres Strandabenteuers, man sollte aber unbedingt ein oder zwei Nächte an den Surfstränden nördlich und südlich von hier verbringen. Auf dem Weg nach Norden ist **León** ein obligatorischer Stopp.

Typische Speisen & Getränke

Gallo pinto Rote Bohnen mit Knoblauch gekocht und mit gebratenem Reis, Zwiebeln und Paprika gemischt

Quesillo Eine mit Käse gefüllte Tortilla mit einer Zwiebel- und Sour-Cream-Haube

Nacatamal Pikantes Hähnchenfleisch, Gemüse und Maisbrei gemischt und im Bananenblatt gekocht

Rum Flor de Caña zählt zu den weltbesten Rumsorten

Top-Tipps

- In öffentlichen Verkehrsmitteln einen Fensterplatz sichern.
- Ein bisschen Spanisch lernen.
- Wenn möglich, ortsansässige Führer engagieren.
- Keinem straffen Plan folgen, sondern freie Tage einplanen, besonders wenn man mit öffentlichen Verkehrsmitteln reist.
- Mit dem herzhaften Frühstück, das die meisten Hotels servieren, kommt man fast durch den ganzen Tag.
- Taxis vom Hostel oder Hotel rufen lassen; den Preis vor dem Einsteigen aushandeln.

AUF EINEN BLICK

Währung Córdoba (C$), US-Dollar (US$)

Visa Für Aufenthalte von bis zu 90 Tagen gewöhnlich nicht erforderlich.

Geld In den meisten mittelgroßen Städten gibt's überall Geldautomaten.

Hauptstadt Managua

Notfälle Feuerwehr ☎115 (vom Handy ☎911), Polizei ☎118, Krankenwagen ☎128

Sprache Spanisch

Wechselkurse

Costa Rica	100 ₡	5,48 C$
Eurozone	1 €	36,69 C$
Schweiz	1 SFr	32,82 C$
USA	1 US$	32,74 C$

Preise

- Schlafsaalbett: 9–15 US$; Doppelzimmer im Mittelklassehotel: 20–45 US$
- Mahlzeit in einem kleinen Lokal: 4 US$; Mahlzeit in einem Mittelklasserestaurant: 10–12 US$

Infos im Internet

Lonely Planet (www.lonelyplanet.com/nicaragua)

Vianica.com (www.vianica.com/traveling)

Intur (www.intur.gob.ni)

Highlights

1. **Isla de Ometepe** (S. 489) Die Gipfel der bildschönen grünen Insel erklimmen, um die herrlichen Ausblicke zu genießen
2. **Corn Islands** (S. 530) Im kristallklaren Wasser der Karibik planschen
3. **Granada** (S. 477) Die architektonischen Schätze und schönen Straßen dieser farbenfrohen Stadt erkunden
4. **León** (S. 503) In den alternativen Bars der munteren Stadt herausfinden, warum die Revolution dort nicht im Fernsehen übertragen wurde
5. **Südliche Pazifikküste** (S. 495) In coolen Surfstädtchen die großen Wellen herausfordern
6. **Reserva Natural Laguna de Apoyo** (S. 483) In kristallklarem Wasser baden oder in der Hängematte chillen
7. **Matagalpa** (S. 521) In der bodenständigen Stadt das Herz des emsigen Hochlands entdecken

Cabo Gracias a Dios
Laguna Bismuna
Río Coco (Segovia)
Leimus
Waspám
Bismuna Tara
Río Patuca
La Troquera
Río Wawa
Luciana
Dákura
San Andres
Cordillera Entre Ríos
Río Waspuk
Reserva de Biosfera Bosawás
Atlántico Norte
Sisin
Laguna Pahara
BILWI (PUERTO CABEZAS)
Yulú
Kukalaya
Lamlaya
Laguna Karatá
Río Bocay
Rosita
Costa de Miskitos
Jinotega
Siuna
El Ocote
El Empalme
Laguna Wounta
Wiwili
El Cuá
Cordillera Isabelia
Valle Kuikuinita
Río Prinzapolka
Yaoska
Kangrina
Río Tuma
Matagalpa
Río Grande de Matagalpa
Barrera
Karawala
Barra de Río Grande
San José
San Ramón
Matiguás
Chamarro
Río Kurinwas
Tortuguero
Tasbapauni
Atlántico Sur
Orinoco
Boaco
BOACO
El Ayote
Laguna de Perlas
Pearl Keys
Río Kama
Camoapa
Laguna de Perlas
Chontales
El Alto
San Lorenzo
Río Escondido
El Rama
Corn Islands (Islas del Maíz)
2
JUIGALPA
Isla El Muerto
Río Ojecuapa
7
Río Rama
BLUEFIELDS
San Ubaldo
Bahía de Bluefields
KARIBIK
la Zapatera
Lago de Nicaragua
Morrito
Río Tepenaguasapa
Monkey Point
Altagracia
Volcán Concepción (1610 m)
1
San Jorge
Río Punta Gorda
Punta Gorda
San Miguelito
Isla de Ometepe
La Virgen
Río San Juan
Archipiélago de Solentiname
Río Maíz
Bahía Punta Gorda
Sapoá
Peñas Blancas
SAN CARLOS
Boca de Sábalos
El Ostional
La Cruz
Los Chiles
El Castillo
1
San Juan del Norte (Greytown)
Río Frío
7 Río San Juan
COSTA RICA
Barra del Colorado

MANAGUA

1,03 MIO. EW. / 83 M

Managua erschließt sich einem nicht unbedingt auf den ersten Blick. Es hat kein wirkliches Zentrum: Seine Sehenswürdigkeiten verteilen sich auf verschiedene Stadtteile und es gilt herauszufinden, wann man am besten wohin geht.

Wer ein oder zwei Tage bleibt, wird sehen, dass das große, böse Managua gar nicht so schlimm ist wie sein Ruf. Vielmehr ist es der Leim, der die Kultur und Wirtschaft der Nation zusammenhält. Wer die Stadt gänzlich links liegen lässt, verpasst die Sehenswürdigkeiten der Revolution, eine muntere kulinarische und Ausgehszene sowie städtisches Alltagsleben, das man so anderswo wohl nicht zu sehen bekommt.

Abgesehen davon, dass es die Möglichkeit bietet, in einen wuseligen Bienenstock aus Märkten, Krach, bemerkenswerter Street Art und eindrucksvollen Denkmälern einzutauchen, ist Managua auch ein bequemer Ausgangspunkt für Trips zu Lagunen, zum Naturschutzgebiet Chocoyero-El Brujo sowie zu einer ganzen Reihe von tollen Stränden wie Pochomil.

Geschichte

Schon vor 6000 Jahren gab es im heutigen Managua eine Fischersiedlung und seit mindestens zwei Jahrtausenden ist es ein wichtiger Handelsplatz. Als der spanische Chronist Fernández de Oviedo 1528 nach Managua kam, schätzte er die Bevölkerungszahl der Stadt auf 40 000; die meisten dieser ursprünglichen Bewohner flohen kurz nach der Ankunft der Spanier in die Sierritas, einen kleinen Gebirgszug im Süden der Stadt. Das kleine Managua, wo es bis in die 1750er-Jahre nicht einmal ein Krankenhaus oder eine Schule gab, betrat die große Bühne erst 1852, als es zur Hauptstadt auserkoren wurde, um den endlosen Zwist zwischen Granada und León zu beenden.

Der clevere Kompromiss hätte vielleicht besser funktioniert, hätte man einen Geologen zu Rate gezogen: Managua steht auf einem Netz aus Verwerfungen, das seine Geschichte seither geprägt hat. Im späten 19. Jh. wurde die Stadt von Erdbeben heimgesucht, die die Infrastruktur der neuen Hauptstadt zerstörten – als der Boden unter ihnen ins Wanken geriet, stürzten Kirchen und Banken in sich zusammen. 1931 lag das Epizentrum des Bebens unter dem Stadion, wo gerade ein wichtiges Spiel stattfand, und Dutzende Zuschauer kamen ums Leben. 1968 legte ein einziger kräftiger Erdstoß unter dem heutigen Einkaufszentrum Metrocentro ein ganzes Stadtviertel in Trümmer.

Am Abend des 23. Dezember 1972 erschütterten schließlich mächtige Erdstöße die Stadt – ein Beben der Stärke 6,2, bei dem 11 000 Menschen umkamen und 43 000 Häuser zerstört wurden. Unverfroren zapfte Präsident Somoza internationale Hilfsgelder für sich ab – einer der Auslöser der sandinistischen Revolution. Darauf folgte der Contra-Krieg und die Innenstadt mit der schönen alten Kathedrale wurde nie wieder aufgebaut. Ersetzt wurde sie durch ein irres Labyrinth unbenannter Straßen mit Schuppen, aus denen schließlich Wohnstätten und irgendwann richtige Gebäude wurden. Es hat zwar einige Versuche gegeben, das alte Zentrum wiederzubeleben – die Restaurierung des *malecón* war sicher ein vielversprechender Anfang –, doch nachdem es im

WARNUNG: POLITISCHE UNRUHEN IN NICARAGUA

Bei Redaktionsschluss war die Lage in Nicaragua noch immer angespannt. Nachdem die Bereitschaftspolizei und staatlich finanzierte sandinistische Mobs mit tödlicher Gewalt gegen größtenteils unbewaffnete Demonstranten vorgegangen waren, verbarrikadierten sich viele Bewohner in ihren Vierteln und errichteten Straßensperren. Es wurden teilweise kleine Geschäfte geplündert und einige Amtsgebäude in Brand gesteckt. Am schlimmsten waren die Auseinandersetzungen abends und v. a. in Masaya und Managua. Auch Granada und León waren betroffen. Viele Bewohner lebten unter einer selbst auferlegten Ausgangssperre. Seit dem Sommer 2018, als nach der letzten Zählung rund 300 Personen, zumeist unbewaffnete Demonstranten, getötet wurden, ist die Gewalt, die sich auch teils gegen Geistliche richtete, anscheinend inzwischen zurückgegangen. Präsident Daniel Ortega weigert sich jedoch immer noch hartnäckig, vor 2021 Neuwahlen abhalten zu lassen, obwohl ein großer Teil der Bevölkerung danach verlangt.

Zwar sind Ausländer nicht unmittelbares Ziel der Gewalt, doch wer Pech hat, kann u. U. in die Auseinandersetzungen hineingeraten – daher sollte man sich vor Reisen nach Nicaragua auf jeden Fall über die aktuelle Lage informieren.

April 2018 zu Gewaltausbrüchen gekommen war, standen neue Bauvorhaben zur Zeit der Recherche still.

Sehenswertes & Aktivitäten

★ Antigua Catedral KATHEDRALE
(Catedral de Santiago; Karte S. 470; 14 Av Sureste, Área Monumental) Die leere Hülle von Managuas im Erdbeben von 1972 zerstörter alter Kathedrale ist das sinnfälligste Symbol der Stadt und wird mittlerweile langsam restauriert. Zwar ist ihre klassizistische Fassade mit ihren steinernen Engeln und in goldenes Licht getaucht immer noch eine Schönheit, doch drinnen ist sie leer und nicht zugänglich – eine Kathedrale ohne Herz in einer Stadt ohne Zentrum.

★ Museo Arqueológico Huellas de Acahualinca ARCHÄOLOGISCHE STÄTTE
(Karte S. 468; ☎2266-5774; Calle Museo de Acahualinca, Barrio Acahualinca; 3 US$; ⏱Mo–Fr 8–16 Uhr) Diese versteinerten Spuren wurden 1874 von Bergarbeitern entdeckt. Sie dokumentieren, dass vor rund 6000 bis 8000 Jahren vielleicht zehn Personen – Männer, Frauen und Kinder – sowie Vögel, Waschbären, Rehe und Opossums am schlammigen Ufer des Lago de Managua entlangliefen. Früher wurde angenommen, sie hätten versucht sich vor einem Vulkanausbruch in Sicherheit zu bringen, aber inzwischen haben Forensiker festgestellt, dass es diese Leute nicht eilig hatten – und dass sie überraschend groß waren, zwischen 1,45 und 1,60 m. Anfahrt per Taxi (2–4 US$).

Spazierweg an der Nationalversammlung ÖFFENTLICHE KUNST
(Karte S. 470; Av Central) Östlich der Nationalversammlung erstreckt sich an der Avenida Central ein Spazierweg mit Freiluftexponaten zur Geschichte Nicaraguas. Die Kunstwerke reichen von historischen Fotos von Sandino bis zu stimmungsvollen Managua-Ansichten aus der Zeit vor dem Erdbeben. Der Weg bietet eine wunderbare Möglichkeit, vom Barrio Bolonia zum Seeufer zu gelangen, besonders für Leute, die sich für die Politik und Geschichte des Landes interessieren.

★ Claudio Perez Cruz OUTDOORAKTIVITÄTEN
(☎5889-89105; https://casaluciamanagua.com) Der junge, kenntnisreiche und zweisprachige Claudio von der Casa Lucia (s. u.) hat, hegt eine tiefe Leidenschaft für alles, was Nicaragua zu bieten hat. Er verfügt über Kontakte im ganzen Land und kann sowohl selbst Reisende begleiten als auch je nach Interesse und verfügbarer Zeit Trips für Nicaraguabesucher arrangieren. Mit ihm Managua zu erkunden ist echt toll!

Nica on Pedals MOUNTAINBIKEN
(Karte S. 470; ☎8281-1512; www.nicaonpedals.com; Monte de los Olivos, 1c N, 1c O, ½c N, Casa 55, Colonial Los Robles) Dieser Veranstalter im **Managua Backpackers Inn** (Karte S. 470; ☎2267-0006; www.managuahostel.com; 15 Av Sureste, Monte de los Olivos, 1c N, 1c O, ½c N, Casa 56, Los Robles; B/EZ/DZ ab 10/22/30 US$; P ❄ 📶 🏊) bietet die Möglichkeit, die grandiosen Naturschönheiten Nicaraguas aktiv und mit einer gehörigen Dosis Abenteuer zu erleben. So kann man z. B. den Cerro Ventarrón unmittelbar vor den Toren von Managua hinunterradeln, mit tollem Blick auf den Volcán Masaya (63 US$ pro Pers.); es gibt mehrere Trails mit unterschiedlichem Schwierigkeitsgrad.

Schlafen

★ La Bicicleta Hostal HOSTEL $
(Karte S. 470; ☎2225-2557; www.labicicletahostal.com; Calle San Juan, Restaurante La Marsellaise, 2½ c E, Villa Santa Fe; B 13 US$, Zi. mit/ohne Bad 32/40 US$; ❄ 📶) 🍃 Die Dorms und Zimmer in diesem umweltfreundlich erbauten Hostel in erstklassiger Lage sind nach Fahrradtypen benannt: Das Tandem nimmt zwei Personen auf, das Rueda Alta/Penny Farthing (Hochrad) vier. Alle Zimmer sind individuell eingerichtet, mit inspirierenden Zitaten an den Wänden und guten Betten. Außerdem gibt's einen hübschen Garten mit Hängematten und eine Gästeküche. Aber das Beste sind die äußerst hilfsbereiten Mitarbeiter!

★ Casa Lucia B&B $$
(Karte S. 470; ☎8898 9105; https://casaluciamanagua.com; 33 Calle Sureste, frente Parque Los Robles, Planes de Altamira No 1; EZ/DZ 35/45 US$; ❄ 📶) Das freundliche, familiengeführte B&B in einem pfirsichfarbenen Haus in einem ruhigen, gut zu Fuß zu erkundenden Viertel zeichnet sich nicht nur durch seine warmherzige Gastfreundschaft aus, sondern auch durch den wunderbaren Gastgeber, den jungen, zweisprachigen Claudio. Er liebt seine Heimatstadt Managua über alles und kann Besuchern Sachen zeigen, über die sie allein wohl nie gestolpert wären. Und der Morgenkaffee zählt zum besten im gesamten Land.

Managua

Managua

Highlights
1 Museo Arqueológico Huellas de Acahualinca B1

Ausgehen & Nachtleben
2 DeLaFinca Cafe E3

Shoppen
3 Esperanza En Acción B2

Praktisches
4 Hospital Alemán-Nicaragüense B3
5 US-Botschaft A3

Transport
6 Mercado Israel Lewites B3
7 Mercado Mayoreo H3
8 Mercado Roberto Huembes E4

★ **La Posada del Arcangel** PENSION $$$
(Karte S. 470; ☎2254-5212; www.hotellaposadadelarcangel.com; Calle Los Pinos, Canal 2 TV, 100 m O, 150 m S, Barrio Bolonia; Zi. ab 60 US$; ❄📶) Die Posada de Arcangel im Kolonialstil besitzt zahlreiche Pluspunkte, von der originellen Kunstsammlung und dem schattigen Garten bis zu den Gästezimmern mit karmesinroten Akzenten, zeitgenössischer Kunst in kräftigen Farben und handgeschnitzten Holzmöbeln wie z. B. Himmelbetten. Auch das im Preis inbegriffene Frühstück ist hervorragend und die Eigentümer geben sich jede nur erdenkliche Mühe, um ihren Gästen unter die Arme zu greifen.

Hotel Casa Colonial BOUTIQUEHOTEL $$$
(Karte S. 470; ☎7967-4883; http://casa-colonial-boutique.hotelsinmanagua.com; Carretera a Masaya Km 4,5, del Restaurante Tip Top 75 m O, No 10, Planes de Altamira; EZ/DZ ab 55/65 US$; P❄📶🏊) Das kleine Hotel im Haciendastil hat einen schönen Frühstücks-Patio mit Bögen und einem plätschernden Brunnen. Möbel aus dunklem Holz, hohe Decken und schwere Holzbalken prägen die Zimmer

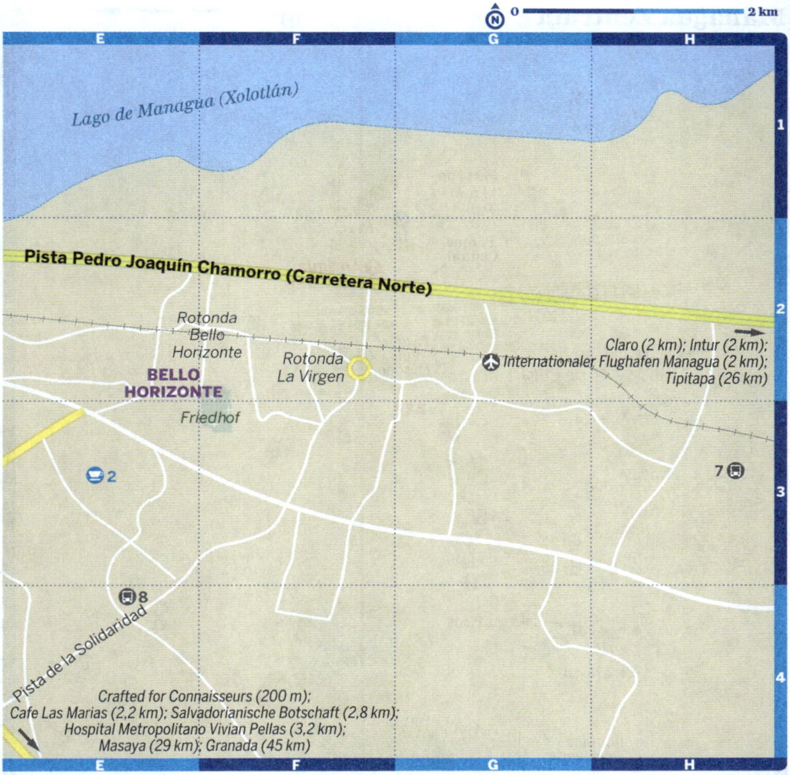

ebenso wie die dezente Beleuchtung. Restaurants und Bars finden sich in den umliegenden Straßen.

Essen

★ De Muerte Lenta — EISCREME $

(Karte S. 470; ☎ 8272-9877; www.facebook.com/demuertelenta.ni; frente Parque Altamira, Planes de Altamira; ⏲ 11.30–19.30 Uhr) Der klitzekleine Eisstand verführt Leckermäuler mit zwölf Sorten Eiscreme am Stil. Das ist bestimmt mit das beste Eis, das man je essen wird; unser Tipp: Minze mit Brownie-Stückchen.

★ Asados Doña Tania — NICARAGUANISCH $

(Karte S. 470; ☎ 2270-0747; www.facebook.com/asadosdonatania; Hotel Colón, 1c S, ½c O, Los Robles; Hauptgerichte 3–5 US$; ⏲ So–Fr 16.30–22.30 Uhr) Abends bahnen sich die Einwohner von Managua ihren Weg zu diesem *fritanga*-Tempel, in dem Doña Tania schon seit über 20 Jahren ihre Kunst vervollkommnet. Hier bestellt man am besten nur dieses eine Gericht: marinierte, rauchige Streifen Fleisch, scharf angebraten und randvoll mit Aromen, und als Beilagen *gallo pinto, ensalada criolla* (Salat mit Zwiebeln, Paprika und Tomaten), frittierte Kochbananen und frittierten Käse. Die Portionen sind gigantisch!

★ Terraza Peruana — PERUANISCH $$

(Karte S. 470; ☎ 2278-0013; de la Pasteleria Sampson, 100 m N; Hauptgerichte 5–12 US$; ⏲ Di–So 12–23 Uhr) Das edle und authentische peruanische Restaurant auf einem kühlen Balkon an einer schattigen Nebenstraße erfreut mit einer Speisekarte, die die Gäste auf eine Reise von der Küste – mit Ceviches (marinierte Meeresfrüchte) und *tiraditos* (japanisch-peruanischer roher Fisch) – bis in die Hochanden mitnimmt. Klassiker wie *anticuchos de corazón* (Ochsenherzspieße) und *suspiro limeño* (ein Nachtisch aus *dulce de leche* und Baiser) sind ebenfalls zu haben. Die Cocktails auf der Pisco-Karte sind ein absolutes Muss.

Managua Zentrum

Managua Zentrum

Cafe Las Marias CAFÉ $$
(☎2231-2524; www.facebook.com/lasmariascafe; Uniplaza Las Colinas, primera entrada, 3c E; Sandwiches 6–8 US$; ⏲Mo–Fr 7–20, Sa 8–20, So 8–18 Uhr; ❄📶✎) In diesem hypertrendigen Café kann man sich die Karten mit den Kaffeeanbauregionen Nicaraguas zu Gemüte führen und dabei entscheiden, auf welche Art man seinen Schlemmerkaffee zubereitet haben möchte: per Chemex, V60, Aeropress, Cold Press ... Zum Kaffee gibt's Zucchini-Muffins und kreative Sandwiches und Salate.

★ **Don Cándido** STEAKS $$$
(Karte S. 470; ☎2277-2485; https://restaurantedoncandido.com; de donde fue el Chaman 75 vrs al Sur, 15 Av Sureste, Los Robles; Steaks 18–35 US$; ⏲Mo–Fr 12–22, Sa & So 14–24 Uhr; ❄📶) Das schicke Steakhaus mit schweren Holzbalken, nackten Backsteinwänden und zeitgenössischer Kunst meint es wirklich ernst. Auf der Karte stehen alle möglichen Cuts, vom schön gegrillten Sirloin mit knusprigem Fett über T-Bone und New York Steak bis zu *short ribs* und *baby back ribs*. Die Weine stammen aus aller Welt, überwiegend jedoch aus Spanien.

Ausgehen & Unterhaltung

★ **DeLaFinca Cafe** KAFFEE
(Karte S. 468; ☎2252-8974; www.delafincanicaragua.com; Parque El Dorado, costado Sureste; ⏲Mo–Fr 7–20, Sa & So 8–19 Uhr; 📶) Kein Kaffeekenner, der etwas auf sich hält, sollte es versäumen, diesem Tempel der Kaffeebohnen einen Besuch abzustatten: Der Eigentümer kommt aus einer alten Kaffeebauernfamilie und hat *viñedo* perfektioniert, eine neue Methode der Kaffeebohnenfermentierung. Hier kann man Bohnen kaufen und die besten Plantagenkaffees Nicaraguas probieren – jeder wird auf die für ihn optimale Methode zubereitet.

★ **Estación Central** CRAFT-BIER
(Karte S. 470; ☎2225-3274; Av Gabriel Cardinal, del Hospital Monte España, 2½c N, Planes de Altamira; ⏲Mo & Di 16–22, Mi–Fr 16–24, Sa 12–1, So 12–22 Uhr) Die beste Bar der Gegend. Das hippe und relaxte Estación Central ist die erste Adresse für nicaraguanische Craft-Biere, von den originellen Moropotente-Gebräuen bis zu Erdmann's, Pinolera, Campo und La Porteña. Außerdem gibt's einige belgische Biere sowie recht gutes Kneipenessen, serviert zu Ambient-Musik.

Teatro Nacional Rubén Darío THEATER
(Karte S. 470; ☎2266-3630; www.tnrubendario.gob.ni; Av Bolívar, Área Monumental; ⏲unterschiedl.) Dieser „Tempel der nicaraguanischen Kunst und Kultur" ist eines der wenigen Gebäude in Managua, die das Erdbeben von 1972 überlebt haben. Auf der Hauptbühne treten oft international bekannte Künstler auf.

In der kleineren Sala Experimental Pilar Aguirre wird viel experimenteller Jazz oder Aktionskunst geboten. Unterschiedliche Eintrittspreise.

Shoppen

★ Nostalgia de Nicaragua Cigar ZIGARREN
(Karte S. 470; ☎2270-1450; Carretera a Masaya, frente Casino Pharaoh; ⌚Mo–Sa 10–22, So 10–16 Uhr) Hier gibt's die besten Zigarren Nicaraguas käuflich zu erwerben, in Mombacho und Estelí von Hand gerollt. Interessant sind Top-Marken wie Joya de Nicaragua, Padrón, AJ Fernández und Don Pepín García. In der angeschlossenen Lounge lassen sich die Zigarren probequalmen.

Crafted for Connaisseurs SOUVENIRS
(☎2278-1478; www.facebook.com/craftednica; Carretera a Masaya Km 6,5, contiguo a Café las Flores; ⌚Mo–Sa 11–21 Uhr) Das Feinkostgeschäft Crafted for Connaisseurs verkauft handgemachte nicaraguanische Momotombo-Pralinen, erstklassigen Cielo-Isla- und anderen Herkunftskaffee sowie Wein und Genießerzigarren. Donnerstag- bis samstagabends werden zur Weinverkostung Tapas gereicht.

Esperanza En Acción KUNSTHANDWERK
(Karte S. 468; ☎8388-2844; www.esperanzaenaccion.org; Casa de Ben Linder, de la Estatua Monseñor Lezcano, 3c S, ½c E, Barrio Monseñor Lezcano; ⌚Mo–Fr 9–17 Uhr) Hier gibt's eine ausgezeichnete Auswahl an Fair-Trade-Produkten von 31 Kunsthandwerksgruppen aus ganz Nicaragua, z. B. exquisite Töpferwaren, gewebte Taschen, Schmuck, Plantagenkaffee, Spielwaren und Webartikel. Die Gewinne fließen an die Erzeuger selbst, die in einigen der wirtschaftlich abgehängtesten Ecken des Landes arbeiten.

Praktische Informationen

GEFAHREN & ÄRGERNISSE

Managua gilt als gefährlich, und das nicht ohne Grund. Doch wer seinen gesunden Menschenverstand nutzt und umsichtig ist, kann Problemen aus dem Weg gehen.

- Teure Sachen nicht öffentlich zur Schau stellen.
- Auf die Karte schauen, bevor man zu einem Spaziergang aufbricht.
- Geld nur tagsüber am Geldautomaten abheben.
- Das Hotel oder Hostel bitten, einem ein Taxi zu rufen, anstatt eines an der Straße heranzuwinken.
- Nur so viel Geld mitnehmen, wie man für den Tag braucht.

GELD

In Managua gibt es reichlich Banken und Geldautomaten (gewöhnlich können Visa-Plus-Karten gelesen werden). BAC (hat Automaten im Metrocentro, am internationalen Flughafen und an der Plaza España) nimmt MasterCard/Cirrus und gibt US-Dollars und Córdobas aus. Alle Banken wechseln US-Dollars und viele Geschäfte usw. nehmen sie auch an.

INTERNETZUGANG

Kostenloses WLAN bietet die allermeisten Unterkünfte, ebenso wie immer mehr Cafés und Restaurants.

MEDIZINISCHE VERSORGUNG

Managua hat jede Menge Apotheken – einige sind rund um die Uhr geöffnet (einfach klopfen) – und die besten Krankenhäuser des Landes.

Hospital Alemán-Nicaragüense (Karte S. 468; ☎2249-3368; Carretera Norte Km 6) Moderne Ausstattung, deutschsprachige Mitarbeiter.

Hospital Bautista (Karte S. 470; ☎2264-9020; www.hospital-bautista.com; Casa Ricardo Morales Avíles, 2c S, 1½c E, Barrio Largaespada) Manche Angestellte sprechen auch Englisch. Moderne Ausstattung.

Hospital Metropolitano Vivian Pellas (☎2255-6900; www.hospitalvivianpellas.com; Carretera a Masaya Km 9,75) Das beste Krankenhaus des Landes, englischsprechendes Personal.

NOTFÄLLE

Feuerwehr	☎115 (Notruf), ☎2222-6406
Krankenwagen (Cruz Roja)	☎128
Polizei	☎118 (Notruf), ☎2249-5714

TELEFON

Man kann sich eine nicaraguanische SIM-Karte fürs eigene Handy kaufen oder von der Unterkunft aus telefonieren. Einen praktischen Laden von **Claro** (⌚8–19 Uhr) gibt's im Flughafengebäude von Managua.

TOURISTENINFORMATION

Intur Central (Nicaraguanisches Fremdenverkehrsamt; Karte S. 470; ☎2254-5191; www.visitanicaragua.com; Hotel Crowne Plaza, 1c S, 1c O; ⌚Mo–Fr 8–17 Uhr) Vorzeige-Touristeninformation mit zahlreichen Broschüren. Eine weitere Touristeninformation (S. 473) gibt's im internationalen Terminal des Flughafens neben dem Gepäckband im Ankunftsbereich. Die Angestellten sprechen Englisch und empfehlen Hotels, bestätigen Flüge und geben Flyer aus.

Marena Central (Ministerium für Umwelt & natürliche Ressourcen; ☎2263-2830; Carretera Norte Km 12,5) Ein Ausweis/Reisepass ist erforderlich, um im ziemlich ungünstig gelegenen Hauptsitz von Marena Infos zu fast allen 82 Naturschutzgebieten Nicaraguas zu bekommen.

An- & Weiterreise

AUTO

In Managua Auto zu fahren birgt all die üblichen Herausforderung des Fahrens in großen Städten, ist aber durchaus machbar – mit gutem GPS (die App Maps.me ist sehr gut) und wenn man weiß, wo man hinwill. Die großen internationalen Autovermietungen sind sowohl am Flughafen als auch in der Stadt selbst vertreten.

BUS

Managua ist der wichtigste Verkehrsknotenpunkt des Landes. Es gibt mehrere große Inlandsbus- und Minibusterminals sowie eine Handvoll internationaler Buslinien. Die meisten Busse fahren im Barrio Martha Quezada ab.

Inlands- & Minibusse

Es gibt drei Hauptabfahrtsorte: **Mercado Roberto Huembes** (Karte S. 468; Pista de la Solidaridad) für Verbindungen nach Granada, Masaya und in den Südwesten, **Mercado Israel Lewites** (Karte S. 468; semáforos de Mercado Israel Lewites, 1c N) für Fahrten nach León sowie in die nördliche Pazifikregion und **Mercado Mayoreo** (Karte S. 468; frente Aduana Managua) für Fahrten an die Karibikküste und ins nördliche Hochland. Manche Busse fahren auch am Mercado Oriental ab; von dort aus geht's vor allem in ländliche Gegenden, die nicht hier aufgeführt sind.

Schneller, komfortabler und auch ein bisschen teurer sind die Minivans, die an der **UCA** (Karte S. 470; frente UCA) („Uka" gesprochen) abfahren, sowie die *expreso*-Busse gegenüber den *ordinario*-Bussen.

Shuttlebusse

Vom Flughafen von Managua fahren regelmäßig Abholungsshuttles z. B. von **Adelante Express** (☎2568-2083; www.adelanteexpress.com), **Casa Oro** (Karte S. 496; ☎2568-2415; www.casaeloro.com; Ecke Av Ral & Calle Vandervilt) und **Bigfoot Hostel** (Karte S. 504; ☎8852-3279; www.bigfoothostelleon.com/shuttle; BanPro, ½c S) direkt nach Granada (25 US$), León (15 US$), San Juan del Sur (25 US$) und zu anderen beliebten Zielen an der Westküste. Auch die Hotels in Managua bieten direkte Shuttles zu diesen Zielen. Alle abgelegenen Hotels und Surferlodges arrangieren auf Wunsch die Abholung am Flughafen von Managua.

Busse ins Ausland

Transnica (S. 550) fährt nach Costa Rica und Honduras und hat seine Büros auf der anderen Seite der *laguna*.

Costa Rica (29 US$, 9 Std., 4-mal tgl. um 5, 7, 10 & 12 Uhr) Nach San José. Täglich um 13 Uhr fährt ein Luxusbus (38 US$).

Honduras (30 US$, 10 Std., 1-mal tgl. um 11.30 Uhr) Nach Tegucigalpa.

Busse von Transporte del Sol (S. 550) fahren täglich nach San Salvador (50 US$, 13 Std., 2-mal tgl. um 3 & 10 Uhr), Guatemala-Stadt (70 US$, 6 Std., 1-mal tgl. um 3 Uhr) und San José (35 US$, 9½ Std., 1-mal tgl. um 12 Uhr).

Central Line (Karte S. 470; ☎2254-5431; www.transportescentralline.com; Rotonda Hugo Chávez Frías, 1c S, 1½c O) bietet einen Bus am Tag nach San José in Costa Rica (29 US$, 8 Std.), mit Halt in Granada und Rivas.

FLUGZEUG

Der **Managua International Airport** (MGA; www.eaai.com.ni; Carretera Norte Km 11) ist ein kleiner, übersichtlicher Flughafen. Bis zu den meisten Hotels sind es 30 bis 45 Fahrtminuten.

Das kleinere, chaotischere Inlandsterminal befindet sich neben dem Hauptgebäude.

In die USA gibt's u. a. Flüge nach Houston mit United Airlines (www.united.com), Miami und Dallas mit American Airlines (www.american airlines.com) und Fort Lauderdale mit Spirit Airlines (www.spirit.com). Copa Airlines (www.copaair.com) fliegt nach San José in Costa Rica,

INTERNATIONALE BUSSE AB MANAGUA

Tica Bus (S. 550) hat ein Terminal im Herzen des Barrio Martha Quezada und bietet folgende Verbindungen:

ZIEL	PREIS (US$)	DAUER (STD.)	ABFAHRTEN
Antigua, Guatemala	77–89	33	5, 11 Uhr
Guatemala-Stadt	63–74	30	5, 11 Uhr
Panama-Stadt	75–107	34	6, 7, 12, 13 Uhr
San José, Costa Rica	29–44	10	6, 7, 12, 13 Uhr
San Pedro Sula, Honduras	46	12	5 Uhr
San Salvador, El Salvador	40–52	11	5, 11 Uhr
Tegucigalpa, Honduras	30	7	5 Uhr

Panama-Stadt und Guatemala-Stadt, Avianca (www.avianca.com) nach San Salvador.

Die Inlandsfluglinie La Costeña (www.lacostena.com.ni) bietet regelmäßige Verbindungen nach Bluefields, zu den Corn Islands, nach Siuna, zur Isla Ometepe, nach San Carlos, Río San Juan, Bonanza, Puerto Cabezas und Waspám.

Unterwegs vor Ort

AUTO & MOTORRAD

Nach Einbruch der Dunkelheit sollte man in Managua sehr vorsichtig und aufmerksam Auto fahren – besser ein Taxi nehmen und seinen Wagen auf einem bewachten Parkplatz ab-

INLANDSBUSSE AB MANAGUA

ZIEL	PREIS (US$)	DAUER	ABFAHRT	ABFAHRTEN	ABFAHRTSORT
Boaco	2,20	3 Std.	4–18.30 Uhr	alle 15 Min.	Mayoreo
Carazo (mit Stopps in Diriamba & Jinotepe)	1,40	1 Std.	4.30–18.20 Uhr	alle 20 Min.	Lewites
Chinandega/El Viejo	2,70	3 Std.	5–18 Uhr	alle 30 Min.	Lewites
Chinandega (Minibus)	3	2 Std.	4–18 Uhr	wenn voll	Lewites
El Astillero	3	3 Std.	15 Uhr	tgl.	Huembes
El Tránsito	1,20	1½ Std.	11.15, 12.40, 14 Uhr	3-mal tgl.	Lewites
Estelí	3	2 Std.	5.45–17.45 Uhr	stündl.	Mayoreo
Granada	0,75	1 Std.	4–18 Uhr	alle 15 Min.	Huembes
Granada (Minibus)	1,25	1 Std.	6–20 Uhr	wenn voll	UCA
Jinotega	3,50	4 Std.	4–17.30 Uhr	stündl.	Mayoreo
Jinotepe (Minibus)	1,15	1 Std.	5–20 Uhr	wenn voll	UCA
Juigalpa	2	4 Std.	3.15–22 Uhr	alle 20 Min.	Mayoreo
La Paz Centro	1,60	1½ Std.	6.15–20 Uhr	alle 30 Min.	Lewites
León *expreso* (über die neue Carretera & La Paz Centro)	1,85	1½ Std.	10–18.30 Uhr	alle 2 Std.	Lewites
León *ordinario* (über die alte Carretera)	1,50	2 Std.	5–19 Uhr	alle 20 Min.	Lewites
León (Minibus)	2,75	1½ Std.	4–18 Uhr	wenn voll	Lewites
León (Minibus)	2,75	1½ Std.	5–21.15 Uhr	wenn voll	UCA
Masatepe (Minibus)	1,10	1 Std.	6.30–18.30 Uhr	alle 20 Min.	Huembes
Masaya	0,50	1 Std.	5.30–21 Uhr	alle 30 Min.	Huembes
Masaya (Minibus)	0,90	½ Std.	6–21 Uhr	wenn voll	UCA
Matagalpa	2,25	2¾ Std.	3–18 Uhr	stündl.	Mayoreo
Mateare	0,30	40 Min.	5.50–18.30 Uhr	alle 2 Std.	Lewites
Naindame	1	1½ Std.	11–15.30 Uhr	alle 20 Min.	Huembes
Ocotal	4,25	3½ Std.	5–17 Uhr	stündl.	Mayoreo
Pochomil/Masachapa	1,30–1,60	2 Std.	6–19 Uhr	alle 20 Min.	Lewites
Río Blanco	5	4 Std.	9.15–12.15 Uhr	stündl.	Mayoreo
Rivas *expreso*	3,25	1½ Std.	8.30–13 Uhr	6-mal tgl.	Huembes
Rivas *ordinario*	2	2 Std.	4–18 Uhr	alle 30 Min.	Huembes
San Carlos	7,50	9 Std.	5–18 Uhr	6-mal tgl.	Mayoreo
San Juan del Sur *expreso*	3,25	2½ Std.	9.30–17.30 Uhr	6-mal tgl.	Huembes
San Marcos (Minibus)	1	1 Std.	4–18 Uhr	wenn voll	Huembes
Somoto	4	4 Std.	5–18 Uhr	8-mal tgl.	Mayoreo
Ticuantepe (Minibus)	0,40	40 Min.	4–18 Uhr	wenn voll	Huembes

stellen. Zur Zeit der Recherche war das Fahren in Managua aufgrund von Straßensperren keinesfalls zu empfehlen.

BUS

Die Nahverkehrsbusse fahren ständig und sind immer voll – außer für Leute, die längere Zeit in Managua leben oder für eingefleischte Sparfüchse sind diese auf verschlungenen Routen ohne markierte Haltestellen verkehrenden Busse eher ungeeignet. Die meisten Reisenden geben lieber ein bisschen mehr Geld für ein Taxi aus.

TAXI

- In Managua handelt es sich bei den meisten Taxis um *colectivos*, die während der Fahrt immer neue Fahrgäste aufnehmen. Es gibt auch teurere, sicherere Privattaxis am Flughafen und an den Einkaufszentren, dem Mercado Roberto Huembes etc. Die „normalen" Taxis sind aber auch immer in der Nähe zu finden.
- Die offiziellen Wagen erkennt man an den roten Schildern. Außerdem ist die Fahrerlizenz sichtbar angebracht – sollte sie fehlen, hat man sich in ein Piratentaxi gesetzt. Das ist soweit in Ordnung, man sollte sich allerdings nicht an einem Geldautomaten absetzen lassen. Oberstes Gebot, ganz gleich, in welcher Art Taxi, ist wachsam bleiben.
- Bei Dunkelheit ausschließlich offizielle Taxis nehmen, denn unlängst wurden vermehrt Überfälle durch Taxifahrer nach Einbruch der Dunkelheit zur Anzeige gebracht.

Rund um Managua

Masachapa & Pochomil

KNAPP 1500 EW.

Die beiden Orte Masachapa und Pochomil – sie gehen förmlich ineinander über – sind von Managua aus leicht im Rahmen eines Tagesausflugs zu erreichen und locken neben Wochenendausflüglern aus der Hauptstadt auch Surfer an. Die verschlafenen, ungepflasterten Straßen säumen eine Handvoll Bars, Hotels und Restaurants, von denen einige Surfbretter verleihen.

Die besseren Hotels befinden sich am Strand in Pochomil, von Masachapa aus Richtung Süden auf der anderen Seite des Flusses gelegen. In Pochomil gibt's ein paar palmblattgedeckte Restaurants, die sich alle sehr ähnlich sind und Fisch und Meeresfrüchte auf der Karte haben. Die meisten Hotels verfügen über ein eigenes Restaurant.

Casa del Titito HOTEL **$$$**
(☎8484-7724; www.casadeltitito.com; San Rafael del Sur, Pochomil; Zi. 70 US$;) Das zwanglose Hotel direkt am Strand mit Pool und luftigem Hängemattenbereich mit Blick auf die Wellen ist eine gute Mittelklassewahl mit kostenlosem nicaraguanischem Frühstück. Man spricht Französisch, Englisch und Spanisch.

An- & Weiterreise

Wer nach Masachapa möchte, sollte am *empalme* (der T-Kreuzung) aussteigen.

Von Pochomil und Masachapa gibt's Verbindungen bis zum Mercado Israel Lewites (S. 473) in Managua (1,30–1,60 US$, 2 Std.). Die Busse fahren zwischen 8 und 17 Uhr etwa im 30-Minuten-Takt.

Die beiden Orte sind leicht über die geteerten Straßen NIC-2 und NIC-8 zu erreichen. Die NIC-10 ist eine Abkürzung Richtung León.

San Diego

KNAPP 500 EW.

Nachdem man von der Carretera 10 abgebogen ist, geht es durch Zuckerrohrfelder, die Asphaltstraße weicht einer festen Sandpiste und es riecht nach Meer. Bald ist San Diego erreicht, ein aus einer einzigen Straße bestehendes Dorf mit einem ziemlich leeren Strand und einigen Weltklassewellen für Surfer aller Levels.

San Diego stellt ein ausgezeichnetes Ziel für Surfer dar: Los Cardones ist ein Beach Break für Anfänger und Fortgeschrittene, Asuchillo (1½ Std. zu Fuß von San Diego oder 10 Minuten per Jetski) ein toller Beach Break mit beständigen Barrels und Hemmies, eine Viertelstunde zu Fuß entfernt, ein schneller, hohler Reef Break nur für echte Könner.

Im Los Cardones Hotel Ecológico sind im Übernachtungspreis alle Mahlzeiten inbegriffen; das Mind The Gap Nica hat ein Restaurant und eine Küche für Selbstversorger.

Mind The Gap Nica HOSTEL **$**
(☎5859-7050; http://mindthegapnica.com; Playa San Diego; B/EZ/DZ 15/25/30 US$, Camping 5 US$ pro Pers.;) Das Strandhostel lockt einen steten Gästestrom an. Die Einheimischen kommen wegen Fischtacos und Bier und wegen der Livemusik am Wochenende. Für gastierende Surfer gibt's luftige, einfache Zimmer einen Katzensprung von der Brandung. Surfbretter können ausgeliehen werden und es gibt sogar ein Spa mit Massagen und einem Dampfbad im mexikanischen Temescal-Stil.

Los Cardones Hotel Ecológico LODGE **$$$**
(☎8364-5925; www.loscardones.com; Carretera Montelimar Km 49, 15 km O, Finca Del Mar Beach

Rund um Managua

Community; 2-Pers.-Bungalows/Cabañas ohne Bad mit allen Mahlzeiten 214/146 US$;) Die rustikale Ökolodge unmittelbar südlich des Dorfes San Diego wartet mit tollem Essen und nur wenige Schritte von der Hängematte entfernt einigen der besten Wellen von ganz Nicaragua auf. Die Eigentümer bieten Aktivitäten wie Angeln, Schnorcheln und Reiten und am Strand legen Schildkröten ihre Eier ab. Die ganze Anlage möchte mit z. B. Solarenergie und Komposttoiletten ihren ökologischen Fußabdruck möglichst klein halten und ist außerdem sehr familienfreundlich. Es gibt auch Surfbreaks für Kinder unter zwölf Jahren.

An- & Weiterreise

Vom Mercado Israel Lewites (S. 473) in Managua fahren Busse nach San Cayetano (2 US$, 1½–2 Std., 5–17 Uhr alle 45 Min.); an der Kreuzung California 1,5 km vor San Cayetano aussteigen und dann die restlichen 13 km nach San Diego trampen oder ein Tuk-Tuk nehmen. Wer selbst fährt, nimmt ab Managua die NIC-12 Richtung Norden, dann die NIC-10 und biegt bei California ab; die letzten 8 km zum Strand sind nicht asphaltiert und holprig. Man kann sich auch direkt am Flughafen von Managua abholen lassen.

GRANADA & DIE REGION MASAYA

Das geografisch vielfältige Gebiet bietet einige der bekanntesten Sehenswürdigkeiten Nicaraguas, darunter die faszinierende Stadt Granada. Das Gebiet hat auch eine reiche Artenvielfalt. Viele Wildtiere leben auf den Hängen des Volcán Mombacho, einem der am besten zu bewundernden aktiven Vulkane des Landes, mit dem Parque Nacional Volcán Masaya. Üppiger tropischer Regenwald umgibt die Ufer der kristallklaren Laguna de Apoyo und die Isletas de Granada im Lago de Nicaragua sind ebenfalls ideal zum Baden.

Gleich westlich von Granada liegen in einer hochgelegenen Region, in der Kaffee angebaut wird und viele präkolumbische Traditionen fortleben, die Pueblos Blancos (Weißen Dörfer). In diesen charmanten Ortschaften kann man bei der Herstellung von Kunsthandwerk zusehen, das zu dem schönsten in Nicaragua gehört.

Granada

100 496 EW. / 62 M

Die älteste Stadt Nicaraguas ist gleichzeitig die bezauberndste und fotogenste des Landes. Da verwundert es kaum, dass viele Reisende Granada als Basis nutzen und mindestens einen Tag damit verbringen, auf Kopfsteinpflaster von Kirche zu Kirche zu spazieren, um dann Ausflüge in die Umgebung zu unternehmen.

Tolle Touren führen zum Beispiel zu der verzauberten Wasserwelt des Archipels Las Isletas und zu den schönen Stränden der Peninsula de Asese. Der Volcán Mombacho lädt zum Wandern ein. Außerdem kann man in einer der heißen Quellen in den Vorbergen ausspannen. Ein Muss ist auch die Laguna de Apoyo mit kristallklarem türkisfarbenem Wasser und entspannten Lodges am Wasser – tolle Refugien inmitten der Natur.

Wer sich für die nicaraguanische Kultur interessiert, kann sich in nahe gelegenen Dörfern Gemeindetourismusprojekte wie Nicaragua Libre ansehen. Oder man steuert den Parque Nacional Archipiélago Zapatera mit einer der interessantesten Sammlungen von Petroglyphen und Statuen im ganzen Land an.

Geschichte

Granada trägt in Anspielung auf die maurisch geprägte andalusische Metropole gleichen Namens den Spitznamen „Fette Sultanine" und wurde 1524 von Francisco Hernández de Córdoba gegründet. Sie ist eine der ältesten Städte in der Neuen Welt und sollte als Vorzeigestadt dienen: Hier wollten die Spanier beweisen, dass sie mehr zu bieten hatten als eine bizarre Religion und fortschrittliche Militärtechnik. Auch heute noch zeichnet sich die Stadt durch eine erhabene Schönheit aus – jedes dickwandige Architekturjuwel wurde nach Zerstörungen immer getreu den alten Plänen wieder aufgebaut.

Fast von Anfang an war Granada ein Handelszentrum, und als die Spanier erkannten, dass der Río San Juan vom See zum Meer schiffbar war, wurde es aufgrund seiner Lage am Nicaraguasee noch bedeutender. Das machte Granada reich – und verletzlich. Zwischen 1665 und 1670 wurde die Stadt dreimal von Piraten geplündert.

Davon ließ sich die Stadt aber nicht unterkriegen: Granada wurde wieder aufgebaut und wurde noch reicher und mächtiger, ein konservatives Bollwerk der zentralamerikanischen Wirtschaft. Nach der Unabhängigkeit von Spanien rang Granada mit der Kolonialhauptstadt und langjährigen Rivalin León um die Vormachtstellung in der jungen Nation.

In den 1850er-Jahren arteten die Auseinandersetzungen schließlich in einen regelrechten Bürgerkrieg aus: Das verzweifelte León versicherte sich der Dienste des amerikanischen Söldners William Walker und seiner Truppe. Walker besiegte Granada, rief sich zum Präsidenten aus und setzte zu einem Eroberungsfeldzug durch Zentralamerika an – doch der war nicht von Erfolg gekrönt. Nach ein paar peinlichen Niederlagen musste sich Walker zurückziehen und erreichte schließlich wieder seine alte Hauptstadt Granada; diese ließ er niederbrennen und in den rauchenden Trümmern ein Schild mit der zynischen Aufschrift: „Hier stand Granada" aufstellen.

Erneut wurde Granada wiederaufgebaut. Heute ist sie zwar kein Zentrum der Macht mehr, aber dank zahlreicher Touristen und als leicht erreichbarer Zufluchtsort für gestresste Bewohner der hektischen Metropole Managua wieder eine sehr lebendige Stadt.

Sehenswertes & Aktivitäten

★Convento y Museo San Francisco KIRCHE
(Karte S. 478; ☎2552-5535; Plaza de los Leones 1c N, 1c E; 5 US$; ⏲Mo–Fr 8–16, Sa & So 9–16 Uhr) Eine der ältesten Kirchen Zentralamerikas ist die Iglesia San Francisco mit ihrer hellblauen Fassade. Sie gehört zu einem wichtigen Kloster, das heute eines der besten Museen der Region beherbergt; es befasst sich mit der präkolumbischen Bevölkerung Nicaraguas. Besonders spannend sind die Zapatera-Monumentalskulpturen aus schwarzem Basalt, die zwischen 800 und 1200 n. Chr. auf der Ritualinsel Zapatera entstanden.

★Museo de Chocolate MUSEUM
(Karte S. 478; ☎2552-4678; www.chocomuseo.com; Calle Atravesada, frente Bancentro; Schokoladen-Workshop Erw./Kind 21/12 US$; ⏲7–18.30 Uhr; 👪) GRATIS Reisende mit Kindern werden sich über das Schokoladenmuseum

Granada

in Granada sicher freuen. Besonders der Workshop in der Schokoladenherstellung, bei dem die Teilnehmer lernen, wie man Kakaobohnen rösten und mahlt, und ihren eigenen Schokoriegel herstellen, ist ein großer Spaß für Jung und Alt. Hier finden auch Workshops in der Zigarrenherstellung statt. Das Museum befindet sich im **Hotel Mansión de Chocolate** (Karte S. 478; ☎2552-4678; www.mansiondechocolate.com; Calle Atravesada, frente Bancocentro; Zi./3BZ ab 77/101 US$; ❄📶🏊), das außerdem über ein Spa mit Schokomotto verfügt und ein begehrtes Frühstücksbuffet (7 US$) bietet. Der Zugang zum tollen Swimmingpool kostet 6 US$.

Iglesia La Merced KIRCHE

(Karte S. 478; Ecke Calle Real Xalteva & Av 14 de Septiembre; Glockenturm 1 US$; ⏲11–18 Uhr) Die vielleicht schönste Kirche der Stadt wurde 1534 erbaut. Die meisten Besucher lockt die spektakuläre Aussicht vom **Glockenturm** hierher, die besonders zum Sonnenuntergang sehr malerisch ist. Das Bauwerk wurde 1539 fertiggestellt, aber 1655 von Plünderern zerstört. Die Barockfassade stammt aus der Zeit des Wiederaufbaus zwischen 1781 und 1783. 1854 kam Walker mit seinen Mannen. Die aus seinem Auftritt resultierenden Schäden an der Kirche wurden 1862 behoben – und gleich noch die bildschöne Innenausstattung ergänzt. Heute pilgern Katholiken hierher, um die Virgen de Fatima zu sehen.

Casa de los Leones & Fundación Casa de los Tres Mundos GEBÄUDE

(Karte S. 478; ☎2552-4176; http://c3mundos.org/es/inicio; Parque Central, 50 m N; ⏲8–18 Uhr) Ernesto Cardenal gründete die Fundación Casa de los Tres Mundos im Jahr 1986. Seit 1992 nimmt sie die elegante Casa de los Leones ein. Diese wurde ursprünglich 1720 erbaut, doch das heutige Gebäude ist eine Rekonstruktion, da das Original von William Walker niedergebrannt wurde. Ein Brett am Eingang informiert über anstehende Veranstal-

Granada

Highlights
1 Convento y Museo San Francisco C2
2 Museo de Chocolate C2

Sehenswertes
3 Casa de los Leones & Fundación Casa de los Tres Mundos C2
4 Iglesia La Merced B3

Aktivitäten, Kurse & Touren
5 Adventour Nicaragua C3
6 Casa Xalteva B3
Corazón Trips .... (s. 10)
7 La Tortilla Cooking School D2
8 Nicaragua Mia Spanish School D3

Schlafen
9 Casa del Agua C3
10 Hotel Con Corazón C2
11 Hotel Gran Francia C3
12 Hotel La Polvora A3
13 Lemon Tree Hostel C2
Mansión de Chocolate .... (s. 2)
14 Oasis Hostel C3

Essen
15 Bocadillos Tapas Kitchen & Bar C2
16 Café del Arte C2
17 Espressonista A3
18 Miss Dell's Kitchen C2

Ausgehen & Nachtleben
19 Nectar C3

Shoppen
20 Cooperativa El Parche B2
21 Soy Nica D3
22 The Garden Shop C2

Transport
23 Busse zu südlichen Zielen C4
24 Busse nach Managua A2
25 Busse nach Masaya C3
26 Microbusse nach Managua C3

tungen, z. B. Dichterlesungen, klassisches Ballett, Folkloretänze und kostenlose Filmvorführungen. Während der Öffnungszeiten haben Besucher Zugang zum bildschönen Prachtbau, zum historischen Archiv, zu einem Café und zu Kunstausstellungen.

Corazón Trips TOUREN
(Karte S. 478; ☎2552-8852; www.hotelconcorazon.com; Calle Santa Lucia 141) Der gemeinnützige Veranstalter im **Hotel Con Corazón** (Karte S. 478; ☎2552-8852; Calle Cervantes, Parque Central, 3c N; EZ/DZ/3BZ/FZ 75/91/117/139 US$; ❄@📶🏊) 🍃 bietet gut durchorganisierte Ausflüge, z. B. Radtouren, Kochunterricht und Exkursionen zum Mombacho.

Kurse & Geführte Touren

Las Tortilla Cooking School KOCHEN
(Karte S. 478; ☎5503-2805; Calle El Martirio 305, entre Calle La Libertad y El Arsenal; Einführungskurs 45 US$ pro Pers.; ⏲Kochunterricht 10.30 & 16.30 Uhr) Das vergnügliche Kocherlebnis gewährt einen Einblick in die Ursprünge und Techniken der nicaraguanischen Küche. Zwei oder drei Stunden lang lernen die Teilnehmer fünf typische Gerichte kochen, und wer noch eine Markttour (15 US$) dazubucht, erfährt auch einiges über die Zutaten.

Casa Xalteva SPRACHKURSE
(Karte S. 478; ☎2552-2993; www.casaxalteva.org; Calle Real Xalteva, Iglesia Xalteva, 25 m N; 1 Woche ab 160 US$; ⏲Mo–Fr 8–17 Uhr) 🍃 Die Casa Xalteva neben der gleichnamigen Kirche bietet neben Sprachunterricht und Unterbringung in Gastfamilien auch ein Programm, bei dem Straßenkinder Frühstück und eine Ausbildung erhalten.

Nicaragua Mia Spanish School SPRACHKURSE
(Karte S. 478; ☎7779-0209; www.facebook.com/nicaraguamiaschool; Calle El Caimito, alcaldía, 3½ c E; 1 Woche alles inklusive 280 US$ pro Pers.) Die Schule wird von einer Frauenkooperative betrieben, kann auf jahrelange Erfahrung zurückblicken und setzt unterschiedliche Unterrichtsmethoden ein.

Adventour Nicaragua OUTDOORAKTIVITÄTEN
(Karte S. 478; ☎5760-6733; www.adventournicaragua.com; Calle Calzada, el catedral, ½c E; ⏲8–21 Uhr) Ramiro und sein engagiertes, professionelles Team veranstalten sehr empfehlenswerte Touren zu den Las Isletas, zur Isla Zapatera und zum Volcán Mombacho (ab 25 US$) sowie durch Granada selbst, wobei die kleinen Gruppen von zweisprachigen Guides begleitet werden. Außerdem bietet das Unternehmen Shuttles zu Zielen im ganzen Land.

Livit Water WASSERSPORT
(☎8580-7014; www.livitwater.com; Marina Cocibolca; SUP-Touren ab 40 US$ pro Pers.) Scott und Gea bieten professionelle Stehpaddeltouren, sowohl hier als auch auf der Laguna Apoyo, mit Abholung in Granada. Das SUP-Erlebnis lässt sich z. B. mit Yoga oder einer Halbtagestour auf den Volcán Mombacho kombinieren.

Festivals & Events

International Poetry Festival DARSTELLENDE KÜNSTE
(www.festivalpoesianicaragua.com; ⏲2. Februarwoche) Bei diesem Festival treffen sich Wortschmiede, Künstler und Musiker aus ganz Nicaragua und Lateinamerika sowie von noch weiter entfernt. Die Veranstaltungen finden unter freiem Himmel vor markanten topografischen Objekten statt.

Fiestas de Agosto RELIGIÖSES FEST
(⏲3. Augustwoche) Granada feiert Mariä Himmelfahrt mit Feuerwerk, Konzerten auf der Plaza, Pferdeparaden und jeder Menge Spaß am See.

Schlafen

Oasis Hostel HOSTEL $
(Karte S. 478; ☎2552-8005; www.nicaraguahostel.com; Calle Estrada 109, Mercado Municipal, 1c N, ½c O; B/EZ/DZ 8/15/20 US$;) Dieses Hostel nur fünf Fußminuten vom Hauptplatz ist eine Institution in Granada. Das Oasis ist extrem gut geführt, bietet täglich zahlreiche Shuttles und Aktivitäten und die Eigentümer kennen sich mit den Bedürfnissen von Backpackern wirklich bestens aus: Es gibt großzügige Schließfächer, kostenlose Telefonate ins Ausland, eine Küche, ein reichhaltiges Frühstück und vieles mehr. Die Zimmer sind einfach, aber sie sind hier auch nicht das Wichtigste.

Lemon Tree Hostel HOSTEL $
(Karte S. 478; ☎8912-8764; www.lemontreehostels.com; Calle La Libertad, Parque Central, 2c O; B/Zi. 10/35 US$;) Früher war dies ein Boutiquehotel, heute ist es das schickste Hostel in Granada, mit hohen Decken, einem anmutigen Innenhof, einem Spa und Hängematten rund um den Pool. Die riesigen Doppelzimmer haben jedoch genau wie die Dorms kein eigenes Bad. Das Personal bucht für die Gäste gern Ausflüge und Shuttles.

Casa del Agua HOTEL $$
(Karte S. 478; ☎8872-4627; www.casadelaguagranada.com; Av Guzmán, Parque Central, ½c S; DZ/3BZ ab 40/50 US$;) In toller Lage direkt beim Parque Central säumen große Zimmer einen kleinen Pool. Die Möbel in dem schönen Kolonialgebäude sind neu und sorgfältig ausgewählt und Eigentümer Gerry kennt sich in der Stadt und Umgebung bestens aus. Die Gäste können eine voll ausgestattete Küche benutzen und in der Unterkunft Fahrräder mieten. Zum Frühstück gibt's Pfannkuchen.

★ **Hotel Gran Francia** HISTORISCHES HOTEL $$$
(Karte S. 478; ☎2552-6000; www.lagranfrancia.com; Av Guzmán, Parque Central, ½c S; Zi. ab 110 US$;) Das elegante Hotel gleich bei der Plaza residiert in einem opulenten historischen Gemäuer mit Holzböden, handbemalten Waschbecken, schmiedeeisernen Verzierungen und schweren Holzbalken in den stimmungsvollen Zimmern. Gleichermaßen eindrucksvoll sind das Restaurant, die Bar und die Lounge des Hotels gegenüber im ehemaligen Zuhause des Freibeuters William Walker.

Hotel La Polvora BOUTIQUEHOTEL $$$
(Karte S. 478; ☎2552-1227; www.hotellapolvora.com; Calle El Consulado, Fortaleza La Polvora, ½c E, 1c N, 1c E; Zi. ab 75 US$;) Außer den Kirchenglocken stört in diesem kleinen Boutiquehotel in einer stillen Wohnstraße in der Nähe der gleichnamigen Festung nichts den Schlaf der Gäste. Jenseits der schön gefliesten Lobby befinden sich zehn komfortable Zimmer, zumeist mit Schaukelstühlen auf der Terrasse oder dem Balkon. Liam und seine Mitarbeiter sind rührend um das Wohl der Gäste besorgt.

Essen & Ausgehen

★ **Bocadillos Tapas Kitchen & Bar** INTERNATIONAL $$
(Karte S. 478; ☎2552-5089; www.bocadillosgranada.com; frente Convento San Francisco; Gerichte 4–8 US$; ⏲12–21 Uhr;) Der schattige Innenhof dieses stilvollen, aber dennoch entspannten Restaurants ist die ideale Kulisse für einen Cocktail – hier gibt's wirklich kreative! –, das ein oder andere Craft-Bier und fantasievolle Tapas aus aller Welt, von scharfen Samosas und Pulled-Pork-Brötchen bis zum thailändischen Nudelsalat und Hummus mit geröstetem Knoblauch. Dazu kommen noch einige substanziellere Gerichte.

Cafe del Arte NICARAGUANISCH $$
(Karte S. 478; ☎2552-6461; Calle Cervantes, el catedral, 1c E, ½c N; Hauptgerichte 4–7 US$; ⏲7.30–21 Uhr) In einem Patio voller Grünzeug und voller Gemälde einheimischer Künstler kann man ausgezeichneten Kaffee und ein üppiges Nica-Frühstück genießen.

★ **Miss Dell's Kitchen** FUSIONSKÜCHE $$$
(Karte S. 478; ☎2552-2815; Ecke Calle Cervantes & Calle El Arsenal; Hauptgerichte 10–14 US$;

17.30–24 Uhr) In diesem kerzenbeschienenen Restaurant läuft im Hintergrund sanfter Jazz und die rückwärtige Wand ziert das Abbild eines Hahns namens Mr Beautiful. Er gehörte einst Miss Dell, einer haitianischen Köchin, deren Rezepte sich heute auf der kleinen, aber guten Karte wiederfinden. Das *piri piri pescado* (Fisch in Chilisauce) ist eins der köstlichsten Gerichte, die wir je gegessen haben!

Espressonista FUSIONSKÜCHE **$$$**
(Karte S. 478; 2552-4325; www.facebook.com/espressonistacoffee; Calle Real Xalteva, frente Iglesia de Xalteva; Hauptgerichte 10–18 US$; Mi–So 12–20 Uhr;) Hohe Decken, von Hand beschnitzte Möbel und goldgerahmte Spiegel verleihen diesem Restaurant eine gewisse altmodische Pracht. Doch die kompakte Karte ist so modern wie nur möglich, mit französischen Einflüssen. Aufgetischt werden hier z. B. Ceviche mit Makrele und Passionsfrucht, Kaninchenconfit und Ochsenbacke Bourguignonne. Außerdem wird spitzenmäßiger Kaffee gebraut.

Nectar BAR
(Karte S. 478; www.facebook.com/NectarNicaragua; Calle La Calzada, Parque Central, 1½c E; Gerichte 5–8 US$; 11–23 Uhr) Diese Bar hat viele Gesichter und alle haben uns gefallen. Die verführerische kleine Lounge-Bar hat eine gute Auswahl an Cocktails und Craft-Bier (Happy Hour!) und in der Hauptsaison sorgen häufig DJs und Rockbands für Stimmung. Die kreative Speisenauswahl umfasst leichte Speisen und Imbisse.

Shoppen

★ **The Garden Shop** KUNSTHANDWERK
(Karte S. 478; www.gardencafegranada.com; Calle La Libertad, Parque Central, 1c E; 9–18 Uhr;) Das nachhaltig gesinnte Geschäft, eine fantastische Ergänzung des beliebten Garden Café, verkauft Kunstgewerbe, Schmuck, Bekleidung und Kunst, die allesamt über NGOs und Fair-Trade-Organisationen in ganz Nicaragua produziert werden. Hier sind Kunsthandwerker aus Chinandega, Diriamba, Granada, Masatepe, Managua und Masaya vertreten. Außerdem gibt's Kaffeebohnen und Postkarten sowie am Eingang einen Büchertausch.

Soy Nica MODE & ACCESSOIRES
(Karte S. 478; 2552-0234; www.facebook.com/soynica.dk; Calle La Calzada, Iglesia de Guadelupe, 100 m O; Mo–Do 9–18, Fr & Sa bis 20, So bis 14 Uhr) Hier gibt's edle Portemonnaies, Schultertaschen, Gürtel und andere Accessoires aus nicaraguanischem Leder. Nebenan im Atelier kann man sich anschauen, wie die Artikel hergestellt werden.

Cooperativa El Parche KUNSTHANDWERK
(Karte S. 478; 8473-7700; Calle 14 de Septiembre, Hostal Entre Amigos) Der ausgezeichnete Andenkenladen im Hostal Entre Amigos verkauft die Erzeugnisse örtlicher Kunsthandwerker. Das Besondere sind die Gegenstände aus recycelten und hiesigen Materialien; mit dem Kauf unterstützt man Recyclingkunstprojekte in ländlichen Siedlungen.

Praktische Informationen

GEFAHREN & ÄRGERNISSE

- Nach Einbruch der Dunkelheit sollte man zwischen dem See und dem Centro Turístico immer ein Taxi nehmen.
- Nicht mit dem Fahrrad zur Península de Asese fahren, denn es hat auf der Strecke schon Überfälle gegeben.

MEDIZINISCHE VERSORGUNG

Bei ernsthaften gesundheitlichen Problemen steuert man am besten Managua an.

Hospital Amistad Japonés (2552-2022; Carretera a Masaya–Granada Km 45; 24 Std.) Das am meisten empfohlene private Krankenhaus liegt außerhalb der Stadt an der Straße nach Managua. Einfache Notfallmedizin.

NOTFÄLLE

Krankenwagen (Cruz Roja)	2552-2711
Polizei	2552-2929

TOURISTENINFORMATION

Die aktuellsten Infos für Reisende halten die Hostels und Reisebüros parat.

Intur (Karte S. 478; 2552-6858; www.visitanicaragua.com; Calle Corrales; Mo–Fr 8–17 Uhr) Hier gibt's aktuelle Busfahrpläne, einen einigermaßen vernünftigen Stadtplan und jede Menge Infos und Broschüren.

An- & Weiterreise

BUS

Granada hat keinen zentralen Busbahnhof.

Busse nach Managua (Karte S. 478; Calle El Tamarindo) (0,75 US$, 1½ Std., 5–19 Uhr alle 20–30 Min.), Ankunft dort am Mercado Roberto Huembes, fahren in Granada auf dem Gelände gleich nördlich des alten Krankenhauses am westlichen Stadtrand ab. **Microbusse nach Managua** (Karte S. 478; Calle Vega) (1 US$, 1 Std., 5–19 Uhr alle 20 Min.), Ankunft dort an der UCA, fahren in Granada von dem praktisch gelegenen Platz südlich des Parque Central (Calle Vega) ab; an der UCA kann man dann in Micro- und „Hühnerbusse" nach León umsteigen.

Busse nach Masaya (Karte S. 478; Calle 14 de Septiembre) (0,50 US$, 30 Min., 4.30–16.30 Uhr alle 20–30 Min.) Der Abfahrtsort ist zwei Häuserblocks westlich vom Mercado Municipal, um die Ecke vom Palí-Supermarkt. In Masaya kann man in einen Bus nach Tipitapa (0,25 US$, 1 Std., 3.30–17.50 Uhr alle 45 Min.) umsteigen, in Tipitapa dann in einen nach Estelí (1 US$, 3 Std. alle 45 Min.) oder Matagalpa (1 US$, 3 Std., 4–19 Uhr alle 30 Min.).

Busse mit Zielen südlich von Granada (Karte S. 478; Mercado Municipal, 1c S) fahren einen Block südlich des Markts gegenüber der Shell-Tankstelle ab.

Carazo (0,75 US$, 45 Min., 6–17.05 Uhr alle 20 Min.) Nach San Marcos, Diriamba (mit Umsteigeverbindungen an die Carazo-Strände) und Jinotepe.

Catarina & San Juan de Oriente (0,60 US$, 30 Min., 6–18 Uhr alle 30–60 Min.)

Rivas (1,10 US$, 2½ Std., 6.30–15 Uhr 7-mal tgl.) Wer einen Bus am frühen Nachmittag nimmt, erwischt das letzte Boot zur Isla de Ometepe. In Rivas kann man in „Hühnerbusse" nach San Juan del Sur und San Jorge umsteigen.

SCHIFF/FÄHRE

Von der **Marina Cocibolca** (☎2552-2269; desvio a Posintepe) etwa 2 km südöstlich der Stadt setzen Boote nach Las Isletas und in den Parque Nacional Archipiélago Zapatera über.

Rund um Granada

Reserva Natural Volcán Mombacho

Der 1345 m hohe **Vulkan** (☎2552-5858; www.mombacho.org; Empalme de Guanacaste, Carretera Granada–Nandaime Km 50; Parkeintritt Auto/Fußgänger 20/5 US$, Mariposario 2 US$; ⏲8–17 Uhr), ist das auffälligste Wahrzeichen von Granada. Es ist schon ein paar Jahrzehnte her, seit er zum letzten Mal aufgemuckt hat. Der friedliche Schein trügt jedoch: Der Mombacho ist unverändert aktiv und stößt weiter regelmäßig Aschewölkchen aus. Die Wanderung zum Rand des Nebelwalds ist einfach. Dort wird man Fumarolen und andere Produkte der vulkanischen Aktivität im Schatten nebelverhangener Schlingpflanzen und Orchideen erspähen. Man kann im Rahmen einer organisierten Tour hierherkommen oder auch selbst fahren.

In den Ausläufern des Vulkans finden sich florierende ländliche Siedlungen, Kaffeeplantagen und Kooperativen. An den mit Baumfarnen und Nebelwald bedeckten Hängen des Vulkans sind Brüllaffen, Dutzende Vogelarten und viele der scheuen Säugetiere Nicaraguas wie der Jaguarundi (Wieselkatze) zu Hause.

In der von der Fundación Cocibolca verwalteten Reserva Natural Volcán Mombacho wird wichtige Arbeit zur Erhaltung dieses bedeutsamen Ökosystems geleistet. Besucher können die drei unterschiedlich schwierigen Wanderwege am Vulkan erkunden oder auch Ausritte durch die malerischen ländlichen Siedlungen unternehmen. Besonders schön ist es, an den dunstigen Hängen des Vulkans zu übernachten und morgens vom unvergleichlichen Chor der Brüllaffen und Vögel begrüßt zu werden.

Zwar besuchen viele Reisende den Park im Rahmen eines Tagesausflugs und nächtigen im nahen Granada, doch an den Hängen des Vulkans gibt es mehrere ausgezeichnete Lodges, vom Partyhostel und von rustikalen Hütten bis zu einer edlen Ökolodge.

Das Besucherzentrum des Parks verfügt über eine einfache Cafeteria und auf halber Strecke den Vulkan hinauf gibt's ein beliebtes Café.

Treehouse Nicaragua HOSTEL **$**
(☎8569-0191; www.treehousenicaragua.com; Carretera Granada–Nandaime Km 57,5; Hängematte/B/DZ/3BZ 8/10/25/40 US$; 📶) Nach einer anstrengenden Bergaufwanderung landet man unter dem Blätterbaldachin an den Hängen des Volcán Mombacho inmitten von Brüllaffen. Abends werden in diesem „Baumhaus für Erwachsene" dann Bierchen gezischt, Gäste und Personal jammen auf Musikinstrumenten und es wird bis in die frühen Morgenstunden gefeiert, ehe einer nach dem anderen in die Hängematte fällt. Man kann auch nur über Tag vorbeischauen.

Albergue Rural Nicaragua Libre PENSION **$$**
(☎8965-7017; www.ucatierrayagua.org; Entrada de Monte Verde, 500 m SE, El Coyolar; Zi. 25 US$) Das rustikale Gästehaus des **Nicaragua Libre** (☎2552-0238; Führung 5 US$ pro Pers.; ⏲Führungen nach Vereinbarung) ist eine gute Basis für Erkundungen der Gegend. Die Gastgeber Donald und Rene führen Gäste gern über die ländliche Kooperative und reiten mit ihnen zu einer Badestelle in der Nähe. In den einfachen Zimmern stehen Betten mit Moskitonetzen.

El Respiro Ecolodge LODGE $$$
(☎8951-9573; www.elrespiroecolodge.com; Carretera Granada–Nandaime Km 55, Camino El Momón; Zi. 100–150 US$;) El Respiro wird seinem Namen („Atem" oder „Pause") vollends gerecht: Es bietet die Möglichkeit, mit der Natur in Verbindung zu treten, an den Hängen des Vulkans zu wandern und zu reiten, jedoch mit einer komfortablen Übernachtungsmöglichkeit ohne unerwünschte kleine Gäste aus dem Dschungel. Die drei Zimmer und die *casita* (Häuschen) verfügen über Himmelbetten und Duschen unter freiem Himmel; wer möchte, kann abends zusammen mit den Gastgebern Romain und Emi speisen.

An- & Weiterreise

Man kann von Granada einen Nandaime-Bus nehmen und den Fahrer bitten, einen am Eingang abzusetzen. Von hier sind es zwei steile Kilometer (wo sich die Straße teilt links gehen) zu der Stelle, wo das Ökomobil Fahrgäste für die Fahrt nach oben einsammelt.

Einige Besucher kommen mit organisierten Touren von Granada aus hierher. Selbstfahrer müssen wissen, dass für die Fahrt zum Aussichtspunkt in Gipfelnähe ein Allradfahrzeug notwendig ist; mit einem normalen Pkw kommt man nur die Hälfte der Strecke zum Gipfel hoch, bis zum **Cafe Las Flores** (☎8768-9678; Empalme de Guanacaste, 4 km E; Hauptgerichte 5–7 US$; 9–17 Uhr).

Reserva Natural Laguna de Apoyo

Dieser 200 m tiefe und 200 Jahrhunderte alte Kratersee, ein saphirfarbenes Traumbild in einem üppig umwucherten Waldkrater, soll der sauberste und tiefste des Landes sein. Die Gegend ist ab Granada problemlos im Rahmen eines Tagesausflugs zu erkunden. Warme Unterwasserfumarolen speisen den leicht salzigen See, dessen Wasser Heilkräfte haben soll; über dem See bellen jeden Morgen die Brüllaffen. Die Luft ist wunderbar kühl und verschafft Gelegenheit zum Durchatmen.

Zwar ist das Gebiet eigentlich ein Naturschutzgebiet, doch am Seeufer tummeln sich zahlreiche Hotels – verschiedene Verbände streiten sich um die Zuständigkeit, sodass der Umweltschutz am Ende das Nachsehen hat. Besucher sollten selbstständig auf ihren ökologischen Fußbadruck achten.

Einige begnügen sich damit, vom Kraterrand in Catarina oder Diriá die Aussicht zu genießen. Doch es lohnt sich, zum See hinab zu gehen, denn dort kann man wunderschön baden. Am Ende der geteerten Straße, die in den Krater hineinführt, befindet sich ein winziges Dorf, zu erreichen über eine oft unbeschilderte Abzweigung von der Carretera a Masaya rund 15 km nördlich von Granada.

Monkey Hut HOSTEL $
(☎2520-3030; www.themonkeyhut.net; El Triangulo, 200 m N; B/EZ/DZ/Hütte 16/48/52/90 US$;) Das beliebte Hostel am Wasser (Eintritt für Tagesgäste 7 US$) hat einen kleinen Seestrand, eine Terrassenlounge und Picknickplätze sowie einen Anleger mit zahlreichen Kajaks, Reifenschläuchen und anderen Schwimmhilfen. Wer hier übernachtet, kann außerdem eine Küche und Grillstellen nutzen. Bei den Unterkünften besteht die Wahl aus Dorms, Zimmern und einer freistehenden Hütte. Die Qualität des Essens im Restaurant schwankt.

★ **Casa Marimba** B&B $$$
(☎2520-2837; www.casamarimba.com; El Triangulo, 1,6 km NE; Zi. 55–75 US$, FZ 120 US$;) Das schöne, von drei Freunden geführte 5-Zimmer-B&B ist die beste Übernachtungsmöglichkeit am See. Sie bietet individuell eingerichtete Zimmer, Mahlzeiten mit liebevoll gezogenem Biogemüse und Kräutern aus dem eigenen Garten sowie Zugang zum See. Ideal als romantisches Refugium oder um mal ein paar stille Tage abseits des Trubels zu verbringen.

An- & Weiterreise

Viele Hotels und Hostels am See bieten von Granada Shuttles zur Laguna de Apoyo (ab 3,50 US$ einfach), sowohl für Übernachtungs- als auch für Tagesgäste.

Ein Taxi zur Unterkunft an der Laguna de Apoyo kostet von Granada 12 bis 15 US$, von Masaya 10 bis 12 US$ und von Managua 30 bis 40 US$.

Vom Markt in Masaya fahren um 10.30 und 15.30 Uhr (0,90 US$, 45 Min.) öffentliche „La Laguna"-Busse bis hinunter zur Laguna Apoyo; der letzte Bus zurück fährt um 16.30 Uhr vom See. Ungefähr von 6 bis 18 Uhr verkehren stündlich Busse ab Masaya (0,70 US$); sie setzten ihre Fahrgäste in der Nähe des Kraterrands ab, von wo aus es zu Fuß eine halbe Stunde (2 km) bis zum See ist.

Wer selbst fährt, nimmt die unbeschilderte Nebenstraße zur Laguna; die Abzweigung ist 15 km nördlich von Granada an der Carretera a Masaya (NIC-4).

Isla Zapatera

Die Isla Zapatera, ein erloschener Vulkan, der sich 629 m aus dem seichten Wasser des Lago de Nicaragua erhebt, ist eine uralte Zeremonialinsel der Chorotegas und das männliche Gegenstück zur dralleren Isla de Ometepe, deren rauchender Kegel nach einer dreistündigen Wanderung zum höchsten Punkt des Vulkans zu sehen ist. Die Isla Zapatera und die umliegenden 13 Inselchen gehören zum 45 km² großen **Parque Nacional Archipiélago Zapatera**. Er dient dem Schutz der übrig gebliebenen Bestände mit ursprünglichem trockenem und feuchtem Tropenwald mit seiner reichen Tierwelt. Außerdem schützt er die einzigartige Sammlung von **Petroglyphen** (Felszeichnungen) und **Statuen**, vor 500 bis 1500 Jahren geschaffen von den Nahuatl, für die die Insel eine bedeutende Opfer- und Begräbnisstätte darstellte.

Rund 500 Menschen leben hier quasi halblegal vom Fischfang und von der Subsistenzwirtschaft und hoffen, dass niemand auf das Ministerium für Umwelt und natürliche Ressourcen (Marena) Druck ausübt, damit es etwas dagegen unternimmt. Die Besucher erhalten einen Einblick in den einzigartigen Lebensstil der Nahuatl.

Es gibt kein Trinkwasser auf der Insel und auch keine Möglichkeit, Lebensmittel einzukaufen – man muss also seinen eigenen Proviant aus Granada mitbringen. In der Lodge der Siedlung Sonzapote gibt's einfache Gerichte (3–6 US$). Beim Hotel Bahía Zapatera sind köstliche Mahlzeiten im Übernachtungspreis inbegriffen; in Privatunterkünften ist auf Wunsch Verpflegung möglich.

★ Hotel Bahía Zapatera HOTEL $$$
(☎8884-0606, 8864-0521; www.hotelzapatera.com; Bahia Zapatera; DZ mit VP & Touren 297 US$; 📶) Das wundervolle, vom fachkundigen Rafael geführte Hotel der Isla Zapatera mit Aussicht auf die Isla el Muerto verfügt über vier komfortable Bungalows mit Hängematten. Zu essen gibt's u. a. frischen Fisch; dazu werden Obstsäfte gereicht. Im Preis inbegriffen sind außerdem alle möglichen Aktivitäten, darunter längere Touren über die Isla Zapatera und durch den Archipel, Naturwanderungen für die ganze Familie und Vogelbeobachtung.

ℹ An- & Weiterreise

Je nach Wetter und Boot liegt die Insel 20 bis 90 Minuten entfernt vom Asese-Hafen Granadas. Man fährt entweder zusammen mit den Einheimischen in einem Boot (8 US$) oder organisiert den Transfer mit der Isla Zapatera Community (www.zapatera.blogspot.com). Am zuverlässigsten ist die Anreise mit Zapatera Tours: Auf ihren Touren fährt man mit einem Schnellboot zur Insel.

Isletas de Granada

Dieser spektakuläre Archipel mit einem Eiland für jeden Tag – es sind genau 365 – nicht weit von Granada entfernt entstand bei einem spektakulären Ausbruch des Volcán Mombacho vor rund 20 000 Jahren. Mehrere Hundert Fischer leben auf den Inseln; wer kurz nach Tagesanbruch auf dem Wasser unterwegs ist, kann sie inmitten der Reiher und anderen Vögel ihre Netze auswerfen sehen, während ihre Kinder mit Einbaumkanus zur Schule paddeln. Viele Besucher kommen im Rahmen von Tagesausflügen ab Granada hierher, doch viel schöner ist es, auf einer der Inseln zu übernachten. Die Unterbringung in den Ökolodges beinhaltet Vollpension. Außerdem gibt's mehrere einfache Esslokale, bei denen die Bootstouren Halt machen.

★ Isleta El Espino BOUTIQUEHOTEL $$$
(☎7636-0060; www.isletaelespino.com; Zi. 135–210 US$; 📶🏊) 🍃 Kajaktouren zum Tagesanbruch inmitten von Schilf voller Reiher, köstliches Essen, Yoga, Massagen und die Abkehr vom Trubel der Welt: All das bietet diese Ökolodge auf der Isleta El Espino, dem Inbegriff luxuriöser Stille. Egal ob in einer *casita* am See oder im dschungelartigen Treetop Rancho – Abgeschiedenheit und herrliche Ausblicke auf den Volcán Mombacho sind garantiert.

Jicaro Island Lodge BOUTIQUEHOTEL $$$
(☎2558-7702; https://jicarolodge.com; Zi. ab 450 US$; 📶🏊) 🍃 Das von Londonern betriebene Boutiquehotel bei der Nordspitze der Halbinsel nimmt es mit dem Umweltbewusstsein wirklich sehr ernst: Solarenergie, Wasserfiltrierung, Personal von vor Ort und Investitionen in die Bildung der Einheimischen. Genächtigt wird in luftigen, zweistöckigen *casitas* mit Hängematten, regionale Zutaten werden in Feinschmeckermahlzeiten verwandelt und es sind jede Menge Aktivitäten möglich, vom Kajakfahren und Stehpaddeln (SUP) bis zu Yoga und Ausflügen.

ℹ An- & Weiterreise

Von der Cocibolca-Marina (S. 482) in Granada gibt's Festpreistouren wie eine 30-minütige Bootstour (2 US$ pro Pers. bzw. 40 US$ pro Jacht), eine Naturtour (16 US$ pro Pers.), eine längere Tour zu den Inseln (40–80 US$) und eine Tagestour zur Isla Zapatera (180 US$). Die Preise sind nicht verhandelbar.

Masaya

125 800 EW. / 248 M

Reisenden, die zuvor in Granada waren, wird Masaya ein wenig schäbig vorkommen. Dies ist eine ganz alltägliche Kleinstadt, mit Ausnahme von zwei Dingen: Zum einen wären da die vielen ausgezeichneten Kunsthandwerker, zum anderen der malerische alte *malecón* (Uferpromenade). Nicaraguanische Touristen timen ihren Besuch übrigens immer mit einem der vielen spektakulären Stadtfeste. Jeden Donnerstagabend finden kulturelle Ausstellungen und Tänze statt.

Gefahren & Ärgernisse

Seit April 2018 ist Masaya ein Zentrum der Gewalt und ein Symbol des Widerstands gegen die Ortega-Regierung. Bei Redaktionsschluss war Masaya eine Geisterstadt und die Lage war sehr explosiv.

An- & Weiterreise

Minibusse (Parque San Miguel) nach Managua (Universidad Centro America; 0,90 US$, 30 Min.) fahren am Parque vor der Iglesia de San Miguel ab, wenn alle Sitzplätze besetzt sind; die letzten Minibusse fahren am späten Nachmittag. Weitere Busse (0,50 US$) und Minibusse nutzen den **Busbahnhof** (Blvd Doctor Manuel Maldonado) an der Ostseite des Mercado Municipal.

Parque Nacional Volcán Masaya

Von den Spaniern wurden sie als die Tore zur Hölle beschrieben: Die Krater des **Nationalparks Volcán Masaya** (☎2528-1444; Carretera a Masaya Km 23; tags/abends 4/10 US$; ⌚9–16.30 & 17.30–19.30 Uhr) zählen zu den am leichtesten zugänglichen aktiven Vulkanen des Landes. Die beiden Vulkane im Park, der **Masaya** und der **Nindirí**, umfassen zusammen fünf Krater. Von diesen ist der **Cráter Santiago** noch immer sehr aktiv: Hier sprudelt feuerrote Lava. Der Parkeingang befindet sich nur 7 km von Masaya an der Straße nach Managua und die meisten Tourveranstalter in Granada haben Abendtouren zum Krater im Programm, denn dann ist die Lava noch eindrucksvoller.

Den Park durchziehen Wanderwege mit einer Gesamtlänge von 20 km – allerdings waren sie zur Zeit der Recherche für Besucher gesperrt. Man kann jedoch 5 km zur Plaza de Oviedo wandern, um sich die blubbernde Lava des Santiago-Kraters anzuschauen.

Die Plaza de Oviedo ist eine Lichtung am Rand des Santiago-Kraters. Sie ist nach einem spanischen Mönch des 16. Jhs. benannt. Er hielt die blubbernde Lava für Gold, stieg mit Tasche und kleiner Schaufel bewaffnet hinunter zum Krater – und schaffte es lebend zurück.

Die meisten Veranstalter in Granada bieten eine Abendtour (um 10 US$ pro Pers., 3½ Std.), bei der zu einer zugeteilten Zeit bei Einbruch der Dunkelheit vom Besucherzentrum aus ein Konvoi aus Pkws zum Gipfel hinauffährt.

Ob man wandert oder an einer Tour teilnimmt: Am Krater-Aussichtspunkt hat man genau 15 Minuten Zeit. Diese zeitliche Beschränkung ist den heraufwabernden Dämpfen zu verdanken; außerdem ist der Schwefelgeruch hier sehr stark.

Wer Spanisch spricht, sollte sich das hübsche **Museum** (Eintritt frei) im Besucherzentrum (S. 486) mit eindrucksvollen naturkundlichen Exponaten und schönen Wandbildern anschauen. Einen Besuch lohnt auch der **Schmetterlingsgarten**.

Beim Park gibt's keine Campingmöglichkeiten. Die meisten Reisenden nächtigen im nahen Granada oder Masaya, doch am Fuß des Vulkans gibt's auch das La Mari-

BUSSE AB MASAYA

ZIEL	PREIS (US$)	DAUER	ABFAHRTEN (TGL.)
Carazo (Diriamba & Jinotepe)	0,30–0,50	1¼ Std.	5–18 Uhr alle 30 Min.
Catarina, Diriomo & Diriá	0,30–0,50	40 Min.	6–17 Uhr alle 20 Min.
Catarina, San Juan de Oriente, Niquinohomo & Masatepe	0,50	1¼ Std.	5–18 Uhr alle 30 Min.
Granada	0,50	40 Min.	5–18 Uhr alle 30 Min.
Laguna de Apoyo (Eingang)	0,40	20 Min.	5–17 Uhr mind. stündl.
Managua	0,50	1 Std.	5–17 Uhr alle 20 Min.
Matagalpa	3	3 Std.	5.30 & 6 Uhr

posa Spanish School & Eco Hotel. Wasser und Knabberzeug sind im Besucherzentrum (s. u.) erhältlich.

La Mariposa Spanish School & Eco Hotel LODGE **$$$**
(☎8669-9455; www.mariposaspanishschool.com; El Cruce, 50 m E, Carretera a La Concepción, San Juan de la Concepción; pro Woche mit Unterricht, Unterkunft & Aktivitäten 520 US$ pro Pers.; 📶) Unmittelbar vor den Toren von San Marcos liegt an der Straße nach Ticuantepe eine der schönsten Spanischschulen Nicaraguas. Das wunderbare Schulhotel an einem Hügel am Fuß des Volcán Masaya minimiert seinen ökologischen Fußabdruck durch Sonnenenergie, Wasserrecycling und Wiederaufforstung. Die Umgebung ist sehr grün; nachmittags werden Aktivitäten wie Wanderungen und Ausritte angeboten.

ℹ Praktische Informationen

Die Eintrittsgebühr zum Park (tagsüber 4 US$, abends 10 US$) und eventuelle Gebühren für Guides sind am Eingang zum Park zu begleichen.

Im **Besucherzentrum** (⏲9–16.30 & 17.30–19.30 Uhr) gibt's eine gute naturkundliche Ausstellung (nur auf Spanisch) zu den Geheimnissen der Vulkane.

ℹ An- & Weiterreise

Der Parkeingang ist 7 km nördlich von Masaya an der NIC-4 ausgeschildert. Viele Besucher kommen im Rahmen einer organisierten Tour hierher.

Sämtliche Busse von Masaya oder Granada nach Managua halten auf Wunsch am Eingang, das Stück zum Krater ist allerdings steil und sehr anstrengend (falls möglich per Anhalter fahren). Eine Alternative wäre die Hin- und Rückfahrt mit dem Taxi ab Masaya (ca. 10 US$) oder Granada (ca. 15–20 US$) inkl. einer Stunde Wartezeit oben am Krater.

Pueblos Blancos

Die „Weißen Dörfer" wurden ursprünglich aus dem kalkhaltigen, blassen vulkanischen Tuffstein dieser idyllischen Landschaft erbaut und schimmerten einst in leuchtendem Weiß inmitten des grünen Flickenteppichs aus Weiden und Dschungel.

Heute sind die alten Gebäude angestrichen und die schattigen Straßen gepflastert. An den meisten Tagen säumen Stände die Straßen zwischen den Dörfern, an denen farbenfrohe *artesanías* (Kunsthandwerksartikel) verkauft werden. Jeder Ort hat seine eigene Spezialität: Keramik, Süßigkeiten, Holzmöbel oder Schnittblumen. Außerdem ist die Gegend für ihre *curanderos* (Volksheiler) bekannt. Meist werden die Dörfer im Rahmen von Tagesausflügen ab Granada besucht, aber wer sich Zeit lässt, erhält vielleicht einen Einblick in den Alltag im ländlichen Nicaragua.

Catarina

8500 EW.

Catarina an der Kreuzung der Pueblos Blancos ist für seinen spektakulären **Mirador** (Aussichtspunkt; 300 m Oeste del centro) mit Blick auf den Lago de Nicaragua und die Laguna de Apoyo bekannt sowie für seine *viveros* (Gärtnereien), die Zierpflanzen für Haushalte in ganz Nicaragua liefern.

ℹ Unterwegs vor Ort

Catarina ist ein beliebter Halt auf Touren von Granada nach Masaya. Außerdem fahren Microbusse zu Zielen in der gesamten *meseta* und man kann Tuk-Tuks mieten; zudem verkehren zwischen dem *mirador* (Aussichtspunkt) und folgenden Orten Busse:

Granada (0,50 US$, 30 Min., 6–18 Uhr mind. stündl.)

Managua (0,60 US$, 50 Min., 6–18 Uhr halbstündl.) Zum/vom Mercado Roberto Huembes.

Masaya (0,40 US$, 30 Min., 6–18 Uhr halbstündl.)

Wer selbst fährt: Den irrsinnig vollen Parkplatz am *mirador* meiden!

Diriá & Diriomo

12 300 EW.

Diriomo, wo einige sogenannte „Hexenärzte" ansässig sind, gilt seit Langem als Hexenhauptstadt der Meseta. Hierher kommen die Leute, wenn sie einen Feind verfluchen, ein Leiden heilen oder eine geliebte Person verzaubern lassen möchten. Die meisten Heiler arbeiten von zuhause aus; kein Schild weist auf sie hin. Wer möchte, kann sich bei der *alcadía* (Bürgermeisteramt) nach ihnen erkundigen. Der Ort ist außerdem berühmt für seine *cajetas* (Süßigkeiten mit Obstgeschmack), die *chicha bruja* (ein alkoholisches Maisgetränk) und die noch stärkere *calavera del gato* („Katzentotenschädel" – Vorsicht!).

Diriá, der Zwillingsort gegenüber, wartet mit dem **Mirador el Boquete** (Calle Laguna de Apoyo) auf, einem weniger überlaufenen Aussichtspunkt über der Laguna de Apoyo. Hier befinden sich einige Esslokale, die am Wochenende aus allen Nähten platzen. Vom

Aussichtspunkt führt ein steiler Weg in einer halben Stunde nach unten; dort gewährt ein schlammiger kleiner Strand Zugang zum strahlend blauen Wasser.

An- & Weiterreise

Von Diriomo fahren fast stündlich Busse zum Mercado Huembes in Managua (0,80 US$) sowie alle 40 Minuten nach Masaya (0,50 US$). Wer es eilig hat – oder Richtung Süden will –, begibt sich zur Carretera und hält irgendeinen vorbeikommenden Bus an.

Zum *mirador* gelangt man von Diriá mit irgendeinem beliebigen Bus Richtung Niquinohomo (0,50 US$, alle 30 Min.); der hält dann im Ortszentrum. Zum Aussichtspunkt sind es anschließend 2 km zu Fuß oder mit dem Taxi.

Masatepe

20 600 EW.

Die fotogene Kolonialstadt mit gepflegten Plätzen und Kirchen ist für zwei Dinge bekannt: die feuchtfröhliche Pferdeparade im Juni im Rahmen der *fiestas patronales* und die Tischler, die Nicaraguas schönste Möbel herstellen – diese sind im alten Bahnhof von Masatepe zu sehen, der heute zu den besseren **Kunstgewerbemärkten** (Carretera Masatepe-Masaya; ⌚9–18 Uhr) des Landes gehört.

Die **Iglesia San Juan Bautista** am schönen Hauptplatz von Masatepe beherbergt den Cristo Negro de La Santísima Trinidad. Zu dessen Ehren wird von Mitte Mai bis Mitte Juni einen Monat lang gefeiert, u. a. mit den landesweit berühmten Volkstänzen La Nueva Milpa, Racimo de Sacuanjoche und Masatepetl. Der große Lehmziegelbau der Kirche bildet einen schönen kolonialen Ankerpunkt, aber noch atemberaubender sind die Ausblicke vom Kirchentor auf den rauchenden Volcán Masaya.

In ganz Masatepe wird in den Restaurants die herzhafte Kuttelsuppe *mondongo* serviert und winzige Esslokale bieten örtliche Spezialitäten wie *tamagus*: Das ist wie ein *nacatamale* (Maismehl, Fleisch, Gemüse und Kräuter im Bananenblatt), jedoch mit Klebreis statt mit Maismehl.

Centro Ecoturístico Flor de Pochote ÖKOLODGE **$$**
(☎8885-7576; www.flordepochote.com; Iglesia Católica de Masatepe, 4 km N, El Pochote; Hütte 35 US$; P 📶 🏊) Diese schöne Ökolodge liegt direkt am Kraterrand in der Reserva Natural Laguna de Apoyo. Die Hütten für zwei Personen auf der 10 ha großen *finca* (Landgut) bestehen aus natürlichen Materialien. Mögliche Aktivitäten hier reichen von Vogelbeobachtung bis zu Radfahren; die Betreiber keltern auch Wein. Die Lodge liegt 4 km bergab von Masatepe. Reservierung erforderlich.

An- & Weiterreise

Von der **Bushaltestelle** (Parque Central) am Parque Central fahren jede halbe Stunde Busse nach Masaya (0,40 US$) und zum Mercado Roberto Huembes in Managua (1,30 US$, 1 Std.); die Minibusse nach Jinotepe (0,50 US$, 15 Min.) fahren ab, wenn sie voll sind. Zwischen den Dörfern kann man auch ein Tuk-Tuk nehmen.

San Juan de Oriente

2800 EW.

Das schöne Kolonialdorf – teils bekannt als das „verhexte" Schwesterdorf von Catarina – ist für seine kunsthandwerklichen Traditionen berühmt. San Juan de Oriente widmet sich schon seit den Zeiten vor der spanischen Eroberung der Töpferei; 95 % der Bewohner sind Kunsthandwerker. Zwar ist die Herstellung billiger, zweckmäßiger

KERAMIK KAUFEN IN SAN JUAN DE ORIENTE

Für den Kauf feiner Keramiken gibt's in Nicaragua keinen besseren Ort – viele Stücke hier sind echte Kunstwerke! Keramik aus San Juan de Oriente ist auch in Granada zu finden, aber die günstigsten Preise gibt's direkt am Ursprungsort. Die Qualität schwankt und mehrere Geschäfte an der Hauptstraße verkaufen kunstlose, billige, massenproduzierte Vasen, Windspiele und anderen Nippes; diese Läden sollte man ignorieren und stattdessen gleich die Ateliers der bekannten Künstler des Dorfes ansteuern.

Töpferwaren zu transportieren kann schwierig sein und die meisten Töpfereien bieten keinen Versand an. Am besten bringt man das Verpackungsmaterial selbst mit und versendet das Erworbene selbst nach Hause. Oder man kauft Stücke aus San Juan de Oriente über die Websites www.nicaraguanartpottery.com und www.nicaceramicart.com, die auch ins Ausland liefern. Auf den beiden Seiten findet sich außerdem eine gute Übersicht über die wichtigsten Künstler und die verschiedenen Stile.

Töpferwaren für den Alltagsgebrauch noch immer wichtig, doch die jüngeren Töpfer haben eine Schippe draufgelegt: Einige haben internationale Preise gewonnen und stellen auch im Ausland aus und ihre Vasen, Töpfer und anderen Kreationen sind fein verziert und zu sehr fairen Preisen zu haben.

Zuletzt musste dieser Ort aufgrund der 2018 einsetzenden politischen Unruhen einen herben Rückgang der Besucherzahlen verzeichnen – Näheres siehe S. 466.

Für Übernachtungsgäste ist hier keine Infrastruktur vorhanden, aber das Dorf liegt ja nicht weit von Granada. Zum Essen geht man besser ins nahe Masatepe oder Granada, obwohl es vor Ort ein paar sehr einfache Verpflegungsmöglichkeiten gibt.

★ Galería de Helio Gutiérrez KUNST
(☎8230-9892; ⏲8–17 Uhr) Helio ist mit mehr internationalen Preisen ausgezeichnet worden als jeder andere Töpfermeister im Dorf. In seinen einzigartigen Keramiken kombiniert er geometrische, traditionelle und zeitgenössische Designelemente – er gilt als der Vater der modernen Töpfereibewegung in San Juan de Oriente. Seine Arbeiten sind ab 130 US$ zu haben.

Red Clay KUNST
(☎8687-0484; ⏲9–17 Uhr) Der tolle Laden führt vorwiegend teure Stücke von Miguel Maldonado, der im In- und Ausland mit Preisen bedacht wurde und traditionelle mit modernen Designs vermählt. Außerdem gibt's hier einige herrliche Arbeiten von Gregorio Bracamonte, einem Meister des präkolumbischen Designs: Er kreiert raffinierte Jaguar-Behältnisse, die mit Farben aus Naturstoffen bemalt sind.

ℹ An- & Weiterreise

Mehr oder weniger stündlich verkehren Busse von der **Bushaltestelle** (Parque Central) am Parque Central von San Juan de Oriente nach Granada (0,50 US$, 1 Std.). Oder man hält an der Carretera irgendeinen Bus an, der auf der Strecke Granada–Rivas unterwegs ist. Praktischer ist ein Tuk-Tuk (0,50 US$ nach Catarina, 2 US$ nach Granada).

Carazo-Orte

Südwestlich der Pueblos Blancos erfreuen mehrere Hochlandorte inmitten eines Kaffeeanbaugebiets mit einem erfrischend kühlen Klima. Und an der Küste finden sich ein paar schöne, breite Sandstrände. Die Region Carazo spielt in der nicaraguanischen Geschichte und Mythologie eine bedeutsame Rolle. Hier wurde nicht nur der erste Kaffee angebaut, sondern hier wurde im späten 17. Jh. außerdem anonym das satirische Schauspiel *El Güegüense* verfasst.

Die wichtigsten Sehenswürdigkeiten der Region sind die Zwillingsorte **Diriamba** und **Jinotepe**. Diriamba gilt als Wiege des Kaffeeanbaus in Nicaragua und war schon vor der Ankunft der Spanier eine blühende Niederlassung. Heute gibt's hier einen hübschen Hauptplatz und interessante Gebäude im europäischen Stil aus den Zeiten des Kaffeebooms. Jinotepe ist in Nicaragua berühmt für seine klassizistische Architektur und seine Eiscreme und verströmt dank einer beträchtlichen studentischen Einwohnerschaft ein jugendliches Flair.

ℹ An- & Weiterreise

Jinotepe ist ein Verkehrsknotenpunkt; der große, verwirrende **Busbahnhof** (Carretera Panamericana) liegt sechs Straßen östlich des Parque Central auf der anderen Seite der Panamericana. Microbusse nach Managua warten direkt an der Fernstraße.

SÜDWESTLICHES NICARAGUA

Attraktionen en masse, traumhafte Aussichtspunkte und Abenteuer bietet der Südwesten des Landes. Seit vielen Jahren kommen Surfer an diesen wenig überlaufenen Küstenabschnitt, denn rund um San Juan del Sur locken perfekte Wellen und entspannte Surfercamps. Ein absolutes Muss sind ein paar Tage auf der Isla de Ometepe mit Aktivitäten wie Kajakfahren, Baden, Wandern und Radfahren.

Rivas

34 357 EW.

Die strategische Lage von Rivas auf dem Streifen Land zwischen Pazifik und Atlantik machte den Ort während des Goldrausches zu einem wichtigen Stopp auf der anstrengenden Überlandroute nach San Juan del Sur. Heute ist es wegen der Erschließung der Strände im Südwesten und von Ometepe erneut ein wichtiger Handels- und Verkehrsknotenpunkt.

Wer ein bisschen Zeit hat, sollte das **Museum** (☎2563-3708; Mercado, 1c S, 1c E;

PER BOOT AB SAN JORGE

Nur 15 Minuten vom Trubel von Rivas entfernt liegt der Hafenort San Jorge mit seinen billigen Fischrestaurants und unprätentiösen Bars. Vom Fähranleger mit bewachtem Parkplatz (3 US$) verkehren zwischen 7 und 17.45 Uhr bis zu 18 Boote am Tag zur Isla de Ometepe (1,50–3 US$, 1 Std.). Eine Buchung ist nicht erforderlich: Man steigt einfach ein und bezahlt an Bord. Wer sein Auto auf einer Fähre mitnehmen möchte, muss jedoch vielleicht ein bisschen Zeit totschlagen, denn oft gibt's eine kurze Warteliste.

Fast stündlich fahren Busse vom Fähranleger von San Jorge nach Rivas (0,25 US$). *Colectivo*-Taxis zwischen dem Busbahnhof von Rivas und dem Fährterminal in San Jorge sollten etwa 1 US$ kosten. Mehrere Shuttlebetreiber in Granada (20 US$) und San Juan del Sur (18 US$) bieten ihren Fahrgästen an, sie direkt am Fähranleger abzusetzen.

2 US$; ⌚Mo–Sa 9–12 Uhr) in einem 200 Jahre alten Haus ansteuern. Neben einigen mottenzerfressenen ausgestopften Tieren und einer Mythen- und Legendenwand gibt's hier gut auf Englisch und Spanisch beschriftete präkolumbische Artefakte, von denen viele im Rahmen des Archäologischen Projekts Santa Isabela entdeckt wurden.

Rivas wartet mit zahlreichen billigen Esslokalen auf – die allerbilligsten säumen die Außenseite des chaotischen *mercado* (Markt). Umwerfend ist das Essen hier allerdings nicht.

An- & Weiterreise

BUS

Das **Terminal de Buses** (☎ 8669-0330; Frente mercado) grenzt an den Markt an. Komfortablere Langstreckenbusse (die meisten fahren nach Managua, nicht nach Granada) fahren an der **Fernbushaltestelle** (Carretera Panamericana) gleich nördlich der Ausfahrt nach San Jorge ab. Richtung Süden nach Costa Rica nimmt man einen der Busse von **Transnica** (☎ 2563-5397; www.transnica.com; Carretera Panamericana) oder **Tica Bus** (☎ 8877-1407; www.ticabus.com; Frente Estadio Yamil Rios), die von Managua nach San José (35–45 US$) unterwegs sind.

Mehrere Expressbusse zum Mercado Roberto Huembes in Managua ab San Jorge kommen durch Rivas: Sie halten an der Puma-Tankstelle beim Kreisverkehr, zehn Minuten zu Fuß vom Terminal de Buses. Vier Expressbusse von Managua nach Peñas Blancas halten ebenfalls an der Puma-Tankstelle – Abfahrtszeiten vor Ort erfragen.

MINIBUS & TAXI

Colectivos (Sammeltaxis oder -minibusse) fahren regelmäßig nach San Jorge (0,70 US$) und San Juan del Sur (2 US$). Auch private Taxifahrer warten am Busbahnhof auf Touristen, die zu den Tola-Stränden oder nach San Juan del Sur wollen. Je nach genauem Ziel – und je nachdem, ob man ein Surfbrett dabeihat – verlangen sie unterschiedlichste Preise, doch es sollte nicht mehr kosten als 20 US$ nach San Juan del Sur bzw. 35 US$ für die Fahrt zu den Tola-Stränden.

Isla de Ometepe

29 800 EW.

Ometepe beeindruckt jeden. Die beiden Vulkangipfel („Feuer" und „Wasser"), die sich aus dem Nicaraguasee erheben, haben schon alle möglichen Leute in ihren Bann gezogen, von den Azteken, die glaubten, sie hätten das Gelobte Land gefunden, über Mark Twain, der in seinem Buch *Travels with Mr Brown* ins Schwärmen geriet – bis zu den recht wenigen Reisenden, die sich hierher verirren. Doch die fruchtbare vulkanische Erde der Insel, das saubere Wasser, die weiten Strände, eine reiche Fauna, die Unterkünfte auf abgeschiedenen Bauernhöfen, die archäologischen Stätten und das dramatische Panorama machen Ometepe immer beliebter.

Ometepe ist wahrlich eine Abenteuerinsel wie aus einem Fantasyroman für Archäologen: Hier sind schon über 1700 Petroglyphen entdeckt worden.

Aktivitäten

Einige der Touristenattraktionen der Insel sind schwer zu finden oder vielleicht sogar ein bisschen gefährlich, wie z. B. der aktive Vulkan. Manchmal lohnt es sich, einen Guide anzuheuern.

Die beiden Vulkane der Insel können bestiegen werden: der **Volcán Concepción** (Karte S. 490) ab Moyogalpa oder Altagracia, der **Volcán Maderas** (Karte S. 490) ab Finca Magdalena, El Porvenir und Hacienda Mérida. Geführte Besteigungen des Concepción kosten um die 40 US$ pro Person; der Maderas ist billiger. Der Aufstieg zur Cascada San Ramoń (S. 494) ist eher ein Spaziergang als eine Wanderung und ein toller Halbtagesausflug.

Isla de Ometepe

Es gibt auch jede Menge vergleichsweise weniger anstrengende Wanderungen, z. B. den halben Weg hoch auf den Maderas auf dem Finca-Magdalena-Weg sowie **El Floral** (Karte S. 490), eine Wanderung (5–7 Std. hin & zurück) zu einem Aussichtspunkt, der rund 1000 m den Concepción hinauf (ca. 30 US$ pro Pers.) liegt.

Geführte Touren

Viele Touranbieter sind in Moyogalpa ansässig. Jedoch kann so gut wie jede Unterkunft auf der Insel Ausritte und Touren organisieren. Für Touren zum Wasserfall San Ramón oder zur Reserva Charco Verde benötigt man nicht unbedingt einen Guide, aber natürlich ist es immer einfacher, wenn sich jemand anderes um die Transfers kümmert.

Nachdem sich mehrere Touristen bei Solo-Vulkanbesteigungen verirrt haben und einige sogar ums Leben gekommen sind, dürfen die Vulkane jetzt nicht mehr ohne Guide bestiegen werden. Führer stehen an den wichtigen Ausgangspunkten der Wege in Altagracia, Moyogalpa, Balgüe und Mérida zur Verfügung. Auch für eine Kajaktour auf dem Río Istiam lohnt sich ein Guide, denn der weiß, wo sich all die Tiere verstecken.

Isla de Ometepe

Sehenswertes

1 Cascada San Ramón E5
2 Reserva Charco Verde B4
3 Volcán Concepción C2
4 Volcán Maderas E4

Aktivitäten, Kurse & Touren

5 El Floral C2
Hari's Horses .... (s. 10)
6 Ojo de Agua A4
7 Río Istiam A5

Schlafen

8 Caballito's Mar D4
9 El Pital Chocolate Paradise B5
10 Finca Montania Sagrada D4
11 Finca Mystica D4
12 Hospedaje Soma A2
13 Hotel Castillo D2
14 Hotel Charco Verde B3
15 Hotel Finca Venecia B3
16 Totoco Ecolodge B5

Essen

17 Café Campestre B5

An- & Weiterreise

FLUGZEUG

Donnerstags und sonntags fliegt um 12 Uhr ein Zwölfsitzer der Fluggesellschaft La Costeña von Managua zum Flugplatz La Paloma (ca. 80 US$, 20 Min.) rund 2 km südlich von Moyogalpa. Von Ometepe werden die Flüge jeweils fortgesetzt nach San Carlos und San Juan del Norte.

SCHIFF/FÄHRE

Täglich schippern bis zu 15 Boote über die 17 km Strecke zwischen San Jorge auf dem Festland und dem **Fähranleger von Moyogalpa** (El muelle; Karte S. 490; Calle Santa Ana), Ometepes wichtigstem Hafen. Die Schiffe verkehren zwischen 7 und 17.45 Uhr (1,50–3 US$, 1 Std.); einige Boote verkehren verlässlicher als andere. Von San Jorge fahren außerdem um 9.30, 14 und 17 Uhr Boote zum **Fähranleger von San José del Sur** (Karte S. 490; El muelle). Von November bis Februar kann das Wasser besonders am Nachmittag vom Wind aufgewühlt sein – eventuell sollte man dann eine Fähre statt eines kleinen Boots nehmen. Aktuelle Informationen zu den Fahrplänen gibt's auf www.ometepenicaragua.com.

Die meisten Boote können problemlos Fahrräder und andere Ausrüstung transportieren. Wer ein Auto mitnehmen möchte, muss eventuell auf einen Platz warten; ansonsten ist keine Buchung erforderlich. Fußgänger zahlen auf der Fähre.

Moyogalpa

In Moyogalpa befindet sich der Fähranleger; dort legen stündlich Boote vom Festland an. Außerdem ist der Ort das Zentrum der noch jungen Tourismusindustrie von Ometepe mit zahlreichen Pensionen, preiswerten Hotels und Restaurants und dem Großteil der Reisebüros auf der Insel. Weiterhin landen hier alle, die den Volcán Concepción besteigen wollen. Jedoch ist dies kein Inselparadies, wo man länger verweilen möchte.

Cultu Natural OUTDOORAKTIVITÄTEN
(☎8364-7211; NIC-64, al lado de supermercado; Besteigung des Volcán Concepción 30 US$, Wasser-

fallwanderung 15 US$; ⏲9–17 Uhr) Der freundliche Danilo und sein Team werden von Reisenden für ihre zweisprachigen Touren zu den größten Sehenswürdigkeiten von Ometepe und ihren großen Sachverstand in den höchsten Tönen gelobt. Sie bieten u. a. Besteigungen des Volcán Concepción, Kajaktouren zum Sonnenaufgang, Wasserfallwanderungen und Ausritte.

Green Expeditions Ometepe OUTDOORAKTIVITÄTEN
(☎8421-1439; www.facebook.com/greenometepe; Frente a Hospedaje Central; Volcán-Concepción-Wanderung 25 US$ pro Pers.; ⏲9–17 Uhr) Dieser sehr renommierte Veranstalter organisiert Wanderungen auf den Volcán Concepción mit zweisprachigen Guides und Anfahrt. Es werden auch Motorräder verliehen, die in hervorragendem Zustand sind.

Hospedaje Soma PENSION $$
(Karte S. 490; ☎2569-4310; www.hospedajesoma.com; Frente del Instituto J. R. Smith; B 12 US$, Zi. mit/ohne Bad 40/30 US$, 2-Pers.-Hütte mit Klimaanlage/Ventilator 70/60 US$; ❄📶) Wer in diesem legeren, aber professionell geführten Gästehaus zehn Gehminuten vom Fähranleger ein Zimmer ergattern möchte, sollte vorausbuchen. Man hat die Wahl zwischen Dorm, Zimmer und Hütte, allesamt in einem großen und schönen tropischen Garten gelegen. Die deutschen Eigentümer können bei der Planung von Inselexkursionen helfen und haben außerdem Mappen mit allerlei nützlichen Infos zur Insel.

★ **Cornerhouse** CAFÉ $$
(☎2569-4177; www.thecornerhouseometepe.com; Muelle 1c E; Hauptgerichte 4–7 US$; ⏲Mo–Fr 7–17, Sa bis 15 Uhr; 📶🖉) Bei Weitem das stilvollste Esslokal in dieser Ecke der Insel. In diesem rustikal-schicken Café nicht weit vom Fähranleger wird den ganzen Tag Frühstück serviert: Auf der Karte stehen z. B. Eier Benedikt mit gebackenen Tomaten und frischem Basilikum. Außerdem gibt's leckere Sandwiches und Salate, darunter einen mit Papaya und gerösteten Mandeln. WLAN vorhanden. Gehört zum **Cornerhouse B&B** (El muelle, 1c O; EZ/DZ/3BZ 25/35/45 US$; 📶).

ℹ Praktische Informationen

Banco Lafise (El muelle, 200 m E)

BanPro Credit (El muelle, 3c E) Akzeptiert Visa. Nicht immer in Betrieb.

Polizei (☎2569-4231; El muelle, 3c E, 1c S)

ℹ Unterwegs vor Ort

Moyogalpa hat die größte Auswahl an Motorrad-, Quad- und Motorrollervermietungen auf der Insel. Ein Motorroller kostet meist 15 US$ pro Tag, ein Motorrad 25 US$ pro Tag und ein Quad 60 US$ pro Tag. Die Fahrzeuge sind in unterschiedlichem Zustand, sodass man sich am besten zunächst ein wenig umschaut.

Charco Verde & Isla de Quiste

Auf der Südseite des Concepción liegt rund um die **Reserva Charco Verde** (Karte S. 490; 2 US$; ⏲7–17 Uhr) eine Reihe vegetationsreicher und weniger vom Wind gebeutelter Strände. Die schöne grüne Laguna Charco Verde ist über einen kurzen Weg zugänglich, der beim Hotel Charco Verde beginnt.

Nicht nur, dass man hier schön baden, wandern und Tiere beobachten kann – hier spukt auch der Chico Largo umher, ein großer, dürrer und uralter Hexer, der oft beim Baden und Angeln im See erscheinen soll. Seine wichtigste Rolle ist es, das Grabmal und den Goldthron des Cacique Nicarao zu schützen, der in der Nähe bestattet ist.

Die **Isla de Quiste** gleich vor der Küste ist vom Strand aus schwimmend zu erreichen. Jedes Hotel der Gegend kann Boote und vielleicht Leihzelte organisieren, da die Insel ein beliebter Ort zum Zelten, Angeln und Vögelbeobachten ist.

Alle Hotels bieten auch Verpflegung an. Wer in der Reserva Charco Verde wandern möchte, sollte genügend Trinkwasser und etwas Proviant mitnehmen.

Hotel Finca Venecia HOTEL $$
(Karte S. 490; ☎8887-0191; DZ 30 US$, Hütten mit Ventilator/Klimaanlage ab 40/60 US$; P❄📶) Diese *finca* mit Terrakottamauern und alten Bestattungsurnen auf dem üppig begrünten Anwesen stammt von 1915. Die Gäste nächtigen in verschiedenen Hütten und Zimmern, alle mit warmem Wasser und Klimaanlage; am schönsten sind die Hütten am Wasser. Das Restaurant ist für Nica-Verhältnisse gut und die Eigentümer können Vulkanbesteigungen mit zweisprachigen Guides organisieren.

Hotel Charco Verde HÜTTEN $$$
(Karte S. 490; ☎2560-1271; www.charcoverde.com.ni; Charco Verde, San José del Sur; 2-/3-Pers.-Hütte ab 55/93 US$; ❄📶🏊) Das Hotel am Eingang zur Reserva Charco Verde liegt an einem fabelhaften Strand und hat eine wachsende Zahl von Hütten, alle mit eigener Terrasse

und einige mit Strandblick. Es gibt Kajaks und Möglichkeiten zum Wäschewaschen sowie ein recht gutes Restaurant.

Altagracia

Der besser als Moyogalpa vor den gelegentlichen Lavaströmen des Volcán Concepción geschützte, verschlafene kleine Ort war die ursprüngliche indigene Hauptstadt von Ometepe, ist jedoch, da es hier keinen Hafen mehr gibt, inzwischen nicht mehr die wichtigste Siedlung auf der Insel. Für Reisende gibt's hier nicht viel zu sehen, aber der Ort eignet sich als Ausgangspunkt für die Ersteigung des Volcán Concepción.

Alle Hotels verfügen über Restaurants. Das billigste Essen gibt's am Parque Central – tagsüber sind an ein paar Kiosken Fruchtsäfte und Imbisse erhältlich, ab Einbruch der Dunkelheit bieten mehrere *fritangas* Hähnchen und andere Gerichte vom Grill sowie *gallo pinto* (Reis mit Bohnen).

Hotel Castillo HOTEL **$**

(Karte S. 490; ☎2569-4403; www.hotelcastillo-ometepe.blogspot.com; iglesia, 1c S, ½c O; B/EZ/DZ ab 6/12/19 US$; ❄📶) Luxuriös ist anders, aber das Castillo ist zumindest recht sauber, in leuchtenden Farben gestrichen und verfügt über zwei Aufenthaltsbereiche. Für eine Klimaanlage – so sie denn funktioniert – und ein eigenes Bad müssen ein paar Dollar mehr auf den Tisch gelegt werden. Zum Hotel gehört ein gutes Restaurant (Gerichte 3–5 US$), wo richtiger Kaffee gebrüht wird. Außerdem kann man hier Touren organisieren und Fahrräder leihen.

Playa Santo Domingo & Santa Cruz

Vom Winde verwehte Sandstrände und mehrere gute Hotels gibt's südöstlich von Altagracia an dem langen, hübschen Lavaisthmus mit der Playa Santo Domingo, Playa San Fernando und Playa Santa Cruz, die von Nord nach Süd nahtlos ineinander übergehen.

Wenn man auf der Hauptstraße der Insel Richtung Süden nach Santa Cruz fährt, wird der Strand immer leerer. Die Wellen hier sind bei Kiteboardern beliebt.

★Río Istiam KAJAKFAHREN

(Karte S. 490) Der schillernde Fluss auf der Südseite der Landenge windet sich durch das Lavatal der Insel. Am besten lässt sich der Istiam – eigentlich ein Sumpf – mit dem Kajak erkunden. Dabei bekommt man mehr oder weniger garantiert Schildkröten, Kaimane und Brüllaffen zu Gesicht. Infos gibt's in den Hotels in der Nähe, beispielsweise im **Caballito's Mar** (Karte S. 490; ☎8842-6120; www.caballitosmar.com; B/Zi./Hütte 8/25/35 US$), das Touren für 25 US$ pro Person anbietet.

Ojo de Agua SCHWIMMEN

(Karte S. 490; zw. El Quino & Santo Domingo; 5 US$; ⏲7–18 Uhr) Ein netter Spaziergang durch eine Bananenplantage führt zu diesem gut ausgeschilderten, schattigen Badeteich rund 1,5 km nördlich der Playa Santo Domingo. Das mineralreiche Wasser blubbert aus 35 kleinen unterirdischen Quellen hervor und hat eine Durchschnittstemperatur von 22 bis 28 °C – erfrischend!

Von Santa Cruz nach Balgüe

Die Nordseite des Volcán Maderas hat sich zu einem der Hotspots auf der Insel entwickelt. Dies ist nicht nur eine hervorragende Basis für Vulkanbesteigungen, sondern das weitläufige Balgüe bietet außerdem eine Bio-Kakaoplantage, eine steigenden Anzahl sehr guter Budgetunterkünfte und eine interessante Kulinarikszene.

El Pital Chocolate Paradise HOSTEL **$**

(Karte S. 490; ☎2560-3249; www.elpitalometepe.com; Santa Cruz, 1,4 km del Este; Camping 5 US$ pro Pers., B 10–12 US$; 📶) Diese hippieartige Unterkunft ist über eine entsetzlich holprige Straße zu erreichen, die zum Wasser führt, und hat viele Gesichter. Es handelt sich hier um eine Bio-Kakaoplantage, wo man lernen kann, wie Schokolade hergestellt wird (15 US$ pro Pers.), außerdem um ein Hostel mit wunderbar luftigen Bambusschlafsälen. Hier finden Feuershows und angeleitete Meditationen statt und es gibt ein chilliges Café.

Totoco Ecolodge LODGE **$$$**

(Karte S. 490; ☎8358-7718; www.totoco.com.ni; Callejon de la Palmera, 800 m arriba, Balgüe; Budget-Casita 45 US$, Lodge 102 US$; P📶🏊) Eine wunderbare Ökolodge auf einem großen Biobauernhof, der mit Sonnenergie betrieben wird und Schmutzwasser recycelt. Die Gäste-*cabañas* liegen zwar nicht am Strand, sondern weit oberhalb davon, aber es gibt einen schönen Pool mit tollem Ausblick. Die romantischen Zimmer sind die besten auf der Insel und auch das auch für Tagesgäste zugängliche Restaurant ist ausgezeichnet.

★ Café Campestre INTERNATIONAL $$

(Karte S. 490; ☎8571-5930; www.campestreometepe.com; Hospedaje Así es Mi Tierra, 50 m O; Hauptgerichte 5–10 US$; ⏰11.30–21 Uhr; 📶🍴) In dem beliebten Café werden Zutaten vom benachbarten Biohof verarbeitet. Es gibt für jeden Geschmack etwas: ausgezeichneten Kaffee, frisch gebackenes Brot, große Salate und internationale Speisen, von Hummus bis Thai-Currys. Aus Auberginen werden sagenhafte Gerichte gezaubert. Außerdem kann man hier Kaffee und Honig aus der Gegend kaufen.

Von Santa Cruz nach Mérida & San Ramón

Dieser üppige Teil der Insel wirkt, je weiter nach Süden man kommt, immer wilder und ungezähmter. Hier liegen in den Ausläufern des Volcán Maderas schöne *fincas*. Wer in die Gegend jenseits von San Ramón vorstößt, wo keine öffentlichen Verkehrsmittel mehr fahren, landet in einem der abgeschiedensten Teile von ganz Nicaragua inmitten indigener Dörfer, in die es nur selten Fremde verschlägt.

Essen kann man in dieser Gegend am besten in den Restaurants der Pensionen und *fincas*. Eine größere Auswahl hält Balgüe bereit.

Cascada San Ramón WASSERFALL

(Karte S. 490; 5 US$; ⏰8–17.30 Uhr) Dieser atemberaubende Wasserfall zählt zu den echten Highlights der Insel. Der steile, aber leicht zu findende Weg hierher (3,7 km) beginnt bei der Estación Biológica de Ometepe. Man kann die 2,2 km bis zum Parkplatz fahren, von dort sind es 30 bis 40 Minuten zu Fuß zum Wasserfall. Kurz vor Schluss erwartet einen noch eine steile Kraxelei. Oben ergießt sich das Wasser eine senkrechte, moosbewachsene Felswand hinunter in ein Becken, in dem man sich an einem heißen Tag wunderbar abkühlen kann.

Hari's Horses REITEN

(Karte S. 490; ☎8383-8499; www.harishorsesnicaragua.com; Finca Montania Sagrada, Mérida) Der zuverlässige Anbieter auf der Finca Montania Sagrada veranstaltet mehrere unterschiedliche Reittouren in der Umgebung des Volcán Maderas, darunter zum Wasserfall San Ramón (50 US$). Auch Ausritte über Reitpfade mit Bad im See (25 US$) werden angeboten und, nur für Experten, ein fünf- bis sechsstündiger Ausdauergalopp ganz um den Vulkan herum (100 US$).

★ Finca Mystica BAUERNHOF $$

(Karte S. 490; ☎8751-9653; www.fincamystica.com; Punta El Congo, 500 m S, 300 m E; B/DZ/FZ 15/42/46 US$; ❄📶) Reisende auf der Suche nach umweltfreundlichen Unterkünften mitten im üppigen Dschungel treffen mit der Finca Mystica auf eine Goldader. Dieser Biohof, für die US-Amerikaner Ryan und Angela eine echte Herzensangelegenheit, empfängt seine Gäste in runden Strohlehmhütten. Morgens wird man von den Brüllaffen begrüßt, abends flimmern die Glühwürmchen. Auch das Restaurant ist außergewöhnlich.

Finca Montania Sagrada BAUERNHOF $$

(Karte S. 490; ☎8383-8499; www.fincamontaniasagrada.com; Zi./FZ 45/75 US$; ❄📶) Am Südende von Mérida führt eine holprige Straße bergan zu diesem paradiesischen Anwesen mit Hütten inmitten von Obstbäumen. Bei Sonnenuntergang kann man hier in Hängematten schaukeln, mit den Hofhunden und -Katzen spielen oder sich bei einem Kaffee zu den Eigentümern Hari und Mirca gesellen. Im Restaurant gibt's italienisches Essen. Man spricht Englisch, Italienisch und Deutsch.

UNTERWEGS AUF DER ISLA DE OMETEPE

Die Hälfte der Südschleife zwischen Moyogalpa und Altagracia, den beiden größten Orten der Insel, über San José del Sur ist eine einwandfrei asphaltierte Straße. Die Teerstraße führt weiter an der Playa Santo Domingo vorbei bis nach Balgüe. Die andere Hälfte der Schleife zwischen Moyogalpa und Altagracia ist nicht geteert und holprig und am besten mit einem Quad oder einem Motorrad zu bewältigen. Dasselbe gilt für den größten Teil der Schleife rund um den Volcán Maderas. In der Regenzeit sind die ungeteerten Straßen überraschenderweise in einem besseren Zustand: Dann versinken die sonst hervorstehenden Steine im weicheren Untergrund.

Die Insel ist größer, als sie aussieht, und nur wenige Entfernungen lassen sich wirklich zu Fuß bewältigen. Durch den Mangel an Verkehr ist Trampen nicht wirklich eine Option (obwohl praktisch jeder vorbeikommende Pick-up Tramper mitnimmt), sodass ein eigener fahrbarer Untersatz vielleicht ratsam ist.

SÜDLICHE PAZIFIKKÜSTE

Die Pazifikstrände im Südwesten Nicaraguas bieten tolle Möglichkeiten zum Surfen und Sonnenbaden. Die Strände um San Juan del Sur locken Anfänger und Fortgeschrittene an, während es die echten Könner an die Strände weiter nördlich zieht. Um zu den Tola-Stränden zu gelangen (von El Astillero bis Playa Gigante), fahren die meisten Reisenden durch Rivas und Tola und folgen den unbefestigten Straßen zu den abgeschiedenen Sandstreifen. Das Tor zu den Stränden zwischen der Playa Marsella im Norden bis hinunter nach El Ostional ist das Partystädtchen San Juan del Sur.

San Juan del Sur

15 762 EW.

Das entspannte San Juan del Sur ist der Dreh- und Angelpunkt zwischen den südlichen Pazifikstränden, ein nettes Städtchen voller viktorianischer Holzhäuser und einer Christusstatue an einem benachbarten Hang. Ständig kommen neue junge Reisende und Surfer aus dem Ausland ins Strandpartymekka Nicaraguas – hier hing auch Matthew McConaughey ab, bevor der Ort zu populär wurde.

In dem einst verschlafenen Fischerdorf selbst gibt es zwar keinen Traumstrand – dafür muss man entweder nach Norden oder Süden fahren –, aber der halbmondförmige Strand sieht aus wie mit Rohrzucker bestreut und bietet sich für einen Spaziergang zum Sonnenuntergang an. Dazu kommen in praktischer Entfernung zum Ort noch einige erstklassige Surfspots. Was braucht es mehr für ein traumhaftes Abenteuer auf den Wellen?

Aktivitäten

★ **Rancho Chilamate** REITEN
(☎8849-3470; www.ranchochilamate.com; Escamequita; Tages-/Sonnenuntergangsritt 79/85 US$) Tolle Reitmöglichkeiten auf einer schönen Ranch rund 20 Autominuten südlich von San Juan del Sur (Abholung inklusive). Die dreistündigen Ausritte finden jeweils bei Ebbe statt; Teilnehmer müssen mindestens 18 Jahre alt sein. Hier kann man übrigens schön übernachten (Zimmer 99–129 US$) und auch vom Essen sind die Gäste begeistert.

One Love Surf School & Shop SURFEN
(Karte S. 496; ☎8251-5525; www.facebook.com/onelovenicaragua; Av Vanderbuilt; Surfunterricht ab 20 US$; ⌚8–19 Uhr) Gianni von One Love wird von den Surfnovizen für seinen geduldigen Unterricht bewundert. Er verleiht auch sehr gute Bretter und verkauft Surfausrüstung.

San Juan Surf & Sport BOOTSTOUREN
(Karte S. 496; ☎8984-2464; www.sanjuandelsursurf.com; Av Gaspar García Laviana, oberhalb der Arena Caliente; Booze Cruise 24 US$) Der Veranstalter gibt auch Surfunterricht und organisiert Hochseeangelexkursionen, doch besonders bekannt ist er für seine zweistündigen Sonnenuntergangs-Bootstouren durch die Bucht, bei denen viel Alkohol fließt.

Festivals & Events

★ **Sunday Funday** POOL CRAWL
(☎2568-2043; www.facebook.com/SundayFundayPoolCrawl; 35 US$; ⌚ab 14.30 Uhr) Der Sunday Funday ist in der Nica-Partyszene wirklich berüchtigt – bei einer Gelegenheit sollen mehr als 800 Leute teilgenommen haben. Es handelt sich hierbei um einen komplett durchorganisierten Pool- und Kneipenbummel mit DJs, an dem das Hostel Pachamama, das Naked Tiger sowie andere Hostels und Bars teilnehmen; welche Etablissements gerade involviert sind, kann sich jedoch ändern. Die Feierwütigen werden mit Shuttles von Ort zu Ort gebracht.

Semana Santa RELIGIÖSES FEST
(Karwoche; ⌚März oder April) Die Karwoche zählt zu den umtriebigsten Zeiten in San Juan del Sur und Umgebung. Neben allen möglichen religiösen Umzügen und Prozessionen finden an den Stränden Partys und andere Feierlichkeiten statt.

Schlafen & Essen

Casa de Olas HOSTEL $
(☎8326-7818; www.casa-de-olas.com; Lot 6, Las Escaleras; B/DZ 16/45 US$; ❄📶🏊) Das von einem netten australischen Paar geführte Partyhostel ist sehr gut geführt und wartet zudem mit tollen Ausblicken von seinem Hügel auf. Es gibt einen großen Pool, eine Bar, zwei gerettete Klammeraffen hinterm Haus (kein Bier zu trinken geben!), einfache Schlafsäle mit Palmblattdach und gemeinschaftlich eingenommene Mahlzeiten. Die Casa liegt 3 km östlich von San Juan del Sur; es fahren täglich mehrere Shuttles in die Stadt.

Casa Oro Hostel HOSTEL $$
(Karte S. 496; ☎2568-2415; www.casaeloro.com; Av Vanderbuilt, Parque Central, 1c O, 50 m N; B/DZ ab 10/48 US$; ❄@📶) Große Backpacker-Bastion mit allem Pipapo: tollem Infozentrum, kos-

San Juan del Sur

San Juan del Sur

Aktivitäten, Kurse & Touren
1 One Love Surf School & Shop B2
2 San Juan Surf & Sport B2

Schlafen
3 Casa Oro Hostel B3
4 La Posada Azul B3

Essen
5 Asados Juanita C2
6 Barrio Café B2
7 King Curry C2

Ausgehen & Nachtleben
8 Big Wave Dave's B2

tenlosem Frühstück, Gemeinschaftsküche, Lounge, Dachbar mit Meerblick und guter Stimmung zu jeder Tages- und Nachtzeit. Die Dormbetten und Zimmer sind nicht reservierbar. Die Casa Oro betreibt außerdem die beliebtesten und zuverlässigsten Strandshuttles – aktuelle Fahrpläne auf der Website.

★ **La Posada Azul** HISTORISCHES HOTEL **$$$**
(Karte S. 496; ☎2568-2524; www.laposadaazul.com; Av del Parque/Calle Iglesia; DZ ab 100 US$; ❄📶🏊) Das noble Boutiquehotel in einem umgebauten viktorianischen Haus befindet sich nur einen halben Häuserblock vom Strand entfernt. Die Zimmer sind in Blautönen gehalten, haben Gewölbedecken und sind geschmackvoll mit origineller Kunst eingerichtet. Der Garten samt Pool bietet eine schöne Rückzugsmöglichkeit, komplett mit *palapa* (offener Palmblattschutzhütte) und Vertrauensbar. Das auf einer hübschen Terrasse servierte Frühstück hat in San Juan del Sur einen legendären Ruf.

Asados Juanita NICARAGUANISCH **$**
(Karte S. 496; Av Central; Hauptgerichte 3–5 US$; ⊙Mo–Sa 18–22 Uhr) Rauchwolken geleiten einen zu dieser äußerst beliebten Freiluft-*fritanga* (Grilllokal). Hier haben Hungrige die Qual der Wahl zwischen Schwein und Huhn, süßen oder herzhaften Bananen und *gallo pinto* (Reis mit Bohnen). Ob vor Ort verspeist oder mitgenommen: das Essen ist köstlich und nicht teuer.

★ **Barrio Café** INTERNATIONAL **$$**
(Karte S. 496; ☎2568-2294; www.barriocafesanjuan.com; Ecke Av Vanderbuilt & Calle Central; Gerichte 5–9 US$; ⊙6.30–22 Uhr) Ausgezeichneter Kaffee, tolles Frühstück, fabelhaftes Ceviche, kreative Fusionsküche, ein durch und durch nicaraguanisches Personal und kräftige, fruchtige Rumcocktails – was will man mehr? Das luftige Café in zentraler Ecklage nur eine Straße vom Strand gehört zu einem schönen Boutiquehotel (Zimmer 40 US$).

King Curry FUSIONSKÜCHE $$$
(Karte S. 496; ☎8375-7618; www.facebook.com/pages/King-Curry/176871972510703; Ecke C Central & Av Mercado; Hauptgerichte 8–10 US$; ⏲17–23.30 Uhr) In dem klitzekleinen, kerzenbeschienenen Lokal sitzen die Gäste an Gemeinschaftstischen und genießen Currys auf indische oder thailändische Art. Schönes Ambiente und authentische Aromen.

Praktische Informationen

GEFAHREN & ÄRGERNISSE

- Bei Dunkelheit nicht allein am Strand entlangspazieren!
- Nach einem Kneipenbummel in einer großen Gruppe nach Hause gehen oder ein Taxi nehmen.

An- & Weiterreise

Wer mit kleiner Reisekasse unterwegs ist, nimmt am besten die öffentlichen Busse. Schneller und praktischer sind natürlich die Shuttles, die verschiedene Betreiber zu den Stränden in der Nähe und zu anderen beliebten Zielen in ganz Nicaragua anbieten. Zu den Stränden nördlich von San Juan del Sur fahren keine öffentlichen Verkehrsmittel.

AUTO

Alamo (Karte S. 496; ☎2277-1117; www.alamonicaragua.com; Av del Mar) verleiht Pkws und Allradfahrzeuge. Letztere sind vorzuziehen, besonders wenn man die Strände südlich der Stadt anvisiert. Die **UNO-Tankstelle** (Karte S. 496; NIC-16) ist die einzige im Ort.

BUS

An der Bushaltestelle vor dem **Markt** (Karte S. 496; Av Central) fahren regelmäßig Busse mit folgenden Zielen ab:

Managua (2 US$, 2 Std., tgl. um 5, 5.40, 7 und 15.30 Uhr)

Peñas Blancas/Costa Rica Um zur costaricanischen Grenze zu gelangen, nimmt man irgendeinen Bus Richtung Rivas oder Managua, steigt an der Panamericana am Empalme La Vírgen aus und hält einen Bus Richtung Süden an. Auslandsfahrkarten sind im Büro von **Tica Bus** (Karte S. 496; ☎2568-2427; www.ticabus.com; Calle Central s/n; ⏲8–19 Uhr) in San Juan erhältlich.

Rivas (1 US$, 45 Min., 6–18 Uhr etwa alle 30–60 Min.) Man lässt sich an der Haltestelle vor der Puma-Tankstelle absetzen und nimmt hier einen Bus nach Managua, am besten einen *expreso*.

Südliche Strände (1,50 US$, 20 Min.–1 Std., 3-mal tgl.) Busse zur Playa El Coco, zum Refugio de Vida Silvestre La Flor und zur Playa El Ostional. Die Abfahrtszeiten ändern sich manchmal; die Mitarbeiter der Hostels in San Juan del Sur wissen in der Regel Bescheid.

TAXI

Taxis warten am Markt. Theoretisch hat jeder Fahrer eine Liste mit festen Preisen für die Ziele außerhalb der Stadt, doch es werden auch andere Preise genannt. Am besten schließt man sich mit anderen Reisenden zusammen. Die Casa Oro (S. 495) organisiert Taxis für vier Personen zur Playa Gigante (50 US$), zur Laguna Apoyo (70 US$), zur Playa Popoyo (60 US$), zur Grenze mit Costa Rica (25 US$) und zu anderen Zielen.

Unterwegs vor Ort

Zahlreiche Läden in der Stadt verleihen Geländemotorräder (25 US$ pro Tag), Quads (65 US$ pro Tag) und andere robuste Transportmittel, ideal für die holprige Fahrt zu den Stränden.
Big Wave Dave's (Karte S. 496; ☎2568-2151; www.facebook.com/BigWaveDavesSJDS; UNO-Tankstelle, 2½c O; ⏲Di–So ab 8 Uhr) hat die besten Motorräder.

Die Strände nördlich von San Juan del Sur

Die wunderschönen Strände nördlich von San Juan del Sur haben alle ihren ganz eigenen Charakter. Die Playa Maderas ist ein Surferstrand, die Playa Marsella ein Strand zum Chillen und Beobachten des Sonnenuntergangs, die Playa Majagual ist gut fürs Baden und die Playa Ocotal erstreckt sich an einer abgeschiedenen Bucht. Alle Strände sind leicht im Rahmen von Tagesausflügen von San Juan del Sur zu erreichen.

Playa Maderas

Die hübsche Playa Maderas ist ein beliebter Treffpunkt von Backpackern und Surfern mit einem der besten Beach Breaks des Landes. Am Nordende erhebt sich ein Haifischflossenfels und es gibt breite Sandstreifen zum Sonnenbaden.

★ **Buena Vista Surf Club** LODGE $$$
(☎8863-4180; www.buenavistasurfclub.com; Playa Maderas; EZ/DZ 115/140 US$; 📶) 🌿 Wo die Straße hinter dem Parque Maderas bergab führt, zweigt man rechts ab, um zu diesem hübschen Refugium mit spektakulären Ausblicken über die Bucht zu gelangen. Die sechs baumhausartigen *cabañas* mitten im Wald sind schön mit Holz, großen Spiegeln und bequemen Betten ausgestattet. Es gibt traditionelle Nica-Familienkost, Yoga- und Surfunterricht.

Arte-Sano Hotel Cafe BOUTIQUEHOTEL $$$
(☎8872-9672; www.artesano-hotelcafe.com; Playa Maderas; Zi. 90 US$; ❄📶🏊) Vom Infinity Pool

des Arte-Sano oben auf einem Hügel schweift der Blick über die Playa Marsella. Ins Auge fallende zeitgenössische Kunst, bemalte Rinderschädel und feine Töpferwaren aus San Juan de Oriente zieren den riesigen Lounge- und Cafébereich, in dem auch Gerichte aus aller Welt serviert werden. Vor der Playa Maderas die steil bergan führende Abzweigung auf der linken Seite nehmen.

Tacos Locos INTERNATIONAL **$$**
(Playa Maderas; Gerichte 7–14 US$) Das luftige, schattige Taco-Restaurant mit Blick auf den Strand hat passable Tacos und ein paar ordentliche Fischgerichte.

ℹ An- & Weiterreise

Viele Surfshops und Hostels in San Juan del Sur bieten Shuttles hierher (5 US$) –die Casa Oro z. B. viermal täglich. Die Playa Maderas liegt 11 km nördlich von San Juan del Sur und ist über eine recht gute, wenn auch teils schmale unbefestigte Straße erreichbar.

Playa Majagual

Die schöne Bucht mit einem von zwei Felsen eingerahmten weißen Sandstrand ist gut zum Baden - aber auf tückische Strömungen achten! Hier kann man nicht surfen, doch an der nur zwei Gehminuten gen Süden entfernten Playa Los Playones gibt's einen kräftigen Shore Break.

Hostal Matilda's HOSTEL **$**
(☎8456-3461; www.hostalmatilda.com; Playa Los Playones; B/EZ/DZ ab 7/15/30 US$) Sinnliche Meerjungfrauen, Schulen tropischer Fische, Poseidons mit Dreizack und riesige Frösche mit Regenschirmen - die einfache, familiengeführte Pension bietet nicht nur dieses psychedelische Labyrinth, sondern auch etwas muffige, aber durchaus zweckdienliche Zimmer mit hohen Betten und Moskitonetzen, und zwar nur ein paar Meter von der Brandung entfernt.

Bar El Ranchito INTERNATIONAL **$$**
(Playa Majagual; Hauptgerichte ab 7 US$; ⏲12–21 Uhr) Das einfache Strandlokal am Südende der Playa Majagual bietet gegrillten Fisch mit Knoblauchsauce, Ceviche, *sopa de mariscos* (Meeresfrüchtesuppe) und Grillhühnchen.

ℹ An- & Weiterreise

Majagual liegt 12 km nördlich von San Juan del Sur und ist über eine ungeteerte Straße zu erreichen, die auch für normale Pkws gut genug ist; mehr Spaß macht's jedoch mit einem Quad oder Geländemotorrad. Mehrere Shuttleanbieter in San Juan bieten Verbindungen nach Majagual (5 US$), es ist aber auch machbar, einen der häufiger verkehrenden Shuttles zur Playa Maderas zu nehmen und nach Majagual zu laufen (10 Min.).

Die Strände südlich von San Juan del Sur

Auf dem Weg von San Juan del Sur nach Süden Richtung costa-ricanischer Grenze bieten verschiedene kleine Stranddörfer Surfbreaks und Möglichkeiten zur Beobachtung von Meeresschildkröten. Dazu kommt noch ein interessantes Tierschutzgebiet, aber wer auf der Fahrt über die hügelige, von Wald gesäumte Straße die Augen offen hält, sieht auch unterwegs jede Menge Affen in den Bäumen. Die Playa Hermosa gehört zusammen mit der Playa Yankee und der Playa Remanso zu den besseren Surferstränden.

Playa Hermosa

Die lange, weite und auffallend schöne Playa Hermosa ist ein berühmter Surferstrand mit sage und schreibe fünf Breaks. Außerdem herrscht hier eine coole, weltverlorene Stimmung. Die Left und Right Breaks sind sowohl für mittelmäßige als auch sehr gute Surfer interessant; manchmal herrschen auch für Anfänger gute Bedingungen. Der Strand befindet sich in Privatbesitz, daher ist bei der Playa Hermosa Ecolodge ein Eintrittspreis von 3 US$ zu entrichten.

Playa Hermosa Surf Camp SURFING
(☎7667-5436; www.playahermosabeachhotel.com; Playa Hermosa; Leihbrett 10 US$ pro Tag, Surfunterricht 30 US$) Der Surfshop der Playa Hermosa Ecolodge bietet Unterricht und Leihbretter aller Art. Außerdem im Angebot: Ausritte, Schnorcheln, Angeln, Segeln und vieles mehr.

Playa Hermosa Ecolodge LODGE **$$$**
(☎8671-3327; www.playahermosabeachhotel.com; Playa Hermosa; B 25 US$, DZ 90–100 US$; 📶) Gilt bei vielen Leuten als eins der besten Strandhostels an der südlichen Pazifikküste Nicaraguas. Die offenen 6-Bett-Schlafsäle dieses rustikalen Paradieses werden abends von der Meeresbrise gekühlt; die Privatzimmer oben verfügen über riesige Moskitonetze. In diesem Surferszenetreff mit relaxtem Freiluftrestaurant herrscht eine tolle Stimmung. Die Transfers von San Juan del Sur sind im Übernachtungspreis inbegriffen.

An- & Weiterreise

Bei der Playa Hermosa Ecolodge (S. 498) sind die Transfers von/nach San Juan del Sur im Übernachtungspreis und in den Tagesgästekarten (10 US$) enthalten.

Ansonsten halten Busse auf dem Weg von San Juan del Sur zur Playa El Ostional an der Playa Hermosa (1,25 US$, 35 Min., 4-mal tgl.); der Strand ist 3 km von der Abzweigung entfernt. Die Casa Oro (S. 495) bietet jeden Tag Shuttles (10 US$, Abfahrt um 9.30 und 11 Uhr, Rückfahrt um 16 und 18 Uhr).

An der Zufahrtsstraße gibt's mehrere seichte Bachdurchquerungen – in der Trockenzeit sind sie für Pkws okay, sonst nur für Quads und Geländefahrzeuge.

Playa El Coco

KNAPP 500 EW.

Die Playa El Coco ist ein Traum: ein spektakulärer Streifen funkelnden Sandes, durchsetzt von Felsen, die so bildschön sind, dass sie die Buchdeckel der Hälfte aller Nicaragua-Reiseführer zieren. Es ist ein tolles Ziel für einen Tagestrip ab San Juan oder auch ein praktischer Ausgangspunkt für Besuche im nahen Refugio de Vida Silvestre La Flor.

★ **Tortugas Hostel** HOSTEL **$$**
(☎7894-7139; Playa El Coco; B/DZ 20/100 US$; 📶🏊) Wer braucht eine schicke Villa am Meer, wenn man vom Infinity Pool dieses Hügelhostels aus traumhaft schöne Ausblicke genießen kann? Die Lage ist wirklich unschlagbar, die Palmblattdorms werden von der Meeresbrise gekühlt und im angeschlossenen Restaurant gibt's tolle Pasta – der Eigentümer ist Italiener – sowie Nica-Frühstück. Unser einziger Wermutstropfen: Das Doppelzimmer ist zwar groß, aber überteuert.

An- & Weiterreise

Busse auf dem Weg zwischen San Juan del Sur und der Playa El Ostional halten in Playa El Coco (1,30 US$, 40 Min.); Abfahrt in San Juan ist um 7, 11, 13 und 17 Uhr. Einige Veranstalter in San Juan del Sur bieten außerdem Shuttles (10 US$); gewöhnlich sind mindestens fünf Fahrgäste erforderlich.

Refugio de Vida Silvestre La Flor

Das **Tierschutzgebiet** (☎Rangerstation 8419-1014; 8 US$, Stellplatz 15 US$ pro Zelt) 🍃 20 km südlich von San Juan del Sur, in der Gegend abgekürzt „La Flor" genannt, ist einer der wichtigsten Eiablageplätze der bedrohten Oliv-Bastardschildkröte und der Lederschildkröte. Wer möchte, kann ab San Juan del Sur oder von der Playa Hermosa Ecolodge eine geführte Tour hierher unternehmen.

Im Schutzgebiet legen von Juli bis Januar und besonders im September und Oktober Schildkröten ihre Eier ab, meist zwischen 21 und 2 Uhr – manchmal tummeln sich mehr als 3000 gleichzeitig an den Stränden. Auf Anfrage führen Ranger kurze geführte Spaziergänge durch und weisen auf die hiesige Flora und Fauna hin (10 US$).

Selbst ohne Schildkröten ist der Park sehenswert, denn hier leben ein paar Affen und es gibt einen schönen, unberührten Strand mit einigen kurzen Wanderwegen. Am nördlichen Ende befindet sich ein recht guter Beach Break (Right und Left Break). Während der Schildkröten-Brutzeit ist der Strand gesperrt.

Man kann im Tierschutzgebiet zelten (15 US$ pro Zelt). Die nächsten Hotels sind an der Playa El Coco. Einrichtungen gibt's kaum, daher Proviant und Wasser aus der Stadt mitbringen.

SURFEN AN DER PLAYA YANKEE

Die Playa Yankee rund 15 km südlich von San Juan del Sur ist in Surferkreisen bekannt für ihren kräftigen Point Break, der bei mittlerem bis hohem Tidenstand am besten ist. Die Busse von San Juan del Sur nach El Ostional können Fahrgäste an der Abzweigung zum Strand absetzen; von dort sind es auf einer recht guten ungeteerten Straße noch 2 km zum Strand. Proviant und Wasser mitnehmen!

An- & Weiterreise

Auf ihrer täglichen Fahrt von San Juan del Sur zur Playa El Ostional kommen die Busse am Eingang zum Park vorbei (1,50 US$, 50 Min., 3-mal tgl.). Man sagt dem Fahrer, wohin man möchte, und dann sind es noch rund 300 m (ausgeschildert).

Tola & die Tola-Strände

Tola („Land der Tolteken") ist ein unscheinbares Bauerndörfchen, doch dahinter erstreckt sich ein spektakulärer, zerklüfteter Küstenabschnitt. Die sich über 30 km hinziehenden Tola-Strände waren einst fast unzugänglich und total wild, werden aber jetzt langsam erschlossen. Noch immer verströmen sie ein wenig das Flair des verlorenen Paradieses, mit erstklassiger Brandung, leeren Sandstreifen und guten Vibes.

Hier gibt's weder Banken noch Lebensmittelgeschäfte und der Internet- und Handyempfang ist im besten Fall lückenhaft – hier kann man mal so richtig schön abschalten!

An- & Weiterreise

Es verkehren acht Busse am Tag von Rivas nach Las Salinas. Mit ihnen gelangt man zwar zur Playa Guasacate (Playa Popoyo), doch ansonsten sind sie beileibe nicht praktisch: Sie können einen an den Abzweigungen zu den anderen Stranddörfern absetzen, aber von dort muss man dann mehrere Kilometer bis ans Ziel laufen oder darauf hoffen, mitgenommen zu werden. Auf jeden Fall sollte man dem Busfahrer sagen, wohin man will. Zwischen Tola und Playa Gigante fährt montags bis samstags einmal am Tag ein direkter Plantagen-Pick-up mit Sitzbänken für Fahrgäste.

Die Surfcamps und Hotels bieten Transfers vom/zum Flughafen Managua. Auch mehrere Taxifahrer in Playa Popoyo bieten die Abholung am Flughafen von Managua (70 US$). Ein Touristenshuttle verkehrt mindestens einmal täglich zwischen San Juan del Sur und Playa Popoyo (15 US$), mit einem Dachträger für Surfbretter (3 US$) – Näheres in der Casa Oro (S. 495).

Ein Taxi von Rivas nach Playa Gigante kostet je nach Verhandlungsgeschick etwa 30 US$ bzw. etwa 60 US$ von San Juan del Sur.

Die Straße ab Rivas ist hinter Tola nicht geteert, aber in der Trockenzeit mit einem Pkw problemlos passierbar. Wer in der Trockenzeit von Managua oder Granada aus anreist, kann von der Fernstraße NIC-2 eine Nebenstraße direkt nach Las Salinas nehmen; allerdings muss unterwegs ein kleiner Fluss durchquert werden.

El Astillero

5815 EW.

Das malerische Fischerdorf schmiegt sich an einen sanft gebogenen weißen Sandstrand. Neben einem ausgezeichneten Beach Break mit beständigen Barrels gibt's auch nördlich von hier gute Wellen (zugänglich, wenn keine Schildkröten da sind), und wer es wirklich ernst meint, kann auch einen der Fischer dazu überreden, mit ihm die Küste auf der Suche nach tollen Wellen zu erkunden.

Hostal Las Hamacas HOSTEL **$$**
(☎8810-4144; www.hostalhamacas.com; Escuela, 50 m S; EZ/DZ mit Ventilator 25/30 US$, mit Klimaanlage 40/45 US$; ❄📶🏊) Die entspannte Pension auf dem begrasten Grundstück mit breitem Strandzugang bietet friedvolle, marineblaue Zimmer mit bequemen Betten, Fernseher und großen Bädern sowie einen kleinen Pool und – wie der Name schon andeutet – jede Menge Hängematten zum Relaxen.

Las Plumerias Lodge LODGE **$$$**
(☎8979-7782; www.lasplumerias.com; Playa Gavilan, El Astillero; Surfer-/Nichtsurfer-Paket mit VP ab 750/500 US$ pro Woche; 📶🏊) Die von den französischen Surflehrern Etienne und Emeline geführte Surferlodge ist herrlich und liegt von der Straße nach El Astillero den Berg hinauf. Die luftigen traditionellen, palmblattgedeckten Bungalows verfügen über Komposttoiletten. Nach einem Tag auf den Wellen kann man von der Hängematte oder vom Pool den Sonnenuntergang genießen. Die Surfarrangements enthalten Surfunterricht von Experten und Zugang zu den Wellen per Allradfahrzeug oder Boot.

Playa Gigante

KNAPP 2000 EW.

An dem herrlichen weißen Strandbogen am Rand bewaldeter Berge lag einst ein traditionelles Fischerdorf. Heute wird hier zwar auch noch gefischt, doch der beliebte sandige Beach Break direkt vor dem Einstraßendorf Playa Gigante macht bei perfekten Bedingungen echt Spaß und so lockt das Örtchen neben Sonnenjunkies auch einen steten Strom von Surfern an. Am Strand und an der Straße zum Strand gibt's eine Handvoll einfache Restaurants sowie an der Hauptstraße eine kleine *pulpería* (Tante-Emma-Laden).

Buena Vista HOSTEL **$**
(Punta del Arco; Zi. ab 16 US$; 📶) Das einfache, aber gemütliche Hostel mit ungezwungenem Restaurant hoch oben auf der Landspitze der Punta del Arco am nördlichen Ende der Playa Gigante gehört einer freundlichen einheimischen Familie. Von den Hängematten kann man aus der Vogelperspektive den Surfern an der Playa Amarilla nördlich der Landspitze zuschauen.

Camino del Gigante HOSTEL **$$**
(☎8743-5899; www.gigantebay.com; Playa Gigante; B 10 US$, DZ mit/ohne Bad 39/30 US$; 📶🏊) Bei diesem Strandhostel macht die Lage den eigentlichen Reiz aus. Die Schlafsäle, Zimmer und 5-Personen-Bungalows sind spar-

tanisch, aber was soll's? Die Gäste kommen wegen des Meerblicks, der netten Gemeinschaftsbereiche und des Zugangs zu tollen Surfspots. Es gibt eine Bar und ein Restaurant und zum Sonnenuntergang findet eine feuchtfröhliche Booze Cruise (10 US$) statt.

Aqua Wellness Resort RESORT **$$$**
(☎8739-2426; www.aquanicaragua.com; Redonda Bay; Zi./Suite ab 216/378 US$; ❄📶🏊) Die eleganten Dschungel-Baumhäuser mit Blick auf eine private Strandbucht in diesem ausgezeichneten Wellnessresort haben grandiosen Meerblick und sind mit allen erdenklichen erstklassigen Einrichtungen ausgestattet. Die Ferienapartments verfügen über Tauchbecken und es gibt einen Privatstrand; ringsum liegt dichter Wald. Im Rampenlicht stehen Meditation und Yoga, aber man kann auch surfen, angeln usw.

Playa Jiquelite

KNAPP 1000 EW.

Das Jiquelite-Gebiet – mit den Las Cinco Playas (fünf Stränden) Richtung Süden und der durch das Mündungsgebiet des Río de Nagualapa abgetrennten Playa Popoyo im Norden – umfasst zwei lange, von den Pazifikwellen umtoste Strände: die Playa Sardina und die Playa Jiquelite, voneinander getrennt durch eine hohe Klippe. Sardina lockt Surfanfänger und etwas Fortgeschrittene an, die über das Dorf Limón Dos zu erreichende Jiquelite hingegen die echten Könner.

Hotel Magnific Rock HOTEL **$$**
(☎8916-6916; www.magnificrockpopoyo.com; Punta Sardinas; 2-Pers.-Hütte 40 US$, 2-Pers.-Studio ab 70 US$, 4-Pers.-Apt. ab 100 US$; ❄📶) Das surferfreundliche Hotel auf einem prächtigen Felsen beeindruckt mit wunderbaren Ausblicken auf die Playa Sardina und die Playa Jiquelite. Die Hütten sind einfach, aber ausreichend und von den Studio-Doppelzimmern bieten sich unglaubliche Strandblicke. Im exzellenten Restaurant sind Fischtacos, Knoblauchgarnelen, *French toast* und gigantische Smoothies zu haben. Das Hotel liegt 2 km abseits der Straße nach Las Salinas – nach den Schildern Ausschau halten.

★ **Sirena Surf Lodge** PENSION **$$$**
(☎8556-5392; www.facebook.com/sirenasurfhouse; Zi. 70 US$; 📶) Kaum hat man sein Zimmer verlassen, kann man schon mit den Zehen im Sand wühlen. Diese beiden schönen Zimmer mit großen Doppelbetten wurden von der Besitzerin und Surflehrerin Bella individuell eingerichtet. Sie tischt ihren Gästen ein phänomenales Frühstück auf und kann Surfunterricht sowie Bootstouren und andere Ausflüge in der Gegend organisieren.

ℹ An- & Weiterreise

Busse von Rivas nach Las Salinas (2,50–4 US$, 2–3 Std., 8-mal tgl.) können Fahrgäste entweder an der Zufahrtsstraße zum Hotel Magnific Rock oder der zur Playa Jiquelite absetzen; zum Strand sind es jeweils 2 km zu Fuß.

Playa Popoyo (Guasacate) & Umgebung

KNAPP 1000 EW.

Die **Playa Popoyo** (Playa Guasacate) darf sich einer der legendärsten Wellen von ganz Nicaragua rühmen. Es handelt sich um einen langen, einsamen Küstenabschnitt mehrere Kilometer nordwestlich des kleinen Orts **Las Salinas de Nagualapa**, benannt nach den Salzverdunstungsbecken, die man kurz vor dem Örtchen passiert. Außer ein paar Surfern und Fischern ist dieser Strand fast menschenleer und somit ideal für lange Spaziergänge zum Sonnenuntergang. Bei Ebbe lassen sich schön die großen Felsformationen am Strand erkunden.

Die Playa Guasacate wird zu Ehren des berühmten Beach Break am Südende oft Playa Popoyo (www.popoyo.com) genannt; hier gibt's am langen sandigen Strand eine seichte Lagune und einen trägen Fluss. Der Strand ist nicht mit der Siedlung Popoyo zu verwechseln: Sie wurde nach dem Tsunami von 1992 an eine Stelle südlich der Playa Sardina verlegt.

Wild Waves Surf House PENSION **$**
(☎8578-6102; www.wildwavesnicaragua.com; De la Bocana, 250 m N, Playa Guasacaste; B/Zi. 14/40 US$; ❄📶) Die vom freundlichen italienischen Surfer Gianni geführte Pension mit drei Zimmern ist die perfekte Absteige für echte Wellenreiter. In den Doppelzimmern stehen breite Doppelbetten, es gibt eine Gästeküche und Gianni arrangiert Bootsfahrten für Surfer die Küste rauf und runter. Einwöchige Surfpakete kosten für Anfänger 699 US$, für erfahrene Surfer ab 399 US$.

Club Surf Popoyo HOTEL **$$**
(☎8237-7417; www.clubdelsurf.com; De la Bocana, 200 m del Oeste, Playa Popoyo; EZ/DZ ab 40/

ABSTECHER

REFUGIO DE VIDA SILVESTRE RÍO ESCALANTE-CHACOCENTE

Das Hauptevent in diesem abgeschiedenen Tierschutzgebiet ist die massenhafte Ankunft weiblicher Schildkröten (zu bestimmten Zeiten von Juli bis Dezember), die über den Sand krabbeln, um ihre Eier abzulegen. Es lohnt sich, seine Reiseplanung auf dieses Ereignis abzustellen, doch Chacocente, wie das Schutzgebiet oft vereinfachend genannt wird, ist mit seinen einsamen Stränden und guten Möglichkeiten zur Vogelbeobachtung zu jeder Jahreszeit ein wunderbares Ziel.

Das Gebiet dient dem Schutz von fünf Schildkrötenarten sowie von 48 km² trockenem Regenwald und Mangrovensümpfen. Tierbeobachtungen arrangiert **Cosetuchaco** (☎8481-1202, 8603-3742; Schildkrötenbeobachtung 10 US$, Imkertour 20 US$).

Marena, das nicaraguanische Ministerium für Umwelt und natürliche Ressourcen, betreibt hier eine biologische Station. Auf dem Gelände kann man zelten (5 US$ pro Pers.), in hostelartigen Unterkünften übernachten (ab 10 US$ pro Pers.) oder einfach nur eine kleine Mahlzeit (3–5 US$) einnehmen.

Zum Schutzgebiet gibt's derzeit keine öffentlichen Verkehrsmittel oder regelmäßig angebotenen Touren, aber mit einem Allradfahrzeug kann man 7 km nördlich von Salinas eine ausgeschilderte Holperpiste nehmen. Oder man wandert von El Astillero 7 km an der Küste entlang.

50 US$; ❄📶) Das beliebte Hotel im Besitz einer freundlichen italienischen Familie bietet sechs makellos saubere und geräumige Zimmer sowie eine ausgezeichnete authentische Pizzeria, die auch Tagesgästen offen steht. Der Strand ist etwa 100 m entfernt, aber man hat guten Zugang zum Popoyo-Break selbst. Die Gäste sind begeistert vom hilfsbereiten Personal und herzhaften Frühstück.

Casitas Pacific Hotel BOUTIQUEHOTEL **$$$**
(☎7841-4533; www.casitaspacific.com; De la Bocana, 300 m N; DZ/4BZ ab 72/81 US$; ❄📶) Mit acht individuell eingerichteten Zimmern, wunderschönen Möbeln aus heimischen Hölzern, Hängematten und Schaukeln auf eigenen Terrassen sowie Palmdächern ist dieses zweistöckige Boutiquehotel die stilvollste Unterkunft an der Playa Popoyo. Die Vierbettzimmer sind mit ihren beiden Etagenbetten supergünstig für kleine Surfergruppen und der berühmte Popoyo-Beach-Break ist nur 300 m den Strand hinunter entfernt.

★ **La Vaca Loca** CAFÉ **$$**
(☎8584-9110; www.lavacalocaguasacate.com; De la Bocana, 180 m N, Playa Guasacate; Hauptgerichte 5–7 US$; ⌚Mi–So 8–13 Uhr; ❄📶) Das La Vaca Loca ist ein bezauberndes Multitalent: Es ist ein Kunsthaus mit schönen Möbeln, ein stilles Café in einem Blumengarten mit amerikanischem Frühstück und handwerklich erzeugtem Kaffee und schließlich auch noch ein kleines B&B mit zwei schönen, luftigen Zimmern (EZ/DZ 40/50 US$).

LEÓN & NORDWESTLICHES NICARAGUA

Dies ist der leidenschaftlichste und temperamentvollste Teil von Nicaragua. Die regionale Hauptstadt León ist die Wiege des Intellektualismus und des Unabhängigkeitsstrebens und wird es auf ewig bleiben. Die Stadt hat einige der bedeutendsten politischen und künstlerischen Strömungen des Landes hervorgebracht.

Sie ist weniger elegant, aber dafür authentischer als die alte Rivalin Granada und wartet mit einer stattlichen Kathedrale, einem Kunstmuseum, einem quirligen Nachtleben und einem beherzten revolutionären Flair auf.

Unmittelbar außerhalb von León wartet mehr als ein Dutzend Vulkane darauf, erklommen zu werden – einige kann man hinuntersurfen. Gleichzeitig findet man hier außer bislang noch menschenleeren Stränden auch die so ziemlich schönsten Strandunterkünfte und eins der Top-Surfreviere des Landes.

Ein absolutes Muss ist das unberührte Feuchtgebiet Reserva Natural Isla Juan Venado.

Ein Stück entfernt erstrecken sich der größte Mangrovenwald Zentralamerikas und das Naturschutzgebiet Reserva Natural Volcán Cosigüina voller Ehrfurcht gebietender Schönheit und die kleinen Städte ringsum erlauben unvergleichliche Einblicke in den nicaraguanischen Alltag.

León

169 362 EW.

León ist unglaublich politisch, brummt förmlich vor Energie, ist stellenweise so bildschön, dass es einem den Atem raubt (sofern man verfallene Kolonialbauten mag). Es ist in vielerlei Hinsicht so, wie Managua sein sollte: eine Stadt voller umwerfender Kirchen, herausragender Kunstsammlungen und wunderschöner Straßenzüge, mit einer weltläufigen Restaurant-, feurigen Intellektuellen- und bunten Studentenszene, gekrönt von einem Nachtleben, das einem keinen einzigen Tag Verschnaufpause gönnt. Viele Reisende verlieben sich in Granada, ihr Herz verlieren sie aber in León.

Geschichte

Das ursprünglich an den Hängen des Volcán Momotombo gelegene León war Schauplatz einiger der grausamsten Exzesse der spanischen Eroberung – selbst andere Konquistadoren sahen die Bestrafung Leóns als göttliche Rache. Als der mächtige Vulkan León 1610 in Schutt und Asche legte, wurde die Stadt an ihre heutige Position neben der indigenen Hauptstadt Subtiaba verlegt.

Doch damit hörten die Probleme nicht auf. León wollte unbedingt den Kampf mit Granada gewinnen, welches seit der Unabhängigkeit die Führungsrolle der Kolonialhauptstadt in Frage gestellt hatte, und lud 1853 den US-amerikanischen Freibeuter William Walker ein, um für die Stadt zu kämpfen. Nachdem der aus Tennessee stammende Walker sich zum Präsidenten gekürt und Nicaragua zu einem Sklavenstaat der USA erklärt hatte, wurde er hingerichtet. Hauptstadt war fortan Managua und die Konservativen aus Granada beherrschten für die nächsten drei Jahrzehnte das Land.

Schließlich wurde 1956 Anastasio Somoza García, der erste Somoza-Diktator, bei einer geselligen Veranstaltung in León von dem Dichter Rigoberto López ermordet. Das vergaß die herrschende Familie nie, und als die Revolution ausbrach, rächte sie sich an der Stadt mit einem wahren Kugel- und Bombenhagel, von dem auch heute noch Spuren zu sehen sind.

León hat sich aber trotz allem stolz seine liberale und fortschrittliche Einstellung bewahrt; die Stadt war und ist ein Bollwerk der Sandinisten und ein politischer Machtfaktor, der sein erhabenes Schicksal nie in Frage gestellt hat.

Sehenswertes

★ Museo Histórico de la Revolución MUSEUM
(Karte S. 504; Parque Central; 2 US$; ⌚8–17 Uhr) León ist das Herz und die Seele des progressiven Nicaragua. Dieses Museum liefert einen Überblick über die nicaraguanischen Revolutionäre, die sich der Somoza-Diktatur widersetzten, sowie über die Geschichte des Landes vom verheerenden Erdbeben von 1972 bis zum Sieg der Sandinisten. Das echte Highlight hier besteht darin, sich von den früheren Revolutionären herumführen zu lassen, die einem alles über ihre Rolle in dem Konflikt erzählen können.

★ Museo de Arte Fundación Ortiz-Gurdián KUNSTMUSEUM
(Karte S. 504; www.fundacionortizgurdian.org; Parque Central, 2c O; 3 US$; ⌚Di–Fr 9–17.30, Sa 9.30–17.30, So 9–16 Uhr) Das Ortiz-Gurdián ist möglicherweise das beste Museum für zeitgenössische Kunst in ganz Zentralamerika. Die Sammlung ist inzwischen über ihr eigentliches Zuhause in der Casa Don Norberto Ramírez hinausgewachsen, die im Jahr 2000 im ursprünglichen Creole-Civil-Stil mit arabischen Kacheln und eindrucksvollen Steinplatten renoviert wurde. Sie verteilt sich auf zwei Gebäude und die umliegenden begrünten Höfe und umfasst Werke von Picasso, Chagall und Miró sowie einer Reihe namhafter nicaraguanischer Künstler.

★ Iglesia de la Recolección KIRCHE
(Karte S. 504; Catedral de León, 3c N; ⌚unterschiedl.) Die von 1786 stammende Iglesia de La Recolección drei Blocks nördlich der Kathedrale gilt als schönste Kirche der Stadt, eine Barocktorte im mexikanischen Stil mit Weinranken, die sich um Steinsäulen winden, und als Basreliefs ausgeführte Medaillons mit Symbolen, die das Leben Christi nachzeichnen. Zwar ist die dunkelgelbe, mit cremefarbenen Akzenten üppig verzierte Fassade auf allen Touristenbroschüren zu sehen, doch sollte man auf jeden Fall auch einen Blick ins Kircheninnere mit seinen schlanken Mahagonisäulen und der mit Erntemotiven geschmückten Decke hinein werfen.

Catedral de León KATHEDRALE
(Basílica de la Asunción; Karte S. 504; Parque Central; ⌚Mo–Sa 8–12 & 14–16 Uhr) GRATIS Die Kathedrale von León, offiziell als Basílica de la Asunción bekannt, ist die größte Kathedrale Zentralamerikas. Der aufwendige Bauplan wurde im weit wichtigeren Lima in Peru abgenickt. Die Stadtherren von León hatten

León

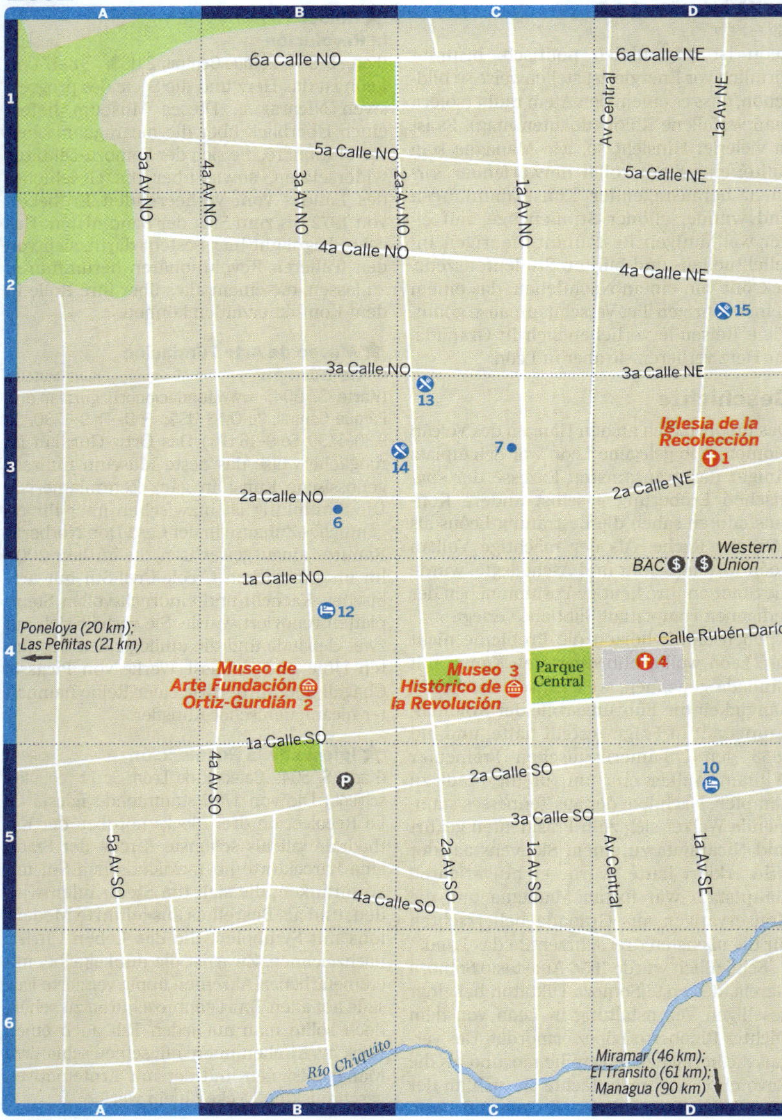

ursprünglich einen bescheideneren Plan eingereicht, es handelte sich aber nur um einen „Alibientwurf“. Daraufhin sprach der Architekt Diego José de Porres Esquivel, der Generaloberst von Guatemala (er ist auch für den Bau der Kirchen San Juan Bautista de Subtiaba, La Recolección, La Merced und anderer verantwortlich), ein Machtwort und ließ diese Schönheit errichten.

Geführte Touren

★ Mas Adventures OUTDOORAKTIVITÄTEN
(Karte S. 504; ☎5765-2838; https://masadventures.com; Iglesia Zaragoza, 3c E; ⏲8–19 Uhr)

León

Highlights

1 Iglesia de la Recolección D3
2 Museo de Arte Fundación Ortiz-Gurdián B4
3 Museo Histórico de la Revolución C4

Sehenswertes

4 Catedral de León D4

Aktivitäten, Kurse & Touren

5 Get Up Stand Up E3
6 Mas Adventures B3
7 Tierra Tour C3
8 Volcano Day E3

Schlafen

9 Bigfoot Hostel E3
10 Casa Lula León D5
11 Guesthouse El Nancite E3
12 Hotel El Convento B4

Essen

13 El Desayunazo C3
14 El Mediterraneo C3
15 Imbir D2
16 Mercado La Estacíon F2

Transport

17 Bigfoot Hostel Shuttles E3
18 Gekko Explorer E3
19 Ruedas León E3
20 Tica Bus E1
Tierra Tour .... (s. 7)

Der Anbieter Anry kommt aus einer ländlichen nicaraguanischen Siedlung und in seinen Touren zeigt sich deutlich seine Begeisterung für sein Land. Neben Stadtführungen durch León (25 US$) und Nica-Kochtouren (20 US$) bietet er auch Wanderungen auf die Vulkane Telica, El Hoyo, Cosigüina und Asososca. Außerdem stellt er auch maßgeschneiderte Touren zusammen.

Volcano Day WANDERN

(Karte S. 504; ☎8980-8747; www.volcanodaynicaragua.com; BanPro, 75 m S; ⏲9–18 Uhr) Die Vulkanwanderungen dieses verlässlichen Anbieters werden von Reisenden sehr empfohlen. Das Angebot reicht von Tagestouren auf den San Cristóbal (70 US$), Cosigüina und El Hoyo über Sonnenuntergangsbesteigungen des Telica (40 US$) und Übernachten im Zelt am Telica (55 US$) bis zum Baden im Asososca-Krater (35 US$). Es können auch Sandboarden und Strandshuttles arrangiert werden.

Get Up Stand Up SURFING

(Karte S. 504; ☎5800-2394; www.gsupsurf.com; BanPro, ½c S; ⏲9–21 Uhr) Dieser coole Surfladen ist der einzige seiner Art in León und bietet Leuten, die surfen möchten, jede Menge tolle Infos.

Festivals & Events

★ Semana Santa RELIGIÖSES FEST

(⌚Ende März oder Anfang April) Die Semana Santa in León ist etwas Besonderes und außerdem die munterste Nicaraguas. Im Barrio Subtiaba schreitet die Karfreitagsprozession über wunderschöne, zum einmaligen Gebrauch bestimmte Bilderteppiche aus buntem Sägemehl und in Poneloya findet ein Wettbewerb im Sandburgenbauen statt.

Día de la Purísima Concepción RELIGIÖSES FEST

(⌚7. Dez.) Das im ganzen Land gefeierte Fest zu Ehren der Schutzheiligen Nicaraguas ist kurz als „La Purísima" bekannt. Unverzichtbarer Bestandteil der Feierlichkeiten ist *La Gritería*, ein Rufritual zu Ehren der Jungfrau Maria, das hier mit besonderem Elan umgesetzt wird.

Schlafen

★ Casa Lula León HOSTEL $

(Karte S. 504; ☎2311-1076; www.casalulaleon.com; esquina SE de la Catedral, 2c S; B 10 US$, Zi. mit/ohne Bad 30/25 US$; ❄📶) Die Casa Lula ist gesellig, ohne ein Partyhostel zu sein, und ein ausgemachter Liebling der Backpacker szene. Das ist vor allem den Gastgebern Eric und Selina sowie ihren fachkundigen und hilfsbereiten Mitarbeitern zu verdanken. Im Mittelpunkt stehen hier Outdooraktivitäten, ein großer Garten zum Chillen, eine gut ausgestattete Küche und blitzsaubere Zimmer, mit großen Schließfächern in den Schlafsälen.

Bigfoot Hostel HOSTEL $

(Karte S. 504; ☎2315-3863; www.bigfoothostelleon.com; BanPro, ½c S; B/DZ ab 8/26 US$; ❄📶🏊) Das Bigfoot überzeugt mit einer Gästeküche, einem Minipool, frisch zubereiteten Mojitos und geräumigen Dorms und Zimmern mit großer, sicherer Gepäckaufbewahrung. Außerdem ist es gut organisiert und es werden jeden Tag verschiedene Touren und Shuttles angeboten. Spaß macht auch die gesellige Stimmung. Dieses Partyhostel gelobt übrigens, dass um 22 Uhr Schluss ist mit Feiern. Vorn gibt's ein nettes kleines Café.

Guesthouse El Nancite B&B $$

(Karte S. 504; ☎2315-4323; 3a Av NE, zw. 2a Calle NE & 1a Calle NE; Zi. 35–45 US$; ❄📶) Das fröhliche gelbe Gästehaus, geführt vom hilfsbereiten Nordamerikaner John und seiner reizenden Frau, ist mit Karnevalsmasken und -figuren dekoriert. Es gibt eine Handvoll preiswerter Zimmer mit Ventilatoren, zwei zweistöckige Minisuiten mit Blick auf den schattigen Hof hinterm Haus, Zimmer mit viel Flair und Balkon vorne und oben eine Suite mit eigenem Balkon. Klasse sind auch Johns Kokospfannkuchen.

★ Hotel El Convento HISTORISCHES HOTEL $$$

(Karte S. 504; ☎2311-7053; www.elconventonicaragua.com; Iglesia de San Francisco, 20 m N; EZ/DZ 95/140 US$; P❄📶) Das historische Hotel auf dem Gelände eines der bedeutendsten Klöster der Stadt hat jede Menge Charme. Der Garten ist ausgesprochen eindrucksvoll und man ist hier überall von Kunst umgeben. Die Gästezimmer mit nackten Backsteinwänden sind eher einfach gehalten, wie es sich für eine ehemalige religiöse Einrichtung gehört, aber dennoch komfortabel, und es gibt ein gutes, allerdings recht teures Restaurant.

Essen

★ Mercado La Estacíon NICARAGUANISCH $

(Karte S. 504; Parque San Juan, 1c E, 1c N; Hauptgerichte 1,50 US$; ⌚18 Uhr–open end) Hier kann man sich abends an BX sattessen, dem berühmten Gericht Leóns. BX *(bajón extremo)* wurde in den 1990er-Jahren von hiesigen Studenten geschaffen: Dabei handelt es sich um die örtliche Version der *fritanga*, bestehend aus *gallo pinto* (Reis mit Bohnen), Kohlsalat und mariniertem gegrilltem Rindfleisch, darauf eine Tortilla und ein Stück Omelett, serviert auf *bijagua*-Blättern. Der Mama-Tere-Stand ist der beste.

★ Imbir FUSIONSKÜCHE $$

(Karte S. 504; ☎5728-5887; www.imbirestaurant.com; Iglesia de la Recolección, 150 m N; Hauptgerichte 4–9 US$; ⌚Mo–Sa 12–22 Uhr; 📶🖉) Das vielseitige Restaurant bietet eine glückliche Vermählung von polnischen und sri-lankischen Speisen: Die leckeren, unterschiedlich gefüllten Piroggen sind genauso gut wie die mal eher sanft, mal eher feurig daherkommenden Currys. Im schattigen Innenhof kann man auch prima eins der Cerro-Negro-Craft-Biere aus León probieren oder sich eins der Gastbiere aus aller Welt einverleiben.

El Desayunazo NICARAGUANISCH $$

(Karte S. 504; ☎8235-4837; www.facebook.com/leonleonnicaragua; Iglesia de la Merced, 1c O, 2c N; Hauptgerichte 4–7 US$; ⌚Mo 6–14, Di–So bis 21 Uhr; 📶🖉) Hier wird den ganzen Tag lang Frühstück serviert, z. B. großzügige Portionen *gallo pinto* (Reis mit Bohnen) mit frittierten Kochbananen, oder auch Pfannkuchen mit Ahornsirup, ein komplettes warmes englisches Frühstück und Waffeln. Dazu gibt's köstlichen Kaffee.

El Mediterraneo MEDITERRAN **$$$**
(Karte S. 504; ☎2311-0756; 2a Av NO, Parque Rubén Darío, 2½c N; Gerichte 6–13 US$; ⊙18 Uhr–open end) Wer ein Restaurant für ein romantisches Date sucht, sollte eins der altehrwürdigsten Speiselokale der Stadt in Erwägung ziehen. Es ist wunderbar eingerichtet und die sorgsam zubereiteten Meeresfrüchte-, Pasta- und Fleischgerichte sowie die Pizza sind in der Regel von verlässlicher Qualität, doch wenn es voll ist, verliert das Personal leicht den Überblick. Auf der Weinkarte stehen vorwiegend Tröpfchen aus Argentinien und Chile.

Praktische Informationen

GELD

Mehrere Banken haben Geldautomaten und akzeptieren Visa/Plus-Karten.

BAC (Karte S. 504; 1a Calle NE, La Unión, 10 m O)

BanPro (Karte S. 504; 2a Calle NE, Bigfoot Hostel, 20 m N) Der Geldautomat ist rund um die Uhr zugänglich und akzeptiert Visa und MasterCard.

Western Union (Karte S. 504; 1 Calle NE; ⊙Mo–Sa 8–18 Uhr) Internationale Bargeldtransfers.

MEDIZINISCHE VERSORGUNG

Hospital San Vicente (☎2311-6990; Av Pedro Aráuz) Das größte Krankenhaus der Region befindet sich jenseits des Hauptbusbahnhofs in einem hübschen neoklassizistischen Gebäude von 1918 – eine Anlaufstelle sowohl für Architekturfans als auch für Kranke.

An- & Weiterreise

BUS

Busse zu Stränden

Busse nach Poneloya und Las Peñitas (0,50 US$, 40 Min.) fahren von 6 bis 18 Uhr stündlich ab El Mercadito in Subtiaba. Für Tagesausflügler: Der letzte Bus fährt gegen 18 Uhr zurück.

Eine weitere Option: Das Bigfoot Hostel (S. 506) bietet einen täglichen Shuttle nach Las Peñitas.

Inlandsbusse

Ein Großteil der Busse fährt am chaotischen **Hauptbusbahnhof** (☎2311-3909; 6a Calle NE, Palí, 1,5 km E) ab. In der Nähe ist ein Marktbereich; gut aufs Portemonnaie achten! Die Busse, die nach Süden fahren, fahren alle über Managua.

Internationale Busse

Zwar starten die internationalen Busverbindungen Richtung Norden in Managua, doch viele Busse legen in León einen Zwischenstopp ein. Tickets gibt's bei **Tica Bus** (Karte S. 504; ☎2311-6153; www.ticabus.com; 6a Calle NE, Palí, 1c O; ⊙8–18 Uhr). Die Busse, die nach Süden fahren, halten zuerst in Managua; dort wird oft eine lange Pause eingelegt, bevor es weitergeht. Am besten fährt man erst mal direkt nach Managua und sucht sich dort eine Umsteigeverbindung für die Weiterfahrt.

Shuttlebusse

Die schnellsten und bequemsten Verbindungen zwischen beliebten Zielen in Nicaragua und anderswo in Zentralamerika sind Shuttles.

INLANDSBUSSE AB LEÓN

ZIEL	PREIS (US$)	DAUER	ABFAHRTEN
Chinandega (Bus)	0,80–1	1½ Std.	4.30–20 Uhr alle 20 Min.
Chinandega (Microbus)	1,20	50 Min.	4.30–20 Uhr wenn voll
Estelí	2,70	2½–3 Std.	6.20 & 15 Uhr
Granada (Microbus)	3	2–3 Std.	stündl.
La Paz Centro	0,75	40 Min.	alle 45 Min.
Managua (Microbus)	2,75	1¼ Std.	4.30–19 Uhr wenn voll
Managua (Carr Nueva, via La Paz Centro) *expreso*	1,80	1¼ Std.	5–16 Uhr stündl.
Managua (Carr Vieja, via Puerto Sandino) *ordinario*	1,50	1¾ Std.	5–18.30 Uhr alle 30 Min.
Masaya	2,90	2½ Std.	stündl.
Matagalpa	3	2½ Std.	4.20, 7.30, 14.45 Uhr
Nagarote	1	1 Std.	stündl.
Rota (Cerro Negro)	0,75	2¼ Std.	5.50, 11, 15.30 Uhr
Salinas Grandes	0,80	2 Std.	5.15, 8.30, 11.40, 13.40 Uhr

Mehrere Anbieter haben tägliche Shuttles (buchen!), oder man bucht einen privaten Shuttle. Wer zu weniger beliebten Zielen unterwegs ist, sollte bedenken, dass die meisten Shuttles mindestens vier Fahrgäste benötigen. Shuttles nach San Juan del Sur, die einen Zwischenstopp in Managua und Granada einlegen, brauchen unter Umständen länger als Direktbusse. Zu den beliebten Anbietern zählen:

Bigfoot Hostel Shuttles (S. 506) Täglich Shuttles um 9.30 Uhr nach San Juan del Sur (20 US$) über den Flughafen von Managua, Granada (12 US$) und Rivas. Täglich Auslandsshuttles über El Tunco in El Salvador (25 US$) nach Antigua in Guatemala (37 US$, 2 Uhr) und über Tegucigalpa (45 US$) nach La Ceiba in Honduras (65 US$, 1 Uhr).

Gekko Explorer (Karte S. 504; ☎2389-6199; www.gekkotrailsexplorer.com; BanPro, 25 m S) Shuttles nach Granada (12 US$), San Juan del Sur (20 US$) und Rivas/San Jorge (18 US$). Internationale Verbindungen nach Antigua, Guatemala (50 US$), Copán, Honduras (70 US$), und El Tunco, El Salvador (30 US$).

Tierra Tour (Karte S. 504; ☎2315-4278; www.tierratour.com; 1a Av NO, Iglesia de la Merced, 1½c N) Täglich um 9.30 Uhr Shuttles nach Granada über den Flughafen von Managua (15 US$) und von Granada um 12.30 Uhr weiter nach San Juan del Sur (15 US$).

ℹ Unterwegs vor Ort

Die Stadt lässt sich durchaus zu Fuß erkunden, doch manchmal muss man auf Taxis zurückgreifen, besonders nach Einbruch der Dunkelheit. In León Fahrrad zu fahren ist angesichts der Hitze, der engen Straßen und des Verkehrs nicht sonderlich angenehm, doch die Hostels verleihen Fahrräder für rund 5 bis 7 US$ pro Tag.

Ruedas León (Karte S. 504; ☎2311-6727; www.ruedasleon.com; BanPro, 80 m S; ⏲Mo–Sa 8–18 Uhr) verleiht Motorroller, Motorräder und Mountainbikes.

Pazifikstrände bei León

Die von León aus am leichtesten zugänglichen Strände sind Poneloya und Las Peñitas: Bis zu diesen beiden Stränden benötigt man mit dem Bus vom Mercadito Subtiaba in León gerade mal 20 Minuten. Las Peñitas ist ein beliebter Backpacker-Tummelplatz, während sich am Poneloya eher Einheimische treffen.

Die **Reserva Natural Isla Juan Venado** (4,50 US$) bei Las Peñitas mit ausgedehnten Feuchtgebieten ist ein tolles Ziel für Naturfreunde. In der 20 km langen Sandbank gibt's jede Menge Badelöcher. Sie ist an manchen Stellen gerade mal 300 m breit, bietet aber vielen Tieren einen Lebensraum, darunter Hunderten Arten von Zugvögeln, Krokodilen, Schildkröten und zahllosen Mücken. Auf der einen Seite der unbewohnten Insel säumen lange, wilde Sandstrände den Pazifik, auf der anderen Seite spiegeln sich Rote und Schwarze Mangroven in smaragdgrünen Lagunen. Die Rangerstation Las Peñitas und diverse Unterkünfte veranstalten geführte Bootstouren (55 US$ für bis zu 4 Pers.) und Kajakexkursionen (12 US$ pro Pers.).

Rund 32 km südlich von León biegt die nur teilweise geteerte NIC-52 in Richtung dreier Strände ab: Miramar, **Playa Hermosa** und El Tránsito. Sie wurden schon von Surfern „entdeckt", liegen aber für die meisten anderen Reisenden abseits der Route.

Poneloya

KNAPP 1000 EW.

Der Strand hat einen berühmten Namen – im Song *Viva León, Jodido* wird sein Lob gesungen – und hierher zieht es wohlhabende Einwohner von León am Wochenende. Sein Schwesterstrand Las Peñitas dagegen ist bei Surfern und Sonnenanbetern aus dem Ausland beliebt. Für viele Reisende dient Poneloya jedoch nur als Abfahrtsort zur schönen **Isla Los Brasiles** mit ihrer beliebten Surferlodge.

★ **Surfing Turtle Lodge** LODGE **$$**
(☎8640-0644; www.surfingturtlelodge.com; Isla Los Brasiles, Poneloya; B 10 US$, Zi. 35–40 US$, Hütte 60 US$; 📶) Der luftige Schlafsaal im Obergeschoss mit seinem weiten Ausblick auf den Ozean zählt zu den coolsten Flecken Zentralamerikas. Wer Geld sparen möchte, kann in fertig aufgestellten Zelten oder in einer Bambushütte nächtigen; wer tiefer in die Tasche greifen mag, gönnt sich eine Hütte. Von Chepe's Bar in Poneloya nimmt man ein Boot (1 US$) zur Isla Los Brasiles, dann geht man 15 Minuten zu Fuß.

Bar Margarita FISCH & MEERESFRÜCHTE **$$**
(☎7508-5573; www.facebook.com/bocana505; La Bocanita; Hauptgerichte 7–10 US$; ⏲10–21 Uhr) Das palmblattgedeckte Restaurant mit Bar ganz am Ende der Straße, die zur Flussmündung führt, serviert in großen Portionen den Fang des Tages mit Reis, Bohnen und Kochbananen. Den schönen Ausblick gibt's als Dreingabe.

ℹ An- & Weiterreise

Von 4.30 bis 18 Uhr pendeln ungefähr alle 45 Minuten Busse (0,50 US$) zwischen Poneloya, Las Peñitas und León (nicht ins Zentrum, sondern nach El Mercadito, einem kleinen Markt am westlichen Stadtrand im Viertel Sutiaba). Aus Richtung León halten die Busse zuerst in Poneloya und fahren anschließend weiter die Küste entlang nach Las Peñitas.

Wer zur Surfing Turtle Lodge möchte, sollte sich auf der Website über den täglichen Shuttle (3 US$ einfach) ab León informieren.

Las Peñitas

KNAPP 2000 EW.

Mit einer Ansammlung von Surferhostels und Boutiquehotels an seinem weiten paradiesischen Sandstrand stellt Las Peñitas den leichtesten Zugang zu den Schildkröten und Mangroven der Reserva Natural Isla Juan Venado dar. Hier kann man auch ganz gut surfen: Die eher kleinen regelmäßigen Wellen eignen sich perfekt für Anfänger. Mehrere Hotels und Hostels bieten Touren ins Naturschutzgebiet sowie Surfunterricht und Leihbretter.

★ Mano a Mano Ecohostel HOSTEL **$**
(☎7527-5505; https://somosmanoamano.wixsite.com/hostalmanoamano; La curvita, 50 m N; B/Suite 12/60 US$; ❄📶) 🍃 Das Mano a Mano hat alles, was ein erstklassiges Hostel haben sollte. Es verfügt über luftige Bambusschlafsäle und Loftsuiten in einem schönen, nachhaltig erbauten Gebäude mit Bereichen zum Chillen am Meer und einer Bar mit Blick auf die Wellen. Das bunt gemischte und vielsprachige Personal sorgt dafür, dass sich alle wie zuhause fühlen, weist Surfern den Weg zu den besten Wellen und organisiert Ausflüge. Hier will man nie wieder weg!

Nayal Lodge BOUTIQUEHOTEL **$$**
(☎5715-0076; www.nayallodge.com; de la Policía, 300 m E; Suite 49 US$; P❄📶🏊) Das 4-Zimmer-Hotel besteht aus zwei palmblattgedeckten Lehmziegeltürmen und wird von der Spanierin Catalina und ihrem Mann geführt, die mit ihren Gästen gern ihr ausgedehntes Wissen teilen. Jede Suite ist rund und geräumig und hat eine Terrasse mit Hängematten. Ein Pool und Massageräume sind in Arbeit. Morgens wird ein ausgezeichnetes Nica-Frühstück aufgetischt.

Aáki Hotel BOUTIQUEHOTEL **$$$**
(☎8988-1867; www.facebook.com/aakihotel; Entrada a las Penitas, 600 m SE; DZ/4BZ 90/120 US$; P❄📶🏊) Das stilvollste kleine Hotel von Las Peñitas hat einen nierenförmigen Pool und einen eigenen Strandabschnitt. Es gibt hier nur neun Zimmer – geräumig, hell, mit Akzenten in Bambus und jeweils mit eigener Terrasse oder eigenem Balkon. Weitere Pluspunkte sind das tolle Frühstück und kreative, schön präsentierte Gerichte sowie eine coole, minimalistische Einrichtung.

Dulce Mareas PIZZA **$$**
(☎8827-1161; www.facebook.com/dulcemareas; Barca de Oro, 50 m S; Hauptgerichte 4,50–9 US$; ⏲Mi–So 8–21 Uhr; 🖉) Das von Italienern betriebene Strandlokal ist zwar besonders für seine Pizzas aus dem Lehmziegelofen bekannt, doch gibt's auch Frühstück und Mittagessen sowie Kaffee, Desserts und kalte Cocktails. alles mit Blick aufs Wasser. Außerdem werden Zimmer (DZ 45 US$) vermietet.

★ La Bombora FUSIONSKÜCHE **$$$**
(☎8662-9554; www.thebomboragroup.com/relax; Frente Cocteles Las Peñitas; Hauptgerichte 10–17 US$; ⏲12.30–20 Uhr; ❄📶) Mit seinen kulinarischen Meisterwerken wie langsam gegarten Rippchen, Rinderbrust, Pulled-Pork-Brötchen und gegrillten Meeresfrüchten hat sich Chefkoch Marc eine loyale Gefolgschaft erkocht. Auf jeden Fall seine Jalapeño-Margarita probieren! Außerdem werden hier nur ein paar Schritte vom Meer vier behagliche Zimmer (60 US$) vermietet, denen tropische Kunst Frische verleiht.

ℹ An- & Weiterreise

Von 5.20 bis 18.40 Uhr verkehren ungefähr alle 40 Minuten Busse (0,50 US$) zwischen Poneloya, Las Peñitas und León (El Mercadito de Subtiaba). Aus León kommend, fahren die Busse zunächst Poneloya an, bevor sie ihre Fahrt Richtung Norden nach Las Peñitas fortsetzen. Der letzte Halt ist am Parkplatz bei der **Barca de Oro** (☎2317-0275; www.barcadeoro.com; bayfront, frente parada de buses; ⏲7–22 Uhr), aber man kann auch an einer Haltestelle vor dem Hotel Playa Roca einsteigen.

Eine weitere Option ist der täglich verkehrende Shuttle vom Bigfoot Hostel (S. 506) in León nach Las Peñitas.

Ein Taxi ab León kostet ungefähr 15 US$.

El Tránsito

KNAPP 2000 EW.

Das kleine Fischerdorf an der Küste zwischen León und Managua schmiegt sich um einen fast perfekt sichelförmigen Strand an einen Hang. Im Meer herrscht hier ein starker Brandungssog, aber Richtung Süden gibt's bei den Lavaströmen geschützte Badelöcher. El Tránsito ist mittlerweile bei Surfern beliebt, denn hier ist für Wellenreiter aller Fertigkeitsstufen etwas dabei: vier ganzjährig beständige Beach Breaks. Pistols, Pangas und Main sind Lefts und Rights, Corner ein Left Break; für Fortgeschrittene steht 40 Minuten die Küste rauf noch ein Hollow bereit. Von April bis Juni ist die Dünung besonders kraftvoll.

Schlafen & Essen

Im Dorf sind mehrere einfache Strandlokale vorhanden und die Restaurants der Surfcamps stehen auch Nichtgästen offen.

Außerdem gibt es mehrere Unterkünfte für Surfer, vom All-inclusive-Surfcamp bis zum einfachen **Hostel** (☎5817-8425; http://thefreespirithostel.com; Escuela, 2c N, 1c O, ½c N; B/DZ 25/70 US$, Hippie-Transporter 60 US$; ❄).

An- & Weiterreise

Jeden Tag um 11.15, 12.40 und 14 Uhr fahren Busse vom Mercado Israel Lewites (S. 473) in Managua nach El Tránsito (1,20 US$, 1½ Std.); zurück geht's um 5, 6 und 7 Uhr. Viele Reisende fahren auch mit einem Mietfahrzeug nach El Tránsito. Die nur teilweise geteerte NIC-40 nach El Tránsito ist zwar holprig, aber in der Trockenzeit mit einem normalen Pkw befahrbar.

Miramar

KNAPP 5000 EW.

An der Küste in der Nähe des geschäftigen Hafenorts Puerto Sandino gibt's einige Wellen von „Hawaii-Größe". Die größte ist an der Flussmündung bei Puerto Sandino – ein Weltklasse-Monstrum! Rund 5 km südlich von Puerto Sandino finden sich beim Fischerdorf Miramar ein Left Point Break namens Punta Miramar, ein Beach Break namens Pipes, Left und Right Barrels bei Shacks (wenn die Bedingungen stimmen) sowie La Derechita, ein Right-Hander. Diese Wellen zählen zu den am wenigsten überlaufenen an der Pazifikküste, hier sind nur echte Profis unterwegs!

Alle Surfcamps haben ein eigenes Restaurant und am Strand von Miramar werden in mehreren einfachen Lokalen Fisch und Meeresfrüchte serviert.

★Vivir Surf & Fish LODGE $$$
(☎7648-0354; http://vivirsurf.com; Miramar; EZ/DZ/3BZ 101/148/195 US$, 3-Nächte-Paket 495 US$; 📶) Das vom Australier Lewis geführte Surfcamp wird von den Gästen begeistert empfohlen – dank der Gastfreundschaft des Eigentümers, der perfekten Lage zum Surfen (ein paar Minuten vom Camp gibt's fünf Breaks und drei schwierigere Breaks sind per Boot erreichbar), erstklassigen Unterkünften und geselligem Spaß in Hülle und Fülle, sei es beim Fußball-, Basketball- oder Cricketspielen.

Miramar Surfcamp LODGE $$$
(☎8945-1785; www.miramarsurfcamp.com; Miramar; EZ/DZ 58/81 US$, Surferarrangement EZ/DZ mit Mahlzeiten ab 138/184 US$; 📶🏊) Für Surfer aller Niveaus inklusive Anfänger sind die Lage dieses Surfcamps sowie die freundlichen Mitarbeiter die großen Pluspunkte. Die Gäste haben die Wahl zwischen einfachen Zimmern mit Klimaanlage und teureren Bleiben im Ocean View Tower. Wer die Pausen zwischen dem Wellenreiten nicht mit Volleyballspielen am Strand verbringt, kann die Halfpipe neben dem Surfcamp austesten.

An- & Weiterreise

Die Surfcamps bieten die Abholung vom Flughafen Managua. Es verkehren mehrmals täglich Busse zwischen Puerto Sandino und León (0,85 US$, 30–40 Min.), doch Miramar liegt 5 km südlich der Abzweigung nach Puerto Sandino entlang einer nur teilweise geteerten, holprigen Straße. Wer nicht selbst fährt, kann ein Tuk-Tuk nehmen.

Die Strände der Halbinsel Cosigüina

Die Halbinsel Cosigüina ist auf dem besten Wege, eine Insel zu werden: Zwei hübsche Ästuare knabbern auf beiden Seiten an ihr. Cosigüina hat einen Saum aus Sandstränden von Perlengrau (Jiquilillo) bis Kohlschwarz (Playa Carbón).

Playa Aserradores und Playa Jiquilillo sind zwei ruhige Fischerdörfer, die einen festen Platz auf dem Surferparcours einnehmen. Die Reserva Natural Estero Padre Ramos umfasst ein großes Mangroven-Feuchtgebiet, ideal zum Kajakfahren und zur Vogelbeobachtung und ein wichtiges Nistgebiet für Meeresschildkröten.

Playa Aserradores

An diesem langen, glatten Sandstreifen kann man wunderbar surfen und zwar auf einer echten Weltklassewelle, El Boom – ein schneller, hohler Beach Break nur für erfahrene Surfer. Beim nahen Aposentillo gibt's eine schöne Longboard-Dünung sowie für Anfänger geeignete Wellen. Aposentillo ist ein stilles, weitläufiges Dorf mit umwerfenden Sonnenuntergängen und einer entspannten Stimmung, die Surferzielen weiter südlich inzwischen abgeht. Die Brandung ist am besten von März bis Oktober.

Las Dunas Surf Resort PENSION $$
(☎8476-5211; www.lasdunassurfresort.com; Santa Maria del Mar 11; B/Casita 15/60 US$; ❄📶) Mit ihren pastellfarbenen, palmblattgedeckten *casitas* rund um einen Pool und einem luftigen Restaurant mit verspielten Kätzchen ist diese eine der besseren Budgetunterkünfte in Aserradores. Und man ist nur 10 Minuten zu Fuß von den Wellen entfernt.

★ **ThunderBomb Surf Camp** LODGE $$$
(☎8478-0070; https://thunderbombsurf.com; Santa María del Mar; 7-Tage-Surferpaket ab 1099 US$; ❄📶) Das ausgezeichnete, von dem aus Boston stammenden Jonathan geleitete Surfcamp steht ganz im Zeichen der Pipes und Barrels die Küste hoch und runter. Direkt vor der Tür warten einige tolle Wellen und Surfguides expedieren Gäste in Allradwagen und Booten zu den besten Breaks. Geräumige gekachelte Zimmer, Essen aus aller Herren Ländern, Yogaunterricht und Massagen runden das Gesamtpaket wunderbar ab.

★ **Coco Loco Eco Resort** RESORT $$$
(☎5797-4244; www.cocolocoecoresort.com; El Manzano 1, Aposentillo; 7-Tage-Surferpaket ab 1245 US$; ⏱März–Okt.; ❄📶) 🍃 An diesem märchenhaft stillen Ort gibt's eigentlich nur zwei Dinge zu tun: sich in die Wellen stürzen und Yoga machen. Die Unterbringung erfolgt in luftigen Hütten, die mit nachhaltigen Materialien aus der Gegend erbaut wurden. Das köstliche und nahrhafte Essen wird gemeinschaftlich eingenommen, damit die Gäste sich kennenlernen. Die Surfer werden jeden Tag zu den besten Spots befördert und können sich nach der Anstrengung die müden Muskeln mit Massagen auflockern lassen.

★ **Al Cielo Hotel & Restaurante** FUSIONSKÜCHE $$$
(☎8993-4840; http://alcielonicaragua.com; El Manzano 2; Hauptgerichte 8–17 US$; ⏱7–22 Uhr; 📶) Der Weg zu diesem ausgezeichneten französisch-italienischen Fusionsrestaurant oben auf einem Hügel lohnt sich auf jeden Fall – zum mit Rum verstärkten Aperitif passt der fantastische Blick aufs Meer. Wer bleiben möchte: Es gibt auch *cabañas* (EZ/DZ ab 15/25 US$), zudem arrangieren die französischen Eigentümer alle möglichen Touren.

ℹ An- & Weiterreise

In der Trockenzeit ist die Zufahrtsstraße NIC-264 mit einem normalen Pkw passierbar, doch ansonsten benötigt man für die holprige Fahrt von der gut ausgeschilderten Ausfahrt an der Carretera von Chinandega nach Potosí ein Allradfahrzeug.

Es fährt nur einmal am Tag ein Bus von Chinandega nach Aserradores, und zwar um 12.30 Uhr vom Mercadito (S. 513) in Chinandega (1 US$, 1½ Std.); die Rückfahrt ist um 5 Uhr. Hotels und Surfcamps bieten private Transfers für etwa 90 US$ für eine oder zwei Personen.

Playa Jiquilillo

KNAPP 500 EW.

Dieser endlose blassgraue Strand könnte auch in „es war einmal"-Märchen auftauchen: An eine felsige Landzunge schmiegt sich ein weitläufiges Fischerdorf und in den Gezeitenbecken spiegeln sich die Rot- und Goldtöne der untergehenden Sonne. Im Norden schließlich erhebt sich die zerklüftete Cosigüina-Halbinsel im Dunst.

Diese Gegend ist trotz ihrer Schönheit und Zugänglichkeit größtenteils nach wie vor unerschlossen. Hier kann man surfen, die Ruhe genießen und mit den Einheimischen abhängen, für die Ausländer noch immer etwas Besonderes sind.

Die Pensionen verfügen alle über Restaurants und sowohl in Jiquilillo als auch im nahen Padre Ramos gibt's mehrere Esslokale.

Rancho Tranquilo HOSTEL $
(☎8968-2290; www.ranchotranquilo.wordpress.com; Los Zorros, Playa Jiquilillo; B/EZ/DZ 7/20/22 US$; 📶) Die wunderbare, von einer Familie geführte Budgetunterkunft besteht aus ein paar Bungalows und einem kleinen Schlafsaal an einem Privatstrand. Die Bar und die Aufenthaltsbereiche sind einladend und es gibt vegetarisches Abendessen (2–4,50 US$). Es können Kajaktouren durch die Mangroven und Surfunterricht organisiert werden. Auf der Website stehen Infos zum Schildkrötenschutzprogramm in der Gegend.

Rancho Esperanza PENSION $$
(☎8680-0270; www.rancho-esperanza.com; Playa Jiquilillo; B 8 US$, 2-Pers.-Cabañas mit/ohne Bad 35/25 US$) 🍃 Die einfachen umweltfreundlichen Bambushütten sind über eine Rasenfläche ein Stück abseits vom Strand verteilt. Der Betreiber bietet Interessierten die Möglichkeit zur Mitarbeit in Gemeindeprojekten, die sich mit Bildungs- und Um-

weltfragen beschäftigen. Es gibt eine kleine Bibliothek mit englischsprachigen Büchern und den ganzen Tag über gutes Frühstück.

Monty's Surf Camp LODGE $$$
(☎8473-3255; www.montysbeachlodge.com; Playa Jiquilillo; B/DZ 35/66 US$;) Dieses Mittelkasse-Surfcamp liegt direkt am Wasser. Die Zimmer werden durch Ventilatoren gekühlt und die Betten durch Moskitonetze geschützt. Die meisten Gäste hier haben ein Wochenpaket (EZ/DZ/3BZ 700/600/500 US$ pro Pers.) gebucht, das alle Mahlzeiten umfasst. Aber man kann auch nur für ein paar Tage kommen, am Pool faulenzen und von der Hängematte aus den Sonnenuntergang bestaunen.

An- & Weiterreise

Busse nach Chinandega (1 US$, 1½ Std., 5-mal tgl.) fahren etwa zwischen 7 und 16.30 Uhr. Einige Unterkünfte können Transfers organisieren, wenn man sie rechtzeitig kontaktiert. Die NIC-58 von der Fernstraße NIC-12 nach Jiquilillo ist nicht asphaltiert, aber in gutem Zustand.

Reserva Natural Estero Padre Ramos

KNAPP 500 EW.

Knapp 2 km nördlich der Playa Jiquilillo liegt Padre Ramos, ein klitzekleines verschlafenes Fischerdorf im staatlich geschützten Feuchtgebiet der Reserva Natural Estero Padre Ramos. Das Flussdelta gehört zum größten erhaltenen Mangrovenwald Zentralamerikas und ist ein wichtiger Bestandteil der geplanten **Reserva Biologica Golfo de Fonseca**; die Schaffung dieses Feuchtgebietreservats wurde zwischen Nicaragua, Honduras und El Salvador vereinbart.

Die Bewohner der Gegend bieten für 10 bis 40 US$ Boots-, Kajak- und Vogelbeobachtungstouren durch die Mangroven. In der Zeit von Juli bis Dezember legen Meeresschildkröten hier ihre Eier ab, besonders im Oktober und November. Mit Fragen zum Schildkrötenschutzprogramm kann man sich an das Hostel Rancho Tranquilo wenden.

Ibis Exchange (☎8961-8548; http://ibiskayaking.com; Padre Ramos; Tagestouren 40 US$ pro Pers.) in Padre Ramos veranstaltet Tagestouren und mehrtägige Camping- und Kajaktouren (2 Tage, 1 Übernachtung 150 US$ pro Pers.) durch das Feuchtreservat sowie mehrtägige Touren an die Pazifikküste und Besteigungen des Volcán Cosigüina. Auf dem Gelände der Basisstation von Ibis im Naturschutzgebiet gibt's einen Bioobstanbau, Komposttoiletten und Solarzellen. Im Voraus kontaktieren!

Man kann auch im 2 km entfernten Playa Jiquilillo nächtigen: Dort sind mehr Übernachtungsmöglichkeiten vorhanden.

An- & Weiterreise

Vom Mercadito in Chinandega fahren Busse über Playa Jiquilillo nach Padre Ramos (1 US$, 1½–2 Std., 6.45, 9.45, 11.15, 14.45 und 16.15 Uhr). Einige Unterkünfte im nahen Playa Jiquilillo arrangieren mit Vorwarnung ebenfalls Transfers. Die NIC-58 von der Fernstraße NIC-12 nach Jiquilillo ist nicht asphaltiert; die letzten 2 km nach Padre Ramos sind sandig. In Padre Ramos selbst nimmt man die Ästuar- und nicht die Strandstraße, da man sonst eventuell im Sand stecken bleibt.

Chinandega

111 300 EW.

Das feuchtheiße Chinandega ist ein regionaler Verkehrsknotenpunkt mit ein paar recht guten Hotels und Restaurants, einem archäologischen Museum und mehreren schönen Kirchen. Hier kann man ganz gut ein oder zwei Nächte verbringen; am besten gönnt man sich eine Klimaanlage! Wer auf dem Weg zu den Stränden im Nordwesten Nicaraguas oder zum wenig besuchten Volcán Cosigüina ist, wird sich wohl ein wenig näher mit diesem geschäftigen Agrarstädtchen anfreunden.

Sehenswertes

★ **Museo Enrique B. Mántica** MUSEUM
(☎2341-4291; Farallones Hotel, 2c E, Reparto los Angeles; 5 US$; ⌚Mo–Fr 8–17 Uhr) Wer sich auch nur ein bisschen für Archäologie interessiert, sollte hier in einem der besten Museen des Landes vorbeischauen. Die schön dargebotene Sammlung befasst sich v. a. mit präkolumbischer Keramik und ist chronologisch aufgebaut, von der Frühzeit bis zur Ankunft der Spanier. Das Museum ist etwas schwer zu finden: Es ist inmitten von Werkstätten, in denen Jugendliche verschiedene Handwerke lernen, beim Farallones Hotel an der NIC-24 ausgeschildert.

Iglesia Guadalupe KIRCHE
(Santuario de Nuestra Señora de Guadalupe; correo, 3½c S; ⌚unterschiedl.) Chinandega besticht mit einigen wirklich auffallenden Kirchen wie der Iglesia Guadalupe von 1878. Im Gegensatz zur leuchtenden, ziemlich protzigen kolonia-

len Fassade erscheint das Innere mit seinen wertvollen Holzmöbeln und einer besonders schönen Jungfrau Maria eher schlicht.

Schlafen & Essen

Hotel Casa Real HOTEL $$
(☎2341-7047; http://hotelcasareal.net; Parque Central, 2c S, ½c E; EZ/DZ 30/40 US$; ❄📶) Dieses Hotel ein paar Straßen südlich des Parque Central ist das netteste in diesem Teil der Stadt. Es bietet makellos saubere Zimmer, freundliche Betreiber und ein sättigendes Nica-Frühstück.

Hotel Los Balcones de Chinandega HOTEL $$$
(☎2341-8994; www.hotelbalconeschinandega.com; esquina de los bancos, 1c N; EZ/DZ 41/53 US$; P❄📶) Das Hotel im Kolonialstil zählt mit seinen bunten Farbtupfern tropischer Kunst in den einfachen, gekachelten Zimmern zu den schöneren Unterkünften in Chinandega. Es gibt auch Balkone, aber die Gäste verbringen vielleicht lieber Zeit auf der winzigen Dachterrasse.

★ **Fritanga Las Tejitas** NICARAGUANISCH $
(Mercado, 2c E; Hauptgerichte 2–5 US$; ⌚8–21 Uhr) Diese *fritanga* ist eine örtliche Institution: Sie ist morgens, mittags und abends rappelvoll und des Öfteren tauchen Mariachis auf, um Ständchen zu bringen. Das Lokal genießt für seine solide Küche landesweit einen hervorragenden Ruf und stellt eine ausgezeichnete Gelegenheit dar, traditionelles Nica-Essen zu probieren.

La Parrillada NICARAGUANISCH $$
(Palí, 1c S; Mittagsmenü 3 US$, Hauptgerichte 4–8 US$; ⌚12–21 Uhr) Dieser Liebling der Einheimischen ist Steakhouse, Pizzeria und *fritanga* in einem. Man bestellt ein Stück Fleisch oder bedient sich am preiswerten Buffet – wer hier nichts zu essen findet, hat wahrscheinlich gar keinen Hunger!

An- & Weiterreise

Die meisten Reisenden nutzen den **Mercado Bisne** (Calle Central) auf der Südseite der Stadt – der Busbahnhof liegt zum Laufen zu weit von der Innenstadt entfernt, daher nimmt man am besten ein Taxi. Einige Busse fahren aber auch am kleinen Busbahnhof **Mercadito** (Parque Central, 1½c N) ab.

Es verkehren außerdem Taxis nach El Viejo (3–5 US$) und Corinto (6–8 US$).

Busse ab Mercadito

El Viejo (Bus 0,80 US$, 20 Min., 5–18 Uhr alle 15 Min.; Microbus 0,60 US$, 10 Min., 5–18 Uhr, Abfahrt sobald voll)

Playa Aserradores (1 US$, 1½ Std., tgl. um 12.30 Uhr)

Playa Jiquilillo und Reserva Natural Estero Padre Ramos (1–1,20 US$, 1½–2 Std., um 6.45, 9.45, 11.15, 14.45 und 16.15 Uhr)

Potosí (Reserva Natural Volcán Cosigüina) (1,50–1,75 US$, 3½ Std., 3-mal tgl.)

Rund um Chinandega

In der Umgebung von Chinandega gibt's eigentlich nur zwei Sachen, die für Touristen interessant sind: In der alten indigenen Hauptstadt El Viejo steht eine schöne Kolonialkirche, die besonders Pilgern gefallen wird. Chichigalpa wiederum lockt Pilger einer anderen Sorte an: Echte Rumkenner zieht es zur berühmten Brennerei Flor de Caña, um etwas über die Geheimnisse des Zuckerrohrschnapses zu erfahren.

Nördlich von El Viejo liegt vollständig abseits der ausgetretenen Pfade die **Reserva**

BUSSE AB DEM MERCADO BISNE IN CHINANDEGA

ZIEL	PREIS (US$)	DAUER	ABFAHRTEN
Chichigalpa (Microbus)	0,30	15 Min.	5–18 Uhr wenn voll
Corinto (Bus)	0,50–0,60	40 Min.	4.30–18 Uhr alle 15 Min.
Corinto (Microbus)	0,75	25 Min.	4.30–19 Uhr wenn voll
El Guasaule (honduranische Grenze; Bus)	1,70	1¾ Std.	4–17 Uhr alle 25 Min.
El Guasaule (honduranische Grenze; Microbus)	2	1 Std.	4.30–19 Uhr wenn voll
León (Bus)	0,80	1½ Std.	4–19 Uhr alle 15 Min.
León (Microbus)	1,20	1 Std.	4.30–19 Uhr wenn voll
Managua (Bus)	2,70	3 Std.	4–17.20 Uhr stündl.
Managua (Microbus)	3	2 Std.	4.30–19 Uhr wenn voll

Natural Delta del Estero Real (☎Asociación Selva 8884-9156), ein Paradies für Vogelfreunde. Die wichtigste Überlandstraße, die NIC-24, führt von Chinandega Richtung Nordosten durch weites, offenes Terrain nach Somotillo, dem letzten Ort vor der Grenze zwischen Nicaragua und Honduras.

Chichigalpa

42 000 EW.

Chichigalpa ist vor allem für seinen **Flor-de-Caña-Rum** bekannt, der in sieben Schattierungen von kristallklar bis zu einer tiefen Bernsteinfarbe hergestellt wird. Der Rum wird in der **Brennerei** (☎8966-8200; www.tourflordecana.com; Carretera a Chinandega Km 120; Führungen 10 US$; ⏱Di–So 9, 11 & 15 Uhr) gebrannt. Außerdem beherbergt die Stadt die Zuckerfabrik **Ingenio San Antonio**, die größte des Landes. Das Zuckerrohr stammt von den Hängen des **Volcán San Cristóbal**, der sich nur 15 km vom Stadtzentrum aus dem Tiefland erhebt. Sowohl die Zuckerfabrik als auch die Rumbrennerei Flor de Caña gehören der Familie Pellas, die mit einer kurzen Unterbrechung während der Revolution seit 1890 Rum herstellt. Die Rumdestillerie, die jeden Tag mehrere beliebte Führungen anbietet, ist die einzige Attraktion von Chichigalpa.

Das Städtchen verfügt über keine empfehlenswerten Unterkünfte – die meisten Besucher kommen im Rahmen eines Tagesausflugs hierher. Zahlreiche Unterkünfte gibt's in Chinandega und León.

Straßenküchen finden sich rund um den Parque Central.

ℹ An- & Weiterreise

Microbusse nach Chinandega (0,30 US$, 15 Min.) fahren von 5 bis 18 Uhr am Markt ab, sobald sie voll sind.

El Viejo

49 452 EW.

Nur 5 km von Chinandega liegt die alte indigene Hauptstadt Tezoatega, heute El Viejo genannt. Ihre **Kirche** (costado este del Parque Central; ⏱unterschiedl.) ist das Zuhause der Schutzheiligen Nicaraguas und Schauplatz der größten nationalen religiösen Veranstaltung, **La Gritería**, an der Tausende Pilger teilnehmen. Ansonsten lohnt die Kirche einen kurzen Blick, falls man durch die Stadt kommt – die meisten Besucher kommen von z. B. León oder Chinandega im Rahmen von Tagesausflügen hierher.

Wie in den meisten kleineren Orten Nicaraguas gibt's das beste Essen an den *fritanga*-Ständen am Parque Central.

ℹ An- & Weiterreise

Alle Busse von Chinandega Richtung Norden nach Potosí oder zu den Cosigüina-Stränden halten am *empalme* (Abzweigung) nach El Viejo rund 20 Minuten nach der Abfahrt von Chinandega.

Busse und Minibusse nach Chinandega (0,60–0,80 US$, 10–20 Min., alle 15 Min.) fahren vor der Basilika ab. Ein Taxi nach Chinandega kostet 3 bis 5 US$.

Ein Hinweis für Selbstfahrer: Hier besteht die letzte Möglichkeit zu tanken, falls man Richtung Norden auf die Halbinsel unterwegs ist.

Potosí

KNAPP 1000 EW.

Das kleine Fischerdorf ist der wichtigste Ausgangspunkt für Wanderungen auf den Volcán Cosigüina sowie ein Tor nach El Salvador: Dank regelmäßiger Bootsverbindungen gelangt man ohne den langen Umweg über Land zu den salvadorianischen Stränden.

Eine Übernachtung hier lohnt sich nur für Leute, die morgens das Boot nach El Salvador erreichen wollen.

ℹ An- & Weiterreise

Potosí liegt 74 km nordwestlich von Chinandega. Es verkehren täglich bis zu sechs Busse zwischen Chinandega und Potosí (1,50–1,75 US$, 3 Std.). Mit dem Auto sind es 59 km über die schön geteerte Ruta 12, dann 15 km von der Abzweigung zum Dorf, die ersten 12 km ungeteert und sehr holprig, doch außerhalb der Regenzeit mit einem normalen Pkw passierbar.

Von Potosí betreibt **Ruta del Golfo** (☎El Salvador 503-2525-6464, Nicaragua 2315-4099; www.rutadelgolfo.com) mindestens ein Boot pro Woche über den malerischen Golfo de Fonseca nach La Unión in El Salvador (65 US$, 2½ Std.); Abfahrt ist gewöhnlich um 12.30 Uhr, mit optionaler Abholung im Allradwagen von León um 8.30 Uhr (insgesamt 99 US$).

Reserva Natural Volcán Cosigüina

Dies war einst der höchste Vulkan Zentralamerikas, vielleicht über 3000 m hoch, aber das änderte sich am 20. Januar 1835. Beim vielleicht gewaltigsten Vulkanausbruch in ganz Amerika seit der Zeit der Kolonisierung büßte der heißblütige Halbinselvulkan bei einer einzigen Explosion die Hälfte seiner Höhe ein – das Meer wurde mit Bims übersät, in drei Ländern blieb es drei Tage lang dunkel und von Mexiko bis Kolumbien regnete es Asche. Was heute noch vom Volcán Cosigüina übrig ist, kauert 872 m hoch wie ausgepowert im breiten und zerklüfteten Herzen der Halbinsel.

Dahinter erstreckt sich der **Golfo de Fonseca**, den die ausgedehntesten Mangrovenwälder ganz Amerikas säumen. Auf der anderen Seite des Vulkans blickt man von der Siedlung **Punta Ñata** auf 250 m hohe Klippen. Dahinter liegen die **Farallones del Cosigüina** (oder Islotes Cosigüina), eine Reihe von Vulkaninselchen. Die zahlreichen schwarzsandigen Strände in der Gegend lassen sich prima auf eigene Faust erkunden.

An- & Weiterreise

Zwischen Chinandega und Potosí verkehren über La Piscina bis zu sechs Busse täglich (1,50–1,75 US$, 3½ Std.), die Fahrgäste in der Nähe des Eingangs des Reservats absetzen bzw. einsammeln. Mit dem Auto sind es von Chinandega 59 km über die asphaltierte NIC-12, dann 15 km von der Abzweigung bis nach Potosí, die ersten 12 km nicht geteert und sehr holprig – außerhalb der Trockenzeit benötigt man ein Allradfahrzeug.

Vulkane bei León

Die Maribios-Kette ist das Epizentrum einer der aktivsten Vulkanregionen der Welt. Wer diese launischen Giganten hinaufwandert, wird mit wundervollen Ausblicken belohnt, ob zum Sonnenuntergang oder auch, wenn man am Vulkan zeltet, bei Sonnenaufgang. Am einfachsten und sichersten sind geführte Wanderungen oder Exkursionen, die zahlreiche Veranstalter in León und anderswo anbieten.

Wer die Vulkane in Eigenregie erkunden möchte, sollte sich zuerst an die Parkverwaltung wenden. Marena León verwaltet die Reserva Natural Volcán Momotombo, die Reserva Natural Telica-Rota und die Reserva Natural Pilas-El Hoyo mit dem Cerro Negro; **Marena Chinandega** (Ministerium für Umwelt & natürliche Ressourcen; ☎2344-2443; www.marena.gob.ni; Iglesia Guadalupe, 1½c O; ⌚Mo–Fr 9–16.30 Uhr) verwaltet die Reserva Natural San Cristóbal-La Casita und die Reserva Natural Volcán Cosigüina.

Das Gebiet ist das Eldorado für **Volcano Boarding** („Vulkansurfen“). Bei Touren mit professionellen Anbietern kann man auf extra für diesen Zweck angefertigten Boards mit ungeheurer Geschwindigkeit in die Tiefe brettern. Ein Halbtagesausflug umfasst meist Transport, Ausrüstung und Anleitung und kostet etwa 35 US$ pro Person, z. B. bei **Tierra Tour** (Karte S. 504; ☎2315-4278; www.tierratour.com; Iglesia de la Merced, 1½c N; Volcano Boarding 30 US$) in León.

Reserva Natural Volcán Momotombo VULKAN
(☎León 2311-3776) Der perfekte Kegel des **Volcán Momotombo**, Zerstörer von **León Viejo** (Puerto Momotombo; 5 US$; ⌚8–17 Uhr) und Inspiration für ein Gedicht von Rubén Darío, erhebt sich in Rot und Schwarz 1280 m über den Lago de Managua. Er ist ein Symbol für Nicaragua, die schönste Bedrohung des Landes, und hat sich an seinem Fuß ein Abbild von sich selbst erschaffen, die **Isla Momotombito** (389 m), manchmal „Das Kind“ genannt. Die meisten Besucher kommen hierher, um den Momotombo zu erklimmen, was hin und zurück acht bis zehn Stunden dauert. Auf den geführten Wanderungen hat man vom Kraftwerk am Startpunkt des Weges einen leichteren Zugang.

Reserva Natural Pilas-El Hoyo VULKAN
(☎León 2311-3776) Die meisten Besucher suchen das Naturschutzgebiet auf, um den Vulkan **Cerro Negro** (726 m, weiter wachsend) in Augenschein zu nehmen, einen der jüngsten Vulkane der Welt. Fast jeder Guide in León bietet eine geführte Wanderung auf den El Hoyo. Das bedeutet einen schattenlosen, zwei- bis dreistündigen Aufstieg zu den Dämpfen des gelb gestreiften Kraters, die einem die Tränen in die Augen treiben; von dort geht's per „Surfbrett“ wieder hinunter. Anschließend kann man in der wunderbar kühlen **Laguna de Asososca** entspannen, einem beliebten, von Dschungel umzingelten Kraterbadesee.

Reserva Natural San Cristóbal-La Casita VULKAN
(☎Chinandega 2344-2443) Der auffallende **Volcán San Cristóbal** (1745 m), der höchste Vulkan Nicaraguas, spuckt aus seinem gleichmäßigen Krater grauen Rauch. Der Aufstieg auf diese Schönheit ist recht anstrengend. Hoch dauert es sechs bis acht Stunden, hinunter dann noch einmal drei. Am besten nimmt man sich einen Führer, da der Zugang schwierig und gefährlich ist und man Privatgelände überqueren muss. Der Vulkan ist aktiv: Ende 2012 gab es zwei große Ausbrüche.

An- & Weiterreise

Wer kein eigenes Fahrzeug hat, kann die Transfers bei einem der vielen Anbieter in León organisieren, die Exkursionen in den Park anbieten.

NÖRDLICHES HOCHLAND

Das nördliche Hochland Nicaraguas liegt abseits der typischen Backpackerrouten durchs Land, doch wer sich für Kaffee, Zigarren und wunderbare Landschaften interessiert, sollte es nicht links liegen lassen. Hier nisten quietschbunte Quetzals in Nebelwäldern und werden der beste Kaffee und Tabak Nicaraguas mit kapitalistischem Eifer und Gemeinschaftssinn angebaut. Mit etwas Zeit und Hingabe wird man Wasserfälle zu sehen bekommen, die Schlucht von Somoto erkunden und den Freibeutern, Kolonialherren, Revolutionären, Künstlern und Dichtern Tribut zollen können, die sich von diesen fruchtbaren Bergen inspirieren ließen und mit den freundlichen Menschen in Kontakt kamen, die hier schon seit Generationen leben.

An den beiden Enden der Region liegen ihre zwei größten Städte: Im arbeitssamen Estelí tummeln sich Studenten, Bauern und Zigarrenmoguln, während Matagalpa sich etwas hipper gebärdet und auch dank fast hundert Jahren erfolgreichem Kaffeeanbau wohlhabender ist. Überall finden sich Granitgipfel und üppige Täler mit Dutzenden kleinen Städtchen und ihren freundlichen Einwohnern.

Estelí

125 000 EW. / 844 M

Estelí hat viele Seiten: Es ist eine Universitätsstadt mit zahlreichen progessiv gesinnten Studenten und das Handelszentrum für die bäuerlichen Siedlungen im Umland. Unter der Woche beginnt der Tag vielleicht mit einer Runde Yoga bei Sonnenaufgang vor dem Spanischunterricht, samstags mischt man sich dann auf dem riesigen Lebensmittelmarkt unters Volk und trifft die Händler später, gegen Mitternacht, auf der Tanzfläche einer *ranchero*-Bar wieder.

Wegen der strategisch günstigen Lage an der Panamericana in der Nähe der Grenze zu Honduras war Estelí während der Revolution heftig umkämpft und spielte auch im Contra-Krieg eine wichtige Rolle – kein Wunder also, dass die Sandinisten hier nach wie vor sehr viele Anhänger haben. Es ist zwar nicht besonders schön, doch dank seinem Flair und dem leichten Zugang zu den Bergen in der Umgebung ist Estelí ein bei Backpackern beliebter Stützpunkt.

Sehenswertes & Geführte Touren

★ Galería de Héroes y Mártires MUSEUM

(Karte S. 517; ☎8419-3519, 2714-0942; http://galleryofheroesandmartyrs.blogspot.com; Av 1a NE & Calle Transversal; Spende erbeten; ⌚Di–Fr 9.30–16 Uhr) Ein Muss ist diese bewegende Galerie mit verblichenen Fotos, Kleidungsstücken und Waffen, die den Männern und Frauen gewidmet ist, die ihr Leben in der Revolution ließen. Sehr interessant ist beispielsweise die auch auf Englisch beschriftete Ausstellung zum Kämpferpoeten Leonel Rugama. Die Öffnungszeiten sind eher unregelmäßig.

Catedral KIRCHE

(Karte S. 517; Parque Central) Die Kathedrale von 1823 beeindruckt mit einer wundervollen Fassade und lohnt auf jeden Fall eine kurze Besichtigung. Die umliegenden Häuser schmücken einige interessante **Wandbilder**, wenn auch die meisten Originalbilder aus der Revolutionszeit schon lange verschwunden sind.

★ Tree Huggers KULTURTOUREN

(Karte S. 517; ☎8405-8919, 8496-7449; www.treehuggers.cafeluzyluna.org; Ecke Av 2a NE & Calle 3a NE; ⌚8–21 Uhr) Der nette Reiseveranstalter ist der örtliche Spezialist für Ausflüge nach Miraflor und Tisey, hat aber noch weitere interessante Gemeindetourismusprojekte der Region im Programm wie den Cañon de Somoto. Super ist die Zigarrentour (10 US$, inkl. 2 US$ Spende pro Pers.). Die freundlichen Mitarbeiter haben außerdem jede Menge Tipps für Individualreisende auf Lager. Mit den Gewinnen werden örtliche soziale Projekte unterstützt.

★ La Gran Fabrica Drew Estate TOUREN

(www.cigarsafari.com; Barrio Óscar Gámez 2) Der innovativste Zigarrenhersteller von Estelí veranstaltet mehrtägige „Zigarrensafari"-Touren mit allem Drum und Dran für echte Glimmstängelenthusiasten. Diese Nobeltouren umfassen ausgezeichnetes Essen und stellen eine Möglichkeit dar, komplett in eine bestimmte Kultur einzutauchen. Das Ganze richtet sich an den nordamerikanischen Zigarrenkennermarkt.

Estelí

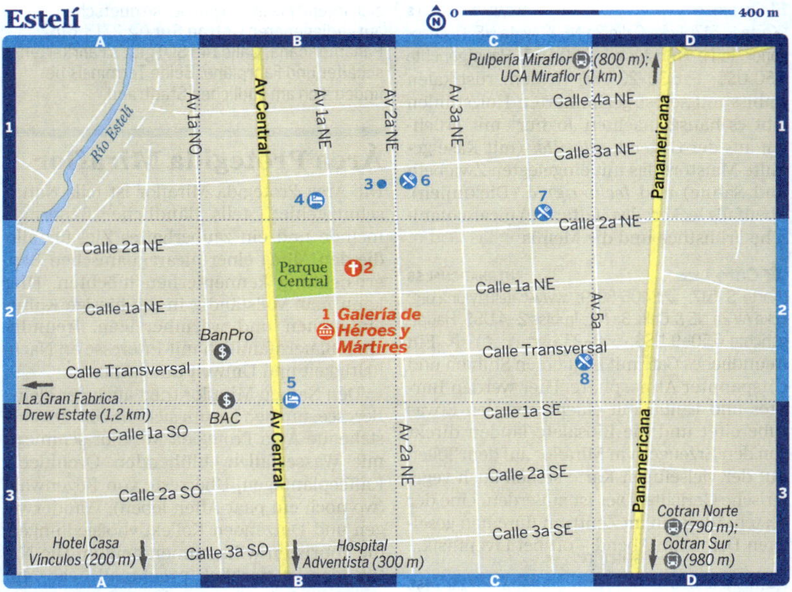

Estelí

Highlights
1 Galería de Héroes y Mártires B2

Sehenswertes
2 Catedral B2

Aktivitäten, Kurse & Touren
3 Tree Huggers B1

Schlafen
4 Hotel Los Arcos B1
5 Iguana Hostel B2

Essen
6 Café Luz C1
7 El Quesito C1
8 Pullaso's Ole C2

Schlafen & Essen

Iguana Hostel HOSTEL $

(Karte S. 517; ☎5704-5748; www.facebook.com/jairoaiguanas; Av Central, Calle Transversal, 75 m S; EZ/DZ 10/11 US$; 📶) Das billige, fröhliche Iguana bietet neben einer Lage im Zentrum alles, was Budgetreisende brauchen: geräumige Zimmer, eine Gästeküche und Hängematten im Innenhof. Leider gibt es keine Schlafsäle. Das ganze Haus ist reizend bemalt und die Mitarbeiter sind superfreundlich.

★ **Hotel Casa Vínculos** HOTEL $$

(☎2713-2044; www.casavinculos.com; Almacén Sony, 1c 1/2 al Oeste; EZ/DZ mit Frühstück 31/50 US$; 📶) Das exzellente Hotel ist ein toller Fund. Auf zwei Etagen bietet es rund um einen mit Bäumen bepflanzten Innenhof acht Zimmer, darunter zwei für Reisende mit eingeschränkter Mobilität. Die ventilatorgekühlten Räume strahlen vor Sauberkeit und verfügen über gute Matratzen und Bäder. Mit den Gewinnen werden Bildungsprogramme für einheimische Kinder unterstützt.

Hotel Los Arcos HOTEL $$$

(Karte S. 517; ☎2713-3830; www.hotelosarcosesteli.com; Ecke Av 1a NE & Calle 3a NE; EZ/DZ/2BZ mit Frühstück und Ventilator 47/49/53 US$, mit Klimaanlage 58/61/65 US$; P❄📶) Das von einer gemeinnützigen Organisation betriebene Los Arcos ist nach wie vor das Hotel in der Stadt mit dem besten Preis-Leistungs-Verhältnis, mit traumhafter Lage, einer Dachterrasse mit umwerfenden Berg- und Stadtblicken und makellos sauberen Zimmer mit weicher Bettwäsche, spanischen Kacheln und hohen Decken. Die bunt gestrichenen Zimmer machen den allgemeinen Mangel an Licht wieder wett – am meisten Licht bekommen die Zimmer nach hinten raus ab.

El Quesito NICARAGUANISCH $
(Karte S. 517; Ecke Calle 2a NE & Av 4a NE, Del Asoganor, 1c N; Frühstück 1–2,50 US$, Hauptgerichte 4,50 US$; ⌚6.30–20 Uhr) In dem rustikalen Imbiss mit selbst gezimmerten Holzstühlen gibt es hausgemachten Joghurt mit Früchten aus der Gegend, *quesillos* (mit Käse gefüllte Maistortillas mit eingelegten Zwiebeln und Sahne) und *leche agria* (Dickmilch). Ebenfalls lecker: das (fettarme) nicaraguanische Frühstück und die Menüs.

★ **Café Luz** INTERNATIONAL $$
(Karte S. 517; ☎8405-8919; www.cafeluzyluna.org; Ecke Av 2a NE & Calle 3a NE; Imbiss 2–4 US$, Hauptgerichte 6,50–9 US$; ⌚8–23 Uhr; 📶📝) Ein freundliches Café mit bequemen Stühlen und entspannter Atmosphäre. Hier werden Burritos und Fajitas mit einem gewissen Etwas zubereitet und die Biosalate landen direkt von den Erzeugern in Miraflor auf dem Teller. Auf der vielseitigen Karte stehen auch vegetarische Gerichte. Dies ist außerdem eine der besten Adressen im Zentrum für einen geselligen Drink am Abend – oft bei Livemusik.

Pullaso's Ole STEAKS $$$
(Karte S. 517; ☎2713-4583; Ecke Av 5a SE & Calle Transversal; Gerichte 10–25 US$; ⌚12–23 Uhr; 📶) Das nette, familienbetriebene Grillrestaurant ist nach einem argentinischen Rindfleischstück benannt, dem *pullaso*, und die beste Adresse der Stadt für ein gutes Steak. Neben Angusrind aus zertifizierter Haltung gibt's auch Gerichte mit Schweinefleisch, Huhn und Chorizo, zu verzehren auf der Veranda vorm Haus oder im urigen Speisesaal mit Regalen voller argentinischer Rotweinflaschen.

ℹ Praktische Informationen

GELD

BAC (Karte S. 517; Av 1a NO, Calle Transversal, 50 m S) MasterCard/Cirrus/Visa/Plus-Geldautomat.

BanPro (Karte S. 517; Ecke Calle Transversal & Av 1a NO) Zuverlässiger Geldautomat. Wechselt auch Euros und Dollars.

MEDIZINISCHE VERSORGUNG

Hospital Adventista (☎2713-3827, 8851-5298; Av Central, Calle 6a SO, ½c S; ⌚24 Std.) Privates Krankenhaus mit verschiedenen Spezialisten.

ℹ An- & Weiterreise

In Estelí gibt es nicht weit voneinander zwei Busbahnhöfe: Am rustikalen **Cotran Norte** (☎2713-2529; Panamericana, Calle 11a SE) muss man sich irgendwie in Provinzbusse quetschen, am gediegeneren **Cotran Sur** (☎2713-6162; Panamericana, Calle 14a SO) gibt's Fahrkartenschalter und Fahrpläne. Beide Terminals befinden sich am südlichen Stadtrand.

Área Protegida Miraflor

Die Área Protegida Miraflor ist teils Naturschutzgebiet, teils ländliche Bauerngemeinde und ein zauberhaftes Ziel für alle, die den Alltag einer nicaraguanischen Bauernsiedlung kennenlernen möchten. Hier kann man vollständig in die hiesige Kultur eintauchen und warmherzigen, freundlichen Bauernfamilien mit Interesse an Nachhaltigkeit und Umwelt unterstützen.

Den Namen Miraflor trägt auch der kleine Bergsee, um den herum sich die seit 1999 bestehende Área Protegida Miraflor schmiegt: mit Wasserfällen, blühenden Orchideen, Kaffeeplantagen, Überreste von Regenwald (wo noch ein paar Affen leben), Wanderwegen und Dutzenden Kollektivhofsiedlungen, die Touristen willkommen heißen. Die Natur hier ist wirklich prachtvoll – absolut unvergesslich aber ist die Erfahrung, am ländlichen Alltag Nicaraguas teilzunehmen: frische Tortillas herstellen, Kühe melken, Kaffee ernten oder mit den *caballeros* (Reitern) durch die hügelige Landschaft galoppieren.

Im Naturschutzgebiet gibt es eine Reihe von Übernachtungsmöglichkeiten, die alle bei der **UCA Miraflor** (Unión de Cooperativas Agropecuarias de Miraflor; ☎2713-2971; www.ucamiraflor.org; Gasolinera Uno Norte, 2c E, ½c N; ⌚Mo–Fr 8–12 & 13–17.30, Sa 8–15 Uhr) oder bei Tree Huggers (S. 516) in Estelí gebucht werden sollten. Die Zimmer in den Bauernhäusern ermöglichen den direktesten Kontakt zu einheimischen Familien, in den *cabañas* hat man dafür mehr Privatsphäre. Beide Optionen (z. T. mit Plumpsklos) sind sehr rustikal. Inklusive Vollpension zahlt man etwa 28 US$ pro Person.

ℹ An- & Weiterreise

Von Estelí fahren jeden Tag mehrere Busse in die Área Protegida Miraflor. Komfortabler und praktischer sind Transfers mit Allradfahrzeugen, zu organisieren über die UCA Miraflor oder Tree Huggers (S. 516).

Nach Coyolito (0,65 US$, 45 Min.) und La Pita (0,70 US$, 1 Std.) fahren täglich um 5.45 und 13 Uhr Busse von der **Pulpería Miraflor** (Calle 14 NE) in Estelí (bei der Uno-Tankstelle an der Panamericana nördlich der Stadt), Rückfahrt ab La Pita um 8 und 15 Uhr.

Vom Busbahnhof Cotran Norte in Estelí fahren täglich außer mittwochs drei Direktbusse nach Cebollal (0,65 US$, 45 Min.), und zwar um 6, 11 und 15.45 Uhr.

Nach La Perla oder El Sontule (0,65 US$, 1 Std.) fährt Montag bis Samstag um 14 Uhr vom Cotran Norte der Camino-Real-Bus Oro Verde/ Sontule/Puertas Azules. In die andere Richtung, also von La Perla und El Sontule, fährt der Bus Montag bis Samstag um 7 Uhr.

Área Protegida Cerro Tisey-Estanzuela

Dieses Schutzgebiet nur 10 km südlich von Estelí ist kleiner, trockener und weniger dicht besiedelt als die Área Protegida Miraflor, aber mindestens genauso bildschön und ist jetzt ebenfalls auf den Touristenzug aufgesprungen. Tisey kann nicht mit der gleichen Artenvielfalt aufwarten, doch die zerklüfteten, von Kiefern überzogenen Berge, die Fledermaushöhlen aus rotem Ton, die Wasserfälle und wunderbaren Aussichten, die bis zum Lago de Managua reichen – und an klaren Tagen bis nach El Salvador – lohnen den Abstecher hierher allemal.

Wer möchte, kann einen Tagesausflug ab Estelí unternehmen, allerdings liegen die Attraktionen über das 93 km^2 große Gelände verteilt und es fahren nur wenige öffentliche Verkehrsmittel. Mehr sehen wird man also, wenn man in einer der Lodges oder Privatunterkünfte über Nacht bleibt.

ℹ An- & Weiterreise

Täglich außer mittwochs fahren zwei Busse nach Tisey (1 US$, 1 Std.). Sie sind mit „La Tejera" beschildert und verlassen das Terminal Cotran Sur in Estelí um 6.30 und 13.30 Uhr. Sie passieren den Salto Estanzuela und die Eco-Posada Tisey, bevor sie an der Abzweigung nach La Garnacha halten; von dort sind es noch 1,5 km bis ins Dorf. An derselben Abzweigung fahren täglich außer mittwochs um 8 und 15 Uhr Busse zurück nach Estelí.

In der Regel unternehmen Taxifahrer diese Tour nicht, da die Straße in einem ziemlich erbärmlichen Zustand ist und die meisten Fahrer sich nicht ihr Fahrzeug ruinieren möchten. Tree Huggers (S. 516) in Estelí bietet für 60 US$ die Hin- und Rückfahrt in einem Pick-up – eine gute Option für Tagesausflüge.

Somoto

35 000 EW. / 705 M

Den großartigen Cañon de Somoto, eine der reizendsten Naturschönheiten Nicaraguas, sollte man in diesem Teil des Landes auf keinen Fall versäumen. Er bietet Gelegenheit zu einem sehr kurzweiligen und spannenden Tagesausflug mit Wandern, Baden, Kraxeln und Bootfahren in einem engen, hoch aufragenden Canyon; hier beginnt der Río Coco, der längste Fluss Zentralamerikas, seine weite Reise zum Karibischen Meer.

Bis 2003 war das nahe Städtchen Somoto nur ein verschlafener Ort im Schatten von Honduras und in der Gegend bekannt für die vielen Esel und *rosquillas* (knusprige Maisbrotkringel). Doch dann „entdeckten" zwei tschechische Wissenschaftler, was den Einheimischen schon seit Ewigkeiten bekannt war: die dramatische Schlucht in der Nähe. Sie schien wie eigens für den Tourismus geschaffen. Über Nacht wurde Somoto zu einem beliebten Zwischenstopp der Backpacker zwischen Honduras und Granada und ist heute die am zweitmeisten besuchte Attraktion Nicaraguas – also nicht versäumen!

★ Monumento Nacional Cañon de Somoto NATIONALPARK
(Carretera Somoto–El Espino Km 229,5; 2 US$) Der Coco (oder Wangki), der längste Fluss Zentralamerikas, fließt bis zum Karibischen Meer, doch am spektakulärsten ist vielleicht sein Anfang. Er quillt aus dem Untergrund und hat ins harte Felsgestein eine 3 km lange Schlucht gegraben, die 160 m tief und teils nur 10 m breit ist. Sie steht als Monumento Nacional Cañon de Somoto unter Naturschutz und der Besuch ist ein umwerfendes Erlebnis.

Somoto Canyon Tours ABENTEUERTOUREN
(☎8610-7642; www.somotocanyontours.org; Carretera Somoto–El Espino Km 229,5) Direkt beim Eingang zum Cañon de Somoto befindet sich im Dorf Sonis eine gut geführte gemeindebasierte Tourismusorganisation. Sie schnürt ein fantastisches Paket mit Transport ab Somoto, Schwimmwesten und Wasserschuhen, Trockentasche, Eintrittsgebühr, Guide, Mittagessen und Bootstour für 25 US$ pro Person auf der Standardrunde bzw. 30 US$ für die längere Version.

Quinta San Rafael LODGE $$$
(☎8449-1766; info.canondesomoto@gmail.com; entrada Cañon de Somoto; Camping 10 US$ pro Pers., Haus für bis zu 12 Pers. 250 US$, Cabaña für 6–8 Pers. 120 US$) Dieses ländliche Anwesen in privilegierter Lage am Eingang zur Schlucht bietet die komfortabelste Unterbringung weit und breit. Das Haupthaus hat Gästezimmer auf zwei Etagen, in der Lounge einen offenen Kamin, eine Küche

BUSSE AB SOMOTO

ZIEL	PREIS (US$)	DAUER	ABFAHRTEN
El Espino (honduranische Grenze)	0,40	40 Min.	5.15–17.15 Uhr stündl.
Estelí	1,10	1¾ Std.	5.20–17 Uhr alle 40 Min.
Managua *(expreso)*	3,40	4 Std.	5, 6.15, 7.30, 14, 15.15 Uhr
Managua *(ordinario)*	2,50	4½ Std.	4–17 Uhr fast stündl.
Ocotal	0,50	1 Std.	5.15–16.30 Uhr alle 45 Min.

und eine wunderbare Terrasse mit Panoramablick auf die Berge. Außerdem stehen mehrere kleinere *cabañas* zur Verfügung und im Garten kann gezeltet werden.

An- & Weiterreise

Der Busbahnhof von Somoto liegt an der Panamericana, sechs Querstraßen vom Stadtzentrum entfernt. Busse von Somoto nach El Espino kommen am Eingang zur Schlucht vorbei – wenn man dem Fahrer sagt, wo man hinmöchte, setzt er einen dort ab.

Jinotega

51 800 EW. / 985 M

In einem grünen Tal versteckt sich inmitten von in Nebelwälder gehüllten, von Granitkämmen gekrönten und von tiefen Schluchten zerfurchten Bergen die „Stadt der Nebel". Ihre Lage ist herrlich, und obwohl die Stadt selbst keine Kolonialschönheit ist, sind die weiten Straßen und gepflegten öffentlichen Plätze einladend und das Klima ist kühl und luftig.

Hierher verschlägt es nur wenige Touristen, doch wer herkommt, kann den nahe gelegenen Lago de Apanás besuchen und in die nebelverhangenen Berge wandern, um dort den Kaffeeanbau kennenzulernen und durch Primärwald zu schlendern. Den **Cerro La Cruz** sollte man unbedingt an einem klaren Vormittag erklimmen, um Jinotega in all seiner jadegrünen Pracht bewundern zu können.

Jinotegas Spitzname kommt übrigens nicht von ungefähr. Die Durchschnittstemperatur liegt bei gerade mal 20 °C und manchmal fallen um die 2600 mm Regen pro Jahr; deshalb sollte man einen warmen Fleece für kalte Abende mitbringen.

★ Hotel Café HOTEL $$$

(☎2782-2710; Gasolinera Uno, 1c O, ½c N; EZ/DZ mit Frühstück 55/65 US$; P❄📶) Die Zimmer der komfortabelsten Unterkunft in Jinotega sind inzwischen etwas in die Jahre gekommen, aber ganz okay. Sie sind in Pastellfarben gestrichen und haben teils nur wenig natürliches Licht, verfügen jedoch über Schreibtische und schnelles WLAN. Der Service ist professionell und zuvorkommend und das Frühstück ist gut. Weitere Pluspunkte sind der superschnelle Wäscheservice und die kostenlosen Parkplätze in der Garage gegenüber.

★ Jikao Cafe CAFÉ $$

(www.facebook.com/jikaocafe; Hotel Café, ½c N; Hauptgerichte 3–6 US$; ⌚Mo–Sa 8–21, So 12–21 Uhr; 📶) Das hübsche neue Café macht fast alles richtig: Es gibt freundliches Personal, eine hippe Einrichtung, ausgezeichneten Kaffee – die Konkurrenz ist groß hier – und köstliches Essen, das weit entfernt ist von *gallo pinto* – z. B. herzhafte und süße Crêpes, *chimichangas*, gegrillte Käsesandwiches und himmlische Passionsfrucht-Mousse.

★ Bar Jinocuba BAR

(Alcaldía, 5c N; ⌚Mo–Do 15–23, Fr–So bis 24 Uhr; 📶) Eine groovige Szenebar – garantiert ohne *rancheros* – mit gelegentlicher Livemusik und anderen Kulturevents. Die jungen Betreiber kennen sich in Sachen Tourismus in der Gegend bestens aus und können für die Erkundung der umliegenden Berge unabhängige Englisch und Deutsch sprechende Guides vermitteln. Außerdem sind hier kubanische und andere ausländische Gerichte erhältlich.

An- & Weiterreise

Es gibt zwei Busbahnhöfe in Jinotega: Der **Cotran Norte** beim Markt ist nicht viel mehr als ein chaotischer Parkplatz; der ordentliche und saubere **Cotran Sur** (📶) am südlichen Stadtrand ist der beste Busbahnhof der Region, mit Geschäften, Abfahrtsdurchsagen und sogar einer Wartelounge mit WLAN.

Busse ab Cotran Norte:

Estelí (1,60 US$, 2 Std., 5.15, 7, 9, 13, 14.45 & 15.30 Uhr)

Pantasma (Asturias) (1,60 US$, 1½ Std., 4–16.30 Uhr stündl.)
Pantasma (San Gabriel) (1,60 US$, 1½ Std., 5.30–16.30 Uhr stündl.)
San Rafael del Norte (*ordinario* 0,70 US$, 40 Min.; *expreso* 1 US$, 30 Min., jeweils 6–18 Uhr halbstündl.)
Yalí (1,60 US$, 2 Std., 6, 8.30, 10, 12, 14.30 und 16 Uhr)

Busse ab Cotran Sur:

Managua (2,80 US$, 3½ Std., 4–16 Uhr 10-mal tgl.) Tickets gibt's im Büro am Cotran Sur.
Matagalpa (0,85 US$, 1¼ Std., 5–18.15 Uhr halbstündl.)

Matagalpa

150 600 EW. / 902 M

Matagalpa ist zwar eine der größten Städte Nicaraguas, doch trotzdem recht provinziell und entspannt, fast ein urbanes Zentrum wider Willen in dieser sehr idyllischen Region. Die Berge, die sich in allen Richtungen rund um die Stadt erheben, sind den Bewohnern Matagalpas stets präsent, ebenso wie der an den Hängen produzierte Kaffee, der den Wohlstand der Stadt in der Vergangenheit begründete.

Die Stadt selbst ist recht angenehm, mit einer jugendlichen, freundlichen Bevölkerung, die sich über Besucher zu freuen scheint. Am besten dient die Stadt jedoch als behagliche Basis für die Erkundung der Umgebung: Dort kann man durch Primärwald zu rauschenden Wasserfällen wandern, Kaffeeplantagen und aufgelassene Minenschächte erkunden und *ranchero*-Troubadouren beim Improvisieren lauschen.

★ Nativos Tours TOUREN
(☎2772-7281, 8493-0932; nativotour@hotmail.com; Cancha Brigadista, 4c E) Der englischsprechende Anbieter Nativo Tours hat mit die einfallsreichsten und interessantesten Exkursionen in der Region im Programm. Der junge Eigentümer Guillermo liebt das Wandern und die Natur. Zu seinen Touren zählen neben Kulturtouren durch die Stadt, Töpferei-Workshops und Wanderungen zum Kreuz oberhalb der Stadt auch Ausritte, Viehtreiben, Besuche bei Wasserfällen und sogar nächtliche Wanderungen.

★ Matagalpa Tours ABENTEUERTOUREN
(☎2772-0108, 2772-5379; www.matagalpatours.com; Parque Rubén Darío, 1c E, 20 m N; Touren ab 15 US$; ⏲Mo–Fr 8–12.30 & 14–18, Sa 8–16 Uhr) Matagalpa Tours offeriert fast ein Dutzend interessante Möglichkeiten, die Stadt und ihr Umland zu erkunden. In Matagalpa selbst werden Stadtrundgänge angeboten und Fahrräder verliehen, aber die schönsten Touren führen in die umliegenden Berge. Zu den Tages- und Mehrtagestouren gehören z. B. faszinierende Führungen durch Kaffeeplantagen in der Nähe.

★ Buongiorno Principessa PENSION $$
(☎2772-2721; buongiornoprincipessa35@gmail.com; Cancha Brigadista, 2c E ½c N; B/Zi. mit Frühstück 12/30 US$; ⓦ) Das lockere Gästehaus an einer schmalen Gasse bietet ein ausgezeichnetes Preis-Leistungs-Verhältnis. Die Schlafsäle verfügen über gute Matratzen und sind nicht zu voll, die Privatzimmer sind hell und einladend. Alle haben Ventilatoren und warmes Wasser und sind blitzsauber. Das im Preis inbegriffene Frühstück ist erstklassig; das Highlight jedoch ist die Dachterrasse voller Hängematten und Pflanzen mit Rundumblick auf die Stadt.

★ La Buena Onda HOSTEL $$
(☎2772-2135; www.labuenaonda.com.ni; Cancha Brigadista, 2½c E; B/EZ/DZ 9/25/30 US$; ⓦ) Sauber, zentral gelegen und mit entspannter Atmosphäre – das beliebte Hostel in einem gemütlichen Haus mit gut eingerichteten Zimmern bietet geräumige Schlafsäle mit Bädern und großen Schließfächern sowie oben einen Balkon mit Blick auf die Straße. Außerdem gibt's eine Gemeinschaftsküche, einen kleinen Garten und einen Wäscheservice. Die hilfsbereiten Mitarbeiter haben jede Menge Infos zu Sehenswürdigkeiten in der Stadt und ihrer Umgebung.

★ Lunaflor INTERNATIONAL $$
(☎8617-8600; contiguo a tienda la Piñata; Hauptgerichte 4–8 US$; ⏲Mo–Sa 16–22 Uhr; ⓦ🖉) Dieser ausgezeichnete Neuzugang in der Restaurantszene von Matagalpa ist ein Geschenk des Himmels für alle Reisenden, die von der typischen Nica-Küche die Nase voll haben. Hier gibt's Curry- und Teriyaki-Gerichte, Bruschetta, Bagels und handwerklich gebrautes Bier – alles Sachen, die man im nördlichen Hochland sonst nicht findet. Das ganze Restaurant ist wundervoll: Die Tische stehen auf einer luftigen Terrasse unter einem mit Lichterketten geschmückten Baum.

ℹ Praktische Informationen

GELD

Die meisten Banken befinden sich an der Avenida Martínez einen Häuserblock südlich des Parque Morazán.

MEDIZINISCHE VERSORGUNG

Clinica Santa Fe (☎2772-2690, Notfall 8419-6283; Catedral, 3c N, ½c E; ⌚24 Std.)

An- & Weiterreise

In Matagalpa gibt es zwei Hauptbusterminals: Am recht gut durchorganisierten **Cotran Sur** (☎2772-4659) ca. 800 m westlich des Parque Rubén Darío fahren vor allem Busse nach Managua, Jinotega und zu den meisten anderen Reisezielen im Süden ab.

Im Vergleich zum Cotran Sur ist der **Cotran Norte** (Cotramusun) neben dem Nordmarkt verwirrend. Von hier fahren zumeist Busse zu ländlichen Zielen im Norden.

Dipilto

200 EW. / 880 M

Eine schönere Lage als die dieses winzigen Berg-*pueblo* 20 km nördlich von Ocotal bzw. eine halbe Autostunde von Honduras ist kaum vorstellbar. Das Dörfchen mit seinen engen Kopfsteinpflastergassen ist von den mit Kiefern und Kaffeepflanzen bestandenen Segovias umgeben, durch die sich ein reißender Fluss ein Bett gräbt.

Die majestätischen Berge rund um Dipilto gelten als eins der besten Kaffeeanbaugebiete des Landes. Die Angestellten in der **alcaldía** (☎8429-3489) können Wanderungen durch einige der wunderschönen Plantagen in der Umgebung mit besonders dafür ausgebildeten einheimischen Führern organisieren. Außerdem können geführte Wanderungen zu Quetzal-Nistplätzen im Nebelwald am 1867 m hohen El Volcán arrangiert werden.

Die **Finca San Isidro** (☎2732-2392; La Laguna; Zi. mit Frühstück 20 US$ pro Pers.) 10 km nördlich von Dipilto ist eine zauberhafte Kaffee-Hacienda mit herrlichem Blick auf die umliegenden Berge; in rustikalen Zimmern mit Gemeinschaftsbad haben insgesamt bis zu zehn Personen Platz, die auch verköstigt werden können. Wer hier nächtigt, kann den Tag mit einer Tasse frischem Plantagenkaffee einläuten. Am besten ein paar Tage im Voraus reservieren!

An- & Weiterreise

Dipilto besteht aus zwei Teilen, Dipilto Nuevo und Dipilto Viejo, Letzteres liegt 3 km weiter die Straße entlang Richtung honduranische Grenze. Die *alcaldía* und der Zugang zum **Santuario** sind in Dipilto Nuevo. Man nimmt irgendeinen Bus zum Grenzübergang Las Manos und bittet den Fahrer, einen in Dipilto Nuevo (0,20 US$) abzusetzen. Busse Richtung Süden nach Ocotal (0,60 US$, 30 Min.) und zu weiteren Zielen fahren bis ungefähr 17 Uhr etwa alle 30 Minuten.

Jalapa

25 000 EW. / 687 M

Zwar ist die Region gespickt mit abgelegenen Bergorten, aber Jalapa gehört zu den Siedlungen, die so nah an den Hügeln liegen, dass man deren Senken und Kerben und Profile und Schatten erkennen kann. Zwar gewinnt das Städtchen selbst wohl eher keine Schönheitswettbewerbe, doch die Umgebung ist von solch dramatischer Schönheit und birgt so viele Abenteuermöglichkeiten, dass die Abwesenheit von Tourismus hier kaum zu verstehen ist. Man wird hier kaum auf andere Reisende treffen und Exkursionen muss man meist selbst organisieren.

Hotel El Pantano HOTEL **$$**

(☎2737-2031; www.hotelelpantano.com; Banco Procredit, 8c O; EZ/DZ/3BZ mit Frühstück 20/27,50/35 US$; WLAN) Das einladende Hotel, die bei Weitem beste Unterkunft in Jalapa, befindet sich auf einem hübschen grünen Grundstück an einem Bach, einen kurzen Spaziergang von der Stadt entfernt. Die gemütlichen, aber etwas abgewohnten Zimmer haben Kabelfernsehen und (manchmal) warmes Wasser; morgens wird man vom Zwitschern der Vögel und Krähen der Hähne begrüßt. Wer möchte, kann auch ein Zelt aufstellen (4 US$ pro Nacht).

Pizza Giomar PIZZA **$**

(☎2737-2607; Mercado, 2½c O; Stück Pizza 1 US$, ganze Pizza 3–8 US$; ⌚10–22 Uhr) Das freundliche Restaurant bietet mehr oder weniger die einzige Alternative zur Nica-Küche in der Stadt. Es serviert überraschend gute Pizza – mit einem Lächeln, aber leider auch mit lautem Fernsehgeplärre im Hintergrund. Die Pizza gibt's stückweise oder als Ganzes; man kann sie sich auch liefern lassen.

Luz de Luna NICARAGUANISCH **$$**

(Parque Central, 1c S; Hauptgerichte 5–7,50 US$; ⌚11–22 Uhr) In dem gut besuchten Lokal gibt's *comida típica* (regionale Spezialitäten) an Plastiktischen, die leicht aus dem Weg geräumt werden können – und genau das passiert, wenn sich der *comedor* in etwas verwandelt, was in Jalapa einem Club am nächsten kommt. Im selben Gebäude befindet sich ein öffentliches Schwimmbad, falls man die mittags angegessenen Kalorien abtrainieren möchte.

An- & Weiterreise

Der **Busbahnhof** befindet sich unmittelbar südlich der Stadt beim Friedhof. Die Taxifahrer, die hier warten, sind echte Schlitzohren – wenn das Gepäck nicht zu schwer ist, sollte man lieber ein paar Straßen gehen und dann auf der Straße ein Taxi anhalten.

Es fahren Busse u. a. nach:

El Jícaro (Ciudad Sandino) (1,60 US$, 1½ Std., 10.15 und 15 Uhr) Mit Anschluss zu Bussen nach Murra.

El Porvenir (1,30 US$, 30 Min., bis 18 Uhr stündl.)

Estelí (3,50 US$, 4 Std., 4 und 10.50 Uhr)

Managua (6 US$, 5½ Std., 3, 4, 9, 9.40, 13.45 und 17.30 Uhr)

Ocotal (1,70 US$, 2½ Std., 5–16 Uhr stündl.)

La Dalia & Peñas Blancas

Die sowohl von Matagalpa als auch Jinotega leicht zu erreichende Gegend um die betriebsame ländliche Stadt La Dalia ist gespickt mit donnernden Wasserfällen, Kaffeeplantagen und dem eindrucksvollsten Bestand an Urwald im Norden des Landes. Das Highlight hier bildet zweifelsohne die **Reserva Natural Macizos de Peñas Blancas** mit einer Reihe spektakulärer Klippen und Nebelwald, in dem jede Menge Affen wie auch Jaguare und andere selten zu sehende Tiere heimisch sind.

An- & Weiterreise

Selbstfahrer sollten beachten, dass die Straße von La Dalia Richtung Norden bis zur Abzweigung nach El Cuá geteert ist; danach besteht sie nur noch aus Erde und weist oft schlammige Schlaglöcher auf. Für die Peñas Blancas empfiehlt sich auf jeden Fall ein Allradfahrzeug.

Von Matagalpa fahren von 6 bis 18 Uhr fast stündlich Busse nach La Dalia (1,30 US$, 1½ Std.). Zu den Peñas Blancas nimmt man ab Matagalpa irgendeinen Bus nach El Cuá und steigt am Empalme la Manzana aus, der Abzweigung zu den Peñas Blancas (2,20 US$, 3 Std.). Außerdem fahren zwei Busse am Tag von Jinotega in die Peñas Blancas. Das Dorf liegt 600 m von der Hauptstraße entfernt.

Reserva Natural Cerro Datanlí-El Diablo

Die Berge, die sich östlich von Jinotega erheben, gehören zu diesem atemberaubenden 100 km^2 großen Naturschutzgebiet, das bis in die Quetzalzone auf 1650 m Höhe reicht. In dem zauberhaften Gebiet umschwirren Schmetterlinge Kaffeesträucher, die sich im Schatten des üppigen Nebelwaldes an unglaublich steile Hänge klammern. Die Siedlungen im Schutzgebiet sind durch Wege verbunden, auf denen man schön wandern kann.

Die **La Bastilla Ecolodge** (☎8654-6235, 2782-4335; www.bastillaecolodge.com; B/EZ/DZ/3BZ mit Frühstück 20/45/70/100 US$; P ᯤ) liegt auf 1200 m Höhe an einem schönen bewaldeten Berghang mit Blick bis hinunter zum Lago de Apanás und bietet die bei Weitem komfortabelsten Unterkünfte im Reservat. Die geräumigen, mit Sonnenenergie versorgten Backstein-*cabañas* haben rot geflieste Böden, blitzsaubere Bäder mit Warmwasser und von den breiten Holzbalkonen sensationelle Ausblicke über Kaffeeplantagen voller Vögel.

An- & Weiterreise

Vom Busbahnhof Cotran Norte (S. 522) in Matagalpa fährt um 13.45 Uhr ein Bus über La Fundadora und La Esmeralda nach Las Nubes; Rückfahrt ist um 6 Uhr. Der Bus wird voll, also früh buchen oder man fährt auf dem Dach mit. In der Zeit der Kaffeeernte fahren auch von Jinotega Busse in die Gegend, aber nur sehr unregelmäßig, und sie sind gewöhnlich rappelvoll.

Wer den Direktbus verpasst, kann auch von Las Latas auf der alten Straße zwischen Matagalpa und Jinotega zu Fuß nach La Fundadora gehen. Das ist erheblich kürzer als die Wanderung entlang der Hauptstraße nach Fundadora, aber hier herrscht auch weniger Verkehr, sodass nur minimale Chancen bestehen als Anhalter mitgenommen zu werden.

Nach La Bastilla nimmt man in Jinotega irgendeinen Bus über Asturias nach Pantasma und steigt am Empalme La Bastilla aus; von dort sind es 5 km bergauf. Wer vorher anruft, kann sich von der La Bastilla Ecolodge an der Abzweigung abholen lassen (5 US$). Derselbe Bus nach Pantasma kann einen auch im Dorf Venencia absetzen, nur ein Stückchen weiter als La Bastilla: Von dort sind es 3 km (1 Std.) auf einer holprigen Straße nach El Gobiado. Bei der La Bastilla Ecolodge lassen sich für den Weg auch Pferde organisieren, wenn man vorher anruft.

Reserva Natural Cerro El Arenal

Das 14 km^2 große Naturschutzgebiet ein Stückchen auf der alten Straße von Matagalpa Richtung Norden nach Jinotega beherbergt neben Nebelwald auch schattige Kaffeeplantagen. Es ist zwar eines der kleinsten

Schutzgebiete des Landes, wartet aber mit vielfältigen Landschaftsformen und einer abwechslungsreichen Flora und Fauna auf. Dank einem angenehm kühlen Klima bietet es sich für Wanderungen durch schöne Wälder mit Orchideen an.

Die familiengeführte, abgeschiedene kleine Lodge **Aguas del Arenal** (☎8886-3234, 8160-8431; aguasdelarenal@gmail.com; Carretera Matagalpa–Jinotega Km 142,5; EZ/DZ mit Frühstück 30/40 US$, Cabañas EZ/DZ/3BZ/4BZ mit Frühstück 50/60/70/80 US$; 📶) im Herzen des Reservats ist ideal für alle, denen der Sinn nach einem entspannten Kaffeeerlebnis steht. Die 7 ha große Plantage wartet mit fünf geräumigen und gemütlichen *cabañas* sowie im Haupthaus mit vier Zimmern auf – dort befindet sich auch der behagliche Gemeinschaftsbereich mit Kamin.

An- & Weiterreise

Das Schutzgebiet ist über mehrere ungeteerte Stichstraßen zu erreichen, die von der alten Fernstraße zwischen Matagalpa und Jinotega abzweigen. Die am meisten genutzte Zufahrt ist die Straße nach Aranjuez.

Vom Cotran Sur (S. 522) in Matagalpa (0,70 US$, 1 Std., 12 Uhr) fährt ein Bus am Tag nach Aranjuez im Schutzgebiet. Oder man nimmt einen beliebigen Bus von Matagalpa nach Jinotega bis zur Abzweigung nach Aranjuez und wandert den Rest.

Außerdem kann man bei San Antonio de Upas ab der Straße von Matagalpa nach La Dalia ins Naturschutzgebiet gelangen.

San Juan de Limay

Die Kopfsteinpflaster- und Backsteinstraßen von San Juan de Limay tauchen 44 km westlich von Estelí wie aus dem Nichts aus dem Staub auf. Sie gehören zu einem netten ländlichen Ort, der für seine Steinmetze bekannt und von hohen Gipfeln umgeben ist.

Das Symbol des Orts ist die *gorda* (die Fette): Meist sieht man sie aus *marmolina* (Speckstein) geschnitzt, einem schweren Gestein, das am nahen Cerro Tipiscayán abgebaut und in Heimarbeit bearbeitet und geschliffen wird, bis es glänzt.

Die beste Werkstatt mit Galerie, **Taller Casco Dablia** (☎2719-5228, 8842-5162; detras del colegio; ⏲8–18 Uhr), ist hinter der Schule gegenüber vom Stadtplatz.

An- & Weiterreise

Die Straße nach Limay zweigt nördlich von Estelí bei der Siedlung La Sirena von der Panamericana ab. Sechsmal am Tag fahren Busse vom Cotran Norte (S. 518) in Estelí nach Limay (1,30 US$, 2½ Std.).

San Ramón

2400 EW. / 641 M

Das kleine Hochlandörtchen San Ramón nur 12 km von Matagalpa wirkt wie aus einer ganz anderen Welt, mit total ländlichem Charakter und relaxtem Flair. Der Ort selbst hält zwar für Reisende nichts Interessantes bereit, doch bei den Bauern in den umliegenden Hügeln kann man sich einen authentischen Eindruck vom ländlichen Alltag des Landes verschaffen. In der Nähe bieten ein halbes Dutzend Kaffeeplantagen Führungen und teils auch Unterkunft. Wie viele Kaffee-*fincas* im nördlichen Nicaragua wurden auch die um San Ramón 2013 vom Kaffeerostbefall stark in Mitleidenschaft gezogen und einige Kaffeebauern hier verloren bis zu 80 % ihrer Ernte. Doch durch den Anbau neuer, widerstandsfähigerer Sorten konnten die meisten Plantagen der Gegend inzwischen wieder ihre volle Kapazität erreichen.

In vielen Dörfern hier werden Privatzimmer (35–45 US$ pro Person) angeboten, die Vollpension und Aktivitäten einschließen. In San Ramón selbst gibt's auch ein Hotel, die **Finca Esperanza Verde** (www.fincaesperanzaverde.com; Yucul; B ab 17,50 US$, Budget-/Luxus-Cabaña 30/111 US$; P📶), mit einem üppigen Garten voller Kolibris, spektakulären Bergblicken und reizenden Naturpfaden. Die große Bioplantage ist eine fantastische Unterkunft, egal ob man sich aktiv betätigen oder nur mit einem guten Buch entspannen möchte. Die unterschiedlichen Unterkünfte sind schlicht, aber stabil und sehr gemütlich und beeindrucken mit wunderbaren Ausblicken direkt vom Bett aus.

An- & Weiterreise

Die Busse zwischen Matagalpa und San Ramón (0,50 US$, 30 Min.) verkehren von 5 bis 19 Uhr jede halbe Stunde; Abfahrt ist am Cotran Norte (S. 522) in Matagalpa bzw. am Parque in San Ramón.

Colectivo-Taxis (0,80 US$, 20 Min.) befahren von 5 bis 19 Uhr ab der Parada San Ramón in Matagalpa dieselbe Strecke.

KARIBIKKÜSTE

Nicaraguas abgeschiedene Karibikküste wirkt oft wie ein vom „Festland" völlig losgelöster Landesteil – sie hat kaum Verbindungen zum Rest des Landes und richtet den Blick eher auf die Karibik als landeinwärts Richtung Managua. Hier leben englischsprachige Kreolen neben indigenen Miskito-, Mayangna-, Rama- und Garifuna-Gemeinden. Auf den Corn Islands und Pearl Cays finden sich einige der besten Strände des Landes und breite, schlammige Flüsse zerteilen verschiedene Wildnisgebiete mit dichtem Dschungel, von Mangroven gesäumten Flüsschen mit schwarzem Wasser und Lagunen.

Das Reisen an der Karibikküste Nicaraguas ist eine Herausforderung, aber auch sehr spannend und man wird reich für die Mühen belohnt. Es gibt tolle Möglichkeiten zum Tauchen, für lange Treks durch dichten Regenwald zum Beobachten von Tieren und zum Angeln in den Mangrovensümpfen. Das Gebiet ist verwaltungstechnisch in zwei riesige, nur dünn besiedelte autonome Regionen gegliedert, die Región Autónoma Atlántico Norte (Autonome Region Nordatlantik; RAAN) und die Región Autónoma Atlántico Sur (Autonome Region Südatlantik; RAAS).

ℹ Praktische Informationen

GEFAHREN & ÄRGERNISSE

Nicaraguas Karibikküste zählt zu den ärmsten Teilen des Landes. Abseits von Bluefields und den Corn Islands ist die Infrastruktur lückenhaft, es fällt oft der Strom aus, es gibt kein Internet und keinen Handyempfang und die Straßen sind fürchterlich.

- Eine Taschenlampe mitnehmen und das gelegentliche Duschen mit Wasser aus dem Eimer genießen!
- Die örtlichen Händler für kolumbianisches Kokain halten sich meist eher bedeckt, doch der Kokainhandel in der Region geht nicht ohne Blutvergießen vonstatten.
- Touristen bekommen kein Problem mit der aus dem Drogenhandel resultierenden Gewaltkriminalität, solange sie kein Kokain kaufen und konsumieren.
- Angesichts der Armut sollte man selbst in scheinbar unschuldigen kleinen Orten Großstadtregeln beachten: aufmerksam bleiben, nicht groß allein umherwandern, nach Einbruch der Dunkelheit mit dem Taxi fahren und auf seine Wertsachen achten.

ℹ An- & Weiterreise

Von Managua aus kann man über Land an die Karibikküste reisen, doch die meisten Touristen nehmen einen der regelmäßigen und recht günstigen Flüge von La Costeña. Es gibt Flugplätze in Bilwi, Waspám und Bluefields, auf Great Corn Island und in zwei der drei Las-Minas-Orte. Doch wer mehr Zeit als Geld hat und wirklich gern langsam unterwegs ist: Es gibt zwei wichtige Überlandrouten an die Küste. Inzwischen sollte auch die neue Straße von Nueva Guinea nach Bluefields fertig sein, die erste asphaltierte Verbindung zwischen der Region und dem restlichen Nicaragua – die Straße wird die Reisezeit über Land stark verkürzen und die Anreise erheblich komfortabler machen.

SIUNA–BILWI (PUERTO CABEZAS)–WASPÁM & RÍO COCO

Da gibt's nichts zu beschönigen: Auf dieser mörderischen Strecke ist man in klapprigen alten Schulbussen unterwegs, die bis unters Dach vollgestopft sind. Los geht's mit einer zehn- bis zwölfstündigen Busfahrt von Managua nach Siuna in Las Minas, von wo aus die Reserva de Biosfera Bosawás (Biosphärenreservat Bosawás) erreichbar ist. Von Siuna sind es noch einmal zehn bis zwölf Stunden auf einer grauenhaften Straße nach Bilwi. Waspám und der Río Coco liegen dann auf einer besseren Straße sechs Stunden nördlich von Bilwi.

JUIGALPA–EL RAMA–BLUEFIELDS–CORN ISLANDS

Die sehr viel angenehmere Route zum Karibischen Meer führt über die geteerte Straße nach El Rama, mit schönen Abstechern in die Bergorte Boaco und Juigalpa. Von El Rama kann man eine nervige fünfstündige Busfahrt auf einer zerfurchten Staubpiste nach Pearl Lagoon unternehmen oder sich eine praktische zweistündige Bootfahrt auf dem Río Escondido nach Bluefields gönnen; von dort fahren zweimal die Woche Boote zu den Corn Islands und jeden Tag Schnellboote nach Pearl Lagoon.

ℹ Unterwegs vor Ort

Der meiste Nahverkehr in der Region erfolgt mit *pangas*, offenen Schnellbooten mit Außenbordmotor. Die Fahrt ist sehr viel teurer als mit dem Bus und einige der Boote sind wirklich gefährlich. Aber wer viel in der Gegend unterwegs ist, kommt angesichts des Mangels an Alternativen fast gar nicht an diesen Booten vorbei.

Bluefields

45 500 EW.

Das nach dem holländischen Piraten Abraham Blauvelt, der hier im 18. Jh. sein Hauptquartier aufschlug, benannte Bluefields ist das Herz der kreolischen Kultur und berühmt für ihre Musik, bunte Tänze und die köstliche Küche, die für viele die beste des Landes ist. Zwar ist dies kein tropisches Traumziel, doch hier kann man noch echten Originalen begegnen – der tropische Charme von Bluefields nimmt irgendwann jeden gefangen. Dennoch werden Reisende sich hier wahrscheinlich nicht allzu lange aufhalten, schließlich ist es nur eine kurze Bootsfahrt zur Pearl Lagoon, den spektakulären Pearl Cays und den umwerfenden Corn Islands.

Bluefields ist die Hauptstadt der RAAS, die auch unter dem Namen Región Autónoma de la Costa Caribe Sur bekannt ist.

Sehenswertes & Aktivitäten

★ Museo Histórico Cultural de la Costa Caribe MUSEUM
(CIDCA; Iglesia Morava, 2c S; 2 US$; ⏲ Mo–Fr 8–12 & 14–16.30 Uhr) Das faszinierende Museum informiert über die vielfältigen Kulturen der Karibikregion. Zu sehen ist hier eine interessante Mischung alter Gegenstände aus präkolumbischer Zeit und der Ära der britischen Herrschaft, darunter ein Schwert, das dem letzten Miskito-König gehörte, und Artefakte der indigenen Kukra.

★ Waiku Centro de Arte KULTURZENTRUM
(www.waikuart.wordpress.com; Movistar, 15 m S; ⏲ Mo–Sa 9–19 Uhr) Das tolle Sozialprojekt wird von den zwei englischsprachigen Aktivistinnen Greta und Yesi geleitet. In ihrem kleinen Kulturzentrum gibt's Gemälde, Kunsthandwerk, Bekleidung und Schmuck, alles verkäuflich und hergestellt von Angehörigen aller sechs ethnischen Gruppen in der RAAS. Ein besonderes Anliegen des Zentrums ist es, zum Lesen anzuregen. Deshalb bietet es Stühle, Kaffee (0,05 US$ pro Tasse!) und einen Büchertausch.

Katholische Kirche & Uhrturm KIRCHE
Die moderne weiß-grüne katholische Kirche ist fast ungeschützt gegen die Elemente und verfügt über einen eindrucksvollen passenden Uhrturm.

Schlafen

Hospedaje Yellow House HOSTEL $
(☎8212-5575; www.facebook.com/HospedajeYellowHouse; El Malecón, Santa Rosa; B/EZ/DZ/3BZ 5/7/13/18 US$; 📶) 🍃 Das Yellow House ist diejenige Unterkunft in Bluefields, die einem Hostel am nächsten kommt – eine bunte Ansammlung von Gebäuden in einem recht verwilderten Garten am Wasser im *barrio* Santa Rosa, eine kurze Taxifahrt von der Innenstadt entfernt. Die Zimmer sind sehr spartanisch und haben Gemeinschaftsbäder, aber sie verfügen über Moskitonetze und es gibt eine große Küche.

Hotel Jackani PENSION $$
(☎2572-0440; hoteljackani@gmail.com; frente Policia, Barrio Punta Fria; EZ/DZ/2BZ/3BZ mit Frühstück 30/40/50/60 US$; ❄📶) Das superfreundliche familienbetriebene Hotel vor der Polizeiwache ist dank seinen blitzsauberen Zimmern und dem herzlichen Empfang ein Hit bei Travellern. Erfreulich sind auch das warme Wasser, das schnelle Internet und der große Balkon vorne mit Ausblick über die Bucht. Die Einrichtung der Zimmer tendiert allerdings ein wenig zum Knallbunten.

★ Hotel Casa Royale HOTEL $$$
(☎2572-0675, 2572-0668; www.hotelcasaroyale.com; Calle Neysi Rios, Barrio Pointeen; Zi. ab 70 US$; P❄📶🏊) Das fabelhafte Hotel ist ohne Zweifel die beste Unterkunft der Stadt, mit modernen, eleganten und makellos sauberen Zimmern, einer tollen Lage mit herrlichem Blick auf die Bucht, hilfsbereitem Personal und einem beeindruckend guten Restaurant im obersten Geschoss. Dazu kommen noch ein guter Pool und jeden Morgen ein köstliches *desayuno típico* – toll!

Essen & Ausgehen

★ Cevicheria El Chino FISCH & MEERESFRÜCHTE $
(frente Colegio Bautista; Ceviche 2 US$; ⏲ 7–21 Uhr) Man darf Bluefields nicht verlassen, ohne von El Chinos fantastischem Ceviche gekostet zu haben, das täglich frisch zubereitet und in diesem unauffälligen Lebensmittelgeschäft inmitten von verschiedenen Autoteilen in kleinen Styroporbechern serviert wird. Man hat die Wahl aus Shrimps, Fisch, Austern oder einer Mischung und kann das Ganze dann mit der wahnsinnig scharfen hausgemachten Chilisauce „Ass in Space" würzen.

★ Galeria Aberdeen CAFÉ $$
(☎2572-2605; Mercado, 1½c O; leichte Mahlzeiten 4–7 US$; ⏲ 8–21 Uhr; 📶) Für das schmuddelige Bluefields ist dieses helle Café eigentlich ein bisschen zu nobel. Hier gibt's neben echtem Kaffee Panini, Pasta, Salate und andere Gerichte, die in der Gegend sonst nicht zu finden sind. Auch die Auswahl an Nachspeisen ist gut und in einem Kühlschrank stapelt sich importiertes Bier. Die Wände schmücken Arbeiten einheimischer Künstler und regelmäßig finden Kulturveranstaltungen statt.

★ **Four Brothers** CLUB

(Parque Reyes, 6c S, 3c E; ⏲ Do–So 20–4 Uhr) Auf der hölzernen Tanzfläche dieser legendären Disko-Ranch kann man zu Dancehall-Reggae, Country und normalem Reggae ganz aus sich rausgehen – kein Sorge, bei der äußerst schummrigen Beleuchtung sieht das keiner. So richtig was los ist erst nach Mitternacht. Am besten in einer Gruppe auflaufen, zu vorgerückter Stunde geht es hier schon mal etwas rauer zu.

ℹ Praktische Informationen

GELD

BanCentro (Iglesia Morava, ½c S) Visa/Plus-Geldautomat.

BanPro (frente Iglesia) Verlässlicher Visa/MasterCard-Geldautomat.

MEDIZINISCHE VERSORGUNG

Clinica Bacon (☎ 2572-2384; Iglesia Morava, 1c S, ½c O) Privatklinik mit verschiedenen Spezialisten und Labor.

ℹ An- & Weiterreise

BUS

Inzwischen gibt es Busverbindungen von Bluefields über den Ort Nueva Guinea nach Managua. Zur Zeit der Recherche war die Straße nach Nueva Guinea stellenweise noch holprig, doch außer nach starken Regenfällen passierbar, und sollte in Bälde vollständig geteert sein. Busse von Transporte Vargas und Transporte Jipe fahren jeden Tag um 6.30 Uhr (12,75 US$, 7 Std.) vor dem Muelle Municipal ab.

FLUGZEUG

Taxis fahren zum **Flughafen von Bluefields** (0,50 US$). Von dort fliegt **La Costeña** (☎ 2572-2500, 2572-2750; Aeropuerto; ⏲ 6–17 Uhr) dreimal täglich nach Managua (einfach/hin & zurück 83/127 US$, 45 Min.) und nach Great Corn Island (einfach/hin & zurück 65/99 US$, 25 Min.). Nach Bilwi (einfach/hin & zurück 96/148 US$, 50 Min.) geht's an drei Tagen pro Woche, wenn genügend Nachfrage besteht. Falls es nicht genug Fluggäste für den Direktflug nach Bilwi gibt, wird man ohne zusätzliche Kosten über Managua umgeleitet.

SCHIFF/FÄHRE

Bluefields liegt im Zentrum des *panga*- und Schiffsnetzes, mit dem die verschiedenen Orte und Siedlungen an der Karibikküste miteinander verbunden sind. Oft muss man sich auf Fahrten einlassen, die nicht sonderlich sicher wirken und in den allermeisten Fällen nicht sonderlich komfortabel sind. *Pangas* fahren v. a. von drei Anlegern: dem **Muelle Municipal** (Städtischer Anleger), dem **Terminal Costa Atlántica** und dem **Muelle Mercado**.

> **ℹ TRINKWASSER**
>
> An der Karibikküste stammt das Leitungswasser in der Regel aus Brunnen oder Regenwassertanks und ist meist unbehandelt. Oft ist es trinkbar, doch es kann auch Bakterien enthalten – wer kein Risiko eingehen möchte, sollte Entkeimungstabletten mitnehmen. In Flaschen abgefülltes Wasser ist fast überall erhältlich und in einigen Hotels kann man sich gefiltertes Wasser abzapfen.

Nach einem Unglück im Jahr 2017, bei dem die Fähre *Captain D* kippte und sank, ist die einzige Verbindung zwischen Bluefields und Corn Island jetzt die staatliche *Río Escondido* (8 US$, 5 Std.): Sie fährt mittwochs und samstags um 9 Uhr am Muelle Municipal ab und kommt donnerstags und sonntags zurück. Zudem unternehmen eine Reihe Frachtschiffe die Fahrt, allerdings unregelmäßig – an den Anlegern nachfragen.

Pangas nach Pearl Lagoon (5,25 US$, 1 Std.) fahren den ganzen Tag über bis 16 Uhr vom Muelle Municipal, wenn sie voll sind. Außerdem gibt's vom Muelle Municipal freitags um 8.30 Uhr eine wöchentliche *panga* nach San Juan de Nicaragua (32 US$, 3 Std.), die mittwochs zurückkehrt. Fürs Gepäck sollte man Müllsäcke mitnehmen und sich außerdem auf eine schauklige Überfahrt einstellen, falls das Wasser nicht gerade spiegelglatt ist.

Nach El Rama (8 US$, 2 Std.) kann man eine *panga* am erheblich ordentlicheren und saubereren Terminal Costa Atlántica nehmen; die *pangas* werden betrieben von **Transporte Vargas** (☎ 2572-0724, 2572-1510; contiguo Muelle Municipal; ⏲ 5–16 Uhr) und **Transporte Jipe** (☎ 2572-1879; Calle Municipal; ⏲ 5–16 Uhr). Die Boote fahren von zwischen 6 und 7 Uhr den ganzen Tag über bis etwa 15 Uhr. Transporte Vargas betreibt außerdem Boote nach Tasbapauni und Orinoco in der weiteren Umgebung der Pearl Lagoon.

Vom Muelle Mercado fahren, sobald alle Plätze besetzt sind, *pangas* über die Bucht nach El Bluff (1,30 US$, 30 Min.) ab.

Pearl Lagoon (Laguna de Perlas)

4900 EW.

Im charmanten Pearl Lagoon sind die Straßen unbefestigt, Palmen wiegen sich im Wind, Reggaemusik liegt in der Luft und es gedeihen Mangrovenwälder. Die freundliche englischsprachige Kreolengemeinde lebt vom

Fischfang und bezeichnet die spanischsprachigen Nicaraguaner als „Spanier". Wer nach einer wunderschönen Anreise über breite Flüsse und spiegelglatte Lagunen vom Boot steigt, merkt gleich, wie der Stress von ihm abfällt. Und das Beste ist, dass der Ort kaum von Touristen angesteuert wird – und vielleicht ist man sogar der einzige Ausländer, der sich durch die Mangroven und den Dschungel schlägt.

Pearl Lagoon ist ein perfekter Ausgangspunkt für Ausflüge zu den nahen Pearl Cays. Auf den Cays gibt's zuckerweiße Strände, die zugleich Schildkrötennistplätze sind, und die sich im Wind wiegenden Kokospalmen schaukeln einen in den inneren Frieden. Doch danach kehrt man gern wieder nach Pearl Lagoon zurück, um am Wasser kühles Bier und erstklassige Fisch- und Meeresfrüchtegerichte zu genießen.

Im Ort selbst gibt's wenig zu sehen. Er zieht sich an zwei Nord-Süd-Straßen entlang, der Front Road am Wasser und einer weiteren Straße ein Häuserkarree weiter landeinwärts. Am südlichen Ende der Inlandsstraße steht die **Moravian Church** (Kirche der Herrnhuter Brüdergemeine) mit ihrem typischen roten Blechdach.

★Captain Sodlan McCoy BOOTSTOUREN
(☎8368-6766, 8410-5197; Sunrise Hotel, Up Point) So ziemlich jeder Bootsinhaber kann einen in die Pearl Cays mitnehmen, aber nur wenige kennen das Areal auch nur halb so gut wie Captain Sodlan McCoy, ein bunter Charakter und gradliniger Fischer, der schon seit seiner Kindheit auf den Inseln unterwegs ist. Ein Ausflug mit Sodlan ist viel mehr als nur eine Sightseeing-Tour: Es ist ein echtes Kulturerlebnis! Er bietet auch Touren zur Vogelbeobachtung, zum Angeln und zu indigenen Siedlungen an.

★Queen Lobster BUNGALOWS $$
(☎8662-3393; Front Rd, Muelle, 200 m N; EZ/DZ/3BZ/4BZ 30/40/50/60 US$; ❄📶) Die bei Weitem beste und reizendste Unterkunft in Pearl Lagoon bietet sieben Zimmer auf Stelzen über dem Wasser mit eigenem Bad und Hängematten auf der Veranda. Die beiden ursprünglichen Zimmer bestehen aus Bambus und Palmblatt und sind rustikal und etwas düster, die neueren sind moderner, haben Klimaanlagen und sind heller.

Best View Hotel HOTEL $$
(☎8824-3962, 2572-5099; Up Point, Barrio Ivan Dixon; EZ/DZ/3BZ 30/40/50 US$; ❄📶) Das moderne Hotel erstreckt sich am Ende des Wegs über das Wasser, wird schön von der Meeresbrise gekühlt und ist ein guter Ort, um die Miskito-Segelkanus und die Fischerboote draußen auf der Lagune zu beobachten. Die Zimmer sind klein, aber modern und haben Kabelfernsehen, Klimaanlage und verlässliches WLAN. Außerdem gibt's hier ein gutes Restaurant.

★Casa Ulrich INTERNATIONAL $$
(☎8603-5173; Up Point, Muelle, 350 m N; Hauptgerichte 4,50–12,75 US$; ⏲7–22 Uhr; 📶) Der aus dem Ort stammende und in der Schweiz ausgebildete Koch Fred Ulrich ist nach langer Abwesenheit, während der er in Resorts in ganz Amerika arbeitete, nach Pearl Lagoon zurückgekehrt und hat in ein eigenes zweistöckiges Restaurant direkt am Wasser investiert. Sämtliche Gerichte auf der Speisekarte sind erste Sahne, unsere Favoriten sind aber die feine Krabbenpasta und der gegrillte Fisch in Knoblauch.

ℹ Praktische Informationen

In Pearl Lagoon gibt's keine Banken, also muss man genügend Bargeld mitbringen und auch einkalkulieren, dass man länger bleibt als geplant. Im Notfall kann man sich Geld an **Western Union** (frente Muelle, Tienda Miss Isabel; ⏲Mo–Fr 9–17 Uhr) überweisen lassen. Der nächste Geldautomat befindet sich im Dorf Kukra Hill 22 km entfernt.

ℹ An- & Weiterreise

Um 6 und 13 Uhr machen sich vom geschäftigen **Kai** (Muelle) von Pearl Lagoon Linienboote auf den Weg nach Bluefields (5,25 US$, 1 Std.). Wer die frühe Verbindung nehmen will, sollte am Tag vorher reservieren. Den ganzen Tag hindurch legen hier außerdem *pangas* an, die aus anderen Siedlungen rund um die Lagune kommen.

Jeden Montag, Donnerstag und Samstag macht sich eine *panga* in Bluefields auf den Weg über Pearl Lagoon (10,50 US$, 2 Std., 9 Uhr) nach Orinoco und Marshall Point; jeweils am Folgetag kehrt sie via Pearl Lagoon zurück nach Bluefields. Das Boot kann Fahrgäste außerdem bei den Siedlungen Kakabila, Brown Bank und La Fe absetzen. Täglich um 11 Uhr fahren *pangas* von Bluefields nach Tasbapauni (10,50 US$, 2½ Std.), die auch in Pearl Lagoon Halt machen. Die Fahrtzeiten sind saisonal unterschiedlich; an der Anlegestelle nachfragen.

Täglich um 5.30 Uhr macht sich ein Bus (6,30 US$, 5 Std.) in Pearl Lagoon auf den Weg nach El Rama. Dort gibt es Anschlüsse nach Managua und zu anderen Zielen im Land. Einmal pro Woche verkehrt außerdem ein Bus nach Managua (10,50 US$, 9 Std.). Derselbe

Bus kehrt nach einer Nachtfahrt freitags nach Pearl Lagoon zurück. Alle Busse fahren am **Basketballplatz** ab.

Rund um die Pearl Lagoon

Die Pearl Lagoon, die von mehreren von Dschungel flankierten Flüssen gespeist wird, ist von einem Dutzend Dörfern dreier verschiedener ethnischer Gruppen gesäumt; eine Bootsfahrt auf der Lagune hat ein wenig das Flair einer Entdeckungsreise des 18. Jhs. in eine spannende neue Welt. Dies ist authentischer Kulturtourismus abseits der ausgetretenen Pfade und in ganz Nicaragua gibt's nichts Vergleichbares.

Kakabila

Wer die Lagune vom Ort Pearl Lagoon Richtung Nordwesten überquert, kommt nach Kakabila, einem freundlichen Miskito-Dorf mit weichem Gras und Mango-, Pfirsich- und Brotfruchtbäumen sowie Kokospalmen – eine echte tropische Landidylle. Südlich des Dorfs fließt der **Tuba Creek**, ein schmaler, von Dschungel gesäumter Fluss, an dem sich wunderbar Tiere beobachten lassen.

Wer möchte, kann in der von der Gemeinschaft betriebenen Pension **Lakiya Tara** (B 10 US$) nächtigen; sie befindet sich auf einer grasbewachsenen Landspitze nördlich des Örtchens und hat einen kleinen Sandstrand. Restaurants gibt's keine in Kakabila, doch bei Lakiya Tara kann im Voraus einfaches Essen bestellt werden.

ℹ An- & Weiterreise

Ein privates Boot von Pearl Lagoon nach Kakabila kostet etwa 50 US$ für ein großes Boot bzw. 20 bis 30 US$ für ein motorisiertes Kanu. Die öffentliche *panga*, die jeden Morgen um 9 Uhr von Bluefields nach Orinoco (11 US$) fährt, setzt Fahrgäste auf Wunsch in Kakabila ab.

Orinoco

Wenn man aus den aus roten Erdstraßen von Orinoco den Klang der Djembé (Trommel aus Holz und Tierfell) über das gekräuselte Wasser ertönen hört, weiß man, dass man sich Garifuna-Gebiet nähert.

In Orinoco sind etwa 2000 der rund 5000 Garifunas Nicaraguas ansässig. Besucher können lernen einen Einbaum zu paddeln, sich im Angeln probieren oder auch einen halbstündigen Spaziergang am Wasser entlang Richtung Nordosten ins benachbarte Kreolendorf **Marshall Point** unternehmen.

Es gibt ein paar billige Pensionen im Ort; die bei Weitem beste Unterkunft ist das ausgezeichnete **Hostal Garífuna** (☎8648-4985; www.hostalgarifuna.net; 15 US$ pro Pers.).

ℹ An- & Weiterreise

Von Bluefields schippern jeden Tag öffentliche Boote über Pearl Lagoon nach Orinoco (11 US$, 2 Std.). Sie fahren zwischen 9 und 10 Uhr neben dem städtischen Anleger in Bluefields ab und sind eine Stunde später in Pearl Lagoon. Ein privater Bootstransfer von Pearl Lagoon nach Orinoco und zurück kostet etwa 120 US$.

Pearl Cays (Cayos Perlas)

Die schneeweißen und von Palmen und türkisblauem Wasser gesäumten Pearl Cays haben die besten Karibikstrände Nicaraguas. 30 km vom Ort Pearl Lagoon lagen einst 18 „Perlen" im Meer verstreut, doch aufgrund steigender Gezeiten und von Stranderosion sind es jetzt nur noch zehn. Und in der Zukunft werden wohl noch weitere verschwinden.

Einige der Cays, die einst in gemeinschaftlichem Besitz von Bewohnern der Miskito- und Kreolendörfer auf dem Festland waren, sind von ausländischen Investoren gekauft worden – sehr zum Verdruss der Einheimischen, die wütend sind über den Mangel an in Aussicht gestellter Arbeit und über die offenkundige Gleichgültigkeit der Immobilienentwickler hinsichtlich der existenziellen Krise der Cays.

Wem es nicht vergönnt ist, im exklusiven Hotel **Calala Island** (www.calala-island.com; Lime Cay; Zi. mit VP ab 1450 US$; ❄📶🍴) absteigen zu können, kommt entweder im Rahmen eines Tagesausflugs ab Pearl Lagoon hierher oder verbringt auf einer organisierten Tour eine Nacht an einem Strand. Auf jeden Fall sollte man diese herrliche Kette winziger Karibikinseln nicht versäumen, denn sie kommen dem Paradies in Nicaragua am nächsten.

ℹ An- & Weiterreise

Die Cays sind nur im Rahmen von privaten Bootstouren zu erreichen, die im Ort Pearl Lagoon organisiert werden können. Ein Tagesausflug kostet je nach Gruppengröße und Anzahl der besuchten Inseln meist 200 bis 300 US$.

Bei ruhigem Wetter ist es von den Cays per *panga* eine weitere Stunde (und weitere 200 US$) zu den Corn Islands. Angesichts des Zugewinns an Abenteuer, der Kosten und der benötigten Zeit ist es tatsächlich recht sinnvoll, von Pearl Lagoon über die Pearl Cays zu den Corn Islands zu fahren, statt nach Bluefields zurückzukehren und von dort nach Great Corn zu fliegen.

Las Minas

Während ihrer Blütezeit Anfang des letzten Jahrhunderts wimmelten die Bergbauorte von Las Minas von Zuwanderern aus China, Europa, Nordamerika und der Karibik, die hier ihr Glück machen wollten. Heute kommen nur sehr wenige Außenstehende in diesen wilden und abgeschiedenen Teil des Landes und die Hauptorte **Siuna**, **Rosita** und **Bonanza** zeichnen sich vor allem durch den eklatanten Mangel an Infrastruktur und die vielen bewaffneten, angeheiterten Männer aus.

Zwar ist das Goldwaschen noch immer beliebt unter den Einheimischen, doch der Goldrausch ist wahrlich vorbei. Geld wird hier eigentlich nur noch in Bonanza verdient, wo trotz der Einwände von Umweltschützern noch immer eine große, sich in ausländischem Besitz befindliche Mine in Betrieb ist.

Siuna wartet mit ein paar lohnenden Sehenswürdigkeiten auf. Die Einheimischen mögen die kristallklaren **aguas calientes** (heißen Quellen) in der Nähe. Dorthin nimmt man zuerst ein Taxi nach La Bomba und folgt dann etwa eine Stunde lang einem Weg über die private Finca Dorado zu den Quellen. Ebenfalls beliebt sich die felsigen Strände am trägen **Río Wani** mit seinen felsigen Sandbänken und dem Dschungel am Ufer etwa 11 km vom Ort entfernt.

Bonanza ist das Tor zur **Reserva Natural Cerro Cola Blanca** und zu den Siedlungen der indigenen Mayangnas flussabwärts am **Río Waspuk** und **Río Pispis**. In der Umgebung des Orts befinden sich außerdem ein paar tolle Badestellen und Wasserfälle.

Für Leute mit einem Interesse an den Minen ist der Tourveranstalter **Wiwi Tours** (☎2794-2097, 8495-9820; laposadadonachella@gmail.com; Barrio Gilberto Romero) in Siuna ein guter erster Ansprechpartner. Er bietet einige Touren mit Übernachtung zu Sehenswürdigkeiten in der Gegend sowie ein rustikales 6-Tages-Abenteuer in den **Parque Nacional Saslaya**.

ℹ An- & Weiterreise

Alle drei Orte verfügen über Flugplätze, doch nur Bonanza und Siuna haben tägliche Flugverbindungen von/nach Managua. Die Flüge bucht man am besten im Voraus, da sich die zwölfsitzigen Propellermaschinen schnell füllen. Von Managua gibt's täglich um 8 Uhr Flüge nach Bonanza (96/148 US$, 1½ Std.) und um 9 Uhr nach Siuna (einfach/hin & zurück 82/127 US$, 1 Std.). Von beiden Orten geht's um 10 Uhr zurück nach Managua.

Die Straße von Managua hierher ist landschaftlich reizvoll, aber furchtbar. Mit dem Bus ist es von Managua nach Siuna (18 US$, 12 Std.) eine lange, quälende Fahrt, nach Bonanza (21 US$, 14–17 Std.) ist es noch anstrengender. Der Abschnitt vom Río Blanco nach Siuna gilt als eine der schlimmsten Strecken des Landes. Rosita liegt etwas angenehmere acht Stunden von Bilwi (6,50 US$) entfernt; unterwegs muss ein Fluss auf einer Kabelfähre überquert werden und es stehen massenhaft Kapokbäume an der Strecke.

ℹ Unterwegs vor Ort

Die Orte von Las Minas sind durch regelmäßig verkehrende, aber schrecklich überfüllte und langsame Busse verbunden. Man kann vor Ort auch Taxis chartern – dadurch reduziert sich die Fahrzeit um die Hälfte und der Bequemlichkeitsfaktor vervierfacht sich.

Corn Islands (Islas del Maíz)

Die größte Touristenattraktion der Karibikseite von Nicaragua liegt tatsächlich 70 km vor der Küste. Dort befinden sich zwei zauberhafte Inseln mit hufeisenförmigen Buchten, kristallklarem Wasser und Unterwasserhöhlen. Great Corn Island ist größer. Die kreolische Bevölkerung lebt in bunten Holzhäusern. Viele davon stehen an der Hauptstraße, die einmal rund um die Insel führt. Der Tourismus ist der zweitwichtigste Pfeiler der lokalen Wirtschaft (nach dem Hummerfang), dennoch ist die Insel nicht verbaut.

Little Corn Island ist ein winziges und dschungelbestandenes Schmuckstückchen. Hier sind tatsächlich mehr Urlauber unterwegs, die sich insbesondere durch die vielfältigen Speisemöglichkeiten, kreativ gestalteten *cabañas* am Strand, jede Menge billige Hotels und sogar ein Luxusresort anlocken lassen. Little Corn bietet außerdem abwechslungsreichere Tauchgründe. All das erklärt, warum viele die größere der beiden Inseln einfach nur überqueren und direkt die kleinere ansteuern, ein autofreies Utopia. In der Hauptsaison sind hier zuweilen mehr Ausländer als Einheimische unterwegs, doch der Reiz von *Likkle Corn*, wie die Einheimischen die Insel nennen, ist wirklich einmalig.

Praktische Informationen

Aufgrund der nur rudimentären Durchsetzung von Gesetzen und wachsendem Tourismus ist der Diebstahl besonders aus Hotelzimmern zu einem Problem auf den Corn Islands geworden.

Great Corn Island (Isla Grande del Maíz)

7100 EW.

Die größere der beiden hübschesten Inseln Nicaraguas, Great Corn (von den Einheimischen Big Corn genannt), ist ein wunderbar übersichtliches und authentisches Stück der Karibik mit einigen wunderbaren goldenen Sandstränden und einer vielfältigen und eigensinnigen englischsprachigen Kultur. Hier läuft man barfuß in die Bars, spielt Baseball am Strand, schaut bei den Fischerwerften vorbei, winkt jungen Hummerfischern, die den Tagesfang in der Hand halten, und nickt der Armada älterer Herrschaften zu, die in Schaukelstühlen auf wackligen Veranden sitzen. Es können mehrere vom Dschungel überwucherte Landzungen erkundet werden und Reggae- und Country-Musik führen eine friedliche Koexistenz. Willkommen in einer Gegend, in der frischer Hummer ein Grundnahrungsmittel ist und kein Luxus. Je länger man sich hier aufhält, desto schwerer fällt der Abschied.

Sehenswertes

★ Long Bay STRAND

Dieser umwerfend schöne Strand erstreckt sich von einer Ansammlung von Fischer-*pangas* und Hummerfallen bis zu einer wilden, dschungelbewachsenen Landspitze. Wer in aller Ruhe faulenzen und baden möchte, ist hier genau richtig – allerdings muss man auf teils starke Rippströmungen achten und auf raue Wellen eingestellt sein.

Southwest Bay STRAND

Die Southwest Bay hat den beliebtesten Strand auf Great Corn mit ruhigerem, geschützterem Wasser als die meisten anderen Strände der Insel. Allerdings ist die Gegend hier stärker erschlossen: Die Straße am Strand säumen mehrere Hotels, Pensionen und Restaurants. Hier kann man auch schön den Sonnenuntergang beobachten.

Schlafen & Essen

★ Island Roots Hostel HOSTEL $

(☎8366-6795, 8694-7355; www.islandrootsnicaragua.com; South End; B 10–14 US$, Zi. mit/ohne Bad 30/28 US$; ❄) Die äußerst freundliche und entspannte Unterkunft öffnete 2018 ihre Pforten – hier fühlt man sich eher wie in einem Privathaus als in einem Hostel. Es gibt einen 8er-Schlafsaal und drei Privatzimmer, von denen sich eins ein Bad mit dem Dorm teilt. Das Frühstück kostet 4 US$ extra, aber die Gäste können auch eine Gemeinschaftsküche nutzen.

Hotel G&G HOTEL $$

(☎2575-5017; martinez-downs69@hotmail.com; contiguo Pasenic, Brig Bay; Zi. mit Ventilator 15–25 US$, mit Klimaanlage 25–45 US$; ❄📶) Wer nicht unbedingt direkt am Wasser nächtigen muss, kann sein Geld in Hummer und Bier anlegen und in diesem freundlichen und entspannten Hotel im Ort übernachten. Mit seinen sauberen, bunt gestrichenen und geräumigen Zimmern bietet es ein hervorragendes Preis-Leistungs-Verhältnis. In Gehnähe zu einem recht guten Strand und zum Hauptanleger.

★ Arenas Beach Resort HOTEL $$$

(☎8851-8046, 2575-5145; www.arenasbeachhotel.com; Southwest Bay; mit Frühstück EZ/DZ/3BZ-Bungalow 117/146/175 US$, EZ/DZ/3BZ 146/187/229 US$; ❄📶) Nach einer Komplettrenovierung 2017 verfügt das am professionellsten geführte Resort auf Great Corn Island jetzt neben der reizenden Strandlage auch über einen gewissen Stil. Zur Auswahl stehen bunte Holzbungalows mit Seeblick von den Hängematten auf den Veranden sowie moderne Zimmer im Haupthaus, die fantastische Bäder mit Regenduschen haben.

Island Bakery & Sweets BÄCKEREI $

(Sally Peachie; ⏲Mo–Sa 8–19 Uhr) Die gute altmodische Karibik-Bäckerei lockt mit allen möglichen süßen Leckereien wie fantastischen Zimtschnecken, Kokosnusspasteten und Kuchen. Außerdem gibt's verschiedene Obst-/Gemüsesäfte wie Ingwer-Ananas. Verleiht auch Fahrräder (10 US$ pro Tag).

★ Big Fish FISCH & MEERESFRÜCHTE $$

(☎8383-8442; North End; Hauptgerichte 10–14 US$; ⏲7–21 Uhr; 📶) Die wunderbare Bleibe wird von freundlichen Einheimischen betrieben, die ihren Gästen stets einen warmherzigen Empfang bereiten. Das Essensangebot zählt zu den interessantesten auf der Insel: Zu den Spezialitäten gehören jamaikanischer *jerk*-Hummer, Garnelen in Jalapeño-Sauce und eine gigantische Meeresfrüchtesuppe. Draußen gibt's ein gutes Stück Strand und es werden auch drei gemütliche Zimmer (30–40 US$) vermietet.

★ **Pizzeria Italia** PIZZA $$$
(☎8232-9103; South End; Pizza 10–15 US$; ⏲Di–Sa 18–22 Uhr) Zwar sieht das Restaurant nicht nach viel aus, aber die Pizza hier gehört sicher zur besten an Nicaraguas Karibikküste. Schön ist die „Pizza mit Knoblauch", vielleicht die größte Untertreibung aller Zeiten, und wer keinen Tag ohne Krustentier auf dem Teller auskommt, für den gibt's auch Pizza mit Hummer.

Praktische Informationen

GELD

Es gibt nur einen einzigen **Geldautomaten** (Brig Bay) auf Great Corn Island, dem zudem manchmal das Geld ausgeht, sodass man genügend Bargeld mitbringen sollte. Nur wenige Einrichtungen auf der Insel akzeptieren Kreditkarten.

INTERNETZUGANG

Theoretisch haben zwar fast alle Hotels WLAN, das jedoch auf Great Corn Island extrem unzuverlässig und lückenhaft ist. Am besten kommt man mit einer nicaraguanischen SIM-Karte bewaffnet hierher – Moviestar hat das beste Netz hier.

MEDIZINISCHE VERSORGUNG

Krankenhaus (☎2575-5236; Alcaldía, 500 m E)
Sweet Valley Clinic (Doctor Somarriba; ☎8355-3140, 2575-5852; Costado Derecho Estadio; ⏲Mo–Fr 8–12 & 15–18 Uhr)

NOTFÄLLE

Polizei (☎2570-1440; contiguo Aeropuerto)

An- & Weiterreise

La Costeña fliegt dreimal täglich von Great Corns kleinem **Flughafen** nach Bluefields (einfach/hin & zurück 65/99 US$, 20 Min.) und anschließend weiter nach Managua (einfach/hin & zurück 107/164 US$, 1¼ Std.).

Vom **Hafen** der Insel tuckern Boote nach Bluefields und Little Corn. Donnerstags und sonntags fährt die staatliche *Río Escondido* (8 US$, 5 Std.) um 9.30 Uhr ab Great Corn und verkehrt mittwochs und samstags zur gleichen Zeit von Bluefields zurück. Die Überfahrt ist extrem unkomfortabel und das Meer kann sehr rau sein – wir würden diese Reise nicht empfehlen!

Auch einige andere, noch weniger luxuriöse Fischer- und Frachtboote nehmen Kurs auf Bluefields, darunter gewöhnlich mindestens eins sonntagabends. Es ist ratsam, eine Hängematte mitzunehmen, um es sich nicht auf dem kalten Stahldeck gemütlich machen zu müssen.

Unterwegs vor Ort

Taxis kosten zu allen Zielen auf der Insel 0,70 US$ pro Person (abends 1 US$). Tagsüber verkehrt ein Bus (0,35 US$) ohne Pause im Uhrzeigersinn um die Insel, doch muss man vielleicht eine Weile warten, bis er vorbeikommt.

Die Insel lässt sich prima mit Mietfahrzeugen erkunden. **Corn Island Car Rental** (☎8543-9881, 2575-5222; cornislandcarentals@hotmail.com; Southwest Bay; Golfwagen 2 Std. 25–40 US$, pro Tag 50–100 US$, Motorroller oder -rad 25–46 US$ pro Tag) verleiht Motorroller und Golfwagen, **Lulu Scooter Rental** (☎5773-8424, 8844-9611; Motorroller 30 US$ pro Tag) nur Motorroller. Auf Wunsch werden die Fahrzeuge angeliefert.

Little Corn Island (Isla Pequeña del Maíz)

800 EW.

Little Corn ist der Wirklichkeit gewordene Karibiktraum. Hier haben sich kunstaffine Leute aus aller Welt an jungfräulichen Stränden ihre ganz eigenen Refugien geschaffen und ambitionierte Köche wetteifern in aller Stille darum, der begehrteste der Insel zu sein. Da hier keine Autos fahren dürfen, wohnt jedem Spaziergang durch Mango-, Kokos- und Brotfruchthaine und in den dichten Wald an der Nord- und Ostküste ein gewisser nostalgischer Zauber inne.

Backpacker hegen eine innige Liebe zu dieser kleinen Insel und machen auch den Großteil der Besucher aus. Aber auch für Mittelklasse-Reisende gibt's hier genug Einrichtungen und es sind sogar zwei Nobelresorts vorhanden. Ob man nun den Tag damit verbringen möchte, an einer der goldenen Buchten zu schnorcheln, zu baden oder in der Sonne zu liegen, oder ob man lieber die charismatischen Bewohner des Village kennenlernen möchte – in Nicaragua gibt's keinen anderen Ort, an dem man besser entspannen und seine Batterien wiederaufladen könnte.

Sehenswertes & Aktivitäten

Die beiden besten Strände der Insel sind **Cocal Beach** und **Otto Beach**, an denen man jeweils wunderbar baden kann und nur ein paar versteckte Pensionen zu finden sind.

Abenteuerlustige können auch zur windseitigen Küste spazieren und über Felsen kraxeln, um zum **Big Fowl House Beach** und dann zum **Jimmy Lever Beach** zu gelangen – bei beiden handelt es sich um völlig wilde Buchten, an denen man aber baden kann. Oder man geht vom Village an der zerklüfteten Nordküste entlang zum spektakulären **Goat Beach**, der von zwei Landzungen begrenzt wird.

Und nicht vergessen den **Leuchtturm** zu besuchen! Die Stahlkonstruktion (6 m hoch) gewährt einen Blick über die Mangobäume auf die Buchten der Insel – ein umwerfender Anblick bei Sonnenuntergang. Wer samstagvormittags auf Little Corn ist, sollte gegen 9 oder 10 Uhr nicht die wöchentliche Ankunft des Versorgungsboots aus Bluefields am Hauptanleger versäumen. Dann strömen zahlreiche Menschen mit Handwagen vom Village herbei, um ihre Lebensmittel abzuholen – ein wunderbares Schauspiel!

Kite Little Corn KITESURFEN
(☎8498-5381; www.kitelittlecorn.com; Steadman's Place; ⌚8–18 Uhr) Diese Kitesurfschule bietet die Möglichkeit, über das türkisfarbene Wasser vor Little Corn Island zu brausen. Betreiber der Schule ist der leutselige Spanier Nacho, der sich echt für seinen Sport begeistert. Er ist auf der Windseite der Insel zu finden und bietet zweitägige Intensivkurse (300 US$) und Gruppenunterricht (50 US$ pro Std.).

Schlafen & Essen

★ Green House Hostel HOSTEL $
(☎5877-5642; Village; B 10–17 US$; 📶) Das Green House, die beste Budgetunterkunft der Insel, liegt sehr günstig beim Bootsanleger im Herzen des Village. Es wartet mit drei Schlafsälen mit Ventilatoren auf, jeder mit mehreren handgefertigten Kiefernbetten mit eigenem Schließfach. Jeder Dorm hat zudem ein eigenes Bad sowie Zugang zu einer guten Küche und einem großen Garten.

Ensueños BUNGALOWS $$
(www.ensuenos-littlecornisland.com; Otto Beach; Cabañas/Casas ab 25/100 US$) Die von Wäldern und Obsthainen umgebene reizende Unterkunft an einem halbmondförmigen Sandstreifen in einer wunderbaren geschützten türkisfarbenen Bucht mit Kokospalmen verfügt am Wasser über (sehr!) rustikale *cabañas* auf Stelzen. Außerdem gibt's etwas weiter zurückversetzt drei eigenwillig designte, mit Sonnenenergie versorgte *casas* (Häuser) mit kleinen Küchen. Das Ganze wirkt ein bisschen wie eine Kulisse für *Mosquito Coast* und wird von Ramón, einem spanischen Künstler, Naturkundler und Bohemien, und seiner Familie geleitet. Auf Wunsch werden ausgezeichnete Mahlzeiten zubereitet.

★ Yemaya Island Hideaway & Spa HOTEL $$$
(☎8741-0122, 8239-5330; www.yemayalittlecorn.com; Otto Beach; Zi. mit Frühstück ab 279 US$; ❄📶) Das Yemaya ist die luxuriöseste Unterkunft auf der Insel und bietet einen entsprechend professionellen Service. Die 17 Zimmer mit Ventilatoren sind stilvoll, hell und komfortabel. Sie beeindrucken mit traumhaftem Meerblick durch ihre großen Schiebetüren, durch die es auf Veranden mit gemütlichen Bambusstühlen geht. Fünf der Zimmer verfügen sogar über einen eigenen kleinen Infinity Pool, aber auch der Strand ist klasse.

Baker Shop Gloria BÄCKEREI $
(Village; Gebäck ab 0,30 US$; ⌚5–21 Uhr) Köstliches saftiges Bananen-, Ingwer- und Kokosnussbrot zählt zu den Glanzlichtern dieser sehr schlichten Bäckerei, einer tollen Adresse für ein billiges und sättigendes Backpacker-Frühstück.

★ Comedor Bridget NICARAGUANISCH $$
(☎8437-7295; Village; Mahlzeiten 7–10 US$; ⌚7–22 Uhr) Die Veranda dieses umgebauten Wohnhauses eignet sich hervorragend, um sich den erstklassigen mit Salz bestäubten und kurz gebratenen Fisch sowie ein Bierchen dazu einverleiben. Oder man entscheidet sich für das umwerfend gute Garnelen-Kokos-Curry oder den sehr preiswerten Hummer. Bridget half dem Tourismus auf der Insel auf die Beine und ihr heimeliges Lokal ist nach wie vor die beste Adresse für schnörkellos authentische Inselküche.

★ Darinia's Kitchen INTERNATIONAL $$$
(☎8744-3419; dariniabonilla@gmail.com; Village; 25 US$ pro Pers.; ⌚nur nach Vereinbarung; 🖉) Wer in diesem ambitionierten und abwechslungsreichen Supper Club im Village ein Abendessen bucht, wird mit einem wahrhaft authentischen Inselerlebnis belohnt. Die Kochautodidaktin Darinia aus Managua zaubert ein viergängiges Fest auf den einfachen, unter freiem Himmel stehenden Tisch, an dem auch Vegetarier und Veganer problemlos auf ihre Kosten kommen. Das Essen ist erstklassig und umfasst frisches Gemüse, Fisch- und Meeresfrüchtegerichte mit thailändischem Einschlag sowie ausgezeichnete Desserts.

Praktische Informationen

GELD

Es gibt keine Banken und keine Geldautomaten auf Little Corn, deshalb muss alles benötigte Bargeld mitgebracht werden. Manche Hotels nehmen Kreditkarten, aber vor der Anreise auf jeden Fall nachfragen!

INTERNETZUGANG

Einige Hotels auf der Insel haben WLAN, aber es ist meist unzuverlässig und langsam. Am verlässlichsten kommt man mit einer nicaraguanischen SIM-Karte ins Netz, die man sich am Flughafen von Managua besorgen kann. Claro hat das beste 3G-Netz auf der Insel, SIM-Karten sind aber weder hier noch auf Great Corn erhältlich.

STROM

Little Corn hat nur von 13 bis 6 Uhr Strom – vormittags macht der Generator mehrere Stunden lang Pause. Einige Hotels verfügen über Strom aus Solar- oder Windenergie, sodass sie immer Strom haben, doch in den meisten Fällen stellen die Ventilatoren morgens ihre Arbeit ein und man erwacht vielleicht schweißgebadet.

An- & Weiterreise

Gemeinschafts-*pangas* nach Little Corn (5 US$, 40 Min.) legen um 10 und 16.30 Uhr von dem Dock auf Great Corn Island ab. Auf Little Corn fahren Boote um 7 und 13.30 Uhr am **Hauptpier** ab. Auf jeden Fall sollte man frühzeitig vor Ort sein, um sich eine Fahrkarte zu besorgen; Buchungen werden nicht entgegengenommen und in der Hauptsaison sind die Boote manchmal voll.

Wer mit der Morgenmaschine von Great Corn nach Managua fliegen will, sollte sich am Tag zuvor auf den Weg nach Great Corn machen. Die Überfahrt kann ziemlich rau sein; unter Umständen kommt man klitschnass auf der anderen Seite an. Besser ein paar Müllsäcke mitnehmen und das Gepäck darin einwickeln. Weniger holprig sind die Fahrten an Bord der großen Frachtschiffe (2–3 US$, 1¼ Std.), die aber nur ein paar Mal pro Woche fahren – am Hauptanleger im Village nachfragen!

GEFÄHRLICHE GEWÄSSER

Die Überfahrt per *panga* zwischen Great und Little Corn kann besonders in der Sturmsaison von November bis Januar extrem unangenehm sein. Sturmböen sind weder an Land noch auf See etwas Besonderes und die Wellen können bis zu 3 m hoch sein und auch mal das Boot samt Passagieren überrollen. Das ist dann eine sehr anstrengende Achterbahnfahrt, auf der man unter Umständen kleine Blessuren davontragen kann. Auf den hinteren Sitzen ist die Fahrt etwas ruhiger, aber die Chance größer, nass zu werden. Alle Passagiere sollten sich vergewissern, dass sie eine passende und sicher sitzende Schwimmweste tragen – auch wenn das Meer ruhig scheint.

Unterwegs vor Ort

Little Corn ist nur 1,5 km lang. Man kann in weniger als einer Stunde von einem Ende zum anderen laufen – das ist auch gut so, denn die einzigen Räder hier befinden sich an Karren.

Bilwi (Puerto Cabezas)

48 500 EW.

Die verarmte Hafenstadt Bilwi, ein ethnischer Schmelztiegel, erstreckt sich entlang der Küste und landeinwärts in struppige Kiefernwälder. Sie ist von festgetretenen Pfaden aus roter Erde und breiten Ziegelstraßen voller Musik durchzogen, in denen es von Menschen wimmelt, die einem breit zulächeln – oder verstohlene Seitenblicke zuwerfen. Die alten Holzkirchen und Handwerkerhäuser sind genauso wie die abgewrackten Hütten von rostigen Blechzäunen, Kokospalmen und Mangobäumen umgeben. Bei einem einzigen Spaziergang hört man lautes Geplänkel auf Miskito, schnelles Spanisch und den reizenden Singsang des karibischen Englisch. Ohne Frage, Bilwi hat Probleme (Armut, Verfall, Kriminalität etc.) und seine heruntergekommene Infrastruktur kann mit der im restlichen Land nicht mithalten. Vielleicht muss man sie einfach wie einen etwas dubiosen neuen Freund betrachten ... und leckerer Fisch und Meeresfrüchte, preiswerte historische Unterkünfte und indigene Gemeinden in nächster Nähe haben doch durchaus ihren Reiz, oder?

Zu einem kleinen Bummel laden die Holzplanken des **Muelle Viejo** (Alter Pier) ein: Hier nahmen sowohl die Sandinisten als auch die Contras aus dem Ausland eingeschmuggelte Waffen in Empfang, Erstere mit Unterstützung der Prostituierten der Stadt. Doch der größte Moment in der Geschichte des 420 m langen Piers kam 1961, als Somoza die Einrichtung von den USA finanzierten Exilkubanern zur Verfügung stellte, um von hier aus die katastrophale Schweinebucht-Invasion zu starten.

★ **Casa Museo Judith Kain** HOTEL $
(☎2792-2225; Parque Central, 4c N, 1c O; Zi./2BZ mit Ventilator 14/16 US$, Zi./2BZ/3BZ mit Klimaanlage 25/30/35 US$; ❄📶) In Bilwi gibt es jede Menge stimmungsvolle Unterkünfte, doch diese hier ist möglicherweise die Nummer 1. Die 19 Zimmer verteilen sich auf verschiedene Gebäude hinter dem Hausmuseum einer örtlichen Künstlerin. Leider sind die Zimmer selbst nicht alle in besonders gutem Zustand, doch sie haben hohe Decken, hier

und da ein antikes Möbelstück und Zugang zum reizenden Garten.

Comedor Alka NICARAGUANISCH **$**
(frente Parque Central; Mahlzeiten 3 US$; ⌚11–21 Uhr) Der schlichte *comedor* bietet herzhaftes billiges Essen wie köstliches Rind und Huhn vom Grill, serviert mit einem Hauch Dünkel. Das Ganze ist aber recht vergnüglich und das Essen ist gut, besser vielleicht sogar als in vielen nobleren Restaurants.

★ Restaurante Faramhi FISCH & MEERESFRÜCHTE **$$**
(☎2792-1611; frente Aeropuerto; Hauptgerichte 5–10 US$; ⌚11–22 Uhr; 📶) Das beliebte Restaurant in Flughafennähe produziert das bei Weitem beste Essen der Stadt. Es ist ein typisches Bilwi-Lokal: Die Lampenschirme im offenen Speiseraum sind aus Muscheln, eine Diskokugel rotiert und im Hintergrund läuft Country. Die Karte zeugt von den Multikulti-Wurzeln der Stadt: Neben den typischen Meeresfrüchteplatten werden auch gute chinesische Gerichte aufgetischt.

ℹ Praktische Informationen

GEFAHREN & ÄRGERNISSE

- Auch wenn man tagsüber allein herumspaziert, sollte man vorsichtig sein und nur das Allernötigste mit sich herumtragen.
- Nach Einbruch der Dunkelheit sollte man ein Taxi nehmen, da es nicht sicher ist, nach Sonnenuntergang auf den Straßen herumzulaufen.
- Zu jeder Tageszeit sollte, wer allein unterwegs ist, leere Seitenstraßen und das Meeresufer meiden.

GELD

BanPro Wechselt Dollars und hat einen Visa/MasterCard-Geldautomaten.

ℹ An- & Weiterreise

Die meisten Besucher kommen mit dem Flugzeug nach Bilwi. **La Costeña** (☎2792-2282; Aeropuerto) bietet dreimal am Tag Flüge vom **Flughafen Puerto Cabezas** (☎2792-2282) nach Managua (einfach/hin & zurück 97/149 US$, 1½ Std.) sowie dreimal wöchentlich Flüge nach Bluefields (96/148 US$, 50 Min.).

ℹ Unterwegs vor Ort

In Bilwi abseits der Hauptstraßen herumzuspazieren ist zu keiner Tageszeit wirklich sicher. *Colectivo*-Taxis kosten 0,30 US$ in der Stadt; diese sollte man für alle Fahrten nach Einbruch der Dämmerung nutzen und auch tagsüber, wenn man das Ziel nicht genau kennt – die Viertel können sehr schnell von okay zu sehr unsicher wechseln.

Boaco

57 000 EW. / 1020 M

„Die Stadt mit zwei Etagen" ging aus zwei Bauernsiedlungen hervor, die durch einen steilen, 400 m hohen Hang voneinander getrennt waren. Im Lauf der Jahre sind die beiden Siedlungen zusammengewachsen und heute ist dieser *ranchero*-Marktflecken rund zwei Autostunden von Managua ein quirliges Agrarzentrum. Da er abseits der Hauptfernstraße liegt, verschlägt es nur wenige Touristen hierher. Doch mit seinem reizvollen Hauptplatz und seinen guten Hotels und Restaurants eignet er sich gut als Übernachtungsstation für Reisende, die das umliegende Bergland mit seinen Felszeichnungen erkunden möchten.

Die Stadt wartet mit zwei interessanten Kirchen auf: der **Parroquia de Nuestra Señora del Perpetuo Socorro** (salida, 1c N, 2c E) in der Unterstadt und der pfirsichfarbenen **Parroquia de Santiago Apóstol** in der Oberstadt. Den besten Ausblick in der Stadt genießt man vom **Parque El Cerrito del Faro** (Parque Central, 2c N, 1½c O; ⌚10–21 Uhr).

★ Tijerino's Hotel HOTEL **$$**
(☎2542-2798; hoteltijerinos@gmail.com; frente al Parque Central; Zi. mit/ohne Klimaanlage 30/40 US$; ❄📶) Das schicke Hotel am Parque stellt alle anderen der Stadt weit in den Schatten und wirkt fast ein bisschen zu elegant für das ländliche Boaco. Zwar ist die Einrichtung etwas grell geraten, aber die hellen, modernen Zimmer verfügen über sehr bequeme Betten und sind die besten weit und breit. Am schönsten sind jedoch die beiden großen Terrassen mit majestätischem Bergpanorama. Hervorragendes Preis-Leistungs-Verhältnis!

Kónoha Café INTERNATIONAL **$**
(Alcaldía Municipal, ½c O; Hauptgerichte 3–6 US$; ⌚Mo–Sa 8–22, So ab 14 Uhr; 📶) In dem tollen kleinen Café am Parque Central werden Jazz aus der Konserve, guter Kaffee und ein freundlichem Willkommen geboten. Das Angebot an Speisen ist einfach und nicht sonderlich spannend, aber es gibt typische Leckereien wie Burger, Fajitas, Quesadillas und Crêpes sowie Nachos für zwei Personen.

ℹ An- & Weiterreise

Boaco liegt 12 km vom Empalme de Boaco an der wichtigsten Fernstraße von Managua nach El Rama. Die Regionalbusse fahren am Markt ab, Busse nach Managua vom Bahnhof weitere

NEBENSTRECKE NACH MATAGALPA

Wer von Boaco Richtung Norden unterwegs ist und es nicht eilig hat, kann nach Matagalpa die landschaftlich schöne Nebenstrecke nehmen: Sie führt durch stilles Weideland am Fuß zerklüfteter, nur selten besuchter Berge. Auf dieser Strecke ist man höchstwahrscheinlich der einzige Tourist und kann die Fahrt durch rustikale Dörfer und die sanft hügelige Landschaft entspannt genießen.

Da nur sehr wenige öffentliche Verkehrsmittel auf dieser Route verkehren, sollte sie am besten in einem eigenen Allradwagen erkundet werden. Um 7 und 17 Uhr fahren Busse von Teustepe (1 US$, 1 Std.) nach San José de los Remates; der zweite fährt weiter nach Esquipulas.

200 m bergauf. Wer nach Matagalpa unterwegs ist, nimmt zunächst einen Bus nach San Benito, von wo regelmäßige Verbindungen nach Matagalpa bestehen. Es fahren Busse u. a. nach:

Managua (1,50 US$, 2 Std., 3.45–17.25 Uhr halbstündl.) Express-Minivans (1,90 US$, 1½ Std.) fahren bis gegen 12 Uhr am Markt ab, sobald sie voll sind.

San José de los Remates (1,25 US$, 1½ Std., 12 Uhr)

Santa Lucia (0,75 US$, 30 Min., 12 und 15 Uhr)

Juigalpa

71 300 EW. / 117 M

Juigalpa ist mit einer tollen Lage gesegnet: Es liegt auf einem Hochplateau mit Blick in ein goldenes Tal mit Weideland, durch das ein kristallklarer Fluss fließt. Die Stadt ist von der hoch aufragenden Serranía Amerrisque umringt, deren schiere Granitwände und gefalteten Gipfel nicht nur einen besinnlichen Anblick bieten, sondern auch der Erkundung harren. Richtung Westen erstrecken sich kleinere Hügel und trockene Täler, die Richtung Lago de Nicaragua in Marschland übergehen.

Juigalpa selbst erstreckt sich mit seinen gut erhaltenen Kolonialgebäuden und der eher ländlichen Bevölkerung beiderseits der Fernstraße nach Managua. Neben einem faszinierenden archäologischen Museum gibt's hier kaum Sehenswürdigkeiten und der Puls des Tourismus schlägt nur sehr schwach, doch hier kann man gut eine Pause einlegen, eventuell zu einem Mittagessen oder auch für eine Übernachtung.

★ Museo Arqueológico Gregorio Aguilar Barea — MUSEUM

(☎2512-0784; Parque Central, 2½c E; 0,40 US$; ⏲Di–Fr 8–12 & 13–17, Sa 8–12 & 13–16, So 9–12 & 13–15 Uhr) Im Eingangshof des Museums erheben sich mystische Steinstatuen wie uralte Totempfähle. Das Haus beherbergt die bedeutendste Sammlung an Stelen des Landes, mit mehr als 120 Basaltstatuen aus der Zeit von 800 bis 1500, darunter *La Chinita*, der „Mona Lisa von Chontales" – auch sie hatte schon ihren Auftritt im Louvre.

Parque Palo Solo — PARK

(Parque Central, 5c E) In diesen recht hübschen, gepflegten und schattigen Park kommen Pärchen, um unter Palmen und Birkenfeigen miteinander zu flüstern und zu knutschen und den wahrhaft großartigen Ausblick auf die Serranía Amerrisque in der Ferne zu genießen.

★ Hotel Los Arcangeles — HOTEL $$

(☎2512-0847; detras Iglesia; Zi. 40 US$; ❄📶) Das sehr stimmungsvolle Hotel im Landhausstil ist mit Dutzenden Volkskunst-Erzengeln dekoriert und bietet in erstklassiger Lage direkt hinter der Kathedrale an mit Pflanzen verzierten Fluren verschiedene makellos saubere Zimmer. Einige sind ein bisschen zu eng, andere fallen großzügig aus und haben hohe Decken, also lässt man sich am besten ein paar zeigen; sie kosten alle dasselbe. Das Frühstück kostet 5 US$ extra.

Palo Solo — NICARAGUANISCH $$

(☎2512-2735; Parque Palo Solo; Gerichte 6–12,50 US$; ⏲Do–Di 11–23 Uhr; 📶) Das Restaurant an einem schattigen Patio am Westrand des Parks Palo Solo serviert köstliche nicaraguanische gemischte Grillteller. Es ist nicht unbedingt Feinschmeckerküche, aber das Lokal ist lebhaft, das Essen gut und der Ausblick fantastisch.

ℹ An- & Weiterreise

Busse nach Managua, El Rama und San Carlos fahren alle vom **Cotran-Busbahnhof**, vom Stadtzentrum aus auf der anderen Seite der Carretera 7; Taxis hierher kosten ca. 0,60 US$. Minibusse nach Managua (3,50 US$) fahren am Cotran ab, wenn sie voll sind. Durch die Stadt kommende *expreso*-Busse zwischen Managua und San Carlos oder El Rama fahren nicht zum Cotran – man hält sie an der Fernstraße an. Busse nach Cuapa, La Libertad und Puerto Díaz fahren am **Mercado** (Parque Central, 1c E, ½c N; Mahlzeiten 2 US$; ⏱6–18 Uhr) ab.

El Rama (3,50 US$, 5 Std., 4.30–14.45 Uhr fast stündl.)

Managua (*expreso* 2,70 US$, 2 Std., 5.45 & 13.15 Uhr; *ordinario* 2,20 US$, 3 Std., 4–18 Uhr halbstündl.)

Puerto Díaz (1 US$, 1 Std., 5.30, 9.30, 11.30 und 13 Uhr) Die späteren Busse fahren nicht immer – am Markt nachfragen.

San Carlos (3,50 US$, 4 Std., 3–13.30 Uhr alle 2 Std.)

San José de los Remates

1800 EW.

Das landschaftlich unglaublich reizvolle und friedlich-ländliche San José de los Remates bietet recht einfachen Zugang zur **Reserva Natural Cerro Cumaica-Cerro Alegre** und wartet mit einem eindrucksvollen Tourismusprogramm auf, mit dem die eigene Versorgung mit sauberem Wasser finanziert werden soll. Vor mehreren Jahren hatte ein Rinderzuchtunternehmen aus Boaco die Wasserscheide so stark verunreinigt, dass das Grundwasser des Orts bedroht war. Die Bewohner taten sich zusammen, überzeugten den Viehhalter, dass er lieber nachhaltigen Biokaffee anbauen sollte, und forsteten einen Großteil des Anwesens eigenhändig wieder auf. Heute ist das Land als Gemeindepark geschützt, die **Reserva Hídrica Municipal La Chorrera** neben dem nationalen Schutzgebiet. Der Tourismus hilft bei der Finanzierung und macht San José zu einem erfolgreichen Modell des Ökotourismus. Wer hier vorbeischaut, bereitet jedem eine Freude, der ein Interesse an dem Projekt hat.

ℹ An- & Weiterreise

Von Teustepe (1 US$, 1 Std.) fahren um 7 und 17 Uhr Busse nach San José de los Remates; der zweite fährt weiter nach Esquipulas.

Miskito Cays (Cayos Miskitos)

Bei den 50 km vor der Küste gelegenen Miskito Cays handelt es sich um eine Gruppe felsiger Karibikinseln, die von Miskito-Fischerdörfern auf Stelzen gesäumt sind. Ihre palmblattgedeckten Häuser erheben sich über kristallklaren türkisblauen Buchten, die ein ideales Habitat für Hummer sind. Hier fand 1633 das erste Treffen zwischen dem britischen Freibeuter Captain Sussex Camock und seinen zukünftigen Miskito-Verbündeten statt. Heute sind die Inseln noch immer ein Zufluchtsort für schlimme Finger, die auf dem Meer unterwegs sind – wer also ein Boot mit kolumbianischen Kennzeichen sieht, schaut besser weg.

Im Unterschied zu den weiter südlich gelegenen Pearl Cays ist dies eher ein Kultur- als ein Strandtourismusziel, denn auf den meisten dieser Inseln ist Sand Mangelware. Die meisten bestehen nur aus nacktem Fels mit ein bisschen struppiger Vegetation. Trotzdem ist ein Besuch einer dieser isolierten Siedlungen mitten im Ozean ein faszinierendes Erlebnis, wenn auch ein eher teures. Genügend Insektenschutzmittel mitnehmen!

ℹ An- & Weiterreise

Die Miskito Cays sind von Bilwi aus erreichbar. Wer 600 US$ hinlegt, kann dort für bis zu sechs Besucher Ausflüge mit Übernachtung organisieren; ein großer Teil der Kosten entfällt auf den Transport. Die Fahrt in einer größeren, schnelleren *panga* für bis zu zwölf Personen kostet etwa 800 US$ hin und zurück. **Intur** (☎2792-1564; puertocabezas@intur.gob.ni; Parque Central, 2c N; ⏱Mo–Fr 8–16 Uhr) in Bilwi kann zuverlässige Kapitäne empfehlen. Wer preisgünstig auf die Inseln gelangen möchte, muss sich einem Hummerfischer, der die Tour eh unternimmt, anschließen. Das ist machbar, aber die Rückkehr kann sich tagelang hinziehen. Mit einem schnellen Boot sind es zwei Stunden zu den Inseln, auf einem Hummerboot bis zu fünf, und die Überfahrt ist oft rau.

Waspám & der Río Coco

7000 EW.

Das sehr einsame Waspám an der Grenze zu Honduras ist arm und kaum erschlossen, besitzt aber trotzdem eine schlichte Schönheit, mit spielenden Kindern, Sittichen in den Bäumen und Einbaumkanus auf der größten Attraktion von Waspám, dem trägen braunen Río Coco.

Der in der Miskito-Sprache als Wangki bekannte Río Coco ist der längste Fluss Zentralamerikas; an ihm liegen vom Regenwald des Landesinneren bis zum karibischen Küstenmarschland etwa 116 Miskito-Siedlungen. Somit ist Waspám in der Mitte das kulturelle, geografische und wirtschaftliche Herz der Mosquitia. Außerdem bildet der Fluss eine natürliche Grenze zu Honduras, eine Tatsache, die die meisten Miskitos einfach ignorieren – was man als Reisender allerdings nicht tun sollte. Wer nach Honduras ausreisen möchte, sollte sich seinen Pass bei **Bilwi Migración** (Einreisebüro; ☎2792-2258;

ABSEITS DER ÜBLICHEN PFADE

RESERVA DE BIOSFERA BOSAWÁS

Die **Reserva de Biosfera Bosawás**, die im Norden an drei honduranische Schutzgebiete grenzt, gehört zum größten geschützten Regenwaldgebiet nördlich des Amazonas und umfasst (mit Pufferzone) allein schon 20 000 km². Das riesige Wildnisgebiet wird von Flüssen durchzogen und ist mit dichtem Dschungel bedeckt. Es bildet einen wichtigen Teil des Mesoamerikanischen Biologischen Korridors, der Landroute zwischen Nord- und Südamerika, die von zahlreichen Wandertieren genutzt wird und einige der letzten Großen Ameisenbären, Klammeraffen, Jaguare, Harpyien, Tapire und Krokodile der Region beheimatet.

Das nach den drei das Gebiet prägenden geografischen Merkmalen benannte Biosphärenreservat Bosawás – Río Bocay, Cerro Saslaya und Río Waspuk – ist ein Ziel für wirklich furchtlose Abenteurer und Tierfans. Diese können hier eine echte Wildnis erkunden, auf gewaltigen Flüssen Kanu fahren, Vögel beobachten und außergewöhnliche Tiere in ihrem natürlichen Lebensraum erleben.

An- & Weiterreise

Informationen zum Bosawás-Reservat gibt's im Büro von Marena Central (S. 473) in Managua oder in den Marena-Filialen in den meisten größeren Orten rund um das Schutzgebiet. Dort können Führer und der Transport organisiert oder zumindest vorgeschlagen werden. Oft ist es jedoch am einfachsten, über Lodges am Rand des Schutzgebietes oder mit Hilfe privater Organisationen ins Reservat zu gelangen, also herumfragen.

contiguo la Policía; ⏲Mo–Fr 8–16 Uhr) abstempeln lassen.

Der Ort lohnt durchaus einen Rundgang. Man kann die etwas merkwürdig anmutende **Iglesia San Rafael** betrachten, am Wochenende zusammen mit den Einheimischen im **Baseballstadion** einem Spiel zuschauen und über den **Parque Central** bummeln. Für die von den Sandinisten überrannten Contras wurde ein **Kriegerdenkmal** errichtet; die Sandinisten brannten Waspám nieder und besetzten es bis zum Ende des Kriegs.

Hotel Casa de la Rose HOTEL **$**
(☎5729-9380; frente la pista; EZ/DZ mit Ventilator 11/15 US$, mit Klimaanlage 18/22 US$; ❄📶) Dies ist eins der beiden wirklich guten Hotels in Waspám, mit sauberen Zimmern mit frischen Kacheln, Kabelfernsehen und einer hübschen Holzveranda inmitten der Bananenbäume des wunderschönen Gartens. Zum Hotel gehört ein hervorragendes Restaurant in einer netten hölzernen *cabaña*.

★ **Hotelito El Piloto** HOTEL **$$**
(☎8331-1312, 8642-4405; hotelitoelpiloto@live.com; Muelle, 20 m S; Zi./2BZ 25/35 US$; ❄📶) In der insgesamt besten Unterkunft von Waspám nur wenige Schritte vom Fluss sind die Zimmer frisch gestrichen und die Bäder gekachelt. Die freundlichen Betreiber sind eine wahre Fundgrube an Informationen und organisieren gern alle möglichen Ausflüge in der Gegend, außerdem servieren sie gutes Essen.

ℹ An- & Weiterreise

BUS

Nach Bilwi (6,50 US$, 6 Std.) fahren Busse täglich um 6 und 7 Uhr. Wer einen Sitzplatz möchte, sollte frühzeitig da sein. Gewöhnlich montags, mittwochs, donnerstags und samstags fahren um etwa 8 Uhr außerdem Direktbusse nach Managua (25 US$, 25 Std.).

FLUGZEUG

In den Flugzeugen von **La Costeña** (☎8415-8210; Aeropuerto) haben nur zwölf Personen Platz, also am besten vorausbuchen. Von Managua nach Waspám (einfach/hin & zurück 104/160 US$, 1½ Std.) heben die Flieger dienstags, donnerstags und samstags um 12 Uhr ab, zurück geht's jeweils um 13.40 Uhr.

Río Coco

Die wichtigsten Sehenswürdigkeiten von Waspám liegen außerhalb des Orts und sind über den Río Coco zugänglich. Dieser bildet flussaufwärts vom Ort die Nordgrenze des Bosawás-Schutzgebiets und mündet flussabwärts am Cabo Gracias a Dios ins Karibische Meer. Flussfahrten sind teuer, lassen sich aber problemlos mit den am Anleger des Orts wartenden Bootsführern absprechen.

An- & Weiterreise

Ein Boot zu mieten kostet etwa 60 US$ pro Tag inklusive Benzin, welches den größten Teil der Kosten ausmacht. Ausflüge können auch über das Hotelito El Piloto in Waspám organisiert werden, dessen Eigentümer Barry Watson Englisch spricht.

DEPARTAMENTO RÍO SAN JUAN

Der dampfende Río San Juan fließt vom Lago de Nicaragua ins Karibische Meer und bildet auf seiner Reise durch die Wildnis in weiten Teilen die Grenze zu Costa Rica. Der dichte Dschungel hier ist ein Paradies für Zugvögel und Dutzende weitere Tierarten wie Jaguare, Brüllaffen, Alligatoren, Faultiere und schillernde fingernagelgroße Laubfrösche.

Tausende Reisende passieren die Region auf dem Weg nach Costa Rica und lassen den abgeschiedenen Archipiélago de Solentiname sowie die Orte und Dörfer am Río San Juan links liegen.

An- & Weiterreise

Der Río San Juan ist ein internationales Tor nach Nicaragua. Auf einer neuen Brücke über den Río San Juan verkehren Busse zwischen San Carlos und Los Chiles in Costa Rica.

La Costeña bietet zweimal die Woche Flüge von Managua über Ometepe nach San Carlos und weiter nach San Juan de Nicaragua. San Carlos und San Miguelito sind außerdem per Bus ab Managua, Juigalpa und El Rama zu erreichen.

Alle weiteren Ziele in der Region lassen sich ausschließlich per Boot von San Carlos aus erreichen.

San Carlos

12 200 EW.

Die Hauptstadt des Verwaltungsbezirks Río San Juan liegt dort, wo der größte See Zentralamerikas auf einen der längsten Flüsse der Region trifft, und ist das Tor zu mit den schönsten Landschaften Nicaraguas. San Carlos selbst erfreut sich einer schönen Lage am Wasser; in der einen Richtung ist die Silhouette der Islas Solentiname zu sehen, in der anderen in der Ferne die vom Regenwald eingefassten Gipfel der Vulkane.

Tagsüber sind in der Stadt zahlreiche Touristen unterwegs. Das erklärt auch die zahlreichen Restaurants an der quirligen Uferpromenade. Doch abends verschwindet all der Glanz zusammen mit der untergehenden Sonne und schnell kehrt Stille ein.

San Carlos ist weniger ein Reiseziel als eine Art Wartesaal aufs nächste Schiff oder die nächste *panga* (kleines Motorboot), doch auch dieser Ort kann mit einer gewissen Schönheit aufwarten, besonders auf dem Gelände des Centro Cultural Jose Coronel Urtecho. Es befindet sich inmitten der bröselnden Mauern der 1724 erbauten **Fortaleza de San Carlos** (9–17 Uhr) GRATIS. Mit El Castillo kann die Festung nicht mithalten, aber die Aussicht auf den See und den Río San Juan ist genial. Am Ende des *malecón* gibt's noch einen alten spanischen Beobachtungsposten mit Kanonen.

Hotel Gran Lago HOTEL $$
(2583-0075, 8823-3488; www.grandhotelsnicaragua.com; Parque Central, 1c O, 1c S; EZ/DZ/3BZ mit Frühstück ab 37/41/60 US$;) Das direkt am See mit Blick auf den Archipiélago de Solentiname gelegene kleine Hotel ist das beste in San Carlos und hat unterschiedliche Zimmer auf zwei Etagen. Die unten sind ein bisschen beengt und dunkel, aber die größeren oben bekommen jede Menge natürliches Licht ab und haben Seeblick.

★ **Restaurante Kaoma** NICARAGUANISCH $$
(2583-0293; Parque Central, 1½c S; Hauptgerichte 6,50–11,50 US$; 11.30–22 Uhr;) Das mehr oder weniger einzige echte Restaurant der Stadt ist schön gelegen. Es hat alte Holzböden, Balkendecken und einen hübschen Seeblick. Auf der umfangreichen Karte stehen ausgezeichnete Rindfleisch- und Fischgerichte; der Fisch wird in einer buttrigen Knoblauchsauce sautiert oder mit Garnelen gefüllt. Ebenfalls köstlich ist die Suppe mit Fisch und Krabben.

Praktische Informationen

GELD

Es gibt zwei Geldautomaten im Ort, bei der **BanPro** (frente alcaldía) an der Hauptstraße und am **Bancentro LAFISE** (Parque Central, 1c S) gleich beim *malecón*.

MEDIZINISCHE VERSORGUNG

Hospital Felipe Moncada (2583-0244)

An- & Weiterreise

Dank einer guten Straße nach Juigalpa und einer neuen Brücke über den Río San Juan bei Santa Fe, die die Region mit Las Tablillas in Costa Rica verbindet, ist San Carlos keine so völlig isolierte Ecke Nicaraguas mehr wie früher.

BUS

Am **Busbahnhof** fahren Busse mit folgenden Fahrtzielen ab:

Boca de Sábalos (2,20 US$, 2 Std., 7, 9, 11, 14, 16.30 und 19 Uhr) Halten auch in La Esperanza.

El Rama (4,75 US$, 7 Std., 9 Uhr)

Juigalpa (3,50 US$, 4 Std., 10, 11.10, 12.40 und 13.30 Uhr) Busse Richtung Managua setzen Fahrgäste auch in Juigalpa ab –nicht jedoch die Nachtbusse.

Managua (4,75 US$, 6 Std., 2, 6.30, 8, 12, 14.30, 18, 21 und 22.30 Uhr)

San Miguelito (1,60 US$, 2 Std.) Direktbusse fahren um 12.20 und 13 Uhr, man kann aber auch einfach einen beliebigen Managua- oder Juigalpa-Bus nehmen und an der Abzweigung nach San Miguelito aussteigen. Es verkehren auch komfortablere Minibusse (2 US$, 2 Std.): Abfahrt täglich um 10.30 und 17 Uhr am *malecón*.

Minivans zum Grenzübergang Santa Fe (2 US$, 30 Min.) fahren zwischen 3 und 17.30 Uhr am Busbahnhof ab, wenn sie voll sind.

Agua Trails (www.aguatrails.com) hat täglich einen Shuttleservice nach La Fortuna in Costa Rica (55 US$ pro Pers.).

FLUGZEUG

Der Flug von Managua – gewöhnlich über Ometepe – nach San Carlos ist spektakulär: Man fliegt an zwei Vulkanen, den Islas Solentiname und der Laguna de Apoyo vorbei. Kleine zwölfsitzige Maschinen von La Costeña (www.lacostena.com.ni) fliegen donnerstags und sonntags von Managua nach Ometepe, weiter nach San Carlos und schließlich nach San Juan de Nicaragua an der Karibikküste und wieder zurück auf derselben Strecke (je nach Nachfrage). Der **Flughafen** von San Carlos ist 3 km vom Stadtzentrum entfernt (1 US$ mit dem Taxi).

SCHIFF/FÄHRE

Passagierboote nach Boca de Sábalos (2,85 US$, 2 Std.) und El Castillo (2,60 US$, 3 Std.) fahren an der **Portuaria San Carlos** (Muelle Municipal) einen halben Block westlich vom Markt ab (Mo–Sa 12, Mo, Di, Fr & Sa 14.30 Uhr). Die Abfahrtszeiten der Expressboote nach Sábalos (3,90 US$, 1½ Std.) und El Castillo (4,50 US$, 2 Std.) sind täglich um 6, 8, 10.30, 15.30 und 16.30 Uhr.

Boote zu den Islas Solentiname (10 US$, 90 Min.) fahren jeden Tag um 15 Uhr vom öffentlichen Anleger neben dem Migracíon-Büro.

Passagierboote nach Papaturro (3,30 US$, 5 Std.), von wo aus Zugang zum **Centro Ecológico de Los Guatuzos** (☎2270-3561, 8772-9630; www.losguatuzos.com; Río Papaturro; Zi. 15 US$ pro Pers.) besteht, fahren montags, dienstags, mittwochs und freitags um 9 Uhr ab Muelle Municipal. Schnelle Boote (4,75 US$, 3 Std.) legen samstags um 10 Uhr in San Carlos ab.

Langsame Boote nach San Juan de Nicaragua (10,50 US$, 9–12 Std.) fahren am Dienstag, Donnerstag und Freitag um 6 Uhr von der Portuaria San Carlos. Schnelle Boote auf derselben Strecke (20 US$, 7 Std.) verkehren ab San Carlos dienstags und freitags um 6 Uhr.

GRENZÜBERGÄNGE: NACH LOS CHILES, COSTA RICA

Nach der Fertigstellung der Brücke über den Río San Juan bei Santa Fe flussabwärts von San Carlos wurde die sehr schöne traditionelle Flussroute nach Costa Rica leider eingestellt. Wer also kein eigenes Boot hat, muss die Grenze bei Santa Fe überqueren.

Am billigsten geschieht das, indem man vom Busbahnhof in San Carlos einen Minibus über die Brücke zur Grenze bei San Pancho (2 US$, 30 Min.) nimmt. Die Minibusse fahren von 3 bis etwa 17.30 Uhr, doch die Grenze ist nur von 8 bis 16 Uhr geöffnet, sodass man also nicht gleich bei Tagesanbruch aufbrechen muss. Mit dem nicaraguanischen Ausreisestempel (2 US$) im Pass geht man durch den costa-ricanischen Zoll, erhält seinen Einreisestempel und nimmt dann einen weiteren Bus nach Los Chiles (1 US$, 15 Min.) oder Quesada (6 US$, 3 Std.), wo es Anschlüsse nach San José gibt. Außerdem verkehrt ein Direktbus am Tag (15 Uhr) von Las Tablillas nach San José.

Wer mit einem eigenen Boot unterwegs ist, beginnt die Reise im freundlichen **Migración-Büro** (☎2583-0263; Malecón; ⏲8–17 Uhr) von San Carlos und lässt sich dort den Ausreisestempel geben. In Los Chiles geht man zum Zoll gegenüber vom Anleger und anschließend zu einem weiteren Gebäude zwei Straßen weiter, um sich seinen Pass stempeln zu lassen.

An beiden Grenzübergängen muss man für die Einreise nach Nicaragua 12 US$ zahlen, für die Ausreise 2 US$. Wer über Land aus Costa Rica ausreist, muss per Kreditkarte (kein Bargeld!) 7 US$ Ausreisegebühr berappen.

NICARAGUA VERSTEHEN

Nicaragua aktuell

Traditionell durften Nicaraguas Präsidenten nur zwei fünfjährige Amtszeiten im Amt bleiben. Doch 2014 wurde die Amtszeitbeschränkung aufgehoben. Im November 2016 gewann Präsident Daniel Ortega erneut die Präsidentschaftswahlen und sicherte sich damit die sehr umstrittene dritte Amtszeit. Seitdem hat sich Ortega darangemacht, Nicaraguas institutionelle Demokratie aus den Angeln zu heben: Er übernahm die komplette Kontrolle über das Militär, die Polizei und sämtliche Regierungszweige. Im April 2018 hatten Auseinandersetzungen zwischen Demonstranten und Regierungstreuen zahlreiche Tote zur Folge; unter anderem kam es zu gewalttätigen Auseinandersetzungen in Masaya, Managua, Granada und León. Bei Redaktionsschluss hatten 325 Menschen ihr Leben verloren und über 2000 Personen waren verletzt worden.

Zwar hat sich die Lage inzwischen beruhigt und einige politische Gefangene sind wieder freigelassen worden, doch das Land befindet sich noch immer im Krisenzustand. Die prekäre politische Lage schadet der Wirtschaft und Ortega weigert sich hartnäckig, vor 2021 Neuwahlen anzusetzen, obwohl ein großer Teil der Bevölkerung danach verlangt.

Geschichte

Frühgeschichte

Im vorspanischen Nicaragua lebten verschiedene indigene Völker, darunter die Vorfahren der heutigen Rama an der karibischen Küste sowie am Pazifik die Chorotegas und Niquiranos. Letztere sprachen eine Form des Nahuatl, der Sprache der Azteken. Viele Orte in Nicaragua tragen auch heute noch ihre alten Nahuatl-Namen.

Um das Jahr 1500 v. Chr. herum war Nicaragua in weiten Teilen durchgehend besiedelt. Von dieser frühen Geschichte ist kaum etwas überliefert. Doch immerhin wird mit dem Tanz „Toro Guaco" bis heute ein alter Vertrag zwischen der Nicarao-Hauptstadt Jinotepe und ihrer benachbarten Chorotega-Rivalin Diriamba gefeiert.

Die Ankunft der Europäer

Zwar legte Kolumbus 1502 einen kurzen Halt an der Karibikküste ein, doch erst Gil González de Ávila, der 1522 von Panama aus Richtung Norden segelte, hinterließ wirkliche Spuren. Er traf am Südufer des Nicaraguasees auf den Kaziken Nicarao, der dort über die Niquiranos herrschte. Die Spanier benannten das Gebiet nach diesem Häuptling und seinem Stamm.

Die Kolonialzeit

Die eigentlichen spanischen Kolonisationstruppen kamen 1524 an und es wurden die Städte León und Granada gegründet, beide in der Nähe indigener Siedlungen, deren Bewohner für die Spanier schuften mussten.

Das Gold, das die Spanier ins Land gelockt hatte, ging schnell zur Neige, aber Granada und León blieben bestehen. Granada wurde auch dank des landwirtschaftlich ertragreichen Landes in der Umgebung zu einem vergleichsweise reichen kolonialen Handelszentrum. Das ursprünglich am Lago de Managua gelegene León entwickelte sich mit der Zeit zum Zentrum radikaler Priester und Intellektueller, die die Liberale Partei gründeten, welche ein vereinigtes Mittelamerika und Reformen nach dem Vorbild der Französischen und der Amerikanischen Revolution anstrebte.

Die Unterschiede im Wohlstand und die politische Vorherrschaft Leóns führten zu Konflikten zwischen den beiden Städten, die bis in die 1850er-Jahre anhielten und zuweilen in Bürgerkriege ausarteten. Die Feindschaft nahm erst ein Ende, als die Hauptstadt in das neutrale Managua verlegt wurde.

Zelayas Staatsstreich & die US-Intervention

1893 setzte ein liberaler General namens José Santos Zelaya den konservativen Präsidenten ab und übernahm selbst die Präsidentschaft. Zelaya brachte schnell die USA gegen sich auf, indem er versuchte, mit Deutschland und Japan zu einer Vereinbarung über den Bau eines Kanals zu kommen. Mit Unterstützung Washingtons, das seinerseits durch den Bau des Panamakanals das Monopol über den Seeweg erlangen wollte, rebellierten 1909 die Konservativen.

Nachdem Zelaya die Exekution zweier US-Söldner befohlen hatte, die beschuldigt wurden, im Auftrag der Konservativen zu arbeiten, erzwang die US-amerikanische Regierung die Abdankung des Präsidenten und entsandte Marines nach Nicaragua. Somit begann eine 20 Jahre währende Periode der amerikanischen Einmischung in die Belange Nicaraguas. 1925 wurde dann durch einen Staatsstreich der Konservativen eine neue Runde der Gewalttätigkeit ausgelöst.

Gegen das konservative Regime wandte sich eine Gruppe liberaler Rebellen, darunter Augusto César Sandino, der im Norden des Landes Bauern rekrutierte und schließlich zum Anführer eines langjährigen Kampfes gegen die US-amerikanische Einmischung wurde.

Sandino & die Somoza-Ära

Die Marines wurden 1933 abgezogen. Aber jetzt hatte Sandino einen neuen Feind: die von den USA ausgebildete Guardia Nacional. Deren Ziel war es, den Widerstand von Sandinos Guerilleros zu brechen. Oberster Befehlshaber der Nationalgarde war Anastasio Somoza Garciá.

Somoza sorgte dafür, dass Sandino ermordet wurde. Der Rebellenführer war nach Managua zu einer Friedenskonferenz eingeladen worden und wurde auf dem Heimweg von Nationalgardisten erschossen. Nachdem sein gefährlichster Widersacher beseitigt war, strebte Somoza die alleinige Macht an.

Einige Jahre später stürzte er den liberalen Präsidenten Sacasa und machte sich selber zum Präsidenten. Damit begründete er eine Dynastie, die das Land fast vier Jahrzehnte beherrschte.

Wachsende Opposition

1961 taten sich Carlos Fonseca Amador, ein prominentes Mitglied der Studentenbewegung, die in den 1950er-Jahren gegen das Somoza-Regime opponiert hatte, Colonel Santos López (ein alter Kampfgefährte Sandinos) und weitere Aktivisten zusammen und gründeten die Frente Sandinista de Liberación Nacional (Sandinistische Nationale Befreiungsfront, kurz FSLN).

Gegen Mitternacht am 23. Dezember 1972 verwüstete ein Erdbeben Managua. Ein Gebiet von mehr als 250 Wohnblocks wurde völlig zerstört. Als internationale Hilfsgelder eintrafen, wurden diese laut einem Bericht der Zeitung *Guardian* in die Taschen von Anastasio Somoza und seiner Kumpane umgeleitet, während die Menschen, denen es zugutekommen sollte, litten und starben.

So entwickelte sich bis 1974 eine starke Opposition. Zwei Gruppen standen dabei im Vordergrund: die FSLN (Sandinisten) und die Unión Democrática de Liberación unter Führung von Pedro Joaquín Chamorro, dem populären Besitzer und Herausgeber der in Managua erscheinenden Zeitung *La Prensa*, die schon seit Langem Artikel druckte, die die Somozas kritisierten.

Die Revolution & die FSLN

Der letzte Tropfen, der für die der ständigen Gewalt überdrüssigen Nicaraguaner das Fass schließlich zum Überlaufen brachte, war die Ermordung Chamorros. Bis Mitte 1978 hatten sich viele wichtige Städte gegen die Regierungstruppen erhoben. Die brutalen Vergeltungsmaßnahmen der Nationalgarde brachten den Sandinisten nur noch weitere Unterstützung ein.

Die FAO schloss sich den Sandinisten an, in denen sie nun die einzige Kraft sah, die in der Lage sein konnte, die Diktatur zu stürzen. Die FSLN war gut vorbereitet, als sie im Juni 1979 in die Offensive ging. Die revolutionären Streitkräfte eroberten Stadt auf Stadt, wobei sie von Tausenden Zivilisten unterstützt wurden. Als die Sandinisten am 17. Juli vor den Toren Managuas standen, floh Somoza außer Landes. Ein Jahr später wurde er von sandinistischen Agenten in Asunción, Paraguay, getötet. Am 19. Juli 1979 marschierten die Sandinisten als Sieger in Managua ein.

Sie erbten einen Trümmerhaufen: Armut, Obdachlosigkeit. Analphabetismus und eine erbärmliche Gesundheitsversorgung waren nur einige der gewaltigen Probleme. Nach Schätzungen waren während des Revolutionskriegs rund 50 000 Menschen ums Leben gekommen und weitere 150 000 obdachlos geworden.

Der Contra-Krieg

Nachdem Ronald Reagan im Januar 1981 Präsident der USA geworden war, verschlechterten sich die Beziehungen zwischen Nicaragua und den USA weiter. Reagan fror alle Hilfsgelder für Nicaragua ein und begann im Verlauf des Jahres konterrevolutionäre Milizen, die sogenannten Contras, finanziell zu unterstützen.

1984 wurde ein CIA-Komplott zur Verminung der nicaraguanischen Häfen aufgedeckt; wegen dieses Verstoßes gegen das Völkerrecht wurden die USA schließlich vom Internationalen Gerichtshof in Den Haag verurteilt. Der Gerichtshof befand, dass die USA internationales Recht gebrochen und Reparationsleistungen an Nicaragua zu zählen hätten. Die Reagan-Regierung verwarf das Urteil und leistete nie irgendwelche Zahlungen.

Die nicaraguanischen Wahlen im November 1984 wurden von führenden Nicht-Sandinisten boykottiert, da sie der Regierung die umfassende Kontrolle der FSLN über die Medien des Landes vorwarfen. Die Sandinisten wiesen diese Vorwürfe zurück und behaupteten ihrerseits, dass die Medien von Contra-Anhängern manipuliert seien. Daniel Ortega wurde mit 63 % der Stimmen zum Präsidenten gewählt und die FSLN verfügte in der Nationalversammlung über eine ähnliche Mehrheit.

Im Mai 1985 verhängten die USA ein Handelsembargo gegen Nicaragua und übten Druck auf andere Länder aus, sich anzuschließen. Das Embargo blieb fünf Jahre in Kraft und fügte der nicaraguanischen Wirtschaft schweren Schaden zu.

Da die Mehrheit der US-Bürger den Krieg inzwischen satthatte, verweigerte der US-Kongress 1985 weitere Militärhilfen für die Contras. Laut dem Kongressbericht über die Iran-Contra-Affäre reagierte die Reagan-Regierung darauf, indem sie die Contras heimlich finanzierte: Die CIA lieferte illegal Waffen an Iran und leitete die Gelder aus dem Waffenverkauf an die Contras um. Als Details durchsickerten, flog die Affäre auf.

Wahlen & Frieden

Ende der 1980er-Jahre befand sich die nicaraguanische Wirtschaft in einem erbärmlichen Zustand. Der Bürgerkrieg, das US-Handelsembargo sowie die Ineffizienz einer zentralen Planwirtschaft sorgten für eine galoppierende Inflation, sinkende Produktion und steigende Massenarbeitslosigkeit. Als klar wurde, dass der US-Kongress sich anschickte, den Contras weitere Hilfen zu gewähren, setzte Daniel Ortega Wahlen an, die nach seiner Meinung die Unterstützung des Volkes für die Politik der Sandinisten bestätigen sollten.

Die FSLN hatte jedoch die Enttäuschung und auch die Müdigkeit der nicaraguanischen Bevölkerung unterschätzt. Angesichts der Wirtschaftsprobleme fielen die eindrucksvollen Errungenschaften der frühen Jahre der sandinistischen Herrschaft – die Verteilung der Ländereien des Somoza-Clans an kleine Bauernkooperativen, die Reduzierung der Analphabetenrate von 50 auf 13 %, die Ausrottung der Kinderlähmung durch ein großes Impfprogramm und die Senkung der Kindersterblichkeitsrate um ein Drittel – nicht mehr ins Gewicht.

Die Politik in den 1990er-Jahren

So trat im April 1990 Violetta Chamorro die Präsidentschft an. In einem von den Medien stark beachteten Akt legten die Contras Ende Juni ihre Waffen nieder. Das US-Handelsembargo wurde aufgehoben und Hilfsgelder begannen ins Land zu strömen.

Die wirtschaftliche Erholung kam nur langsam in Gang, das Wachstum blieb schwach und die Arbeitslosigkeit unverändert hoch. Trotzdem versagten die Wähler beim nächsten Urnengang im Jahr 1996 dem FSLN-Kandidaten Ortega die Unterstützung und wählten stattdessen den früheren Bürgermeister von Managua, Arnoldo Alemán, zum Präsidenten – er war der Kandidat des liberalen Mitte-rechts-Bündnisses PLC.

Alemán investierte umfassend in den Ausbau der Infrastruktur und verminderte die Truppenstärke der nicaraguanischen Armee um 10 %. Doch davon abgesehen war seine Amtszeit von Skandalen geprägt. Die Korruption erreichte neue Höhen und Alemán stahl sich ein riesiges Privatvermögen aus Staatsgeldern zusammen – dadurch verdiente er sich einen Platz auf der Transparency-International-Liste der zehn korruptesten Regierungsbeamten aller Zeiten.

Sandinista 2.0

Nachdem Sandinistenchef Daniel Ortega drei Wahlen hintereinander verloren hatte, gelangte er im November 2006 doch wieder an die Macht. Ihm hatten zwei Umstände in die Hände gespielt: das Scheitern der neoliberalen Politik, welche die Wirtschaft hatte ankurbeln sollen, und ein Gesetz, demzufolge 35 % der Stimmen im ersten Wahlgang eine Stichwahl im zweiten Wahlgang obsolet machten (Ortega hatte im ersten Wahlgang 38 % der Stimmen auf sich vereint).

Bei seiner Amtsübernahme im Januar 2007 proklamierte der neue Präsident eine neue Einheit der lateinamerikanischen Linken, was die USA und einige ausländische Investoren etwas nervös machte. Doch nachdem die FSLN-Regierung in den Alltag gefunden hatte, blieben die Landreformen und Verstaatlichungen aus, die der Wirtschaftssektor befürchtet und radikale Sandinisten herbeigesehnt hatten.

Bei den landesweiten Kommunalwahlen 2008 wurde erstmalig geprüft, wie weit es mit der Demokratie unter der neuen Regierung her war. Die FSLN ging in mehr als 70 % der Gemeinden siegreich aus den Wahlen hervor. Die Opposition sprach von groß angelegtem Wahlbetrug, *La Prensa* gar von den „betrügerischsten Wahlen in der Geschichte Nicaraguas".

Die Menschen

Mentalität

Nicaragua hat ein ausgeprägtes Kulturbewusstsein. Es gibt „hausgemachte" Literatur, Tänze, Kunst, Musik und eine eigene kulinarische Szene. Die intellektuelle Unabhängigkeit ist ein Überbleibsel aus den Zeiten der Revolution und des Contra-Kriegs, reicht aber eigentlich sogar noch weiter zurück, bis in die spanische Kolonialzeit, als die indigenen Völker sich eine Teilautonomie erkämpften, wobei die menschlichen Verluste horrend waren.

Obwohl die ideologischen Gräben zwischen ehemaligen Contras und Sandinisten in letzter Zeit mehr oder weniger überwunden zu sein schienen, sieht es aufgrund der anhaltenden politischen Unruhen seit 2018 so aus, als würde eine weitere Generation Nicaraguaner mit Gewalt leben müssen.

Die Einstellungen sind natürlich nicht überall gleich. Nur wenige Bewohner der Atlantikküste – die Englisch oder Miskito sprechen – fühlen sich als Nicaraguaner. Lieber würden sie wieder zum Britischen Weltreich gehören, als weiter der Diskriminierung durch die „Spanier" auf der anderen Seite des Landes ausgesetzt zu sein. Die Viehbauern im zentralen Hochland lassen sich nichts von der Bundesregierung sagen und Kaffeepflücker aus Matagalpa und Studenten aus León sind jederzeit bereit, sich nach Managua aufzumachen und sich bei der politischen Führung zu beschweren, wenn sie das Gefühl haben, ungerecht behandelt zu werden.

Lebensart

Nicaragua ist eine Nation in Bewegung: Einer von fünf Nicaraguanern lebt im Ausland, die meisten in den USA, Costa Rica und Honduras. Dank der in den 1950er-Jahren einsetzenden Landflucht wohnen heute 59 % der Nicaraguaner in den Städten. Innerhalb der Landesgrenzen sind die jungen Frauen für den Großteil der Migration zuständig; die meisten von ihnen ziehen nach Managua. Männer folgen tendenziell den Erntezeiten in den ländlichen Gebieten oder in den Nachbarländern. Reguläre Jobs sind rar. Mehr als die Hälfte der Erwerbstätigen sind dem informellen Sektor zuzurechnen. Sie arbeiten als Straßenhändler, Reinigungskräfte oder Künstler ohne Versicherungsleistungen und Arbeitsplatzsicherheit.

Die Jungen und Gebildeten in Städten wie Managua, León und Granada haben mehr Geld zur Verfügung, sind durch die sozialen Medien globalen Trends viel stärker ausgesetzt und interessieren sich viel mehr dafür, was in der Welt passiert. In den kleineren Orten verläuft das Leben geruhsamer und traditioneller und es wird nach wie vor sehr ausgeprägte Gastfreundschaft gepflegt. Noch einfacher ist der Lebensstil der *campesinos* – mit viel harter Arbeit.

Obwohl Nicaragua ein katholisches Land ist, leben viele Pärchen, auch mit Kindern, ohne Trauschein zusammen, insbesondere in den größeren Städten. Schwule und Lesben sind weitestgehend akzeptiert, eine vollständige Gleichstellung vor dem Gesetz ist aber noch nicht erreicht.

Der Wohlstand ist ungleich verteilt. Reiche Nicaraguaner leben nicht viel anders als Topverdiener in Miami oder anderswo auf der Welt. Die große Mehrheit der Bevölkerung muss jedoch Tag für Tag darum kämpfen, die Familie zu ernähren. Über 50 % aller Nicaraguaner fristen ein Dasein unterhalb der Armutsgrenze und ungefähr ein Drittel muss mit zwei Mahlzeiten oder weniger pro Tag auskommen.

Bevölkerung

In Nicaragua leben 6,3 Mio. Menschen auf 130 375 km², damit ist es nach Belize das am zweitdünnsten besiedelte Land Zentralamerikas. Dem World Factbook der CIA zufolge sind 69 % der Bevölkerung *mestizos* (Menschen gemischter Abstammung, gewöhnlich mit spanischen und indigenen Vorfahren), 17 % weiß, 9 % schwarz und 5 % gehören indigenen Völkern an. Bei den jüngsten Volkszählungen stellte sich heraus, dass sich gerade mal 440 000 Menschen als indigen bezeichnen würden. Die Miskito (121 000), Mayangna/Sumo (9800) und Garifuna (3300) haben afrikanische Wurzeln und leben an der Karibikküste, gemeinsam mit den Rama (4200). Die Cacaopoeras und Matagalpas (15 200) im zentralen und nördlichen Hochland gehen vielleicht auf die Mayas zurück, die Chorotegas (46 000), Subtiavas (20 000) und Nahoas (11 100) haben gewisse Ähnlichkeiten mit den Azteken.

Religion

Die Glaubensgemeinschaft mit den meisten Anhängern ist der Katholizismus, doch dieser weist in Nicaragua auch viele indigene Elemente auf, davon zeugen die Ausgestaltung von Kirchen wie San Juan Bautista de Subtiava und María Magdalena in Masaya sowie die in ihnen vollzogenen Zeremonien. Auch die Befreiungstheologie hat ihre Spuren hinterlassen. So unterstützte der Priester und Dichter Ernesto Cardenal den bewaffneten Widerstand gegen das Somoza-Regime. Dafür wurde er von Papst Johannes

Paul II. öffentlich kritisiert und später aus seinem Priesteramt verstoßen, doch Cardenal ist nach wie vor eine beliebte Persönlichkeit. Die unglaublich vielen katholischen Kirchengebäude und die faszinierenden *fiestas patronales* (Heiligenfeste) sind ein echtes Highlight des Landes. Rund 13 % der Nicaraguaner bezeichnen sich als Atheisten oder Agnostiker, was für Lateinamerika wirklich ungewöhnlich ist.

Kunst & Kultur

Nicaragua ist ein leuchtender Stern am Himmel der lateinamerikanischen Literatur, und die Poesie steht dabei ganz obenan. Rubén Darío (1867–1916), der Dichter aus León, ist einer der bedeutendsten spanischsprachigen Autoren; seine Schriften haben Literaturbewegungen in der gesamten lateinamerikanischen Welt inspiriert und Trends gesetzt. Drei bedeutende Autoren traten bald nach Darío auf, und ihre Werke sind immer noch populär: Azarías Pallais (1884–1954), Salomón de la Selva (1893–1959) und Alfonso Cortés (1893–1969). In den 1930er-Jahren machte die experimentelle Bewegung „Vanguardia" von sich reden, deren bedeutendste Vertreter José Coronel Urtecho, Pablo Antonio Cuadra, Joaquín Cuadra Pasos und Manolo Cuadra waren. Eine Reihe führender Sandinisten, darunter Sergio Ramírez, Rosario Murillo und Ernesto Cardenal, betätigten sich nicht nur politisch, sondern auch literarisch.

Natur & Umwelt

Mit mehr als 10 000 km² Urwald, 19 aktiven Vulkanen, bunten Korallenriffen, florierenden Vogel- und Schmetterlingspopulationen, tropischen Fischen und verschiedenen Schildkrötenarten verfügt Nicaragua über einen mehr als großen Reichtum an natürlicher Schönheit. Zusammen mit einer niedrigen Bevölkerungsdichte und einer sehr geringen Industrialisierung bedeutet dies, dass in Nicaragua die Wildnis nie weit entfernt ist – und einmal dort angekommen, hat man sie fast für sich allein.

Das Land

Die Entstehung der zentralamerikanischen Landenge begann vor rund 60 Mio. Jahren: Durch sie wurden Nord- und Südamerika vor 3 Mio. Jahren zum ersten Mal miteinander verbunden. Die Maribios-Vulkankette markiert das Aufeinandertreffen der Cocos- und der Karibischen Platte und zählt zu den vulkanisch aktivsten Regionen der Welt.

Es gibt 40 größere Vulkanformationen, darunter 28 Vulkane und acht Kraterseen wie die Reserva Natural Laguna de Apoyo mit Hotels und Privathäusern, die Laguna Tiscapa im Zentrum von Managua und die Laguna Asososca, die nicht erschlossen ist.

Der Reiz, den die Region auf die ersten Kolonisten ausübte, verstärkte sich noch, als sie erkannten, dass der Boden durch die geologische Beschaffenheit des Landes noch fruchtbarer wurde. Erdbeben und Vulkane stellen an den Rändern der Cocos- und Karibischen Platte einen Teil des Alltags dar und es gibt nur noch sehr wenige wirklich ursprüngliche Kolonialgebäude, die seit dem 16. Jh. nicht ausgebessert werden mussten.

Nicaraguas höchste Berge jedoch sind metamorphisch, nicht vulkanisch. Wie ein Reißverschluss ziehen sie sich durchs Zentrum des Landes und schwingen sich zu ihren höchsten Höhen auf als Granitkette, die eine Fortsetzung der Rocky Mountains und der Anden bildet. Diese Bergkette trägt unterschiedliche Namen, einer davon lautet Cordillera Dariense (benannt nach Rubén Darío). Oberhalb von 1200 m Höhe sind diese erfrischenden Gebirgsketten mit Nebelwald bewachsen und umfassen einige der schönsten Nationalparks und Naturschutzgebiete. Zwei der zugänglichsten Schutzgebiete im Norden sind die Área Protegida Miraflor bei Estelí und die Reserva Natural Cerro Apante, die von Matagalpa aus auf einer Wanderung zu erreichen ist. Oder man taucht tiefer ein, beispielsweise in der Reserva Natural Macizos de Peñas Blancas. Sie gehört zum Biosphärenreservat Bosawás, dem größten Gebiet mit geschütztem Regenwald nördlich des Amazonas. Es umfasst 7300 km² feuchten tropischen und subtropischen Wald und ist unter anderem über den längsten Fluss Zentralamerikas zugänglich, den 680 km langen Río Coco.

Nicaragua beherbergt außerdem die beiden größten Seen Zentralamerikas, den Lago de Managua (1064 km²) und den Lago de Nicaragua (8264 km²), mit mehr als 500 Inseln, einige davon geschützt, sowie wunderbaren Feuchtgebieten wie dem Refugio de Vida Silvestre los Guatuzos.

Sowohl geologisch als auch kulturell ist die Atlantikküste Welten entfernt von der trockeneren, stärker erschlossenen Pazifikküste. In einer riesigen Erosionsebene mit sanften Hügeln und alten Vulkanpfropfen fallen 90 % des Regens des Landes. In dieser Region liegen die unberührtesten Schutzgebiete, die mit einigen Ausnahmen auch am schlechtesten zugänglich sind: Hier ist das Reisen beschwerlich und relativ teuer, da als Transportmittel meist nur Boote zur Verfügung stehen. Das Tiefland zeichnet sich durch seine mit Kiefern bestandenen Trockensavannen und zahllosen Feuchtgebiete aus und weist vier größere Flusssysteme auf. Am besten ist die Region über den Río San Juan zu erreichen, der zu einem Unesco-Biosphärenreservat gehört.

KARIBIKKÜSTE

Die karibische oder atlantische Region umfasst nahezu die Hälfte Nicaraguas. An der 541 km langen Küste finden sich viele große Lagunen und Deltas. Aus den Bergen im Landesinneren strömen 23 Flüsse ins Karibische Meer, darunter der Río Coco (680 km), Nicaraguas längster Fluss, und der Río San Juan (199 km), der dem Lago de Nicaragua entspringt. Diese beiden Flüsse markieren mehr oder weniger die Grenzen nach Honduras beziehungsweise Costa Rica.

In der karibischen Region regnet es viel. Sie ist dünn besiedelt und von tropischem Regenwald bedeckt. Die größten Städte hier sind die beiden Küstenhäfen Bluefields und Bilwi (Puerto Cabezas). Mehrere kleine, von Korallenriffen umgebene Inseln, darunter die vielbesuchten Corn Islands (Islas del Maíz), liegen vor der karibischen Küste.

Flora & Fauna

Nicaragua ist die Heimat von rund 1800 Wirbeltierarten, darunter etwa 250 Säugetiere, und insgesamt 30 000 Tierarten, darunter 764 Vogelspezies (551 heimische und 213 Zugvögel).

Durch Wanderungsbewegungen nehmen die Populationszahlen im Norden langsam zu. Das wird eines Tages durch den sogenannten Mesoamerikanischen Korridor erleichtert werden, eine Achse mit geschütztem Regenwald von Panama bis Mexiko. Andere beteiligte Länder stecken mit der Umsetzung des Abkommens noch in den Startlöchern, doch die beiden nicaraguanischen Biosphärenreservate Bosawás und Reserva de Biosfera Río San Juan bilden schon jetzt einen großen Teil des Korridors.

Umweltprobleme

Die Wirtschaft strauchelt, die Infrastruktur ist mangelhaft, die Ressourcen sind knapp – Nicaragua steht vor der Mammutaufgabe, die Umwelt zu schützen und gleichzeitig die Bevölkerung aus der Armut zu holen.

Und während es in letzter Zeit sicher auch Fortschritte gegeben hat, sieht sich das Land noch immer einer Reihe drängender Umweltprobleme gegenüber.

PRAKTISCHE INFORMATIONEN

Allgemeine Informationen

BARRIEREFREIES REISEN

Nicaraguaner haben gewöhnlich keine Berührungsängste gegenüber körperlich eingeschränkten Menschen und helfen gern. Die Kopfsteinpflasterstraßen, aufgeplatzten Bürgersteige und Treppen in so ziemlich jedem Gebäude können einem das Leben allerdings wirklich schwer machen.

Es gibt nur wenige behindertengerechte Transportmittel, deshalb wendet man sich am besten gleich an einen Tourveranstalter. Der zuverlässige nicaraguanische Reiseveranstalter Vapues Tours (www.vapues.com) ist auf Reisen für Menschen mit Behinderung spezialisiert.

Es gibt nur sehr wenige rollstuhlgerechte Toiletten und Waschräume in Nicaragua – Toilettenaufsatz und ähnliche Hilfsmittel besser von zu Hause mitbringen.

Auf http://lptravel.to/AccessibleTravel lassen sich die Accessible Travel Guides von Lonely Planet kostenlos herunterladen.

BOTSCHAFTEN & KONSULATE

Die meisten Botschaften und Konsulate befinden sich in Managua.

Costa Rica (Karte S. 470; ☎2276-1352; www.rree.go.cr; 28 Calle Sureste, del Seminole Plaza, 2c N, ½c O; ⏲Mo–Fr 8–16 Uhr)

Deutschland (Karte S. 470; ☎2255-6920; www.managua.diplo.de; Carretera a Masaya Km 5, Calle Erasmus de Rotterdam, del Colegio Teresiano, 1c S, 1c O; ⏲Mo, Di, Do 7.30–16, Mi, Fr 7.30–13 Uhr.)

El Salvador (☎2276-0712; https://el-salvador.visahq.com/embassy/nicaragua; Carretera a Masaya Km 9,5, Pasaje Los Cerros 142, Las Colinas)

Guatemala (☎2279-9606; Carretera a Masaya Km 11,5; ⏲Mo–Fr 8–12 & 13–16 Uhr)

Honduras (Karte S. 470; ☎2270-2347; Edificio OPUS II, Modulo 103, semáforos Enitel Villa Fontana, 1c E, 50 m N, Planes de Altamira No 3; ⏲Mo–Fr 9–17 Uhr)

Mexiko (Karte S. 470; ☎2278-4919; http://embamex.sre.gob.mx/nicaragua; Carretera a

Masaya Km 4,5, Optica Matamoros, 25 m E; ⌚Mo–Fr 9–17 Uhr)

Österreich Honorarkonsulat (☎2268 6013; Plaza Espana 1 cuadra al lago La Bolonia; ⌚Di, Do 9–12 Uhr)

Panama (☎2277-0501; https://panama.visahq.com/embassy/nicaragua; Reparto Villa Fontana, del Club Terraza, 1c E, ½c N; ⌚Mo–Fr 9–17 Uhr)

Schweiz (☎2266–3010; Rotonda Jean Paul Genie, 900 m O, 150 m N)

ESSEN

Viele Nicaraguaner nehmen ihr Mittagessen auswärts ein, doch abends speisen die meisten zu Hause. Daher können außerhalb der Touristenzentren die Verpflegungsmöglichkeiten abends eventuell beschränkt sein. Billiges Essen bieten z. B. *comedores*, einfache Esslokale, in denen man aus einer Reihe fertig zubereiteter Gerichte auswählen kann, und Marktstände, an denen für 2 bis 5 US$ sättigende Speisen zu haben sind. In diese Preiskategorie fallen auch *fritangas* (Grillimbisse), die gegrilltes Fleisch und frittierte Beilagen verkaufen. In Mittelklasserestaurants zahlt man etwa 5 bis 10 US$ pro Gericht. Nobelrestaurants, die es vor allem in Granada, León, Managua und San Juan del Sur gibt, haben eine noch größere Auswahl mit vielleicht Speisen aus aller Welt und Gerichten für über 10 US$.

FEIERTAGE

Neujahr (1. Januar) Geschäfte und Büros schließen am 31. Dezember ab 12 Uhr.

Semana Santa (Karwoche) Volle Strände, teure Unterkünfte und alles ist geschlossen – Unterkünfte auf jeden Fall vorausbuchen.

Tag der Arbeit (1. Mai)

Muttertag (30. Mai) Am Muttertag haben mehr Dienstleistungsbetriebe geschlossen als zu Weihnachten.

Jahrestag der Revolution (19. Juli) Kein offizieller Feiertag mehr, aber viele Geschäfte und Behörden bleiben trotzdem geschlossen.

Schlacht von San Jacinto (14. September)

Unabhängigkeitstag (15. September)

Widerstandstag der Indigenen (12. Oktober)

Día de los Difuntos (2. November) Allerseelen.

La Purísima (8. Dezember) Fest der Unbefleckten Empfängnis Marias.

Navidad (25. Dezember) Weihnachten.

FRAUEN UNTERWEGS

Das größte Problem, dem sich alleinreisende Frauen in Nicaragua gegenübersehen, sind *pirópos* (Hinterherpfeifen) und unerwünschte Aufmerksamkeit. Nicaragua ist für Frauen nicht sonderlich gefährlich, doch wie immer lohnt es sich, auf der Hut zu sein. Abseits der Strände sollten sich Frauen konservativ kleiden – die Knie bedeckt, schulterfrei ist aber okay –, besonders beim Herumreisen. Abends sollten Frauen nicht ohne Begleitung etwas trinken gehen. Außerdem sollten sie Männer, die ihnen hinterherpfeifen, nicht zurechtweisen, damit die Situation nicht eskaliert. Seufz ...

PREISKATEGORIEN ESSEN

Die Preisangaben in diesem Buch beziehen sich auf ein typisches Hauptgericht.

**$** bis 5 US$

**$$** 5–10 US$

**$$$** über 10 US$

FREIWILLIGENARBEIT

Die Freiwilligenkultur in Nicaragua ist stark ausgeprägt, was wohl noch auf die Zeit der Revolution zurückgeht, als „Sandalistas" (junge Freiwillige aus dem Ausland) nach Nicaragua strömten. In vielen Hostels und Spanischschulen kann man sich über entsprechende Organisationen informieren. Weitere gute Anlaufstellen sind Volunteer South America (www.volunteersouthamerica.net) und Go Abroad (www.goabroad.com).

GELD

Nicaraguas Währung ist der Córdoba (C$), von den Einheimischen manchmal „Peso" oder „Real" genannt. Córdobas gibt's in Münzen zu 0,50, 1 und 5 C$ sowie Plastikscheinen zu 10, 20, 50, 100, 200 und 500 C$. Ältere Plastikscheine sind dünn und reißen schnell und es sind auch noch einige Papierscheine in Umlauf. 200- und 500-C$-Scheine sind teils schwer zu wechseln – am ehesten noch an Tankstellen.

Fast überall werden auch US-Dollars angenommen, doch wenn sie auch nur leicht markiert, angerissen oder anderweitig beschädigt sind, werden sie zurückgewiesen. Gewöhnlich sind Córdobas leichter zu nutzen, besonders in kleineren Geschäften und überall abseits der üblichen Pfade. Am besten hat man immer mindestens 200 Córdobas bei sich, möglichst in kleinen Scheinen.

Der Córdoba ist fest an den US-Dollar gekoppelt. In diesem Buch sind die Preise in US-Dollars (US$) angegeben, da die Córdoba-Preise stärker schwanken.

Handeln

Hartnäckiges Feilschen gehört eigentlich nicht zur nicaraguanischen Kultur. Akzeptabel ist es jedoch, ein bisschen um den Zimmerpreis zu feilschen; auf Märkten und an Straßenständen ist Feilschen normal.

Trinkgeld

Trinkgeld ist in Nicaragua nicht üblich, außer für Guides und in Restaurants.

- **Guides** Es wird empfohlen, Führern ein Trinkgeld zu geben, da dies den Großteil ihres Verdienstes ausmacht.
- **Restaurants** Bei Bedienung am Tisch wird etwa 10 % Trinkgeld erwartet. In einigen Top-Restaurants wird das Trinkgeld automatisch auf die Rechnung aufgeschlagen. In kleinen bzw. ländlichen Lokalen ist dies meist nicht der Fall, hier lässt man einfach ein paar Münzen auf dem Tisch liegen.

INTERNETZUGANG

Internetcafés sind angesichts der Ausbreitung von kostenlosem WLAN in den meisten Unterkünften und auch immer mehr Restaurants, Bars und Cafés inzwischen so gut wie verschwunden. Einige Hostels bieten ihren Gästen die kostenlose Nutzung von Computern an. Spitzenhotels verfügen meist über ein „Business Center" sowie auf den Zimmern über Anschlüsse für Laptops und über WLAN. Das Internet-Icon bei den Hotelbesprechungen zeigt an, dass das Hotel über einen Computer mit Internetzugang verfügt, den die Gäste kostenlos benutzen können.

Öffentliches WLAN ist außerhalb der großen Städte und der Touristenzentren nach wie vor eine Seltenheit. Wer länger bleibt, kann sich vielleicht ein USB-Modem besorgen, das in großen Städten gut funktioniert, aber auf dem Land oft sehr langsam ist.

Nicaraguas Handydatennetz wird immer besser und funktioniert in großen Städten gut, aber auf dem Land, wo alle über einen einzigen Mobilfunkmasten ins Internet möchten, kann es nervtötend langsam sein. SIM-Karten sind billig und Prepaid-Internetpakete sind auch sehr erschwinglich.

LGBTIQ+ UNTERWEGS

Einvernehmlicher Sex zwischen Homosexuellen ist seit 2008 nicht mehr strafbar, doch es mag noch etwas dauern, bis Homosexualität vorbehaltlos akzeptiert wird. Für ganz Lateinamerika gilt, dass Homosexuelle es einfacher haben werden, wenn sie sich öffentliche Zuneigungsbekundungen verkneifen und im Hotel nach zwei Betten fragen. Tatsächlich gehen aber viele Nicaraguaner sehr offen mit ihrer Homosexualität um – die „Szene" ist also nicht geheim.

In Managua gibt es ein paar Bars und Clubs für Schwule und Lesben, Masaya hat eine versteckte Schwulenszene und Granada ist relativ tolerant; davon abgesehen präsentiert sich Nicaragua nach außen ziemlich hetero.

ÖFFNUNGSZEITEN

Die Öffnungszeiten schwanken in Nicaragua erheblich, da es so viele informelle und familiengeführte Einrichtungen gibt. Die normalen Bürozeiten sind von 9 bis 17 Uhr.

Comedores (billige Esslokale) sind normalerweise morgens und mittags geöffnet, formellere Restaurants bieten Mittag- und Abendessen.

Ämter Mo–Fr 8–12 & 13–16, Sa 8–12 Uhr
Banken Mo–Fr 8.30–16.30, Sa bis 12 Uhr
Bars 12–24 Uhr
Clubs 21–3 Uhr
Comedores 6–16 Uhr
Geschäfte Mo–Sa 9–18 Uhr
Museen 9–12 & 14–17 Uhr
Restaurants 12–22 Uhr

RECHTSFRAGEN

Nicaraguas Polizei ist korrupt, unterbezahlt und dafür bekannt, ausländische Autofahrer wegen kleiner oder vermeintlicher „Vergehen" anzuhalten.

Bei kleinen oder erfundenen Verstößen gegen die Verkehrsregeln wird normalerweise der Führerschein einbehalten. Man muss dann zur Bank gehen und das Bußgeld bezahlen und kann danach bei der nächsten Polizeiwache seinen Führerschein wieder abholen. Zu versuchen, Verkehrspolizisten zu bestechen, ist eine schlechte Idee und gewöhnlich kommt man nicht mit einer Verwarnung davon. Jedoch tun sie einem manchmal einen „Gefallen": Statt einer offiziellen Geldbuße von 100 US$ sehen sie vielleicht davon ab, den Führerschein einzubehalten, wenn man ihnen 50 US$ gibt. Eine weitere Alternative für ausländische Besucher: Wer sicher ist, dass die Anschuldigungen nur ausgedacht sind, um an Geld zu kommen, kann seinen Führerschein abgeben, die Strafe nicht bezahlen und sich zu Hause einen neuen Führerschein besorgen.

Wer allerdings mit Drogen erwischt wird oder sich eines anderen Verbrechens schuldig macht, wird sich nicht so leicht aus der Affäre ziehen können.

2018 war die Polizei am gewalttätigen Vorgehen gegen unbewaffnete protestierende Studenten beteiligt; dabei wurde scharf geschossen und unangemessen brutal agiert.

SICHERHEIT

Nicaragua hat eine der niedrigsten Kriminalitätsraten Zentralamerikas, doch als „reicher Ausländer" ist man zumindest ein potenzielles Ziel für Trickbetrüger und Diebe.

- Auf seine Sicherheit sollte man besonders in Managua, an der Karibikküste, an den abgelegenen Stränden des Südens und in den Naturschutzgebieten mit schwacher Infrastruktur achten.
- In den größeren Städten sollte man sich vom Hotel ein zuverlässiges Taxi rufen lassen.
- Wildniswanderer sollten daran denken, dass in sehr abgeschiedenen Regionen noch immer Blindgänger herumliegen können, vor allem entlang der honduranischen Grenze. Am besten einen einheimischen Guide anheuern.

TELEFON

- Die Ländervorwahl von Nicaragua ist die 505.
- Ortsvorwahlen gibt es nicht.
- Alle Telefonnummern bestehen aus acht Ziffern. Festnetznummern beginnen mit einer 2, Handynummern mit 8, 7 oder 5.
- Um von Nicaragua aus im Ausland anzurufen, wählt man 00 + Ländervorwahl + Ortsvorwahl + Anschlussnummer.

Handys

Die billigsten Handys gibt's schon für etwa 15 US$. Man kann natürlich auch eine SIM-Karte kaufen (ca. 3,50 US$) und in entsperrte GSM-Handys einsetzen. Zahlreiche Handy-Provider bieten in Nicaragua kostenloses Roaming. Die beiden nationalen Netzbetreiber sind Claro und Movistar.

TOURISTENINFORMATION

Intur (☎2263-3174; www.intur.gob.ni; Managua Airport; ⏲8–22 Uhr), die staatliche Fremdenverkehrsbehörde, hat in den meisten größeren Orten eine Niederlassung. Dort kann man sich Hotels und Aktivitäten sowie auch Guides empfehlen lassen, jedoch keine Buchungen vornehmen. Außerdem gibt's meist nur spärliche gedruckte Informationen und die Mitarbeiter kennen sich auch nicht sonderlich gut aus.

In beliebten Touristengegenden sind Hotels und Schwarze Bretter für Reisende gute Informationsquellen.

In kleinen Orten ohne Touristeninformation wendet man sich am besten an die *alcaldía* (Bürgermeisteramt). Zwar gehört der Tourismus nicht zu den zentralen Aufgaben eines Bürgermeisters, doch die meisten helfen bei Fragen nach Essen, Unterkunft oder Guides gern weiter. In indigenen Gemeinden gibt's vielleicht keinen Bürgermeister, da viele noch immer über einen Ältestenrat verfügen. Stattdessen wendet man sich also an den Ratspräsidenten (*wihta* in Miskito-Gemeinden), der wahrscheinlich Spanisch spricht und weiterhelfen kann.

UNTERKÜNFTE

Außerhalb der absoluten Spitzenzeiten in wichtigen Touristenzentren ist es in Nicaragua kaum je erforderlich, Unterkünfte im Voraus zu buchen.

Hospedajes Diese billigen Pensionen werden oft von einer Familie geführt und sind in kleineren Orten womöglich die einzigen Übernachtungsmöglichkeit.

Hotels Größer und formeller; Boutiquehotels können klein sein und viel Flair haben. Hotels bieten Einrichtungen wie eine Rezeption und haben oft auch ein Restaurant.

Hostels Hostels mit Schlafsälen und Aufenthaltsbereichen findet man nur in den wichtigen Touristenzentren.

PREISKATEGORIEN SCHLAFEN

Die Preisangaben in diesem Kapitel beziehen sich auf Übernachtungen in Standard-Doppelzimmern mit eigenem Bad.

**$** bis 20 US$

**$$** 20–50 US$

**$$$** über 50 US$

Ökolodges Gewöhnlich in der oberen Preisklasse angesiedelt; komfortable Zimmer inmitten der Natur.

Surferlodges Bieten Rundum-Surferpakete sowie oft Gemeinschaftsunterkünfte und tolles Essen.

VISA

Alle Touristen müssen bei der Einreise nach Nicaragua für 10 US$ eine Touristenkarte erstehen.

Wer auf dem Landweg einreist, zahlt außerdem eine Bearbeitungsgebühr von 2 US$. Bei der Ausreise auf dem Landweg oder per Boot wird eine Ausreisegebühr von ebenfalls 2 US$ und je nach Grenzübergang außerdem eine kleine kommunale Gebühr – meist 1 US$ – der jeweiligen Gemeinde fällig.

An- & Weiterreise

Nicaragua hat einen internationalen Flughafen (in Managua), vier große Grenzübergänge nach Honduras und Costa Rica (sowie einen weiteren Grenzübergang nach Costa Rica, San Pancho/Las Tablillas, den aber nur wenige Touristen benutzen) und es gibt eine internationale Seeroute zwischen El Salvador und Potosí sowie zwischen Costa Rica und San Carlos.

Flüge, Mietwagen und Touren können auch auf lonelyplanet.com/bookings gebucht werden.

FLUGZEUG

Bei der Einreise nach Nicaragua muss am Flughafen eine Touristenkarte für 10 US$ erstanden werden; dafür sollte man US-Dollars griffbereit haben.

Es lohnt sich, die Flugpreise mit denen von Costa Rica aus zu vergleichen, die z. T. erheblich günstiger sind – und Costa Rica liegt nur eine Busfahrt in einem klimatisierten Bus entfernt.

Flughäfen & Fluglinien

Das wichtigste internationale Drehkreuz Nicaraguas ist der internationale Flughafen von Managua (S. 473), ein eher kleiner und übersichtlicher Flughafen. Er wird von Miami, Fort Lauderdale, Atlanta und Houston in den USA sowie mehreren größeren Städten in Zentralamerika und Mexiko-Stadt aus angeflogen.

Nicaragua hat keine staatliche Fluggesellschaft, sondern wird von mehreren US-amerikanischen Fluglinien sowie Copa und Avianca bedient.

AUF DEM LANDWEG

Alle Touristen müssen bei der Einreise nach Nicaragua über Land für 10 US$ eine Touristenkarte erstehen und eine Einreisegebühr von 2 US$ zahlen. Bei der Ausreise auf dem Landweg wird eine Ausreisegebühr in gleicher Höhe fällig.

Auto & Motorrad

Mit dem Auto kann man über zwei Grenzübergänge nach Costa Rica fahren. Der beliebteste ist Sapoá–Peñas Blancas bei Rivas; am Übergang San Pancho–Las Tablillas am Río San Juan ist dagegen noch wenig Fahrzeugverkehr.

Die Grenze zwischen Nicaragua und Honduras lässt sich mit dem Auto an den Grenzübergängen El Guasaule, Somoto–El Espino und Ocotal–Las Manos überqueren.

Bus

Die internationalen Busse sind mit Liegesitzen, Klimaanlagen, TVs und Toiletten ausgestattet. Manchmal wird sogar Essen serviert. Für Reisende mit (viel) Gepäck sind sie ein sicherer Transportmodus. Die Grenzüberquerung verläuft im Allgemeinen reibungslos. Oft wird ein Helfer das Abstempeln des Passes übernehmen und die fälligen Ein- und Ausreisegebühren von den Fahrgästen kassieren. Wenn man wieder in den Bus einsteigt, erhält man die Reisedokumente dann zurück. Am Grenzübergang Peñas Blancas (Costa Rica) müssen sich die Reisenden allerdings persönlich um die Ein- bzw. Ausreiseformalitäten kümmern.

Direktbusse (ohne Buswechsel) fahren nach Costa Rica, Honduras, El Salvador und Guatemala. Es bestehen Umsteigeverbindungen nach Panama und Mexiko.

Nica Expreso (https://nicaexpreso.online.com.ni) Von Chinandega (über Managua) nach San José in Costa Rica.

Tica Bus (Karte S. 470; ☎8739-5505; www.ticabus.com; 9 Calle Suroeste, Barrio Bolonia) Verbindungen nach Costa Rica, Honduras und El Salvador mit Anschlüssen nach Guatemala, Panama und Mexiko.

Transnica (Karte S. 470; ☎2270-3133; www.transnica.com; Metrocentro, 300 m N, 50 m E) Fährt nach Costa Rica, Honduras und El Salvador.

Transporte del Sol (Karte S. 470; ☎2422-5000; frente Tica Bus, Barrio Bolonia) Verbindungen nach Guatemala und El Salvador mit Ankunft am selben Tag.

Grenzübergänge

Nicaragua grenzt an Costa Rica und Honduras. Gewöhnlich geht es an den nicaraguanischen Grenzübergängen recht chaotisch zu – beispielsweise gibt's nirgendwo irgendwelche Schilder –, doch der eigentliche Grenzübertritt ist problemlos, sofern man alle erforderlichen Dokumente bereithält. Am meisten ist an den Grenzübergängen nach Honduras und Costa Rica los; sie sind rund um die Uhr geöffnet, die anderen nur zu bestimmten Zeiten.

Von Ocotal nach Tegucigalpa, Honduras An diesem großen, geschäftsmäßigen Übergang gelangt man von den sonnigen Segovias zur honduranischen Hauptstadt. Der Übergang Las Manos ist effizient, aber manchmal auch sehr voll.

Von Somoto nach Choluteca, Honduras Ein Grenzübergang in luftigen Höhen, Granitschlucht inklusive. Der Übergang El Espino ist locker und einfach.

Von El Guasaule nach Choluteca, Honduras Die schnellste Route von Nicaragua nach Honduras. El Guasaule liegt nördlich von León und ist leicht erreichbar. Doch am rund um die Uhr geöffneten Grenzübergang El Guasaule geht es hektisch und ziemlich chaotisch zu.

Von Sapoá nach Peñas Blancas, Costa Rica Der rund um die Uhr geöffnete Hauptgrenzübergang lässt sich gewöhnlich ziemlich reibungslos überqueren, es sei denn, man kommt gleichzeitig mit einer oder zwei internationalen Reisegruppen an, dann kann es Stunden dauern. An diesem Übergang verlangt die örtliche Kommune eine zusätzliche Gebühr von 1 US$.

Von San Pancho nach Las Tablillas, Costa Rica Eher wenig genutzter Grenzübergang (geöffnet tgl. 8–16 Uhr) über eine Brücke und eine tadellos asphaltierte Straße.

ℹ Unterwegs vor Ort

AUTO & MOTORRAD

Die Pazifikküste und Zentral-Nicaragua lassen sich wunderbar mit einem eigenen Fahrzeug erkunden. An der Karibikküste ist man dagegen besser mit öffentlichen Verkehrsmitteln bedient, da die Straßen hier zumeist furchtbar sind.

BUS

Nicaraguas Busnetzwerk ist umfassend, wenn die Busse auch oft unbequem und überfüllt sind. Den öffentlichen Nahverkehr bestreiten meist alte Bluebird-Schulbusse (keine Gepäckfächer). Wenn möglich sollte das Gepäck nicht aufs Dach geschnallt, sondern mit in den Bus genommen werden; im hinteren Teil Platz nehmen und den Rucksack bei den Reis- und Bohnensäcken verstauen.

Gezahlt wird, wenn sich der Bus in Bewegung gesetzt hat. Bei längeren Strecken bekommt man vielleicht ein Papier-„Ticket". Gut aufbewahren, sonst darf man noch mal zahlen. An manchen Terminals können Tickets im Voraus gekauft werden, was theoretisch der Garant für einen Sitzplatz ist. Die Busse drehen manchmal noch eine Runde durch die Stadt, bevor sie losfahren, aber wer sitzen möchte, sollte am Busbahnhof einsteigen.

Die Busterminals sind oft riesige, chaotische Plätze neben Märkten, auf denen man sich verlaufen kann, insbesondere, wenn man nicht viel Spanisch spricht. Aber keine Bange. Wer den Namen des Zielorts aussprechen kann, muss sich nur an die brüllenden Busmitarbeiter wenden. Wichtig: *Expreso*-Verbindungen nehmen, keine *ordinarios*, sonst dauert die Fahrt um einiges länger.

FLUGZEUG

Das Drehkreuz für Inlandsflüge ist der Internationale Flughafen von Managua (S. 473). Einige der anderen Flughäfen bestehen nur aus einer Landepiste vor den Toren der Stadt – oder wie in Siuna und Waspám mitten in der Stadt. Der Flughafen San Juan de Nicaragua befindet sich auf der anderen Seite der Bucht in Greytown und ist einer der wenigen Flughäfen in ganz Amerika, bei denen man für die Anreise zum Flughafen ein Boot nehmen muss.

La Costeña (www.lacostena.com.ni) ist die Inlandsfluglinie; im Hinblick auf die Flugsicherheit schneidet sie gut ab. Sie bietet regelmäßige Flüge nach Bluefields, Bonanza, zu den Corn Islands, nach Las Minas, Ometepe, Rosita, San Carlos (über Ometepe), San Juan de Nicaragua, Puerto Cabezas, Siuna und Waspám an. Bei vielen Maschinen handelt es sich um winzige Propellerflugzeuge, bei denen das Gewicht eine große Rolle spielt und manches Gepäckstück zurückgelassen werden muss. Alles Wichtige ins Handgepäck packen!

Bei schlechtem Wetter können die Flüge auf sämtlichen Strecken ausfallen, was jedoch nur selten vorkommt. Der Flug von Bluefields nach Bilwi findet nur bei genügend Nachfrage statt.

NAHVERKEHR

In kleineren Städten sind weniger Taxis und dafür mehr Tuk-Tuks (motorisierte dreirädrige Gefährte) und *triciclos* (Fahrradrikschas) unterwegs. Sie sind günstig (ca. 0,50 US$ pro Pers. für alle Fahrten im Stadtgebiet) und machen Spaß. Mit Tuk-Tuks ist man auch am einfachsten und schnellsten zwischen den einzelnen Orten der Pueblos Blancos bei Masaya unterwegs.

SCHIFF/FÄHRE

Viele Reiseziele können nur (oder am einfachsten) mit dem Boot erreicht werden. Die öffentlichen *pangas* (kleine offene Motorboote) mit Außenbordmotoren sind viel teurer als Busse & Co. Im Allgemeinen kostet eine Stunde Fahrtzeit 6 bis 8 US$. In Gegenden ohne regelmäßige Bootsverbindungen wird man eine *panga* für sich allein mieten müssen. Die Preise schwanken stark. Als Richtwert: Eine Stunde Fahrt für vier bis sechs Personen kostet 50 bis 100 US$. Reiseveranstalter finden gewöhnlich günstigere Optionen. An der Pazifikküste lassen sich Boote recht einfach chartern, auch wenn's teuer ist. Sehr viel schwieriger gestaltet es sich auf der Atlantikseite. Zwar ist es nicht an der Tagesordnung, aber manchmal gehen Boote unter und es sind schon Touristen ertrunken. Immer eine Schwimmweste tragen!

Die auf dem Río San Juan verkehrenden Flussboote sind gewöhnlich langsam und recht billig. Oft gibt's neben den normalen Booten auch Expressboote – der Aufpreis für die schnelleren Schiffe lohnt sich.

Hier die wichtigsten Häfen mit regelmäßigen Bootsverbindungen:

Bluefields Nach Pearl Lagoon, El Rama und Corn Island.

Corn Islands Regelmäßige Bootsverbindungen zwischen Great Corn und Little Corn.

El Rama Nach Bluefields.

San Carlos Zu den Islas Solentiname, nach Río San Juan, zu dem malerischen Grenzübergang zwischen Nicaragua und nach Costa Rica und in einige Naturschutzgebiete.

Waspám Das Tor zum Río Coco.

TAXI

Fast alle Taxis in Nicaragua sind *colectivos*, Sammeltaxis oder -minibusse, die auf dem Weg zum Fahrtziel weitere Passagiere aufnehmen. Aber wer's eilig hat, bekommt normalerweise gegen Aufpreis einen „Expressservice".

Die Taxis in Managua haben keine Taxameter und die Fahrer sind dafür berüchtigt, Touristen abzuzocken. Der Fahrpreis sollte daher immer schon vor dem Einsteigen ausgehandelt werden. An den Grenzübergängen wird häufig mehr genommen, als angemessen ist, wenn sich die Gelegenheit ergibt.

Die meisten Stadttaxis berechnen fixe Preise für Fahrten im Stadtgebiet (gewöhnlich 0,50–0,70 US$, abends etwas mehr). Am besten einen Einheimischen fragen, wie viel er/sie für eine Fahrt zahlen würde, bevor man ein Taxi nimmt.

Wer eine etwas größere Urlaubskasse hat, könnte mit einem Taxi von Stadt zu Stadt fahren, eine durchaus komfortable Option. Die Preise variieren stark. 10 US$ pro 20 km sind realistisch.

TRAMPEN

Trampen ist nie ganz sicher und deshalb empfehlen wir es nicht. Wer dennoch per Anhalter fährt, sollte sich drüber im Klaren sein, dass er sich potenziell in große Gefahr begibt.

Trampen ist im ländlichen Nicaragua weit verbreitet, auch alleinreisende Frauen fahren per Anhalter. Wer mitgenommen werden will, braucht nur den Daumen rauszuhalten. Ausländische Frauen sollten es sich jedoch zweimal überlegen, besonders wenn sie mit ihrem gesamten Gepäck unterwegs sind. Und niemals nach Managua hinein oder aus Managua raus trampen!

In ländlichen Gegenden, in denen kaum Busse fahren, werden Pick-up-Fahrer nahezu garantiert Tramper mitnehmen. Einfach auf die Ladefläche klettern (falls man nicht explizit aufgefordert wird, vorn Platz zu nehmen) und ein paar Mal aufs Dach klopfen, wenn man aussteigen will.

Wichtig: Immer anbieten, für die Fahrt zu bezahlen. Normalerweise lehnen die Fahrer das ab.

Costa Rica

☎506 / 4,97 MIO. EW.

Inhalt ➡

Gut essen

- ➡ La Bodega (S. 622)
- ➡ Jalapeños Central (S. 573)
- ➡ Bread & Chocolate (S. 593)
- ➡ La Ventanita (S. 598)

Schön übernachten

- ➡ Hostel Casa del Parque (S. 561)
- ➡ Room 2 Board Hostel & Surf School (S. 633)
- ➡ Camp Supertramp (S. 624)
- ➡ Casa de Lis Hostel (S. 580)

Auf nach Costa Rica!

Das Schreien der Brüllaffen hallt über die Baumwipfel. Hoch darüber ziehen prächtige Fregattvögel ihre Kreise, während sich lautstark zwei Hellrote Aras ankündigen. Ähnliche Szenen spielen sich in ganz Costa Rica ab, vom trockenen Tropenwald an der Pazifikküste bis zum Nebelwald in höheren Lagen. Fast ein Drittel des Landes steht unter Naturschutz – ein echtes Wildnis-Wunderland. Doch das ist nur ein Teil der Faszination, die Costa Rica jährlich auf mehr als zwei Millionen Besucher ausübt. Ob beim Surfen, Wandern auf einem Vulkan oder anderen Aktivitäten, es gibt viele Wege, sich diesem Paradies zu nähern.

Es ist nie einfach, das Gleichgewicht zwischen der Bewahrung der Natur und ihrer wirtschaftlichen Nutzung zu finden, aber die Costa-Ricaner, die Ticos, geben sich jede nur erdenkliche Mühe. Sie teilen mit großer Freude die grandiose Natur, die riesige Artenvielfalt und die vollkommene Ausgeglichenheit der *pura vida,* des „reinen Lebens", in Costa Rica.

Reisezeit

San José

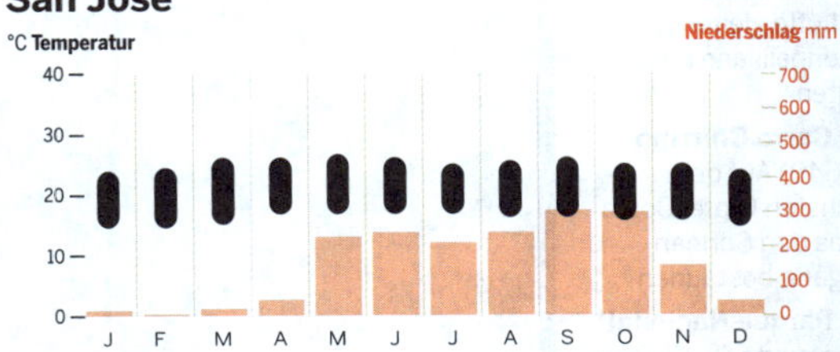

Jan.–April Die „Trockenzeit" ist geprägt durch durchgehend hohe Temperaturen und blauen Himmel.

Mai–Juli Zu Beginn der „grünen" Regenzeit fallen Besucherzahlen und Preise.

Dez. Zu den Feiertagen erreichen die Preise für Unterkünfte astronomische Höhen.

Highlights

1 Tortuguero (S. 581) Auf der Suche nach wilden Tieren über Dschungelkanäle gleiten oder an einem Projekt zum Schutz der bedrohten Meeresschildkröten mitarbeiten

2 Puerto Viejo de Talamanca (S. 590) Surfen, die regionale Küche probieren, am Strand abhängen und feiern

3 La Fortuna (S. 595) Die Hänge des Volcán Arenal entlangwandern und dann seinen müden Muskeln bei einem Bad in Thermalbecken eine Auszeit gönnen

4 Monteverde (S. 603) In einem der Schutzgebiete hinter Nebelschleiern den prächtigen Quetzal erspähen

5 Mal País & Santa Teresa (S. 626) Auf tollen Breaks surfen und sich an Speisen aus Zutaten frisch vom Bauernhof laben

6 Parque Nacional Manuel Antonio (S. 637) Eine Affenhorde, sich gemächlich bewegende Faultiere und durch die Lüfte gleitende Braunpelikane beobachten

7 Cerro Chirripó (S. 649) Auf dem höchsten Gipfel Costa Ricas den Sonnenaufgang bestaunen

8 Parque Nacional Corcovado (S. 651) Im schönsten Nationalpark des Landes an der einsamen Küste entlangwandern und den dichten Regenwald durchstreifen

NICARAGUA
0
50 km
KARIBIK
Río San Juan
Río Colorado
Barra del Colorado
Trinidad
Río San Carlos
Boca Tapada
Río Chirripó
Puerto Lindo
1 Tortuguero
Parque Nacional Tortuguero
Río Toro
Río Sarapiquí
Pital
Puerto Viejo de Sarapiquí
Aguas Zarcas
La Virgen
Cariari
Ciudad Quesada (San Carlos)
San Miguel
4
Parque Nacional Braulio Carrillo
Cordillera Central
Guápiles
Guácimo
Río Reventazón
rcero
Volcán Poás (2704 m)
Volcán Barva (2906 m)
n Ramón
Siquirres
Matina
1
10
32
Volcán Irazu
ALAJUELA
HEREDIA
Moín
PUERTO LIMÓN
Monumento Nacional Archaeológico Guayabo
Río Tárcoles
Ciudad Colón
SAN JOSÉ
CARTAGO
Turrialba
Paraíso
Moravia
Santiago
e Puriscal
Tapantí
Puerto Viejo de Talamanca
San Ignacio de Acosta
San Marcos de Tarrazú
Pandora
Cahuita
Cerro de la Muerte (3451 m)
Punta Uva
2
Santa Maria de Dota
Parque Nacional Chirripó
Bribrí
Manzanillo
Río Teliré
Parrita
San Gerardo de Dota
Cordillera de Talamanca
Shiroles
Amubri
Sixaola
Guabito
Isla Damas
7
Herradura
Cerro Chirripó
Reserva Indígena Cocles/Kéköldi
Quepos
San Gerardo de Rivas
Manuel Antonio
6
San Isidro de El General
Parque Nacional Manuel Antonio
Dominical
2
Ujarrás
Río General
Uvita
Buenas Aires
Playa Bahía
Isla Ballena
Tortuga Abajo
Ciudad Cortés
Paso Real
Potrero Grande
Palmar Norte
Santa Elena
Palmar Sur
Bahía de Coronado
Las Mellizas
Sierpe
San Vito
Sabalito
Río Sereno
Chacarita
Bahía Drake
Agua Buena
Rincón
2
Isla del Caño
Río Claro
Golfito
Neily
Parque Nacional Corcovado
Golfo Dulce
PANAMA
8
Coto 47
Paso Canoas
Península de Osa
Puerto Jiménez
Zancudo
David (Panama)
Carate
Pavones

AUF EINEN BLICK

Währung Costa-ricanischer Colón (₡), US-Dollar (US$)

Visa Für Aufenthalte bis zu 90 Tagen in der Regel nicht erforderlich

Geld Geldautomaten sind weit verbreitet; Kredit- und Bankkarten werden vielerorts angenommen

Hauptstadt San José

Notfall ☎911

Sprachen Spanisch, Englisch

Wechselkurse

Eurozone	1 €	642 ₡
Schweiz	1 SFr	574 ₡
USA	1 US$	573 ₡

Preise

- Schlafsaalbett: 8–15 US$; einfaches DZ mit eigenem Bad: 20–50 US$
- Mahlzeit in einer *soda* (günstiges Esslokal): 3–7 US$; in einem touristischen Restaurant: 5–12 US$

Infos im Internet

Lonely Planet (www.lonelyplanet.com/costa-rica)

Costa Rica Tourism Board (www.visitcostarica.com)

Yo Viajo (www.yoviajocr.com)

Tico Times (www.ticotimes.net)

Einreise

Auf dem Landweg kann man von Nicaragua und Panama aus nach Costa Rica einreisen; an der Grenze sind gewöhnlich keine Gebühren fällig, Berichten zufolge müssen Traveller in ein paar Städten jedoch etwa 1 US$ bei der Ein- bzw. Ausreise zahlen. Angehörige mancher Nationalitäten benötigen ein Visum, Deutsche, Österreicher und Schweizer nicht.

COSTA RICA IN ZWEI WOCHEN

Von **San José** geht's in den Norden nach **La Fortuna**. Nach einer Wanderung an den Hängen des Volcán Arenal kann man in den besten Thermalquellen des Landes planschen. Dann bietet sich die klassische Jeep-Schiff-Jeep-Tour über den **Lago Arenal** an; danach geht's mit dem Bus weiter nach Monteverde, wo sich in der Reserva Biológica Bosque Nuboso Monteverde vielleicht ein Quetzal zeigt. Nächster Programmpunkt: Abhängen am Strand. Im Westen lockt das Partymekka von Guanacaste, **Playa Tamarindo**, mit idealer Brandung, erstklassigen Restaurants und geräuschvollem Nachtleben.

In der zweiten Woche geht's zu Wasserfällen und ins relaxte **Montezuma**, von dort evtl. per Schnellboot nach **Jacó**, einem weiteren Party- und Surferparadies. Einen halben Tag ist man nach Quepos unterwegs, dem Tor zum **Parque Nacional Manuel Antonio**. Der Besuch im Nationalpark beginnt mit Dschungelwanderungen und Tierbeobachtungen und endet mit einem Picknick und einem erfrischenden Bad.

Typische Speisen & Getränke

Guanabana Eine süße, klebrige Frucht

Patí Die Karibikversion der Empanada

Mango-Straßenimbiss Mit Salz, Limettensaft und auf Wunsch auch Chili gewürzte Mango im Plastikbeutel

Gallo pinto Ein Pfannengericht aus Reis und Bohnen

Casado Günstiges Menü (spanisch für „verheiratet")

Top-Tipps

- In Costa Rica dauert vieles länger als erwartet, also nicht zu ambitioniert planen und Verspätungen gelassen nehmen.
- Nachts besser nicht hinters Lenkrad steigen, Fußgänger, Tiere und Schlaglöcher sind oft schwer zu sehen.
- Öffentliche Verkehrsmittel nutzen, um Land und Leute hautnah zu erleben.
- Besser mehrere Personen nach dem Weg fragen.
- In abgeschiedenen Gegenden immer einen Vorrat an Dollars und Colones parat haben (Geldautomaten sind oft leer).
- Selbst Traveller mit guten Spanischkenntnissen müssen sich oft erst einmal in den Tico-Slang einhören.

SAN JOSÉ

2,15 MIO. EW.

Wahrscheinlich steht San José nicht ganz oben auf der Liste der begehrtesten Reiseziele, doch die Stadt hat durchaus eine Chance verdient - und vielleicht wird man ja angenehm überrascht. In den historischen Vierteln wie dem Barrio Amón, wo alte Kolonialhäuser in moderne Kunstgalerien verwandelt wurden, und im Barrio Escalante, dem kulinarischen Epizentrum der Stadt, lässt es sich wunderbar gemächlich herumschlendern. Wer außerdem an einem Samstag zwischen Einheimischen über den Bauernmarkt bummelt oder sich sonntags im Parque La Sabana unters Volk mischt, in einem der lebhaften Clubs der Stadt die Nacht durchtanzt und ein paar Museen besucht, bekommt so langsam eine Ahnung vom vielfältigen Charme, den Costa Ricas größte Stadt und Kulturmetropole zu bieten hat.

Sehenswertes

★Teatro Nacional — BEMERKENSWERTES GEBÄUDE

(Karte S. 558; ☎2010-1110; www.teatronacional.go.cr; Av 2, zw. Calles 3 & 5; Führungen 10 US$; ⏲Mo–Fr 9–17 Uhr) Die Südseite der Plaza de la Cultura flankiert das Teatro Nacional, San Josés eindrucksvollstes Gebäude. Es wurde 1897 errichtet und besitzt eine neoklassizistische Säulenfassade. An den Seiten stehen eine Statue Beethovens und eine des berühmten spanischen Dramatikers Calderón de la Barca, der im 17. Jh. lebte. Das prächtige Foyer und der Saal sind mit Gemälden geschmückt, die das Leben im 19. Jh. veranschaulichen. Die stündlichen Führungen (S. 560) sind fantastisch, und wer mal eine kleine Pause braucht: Es gibt hier auch ein ausgezeichnetes Café (S. 565).

★Museo de Oro Precolombino y Numismática — MUSEUM

(Karte S. 558; ☎2243-4202; www.museosdelbancocentral.org; Plaza de la Cultura, Avs Central & 2, zw. Calles 3 & 5; Erw./Stud./Kind 11/8 US$/frei; ⏲9.15–17 Uhr) Dieses Museum zeigt drei Ausstellungen in einem Haus. Eine umfangreiche Sammlung der wertvollsten präkolumbischen Artefakte des Landes, u. a. aus Gold, eine kleine Ausstellung zur Geschichte der costa-ricanischen Währung und daneben noch Wechselausstellungen regionaler Kunst. Das unter der Plaza de la Cultura gelegene Museum gehört der Banco Central und so verströmt seine Architektur denn auch den heimeligen Charme eines Banktresors. Es herrschen strenge Sicherheitsbestimmungen: Alle Taschen müssen am Eingang deponiert werden.

★Museo de Jade — MUSEUM

(Karte S. 558; ☎2521-6610; www.museodeljadeins.com; Plaza de la Democracia; 15 US$; ⏲10–17 Uhr) Dieses Museum besitzt die weltgrößte Sammlung amerikanischer Jade (wird im Spanischen „cha-de“ ausgesprochen). Fünf Etagen beherbergen sieben Ausstellungen. Zu sehen sind fast 7000 schön gearbeitete und gut erhaltene Stücke, von glasigen Jadeschnitzereien von Fruchtbarkeitsgöttinnen, Schamanen, Fröschen und Schlangen bis zu unglaublichen Keramiken - von denen einige Maya-Einflüsse aufweisen -, darunter ein höchst ungewöhnlicher Kopf mit einer Reihe gezackter Zähne. Im neuen Museumscafé Grano Verde sind Sandwiches, Salate und Smoothies zu haben.

Museo Nacional de Costa Rica — MUSEUM

(Karte S. 558; ☎2257-1433; www.museocostarica.go.cr; Calle 17, zw. Avs Central & 2; Erw./Stud./Kind 9/4 US$/frei; ⏲Di–Sa 8.30–16.30, So 9–16.30 Uhr) Dieses Museum, das einen schnellen Überblick über die Geschichte Costa Ricas liefert, betreten die Besucher durch ein schönes Glasatrium mit einem exotischen Schmetterlingsgarten. In der alten Bellavista-Festung sind präkolumbische Stücke aus aktuellen Grabungen zu sehen, außerdem Artefakte aus der Kolonialzeit und der Zeit der jungen Republik. Die Festung selbst diente in der Vergangenheit als Armeehauptquartier und wurde während des Bürgerkriegs 1948 heiß umkämpft - daher die Narben am Gebäude.

Barrio Amón — STADTVIERTEL

(Karte S. 558) Nördlich und westlich der Plaza España erstreckt sich dieses nette alte Stadtviertel mit den Villen einiger *cafetaleros* (Kaffeeplantagenbesitzer) aus dem späten 19. und frühen 20. Jh. In den letzten Jahren sind viele der historischen Bauten des Viertels in Hotels, Restaurants und Büros umgewandelt worden, sodass es sich schön für einen Architekturbummel anbietet. Hier gibt's alles von Art-déco-Betongemäuern bis zu bunten tropisch-viktorianischen Häusern in unterschiedlichem Erhaltungszustand. Außerdem ist Amón ein wichtiges Künstlerviertel.

Plaza de la Cultura — PLAZA

(Karte S. 558; Avs Central & 2, zw. Calles 3 & 5) Auf dieser architektonisch unscheinbaren Beton-Plaza im Herzen der Innenstadt tum-

San José

meln sich gewöhnlich die Einheimischen, schlecken ein Eis und lassen die Straßenszenerie auf sich wirken: jonglierende Clowns, Straßenhändler und herumschlendernde Teenager. Dies ist vielleicht einer der sichersten Orte in der Stadt, denn an einer Ecke steht ein Polizeiturm.

Parque Nacional PARK

(Karte S. 558; Avs 1 & 3, zw. Calles 15 & 19) Der schattige Parque Nacional zählt zu den schönsten Parks in San José. Hier sitzen Rentner, um Zeitung zu lesen, und Pärchen kuscheln sich verstohlen auf Betonbänken. In der Mitte des Parks befindet sich das dramatische Monumento Nacional von 1953, das die zentralamerikanischen Nationen bei der Vertreibung des US-amerikanischen Söldnerführers William Walker zeigt. Außerdem ist der Park mit unzähligen Denkmälern geschmückt, die historische Persönlichkeiten aus Lateinamerika darstellen, u. a. den kubanischen Dichter, Essayisten und Revolutionär José Martí, den mexikanischen Unabhängigkeitskämpfer Miguel Hidalgo und den venezolanischen Humanisten Andrés Bello aus dem 18. Jh.

Museo de Arte y Diseño Contemporáneo KUNSTMUSEUM

(MADC; Karte S. 558; ☎2257-7202; www.madc.cr; Ecke Av 3 & Calle 15; 3 US$, 1. Di frei; ⏲Di–Sa

9.30–17 Uhr) Das gewöhnlich zu MADC abgekürzte Museum für zeitgenössische Kunst und Design ist in dem historischen, 1856 errichteten Gebäude der National Liquor Factory untergebracht. Das größte und wichtigste Museum für Gegenwartskunst in der gesamten Region zeigt Werke zeitgenössischer Künstlern aus Costa Rica, Zentral- und Südamerika sowie manchmal Sonderausstellungen zu Raumgestaltung, Mode und Graphikkunst.

Parque Metropolitano La Sabana PARK
(Karte S. 566) Diese 72 ha große Grünfläche am westlichen Ende des Paseo Colón beherbergte einst den Hauptflughafen von San José. Heute gibt es hier ein **Museum für regionale Kunst** (Karte S. 566; ☎2256-1281; www.musarco.go.cr; Osteingang des Parque La Sabana; ⌚Di–So 9–16 Uhr; 👪) GRATIS, eine Lagune und verschiedene Sportstätten wie das **Nationalstadion** von Costa Rica. Tagsüber kann man hier schön spazieren gehen, joggen und picknicken.

Geführte Touren

★ **Really Experience Community** TOUREN
(Slumtour Triángulo de la Solidaridad; ☎2297-7058; www.boywithaball.com; 12–25 US$ pro Pers., Mindestpreis für Gruppen 100 US$) Die gemeinnützige Einrichtung „el niño y la bola" (der Junge

San José

Highlights
1 Museo de Jade ... G3
2 Museo de Oro Precolombino y Numismática ... E3
3 Teatro Nacional ... E3

Sehenswertes
4 Barrio Amón ... F1
5 Mercado Central ... C3
6 Museo de Arte y Diseño Contemporáneo ... G2
7 Museo Nacional de Costa Rica ... G3
8 Parque Nacional ... G3
9 Plaza de la Cultura ... E3

Aktivitäten, Kurse & Touren
10 ChepeCletas ... G2
Teatro Nacional ... (s. 3)

Schlafen
11 Casa Ridgway ... G4
12 Costa Rica Backpackers ... H4
13 Hostel Casa del Parque ... H3
14 Hostel Pangea ... E2
15 Hostel Shakti ... F5
16 Hotel Aranjuez ... H1
17 Hotel Posada del Museo ... G4

Essen
Alma de Café ... (s. 3)
18 Café de los Deseos ... G1
19 Café Miel Garage ... G2
20 Café Rojo ... E2
21 Café Té Ría ... G2
22 La Sorbetera de Lolo Mora ... C3
23 La Ventanita Meraki ... H3
24 Maza Bistro ... H3
Restaurante Shakti ... (s. 15)
25 Talentum ... E1

Ausgehen & Nachtleben
26 BO Club ... F5
27 La Avispa ... E4
28 Stiefel ... G2

Unterhaltung
29 El Lobo Estepario ... G4
30 El Sótano ... E1
Teatro Nacional ... (s. 3)

Shoppen
31 Feria Verde de Aranjuez ... H1
32 Galería Namu ... F2

Transport
Autotransportes Mepe ... (s. 46)
Autotransportes San Carlos ... (s. 46)
33 Blanco Lobo ... B1
34 Busse nach Heredia ... E1
35 Busse nach Los Yoses & San Pedro ... F3
36 Coopetrans Atenas ... B2
Empresa Alfaro ... (s. 44)
37 Empresarios Unidos ... B5
38 Expreso Panamá ... B5
39 Lumaca ... E5
40 Metrópoli ... E3
41 Nicabus ... A2
42 Pulmitan de Liberia ... A1
43 Station Wagon ... C3
44 Terminal 7-10 ... C1
45 Terminal Coca-Cola ... B2
46 Terminal del Atlántico Norte ... C1
47 Tralapa ... A1
Transmonteverde ... (s. 44)
48 TransNica ... A2
49 Transportes Central Line ... B1
Transportes Cobano ... (s. 44)
Transportes Jacó ... (s. 44)
50 Transtusa ... G4
51 Tuan ... A1
52 Tuasa ... B3

und der Ball) stellt klar: Dies ist eine Führung durch einen Slum. Auf den ersten Blick mag das voyeuristisch erscheinen, doch ein Besuch in El Triángulo, einer 2000 Menschen beherbergenden illegalen Siedlung nördlich von San José, ist alles andere als voyeuristisch. Die Führungen werden von jungen Bewohnern geleitet, die den Teilnehmern Nachbarn und Kleinunternehmer vorstellen. Kameras sind tabu, doch die Gespräche hinterlassen einen nachhaltigen Eindruck.

Teatro Nacional KULTUR
(Karte S. 558; ☎Durchwahl 1114 2010-1100; www.teatronacional.go.cr/Visitenos/turismo; Av 2, zw. Calles 3 & 5; Führung 10 US$; ⏲9–16 Uhr) Auf dieser faszinierenden Führung werden die Teilnehmer mit Geschichten über die Kunst, Architektur und Menschen hinter dem Kronjuwel Costa Ricas unterhalten, dem Nationaltheater. Am besten ist der Einblick in Bereiche, die sonst nicht zugänglich sind, wie in den Rauchersalon mit berühmten Gemälden, einer opulenten Einrichtung und kunstvollen Goldverzierungen.

ChepeCletas TOUREN
(Karte S. 558; ☎8849-8316; www.chepecletas.com; Stadtrundgänge Sa morgens 10 US$ pro Pers.) Das dynamische costa-ricanische Unternehmen organisiert tolle private Touren mit den Schwerpunkten Geschichte, Kultur, Lebensmittelmärkte, Kaffee und Nachtleben. Zum ständig wechselnden Programm gehören

auch informative Stadtführungen am Samstagvormittag und kostenlose Fahrradtouren mittwochs um 19 Uhr (gelegentlich auch sonntagmorgens).

Carpe Chepe TOUREN
(☎8347-6198; www.carpechepe.com; geführte Kneipentour 20 US$; ⌚Fr & Sa 20 Uhr) Wer sich einen Einblick ins Nachtleben der Stadt verschaffen möchte, kann freitag- und sonntagabends an einer dieser munteren Kneipentouren teilnehmen, die von engagierten jungen Einheimischen geführt werden. In jeder der vier besuchten Bars wird ein Begrüßungsschnäpschen gereicht. Das Unternehmen organsiert weitere Ausflüge, z. B. kulinarische Touren, kostenlose Stadtführungen, Fahrten mit dem Partybus (Hop-on-hop-off-Prinzip) und eine Craft-Bier-Tour.

Festivals & Events

Las Fiestas de Zapote KULTUR
(www.fiestas.cr/zapote; Zapote; ⌚Ende Dez.–Anfang Jan.) Zwischen Weihnachten und Neujahr wird in der Stierkampfarena von Zapote, einem Vorort südöstlich des Zentrums von San José, eine Woche lang alles Costa-Ricanische gefeiert. Das lockt jedes Jahr Zehntausende Ticos an.

Schlafen

Die günstigsten Unterkünfte findet man im Stadtzentrum, die netteren Mittelklasse- und Topadressen eher in wohlhabenderen Stadtteilen wie dem Barrio Amón und La Sabana. Dank Charme, Sicherheit und Ruhe sind auch die benachbarten Viertel Los Yoses und San Pedro in Gehnähe zum Stadtzentrum gut. Stilvollere Bleiben gibt's in den wohlhabenden Vororten Escazú und Santa Ana.

Zentrum

★ **Hostel Casa del Parque** HOSTEL $
(Karte S. 558; ☎2233-3437; www.hostelcasadelparque.com; Calle 19, zw. Avs 1 & 3; B 14 US$, DZ mit/ohne Bad 49/39 US$; 📶) Diese behagliche und einladende Herberge am Nordostrand des Parque Nacional ist in einem Art-déco-Haus von 1936 untergebracht. Die fünf großen, einfachen Zimmer (zwei mit Bad), ein neuerer 5-Bett-Schlafsaal und der ältere 10-Bett-Schlafsaal oben haben Parkettböden und sind mit schlichten Möbeln ausgestattet. Der Patio voller Pflanzen lädt zum Faulenzen in der Sonne ein, die Gemeinschaftsküche zum Brutzeln.

Costa Rica Backpackers HOSTEL $
(Karte S. 558; ☎2221-6191; www.costaricabackpackers.com; Av 6, nahe Calle 21; B 9–14 US$, DZ ohne Bad 35 US$; P @ 📶 🏊) Das beliebte Hostel verfügt um einen geräumigen Garten voller Hängematten und einen Pool herum über 19 einfache, aber saubere Schlafsäle und 14 Gästezimmer mit Gemeinschaftsbädern. Zwei Bars, ein Restaurant und chillige Musik sorgen für eine einladende, lockere Atmosphäre. Dazu kommen noch eine Gemeinschaftsküche und ein Fernsehzimmer, kostenlose Gepäckaufbewahrung, Internetzugang, eine Reiseagentur und preisgünstiger Flughafentransfer (26 US$).

Hostel Shakti HOSTEL $
(Karte S. 558; ☎2221-4631; Ecke Av 8 & Calle 13; B/EZ/DZ mit Frühstück 18/30/40 US$; P ❄ @ 📶) Die reizende kleine Pension schafft mit kräftigen Farben und natürlichen Materialien inmitten des Chaos von San José eine Oase der Ruhe und Behaglichkeit. Die drei Schlafsäle und vier Privatzimmer sind

SPRECHEN WIE EIN TICO

In San José gibt's Sprachschulen wie Sand am Meer, die neben Einzel- und Gruppenunterricht auch alles von Tanzstunden bis zu Möglichkeiten zur Freiwilligenarbeit bieten. Renommierte Schulen sind z. B.:

Costa Rican Language Academy (Karte S. 564; ☎2280-1685; www.spanishandmore.com; Calle Ronda, Barrio Dent)

Institute for Central American Development Studies (ICADS; ☎2225-0508; www.icads.org; Calle 87A, Curridabat; Monatskurse mit/ohne Unterbringung in Gastfamilie 1990/915 US$)

Personalized Spanish (☎2278-3254; www.personalizedspanish.com; Tres Ríos)

Wer schon Spanisch spricht: Um wie ein echter Tico zu klingen, kann man sich die für iOS erhältliche App **Costa Rica Idioms** anschauen. Sie ist recht einfach, erklärt aber costa-ricanische Ausdrücke an einem Beispiel. *Tuanis, mae!* (Cool, Alter!)

mit zusammengewürfeltem Mobiliar und bunten Bettdecken ausgestattet. Dazu gibt's eine komplett eingerichtete Küche – aber die braucht man vielleicht gar nicht, da das angeschlossene Restaurant (S. 565) gesunde und frische Kost anbietet.

Casa Ridgway PENSION **$**
(Karte S. 558; ☎2222-1400, 2233-6168; www.casaridgwayhostel.com; Ecke Calle 15 & Av 6A; mit Frühstück B 17 US$, EZ/DZ ohne Bad 24/38 US$;) Die kleine, friedvolle Pension in einer ruhigen Seitenstraße wird von der Quäker-Organisation *Amigos para la paz* geführt, die gleich nebenan ihren Sitz hat und sich für soziale Gerechtigkeit und Menschenrechte einsetzt. Ausgestattet ist das Gästehaus mit einer kleinen Lounge, einer Gemeinschaftsküche und einer Leihbibliothek voller Bücher über lateinamerikanische Politik und Gesellschaft. Hier herrscht Rauch- und Alkoholverbot und von 22 bis 6 Uhr ist Ruhezeit.

Hostel Pangea HOSTEL **$$**
(Karte S. 558; ☎2221-1992; www.hostelpangea.com; Av 7, zw. Calles 3 & 3A, Barrio Amón; B 14 US$, DZ mit/ohne Bad 45/34 US$, Suite ab 55 US$;) Das stark frequentierte Hostel mit 25 Schlafsälen und 25 Zimmern gilt schon seit Jahren als beliebte Herberge für Backpacker um die 20. Warum? Es liegt mitten in der Stadt und bietet einen Pool und ein Dachterrassenrestaurant mit Lounge erstklassiger Aussicht. Logisch, dass hier die Party abgeht!

Hotel Aranjuez HOTEL **$$**
(Karte S. 558; ☎2256-1825; www.hotelaranjuez.com; Calle 19, zw. Avs 11 & 13; DZ mit Frühstück 45–95 US$;) Das Hotel im Barrio Aranjuez besteht aus fünf gepflegten alten Familienhäusern, die durch ein Labyrinth von Gärten und Wegen verbunden sind. Die 35 tadellosen Zimmer sind ganz unterschiedlich gestaltet, aber alle haben Schließfächer und Kabelfernsehen. Das Schönste am Hotel ist jedoch die üppige Gartenterrasse, auf der jeden Morgen ein tolles Frühstück serviert wird.

Luz de Luna BOUTIQUEHOTEL **$$**
(Karte S. 564; ☎2225-4919; www.luzdelunahotelboutique.com; Calle 33, zw. Avs 3 & 5; Zi. 46–75 US$;) Das neue Boutiquehotel, Restaurant und Café in einem umgebauten alten Herrenhaus besticht mit seiner tollen Lage im Herzen des Paseo Gastronómico La Luz im Barrio Escalante mit seinen aufstrebenden Restaurants. Feinschmecker, die sich gern mal entspannen, freuen sich bestimmt über dieses Refugium mit seinem üppigen Garten, Holzfußböden und hier und da einer präkolumbischen Statue.

Hotel Posada del Museo PENSION **$$**
(Karte S. 558; ☎2258-1027; www.hotelposadadelmuseo.com; Ecke Calle 17 & Av 2; EZ/DZ/3BZ/4BZ mit Frühstück 40/51/65/79 US$;) Das architektonisch interessante Hotel von 1928 liegt schräg gegenüber dem Nationalmuseum und wird von einem freundlichen, mehrsprachigen Paar geführt. Die individuell gestalteten Zimmer betreten die Gäste durch große Glastüren. In einigen Zimmern finden bis zu vier Personen Platz – gut für Familien. Leute mit leichtem Schlaf sollten wissen, dass neben dem Hotel Eisenbahngleise verlaufen.

La Sabana & Umgebung

Gaudy's HOSTEL **$**
(Karte S. 566; ☎2248-0086; www.backpacker.co.cr; Av 5, zw. Calles 36 & 38; B 13–14 US$, Zi. mit/ohne Bad 39/35 US$;) Dieses gemütliche Hostel befindet sich in einem weitläufigen modernistischen Haus nordöstlich des Parque La Sabana. Die seit Jahren bei Budgetreisenden beliebte Herberge besitzt 13 Zimmer und zwei Schlafsäle. Die Betreiber setzen auf schlichte Gestaltung und ruhige Atmosphäre, professionellen Service und gepflegte Zimmer. Zur Ausstattung gehören auch eine Gemeinschaftsküche, eine Fernsehlounge, ein Billardtisch und ein Innenhof voller Hängematten.

Mi Casa Hostel HOSTEL **$**
(Karte S. 566; ☎2231-4700; www.micasahostel.com; Las Américas; mit Frühstück B 15 US$, Zi. mit/ohne Bad ab 43/40 US$;) Das umgebaute modernistische Haus in La Sabana wartet mit polierten Holzböden, einer Einrichtung im alten Stil und mehr als einem Dutzend unterschiedlichen Zimmern auf, u. a. einem großen Schlafsaal. Ein Zimmer ist rollstuhltauglich. Die ruhigen Gemeinschaftsbereiche sind gemütlich eingerichtet und die Gemeinschaftsküche ist sauber und geräumig. Dazu kommen noch ein netter Garten, ein Billardtisch, kostenloses Internet und ein Wäscheservice. Mi Casa betreibt noch weitere Hostels an der Playa Grande und an der Playa Cocles in Puerto Viejo.

La Rosa del Paseo BOUTIQUEHOTEL **$$**
(Karte S. 566; ☎2257-3225; http://larosadelpaseo.com; Paseo Colón, zw. Calles 28 & 30; EZ/DZ/Suite

ab 72/80/90 US$; P@) Von der Lage am Paseo Colón und der schmalen Fassade darf man sich nicht täuschen lassen: Das große viktorianisch-karibische Herrenhaus, erbaut 1910 für die Kaffeeexporteursfamilie Montealegre, wartet mit 18 geräumigen Zimmern auf, die sich an einem Innenhof weit nach hinten erstrecken und vom Lärm der Stadt entrückt sind. Das Hotel wurde modernisiert, verfügt jedoch noch über die Originalkacheln und andere historische Merkmale wie alte Ölgemälde und Skulpturen.

Colours Oasis Resort BOUTIQUEHOTEL **$$**
(2296-1880; www.coloursoasis.com; Ecke Triángulo de Pavas & Blvd Rohrmoser; Zi. 55–200 US$;) Das schon seit langem als LGBTIQ-freundlich bekannte Hotel residiert in einem weitläufigen Komplex im Key-West-Stil im eleganten Rohrmoser-Viertel nordwestlich von La Sabana. Die Zimmer und Mini-Apartments sind modern eingerichtet und beeindrucken mit tadellosen Bädern. Zum Hotel gehören eine Fernsehlounge, ein Pool, eine Sonnenterrasse, ein Whirlpool sowie ein Restaurant mit internationaler Küche, ideal für einen abendlichen Cocktail.

Los Yoses & San Pedro

Wenn die Einheimischen Ortsunkundigen den Weg beschreiben, orientieren sie sich an mehreren bekannten Landmarken wie dem Restaurant Spoon, dem Brunnen Fuente de la Hispanidad und dem Supermarkt Más x Menos.

★ **Hostel Bekuo** HOSTEL **$**
(Karte S. 564; 2234-1091; www.hostelbekuo.com; Av 8; B 13 US$, DZ ab 32 US$;) Ein Hostel mit mehr positiver Energie ist in San José wahrscheinlich nirgends zu finden. Diese erholsame Herberge in einer hippen Gegend von Los Yoses nur eine Straße südlich der Avenida Central macht dank der häufigen Grillpartys im Hinterhof, einem Wohnzimmer mit Klavier und Gitarre und einer mit ordentlichen Gerätschaften und einer Arbeitsfläche ausgestatteten Küche einen sehr anheimelnden Eindruck.

Hostel Urbano HOSTEL **$**
(Karte S. 564; 2281-0707; www.hostelurbano.com; Calle 39; B/DZ 12/35 US$) Das makellose Hostel ist in einem Wohnhaus aus den 1950er-Jahren gegenüber vom Parque Kennedy in San Pedro ansässig, in fußläufiger Nähe zur Universität und dem dazugehörigen Nachtleben und direkt an der Busstrecke ins Zentrum von San José. Die Gäste fühlen sich hier sofort wohl; dafür sorgen die offene Gestaltung des Hauses, der große Hinterhof, der Billardtisch, die modernen Interneteinrichtungen und der Küchenbereich, der schön genug für eine Dinnerparty wäre.

Hostel Casa Yoses HOSTEL **$**
(Karte S. 564; 2234-5486; www.casayoses.hostel.com; Av 8, Los Yoses; mit Frühstück B 10–15 US$, DZ mit/ohne Bad 38/33 US$; P@) Das im spanischen Kolonialstil errichtete stille Gebäude von 1949 thront auf einem Hügel und bietet vom Garten vorm Haus eine hübsche Aussicht aufs Tal. Die zehn Zimmer, darunter drei Schlafsäle, sind unterschiedlich gestaltet, aber allesamt blitzsauber und mit Holzböden und gefliesten Fluren ausgestattet.

Hotel Ave del Paraíso HOTEL **$$**
(Karte S. 564; 2283-6017, 2225-8515; www.hotelavedelparaiso.com; Paseo de la Segunda Republica; EZ/DZ mit Frühstück 68/79 US$; @) Das mit schönen Mosaikkacheln geschmückte Haus wird von einer kunstinteressierten Familie betrieben. Von der geschäftigen Straße liegt es gerade so weit zurückversetzt, dass die Gäste nachts ruhig schlafen können. Zum Hotel gehört ein wunderbares Restaurant mit Bar, das Café Kracovia (S. 566). Die Universität liegt nur zwei Fußminuten Richtung Osten.

Hotel Milvia B&B **$$**
(2225-4543; www.hotelmilvia.com; Ecke Calle 75 & Av 1; EZ/DZ mit Frühstück 59/69 US$; @) Das hübsche Haus im karibischen Stil gehört einem bekannten costa-ricanischen Künstler und ehemaligen Museumsdirektor und bietet ein heimeliges Refugium vom Trubel der Stadt. Die neun verschieden gestalteten Zimmer um einen hübschen Hof mit einem Brunnen angelegt herum sind alle mit farbenfrohen Kunstwerken geschmückt. Von der Terrasse oben eröffnen sich Ausblicke auf die Berge.

Essen

Das kosmopolitische San José hat die beste Restaurantszene des Landes. Hier findet man bescheidene Stände, an denen es sättigende *casados* (Menüs) gibt, bis hin zu zeitgenössischen Bistros mit vielfältiger Fusionsküche – und natürlich alles dazwischen.

Zentrum

Im hektischen Geschäftszentrum der Stadt gibt es einige der günstigsten Essmöglichkei-

Los Yoses, Barrio Escalante & San Pedro

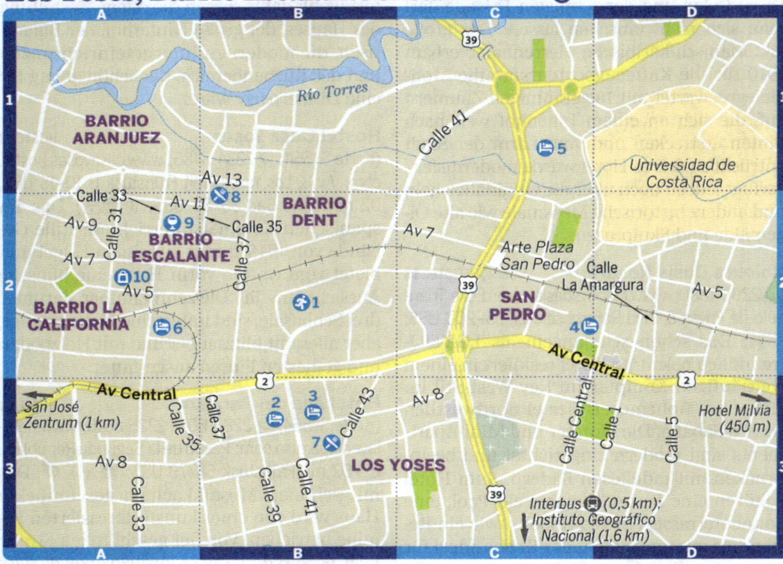

Los Yoses, Barrio Escalante & San Pedro

Aktivitäten, Kurse & Touren
1 Costa Rican Language Academy B2

Schlafen
2 Hostel Bekuo B3
3 Hostel Casa Yoses B3
4 Hostel Urbano C2
5 Hotel Ave del Paraíso C1
6 Luz de Luna A2

Essen
7 El Portón Rojo B3
8 Mantras Veggie Cafe B2

Ausgehen & Nachtleben
9 Wilk A2

Shoppen
10 Kiosco SJO A2

ten. Zu den besten Adressen für ein günstiges Mittagsmahl zählt der **Mercado Central** (Karte S. 558; www.facebook.com/Mercado-Central-de-San-José-Costa-Rica-132271433523797; Avs Central & 1, zw. Calles 6 & 8; ⌚ Mo–Sa 6.30–18 Uhr), wo an zahlreichen *sodas* u. a. *casados*, Tamales und Meeresfrüchte zu haben sind.

★ Café de los Deseos CAFÉ $

(Karte S. 558; ☎ 2222-0496; www.facebook.com/Cafedelosdeseos; Calle 15, zw. Avs 9 & 11; Hauptgerichte 5–12 US$; ⌚ Di–Do 11.30–22, Fr & Sa bis 23 Uhr; 📶) Das gemütliche, bunte Café im Barrio Otoya lockt ein junges und munteres künstlerisch angehauchtes Publikum an und ist ein romantisches Plätzchen für einen Drink (von Wein bis zu Cocktails und Smoothies), für *bocas* (handgemachte Tortillas mit Turrialba-Käse, Salate, Teriyaki-Huhn, Pizza) und verlockende Nachspeisen. Die Wände sind mit Arbeiten örtlicher Künstler geschmückt, die Räumlichkeiten mit handbemalten Tischen, Perlenvorhängen und Ästen mit Lichterketten.

★ Café Rojo CAFÉ $

(Karte S. 558; ☎ 2221-2425; www.facebook.com/elcaferojo; Ecke Av 7 & Calle 3; Kaffee 1,50–4 US$, Hauptgerichte 7–10 US$; ⌚ Mo–Do 12–19, Fr & Sa bis 20, So 12–19 Uhr; 🌱) Das niedliche Café mit einem hoch aufschießenden Kaktus davor verarbeitet die frischen Produkte Costa Ricas zu innovativen Mittagsgerichten wie vietnamesischen Nudelsuppen und Sandwiches mit Fleischbällchen oder Karamellhühnchen. Auch die Salate sind sensationell lecker. Veganer kommen hier genauso auf ihre Kosten wie Kaffeefreaks.

La Sorbetera de Lolo Mora NACHTISCH $

(Karte S. 558; ☎2256-5000; www.facebook.com/Lolomora1901; Mercado Central, Avs Central & 1, zw. Calles 6 & 8; Desserts 2–5 US$; ⏰Mo–Sa 9.30–17.30 Uhr) In dem hundert Jahre alten Klassiker im Zentralmarkt gibt's Desserts wie frische Sorbets und gefrorene Englische Creme mit Zimt. Oder man macht es wie die Einheimischen und bestellt *barquillos*, zylindrische Zuckerkekse, die perfekt zum Stippen geeignet sind.

Alma de Café CAFÉ $

(Karte S. 558; ☎2010-1119; www.teatronacional.go.cr/Cafeteria; Teatro Nacional, Av 2, zw. Calles 3 & 5; Hauptgerichte 6–11 US$; ⏰Mo–Sa 9–19, So bis 18 Uhr) Eines der schönstes Cafés der Stadt: Mit seinem stimmungsvollen Ambiente erinnert es an das Wien des frühen 20. Jhs. Also die perfekte Anlaufstelle, um einen Cappuccino zu schlürfen oder sich eine Crêpe oder Quiche zu genehmigen und sich dabei die hübschen Deckenfresken und die wechselnden Kunstausstellungen zu Gemüte zu führen. Besondere Schmankerl sind die raffinierten „Kaffeecocktails".

Talentum CAFÉ $

(Restaurante Tournant; Karte S. 558; ☎2256-6346, Restaurant 2248-9523; www.galeriatalentum.com; Av 11, zw. Calles 3 & 3A; Mittagsangebote 8–12 US$; ⏰Restaurant Mo & Di 12–16, Mi–Fr 12–22, Sa 13–22 Uhr, Galerie Mo–Sa 11–18 Uhr) Das quirlige, originelle Kulturlokal in einer renovierten Villa ist zugleich Café und Kunstgalerie. Drinnen und draußen lockt heimische Kunst und die Gäste sitzen auf alten Sofas oder draußen auf der Terrasse – schön für eine Mittagspause. An Kulturellem werden z. B. Buchsignierstunden, Filmvorführungen, Zeichenunterricht und manchmal auch Livemusik geboten. Je nach Event ist die Galerie samstags auch mal länger als bis 18 Uhr geöffnet.

Café Miel Garage CAFÉ $

(Karte S. 558; www.cafemielgarage.com; Av 9, zw. Calle 11 & 13; Kaffee 1–5 US$, Backwaren 2 US$; ⏰Mo–Fr 9–18, Sa & So 13.30–18 Uhr) Dieses winzige Café war nach seiner Eröffnung 2014 ein so großer Erfolg, dass die Betreiber rasch noch zwei andere in der Nähe aufgemacht haben. Das Geheimnis ihres Erfolges sind neben der tollen Einrichtung die selbstgemachten Produkte aus der Küche und Backstube. Die Pilz-Empanadas schmecken einfach himmlisch, ebenso der costa-ricanische Kaffee.

La Ventanita Meraki FAST FOOD $

(Karte S. 558; ☎2221-8016; www.facebook.com/laventanitameraki; Ecke Av 3 & Calle 21, vor dem Bahnhof; Hauptgerichte 5–8 US$; ⏰Di–Do 12–24, Fr–So bis 2 Uhr) Ventanita heißt „kleines Fenster", Meraki kommt aus dem Griechischen und bedeutet „Kunstfertigkeit". Zusammen beschreiben die beiden Begriffe den kleinen Imbiss für innovatives Streetfood vor dem Bahnhof im Zentrum bestens. Zu haben sind hier raffinierte Varianten landestypischer Gerichte sowie Sandwiches mit Kürbis, Butter und Käse oder zum Nachtisch der Twinkie-*frito* (frittierter kleiner Kuchen mit Cremefüllung).

Café Té Ría CAFÉ $

(Karte S. 558; ☎2222-8272; www.facebook.com/CafeTeRiaenAmon; Ecke Av 7 & Calle 13; Hauptgerichte 6 US$, Kuchen 1,50–3 US$; ⏰Mo–Fr 10.30–19.30, Sa 12–19.30 Uhr; 📶🥗🐾) Das kleine hundefreundliche Café im Barrio Amón schmückt sich mit heimischer Kunst und strotzt vor Gastlichkeit – der ideale Ort für einen Kaffee am Morgen und später für frische Salate, köstliche Sandwiches oder Backwaren, bei denen einem das Wasser im Mund zusammenläuft. Viele vegetarische Optionen.

Restaurante Shakti VEGETARISCH $

(Karte S. 558; Ecke Av 8 & Calle 13; Hauptgerichte 5–10 US$; ⏰Mo–Fr 7.30–18, Sa bis 17 Uhr; 🥗) Das zwanglose Lokal hat gesundes Essen, einfache Biogerichte und frische Backwaren im Angebot. Besonders gut sind die Gemüseburger und Fisch- und Hähnchengerichte, aber die meisten Leute kommen wegen dem vegetarischen *plato del día* (Tagesgericht): Suppe, Salat, Hauptgericht und Obstsaft für nur 6 US$, mit Kaffee und Nachspeise 8 US$!

Maza Bistro BISTRO $$

(Karte S. 558; ☎2248-4824; www.facebook.com/MazaBistro/; Calle 19, am Parque Nacional; Hauptgerichte 10–12 US$, Brunch 10–12 US$; ⏰Di–So 9–17 Uhr; 🥗) In dem netten Restaurant unter freiem Himmel kann man den kompletten Tag lang brunchen; dabei werden Gerichte wie *huevos pochados* (Eier „Benedict" auf Lateinamerikanisch) und geschmorte Rinderkeule *au jus* mit eingelegtem Gemüse und Spiegelei aufgefahren. Die Burger bestehen aus dreierlei Sorten Fleisch und sind ebenfalls heiß begehrt. Auch Vegetarier werden mit Tagesangeboten bedacht. Das Maza grenzt an das Hostel Casa del Parque (S. 561).

La Sabana

La Sabana

Sehenswertes
1 Museo de Arte Costarricense............ B2
2 Parque Metropolitano La Sabana A3

Schlafen
3 Gaudy's.. C2
4 La Rosa del Paseo D2
5 Mi Casa Hostel..................................... A1

Essen
6 Las Mañanitas C2
7 Más X Menos B1
8 Palí... D2
9 Soda Tapia B3

La Sabana & Umgebung

Zu den hiesigen Supermärkten gehören **Más X Menos** (Karte S. 566; 2248-1396; www.masxmenos.com.cr; Ecke Autopista General Cañas & Av 5; Mo–Sa 7–24, So bis 22 Uhr; P) und **Palí** (Karte S. 566; 2256-5887; www.pali.co.cr; Paseo Colón zw. Calle 24 & 26; Mo–Sa 8–20, So 8.30–18 Uhr; P).

Soda Tapia FAST FOOD $

(Karte S. 566; 2222-6734; www.facebook.com/sodatapia; Ecke Av 2 & Calle 42; Hauptgerichte 4–10 US$, Nachtisch 2–7 US$; So–Do 6–2 Uhr, Fr & Sa 24 Std.; P) Der schlichte Imbiss im Stil der 1950er-Jahre mit knallbunter Einrichtung in Rot und Weiß ist immer gut besucht. Paare und Familien laben sich hier an gegrillten Sandwiches und großzügig bemessenen *casados*. Leute mit sehr großem Hunger können den gewaltigen „El Gordo" in Angriff nehmen: spanisches Brot und darauf ein Stapel aus Steak, Zwiebeln, Käse, Salat und Tomate. Aber noch Platz fürs Dessert lassen: Eiscreme und Obstbecher sind eine Spezialität des Hauses.

Las Mañanitas MEXIKANISCH $$

(Karte S. 566; 2248-1593; Calle 40, zw. Paseo Colón & Av 3; Hauptgerichte 6–17 US$; Mo–Sa 11.30–22 Uhr) Zu den leckeren Spezialitäten dieses authentischen mexikanischen Restaurants in der Nähe des Parks zählen z. B. Tacos in Vierersets: Maistortillas mit Huhn, Steak, Seebarsch oder *carne al pastor* (würziges Schweinefleisch). Fans von *mole poblano*, der berühmten Chili-Schokoladen-Sauce aus Zentralmexiko, sollten diese hier probieren – der Eigentümer des Restaurants stammt aus Puebla.

Los Yoses & San Pedro

Café Kracovia CAFÉ $

(2253-9093; www.cafekracovia.com; Paseo del la Segunda Republica; Imbiss 4–10 US$, Hauptgerichte 8–14 US$; ⌚Mo 10.30–21, Di–Sa bis 23 Uhr; 📶) Das hippe Café verfügt über mehrere unterschiedliche Räumlichkeiten, von einem schummrigen kleinen Raum unten bis zum Gartenhof draußen, und bietet somit jedem etwas. Moderne Kunst und das Uniflair schaffen ein ansprechendes Ambiente für Crêpes, Wraps, Salate, polnisches Essen und Craft-Bier. 500 m nördlich des Kreisverkehrs Fuente de la Hispanidad, wo San Pedro und Los Yoses zusammentreffen.

Mantras Veggie Cafe & Tea House VEGETARISCH $
(Karte S. 564; ☎2253-6715; www.facebook.com/mantrasveggiecafe; Calle 35, zw. Avs 11 & 13; Hauptgerichte 8–10 US$; ⌚9–17 Uhr; 🌶) Das Mantras im Barrio Escalante gilt gemeinhin als das beste vegetarische Restaurant in San José, wenn nicht in ganz Costa Rica. Mit seinen fleischlosen Hauptgerichten, Salaten und extrem köstlichen Desserts löst der Laden bei Feinschmeckern jeglicher Couleur Begeisterung aus. Am Samstag und Sonntag gibt's einen tollen Brunch.

El Portón Rojo PIZZA $$
(Karte S. 564; ☎2224-4872; www.elportonrojo.com; Ecke Av 10 & Calle 43; Pizza klein 8–10 US$, groß 16–18 US$; ⌚Di–Sa 12–15 & 17.30–23, Mo 17.30–23, So 12–17 Uhr) Das hippe Restaurant serviert mit die beste Pizza und Sangria in der Gegend und fungiert zugleich als Kunstgalerie: Die an den Steinwänden hängende Kunst steht zum Verkauf. Die Gäste des Hostel Bekuo (S. 563) sorgen für gute Stimmung.

Ausgehen & Nachtleben

Die bohemehaftesten und kultiviertesten Kneipen San Josés konzentrieren sich nördlich und östlich des Zentrums in Vierteln wie dem Barrio Amón und Barrio Escalante. Wer es lieber lauter und jünger mag, sollte das Barrio la California oder die Calle la Amargura ansteuern.

★ Stiefel PUB
(Karte S. 558; ☎8850-2119; www.facebook.com/StiefelPub; Av 5; ⌚Mo–Sa 11.30–14 & 18–2 Uhr) Mehr als zwei Dutzend costa-ricanische Craft-Biere vom Fass und eine ansprechende Lage in einem historischen Gebäude schaffen in dieser Kneipe einen halben Häuserblock von der Plaza España ein geselliges Ambiente. Man gönne sich ein großes Glas Pelona oder Maldita Vida, Malinche oder Chichemel; oder aber man bestellt ein Probierset mit vier kleinen Gläsern und zelebriert eine kleine Verkostung.

★ Castro's CLUB
(☎2256-8789; Ecke Av 13 & Calle 22; ⌚13–4 Uhr) San Josés ältester Tanzclub ist eine klassische lateinamerikanische Disko im Barrio México. Mit den großen Tanzflächen und einem zuverlässigen Mix aus Salsa, Cumbia und Merengue lockt Castro's sowohl Einheimische als auch Touristen an.

Wilk BRAUEREI
(Karte S. 564; www.facebook.com/wilkcraftbeer; Ecke Calle 33 & Av 9; ⌚Di–Sa 16–1 Uhr) Die Kneipe im Barrio Escalante lockt eine gemischte Gästeschar von Ticos und Gringos an, die sich alle über die Craft-Biere und die wirklich leckeren Burger freuen; auch an Vegetarier wird gedacht. Zur breiten Palette an Getränken zählen 27 Craft-Biere vom Fass, darunter die innovativen Gebräue von **Costa Rica Craft Brewing** (☎2249-4277;

LGBTIQ+ IN SAN JOSÉ

San José wartet mit der lebendigsten Schwulen- und Lesbenszene Zentralamerikas auf. Wie auch anderswo hängt der Eintrittspreis vom jeweiligen Abend und vom Club ab (5–10 US$). Einige Clubs haben an bestimmten Wochentagen, gewöhnlich sonntags bis dienstags, geschlossen, andere veranstalten reine Frauen- oder Männerabende. Infos bieten die jeweiligen Websites. Viele Clubs liegen im Süden der Stadt, wo es nach Einbruch der Dunkelheit etwas rau zugehen kann. Ein Taxi nehmen!

La Avispa (Karte S. 558; ☎2223-5343; www.laavispa.com; Calle 1, zw. Avs 8 & 10; ⌚Do–Sa 20–6, So 17–6 Uhr) Die Lesbenbar La Avispa (die Wespe) gibt's schon seit mehr als 40 Jahren. Sie verfügt über eine Bar, Billardtische und eine gut genutzte Tanzfläche – wird von Reisenden sehr empfohlen!

BO Club (Karte S. 558; ☎2221-0500; www.facebook.com/pages/Taller-Bo-Club/906788412753646; Ecke Calle 11 & Av 10; ⌚Fr & Sa 20–6 Uhr) In diesem Club läuft alles von klassischer Diskomusik bis Electronica; außerdem gibt's spezielle Themenabende. Der Club liegt im Süden der Stadt.

www.facebook.com/craftbeercostarica; Calle Cajeta, Brasil de Mora Ciudad Colón; ⌚Mo–Mi 10–22, Do–Sa bis 24, So 12–20 Uhr) und Treintaycinco. Am ersten Donnerstag im Monat versammeln sich immer einige Leute, um einem hiesigen Brauereimeister bei der Kreation einer neuen Biersorte zuzusehen.

☆ Unterhaltung

Ein Verzeichnis der Veranstaltungen der kommenden Woche (auf Spanisch) enthält die Donnerstagsausgabe von *La Nación*. Einen praktischen Überblick über Nachtleben und Kulturveranstaltungen bringen die kostenlose Publikation *GAM Cultural* (www.gamcultural.com) und die Website San José Volando (www.sanjosevolando.com).

★ Teatro Nacional THEATER
(Karte S. 558; ☎2010-1100; www.teatronacional.go.cr; Calles 3 & 5, zw. Avs Central & 2) Im angesehensten Theater des Landes stehen von März bis November Schauspiel, Tanz, klassische Konzerte und lateinamerikanische Musik auf dem Programm. Hauptsaison ist von März bis November, aber das ganze Jahr über finden Veranstaltungen statt.

El Lobo Estepario LIVEMUSIK
(Karte S. 558; ☎2256-3934; www.facebook.com/loboesteparioc r; Av 2; ⌚So–Do 11–0.45, Fr & Sa bis 2 Uhr) In der zweistöckigen Bohemekneipe gibt's gute vegetarische Küche. Außerdem treten hier ein paar der besten lokalen Bands auf. Die Decke dient als Schwarzes Brett, an dem die Gäste jeden Abend Kritzeleien hinterlassen.

El Sótano LIVEMUSIK
(Karte S. 558; ☎2221-2302; www.facebook.com/sotanocr; Ecke Calle 3 & Av 11; ⌚Mo–Di & Do–Sa 17–2 Uhr) Das Sótano, eines der stimmungsvollsten Nachtlokale der Stadt, ist nach seinem Jazzclub im Kellergeschoss benannt. Dort finden häufig gut besuchte Jamsessions in intimer Atmosphäre statt. Einige elegante Räume mit hohen Decken im oberen Teil des Herrenhauses sind in Galerieräume, eine Bühne und eine Tanzfläche verwandelt worden, wo verschiedenste Konzerte stattfinden.

Shoppen

★ Feria Verde de Aranjuez MARKT
(Karte S. 558; www.feriaverde.org; Barrio Aranjuez; ⌚Sa 7–12.30 Uhr) Dieser fabelhafte samstägliche Bauernmarkt ist ein echtes Kulturerlebnis für Feinschmecker: Hier treffen sich seit 2010 die Künstler und Biobauern San Josés. An den langen Reihen voller Stände kann man Biokaffee, handgefertigte Schokolade, Eis am Stiel aus tropischen Obstsorten, frische Lebensmittel, Leder und Schmuck erstehen. Im Park am nördlichen Ende des Barrio Aranjuez.

Galería Namu KUNST & KUNSTHANDWERK
(Karte S. 558; ☎2256-3412; www.galerianamu.com; Av 7, zw. Calles 5 & 7; ⌚ganzjährig Mo–Sa 9–18.30 Uhr, Dez.–April auch So 13–17 Uhr) Diese Fair-Trade-Galerie bietet Kunst und Kunsthandwerk verschiedener regionaler Ethnien an wie Boruca-Masken, fein geflochtene Wounaan-Körbe, Guaymí-Puppen, Bribrí-Kanus, Chorotega-Keramiken, traditionelle Huetar-Strohmatten und zeitgenössisches urbanes und afro-karibisches Kunsthandwerk. Das Personal hilft auch, Besuche in abgelegenen indigenen Territorien in verschiedenen Teilen Costa Ricas zu organisieren.

Kiosco SJO KUNST & KUNSTHANDWERK
(Karte S. 564; ☎2253-8426; http://kalu.co.cr/boutique-kiosco-sj; Ecke Calle 31 & Av 5; ⌚Di–Fr 12–20, Sa ab 10, So 10–16 Uhr) Das schicke Geschäft im Barrio Escalante gehört zum Kalu Café und ist auf nachhaltige Designs von costa-ricanischen Kunsthandwerkern spezialisiert. Im Sortiment finden sich handgemachter Schmuck, handgefertigte Ledertaschen, Originalfotos, ausgestopfte Tiere, Mode und moderne Heimaccessoires von etablierten Designern. Teuer, aber von außergewöhnlicher Qualität.

ℹ Orientierung

Das Stadtzentrum von San José ist rasterförmig angelegt; die *avenidas* (Boulevards) verlaufen in Ost-West- und die *calles* (Straßen) in Nord-Süd-Richtung. Die Avenida Central, das Herz der Innenstadt, ist zwischen den Calles 6 und 9 eine Fußgängerzone.

Etwas westlich der Innenstadt liegt La Sabana, benannt nach dem riesigen, beliebten Park, in dem viele *josefinos* am Wochenende joggen, schwimmen, picknicken oder sich ein Fußballspiel anschauen.

Östlich des Zentrums liegen in fußläufiger Nähe die benachbarten Viertel Los Yoses und San Pedro. Los Yoses ist ein ruhiges Wohnviertel mit ein paar netten Unterkünften, in San Pedro ist der schattige Campus der Universität von Costa Rica (UCR), der renommiertesten Hochschule des Landes, beheimatet.

ℹ Praktische Informationen

GEFAHREN & ÄRGERNISSE

Obwohl Costa Rica die niedrigste Verbrechensrate aller zentralamerikanischen Länder hat, ist die Kriminalität in städtischen Zentren wie San José ein Problem. Das häufigste Verbrechen sind Diebstähle und Überfälle. Man sollte hier genauso die Augen aufhalten wie in anderen Großstädten und das Auto (so vorhanden) auf einem bewachten Parkplatz abstellen und keine Wertgegenstände darin zurücklassen. In Bussen niemals die Tasche in der Gepäckablage über den Sitzen deponieren. Ebenfalls gut zu wissen ist, dass Prostituierte für Trickbetrügereien bekannt sind; sie tun sich häufig in Zweiergruppen zusammen.

MEDIZINISCHE VERSORGUNG

Clínica Bíblica (☎2522-1000; www.clinicabiblica.com; Av 14, zw. Calles Central & 1; ⏲24 Std.) Die beste Privatklinik im Zentrum verfügt über eine rund um die Uhr besetzte Notaufnahme. Die Ärzte sprechen auch Englisch und Deutsch.

Hospital CIMA (☎2208-1000; www.hospitalcima.com; Autopista Próspero Fernández; ⏲24 Std.) In ernsten medizinischen Notfällen ist das Krankenhaus in San Rafael de Escazú die richtige Anlaufstelle. Es ist das modernste in San José und Umgebung.

NOTFALL

Feuerwehr	☎118
Rotes Kreuz	☎128
Verkehrspolizei	☎2523-3300, ☎2222-9245, ☎2222-9330

POST

Correo Central (Hauptpostamt; Karte S. 558; ☎2202-2900; www.correos.go.cr; Calle 2, zw. Avs 1 & 3; ⏲Mo–Fr 6.30–18, Sa bis 12 Uhr) In einem wunderschönen historischen Gebäude in Zentrumsnähe. Auch Express- und Übernachtdienste.

An- & Weiterreise

BUS

Der Fernbusverkehr ab San José kann sehr verwirrend sein. Ein staatliches Busnetz gibt es nicht und auch keinen zentralen Busbahnhof. Stattdessen betreiben Dutzende von Busunternehmen Busse von Halteplätzen in der ganzen Stadt. Viele Busgesellschaften verfügen nur über eine einfache Haltestelle – in diesem Fall zahlt man beim Fahrer –, andere unterhalten an der Straße ein kleines Büro mit einem Verkaufsschalter, einige Busunternehmen fahren auch von größeren Terminals, die ganze Regionen abdecken.

An den folgenden fünf Busbahnhöfen in San José bestehen Verbindungen zu den beliebtesten Zielen in Costa Rica. Wahrscheinlich wird man auf seiner Reise mehrere dieser Terminals zu sehen bekommen.

Gran Terminal del Caribe (Calle Central) Der große Busbahnhof nördlich der Avenida 13 ist das wichtigste Terminal für Verbindungen an die Karibikküste.

Terminal 7–10 (Karte S. 558; ☎2519-9740; www.terminal7-10.com; Ecke Av 7 & Calle 10) An diesem neueren Terminal fahren Busse nach Nicoya, Nosara, Sámara, Santa Cruz, Tamarindo, Jacó, Monteverde, La Fortuna und zu ein paar anderen Zielen ab. Der vierstöckige Komplex beherbergt einen Restaurantbereich, ein Einkaufszentrum und Parkplätze. Er befindet sich in der *zona roja*, einem traditionell als gefährlich geltenden Stadtviertel; eine vermehrte Polizeipräsenz soll das ändern.

Terminal Coca-Cola (Karte S. 558; Av 1, zw. Calles 16 & 18) Ein bekanntes Wahrzeichen. Das labyrinthische Gebäude birgt viele Fahrkartenbüros. Zahlreiche Busse fahren von hier sowie in einem Umkreis von vier Straßenkarrees zu Zielen im ganzen Land ab, u. a. ins Valle Central und an die Pazifikküste.

Terminal del Atlántico Norte (Karte S. 558; Ecke Av 9 & Calle 12) Kleiner, recht heruntergekommener Busbahnhof mit Verbindungen nach Puerto Jiménez und an die südliche Karibikküste.

Terminal Tracopa (☎2221-4214; www.tracopacr.com; Calle 5, zw. Avs 18 & 20) Von hier aus steuern Busse Orte im Südwesten Costa Ricas an, z. B. Neily, Dominical, Golfito, Manuel Antonio, Palmar Norte, Paso Canoas, Quepos, San Isidro de El General, San Vito und Uvita.

Inlandsbusse

Alfaro (http://empresaalfaro.com) Steuert Nicoya, Playa Sámara und Playa Tamarindo an.

Autotransportes Caribeños (☎2222-0610; www.grupocaribenos.com; Gran Terminal del Caribe, Calle Central) Busse zu Zielen im Nordosten wie Puerto Limón, Guápiles, Cariari, Siquirres und Puerto Viejo de Sarapiquí. Zur Caribeños-Gruppe gehören mehrere kleinere Unternehmen, z. B. Empresarios Guapileños und Líneas del Atlántico. Sie nutzen alle dasselbe Busterminal und haben dieselbe Telefonnummer.

Autotransportes Mepe (Karte S. 558; ☎2257-8129; www.mepecr.com; Terminal del Atlántico Norte, Ecke Av 9 & Calle 12) Busse zu Zielen an der südlichen Karibikküste wie Cahuita, Puerto Viejo de Talamanca, Manzanillo, Bribrí und Sixaola.

Autotransportes San Carlos (Karte S. 558; ☎2255-4300; Terminal 7–10, Ecke Av 7 & Calle 10) Nach La Fortuna, Ciudad Quesada und Los Chiles.

Blanco Lobo (Karte S. 558; ☎2257-4121; Terminal del Atlántico Norte, Ecke Av 9 & Calle 12) Nach Puerto Jiménez.

Coopetrans Atenas (Karte S. 558; ☎2446-5767; www.coopetransatenas.com; Terminal

Coca-Cola, Av 1, zw. Calles 16 & 18) Nach Atenas.

Deldu (www.facebook.com/transportedeldu) Nach Peñas Blancas.

Empresa Alfaro (Karte S. 558; ☎2222-2666; www.empresaalfaro.com; Terminal 7–10, Ecke Av 7 & Calle 10) Nach Nicoya, Nosara, Sámara, Santa Cruz und Tamarindo.

Empresarios Unidos (Karte S. 558; ☎2221-6600; Ecke Av 12 & Calle 16) Nach San Ramón und Puntarenas.

Lumaca (Karte S. 558; ☎2552-5280; Av 10, zw. Calles 5 & 7) Nach Cartago.

Mepe (www.mepecr.com) Fährt nach Cahuita, Puerto Viejo de Talamanca und Sixaola.

Metrópoli (Karte S. 558; ☎2530-1064; Av 2, zw. Calles 1 & 3) Zum Volcán Irazú.

Musoc (☎2222-2422; Calle Central, zw. Avs 22 & 24) Ziele sind San Isidro de El General und Santa María de Dota.

Pulmitan de Liberia (Karte S. 558; ☎2222-0610; Calle 24, zw. Avs 5 & 7) Busse zu Orten

INLANDSBUSSE AB SAN JOSÉ

ZIEL	UNTERNEHMEN	PREIS (US$)	DAUER (STD.)	ABFAHRTEN
Cahuita	Mepe	8,70	4	6, 8, 10, 12, 14, 16, 18 Uhr
Cartago	Lumaca	1,10	1	alle 15 Min.
Dominical & Uvita	Tracopa	9,40	4½-5½	6, 15 Uhr
Golfito	Tracopa	13,20	6½	6.30, 7, 15.30 Uhr
Jacó	Transportes Jacó	4,30	2½	7–17 Uhr alle 2 Std.
La Fortuna	San Carlos	4,40	4	12.45, 14.45 Uhr
Liberia	Pulmitan	8	4½	6–20 Uhr stündl.
Los Chiles	San Carlos	5,20	5	5.15, 15 Uhr
Monteverde/Santa Elena	Transmonteverde	5	4½	6.30, 14.30 Uhr
Montezuma/Mal País	Cobano	12,40	5½–6	6, 6.30, 14 Uhr
Nicoya	Alfaro	7,20	5	5.30, 7.30, 10, 13, 15, 17 Uhr
Palmar	Tracopa	10,30	6	13-mal tgl.
Paso Canoas	Tracopa	13,80	7-8	13-mal tgl.
Peñas Blancas	Deldú	8,20	6	9-mal tgl.
Playa Flamingo	Tralapa	10,30	6	8, 10.30, 15 Uhr
Playa Sámara	Alfaro	7,60	5	12 Uhr
Playa Tamarindo	Alfaro	9,50	5	11.30, 15.30 Uhr
	Tralapa	8,90	5	7, 16 Uhr
Puerto Jiménez	Blanco Lobo	15	8	8, 12 Uhr
Puerto Limón	Caribeños	5,70	3	stündl.
Puerto Viejo de Sarapiquí	Caribeños	4,50	2½	10-mal tgl.
Puerto Viejo de Talamanca	Mepe	10	4½	6, 8, 10, 12, 14, 16, 18 Uhr
Puntarenas	Empresarios Unidos	4,60	2½	stündl.
Quepos/Manuel Antonio	Tracopa	8,10	3½	alle 1–2 Std.
San Isidro de El General	Musoc	6,40	3	4.30–18.30 Uhr stündl.
	Tracopa	6,40	3	stündl.
Sixaola	Mepe	12,30	5½	6, 8, 10, 14, 16 Uhr
Tilarán	Pulmitan	8	4	7.30, 9.30, 12.45, 15.45, 18.30 Uhr
Turrialba	Transtusa	2,40	2	stündl.

INTERNATIONALE BUSSE AB SAN JOSÉ

ZIEL	UNTERNEHMEN	PREIS (US$)	DAUER (STD.)	ABFAHRTEN
David (Panama)	Tracopa	21	8½	7.30, 12 Uhr
Guatemala-Stadt (Guatemala)	Tica Bus	86	48	3, 6, 7, 12.30 Uhr
Managua (Nicaragua)	Tica Bus	29–42	9	3, 6, 7.30, 12.30 Uhr
	TransNica	28	8½	2, 4, 5, 9, 12 Uhr
	Central Line	29	8½	4.30, 10 Uhr
	Nicabus	29	8	4.30, 6.30 Uhr
Panama-Stadt (Panama)	Expreso Panamá	40	14	12 Uhr
	Tica Bus	42–58	16	12, 23.55 Uhr
San Salvador (El Salvador)	Tica Bus	65	20	3, 6, 7.30, 12.30 Uhr
Tegucigalpa (Honduras)	TransNica	57	16	2 Uhr

im Nordwesten wie Cañas, Liberia, Playa del Coco und Tilarán.

Station Wagon (Karte S. 558; ☎2441-1181; Av 2, zw. Calles 10 & 12) Nach Alajuela und zum Flughafen.

Terminal Tracopa (S. 569) Busse zu Zielen im Südwesten wie Ciudad Neily, Dominical, Golfito, Manuel Antonio, Palmar Norte, Paso Canoas, Quepos, San Isidro de El General, San Vito und Uvita.

Tracopa (tracopacr.com) Verbindungen nach Dominical, Uvita, Golfito, Palmar, Paso Canoas, Quepos, Manuel Antonio und San Isidro de El General.

Tralapa (Karte S. 558; ☎2223-5876; Av 5, zw. Calles 20 & 22) Busse zu Zielorten auf der Península de Nicoya wie Playa Flamingo, Playa Hermosa, Playa Tamarindo und Santa Cruz.

Transmonteverde (Karte S. 558; ☎2645-7447; www.facebook.com/Transmonteverde; Terminal 7–10, Ecke Av 7 & Calle 10) Nach Monteverde.

Transportes Cobano (Karte S. 558; ☎2221-7479; transportescobano@gmail.com; Terminal 7–10, Ecke Av 7 & Calle 10) Nach Montezuma und Mal País.

Transportes Deldú (Calle Central, Gran Terminal de Caribe) Nach Peñas Blancas (nicaraguanische Grenze).

Transportes Jacó (Karte S. 558; ☎2290-2922; www.transportesjacoruta655.com; Terminal 7–10, Ecke Av 7 & Calle 10) Nach Jacó.

Transtusa (Karte S. 558; ☎4036-1800; www.transtusacr.com; Calle 13A, zw. Avs 6 & 8) Nach Cartago und Turrialba.

Tuan (Terminal de Buses Grecia; Karte S. 558; ☎2258-2004, 2494-2139; Ecke Av 5 & Calle 18A) Nach Grecia.

Tuasa (Karte S. 558; ☎2442-6900; Av 2, zw. Calles 12 & 14) Nach Alajuela und zum Flughafen.

Auslandsbusse

Busse ins Ausland sind schnell ausgebucht, deshalb das Ticket im Vorverkauf besorgen und den Pass nicht vergessen!

Expreso Panamá (Karte S. 558; ☎2221-7694; www.expresopanama.com; Terminal Empresarios Unidos, Ecke Av 12 & Calle 16) Nach Panama-Stadt (Panama).

Nicabus (Karte S. 558; ☎2221-2581; Ecke Av 1 & Calle 20) Nach Managua (Nicaragua).

Tica Bus (Karte S. 566; ☎2296-9788; www.ticabus.com; Ecke Transversal 26 & Av 3) Nach Nicaragua, Panama, El Salvador und Guatemala.

TransNica (Karte S. 558; ☎2223-4242; www.transnica.com; Calle 22 zw. Av 3 & 5) Nach Nicaragua und Honduras.

Transportes Central Line (Karte S. 558; ☎2221-9115; http://transportescentralline.com; Av 9) Managua (Nicaragua).

Shuttlebusse

Grayline (☎2220-2126; www.graylinecostarica.com; Av 31) und **Interbus** (☎4100-0888; www.interbusonline.com; Av 20) befördern Fahrgäste in klimatisierten Minibussen von San José zu allen möglichen beliebten Zielen in Costa Rica. Die Shuttles sind teurer als die normalen Busse, sind aber auch schneller und bieten einen Service von Tür zu Tür.

FLUGZEUG

Aeropuerto Internacional Juan Santamaría (☎2437-2400; www.fly2sanjose.com) Außerhalb von Alajuela. Im Hauptterminal werden internationale Flüge abgefertigt, Inlandsverbindungen von **Sansa** (☎2290-4100; www.flysansa.com) starten am Sansa-Terminal.

Aeropuerto Tobías Bolaños (☎2232-2820; Pavas) Im Vorort Pavas; private Charter- und einige Inlandsflüge.

Unterwegs vor Ort

BUS

Mit den Nahverkehrsbussen sind die Vororte und die umliegenden Dörfer oder auch der Flughafen gut zu erreichen. Die meisten Busse verkehren von 5 bis 22 Uhr und kosten zwischen 0,40 und 1,10 US$.

Heredia Reguläre Busse fahren von der Calle 1 zwischen den Avenidas 7 und 9 ab.

La Sabana Busse von San José Richtung Westen nach La Sabana (0,40 US$) fahren in der Innenstadt an der Südostecke der Kreuzung von Avenida 3 und Calle 3 ab.

Los Yoses und San Pedro Busse von San José Richtung Osten nach Los Yoses und San Pedro (0,50 US$) fahren an der Nordostecke der Kreuzung Avenida Central und Calle 9 ab.

VOM/ZUM FLUGHAFEN

Internationale Flüge landen auf dem Aeropuerto Internacional Juan Santamaría (S. 571) im nahen Alajuela.

In offiziellen Taxis mit Taxameter zahlt man vom Flughafen ins Stadtzentrum von San José um die 30 US$. Während der Stoßzeiten kann die Fahrt schon mal länger dauern; entsprechend planen.

Interbus (S. 571) betreibt Shuttles zwischen dem Flughafen und Hotels in San José (Erw./Kind unter 12 J. 15/7 US$).

Noch billiger sind die öffentlichen Busse (1,10 US$) von Tuasa (S. 571) und Station Wagon (S. 571); sie laden ihre Fahrgäste an einer Haltestelle an der Hauptstraße vor dem Flughafen ein. Richtung Flughafen steigt man in den Terminals von Tuasa oder Station Wagon in der Innenstadt von San José ein. Alternativ fragt man im Hotel nach einem privaten Bringservice.

Die Fahrt vom Zentrum bis zum Flughafen dauert manchmal 20 Minuten, manchmal eine Stunde (der Bus braucht länger).

TAXI

Tagsüber und nachts können rote Taxis auf den Straßen angehalten werden. Im Hotel kann man die Mitarbeiter bitten, eines zu bestellen.

Marías (Taxameter) werden grundsätzlich benutzt, aber manche Fahrer behaupten schon mal, das Taxameter sei kaputt, um insbesondere Fahrgästen, die kein Spanisch können, einen höheren Preis abzuknöpfen – ohne Taxameter zu fahren, ist aber verboten. Wenn das Taxameter funktioniert, sollte automatisch der Preis für den ersten Kilometer angezeigt werden – zur Zeit der Recherche waren das 610 Colones. Beim Einsteigen sollte man also sicherstellen, dass die *maría* funktioniert, oder ansonsten vorab den Preis aushandeln. Kurze Fahrten im Zentrum kosten zwischen 2 und 4 US$. Nach 22 Uhr wird ein Aufschlag von 20 % erhoben, der nicht auf dem Taxameter angezeigt sein muss.

Inzwischen hat sich auch Uber in der Stadt etabliert.

VALLE CENTRAL & HOCHLAND

Die Seele Costa Ricas findet man in den von Kaffeesträuchern gesäumten Hügeln des Valle Central. Dies ist nicht nur das geografische Zentrum des Landes, sondern hier schlägt auch sein kulturelles und spirituelles Herz. Dennoch hält sich die Zahl der Touristen in Grenzen. In dieser Gegend ließen sich die ersten spanischen Siedler nieder, hier erwuchs aus dem Kaffeeanbau ein wohlhabendes Land und finden in malerischen Hochlanddörfern noch immer jahrhundertealte Feste statt. In dieser Region lernt man auch die echte costa-ricanische Landküche kennen, mit handgefertigtem Käse, dampfenden Maiskuchen und frisch gefangenen Forellen.

Kurvige Bergstraßen entschleunigen das Reisen. Urige bis schrullige landwirtschaftlich geprägte Orte machen Lust auf gemächliche Abstecher zu Bauernmärkten und Kirchenprozessionen – ein wunderbarer Gegensatz zum Pauschaltourismus an den Küsten. Aber hier gibt's nicht nur Kühe und Kaffee – erstklassige Stromschnellen, prächtige Quetzals und aktive Vulkane zeugen allesamt von der vielfältigen Landschaft, die Costa Rica ausmachen.

Alajuela

42 975 EW.

Die zweitgrößte Stadt Costa Ricas ist die Heimat einer der berühmtesten Persönlichkeiten des Landes: Juan Santamaría war ein junger Trommler, der zum Helden wurde, als er in der Schlacht von Rivas im Jahre 1856 gegen den Söldnerführer William Walker fiel.

Ein typisches Touristenziel ist Alajuela nicht. Aber es ist eine echte costa-ricanische Stadt, die auch entspannte Momente kennt, wie Familien beim ausgedehnten Sonntagsmahl, oder Teenager beim heimlichen Knutschen im Park. Außerdem ist die Stadt eine gute Basis für die Erkundung des Nordens von Costa Rica.

Sehenswertes

Museo Histórico Cultural Juan Santamaría MUSEUM
(☎2441-4775; www.museojuansantamaria.go.cr; Av 1, zw. Calles Central & 2; ⌚Di–So 10–17.30 Uhr) GRATIS Das Museum ist in einem hundert Jahre alten Bau untergebracht, der schon als Gefängnis und Waffenarsenal diente. Es

beschäftigt sich mit der costa-ricanischen Geschichte von der Anfangszeit der Besiedlung durch die Europäer bis zum 19. Jh. Ein besonderer Schwerpunkt liegt auf dem Leben und Wirken von Juan Santamaría und den wichtigen Schlachten Mitte der 1850er-Jahre von Santa Rosa, Sardinal und Rivas. Zu sehen sind neben Videos, alten Karten und Gemälden auch historische Artefakte, die in Verbindung mit dem Konflikt stehen, der am Ende die Unabhängigkeit Costa Ricas sicherte.

Schlafen

Alajuela Backpackers Boutique Hostel HOTEL $

(☎2441-7149; www.alajuelabackpackers.com; Ecke Av 4 & Calle 4; B 14–19 US$, Zi./Suite 55/70 US$;) Das vierstöckige Hostel mit Zimmern nach Schema F wirkt auf den ersten Blick ein wenig anstaltsmäßig, doch es wartet mit einigen Pluspunkten auf: kostenlosen Transfers vom und zum Flughafen, klimatisierten Schlafsälen und Doppelzimmern mit Bad. Von der supercoolen Bar im dritten Stock aus kann man bei einem Bierchen den Flugzeugen in der Ferne beim Abheben zuschauen.

Hotel Los Volcanes PENSION $$

(☎2441-0525; www.hotellosvolcanes.com; Av 3, zw. Calles Central & 2; mit Frühstück EZ/DZ 55/69 US$, mit Klimaanlage 70/81 US$, ohne Bad 39/54 US$;) Das einladende Hotel in einem umgebauten Herrenhaus der 1920er-Jahre ist ruhig und zentral gelegen. Es bietet 15 Zimmer, von alten mit Stilmöbeln und sauberen Gemeinschaftsbädern bis zu modernen mit Flachbildfernseher, Klimaanlage und Safe. Hinterm Haus befindet sich außerdem ein netter Garten mit gurgelndem Brunnen. Die hilfsbereiten Eigentümer organisieren am Ende des Aufenthalts kostenlosen Flughafentransfer.

Hotel Pacandé B&B $$

(☎2443-8481; www.hotelpacande.com; Av 5, zw. Calles 2 & 4; mit Frühstück Zi. 48–65 US$, ohne Bad 35 US$;) Das beliebte, costa-ricanisch geführte Hotel ist durch und durch sauber und hat zehn große Zimmer mit Holzeinrichtung, Volkskunstakzenten und Kabelfernsehen. Die helle, sonnige Frühstücksecke ist ein tolles Plätzchen für den morgendlichen Kaffee.

Vida Tropical B&B B&B $$

(☎2443-9576; www.vidatropical.com; Calle 3; mit Frühstück EZ/DZ 45/55 US$, ohne Bad 25/35 US$;) In einer ruhigen Wohngegend fünf Fußminuten vom Zentrum entfernt bietet das freundliche Haus kleine, einfache Zimmer voller bunter Wandgemälde; zwei davon teilen sich ein Gemeinschaftsbad. Wer mag, kann im gepflegten Hinterhof in einer Hängematte den Sonnenschein genießen, und es gibt einen Wäscheservice. (5 US$ pro Ladung; bei drei Übernachtungen kostenlos). An den Kaninchen im Hinterhof wird vor allem der Travellernachwuchs seine Freude haben.

Tacacori Ecolodge BUNGALOW $$$

(☎2430-5846; www.tacacori.com; DZ mit Frühstück 130 US$, zusätzl. Pers. 20 US$) Nadine hat Costa Rica zu ihrer Wahlheimat erkoren und betreibt diese friedliche Unterkunft hoch über Alajuela, unterstützt von ihrem Hütehund. Vier geräumige Bungalows mit supermodernen Einrichtungen und jeder Menge umweltfreundlichen Extras (solarbeheiztes Wasser, LED-Beleuchtung, WCs mit Wasserspartasten) verteilen sich an einem üppig grünen Hang. Die günstigen „Hello-Goodbye"-Pakete und 15-minütigen Flughafentransfers (ab 25 US$) sind ein prima Anreiz, um seine Reise hier zu starten und zu beenden.

Essen

★ **Jalapeños Central** MEXIKANISCH $

(Tex-Mex-Küche; ☎2430-4027; www.facebook.com/JalapenosCentralCR; Calle 1, zw. Avs 3 & 5; Hauptgerichte 4,50–8 US$; Mo–Sa 11.30–21, So bis 20 Uhr) Das beliebte, nur elf Tische umfassende Lokal bringt mit der besten Tex-Mex-Küche des Landes Abwechslung in den Speiseplan. Die einfachen und frischen Burritos, Chimichangas und Enchiladas sind als Teil eines Menüs, aber auch einzeln erhältlich. Dazu passen hausgemachte Guacamole und Salsa, salzige Margaritas und riesige Coronaritas.

El Chante Vegano VEGETARISCH $

(☎8911-4787, 2440-3528; www.elchantevegano.com; Hauptgerichte 6–10 US$; Di–Sa 12–20, So bis 16 Uhr;) Ein energetisches Paar führt dieses auf gesunde Biokost spezialisierte Lokal. Die veganen Leckereien werden auf einer Terrasse an der Straße serviert: z. B. Kichererbsen-Portobello-Burger, Falafel, Sojaprotein-Nachos, Pasta, Pizza und Sandwiches wie das Veggie Lú (Grillgemüse, Avocado und Sprossen auf hausgemachtem Brot).

Coffee Dreams Café CAFÉ $

(☎8750-0841; http://coffeedreamscr.com; Ecke Calle 1 & Av 3; Hauptgerichte 5–10 US$; Mo–Sa

Valle Central & Hochland

N
0
20 km
Parque Nacional Tortuguero
Cariari
Río Tortuguero
Río Chirripó
Horquetas
247
Río Frio
4
Limón
Santa Clara
Guápiles
Guácimo
Rainforest Adventures
Ranger-station Quebrada González
Río Corinto
Río Blanco
Río Toro Amarillo
Zona Protectora Acuiferos Guacimo y Pococi
32
Río Reventazón
Patria
Parque Nacional Braulio Carrillo
Río Costa Rica
Siquirres
Río Sucio
Reserva Forestal Cordillera Volcánica Central
Alto Palma
Volcán Turrialba (3328 m)
Parque Nacional Volcán Turrialba
10
Parque Nacional Volcán Irazú
Las Nubes
Volcán Irazú (3432 m)
Río Guayabo
Santa Cruz
Lajas (Santa Teresita)
Rancho Redondo
219
230
Monumento Nacional Arqueológico Guayabo
Zona Protectora Río Tiribi
Tierra Blanca
San Gerardo
Pacayas
Pavones
Tres Ríos
Cot
230
Turrialba
Juan Viñas
Río Pacuare
8
Cervantes
CARTAGO
Finca la Flor de Paraíso
Río Reventazón
Tejar
10
Presa de Cachí
La Suiza
Tuis
Jardín Botánico Lankester
Paraíso
Ujarrás
Cachí
Lago de Cachí
Cartago
Orosi
Río Navarro
Zona Protectora Río Navarro y Río Sombrero
Palomo
Parque Nacional Tapantí-Macizo Cerro de la Muerte
Zona Protectora Cuenca del Río Tuis
Río Macho
Tapantí
Purisil
Empalme
Reserva Forestal Río Macho
Río Orosi
226
Cañon

9–20, So bis 19 Uhr;) Fürs Frühstück, für *bocas* (Häppchen) und verschiedene traditionelle costa-ricanische Gerichte ist dieses zentral gelegene Café eine verlässlich gute Adresse. Oder man genießt zu einem Kaffee eine der sättigenden Süßspeisen.

Praktische Informationen

Banco Nacional (Mo–Fr 8.30–15.30 Uhr) Der am zentralsten gelegene Geldautomat befindet sich am Hauptplatz gegenüber der Kirche.

Hospital San Rafael (2436-1001; Calle 4) Das Krankenhaus von Alajuela ist ein dreigeschossiges Gebäude südlich der Avenida 10.

Post (2443-2653; Ecke Av 5 & Calle 1; Mo–Fr 8–17, Sa bis 12 Uhr)

An- & Weiterreise

Ein Taxi zum Flughafen kostet ca. 8 US$. Es gibt keinen zentralen Busbahnhof.

San José (Tuasa West; 1,50 US$, 45 Min., alle 10–30 Min., rund um die Uhr) Abfahrt an der Calle 8 zwischen Avenida Central und 1.

Parque Nacional Volcán Poás (Coopetrans asi; hin & zurück 5 US$, 50 Min. pro Strecke, Abfahrt 9.15 Uhr, Rückfahrt 14.30 Uhr) Abfahrt an der Calle 8 zwischen Avenida Central & 2.

Parque Nacional Volcán Poás

Nur 37 km nördlich von Alajuela, zu erreichen über eine kurvenreiche, malerische Straße, liegt der **Parque Nacional Volcán Poás** (2482-1226; www.sinac.go.cr/EN-US/ac/accvc/pnvp; 15 US$; 8–15.30 Uhr). Dort erhebt sich ein 2704 m hoher aktiver Vulkan. Nach mehr als 60 Jahren ohne ernstzunehmende Eruptionen, begann es 2014 wieder in seinem Inneren zu rumoren. Im April und Juni 2017 wurden weitere signifikante Ausbrüche verzeichnet, sodass der Park erst im August 2018 wiedereröffnete.

In den vergangenen Jahren bestand die Möglichkeit, in den 1,3 km breiten und 300 m tiefen Krater hineinzublicken und dabei zuzusehen, wie schwefelhaltiger Schlamm und Wasser aus dem dampfenden, blubbernden Kessel Hunderte von Metern in die Luft katapultiert werden. Das mag auch zukünftig wieder möglich sein, doch im Moment schaut man sich den Poás am besten aus der Distanz an. Bei unserem Besuch rauchte der Vulkan und bot einen spektakulären Anblick. Am schönsten sieht er am frühen Morgen aus, idealerweise bevor mittags Wolken aufziehen.

Während unserer Recherche war noch nicht klar, wie viel Schaden die Wanderwege rund um den Vulkan im Zuge der Eruptionen 2017 genommen haben. Zuvor unterhielt das Besucherzentrum einen asphaltierten, rollstuhltauglichen Pfad (600 m) zum Krateraussichtspunkt

Vom Aussichtspunkt kann man zum Parkplatz zurückgehen oder auch weiter den Park erkunden: Ein insgesamt 3,6 km langes Wegenetz führte zurück zum Hauptpfad. Wer die längere Schleife gehen wollte, bog am Aussichtspunkt rechts auf den **Sendero Botos** ein: Der 1,4 km lange Weg (30 Min.) führte durch Zwergnebelwald, der dank Kälte und säurehaltiger Luft gedeiht. Hier wuchsen Bromelien und klammerten sich Flechten und Moose an die Stämme der kümmerlichen Bäume, die in der vulkanischen Erde wachsen. Jede Menge Vögel lebten bis dato in dieser Gegend, u. a. der auffällige Prachtweibchenkolibri, eine nur im Hochland Costa Ricas vorkommende Art. Der Weg endete an der **Laguna Botos**, einem merkwürdigen Kaltwassersee, der einen der erloschenen Krater des Vulkans ausfüllt.

Auf dem 1,8 km langen **Sendero Canto de Aves** (45 Min.), einem Wanderweg durch höheren Wald, war erheblich weniger los als auf den anderen Pfaden des Parks. Insofern eignete er sich hervorragend zum Beobachten von Vögeln, etwa Rußdrosseln, Mohrenguanen, Kreischeulen und sogar Quetzals (besonders von Februar bis April). Säugetiere ließen sich kaum blicken, es gab hier jedoch Kojoten und die endemischen Bergeichhörnchen. Es ist davon auszugehen, dass sich diese Tierarten nach den Vulkaneruptionen neue Lebensräume gesucht haben.

Zum Hauptweg zurück gelangten Parkbesucher über den 400 m langen **Sendero Escalonia** (10 Min.); er endete bei den Toiletten nördlich vom Besucherzentrum.

Schlafen

Auf dem Parkgelände gibt es keine Unterkünfte, doch in der Umgebung findet man verschiedene Schlafmöglichkeiten für jedes Budget und jeden Geschmack. Manche bleiben wegen der Vulkanausbrüche geschlossen, die Peace Lodge ist aber z. B. geöffnet. Vor der Anreise reservieren!

Die **Peace Lodge** (2482-2720; www.waterfallgardens.com; DZ Standard/Deluxe/Villa/Deluxe-Villa 430/510/710/940 US$, zusätzl. Erw./Kind 40/20 US$; P) ist eine Unterkunft wie aus dem Märchen. Die exquisiten Villen haben wunderbaren Talblick und sind jeweils mit eigener Terrasse und Whirlpool, Kamin und riesigem Bad samt Wasserfalldusche ausgestattet. Vor Ort gibt's eine Auffangstation für Tiere, Wanderwege, fünf riesige Wasserfälle und einen Forellenteich, in dem Gäste – wenn sie möchten – ihr Mittagessen selbst fangen können. Auch für Kinder ist dies ein wunderbarer Ort: Das traumhafte Ambiente mit den vielen Pools und die zahlreichen Tiere (z. B. werden Fütterungen von Tukanen und Kolibris organisiert) halten den Nachwuchs bei Laune.

An- & Weiterreise

Zahlreiche Reiseagenturen organisieren täglich Ausflüge zum Vulkan (40–100 US$). Wesentlich günstiger, aber ähnlich unkompliziert ist die Anfahrt mit dem täglich verkehrenden **Coopetransasi-Bus** (☎ 2449-5141) ab Alajuela (hin & zurück 5 US$, 50 Min. pro Strecke, Hinfahrt um 9.15 Uhr, Rückfahrt um 14.30 Uhr). Wegen der Eruptionen in letzter Zeit legt der Bus aktuell vielleicht nicht die gesamte Strecke zurück; den Fahrer vorm Einsteigen fragen.

Parque Nacional Braulio Carrillo

Dieser ziemlich unbekannte **Nationalpark** (☎2206-5500, 2266-1883; Erw./Kind 12/5 US$; ⌚8–15.30 Uhr) vermittelt einen Eindruck davon, wie Costa Rica vor 1950 ausgesehen hat, als noch 75 % des Landes bewaldet waren: Steile, mit unglaublich hohen Bäumen bestandene Berghänge, nur unterbrochen von Schluchten und reißenden Flüssen. Die außerordentliche Artenvielfalt des Braulio Carrillo ist den Höhendifferenzen geschuldet, denn er erstreckt sich vom dampfenden Nebelwald des Volcán Barva (2906 m) bis hinunter ins üppige, feuchte Tiefland der Karibikküste. Das Unglaublichste von allem ist jedoch, dass der südlichste Zipfel dieses riesigen Parks nur 30 Minuten nördlich von San José liegt.

Aktivitäten

Wandern

Von der **Rangerstation Quebrada González** (⌚8–16 Uhr) zwischen Guápiles und San José führen drei einfache bis mittelschwere Wanderwege (zwischen 1 und 2,5 km lang) weg. Der einfachste ist der zumeist flache, geschotterte **Sendero El Ceibo** (1 km) auf der Nordseite der Carretera 32. Er führt an einem gigantischen Kapokbaum, einem schönen Aussichtspunkt und mehreren anderen gekennzeichneten interessanten Punkten vorbei, bevor er in einer Schleife zurück zur Rangerstation führt. Leider ist auf dem Weg der Straßenverkehr zu hören.

Der etwas schwierigere und rauere **Sendero Botarrama** mit Schlamm und freiliegenden Wurzeln zweigt vom Sendero El Ceibo ab und führt 1,5 km weit zum Zusammenfluss des kristallklaren Río Honduras mit dem Río Sucio (Schmutziger Fluss), dessen gelbes Wasser vulkanische Mineralien mit sich führt.

Der 1,6 km lange **Sendero Las Palmas** auf der Südseite des Highway 32 beschreibt ebenfalls eine Schleife und klettert leicht in den dichten Regenwald hinein an – toll zur Vogelbeobachtung.

Wer den drittgrößten Vulkan Costa Ricas besteigen möchte, den 2906 m hohen Barva, sollte sich zur **Rangerstation des Barva-Sektors** (☎2266-1883; ⌚8–15.30 Uhr) aufmachen. Dort hat man die Wahl zwischen vier Wanderwegen: Der **Cacho de Venado** führt 2 km lang durch eine Landschaft, die sich prima für Vogelbeobachtungen eignet. Im Mittelpunkt der nur 1 km langen Wanderung zum **Mirador Vara Blanca** steht ein schöner Aussichtspunkt. Dann wäre da noch der 3 km lange **Kraterweg**, dessen Highlight der Blick über eine mit Wasser gefüllte Felsspalte ist; ringsum wuchert dichte Vegetation. Zuletzt gibt es noch eine 5 km lange Wanderung zur malerischen **Laguna Copey**.

An- & Weiterreise

Die regelmäßig zwischen San José und Guápiles verkehrenden Busse können Fahrgäste an der Rangerstation Quebrada González absetzen; schwieriger ist es auf dem Rückweg. Zwar kann man an der recht viel befahrenen Carretera 32 theoretisch einen Bus anhalten, doch ob auch einer anhält, hängt von der Laune des Fahrers ab und davon, wie voll der Bus ist.

Mit den öffentlichen Bussen ab Heredia (1,40 US$, 1 Std., 5.25 und 6.25 Uhr) kommt man bis nach Paso Llano, das sich 7 km vom Parkeingang im Sektor Barva befindet.

Cartago

157 800 EW.

Cartago ist in erster Linie ein kommerzielles Zentrum. Die Schönheit der umgebenden Berge hilft dabei, die unansehnlichen Begleiterscheinungen des modernen Lebens auszublenden, die vielen funktionellen Betonbauten zum Beispiel. Es gibt aber auch zwei nette architektonische Ausnahmen, zum einen die Ruinen der Parroqia de Santiago Apóstol, Standort einiger Kirchengebäude seit 1575, zum anderen die schneeweiße **Basílica de Nuestra Señora de los Ángeles** (www.santuarionacional.org; Calle 15, zw. Avs Central & 1; Messe tgl. 6, 9, 11, 18 Uhr, Sa & So 16 Uhr). Letztere ist vielerorts in der Stadt zu sehen – wie ein schneebedeckter Berg in einer Ebene voller einstöckiger Häuser. Ins Rampenlicht tritt die Stadt für kurze Zeit jeden August: Dann strömen aus allen Teilen des Landes Pilger in die Basilika.

Schlafen & Essen

Los Ángeles Lodge B&B $$
(2591-4169, 2551-0957; hotel.los.angeles@hotmail.com; Av 1, zw. Calles 13 & 15; EZ/DZ mit Frühstück 35/50 US$;) Mit Balkonen hin zur Plaza de la Basílica ragt die Los Ángeles Lodge aus der Konkurrenz heraus. Die Zimmer sind geräumig und komfortabel und haben Warmwasserduschen. Das Frühstück wird nach Wunsch zubereitet.

An- & Weiterreise

BUS

Die Bushaltestellen sind über die Stadt verteilt. Reiseziele sind u. a.:

Orosi (Autotransportes Mata Irola) 1 US$, 45 Min., 5.15–22.25 Uhr alle 15–30 Min. ab Calle 3 zw. Av 2 und 4.

San José (Lumaca) 1,50 US$, 50 Min., 4.35–23 Uhr alle 15 Min., ab Busbahnhof an Calle 6 zw. Av 3 und 7.

Turrialba (Transtusa) 1,60 US$, 80 Min., Mo–Fr 6.15–23 Uhr alle 20–60 Min. (Sa & So weniger häufig), ab Av 4 zw. Calle 5 und 7.

ZUG

Zwischen der Estación del Pacífico in San José und dem **Bahnhof** (Av 3 zw. Calle 4 & 6) im Zentrum von Cartago verkehren Züge. Die einstündige Fahrt kostet 1 US$. Die Züge verkehren montags bis freitags vor allem zu den Pendlerzeiten am Vor- und Nachmittag. Samstags fahren die Züge nach San José bis 13.30 Uhr im Stundentakt. Die aktuellen Fahrpläne sind hier nachzulesen: www.incofer.go.cr.

Valle de Orosi

Das märchenhafte Flusstal ist für seine Bergpanoramen, einen Stausee, einen echt wilden Nationalpark und Kaffee berühmt – und zwar Unmengen von Kaffee. Durch eine Landschaft mit sanften Hügeln voller terrassierter Kaffeeplantagen und zahlreicher Täler mit Bauerndörfern windet sich eine gut ausgebaute, 32 km lange Straße, das Ganze vor der Kulisse zweier Vulkane, des Irazú und Turrialba. Mit einem Mietwagen (oder Fahrrad – eine kräftige Wadenmuskulatur vorausgesetzt) ist dies ein echter Genuss, doch auch mit öffentlichen Verkehrsmitteln lässt sich der größte Teil der Schleife bewältigen.

Die Rundfahrt beginnt 8 km südöstlich von Cartago in **Paraíso**, führt dann Richtung Süden nach **Orosi**, geht um den Stausee **Lago de Cachí** herum nach Nordosten und zurück nach Westen und passiert auf dem Weg zurück nach Paraíso die historische Kirche von **Ujarrás**. Oder man zweigt in Orosi Richtung Süden in den Parque Nacional Tapantí-Macizo Cerro de la Muerte ab, einen abgeschiedenen Nationalpark mit tollen Fluss- und Berglandschaften.

Sehenswertes & Aktivitäten

Parque Nacional Tapantí-Macizo Cerro de la Muerte NATIONALPARK
(2206-5615; Erw./Kind 6–12 J. 10/5 US$; 8–16 Uhr;) Dieser 580 km^2 große Nationalpark umfasst die üppig bewachsenen Nordhänge der Cordillera de Talamanca und ist mit durchschnittlich 8000 mm Niederschlag der feuchteste des Landes. Der höchste Gipfel im Park, der Cerro de la Muerte (Berg des Todes; 3451 m), ist gleichzeitig der höchste Punkt am costa-ricanischen Abschnitt der Panamericana. **El Salto** ist ein einfacher 100 m langer Spaziergang zu einem Aussichtspunkt mit Blick auf einen Wasserfall und Berge. Es gibt noch drei weitere Wanderwege unterschiedlicher Schwierigkeitsgrade.

Die anderen Wege sind 1 bis 3 km lang und führen steile Hänge hinauf oder am ebenen Flussbett entlang. Das **Rangerbüro** (2206-5615; 8–16 Uhr) am Eingang zum Park hat Karten und Infos zu jedem Wanderweg vorrätig. Auf dem Gelände gibt's Toiletten, Picknicktische und Trinkwasser, man kann Vögel beobachten und sich auf Orchideensuche begeben.

Iglesia de San José Orosi KIRCHE
Orosi ist einer der wenigen Orte aus der Kolonialzeit, die Costa Ricas häufige Erdbeben überstanden haben; diese haben glücklicherweise auch die fotogene Dorfkirche verschont. Die weiß getünchte Iglesia de San José, erbaut Mitte des 18. Jhs., ist die älteste Kirche des Landes, in der noch die Messe gelesen wird. Das Dach der Kirche besteht aus reetgedeckten Holzbalken und Keramik-

SPANISCHKURSE IM VALLE CENTRAL

Die Sprachschulen bieten für gewöhnlich Pakete inklusive Unterbringung in Gastfamilien, Mahlzeiten und täglichem Sprachunterricht an.

Adventure Education Center (http://adventurespanishschool.com; 1 Woche mit Unterbringung in einer Gastfamilie 325 US$)

Centro Panamericano de Idiomas (CPI; ☎2265-6306; www.cpi-edu.com; Einzelunterricht ab 30 US$, 20 Std. Gruppenunterricht ab 460 US$, 1 Woche Gastfamilie ab 200 US$)

Intensa (☎2442-3843, WhatsApp 8866-1059; www.intensa.com; 1 Woche mit 3 Std. Unterricht pro Tag 340 US$, mit Unterbringung in einer Gastfamilie 520 US$; ⊙Mo–Fr 8–20 Uhr)

Intercultura (☎2260-8480; www.interculturacostarica.com; Ecke Calle 10 & Av 4; Einzelunterricht ab 26 US$, 20 Std. Gruppenunterricht ab 275 US$, mit 1 Woche Gastfamilienunterbringung 570 US$)

Spanish by the River (Spanish at Locations; ☎2556-7380; www.spanishatlocations.com; 20/30 Std. pro Woche Gruppenkurs 225/300 US$, 10/20 Std. pro Woche Einzelunterricht 225/360 US$, Gastfamilie/Hostel-Bett 24/14 US$ pro Nacht)

kacheln, den Holzaltar schmücken religiöse Gemälde, die aus Mexiko stammen.

Finca Cristina TOUREN
(☎2574-6426; www.cafecristina.com; Schnellstraße 224; Führungen 15 US$ pro Pers.; ⊙nach Vereinbarung 9 & 14 Uhr) Die Finca Cristina, eine Biokaffeeplantage, liegt am Ende einer kurzen unbefestigten Piste (2 km östlich von Paraíso an der Straße nach Turrialba). Schon seit 1977 sind Linda und Ernie in Costa Rica auf dem Land tätig. Die zweistündige Führung durch ihren Kleinbetrieb ist eine fantastische Einführung in den Anbau und die Verarbeitung von Biokaffee.

Schlafen & Essen

Montaña Linda HOSTEL $
(☎2533-3640; www.montanalinda.com; B 9 US$, Pension EZ/DZ/3BZ/4BZ 30/30/35/40 US$, EZ/DZ/3BZ/4BZ ohne Bad 15/22/33/40 US$; P@🛜) Dieses freundliche, lässige Hostel einen kurzen Spaziergang südwestlich der Bushaltestelle von Orosi hat drei saubere Schlafsäle und acht Zimmer um eine nette Terrasse voller Blumen und Hängematten herum: sogar einen holzbeheizten Whirlpool gibt's dort. Alle Zimmer teilen sich eine Gästeküche und sechs Bäder mit warmen Duschen. Die Betreiber bieten ein tolles Informationspaket zu Sehenswürdigkeiten wie Thermalquellen und Wasserfällen.

Kiri Mountain Lodge LODGE $
(☎8394-6286, 2533-2272; EZ/DZ mit Frühstück ab 35/45 US$; P🛜) Diese Lodge 2 km vor dem Eingang zum Parque Nacional Tapantí-Macizo Cerro de la Muerte hat sechs rustikale *cabinas* mit nicht immer funktionierendem WLAN und warmem Wasser und ist umgeben von 50 ha Land. Keine Ventilatoren. Wanderwege führen in die nahe Reserva Forestal Río Macho. Spezialität des hauseigenen Restaurants ist Forelle.

Anreise & Unterwegs vor Ort

Autotransportes Mata Irola (☎2533-1916) hat von mehreren Haltestellen an der Hauptstraße von Orosi alle 30 Minuten Busse (ca. 1 US$) nach Paraíso (20 Min.) und Cartago (45 Min.). Nach Ujarrás und Cachí (1,15 US$) in Paraíso umsteigen.

Turrialba

31 100 EW.

Als die Eisenbahn 1991 den Betrieb einstellte, sank das Handelsvolumen. Doch Turrialba blieb ein regionales Landwirtschaftszentrum der hiesigen Kaffeeproduzenten. Und als in den 1990er-Jahren der Tourismus in Costa Rica immer größere Bedeutung erlangte, wurde das bescheidene Bergstädtchen schnell berühmt: als das Tor zu Wildwasser-Rafting, das weltweit zu den Spitzenreitern zählt. Anfang 2000 war Turrialba dann schon ein angesagter Treffpunkt für Rafter aus aller Welt, denen der Sinn nach Herausforderungen der Kategorie V stand. Bislang fließt der Río Pacuare noch, doch seine Zukunft ist ungewiss.

Aktivitäten

Die meisten organisierten Raftingtrips steuern den Río Pacuare an, der vielleicht die malerischsten Raftingtouren in ganz Zentralamerika bietet. Das Wasser schießt durch

ABSTECHER

MONUMENTO NACIONAL ARQUEOLÓGICO GUAYABO

In einen wunderschönen Hügelwald 19 km nordöstlich von Turrialba ist die größte und bedeutendste archäologische Stätte des Landes gebettet. **Guayabo** (☎2559-1220; 5 US$; ⏲8–15.30 Uhr) besteht aus den Überresten einer präkolumbischen Stadt, die um 800 n. Chr. ihre Blütezeit erlebt haben soll: Damals wohnten hier 20 000 Menschen. Heute sind hier die Überreste von Petroglyphen, Wohnhügeln, einer alten Straße und eines eindrucksvollen Aquädukts zu sehen – erbaut aus Steinen, die über eine 8 km lange Pflasterstraße vom Río Reventazón herbeigeschafft wurden. Und die Zisternen funktionieren tatsächlich noch und man findet hier vor Ort noch zumindest theoretisch trinkbares Wasser. 1973, als sich die Bedeutung der Stätte langsam herausstellte, wurde Guayabo zu einem Nationaldenkmal erklärt und 1980 wurde es unter erweiterten Schutz gestellt. Die Stätte umfasst 232 ha, zum allergrößten Teil noch nicht freigelegt. Dies ist eine eher kleine Stätte – man darf also keine Maya-Pyramiden erwarten. Faszinierend ist der Ort dennoch.

Führungen (auf Spanisch; ab 20 US$) können am Empfang der Stätte gebucht werden. In der Hauptsaison gibt's manchmal auch englischsprachige Touren.

An- & Weiterreise

Bei Redaktionsschluss fuhren keine Busse zur archäologischen Stätte. Früher fuhren üblicherweise Busse von Turrialba aus (ca. 1 US$, 1 Std.); dort sollte man nachfragen, ob sie jetzt wieder im Einsatz sind. Alternativ kann man ein Taxi ab Turrialba nehmen (hin & zurück ab 30 US$; 1 Std. zum Erkunden der Anlage).

eine Reihe spektakulärer, von unberührtem Wald bedeckter Schluchten und in wilden Stromschnellen ins karibische Tiefland hinab. Zwischendurch gibt es auch ruhigere Abschnitte, während denen man die fast vertikal ansteigenden, bewaldeten Wände der Schlucht bewundern kann, die Hunderte Meter in die Höhe ragen. Der Pacuare kann das ganze Jahr über befahren werden, die besten Monate sind Juni bis Oktober.

Ecoaventuras ABENTEUER
(☎8868-3938, 2556-7171; www.ecoaventuras.co.cr; Raftingpakete ab 70 US$ pro Pers.) Ecoaventuras organisiert neben Wildwasser-Rafting auf den Flüssen Pacuare und Pejibaye auch Ausritte (ab 50 US$) und Mountainbiketrips (der Preis hängt von der Tourdauer und Erfahrung der Teilnehmer ab). Die dreitägigen Raftingabenteuer umfassen Verpflegung, Unterkunft, Ausrüstung und eine Ziplining-Tour (Preise auf Anfrage). 100 m nördlich und 100 m westlich der Rawlings Factory.

Explornatura RAFTING
(☎2556-0111; www.explornatura.com/en; Av 4, zw. Calles 2 & 4) Rafting, Mountainbiking und Ausritte. Ein Rafting-Tag auf dem Pacuare kostet 85 US$, die Canyoneering- und Canopytour liegt bei 75 US$ pro Person.

Loco's RAFTING
(☎2556-6035, 8704-3535; www.whiteh2o.com) Der Veranstalter bietet wilde Fahrten unterschiedlicher Schwierigkeitsgrade auf dem Río Pacuare, dem Río Pejibaye und dem Río Reventazón. Das Unternehmen veranstaltet auch Campingtouren am Pacuare sowie Canyoning- und Abseiling-Abenteuer. Ein Raftingtag kostet je nach Gruppengröße ab ca. 70 US$ pro Person; Mittagessen und Transport sind inklusive.

Schlafen & Essen

★ **Casa de Lis Hostel** HOSTEL $
(☎2556-4933; www.hostelcasadelis.com; Av Central; B/DZ/3BZ/4BZ 14/55/65/75 US$, unter 3 J. frei; 📶) Dieses nette Hostel in zentraler Lage hat das bei Weitem beste Preis-Leistungs-Verhältnis der Stadt und ist der Traum eines jeden Backpackers. Die makellos sauberen Schlafsäle und Doppelzimmer sind mit bequemen Matratzen und Leselampen ausgestattet. Dazu kommen eine vollständig eingerichtete Küche, eine Dachterrasse mit Vulkanblick, ein hübscher Garten hinterm Haus, fantastische Infobretter und eine freundliche Atmosphäre. Morgens sind Tee und Kaffee kostenlos. Außerdem: Büchertauschbörse und Brettspiele.

Hotel Interamericano HOTEL $
(☎2556-0142; www.hotelinteramericano.com; Av 1; EZ/DZ/3BZ/4BZ 25/35/50/65 US$, ohne Bad 15/22/33/44 US$; P📶) Südlich der alten Bahnstrecke liegt dieses einfache 20-Zimmer-Hotel, traditionell der angesagteste

Raftertreff in Turrialba. Von den schlichten Zimmern haben einige ein eigenes Bad, z. T. gehören auch Fernseher zur Ausstattung. In mehreren stehen sowohl normale als auch Herbergsbetten. Die Gäste haben Zugang zu einer Gemeinschaftsküche.

Hotel Wagelia HOTEL **$$**
(☎2556-1566; www.hotelwageliaturrialba.com; Av 4, zw. Calles 2 & 4; EZ/DZ mit Frühstück 55/80 US$; P 📶) Die einfachen, modernen und sauberen Zimmer verfügen über Kabelfernsehen und säumen einen stillen Patio. Im hauseigenen Restaurant werden Tico-Spezialitäten serviert und auf der netten Terrassenbar kann man einen Drink zu sich nehmen und das WLAN nutzen.

Maracuyá CAFÉ **$**
(☎2556-2021; www.facebook.com/maracuya2012; Calle 2; Eiskaffee ca. 4 US$, Hauptgerichte 5–7 US$; ⌚Mi–Mo 14–21.30 Uhr; 🌱) In dem Café mit den bunten Wänden wird eine der köstlichsten Kaffeeleckereien des Landes gezaubert: ein Eiskaffee mit Maracujasirup und knusprigen Körnern. Zu essen gibt's vegetarische Wraps, kreative Salate, Brathühnchen mit Pommes und lateinamerikanische Klassiker wie *patacones* (gebratene Kochbananen). Nördlich der Avenida 10.

La Feria COSTA-RICANISCH **$**
(☎2556-5550, 2556-0386, 8378-7979; www.facebook.com/RestauranteLaFeria; Calle 6; Hauptgerichte 5–14 US$; ⌚Mi–Mo 11–21.30, Di bis 15 Uhr; 🌱) In dem unscheinbar wirkenden Lokal wird man freundlich bedient und isst zu vernünftigen Preisen ausgezeichnete Hausmannskost. Manchmal muss man ein bisschen aufs Essen warten, doch die herzhaften *casados* (typische Gerichte mit Bohnen, Reis, einem kleinen Salat und etwas Eiweißhaltigem nach Wahl) lohnen die Wartezeit allemal. Auf der Speisekarte stehen außerdem Hühnchen nach karibischer Art, Salate, Pasta und Red Snapper. Das La Feria befindet sich nördlich der Avenida 4.

★ **Wok & Roll** ASIATISCH **$$**
(☎2556-6756; www.facebook.com/Wok-Roll-489594887746705; Calle 1; Hauptgerichte 9–16 US$; ⌚Mi–So 11–22, Mo 11–15 & 18–22 Uhr) Panasiatische Küche füllt die Karte des Lokals nahe dem Hauptplatz von Turrialba. Es gibt Sushi und Sashimi, Hühnchen nach Teriyaki-Art oder süß-sauer, thailändische Currys, Wontons und mehr und zum Nachtisch Tempura-Eiscreme. Dazu hausgemachte Minzlimonade oder mit Honig gesüßter Jasmintee ... lecker!

ℹ An- & Weiterreise

Der moderne Busbahnhof befindet sich am westlichen Stadtrand neben der Schnellstraße 10.

San José via Paraíso und Cartago Ca. 3 US$, 2–2⅓ Std., 4.30–21 Uhr alle 15–30 Min.

Siquirres, zum Umsteigen nach Puerto Limón Ca. 2,50 US$, 2 Std., 5.30–18.15 Uhr alle 30–120 Min. Am Wochenende leicht veränderte Fahrpläne.

KARIBIKKÜSTE

Die ersten spanischen Siedler, die sich hier im 16. Jh. niederließen, mussten sich der Wildnis der Karibikküste geschlagen geben, und die Region blieb jahrhundertelang isoliert. Deshalb unterscheidet sie sich deutlich vom Rest des Landes. Durch den Einfluss indigener Völker und Einwanderer von den Westindischen Inseln bildete sich hier langsam und harmonisch eine Mischkultur heraus.

Hierher zu reisen, um die nistenden Schildkröten von Tortuguero zu sehen, auf dem Río Pacuare zu raften oder an den Riffen von Manzanillo zu tauchen, erfordert ein bisschen mehr Aufwand – dafür wird man jedoch ausreichend entschädigt. An dieser rauen, rustikalen Küste tobt sich die Natur aus: Viele Besucher werden Faultiere zu Gesicht bekommen, das Rufen von Brüllaffen hören und in dem weit verzweigten Netzwerk aus Kanälen Alligatoren beobachten können. Andere genießen die kulinarischen Leckerbissen, die diese Gegend zu bieten hat, wie Jerk Chicken, gegrillten Schnapper und *rondón* (ein scharfer Meeresfrüchte-Eintopf), lauschen dem besonderen Dialekt der Einheimischen und faulenzen an den wenig besuchten, palmengesäumten Stränden.

Tortuguero

1500 EW.

Das geschäftige, stark afrokaribisch geprägte kleine Dorf innerhalb des Parque Nacional Tortuguero ist nur aus der Luft oder über das Wasser erreichbar und vor allem dafür bekannt, dass sich hier Scharen von Meeresschildkröten (der Name Tortuguero bedeutet „Schildkrötenfänger") und Scharen von Reisenden versammeln, die die Tiere sehen wollen. Der Höhepunkt der Schildkrötensaison sind die Monate Juli und August, aber der Park und das Dorf locken das ganze Jahr über Besucher an. Selbst im Oktober, wenn die Schildkröten sich schon größtenteils wieder ins Meer verdrückt haben, kommen

Familien und Abenteuerlustige hierher, um durch den Dschungel zu wandern, den unberührten Nationalpark zu erforschen und mit dem Kanu die von üppiger Vegetation gesäumten Kanäle der Gegend zu erkunden.

Sehenswertes & Aktivitäten

Parque Nacional Tortuguero NATIONALPARK
(☎2709-8086; www.acto.go.cr; 15 US$; ⊙6–18 Uhr, letzter Einlass 16 Uhr) Der nebelverhangene grüne Küstenpark nimmt eine weite, von vielen Kanälen durchschnittene Überflutungsebene ein. Den als „Mini-Amazonasbecken" bezeichneten Parque Nacional Tortuguero kennzeichnet eine hohe Artenvielfalt, zu der mehr als 400 Vogelarten, 60 bekannte Froschspezies, 30 Süßwasserfischarten, drei Affenspezies und der gefährdete Karibik-Manati gehören. Kaimane und Krokodile sonnen sich an den Flussufern und auf Baumstämmen sitzen Süßwasserschildkröten.

Mehr als 150 000 Besucher kommen pro Jahr, um auf den Kanälen Boot zu fahren und sich die Tiere anzuschauen, insbesondere die Meeresschildkröten bei der Eiablage. Der Park ist das wichtigste karibische Nistgebiet der Suppenschildkröte. In jeder Saison kommen 40 000 Tiere, um hier ihre Eier abzulegen. Von den acht weltweit existierenden Meeresschildkrötenarten nisten sechs in Costa Rica, vier davon im Tortuguero. Diverse Freiwilligenorganisationen gehen mit Schildkrötenpatrouillen gegen Wilderei vor.

Die Parkverwaltung hat ihren Sitz bei Cuatro Esquinas gleich südlich vom Dorf Tortuguero. Weil es hier starke Strömungen gibt, sind die Strände zum Baden ungeeignet.

Bootstouren

Vier Wasserwege winden sich durch den Parque Nacional Tortuguero und laden zur Erkundung ein. Der **Río Tortuguero** dient als Zugang zu diesem Wasserwegenetz. Der breite, schöne Fluss ist oft mit Seerosen bedeckt. Außerdem erspäht man auf ihm und in seiner Nähe Wasservögel wie Reiher, Eisvögel und Anhingas, wegen ihres schlanken, gebogenen Halses, der beim Schwimmen aus dem Wasser ragt, auch Schlangenhalsvogel genannt.

Zwei schmalere Wasserwege mit guten Möglichkeiten zur Tierbeobachtung sind der **Caño Chiquero** und der **Canõ Mora**. In diesem Gebiet sind laut den Parkregularien nur Kajaks, Kanus und stille Elektroboote erlaubt. Der Caño Chiquero ist ein dicht von Vegetation – insbesondere von roten Guacimobäumen und Epiphyten – umwachsener Wasserweg, in dessen Nähe sich schwarze Schildkröten und Grüne Leguane erspähen lassen. Der 3 km lange und nur 10 m breite Caño Mora scheint direkt dem *Dschungelbuch* entsprungen zu sein. Beim **Caño Haroldas** handelt es sich um einen künstlich angelegten Kanal, was aber Tiere wie Helmbasilisken und Kaimane nicht daran hindert, sich in dem stillen Gewässer zu tummeln. Mietkanus und Bootstouren werden im Dorf Tortuguero angeboten.

Wandern

Jenseits der **Rangerstation Cuatro Esquinas** (☎2709-8086; www.acto.go.cr; ⊙6–16 Uhr) beginnt der vielgenutzte **Hauptweg**. Die schlammige, hin und zurück 2 km lange Wanderung führt durch Regenwald und ein Stück am Strand entlang. Unterwegs sieht man oft grüne Sittiche und verschiedene Affenarten. Der kurze Weg ist gut markiert. Allerdings benötigt man hier Gummistiefel, die in Hotels und beim Parkeingang verliehen werden.

Der zweite Wanderweg ist der **Cerro Tortuguero Trail**. Um zu seinem Ausgangspunkt zu gelangen, fährt man mit dem Boot zur Rangerstation in San Francisco nördlich von Tortuguero und kauft dort ein Ticket für 7 US$ (zzgl. 4 US$ für die 15- bis 20-minütige Hin- und Rückfahrt mit dem Boot). Der Weg führt dann 1,8 km einen Berg hinauf, von dem Aussicht auf die Lagune, den Wald und das Meer besteht. Über die **Casa Marbella** (☎8833-0827, 2709-8011; http://casamarbella.tripod.com; Zi. mit Frühstück 35–65 US$, zusätzl. Pers. 10 US$; @☜) in Tortuguero kann für diesen Ausflug der Kontakt zu einheimischen Guides hergestellt werden (ab 35 US$).

Geführte Touren

Leonardo Tours ABENTEUER
(☎8577-1685; www.leonardotours.wordpress.com; Naturwanderungen ab 20 US$, Kanu-/Kajaktouren 30/40 US$; ⊙9–19 Uhr) Leonardo Estrada führt schon seit mehr als zehn Jahren Touren durch die Region. Er verfügt über ausgiebiges Wissen und leitet seine Schildkröten-, Kanu-, Kajak- und Wandertouren mit einem ansteckenden Enthusiasmus.

Tinamon Tours TOUREN
(☎8842-6561; www.tinamontours.de; 2½-stündige Wanderungen ab 25 US$, Tourpakete mit 2 Übernachtungen ab 100 US$ pro Pers.) Barbara

Hartung, eine Zoologin, die mittlerweile mehr als 20 Jahren in Tortuguero lebt, veranstaltet Wanderungen, Kanu-, Kultur- und Schildkrötentouren in deutscher, englischer, französischer und spanischer Sprache. Die Tourpakete, darunter eine Variante mit zwei Übernachtungen, Frühstück, einer Kanufahrt und einer Wanderung, kosten ab 100 USS pro Person. Bei Wanderungen im Park wird ein Eintrittsgeld in Höhe von 15 US$ fällig (S. 582).

Castor Hunter Thomas TOUREN
(☎8870-8634; www.castorhunter.blogspot.com; Naturtouren ab 35 US$ pro Pers.) Castor ist ein exzellenter Guide aus der Gegend und wohnt schon sein ganzes Leben in Tortuguero. Seit über 20 Jahren organsiert er Wanderungen, Schildkröten- und Kanutouren.

Schlafen

Aracari Garden Hostel HOSTEL $
(☎2767-2246; www.aracarigarden.com; B 13 US$, Zi. 30–45 US$; 📶) Das orangerote Hostel südlich des Fußballplatzes wartet mit acht blitzblanken Zimmern und relaxten Gemeinschaftsbereichen umgeben von Obstbäumen auf. Dazu gibt's kostenlosen Kaffee, eine offene Gemeinschaftsküche, eine Bücherbörse und Hängematten. Das Meer ist 50 m entfernt. Manchmal hocken Tukane in den Bäumen.

La Casona CABINAS $
(☎2709-8092; www.lacasonatortuguero.com; EZ/DZ/3BZ mit Frühstück 20/35/40 US$; 📶🐾) In der familiengeführten Unterkunft säumen reizende Zimmer mit rustikalem Einschlag, Ventilatoren und Warmwasserduschen einen hübschen Garten. Zurücklehnen, in einer der Hängematten relaxen und die Kolibris, Schmetterlinge, Leguane und Frösche beobachten, die das Grundstück nördlich vom Fußballplatz regelmäßig aufsuchen.

Cabinas Tortuguero CABINAS $
(☎8839-1200, 2709-8114; www.cabinas-tortuguero.com; B 10 US$, Zi. 25–35 US$; 📶) An einer Nebenstraße zwischen dem Bootsanleger und dem Parkeingang befinden sich in dieser beliebten Budgetunterkunft um einen gepflegten Garten herum acht urige Bungalows. Die Zimmer sind mit Holzböden und Ventilatoren ausgestattet, die Gäste können in Hängematten ausspannen und eine Gemeinschaftsküche und einen Wäscheservice nutzen. In der Nebensaison sind Ermäßigungen möglich – fragen kostet nichts.

El Icaco HOTEL $
(☎2709-8044; www.hotelelicaco.com; EZ/DZ/3BZ/4BZ 25/35/40/50 US$; 📶🏊) Die einfache Unterkunft hat saubere, farbenfroh gestaltete Zimmer und der Service ist freundlich. Die Lage am Strand ist ideal und lässt sich in den zahlreich vorhandenen Hängematten genießen. Das Hotel bietet außerdem den Zugang zu einem abseits des Grundstücks gelegenen Swimmingpool sowie Ferienhäuser für Gruppen und Familien. Nur Barzahlung. Frühstück (7 US$) nach vorheriger Anmeldung.

★ **Hotel Miss Junie** CABINAS $$
(☎2709-8029; www.iguanaverdetours.com; mit Frühstück EZ/DZ Standard 50/55 US$, Superior 65/75 US$; 📶) Miss Junies Unterkunft, die älteste in Tortuguero, befindet sich auf einem großen Grundstück, dem Palmen Schatten spenden, unter denen man es sich in Hängematten und hölzernen Stühlen gemütlich machen kann. Die sauberen, holzvertäfelten Zimmer in einem Haus im tropischen Plantagenstil sind mit Holzakzenten und bunten Bettdecken geschmackvoll eingerichtet. Die Zimmer oben teilen sich einen luftigen Balkon mit Blick auf den Kanal. Das **Restaurant** (Hauptgerichte 9–16 US$; ⏲7–9, 12–14.30 & 18–21 Uhr) unten bietet köstliches Essen. Am Nordende der Hauptstraße.

★ **Rana Roja** LODGE $$
(☎8730-2280, 2709-8260; www.ranarojalodge.com; Zi./Hütten mit Frühstück 55/75 US$ pro Pers., Zi. inkl. 3 Mahlzeiten 75 US$ pro Pers.; @📶🏊) 🍃 Von Tortuguero aus gesehen auf der anderen Seite des Kanals befindet sich ein Dschungelrefugium mit tollem Preis-Leistungs-Verhältnis. Die tadellosen Zimmer sind durch erhöhte Gehsteige miteinander verbunden. Manche verfügen über private Terrassen und Schaukelstühle, alle haben geflieste Böden, warme Duschen und atemberaubende Ausblicke in die Natur. Häufig lassen sich Leguane, Wild und Reiher blicken.

Essen

★ **Taylor's Place** KARIBISCH $
(☎8319-5627; Hauptgerichte 7–14 US$; ⏲18–21 Uhr) In diesem Lokal an einer Nebenstraße südwestlich des Fußballplatzes gehen ruhige Atmosphäre und erstklassige Küche eine wunderbare Verbindung ein. Das einladende Gartenambiente mit zirpenden Insekten und Picknickbänken unter bunten Papierlaternen wird nur noch von der Kochkunst des freundlichen Küchenchefs Ray Taylor übertroffen. Zu den Spezialitäten

des Hauses zählen Rindfleisch in Tamarindensauce, Grillfisch in Knoblauchsauce und der Avocado-Hühnchen-Salat.

Mi Niño KARIBISCH $
(☎8460-5262; Hauptgerichte 3,50–9 US$, Smoothies 3–4 US$; ⌚7–22 Uhr) Der Laden hieß früher Fresh Foods; der neue Besitzer Juan bekommt sehr viel Lob für seine vegetarische und vegane Küche und die lokaltypischen Spezialitäten, darunter Nudeln in Zitronensauce und Knoblauchkrabben.

Praktische Informationen

In der Stadt gibt's zwar einen **Geldautomaten** (Banco de Costa Rica), in der Hauptsaison ist er aber manchmal leer; vorsorgen und ausreichend Bargeld mitbringen!

Eine gute Infoquelle ist die Website der Gemeinde (www.tortuguerovillage.com). Dort sind lokale Unternehmen aufgeführt und man erfährt alles, was man wissen muss, um nach Tortuguero und in die Umgebung zu gelangen.

Gleich links des Bootsanlegers befindet sich die **Vereinigung der lokalen Tourguides** (☎2767-0836; www.asoprotur.com; ⌚6–19 Uhr), eine gute Anlaufstelle für touristische Infos. Das gilt auch für **Tortuguero Keysi Tours** (☎8579-9414; ⌚5.30–18 Uhr).

An- & Weiterreise

BUS & SCHIFF/FÄHRE

Um mit öffentlichen Verkehrsmitteln nach Tortuguero zu gelangen, nimmt man gewöhnlich zunächst einen Bus von San José nach Cariari und dann einen nach La Pavona, anschließend ein Boot von La Pavona nach Tortuguero. Außerdem ist Tortuguero per Privatboot ab Moín bei Puerto Limón an der Karibikküste (S. 585) erreichbar.

Am Gran Terminal del Caribe in San José gibt's Fahrkarten für die morgendlichen Busse (6.10 oder 9 Uhr) nach Cariari (um 4 US$, 2–3 Std.). Am Busbahnhof in Cariari können Bustickets für die Weiterfahrt mit einem lokalen **Coopetraca-Bus** (☎2767-7590; 2,20 US$, 11.30 und 15 Uhr) nach La Pavona gekauft werden (1–2 Std.), wo es mit dem Boot weitergeht (3,50 US$, 13 und 16.30 Uhr) nach Tortuguero (ca. 1 Std.).

In umgekehrter Richtung fahren täglich um 5, 9, 11, 14 und 15 Uhr Boote von Tortuguero nach La Pavona; vom dortigen Anleger verkehren dann Busse nach Cariari.

SHUTTLE

Wer das Planen lieber anderen überlässt, kann sich von einem der Shuttlebusanbieter ganz bequem in wenigen Stunden von San José, Arenal-La Fortuna oder der südlichen Karibikküste nach Tortuguero kutschieren lassen.

Caribe Shuttle (☎2750-0626; www.caribeshuttle.com) Verbindungen ab Puerto Viejo (75 US$, 5 Std.) und Arenal-La Fortuna (60 US$, 6 Std.).

Jungle Tom Safaris (☎2221-7878; www.jungletomsafaris.com) Bietet Shuttles zwischen Tortuguero und San José (45 US$). All-inclusive-Pakete mit einer oder zwei Übernachtungen (99–152 US$) können auch die Shuttles ab Cahuita (60 US$), Puerto Viejo (60 US$) und Arenal-La Fortuna (60 US$) sowie optionale Touren umfassen.

Ride CR (☎2469-2525; www.ridecr.com) Shuttles ab Arenal-La Fortuna (55 US$). Mindestpassagierzahl: zwei Personen.

Puerto Limón

Puerto Limón ist die größte Stadt an der costa-ricanischen Karibikküste und gleichzeitig die Hauptstadt der Provinz Limón. Der geschäftige Hafen ist recht isoliert vom Rest des Landes. Zwischen Oktober und Mai laden Kreuzfahrtschiffe dort ziemich orientierungslose Passagiere ab. Doch in Puerto Limón macht man die lukrativsten Geschäfte nicht mit den Touristen, sondern mit Lastwagenladungen voller Obst – insofern darf man hier keine Vorzugsbehandlung erwarten.

Da von der Zentralregierung im Allgemeinen nur wenig politische und finanzielle Unterstützung in Limón ankam, ist die Stadt nicht gerade in Würde gealtert. Sie präsentiert sich als Ansammlung verfallener Gebäude, überwucherter Parks und Bürgersteige voller Straßenhändler. Die Kriminalitätsrate ist höher als in anderen Karibikstädten: Trotz dieser Mängel kann Limón aber durchaus ein lohnendes Ziel für Stadtabenteurer sein.

Schlafen & Essen

Billiges Essen bieten die *sodas* im **Zentralmarkt** (Av 2 zw. Calle 3 & 4; ⌚Mo–Fr 6–20 Uhr). Eine gute Adresse für Smoothies ist **Fruit und Veggies Land** (☎4702-8653; Calle 7, zw. Avs 2 & 3; Smoothies ab 2 US$, Mahlzeiten 2–5 US$; ⌚11–20 Uhr). Lebensmittel hat der große Supermarkt **Más X Menos** (Ecke Av 3 & Calle 3; ⌚7–21, So bis 20 Uhr), außerdem der **Palí** (Ecke Calle 7 & Av 1; ⌚Fr–Mo 8–21, Di–Do bis 20 Uhr) neben dem Terminal Caribeño.

Hotel Miami HOTEL $
(☎2758-0490; hmiamilimon@yahoo.com; Av 2, zw. Calles 4 & 5; EZ/DZ 32/40 US$, mit Klimaanlage 44/60 US$; P❄@) Angesichts der Lage an

der Hauptstraße sind die sauberen, minzgrün gestrichenen Zimmer recht ruhig, vor allem diejenigen nach hinten raus. Alle 34 ordentlichen Zimmer sind mit Kabelfernsehen und Ventilator ausgestattet. Die Zimmer mit Klimaanlage haben auch warmes Wasser. Dazu kommen freundliches Personal, Gemeinschaftsbalkone zur Straße raus und die nötige Sicherheit – der beste Deal der Stadt.

★ **Soda El Patty** KARIBISCH $
(☎2798-3407; Ecke Av 5 & Calle 7; patí 1,50 US$, Hauptgerichte 2–5 US$; ⏲Mo–Sa 7–19 Uhr) In dem beliebten karibischen Lokal mit Fußballandenken an den Wänden und neun Tischen werden köstliche *patí* – Rindfleisch-Teigtaschen mit Zwiebeln, Gewürzen und panamaischer Paprika – gezaubert, außerdem Bananenkuchen und große Portionen Reis mit Bohnen, eine pikantere Variante des traditionellen costa-ricanischen *casado*.

Macrobiótica Bionatura VEGETARISCH $
(☎2798-2020; Calle 6, zw. Avs 3 & 4; ⏲Mo–Fr 8–18.15, Sa bis 17.15 Uhr; ☑) Der makrobiotische Lebensmittelladen verkauft gesunde vegetarische Kost, Vitaminpräparate und Diverses aus Soja.

ℹ Praktische Informationen

Obwohl die Polizeipräsenz erheblich verstärkt worden ist, kann Diebstahl hier ein größeres Problem sein. Bei Tag sollte man sich insbesondere auf dem Markt und entlang der Kaimauer vor Taschendieben in Acht nehmen. Nachts sind schlecht beleuchtete Nebenstraßen sowie die Kaimauer und der Parque Vargas zu meiden. Wer mit dem Auto unterwegs ist, sollte auf einem bewachten Parkplatz parken und das Auto vollständig ausräumen.

Reisende auf dem Weg nach Parismina oder Tortuguero haben in Limón noch die Gelegenheit, Bargeld abzuheben und Telefonkarten zu kaufen (in Parismina gibt es keine Geldautomaten, in Tortuguero genau einen, der in der Hauptsaison schon mal leer ist).

Banco de Costa Rica (Ecke Av 2 & Calle 1) Wechselt US-Dollars und hat einen Geldautomaten.

Scotiabank (Ecke Av 3 & Calle 2; ⏲Mo–Fr 9–17, Sa bis 13 Uhr) Wechselt Bargeld und hat einen rund um die Uhr zugänglichen Geldautomaten, der US-Dollars ausgibt.

ℹ An- & Weiterreise

BUS

Die Busse aus Richtung Westen benutzen das **Terminal Caribeño** (Av 2 zw. Calle 7 & 8) unmittelbar westlich des Baseballstadions. Die Busse zu Zielen im Süden fahren alle vom Terminal der **Autotransportes Mepe** (☎2758-1572; Calle 6 zw. Av 1 & 2) auf der Ostseite des Stadions ab.

Manzanillo (5 US$, 2 Std.) über **Cahuita** (3 US$, 1 Std.) und **Puerto Viejo de Talamanca** (4 US$, 1½ Std.) Terminal von Autotransportes Mepe, 5–17.15 Uhr alle 1–2 Std.

San José (Autotransportes Caribeños; 7 US$, 3 Std.) Terminal Caribeño, 4.30–19 Uhr alle 30–60 Min.

Sixaola (5,50 US$, 3 Std.) Autotransportes Mepe Terminal, 5–19 Uhr stündl.

SCHIFF/FÄHRE

In Limón legen zwar Kreuzfahrtschiffe an, kleinere Passagierboote auf dem Weg nach Parismina und Tortuguero dagegen nutzen den Hafen von Moín etwa 7 km westlich der Stadt.

Von 5.30 bis 18.30 Uhr fahren jede Stunde (samstags und sonntags seltener) Tracasa-Busse vom Terminal Caribeño in Puerto Limón nach Moín (caa. 1 US$, 20 Min.). Aussteigen, bevor der Bus die Brücke überquert!

ABACAT (Asociación de Boteros de los Canales de Tortuguero; ☎8360-7325; Bootsfahrten einfache Strecke/hin & zurück 35/70 US$) Bietet regelmäßige Verbindungen nach Tortuguero.

Tropical Wind (☎8327-0317, 8313-7164; einfache Strecke/hin & zurück 35/70 US$) In der Hauptsaison Shuttles zwischen Tortuguero und Moín. Ermäßigungen für große Gruppen.

Cahuita

8300 EW.

Obwohl sich der Tourismus an der südlichen Karibikküste Costa Ricas stark ausgebreitet hat, herrscht in Cahuita immer noch ein entspanntes karibisches Flair. Die Straßen abseits der Hauptverkehrsstraßen sind unbefestigt, viele der älteren Häuser stehen auf Stelzen und die Nachbarn unterhalten sich immer noch in Mekatelyu (einer Kreolsprache auf Basis des Englischen).

Cahuita rühmt sich, die Heimat des ersten afrokaribischen Dauersiedlers in der Gegend gewesen zu sein, eines Schildkrötenjägers namens William Smith, der 1828 mit seiner Familie nach Punta Cahuita kam. Heute betreiben seine Nachfahren und die der vielen anderen westindischen Einwanderer nette Lokale mit leckerem Essen oder vermieten die bunten Bungalows an diesem idyllischen Küstenstreifen.

Das auf einer netten Landspitze gelegene Städtchen hat selbst keinen Strand. Die meisten Leute, die Lust auf Strand haben, fahren fünf Minuten die Küste hoch zur Playa Negra oder Richtung Südosten in den Parque Nacional Cahuita.

Cahuita

Sehenswertes

★ Playa Negra STRAND

(Karte S. 586) Am nordwestlichen Ende von Cahuita liegt die Playa Negra, ein langer Strand mit schwarzem Strand, an dem die *bandera azul ecológica* aufgezogen ist, eine Flagge, die anzeigt, dass der Strand höchsten ökologischen Standards genügt. Dieses Gelände ist zweifellos Cahuitas bester Badestrand, der außerdem nie überfüllt ist. Bei starkem Wellengang gibt es hier auch einen klasse Beach Break für Anfänger.

Parque Nacional Cahuita NATIONALPARK

(Karte S. 586; ☎2755-0461, 2755-0302; 5 US$; ⏲Kelly-Creek-Eingang 6–17 Uhr, Puerto-Vargas-Eingang 8–16 Uhr) Der nur 10 km² große, aber schöne Park zählt zu meistbesuchten Nationalparks in Costa Rica. Das hat einfache Gründe: Ganz in der Nähe wartet Cahuita mit schönen Unterkünften auf, der Park ist leicht zugänglich und an den weißen Sandstränden, beim Korallenriff und im Küstenregenwald tummeln sich zahllose Tiere.

Der Park hat einen Eingang im Norden und einen im Süden. Wer den nördlichen Eingang nutzt (Kelly Creek, s. o.), muss den Eintritt von 5 US$ nicht zahlen, Spenden werden aber gern genommen. Die Parkverwaltung leidet unter chronischem Geldmangel und die Touristendollars helfen dabei, wichtige Bildungs-, Umweltschutz- und Instandhaltungsprogramme zu finanzieren.

Tree of Life GARTEN

(Karte S. 586; ☎2755-0014, 8317-0325; www.treeoflifecostarica.com; Erw./Kind 16/7,50 US$; ⏲Führung Nov.–März Di–So 11 Uhr) Dieses gepflegte Tierschutzzentrum mit botanischem Garten liegt 3 km nordwestlich des Orts an der Straße zur Playa Negra. Hier werden Tiere gerettet und gepflegt und es wird für den Naturschutz geworben. Zu den hier residierenden Geschöpfen zählen Honigbären, Nabelschweine, Faultiere, Affen und Tukane. Das Ganze ist ausgezeichnet auf Englisch beschildert. Außerdem kann man hier Freiwilligenarbeit leisten – Näheres auf der Website.

Cahuita

Highlights
1 Playa Negra C3

Sehenswertes
2 Parque Nacional Cahuita E4
3 Tree of Life A1

Aktivitäten, Kurse & Touren
4 Cahuita Tours E1
5 Centro Turístico Brigitte C3
Snorkeling House .... (s. 15)

Schlafen
6 Alby Lodge F2
7 Cabinas Iguana C3
8 Cabinas Riverside F2
9 Cabinas Smith 1 & 2 ....
10 Cabinas Tito D3
11 Camping María C2
12 Playa Negra Guesthouse C3

Essen
13 Chao's Paradise C3
14 Cocoricó E1
15 Miss Edith's ....
16 Ricky's E1
17 Sobre Las Olas D3

Ausgehen & Nachtleben
18 Coco's Bar E1

Aktivitäten

Schwimmen

Fast unmittelbar nach dem Betreten des Parks erblickt man die bildschöne 2 km lange **Playa Blanca**, die sich an einer sanft gebogenen Bucht Richtung Osten erstreckt. Die ersten 500 m des Strands eignen sich nicht unbedingt zum Baden, doch dahinter herrscht in der Regel nur ein leichter Wellengang – nach den grünen Fahnen Ausschau halten, die die sicheren Badebereiche markieren! Vom nächsten Strand, der **Playa Vargas**, ist der Strand durch die felsige Landspitze Punta Cahuita getrennt. Wer badet, sollte auf keinen Fall Kleidung und andere Sachen unbeaufsichtigt zurücklassen.

Wandern

Der einfache, 8 km lange **Küstenpfad** führt vom Kelly Creek durch den Dschungel nach Puerto Vargas. Manchmal folgt der Weg dem Strand, manchmal verläuft er 100 m landeinwärts. Am Ende des ersten Strands, der Playa Blanca, müssen die Wanderer den dunklen Río Perezoso durchwaten, den „faulen Fluss", der die Punta Cahuita in zwei Teile teilt. Bevor man losgeht, sollte man sich über die aktuellen Bedingungen hier informieren: Normalerweise ist der Fluss recht leicht zu durchwaten, doch nach starken Regenfällen kann er unpassierbar sein, da er den Ausfluss des Sumpfes bildet, der die Landzunge bedeckt.

Um die Punta Cahuita herum führt der Weg anschließend zur langen Playa Vargas und endet an der Südspitze des Riffs an der Straße zur Rangerstation Puerto Vargas. Von der Rangerstation sind es dann noch 1,5 km auf einer Schotterstraße zum Parkeingang. Von hier kann man die 3,5 km auf der Küstenstraße zurück nach Cahuita gehen oder versuchen zu trampen. Alternativ hält man einen der Busse an, die etwa halbstündlich in beide Richtungen vorbeikommen. Die Fahrt kostet ca. 1 US$; Wechselgeld in der Landeswährung einstecken.

Geführte Touren

Centro Turístico Brigitte REITEN
(Karte S. 586; ☎2755-0053; www.brigittecahuita.com; Playa Negra) Dieser gut ausgeschilderte

Veranstalter an einer Nebenstraße hinter der Reggae Bar in der Mitte der Playa Negra hat ein breit gefächertes Programm, ist jedoch auf Reittouren (1 Std. bis ganzer Tag, 35–110 US$) und Surfunterricht (40 US$ inkl. Board) spezialisiert. Außerdem werden Fahrräder (9 US$) verliehen und es gibt einen Wäscheservice (12 US$ pro Maschine). Das komplette Angebot steht auf der Website oder man erkundigt sich vor Ort. Brigitte bietet auch einfache Holz-*cabinas* und zwei Einzelzimmer zum Übernachten und gutes Frühstück gibt es auch.

Cahuita Tours TOUREN
(Karte S. 586; ☎2755-0000, 2755-0101; www.cahuitatours.com; ⌚7.30–12 & 14–17 Uhr) Dieser Veranstalter gehört zu den etabliertesten vor Ort und hat Schnorcheltouren (ab 55 pro Pers.), Ausritte (85 US$) und Wanderungen (ab 50 US$) im Programm.

Snorkeling House TOUREN
(Karte S. 586; ☎8361-1924; www.snorkelinghouse.com; Schnorchelausflüge Erw./Kind ab 30/15 US$) Der einheimische Tourguide und Naturschützer Fernando Brown bietet von **Miss Edith's** (Karte S. 586; ☎2755-0248; Hauptgerichte 6–16 US$; ⌚7–22 Uhr; 🌿), dem Restaurant seiner Familie, ausgezeichnete Schnorchelausflüge in den Cahuita-Nationalpark (S. 586). Die Tour umfasst Stopps, bei denen oft Riffhaie, Rochen und zahlreiche andere Fische zu sehen sind, und endet mit einem frischen Fruchtimbiss.

Schlafen

Es gibt zwei Ecken mit Unterkünften in Cahuita: das Ortszentrum (in Nationalparknähe) und die Gegend nördlich des Orts an der Playa Negra. Wer im Dunkeln von der Playa Negra ins Ortszentrum gelangen möchte oder umgekehrt, sollte Augen und Ohren offenhalten – am besten nimmt man ein Fahrrad (mit Licht!) oder ein Taxi, besonders wenn man allein unterwegs ist.

Zentrum

Cabinas Riverside CABINAS $
(Karte S. 586; ☎6064-0825, 8893-2252; www.facebook.com/pg/RiversideCabinsHouses; DZ mit/ohne Küche 30/25 US$; P) Die saubere Budgetunterkunft gleich um die Ecke von der Rangerstation Kelly Creek bietet neun einfache Zimmer mit Moskitonetzen und warmen Duschen. Fünf etwas teurere Zimmer verfügen über Küchen. Der grasbewachsene Hof grenzt an ein sumpfiges Gebiet, wo sich Kaimane, Affen und Faultiere beobachten lassen.

Cabinas Smith 1 & 2 CABINAS $
(Karte S. 586; ☎2755-0068, 2755-0157; EZ/DZ/3BZ mit Ventilator 18/23/30 US$, DZ/3BZ/4BZ mit Klimaanlage 30/40/45 US$; P❄📶) Die sauberen Zimmer auf zwei Grundstücken zwischen der Hauptstraße und dem Wasser werden von einem freundlichen älteren Paar gemanagt. Die acht Zimmer neben dem Haus der Eigentümer haben Fernseher, Klimaanlage, WLAN und Kühlschrank. Die fünf älteren Zimmer um die Ecke mit Ventilator und Gemeinschaftsbad sind eigentlich nur für Sparfüchse interessant. Für alle zusammen gibt's eine Gästeküche.

★ **Alby Lodge** BUNGALOW $$
(Karte S. 586; ☎2755-0031; www.albylodge.com; DZ/3BZ/4BZ 60/65/70 US$; P📶) Diese schicke Lodge am Rand des Parks steht auf einem großen, gepflegten Grundstück, auf dem sich Brüllaffen und zahlreiche Vögel tummeln. Die vier mit Palmenblättern gedeckten Bungalows (zwei bieten Platz für 3 Pers., die anderen beiden für 4 Pers.) sind über das Gelände verteilt, um möglichst viel Privatsphäre zu gewähren. Das Dschungeldekor ist ansprechend: hohe Decken, Moskitonetze und Treibholzelemente. Die Zimmer sind zudem mit Safes und Ventilatoren ausgestattet. Nur Bargeldzahlungen.

Cabinas Iguana CABINAS $$
(Karte S. 586; ☎2755-0005; http://cabinas-iguana.com; DZ/3BZ/4BZ 65/80/95 US$, 5/6 Pers. 110/120 US$, DZ mit Gemeinschaftsbad 25 US$; P📶🏊) Ein Stück abseits vom Strand an der Straße, an der die Reggae Bar ist, wartet dieser Familienbetrieb mit betagten, aber angenehm schattigen schlichten Hütten samt Küchen auf. Die Hütten sind unterschiedlich groß und verteilen sich auf dem bewaldeten Grundstück, das von allerlei Tieren bevölkert wird. Am Pool z. B. kann man die umgebende Natur auf sich wirken lassen.

Playa Negra

Cabinas Tito BUNGALOW $
(Karte S. 586; ☎8880-1904, 2755-0286; www.cahuita-cabinas-tito.com; DZ/3BZ 46/55 US$, 4BZ 67–72 US$, 5-Pers.-Haus mit Küche 90 US$; P📶) Die stille Oase liegt nur 200 m nordwestlich von Cahuita, ist jedoch von weitläufigen tropischen Gärten umgeben. Sie umfasst sechs saubere, bunt gestrichene einfache *casitas* sowie ein familienfreundliches Haus im

karibischen Stil. Ein Highlight ist Faultier Lola, das schon seit fünf Jahren in einem der Bäume wohnt.

Camping María CAMPINGPLATZ **$**
(Karte S. 586; ☎2755-0091; Stellplätze 8 US$ pro Pers., inkl. Zeltverleih 10 US$; P) Besteht aus geräumigen Stellplätzen im Schatten von Kokospalmen und verschiedenen Obstbäumen an einem wunderschönen Uferabschnitt beim Nordende der Playa Negra. Die Camper haben Zugang zu rudimentären Kocheinrichtungen, Bädern mit kalten Duschen, Hängematten, einer Baumschaukel und einem Grillbereich. Es sind reichlich Steckdosen zum Handyaufladen usw. vorhanden und einen Zeltverleih gibt's auch.

★ **Playa Negra Guesthouse** BUNGALOW **$$**
(Karte S. 586; ☎2755-0127; www.playanegra.cr; DZ/4BZ 76/90 US$, DZ mit Klimaanlage 140 US$; P) Die von einem reizenden Paar geführte und liebevoll gepflegte Unterkunft bietet in einem karibischen Pflanzerhaus vier charmante Zimmer sowie drei märchenhafte Cottages mit Küche. Zum tropischen Touch zählen bunte Mosaiken in den Badezimmern und bequeme Korbstühle auf den Veranden. Im gepflegten Garten voller Fächerpalmen verstecken sich ein hübscher Pool, eine Bar und eine Grillstelle.

Essen & Ausgehen

Cocoricó ITALIENISCH **$**
(Karte S. 586; ☎2755-0409; Hauptgerichte 7–13 US$; Mi–Mo 16–22 Uhr, in der Nebensaison manchmal geschl.;) Auf der Karte stehen Pizza, Pasta und andere italienische Gerichte, besser bekannt ist das entspannte, mit Postern von Filmklassikern dekorierte Lokal jedoch für seine allabendlichen kostenlosen Filmabende und Getränke-Specials.

Ricky's COSTA-RICANISCH **$**
(Karte S. 586; ☎2755-0323; Hauptgerichte 5–7 US$; Mi–Mo 11–18 Uhr) Im ehemaligen Cafe Cahuita gibt's bodenständige, lokaltypische Küche, die bei Einheimischen hoch im Kurs steht.

Chao's Paradise KARIBISCH **$$**
(Karte S. 586; ☎6098-4864; Hauptgerichte mit Meeresfrüchten 9–15 US$; 12–22 Uhr;) Einfach dem Duft nach Knoblauch und vor sich hin köchelnden Saucen folgen, dann gelangt man zu dieser sehr empfehlenswerten Freiluftrestaurant-Bar. In der Küche bereitet Norman seit über 20 Jahren den Tagesfang in pikanter „Chao"-Sauce zu und zaubert Krabben und Oktopus in einer karibischen Sauce sowie Rind in Rotwein-Jus auf die Teller. Im Lokal steht ein Billardtisch.

Sobre Las Olas FISCH & MEERESFRÜCHTE **$$$**
(Karte S. 586; ☎2755-0109; Pasta 15–18 US$, Hauptgerichte 15–30 US$; Mi–Mo 12–22 Uhr;) Zu den Knoblauch-Shrimps, der Meeresfrüchte-Pasta und dem Fisch des Tages vom Grill werden in diesem schönen Lokal der Sound der ans Ufer schlagenden Wellen und der Ausblick auf das glitzernde Karibische Meer serviert – dies ist die Topadresse in Cahuita für ein romantisches Essen am Wasser, nur 400 m nordwestlich des Orts an der Straße zur Playa Negra.

Coco's Bar BAR
(Karte S. 586; www.facebook.com/cocosbar.cahuita; 12 Uhr–open end) In der sonst so ruhigen Ortschaft gibt es tatsächlich eine Partyhöhle. Der Laden an der Hauptkreuzung ist unübersehbar in den Rastafarben Rot, Gold und Grün gestrichen, und der Reggaetón dröhnt bis 23 Uhr. An einigen Abenden, in der Regel am Wochenende, wird Livemusik geboten.

Praktische Informationen

Banco de Costa Rica (Mo–Fr 9–16 Uhr) Am Busbahnhof; mit Geldautomat.

Rangerstation Kelly Creek (Karte S. 586; ☎2755-0461; Eintritt gegen Spende;

BUSSE AB CAHUITA

ZIEL	PREIS (US$)	DAUER (STD.)	ABFAHRTEN (TGL.)
Manzanillo	2,40	1	6, 9.30, 11.30, 13.45, 16, 18.15 Uhr
Puerto Limón	2,40	1½	6.30–20.30 Uhr stündl.
Puerto Viejo de Talamanca	1,50	½	6–20.30 Uhr alle 30 Min.
San José	9	4; mit Umstieg in Puerto Limón	6–16 Uhr alle 1–2 Std.
Sixaola	4	2	6.30–20.30 Uhr stündl.

(⌚6–17 Uhr) Am Nordeingang des Parks befinden sich Toiletten.

Rangerstation Puerto Vargas (☎2755-0302; 5 US$; ⌚8–16 Uhr) Am südlichen Parkeingang.

An- & Weiterreise

Die Busse von Autotransportes Mepe kommen am **Busbahnhof** (Karte S. 586) rund 200 m südwestlich des Parque Central an und fahren dort ab. Fahrkartenverkauf von 7 bis 18 Uhr.

Puerto Viejo de Talamanca

Die Zeiten, als einzig unerschrockene Surfer diese boomende karibische Partystadt auf dem Schirm hatten, sind vorbei. Puerto Viejo de Talamanca hat sich zu einer Touristenhochburg entwickelt. Straßenhändler verhökern kitschigen Rasta-Krimskrams und Bob-Marley-T-Shirts, schicke Restaurants servieren globale Fusionskost und aus absichtlich rustikal gehaltenen Bambus-Bars dröhnen Dancehall und Reggaetón. Die Szene ist zum Teil ungeniert hedonistisch und zieht feierfreudiges Partyvolk an, das dem Haschisch und dem *guaro* (Zuckerrohrschnaps) frönt.

Trotzdem hat sich Puerto Viejo seinen Charme bewahrt. Nur ein paar Blocks abseits der Hauptstraße mit dem Kommerztrubel stößt man auf unbefestigte, verschlafene Gassen und isst in der Gesellschaft einheimischer Familien scharfen karibischen Eintopf. In der Nähe finden sich Obst- und Kakaoplantagen im Regenwald, wo Vögel keckern und Frösche quaken, und weitläufige Strände, an denen Surfen und Schlafen den Tagesrhythmus bestimmen. Wer relaxen, ein bisschen feiern und gut essen will, ist hier also genau richtig.

Sehenswertes

★**Playa Cocles** STRAND

Die Playa Cocles bietet die richtige Art Wellen für Surfer, die sich auf der nahen Salsa Brava, Costa Ricas größtem Break, nicht die Knochen brechen wollen. Sowohl die Left Breaks als auch die Right Breaks brechen nicht weit vom steilen Sandstrand. Wenn Gezeiten und Dünung stimmen, bricht die beste Welle unweit der Insel vor der Küste; hier entwickelt sich ein cooler Lefthander für Longboardsurfer über einem tiefen Riff. Am besten sind die Bedingungen von Dezember bis März und zwar früh am Tag, bevor der Wind auffrischt. Vor Ort sind Rettungsschwimmer im Einsatz (hier sind starke Brandungsrückströme keine Seltenheit).

Jaguar Centro de Rescate TIERSCHUTZGEBIET

(☎2750-0710; www.jaguarrescue.foundation; Playa Chiquita; 1½-stündige Touren Erw./Kind unter 10 J. 20 US$/frei; ⌚Touren Mo–Sa 9.30 & 11.30 Uhr;) Das nach seinem ursprünglichen Bewohner – einem Jaguar – benannte, gut geführte Tierschutzzentrum konzentriert sich jetzt vor allem auf andere Tiere wie Faultiere, Alligatoren, Ameisenbären, Schlangen und Affen. Die Mitarbeiter kümmern sich um verwaiste, verletzte und gerettete Tiere, um sie später wenn möglich wieder auszuwildern. Gegründet wurde das Zentrum von der Zoologin Encar und ihrem Partner Sandro, einem Herpetologen.

Aktivitäten & Geführte Touren

Die Salsa Brava, ein seichter Break über messerscharfen Korallen, ist eine der berühmt-berüchtigtsten Wellen des Landes. Diese Welle zu reiten hat's in sich – definitiv nichts für Anfänger! Sie bietet sowohl Right- als auch Lefthander, doch der Right Break ist gewöhnlich schneller. Am besten sind die Bedingungen bei südöstlicher Dünung.

Wer gern etwas sanfter landen möchte, könnte den Beach Break an der Playa Cocles versuchen. Dort ist der Wellengang gleichbleibend, es gibt reichlich Weißwasser für Anfänger und wenn man fällt, sind die Folgen nicht so gravierend. Die Playa Cocles liegt ca. 2 km östlich der Stadt. Die Surfbedingungen sind gewöhnlich früh am Tag am besten, bevor es windig wird. Für durchschnittlich erfahrene Wellenreiter eignet sich die Punta Uva (S. 592), ein etwas launischer Point Break (Righthander), der aber Spaß macht. Außerdem ist die Lage kaum zu schlagen!

Die besten Wellen findet man in der Gegend gewöhnlich von Dezember bis Februar und dann gibt's noch eine Minisaison im Juni und Juli. Von Ende März bis Mai und im September und Oktober ist das Meer am ruhigsten.

Mehrere Surfschulen im Ort verlangen für zwei Stunden Unterricht 40 bis 50 US$. An der Playa Cocles vermieten Einheimische Bretter ab etwa 20 US$ pro Tag.

Caribbean Surf School & Shop SURFEN

(Karte S. 591; ☎8357-7703; www.crcaribbeansurf.com; 2-stündiger Unterricht 55 US$) Unterricht vom superfreundlichen Hershel Lewis, der allgemein als bester Surflehrer des Orts gilt. Er gibt auch Stehpaddelstunden.

Puerto Viejo de Talamanca

Puerto Viejo de Talamanca

Aktivitäten, Kurse & Touren
1 Caribbean Surf School & Shop C1
2 Terraventuras B2

Schlafen
3 Cabinas Tropical D2
4 Hostel Pagalú B3
5 Hotel Pura Vida C3
6 Jacaranda Hotel & Jungle Garden C2
7 Kaya's Place A3
8 Lionfish Hostel B2

Essen
9 Bread & Chocolate C2
10 Café Rico C2
11 Como en mi Casa Art Café B2
12 De Gustibus D1
13 Laszlo's D1
14 Sel & Sucre B2
15 Soda Shekiná C3

Ausgehen & Nachtleben
16 Lazy Mon C1
17 Salsa Brava D1

Shoppen
18 Lulu Berlu Gallery C2
19 Ökomarkt B2

One Love Surf School SURFEN
(☎8719-4654; https://onelovecostarica.wordpress.com/about; 2-stündiger Unterricht 50 US$, 1 Std. Reiki 50 US$) Julie Hickey und ihre surfenden Söhne Cedric und Solomon sind auf Surfunterricht für Einsteiger, Reiki und thailändische Massagen spezialisiert. Julie bietet darüber hinaus Massage- und Reikikurse ab 300 US$ an.

Chocolate Forest Experience TOUREN
(☎2750-0504, 8341-2034; www.caribeanscr.com; Playa Cocles; Touren 28 US$; ⏲Mo–Sa 8.30–18 Uhr, Touren Mo 10 Uhr, Di & Do 10 & 14 Uhr, Fr & Sa 14 Uhr) Der an der Playa Cocles ansässige Schokoladenproduzent Caribeans veranstaltet Führungen durch die nachhaltige Kakaopflanzung und das Labor, in dem die Schokoladen kreiert werden, begleitet von Verkostungen. Zum Betrieb gehört ein Laden mit einem gekühlten Raum; dort kann man verschiedene Geschmacksrichtungen probieren.

Terraventuras TOUREN
(Karte S. 591; ☎2750-0750; www.terraventuras.com; ⏲7–19 Uhr) Hat neben den üblichen Touren in der Region auch Übernachtungen in Tortuguero (99 US$), eine kulturelle Exkursion in ein indigenes Reservat (80 US$) und Kochunterricht in karibischer Küche (50 US$) im Programm. Außerdem verfügt

der Anbieter über einen eigenen, 2,1 km langen Baumwipfelparcours (58 US$) mit 23 Plattformen und Schwungseil.

Schlafen

Cabinas Tropical CABINAS $
(Karte S. 591; ☎2750-2064; EZ/DZ/3BZ 45/50/60 US$; P⊖❄wifi) Die zehn großen Zimmer – eingerichtet mit lackiertem Holz und glänzenden Fliesen – umgeben einen gepflegten Garten am Ostrand des Orts. Aber die gemütlichen Zimmer sind nur ein Teil dessen, was den Reiz der Unterkunft ausmacht: Betreiber und Biologe Rolf Blancke leitet hervorragende Wanderungen, Vogelbeobachtungs-Exkursionen und Regenwaldführungen. Wer mag, kann nach der Sammlung seltener Pflanzen aus aller Welt fragen.

Kaya's Place PENSION $
(Karte S. 591; ☎2750-0690; www.kayasplace.com; DZ mit/ohne Klimaanlage ab 50/27 US$, Zi. ohne Bad ab 20 US$; P❄wifi) Das unkonventionelle Gästehaus gegenüber vom Strand am Westrand von Puerto Viejo bietet farbenfrohe, einfache Unterkünfte, von schummerigen Zimmern mit Kaltwasser-Gemeinschaftsduschen bis zu größeren Gartenzimmern mit Klimaanlage und Warmwasserbädern. Auf dem Grundstück werden außerdem ein Bungalow, eine Hütte und drei Apartments vermietet (Preise auf Anfrage). Auf der Terrasse im 1. Stock (mit Meerblick) sind Hängematten gespannt.

Jacaranda Hotel & Jungle Garden CABINAS $
(Karte S. 591; ☎2750-0069; www.cabinasjacaranda.net; EZ/DZ/3BZ ab 35/45/60 US$, Klimaanlage zzgl. 15 US$; P❄wifi) In der Nähe des Fußballplatzes liegt diese Unterkunft, in deren Blumengarten mit Mosaikwegen zwölf einfache Holz-*cabinas* (für 1–4 Pers.) stehen, geschmückt mit tadellosen gefliesten Böden und Blumenwandbildern. Zur Anlage gehören eine kleine Gemeinschaftsküche und ein Patio. Es werden auch Yogastunden angeboten (10 US$) sowie Massagen und Körperarbeit im angeschlossenen Spa (Übernachtungsgäste erhalten 15 % Ermäßigung auf Anwendungen).

Hotel Pura Vida HOTEL $
(Karte S. 591; ☎2750-0002; www.hotel-puravida.com; EZ/DZ/3BZ 40/45/60 US$, ohne Bad 30/35/45 US$; Pwifi) Das Hotel gegenüber vom Fußballplatz fungiert gleichzeitig als Sprachschule und bietet Mittelklassestandard. Die luftigen, makellosen Zimmer sind holzverkleidet und warten mit hellen Stoffen und Keramikfliesenböden auf. Viele haben fabelhafte Ausblicke ins umliegende Dorf. Das Duschwasser wird mit Sonnenenergie aufgeheizt und es gibt eine Lounge mit Lehnstühlen und Hängematten. Frühstück (7 US$), Snacks und kaltes Bier sind erhältlich.

La Ruka Hostel HOSTEL $
(☎2750-0617; http://larukahostel.com; B 10–12 US$, Zi. mit/ohne Bad 60/46 US$; Pwifi) Wenn einen das Schild mit der Aufschrift „Alle Geschlechter, Rassen, Hautfarben, Religionen, Sprachen, Formen und Größen willkommen" nicht überzeugt, tut es spätestens der herzliche Empfang durch die Eigentümer Dannie und Dave. Dieses Hostel östlich des Orts bietet Gemeinschaftsbereiche, eine Gästeküche, Schlafsäle sowie ein paar Zimmer mit Gemeinschaftsbad treppauf. Nette Extras sind der Grillbereich, die Bücherbörse und der Surfboard-/Schnorchelausrüstungsverleih.

Hostel Pagalú HOSTEL $
(Karte S. 591; ☎2750-1930; www.pagalu.com; B 8 US$, DZ mit/ohne Bad 26/22 US$; Pwifi) Ein zeitgenössisches Hostel mit sauberen, luftigen Doppelzimmern und Schlafsälen. Letztere sind mit Schließfächern und Leselampen an jedem Bett ausgestattet. Dazu kommen eine offene Gemeinschaftsküche und eine ruhige Lounge mit Tischen und Hängematten sowie Kaffee, Tee und Wasser zum Befüllen der eigenen Flaschen.

Lionfish Hostel HOSTEL $
(Karte S. 591; ☎2750-2143; www.facebook.com/thelionfishhostel; B/Zi. 10/25 US$; Pwifi) Gleich

ABSTECHER

PUNTA UVA

Abseits der unbefestigten Straße, an der das **Punta Uva Dive Center** (☎2759-9191; www.puntauvadivecenter.com; Punta Uva; Tauchgänge vom Strand/Schiff aus ab 85/95 US$) zu finden ist, liegt eine idyllische, ruhige Bucht, die glatt aus dem Film *Der Strand* mit Leonardo DiCaprio stammen könnte. Gewöhnlich verleihen Einheimische dort Surfboards. Das Riff rechts der Bucht eignet sich hervorragend zum Surfen und Schnorcheln. Bei ordentlichem Wellengang bildet sich hier ein Righthander, den fortgeschrittene Surfer gut meistern können.

neben der Hauptstraße im Zentrum des Geschehens befindet sich diese Adresse für feierfreudige Reisende. Einheimische Surfer haben das Hostel eröffnet, das gleichgesinnten Abenteuern sicherlich zusagen wird. Die Schlafsäle sind schlicht, z. T. auch muffig, doch es gibt eine Gästeküche, Ventilatoren, Schließfächer und warmes Wasser – und sogar einen eigenen Grillhähnchenimbiss.

★ Cabinas Punta Uva CABINAS **$$**
(☎ 2759-9180; www.cabinaspuntauva.com; Punta Uva; cabinas mit/ohne eigene Küche 90/65 US$; P 📶 🐾) Nur wenige Schritte von der idyllischen Punta Uva entfernt an einer Sackgasse drängen sich in einem herrlich grünen Garten mehrere *cabinas* mit Fliesenbädern, Veranden aus poliertem Holz und Hängematten sowie eine Gästeküche unter freiem Himmel. Hier singen einen zirpende Insekten und das Rauschen der Wellen in den Schlaf, das Weckkommando bilden Brüllaffen. In den öffentlichen Bereichen hat man WLAN-Empfang.

Essen

★ Bread & Chocolate FRÜHSTÜCK **$**
(Karte S. 591; ☎ 2750-0723; www.breadandchocolatecr.com; Kuchen 3,50–4 US$, Mahlzeiten 6–9 US$; ⏲ Mi–Sa 6.30–18.30, So bis 14.30 Uhr; 🌿) Wer noch nie ein komplett hausgemachtes PB&J-Sandwiches gegessen hat (*bread, peanut butter and jelly* – Brot, Erdnussbutter und Marmelade), kann das in diesem Mekka für Caféliebhaber nachholen. Es gibt aber auch Brote mit anderem Belag, Suppen und Salate. Ein Muss ist die namensgebende Schokolade, die in Pralinenform, als Tafel, in Kuchen, Torten und Keksen oder als Überzug von Nüssen daher kommt. Es gibt auch glutenfreie Varianten.

★ Café Rico CAFÉ **$**
(Karte S. 591; ☎ 2750-0510; caferico.puertoviejo@yahoo.com; Frühstück 6–8 US$; ⏲ Sa–Mi 7–12 Uhr; 📶) In diesem gemütlichen Gartencafé wird einer der besten hausgerösteten Kaffees in Puerto Viejo gebraut. Neben Frühstück (Joghurt und Erdbeeren, Omeletts etc.) gibt's auch noch Früchtesmoothies, probiotisches Ginger Ale und Extras wie WLAN, eine umfangreiche Bücherbörse, eine Wäscherei sowie Mietfahrräder und Leihausrüstung zum Schnorcheln.

Como en mi Casa Art Café CAFÉ **$**
(Karte S. 591; ☎ 6069-6337; www.comoenmicasacostarica.wordpress.com; Hauptgerichte 3,50–6 US$; ⏲ Mi–Mo 8–16 Uhr, Küche bis 14.30 Uhr; 🌿) In dem entzückenden vegetarischen Café eines freundlichen, künstlerisch angehauchten Expat-Paares wird der Slow-Food-Bewegung gehuldigt. Die Speisen werden ganz ohne Fertigprodukte zubereitet, von der Marmelade über die scharfen Saucen bis zu den glutenfreien Pfannkuchen. Beliebt sind die Rohkostkuchen, hausgemachten Linsen-Bohnen-Burger und glutenfreien Avocado-Wraps, die Smoothies und Schokoladen-Brownies. Die Wände schmückt heimische Kunst.

> **MIT DEM RAD ZUM STRAND**
>
> Mit dem Fahrrad kommt man prima im Ort herum, und eine Radtour zu anderen Stränden östlich von Puerto Viejo ist eines der Highlights in diesem Teil Costa Ricas. Fahrradvermieter gibt es überall im Ort (etwa 10 US$ pro Tag).

Soda Shekiná KARIBISCH **$**
(Karte S. 591; ☎ 2750-0549; Hauptgerichte 6–10 US$; ⏲ Frühstück 7.30–11.30 Uhr, Mittag- & Abendessen Do–So 11.30–21 Uhr) Das Restaurant liegt in einer Nebenstraße nordwestlich vom Fußballplatz. Auf der Terrasse stehen Tische mit Holzplatten, auf denen köstliches Frühstück mit Pfannkuchen und Obst sowie karibische Hausmannskost serviert werden. Zu den Hauptgerichten am Mittag und Abend gibt's Kokosreis und Bohnen, Salat und karamellisierte gebratene Bananen. Achtung: Wenn wenig los ist, macht der Laden sonntags schon mal früher zu (gegen 17 Uhr).

Sel & Sucre FRANZÖSISCH **$**
(Karte S. 591; ☎ 2750-0636; Mahlzeiten 4–10 US$; ⏲ Di–So 12–21.30 Uhr; 🌿) Starker Kaffee und Smoothies aus frischen Früchten bilden eine schöne Ergänzung zu den sowohl herzhaften als auch süßen Crêpes. Diese Leckereien werden vom unübertroffenen Koch Sebastien Flageul gezaubert; ihm gehört auch das Hostel nebenan (Schlafsaal 12 US$, DZ 30–35 US$). Manchmal sind die Wartezeiten etwas länger, die Geduld wird jedoch belohnt.

De Gustibus BÄCKEREI **$**
(Karte S. 591; ☎ 2756-8397; www.facebook.com/degustibusbakery; Backwaren ab 1 US$; ⏲ 6.45–18 Uhr) Die Bäckerei an der Hauptstraße von Puerto Viejo hat sich mit ihren fabelhaften Focaccias eine treue Stammkundschaft gesi-

chert. Es gibt aber auch Pizza, Apfelstrudel, Profiteroles und alle möglichen anderen süßen und herzhaften Köstlichkeiten, die man auch gut an den Strand mitnehmen kann.

★Laszlo's FISCH & MEERESFRÜCHTE $$$
(Tagesfang; Karte S. 591; ☎8730-6185; Hauptgerichte 16 US$; ⏲18–21 Uhr) Was kommt dabei heraus, wenn man einen Meistersportfischer, der in Transsilvanien aufwuchs, über New Jersey nach Puerto Viejo verpflanzt? Die Antwort: ein wunderbar vielfältiges Restaurant ohne Schild und Karte, das nur dann geöffnet hat, wenn Eigentümer Laszlo genügend Essbares ins Netz gegangen ist. Der Tagesfang wird dann mit Knoblauch und Petersilie, hausgemachten Pommes frites und gegrilltem Gemüse aufgetischt. Lecker!

Ausgehen & Nachtleben

Salsa Brava BAR
(Karte S. 591; www.facebook.com/SalsaBravaBeachBar; Cocktails ab 5 US$; ⏲Fr–So 9–2 Uhr) Die auf Tacos, karibische Bowls und Pommes aus süßen Kochbananen spezialisierte Bar ist die perfekte Adresse für einen Cocktail am Ende des Tages; Happy Hour ist von 16 bis 18 Uhr. Dann werden vor dem Sonnenuntergang über dem Surfbreak Salsa Brava zwei Mojitos zum Preis von einem kredenzt. Freitag- und sonntagabends legen bei den beliebten Reggaenächten Gast-DJs auf.

Lazy Mon CLUB
(Karte S. 591; ☎2750-2116; www.thelazymon.com; Hauscocktails ab 5 US$; ⏲12–2.30 Uhr) Die Brüder Khalil und Abasi und ihr Kumpel Rocky haben das Lazy Mon, den bewährtesten Livemusikladen in Puerto Viejo, 2010 eröffnet. Hier ist immer eine ganze Menge los. Reggae und die Happy Hour (16–19 Uhr; zwei Cocktails zum Preis von einem) ködern ein breites Publikum; manchmal wird sogar eine „Crappy Hour" ausgerufen (22–0 Uhr). Unser Tipp: der Jamakin' Me Crzy, eine Mischung aus Vanillewodka, Orangenlikör, Mango und Kokosmilch mit ordentlich Umdrehungen.

Shoppen

Lulu Berlu Gallery KUNST & KUNSTHANDWERK
(Karte S. 591; ☎2750-0394; ⏲9–21 Uhr) Diese Galerie an einer parallel zur Hauptstraße verlaufenden Straße hat Volkskunst, Bekleidung, Schmuck, Keramik, bestickte Brieftaschen und Mosaikspiegel sowie andere einzigartige, in der Gegend hergestellte Stücke.

Biomarkt MARKT
(Karte S. 591; ⏲Sa 6–12 Uhr) Auf dem wöchentlichen Biomarkt werden für die Region typische Lebensmittel verkauft, u. a. auch Schokolade. Nach 9 Uhr sind die besten Sachen schon weg.

Praktische Informationen

Man sollte immer daran denken, dass der Konsum von Marihuana (und härteren Drogen) in Puerto Vieja zwar verbreitet sein mag, aber dennoch illegal ist.

Wie in anderen Touristenorten kann auch hier Diebstahl ein Problem darstellen. Wachsam sein, den Hotelsafe benutzen, und wer außerhalb der Stadt nächtigt, sollte bei Dunkelheit nicht allein unterwegs sein.

Banco de Costa Rica (⏲Mo–Fr 9–16 Uhr) Die beiden Geldautomaten für Plus und Visa geben sowohl Colones als auch Dollars aus. Am Wochenende geht ihnen manchmal das Geld aus und überhaupt können sie sich zuweilen launisch gebärden – wenn einem ein Automat kein Geld geben möchte, kann man es am anderen versuchen.

Banco Nacional (⏲Mo–Fr 9–16 Uhr, Geldautomat tgl. 6–22 Uhr) Nicht weit von der Hauptstraße bei der Brücke, die in die Stadt führt. Nur Colones.

Costa Rica Way (Karte S. 591; ☎2750-3031; www.costaricaway.info; ⏲8–18 Uhr) Der Tourveranstalter betreibt eine Touristeninformation nahe dem Wasser östlich der Stadt. Auf der

BUSSE AB PUERTO VIEJO

Alle öffentlichen Busse nutzen die **Bushaltestelle** (Karte S. 591) an der Strandstraße im Zentrum von Puerto Viejo. Das **Fahrkartenbüro** befindet sich schräg gegenüber.

ZIEL	PREIS (US$)	DAUER	ABFAHRTEN
Bribrí/Sixaola	1,50/3,35	30/90 Min.	7–21 Uhr stündl.
Cahuita/Puerto Limón	1,50/3,60	45 Min./2 Std.	6–20 Uhr stündl.
Manzanillo	1,30	30 Min.	6.30–18.45 Uhr alle 2 Std.; am Wochenende seltener
San José	10,90	5 Std.	7, 7.30, 9, 11 & 16 Uhr

Website und in dem Magazin *Caribbean Way* sind Hotels und Restaurants aufgeführt.

Puerto Viejo Satellite (www.puertoviejosatellite.com) Eine gute Adresse für Informationen über Unterkünfte, Restaurants und Aktivitäten.

Sixaola

3400 EW.

Hier enden die Straße und das Land: Eine holprige Teerpiste führt zu einer alten Eisenbahnbrücke über den Río Sixaola, die als Grenzübergang nach Panama dient. Wie die meisten Grenzstädte ist Sixaola mit seinen schäbigen Häusern und Straßenständen, an denen Gummistiefel verkauft werden, nicht gerade liebreizend.

An sich besteht kein Grund zum Verweilen, doch wer hier strandet, findet in den ruhigen, sauberen **Cabinas Sanchez** (☎2754-2126; DZ/3BZ 20/30 US$; ❄📶) ein Bett für die Nacht.

Der Busbahnhof liegt gleich nördlich des Grenzübergangs einen Block östlich der Hauptstraße.

Die Busse nach San José (ca. 14 US$, 6 Std.) verkehren stündlich zwischen 6 und 13 Uhr und danach um 15, 16 und 19 Uhr; in Puerto Limón (ca. 7 US$, 3 Std. von Sixaola entfernt) muss man einmal umsteigen. Alle Busse halten in Bribrí und Cahuita.

Außerdem verkehren regelmäßig Busse nach Puerto Viejo (ca. 3 US$, 1 Std.). Montags bis samstags zwischen 6 und 19 Uhr fahren sie im Stundentakt, sonntags alle zwei Stunden.

ARENAL & DAS NÖRDLICHE TIEFLAND

Die Hauptattraktion der Region ist der jetzt inaktive Vulkan, umgeben von alten Lavafeldern, blubbernden heißen Quellen und einem atemberaubenden See. Entlang der wilden Flüsse und im tropischen Dschungel des nördlichen Tieflands liegt das „echte" Costa Rica, wo kommerzielle Landwirtschaft und Umwelt- und Naturschutz nebeneinander existieren. Vom Grenzgebiet mit Nicaragua erstrecken sich Richtung Süden zur Cordillera de Tilarán Bananen-, Zuckerrohr- und Ananasplantagen über die feuchten Ebenen. In dieser Gegend gedeiht der gemeindebasierte Tourismus und verschafft der hier traditionell starken Landwirtschaft zusätzliches Einkommen. Besucher können in der Wildnis Aras erspähen, zusammen mit einheimischen Guides über rauschende Stromschnellen und tiefblaue Lagunen paddeln und schließlich in Lodges nächtigen, die zugleich private Regenwaldreservate sind. Wem es mit dem Tourismus andernorts zu viel wird, der kann sich hier mit einer erfrischenden Dosis ländlichen Alltags und wilder Schönheit beruhigen.

La Fortuna & Volcán Arenal

Egal ob von Westen oder Osten her: Die Anfahrt ins Gebiet des Arenal ist spektakulär. Die Straße aus Tilarán im Westen schmiegt sich ans Nordufer der Laguna de Arenal und die Ausblicke auf den See und die Berge sind wirklich fesselnd. Beiderseits der Straße erscheinen hübsche Gasthäuser, hippe Cafés und exzentrische Galerien wie Bilder in einem Aufklappbuch. Wer aus Ciudad Quesada (San Carlos) kommt, hat den Volcán Platanar als Kulisse, und wenn das Wetter mitspielt, erhebt sich vor einem der resolute Gipfel des Arenal.

Der Vulkan selbst ist zwar inaktiv, auf Besucher warten aber jede Menge Abenteuer. Sie können wandern, sich an Wasserfällen abseilen und Faultiere beobachten. Egal, welche Art der Erkundung man bevorzugt (Wandern, Radfahren, Reiten, Ziplining), hier ist alles machbar. Und nachdem man sich total ausgepowert hat, kann man in einem geothermal beheizten Becken die kleinen Wehwehchen wegplanschen.

Sehenswertes

★ **Parque Nacional Volcán Arenal** PARK
(☎2461-8499; Erw./Kind 15/5 US$; ⌚8–16 Uhr, letzter Einlass 14.30 Uhr) Von 1968 bis 2010 war der Volcán Arenal ein stets aktives und Ehrfurcht gebietendes Naturwunder, das fast täglich bedrohliche Aschesäulen, gewaltige Explosionen und rote Magmaflüsse hervorbrachte. Das feurige Abendspektakel ist zwar vorerst vorbei, doch der Bergriese lohnt noch immer einen Besuch. Der zur Area de Conservación Arenal gehörende Nationalpark ist zerklüftet und vielfältig; 15 km gut markierte Wanderwege folgen alten Lavaströmen. Unterwegs bekommen die Wanderer Faultiere, Nasenbären, Brüllaffen, Weißschulterkapuziner und sogar Ameisenbären zu Gesicht.

Der Parque Nacional Volcán Arenal liegt etwa 17 km westlich von La Fortuna. Der

Haupteingang zum Park befindet sich an der Straße nach El Castillo (13 km westlich des Orts von der Hauptstraße abbiegen). Am einfachsten ist der Park mit dem Auto oder im Rahmen einer geführten Tour zu erreichen. Ansonsten nimmt man einen der Busse nach Tilarán und bittet den Fahrer, einen an der Abzweigung abzusetzen.

2017 wurden mehrere neue „Sektor-Halbinsel"-Wege eröffnet, die insgesamt 1,2 km lang sind und zu einem Aussichtsturm und einem Aussichtspunkt mit Blick über einen See führen. Der letzte Einlass in den Nationalpark ist zwar eigentlich schon um 14.30 Uhr, der neue Sektor ist aber oft auch noch später zugänglich.

Catarata Río Fortuna WASSERFALL
(www.catarata riofortuna.com; Diagonal 301; Eintritt 15 US$; ⌚8–17 Uhr; P) Das glitzernde, 70 m lange Band klaren Wassers, das sich durch eine steile, dicht mit Bromeliengewächsen und Farnen bewachsene Schlucht aus dunklem vulkanischem Fels ergießt, kann man sich auch anschauen, ohne groß ins Schwitzen zu kommen. Doch der Abstieg und anschließende Aufstieg lohnen sich, um die Schlucht von ihrem Dschungelboden aus zu betrachten. Zwar ist es gefährlich, unter dem donnernden Wasserfall zu tauchen, doch in den herrlichen Badebecken mit spektakulärem Ausblick kann man gut schwimmen. Frühaufsteher sind vielleicht vor den Menschenmassen hier; der Parkplatz füllt sich schnell.

Aktivitäten

Thermalquellen

Unterhalb von La Fortuna beheizt die Lava noch immer unzählige blubbernde Quellen. Hier gibt's kostenlose Thermalquellen, zu denen Einheimische den Weg weisen können (nach „El Chollín" fragen). Wer's lieber etwas komfortabler mag, kann eines der Resorts der Gegend ansteuern.

★ **Eco Termales Hot Springs** THERMALQUELLE
(☎2479-8787; www.ecotermalesfortuna.cr; Via 142; mit/ohne Mahlzeit 62/40 US$; ⌚10, 13 & 17 Uhr; 👪) In diesem abgezäunten Komplex 4,5 km nordwestlich der Stadt, der nur mit Reservierung zugänglich ist, ist alles von dem natürlichen Umlaufsystem in den Pools bis zur sanften Beleuchtung dezent, luxuriös und romantisch. Die Wege durch die wunderschöne Anlage sind von üppiger Vegetation gesäumt. Es werden immer nur maximal 150 Besucher eingelassen, um ein Ambiente der Stille und Abgeschiedenheit zu gewährleisten.

Paradise Hot Springs THERMALQUELLE
(www.paradisehotspringscr.com; Via 142; Erw./Kind 28/16 US$, mit Mahlzeit 45/27 US$; ⌚11–21 Uhr) In dieser ruhigen Anlage gibt's einen hübschen, großen Pool mit einem Wasserfall sowie mehrere kleine, abgeschiedene Becken, umgeben von üppiger Vegetation und tropischen Blüten. Die Becken sind unterschiedlich warm (bis 40 °C) und verfügen teils über Düsen für Hydromassagen. Das Paradise ist erheblich schlichter als die anderen, größeren Thermalquellanlagen, aber hier ist weniger los und das Ganze ist in der Regel entspannender und romantischer.

Wandern

Die große Attraktion hier ist der zurzeit inaktive Volcán Arenal. Den Nationalpark und mehrere private Reservate an seinem Rand durchziehen gut markierte Wege. Lohnende Ziele sind Wasserfälle, Lavaströme und Kraterseen, die sich auch ohne Guide erreichen lassen. Im November 2017 wurden vier niederländische Touristen verletzt, zwei davon schwer, als sie in der Sperrzone um den Volcán Arenal (in einem Radius von 4 km um den Krater) ein Erdrutsch erfasste. Die Rettungsaktion nahm mehr als einen Tag in Anspruch – um sich und den Rettungskräften so etwas zu ersparen, sollte man auf den offiziellen Wegen bleiben.

Arenal 1968 WANDERN
(☎2462-1212; www.arenal1968.com; El Castillo–La Fortuna; Wanderwege 12 US$, Mountainbikepark 12 US$; ⌚7–22 Uhr) Dieses private Wegenetz befindet sich 1,2 km von der Abzweigung von der Fernstraße Richtung Park entfernt kurz vor der Rangerstation. Es folgt dem ursprünglichen Lavastrom von 1968. Von einem *mirador* (Aussichtspunkt) bietet sich an klaren Tagen ein perfekter Blick auf den Vulkan.

Geführte Touren

★ **Don Olivo Chocolate Tour** TOUREN
(☎6110-3556, 2469-1371; http://chocolatedonolivo.wixsite.com/chocolatedonolivo; Via 142; Führung 25 US$; ⌚8, 10, 13 & 15 Uhr; 👪) Don Olivo und sein Sohn führen Besucher über die *finca* der Familie mit Zuckerrohrfeldern, Orangenhainen und natürlich Kakaopflanzungen. Das Verfahren, mit dem die merkwürdige Kakaobohne in die allseits beliebte dekadente Leckerei verwandelt wird, ist

wirklich faszinierend. Obendrein darf unterwegs jede Menge probiert werden!

Arenal Oasis VOGELBEOBACHTUNG
(☎2479-9526; www.arenaloasis.com; Abend-/Vogelbeobachtungsspaziergänge 40/65 US$, Kind unter 12 J. halber Preis; ⌚Vogelbeobachtung 6 Uhr, Abendführung 17.45 Uhr) Die Familie Rojas Bonilla hat dieses Froschschutzgebiet geschaffen, in dem etwa 35 verschiedene Froscharten zu Hause sind. Aber auf den Abendführungen durch den Regenwald wird auch noch nach anderen nachtaktiven Tierchen Ausschau gehalten. Wer lieber morgens unterwegs ist, kann an einer Vogelbeobachtungstour teilnehmen. Reservierung empfohlen. 3 km vom Ortszentrum von La Fortuna entfernt; die Abholung vom Hotel kostet 10 US$.

Bike Arenal RADFAHREN
(☎2479-7150, 2479-9020; www.bikearenal.com; Ecke Ruta 702 & Av 319A; Leihräder 25/150 US$ pro Tag/Woche, halb-/ganztägige Tour 75/110 US$; ⌚7–18 Uhr) Dieser Veranstalter bietet Fahrradtouren auf unterschiedlichstem Fitnessniveau, darunter eine gern gebuchte Fahrt um den See herum und eine Halbtagstour nach El Castillo. Diese Touren können in abgewandelter Form auch auf eigene Faust unternommen werden. Wer sein Leihrad vorbestellt, bekommt es von einem englischsprachigen Mitarbeiter vorbeigebracht.

Canoa Aventura KANUFAHREN
(☎2479-8200; www.canoa-aventura.com; Via 142; Kanu- oder Kajaktrip 57 US$; ⌚6.30–21.30 Uhr) Das alteingesessene Familienunternehmen ist auf Kanu- und Floßtouren spezialisiert. Bei den entspannten Trips, die von zweisprachigen Naturkundlern geleitet werden, geht es ums Beobachten von Vögeln und anderen Tieren, nicht um Action. Canoa ist das Schwesterunternehmen der **Maquenque Lodge** (☎2479-7785; www.maquenqueecolodge.com; EZ/DZ/3BZ mit Frühstück ab 105/130/155 US$; P) in Boca Tapada und kann Übernachtungen in der Lodge organisieren.

Canopy-Touren & Canyoning

Arenal Paraíso Canopy Tours BAUMWIPFELTOUR
(☎2479-1100; www.arenalparaiso.com; Via 142; Touren 50 US$; ⌚8–17 Uhr) Ein Dutzend Kabel spannen sich über die Schlucht des Río Arenal und ermöglichen eine einzigartige Aussicht auf zwei Wasserfälle sowie den Regenwald. Im Preis inbegriffen ist der Eintritt zum Swimmingpool und den 13 Thermalbecken des Resorts, die sich zwischen den Felsen und der Vegetation am Hang verstecken.

Sky Adventures BAUMWIPFELTOUR
(☎2479-4100; www.skyadventures.travel; Erw./Kind Sky Walk 39/27 US$, Sky Tram 46/32 US$, Sky River Drift 72/57 US$, Sky Limit 81/56 US$, Sky Trek 81/56 US$; ⌚7.30–16 Uhr) Hier in El Castillo gibt's Seilrutschen (Sky Trek), eine Gondelbahn (Sky Tram) und eine Reihe von Hängebrücken (Sky Walk). Die Anlage ist sicher und gut geführt und die allermeisten Besucher haben hier ihren Spaß. Der Sky River Drift bietet eine einzigartige Kombination aus Seilrutsche, Baumbesteigung und Fluss-Tubing, Sky Limit vereint Seilrutschen mit Abseiling und anderen Abenteuern in luftiger Höhe.

PureTrek Canyoning CANYONING
(☎2479-1313; www.puretrekcanyoning.com; 4 Std. inkl. Transport & Mittagessen 101 US$; ⌚7–22 Uhr) Das renommierte Unternehmen PureTrek bietet geführtes Abseilen drei Wasserfälle hinunter, von denen einer 50 m hoch ist. Außerdem: Felsklettern und der „Monkey Drop“, eine Seilrutsche mit Abseilen am Ende. Es wird viel Wert auf Sicherheit und erstklassige Ausrüstung gelegt. Hier sind teils größere Gruppen unterwegs, was den Ablauf jedoch in der Regel nicht stört. Reservierung im Hauptbüro von PureTrek in einem Baumhaus 6 km westlich der Stadt. Kombi-Touren umfassen Quadbikefahrten, Stehpaddeln und Mahlzeiten aus Zutaten frisch vom Erzeuger.

Reiten

Arenal Wilberth Stables REITEN
(☎2479-7522; www.arenalwilberthstable.com; 1/2 Std. 40/65 US$; ⌚7.30, 11 & 14.30 Uhr) An diesem Reitstall am Fuß des Arenal nehmen zweistündige Reittouren ihren Anfang. Sie führen durch Wälder und über Agrarland und unterwegs eröffnen sich See- und Vulkanblicke. Der Hof befindet sich gegenüber vom Eingang zum Nationalpark, aber es gibt auch ein Büro neben dem Arenal Resort Hostel in La Fortuna.

Alberto's Horse Tours REITEN
(☎2479-9043, 2479-7711; www.facebook.com/albertoshorses; Ruta 702; 85 US$; ⌚8.30–13.30 Uhr) Alberto und sein Sohn führen beliebte Reittouren zur Catarata de la Fortuna. Die Ausflüge dauern drei oder vier Stunden, aber eine Stunde verbringt man mit der

Wanderung hinunter zum Wasserfall und vielleicht einem Bad. Schöne Lage, schöne Pferde. Nur Barzahlung. Alberto's Horse Tours ist an der Ruta 702 etwa 2 km südlich des Orts zu finden.

Schlafen

Sleeping Indian Guesthouse PENSION $

(☎2479-8431, 8446-9149; sleepingindianguesthouse@gmail.com; Av 331, nahe Calle 442; DZ mit Frühstück 45 US$;) Die entzückende, im ersten Stock gelegene Pension ist nach einer Bergformation in der Nähe benannt *(indio dormido)*. Die fünf netten, mit Ventilatoren ausgestatteten Zimmer haben hohe Decken, geflieste Böden, bunte Wände und große Fenster. Zum geräumigen Gemeinschaftsbereich zählen eine komplett eingerichtete Küche, Balkone mit Vulkanblick und ein gemütliches Wohnzimmer mit Büchern und Spielen. Die Kunstwerke an den Wänden stammen übrigens aus der Hand von Managerin Heidy.

Arenal Backpackers Resort HOSTEL $

(☎2479-7000; www.arenalbackpackersresort.com; Via 142; B 14–18 US$, Zelt EZ/DZ 35/44 US$, Zi. EZ/DZ 55/86 US$; P@) Das älteste Hostel-Resort in La Fortuna bezeichnet sich selbst als „5-Sterne-Hostel" und ist mit seinen Vulkanblicken ganz schön. Wer hier absteigt, ruht auf orthopädischen Matratzen und alle Zimmer, auch die Schlafsäle, verfügen über eigene Bäder mit warmen Duschen. Noch eine Spur gediegener als die Schlafsäle sind die Zelte; sie warten mit Doppelbetten und Strom auf, haben aber keine richtigen Wände, sodass man seine Nachbarn laut und deutlich hören kann.

Hostel Backpackers La Fortuna HOSTEL $

(☎2479-9129; www.hostelbackpackerslafortuna.com; Calle 474; B/EZ/DZ/3BZ/4BZ 22/46/51/71/81 US$; P@) Dies ist ein ziemlich „erwachsenes" Hostel. Die Zimmer sind in Weiß und Beige gehalten und im üppig begrünten, hübschen Innenhof hängen Hängematten. Die Gäste können im Schwesterhostel, dem Arenal Hostel Resort, Pool und Bar nutzen und sich zur Party gesellen und anschließend hierher zurückkehren, um eine ruhige und komfortable Nacht zu genießen.

Hotel Monte Real HOTEL $$

(☎2479-9357; www.monterealhotel.com; Av 325, zw. Calles 464 & 466; Zi./Suite mit Frühstück 95/107 US$; P) Eine schicke, moderne Anlage in toller Lage am Río Burio, mit dem Ortszentrum in der Nähe und der Natur mit hübschen Gärten und Tieren vor der Haustür. Die geräumigen Zimmer verfügen über Böden aus spanischen Fliesen, Holzdecken und Glasschiebetüren, einige auch über einen Balkon. Wer wissen möchte, wo sich die exotischen Tiere verstecken, fragt Angel, den Gärtner.

La Fortuna Suites PENSION $$

(☎8328-7447; www.lafortunasuites.com; Av 331A; DZ/Suite mit Frühstück ab 55/85 US$; P) Hier können die Gäste zu Budgetpreisen in toller Ausstattung (Apple TV, Netflix etc.) schwelgen. Geboten werden edle Bettwäsche und Visco-Matratzen, maßgefertigte Möbel und Flachbildfernseher, tolles Frühstück auf dem Balkon und umwerfende Ausblicke. Und trotz all dieser schönen Dinge ist es am Ende die Gastfreundschaft der Betreiber, die diese Unterkunft ganz besonders auszeichnet.

La Choza Inn GASTHOF $$

(☎2479-9361, 2479-9091; www.lachozainnhostel.com; Av 331; mit Frühstück B 10–15 US$, EZ/DZ 36/42 US$; P@) Angesichts all der Budget-„Resorts" am Ort ist dieser reizende, altmodische, familiengeführte Gasthof eine erfrischende Abwechslung. Die Einrichtung ist einfach, doch die Mitarbeiter sind stets zuvorkommend. Zur Wahl stehen dunkle Palmholz-Schlafsäle und schöne Doppelzimmer mit Aussicht auf den Arenal vom Balkon. Nette Extras sind die saubere Gemeinschaftsküche und ein einmalig kostenloser Transport zur Tabacón-Thermalquelle.

Arenal Hostel Resort HOSTEL $$

(☎2479-9222; www.arenalhostelresort.com; Via 142; B/EZ/DZ/3BZ/4BZ 17/50/60/80/90 US$; P@) Diese weitläufige Unterkunft in einem schön angelegten Garten mit Hängematten, kleinem Pool, Partybar und Vulkanblick ist eine Mischung aus Hostel und Resort. Alle Zimmer sind sauber, geräumig und mit Klimaanlage sowie eigenem Bad versehen. Achtung: Reisende beschweren sich immer wieder darüber, dass Reservierungen verlorengehen oder Gäste ins Hostel Backpackers La Fortuna weitergeschleust werden.

Essen & Ausgehen

★ **La Ventanita** CAFÉ $

(☎2479-1735; an der Straße zw. El Castillo & La Fortuna; Hauptgerichte 3–5 US$; ⏲11–21 Uhr;) *La Ventanita* ist das „kleine Fenster", an dem bestellt wird. Und dann dauert es nicht lange, bis man das leckerste *chifrijo* (Reis und Pintobohnen mit gebratenem Schweinefleisch, frischer Tomatensauce und Mais) seines Lebens verspeisen kann, am besten begleitet von einem nahrhaften, leckeren *batido*. Die hier zubereiteten Gerichte sind Klassiker mit besonderer Note, so gibt's z. B. Burritos mit Pulled Pork und Speck.

Rainforest Café CAFÉ **$**

(☎2479-7239; Calle 468; Hauptgerichte 7–10 US$; ⌚7–22 Uhr; 📶🌿) Normalerweise fängt man ja nicht mit dem Nachtisch an, aber die unwiderstehlichen süßen Leckereien dieses beliebten Cafés sind nicht nur schön anzuschauen, sondern auch extrem köstlich. An Herzhaftem stehen schmackhafte Burritos, *casados*, Sandwiches usw. auf der Karte, außerdem unterschiedliche Kaffeegetränke, darunter einige Spezialitäten wie Mono Loco mit Kaffee, Banane, Milch, Schokolade und Zimt.

Soda Víquez SODA **$**

(☎2479-8772; Ecke Calle 468 & Av 325; Hauptgerichte 5–10 US$; ⌚8–22 Uhr; 🌿) Die Gäste lieben den authentischen Geschmack der Speisen, die in der Soda Víquez gekocht werden. In dem superfreundlichen Lokal gibt's köstliche *tipico* (traditionelle) costa-ricanische Kost, besonders *casados*, Reisgerichte und frische Frucht-*batidos*. Vernünftige Preise, große Portionen.

Anch'io Ristorante & Pizzeria ITALIENISCH **$$**

(☎2479-7024; Via 142; Hauptgerichte 10–18 US$; ⌚12–22 Uhr; P📶👪) Wer Hunger auf Pizza hat, ist bei Anch'io an der richtigen Adresse. Hier sind die Krusten knusprig dünn, die Beläge großzügig und die Pizza kommt aus dem Holzofen. Als Einstieg bietet sich ein traditioneller Antipasto an, zum Runterspülen ein kaltes Bier oder eine Flasche Rotwein. Dazu kommen noch ein erstklassiger Service und ein netter Patio – und fertig ist ein fabelhaftes Speiseerlebnis.

Chifa La Familia Feliz FUSIONSKÜCHE **$$**

(☎8469-6327; Calle 472; Hauptgerichte 8–12 US$; ⌚11–22 Uhr; 📶🌿👪) Wem der Sinn nach einer echten Abwechslung zu *casados* und Pizza steht, sollte dieses Restaurant ansteuern. *Chifa* ist übrigens der peruanisch-spanische Ausdruck für „chinesisches Essen". Hier gibt's peruanisch-chinesische Kost, also etwas ganz Besonderes. Und der Koch gibt sich alle nur erdenkliche Mühe, seine Gäste willkommen zu heißen und zufriedenzustellen.

El Establo BAR

(☎2479-7675; Ruta 702; ⌚Mi–Sa 17–2 Uhr) La Fortunas laute *sendero*-Bar mit angeschlossener Disko bei der Stierkampfarena lockt stets feierfreudige Einheimische aller Altersstufen an – das ist eigentlich immer ein gutes Zeichen. Und das Bier ist günstig!

Praktische Informationen

Centro Medico Sanar (☎2479-9420; Ecke Calle 464 & Av 331; ⌚8–20.30 Uhr) Medizinische Hilfe, Krankentransporte und Apotheke.

Correos de Costa Rica (Av 331; ⌚Mo–Fr 8–17.30, Sa 7.30–12 Uhr) Nordöstlich des Parque Central.

An- & Weiterreise

BUS

Der **Busbahnhof** (Av 325) liegt an der Straße am Fluss. Ein Auge aufs Gepäck haben – an diesem Verkehrsdrehkreuz ist immer viel los.

San José (Auto-Transportes San José–San Carlos) 5 US$, 4 Std., Abfahrt um 12.45 und 14.45 Uhr. Oder man nimmt den Bus nach Ciudad Quesada, von wo regelmäßig Busse nach San José fahren.

Tilarán mit Anschluss nach Monteverde (Auto-Transportes Tilarán, Abfahrt am Parque Central) 3 US$, 3½ Std., Abfahrt um 7.30, 12.30 und 17 Uhr.

Monteverde (4 US$, 6–8 Std.) Mit dem frühen Bus nach Tilarán, wo man ein paar Stunden auf den Anschlussbus nach Santa Elena warten muss.

TAXI-BOOT-TAXI

Die schnellste Verbindung zwischen Monteverde-Santa Elena und La Fortuna ist eine Kombifahrt per Taxi, Boot und wiederum Taxi (früher hieß das Ganze Jeep-Boot-Jeep, war aber dasselbe). Beim Taxi handelt es sich um einen Minivan mit dem erforderlichen gelben „*turismo*"-Aufkleber; der Van befördert seine Fahrgäste zur Laguna de Arenal, wo diese in ein Boot umsteigen, das sie über den See bringt. Am anderen Ende geht's mit einem Allrad-Van weiter nach Monteverde. Diese tolle Verbindung kann über fast alle Hotels und Reiseveranstalter in La Fortuna oder Monteverde gebucht werden (25 US$, 4 Std.).

Da diese Tour landschaftlich sehr reizvoll und auch nicht gar so teuer ist, betrachten sie inzwischen viele als Transportoption Nummer eins zwischen La Fortuna und Monteverde.

Tilarán

8700 EW.

Das Städtchen Tilarán am südwestlichen Ende der Laguna de Arenal verströmt als traditionelles landwirtschaftliches Regional-

BUSSE AB TILARÁN

Die Busse nutzen ein Terminal einen halben Block westlich vom Parque Central. Die Fahrkarten für die Busse, die sonntagnachmittags nach San José fahren, können schon einen Tag vorher ausverkauft sein. Es bestehen keine Direktverbindungen mehr nach La Fortuna oder Puntarenas.

ZIEL	UNTERNEHMEN	PREIS (US$)	DAUER (STD.)	ABFAHRTEN
Cañas	Transporte Villana	1	½	5–19.45 Uhr 15-mal tgl. (So 8-mal)
San José	Pulmitan	7	4	tgl. 5, 7, 9.30, 14 Uhr; Sa & So auch 17 Uhr
Santa Elena/Monteverde	TransMonteverde	3	2½	7, 16 Uhr

zentrum einen entspannten Mittelschichtscharme. Heute dient es zudem der Versorgung der wachsenden Expat-Gemeinde, die am Ufer der Laguna de Arenal lebt.

Die meisten Reisenden kommen auf dem Weg zwischen La Fortuna und Monteverde einfach nur hier durch. Dank seiner Lage an den Hängen der Cordillera de Tilarán ist das Städtchen jedoch eine erheblich kühlere und coolere Alternative zu den Orten an der Panamericana.

Eine sehenswerte Attraktion entlang der Strecke Monteverde–Arenal sind die fünf Wasserfälle des **Viento Fresco** (☎2695-3434; www.vientofresco.net; Ruta 145, Campos del Oro; Erw./Kind 15/10 US$, Reittour 55/45 US$; ⌚7.30–17 Uhr; 👪). Einer davon, der spektakuläre Arco Iris („Regenbogen"), stürzt 75 m tief in ein seichtes Becken, das sich wunderbar zum Baden eignet. Die insgesamt 1,3 km langen Spazierwege sind gut in Schuss, dennoch hält sich die Besucherzahl in Grenzen. Daher ist die natürliche Schönheit dieses Orts nahezu ungetrübt – es kann durchaus sein, dass man die Wasserfälle für sich hat, insbesondere wenn man sich früh am Morgen auf den Weg macht. Vor Ort werden Ausritte angeboten und es gibt ein Restaurant. Wer dort zu Mittag isst oder einen kleinen Reitausflug unternimmt, unterstützt einen Familienbetrieb. Viento Fresco liegt 11 km südlich von Tilarán an der Straße nach Santa Elena.

Schlafen & Essen

Hotel Guadalupe HOTEL **$$**
(☎2695-5943; www.hotelguadalupe.co.cr; Av 4, nahe Calle 1; EZ/DZ mit Frühstück 42/60 US$; P❄📶🏊) Dieses moderne Hotel zieht mit seinen einfachen Zimmern (teils klimatisiert) in Juwelentönen und mit gefliesten Böden vor allem Geschäftsreisende an. Der Service ist freundlich und effizient und es gibt ein recht gutes Restaurant, einen Pool, ein Kinderbecken und einen Whirlpool. Für Familien stehen größere Zimmer bereit.

Los Chiles

9900 EW.

Siebzig Kilometer nördlich von Muelle, zu erreichen über eine gute asphaltierte Straße durch Zuckerrohrfelder, und nur 6 km südlich der nicaraguanischen Grenze liegt das heiße Agrar- und Fischerstädtchen Los Chiles. Es schmiegt sich mit dem Charme des Verfalls um einen holprigen Fußballplatz und ans überwucherte Ufer des trägen Río Frío. Ursprünglich war der feuchte Tieflandort von Händlern und Fischern bewohnt, die sich auf dem nahen Río San Juan ihr Brot verdienten, der heute einen Großteil der Grenze zwischen Nicaragua und Costa Rica bildet. An jeder Ecke steht ein Straßenschild, was absolut ungewöhnlich ist für Costa Rica.

In den 1980ern hielten sich von den US-Amerikanern ausgebildete Contras in Los Chiles auf (die USA versuchten durch subversive Militäraktionen gegen die Sandinisten in Nicaragua vorzugehen).

Seit der Eröffnung des neuen Grenzübergangs bei Las Tablillas kommen Reisende jetzt nicht mehr gezwungenermaßen durch Los Chiles; die Bootsfahrt von dort nach Caño Negro ist jedoch unverändert schön.

Schlafen & Essen

Dank des neuen Grenzübergangs bei Las Tablillas braucht man jetzt nicht mehr in Los Chiles zu übernachten. (Dazu besteht auch keinerlei Anlass. Wirklich nicht!) Für den Notfall gibt's aber ein paar Unterkünfte im Ort. Und an der Straße zum Bootsanleger finden sich ein paar nette Restaurants und im Zentrum einige Supermärkte.

Hotel y Cabinas Carolina CABINAS $
(☎2471-1151; Av 2A, nahe Calle 5; Zi. ab 30 US$; P ❄ 📶) Das ist keine 08/15-Grenzstadt-Unterkunft. Die freundliche, familiengeführte Unterkunft wird immer wieder gelobt: wegen des aufmerksamen Personals, der makellos sauberen Zimmer und des überdurchschnittlichen Essens. Bei der Fernstraße, nur ein paar Blocks südlich vom Busbahnhof. Sonntags ist die Rezeption allerdings nicht besetzt, dann muss man anrufen, um sich ein Zimmer zeigen zu lassen.

An- & Weiterreise

BUS

Alle Busse fahren vom bzw. zum **Busbahnhof** (Av 1, nahe Calle 5) hinter der Soda Pamela unweit der Kreuzung mit der Carretera 35. **Chilsaca** (☎2460-1886; www.chilsaca.com; Plaza San Carlos) hat zwischen 4.30 und 18 Uhr 16 Busse pro Tag nach Ciudad Quesada (2,25 US$, 2 Std.); dort kann man nach La Fortuna umsteigen. Autotransportes San Carlos (S. 569) bietet täglich zwischen 5 und 15 Uhr Busse nach San José (6 US$, 5 Std.). Um 5, 12 und 16.30 Uhr verkehren außerdem drei Busse nach Caño Negro (4 US$, 40 Min.). Die Fahrpläne verändern sich gern mal, darum besser vor Ort nachfragen.

SCHIFF/FÄHRE

Die Bootsanlegestellen befinden sich rund 1 km westlich vom Busbahnhof. Dank dem neuen Grenzübergang bei Las Tablillas ist an diesem Flussübergang jetzt nicht mehr viel los. Bevor man ins Boot nach Nicaragua steigt, muss man bei der **Einwanderungsbehörde** (Migración; ☎2471-1233; Av Central (Av 0), zw. Calle 4 & Calle 6; ⏱8–18 Uhr) gegenüber vom Hotel Wilson Tulipán vorbeischauen.

Sarapiquí-Tal

Dieser flache, brütend heiße Abschnitt des mit Plantagen gespickten Tieflands gehörte einst zu den riesigen Bananenanbaugebieten der United Fruit Company. Von den Plantagen wurde die Ernte zum Puerto Viejo de Sarapiquí geschafft, wo sie flussabwärts auf Booten mit Ziel Nordamerika verschifft wurde. Ab 1880 verband eine Eisenbahn das ländliche Costa Rica mit dem Hafen Puerto Limón und Puerto Viejo de Sarapiquí verkümmerte zu einem verschlafenen Nest. Zwar hat der Ort seine alte Bedeutung als Verkehrsknotenpunkt nie zurückerlangt, doch erfreute sich der Fluss einer Wiedergeburt als eines der wichtigsten Ziele für Kajakfahrer und Rafter in Costa Rica. Mit dem Parque Nacional Braulio Carrillo vor der Haustür ist dies besonders angesichts der Leichtigkeit, mit der die Region zu erreichen ist, eins der besten Gebiete des Landes zur Tierbeobachtung.

Aktivitäten & Geführte Touren

Bootstouren

Die Boote am Anleger in Puerto Viejo befördern heutzutage keine Pendler mehr, sondern überwiegend Touristen, die auf dem Río Sarapiquí und Río Puerto Viejo nach Vögeln und Affen Ausschau halten möchten. An guten Tagen sind unterwegs viele verschiedene Vogelarten zu sehen, außerdem Krokodile, Faultiere sowie Vertreter zweier Affenspezies, die sich in den Bäumen tummeln, und dazu unzählige Leguane, die am schlammigen Flussufer ein Sonnenbad nehmen.

Plantagentouren

Costa Rica Best Chocolate ESSEN & TRINKEN
(☎8501-7951, 8816-3729; Erw./Kind 30/20 US$; ⏱Führungen 8, 10, 13 & 15 Uhr) Die Frage: „Wo kommt die Schokolade her?" kann diese einheimische Chilamate-Familie ausführlich beantworten. Los geht's mit den Kakaopflanzen, die auf ihrer Plantage wachsen. Bei der zweistündigen Führung wird der gesamte Herstellungsprozess abgedeckt und auch jede Menge verkostet. Am Ende der Führung dürfen sich die Teilnehmer aus vier unterschiedlichen Tafeln Schokolade eine aussuchen. Die Plantage liegt 5 km westlich vom Zentrum Sarapiquís an der Hauptverkehrsstraße.

Organic Paradise Tour ESSEN & TRINKEN
(☎2761-0706; www.organicparadisetour.com; Erw./Kind 35/14 US$; ⏱8, 10, 13 & 15 Uhr) Auf einer holprigen Tour mit einem von einem Traktor gezogenen Wagen lernt man alles, was man je über Ananas (und Paprika) wissen wollte. Im Mittelpunkt der zweistündigen Tour steht der Verarbeitungsprozess und was es bedeutet, Bio-Ananas zu produzieren, aber die Teilnehmer erhalten auch einen guten Einblick in die costa-ricanische Plantagenkultur. Und dazu werden auch noch Tipps geboten, z. B. wie man im Supermarkt die richtige Ananas auswählt.

Wildwasser-Rafting

Aguas Bravas RAFTING
(☎2761-1645, 2292-2072; www.aguasbravascr.com; Raftingtouren 65–85 US$, Floßsafari 80 US$; ⏱9–17.30 Uhr) Dieser renommierte Rafting-

ABSTECHER

CAÑO NEGRO

Das abgelegene, 102 km² große Naturschutzgebiet **Refugio Nacional de Vida Silvestre Caño Negro** (☎2471-1309; www.ligambiente.com; Erw./Kind 5/1 US$; ⏲8–16 Uhr) lockt schon lange Angler an, die es auf den scheuen, 18 kg schweren Snook abgesehen haben, sowie Vogelfreunde, die hoffen, seltene Wasservögel zu erspähen. Während der Trockenzeit fällt der Wasserspiegel, sodass sich Vögel und Fische auf recht kleinem Raum drängen. Von Januar bis März, wenn jede Menge Zugvögel Station machen, herrscht hier eine wirklich einmalige Vogeldichte. Der Eintritt wird in der Rangerstation bezahlt.

Dank verbesserter Straßen können Tourveranstalter jetzt von überallher im Land recht preiswerte Touren zum Caño Negro anbieten. Wer den Fluss erkunden möchte, ist jedoch nicht unbedingt auf sie angewiesen. Interessanter und lohnender ist es, ein Fahrzeug zu mieten (oder einen Bus zu nehmen), die holprige Straße ins ländliche Flachland zu bewältigen und schließlich im Zentrum des Dorfs Caño Negro einen ortsansässigen Guide anzuheuern. Das ist außerdem erheblich billiger, bringt Geld in die Taschen der Einheimischen und liefert ihnen einen weiteren Grund, sich für den Schutz der Tiere einzusetzen.

anbieter hat sich mit Sack und Pack am Río Sarapiquí niedergelassen, sogar ein Hostel ist dabei. Bei Aguas Bravas stehen zwei Touren auf dem Programm: eine sanfte Floßsafari zur Beobachtung von Vögeln, Leguanen, Kaimanen und anderen Tieren sowie eine 14 km lange Spritztour über die „extremen Stromschnellen“ des San-Miguel-Abschnitts des Flusses. Bei beiden Ausflügen ist ein Mittagessen inbegriffen.

Aventuras del Sarapiquí RAFTING
(☎2766-6768; www.sarapiqui.com; Flusstouren 60–95 US$) Der sehr empfehlenswerte Veranstalter gleich neben der Schnellstraße organisiert Abenteuer zu Land und Wasser sowie in der Luft, z. B. Wildwasser-Rafting (Kategorie II und Kategorie III/IV) und Canopy-Touren mit 12 Seilrutschen. Wer lieber auf dem Boden bleiben möchte, kann reiten, mountainbiken oder ganz altmodisch wandern.

Sarapiquí Outdoor Center RAFTING, KAJAKFAHREN
(SOC; ☎2761-1123; www.costaricaraft.com; 2-/4-stündige Raftingtour 65/90 US$, geführte Kajaktouren ab 90 US$) David Duarte ist die örtliche Paddel-Autorität. Neben Raftingexkursionen bietet SOC auch Leihkajaks und Unterricht an. Unabhängige Paddler können sich beim Center aktuelle Tipps besorgen. Und wer vor der Tour noch eine Unterkunft braucht, kann in einfachen Zimmern oder in einem der Zelte (keine weitere Ausrüstung vonnöten) nächtigen. SOC liegt 18 km südwestlich von Sarapiquí abseits der Schnellstraße 126.

Tropical Duckies KAJAKFAHREN
(☎2761-0095, 8760-3787; www.tropicalduckies.com; abseits der Carretera 126; Erw./Kind 56/50 US$; ⏲Abfahrten 9 & 13 Uhr) Sehr empfehlenswert für Anfänger und Familien: Dieser Anbieter hat Touren und Unterricht in aufblasbaren Kajaks im Programm, sodass auch bei niedrigem Wasserstand Kajakspaß garantiert ist. Man kann auf ruhigem Wasser dahingleiten, aber auch über Stromschnellen der Kategorie III jagen – oder irgendwas dazwischen. Reservierung erforderlich.

Schlafen

Isla del Río HOSTEL $
(☎2766-6525; www.aguasbravascr.com; B 12 US$, Zi. mit/ohne Bad 40/35 US$, Frühstück 6 US$; P, WLAN) Nach einer Spritztour über die Stromschnellen kann man es sich in diesem von Aguas Bravas (S. 601) betriebenen Hostel am Fluss gemütlich machen. Es ist sauber und einfach, mit soliden Holzbetten, sauberen Bädern und herzhaftem Frühstück. Für Erkundungen bieten sich Wege an oder man faulenzt in einer Hängematte, lauscht dem Rauschen des Flusses und lässt sein Raftingabenteuer noch einmal Revue passieren.

Cabinas Laura CABINAS $
(☎2766-6316; EZ/DZ 25/30 US$; P, Klimaanlage, Internet, WLAN) Diese Unterkunft an der Straße zum Bootsanleger hinter der Banco Nacional ist ruhig und billig. Die 22 Zimmer sind einfach, aber tadellos sauber, mit glänzenden Fliesen, Holzmöbeln und Kabelfernsehen.

Posada Andrea Cristina B&B B&B $$
(☎2766-6265; www.posadaandreacristina.wixsite.com/andreacristina; DZ mit Frühstück 64 US$; P, WLAN) Das reizende B&B am Ortsrand (und gleichzeitig am Rand des Waldes) ist wie ein Rohdiamant. Auf dem Grundstück tum-

meln sich Vögel, Faultiere und Affen, ganz zu schweigen von den Fröschen im Teich. Die urigen Hütten verfügen über hohe Balkendecken, sind bunt gestrichen und haben eigene Terrassen. Wer möchte, kann auch in einem abgefahrenen, um einen Regenbaum herum gebauten Baumhaus nächtigen.

★ Chilamate Rainforest Eco Retreat LODGE **$$$**
(☎2766-6949; www.chilamaterainforest.com; mit Frühstück B 30–35 US$, EZ/DZ/3BZ/4BZ 90/110/130/155 US$; P 📶) Das einladende und wirklich innovative Retreat wird von einer Familie betrieben und ist gleichzeitig ideal für Familien. Die Eigentümer Davis und Meghan legen großen Wert auf Umweltschutz und soziales Engagement. Die mit Sonnenenergie versorgten Hütten stehen auf einem 20 ha großen Anwesen mit Sekundärwald und sind einfach, verströmen mit ihrem handgefertigten Mobiliar und ihrer natürlichen Belüftung aber viel Flair. Im Restaurant gibt's tolles frisches Frühstück und vorzügliche Abendbuffets aus heimischen Biozutaten. Das Chilamate befindet sich etwa 5 km westlich von Sarapiquí gleich neben der Schnellstraße.

Essen & Ausgehen

Restaurante Mar y Tierra COSTA-RICANISCH **$**
(☎8434-2832; Hauptgerichte 8–10 US$; ⏲8–22 Uhr) Das Mar y Tierra liegt mitten im Ort und ist nicht zu übersehen. Das Fisch- und Steak-Restaurant erfreut sich sowohl bei den Einheimischen als auch bei Touristen großer Beliebtheit. Tipp: *arroz Mar y Tierra*, eine costa-ricanische Variante von *surf and turf* (Meeresfrüchte und Fleisch).

Bar & Cabinas El Río BAR
(☎2761-0138; ⏲12–22 Uhr) Wer am südlichen Ende des Orts von der Hauptstraße abbiegt, kommt zu dieser stimmungsvollen Kneipe am Fluss, erbaut auf rauen Stelzen hoch über selbigem. Hier treffen sich die Einheimischen gern auf ein kaltes Bier oder zu sättigendem Tico-Essen. Und wer in einem der Bungalows (mit Ventilator/Klimaanlage 15/20 US$) in der Nähe der Straße übernachtet, kann von der Kneipe gleich in sein Bett stolpern.

An- & Weiterreise

Der **Busbahnhof** (Calle Central; ⏲5–19 Uhr) liegt direkt gegenüber vom Park beim Hotel El Bambú. Von 5 bis 20 Uhr verkehren stündlich Busse zwischen La Virgen und Puerto Viejo de Sarapiquí (1 US$, 30 Min.).

Ciudad Quesada (Transportes Linaco) 3 US$, 2 Std., Abfahrt 4.40–18.30 Uhr 8-mal tgl.

San José (Autotransportes Sarapiquí und Empresarios Guapileños) 2,50 US$, 2 Std., Abfahrt 5, 5.15, 5.30, 7, 8, 9.30, 11, 13.30, 15, 16.30 und 17.30 Uhr.

NORDWESTLICHES COSTA RICA

Warum fährt man nach Costa Rica? Um an unberührten Stränden zu faulenzen und auf tollen Wellen zu reiten? Um Vulkane zu besteigen und in Thermalquellen zu planschen? Um Vögel und Affen zu beobachten und sich inmitten uralter Bäume zu verlaufen? In der Nordwestecke Costa Ricas ist all das und noch viel mehr möglich. Im Gegensatz zu allen anderen Teilen des Landes ist Guanacaste hoch oben im Nordwesten weites, flaches Grasland und trockener Tropenwald, wo die Savannenpanoramen nur durch vom Wind gebeutelte Bäume unterbrochen werden. Weiter östlich erhebt sich die Cordillera de Guanacaste mit ihren speienden und dampfenden Vulkanen, die der Erkundung harren, majestätisch aus der Ebene. Im Süden gedeihen in den höheren Lagen geheimnisvolle Nebelwälder voller Tiere.

Alle Gründe, warum man nach Costa Rica kommt – hier sind sie!

Monteverde & Santa Elena

Dieses weite Gebiet an den Hängen der Cordillera de Tilarán ist mit Dörfern, Plantagen und Naturschutzgebieten gespickt. Die größte Ansiedlung, der Ort Santa Elena, geht fast nahtlos in seinen Nachbarn Cerro Plano sowie dessen Nachbarn, das winzige Monteverde, über, das wiederum an das gleichnamige Naturschutzgebiet grenzt.

Das bekannteste Schutzgebiet hier ist die Reserva Biológica Bosque Nuboso de Monteverde (Bioreservat Nebelwald Monteverde), doch gibt es hier staatliche und private Schutzgebiete aller Formen und Größen, von winzigen Familienplantagen bis zum riesigen Children's Eternal Rainforest, die diese Region in üppigstes Grün hüllen. Und so können Besucher hier allerorts wandern, Vögel beobachten, unter Wasserfällen baden und jede Menge Abenteuer erleben.

Monteverde & Santa Elena

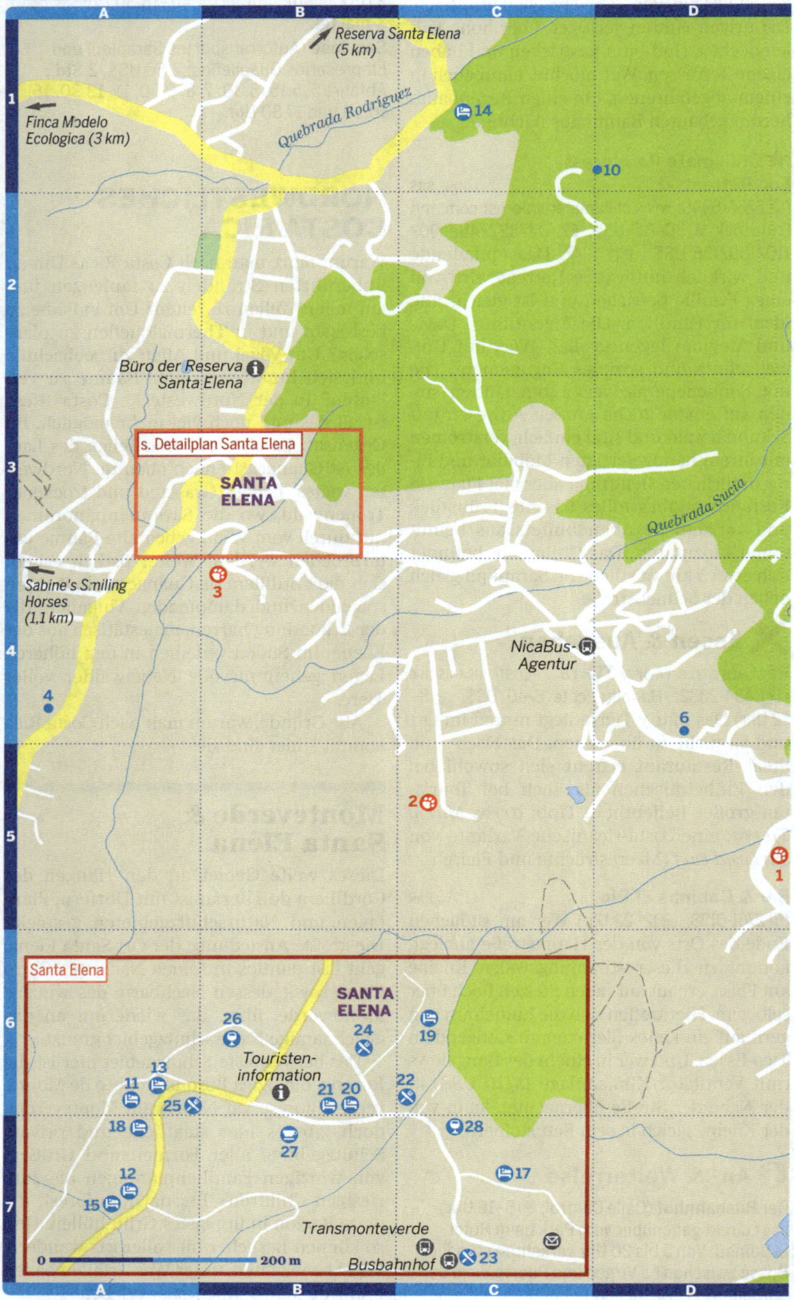

Monteverde & Santa Elena

Sehenswertes
1 Bat Jungle ... D5
2 El Jardín de Mariposas ... C5
3 Ranario ... B4

Aktivitäten, Kurse & Touren
4 Caballeriza El Rodeo ... A4
5 Café de Monteverde ... E6
6 Centro Panamericano de Idiomas ... D4
7 Cerro Amigos ... E4
8 Reserva Curi-Cancha ... E6
9 Monteverde Institute ... E6
10 Original Canopy Tour ... D1

Schlafen
11 Cabinas & Hotel Vista al Golfo ... A6
12 Cabinas Eddy ... A7
13 Cabinas El Pueblo ... A6
14 Capulín Cabins & Farm ... C1
15 Casa Tranquilo ... A7
16 Hotel Belmar ... E4
17 Jaguarundi Lodge ... C7
18 Monteverde Backpackers ... A7
Pensión Santa Elena ... (s. 24)
19 Santa Elena Hostel Resort ... C6
20 Sleepers ... B6
21 Sloth Backpackers ... B6

Essen
22 Orchid Coffee ... C6
Passi Flora ... (s. 15)
23 Sabor Tico ... C7
24 Taco Taco ... B6
25 Toro Tinto ... A6

Ausgehen & Nachtleben
26 Bar Amigos ... B6
27 Beso Cafe ... B7
28 Monteverde Beer House ... C7

Sehenswertes

Reserva Biológica Bosque Nuboso Monteverde TIERSCHUTZGEBIET
(Bioreservat Nebelwald Monteverde; ☎2645-5122; www.reservamonteverde.com; Erw./Stud./Kind unter 6 J. 20/10 US$/frei; ⊙7–16 Uhr) Dieses schöne Nebelwaldgebiet wurde 1972 zum Reservat erklärt. Damals taten sich Quäker (die bereits zuvor ein Drittel ihres Landes unter Naturschutz gestellt hatten) mit Tier- und Umweltschutzorganisationen zusammen, um zusätzliche 328 ha Land zu kaufen – die Gemeinde fühlte sich nämlich immer mehr durch illegale Siedler bedroht. Heute ist das Reservat 105 km² groß.

Butterfly Garden ZOO
(Jardín de Mariposas; Karte S. 604; ☎2645-5512; www.monteverdebutterflygarden.com; Cerro Plano; Erw./Stud./Kind 15/12/5 US$; ⊙8.30–16 Uhr) Al-

les, was man je über Schmetterlinge wissen wollte – in vier Gärten werden verschiedene Habitate und über 40 Schmetterlingsarten vorgestellt. Dank der Beobachtungskästen können Besucher miterleben, wie aus Puppen Schmetterlinge schlüpfen (wenn man zur richtigen Zeit hier ist). Zu den anderen hier vorhandenen Tierchen zählen die fleißige Blattschneiderameise und der gnadenlose Tarantulafalke – eine Wespe, die Taranteln frisst – sowie zahlreiche Skorpione. Der Schmetterlingsgarten ist ein echter Hit bei Kindern und noch interessanter ist es, wenn man sich einem der fachkundigen Führer anschließt.

Ranario ZOO

(Monteverde-Froschteich; Karte S. 604; 2645-6320; Santa Elena; 14 US$ je Attraktion, Pauschalticket 23 US$, Nachttour 40 US$; mariposario 9–15 Uhr, Froschteich bis 20.30 Uhr) Der Ranario oder auch Froschteich (der Name wurde mehrmals geändert) knüpft wieder an den Glanz früherer Zeiten an. Er verfügt jetzt auch über ein Insektenhaus und einen Schmetterlingsgarten, das Highlight sind jedoch immer noch die Frösche: In durchsichtigen Gehegen, die die gewundenen Indoor-Dschungelpfade säumen, residieren rund 25 Frosch- und Krötenarten. Bei den Führungen weisen die Guides mit Taschenlampen auf Frösche, Eier und Kaulquappen hin. Viele Tiere sind bei Dunkelheit aktiver als tagsüber, sodass man am besten abends noch einmal zurückkommt (im Eintrittspreis enthalten).

Bat Jungle ZOO

(Karte S. 604; 2645-7701; www.batjungle.com; Monteverde; Erw./Kind 13/11 US$; 9–19 Uhr) Der „Fledermausdschungel" in Monteverde ist klein, aber faszinierend, mit guten zweisprachigen Erläuterungstafeln und einem Habitat mit fast 100 frei herumflatternden Fledermäusen. Hier können Besucher auf einer 45-minütigen Führung (reservieren!) etwas über Echolotung, die Aerodynamik von Fledermausflügeln und andere interessante Dinge über fliegende Säugetiere lernen. Am aktivsten sind die Fledermäuse zwischen 9 und 17 Uhr.

Aktivitäten & Kurse

Cerro Amigos WANDERN

(Karte S. 604) An klaren Tagen lohnt sich die Wanderung auf den höchsten Gipfel der Region (1842 m). Dann eröffnet sich oben eine wunderbare Sicht auf den umliegenden Regenwald sowie den 20 km nordöstlich gelegenen Volcán Arenal. Hinter dem **Hotel Belmar** (Karte S. 604; 2645-5201; www.hotelbelmar.net; Zi. 225–255 US$, Luxus-Chalets 288–405 US$, Suite 450–554 US$; P@) in Cerro Plano nimmt man die unbefestigte Straße bergab und dann die nächste links. Der Pfad erklimmt auf 3 km ungefähr 300 m Höhenmeter. Von diesem Weg bestehen übrigens keine Verbindungen zu den Wegen im Monteverde-Schutzgebiet (S. 603).

Curi-Cancha Reserve WANDERN, VOGELBEOBACHTUNG

(Karte S. 604; 2645-6915, 8356-1431; www.curi-cancha.com; 15 US$, Nachttour 20 US$, naturkundliche Führung 35 US$, Vogelbeobachtungstour 85 US$; 7–15 Uhr, geführte Wanderungen 7.30 & 13.30 Uhr) Das hübsche private Reservat am Ufer des Río Cuecha grenzt zwar an das Schutzgebiet Monteverde, aber hier ist viel weniger los. Es ist besonders bei Vogelfreunden beliebt und wartet mit 10 km markierter Wanderwege, einem Kolibrigarten und einem Ausblick auf die Kontinentalscheide auf. Die geführten Wanderungen müssen reserviert werden, z. B. die Vogelbeobachtungstouren am frühen Morgen und die dreistündigen Naturkundeführungen.

Monteverde Institute SPRACHKURSE

(Karte S. 604; 2645-5053; www.monteverde-institute.org; Monteverde; einwöchiger Kurs 390 US$, Unterbringung in Gastfamilie inkl. Mahlzeiten 25,50 US$ pro Tag) Die gemeinnützige Bildungseinrichtung veranstaltet interdisziplinäre Kurse in spanischer Sprache sowie Spezialkurse, z. B. in tropischer Biologie, in Umweltschutz und Ökotourismus. Manchmal sind die Kurse für die interessierte Öffentlichkeit zugänglich, auch bestehen Möglichkeiten zur Freiwilligenarbeit in der Bildung und in der Wiederaufforstung.

Centro Panamericano de Idiomas SPRACHKURSE

(CPI; Karte S. 604; 2265-6306; www.cpi-edu.com; Cerro Plano; einwöchiger Kurs ab 460 US$; 8–17 Uhr) Spezialisiert auf Spanischunterricht mit Kursen z. B. für Familien, Teenager, Mediziner und Rentner. Und wer möchte, kann auch an Tanz- und Kochkursen teilnehmen.

Geführte Touren

Finca Modelo Ecologica ABENTEUERTOUREN

(2645-5581; www.familiabrenestours.com; La Cruz; Baumwipfel-/Canyoning/Kombitour 45/79/113 US$; Baumwipfelpfad 8–16 Uhr, Canyoning 8, 11 & 14 Uhr) Die Familienplantage Brenes

ABSTECHER

RESERVA SANTA ELENA

Die wunderbar dunstige, 310 ha große **Reserva Santa Elena** (Reserva Bosque Nuboso Santa Elena; ☎2645-7107, 2645-5390; www.reservasantaelena.org; Eintritt Erw./Stud. 16/9 US$, geführte Wanderung 17 US$; ⊙7–16 Uhr) bietet im Vergleich zu Monteverde ein völlig anderes Nebelwalderlebnis. Auf dem 10 km langen Wegenetz durch den Wald sind viel weniger Leute unterwegs und so herrscht hier immer noch eine Magie, die dem Monteverde zuweilen abhandenkommt. Das seit 1992 bestehende Schutzgebiet war eins der ersten gemeindeverwalteten Naturschutzprojekte im Land.

Es liegt etwa 6 km nordöstlich vom Dorf Santa Elena, das **Reservatsbüro** (Karte S. 604; ☎2645-5390; ⊙Mo–Fr 7–17 Uhr) befindet sich im Colegio Técnico Profesional im Ort. Im Reservat gibt's ein einfaches Restaurant, ein Café und einen Andenkenladen. Alle Gewinne fließen in die Verwaltung des Reservats sowie in Naturschutz-Bildungsprogramme an örtlichen Schulen.

bietet einige ungewöhnliche, spannende Aktivitäten. Am besten ist die zweistündige Canyoningtour über sechs wunderbare Wasserfälle, von denen der größte 40 m hoch ist. Dafür ist keine Erfahrung notwendig, nur ein Sinn für Abenteuer. Oder man erklimmt einen 40 m hohen Feigenbaum (Sicherung durch Seile; abschließendes Abseiling).

Original Canopy Tour ABENTEUER
(Karte S. 604; ☎2645-5243; www.theoriginalcanopy.com; Erw./Stud./Kind 45/35/25 US$; ⊙Touren 7.30, 10.30 & 14.30 Uhr) Dies ist die sagenumwobene Baumwipfeltour mit 15 Seilrutschen, einem Schwungseil und einer Seilstrecke durch den Wipfel eines alten Feigenbaums, die den Trend auslöste. Vielleicht fällt der Adrenalinrausch hier nicht so kräftig aus wie bei anderen Canopy-Touren, aber die Gruppen sind kleiner und es wird mehr Wert auf das natürliche Umfeld gelegt. Ein Riesenspaß!

Selvatura ABENTEUER
(☎2645-5929; www.selvatura.com; Canopytour 50 US$, Baumwipfelpfad 30 US$, 5–15 US$ pro Ausstellung; ⊙7.30–16 Uhr) Eine der größten Anlagen vor Ort mit 3 km Seilstrecke, 18 Plattformen und einem Schwungseil in einem wunderschönen Nebelwald. Neben den Seilrutschen gibt's hier 3 km Baumwipfelsteige sowie einen Kolibrigarten, einen Schmetterlingsgarten und eine Amphibien- und Reptilienausstellung.

Café de Monteverde ESSEN & TRINKEN
(Karte S. 604; ☎2645-7550; www.cafedemonteverde.com; Monteverde; Führung Erw./Kind 32/15 US$; ⊙Kaffeeverkostung 7.30–16.30 Uhr, Führungen 8 & 13.30 Uhr) In diesem Laden in Monteverde besteht die Möglichkeit, an einem Kaffee-Crashkurs teilzunehmen und köstliche Mischungen zu probieren. Oder man nimmt an der zweieinhalbstündigen Tour zu nachhaltiger Landwirtschaft teil und stattet Bioplantagen einen Besuch ab, die mit Kompostierung und Sonnenenergie arbeiten. Außerdem ist zu erfahren, wie der Kaffeeanbau der örtlichen Gemeinschaft geholfen hat und wie er der Umwelt nutzen kann.

Sabine's Smiling Horses REITEN
(☎2645-6894, 8385-2424; www.horseback-riding-tour.com; 2 Std./3 Std./ganzer Tag 45/65/105 US$ pro Pers.; ⊙Touren 9, 13 & 15 Uhr) Sabine spricht vier Sprachen und sorgt quasi als Pferdeflüsterin dafür, dass sich ihre Gäste auf ihren Pferden wohlfühlen, egal ob Anfänger oder erfahrener Cowboy. Ihre alteingesessene Einrichtung bietet verschiedene Ausritte wie eine beliebte Wasserfalltour (3 Std.) und eine zauberhafte Vollmondtour (monatlich). Und natürlich lächeln sie wirklich, die Pferde!

Caballeriza El Rodeo REITEN
(Karte S. 604; ☎2645-5764, 2645-6306; elrodeo02@gmail.com; Santa Elena; 40–55 US$) Auf einer *finca* (Bauernhof) werden Ausritte über Privatwege durch Regenwald, Kaffeeplantagen und Grasland geboten und auch genügend Pausen eingelegt, damit die Teilnehmer nach Tieren Ausschau halten und die fantastischen Landschaften bestaunen können. Die Spezialität ist eine Sonnenuntergangstour zu einem Aussichtspunkt mit Blick auf den Golfo de Nicoya. *¡Que hermoso!*

Schlafen

★ **Casa Tranquilo** HOSTEL $
(Karte S. 604; ☎2645-6782; Santa Elena; mit Frühstück B 12 US$, DZ mit/ohne Bad 35/28 US$; P @ 📶) In der Casa Tranquilo beginnt die

wunderbare costa-ricanische Gastfreundschaft gleich morgens mit hausgemachtem Bananenbrot oder Pfannkuchen. Aber es gibt nicht nur wundervolles Frühstück: Das kenntnisreiche Personal leitet auch kostenlose geführte Wanderungen. Die Zimmer sind einfach, aber makellos sauber, einige mit Dachfenstern und Blick auf den Golf. Draußen schmücken bunte Wandbilder das Gebäude, sodass sich gleich das Gefühl einstellt, dass man hier richtig ist.

Pensión Santa Elena HOSTEL $
(Karte S. 604; ☎2645-5051; www.pensionsantaelena.com; Santa Elena; mit Frühstück DZ 32–38 US$, DZ ohne Bad 28 US$, Suite 45–60 US$; P @) Das Hostel mit vollem Service direkt im Zentrum von Santa Elena ist schon seit Urzeiten beliebt. Es bietet Budgettravellern erstklassigen Service und *pura-vida*-Gastlichkeit. Alle Zimmer unterscheiden sich; für jeden Geldbeutel ist etwas dabei. Die Zimmer im Nebengebäude verfügen über Feinheiten wie bessere Betten, Steinduschen und iPod-Docks. Die vier Lofts für Familien sind mit Etagenbetten ausgestattet.

Cabinas Eddy CABINAS $
(Karte S. 604; ☎2645-6635; www.cabinas-eddy.com; Santa Elena; DZ 40–60 US$, ohne Bad 35 US$; P @) Diese Budgetunterkunft wird nach wie vor für ihr tolles Frühstück, den aufmerksamen Service und den reizenden Manager Freddy (Eddys Sohn) in höchsten Tönen gelobt. Die Zimmer sind genauso makellos sauber wie die vollständig ausgestattete Gemeinschaftsküche. Auf dem Balkon können die Gäste bei einer kostenlosen Tasse Kaffee wunderbar entspannen und den Ausblick genießen.

Monteverde Backpackers HOSTEL $
(Karte S. 604; ☎2645-5844; www.monteverdebackpackers.com; Santa Elena; B mit Frühstück 12–15 US$; P @) Das kleine und freundliche Hostel Monteverde Backpackers gehört zum Costa Rica Hostel Network. Die Schlafsäle (im Übrigen die einzige Unterbringungsform) sind sauber und recht behaglich, die Duschen sind warm, die Lage in Santa Elena ist ruhig und die Betreiber sind hilfsbereit. Umsonst gibt's u. a. Kaffee, Hängematten und eine Sonnenuntergangswanderung. Das Frühstück – sprich: die Eier – brutzelt man sich selbst.

Cabinas El Pueblo CABINAS $
(Karte S. 604; ☎2645-6192; www.cabinaselpueblo.com; Santa Elena; DZ mit Frühstück mit/ohne Bad 48/40 US$; P @) Das nette Hostel an einer ruhigen Straße einen Katzensprung vom Ort Santa Elena wird von einem aufmerksamen costa-ricanischen Ehepaar geführt, Marlenny und Freddy. Die gut ausgestatteten Zimmer mit neuen Fernsehern sind hell und sauber, wenn auch beengt. Geboten werden außerdem eine Gemeinschaftsküche, Hängematten und – was am wichtigsten ist – eine äußerst herzliche Begrüßung. Jeder Gast erhält ein kleines Geschenk von der Kaffeeplantage der Familie.

Cabinas & Hotel Vista al Golfo CABINAS $
(Karte S. 604; ☎2645-6321; www.cabinasvistaalgolfo.com; Santa Elena; mit Frühstück B 14 US$, Zi. mit/ohne Bad ab 37/30 US$, Suite 50 US$; P) Diese helle, kitschige Lodge ist gepflegt, die Duschen sind heiß, und die Betreiber sorgen dafür, dass man sich hier gleich wohl fühlt. Die Balkonzimmer im Obergeschoss bieten an klaren Tagen einen wunderbaren Ausblick über den Golfo de Nicoya. Im Gemeinschaftsbereich mit Sitzsäcken hat man Zugriff aufs WLAN-Netzwerk. Es lohnt sich, etwas mehr für die „Suite" im blauen Haus nebenan hinzublättern.

Sleepers HOSTEL $
(Karte S. 604; ☎8305-0113; www.sleepersssleepcheaperhostels.com; Santa Elena; B/EZ/DZ mit Frühstück 12/25/30 US$) Das Sleepers steht gleich eben dem **Sloth Backpackers** (Karte S. 604; ☎8896-3200, 2645-5793; www.hostelslothbackpackers.com; Santa Elena; mit Frühstück B/3BZ/4BZ 12/60/80 US$, DZ 40–50 US$; P) im Zentrum von Santa Elena. Unten sieht es wie ein nettes Restaurant aus, aber in Wahrheit handelt es sich um eine Gemeinschaftsküche voller Leute: gutgelaunte Traveller, die kochen und zusammen essen. Oben wirkt es wie ein modernes Motel, dabei ist es eigentlich ein Hostel, wo die Gäste im Internet surfen und auf dem Balkon das kühle Lüftchen genießen. Die blitzsauberen Zimmer verfügen jeweils über ein Bad.

Capulín Cabins & Farm CABINAS $$
(Karte S. 604; ☎2645-6719; www.cabinascapulin.com; Santa Elena; Cabinas 60–90 US$; P) Hier können die Gäste den traditionellen Alltag auf einem Bauernhof beobachten, auf Wegen herumstreifen, um Vögel und Affen zu erspähen, oder einfach in der Hängematte schaukeln. Manche der acht bequemen, unterschiedlich großen Hütten haben eine Küche, einige tolle Ausblicke auf den Golf. Sirlainey und ihre Familie – waschechte Ticos – könn-

ten ihr Wissen über die Umgebung nicht großzügiger unter die Gäste bringen.

Jaguarundi Lodge HOSTEL $$
(Karte S. 604; 2645-5216; www.jaguarundilodge.com; Santa Elena; DZ mit Frühstück 65 US$;) Dieses Hostel erinnert an eine toll ausgestattete Berghütte, ist aber nur 200 m von der Stadt entfernt; fast erwartet man, dass einen die hier ansässigen Kapuzineraffen zum Pub nebenan geleiten. Die ehemaligen Schlafsäle sind inzwischen durch Doppelzimmer ersetzt worden.

Santa Elena Hostel Resort HOSTEL $$
(Karte S. 604; 2645-7879; www.costaricahostels.net; Santa Elena; B 14 US$, DZ mit/ohne Balkon 58/52 US$;) Mit Fischen im Koi-Teich und Affen auf dem Dach wirkt dieses Hostel ein wenig wie das Paradies. Auf dem schattigen Grundstück sind für warme Tage Hängematten aufgespannt, an kühlen Abenden sorgt ein großer Steinkamin für wohlige Wärme. Die Zimmer haben Wände aus Holz und hohe Decken mit Schrägen. Der Aufpreis für einen Balkon mit Blick auf die Straße lohnt sich.

Essen

★ Orchid Coffee CAFÉ $
(Karte S. 604; 2645-6850; www.orchidcoffeecr.com; Santa Elena; Hauptgerichte 8–12 US$; 7–19 Uhr;) Hungrig? Dann sollte man ohne Umschweife dieses hübsche Café in Santa Elena voller Kunst und Licht ansteuern. Auf der Veranda vorm Haus kann man sich dann wunderbar an traditionellen und eher weniger traditionellen Frühstücksspeisen, süßen und herzhaften Crêpes, interessanten und ungewöhnlichen Salaten und fabelhaften, sättigenden Sandwiches laben.

★ Taco Taco MEXIKANISCH $
(Karte S. 604; 2645-7900; www.tacotaco.net; Santa Elena; Hauptgerichte 5–8 US$; 11–22 Uhr;) Diese schnelle und praktische *taquería* (Taco-Imbiss) wartet mit leckeren Tex-Mex-Tacos, Burritos und Quesadillas mit Huhn, langsam gerösteter falscher Rippe, gegrilltem Gemüse und Goldmakrele im Teigmantel auf. Das einzige Problem ist, sich zu entscheiden – aber eigentlich kann man nichts falsch machen.

Es gibt zwei Standorte: das Original auf der Terrasse vor der Pensión Santa Elena (S. 608) – prima zum Leutegucken – und das neuere Terrassenrestaurant neben dem SuperCompro, das etwas komfortabler ist.

Passi Flora VEGETARISCH $
(Karte S. 604; 2645-6782; Santa Elena; Hauptgerichte 7–10 US$; 12–21 Uhr;) Gut für den Körper, gut für die Seele und gut für die Erde: Danach strebt das Passi Flora mit seinen vegetarischen und veganen Gerichten. Das Angebot ist mit Sandwiches, Salaten, Pasta, Reis und *rollitos* (Empanadas) recht umfassend. Alles ist frisch und köstlich. Wer das Buddha-Mosaik gefunden hat, ist an der richtigen Adresse.

Sabor Tico FAST FOOD $
(Karte S. 604; 2645-5827; www.restaurantesabortico.com; Centro Comercial, Santa Elena; Hauptgerichte 5–8 US$; 11–22 Uhr) Ticos und Traveller schwören gleichermaßen auf dieses Lokal. Standardgerichte wie *olla de carne* (Rindfleischsuppe), *chorreadas Ticas* (gebratene Maisküchlein mit Sourcream) und Tamales (ein typisches Ferienessen) sind hier köstlich variiert. Die *gallos* (weiche Tortillas mit schmackhafter Füllung nach Wahl) sind mittags eine perfekte Alternative zum reichhaltigeren *casado* (Menü).

Toro Tinto STEAKHAUS $$
(Karte S. 604; 2645-6252; www.facebook.com/torotinto.cr; Santa Elena; Hauptgerichte 9–14 US$; 12–22 Uhr) Das argentinische Steakhaus ist sehr einladend mit seinem gemütlichen, schummrig beleuchteten Speisesaal aus Ziegelsteinen und Holz. Und die Kundschaft wird mit perfekt geschnittenen und nach Wunsch gegrillten Steaks, überraschenden Specials und köstlichen Nachspeisen verwöhnt. Die Weinauswahl ist gut (vor allem chilenische und argentinische Tropfen), aber teuer. Ein rundum herzerwärmendes Lokal.

Ausgehen & Nachtleben

Bar Amigos BAR
(Karte S. 604; 2645-5071; www.baramigos.com; Santa Elena; 12–3 Uhr) Mit seinen Panoramafenstern mit Blick auf die Berge erinnert diese Institution in Santa Elena an eine Skihütte. Aber nein: Hier gibt's DJs, Karaoke, Billard und Sport auf den Bildschirmen. Dies ist einer der beständig besten Ausgehläden der Gegend, sodass hier fast immer ein lautes Publikum aus Ticos und Touristen anzutreffen ist.

Monteverde Beer House BIERGARTEN
(Karte S. 604; 8659-2054; www.facebook.com/monteverdebeerhouse; Santa Elena; 10–22 Uhr;) Auch wenn das auf dem Schild behauptet wird, ist dies keine Brauerei, aber immerhin werden heimische Craft-Biere kredenzt.

Hinterm Haus befindet sich eine schattige Terrasse und die Kellner tragen stets ein Lächeln auf den Lippen – die perfekte Atmosphäre für ein bisschen Entspannung nach ein paar Tagen voller Abenteuer.

Beso Cafe CAFÉ
(Karte S. 604; ☎2645-6874; Santa Elena; ⏲9–19 Uhr) Wir haben jemand sagen hören: „Das ist die beste Tasse Kaffee, die ich in ganz Costa Rica getrunken habe." Das lässt sich in dieser Region nicht so einfach bemessen, doch die Espressos, Café Lattes und Cappuccinos sind wirklich lecker – und abgesehen von ein paar Sandwiches das Einzige, was auf der Karte steht.

ℹ Praktische Informationen

Die meisten Mitarbeiter in Hotels, Hostels und Pensionen helfen Reisenden gern bei der Buchung von Touren oder Transportmitteln.

Consultorio Médico (☎2645-7778; ⏲24 Std.) Vom Hotel Heliconia aus auf der anderen Seite der Kreuzung.

Correos de Costa Rica (Karte S. 604; Santa Elena; ⏲Mo–Fr 8–16.30, Sa bis 12 Uhr) Die Post ist gegenüber vom Einkaufszentrum.

Polizei (☎2645-6248; Santa Elena)

Touristeninformation (Karte S. 604; ☎2645-6565; Santa Elena; ⏲9–12 & 13–19 Uhr) Betrieben von der örtlichen Handelskammer; wirbt für seine Mitgliedshotels und -touranbieter, ist also nicht unbedingt objektiv.

ℹ An- & Weiterreise

BUS

Die meisten Busse halten am **Busbahnhof** (Karte S. 604; Santa Elena) gegenüber dem kleinen Centro Comercial auf dem Hügel oberhalb des Zentrums von Santa Elena und fahren nicht weiter nach Monteverde. Wer dort übernachten möchte, muss zu Fuß weitergehen oder ein Taxi nehmen. Während der Busfahrt sollte man sein Gepäck im Auge behalten und nichts in den Gepäckfächern verstauen.

Achtung: Der Bus nach Tilarán fährt im Zentrum ab, wenige Meter von der Vitosi-Apotheke entfernt.

Wer nach Managua oder Granada in Nicaragua reist, kann bei den beiden folgenden Firmen organisieren, an der Panamericana in Lagartos in den internationalen Bus zuzusteigen:

Monteverde Experts (☎2645-7263; www.monteverdeexperts.com; Rte 606; ⏲8–17 Uhr) Agentur für TicaBus.

NicaBus Agent (Karte S. 604; ☎2645-7063; www.nicabus.com.ni/en/agencies; Cerro Plano)

TAXI-BOOT-TAXI

Die schnellste Verbindung zwischen Monteverde bzw. Santa Elena und La Fortuna ist die Kombifahrt mit Taxi, Boot und Taxi (25–30 US$, 4 Std., Abfahrt 8 und 14 Uhr), die fast jedes Hotel und jeder Tourveranstalter in den Orten arrangieren kann, z. B. **Monteverde Tours** (Desafío Adventure Company; ☎2645-5874; www.monteverdetours.com; Santa Elena; ⏲Mo–Fr 7–19, Sa & So 10–18 Uhr). Ein geländegängiger Kleinbus kann einen im Hotel abholen und zum Río Chiquito bringen, wo man in ein Boot umsteigt, das die Laguna de Arenal durchquert. Drüben geht die Fahrt mit einem anderen Van nach La Fortuna weiter. Diese Fahrt wird zunehmend zur wichtigsten Transportverbindung zwischen La Fortuna und Monteverde, weil sie wunderschön und recht preisgünstig ist und man einen halben Tag Reisezeit spart, den man sonst sehr unbequem im Bus verbringt.

BUSSE AB SANTA ELENA

ZIEL	UNTERNEHMEN	PREIS (US$)	DAUER (STD.)	ABFAHRTEN (TGL.)
Las Juntas*	Transmonteverde	2,50	1½	4.20, 15 Uhr
Puntarenas via Las Juntas via Sardinal via Lagartos	Transmonteverde	3,5	3	4.20, 5.30, 6, 15 Uhr
Reserva Monteverde (Nebelwaldreservat Monteverde)	Nahverkehrsbus	1,20	½	Hinfahrt 6.15, 7.30, 13.20, 15 Uhr; Rückfahrt 6.45, 11.30, 14, 16 Uhr
San José	Tilarán Transportes	5	3–4	5.30, 14.30 Uhr
Tilarán; mit Anschluss nach La Fortuna	Nahverkehrsbus	3	2½ (insgesamt 7)	5, 7, 11.30, 16 Uhr

* Busse nach Puntarenas können Fahrgäste ebenfalls in Las Juntas absetzen.

Liberia

56 900 EW.

Die sonnige, ländliche Hauptstadt von Guanacaste dient schon lange als Verkehrsknotenpunkt zwischen Costa Rica und Nicaragua und ist außerdem ein Aushängeschild für die *sabanero*- (Cowboy-) Kultur des Landes. Auch heute noch lebt der Großraum Liberia überwiegend von der Viehzucht, doch inzwischen hat sich auch der Tourismus zu einem wichtigen Erwerbszweig entwickelt. Liberia ist mit seinem expandierenden internationalen Flughafen ein sichereres und cooleres Tor nach Costa Rica als San José. Daher verbringen immer mehr Reisende eine oder zwei Nächte in dieser netten Stadt mit ihren Wellblechzäunen, Mangobäumen und Magnolien.

Es kann sein, dass sich diese Gegend durch den 890 ha großen Themenpark Discovery Costa Rica, ein milliardenschweres Projekt, grundlegend verändern wird. Er soll zwischen 2018 und 2020 entstehen.

Sehenswertes

Ponderosa Adventure Park TIERSCHUTZGEBIET
(☎2288-1000, WhatsApp 8460-1750; www.ponderosaadventurepark.com; Tour inkl. Mittagessen Erw./Kind 45/37 US$, Paket mit 3 Touren inkl. Mittagessen Erw./Kind 75/68 US$; ⏲8.30–15.30 Uhr (letzte Tour)) In diesem privaten Schutzgebiet kann man sich davon überzeugen, dass Elefanten, Zebras, Giraffen und anderen afrikanischen Tieren die trockene Hitze von Guanacaste gut bekommt. Die Safari führt ganz nah an die (halbwegs) wilden Tiere heran. Zu den weiteren angebotenen Aktivitäten gehören Kajakfahrten, Ziplining, Reiten und Touren mit Quadbikes. Der Park befindet sich in El Salto, etwa 11 km südlich der Stadt an der Panamericana, auf halber Strecke nach Bagaces.

Schlafen & Essen

Liberia hat eine breite Palette an Restaurants, sowohl in der Stadt selbst als auch an der Straße Richtung Flughafen. Wer mit dem Bus weiterreist, kann sich in der traditionellen **Markthalle** (Karte S. 612; Av 7, zw. Calles 10 & 12; ⏲Mo–Sa 6–19, So bis 12 Uhr) neben dem Terminal Liberia mit Proviant versorgen.

Hospedaje Dodero HOSTEL $
(Karte S. 612; ☎8729-7524, 2665-4326; www.hospedajedodero.yolasite.com; Av 11, zw. Calles 12 & 14; B 11 US$, EZ 17–20 US$, DZ 25–30 US$; ❄📶) Supersauber, super Service und nah am Busbahnhof. Die Zimmer sind z. T. klimatisiert, die Bäder teilt man sich. Die Gäste haben Zugang zu einer Außenküche mit Blick auf einen kleinen Hof voller Blumen, in dem Hängematten gespannt sind. Das Hostel ist nicht schick, hat aber eine sehr nette Atmosphäre. Besitzer Shawn besitzt eine umfassende Sammlung an Busfahrplänen, die einen ganzen Ordner füllt.

Hotel Javy HOTEL $$
(☎2666-9253; www.hoteljavy.com; Ecke Av 19 & Calle 19; DZ mit Frühstück 50 US$; P❄📶) Die charmante Isabel ist die Gastgeberin mit dem gewissen Etwas. Sie tut einfach alles, damit sich ihre Gäste wohlfühlen – das erreicht sie u. a. dadurch, dass sie ein riesiges leckeres Frühstück zubereitet. Die Zimmer sind lichtdurchflutet und bequem, die Matratzen angenehm fest, die neuen Bäder blitzblank. Das strenge Mobiliar will allerdings nicht so recht dazu passen.

Hotel Boyeros HOTEL $$
(Karte S. 612; ☎2666-0722; www.hotelboyeros.com; Ecke Interamericana (Panamericana) & Av 2; EZ/DZ/3BZ/4BZ mit Frühstück 66/76/86/96 US$; P❄@📶🏊) Das größte Hotel in Liberia kommt wie eine Kreuzung aus Ferienranch und nordamerikanischer Hotelkette daher. Die Ausstattung der betagten Zimmer ist komfortabel, die Böden sind gefliest. Das rund um die Uhr geöffnete **Restaurant** erhält gemischte Beurteilungen. Der Poolbereich mit Wasserrutsche, Whirlpool und schönem Garten ist ein toller Bonus. Allerdings ist dies mehr ein Zwischenstopp für reisende Ticos als alles andere. Auf der Schnellstraße nach der Skulptur eines *boyero* (Ochsenhirten) Ausschau halten und abbiegen.

Taquería de la Calle MEXIKANISCH $
(Karte S. 612; Calle Real, zw. Avs Central & 2; Hauptgerichte 3–7 US$; ⏲Mi–So 12.30–22.30, Di ab 14 Uhr; ❄📶) In dem neumodischen mexikanischen Restaurant stehen Gerichte wie Burritos, Tacos, *chalupas* und Nachos auf einer kunstvoll aufgemachten Tafel. Es ist cool und sauber, und die großen Essensportionen sind preiswert.

★**Region 5** COSTA-RICANISCH $$
(Karte S. 612; ☎4700-9523; www.facebook.com/region5lib; Ecke Av 25 de Julio & Calle 2; Hauptgerichte 8–22 US$; ⏲12–22 Uhr) „Von Geburt an costa-ricanisch, Guanacasteco, Gott sei Dank!“, so rühmt sich dieses Steakhaus. Es nimmt das historische Haus des berühmten, aus Liberia stammenden Arztes Enri-

Liberia

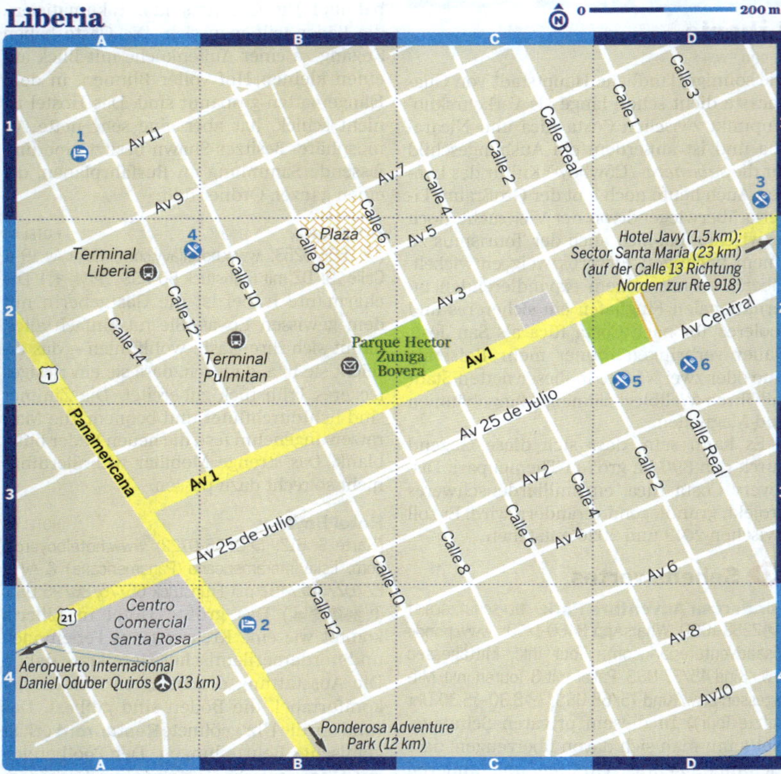

Liberia

Schlafen

1 Hospedaje Dodero A1
2 Hotel Boyeros B4

Essen

3 Mariajuana D1
4 Market A2
5 Region 5 .... D2
6 Taquería de la Calle D2

que Briceño ein. Das Mittagessen umfasst Leckerbissen aus Nicoya, darunter *chorreadas* (süße Maispfannkuchen) und *tanelas* (süße Empanadas). Zum Abendessen gibt's Fleischhaltiges à la Babybackribs und New-York-Steaks. Ebenfalls sensationell: die Thunfischsteaks in Meeresfrüchtesauce.

★ Mariajuana CAFÉ **$$**
(Karte S. 612; ☎2665-7217; www.facebook.com/mariajuanarestaurante; Ecke Calle 3 & Av 1; Hauptgerichte 7–17 US$; ⌚Di–Sa 11.30–23.30, So 13–22 Uhr;) Das Lokal hat jetzt einen neuen Standort, die Traumfänger, afrikanischen Masken und Kunst mit Katzenmotiven sind aber unverändert angesagt. Unter dem riesigen Mangobaum kann man sich ein Guanaca-Bier genehmigen (mit Honig aus der Gegend, für einen süßen Abgang) und Appetithäppchen (7–8 US$) snacken oder auch etwas Herzhafteres wie ein Steak oder eine Meeresfrüchteplatte bestellen. An heißen Nachmittagen empfehlen wir Heart Attack Sundae („Herzinfarkteisbecher").

ℹ Praktische Informationen

Hospital Dr. Enrique Baltodano Briceño (☎2666-0011, Notfälle 2666-0318; Rte 918) Hinter dem Stadion am nordöstlichen Stadtrand.

Post (Correos de Costa Rica; Karte S. 612; www.correos.go.cr; Ecke Av 3 & Calle 8; ⌚Mo–Fr 8–17, Sa bis 12 Uhr)

BUSSE AB LIBERIA

ZIEL (UNTERNEHMEN)	PREIS (US$)	DAUER (STD.)	ABFAHRTSORT	ABFAHRTEN
Cañas (Reina del Campo)*	2	1½	Liberia	5.30–17.30 Uhr halbstündl.
Curubandé	2	40 Min.	Liberia	6.40, 12, 17 Uhr
La Cruz/Peñas Blancas (Arrieta)	2,50	1½–2	Liberia	5.30, 8.30, 9, 11 Uhr
Nicoya, via Filadelfia und Santa Cruz (La Pampa)	2,50	1½	Liberia	4.30–20.20 Uhr halbstündl.
Playa Flamingo und Brasilito (La Pampa)	2	1½	Liberia	6, 8, 10, 11, 12.30, 17, 18 Uhr
Playa Hermosa (La Pampa)	2	1½	Liberia	7.30–17.30 Uhr 5-mal tgl.
Playa Tamarindo (La Pampa)	2	2	Liberia	3.50–12.30 Uhr 7-mal tgl.; 14–18 Uhr stündl.
Playas del Coco (Pulmitan)	1,50	1	Pulmitan	5–11 Uhr halbstündl., außerdem 12.30, 14.30, 18.30 Uhr
Puntarenas* (Reina del Campo)	3	3	Liberia	5–15.30 Uhr 9-mal tgl.
San José (Pulmitan)	8	4	Pulmitan	3–22 Uhr 14-mal tgl.

* Es geht schneller, wenn man den Bus nach San José nimmt und unterwegs aussteigt.

An- & Weiterreise

Der **Aeropuerto Internacional Daniel Oduber Quirós** (LIR; www.liberiacostaricaairport.net) liegt 12 km westlich von Liberia und ist der zweitgrößte internationale Flughafen des Landes.

NatureAir (☎ Aeropuerto Internacional Daniel Oduber Quirós 2668-1106, Buchungen 2299-6000; www.natureair.com; ⏲ 6–17 Uhr) Von/nach San José.

Sansa (☎ Aeropuerto Internacional Daniel Oduber Quirós 2668-1017, Buchungen 2290-4100; www.flysansa.com) Von/nach San José.

BUS

Busse nutzen das **Terminal Liberia** (Karte S. 612; Av 7 zw. Calle 12 & 14) und das **Terminal Pulmitan** (Karte S. 612; Av 5 zw. Calle 10 & 12). Bei Redaktionsschluss war Pulmitan gerade dabei, einige kleinere Buslinien aufzukaufen.

Parque Nacional Rincón de la Vieja

Trotz seiner Nähe zu Liberia, das nur ein paar – holprige – Katzensprünge entfernt ist, wirkt dieser 141 km² große **Nationalpark** (☎2661-8139; ⏲Di–So 8–15 Uhr) erfrischend leer und abgeschieden. Der Name bedeutet „Ecke der alten Frau" und stammt vom aktiven Volcán Rincón de la Vieja (1895 m), der dampfenden Hauptattraktion des Parks. Der Nationalpark umfasst auch noch ein paar andere Gipfel derselben Vulkankette wie den höchsten Gipfel, den Volcán Santa María (1916 m). Die geothermale Energie zeigt sich in bunten Fumarolen, lauwarmen Quellen und dampfenden, blubbernden Schlammlöchern sowie einem jungen und temperamentvollen *volcancito* (kleinen Vulkan). All diese Attraktionen sind über gepflegte, doch oft steile Wege zu erreichen. Der Sektor Las Pailas ist übrigens montags geschlossen.

Aktivitäten

Thermalquellen

Nichts hilft besser, sich von einer schlauchenden Wanderung zu erholen, als ein Bad in einer Thermalquelle. Viele der Quellen sollen eine heilende Wirkung haben – das ist auch immer gut, wenn jemand dem *guaro cacique* (Zuckerrohrschnaps) ein bisschen zu ausgiebig zugesprochen hat.

Im Sektor Santa María führt ein Weg 2,8 km Richtung Westen durch den „Zauberwald" und vorbei an der hübschen **Catarata Bosque Encantado** („Wasserfall Verzauberter Wald") zu schwefelhaltigen Thermalquellen. In diesen sollte man sich allerhöchstens eine halbe Stunde lang aufhalten, dann ist unbedingt Abkühlung in den 2 km entfernten kalten Quellen fällig. Es handelt sich um echte vulkanische Thermalbecken – natürlicher geht's nicht!

Am Rand des Parks befinden sich mehrere private Einrichtungen mit Thermalbecken unterschiedlicher Wärme. Man muss noch nicht einmal hinwandern, denn zahlreiche Veranstalter und Hotels bieten ab Liberia Touren zu diesen Stätten.

Thermalquellen Río Negro THERMALQUELLE
(☎2690-2900; www.guachipelin.com; Erw./Kind 30/20 US$; ⏲9–17 Uhr) Dieser zauberhafte Ort liegt im Trockenwald am Río Negro und gehört zur **Hacienda Guachipelín** (☎2666-8075; EZ/DZ/3BZ/4BZ mit Frühstück 84/102/132/152 US$; P❄@📶🏊). Zehn natürliche warme Becken aus Stein sind auf einem reizenden bewaldeten Weg zu erreichen; über Hängebrücken geht es zu Pools beiderseits des tosenden Flusses. Die Becken haben Temperaturen von 28 bis 53 °C.

Wandern

Von der Rangerstation Santa María (s. u.) führen 12 km Wanderwege zu Thermalquellen. Seit dem Vulkanausbruch von 2012 ist der Weg zum Gipfel des Rincón de la Vieja gesperrt.

Sendero Las Pailas WANDERN
Der etwa 3 km lange Rundweg Sendero Las Pailas führt östlich der Rangerstation Las Pailas (s. u.) vorbei an blubbernden Schlammbecken *(las pailas)*, schwefelhaltigen Fumarolen und einem *volcancito*. Dies ist der beliebteste und daher vollste Teil des Parks, denn dieser Weg ist einfach und es gibt viel zu sehen.

Catarata La Cangreja WANDERN
Eine vierstündige, 5,1 km lange Wanderung (pro Strecke) führt zur Catarata La Cangreja. Sie stürzt sich 50 m tief von einem Felsvorsprung in eine kleine Lagune hinab, in der man schwimmen kann. Der Weg windet sich durch Wald und vorbei an mächtigen Würgefeigen hin zu einer offenen Savanne mit Yuccapflanzen an den Flanken des Vulkans. Von hier kann der Blick bis zu den Feuchtgebieten Palo Verde und dem Pazifik schweifen.

Schlafen

El Sol Verde CAMPINGPLATZ $
(☎2665-5357; www.elsolverde.com; Stellplatz 10 US$, Zelthaus 29 US$, DZ/4BZ 52/71 US$; P📶) 🍃 Im Dorf Curubandé bietet ein deutsches Paar drei Zimmer mit spanischen Fliesen und Holzvertäfelung. Oder man nächtigt im Campingbereich mit ein paar eingerichteten Zelthäusern, einer Freiluftküche, mit Sonnenenergie beheizen Duschen und jeder Menge Platz, um sein eigenes Zelt aufzustellen. Die mit Wandbildern verzierte Terrasse eignet sich wunderbar zum Entspannen.

Casa Rural Aroma de Campo HOTEL $$
(☎2665-0008, Reservierungen 7010-5776; www.aromadecampo.com; mit Frühstück EZ/DZ/3BZ/4BZ 59/81/110/128 US$, Bungalow 116 US$; P📶🏊) Diese stille Oase voller Epiphyten und Hängematten beim Dorf Curubandé bietet sechs Zimmer mit Holzböden, offenen Bädern, bunter Kunst an den Wänden, Moskitonetzen und edlem Landflair. Über das Gelände verteilt sind außerdem sechs Fertigbau-Bungalows mit kräftigen Farben und Glaswänden fürs Eintauchen in das Waldambiente. Im Hof werden köstliche Gemeinschaftsmahlzeiten serviert.

Rinconcito Lodge LODGE $$
(☎2206-4832, 2206-4833; www.rinconcitolodge.com; San Jorge; Lodge EZ/DZ 34/47 US$, Standard EZ/DZ 52/70 US$, Superior DZ 78 US$; P📶) Diese erschwingliche Unterkunft nur 3 km vom Parksektor Santa María verfügt über schöne, rustikale Hütten, umgeben von überaus reizvoller ländlicher Szenerie. Die billigeren Zimmer sind winzig, aber sauber und frisch. Angeboten werden auch Ausritte und Ziplining-Touren.

ℹ Praktische Informationen

An den beiden Haupteingänge zum Park gibt's jeweils eine eigene Rangerstation: Hier registriert man sich, zahlt die Eintrittsgebühr und bekommt kostenlose Karten. Fast alle Besucher betreten den Park über die **Rangerstation Las Pailas** (☎2666-5051; www.acguanacaste.ac.cr; Erw./Kind 6–12 J./Kind bis 5 J. 15/5 US$/frei; ⏲Di–So 8–16 Uhr, kein Einlass nach 15 Uhr) an der Westflanke, wo die meisten Wege beginnen. Die **Rangerstation Santa María** (☎2666-5051; www.acguanacaste.ac.cr; Erw./Kind 6–12 J./unter 5 J. 15/5 US$/frei; ⏲7–16 Uhr, kein Einlass nach 15 Uhr) im Osten befindet sich in der Hacienda Santa María, einem *rancho* aus dem 19. Jh., der einst US-Präsident Lyndon Johnson gehört haben soll. Hier besteht Zugang zu den schwefelhaltigen Quellen.

ℹ An- & Weiterreise

Zu den Parkeingängen verkehren keine öffentlichen Verkehrsmittel. Von Liberia fährt dreimal

ABSTECHER

SANTA ROSA

Santa Rosa (☎2666-5051; www.acguanacaste.ac.cr; Erw./Kind 15/5 US$, Surf- oder Schnorchelaufschlag 12 US$; ⏰8–16 Uhr) heißt der südliche Abschnitt der Area de Conservación Guanacaste. Durch diesen tropischen Trockenwald winden sich 30 km Wege, die unterwegs fantastische Ausblicke auf die Cordillera de Guanacaste und das Valle Naranjo gewähren. Außerdem fanden hier zwei historische Schlachten statt; damit befassen sich das kleine **Museum La Casona** (www.acguanacaste.ac.cr/1997/ecodesarrollo/ecoturismo/museosantarosaing.html; Besichtigung im Parkeintritt enthalten; ⏰8–11.30 & 13–16 Uhr) und das **Monumento de los Heroes** (im Parkeintritt inbegriffen). Die **Playa Naranjo** (Zuschlag fürs Surfen 12 US$) an der Küste ist ein legendärer Surfstrand, die **Playa Nancite** Playa Nancite ein wichtiger Nistplatz für Oliv-Bastardschildkröten.

An der Panamericana ist 35 km nördlich von Liberia der Eingang zum Sektor Santa Rosa ausgeschildert. Zur Parkverwaltung sind es 7 km auf einer geteerten Straße. Hier befinden sich auch das Museum, Campingplätze und ein **Naturlehrpfad**. Vom Sitz der Parkverwaltung führt eine sehr holprige, 12 km lange Piste zur Playa Naranjo. Die berüchtigt schlechte Straße ist während der Regenzeit unpassierbar; ein Allradfahrzeug braucht man jedoch zu jeder Jahreszeit.

am Tag ein Bus nach Curubandé (40 Min.). Alle Hotels in Liberia können für rund 20 US$ pro Person den Transport zum Park organisieren. Oder man nimmt von Liberia ein Allradtaxi nach Las Pailas oder Santa María (ca. 40 bzw. 65 US$ je Strecke).

La Cruz

11 100 EW.

La Cruz ist der Ort, der dem Grenzübergang Peñas Blancas nach Nicaragua am nächsten liegt, und er ist das Haupttor zur Bahía Salinas, dem wichtigsten Kitesurferziel Costa Ricas. La Cruz selbst ist ein Provinznest auf einem Bergplateau, das viel costa-ricanischen Charme verströmt und einen wundervollen Blick auf die windgepeitschte Bucht erlaubt. Sich die Beine vertreten und ein geniales Panorama erleben kann man am El Mirador oder in der Bar nebenan.

Schlafen

Hotel Amalia Inn GASTHAUS $

(☎2679-9618; https://hotelamalialacruz.weebly.com; Calle Central, nahe Av 2; EZ/DZ mit Ventilator 25/35 US$, mit Klimaanlage 40/50 US$; P ❄ 📶 🏊) Das gelbe Gipsputzhaus auf einem Felsvorsprung ist gar keine schlechte Adresse! Die acht anheimelnden Zimmer sind kunterbunt eingerichtet und haben schöne Backsteinböden und Holzdecken. Die Wände des weitläufigen Hauses zieren modernistische Gemälde – Werke von Amalias verstorbenem Ehemann Lester Bounds. Auf der Gemeinschaftsterrasse eröffnet sich ein sensationeller Ausblick auf die Bucht.

Hotel La Mirada HOTEL $

(☎2679-9702; www.hotellamirada.com; Av 1; DZ 44–61 US$; P ❄ 📶) Nicht weit von der Panamericana – 100 m nördlich und östlich der Banco Nacional de Costa Rica – entfernt liegt die schickste Herberge der Stadt. Die liebevoll gepflegten Zimmer des von einer Familie betriebenen Hotels sind geräumig und sauber und verfügen über hohe Balkendecken und Loft-Schlafplätze. Die größten Zimmer haben dazu noch kleine Küchen und Klimaanlagen. Trotz des Namens gibt's hier so gut wie keinen Ausblick.

An- & Weiterreise

Der Busbahnhof liegt am westlichen Stadtrand etwas nördlich der Straße zur Bahía Salinas. An einem Schalter von **Transportes Deldú** (☎2223-7011; www.facebook.com/transportedeldu; Rte 935; ⏰7.30–12.30 & 13.30–18 Uhr) werden Fahrkarten verkauft und Gepäck aufbewahrt. Wer mit dem TransNica-Bus nach Peñas Blancas an der Grenze und weiter nach Managua in Nicaragua fahren will, muss ihn an der Panamericana heranwinken.

Peñas Blancas 1 US$, 45 Min., 5–17.30 Uhr 10-mal fast stündl.

San José via Liberia 7 US$, 5 Std., 5–19 Uhr stündl.

Infos zum Grenzübergang siehe S. 665.

PENÍNSULA DE NICOYA

Vielleicht locken einen die strahlend blauen Gewässer, deren Wellen sich an der gesamten Küste zu perfekten Barrels formen, an die

Península de Nicoya

COSTA RICA

0
20 km
Fortuna
Miravalles Protection Zone
Volcán Tenorio (1916 m)
San Rafael de Guatuso
Reserva Indígena Guatuso
Río Cote
Parque Nacional Volcán Tenorio
Guanacaste
Río Tenorio
Tierras Morenas
Alajuela
Pijije
Venado
Arenal
Laguna de Arenal
Bagaces
Unión
Tronadora
Río Corobici
1
Tilarán
La Fortuna (15 km)
Río Chiquito
Quebrada Grande
Cañas
Parque Nacional Volcán Arenal
Reserva Santa Elena
Cordillera de Tilarán
Parque Nacional Palo Verde
Bebedero
Reserva Biológica Bosque Nuboso Monteverde
Reserva Taboga
Santa Elena
Río Tempisque
Río Bebedero
Puerto Humo
Monteverde
Las Juntas de Abangares
Refugio de Vida Silvestre Cipanci
Parque Nacional Barra Honda
Puente La Amistad
Río Lagarto
Quebrada Honda
18
Barra Honda
Isla Chira
Rancho Grande
Reserva Biológica de los Pájaros
Río Grande
Golfo de Nicoya
Isla Caballo
Carmona
Chacarita
Barranca
160
17
Río Ora
21
Lepanto
Fähre
Jicaral
PUNTARENAS
Isla San Lucas
Mata de Limón
Cangrejal
Playa Naranjo
Reserva Biológica Isla Guayabo
Río Juan de Leon
Río Blanco
Bahía Gigante
Fähre
Quebrada Seca
160
Bejuco
Playa San Miguel
Isla Gigante
Reserva Biológica Islas Negritos
La Javilla
San Francisco de Coyote
Paquera
Playa Coyote
Curú
Refugio Nacional de Vida Silvestre Curú
Puntarenas
Isla Tortuga
Río Bongo
Playa Caletas
Pochote
Playa Tambor
Bajos de Arió
Tambor
Bahía Ballena
160
Río Negro
Cóbano
Playa Manzanillo
Reserva Absoluta Nicolás Wessburg
Montezuma
Playa Santa Teresa
Personenfähre Montezuma-Jacó
Mal País
Cabuya
Reserva Natural Absoluta Cabo Blanco

COSTA RICA

Península de Nicoya. Oder man will sich nur an einem wunderbaren Strand legen und die Sonne genießen. Wer möchte, kann tagsüber über raue Straßen holpern, Flüsse durchwaten und Bergkämme mit weiten Ausblicken über die Küste erklimmen. Wer möchte, kann abends nistende Meeresschildkröten in Augenschein nehmen oder zu Mitternacht ein Bad im sanften Pazifik nehmen. Auf jeden Fall herrscht hier kein Mangel an netten Bleiben, guten Restaurants und opulenten Wellnessangeboten für die Zeit zwischen den Abenteuern. Ob man nun zum Abhängen oder fürs Abenteuer gekommen ist – die Halbinsel Nicoya ist genau die richtige Adresse. Hier vergehen die Tage und Wochen viel zu schnell – wie eine Meeresbrise.

Playas del Coco

An der Playa del Coco dreht sich alles ums Sportangeln, während sich Hochseetauchen als weitere Attraktion herausbildet. Zur Happy Hour – die recht früh beginnt – mischen sich die Traveller unter die ausländischen Angler und Taucher. Aber es gibt hier auch eine costa-ricanische Gemeinschaft sowie Touristen aus dem Land selbst. Die Stadt richtete im Juni 2017 zum landesweit ersten Mal den Ironman aus und baute so ihren Ruf als internationale Sporthochburg weiter aus.

Wer bei Sonnenuntergang über die grasbewachsene Strandplaza bummelt, blickt auf die weite, von langen, zerklüfteten Halbinselarmen geschützte Bucht und die auf dem Wasser schaukelnden Motorboote und Fischer-*pangas*. Hier ist die Welt in Ordnung!

Aktivitäten

Besonders beliebte Aktivitäten sind Sportfischen, Tauchen und Seekajaken. Mit Seekajaks lassen sich wunderbar die felsigen Landspitzen nördlich und südlich vom Strand erkunden.

Pacific Coast Stand-Up Paddle WASSERSPORT
(Pacific Coast Discovery; ☎8359-5118; www.pacificcoastsuptours.com; Unterricht 35 US$, Touren 65–85 US$) Jorge und seine Crew bereiten Besuchern wunderbare Paddeltage, an denen Buchten erkundet, Delfine und andere Meerestiere gesichtet und an einem Strand gepicknickt wird, der einem fast ganz allein gehört. Auf der dreistündigen Tour ist sogar Zeit zum Schnorcheln. Außerdem im Angebot sind empfehlenswerte Surf- und Schnorchelausflüge.

Summer Salt TAUCHEN
(☎2670-0308; www.costaricadivecenter.com; Las Chorreras; 2 Tauchgänge inkl. Ausrüstung ab 105 US$) Der freundliche, von Schweizern geführte Tauchshop (ein Schild weist den Weg) hat professionelles, zweisprachiges Personal. Bei den Tauchausflügen können auch Schnorchler mitfahren.

Schlafen & Essen

Garden House at M&M HOSTEL $
(☎2670-0273; www.hotelmym.com; La Chorrera; B/DZ mit Frühstück 20/65 US$; ❄📶🏊) In Coco gibt's jede Menge billige *cabinas*, doch dies ist das einzige echte Hostel. Nach mehrmaligem Namens- und Betreiberwechsel heißt das Ganze jetzt Garden House und wird von den Leuten hinter dem Hotel M&M (s. u.) gemanagt. Das Angebot umfasst zwei Dorms, eine Handvoll Privatzimmer und einen netten Pool, alles nicht weit vom Strand.

Villa del Sol HOTEL $$
(☎2670-0085; www.villadelsol.com; La Chorrera; DZ mit Frühstück 65–85 US$, Apt. 85–105 US$; P❄@📶🏊) Das stille, schattige Anwesen rund 1 km nördlich vom Zentrum lockt Affen, Leguane und verschiedenste Vögel an, und dazu natürlich die in den Hängematten abhängenden Reisenden. Im Hauptgebäude befinden sich stilvolle Zimmer mit Balkonen, die Blick auf den Sonnenuntergang erlauben. Im hinteren Gebäude bieten die Studio-Apartments für bis zu vier Personen ein hervorragendes Preis-Leistungs-Verhältnis. Zum Strand sind es höchstens fünf Minuten zu Fuß.

Hotel M&M HOTEL $$
(☎2670-1212; www.hotelmym.com; EZ/DZ/3BZ mit Frühstück ab 27/42/53 US$; P📶) Romantische Strand-Hacienda mit Holzbalkon oberhalb des Plankenwegs. Die ventilatorgekühlten Zimmer haben Keramikfliesenböden, Balkendecken und Kaltwasserduschen. Und wer nicht am Strand herumplanschen möchte, kann bei der verbandelten Unterkunft Garden House (s. o.) ein Bad nehmen.

Congo CAFÉ $
(Café, Arte y Diseño; ☎2670-1265; www.costaricacongo.com; Hauptgerichte 6–10 US$; ⏰8–19 Uhr; P❄📶🌱) Das mit Bogennischen, Rattansofas und einer Kaffeebar aus Holz und Granit versehene Congo ist teils Café und teils flippiger Laden. Hier werden Kaffeegetränke sowie gesunde Sandwiches, Smoothies, Säfte, Salate und Frühstück serviert.

NICHT VERSÄUMEN

PLAYAS AVELLANAS & NEGRA

An diesen beiden beliebten Surfstränden rund 15 km südlich von Tamarindo brechen sich ein paar der besten und beständigsten Wellen des Gebiets, das durch den Surffilmklassiker *Endless Summer II* berühmt geworden ist. Weil die Surfbedingungen so gut sind, trägt ein Abschnitt den Beinamen „Little Hawaii".

Die Playa Avellanas ist ein absolut atemberaubender, unberührter Streifen mit blassgoldenem Sand. In der Mitte wird er von Mangroven begrenzt, an den Seiten von zwei kleinen Hügelchen. Selbst wenn in der Stadt viel los ist, gibt's hier noch genügend Platz, sodass sich kein Surfer oder Sonnenanbeter bedrängt fühlen muss.

Auch die Playa Negra ist ungemein romantisch. Zwar ist der Sand hier ein wenig dunkler und der Strand wird hie und da von Felsen unterbrochen, aber hier gibt es durch romantische Trampelpfade verbundene Gezeitenbecken, wo Expats abhängen – sie haben sich auf diesem Fleckchen Erde niedergelassen, um ein friedliches Dasein zu führen (und zu surfen).

Zwischen Tamarindo und diesen Stränden verkehren keine öffentlichen Verkehrsmittel, jedoch organisieren Surfcamps oft Ausflüge hierher. Außerdem fährt der Avellanas Express (S. 623) um 10, 14 und 17 Uhr ab Tamarindo; die ersten beiden Shuttles fahren bis zur Playa Negra. Zurück nach Tamarindo geht's ab der Playa Negra um 11 und 15 Uhr und von Avellanas um 11.15, 15.15 und 18 Uhr.

Soda La Teresita COSTA-RICANISCH $
(☎2670-0665; Hauptgerichte 5–10 US$; ⊙Mo–Sa 6.30–21, So bis 17 Uhr) In diesem Laden an der Kreuzung zwischen Hauptstraße und Strand kann man wunderbar Leute beobachten. Außerdem ist dies die beste Adresse für ein Mittagessen, egal ob einem der Sinn nach einer *torta* (Sandwich), einem traditionellen *casado* (Menü) oder Teresitas herzhaftem Frühstück steht. Das Soda La Teresita gibt's schon seit über 40 Jahren, das spricht für sich.

Praktische Informationen

Die **Polizei** (☎2670-0258) befindet sich südöstlich der Plaza am Strand.

An der Straße ortsauswärts, kurz hinter dem MegaSuper und der Banco de Costa Rica, befindet sich die **Post** (Correos de Costa Rica; ⊙Mo–Sa 8–17 Uhr).

An- & Weiterreise

Die San-José-Busse kommen am **Hauptbusterminal** an und fahren dort auch wieder ab. Es befindet sich rund 100 m nördlich des **Pato Loco Inn** (☎2670-0145; www.patolocoinn.com; DZ/3BZ/4BZ mit Frühstück 88/98/108 US$; P ❄ @ ☎ ≋ 🐾). Busse nach Liberia, Filadelfia und die sehr selten verkehrenden nach Playa Panama halten neben der roten Markise und den Bänken gegenüber vom Hard Rock Cafe.

Liberia 1,50 US$, 1 Std., Abfahrt von 5 bis 23 Uhr halbstündlich.

San José Pulmitan (S. 613); 9 US$, 5 Std., Abfahrt 4, 8 und 14 Uhr.

Playa Tamarindo

Wenn Patrick und Wingnut aus dem Surferfilm *Endless Summer II* von 1994 mit einer Zeitmaschine ins heutige Tamarindo reisen würden, haute es sie glatt von ihren Boards! 25 Jahre Hedonismus haben aus der ehemals verstaubten Kleinstadt „Tamagringo" gemacht – dank ihres beständigen Rufs als beste Surf- und Partydestination Costa Ricas ist sie für zahllose Traveller das erste und letzte Ziel im Land.

Aber trotz des Rufs als Partymeile hat Tamarindo noch einiges mehr als Surfen und Alkohol zu bieten: Es gehört zum Parque Nacional Marino Las Baulas de Guanacaste und der Strand ist sowohl für Erwachsene als auch für Kinder immer noch verlockend. Feinschmecker finden im Ort einige der besten Restaurants des Landes. Der Samstagsmarkt ist gut besucht und die große Konkurrenz sorgt dafür, dass die Übernachtungspreise im Rahmen bleiben. Dank seiner zentralen Lage bietet sich Tamarindo als Ausgangspunkt für die Erkundung der nördlichen Halbinsel an.

Sehenswertes

Parque Nacional Marino Las Baulas de Guanacaste PARK
(☎2653-0470; Erw./Kind 12/2 US$, Schildkrötentouren inkl. Parkeintritt 35 US$; ⊙8–12 & 13–17 Uhr, Touren 18–2 Uhr) Der Meeresnationalpark Las Baulas umfasst die gesamte Playa Grande

Playa Tamarindo

sowie das umliegende Land und 220 km² Ozean. Dies ist einer der wichtigsten Eiablageplätze der stark gefährdeten *baulas* (Lederschildkröten). Von Oktober bis März bieten Ranger abends Führungen zu den Nistplätzen. Auf Kanutouren können die Mangroven mit ihren Kaimanen und Krokodilen sowie zahlreichen Vogelarten, darunter dem Rosalöffler, erkundet werden.

Aktivitäten

Surfen

Ein Geschenk der Surfgötter: Tamarindo zeigt sich oft dann von seiner besten Seite, wenn an der Playa Grande Flaute herrscht. Die beliebtesten Wellen sind die mittelgroßen Righthander, die direkt vor dem Hotel Tamarindo Diria brechen. Im Wasser hier wimmelt es nur so von Anfängern. Es gibt auch eine gute Stelle mit links brechenden Wellen an der Flussmündung, wo aber besonders bei einsetzender Flut (also zur besten Surfzeit) hin und wieder Krokodile gesichtet werden. Vor den Felsen beim El Be treten manchmal kopfhohe Wellen auf.

Fortgeschrittene Surfer schätzen die größeren, schnelleren und nicht so vollen Wellen an den benachbarten Stränden: der Playa Langosta auf der anderen Seite der Landspitze, der Playa Avellanas, Negra und

Playa Tamarindo

Aktivitäten, Kurse & Touren

1 Asociación de Guías Locales de Tamarindo ... D2
2 Blue Trailz ... C3
3 Coastal Spanish Institute ... B4
4 Freedive Costa Rica ... B4
5 Iguana Surf ... C3
6 Instituto de Wayra ... B5
7 Kelly's Surf Shop ... C3
8 Learn Improve Surf Company ... C4
9 Tamarindo Diving ... C2

Schlafen

10 Blue Trailz Hostel ... C3
11 Hotel Mahayana ... C4
12 La Botella de Leche ... C5
13 Pura Vida Hostel ... C5
14 Tamarindo Backpackers ... B5
15 Villas Macondo ... C4

Essen

16 El Casado del Carro ... C4
17 Falafel Bar ... C4
18 Green Papaya ... C4
19 La Bodega ... C5
20 Surf Shack ... B4

Ausgehen & Nachtleben

21 El Be! ... B4
22 Sharky's ... B4

Junquillal im Süden und der Playa Grande im Norden.

In Tamarindo gibt es zahllose Surfschulen, die Unterricht und Leihbretter bieten. Surfstunden kosten ungefähr 45 US$ für eineinhalb bis zwei Stunden und die meisten Anbieter überlassen einem auch danach noch für ein paar Stunden das Brett.

★ Iguana Surf SURFEN

(Karte S. 620; ☎2653-0613; www.iguanasurf.net; Leihbretter 20 US$ pro Tag, Gruppen-/Kleingruppen-/Einzelunterricht 45/65/80 US$; ⊙8–18 Uhr) Iguana Surf veranstaltet schon seit 1989 Unterricht und so wissen sie wahrscheinlich, was sie tun. Toll für Paare und Familien, aber auch alle anderen. Der zweistündige Kurs umfasst neben dem Surfbrett auch das Rashguard und das Schließfach. Nach dem Unterricht kann die gesamte Ausrüstung zum halben Normalpreis geliehen werden.

Learn Improve Surf Company SURFEN

(Karte S. 620; ☎8316-0509; www.learnimprovesurfcompany.com; Unterricht EZ/DZ 70/90 US$) Edgar Sanchez möchte den Leuten das Surfen beibringen. Das Besondere an dieser Surfschule ist, dass sie Unterricht für sämtliche Alters- und Fertigkeitsstufen anbietet. Für erfahrenere Surfer werden außerdem Ausflüge zur Playa Avellanas und zur Playa Grande organisiert.

Kelly's Surf Shop SURFEN

(Karte S. 620; ☎2653-1355; www.kellyssurfshop.com/en; Leihbretter 20/120 US$ pro Tag/Woche, Gruppen-/Kleingruppen-/Einzelunterricht 50/65/90 US$; ⊙9–18 Uhr) Einer der besten Surfshops der Gegend mit toller Auswahl an recht neuen Boards, die man tage- oder wochenweise mieten kann. Premiumbretter kosten ein bisschen mehr. Die Mitarbeiter erteilen gern ausführliche Auskünfte über z. B. Unterrichtsmöglichkeiten. Außerdem stehen Leihfahrräder zur Verfügung.

Tauchen

Tamarindo ist ein Surfzentrum. Aber natürlich gibt's auch unter den Wellen was zu sehen. Tolle Tauchspots in der Gegend sind etwa das Cabo Velas und die Islas Catalinas.

Freedive Costa Rica TAUCHEN

(Karte S. 620; ☎8353-1290; www.freedivecostarica.com; Plaza Conchal; freies Tauchen 35–55 US$, Schnorcheln 60 US$, Speerfischen 155 US$; ⊙9.30–17.30 Uhr) Eigentümer Gauthier Ghilain meint, freies Tauchen sei „die natürlichste, intimste und reinste Form der Kommunikation mit der Unterwasserwelt". Freies Tauchen erfordert keine Ausrüstung und nur wenig Training. Gauthier verspricht bei der Erkundung des Meeres auf neue Art Sicherheit und viel Spaß.

Tamarindo Diving TAUCHEN

(Karte S. 620; ☎8583-5873; www.tamarindodiving.net; 2 Tauchgänge 110 US$) Es heißt Tamarindo Diving, dabei starten die Tauchtouren tatsächlich an der Playa Flamingo und führen zu den Islas Catalinas (wer mit dem Auto hinfährt, verbringt mehr Zeit auf der Straße, aber weniger Zeit auf dem Boot). Vom Boot aus sind oft Schildkröten, Delfine und Wale zu sehen und unter der Wasseroberfläche tummeln sich Adler- und Mantarochen sowie Haie.

Kurse

Coastal Spanish Institute SPRACHKURSE

(Karte S. 620; ☎2653-2673; www.coastalspanish.com; ab 365 US$ pro Woche) Die Spanischschule liegt direkt am Strand im Zentrum von Tamarindo – vielleicht tut das der Konzentration auf Grammatik und Vokabular ein wenig Abbruch. Spezialisiert ist die Schule auf Surf- und Spracharrangements mit 20 Stunden Spanischunterricht und sechs Stunden Surfunterricht inklusive Leihbrett.

Instituto de Wayra SPRACHKURSE
(Karte S. 620; ☎2653-0359; www.spanish-wayra.co.cr; ab 335 US$ pro Woche; ⊙Mo–Fr 7–17.30, So 10–16 Uhr) Diese Spanischschule bietet kleine Klassen und ein Eintauchen in die Sprache, z. B. durch Unterbringung in einer Gastfamilie.

Schlafen

Tamarindo Backpackers HOSTEL $
(Karte S. 620; ☎4033-4583; www.tamarindobackpackershostel.com; B 15 US$, DZ mit/ohne Bad 50/40 US$; P ❄ @ 📶 🏊) Die schöne gelbe Hacienda verströmt ein sehr einladendes Flair. Die Privatzimmer, die meisten mit Gemeinschaftsbad, fallen mit ihren mit spanischen Kacheln gefliesten Böden, den Wandgemälden, Balkendecken und Flachbildfernsehern sehr preisgünstig aus. Die Schlafsäle sind recht sauber, aber unspektakulär. Im tropischen Garten und um einen kleinen Pool herum laden Hängematten zum Abhängen ein. Fünf Minuten zu Fuß zum Strand.

La Botella de Leche HOSTEL $
(Karte S. 620; ☎2653-0189; www.labotelladeleche.com; B 13–15 US$, DZ 50 US$; P ❄ @ 📶 🏊) Das freundliche Hostel mit relaxter Atmosphäre empfiehlt sich durch das herzliche und aufmerksame Management und die klimatisierten Zimmer und Dorms. Die ansonsten schnörkellosen Zimmer sind mit Schablonenzeichnungen geschmückt. An Einrichtungen gibt's eine Gemeinschaftsküche, Surfbrettständer, Hängematten und ein Fernsehzimmer. 2018 wurde ein Yoga- und Fitnessstudio hinzugefügt.

Blue Trailz Hostel HOSTEL $
(Karte S. 620; ☎2653-1705; www.bluetrailz.com/tamarindo-hostel; B/Zi. 15/69 US$; ❄ @ 📶) Das makellos saubere kleine Hostel an der Strandstraße ist bei Surfern beliebt. Die Reisenden freuen sich über die sauberen, klimatisierten Schlafsäle sowie den aufmerksamen Service. Gäste erhalten im Surfshop **Blue Trailz** (Karte S. 620; Leihbretter 15 US$ pro Tag, Surfunterricht in Großgruppen/Kleingruppen/Einzelunterricht 45/60/80 US$; ⊙7–19 Uhr) Ermäßigungen auf Leihbretter, Leihräder, Unterricht und Touren – eine tolle Sache. In der Hauptsaison liegt der Mindestaufenthalt bei drei Nächten.

Pura Vida Hostel HOSTEL $
(Karte S. 620; ☎8368-3508, 2653-2464; www.puravidahostel.com; B 18–20 US$, DZ mit/ohne Bad 60/50 US$; ❄ @ 📶) Der schattige Komplex beherbergt Dorms und Zimmer mit witzigen Wandbildern und Spiegelmosaiken. Es herrscht eine freundliche und chillige Atmosphäre, besonders im Gemeinschafts-*rancho* mit Hängematten und Schaukelstühlen. Manchmal finden, passend zu den *rockero*-Wandbildern auf den Zimmern, Feuershows, Konzerte und Veranstaltungen statt, bei denen man selbst etwas zum Besten geben kann. Außerdem dürfen kostenlos Fahrräder und Surfbretter genutzt werden.

Hotel Mahayana HOTEL $$
(Karte S. 620; ☎2653-1154; www.hotelmahayana.com; DZ 65 US$; P ❄ 📶 🏊) Das Mahayana ist ein schönes Refugium abseits des Trubels der Hauptstraße. Die makellos sauberen, in Zitrusfarben gehaltenen Zimmer haben hohe Decken, große Fenster und jeweils eine eigene Terrasse mit Hängematten. Im Hof gibt's einen kleinen, kühlen Pool und eine Gartenküche, die die Gäste ebenfalls nutzen können.

Villas Macondo HOTEL $$
(Karte S. 620; ☎2653-0812; www.villasmacondo.com; EZ/DZ/3BZ 50/60/70 US$, mit Klimaanlage 75/87/97 US$, Apt. 125–170 US$; P ❄ @ 📶 🏊) Die Anlage mit sehr gutem Preis-Leistungs-Verhältnis ist zwar nur 200 m vom Strand entfernt, trotzdem aber in dem ansonsten hektischen Ort eine Oase der Ruhe. Die hübschen, modernen Villen mit Patio samt Hängematte liegen rund um einen tropischen Garten mit solarbeheiztem Pool. Die größeren Apartments sind mit Küchen ausgestattet und somit ideal für Familien. Einen Extrapunkt gibt's für den Namen Macondo, nach der (fiktionalen) Stadt aus Garcia-Marquez' Roman *Hundert Jahre Einsamkeit*.

Essen

★**La Bodega** FRÜHSTÜCK, SANDWICHES $
(Karte S. 620; ☎8395-6184; www.labodegatamarindo.com; Nahua Hotel; Hauptgerichte 6–8 US$; ⊙Mo–Sa 7–15, So bis 12 Uhr; 📶 🥗 👪) Der hübsche Laden samt Café ist auf einzigartige Kombinationen von Zutaten spezialisiert, mit Schwerpunkt auf frisch, regional und bio. Zum Frühstück werden mit Eiern wahre Kunststücke vollbracht, mittags gibt's ein ständig wechselndes Angebot mit Sandwiches und Salaten. Zu jeder Tageszeit passt zu einer frisch aufgebrühten Tasse Kaffee ein Bananenbrot oder ein Zitronenscone.

★**Green Papaya** MEXIKANISCH $
(Karte S. 620; ☎2652-0863; www.facebook.com/Gr33nPapaya; Hauptgerichte 5–10 US$; ⊙Di–So 11–21 Uhr; ❄ 📶 🥗 👪) Im Papaya kann man

sich an der Theke Frühstücksburritos oder auf einem Baumstumpfstuhl fabelhafte Küche gönnen. Wirklich perfekt sind die Goldmakrelentacos und Fleischverächter schätzen das breite Angebot an vegetarischen Gerichten, darunter Enchiladas in cremiger Chipotle-Sauce. Und zum Nachtisch winkt ein „Chocolate Lovers". Hier ist alles funky, frisch und freundlich – unbedingt vorbeischauen!

Surf Shack BURGER $

(Karte S. 620; ☎2653-2346; www.facebook.com/surfshacktamarindo; Hauptgerichte 5–10 US$; ⏲Fr–Mi 11–21 Uhr; 📶) Bei Heißhunger nach einem großen bösen Burger ist der Surf Shack genau richtig: Hier werden verschiedene Frikadellen, dicke Zwiebelringe und unwiderstehliche Milchshakes zubereitet. Die Blechwände und die Surfbrett-Deko sorgen für ein entspanntes Flair, wozu auch die Drinks von der Bar beitragen. Nur einen Katzensprung vom Strand – die Meeresbrise passt bestens zu allem, was man bestellt.

Falafel Bar LIBANESISCH $

(Karte S. 620; ☎2653-1268; www.facebook.com/tamarindofalafelbar; Hauptgerichte 5–10 US$; ⏲Mi–Mo 7–22 Uhr; 🖉) Wer genug von *casados* hat, dem bietet dieses orientalische Café mit Schawarma, Falafel, Tabouleh, Hummus und Kebabs eine tolle Abwechslung. Das Pita-Brot wird täglich frisch gebacken. Morgens gibt's frische Säfte und Kaffee, abends verwandelt sich das Lokal in eine echte Bar.

El Casado del Carro COSTA-RICANISCH $

(Karte S. 620; casados 4 US$; ⏲12–15 Uhr) Doña Rosa liefert in ihrem roten Fließheck-Toyota schon seit mehr als zehn Jahren erstklassige *casados*. Ihre treue Tico-Kundschaft stellt sich jeden Tag mittags an und um 14 Uhr ist gewöhnlich nichts mehr da. Die Mahlzeit wird in einem Styropor-Behälter gereicht, gewöhnlich mit Yams oder Banane, Reis, Huhn oder Rindfleisch und leckeren schwarzen Bohnen.

Ausgehen & Nachtleben

El Be! BAR

(Karte S. 620; ☎2653-2637; ⏲10–22 Uhr) Der ehemalige Le Beach Club hat die Sprache gewechselt und sich ein Ausrufezeichen zugelegt, aber das coole Ambiente ist dasselbe wie und je. Die Gäste lümmeln sich auf Strandbetten oder Hängematten und lauschen den DJ-Klängen. Zur Happy Hour (16–19 Uhr) gibt's Getränkeangebote, Livejazz und fabelhafte Sonnenuntergänge. Und wer Hunger hat: Auch das Essen ist nicht schlecht.

Sharky's SPORTBAR

(Karte S. 620; ☎8729-8274; www.sharkysbars.com; ⏲18–2 Uhr) Im Sharky's läuft auf neun Bildschirmen Sport – oder man tröstet sich mit Hamburgern und Wings und viel Bier. Jeden Abend wird außerdem spaßige Unterhaltung geboten, so dienstags Karaoke. Samstags ist Frauenabend – das Motto dazu: *„Un zarpe mas?"* (Noch ein letzter Drink?).

Praktische Informationen

Wer medizinische Betreuung braucht, sollte den **Coastal Emergency Medical Service** (☎2653-1974, Notfall 8835-8074; ⏲24 Std.) kontaktieren.

Backwash Laundry (⏲Mo–Sa 8–20 Uhr) Wäscherei.

An- & Weiterreise

Surfer, Strandgänger und Partyvolk machen sich per Flugzeug, Bus oder Auto auf den Weg nach Tamarindo. Wer die Unterkunft mit Bedacht wählt, braucht keinen Wagen – der Strand kann dann zu Fuß erreicht und die Umgebung im Rahmen von Touren erkundet werden.

Das Büro von **Empresa Alfaro** (Karte S. 620; ☎2653-0268, 2222-2666; ⏲Mo–Sa 7.30–17.30, So 9–15.30 Uhr) befindet sich in Strandnähe, während andere Busse von der **Bushaltestelle** (Karte S. 620) vor dem Pacific Park abfahren.

Schneller (und teurer) sind private Shuttles. **Tamarindo Transfers and Tours** (Karte S. 620; ☎2653-0505; www.tamarindotransfersandtours.com; Centro Comercial Galerías del Mar) bietet bequeme und praktische Transfers von Tamarindo zu Zielen im ganzen Land, u. a. zu beiden Flughäfen. Shuttles von **Tropical Tours** (Karte S. 620; ☎2640-0811, 2640-1900; www.tropicaltourshuttles.com) pendeln täglich zwischen Tamarindo und San José und fahren außerdem verschiedene Orte im Süden der Halbinsel Nicoya an.

Unterwegs vor Ort

Bei der **Asociación de Guías Locales** (ACUATAM; Karte S. 620; ☎2653-1687; Boote zur Playa Grande hin & zurück 3 US$, Schildkrötentouren 35 US$; ⏲7–16 Uhr) am Nordende des Strands kann man Boote für die Fahrt übers Mündungsgebiet zur Playa Grande mieten.

Avellanas Express (Karte S. 620; einfache Strecke/hin & zurück 6/12 US$; ⏲8–17 Uhr) betreibt Surfshuttles zu den Stränden der Umgebung. Ab Tamarindo werden zwei Strecken

BUSSE AB TAMARINDO

ZIEL	UNTERNEHMEN	PREIS (US$)	DAUER (STD.)	ABFAHRTEN
Liberia	La Pampa	3	2½	3.30–18 Uhr 12-mal tgl.
San José	Alfaro	11	5½	3 & 5.30 Uhr
San José	Tralapa	11	5½	7 Uhr
Santa Cruz	Tralapa	2	1½	6, 8.30 & 12 Uhr

abgefahren: die Blue Line pendelt zur Playa Conchal, die Green Line Richtung Süden nach Avellanas und Negra. Im Neptuno Surf Shop.

Playa Sámara

4150 EW.

Ist Sámara das Tor zum Glück? Jedenfalls sind hier schon viele Urlauber für immer hängen geblieben. Oberflächlich betrachtet ist es nur ein übersichtlicher, relaxter Strandort mit einem halbmondförmigen hellgrauen Sandstrand zwischen zwei felsigen Landzungen, wo die See sich von ihrer ruhigen und schönen Seite zeigt. Aber Vorsicht: Je länger man bleibt, desto geringer die Chance, dass man je wieder wegkommt!

Aktivitäten & Courses

Was immer die Lieblingsbeschäftigung am Strand sein mag – an der Playa Sámara besteht wahrscheinlich die Möglichkeit dazu. Erfahrene Surfer langweilt der unregelmäßige Wellengang von Sámara wohl eher, aber Anfänger haben hier großen Spaß. Ansonsten kann man hier wandern, reiten und Seekajak fahren sowie um die Isla la Chora herum schnorcheln. Eine Abwechslung zum Strand ist die Erkundung der bewaldeten Hügel, entweder zu Fuß oder per Seilrutsche.

Pato Surf School & Camp SURFEN

(☎8761-4638; www.patossurfingsamara.com; Surfbrettverleih 15 US$ pro Tag, Unterricht 35–45 US$; ⌚8–17 Uhr) Pato ist direkt am Strand am südwestlichen Ende der Stadt und bietet preisgünstige, aber gute Leihbretter sowie Surfunterricht für Anfänger. Die Lehrer sind top. Wer eine Unterrichtseinheit absolviert, kann danach fünf Tage lang kostenlos ein Brett ausleihen! Außerdem: Unterricht im Stehpaddeln und SUP-Ausrüstungsverleih, Kajakverleih und -touren sowie Schnorchelausrüstung. Und dazu noch Massagen am Strand ... Was will man mehr?

Es gibt ein neues Angebot: Pato's Surf Camp. Die Surfpakete (3, 7 oder 10 Tage lang) beinhalten Transport, Unterkunft und Verpflegung sowie Spanischunterricht.

Intercultura Costa Rica Spanish Schools SPRACHKURSE

(☎2656-3000; www.interculturacostarica.com; Kurse mit/ohne Unterbringung in einer Gastfamilie 470/315 US$) Das Centro de Idiomas Intercultura befindet sich direkt am Strand – ein paradiesisches Plätzchen zum Lernen, aber man wird natürlich schnell abgelenkt! Zu den Sprachkursen kann die Unterbringung in einer Gastfamilie arrangiert werden. Auch Sprachkurse für Kinder.

Schlafen

★ **Camp Supertramp** HOSTEL $

(☎2656 0190; napharddreambig@campsupertramp.com; Hojancha; Stellplätze 8 US$ pro Pers., B 10 US$, Cabina EZ/DZ 15/25 US$) Das Camp Supertramp ist umgezogen und liegt jetzt 8 km südwestlich von Hojancha neben dem Wasserfall Salto de Calvo, wo sich Berg- und Meerpanoramen eröffnen. Die Liste der tollen Sachen ist endlos: Thomas (der Eigentümer), Subwoofer (sein Hund), die Dschungeldusche, die Feuerstelle, der VW-Bus von 1971, die Tischtennisplatte, ein Volleyballfeld ... Die Atmosphäre hier ist sonnig und sehr entspannt.

El Cactus Hostel HOSTEL $

(☎2656-3224; www.samarabackpacker.com; B 18 US$, DZ 45–75 US$; 📶🏊) Das in leuchtenden Zitrusfarben angemalte El Cactus ist eine tolle Backpackerbleibe, besonders für Leute, die es eher ruhig als partymäßig mögen. Die frischen Zimmer sind mit Holzmöbeln, sauberer Bettwäsche und warmen Duschen ausgestattet. Einen kleinen Pool umgeben Hängematten und es steht auch eine komplett ausgestattete Küche zur Verfügung. An einer Nebenstraße im Ortszentrum, 100 m vom Strand.

Hostel Matilori HOSTEL $

(Matilori Hostel; ☎2656-0291; www.hostelmatilori.com; B/EZ/DZ/2BZ 15/35/40/50 US$; 🅿📶) Mit seinen Privatzimmern mit Gemeinschaftsbad im Haupthaus und seinen behaglichen Schlafsälen für vier oder sechs Personen im Nebengebäude bietet dieses Hostel ein fabelhaftes Preis-Leistungs-Verhältnis. Alle Zimmer sind frisch gestrichen und die Gäste können eine Küche und einen schattigen Patio nutzen. Die netten Betreiber Fran und Jen reichen ihren Gästen zur Begrüßung ein Bier. Einen Block vom Strand entfernt.

Hotel Casa Paraíso PENSION $

(☎2656-0741; http://casaparaisoahorasi.com; B/DZ 15/60 US$; 📶) Hinter dem Restaurant Ahora Sí versteckt liegt ein reizendes kleines Gästehaus. Die vier einfachen Zimmer und der Schlafsaal sind in tiefen Blautönen und angenehmen Pastellfarben gehalten, ergänzt durch Wandbilder, hohe Decken und bequeme Betten. Für Kühle sorgen die Deckenventilatoren, für Wärme die heißen Duschen und Gastgeberin Sylvia bezaubert mit ihrem umwerfenden Charme. Im Restaurant gibt's italienische Küche.

Las Mariposas HOSTEL $

(☎8703-3625, 2656-0314; www.hostelmariposas.com; Hängematte 8 US$, B 12–15 US$, DZ mit/ohne Bad 38/30 US$; 📶) Das freundliche Hostel mit hohem Spaßfaktor hat ein frisches, jugendliches Flair. Es liegt an der unbefestigten Straße nahe der Sprachschule und bietet Holzzimmer und -schlafsäle, zahlreiche Hängematten, Papierlaternen und eine große Küche. Nur 60 m vom Strand entfernt.

La Mansion B&B B&B $$

(Bed and Best Breakfast; ☎2265-0165; http://isamara.co/mansion/index.htm; EZ 40 US$, DZ 50–80 US$, Suite 150 US$; P❄📶) Diese weißgetünchte Beton-Hacienda befindet sich an einer ruhigen Straße und wartet mit Ventilatoren und buntem Schnickschnack auf. Das Haus verströmt jede Menge Charme: Die Zimmer sind geräumig und hell. Die aus Arizona stammende Besitzerin Marlene McCauley ist stolz auf ihre großen, leckeren Frühstücksgelage. Die Kunst an den Wänden stammt von ihr; wer mag, kann eine der niedlichen Postkarten mit Vogelmotiv als Souvenir kaufen. Die Klimaanlagennutzung kostet extra.

Essen & Ausgehen

Sámara ist nicht unbedingt ein Partymekka, doch ist hier abends schon ein bisschen was los. Nach Sonnenuntergang tummeln sich die Gäste in den Strandbars. Bei Lo Que Hay und Flying Taco handelt es sich zwar eigentlich um Taco-Bars, doch zu späterer Stunde liegt der Schwerpunkt eindeutig auf „Bar". Neuzugang **Media Luna** (Tapas y Vino; ☎8416-1852; www.facebook.com/Media-Luna; ⏱18–2 Uhr) erinnert an eine Cocktailbar im Gatsby-Stil.

★ **Lo Que Hay** MEXIKANISCH $

(☎2656-0811; Tacos 2 US$, Hauptgerichte 8–12 US$; ⏱7–23 Uhr) Diese beliebte Strand-*taquería* und -Kneipe bietet sechs köstliche Taco-Füllungen (Fisch, Chorizo, Huhn, Rind, Schwein und vegetarisch). Lecker sind auch die mit *pico de gallo* gefüllten Avocados. Und an der Bar gibt's bis in die frühen Morgenstunden was zum Süffeln.

Roots Bakery BÄCKEREI $

(☎8924-2770; www.facebook.com/rootsbakerycafeEnSamara; Backwaren 3–5 US$; ⏱Mo–Sa 7–16, So bis 12 Uhr; 📶) Sehr gut ist der Möhrenkuchen, aber noch besser ist die Spinatquiche. Doch wahrlich himmlisch sind die Zimtschnecken – so hochkalorisch und klebrig und süß, dass man nach dem Verzehr eine Beichte ablegen muss. Toll! Die Bäckerei liegt an der Hauptstraße gegenüber der Abzweigung nach Carrillo. Nur Barzahlung (wie vielerorts in Sámara).

Ahora Sí VEGETARISCH $

(☎2656-0741; http://casaparaisoahorasi.com; Hauptgerichte 5–11 US$; ⏱8–22 Uhr; P📶🖉) Sylvia aus Bergamo betreibt dieses vegetarische Restaurant samt Cocktailbar sowie den Fischladen nebenan. Die Gäste dürfen sich auf Smoothies mit Kokosmilch, Gnocchi mit Schnittlauch oder Räucherkäse, Sojaburger und importierte italienische Pasta freuen. Gespeist wird auf einer liebevoll gestalteten Terrasse. Die Stuhllehnen sind geformt wie Musiknoten, auf den Speisekarten stehen inspirierende Sinnsprüche. Gute Stimmung, gutes Essen.

Sámara Organics – Mercado Organico MARKT $$

(☎2656-3046; www.samaraorganics.com; Smoothies & Säfte 4–5 US$; ⏱7–20 Uhr) Eine gute Adresse für gesundes Essen. Es ist nicht billig, aber Selbstversorger und alle, die unter irgendeiner Lebensmittelunverträglichkeit leiden, werden dieses Café mit Markt, seine Bioprodukte und köstlichen fertigen Speisen zu schätzen wissen. In dem kleinen Sitzbereich kann man sich zum Erzählen oder Lesen niederlassen. An der Hauptstraße parallel zum Wasser.

Flying Taco BAR

(El Taco Volador; ☎8409-5376; ⏱11–2 Uhr; 📶) Die relaxte Tex-Mex-Strandbar nahe dem Fußballfeld hat zwar auch zum Mittagessen geöffnet – und das ist lecker –, doch schöner ist es hier abends, mit Karaoke, Poker und Margaritas. Nicht vergessen, die Tacos zu probieren. Mittwochs treten unterschiedlich begabte Musiker bei der offenen Bühne („Taco Jam") auf und sorgen für Stimmung; dann füllt sich der Laden.

Praktische Informationen

La Vida Verde (Green Life; ☎2656-1051; greenlife@samarabeach.com; 3 US$ pro kg; ⌚Mo–Sa 8–18 Uhr) Die Wäscherei liegt 75 m westlich der Banco Nacional. Oder man ruft an und lässt seine schmuddlige Wäsche abholen.

Post (⌚Mo–Fr 8–12 & 13.15–17.30 Uhr) Im selben Gebäude wie die Polizei (wo die Hauptstraße auf den Strand trifft).

Samara Beach (www.samarabeach.com) Auf dieser exzellenten Website kann man sich detailliert über Sámara erkundigen. Sie umfasst eine ganz gute Touristenkarte von Dorf und Strand.

Samara Info Center (☎2656-2424; www.samarainfocenter.com; ⌚8–18 Uhr) Das Infocenter befindet sich vorm Lo Que Hay und wird von der liebenswürdigen Brenda und dem freundlichen Christopher betrieben. Sie bieten Hilfe bei der Unterkunftssuche, empfehlen Restaurants, kümmern sich um Verkehrsmittel und beantworten Fragen über Sámara und Carrillo. Und sie buchen Touren.

An- & Weiterreise

Zwischen 5.30 und 19 Uhr fahren zehn Traroc-Busse nach Nicoya (3,60 US$, 1 Std.). In entgegengesetzter Richtung fahren sie zur Playa Carrillo.

Mal País & Santa Teresa

Bis in die Mitte der 1990er-Jahre gab es in Santa Teresa noch nicht einmal Strom. Dann verstarb ein Großgrundbesitzer und seine Ländereien wurden aufgeteilt, woraufhin sich die Landschaft nördlich der Playa-El-Carmen-Kreuzung für immer veränderte. Heutzutage muss man abwägen, ob die tollen Restaurants und die Yogaschulen mit sensationellem Meerblick einen für die nervtötenden Quadbikes entschädigen, die allgegenwärtig Staub aufwirbeln.

Nach wie vor ist Santa Teresa eine Surferhochburg, wenngleich sie kein wohlgehütetes Geheimnis mehr ist. Darüber hinaus gibt's viele tolle Restaurants und einen Hauch von Nachtleben. Das gesamte Gebiet breitet sich entlang einer Küstenstraße aus, die von Santa Teresa im Norden über Playa El Carmen bis zum Fischerort Mal País führt.

Aktivitäten

Die meisten Leute kommen zum Surfen nach Santa Teresa und Mal País und vielleicht auch wegen der Orte selbst. Ansonsten möchten die meisten Besucher außer vielleicht ein bisschen Yoga auch gar nicht viel machen. Aber an der wunderschönen, unberührten Küste lassen sich bei Bedarf problemlos Ausritte und Angeltouren arrangieren. Ein weiteres Highlight mit hohem Spaßfaktor ist Seilrutschen.

Schlafen

Don Jon's BUNGALOW $

(☎2640-0700; www.donjonsonline.com; Santa Teresa; B/Bungalow & Baumhaus/Apt. 20/60/110 US$; P❄📶) Diese Unterkunft ist nur 100 m von der Brandung entfernt und die perfekte Basis für alle, die einfach nur entspannt abhängen wollen. Die rustikalen Teakholz-Bungalows sind fantasievoll eingerichtet, die schönen Dorms verfügen über spanische Fliesen und hohe Decken und im Garten herrscht kein Mangel an Hängematten. Das faszinierende Baumhaus birgt ein entzückendes Gästezimmer, darüber hinaus findet dort Yogaunterricht statt. Nicht alle Zimmer sind klimatisiert. 150 m hinter dem Fußballplatz.

Casa Zen PENSION $

(☎2640-0523; www.zencostarica.com; Santa Teresa; B/DZ/3BZ/4BZ mit Frühstück 15/35/42/50 US$; P📶) Die entzückende, asiatisch inspirierte Pension wartet mit himmlischen Wandbildern und Buddhastatuen auf. Die farbenfrohen, aber einfachen Zimmer teilen sich die Bäder und zwei komplett ausgestattete Küchen. Einige Gäste haben sich darüber beschwert, dass die dünnen Wände und der vorbeifahrende Verkehr der Zen-Atmosphäre Abbruch tut – doch man könnte auch sagen, dass der Lärm einem die Möglichkeit bietet, sich noch mehr in Entspannung zu üben. An der Zufahrtsstraße zum Strand.

Cuesta Arriba HOSTEL $

(☎2640-0607; www.cuestaarriba.com; Santa Teresa; B 18 US$, DZ 50–60 US$; P❄📶🏊) Dieses Hostel für Intellektuelle zieht ein etwas gesetzteres Publikum an, das sich über das geordnete Ambiente freut. Ein eigenes Bad, Betonböden, bunte Wandbehänge und fantasievolle Fliesendekorationen zeichnen sowohl die Dorms als auch die Privatzimmer aus. Zu den Gemeinschaftsbereichen gehören eine gut ausgestattete Küche, eine luftige Terrasse oben und ein Garten mit Hängematten. 3 km nördlich der T-Kreuzung.

Malpaís Surf Camp & Resort LODGE $$
(☎2640-0031; www.malpaissurfcamp.com; Mal País; Stellplatz 16 US$ pro Pers., B 22 US$, DZ mit/ohne Bad 90/50 US$, Haus ab 108 US$; P ❄ @ 🛜 ≋) Hier gibt's gemütliche private *cabanas* wie auch luxuriösere Bleiben, aber den besten Deal in dieser Surferlodge bietet der Freiluft-*rancho* mit Blechdach und Kieselboden, den man sich mit drei anderen Surfern teilen kann. Ein tropisches Gelände, ein üppiger Pool, eine Freiluftlounge mit kaltem Bier – da kommt gute Laune auf!

Essen & Ausgehen

Zwart Cafe CAFÉ $
(Zwart Art Café; ☎2640-0011; Santa Teresa; Hauptgerichte 4–8 US$; ⏲7–17 Uhr; 🛜) Zwar bedeutet das niederländische Wort *zwart* „schwarz", doch diese im Shabby-Chic gehaltene, von einem Künstler geführte Galerie samt Café ist ganz weiß. Schön sind die vom Surfen inspirierten bunten Gemälde, der gutbesuchte Patio und das Frühstück mit z. B. Schoko-Pfannkuchen. Das Mittagessen steht voll und ganz im Zeichen des Burritos. Rund 2 km nördlich der T-Kreuzung gelegen (wenn man gen Norden läuft rechter Hand).

Roca Mar BAR
(☎2640-0250; www.facebook.com/rocamarbeachsantateresa; Santa Teresa; ⏲12–21 Uhr; 🛜) Die ziemlich perfekte Strandlounge im Hotel Blue Surf Sanctuary am nördlichen Ortsrand lockt vor allem die vor Ort lebenden Ausländer an. Sitzsäcke sind im Sand verteilt und zwischen den Bäumen sind Hängematten aufgespannt – alles in perfekter Ausrichtung zum Sonnenuntergang. Sonntagabends findet hier eine offizielle Sunset Party statt, ein familienfreundliches Event mit Livemusik und Feuertänzern. Von September bis November geschlossen.

An- & Weiterreise

Alle Busse starten und halten am Ginger Café, 100 m südlich vom Hostel Cuesta Arriba, doch man kann die Busse auch überall an der Straße in Santa Teresa anhalten. Bei Frank's Place biegen die Busse links ab und fahren dann landeinwärts Richtung Cóbano.

Um 7.30 und 15.30 Uhr gehen direkte Busse über die Paquera-Fähre nach San José (13 US$, 6 Std.). Nach Cóbano (2 US$, 45 Min.) verkehren Busse um 7 und 12 Uhr.

Tropical Tours (☎2640 1900, WhatsApp 8890 9197; www.tropicaltourshuttles.com) hat sein Büro direkt neben Frank's Place und bietet einen verlässlichen Shuttleservice auf der Halbinsel sowie nach Liberia und weiter bis zur nicaraguanischen Grenze.

Montezuma

Der reizende Strandort Montezuma lädt zum Bummeln, Baden und (wenn man ein Stückchen weiter geht) Surfen ein. Der warme, wilde Ozean und die Reste des stets vernehmbaren Dschungels haben es diesem felsigen Winkel ermöglicht, sich ein freundliches Künstlerflair zu bewahren. Zwar gibt's hier auch den normalen Tourismus mit etwa Canpoy-Touren, aber man findet auch eine bohemehafte, hippiemäßige Strandkultur mit Yoga-Zentren, Freiwilligenarbeit, vegetarischen Lokalen und Neo-Rastafaris, die handgefertigten Schmuck und erbauliche Kräuter verhökern. Kein Wunder, dass die Einheimischen ihrem Dorf den Spitznamen „Montefuma" verpasst haben.

Aber perfekt ist es nicht. Besonders die Unterkünfte bieten wenig fürs Geld und auch die Restaurants überzeugen oft nicht, obwohl es auch ein paar echte Perlen darunter gibt. Doch in diesem Barfuß-*pueblo*, der sich mehrere Kilometer lang an der zerklüfteten Küste entlangzieht, ist man nie weit vom Meer entfernt – und das ist immer schön.

Sehenswertes

★ **Montezuma-Wasserfälle** WASSERFALL
(Parken 2 US$) Nach einer etwa 40-minütigen Wanderung am Fluss entlang gelangt man zu einem Wasserfall mit einem wunderbaren Badebecken. Noch ein Stück weiter lädt eine andere Reihe von Fällen zu einem tollen 10-m-Sprung ins tiefe Wasser ein. Die „Tauchplattform" ist vom Weg aus zu erreichen – nicht versuchen, über die glitschigen Felsen zu klettern! Abenteuerlustige können mit einem Seil, das über einer dritten Serie von Wasserfällen schwingt, ihre Tarzan-Fertigkeiten testen. Viele Traveller haben sich hier schon dem kleinen Sprungabenteuer hingegeben, aber es sind dabei auch schon einige zu Tode gekommen – man macht das Ganze also auf eigene Gefahr!

Der Parkplatz befindet sich südlich der Stadt gleich hinterm Hotel La Cascada. Hat man den Wagen abgestellt, folgt man dem Pfad rechter Hand hinter der Brücke. Ordentliche Wanderschuhe anziehen! Ranger bzw. Aufseher (zu erkennen an den Westen und Kappen) entlang des Wegs informieren

Montezuma

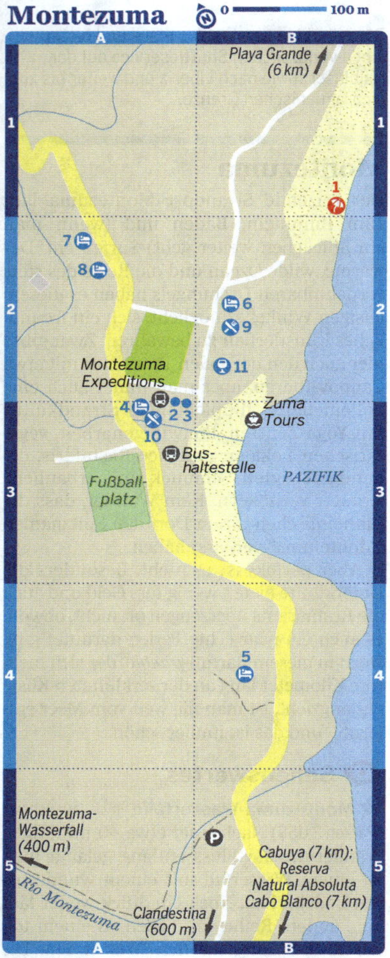

Montezuma

Sehenswertes
1 Playa Montezuma B1

Aktivitäten, Kurse & Touren
Montezuma Yoga .... (s. 5)
2 Sun Trails A3
3 Zuma Tours A3

Schlafen
4 Downtown Montezuma Hostel A3
5 Hotel Los Mangos B4
6 Hotel Pargo Feliz B2
7 Luna Llena A2
8 Luz en el Cielo A2

Essen
9 Orgánico B2
10 Soda El Balcón del Mar A3

Ausgehen & Nachtleben
11 Chico's Bar B2

über die sichersten Routen (insbesondere während der Regenzeit). Familien mit Kindern oder ältere Reisende könnten **Sun Trails** (Montezuma Waterfall Canopy Tour; Karte S. 628; ☎2642-0808; www.montezumatraveladventures.com; Touren ab 45 US$; ⏱9, 13 & 15 Uhr) kontaktieren, der Anbieter nimmt allerdings 4 US$ fürs Parken.

Playa Montezuma STRAND

(Karte S. 628) Der beste Strand in Ortsnähe erstreckt sich unmittelbar nördlich: Der pulvrige Sand ist vor großen Wellen geschützt, sodass man sich hier wunderbar in der Sonne räkeln kann. Das Seegrün des Wassers erfreut sofort das Herz, die Temperatur ist perfekt und es tummeln sich hier zahlreiche Fische. Am Nordende des Strands führt ein Pfad zur Bucht **Piedra Colorada**. Dort bildet ein kleiner Wasserfall ein Süßwasserbecken, das zum Baden einlädt.

Reserva Natural Absoluta Cabo Blanco NATURSCHUTZGEBIET

(☎2642-0093; Erw./Kind 12/2 US$; ⏱Mi–So 8–16 Uhr) Costa Ricas ältestes Naturschutzgebiet umfasst eine Fläche von 12 km² an der Spitze der Península de Nicoya. Der einzigartige Park ist mit immergrünem Wald bedeckt und wird von leeren weißen Stränden und Inseln flankiert, außerdem geht ein Wanderweg durch ihn hindurch: Der 4,5 km lange **Sendero Sueco** (Schwedische Weg) führt zu einem prächtigen Dschungelstrand an der Spitze der Halbinsel. Montags und dienstags ist das Reservat geschlossen.

Schlafen

★ **Luz en el Cielo** HOSTEL, B&B $

(Karte S. 628; ☎2642-0030; www.luzenelcielo.com; B 23–25 US$, Cabinas 85–95 US$, Haus 125–145 US$; P 📶) Das heimelige Hostel und B&B im Dschungel, aber nur zwei Minuten vom Ort entfernt, ist ein netter Rückzugsort. Die engen Schlafsäle sind supersauber und bieten stabile Holzmöbel und Schließfächer. Größer sind die „Luxusschlafsäle", die auch über eigene Balkone und Bäder verfügen. Wunderbar sind auch die Baumwipfel-*cabinas*, das tolle Frühstück von **Organico** (Karte S. 628; ☎2642-1322; www.organicocostarica.com; Hauptgerichte 8–12 US$; ⏱8–22 Uhr; 🌱), die einladenden Hängematten und die sehr freundlichen Mitarbeiter. Neuerdings werden auch zwei vollständig möblierte Häuser samt Küche vermietet: die Casa Azul und Casa en el Cielo.

Luna Llena HOSTEL $

(Karte S. 628; ☎2642-0390; www.lunallenahotel.com; B 15 US$, EZ/DZ 55/65 US$, ohne Bad 28/38 US$; P 📶) Diese Budgetunterkunft auf einem Hügel am nördlichen Ortsrand mit Blick auf die Bucht ist absolut entzückend. Die einfachen Zimmer sind stylisch, farbenfroh und sauber und haben zumeist einen Balkon. Außerdem gibt's eine riesige Küche, einen Grill und eine luftige Lounge mit Rattan-Schwingsesseln und atemberaubendem Meerblick. In den umliegenden Bäumen sind jede Menge Tiere unterwegs.

Hotel Los Mangos HOTEL $

(Karte S. 628; ☎2642-0076; www.hotellosmangos.com; Zi. mit/ohne Bad 75/35 US$, Bungalows 90 US$; P ❄ 📶 🏊) Dieses originelle Hotel in einem Garten mit Mangobäumen wartet mit einfachen Zimmern mit bemaltem Holz im Hauptgebäude sowie hübschen, wenn auch dunklen achteckigen Bungalows auf, die mehr Privatsphäre bieten. In den Mangobäumen tummeln sich Affen, und in einem wunderbaren Pavillon mit Meerblick wird **Yoga-Unterricht** (Karte S. 628; ☎8704-1632, 2642-1311; www.montezumayoga.com; 14 US$ pro Pers.; ⏲Mo–Fr 8.30, Di, Mi, Sa & So 18 Uhr) erteilt. Neben dem Pavillon befinden sich ein Pool und ein Jacuzzi. Los Mangos liegt an der Straße, die aus der Stadt nach Süden zum Wasserfall führt.

Downtown Montezuma Hostel HOSTEL $

(Karte S. 628; ☎8516-6921; www.dtmontezuma.com; B 14 US$, DZ mit/ohne Bad 45/35 US$; 📶) In dem schrägen kleinen zweistöckigen Hostel gibt's Kunst an allen Wänden, eine saubere Gemeinschaftsküche und zahlreiche Hängematten zum Herumschaukeln. Im Preis inbegriffen ist zum Frühstück Kaffee bis zum Abwinken und Pfannkuchen zum Selbermachen. Die 4-Bett-Dorms und Privatzimmer sind nichts Besonderes, aber die nette, freundliche Stimmung kommt bei den Gästen gut an. Ab 23 Uhr gilt die streng überwachte Ruhezeit.

Hotel Pargo Feliz CABINAS $

(Karte S. 628; ☎2642-0064; DZ 35–50 US$; 📶) Die Strand-*cabinas* haben eine unschlagbare Lage im Herzen Montezumas. Die einfachen, aber sauberen Zimmer sind mit Ventilator ausgestattet. Auf dem Gemeinschaftsbalkon und der Gartenterrasse gibt's zum Relaxen Hängematten mit Meerblick, und nachts wiegt einen das Rauschen der Wellen in den Schlaf.

Essen & Ausgehen

Soda El Balcón del Mar FISCH & MEERESFRÜCHTE $$

(Karte S. 628; www.facebook.com/sodaelbalcondelmar; Hauptgerichte 8–12 US$; ⏲7–24 Uhr) Auf dem Balkon mit Blick auf den Strand kann man wunderbar unter den rot-weiß-blauen (und damit tico-farbenen!) Lampions sitzen, Schwärme von Pelikanen beobachten und den Nachmittag vorüberziehen lassen. Zu den leckeren Vorspeisen gehören Pfahl- und Venusmuscheln und wer mag, kann sich anschließend noch einen ganzen Fisch bestellen – fangfrisch natürlich. Gegenüber liegt der Taxistand.

★ **Clandestina** LATEINAMERIKANISCH $$

(Cocina Hispanoamericana; ☎8315-8003; www.facebook.com/clandestinamontezuma; Hauptgerichte 8–12 US$; ⏲Di–Sa 12–21 Uhr; 📶 🌿) Das Geheimnis ist gelüftet: Das angesagteste Restaurant in Montezuma ist dieses fabelhafte Bohemelokal in den Bäumen beim Schmetterlingsgarten. Es verwöhnt seine Gäste mit innovativen Interpretationen zentralamerikanischer Klassiker wie täglich wechselnden Tacos und köstlichen Hühnchen-Enchiladas. Vegetarier dürfen sich auf Süßkartoffel-Linsen-Kuchen und *chiles rellenos* (gefüllte Paprika) freuen. Sehr zu empfehlen: das an Ort und Stelle gebraute Butterfly Beer.

Chico's Bar BAR

(Karte S. 628; ⏲11–2 Uhr) Die wichtigste Ausgehadresse im Ort heißt Chico's, sodass hier jeder irgendwann landet, vor allem donnerstags zur Reggae-Nacht. Von den Tischen auf dem Patio hinterm Haus bieten sich wunderschöne Ausblicke. Die Bar liegt an der Hauptstraße parallel zum Strand.

Praktische Informationen

Der einzige Geldautomat ist ein BCR-*cajero* gegenüber von Chico's Bar. Die nächste richtige Bank befindet sich in Cóbano. Die Tourveranstalter im Ort wechseln US-Dollars, Euros und Reiseschecks.

An- & Weiterreise

BUS

Die Busse fahren in Montezuma von dem **unbefestigten Platz** (Karte S. 628) am Strand ge-

BUSSE AB MONTEZUMA

ZIEL	PREIS (US$)	DAUER	ABFAHRTEN
Cabo Blanco, via Cabuya	1,50	45 Min.	5.30–20 Uhr 8-mal tgl.
Cóbano	2	1 Std.	8.15, 10.15, 12.15, 16.15 Uhr
Paquera, via Cóbano	3	2 Std.	3.45, 6, 10, 12, 14, 16 Uhr
San José	14	5 Std.	7.30–15.30 Uhr

genüber vom Fußballplatz ab. Fahrkarten gibt's direkt beim Busfahrer. Wer nach Mal País oder Santa Teresa will, fährt am besten nach Cóbano und steigt dort um. Der Paquera-Bus setzt Passagiere auf Wunsch am Eingang zum Refugio Nacional de Vida Silvestre Curú ab.

Montezuma Expeditions (Karte S. 628; ☎2430-6541; www.montezumaexpeditions.com; 40–70 US$) und Tropical Tours (S. 627) betreiben täglich Privatshuttles nach San José, La Fortuna, Monteverde, Jacó, Manuel Antonio, Dominical, Tamarindo, Sámara und Liberia.

SCHIFF/FÄHRE

Zuma Tours (Karte S. 628; ☎2642-0024; www.zumatours.net; Schnorcheln mit Schildkröten 60 US$, Baumwipfeltouren 45–50 US$; ⊙7–21 Uhr) bietet eine schnelle Wassershuttleverbindung von Montezuma nach Jacó (1 Std.). Bei einem Preis von rund 40 US$ ist es nicht gerade billig, aber man spart einen ganzen Reisetag. Ab Montezuma fahren die Schiffe täglich um 9.30 Uhr; im Preis inbegriffen ist der Transfer mit Kleinbussen vom Strand zum Busbahnhof in Jacó. Ab Jacó fährt das Boot um 11 Uhr nach Montezuma zurück. In der Hauptsaison verkehrt vielleicht ein zusätzliches Schiff, Abfahrt in Montezuma um 13.30 Uhr, in Jacó um 15 Uhr. Die Boote lassen sich bei allen Tourenveranstaltern buchen. Angemessene Kleidung anziehen – es könnte ziemlich nass werden!

ZENTRALE PAZIFIKKÜSTE

Die zentrale Pazifikküste zwischen dem rauen Hafen Puntarenas und dem Örtchen Uvita beherbergt neben sonnigen Stränden sowohl trockene als auch feuchte tropische Wälder und knausert auch nicht mit der Tierwelt. An der Küste bieten Nationalparks gefährdeten Totenkopfäffchen und Hellroten Aras ein sicheres Zuhause, und in den Gewässern vor der Küste tummeln sich wandernde Wale und Schulen von Delfinen.

Angesichts einer solch großen Artenvielfalt auf so engem Raum ist es kein Wunder, dass diese Gegend oft als ein Costa Rica im Miniaturformat gilt. Da sie nicht allzu weit von San José entfernt ist und es hier ein gutes Netz aus geteerten Straßen gibt, ist dieser Teil des Landes ein beliebtes Ziel für Wochenendausflüge sowohl für Leute aus dem In- als auch aus dem Ausland.

Obwohl die Region durch unreguliertes Wachstum bedroht ist – insbesondere durch den Bau eines neuen internationalen Flughafens in Orotina, der 3,5 Milliarden US-Dollar kosten wird –, darf man das größere Ganze nicht vergessen, nämlich die atemberaubende Schönheit der mittleren Pazifikküste, wegen der die Region so beliebt ist.

Puntarenas

34 100 EW.

Die „Perle des Pazifiks" ist eine abgerockte Hafenstadt an der Spitze einer sandigen Halbinsel, die 8 km lang, aber nur 100 m bis 600 m breit ist. Die lebhafte Provinzhauptstadt mit dem heißen Wetter war im 19. Jh. ein wichtiger Hafen für Kaffee. In der Trockenzeit stürmen Tico-Urlauber die hiesigen Strände. Ansonsten finden sich hier Hafenarbeiter und Matrosen neben älteren Damen, die die Gehwege vor ihren Häusern kehren und die Bougainvilleen pflegen. Die meisten Traveller kommen nur hierher, um mit der Fähre weiter zur Halbinsel Nicoya zu fahren.

BUSSE AB PUNTARENAS

ZIEL	PREIS (US$)	DAUER	ABFAHRTEN
Jacó	2,10	1½ Std.	6.50, 8.50, 14.20, 16, 18.30 Uhr
Quepos	4,40	3 Std.	4.30–15.30 12-mal tgl.
San José (via San Ramon)	4,70	2½ Std.	4–21 Uhr stündl.
Monteverde	2,70	3 Std.	8, 13.15, 13.30, 14.15 Uhr

NICHT VERSÄUMEN

KROKODILBRÜCKE

Wer mit einem eigenen fahrbaren Untersatz ab Puntarenas oder San José unterwegs ist, sollte an der Brücke über den Río Tárcoles halten – der sogenannten „Krokodilbrücke". Sie gehört zu den Toptouristenattraktionen in der Umgebung, denn auf den Sandbänken unterhalb der Brücke sonnen sich oft mehrere Dutzend Prachtexemplare gleichzeitig. Die Tiere sind das ganze Jahr über zu sehen, am besten jedoch bei Ebbe in der trockenen Jahreszeit.

An- & Weiterreise

Von der **nordwestlichen Anlegestelle** (Av 3 zw. Calle 31 & 33) fahren mehrmals am Tag Auto- und Passagierfähren nach Paquera und Playa Naranjo. Wer mit dem Auto unterwegs ist und die Autofähre nehmen möchte, sollte frühzeitig am Anleger sein: Die Fähre füllt sich schnell und eventuell bekommt man dann keinen Platz mehr. Außerdem muss man am Kartenschalter noch eine Fahrkarte kaufen, bevor man auf die Fähre fährt: Ohne Karte darf keiner aufs Schiff.

Die Fahrpläne ändern sich mit den Jahreszeiten und können durch schlechtes Wetter beeinträchtigt werden. Das Fährbüro am Anleger hat die nötigen Infos. In vielen Unterkünften des Orts hängen außerdem aktuelle Fahrpläne aus.

Coonatramar (☎2661-1069; www.coonatramar.com; Erw./Kind/Fahrrad/Auto 2/1,10/4/18 US$) bietet täglich um 6.30, 10, 14.30 und 19 Uhr Boote nach Playa Naranjo, wo Anschluss nach Nicoya und zu anderen Zielen im Westen besteht.

Naviera Tambor (☎2661-2084; www.navieratambor.com; Erw./Kind/Fahrrad/Auto 1,60/1/4,40/23 US$) schickt jeden Tag um 5, 9, 11, 14, 17 und 20.30 Uhr Fähren nach Paquera mit Anschluss nach Montezuma und Mal País.

BUS

Die Busse nach San José fahren von dem großen marineblauen Gebäude an der nördlichen Ecke Calle 2 und Paseo de los Turistas ab. Für Feiertage und Wochenenden sollte die Fahrkarte im Voraus besorgt werden. Busse zu anderen Zielen fahren von der anderen Straßenseite (Strandseite des Paseo) ab.

Parque Nacional Carara

Der 52 km² große **Park** (10 US$; ⏲Dez.–April 7–16 Uhr, Mai–Nov. 8–16 Uhr) Park an der Mündung des Río Tárcoles liegt nur 50 Straßenkilometer südöstlich von Puntarenas sowie rund 90 km westlich von San José über die Carretera Orotina. Der Nationalpark erstreckt sich an der Übergangszone zwischen den Trockenwäldern des nordwestlichen Costa Rica und den feuchten Regenwäldern des südlichen Pazifiktieflands und bildet somit einen biologischen Schmelztiegel der beiden Regionen. Hier gedeihen Akazien neben Würgefeigen und Kakteen neben sommergrünen Kapokbäumen. Dieser natürlichen Vielfalt der Flora entspricht auch die farbenprächtige Fauna mit Hellroten Aras und Costa Ricas größten Krokodilen.

Die vier Wanderwege im Park lassen sich leicht an einem halben Tag erkunden; am besten ist man früh unterwegs, denn dann bestehen die besten Chancen, Tiere zu sehen.

Praktische Informationen

Rangerstation Carara (⏲Dez.–April 7–16 Uhr, Mai–Nov. 8–16 Uhr) Infos zum Park und zu den Möglichkeiten, Führer anzuheuern; 3 km südlich des Río Tárcoles.

An- & Weiterreise

Alle Busse, die zwischen Puntarenas und Jacó unterwegs sind, setzen Fahrgäste auf Anfrage am Parkeingang ab. Außerdem kann man vor dem Restaurante Los Cocodrilos Busse Richtung Norden oder Süden nehmen. Am Wochenende gestaltet sich das womöglich ein bisschen problematisch, weil die Busse voll sind – wer also auf einen Bus angewiesen ist, sollte unter der Woche herkommen. Wer selbst fährt: Der Eingang zum Carara liegt auf der rechten Seite der Costanera und ist deutlich gekennzeichnet.

Jacó

9500 EW.

Nur wenige Orte in Costa Rica sind so umstritten wie der Badeort Jacó. Feiernde Surffreaks, nordamerikanische Rentner und Bauunternehmer aus dem Ausland sind angetan von Jacó wegen seiner sorglosen Atmosphäre, der vollen Straßen und der tollen Möglichkeiten zu Immobiliengeschäften. Besorgte Ökotouristen, an den Rand gedrängte Ticos und Anhänger des „alten Costa Rica" hassen den Ort aus genau denselben Gründen.

Jacó war der erste Ort an der mittleren Pazifikküste, der umfassend touristisch erschlossen wurde, und lockt auch heute noch zahlreiche Backpacker, Surfer, Winterflüchtlinge und stadtmüde *josefinos* (Einwohner von San José) an. zwar gibt's ganz in der Nähe auch normale Tico-Viertel, doch die

MIT DER FÄHRE VON PUNTARENAS ZUR HALBINSEL

Alle Verkehrsmittel sind auf die Abfahrts- und Ankunftszeiten der Fähren ab Puntarenas abgestimmt. Wenn der Bus oder die Fähre Verspätung hat, wird jeweils gewartet.

Ab Paquera

Die Fähren von **Naviera Tambor** (☎2661-2084; www.navieratambor.com; Erw./Kind/Fahrrad/Motorrad/Auto 1,65/1/4/7/23 US$) fahren täglich um 5.30, 9, 11, 14, 17 und 20 Uhr. Die Fahrt ab Puntarenas dauert ungefähr eine Stunde. Man kauft am Kartenschalter ein Ticket, steigt wieder ins Auto und fährt dann auf die Fähre; an Bord kann man keine Karten kaufen. An Feiertagen und Wochenenden ist es ratsam, mindestens eine Stunde vor Abfahrt da zu sein. Am Fährterminal gibt's eine *soda*, wo man etwas essen kann, während man auf das Schiff wartet.

Wenn die Fähre am Ziel ankommt, stehen Busse für die Weiterfahrt nach Paquera, Tambor und Montezuma bereit. Die Busse können im Handumdrehen voll sein, sodass man die Fähre schnell verlassen sollte, um sich einen Platz im Bus zu sichern. Die meisten Reisenden nehmen vom Fähranleger direkt einen Bus nach Montezuma (3 US$, 2 Std.). Viele Taxifahrer wollen Travellern weismachen, dass der Bus nicht kommt, was aber nicht stimmt. Richtung Norden fahren keine Busse.

Eine gute Idee ist es, sich mit mehreren Reisenden ein Taxi nach z. B. Montezuma zu teilen – die Taxifahrt dauert nur halb so lang wie die Busfahrt. Ein Taxi nach Montezuma kostet etwa 12 US$ pro Person, nach Mal País etwa 20 US$ – wenn das Taxi voll besetzt ist.

Ab Playa Naranjo

Die **Coonatramar-Fähre** (☎2661-1069; www.coonatramar.com; Erw./Kind/Fahrrad/Motorrad/Auto 2/1/4/6/18 US$) legt täglich um 8, 12.30, 16.30 und 20.30 Uhr in Puntarenas ab und befördert sowohl Fußgänger als auch Fahrzeuge. Die Überfahrt dauert 1½ Stunden. Wer mit dem Auto unterwegs ist, kauft am Kartenschalter ein Ticket, steigt wieder ins Auto und fährt dann auf die Fähre; an Bord kann man keine Karten kaufen. An Feiertagen und Wochenenden sollte man mindestens eine Stunde vor Abfahrt der Fähre da sein.

Bei Ankunft der Fähre warten Busse für die Weiterfahrt nach Jicaral im nördlichen Teil der Halbinsel. Wer nach Montezuma oder Mal País möchte, sollte die Fähre von Puntarenas nach Paquera nehmen.

Hauptstraße säumen Läden für kitschige Souvenirs und Büros von Tourenanbietern; abends findet man hier eine sichere, aber etwas zwielichtige Szene mit feiernden Studenten, Surfern und leicht bekleideten Damen des horizontalen Gewerbes vor.

Jacós maroder Charme ist nicht jedermanns Sache, aber die Bedingungen zum Surfen sind optimal und die Restaurants und Kneipen sind klasse, vor allem die im Jacó Walk.

Aktivitäten & Geführte Touren

Zwar gilt die Regenzeit als beste Zeit zum Surfen an der Pazifikküste, aber in Jacó gibt es das ganzjährig gute Wellen. Fortgeschrittene Surfer zieht es an die Playa Hermosa weiter südlich, aber auch vor Jacó sind die Wellen stark und beständig und besonders für mittelgute Surfer toll. Außerdem kann man in Jacó gut surfen lernen: Viele Surfveranstalter bieten Unterricht an und es ist hier kein Problem, ein Surfbrett zu kaufen und auch wieder zu verkaufen.

Wer für einen Tag ein Surfboard ausleihen möchte, sollte sich umschauen: Bei den besseren Läden ist ein Brett für 15 bis 20 US$ für 24 Stunden zu haben.

Tortuga Surf Camp SURFEN
(☎2463-3348; www.tortugasurfcamp.com; 2-stündiger privater Surfunterricht inkl. Ausrüstung ab 50 US$; ⌚8–17 Uhr) Dies ist eine der besten Surfschulen am Ort – Michael und seine Crew sind sehr geduldig und bieten allen Lernenden, egal welchen Alters und auf welcher Stufe, jede erdenkliche Unterstützung. Der Unterricht sollte mindestens 24 Stunden im Voraus gebucht werden.

Mount Miros WANDERN
Eine schöne Abwechslung, von der die meisten Besucher gar nichts wissen, ist eine Wanderung auf den Mount Miros. Der Weg

windet sich durch primäre und sekundäre Regenwälder und offenbart eine spektakuläre Aussicht auf Jacó und Playa Hermosa. Der Aussichtspunkt liegt mehrere Kilometer den Berg hinauf. Der Beginn des Weges ist nicht ausgeschildert – einfach einen Einheimischen fragen.

Costa Rica Waterfall Tours ABENTEUERTOUREN
(☎2643-1834; www.costaricawaterfalltours.com; Av Pastor Díaz; Touren 79–149 US$; ⏲9–17 Uhr) Dieser erfahrene, sicherheitsbewusste Anbieter organisiert einige der spannendsten Ausflüge im Ort, vom zahmeren Abseilen an Wasserfällen hinunter bis zu extremem Canyoning und Klippensprüngen.

Kayak Jacó KAJAKFAHREN
(☎2643-1233; www.kayakjaco.com; Touren mit/ohne Transport ab 90/65 US$; ⏲7.30–20 Uhr) Das zuverlässige Unternehmen bietet in verschiedenen maßgeschneiderten Paketen ein- und mehrtägige Kajak- und Seekanutrips mit Schnorchelexpeditionen zu tropischen Inseln. Zwar ist das Unternehmen an der Playa Agujas, 250 m östlich vom Strand, vertreten, aber am besten ruft man vorher an oder schickt eine Mail.

Discovery Horseback Tours REITEN
(☎8838-7550; www.horseridecostarica.com; Ausritte ab 85 US$) Von einem Expat-Paar geführt wird dieses sehr empfohlene Unternehmen, das bei seinen Strand- und Regenwaldritten Service und Professionalität auf sehr hohem Niveau bietet. Außerdem kümmern die beiden sich bestens um ihre Pferde.

Schlafen

★Room 2 Board Hostel & Surf School HOSTEL $
(☎2643-4949, USA 323-315-0012; www.room2board.com; B/Zi. ab 20/79 US$; P❄@📶🏊) Das recht neue, geräumige und professionell geführte Superhostel verfügt über ein munteres Café, engagierte Mitarbeiter, die Touren und Surfunterricht arrangieren, und über verschiedene Zimmer auf drei Etagen. In den Hängematten auf dem Dach können sich die Gäste ein frisches Lüftchen um die Nase wehen lassen, die Dorms sind mit hervorragenden Matratzen, solarbeheizte Regenduschen und Schließfächern gesegnet und es gibt Yoga-Unterricht und Filmvorführungen.

Buddha House PENSION $
(☎2643-3615; www.hostelbuddhahouse.com; Av Pastor Díaz; B ab 12 US$, Zi. mit Ventilator & ohne Bad ab 25 US$, mit Klimaanlage & ohne Bad ab 40 US$, mit Bad & mit Klimaanlage ab 50 US$; P❄📶🏊) Kräftige Farben und moderne Kunst schaffen in diesem „Boutiquehostel" eine künstlerisch angehauchte Atmosphäre. Die besten Privatzimmer sind hier geräumige Suiten. Zu den Gemeinschaftsbereichen zählen eine luftige Terrasse, eine tadellos saubere Küche und sogar ein kleiner Pool. Sehr nett ist auch das Personal. Weniger schön ist der Lärm: Das Hostel befindet sich direkt neben einer Bar, in der bis spät in die Nacht gefeiert wird.

Hotel de Haan HOSTEL $
(☎8879-3332, 2643-1795; www.facebook.com/hoteldehaancr; Calle Bohío; B/Zi. ab 12/35 US$, casita ohne Bad 28 US$; P@📶🏊) Diese quirlige Unterkunft ist bei kostenbewussten Backpackern und Surfern beliebt. Die einfachen Privatzimmer haben Bäder mit warmen Duschen und sind sauber, aber dunkel. Von der offenen Küche fällt der Blick auf den Poolbereich und hier kann man sich gut mit anderen Travellern treffen – und diese Treffen dauern teils bis spät in die Nacht.

Hotel Perico Azul HOTEL $$
(☎2643-1341; www.hotelpericoazuljaco.com; Zi./Studio 60/75 US$; P❄📶🏊) An diesem kleinen, abseits einer stillen Nebenstraße gelegenen Hotel ist kaum etwas auszusetzen. Die Zimmer und Apartments sind hell und sauber und mit bunten Farbtupfern aufgefrischt, es gibt einen kleinen Pool und die Mitarbeiter geben sich jede Mühe, damit sich die Gäste wohlfühlen. Eigentümer Mike betreibt außerdem das empfehlenswerte Tortuga Surf Camp; es werden auch Surfpakete geboten.

Essen & Ausgehen

★Side Street Bistro FUSIONSKÜCHE $
(☎2643-2724; www.hermosapalmscr.com/side-street-bistro; Jacó Walk; Sandwiches 10–14 US$; ⏲Mo–Sa 11–16, So ab 10 Uhr) Dieser Food Truck *sin ruedas* (ohne Reifen) ist ins fabelhafte neue Jacó Walk umgezogen. Auf der kleinen, häufig wechselnden Speisekarte stehen kreative Sandwiches mit gebratenen Portobello-Pilzen, Thunfischsteaks und mit Kaffee und Kakao eingeriebene Filetstücke. Dazu passt lokales Bier aus dem PuddleFish (S. 634) nebenan, Jacós erster Craft-Bier-Brauerei. Zu den Brunch-Highlights zählen Hähnchen, Waffeln und der Frühstücks-Burrito.

★Graffiti INTERNATIONAL $$
(☎2643-1708; www.facebook.com/graffiticr; Jacó Walk; Tapas 9–14 US$, Hauptgerichte 10–21 US$;

⌚17–22 Uhr; 📶🥕) Das alteingesessene Lokal hat nagelneue Räumlichkeiten im Jacó Walk. Während der Look aufgepeppt wurde, hat man beibehalten, was das Graffiti ursprünglich ausgemacht hat: die kreativen Gerichte aus frischen, lokalen Zutaten. Zu den bewährten Leibspeisen zählen Filet Mignon in einer Kakao-Kaffee-Kruste und der Tagesfang im Macadamia- oder Brezelmantel. Unbedingt Platz lassen für den Käsekuchen! Wie wär's dazu mit einem leckeren Cocktail, vielleicht dem Gurken-Basilikum-Martini (unser Favorit)?

★**PuddleFish Brewery** CRAFT-BIER
(☎2643-1659; www.puddlefishbrewery.com; ⌚Di–So 10–23 Uhr) Dieselben kulinarischen Genies, die auch das Graffiti (S. 633) und Side Street Bistro (S. 633) nach Jacó gebracht haben, zeichnen für diese neue Kleinbrauerei im schicken Jacó Walk verantwortlich; es ist die erste in der Stadt. Zu trinken gibt's hauseigene Biere, z. B. das Punky Monkey und das Lights Out Chocolate Coffee Stout, sowie hervorragende Cocktails (z. B. die Jalapeño-Ingwer-Margarita). Donnerstags und samstags ist Livemusik angesagt.

Monkey Bar CLUB
(☎8329-2304; Av Pastor Díaz; ⌚Di–So 21–2.30 Uhr) Die Monkey Bar lockt eine junge Klientel aus Einheimischen und Besuchern an. Auch der Reggaetón sorgt für beste Stimmung. Hinten befindet sich eine große VIP-Lounge, in der häufig ein Extra-DJ auflegt.

ℹ Praktische Informationen

Jacó ist das Epizentrum der costa-ricanischen Prostitutionsszene. Wer diese dunkle Ecke des costa-ricanischen Nachtlebens erkunden möchte, sollte sich jedoch der Gesundheits- und Sicherheitsrisiken und der negativen sozialen Auswirkungen bewusst sein.

Die Einheimischen warnen davor, bei Dunkelheit allein am Strand herumzulaufen, da es schon mehrere Überfälle gegeben hat.

ℹ An- & Weiterreise

BUS

Gray Line, Easy Ride und Monkey Ride betreiben Shuttles von Jacó zu beliebten Zielen wie Granada in Nicaragua.

Sämtliche Busse kommen aus Puntarenas bzw. Quepos. Die aktuellen Fahrpläne haben die Unterkünfte. Früh an der Haltestelle sein!

Puntarenas 2,70 US$, 1½ Std., 6–19.30 Uhr 12-mal tgl.

Quepos 2,70 US$, 1½ Std., 6–19 Uhr 12-mal tgl.

San José 5,50 US$, 2½ Std., 6–19 Uhr 8-mal tgl.

SCHIFF/FÄHRE

Zuma Tours (Karte S. 628; ☎2642-0024, 2642-0050; www.zumatours.net) Betreibt Schnellboote von Jacó nach Montezuma (Erw./Kind 40/30 US$, 1 Std.), mit Abholung per Shuttle in Jacó zwischen 10 und 10.30 Uhr; Abfahrt der Boote in Herradura um 11 Uhr. Ab Montezuma fahren die Schiffe um 8.30 Uhr. Wer möchte, kann sich auch in Mal País und Santa Teresa (Erw./Kind 50/40 US$) absetzen lassen.

Quepos

21 950 EW.

Die geschäftige Kleinstadt Quepos dient als Tor zum Nationalpark Manuel Antonio, dessen Eingang nur 7 km entfernt liegt. Für Reisende, die ihre Vorräte aufstocken und Tipps einholen wollen, ist Quepos ein guter Anlaufpunkt. Auch wenn sich die Region Manuel Antonio aufgrund des Ökotourismusbooms schnell und irreversibel verändert hat, ist das zurückhaltende Quepos in weiten Teilen noch immer eine authentische Tico-Stadt.

Zwar übernachten die Besucher des Gebietes um den Manuel Antonio zumeist außerhalb von Quepos, doch die Unterkünfte in dem Städtchen bieten in der Regel ein sehr gutes Preis-Leistungs-Verhältnis und für einen Ort dieser Größe gibt's eine recht gute Restaurantszene. Außerdem lässt sich Quepos sehr gut zu Fuß erkunden und vielleicht kommt man dabei auch in Kontakt mit den freundlichen Einheimischen.

Aktivitäten

★**Paddle 9** ABENTEUERTOUREN
(Karte S. 638; ☎2777-7436; www.paddle9sup.com; Touren 65–165 US$) Dieser neuere Anbieter besteht aus einem leidenschaftlichen und sicherheitsbewussten Team, das das Stehpaddeln (SUP) nach Quepos gebracht hat und Besuchern gern die Pazifikküste näherbringt. Neben den zweistündigen Mangroven- oder Meeres-SUP-Touren ist die beliebteste Tour ein achtstündiger Ausflug mit SUP, Mittagessen auf einer Tilapia-Fischfarm und Baden unter verschiedenen Wasserfällen. All diese Trips können durch 30 US$ extra als Privattouren gebucht werden.

Oceans Unlimited TAUCHEN
(Karte S. 638; ☎2519-9544; www.scubadivingcostarica.com; 2 Tauchgänge 109 US$) 🍃 Dieser Laden nimmt das Tauchen wirklich ernst

und die meisten Exkursionen führen zur Isla Larga und Isla del Caño südlich in der Bahía Drake, die in zwei Stunden mit dem Bus erreicht wird. Dazu kommen noch mehrere spezielle PADI-Kurse und regelmäßige Umweltprojekte, mit denen sich dieser Anbieter vom Rest abhebt.

Unique Tours ABENTEUERTOUREN
(☎8844-0900, 2777-1119; www.costaricaunique tours.com) Der etablierte Veranstalter organisiert u. a. unterhaltsame Raftingtouren auf dem Río Savegre sowie Kajaktrips auf dem Ozean und in den Mangroven. Was ihn jedoch besonders auszeichnet, sind der Ausflug zu einer abgeschiedenen Thermalquelle (diese Tour hat sonst niemand im Programm) und die Küstenwanderungen zum Parque Nacional Manuel Antonio. Die Preise variieren je nach Gruppengröße.

H2O Adventures ABENTEUERTOUREN
(Ríos Tropicales; Karte S. 638; ☎2777-4092; www.h2ocr.com) Der renommierte costa-ricanische Raftinganbieter Ríos Tropicales betreibt in Quepos eine sehr beliebte Niederlassung mit dem Namen H2O Adventures. Diese bietet Raftingtrips auf den Flüssen Naranjo, El Chorro und Savegre sowie Kajak- und Tubing-Ausflüge. Die Preise für Touren auf Stromschnellen der Kategorie II bis IV starten bei 75 US$.

Schlafen

★Villas Jacquelina PENSION $
(Karte S. 638; ☎8345-1516; www.villasjacquelina.com; Calle 2; Zi. 35–70 US$; P❄📶🏊) Die bei Weitem beste Budgetherberge in der Stadt residiert in einem großen Gebäude und wartet mit unterschiedlichen Arten der Unterbringung auf. Am neuesten und beliebtesten ist die Terrasse unter freiem Himmel im 3. Stock, das „Vogelnest". Geleitet wird die Pension vom unerschütterlichen Steve, einem Expat mit jeder Menge Energie, der sich außerdem bestens in der Gegend auskennt und dabei hilft, Touren zu arrangieren.

Pura Vida Hostel HOSTEL $
(Karte S. 638; ☎2777-7775; https://hostelpura vidama.com; mit Frühstück B 10–15 US$, Zi. 12,50–17,50 US$ pro Pers.; ❄@📶) Von der Regenbogenfassade bis zu den Wandmalereien innen – hier geht's bunt zu. Die Zimmer haben Wände in tropischen Farben, helle Bettwäsche, geflieste Böden und Schließfächer. Von den großen Gemeinschaftsbalkonen blickt man auf den dschungelbewachsenen Hügel, wo man vielleicht Totenkopfäffchen entdeckt. Am südlichen Stadtrand an der Straße nach Manuel Antonio.

Hotel Papa's Papalotes HOTEL $
(Karte S. 638; ☎2777-3774; www.papaspapalotes.com; Av 2; B 13 US$, EZ mit/ohne Klimaanlage 50/35 US$, DZ mit/ohne Klimaanlage 60/45 US$; ❄📶) In der recht guten Budgetbleibe im Zentrum von Quepos bieten die Privatzimmer ein besseres Preis-Leistungs-Verhältnis als in anderen Hostels in der Nähe. Die Einrichtung haut einen nicht vom Hocker, doch das Haus ist sauber und sicher. Wer sich für ein Zimmer mit Ventilator entscheidet, wird morgens vom Verkehrslärm geweckt – Ohrstöpsel mitbringen!

Essen & Ausgehen

★Marisquería Jiuberths FISCH & MEERESFRÜCHTE $
(Karte S. 638; ☎2777-1292; Hauptgerichte ab 7 US$; ⏲11–22 Uhr) Diese örtliche Institution mit bunt gekachelten Böden wird von einer Fischerfamilie geführt und hat die besten Meeresfrüchte des Orts, ist aber bei Touristen so gut wie unbekannt, da sie versteckt abseits der Hauptstraße liegt. Ob der Fang des Tages oder die köstliche Fischsuppe – die Portionen sind großzügig und der Service ist aufmerksam. Der ungeteerten Calle 2 aus der Stadt hinaus folgen. Nur Barzahlung.

★Brooklyn Bakery BÄCKEREI $
(Karte S. 638; www.facebook.com/TheBrooklyn BakeryCR; Av 3; Bagel 1,50 US$, Hauptgerichte 5–8 US$; ⏲Mo–Sa 6–15 Uhr; 📶🌶) Hier gibt's echte New Yorker Bagels mit *lox* (Lachs)! Und dazu Roggenbrot und Eiskaffee! In dieser reizenden kleinen Bäckerei wird jeden Morgen frisch gebacken und man serviert den ganzen Tag über kleine Speisen und tolle Salate, mittags außerdem Tagesgerichte wie italienische Frikadellen-Sandwiches (köstlich).

Soda Come Bien CAFETERIA $
(Karte S. 638; ☎2777-2550; Av 1, Mercado Central; Hauptgerichte 3,50–8 US$; ⏲Mo–Sa 6–17, Sa bis 11 Uhr) Zum köstlichen Tagesangebot zählen vielleicht Fisch in Tomatensauce, *olla de carne* (Rindfleischsuppe mit Reis) oder Hühnersuppe. Alles ist knackfrisch, die Damen hinterm Tresen sind freundlich und die üppigen Portionen sind ein Traum für hungrige Backpacker. Oder man holt sich hier vor oder nach einer langen Busfahrt eine frische Empanada.

BUSSE AB QUEPOS

ZIEL	PREIS (US$)	DAUER (STD.)	ABFAHRTEN
Jacó	3	1½	4.30–18 Uhr 12-mal tgl.
Puntarenas	5	3	4.30–17.30 Uhr 12-mal tgl.
San Isidro de El General, via Dominical	5	3	5, 11.30, 15.30, 20 Uhr
San José	7	3½	4–17 Uhr 6-mal tgl. direkt
Uvita, via Dominical	4	2	6, 9.30, 14.30, 17.30 Uhr

Bauernmarkt MARKT $

(Karte S. 638; Calle 4; ⌚Fr 16 Uhr–Sa 12 Uhr) Selbstversorger sollten sich diesen Bauernmarkt in der Nähe des Wassers anschauen: Hier kann man direkt bei Bauern, Fischern, Bäckern und anderen Erzeugern einkaufen.

★ **Z Gastro Bar** FUSIONSKÜCHE $$

(Karte S. 638; ☎2777-6948; www.zgastrobar.com; Marina Pez Vela; Hauptgerichte 15–25 US$; ⌚7–22 Uhr; P 📶) Eine tolle Adresse, um einen Kaffee und ein Dessert, Schwertfisch-Ceviche in Kokosmilch, einen Oktopus-Burger oder köstliche hausgemachte Pasta mit Muscheln in hellem Ambiente zwischen bunten Kissen auf gemütlichen Sofas zu genießen und sich dabei eine angenehme Brise um die Nase wehen zu lassen. Die Speisen schmecken superlecker und sehen hervorragend aus, der Service ist erstklassig. Das Schwesterrestaurant **Z Poolside Bistro** befindet sich neben dem Byblos Hotel.

★ **Gabriella's** FISCH & MEERESFRÜCHTE $$$

(Karte S. 638; ☎2519-9300; www.gabriellassteakhouse.com; Marina Pez Vela; Hauptgerichte 25–35 US$; ⌚16–22 Uhr; P ❄ 📶) Gabriella's ist Anwärter auf den Titel „Bestes Restaurant in der Gegend“: Auf der Veranda kann man den Sonnenuntergang beobachten, die Bedienung ist aufmerksam und das Essen herausragend. Der Fokus liegt auf frischem Fisch und Steaks, bei denen einem das Wasser im Mund zusammenläuft. Ganz besonders haben uns der scharf angebratene Thunfisch mit Chipotle-Sauce und die Pasta mit pikanter Wurst und Krabben geschmeckt. Kurz gesagt: sensationell.

Café Milagro CAFÉ

(Karte S. 638; ☎2777-1707; http://elpatiodecafemilagro.com; Calle 4; ⌚Mo–Sa 7–21 Uhr) Das Café Milagro besorgt sich seine Kaffeebohnen in ganz Costa Rica und produziert eine Reihe von Plantagen-, sortenreinen und gemischten Röstungen für jeden Geschmack. Ein Prozent des Gewinns geht über die internationale Wohltätigkeitsorganisation *1% for the Planet* an Umweltprojekte. Jeden Abend gibt's Livemusik. Auf der Abendkarte finden auch Veganer und Vegetarier reichlich Auswahl.

Cuban Republik Disco Lounge CLUB

(Karte S. 638; ☎8345-9922; www.facebook.com/cubanrepublik.quepos; Eintritt Fr & Sa 2–4 US$; ⌚Do–Sa 22–2.30 Uhr) Das Cuban Republik ist die verlässlichste Partylocation im Zentrum von Quepos und hat diverse Getränke-Specials. Zu vorgerückter Stunde drehen die DJs die Musik auf. Freitagabends haben Frauen bis Mitternacht freien Eintritt. Insgesamt eine angenehme gemischte Szene aus Gringos und Ticos.

ℹ An- & Weiterreise

Private Shuttles von Gray Line, Easy Ride und Monkey Ride verkehren zwischen Quepos/Manuel Antonio und beliebten Zielen wie Jacó (35 US$), Monteverde (59 US$), Puerto Jiménez (79 US$), San José (50 US$) und Uvita (35 US$).

Abfahrt und Ankunft aller Busse ist am vollen und chaotischen **Busbahnhof** (Karte S. 638) im Ortszentrum. Wer in der Hauptsaison unterwegs ist, sollte Fahrkarten nach San José rechtzeitig im Voraus im **Fahrkartenbüro von Tracopa** (☎2777-0263; ⌚6–18 Uhr) im Busbahnhof kaufen. *Colectivos* (Gemeinschaftstaxis) nach San José sind etwas billiger, brauchen aber zwei Stunden länger.

Manuel Antonio

Wer auf der Straße von Quepos zum Parque Nacional Manuel Antonio unterwegs ist, merkt, wie der Lärm von röhrenden Bussen, Touristenscharen und Einheimischen auf der Jagd nach ausländischen Dollars immer lauter wird und schließlich im etwas chaotischen Dorf Manuel Antonio seinen

Höhepunkt erreicht. In dieses winzige, am Eingang zum meistbesuchten Nationalpark des Landes am Ozean gelegene Dorf fallen wahre Besuchermassen ein. Hier sollte man nicht in freudiger Erwartung auf einsame Strände und unberührte Tropenparadiese anreisen. Besonders während der begehrten Trockenzeit, wenn hier zahlreiche Reisegruppen unterwegs sind, erblickt man in erster Linie höhere Primaten.

Wer jedoch in der Nebensaison oder an einem Montag (wenn der Park geschlossen ist) kommt, findet ein ruhiges kleines Dörfchen vor, in dem die Wellen ohne Hast an den weißen Sand rollen. Und wenn die Affen aus dem Blätterdach auf den tropischen Sand hinabklettern, kann man mit einigen wunderbaren wilden Tieren auf Tuchfühlung gehen.

Sehenswertes & Aktivitäten

★ Parque Nacional Manuel Antonio NATIONALPARK
(Karte S. 638; ☎2777-8551; Parkeintritt 16 US$; ⌚Di–So 7–15.30 Uhr) Dieser kleine Park besteht aus üppigem Dschungel, Stränden wie aus dem Bilderbuch und schroffen Landzungen. Es wimmelt nur so von tierischen Bewohnern und oft auch vor Menschen – besser früh am Tag aufschlagen, dann ist es ruhiger und Begegnungen mit der hiesigen Fauna sind wahrscheinlicher. Beim Spaziergang über die schönen Wanderwege kann man an Ästen baumelnde Faultiere, kreischende Tukane und verspielte Affen erspähen. Die Aussicht aufs Meer und die vorgelagerten Inseln ist atemberaubend.

Schwimmen

Es gibt fünf schöne Strände: vier im Park und einen gleich vor dem Parkeingang. Oft werden die Strände durchnummeriert – die meisten Leute nennen die Playa Espadilla (außerhalb des Parks) den „ersten Strand“, die Playa Espadilla Sur den „zweiten Strand“, die Playa Manuel Antonio den „dritten Strand“, die Playa Puerto Escondido den „vierten Strand“ und die Playa Playitas den „fünften Strand“. Manche Leute beginnen die Zählung auch mit der Espadilla Sur, dem ersten Strand im Park selbst, sodass das Ganze ein bisschen verwirrend sein kann und man oft nicht weiß, von welchem Strand die Rede ist. Doch egal – alle Strände sind gleichermaßen unberührt und laden zum Sonnenbaden ein. Wo man gefahrlos baden kann, wissen die Parkranger.

Wandern

Der Parque Manuel Antonio verfügt über eine offizielle Straße, den **Sendero El Perezoso** (Karte S. 638), der geteert und rollstuhltauglich ist und vom Eingang zu einem Netz sieben kurzer Wege führt. Von diesen ist keiner sonderlich anstrengend, sie sind alle deutlich markiert und auf ihnen sind jede Menge Leute unterwegs; ein paar stillere Ecken findet man in Richtung Ende der Wege. Wanderungen abseits der Wege sind nicht erlaubt. Der neue Plankenweg Caminata Mai von der Rangerstation zur Playa Espadilla Sur wurde Ende 2017 fertig.

Schlafen

Vista Serena Hostel HOSTEL $
(Karte S. 638; ☎2777-5162; www.vistaserena.com; B 11–18 US$, Bungalows mit/ohne Klimaanlage 60/50 US$; P @ ☎) Das schön an einem stillen Hang gelegene Hostel beeindruckt mit spektakulären Sonnenuntergängen über dem Meer, zu beobachten von einer Terrasse voller Hängematten, auf der die Gäste auch auf der Hostelgitarre herumzupfen können. Die Unterbringung reicht von spartanischen Dorms bis zu Bungalows für Leute, die etwas mehr Privatsphäre wünschen. Die superfreundliche Betreiberin Sonia und ihr Team verdienen ein dickes Lob für die Bemühungen, ihren zahllosen Gästen hilfreich unter die Arme zu greifen.

Hostel Plinio and Bed & Breakfast HOSTEL $
(Karte S. 638; ☎2777-6123; B/DZ ab 14/60 US$; ❄ ☎ ≋) Das Hostel Plinio ist ganz auf die Bedürfnisse von Backpackern eingestellt: Es ist nicht weit von Quepos entfernt, hat einen großen Pool und großzügige Aufenthaltsbereiche mit Hängematten und Sofas fürs gesellige Beisammensein, einen effizienten Tourschalter und tolle Doppelzimmer mit Dschungelblick. Der Nachteil ist die Lage an der Straße – einige Zimmer sind laut – und das WLAN schafft es leider nicht in alle Ecken des Hauses.

Backpackers Manuel Antonio HOSTEL $
(Karte S. 638; ☎2777-2507; B/DZ mit Frühstück ab 16/39 US$; P ❄ @ ☎ ≋) Das Hostel wartet mit einem sehr geselligen Ambiente und einer guten Lage nicht allzu weit vom Parkeingang und fußläufig zu einem guten Lebensmittelgeschäft auf. Die Schlafsäle sind sauber und sicher – wenn auch etwas klein – und es gibt einen Grillplatz und einen Pool. Die größeren Zimmer mit Herbergs- und Doppelbett eignen sich gut für Freundesgruppen.

Manuel Antonio & Umgebung

Manuel Antonio & Umgebung

Highlights
1 Parque Nacional Manuel Antonio D4

Aktivitäten, Kurse & Touren
2 H2O Adventures D3
3 Oceans Unlimited A1
4 Paddle 9 .... D3
5 Sendero El Perezoso D6

Schlafen
6 Backpackers Manuel Antonio C3
7 Hostel Plinio and Bed & Breakfast B1
8 Hotel Papa's Papalotes D3
9 Pura Vida Hostel B1
10 Selina Manuel Antonio C4
11 Villas Jacquelina D1
12 Vista Serena Hostel C3

Essen
13 Brooklyn Bakery C2
14 Falafel Bar B4
15 Bauernmarkt C2
16 Gabriella's A1
17 Marisquería Jiuberths D1
Sancho's .... (s. 6)
18 Soda Come Bien C2
19 Z Gastro Bar A1

Ausgehen & Nachtleben
20 Café Milagro C2
21 Cuban Republik Disco Lounge C2
22 El Avión C4
23 Ronny's Place B2

★ Selina Manuel Antonio HOSTEL $$
(Karte S. 638; www.selina.com/manuel-antonio/; B 20–25 US$, Zi. 99–159 US$;) Das Selina-Imperium umfasst Dutzende Hostels in ganz Zentralamerika. Dieses hier ist bereits eine Legende. Die Schlafsäle und Privatzimmer sind zwischen von Regenwald bewachsenen Felsen in eleganten weißen Gebäuden untergebracht, wechselnde Kunstausstellungen bringen Schwung in die Ästhetik. Die Bar hat sich zu einer der besten Ausgehadressen in der Gegend gemausert. Häufig treten talentierte Musiker aus der Gegend auf. Weitere Pluspunkte: zwei Pools, schöne Aussicht und ein fantastisches Frühstücksbuffet.

Essen & Ausgehen

Falafel Bar MEDITERRAN $
(Karte S. 638; 2777-4135; Hauptgerichte 5–9 US$; Di–So 12–20 Uhr;) Dieser Falafelladen serviert authentische israelische Klassiker sowie zahlreiche vegetarische Speisen wie Couscous, frische Salate, gefüllte Weinblätter, tolle Obst-Smoothies und für wählerische Kids sogar Pommes frites.

Sancho's MEXIKANISCH $
(Karte S. 638; 2777-0340; Tacos ab 3 US$; 11.30–22 Uhr;) Ein herrlicher Blick von der Terrasse, gehaltvolle Haus-Margaritas, exzellente Fisch-Tacos und riesige *chile-verde*-Burritos sind nur einige der Attraktionen in diesem freundlichen, von Ausländern geführten Lokal. Hier lassen sich in geselliger und lockerer Atmosphäre gut ein paar Bierchen kippen.

Ronny's Place BAR
(Karte S. 638; 2777-5120; www.ronnysplace.com; 12–21 Uhr) Die umwerfenden Ausblicke auf zwei unberührte Buchten und den Dschungel sind schon Grund genug für einen Abstecher zu Ronny's Place auf einen Drink oder auch zum Essen (lecker!). Zwar warten viele Lokale an diesem Abschnitt der Straße mit ähnlichen Ausblicken auf, doch diese Bar wirkt durch ihre Lage abseits der ausgetretenen Pfade wie ein Geheimtipp. Von der Hauptstraße führt eine gut gekennzeichnete unbefestigte Straße hierher.

El Avión BAR
(Karte S. 638; 2777-3378; http://elavion.net; 12–23 Uhr;) Im Zentrum dieses einzigartigen Bar-Restaurants steht eine Fairchild C-123 von 1954, die die USA angeblich in den 1980er-Jahren für die nicaraguanischen Contras kauften, die aber nie eingesetzt wurde. Die Bar ist perfekt für ein Bier und den wundervollen Sonnenuntergang. Nicht gerade umwerfend ist das Essen und man sollte sich auch die Rechnung genau anschauen: Gäste haben sich das eine oder andere Mal über Unstimmigkeiten beklagt.

Praktische Informationen

Das **Ticketbüro des Parks** (Karte S. 638; 2777-6208; www.coopealianza.fi.cr; Parkeintritt 16 US$; 7–15.30 Uhr) liegt im Dorf Manuel Antonio, ein paar hundert Meter vorm Parkeingang. Die Rangerstation findet man unmittelbar vor der Playa Manuel Antonio.

An- & Weiterreise

Die **Bushaltestelle** (Karte S. 638) in Manuel Antonio befindet sich am Ende der Straße, die am Strand entlang ins Dorf führt. Von hier fahren zwischen 4 und 17 Uhr 9 Direktbusse nach San José (9 US$, 3½ Std.). Fahrkarten sollte man weit im Voraus am Busbahnhof von Quepos (S. 636) kaufen.

Busse zu anderen Zielen als San José fahren vom Hauptterminal in Quepos.

Nahverkehrsbusse (0,55 US$, 20 Min., alle 30 Min.) und Sammeltaxis verbinden das Dorf Manuel Antonio mit Quepos.

Dominical

Früher war Dominical eine Kleinstadt mit gemütlich-entspanntem Tempo, die eine bunte Mischung aus Surfern, Backpackern und freundlichen Müßiggängern anzog. Traveller mit unter den Arm geklemmten Surfboards spazierten auf staubigen Straßen und verbrachten den Tag zu gleichen Teilen im Wasser und in der Hängematte.

Diese Zeiten sind zwar nicht vollständig vorüber, doch 2015 wurde aus einem Haufen Pflastersteine am Strand die erste richtige Straße der Stadt gebaut. Und als mehr und mehr Touristen und Expats anreisten, siedelten sich ein paar noblere (allerdings auch deutlich nachhaltigere) Unternehmen an. Inzwischen bevölkert eine erstaunliche Zahl an Autos, Fahrrädern und Fußgängern die Hauptstraße, insbesondere in der Hauptsaison und wenn im benachbarten Uvita das Hippiefestival Envision (S. 642) steigt. Während der regenreicheren Monate geht aber so entspannt zu wie eh und je.

Sehenswertes & Aktivitäten

Dominical verdankt seinen Ruhm den heftigen Point und Beach Breaks. Allerdings sind die Surfbedingungen hier wechselhaft. Auf den Beach Breaks kann man sehr gut surfen lernen, sollte jedoch nicht zu weit ins Wasser gehen, da man weiter draußen arg auf die Nase fallen kann. Anfänger können auch auf die nahe gelegene, zahmere Playa Dominicalito ausweichen.

★ Cataratas Nauyaca WASSERFALL
(☎2787-0541/2; www.cataratasnauyaca.com; Reittour 70 US$, Tour im Pick-up 28 US$, Wanderungen 8 US$ Eintritt; ⊙Mo–Sa 7–17, So 8–16 Uhr) In dem von einer costa-ricanischen Familie betriebenen Zentrum tosen die eindrucksvollsten Wasserfälle an der Küste in einem Naturschutzgebiet mit Primär- und Sekundärwald. Mitglieder der Familie begleiten Besucher bei Ausritten und Fahrten im Pick-up zu den Wasserfällen (Reservierung erforderlich; Abholung ab Dominical möglich), wo man in einladenden natürlichen Becken baden kann.

★ Alturas Wildlife Sanctuary NATURSCHUTZGEBIET
(☎2200-5440; www.alturaswildlifesanctuary.org; Mindestspende Erw./Kind unter 12 J. 25/15 US$; ⊙Führungen Di–So 9, 11, 13 & 15 Uhr) Das Tierschutzgebiet rund 1,5 km östlich und bergan von Dominical bietet verletzten und verwaisten Tieren sowie illegalen Haustieren ein Zuhause. Das Ziel ist, die Tiere wenn möglich wieder auszuwildern; falls das nicht geht, kümmert man sich hier um sie. Während der 60- bis 90-minütigen Führung werden einem einige der Bewohner vorgestellt, z. B. ein Ara mit nur einem Auge, Affen, die von klein auf eingesperrt waren, Bubba, der berühmte Nasenbär, und mehr. Unterhaltsam, lehrreich und für einen sehr guten Zweck.

★ Sunset Surf SURFEN
(☎8917-3143; www.sunsetsurfdominical.com; Mavi Surf Hotel; All-inclusive-Pakete ab 1575 US$ pro Woche; ⊙8–16.30 Uhr) Sunset Surf wird von Dylan Park, der auf den Wellen Hawaiis und Costa Ricas surfend aufwuchs, betrieben und bietet verschiedene Pakete, darunter eins nur für Frauen sowie Tagesunterricht. Das Verhältnis von Lernenden und Lehrenden ist hier drei zu eins und Park ist ein ausgezeichneter Lehrer. Sonnencreme (natürlich und bio) wird gestellt und 1 % der Einnahmen fließt in Umweltprojekte.

Dominical Surf Adventures RAFTING, SURFEN
(☎2787-0431; www.dominicalsurfadventures.com; ⊙Mo–Sa 8–17, So 9–15 Uhr) Eine Superadresse für Abenteurer: In einem Büro an der Hauptstraße kann man Wildwasser-Rafting, Kajaktouren, Schnorchel- und Tauchtrips und Surfunterricht (ab 50 US$) buchen. Die Raftingausflüge beginnen bei 90 US$ für Touren auf dem Guabo (Kategorie II und III); es ist auch ein schwierigerer Trip auf den Stromschnellen (Kat. IV) des Río Coto Brus im Programm.

Danyasa Yoga Arts School YOGA
(☎2787-0229; www.danyasa.com; Unterricht inkl. Matte 16 US$; ⊙Laden 9.30–20 Uhr) In dem wunderbaren Yogastudio wird Unterricht für verschiedene Niveaus abgehalten. Es stehen aber auch einzigartige Tanz-Yoga-Flow-Kurse und sogar ekstatische Mondtänze auf dem Programm. Darüber hinaus werden verschiedene Yogaseminare angeboten.

Schlafen

Tropical Sands Dominical Eco Inn HOTEL $
(☎2787-0200; www.tropicalsandsdominical.com; DZ mit/ohne Klimaanlage 70/50 US$; P❄📶)

Ein hübsches, sicheres Hotel versteckt sich unter der dichten Vegetation am südlichen Ende der Stadt. Die Zimmer sind frisch renoviert und haben geflieste Böden, Holzbalken an der Decke und kleine Veranden mit Hängematten. Das schöne Gelände liegt nicht weit vom Strand und die freundlichen Besitzer (Expats, die Spanisch, Französisch und Englisch sprechen) kümmern sich hingebungsvoll um alles.

Cool Vibes Hostel HOSTEL $
(☎8353-6428; www.hosteldominical.com; B/Zi. ab 13/38 US$; P@) Das zweistöckige Gebäude am Südrand der Stadt hat eine Lounge zum Relaxen, eine Gemeinschaftsküche und einen hübschen Pool, gesäumt von Topfpflanzen (manchmal ist er allerdings außer Betrieb). Die gefliesten Zimmer sind großzügig geschnitten und sauber, die Betten solide, das Mobiliar besteht aus Bambus. Nur Barzahlungen möglich, Klimaanlage kostet extra.

★ **Danyasa Yoga Retreat** PENSION $$
(☎2787-0229; www.danayasa.com; EZ/DZ/Suite 52/83/98 US$;) Das Danyasa muss man sich folgendermaßen vorstellen: Mitten in friedvoller Vegetation stehen acht ausgebaute Frachtcontainer, die jeweils zu einem kuscheligen Zimmer oder einer größeren Suite umgestaltet wurden. Die Bambusduschen draußen werden gemeinschaftlich genutzt, ebenso wie die Gästeküche. Das Bild vervollständigen Wasserbecken in Form eines Buddhakopfs, ein neuer Pool zum Entspannen sowie – fürs spirituelle Wohlgefühl – Yoga- und Tanzunterricht, um die Chakren wieder auf Kurs zu bringen.

Essen & Ausgehen

★ **Cafe Mono Congo** CAFÉ $
(www.cafemonocongo.com; Hauptgerichte 4–9 US$; ⏰6.30–19 Uhr;) Auf einer Schaukel an der Bar oder an einem Tisch am Fluss lässt sich hier der bei Weitem beste Kaffee der Stadt genießen. Davon abgesehen werden in dem Freiluftcafé köstliches einfaches Frühstück à la *gallo pinto* und *huevos rancheros* sowie größtenteils vegetarisches Mittagessen aus regionalen Biozutaten aufgetischt. Es liegt an der Kreuzung der in den Ort führenden Straße mit der Hauptstraße – ganz einfach zu finden.

Café de Ensueños CAFÉ $
(Mahlzeiten 5–9 US$; ⏰7.30–20 Uhr) Das von einer reizenden Tico-Familie geführte Café versteckt sich am Ende der südlichen Verbindungsstraße. Auf einer überdachten Terrasse werden Bio-Kaffees, frische Säfte und herzhaftes Frühstück serviert – ein schönes Plätzchen für einen gemächlichen Vormittag. Wer sehr hungrig ist, sollte das Special Breakfast bestellen. Auch gut: das Frühstück Pancake Tropical mit Eiern, Bacon und Obst.

El Pescado Loco FISCH & MEERESFRÜCHTE $
(Hauptgerichte 8–9 US$; ⏰11.45–19.30 Uhr) Eine kleine Hütte unter freiem Himmel mit nur einer Handvoll Gerichte. Das will aber nichts heißen, denn in Sachen Fisch-Tacos mit Chipotle-Sauce und Guacamole macht dem Pescado Loco so schnell kein Restaurant etwas vor. Die Zwiebelringe und Fish and Chips sind ebenfalls nicht zu verachten. Unser einziger Kritikpunkt: das Wegwerfbesteck.

Del Mar Taco Shop TACOS $
(☎8428-9050; Tacos 4 US$; ⏰11.30–21 Uhr) Ein beliebter Surfertreffpunkt. An der Zufahrt zum Strand bereitet ein Expat die so ziemlich leckersten Tacos an der Pazifikküste zu. Wir mögen die Tacos mit Fisch lieber als die mit Krabben, deren Größe variiert nämlich. Ebenfalls top: die täglichen hawaiianischen Grill-Specials, die ordentlich großen Burritos und die Guacamole. Am Taco Tuesday (April–Nov.) kosten die Tacos nur 2 US$.

★ **Fuego Brew Co.** CRAFT-BIER
(☎8992-9559; www.fuegobrew.com; Craft-Bier 4–6 US$; ⏰11.30–22.30 Uhr) Im Zentrum von Dominical leuchtet dieses schicke Gebäude – die erste Craft-Bier-Brauerei der Stadt – purpurn in der Dunkelheit. Hier kann man sich den lieben langen Tag Hefeweizen mit *guanábana*-Geschmack zu Gemüte führen. Die Barkeeper sind supernett und die Barsnacks lecker (vor allem der scharf angebratene Thunfisch). Treppauf befinden sich die schimmernde Holzbar und das Restaurant, unten sind das Sieben-Kessel-Brausystem und der Verkostungsraum untergebraucht.

Praktische Informationen

Wellen, Strömung und Brandung in Dominical sind sehr stark und haben bereits Leute mit sich gerissen. Vor dem Baden sollte man immer nachschauen, welche Flagge gehisst ist – die rote Flagge steht für heftige Strömungen. Den Anweisungen auf den Schildern ist Folge zu leisten. Nur an den von Rettungsschwimmern bewachten Stränden baden! Eigentlich stellt der Strand, wenn man sich an die Vorsichtsmaßnahmen hält, kein Problem dar, trotzdem kommen hier jedes Jahr Menschen zu Tode.

BUSSE AB DOMINICAL

ZIEL	PREIS (US$)	DAUER	ABFAHRTEN (TGL.)
Palmar	2	1½ Std.	4.45, 8, 11, 12.30, 16 Uhr
Quepos	5,75	1 Std.	5.30, 8.30, 11.30, 13, 17 Uhr
San José	10,25	4½ Std.	5.30, 13 Uhr
Uvita	1	20 Min.	4.45, 7.30, 10.30, 12.30, 16, 17.30 Uhr

Außerdem zieht Dominical ein ziemlich feierwütiges Publikum an, was zu einem ausufernden Drogenproblem geführt hat.

Informationszentrum Dominical (☎2787-0454; www.dominicalinformation.com; ⏲9.30–17 Uhr) Die Touristeninformation an der Hauptstraße nahe dem Ortseingang ist mit nützlichen Karten und Busfahrplänen für die gesamte Region ausgestattet. Die Mitarbeiter buchen Bus- und Shuttlefahrten sowie Touren.

An- & Weiterreise

Gray Line, Easy Ride und Monkey Ride bieten private und Sammelshuttles zu beliebten Zielen wie Jacó, San José, Monteverde, Tamarindo und Sierpe an; Easy Ride wartet mit Direktverbindungen nach Granada in Nicaragua auf.

Entlang der Hauptstraße von Dominical setzen Busse ihre Fahrgäste ab und lassen neue zusteigen.

Uvita

Das nette kleine Dorf 17 km südlich von Dominical besteht aus ein paar unbefestigten Straßen mit Bauernhöfen, Pensionen und winzigen Geschäften, einer Ansammlung von Ladenzeilen an der Hauptzufahrt von der Costanera Sur sowie einigen Hotels in den dschungelüberwucherten Hügeln oberhalb. Mit seinem gemächlichen Alltagsrhythmus vermittelt einem der Ort einen Eindruck davon, wie es an der mittleren Pazifikküste vor dem Tourismusboom zuging. Uvitas Hauptattraktion ist der **Parque Nacional Marino Ballena** (☎2743-8141; 6 US$; ⏲7–16 Uhr), ein unberührtes Meeresschutzgebiet. Dieses ist für seine Buckelwale und seine fast völlig einsamen Wildnisstrände berühmt, doch in der Nähe findet man auch noch ein paar nette Wasserfälle. Einmal im Jahr findet hier das größte Hippiefest des Landes statt, das **Envision Festival** (www.envisionfestival.com; ⏲Ende Feb.).

Nicht weit von der Hauptzufahrt nach Uvita wird ein **Bauernmarkt** (☎8680-9752; ⏲Sa 8–13 Uhr) abgehalten. Hier trifft man auf Einheimische sowie schon lange hier ansässige Expats und kann Obst und Gemüse, Honig und hausgemachtes Essen bekommen.

Uvita ist eine perfekte Basis für die Erkundung der Costanera Sur mit einigen wirklich spektakulären Stränden sowie einer faszinierenden natürlichen Wasserrutsche, der **Cascada Verde** (2 US$; ⏲8–16 Uhr).

Schlafen

★**Cascada Verde** HOSTEL $
(☎2743-8191, 8422-6504; www.cascadaverde.eu; B/EZ/DZ ab 11/22/34 US$; P@☜) Wer nach einem stillen Refugium inmitten des Dschungels sucht, ist in diesem von einem jungen Expat-Paar geführten Hostel genau richtig. Die 2 km bergan von Uvita gelegene Herberge beeindruckt mit umwerfenden Dschungelblicken von der Terrasse, einer großen Gemeinschaftsküche, jeder Menge Platz zum Entspannen drinnen und draußen, ansprechend eingerichteten Zimmern mit Bambustrennwänden sowie einem nur einen kurzen Spaziergang entfernten Wasserfall.

Flutterby House HOSTEL $
(☎2743-8221, 8341-1730; www.flutterbyhouse.com; Stellplatz 10 US$, B 14–18 US$, DZ 40–120 US$; P@☜) Kann man sich in ein Hostel verlieben? Diese Ansammlung von bunten Baumhäusern und Schlafsälen hat uns wirklich verzaubert. Das Hostel wird von zwei Schwestern (Expats) geführt und bei den Gästen handelt sich zumeist um die üblichen barfüßigen Surfertypen. Man trifft sich an der Bar.

Tucan Hotel HOSTEL $
(☎2743-8140; www.tucanhotel.com; Stellplatz/Hängematte/B 12/12/15 US$, DZ ab 33 US$; P❄@☜) Diese Billigherberge 100 m landeinwärts von der Fernstraße ist bei Reisenden aller Altersstufen beliebt. Die Zimmer sind um einen halboffenen Gemeinschaftsbereich angeordnet, außerdem stehen einfache Zelte und Hängematten sowie ein Baumhaus zur Verfügung. Dazu kommen noch eine Gästeküche, jeden Tag um 16 Uhr

Filmvorführungen, ein italienisches Restaurant und eine gesellige Atmosphäre.

An- & Weiterreise

Die meisten Busse fahren von den überdachten Haltestellen an der Costanera im Hauptdorf ab.

Dominical 1 US$, 30 Min., 4.45–17.30 Uhr 9-mal tgl.

Quepos 4 US$, 2 Std., Abfahrt 5.30, 11.40, 13 und 16 Uhr.

San José 9,20 US$, 3½ Std., Abfahrt 5.30, 11.30, 13 und 16 Uhr.

Die privaten Shuttleunternehmen – Grayline, Easy Ride und Monkey Ride – bieten teurere Transfers von Uvita nach Dominical, San José, Quepos, Jacó, Puerto Jiménez und zu weiteren beliebten Zielen.

SÜDLICHES COSTA RICA & PENÍNSULA DE OSA

Von den kühlen Höhen des Cerro Chirripó (3820 m) bis zu den dampfenden Küstendschungeln der Península de Osa umfasst dieser Teil Costa Ricas einige der am wenigsten erkundeten und entwickelten Regionen des Landes. Im Parque Internacional La Amistad sind riesige Wildnisgebiete noch unberührt und in ihren abgeschiedenen Gebieten gehen die am meisten in Erscheinung tretenden indigenen Gruppen des Landes wie die Bribrí, Cabécar, Boruc und Ngöbe noch immer ihren traditionellen Lebensweisen nach.

Rund um San Gerardo de Dota sind Quetzal-Sichtungen nichts Ungewöhnliches und fast überall in der Küstenregion gibt es Hellrote Aras zu sehen. Abgesehen von Vögeln und Affen, Faultieren und Nasenbären in den vielen Nationalparks und Schutzgebieten der Region eröffnet sich im Parque Nacional Corcovado die seltene Gelegenheit, dahindösende Tapire zu erspähen. Die zerklüfteten Küsten des Golfo Dulce und der Península de Osa wiederum bezaubern Besucher mit einsamen Wildnisstränden, erstklassigen Surfmöglichkeiten und zahlreichen Gelegenheiten für anstrengende Erkundungstrips. Dies ist eine Region für unerschrockene Reisende, die sich nach etwas wirklich Wildem sehnen.

San Isidro de El General

San Isidro de El General ist – abgesehen von der Hauptstadt – der am schnellsten wachsende urbane Raum des Landes, ein ausufernder, zweckmäßiger Marktflecken an der Schnittstelle einiger der bedeutendsten Ziele Costa Ricas. Dennoch verbringen nur wenige Traveller mehr Zeit als nötig hier.

„El General" – oft auch Pérez Zeledón genannt, nach dem Namen des Kantons – ist die größte Stadt der Region und ein wichtiger Verkehrsknotenpunkt. Wer die südlichen Pazifikstrände oder Chirripó ansteuert, muss hier einen kurzen Stopp einlegen. Außerhalb des eigentlichen Stadtgebiets befinden sich einige Unterkünfte, die für sich genommen ein lohnendes Ziel darstellen.

Schlafen & Essen

Hotel Chirripó HOTEL $
(☎2771-0529; Av 2, zw. Calles Central & 1; EZ/DZ 40/31 US$, ohne Bad 17/24 US$; P❄📶) Für müde, klamme Reisende ist das beliebte Hotel Chirripó die erste Wahl. Es liegt zentral, nur zwei Fußminuten vom Busbahnhof entfernt. Die Zimmer sind weiß getüncht und karg, aber absolut sauber.

Hotel Los Crestones HOTEL $$
(☎2770-1500, 2770-1200; www.hotelloscrestones.com; Ecke Calle Central & Av 14; EZ/DZ mit Klimaanlage 50/60 US$, ohne Klimaanlage 40/50 US$; P❄📶🏊) Das elegante Motel südlich vom Fußballplatz ist außen mit blühenden Hecken und Weinranken bedeckt – ein willkommener Anblick für müde Reisende nach langer Fahrt. Drinnen finden sich funktionale Zimmer mit moderner Möblierung. Die Angestellten sind aufmerksam und flott. Das Restaurant ist schnuckelig.

★**Urban Farm Cafe** INTERNATIONAL $
(☎2771-2442; Calle Central; Hauptgerichte 5–7 US$; ⊙Mo–Fr 7–19, Sa bis 16 Uhr; 📶🌿) Mit seinem *farm-to-table*-Motto hebt dieses reizende Café die kulinarische Szene von San Isidro ein paar Qualitätsstufen nach oben. Zum Frühstück werden etwa Macadamia-Pfannkuchen mit Bananen im Hawaii-Stil oder vegetarische Omeletts und Falafel serviert, während zur Mittagszeit die Wraps und Salate vor frischem Gemüse nur so überquellen. Dazu passen prima die köstlichen Obst-Smoothies.

La Casa del Marisco FISCH & MEERESFRÜCHTE $
(☎8366-1880, 2772-2862; Calle Central; Hauptgerichte 6–12 US$; ⊙Mo–Sa 10.30–22, So bis 18 Uhr) Da dieses unscheinbare Fischlokal mittags für gewöhnlich aus allen Nähten platzt, kommt man besser zwischendurch, um sich an den täglichen Ceviche-Variationen, frischem Fisch oder frischen Garnelen

Península de Osa & Golfo Dulce

zu laben, die ganz nach Wunsch zubereitet werden. Es gibt aber auch Pasta, Burger, Salate und Suppen.

An- & Weiterreise

Der lokale Busbahnhof von San Isidro (unter der Bezeichnung Mercado bekannt) liegt an der Avenida 6; von dort fahren Busse in die umliegenden Dörfer. Der Bus nach San Gerardo de Rivas (zum Parque Nacional Chirripó; 4 US$, 1½ Std.) fährt ab 5.45 Uhr fünfmal am Tag vom Busbahnhof.

Das **Terminal Tracopa** (☎ 2771-0468) befindet sich an der Panamericana unmittelbar südwestlich der Avenida Central. Das **Terminal MUSOC** (☎ 2771-0414) mit Verbindungen nach San José (ausschließlich) ist neben dem Kafe de la Casa. Wer nach Paso Canoas, Golfito oder Palmar Norte möchte, sollte versuchen, einen der Busse zu erwischen, die in San Isidro eingesetzt werden – andere sind oft schon so voll, dass man stehen muss.

Transportes Blanco Terminal Quepos (☎ 2771-4744) liegt an einer Seitenstraße westlich der Panamericana.

San Gerardo de Rivas

Wer den Chirripó erklimmen möchte, ist hier richtig, denn das winzige, ruhige San Gerardo de Rivas liegt quasi direkt vor der

Haustür des Nationalparks. Hier kann man sich mit Proviant versorgen, noch einmal richtig gut schlafen und vor oder nach der Wanderung warm duschen.

Dank eines neuen Onlinereservierungssystems ist es jetzt viel einfacher, Wandergenehmigungen einzuholen. Wer nur wenig Zeit hat oder keine Lust, auf den Chirripó zu klettern, kann in privaten Naturschutzgebieten schöne, weniger anstrengende Wanderungen unternehmen. Außerdem wird jede Menge ländlicher Tourismus geboten, von der örtlichen **Forellenfarm** (☎2742-5054; ⏲Sa & So 9–18 Uhr & nach Vereinbarung) bis zu den Käsereien und Schokoladenherstellern im nahen Canaan. Die wunderschöne vogelartenreiche Alpinlandschaft von San Gerardo ist definitiv eine Gegend, in der man gern verweilt. Die Straße nach San Gerardo de Rivas windet sich von San Isidro 22 km weit das Tal des Río Chirripó hinauf.

Sehenswertes

★Cloudbridge Nature Reserve NATURSCHUTZGEBIET
(www.cloudbridge.org; Eintritt per Spende, Touren 10–30 US$; ⏲6–18 Uhr) Etwa 2 km hinter dem Ausgangspunkt des Weges hinauf zum Cerro Chirripó liegt der Eingang zur zauberhaften Cloudbridge Nature Reserve. Das 283 ha große private Schutzgebiet am Hang des Cerro Chirripó ist ein Wiederaufforstungs- und Naturschutzprojekt, das Genevieve Giddy und ihr Ehemann Ian aus der Taufe hoben. Durch das Reservat, das sich leicht auf eigene Faust erkunden lässt, führen verschiedene Wege. Nicht weit vom Eingang entfernt befinden sich zwei Wasserfälle, darunter die prächtige Catarata Pacifica.

Talamanca Reserve NATURSCHUTZGEBIET
(☎2742-5080; www.talamancareserve.com) Das private Reservat mit über 1600 ha Primär- und Sekundärwald wartet mit zahlreichen Wanderwegen auf; der längste von ihnen ist sieben Stunden lang, ein anderer führt zu elf Wasserfällen. Talamanca versucht sein Bestes, sich als Alternative zum Parque Nacional Chirripó zu etablieren, und Leute, die nicht hier übernachten, können gegen eine Tagesgebühr von 25 US$ die Wanderwege nutzen. Für Übernachtungs- wie auch Tagesgäste werden Allradtouren angeboten.

Schlafen

★Casa Mariposa HOSTEL $
(☎2742-5037; www.hotelcasamariposa.net; B 22 US$, DZ 40–60 US$; P@) Das bezaubernde Hostel nur 50 m vom Parkeingang ist in die Flanke des Bergs hineingebaut und geprägt durch die Herzlichkeit und das Wissen der Eigentümer John und Jill. Ideal wird es durch die schönen Extras für Reisende wie die warme Kleidung, die man sich für die Wanderung ausleihen kann, den Wäscheservice, die Unterstützung bei der Buchung der Chirripó-Lodge und die Tipps für alternative Aktivitäten in der Umgebung.

Casa Hostel Chirripó HOSTEL $
(☎2742-5020, 8814-8876; www.facebook.com/Hostel-Casa-Chirripó-417397658422067; B 15 US$, Zi. mit/ohne Bad 40/35 US$; 📶) Das farben-

BUSSE AB SAN ISIDRO DE EL GENERAL

Vom Terminal Tracopa

ZIEL	PREIS (US$)	DAUER (STD.)	ABFAHRTEN (TGL.)
Golfito	8	4	10 Uhr
Neily	7	4	4.45, 7, 12.30, 15 Uhr
Palmar Norte	10	2½	5, 7, 8.30, 10, 13, 14.30, 18 Uhr
Paso Canoas	9	4½	8, 10.30, 16, 18.30, 21.30 Uhr
San José	6	3	stündl.
San Vito	6.50	3½	5.30, 9, 11, 14, 19 (Anschlüsse in Neily)

Transportes Blanco

ZIEL	PREIS (US$)	DAUER (STD.)	ABFAHRTEN (TGL.)
Dominical	3	1½	8, 9, 11.30, 15.30, 16 Uhr
Puerto Jiménez (via Palmar Norte)	9,60	5	6.30, 11, 15 Uhr
Quepos	4,90	2½	8, 11.30, 15.30 Uhr
Uvita	3,60	2	5, 9, 12.45, 16 Uhr

frohe neuere Hostel beim Fußballplatz bietet seinen Gästen genügend Platz zum Kochen und Kontakteknüpfen sowie nach der Wanderung gemütliche Zimmer und Schlafsäle, in denen man sein müdes Haupt betten kann. Ein Taxi zum Ausgangspunkt des Wanderwegs kostet 10 US$, Gruppen dürfen sich den Preis teilen. Die Mitarbeiter organisieren auch Touren auf den Chirripó.

Hotel Uran HOSTEL **$**
(☎2742-5003; www.hoteluran.com; EZ/DZ 36/57 US$, ohne Bad 20/40 US$; P📶) Nur 70 m unterhalb des Wanderweganfangs ist diese schlichte Budgetherberge ein altbewährtes Refugium für Wanderer, die auf dem Weg zum/vom Chirripó sind. Die günstigen Zimmer sind gut für ein erholsames Schläfchen. In der Anlage gibt's auch ein Restaurant und eine Waschküche; alles für wenig Geld. Übrigens kann man hier Bier kaufen – was in der *pulpería* im Ort nicht der Fall ist.

Casa de los Celtas B&B **$$**
(☎8707-2921, 2770-3524; www.casaceltas.com; EZ/DZ 55/70 US$; P📶) Das hübsche B&B auf 1,6 ha Land, gekrönt durch Sheelaghs Orchideensammlung, wird von zwei pensionierten Expats und Weltenbummlern geführt: Ihre echte Herzlichkeit und ihr Wissen über die Region versüßen den Gästen ihren Aufenthalt zusätzlich. Diese haben die Wahl zwischen einem Zweibettzimmer und einem kompakten Cottage für Selbstversorger und können sich außerdem an Sheelaghs Gourmetkost laben (2-Gänge-Dinner 18 US$). Zum umfangreichen Frühstück gehört auch viel frisches Obst.

ℹ Praktische Informationen

Consorcio Aguas Eternas (Konsortiumsbüro; ☎2742-5097, 2742-5200; infochirriposervicios@gmail.com; ⌚Mo–Sa 8–17, So ab 9 Uhr) In diesem Büro direkt am Fußballplatz können Buchungen für die Crestones Base Lodge und für andere Dienstleistungen (Mahlzeiten, Träger, Leihausrüstung) vorgenommen werden. Die Reservierung der Unterkunft muss telefonisch oder per Mail erfolgen (den Parkgenehmigungscode vom Rangerbüro parat haben). Weiterhin ist es erforderlich, am Tag vor der Wanderung hier vorbeizuschauen.

Die Chirripó-**Rangerstation** (Sinac; ☎905-244-7747; ⌚8–12 & 13–16.30 Uhr) liegt 1 km unterhalb des Fußballplatzes am Ortseingang von San Gerardo de Rivas. Wer eine Reservierung für die Crestones Base Lodge und die Wanderung auf den Cerro Chirripó hat, muss einen Tag vor der Wanderung hier seine Reservierung bestätigen lassen. Besucher, die ohne im Voraus gebuchte Parkgenehmigung auftauchen, haben kaum Chancen, eine für den nächsten Tag zu erhalten.

ℹ An- & Weiterreise

Wer mit öffentlichen Verkehrsmitteln anreist, muss in San Isidro umsteigen. Von 5.15 bis 18.45 Uhr fahren sechs Busse täglich (So 3-mal tgl.) vom Fußballplatz nach San Isidro (2 US$, 1½ Std.).

Palmar

Dieser Ort an der Kreuzung zweier der wichtigsten Fernstraßen des Landes dient als Tor zur Península de Osa und zum Golfo Dulce. Wer sich für präkolumbische Steinkugeln interessiert, kann diese zweckmäßige Niederlassung in einem Bananenanbaugebiet als Basis zur Erkundung der Region um Sierpe nutzen – diese Gegend ist nämlich neuerdings für solche Funde bekannt und wurde 2014 von der Unesco zur Welterbestätte erklärt. Eine Reiseunterbrechung lohnt aber auch das **Festival de la Luz** im Dezember.

Palmar besteht eigentlich aus zwei Teilen. Um von Palmar Norte nach Palmar Sur zu gelangen, nimmt man die Panamericana Richtung Süden auf der Brücke über den Río Grande de Térraba und dann die erste Straße rechts. Die meisten Einrichtungen befinden sich in Palmar Norte um die Kreuzung der Carretera Panamericana und der Costanera Sur herum. Wer auf dem Weg über Sierpe zur Bahía Drake ist, hat hier die letzte Gelegenheit, an einem Geldautomaten Bargeld zu ziehen. Palmar Sur beherbergt den Flugplatz sowie einen kleinen Park, in dem eine faszinierende Steinkugel steht.

ℹ An- & Weiterreise

Busse nach San José und San Isidro halten an der Ostseite der Panamericana. Andere Busse fahren vor dem Restaurant Pirola's Pizza and Seafood oder am Tracopa-Schalter auf der anderen Straßenseite ab. Busse nach Sierpe fahren vor dem Geschäft Gollo los.

Sierpe

Das Dörfchen am Río Sierpe ist das Tor zur Bahía Drake. Wer in einer der Urwald-Lodges weiter unten an der Küste reserviert hat, wird hier per Boot abgeholt. Ansonsten gibt's keinen Grund, Sierpe länger als nötig zu beehren. Allerdings lohnt es sich, einen Blick auf die berühmten präkolumbischen Steinkugeln auf dem Hauptplatz zu werfen. Wer dem ausgezeichneten **Sitio Arqueológico Finca 6** (☎2100-6000; finca6@museocostarica.go.cr; 4 km nördlich von Sierpe; 6 US$; ⏲Di–So 8–16 Uhr) bei Sierpe einen Besuch abstattet, kann hier auch gleich eine Mittagspause einlegen. Außerdem können Mangrovenbootstouren organisiert werden.

ℹ Praktische Informationen

La Perla del Sur (☎2788-1082; info@perladelsur.net; ⏲6–22 Uhr; 📶) Das Informationszentrum und Freiluftrestaurant neben dem Landungssteg ist das Zentrum von Sierpe – hier kann man sein Auto abstellen (6 US$ pro Nacht), Touren buchen und vor der Bootsfahrt zur Bahía Drake nochmal das kostenlose WLAN nutzen.

ℹ An- & Weiterreise

Nach Palmar Sur, 14 km nördlich von Sierpe, bestehen reguläre Linienflug- (Sansa) und Charterverbindungen. Für die Fahrt zur Bahía Drake organisieren die meisten gehobenen Lodges den Bootstransfer. Falls irgendetwas schieflaufen sollte oder man auf eigene Faust unterwegs ist, gibt's jede Menge Wassertaxis – einen fairen Preis muss man allerdings erst aushandeln. Fahrplanmäßig verkehrende *colectivo*-Boote fahren um 11.30 Uhr (15 US$) und 16.30 Uhr (20 US$) nach Drake.

Vor der Pulpería Fenix fahren um 5.30, 8.30, 9, 10.30, 13.30, 16 und 18 Uhr Busse nach Palmar Norte (0,70 US$, 40 Min.). Ein Gemeinschaftstaxi nach Palmar kostet etwa 10 US$ pro Person.

Bahía Drake

1000 EW.

Die Bahía Drake *(drah-ke)* ist eines der abgelegensten Reiseziele Costa Ricas, eine verlorene Welt, die im Süden an den Parque Na-

BUSSE AB PALMAR

ZIEL	PREIS (US$)	DAUER (STD.)	ABFAHRTEN
Dominical	2	1½	8.20, 13.20, 15.45 Uhr
Golfito	3,20	1½	11.20, 12.30 Uhr
Neily	3,20	1½	5.10–18 Uhr 7-mal tgl.
Paso Canoas	3,80	2	10.30–20.30 6-mal tgl.
Puerto Jimenez	6,00	4	9.30, 13.15, 17.30 Uhr
San Isidro	6,36	2½	8.30, 12, 14.45, 17, 18.15 Uhr
San José	11	5½	4.45–18.30 Uhr 16- bis 19-mal tgl.
Sierpe	0,70	40 Min.	5–17.15 Uhr 7-mal tgl.

cional Corcovado grenzt. Im Regenwalddach begrüßen die Brüllaffen den neuen Tag mit ihren eindringlichen Rufen und zwischen den Baumwipfeln flattern Aras umher und füllen die Luft mit ihren lauten Gekreische. Das türkisfarbene Wasser außerhalb der Bucht in der Nähe des schönen Meeresschutzgebietes Isla del Caño durchschneiden wandernde Delfine.

Einer der Gründe dafür, dass es an der Bahía Drake so viele wilde Tiere gibt, liegt darin, dass die Region vom Rest des Landes mehr oder weniger abgeschnitten ist. Das Leben konzentriert sich im verschlafenen Dorf **Agujitas**, dem Verkehrsknotenpunkt der Gegend; mit seinen billigen Unterkünften und seinen tollen Möglichkeiten zum Schnorcheln, Tauchen und zur Tierbeobachtung zieht es immer mehr Rucksacktouristen und Naturliebhaber an. In den einsameren Ecken der Bahía Drake verstecken sich einige der besten (und teuersten) Wildnislodges Costa Ricas.

Aktivitäten & Geführte Touren

Der 17 km lange Weg von Agujitas zur Rangerstation San Pedrillo bietet Gelegenheit zu einer tollen Tageswanderung, vorbei an wunderschönen Stränden. Besucher können mit **Río Claro Tours** (☎8450-7198; 2-/4-stündige Tour 25/40 US$ pro Pers.) eine Kanutour unternehmen und außerdem Tiere beobachten. Wer möchte, kann sich von einem Tourenanbieter irgendwo unterwegs absetzen lassen und dann zurück nach Agujitas spazieren.

Die rund 20 km westlich von Agujitas gelegene **Isla del Caño** (www.sinac.go.cr/ES/ac/acosa/Paginas/IsladelCaño.aspx; Erw./Kind 15/5 US$, Tauchgebühr 4 US$) gilt als bester Schnorchelspot der Gegend. Die Lodges bieten unterschiedliche Tagestouren zu der Insel (ab 80 US$ pro Pers.), gewöhnlich inklusive Parkeintritt, Schnorchelausrüstung und Mittagessen an der Playa San Josecito. Wie klar der Ozean gerade ist und welche Fische zu sehen sind, hängt stark von den Wasser- und Wetterbedingungen ab – am besten erkundigt man sich, bevor man bucht.

Am Küstenstreifen zwischen Agujitas und Corcovado locken die **Playa San Josecito** und die **Playa Caletas** zahlreiche tropische Fische an. An der **Playa Cocalito** wiederum, einem hübschen kleinen Strand in der Nähe von Agujitas, lässt es sich gut schwimmen und sonnenbaden.

★ **Pacheco Tours** TIERBEOBACHTUNG
(☎8906-2002; www.pachecotours.com) Der sehr kompetente Allrounder organisiert neben Walbeobachtungstouren auch Schnorchelexkursionen zur Isla del Caño, Tagestouren zum Corcovado sowie Tagesausflüge mit Dschungelwanderungen und Baden unter einem Wasserfall (die „Floating Tour", 65 US$).

Corcovado Info Center TIERBEOBACHTUNG
(☎2775-0916, 8846-4734; www.corcovadoinfocenter.com; Walbeobachtungs-/Corcovado-Tagestouren 110/90 US$) Die Touren zum Corcovado und zur Isla del Caño werden von Führern begleitet, die alle aus der Gegend stammen, zweisprachig sind und eine ICT-Linzenz besitzen. Das Center liegt am Strandende der Hauptstraße in Agujitas.

Drake Divers TAUCHEN
(☎2775-1818; www.drakediverscr.com; ⌚7–19 Uhr) Dieser Anbieter ist auf Tauchtouren zur Isla del Caño spezialisiert und verlangt für zwei Tauchgänge 135 US$, für drei Tauchgänge 185 US$. Auch Schnorchler (80 US$) dürfen mitfahren. Die Ausrüstung ist nicht die neuste und beim Boot handelt es sich nicht um ein für den Zweck gebautes Tauchboot, doch die Divemaster sind sehr erfahren.

Schlafen

★ **Martina's Place** PENSION $
(☎8720-0801; www.puravidadrakebay.com; B/EZ/DZ ab 14/18/40 US$; 📶) Die Budgetunterkunft besitzt außer ein paar ventilatorgekühlten Schlafsälen und klimatisierten Zimmern auch eine saubere, komplett ausgestattete Gemeinschaftsküche. In der freundlichen, preiswerten Bleibe im Zentrum von Agujitas kommt man leicht mit anderen Reisenden ins Gespräch, kann sich von Martina über den Corcovado informieren lassen und verschiedenste Touren organisieren.

Drake Bay Backpackers HOSTEL $
(☎2775-0726, 8981-5519; www.drakebaybackpackers.com; Stellplatz 6 US$ pro Pers., B/Zi. ab 15/40 US$; P❄📶) Das ausgezeichnete gemeinnützige Hostel liegt etwas ab vom Schuss und eignet sich bestens für Traveller, die mit der örtlichen Gemeinschaft in Kontakt treten möchten. Preisgünstige Touren lassen sich arrangieren, es gibt einen schönen Aufenthaltsbereich und eine Terrasse mit Grill. Das Hostel befindet sich im Dorf El Progreso unweit vom Flugplatz, gleich hinter der Flussüberquerung.

NICHT VERSÄUMEN

DEN CERRO CHIRRIPÓ BESTEIGEN

Während ein großer Teil der Cordillera de Talamanca nur schwer zugänglich ist, lässt sich der mit 3820 m höchste Gipfel Costa Ricas, der **Cerro Chirripó** (Parkgebühr 18 US$ pro Tag), innerhalb von zwei Tagen ab San Gerardo de Rivas besteigen – ein beliebtes Abenteuer.

Die meisten Wanderer steigen zur einzigen Unterkunft im Park auf, der **Crestones Base Lodge** (☎2742-5097; www.chirripo.org/hospedaje/; B 35 US$; 📶). Dort können bis zu 52 Personen in Etagenbetten wie in einem Hostel übernachten. Anderntags erfolgt die Gipfelbesteigung bei Sonnenaufgang.

Praktische Informationen

Wichtig: Mindestens einen Tag vor dem geplanten Aufstieg auf den Chirripó muss man sich in der Rangerstation (S. 646) in San Gerardo de Rivas melden, um seine Nationalparkgenehmigung samt Zahlungsbeleg vorzuzeigen. Anschließend muss man im Konsortiumsbüro (S. 646) seine Reservierung für die Crestones Base Lodge bestätigen lassen. Wer möchte, kann in der Rangerstation einen Träger anheuern (Fixpreis für bis zu 15 kg Gepäck: 100 US$). Das ist aber eigentlich nicht mehr notwendig, da im Crestones für die Verpflegung gesorgt wird und das Bettzeug im Übernachtungspreis inbegriffen ist – der Aufstieg kann also ohne Schlafsack und Gaskocher mit entsprechend leichtem Gepäck erfolgen.

An- & Weiterreise

Das Tor zu den Wegen am Chirripó ist das Bergdorf San Gerardo de Rivas mit der Rangerstation. Gegenüber der Rangerstation fahren vor den Cabinas El Bosque um 5 Uhr morgens Busse zum Beginn des Wegs. Außerdem bieten mehrere Hotels ihren Gästen Transfers am frühen Morgen zum Ausgangspunkt des Aufstiegs.

★ **Finca Maresia** BUNGALOW **$$**
(☎8888-1625, 2775-0279; www.fincamaresia.com; Camino a Los Planes; mit Frühstück EZ 35–85 US$, DZ 45–100 US$) Die weltreisenden Eigentümer haben mit diesem *finca*-Hotel ein absolutes Juwel geschaffen, das sich über eine Reihe von Hügeln erstreckt. Kostenbewusste Reisende werden vom das exzellenten Preis-Leistungs-Verhältnis und den erstklassigen Möglichkeiten zur Tierbeobachtung begeistert sein. Alle Zimmer und der offene Gemeinschaftsbereich werden mit den Geräuschen des Dschungels beschallt. Manager Juan ist ein phänomenaler Gastgeber.

Casita Corcovado B&B **$$**
(☎2775-0627, 8996-8987; www.casitacorcovado.com; Zi. mit Frühstück ab 85 US$; 🚭❄📶) Das hübsche kleine Haus am Meer hat drei Zimmer, die sich ein Bad teilen und über superbequeme orthopädische Betten verfügen. Die Gäste können zwei luftige Patios und jede Menge Hängematten nutzen. Die Läden des Dorfes liegen gleich vor der Haustür, doch was die Unterkunft vor allen Dingen auszeichnet, ist die Herzlichkeit und Hilfsbereitschaft der Gastgeber Jamie und Craig. Auch köstliche, im Haus zubereitete Mahlzeiten sind erhältlich.

ℹ An- & Weiterreise

Alle Hotels organisieren die Überfahrt per Boot zwischen Sierpe und der Bahía Drake. Bei den meisten Hotels in Drake landen die Boote am Strand an, daher sollte man geeignetes Schuhwerk tragen.

Wer sich im Vorfeld nicht um die Abholung durch seine Lodge gekümmert hat: Um 11.30 und 16.30 Uhr fahren von Sierpe jeden Tag *colectivo*-Boote; von der Bahía Drake zurück nach Sierpe geht's dann um 7.15 Uhr (15 US$) und 14.30 Uhr (20 US$).

Busse nach La Palma (wo man in einen Bus nach Puerto Jiménez umsteigen kann) sammeln um etwa 8 und 13.30 Uhr an der Strandstraße und vor den Supermärkten Fahrgäste ein (10 US$, 2 Std.). Die Rückfahrt ab La Palma ist um 11 und 16.30 Uhr. Die Abfahrtszeiten vor Ort nachprüfen!

Puerto Jiménez

1800 EW.

Von der sumpfigen Quebrada Cacao in zwei Teile geteilt und auf einer Seite von den smaragdgrünen Gewässern des Golfo Dulce flankiert, teilen sich den ein wenig an den Wilden Westen erinnernden Außenposten Puerto Jiménez die menschlichen und die tierischen Bewohner gleichermaßen. Hier kommt es nicht selten vor, dass man beim Gang durch die staubigen Straßen von Jiménez, wie die Einheimischen die Stadt nennen, Papageien auf dem Fußballplatz oder Weißschulterkapuziner in den Baumwipfeln an der Hauptstraße sieht.

Das am Rand des Parque Nacional Corcovado gelegene Jiménez ist der bevorzugte Ausgangspunkt zur berühmten Rangerstation Sirena; man kann hier seine Expedition organisieren, die Vorräte aufstocken und noch einmal gut essen und schlafen.

Obwohl sich hier die größte Ansammlung von Hotels, Restaurants und anderen touristischen Einrichtungen der Region befindet, ist Puerto Jiménez im Grunde eine eingeschworene Tico-Gemeinschaft.

Geführte Touren

★ Osa Wild TOUREN

(☎2735-5848, 8376-1152, 8709-1083; www.osawildtravel.com; Touren ab 30 US$, Corcovado-Tagestour 85 US$; ⊙Mo–Fr 8–12 & 14–19, Sa & So 9–12 & 13–16 Uhr) Osa Wild bietet die beste Möglichkeit, in den Corcovado-Park und nach Osa zu gelangen, und ist genau das, was die Region so dringend benötigte: eine tolle Informationsquelle für gemeindebasierten Tourismus, der mit Privatunterkünften, Bauernhoftouren und nachhaltigem Kulturaustausch ins Herz des echten Osa führt. Darüber hinaus werden auch gewöhnlichere Dinge wie Kajaktouren und geführte Wanderungen durch den Corcovado geboten.

Osa Aventura ABENTEUERTOUREN

(☎8372-6135, 2735-5670; www.osaaventura.com) Osa Aventura wird von Mike Boston geleitet, einem Biologen mit einer ausgeprägten Leidenschaft für die Natur. Es möchte Reisenden mit der Schönheit des Regenwaldes vertraut machen und das Bewusstsein dafür schärfen, wie wichtig es ist, das einzigartige Umfeld des Corcovado zu erhalten. Zu den angebotenen Abenteuern zählen dreitägige Wanderungen durch den Corcovado sowie eine Tour, in deren Mittelpunkt die ländlichen Gemeinschaften am Golfo Dulce stehen. Die Ausflüge können auch maßgeschneidert werden.

Surcos Tours TOUREN

(☎8603-2387 2237-4189; www.surcostours.com) Drei ausgezeichnete Führer machen die Touren von Surcos zu den besten Osa-Touren mit Schwerpunkt auf Tier- und besonders Vogelbeobachtung. Angeboten werden z. B. Tageswanderungen im Corcovado und Matapalo wie auch mehrtägige Exkursionen im Corcovado und spezielle Vogelbeobachtungstouren. Tourbuchungen erfolgen über die Website.

Schlafen

Cabinas Back Packer PENSION $

(☎2735-5181; EZ/DZ ohne Bad mit Klimaanlage 30/40 US$, ohne Klimaanlage 15/30 US$; ❄📶) Eine der besseren billigen Unterkünfte. Sie ist blitzsauber, ziemlich ruhig und liegt zwei Blocks von der Hauptstraße entfernt; im Vorgarten baumeln Hängematten. Die Zimmer teilen sich saubere Gemeinschaftsbäder und für die Gäste stehen Fahrräder zur Verfügung. Es gibt sogar eine bunt gekachelte Küche, die man für eine Gebühr von 5 US$ nutzen kann.

Lunas Hostel HOSTEL $

(☎2735-6007; www.lunashostelpuertojimenezcr.com; B/DZ ohne Bad 12/14 US$; ❄📶) Über dieses Backpackermekka regiert der freundliche und hilfsbereite Eigentümer Alex, der schon für mehr als einen Traveller in Not den Schutzengel gespielt hat. Zwar sind die ventilatorgekühlten Schlafsäle und Zimmer winzig, doch schön sind die handgemachten Möbel und die ausgezeichneten Matratzen. Es gibt nur Gemeinschaftsbäder. Alex kann Corcovado-Touren arrangieren, jedoch kommt der Guide, mit dem er zusammenarbeitet, bei den Gästen unterschiedlich gut an.

Cabinas Marcelina HOTEL $

(☎2735-5007; www.jimenezhotels.com/cabinasmarcelina; Zi. mit/ohne Klimaanlage 42/38 US$; P❄📶) Diese Unterkunft ist schon lange ein Favorit bei kostenbewussten Reisenden, die sich nach einer friedlichen Mütze Schlaf sehnen. Das lachsrosa Betongebäude ist von blühenden Bäumen umstellt, was ihm eine heimelige Atmosphäre verleiht. Die Zimmer sind mit modernen Möbeln, weichen Handtüchern und gefliesten Bädern ausgestattet. Da der Eigentümer meistens abwesend ist, lassen sich hier nur schwer Touren usw. buchen.

★ Cabinas Jiménez CABINAS $$

(☎2735-5090; www.cabinasjimenez.com; EZ/DZ ab 45/60 US$, cabinas 80–120 US$; P❄📶🏊) Die mit Abstand netteste Unterkunft in Jiménez selbst. Die Zimmer verfügen über Kühlschränke und an die Wände gemalte

Dschungelszenen; die Zimmer am Pool haben außerdem Terrassen zum Abhängen. Die teureren *cabinas* sind mit kleinen Küchen versehen und beeindrucken mit fantastischen Ausblicken über die Lagune. Die Gäste können umsonst Fahrräder und Kajaks benutzen und das zweisprachige Personal ist freundlich und hilfsbereit.

Essen

★Restaurante Monka COSTA-RICANISCH $
(☎2735-5051; Hauptgerichte 5–7 US$; ⏲6–20 Uhr;) Das helle und luftige Monka ist das beste Frühstückscafé der Stadt. Es serviert ausgezeichnete kalte Kaffeegetränke und Smoothies sowie große Frühstücksplatten, von amerikanisch mit Schinken und Pfannkuchen bis zu mexikanisch mit *huevos rancheros*. Ansonsten kann man seinen Hunger hier mit guten, preiswerten *casados* stillen. Mehrere Frühstücksspeisen und *casados* sind vegetarisch.

Los Delfines COSTA-RICANISCH $
(☎2735-5083; Mahlzeiten 6–14 US$; ⏲10–22 Uhr) Das am Ende der Strandstraße, die an der Uferpromenade entlangführt, gelegene Los Delfines ist das perfekte Strandlokal für ein spätes *gallo-pinto*-Frühstück oder ein Bier und köstliches Ceviche nach einem ausgedehnten Sonnenbad am Strand.

Restaurant Carolina COSTA-RICANISCH $
(☎2735-5185; Gerichte 3–8 US$; ⏲6–22 Uhr;) In diesem Klassiker an der Hauptstraße treffen sich Expats, naturkundige Führer, Touristen und Einheimische. Geboten werden Tico-Standardgerichte, frische Frucht-Smoothies, große Frühstücksportionen, guter Kaffee und kaltes Bier, das an einem heißen Tag gut durch die Kehle läuft.

Shoppen

★Jagua Arts & Crafts KUNST & KUNSTHANDWERK
(☎2735-5267; ⏲Mo–Sa 7–15 Uhr) Ein wunderbares Geschäft, in dem man lokal gefertigte Kunst und Schmuck, hochwertige und farbenfrohe Boruca-Masken, Guaitil-Tonwaren in Schwarz- und Ockertönen sowie Textilien der Emberá und Wounaan kaufen kann. Kuna-Stoffe kommen eigentlich aus Panama, machen sich aber nichtsdestotrotz prima als Mitbringsel.

Praktische Informationen

Polizei und **Post** (☎2735-5045; ⏲Mo–Fr 8–12 & 13–17 Uhr) befinden sich beim Fußballplatz.

Área de Conservación Osa (ACOSA; Büro des Naturschutzgebiets Osa; ☎2735-5036; Corcovado-Parkeintritt 15 US$ pro Pers. & Tag; ⏲Mo–Fr 8–16 Uhr) Informationen über den Parque Nacional Corcovado, die Isla del Caño, den Parque Nacional Marino Ballena und die Nationalparks und Naturschutzgebiete um Golfito.

Banco Nacional (☎2735-5020; ⏲Mo–Fr 8.30–15.45 Uhr) Mit Geldautomat.

BCR (Banco de Costa Rica; ☎2735-5260; ⏲Mo–Fr 9–16 Uhr) Gegenüber der Kirche; mit Geldautomat.

An- & Weiterreise

Schnelle **Fähren** (☎8632-8672, 2735-5095) fahren täglich um 6, 8.45, 11.30, 14 und 16 Uhr nach Golfito (6 US$, 30 Min.). Die Fahrpläne wechseln häufig und oft ohne Vorankündigung – vor Ort checken!

Die meisten Busse halten am blauen **Busbahnhof** (☎2735-5189) hinter dem grünen Malergeschäft im Westen des Orts.

Ein *colectivo* (Lkw-Sammeltaxi) verkehrt täglich nach Cabo Matapalo (1½ Std., 5 US$) und nach Carate (2½ Std., 9 US$) an der Südspitze des Nationalparks. Die **Abfahrt** (☎8832-8680) erfolgt um 6 und 13.30 Uhr von der Soda Deya; die Rückfahrt ist um 8.30 und 16 Uhr.

Parque Nacional Corcovado

Dieser Nationalpark nimmt 40 % der Fläche der Osa-Halbinsel ein und ist das letzte große Stück original tropischen Regenwalds im pazifischen Zentralamerika. Diese Bastion biologischer Vielfalt ist Lebensraum für die Hälfte der Tierarten Costa Ricas, u. a. die

BUSSE AB PUERTO JIMÉNEZ

ZIEL	PREIS (US$)	DAUER (STD.)	ABFAHRTEN (TGL.)
Neily	4,60	3	5.30, 14 Uhr
La Palma	2,60	1	mind. stündl.
San Isidro de El General	10	5½	13 Uhr
San José	13	8	5, 9 Uhr

größte Population Hellroter Aras. Hier leben auch unzählige andere gefährdete Arten, darunter der Zentralamerikanische Tapir, der Große Ameisenbär und der weltweit größte Raubvogel, die Harpyie.

Die unglaubliche Artenvielfalt sowie die anspruchsvollen mehrtägigen Wanderwege des Parks locken schon seit Langem massenweise Besucher an, die aus Bahía Drake und Puerto Jiménez kommen, um einige der vielen Tiere in freier Natur zu beobachten und ein echtes Dschungelabenteuer zu erleben.

Aktivitäten

Drei Hauptwege im Park stehen Besuchern offen; dazu kommen noch kürzere Wege um die Rangerstationen herum. Die Wege sind primitiv und schwierig, und die Luft ist schwül und voller Insekten. Dafür ist man aber von Tieren in freier Natur umgeben. Ausreichend Proviant, Wasser, Sonnen- und Insektenschutz mitnehmen!

Ein Weg durchquert den Park ab **Los Patos nach Sirena** und verlässt ihn dann bei **La Leona** (oder umgekehrt). Somit können Wanderer ihren Weg in oder bei Puerto Jiménez beginnen und beenden und haben leichten Zugang zu La Leona und Los Patos.

Die beliebteste Route ist jedoch unverändert **La Leona nach Sirena** mit einem zusätzlichen Pfadabschnitt parallel zum Strandweg, den Wanderer benutzen können, die sich nicht der unbarmherzigen Sonne aussetzen möchten. Die schwierigste Tageswanderung führt von La Tarde über Los Patos nach Sirena: heftige 30 km.

In Dos Brazos beginnt der **Rundweg El Tigre**; er führt zwar in den Park, hat aber keine Verbindung zum übrigen Wegenetz. Trotzdem muss, wer auf ihm wandern möchte, den vollen Parkeintritt berappen.

Zum Wandern ist die Trockenzeit von Dezember bis April am besten: Dann fällt zwar immer noch regelmäßig Regen, doch alle Wanderwege sind zugänglich. Auch dann ist es noch schlammig, aber man versinkt nicht mehr gar so tief.

Geführte Touren

Im Corcovado müssen alle Besucher von einem ICT-zertifizierten Führer begleitet werden. Diese kennen sich nicht nur bestens mit den Wegen, sondern auch mit der Flora und Fauna aus und wissen, wo die besten Stellen zur Tierbeobachtung sind. Die meisten Guides haben auch Fernrohre bei sich, sodass man sich die Tiere ganz nah heranholen kann.

Meistens werden die Führer über das Büro der Área de Conservación Osa (S. 651) in Puerto Jiménez oder über Hotels und Reiseveranstalter angeheuert. Zwei empfehlenswerte Agenturen sind das äußerst zuverlässige Osa Wild (S. 650) in Puerto Jiménez und das Corcovado Info Center (S. 648) in Bahía Drake. Die Preise schwanken je nach Saison, Nachfrage, Gruppengröße und Art der Expedition ganz beträchtlich. Auf jeden Fall muss man einen Preis aushandeln, in dem die Eintrittsgebühren für den Park, die Mahlzeiten und der Transport enthalten sind.

Schlafen & Essen

Bei den Rangerstationen **San Pedrillo** und **La Leona** kann gezeltet werden (6 US$ pro Pers. & Tag); hier gibt's Trinkwasser und Latrinen. Andernorts im Park ist Campen inzwischen verboten. Taschen- oder Stirnlampe mitbringen – auf den Zeltplätzen herrscht nachts absolute Dunkelheit.

Alle Besucher müssen ihren Müll wieder mit aus dem Park hinausnehmen.

Auf Vorbestellung sind an der **Rangerstation Sirena** (B 30 US$) große Mahlzeiten (20–25 US$ pro Mahlzeit) erhältlich; es gibt keine Kochmöglichkeiten. An allen anderen Rangerstationen gibt es Trinkwasser, aber Proviant muss man sich selbst mitbringen.

Ganz in der Nähe, in Dos Brazos, steht ein teilweise nachhaltig konzipiertes rustikales Bauernhaus mitten in einem 25 ha großen Stück Regenwald. Im **Bolita Rainforest Hostel** (☎ 8549-9898; www.bolita.org; B/Cabinas 12/30 US$) gibt's keinen Strom, sodass man mit den Brüllaffen aufsteht und bei Kerzenschein zu Abend isst. Die Zimmer sind mit Moskitonetzen ausgestattet und 15 km Wanderwege sowie diverse Wasserfälle warten darauf, entdeckt zu werden. Wegbeschreibungen sind im Büro im Dorf erhältlich.

Praktische Informationen

Informationen und Karten sind im Büro der Área de Conservación Osa (S. 651) in Puerto Jiménez erhältlich. Hier ist auch die Eintrittsgebühr von 15 US$ pro Tag zu begleichen.

Die Parkverwaltung befindet sich in der Rangerstation Sirena an der Küste mitten im Nationalpark. Die anderen Rangerstationen liegen am Rand des Parks: San Pedrillo an der Küste im Nordwesten, La Leona in der südöstlichen Ecke an der Küste (nahe Carate) und eine neue Rangerstation im Dorf Dos Brazos; die neu erbaute Rangerstation Los Patos liegt etwas außerhalb des Parks beim Dorf La Tarde.

An- & Weiterreise

AB DER BAHÍA DRAKE

Von der Bahía Drake aus kann man über den Küstenweg bis zu der ungefähr sieben Stunden von Agujitas entfernten Rangerstation San Pedrillo gehen. Viele Lodges und Touranstalter bieten Tagestouren hierher, inklusive Bootsfahrt nach San Pedrillo (je nach Abfahrtsort 30 Min. bis 1 Std.) oder Sirena (1–1½ Std.). An den Rangerstationen San Pedrillo oder Sirena können Campingreservierungen vorgenommen werden.

AB CARATE

Der nächstgelegene Ort im Südosten ist Carate. Von dort ist es eine einstündige Wanderung (3,5 km) Richtung Westen am Strand entlang bis zur La-Leona-Rangerstation.

Carate ist über eine 45 km lange, schlechte Schotterpiste von Puerto Jiménez aus erreichbar. Diese Strecke ist ein Abenteuer für sich und unterwegs bieten sich oft gute Gelegenheiten zur Tierbeobachtung. Auf dieser Route verkehrt zweimal am Tag ein Allrad-*colectivo* (9 US$); Abfahrt in Puerto Jiménez nach Carate ist um 6 und 13.30 Uhr, die Rückfahrt erfolgt um 8.30 und 15.30 Uhr. Ansonsten kann man für rund 80 US$ ein Allradtaxi anheuern.

AB LA PALMA

Aus Richtung Norden ist der nächstgelegene Zugangsort La Palma. Von hier aus düsen Busse und Taxis Richtung Süden nach Puerto Jiménez und Richtung Norden nach San José. Von La Palma sind es 14 km zur Rangerstation Los Patos.

Golfito

7900 EW.

Das weitläufige Golfito ist ein raubeiniger Hafenort am Golfo Dulce mit einer langen und schmutzigen Geschichte. Die Stadt erblühte mit dem Bananenhandel: in den 1930er-Jahren verlegte die United Fruit Company ihren Hauptsitz hierher. In den 1980er-Jahren suchte die Firma jedoch angesichts von fallenden Preisen, steigenden Steuern, rebellischen Arbeitern und Bananenkrankheiten das Weite.

Um die örtliche Wirtschaft anzukurbeln, richtete der Staat in Golfito die zollfreie Zona Americana ein. Das surreale Einkaufszentrum **Depósito Libre** (Mi & Do 8–16.30, Fr & Sa bis 18, So 7–15.30 Uhr) zieht Ticos und Ausländer aus dem ganzen Land an, die zu 24-stündigen Einkaufstouren in die Stadt einfallen, die sich ansonsten auf dem absteigenden Ast befindet. Es gibt noch andere Attraktionen, z. B. Wanderungen und Ausritte in einem Tierschutzgebiet oder Kajakfahrten zu nahe gelegenen Mangrovenwäldern und Inseln. In erster Linie ist Golfito allerdings ein Verkehrsknotenpunkt für Wanderer auf dem Weg zum Corcovado, für Surfer auf dem Weg nach Pavones und für Sportfischer.

An- & Weiterreise

Vom **Muellecito** (6 US$, 30 Min.) fahren täglich um 7, 10, 11.30, 13, 15 und 17 Uhr schnelle Fähren nach Puerto Jiménez. Die Fährpläne ändern sich häufig, also am besten am Anleger nach den aktuellen Abfahrtszeiten fragen. Auf jeden Fall sollte man immer frühzeitig an der Fähre sein, um sich einen Platz zu sichern.

Die meisten Busse halten am Depot gegenüber dem kleinen Park im Südteil der Stadt. Tracopa-Busse fahren von der **Haltestelle** (2775-0365) gegenüber der Feuerwehr ab.

Pavones

2750 EW.

Pavones ist für Surfer auf der ganzen Welt ein legendäres Ziel. Dies ist der südlichste Punkt Costa Ricas, und es ist nicht ganz leicht, hierher zu gelangen. Allein die Anreise ist schon ein Abenteuer für sich, besonders da die beste Zeit zum Surfen in die Regenzeit fällt.

Das Städtchen ist weiterhin mehr oder weniger weltabgeschieden. Zwar ist Pavones dank der einheimischen und ausländischen Besucher heute kein totales Provinznest mehr, doch die weniger Straßen hier sind nach wie vor unbefestigt, der Alltagsrhythmus ist gemächlich und es ist allgemein eher ruhig sowie ein wenig esoterisch angehaucht.

Aktivitäten

Pavones besitzt einen der berühmtesten Surfbreaks Costa Ricas: den zweitlängsten Lefthander auf dem Planeten. Die besten Bedingungen herrschen bei südlicher Dünung, gewöhnlich in der Regenzeit von April bis Oktober. Im übrigen Jahr sind die Wellen ideal für Anfänger. Der **Sea Kings Surf Shop** (2776-2015; www.seakingssurfshop.com; Mo–Sa 9–17 Uhr) verleiht Surfbretter und organisiert auch Unterricht.

Schlafen & Essen

★**Rancho Burica** LODGE $
(2776-2223; www.ranchoburica.com; B 15 US$, EZ/DZ 40/70 US$, ohne Bad 25/45 US$; P ❄ ᯤ) Der legendäre, von Holländern geführte Außenposten liegt buchstäblich am Ende der

BUSSE AB GOLFITO

ZIEL	PREIS (US$)	DAUER (STD.)	ABFAHRTEN (TGL.)
Neily	3	1½	6–19 Uhr alle 30 Min.
Pavones	4	2½	10, 15 Uhr
San José, via San Isidro de El General und Costanera (Tracopa)	15	7	5, 13.30 (So 14) Uhr
Zancudo	4	3	10, 15 Uhr

Straße in Punta Banco. Hier treffen sich Surfer abends zum geselligen Beisammensein. Die Zimmer sind ventilatorgekühlt und überall auf dem Anwesen sind Hängematten zu finden. Außerdem gibt's hier gemütliche Aufenthaltsbereiche, ein Restaurant und einen Weg zu einem romantischen Dschungelaussichtspunkt. Gegessen wird wie in einer großen Familie (die Gäste dürfen nicht selbst kochen). Die Klientel besteht hauptsächlich aus Surfern, aber auch Traveller, die ausspannen wollen und sich für Tiere und/oder Yoga interessieren, sind hier gut aufgehoben: Es gibt eine neue Yogaterrasse und auf dem Gelände flattern jede Menge seltene Vögel herum. Die Besitzer engagieren sich in einem lokalen Schildkrötenprojekt.

Cabinas & Café de la Suerte PENSION $
(☎2776-2388; Zi./Haus 75/100 US$; ❄📶) Das bunte Gästehaus mit drei Zimmern wird – genauso wie das angeschlossene vegetarische Restaurant – von einem freundlichen Surferpärchen geführt und liegt nur 50 m vom Strand entfernt. Die Zimmer oben teilen sich eine Terrasse voller Hängematten, das Zimmer unten kommt in den Genuss einer abgeschiedenen Gartenecke. Alle Zimmer sind mit Kühlschränken ausgestattet. Von der Kreuzung mit dem Supermarkt der Strandstraße nach links folgen.

Yoga Farm LODGE $$
(www.yogafarmcostarica.org; B/Zi./Hütte inkl. Mahlzeiten & Yoga 43/50/65 US$) 🍃 Das stille Refugium wartet mit einfachen Zimmern und Dorms auf. Die vegetarischen Mahlzeiten werden mit Zutaten aus dem eigenen Biogarten zubereitet. In einem offenen Studio findet täglich Yoga-Unterricht statt, natürlich mit Blick aufs Meer. Vom Ende der Straße an der Lodge Rancho Burica sind es 15 stramme Minuten zu Fuß den Berg hinauf zur Unterkunft: die bergauf führende Straße nehmen und durch das erste Tor auf der linken Seite gehen. Kein WLAN, kein Telefon; hier steht Entspannung im Mittelpunkt.

Lanzas de Fuego Surf & Adventure Lodge LODGE $$
(☎2776-2014, 8634-0739; www.lanzasdefuego.com; 45 US$ pro Pers.; ❄📶) Die vom gutgelaunten Südafrikaner Rainy geführte Hügellodge bietet mehrtägige Surf-, Vogelbeobachtungs- und Sportangeltrips; die Teilnehmer werden mit Rainys eigenem Boot zu den besten Spots geschippert. In der kleinen, freundlichen Unterkunft gibt's drei Hütten für acht Gäste, einen riesigen, strohgedeckten Aufenthaltsbereich und ein Restaurant mit gesunder Tico-Kost. Über die Brücke und dann bis zum Schild gehen.

ℹ Praktische Informationen

Achtung: In Pavones gibt's weder eine Bank noch eine Tankstelle – also vorher ausreichend Bargeld und Benzin besorgen! Nur wenige Einrichtungen nehmen hier Kreditkarten an. Der nächste Geldautomat und die nächste Tankstelle befinden sich eine Autostunde entfernt im Ort Laurel.

ℹ An- & Weiterreise

Zwei Busse pro Tag fahren nach Golfito (3,80 US$, 2 Std.): Der erste startet um 5.15 Uhr am Ende der Straße in Punta Banco und hält dann noch bei den beiden Supermärkten, der zweite fährt um 12.30 Uhr an der Schule ab. Mit dem Frühbus kann man auch ab Pavones fahren; über die aktuellen Haltestellen informiert man sich am besten vor Ort.

Paso Canoas

Der wichtigste Grenzübergang zwischen Costa Rica und Panama ist hektisch, schmuddelig und komplett charmefrei. Die Grenzüberquerung gestaltet sich aber zum Glück schnell und unkompliziert; die meisten Reisenden werfen bei der Ein- oder Ausreise gerade mal einen flüchtigen Blick auf den Stempel in ihrem Pass und schon sind sie weg.

Wer Costa Rica verlässt, muss an der Grenze an einem Schalter gegenüber dem

Einwanderungs- & Zollbüro (Migración & Aduana; ☎2732-2804, 2732-2801, 2732-2150; ⏲6–22 Uhr) eine Ausreisegebühr in Höhe von 8 US$ zahlen (7 US$ kostet die eigentliche Gebühr, 1 US$ wird als „Kommission" aufgeschlagen, weil man die Ausreisesteuer nicht vorab bei einer Nationalbank gezahlt hat).

Die **BCR** (Banco de Costa Rica; ☎2732-2613; ⏲Mo–Sa 9–16, So 9–13 Uhr) beim Büro der Migración & Aduana verfügt über einen Geldautomaten. Die Straßenhändlerkurse für den Umtausch von überschüssigen Colones in Dollars sind nicht gerade berauschend. An der Grenze werden Colones noch akzeptiert, aber weiter in Panama wird man sie schwer los.

Die **Autoridad de Turismo de Panamá** (☎507-526-7000; ⏲8–16 Uhr) im panamaischen Grenzposten bietet einfache Informationen zum Reisen in Panama.

ℹ An- & Weiterreise

Tracopa betreibt um 4, 8, 8.30, 9, 13, 16.30 und 16.40 Uhr vom **Tracopa-Busbahnhof** (☎2732-2119; ⏲7–16 Uhr) – eigentlich nicht mehr als ein Schalter nördlich des Grenzpostens auf der Ostseite der Hauptstraße – Busse nach San José (14 US$, 7½ Std.). Die Busse am Sonntagnachmittag sind oft voller Leute, die auf Einkaufstour in Panama waren – Fahrkarten so früh wie möglich kaufen! Die Busse nach Neily (0,70 US$, 30 Min.) fahren von 5 bis 18.30 Uhr mindestens stündlich ab dem **Terminal de Buses Transgolfo**. Taxis nach Neily kosten etwa 10 US$.

Auf der anderen Seite der Grenze fahren Busse nach David, der nächsten Stadt in Panama. Von dort gibt es Anschlüsse nach Panama-Stadt und zu anderen Zielen.

COSTA RICA VERSTEHEN

Costa Rica aktuell

Am 1. April 2018 wurde Carlos Alvarado Quesada von der Mitte-Links-Partei PAC (Partido Acción Ciudadana; Bürgeraktionspartei) zum neuen Präsidenten gewählt. Das als knapp prognostizierte Ergebnis fiel überraschenderweise eindeutig aus: Alvarado, ein 38-jähriger Schriftsteller, Musiker und ehemaliger Kabinettsminister, konnte mehr als 60 % der Stimmen auf sich vereinen und schlug den ehemaligen Fernsehsprecher und evangelischen Prediger Fabricio Alvarado Muñoz von der rechten Partei des Nationalen Wiederaufbaus (Partido Restauración Nacional). Progressive und Schwulenrechtler feierten Quesadas Sieg. Die wichtigsten Herausforderungen, deren er sich annehmen muss, sind die steigenden Mordraten und das wachsende Staatsdefizit.

Alvarado ist Nachfolger von Luis Guillermo Solís, ebenfalls von der PAC. Solís war der erste Präsident Costa Ricas gewesen, der keiner jener zwei Parteien angehörte, die sich seit 50 Jahren an der Spitze der Macht abgewechselt hatten: die sozialdemokratische Nationale Befreiungspartei (Partido Liberación Nacional) und die sozialchristliche Einheitspartei (Partido de Unidad Socialcristiana), eine Mitte-Rechts-Partei.

Geschichte

Wie auch die Geschichte anderer zentralamerikanischer Länder ist diejenige Costa Ricas in vorkolumbischer Zeit nur lückenhaft nachvollziehbar. Auf die „Entdeckung" der Neuen Welt durch die Europäer folgte die Unterwerfung und Christianisierung der indigenen Völker Costa Ricas. Doch zur Mitte des 20. Jhs. wich das Land vom üblichen zentralamerikanischen Schema ab: Es schaffte seine Armee ab, diversifizierte seine Wirtschaft und setzte sich für Frieden in der Region ein. So wurde der Weg für die heutige stabile und naturfreundliche Nation bereitet.

Eine verlorene Welt

Vor 500 Jahren, am Vorabend der Entdeckung durch die Europäer, lebten im heutigen Costa Rica nicht weniger als 400 000 Menschen. Im Valle Central wohnten rund 20 kleine Stämme, an deren Spitze Häuptlinge standen. Der *cacique* (Häuptling) gebot über eine hierarchisch gegliederte Gemeinde, zu der Schamanen, Krieger, Arbeiter und Sklaven gehörten. Im Osten beherrschten die kriegerischen Kariben das Tiefland an der Atlantikküste. Als geübte Seefahrer betrieben sie Handel mit dem südamerikanischen Festland.

Kolumbus' Erben

Auf seiner vierten und letzten Reise in die Neue Welt (1502) musste Christoph Kolumbus in der Gegend des heutigen Puerto Limón vor Anker gehen, nachdem ein Hurrikan sein Schiff beschädigt hatte. Während das Schiff ausgebessert wurde, drang Kolumbus in den üppigen Urwald vor und tauschte mit freundlichen Einheimischen Geschenke aus. Nach dem Zusammentreffen behauptete er, „in zwei Tagen mehr Gold gesehen zu haben als in vier Jahren in Spanien".

Zur Enttäuschung der Konquistadoren, die sein Erbe antraten, erwies sich die Region allerdings gar nicht als besonders goldhaltig, und auch die Einwohner gaben sich nicht besonders sanftmütig. Die gefährlichen Sümpfe, Vulkangipfel und undurchdringlichen Urwälder ließen Kolumbus' Paradies eher wie eine Hölle erscheinen. Da es in Costa Rica an Bodenschätzen und einer größeren Zahl einheimischer Arbeitskräfte mangelte, galt die Region bald als die ärmste und elendste in ganz Amerika. Erst 1560 gründeten die Spanier mit Cartago eine Kolonie im Land. Die kleine Siedlergemeinde bestellte den reichen Vulkanboden des Valle Central.

Sonntag im Valle Central

Costa Ricas Kolonialgeschichte unterscheidet sich beträchtlich von dem sonst in den spanischen Kolonien herrschenden Muster, weil sich hier niemals eine mächtige Großgrundbesitzerelite und eine auf Sklavenausbeutung beruhende Wirtschaft entwickeln konnten. Stattdessen entstanden im Binnenland des Valle Central nur kleinere Bauerndörfer. Diese Gesellschaftsform erlangte als „Ruraldemokratie" Bekanntheit. Als Grundnahrungsmittel wurden Mais, Bohnen und Kochbananen angebaut, für den Export produzierte man Zucker, Kakao und Tabak. Zum Ausgang des 18. Jhs. war die Bevölkerung auf über 50 000 Menschen angewachsen.

Während die spanische Besiedlung sich ausdehnte, schrumpfte die einheimische Bevölkerung. Krankheiten waren die Hauptursache des dramatischen Bevölkerungsrückgangs, aber auch die rücksichtslose Ausbeutung als Sklavenarbeiter durch die spanischen Herren. Außerhalb des Tals konnten mehrere Stämme im Schutz des Regenwalds länger überleben und wagten sogar gelegentliche Überfälle, doch auch sie wurden schließlich in Feldzügen geschlagen.

Der Kampf um Unabhängigkeit

Im Jahr 1821 erlangten die spanischen Kolonien die endgültige Unabhängigkeit vom Mutterland. Ein unabhängiges Costa Rica begann schon zuvor unter Juan Mora Fernández, dem ersten Präsidenten (1824–1833), Gestalt anzunehmen. 1824 spaltete sich die Provinz Nicoya-Guanacaste von Nicaragua ab und schloss sich dem ruhigeren südlichen Nachbarstaat an.

Mit dem Niedergang des einen Imperiums erlebte ein neues seinen Aufstieg. Im 19. Jh. expandierten die USA, und das ehemalige Spanisch-Amerika schien eine leichte Beute zu sein. 1856 landete der Glücksritter William Walker in Nicaragua mit der Absicht, ganz Zentralamerika zu erobern, die Sklaverei wieder einzuführen und einen Kanal vom Atlantik zum Pazifik zu bauen. Als Walker nach Costa Rica einmarschierte, stellte sich eine hastig mobilisierte Freiwilligenarmee aus 9000 Zivilisten den Yankee-Söldnern bei Santa Rosa entgegen und trieb sie nach Nicaragua zurück.

Kaffee Rica

Die Einführung der koffeinhaltigen Bohne machte das verarmte Costa Rica zum wohlhabendsten Land in der Region. Als ein Exportmarkt entstand, förderte die Regierung den Kaffeeanbau, indem sie den Bauern kostenlos Setzlinge zur Verfügung stellte. Am Ende des 19. Jhs. wurde auf mehr als einem Drittel der Fläche des Valle Central Kaffee angebaut; der Kaffee erbrachte mehr als 90 % der Exporterlöse Costa Ricas.

Eine Elite von Kaffeebaronen monopolisierte die Verarbeitung und Vermarktung des Kaffees und die Finanzierung des Geschäfts mit ihm, aber ihr fehlten Land und Arbeitskräfte, um auch das Monopol über die Bohnen selbst zu erlangen. Daher beruhte die Kaffeewirtschaft in Costa Rica auf einem umfangreichen Netz von Großhändlern und kleinen Kaffeebauern, während es in den anderen Ländern Zentralamerikas eine kleine Schicht von Großgrundbesitzern gab, die ihre Ländereien von Landarbeitern bewirtschaften ließen. Heute gibt es in Costa Rica schätzungsweise 130 000 Kaffeeplantagen.

Der Bananenboom

Der Kaffeehandel löste nebenbei auch Costa Ricas nächsten Exportboom aus: den um die Banane. Um den Kaffee auf die Weltmärkte zu bringen, bedurfte es einer Bahnlinie aus dem zentralen Hochland zur Küste. 1871 übertrug die Regierung den Eisenbahnbau Minor Keith, dem Neffen eines US-amerikanischen Eisenbahntycoons.

Das Projekt war eine Katastrophe: Malariaepidemien und Unfälle sorgten dafür, dass ständig neue Arbeiter rekrutiert werden mussten. Die Regierung geriet in Zahlungsverzug, und die Baukosten sprengten das Budget. 1890 war die Strecke schließlich fertiggestellt und wurde unter Verlust betrieben.

Bananen wurden zunächst als billiges Nahrungsmittel für die Arbeiter an der Strecke angebaut. Im verzweifelten Versuch, seine Investitionen irgendwie zu amortisieren, ließ Keith einige Ladungen der Früchte nach New Orleans verschiffen. Die Kunden reagierten begeistert. *Fincas* (Plantagen) traten im Tiefland an die Stelle der Wälder, und Anfang des 20. Jhs. hatten die Bananen den Kaffee als lukrativsten Exportartikel Costa Ricas abgelöst.

Mit einem weiteren US-amerikanischen Importeur gründete Keith die berüchtigte United Fruit Company, die schnell zum größten Arbeitgeber in Zentralamerika wurde. Der von den Einheimischen als *el pulpo* (der Krake) bezeichnete Konzern besaß weite Strecken des fruchtbaren Tieflands und einen großen Teil des Kommunikations- und Transportwesens und befehligte Heerscharen von Angestellten. Ein Heer von Wanderarbeitern aus Jamaika kam ins Land, was die demografische Zusammensetzung in Costa Rica veränderte und ethnische Spannungen auslöste. Costa Rica war die führende Bananenexportnation geworden, aber die Profite aus diesem Handel wanderten ins Ausland.

1913 wurden viele Plantagen am Karibischen Meer infolge der „Panamakrankheit", einer Pilzerkrankung der Bananenstauden, geschlossen. Die Produktion verlagerte sich an den Pazifik, und schließlich verlor die United Fruit Company auch ihr Bananenmonopol.

Geburt einer Nation

Anfangs herrschten in Costa Rica wie im übrigen Zentralamerika Gewalt und Diktatur. Präsidenten wurden häufiger durch Revolten gestürzt als in Wahlen abgelöst. Aber zu Beginn des 20. Jhs. gestaltete sich die Politik in Costa Rica zunehmend gerechter. Gruppen, denen das Recht zur Beteiligung versagt blieb, machten ihrem Unmut bei Demonstrationen Luft und erzwangen den Rücktritt mindestens eines Präsidenten.

In den 1940er-Jahren nahmen die Spannungen zu, da sich Aktivisten für die Rechte der Arbeiter und der Armen starkmachten. Nach einer umstrittenen Wahl brach 1948 ein Bürgerkrieg aus, bei dem bewaffnete Arbeiter unter Führung des Kaffeeproduzenten und utopischen Demokraten José Figueres Ferrer gegen die Streitkräfte aufbegehrten und in den schließlich nicaraguanische und US-amerikanische Truppen eingriffen. Nach weniger als zwei Monaten war der Frieden wiederhergestellt. Rund 2000 Menschen waren ums Leben gekommen.

Figueres wurde Vorsitzender einer provisorischen Junta. Deren neue, 1949 eingeführte Verfassung gab Frauen, Schwarzen, indigenen Gruppen und Chinesen das volle Bürgerrecht. Figueres' zahlreiche Dekrete führten zu einer stärkeren Besteuerung der Wohlhabenden, zur Verstaatlichung der Banken und zum Aufbau eines modernen Wohlfahrtsstaats. Seine außerordentlichste Tat war die Abschaffung der Armee, die er als eine Bedrohung für die Demokratie betrachtete. Mit all diesen Maßnahmen wurden die Grundlagen für die einzigartige waffenlose Demokratie in Costa Rica gelegt.

Der Contra-Konflikt

Allerdings blieb die Souveränität der kleinen Staaten Zentralamerikas immer von den USA, dem übermächtigen Nachbarn im Norden, bedroht. In den USA herrschte eine antikommunistische Hysterie. In den 1970er-Jahren zwangen radikale linksgerichtete Gruppen die Militärdiktaturen in Guatemala, El Salvador und Nicaragua in die Defensive. Als 1979 in Nicaragua das brutale, von den USA unterstützte Somoza-Regime gestürzt wurde, beschloss US-Präsident Ronald Reagan einzugreifen. Der Kalte Krieg erreichte Mittelamerika.

Unter dem starken Druck der USA wurde das politisch gemäßigte Costa Rica gegen seinen Willen in den Konflikt hineingezogen. Die nicaraguanischen Contras setzten sich in Costa Rica fest, von wo aus sie Guerillaangriffe tätigten und wo sie sogar ein Flugfeld im Urwald einrichteten, über das sie Waffen und Nachschub ins Nachbarland schmuggelten.

Der Krieg polarisierte Costa Rica. Die Konservativen drängten auf eine Wiedereinführung der Armee und eine Teilnahme am antikommunistischen Kreuzzug. Die Gegenseite marschierte im Mai 1984 mit mehr als 20 000 Demonstranten durch San José und forderte Frieden. Der Streit erreichte seinen Höhepunkt mit der Präsidentschaftswahl von 1986. Aus ihr ging der 44-jährige Óscar Arias Sánchez, ein intellektueller Reformer in der Tradition von Figueres, als Sieger hervor.

Kaum ins Amt gekommen, bekräftigte Arias sein Engagement für eine Verhandlungslösung und die nationale Eigenständigkeit Costa Ricas. Er gelobte, Neutralität zu wahren, und warf die Contra-Banden aus dem Land. Nach kurzer Zeit verließ der US-Botschafter Costa Rica, und die hiesigen Schulkinder pflanzten Bäume auf dem Flugfeld der CIA. Vor allem aber wurde Arias zur treibenden Kraft in dem Bemühen, alle zentralamerikanischen Länder auf einen Plan zur Beendigung des Krieges in Nicaragua einzuschwören. 1987 bekam er den Friedensnobelpreis.

Das entdeckte Paradies

500 Jahre nachdem die Konquistadoren den dichten Regenwald verflucht hatten, enthüllte er einen verborgenen Schatz: die Möglichkeiten zum Ökotourismus, die er bereithält.

Nach dem Einbruch der Kaffeepreise in den 1970er-Jahren wurde zwischen der Geschäftswelt und Umweltschützern eine ungewöhnliche Allianz geschmiedet. Wenn sich der Wohlstand des Landes nicht mehr über Exporte absichern ließ, wie stand es dann um den Import – von Touristen? Costa Rica ließ sich auf eine grüne Revolution ein. Schon 1995 gab es über 125 staatliche Schutzgebiete. Der Erfolg ermunterte private Grundbesitzer, ebenfalls Reservate einzurichten.

Heute bildet der Tourismus noch vor Landwirtschaft und Industrie die wichtigste Einnahmequelle des Landes. Der Erfolg der „grünen Revolution" hat den Blick dafür geöffnet, dass ein *nachhaltiger* Tourismus geboten ist. Mit den steigenden Besucherzahlen kamen auch immer mehr Hotels, mehr Verkehr und eine verbesserte Infrastruktur. Die vom Tourismus angetriebene Vereinnahmung natürlicher Flächen birgt Gefahren gerade für die fragilen Ökosysteme, derentwegen die Touristen ins Land strömen.

Kultur

Bevölkerung

Die meisten Einwohner Costa Ricas sind *mestizos* (Menschen mit spanischen sowie indigenen und/oder afrikanischen Wurzeln). Indigene Volksgruppen stellen nur 1% der Bevölkerung; zu ihnen gehören die Bribrí und Cabécar, die Brunka, die Guaymí und die Maleku.

Weniger als 3% der Bevölkerung sind Schwarze. Sie leben hauptsächlich an der Karibikküste. Sie sehen ihre Wurzeln in den Einwanderern aus Jamaika, die im 19. Jh. für den Eisenbahnbau ins Land kamen, und sprechen Mecatelyu, eine Kreolsprache, die auf dem Englischen, Spanischen und jamaikanischen Englisch basiert.

Auch Chinesen (1% der Bevölkerung) kamen zunächst als Arbeiter beim Bahnbau, doch auch später gab es Einwanderungswellen von Asiaten, insbesondere aus Taiwan.

Lebensart

Da es keinen Krieg gibt, die Lebenserwartung hoch und die Wirtschaft relativ stabil ist, genießt Costa Rica den höchsten Lebens-

PURA VIDA

Pura vida – das reine Leben – ist mehr als ein Slogan, den die Ticos gedankenlos von sich geben und den man auf allen möglichen Souvenirs findet: Dieser Ausdruck ist ein echtes Mantra für einen costa-ricanischen Lebensstil. Vielleicht lässt sich das Wesen des reinen Lebens besser leben als erklären, aber wenn man „*pura vida*" bei der Reise durch dieses wunderschöne Land immer wieder hört – ob als Gruß, als Verabschiedungsformel oder als Ausdruck des Danks –, dann wird deutlich, dass diese Idee tief in der DNA des Landes verwurzelt ist.

Das Leben in Costa Rica scheint vor allem dann „rein" zu sein, wenn man es mit dem in den zentralamerikanischen Nachbarländern wie Nicaragua oder Honduras vergleicht. Hier gibt es wenig Armut, Analphabetismus und politisches Chaos. Das Land ist mit natürlichen Schätzen gesegnet und bietet einen hohen Lebensstandard. Und Costa Rica gedieh in den letzten 60 Jahren ohne eine Armee. Daher ist dieses Land insgesamt eine Oase des Friedens in einer von Krieg und Gewalt geprägten Region. Und obwohl die Costa-Ricaner mit Recht stolz sind, erhält man auf ein Kompliment an das Land als Antwort oft nur ein geheimnisvolles Lächeln und zwei Wörter: *pura vida*.

standard in Zentralamerika. Und Costa Rica geht aus Umfragen immer wieder als eines der „glücklichsten" Länder der Welt hervor. Die Lebenserwartung in Costa Rica ist fast genauso hoch wie die in den USA. Das verdankt das Land vor allem einem umfassenden öffentlichen Gesundheitswesen und guten sanitären Einrichtungen.

Doch die Kluft zwischen Arm und Reich klafft auch hier weit auseinander. Die Angehörigen der Mittel- und Oberschicht wohnen zumeist in San José und anderen größeren Städten. Für die überwiegende Mehrheit der *campesinos* (Bauern) und *indígenas* (Menschen indigener Abstammung) ist das Leben härter, der Anteil an Armen ist höher, und ihr Lebensstandard ist niedriger. Das gilt besonders für die Karibikküste, wo die Nachfahren der jamaikanischen Einwanderer schon lange unter der Vernachlässigung durch die Bundesregierung leiden.

Wie auch im Rest der Welt wirkt sich die Globalisierung tiefgreifend auf das Leben der Bevölkerung aus. Die Costa-Ricaner werden immer mobiler, weltgewandter und sind immer stärker mit der Weltwirtschaft verzahnt.

Natur & Umwelt

Im kleinen Costa Rica – mit einer Fläche von 51100 km² ist es kleiner als Bayern, aber größer als die Schweiz – finden sich einige höchst unterschiedliche Landschaftsformen. An die zerklüftete Westküste tost ständig die Brandung des Pazifiks; tropisches Tiefland und Sümpfe prägen dagegen die nur 119 km entfernte Karibikküste im Osten. Dazwischen liegen aktive Vulkane, himmelwärts ragende Berggipfel und Gebirgswälder. Nur wenige Länder der Erde können mit einer ähnlich spektakulären natürlichen, geologischen und klimatischen Vielfalt aufwarten.

Heute gibt es in Costa Rica 35 Nationalparks, die 11% der Landesfläche einnehmen. Unzählige weitere Schutzzonen, darunter Feuchtgebiete und Mangrovenwälder, stehen unter Schutz. Darüber hinaus existieren noch eine ganze Menge privater Reservate. Aus diesem Grund können die Behörden Costa Ricas behaupten, dass ein Drittel des Landes unter Naturschutz steht. Leider ist ein Teil des Landes dennoch in Gefahr – zum Teil liegt das daran, dass dem Staat das Geld und die Infrastruktur fehlen, um seine Naturschutzmaßnahmen auch wirklich umzusetzen.

BEDROHTE ARTEN

Die größte Gefahr geht für die meisten bedrohten Arten in Costa Rica von der Zerstörung ihres Lebensraums aus, gefolgt von der Jagd und Fallenstellerei.

- Der legendäre Quetzal steht bei allen Naturfreunden ganz oben auf der Liste der Vögel, die sie sehen wollen, doch durch die fortschreitende Abholzung der Wälder ist er extrem gefährdet.
- Der boomende Tierhandel hat die Bestände der großen, kreischenden Hellroten Aras stark dezimiert.
- Die Meeresschildkröten leiden unter der Zerstörung der Strände, was ihre Möglichkeiten zur Fortpflanzung stark einschränkt, sowie unter der Jagd und dem Sammeln ihrer Eier.

Flora & Fauna

Tiere

Baumsteigerfrösche, Vogelspinnen oder Klammeraffen prägen unsere Vorstellungen der tropischen Tierwelt. In Wirklichkeit werden nur wenige Länder diesen Erwartungen gerecht – doch Costa Rica gehört dazu. Das Land ist ein Paradies der Artenvielfalt – hier kommen mehr als 615 Arten auf 10 000 km² – in den USA sind es nur 104.

Vogelkundler haben in Costa Rica mehr als 850 Vogelarten registriert. Mehr als 200 Zugvogelspezies kommen aus so fernen Gegenden wie Alaska oder Australien hierher und können Seite an Seite mit Trogonen und Tukanen bewundert werden. Da viele Vögel in Costa Rica nur eine geringe Reichweite haben, finden sich überall unterschiedliche Arten.

Als Reisender sieht man in Costa Rica mit ziemlicher Sicherheit mindestens eine der vier Affen- und zwei Faultierarten des Landes, doch es gibt noch 230 weitere Säugetierarten. Exotischere Tiere, die man vielleicht erblickt, sind etwa Vieraugenbeutelratten, Zwergameisenbären, scheue Tapire oder gerissene Wieselkatzen (Jaguarundi).

Pflanzen

Die Vielfalt der Pflanzenwelt ist atemberaubend: Fast 12 000 Gefäßpflanzenspezies wurden in Costa Rica beschrieben und jedes

Jahr kommen weitere hinzu. Man findet hier allein etwa 1400 Orchideenarten!

Die Vielfalt der Lebensräume, die diesen Artenreichtum hervorbrachte, ist ein echtes Naturwunder – an einem Tag paddelt man durch einen schwülen Mangrovensumpf, am nächsten Tag linst man in einem Bergnebelwald durch eiskalten Nebel nach Orchideen. Natürlich sind auch die Strände des Landes schön, aber wer sich nicht wenigstens einige der verschiedenen Lebensräume wie Mangrovensümpfe und Regen-, Nebel- und Trockenwälder anschaut, der versäumt einen großen Teil dessen, was das Land ausmacht.

PRAKTISCHE INFORMATIONEN

Allgemeine Informationen

BARRIEREFREIES REISEN

Unabhängiges Reisen ist für Menschen mit eingeschränkter Mobilität in Costa Rica schwierig. Zwar gibt es in Costa Rica ein Gesetz zur Gleichstellung von Behinderten, aber die Regelungen betreffen nur neue oder kürzlich umgebaute Einrichtungen und werden nur unzureichend durchgesetzt. Nur wenige Hotels und Restaurants sind rollstuhlgerecht ausgestattet. Viele haben keine Rollstuhlrampen, und Zimmer- und Badezimmertüren sind selten breit genug für Rollstühle.

Straßen und Bürgersteige weisen zahlreiche Schlaglöcher auf und sind schlecht asphaltiert, sodass sich die Benutzung eines Rollstuhls sehr schwierig gestaltet. Öffentliche Busse haben keine Vorrichtungen für den Transport von Rollstühlen, und die meisten Nationalparks und Outdoor-Attraktionen verfügen über keine rollstuhlgerechten Wege. Löbliche Ausnahmen bilden der Parque Nacional Volcán Poás (S. 576), der bei Redaktionsschluss wegen vulkanischer Aktivität geschlossen war, und die **Rainforest-Adventures-Pendelbahn** (☎2257-5961; www.rainforestadventure.com; Erw./Stud. & Kind Pendelbahn 65/33 US$, Kombo Pendelbahn/Seilrutschen 90/65 US$; ⌚7.30–14 Uhr; 👪).

Der Lonely Planet Guide *Accessible Travel* kann auf http://lptravel.to/AccessibleTravel kostenlos heruntergeladen werden.

BOTSCHAFTEN & KONSULATE

Die folgenden Vertretungen befinden sich in San José. Die beste Zeit für einen Botschaftsbesuch ist vormittags.

Deutschland (☎2290-9091; www.san-jose.diplo.de; 8. OG, Edificio Torre Sabana, Sabana Norte; ⌚Mo–Fr 8–12 Uhr) 300 m östlich des ICE.

Guatemala (☎2220-1297, 2291-6172; www.minex.gob.gt; Calle 64, Sabana Sur; ⌚Mo–Fr 9–13 Uhr) Südwestlich des Parque Metropolitano La Sabana.

Honduras (☎2231-1642; www.embajadahonduras.co.cr; Blvd Rohrmoser; ⌚Mo–Fr 9–12 & 13.30–16 Uhr)

Mexiko (☎2257-0633; https://embamex.sre.gob.mx/costarica/; Av 7, zw. Calles 13 & 15; ⌚Mo–Fr 8–17 Uhr) Nordwestlich des Parque National.

Nicaragua (☎2233-8001, 2221-2884; Av Central 2540, zw. Calles 25 & 27; ⌚Mo & Mi–Fr 9–17 Uhr) An der Ecke der 25A, in Carmen (San José).

Österreich (☎2220-2909; consulado.austria@cr4a.com; Paseo Colón, Edificio Colón, 7. OG (neben Banco de Costa Rica); ⌚Mo–Fr 9–12 Uhr) 100 m nördlich der Feuerwehr, dann 100 m nach Osten; das graue Eckgebäude mit roten Türen.

Panama (☎2281-2442; www.facebook.com/EmbajadadePanamaenCostaRica/; Ecke Av 10 & Calle 69, Barrio La Granja; ⌚Mo–Fr 9–14 Uhr) Einen Block nördlich des Parque El Retiro in San Pedro (San José).

Schweiz (☎2221-4829; www.eda.admin.ch/sanjose; 10. OG, Edificio Centro Colón, Paseo Colón, Apartado 895; ⌚Mo–Fr 9–12 Uhr)

ESSEN

Die beliebteste Art von Esslokal in Costa Rica ist die *soda*, ein kleines, informelles Imbisslokal mit ein paar *casados* (Tagesgerichte). Billiges Essen bieten auch die überall präsenten Brat- und Grillhühnchenstände.

Ein reguläres *restaurante* verlangt in der Regel höhere Preise und verfügt über etwas mehr Atmosphäre. Viele *restaurantes* servieren *casados;* in den nobleren heißen die Tagesmenüs *almuerzo ejecutivo* („Business-Lunch").

Pastelerías und *panaderías* verkaufen Backwaren und Brot. Viele Kneipen bieten auch *bocas* an, kleinere Versionen von Hauptgerichten.

PREISKATEGORIEN ESSEN

Die folgenden Preiskategorien gelten für ein Standard-Hauptgericht. Wenn nicht anders angegeben, versteht sich der Preis inklusive Steuern.

$	bis 10 US$
$$	10–15 US$
$$$	über 15 US$

FEIERTAGE

Días feriados (Feiertage) werden in Costa Rica ernst genommen. Banken, Ämter und viele Geschäfte bleiben geschlossen und öffentliche Verkehrsmittel und Hotels sind voll. Zu den Feiertagen finden außerdem zahlreiche Feste statt.

Neujahr 1. Januar

Semana Santa Karwoche; März oder April. Gründonnerstag und Karfreitag sind offizielle Feiertage, aber die meisten Geschäfte schließen für die ganze Woche. Von Donnerstag bis Sonntag sind die Kneipen geschlossen und es ist verboten, Alkohol zu verkaufen. Am Donnerstag und Freitag verkehren außerdem keine Busse.

Día de Juan Santamaría 11. April. Im Andenken an den Nationalhelden, der 1856 im Kampf gegen William Walker fiel; in seinem Geburtsort Alajuela finden größere Feierlichkeiten statt.

Tag der Arbeit 1. Mai

Día de la Madre Muttertag; 15. August. Fällt mit Mariä Himmelfahrt zusammen.

Unabhängigkeitstag 15. September

Día de la Raza Kolumbustag; 12. Oktober

Weihnachten 25. Dezember. Auch Heiligabend ist ein inoffizieller Feiertag.

Letzte Dezemberwoche Die Woche von Weihnachten bis Neujahr ist eine inoffizielle Ferienwoche: Viele Geschäfte haben geschlossen und die Strandhotels sind voll.

FREIWILLIGENARBEIT

Costa Rica wartet mit einem großen Angebot an Möglichkeiten zur Freiwilligenarbeit auf. Da sie sich einen guten Ruf bewahren möchten, gehen die meisten Einrichtungen mit ihren *voluntarios* sehr pfleglich um. Bei fast allen Freiwilligenjobs muss man sich für mindestens zwei Wochen verpflichten.

Lonely Planet bürgt für kein Unternehmen, mit dem keine unmittelbaren Geschäftsbeziehungen bestehen. Und wir raten Interessierten dringend, sich auf jeden Fall ein eigenes, umfassendes Bild von einem Freiwilligenprojekt zu machen, das für sie infrage käme.

Biobauernhöfe

Finca La Flor de Paraíso (www.fincalaflor.org) Bietet Programme in verschiedenen Disziplinen von Tierhaltung bis zum Anbau von Heilkräutern.

Punta Mona (www.puntamona.org) Auf Bio-Permakultur und Nachhaltigkeit basierender Bio-Bauernhof mit Erholungszentrum.

Rancho Margot (www.ranchomargot.com) Die selbsternannte Lebenskompetenzen-Universität vermittelt Umweltbildung mit Schwerpunkt auf ökologischem Landbau und Tierzucht.

Reserva Biológica Dúrika (www.durika.org) Auf Nachhaltigkeit ausgerichtete Gemeinde in einem 85 km^2 großen biologischen Schutzgebiet.

WWOOF Costa Rica (www.wwoofcostarica.org) Dieses lose Netz von Bauernhöfen ist Teil des großen internationalen Netzwerks Willing Workers on Organic Farms (WWOOF). Die Höfe sind sehr unterschiedlich. Die WWOOF-Landesorganisationen von Mexiko, Costa Rica, Guatemala und Belize bieten für 33 US$ eine gemeinsame Mitgliedschaft, die Zugang zu allen Angeboten in diesen Ländern erlaubt.

Forstmanagement

Cloudbridge Nature Reserve (www.cloudbridge.org) Freiwillige können hier Wege anlegen, Bäume pflanzen und an Projekten mitarbeiten, bei denen kontrolliert wird, wie der Nebelwald sich erholt. Die Unterbringung bei einer Gastfamilie zahlen die *volunteers* aus eigener Tasche. Biologiestudenten sind besonders gern gesehen, aber generell können sich alle engagierten Freiwilligen bewerben.

Fundación Corcovado (www.corcovadofoundation.org) Ein eindrucksvolles Netz von Privatpersonen und Organisationen engagiert sich für die Erhaltung des Parque Nacional Corcovado.

Monteverde Institute (www.monteverde-institute.org) Eine gemeinnützige Bildungseinrichtung, die Schulungen in tropischer Biologie, Umweltschutz und nachhaltiger Entwicklung im Programm hat.

Tropical Science Center (www.cct.or.cr) Diese schon lange bestehende NGO offeriert Freiwilligenjobs in der Reserva Biológica Bosque Nuboso Monteverde, z. B. bei der Instandhaltung von Wegen und bei Naturschutzarbeiten.

Tierschutz

Tierschützer müssen in Costa Rica damit rechnen, eventuell Ärger (oder Schlimmeres) mit Wilderern zu bekommen, und sollten auch darauf vorbereitet sein, dass die Polizei in solchen Fällen möglicherweise keine große Hilfe ist.

Asociación Salvemos las Tortugas de Parismina (ASTOP, Vereinigung „Lasst uns die Schildkröten von Parismina schützen"; ☎ 2798-2220; www.parisminaturtles.org; Übernachtung bei Einheimischen inkl. 3 Mahlzeiten & Kontrollgängen 40 US$, ohne Mahlzeiten 20 US$ pro Nacht, Anmeldegebühr 50 US$; ⏲ März–Sept. nach Vereinbarung) Setzt sich für den Schutz der Schildkröten und ihrer Eier sowie für die Verbesserung der Lebensqualität der Bewohner der winzigen Gemeinde ein.

Earthwatch (www.earthwatch.org) Diese weithin anerkannte Freiwilligenorganisation engagiert sich in Costa Rica für den Schutz der Meeresschildkröten.

Las Pumas (www.centrorescatelaspumas.org) Ein Umweltschutzprogramm, das sich um beschlagnahmte große und kleine Wildkatzen kümmert.

Reserva Playa Tortuga (www.reservaplaya tortuga.org) Unterstützt den Schutz der Oliv-Bastardschildkröten bei Ojochal.

Sea Turtle Conservancy (www.conserve turtles.org) Von März bis Oktober bietet diese Organisation in Tortuguero Öko-Freiwilligen-Abenteuer" bei der Arbeit mit Meeresschildkröten und Vögeln.

GELD

Nahezu allerorts werden US-Dollars akzeptiert und auch von den meisten Geldautomaten ausgegeben. Colones sollte man mit sich führen, um in kleinen Orten zu zahlen sowie für Busfahrten und in Geschäften auf dem Land. Gewöhnlich werden auch Kreditkarten als Zahlungsmittel genommen.

- Die costa-ricanische Landeswährung ist der Colón (Plural: Colones), benannt nach Cristóbal Colón (Christoph Kolumbus).
- Es gibt Banknoten zu 1000, 2000, 5000, 10 000, 20 000 und 50 000 Colones und Münzen zu 5, 10, 20, 25, 50, 100 und 500 Colones.
- Oft wird auch mit US-Dollars bezahlt; teils wird das auch bevorzugt, da der US-Dollar als stabiler gilt als der Colón.
- Bei Bezahlung mit US-Dollars erhält man das Wechselgeld meist in Colones.
- Neuere US-Dollarscheine (sprich: in einem guten Zustand ohne Risse o. Ä.) werden lieber angenommen als alte.
- Wer in Restaurants, Bars oder Geschäften in US-Dollars bezahlt, erhält u. U. einen schlechteren Wechselkurs.

Trinkgeld

Guides Ein Trinkgeld von 5 bis 15 US$ pro Person und Tag ist angemessen. Der Fahrer sollte etwa die Hälfte von dem bekommen, was der Führer erhält.

Hotels In hochpreisigen Hotels dem Hotelpagen/Portier 1 bis 5 US$ pro Dienstleistung geben, den Reinigungskräften 1 bis 2 US$ pro Tag; in Budgetunterkünften gibt man etwas weniger.

Restaurants Gewöhnlich sind auf den Rechnungen 10 % für den Service inkludiert. Falls dem nicht so sein sollte, könnte man ein kleines Trinkgeld geben.

Taxis Ein Trinkgeld ist nur vonnöten, wenn ein besonderer Service geboten wurde.

KINDER

Obwohl Costa Rica mitten in Zentralamerika liegt, können Familien mit Kindern hier recht problemlos reisen: Die Reisevorbereitungen für Costa Rica sind eher vergleichbar mit denen für eine Europatour und weniger aufwendig als z. B. für Honduras.

- Da die Hitze und die Luftfeuchtigkeit für die Kinder ungewohnt sind, müssen die Eltern vor allem darauf achten, dass ihre Kids genug trinken. Glücklicherweise kann in Costa Rica das Leitungswasser überall getrunken werden, abgesehen von seltenen Ausnahmen in abgelegenen Gebieten.
- Wer mit einem Baby oder Kleinkind unterwegs ist, sollte sich vor Fahrten in abgeschiedene Gebiete, wo es kaum Geschäfte gibt, mit Babynahrung, Babymilch und Einwegwindeln eindecken.
- Viele Restaurants bieten Kinderkarten, allerdings handelt es sich dabei eher um Restaurants mit internationaler als mit costa-ricanischer Küche.
- Kinder unter 12 Jahren erhalten auf Inlandsflügen bis zu 25 % Rabatt, Kinder bis zwei Jahre fliegen bei manchen Fluggesellschaften sogar umsonst mit (solange sie auf dem Schoß eines Elternteils sitzen).
- Für Kinder über drei Jahren muss bei fast allen Busunternehmen der volle Fahrpreis gezahlt werden.
- Autovermietungen haben nicht immer Kindersitze vorrätig – also selbst einen mitbringen oder sich doppelt versichern, dass man auch wirklich einen bekommt.

LANDKARTEN

Detaillierte Karten sind in Costa Rica leider schwer zu bekommen, am besten besorgt man sich online eine vor der Reise.

- Die ausgezeichnete, wasserabweisende *Costa Rica Adventure Map* (1:350 000) von National Geographic verfügt auch über eine kleine Karte von San José. Sie ist übers Internet sowie in verschiedenen Buch- und Andenkenläden in San José erhältlich.
- Hervorragend ist außerdem die von International Travel Map herausgegebene wasserfeste Costa-Rica-Karte im Maßstab 1:330 000, die auch einen Stadtplan von San José enthält.
- Einige Buchläden in San José haben die von der **Fundación Neotrópica** (☎ 2253-2130; www.neotropica.org) herausgegebene Karte zu den Nationalparks und Naturschutzgebieten im Maßstab 1:500 000 auf Lager; außerdem ist sie im Internet erhältlich.
- Das Instituto Costarricense de Turismo (ICT; Costa-ricanische Tourismusbehörde) gibt eine Landkarte von Costa Rica im Maßstab 1:700 000 heraus, auf deren Rückseite ein Stadtplan der Innenstadt von San José im Maßstab 1:12 500 abgedruckt ist. Die Karte ist im ICT-Büro in San José kostenlos erhältlich.
- Maptak (www.maptak.com) hat Karten von den sieben Provinzen Costa Ricas und deren Hauptstädten im Programm.
- Nur wenige Nationalparkbüros und Rangerstation haben Karten für Wanderer vorrätig.

- Topografische Karten können beim **Instituto Geográfico Nacional** (IGN; ☎2202-0777; ⌚Mo–Fr 8.30–15.30 Uhr) erworben werden.
- Früher gab Incafden den Atlas *Mapa-Guía de la Naturaleza Costa Rica* mit topografischen Karten im Maßstab 1:200 000 sowie Beschreibungen der Naturschutzgebiete Costa Ricas auf Englisch und Spanisch heraus. Gebrauchte Exemplare sind im Internet erhältlich.

LGBTIQ+ UNTERWEGS

In Costa Rica ist die Situation für schwule und lesbische Reisende besser als in den meisten anderen zentralamerikanischen Ländern und einige Gebiete wie besonders Quepos und der Parque Nacional Manuel Antonio sind schon seit zwei Jahrzehnten als Urlaubsziele für Schwule bekannt. Homosexualität ist legal und 2015 erkannte Costa Rica als erstes Land Zentralamerikas gleichgeschlechtliche Partnerschaften an. Die meisten Costa-Ricaner tolerieren Homosexualität nur insofern, als sie diese ignorieren und auch nichts davon mitbekommen wollen. Es ist eher unwahrscheinlich, dass gleichgeschlechtliche Paare irgendwie drangsaliert werden, jedoch kann der Austausch von Zärtlichkeiten in der Öffentlichkeit unliebsame Aufmerksamkeit erregen.

Die unangefochtene schwul-lesbische Hauptstadt Costa-Ricas ist Manuel Antonio; dort sollte man nach der Zeitschrift *Playita* (www.gaymanuelantonio.com/playita-magazine.html) Ausschau halten. In Schwulenbars in San José ist das spanischsprachige Magazin *Gente 10* (www.gente10.com) erhältlich.

Agua Buena Human Rights Association (☎2280-3548; www.aguabuena.org) Die gemeinnützige Menschenrechtsorganisation setzt sich schon lange für eine faire medizinische Behandlung von Menschen mit HIV/AIDS in Costa Rica ein.

Center of Investigation & Promotion of Human Rights in Central America (CIPAC; ☎2280-7821; www.cipacdh.org) Die führende Schwulenorganisation in Costa Rica.

Toto Tours (☎800-565-1241; www.tototours.com) Der Spezialist für Schwulen- und Lesbenreisen organisiert regelmäßig Reisen nach Costa Rica.

ÖFFNUNGSZEITEN

Nachstehend sind die Öffnungszeiten in der Hauptsaison angegeben; in der Zwischen- und Nebensaison gelten gewöhnlich kürzere Zeiten. Sehenswürdigkeiten und Restaurants sind normalerweise täglich geöffnet, auch Freizeitaktivitäten finden meist täglich statt.

Banken Mo–Fr 9–16 Uhr, manchmal Sa 9–12 Uhr.

Bars und Clubs 20–2 Uhr.

Behörden Mo–Fr 8–17 Uhr. Oft von 11.30 bis 13.30 Uhr geschlossen.

Geschäfte Mo–Sa 8–18 Uhr.

Restaurants 7–21 Uhr. Gehobene Etablissements haben zuweilen nur abends geöffnet. In abgelegenen Gegenden öffnen sogar kleine *sodas* (Imbisslokale) nur zu den Essenszeiten.

SICHERHEIT

Costa Rica ist im Großen und Ganzen ein sicheres Land, doch Kleinkriminalität wie Taschendiebstahl und Autoeinbrüche sind an der Tagesordnung und auch Raubüberfälle kommen vor – man sollte also wachsam sein.

- Viele der Gefahren im Land gehen allerdings von der Natur aus, z. B. durch gefährliche Meeresströmungen, Erdbeben und Vulkanausbrüche.
- Auch Raub- und giftige Tiere können eine Bedrohung darstellen, sodass man im Dschungel am besten mit einem Guide unterwegs sein sollte.

TELEFON

- Das Mobilfunknetz deckt inzwischen den größten Teil des Landes und fast alle für Touristen zugänglichen Teile Costa Ricas ab.
- Überall in Costa Rica finden sich öffentliche Telefone. Telefonkarten von Chip oder Colibrí erhält man zu 1000, 2000 und 3000 Colones.
- Die Chipkarten steckt man ins Telefon, wo sie gescannt werden. Am verbreitetsten sind die Telefonkarten von Colibrí, mit denen man zunächst eine gebührenfreie Nummer (199) wählt und dann einen Zugangscode eingibt. Die Anleitung gibt es auf Englisch und Spanisch.
- Ins Ausland telefoniert man am billigsten mit einer Telefonkarte. Um ins Ausland zu telefonieren, wählt man zuerst die 00 und die entsprechende Landesvorwahl sowie schließlich die Nummer des Anschlusses.
- Öffentliche Telefone können keine Auslandsgespräche empfangen.
- Für Anrufe aus dem Ausland nach Costa Rica wählt man die Landesvorwahl (506) und dann die achtstellige Telefonnummer.
- Da VoIP-Services wie Skype weit verbreitet sind und die Ethernet-Verbindungen inzwischen zuverlässiger sind, kann man jetzt u. U. mit einem Smartphone oder Tablet am billigsten und einfachsten ins Ausland telefonieren.

Handys

- Es stehen 3G- und 4G-Mobilfunknetze zur Verfügung.
- Prepaid-SIM-Karten sind billig und überall erhältlich.
- Unter https://opensignal.com/networks kann man sich über die Netzabdeckung der vier Handyprovider (Claro, Kolbi, Movistar und TuYo) informieren.

TOILETTEN

- Öffentliche Toiletten sind kaum vorhanden. Aber man kann (manchmal gegen eine kleine Gebühr, nie mehr als 500 Colones) meistens die Toiletten von Restaurants und Cafés benutzen.
- Kostenpflichtige Toiletten gibt's an Busbahnhöfen und in anderen öffentlichen Gebäuden.
- Das Papier nach Gebrauch nicht in die Toilette werfen und hinunterspülen, da der Abfluss leicht verstopfen kann – der Wasserdruck ist nur sehr schwach.
- Das Papier in den Abfalleimer werfen, den es in jeder Toilette gibt.

TOURISTENINFORMATION

Die staatliche Tourismusbehörde ICT (www.ict.go.cr/es) hat ein Informationsbüro in San José mit englischsprachigen Mitarbeitern. Das ICT kann einen mit kostenlosen Karten, einem allgemeinen Busfahrplan, Infos zum Zustand der Straßen im Landesinneren und einer praktischen Broschüre mit den Notrufnummern sämtlicher Regionen versorgen.

UNTERKÜNFTE

Unterkünfte gibt es in Costa Rica auf jedem Preis- und Qualitätsniveau: von luxuriösen Ökolodges und glamourösen All-inclusive-Resorts bis zu spartanischen Zimmern mit nicht viel mehr als einem Bett und vier Betonziegelwänden. Da das Angebot so groß ist, muss in der Regel nicht unbedingt vorausgebucht werden, es sei denn, man ist in den Ferienwochen um Weihnachten und Neujahr oder Ostern unterwegs.

Der Begriff *cabina* (Hütte) deckt alle möglichen Preisklassen und Ausstattungen ab, von sehr rustikal bis sehr teuer. Im Allgemeinen kosten Dormbetten zwischen 12 und 15 US$, ein Doppelzimmer der Budgetkategorie bis zu 40 US$. Die in diesem Reiseführer genannten Preise beziehen sich auf die Hauptsaison (Dez.–April); viele Lodges senken ihre Preise in der Nebensaison (Mai–Nov.). Während der Semana Santa (Osterwoche) und zwischen Weihnachten und Neujahr steigen die Hotelpreise rasant in die Höhe. Die Preise verstehen sich inklusive Steuern und sind in US-Dollars angegeben, der für die Angabe von Preisen bevorzugten Währung in Costa Rica.

An den meisten Zielen gibt es auch mindestens einen Campingplatz, der in der Regel mit Toiletten und Kaltwasserduschen ausgestattet ist. Campingplätze wurden auch in vielen Nationalparks angelegt; Insektenschutzmittel, Verpflegung und Vorräte sind selbst mitzubringen. Die hier angeführten Preise für einen Stellplatz gelten in der Regel jeweils pro Person und Nacht.

Wer aus einem anderen Teil Zentralamerikas kommt, wird feststellen, dass die Preise in Costa Rica deutlich höher als überall sonst in der Region sind.

PREISKATEGORIEN SCHLAFEN

Die angegebenen Preiskategorien gelten für ein Doppelzimmer mit Bad in der Hauptsaison. Wenn nicht anders angegeben, enthält der Preis eine kombinierte Tourismus- und Mehrwertsteuer in Höhe von 13 %.

$	bis 50 US$
$$	50–100 US$
$$$	über 100 US$

VISA

Staatsbürger Deutschlands, Österreichs und der Schweiz dürfen sich ohne Visum 90 Tage lang im Land aufhalten.

Die aktuellsten Infos zum Thema Visum findet man auf den Webseiten der ICT (www.ict.go.cr/en) und der costa-ricanischen Botschaft (www.costarica-embassy.org).

Verlängerungen

- Wer länger als die erlaubten 90 Tage im Land bleiben möchte, den erwartet ein zeitaufwendiger Spießrutenlauf. Am einfachsten ist es, Costa Rica für 72 Stunden zu verlassen und dann wieder einzureisen.
- Zuständig für Visumsverlängerungen sind die **Büros der Migración** (☎ Internationaler Flughafen Juan Santamaria 2299-8001, Puerto Limón 2798-2097, Puntarenas 2661-1445, San José 2299-8100; www.migracion.go.cr).
- Die Bestimmungen zur Visaverlängerung ändern sich gelegentlich; Reisende müssen mit mehreren Tagen Bearbeitungszeit rechnen.

ZOLL

Reisende, die mindestens 18 Jahre alt sind, dürfen bei der Einreise nach Costa Rica 5 l Wein oder Spirituosen und 500 g verarbeiteten Tabak (in Form von 400 Zigaretten oder 50 Zigarren) im Gepäck haben. Verboten sind Pornografisches und illegale Drogen.

An- & Weiterreise

FLUGZEUG

Aeropuerto Internacional Juan Santamaría (S. 571) Auf diesem Flughafen in Alajuela 17 km nordwestlich von San José kommen die meisten Auslandsflüge an.

- Aeropuerto Internacional Daniel Oduber Quirós (S. 613) Dieser Flughafen in Liberia wird von den USA und Kanada aus angesteuert. Außerdem gibt's hierher Charterflüge aus London sowie Flugverbindungen von Panama und Nicaragua.

Avianca (gehört zum zentralamerikanischen Airlinekonsortium Grupo TACA; www.avianca.com) Die Fluggesellschaft in kolumbianischem Besitz wird als nationale Airline Costa Ricas betrachtet und fliegt nach Nord- und Lateinamerika (auch nach Kuba).

GRENZÜBERGÄNGE

Costa Rica besitzt gemeinsame Grenzen mit Nicaragua und Panama. Eine Einreisesteuer wird nicht erhoben;

Angehörige mancher Nationalitäten benötigen ein Visum, Deutsche, Österreicher und Schweizer dürfen sich 90 Tage lang ohne Visum im Land aufhalten.

Nicaragua

Seit 2015 ist der Grenzübergang **Los Chiles–Las Tablillas** offen – eine Brücke überquert unmittelbar nördlich der nicaraguanischen Grenze den Río San Juan.

- Der Grenzübergang Los Chiles–Las Tablillas ist täglich von 8 bis 16 Uhr geöffnet (☎ 2471-1233).
- Zwischen Los Chiles und Las Tablillas verkehren jede Stunde Busse (1 US$, 15 Min.). Außerdem gibt's Direktbusse ab San José und Ciudad Quesada (San Carlos).
- Auf dem Landweg muss am Grenzübergang eine Ausreisegebühr von 7 US$ gezahlt werden (mit der Kreditkarte; keine Barzahlungen möglich).
- Nachdem man über die Grenze gegangen ist, kommt man zum nicaraguanischen Zoll. Die Einreisegebühr beträgt 12 US$, zahlbar in US-Dollars oder Cordobas.
- Anschließend kann man in ein flussaufwärts fahrendes Boot steigen oder einen Bus oder ein *colectivo* nach San Carlos (ca. 2,50 US$, 30 Min.) nehmen.
- Diese Grenze lässt sich nach wie vor auch per Boot überqueren – das ist langsamer, aber schöner. Es gibt keinen festgelegten Fahrplan; die Abfahrt in Los Chiles erfolgt, wenn sich genügend Interessenten eingefunden haben. Die Preise liegen bei 10 bis 15 US$ pro Person. Wer in Eile ist, kann den Prozess vielleicht beschleunigen, indem er/sie etwas mehr zahlt. Bei der Grenzüberquerung auf dem Wasserweg entfällt die costa-ricanische Ausreisegebühr, nicht jedoch die 12 US$ Einreisegebühr nach Nicaragua.
- Wer aus Nicaragua in Costa Rica einreist, findet drei (Warte-)Schlangen in Nicaragua vor: An einer wird gezahlt (dort stellt man sich als Erstes an und zahlt 3 US$ Gemeinde-/Ausreisesteuer), eine ist für die Einreisenden, die Dritte für die Ausreisenden.

> **AUSREISESTEUER**
>
> - Bei allen Flügen ins Ausland wird eine Flughafensteuer in Höhe von 29 US$ erhoben, die in Dollars oder Colones zu bezahlen ist. Bei den meisten Fluggesellschaften ist die Steuer inzwischen im Ticketpreis enthalten.
> - Wer Costa Rica auf dem Landweg verlässt, muss an den Grenzübergängen eine Ausreisegebühr von 7 US$ zahlen.

Der Übergang **Sapoá–Peñas Blancas** an der Panamericana ist ein vielgenutzte Grenzübergang zwischen Nicaragua und Costa Rica.

- Der Grenzübergang Sapoá–Peñas Blancas ist von 6 bis 22 Uhr geöffnet (☎ 2677-0230).
- Dies ist die einzige offizielle Landesgrenze zwischen Nicaragua und Costa Rica, die mit einem Wagen überquert werden kann.
- Die Wartezeiten an diesem Grenzübergang können mehrere Stunden betragen. Eine Stunde muss man mindestens einplanen.
- Abgesehen von der Ausreisegebühr in Höhe von 7 US$, wenn man Costa Rica auf dem Landweg verlässt (zahlbar mit Kreditkarte) wird noch eine Gemeindesteuer fällig (2 US$; kann nicht in Colones gezahlt werden – ein paar kleinere Dollarscheine mitbringen).
- Nach ein paar hundert Metern wird die Einreisegebühr für Nicaragua fällig (7 US$). Den Pass griffbereit, aber sicher aufbewahren. Beamte auf beiden Seiten der Grenze werden einen Blick darauf werfen wollen.
- Im Anschluss an die Grenzüberquerung geht's mit einem Bus oder Taxi nach Rivas weiter (Busfahrt: ca. 1 US$; 30 Min.), einem wichtigen Verkehrsknotenpunkt. Mit dem Taxi gelangt man auch nach San Juan del Sur (25 US$, 30 Min.). Bei unserem Besuch wurde gerade eine neue Straße nach San Juan asphaltiert.
- Theoretisch ist es so, dass Reisende nach Ablauf von 90 Tagen in Costa Rica drei Tage in Nicaragua bleiben müssen, bevor sie wieder nach Costa Rica einreisen dürfen. Tatsächlich verweilen aber viele Ausländer, die in Costa Rica leben, jedoch noch nicht die Staatsbürgerschaft haben, gerade mal ein paar Stunden im Nachbarland. Die Rückkehr nach Costa Rica kostet 3 US$ Gemeinde-/Ausreisesteuer. Costa-ricanische Beamte fragen eventuell, welche Aufenthaltsdauer geplant ist und gewähren auf Basis dieser Info 60 oder 90 Tage. Wichtig: Reisende benötigen ein Heimflugticket (bzw. eines zur Weiterreise), wobei das Abflugdatum ab der Einreise innerhalb der Aufenthaltsfrist von 90 Tagen liegen muss.
- **Tica Bus** (☎ 2296-9788, Nicaragua 2298-5500, Panama 314-6385; www.ticabus.com),

TICKETS FÜR DIE WEITERREISE

➜ Offiziell müssen Reisende über ein Ticket für die Weiterreise von Costa Rica verfügen, wenn sie ins Land einreisen wollen. Dies wird jedoch nur sehr selten und sehr unregelmäßig kontrolliert.

➜ Wer auf dem Landweg einreisen möchte, aber noch kein Ticket für die Weiterreise aus Costa Rica hat, kann sich eins bei den internationalen Buslinien in Managua (Nicaragua) und Panama-Stadt (Panama) besorgen.

Nica Bus (☎ 2221-2679, Nicaragua 2222-2276; www.nicabus.com.ni) und TransNica (S. 571) bieten tägliche Busverbindungen zu Zielen im Norden und im Süden. Ab Peñas Blancas auf costa-ricanischer Seite fahren regelmäßig Busse nach La Cruz, Liberia und San José.

➜ Wichtig: Peñas Blancas ist nur ein Grenzposten, kein Ort – es gibt hier keine Unterkünfte.

Panama

In Panama ist es eine Stunde später als in Costa Rica.

Bei Redaktionsschluss musste man bei der Einreise nach Panama 500 US$, einen Nachweis über die Weiterreise ab Panama (falls man nicht mit dem Flieger abreist, tut es auch ein Busticket ab Panama nach Costa Rica) und einen mindestens sechs Monate gültigen Reisepass vorlegen. Wer kein Flugticket für die Weiterreise hat, kauft sich ein erstattungsfähiges Ticket mit Abflugsland Panama, druckt es zur Vorlage bei der Einreise aus und storniert es anschließend wieder.

Die Carretera Interamericana (Panamericana) bei **Paso Canoas** (☎ 2732-2150) ist der meistbenutzte Übergang nach Panama und Montag bis Freitag von 6 bis 22 Uhr geöffnet, am Wochenende bis 20 Uhr.

➜ Der Grenzübertritt in beide Richtungen ist zuweilen chaotisch und geht langsam vonstatten.

➜ Vor der Einreise nach Panama sollte man sich am costa-ricanischen Zoll einen Ausreisestempel geben lassen; Gleiches gilt in umgekehrter Richtung.

➜ Costa Rica erhebt keine Einreisegebühr. Nach Panama kostet die Einreise 1 US$.

➜ Die Ausreisesteuer in Costa Rica liegt bei 7 US$, aber an der Grenze werden 8 US$ berechnet, da das Unternehmen, das die Transaktionen tätigt, eine Kommission in Höhe von 1 US$ berechnet. Die Gebühr entrichtet man an einem Schalter in einem Container auf der anderen Seite der Schnellstraße, gegenüber vom costa-ricanischen Einwanderungsbüro. In Panama wird keine Ausreisesteuer fällig.

➜ Nach 18 Uhr fahren in der Regel keine Busse mehr Richtung Norden. Wer kein eigenes Fahrzeug hat, sollte tagsüber an der Grenze sein.

➜ Wer mit einem eigenen Fahrzeug ankommt, muss sich auf lange Warteschlangen einstellen.

➜ Tica Bus fährt täglich von Panama-Stadt nach San José (42–58 US$, 15 Std.) und Tracopa (www.tracopacr.com) von San José nach David (21 US$); beide Unternehmen nutzen diesen Grenzübergang. Ab dem Hauptbusbahnhof in David bietet Tracopa einen Bus pro Tag nach San José (9 Std.). Von David verkehren außerdem zahlreiche Busse zur Grenze bei Paso Canoas.

Am Grenzübergang **Guabito–Sixaola** (☎ 2754-2044) an der Karibikküste geht es gewöhnlich eher geruhsam zu und man kommt problemlos über die Grenze (7–17 Uhr).

➜ Wer aus Richtung Bocas del Toro in Panama kommt, muss zunächst eines der regelmäßig verkehrenden Boote nach Almirante (etwa 2 US$) und dort einen öffentlichen Bus oder einen Shuttle nach Changuinola (ca. 40 Min.) nehmen. Von dort geht's mit dem Taxi zur Grenze oder zum Busbahnhof (etwa 5 US$).

➜ Täglich gibt es um 10 Uhr eine Verbindung zwischen Changuinola und San José (ca. 16 US$, 8 Std.). Oder man geht über die Grenze und nimmt einen der jede Stunde verkehrenden Busse, die ab Sixaola die Küste hinauf fahren.

Río Sereno–San Vito (☎ 2784-0130) ist ein nur selten benutzter Grenzübergang in der Cordillera de Talamanca. Auf costa-ricanischer Seite ist der Übergang von 8 bis 16 Uhr geöffnet, auf panamaischer Seite von 9 bis 17 Uhr. Auf panamaischer Seite gibt's im kleinen Dorf Río Sereno ein Hotel und ein Restaurant; auf costa-ricanischer Seite gibt's keinerlei Einrichtungen.

➜ Ab Concepción und David in Panama fahren regelmäßig Busse nach Río Sereno. Nahverkehrsbusse (ca. 1,60 US$, 40 Min., 6-mal tgl.) und Taxis (ca. 30 US$) fahren von der Grenze nach San Vito.

➜ Wer aus Costa Rica ausreist, muss eine Steuer in Höhe von 7 US$ plus 1 US$ Verwaltungsgebühr entrichten, zu zahlen an einem Kiosk am Übergang.

ℹ Unterwegs vor Ort

AUTO & MOTORRAD

➜ Reisende, die ein Auto mieten wollen, müssen in Costa Rica über einen gültigen Führerschein aus dem Heimatland verfügen. Viele Autovermietungen begnügen sich auch mit einem Internationalen Führerschein, den die Verkehrsclubs im Heimatland ausstellen. Nach 90 Tagen benötigt man allerdings einen costa-ricanischen Führerschein.

- Benzin und Diesel sind überall erhältlich. An der Panamericana gibt's rund um die Uhr geöffnete Tankstellen. Zuletzt kostete ein Liter Benzin etwa 1 US$.
- In abgelegenen Gegenden ist Kraftstoff teurer und wird vielleicht an der *pulpería* (Dorfladen) verkauft.
- Besonders für Fahrzeuge mit komplizierter Elektronik und Abgasentgiftungssystemen sind Ersatzteile oft schwer zu bekommen.

BUS

Inlandsbusse

- Am billigsten und zuverlässigsten kommt man in Costa Rica mit Bussen herum. Die Fahrpreise liegen zwischen unter 1 US$ und rund 20 US$.
- San José ist der Verkehrsknotenpunkt des Landes, aber so etwas wie einen zentralen Busbahnhof gibt es nicht. Die Büros der Busgesellschaften sind über die ganze Stadt verteilt. Einige große Gesellschaften haben eigene Terminals, an denen auch Fahrkarten im Voraus verkauft werden. Andere besitzen nur eine Haltestelle, die nicht einmal unbedingt ausgeschildert ist.
- Normalerweise ist Platz für alle Fahrgäste in den Bussen, auch wenn es manchmal sehr eng wird. Von Gründonnerstag bis einschließlich Ostersamstag ruht der Busverkehr gewöhnlich.
- Es gibt zwei Arten von Bussen: *directo* und *colectivo*. *Directos* sind teurer und halten theoretisch an weniger Stellen; *colectivos* halten öfter, und man kommt nur sehr langsam voran.
- Bei Fahrten, die länger als vier Stunden dauern, wird in der Regel unterwegs eine Pause eingelegt, da es in den Bussen keine Toiletten gibt.
- In den Bussen gibt's nur wenig Platz; wer sein Gepäck abgeben muss, sollte genau aufpassen, was damit passiert. Es kommt auch recht häufig vor, dass Dinge aus den Gepäckablagen geklaut werden, jedoch immer noch erheblich seltener als in anderen Ländern Zentralamerikas.
- Die Busfahrpläne ändern sich oft, daher beim Kauf des Tickets immer die Abfahrtzeit prüfen! Wer einen Bus nehmen möchte, der einen irgendwo am Straßenrand einsammelt, sollte frühzeitig an Ort und Stelle sein.
- Einen einigermaßen aktuellen Generalbusfahrplan für Busse ab San José bietet die Website www.visitcostarica.com/en/costa-rica/bus-itinerary. Zur Routenplanung eignen sich zudem www.thebusschedule.com/cr und www.yoviajocr.com; zu letzterer Internetquelle gibt's auch eine App.

Shuttlebus

Die Touristen-Minibusse (auch als Gringo-Busse bekannt) sind eine teurere Alternative zu den normalen Fernbussen. Shuttles betreiben **Gray Line** (☎2220-2126, USA 800-719-3905; www.graylinecostarica.com), **Easy Ride** (☎8812-4012, USA 703-879-2284; www.easyridecostarica.com), **Monkey Ride** (☎2787-0454; www.monkeyridecr.com), **Tropical Tours** (☎2640-1900; www.tropicaltourshuttles.com) und **Interbus** (☎6050-6500, 4100-0888; www.interbusonline.com).

- Alle fünf Unternehmen bieten Überlandverbindungen von San José zu den beliebtesten Reisezielen sowie Direktverbindungen zwischen anderen Zielen – eine umfassende Liste gibt's jeweils auf der entsprechenden Website.
- Die Shuttles holen ihre Fahrgäste direkt bei deren Unterkunft ab. Gebucht werden kann übers Internet oder bei Reisebüros und in Hotels.
- Beliebte von den Shuttles angesteuerte Ziele sind etwa Quepos, Monteverde/Santa Elena, Manuel Antonio, Jacó, Dominical, Uvita, Puerto Jiménez, Arenal, Montezuma und Mal País.
- Easy Ride bietet außerdem Direktverbindungen ins Ausland: von Jacó, Tamarindo und Liberia nach Granada und Managua in Nicaragua sowie von Monteverde nach Managua.

FAHRRAD

Da das Straßennetz Costa Ricas immer weiter ausgebaut und allgemein auch immer auf die Bedürfnisse von Radfahrern Rücksicht genommen wird, entwickelt sich das Land langsam zu einem der besten Reiseziele in Zentralamerika für Radler. Jedoch sind viele Straßen schmal, mit Schlaglöchern übersät und kurvig und es gibt keine Radfahrspuren, sodass immer ein gewisses Risiko besteht.

Mountainbikes und Strandräder gibt's in Touristenorten (10–20 US$ pro Tag). Einige Anbieter organisieren Radtouren durch Costa Rica.

FLUGZEUG

- Die costa-ricanischen Inlandsfluglinien sind Nature Air und Sansa. Sansa gehört zur Grupo TACA.
- Beide Fluggesellschaften betreiben kleine Passagierflugzeuge, in denen das Höchstgewicht des Gepäcks auf lediglich 12 kg beschränkt ist.
- In der Trockenzeit ist die Nachfrage nach den recht wenigen Tickets hoch, also sollte man rechtzeitig buchen und das Ticket auch gleich bezahlen.
- In Costa Rica ändern sich die Flugpläne aufgrund schlechten Wetters ständig und es kann häufig zu Verzögerungen kommen.
- Vor einem internationalen Anschlussflug sollte man nur Inlandsflüge mit genügend Spielraum buchen.
- Außer Charterflügen kommen alle Inlandsflüge aus oder gehen nach San José.

SCHIFF/FÄHRE

Es bestehen einige regelmäßige Schiffsverbindungen an der Küste entlang. Die Sicherheitsstandards sind im Allgemeinen gut.

- Die Coonatramar-Fähre (S. 632) verbindet 4-mal tgl. Puntarenas mit Playa Naranjo. Die Fähre Naviera Tambor (S. 632) fährt alle zwei Stunden zwischen Puntarenas und Paquera; von dort hat man mit Bussen Anschluss nach Montezuma.
- Zuma Tours (S. 634) betreiben ein täglich verkehrendes Wassertaxi zwischen Montezuma und Jacó.
- Über den Golfo Dulce verbindet eine Passagierfähre pro Tag Golfito mit Puerto Jiménez auf der Península de Osa. Auf der anderen Seite der Península de Osa verbinden Wassertaxis Bahía Drake mit Sierpe.
- An der Karibikküste gibt es mehrere Male am Tag eine kombinierten Bus- und Bootsverbindung über La Pavona zwischen Cariari und Tortuguero.
- Schiffe verkehren auch auf den Kanälen entlang der Küste zwischen Moín und Tortuguero, jedoch gibt es keine regulären Verbindungen.

TAXI

Taxis gelten in abgelegenen Gegenden als eine Art öffentliches Transportmittel. Sie können für eine Stunde oder einen halben oder ganzen Tag gemietet werden, oder man kann sich auf einen Pauschalpreis für eine Fahrt einigen. Auf längeren Strecken werden keine Taxameter benutzt, sodass man den Fahrpreis vorher aushandeln muss. Wenn der Straßenzustand oder das Wetter bei Fahrten zu schwer erreichbaren Orten schlechter ist als erwartet, kann der Fahrpreis steigen.

Panama

4,1 MIO. EW.

Inhalt ➔

Gut essen

- ➔ Cerro Brujo (S. 715)
- ➔ Lo Que Hay (S. 625)
- ➔ Pipa's Beach Restaurant (S. 698)
- ➔ Donde José (S. 684)

Schön übernachten

- ➔ Dolphin Bay Hideaway (S. 729)
- ➔ Hotel Bocas del Toro (S. 722)
- ➔ Bambuda Castle (S. 711)
- ➔ Villa Távida Lodge (S. 698)

Auf nach Panama!

Panama ist etwas für abenteuerlustige Naturfreunde. An der Karibikküste kann man die Überreste spanischer Festungen erkunden oder mit dem Einbaum in indigene Gebiete paddeln. Überall wimmelt es von wilden Tieren; da finden sich prächtige Quetzals auf dem Hochlandweg, röhrende Brüllaffen vor der Ferienhütte oder ein auftauchender Wal macht eine Fährfahrt zu einem unvergesslichen Erlebnis.

Abenteuertourismus bedeutet hier Seilrutschentouren durchs Blätterdach des Regenwalds, Raften durch tosendes Wildwasser oder Trekking durch Nebelwälder mit grandiosen Aussichten. An der Küste lassen sich die Wunder der Meereswelt beim Tauchen mit Walhaien im Pazifik, Schnorcheln in den bunten Riffen von Bocas del Toro oder Segeln im indigenen Gebiet Guna Yala erleben, wo die Inseln noch nahezu unberührt sind. Und Surfer dürften begeistert feststellen, dass sie erstklassige Breaks für sich allein haben.

Zusammen mit dem kulturellen Reichtum von Panama-Stadt ergibt das ein äußerst faszinierendes Reiseziel.

Reisezeit

Panama-Stadt

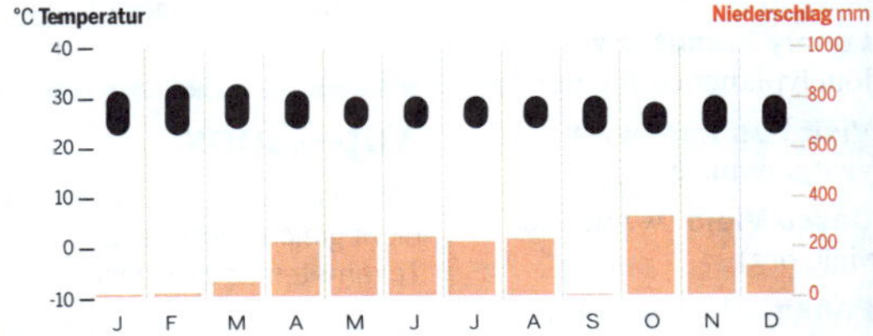

Dez.–April Hochsaison an der Pazifikküste ist die Trockenzeit, perfekt zum Wandern und Tauchen.

Juli Regenzeit, aber relativ trocken an der Karibikküste. Nebensaisonpreise.

Aug.–Okt. Wanderung der Buckelwale im Pazifik; Zwischensaison in Bocas.

AUF EINEN BLICK

Währung US Dollar (Balboa; $)

Visa Visa sind für einen Aufenthalt bis 90 Tage nicht erforderlich.

Geld Geldautomaten gibt es überall, außer in den abgelegensten Orten.

Hauptstadt Panama-Stadt

Notfall Polizei ☎104

Sprachen Spanisch, Englisch

Wechselkurse

Eurozone	1 €	1,12 US$
Schweiz	1 SFr	1,00 US$

Preise

- Schlafsaalbett: 18 US$; Doppelzimmer im Mittelklassehotel: 60–130 US$
- *Comida corriente* (Tagesgericht): 7 US$; Mahlzeit in einem Mittelklasserestaurant: 12–18 US$

Infos im Internet

Lonely Planet (www.lonelyplanet.com/panama)

Visit Panama (www.visitpanama.com)

Casco Viejo (www.cascoviejo.org)

Panama Today (www.panamatoday.com)

Einreise

Zwischen Costa Rica und Panama gibt es drei Grenzübergänge. Die meisten Reisenden überqueren die Grenze in Paso Canoas (Richtung David). Gut zu wissen: In Panama ist es immer eine Stunde später als in Costa Rica.

PANAMA IN ZWEI WOCHEN

Zuerst stürzt man sich in den Trubel von **Panama-Stadt**. Weiter geht's mit dem Besuch von **Panamá Viejo**, das bei einem Piratenüberfall zerstört wurde, und per Fahrrad über die Küstenstraße **Cinta Costera**, gefolgt von einem Tagesausflug zu den **Miraflores-Schleusen**, um Riesenschiffe auf dem Kanal zu sehen. Im nahen **Parque Nacional Soberanía** lassen sich von einem Baumwipfelturm Tukane und Faultiere oder bei einer Kajaktour auf dem **Lago Gatún** Brüllaffen und Krokodile beobachten. Dann folgt ein Flug nach **Bocas del Toro**, um vier Tage Karibikflair zu genießen, im blauen Wasser zu schnorcheln und die **Isla Colón** mit dem Quad zu erkunden. Oder es geht zur **Isla Bastimentos** mit ihren strohgedeckten Resorts und Dschungellodges. Etwas Kultur bieten eine Schokoladentour auf dem Festland oder ein Besuch bei indigenen Gruppen auf anderen Inseln.

Noch eine Woche Zeit? Wer mag, kann ins Hochland von **Boquete** fahren, um Kaffeeplantagen und Nebelwälder zu erkunden, danach die tollen Strände an der **Pazifikküste** genießen und wieder in die Hauptstadt zurückreisen.

Typische Speisen & Getränke

Sancocho Die unvergleichliche Hühnersuppe Panamas

Patacones Gebratene Kochbananen; immer und überall gegessen

Chicheme Ein beliebtes alkoholfreies Getränk aus Milch, zerstoßenem Mais, Zimt und Vanille

Seco Der Lieblingsdrink der Panamaer, mit 35 % Alkoholgehalt ganz schön heftig

Top-Tipps

- Niemals ein Taxi vor einem Luxushotel anhalten, wenn man nicht gleich Touristenpreise löhnen will – Taxis haben keine Taxameter, es zahlt sich also aus, eine Straße weiterzulaufen.
- Auf dem Land haben viele durchaus gute Unterkünfte nichts mit E-Mail oder Websites am Hut. Also nicht verzweifeln, wenn keiner auf die Reservierung reagiert. Wer etwas Spanisch spricht, sollte anrufen.
- Panamaer sind Ausländer gewöhnt, die auf lokale Eigenarten schimpfen, z. B. Autofahrer, die nicht blinken oder Wartende, die sich vordrängeln. Wer stattdessen nach dem Warum fragt, wird ein interessantes Gespräch haben.

PANAMA-STADT

880 700 EW. / 1,8 M

Die kosmopolitischste Hauptstadt Zentralamerikas ist nicht nur eine lebhafte Metropole, sondern auch das Tor zu vielen tropischen Rückzugsorten. Hier existieren mehrere Welten nebeneinander. Als Brücke zwischen Ost und West ist Panama ein regionaler Knotenpunkt für Handel und Migration. Der resultierende Kulturcocktail sorgt für eine erfrischend tolerante Einstellung – hier sind die Dinge dynamischer und fließender als in den Nachbarländern.

Mit ihren Verkehrsstaus, ihren unberechenbaren Taxis und ihren Casinos zwischen schicken Clubs und Baustellen ist Panama-Stadt eine typische chaotische Metropole. Die Skyline aus glitzernden Glas- und Stahltürmen des internationalen Banken- und Handelszentrums erinnert an Miami. Im Gegensatz dazu hat sich die koloniale Halbinsel Casco Viejo zu einem angesagten Stadtteil gemausert, dessen Kopfsteinpflasterstraßen von Boutiquehotels mit Dachbars und zerfallenden Ruinen mit Piratenflair gesäumt sind.

Doch Erholung ist nie weit entfernt. Auf Tagesausflügen sind Sandstrände am Pazifik und am Karibischen Meer zu erreichen, man kann den Kanal bestaunen oder die üppigen Regenwälder mit ihren Brüllaffen, Tukanen und Faultieren erkunden.

Sehenswertes

Casco Viejo

Nach der Zerstörung der ursprünglichen Stadt durch Henry Morgan im Jahr 1671 bauten die Spanier ihre Stadt 8 km weiter südwestlich auf einer felsigen Halbinsel am Fuß des Cerro Ancón wieder auf. Die neue Lage erleichterte die Verteidigung, da das Riff die Schiffe davon abhielt, sich der Stadt zu nähern – außer bei Flut. Die neue Stadt war auch deswegen leichter zu verteidigen, weil sie von einer gewaltigen Mauer umgeben war.

Zu Baubeginn des Panamakanals 1904 bestand Panama-Stadt nur aus dem heutigen Casco Viejo. Als die wachsende Bevölkerung und Neubauten die Stadtgrenzen weiter Richtung Osten schoben, verließ die Oberschicht der Stadt das Gebiet und das Viertel verfiel schnell zu einem Slum.

Heute sind die bröckelnden Fassaden des Casco Viejo zum größten Teil liebevoll renoviert worden. Das Gebiet wurde 2003 zum Unesco-Welterbe erklärt und findet deshalb international Beachtung. Die renovierten Gebäude vermitteln einen Eindruck davon, wie herrlich die Gegend in vergangenen Zeiten ausgesehen haben muss. Einige Stadtentwickler wollen der Gentrifizierung hier einen Riegel vorschieben, indem sie für jede teure Wohnung eine erschwingliche schaffen, und sie wirken auch bei interessanten Kulturinitiativen im Viertel mit. Doch im Allgemeinen geht man davon aus, dass die meisten ursprünglichen Bewohner der Altstadt schon an die Ränder der Stadt verdrängt worden sind.

Plaza de la Independencia PLAZA

(Karte S. 682) Auf diesem Platz im Herzen des Casco Viejo erklärte Panama am 3. November 1903 seine Unabhängigkeit von Kolumbien.

Iglesia de San José KIRCHE

(Karte S. 682; Av A) In dieser Kirche im Casco Viejo befindet sich der bekannte Altar de Oro (Goldener Altar), das einzige Stück, das gerettet werden konnte, als der Freibeuter Henry Morgan Panamá Viejo plünderte.

Der Legende zufolge malte ein Priester den Altar schwarz an, um ihn zu verstecken, als er Gerüchte über den bevorstehenden Angriff des Piraten hörte. Der Priester erzählte Morgan, dass der berühmte Altar bereits von einem anderen Piraten gestohlen worden war, und überzeugte ihn geschickt davon, für einen Ersatz zu spenden. Morgan soll zu dem Priester gesagt haben: „Ich weiß nicht warum, aber ich glaube, du bist ein schlimmerer Pirat als ich." Was auch immer nun die Wahrheit war: Der barocke Altar wurde später aus der Altstadt zu seiner heutigen Stätte gebracht.

Teatro Nacional THEATER

(Karte S. 682; ☎501-4107; www.inac.gob.pa/teatros/73-teatro-nacional; Av B) Der Innenraum des kunstvollen, 1907 erbauten Theaters im Casco Viejo wurde vollständig renoviert und ist mit rotem und goldenem Dekor, einem einst prächtigen Deckengemälde von Roberto Lewis – einem der bedeutendsten Maler Panamas – und einem herrlichen Kristallkronleuchter geschmückt. Hier finden immer noch Aufführungen statt. Informationen sind im Büro seitlich am Gebäude erhältlich.

Plaza de Francia PLAZA

(Karte S. 682) Der Platz an der Südspitze des Casco Viejo würdigt die Rolle Frankreichs beim Bau des Kanals. Die großen Steintafeln

Highlights

1 Archipiélago de Bocas del Toro (S. 717) In entspannten Resorts an Kokosnüssen nippen, schnorcheln und die Seele baumeln lassen

2 Boquete (S. 708) In der Stadt des ewigen Frühlings Kaffee aus den Bergen trinken und sich so für Hochlandabenteuer stärken

3 Panama-Stadt (S. 671) Tagsüber den verblichenen Glanz der Altstadt Casco Viejo bewundern, später bis zum Sonnenaufgang in der Calle Uruguay feiern

4 Comarca de Guna Yala (S. 735) Zwischen weißsandigen Inseln schippern, im klaren Wasser schwimmen und den Sonnenaufgang auf einem Segelboot genießen

5 Panamakanal (S. 690) Das beeindruckende Wunderwerk der Ingenieurskunst bestaunen, das gerade umfassend ausgebaut wird

Panama-Stadt

PANAMA PANAMA-STADT

Panama-Stadt

Highlights
1 BioMuseo B4

Sehenswertes
2 Museo de Sitio Panamá Viejo G2
3 Panamakanal-Wandbilder B2
Panamá Viejo .... (s. 2)
4 Parque Natural Metropolitano D1

Aktivitäten, Kurse & Touren
5 Bicicletas Moses B4
6 EcoCircuitos B2
7 Panama Audubon Society D1

Schlafen
8 Country Inn & Suites B3

Essen
9 Botanica G3
10 Maito G3
11 Miranda Bakery & Cafe F2
12 Restaurante Vietnamita F2

Shoppen
Mercado Nacional de Artesanías .... (s. 2)

und Statuen sind den 22 000 Arbeitern gewidmet, die beim Bau des Kanals ihr Leben ließen.

Paseo las Bóvedas UFERPROMENADE
(Karte S. 682) Die Promenade führt auf der Strandmauer entlang, die von den Spaniern errichtet wurde, um die Stadt zu schützen. Von hier aus ist der Puente de las Américas zu sehen, der sich über den Kanal wölbt, und die vielen Schiffe, die darauf warten, den Kanal befahren zu können.

Museo del Canal Interoceánico MUSEUM
(Panamakanalmuseum; Karte S. 682; ☎211-1649; www.museodelcanal.com; Calle 6a Oeste; Erw./

Kind 10/5 US$; ⌚ Di–So 9–17 Uhr) Das beeindruckende Panamakanal-Museum residiert in einem schön restaurierten Gebäude, das dem ursprünglichen französischen Kanalbauunternehmen einst als Hauptquartier diente. Es zeigt ausgezeichnete Ausstellungen zu dem berühmten Kanal, eingebettet in den historischen und politischen Kontext. Die Beschilderungen sind auf Spanisch, aber es gibt mehrsprachige Führer und Audioguides (5 US$)

Palacio de las Garzas HISTORISCHES GEBÄUDE
(Präsidentenpalast; Karte S. 682; Av Alfaro) Der Palacio de las Garzas wurde nach den schönen *garzas blancas* (weiße Fischreiher) benannt, die hier leben. Der Präsident von Panama residiert im oberen Stockwerk.

Museo de Arte Religioso Colonial MUSEUM
(Museum für religiöse Kunst der Kolonialzeit; Karte S. 682; ☎519-9915; www.inac.gob.pa/museos; Ecke Av A & Calle 3a Este; 1 US$; ⌚ Mo–Fr 8–16 Uhr) Neben der Ruine der Iglesia y Convento de Santo Domingo befindet sich das Museo de Arte Religioso Colonial mit einer Sammlung von religiösen Artefakten aus der Kolonialzeit; einige davon stammen aus dem 16. Jh.

Der Arco Chato am Eingang zur Ruine ist ein langer Bogen, der hier jahrhundertelang stand – ohne Stütze. Er spielte sogar eine Rolle bei der Entscheidung für Panama und gegen Nicaragua als Standort für den Kanal: Dass er die Zeit überdauert hatte galt als Beweis, dass es in der Gegend keine Erdbeben gab. 2003 brach der Bogen zusammen, doch inzwischen ist er neu errichtet worden.

Panama Viejo

Die am 15. August 1519 vom spanischen Konquistadoren Pedro Arias de Ávila gegründete Stadt Panamá war die erste europäische Siedlung am Pazifik. In den nächsten 150 Jahren profitierte sie vor allem von der berühmten Goldpipeline, die von den Gold- und Silberminen in Peru über Panamá nach Europa verlief. Da so viel Reichtum durch die Stadt floss, hatten die Spanier hier zahlreiche Soldaten stationiert, die die Freibeuter auf Abstand halten sollten.

Im Jahr 1671 fuhren 1200 von Kapitän Henry Morgan angeführte Piraten den Río Chagres hinauf und marschierten dann auf dem Landweg nach Panamá. Zwar war die Stadt nicht befestigt, doch war sie auf drei Seiten durch das Meer und Sümpfe geschützt und auf der Landseite befand sich ein Damm mit einer Brücke, durch die das Flutwasser abfließen konnte. Zum Entsetzen späterer Historiker verließen allerdings die spanischen Soldaten dieses natürliche Bollwerk, als sich Morgan mit seinen Männern der Stadt näherte, und stellten sich den Freibeutern in einem hügeligen Gebiet vor der Stadt entgegen.

Dies war nur der erste von zahlreichen Fehler. Als die spanischen Truppen aufgerieben waren, wurde fast die gesamte Stadt geplündert, die Beute verteilt und die restliche Stadt niedergebrannt.

In den folgenden drei Jahrhunderten diente die verlassene Stadt als praktische Quelle für Baumaterialien. Als die Regierung die Ruinen 1976 unter Schutz stellte – 1997 folgte die Unesco dem Beispiel –, war ein Großteil der alten Stadt bereits verfallen und überwuchert.

Heute ist von der ursprünglichen Stadt so wenig übrig, dass über ihre Größe, ihre Lage und ihr Aussehen nur noch spekuliert werden kann. Weite Teile von Panamá Viejo liegen unter einem Armenwohnviertel begraben. Trotzdem sind die **Ruinen** (Karte S. 674; ☎226-8915; www.panamaviejo.org; Vía Cincuentenario s/n; Erw./Kind 15/5 US$; ⊙Di–So 9–17 Uhr) einen Besuch wert, und sei es, um einfach mal auf dem geheiligten Boden einer der wichtigsten Städte Zentralamerikas zu stehen.

Aus Sicherheitsgründen sollte man das Gebiet nur bei Tageslicht erkunden.

Die Panamá-Viejo-Busse setzen ihre Fahrgäste am Mercado Nacional de Artesanías (S. 686) hinter den ersten Ruinen der alten Stadt ab, die man aus Richtung Panama-Stadt erreicht.

Museo de Sitio Panamá Viejo MUSEUM

(Karte S. 674; ☎226-8915; www.panamaviejo.org; Av 6 Sur; im Parkeintritt enthalten; ⊙Di–So 8.30–16.30 Uhr) Das Museum in der ursprünglichen Siedlung Panamá Viejo zeichnet die Geschichte von der präkolonialen bis zur Kolonialzeit nach. Es enthält ein beeindruckendes maßstabsgetreues Modell von Panamá Viejo aus der Zeit vor 1671 sowie Ausstellungen von alten Landkarten und zur Piratengeschichte. Wer möchte, kann auch den **Mirador de la Torre** (Aussichtsturm) erklimmen; Kinder unter acht Jahren müssen aber unten bleiben.

Der Damm

Am Pazifikeingang des Panamakanals verbindet eine 2 km lange, von Palmen gesäumte *calzada* (Damm) die vier kleinen Inseln Naos, Culebra, Perico und Flamenco mit dem Festland. Der schmale Damm ist vor allem am frühen Morgen und am späten Nachmittag ein beliebter Aufenthaltsort, wenn die Bewohner der Stadt hier spazieren gehen, joggen, skaten oder Rad fahren.

Der Damm bietet auch eine atemberaubende Aussicht auf die Skyline und die Altstadt. Braunpelikane tauchen hier ins Meer und viele Leute kommen her, um in einem der vielen Restaurants und einer der zahlreichen Bars die frische Brise zu genießen.

Wer kein eigenes Fahrzeug hat, erreicht den Damm am einfachsten mit dem Taxi (4–8 US$); man kann sich in jedem Restaurant und jeder Bar eins rufen lassen.

★BioMuseo MUSEUM

(Museum der Artenvielfalt; Karte S. 674; www.biomuseopanama.org; Damm; Erw./Kind 18/11 US$; ⊙Di–Fr 10–16, Sa & So bis 17 Uhr) Das erstklassige Museum ist ein visuelles Fest: eine Hommage an Panama als die Landbrücke, die dieser Region eine erstaunliche Artenvielfalt beschert hat. Die Ausstellungen erzählen die Geschichte der umfänglichen Artenvielfalt Panamas mittels faszinierendem, übergroßem Anschauungsmaterial, beleuchten die Anwesenheit des Menschen im Lauf der Zeit, die unterschiedliche Entwicklung von Atlantik und Pazifik und die Vernetzung aller Gattungen. Ein eher abstrakter denn konkreter Ansatz ermöglicht eine neue Sichtweise. Der weltberühmte Architekt Frank Gehry, der u. a. das Guggenheim-Museum im spanischen Bilbao schuf, entwarf den auffallenden Museumsbau als eine Ansammlung bunter zerknüllter Formen.

Parque Natural Metropolitano

Der 265 ha große **Parque Natural Metropolitano** (Karte S. 674; ☎Informationen 232-5516; www.parquemetropolitano.org; Av Juan Pablo II; 5 US$; ⊙Mo–Fr 8–17, Sa bis 13 Uhr) auf einem Hügel nördlich des Zentrums schützt große Areale mit tropischem halbimmergrünem Wald innerhalb der Stadtgrenzen. Er bietet eine wunderbare Möglichkeit, sich der Hektik der Großstadt zu entziehen. Die beiden **Hauptwanderwege**, der Sendero Interpretativo (Naturlehrpfad) und der Camino del Mono Tití (Springaffenweg), schließen sich zu einem langen Rundweg zusammen. Der 150 m hohe *mirador* (Aussichtspunkt) gewährt Panoramablicke auf Panama-Stadt, die Bucht und den Kanal bis hin zu den Miraflores-Schleusen.

Zu den Säugetieren dort gehören Springaffen, Ameisenbären, Faultiere und Weißwedelhirsche. An Reptilien gibt's z. B. Leguane sowie Wasser- und Landschildkröten. Außerdem wurden hier bereits über 250 Vogelarten gesichtet. Den Río Curundú auf der Ostseite des Parks bevölkern Fische und Garnelen.

Während der amerikanischen Invasion fand im Park ein wichtiger Kampf zur Vertreibung Noriegas statt. Die Betonbauten direkt hinter dem Parkeingang dienten im Zweiten Weltkrieg als Test- und Montageanlage für Flugzeugmotoren.

Im Westen und Norden wird der Park vom Camino de la Amistad begrenzt, im Süden und Osten durch den Corredor Norte. Die Avenida Juan Pablo II verläuft direkt durch den Park.

Für eine Parkbesichtigung auf eigene Faust gibt es im **Besucherzentrum** (Karte S. 674; ☎232-5516; www.parquemetropolitano.org; ⊙Mo–Fr 8–16.30, Sa bis 13 Uhr) 40 m nördlich vom Parkeingang Broschüren auf Spanisch und Englisch.

Weitere Stadtteile

★ Museo de Arte Contemporáneo KUNSTMUSEUM
(Karte S. 678; ☎262-8012; www.macpanama.org; Av de los Mártires, Ancón; Erw./Kind 5/3 US$; ⊙Di–So 10–17, Do bis 20 Uhr) Dieses tolle Privatmuseum präsentiert die beste Sammlung panamaischer Kunst überhaupt, eine hervorragende Kollektion mit Arbeiten auf Papier von lateinamerikanischen Künstlern und gelegentlich Sonderausstellungen ausländischer oder panamaischer Künstler.

Panamakanal-Wandbilder ÖFFENTLICHE KUNST
(Karte S. 674; Balboa; ⊙Mo–Fr 7.30–16.15 Uhr) GRATIS Die Geschichte der gewaltigen Anstrengung, die der Bau des Panamakanals darstellte, findet auf kraftvolle Weise Ausdruck in den Wandbildern des bekannten New Yorker Künstlers William B. Van Ingen. Zu finden sind diese Bilder in der Rotunde des Panamakanals-Verwaltungsgebäudes. Es handelt sich um die größte Ansammlung von Wandgemälden eines US-amerikanischen Künstlers außerhalb der USA.

RETTUNG MIT JAZZ

Für Casco Viejo, einst ein heruntergekommenes Viertel mit bröckelnden Bauten und gravierender Armut, beginnt ein neues Kapitel. Der Stadtteil hat einen großen Sprung in Richtung Wiederbelebung gemacht; mittlerweile gibt es hier Dutzende neuer Restaurants, Cafés, Geschäfte und renovierter historischer Gebäude. Inmitten des architektonischen Aufschwungs kämpft eine andere, weniger konkret fassbare Sparte um Wiederbelebung, nämlich die panamaische Musikszene.

Der großartige, aus Panama stammende Jazzmusiker Danilo Perez kehrte zu dem Musikkonservatorium hier zurück, an dem er seine ersten Noten lernte, um die **Fundación Danilo Perez** (Karte S. 682; ☎211-0272; www.facebook.com/FundacionDaniloPerez; 1069 Av A, Casco Viejo) zu gründen: Diese Musikstiftung hat bereits mehr als 1 Mio. US$ in Stipendien für Jugendliche gesteckt. Außerdem sponsert sie das Panama Jazz Festival (S. 680), ein sehr beliebtes Event mit Künstlern aus aller Welt, das in der ganzen Stadt stattfindet.

Perez glaubt, dass die zum Musikmachen erforderliche Disziplin Führungskräfte und gute Bürger hervorbringt, die gesellschaftliche Probleme angehen können. Die ausgewählten Musikschüler stammen aus Panama-Stadt und allen Teilen des Landes wie etwa aus Colón und der Comarca de Guna Yala. Einige Stipendien führen Studenten sogar bis nach Boston ans Berklee College of Music und ans New England Conservatory. Viele kehren ans hiesige Konservatorium zurück, um wiederum andere Schüler zu unterrichten, wodurch sich der Kreis schließt.

Die Stiftung im Casco Viejo beherbergt eine Bibliothek und ein Musikmuseum und ist für die Öffentlichkeit zugänglich (Eintritt frei).

Panama-Stadt Zentrum

Panama-Stadt Zentrum

Highlights
1 Museo de Arte Contemporáneo ... A4

Aktivitäten, Kurse & Touren
2 Ancon Expeditions ... F3

Schlafen
3 Baru Lodge ... H1
4 Bristol Panama ... F3
5 Dos Palmitos ... A3
6 El Machico ... G4
7 Mamallena ... D3
8 Riande Granada Hotel ... G2
9 Saba Hotel ... G2
10 W Hotel ... F3

Essen
11 Avatar ... G2
12 Hikaru ... G4
13 Mercado de Mariscos ... B5
14 Ozone Cafe ... F4

Ausgehen & Nachtleben
15 La Rana Dorada ... G1

Unterhaltung
16 Restaurante-Bar Tinajas ... F3

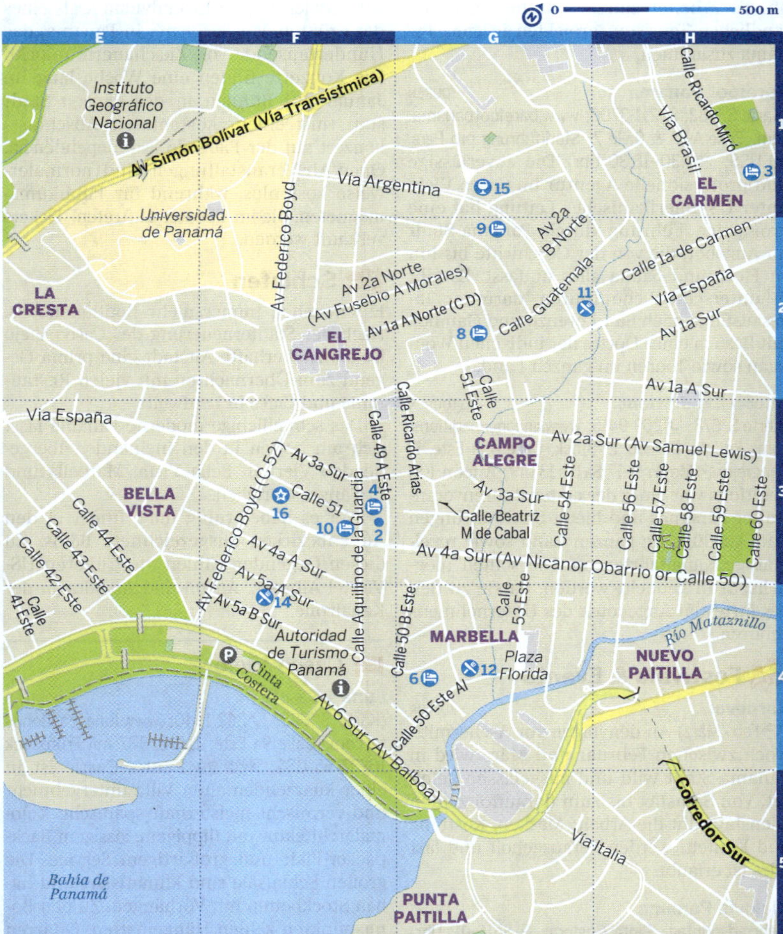

Aktivitäten & Kurse

Sociedad Audubon de Panama NATUR

(Karte S. 674; ☎232-5977; www.audubonpanama.org; Besucherzentrum Parque Natural Metropolitano) Organisiert Ausflüge für Vogelbeobachter und monatliche Begegnungen mit interessanten Rednern im Besucherzentrum des Parque Natural Metropolitano. Es ist eine gute Gelegenheit, mehr über tropische Vogelarten zu erfahren. Alles auf Spanisch und auf Englisch.

Casco Antiguo Spanish School SPRACHE

(Karte S. 682; ☎228-3258; www.cascospanish.com; Av A s/n; 1-wöchiger Intensivkurs mit 20 Std. 250 US$; ⏲Mo–Fr 7–19, Sa 8–12 Uhr) Die empfehlenswerte Spanischschule liegt inmitten des Casco Viejo. Die Gruppen bestehen nur aus vier Schülern, aber wer möchte, kann auch Einzelunterricht bei hervorragenden Lehrern nehmen. Es werden auch Unterkunft und Aktivitäten angeboten.

Geführte Touren

Panama Road Trips TOUREN

(☎6800-7727; www.panamaroadtrips.com; Touren ab 25 US$) Das kleine Unternehmen bietet neben beliebten Kanaltouren und Stadtführungen auch preisgünstige Tagesausflüge nach Portobelo oder zu einem Emberá-Dorf an. Es arbeitet zudem mit interessanten ländlichen Tourismusprojekten in ganz Panama zusammen.

Barefoot Panama TOUREN
(Karte S. 682; ☎211-3700; www.barefootpanama.com; Ecke Av A & Calle 7; Stadtführung pro Pers. 90 US$; ⊙9.30–18.30 Uhr) Die zuverlässige und professionelle Agentur im Casco Viejo unter US-amerikanischer Leitung hat eine großartige Führung durch Panama-Stadt im Angebot, die von der Geschichte bis hin zu Flora und Fauna alles umfasst. Es gibt 14 unterschiedliche Touren, darunter Tagesausflüge nach San Lorenzo und Gamboa mit Besuch eines Dorfes der indigenen Wounaan sowie Touren im ganzen Land.

Ancon Expeditions TOUREN
(Karte S. 678; ☎269-9415; www.anconexpeditions.com; Edificio Dorado, 2. Stock, Calle 49a Este, El Cangrejo; ⊙Mo–Fr 9–17, Sa bis 13 Uhr) Ancon Expeditions war einer der ersten Tourenveranstalter Panamas und bietet Stadtführungen und Ausflüge im ganzen Land sowie regelmäßige Kanalfahrten an. Die sollten möglichst früh gebucht werden, da sie zu den begehrtesten Angeboten des Unternehmens gehören.

Festivals & Events

Karneval KULTUR
(⊙Feb./März) An den Tagen vor Aschermittwoch zwischen Februar und März wird in Panama-Stadt wild und ausgelassen gefeiert. Von Samstag bis zum darauffolgenden Dienstag ruht die Arbeit; Masken, Kostüme und Konfetti werden herausgeholt und fast alles ist erlaubt.

Ciclovía Panama SPORT
(Fahrradsonntag; Cinta Costera; ⊙So 6–12 Uhr) GRATIS Jede Woche wird die Cinta Costera (Avenida Balboa), die Küstenstraße der Stadt, für die Ciclovía Panama gesperrt. Dann radeln, skaten oder joggen massenhaft Menschen auf dieser autofreien Zone oder führen ihre Hunde spazieren. Fahrräder, Inlineskates und Fahrradrikschas werden von temporären Buden gegenüber dem Hilton Hotel vermietet. Kostenlose Räder (inkl. Helm und Kinderräder; gegen Lichtbildausweis) gibt es in einem Zelt von Rali Sport, das extra für dieses Event vor Ort errichtet wird.

Panama Jazz Festival MUSIK
(☎317-1466; www.panamajazzfestival.com; ⊙Mitte Jan.) Das spitzenmäßige Panama Jazz Festival entwickelt eine Eigendynamik als eines der größten Musik-Events in Panama, das Hundertausende von Zuschauern anlockt. Die Konzerte finden eine Woche lang im Januar auf Bühnen in der ganzen Stadt statt, mit einem kostenlosen Abschlusskonzert auf der Plaza de la Independencia. Open-Air-Veranstaltungen sind normalerweise kostenlos, während für Publikumsmagneten, die im Theater auftreten, Tickets verkauft werden.

Schlafen

Es entstehen immer mehr Boutiquehotels. Nach der Stadterneuerung des Casco Viejo ist die zauberhafte Altstadt eine prima Gegend zum Übernachten mit vielen Restaurants und Cafés in Laufweite.

Das schnelllebige moderne Panama lässt sich am besten in den ineinander übergehenden Vierteln Bella Vista, Marbella und El Cangrejo erleben.

Wer es lieber ruhig mag, findet in den Außenbezirken ausgezeichnete B&Bs. Zu diesen Gegenden zählen die früheren US-Viertel Albrook, Ancón und Amador in der Kanalzone.

Casco Viejo

Luna's Castle HOSTEL $
(Karte S. 682; ☎262-1540; www.lunascastlehostel.com; Calle 9a Este; B/DZ/3BZ mit Frühstück 16/37/55 US$; ❄@📶) Luna's Castle ist in einer knarzenden alten Villa untergebracht und vermischt meisterhaft spanische Kolonialarchitektur mit flippigem, lässigem Backpacker-Flair und großartigem Service. Die großen Schlafsäle sind klimatisiert und haben Stockbetten mit Vorhängen. Zu den Bonuspunkten zählen Hängematten, Gitarren für den Hausgebrauch, kostenlose Fahrräder und ein Wäscheservice. Es ist schon seit jeher ein klassischer Treffpunkt von Budgetreisenden.

★ **Magnolia Inn** GASTHAUS $$
(Karte S. 682; ☎202-0872, USA 1-786-375-9633; www.magnoliapanama.com; Ecke Calle Boquete & Calle 8a Este, Casco Viejo; B 15 US$, Zi. 90–135 US$; ❄📶) Jedes Detail beweist, dass dieses coole Gasthaus in einem restaurierten, dreistöckigen Kolonialbau gut durchdacht ist. Es wird von US-Amerikanern geführt, deren Service und Reisetipps erstklassig sind. Die großen Doppelzimmer im obersten Stock mit Blick auf die Skyline, Kaffeemaschinen, Minikühlschränken und Flachbild-TVs gehören zu

den besten der Stadt. Wer schon etwas älter ist, wird die klimatisierten Schlafsäle mit Einzelbetten, orthopädischen Matratzen, hochwertigem Bettzeug, individuellen Lampen und zahlreichen Steckdosen zu schätzen wissen. Sehr familienfreundlich.

Hotel Casa Panama BOUTIQUEHOTEL **$$**
(Karte S. 682; ☎303-0992; www.hotelcasapanama.com; Ecke Av Alfaro & Calle 11 Este; DZ ab 100 US$;) Das Boutiquehotel in guter Lage ist mit seinen dunklen, modernen Zimmern mit Schleifbeton und tropischem Dekor recht reizvoll. Der Service scheint jedoch etwas lethargisch zu sein, besonders angesichts der Preise. Mancher Gast wird sich jedoch schon allein wegen des Pools auf dem Dach hier einquartieren. Einige Zimmer sind winzig – man sollte sich vorher einige anschauen. Die mit Meerblick sind um einiges teurer.

★ American Trade Hotel HISTORISCHES HOTEL **$$$**
(Karte S. 682; ☎831-2051; www.americantradehotel.com; Plaza Herrera s/n; DZ mit Frühstück ab 350 US$; P) Das runderneuerte Trade Hotel, das tropische Pracht des alten Stils repräsentiert, verleiht der Plaza Herrera ein nobles Flair. Mit den Böden aus recyceltem Material von der Kanalerweiterung, Pool, Bibliothek und vielen netten Winkeln ist es einfach hinreißend. Kaum zu glauben, dass es lange verlassen dastand und als Bandenunterschlupf diente (deren Graffiti schmücken aber noch immer eins der Treppenhäuser). Die Zimmer in den oberen Etagen bieten Aussicht auf den Damm.

Casa Sucre B&B **$$$**
(Karte S. 682; ☎393-6130, 6982-2504; www.casasucreboutiquehotel.com; Ecke Calle 8a Este & Av B; DZ/Apt. mit Frühstück 140/150 US$;) Das B&B in einem Konvent von 1873 wird von US-Amerikanern geführt und vermietet edle Zimmer, die mit Familienerbstücken und historischen Möbeln eingerichtet sind. Das Umfeld ist beschaulich und vom Balkon ums Haus lässt sich das Geschehen im Casco Viejo beobachten. Auf der Eingangstreppe soll übrigens ein freundlicher Geist hausen. Im Erdgeschoss betreiben die Kalifornier Alyce und Rich ein Café mit prima Kaffee.

Calidonia & Bella Vista

Mamallena HOSTEL **$**
(Karte S. 678; ☎393-6611, 6676-6163; www.mamallena.com; Calle Primera Perejil, Calidonia; B/DZ mit Frühstück 13/33 US$; @) Das kleine, gemütliche Hostel liegt an einer Wohnstraße, die die Abrissbirne irgendwie verschont hat, und trifft mit seinem Service genau ins Schwarze. Die Rezeption ist rund um die Uhr besetzt, zum Frühstück gibt's Pfannkuchen und es ist eine Gästeküche und eine DVD-Bibliothek vorhanden. Die hohen Schlafsäle sind nachts klimatisiert und die netten Doppelzimmer im Motelstil bieten absolute Privatsphäre. Das dazugehörige Reisebüro arrangiert Segelbootausflüge nach San Blas und beliebte Tagestrips.

Saba Hotel HOTEL **$$**
(Karte S. 678; ☎201-6100; www.thesabahotel.com; Vía Argentina s/n, Bella Vista; EZ/DZ 48/60 US$; @) Das Hotel Saba ist modern und fröhlich und eine preisgünstige Übernachtungsmöglichkeit in Bella Vista. Die Ausstattung mit viel Glas und Bambus scheint zwar auf Nachhaltigkeit ausgerichtet zu sein, das ist aber wohl nur äußerer Schein. Sehr schön sind Annehmlichkeiten wie iPod-Docks und Flachbildfernseher. Der Service unter dem neuen Management ist zuvorkommend.

Bristol Panama HOTEL **$$$**
(Karte S. 678; ☎265-7844; www.thebristol.com; Calle Aquilino de la Guardia, Bella Vista; DZ mit Frühstück ab 270 US$; P@) Das elegante Bristol ist mit Orientteppichen, extravaganten Orchideen und Edelhölzern ausgestattet, und das schon in der Lobby. Die Zimmer sind kultiviert und einnehmend. Hier gibt es keine Bitte-nicht-stören-Schilder mehr: Wärmesensoren zeigen an, ob sich im Zimmer jemand aufhält. Zum Fünf-Sterne-Luxus gehören weiterhin ein Spa, ein Butler-Service rund um die Uhr und kostenloser Handyverleih. Das Restaurant wird von einem panamaischen Sternekoch geführt.

W Hotel LUXUSHOTEL **$$$**
(Karte S. 678; ☎309-7500; www.starwoodhotels.com/whotels; Ecke Calle 50 & Calle Aquilino de la Guardia, Bella Vista; DZ/Suite 200/400 US$; P) Das Hochhaus in der Innenstadt mit 203 Zimmern wurde 2018 eröffnet und ist vom Panamakanal und den verschiedenen Kulturen des Landes inspiriert. Es ist kein klassisches Luxushotel, sondern verspielt modern und mit bunten Schiffscontainern, Sesselbezügen mit Congo-Muster und Strohhüten an den Wänden ausgestattet. Die hellen Zimmer mit raumhohen Fenstern haben „schwebende" Betten, unter denen LED-Lichter leuchten. Die Angestellten sind zuvorkommend.

Casco Viejo

El Cangrejo & San Francisco

El Machico HOSTEL $
(Karte S. 678; ☎203-9430, 6473-5905; www.elmachicohostel.com; Calle 47 Este 2, Marbella; B/DZ 16/50 US$;) Das stilvolle Hostel in einem Vororthaus wird von Italienern geführt und weckt mit projizierten Filmen im Swimmingpool, einer PlayStation und Klappfahrrädern (10 US$ pro Tag) den Spieltrieb in den Gästen. Es bietet auch billige Touren an, u. a. nach San Blas. Die Schlafsäle haben Platz für sechs bis zwölf Personen und werden nachts klimatisiert. Die Doppelzimmer sind für den Preis relativ schlicht.

Baru Lodge B&B $$
(Karte S. 678; ☎393-2340; www.barulodge.com; Calle 2a Norte H-7, El Carmen; EZ/DZ mit Frühstück 70/80 US$;) Das Gasthaus in einer zentralen Wohnstraße ist sehr geschmackvoll und gemütlich. Die Zimmer sind elegant und modern, in dezenten Farben gehalten und gedämpft beleuchtet. Der Besitzer spricht Englisch und sorgt dafür, dass sich Gäste wie zu Hause fühlen. Kabelfernsehen, schnelles WLAN und Luftreiniger gehören zu den Annehmlichkeiten der Lodge. Das kontinentale Frühstück wird auf der Gartenterrasse mit Korbmöbeln serviert.

Casco Viejo

Riande Granada Hotel DESIGNHOTEL $$
(Karte S. 678; ☎204-4444, 291-9000; http://riandehoteles.com; Av Eusebio A Morales, El Cangrejo; DZ 90 US$; P❄@≋) Das preiswerte Riande ist mit seinem schicken Ambiente beliebt bei der Generation Y. Die schmucklose, moderne Fassade ist üppig begrünt samt einem Vorhang aus strömendem Wasser. Zum Haus gehören ein renommiertes Restaurant und ein Biergarten mit einer großen Holzveranda um den Swimmingpool. Die Zimmer haben Minikühlschränke und Flachbildfernseher.

Kanalzone

Dos Palmitos B&B $$
(Karte S. 678; ☎6051-4723; www.panamabedandbreakfast.com; Calle Victor Hugo 0532B, Cerro Ancón; EZ/DZ mit Frühstück 80/85 US$; ❄@) Wen an Panama eher das Wildlife als das Nightlife reizt, der sollte in diesem versteckten französischen B&B absteigen. Hier gibt's nur vier Zimmer, die mit Retroplakaten und alten Zeitungsausschnitten dekoriert und mit makellosen Holzböden, übergroßen Betten und Korbmöbeln ausgestattet sind. Auf der Terrasse nach hinten können Gäste Vögel beobachten und ein üppiges Frühstück mit hausgemachtem Brot und frisch gepresstem Saft genießen. Außerdem werden Fahrdienste und Ausflüge angeboten.

Country Inn & Suites HOTEL $$
(Karte S. 674; ☎211-4500; www.countryinns.com/panamacanalpan; Ecke Avs Amador & Pelicano, Amador; DZ 100 US$; P❄≋) Angeblich gibt es nur zwei Unterkünfte mit Blick auf den Kanal: Eine ist das Gefängnis, in dem einst Noriega einsaß, die andere dieses Kettenhotel. Es erinnert zwar etwas an ein Seniorenstift, doch es ist gut geführt und preisgünstig. Zum Damm ist es nicht weit und es gibt einen riesigen Pool. Jedes Zimmer besitzt einen Balkon mit Blick auf die Puente de las Américas.

Essen

Casco Viejo

★ **Granclement** EISCREME $
(Karte S. 682; www.granclement.com; Av Central; Eiscreme 3,50–5 US$; ⊙Mo–Fr 12.30–21, Sa bis 22, So 10–20 Uhr) Genuss pur: Hier bekommt man Eis aus tropischen Früchten, aber auch in intensiven, cremigen Geschmacksrichtungen wie Orange-Schokolade, Kaffee und Ingwer. Ein paar Kugeln dieser exquisiten französischen Kreationen versüßen jeden Spaziergang durch den Casco.

★ **Mercado de Mariscos** MARKT $
(Karte S. 678; ☎506-5741; Av Balboa; Hauptgerichte 3–14 US$; ⊙6–17 Uhr) Hier über einem lebhaften Fischmarkt gibt's Meeresfrüchte

satt. Wenn es voll ist, dauert es ewig mit der Bedienung, deshalb lieber früh da sein. Zu den Highlights zählen der ganze gebratene Fisch und die großen Schüsseln mit „Get Up Lazarus"-Suppe – eine Art Wiedererweckungssuppe, die garantiert gegen einen Kater hilft. Draußen an den Ständen gibt's für 3 US$ köstliches Ceviche in Plastikbechern, auch Variationen im mediterranen Stil (mit Oliven) und mit Curry.

★ Super Gourmet FEINKOST $

(Karte S. 682; ☎212-3487; www.supergourmet cascoviejo.com; Av A; Hauptgerichte 3–9 US$; ⊙Mo–Sa 8–17, So 10–16 Uhr; 👪) Das Super Gourmet ist mit seinen äußerst gut gelaunten Angestellten bei Einheimischen wie bei Reisenden sehr beliebt. Im klimatisierten Café sind traditionelle Suppen, frische, tropische Säfte und Sandwiches auf amerikanische Art zu haben. Eier auf englischen Muffins mit Käse, Speck oder Gemüse oder *arepas* (pikante Maisfladen) mit einem Espresso schmecken super zum Frühstück.

Tropical Chocolate Cafe CAFÉ $

(Karte S. 682; ☎388-6843; www.facebook.com/tropicalchocolatecafe; Calle 6; Pralinen 2–10 US$; ⊙10–19 Uhr; 👪; 🚌Mercado de Mariscos) In dem zuckersüßen Schokoladenladen mit Café, roten Samtstühlen und tropisch gemusterten Tapeten werden wunderschön verzierte Pralinen aus natürlichen Zutaten verkauft: 100 % panamaische Schokolade mit heimischer Ananas, Chili und Koriander. Im Café gibt's begleitend zum Sonntagsbrunch ab 10 Uhr Geschichtenerzählen für Kinder, außerdem werden nach Reservierung Schokoladenverkostungen (30 US$ pro Pers., zwei Teilnehmer) angeboten.

Barrio Pizza PIZZA $

(Karte S. 682; ☎393-4444; www.barriopizza.com; Av Central s/n; Hauptgerichte 8–13 US$; ⊙11–23 Uhr; ❄📶) Ein Stück vom Glück ist eine heiße Pizza aus dem Holzkohleofen, belegt nach Wunsch etwa mit Trüffelöl, gerösteten Auberginen oder Frikadellen. Auf der einfachen Karte stehen außerdem Caesar-Salate, Wein und Bier. Wer einen Tisch ergattern möchte, muss früh da sein.

Caffe Per Due ITALIENISCH $

(Karte S. 682; ☎228-0547; Av A; Hauptgerichte 5–12 US$; ⊙Di–So 9–22 Uhr; 🍷) Das unfehlbare Restaurant unter italienischer Leitung hat köstliche, dünnkrustige Pizza und ist unser Tipp für einen schnellen Imbiss. Empfehlenswert ist die preisgekrönte Pizza Bianca mit geröstetem Knoblauch, Brie, Trüffelöl, Pilzen und sonnengetrockneten Tomaten. Etwas Privatsphäre bietet der winzige, backsteinerne Innenhof mit nur ein paar Tischen.

★ Lo Que Hay PANAMAISCH $$

(Karte S. 682; Calle 5 Oeste s/n; Hauptgerichte 12–20 US$; ⊙Do–Sa 12–15 & 18.30–22, So 11–16.30 Uhr) Die *fondas* (preisgünstige kleine Esslokale) servieren billige panamaische Klassiker, aber dieses hier – vom Spitzenkoch Panamas – verpasst diesen Gerichten einen absolut neuen Dreh. Großartiger Reis *(concolón)* hat eine perfekt knusprige Kruste und wird mit geräucherten Tomaten oder wohlriechenden Venusmuscheln serviert. Es gibt auch zarten ganzen Fisch, Yucca-Tostadas mit Carpaccio und Mango-Kimchi, das als *encurtido* zum Straßenimbiss gereicht wird. Es ist brechend voll, nicht klimatisiert und macht Laune. Zum Nachtisch sollte man sich einen riesigen *raspado* (gehobeltes Fruchteis) gönnen.

★ Donde José PANAMAISCH $$$

(Karte S. 682; ☎262-1682; www.dondejose.com; Av Central s/n; 8-Gänge-Menü 80 US$, Tisch des Küchenchefs 90 US$; ⊙Platzierung Di–Sa 19 & 21.30 Uhr) Das Restaurant mit 16 Plätzen verfeinert schlichte panamaische Küche in Haute Cuisine und ist die angesagteste Gourmetadresse. Küchenchef José bereitet *ñandu*-Bohnen (heimische schwarze Bohnen), knusprig-zartes Schweinefleisch und *ñame* (eine heimische Knolle) auf verspielte, überraschende Art zu. Die Kellner erweisen sich beim Servieren des gesamten 8-Gänge-Menüs als eingespieltes, lässiges Team. Reservierungen sollten am besten Monate im Voraus gemacht werden. Getränke kosten extra.

★ Ochoymedio FUSIONSKÜCHE $$$

(Karte S. 682; ☎209-4185; www.ochoymediopa nama.com; Calle José de Obaldía, zw. Calle 8 & 9; ⊙tgl. 19–23 Uhr) Der kulinarische Garten des Sternekochs Andres Madrigal ist mit seinen hängenden Ranken und Lichterketten Romantik pur. Als Vorspeise empfiehlt sich ein tropisches Lychee-Ceviche, gefolgt von einem frischen, leichten Rukkola-Salat oder scharfem *langostino yakitori*. Am schönsten ist ein Tisch im Innenhof, wo der Abend mit einem exzellenten, nach einem Beatles-Song benannten Cocktail beginnt. Der Service ist erstklassig.

El Cangrejo & San Francisco

Miranda Bakery & Cafe CAFÉ $

(Karte S. 674; ☎226-4014; www.facebook.com/mirandabakery; Ecke Calle 75 Este & Calle Andres

Mojíca, San Francisco; Hauptgerichte 10–14 US$; ⌚Mo–Fr 9–18.45, Sa bis 17 Uhr) Das wunderbare Bäckerei-Café ist stets voller Einheimischer mit Appetit auf Sauerteigbrot, frische Bagels und großartige dicke Burger mit knusprigen Pommes frites und nach Wahl hausgemachter scharfer Sauce. Der cremige Petit Gâteau lohnt sich ebenfalls, auch der gute Espresso und Bier aus Kleinbrauereien. Die Backwaren sind schon vor 12 Uhr ausverkauft.

Restaurante Vietnamita VIETNAMESISCH **$**
(Karte S. 674; ☎394-6923; Casa 7a, Calle 68 Este, San Francisco; Hauptgerichte 7–9 US$; ⌚11–22 Uhr) Köstlich duftende *pho* (Nudelsuppe) mit Rinderbrust, Seebarsch mit Knoblauch und Galgant sowie gegrilltes Schweinefleisch auf Reisnudeln sind einige der köstlichen Spezialitäten in diesem authentischen Restaurant, dessen freundliche Besitzer aus Hanoi stammen. Dazu ein kaltes Bier oder ein Avocado-Smoothie – und die Sache ist rund.

★Hikaru JAPANISCH **$$**
(Karte S. 678; ☎203-5087; www.hikaru.restaurant; Calle 50 Este Alley, Marbella; Hauptgerichte 10–16 US$; ⌚Mo–Sa 12–14.30 & 18–23 Uhr) Wenn es um authentisches japanisches Essen geht, das von einem Koch aus Tokio zubereitet wird, ist dieses unscheinbare Restaurant eine Goldgrube. Das Hikaru serviert zwar gutes Sushi und Sashimi, aber es wäre eine Schande, nicht das *takoyaki* (superzarte frittierte Tintenfische) oder die Ramen-Nudeln zu probieren, die in einer sämigen, buttrigen Brühe gereicht werden. Zuvor gibt's ein kaltes Sapporo-Bier und dazu ein paar *edamame* in Steinsalz. Für den Abend ist eine Reservierung ratsam.

Botanica CAFÉ **$$**
(Karte S. 674; ☎270-1111; http://botanicapanama.com; 6 Calle Esther Neira de Calvo, San Francisco; Hauptgerichte 14–19 US$; ⌚Di–Sa 12–22.30, So bis 21 Uhr; ☞) 🌿 Das „Clean-Eating"-Café von Mario Castrellon ist ein Instagram-Liebling und befriedigt Gourmetgelüste zu kleinen Preisen. Beispiele sind brutzelnde Pizza mit Hummer oder Manchego-Käse und Grünzeug belegt, tropische Salate aus dem Hausgarten und dergleichen. Wenn möglich, werden hochwertige Zutaten von heimischen Erzeugern bezogen. Gästetische stehen drinnen und draußen, aber es gibt auch einen Lieferservice.

Avatar INDISCH **$$**
(Karte S. 678; ☎393-9006; www.avatarindiancuisine.com; Ecke Vías Argentina & España, El Cangrejo; Hauptgerichte 9–16 US$; ⌚11–23 Uhr) Das von Kanadiern geführte Avatar serviert in einer schicken Pianobar gehaltvolle Kormas, duftenden Reis und komplexe Currys – ein echtes Mekka für Freunde von Gewürzen. Die Spezialität des Hauses ist südindische Küche, doch wer sein Essen wirklich scharf haben möchte, muss schon darauf bestehen. Unter der Woche ist das Mittagessen ein Viertel billiger.

★Maito PANAMAISCH **$$$**
(Karte S. 674; ☎391-4657; www.maitopanama.com; Av 3m Sur, San Francisco; Hauptgerichte 16–25 US$; ⌚Mo–Sa 12–22.30 Uhr) 🌿 Mit Stil und viel Erfahrung spielt das Maito mit den Klassikern und verarbeitet Einflüsse der karibischen, lateinamerikanischen und chinesischen Alltagsküche. Das Resultat ist gemischt, insgesamt jedoch lohnend. Als Vorspeise könnte der Wassermelonen-Waldorfsalat schmecken. Die in Maracuja glasierten Rippchen sind zart, es fehlt ihnen allerdings das Knusprige des Enten-*chow-mein*. Göttlich ist das Meeresfrüchte-Risotto in Tintenfischsud. Es stehen auch Tische draußen im Garten; der Service ist tadellos.

Bella Vista

Ozone Cafe INTERNATIONAL **$$**
(Karte S. 678; ☎214-9616; www.ozonecafepanama.com; Calle Uruguay; Hauptgerichte 10–22 US$; ⌚12–15 & 18–22 Uhr) Mittags platzt das Ozone, eine echte Institution in der Stadt, aus allen Nähten: Hier gibt's gewaltige Portionen duftender, guter Gerichte aus 110 Ländern, sogar koscheres und Halal-Essen. Leider lässt das Ambiente zu wünschen übrig – das dunkle Restaurant war früher eine Werkstatt. Außerdem ist es schwer zu finden und man muss schon die Augen aufsperren, um das Schild zu finden.

Ausgehen & Nachtleben

Bars und Clubs eröffnen und schließen mit bedenklicher Frequenz in Panama-Stadt, aber generell ist das Nachtleben hier kultiviert und ziemlich teuer. Die betuchten Bürger der Hauptstadt schätzen einen guten Auftritt, es lohnt sich also, schicke Klamotten anzuziehen. Nicht vergessen, einen Ausweis mitzunehmen. Die meisten Clubs verlangen 10 bis 25 US$ Eintritt.

Im Casco Viejo, in San Francisco und an der Calle Uruguay in Bella Vista ist abends besonders viel los. Derzeit erleben Craft-Biere einen Boom und die Leute zieht es in kleine Brauereien.

La Rana Dorada KLEINRAUEREI
(Karte S. 682; ☎392-0660; www.laranadorada.com; Ecke Calle 9 & Calle Boquete, Casco Viejo; ⏲So–Mi 12–0.30, Do–Sa bis 3 Uhr) In der hinreißenden, schummrig beleuchteten Brauereikneipe mit Messingarmaturen und glänzenden Holztresen wird eigenes hausgebrautes und mit Preisen ausgezeichnetes Bier gezapft, zu dem es leckere, dünnkrustige Pizza oder Bratwurst als Grundlage gibt (Hauptgerichte 3–9 US$). Die Happy Hour nach Feierabend setzt sich erst langsam durch, aber sowohl drinnen als auch draußen ist es immer voll. Eine Filiale befindet sich in der **Vía Argentina** (Karte S. 678; ☎269-2989; Vía Argentina 20, El Cangrejo; ⏲12–2 Uhr).

Casa Jaguar CLUB
(Karte S. 682; ☎6866-8483; http://casajaguarpanama.com; Av Central s/n; ⏲Di–Do 20–2, Fr & Sa bis 4 Uhr) Mit Stöckelschuh und Glitzer-Outfit geht's ab in den angesagtesten Club im Casco, der im 2. Stock des Hauses neben dem Teatro Amador untergebracht ist. Es eilt aber nicht, da es hier erst spät in der Nacht richtig abgeht. Neben kleineren Ecken gibt's hier jeweils eigene Räume für Reggaetón und Electronica. Themennächte werden auf der Website angekündigt.

The Stranger's Club COCKTAILBAR
(Karte S. 682; ☎282-0064; www.facebook.com/strangersclubpanama; Av Central s/n; ⏲Mo–Mi 18–2, Do–Sa bis 4, So 12–16 & 18–24 Uhr) In der gedämpft beleuchteten Cocktailbar tummeln sich Leute ab 20 bis über 40. Der Consuelo, eine Offenbarung aus Gurkenstückchen, Gin und Holunderblütenlikör, lohnt allein schon den Weg dorthin.

Tántalo Bar COCKTAILBAR
(Karte S. 682; http://tantalohotel.com/roofbar; Ecke Calle 8a Este & Av B, Casco Viejo; Eintritt 5–10 US$; ⏲Dachterrasse 17–2 Uhr) Auch wenn hier in lockerem Ambiente Mittagessen serviert wird, ist diese ultrahippe Café-Bar vor allem für die Happy Hour zum Sonnenuntergang auf der Dachterrasse bekannt. Zum Cocktail empfehlen sich Tapas aus der Fusionsküche. Ab 22 Uhr kostet es Eintritt, aber um einen Platz auf der kleinen Dachterrasse zu bekommen, muss man ohnehin schon gegen 19 Uhr hier auftauchen. Mittwochs ist Salsa-Abend.

Bar Relic BAR
(Karte S. 682; www.relicbar.com; Calle 9a Este, Casco Viejo; ⏲Di–Sa 21–2 Uhr) Diese große Hostelbar ist sowohl bei Reisenden als auch hippen jungen Panamaern ein echter Renner. Der Service ist freundlich und neue Gäste mischen sich in dem großen Innenhof mit Picknicktischen einfach unter die Leute. Man feiert nicht nur draußen (eine Seltenheit in Panama-Stadt), sondern auch noch direkt neben der historischen Stadtmauer.

☆ Unterhaltung

Restaurante-Bar Tinajas TANZ
(Karte S. 678; ☎263-7890; Av 3a A Sur, Bella Vista; Eintritt 5 US$; ⏲Mo–Sa 12–22.30 Uhr) Eine gute Gelegenheit, traditionellen panamaischen Volkstanz zu sehen: Die Dinnershow ist ein Klassiker. Natürlich ist das Ganze sehr touristisch, aber gleichzeitig auch nett gemacht. Die Shows finden mittwoch- bis samstagabends um 21 Uhr statt und jeder Gast muss mindestens 12 US$ für Essen und Getränke ausgeben. Am besten reservieren.

Teatro Nacional THEATER
(Karte S. 682; ☎262-3525; Av B, Casco Viejo) Das hübsche Theater aus dem 19. Jh. im Casco Viejo hat Ballett, Konzerte und Theater im Programm.

Shoppen

★ **Karavan** KUNST
(Karte S. 682; ☎228-7177; www.karavan-gallery.com; Calle 3a Oeste, Casco Viejo; ⏲Mo–Sa 10–18, So 11–15.30 Uhr) Ein toller Ort für original Kuna-Stickereien mit modernem Design und Congo-Kunst aus Portobelo. Karavan vergibt Aufträge an einheimische Künstler, unterstützt neue Talente und bewahrt gefährdete Kulturen und Künste über die gemeinnützige Fundación Mua Mua. Die Künstler arbeiten in der Galerie.

Casa Latina KUNSTHANDWERK
(Karte S. 682; ☎228-9828; Ecke Av A & Calle 5, Casco Viejo; ⏲10–19 Uhr) Die farbenfrohe Casa Latina führt ein großes Sortiment an schönem Kunsthandwerk, von preiswerten Sachen bis zu einem Panamahut, der 2500 US$ kostet. Zu einigen Liebhaberstücken gehören detaillierte Tiermasken, die von den Embera gefertigt wurden, und die handgeflochtenen Körbe von Waunaan-Frauen.

Mercado Nacional de Artesanías MARKT
(Nationaler Kunsthandwerkermarkt; Karte S. 674; Panamá Viejo; ⏲Mo–Sa 9–16, So bis 13 Uhr) Toll für unvergessliche Souvenirs.

ℹ Orientierung

Panama-Stadt zieht sich über 20 km an der Pazifikküste entlang, vom Panamakanal im Westen bis zu den Ruinen von Panamá Viejo im Osten. In der Nähe des Kanals befinden sich der Aeropuerto Albrook, der Damm und die wohlhabenden Vororte Balboa und Ancón, die ursprünglich für die amerikanischen Kanalbauarbeiter und das Militär angelegt wurden. Der koloniale Teil der Stadt, der Casco Viejo, ragt im Südwesten ins Meer hinein. Im Süden gibt's auf dem Damm zahlreiche Restaurants, Bars und schöne Aussichtspunkte am Rande des Ozeans.

Die Hauptstraße ist die Avenida Central, die durch den Casco Viejo führt. An einer Weggabelung weiter östlich wird die Straße zur Avenida Central España. Der Abschnitt, der durch das Geschäfts- und Bankenviertel El Cangrejo führt, heißt Vía España. Der andere Teil der Gabelung wird zur Avenida Simón Bolívar und schließlich zur Vía Transístmica, wenn sie aus der Stadt hinaus über die Landenge Richtung Colón führt.

ℹ Praktische Informationen

GEFAHREN & ÄRGERNISSE

- Generell ist die Spitze des Casco Viejo südöstlich der Calle 12 Este und Calle 13 Este für Reisende sicher; hier patrouillieren Polizisten. Weiter landeinwärts (nördlich des Parque Herrera und des Parque Santa Ana) gibt es dicht besiedelte Slums.
- Andere Gegenden in denen die Kriminalitätsrate sehr hoch ist und die gemieden werden sollten, sind Curundú, Chorrillo, Santa Ana, San Miguelito und Río Abajo.
- Die Partymeile Calle Uruguay zieht ebenfalls Kriminelle an. Bei Dunkelheit sollte man nie sein gesamtes Geld dabeihaben und allzu freundlichen Fremden aus dem Weg gehen, besonders Frauen – sie haben es höchstwahrscheinlich auf die Brieftasche abgesehen.
- Im Allgemeinen dürfen sich Fahrgäste, die sich nicht kennen, ein Taxi teilen, doch manchmal kommt es zu Überfällen. Am besten vermeidet man Taxis, in dem schon ein Fahrgast sitzt. Wer Spanisch spricht, kann einen etwas höheren Fahrpreis anbieten, um das Taxi ganz allein für sich zu haben. Bevor man ein Taxi besteigt, sollte man es sich genau anschauen – z. B. ob es Türgriffe und eine Lizenznummer hat. Oft verweigern Taxifahrer Fahrten zu Zielen, die ihnen nicht in den Kram passen.
- Gelegentlich sind bei den Ruinen von Panamá Viejo schon Überfälle passiert – nicht nach Sonnenuntergang hingehen und immer die Augen offen halten.
- Wer durch die Straßen der Stadt geht, muss sich im Klaren darüber sein, dass Autofahrer nicht auf Fußgänger achten. Am besten nähert man sich einer Kreuzung wie die Panamaer: Man schaut in beide Richtungen und rennt dann wie verrückt los.

GELD

In der ganzen Stadt sind reichlich Geldautomaten vorhanden. Der Schalter der Banco Nacional de Panamá am Internationalen Flughafen Tocumen zählt zu den wenigen Stellen in Panama-Stadt, an denen ausländische Währungen gewechselt werden.

Panacambios (☎ 223-1800; Erdgeschoss, Plaza Regency Bldg, Vía España, El Cangrejo; ⏲ Mo–Fr 8–17 Uhr) tauscht ausländische Währungen.

MEDIZINISCHE VERSORGUNG

Die medizinische Versorgung in Panama, besonders in Panama-Stadt, hat einen hohen Standard.

Centro Médico Paitilla (☎ 265-8800; http://centromedicopaitilla.com; Ecke Calle 53 Este & Av Balboa, Paitilla; ⏲ 24 Std.) Gut ausgebildete Ärzte, die Spanisch und Englisch sprechen.

Centro Metropolitano de Salud (☎ 512-9100; www.minsa.gob.pa/region-de-salud/region-metropolitana-de-salud; Calle Principal 237, Los Ríos; ⏲ Mo–Fr 8–12 & 13–15 Uhr) Bietet für eine geringe Gebühr international zertifizierte Gelbfieberimpfungen an (benötigen Reisende, die nach Kolumbien fahren und danach wieder nach Panama zurückkehren wollen). Befindet sich in der Kanalzone.

TOURISTENINFORMATION

In den Niederlassungen der Autoridad de Turismo Panamá (Tourismusbehörde Panama) sind kostenlose Karten und Stadtpläne erhältlich. Ob ein Büro hilfreich ist oder nicht, hängt von den Angestellten ab; nur wenige sprechen Englisch.

Autoridad de Turismo Panamá (ATP; Karte S. 678; ☎ 526-7000; www.visitpanama.com; 29. Stock, Edificio Bisca, Ecke Av Balboa & Aquilino de la Guardia, Bella Vista; ⏲ Mo–Fr 8.30–15 Uhr) Panamas Tourismusbehörde hat ihren Hauptsitz in einem Hochhaus neben dem Hilton. Außerdem gibt's einen ATP-Kiosk in **Casco Viejo** (Karte S. 682; ☎ 211-3365; www.atp.gob.pa; Av Central s/n; ⏲ 8.30–16 Uhr).

Ministerio de Ambiente (S. 755) Das Umweltministerium, früher ANAM genannt, bietet gelegentlich Karten und Informationen zu Nationalparks an, aber ansonsten erhalten Reisende dort nicht besonders viel Unterstützung.

ℹ An- & Weiterreise

AUTO

Die Tagessätze für die sparsamsten Autos beginnen bei 22 US$ einschließlich unbegrenzter Kilometerzahl. Versicherung kostet einen Batzen extra.

Mautgebühren sind Sache der Fahrer und ziehen heftige Geldbußen nach sich, wenn sie nicht bezahlt werden. Der Mautsticker am Armaturenbrett muss über das nötige Guthaben

IN DIE STADT

Aeropuerto Internacional Tocumen Liegt 33 km nordöstlich des Stadtzentrums. Am günstigsten geht es mit dem Bus in die Stadt, der auf der anderen Straßenseite vom Ausgang des Terminals abfährt (am Bushäuschen). Mit Gepäck erscheinen die zehn Minuten zu Fuß dorthin länger. Taxis (rund 30 US$) können am Schalter von Transportes Turísticos am Flughafenausgang bestellt werden; sie sind viel schneller als der Bus.

Aeropuerto Albrook Der Flughafen für Inlandsflüge liegt nördlich des Cerro Ancón. Eine Taxifahrt in die Innenstadt sollte zwischen 5 und 8 US$ kosten.

Albrook-Busbahnhof Endbahnhof aller Fernbusse, mit Anschlussbussen in die ganze Stadt. Die Strecken sind an der Windschutzscheibe angezeigt, die Fahrkarte kostet 0,35 US$. Nach Einbruch der Dunkelheit ist es besser, ein Taxi zu nehmen (3–7 US$).

verfügen; mit der ID-Nummer kann man in jedem Supermarkt Guthaben aufladen.

Budget (☎263-8777; www.budgetpanama.com; Internationaler Flughafen Tocumen; ⏲24 Std.)

Hertz (☎301-2696; www.hertzpanama.com.pa; Internationaler Flughafen Tocumen; ⏲24 Std.)

National (☎275-7222; www.nationalpanama.com; Internationaler Flughafen Tocumen; ⏲24 Std.)

BUS

Der **Albrook-Busbahnhof** (Gran Terminal; Karte S. 678; ☎303-3030; www.grantnt.com; Albrook; ⏲24 Std.) beim Albrook-Flughafen ist ein günstiger und moderner Busbahnhof für die meisten Busse, die Panama-Stadt verlassen. Im Busbahnhofsgebäude gibt es Imbissstände, Banken, Geschäfte, eine Sportbar, eine Gepäckaufbewahrung, Toiletten und Duschen. Im Einkaufszentrum nebenan befinden sich ein Supermarkt und ein Kino.

Die Busse von **Expreso Panama** (Karte S. 678; ☎314-6837; www.expresopanama.com; Albrook-Busbahnhof, Büro 13–14) und **Tica Bus** (Karte S. 678; ☎314-6385; www.ticabus.com; Albrook-Busbahnhof, Stand 32) fahren nach San José in Costa Rica – die Fahrpläne stehen auf den Websites.

Kanalzonenbusse fahren alle 45 Minuten vom Albrook-Busbahnhof nach Balboa und Clayton, zu den Miraflores-Schleusen und nach Gamboa. Die Busse, die Clayton und die Haltestellen an der Strecke anlaufen, werden von Metrobus betrieben.

FLUGZEUG

Internationale Flüge starten und landen auf dem **Aeropuerto Internacional Tocumen** (PTY; Panama-Stadt; ☎238-2700; www.tocumenpanama.aero; Av Domingo Díaz; ⏲24 Std.) 35 km nordöstlich des Stadtzentrums. Der Flughafen wird derzeit ausgebaut, was die Kapazität erheblich erhöhen wird. Inlandsflüge und ein paar internationale Flüge nutzen den **Aeropuerto Albrook** (Aeropuerto Marcos A Gelabert; Karte S. 674; ☎501-9272; Av Canfield, Albrook) auf dem ehemaligen Albrook-Luftwaffenstützpunkt in der Nähe des Kanals.

Air Panama (☎316-9000; www.airpanama.com; Aeropuerto Albrook) deckt das Inlandsflugnetz ab und hat ein eigenes Reisebüro. Die internationale Fluggesellschaft **Copa Airlines** (☎217-2672; www.copaair.com; Av Central s/n, Casco Viejo; ⏲Mo–Fr 8–18, Sa 9–13 Uhr) fliegt mittlerweile auch Ziele im Inland an.

Flüge innerhalb Panamas sind billig und kurz – nur wenige dauern länger als eine Stunde. Wer jedoch in die Provinz Darién, zur Isla Contadora oder in die Comarca de Guna Yala fliegt, muss unterwegs vielleicht mehrmals zwischenlanden. Die Preise schwanken je nach Saison und Nachfrage.

SCHIFF/FÄHRE

Fähren fahren ab dem Damm in Panama-Stadt und dem Balboa Yacht Club regelmäßig zur Isla Taboga und Isla Contadora.

Barcos Calypso (☎314-1730; Balboa Yacht Club, Calzada de Amador; hin & zurück Erw/Kind 15/10,50 US$) Zur Isla Taboga werktags um 8.30 Uhr, freitags auch um 15 Uhr, am Wochenende um 8, 10.30 und 16 Uhr.

Taboga-Fähre (Roka-Nk; Karte S. 674; ☎6892-4844, 391-6605; https://rokapanama.com/ferry; Balboa Yacht Club, Calzada de Amador; hin & zurück Erw./Kind 20/14 US$) Fährt täglich um 8.30, 10 und 15.45 Uhr ab dem Balboa Yacht Club zur Isla Taboga.

Sea Las Perlas (☎391-1424; www.sealasperlas.com; Brisas de Amador, Isla Perico; einfach Erw./Kind 49/39 US$) Katamaranfähre zur Isla Contadora täglich um 7.30 Uhr, Rückfahrt um 15.30 Uhr. Die Fahrt dauert eine Stunde und 40 Minuten.

Taboga Express (☎6234-8989; www.tabogaexpress.com; Brisas de Amador, Isla Perico; hin & zurück Erw./Kind 20/14 US$) Der Katamaran bietet die schnellste Verbindung nach Taboga (30 Min. einfach). Abfahrt täglich von der Isla Perico um 8, 9.30, 11, 15 und 16.30 Uhr. Vier Rückfahrten pro Tag.

ZUG

Die **Panama Canal Railway Company** (PCRC; ☎ 317-6070; www.panarail.com; Carretera Gaillard, Corozal; einfach Erw./Kind 25/15 US$) betreibt einen Panoramazug mit Glasdach. Dieser fährt unter der Woche um 7.15 Uhr von Panama-Stadt nach Colón und um 17.15 Uhr wieder zurück. Der Zug fährt am Kanal entlang und ist an manchen Stellen nur von dichtem Urwald umgeben. Wer die Glanzzeit der Luxuszugfahrten wieder zum Leben erwecken möchte, für den ist das auf jeden Fall die beste Möglichkeit.

Achtung: Der Endbahnhof von Panama-Stadt liegt eigentlich in der Ortschaft Corazal, eine 15-minütige Taxifahrt von der Hauptstadt entfernt.

ℹ Unterwegs vor Ort

BUS

Panama-Stadt hat fast alle seine *diablos rojos* („rote Teufel") aus dem Verkehr gezogen und Metrobus hat sie durch moderne, sichere, klimatisierte Busse ersetzt.

Die meisten Busse gehören zu Metrobus und haben festgelegte Haltestellen. Eine Fahrkarte kostet zwischen 0,35 und 1,35 US$, die höheren Preise gelten für Fahrten auf den *corredor*-Strecken (Schnellstraßen). Barzahlung wird nicht akzeptiert.

Fahrgäste müssen sich einen Rapi-Pass (http://tarjetametrobus.com; 2 US$) an besonderen Kiosken auf dem Albrook-Busbahnhof oder an bestimmten Orten kaufen (z. B. Supermärkte oder wichtige Bushaltestellen; alle sind auf der Website aufgelistet). Wer keinen Pass hat, kann einen anderen Fahrgast bitten, gegen Entgelt seine Karte durchzuziehen. Mit dem Pass lässt sich auch die Flughafengebühr in Albrook bezahlen.

Die Busse fahren die drei Hauptrouten von Westen nach Osten ab: Avenida Central–Vía España, Avenida Balboa–Vía Israel und Avenida Simón Bolívar–Vía Transístmica. Die Strecke Avenida Central–Vía España ist Richtung Westen größtenteils eine Einbahnstraße, die Busse Richtung Osten fahren über die Avenida Perú und die Avenida 4 Sur. Diese Busse steuern das Bankenviertel El Cangrejo an. Auch auf der Avenida Ricardo J. Alfaro (bekannt als Tumba Muerto) fahren Busse.

Die Metrobusse halten an offiziellen Bushaltestellen und am Albrook-Busbahnhof in der Nähe des Flughafens Albrook.

Die Flughafenbusse (1,25 US$, 1–1½ Std.) mit der Kennzeichnung „Tocumen Corredor" fahren

BUSSE AB PANAMA-STADT

ZIEL	FAHRPREIS (US$)	FAHRZEIT (STD.)	ABFAHRTEN (TGL.)
Aguadulce	6,35	3	33-mal
Antón	5	2	alle 20 Min.
Cañita	3	2½	11-mal
Chame	2,60	1¼	37-mal
Changuinola	29	10	20 Uhr
Chitré	10	4	stündl.
Colón	3,50	2	alle 20 Min.
David	15–19	7–8	15-mal
El Copé	6	4	9-mal
El Valle	4,25	2½	stündl.
Las Tablas	10	4½	stündl.
Macaracas	10	5	5-mal
Paso Canoas	17–22	8	5-mal
Penonomé	5,25	2½	48-mal
Pesé	9,65	4½	6-mal
San Carlos	3,25	1½	25-mal
San José (Costa Rica)	40	16	1-mal
Santiago	9	4	20-mal
Soná	10	6	6-mal
Villa de Los Santos	9	4	18-mal
Yaviza	16	6–8	8-mal

vom Albrook Busbahnhof alle 15 Minuten zum Flughafen Tocumen.

FAHRRAD

Fahrräder werden in einigen Hostels und am Damm verliehen. **Bicicletas Moses** (Karte S. 674; ☎ 211-2718; Calzada de Amador; pro Std. ab 4 US$; ⏲ 9–19 Uhr) verleiht Mountainbikes, Tandems, Rikschas und Kinderfahrräder.

METRO

Die U-Bahn von Panama-Stadt heißt **El Metro** (☎ 504-7200; www.elmetrodepanama.com; Fahrkarte 0,35–1,35 US$; ⏲ Mo–Fr 5–23, Sa bis 22, So 7–22 Uhr). Die Línea 1 verkehrt von Albrook in west-östlicher Richtung und dann nordwärts nach San Isidro. Es gibt Pläne für eine Línea 2 zwischen Avenida Cincuentenario bis zum Distrikt Chepo mit Anbindung an den Flughafen Tocumen und eine Línea 3 zwischen Albrook und der Ciudad del Saber. Der Endbahnhof befindet sich gegenüber dem Albrook-Busbahnhof. Der Fahrpreis wird mit derselben Magnetkarte bezahlt, die auch für die Metrobusse gilt.

TAXI

Es gibt jede Menge Taxis, aber sie sind nicht ganz unproblematisch. Manche Fahrer fahren nicht durch die ganze Stadt oder kennen nur einen Teil von ihr. Also nicht wundern, wenn einen der Taxifahrer am Straßenrand stehen lässt, sobald er das Fahrziel hört.

In den Taxis gibt es keine Taxameter, aber es existiert eine Liste mit Standardpreisen, die der Fahrer je nach Zone erheben muss. Eine Fahrt kostet mindestens 3 US$ pro Zone. Für Fahrten ins Kanalgebiet zahlt man bis zu 15 US$. Eine durchschnittliche Fahrt durch mehrere Zonen kostet zwischen 4 und 6 US$, bei zusätzlichen Fahrgästen, an Feiertagen oder spät in der Nacht wird es teurer. Der Fahrpreis sollte immer vor Beginn der Fahrt ausgehandelt werden. Noch besser ist es, das Personal im Hotel zu bitten, den Preis zum anvisierten Ziel abzuschätzen; dann kann man dem Fahrer bei der Ankunft die passende Summe geben. Taxis können auch stundenweise gemietet werden.

Vorsicht vor nicht gekennzeichneten riesigen US-Modellen, die den Hotels als Taxis dienen. Sie sind bis zu viermal so teuer wie reguläre Straßentaxis.

America Libre (☎ 800-8294)
Radio Taxi America (☎ 221-1932)
Taxi Unico Cooperativa (☎ 221-8258)

TAXIDIENSTE

Unternehmen wie Uber und Cabify bieten eine Alternative zu den üblichen Taxis. Sie sind billiger und in verkehrsschwachen Zeiten praktischer. Am Flughafen Tocumen dürfen sie jedoch nicht am Taxistand auf Fahrgäste warten.

RUND UM PANAMA-STADT

Ein Aufenthalt in Panama-Stadt wäre nicht komplett ohne einen Tagesausflug zum berühmten Kanal. Man sollte aber nicht vergessen, dass das Kanalgebiet viel, viel mehr zu bieten hat als nur den Kanal selbst. Der Regenwald rund um den Kanal ist leicht zugänglich und gehört zu den besten Orten, an denen sich verschiedene zentralamerikanische Tiere beobachten lassen.

Panamakanal

Der Panamakanal, eines der größten Bauwunder der Welt, erstreckt sich über 80 km von Panama-Stadt am Pazifik bis nach Colón am Atlantik. Rund 14 500 Schiffe fahren jedes Jahr durch den Kanal und sie werden traditionell weltweit so gebaut, dass sie durch die Originalschleusen (330 m lang und 33,5 m breit) des Kanals passen.

Der Kanal besitzt drei Doppelschleusen: Miraflores und Pedro Miguel am Pazifik und Gatún am Atlantik. Eine zehn Jahre andauernde Erweiterung, die 2016 abgeschlossen wurde, fügte zwei Dreikammerschleusen hinzu, die die Passage von riesengroßen „neoPanamax"-Schiffen ermöglichen: Cocoli am Pazifik und Agua Clara am Atlantik. Zwischen den Schleusen fahren die Schiffe über einen riesigen, künstlich angelegten See, den Lago Gatún, der durch den Gatún-Damm im Río Chagres entstand, und durch den Corte Culebra, ein 12,7 km langes, künstliches Tal durch die Berge. Mit jeder Durchfahrt eines Schiffes werden 197 Mio. Liter Süßwasser in den Ozean gespült.

Sehenswertes

Miraflores-Besucherzentrum MUSEUM
(Centro de Visitantes de Miraflores; ☎ 276-8617; http://visitcanaldepanama.com/en/centro-de-visitantes-de-miraflores; Erw./Kind 15/10 US$; ⏲ 8–18 Uhr) Am einfachsten lässt sich der Panamakanal im Miraflores-Besucherzentrum gleich außerhalb von Panama-Stadt besichtigen. Das moderne Zentrum bietet über vier Stockwerke ein interaktives Museum, das sich mit Geschichte, Betrieb, Erweiterung und Ökologie des Kanals beschäftigt, einen 15-minütigen Film und mehrere Aussichtsplattformen, die größte im 4. Stock mit Panoramablick auf den Kanalverkehr (die besten Zeiten dafür sind von 9 bis 11 Uhr und von 15 bis 17 Uhr, wenn die Schiffe häufiger fahren).

Panamakanal

Vom Albrook-Busbahnhof (S. 688) in Panama-Stadt fährt ein direkter Bus zum Besucherzentrum, allerdings unregelmäßig. Ansonsten tun es auch Busse Richtung Paraíso oder Gamboa, ebenfalls vom Busbahnhof. Sie fahren auf der Schnellstraße am Kanal entlang und lassen Fahrgäste am Schild „Miraflores Locks" (0,35 US$), 12 km vom Stadtzentrum entfernt, an der Straße aussteigen. Von dort sind es 15 Minuten zu Fuß bis zu den Schleusen. Man kann auch ein Taxi nehmen; gewöhnlich warten die Fahrer eine halbe Stunde an der Schleuse und fahren einen dann wieder zurück ins Zentrum. Die Hin- und Rückfahrt mit dem Taxi sollte nicht mehr als 30 US$ kosten – den Fahrpreis vorher aushandeln!

Pedro-Miguel-Schleusen KANAL

GRATIS Die nördlich der Miraflores-Schleusen gelegenen Pedro-Miguel-Schleusen sind von der Straße nach Gamboa aus zu sehen. Rund 100 m hinter den Schleusen befindet sich ein Parkplatz, von wo man die Schiffe auf dem Kanal vorbeifahren sehen kann.

Geführte Touren

★ Yala Tours ABENTEUER

(☎232-0215, 6641-6676; www.yalatourspanama.com) Der kleine, von Schweizern geleitete Betrieb bietet Spezialausflüge in ganz Panama an, darunter auch Tagesausflüge nach Gamboa und das Kanalgebiet. Highlight ist eine Kajakfahrt auf dem Río Chagres und dem Lago Gatún (160 US$), bei der man beobachten kann, wie sich Schiffe durch den Kanal arbeiten. Außerdem gibt's auch eine Kanaltour auf dem Lago Gatún, Ausflüge zur Beobachtung von Tieren und Pflanzen und Wandertouren im Parque Nacional Soberanía (70 US$) sowie Kulturtrips zu einem Emberá-Dorf.

Manakin Adventures Panama TOUREN

(☎6384-4466, 908-9621; www.manakinadventures.com; Kanal-/Inseltouren pro Pers. ab 60/70 US$) Die Mitarbeiter der höchst empfehlenswerten Agentur kennen den Panamakanal besser als fast alle anderen und organisieren Halbtagstouren zum Miraflores-Besucherzentrum (S. 690) und in die Kanalzone. Naturfreunde sollten an den Bootsausflügen auf dem Lago Gatún teilnehmen; dabei kann man Containerschiffe auf Kanalfahrt sehen, aber vor allem auf einer der Inseln im See Geoffroy-Perückenaffen füttern.

Canal & Bay Tours BOOTSTOUR

(☎6677-1576, 209-2002; www.canalandbaytours.com; teilweise/komplette Kanalfahrt Erw. 150/195 US$, Kind 95/105 US$) Unternimmt jeden Samstagvormittag um 8.30 Uhr Kanalfahrten über eine Teilstrecke (4½ Std.) durch die Schleusen Pedro Miguel (S. 691) und Miraflores (S. 690); Abfahrt ist am Amador-Fähranleger. Am ersten Samstag jeden Monats führt eine komplette Kanalfahrt (10 Std.) durch alle drei Schleusen von Balboa an der Pazifikküste bis Cristóbal an der Karibikküste. Abfahrt ist um 7.30 Uhr.

Schlafen & Essen

Jungle Land Panama HAUSBOOT $$$

(☎6113-3143, 213-1172; www.junglelandpanama.com; EZ/DZ alles inkl. 250/400 US$) Die Unterkunft auf einem Hausboot bietet die einzigartige Kombination von Dschungelrefugiums und vorbeifahrenden Kanalschiffen. Kapitän Carl bringt seine Gäste in einem reizenden dreistöckigen Holzboot auf dem Lago Gatún unter; Gelegenheiten zum Angeln, Kajakfahren, Stehpaddeln und für nächtliche Safaris liegen direkt vor der Kajütentür. Auch Tagesausflüge sind möglich. Das Hausboot legt am Bootsanleger in Gamboa ab.

Atlantic & Pacific Co. PANAMAISCH $$$

(☎232-3120; www.atlanticpacificrestaurant.com; Besucherzentrum Miraflores, 2. Stock; Mittagsbuffet 55 US$, Hauptgerichte 16–38 US$; ⊙tgl. 11.30–16.30, Di–Sa 18–23 Uhr; ❄) Das feine Restaurant ist des Kanals würdig, aber die Preise entsprechen auch der exklusiven Lage. Das üppige Mittagsbuffet bietet eine reiche Auswahl unterschiedlichster Gerichte der Neuen Panamaischen Küche aus heimischen Erzeugnissen. Die Meeresfrüchte sind ein Highlight, ebenso der kräftige panamaische Kaffee und die Desserts. Von den Tischen auf der Balkonterrasse kann man die Schiffe betrachten, die durch die Schleusen fahren.

Rund um den Kanal

Die Kanalzone bietet einige eindrucksvolle Attraktionen, vor allem für Besucher, die Interesse an Wildtieren, Wanderungen und Vogelbeobachtung haben. Im Rahmen eines Tagesausflugs von Panama-Stadt lassen sich die Miraflores-Schleusen mit einem Besuch im Parque Nacional Soberanía und im Panama Rainforest Discovery Center verbinden. Mit Vorausbuchung kann man auch eine organisierte Tour zur Isla Barro Colorado mit einer der weltweit bekanntesten tropischen Forschungsstationen oder zu einem Emberá- oder Wounaan-Dorf am Río Chagres unternehmen.

Parque Nacional Soberanía

Der 195 km² große Parque Nacional Soberanía (www.miambiente.gob.pa), gut 27 km von Panama-Stadt und gleich jenseits der Provinzgrenze von Colón gelegen, ist einer der zugänglichsten tropischen Regenwälder in Panama. Er umfasst den Großteil der Landenge und erstreckt sich von Limón am Lago Gatún bis nördlich von Paraíso. Er ist durchzogen von Wanderwegen, die eine bemerkenswert vielfältige Tierwelt aufweisen.

Broschüren und Infos zum Park, u. a. eine Broschüre, die einen Spaziergang auf dem Naturlehrpfad beschreibt, sind in der Parkverwaltung bei Gamboa erhältlich. Noch intensiver lässt sich der Regenwald bei einer Übernachtung in der umweltbewussten **Canopy Tower Ecolodge** (☎Panama-Stadt 264-5720; www.canopytower.com/canopy-tower; pro Pers. inkl. Mahlzeiten 199–320 US$; Ⓟ) erleben.

Zu erreichen ist der Nationalpark mit einem der Busse Richtung Gamboa (0,65 US$) ab dem Albrook-Busbahnhof (S. 688) in Panama-Stadt, die zwischen 7 und 19 Uhr abfahren, oder per Taxi (20–30 US$). Bei Anfahrt mit dem Taxi sollte man den Taxifahrer warten lassen, bis die Anmeldung in der Parkverwaltung erledigt ist, und sich dann weiter zu den Startpunkten der Wanderwege fahren lassen, da sie ziemlich weit vom Eingang und Verwaltungsbüro entfernt sind.

Panama Rainforest Discovery Center

Das **Zentrum** (☎314-9386, 6588-0697; www.pipelineroad.org; Erw./Kind 30/5 US$, Nachtwanderung 30 US$; ⏲6–16 Uhr) kümmert sich um Ökotourismus und Umwelterziehung und ist hervorragend für Vogelbeobachter und Naturfreunde geeignet. Da Besucher vorwiegend an Tierbeobachtung interessiert sind, lohnt es sich, früh aus den Federn zu kommen – 6 bis 8 Uhr ist die beste Zeit. Bei vorheriger Anmeldung können Gruppen auch Nachtwanderungen vereinbaren.

Ein 32 m hoher Beobachtungsturm (172 Stufen) aus recyceltem Material vom Kanalbau eignet sich prima zum Beobachten von Prachtkotingas und Tukanen; zur besten Zeit werden nur 25 Besucher gleichzeitig eingelassen, um die Tiere so wenig wie möglich zu stören. Im nachhaltig gebauten Besucherzentrum gibt's Informationsmaterial und in seiner Nähe schwirren 15 der 57 Kolibriarten Panamas herum. Eine neue Rettungsstation für Faultiere bietet diesen scheuen Tieren Schutz und bereitet sie auf die Auswilderung vor.

Führer am Besucherzentrum und Turm machen Besucher auf Tiere aufmerksam. Derzeit bietet ein 1,2 km langer Rundweg durch den Wald Spaziermöglichkeiten von einfach bis schwer. Am See lassen sich Wasservögel wie Rotstirn-Blatthühnchen, Schwarzkopftaucher, Reiher und Schneckenmilane erspähen. Ansonsten gibt's hier noch Affen, Krokodile, Nasenbären, Schmetterlinge und Zwei- und Dreifingerfaultiere.

Das Zentrum ist auch die richtige Anlaufstelle für alle, die bei Zählungen der Zugvögel mitmachen möchten. Diese Zählungen werden von der gemeinnützigen **Fundación Avifauna Eugene Eisenmann** (☎306-3133; www.avifauna.org.pa) durchgeführt, deren Ziel es ist, die Vogelfauna und die Lebensräume in Panamas Regenwald zu schützen. Im Zentrum werden neben Zugvögeln auch Bechsteinaras, Greifvögel und die Kohlenstoffbindung erforscht.

Zum Park fahren keine Busse. Am besten bucht man ein Taxi, mietet ein Auto oder nimmt an einer organisierten Tour teil. Das Zentrum liegt 2 km von der Zufahrt zur Pipeline Road entfernt. Nach Durchfahren des Orts Gamboa am Ende der Gaillard Road ist der Park ausgeschildert.

Monumento Natural Isla Barro Colorado

Die üppig bewachsene Insel in der Mitte des Lago Gatún ist das am intensivsten untersuchte Gebiet der Neotropis. Die Isla Barro Colorado (BCI) entstand bei der Eindämmung des Río Chagres und der Bildung des Sees und wurde 1923 eines der ersten biologischen Schutzgebiete in der Neuen Welt. Auf der Insel wurden 1316 Pflanzenarten, darunter 500 Baumarten, sowie 381 Vogel- und 120 Säugetierarten registriert. Außerdem gibt es hier ein 59 km langes Netz von markierten und geschützten Pfaden. Die Insel wird vom Smithsonian Tropical Research Institute (STRI) verwaltet, das hier eine weltberühmte Forschungsanstalt betreibt. Eine begrenzte Anzahl von Besuchern kann die Isla Barro Colorado jeweils im Rahmen von Führungen besuchen.

Isla Barro Colorado Tour ÖKOTOUR
(www.stri.org; Tour pro Erw./Stud. inkl. Mittagessen 100/70 US$; ⏲Di, Mi & Fr 7–16, Sa & So 8–15 Uhr) Die 15 km² große tropische Forschungsinsel, die einst nur Wissenschaftlern vorbehalten war, ist nun einer begrenzten Anzahl von Besuchern im Rahmen einer Führung zugänglich. Zur Tour gehört eine Bootsfahrt auf einem hübschen Abschnitt des Kanals von Gamboa über den See zur Insel. Die Wanderungen sind anstrengend und dauern zwei bis drei Stunden. Reservierung ist erforderlich und sollte so früh wie möglich erfolgen.

Isla Taboga

Die Isla Taboga ist eine tropische Insel mit einer einzigen Straße und keinerlei Verkehr. Sie liegt nur 20 km vor der Küste entfernt und ist ein wunderbarer Ort, um dem Trubel von Panama-Stadt zu entfliehen. Mit einigen recht guten Restaurants und schönen Unterkünften im Ort San Pedro sowie einem großen Angebot an Aktivitäten mausert sie sich immer mehr zum Reiseziel. Die „Blumeninsel" wird den größten Teil des Jahres von süßem Blütenduft umhüllt. Das urige Inseldorf, ursprünglich 1515 von den Spaniern besiedelt, beherbergt übrigens die zweitälteste Kirche Amerikas. Zwar gibt es anderswo bessere Strände, aber die Insel ist ein naheliegendes, fast karibisches Ausflugsziel für gestresste Städter.

Sehenswertes & Aktivitäten

Vom Fähranleger aus erstrecken sich in beide Richtungen schöne Sandstrände. Vom Pier geht es nordwärts (rechts) zur **Playa Restinga** und auf der schmalen Hauptstraße der Insel nach San Pedro und der dichter bevölkerten **Playa Honda**. Nach einer Gabelung führt die Straße hinauf zur Kirche und einem einfachen Platz. Ein Stück weiter die Straße runter befindet sich ein hübscher, 307 m hoch gelegener Park mit der Statue der Schutzherrin der Insel, der Virgen del Carmen. In der Nähe steht ein Haus, das angeblich Francisco Pizarro gehörte, dem Konquistadoren aus dem 16. Jh. und Befehlshaber der Expedition, die das Inkareich eroberte. Die insgesamt 5,2 km lange Straße endet am alten US-Militärstützpunkt und Bunker auf der höchsten Erhebung der Insel, dem **Cerro Vigía**.

Refugio de Vida Silvestre Islas Taboga y Urabá TIERSCHUTZGEBIET
Das 258 ha große Wildreservat wurde 1984 zum Schutz bedeutender Lebensräume für Vögel eingerichtet. Taboga und die Nachbarinsel Urabá beherbergen eine der größten Braunpelikan-Brutkolonien der Welt mit bis zu 100 000 Tieren – und das zu jeder Zeit. Das Reservat umfasst etwa ein Drittel von Taboga sowie die gesamte Insel Urabá unmittelbar vor der Südostküste von Taboga. Mai ist der Höhepunkt der Nistzeit, aber die Pelikane lassen sich von Januar bis April blicken.

Festivals & Events

Festival de la Virgen del Carmen FEST
(16. Juli) Zu Ehren der Schutzherrin der Insel, der Virgen del Carmen, findet jedes Jahr im Juli eine Bootsprozession statt. Anschließend versammeln sich anscheinend sämtlich Insulaner am Strand bei Wettspielen, Feuerschlucken und Tanzbeinschwingen.

Día de San Pedro FEST
(29. Juni) Feiertag anlässlich der Gründung von San Pedro im Jahr 1524.

Schlafen & Essen

★ **Vereda Tropical Hotel** HOTEL $$
(250-2154; www.hotelveredatropical.com; DZ mit Ventilator/Klimaanlage mit Frühstück 65/80 US$;) Das hübsche Hotel auf einem Hügel mit eindrucksvoller Aussicht bezaubert mit tropischen Farbtönen, mexikanischen Mosaikfliesen, Eisengeländern und einem Papagei im Käfig. Zimmer Nr. 4 hat einen herrlichen Blick aufs Meer. Die Speiseterrasse (Hauptgerichte 9–18 US$) bietet ebenfalls einen weiten Blick und Musik aus den Lautsprechern; die Bedienung kann aber etwas langsam sein.

Cerrito Tropical B&B $$
(6489-0074, 390-8999; www.cerritotropicalpanama.com; DZ mit Frühstück 80 US$, 2-Pers.-Apt. 130 US$;) Das schicke B&B in kanadisch-niederländischem Besitz hat eine ruhige Lage oben an einer steilen Straße. Die drei Zimmer im Erdgeschoss sind stilvoll, aber klein; besser sind die drei Apartments mit ein oder zwei Schlafzimmern, Küche und Terrasse mit Meerblick. Die Betreiber vermitteln auf Wunsch Angel-, Wander- und Walbeobachtungstouren.

★ **London's Pier Bar & Grill** FISCH & MEERESFRÜCHTE $$
(6456-0484; www.facebook.com/londonPBG; Hauptgerichte 7–16 US$; Mo–Fr 8––17, Sa & So bis 21 Uhr) Das Bar-Restaurant am Meer mit Tischen auf dem Balkon wird von Engländern geführt und ist unser neues Lieblingslokal. Hier werden hervorragendes Ceviche, *cazuela de mariscos* (Meeresfrüchte-Schmortopf) und Cocktails zubereitet. Freitags gibt es Fish and Chips für nur 8 US$. Der Empfang ist äußerst freundlich.

Praktische Informationen

Mehr Infos gibt's auf der ausgezeichneten, ziemlich aktuellen englischsprachigen Website www.taboga.panamanow.com.

An- & Weiterreise

Die herrliche Bootsfahrt zur Isla Taboga macht schon einen Teil des Reizes der Insel aus. Die Fähren legen am **Muelle de Taboga** (Taboga-Pier) an, dem Landungssteg am Nordende der Insel. Die Fahrpläne können sich ändern, aktuelle Zeiten sind online zu erfahren. Die Polizei überprüft anlandende Passagiere übrigens auf Drogen. Der Reisepass muss mitgeführt werden. Die Fähren von **Barcos Calypso** (314-1730; www.facebook.com/BarcosCalypso; hin & zurück Erw. 9/15 US$, Kind 6/10,50 US$) fahren ab der Isla Naos an der Calzada de Amador in Panama-Stadt. Zum Fähranleger kommt man am besten mit dem Taxi (7 US$). Die Überfahrt dauert 45 Minuten.

Abfahrten ab Panama-Stadt zu den folgenden Zeiten:

WOCHENTAG	UHRZEIT
Mo–Do	8.30 Uhr
Fr	8.30 & 15 Uhr
Sa & So	8, 10.30 & 16 Uhr

Rückfahrten von der Isla Taboga:

WOCHENTAG	UHRZEIT
Mo–Do	16.30 Uhr
Fr	9.30 & 16.30 Uhr
Sa & So	9, 15 & 17 Uhr

Der schnellere Katamaran **Taboga Express** (☎6234-8989, 6261-1740; www.tabogaexpress.com; einfach/hin & zurück Erw. 10/20 US$, Kind 7/14 US$; 📶) braucht für die Fahrt von und zu der Insel nur 30 Minuten. Er fährt täglich um 8, 9.30, 11 und 15 Uhr vom Anleger Brisas de Amador auf der Isla Perico an der Calzada de Amador in Panama-Stadt ab, am Wochenende zusätzlich um 16.30 Uhr. Rückfahrt von der Isla Taboga ist um 8.45, 10.15, 14.30 und 16 Uhr, samstags und sonntags zusätzlich um 17 Uhr.

Archipiélago de las Perlas

Der Archipiélago de las Perlas, der nach den großen Perlaustern benannt ist, besteht aus 39 Inseln und über 100 namenlosen (und meist unbewohnten) Inselchen, jeweils gesäumt von postkartenschönen weißen Sandstränden und türkisfarbenem Wasser. Die Isla Contadora mit ihren feudalen Villen der Reichen und Mächtigen ist die bekannteste Insel (die Isla del Rey ist jedoch bei Weitem die größte). Die populäre US-amerikanische TV-Show *Survivor*, in Deutschland *Expedition Robinson*, drehte auf mehreren Inseln in dem Archipel drei Staffeln (2003–2005). Versionen in anderen Sprachen werden hier noch immer gefilmt.

Besucher zieht es hauptsächlich zu vier Inseln: zur Isla Contadora, die zugänglichste, erschlossenste und touristischste, zur Isla San José mit ihrem exklusiven Resort, und zu den benachbarten Islas Casaya und Casayeta, wo Leute vorwiegend Perlen kaufen wollen. Die unbewohnten Inselchen bieten reichlich Gelegenheit für eigene Erkundung, besonders für Leute mit einem Hang zum Abenteuer und mit Hilfe eines einheimischen Führers.

Aktivitäten

Whale Watching Panama TIERBEOBACHTUNG
(☎6758-7600; www.whalewatchingpanama.com; Tagestour Erw./Kind 160/130 US$; ⏲Juli–Okt.) Die Tagestouren und mehrtägigen Ausflüge zu Buckelwalen und Delfinschwärmen um die Islas de las Perlas finden unter Leitung von sachkundigen Biologen statt. Einige Touren haben einen spirituellen Schwerpunkt (z. B. Tierkommunikation oder schamanische Walbeobachtung mit Yoga). Das Unternehmen hält sich an internationale Richtlinien für die Walbeobachtung.

Coral Dreams TAUCHEN
(☎6536-1776; www.coral-dreams.com; 2 Tauchgänge 120 US$, Schnorcheln 50 US$; ⏲9–17 Uhr) Der kleine PADI-zertifizierte Anbieter mit erfahrenen Tauchlehrern befindet sich vom Flughafen Contadora den Hügel hoch neben dem **Welcome Center** (☎250-4081, 6278-0587; www.contadorapanama.com; Bootstouren pro Std. 40 US$, Golfwagen pro Std./Tag 25/75 US$; ⏲8–17 Uhr), aber er hält sich nicht immer an die angegebenen Öffnungszeiten. Die Schnorcheltouren führen zur Isla Mogo Mogo. Von Juli bis Oktober werden auch Walbeobachtungstouren (60 US$) angeboten – mit einem Hydrofon kann man dem Walgesang lauschen – und es wird Schnorchelausrüstung verliehen.

Schlafen

★**Gerald's B&B** B&B **$$**
(☎6588-1046, 250-4159; www.island-contadora.com; DZ mit Frühstück 96–108 US$; ❄📶🏊) Das B&B ist sauber und komfortabel, hat einen konstant guten Service und eine gute Lage nicht weit vom Fähranleger und in Gehweite der Playa de las Suecas. Die neun Zimmer besitzen zwar keine schöne Aussicht, sind aber modern und gut ausgestattet, mit Flachbildfernseher und Klimaanlage. Die Dachterrasse mit Pool ist klasse.

★**Mar y Oro** HOTEL **$$**
(Hotel Playa Cacique; ☎6349-0528, 202-7426; www.facebook.com/maryorohotel; Playa Cacique; DZ mit Garten-/Meerblick mit Frühstück ab 95/120 US$, Suite 160 US$; ❄📶) Das wunderbare Haus an der schönen Playa Cacique setzt auf romantische Urlauber. Es ist die beste Unterkunft direkt am Strand. Die 14 Zimmer – die Hälfte mit Meerblick – und Suiten sind mit Flachbildfernsehern, Schließfächern und Minikühlschränken ausgestattet, die Suiten mit Küche. Die hinreißende Suite Bella Vista („schöne Aussicht") bietet genau das von ihrer eigenen großen Terrasse.

An- & Weiterreise

Die meisten Besucher zieht es zunächst auf die Isla Contadora, zu erreichen von Panama-Stadt mit **Air Panama** (☎316-9000; www.airpanama.com) und den Fähren von **Sea Las Perlas** (☎391-1424, 209-4010; www.sealasperlas.com; Erw./Kind einfach 49/39 US$, hin & zurück 90/70 US$).

PAZIFIKKÜSTE & HOCHLAND

Die Regionen Coclé, Veraguas und Península de Azuero zwischen der Provinz Chiriquí und Panama-Stadt standen schon immer im Schatten der glanzvollen Hauptstadt, des kühlen Berglands und der verlockenden Karibikstrände. Aber das wahre Panama lernt man hier wohl noch am ehesten kennen.

Zu den freundlichen, landwirtschaftlich geprägten Provinzen gehören entspannte Kolonialstädte, Bauernhöfe und Bergdörfer. Sie wurden vor vier Jahrhunderten von den Spaniern gegründet und die Traditionen leben hier in Form von ursprünglicher Kolonialarchitektur, schillernden Festivals und erlesenem Kunsthandwerk weiter.

Zu den Höhepunkten gehört Santa Catalina, einer der besten Surfspots in ganz Zentralamerika, und die malerischen Bergdörfer Santa Fé und El Valle. Die Pedasí-Küste ist wegen ihrer abgelegenen Strände und Surfreviere als Reiseziel schwer im Kommen.

El Valle

7600 EW.

Das malerische Städtchen, offiziell El Valle de Antón genannt, liegt im Krater eines gigantischen erloschenen Vulkans, umringt von üppig grünen Wäldern und zerklüfteten Bergen. El Valle ist ein beliebtes Wochenendziel der Städter, die sich nach frischer Luft und landschaftlicher Schönheit sehnen. Außerdem genießen ausländische Rentner hier gerne ihren Ruhestand – um die 200 Expats aus über 40 Ländern leben hier. Ein ausgedehntes Netz an Wegen lädt zum Spazierengehen, Wandern und Reiten ein. In den nahen Wäldern bieten sich tolle Möglichkeiten zur Vogelbeobachtung und in den Tälern gibt es ein paar eindrucksvolle Wasserfälle und natürliche kleine Seen.

Sehenswertes & Aktivitäten

Butterfly Haven TIERSCHUTZGEBIET
(Mariposario; ☎6062-3131; www.butterflyhavenpanama.com; Erw./Kind 5/1,50 US$; ⌚9.30–16 Uhr) In einer der größten Attraktionen des Valle können Besucher zwischen bis zu 250 Schmetterlingen herumlaufen, die in einem umschlossenen „Fluggehege“ umherflattern. Mehr Informationen über diese kurzlebigen Kreaturen, die maximal ein paar Wochen leben, vermitteln ein 15-minütiges Video, Exponate zum Lebenszyklus und ein Aufzuchtlabor, wo Schmetterlinge in ihren verschiedenen Entwicklungsstadien zu sehen sind.

Chorro El Macho WASSERFALL
(Männlicher Wasserfall; Erw./Kind 5/2,50 US$; ⌚8–17 Uhr) Der berühmteste Wasserfall im Umkreis von El Valle ist der 35 m hohe Chorro El Macho, eine von vier Kaskaden etwa 2 km nördlich der Stadt. Er liegt 15 Minuten zu Fuß von der Straße und vom Eingang zum **Canopy Adventure** (☎264-5720, 6613-7220; www.canopytower.com/canopy-adventure; Blätterdachtouren 1/4 Seilrutschen 20/75 US$; ⌚8–16 Uhr) entfernt. Unterhalb des Wasserfalls befindet sich inmitten von Regenwald ein natürliches Badebecken. Ein paar kurze Wege schlängeln sich in den umliegenden Dschungel.

Aprovaca GÄRTEN
(☎983-6472; www.aprovaca.com; Erw./Kind 2/1 US$; ⌚8.30–16.30 Uhr) In diesem idyllischen gemeinnützigen Garten östlich des Zentrums, der vom örtlichen Verband der Orchideenzüchter unterhalten wird, ist die größte Sammlung von *orquídeas* (Orchideen) der Region zu sehen. Die Pflege der hübschen Blumen im Gewächshaus und draußen in der Anlage obliegt Freiwilligen; sie zeigen Besuchern gern die mehr als 100 Orchideenarten, die hier kultiviert werden. Orchideen sind launische Blüher: Was gerade blüht, ist im Ausstellungsraum beim Eingang zu erfahren.

Pozos Termales El Valle THERMALQUELLEN
(☎6621-3846; Calle Los Pozos; Erw./Kind 4/2 US$; ⌚8–16.30 Uhr) Die Thermalbadanlage besteht aus drei Becken mit unterschiedlichen Temperaturen (bis zu 38° C); das Wasser soll Heilkräfte besitzen. Nach dem Bad kann man sich massieren lassen oder heilsamen Schlamm aus Eimern auf die Haut schmieren. Das Thermalbad liegt zehn Minuten zu Fuß südwestlich des Ortszentrums am Ende der Calle Los Pozos in der Nähe des Río Antón.

Schlafen & Essen

Bodhi Hostel HOSTEL $
(☎6429-4143; http://bodhihostels.com; Av Central; B/DZ mit Frühstück 15/40 US$; @📶) Das zentral gelegene Hostel sieht schon etwas abgewohnt aus, wird aber noch immer zu

den besten in Panama gezählt. Es hat sechs Privatzimmer mit Gemeinschaftsbädern sowie einen großen, hellen und luftigen Schlafsaal mit 27 Betten in dreistöckigen Stockbetten. Die Schlafsaalbetten verfügen über Vorhänge und Schließfächer. Die Kunst im Haus stammt von Freiwilligen. Durchs ganze Haus zieht sich das in Panama erstaunlich weitverbreitete Buddha-Thema.

★ Cabañas Potosí HÜTTE **$$**
(☎6946-6148, 983-6181; www.elvallepotosi.com; Calle La Reforma 84; Campingplatz mit/ohne Zelt 20/10 US$, DZ & 3BZ 59–69 US$; P ❄) Sehr einladend und gut für eine friedvolle Mütze Schlaf – die Cabañas Potosí in US-amerikanischem Besitz liegen gut 1 km südwestlich vom Ortszentrum. Vom parkähnlichen Grundstück bieten sich hübsche Aussichten auf die Berge, die das Tal säumen, u. a. auf La India Dormida („schlafende Indianerin"). Die vier Betonhütten für jeweils drei Personen haben zwei Betten und einen Kühlschrank, die teureren Zimmern eine Küche und einen Fernseher.

★ Park Eden B&B **$$**
(☎983-6167, 6695-6190; www.parkeden.com; Calle Espave 7; DZ/Suite mit Frühstück ab 100/140 US$, 4-Pers.-Haus 260 US$; P ❄) Ein schönes Refugium auf dem Land, das von einem in Nordamerika ausgebildeten panamaischen Designer und seiner ecuadorianischen Frau geführt wird. Die hinreißende Anlage hat zwei Zimmer und zwei Suiten sowie ein zweistöckiges Haus mit Wohnzimmer und Küche. Die Einrichtung erinnert etwas an Laura Ashley, nämlich viel Taubenblau, Spitzendeckchen und Patchwork, aber das nette Ehepaar und ihr Garten sind einfach eine Freude.

Golden Frog Inn GASTHAUS **$$**
(☎6565-8307, 983-6117; www.goldenfroginn.com; DZ/Suite mit Frühstück ab 90/135 US$; P ❄) In der kanadisch-panamaisch geführten Luxuslodge mit elf sehr unterschiedlichen Zimmern und Suiten kann man relaxen und sich verwöhnen lassen: das perfekte Plätzchen nach einem langen Urlaubstag. Neben einem Pool locken hier Aufenthaltsbereiche an der frischen Luft und eine Bibliothek. Auf dem weitläufigen Grundstück gedeihen Orchideen und Obstbäume. Und direkt vor der Haustür beginnen Wanderwege.

★ Don Quijote SPANISCH **$**
(☎6095-0124, 983-6210; www.facebook.com/LosGabirros; Calle El Hato 1; Hauptgerichte 8–12 US$; ⌚Di–So 8–21 Uhr) Das Grillrestaurant erfreut sich bei den Einheimischen großer Beliebtheit. Es ist bekannt für gut zubereitete spanische Gerichte wie *pulpo a la gallega* (gegrillter Tintenfisch mit Paprika), Paella und die ungewöhnlichen *migas,* Croutons mit Kräutern, zu denen oft Rippchen gereicht werden. Das Quijote ist einfach, fast wie eine *fonda*; ein kleiner Brunnen setzt in der Mitte einen Farbtupfer. Sehr freundliche Atmosphäre.

★ La Casa de Lourdes INTERNATIONAL **$$$**
(☎6114-0117, 983-6450; www.lacasadelourdes.com; Hauptgerichte 12–30 US$; ⌚12–15.30 & 19–21 Uhr) Das Restaurant der bekannten panamaischen Köchin Lourdes Fábrega de Ward hat landesweit einen guten Ruf und ein elegantes Ambiente in einem hübschen Landhaus mit Gartenterrasse. Und das Speisenangebot? Thai-Curry mit Seebarsch, scharf angebratenes Hühnchen in einer Tamarindensauce und Desserts von beiden Seiten des „Großen Teichs": Sticky Toffee Pudding und Pecan Pie.

ABSTECHER

MAMALLENA ECOLODGE

Diese beschauliche **Ökolodge** (☎6673-0752, 6379-8267; http://mamallenaecolodge.com; Camino a la Laguna; B/DZ ohne Bad 11/39 US$, 2-Pers.-Hütte mit/ohne Bad 55/44 US$, alle mit Frühstück;) auf einer 174 ha großen Farm in hinreißender Berglandschaft hat sieben Gästezimmer und einen Schlafsaal mit acht Betten. Die Unterkünfte verteilen sich auf ein komfortables Chalet und Hütten am Fluss. Man kann hier wandern und in einem angenehmen Flussbecken baden, sich selbst bekochen oder in die Teilnehmerliste fürs preisgünstige Gemeinschaftsabendessen eintragen.

Die Mamallena Ecolodge liegt 1½ Stunden Fahrt von Panama-Stadt entfernt und eine halbe Stunde von El Valle (Provinz Coclé) über eine neue, direkte Straße, die eine Rückkehr zur Interamericana überflüssig macht. Wer von Panama-Stadt kommt, kann eine Abholung arrangieren oder mit einem Bus nach Coronado fahren und dort das *colectivo* nach La Laguna (3 US$, 45 Min.) nehmen, das an der Lodge hält.

ABSTECHER

VILLA TÁVIDA LODGE

Die **Villa Távida Lodge** (☎6485-0505, 838-6114; www.villatavida.com; Chiguirí Arriba; Camping mit/ohne Zelt 25/15 US$, DZ mit Frühstück 125–175 US$, Suite mit Frühstück 175–220 US$; P❄📶🏊) steht in der Reserva Privada Távida auf einer von Gärten, grünen Tälern und nebelverhangenen Gipfeln umgebenen Bergkuppe. Die Zimmer sind gut ausgestattet und im hauseigenen Restaurant mit Tischen draußen und drinnen gibt's hochwertige Gerichte mit frischem Gemüse aus heimischen Biogärten. Entspannung bietet u. a. eine Terrasse mit toller Aussicht und Hängematten, in denen man glatt den ganzen Tag lang abhängen könnte. Markierte Wanderwege beginnen gleich vor der Haustür. Unterhalb der Cascada Távida befindet sich ein Badeteich, also Badesachen mitbringen. Zur Lodge gehört ein Spa mit allem Drum und Dran.

Zu erreichen ist die Villa Távida mit öffentlichen Verkehrsmitteln ab Penonomé (mit häufigen Verbindungen nach Panama-Stadt und David), dort mit Umsteigen in einen der stündlichen Busse Richtung Chiguirí Arriba.

ℹ Praktische Informationen

ATP-Büro (☎983-6474; cocle@atp.gob.pa; Av Central; ⏲Mi–So 9.30–17.30 Uhr) Die kleine Informationsbude neben dem Kunsthandwerksmarkt gehört zu den nützlichsten von ganz Panama. Die Leute dort informieren über Fahrradverleih und auch über lokale Führer.

ℹ An- & Weiterreise

Wer El Valle verlassen will, nimmt einen der Busse, die ostwärts über die Avenida Central fahren; durchschnittlich verkehren sie alle halbe Stunde. Das Ziel ist auf der Windschutzscheibe angegeben. Wer das eigene Ziel nicht findet, nimmt einen Bus in dieselbe Richtung und steigt dann um.

Von der Interamericana gelangt man nach El Valle, indem man in San Carlos aussteigt, ungefähr 3 km östlich von Las Uvas, der Abzweigung nach El Valle. Hier sammeln Minibusse Fahrgäste ein, um sie nach El Valle (1,50 US$, 35 Min., alle 30 Min.) zu bringen. Werktags fährt der letzte Minibus um 16 Uhr, am Wochenende um 19 Uhr. Von Panama-Stadt dauert die Fahrt nach El Valle gut zwei Stunden (4,50 US$).

Farallón & Playa Blanca

Das Dorf Farallón (Spanisch für „Klippe"), etwa 3 km südwestlich von der Abzweigung nach Santa Clara, liegt an einem bildschönen puderweißen Sandstrand namens Playa Blanca („weißer Strand"), einem der schönsten Strände an der Pazifikküste. Der Hauptabschnitt der Playa Blanca liegt noch 3 km weiter nahe der weitläufigen geschlossenen Wohnanlange Buenaventura.

Schlafen & Essen

★ **Togo Bed & Breakfast** B&B $$
(☎6804-2551, 993-3393; www.togopanama.com; DZ mit Frühstück 99–110 US$, mit Kochnische 110–132 US$; P❄📶) Das Togo ist die perfekte Strandunterkunft, nämlich ein renoviertes Strandhaus mit Nebengebäuden, deren elegante und stilvolle Gestaltung aus recycelten Materialien besteht. Die vier Zimmer, eins davon mit Kochnische, sind geräumig und gut durchlüftet, haben coole Badezimmer mit Kieselmosaikfliesen, tolle Kunst und jeweils eigene Terrassen. Das Herzstück bildet der üppige Garten, ein kontrollierter Dschungel mit vielen Hängematten.

★ **Pipa's Beach Restaurant** FISCH & MEERESFRÜCHTE $$
(☎6252-8430, 6844-0373; http://pipasbeach.com; Hauptgerichte 10–25 US$; ⏲Nov.–April tgl. 10–18 Uhr, Mai–Okt. Di geschl.) Einfach zum Verlieben ist das Bar-Restaurant mit Tischen direkt am Strand und Meeresfrüchten mit einem Hauch Gourmetküche auf der Speisekarte (z. B. Muscheln und Krebsscheren in drei Saucen auf thailändische Art). Ebenfalls herrlich ist es, aufs Meer zu schauen und ein kühles Bier trinken – mit den Füßen im Sand und manchmal in den Wellen.

ℹ An- & Weiterreise

Busse, die die Interamericana entlang fahren, lassen Fahrgäste in der Regel an der Ausfahrt nach Farallón aussteigen. Von dort sind es 2 km zu Fuß bis zum Ortszentrum, mit etwas Glück wartet vielleicht dort ein Taxi. Einfacher ist es, am Abzweig nach Santa Clara auszusteigen, da dort meist Taxis stehen.

Chitré

58 400 EW.

Chitré ist eine der ältesten Siedlungen Panamas und kaum auf Reisende eingestellt, eignet sich jedoch als recht netter Zwischenstopp auf dem Weg zu den berühmten Stränden der Halbinsel. Die Hauptstadt der Provinz Herrera ist die größte Stadt auf der Península de Azuero und das kulturelle und historische Zentrum der Region.

Schlafen & Essen

Hotel Rex HOTEL $
(☎996-2408, 996-4310; www.facebook.com/Hotel-Rex-Chitre-Panama-121877944544889; Calle Melitón Martín s/n; DZ/3BZ/4BZ 44/66/75 US$; ❄ 📶) Mit der erstklassigen Lage am Parque Union und einem guten **Restaurant** (☎996-4310; Hauptgerichte 7–15 US$; ⏰7.15–22.30 Uhr) im Erdgeschoss ist das Rex eine solide Wahl. In den 33 sauberen Zimmern mit Fliesenboden und Backsteinwänden gibt es Kabelfernseher, frische Handtücher und Thermosflaschen mit Wasser. Die Zimmer im zweiten Stock verfügen über eine große Gemeinschaftsveranda mit Blick auf die Kathedrale und den hübschen Hauptplatz.

★ **Mare Bonita** FUSIONSKÜCHE $$
(☎6200-0124; www.facebook.com/pages/Restaurante-Mare-Bonita/372368832954808; Via Circunvalación; Hauptgerichte 10–15 US$; ⏰12–22 Uhr) Die Tapasbar, jüngst aus Pedasí umgesiedelt, wird von vielen als das beste Restaurant in Chitré angesehen und ist sicherlich das kreativste. Der in Madrid ausgebildete Koch wechselt sein Speisenangebot ständig. In einer Woche gibt es Teriyaki-Huhn und Schweinefleisch auf thailändische Art, in der nächsten Gourmet-Burger und Ceviche aus gebratenem Fisch.

★ **Salsa y Carbon** PARRILLA $$
(☎996-6022; www.salsaycarbon.com; Ecke Calle Julio Botello & Francisco Corro; Hauptgerichte 8–15 US$; ⏰11–22 Uhr) Das offene kolumbianische Grilllokal beeindruckt mit Steaks und Rippchen, die zu den besten in der Region zählen. Huhn und anderes Fleisch ist außergewöhnlich zart und wird mit einem Salat und *arepas* (Maisfladenbrote) serviert. An warmen Abenden sitzt es sich ganz wunderbar an den überdachten Tischen draußen, wo eine kühle Brise weht. Das Lokal liegt gegenüber dem Estadio Rico Cedeño und ist stets voll.

An- & Weiterreise

Chitré ist ein Knotenpunkt des regionalen Busverkehrs. Ankunft und Abfahrt der Busse ist am **Terminal de Transportes de Herrera** (☎996-6426; Via Circunvalación) 1 km südlich der Innenstadt gleich an der Vía Circunvalación. Am Busbahnhof gibt's ein rund um die Uhr geöffnetes Restaurant. Zu erreichen ist er entweder mit **Radio Taxi** (☎996-4442), was knapp 2 US$ kostet, oder mit dem „Terminal"-Bus (0,30 US$), der an der Kreuzung der Calle Aminta Burgos de Amado mit der Avenida Herrera abfährt.

Busse von **Tuasa** (☎996-2661) und **Transportes Inazun** (☎996-4177) fahren nach Panama-Stadt (9,05 US$, 4 Std., 6–18 Uhr alle 40 Min.).

Um von Chitré nach David (9,50 US$) zu kommen, nimmt man einen Bus nach Santiago (3,25 US$, halbstündl.) und von dort einen *directo* (Direktbus). Die *directos* starten bei der Tankstelle an der Kreuzung zwischen Interamericana und Carretera Nacional.

Pedasí

2410 EW.

Die Straßen des bescheidenen, entspannten Pedasí säumen gekachelte Kolonialhäuser und schattige Plätze. Jahrelang erwachte dieses verschlafene Örtchen nur zu Festzeiten zum Leben. Doch allmählich entdecken auch Außenstehende den großen Reiz des Kleinstadtlebens und der relativ unberührten Strände.

Sehenswertes & Aktivitäten

Die wichtigsten Attraktionen sind die Möglichkeiten zum Schnorcheln und Tauchen um die Inseln in der Nähe, die von großen Korallenriffen umgeben sind. Sportfischer können Wahoo, Thunfisch, Mahi Mahi, Gelbschwanzmakrele und Pazifikmakrele an den Haken bekommen. Geführte Touren (ab ca. 200 US$ für 2 Pers.) bieten der **Pedasí Sports Club** (☎6749-4308, 995-2894; www.pedasisportsclub.com; Av Central; ⏰7.30–21 Uhr) und **Pedasí Nature Paradise Tours** (☎452-4560, 6823-8304; www.pedasiparadise.com/tours; Av Central; ⏰8–17 Uhr) an.

Isla Cañas TIERSCHUTZGEBIET
Die Isla Cañas ist einer der wenigen Orte, an denen Oliv-Bastardschildkröten in großer Zahl nisten – die anderen sind zwei Strände auf der Pazifikseite Costa Ricas und zwei Strände in Orissa an der Bucht von Bengalen in Indien. Auch andere bedrohte Schildkrötenarten wie die Echte Karettschildkröte, die Unechte Karettschildkröte, die Lederrückenschildkröte und die Grüne Meeresschildkröte nisten hier. Die Schildkröten brüten von Juli bis Anfang November, Spitzenzeit ist jedoch meist von September bis Oktober.

Refugio de Vida Silvestre Isla Iguana TIERSCHUTZGEBIET
(10 US$) Das 53 ha große Tierschutzgebiet befindet sich auf einer verlassenen Insel, die von Korallen umgeben ist. Das Wasser ist flach genug zum Schnorcheln und – wie üblich im Pazifik – die Rifffische sind gigantisch. Die Insel ist mit dem Boot (79 US$) in 40 Minuten ab der Playa El Arenal zu erreichen, einem Strand 3 km nordöstlich der Tankstelle in Pedasí. Es ist ratsam, auf den ausgetretenen Wegen der Insel zu bleiben, da hier gelegentlich noch Blindgänger entdeckt werden (die US-Marine nutzte die Insel im Zweiten Weltkrieg als Übungsschießplatz).

Schlafen

★ Casa Lajagua B&B $$
(☎6303-3848, 995-2912; www.casalajagua.com; DZ 77–99 US$, 4-Pers.-Suite 129–149 US$; P❄📶🏊) Das freundliche Haus auf einem schönen grünen Grundstück abseits des Gewimmels der Avenida Central wirkt eher wie ein Resort und nicht wie das entspannte B&B, das es ist. Sechs individuell eingerichtete Zimmer und eine Suite mit orthopädischen Matratzen und superkräftigen Duschen blicken auf einen riesigen Pool; überall schaukeln Hängematten und das Frühstück ist gewaltig.

★ Casa de Campo B&B $$
(☎995-2733, 6780-5280; www.casacampopedasi.com; Av Central s/n; DZ mit Frühstück 99 US$; ❄📶🏊) Das gastliche und ziemlich schicke B&B ist bei Weitem die netteste Unterkunft in Pedasí, ein wahres Refugium. Die sieben Zimmer tragen unterschiedliche Namen und sind thematisch eingerichtet; unser Favorit ist das riesige „Marina", das ein übergroßes Bett hat. Die Lage in der Hauptstraße täuscht: Hinter dem Haus warten ein Pool und ein gepflegter Garten mit strohgedeckten *ranchos* und Hängematten.

La Rosa de los Vientos B&B $$
(☎6530-4939, 6778-0627; www.bedandbreakfastpedasi.com; Via Playa Toro; DZ/3BZ/4BZ mit Frühstück 65/80/90 US$; P📶) Das hübsche Kolonialhaus nicht weit vom Strand verströmt mit seinen roten Dachziegeln das Flair einer Hacienda auf dem Land. Es wartet mit drei schicken Zimmern mit bunten Webereien, alten Fliesen und Meeresblick auf. Das Ganze ist umweltfreundlich gestaltet, daher gibt's keine Klimaanlage, aber die Ventilatoren erfüllen ihre Aufgabe. Die mehrsprachigen Eigentümer Isabelle und Robert beeindrucken mit herzlicher Gastfreundschaft.

Essen

Fonda Mama Fefa PANAMAISCH $
(Calle Los Estudiantes; Tagesgerichte 3 US$; ⏰Mo–Sa 5–14 Uhr) Der Matriarchin der kreolischen Küche, Mama Fefa, geht um die Mittagszeit regelmäßig das Essen aus (man kann sich dort auch länger aufhalten). Die riesigen *comidas típicas* (regionale Spezialitäten), zu denen Fleisch oder Fisch, Reis, Salat und ein Getränk gehören, sind preisgünstig und gut. Ihre Fans teilen den Platz an den wenigen Tischen draußen. Gegenüber dem auffälligen Supermarkt zwei Häuserblocks weit die Seitenstraße nehmen; das Lokal ist auf der rechten Seite.

★ Segreto ITALIENISCH $$
(☎6822-7575; www.facebook.com/pages/Segreto/581448718627827; Av Central; Hauptgerichte 10–14 US$; ⏰Mo–Sa 18–21 Uhr) Pedasís bestes italienisches Restaurant (wenn nicht gar das beste überhaupt) wirkt, als wäre es in einem verglasten Wintergarten untergebracht. Es gibt durchaus aufwendigere *secondi* (Hauptgänge) mit meist drei Fleisch- und drei Fischgerichten zur Auswahl, aber die meisten Gäste schätzen hier die köstlichen Pastagerichte. Der Wirt Mirko ist freundlich und hilfsbereit.

Restaurante Smiley's AMERIKANISCH $$
(☎6510-9652, 995-2863; www.facebook.com/smileys.restaurante; Av Central; Hauptgerichte 10–16,50 US$; ⏰Di–So 12 Uhr–open end) Das freundliche Bar-Restaurant richtet sich mit seinem gegrillten Fisch, Rippchen und Sandwiches (5–7,50 US$), z. B. mit gegrilltem Schweinsgehackten, vor allem an Expats. Dienstag- und freitagabends erklingt gute Livemusik, im TV läuft Sport und es gibt eine ausführliche Getränkekarte. Das mittägliche Tagesgericht für 4 US$ ist ein Schnäppchen.

ℹ Praktische Informationen

Das **ATP-Büro** (☎995-2339; azuero@atp.gob.pa; ⏰Mo–Sa 8–16 Uhr) liegt einen Block hinter der Hauptstraße im Norden der Ortschaft. Hier gibt's eine Liste mit Booten, die zum Refugio de Vida Silvestre Isla Iguana und zur Isla Cañas fahren.

Banco Nacional de Panama (☎995-2257; Av Central; ⏰Mo–Fr 8–15, Sa 9–12 Uhr) im Zentrum hat einen Geldautomaten (einer von zweien, hier an der Avenida Central).

ℹ An- & Weiterreise

Von der **Bushaltestelle** neben dem Supermarkt El Pueblo fahren zwischen 6 und 16 Uhr jede Stunde Busse nach Las Tablas (2,40 US$, 1 Std.).

NICHT VERSÄUMEN

LAS FIESTAS DE AZUERO

Die traditionellen Feste, die die spanischen Siedler einst nach Azuero brachten, sind heute in ganz Panama bekannt. Nur wenige Ausländer sehen diese Seite des Landes. Auch wenn man dadurch vielleicht einen Tag durch einen Kater nach zu heftigem *seco*-Konsum verliert – diese wilden Partys sind einfach unvergesslich (*seco* ist übrigens ein Zuckerrohrschnaps). Hier einige der bekanntesten Feste:

Karneval An den vier Tagen vor Aschermittwoch in Chitré, Parita und besonders in Las Tablas

Semana Santa Im März/April in Pesé und La Villa de Los Santos

Feria Internacional de Azuero Ende April/Anfang Mai in La Villa de Los Santos

Fiesta de Corpus Christi 40 Tage nach Ostern in La Villa de los Santos

Fiesta de San Juan Bautista 24. Juni in Chitré

Patronales de San Pablo & San Pedro 29. Juni in La Arena

Feria de la Mejorana Ende September in Guararé

Fiesta de la Fundación de Chitré 19. Oktober in Chitré

El Grito de La Villa 10. November in La Villa de Los Santos

Fiestas Patronales de Santa Catalina 25. November in Pedasí

Busse nach Playa Venao (2,20 US$, 30 Min.) fahren um 7, 12 und 14 Uhr. Busse nach Cañas (2,40 US$, 45 Min.) fahren um 7 und 12 Uhr.

Sunset Coast

Sunset Coast heißt die Westseite der Península de Azuero zum Gulfo de Montijo und Pazifik hin. Und der Name passt, denn dies ist der einzige Ort in Panama, wo man an einem Strand die Sonne untergehen sehen kann.

Hier findet man lange Sandstrände, an denen sich so gut wie gar keine Urlauber tummeln, ausgezeichnete Bedingungen zum Surfen und die Möglichkeit, bei drei Schildkrötenarten das Schlüpfen des Nachwuchses zu beobachten. In den Mangroven locken Naturpfade und der Parque Nacional Cerro Hoya ist nicht weit entfernt.

Das Tor zur Sunset Coast ist Santiago, etwa 60 km nördlich von Mariato. Andere wichtige Orte sind z. B. Malena und Torio, 11 bzw. 15 km südlich von Mariato.

Aktivitäten & geführte Touren

Malena Beach Conservation Association TIERBEOBACHTUNG
(Asociación Conservacionista de Playa Malena; ☎6865-8908; Playa Malena; Spende 15 US$) Freiwillige der Malena Beach Conservation Association helfen mit, drei Arten von Meeresschildkröten zu schützen. Die Vorsitzende Ana González und ihre Mitarbeiter nehmen Besucher auf Schildkrötenwacht mit. Der Höhepunkt der Eiablage- und Schlupfzeit ist von September bis November. Die Organisation bietet außerdem Unterkünfte, Ausritte, Walbeobachtungstouren und Spaziergänge in der Natur.

Centro AAPEQ TIERBEOBACHTUNG
(☎6491-9365, 6389-5249; www.playamataoscura.blogspot.cl; Rusia de Quebro; ⏲unterschiedl.) Diese in der Nähe von Morillo ansässige Organisation beschäftigt sich vor allem mit dem Schutz der Schildkröten und der Wiederaufforstung der Mata-Oscura-Mangroven. Das freundliche Paar, das den Verein leitet, nimmt Besucher gegen eine kleine Gebühr mit auf eine Tour durch die Mangroven oder durch den Wald hinauf zu einem Wasserfall, wo es Erdbeerfröschchen zu sehen gibt. Es werden auch Kajaks vermietet.

Morillo Beach Eco Resort ABENTEUERSPORT
(☎6017-0965; www.morrillobeachresort.com; Playa Morillo; Touren ab 45 US$; ⏲unterschiedl.) Es bestehen zwar große Pläne, hier eine Strandlodge und ein mexikanisches Restaurant mit farmfrischen Erzeugnissen zu eröffnen, aber einstweilen bieten die US-amerikanischen Besitzer des aufstrebenden Unternehmens Stehpaddeltouren in den Mangroven, Besuche im nahen Parque Nacional Cerro Hoya, Surfunterricht, Schnorcheln um die Isla Cebaco und kulturelle Touren an. Der Sitz des

ABSTECHER

ISLA DE COIBA

Mit Ausnahme der zu Ecuador gehörenden Galápagos-Inseln und der Isla de Coco in Costa Rica sind nur wenige Reiseziele vor der amerikanischen Pazifikküste so exotisch wie der **Parque Nacional Coiba** (☎998-0615; www.coibanationalpark.com; 20 US$) auf der 503 km² großen Isla de Coiba. Zwar liegt die Insel nur 20 km vor der Küste im Golfo de Chiriquí, doch ist Coiba wirklich eine Welt für sich, mit einem unberührten Ökosystem und einer einzigartigen Fauna.

Als berüchtigte Strafkolonie war Coiba im letzten Jahrhundert völlig isoliert und bietet Reisenden heute die Möglichkeit, durch ursprünglichen Regenwald zu wandern und in einem Meerespark mit zunehmend selteneren Tieren zu schnorcheln und zu tauchen. Allerdings gibt es hier so gut wie keine touristische Infrastruktur, man muss die Reise hierher gut planen und außerdem einen Batzen Dollars auf den Tisch legen. Tauchausflüge bietet das **Dive Base Coiba** (☎6948-2240, 6662-4539; www.divebasecoiba.com; Pixvae; ⊙nach Vereinbarung) an; es ist der beste Laden in der Branche. Umfassende, mehrtägige Abenteuerausflüge mit Wandern, Schnorcheln und Tierbeobachtung organisiert **Tanager Ecotours** (☎6676-0220, 6679-5504; www.tanagertourism.com; 3-Tage pro Pers. alles inkl. 750 US$;) .

Coiba wurde 1991 zum Nationalpark und 2005 zum Unesco-Welterbe erklärt.

Unternehmens liegt dicht an den Mangroven mit seiner reichen Tierwelt, darunter gefährdete Azuero-Brüllaffen.

Schlafen

Heliconia Bed & Breakfast B&B $$
(☎6676-0220; www.hotelheliconiapanama.com; Palmilla; EZ/DZ mit Frühstück 55/85 US$; P) Das Heliconia Bed & Breakfast in Palmilla an der Hauptstraße unmittelbar nördlich von Malena ist ein hervorragendes Refugium, das zwei äußerst fachkundige niederländische Biologen sehr durchdacht eingerichtet haben. Sie bieten außerdem sehr empfehlenswerte Touren in der Umgebung an. Das B&B liegt inmitten von 8 ha Garten und hat drei stilvolle Zimmer, eine hübsche Lounge und eine Terrasse sowie einen Pool.

★ **Punta Duarte Garden Inn** GASTHAUS $$$
(☎6152-7817, 6645-4635; www.puntaduarte.com; Punta Duarte; Zi. mit Frühstück 85–148 US$;) Das wunderbare, äußerst stilvolle Gasthaus ist eine friedliche und anregende Strandoase. Das Haus mit einer Rundumveranda hat fünf elegante, große Zimmer mit Meerblick, verspielter Einrichtung und cooler Originalkunst. Einige Badezimmer haben eine Doppeldusche, auf dem Grundstück befinden sich zudem ein Whirlpool und ein Pool. Die deutsche Gastgeberin Gabriele sorgt für ein herzliches Willkommen und auf Wunsch auch für Mahlzeiten (8–25 US$).

★ **Camino del Sol Ecolodge** LODGE $$$
(☎6810-7122; www.caminodelsol.com.pa; Punta Duarte; DZ/Bungalow mit Frühstück 155/220 US$; P) Die in einem 35 ha großen Reservat versteckte Lodge bietet schönes, modernes Design, umwerfende Meeresaussichten und sehr viel Flair. Der stolze Besitzer aus Saint-Tropez ist Architekt, Gastgeber und Cocktailmixer. Die Glasbungalows und großen Zimmer sind mit übergroßen Himmelbetten, Terrassen mit Meerblick und futuristischen italienischen Möbeln eingerichtet. Es gibt auch einen herrlichen Infinity-Pool und einen langen Pfad ans Meer.

An- & Weiterreise

Zwischen 6 und 17 Uhr fahren bis zu zehn Busse täglich von Santiago über Mariato nach Torio (5 US$, 1½ Std.). Die Busse um 12 und 14 Uhr fahren weiter bis Rusia de Quebra, wo sich das Centro AAPEQ (S. 701) befindet.

Playa Venao

2500 EW.

Die lange, geschützte Playa Venao – eigentlich Venado, aber „Venao" ausgesprochen und geschrieben – hat sich jüngst vom einsamen zum angesagten Strand gewandelt. Hier beherrschen Surfer die Gewässer; die Wellen sind beständig und brechen in beide Richtungen.

Schlafen & Essen

Eco Venao LODGE $
(☎6634-4550, 832-0530; www.ecovenao.com; Stellplatz pro Pers. 6 US$, B/DZ ohne Bad 11/35 US$, 2-Pers.-Hütten 40 US$, 6-Pers.-Häuser 160 US$; P) Das von Nordamerika-

nern betriebene Eco Venao an der Nordseite der Hauptstraße bietet ein cooles Bergambiente, perfekt für Surfer und Abenteurer. Die ausgezeichneten Unterkünfte reichen von Campingplätzen und Schlafsälen bis zu *cabañas* (Hütten) am Strand. Auf dem üppigen, 140 ha großen Gelände findet man direkt vor der Haustür kleine Abenteuer: Manchmal kommen Brüllaffen vorbei, es gibt einen Spielplatz und einen kurzen Wanderweg zu einem Wasserfall.

★ El Sitio Hotel HOTEL $$
(☎6223-6688, 832-1010; www.elsitiohotel.com; DZ 99–109 US$, Suite 129–195 US$, Apt. 215 US$; P❄📶🏊) Das Beste am El Sitio ist die Lage direkt an der Playa Venao; „You Are Where You Surf" lautet sein Motto. Aber selbst wer nicht surft, wird von den 16 großartigen Zimmern, Suiten und Apartments des Hotels, das teilweise aus recycelten Schiffscontainern gebaut wurde, begeistert sein. Am tollsten sind die vier Apartments mit eigenem Balkon zum Meer raus und die fabelhafte neue Unterkunft für vier Personen im Leuchtturm.

★ Panga PANAMAISCH $$
(☎6787-2146; www.facebook.com/restaurantepanga; Hauptgerichte 10–18 US$ ⌚Fr–So 12–15, Mi–So 18.30–22 Uhr) Als der Koch Andres Morataya das preisgekrönte Manolo Caracol und den Trubel von Panama-Stadt verließ und nach Playa Venao zog, eröffnete er dieses sehr kreative Restaurant. Er hat sich der Verwendung von Erzeugnissen verschrieben, die oft weggeworfen werden – wie wär's mit frittierten Schnapperkiemen? – oder bereitet sie auf besonders originelle Weise zu, z. B. „Garnelen, die Schweinefleisch sein wollen" in einer Sauce, die normalerweise zu Spanferkel serviert wird.

El Sitio Restaurant INTERNATIONAL $$
(☎832-1010, 6223-6688; Hauptgerichte 10–22 US$; ⌚7–21.30 Uhr) Eine exzellente Wahl für ein Essen bei Sonnenuntergang oder nur für Drinks am Playa Venao. In dem Freiluftrestaurant gibt's Thunfisch in Sesamkruste und zahllose asiatisch inspirierte Gerichte wie *pad-thai*-Nudeln mit Tintenfisch, thailändische Crêpes und Hühner-Curry. Der hauseigene Konditor bereitet wunderbare Desserts zu, z. B. Baisers mit Tamarillo-Sorbet und Schokoladen-Lava-Törtchen.

ℹ An- & Weiterreise

Die Straße nach Playa Venao zweigt 33 km südwestlich von Pedasí ab – 2 km hinter der Abfahrt zum **Resort La Playita** (☎997-6727, 6615-3898; www.playitaresort.com; DZ/4BZ 120/150 US$; P❄📶). Der Bus von Cañas nach Tablas (3,60 US$) kommt hier gegen 7 Uhr vorbei, der Bus von Cañas nach Pedasí (2,20 US$) gegen 10 Uhr und die Busse Richtung Westen ungefähr um 13 Uhr. Die genauen Zeiten sind im Hotel zu erfahren. Man kann auch ein Taxi von Pedasí nehmen (um 25 US$).

Santa Catalina

300 EW.

Santa Catalina, einer der besten Surfspots Zentralamerikas, hat Right- und Lefthander, die an guten Tagen mit denen am Sunset Beach auf Oahu zu vergleichen sind. Am besten kommt man also hierher, solange der Ort noch einigermaßen abgeschieden und unerschlossen ist und eine oft richtig wilde Brandung hat. Die meisten Nichtsurfer entdecken die Gegend als Ausgangspunkt für Tages- und Mehrtagestrips zur Isla de Coiba mit ihrem Nationalpark, die herausragende Tauch- und Schnorchelreviere bietet.

Aktivitäten

Dream Diving TAUCHEN
(☎6765-0631; www.dreamdivingpanama.com; ⌚8–16.30 Uhr) 🍃 Dieser ausgezeichnete Tauchladen an der Abzweigung zum Strand wird von einem sehr umweltbewussten Kolumbianer geführt. Er bietet Schnorcheltrips nach Coiba sowie zwei/drei Tauchgänge.

Surf & Shake SURFEN
(☎6555-4375; www.surfandshake.com; ⌚9–18 Uhr) An der Straße zum Strand, nur 150 m von der Hauptstraße entfernt, vermietet Surf & Shake Surfbretter und verkauft Leashes, Boards und Surfkleidung sowie köstliche Obstshakes. Der von einem deutschen Surfer betriebene Laden ist außerdem eine gute Quelle für Surfinfos.

Schlafen

Oasis Surf Camp HÜTTE $
(☎6670-5636, 6588-7077; www.oasissurfcamp.com; Playa Estero; Camping mit/ohne Zelt 12/7 US$ pro Pers., B 15 US$, DZ mit Ventilator/Klimaanlage 45/55 US$, Suite ab 135 US$; P❄📶) Das von Italienern gemanagte Surfcamp ist ein Klassiker mit unschlagbarer Lage am Strand. Die hellen, bunten Hütten am schwarzsandigen Strand verfügen über warme Duschen und jede Menge Hängematten. Die Suite befindet sich in einem Holzhaus mit zwei Schlafzimmern, Korbmöbeln, Küche und umwerfender Aussicht vom Balkon. Das Oa-

sis befindet sich an der Playa Estero gleich hinter einem Fluss, durch den man waten muss, um das Camp zu erreichen.

★**Deseo Bamboo** HÜTTE $$
(☎6788-7891, 6951-6671; www.facebook.com/deseobambooecolodge; B 18 US$, Hütte mit DZ/3BZ 69/84 US$; P 📶) Die achteckigen, strohgedeckten Hütten sind ein tropisches Meisterwerk und der verrückte Traum eines neapolitanischen Fußballspielers. Die Bambushütten haben traditionelle zweistufige Dächer, die für gute Belüftung sorgen. Sowohl die Zimmer als auch der schöne Schlafsaal sind spärlich eingerichtet, aber angenehm. Die Atmosphäre ist toll und es gibt eine Yogaterrasse sowie eine Sushi-Bar mit wöchentlich Livemusik und Veranstaltungen wie Salsa-Tanz und Filmabende.

★**La Buena Vida** HÜTTE $$
(☎6572-0664; www.labuenavidahotel.com; 2-Pers.-Haus 66–88 US$, 4-Pers.-Apt. 110 US$; P ❄ 📶) Die hübschen Häuschen erstrecken sich an einem bewaldeten Hang an der Hauptstraße. Jedes Haus steht unter einem bestimmten Motto und ist mit bunten Mosaiken und von den amerikanischen Eigentümern hergestellten Kacheln geschmückt. Der Service ist großartig und jedes kleine Detail ist perfektioniert, von Tipps für die Umgebung bis zu schnellem Internet und erstklassigen Lunchboxen für Touren. Auf einer breiten Terrasse wird Yogaunterricht angeboten, auch professionelle Massagen sind möglich.

Essen

La Buena Vida AMERIKANISCH $
(☎6635-1895, 6572-0664; www.labuenavida.biz; Hauptgerichte ab 7 US$; ⏲6.30–14 Uhr; ✎) Wer schon früh raus aufs Wasser will: Dies ist der erste Laden, der für einen Happen zu essen und einen Espresso geöffnet hat. Große Klasse sind z. B. die Frühstücks-Burritos oder das griechische Rührei aus Feta, Oliven, Tomaten und Eiern. Das flippige geflieste Café über der Hauptstraße verkauft auch frische Fruchtsäfte und um die Mittagszeit eine Auswahl an Salaten, Power-Bowls und Wraps. Für Veganer geeignet.

★**Chillinguito** FISCH & MEERESFRÜCHTE $$
(☎6687-2992; Hauptgerichte 8–15 US$; ⏲Di–Sa 17–21 Uhr) In dem strohgedeckten Restaurant werden Meeresfrüchte auf etwas andere, leckere Art zubereitet. Empfehlenswert sind die Garnelen in Knoblauchsauce mit knackig gedünstetem Gemüse, die vielen grünen Salate sowie das Ceviche aus gebratenen Venusmuscheln mit Maniok. Es gibt auch frische Obstsäfte, Bio-Kombucha und Cocktails. Das Spezialgetränk des Hauses, Tropical Dream, ist eine Mixtur aus Gin mit eiskalter Wassermelone und Minze. Die Bedienung lässt sich Zeit – wie nicht anders zu erwarten in Catalina.

★**El Encuentro** FISCH & MEERESFRÜCHTE $$
(☎6377-8909; Hauptgerichte 12–14 US$; ⏲18.30–23 Uhr) Deivis' beliebtes, schlichtes Ceviche-Lokal in einer umgebauten Tankstelle hat hervorragende Versionen der in Zitronensaft marinierten Meeresfrüchte, serviert auf einem Nest dünner Pommes frites. Die Variante mit Tintenfischen ist unwiderstehlich. Es gibt auch eine vegetarische Option sowie Rum-Getränke. El Encuentro ist ein Zwei-Personen-Betrieb und jeder Teller wird nach Bestellung zubereitet, also sollte man sich an einem Tisch draußen niederlassen und die persönliche Aufmerksamkeit genießen.

ℹ An- & Weiterreise

Von Panama-Stadt nach Santa Catalina fahren Busse, wobei mehrmaliges Umsteigen erforderlich ist: zuerst einen Bus nach Santiago nehmen, danach einen anderen nach Soná, von wo aus um 5.30, 8.40, 11.20, 13.30, 15.30 und 16.45 Uhr Busse nach Santa Catalina (5 US$, 1½ Std.) fahren. Sonntags fahren sie zu unterschiedlichen Zeiten. Wer den Bus verpasst, kann von Soná nach Santa Catalina (ab 45 US$) ein Taxi nehmen. Von Panama-Stadt fährt alle zwei Stunden ein Direktbus nach Soná.

Von Santa Catalina fahren täglich sieben Busse nach Soná, und zwar um 6.15, 7, 8, 10.45, 13.30, 15.30 und 18 Uhr. In Santa Catalina hält der Bus an der Abzweigung der Straße zum Strand. Wer außerhalb des Zentrums übernachtet, erreicht die meisten Unterkünfte zu Fuß, etwa 1 km über flaches Terrain ohne Schatten. Achtung: Taxis gibt es keine in der Stadt, es sei denn, dass gerade jemand per Taxi aus Soná angekommen ist.

Einen direkten Shuttleservice nach Boquete (4 Std.) bietet **Hello Travel! Panama** (☎757-7004; www.hellotravelpanama.com; einfach 35 US$). Die klimatisierten Minivans sind ein zeitsparendes Transportmittel, um durch Panama zu fahren, ohne sich mit dem verwirrenden Umsteigen zu plagen. Sie fahren auch nach Las Lajas, Horconcito und David. Abfahrt ist täglich um 12 Uhr mit Abholung an der Hauptstraße oder am Hotel. Reserviert wird online.

Santa Fé

3050 EW.

Santa Fé hat frische, saubere Luft und eine idyllische Umgebung, doch verschlägt es nur relativ wenige ausländische Besucher hierher. Mit den üppig grünen Berghängen, Wasserfällen, Bergbächen und gut zugänglichen Badestellen im Nationalpark Santa Fé vor den Toren des Orts ist dies ein prima Ziel für Wanderer, Vogelbeobachter oder Menschen, die einfach nur die Schönheit des Hochlands genießen möchten.

Das kleine Bergstädtchen liegt 53 km nördlich von Santiago im Schatten der kontinentalen Wasserscheide auf einer Höhe von 500 m – hier ist es somit kühler als im Tiefland. Ein Großteil der umliegenden Wälder präsentiert sich noch genauso wie 1557, als die Spanier den Ort gründeten. Derzeit wird eine bislang noch holprige Straße von hier bis zur Karibikküste gebaut, die später den Zugang zu einigen der entlegensten Orte Panamas ermöglicht.

Sehenswertes & Aktivitäten

Río Bulaba FLUSS

Etwa 20 Minuten zu Fuß vom Ort befindet sich an diesem Fluss eine schöne Badestelle. Um dorthin zu gelangen, geht man auf der Straße am Coffee Mountain Inn vorbei Richtung Nordosten und El Pantino. Die Badestelle liegt etwa 600 m weiter.

Ein Einheimischer namens William verleiht Reifenschläuche (8 US$) und Schwimmwesten, sodass man sich faul den Fluss hinuntertreiben lassen kann; der Fluss mündet schließlich in den Río Santa Maria. William kann auch die Rückfahrt mit dem Taxi arrangieren.

Cerro Tute BERG

Vom Cerro Tute eröffnen sich tolle Ausblicke auf das Tal. Der Berg ist die Heimat zahlreicher Vogelarten und besitzt eine Klippe, von der man angesichts der starken Aufwinde nicht herunterfallen kann. Ein ausgedehntes Wegenetz windet sich durch Primär- und Sekundärregenwald. Der Tute liegt ein paar Kilometer südlich vom Ort auf der Westseite der Straße von Santiago nach Santa Fé; für Hin- und Rückweg zusammen ist mit fünf Stunden zu rechnen.

Hoftour bei Chon & María TOUR

(☎6525-4832; Halbtagstour pro Pers. 10 US$; 👪) Wer einen Biobauernhof aus nächste Nähe sehen will, sollte Chon und María besuchen, gastfreundliche *campesinos* (Bauern), die Besuchern gern ihren kleinen Betrieb zeigen. Dazu gehören auch eine Besichtigung ihrer Orchideen und das Verspeisen von Marías selbstgekochtem Mittagessen (im Preis enthalten). Sie sprechen zwar nur Spanisch, aber das reizende Ehepaar schafft es, auch mit Besuchern, die kein Spanisch können, so zu kommunizieren, dass der Ausflug wirklich Spaß macht.

Schlafen & Essen

Hostal La Qhia PENSION $

(☎6814-2650; www.panamamountainhouse.com; B 12 US$, EZ/DZ ohne Bad 35/45 US$, Bungalow/Hütte 40/130 US$; P 📶) Das von üppigen Gärten mit Hängematten umgebene Chalet aus Bambus und Stein bildet eine tolle Ausgangsbasis für Bergabenteuer rund um Santa Fé. Es gibt hier auch exzellente Karten und detaillierte Anmerkungen zu den Attraktionen der Gegend. Die drei gemütlichen Zimmer verfügen über gestärkte Bettwäsche; besonders reizend sind die Zimmer oben. In einem kleinen Nebengebäude aus Beton mit Freiluftküche befinden sich Dorms mit sechs Betten und ein Zimmer mit eigenem Bad.

★ **Hotel Anachoreo** HOTEL $$

(☎6911-4848; www.anachoreo.com; EZ/DZ mit Frühstück 55/66 US$; P 📶) Das kleine Gasthaus auf einem Hang mit weitem Blick bezaubert jeden mit seinen Hängematten neben duftenden Blumenbeeten, der herzlichen Gastlichkeit und einem Frühstück, das wohl das beste in Panama sein mag. Die großen, hohen Zimmer haben Moskitonetze um die Betten und schöne Mosaiken in den Badezimmern. Die Atmosphäre ist absolut friedlich. Gäste können eine Freiluftküche benutzen und an Wandertouren teilnehmen.

Restaurante Hermanos Pineda PANAMAISCH $

(☎954-0777; Hauptgerichte 4–8 US$; ⏲7–21 Uhr) In dem einladenden, familiengeführten Lokal etwas oberhalb vom Ortszentrum wird besseres Essen serviert, als die schlichte Speisekarte vermuten lässt, darunter leckerer Fisch und Meeresfrüchte mit *patacones*, Reis oder Pommes frites. Pizza (5–12 US$) und Burger gibt's auch. Die große Veranda an der Hauptstraße ist ein Plus, ebenso die wandgroße Karte des Nationalparks.

★ **Anachoreo Restaurant** KAMBODSCHANISCH $$

(☎6911-4848; www.anachoreo.com; Hauptgerichte 10–14 US$; ⏲Mi–So 17.30–21 Uhr) Das kleine Restaurant im Hotel gleichen Namens gehört zu den besten diesseits von Panama-Stadt. Die kambodschanische Besitzerin und Küchenchefin ist eine wunderbare Köchin und eine sehr angenehme Person. Hervorzuheben sind das kambodschanische Hühner-Curry, die berühmten Frühlingsrollen und das Fisch-*amok*, das in Bananenblätter gewickelt und mit Ingwer und frischem Zitronengras gedünstet wird.

An- & Weiterreise

Busse von Santa Fé nach Santiago (2,90 US$, 1½ Std.) fahren von 4 bis 18 Uhr alle 30 Minuten vom **Busbahnhof** und halten unterwegs auch an zentraler gelegenen **Bushaltestellen**. Wer innerhalb von einem Tag zum Surferort Santa Catalina gelangen möchte, muss vor 9 Uhr in Santa Fé aufbrechen, um sämtliche Anschlussbusse zu erreichen.

Die Straße zur Karibikküste soll 2020 fertig sein. Zur Zeit der Recherche gab es einen holprigen Abschnitt, der mit Vierradantrieb zu bewältigen war.

PROVINZ CHIRIQUÍ

451 230 EW. / 3474 M

Chiriquí behauptet, einfach alles zu haben: Panamas höchste Berge, längste Flüsse und fruchtbarste Täler. In dieser Provinz liegen spektakuläre Hochlandregenwälder ebenso wie die produktivsten Ackerbau- und Viehzuchtregionen des Landes. Daher sind die *chiricanos* (Bewohner von Chiriquí) auch ganz besonders stolz auf ihre Provinz und zeigen bei jeder sich bietenden Gelegenheit Flagge.

Dies ist außerdem ein Landstrich von enormer Schönheit. An der Küste säumen lange Sandstrände den unberührten Golfo de Chiriquí und man stößt hier auf eine sehr vielfältige Meeresfauna. Die nebelverhangenen Berge in der Nähe von Boquete erfreuen sich großer Beliebtheit bei nordamerikanischen und europäischen Rentnern. Der Ort ist ein guter Ausgangspunkt für Abenteuer wie Wildwasser-Rafting und Wanderungen entlang der Flanken des höchsten Berges des Landes, des Volcán Barú (3474 m). Boquete ist außerdem das Zentrum der panamaischen Kaffeeindustrie, sodass man nie weit von einer Tasse kräftigen Arabica-Kaffees entfernt ist.

David

144 860 EW.

Was eher wie ein aufgeblasenes Landstädtchen wirkt, ist Panamas zweitgrößte Stadt und die Hauptstadt der Provinz Chiriquí. David ist mehr Landwirtschafts- als Kulturzentrum – wem der Sinn nach Museen, Clubs und edlen Restaurants steht, wird sicher enttäuscht. Doch da ausländisches Kapital nach David fließt, wird die Stadt immer wohlhabender und bedeutender und steht kurz vor einem Boom.

Dank der Lage auf halber Strecke zwischen Panama-Stadt und San José in Costa Rica ist David außerdem ein wichtiger Verkehrsknotenpunkt.

Schlafen & Essen

★ Bambu Hostel HOSTEL $
(☎730-2961; www.bambuhostel.com; Calle de la Virgencita; B 11–13 US$, DZ mit/ohne Bad 35/30 US$; P❄📶🏊) Das tolle, coole Hostel ist das Werk eines sympathischen Musikers, der ursprünglich aus Brooklyn stammt. Es hat klimatisierte Schlafsäle, gute Privatzimmer und hinten ein strohgedecktes „Dschungelhaus“ auf Pfählen. Alle Betten besitzen Moskitonetze. Manchmal lässt sich ein Nasenbär im weitläufigen Garten blicken, wo es auch einen Swimmingpool gibt, eine Bar mit billigem Bier und die üblichen Hängematten.

Hotel Ciudadde David BUSINESSHOTEL $$
(☎774-3333; www.hotelciudaddedavid.com; Ecke Calle D Norte & Av 2 Este; DZ/Suite mit Frühstück ab 75/106 US$; P❄@📶🏊) Das „Hotel Stadt David“ ist die schickste Adresse der Stadt. Es hat 103 geschmackvoll eingerichtete Zimmer mit Holzboden, Minibar und voll verkabeltem Schreibtisch. Die Zimmer 303 und 304 blicken auf den fabelhaften amöbenförmigen Swimmingpool, die Suite 305 hat zudem einen Balkon. Zum Angebot gehören eine Sauna, ein Fitnessraum und ein stilvolles Bar-Restaurant namens Stylo.

Pho Palace VIETNAMESISCH $
(☎6352-3000; Calle F Sur s/n; Hauptgerichte 6–12 US$; ⏲9–22 Uhr) Eine Entdeckung in dieser Gegend: In dem properen Restaurant mit Trennwänden, dezenter Beleuchtung und Blumenarrangements ist authentische Hanoi-Küche zu haben. Große Schalen mit *pho* (Nudelsuppe), Fisch süßsauer sowie bekannte Gerichte wie Ananas-Huhn und Frühlingsrollen; alles gut zubereitet, allerdings kann die Bedienung etwas langsam sein.

Café Rincón Libanés ORIENTALISCH $$
(☎730-3911, 774-2700; Calle F Sur; Hauptgerichte 8–18 US$; ⏲11–23.30 Uhr) Das recht authentische libanesische Restaurant südwestlich des Zentrums stellt eine willkommene Abwechslung zur üblichen Kost aus Reis und Bohnen dar. Hummus, Tabouleh, *baba ghanoush* und Lamm-Köfte, alles hausge-

BUSSE AB DAVID

ZIEL	FAHRPREIS (US$)	FAHRZEIT (STD.)	ABFAHRTEN (TGL)
Boquete	1,75	1 Std.	alle 20 Min. bis 21.30 Uhr
Caldera	2,40	45 Min.	stündl. bis 19.30 Uhr
Cerro Punta	3,50	2¼ Std.	alle 20 Min. bis 18 Uhr
Changuinola	9,70	4½ Std.	halbstündl. bis 18.30 Uhr
Guadalupe	3,50	2½ Std.	alle 20 Min. bis 18 Uhr
Horconcitos	2	45 Min.	11 & 17 Uhr
Las Lajas	5	1½ Std.	4-mal
Panama-Stadt	18	7–8 Std.	alle 45 Min. 6.45–20 Uhr
Paso Canoas	2,10	50 Min.	alle 15 Min. bis 21.30 Uhr
Puerto Armuelles	4	2½ Std.	alle 15 Min. bis 21 Uhr
Río Sereno	5,10	2½ Std.	alle 30 Min. bis 17 Uhr
Santiago	9	3 Std.	stündl. bis 21 Uhr
Volcán	3	1½ Std.	alle 20 Min. bis 20 Uhr

macht, versetzen die Gäste geschmacksmäßig in den Nahen Osten. Tipp: die hausgemachte rosa Limonade.

Praktische Informationen

Das **ATP** (☎ 775-2839; chiriqui@atp.gob.pa; Calle Central; ⏲ Mo–Fr 8.30–16.30 Uhr) hat Infos über David und die Provinz Chiriquí.

Das Ministerio de Ambiente (S. 716) bietet Informationen und Tipps für Touristen und erteilt Campinggenehmigungen für die Nationalparks; 4,5 km südlich vom Zentrum von David.

Die Filiale der **Banco Nacional de Panamá** (☎ 774-6400; Calle B Norte; ⏲ Mo–Fr 8–15, Sa 9–12 Uhr) im Zentrum hat einen Geldautomaten und liegt gegenüber dem Parque de Cervantes.

Das **Chiriquí Hospital** (☎ 777-8814; www.hospitalchiriqui.com; Ecke Calle Central & Av 3 Oeste) ist eines der besten Krankenhäuser des Landes.

An- & Weiterreise

BUS

Die Interamericana führt nicht durch David, sondern streift die Stadt westlich und nördlich. Der **Busbahnhof** (Av del Estudiante) von David liegt 500 m nordöstlich vom Parque de Cervantes. Die meisten Busse fahren ab etwa 6 Uhr morgens.

Tracopa (☎ 775-0585; www.tracopacr.com) bietet montags bis freitags um 7.30 und 15 Uhr vom Busbahnhof in David Direktbusse nach San José in Costa Rica (28 US$, 7 Std.).

FLUGZEUG

Davids Flughafen, der Aeropuerto Enrique Malek (S. 798), liegt 5 km südlich des Stadtzentrums. Da zum Flughafen keine Busse fahren, muss die Fahrt im Taxi (5 US$) zurückgelegt werden.

Air Panama (☎ 721-0841; www.flyairpanama.com; Aeropuerto Enrique Malek) und **Copa Airlines** (☎ 217-2672; www.copaair.com; Aeropuerto Enrique Malek) bieten täglich 45-minütige Flüge von/nach Panama-Stadt ab 90 US$ pro Strecke. Air Panama fliegt außerdem zwischen David und Bocas del Toro.

Golfo de Chiriquí

Das Highlight in der Tiefebene von Chiriquí ist der Golfo de Chiriquí mit dem **Parque Nacional Marino Golfo de Chiriquí**, einem Meeresschutzgebiet mit einer Fläche von 147 km². 25 Inseln, 19 Korallenriffe und jede Menge Wildtiere und Pflanzen sind dort geschützt. Zum Meeresschutzgebiet gehört auch die 30 km² große **Isla Boca Brava**, eine reizende kleine Insel, die mit Wanderwegen überzogen und von schönen Stränden gesäumt ist. Brüllaffen, mehrere Arten von Wasserschildkröten und 280 Vogelarten sind hier beheimatet. Zu erreichen ist die Insel über das Festland vom Dorf Boca Chica aus. Die Resorts in der Gegend bieten vielfältige Touren an.

Besucher haben hier die Möglichkeit zu surfen, auf den stillen Binnengewässern Kajak zu fahren, zu schnorcheln, unter dem Blätterdach des Regenwalds Tiere zu beobachten und zu angeln.

Schlafen

★ **Bocas del Mar** RESORT **$$$**

(☎ 6395-8757; www.bocasdelmar.com; Boca Chica; Suite/Deluxe mit Frühstück 295/379 US$; P❄📶🏊) Das elegante, von Belgiern geführte Resort auf dem Festland vermietet 20 strahlend weiße, ultramoderne Bungalows, die den Gipfel des Komforts bieten. Der Luxus reicht von zwei Infinity-Pools und Massagen bis zu Suiten mit eigenem Whirlpool. Die Zimmer sind mit handgefertigten Möbeln, schöner Kunst und Rauchglasfenstern ausgestattet. Es werden auch Exkursionen angeboten, ob Reitausflüge, Kajak-, Angel- oder Schnorcheltouren. Restaurant und Service sind hervorragend.

Cala Mia Boutique Resort RESORT **$$$**
(☎851-0025, 6972-6954; www.calamiaresort.com; Isla Boca Brava, Boca Chica; Suite mit Frühstück 189–239 US$;) Das Cala Mia auf der Isla Boca Brava bietet luxuriöse Beschaulichkeit am Meer. Die elf strohgedeckten Bungalows haben große Wohnzimmer, regional handgeschreinerte Möbel und eine Veranda mit Hängematte. Nur ein paar Schritte entfernt warten zwei Strände, einer mit Bar, und das Massage-Spa befindet sich auf einem eigenen Inselchen, das über eine Hängebrücke erreicht wird. Drei-Gänge-Menüs aus biologischen Zutaten werden an einem großen Gemeinschaftstisch serviert.

An- & Weiterreise

Um von David nach Boca Chica zu gelangen, nimmt man einen der regelmäßig auf der Interamericana Richtung Osten verkehrenden Busse bis zum Abzweig Horconcitos (2 US$, 1 Std.). Von hier fahren vier- bis fünfmal täglich Vans (3 US$, 50 Min.) nach Boca Chica. Vom Bootsanleger in Boca Chica legen Wassertaxis (4 US$ pro Pers.) die 200 m zum Anleger auf der Isla Boca Brava beim Hotel Boca Brava zurück. Wer mit dem eigenen Auto anreist, kann es ohne Bedenken in der Nähe des Anlegers im Dorf parken.

Playa Las Lajas

1520 EW.

Die Playa Las Lajas ist einer der längsten Strände Panamas; der 12 km lange, von Palmen gesäumte Streifen scheint endlos zu sein. An den Wochenenden lockt der Strand die Massen an, aber unter der Woche ist hier oft überhaupt nichts los und man kann den wunderbaren Strand ganz allein genießen.

Angehörige der Ngöbe-Buglé (ein indigenes Volk aus Panama, auch Guaymís genannt) verkaufen Kunsthandwerk in einem Holzbau 500 m westlich des Abzweigs zur Playa Las Lajas, 76 km östlich von David.

Schlafen

Hospedaje Ecológico Nahual HOSTEL **$**
(Ökohostel Nahual; ☎6620-6431; www.nahualpanama.com; B 10 US$, EZ/DZ mit Bad 30/40 US$, ohne Bad 15/25 US$;) Das originelle Hostel, das von Italienern geführt wird, ist mit seinen *ranchos* (kleine hausähnliche Gebäude) und schönen Hütten die beste Budgetunterkunft in Las Lajas. Sie liegt gegenüber dem Strand in einem schattigen Garten und ist zu 100 % frei von Chemie. Es gibt sechs Zimmer, darunter einen Schlafsaal, und eine Freiluftküche für Gäste. Im überwiegend veganen Café gibt's Bioessen, hausgemachte Pasta und Fisch.

Las Lajas Beach Resort RESORT **$$**
(☎6790-1972; www.laslajasbeachresort.com; Playa Las Lajas; DZ/Suite 99/132 US$;) Ein wunderbares Resort am Strand mit 14 makellosen, großen und heiteren Zimmern und tollem Service. Besonders schön sind die indigenen Motive der Bettüberwürfe und der Wandbilder; in Zimmer Nr. 12 sind Porträts von panamaischen Persönlichkeiten zu sehen. Man kann im Pool oder im Meer schwimmen, sich Bodyboards ausleihen (6 US$) oder bei der hauseigenen Agentur **Cocaleca** (☎6240-2705; www.cocalecatours.com; Las Lajas Beach Resort; ⌚unterschiedl.) Touren zu entfernteren Zielen buchen.

An- & Weiterreise

Der Abzweig von der Interamericana nach Las Lajas befindet sich 76 km östlich von David. Der Ort Las Lajas liegt 3 km südlich der Interamericana und der Strand weitere 9 km nach Süden.

Las Lajas ist mit jedem Bus ab David zu erreichen (5 US$, 90 Min.). Vom Ort fahren Taxis zum Strand (5 US$).

Boquete

19 000 EW.

Boquete ist für sein kühles, erfrischendes Klima und seine unberührte Umgebung bekannt. In dem fruchtbaren Hochland gedeihen Kaffee, Blumen, Gemüse und Zitrusfrüchte gleichermaßen gut und die überwältigende Freundlichkeit der Menschen von Boquete scheint auf die Besucher abzufärben. Nachdem die American Association for Retired Persons (AARP) Boquete zu einem der besten Altersruhesitze weltweit erkoren hatte, strömten zahlreiche Ausländer in den Ort. Bis man die geschlossenen Wohnanlagen und weitläufigen Wohnsiedlungen aus der Nähe sieht, weiß man allerdings nicht, was der ganze Wirbel soll.

Von ganz anderem Kaliber ist dagegen die Umgebung des Städtchens. Boquete ist eines der Topreiseziele für Outdoor-Freaks: Sie können hier wandern, klettern, raften oder sich durch die Baumwipfel schwingen. Außerdem kann man Kaffeeplantagen besuchen, in Thermalquellen baden und Spanisch lernen. Und für einen guten Start in den Tag sorgt ein starker Kaffee aus hiesigem Anbau.

Aktivitäten

Wandern

Der atemberaubende Blick auf nebelverhangene Berge und Urwald macht Boquete zu einem der schönsten Wandergebiete Panamas. Mehrere gut befestigte Straßen führen aus der Stadt in die Berge der Umgebung, vorbei an Kaffeeplantagen, Feldern, Gärten und Urwald.

Die Wege sind zum großen Teil schlecht markiert und in der Saison von Überflutungen und Erdrutschen betroffen, wodurch sich die Routen ändern können. In der Vergangenheit gab es auch einige Probleme mit der Sicherheit. Daher ist es wirklich am besten, für die Wanderungen einen einheimischen Führer anzuheuern.

Viele Besucher geben sich zwar mit dem idyllischen Weg entlang des Flusses zufrieden, aber ehrgeizige Wanderer können auch den Volcán Barú (S. 714) besteigen. Es gibt mehrere Eingänge in den Parque Nacional Volcán Barú, aber der einfachste Weg beginnt in der Nähe von Boquete.

Von Boquete aus ist es auch möglich, den Sendero Los Quetzales (S. 714) zu nehmen, doch der Wanderweg führt hier steil bergauf und es ist einfacher, ihn in Cerro Punta oberhalb von Volcán zu beginnen. In der Vergangenheit war der Weg von Bergrutschen betroffen – vor der Wanderung sollte man sich vor Ort nach den aktuellen Bedingungen erkundigen.

Finca Lérida WANDERN

(Mautgebühr 12 US$) Die Kaffeeplantage mit angrenzendem Wald ist für eine entspannte Wanderung ohne Orientierungsprobleme hervorragend geeignet. Im Eintrittsgeld enthalten sind auch eine Wegekarte und Wasser. Die Plantage liegt auf 1500 m oberhalb von Boquete, was ein ganz schöner Höhenunterschied ist; Kleidung für kühleres Wetter ist also angesagt. Es werden auch Wanderführungen angeboten (55 US$ für zwei bis drei Stunden).

Sendero El Pianista WANDERN

(Pianistenweg) Dieser Weg für eine Tageswanderung schlängelt sich durch grünes Weideland in den feuchten Nebelwald hinein. Nach 200 m muss man durch einen kleinen Fluss waten, aber danach geht es 2 km lang bequem weiter und nur ganz leicht bergauf, bevor der Weg steiler und enger wird. Am besten heuert man einen Führer an.

Der Weg führt tief in den Wald hinein, aber man kann jederzeit umdrehen und zurückgehen. Für den Einstieg in den Wanderweg verlässt man Boquete am rechten Flussufer in Richtung Norden und überquert zwei Brücken. Direkt vor der dritten Brücke, die sich etwa 4 km außerhalb der Stadt befindet, geht links ein Pfad zwischen ein paar Gebäuden ab. Der Pfad ist nicht sonderlich schwierig, aber nicht überall gut in Schuss. Im April 2014 kamen zwei Niederländer hier beim Wandern zu Tode – der Grund für ihren Tod ist aber nach wie vor ungeklärt. Man sollte also nicht alleine aufbrechen und in der Unterkunft Bescheid sagen, was man vorhat.

Rafting

Eine anderthalbstündige Autofahrt von Boquete entfernt gibt es hervorragende Möglichkeiten zum Wildwasser-Rafting. Der Río Chiriquí und der Río Chiriquí Viejo fließen beide von den fruchtbaren Hängen des Volcán Barú herunter und sind größtenteils von Wald gesäumt. An manchen Stellen stürzen Wasserfälle in die Tiefe. Beide Flüsse haben sich ihren Weg durch enge Canyons mit gigantischen, senkrechten Felswänden gegraben.

Der Río Chiriquí wird meist von Mai bis Dezember, der Chiriquí Viejo in den restlichen Monaten des Jahres befahren. Die Stromschnellen umfassen die Schwierigkeitsgrade III und III+ und die Touren dauern jeweils vier bis fünf Stunden.

Bei der Buchung des Trips sollte man nachfragen, ob der Anbieter Sicherheitskajaks einsetzt und ob die Guides eine Ausbildung in der Wildwasserrettung nachweisen können – diese Anforderungen sollten für einen sicheren Ausflug mindestens erfüllt sein.

Boquete Outdoor Adventures ABENTEUER

(Karte S. 710; ☎6630-1453, 720-2284; www.boqueteoutdooradventures.com; Plaza Los Establos, Av Central; ⌚8–19.30 Uhr) Dieser sehr empfehlenswerte Veranstalter, geführt vom altgedienten Naturburschen Jim Omer, bietet erstklassige Raftingausflüge (65–75 US$) und maßgeschneiderte Ferien an, die ideal für Familien sind, außerdem Nebelwaldwanderungen 35 US$) und Schnorcheln um die Kusteninseln (75 US$). Die Guides sind zweisprachig und der Betrieb nutzt einheimische Dienstleister. Eine ausgezeichnete Informationsquelle.

Boquete

Geführte Touren & Kurse

Coffee Adventures Tours VOGELBEOBACHTUNG
(☎720-3852, 6634-4698; www.coffeeadventures.net; Halbtagstouren pro 2 Pers. 65 US$) Die niederländischen Naturforscher Terry und Hans sind in der Gegend bekannt als großartige Vogel- und Naturführer. Sie bieten auch Wanderungen im Nebelwald, unter anderem auf dem Sendero Los Quetzales (175 US$ pro Pers.), und Besuche indigener Gemeinschaften an. Sie betreiben auch eine Unterkunft in drei schönen Häuschen in dichtem Wald 3 km südwestlich des Stadtzentrums.

Boquete Tree Trek ABENTEUER
(Karte S. 710; ☎720-1635; www.boquetetreetrek.com; Plaza Los Establos, Av Central; Baumwipfeltour 65 US$; ⏲ Touren 8, 10.30 & 13 Uhr) Reisende sind begeistert von dieser vierstündigen Baumwipfeltour im Sekundärwald mit zwölf Seilrutschen, zwölf Plattformen und einmal Abseilen. Die Touren beginnen täglich um 8 und 13 Uhr. Die Seilrutschen beschleunigen rasant, es ist also sinnvoll, immer schön an der Handbremse zu bleiben. Neu ist eine Wanderung über sechs Hängebrücken (30 US$). Im Preis enthalten ist der Transport vom Stadtzentrum.

Boquete

Habla Ya Language Center SPRACHE
(Karte S. 710; ☎730-8344; www.hablayapanama.com; Plaza Los Establos, Av Central; ⏲Mo–Fr 8–18, So 9–12 Uhr) Habla Ya bietet sowohl Gruppen- als auch Einzelunterricht an. Eine Woche Gruppenunterricht (20 Std.) kostet ab 275 US$. Die Sprachschule hat gute Beziehungen zu örtlichen Unternehmen, sodass die Sprachschüler bei allem Möglichen von Unterkünften bis zu Touren Rabatte erhalten. Außerdem können sie bei Freiwilligenprojekten mitarbeiten.

Festivals & Events

Feria de las Flores y del Café FEST
(http://feriadeboquete.com; Festplatz; ⏲Jan.) Jedes Jahr im Januar findet im Ort das zehntägige Blumen- und Kaffeefest statt. Obwohl das Event den Kaffee im Namen führt, fehlt er seltsamerweise bei der Ausstellung; dafür fließt der Rum in Strömen und es gibt Fahrgeschäfte für Kinder. Unterkünfte weit im Voraus buchen!

Boquete Jazz & Blues Festival MUSIK
(www.boquetejazzandbluesfestival.com; Festplatz; ⏲Feb.) Im Februar treffen sich beim größten Musikfest der Provinz Chiriquí vier Tage lang Musiker aus dem In- und Ausland.

Feria de las Orquídeas FEST
(Festplatz; ⏲April) Auf dem zehntägigen Orchideenfest sind über 150 Arten zu sehen. Aber es geht nicht nur um Pflanzen – nach Sonnenuntergang gibt's Rockkonzerte und Tanz.

Schlafen

Pensión Topas PENSION $
(Karte S. 710; ☎720-1005; www.pensiontopas.com; Av Belisario Porras; EZ/DZ mit Bad 29/42 US$, ohne Bad 16/28 US$; P) Das blau-orange Haus unter Leitung eines exzentrischen Deutschen wurde rund um einen kleinen Biogarten angelegt. Die Wände schmücken die Comic-Figuren Tim und Struppi, es gibt eine Sammlung von einem halben Dutzend Motorrädern und acht saubere Zimmer. Der schattige Innenhof bietet einen großzügigen Gemeinschaftsbereich. Weitere Pluspunkte sind eine Gemeinschaftsküche, ein Pool und Kabelfernsehen. Die besten Zimmer sind die beiden im ersten Stock des Nebengebäudes mit Balkon.

Mamallena Boquete Hostel HOSTEL $
(Karte S. 710; ☎730-8342, 6723-2014; www.mamallenaboquete.com; Av Central; B 14 US$, DZ mit/ohne Bad 38/33 US$; P) Die türkisfarbene ehemalige Pension am Hauptplatz ist zu einer Zentrale für Backpacker geworden; es gibt eine Küche, Waschmaschinen und kostenlose Pfannkuchen zum Frühstück. Dafür, dass es so groß ist, wirkt es ziemlich gemütlich. Die drei 8-Bett-Zimmer sind mit orthopädischen Matratzen ausgestattet. Dreizehn der 16 Privatzimmer haben ein eigenes Bad. Auf einem geschützten Patio steht ein Grill. Das Hostel ist sehr serviceorientiert und bietet Ausflüge und Shuttles nach Bocas und Santa Catalina an.

★ **Bambuda Castle** HOSTEL $$
(☎6873-8386; www.bambuda.net/boquete; El Santuario, Los Naranjos; B 14–16 US$, DZ 69–79 US$;) Vor langer Zeit baute ein Niederländer diese Burg als Hommage an seine Liebste. Heute ist das Gebäude ein surreales Zentrum des Vergnügens mit Innenpool und Whirlpool, einer Bar und Gärten mit Blick auf die Hügel. Es gibt drei Schlafsäle, aber die begehrtesten Bleiben sind die Hobbit-Häuschen aus Fiberglas hinter dem Gebäude. Möchte-gern-Rapunzels können sich im zweistöckigen Turm einquartieren.

★ **Haven** BOUTIQUEHOTEL $$
(☎730-9345, 6491-5578; www.hotelboquete.com; Av A Oeste; Standard-DZ 90–130 US$, Deluxe-DZ 110–150 US$, Suite 150–200 US$; P) Das elegante Wellnesshotel unter britischem Management bietet einen sehr schicken Aufenthalt. Es hat acht Zimmer mit cooler, raumsparender Einrichtung inmitten von grünen Gärten. Wasserspiele, Flusssteine

und Palmen bilden das Ambiente für Entspannung. Zum Hotel gehören ein Fitnessraum und ein Spa mit Sauna, Yoga, Dampfbad, ein Innenpool, ein Zentrum für Naturmedizin und ein Whirlpool. Professionell und serviceorientiert.

Tinamou Cottage Jungle Lodge COTTAGE **$$**
(☎6634-4698, 720-3852; www.coffeeadventures.net; DZ mit Frühstück 119–149 US$) Wer gern seine Ruhe haben, aber trotzdem in unmittelbarer Nähe der Stadt und ihrer Annehmlichkeiten unterkommen will, kann sich in diesen hübschen Cottages auf 9 ha dicht bewaldetem Grund 3 km südwestlich von Boquete einquartieren. Sie gehören niederländischen Naturforschern, die für ihre Expeditionen zur Vogelbeobachtung bekannt sind. Die Cottages mit ein oder zwei Schlafzimmern und Küche sind ziemlich luxuriös; Frühstück wird in einem Korb geliefert.

Boquete Garden Inn GASTHAUS **$$**
(☎720-2376; www.boquetegardeninn.com; Palo Alto; DZ mit Frühstück 99–135 US$; Ⓟ📶) Die Gartenunterkunft am Rand des Río Palo Alto wird von einem freundlichen Briten geführt und bietet in sechs roten Lehmcottages ein Dutzend Zimmer. Das Gelände strotzt vor tropischen Blumen und es sind hier jede Menge Vögel unterwegs: es wurden schon 95 Arten gesichtet. Die hübschen und modernen Zimmer – in fünf unterschiedlichen Ausführungen – sind mit Himmelbetten ausgestattet. Hervorragender Service.

Essen & Ausgehen

Café de Punto Encuentro CAFÉ **$**
(Olga's; Karte S. 710; ☎720-2123; Calle 6 Sur; Hauptgerichte 3–7 US$; ⏲7–13 Uhr) Das familiengeführte Café auf einem umgebauten Autostellplatz samt Garten ist eine Entdeckung. Die warmherzige Olga, die ein Frühstück wie kein anderes zubereitet, nennt alle Gäste *mi amor* („meine Liebe/mein Lieber"). Das Angebot reicht von Pfannkuchen und Speck bis zu panamaischem Frühstück (7 US$) mit Kaffee satt. Die Wartezeit ist oft lang, aber bei so gutem Essen geht das völlig in Ordnung.

APizza PIZZA **$**
(Karte S. 710; ☎720-2358; www.apizzapanama.com; Av Central s/n; Hauptgerichte 6–10 US$; ⏲Di–Fr 15–22, Sa & So ab 12 Uhr) Knusprige, dünne neapolitanische Pizza ist der schlichte Star in diesem zwanglosen Lokal. Sie besteht aus regionaler Mozzarella, San-Marzano-Tomaten und Mehl aus der italienischen Heimat. Hier lebende Italiener behaupten, es sei die beste in der Stadt, und wenn die das sagen ... Es gibt auch Suppen und glutenfreie Gerichte.

★**Retrogusto** ITALIENISCH **$$**
(Karte S. 710; ☎720-2933; www.ilretrogusto.com; Av Central s/n; Hauptgerichte 7–19 US$; ⏲Di–Sa 17.30–22, So 11.30–15 & 17.30–21 Uhr) In diesem neuen italienischen Restaurant mit frischesten Speisen fällt es schwer, nicht gleich alles auf der Speisekarte zu bestellen – es sieht alles so gut aus und duftet auch gut. Aber mit gefüllten Champignons oder einem üppigen Salat liegt man niemals daneben. Hormonfreies Rindfleisch, hausgemachte Pasta und brutzelnde Pizza aus Sauerteig sind allesamt Hits. Die offene Küche erlaubt einen Blick in die ganze Aktion. Die Bedienung ist aufmerksam.

★**Boquete Fish House** FISCH & MEERESFRÜCHTE **$$**
(Karte S. 710; ☎6918-7111, 6521-2120; www.facebook.com/BoqueteFishHouseRestaurant; Av Central; Hauptgerichte ab 16 US$; ⏲Mo–Sa 12–20 Uhr; 🖉) Eine der besten Adressen für tolle Meeresfrüchte in Boquete ist dieses Fischrestaurant an der Quebrada Grande. Hier wird Seebarsch auf acht verschiedene Weisen zubereitet, z. B. köstlich in Salatblätter eingewickelt und gedämpft oder auch ganz einfach als Fish and Chips. Außerdem gibt's noch wunderbare Gemüsebeilagen sowie Fleisch- und vegetarische Gerichte.

★**Colibri** INTERNATIONAL **$$$**
(Karte S. 710; ☎6379-1300; Calle 2a Sur; Hauptgerichte 12–28 US$; ⏲Di–Sa 12–21, So 11–13 Uhr) Das Restaurant wird von einem freundlichen Paar aus Padua geführt; das Essen ist farmfrisch und hervorragend. Die Speisen sind eine echte Fusion von heimischen und internationalen Rezepten – es gibt z. B. ausgezeichneten Rindfleischsalat mit Passionsfrucht-Vinaigrette, Hummer aus Boca Chica und Eiscreme aus heimischem Ziegenkäse. Auch die Weinkarte macht was her und als Absacker gibt's einen Limoncello.

Boquete Brewing Company KLEINBRAUEREI
(Karte S. 710; ☎6494-4992; www.boquetebrewingcompany.com; Av Central; ⏲Di, Mi & So 15–22, Do–Sa bis 24 Uhr) Craft-Bierbars sind derzeit schwer in Mode in Panama und Boquetes Beitrag ist mit seiner Freiluftterrasse und einem Imbisswagen mit tollem Kneipenessen überaus hipsterfreundlich. Hier werden

ABSTECHER

LOST & FOUND HOSTEL

Diese wunderbare **Backpacker-Gemeinde** (☎6432-8182; www.thelostandfoundhostel.com; Valle de la Mina; B/DZ/3BZ ohne Bad 15/35/50 US$; @📶) hoch im Nebelwald ist über eine kurze, steile Wanderung zu erreichen, die mit herrlichem Bergpanorama belohnt wird. Es gibt hier vier Schlafsäle (mit acht bis 16 Stockbetten), sehr einfache private Zimmer und gepflegte Gemeinschaftsbäder mit vielen Kabinen. Die kanadischen Besitzer haben jedes Detail ausgetüftelt, von spielerischen Schatzsuchen bis zu Kaffeeplantagentouren und einem Aussichtsturm.

In der Küche gibt es reichlich Proviant zu kaufen, auch werden leckere Mahlzeiten angeboten. Außerdem gibt's eine kleine Kneipe, eine Lounge und oben einen Filmraum, in respektvoller Entfernung von den Schlafenden.

Die Aktivitäten sind abwechslungsreich und preisgünstig; bis zu drei Exkursionen brechen jeden Tag auf. Ein Wegenetz von insgesamt acht Stunden und bis auf eine Höhe von 2200 m führt durch das Waldschutzgebiet La Fortuna. Wanderer können einen tosenden Wasserfall und eine indigene Gemeinschaft besuchen. Die Wege lassen sich auch zu Pferd (40 US$) erkunden, samt Besuch auf einer Kaffeeplantage (25 US$)

Angesichts der abgeschiedenen Lage ist es erforderlich, einen Tag im Voraus per Telefon oder E-Mail zu buchen. Um hierher zu gelangen, nimmt man in David einen Bus (4 US$, 1 Std.) und bittet den Fahrer, einen bei Km 42 am großen Lost & Found-Schild abzusetzen. Dann folgt man dem Weg rechts vom Lebensmittelladen etwa 20 Minuten bergauf. Es ist auch möglich, einen Bus ab Changuinola oder Almirante (ca. 7 US$) in der Provinz Bocas del Toro zu nehmen.

ständig acht Biere und zwei Cidre vom Fass geboten, von göttlich bis lächerlich (Wassermelonenbier). Prost!

ℹ Praktische Informationen

Das große **ATP-Büro** (☎720-4060; chiriqui@atp.gob.pa; Carretera 43; ⏲9.30–17.30 Uhr) befindet sich etwa 1,5 km südlich von Boquete an der Straße nach David auf einem Felsvorsprung hoch über der Stadt. Hier gibt's Karten und Informationen über die Sehenswürdigkeiten der Region. Im Erdgeschoss befindet sich ein Café, oben erläutert eine Ausstellung die Geschichte der Gegend (auf Spanisch).

Medizinische Versorgung bietet das **Centro Medico San Juan Bautista** (☎720-1881; Calle 2 Norte).

Banco Nacional de Panama (☎720-1328; Av Central; ⏲Mo–Fr 8–15, Sa 9–12 Uhr) und **Global Bank** (☎720-2329; Av Central; ⏲Mo–Fr 8–15, Sa 9–12 Uhr) haben Geldautomaten.

ℹ An- & Weiterreise

Der **Busbahnhof** (Karte S. 710) befindet sich an der Hauptstraße beim Hauptplatz. Busse nach David (1,75 US$, 1 Std.) fahren von 5 bis 18.30 Uhr halbstündlich von der **Südseite des Hauptplatzes von Boquete**. Ab David verkehren sie von 6 bis 21.30 Uhr. Stündlich fahren außerdem Busse nach Caldera (2 US$, 45 Min.).

Hello Travel Panama (Karte S. 710; www.hellotravelpanama.com; Mamallena Hostel) unterhält Kleinbusse, die zwischen Boquete und Bocas del Toro verkehren (30 US$, inkl. Boot, 4 Std.) und am Lost & Found Hostel (s. o.) und in Santa Catalina (35 US$, 5 Std.) halten. Es gibt auch Anschlussbusse nach Puerto Viejo in Costa Rica (8 Std.).

Parque Nacional Volcán Barú

Der 143 km² große Nationalpark breitet sich rund um den Volcán Barú aus, den einzigen Vulkan Panamas, der zugleich das geografische Wahrzeichen der Provinz Chiriquí ist. Der Vulkan ist nicht mehr aktiv, war es aber offensichtlich mal, und hat nicht nur einen, sondern gleich sieben Krater. Mit 3474 m ist er die höchste Erhebung Panamas. An klaren Tagen kann man von seinem Gipfel die Küsten des Pazifiks und der Karibik sehen.

Im Nationalpark verläuft auch der Sendero Los Quetzales, einer der landschaftlich reizvollsten Wanderwege im ganzen Land. Wie der Name schon andeutet, bietet der Weg eine der besten Möglichkeiten in Panama, den seltenen, aber prächtigen Quetzal zu erblicken, besonders während der Trockenzeit von Februar bis Mai. Aber auch wenn der Paradiesvogel der Mayas sich nicht blicken lässt: Der Park ist Lebensraum von mehr als 250 weiteren Vogelarten sowie von Pumas, Tapiren und dem Paka, einem großen gefleckten Nagetier, auch *conejo pintado* genannt, „bemaltes Kaninchen".

Aktivitäten

Volcán Barú WANDERN

Da vom Gipfel sowohl der Pazifik als auch das Karibische Meer zu sehen sind, wollen viel Besucher den Volcán Barú besteigen. Bei schlechtem Wetter lohnt sich der Aufstieg möglicherweise nicht, weil er uneben und anstrengend ist. Außerdem ist bei bewölktem Himmel nur wenig zu sehen. Östlich (Boquete) und westlich (Volcán) des Vulkans gibt es Eingänge zum Nationalpark.

Der Aufstieg ab Boquete im Osten ist einfacher, aber es ist eine anstrengende Wanderung bergauf über eine 13,5 km lange Straße, die direkt beim Parkeingang beginnt, 8 km nordwestlich des Zentrums von Boquete. Bis zur Rangerstation und noch einige Kilometer darüber hinaus ist die Straße asphaltiert. Wenn man mit einem Taxi oder eigenen Auto so weit wie möglich hinauffährt und den Rest des Weges zu Fuß geht, dauert es vom Parkeingang bis zum Gipfel etwa fünf oder sechs Stunden. Die Wanderung von Boquete aus dauert nochmals zwei bis drei Stunden für die einfache Strecke.

Am besten geht man um 23 oder 24 Uhr los und ist dann zum Sonnenaufgang oben. Dafür benötigt man allerdings einen Führer und muss gegen die Kälte gewappnet sein. Eine andere Möglichkeit ist, auf dem Berg zu übernachten. Dann ist man bereits am frühen Morgen oben, wenn die Aussicht am schönsten ist.

Der westliche Parkeingang befindet sich am Ortsende von Volcán, an der Straße nach Cerro Punta. Von dieser Seite aus gesehen präsentiert sich der Vulkan weitaus spektakulärer. Die holprige, 16,5 km lange Straße in den Park (nur mit Allradfahrzeug zu bewältigen) führt nur ein kurzes Stück abseits der Hauptstraße zum Fuß des Vulkans. Am Parkeingang eröffnet sich ein grandioser Blick auf den Gipfel und die benachbarten Berge und ein schöner Rundwanderweg führt durch Sekundär- und Urwald. Der Aufstieg dauert zehn bis zwölf Stunden.

★ Sendero Los Quetzales WANDERN

(Mautgebühr 3 US$) Einer der schönsten Wanderwege Panamas führt von Cerro Punta nach Boquete und kreuzt immer wieder den Rió Caldera. Der Weg kann in beiden Richtungen abgelaufen werden, aber von Westen nach Osten geht es mehr bergab: Cerro Punta liegt fast 1000 m höher als Boquete. Die 8 km lange Strecke dauert vier bis sechs Stunden. Vom und zum Startpunkt des Weges dauert es noch einmal jeweils zwei Stunden (insgesamt ca. 23 km). Ein Führer ist ratsam.

Die Fahrt mit einem Allradtaxi zum Startpunkt des Weges in Cerro Punta kostet etwa 35 US$ pro Person, ein *colectivo* (Sammeltaxi) 6 US$. Die Taxifahrer kennen die Gegend unter dem Namen „Respingo". Aufgrund von Erdrutschen kann der Zustand der Straßen sehr schlecht sein. Der Weg ist knapp 10 km von Cerro Punta entfernt; die ersten 6 km geht es über eine Asphaltstraße (6 km), dann über eine Piste (3,5 km). Nach dem Endpunkt des Wanderweges sind es noch weitere 8 km auf der Straße entlang nach Boquete, wo man eventuell ein Taxi anhalten kann. Insgesamt ist der Weg etwa 23 km lang, sodass die gesamte Strecke auf jeden Fall gut geplant sein sollte.

Von David fahren Busse nach Cerro Punta (3,50 US$, 2¼ Std.), letzte Abfahrt 18 Uhr. Wer nicht sein ganzes Gepäck mitschleppen will, lässt es in einem Hotel in David und nimmt nur das unbedingt Notwendige für die Wanderung mit, einschließlich etwas Bargeld, um in Boquete essen und eventuell übernachten zu können.

Zu beachten ist, dass sich besonders nach starkem Regen die Bedingungen jederzeit ändern können. Es wird erwogen, die Wanderung nur noch mit einem Führer zu erlauben – in letzter Zeit haben sich hier viele Wanderer verirrt und es gibt so gut wie keine Einrichtungen zur Bergrettung.

Schlafen

Parque Nacional Volcán Barú Camping CAMPINGPLATZ $

(Stellplatz 5 US$) Campen ist im Park und entlang dem Weg zum Vulkangipfel von Boquete aus möglich, ebenso am Sendero Los Quetzales – an einem Picknickplatz namens Mirador La Roca – oder an der Rangerstation am Ausgangspunkt des Sendero Los Quetzales bei Cerro Punta.

Praktische Informationen

Die beste Zeit für einen Besuch des Nationalparks ist die Trockenzeit und dann frühmorgens, wenn die Tiere am aktivsten sind.

Nachts können die Temperaturen unter den Gefrierpunkt absinken, tagsüber und insbesondere morgens ist es oft recht kalt und windig – also warm anziehen und eine Taschenlampe mitnehmen.

An- & Weiterreise

Der Startpunkt des Wanderwegs, der auf den Gipfel des Volcán Barú führt, ist am besten von Boquete aus zu erreichen, der Sendero Los Quetzales am besten von Cerro Punta aus. Ein Taxi kostet 35 bzw. 30 US$.

Volcán

12 720 EW.

Volcán an der Südwestflanke des hohen Volcán Barú hat eine angenehme Atmosphäre und eignet sich gut zum Übernachten und Essen oder als Ausgangspunkt für Exkursionen. Der Ort ist perfekt, um eine Ahnung davon zu bekommen, wie Boquete ausgesehen haben muss, als es noch eins unter vielen, nicht weiter erwähnenswerten Städtchen im Hochland von Chiriquí war.

Sehenswertes & Aktivitäten

Área Silvestre Protegida Lagunas de Volcán NATIONALPARK

Das Naturschutzgebiet etwa 4 km westlich von Volcán umfasst die am höchsten gelegene Seenkette (1240 m) in Panama. Die beiden malerischen Seen vor dem Hintergrund des Volcán Barú sind bis ans Ufer von dichtem Urwald umgeben und werden in der Regenzeit größer. In den Wäldern drumherum lassen sich hervorragend Vögel beobachten.

Zu erreichen sind die Seen ab dem Zentrum von Volcán über die Calle El Valle Richtung Westen und dann immer den Schildern nach. Busse fahren nicht dorthin, aber ein Taxi kostet ab Volcán etwa 6 US$.

Arte Cruz WERKSTATT

(☎6503-1128, 6622-1502; www.facebook.com/artecruzpanama/; ⌚Di–Fr 8.30–12 & 13.30–17.30, Sa & So ab 9 Uhr) GRATIS An der Westseite der Ruta 41, etwa 3,5 km südlich von Volcán, befindet sich die Werkstatt des Schreinermeisters und Künstlers José de la Cruz González. Er produziert und verkauft wunderbare Schilder, Skulpturen und Möbel aus Mahagoni und anderen Hölzern, auch beeindruckende Ätzungen auf Kristall und Glass. José studierte Kunst in Italien und Honduras und seine Arbeiten werden von Käufern in aller Welt in Auftrag gegeben. Besucher kommen in den Genuss, seine unterhaltsamen Vorführungen zu erleben.

Janson Coffee Farm TOUREN

(☎6867-3884; www.jansoncoffeefarm.com; ⌚9–15 Uhr) Auf dieser sehr ertragreichen Kaffeeplantage, etwa 3 km westlich von Volcán auf dem Weg zu den Seen, werden Führungen angeboten, von einer einstündigen Kurztour (10 US$) bis zu einer 2½-stündigen umfassenden Tour (35 US$). Dazu gehören eine Kostprobe des teuren Geisha-Kaffees und eine Besichtigung des Anwesens. Weitere mögliche Aktivitäten sind Vogelbeobachtung und Angeltouren sowie in der Trockenzeit Reitausflüge (Dez.–Feb.).

Schlafen & Essen

★**Mount Totumas Cloud Forest** HÜTTE $$

(☎6963-5069; www.mounttotumas.com; Zi. 110–180 US$, Hütte 130–180 US$; @📶) Die 162 ha große Ökolodge liegt 20 km nordwestlich von Volcán. Sie ist mit 1900 m eine der höchstgelegenen in Panama, und der Nebelwald am Rand des Parque Internacional La Amistad ist der Traum eines jeden Naturfreunds. Neun Wege mit einer Gesamtlänge von 50 km führen zu Wasserfällen und Thermalquellen. Als Unterkunft stehen das stilvolle Haupthaus, ein Baumhaus am Wanderweg und Hütten mit Küche zur Verfügung. Alle haben eine Veranda mit Hängematten und Aussicht. Die Hütten sind nicht ans Stromnetz angeschlossen, warmes Wasser, Elektrizität und Internet liefert eine winzige Wasserkraftanlage. Gäste können an Wanderführungen zur Spitze des Mount Totumas (2630 m) und in den Park La Amistad teilnehmen. Transportmittel stehen ab Volcán (60 US$ einfach), 70 Minuten über eine holprige Straße entfernt, und ab Boquete und David (100 US$) zur Verfügung. Ansonsten brauchen Gäste ein Allradfahrzeug mit hoher Radaufhängung. Die Verkehrsverbindungen sind im September und Oktober seltener.

★**Cerro Brujo** MEDITERRAN $$

(☎6669-9196; Brisas del Norte; Hauptgerichte 9–18 US$; ⌚Di–So 13–15 & 18–21 Uhr) Ein Gourmetrestaurant mit Gartentischen in einem witzigen Landhaus. Das Angebot auf der Kreidetafel besteht täglich aus nur drei bis vier Gerichten. Die leckeren Kreationen der leutseligen Besitzerin und Küchenchefin Patti Miranda werden ausschließlich aus heimischen Bioprodukten zubereitet. Es könnte beispielsweise einen köstlichen Salat aus dem Garten geben, einen umwerfenden Lammeintopf, oder Mahi Mahi in Sesamkruste und zum Nachtisch ein Baumtomaten-Sorbet (*tomate de palo*).

An- & Weiterreise

Die Ruta 41 zwischen Volcán und La Concepción im Süden gabelt sich im Ortszentrum: Ein Pfeil weist nach links Richtung Río Sereno an der costa-ricanischen Grenze (35 km), der andere nach rechts Richtung Cerro Punta (16 km), dem westlichen Zugang zum Sendero Los Quetzales.

Die Busse nach David (3 US$, 1½ Std.) fahren von 5 bis 19.30 Uhr alle 15 Minuten vom Bahnhof neben der Markthalle ab. Er befindet sich 100 m nordöstlich der Polizeiwache an der Straße nach Cerro Punta. An der Delta-Tankstelle nahe der Gabelung nach Río Sereno bzw. Cerro Punta warten auch Pick-up-Taxis.

Cerro Punta

7750 EW.

Das stille Bergstädtchen auf 800 m Höhe erinnert an ein Alpendorf. Hier nimmt die Gegend ein fast europäisches Aussehen an, mit sorgsam gepflegten Gemüsebeeten und Häusern im Chaletstil mit steilen Dächern. Daher überrascht es kaum zu erfahren, dass hier vor langer Zeit eine Schweizer Kolonie gegründet wurde und der unmittelbar südlich gelegene Weiler Nueva Suiza (Neue Schweiz) heißt.

Reisende kommen vor allem in der Trockenzeit von Mitte Dezember bis April nach Cerro Punta, um den beiden Nationalparks in der Nähe einen Besuch abzustatten: Volcán Barú und La Amistad. Aber auch der Ort selbst bildet eine reizende Zwischenstation, u. a. wegen der saftigen Erdbeeren, die es hier die meiste Zeit des Jahres an Straßenständen zu kaufen gibt.

Schlafen & Essen

Hotel Cerro Punta HOTEL $

(☎6546-7334, 771-2020; www.hotelcerropunta.com; Zi. 37 US$; P 📶) Das freundliche Hotel an der Hauptstraße bietet eine Reihe von zehn Betonzimmern, die jeweils Platz für drei Personen haben. Sie sind schon arg in die Jahre gekommenen und abgenutzt, gehen aber auf einen grasbewachsenen Hinterhof hinaus, und wer auf dem Weg in einen der Nationalparks Volcán Barú und La Amistad ist, kann hier wohl für eine Weile zum letzten Mal eine heiße Dusche genießen. Das angeschlossene Restaurant ist ganz gut und preisgünstig.

An- & Weiterreise

Von David fahren Busse über Volcán und Bambito nach Cerro Punta (3,50 US$, 2¼ Std., alle 20 Min.) und dann weiter nach Guadalupe. Wer aus Costa Rica kommt, nimmt diesen Bus ab der Abzweigung von der Interamericana bei La Concepción.

Wer selbst fährt: Die Hauptstraße führt durch Cerro Punta und endet 3 km später in Guadalupe. Links führt eine weitere Straße zum Eingang Las Nubes des Parque Internacional La Amistad, knapp 7 km nordwestlich.

Parque Internacional La Amistad (Las Nubes)

Der 4000 km² große **Parque Internacional La Amistad** (Park der internationalen Freundschaft; Campingplätze 10 US$; ⌚8–16 Uhr), ein Paradies für Wanderer und Naturkundler, erstreckt sich über Teile der Provinzen Chiriquí und Bocas del Toro. Obwohl der größte Teil des Parks in letzterer Provinz liegt, ist der Teil in Chiriquí mit seinem Eingang bei Las Nubes leichter zugänglich.

Der größte Teil des Parks besteht aus unzugänglichem Terrain hoch oben im Talamanca-Gebirge. Doch ein Abstecher in den Park lohnt sich auf jeden Fall: Hier sind 90 Säugetierarten und darunter alle sechs Katzenarten gesichtet worden, außerdem über 450 Vogelarten, so auch der Quetzal und die Harpyie.

Schlafen

Rangerstation Las Nubes HÜTTE $

(☎775-3163, 774-6671; Las Nubes; B 15 US$) Die einfache Rangerstation verfügt über eine Schlafsaalhütte mit Stockbetten. Da diese Schlafplätze besonders bei ausländischen Schülergruppen sehr beliebt sind, sollten sie im Voraus reserviert werden. Den Gästen steht auch eine Küche zur Verfügung. Einkaufen muss man in Cerro Punta. Auch Bettzeug muss mitgebracht werden; gut ist ein Moskitonetz. Reservieren kann man telefonisch beim **Ministerio de Ambiente** (☎774-6671; Av Red Gray; ⌚Mo–Fr 8–16 Uhr) in David und beim Co-op Restaurant am Parkeingang.

Praktische Informationen

Der Eingang ist an der Parkverwaltung in Las Nubes, 6 km nordwestlich von Cerro Punta. Campinggenehmigungen (10 US$ pro Pers.) sind in der Rangerstation Las Nubes erhältlich.

Wer vorhat, einige Zeit in Las Nubes zu verbringen, sollte eine Jacke oder einen Pullover im Gepäck haben, denn da dieser Teil des Nationalparks auf 2280 m Höhe liegt, ist es hier teils kühl: Die Tagestemperatur beträgt normalerweise um die 24 °C, nachts zeigt die Quecksilbersäule aber oft nur noch 3 °C an.

An- & Weiterreise

Der Parkeingang von Las Nubes ist etwa 6 km nordwestlich von Cerro Punta, wo ein Schild an der Hauptstraße die Abzweigung markiert. Ein Taxi kostet etwa 10 US$.

PROVINZ BOCAS DEL TORO

156 480 EW. / BIS ZU 3336 M

Wo kleine Inseln im tiefblauen Karibischen Meer liegen, erstreckt sich die Provinz Bocas del Toro, die all das hat, was man sich unter den Tropen so vorstellt. Dies ist das bedeutendste Touristenziel Panamas und beschert den Besuchern zweifelsohne unvergessliche Erinnerungen. Der Archipel besteht aus sechs dicht bewaldeten größeren Inseln, unzähligen unbewohnten Inselchen und dem ältesten Meeresnationalpark Panamas, dem Parque Nacional Marino Isla Bastimentos.

Auf dem Festland, seit Langem Hauptsitz des Chiquita-Bananen-Unternehmens, erstreckt sich der Parque Internacional La Amistad, der bis über die Grenze nach Costa Rica hineinreicht. Hier sind auch Wildtiere wie der scheue Jaguar und traditionelle Siedlungen der Ngöbe-Buglé und der Naso, eines von nur noch wenigen amerikanischen Volksstämmen mit eigenem Monarchen, beheimatet.

Bei den meisten Besuchern handelt es sich um echte Fans von Sonne und Meer. Kaum jemand ist von der perfekten Mischung aus Wasserspaß und Luxus unter Palmen enttäuscht, die vielleicht schönste Ecke Panamas hat jedoch noch erheblich mehr zu bieten.

Isla Colón

9000 EW.

Auf der erschlossensten Insel des Archipels liegt die Provinzhauptstadt Bocas del Toro. Ab Mitte der 1990er-Jahre strömten ausländische Investoren auf die Insel und schufen Hotels, Restaurants und Apartmenthäuser, während die Infrastruktur für Wasserversorgung und -entsorgung sowie die Müllbeseitigung weit hinterherhinkte. Heute versucht die Insel, deren Energiebedarf mit Dieselkraftstoff gedeckt wird, ein Gleichgewicht zwischen einer hinreichenden Erschließung und den Bedürfnissen der Gemeinschaft zu finden.

Stadt, Inselgruppe und die Provinz tragen alle den gleichen Namen: Bocas del Toro. Um Verwechslungen zu vermeiden, bezeichnen wie hier die Provinzhauptstadt einfach nur als Bocas.

Aktivitäten

Bootstouren

Zu den beliebtesten Touren in der Gegend gehören ganztägige Schnorchelausflüge. Sie sind bestens geeignet für alle, die nicht tauchen, aber trotzdem etwas von der artenreichen Unterwasserwelt sehen wollen. Eine solche Tour kostet 25 US$ pro Person, und führt hinaus zur Dolphin Bay, zum Cayo Crawl, Red Frog Beach (S. 727; Eintritt 5 US$) und Hospital Point.

Die Fahrt zu den weiter entfernten Cayos Zapatillas kostet 35 US$, einschließlich Mittagessen, ein Sonnenbad am Strand und eine kurze Urwaldwanderung auf Cayo Zapatilla Sur.

Viele „Touren" sind in Wirklichkeit nicht viel mehr als eine Bootsfahrt zu einem schönen Ort. Wer eine eigene oder geliehene Schnorchelausrüstung mitbringt, kann auch ein Motorboot chartern. Immer vor der Abfahrt den Preis aushandeln.

Tauchen & Schnorcheln

Erfahrene Taucher, die das kristallklare Wasser der Karibik gewöhnt sind, dürften von dem Archipel enttäuscht sein – fast 40 Flüsse schwemmen Schlick ins Meer, was die Sicht erheblich beeinträchtigt –, aber die Inselgruppe hat dennoch einiges zu bieten. Im smaragdgrünen Wasser des Archipels tummeln sich die üblichen Tropenfische und mit etwas Glück sind Barrakudas, Stachelrochen, Delfine und Ammenhaie zu sehen. Lohnende Tauchstellen sind das **Dark Wood Reef** nordwestlich von Bastimentos, der **Hospital Point**, eine 15 m hohe Wand vor Cayo Nancy, und die Gegend um die Boje bei der **Punta Juan** nördlich der Isla Cristóbal.

Zwei Tauchgänge kosten normalerweise etwa 85 US$; es gibt auch Kurse für Tauchscheine. Einige zuverlässige Veranstalter bieten ab Bocas preiswerte Schnorchel- und Tauchtrips.

Surfen

Für Surfanfänger, die sich in Riffwellen üben wollen, eignet sich die **Playa Punch** (Karte S. 718) mit ihrer Mischung aus Right- und Lefthandern sehr gut. Natürlich kann es auch hier große, schwer zu reitende Brecher geben, aber im Allgemeinen gehören die Wellen an diesem Strand zu den einfachsten der Gegend.

Archipiélago de Bocas del Toro

Archipiélago de Bocas del Toro

Highlights

1 Parque Nacional Marino Isla Bastimentos E4

Sehenswertes

2 Boca del Drago A1
3 Finca Los Monos Botanical Garden B3
4 Fledermaushöhle von Nivida E3
5 Playa Bluff C1
6 Playa El Istmito B3
7 Playa Larga E4
8 Playa Punch C2
9 Red Frog Beach D3
10 Wizard Beach D3

Aktivitäten, Kurse & Touren

11 Bastimentos Alive C3
12 Bastimentos Sky Zipline Canopy Tour D3
Scuba 6 Ecodiving .... (s. 25)
13 Up in the Hill D3

Schlafen

14 Aqua Lounge C3
15 Bambuda Lodge C3
16 Cabañas Estefany A1
17 Casa Cayuco F4
18 Eclypse del Mar D3
19 Island Plantation B1
20 La Loma E4
21 Oasis Bluff Beach B2
22 Palmar Tent Lodge D3
23 Tesoro Escondido C2
24 Tierra Verde C3
25 Tío Tom's Guesthouse C3

Essen

26 Bibi's on the Beach C3
27 Coco Hill C3
28 Firefly Restaurant C3
29 Leaf Eaters Cafe C3
30 Sea Monkey C3

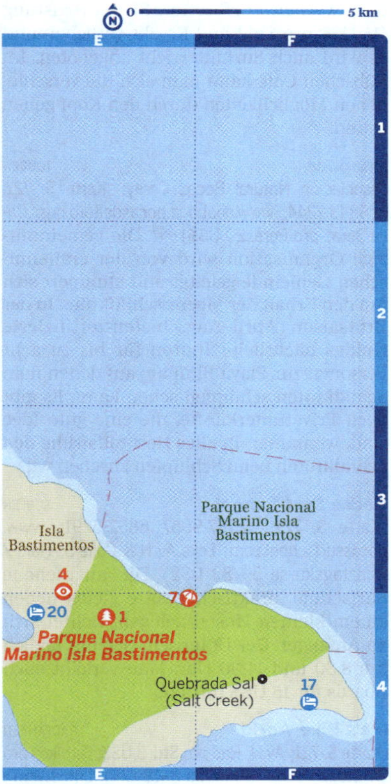

Direkt hinter der Playa Punch, an der Straße zur Playa Bluff, brechen sich am Strand tolle Reefbreaks, die **Dumpers** genannt werden. Da sich die nach links laufenden Wellen bis zu 3 m hoch auftürmen können, sollten sie nur von erfahrenen Surfern geritten werden – die Gefahr, auf das Riff geschleudert zu werden, ist sehr groß. Es gibt auch einen Inner Break, den sogenannten **Inner Dumps**, der ebenfalls nach links verläuft, aber nicht ganz so gnadenlos ist wie der Kumpel außen.

Achtung: Nicht aufs Riff treten, denn es ist scharfkantig und voller Seeigel – nicht barfuß gehen! Passiert doch einmal etwas, muss die Wunde sofort gründlich desinfiziert werden. Man sollte daran denken, dass das Meerwasser in der Karibik den Heilungsprozess nicht befördert: Dank der warmen Wassertemperaturen ist es voller Bakterien.

Der berüchtigtste Surfspot der Insel ist die Playa Bluff (S. 720), wo kraftvolle, hohl brechende Wellen ins seichte Wasser entlang des Strandes krachen. Immer mal wieder splittert hier ein Brett – und manchmal Knochen. Auch wenn die Wellen schnell brechen, sind die Tubes einfach klasse, besonders bei starker Dünung.

Radfahren

Mit einem Fahrrad ist man gleich viel mobiler, sei es nach Boca del Drago über die befestigte Straße oder über die unbefestigte zur Playa Bluff. Allerdings ist die Fahrradtour vom Ort Boca nach Boca del Drago anstrengend – wer sich seiner Fitness nicht ganz sicher ist, sollte lieber die Punta Bluff ins Visier nehmen. Einige Hostels verleihen Fahrräder, ebenso Ixa's Bike World (S. 720) und **Bocas Bicis** (Karte S. 721; Av E; pro Std./Tag 3/12 US$; ⏲9–19 Uhr) in Boca. **Flying Pirates** (Karte S. 721; ☎6689-5050; www.flyingpiratesbocas.com; Ecke Calle 3 & Av C; halber/ganzer Tag 110/140 US$; ⏲9–19 Uhr) verleiht Geländeräder und Quads.

Wandern

Wer sich abseits der ausgetretenen Pfade bewegen möchte, findet ein dichtes Netz unmarkierter Pfade vor, die die geamte Isla Colón überziehen. Einer der bekannteren Wege beginnt am Ende der Küstenstraße in Mimbi Timbi im Nordosten und führt Richtung Westen an der Küste entlang bis nach Boca del Drago. Die Wanderung dauert etwa sechs Stunden; man sollte vor Einbruch der Dunkelheit am Ziel sein. Unbedingt ausreichend Trinkwasser mitnehmen! Der Weg windet sich an kleinen und großen Höhlen vorbei durch einen dichten Urwald voller Schlingpflanzen. Mit einem Fahrrad geht's etwas schneller, auch wenn man es über manche Strecken tragen muss, vor allem wenn es kurz zuvor geregnet hat.

Kajakfahren

Auch wenn der starke Bootsverkehr und der manchmal hohe Wellengang höchste Aufmerksamkeit erfordern, ist es eine tolle Sache, mit dem Seekajak zwischen den Inseln herumzupaddeln. Einige Tauchläden und Hostels vermieten Kajaks.

Bocas del Toro (Stadt)

Bocas del Toro, kurz Bocas genannt, eine farbenprächtige Stadt aus Holzhäusern, wurde Anfang des 20. Jhs. von der United Fruit Company erbaut. Heute ist es eine lässige Gemeinschaft aus Karibikbewohnern,

Latinos und Gringos, die sich hier niedergelassen haben, mit einer ansteckend freundlichen Atmosphäre. An Bocas kann man sich leicht gewöhnen und noch leichter ist es, hier eine Weile zu bleiben.

Bocas ist eine gute Ausgangsbasis, um den Archipel zu erforschen; *taxis marinos* (Wassertaxis) bringen einen für ein paar Dollar zu abgeschiedenen Stränden und Schnorchelplätzen. Der eigentliche Reiz jedoch liegt darin, zu entschleunigen und das Karibikflair in sich aufzunehmen.

Sehenswertes

Playa Bluff STRAND

(Karte S. 718) Ein hübscher Strand mit hohen, starken Wellen. Ohne Surfbrett wagt man sich hier zwar kaum ins Wasser, aber der weiche, gelbe und palmengesäumte Sandstrand ist unberührt. Er liegt 8 km von Bocas entfernt gleich an der Straße, nachdem man die Punta Bluff umrundet hat. Von Mai bis September legen hier Meeresschildkröten ihre Eier ab.

Boca del Drago STRAND

(Drachenmaul; Karte S. 718) Boca del Drago im Nordwesten der Isla Colón zählt zu den schönsten Stränden auf der Insel, obwohl die Brandung teils recht heftig sein kann. Gleich vor dem Strand besteht der Meeresboden aus Korallen und Sand: Hier lässt es sich bei ruhiger See und klarem Wasser gut schnorcheln.

Aktivitäten

Dragon Tours BOOTSTOUR

(Karte S. 721; 6879-5506, 757-7010; www.facebook.com/Jadedragon9; Calle 3; pro Pers. inkl. Mittagessen 45 US$; 9–17 Uhr) Das altbewährte Charterunternehmen schippert mit seinem für den Zweck erbauten 19-m-Katamaran – komplett mit Wasserrutsche – auf Tagestouren zu verschiedenen Inseln. Es vermietet den Katamaran in der Regel an Gruppen von 45 Personen, aber wenn noch Platz ist, können auch Einzelpersonen mitfahren. Schnorcheln und Kühlboxen mit Eis inklusive.

La Buga TAUCHEN

(Karte S. 721; 757-9534, 6781-0755; www.labugapanama.com; Calle 3; 8–20 Uhr) Der sehr renommierte Tauchanbieter mit einem neuen Boot führt pro Tag zwei bis drei Tauchtouren durch. Zu den Highlights zählen die abendlichen Tauchgänge und die Fahrten zu den Höhlen vor Bastimentos (100 US$). Außerdem werden Surfbretter, SUP-Ausrüstung (15 US$ pro Std.) und Kajaks verliehen und es wird auch Surfunterricht angeboten. Im hübschen Café kann man sich die verschiedenen Möglichkeiten durch den Kopf gehen lassen.

Anaboca TOUREN

(Asociación Natural Bocas Carey; Karte S. 721; 6843-7244; www.anaboca.bocasdeltoro.org; Calle 3era; pro Pers. 20 US$) Die gemeinnützige Organisation wird von der einheimischen Gemeinde geleitet und kümmert sich um den Erhalt der Meeresschildkröte. In der Brutsaison (April–Aug.) bieten zertifizierte Guides nächtliche Touren für bis zu acht Personen zur Playa Bluff an, auf denen man Schildkröten schlüpfen sehen kann. Es gibt auch Privatunterkünfte, die eine gute Idee sind, wenn man in aller Herrgottsfrühe den Schildkröten beim Schlüpfen zusehen will.

Bocas Surf School SURFEN

(Karte S. 721; 757-9057, 6852-5291; www.bocassurfschool.com; Ecke Av H & Calle 5; Halb-/Ganztagskurse 59/89 US$) Die angesehene Surfschule, praktischerweise gleich neben einem kleinen Hostel gelegen, richtet sich an Anfänger. Der Unterricht beginnt täglich um 8.30 und 14.30 Uhr. Man verleiht auch Boards für 15 US$ pro Tag.

Ixa's Bike World RADFAHREN

(Karte S. 721; Av H; Rad pro Std. 3 US$, Fatbikes pro 24 Std. 15 US$; Mo–Sa 8–18 Uhr) Die kleine Werkstatt am Nordrand der Stadt repariert und verleiht eine breite Auswahl an Rädern, auch Mountainbikes für eine Tour zur Boca del Drago.

Oreba Chocolate Tour TOUREN

(6649-1457; www.oreba.bocasdeltoro.org; Río Oeste Arriba, Festland; pro Pers. 35 US$) Die Tour ab Bocas führt zu einer Bio-Kakaoplantage, die bei Almirante auf dem Festland von der indigenen Ngöbe-Buglé-Gemeinschaft geführt wird. Die Teilnehmer können die Plantage besichtigen, Faultiere sehen, Schokolade probieren – die einen der hochwertigsten Kakaos der Welt enthält – und ein traditionelles Mittagessen genießen. Entweder direkt buchen oder über **Super Gourmet** (Karte S. 721; 757-9357; www.supergourmetbocas.com; Calle 3; Mo–Sa 9–19 Uhr). Der Ausflug (mind. 2 Pers.) ist auf Spanisch und Englisch erhältlich. Die Bootsfahrt von Bocas nach Almirante (12 US$ hin & zurück) ist nicht im Preis inbegriffen.

Bocas del Toro (Stadt)

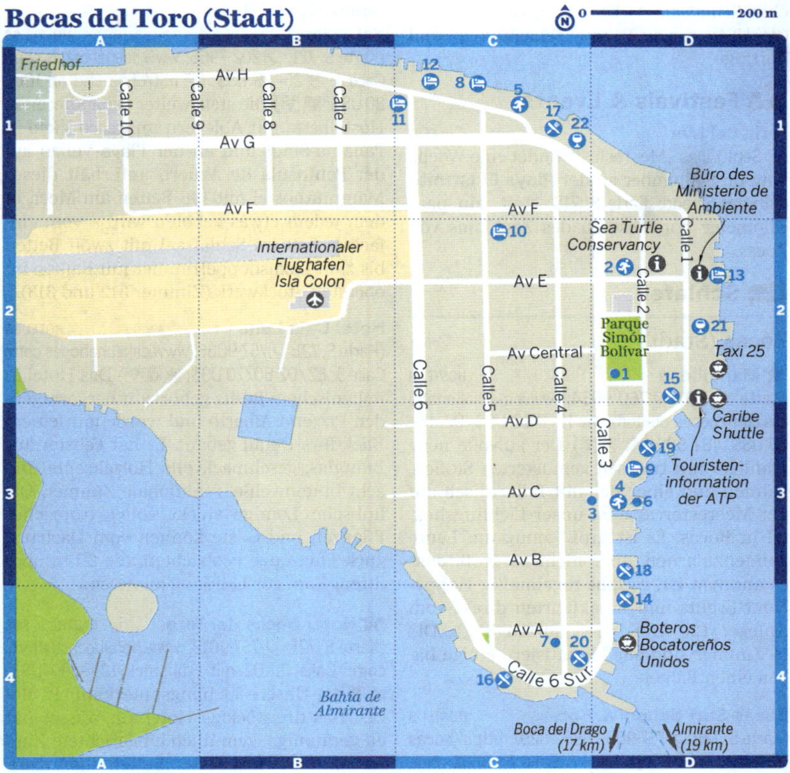

Bocas del Toro (Stadt)

Aktivitäten, Kurse & Touren

1 Anaboca ... D2
2 Bocas Bicis ... D2
Bocas Surf School ... (s. 8)
3 Dragon Tours ... D3
4 Flying Pirates ... D3
5 Ixa's Bike World ... C1
6 La Buga ... D3
7 Spanish by the Sea ... C4

Schlafen

8 Bocas Surf School & Hotel ... C1
9 Hotel Bocas del Toro ... D3
10 Hotel Cala Luna ... C2
11 Hotel Lula's ... C1
12 Mamallena ... C1
13 Selina Hostel Bocas del Toro ... D2

Essen

14 Azul Restaurant ... D4
15 Cafe del Mar ... D2
16 El Último Refugio ... C4
17 La Casbah ... C1
18 Om Café ... D3
Pizzeria Alberto ... (s. 10)
19 Raw ... D3
20 Super Gourmet ... C4

Ausgehen & Nachtleben

21 Barco Hundido ... D2
22 Bookstore Bar ... C1
Selina Bar ... (s. 13)

Kurse

Spanish by the Sea SPRACHKURS
(Karte S. 721; ☎757-9518, 6592-0775; www.spanishbythesea.com; Calle 4) Eine Sprachschule mit entspanntem Ambiente. Gruppenunterricht kostet 360/450 US$ pro Woche für 20/30 Stunden. Mit Ableger in Boquete (S. 708).

Die Mitarbeiter organisieren Privatunterkünfte (ab 22 US$ pro Nacht) oder Übernachtung in einem der sauberen, gemütlichen Schlafsäle (14 US$) oder Einzelzimmer (24 US$), sowie Partys, Tanzstunden und Vorträge.

Festivals & Events

Feria del Mar FEST

(Sept.) Das „Meeresfest" findet eine Woche lang im September an der **Playa El Istmito** (Isthmus-Strand; Karte S. 718) statt, ein paar Kilometer nordwestlich des Zentrums von Bocas.

Schlafen

Bocas (Stadt)

★Mamallena HOSTEL $

(Karte S. 721; 760-9934; www.mamallenabocas.com/bocas-del-toro; Av H; B 18 US$, DZ 45–60 US$, 4BZ 90 US$;) Der stilvolle neue Pfahlbau mit tropisch gemusterten Stoffen, Palmen und einer Bar mit Billardtisch auf der Meeresterrasse ist unser Lieblingshostel in Bocas. Es ist groß genug um Leute kennenzulernen, aber nicht so groß, dass es anonym ist, es gibt regelmäßig Happy-Hour-Events und Kajakfahrten direkt vom Anleger (20 US$ den ganzen Tag). Die 14 Zimmer sind alle klimatisiert, einige haben einen Balkon.

Bocas Surf School & Hotel HOSTEL $

(Karte S. 721; 757-9057, 6852-5291; http://bocassurfschool.com; Ecke Av H & Calle 5; B/DZ ohne Bad 20/50 US$;) Sowas kommt nicht oft vor: ein Hostel mit eigenem Badesteg. Das superhübsche Cottage einer berühmten Surfschule (S. 720) hat zwei Räume mit zehn soliden Stockbetten und zwei Doppelzimmer – das im 1. Stock ist ziemlich nobel. Es gibt eine Gemeinschaftsküche und draußen parkt ein guter Imbisswagen. Wer nicht surft, kann sich ein Kajak mieten.

★Hotel Lula's B&B $$

(Karte S. 721; 757-9057; www.lulabb.com; Ecke Av H & Calle 6; DZ/3BZ mit Frühstück 77/88 US$;) Das hübsche B&B ist mit seinen Veranden und Schaukelstühlen eine stilvolle Unterkunft. Die acht Zimmer sind blitzsauber, haben orthopädische Matratzen und hölzerne Decken und Fußböden. Die Gastgeber, zwei umgängliche Feuerwehrleute aus Atlanta in Georgia, bieten neben einem kostenlosen großen Südstaatenfrühstück einen erstklassigen Service. Das Wasser ist hier gefiltert und es gibt eine gut bestückte Selbstbedienungsbar.

Selina Hostel Bocas del Toro HOSTEL $$

(Karte S. 721; 202-7966; www.selinahostels.com; Calle 1; B 25–35 US$, DZ mit/ohne Bad ab 100/80 US$;) Die stets weiter expandierende Hostelkette mit Ablegern im Casco Viejo in Panama-Stadt und an der Playa Venao auf der Península de Azuero unterhält dieses Mammuthostel mit 196 Betten am Meer, in dem jedem etwas geboten wird – vom einfachen Bett im Schlafsaal mit zwölf Betten bis zum Luxusdoppelzimmer mit Balkon im obersten Stockwerk (Zimmer 312 und 313).

Hotel Cala Luna HOTEL $$

(Karte S. 721; 757-9066; www.calalunabocas.com; Calle 5; EZ/DZ 60/70 US$;) Das Hotel in italienischem Besitz gehört zur hervorragenden Pizzeria Alberto und wurde mit feinem Blick fürs Detail gebaut. Es hat Fenster aus Buntglas, geschmackvolle Holzakzente und acht blütenweiße, funktionale Zimmer. Die hübsche Lounge steckt voller tropischer Pflanzen und Gäste können vom Dachausguck Flugzeuge beobachten, die 30 m über ihrem Kopf zur Landung ansetzen.

★Hotel Bocas del Toro GASTHAUS $$$

(Karte S. 721; 757-9018; www.hotelbocasdeltoro.com; Calle 2; DZ mit Frühstück 129–299 US$;) Unsere Lieblingsunterkunft in Bocas. Das dreistöckige Hotel am Wasser hat elf geräumige, gemütlich eingerichtete Zimmer mit viel Holz, festen Betten und luxuriöser Bettwäsche; einige verfügen über Balkone zum Meer raus. Pluspunkte gibt's für den Portiersservice und nette Extras wie den Silico-Creek-Kaffee, der von einer Gemeinde der Ngöbe-Buglé produziert wird. An der Straße hat das Haus eine gesellige Bar und ein ausgezeichnetes Uferrestaurant, das panamaische Klassiker serviert.

Anderswo auf der Insel

Cabañas Estefany HÜTTE $

(Karte S. 718; 6956-4525; www.facebook.com/cabinasturisticasestefany; Boca del Drago; B/DZ 15/44 US$, 7-Pers.-Hütte 100 US$;) Die Anlage mit elf Zimmern ist zwar alles andere als luxuriös, aber eine der wenigen preisgünstigen Strandunterkünfte auf der Isla Colón. Die leuchtend bunt gestrichenen hölzernen *cabañas* sind sehr schlicht und die Duschen haben nur kaltes Wasser. Am besten ist ein Zimmer mit Ventilator, da es sehr schwül werden kann. Die Zimmer im 1. Stock haben Balkon und Meerblick.

ABSTECHER

BAMBUDA LODGE

Das **Hostel** (Karte S. 718; ☎6962-4644, 6765-4755; www.bambuda.net; Isla Solarte; B 18 US$, DZ 69–99 US$, DZ ohne Bad 59 US$, DZ-Bungalows 89 US$, mit Frühstück;), das von zwei Freunden aus Calgary geführt wird, die auf Spaß und Service setzen, liegt mit Blick auf ein Korallenriff in einem üppigen Regenwald mit Obstbäumen und Wanderwegen. Zur schönen Anlage ganz aus Holz gehören ein großartiger Swimmingpool und eine aufregende 60 m lange Wasserrutsche, die von oben an der Rezeption bis ins Meer hineinreicht. Zu erreichen ist das Hostel per Wassertaxi ab Bocas (5 US$).

Bambuda hat zwei Schlafsäle mit Ventilatoren und jeweils zehn Betten sowie private Zimmer u. a. in recht luxuriösen Dschungelbungalows. In der Open-Air-Bar mit Esstischen werden Mahlzeiten serviert (8–12 US$). Zur entsprechenden Jahreszeit gibt es reichlich Mangos, Sternfrüchte und Netzannonen und ein 10 km langes Wegenetz führt von hier in mehrere Richtungen. Nichtgäste können eine Tageskarte (8 US$) zur Nutzung der Anlagen erwerben. Manchmal stehen auch Schnorchelausrüstung, Kajaks und Kanus zur Verfügung.

Tesoro Escondido HÜTTE $

(Karte S. 718; ☎6711-9594; www.tesoroescondido.info; Playa Paunch; DZ/3BZ ab 50/60 US$, 2-/3-/4-Pers.-Hütten 95/120/135 US$) Die bunte Lodge am Wasser mit acht Zimmern, drei strohgedeckten Cottages und einer Suite verströmt einen sehr heimeligen Charme und einen ganz eigenen Zauber. Die Mosaiktische und Kunstwerke aus Recycling-Flaschen verleihen ihr etwas Bohemehaftes. Der Balkon voller Hängematten ist traumhaft und die Zimmer 7 und 8, die man über einen Baumstamm mit Treppenstufen erreicht, sind bombastisch.

Oasis Bluff Beach B&B $$

(Karte S. 718; ☎WhatsApp 1-479-381-0096; www.oasisbluffbeach.com; Playa Bluff; DZ mit Frühstück 120 US$;) Das luftige, moderne und geschmackvoll eingerichtete Haus wird von einem britischen Paar als B&B geführt. Es steht auf einer Rasenfläche direkt am Meer und ist im 1. Stock rundum von einer Veranda umgeben. Gäste können sich auch exzellente Mahlzeiten bestellen. Das Haus liegt 20 Minuten außerhalb von Bocas.

★ **Island Plantation** BOUTIQUEHOTEL $$$

(Karte S. 718; ☎6612-7798; www.islandplantationbocas.com; Playa Bluff; DZ/Suite 160/224 US$;) Das Boutiquehotel, das an ein kleines Resort auf Bali erinnert, hat sieben wunderschöne Zimmer mit jeweils eigener Freiluftdusche im Garten, extragroße Himmelbetten, Moskitonetze und Balkone aus Hartholz. Umwerfend ist die Suite mit zwei Schlafzimmern mit einer riesengroßen Holzveranda. Mittags wird Essen am Strand serviert; die Pizza aus dem Lehmofen ist ein Gedicht. Freundliche Begrüßung, toller Service.

Essen

Cafe del Mar CAFÉ $

(Karte S. 721; ☎6212-8712; Calle 1; Gerichte 6–9 US$; ⏲Di–So 8–22 Uhr;) Wraps, Sandwiches und Burger mit hausgemachter scharfer Sauce, und alles bio, das gibt's in diesem winzigen Lokal. Frühstück wird den ganzen Tag über serviert, ebenso Smoothies und Säfte, darunter ein Wassermelonen-Ingwer-Drink, der einfach umwerfend ist. Konservierungsstoffe kommen nicht in die Tüte und vegetarische Optionen gibt's haufenweise. Das Essen kann auch mitgenommen werden und der Kaffee ist super.

Pizzeria Alberto PIZZA $

(Karte S. 721; ☎757-9066; Calle 5; Pizza 8–14 US$; ⏲Fr–Mi 17–22 Uhr) In dem Lieblingslokal der Einheimischen, dessen Besitzer aus Sardinien stammen, wird Tischtennis gespielt, bis das Essen fertig ist. Die Pizza mit Artischocken, Oliven und Gorgonzola stillt selbst den größten Hunger.

Raw ASIATISCH $$

(Karte S. 721; ☎6938-8473; www.facebook.com/RawFusionBocas; Calle 1 s/n; Hauptgerichte 12–15 US$; ⏲Di–So 15–22 Uhr) Es ist nur ein kleines Restaurant auf Planken über dem Wasser, aber was es dort an Gerichten der asiatischen Fusionsküche gibt, kann sich sehen lassen. Zu frischen Tofu-Frühlingsrollen und wunderbaren Thunfisch-Tapas gibt es Sake. Die Salate sind köstlich, die Bedienung ist freundlich und aufmerksam. Abends werden Kerzen angezündet, dann füllt sich die auf originale Martinis (ab 7 US$) und Cocktails spezialisierte Bar allmählich.

NICHT VERSÄUMEN

GARTEN DER AFFEN

Eines der Highlights in Bocas ist ein Besuch der **Finca Los Monos** (Karte S. 718; ☎757-9461, 6729-9943; www.bocasdeltorobotanicalgarden.com; Garten-/Vogelbeobachtungstouren 5/25 US$1; ⌚Gartentouren Mo 13 & Fr 8.30 Uhr, Vogelbeobachtungstouren auf Anfrage 6.30 & 17 Uhr), eines ein paar Kilometer nordwestlich vom Ortszentrum gelegenen botanischen Gartens. Der über fast zwei Jahrzehnte mühevoll aus 10 ha Sekundärregenwald gewonnene Garten enthält Hunderte Arten heimischer und importierter Bäume und Zierpflanzen und es wimmelt hier von Tieren. Miteigentümerin und Führerin Lin Gillingham weist auf Brüllaffen und Weißschulterkapuziner, Faultiere und verschiedene Vögel hin. Die Führungen freitags und montags müssen im Voraus gebucht werden und finden regelmäßig statt, die Vogelbeobachtungstouren nur auf Anfrage.

★Om Café INDISCH $$

(Karte S. 721; ☎6127-0671; http://omcafebocas.com; Calle 3; Hauptgerichte 9–19 US$; ⌚ganzjährig Mo–Fr 16–22 Uhr, Dez.–April auch Sa; ✎) Wenn herrliche Düfte auf dem Bürgersteig zu riechen sind, kommen sie bestimmt aus diesem freundlichen indischen Café, das klassische Currys, Kormas und *thalis* serviert. Der Service kann etwas lahm sein, aber die Wartezeit lässt sich mit einem der originellen Cocktails überbrücken, z. B. einem Tipsy Turban (6 US$) mit Maracuja- oder Limonensaft, Rum und Zucker. Gute Auswahl an vegetarischen Gerichten.

La Casbah MEDITERRAN $$

(Karte S. 721; ☎6477-4727; Av H; Menü 14 US$, Hauptgerichte 13–16 US$; ⌚Di–Sa 18–22 Uhr) Einheimische und Traveller lieben dieses mediterrane Restaurant, in dem Gazpacho, Ziegenkäsesalat sowie Meeresfrüchte- und Fleischgerichte wie Taboulé mit Hühnchen aufgetischt werden. Der Fisch des Tages wird mit Sahne- oder Weißweinsauce angerichtet, auch gibt es eine schöne Gemüseplatte für Vegetarier.

Azul Restaurant FUSIONSKÜCHE $$

(Karte S. 721; ☎6531-5916; www.facebook.com/azulrestaurantbocas; Calle 3era s/n, 2. Stock; Menüs 20 US$; ⌚Di–So 18–22 Uhr; ✎) Auf dem herrlichen Balkon im 2. Stock des Azul (oder auch drinnen) wird hervorragende Gourmetküche zu günstigen Preisen serviert. Eine Speisekarte gibt es nicht, sondern nur die Auswahl zwischen einem vegetarischen oder nichtvegetarischen Menü (eher fischbetont) mit sechs Gängen, davon zwei Desserts. Im Angebot sind Thunfischtatar mit Sesam und Mango, Carpaccio aus Roter Beete oder Risotto mit Oktopustinte. Der Service ist perfekt.

★El Último Refugio KARIBISCH $$$

(Karte S. 721; ☎6726-9851; www.ultimorefugio.com; Calle 6 Sur; Hauptgerichte 14–20 US$; ⌚Mo–Sa 18–22 Uhr) Das ruhige, von Nordamerikanern geführte Restaurant am Meer wird gern von Einheimischen aufgesucht, die fein ausgehen wollen. Zu den karibische und Meeresfrüchtegerichten gehören Calamari in rotem Curry oder Zackenbarsch in Misokruste. Die Bedienung ist freundlich und dank der ruhigen Lage ist dies eine vorzügliche Adresse für ein romantisches Abendessen. Reservierung ratsam.

Ausgehen & Nachtleben

Selina Bar CLUB

(Karte S. 721; ☎202-7966; www.selinahostels.com; Calle 1; ⌚So–Do 19–24, Fr & Sa bis 2 Uhr) Die Bar im Selina Hostel hat täglich geöffnet; von 19 bis 20 Uhr ist Happy Hour. Die meisten Leute kommen jedoch freitags zwischen 22 und 2 Uhr her, denn da steigt hier die wilde Party.

Barco Hundido BAR

(Karte S. 721; Calle 1; ⌚20–24 Uhr) Irgendwann landet wahrscheinlich jeder mal in dieser Freiluftbar mit dem Spitznamen „Wreck Deck" – wegen des davor gesunkenen Bananenboots, das im klaren Wasser der Karibik gut zu erkennen ist. Von der Bar führt ein kurzer Holzsteg zu einer Insel mit Schaukeln, auf der man herrlich sitzen und Sterne gucken kann.

Bookstore Bar BAR

(Karte S. 721; ☎6452-5905; Calle 2; ⌚Mo–Sa 12–1, So 17–0.30 Uhr) Wie der Name schon vermuten lässt: Der riesige Laden verkauft sowohl Bücher als auch Drinks, allerdings scheinen die meisten Leute eher an Letzterem interessiert zu sein. Hier gibt's auch die beste Livemusik in Bocas, nämlich dienstags und samstags Rock, Salsa und Punk. Der von zwei umgänglichen Nordamerikanern geführte Laden ist zu Beginn des Abends – und manchmal auch am Ende – ein Gringo-Treffpunkt.

Praktische Informationen

ATP-Touristeninformation (Autoridad de Turismo Panama; Karte S. 721; ☎757-9642; bocasdeltoro@atp.gob.pa; Calle 1; ⏲Mo–Fr 9–16 Uhr) In einem großen Amtsgebäude neben der Polizeiwache an der östlichen Strandpromenade

Banco Nacional de Panamá (☎758-3850; Ecke Calle 4 & Av E; ⏲Mo–Fr 8–15, Sa 9–14 Uhr) Löst Reiseschecks ein und hat einen rund um die Uhr zugänglichen Geldautomaten.

Krankenhaus (☎757-9201; Av G; ⏲24 Std.) Das einzige Krankenhaus der Insel hat eine rund um die Uhr geöffnete Notaufnahme. Im Nordwesten wird mit Geldern aus Taiwan ein neues Krankenhaus gebaut.

Ministerio de Ambiente (Karte S. 721; ☎758-6822, 757-9442; Calle 1; ⏲Mo–Fr 9–17 Uhr) Anlaufstelle für Fragen zu Nationalparks und anderen Naturschutzgebieten.

Sea Turtle Conservancy (Karte S. 721; ☎757-9186; www.conserveturtles.org; Calle 2; ⏲Mo–Fr 9–17 Uhr) Die älteste Forschungs- und Schutzorganisation für Meeresschildkröten der Welt unterhält ein Informationsbüro in Bocas.

GEFAHREN & ÄRGERNISSE

- Im Gegensatz zu den meisten anderen Orten in Panama ist das Leitungswasser im Archipel nur gefiltert genießbar. Zwar hat Bocas eine Wasseraufbereitungsanlage, aber die meisten Einheimischen meinen, dem Leitungswasser sei nicht zu trauen. Zum Zähneputzen ist es okay, ansonsten kauft man sich besser abgefülltes Wasser oder entkeimt es selbst.
- Die Brandung kann gefährlich sein und es gibt häufig starke Unterströmungen. Beim Baden also entsprechend vorsichtig sein!
- Der Archipel ist im Allgemeinen recht konservativ: Oben ohne in der Öffentlichkeit ist sowohl für Männlein als auch für Weiblein per Gesetz verboten. Selbst wenn man auf dem Weg zum Strand ist, muss der Oberkörper bedeckt sein. Andernfalls kann es passieren, dass man von der Polizei ins Hotel zurückgeschickt wird.
- Egal, wie alt man ist: Mit ziemlicher Sicherheit werden einem auf den Straßen im Zentrum von Bocas Drogen zum Kauf angeboten. Um Drogen sollte man jedoch einen sehr großen Bogen machen: Panama nimmt seine Drogengesetze wirklich sehr ernst!

An- & Weiterreise

Bei der Ankunft in einem Hafen in Bocas del Toro müssen alle Ankömmlinge eine Tourismussteuer von 3 US$ entrichten.

Air Panama (☎757-9841; www.airpanama.com) fliegt zweimal täglich nach Panama-Stadt (ab 123 US$, 1 Std.), manchmal über Changuinola (63 US$), sowie nach David (85 US$). Niederlassung am **Flughafen** (Karte S. 721; ☎757-9208; Av E).

Wer nicht nach Bocas fliegt, muss ein Wassertaxi (6 US$) von Almirante auf dem Festland nehmen. **Taxi 25** (Karte S. 721; ☎757-9071; www.facebook.com/bocastaxi25; ⏲6–18 Uhr) legt von 6 bis 18.30 Uhr alle 30 Minuten ab. Die Fahrt dauert 30 Minuten.

Caribe Shuttle (Karte S. 721; ☎757-7048; www.caribeshuttle.com; Calle 1) bietet dreimal täglich eine kombinierte Boot-Bus-Fahrt (33 US$) nach Puerto Viejo und Cahuita in Costa Rica an. Es gibt auch die Möglichkeit, nach San Jose (76 US$) weiterzufahren. Passagiere werden im Hotel abgeholt, müssen aber einen Tag im Voraus buchen.

Unterwegs vor Ort

Zwischen 7 und 19 Uhr fährt ein Bus vom Parque Simón Bolívar quer über die Insel nach Bocas del Drago (2,50 US$, 1 Std.), ein anderer zur Playa Bluff (3 US$). Dies ist gleichzeitig ein Schulbus, sodass nachmittags Verspätungen vorprogrammiert sind.

Fahrten per Motorboot oder Kanu zu anderen Inseln des Archipels bieten die Bootsbesitzer im Hafen von Bocas an. In der Regel wird der Preis vor Abfahrt ausgehandelt, und es muss eindeutig geklärt sein, ob er nur für die einfache Strecke oder für Hin- und Rückfahrt gilt. Immer auf der Rückfahrt zahlen, damit die Abholung auch wirklich gesichert ist, aber die meisten Bootsbesitzer wollen etwas Geld im Voraus für Benzin. Die Preise sind sehr unterschiedlich. Günstiger wird es, wenn man Spanisch spricht, in der Gruppe unterwegs ist oder wenn man auch gleich die Abholung vereinbart.

Boteros Bocatoreños Unidos (Karte S. 721; ☎757-9760; Calle 3; ⏲6.30–23 Uhr) fährt u. a. zur Isla Carenero (2 US$), Isla Bastimentos und Isla Solarte (5 US$) sowie zum Red Frog Beach (8 US$). Fahrplanmäßige Boote fahren halbstündlich nach Almirante (6 US$, 20 Min.). Das Personal ist speziell in sicherem Umgang mit dem Boot und umweltfreundlichem Verhalten geschult.

Isla Carenero

350 EW.

Die kleine, von Sand gesäumte Insel ist kaum größer als eine Briefmarke und ein ganzes Stück relaxter als das Festland. Sie liegt nur wenige Hundert Meter südöstlich der Isla Colón und dank dieser Nähe ist sie ein ideales Ziel für ein geruhsames Mittagessen am Meer oder ein paar Drinks zur Happy Hour. Im Namen der oft übergangenen Insel kommt das spanische Wort für „kielholen" vor, was in der Seemannssprache bedeutet „ein Schiff auf die Seite legen, um es reinigen und reparieren zu können". Tatsächlich ließ Kolumbus im Oktober 1502 seine Schiffe hier kielholen, während er selbst eine Magenverstimmung auskurierte.

In letzter Zeit sind auf der Insel viele Hotels gebaut worden und die Natur ist nicht mehr so ursprünglich wie auf den abgelegeneren Inseln. Doch bleibt Carenero nach wie vor eine nette Alternative für Reisende, die es nach Ruhe und Stille gelüstet.

Schlafen & Essen

Aqua Lounge HOSTEL $

(Karte S. 718; www.bocasaqualounge.info; B/DZ ohne Bad mit Frühstück 15/32 US$;) Der grobe, rustikale und abgerockte Backpackerpalast mit zwölf Zimmern ist ein zusammengezimmerter Bau am Bootsanleger gegenüber von Bocas. Aber die Gäste sind begeistert von allem, von der enorm beliebten Bar mit Bier für 1 US$ die Flasche (7–21 Uhr; Partyabend ist freitags) bis zur großen Terrasse am Meer mit Badepontons und Schaukeln.

Tierra Verde HOTEL $$

(Karte S. 718; 757-9903; www.hoteltierraverde.com; EZ/DZ mit Frühstück 65/75 US$, Suite 150–175 US$;) Das familiengeführte, dreistöckige Hotel liegt zurückversetzt vom Strand inmitten von schattigen Palmen und blühenden Pflanzen. Es hat auf zwei Etagen sechs geräumige, in einem modernen Inselstil gehaltene Zimmer ganz in Holz. Die Suite ganz oben erhält viel Licht. Wer möchte, kann sich vom Flughafen abholen lassen (10 US$). Zimmer 4 und 5 haben Meerblick.

★ **Leaf Eaters Cafe** VEGETARISCH $

(Karte S. 718; 6675-1354; www.facebook.com/bocasleafeaters; Gerichte 8–12 US$; Mo–Sa 11–17 Uhr;) Um die Mittagszeit gibt's in diesem Restaurants auf dem Wasser Fisch, vegetarische und vegane Gerichte. Als Aperitif empfiehlt sich ein kühler Shake aus Gurke, Minze, Kokosnuss und Wassermelone. Zu den originellen und schmackhaften Angeboten gehören „Hippie-Bowls" (brauner Reis mit Gemüse und Sauce), Sandwiches mit gegrilltem Fisch und karamellisierten Zwiebeln, Tacos mit scharf gebratenem Fisch und köstliche Burger mit Shiitake-Pilzen. Fröhliche Einrichtung und freundliche Atmosphäre.

Bibi's on the Beach FISCH & MEERESFRÜCHTE $$

(Karte S. 718; 757-9137, 6981-2749; http://bocasbuccaneerresort.com/surfside-restaurant-and-bar; Hauptgerichte 7–15 US$; 9–21 Uhr) Das Restaurant auf dem Wasser ist gleichzeitig ein Surfausstatter. Hier sind leckere Suppen, supertolles Ceviche (in Zitronensaft marinierte Meeresfrüchte), ganze Hummer (27 US$) und leicht gebratener Fisch zu haben. Die Bedienung könnte nicht freundlicher sein und der Meerblick (und die Cocktails) lassen jeden länger bleiben als geplant. Die Happy Hour findet zum Sonnenuntergang statt: 16 bis 19 Uhr.

An- & Weiterreise

Die Bootsfahrt von der Stadt Bocas del Toro zur Isla Carenero dauert nur wenige Minuten und kostet 2 US$. Merkwürdigerweise gibt es keinen öffentlichen Landungssteg. Die Wassertaxis legen im kleinen Bootshafen an der Inselspitze an. Von dort führt ein Weg in den kleinen Ort und weiter über das ganze Eiland. Vorsicht auf dem Weg, da sich dort gelegentlich aggressive Straßenköter herumtreiben.

Isla Bastimentos

1950 EW.

Obwohl sie nur eine zehnminütige Bootsfahrt von Bocas del Toro entfernt ist, fühlt man sich auf der Isla Bastimentos wie in einer anderen Welt. Für manche Reisende ist dies die Lieblingsinsel in ihrem Lieblingsteil von Panama. An der Nordwestküste der Insel erstrecken sich von Palmen gesäumte, unberührte, wilde Strände, auf denen die Meeresschildkröten ihre Eier ablegen. Den Süden prägen Mangrovenwälder und Korallenriffe, die zum Meeresschutzgebiet des **Parque Nacional Marino Isla Bastimentos** gehören.

Der Hauptort von Bastimentos ist Old Bank mit einem hohen westindischen Bevölkerungsanteil, der seine Anwesenheit hier der Bananenindustrie verdankt. Außerdem befindet sich auf der Insel das Ngöbe-Buglé-Dorf Quebrada Sal („Salzschlucht").

Sehenswertes

Wizard Beach STRAND

(Playa Primera; Karte S. 718) Der schönste Strand der Isla Bastimentos ist der Wizard Beach, dessen feiner, gelber Sand sich vor einer Kulisse aus dichtem Urwald voller Schlingpflanzen ausbreitet. Der Fußmarsch von Old Bank durch die Wildnis zum Wizard Beach dauert normalerweise etwa 20 Minuten; wenn es stark geregnet hat, kann es jedoch sein, dass der Weg unpassierbar ist. Normalerweise führt er aber weiter an der Küste entlang zur Playa Segunda (Zweiter Strand) und zum Red Frog Beach.

Red Frog Beach STRAND
(Karte S. 718; 5 US$) Der kleine, aber perfekt geformte Red Frog Beach ist nach dem *rana roja* (Erdbeerfrosch) benannt, den man hier in der Wildnis aber kaum noch zu Gesicht bekommt. Die Frösche werden durch die Erschließung verdrängt, denn die Kinder fangen sie, um sie den Touristen vorzuführen – und in der Hauptsaison drängeln sich hier zahllose Tagesbesucher. Vom Ort Bocas fahren Wassertaxis (7 US$) zum öffentlichen Anleger neben einem kleinen Bootshafen im Süden der Insel; von hier ist der Strand einen 15-minütigen Spaziergang entfernt.

Playa Larga STRAND
(Long Beach; Karte S. 718) Der 6 km lange Strand an der Südostseite der Insel gehört zum Meeresschutzgebiet. Karett-, Lederrücken- und Grüne Meeresschildkröten legen hier von März bis September ihre Eier ab. Man kann hier auch gut surfen. Erreichen lässt sich die Playa Larga auf dem Pfad hinter dem Red Frog Beach, aber am schönsten ist die einstündige Wanderung mit einem Führer ab Salt Creek.

Fledermaushöhle Nivida HÖHLE
(Bahía Honda; Karte S. 718; 5 US$) Eines der faszinierendsten Naturwunder auf Bastimentos ist diese riesige Höhle mit ihren Blütenfledermäusen und einem unterirdischen See. Sie liegt im Parque Nacional Marino Isla Bastimentos und schon die Anfahrt bedeutet ein kleines Abenteuer für sich. Im Alleingang ist sie jedoch kaum zu bewerkstelligen. Eine organisierte Tour ab Old Bank kostet 45 US$ pro Person.

Die Tour umfasst eine 25-minütige Bootsfahrt von Old Bank zum Kanaleingang. Dann gleitet man noch einmal knapp eine halbe Stunde durch Mangroven und üppige Vegetation. Vom Bootsanleger ist es wiederum eine halbe Stunde zu Fuß zur Höhle. Die Teilnehmer sollten festes Schuhwerk oder Stiefel tragen, Stirnlampen bekommen sie am Höhleneingang.

Aktivitäten & geführte Touren

★ Up in the Hill TOUREN
(Karte S. 718; ☎6570-8277, 6607-8962; www.upinthehill.com; Old Bank; 2-stündige Tour & Verköstigung 25 US$) Der schweißtreibende 20-minütige Aufstieg zu dieser Biofarm am höchsten Punkt der Isla Bastimentos lohnt sich, um ein nachhaltiges Projekt mit Kakaosträuchern und vielen exotischen Früchten zu erleben. Im wunderbaren Café gibt es den ganzen Tag über Frühstück, Kakao mit Kokosnussmilch und leckeres Gebäck. Auch Kaffee aus Boquete, Milch mit frischer Kurkuma und hausgemachter Hibiskustee sind zu haben.

Bastimentos Alive ABENTEUER
(Karte S. 718; ☎6514-7961; www.bastimentosalive.com; Old Bank; Wanderung inkl. Mittagessen 45 US$; ⏲Mo–Sa 8–20 Uhr) Der angesehene Tourveranstalter bietet unter Führung des jungen Niederländers Tom täglich Dschungelwanderungen mit Pause am Red Frog Beach (S. 727) und Mittagessen am Polo Beach an. Bastimentos hat auch ganztägige Schnorchelausflüge zum Cayo Zapatilla samt Mittagessen im Programm. Touren zur Fledermaushöhle Nivida und zur Laguna de Bastimentos sind geplant. Alle Touren starten am Büro von Bastimentos Alive.

Bastimentos Sky Zipline Canopy Tour ABENTEUER
(Karte S. 718; ☎836-5501, 6987-8661; http://redfrogbeach.com/bocas-del-toro-zipline; pro Pers. 55 US$; ⏲10, 13 & 15.30 Uhr) Sieben Seilrutschen, ein schwankender Baumwipfelsteg

NICHT VERSÄUMEN

GREEN ACRES

Auf der **Green Acres Chocolate Farm** (☎6716-4422; www.greenacreschocolatefarm.com; Halbinsel Cerro Bruja; Erw./Kind 15 US$/frei; ⏲Do–Di 10 & 14 Uhr) inmitten waldiger Hänge wimmelt es von Pflanzen und Tieren: Hunderte Orchideenarten, grünschwarze Baumsteigerfrösche und Seidenspinnen. Hier ist auch einiges über nachhaltige Schokoladenherstellung zu erfahren. Die zweistündige Tour unter Leitung des nordamerikanischen Besitzers Robert führt von der Kakaobohne bis zur Schokoladentafel und lässt keine Fragen offen. Reservierung ist erwünscht.

Die 12 ha große Plantage und die botanischen Gärten blicken auf die Dolphin Bay, liegen aber tatsächlich auf der Halbinsel Cerro Bruja; mit dem Boot sind es 30 Minuten ab Bocas.

ABSEITS DER ÜBLICHEN PFADE

ABENTEUER IM LAND DER NASO

Soposo Rainforest Adventures (☎6875-8125; www.soposo.com; Soposo; Tagestour pro Pers. 90 US$, 2-/3-Tage-Pauschalpaket inkl. Unterkunft, Mahlzeiten und Touren 140/275 US$) ist Teil des Projekts einer ehemaligen Friedenscorps-Freiwilligen und ihres Naso-Ehemanns, das dem Volk der Naso ein Alternativeinkommen zu verschaffen soll. Geboten werden Unterbringung in strohgedeckten Pfahlhütten und drei traditionelle Mahlzeiten. Ein Besuch schließt den Transport von Changuinola ein. Die Touren umfassen in der Regel Besuche bei indigenen Gemeinschaften, Campingausflüge, Vogel- und Seekühebeobachtung.

und vertikales Abseilen sind nur einige der Highlights dieser Attraktion in den Hügeln gleich südlich des Red Frog Beach (S. 727), die von einem bekannten Zipline-Designer aus Costa Rica konzipiert wurde. Die Tour dauert zwei Stunden.

Scuba 6 Ecodiving TAUCHEN
(Karte S. 718; ☎6722-5245; www.scuba6ecodiving.com; Old Bank; 2 Tauchgänge 95 US$; ⌚8–20 Uhr) Für die empfehlenswerte PADI-Tauchagentur mit Fünf-Sterne-Bewertung steht es an erster Stelle, Teilnehmer über die Meeresumwelt aufzuklären, und sie legt Wert darauf, keine Spuren zu hinterlassen. Die Tauchlehrer sprechen Spanisch, Englisch und Französisch. Mit Zertifikat von Blue Fins und Green Fins. Das Büro befindet sich in **Tío Tom's Guesthouse** (Karte S. 718; ☎6951-6615; www.tiotomsguesthouse.com; B 25–30 US$, 2-Pers.-Bungalow 35 US$; 📶).

Schlafen

★ **Palmar Tent Lodge** CAMPINGPLATZ $$
(Karte S. 718; ☎838-8552; www.palmartentlodge.com; Red Frog Beach; B 23 US$, DZ-/3BZ-Zelte ab 90/110 US$, 2-Pers.Bungalows ab 220 US$) Das Palmar an der Grenze zwischen Dschungel und dem berühmten Red Frog Beach hat Glamping in Bocas del Toro eingeführt – mit einhelligem Zuspruch. Genächtigt wird in runden Solarzelten für zwei oder drei Personen mit allem Komfort (auch großen Schließfächern für Wertsachen), in hölzernen Schlafsälen oder in einem zweistöckigen, strohgedeckten Luxusbungalow für zwei Personen. Gäste müssen mindestens zwölf Jahre alt sein.

An den meisten Abenden – und vielleicht auch Tagen – versammelt sich alle Welt in der riesigen offenen Restaurant-Bar. Die gut informierten Betreiber, zwei Freunde aus Washington, DC, bieten alle möglichen Touren sowie zweimal täglich vor Ort Yogakurse (6 US$). Wassertaxis, deren Benutzung im Unterkunftspreis enthalten ist, verbinden die Lodge zweimal am Tag mit Bocas. Kein Internet.

Eclypse del Mar HÜTTE $$
(Karte S. 718; ☎6611-4581; www.eclypsedemar.com; Old Bank; DZ 110 US$, 4-Pers.-Bungalows mit Frühstück 250–300 US$; ⌚Juli–Mai; 📶) Die stilvollen Pfahlbaubungalows über dem Wasser sind ein zauberhaftes Refugium direkt am Rand von Old Bank. Die Holzstege führen geradewegs in ein Mangrovenschutzgebiet, wo sich Faultiere und Kaimane beobachten lassen. Jedes Holzhaus hat Himmelbetten, fröhlich gemusterte Kissenbezüge und sogar ein Bodenfenster, unter dem Fische vorbeihuschen. Im Café der Anlage gibt's Meeresfrüchte und gutes Kneipenessen.

★ **Casa Cayuco** RESORT $$$
(Karte S. 718; ☎USA 1-313-355-6692; www.casacayuco.com; südliche Isla Bastimentos; EZ/DZ inkl. 3 Mahlzeiten & Wein ab 235/305 US$; 📶) Das Strandresort verbindet Natur mit modernen Annehmlichkeiten. Es ist unabhängig von der Infrastruktur und pflegt Dschungel-Schick. Genächtigt wird in Suiten mit weitem Blick von ganz oben in der Lodge aus Hartholzbalken und in Dschungelhütten am Meer. Das Tagesmenü (inkl. Wein), das am Bootssteg serviert wird, ist für die kulinarisch versierten Besitzer aus Detroit von großer Wichtigkeit; Hummer und Tintenfische stammen aus dem Gewässer der Umgebung. Yogakurse werden ebenfalls angeboten.

★ **La Loma** LODGE $$$
(Karte S. 718; ☎6592-5162, 6619-5364; www.thejunglelodge.com; westliche Isla Bastimentos; Zi. pro Pers. inkl. 3 Mahlzeiten & Aktivitäten 120–130 US$) Die „Dschungel-Lodge und Kakaoplantage", Teil eines 23 ha großen Regenwalds und seiner Bewohner, ist eine geschmackvolle Unterkunft, die stets hoch gelobt wird. Sie liegt versteckt in den Mangroven und ist nur mit dem Boot zu erreichen. Ein steiler Weg hügelaufwärts führt an einem rauschenden Bach vorbei zu vier ruhigen, sehr

abgeschirmten Hütten mit handgeschnitzten Betten. Jede hat ein Badezimmer mit Regenwasser, das mit Propangas erhitzt wird, ein Moskitonetz und Strom aus Solarenergie.

Essen

★ Firefly Restaurant FUSIONSKÜCHE $$
(Karte S. 718; ☎6524-4809; www.thefireflybocasdeltoro.com; Old Bank; Hauptgerichte 8–15 US$; ⏰Mi–Mo 17–21 Uhr; ✍) Das Restaurant mit ein paar Tischen unter freiem Himmel mit Blick auf raue Brandung ist ideal für ein Date bei Sonnenuntergang – aber nur mit Reservierung. Ein amerikanischer Koch verarbeitet lokale Biozutaten zu thailändischen und karibischen Gerichten, z. B. Calamari in süß-scharfer Sauce, Kokosnuss-Gnocchi und Meeresfrüchte-Curry. Die Tapas-Karte bietet ein breites Angebot diverser Kleinigkeiten.

Sea Monkey FUSIONSKÜCHE $$
(Karte S. 718; ☎6693-9168; Old Bank; Hauptgerichte 13–16 US$; ⏰Mo–Sa 8–11 & 17–22 Uhr) In dem von der Brise umschmeichelten kleinen Restaurant in einer Bretterbude auf dem Wasser gibt's wunderbaren in Bier geschmorten asiatischen Fisch und in der Region angebautes *patuk*-Grünzeug mit hausgemachten Cocktails (ab 5 US$). Super für einen Sundowner. Außerdem verschafft die Lage am Ende des Bootsstegs ein bisschen Ruhe im lärmenden Old Bank.

Coco Hill VEGETARISCH $$
(Karte S. 718; ☎6826-6485; Old Bank; Gerichte 7,50–16 US$; ⏰Mi–Mo 10–22 Uhr; ✍) Ganz in der Nähe der höchsten Erhebung der Insel zaubert die Australierin Michelle in ihrem vegetarischen, veganen und glutenfreien Restaurant (mit Bar) einige recht exotische fleischfreie Gerichte. Leider ist es manchmal ohne Ankündigung geschlossen, und der Weg dorthin ist ziemlich lang. Das Angebot auf der Schiefertafel wechselt täglich. Die Cocktails werden aus frischen Obstsäften zubereitet.

Praktische Informationen

In der Vergangenheit gab es Berichte von Raubüberfällen auf dem Weg von Old Bank zum Red Frog Beach. Nach einer Vergewaltigung und einem tödlichen Überfall 2017 patrouillieren dort mehr Polizisten und die Gegend gilt als sicher. Dennoch sollte man nicht allein herumspazieren und sämtliche Pfade nach Einbruch der Dunkelheit konsequent meiden. Tagsüber nur das Allernotwendigste wie Handtuch und Wasser mitnehmen – niemals Wertsachen.

An- & Weiterreise

Ein Wassertaxi von Bocas nach Old Bank kostet 5 US$, zum öffentlichen Anleger Richtung Red Frog Beach 8 US$. Von Old Bank zur Isla Solarte sind es 5 US$. Zu Zielen weiter im Süden der Insel werden für die Fahrt von Old Bank 10 bis 25 US$ einfach berechnet.

Isla San Cristóbal

450 EW.

Nur eine halbe Stunde von Bocas entfernt eröffnet sich eine andere Welt bei den indigenen Ngöbe-Buglé auf der Isla San Cristóbal. Die Subsistenzbauern und Fischer pflegen ihre kulturelle Identität, jedoch sind ihre Lebensumstände überwiegend beschwerlich. In ihren Gemeinden gibt es einige gemeindebasierte Tourismusinitiativen. Die Dolphin Bay im Süden ist berühmt für das Auftauchen von Delfinen. Auf einer benachbarten Insel gibt es Unterkünfte und auf dem Festland Restaurants, die jeweils per Boot zu erreichen sind.

Schlafen

★ Dolphin Bay Hideaway LODGE $$$
(☎6886-4502; www.dolphinbayhideaway.com; Isla San Cristóbal; DZ inkl. 2 Mahlzeiten 175–225 US$; 📶) 🍃 Die Ökolodge inmitten von Mangroven und herrlichen Gärten hat fünf Zimmer auf zwei Etagen, eine große Holzveranda,

NICHT VERSÄUMEN

PERLEN DES ARCHIPELS

Genug von den Massen? Dann ein Boot mieten und sich auf diese Abenteuerexkursionen begeben:

Cayo Crawl Auch Coral Cay genanntes Wasserlabyrinth mit Mangrovenwäldchen, in der Nähe der Isla Bastimentos.

Cayo Swan Auf dem Inselchen in der Nähe der Isla de Los Pájaros, nördlich der Isla Colón, tropische Rotschnabelvögel und Weißkopftauben beobachten.

Cayos Zapatillas Strahlend weiße Sandstrände und Urwald auf zwei unbewohnten Inseln südöstlich der Isla Bastimentos.

Dolphin Bay Stark frequentiertes Paarungsgebiet von herumtollenden Delfinen südlich der Isla San Cristóbal.

einen Bootssteg mit Hängematten sowie einen Seerosenteich und einen Swimmingpool. Die Zimmer sind farbenfroh und mit Himmelbetten, Moskitonetzen und großen Ventilatoren ausgestattet. Hinzu kommen noch zwei Hütten. Die Nordamerikaner Brian und Amy sind reizende Gastgeber und bieten Touren an. Gästen stehen Schnorchelausrüstung sowie Kajaks, Kanus und Paddleboards zur Verfügung. Gegessen wird gemeinsam im hübschen Speiseraum in der obersten Etage. Die Bootsfahrt von Bocas kostet 30 US$ einfach.

Finca Vela LODGE **$$$**
(☎6809-5534; www.fincavela.com; Isla Pastores; DZ mit Frühstück & Anfahrt 190 US$, zusätzl. Gast 40 US$;) In der stilvollen, von einer französischen Familie geführten Ökolodge lässt sich die Welt da draußen vergessen. Wer hier nächtigt, kann direkt ab dem Bootssteg schnorcheln, auf dem auch eine Hütte mit Hängematten steht. Oder man nimmt einen der für Gäste reservierten, restaurierten *cayucos* (Einbäume). Die gut eingerichteten Hütten sind von minimalistischer Eleganz. Im Restaurant auf einer Anhöhe, das mit einem Golfwagen zu erreichen ist, bereitet der französische Koch täglich Speisen aus heimischen Zutaten zu. Mit dem Boot sind es fünf Minuten nach Almirante und 30 Minuten nach Bocas. Am besten per WhatsApp kontaktieren, da es auf der Finca keinen Handyempfang gibt.

An- & Weiterreise

Die Überfahrt von Bocas zur Isla San Cristóbal ist nicht gerade billig. Ein Wassertaxi kostet bis zu 30 US$.

Almirante

12 730 EW.

Das abgerockte Städtchen, das aus einer Ansammlung von Pfahlbauten über dem Wasser besteht, hat schon bessere Tage gesehen. Doch ist es das Sprungbrett zum Archipiélago de Bocas del Toro, sodass hier immer etwas los ist. In einigen von Chinesen betriebenen Supermärkten kann Proviant eingekauft werden, aber wer zum Essen ausgehen will, muss sich nach Bocas begeben.

Wassertaxis von Taxi 25 (S. 725) fahren nach Bocas del Toro (6 US$, 30 Min.). Ein Taxi vom Busbahnhof zum Bootsanleger sollte nicht mehr als 1 US$ kosten.

Nach Changuinola fährt von 6 bis 20 Uhr alle 15 Minuten ein klimatisierter Bus (1,45 US$); die Fahrt dauert 45 Minuten. Der Preis für eine Taxifahrt nach Changuinola (ab 20 US$) ist reine Verhandlungssache und sinkt mit jedem Schritt vom Bootsanleger zum Busbahnhof.

Changuinola

42 000 EW.

Changuinola ist eine heiße und ziemlich staubige Stadt inmitten von Bananenplantagen und die Zentrale der Chiriquí Land Company, des Produzenten der Chiquita-Bananen. Es gibt zwar kaum einen Grund, hier Zeit zu verbringen, aber Reisende auf dem Weg nach Costa Rica müssen hier durch.

Schlafen & Essen

Hotel Golden Sahara HOTEL **$**
(☎758-7908; hotelgolden_sahara@hotmail.com; Av 17 de Abril; EZ/DZ 32/42 US$;) Das große,

BUSSE AB CHANGUINOLA

ZIEL	FAHRPREIS (US$)	FAHRZEIT (STD.)	ABFAHRTEN (TGL.)
Almirante (mit Bootsverbindung zur Isla Colón)	1,45	¾	alle 30 Min.n
Altos del Valle (Bosque Protector de Palo Seco)	7,25	2¼	alle 30 Min.
David	9,70	4¾	alle 30 Min.
El Silencio (Parque Internacional La Amistad)	1,25	½	alle 20 Min.
Guabito-Sixaola	1,25	½	alle 30 Min.
Las Tablas (Las Delicias)	2	1½	stündl.
Panama-Stadt	29	12	7 Uhr
San José (Costa Rica)	16	6	10 Uhr

familiengeführte Hotel hat 28 Zimmer, aber es ist ratsam, eins nach hinten raus zu wählen, da die zur Hauptstraße hin wegen des nahen Busbahnhofs laut sind. Ansonsten ist es eine freundliche Unterkunft.

Restaurante Ebony KARIBISCH **$$**
(☎6506-8402; Av 17 de Abril; Hauptgerichte 10–16 US$; ⏲12–23 Uhr) Das afro-karibische Restaurant am Südende der Hauptstraße ist teurer als andere Restaurants in Changuinola, besitzt aber viel Atmosphäre. Es ist auf kreolische Gerichte spezialisiert, z. B. Garnelen mit Kokosnuss, Reis und Erbsen oder *achee* mit Salzfisch. Die Wände schmücken geschnitzte Vögel und Porträts von den schwarzen Kultfiguren Malcolm X, Bob Marley und Barack Obama.

An- & Weiterreise

Busse nach Costa Rica fahren vom Busbahnhof unmittelbar südlich der Delta-Tankstelle. Weitere Busse starten zwischen 6 und 19 Uhr am **Terminal Urraca** (☎758-8115).

PROVINZ COLÓN

285 430 EW. / BIS 979 M

Die Provinz Colón hat sehr viel mehr zu bieten als ihre heruntergekommene Hauptstadt. Hier gibt's unberührte Strände und flaches, von Regenwald bedecktes Land, prachtvolle Kolonialbauten und das moderne Wunderwerk der Technik: den Panamakanal. Portobelo, mit seiner aufblühenden Kunst- und Musikszene, ist das beste Schaufenster für die pulsierende Kultur der Congos – Nachkommen afrikanischer Sklaven, die das Erbe ihrer Vorfahren bewahrt haben. Und die Zugfahrt zwischen Panama-Stadt und Colón zählt nach wie vor zu den großartigsten Eisenbahnstrecken Amerikas.

Colón

29 640 EW.

Colón ist mit seiner verfallenen kolonialen Pracht und vernachlässigten Stadtteilen die vergessene Stadt Panamas, trotz der eifrigen Bemühungen, Schiffe auf Karibikkreuzfahrt anzulocken. Bis 1869 war die Eisenbahnverbindung zwischen Panama-Stadt und Colón die schnellste Möglichkeit, den amerikanischen Kontinent zu überqueren. Einen letzten Anflug von Aufschwung erlebte die Stadt, als der Panamakanal gebaut wurde.

1948 wurde mit der Zona Libre de Colón am Stadtrand eine Freihandelszone eingerichtet. Leider scheint nur wenig von den 6,5 Mrd. US$, die jedes Jahr hier umgesetzt werden, den Einheimischen zugute zu kommen. Aus der Nähe betrachtet ist der Freihafen eine Insel des Materialismus in einem Meer von Arbeitslosigkeit und Armut.

In jüngster Zeit ist es um die Sicherheit in der Stadt besser bestellt, dank strengerer Bandenkontrolle. Auch gibt es seit 2014 einen viel gepriesenen, aber kaum realisierten Plan zur Stadterneuerung. Eine wichtige Verbesserung: Die Autopista Panamá–Colón ist nun eine vierspurige Autobahn.

Schlafen & Essen

New Washington Hotel HISTORISCHES HOTEL **$**
(☎441-7133; www.newwashingtonhotel.com; Calle Ira, Paseo Washington; EZ/DZ 49/50 US$; P ❄ 📶 🏊) Das New Washington am Nordrand von Colón und mit Blick auf die Karibik zeigt noch ein paar Spuren des prachtvollen Hotels, als das es 1913 eröffnete – Stuck, Kronleuchter, eine beeindruckende Marmortreppe in der Lobby. Die besten der 124 Zimmer sind die zum Meer und dem hübschen Vorgarten hinaus. Zum Haus gehören ein großer Pool und ein Bar-Restaurant.

Cafe Lebanese LIBANESISCH **$$**
(☎431-1066; Paseo Gorgas; Gerichte 8–18 US$; ⏲11–21 Uhr) Wer keine panamaische *ropa vieja* (pikantes Rindergeschnetzeltes) und *patacones* (gebratene Kochbananen) mag, sollte sich in dieses freundliche Restaurant in der Hafengegend begeben, um sich Mezze und Köfte zu gönnen. Die Speisekarte kommt in mehreren Sprachen daher, auch Arabisch; die Gerichte sind garantiert authentisch.

Praktische Informationen

Abseits vom Hafen für Kreuzfahrtschiffe im Osten der Stadt und der geschäftigen Zona Libre ist Colón ziemlich unsicher. Gewaltverbrechen haben zwar abgenommen, Besucher sollten aber trotzdem vorsichtig sein, wenn sie in der Stadt unterwegs sind, auch tagsüber und in belebten Gegenden. Der Paseo de Washington, die sanierte Uferpromenade im Norden, dürfte tagsüber jedoch recht sicher sein. Bei Dunkelheit immer ein Taxi nehmen.

An- & Weiterreise

BUS

Vom Albrook-Busbahnhof (S. 688) in Panama-Stadt fahren alle 30 Minuten Express- und normale Busse nach Colón.

Von Colóns **Busbahnhof** (Terminal de Buses; Ecke Calle Terminal & Av Bolívar) verkehren Busse zu Zielen in der ganzen Provinz Colón.

Wer von Panama-Stadt kommt und ein Reiseziel östlich von Colón hat, kann in **Sabanitas**, der Abzweigung nach Portobelo, in einen dieser Busse einsteigen und damit eine Fahrt nach Colón vermeiden. Achtung: Vor allem an den Wochenenden gibt es in vielen Bussen nur noch Stehplätze und Sabanitas ist ein Engpass, wo der Verkehr im Schneckentempo fließt.

ZIEL	PREIS (US$)	DAUER (STD.)	ABFAHRTEN (TGL.)
Escobal (nahe der Área Protegida San Lorenzo)	1,25	35 Min.	stündl.
Laguaira	3	2	halbstündl.
Nombre de Dios	3,80	2½	stündl.
Panama-Stadt	3,50	1–1½	halbstündl.
Portobelo	1,60	1½	halbstündl.

ZUG

Eine der besten Arten, ein Gefühl für die Ausdehnung (und Funktion) des Panamakanals zu bekommen, ist eine Fahrt von Panama-Stadt nach Colón mit der wieder instandgesetzten **Panama Railway** (☎ 317-6070; www.panarail.com; einfach Erw./Kind 25/15 US$; ⏲ Abfahrt ab Panama-Stadt Mo–Fr um 7.15 Uhr, ab Colón um 17.15 Uhr). Der Endbahnhof der Strecke für Panama-Stadt liegt im Ort Corazal, zehn Minuten Fahrt vom Albrook-Busbahnhof entfernt.

ℹ Unterwegs vor Ort

In den meisten Stadtteilen Colóns sollte man nicht zu Fuß unterwegs sein. Zum Glück ist es kein Problem, am Bahnhof, Busbahnhof oder in der Zona Libre ein Taxi zu bekommen. Fahrten innerhalb der Stadt kosten in der Regel weniger als 2 US$.

Ein Taxi (hin & zurück) für drei bis vier Personen kostet etwa 60 US$ zum Fuerte San Lorenzo (S. 733), etwa 20 US$ zum Besucherzentrum Agua Clara (s. u.) und 30 US$, wenn der **Gatún-Damm** mit einbezogen wird. Der Bus nach Costa Abajo (1 US$) ab dem Busbahnhof hält ein paar Kilometer vom Besucherzentrum und Damm entfernt.

Rund um Colón

Besucherzentrum Agua Clara

AUSSICHTSPUNKT

(☎ 276-8325; http://visitcanaldepanama.com/en/centro-de-visitantes-de-agua-clara; Erw./Kind 15/10 US$; ⏲ 8–16 Uhr) Das Aussichtszentrum bietet einen Panoramablick auf die Erweiterung des Panamakanals, einschließlich der dreikammerigen Agua-Clara-Schleuse. Überdachte Aussichtsplattformen bieten einen Blick auf den Lago Gatún und die originalen Gatún-Schleusen. Außerdem gibt's zwei Videos auf Englisch, ein Café und einen Souvenirladen. Ein Museum ist hier nicht vorhanden – der Schwerpunkt liegt eindeutig auf dem Betrachten der Kanalerweiterung. Auf einem kurzen Wanderweg durch den Regenwald sind Faultiere, Brüllaffen und Tukane zu sehen.

Die Ausstellungen schließen um 16 Uhr, letzter Einlass ist um 15.15 Uhr; ein Besuch dauert ungefähr eine Stunde. Zu erreichen ist das Zentrum mit einem Bus ab Colón nach Costa Abajo bis zur Haltestelle kurz vor der Kanalüberquerung. Von dort sind es noch 2,5 km zu Fuß links über die Zufahrtsstraße. Ein Taxi kostet um die 20 US$, einschließlich Gatún-Damm 30 US$.

Gatún-Schleusen

KANAL

(5 US$5; ⏲ 8–16 Uhr) In den eindrucksvollen Gatún-Schleusen 10 km südlich von Colón werden Schiffe, die von karibischen Gewässern Richtung Süden fahren, um 30 m auf das Niveau des Lago Gatún angehoben. Schon die Größe der Schleusen ist atemberaubend: drei Doppelschleusenkammern erstrecken sich über 3 km. Jede Schleusenkammer hätte die *Titanic* problemlos aufnehmen können. Mit der Eröffnung des Besucherzentrums Agua Clara wurde die Aussichtsplattform gegenüber dem Kontrollturm leider geschlossen.

Die Arbeiter verbrauchten die Rekordmenge von 1,82 Mio. m^3 Beton für den Bau der Gatún-Schleusen. Der Beton wurde von einem riesigen Mischwerk per Eisenbahn auf einer Rundstrecke zur Baustelle befördert. Von den Waggons wurde der feuchte Beton dann mit Kränen in riesigen Eimern in Stahlformen gegossen. Und diese Formen wiederum wurden von Lokomotiven an Ort und Stelle manövriert. Dieser umständliche Vorgang wurde vier Jahre lang mehr oder weniger ununterbrochen durchgeführt, bis die Schleusen fertig waren.

Nachdem die Schiffe die Schleusen durchfahren haben, fahren sie 37 km weiter bis zu den Pedro-Miguel-Schleusen, wo sie wieder um 9,3 m abgesenkt werden, um auf das Niveau des kleinen Lago Miraflores zu kommen, der sich zwischen den beiden Pazifik-Schleusen befindet. Schließlich werden die Schiffe in den Miraflores-Schleusen auf Meereshöhe abgesenkt.

Área Protegida San Lorenzo NATURSCHUTZGEBIET
(Naturschutzgebiet San Lorenzo) Das 120 km^2 große Naturschutzgebiet erstreckt sich rund um die Ruinen der verfallenden spanischen Festung **Fuerte San Lorenzo** (Fort San Lorenzo; www.sanlorenzo.org.pa; ⌚8–16 Uhr) GRATIS und umfasst auch den ehemaligen US-Militärstützpunkt Fuerte Sherman sowie zwölf verschiedene Ökosysteme wie Mangroven, Marschland, halbimmergrünen Wald und feuchten Regenwald. Es ist ein erstklassiges Revier für Vogelbeobachter, denn hier wurden 436 Vogelarten erfasst.

Portobelo

4600 EW.

Angesichts der Gelassen- und Verschlafenheit dieses karibischen Fischerdorfs ist es kaum vorstellbar, dass es einst der größte spanische Hafen in ganz Zentralamerika war. Maultiere transportierten Gold aus Peru und Schätze des Orients über die Festungen von Portobelo nach Panama-Stadt. Die Festungen wurden im Lauf der Zeit zwar mehrfach von englischen Freibeutern zerstört, aber mehrere dieser stimmungsvollen Kolonialbauten stehen immer noch zwischen den Dorfhäusern.

Heute verdienen sich die Einwohner von Portobelo ihren kargen Lebensunterhalt durch Fischen, Land- und Viehwirtschaft. Die Ortschaft liegt zwar wirtschaftlich am Boden, erlebt aber eine Art kulturelle Renaissance, dank eines wieder aufgeflackerten Interesses an Kunst, Musik (besonders *punta,* im Ausland besser als Reggaetón bekannt) und Tanz der Congos. Jedes Jahr am 21. Oktober erwacht das Städtchen zum Leben, wenn das Festival del Cristo Negro (Fest des schwarzen Christus) stattfindet, eines der lebhaftesten und spirituellsten Feste des Landes.

In der Nähe befinden sich schöne Strände, die mit dem Boot zu erreichen sind, und lohnenswerte Tauch- und Schnorchelreviere.

Sehenswertes & Aktivitäten

Playa Blanca STRAND
Zu diesem schönen weißen Sandstrand in einer stillen Bucht, die von dichter Wildnis umgeben ist, sind es von Portobelo nur 20 Minuten mit dem Boot (hin & zurück 45 US$). Dort gibt es einige der unberührtesten Riffe zwischen Colón und dem Archipiélago de San Blas, und die geschützten Gewässer bieten eine bessere Sichtweite als Strände näher an Portobelo. Ein farbenprächtiges Riff liegt in der Mitte der Bucht nahe dem Strand, ein zweites in tieferem Gewässer etwa 100 m vor der Küste.

Fuerte San Jerónimo FESTUNG
Die Fuerte San Jerónimo liegt in Zentrumsnähe von Portobelo und war die größte Festung, die je zum Schutz der Bucht gebaut wurde. Um die zwei Dutzend Schießscharten mit 16 Kanonen blicken auf die Bucht hinaus; einige stehen noch genau so, wie die spanischen Soldaten sie 1821 – dem Jahr, in dem Panama seine Unabhängigkeit erklärte – zurückgelassen haben. Hinter dem beeindruckenden Tor liegen die Überreste der Offiziersunterkünfte, der Kaserne und des Wachlokals. Außerdem befindet sich dort eine große Aussichtsterrasse über dem Wasser.

Mirador Perú AUSSICHTSPUNKT
(Aussichtsturm Perú) Auf einem Hügel mit Blick über fast die ganze Bucht steht ein kleiner, aber gut erhaltener Aussichtsturm, der Mirador Perú, der zur gleichen Zeit wie die **Fuerte Santiago** gebaut wurde. In den Hang sind Stufen eingehauen, die zum Turm führen; die Aussicht ist grandios.

Golden Frog Scuba TAUCHEN
(☎6586-4838; www.goldenfrogscuba.com; 2Tauchgänge 100 US$; ⌚Tauchen 9–13.30 Uhr) Dieses PADI-Tauchzentrum wird vom Englisch sprechenden Tauchlehrer Rey Sanchez in der **Coco Plum Eco Lodge** (☎448-2309, 448-2102; www.facebook.com/CocoPlumPanama; EZ/DZ/3BZ/4BZ 55/65/80/90 US$; P ❄) geführt. Die Exkursionen finden auf einem komfortablen Katamaran statt.

Festivals & Events

Festival del Cristo Negro FEST
(Fest des schwarzen Christus; ⌚21. Okt.) Jedes Jahr im Oktober nehmen Pilger aus ganz Panama an diesem Fest zu Ehren der 1,5 m hohen, wundertätigen Statue des Schwarzen Christus teil, die in der **Iglesia de San Felipe** (Kirche des hl. Philipp) steht. Nach Sonnenuntergang wird die Statue durch die Straßen getragen, während die Pilger in purpurnen Gewändern und Dornenkronen bis in die frühen Morgenstunden tanzen und trinken.

Festival de Diablos y Congos KULTUR
(Fest der Teufel & Congos; ⌚Feb./März) Das faszinierendste unter den Volksfesten hat seine Wurzeln in der Auflehnung gegen die spanischen Kolonialherren und verhöhnt diese. Kostümierte Teilnehmer übernehmen die Rolle von entflohenen Sklaven und nehmen

TOP FIVE: ABSCHALTEN IN PORTOBELO

- Mit dem Wassertaxi nach Puerto Francés zum einsamen Schwimmen und zu Dschungelwanderungen.
- Schnorcheln im Korallenriff über versunkenen spanischen Kanonen.
- Kajakfahren auf dem friedlichen Río Claro.
- Von der **Fuerte San Fernando** aus den Sonnenuntergang beobachten.
- Im Congo-**Tanzworkshop** (6693-5690; Calle Principal, Casa Artesanal; pro Pers. 20 US$; Fr 12–14, Sa & So bis 16 Uhr) zu coolen afrikanischen Trommelrhythmen tanzen.

„Gefangene". Das Fest findet zwei Wochen nach dem Karneval statt und markiert den Beginn der Fastenzeit.

Schlafen

★ La Morada de la Bruja BOUTIQUEHOTEL **$$**
(Das Hexenhaus; 6759-6987, 6008-6867; www.lamoradadelabrujaportobelo.com; Zi. 50–75 US$, 4-Pers.-Loft 80 US$, Haus mit 2 Schlafzi. 200–225 US$; P) Das malerische Anwesen eines Fotografen wurde zum Hotel umgebaut, besitzt aber immer noch einen sehr persönlichen Touch. Die drei kleinen Apartments und zwei großen Häuser am Meer – alle in verschiedenen Farben – sind kunstvoll eingerichtet und haben einen Rasen, der ideal zum Faulenzen ist. Die hellen, offenen Räume sind mit Fotos und Congo-Kunst dekoriert. Am schönsten ist die Casa Turquesa direkt am Meer.

Casa Congo B&B **$$**
(202-0880, 6672-6620; http://casacongo.fundacionbp.org/es/houses-2/casa-congo; DZ 80–100 US$;) Das schöne Haus direkt am Ufer gehört zu einer Stiftung, die lokale Kunst und Kultur fördert und Workshops veranstaltet. Die drei netten, hellen Zimmer und das Gästeapartment zieren Congo-Kunst. Die Unterkunft besteht überwiegend aus Doppelzimmern sowie einem Apartment für vier Personen (20 US$ pro zusätzlicher Person).

Shoppen

★ Galería de Arte Casa Congo KUNST
(6672-6620; http://casacongo.fundacionbp.org/es/foundation/gallery; Casa Congo; Mo–Fr 9–17, Sa bis 20, So 8–17 Uhr) Eine wunderbare Galerie mit museumswürdigen Werken, die hauptsächlich von afro-karibischen Kunsthandwerkern und Künstlern geschaffen wurden. Hilfreiche Aushänge erläutern den kulturellen Hintergrund der repräsentierten Gruppen, einschließlich der Congo und der indigenen Kulturen. Nicht alles ist jedoch in der obersten Preisklasse – es gibt auch bezahlbaren Schmuck und Souvenirs.

Praktische Informationen

Die **ATP** (448-2200; 8–16 Uhr) gleich abseits der Hauptstraße mag die Spanischkenntnisse von Reisenden auf die Probe stellen. Viele der Mitarbeiter sprechen nur Spanisch und sind nur mäßig hilfreich bei Informationen über Portobelo, die Provinz Colón und/oder Panama. Besseren Service und nützlichere Informationen sind an der lokalen Tankstelle zu haben.

An- & Weiterreise

Die Busse nach Portobelo (1,60 US$, 1½ Std., alle 30 Min.) fahren von 4 bis 18 Uhr am Terminal de Buses in Colón ab. **Busse nach Colón** fahren in Portobelo von einer Bushaltestelle an der Hauptstraße.

Bei der Anreise nach Portobelo ab Panama-Stadt lässt sich Colón vermeiden, indem man aus dem Bus nach Colón am Supermercado Rey in Sabanitas aussteigt, 10 km vor Colón. Von dort fährt ein anderer Bus nach Portobelo (1,40 US$, 1¼ Std.).

Isla Grande

1050 EW.

Palmen am weißen Sandstrand sind das Kennzeichen der hübschen kleinen Insel nur 15 km von Portobelo. Die Isla Grande, ein beliebtes Ziel für Leute, die dem Alltagstrott in Panama-Stadt entkommen wollen, ist ideal zum Schnorcheln und Tauchen oder um die relaxte Atmosphäre der Insel zu genießen. Es gibt keine Straßen, lediglich auf der Ostseite der Insel einen Fußweg vor ein paar pastellfarbenen Häuschen. Viele Bewohner sind afrikanischer Abstammung und schlagen sich mühsam mit Fischerei und dem Anbau von Kokosnüssen durch – Reisende bekommen beides vorgesetzt, wenn sie die heimische Küche probieren.

Aktivitäten

Auf der 5 km langen und 1,5 km breiten Insel gibt's zwei Wege: einer windet sich an der Küste entlang, der andere ist ein rutschiger Pfad quer durchs Inselinnere. Die schönen Strände im Norden der Insel sind per Boot oder zu Fuß zu erreichen.

Nur höchstens zehn Minuten mit dem Boot entfernt befinden sich schöne Schnorchel- und Tauchspots. Wer tauchen möchte, wendet sich an einen Anbieter in Portobelo, z. B. Golden Frog Scuba. Getaucht werden kann nur von April bis Dezember, wenn das Meer ruhiger ist.

Mit einem Bootstaxi kann man auch die weiter entfernten Mangroven östlich der Isla Grande erkunden oder vor den Küsten der Inselchen in der Umgebung schnorcheln.

Festivals & Events

Isla Grande Carnaval KULTUR

(Feb.–März) Auf der Isla Grande wird der Karneval in einer seltenen Form gefeiert: Die Frauen tragen traditionelle *polleras* (Festtagskleider), die Männer zerlumpte Hosen, die an der Taille mit alten Schiffstauen zusammengebunden sind, und alles singt und tanzt zu afrikanisch beeinflusstem Conga-Getrommel und Gesang. Außerdem werden satirische Lieder zu aktuellen Ereignissen zum Besten gegeben und Scherze in der Tradition des karibischen Calypso gemacht.

Schlafen

Macondo Hostel HOSTEL $

(6102-6262; www.facebook.com/Macondo-Hostel-Isla-Grande-1541624226094296; B/DZ/4BZ 15/35/45 US$;) Über einen ausgeschilderten Pfad geht es ein Stückchen landeinwärts zu diesem ansprechenden, luftigen zweistöckigen Hostel in einem üppigen Tropengarten. Die zwei großen Dorms mit Ventilatoren haben fünf bzw. acht Stockbetten und in den drei privaten Zimmern können zwei bis vier Personen nächtigen. Das Hostel hat schattige Gemeinschaftsbereiche und Hängematten und ist eine gute Wahl für Budgetreisende. Es geht relaxt zu, aber Partys finden hier garantiert auch statt.

Hotel Sister Moon CABAÑAS $$

(6948-1990; www.hotelsistermoon.com; DZ/3BZ mit Ventilator 87/102 US$, DZ mit Klimaanlage 120 US$, Tageskarte 20 US$;) Die schönste Inselunterkunft sind diese elf wunderbaren Hütten am Hang, umgeben von schwingenden Palmen und krachenden Wellen. Hier gibt's keinen Strand, deswegen sonnen sich die Gäste auf schönen Terrassen am Wasser und schwimmen im Pool. Ein Bonus sind die eigenen Balkone mit Hängematten; die Hütten 1 und 2 stehen direkt über dem Wasser. Das hauseigene Restaurant El Fin del Mundo ist hervorragend.

Essen & Ausgehen

El Fin del Mundo FISCH & MEERESFRÜCHTE $$$

(6948-1990; www.hotelsistermoon.com; Hauptgerichte 15–22 US$; Mo–Fr 8–20, Sa & So bis 22 Uhr) Das Bar-Restaurant des Sister Moon ist direkt über dem Wasser gebaut. Auf der Speisekarte stehen die berühmten Meeresfrüchte mit Kokosnuss, für die die Insel berühmt ist, sowie erstklassige Cocktails.

Floating Rum Bar COCKTAILBAR

(Cocktails 6 US$; 12 Uhr–open end) Warum einen Cocktail am Meer schlürfen, wenn das auch *im* Meer möglich ist? Die schwimmende Bar ist vor dem Fußweg verankert und kostenlos mit einer *lancha* (kleines Motorboot) zu erreichen. Es gibt Essen vom Grill und draußen hängt eine Tarzanschaukel, die jeden garantiert schnell nach einem Drink greifen lässt.

El Bar de Pupy BAR

(6789-7433, 6503-7530; 9–21 Uhr) Das Rasta-Reggae-Bar-Restaurant mit dem namensgebenden Wirt Pupy reicht direkt ins Meer hinein. Hier kann man mit den Füßen im Sand den Tag (oder Abend) vertrödeln und Grillhähnchen, Tintenfisch mit Zwiebeln und Knoblauch oder frischen Fisch genießen (Hauptgerichte 12–15 US$). Die Cocktails sind auch klasse.

An- & Weiterreise

Die Isla Grande ist eine zehnminütige Bootsfahrt von Laguaira entfernt, einem winzigen Küstendorf mit häufiger Busverbindung nach/von Colón. Auf der Isla Grande legen die Boote in der Nähe des Hotels Isla Grande an.

Die Busse nach Laguaira fahren vom Busbahnhof in Colón ab (3 US$, 1½ Std.). Von Panama-Stadt nimmt man einen Bus Richtung Colón bis Sabanitas und steigt neben dem Supermercado Rey in einen Bus nach Laguaira um. Abfahrt der Busse von Laguaira für die Rückfahrt ist um 8, 9 und 12 Uhr.

Ab Laguaira fahren Boote, sobald sie voll sind, montags bis freitags von 8 bis 19.30 Uhr, samstags bis 19 Uhr und sonntags bis 17 Uhr zur Insel (und weiter). Die Fahrt kostet 5 US$ pro Person, ein bewachter Parkplatz 6 US$ pro Tag.

COMARCA DE GUNA YALA

44 230 EW. / BIS ZU 1160 M

Die Inseln des Archipiélago de San Blas der Comarca de Guna Yala sind mit ihrem türkisfarbenen Gewässer, weißem Sand und wiegenden Palmen der Inbegriff des Paradieses. Hier lebt das Volk der Kuna, das als erste indigene Gruppe die Autonomie erlangte. Die Kuna haben zwar schon seit Ankunft von Kolumbus 1502 Kontakt zu Europäern, bewahrten aber ihre ethnische Identität und traditionelle Lebensweise.

Seit Fertigstellung der Straße zum Hafen von Gardi (Cartí) vor einem Jahrzehnt ist die Region besser erreichbar als je zuvor, auch wenn sie noch immer touristisch unberührt ist. Der schmale, 373 km lange Streifen aus 365 Inseln vor der Karibikküste erstreckt sich vom Golfo de San Blás bis zur kolumbianischen Grenze.

Die vier Dutzend bewohnten Inseln voller strohgedeckter Hütten, Nutzvieh und Menschen sind jeweils knapp einen Hektar groß. Besucher ziehen meist die abgeschiedeneren äußeren Inseln mit weniger Bewohnern vor. Einige Inseln verlangen eine Anlege- bzw. Besuchsgebühr.

Geschichte

Die Kuna leben zwar seit mindestens zwei Jahrhunderten im Osten Panamas, aber über ihre Ursprünge wird in Expertenkreisen heftig gestritten. Ähnlichkeiten mit der Sprache eines Volkes, das einst ein paar Hundert Kilometer weiter westlich lebte, deuten darauf hin, dass die Kuna von West nach Ost gewandert sind. Laut mündlicher Überlieferung sind die Kuna aber irgendwann nach 1600 von Kolumbien nach San Blás eingewandert, nachdem sie von anderen Stämmen wiederholt mit Giftpfeilen aus Blasrohren attackiert worden waren.

Ungeachtet der Ursprünge der Kuna, die sich selbst Dule nennen, stimmen alle Fachleute darin überein, dass das Volk noch nicht allzu lange auf den Inseln lebt. Noch Ende des 18. Jhs. notierten Historiker, dass zu jener Zeit nur Piraten und vereinzelte spanische Entdecker die Inseln von San Blás aufsuchten. Dank des Reichtums an Meeresfrüchten konnten die Kuna gut auf dem Archipel überleben. Dazu gab es Reis, Süßkartoffeln, Yucca, Kochbananen, Bananen und Ananas, die auf dem Festland angebaut wurden.

Heute leben über 44 000 Kuna in der *comarca,* drei Viertel von ihnen auf den Inseln und der Rest auf Stammesgebiet an der Küste; etwa 6000 Kuna siedeln in anderen Gebieten Panamas und in Kolumbien. Die auf den Inseln ansässigen Kuna sind so gemeinschaftsliebend, dass sie nur 48 der 365 Inselchen bewohnen, der Rest bleibt mehr oder weniger Kokospalmen, Meeresschildkröten und Leguanen vorbehalten.

Aktivitäten & Touren

Die meisten Unterkünfte bieten Komplettpakete an. Darin enthalten sind das Zimmer, drei Mahlzeiten am Tag und Bootsfahrten zum Schwimmen, Schnorcheln oder Faulenzen an die Strände der Nachbarinseln. Wer in einer Dorfgemeinschaft leben will, besucht eine der dichter besiedelten Inseln.

Bevor man sich allerdings von einer solchen dicht besiedelten Insel aus in die Fluten stürzt, sollte man daran denken, dass sämtliche Abwässer hier ins Meer gelangen – zumeist ungefiltert.

Es gibt gute Schnorchelreviere, aber viele Korallenriffe sind stark beschädigt. Die Hotels vermieten oft Schnorchelausrüstungen, echte Schnorchler bringen jedoch ihre eigene mit.

Ausflüge für Dschungelwanderungen auf dem Festland werden mit einem Guide vereinbart. Die meisten Reisenden sind jedoch vollauf damit beschäftigt, die karibische Sonne zu genießen.

Cacique Cruiser BOOTSFAHRT
(Karte S. 682; ☎6111-4241; www.caciquecruiser.com; Tagesausflüge 150 US$) Eine zertifizierte und höchst empfehlenswerte Agentur für tägliche Bootsausflüge und Exkursionen nach San Blás von ein bis sechs Tagen Dauer. Sie bietet auch Touren zwischen Panama und Kolumbien auf sehr guten Booten an. Das Unternehmen leistet einen wichtigen Beitrag zur lokalen Wirtschaft und unterstützt soziale und ökologische Projekte.

Schlafen & Essen

Es ist wichtig, sich seine Inselunterkunft genau auszuwählen, denn auf den abgelegenen Inseln kann man sich kaum noch umentscheiden. Auf den unbewohnten Inseln zu zelten ist keine gute Idee – eventuell sind hier nachts Drogenhändler unterwegs und die *chitras* (Sandfliegen) stellen eine echte Plage dar. Die Kuna verweigern der panamaischen Küstenwache und den US-amerikanischen Anti-Drogen-Booten die Erlaubnis, in der Inselgruppe zu operieren. Daher transportieren kolumbianische Drogenhändler ihr Kokain auf dem Weg die Küste entlang manchmal über die unbewohnten Inseln.

Da es fast keine Restaurants gibt, bereitet jede Unterkunft Mahlzeiten für ihre Gäste zu. Ganz oben auf dem Speiseplan stehen Meeresfrüchte; Hummer ist etwas teurer als der Rest. Die Qualität ist sehr unterschiedlich, weil einige Fischbestände stark zurückge-

VERANTWORTUNGSBEWUSST REISEN IN GUNA YALA

Wer die Comarca de Guna Yala besucht, sollte sich über die Auswirkungen eines solchen Besuchs auf die Gemeinschaft im Klaren sein. Die Einnahmen aus dem Tourismus spielen eine wichtige Rolle in der Entwicklung dieser Region, besonders für Kunsthandwerker und Guides der Kuna. Westliche Interessen haben der Region bereits unumkehrbare Schäden zugefügt. Verantwortungsvolle Reisende sind sich daher ihrer Umgebung bewusst und achten auf die Spuren, die sie hinterlassen.

Ein Blick auf die paradiesische Natur, die bunte Flagge und die einzigartige Kleidung der Kuna genügen, um sich in ein Hochglanzmagazin wie *National Geographic* versetzt zu fühlen. Aber das ist nicht das ganze Bild. Wenn die Kuna abweisend erscheinen, was gelegentlich der Fall ist, sollte man sich einmal in ihre Lage versetzen. Wenn Touristenboote anlegen, kann sich die Einwohnerzahl der sowieso dicht besiedelten Inseln verdreifachen. Dann verfolgen zwei Drittel der Menschen (nämlich die Touristen) als Paparazzi das restliche Drittel, die Kuna. Und dieses unappetitliche Schauspiel wiederholt sich immer wieder. Um Herr der Lage zu bleiben, lassen sich die Kuna für Fotos von sich in der Regel bezahlen und verlangen auch eine Besuchs-/Landungsgebühr für jede Insel. Wer sich die Fotogebühr nicht leisten kann oder will, packt die Kamera weg und versucht stattdessen, mit den Menschen ins Gespräch zu kommen.

Was man anzieht (oder nicht) ist ebenfalls zu bedenken. Die Männer der Kuna tragen immer ein Oberteil, die Frauen kleiden sich sehr konservativ, d. h. Dekolleté, Bauch und der größte Teil ihrer Beine sind immer bedeckt. Der Besuch eines Kuna-Dorfes im Bikini oder mit nacktem Oberkörper könnte als Respektlosigkeit betrachtet werden.

Ein gewaltiges Problem auf den dichter besiedelten Inseln ist der Müll, der nicht richtig beseitigt werden kann. Die Entsorgung auf dem Festland ist zu teuer für die Kuna, aber auf den Inseln gibt es weder ausgewiesene Deponien noch eine „Kultur" der Müllentsorgung, da aller Müll bis zum Einfluss von außen meist relativ unschädlich war. Heute sind Abfälle und Haufen von brennendem Plastik zu sehen. Da es in absehbarer Zeit keine Lösung für dieses Problem geben wird, nehmen verantwortungsbewusste Reisende ihren Müll möglichst wieder mit und bevorzugen frische, so wenig wie möglich verpackte Produkte (z. B. Kokoswasser statt Getränke in Flaschen).

gangen sind. Dafür gibt es immer Reis und reichlich frische Kokosnüsse. Bevor man sich irgendwo eine Kokosnuss nimmt, sollte man immer fragen, denn sie bilden eine wichtige Einkommensquelle in der Region.

★ Cabañas Demar Achu CABAÑAS **$$**
(☎6806-5976, 6959-0866; Zeltplatz/Hütte pro Pers. inkl. 3 Mahlzeiten, Transfer & Tour 55/80 US$) Die netten Hütten auf einem großen Gelände gehören zu den günstigsten Angeboten überhaupt und wer länger als eine Nacht bleibt, zahlt nur 25/45 US$ (plus 30 US$ für Transfers). Die 20 Hütten stehen weit genug auseinander, um Privatsphäre zu garantieren, zudem gibt es große Sanitärhäuser aus Beton, Volleyballplätze und Hängematten. Die Preise für die schattigen Zeltplätze sind ebenfalls alles inklusive und günstig.

Isla Tortuguita Camping CAMPINGPLATZ **$$**
(☎6030-3428, 6651-8858; www.sanblastourspanama.com; Zeltplatz/Hütte pro Pers. inkl. Mahlzeiten & Transfer 86/135 US$) Zelten auf dieser winzigen Insel, die von einer einzigen Familie betrieben wird, ist eine Möglichkeit, seine Robinson-Crusoe-Fantasien auszuleben. Nur 30 Gäste gleichzeitig dürfen hier unter den Palmen campen. Zelte und Kissen werden gestellt und die Mahlzeiten sind gut. Einige neue Hütten stehen direkt über dem Wasser. Die Anlage wird von Blas Tejada vom **Restaurant Chef Blas** (☎6651-8858, 3030-3428; www.sanblastourspanama.com; Gerichte 5–15 US$; ⏰7–11, 12–15 & 18–19 Uhr) betrieben.

Cabañas Casso CABAÑAS **$$**
(Coco Loco; ☎6807-2768, 6151-7379; www.facebook.com/pg/sanblasfrontera; B/Zi. pro Pers. inkl. 3 Mahlzeiten & Transfer 30/70 US$) Unsere Lieblingsunterkunft auf der Isla Naranjo Chico – auch „Coco Loco" genannt – ist klein und besteht aus nur vier leuchtend bunt gestrichenen Hütten (eine wird als Schlafsaal mit sieben Betten genutzt), die perfekt gestaltet und die peppigsten auf dem Archipel sind. Das Meer schwappt fast bis an die Haustür.

★ Yandup Island Lodge HÜTTE **$$$**
(☎203-7762, 6682-9848; www.yandupisland.com; pro Pers. inkl. 3 Mahlzeiten & Touren 155–175 US$) Die Unterkünfte in dieser Lodge sind

schlicht, bestehen aber aus zehn schönen, achteckigen Strohdachhütten mit Kaltwasserbädern; ein halbes Dutzend der Hütten stehen direkt über dem Wasser. Licht wird durch Solarpaneele erzeugt und Wasser kommt vom Festland. Der grasbedeckte Boden der Insel, die schattigen Palmen und der kleine, aber puderweiche Strand dürften Grund genug sein, einfach hierzubleiben.

Cabañas Naranjo Chico CABAÑAS **$$$**
(☎6686-7437, 6086-7716; www.sanblaskunayala.com; Zi./Strand-/Pfahlbau-Cabañas pro Pers. inkl. 3 Mahlzeiten, Transfer & Touren 95/115/135 US$) Die sechs Hütten bieten Ruhe und einen herrlichen Badestrand. Die Hütten am Strand haben Sandböden, die neueren Pfahlhütten über dem Wasser sind teurer. Alle werden mit Solarenergie versorgt. Die Familie del Valle reagiert schnell auf Reservierungen, was hierzulande selten ist. Die Preise sinken ab der zweiten Nacht auf 75/95/115 US$.

ℹ Praktische Informationen

Es gibt nur wenige Flugverbindungen mit der *comarca*, also sollte man so weit im Voraus wie möglich buchen. Ebenso sollten Unterkünfte im Voraus reserviert werden, besonders da Pauschalpakete hier die Norm sind. Da es hier keine Geldautomaten gibt, muss man vor dem Besuch auf den Inseln einen ansteuern. Der nächste Automat befindet sich in Chepo an der Interamericana, etwa 20 km südwestlich der Abzweigung nach El Llano.

Von Mai bis November herrschen auf dem Archipel gewöhnlich niedrigere Temperaturen. Wenn es windstill ist und die Temperaturen steigen, nimmt die Luftfeuchtigkeit zu und das Leben auf den San-Blás-Inseln ist dann nicht mehr so paradiesisch. Im Januar und Februar blasen die Passatwinde.

In der *comarca* sind gute Spanischkenntnisse eine große Hilfe, da außerhalb der Touristenzentren nur wenige Kuna Englisch sprechen. Viele ältere Kuna sprechen sogar kaum Spanisch. In abgelegeneren Gebieten muss man eventuell seinem Guide oder Bootsführer das Reden überlassen. Wer sich ein paar Worte Kuna aneignet, macht sich überall schnell Freunde.

Die Kuna achten sehr darauf, was *uagmala* (Ausländer) auf ihren Inseln treiben. Daher müssen sich auf fast allen Inseln Touristen anmelden und eine Besuchsgebühr bezahlen (meist um 3 US$) – egal, ob sie eine Woche oder nur eine halbe Stunde bleiben. Auf den kleineren Inseln in Privatbesitz müssen Besucher den Besitzer ausfindig machen, um Erlaubnis bitten, bleiben zu dürfen, und fürs Zelten eine Gebühr von etwa 7 US$ bezahlen.

Es wird erwartet, dass Besucher für Fotos von den Kuna bezahlen (ca. 1 US$ pro fotografierter Person oder Foto). Wer jemanden fotografieren möchte, muss vorher um Erlaubnis fragen. Fotografiert man den Kunsthandwerker, bei dem man gerade etwas gekauft hat, kostet das normalerweise nichts, das kommt aber natürlich auf die jeweilige Person an. Zur Einreise in die Region muss der Reisepass mitgeführt werden.

ℹ An- & Weiterreise

AUTO

Die Straße zwischen El Llano und Gardi (Cartí) ist der einzige Landweg in diese Region. Sie verbindet die Stadt El Llano an der Interamericana, 72 km östlich von Panama-Stadt, mit dem Küstendorf und Hafen Gardi (Cartí) in San Blás.

Für die Anreise empfiehlt sich ein Allradfahrzeug mit starkem Motor, einer Winde und guten Reifen. Die Hostels in Panama-Stadt können das problemlos arrangieren, ebenso **Mola Nega Adventures** (☎6884-0262, 6098-1874; www.molanegadventures.com), **Kuna Yala Expeditions** (☎6530-4834, 6708-5254; eliasperez martinez@yahoo.com) und der Fahrer **Germain Perez** (☎6734-3454; www.cartihomestay kunayala.blogspot.com).

FLUGZEUG

Air Panama (☎316-9000; www.airpanama.com) fliegt täglich nach Uggubseni (Playón Chico) und Assudub (Achutupu). Dreimal pro Woche gibt es auch Flüge nach Ogobsucum (Ustupo) und täglich außer samstags nach Puerto Obaldía. Alle Flüge starten am Flughafen Albrook in Panama-Stadt und dauern 30 Minuten bis eine Stunde. Die Ticketpreise sind je nach Saison und Verfügbarkeit unterschiedlich, liegen aber im Schnitt bei 80 US$ für die einfache Strecke.

Die Buchung sollte so früh wie möglich erfolgen, da die Nachfrage das Angebot weit übersteigt. Außerdem ist zu beachten, dass die Flugzeuge auch auf den anderen Inseln des Archipels zwischenlanden, um dort Passagiere oder Fracht zu entladen und aufzunehmen.

SCHIFF/FÄHRE

Segelboote nach Kolumbien passieren den Archipel, aber die meisten nehmen derzeit Passagiere in Puerto Lindo oder Portobelo an der Karibikküste oder in der Provinz Colón auf. Unterkünfte in Panama-Stadt bieten mehr Infos über diese privat veranstalteten Fahrten.

Auf der beliebten viertägigen Fahrt von **San Blas Adventures** (☎6032-8498; http://san blasadventures.com; 4-tägige Tour 445 US$), eher eine Tour und ein Urlaub als eine bloße Fährfahrt, schippern Reisende zwischen Gardi (Cartí) und Capurganá gleich jenseits der Grenze in Kolumbien, besuchen unbewohnte und einsame Inseln, schlafen in Hängematten unter strohgedeckten Unterständen oder bei Kuna-Gemeinden und schwimmen und

BESUCH BEI DEN KUNA

Die Preise für eine Übernachtung auf den Inseln der *comarca* sind nicht mit denen auf dem Festland zu vergleichen. Ein Platz in einer strohgedeckten Hütte mit Sandboden plus drei Mahlzeiten kann zwischen 35 US$ in einem Schlafsaal und 170 US$ in einer Luxusherberge kosten. Wie kommt das?

Oft sind Zugang, Umgebung und Organisation ausschlaggebend. Auf den dicht besiedelten Inseln der Gemeinschaft findet man eher eine günstige Unterkunft, die jedoch keineswegs der allgemeinen Vorstellung von einem tropischen Paradies entspricht. Ferieninseln mit Lodges sind im Allgemeinen teurer und bieten nicht die Möglichkeit, mit den Einheimischen in Kontakt zu kommen. Bei der Planung der Reise sollte man sich also über die eigenen Beweggründe im Klaren sein und folgende Überlegungen anstellen:

Umgebung Gibt's auf der Insel Schatten? Privatsphäre? Gibt's schöne Badestrände oder muss man mit dem Boot zum Baden oder Schnorcheln fahren?

Zugang Ist die Insel so weit entfernt, dass man immer teure Transportmittel braucht, um etwas zu unternehmen?

Gastfreundschaft Hatten andere Reisende hier gute Erfahrungen?

Wasser Ist es trinkbar? Eventuell einen Wasserfilter mitnehmen.

Toiletten Gibt es moderne sanitäre Einrichtungen oder ist die Toilette ein Plumpsklo am Ende des Bootsanlegers?

Sicherheit Sind die Ausflugsboote mit kürzlich geprüften Rettungswesten und guten Motoren ausgestattet?

Im Übernachtungspreis sind im Allgemeinen drei Mahlzeiten (ohne Getränke) enthalten sowie ein Ausflug pro Tag (z. B. Schnorcheln, Besuch eines Dorfes) sowie manchmal der Transfer vom und zum Flughafen oder Hafen in Gardi (Cartí). Das sollte man sich im Voraus bestätigen lassen. Besuche von anderen Inseln der Kuna können extra kosten. Es empfiehlt sich in jedem Fall, etwas zu essen, Insektenschutz, ein Erste-Hilfe-Set und eine Taschenlampe mitzunehmen. Von April bis November sind die Preise im Allgemeinen niedriger.

Bei der Buchung sollte man bedenken, dass es hier kaum Internetanschlüsse gibt und eine Handynummer nichts mehr wert ist, wenn das Telefon aus Versehen ins Meer gefallen ist. Begegnet man den Gastgebern mit guter Laune und Geduld, werden sie das hundertfach zurückgeben.

schnorcheln unterwegs. 90% der Zeit wird tatsächlich nicht auf dem Boot, sondern auf Inseln verbracht. Die Fiberglasboote sind mit Zweizylinder-Außenbordmotoren ausgerüstet und eine gute Alternative, um die zweitägige Fahrt übers Meer im Segelboot bei rauer See und in engen Schlafquartieren zu vermeiden. Auf der Website stehen nützliche Informationen zur Planung.

PROVINZ DARIÉN

55 753 EW. / BIS ZU 2280 M

Eines der reichsten Ökosysteme der Welt ist der 5790 km² große Parque Nacional Darién, in dem die Urwelt auf die Gegenwart trifft, denn diese Landschaft hat sich in Millionen von Jahren kaum verändert. Die Volksgruppen der Emberá und Wounaan leben noch weitgehend nach ihren Traditionen und bewahren so das uralte Wissen über den Regenwald. Ironischerweise ist die Provinz Darién gerade wegen ihres schlechten Rufs so wild und ursprünglich geblieben.

An der Straße nach Yaviza – dem zugänglichsten Teil der Provinz – sind die natürlichen Lebensräume zum Teil schon zerstört. Ansonsten sind Touren auf den Wasserwegen und Wanderungen die einzigen Möglichkeiten, das Innere des Darién und die Pazifikküste mit ihrem gemächlichen Lebensrhythmus zu erkunden, wo die Kulturen der Emberá, der Wounaan und der Afro-Panamaer koexistieren.

Die Region hat mit vielfältigen Problemen zu kämpfen. Aufgrund des regen Drogenhandels werden ständig Polizei- und Militärkontrollen durchgeführt. Die Provinz Darién ist nicht jedermanns Sache, aber mit sorgfältiger Planung und den richtigen Zielen bietet sie unerschrockenen Reisenden ein wahres Abenteuer.

Geschichte

Die indigenen Volksgruppen, die heute im Darién leben und allgemein unter der Bezeichnung Chocóes bekannt sind, wanderten vor langer Zeit aus der Provinz Chocó in Kolumbien ein. Anthropologen teilen die indigenen Völker in zwei Gruppen ein, die Emberá und die Wounaan. Abgesehen von der Sprache ist die Kultur der beiden Volksgruppen jedoch identisch. Trotzdem ziehen es beide Gruppen vor, als zwei eigenständige Völker betrachtet zu werden.

Bevor die Spanier moderne Schusswaffen ins Land brachten, schossen die Emberá und Wounaan mit *boroqueras* (Blasrohren). Ihre Pfeile tränkten sie mit dem tödlichen Gift bestimmter Frösche und der tropischen Riesenameise. Viele Wissenschaftler glauben, dass diese Völker die Kuna aus der Region Darién an die Karibikküste und auf die Inseln vertrieben haben, die sie heute bewohnen.

Die Emberá und Wounaan sind für ihre sehr fachmännisch gearbeiteten Einbäume bekannt. Diese *piraguas* verfügen über einen flachen Boden und sind somit besonders für die Trockenzeit ideal, wenn die Wasserstände in den Flüssen niedrig sind. Die Panama Canal Authority beschäftigt schon seit Langem Emberá- und Wounaan-Handwerker zur Herstellung der *piraguas*, mit denen die oberen Teile der Wasserscheide des Kanals erreicht werden. Gleichzeitig nahmen bis in die 1990er-Jahre die Luftstreitkräfte der USA die Hilfe der Emberá und Wounaan in Anspruch: Viele von ihnen trainierten im Fort Sherman in der Nähe von Colón US-Astronauten und Piloten für das Überleben in der tropischen Wildnis.

Heute lebt die Mehrheit der fast 10 000 panamaischen Emberá und Wounaan (weitere 6000 leben in Kolumbien) in den Tiefen des Darién-Regenwalds, vor allem entlang der Flüsse Sambú, Jaqué, Chico, Tuquesa, Membrillo, Tuira, Yapé und Tucutí.

VOR DEM BESUCH

Vor dem Besuch des Parque Nacional Darién müssen Übernachtungsgebühren gezahlt werden. Beim **Ministerio de Ambiente** (Karte S. 678; ☎500-0855, 315-0855; www.miambiente.gob.pa; Calle Broberg 804, Cerro Ancón, Albrook; ⏲Mo–Fr 8–16 Uhr) in Panama-Stadt ist telefonisch das Bankkonto für die Einzahlung der „Cuenta de Vida Silvestre" auf der BNP (Banco Nacional de Panamá) zu erfahren. Das ist in jeder Bankfiliale möglich, aber es ist ganz wichtig, die Quittung zu behalten! Sie muss bei der **Sede Administrativa Parque Nacional Darién** (☎299-4495; Interamericana, Ministerio de Ambiente Bldg; ⏲Mo–Fr 8–16 Uhr) in Yaviza vorgezeigt werden, wo auch die erforderliche Registrierung erfolgt (bitte beachten: sie ist nur werktags bis 16 Uhr geöffnet). Wer das irgendwie vergisst, findet die nächste BNP-Filiale nach Yaviza in **Metetí** (Banco Nacional de Panamá; ☎299-6125; Interamericana s/n; ⏲Mo–Fr 8–15, Sa 9–12 Uhr).

Geführte Touren

Der Darién ist der einzige Teil Panamas, in dem ein Führer nötig ist; im Nationalpark ist ein Guide obligatorisch. Vor Ort lassen sich Spanisch sprechende Guides für 25 bis 35 US$ pro Tag anheuern, aber die Transportkosten sind sehr teuer. Tourveranstalter können sich um die ganze Organisation ohne Sprachbarriere kümmern, die Teilnehmer über die unglaubliche Ökologie der Gegend informieren, für sie kochen und sie bei Laune halten, wenn die Füße Blasen haben. Eine weitere Option ist, mit einem unabhängigen Naturkundler zu reisen.

★ **Jungle Treks** ABENTEUER
(☎6438-3130; www.jungletreks.com) Der empfehlenswerte Veranstalter wird vom erfahrenen Naturexperten und Guide Rick Morales geleitet, der sich auf expeditionsartige Touren für Gruppen ab sechs Teilnehmern spezialisiert hat. Zu den Zielen gehören das Innere des Darién und die Pazifikküste. Die Tourentermine sind auf der Website zu finden. Individuelle Touren sind ab einer Dauer von drei Tagen möglich. Ricks Muttersprache ist Englisch.

Ancon Expeditions TOUREN
(☎Panama-Stadt 269-9415; www.anconexpeditions.com) Ancon Expeditions steuert die eigene Lodge in Punta Patiño an der Pazifikküste sowie weiter entfernte Ziele an. Die Sonderprogramme für Vogelbeobachter und Wanderer sind ausgezeichnet. Hervorragendes Englisch.

EcoCircuitos ABENTEUER
(Karte S. 674; ☎315-1488; www.ecocircuitos.com; Albrook Plaza, 1. Stock, Nr. 31, Ancón, Panama-Stadt)

Der angesehene, nachhaltige Veranstalter bietet konventionelle Touren zum Panamakanal und Kanalfahrten sowie Touren durch den Parque Nacional Soberanía, Vogelbeobachtung an der Pipeline Road und Kajakausflüge auf dem Lago Gatún an.

Praktische Informationen

Informationen über den Darién sind schnell veraltet. Reisende sollten immer nach den aktuellsten Informationen fragen, am besten einen Führer, der häufig Touren in der Gegend unternimmt oder dort lebt.

Wer die Gegend bereisen will, muss zuvor auf Spanisch den **SENAFRONT** (Servicio Nacional de Fronteras; Panama-Stadt 527-1000; www.senafront.gob.pa; Las Cumbres; Mo–Fr 8–16 Uhr) in Panama-Stadt mit Einzelheiten zur Reiseroute anschreiben und ein halbes Dutzend Fotokopien dieses Schreibens (und die gleiche Anzahl Kopien des Reisepasses) mit sich führen, da sie an Kontrollpunkten überprüft werden. Das Büro schlägt auf Wunsch auch Guides vor.

In Yaviza kann die Sede Administrativa Parque Nacional Darién Informationen über den Park liefern und auch bei der Suche nach geeigneten Führern – meistens machen das Parkaufseher in ihrer Freizeit – behilflich sein. Reisende müssen sich bei der Sede für den Besuch im Nationalpark registrieren und sich bei der Polizei melden, bevor sie in den Urwald entschwinden. An der Straße nach Yaviza ab Chepo und an allen Häfen gibt es überdies ein halbes Dutzend Kontrollposten.

Beim **Instituto Geográfico Nacional** (Tommy Guardia; Karte S. 678; 236-2444; http://ignpanama.anati.gob.pa; La Cresta; Mo–Fr 8–16 Uhr) in Panama-Stadt sind topografische Karten für einige Gebiete des Darién erhältlich.

GEFAHREN & ÄRGERNISSE

Die größte Gefahr im Darién ist das schwierige Terrain. Wanderwege – sofern sie überhaupt existieren – sind meist kaum erkennbar und selten markiert. Von den großen Flüssen, die das Rückgrat des Verkehrsnetzes im Darién bilden, gehen weitere Gefahren aus. Jede Art von Hilfe, insbesondere medizinische Versorgung, ist meilenweit entfernt. Wer sich verirrt, ist fast immer verloren. Um das Risiko zu verringern, ist es empfehlenswert, die Provinz mit einer geführten Gruppe oder einem kompetenten Guide zu erkunden.

Denguefieber und Malaria sind reale Gesundheitsrisiken. Bevor es losgeht, am besten den Arzt nach notwendigen Medikamenten fragen und sich so vollständig wie möglich mit Kleidung bedecken, vor allem in der Abenddämmerung. Einige Gebiete des Parque Nacional Darién sind auch der bevorzugte Lebensraum der tödlichen Lanzenotter. Die Gefahr, von so einer Schlange gebissen zu werden, ist relativ gering, aber man sollte dennoch vorsichtig sein und im Urwald immer Stiefel tragen. Auch Zecken sind allgegenwärtig, allerdings übertragen sie keine Borreliose. Eine Zeckenzange und Streichholzbriefchen mitnehmen, um die Zecke vollständig entfernen zu können, falls sie sich tief in die Haut gegraben hat.

Das deutsche Auswärtige Amt rät dringend von Aufenthalten im Osten und Süden der Provinz Darién ab, insbesondere im Grenzgebiet mit Kolumbien. Die Schweizer warnen vor der gesamten Provinz Darién, ebenso die Österreicher.

Auch wenn die Tabu-Zonen weit abseits der normalen Touristenziele liegen, darf ihre Gefährlichkeit nicht unterschätzt werden. Die Urwaldpfade werden von Drogenschmugglern genutzt, die es gar nicht mögen, dort auf Reisende zu treffen. In der Vergangenheit haben sich auch ehemalige kolumbianische Guerillakämpfer und Flüchtige hierher zurückgezogen. Im Süden des Darién wurden auch schon Reisende und Missionare entführt und ermordet.

Die Gegenden zwischen Boca de Cupe und Kolumbien, dem übliche Weg durch den Tapón del Darién, sind noch immer besonders gefährlich. Da es nur eine minimale Polizei- oder Militärpräsenz gibt, ist jeder, der in Schwierigkeiten gerät, auf sich selbst gestellt.

Trotz all dieser Warnungen sind die meisten Teile des Darién sichere Reisegebiete.

An- & Weiterreise

Die Interamericana führt über 285 km von Panama-Stadt nach Yaviza und ist dort zu Ende – dahinter erstreckt sich die gewaltige Wildnis des Darién. Die Straße beginnt erst wieder 150 km weiter in Kolumbien. Diese Lücke in der Straßenverbindung zwischen Mittel- und Südamerika wird als *Tapón del Darién* („Darién-Hindernis") bezeichnet – hier ist buchstäblich Ende Gelände.

Vom Albrook-Busbahnhof (S. 688) in Panama-Stadt fährt jede Stunde ein Bus nach Yaviza (16 US$, 4½ Std.). Wer unterwegs aussteigt, muss unbedingt dem Busfahrer sein Ziel nennen.

Unterwegs vor Ort

Im riesigen Urwald des Darién sind die Flüsse oft die einzigen Verkehrswege. Als Verkehrsmittel dienen *pangas* oder *canoas* (lange Kanus; meist motorisiert).

Die Boote nach La Palma fahren in Puerto Quimba ab, nahe der Stadt Metetí an der Interamericana; von Yaviza fahren sie zu Zielen ins Landesinnere wie El Real. In La Palma können Motorboote nach Sambú gemietet werden. Von El Real lassen sich Pijibasal oder der Parque Nacional Darién auf dem Landweg erreichen.

Provinz Darién

PANAMA PROVINZ DARIÉN

Metetí

7980 EW.

Das 1 km südöstlich von einem Polizeikontrollposten gelegene Metetí ist der am schnellsten wachsende Ort im Darién und hat die beste Infrastruktur der Region. Die Umgebung wird zügig abgeholzt, doch gibt es im Randgebiet mindestens eine interessante Ökolodge. Reisende kommen hierher, um auf einer reizvollen Bootsfahrt La Palma und das Hinterland des Darién zu erreichen.

Schlafen & Essen

Canopy Camp LODGE **$$$**
(Panama-Stadt 264-5720; 7 Nächte Hoch-/Nebensaison 3180/2125 US$; P) Das Ökocamp für passionierte Vogelbeobachter liegt in der Reserva Hidrológica Filo del Tallo, einem sekundären Regenwald. Die acht geräumigen Safarizelte mit mehreren Räumen und Holzveranden sind mit komfortablen Betten, Moskitonetzen, Strom und Ventilatoren ausgestattet. Jedes der strohgedeckten Zelte bietet völlige Privatsphäre und hat ein freistehendes Badezimmer mit warmer Freiluftdusche, was den Wald und seine Tierwelt umso näher bringt.

Restaurante Doña Lala PANAMAISCH **$**
(6722-8022, 299-6601; Camino a Puerto Quimba; Hauptgerichte 9–12 US$; 6–21 Uhr) Das preiswerte und blitzsaubere Restaurant ist meist voll besetzt mit Einheimischen. Beliebt ist ein Frühstück mit geschnetzeltem Rindfleisch und Eiern. Zum Mittagessen (ca. 4 US$) gibt es z. B. geschmortes Huhn, gegrilltes Fleisch, Reis und Kochbananen. Abends werden Fisch und Meeresfrüchte angeboten. Das Lokal liegt 800 m landeinwärts von der Interamericana Richtung Puerto Quimba.

An- & Weiterreise

Die Busse von Panama-Stadt nach Yaviza halten in Metetí (10 US$, 3 Std.) ungefähr zu jeder Stunde.

Zu den Booten nach La Palma oder Sambú nimmt man die Abzweigung zur Hafenstadt Puerto Quimba am Río Iglesias. Zwischen Metetí und Puerto Quimba verkehrt zwischen 6 und 21 Uhr alle 30 Minuten ein Pick-up (2 US$), außerdem fahren Taxis (10 US$). Die 20 km lange Asphaltstraße zwischen Metetí und Puerto Quimba ist tadellos.

Die Boote von Puerto Quimba nach La Palma (3,50 US$, 20 Min.) legen zwischen 5.30 und 17 Uhr ab, wenn sie voll sind. Oder man chartert

WEITERREISE NACH KOLUMBIEN

Die Interamericana endet in Yaviza und taucht erst nach 150 km wieder auf, weit hinter der kolumbischen Grenze. Doch auf dem Landweg zu Fuß durch den Tapón del Darién marschieren zu wollen, ist nicht ratsam und sogar illegal. Die einzigen Möglichkeiten nach Südamerika zu kommen, sind ein Flug direkt zur gewünschten Stadt, ein Flug mit Air Panama (S. 688) nach Puerto Obaldía an der panamaischen Karibikküste und dort mit dem Boot nach Capurganá in Kolumbien, oder ein Segeltörn bzw. Motorbootsausflug, wie sie von San Blas Adventures (S. 738) angeboten werden.

ein Boot für die Überfahrt. Fahrgäste müssen sich am Polizeikontrollpunkt neben dem Kartenschalter melden.

Täglich fahren auch Boote für bis zu 18 Passagiere nach Sambú (22 US$, 2¾ Std.).

Yaviza

4400 EW.

In dem teils geschäftigen, teils skurrilen Betondorf ist buchstäblich Endstation. Hier endet nach 12 580 km ab Alaska die Interamericana und dahinter erstreckt sich der berühmte **Tapón del Darién**, das Niemandsland zwischen Panama und Kolumbien. Der lieblose und formlose Ort ist kaum ein Reiseziel an sich, aber für Reisende ist er unumgänglich, um sich für den Besuch des Parque Nacional Darién anzumelden.

Schlafen

Hospedaje Sobia Kiru HOTEL $

(☎6150-5449, 299-4409; leticiapitti0311@gmail.com; DZ 25 US$; P ❄) Das „Gasthaus zum guten Herzen", ein zweistöckiges, türkisfarbenes Haus mit 24 blitzblanken Zimmern und leistungsstarker Klimaanlage, steht in einer Nebenstraße, die vom Hafen abgeht, und neben dem Büro von Cable Onda. Die Geschäftsführerin Leticia Pitti Lewis ist außerordentlich freundlich.

Ya Darien PENSION $

(☎6653-0074; DZ 25 US$; ❄) Die etwas mitgenommene Pension ein Stück vom Hafen entfernt hat 16 verwohnte, aber ordentliche Zimmer mit Kaltwasserduschen. Die besten der sieben Zimmer oben sind Nr. 1 und 5 zwischen dem kleinen Balkon.

An- & Weiterreise

Von Panama-Stadt fahren täglich mindestens jede Stunde Busse nach Yaviza (16 US$, 4½ Std.).

Gemeinde-Boote nach El Real fahren vom **Fähranleger** unregelmäßig – wenn sie voll sind (5 US$). Der Preis für ein privates Charterboot nach El Real (60–90 US$ einfach) hängt von der Motorgröße und den aktuellen Treibstoffkosten ab.

El Real

1185 EW.

Das am Fluss gelegene El Real (offizieller Name: El Real de Santa María), wurde von den Konquistadoren gegründet und war damals lediglich ein Fort am Río Tuira. Die Siedlung verhinderte, dass Piraten flussaufwärts segeln konnten, um Santa María zu plündern, wo Gold aus den Cana-Minen lagerte. Heute gehört El Real zwar zu den größten Orten in der Provinz Darién, es ist aber immer noch ein rückständiges Provinznest. Der Ort ist eigentlich recht reizvoll mit seinen Spuren der kolonialen Vergangenheit, z. B. einer spanischen Kanone aus dem 16. Jh. auf dem Hauptplatz.

El Real ist der letzte größere Ort vor dem Eingang zum Parque Nacional Darién. Wer Rancho Frío oder Pijibasal zum Ziel hat, sollte entweder einen Führer anheuern oder sich einer geführten Tour anschließen– das Ministerio de Ambiente (S. 740) erlaubt keine Besuche auf eigene Faust. Vor der Ankunft vor Ort muss man einen Brief mit seinen Plänen an SENAFRONT (S. 741) schicken und sich beim Ministerio de Ambiente in Panama-Stadt melden, um für die Unterkunft zu zahlen.

An- & Weiterreise

Piraguas (lange Kanus) befördern Passagiere über den Río Chucunaque in Yaviza zum Hafen Mercadeo; der Anleger ist 15 Minuten zu Fuß vom Zentrum von El Real entfernt. Nach Ankunft in Mercadeo müssen sich alle am Stand von SENAFRONT vor dem Anleger anmelden.

Pick-ups bringen Passagiere über Pirre Uno nach Pijibasal (30 US$), von wo es 1½ Stunden zu Fuß zum Rancho Frío sind, dem Eingang zum Parque Nacional Darién.

Rancho Frío

Der Sektor Rancho Frío des Parque Nacional Darién liegt um die 17 km Luftlinie südlich von El Real. Hier befindet sich die Station VIII, manchmal auch Pirre-Station genannt, nicht zu verwechseln mit der Station auf dem Cerro Pirre bei Cana. Zu den seltenen hier lebenden Vögeln zählen der Blutbauchspecht, der Weißstirntrappist und der Strichelrücken-Waldspäher – ein tolles Fleckchen für Vogelfreunde.

Das ausgezeichnete Wegenetz umfasst eine zweitätige Wanderung auf den Cerro Pirre und einen einstündigen Spaziergang durch den Urwald zu einigen Wasserfällen; die Cascada del Río Perresénico ist in etwa einer halben Stunde zu Fuß zu erreichen. Keine Wanderung sollte ohne einen Führer unternommen werden, da die Wege nicht markiert sind – wer sich hier verirrt, ist wirklich verloren.

Reisende müssen SENAFRONT (S. 741) in Panama-Stadt ihre Reisepläne im Darién per Brief auf Spanisch mitteilen und Fotokopien dieses Briefes und ihres Reisepasses mit sich führen; die Papiere werden an Kontrollpunkten überprüft.

Schlafen

Schlafsaal-Lodge HÜTTE $

(pro Pers. 15 US$) Die sehr schlichte, zweistöckige Lodge am Rancho Frío (oder Station VIII am Wanderweg) hat insgesamt 14 Stockbetten mit Platz für 28 Gäste. Draußen neben einer sehr einfachen, aber relativ großen Küche stehen Esstische, es gibt einen *bohio* (offener Unterstand mit Strohdach) mit ein paar Stühlen und etliche WCs und Kaltwasserduschen. Bezahlt wird direkt beim Ministerio de Ambiente (S. 740) in Panama-Stadt.

An- & Weiterreise

Rancho Frío ist 17 km von Mercadeo/El Real entfernt und kann zu Fuß (4 Std.) in einer Kombination aus Bootsfahrt und Wanderung oder mit einem Allradfahrzeug (ab 30 US$) erreicht werden. Von Pijibasal sind es 1½ Stunden zu Fuß. Für Wanderer hält die Straße wenig Orientierung bereit; ein Führer ist unerlässlich.

La Palma

6000 EW.

Wo der breite Río Tuira in den Golfo de San Miguel mündet, liegt La Palma, Hauptstadt der Provinz Darién, die nur aus wenig mehr als einer Straße besteht. Pastellfarbene Häuser auf Pfählen stehen hoch über dem schlammigen Ufer, es wimmelt von Lädchen, Bars und evangelikalen Botschaften.

Für die meisten Reisenden ist La Palma nur das Sprungbrett für Bootsfahrten zu anderen Zielen wie dem Naturschutzgebiet und der Lodge in der Reserva Natural Punta Patiño oder dem Emberá-Dorf Sambú am Ufer des trüben Flusses gleichen Namens. Wer genügend Zeit hat, kann sich die Ruine des spanischen **Fuerte San Lorenzo** aus dem 18. Jh. anschauen, die fünf Bootsminuten entfernt ist (15 US$).

Alles, was für Reisende interessant sein könnte, ist in der Hauptstraße Calle Principal gleich hinter dem Bootsanlieger zu finden. Hier gibt's eine Bank, ein Krankenhaus und eine Polizeiwache sowie drei Hotels, Bars, Restaurants und Lebensmittelläden.

Schlafen & Essen

Pensión Tuira PENSION $

(☎299-6316; Calle Principal; DZ 25–35 US$; ❄📶) Die Pension, die beste der drei Unterkünfte in La Palma, hat 18 mittelprächtige Zimmer, aber die größte Attraktion ist die fabelhafte Terrasse mit weitem Blick über den Golf. Zimmer Nr. 13 gleich neben der Terrasse ist die beste Wahl, das kleinere Zimmer Nr. 17 ist aber auch nicht schlecht. Klimaanlage kostet 5 US$ extra.

★ **Lola Grill** PANAMAISCH $$

(☎6721-8632; Calle Principal; Hauptgerichte 8–15 US$; ⌚Mo–Sa 7–20 Uhr) In dem sauberen und freundlichen Café werden neben Gerichten mit Fleisch vom Grill auch Garnelen und Fisch nach *criollo*-Art mit schmackhafter Sauce zubereitet. Die Leute hier sind sehr freundlich. Das Lokal liegt oberhalb einer Treppe ab der Hauptstraße.

An- & Weiterreise

Die Boote von Puerto Quimba (3,50 US$, 20 Min.), dem Sprungbrett nach La Palma, fahren zwischen 5.30 und 17 Uhr, wenn sie voll sind. Von Puerto Quimba fahren Busse nach Metetí und von dort andere nordwärts nach Panama-Stadt und südwärts nach Yaviza.

Ein privates Charterboot mit Führer kostet zwischen 120 und 300 US$ pro Tag, einschließlich Benzin.

Reserva Natural Punta Patiño

Das private, 263 km² große **Tierreservat** am Südufer des Golfo de San Miguel, 25 km von La Palma, gehört der Organisation ANCON und wird von Ancon Expedition gemanagt, dem kommerziellen Arm des Verbands. Es ist mit artenreichem Primär- und Sekundärwald bedeckt und eines der besten Gebiete in Panama, um eine Harpyie zu sehen, den Nationalvogel Panamas. Auch wenn sich der große Vogel nicht blicken lässt, stehen die Chancen gut, viele andere Tiere wie Dreifinger-Faultiere und Wasserschweine, die größten Nagetiere der Welt, oder Pumas zu erblicken.

Das Wildreservat ist nur per Boot oder Flugzeug zu erreichen. Auf dem winzigen Streifen Gras am Meer zu landen, der hier als Landebahn durchgeht, macht definitiv einen Teil des Abenteuers aus.

ℹ An- & Weiterreise

Im Tourpaket von Ancon Expeditions (S. 740) sind der Hin- und Rückflug zwischen Panama-Stadt und dem **Flughafen Punta Patiño** sowie Unterkunft, Verpflegung und Aktivitäten enthalten, einschließlich einer Fahrt den Río Mogué hinauf zum Emberá-Dorf Mogué und einer von einem Naturkundler geführten Wanderung zum Nest einer Harpyie.

Individualreisende können für etwa 450 US$ in La Palma ein Boot nach Punta Patiño chartern. Um eine Hütte zu reservieren, wendet man sich im Voraus an Ancon Expeditions.

Sambú

950 EW.

Das Flussdorf Sambú (auf Karten manchmal als Boca de Sábalo verzeichnet) ist ein interessanter Zwischenstopp, wo Emberá, Wounaan, *interioranos* (bzw. Mestizen) und *cimarrones* (Nachfahren entflohener afrikanischer Sklaven, die sich im Dschungel niederließen) leben. Für Darién-Verhältnisse ist es ziemlich zugebaut und dicht besiedelt und ein guter Ausgangsort, um indigene Gemeinschaften weiter flussaufwärts zu besuchen und sich dem langsamen Dschungeldasein anzupassen.

Von Sambú aus kann man auch schöne Ausflüge jenseits der Brücke über den Río Sábalo zum Schwesterdorf **Puerto Indio** planen (mit Genehmigung der Emberá und Wounaan) und Felszeichnungen und Mangrovenwälder besuchen. Ein weiteres besuchenswertes Emberá-Dorf ist **Bayamón** im Süden. Die **Bocaca Verano** in der Nähe ist eine Lagune mit Krokodilen und einer reichen Vogelwelt.

Schlafen

Sambú Hause PENSION $
(☎6672-9452; www.sambuhausedarienpanama.com; EZ/DZ 10/20 US$) Das gemütliche, aber einfache Sambú Hause ist ein hübsches gelbes und türkisfarbenes Schindelhaus mit Strohdach, das von der freundlichen Maria geführt wird. Es hat zwei Zimmer mit Gemeinschaftsbad und eines mit eigenem Bad und Klimaanlage sowie eine wunderbare, luftige Terrasse mit Grill. Hier können auch Touren zu Dörfern anderer Ethnien vereinbart werden.

ℹ An- & Weiterreise

Zur Zeit der Recherche gab es nur Charterflüge vom und zum **Flughafen Sambú**. Ein *panga* (kleines Motorboot) von Puerto Quimba (22 US$, 2¾ Std.) fährt täglich gegen 6 Uhr zum **Bootsanleger** von Sambú, mit kurzem Halt in La Palma. Es kehrt zwischen 16 und 16.30 Uhr zurück.

PANAMA VERSTEHEN

Panama aktuell

Durch eines der größten Verkehrsprojekte der Welt, die 17 Mrd. US$ teure und 2016 fertiggestellte Erweiterung des Panamakanals, wurde dessen Kapazität verdoppelt und das Verkehrsaufkommen verdreifacht. Erreicht wurde dies durch die Vertiefung des Kanals, um ihn für größere Schiffe passierbar zu machen, und durch das Ausheben einer dritten Fahrspur. Schon vor der Erweiterung erwirtschaftete der Kanal jährlich 2 Mrd. US$.

Anfang 2019 hat der Panamakanal Berichten zufolge die Erwartungen für Frachtkapazität und Verkehr bereits übertroffen. Auch die Durchfahrtszeiten verkürzten sich von dreieinhalb auf zweieinhalb Stunden. Der Erfolg der breiteren Schleusen führten, wie Esteban G. Saenz, ehemals Vizepräsident für den Transitbetrieb der Panama Canal Authority, im *American Journal of Transportation* verlautbarte, zu Diskussionen um eine vierte Schleuse.

Weitere Investitionen sind ein neuer Kreuzfahrthafen für die Calzada de Amador, der für 2020 vorgesehen ist, und der Ausbau des Internationalen Flughafens Tocumen rechtzeitig zum Papstbesuch 2019. So als wäre nichts dabei, geht dieses kleine Land mit vier Millionen Einwohnern aufs Ganze und tritt in die Oberliga ein.

In den letzten 100 Jahren sah sich Panama durch den Kanal definiert, doch jenseits dieses technischen Wunderwerks warten Möglichkeiten, die das nächste Jahrhundert definieren könnten. Ein Drittel des Landes besteht aus Naturschutzgebieten und Nationalparks und Panama setzt weiterhin auf den Ökotourismus, in der Hoffnung, den Erfolg des nördlichen Nachbarn Costa Rica auch für sich zu erreichen.

Geschichte

Panama, die „Taille" des amerikanischen Doppelkontinents, hat schon immer eine strategisch wichtige Rolle in der Geschichte der westlichen Hemisphäre gespielt, vom Austausch zwischen Tier- und Pflanzenarten bis zu Zusammenstößen zwischen den Kulturen. Das postkolumbische Panama, einst ein Handelsweg zwischen dem alten Peru und Mexiko, wurde zum Knotenpunkt für den Export der Inkaschätze. Aufgrund seiner Lage zwischen zwei Ozeanen ist Transit hier ein Dauerthema. Die Panama Railroad brachte während des Goldrauschs einst Goldgräber nach Kalifornien, heute ist der Panamakanal der dröhnende Motor des globalen Handels.

Verlorenes Panama

Die Küstengebiete und Regenwälder Panamas werden seit mindestens 10 000 Jahren von Menschen bewohnt. Indigene Stämme wie die Kuna, die Ngöbe-Buglé, die Emberá, die Wounaan, die Bribrí und die Naso lebten schon vor der Ankunft der Spanier auf der Landenge. Die Tragödie Panamas besteht jedoch darin, dass es hier trotz der reichen Kulturgeschichte des Landes so gut wie keine greifbaren Überreste dieser großen Zivilisationen gibt.

Über das präkolumbische Panama ist lediglich bekannt, dass die frühen Bewohner Teil einer weitläufigen Handelszone waren, die sich im Süden bis nach Peru und im Norden bis nach Mexiko erstreckte. Archäologen haben herrliche Goldornamente, ungewöhnliche lebensgroße Steinstatuen menschlicher Gestalten und spezielle Arten von Tonwaren und *metates* (Steinplatten, die zum Mahlen von Getreide verwendet wurden) entdeckt.

Die ersten Bewohner Panamas lebten an beiden Ozeanen und angelten an Mangrovensümpfen, Flussmündungen und Korallenriffen. Es scheint durchaus passend zu sein, dass der Landesname sich von einem indigenen Wort ableitet, das so viel bedeutet wie „Fische in Hülle und Fülle".

Eine neue Weltordnung

Die „Entdeckung" Panamas durch den spanischen Forscher Rodrigo de Bastidas im Jahr 1501 war der Beginn des Zeitalters von Eroberung und Kolonisierung auf der Landenge. Es war allerdings sein erster Matrose Vasco Núñez de Balboa, der es nach seiner „Entdeckung" des Pazifiks zwölf Jahre später zu ewigem Ruhm brachte.

1502 ging Christoph Kolumbus auf seiner vierten und letzten Reise in die Neue Welt im heutigen Costa Rica an Land, wo er „in zwei Tagen mehr Gold gesehen hatte als in Spanien in vier Jahren". Obwohl der heftige Widerstand der Einheimischen 1503 seine Pläne, eine Kolonie an der Mündung des Río Belén zu gründen, durchkreuzte, ersuchte Kolumbus die Spanische Krone, ihn zum Gouverneur von Veraguas zu machen, dem Küstenabschnitt zwischen Honduras und Panama.

Nach Kolumbus' Tod 1506 beauftragte König Ferdinand Diego de Nicuesa, das neu eroberte Land zu besiedeln. Verschiedene Versuche endeten kläglich. Sehr zur Enttäuschung der Eroberer gab es in Panama nicht viel Gold. Dazu kamen noch Tropenkrankheiten, unwirtliches Gelände und überaus unfreundliche Einheimische – es ist also kein Wunder, dass die frühen spanischen Kolonien es schwer hatten und oft zum Scheitern verurteilt waren.

1513 hörte Balboa Gerüchte über ein großes Meer und eine wohlhabende, Gold produzierende Zivilisation auf der anderen Seite der Berge – wahrscheinlich war das Reich der Inka in Peru gemeint. Von Ehrgeiz getrieben erklomm Balboa am 26. September 1513 die Kontinentale Wasserscheide und erblickte als erster Europäer den Pazifik. Er erklärte den Ozean und alles Land, an das er uferte, zum Besitz des spanischen Königs.

Das Reich expandiert

1519 gründete der brutale und sehr rachsüchtige Spanier Pedro Arias de Ávila (seinerzeit Pedrarias genannt) die Stadt Panamá auf der Pazifikseite ganz in der Nähe des heutigen Panama-Stadt. Der Gouverneur befahl 1517, Balboa zu köpfen, weil dieser angeblich Hochverrat begangen haben sollte. Pedrarias war auch bekannt für grausame Angriffe auf die indigene Bevölkerung, die er bei lebendigem Leib verbrannte oder den Hunden zum Fraß vorwarf.

Trotz seiner grausigen Taten machte Pedrarias Panamá zu einer wichtigen spanischen Siedlung, zum Handelszentrum und zum Ausgangsort für weitere Expansionen, z.B. für die Eroberung Perus. Von Panamá aus wurden jede Menge peruanisches Gold und orientalische Gewürze zu Fuß über die Landenge transportiert. Auf dieser berühmten Handelsroute, dem Sendero Las Cruces (Las-Cruces-Pfad), kann auch heute noch gewandert werden.

Da die Spanier durch den Reichtum der geplünderten Zivilisationen immer vermögender wurden, begann die Welt, auf die florierende Kolonie aufmerksam zu werden – besonders die britischen Freibeuter, die in den Küstengewässern lauerten. 1573 zerstörte Sir Francis Drake die Siedlung Nombre de Dios und segelte mit einer Galeone, beladen mit spanischem Gold, zurück nach England.

Daraufhin errichteten die Spanier riesige Steinfestungen in San Lorenzo und Portobelo. Dennoch überwältigte der walisische Freibeuter Sir Henry Morgan die Festung Fuerte San Lorenzo und segelte 1671 den Río Chagres hinauf. Nach Durchquerung der Landenge zerstörte Morgan die Stadt Panamá, indem er sie bis auf die Grundmauern niederbrannte, und kehrte mit 200 Maultieren, beladen mit spanischer Kriegsbeute, an die Karibikküste zurück.

Ein paar Jahre später bauten die Spanier die Stadt auf einem Kap einige Kilometer westlich vom ursprünglichen Standort wieder auf. Die Ruinen der alten Siedlung, das heutige Panamá Viejo, und die koloniale Altstadt Casco Viejo liegen innerhalb der Stadtgrenzen der heutigen Metropole.

Die britische Freibeuterei endete damit nicht. Nachdem Admiral Edward Vernon 1739 die Festung von Portobelo zerstört hatte, gaben die Spanier die Durchquerung Panamas auf und segelten stattdessen den langen Weg um das Kap Horn zur Westküste Südamerikas.

Das Ende des Reiches

Durch den teuren Krieg auf der Iberischen Halbinsel von 1808 bis 1814 gegen Frankreich und das politische Chaos, die Unruhen und das Machtvakuum, das darauf folgte, verlor Spanien im ersten Drittel des 19. Jhs. alle seine Kolonien.

Panama erlangte 1821 die Unabhängigkeit von Spanien und trat sofort Gran Colombia bei, einem Staatenbund aus den Ländern Kolumbien, Bolivien, Ecuador, Peru und Venezuela. Diese vereinte lateinamerikanische Nation war lange der Traum von Simón Bolívar. Innere Konflikte führten allerdings 1831 zur formellen Auflösung von Gran Colombia. Neuling Panama blieb jedoch eine Provinz von Kolumbien.

Die Geburt einer Nation

Das Schicksal Panamas wandelte sich für immer, als die Weltmächte erkannten, dass die Landenge der schmalste Streifen zwischen dem Atlantik und dem Pazifik war. 1846 unterschrieb Kolumbien ein Abkommen, das es den USA erlaubte, eine Eisenbahnlinie über die Landenge zu bauen und freien Transit sowie das Recht auf militärische Nutzung der Bahn gewährte. Auf dem Höhepunkt des Goldrauschs in Kalifornien 1849 reisten Zehntausende von der Ostküste der USA über Panama an die Westküste, um die feindseligen Indianerstämme in den zentralen US-Staaten zu vermeiden. Die Eisenbahnstrecke machte Kolumbien und Panama reich und es gab erstmals Gespräche über einen Kanal durch Zentralamerika.

Die Idee eines Kanals quer durch die Landenge kam 1524 auf, als Karl V. von Spanien ein Gutachten zur technischen Realisierbarkeit eines Kanals anordnete. Später dachte Kaiser Napoleon III. von Frankreich ebenfalls über diese Idee nach. Schließlich wurde 1878 der französische Baumeister Ferdinand de Lesseps, der sich noch im Glanz des kürzlich errichteten Sueskanals sonnte, von Kolumbien damit beauftragt, den Kanal zu bauen. 1881 kam er mit seinen Leuten nach Panama. Genau wie Napoleon unterschätzte Lesseps die Aufgabe und mehr als 22 000 Arbeiter starben in weniger als zehn Jahren an Gelbfieber und Malaria. 1889 trieben unüberwindbare bauliche Probleme und finanzielles Missmanagement das Unternehmen in den Ruin.

Die USA betrachteten das Versagen der Franzosen als wirtschaftliche Chance. 1903 stimmte Philippe Bunau-Varilla, einer von Lesseps' Chefkonstrukteuren, zu, den USA die Rechte am Bau zu verkaufen, was die kolumbianische Regierung verweigerte. Bunau-Varilla legte der amerikanischen Regierung nahe, Panama zu unterstützen, wenn es sich von Kolumbien lossagte.

Am 3. November 1903 erklärte eine revolutionäre Junta Panama für unabhängig und die USA erkannten die Souveränität sofort an – die erste von mehreren Einmischungen der USA. Und als Kolumbien Flotten schickte, um die Herrschaft wiederzuerlangen, hielten US-amerikanische Schlachtschiffe sie von der Landung ab. Kolumbien erkannte Panama erst 1921 als legitimes eigenständiges Land an, als die USA eine Entschädigung von 25 Mio. US$ an Kolumbien zahlten.

Die USA & der Kanal

Nach der Unabhängigkeit wurde Bunau-Varilla zum Botschafter für die USA ernannt, und als erste Amtshandlung ebnete er den Weg für weitere amerikanische Interventionen in der Region. Bunau-Varilla kam in der Hoffnung nach Washington, D.C., vom Verkauf der Kanalbaurechte an die USA zu profitieren, bevor Panama eine Delegation bilden konnte. Am 18. November unterschrieben Bunau-Varilla und der amerikanische Außenminister John Hay den Hay-Bunau-Varilla-Vertrag, der den USA weit mehr zusprach als im ursprünglichen Vertrag vorgesehen. Zusätzlich zu den Kanalbaurechten wurden den USA Rechte zur Intervention in die Angelegenheiten Panamas und die „Hoheitsrechte über die Kanalzone für alle Zeiten" zugesprochen. Diese Zone umfasste 8 km auf jeder Seite des Kanals.

Trotz der späten Proteste der panamaischen Delegation und der weiterhin offenen Frage, ob er überhaupt rechtens war, trat der Vertrag in Kraft. Das läutete eine Ära der Spannungen zwischen den USA und Panama ein. 1904 wurde mit den Bauarbeiten am Kanal wieder begonnen und trotz Krankheiten, Erdrutschen und widrigen Wetters wurde das größte Bauwunder der Welt in nur einem Jahrzehnt fertiggestellt. Das erste Schiff durchfuhr den Kanal am 15. August 1914.

In den Jahren nach der Fertigstellung des Kanals mischte sich das US-Militär immer wieder in politische Angelegenheiten des Landes ein. Als Antwort auf den zunehmenden Unmut der Panamaer über diese Einmischungen wurde der Hay-Bunau-Varilla-Vertrag 1936 durch den Hull-Alfar-Vertrag ersetzt. Die USA verzichteten auf ihre Rechte, außerhalb der Kanalzone Truppen einzusetzen und Land für den Kanal zu beschlagnahmen. Außerdem wurde die Summe, die für die Benutzung der Kanalzone jährlich an Panama gezahlt wurde, erhöht. Die größere Hoheitsgewalt reichte jedoch nicht aus, um den zunehmenden Widerstand in Panama gegen die US-Besatzung einzudämmen. Die antiamerikanische Haltung erreichte 1964 ihren Höhepunkt, als während eines Studentenprotests 27 Panamaer starben und 500 verletzt wurden. Heute wird dieses Ereignisses mit dem Día de los Mártires (Tag der Märtyrer) gedacht.

Als der Einfluss der Amerikaner schwand, wurde die Armee von Panama mächtiger. 1968 setzte die Guardia Nacional den gewählten Präsidenten ab und übernahm die Kontrolle über das Parlament. Bald danach wurde die Verfassung aufgehoben und die Nationalversammlung aufgelöst, die Presse wurde zensiert und der General der Guardia, Omar Torrijos, wurde zum neuen Staatschef ernannt. Torrijos Bilanz ist durchwachsen. Er stürzte Panama zwar mit einer Menge öffentlicher Bauvorhaben in die Schulden, zwang aber den amerikanischen Präsidenten Jimmy Carter mit Erfolg, die Kontrolle über den Kanal an Panama abzugeben. Der Torrijos-Carter-Vertrag garantierte Panama die volle Kontrolle über den Kanal ab dem 31. Dezember 1999 sowie den kompletten Abzug des amerikanischen Militärs.

Aufstieg & Fall Noriegas

Panama freute sich immer noch über den jüngst unterzeichneten Vertrag, sodass der plötzliche Tod Torrijos' 1981 bei einem Flugzeugabsturz das Land völlig unvorbereitet traf. Zwei Jahre später übernahm Colonel Manuel Antonio Noriega die Guardia Nacional, ernannte sich selbst zum General und machte sich somit zum eigentlichen Herrscher von Panama. Noriega, ehemaliger Vorsitzender der Geheimpolizei Panamas und Agent der CIA sowie Absolvent der School of the Americas, begann schnell, seine Macht zu festigen. Er vergrößerte die Guardia Nacional, erweiterte ihre Befugnisse erheblich und nannte sie von nun an Las Fuerzas de Defensa Panameñas. Er richtete auch in jeder Stadt und jedem Dorf ein paramilitärisches „Batallón Dignidad" ein, dessen Mitglieder bewaffnet waren und jeden ihrer Nachbarn verpfiffen, der sich dem Noriega-Regime gegenüber nicht vollkommen loyal zeigte.

1987 verschlimmerte sich die Situation sogar noch, als Noriega öffentlich beschuldigt wurde, in den Drogenhandel mit kolumbianischen Drogenkartellen verwickelt zu sein, seine Gegner ermorden zu lassen und Wahlen zu manipulieren. Viele Einwohner Panamas traten mit Generalstreiks und Straßendemonstrationen für Noriegas Rücktritt ein. Diese endeten in brutalen Zusammenstößen mit den Fuerzas de Defensa Panameñas. Im Februar 1988 versuchte der panamaische Präsident Eric Arturo Delvalle, Noriega zu entlassen, aber er wurde gezwungen, aus Panama zu fliehen. Daraufhin ernannte Noriega einen Präsidenten, der ihm besser gesinnt war.

Noriegas Regime wurde international geächtet. Im März 1988 erhoben die USA wirtschaftliche Sanktionen gegen Panama, beendeten damit ein präferentielles Handelsabkommen, froren panamaisches Vermögen bei US-Banken ein und verweigerten die Zahlung von Kanalgebühren. Einige Tage nach Verhängung der Sanktionen veranlasste ein erfolgloser Militärputsch Noriega, die brutale Unterdrückung seiner Kritiker zu verstärken. Als Noriegas Kandidat die Präsidentschaftswahlen im Mai 1989 verloren hatte, erklärte der General die Wahlen für ungültig. Guillermo Endara, der Siegerkandidat, und seine beiden Vizekandidaten wurden von Noriegas Schlägern brutal vermöbelt. Die blutige Tat wurde von einem Kamerateam gefilmt und auf der ganzen Welt gesendet. Im Oktober 1989 scheiterte ein zweiter Putschversuch und zog noch schlimmere Unterdrückungsmaßnahmen nach sich.

Am 15. Dezember 1989 wurde Noriega von seiner Legislative zum Präsidenten ernannt und seine erste Amtshandlung war es, den USA den Krieg zu erklären. Am folgenden Tag wurde ein unbewaffneter US-Marinesoldat in Zivil von panamaischen Soldaten ermordet, als er aus einem Restaurant in Panama-Stadt kam.

Die USA reagierten schnell und unerbittlich. In den ersten Stunden des 20. Dezember 1989 wurde Panama-Stadt von Flugzeugen, Panzern und 26000 US-Soldaten angegriffen. Der Einmarsch, der eigentlich dazu führen sollte, Noriega vor Gericht zu bringen und eine Demokratie zu schaffen, die den amerikanischen Interessen besser entsprach, hatte über 2000 tote Zivilisten und Zehntausende Obdachlose zur Folge und zerstörte ganze Gebiete von Panama-Stadt.

Weihnachten bat Noriega bei der Botschaft des Vatikans um Asyl. Amerikanische Truppen umstellten die Botschaft und zwangen den Vatikan, Noriega herauszugeben: Sie beschallten das Gebäude mit dröhnender Rockmusik. Daraufhin umstellte ein Haufen wütender Panamaer die Botschaft und forderte die Absetzung Noriegas.

Nach zehn Tagen psychologischer Kriegsführung überzeugte die Botschaft des Vatikans Noriega davon, sich zu stellen, indem sie ihm drohte, das Asyl aufzuheben. Noriega ergab sich am 3. Januar den amerikanischen Truppen und wurde nach Miami gebracht, wo er wegen Herstellung und Verteilung von Kokain verurteilt wurde.

Nach Ende seiner Gefängnisstrafe in den USA 2007 wurde Noriega im April 2010 an Frankreich ausgeliefert. In einem Wiederaufnahmeverfahren wurde er schuldig gesprochen und zu weiteren sieben Jahren Haft verurteilt, im Dezember 2011 jedoch unter der Bedingung überstellt, 20 Jahre in Panama abzusitzen. Im März 2017 wurde bei ihm ein Hirntumor festgestellt. Er starb im Mai desselben Jahres an Komplikationen nach einer Operation.

Moderne Kämpfe

Nach dem unfreiwilligem Rücktritt Noriegas wurde Guillermo Endara, der legitime Gewinner der Wahlen von 1989, als Präsident vereidigt und Panama versuchte, wieder auf die Beine zu kommen. Das Image und die Wirtschaft des Landes waren zerstört und die Hauptstadt hatte nicht nur durch die Invasion selbst, sondern auch durch die gewaltigen anschließenden Plünderungen großen Schaden erlitten. Korruptionsskandale und interne Kämpfe häuften sich während der Endara-Regierung. Die Arbeitslosigkeit lag bei 19 % und der beträchtliche Teil der armen Bevölkerung des Landes blieb außen vor, da die Regierung sich aus reichen Geschäftsleuten zusammensetzte. Als Endara 1994 aus dem Amt gewählt wurde, lag sein Beliebtheitsgrad bei unter 10 %.

Aus den Wahlen von 1994, den fairsten in der jüngeren panamaischen Geschichte, ging Ernesto Pérez Balladares als Präsident hervor. Unter seiner Regie führte die Regierung von Panama ein Privatisierungsprogramm ein, das sich auf die Verbesserungen der Infrastruktur, des Gesundheitswesens und der Bildung konzentrierte. Pérez Balladares stellte zwar noch nie dagewesene Finanzmittel bereit, doch galt er als korrupt. Im Frühjahr 1999 wiesen die Wähler sein Ansinnen zurück, die Verfassung dahingehend zu ändern, dass ein Präsident zwei Amtszeiten hintereinander absolvieren konnte.

1999 übernahm Mireya Moscoso – die Witwe des beliebten ehemaligen Präsidenten Arnulfo Arias, dem Kopf der konservativen Arnulfista-Partei (PA) – das Regierungsamt und wurde Panamas erste weibliche Staatschefin. Moscosos ehrgeizige Reformpläne wurden jedoch nicht umgesetzt. Als

Panama 2003 sein Jubiläum feierte, lag die Arbeitslosenquote bei 18 %. Moscoso wurde der Verschwendung beschuldigt: Als in großen Teilen des Landes die Menschen nichts zu essen hatten, gab sie 10 Mio. US$ dafür aus, den Schönheitswettbewerb „Miss Universe" nach Panama zu holen. Es wurde ihr auch vorgeworfen, einfach weggesehen zu haben, als das kolumbianische Militär in die Provinz Darién einfiel. 2004 schied sie aus dem Amt, ohne auch nur ein einziges Wahlversprechen eingehalten zu haben.

Nachfolger von Moscoso war Martín Torrijos, Mitglied des Partido Revolucionario Democrático (PRD) und Sohn des ehemaligen Oberhaupts Omar Torrijos. Zwar gab es viele Diskussionen über Erfolge und Misserfolge seiner Amtsführung, doch er setzte etliche Steuerreformen um, darunter auch eine Überholung des Sozialversicherungssystems des Landes. Sein Vorschlag, den Panamakanal zu erweitern, wurde bei einem nationalen Volksentscheid am 22. Oktober 2006 mit großer Mehrheit angenommen.

Aktuelles politisches Klima

Am 3. Mai 2009 wählte Panama entgegen dem lateinamerikanischen Linkstrend den konservativen Supermarktmagnaten Ricardo Martinelli zum Präsidenten. Martinelli gehört der konservativen Partei Cambio Democratico (CD) an und war deshalb eine wirtschaftsfreundliche Wahl; er löste einen Investitionsboom aus, indem er Handelsbarrieren und bürokratische Hürden abbaute. Während seiner Amtszeit waren ambitionierte öffentliche Bauvorhaben wie die erste U-Bahn Zentralamerikas an der Tagesordnung und die panamaische Wachstumsquote von 8 % glänzte als die höchste Lateinamerikas.

Schließlich fanden die Flitterwochen ein Ende und aus der Erfolgsstory wurde teils ein Groschenroman, teils ein Politthriller. Martinellis ehemaliger Vizepräsident und Oppositionsführer Juan Carlos Varela wurde 2014 zum Präsidenten gewählt: Er versprach, sich an die Regeln zu halten und verfassungsmäßige Kontrollinstanzen zu etablieren. Martinelli war mit Korruptionsvorwürfen konfrontiert, die ein 45 Mio. US-Dollar umfassendes Programm zur Ernährung armer Schulkinder betrafen. Außerdem gab es einen Abhörskandal, bei dem es um Lauschangriffe auf politische Gegner ging. Und die gewaltigen Infrastrukturprojekte? Nachdem die Aufträge im Wert von rund 1,2 Mrd. US-Dollar unter die Lupe genommen worden waren, wanderten einige Leiter von staatlichen Projekten ins Gefängnis. Martinelli floh per Privatjet nach Miami in eine Luxuswohnung, die durch den Film *Scarface* berühmt wurde. Am 12. Juni 2017 wurde er von der US-amerikanischen Bundespolizei verhaftet und in Miami in Untersuchungshaft genommen. Er wurde im Juni 2018 nach Panama ausgeliefert, wo er wegen Lauschangriffen angeklagt ist.

Als hätte Panama nicht schon genug Probleme, veröffentlichte eine anonyme Quelle 2015 über 11,5 Mio. Dokumente der panamaischen Anwaltskanzlei Mossack Fonseca. Die sogenannten Panama Papers enthalten ausführliche Informationen zu den Finanzen von Regierungschefs und Personen des öffentlichen Lebens in aller Welt und offenbarten Korruption von enormen Ausmaßen. Mossack Fonseca hatte Briefkastenfirmen gegründet, die es internationalen Unternehmen und Personen ermöglichten, sich internationalen Sanktionen zu entziehen, Betrug zu begehen und Steuern zu hinterziehen. Die Anwaltsfirma wurde zwar 2018 aufgelöst, aber die Auswirkungen des Skandals sind noch längst nicht ausgestanden.

Kultur

Mentalität

In vielerlei Hinsicht ist die panamaische Mentalität schwer zu greifen. Vielleicht ist das nur natürlich, wenn man bedenkt, wie viele Jahre lang sich andere Länder in die Angelegenheiten Panamas eingemischt haben. Von der durch die USA unterstützten Unabhängigkeit 1903 bis zur Entmachtung Noriegas 1989 mit Waffengewalt und zu einem halben Dutzend anderer Einmischungen in der Zeit dazwischen – die USA haben ein gewaltiges Vermächtnis im Land hinterlassen.

Fast jeder Panamaer hat Verwandte oder Bekannte in den USA. Teile des Landes scheinen geradezu besessen von Einkaufsmalls, deren Architektur direkt aus Nordamerika übernommen wurde. Zumindest diejenigen Panamaer, die es sich leisten können, tragen US-amerikanische Kleidung, kaufen US-amerikanische Autos und orientieren sich bei der Mode direkt an der Madison Avenue.

Andere wiederum sträuben sich eher dagegen, die Kultur des Nordens anzunehmen. Indigene Stämme wie die der Emberá und Kuna kämpfen darum, ihre Traditionen aufrechtzuerhalten, da immer mehr Jugendliche in den Sog der westlichen Lebensart in der Großstadt geraten. Auf der Península de Azuero lebt ein reiches spanisches Kulturerbe fort, wie an traditionellen Festen, Trachten und Traditionen abzulesen ist; hier hegen die Dorfbewohner dieselben Bedenken hinsichtlich der Zukunft ihres Nachwuchses.

Angesichts dieser Kluft zwischen Alt und Neu ist es überraschend, dass das Land nicht unter einem schweren Fall von kognitiver Dissonanz leidet. Der außergewöhnlich tolerante panamaische Charakter hält jedoch viele Widersprüche aus – das Alte und das Neue, die enorme Ungleichheit zwischen Arm und Reich und die atemberaubende Natur und ihre schnelle Zerstörung.

Ein Großteil der berühmten panamaischen Toleranz beginnt in der Familie, dem Fundament der Gesellschaft. Sie spielt eine wichtige Rolle in nahezu allen Aspekten des Lebens. Ob Kuna-Schwestern oder Angehörige der Elite von Panama-Stadt – jeder kümmert sich um seinesgleichen. Erwiesene Gefallen werden freundlich akzeptiert, schnell erwidert und niemals vergessen.

Diese gegenseitige Anteilnahme reicht von der Familie bis in die Gemeinschaft und manchmal erscheint das ganze Land wie eine riesige Großfamilie. Auf der politischen Bühne tauchen immer wieder dieselben Namen auf: Vetternwirtschaft ist die Regel, nicht die Ausnahme. Leider geht das auch Hand in Hand mit dem hartnäckigsten Problem des Landes, der Korruption.

Die Panamaer betrachten die finanziellen und moralischen Fehltritte ihrer politischen Elite mit Abscheu und sind auch gut über die entsprechenden Vorgänge informiert. Doch ertragen sie die Dinge geduldig und mit einer fast fatalistischen Einstellung. Außenstehende sehen das manchmal als eine Art Passivität, doch ist es nur ein weiterer Aspekt der komplexen panamaischen Mentalität.

Lebensart

Auch wenn die wohlhabenderen Viertel von Panama-Stadt vor Wolkenkratzern und schicken Restaurants nur so strotzen, lebt fast ein Drittel der Bewohner Panamas in Armut. Fast 250 000 Panamaer müssen darum kämpfen, überhaupt an Grundnahrungsmittel zu kommen. Die Ärmsten leben meist in dünn besiedelten Provinzen: Darién, Bocas del Toro, Veraguas, Los Santos und Colón. Auch in den Slums von Panama-Stadt, wo ungefähr 20 % der städtischen Bevölkerung wohnen, herrscht krasse Armut. Landesweit leben 9 % der Bevölkerung in *barriaos* (Elendsviertel).

Für *campesinos* (Bauern) ist das Leben hart. Ein Bauer im Landesinnern, der nur für den Eigenbedarf produziert, verdient nur 8 US$ pro Tag und liegt damit weit unter dem nationalen Durchschnittseinkommen von 11 500 US$ pro Kopf. In den Dörfern der Emberá und Wounaan in der Provinz Darién geht das traditionelle Leben weiter wie vor Hunderten von Jahren. Dort lebt man in strohgedeckten Hütten und ernährt sich von Landwirtschaft, Jagd, Fischerei und Weidewirtschaft. Die Lebenserwartung in diesen Grenzdörfern liegt etwa zehn Jahre unter dem Landesdurchschnitt. Den meisten der Emberá- und Wounaan-Gemeinden stehen weder sauberes Wasser noch die einfachsten hygienischen Einrichtungen zur Verfügung.

Angehörige der Mittel- und Oberschicht leben größtenteils in und rund um Panama-Stadt. Ihr Lebensstandard entspricht ungefähr dem ihres Pendants in Europa und den USA. Sie wohnen in großen Häusern oder Eigentumswohnungen, haben eine Hausangestellte, ein oder zwei Autos und ein paar wenige Glückliche unter ihnen sogar einen Zweitwohnsitz am Strand oder in den Bergen. Handys sind selbstverständlich. Ihren Urlaub verbringen sie oft in Europa oder in den USA. Die meisten Erwachsenen der Mittelschicht sprechen etwas Englisch und ihre Kinder gehen normalerweise auf Schulen, in denen Englisch die Unterrichtssprache ist.

Bevölkerung

Die meisten Panamaer (65 %) sind *mestizos*, haben also indigene und spanische Wurzeln. Es werden auch viele nicht schwarze Einwanderer zu dieser Kategorie gezählt, z. B. der recht große chinesische Bevölkerungsanteil. Manche gehen davon aus, dass ganze 10 % der Bevölkerung chinesische Wurzeln haben. Es leben aber noch viele andere große Gruppen in dem Land: Etwa 9 % der Panamaer haben afrikanische, 7 % europäische Vorfahren, 7 % haben sowohl Afrikaner als auch Spanier als Vorfahren und 12 % sind *indígenas*. Schwarze Panamaer sind meist Nachkommen der englischsprachigen Bevölkerung der Karibischen Inseln (Jamaika, Trinidad), die ursprünglich als Arbeiter nach Panama gebracht wurden.

Von den zahlreichen indigenen Stämmen, die bei der Ankunft der Spanier in Panama existierten, sind nur noch wenige übrig. Die Kuna leben auf Inseln an der Karibikküste in dem autonomen Gebiet Comarca de Guna Yala. Sie bilden den politisch am besten organisierten Stamm und senden regelmäßig Volksvertreter in die nationale Legislative. Die Emberá und die Wounaan leben in der östlichen Provinz Panamá und im Darién. Panamas größter Stamm, die Ngöbe-Buglé, ist in den Provinzen Chiriquí, Veraguas und Bocas del Toro angesiedelt. Die Teribe bevölkern die Provinz Bocas del Toro und die Bribrí leben entlang dem Talamanca-Schutzgebiet. Trotz der modernen Einflüsse hat jede indigene Gruppe Panamas ihre eigene Sprache und Kultur erhalten.

Religion

Ein Bild von der religiösen Vielfalt in Panama kann man sich leicht bei einem Spaziergang durch die Hauptstadt verschaffen. In Panama-Stadt gibt es etliche katholische Kirchen, anglikanische Kirchen für die Einwanderer von den Karibischen Inseln, Synagogen, Moscheen, eine herrliche griechisch-orthodoxe Kirche, einen beeindruckenden Hindutempel und einen surrealistischen Baha'i-Tempel (der Hauptsitz für Lateinamerika).

Religionsfreiheit wird in Panama von der Verfassung garantiert, auch wenn die Vormachtstellung der römisch-katholischen Kirche durchaus offiziell anerkannt wird – fast 85% der Menschen hängen diesem Glauben an. In der Schule haben Kinder die Möglichkeit, Religion als Fach zu belegen, auch wenn es nicht verpflichtend ist. Protestanten machen überwiegend die restlichen 15 % der Bevölkerung aus, aber es gibt auch einen offenkundigen Anteil an Muslimen und Baha'i sowie schätzungsweise 3000 Juden (viele von ihnen sind erst kürzlich aus Israel eingewandert), 24000 Buddhisten und 9000 Hindus.

Dazu gibt es noch die unterschiedlichen Glaubensrichtungen der verschiedenen indigenen Stämme. Allerdings werden diese Religionen zusehends vom Einfluss der christlichen Missionare ausgemerzt. Wie in anderen Teilen Lateinamerikas verbreitet sich die evangelikale Bewegung wie ein Flächenbrand.

Auch wenn die Katholiken in der Mehrheit sind, gehen nur ca. 20% von ihnen regelmäßig in die Kirche. Auch die religiösen Orden sind in Panama nicht besonders stark vertreten – nur 25% der katholischen Geistlichen sind Panamaer, der Rest sind ausländische Missionare.

Kunst & Kultur

Zur bunten Musikszene Panamas gehören Salsa, amerikanischer und Latin-Jazz, traditionelle Musik aus der Landesmitte, Reggae, Reggaetón und lateinamerikanischer, britischer und amerikanischer Rock. Der größte Exportschlager des Landes ist der bekannte Salsasänger Rubén Blades, der sich 1994 sogar als Präsidentschaftskandidat zur Wahl stellte und Dritter wurde. Der Jazz-Komponist und Pianist Danilo Pérez ist bei Kritikern angesehen und Los Rabanes machen klassischen panamaischen Rock. Panamaische Volksmusik (*típico* genannt) wird durch Dorindo Cárdenas, den kürzlich verstorbenen Victorio Vergara (dessen Band als Nenito Vargas y los Plumas Negras weiterhin aktiv ist) und das beliebte Geschwisterpaar Samy und Sandra Sandoval vertreten. Heute setzt sich Reggaetón (auch bekannt als *punta*) in allen sozialen Schichten Panamas durch; zu den Stars zählen Danger Man, der bei einer Schießerei unter Gangmitgliedern ums Leben kam, der Balladensänger Eddie Lover und ein unter dem Namen Flex bekannter Künstler, der auch in Mexiko sehr erfolgreich ist.

Viele der besten panamaischen Romane wurden um die Mitte des 20. Jhs. geschrieben. *El Ahogao*, ein Roman von Tristán Solarte aus dem Jahr 1937, vermischt Elemente aus Krimi, Gruselgeschichte und Psychothriller mit bekannter einheimischer Mythologie. Der Roman *El Esván*, 1954 von Ramón H. Jurado geschrieben, lotet die emotionalen Grenzen des Menschen aus. In dem Roman *Gamboa Roa Gang* von Joaquín Beleño geht es um die politischen und sozialen Ereignisse rund um den Panamakanal. Zu den nennenswerten Autoren der Gegenwart zählen die Dichterin und Schriftstellerin Giovanna Benedetti, die historische Romanautorin Gloria Guardia und die Volksautorin Rosa María Britton.

Die nordamerikanische Romanautorin Cristina Henríquez, die halbpanamaischer Abstammung ist, bietet quasi von Halbaußen einen Einblick in die panamaische Mentalität. Auf ihr Buch *The World in Half* (2010) folgte 2014 der Roman *The Book of Unknown Americans*, eine Liebesgeschichte vor dem Hintergrund der Erlebnisse verschiedener lateinamerikanischer Einwanderer in den USA.

Der erste prominente Künstler Panamas war Roberto Lewis (1874–1949), der in Frankreich studiert hatte. Er malte allegorische Bilder in öffentlichen Gebäuden, z.B. die im Palacio de las Garzas in Panama-Stadt. 1913 wurde Lewis Leiter der ersten Kunstakademie Panamas, wo er und sein Nachfolger Humberto Ivaldi (1909–1947) eine Generation von Künstlern ausbildeten. Zu den Schülern der Akademie zählten Juan Manuel Cedeño und Isaac Benítez sowie Maler der Mitte des 20. Jhs.: Alfredo Sinclair, Guillermo Trujillo und Eudoro Silvera. Zeitgenössischere Künstler sind u.a. Olga Sinclair und Brooke Alfaro.

Sport

Baseball ist dank des Vermächtnisses der US-amerikanischen Besatzung die Lieblingsfreizeitbeschäftigung im Land. Es gibt zwar keine Profiteams, aber in Stadien im ganzen Land spielen Amateurmannschaften. Der in der Oberliga der USA spielende Mariano Rivera, der panamaische Rekordwerfer der New York Yankees, ist ein Nationalheld. Der Batter-Champion Rod Carew, ein weiterer Star aus Panama, wurde 1991 in die Hall of Fame aufgenommen. Auch an den ehemaligen NY Yankee Roberto Kelly erinnert man sich gern.

Boxen ist ein weiterer beliebter Zuschauersport und eine Quelle für Lokalstolz, seit der aus Panama-Stadt kommende Roberto Durán 1972 den Weltmeistertitel im Leichtgewicht gewonnen hat. Er wurde zur Legende, als er den Titel auch in jeder anderen Kategorie gewann: im Weltergewicht (1980) und Halbmittelgewicht (1983) genauso wie im Mittelgewicht (1989). Derzeit hat Panama außerdem drei amtierende Boxweltmeister.

Das erste olympische Gold für Panama gewann Irving Saladino 2008 in Peking im Weitsprung.

Natur & Umwelt

Geografie

Panama ist sowohl das schmalste als auch das südlichste Land Zentralamerikas. Die lange, S-förmige Landenge grenzt im Westen an Costa Rica und im Osten an Kolumbien. Die nördliche karibische Küste ist 1160 km, die pazifische Küste im Süden 1690 km lang. Die Gesamtfläche des Landes beträgt 78 056 km^2.

An der schmalsten Stelle ist Panama nur 50 km breit, gleichwohl trennt das Land zwei große Ozeane. Der rund 80 km lange Panamakanal teilt das Land in einen östlichen und einen westlichen Teil. Zwei Bergketten durchziehen Panama küstenparallel im Osten und Westen. Der Volcán Barú ist der höchste Punkt und der einzige Vulkan im Land.

Wie in allen zentralamerikanischen Ländern gibt's in Panama weites Küstenflachland mit riesigen Bananenplantagen. Durch Panama fließen ca. 480 Flüsse und vor den Küsten liegen 1518 Inseln. Die beiden Hauptinselgruppen sind die Archipele San Blás und Bocas del Toro auf der karibischen Seite, die meisten Inseln befinden sich jedoch auf der Pazifikseite. Selbst im Panamakanal liegen Inseln, darunter die Isla Barro Colorado, auf der sich eine berühmte Forschungsstation zum tropischen Regenwald befindet.

Flora & Fauna

Seiner Lage als schmale Landbrücke zwischen zwei riesigen Kontinenten verdankt Panama eine bemerkenswerte Vielfalt von Pflanzen und Tieren. Tierspezies, die zwischen den Kontinenten wandern, versammeln sich in Panama, was bedeutet, dass man neben nordamerikanischen Tapiren, Jaguaren und Hirschen südamerikanische Gürteltiere, Ameisenbären und Faultiere beobachten kann. Durch die große Vielfalt einheimischer Arten und Zugvögel ist Panama einer der besten Orte der Welt, um Vögel zu beobachten.

In Panama gibt es über 978 verschiedene Vogelarten und mehr als 10 000 Pflanzenspezies, dazu kommen 125 Tierarten, die nur hier leben. Zu den 105 seltenen und bedrohten Tierarten des Landes gehören der Hellrote Ara, die Harpyie (der Nationalvogel Panamas), der Panama-Stummelfußfrosch, Jaguare und fünf verschiedene Arten von Meeresschildkröten. In Panama lässt sich mit großer Wahrscheinlichkeit auch ein Quetzal sichten und zu den heimischen Primaten gehören Kapuzineräffchen, Tamarine sowie Totenkopf-, Klammer- und Brüllaffen.

Rund um den Kanal, entlang der karibischen Küste und im Großteil der Osthälfte des Landes ist tropischer Regenwald die vorherrschende Vegetation. Im Parque Nacional Darién wird der überwiegende Teil von Panamas größtem tropischem Regenwaldgebiet geschützt. Andere Vegetationszonen sind Graslandschaften an der Pazifikküste, Bergwälder im Hochland, Nebelwald auf den höchsten Gipfeln und Mangrovenwälder an beiden Küsten.

Nationalparks & Naturschutzgebiete

In Panama gibt es 16 Nationalparks und über zwei Dutzend offizielle Naturschutzgebiete. Etwa ein Drittel von Panamas Fläche steht unter Naturschutz und 40 % des Landes sind mit Wäldern bedeckt. In Panama wird mehr Land zum Schutzgebiet für verschiedenste Lebensräume erklärt als in jedem anderen zentralamerikanischen Land. Und in den Wäldern lebt die größte Tiervielfalt von allen Ländern der Neuen Welt nördlich von Kolumbien. Diese Statistiken lassen allerdings nicht ahnen, dass die Naturreservate oft längst nicht in ausreichendem Maß geschützt werden.

In vielen der Nationalparks und Naturschutzgebiete befinden sich Dörfer von *indígenas* und Mestizen. In einigen Fällen arbeiten diese Gemeinden am Schutz und an der Erhaltung der Parks und der Tierwelt mit. Verwaltet werden die Parks vom in Panama-Stadt ansässigen Ministerio de Ambiente (www.miambiente.gob.pa), Panamas Umweltministerium. Der Eintritt zu allen Nationalparks, mit Ausnahme des Parque Nacional Coiba, ist kostenlos. Campinggenehmigungen oder die Erlaubnis zum Übernachten bei einer Rangerstation (5–10 US$) sind an den Parkeingängen erhältlich.

Umweltprobleme

Leider gehört die Abholzung der Wälder zu den schwersten Umweltproblemen des Landes. Und da das Personal in den panamaischen Nationalparks hoffnungslos unterbesetzt ist, wird sogar innerhalb der Parks illegal gejagt, gesiedelt und abgeholzt.

Ein weiteres großes Problem ist der Bergbau. In ungefähr 26 % des Landes wird Bergbau betrieben oder es liegt eine Förderkonzession vor; zu befürchten ist eine Verschmutzung der Wasserressourcen und die Zerstörung von Waldgebieten und menschlichem Lebensraum. Trotz des Widerstands bedeutender Umweltgruppen hat die Regierung groß angelegte Bergbauprojekte genehmigt und vorangetrieben, allen voran ein 6,2-Mrd.-Projekt zum Abbau von Gold und Kupfer – eine Investition die größer ist als der derzeitige Ausbau des Panamakanals.

Einen wichtigen Sieg stellte 2012 die Verabschiedung von Gesetz 415 dar. Danach ist Bergbau auf dem Territorium indigener Volksgruppen verboten und Wasserkraftprojekten muss dort erst zugestimmt werden. Die Gesetzesänderung erfolgte, als Anfang Februar 2012 bei der Beendigung der Proteste der Ngöbe-Buglé zwei Menschen ums Leben kamen.

NATIONALPARKS & NATURSCHUTZGEBIETE

Zu den schönsten Parks Panamas gehören:

Parque Internacional La Amistad (S. 716) Hier leben mehrere indigene Stämme, es gibt unberührten Regenwald und jede Menge wilder Tiere und Pflanzen.

Parque Nacional Darién (S. 739) Unesco-Welterbe mit 5760 km² erstklassigem Regenwald und einer reichen Fauna

Parque Nacional Isla de Coiba (S. 702) Schließt die 493 km² große Isla de Coiba ein, die von Wissenschaftlern als Hotspot für die Artenvielfalt betrachtet wird.

Parque Nacional Marino Golfo de Chiriquí (S. 707) Schützt 25 Inseln und zahlreiche Korallenriffe.

Parque Nacional Marino Isla Bastimentos (S. 726) Ein wichtiges Naturschutzgebiet für viele Arten von in der Karibik heimischen Tieren, darunter Meeresschildkröten

Parque Nacional Soberanía (S. 692) Ein Paradies für Vogelbeobachter im üppigen Regenwald

Parque Nacional Volcán Barú (S. 713) Umgibt Panamas einzigen Vulkan und höchsten Gipfel, den 3475 m hohen Volcán Barú.

Parque Natural Metropolitano (S. 676) Tropischer halbimmergrüner Wald innerhalb der Stadtgrenzen

PRAKTISCHE INFORMATIONEN

Allgemeine Informationen

BARRIEREFREIES REISEN

Panama ist nicht rollstuhlgerecht, nur Spitzenklassehotels haben einige barrierefreie Zimmer. Es gibt Parkplätze für Menschen mit Mobilitätsproblemen und einige übergroße Toilettenkabinen. Außerhalb der Hauptstadt fehlt eine hinreichende Infrastruktur.

Lonely Planets Ratgeber Barrierefreies Reisen kann kostenlos von http://lptravel.to/AccessibleTravel heruntergeladen werden.

BOTSCHAFTEN & KONSULATE

Mehr als 50 Länder unterhalten *embajadas* (Botschaften) oder *consulados* (Konsulate) in Panama-Stadt. Mit Ausnahme der USA und Frankreichs befinden sich die meisten Botschaften im Stadtteil Marbella.

Costa-ricanische Botschaft (☎ 6521-4665, 264-2980; www.embajadacostaricaenpanama.com; 30. Stock, Edificio Bisca, Ecke Aquilino de la Guardia & Av Balboa, Bella Vista; ⌚ Mo–Fr 9–13 Uhr)

Costa-ricanisches Konsulat (☎ 774-1923; www.embajadacostaricaenpanama.com; Calle B Norte & Av Primera, Torre del Banco Universal No 304; ⌚ Mo–Fr 9–13 Uhr)

Deutsche Botschaft (☎ 263-7733; www.panama.diplo.de; Calle 53 E, Urbanizacion Marbella, Edificio World Trade Center No. 20; ⌚ Mo–Fr 9–12 Uhr)

Kolumbianische Botschaft (☎ 392-5893; http://panama.consulado.gov.co; 1. Stock, Condominio Posada del Rey, Vía Italia, Punta Paitilla; ⌚ Mo–Fr 7.30–13.30 Uhr)

Österreichisches Generalkonsulat (☎ 260 45 25; austriacon@cableonda.net; Calle Sevilla Casa F 7b, Villa de las Fuentes Nr. 1 Apartado 0818 00160, Betania, ⌚ 8–12 Uhr)

Schweizer Generalkonsulat (☎ 395 99 22; panama@honrep.ch; Edificio Casa Blanca, Avenida Justo Arrosemena y Calle 44)

ESSEN

Außer in den Spitzenrestaurants in Panama-Stadt und einigen in den Provinzen ist es meist nicht nötig, vorab einen Tisch zu reservieren.

Mercados Obst- und Gemüsemarkt, allerdings mit mehr Obst als Gemüse, meist auch Imbissstände.

Panaderías Einen kleinen Imbiss gibt's in einer „Bäckerei", Kaffee und Kuchen in einer *pastelería* (Konditorei).

Cafeterías Preiswerte Restaurants, oft mit Selbstbedienung, die in städtischen Gegenden meist bis spät abends einfache Mahlzeiten anbieten.

Fondas Kleine, oft familiengeführte Restaurants, wo *comida corriente* serviert wird, ein preisgünstiges Tagesgericht.

Restaurantes Restaurants reichen von einfachen Lokalen mit Regionalküche bis zu schicken Etablissements.

PREISKATEGORIEN ESSEN

Die folgenden Preiskategorien beziehen sich auf ein Hauptgericht.

**$** bis 12 US$

**$$** 12–18 US$

**$$$** über 18 US$

FEIERTAGE

Neujahr (Año Nuevo) 1. Januar

Tag der Märtyrer (Día de los Mártires) 9. Januar

Karfreitag (Viernes Santo) März/April

Tag der Arbeit (Día del Trabajo) 1. Mai

Gründung des alten Panama (Aniversario de Panamá La Vieja; nur in Panama-Stadt) 15. August

Unabhängigkeitstag (Día de la Independencia) 3. November

Erster Aufruf zur Unabhängigkeit (Primer Grito de la Independencia) 10. November

Unabhängigkeit von Spanien (Independencia de Panamá de España) 28. November

Muttertag (Día de la Madre) 8. Dezember

Weihnachten (Día de la Navidad) 25. Dezember

FREIWILLIGENARBEIT

Es gibt in Panama nur wenige Angebote für Freiwilligenarbeit. Wer also eine solche Möglichkeit sucht, sollte sich nach Programmen seriöser, bekannter NGOs erkundigen, z. B. der **Grupo de Conservación de Tortugas de Jaqué** (Colegio de la Tierra; ☎ 264-6266, 6047-2373; www.colegiodelatierra.org) in Darién. Viele Hostels, die von Expats geführt werden, stellen Freiwillige auf informeller Basis gegen Kost und Logis ein.

GELD

Panamas Währung ist der US-Dollar. Die offizielle Bezeichnung lautet zwar „Balboa", aber es handelt sich um exakt dieselben Banknoten, die sowohl *dólar* als auch „Balboa" genannt werden.

Die Münzen haben den gleichen Wert, die gleiche Größe und sind aus dem gleichen Metall geprägt wie die US-Münzen. Beide sind gleichermaßen im Umlauf. Es gibt Münzen zu 1, 5, 10, 25 und 50 *centavos*. 100 *centavos* sind ein Balboa (Dollar). Die meisten Geschäfte wechseln keine 50- oder 100-Dollar-Scheine und wenn sie es doch tun, verlangen sie die Vorlage des Reisepasses.

Geldautomaten

Außer im Darién, auf der Isla Contadora, Isla Tobago und dem Archipiélago de San Blas, stehen überall in Panama reichlich Geldautomaten zur Verfügung. Zu erkennen sind sie am roten Schild „Sistema Clave". Generell akzeptieren die Geldautomaten die meisten Karten (Plus, Cirrus, MasterCard, Visa, Amex), je nach Bank wird jedoch meist eine Gebühr erhoben. Die Summe, die abgehoben werden kann, ist ebenfalls von Bank zu Bank unterschiedlich, liegt jedoch meist bei maximal 500 US$.

Es gibt mehrere Orte, wo Bargeld unerlässlich ist. In den folgenden Touristenzielen gibt es keine Bank und der nächste Geldautomat ist meilenweit entfernt: Santa Catalina, Santa Fé und Isla de Coiba in Veraguas, Isla Contadora und Isla Tobago in der Provinz Panamá, Isla Grande und Portobelo in Colón und fast überall im Darién.

Handeln

Lässt sich machen, ist jedoch auf Märkten und an Straßenständen nicht wirklich üblich. Aber es ist sinnvoll, sich vorher umzuhören, was diverse Sachen kosten, besonders handgemachte Waren, und was ihre besonderen qualitativen Eigenschaften sind. Statt heftig zu feilschen, ist es besser, einfach nach einem *descuento* (Rabatt) zu fragen.

Kreditkarten

Mit der Kreditkarte zu bezahlen ist außerhalb von Reisebüros, besseren Hotels und vielen Restaurants oft nicht möglich. Es ist immer ratsam, genügend Bargeld bei sich haben, um sich bis zur nächsten Bank oder zum nächsten Geldautomaten durchschlagen zu können.

Man sollte sich immer im Voraus erkundigen, ob das Hotel oder Restaurant Kreditkarten akzeptiert, um unangenehme Überraschungen zu vermeiden.

Wer eine teure Anschaffung macht, sollte vorher seine Bank fragen. Für die meisten Kreditkarten wird eine Gebühr (zwischen 3 und 10 %) für die Benutzung im Ausland aufgeschlagen.

Trinkgeld

Restaurants Das Trinkgeld sollte 10 % betragen; eventuell ist es schon im Rechnungsbetrag enthalten.

Taxis Trinkgelder sind freiwillig, jedoch kann man um einen oder zwei Dollar aufrunden, besonders nachts.

Führer Bei Tagestouren gelten 7 bis 10 US$ pro Person als üblich, bei naturkundlichen Führungen eher 10 US$.

DER TRANSPANAMA-TRAIL

Dieser Überland-Rundwanderweg (www.transpanama.org) führt von der costa-ricanischen Grenze Richtung Panama-Stadt. Wer sich einen guten Überblick über das raue Hinterland Panamas verschaffen möchte, kann einfach irgendeinen dreitägigen Abschnitt des Weges gehen. Ausführliche Infos gibt's auf der Website, wo auch kostenlose GPS-Tracks heruntergeladen werden können.

INTERNETZUGANG

In Busbahnhöfen, auf Plätzen, in Bibliotheken und Restaurants gibt's zunehmend auch öffentliches WLAN. Hotels und Hostels in touristischeren Gegenden bieten WLAN sowie einige Computer an, die die Gäste nutzen können. Ausnahmen sind generell die Regionen Guna Yala und Darién. Zur Not hilft manchmal auch eine Schule – es ist oft möglich, davor ein Signal zu empfangen.

LANDKARTEN

Außerhalb von Panama-Stadt sind Karten schwer erhältlich.

International Travel Maps (☎ Kanada 604-273-1400; www.itmb.com; 12300 Bridgeport Road, Richmond, BC, Canada V6V 1J5) mit Sitz in Kanada veröffentlicht eine exzellente, farbige Karte von Panama im Maßstab 1:300 000 (11,95 US$), die geografische Merkmale, Städte, Nationalparks, Flughäfen und Straßen zeigt. Die Karten können online gekauft werden.

Das Instituto Geográfico Nacional (S. 741) in Panama-Stadt verkauft topografische Karten von ausgewählten Städten und Regionen. Verschiedene kostenlose Touristenbroschüren, die in ganz Panama verteilt werden, enthalten ebenfalls Karten. In den Rangerstationen sind nur selten Wanderkarten erhältlich.

LGBTIQ+ UNTERWEGS

Schwule und lesbische Panamaer outen sich heute öfter als je zuvor, wobei diese Tendenz in Panama-Stadt wesentlich stärker ist als im übrigen Land. Hier gibt es wohl mehr offen schwule Einheimische als in anderen Teilen Zentralamerikas, allerdings ist die Szene generell diskret.

Homosexuelle Partnerschaften sind noch immer illegal hier, jedoch meinen viele, dass sich das bald ändern wird. Laut den Einheimischen werden Lesben stärker diskriminiert als Schwule.

ÖFFNUNGSZEITEN

Die Öffnungszeiten variieren im Verlauf des Jahres, hier die für die Hauptsaison:

Banken Mo–Fr 8–15, Sa 9–12 Uhr
Bars und Clubs Bars ab 21 Uhr, Clubs 23–3 oder 4 Uhr
Behörden Mo–Fr 8–16 Uhr
Büros Mo–Fr 8–12 & 13.30–17 Uhr
Einkaufszentren & Geschäfte 10–21 oder 22 Uhr
Restaurants 7–10, 12–15 & 18–22 Uhr (später in Panama-Stadt); So oft geschlossen
Supermärkte 8–21 Uhr, einige sind rund um die Uhr geöffnet

RECHTSFRAGEN

Jede Person muss sich von Rechts wegen jederzeit ausweisen können, vorzugsweise durch einen Reisepass. Das mag zwar lästig erscheinen, aber die Polizei kann von Touristen jederzeit verlangen, dass sie sich ausweisen, und mehrere Leser mussten schon eine Nacht im Gefängnis verbringen, weil sie sich nicht ordentlich ausweisen konnten.

Weder Frauen noch Männern ist es erlaubt, sich oben ohne zu zeigen, auch nicht auf dem Weg zum Strand. Im Ort Bocas del Toro auf der Isla Colón werden Verstöße gegen dieses Gesetz konsequent geahndet; wer sich entblößt, muss damit rechnen, es mit der Polizei zu tun zu bekommen. Büros von Behörden dürfen unter keinen Umständen in Shorts betreten werden.

In Panama gilt man als schuldig, bis die Unschuld bewiesen ist. Wer eines schweren Verbrechens beschuldigt wird, kommt ins Gefängnis, wahrscheinlich für mehrere Monate, bevor die Sache vor Gericht geht. Ein einfacher, aber nützlicher Rat: Jeglichen Kontakt mit Leuten vermeiden, die Straftaten begehen. Zum Beispiel kommt auch derjenige ins Gefängnis, der in einem Auto sitzt, in dem illegale Drogen entdeckt werden, selbst wenn sie einem nicht gehören.

Die Strafen für den Besitz auch geringer Mengen illegaler Drogen sind in Panama viel höher als in den USA und in Europa. Die Angeklagten verbringen oft Jahre im Gefängnis, bevor sie vor Gericht gestellt werden, und wenn sie verurteilt werden (was meistens der Fall ist), müssen sie mit einer mehrjährigen Haftstrafe rechnen. Die meisten Rechtsanwälte übernehmen schon keine Drogenfälle mehr, da das Ergebnis von vornherein feststeht: Verurteilung.

Wer im Gefängnis landet, dem kann seine Botschaft nur in begrenztem Umfang helfen. Vielleicht schickt sie jemanden, der sich vergewissern soll, dass die Menschenrechte nicht verletzt wurden, nimmt Kontakt mit der Familie des Inhaftierten auf und besorgt ihm einen Rechtsanwalt (den er selbst bezahlen muss). Botschaftsbedienstete helfen einem nicht aus der Patsche.

SICHERHEIT

- Kriminalität ist in Teilen von Panama-Stadt ein Problem, die besseren Stadtteile sind jedoch sicherer als die in vielen anderen Hauptstädten.
- In der Stadt Colón grassiert die Straßenkriminalität; das Hotelpersonal gibt Auskunft, welche Gegenden zu vermeiden sind.
- Bei Reisen in die Provinz Darién muss sich jeder zuvor bei SENAFRONT (Grenzkontrolle) registrieren und von einem Guide begleitet werden.
- Auf Booten, die in der Karibik von Kolumbien nordwärts nach Panama fahren, hat es Fälle von Drogenschmuggel gegeben.

Polizei

Das Problem der Polizeikorruption ist in Panama nicht so ausgeprägt wie in einigen anderen lateinamerikanischen Ländern. Aber es kommt schon vor, dass ein panamaischer Polizeibeamter einen Fahrer ohne ersichtlichen Grund anhält, ihn irgendeines Vergehens beschuldigt und eine Strafe verhängt, die auf der Stelle gezahlt werden soll. Manchmal lässt der Polizist einen gehen, wenn man sich dumm stellt, aber wenn es sich um zwei Polizisten handelt, ist mit Nachsicht weniger zu rechnen. Wer sich tatsächlich eines Vergehens schuldig gemacht hat, sollte anbieten, zum Bezahlen der Strafe zur Polizeiwache zu gehen.

In einigen Städten Panamas gibt es eine Touristenpolizei – eine Abteilung, die sich speziell mit den Belangen von Reisenden befasst. Sie sind an den Armbinden an der Uniform zu erkennen und unter Umständen hilfreicher als gewöhnliche Polizisten – sehr wahrscheinlich ist das aber nicht.

Schwimmen

Leider ertrinken in panamaischen Gewässern immer wieder Menschen, etwa 80 % durch Rippströmungen, starke Strömungen, die den Schwimmer aufs offene Meer hinausziehen. Sie sind auch in bauchtiefem Wasser möglich. Der beste Rat ist, sich immer nach den Strömungsbedingungen zu erkundigen, bevor es ins Wasser geht. Wenn es gefährlich ist, kein Risiko eingehen.

Wandern

Obwohl das Land in den Tropen liegt, deckt das Wetter in Panama das ganze Spektrum von heiß bis kalt ab, und Wandern ist hier nicht immer einfach. Vor dem Start sollte man sich bei den örtlichen Veranstaltern oder Rangern immer nach dem Zustand der Wege erkundigen. Selbst für kurze Wanderungen immer genügend Trinkwasser mitnehmen, außerdem Lebensmittel, Streichhölzer und angemessene Kleidung! Auch im Urwald wird es nachts kühler, vor allem in den höheren Bergregionen.

Es kommt immer wieder vor, dass sich Wanderer selbst in scheinbar wanderfreundlichen Regenwäldern wie dem Parque Nacional Volcán Barú und dem Sendero Los Quetzales verirren. Erdrutsche, Stürme und wuchernde Vegetation können Wanderwege unpassierbar machen. Manchmal sind schon die Zufahrtstraßen so schlecht, dass Wanderer das Zubringerfahrzeug kilometerweit vor dem eigentlichen Startpunkt verlassen müssen. Hier herrscht der Dschungel und es gibt keine offizielle Rettungsorganisation, die einem aus der Patsche hilft. Wer ohne Führer losläuft, sollte auf jeden Fall das Hotel- oder Hostelpersonal über die Wanderung und deren geplante Dauer informieren.

Niemals in einem Regenwald wandern, in dem keine Wege markiert sind! Wenn kein Weg hineinführt, wird wohl auch keiner hinausführen, wenn man später im Wald umkehren möchte. Der Transport zum und vom Ausgangspunkt der Wanderung muss im Voraus organisiert werden: Entweder weiß man, wo wann der letzte Bus abfährt, oder man lässt sich einen verantwortungsbewussten Taxifahrer empfehlen und vereinbart mit ihm einen Abholtermin.

TELEFON

Die Landesvorwahl von Panama ist 507. Wer vom Ausland aus anruft, wählt den internationalen Zugangscode (in der Regel 00, aber von den USA 011), dann die 507 (die Landesvorwahl von Panama und die siebenstellige (Festnetz) oder achtstellige (Handy) Teilnehmernummer. Ortsvorwahlen gibt es in Panama nicht.

Telefonzellen sind durch Internet-Telefondienste abgelöst worden. Wer länger unterwegs ist und ein entsperrtes Handy hat, kann sich eine panamaische SIM-Card (5 US$) zulegen. Ansonsten verkaufen Kioske in Einkaufszentren und die meisten *chinitos* (von Chinesen geführte Gemischtwarenläden) Pay-Per-Use-Handys, die schon ab 20 US$ zu haben sind; viele davon sind mit Freiminuten ausgestattet. Ein Handy ist unentbehrlich, um kurzfristig zu reservieren oder nach dem Weg zu fragen, besonders da einige Unterkünfte nicht auf E-Mails antworten.

TOURISTENINFORMATION

Die Autoridad de Turismo Panamá (S. 687) ist die nationale Tourismusbehörde. Neben der Zentrale in Panama-Stadt unterhält die ATP auch Büros in Bocas del Toro, Boquete, David, Paso Canoas, Portobelo, Santiago, El Valle und Pedasí. Kleinere Informationsschalter gibt's in den beiden Flughäfen Aeropuerto Internacional de Tocumen (S. 688) und Aeropuerto Albrook (S. 688).

Die ATP gibt zwar einige sehr nützliche Karten und Broschüren heraus, von denen aber nicht immer genügend vorrätig sind. In den meisten Touristeninformationen sprechen die Mitarbeiter nur Spanisch. Einige Angestellte geben sich alle Mühe zu helfen, aber die meisten wollen nur die Arbeitszeit herumbekommen. Im Allgemeinen erhält man brauchbarere Informationen, wenn man eine konkrete Frage hat.

PREISKATEGORIEN SCHLAFEN

Die folgenden Preiskategorien beziehen sich auf ein Doppelzimmer mit Bad in der Hochsaison. Soweit nicht anders angegeben, ist die Steuer im Preis enthalten.

**$** bis 60 US$

**$$** 60–130 US$

**$$$** über 130 US$

UNTERKÜNFTE

Unterkünfte sollten für die Semana Santa (Karwoche), die Feste im November und die Woche zwischen Weihnachten und Neujahr zwei bis sechs Monate im Voraus gebucht werden. Die meisten Unterkünfte erfordern in der Hochsaison eine Reservierung.

Hotels Zahlreich in der Mittel- und Spitzenklassekategorie vorhanden.

B&Bs Mittelklasseunterkünfte, die es vor allem in Panama-Stadt, Boquete und Bocas del Toro gibt.

Hostels Billig und in Panama auf dem Vormarsch, von ruhigen Budgetunterkünften bis zu Partyhochburgen.

Lodges Von rustikal bis luxuriös und vor allem im Hochland zu finden.

VISA

Besucher aus Deutschland, Österreich und der Schweiz erhalten bei der Einreise nach Panama einen 90-Tage-Stempel in den Pass.

Nach 90 Tagen können Visa in *migración*-Büros (Büros der Einreisebehörde) verlängert werden. Wer auf dem Landweg in Panama einreist, wird vermutlich gebeten, ein Ticket zur Weiterreise und unter Umständen einen Nachweis für genügend Geld (500 US$) oder eine Kreditkarte vorzuzeigen.

Angehörige bestimmter anderer Staaten benötigen ein Visum, erhältlich in den Botschaften oder Konsulaten Panamas. Näheres dort oder telefonisch bei Migración y Naturalización in Panama-Stadt.

ZOLL

Steuerfrei ist die Einfuhr von bis zu zehn Stangen Zigaretten und fünf Flaschen Spirituosen. Wer versucht, Panama mit Produkten zu verlassen, die aus gefährdeten Arten bestehen – z. B. aus Jaguarzähnen, Ozelotfell und

AUF PANAMEÑO

Seine Anerkennung drückt man mit *chévere* („cool") aus, *buena leche* bedeutet „Viel Glück", *una pinta* ist „ein Bier" und *vaina* heißt einfach nur „Ding".

Schildkrötenpanzer – muss mit einer hohen Strafe, möglicherweise sogar einem Gefängnisaufenthalt rechnen.

An- & Weiterreise

Panama wird von etlichen Fluglinien angeflogen. Von Costa Rica ist es mit dem Bus auf dem Landweg und von Kolumbien mit dem Boot zu erreichen. Flüge, Mietwagen und Touren können online bei lonelyplanet.com/bookings gebucht werden.

FLUGZEUG

Gegenwärtig hat Panama drei internationale Passagierflughäfen.

- Aeropuerto Internacional Tocumen (S. 688) (Panama-Stadt)
- Aeropuerto Enrique Malek (S. 798) (David)
- **Aeropuerto Internacional Panamá Pacífico** (Panama-Stadt) 12 km südwestlich von Panama-Stadt. Die Fluglinie Viva Air Colombia nutzt diesen kleinen Flughafen, die ehemalige US Howard Air Force Base, seit 2014.

AUF DEM LANDWEG

Zwischen Costa Rica und Panama gibt es drei Grenzübergänge. Die meisten Reisenden überqueren die Grenze bei Paso Caboas (Richtung David). In Panama ist es übrigens immer eine Stunde später als in Costa Rica.

Zur Einreise nach Panama von Costa Rica müssen ein Reisepass und ein Ticket zur Weiterreise vorgezeigt werden. Einige Nationalitäten benötigen ein Visum.

Ein Ticket zur Weiterreise wird auch meist bei der Einreise nach Costa Rica verlangt. Wer keines hat, kann sich auch eine Busfahrkarte für die Rückreise nach Panama kaufen.

Grenzübergänge

An allen drei Grenzübergängen kann man auf beiden Seiten mit Regionalbussen zur Grenze fahren, sie überqueren, in einen anderen Regionalbus einsteigen und seine Reise fortsetzen. Die letzten Busse fahren an den Grenzübergängen bei Guabito und Río Sereno um 19 bzw. 17 Uhr ab. Von Paso Canoas fährt der letzte Bus um 21.30 Uhr nach Panama-Stadt.

Zwei Unternehmen, Expreso Panama (S. 688) und Tica Bus (S. 688), bieten täglich *directo* (direkte) Verbindungen mit Bussen zwischen San José in Costa Rica und Panama-Stadt; sie fahren am Albrook-Busbahnhof (S. 688) ab. Man sollte seinen Platz einige Tage im Voraus reservieren.

Der am stärksten frequentierte Grenzübergang zwischen Panama und Costa Rica ist der bei **Paso Canoas** (7–19 Uhr Panama-Zeit), 55 km nordwestlich von David an der Interamericana. Einige Tipps:

- Für eine Übernachtung vor dem Grenzübertritt eignet sich am besten David.
- Darauf achten, dass man sowohl einen Ausreise- als auch einen Einreisestempel in seinen Pass bekommt.
- Man muss auf beiden Seiten mindestens ein bis anderthalb Stunden Zeit einplanen, um alle Formalitäten zu klären. Busse fahren von 4 bis 21 Uhr regelmäßig von David zur Grenze (2,10 US$, 50 Min., alle 15 Min.).
- Auf der costa-ricanischen Seite der Grenze fahren regelmäßig Busse nach San José und in andere Teile des Landes.
- Von David aus fahren auch Taxis nach Paso Canoas (35 US$).

Am karibischen Grenzposten **Guabito/Sixaola** (8–17 Uhr, Panama-Zeit), 15 km nordwestlich von Changuinola, herrscht weniger Verkehr als bei dem in Paso Canoas auf der Pazifikseite – die meisten Reisenden finden ihn völlig problemlos.

- Von Changuinola fahren Busse von 5.30 bis 19 Uhr regelmäßig zur Grenze (1,25 US$, 30 Min., alle 30 Min.).
- Auf der costa-ricanischen Seite fahren regelmäßig Busse weiter nach Puerto Limón und San José sowie zu anderen regionalen Zielen.

Der am wenigsten genutzte Grenzübergang ist der Posten bei **Río Sereno** (Mo–Sa 8–17, So bis 15 Uhr, Panama-Zeit), 40 km nordwestlich von Volcán.

- Busse zur Grenze fahren ab David über La Concepción, Volcán und Santa Clara (5,10 US$, 2½ Std., halbstündl. bis 17 Uhr).
- Auf der costa-ricanischen Seite geht es mit einem Bus oder Taxi in 15 Minuten nach San Vito, von wo aus Busse zu weiteren regionalen Zielen fahren.

ÜBERS MEER

Es ist möglich, mit dem Boot nach Kolumbien überzusetzen, was eine sehr reizvolle Überfahrt ist. Teure, mehrtägige Segeltörns legen in der Provinz Colón ab, die meisten Motorboote in Cartí in der Comarca de Guna Yala.

Unterwegs vor Ort

AUTO & MOTORRAD

Da Busse und Taxis preisgünstig und überall vorhanden sind, ist es nicht nötig, ein Fahrzeug in Panama zu mieten, außer bei Reisen in abgelegene Gegenden. Einige Strandregionen haben notorisch schlechte Straßen. In größeren Städten wie Panama-Stadt und David gibt es Autovermietungen. Viele haben auch Niederlassungen im Flughafen Tocumen.

BUS

Busse fahren in Panama so ziemlich zu jeder Gemeinde, zu der eine Straße führt. Einige davon sind große Mercedes-Benz-Busse mit Klimaanlage, Fernseher und Liegesitzen. Diese erstklassigen Busse fahren normalerweise lange Strecken auf den Fernstraßen.

Am meisten kommen kleine Toyota-Coaster-Busse zum Einsatz, die liebevoll *chivas* genannt werden. Die Fahrzeuge steuern z. B. Orte auf der Península de Azuero und entlang der Interamericana an.

Panama-Stadt hat gerade die umgebauten Schulbusse, die *diablos rojos* (rote Teufel), ausgemustert. Ersetzt wurden sie durch moderne, sichere Busse des Metrobus-Systems. Fahrgäste erhalten Magnetkarten dafür am Busbahnhof Albrook oder anderen wichtigen Bushaltestellen. Es werden offizielle Bushaltestellen benutzt und die Busse sind klimatisiert.

FAHRRAD

Wenn einem die Hitze nichts ausmacht, kommt man mit dem Fahrrad recht einfach durch Panama – eine Tagesfahrt entfernt befinden sich immer irgendwelche Unterkünfte. Radfahren in den größeren Städten (besonders in Panama-Stadt) ist allerdings nichts für schwache Nerven. Die Straßen sind eng und die Leute fahren aggressiv. Außerdem schränken häufige Regenfälle die Sicht der Autofahrer ein und vermindern die Reifenhaftung.

Die schönsten Strecken für Radfahrer in Panama-Stadt sind die Cinta Costera (ein ausgewiesener Fahrradweg an der Küste von der Innenstadt und um den Casco Viejo) und der Damm. Gruppen von Wochenendradlern fahren oft über eine schattige, aber schmale Straße nach Gamboa.

Der panamaische Abschnitt der Interamericana bietet die beste Straßenqualität Zentralamerikas, auch wenn die Straße teils nur über sehr schmale Seitenstreifen verfügt. In vielen Provinzen, besonders in Veraguas und Colón, sind die Straßen in einem schlechten Zustand. Darauf sollte man sich einstellen, indem man z. B. genügend Ersatzteile dabeihat.

FLUGZEUG

Die Inlandsstrecken werden von den Fluglinien Air Panama (S. 688) und Copa Airlines (S. 688) bedient. Inlandsflüge aus Panama-Stadt starten vom Aeropuerto Albrook (S. 688). Zwischen dem Aeropuerto Enrique Malek (S. 798) in David an der costa-ricanischen Grenze und San José bestehen regelmäßige Verbindungen.

In der Hauptsaison, wenn nach Flügen zu Zielen wie Bocas und der Comarca de Guna Yala eine große Nachfrage besteht, sollten Tickets im Voraus gebucht werden.

SCHIFF/FÄHRE

In einigen Regionen sind Schiffe die Haupttransportmittel, vor allem im Darién, auf dem Archipiélago de Las Perlas und zwischen den Inselketten San Blás und Bocas del Toro.

Von Panama-Stadt verkehren regelmäßig Fähren vom Damm zur Isla Taboga und Isla Contadora. Panama-Stadt ist auch Ausgangsort für Fahrten über Kanalabschnitte oder den ganzen Kanal.

Die Isla de Coiba und das Meeresschutzgebiet sind am einfachsten im Rahmen einer organisierten Bootstour zu erreichen. Auch heimische Fischer befahren die Gewässer vor der Küste von Veraguas, allerdings ist das riskanter, da das Meer richtig rau werden kann.

Das Touristenmekka Bocas del Toro auf der Isla Colón ist von Almirante aus mit regelmäßig verkehrenden Wassertaxis erreichbar.

Kolumbianische und Kuna-Handelsschiffe transportieren Fracht und Passagiere an der Küste von San Blás zwischen Colón und Puerto Obaldía. Sie halten an bis zu 48 Inseln, um die Passagiere und die Fracht ein- und auszuladen. Diese Schiffe sind jedoch oft gefährlich überladen. Klüger ist es, eine Passage auf einem Segelschiff zu arrangieren oder die viertägige Motorbootverbindung nach Kolumbien zu nehmen.

Da es im Osten der Provinz Darién nicht viele Straßen gibt, ist die Fahrt mit dem Schiff oft die einzige Möglichkeit, von einem Ort zum anderen zu kommen – vor allem während der Regenzeit. Hierfür wird vorzugsweise ein *piragua* (langes Kanu) benutzt, das aus den Stämmen riesiger Ceiba-Bäume geschnitzt wurde. Mit ihrem flachen Rumpf können diese Kanus auf den vielen Flüssen Ostpanamas, das hier das traditionelle Transportnetz bildet, gut fahren. Viele von ihnen sind motorisiert.

TAXI

Taxis gibt's in Panama reichlich und sie sind billig. Nicht alle Fahrer sind jedoch mit einem guten Orientierungssinn gesegnet.

Einige Tipps:

- Bevor man sich ins Taxi setzt, sollte man sein Fahrziel nennen und einen Fahrpreis aushandeln. Taxis haben in Panama keine Taxameter, aber manchmal gibt es für die Fahrten zwischen den verschiedenen Stadtteilen von Panama-Stadt Festpreise.
- Am besten informiert man sich in der Unterkunft über die gängigen Preise für Fahrten zwischen den Stadtteilen. Nach Einbruch der Dunkelheit steigen die Preise in der Regel.

- Spät am Abend und an den Feiertagen kann es schwieriger sein, ein Taxi zu bekommen. Zu diesen Zeiten ruft man am besten ein Funktaxi.
- Vor gehobenen Hotels und Einkaufszentren fahren teurere „Taxilimousinen" ab. Hier zahlt man doppelt so viel wie für ein normales Taxi.
- Eine Alternative ist Uber; es ist zuverlässig, billig und die Fahrer sind hilfsbereit und freundlich.

TRAMPEN

Trampen ist in Panama überhaupt nicht üblich; die meisten Menschen nehmen den Bus, was auch Besucher tun sollten. Jedenfalls ist Trampen nie und nirgends ganz sicher und deshalb empfehlen wir es nicht. Wer dennoch trampt, sollte sich drüber im Klaren sein, dass er sich möglicherweise in große Gefahr begibt.

ZUG

Die einzige Bahnstrecke ist die historische Panama Railroad zwischen Panama-Stadt und Colón. Die Panama Canal Railway (S. 689) transportiert täglich Passagiere in einem betriebsfähigen Traditionszug. Die einstündige Fahrt ist für Touristen gedacht, die sich eine Vorstellung davon machen wollen, wie manzur Glanzzeit der Luxuszüge reiste. Die Strecke verläuft parallel zum Kanal und durchquert stellenweise dichten Dschungel und Regenwald.

Zentral-amerika verstehen

Zentralamerika aktuell

Die Perspektive für Zentralamerika hängt vom Standort des Betrachters ab. Im Süden der Region sieht die Zukunft rosig aus: Die politischen Verhältnisse sind ziemlich stabil und Tourismus und Verkehrswesen stärken die Wirtschaft. Für das nördliche Dreieck (Guatemala, Honduras, El Salvador) sieht es düsterer aus. Dort versuchen viele Bürger dem Teufelskreis von Armut und Gewalt zu entkommen. Und im zutiefst unruhigen Kern der Landenge – Nicaragua – brachte blutige Gewalt gegen Regimegegner das Land an den Abgrund.

Top-Bücher

Die Verteidigung des Glücks (Gioconda Belli; 2002) In ihrer Autobiografie erzählt die Autorin von ihrer Verwicklung in die Revolution in Nicaragua.

Enkelin der Maya (Rigoberta Menchú, 1983) Die Autobiografie der Menschenrechtsaktivistin und Nobelpreisträgerin aus Guatemala ist eine aufschlussreiche und eindringliche Lektüre.

Mein Freund, der General (Graham Greene; 1984) Porträt eines panamaischen Generals von seinem langjährigen Freund.

Wahrhafte Geschichte der Entdeckung und Eroberung von Neuspanien (Bernal Díaz de Castillo; 1568) Augenzeugenbericht über Cortés' Expedition nach Mexiko 1519.

Top-Filme

Ixcanul (2015) Mehrfach preisgekrönter Film über eine junge Cakchiquel-Frau in Guatemala.

Mosquito Coast (1986) Harrison Ford und Familie suchen in Zentralamerika das einfache Leben.

Curse of the Xtabai (2012) Die Belizer sind ziemlich stolz auf diesen Horrorstreifen, den ersten, der zu 100 % in Belize gedreht und produziert wurde.

King of the Jungle (in Produktion) Die Geschichte von John McAfee, des exzentrischen Erfinders des McAfee-Virenprogramms und Mordverdächtigen in Belize, gespielt von Michael Keaton.

Macht & Politik

Demokratien in Zentralamerika sind oft labil, aber im stabilsten Land der Region verlaufen Machtwechsel reibungslos. Am 1. April 2018 wählte Costa Rica Carlos Alvarado Quesada zum Präsidenten, einen 38-jährigen Schriftsteller, Musiker und ehemaligen Minister der Mitte-links-Partei Partido Acción Ciudadana. Über den klaren Sieg freuten sich besonders Verfechter der Schwulenrechte und auch Afro-Kariben, da die Ökonomin Epsy Campbell Barr als erste Frau mit afrikanischen Wurzeln Zentralamerikas zur Vizepräsidentin ernannt wurde.

Nicaragua hingegen versank in Unruhen mit Hunderten Toten, hauptsächlich wegen eines Beschlusses von Regierungschef Daniel Ortega, der 2006 zum zweiten Mal Präsident wurde und seither die Macht hält. 2018 versuchte Ortega, die Sozialversicherung umzustrukturieren und Renten zu kürzen, was zu Zusammenstößen zwischen unbewaffneten Demonstranten und der Polizei sowie regierungsfreundlichen Militärs führte, die in die Menge schossen. Ortega widerrief zwar die Kürzungen, aber die politische Krise schwärte weiter, da Demonstranten verlangten, die Regierung in die Verantwortung zu nehmen.

In Honduras führte Ende 2017 eine ähnliche undemokratische Verlängerung der Amtszeit zur umstrittenen Wiederwahl von Juan Orlando Hernández vom Partido Nacional de Honduras. Es kam zu Demonstrationen wegen mutmaßlicher Wahlfälschung, bei denen 17 Menschen starben. Internationale Beobachter verlangten zwar eine Neuwahl, aber vergeblich. Honduras steht damit nicht allein: Vermeintliche (und tatsächliche) Korruption der politischen Elite grassiert in ganz Zentralamerika und Mexiko, was zu Misstrauen und Verbitterung führt.

Armut & Gewalt

In ganz Zentralamerika sind noch immer Millionen Menschen von extremer Armut und hohen Kriminalitätsraten betroffen. Selbst in den reichsten Ländern (Costa Rica und Panama) liegt die Armutsquote bei über 20 % und die Kluft zwischen Arm und Reich ist enorm. In anderen Ländern sieht es noch viel schlimmer aus: In Guatemala leben 59 % der Bevölkerung unterhalb der Armutsgrenze, in Honduras 61 %. Arbeitslosigkeit und ungleiche Einkommensverteilung sind chronische Probleme der gesamten Region.

Gleichzeitig regiert in vielen armen *barrios* und Dörfern nach wie vor das Verbrechen, besonders in Guatemala, El Salvador und Honduras. Die beiden letzteren Länder standen häufig an der Spitze der Länder mit den höchsten Mordraten, jedoch zeichnet sich in Honduras eine Besserung ab. Korrupte Regierungen, Bandengewalt und das Regime der Drogenkartelle sind für die Bürger dieser Länder erdrückende Probleme – als einzige Rettung erscheint oft der riskante Versuch, in die USA zu emigrieren.

Beziehungen zu den USA

Das ganze 20. Jh. über mischten sich die USA in die Politik Zentralamerikas ein: Sie sorgten für die Absetzung demokratisch gewählter Regierungschefs und stützten USA-freundliche Militärdiktatoren. Wegen der resultierenden Bürgerkriege und Völkermorde flohen unzählige Menschen in die USA, wo einige wegen der strengen Einwanderungsgesetze auf der Straße oder im Gefängnis landeten. Dadurch entstanden Banden wie Mara Salvatrucha (MS-13), deren Mitglieder von den USA nach El Salvador abgeschoben wurden. Dort setzen sie ihr destruktives Treiben fort, finanziert durch den Drogenhandel, der wiederum vom enormen Bedarf Nordamerikas nach Rauschgift geschürt wird.

Das Wahlkampfversprechen von US-Präsident Donald Trump, eine Mauer zwischen Mexiko und den USA zu bauen, wurde im Kongress zwar abgeblockt, aber 2018 setzte seine Regierung eine Nulltoleranz-Politik gegen alle durch, die illegal in die USA kamen. Die Beamten wurden angewiesen, Asylbewerber und illegal eingereiste Familien zu trennen und die Erwachsenen und Kinder in verschiedenen Lagern festzuhalten. Öffentliche Proteste machten diese Anweisung wieder rückgängig, aber da waren bereits 2300 Familien auseinandergerissen.

Ökotourismus als Gratwanderung

Weite Teile Zentralamerikas haben den Tourismus begrüßt, weil er Wohlstand, Arbeitsplätze, Investitionen und einen endlosen Zustrom harter Devisen versprach. In Costa Rica und Belize ist er die wichtigste Branche, in Nicaragua, Honduras und Panama spielt er eine zunehmend bedeutende Rolle.

Das Problem, die Anforderungen des Tourismus mit deren ökologischen Auswirkungen in Einklang zu bringen, ist in Costa Rica nichts Neues. Dort gibt es erbitterte Diskussionen um die Asphaltierung von Straßen, die Bebauung von Stränden und Rodungen.

FLÄCHE: **521 875 KM²**

BEVÖLKERUNG: **48 361 000**

BIP (IN US$): **PANAMA 61,8 MRD, NICARAGUA 13,8 MRD.**

ARBEITSLOSENRATE: **COSTA RICA 10,2 %, GUATEMALA 2,3 %**

Hätte Zentralamerika nur 100 Einwohner, wären ...

58 Mestizen
20 Weiße
16 Indigene
4 Afrokariben
2 Sonstige

Religionszugehörigkeit

(% der Bevölkerung)

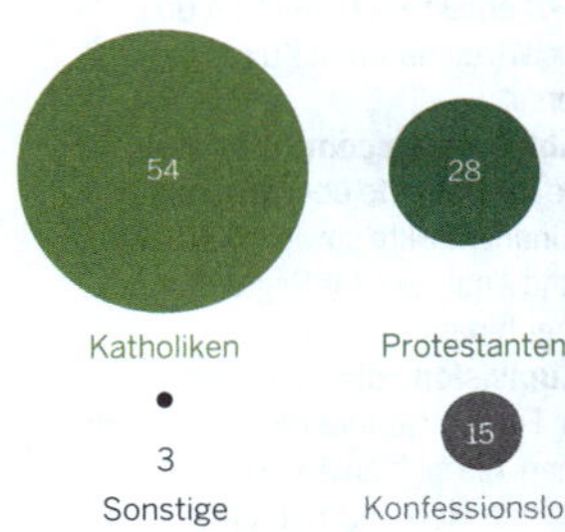

Einwohner pro km²

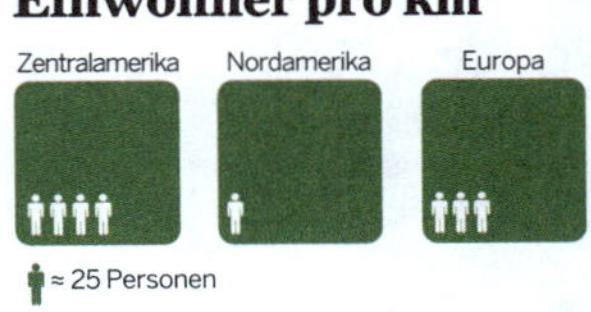

Top-Musik

Rubén Blades Panamaische Salsa-Ikone und ehemaliger Präsidentschaftskandidat; interessant ist seine Zusammenarbeit mit Calle 13.

Café Tacvba Mexikanische Rockband mit modernen Beats.

Gaby Moreno Singer-Songwriter aus Guatemala mit tollem Latino-Sound.

Sonido Gallo Negro Hämmernde, psychedelische mexikanische *cumbia*-Band, die mitreißt.

Rodrigo y Gabriela Schnelle, rhythmische Akustikgitarristen, die als Straßenmusiker in Irland bekannt wurden.

Aurelio Martínez Die Alben *Garífuna Soul* und *Laru Beya* wurden von Kritikern in der ganzen Welt gefeiert.

Top-Medien

www.ticotimes.net Die *Tico Times* ist die älteste und meistgelesene englischsprachige Zeitung Zentralamerikas; die Redaktion hat ihren Sitz in San José in Costa Rica.

www.elfaro.net Eine seriöse, digitale Publikation aus San Salvador, die sich in spanischer Sprache mit Korruption, organisierter Kriminalität, Ungleichheit, Migration und Kultur beschäftigt.

www.latinamericanpost.com Die *LatinAmerican Post* berichtet über Politik, Wirtschaft und Kultur der Region.

www.bloomberg.com Zuverlässigste Quelle für Berichte über Wirtschaft und Finanzmärkte sowie Informationen und Analysen zur Region (und darüber hinaus).

www.univision.com Spanischsprachiger Fernsehsender mit vielfältigen Themen, die sich an Amerikaner spanischer Herkunft richten.

Ehemals abgelegene Ziele wie Monteverde dürfen sich auf einen starken Besucheransturm gefasst machen, wenn ihre Zufahrtstraßen in den kommenden Jahren asphaltiert werden. In Belize hat Norwegian Cruise Line eine Insel bei Placencia erschlossen, was das Gebiet mit dem zweitgrößten Korallenriff der Welt vermehrtem Schiffsverkehr und anderen Umweltbelastungen aussetzt.

Die Vorteile sind gleichwohl unbestreitbar. Der Tourismus schafft Millionen Arbeitsplätze und verschafft kleinen Geschäftsinhabern eine solide Kundschaft. Landbesitzer erhalten einen Anreiz, die Wälder zu schützen, Bauern können ihr Einkommen durch Farmtourismus aufbessern. Indigene Gemeinden ziehen ebenfalls Nutzen aus dem Tourismus, indem sie Kunsthandwerk verkaufen und Musik und Tanz fördern und somit Regierungen dazu bringen, die jeweiligen Kulturen anzuerkennen.

Kanäle: größer & tiefer

Der Panamakanal ist eine der größten Erfolgsstorys der Region und sorgt für eine der am schnellsten wachsenden Volkswirtschaften Lateinamerikas. 2016 schließlich ist er sogar noch größer geworden. Der 5,4 Mrd. US$ teure Bau einer dritten Fahrrinne und die Vertiefung des Kanals für größere Schiffe, eins der größten Verkehrsprojekte der Welt, verdoppelte die Kapazität des Kanals und verdreifachte den Kanalverkehr. Heute werden jedes Jahr Millionen Container über ihn transportiert.

Die Erweiterung wird sich wohl als Segen für Panamas Wirtschaft erweisen, doch Kritiker fürchten, dass das Projekt zusammen mit anderen Großbauten (z. B. der massive Ausbau des Tocumen International Airport) das Land überschulden wird. Eine weitere, allerdings weniger akute Sorge ist der angekündigte, konkurrierende 50 Mrd. US$ teure Nicaraguakanal zwischen Atlantik und Pazifik. Ende 2018 wurde der Bau wegen Geldmangels und heftigen Widerstands gegen das Projekt erstmal eingestellt.

Umweltaktivisten

Lateinamerika ist nunmehr offiziell die gefährlichste Region der Welt für Umweltaktivisten. Eine überwältigende Anzahl von Menschen wird jedes Jahr getötet, weil sie Wälder, Flüsse und andere Naturbereiche vor Geschäftemachern und staatlicher Ausbeutung schützen. 2016 wurden in Honduras 14 Naturschützer ermordet, darunter die prominente indigene Wortführerin und Trägerin des Goldman-Umweltpreises Berta Cáceres.

In jüngster Zeit gab es jedoch einige erfreuliche Entwicklungen. 2017 sank in Honduras die Zahl der Morde und im folgenden Jahr verhafteten die honduranischen Behörden einen ehemaligen Geheimdienstoffizier wegen Anstiftung zum Mord an Cáceres. Zwei Tage nach der Verhaftung trafen sich 24 Vertreter lateinamerikanischer und karibischer Länder in Costa Rica und unterzeichneten das Escazú-Abkommen, eine rechtskräftige Vereinbarung, die Aktivisten Sicherheit gewähren und Straftäter ermitteln und bestrafen soll.

Geschichte

In präkolumbischer Zeit erstreckte sich das mächtige Maya-Reich über die zentralamerikanische Landenge. Nach dieser Blütezeit erlitten die Bewohner Konquistadoren und Kolonialismus, brutale Bürgerkriege und blutige Putsche. In neuerer Zeit streben die sieben Staaten danach, das Vermächtnis der Gewalt zu überwinden und Frieden und Wohlstand in ihren Teil der Welt zu bringen – allerdings mit sehr gemischtem Ergebnis.

Königreiche & Nationen

Die Mayas

Die Mayas waren eine der größten präkolumbischen Zivilisationen von Mesoamerika. Jahrhunderte hindurch erstreckte sich ihr Gebiet von Südmexiko bis nach Nicaragua und von Honduras bis El Salvador. Ihre bemerkenswertesten Errungenschaften waren eine Hieroglyphenschrift, präzise Astronomie und höhere Mathematik und sie bauten grandiose Steintempel und -paläste.

Ihre Zivilisation bestand fast drei Jahrtausende und erreichte ihren Höhepunkt zwischen 250 und 900 n. Chr., vor allem in den Hochebenen von Guatemala und den Tiefebenen von Belize und Yucatán. Im 16. Jh. drangen Konquistadoren aus Europa ein, bezwangen die Region und veränderten Zentralamerika.

Die Konquistadoren

Als Kolumbus 1502 die grüne zentralamerikanische Landenge erforschte, begegnete er mit Gold geschmückten Eingeborenen und glaubte, ein Paradies von gewaltigem Reichtum entdeckt zu haben. Zwei Jahrzehnte später trafen spanische Konquistadoren in Zentralamerika ein, auf der Suche nach dem sagenhaften El Dorado.

Die erste dauerhafte spanische Ansiedlung in Zentralamerika entstand 1510 im heutigen Darién, Panama. Sie diente als Stützpunkt für die Brüder Pizarro, Konquistadoren aus der spanischen Extremadura, die von hier südwärts zogen, um die Inkas anzugreifen, und für Vasco Núñez de Balboa, der sich nach Westen zum Pazifik aufmachte. Auch Gil González Dávila segelte von Panama aus nordwärts nach Nicaragua,

Bücher über die Mayas

Die Maya. Geschichte, Kultur, Religion *(Berthold Riese; 2000)*

Das Geheimnis der Maya-Schrift: ein Code wird entschlüsselt *(Michael D. Coe; 1997)*

Die unbekannte Welt der Maya *(Linda Schele & David Freidel; 1991)*

Maya: Das Rätsel der Königsstädte *(Nikolai Grube; 2016)*

ZEITACHSE

1100 v. Chr.

Im Copán-Tal entstehen die ersten Proto-Maya-Siedlungen. Schon um 1000 v.Chr. lassen Siedlungen an der Pazifikküste erste Hinweise auf die Entwicklung einer hierarchischen Gesellschaft erkennen.

3114 v. Chr.

Laut der Schöpfungsgeschichte der Mayas wurde die Welt am 13. August dieses Jahres erschaffen, was dem ersten Datum auf der Langen Zählung des Maya-Kalenders entspricht.

250–1000

Die klassische Periode der Maya-Kultur ist geprägt vom Städte- und Tempelbau und großen künstlerischen und geistigen Errungenschaften. Die Bevölkerung wächst auf ca. 400 000 an.

wo er den *cacique* (Stammesführer) Nicarao dazu überredete, sein Land dem spanischen König zu geben, und den rivalisierenden Konquistadoren Francisco Hernández de Córdoba köpfen ließ.

Pedro de Alvarado, ebenfalls aus der Extremadura, überquerte 1510 den Atlantik. Dank seiner Grausamkeit wurde er auf dem legendären Marsch von Hernán Cortés gegen die Azteken zum stellvertretenden Kommandanten ernannt. Alvarado hörte Gerüchte über ein Jadereich im Süden und begann einen vierjährigen Feldzug durch Zentralamerika, auf dem er sich durch den Dschungel kämpfte und dessen Bewohner massakrierte. Das Jadereich fand er nie, aber er wurde Militärgouverneur von Guatemala, das er 15 Jahre lang tyrannisierte. In seiner letzten Schlacht gegen verzweifelte Ureinwohner stürzte sein Pferd und begrub ihn unter sich.

An Archaeological Guide to Northern Central America (1996) von Joyce Kelly bietet die besten Beschreibungen der Maya-Stätten von Belize, Guatemala und Mexiko.

Die spanische Herrschaft

Mitte des 16. Jhs. war die Zeit der tollkühnen Konquistadoren vorbei. Nun führte die spanische Krone ihre straffe Bürokratie ein. Alvarados Herrschaftsgebiet wurde zum Königreich Guatemala umstrukturiert und dem Vizekönig von Neuspanien unterstellt. Dieses umfasste fast 300 Jahre lang die heutigen Staaten Zentralamerikas und das mexikanische Chiapas. Seine Hauptstadt war Santiago (heute Antigua) im Südwesten von Guatemala. Auch das heutige Panama stand unter spanischer Herrschaft, gehörte aber zum Reich des Vizekönigs von Peru, mit der Hauptstadt Lima.

Der Einflussbereich der spanischen Krone war aber nicht allumfassend. Im Nordosten von Honduras (dem heutigen Belize) gründeten britische Siedler eine Zuflucht für Freibeuter, Schmuggler und Abenteurer, die sich trotz aller Anstrengungen der Spanier nicht vertreiben ließen.

Douglas Prestons *Die Stadt des Affengottes* (2017) ist ein faszinierendes Buch, das auf neue archäologische Funde in der Moskitia eingeht.

Unabhängigkeit

1821 schüttelte Amerika die spanische Herrschaft ab. Mexiko erklärte sich für unabhängig und Zentralamerika gleich mit. Die zentralamerikanischen Kolonien deklarierten ihrerseits ihre Unabhängigkeit von Mexiko. Die Region, nunmehr ein herrenloses Imperium, versank in Konflikten.

Die frisch befreiten Kolonien mussten abwägen, ob sie als Vereinigte Staaten von Zentralamerika verbunden bleiben oder als Einzelstaaten ihrer eigenen Wege gehen wollten. Zunächst probierten sie es mit einem Mittelweg – der Zentralamerikanischen Föderation. Doch die durfte weder eine Armee aufstellen noch Steuern einziehen. Das führungsgewohnte Guatemala versuchte, den Staatenbund zu dominieren, was dessen Zerfall nur noch beschleunigte. Einer nach dem anderen wurden seine Mitglieder zu unabhängigen Nationalstaaten.

1000–1600

In der Postklassik entwickelt sich die Maya-Kultur weiter. Die Hochland-Mayas bilden konkurrierende Königreiche; die so entstehenden sprachlichen und kulturellen Untergruppen bestehen bis heute.

ca. 13. Jh.

Straff organisierte Tolteken-Mayas aus dem Südosten Mexikos ziehen nach Guatemala und gründen Königreiche.

1502

Christoph Kolumbus segelt auf seiner Suche nach einem Seeweg zum Pazifik die Karibikküste ab. Es kommt zu den ersten überlieferten Kontakten zwischen Ureinwohnern und Europäern.

1510

Im heutigen Darién in Panama entsteht die erste dauerhafte spanische Ansiedlung Zentralamerikas, die zum Stützpunkt diverser Konquistadoren aus der spanischen Extremadura wird.

Götter & Ungeheuer

Maya-Mystizismus

In der Welt der Mayas hörte selbst der König auf den Hohepriester. Die Priester waren Ratgeber, führten den jahreszeitlichen Kalender und die Chronik des Königreichs, unterrichteten die Söhne des Adels und planten religiöse Festlichkeiten. Ihr enormer Einfluss gründete sich darauf, dass sie mit den Göttern sprechen konnten – und von denen gab es jede Menge. Insgesamt über 250: Götter für Leben, Tod, Regen, Donner, Osten, Westen, Krieg, Liebe, Jagd, Fischerei, Berge, Flüsse, Helden, Dämonen, Mais und sogar Schokolade. Sie bewohnten die drei Sphären der Mayas: den funkelnden Himmel, die Welt des Lebendigen und Irdischen und die unheilvolle mehrgeschossige Unterwelt.

Oben auf dem Castillo, dem 30 m hohen Haupttempel in Chichén Itzá, hielten die Maya-Priester Rituale zu Ehren von Kukulkan ab, dem gefiederten Schlangengott und Beschützer des Stammes der Itzá. Bei der Tagundnachtgleiche entstand durch Licht und Schatten der Sonne am Spätnachmittag der unheimliche Eindruck einer gefiederten Schlange, die die Tempelstufen hinabgleitet. Das war der richtige Zeitpunkt für Sakralopfergaben, etwa das Blut aus der Zunge oder dem Penis eines Adligen, um den Gott gnädig zu stimmen.

Imposante Kirchen

- **Iglesia Merced** *(Antigua, Guatemala)*
- **Basílica de Nuestra Señora de Los Ángeles** *(Cartago, Costa Rica)*
- **Catedral de León** *(León, Nicaragua)*
- **Iglesia La Merced** *(Granada, Nicaragua)*

Katholizismus

Die Europäer brachten ihre eigenen göttlichen Mittelsmänner mit nach Amerika. Bei diesem Zusammenprall göttlicher Mächte zogen die Maya-Götter den Kürzeren. Fortan konnte es nur noch eine Gottheit in Zentralamerika geben: den katholischen Gott. Eine Vorhut von Jesuiten, Franziskanern und Dominikanern stieß in die heidnische Wildnis vor, gründete religiöse Stützpunkte und schaffte die heidnischen Götzenbilder ab. Bischof Diego de Landa, der Oberbekehrer, beschlagnahmte alle heiligen Texte – die das gesammelte Wissen der Maya-Kultur enthielten – und ließ sie verbrennen. Tempel und Kultstätten wurden geplündert, sich selbst überlassen und vom dichten Regenwald überwuchert. Stattdessen entstanden in den grünen Bergtälern neue Kultstätten im Barockstil, die den Sieg des neuen Gottes verkündeten.

Wie die Mayas teilten auch die spanischen Eroberer Macht und Geltung mit ihren Hohepriestern, die ein privilegiertes Leben mit hohem Status führten. Lange Zeit hatte die katholische Kirche ein Monopol auf die Seelen der Zentralamerikaner und war eine zweite Macht im Staat.

Evangelikaler Protestantismus

Inzwischen ist ein neuer Kampf um die Seelen der Zentralamerikaner entbrannt, da die Evangelikalen immer mehr Gläubige von der katholi-

1540

Die Spanier gründen das Königreich Guatemala, das den größten Teil Zentralamerikas umfasst: Costa Rica, Nicaragua, Honduras, El Salvador, Guatemala und den mexikanischen Bundesstaat Chiapas.

1638

Britische Freibeuter „besiedeln" Belize. Der ehemalige Pirat Peter Wallace gründet einen Hafen an der Mündung des Belize River, am heutigen Standort von Belize City.

1821

Zentralamerika wird von Spanien unabhängig, ist für kurze Zeit Teil des mexikanischen Reichs und schließt sich dann zur Zentralamerikanischen Föderation zusammen. Die meisten Länder feiern dies am 15. September.

1847

Spanier, Mestizen und Mayas bekämpfen sich im Kastenkrieg auf der Halbinsel Yucatán. Viele Menschen fliehen vor der Gewalt nach Belize.

schen Kirche abwerben. Der erste führende „wiedergeborene" Politiker der Region war General Efraín Ríos Montt in Guatemala (auch bekannt für seine Massaker an der indigenen Bevölkerung). In Guatemala, Honduras, El Salvador und Belize ist inzwischen fast eine Mehrheit der Bevölkerung protestantisch. Medienerfahrene Geistliche und nordamerikanische Missionare kurbeln die Bekehrungsraten an.

An Stelle der Maya-Pyramiden und katholischen Kathedralen treten protestantische Mega-Kirchen wie der Tabernáculo Bíblico Bautista „Amigos de Israel" in San Salvador, der jeden Sonntag über 50 000 Kirchgänger anzieht. In bandenkontrollierten Gegenden von El Salvador stellt der Beitritt zu einer evangelischen Kirche mittlerweile eine Fluchtmöglichkeit für zahllose ehemalige Mitglieder dar.

Geplündertes Paradies

Die Wirtschaft der Neuen Welt

Die präkolumbische Wirtschaft beruhte auf Landwirtschaft und Handel. Die Mayas legten Terrassenfelder an steilen Berghängen an, legten im sumpfigen Tiefland Plattformen an und betrieben Brandrodungsfeldbau in den dichten Wäldern. Sie bauten Mais, Wurzelgemüse, Bohnen, Kürbisse und Paprika an. Sie kultivierten die wilden Früchte des Waldes: Papaya, Mango, Banane und Kakao. Sie fischten in Flüssen und Seen mit Netzen – und mit angeleinten Kormoranen – und jagten schmackhafte Waldtiere wie Pekaris, Hirsche und Affen. Aber das tropische Terrain eignete sich nicht für großflächigen Ackerbau und die Region war ausgesprochen arm an Edelmetallen.

Die Kaffeegenossenschaft Coopedota im Valle des los Santos in Costa Rica hat den ersten offiziell zertifizierten CO_2-neutralen Kaffee der Welt auf den Markt gebracht.

Die Spanier ließen sich davon nicht beirren und machten sich stattdessen das wichtigste Wirtschaftsgut der Region zunutze – ihre Menschen. Die Krone erlaubte die Gründung feudalherrschaftlicher Landgüter, der berüchtigten *encomiendas*, auf denen mächtige Kolonialherren die indigene Arbeitsbevölkerung ausbeuteten. Sie produzierten Luxusgüter der Neuen Welt für die Aristokraten der Alten Welt: Indigo aus El Salvador, Kakao aus Guatemala, Tabak aus Chiapas. Nur in Costa Rica, in der Kolonialzeit die ärmste Region Zentralamerikas, konnte sich das *encomienda*-System nicht etablieren. Statt der Großgrundbesitzer prägten dort kleinbäuerliche Familienbetriebe die Wirtschaft des Landes.

Kaffeerausch

1843 brachte das Handelsschiff HMS *Monarch* eine Ladung gerösteter roter Bohnen von Puerto Limón nach London. Damit lieferte Costa Rica endlich die lang ersehnten Reichtümer, denn der Vulkanboden und das feuchte Klima im Hochland des Valle Central erwiesen sich als ideal für den Kaffeeanbau. Seine anregende Wirkung machte das Getränk bei den Industriearbeitern der Nordhalbkugel rasch beliebt. Mit der An-

1853–1856
William Walker versucht Zentralamerika zu erobern. Seine US-amerikanischen Söldner werden beim Marsch auf Costa Rica geschlagen; er selbst wird von einem honduranischen Erschießungskommando hingerichtet.

1903–1914
Panama erklärt mit Unterstützung der USA seine Unabhängigkeit von Kolumbien und gewährt den USA die Konzession zum Kanalbau. Ein Jahrzehnt später ist der Panamakanal fertig.

1946
Die School of the Americas der US-Armee, die einige der schlimmsten Verbrecher gegen die Menschenrechte Lateinamerikas ausbildete, wird in Panama gegründet. 40 Jahre später zieht sie nach Fort Benning in Georgia.

1948
Costa Ricas Präsident José Figueres löst in einem beispiellosen Schritt die Armee des Landes auf und verteilt die Militärausgaben auf Bildung und Gesundheitswesen um. Eine Ära des Friedens beginnt.

pflanzung Tausender junger Kaffeepflanzen an schattigen Hängen in Guatemala, Nicaragua und Honduras begann der zentralamerikanische Kaffeeboom.

Costa Rica mauserte sich vom ärmsten zum wohlhabendsten Land der Region. Der duftende Reichtum lockte eine Welle geschäftstüchtiger deutscher Einwanderer nach Zentralamerika. In der ganzen Region schlugen mächtige Cliquen von Kaffeemagnaten Gewinn aus der weltweiten Koffeinsucht.

Bananenboom

Um den Kaffee aus Costa Rica auf den Weltmarkt zu schaffen, mussten Eisenbahnschienen aus dem zentralen Hochland zur Küste gelegt werden. Gleichzeitig führte der kalifornische Goldrausch zum Bau einer panamaischen Eisenbahnverbindung zwischen Atlantik und Pazifik. Beide Bauprojekte wurden von US-Firmen ausgeführt. Die Arbeitsbedingungen waren verheerend; Malaria und Gelbfieber grassierten. Die einheimischen Arbeitskräfte wurden bald durch US-amerikanische Sträflinge, chinesische Kontraktarbeiter und befreite Sklaven aus Jamaika ersetzt.

In Costa Rica wurden entlang der Schienenstrecke Bananen als billiges Nahrungsmittel für die Arbeiter angepflanzt. Der angehende Eisenbahnzar Minor Cooper Keith verschiffte versuchsweise einige Bananen nach New Orleans, was sich als geniale Idee erwies. Die Verbraucher in den USA waren ganz verrückt auf die gelben Fingerfrüchte.

Zu Beginn des 20. Jhs. hatten die Bananen den Kaffee als lukrativstes Exportgut der Region überholt. Die United Fruit Company verwandelte weite Teile Zentralamerikas in ihr firmeneigenes Herrschaftsgebiet, in dem Verkehrs- und Nachrichtenwesen, Postdienste, Arbeits- und Exportmärkte unter ihrer Kontrolle standen – ebenso wie viele Politiker.

Die Website der **Panama Railroad** (www.panamarailroad.org) enthält Fotos, historische Informationen und faszinierende Reiseberichte über das Gebiet, auch einen von Mark Twain von 1868.

EIN HEILIGER DES VOLKES

Im späten 20. Jh. schwappte die „Befreiungstheologie" wie eine Flutwelle über die Region: Volkstümliche Priester gingen auf Konfrontationskurs zu habgierigen Diktatoren. Die herrschende Klasse fürchtete die subversiven Geistlichen und ergriff drastische Maßnahmen, um ihre Kritik zu unterdrücken. Der traurige Höhepunkt des Konflikts war die Ermordung des Erzbischofs von San Salvador, Óscar A. Romero. Er wurde 1980 während der Messe erschossen.

Das abscheuliche Verbrechen machte Romero zum Märtyrer: Die UN erklärte sein Todesdatum, den 24. März, zum „Tag der Wahrheit und Würde für die Opfer schwerer Menschenrechtsverbrechen" und der Vatikan sprach den Bischof 2015 selig und 2018 heilig.

1960–1990

Von den USA unterstützte Militärdiktatoren regieren viele Länder der Region. In Guatemala, El Salvador, Honduras und Nicaragua kämpfen linke Guerillagruppen gegen die Unterdrückung von Armen und Indigenen.

1972

Jacques Cousteau besucht das Great Blue Hole, wodurch er das kleine Land Belize zu einem weltbekannten Ziel für Taucher und Schnorchler macht.

1980er-Jahre

Nach dem Absturz der Kaffeepreise gleicht Costa Rica die Exportverluste durch eine neue Art des Importgeschäfts aus: Der Ökotourismus erblickt das Licht der Welt.

1981

Nach jahrelangem politischem Widerstand gegen die britische Kolonialherrschaft wird Belize (das bis 1973 British Honduras hieß) schließlich offiziell unabhängig.

Ökotourismus

In den 1980er-Jahren wurde nach dem weltweiten Einbruch der Kaffeepreise ein ungewöhnliches Bündnis zwischen Wirtschaftsförderern und Umweltschützern geschlossen. Wenn die Exporte allein die Wirtschaft nicht stützen können, wie wäre es dann mit Importen ... von Touristen?

Costa Rica war in der Region führend beim Anstoß einer grünen Revolution: Es gründete um die 125 Nationalparks, Waldschutzgebiete und Wildreservate. Seine Nachbarn folgten dem Trend und bald schon kraxelten Indiana-Jones-Fans auf die alten Tempel von Yucatán und Guatemala. Vogelbeobachter strömten nach Panama, um fast 1000 Arten der gefiederten Fauna zu erblicken, und das Belize Barrier Reef wurde als Welterbe der Unesco anerkannt.

Durch den Ökotourismus finanzierten sich der Regenwald und das Riff praktisch selbst und machte es finanziell lohnenswert, sie zu schonen. Durch den Tourismus flossen Hunderte Millionen US-Dollar in die Wirtschaft und er wurde somit zu einer der wichtigsten Quellen für Devisen. Zudem blieben die Profite aus dem Tourismus im Land und erhöhten somit den Lebensstandard.

Der längste Bürgerkrieg Zentralamerikas tobte in Guatemala; er dauerte 36 Jahre. Als er 1996 schließlich endete, waren 200 000 Menschen getötet worden.

Diktatur & Demokratie

Eine Oase der Demokratie

Nach der Unabhängigkeit wurde das politische Geschehen in Zentralamerika weitgehend von einigen Familien der Oberschicht bestimmt, die um den Zugriff auf die staatlichen Geldtöpfe rangen und dabei wechselnde Allianzen mit Armeeoffizieren und Kaffeebaronen eingingen. Präsidenten wurden häufiger mit Waffengewalt als an der Wahlurne abgesetzt. Überall in der Region – besonders in Costa Rica, El Salvador, Honduras und Guatemala – kämpften die radikalisierten linken und rechten Flügel mit Staatsstreichen und Wahlbetrug um die Macht.

In Costa Rica spitzten sich die wirtschaftlichen und ethnischen Spannungen 1948 so weit zu, dass ein Bürgerkrieg ausbrach. Bewaffnete Arbeiter marschierten gegen die Streitkräfte. Nicaragua und die USA warfen ihre Truppen ins Getümmel. Zwei Monate – und 2000 Tote – später wurde der Frieden wiederhergestellt. Aus dem Chaos entstand eine provisorische Junta-Regierung unter der überraschenden Führung des Kaffeefarmers und visionären Demokraten José Figueres Ferrer. Er besteuerte die Reichen, verstaatlichte die Banken und baute einen modernen Sozialstaat auf. Seine Verfassung von 1949 gab Frauen das Wahlrecht und gewährte den schwarzen, indigenen und chinesischen Minderheiten volle Bürgerrechte. Am spektakulärsten war aber seine Entscheidung, das Militär abzuschaffen, weil er es als Bedrohung für die Demokratie betrachtete. Seine Übergangsregierung schaffte die Voraussetzungen für Costa Ricas einzigartige unbewaffnete Demokratie.

1979–1987

In Nicaragua stürzt die Guerillaorganisation der Sandinisten das Regime von Diktator Somoza. Mit Unterstützung der USA starten die Contras eine Gegenrevolution, der folgende Bürgerkrieg spaltet die Region.

1980–1992

In El Salvador bricht ein erbitterter Bürgerkrieg zwischen dem US-gestützten Militär und verschiedenen Guerillagruppen aus. Erst nach zwölf Kriegsjahren mit rund 75 000 Todesopfern wird endlich ein Kompromiss erreicht.

1987

Der costa-ricanische Präsident Óscar Arias Sánchez erhält den Friedensnobelpreis für seine Verdienste um die zentralamerikanischen Friedensabkommen, die der Region neue politische Freiheiten bringen.

1989

Die USA marschieren in Panama ein und vertreiben den Diktator Manuel Noriega, der schließlich in den USA wegen Drogenhandels und Geldwäsche zu 40 Jahren Gefängnis verurteilt wird.

Kalter Krieg in heißen Tropen

1823 boten die USA dem europäischen Kolonialismus die Stirn und beanspruchten mit der Monroe-Doktrin die Vorherrschaft über die westliche Hemisphäre. Und bereits Mitte des 20. Jhs. griffen die USA regelmäßig in das Selbstbestimmungsrecht der zentralamerikanischen Staaten ein und versuchten, Einfluss auf ihre politischen Entscheidungen, ihre wirtschaftliche Entwicklung und ihre Außenpolitik zu nehmen. Schließlich ist Zentralamerika ja über den von der US-Armee gebauten Pan-American Highway fix zu erreichen.

In den 1950er-Jahren versprach der demokratisch gewählte Präsident von Guatemala, Jacobo Árbenz Guzmán, die weiten, ungenutzten Ländereien der United Fruit Company zu verstaatlichen (und bot dem Unternehmen an, es in Höhe des in seiner Steuererklärung deklarierten Grundstückswerts zu entschädigen). Verflixte Demokratie: Die United Fruit Company beschwerte sich bei ihren Freunden in Washington und 1954 zwang ein von der CIA organisierter Staatsstreich Árbenz zum Rücktritt. Sein Nachfolger, Oberst Castillo Armas, wurde als antikommunistischer Held bejubelt, in New York mit einer Konfettiparade gefeiert und bekam von der Columbia University die Doktorwürde der Rechtswissenschaften verliehen. Drei Jahre später wurde Armas im Präsidentenpalast erschossen – kurz nachdem die United Fruit ihre konfiszierten Ländereien endlich zurückbekommen hatte.

Auf Armas folgte eine Reihe von Militärpräsidenten. Sie erhielten weiterhin Unterstützung durch die US-Regierung – in Form von Geld und Schulungen zur Aufstandsbekämpfung. Gewalt wurde zum alltäglichen Instrument der Politik. Die Landreformen wurden kassiert, Analphabeten (also ca. 75 % der Bevölkerung) wurde das Wahlrecht entzogen, die Geheimpolizei wurde neu aufgebaut und das Militär zur Unterdrückung der Bevölkerung eingesetzt. Ab 1960 entstanden die ersten linken Guerillagruppen. Damit begann der guatemaltekische Bürgerkrieg.

Der Guerillakrieg griff nach und nach immer weiter um sich. Anfang der 1970er-Jahre sahen sich die Militäroligarchien der Region in arger Bedrängnis durch radikale Sozialisten. In Nicaragua stürzten die aufständischen Sandinisten den von den USA unterstützten Diktator Somoza. Den USA passten die sandinistischen Verbindungen zur Sowjetunion und nach Kuba gar nicht. Sie beschlossen, dass es Zeit sei einzugreifen. Die organisatorischen Details der Gegenrevolution wurden dem Jungoffizier Oliver North überlassen, der insgeheim die Contra-Rebellen unterstützte, um einen Bürgerkrieg in Nicaragua anzuzetteln.

Der Konflikt spaltete die Region. Als nach der Ermordung von Erzbischof Romero auch in El Salvador der Bürgerkrieg ausbrach, pumpten die USA gewaltigen Summen ins schwächelnde Militär, was diesen Konflikt ebenfalls verlängerte. Die 1980er-Jahre hindurch massakrierten von

Die von der US-Armee betriebene School of the Americas bildete an ihrem früheren Standort in Panama einige der schlimmsten Verbrecher gegen Menschenrechte in Lateinamerika aus – darunter auch Manuel Noriega. Informationen zur Geschichte der Schule gibt es unter www.soaw.org.

1991

Guatemala erkennt Belize als souveränen, unabhängigen Staat an, aber die Spannungen dauern an. Guatemala weigert sich noch immer, seinen Gebietsanspruch auf Teile Belizes aufzugeben.

1996

In Guatemala werden Friedensabkommen unterzeichnet, die den 36-jährigen Bürgerkrieg mit geschätzten 200 000 Todesopfern beenden

1999

Die USA beenden ihre fast hundertjährige Besatzung der Panamakanalzone, schließen alle ihre Militärbasen im Land und geben die Kontrolle über den Kanal ab.

2012

Trotz aller Weltuntergangsprognosen durch Nicht-Mayas geht das 13. Baktun ohne größere Zwischenfälle zu Ende und es beginnt ein neuer Großer Zyklus in der Langen Zählung des Maya-Kalenders.

der Regierung geschickte Todesschwadronen ganze Dörfer, während die Guerillagruppen ihr Bestes taten, Wahlen zu sabotieren und die Wirtschaft lahmzulegen. Derweil wurde Honduras zur Operationsbasis für den US-finanzierten verdeckten Krieg in Nicaragua.

Óscar Arias Sánchez, der junge Präsident von Costa Rica, initiierte einen Friedensplan, der den Krieg in Nicaragua endlich beendete. Für seine Initiative erhielt Arias als erster Zentralamerikaner den Friedensnobelpreis. Wenige Jahre später wurden auch in El Salvador und Guatemala Friedensverträge geschlossen.

Vom Kolonialismus zum Neokolonialismus

Während die Bürgerkriege in der Region tobten, blieben zwei Länder vergleichsweise friedlich, dies allerdings unter der Bevormundung stärkerer Mächte.

In Belize waren es nicht die Spanier, sondern die Briten, die sich breitmachten, die Wälder rodeten, Früchte und Zuckerrohr anbauten und der Kolonie den Namen „British Honduras" verpassten. Obwohl in der zweiten Hälfte des 20. Jhs. die Unabhängigkeitsbewegung immer weiter erstarkte, wurde die vollständige Unabhängigkeit bis zur Lösung eines heiklen Sicherheitsproblems verschoben: Guatemala beanspruchte nämlich in seiner Verfassung Belize ausdrücklich als Teil seines Staatsgebiets. Nur die britischen Truppen an der Grenze hinderten das größere Land daran, diesen Anspruch in die Praxis umzusetzen.

Am 3. Juni 2018 brach der Volcán de Fuego in Guatemala aus und vernichtete mehrere Dörfer, Kaffeeplantagen und ein Golfresort, keine 20 km vom kolonialen Schmuckstück Antigua entfernt. Über 300 Menschen starben oder wurden als vermisst gemeldet, 2800 waren obdachlos. Die Eruption war seit 1974 die gewaltigste des Vulkans.

Erst 1981 wurde Belize endlich zum unabhängigen Nationalstaat innerhalb des britischen Commonwealth erklärt. Selbst Guatemala erkannte Belize 1991 als unabhängige Nation an, obwohl es seine Gebietsansprüche auf 53 % der Landmasse Belizes bis heute aufrechterhält. 2018 stimmten die Guatemalteken bei einer Volksabstimmung dafür, die Angelegenheit vor den Internationalen Gerichtshof zu bringen; Belize wird am 10. April 2019 ein ähnliches Referendum abhalten.

Dagegen war Panama, am Südende der Landbrücke, zu Beginn des 20. Jhs. immer noch eine Provinz Kolumbiens. Als eine Militärjunta Panama für unabhängig erklärte, erkannte die US-Regierung die Souveränität des neuen Landes umgehend an – und unterstützte es sogar mit Kriegsschiffen, als Kolumbien es wieder unter seine Fuchtel nehmen wollte. Dafür gewährte Panama den USA die Konzession zum Bau des Panamakanals und zahlreiche Interventionsrechte in panamaischen Angelegenheiten.

In den Jahren nach der Fertigstellung des Kanals wuchs bei den Panamaern der Widerstand gegen die Bevormundung durch die USA. Während der große Bruder im Norden seine Rechte nach und nach aufgab, wurde das panamaische Militär immer mächtiger. Als Manuel Noriega in den 1980er-Jahren an die Macht kam, baute er die Armee aus und

2017

Bei der Wahl in Costa Rica schlägt der progressive Schriftsteller und Politikwissenschaftler Carlos Alvarado Quesada den rechten Journalisten und Prediger Fabricio Alvarado Munoz.

2017–2018

Durch Trumps Nulltoleranzpolitik werden Tausende Migrantenfamilien an der mexikanischen Grenze getrennt. Nach Protesten wird die Regelung abgeschafft, die Wiedervereinigung der Familien erweist sich jedoch oft als schwierig.

2018

In Guatemala bricht der Volcán de Fuego aus, begräbt Dörfer unter Lava, tötet Hunderte Menschen und bedeckt Straßen und Felder mit Asche und Geröll. Es ist der katastrophalste Vulkanausbruch im Land seit 45 Jahren.

2018

Nicaragua versinkt im Chaos, als Präsident Daniel Ortega die Sozialleistungen kürzen will. Selbst nach Ortegas Rückzieher setzen sich die Proteste fort und fordern Hunderte Todesopfer.

unterdrückte jegliche Opposition brutal. Drogenhandel, Wahlfälschung und Mord waren Teil seiner Regierungsmethoden. 1989 griffen die USA schließlich ein, marschierten in Panama-Stadt ein und verhafteten Noriega. Ein Jahrzehnt später verzichteten die USA auf die Kontrolle über den Kanal, zogen alle Truppen ab und entließen Panama endlich in seine eigene ungewisse Zukunft.

Demokratie mit Mängeln

Inzwischen ist eine neue Ära der Demokratisierung angebrochen. Rechte und linke Diktatoren haben den Weg für Wahlen freigemacht. Ein vielversprechendes Zeichen der Zeit ist die Tatsache, dass eine ehemalige salvadorianische Guerillaorganisation den Einstieg in die etablierte Politik geschafft hat und sogar einen erfolgreichen Präsidentschaftskandidaten stellen konnte.

Die Systeme sind jedoch nicht perfekt. 2009 wurde der demokratisch gewählte Präsident von Honduras, Manuel Zelaya, durch das Militär abgesetzt (auf Anweisung des Obersten Gerichtes), und erst vor wenigen Jahren führte der unerwartete und unglaublich knappe Wahlsieg des Präsidenten Juan Orlando Hernández zu Betrugsvorwürfen und Demonstrationen, bei denen es Tote gab. 2015 ermöglichte eine umstrittene Entscheidung des obersten Gerichts, dass Hernández für eine weitere Amtszeit gewählt werden konnte, ein Vorgang, der in Honduras seit der Militärherrschaft vor 40 Jahren unerhört war.

2014 fasste die nicaraguanische Nationalversammlung einen ähnlich umstrittenen Beschluss, die Beschränkung der Amtszeiten abzuschaffen – sodass Präsident Daniel Ortega ein drittes Mal antreten konnte. 2016 wurde er erneut gewählt. Als er jedoch 2018 Kürzungen der Sozialleistungen ankündigte, kam es im ganzen Land zu gewalttätigen Demonstrationen. Hunderte Menschen wurden getötet, vorgeblich von Paramilitärs. Die Lage war Anfang 2019 noch immer unruhig, doch Ortega weigerte sich zurücktreten.

Menschen & Gesellschaft

Dank seiner Lage an der Schnittstelle von Kontinenten und Ozeanen ist Zentralamerika nicht nur durch seine nord- und südamerikanischen Nachbarn, sondern vor allem durch europäische Kolonisatoren und afrikanische (Zwangs-)Immigranten beeinflusst worden. Ihre Nachkommen bilden zusammen mit den bedeutenden indigenen Bevölkerungsgruppen einen vielfältigen und faszinierenden Kulturmix. Auf der ganzen Landenge steht nach wie vor das Familienleben an erster Stelle, aber die Kluft zwischen ländlichen und städtischen Lebensweisen weitet sich aus.

Bevölkerungsgruppen Zentralamerikas

Zentralamerika mag auf den ersten Blick wie ein homogenes Ganzes wirken, doch die überwiegend spanischsprachige Region ist ein Patchwork von Bevölkerungsgruppen europäischer, indianischer und afrikanischer Abstammung, die sich weitgehend untereinander vermischt haben. Rund 78 % der Bevölkerung sind Mestizen (gemischter spanisch-indianischer Abstammung) beziehungsweise von europäischer Herkunft. Der Rest besteht vor allem aus Dutzenden indigener Völker, von den einst mächtigen Mayas bis zu den extrem dezimierten Maleku. Ein kleinerer, aber nicht unerheblicher Prozentsatz stammt von afrikanischen Sklaven und Fremdarbeitern ab.

Mestizen

Mestizen sind Menschen gemischter spanisch-indigener Abstammung. Sie stellen die größte ethnische Gruppe in Zentralamerika und machen rund 58 % der Bevölkerung aus. Sie sind auch die größte ethnische Gruppe in jedem zentralamerikanischen Land mit Ausnahme von Costa Rica (am höchsten ist ihr Bevölkerungsanteil in El Salvador mit 86 %).

DIE ERSTEN MESTIZEN

1511 lief das spanische Schiff *Valdivia* auf ein Riff auf. Etwa 15 Überlebende trieben mehrere Tage im Meer, bevor sie sich im nördlichen Belize an Land retteten, wo sie umgehend von besorgten Mayas aufgegriffen wurden. Um alle Eventualitäten abzudecken, schickten die Ureinwohner zehn der Spanier zu ihren Göttern und behielten fünf für sich.

Einer der Gefangenen war der Konquistador Gonzalo Guerrero, ein erfahrener Krieger – und offenbar auch kein übler Diplomat. Guerrero schaffte es, seine Freiheit und eine hochrangige Stellung beim Maya-Häuptling von Chetumal zu erlangen. Er wurde sein Berater in militärischen Angelegenheiten und heiratete die Tochter des Häuptlings. Ihre drei Kinder gelten als die ersten Mestizen (Menschen gemischter spanisch-indianischer Abstammung) in der Neuen Welt.

Acht Jahre später kam Hernán Cortés nach Yucatán und forderte Guerrero auf, ihn bei seinem Eroberungsfeldzug zu unterstützen. Aber Guerrero hatte sich schon zu gut bei den Einheimischen eingelebt, inklusive Gesichtstätowierungen und Körperpiercings. Er lehnte das Angebot mit der Begründung ab, dass er nun ein Hauptmann der Mayas sei. Cortés setzte seine Suche nach Gold und Ruhm fort, während Guerrero in den nachfolgenden Kriegen die Verteidigung der Mayas organisierte. Die Spanier sollten über 20 Jahre brauchen, um die Mayas von Yucatán und Belize endgültig zu besiegen.

Selbst Belize - das nicht von den Spaniern besiedelt wurde - hat durch den Flüchtlingszustrom aus benachbarten Ländern eine große und immer noch wachsende Mestizenbevölkerung. Die in sich sehr vielförmige Kultur der Mestizen prägt die gesamte Region, die mehrheitlich katholisch und spanischsprachig ist.

Europäischstämmige

Rund 20 % der zentralamerikanischen Bevölkerung sind rein europäischer Abstammung - dabei handelt es sich hauptsächlich um die Nachfahren der spanischen Konquistadoren und Siedler, die sich ab dem 16. Jh. in der Region niederließen.

Guatemala, Nicaragua und Panama haben kleinere, aber nicht unbedeutende Anteile rein europäischstämmiger Bewohner - zwischen 12 und 18 % -, die hauptsächlich von spanischen Siedlern abstammen. Im späten 19. und frühen 20. Jh. verschenkte die nicaraguanische Regierung Land an deutsche und französische Einwanderer, die gewillt waren, es zu kultivieren. Dadurch wuchs die europäischstämmige Bevölkerung des Landes auf 17 % an.

Im 20. Jh. wurde Zentralamerika zur Zuflucht für Andersdenkende auf der Suche nach einem ruhigen Ort, an dem sie ihre in Nordamerika unerwünschten Überzeugungen ausleben konnten. Belize hat eine kleine, aber unübersehbare Bevölkerungsgruppe von Mennoniten (Freikirchler deutscher und niederländischer Herkunft), die sich hier in den 1950er- und 1960er-Jahren ansiedelten, um ihre traditionelle Lebensweise und strenge Moral zu bewahren. In den 1950er-Jahren flüchtete auch eine Gruppe von Quäkern aus den USA, um der Wehrpflicht zu entgehen. Sie ließen sich in Monteverde, Costa Rica, nieder, wo sie später das berühmte Nebelwald-Schutzgebiet begründeten.

Costa Rica hat mit 66 % einen ungewöhnlich hohen Anteil an Bewohnern rein europäischer Herkunft, weil hier nur eine geringe Vermischung zwischen spanischen Bauern und Indigenen stattfand. Im 19. Jh. ließen sich weitere Europäer in Costa Rica nieder – und neuerdings auch zahlreiche nordamerikanische Pensionäre.

Indigene Völker

Die Mayas sind die bekannteste und größte indigene Bevölkerungsgruppe in Zentralamerika, aber es gibt noch Dutzende weniger bekannter Indianervölker. Diese Ureinwohner machen rund 16 % der Gesamtbevölkerung der Region aus.

Mayas

Mit geschätzten sieben Millionen Menschen sind die Mayas die größte indigene Bevölkerungsgruppe in Zentralamerika. Von 2000 v. Chr. bis 1500 n. Chr. beherrschten sie den nördlichen Teil von Zentralamerika, erbauten große Städte, zelebrierten komplexe Rituale und führten erbitterte Kriege. Die Lebensweise der moderne Mayas hat wenig mit der damaligen Kultur gemein, doch einige Elemente des kulturellen Erbes blieben erhalten, wie die traditionelle Tracht, die religiösen Bräuche und - am wichtigsten - die Sprache. In ganz Zentralamerika gibt es etwa 32 verschiedene Sprachgruppen, die zusammen die heutige Maya-Bevölkerung bilden.

Die K'iche' waren die Verfasser des *Popol Vuh*, einer aus dem 16. Jh. stammenden Beschreibung von Gesellschaft und Kultur der alten Mayas und einer der wichtigsten Quellentexte für Historiker.

K'iche'

Die K'iche', die größte Maya-Sprachgruppe, zählt etwa 1,6 Millionen Menschen, rund 11 % der Bevölkerung Guatemalas. Sie leben in El Quiché und dem Hochland ringsum. Die K'iche' rückten ins Licht der internationalen Öffentlichkeit, als ihre Sprecherin Rigoberta Menchú 1992 den Friedensnobelpreis erhielt.

Yukatekische Mayas

Die yukatekischen Mayas sind in den mexikanischen Staaten Yucatán, Campeche und Quintana Roo beheimatet. Der Kastenkrieg im Yucatán der 1840er-Jahre löste mehrere Flüchtlingsströme nach Belize aus, daher leben auch in Corozal und Cayo zahlreiche yukatekische Mayas. Schätzungsweise 1,2 Millionen Menschen sprechen derzeit die yukatekische Maya-Sprache.

Q'eqchi

Die Q'eqchi (in Belize: Kekchí) zählen nur knapp eine Million Menschen. Sie sind geografisch verstreut, aber es gibt größere Gruppen in Alta und Baja Verapez (Guatemala) sowie in Toledo (Belize).

Ch'orti'

Die Ch'orti', etwa 51 000 Personen, leben überwiegend im südlichen Guatemala und im Nordwesten von Honduras. Ihre Sprache, die noch von einigen Ch'orti' in Guatemala gesprochen wird, ist mit jener auf den Inschriften der Ruinen von Copán verwandt.

Afrikanischstämmige

Von Anfang an brachten die spanischen Siedler afrikanische Sklaven mit in die Neue Welt, um mit ihnen zu handeln und sie zur Arbeit einzusetzen. Im 19. Jh. kamen viele weitere afrikanischstämmige Menschen aus Jamaika und anderen Teilen der Antillen. Afrikanische Arbeiter, sowohl Zuwanderer als auch Sklaven, spielten eine entscheidende Rolle bei der Erschließung der Region durch Rodungen, Eisenbahn- und Kanalbau. Heute machen ihre Nachfahren rund 4 % der zentralamerikanischen Bevölkerung aus; sie leben hauptsächlich an der Karibikküste.

Die meisten Mayas leben in Guatemala, wo sie fast 40 % der Bevölkerung stellen. Aber auch in Mexiko, Belize, Honduras und El Salvador machen die Mayas einen signifikanten Teil der Bevölkerung aus.

Kreolen

Die Kreolen sind gemischte Nachkommen afrikanischer Sklaven und europäischer Piraten, Holzfäller und Siedler. Größere kreolische Bevölkerungsgruppen gibt es in Belize (wo sie Kriol heißen, 25 %) und Nicaragua (9 %); die meisten sind Nachfahren entflohener oder schiffbrüchiger Sklaven. Die Kreolen sind stolz auf ihre gemischte Abstammung und sprechen eine faszinierende und einzigartige Version des Englischen: Es hört sich zunächst vertraut an, ist aber auch für englische Muttersprachler und erst recht für Leute mit Schulenglisch schwer verständlich.

In den 1780er-Jahren kamen die Spanier und Briten nach langen Auseinandersetzungen zu einer Vereinbarung, nach der die Briten in Belize Blauholzbäume und Mahagoni fällen durften. Dafür erklärten sie sich bereit, die Moskitoküste in Nicaragua zu räumen. Tausende von Siedlern – viele davon afrikanischer Abstammung – gingen nach Belize, um als Holzfäller zu arbeiten. Nachdem sie sich mehrere Generationen lang mit anderen Holzfällern und Siedlern vermischten, wurden die Kreolen zur größten ethnischen Gruppe in Belize.

Afro-Panamaer & Afro-Costa-Ricaner

In der zweiten Hälfte des 19. Jhs. begann man in Costa Rica und Panama, Eisenbahnstrecken zu bauen, um den Transport von Waren und Menschen zu erleichtern. In Panama ging es darum, Menschen während der Goldrauschära über die Landenge nach Kalifornien zu befördern. In Costa Rica wollte man Kaffee aus dem bewaldeten Landesinneren nach Puerto Limón transportieren, um ihn in alle Welt zu verschiffen. In beiden Fällen wurden Bauarbeiter von den Antillen (insbesondere Jamaika) angeheuert.

Viele dieser afrikanischstämmigen Arbeiter blieben nach Ende der Bauprojekte, um auf den Bananenplantagen zu arbeiten, die entlang der Bahnstrecken angelegt wurden. Weil die Plantagen im Besitz von US-Amerikanern waren, hatten die Arbeiter wenig Kontakt mit den Spanisch sprechenden Einheimischen und bewahrten sich daher ihre Bräuche und Sprache. Heute haben rund 8 % der Bevölkerung von Costa Rica

ANDERE INDIGENE GRUPPEN

Im südlichen Teil des präkolumbischen Zentralamerikas lebte eine Vielzahl indigener Völker, die mit den Mayas nicht verwandt waren. Dutzende davon haben bis heute überdauert, obwohl es für sie alle schwer ist, ihre Kultur, Sprache und Identität in unserem Zeitalter der zunehmenden globalen Vereinheitlichung zu bewahren. Hier einige der bekanntesten Gruppen:

Ngöbe-Buglé Die Ngöbe-Buglé (no-be bu-gleh) sind die größte indigene Gruppe Panamas. Sie zählen rund 156 000 Menschen und leben in einer *comarca* (autonome Region) in den Provinzen Chiriquí, Veraguas und Bocas del Toro.

Lenca Die Lenca bewohnen den Südwesten von Honduras und den Osten von El Salvador. Ihre Bevölkerungszahl wird auf 137 000 bis 300 000 geschätzt.

Miskito Die Miskito stammen aus den abgelegenen Küstengebieten von Honduras und Nicaragua, besonders um den Río Coco. Es gibt keine verlässliche Bevölkerungszahl, sie wird aber auf 50 000 bis 200 000 geschätzt.

Guna Die Guna sind wegen ihrer typischen Kleidung die wohl bekannteste indigene Gruppe Panamas. Sie bewohnen den Archipiélago de San Blas, wo sie ihr angestammtes Land als eine *comarca* bewirtschaften. Die rund 50 000 Guna, die sehr viel Souveränität besitzen, legen größten Wert auf ihre Unabhängigkeit.

Emberá und Wounaan Die Emberá und Wounaan bewohnen den Dschungel der östlichen panamaischen Provinz Panamá und den Darién. Die beiden Gruppen unterscheiden sich zwar, aber eher sprachlich als kulturell.

Bribrí und Cabécar Die Bribrí leben abgesondert von der etablierten Tica-Kultur im Kanton Talamanca in Costa Rica. Ihre Bevölkerungszahl wird auf 12 000 bis zu 35 000 geschätzt. Die Cabécar sind noch isolierter und leben hoch in der Cordillera de Talamanca. Ihre Sprache unterscheidet sich von der der Bribrí, aber sie haben ähnliche Bauweisen, Waffen und spirituelle Glaubensvorstellungen.

Mayangna Die Mayangna (manchmal auch Sumo genannt) bewohnten traditionell die Costa de los Mosquitos in Nicaragua und Honduras und gerieten mit den Miskito, die hier ebenfalls lebten, häufig aneinander. Ihre Bevölkerungszahl beträgt rund 10 000.

Tolupan Die Tolupanes (auch Jicaque oder Xicaque genannt) leben in kleinen Gemeinden in Honduras, die insgesamt rund 10 000 Mitglieder umfassen.

Pech Die Pech, die traditionell die Waldgebiete im Nordosten von Honduras bewohnen, kämpfen um den Erhalt ihrer Kultur. Diese indigene Gruppe – heute schätzungsweise 3800 Menschen – wurde durch Rodung des Regenwalds und das Eindringen von *mestizo*-Bauern in ihre Jagdgebiete dezimiert.

Brunka Um die 2600 Brunka (oder Boruca) bewohnen das *indígena*-Reservat im Süden Costa Ricas, wo sie traditionelle Landwirtschaft betreiben und Kunsthandwerk zum Verkauf herstellen. Bekannt sind sie vor allem für ihre jährliche Fiesta de Los Diablitos, ein dreitägiges Fest, das ihren Kampf gegen die Spanier symbolisiert.

Rama Diese indigene Gruppe lebt an der Karibikküste Nicaraguas, überwiegend auf Cayo Rama. Die 2000 noch verbliebenen Rama ernähren sich von Subsistenzwirtschaft, Fischerei und Jagd.

Naso Die Naso (Teribe) in Panama bewohnen die Provinz Bocas del Toro, vorwiegend die panamaische Seite des binationalen Parque Internacional La Amistad. Ihre traditionellen Dörfer sind in der ganzen Region im Verschwinden begriffen und nur noch ein paar Tausend Naso haben bislang überlebt.

Maleku In der Reserva Indigena Guatuso nahe der Stadt San Rafael in Costa Rica leben etwa 6000 Maleku. Das winzige indigene Volk ist paradoxerweise eines der öffentlich sichtbarsten des Landes, da sie häufig im reservatnahen La Fortuna Zeremonien für Touristen aufführen.

afrikanische Wurzeln. Sie stammen vorwiegend von jamaikanischen Arbeitern ab, leben hauptsächlich an der Karibikküste und sprechen einen englischen Dialekt.

Anfang des 20. Jhs. begannen die Franzosen mit dem Bau des Panamakanals und importierten ihrerseits Tausende von Arbeitern von den Französischen Antillen. Manche Fachleute schätzen, dass ca. 20 000 Afro-Antillianer nach Fertigstellung des Kanals in Panama blieben. Heute machen die Afro-Panamaer etwa 9,2 % der Bevölkerung aus.

Garifuna

Im 17. Jh. landeten schiffbrüchige afrikanische Sklaven auf der Karibikinsel St. Vincent. Sie vermischten sich mit der indigenen Bevölkerung aus Kariben und Arawaken, wodurch eine ganz neue Bevölkerungsgruppe entstand, die man heute Garifuna (Plural in der Garifuna-Sprache: Garinagu) nennt. Als St. Vincent in andere Hände überging, wurden die Garinagu deportiert und von Insel zu Insel umgesiedelt. Ihre Zahl schrumpfte, bis eine kleine Gruppe schließlich an der honduranischen Küste ankam. Von hier breiteten sich diese Menschen gemischter indianisch-afrikanischer Abstammung entlang der zentralamerikanischen Karibikküste aus.

Trotz ihrer Verbundenheit haben viele Familien mindestens ein Mitglied, das zur Arbeit in die USA ausgewandert ist. Die Überweisungen aus dem Ausland sind für Familien überall in der Region eine wichtige Einkommensquelle.

Derzeit gibt es größere Garifuna-Bevölkerungsgruppen in Honduras, Belize und Guatemala, kleinere in Nicaragua. Viele sprechen noch die Garifuna-Sprache, die eine Kombination aus Arawakisch und afrikanischen Sprachen ist. Obwohl die Garinagu nur einen kleinen prozentualen Anteil an der Bevölkerung ausmachen (6 % in Belize, 1 % in Honduras), haben sie einen überproportional großen kulturellen Einfluss. Sie besitzen ein ausgeprägtes Gemeinschaftsgefühl und pflegen ihre Rituale, bei denen Trommeln und Tanz eine wichtige Rolle spielen. 2001 erklärte die Unesco Sprache, Tänze und Musik der Garinagu zu einem „Meisterwerk des mündlichen und immateriellen Erbes der Menschheit" – womit sie zu den ersten Empfängern dieser Ehrung gehören, die das kulturelle Gegenstück zur Welterbeliste der Bauwerke darstellt.

Zentralamerikanische Lebensart

In Zentralamerika herrschen krasse Kontraste zwischen städtischer und ländlicher Lebensweise, mit abgrundtiefen Unterschieden bei Arbeitschancen, Bildung und Einkommen. Einige Dinge bleiben aber unveränderliche Fixpunkte, z. B. Familie und Kirche. Allerdings ist mit Letzterer heutzutage nicht mehr automatisch die katholische Kirche gemeint.

Familie

Die Familie bleibt in Zentralamerika der Mittelpunkt, um den das Leben kreist. Die erweiterte Familie lebt oft nah beieinander und pflegt regen Umgang. Wer Verwandte in einflussreicher Stellung hat, zögert nicht, sie um Unterstützung zu bitten. Gefälligkeiten werden gern angenommen, prompt erwidert und nie vergessen. Trotz aller Einflüsse der Moderne – Bildung, Kabelfernsehen, Kontakt mit ausländischen Touristen, eigene Auslandsaufenthalte – bleiben die traditionellen Familienbande in allen Gesellschaftsschichten stark. Auch die althergebrachten Geschlechterrollen sind noch fest verwurzelt, obwohl sich das in Costa Rica, Nicaragua und Panama allmählich ändert.

Religion

Religion spielt nach wie vor eine wichtige Rolle im Leben der Zentralamerikaner, doch ist in der einst stramm katholischen Region ein Wandel im Gang. Seit der Ankunft der Spanier – die Missionare, Priester und päpstliche Dekrete mitbrachten – dominierten die Katholiken in Zentralamerika. Heute sind noch über die Hälfte der Zentralamerikaner praktizierende Katholiken.

Aber das 20. Jh. brachte neue Missionare in die Region, diesmal freikirchliche Protestanten aus Nordamerika – die man hierzulande auch *evangelicos* nennt. Ihre feurigen Predigten und Paradiesverheißungen finden bei der armen Landbevölkerung besonders großen Anklang. Fast ein Drittel der Bevölkerung hat sich bereits von den Evangelikalen abwerben lassen.

In den ländlichen Gegenden der Region kommt es immer wieder zu Abwanderungswellen, da die Kinder der Bauern auf der Suche nach einem besseren Leben in die Städte flüchten.

Stadt und Land

Typisch für Zentralamerika ist eine gewaltige Kluft beim Standard von Gesundheitsversorgung, Bildung, Wohlstand und Modernität. Diese Unterschiede entsprechen oft der Trennung zwischen Stadt und Land. Gut situierte Großstädter fahren schicke Autos, besitzen Ferienhäuser und fliegen ins Ausland. Doch nur eine Stunde entfernt paddelt eine indigene Familie im Einbaum und lebt vorwiegend von der Subsistenzwirtschaft.

Selbst in den reichsten Ländern der Region (Costa Rica und Panama) leben um die 20 % der Bevölkerung unterhalb der Armutsgrenze. In den ärmsten Ländern (Guatemala und Honduras) sind es über 50 %. Die große Mehrheit der Bettelarmen lebt in ländlichen Gebieten; viele von ihnen gehören indigenen Gruppen an. Überall in der Region hat die arme Landbevölkerung einen deutlich niedrigeren Lebensstandard, geringere Bildungschancen und keine ausreichende Gesundheitsversorgung.

Die Mittel- und Oberschicht wohnt vorwiegend in den städtischen Regionen und vor allem in den Hauptstädten, wo sie einen ähnlichen Lebensstil pflegt wie vergleichbare Gesellschaftsschichten in Nordamerika oder Europa.

Kunst & Kultur

Kaum ein Besucher kommt der Hochkultur wegen nach Zentralamerika: Kunstmuseen und Konzertsäle sind dünn gesät. Um den ganzen Reichtum der zentralamerikanischen Kunst zu entdecken, muss man an unerwarteten Orten suchen – zwielichtige Tanzclubs und dunkle Gassen, abgelegene Dörfer und Frauenkooperativen. In Zentralamerika ist jeder und jede eine Künstlerin oder ein Musiker oder eine Dichterin. Man ist überall von Kunst umgeben; also: Augen auf!

Street-Art

In ganz Zentralamerika und Mexiko ist die Kunstszene lebendig und öffentlich, da die spannendsten zeitgenössischen Kunstwerke Street-Art sind – Wandgemälde und Mosaike, die baufällige Gebäude zieren und städtische Straßen verschönern. Oft erinnern diese Gemälde an historische Ereignisse und schärfen das Bewusstsein für soziale Fragen, eine Tradition, die auf die Zeit zurückgeht, als ein großer Prozentsatz der Bevölkerung Analphabeten waren. Interessanterweise ist die Straßenkunst in kriegsgeschundenen Ländern wie El Salvador, Guatemala und Nicaragua besonders dynamisch.

In El Salvador sind die besten Beispiele in Perquín, La Palma, Suchitoto und in der Hauptstadt sowie in der Dörfern an der Ruta de las Flores zu finden. 1997 schuf der landesweit verehrte Fernando Llort ein farbenfrohes, volkstümliches Wandmosaik mit dem Titel *Harmonia de Mi Pueblo*. Als Huldigung an das Durchhaltevermögen der Salvadorianer und zur Feier des Friedens wurde das Kunstwerk an der Fassade der Catedral Metropolitana in San Salvador angebracht. Künstler und Anwohner waren geschockt und empört, als der dortige Erzbischof das Mosaik 2012 ohne Rücksprache mit der Regierung oder dem Künstler entfernen ließ.

Im mexikanischen Cozumel lenkt ein neues Projekt mit großen Wandbildern im Stadtzentrum die Aufmerksamkeit auf Meeresprobleme wie das Abschneiden von Haiflossen, Überfischung, Küstenbebauung, Klimawandel und Korallenriffschutz.

Gemälde bedecken die Hauswände in vielen nicaraguanischen Städten, besonders in den Sandinisten-Hochburgen León und Estelí. Letzere ist die Heimat einer neuen Bewegung von *muralistas*, die ihre Sozialkritik mit Hilfe moderner Graffititechniken verbreiten.

Urban Maeztro ist das Pseudonym eines honduranischen Straßenkünstlers, dessen provokative, unverhohlen politische Werke die ausufernde Gewalt in Tegucigalpa anprangern.

Der berühmteste guatemaltekische Künstler ist Efraín Recinos, dessen Wandbilder das Conservatorio Nacional de Música zieren. Er ist außerdem ein gefeierter Architekt und Bildhauer. Recinos, den man nicht gerade als Straßenkünstler bezeichnen kann, bekam 1999 die höchste Würde Guatemalas verliehen: den Orden vom Quetzal.

Dichtung

In Zentralamerika können Bauern Dichter und Poeten Politiker sein. Die Dichtkunst ist in der ganzen Region hoch geschätzt, ganz besonders in den Ländern, die am meisten Gewalt und Armut erlebt haben – immer eine gute Inspiration für Verse.

Der erste große Literat Guatemalas war der Dichter und Jesuit Rafael Landivar, dessen Gedichtsammlung 1781 erschien. Die literari-

INDIGENES KUNSTHANDWERK

Souvenirjäger dürften entzückt sein von Zentralamerikas Vielfalt an Kunsthandwerk und Volkskunst. Vieles davon wird von den indigenen Bevölkerungsgruppen der Region hergestellt.

Besonders im Hochland von Guatemala weben die Mayas fröhlich bunte Kleidung und andere Textilien. Die *huipiles* (Tuniken der Frauen) sind oft wahre Kunstwerke mit vielfarbigen Webmustern aus stilisierten Tieren, Menschen, Pflanzen und mythologischen Formen. Viele Frauen weben diese Kreationen immer noch auf dem vorspanischen Rückengurt-Webstuhl.

Die indigenen Bevölkerungsgruppen von Panama fertigen hochwertige Schnitzereien, Textilien, Keramik, Masken und anderes Kunsthandwerk. Die Emberá und Wounaan sind für ihre Korbwaren bekannt, die aus Fasern der Nahuala-Pflanze und Chunga-Palmwedeln geflochten und teils mit Naturmotiven und knallbunten Mustern verziert werden. Die Kuna sind berühmt für ihre *molas* (die kunstvollen Stoffbilder, die die Frauen auf ihre traditionelle Tracht aufnähen). Die Ocú und Penonomé stellen erstklassige Panamahüte her.

In Costa Rica gibt es an indigenem Kunsthandwerk u. a. die kunstfertig geschnitzten und bemalten Masken der Boruca, handgewebte Taschen und Tücher und die bunt verzierte Keramik der Chorotega.

sche Stimme des guatemaltekischen Volkes war Miguel Ángel Asturias (1899–1974). Sein Meisterwerk ist *Die Maismenschen;* 1967 erhielt er den Literaturnobelpreis. Doch schon lange vorher äußerte er sich als Dichter und Diplomat unverblümt zur Politik.

In Nicaragua weiß jeder *campesino* (Bauer), wer der größte Dichter aller Zeiten war: Rubén Darío, Stimme der Nation und Begründer der Literaturströmung des *modernismo*. Nicaragua ist auch die Heimat des ureigenen kulturellen Archetypus der „Dichterkrieger", die mit Feder und Schwert kämpfen. Das bekannteste Beispiel ist Gioconda Belli, die mit den Sandinisten zusammenarbeitete und den renommierten internationalen Lyrikpreis der Casa de las Américas gewann.

Der salvadorianische Dichter Roque Dalton musste wegen seiner radikalen politischen Ansichten ins Exil gehen – und wurde später als angeblicher Doppelagent exekutiert. Zu seinen Werken gehört *Taberna y Otros Lugares* (1969), eine politische Vision in Versen.

Musik

Die *música* von Zentralamerika bewegt sich am Schnittpunkt zwischen Latino-Beats und coolen Karibikklängen. Man bekommt in der Region Calypso, Reggae, Soca und Salsa zu hören, entdeckt aber auch weniger bekannte, urtypisch zentralamerikanische Musikgattungen, die das Beste der Mainstream-Musikrichtungen aufgreifen.

Die Marimba ist ein hölzernes Schlaginstrument, das dem Xylofon ähnelt, aber einen volleren Klang hat. Es wird normalerweise von drei Männern gespielt. Marimbamusik ist bei religiösen Zeremonien der Mayas zu hören und die Marimba gilt als das Nationalinstrument von Guatemala. Aber sie ist auch in Costa Rica und Nicaragua beliebt, wo Musiker die Marimba-Volksmusik mit rockigen *cumbia*-Beats (kolumbianische Tanzmusik) aufgepeppt haben.

Musiker und Sprachwissenschaftler mutmaßen, die Bezeichnung *punta* für die traditionellen Garifuna-Trommel- und Tanzrhythmen könne von *bunda* herrühren, was in vielen westafrikanischen Sprachen „Hinterteil" bedeutet. Diese Wortherkunft ist nicht gesichert, aber passt. Die Musik, die bei allen Festivitäten gespielt wird, bringt jedenfalls Garinagu überall dazu, aufzustehen und mit ihrem *bunda* zu wackeln.

In den 1970er-Jahren reiste der belizische Musiker Pen Cayetano in Zentralamerika herum und erkannte, dass die Garifuna-Traditionen immer mehr verkümmerten. Er wollte die jungen Leute inspirieren, ihre eigene Kultur aktiver zu leben. Also erfand er eine coole, moderne Musikgattung, indem er die traditionellen *punta*-Rhythmen mit E-Gitarrenklängen kombinierte – damit war der *punta*-Rock geboren. Seit den 1980er-Jahren ist der *punta*-Rock in der ganzen Region (und quer durch alle ethnischen Gruppierungen) beliebt, besonders in Belize und Honduras.

Der Reggaetón, einst die Musik der armen Städter von Panama, hat sich inzwischen auf alle Länder und Gesellschaftsschichten in Zentralamerika (und darüber hinaus) ausgebreitet. Außer Anklängen an den Hip-Hop, wie den Rap-artigen Gesang, bezieht diese Musikgattung auch musikalische Einflüsse des jamaikanischen Dancehall, der Soca aus Trinidad und der puerto-ricanischen Salsa ein. Reggaetón ist in der ganzen Region wahnsinnig beliebt, vor allem in Panama, Costa Rica und Guatemala.

Praktische Informationen

Allgemeine Informationen

Arbeiten

Um legal in Zentralamerika zu arbeiten, benötigt man eine Arbeitserlaubnis. Allerdings werden Leute auch manchmal unter der Hand bezahlt oder über ein bürokratisches Schlupfloch eingestellt, falls sie eine passende Arbeit finden. Viele Reisende arbeiten in befristeten Jobs (über das erwähnte Schlupfloch) gegen Minimallohn in Restaurants, Hostels oder Bars mit überwiegend internationalen Gästen. Doch bevor man auf diese Weise den Einheimischen die Jobs wegnimmt, sollte man vielleicht lieber Freiwilligenarbeit in Erwägung ziehen.

Für englische Muttersprachler ist Englischunterricht eine andere Möglichkeit, allerdings entsprechen die Honorare nicht dem internationalen Standard. Die meisten Schulen befinden sich in Großstädten, wo auch der Bedarf an Privatlehrern am größten ist. Viele Schulen verlangen ein TEFL-Zertifikat (Teaching English as a Foreign Language).

Einige internationale Organisationen veröffentlichen Stellenangebote.

Barrierefreies Reisen

Behindertengerechte Einrichtungen (wie speziell ausgestattete Telefone, Toiletten, Hinweisschilder in Braille-Schrift) sind in Zentralamerika generell selten bzw. überhaupt nicht vorhanden. In teuren internationalen Hotels ist der Service für Menschen mit Behinderung tendenziell besser als in günstigen Absteigen. Flüge und vorab gebuchte Verkehrsmittel stellen realistischere Alternativen dar als die meisten Busse. Gebiete abseits der üblichen Touristenpfade sind mit Behinderung schwerer zugänglich als gut erschlossene Touristenziele.

Belize und Costa Rica sind von allen zentralamerikanischen Ländern am besten auf Besucher mit Mobilitätsproblemen eingestellt (das hat nicht zuletzt mit den vielen älteren Touristen zu tun, die per Kreuzfahrtschiff kommen). In beiden Ländern gibt es Hotels und Sehenswürdigkeiten, die rollstuhlgerecht eingerichtet sind, insbesondere in den beliebtesten Touristenorten. Einige Nationalparks in Costa Rica sind ebenfalls rollstuhlgerecht, dazu gehören der Parque Nacional Volcán Poás und der Parque Nacional Carara.

Botschaften & Konsulate

Wer Zentralamerika bereist, sollte sich darüber im Klaren sein, dass die Botschaft des eigenen Heimatlandes nur beschränkte Handlungsmöglichkeiten hat. Ganz allgemein kann man davon ausgehen, dass sie bei Notfällen, die auch nur ansatzweise selbst verschuldet sind, nicht einschreiten wird. Reisende dürfen nie vergessen, dass für sie die Gesetze des Landes gelten, in dem sie sich gerade aufhalten. Die Botschaftsangestellten werden kaum Mitleid haben, wenn ein Bürger wegen eines Vergehens im Gefängnis landet – auch dann nicht, wenn die Tat im jeweiligen Herkunftsland nicht als Straftat gilt.

In Notfällen bekommt man vielleicht etwas Unterstützung bei der Beschaffung eines neuen Reisepasses oder zur Kontaktaufnahme mit Familienangehörigen bzw. einem Anwalt.

Ermäßigungen

Eine Mitgliedskarte von **Hostelling International** (HI; www.hihostels.com) nützt einem in Zentralamerika nicht viel. Die Ausnahmen sind Mexiko und Costa Rica, wo einige Hostels HI-Mitgliedern minimale Preisnachlässe einräumen. Anders sieht es aus, wenn auch noch Südamerika auf dem Reiseplan steht, da dort die Karte weitaus häufiger akzeptiert wird.

Inhaber der **International Student Identity Card** (ISIC; www.isic.org) bekommen mitunter sehr gute Rabatte bei Reiseversicherungen und vergünstigte Flugtickets.

Essen & Trinken

Tischreservierungen sind hier praktisch unbekannt, mit Ausnahme von Nobelrestaurants in den wichtigsten Touristenorten.

Street Food In den zentralamerikanischen Städten gibt es überall *carritos* (Karren) oder Imbisswagen mit billigem Street Food. Das Angebot variiert von Land zu Land; typisch sind z. B. Tacos, *pupusas* (gegrillte Maismehltortillas mit Käse- oder Bohnenmusfüllung) oder *Churrasco* (Grillfleisch) mit Reis und Bohnen.

Comedores Schlichte Imbisslokale mit sehr begrenzter Speisenauswahl – fast jeder Ort hat mindestens eins davon. In Costa Rica heißen sie auch *sodas*.

Restaurantes Formeller als ein *comedor*, mit größerer Speisenauswahl, eventuell auch Weinen und Bieren.

Feiertage

Neujahr 1. Jan. (ganz Zentralamerika)

Tag der Märtyrer 9. Jan. (Panama)

Baron-Bliss-Tag 9. März (Belize)

Karfreitag März/April (ganz Zentralamerika)

Ostersamstag März/April (ganz Zentralamerika)

Ostermontag März/April (ganz Zentralamerika)

Juan-Santamaría-Tag 11. April (Costa Rica)

Amerikatag 14. April (Honduras)

Tag der Arbeit 1. Mai (ganz Zentralamerika)

Commonwealth-Tag 24. Mai (Belize)

Muttertag 30. Mai (Nicaragua)

Tag der Armee 30. Juni (Guatemala)

Festtag des San Salvador (Heiliger Erlöser) 6. Aug. (El Salvador)

FOTOGRAFIEREN

- Personen, besonders Angehörige indigener Völker, müssen stets gefragt werden, bevor man sie fotografiert.
- Menschen im Gegenzug für ein Foto zu bezahlen ist eine persönliche Entscheidung; meistens nennt das „Fotomodell" von sich aus den ortüblichen Preis für ein Foto.
- Bei einigen Touristenattraktionen wird eine zusätzliche Gebühr für Videokameras oder Fotoapparate fällig.
- Keine militärischen Anlagen oder Armeeangehörigen fotografieren – mancherorts gilt das als Straftat.
- In Kirchen ist Fotografieren oder Blitzlicht oft verboten.

Muttertag 15. Aug. (Costa Rica)

Mariä Himmelfahrt 15. Aug. (Guatemala)

Gründungstag von Panama-Stadt 15. Aug. (nur Panama-Stadt)

Nationalfeiertag 10. Sept. (Belize)

Schlacht von San Jacinto 14. Sept. (Nicaragua)

Unabhängigkeitstag 15. Sept. (Costa Rica, El Salvador, Guatemala, Honduras, Nicaragua)

Unabhängigkeitstag 21. Sept. (Belize)

Francisco-Morazán-Tag 3. Okt. (Honduras)

Kolumbus-Tag 12. Okt. (Belize, Costa Rica, Honduras)

Revolutionstag (Día de la Revolución) 20. Okt. (Guatemala)

Tag der Armee 21. Okt. (Honduras)

Allerseelen 2. Nov. (El Salvador, Guatemala, Nicaragua)

Unabhängigkeitstag 3. Nov. (Panama)

Proklamation der Unabhängigkeit 10. Nov. (Panama)

Garifuna-Tag 19. Nov. (Belize)

Unabhängigkeit von Spanien 28. Nov. (Panama)

Unbefleckte Empfängnis 8. Dez. (Nicaragua)

Muttertag 8. Dez. (Panama)

Weihnachten 25. Dez. (ganz Zentralamerika)

Frauen unterwegs

Frauen, die Zentralamerika allein bereisen, stellen oft fest, dass die Länder allgemein als gefährlicher dargestellt werden, als sie es tatsächlich sind. Am gewöhnungsbedürftigsten sind die Aufmerksamkeitsbekundungen der männlichen Bevölkerung: Es wird gerufen, gezischelt und gepfiffen. Wer dieses Verhalten einfach ignoriert, wird in den meisten Fällen in Ruhe gelassen.

Natürlich sollten Frauen die üblichen Vorsichtsregeln beachten, die auf unbekanntem Terrain bzw. in Großstädten immer gelten. Sinnvoll ist es, sich am Kleidungsstil der einheimischen Frauen zu orientieren (häufig heißt das, auf Shorts zu verzichten). Am besten fragt man die Einheimischen, um welche Gegenden man einen Bogen machen sollte. In manchen Bars oder bei Fußballspielen mit extrem testosterongeschwängerter Atmosphäre zieht die Anwesenheit einer Frau unweigerlich Aufmerksamkeit auf sich.

Einheimische, besonders Familien, geben sich oft alle Mühe, alleinreisenden Frauen behilflich zu sein. Dabei ist zu bedenken, dass viele lateinamerikanische Frauen freundschaftlichen Umgang hauptsächlich mit anderen Frauen pflegen und Freundschaften zwischen Mann und

Frau in den konservativeren Ländern Zentralamerikas selten sind. *Zu* herzlicher Umgang mit jemandes Ehemann kann leicht übel genommen werden. Überhaupt ist kumpelhafter Kontakt mit Männern hier eher ungewöhnlich und bringt diese womöglich auf den Gedanken, dass frau eigentlich mehr von ihnen will.

Im Falle sexueller Übergriffe ist es ratsam, sich an die Botschaft des Heimatlandes zu wenden und einen Arzt aufzusuchen.

Freiwilligenarbeit

„Voluntourismus" ermöglicht Besuchern, mehr über das Gastland lernen und ihm – im Idealfall – etwas „zurückgeben" können.

Verschiedene internationale Organisationen arrangieren Aufenthalte für freiwillige Helfer – teils zu happigen Preisen. Die Alternative wäre, sich erst im Land eine Gelegenheit zum freiwilligen Arbeitseinsatz zu suchen (es ist trotzdem empfehlenswert, das vorab zu organisieren). Meistens müssen sich Freiwillige für eine bestimmte Mindestzeit verpflichten und auch einen Festbetrag für Kost und Logis zahlen.

Freiwillige unterrichten z. B. Englisch, sammeln Müll ein, helfen auf Bauernhöfen mit, bauen Wohnhäuser, bringen Wanderwege in Schuss, überwachen Schildkröten-Niststrände, pflegen gerettete Tiere und helfen in medizinischen Einrichtungen aus. Die Einsätze finden oft an entlegenen Orten statt und können mit langen Arbeitszeiten und strapaziöser Schufterei verbunden sein. Aber die Arbeit kann auch ausgesprochen befriedigend sein.

Lonely Planet rät allen, die Freiwilligenarbeit leisten wollen, sich eingehend zu informieren und eine fundierte und verantwortungsvolle Wahl zu treffen.

Internationale Freiwilligenorganisationen

Einige dieser Organisationen bieten auch die Möglichkeit, sich den Freiwilligeneinsatz fürs Studium anrechnen zu lassen oder ihn mit einem Spanischkurs zu verbinden.

Lonely Planet übernimmt keine Haftung für diese Organisationen und empfiehlt nachdrücklich, dass Reisende ein Freiwilligenangebot stets selbst überprüfen, um Anforderungen und Eignung des Projekts einzuschätzen.

Amigos de las Américas (www.amigosinternational.org) Sommerprogramme für Jugendliche, von der Arbeit in Nationalparks bis zu Gemeindeentwicklungsprojekten in Costa Rica und Panama.

Habitat for Humanity (www.habitat.org) Mitwirkung beim Wohnungsbau und an Projekten zur Luftreinhaltung, Wasserversorgung oder Gemeindeentwicklung.

Idealist (www.idealist.org) In diesem Forum werden Freiwilligeneinsätze, Praktika und Jobs in aller Welt ausgeschrieben.

International Volunteer Programs Association (www.volunteerinternational.org) Die Organisation betreibt keine eigenen Programme, sondern arbeitet mit anderen Vereinen zusammen, um Freiwillige anzuwerben und sicherzustellen, dass ihr Aufenthalt zu einer lohnenden Erfahrung wird.

ResponsibleTravel (www.responsibletravel.com) Der Öko-Reiseveranstalter mit Sitz in Großbritannien organisiert zahlreiche Freiwilligenreisen.

STA Travel (www.statravel.com) Das weltweit tätige Studenten-Reisebüro bietet auch Reisen mit Einsatz in Freiwilligenprojekten an.

Transitions Abroad (www.transitionsabroad.com) Jede Menge Links für Freiwillige; auf der Website unter „Central America" nachsehen.

Geld

Bargeld

Es ist schlau, immer ein paar Dollarscheine dabeizuhaben – mindestens genug für ein Zimmer, eine Mahlzeit und eine Taxifahrt –, denn sie können eigentlich überall getauscht oder ausgegeben werden. Besonders praktisch ist ein Dollarvorrat, wenn man frisch die Grenze überquert hat oder gerade kein Geldautomat zur Hand ist. Viele zentralamerikanische Währungen sind nur im jeweiligen Herkunftsland von Nutzen. Wer entlegene Regionen besucht, sollte vorausplanen und reichlich Bargeld mitnehmen. Außerdem kann das Bezahlen mit „größeren Scheinen" der Landeswährungen in Stress ausarten. Manchmal sind schon Geldscheine im Gegenwert von 20 US$ schwer zu wechseln.

Geldautomaten

- Man sollte eine Bank- oder Kreditkarte mitbringen, denn in den meisten Städten und größeren Orten gibt's Geldautomaten. Bequemer, sicherer und günstiger kann man kaum an Bargeld kommen. Die Automaten sind oft an das MasterCard/Cirrus- oder Visa/Plus-Geldsystem angeschlossen.
- Die Wechselkurse an den Geldautomaten sind meist genauso gut wie in Banken oder offiziellen Wechselstuben (u. U. sogar besser).
- Vor der Abreise sollte man die eigene Bank über die Reisepläne informieren, damit Auslandsabhebungen nicht gesperrt werden.

Geldwechsel

Wer noch Reiseschecks benutzt und sie einlösen oder eine ausländische Währung umtauschen will, kann das in einer Bankfiliale oder *casa de cambio* (Wechselstube) erledigen. Normalerweise sind die Kurse bei beiden ähnlich, doch in den *casas de cambio* ist der Service oft schneller und weniger bürokratisch. Außerdem haben sie länger oder auch an Wochenenden geöffnet. Geldwechsler auf der Straße (nicht immer legal) akzeptieren ausschließlich Bargeld.

Manchmal kann Geld auch inoffiziell in Hotels oder Geschäften, die Importwaren vertreiben (z. B. Elektroläden), getauscht werden. Es ist keine dumme Idee, vorab mehrere Wechselkurse und Gebühren miteinander zu vergleichen. In den Großstädten sind die Wechselkurse häufig besser.

Geldscheine mit selbst den kleinsten Rissen sollte man ablehnen, denn die meisten Geschäftsinhaber etc. akzeptieren sie häufig nicht als Zahlungsmittel.

Kredit- & Bankkarten

- American Express, Visa und MasterCard sind die Kreditkarten, mit denen man in Zentralamerika am Weitesten kommt.
- Manchmal wird eine Gebühr für den Auslandseinsatz fällig (normalerweise um die 2–10 %).
- Einige Banken zahlen auf die wichtigsten Kreditkarten Bargeld aus.
- Obwohl Kreditkarten vielerorts akzeptiert werden, ist ihre Benutzung nicht überall sinnvoll. In Costa Rica z. B. bieten viele Hotels Rabatte für Barzahler an.

Schwarzmarkt

Der Schwarzmarkt *(mercado negro)*, auch *mercado paralelo* (Parallelmarkt) genannt, ist weitgehend auf Geldwechsler an den Grenzübergängen beschränkt, die teils legal und teils illegal arbeiten. Sie jubeln Kunden gelegentlich zerrissene Geldscheine unter oder geben zu wenig Geld heraus. Dafür wechseln sie manchmal auch Währungen, die Banken nicht annehmen. Die inoffiziellen Wechselkurse für US-Dollar können niedriger sein als die offiziellen Bankkurse.

Gesundheit

Die größten Gesundheitsgefahren gehen in Zentralamerika von Krankheiten aus, die durch Moskitos übertragen werden (S. 790), wie Malaria, Dengue-Fieber und der Zikavirus. Reisende sollten unbedingt Vorkehrungen treffen, um sich vor Moskitostichen zu schützen, und ein hochwirksames Insektenschutzmittel mit DEET benutzen. Zur Zeit der Recherche galt für Schwangere wegen des Zikavirus die Empfehlung, auf Reisen nach Zentralamerika zu verzichten.

Es gibt keine vorgeschriebenen Impfungen (S. 790) für Zentralamerika – es sei denn, man reist aus einem vom Gelbfieber betroffenen Land aus Afrika oder Südamerika ein. Dann muss man eine Gelbfieberimpfung nachweisen. Empfohlen werden Impfungen gegen Typhus, Tollwut und Hepatitis (A und B). Der Arzt sollte frühzeitig vor der Reise aufgesucht werden, denn bei den meisten Impfungen dauert es bis zu zwei Wochen, bis sie wirken. Am besten bittet man den Arzt um einen internationalen Impfpass (das gelbe Büchlein), in dem alle erhaltenen Impfungen aufgelistet werden sollten. Vorgeschrieben ist dieser für die Einreise in Länder, in denen eine Gelbfieberimpfung nachgewiesen werden muss.

Es gibt mehrere verschreibungspflichtige Medikamente zum Schutz vor Malaria. Je nach genauem Reiseziel in Zentralamerika ist eines davon ratsam. Vor der Reise sollte unbedingt ein Arzt aufgesucht werden.

Die meisten Versicherungen erstatten keine medizinischen Kosten im Ausland. Es ist daher dringendst empfehlenswert, eine Reiseversicherung abzuschließen, die auch eine Krankenversicherung enthält.

Bevor es losgeht

KRANKENVERSICHERUNG

Vorher nachfragen, ob die eigene Krankenkasse bzw. -versicherung ggf. direkt mit den ausländischen Ärzten und Krankenhäusern abrechnet oder die Kosten nur nachträglich erstattet. In diesem Fall alle Belege sammeln, um sie nachher einzureichen.

Falls die Reiseversicherung (S. 796) im Ausland keinen ausreichenden Schutz bietet, sollte man eine zusätzliche Krankenversicherung abschließen. Mehr Infos dazu sind bei lonelyplanet.com/travel-insurance erhältlich.

INFORMATIONEN

Detaillierte Gesundheitsinformationen zu den einzelnen Ländern finden sich auf www.auswaertiges-amt.de unter „Reise & Sicherheit" – den Eintrag des jeweiligen Landes auswählen und dann „Medizinische Hinweise" anklicken.

World Health Organization (www.who.int/ith) Gibt jährlich ein hervorragendes englischsprachiges Buch mit dem Titel *International Travel and Health* heraus, das man kostenlos über ihre Website herunterladen kann. Die Website listet aktuelle Risiken auf und informiert darüber, welche Impfungen zur Einreise in welches Land erforderlich sind.

MD Travel Health (www.mdtravelhealth.com) Täglich aktualisierte medizinische Reiseempfehlungen weltweit.

In Zentralamerika

VERFÜGBARKEIT & KOSTEN DER GESUNDHEITSVERSORGUNG

In den meisten Hauptstädten der Region ist die Gesundheitsversorgung gut, doch anderswo kann sie sehr dürftig sein. Im Allgemeinen sind Privatkliniken verlässlicher als die staatlichen medizinischen Einrichtungen, denen es oft an Ausstattung und Material/Medikamenten mangelt.

Viele Ärzte und Krankenhäuser verlangen Barzahlung

– unabhängig davon, ob man eine Reisekrankenversicherung hat oder nicht. Im Falle einer lebensbedrohlichen Erkrankung oder Verletzung sollten Reisende nach Möglichkeit in ein Land mit optimaler Gesundheitsversorgung evakuiert werden. Da dies Zehntausende von Dollars kosten kann, sollte man unbedingt eine Reiseversicherung (S. 796) abschließen, die bei Bedarf auch die Rückführung/Evakuierung einschließt.

Viele Apotheken sind gut ausgestattet, aber wichtige Medikamente sind nicht immer und überall verfügbar. Reisende sollten deshalb einen ausreichenden Vorrat aller benötigten verschreibungspflichtigen Medikamente mitbringen.

DURCH INSEKTEN ÜBERTRAGENE KRANKHEITEN

Alle Reisenden sollten Vorkehrungen gegen durch Insekten übertragene Krankheiten wie Malaria, Chikungunya, Dengue und Zika treffen. Gegen viele dieser Krankheiten gibt es weder Impfstoffe noch Medikamente. Am wichtigsten ist es deshalb, Insektenstichen und -bissen vorzubeugen:

- Ein Insektenschutzmittel mit mindestens 20 % DEET verwenden.
- Kleidung, Bettzeug und Campingausrüstung mit Permethrin behandeln, das gut an Textilien haftet.
- Die Haut durch lange Ärmel und Hosen sowie Kopfbedeckungen möglichst vollständig abdecken.
- Sofern es keine Moskitogitter am Fenster gibt, unbedingt unter Moskitonetzen schlafen.

LEITUNGSWASSER

In vielen Teilen Zentralamerikas kann das Leitungswasser Gesundheitsprobleme verursachen. Die beste Methode zur Wasserreinigung besteht darin, es eine Minute sprudelnd kochen zu lassen. In Höhen von mehr als 2000 m über dem Meeresspiegel sollte man es drei Minuten abkochen.

Eine andere Möglichkeit ist, das Wasser mit Jodtabletten zu desinfizieren. Dabei die den Tabletten beiliegende Anleitung genau befolgen. Alternativ kann man einem Liter Wasser 2 % Jodtinktur zufügen (fünf Tropfen bei klarem Wasser,

EMPFOHLENE IMPFUNGEN

IMPFSTOFF	EMPFOHLEN FÜR	DOSIERUNG	NEBENWIRKUNGEN
Gelbfieber	Vorgeschrieben für Reisende, die aus einem Gelbfiebergebiet in Afrika oder Südamerika kommen	1 Dosis reicht für 10 Jahre	Kopf- und Gliederschmerzen; in seltenen Fällen schwere Unverträglichkeitsreaktionen
Hepatitis A	Alle Reisenden	1. Dosis vor der Reise; 2. Dosis nach 6–12 Monaten	Reizungen an der Injektionsstelle, Kopf- und Gliederschmerzen
Hepatitis B	Langzeitreisende, die engen Kontakt mit der einheimischen Bevölkerung haben	3 Dosen über einen Zeitraum von 6 Monaten	Reizungen an der Injektionsstelle, leichtes Fieber
Masern	Alle, die noch nie oder erst einmal gegen Masern geimpft wurden und auch noch nie Masern hatten	1 Dosis	Fieber, Ausschlag, Gelenkschmerzen, allergische Reaktionen
Tollwut	Reisende, die möglicherweise in Kontakt mit Tieren kommen und sich fernab von medizinischen Einrichtungen aufhalten	3 Dosen über einen Zeitraum von 3–4 Wochen	Reizungen an der Injektionsstelle, Kopf- und Gliederschmerzen
Tetanus & Diphtherie	Alle Reisenden, die innerhalb der letzten 10 Jahre keine Auffrischungsimpfung bekommen haben	1 Dosis reicht für 10 Jahre	Bauchschmerzen, Übelkeit, Ausschlag
Typhus	Alle Reisenden	1 Dosis zwei Wochen vor der Reise, Nachimpfung nach zwei Jahren	Bauchschmerzen, Übelkeit, Ausschlag
Windpocken	Reisende, die noch nie Windpocken gehabt haben	2 Dosen im Abstand von 1 Monat	Fieber, leichte Form von Windpocken

zehn Tropfen bei trübem Wasser) und das Wasser dann 30 Minuten stehen lassen. Bei kaltem Wasser muss man den Zeitraum u. U. verlängern. Der Geschmack von jodiertem Wasser lässt sich durch Zugabe von Vitamin C (Ascorbinsäure) verbessern. Jodiertes Wasser sollte nicht länger als einige Wochen konsumiert werden. Schwangere und Menschen, die schon eine Schilddrüsenerkrankung hatten oder allergisch gegen Jod sind, dürfen kein jodiertes Wasser trinken.

Außerdem sind verschiedene Wasserfilter auf dem Markt. Solche mit kleinen Poren (Umkehrosmose-Filter) bieten den umfassendsten Schutz, sind aber relativ sperrig und verstopfen leicht. Filter mit etwas größeren Poren (Mikrofilter) können zwar einige Organismen herausfiltern, bieten aber keinen Schutz vor Viren. Die Herstelleranweisungen sind genau zu befolgen.

Internetzugang

Das Internet ist so ziemlich überall zugänglich. WLAN steht (außer in den allereinfachsten) in sämtlichen Unterkünften zur Verfügung, ebenso in einigen Cafés und Restaurants. Viele Hostels haben auch Computer für ihre Gäste.

Dafür nimmt die Zahl der Internetcafés ab. Die Kosten reichen von 0,50 US$ pro Stunde in Städten und Touristenorten bis zu 6 US$ in entlegeneren Gegenden.

Auf spanischen Tastaturen wird das @-Symbol durch die Tastenkombinationen Alt + 64 oder Alt-Gr +2 erzeugt.

Karten & Stadtpläne

Die beste Karte der Region ist die faltbare (Maßstab 1 : 1 100 000 in Farbe) *Central America Travel Reference Map* (13 US$), die von **International Travel Maps & Books** (www.itmb.ca) in Kanada herausgegeben wird.

ITMB hat darüber hinaus Karten der einzelnen zentral- und südamerikanischen Staaten sowie mexikanischen Regionen im Sortiment.

REISEN MIT KINDERN

- Von daheim gewohnte Annehmlichkeiten wie Hochstühle im Restaurant, Kinderbettchen im Hotel oder Wickeltische auf öffentlichen Toiletten wird man hier selten finden.
- Viele Autovermieter bieten Kindersitze (gegen Aufpreis) an, aber sie müssen vorab reserviert werden und die Qualität ist nicht immer garantiert.
- Säuglingsnahrung, Windeln und andere Babyausstattung gibt es in vielen Supermärkten.
- Diskretes Stillen in der Öffentlichkeit ist verbreitet, in den Städten allerdings seltener.

Kinder

Zentralamerika ist ein sicheres und spannendes Reiseziel für Familien mit Kindern. Zwei Küsten voller Strände, Wälder, die von interessanten Tieren wimmeln, und jede Menge Abenteuerspaß begeistern Kinder aller Altersstufen.

- Es ist darauf zu achten, dass mitreisende Kinder aktuellen Impfschutz für alle Routineimpfungen haben. Einige der empfohlenen Impfstoffe sind u. U. für Kinder nicht zugelassen. Schon deshalb sollte man darauf achten, dass sie kein Leitungswasser trinken und nur unbedenkliche Nahrungsmittel zu sich nehmen.
- Mehr Tipps zum Reisen mit Kindern bietet der Lonely Planet Band *Travel with Children*.

LGBTIQ+ unterwegs

Generell empfängt Zentralamerika Schwule und Lesben nicht gerade mit offenen Armen, aber es gibt ein paar Lichtblicke. Gleichgeschlechtliche Ehen sind in Mexiko seit 2009 und in Costa Rica seit 2013 erlaubt. Der derzeitige Präsident von Costa Rica, Carlos Alvarado Quesada, setzt sich nachdrücklich für die Rechte der Homosexuellen ein.

Lobbygruppen in anderen zentralamerikanischen Staaten bemühen sich, dem Beispiel zu folgen. Einvernehmlicher homosexueller Sex wurde auch in der ganzen Region entkriminalisiert. Dennoch kommen offizielle und inoffizielle Schikanen überall in Zentralamerika vor. Generell werden öffentliche Zuneigungsbekundungen nicht toleriert und homosexuelle Männer (eventuell auch Frauen) müssen damit rechnen, das Ziel verbaler oder körperlicher Attacken zu werden. Diskretes Verhalten ist unbedingt ratsam, insbesondere in ländlichen Gebieten. Lesben erregen normalerweise weniger Anstoß als Schwule; zusammen reisende Frauen dürften also kaum auf Probleme treffen.

Wegweiser

In den Großstädten gibt es normalerweise mindestens eine Schwulenbar. Einige der etwas „öffentlicheren" Schwulen- und Lesbenszenen:

Mexiko Die größte und beste Schwulenszene der Region tummelt sich in den Bars und Clubs von Cancún (S. 51) und Playa del Carmen (S. 61).

Guatemala Sowohl Antigua (S. 137) als auch Guatemala-Stadt (S. 112) haben eine kleine, zurückhaltende Schwulenszene.

El Salvador Das nette Bergstädtchen San Vicente (S. 354) ist ein beliebtes Ziel für schwule Besucher.

Nicaragua In Managua (S. 466) gibt es einige Schwulenkneipen.

Costa Rica Es gibt eine florierende Szene in San José (S. 567) und Manuel Antonio (S. 636).

Panama Bars kommen und gehen, aber die Schwulenszene in Panama-Stadt (S. 671) ist ziemlich dürftig. Etwas offenherziger zeigt sich die sehr diskrete Gemeinde während der **Karnevalsfestivitäten** (⌚Feb./März), bei denen normalerweise ein Festwagen der schwul-lesbischen Szene im Zug mitfährt.

Öffnungszeiten

Die regulären Öffnungszeiten sind im Abschnitt „Praktische Informationen" der einzelnen Länderkapitel aufgeführt.

Post

Die Postgebühren ins Ausland können ziemlich hoch sein. Generell sollten wichtige Briefe und Päckchen per Einschreiben verschickt werden, weil sie sonst leicht verloren gehen. Da Päckchen oft von einem Zollbeamten inspiziert werden müssen, bevor die Postbeamten sie annehmen dürfen, sollten sie erst nach der Zollinspektion zugeklebt werden. Päckchen nach Übersee müssen manchmal an einem anderen Ort aufgegeben werden als dem Hauptpostamt.

In einigen Ländern sind UPS, FedEx, DHL und andere Versand- und Kurierdienste vertreten. Sie stellen eine effiziente, aber teure Alternative zur regulären Post dar.

Rauchen

Die Vorschriften zum Nichtraucherschutz variieren von Land zu Land. In Belize und Nicaragua gibt es kaum Einschränkungen; das Rauchen in Bars und Restaurants ist generell erlaubt. In Costa Rica und Panama ist das Rauchen in allen geschlossenen Räumlichkeiten und auch in vielen öffentlichen Bereichen unter freiem Himmel verboten. Die Gesetzgebung der anderen Länder liegt irgendwo dazwischen, verbietet aber allgemein das Rauchen in öffentlichen Gebäuden.

Rechtsfragen

Es ist ratsam (und mancherorts sogar vorgeschrieben), immer einen Reisepass oder Lichtbildausweis bei sich zu tragen.

Costa Rica, Guatemala und Honduras haben in den Großstädten eine eigene Touristenpolizei. In manchen Ländern ist die Polizei als korrupt verrufen und gelegentlich werden Reisende angehalten und schikaniert oder um Schmiergeld angegangen. Die Ordnungskräfte sind im Allgemeinen professionell, präsent und effektiv. In der ganzen Region gehören Polizeikontrollen und Fahrzeugdurchsuchungen zum Alltag.

Marihuana und Kokain sind in ganz Zentralamerika illegal und die Strafen sind hart. In Mexiko wurde die Drogengesetzgebung reformiert, sodass Ersttäter für den Besitz geringer Drogenmengen für den persönlichen Bedarf nicht mehr bestraft werden. Dennoch ist dringend davon abzuraten, selbst kleinste Mengen an Drogen mit sich zu führen, denn wer erwischt wird, könnte zur Zahlung von Schmiergeld gezwungen werden. Die Obergrenzen werden aber strikt gehandhabt; wer sie überschreitet, wird in aller Regel inhaftiert und vor Gericht gestellt.

In vielen Ländern gilt man als schuldig, sofern man seine Unschuld nicht beweisen kann. Wer eines schwerwiegenden Verbrechens beschuldigt wird, landet im Gefängnis. In solchen Fällen kann die jeweilige Botschaft nur wenig für einen tun. Ihre Möglichkeiten beschränken sich darauf, einen Botschaftsangestellten zu schicken, der sich vergewissert, dass die Menschenrechte des Inhaftierten gewahrt bleiben, die Familie des Betroffenen zu informieren und den Kontakt zu einem Anwalt herzustellen (den der Betroffene selbst bezahlen muss).

Sicherheit

- Teile von Honduras, El Salvador und Guatemala sind bekannt für ihre hohe Kriminalitätsrate und Bandenaktivitäten. Besucher sind selten betroffen, aber einige wurden schon Opfer von Diebstahl, Überfall, Vergewaltigung, Autoraub und Mord.
- In den Hauptstädten ist die Kriminalitätsrate tendenziell am höchsten.
- Viele sexuelle Übergriffe ereignen sich an einsamen Stränden.
- Nachtbusse sollte man meiden (außer vielleicht in Mexiko und Panama), weil nachts oft Wegelagerer unterwegs sind.
- Finger weg von Drogen!
- Man sollte sich bei anderen Reisenden, in Touristeninformationen, bei der Polizei, in den Unterkünften oder im Forum Thorn Tree (www. lonelyplanet.com/thorntree) von Lonely Planet über die aktuelle Lage informieren.

Darién (Provinz)

Bestimmte Gebiete der Provinz Darién (S. 739) an der Grenze zwischen Panama und Kolumbien sind nicht frei zugänglich. Wer sie bereisen will, braucht eine Sondergenehmigung der Servicios Nacional de Fronteras (SeNaFront) in Panama-Stadt.

Drogen

Marihuana und Kokain sind vielerorts erhältlich, aber in der ganzen Region illegal; die Strafen fallen heftig aus. Seit jüngsten Reformen der Drogengesetze in Mexiko werden Ersttäter für den Besitz einer kleinen Menge Drogen für den persönlichen Gebrauch nicht mehr bestraft. Aber das heißt nicht, dass Polizisten einen Verdächtigen nicht doch filzen, um Schmiergeld rauszuschlagen.

- Man sollte jedes Gespräch mit Leuten vermeiden, die Drogen anbieten.
- Wer sich in einer Gegend aufhält, in der Drogenhandel an der Tagesordnung ist, ignoriert die „Szene" am besten (auf keinen Fall Interesse zeigen!). Manchmal versuchen Dealer nämlich, Ausländer mittels ihrer Ware in die Falle zu locken und zu erpressen.
- Von den juristischen Folgen mal ganz abgesehen – das Geld vom Drogenkauf geht an Banden, die Menschenhandel und Kinderprostitution betreiben. Zudem ist der Drogenhandel mitverantwortlich für Gewalt und politische Unruhen in der gesamten Region.

Naturkatastrophen

In Zentralamerika sind Naturkatastrophen wie Erdbeben, Wirbelstürme, Überschwemmungen und Vulkanausbrüche keine Seltenheit. Allgemeine Infos zu Vorsorgemaßnahmen bei Katastrophen stehen auf der Seite der **US Federal Emergency Management Agency** (www.fema.gov).

Nicaragua

Im April 2018 führten politische Auseinandersetzungen zwischen Regimegegnern und dem nicaraguanischen Präsidenten Daniel Ortega zu Gewalt und Tod im ganzen Land. Vor einer Reise sollten die Reisewarnungen auf den Websites der Außenministerien des Heimatlands gelesen werden.

REISEHINWEISE

Die folgenden staatlichen Websites veröffentlichen aktuelle Reise- und Sicherheitshinweise sowie Reisewarnungen für Krisengebiete.

Auswärtiges Amt (www.auswaertiges-amt.de/DE/Laenderinformationen/LaenderReiseinformationen_node.html)

Außenministerium von Österreich (www.bmeia.gv.at/reise-aufenthalt/reisewarnungen/)

Eidgenössisches Departement für auswärtige Angelegenheiten (www.eda.admin.ch/eda/de/home/vertretungen-und-reisehinweise.html)

Polizei & Militär

Korrupte Polizisten sind in ganz Lateinamerika ein ernstzunehmendes Problem. Die Beamten beziehen häufig miese Gehälter und werden kaum kontrolliert. In vielen Ländern kann es deshalb vorkommen, dass sie nichtsahnenden Reisenden Drogen unterjubeln oder ihnen irgendwelche kleinere Vergehen anhängen, um ein paar *coimas* (Bestechungsgelder) einheimsen zu können.

- Wer von angeblichen Polizisten in Zivil angehalten wird, darf auf keinen Fall mit ihnen in einen Wagen steigen. Weiterhin sollte man keinesfalls seine Papiere aushändigen oder den Geldbeutelinhalt zeigen und sie auch nicht zu seiner Unterkunft führen. Und wenn der Beamte echt wirkt, sollte man einfach darauf bestehen, zu Fuß zur nächsten Polizeiwache zu gehen.
- Militärische Kontrollpunkte sind keine Seltenheit in Gegenden wie der Provinz Darién in Panama, in El Salvador, Guatemala und Mexiko. Sie dienen dazu, den Drogenschmuggel zu bekämpfen.
- Englisch sprechende Dolmetscher sind in Polizeistationen eine Seltenheit. In einigen Städten gibt es eine Touristenpolizei, die im Notfall hilfreicher sein kann.

Raub & Diebstahl

Diebstähle geschehen vor allem in den größeren Städten und an Verkehrszentren wie Busbahnhöfen. Am meisten verbreitet sind Taschendiebstahl und schneller Taschenraub. Schutzmaßnahmen:

- Vorsicht ist geboten, wenn Fremde in Bussen, Zügen oder Bars Lebensmittel, Getränke, Süßigkeiten oder Zigaretten anbieten – sie könnten Betäubungsmittel enthalten.
- Smartphone oder Laptop nicht in der Öffentlichkeit benutzen; sie könnten die Aufmerksamkeit von Dieben erregen.
- Das meiste Bargeld an einem sicheren Ort verwahren und nur Kleingeld fürs Nötigste (oder so viel wie man verschmerzen kann) mitführen.
- Hand- und andere Taschen können aufgeschlitzt oder entrissen werden. In der Öffentlichkeit eine billige, unauffällige Tasche benutzen.
- Vorsicht, wenn einen jemand auf einen Fleck an der Kleidung hinweist (Senf, Hundekot etc.). Dies ist ein beliebter Trick von Taschendieben: Ein Dieb hilft dem Opfer bei der Säuberung, der andere raubt es aus.
- Nachtbusse vermeiden.
- Nach Einbruch der Dunkelheit immer mit dem Taxi fahren, vor allem in Großstädten. Nicht alleine auf einsamen Stadtstraßen und in abgelegenen Gegenden herumwandern.

- Wertgegenstände möglichst in einem signierten Umschlag im Hotelsafe einschließen lassen.
- Türen und Fenster immer abschließen.
- Nicht irgendwo am Strand oder auf dem Land zelten, wenn man nicht davon überzeugt ist, dass es sicher ist.
- Ortsspezifische Sicherheitsinformationen von Pensionsbesitzern, Touristeninformationen und anderen Reisenden einholen.
- Nicht wehren! Viele Diebe sind bewaffnet. Wer ausgeraubt wurde, sollte den Vorfall bei der Polizei melden – schon um eine polizeiliche Bescheinigung zur Vorlage bei der Versicherung zu bekommen. Auf Spanisch sagt man: *Quiero poner una acta de un robo* – Ich möchte einen Diebstahl melden. Eventuell muss man den Bericht selbst schreiben und ihn anschließend abstempeln und unterschreiben lassen.

Um im Falle eines Verlustes schnell an neue Dokumente zu kommen, haben sich Fotokopien oder Fotos von Pass, Visa und Flugtickets und die sichere Aufbewahrung von Kreditkartennummern bewährt. Anträge zur Ausstellung eines neuen Passes gehen meist in das Heimatland. Es ist deshalb ratsam, zu Hause jemanden zu haben, der eine Kopie des Passes besitzt.

Risiken beim Schwimmen

Jedes Jahr ertrinken Hunderte Menschen an den Stränden Zentralamerikas. Bei der überwiegenden Mehrheit der Todesfälle sind Rippströmungen die Ursache. Diese Brandungsrückströme entstehen, wenn zwei parallel zur Küste verlaufende Strömungen aufeinandertreffen und sich beide veranlasst sehen, den Weg des geringsten Widerstands zu wählen, nämlich raus aufs Meer. Sie können selbst in hüfttiefem Wasser vorkommen. Der beste Rat: Erst fragen, ob das Baden sicher ist. Wenn es gefährlich ist, sollte man sich besser nicht mit dem Meer anlegen. Einige Tipps:

- Wer in einen Rippstrom gerät, sollte ruhig bleiben und parallel zur Küste schwimmen, um ihm zu entkommen – Rippströme lösen sich schnell auf.
- Entgegen der landläufigen Meinung zieht ein Rippstrom den Badenden nicht in die Tiefe, sondern trägt treibende Objekte, auch Menschen, einfach hinaus bis hinter die Grenze, wo die Wellen brechen.
- Wenn sich die Strömung abschwächt, sollte man in einem Winkel von 45° zur Küste zurückschwimmen, um nicht wieder von der Rippströmung erfasst zu werden.
- Auf keinen Fall in direkter Linie zurückschwimmen, da das gegen den Rippstrom geht und äußerst kräftezehrend ist.
- Wer beim Waten einen Rippstrom verspürt, sollte versuchen seitwärts zurückzugehen, um der Strömung weniger Körperfläche zu bieten. Wenn man nicht von der Stelle kommt, sollte man parallel zum Strand laufen, bis man aus der Strömung raus ist.

Sprachkurse

Spanischkurse werden in vielen zentralamerikanischen Städten angeboten, auch in den folgenden:

Mexiko San Cristóbal de las Casas (Karte S. 92; ☎967-678-40-69; www.institutojovel.com; Madero 45; Einzel-/Gruppenunterricht pro Woche ab 215/140 US$, Privatunterkunft pro Woche ab 140) US$, Playa del Carmen (Karte S. 62; ☎984-803-33-88; www.ihrivieramaya.com; Calle 14 Norte 141; pro Woche 230 US$)

Guatemala Antigua (Karte S. 128; ☎7832-1422; www.spanishschoolplfm.com; 6a Av Norte 43) ♥, Quetzaltenango (Karte S. 164; ☎7763-1061; www.plqe.org; 5a Calle 2-40, Zona 1)

El Salvador Suchitoto (☎2327-2366, 7230-7812; www.pajaroflor.com; 4a Calle Poniente 22)

Honduras Copán Ruinas (Karte S. 408; ☎2651-4360; www.guacamaya.com; Calle de las Gradas, an der Av Copán)

Nicaragua Granada (Karte S. 478; ☎7779-0209; www.facebook.com/nicaraguamiaschool; Calle El Caimito, alcaldía, 3½ c E; 1 Woche alles inkl. pro Pers. 280 US$), León (☎8183-7389; www.leonspanishschool.org; La Casa de Cultura, Iglesia de la Merced, 2c O; 20-Std.-Kurs mit/ohne Privatunterkunft 250/150 US$), Managua (☎2270-2339; www.vivaspanishschool.com; Metrocentro, 5c E, del Edificio Banco Produzcamos, 2c S; Unterricht pro Std. 10 US$; ⏲Mo–Fr 8–17 Uhr), San Juan del Sur (☎2568-2142; www.spanishcornerschool.com; Royal Chateau Hotel, 1c N; Unterricht pro 1/10/20 Std. 10/85/135 US$; ⏲8–22 Uhr)

Costa Rica Heredia (CPI; ☎2265-6306, USA 1-877-373-3116; www.cpi-edu.com; Einzelunterricht ab 30 US$, 20 Std. Gruppenunterricht ab 460 US$, 1 Woche Privatunterkunft ab 200 US$), Monteverde (CPI; Karte S. 604; ☎2265-6306; www.cpi-edu.com; Cerro Plano; 1 Woche Unterricht ab 460 US$; ⏲8–17 Uhr), San José (Karte S. 564; ☎2280-1685, USA 866-230-6361; www.spanishandmore.com; Calle Ronda, Barrio Dent), Tamarindo (Karte S. 620; ☎2653-2673; www.coastalspanish.com; pro Woche ab 365 US$), Playa Sámara (☎2656-3000; www.interculturacostarica.com; Kurse pro Woche mit/ohne Privatunterkunft 470/315 US$)

Panama Bocas del Toro (Karte S. 721; ☎757-9518, 6592-0775; www.spanishbythesea.com; Calle 4), Boquete (☎720-3456; www.spanishatlocations.com; Entrada a Palmira), Panama-Stadt (Karte S. 682; ☎228-

3258; www.cascospanish.com; Av A s/n; 1 Woche 20 Std. Intensivkurs 250 US$; Mo–Fr 7–19, Sa 8–12 Uhr)

Strom

Am üblichsten sind die Stecker vom Typ A oder B, die auch in den USA benutzt werden. Nur Belize verwendet auch Typ-G-Stecker. Die elektrische Spannung variiert zwischen 110 und 220 V.

Typ A
120 V / 60 Hz

Typ B
120 V / 60 Hz

Telefon

Internetcafés mit Voice-over-IP-Diensten bieten die günstigste Gelegenheit für Auslandstelefonate. Bei Anrufen in die USA und nach Europa schwanken die Gebühren zwischen 0,10 und 0,50 US$/Min.

Auslandsgespräche von Festnetztelefonen sind am günstigsten mit Telefonkarten, die es in Kiosken zu kaufen gibt. Eine andere Möglichkeit sind Direktwahlleitungen mit speziellen Nummern, die über einen heimischen Account abgerechnet werden. Mitunter ist es billiger, ein Kreditkarten- oder R-Gespräch nach Europa oder Nordamerika zu führen, als die vor Ort verlangten Minutenpreise zu zahlen.

In vielen Städten gibt es Telefonzentren, von denen Orts- und Ferngespräche geführt werden können, allerdings oft zu hohen Gebühren. Um die Kreditkartentelefone in Mexiko und die schwarzen Telefone in Guatemala sollte man einen Bogen machen; die Gebühren sind exorbitant.

Handys

Handys sind weit verbreitet. Ein lokales Handy ist bereits für 20 US$ zu haben, eine Prepaid-SIM-Karte für rund 5 US$ (das Handy dafür muss GSM-kompatibel sein und darf kein SIM-Lock haben).

Toiletten

Die zentralamerikanischen Toiletten sind ganz in Ordnung; das Problem sind die Abflussrohre. Nirgends in der Region sollte man Toilettenpapier, Hygieneartikel oder dergleichen durch die Toilette spülen, sofern es nicht durch ein Hinweisschild ausdrücklich erlaubt wird. Stattdessen sind die bereitstehenden Mülleimer zu benutzen.

In einigen öffentlichen Toiletten kassiert das Personal eine kleine Gebühr (ca. 0,10 US$) und händigt dafür ein wenig Klopapier aus. Unterwegs sollte man immer eine Rolle Klopapier dabeihaben.

Touristeninformation

In allen Hauptstädten der Region gibt's offizielle Touristeninformationen; einige Länder haben auch in entlegeneren Orten Informationsbüros. Studenten können sich an die Studenten-Reisebüros in den Hauptstädten Costa Ricas und Panamas sowie in Cancún, Mexiko, wenden.

Unter www.visitcentroamerica.com findet man grundlegende Reiseinformationen zu den einzelnen Ländern.

Unterkünfte

Die Preise für Übernachtungen unterscheiden sich von Land zu Land. Nicaragua, Honduras, El Salvador und Guatemala sind die günstigsten Länder, Mexiko, Belize, Panama und Costa Rica (sowie viele Strandorte) sind teurer. Extras wie ein eigenes Bad, Warmwasser oder eine Klimaanlage treiben die Übernachtungspreise in die Höhe.

In Touristengebieten sind Reservierungen zur Hauptsaison erforderlich, vor allem während der Semana Santa (Karwoche) und in der Woche zwischen Weihnachten und Neujahr, wenn auch

UNTERKÜNFTE ONLINE BUCHEN

Weitere Unterkunftstipps von Lonely Planet Autoren gibt es unter http://lonelyplanet.com/hotels. Dort sind unabhängige Bewertungen und Empfehlungen für den besten Adressen zu finden. Und das Schönste: Man kann gleich online buchen.

Einheimische in der Region verreisen.

Preise verändern sich; die angegebenen Preise von Lonely Planet dienen nur als Anhaltspunkte.

Versicherung

Der Abschluss einer Reiseversicherung, die Diebstähle, Verluste, Unfälle und Krankheiten im Ausland abdeckt, ist unbedingt empfehlenswert. Manche Versicherungen ersetzen Reisenden sogar verlorenes oder fehlgeleitetes Gepäck. Wichtig ist, dass sie auch in den schlimmsten Notfällen zahlen, sprich: bei Krankentransporten, Evakuierungen und medizinisch notwendigen Rückflügen nach Hause. Manche Versicherungen schließen „risikoreiche Aktivitäten" ausdrücklich aus. Dazu können Tauchen, Motorradfahren oder sogar Wanderungen zählen. Das Kleingedruckte aufmerksam lesen!

Es gibt eine Vielzahl unterschiedlicher Versicherungen. Versicherungen von Studentenorganisationen haben normalerweise preiswerte, qualitativ gute Angebote. Günstigere Tarife mit Selbstbehalt sind ebenfalls eine Option für Zentralamerika, da die Kosten für medizinische Behandlungen hier vergleichsweise gering sind.

Wer ausgeraubt wird (S. 793) und einen Anspruch bei seiner Versicherung geltend machen will, muss den Verlust oder Diebstahl innerhalb von 24 Stunden bei der örtlichen Polizei anzeigen. Vorher sollte man alle vermissten Gegenstände samt Wert auflisten. Bei der Polizei verfasst man dann die *denuncia* (Anzeige) und erhält eine Kopie für die Versicherung.

Eine weltweit geltende Reiseversicherung gibt es auch auf www.lonelyplanet.com/travel-insurance. Man kann sie jederzeit online abschließen, verlängern oder in Anspruch nehmen – auch von unterwegs.

VIVA EL CA-4!

Das „CA-4-Grenzkontrollabkommen" zwischen Guatemala, Honduras, El Salvador und Nicaragua ermöglicht es Bürgern dieser Länder und Besuchern diverser Nationalitäten, darunter EU-Bürger und Schweizer, sich 90 Tage lang frei innerhalb dieser Region zu bewegen.

Die fällige Einreisegebühr muss theoretisch nur einmal gezahlt werden und gilt dann für alle vier Länder. Dennoch verlangen viele Grenzbeamte ein paar Dollar zusätzlich für den „Verwaltungsaufwand". Wenn sie darauf beharren, bleibt einem kaum etwas anderes übrig, als zu bezahlen.

Visa

Bürger der EU und der Schweiz benötigen für einen Aufenthalt von 30 (Belize) bis zu 90 Tagen (in den anderen Ländern) derzeit kein Visum, um in die zentralamerikanischen Staaten bzw. nach Mexiko einreisen zu können. Zur Sicherheit sollte man sich aber vor der Abreise daheim noch einmal nach dem aktuellen Stand der Dinge erkundigen.

In vielen Ländern wird bei der Einreise eine Touristengebühr fällig (5–20 US$).

Ausreichende Geldmittel & Ticket für die Weiterreise

Die Passkontrolle ist bei der Einreise in ein Land eine Routineangelegenheit, aber manchmal wird auch nach den finanziellen Mitteln gefragt, entweder mündlich oder mittels eines Formulars. Wer nicht über „ausreichende Geldmittel" für die Dauer seines Aufenthalts verfügt, dem verkürzen die Beamten eventuell den Aufenthaltszeitraum. 500 US$ pro Monat gelten generell als genug; Reiseschecks, manchmal auch Kreditkarten, sollten als Belege akzeptiert werden.

In einigen zentralamerikanischen Ländern muss zudem ein Rück-/Weiterreiseticket (S. 799) vorgelegt werden.

Visumsverlängerung

Im Land selbst ist es immer möglich, eine Visumsverlängerung bei der Einwanderungsbehörde *(migración)* zu beantragen. In der Regel gibt es eine Begrenzung, wie oft eine solche Verlängerung gewährt wird; wer das Land verlässt und dann wieder einreist, beginnt seine visumsfreie Zeit erneut.

Zoll

Alle Besucher, die nach Zentralamerika einreisen bzw. Zentralamerika verlassen, müssen den Zoll passieren. Man sollte sich darauf einstellen, dass das Gepäck sowohl am Flughafen als auch an Landesgrenzen einer Inspektion unterzogen wird. Häufig werfen die Beamten nur einen schnellen Blick darauf und es ist eher eine Formalität als eine Durchsuchung – aber nicht immer. Auf jeden Fall sollte man stets höflich zu den Beamten sein.

Verkehrsmittel & -wege

AN- & WEITERREISE

Die meisten Besucher kommen mit dem Flugzeug oder im Rahmen einer größeren Tour auf dem Landweg aus Mexiko nach Zentralamerika. Flüge, Mietwagen und Touren kann man online auch unter lonelyplanet.com/bookings buchen.

Einreise

Der Pass sollte noch mindestens sechs Monate über das vorgesehene Anreisedatum hinaus gültig sein und für die stempelfreudigen Beamten über mehrere leere Seiten verfügen. Man sollte den Pass immer bei sich tragen.

Flugzeug

Alle zentralamerikanischen Länder haben internationale Flughäfen. Mit Ausnahme der Flüge aus Südamerika legen fast alle Flieger nach Zentralamerika einen Zwischenstopp in den USA (normalerweise in Houston, Miami oder am JFK-Airport in New York) oder in Mexiko-Stadt ein. Es gibt aber auch einige Direktflüge aus Europa, insbesondere ab Madrid. Cancún wird auch von deutschen Ferienfliegern angesteuert.

Internationale Flughäfen

MEXIKO

Aeropuerto Internacional de Cancún (CUN; Cancún; ☎998-848-72-00; www.asur.com.mx; Hwy 307 Km 22)

GUATEMALA

Aeropuerto Internacional La Aurora (GUA; Guatemala-Stadt; Karte S. 118; ☎2260-6257)

Aeropuerto Internacional Mundo Maya (FRS: Flores)

BELIZE

Philip Goldson International Airport (BZE; Belize City; ☎225-2045; www.pgiabelize.com)

EL SALVADOR

Monseñor Óscar Arnulfo Romero International Airport (SAL; San Salvador; ☎2349-9455; www.elsalvadorinternational.com)

HONDURAS

Aeropuerto Internacional Ramón Villeda Morales (SAP; San Pedro Sula; ☎6689-3261)

Aeropuerto Internacional Toncontín (TGU; Tegucigalpa; ☎2234-0106; www.interairports.hn; CA-5)

Aeropuerto Juan Ramón Galvez (RTB; Roatán; ☎2445-1880)

NICARAGUA

Managua International Airport (MGA; Managua; www.eaai.com.ni; Carretera Norte Km 11)

COSTA RICA

Aeropuerto Internacional Juan Santamaría (SJO; San José; ☎2437-2400; www.fly2sanjose.com)

REISEN & KLIMAWANDEL

Jede Form des Reisens, die auf Brennstoff auf Kohlenstoffbasis beruht, erzeugt CO_2, das für den von Menschen verursachten Klimawandel hauptverantwortlich ist. Modernes Reisen ist von Flugzeugen abhängig, die zwar pro Kilometer und Person weniger Kraftstoff als die meisten Autos verbrauchen, aber sehr viel weitere Strecken zurücklegen. Auch die hohen Luftschichten, in die Flugzeuge Treibhausgase (auch CO_2) und Schadstoffe ausstoßen, verstärken ihren Einfluss auf den Klimawandel. Viele Websites bieten „Emissionsrechner", mit denen Reisende die CO_2-Emissionen ihrer Reise ausrechnen und die Auswirkung ihrer Treibhausgase mit einem Beitrag für klimafreundliche Projekte in der ganzen Welt ausgleichen können. Lonely Planet gleicht die CO_2-Bilanz aller Reisen der Mitarbeiter und Autoren aus.

Aeropuerto Internacional Daniel Oduber Quirós (LIR; Liberia; www.liberiacostaricaairport.net)

PANAMA

Tocumen International Airport (PTY; Panama City; ☎238-2700; www.tocumenpanama.aero; Av Domingo Díaz; ⏲24hr)

Aeropuerto Enrique Malek (DAV; David; ☎721-1072)

Ausreisegebühr

Alle sieben zentralamerikanischen Länder erheben von Flugpassagieren eine Ausreisegebühr. Der Betrag variiert je nach Land von 29 bis 40 US$, ist aber normalerweise im Ticketpreis enthalten.

Tickets

Da Zentralamerika auf einer schmalen Landbrücke liegt, ist ein „Gabelflugticket" eine attraktive Option – d. h. man fliegt nicht von derselben Stadt zurück, in der man angekommen ist, sondern beginnt seine Zentralamerikareise z. B. in Cancún oder Guatemala-Stadt und fliegt dann vielleicht von Panama-Stadt zurück. Oft ist das kaum teurer als ein normales Hin- und Rückflugticket. Wer bei Start- und Endpunkt der Reise flexibel ist, wird viele Schnäppchenangebote finden.

Man könnte denken, dass der Flug zu einem Verkehrsknotenpunkt, z. B. mit Avianca nach San Salvador, besonders günstig sein müsste, aber manchmal ist das sogar *teurer*. Der Grund liegt darin, dass die Fluglinien im undurchschaubaren Dschungel der Flugpreisgestaltung oft versuchen, die Konkurrenz mit Direktflügen auszustechen. Es lohnt sich also, die Preise zu vergleichen.

In der Hauptsaison (Juli & August; Weihnachten bis Neujahr und rund um die Semana Santa) können Flüge erheblich teurer sein.

Studentische Reisebüros wie **STA Travel** (www.statravel.de, www.statravel.at, www.statravel.ch) bieten vergünstigte Tarife für Studenten unter 26 Jahren.

ROUND-THE-WORLD-TICKETS

Round-The-World (RTW)-Tickets sind eine weitere Option, da sie für alle zentralamerikanischen Länder (und Mexiko) über die größte Luftfahrtallianz, Star Alliance, verkauft werden.

VON/NACH SÜDAMERIKA

Avianca (Kolumbien; www.avianca.com) und **Copa Airlines** (Panama; www.copaair.com) bieten Verbindungen zwischen zentralamerikanischen Städten und Argentinien, Bolivien, Brasilien, Chile, Kolumbien, Ecuador und Peru an.

Interessant für Reisende, die Zentral- und Südamerika in einem besuchen wollen: Manche Fluggesellschaften bieten eine kostenlose Reiseunterbrechung in Zentralamerika an. Panama-Stadt ist in vielen Fällen die billigste Zwischenstation auf dem Weg von oder nach Südamerika, insbesondere für Verbindungen mit Kolumbien, Ecuador und Venezuela (die am nächsten zu Panama liegen).

Achtung: Viele südamerikanische Länder verlangen, dass man bei der Einreise ein Rück- bzw. Weiterreise-Flugticket vorlegt.

Auf dem Landweg

Aus Mexiko

AUTO & MOTORRAD

Die meisten Leute, die mit dem Auto nach Zentralamerika einreisen, kommen aus den USA. In Zentralamerika oder Mexiko ein Auto zu kaufen, ist eine sehr komplizierte Angelegenheit. Da ist es einfacher, sich ein Auto in den USA zu kaufen (und alle entsprechenden Papiere mitzuführen).

Vor der Einreise muss eine Haftpflichtversicherung abgeschlossen werden, die in Mexiko gültig ist, z. B. **Oscar Padilla Mexican Insurance** (☎in Nordamerika 800-466-7227800-466-7227; www.mexicaninsurance.com). Die Versicherungsdokumente sind mitzuführen, weil sie an der Grenze vorgezeigt werden müssen. Bei Einreise nach Belize, Nicaragua, Costa Rica und Panama kann man die vorgeschriebene Versicherungspolice am Grenzübergang erwerben. In El Salvador, Guatemala und Honduras ist keine Versicherung vorgeschrieben.

Eine ausgezeichnete Informationsquelle ist **Drive the Americas** (www.drivetheamericas.com) mit Tipps zur Reiseplanung und Fahrzeugauswahl, Fahrzeugverkaufsangeboten und Foren zum Erfahrungsaustausch.

Was vor der Fahrt noch zu bedenken ist:

- Man braucht eine gültige Fahrerlaubnis aus dem Heimatland.
- Bleifreies Benzin gibt es inzwischen in ganz Zentralamerika.
- Sicherstellen, dass die Stoßdämpfer und die Federung für die holprigen Straßen geeignet sind.
- Ein Ersatz-Kraftstofffilter und andere Ersatzteile können von unschätzbarem Wert sein.
- Im Vorfeld bei einem nationalen Tourismusverband oder Konsulat erkundigen, ob sich die Bestimmungen hinsichtlich der Einreise mit Auto nach Mexiko oder Zentralamerika geändert haben.

BUS

Mit dem Bus kann man von den USA über Mexiko direkt bis Zentralamerika durchfahren. Die drei praktischsten Grenzübergänge zwischen Mexiko und Zentralamerika:

- zwischen Chetumal in Quintana Roo (Yucatán Halbinsel) und Corozal (Belize)

- zwischen Ciudad Cuauhtémoc und La Mesilla (Guatemala)
- zwischen Ciudad Hidalgo in Chiapas (ca. 38 km südlich von Tapachula) und Ciudad Tecún Umán (Guatemala)

Von Südamerika

Zwischen Süd- und Zentralamerika gibt es keine Straßenverbindung. Wegen der unsicheren Lage in der Grenzregion zwischen Panama und Kolumbien und der erschwerten Verkehrsanbindung ist auch die Durchquerung des Tapón de Darién („Darien-Hindernis") praktisch unmöglich geworden. Alle Besucher des Darién müssen sich bei der Polizei anmelden.

Übers Meer

Sofern man keine Jacht besitzt oder eine Kreuzfahrt macht, sind die Möglichkeiten, mit dem Schiff nach Zentralamerika zu reisen oder es zu verlassen, begrenzt. Die beliebteste Möglichkeit ist ein Törn mit einem (zu mehreren) gecharterten Segelboot zwischen dem Archipélago de San Blas, Panama, und Cartagena in Kolumbien (550 US$/Pers.). Während der fünftägigen Reise gibt es in der Regel ein paar Tage Aufenthalt auf den Inseln; die Fahrt ab/nach Kolumbien selbst dauert zwei Tage. Es gibt auch eine kürzere Route zwischen dem Grenzort La Miel, Panama, und dem nahen Sapzurro, Kolumbien (400 US$/Pers). Genauere Auskunft dazu geben die nachstehenden Anbieter:

Blue Sailing (☎Cartagena 57-5-668-6485, USA 203-660-8644; www.bluesailing.net) Das Unternehmen führt einen Gesamtfahrplan für über ein Dutzend Boote, die zwischen Kolumbien und Panama segeln. Auf der Website gibt es Fotos und Infos über die Boote und ihre Skipper und die Möglichkeit, Törns online zu buchen.

Sail Colombia Panama (☎Colombia 57-312-214-4844; www.sailcolombiapanama.com) Unternimmt ab Puerto Lindo, Portobelo und El Porvenir Bootsfahrten nach Kolumbien und stellt auch private (teurere) Kajüten zur Verfügung.

Casa Viena (☎Cartagena 57-320-538-3619; www.casaviena.com) Das Hostel in Cartagena vermittelt Bootstouren nach Panama.

Sailing Koala (☎Cartagena 57-322-516-3359; www.sailingkoala.com) Ein empfehlenswerter Segeltörnanbieter.

Mamallena Tours (☎Panama 507-6676-6163; www.mamallena.com) Der Veranstalter – mit Sitz in den gleichnamigen Hostels in Panama-Stadt und Cartagena – organisiert Segeltörns zwischen den beiden Ländern, die über San Blás führen.

Frachtschiffe sind eine riskante Sache, da Schmuggel auf der Strecke Colón–Cartagena an der Tagesordnung ist.

BESTIMMUNGEN FÜR EIN ANSCHLUSSTICKET

Wer per Flugzeug in ein Land einreisen und aus einem anderen wieder abfliegen will, sollte Folgendes beachten: Einreisebeamte können einen Nachweis darüber fordern, dass die Reise fortgesetzt wird. So soll vermieden werden, dass Touristen die Aufenthaltsgenehmigung unerlaubt ausdehnen.

In den meisten Fällen genügt es, wenn man die Absicht zur „Weiterreise" in ein anderes Land (z. B. mit einem Flugticket zurück in die Heimat) belegen und dem Beamten erklären kann, wie man das Land wieder verlassen wird. Die meisten Reisenden werden nie gefragt. Wer auf Nummer sicher gehen will, sollte sich bei den Fluglinien erkundigen. Ihnen kann ein Bußgeld auferlegt werden, wenn sie Passagiere ohne die nötigen Dokumente ins Land einreisen lassen. Es kann auch hilfreich sein, eine „Busreservierung" zum Verlassen des Landes vorzuzeigen.

Dies kann auch an Landesgrenzen erforderlich sein. Bei der Einreise z. B. nach Costa Rica muss man manchmal an der Grenze ein Busticket zum Verlassen des Landes kaufen, auch wenn es nie benutzt wird. Wer mit einem eigenen Auto einreist, braucht kein Ticket zur Weiterreise, aber alle relevanten Dokumente für das Auto.

UNTERWEGS VOR ORT

Busse sind das günstigste und bestverfügbare Verkehrsmittel, um innerhalb von Zentralamerika herumzukommen, vor allem entlang der Panamericana bzw. Interamericana (Panamerican Highway), die mit Ausnahme von Belize alle Länder Zentralamerikas durchquert.

Auto & Motorrad

Eine Autoreise durch Zentralamerika ist eine tolle Erfahrung, aber kein Spartrip. Es erwarten einen viele Gebühren, Papierkram, Bürokratie, Mautgebühren und Parkprobleme. Besonders nervenaufreibend ist das Theater an den Grenzübergängen. Auch sonst wird man häufig an militärischen Kontrollpunkten zur Ausweiskontrolle angehalten. Überfälle auf der Schnellstraße sind nicht unüblich. Nicht nachts fahren!

Führerschein

Wer in Zentralamerika Auto oder Motorrad fahren will, muss einen gültigen Führerschein aus seinem Heimatland oder einen internationalen Führerschein dabei haben, der beim Straßenverkehrsamt erhältlich ist.

Man sollte stets auf Polizeikontrollen vorbereitet sein – immer anhalten und die Papiere griffbereit haben.

Mietwagen

Zentralamerika lässt sich recht unproblematisch mit einem eigenen Fahrzeug erkunden. Es würden sich weit mehr Reisende für diese Variante entscheiden, wären die Kosten (Fahrzeugmiete, Versicherung & Sprit) geringer. Ein Mietwagen kostet zwischen 15 US$ pro Tag in Nicaragua und 55 US$ pro Tag in Belize; Fahrzeuge mit Allradantrieb sind teurer (im Allgemeinen 30–80 US$). Wer mit dem Mietwagen sonst unerreichbare Ziele (wie abgelegene Strände südlich von Tulum in Mexiko und rund um die Península de Nicoya in Costa Rica) ansteuern will, sollte sich den Allradantrieb gönnen: Die Straßen sind nicht überall asphaltiert.

➡ Zur Zeit der Recherche lag der Benzinpreis zwischen ca. 0,87 US$ (in Panama) und 2,99 US$ (in Belize) pro Liter.

➡ In vielen Fällen ist es günstiger, Fahrzeuge (sogar noch für denselben Tag) über die Websites der großen Autovermieter zu buchen.

➡ Um ein Auto zu mieten, benötigt man einen Pass und einen Führerschein.

➡ Manche Agenturen vermieten Autos an Fahrer ab 21 Jahren, andere schreiben ein Mindestalter von 25 Jahren vor.

➡ In ganz Zentralamerika wird auf der rechten Straßenseite gefahren.

➡ In der Regel ist es nicht erlaubt, mit dem Mietwagen das Land zu verlassen. Budget z. B. erlaubt aber – mit einigen Einschränkungen – Fahrten von Guatemala nach Mexiko, Honduras und El Salvador.

➡ Mancherorts sind auch Roller und größere Motorräder erhältlich. Letzere kosten in der Regel etwa so viel wie ein Kleinwagen.

Versicherung

In den meisten zentralamerikanischen Ländern ist eine Versicherung vorgeschrieben, die Mietwagen stark verteuert. Die (meist) obligatorische Teilkaskoversicherung (Collision Damage Waiver – CDW) kann den Tagessatz verdoppeln. Viele Autovermieter versuchen auch, den Kunden einen noch umfassenderen und teureren Versicherungsschutz aufzuschwatzen. Wenn die mitgeführte Kreditkarte einen Versicherungsschutz für Mietwagen enthält, sollte man unbedingt Unterlagen bereithalten, die das belegen. In den meisten Fällen muss man die CDW-Police aber trotzdem zahlen.

Bus

Busfahrten können einem einige der unvergesslichsten Augenblicke einer Zentralamerikareise bescheren. Das Busnetz ist in der gesamten Region gut ausgebaut, aber die Busse sind nicht immer komfortabel. Manche Busse haben eine Klimaanlage und Liegesitze mit Reservierungsmöglichkeit. Sehr verbreitet sind aber auch kunterbunt umlackierte ausrangierte Schulbusse aus den USA (die berühmt-berüchtigten *chicken buses* oder „Hühnerbusse"), deren Fahrer eine liberale „Alles darf an Bord"-Haltung vertreten (es kommt aber eher selten vor, dass man sich den Sitz mit einem Huhn teilen muss).

Nachtbusse sind zu vermeiden, da sie auf den Schnellstraßen öfter überfallen werden (nur in Mexiko und Panama ist das Risiko gering).

BUSFAHRZEITEN

Zu beachten ist, dass notwendiges Umsteigen und die Formalitäten an Grenzposten die Reise in die Länge ziehen können.

START	ZIEL	DAUER (STD.)
Cancún, Mexiko	Belize City	9–10
Flores, Guatemala	Guatemala-Stadt	8–10
Guatemala -Stadt	Copán Ruinas, Honduras	5
Managua, Nicaragua	San José, Costa Rica	9
San Cristóbal de Las Casas, Mexiko	Antigua, Guatemala	11
San José, Costa Rica	Panama-Stadt	14
San Salvador, El Salvador	Tegucigalpa, Honduras	8
Tegucigalpa, Honduras	Managua, Nicaragua	8

TIPPS FÜR GRENZÜBERGÄNGE

Von einem der sieben zentralamerikanischen Länder (oder Mexiko) ins nächste zu reisen, kann eine hektische, verwirrende Angelegenheit sein. Aber mit etwas Planung geht es meist reibungslos, wenn auch sehr langsam. Einige Hinweise:

- Vor dem Verlassen eines Landes sollte man sich über die Einreisebestimmungen des Ziellandes erkundigen.
- Vor dem Verlassen eines Landes muss unbedingt der Pass bei der Einreisebehörde dieses Landes gestempelt werden. Die Beamten vergessen das gelegentlich, also aufpassen.
- Bei einer Grenzüberquerung mit dem Bus ist oft Umsteigen an der Grenze erforderlich. Fahrgäste müssen dann bis zur nächsten Bushaltestelle jenseits der Grenze ein paar 100 Meter laufen oder ein *colectivo* (Gemeinschafts- oder Minibustaxi) nehmen. Nicht alle Grenzen sind durchgängig geöffnet, aber die Busfahrpläne richten sich in der Regel nach den Öffnungszeiten.
- Geldwechsler halten sich an fast allen Grenzen auf; die Wechselkurse können fair sein, aber einige Wechsler versuchen, die Leute übers Ohr zu hauen, also immer sorgfältig nachzählen.

Busse der 1. und einige Busse der 2. Klasse fahren nach Fahrplan von einem *terminal de autobuses* (Fernbusbahnhof) ab. Andere starten von Bushaltestellen auf Parkplätzen, wenn sie voll sind. Da sie unterwegs anhalten, um noch mehr Fahrgäste einzuladen, haben Reisende ganz gute Chancen, auch irgendwo von der Carretera aufgelesen zu werden. In vielen Städten gibt es mehr als einen Busbahnhof. Manche Busgesellschaften unterhalten auch eigene Terminals. Die Häufigkeit der Abfahrten variiert.

Gepäck wird im Gepäckraum oder auf dem Dach des Busses verstaut. Nach Möglichkeit sollte man es im Auge behalten, besonders wenn man es in den leicht zugänglichen Gepäckablagen eines vollgestopften Busses untergebracht hat. Wertsachen immer am Körper tragen. In vollen Bussen und an Busbahnhöfen auf Taschendiebe Acht geben.

Mancherorts betreiben Reisebüros private Shuttlebusse (meistens klimatisierte Vans) zu beliebten Zielen. Sie sind komfortabler und teurer als die öffentlichen Busse.

Colectivos & Minibusse

Eine Armada von Minibussen (*rapidito* in Honduras, *chiva* in Panama, *colectivo* in Costa Rica und Mexiko) bedient Kurzstrecken zwischen großen Städten mit wichtigen Verkehrsanbindungen und kleinen Städten. Sie sind günstiger als Busse der 1. Klasse und fahren häufig. Der Haken: Sie halten an jeder Ecke und der Fahrer kennt das Wort „voll" nicht.

Fahrrad

Da nur wenige Autofahrer daran gewöhnt sind, die engen Stadtstraßen und zweispurigen Schnellstraßen (oft ohne Seitenstreifen) mit Radfahrern zu teilen, ist es nicht ungefährlich, lange Überlandstrecken mit dem Fahrrad zurückzulegen. Allerdings ist der Drahtesel im Kommen – Touren in die Berge und zu Kaffeeplantagen (inkl. Führer & Rad) werden in ganz Zentralamerika angeboten.

Fahrräder kann man in mehreren Städten und an Traveller-Hotspots leihen, so z. B. in San Cristóbal de Las Casas (Mexiko), Flores (Guatemala), Granada (Nicaragua), La Fortuna (Costa Rica) und Panama-Stadt. Es werden viele Mountainbike-Touren angeboten, vor allem in kühleren Gegenden wie dem Hochland von Guatemala und San Cristóbal de Las Casas. Wer viel radeln will, sollte die Jahreszeiten berücksichtigen. In der Trockenzeit (etwa Dez. bis April) dürften einem Regengüsse normalerweise erspart bleiben.

Wer mit dem Rad von Land zu Land reisen will, sollte Grenzbeamten mit einem entsprechenden Dokument den rechtmäßigen Besitz seines Gefährts nachweisen können.

Auf der Website **El Pedalero** (www.elpedalero.com) berichtet Gareth Collingwood von seinen Radabenteuern in Lateinamerika und gibt hilfreiche Tipps für Pedalritter.

Flugzeug

Viele internationale und nationale Fluglinien sind in der Region unterwegs. Auch einige kleinere regionale Fluglinien bieten Flüge an. Gelegentlich muss man in der Stadt umsteigen, in der die Fluglinie ihr Drehkreuz hat (bei einem Flug von Managua nach Panama-Stadt z. B. im nördlichen San Salvador).

Der Haken dabei sind die Preise. Trotz der relativ kurzen Entfernungen können Flüge innerhalb Zentralamerikas (ob einfache Strecke oder Hin- und Rückflug) teuer sein, ganz unabhängig davon, ob die Tickets im Ausland oder vor Ort gekauft werden.

- Manchmal werden Flüge überbucht, deshalb vor der Ankunft am Flughafen noch einmal den Flug bestätigen lassen.
- Ticketpreise können je nach Aufenthaltsdauer, Jahreszeit und Sonderangeboten extrem schwanken. Die Hauptsaisonpreise dienen also nur als grober Anhaltspunkt, um potenzielle Strecken herauszusuchen.
- Die beliebtesten Knotenpunkte sind San Salvador und San José. Mitunter sind Hin- und Rückflüge sogar günstiger als einfache Flüge.
- Eine praktische Inlandsverbindung ist z. B. die Route von Managua zu den nicaraguanischen Islas de Maíz (Maisinseln; hin & zurück ca. 165 US$); wer sich für den Flieger entscheidet, spart pro Weg eine zweitägige Bus- und Schiffstour. Ähnlich günstig sind Flüge innerhalb von Panama und Costa Rica.

Schiff/Fähre

Schiffe und Boote sind in der Region sehr gebräuchliche Verkehrsmittel, teils auch für Grenzüberquerungen:

- Reisende zwischen Palenque, Mexiko, und Flores, Guatemala, überqueren den Río Usumacinta in der Nähe von Frontera Corozal, Mexiko, und Bethel, Guatemala.
- Zwischen Punta Gorda, Belize, und Puerto Barrios (manchmal auch Lívingston), Guatemala, verkehrt regelmäßig ein Wassertaxi.
- Neuere wöchentliche Bootsverbindungen bestehen zwischen Placencia in Belize und Puerto Cortes in Honduras sowie zwischen Belize City und Puerto Cortes (via Dangriga in Belize).
- Zwischen San Carlos, Nicaragua, und Los Chiles, Costa Rica, kann man die Grenze per Flussboot queren, aber inzwischen nutzen die meisten Reisenden die neue Brücke bei Las Tablillas. Zu den beliebtesten Strecken gehören Bootstouren auf dem Río Dulce in Guatemala oder den Río Escondidas hinab nach Bluefields in Nicaragua und dann zu den Islas de Maíz in der Karibik hinaus.

Weitere per Schiff zu erreichende Karibikinseln sind u. a. die Bay Islands in Honduras, Caye Caulker und Ambergris Caye in Belize sowie Cozumel und die Isla Mujeres, Mexiko. Und natürlich ist der Panamakanal, der die Karibik mit dem Pazifik verbindet, eine der wichtigsten Wasserstraßen der Welt.

Trampen

Trampen *(tomar un jalón)* ist in keinem Land der Welt restlos sicher und wird von Lonely Planet daher nicht empfohlen. Dennoch ist es in Teilen Zentralamerikas gang und gäbe. Tramper sollten sich bewusst sein, dass sie ein gewisses Risiko mit potenziell schwerwiegenden Folgen eingehen. Höflicherweise sollte man stets anbieten, sich an den Spritkosten zu beteiligen, auch wenn der Fahrer das vielleicht ablehnen wird.

Sprache

Lateinamerikanisches Spanisch ist die am weitesten verbreitete Sprache in Zentralamerika. Amtssprache in Belize ist Englisch, doch wird weithin auch Spanisch oder ein kreolischer Dialekt gesprochen. Maya und Náhuatl sind unter der Reihe einheimischer Sprachen und Dialekte, die in der gesamten Region gesprochen werden, am stärksten vertreten. Die Aussprache des lateinamerikanischen Spanisch ist leicht, denn die meisten verwendeten Laute gibt es auch im Deutschen. Zu beachten ist, dass ch wie „tsch" (im deutschen Wort Tschechien) ausgesprochen wird, v und b leicht zu verwechseln sind (beide werden weich ausgesprochen und klingen wie ein Zwischending zwischen „b" und „w") und das r genüsslich gerollt wird. Der Buchstabe „h" ist im Spanischen stumm. J ist ein gutturaler Laut wie „ch" in „ach".

Es gibt in Zentralamerika auch einige Varianten des gesprochenen Spanisch. Besonders zu erwähnen ist hier die Aussprache der Buchstabenfolge *ll*. In einigen Ecken der Region wird sie wie „lj" (wie in „Million") ausgesprochen, doch im überwiegenden Teil von Zentralamerika klingt sie wie „j" (wie in „ja"), und so wird es auch hier in der Lautschrift gehandhabt.

Die Form eines Adjektivs kann variieren, je nachdem, ob sich dieses auf ein männliches oder weibliches Substantiv bezieht. Im Folgenden sind, durch einen Schrägstrich getrennt, beide Formen angegeben, z. B. „Ich bin krank": *Estoy enfermo* (sagt ein Mann), *estoy enferma* (sagt eine Frau).

NOCH MEHR SPANISCH?

Zusätzliche Informationen zur Sprache und nützliche Wendungen für diejenigen, die fit in Englisch sind, bieten die Lateinamerika-Phrasebooks von Lonely Planet. Sie sind im Buchhandel oder online unter **shop.lonelyplanet.com** erhältlich.

KONVERSATION

Hallo.	*Hola.*	o·la
Auf Wiedersehen.	*Adiós.*	a·*djos*
Wie geht's?	*¿Qué tal?*	ke tal
Gut, danke.	*Bien, gracias.*	bjen *gra*·sjas
Entschuldigung.	*Perdón.*	per·*don*
Tut mir Leid.	*Lo siento.*	lo *sjen*·to
Bitte.	*Por favor.*	por fa·*wor*
Danke.	*Gracias.*	*gra*·sjas
Gern geschehen.	*De nada.*	de *na*·da
Ja.	*Sí.*	si
Nein.	*No.*	no

Ich heiße ... *Me llamo ...* me *ja*·mo ...

Wie heißen Sie?
¿Cómo se llama usted? — *ko*·mo se *ja*·ma u·*ste*

Wie heißt du?
¿Cómo te llamas? — *ko*·mo te *ja*·mas

Sprechen Sie/sprichst du Deutsch/Englisch?
¿Habla alemán/inglés? — *a*·bla a·le·*man*/in·*gles*
¿Hablas alemán/inglés? — *a*·blas a·le·*man*/in·*gles*

Ich verstehe nicht.
Yo no entiendo. — jo no en·*tjen*·do

UNTERKUNFT

Ich möchte ein EZ/DZ.
Quisiera una habitación individual/doble. — ki·*sjera u*·na a·bi·ta·*sjon* in·di·wi·du·*al*/*do*·ble

Wie viel kostet es pro Nacht/Person?
¿Cuánto cuesta por noche/persona? — *kuan*·to *kues*·ta por *no*·tsche/per·*so*·na

Ist das Frühstück inbegriffen?
¿Incluye el desayuno? — in·*klu*·je el de·sa·*ju*·no

Klimaanlage
aire acondicionado — *ai*·re a·kon·di·sio·*na*·do

MINISPRACHFÜHRER

Für die Verständigung auf Spanisch einfach Wörter nach Wahl in diese kurzen Sätze einbauen:

Wann (geht der nächste Flug)?
¿Cuándo sale (el próximo vuelo)? — kuan·do sa·le (el prok·si·mo wue·lo)

Wo ist (der Bahnhof)?
¿Dónde está (la estación)? — don·de es·ta (la es·ta·sjon)

Wo kann ich (ein Ticket kaufen)?
¿Dónde puedo (comprar un billete)? — don·de pue·do (kom·prar un bi·je·te)

Haben Sie (eine Karte, einen Stadtplan)?
¿Tiene (un mapa)? — tie·ne (un ma·pa)

Gibt es (eine Toilette)?
¿Hay (servicios)? — ai (ser·wi·sjos)

Ich möchte (einen Kaffee).
Quisiera (un café). — ki·sje·ra (un ka·fe)

Ich möchte (ein Auto mieten).
Quisiera (alquilar un coche). — ki·sje·ra (al·ki·lar un ko·tsche)

Darf ich (eintreten)?
¿Se puede (entrar)? — se pue·de (en·trar)

Könnten Sie mir bitte (helfen)?
¿Puede (ayudarme), por favor? — pue·de (a·ju·dar·me) por fa·wor

Benötige ich (ein Visum)?
¿Necesito (obtener un visado)? — ne·se·si·to (ob·te·ner un wi·sa·do)

Bad	*baño*	ba·njo
Bett	*cama*	ka·ma
Campingplatz	*terreno de cámping*	te·re·no de kam·ping
Pension	*pensión*	pen·sjon
Hotel	*hotel*	o·tel
Jugendherberge	*albergue juvenil*	al·ber·ge chu·we·nil
Fenster	*ventana*	wen·ta·na

WEGWEISER

Wo ist ...?
¿Dónde está ...? — don·de es·ta ...

Wie lautet die Adresse?
¿Cuál es la dirección? — kual es la di·rek·sjon

Könnten Sie sie bitte aufschreiben?
¿Puede escribirlo, por favor? — pue·de es·kri·bir·lo por fa·wor

Könnten Sie mir das (auf der Karte) zeigen?
¿Me lo puede indicar (en el mapa)? — me lo pue·de in·di·kar (en el ma·pa)

an der Ecke	*en la esquina*	en la es·ki·na
an der Ampel	*en el semáforo*	en el se·ma·fo·ro
hinter ...	*detrás de ...*	de·tras de ...
vor ...	*enfrente de ...*	en·fren·te de ...
links	*izquierda*	is·kjer·da
neben ...	*al lado de ...*	al la·do de ...
gegenüber ...	*frente a ...*	fren·te a ...
rechts	*derecha*	de·re·tscha
geradeaus	*todo recto*	to·do rek·to

ESSEN & TRINKEN

Kann ich bitte die Speisekarte haben?
¿Puedo ver el menú, por favor? — pue·do wer el me·nu por fa·wor

Was würden Sie empfehlen?
¿Qué recomienda? — ke re·ko·mjen·da

Haben Sie vegetarisches Essen?
¿Tienen comida vegetariana? — tie·nen ko·mi·da ve·che·ta·ria·na

Ich esse kein/keine (rotes Fleisch).
No como (carne roja). — no ko·mo (kar·ne ro·cha)

Es war lecker!
¡Estaba buenísimo! — es·ta·ba bue·ni·si·mo

Zum Wohl!
¡Salud! — sa·lu

Die Rechnung, bitte.
La cuenta, por favor. — la kuen·ta por fa·wor

Ich möchte einen Tisch für ...	*Quisiera una mesa para ...*	ki·sje·ra u·na me·sa pa·ra ...
(acht) Uhr	*las (ocho)*	las (o·tscho)
(zwei) Personen	*(dos) personas*	(dos) per·so·nas

Nützliche Begriffe

Aperitiv	*aperitivos*	a·pe·ri·ti·wos
Flasche	*botella*	bo·te·ja
Schüssel	*bol*	bol
Frühstück	*desayuno*	de·sa·ju·no
Kindermenü	*menú infantil*	me·nu in·fan·til
(zu) kalt	*(muy) frío*	(mui) fri·o
Abendessen	*cena*	se·na
Mahlzeit	*comida*	ko·mi·da
Gabel	*tenedor*	te·ne·dor

Glas	*vaso*	va·so
heiß (warm)	*caliente*	kal·jen·te
Messer	*cuchillo*	ku·tschi·jo
Mittagessen	*comida*	ko·mi·da
Hauptspeise	*segundo plato*	se·gun·do pla·to
Teller	*plato*	pla·to
Restaurant	*restaurante*	res·tau·ran·te
Löffel	*cuchara*	ku·tscha·ra
mit	*con*	kon
ohne	*sin*	sin

Fleisch & Fisch

Ente	*pato*	pa·to
Garnelen	*camarones*	ka·ma·ro·nes
Hühnchen	*pollo*	po·jo
Hummer	*langosta*	lan·gos·ta
Kalbfleisch	*ternera*	ter·ne·ra
Lamm	*cordero*	kor·de·ro
Pute/Truthahn	*pavo*	pa·wo
Rindfleisch	*carne de res*	kar·ne de res
Schweinefleisch	*cerdo*	ser·do
Tunfisch	*atún*	a·tun

Obst & Gemüse

Ananas	*piña*	pi·nja
Apfel	*manzana*	man·sa·na
Aprikose	*albaricoque*	al·ba·ri·ko·ke
Artischocke	*alcachofa*	al·ka·tscho·fa
Banane	*plátano*	pla·ta·no
Bohnen (grüne)	*judías*	chu·di·as
Champignon	*champiñón*	tscham·pi·njon
Erbsen	*guisantes*	gi·san·tes
Erdbeeren	*fresas*	fre·sas
Gurke	*pepino*	pe·pi·no
Karotte	*zanahoria*	sa·na·o·ria
Kartoffel	*patata*	pa·ta·ta
Kirsche	*cereza*	se·re·sa
Kohl	*col*	kol
Kopfsalat	*lechuga*	le·tschu·ga
Kürbis	*calabaza*	ka·la·ba·sa
Limone	*limón*	li·mon
Linsen	*lentejas*	len·te·chas
Mais	*maíz*	ma·is
Nüsse	*nueces*	nue·ses
Orange	*naranja*	na·ran·cha
Pfirsich	*melocotón*	me·lo·ko·ton
Paprika (Schote)	*pimiento*	pi·mjen·to
Pflaume	*ciruela*	si·ru·e·la
Rote Bete	*remolacha*	re·mo·la·tscha
Sellerie	*apio*	a·pio
Spargel	*espárragos*	es·pa·ra·gos
Spinat	*espinacas*	es·pi·na·kas
Tomate	*tomate*	to·ma·te
Trauben	*uvas*	u·was
Wassermelone	*sandía*	san·di·a
Zwiebel	*cebolla*	se·bo·ja

Noch mehr Lebensmittel

Brot	*pan*	pan
Butter	*mantequilla*	man·te·ki·ja
Ei	*huevo*	ue·wo
Essig	*vinagre*	wi·na·gre
Käse	*queso*	ke·so
Honig	*miel*	mjel
Marmelade	*mermelada*	mer·me·la·da
Öl	*aceite*	a·sey·te
Pasta	*pasta*	pas·ta
Pfeffer	*pimienta*	pi·mjen·ta
Reis	*arroz*	a·ros
Salz	*sal*	sal
Zucker	*azúcar*	a·su·kar

Getränke

Bier	*cerveza*	ser·we·sa
Kaffee	*café*	ka·fe
(Orangen) saft	*zumo (de naranja)*	su·mo (de na·ran·cha)
Milch	*leche*	le·tsche
Rotwein	*vino tinto*	wi·no tin·to
Tee	*té*	te

SCHILDER

Abierto	Geöffnet
Cerrado	Geschlossen
Entrada	Eingang
Hombres/Varones	Herren
Mujeres/Damas	Damen
Prohibido	Verboten
Salida	Ausgang, Ausfahrt
Servicios/Baños	Toiletten

(Mineral) wasser	*agua (mineral)*	a·gua (mi·ne·ral)
Weißwein	*vino blanco*	wi·no blan·ko

NOTFÄLLE

Hilfe!	*¡Socorro!*	so·ko·ro
Geh weg!	*¡Vete!*	we·te
Rufen Sie ...!	*¡Llame a ...!*	ja·me a ...
einen Arzt	*un médico*	un me·di·ko
die Polizei	*la policía*	la po·li·si·a

Ich habe mich verlaufen.
Estoy perdido/a. es·toi per·di·do/a (m/f)

Wo sind die Toiletten?
¿Dónde están los baños? don·de es·tan los ba·njos

Ich bin krank.
Estoy enfermo/a. es·toi en·fer·mo/a (m/f)

Ich bin allergisch gegen (Antibiotika).
Soy alérgico/a a (los antibióticos). soi a·ler·chi·ko/a a (los an·ti·bio·ti·kos) (m/f)

EINKAUFEN & SERVICES

Um wieviel Uhr wird geöffnet/geschlossen?
¿A qué hora abre/ cierra? a ke o·ra a·bre/ sje·ra

Ich möchte gern ... kaufen ...
Quisiera comprar ... ki·sje·ra kom·prar ...

Ich sehe mich nur um.
Sólo estoy mirando. so·lo es·toi mi·ran·do

Darf ich es mir ansehen?
¿Puedo verlo? pue·do wer·lo

Es gefällt mir nicht.
No me gusta. no me gus·ta

Was kostet es?
¿Cuánto cuesta? kuan·to kues·ta

Das ist zu teuer.
Es muy caro. es mui ka·ro

FRAGEWÖRTER

Wie?	*¿Cómo?*	ko·mo
Was?	*¿Qué?*	ke
Wann?	*¿Cuándo?*	kuan·do
Wo?	*¿Dónde?*	don·de
Welche/r/s?	*¿Cuál?* (sg) *¿Cuáles?* (pl)	kual kua·les
Wer?	*¿Quién?*	kjen
Warum?	*¿Por qué?*	por ke

Können Sie mit dem Preis heruntergehen?
¿Podría bajar un poco el precio? po·dri·a ba·char un po·ko el pre·sio

Auf der Rechnung ist ein Fehler.
Hay un error en la cuenta. ai un e·ror en la kuen·ta

Geldautomat	*cajero automático*	ka·che·ro au·to·ma·ti·ko
Markt(halle)	*mercado*	mer·ka·do
Postamt	*correos*	ko·re·os
Touristen-information	*oficina de turismo*	o·fi·si·na de tu·ris·mo

UHRZEIT & DATUM

Wie spät ist es?
¿Qué hora es? ke o·ra es

Es ist (10) Uhr.
Son (las diez). son (las djes)

Es ist halb (zwei).
Es (la una) y media. es (la u·na) i me·dia

Vormittag	*mañana*	man·ja·na
Nachmittag	*tarde*	tar·de
Abend	*noche*	no·tsche
gestern	*ayer*	a·jer
heute	*hoy*	oi
morgen	*mañana*	man·ja·na

Montag	*lunes*	lu·nes
Dienstag	*martes*	mar·tes
Mittwoch	*miércoles*	mjer·ko·les
Donnerstag	*jueves*	chue·ves
Freitag	*viernes*	vjer·nes
Samstag	*sábado*	sa·ba·do
Sonntag	*domingo*	do·min·go

Januar	*enero*	e·ne·ro
Februar	*febrero*	fe·bre·ro
März	*marzo*	mar·so
April	*abril*	a·bril
Mai	*mayo*	ma·jo
Juni	*junio*	chun·jo
Juli	*julio*	chul·jo
August	*agosto*	a·gos·to
September	*septiembre*	se·tjem·bre
Oktober	*octubre*	ok·tu·bre
November	*noviembre*	no·vjem·bre
Dezember	*diciembre*	di·sjem·bre

VERKEHRSMITTEL & -WEGE

Öffentliche Verkehrsmittel

Schiff	*barco*	*bar*·ko
Bus	*autobús*	au·to·*bus*
Flugzeug	*avión*	aw·*jon*
Zug	*tren*	*tren*
erster/erstes	*primero*	pri·*me*·ro
letzter/letztes	*último*	*ul*·ti·mo
nächster/s	*próximo*	*prok*·si·mo
Flughafen	*aeropuerto*	a·e·ro·*puer*·to
Gangplatz	*asiento de pasillo*	a·*sjen*·to de pa·*si*·jo
Bushaltestelle	*parada de autobuses*	pa·*ra*·da de au·to·*bu*·ses
gestrichen	*cancelado*	kan·se·*la*·do
verspätet	*retrasado*	re·tra·*sa*·do
Kartenschalter	*taquilla*	ta·*ki*·ja
Fahrplan	*horario*	o·*ra*·rio
Bahnhof	*estación de trenes*	es·ta·*sion* de *tre*·nes
Fensterplatz	*asiento junto a la ventana*	a·*sjen*·to *chun*·to a la wen·*ta*·na
Eine ... Fahrkarte ..., bitte.	*Un billete de ..., por favor.*	un bi·*je*·te de ... por fa·*wor*
1. Klasse	*primera clase*	pri·*me*·ra *kla*·se
2. Klasse	*segunda clase*	se·*gun*·da *kla*·se
einfach	*ida*	*i*·da
hin und zurück	*ida y vuelta*	*i*·da i *wuel*·ta

Um wieviel Uhr fährt/kommt?
¿A qué hora llega/sale? a ke o·ra *je*·ga/*sa*·le

Hält er in ...?
¿Para en ...? *pa*·ra en ...

Welche Haltestelle ist das?
¿Cuál es esta parada? kual es *es*·ta pa·*ra*·da

Könnten Sie mir Bescheid sagen, wenn wir in ... ankommen ...?
¿Puede avisarme cuando lleguemos a ...? *pue*·de a·wi·*sar*·me *kuan*·do je·*ge*·mos a ...

Hier möchte ich aussteigen.
Quiero bajarme aquí. *kje*·ro ba·*char*·me a·*ki*

Wieviel kostet es bis (zum Flughafen)?
¿Cuánto cuesta ir (al aeropuerto)? *kuan*·to *kues*·ta ir (al a·e·ro·*puer*·to)

Bringen Sie mich bitte zu (dieser Adresse).
Por favor, lléveme a (esta dirección). por fa·*wor je*·ve·me a (*es*·ta di·rek·*sjon*)

Auto- & Radfahren

Ich möchte ein ... mieten	*Quisiera alquilar ...*	ki·*sje*·ra ... al·ki·*lar* ...
Geländefahrzeug	*un todoterreno*	un to·do·te·re·no
Fahrrad	*una bicicleta*	*u*·na bi·si·*kle*·ta
Auto	*un coche*	un *ko*·tsche
Motorrad	*una moto*	*u*·na *mo*·to
Kindersitz	*asiento de seguridad para niños*	a·*sjen*·to de se·gu·ri·*da* pa·ra *nin*·jos
Diesel	*petróleo*	pe·*tro*·le·o
Helm	*casco*	*kas*·ko
Mechaniker	*mecánico*	me·*ka*·ni·ko
Benzin	*gasolina*	ga·so·*li*·na
Tankstelle	*gasolinera*	ga·so·li·*ne*·ra
Lastwagen	*camion*	ka·*mjon*

Ist das die Straße nach ...?
¿Se va a ... por esta carretera? se wa a ... por *es*·ta ka·re·*te*·ra

Darf ich hier parken?
¿Puedo aparcar aquí? *pue*·do a·par·*kar* a·*ki*

ZAHLEN

1	*uno*	*u*·no
2	*dos*	dos
3	*tres*	tres
4	*cuatro*	*kua*·tro
5	*cinco*	*sin*·ko
6	*seis*	seys
7	*siete*	*sje*·te
8	*ocho*	*o*·tscho
9	*nueve*	*nue*·we
10	*diez*	*djes*
20	*veinte*	*weyn*·te
30	*treinta*	*treyn*·ta
40	*cuarenta*	kua·*ren*·ta
50	*cincuenta*	sin·*kuen*·ta
60	*sesenta*	se·*sen*·ta
70	*setenta*	se·*ten*·ta
80	*ochenta*	o·*tschen*·ta
90	*noventa*	no·*wen*·ta
100	*cien*	sjen
1000	*mil*	mil

Das Auto ist liegengeblieben.	
El coche se ha averiado.	el *ko*·tsche se a a·we·*ria* do
Ich hatte einen Unfall.	
He tenido un accidente.	e te·*ni*·do un ak·si·*den*·te
Das Benzin ist ausgegangen.	
Me he quedado sin gasolina.	me e ke·*da*·do sin ga·so·*li*·na
Ich habe einen Platten.	
Se me pinchó una rueda.	se me pin·*tscho* *u*·na *rue*·da

GLOSSAR

alcaldía – Rathaus
apartado – Briefkastennummer
artesanía – Kunsthandwerk; -gewerbe, Handarbeit
Av – Abk. für avenida (Straße)
ayuntamiento – Stadtverwaltung

bahía – Bucht
bajareque – traditionelle indianische Pfostenhausbauweise, bei der eine Grundmauer aus Steinen mit Bambus- oder anderem Holz befestigt und anschließend mit Zement oder Lehm überzogen wird
balneario – öffentliche Badestelle; Badeort (am Meer)
barrio – Bezirk; Stadtviertel
Black Caribs – s. *Garifuna*

caballeros – wörtlich „Pferdemänner", entspricht aber dem englischen „Gentlemen"; erscheint als Hinweis auf WC-Türen
cabaña – Hütte oder Bungalow
cabina – s. *cabaña*; in Costa Rica auch Bezeichnung für eine billige Unterkunft (in Hütten oder Bungalows, manchmal aber auch nur in einem preiswerten Hotelzimmer)
cajero automático – Geldautomat
calle – Straße
callejón – Gasse
calzada – Dammweg
camión – Lkw; Bus
camioneta – Pick-up
campesino – Bauer
Carretera Interamericana – (auch: Panamericana); Fernstraße, die von Alaska fast durchgehend bis Chile führt (mit einer Unterbrechung beim sog. Darién-Hindernis in Panama)
casa de cambio – Wechselstube
casa de huéspedes – Gästehaus, Pension
cascada – Wasserfall
catedral – Kathedrale
cay – kleine Sand- oder Koralleninsel; auch caye, cayo
cayuco – Kanu
cenote – großer, natürlicher Wassergraben in Kalksteinboden, dient als Wasserspeicher oder Zeremonialstätte
cerro – Hügel, Berg
cerveza – Bier
Chac – Regengott der Maya; sein Bildnis ziert viele Tempelruinen
chac-mool – Opfersteinskulptur der Maya
chamarra – dicke, schwere Wolldecke (Guatemala)
chapín – Bewohner von Guatemala; guatemaltekisch
chicken bus – ausgedienter US-Schulbus, der als Nahverkehrsbus dient
cine – Kino
ciudad – Stadt
cofradía – religiöse Bruderschaft der Maya, v. a. im Hochland von Guatemala
colectivo – Sammeltaxi oder Minibus, der auf einer bestimmten Strecke verkehrt, an der Passagiere jederzeit ein- und aussteigen können
colón – Landeswährung von Costa Rica
comedor – schlichtes, billiges Esslokal mit zumeist begrenzter Auswahl
conquistador – jeder der spanischen Entdecker/Eroberer Lateinamerikas
Contras – konterrevolutionäre, bewaffnete Gruppen, die in den 1980ern in Nicaragua die regierenden Sandinisten bekämpften
cordillera – Gebirgszug
córdoba – Landeswährung von Nicaragua
corte –7 x 10 m langes Stück Stoff, das als Wickelrock getragen wird
costa – Küste
criollo – kreolisch; in Lateinamerika geborener Nachkomme spanischer Eltern; an der Karibikküste Bezeichnung für Personen gemischter afrikanischer und europäischer Abstammung; s. auch *mestizo* und *ladino*
cuadra – Straßenzeile
cueva – Höhle

damas – Damen; steht normalerweise auf der WC-Tür
edificio – Gebäude
entrada – Eingang
expreso – schneller Bus

faja – Hüftschärpe, die die Kleidung zusammenhält und in die Sachen gesteckt werden, die sonst in Hosen-/Rocktaschen aufbewahrt werden
finca – Bauernhof; Plantage; Ranch
fritanga – Straßen-Grillrestaurant, typisch für Nicaragua
fuerte – Festung

Garifuna – Nachkomme west-afrikanischer Sklaven und indigener Kariben, die Ende des 18. Jhs. von der Insel St. Vincent an die Karibikküste Zentralamerikas gebracht wurden, auch *Black Carib* genannt
Garinagu – Plural von *Garifuna*
gibnut – s. *paca*
golfo – Golf
gringo/a – leicht herablassende Bezeichnung in Lateinamerika für Ausländer beiderlei Geschlechts, insbesondere aus Nordamerika; wird oft auch für Europäer gebraucht
gruta – Höhle

hacienda – Landgut oder Plantage; Staatskasse wie in Departamento de Hacienda (Finanzministerium)
hospedaje – Unterkunft
huipil – lange, gewobene, ärmellose weiße Tunika mit komplizierter, farbenfroher Stickerei (Maya-Regionen)

iglesia – Kirche
indígena – einheimisch, Ureinwohner/in
Interamericana – s. *Carretera Interamericana*
invierno – Winter; in Zentralamerika die Regenzeit, etwa von April bis Mitte-Dezember
isla – Insel
IVA – *impuesto al valor agregado*; Mehrwertsteuer

ladino – Person gemischter indigener und europäischer Abstammung, wird oft als Bezeichnung für einen spanischsprachigen *mestizo* gebraucht; s. auch *mestizo* und *criollo*
lago – See
laguna – Lagune, See
lancha – kleines Motorboot
lempira – Landeswährung von Honduras

malecón – Hafen, Uferpromenade
mar – Meer
marimba – Xylophon-artiges Instrument
mercado – Markt
Mesoamerica – geografische Region, die von Zentralmexiko bis ins nordwestliche Costa Rica reicht
mestizo – Person gemischter Abstammung, meist spanischer und indigener; s. auch *criollo* und *ladino*
metate – flacher Stein, auf dem Getreide/Mais gemahlen wird
migración – Immigration; Einwanderungsbehörde
milpa – Getreidefeld
mirador – Aussichtspunkt
mola – bunte Handstickerei der Kuna-Frauen
muelle – Pier
municipalidad – Rathaus
museo – Museum

Navidad – Weihnachten

oficina de correos – Postamt
ordinario –langsamer Bus

paca – Paka, kleines, braungeflecktes Nagetier ähnlich einem Meerschweinchen; auch *gibnut* genannt
PADI – Professional Association of Diving Instructors (Tauchlehrerverband)
palacio de gobierno – Regierungs-/Präsidentenpalast
palacio municipal – Rathaus; Sitz des Gemeinde-/Stadtrats
palapa – mit Palmblättern gedeckte und an den Seiten offene Strohhütte
Panamericana – s. Carretera Interamericana
panga – kleines Motorboot
parada – Bushaltestelle
parque – Park; bezeichnet manchmal auch die (eine) Plaza
parque nacional – Nationalpark
peña – Folklorekneipe; ein Abend mit Musik, Gesang und Tanz
pensión – Gästehaus, Pension
petén – Insel
playa – Strand
pozo – Quelle
propina – Trinkgeld; kleines Geldgeschenk
pueblo – Kleinstadt oder Dorf
puente – Brücke
puerta – Tor; Tür
puerto – Hafen
pulpería – Krämerladen; Minimarkt
punta – Punkt, (Land-)Spitze; traditioneller Garífuna-Tanz mit viel Hüftschwung

quebrada – Schlucht; Flusstal
quetzal – Landeswährung von Guatemala, nach dem gleichnamigen tropischen Vogel

rancho – Esslokal mit Strohdach
río – Fluss
Ruta Maya – Maya-Route, Reiseroute auf den Spuren der Maya durch Mexiko, Guatemala und Belize (in erster Linie), aber auch durch El Salvador und Honduras

s/n – sin número (ohne Nummer); in Adressen verwendet
sacbé (pl **sacbeob**) –traditioneller Kalksteinpfad zwischen verschiedenen Maya-Städten
salida – Ausgang, Ausfahrt
santo – Heiliger
Semana Santa – „Heilige Woche": die Karwoche (vor Ostern)
sendero – Pfad oder Weg
sierra – Gebirgszug; Säge
stela, stelae – altes Maya-Denkmal: eine (normalerweise behauene) Steinsäule
supermercado – Supermarkt; alles, vom Krämerladen bis zum riesigen Supermarkt nach westlicher Art

templo – Tempel, Kirche
terminal de autobus – Busbahnhof
Tico/a – Einwohner/in von Costa Rica
tienda – Tante-Emma-Laden
típica – s. típico
típico – typisch oder charakteristisch für eine Region, v. a. im gastronomischen Bereich; auch ein Genre panamaischer Folkloremusik
traje – traditionelle, handgefertigte Kleidung
turicentro – wörtlich: „Touristenzentrum"; Outdoor-Freizeitcenter mit Bademöglichkeiten, Restaurants und Campingeinrichtungen (El Salvador)

venado – Wild; Rotwild
verano – Sommer; in Zentralamerika die Trockenzeit, etwa von Mitte-Dezember bis April
volcán – Vulkan

Zapatistas – Mitglieder der linksgerichteten Gruppierung Ejército Zapatista de Liberación Nacional (EZLN), die in Chiapas, Mexiko, für die Rechte der Indigenen kämpft

KULINARISCHES GLOSSAR

aguardiente – klarer, kräftiger Schnaps aus Zuckerrohr; auch als *caña* bezeichnet

aguas de frutas – Fruchtsaftgetränk mit Wasser

batido – Wasser- oder Milchshake mit frischen Früchten

bocas – herzhafte Beilagen oder Appetithäppchen

bolitas de carne – Snack aus mäßig scharfen Fleischbällchen

cafetería – zwangloses Restaurant mit Bedienung

cafetín – kleine *cafetería*

caña – siehe *aguardiente*

carne ahumada – geräuchertes, getrocknetes Fleisch

ceviche – roher Fisch oder Meeresfrüchte, in Zitronen- oder Limettensaft, Knoblauch und Gewürzen mariniert

chicha – stark gesüßte, frische Fruchtsaftgetränke

chicharrón – Schweinekruste

cocina – wörtlich „Küche", kleines, einfaches Restaurant oder Garküche, meist in oder in der Nähe von Markthallen

comedor – günstiges, einfaches Lokal mit begrenztem Angebot

comida corriente oder **corrida**; **casado** – Tagesgericht aus Reis, Bohnen, Kochbananen und einem Stück Fleisch oder Fisch

comida típica – typisches einheimisches Gericht

empanada – Teigtasche, gefüllt mit Fleisch oder Käse, gebacken oder frittiert, manchmal mit Obstfüllung als Dessert

fritanga – Straßengrill, in Nicaragua weit verbreitet

gallo pinto – verbreitetes Gericht aus Reis und Bohnen

garnaches – gebackene Maistortillas mit Huhn, Fisch, oder Rind, gehobeltem Kohl und manchmal Käse, offen oder gerollt serviert

gaseosa – Softdrink

guacamole – Dip aus pürierten oder gehackten Avocados

guaro – lokales Feuerwasser aus Zuckerrohr (Costa Rica)

horchata – süßes Reismilchgetränk mit Zimt

huevos fritos/revueltos – Spiegel-/Rührheier

licuado – frisches Fruchtmixgetränk, mit Milch oder Wasser gemixt

menú del día – Tagesmenü

mondongo – Kuttelsuppe

pan de coco – Kokosbrot

panadería – Bäckerei

patacones – frittierte grüne Kochbananen, in dünne Scheiben geschnitten, gesalzen, gepresst und nochmals frittiert

plato del día – Tagesteller oder -gericht

pico de gallo – frische Salsa

pipa – Kokoswasser, direkt in der Schale serviert

plátano maduro – reife Kochbananen, mit Butter, Rohrzucker und Zimt gebacken oder gegrillt; heiß serviert

plato típico – für einen Ort oder eine Region typisches Gericht

pupusa – Maismehltasche, gefüllt mit Käse oder Bohnenmus oder einer Mischung aus beiden (El Salvador)

raspados – shaved ice mit Fruchtsaft

refresco – Softdrink; in Costa Rica ein Getränk aus heimischen Früchten

rellenitos – Kochbananenklöße, gefüllt mit schwarzem Bohnenmus

ropa vieja – wörtlich „alte Kleider"; scharfes Geschnetzeltes vom Rind

rotisería – Grillrestaurant

salbutes – siehe *garnaches*

sancocho – scharfer Eintopf, meist mit Hühnchen

seco – alkoholisches Getränk aus Zuckerrohr

soda – Imbiss; Softdrink (Panama)

tamales – würziger Maisteig mit Huhn oder Schweinefleisch, in Bananenblättern gegart

tapado – reichhaltiger Garifuna-Eintopf mit Fisch, Garnelen, Muscheln, Kokosmilch und Kochbananen und Koriander

tortilla de maíz – gebackener Maismehlfladen

vegetariano/a – Vegetarier/ Vegetarierin

Hinter den Kulissen

WIR FREUEN UNS ÜBER EIN FEEDBACK

Post von Travellern zu bekommen ist für uns ungemein hilfreich – Kritik und Anregungen halten uns auf dem Laufenden und helfen, unsere Bücher zu verbessern. Unser reiseerfahrenes Team liest alle Zuschriften genau durch, um zu erfahren, was an unseren Reiseführern gut und was schlecht ist. Wir können solche Post zwar nicht individuell beantworten, aber jedes Feedback wird garantiert schnurstracks an die jeweiligen Autoren weitergeleitet, rechtzeitig vor der nächsten Auflage.

Wer Ideen, Erfahrungen und Korrekturhinweise zum Reiseführer mitteilen möchte, hat die Möglichkeit dazu auf www.lonelyplanet.com/contact/guidebook_feedback/new. Anmerkungen speziell zur deutschen Ausgabe erreichen uns über www.lonelyplanet.de/kontakt.

Hinweis: Da wir Beiträge möglicherweise in Lonely Planet Produkten (Reiseführer, Websites, digitale Medien) veröffentlichen, ggf. auch in gekürzter Form, bitten wir um Mitteilung, falls ein Kommentar nicht veröffentlicht oder ein Name nicht genannt werden soll. Wer Näheres über unsere Datenschutzpolitik wissen will, erfährt das unter www.lonelyplanet.com/privacy.

DANK VON LONELY PLANET

Vielen Dank an die folgenden Leser, die mit der letzten Ausgabe unterwegs waren und uns wertvolle Hinweise, Tipps und interessante Anekdoten geschickt haben:

Alyne Francis, Antje Schoenborn, Bill Maryon, Brittany Lee Garcia, Gitte Taasti Jensen, Joe Tilley, Jon Wisloff, Jurriaan Witteman, Mark Van Laarschot, Marty Carey, Maximilian Cornelius, Melanie LaVita, Michael Weber, Nick Bel, Nicola Metcalfe, Payson Sheets, Ruben Swieringa, Saskia Boer, Selime Demirci, Shane McCarthy, Tobias Hammer.

DANK DER AUTOREN

Ashley Harrell

Danke an Redakteurin Alicia Johnson und Koautor Paul Harding, es war toll mit euch zusammenzuarbeiten; an Stacey Auch für die allerbeste Spritztour; an David Roth dafür, dass er Taucher geworden ist; an Richard Harrell dafür, dass er dem Blue Hole die Stirn geboten hat; an Ronni Harrell dafür, dass Papa vorbeikommen konnte; an Kat Marin für die nette Begleitung und Unterstützung; an Tacogirl für Einladungen und Schwimmflügel (sorry!); an Kelly Samuels für die Kekse und die netten Stunden; und an Joanne Edwards, ich bin froh, dich zu kennen.

Isabel Albiston

Danke an die vielen Salvadorianer, die mir unterwegs geholfen haben, ich weiß eure Freundlichkeit, Geduld und Kommunikationsbereitschaft sehr zu schätzen. Besonderer Dank geht an Andrea Rivas, Elena Rivera, Tommie Jackson-Smith, Mauricio Herrera, Manolo Gomez, William, Roberto Moran, Rafael Rivas, Walter Segura, Carlos, Katy Hooper, Ian Louden, Tom Dukeson, Emma Englen, Nathaniel Perlow, Dave Mendez, Marbel Membreño, David Crowley und Francisco Mejia.

Ray Bartlett

Danke immer und zu allererst an meine Familie und meine fantastischen Freunde dafür, dass sie mich diese Abenteuer unternehmen lassen und sich nach meiner Rückkehr noch an mich erinnern. An die unglaubliche Alicia Johnson für redaktionelle Weitsicht und schnelle Antworten, wenn ich sie brauchte. An alle Leute, die ich getroffen habe oder die mir unterwegs geholfen haben, besonders Virginia, Mereja, Nathalie, Valerie, Peggy, Marlon, Ismael, Jane, Kelsey, Stuart, Rachna, Flor und so viele andere. Tausend Dank. Ich kann's kaum erwarten, bald zurück zu sein.

Celeste Brash

Danke an Honduras – ich habe auf dieser Reise tolle Freunde kennengelernt. Besonderer Dank geht an Howard, David Sedat und Anna Kaminski in Copan; an Frony, Grethel und Angel in den Bergen; an Oto, Josue, Regina, Camille und die Touristeninformation in Tegus; an Bobby überall im Land; an Jennifer, Patrice und Vania in Roatan; an Jorge Salverri, Junior, Julia und Freund in Moskitia; an John Depuis in La Ceiba und an Frank in SPS. Ihr seid alle großartig!

Paul Clammer

Muchas gracias an Valeria Ayerdi in Xela für ihre Freundschaft und ihren Rat in allen wichtigen Dingen sowie an Natalia Pedermo Ayerdi – den coolsten David-Bowie-Fan in Guatemala. Auf dem See Dank an Deedle und Dave Ratcliffe für die beruhigenden Kannen Tee. In Xela an Bryan Seibel, Mark Peacock und Josh Wood. In El Paredón an Sonal Amin von La Choza Chula und in Antigua an Sunny Flores. In den Cuchumatanes hätte ich keinen besseren Guide haben können als Carlos Tucuxlopez – *gracias*. Bei Lonely Planet danke an Alicia Johnson nicht zuletzt für ihr Verständnis für meinen (Auslands-)Umzug. Und schließlich Riesendank und alles Liebe an Robyn, egal, auf welchem Kontinent wir letztlich landen.

Steve Fallon

Muchísimas gracias an alle, die mir unterwegs Unterstützung, Ideen und/oder Gastfreundschaft geboten haben, darunter Reisegefährte/Guide Juan José Calvache im Darién; Reggie & Cherie Flagg in Panama-Stadt und die Jungs auf den Booten im San-Blás-Archipel: Adam Riley, Fabio Carino und Brett Dickey. *Y a mi querido Panamá – ¡el país que unió las dos mitades del mundo!* (Und an mein liebes Panama – das Land, dass die beiden Hälften der Welt vereint!) Wie immer widme ich meinen Anteil Michael Rothschild, inzwischen mein Ehemann.

Paul Harding

Es war ein Vergnügen, auf meinen Reisen durch Belize so viele wunderbare Menschen zu treffen. Danke für Gespräche und Ratschläge an (unter anderem) Deborah in Corozal, Jo und Caz in Punta Gorda und Daniel in San Ignacio. Bei Lonely Planet danke an Alicia Johnson und an meine Koautorin Ashley Harrell. Der allergrößte Dank und Umarmungen gehen an Hannah und Layla zuhause für ihre Geduld und ihre Liebe.

John Hecht

Ganz besonderer Dank an Jesus Navarrete, Ursula Reischl, Chicken Willy, Titelredakteurin Sarah Stocking, Koautor Ray Bartlett und an all die *Quintanarroenses* für ihre großzügige Unterstützung und die schönen Stunden. Wie immer, herzlichen Dank an Lau dafür, dass sie sich um die Kätzchen und alles andere gekümmert hat.

Anna Kaminski

Riesendank an Alicia Johnson dafür, dass sie mir die Hälfte dieses verführerischen Landes anvertraut hat, und an alle, die mir unterwegs geholfen haben – insbesondere Claudio in Managua; Brian in Ometepe; Jorge und Kristin in Granada; Helio in San Juan de Oriente; Catalina in Las Peñitas; John in León; plus Brett und Carol in San Juan del Sur und Granada für Begleitung und Recherche-Input.

Brian Kluepfel

Danke an Paula Paz, meine ständige Begleiterin durch gute wie schlechte Zeiten. An die geniale Redakteurin Alicia Johnson und wunderbare Lonely-Planet-Leute wie Neill „King of Malahide" Coen, Cheree Broughton und das ganze Autorenunterstützungsnetzwerk. In Costa Rica danke an Wilfredo „El Pollo" – ein großartiger Vogelkundler und netter Typ; Pippa von Bijagua; Carole von La Cruz und Sonia Escalante, Königin von La Fortuna, und an das Tico-Bussystem. Und an alle, die Anrufe, Whatsapps oder Mails beantwortet oder mir auf andere Weise weitergeholfen haben.

Tom Masters

Auf einem Großteil meiner Reisen durch Nicaragua wurde ich von der unbeirrbaren Rosemary Masters begleitet, die sich auch durch politische Unruhen nicht abschrecken ließ. Riesendank auch an Claudio Perez Cruz, Juana Boyd, Henry Soriano, Alex Egerton, Anna Kaminski, Salvador & Mina Acosta, Guillermo González Prado, Darling Rayo, Romain vom Lighthouse, Teresa Mariscal, Leopoldo Flores Lovo und die diversen Mitarbeiter von *Hola Nicaragua*, Hotel Los Arcos in Estelí, Maria's B&B in Matagalpa und Hotel Casa Royale in Bluefields.

Carolyn McCarthy

Vielen Dank an die Bethels für ihre Begleitung auf einem Teil meiner Reise und an Daniel und Marta dafür, dass sie mir einen dringend benötigten Rückzugsraum gewährt haben. Dankbar bin ich auch Rick Morales, Beatriz Schmidt, Annie Young und Carla Rankin dafür, dass sie Einblicke und Kontakte mit mir geteilt haben. Viele andere boten Unterstützung, in Form von hausgemachter scharfer Sauce, polizeilichem Eingreifen und Karaoke. Schließlich danke an die Landbrücke für ein weiteres, prickelndes Abenteuer. *Hasta la próxima*.

QUELLENNACHWEIS

Die Angaben auf der Klimakarte stammen von Peel MC, Finlayson BL & McMahon TA (2007) „Updated World Map of the Köppen-Geiger Climate Classification", Hydrology and Earth System Sciences, 11, 1633-44.

Illustrationen: Chichén Itzá S. 78–79 und Tikal S. 220–221 von Michael Weldon.

Titelfoto: Brücke über einen Dschungelfluss, Region Uspantán, Guatemala, Tolo Balaguer/Alamy ©

ÜBER DIESES BUCH

Dies ist die 4. deutsche Auflage von *Zentralamerika*. Sie basiert auf der 10. englischen Auflage *von* Ashley Harrell, Isabel Albiston, Ray Bartlett, Celeste Brash, Paul Clammer, Steve Fallon, Paul Harding, John Hecht, Anna Kaminski, Brian Kluepfel, Tom Masters und Carolyn McCarthy. Bridget Gleeson koordinierte das Nicaragua-Kapitel, Regis St Louis das Panama-Kapitel.

Dieser Reiseführer wurde produziert von:

Titelredaktion Alicia Johnson, Sarah Stocking

Leitung Produktredaktion Saralinda Turner

Produktredaktion Rachel Rawling

Regionale Leitung Kartografie Corey Hutchison

Leitung Kartografie Alison Lyall

Layout Jessica Rose

Redaktionsassistenz James Bainbridge, Judith Bamber, Michelle Bennett, Katie Connolly, Samantha Cook, Peter Cruttenden, Andrea Dobbin, Emma Gibbs, Carly Hall, Gabrielle Innes, Lou McGregor, Alison Morris, Lauren O'Connell, Christopher Pitts, Ross Taylor, Fionnuala Twomey, Simon Williamson

Titelbildrecherche Brendan Dempsey-Spencer

Dank an Hannah Cartmel, Grace Dobell, Bailey Freeman, Martine Power, Kirsten Rawlings, Vicky Smith

Register

Kartenverweise **000**
Fotoverweise 000

C

D

E

Q

R

S

Kartenverweise **000**
Fotoverweise **000**

T

U

Kartenverweise **000**
Fotoverweise **000**

Kartenlegende

Sehenswertes
- Strand
- Vogelschutzgebiet
- buddhistisch
- Burg/Schloss/Palast
- christlich
- konfuzianisch
- hinduistisch
- islamisch
- jainistisch
- jüdisch
- Denkmal
- Museum/Galerie/histor. Gebäude
- Ruine
- shintoistisch
- Sikh
- taoistisch
- Weingut/Weinberg
- Zoo/Wildschutzgebiet
- sonstige Sehenswürdigkeit

Aktivitäten, Kurse & Touren
- bodysurfen
- tauchen
- Kanu/Kajak fahren
- Kurs/Tour
- Sento/Onsen
- Ski fahren
- schnorcheln
- surfen
- Swimmingpool
- wandern
- windsurfen
- sonstige Aktivität

Schlafen
- Hotel/Pension/Hostel
- Camping
- Hütte/Unterstand

Essen
- Restaurant

Ausgehen & Nachtleben
- Bar/Kneipe/Club
- Café

Unterhaltung
- Unterhaltung

Shoppen
- Shoppen

Praktisches
- Bank
- Botschaft/Konsulat
- Krankenhaus/Arzt
- Internet
- Polizei
- Post
- Telefon
- Toilette
- Touristeninformation
- sonstige Informationen

Geografie
- Strand
- Tor
- Hütte/Unterstand
- Leuchtturm
- Aussichtspunkt
- Berg/Vulkan
- Oase
- Park
- Pass
- Rastplatz
- Wasserfall

Städte
- Hauptstadt (Staat)
- Hauptstadt (Provinz)
- Großstadt
- Stadt/Ort

Transport
- Flughafen
- Grenzübergang
- Bus
- Seilbahn/Standseilbahn
- Radweg
- Fähre
- Metrostation
- Schwebebahn
- Parkplatz
- Tankstelle
- U-Bahn-/Subte-Station
- Taxi
- Bahnhof/Bahnlinie
- Straßenbahn
- U-Bahnstation
- sonstiger Transport

Hinweis: Nicht alle in der Legende aufgeführten Symbole sind Bestandteil der Karten dieses Buches

Verkehrswege
- Mautstraße
- Autobahn
- Hauptstraße
- Landstraße
- Verbindungsstraße
- sonstige Straße
- unbefestigte Straße
- Straße im Bau
- Platz, Promenade
- Treppe
- Tunnel
- Fußgängerbrücke
- Spaziergang
- Abstecher vom Spaziergang
- Weg/Pfad

Grenzen
- Staatsgrenze
- Provinzgrenze
- umstrittene Grenze
- Regional-/Bezirksgrenze
- Meeresschutzgebiet
- Kliff
- Mauer

Gewässer
- Fluss, Bach
- periodischer Fluss
- Kanal
- Gewässer
- Salzsee/trockener/periodischer See
- Riff

Gebietsform
- Flughafen/Flugplatz
- Strand/Wüste
- christlicher Friedhof
- sonstiger Friedhof
- Gletscher
- Watt
- Park/Wald
- Sehenswertes (Gebäude)
- Sportplatz
- Sumpf/Mangroven

DIE AUTOREN

Ashley Harrell
Belize Nach einem kurzen Job als Haustürverkäuferin von Schönheitsfarm-Gutscheinen in Südflorida entschied Ashley, dass sie lieber Autorin werden wollte. Sie ging zur Journalistenschule, überzeugte eine Zeitung, sie anzuheuern und begann über Wildtiere, Verbrechen und Tourismus zu schreiben, manchmal alles in einer Story. Ausgedehnte Reisen und häufige Umzüge – von einem winzigen Apartment in New York auf eine riesige Ranch in Kalifornien in eine Dschungelhütte in Costa Rica – beflügelten ihre Freude am Geschichtenerzählen und ihre Lust auf Unbekanntes. Als sie in Costa Rica begann, für Lonely Planet zu schreiben, wurden ihre Reisen weiter und exotischer und sie muss immer noch lachen, wenn ihr Honorarscheck ins Haus flattert. Ashley schrieb die Abschnitte Reiseplanung, Verstehen und Praktische Informationen und trug zu den Kapiteln Mexiko: Yucatán & Chiapas und Honduras bei.

Isabel Albiston
El Salvador Nach sechs Jahren Arbeit für den *Daily Telegraph* in London nahm Isabel den Hut, um mehr Zeit auf Reisen zu verbringen. Auf einen Job als Autorin für eine Zeitschrift in Sydney, Australien, folgte ein viermonatiger Überland-Trip durch Asien und fünf Jahre Leben und Arbeiten in Buenos Aires, Argentinien. Seit 2014 schreibt Isabel für Lonely Planet und hat zu diversen Reiseführern beigetragen. Momentan lebt sie in Irland.

Ray Bartlett
Mexiko: Yucatán & Chiapas; Guatemala Ray ist seit beinahe 20 Jahren Reisejournalist und erweckt Japan, Korea, Mexiko, Tansania, Guatemala, Indonesien und viele Teile der Vereinigten Staaten für Fachpublikationen, Zeitungen und Magazine detailreich zum Leben. Sein gefeierter Debütroman, *Sunsets of Tulum*, der in Yucatán spielt, war in der Auswahl der Midwest Book Review 2016 Fiction. Nebenbei surft er regelmäßig und ist ein versierter Tangotänzer. Er ist auf Facebook (@RayBartlettAuthor), Twitter (@kaisoradotcom) Instagram (@kaisoradotcom) oder seiner Website www.kaisora.com zu finden. Ray bietet auch Reiseberatung und Motivationsreden an und lebt derzeit abwechselnd in den USA, Japan und Mexiko.

Celeste Brash
Honduras Wie viele geborene Kalifornier lebt Celeste inzwischen in Portland, Oregon. Vorher hat sie 15 Jahre in Französisch-Polynesien und andertalb Jahre in Südostasien verbracht und eine Zeit lang in Brighton Englisch als Fremdsprache unterrichtet – unter anderem. Seit 2005 schreibt sie Reiseführer für Lonely Planet und ihre Reiseartikel sind in Publikationen wie BBC Travel und National Geographic erschienen. Derzeit schreibt sie ein Buch über ihre fünf Jahre auf einer entlegenen Perlenfarm auf dem Tuamotu-Archipel und wird vertreten von der Donald Maass Agency, New York.

Paul Clammer
Guatemala Paul hat bereits als Molekularbiologe, Tourguide und Reisejournalist gearbeitet. Seit 2003 schreibt er Reiseführer für Lonely Planet, er hat zu über 25 Titeln über Ziele in Süd- und Zentralasien, West- und Nordafrika und der Karibik beigetragen. In den letzten Jahren hat er in Marokko, Jordanien, Haiti und Fidschi gelebt, ebenso wie in seiner englischen Heimat. Im Netz ist er unter paul clammer.com oder auf Twitter als @paulclammer zu finden.

Steve Fallon
Panama Gebürtig in Boston, Massachusetts, absolvierte Steve an der Georgetown University einen Bachelor of Science in modernen Sprachen. Nachdem er mehrere Jahre für eine amerikanische Tageszeitung gearbeitet und einen Master in Journalismus erworben hatte, führte ihn seine Faszination für das „neue" Asien nach Hong Kong, wo er über 12 Jahre lebte, für diverse Medien arbeitete und seinen eigenen Reisebuchladen betrieb. Bevor Steve 1994 nach London zog, lebte er auch noch drei Jahre in Budapest. Er hat über 100 Lonely Planet Titel geschrieben oder dazu beigetragen. Steve ist qualifizierter London Blue Badge Tourist Guide. Seine Website ist www.steveslondon.com.